Handelsgesetzbuch

Großkommentar

Begründet von Hermann Staub, weitergeführt von Mitgliedern des Reichsgerichts

Dritte Auflage, neubearbeitet von

Ministerialrat Dr. Dieter Brüggemann, Celle
Professor Dr. Claus-Wilhelm Canaris, Hamburg
Präsident des Bundesgerichtshofes Dr. Robert Fischer, Karlsruhe
Professor Dr. Johann Georg Helm, Nürnberg
Oberstlandesgerichtsrat Dr. Paul Ratz †, München
Dr. Joachim Schulze-Osterloh, Hamburg
Rechtsanwalt Professor Dr. Wolfgang Schilling, Mannheim
Professor Dr. Peter Ulmer, Hamburg
Professor Dr. Hans Würdinger/Ass. Volker Röhricht, Hamburg

Vierter Band

§§ 373—376 Würdinger/Röhricht
§§ 377—382 Brüggemann

Walter de Gruyter & Co., Berlin 1970

vormals G. J. Göschen'sche Verlagshandlung · J. Guttentag, Verlagsbuchhandlung · Georg Reimer · Karl J. Trübner · Veit & Comp.

Zitierweise

Würdinger/Röhricht in Großkommentar HGB

Brüggemann in Großkommentar HGB

Archiv-Nr. 2235702

Satz und Druck: Walter de Gruyter & Co., Berlin 30

Inhaltsverzeichnis des vierten Bandes (§§ 373—382)

Drittes Buch

Zweiter Abschnitt: Handelskauf

Vorwort zum vierten Band

Das Recht des Handelskaufs, dessen Kommentierung mit dem gegenwärtigen Band in der 3. Auflage vorgelegt wird, steht stärker als die übrigen Teile des Handelsgesetzbuchs — stellt man auf die gesetzgeberische Ausformung in den §§ 373 bis 382 HGB ab — im Schattten des Bürgerlichen, hier: des Bürgerlichen Kaufrechts. Daß die Rechtswirklichkeit anders aussieht, weiß jeder Kundige. Die zum Kaufrecht ergangenen höchstrichterlichen Entscheidungen befassen sich wohl zum größeren Teile mit Handelskäufen: nicht immer zweiseitigen, überwiegend jedenfalls solchen, die von dem Recht der Allgemeinen Geschäfts- und Lieferbedingungen her in mehr oder weniger weitem Maße geprägt sind. Der Grundstücksverkehr darf hierbei außer Betracht bleiben.

Für die wissenschaftliche Behandlung des Stoffes ergab sich daraus unausweichlich und zugleich der Tradition des Werkes entsprechend, das Bürgerliche Kaufrecht in die Erörterung des Handelskaufs einzubeziehen. Man mag darüber streiten, in welchem Umfang das zu geschehen habe. Frühere Auflagen waren darin z. T. sehr ausgiebig gewesen. Die gegenwärtige hat die Linien etwas zurückgenommen. In den Vorbemerkungen vor § 373ff. ist die prozessuale Thematik und der Fragenkreis des Einflusses des Konkurses auf schwebende Kaufverträge ausgeschieden worden, ebenso aus den Anmerkungen zu § 377 das Recht der Täuschungsanfechtung und das der Schadensersatzansprüche aus unerlaubter Handlung im Zusammenhang mit der Lieferung mangelhafter Ware; endlich wurde gestrichen — weil ohnehin nicht zum Kaufrecht gehörend — der frühere Anhang zu § 377 betreffend die Verletzung vertraglicher Rechte durch Dritte und die Verleitung zum Vertragsbruch. Dafür konnte Raum gewonnen werden für die eingehendere Behandlung aktueller kaufrechtlicher Themen: zwischenstaatliche Vereinheitlichung des Kaufrechts (Vorbemerkungen vor §§ 373ff. und Einleitung zu § 377), Fragen des Abzahlungskaufs und Fragen des Energielieferungsvertrages (je in den Vorbemerkungen vor §§ 373ff.). Eine Reihe von Vorschriften in Allgemeinen Geschäfts- und Lieferbedingungen über die Abwickelung mangelhafter Lieferungen sind als Versuch eines repräsentativen Querschnitts in die Einleitung zu § 377 aufgenommen worden. Der Gesamtumfang des Bandes hat sich gleichwohl nicht vergrößert, sondern ist noch unter dem der Vorauflage geblieben. Für die kommende Auflage harrt der Bürgerlichrechtliche Teil der Erläuterungen zu § 377 und die Vorbemerkung vor §§ 373/374 einer stärkeren Durchforstung; weitere Umschichtung von Schwerpunkten wird dadurch möglich sein.

Weitgehend neu gefaßt sind die Vorbemerkungen vor §§ 373ff, unter gleichzeitiger Einarbeitung des bisherigen Anhangs zu § 374, der damit entfiel. Auf diese Weise konnten die Pflichten der Vertragsparteien und die Folgen von Störungen der vorgesehenen Vertragsabwicklung in einem großen Abschnitt vor den Einzelvorschriften dargestellt werden. Von Grund auf neu bearbeitet sind § 375 und § 378. Aber auch die Erläuterungen zu den übrigen Paragraphen zeigen ein vielfältig gewandeltes Gesicht. Die Verfasser haben es sich angelegen sein lassen, neben einer Fortführung des Erläuterungsstoffes auf der Grundlage neuer Ergebnisse von Schrifttum und Rechtsprechung namentlich die dogmatischen Konturen der jeweiligen handelsrechtlichen Normen und ihre Einbettung in das allgemeine Bürgerliche Recht schärfer heraustreten zu lassen. Das wird in einer Zeit, in der der juristische Nachwuchs in Studium und Ausbildung für das Handelsrecht weithin auf die Vertrautheit mit den bloßen „Grundzügen" sich beschränkt (weil prüfungsmäßig sich beschränken darf), nicht zuletzt didaktisch von Wert sein.

Vorwort

Neu ist, daß nunmehr allen führenden Paragraphen eine Inhaltsübersicht, den Vorbemerkungen vor §§ 373ff. und dem § 377 ferner ein Stichwortverzeichnis vorangestellt worden ist. Die Verfasser hoffen, dem zeitbedrängten Benutzer damit eine Erleichterung geboten zu haben.

Das Werk gibt den Stand in Schrifttum und Rechtsprechung etwa von April 1970 wieder. Soweit der Druck es zuließ, sind noch später veröffentlichte Entscheidungen eingefügt worden.

München, Hamburg und Celle, im September 1970

Hans Würdinger   Volker Röhricht   Dieter Brüggemann

Zweiter Abschnitt

Handelskauf

Vorbemerkungen

Inhaltsübersicht (systematisch)

Inhaltsübersicht (alphabetisch)

Vor Anm. 1

Schrifttum: Enneccerus-Lehmann, Recht der Schuldverhältnisse (15. Aufl. 1958) §§ 101ff. über den Kauf nach bürgerlichem Recht; Larenz, Lehrbuch des Schuldrechts Bd. I Allgemeiner Teil (9. Aufl. 1968), Bd. II Besonderer Teil (9. Aufl. 1968); P. Oertmann, Der gewöhnliche Handelskauf, Ehrenberg Hdb IV Abt. 2; Schubert, Deutsches Kaufrecht, Berlin 1937; Ballerstedt, Zur Lehre vom Gattungskauf, Festschr. f. Nipperdey (1954, S. 261ff.); Flume, Eigenschaftsirrtum und Kauf (1948); v. Caemmerer, Falschlieferung, Festschr. f. M. Wolff (1952, S. 1ff.); H. Grimm, Der Einfuhrhandel (3. Aufl. 1958); Mathies-Grimm-Sieveking, Die Geschäftsbedingungen des Waren-Vereins der Hamburger Börse e. V. (3. Aufl. 1967); Rabel, Das Recht des Warenkaufs, Bd. I (1957 u. Bd. II 1958); derselbe, Entwurf eines einheitlichen Kaufgesetzes, Ztschr. f. ausl. u. int. PrivatR — ZAIP — 1935, 1, 339 (auch als Sonderdruck erschienen). Vgl. ferner das unten zum Abladegeschäft angeführte Schrifttum.

A. Rechtsgrundlagen des Handelskaufs und ihre Auslegung

Anm. 1 I. Die Rechtsgrundlagen des Handelskaufs finden sich nur zum geringeren Teil im HGB. Die im ADHGB enthalten gewesene ausführlichere Regelung hatte sich derart bewährt, daß eine Reihe der Vorschriften dieses Gesetzes in das BGB übernommen und damit auf den ganzen Rechtsverkehr ausgedehnt worden sind. Die Regelung des HGB ist daher nur noch ein Torso. Die gesetzlichen Grundlagen finden sich heute fast durchweg im BGB. Die §§ 373—382 HGB enthalten nur einige wenige Sondervorschriften, die stets vor dem Hintergrund des allgemeinen Kaufrechts des BGB gesehen werden müssen.

Anm. 2 II. Auch die aus BGB und HGB insgesamt sich ergebende gesetzliche Regelung des Handelskaufs stellt nur einen Ausschnitt aus der Rechtswirklichkeit dar. Die Praxis des Handelskaufs ist entscheidend geprägt durch Handelsbrauch und Allgemeine Geschäftsbedingungen.

1) Die Berücksichtigung des **Handelsbrauchs**, d. h. der kaufmännischen Verkehrssitte, ist bereits durch § 346 HGB vorgeschrieben. Über Entstehung, Feststellung und Wesen des Handelsbrauchs sowie über die strittige Frage des Vorrangs von Handelsbräuchen vor nachgiebigem Gesetzesrecht vgl. ausführlich die Komm. zu § 346 HGB.

2) Den tiefsten Einbruch in das System der gesetzlichen Regelungen des Handelskaufs hat die Verwendung **allgemeiner Geschäfts- und Lieferungsbedingungen** (AGB) verursacht. Die Praxis des Handelskaufs wird heute weitgehend durch AGB bestimmt. Maßgebliche Motive für die Aufstellung von AGB sind vor allem das Rationalisierungsbedürfnis bei der Abwicklung gleichförmiger Massengeschäfte, die Anpassung der gesetzlichen Vertragstypen an die besonderen Verhältnisse der einzelnen Wirtschaftszweige sowie die Verstärkung der eigenen Stellung durch Risikoabwälzung auf den anderen Vertragspartner und schließlich auch einfach die nicht zu unterschätzende Sogwirkung eines modischen Trends zur Aufstellung eigener Geschäftsbedingungen. Zu diesem Fragenkreis und insbesondere auch zu dem Problem, auf welche Weise AGB Vertragsbestandteil werden, vgl. Anm. 168ff. zu § 346 HGB.

In die Kategorie der Allgemeinen Geschäftsbedingungen gehört auch das sogenannte Verbandsrecht. Es handelt sich dabei um Regeln, die von den Fachverbänden der verschiedenen Branchen (insbesondere des Großhandels) teils nur mit Geltungswillen für ihre Mitglieder aufgestellt worden sind, teils aber auch im Handelsverkehr der Mitglieder mit außenstehenden Dritten zugrunde gelegt werden.

Als Usancen (im engeren Sinne) bezeichnet man die Allgemeinen Geschäftsbedingungen der verschiedenen Waren- oder Produktenbörsen, auf deren Basis der Importeur seine Ware nicht nur bezieht, sondern auch an den ausländischen Abnehmer oder Verarbeiter weiterliefert; vgl. für Hamburg die Sammlung von Geschäftsbedingungen, Schiedsgerichtsbestimmungen usw. des Warenhandels in Straatmann-Zinkeisen, Hamburgisches Börsenhandbuch (12. Aufl. 1969). Vielfach geben diese Usancen bestehende Handelsbräuche wieder oder entwickeln sich infolge durchgängiger einheitlicher Befolgung ihrerseits zu Handelsbräuchen. Im übrigen sind die Usancen jedoch kein Handelsbrauch (ebenso Schlegelberger-Hefermehl Rdnr. 3 zu § 346; Baumbach-Duden § 346 Anm. 1 A.). Dies bedarf deshalb der Hervorhebung, weil heute der Begriff der Usance vielfach ganz allgemein als gleichbedeutend mit Handelsbrauch verwendet wird, so daß die Bezeichnung als Usance den rechtlichen Charakter einer Bestimmung nicht mehr erkennen läßt.

Für Hamburg hat die Handelskammer am 30. April 1904 (Amtsblatt S. 631) die sogenannten Platzusancen für den Hamburgischen Warenhandel (geändert 1927, Amtlicher Anzeiger vom 19. Oktober 1927 Nr. 253) veröffentlicht, um diesen Geschäftsbedingungen die weiteste Verbreitung zu geben, womit die Empfehlung verbunden wurde, diese Bedingungen bei Abschlüssen regelmäßig zugrunde zu legen. Sie beschränken sich auf Vertragsabschlüsse zwischen Hamburger Firmen, können aber kraft stillschweigender Unterwerfung auch für einen Geschäftspartner außerhalb Hamburgs verbindlich werden, OLG Hamburg in MDR 1951, 28. Abweichende Geschäftsbedingungen der Brancheverbände haben ihnen gegenüber den Vorrang. Daß diese Bedingungen als örtlicher Handelsbrauch im Sinne des § 346 verbindlich sind, wird bejaht vom RG in HansGZ. 1927 Hauptblatt Nr. 14; vgl. auch OLG Hamburg in MDR 1947, 133; 1951, 28; OGH in NJW 1951, 111; andererseits OLG Hamburg in HansGZ. 1906 Nr. 146 und in HansRGZ. 1928 B Nr. 299. Zur Klausel „Hamburger freundschaftliche Arbitrage und Schiedsgericht" s. unten Anm. 50.

III. Der Inhalt eines konkreten Kaufgeschäfts bestimmt sich demnach in erster Linie nach den vertraglichen Vereinbarungen der Parteien, soweit nicht zwingende, unabdingbare gesetzliche Bestimmungen eingreifen; in zweiter Linie gelten die Geschäftsbedingungen des Brancheverbandes, denen sich die Vertragschließenden unterwerfen sowie nach § 346 die Usancen, die sich ergänzend in der betreffenden Branche als allgemeiner Brauch entwickelt haben; in dritter Linie kommen etwaige, als Handelsbrauch bestehende Platzusancen zum Zuge und erst in vierter Linie sind die nachgiebigen gesetzlichen Bestimmungen maßgebend. **Anm. 3**

IV. Die geschilderte Zurückdrängung des staatlichen Rechts zeigt sich im besonderen Maße beim Überseekauf (Abladegeschäft, Einfuhrhandel, Exporthandel), der dadurch gekennzeichnet ist, daß beim Kauf von über See zu versendenden Waren der Seetransport, insbesondere durch die Verschiffungspflicht, in den Kaufkontrakt einbezogen ist. Hinsichtlich der einschlägigen Rechtsgrundlagen besteht folgende Situation. **Anm. 4**

Das staatliche Recht (die inländische oder ausländische Rechtsordnung) wird, soweit die Regelung dispositive obligatorische Rechtsbeziehungen zum Gegenstande hat, in weitgehendem Maße ausgeschaltet. Es kommt zum Zuge, soweit es zwingend ist, so z. B. etwaige Formvorschriften oder in der Frage des Eigentumsübergangs oder sonstiger dinglicher Verfügungen, als dispositives Recht dagegen nur, soweit die rechtsgeschäftliche Regelung zusammen mit ihrer Ergänzung durch einschlägigen Handelsbrauch (Welthandelsbrauch) nach dem durch Auslegung zu ermittelnden Parteiwillen Raum beläßt. Im übrigen erfolgt die Regelung des Überseekaufs durch Vertragsklauseln, durch Firmenformulare und durch Verbandsrecht; letzteres beherrscht insbesondere den Massengüterhandel (vgl. die Zusammenstellung in Straatmann-Zinkeisen, Börsenhandbuch a. a. O.). Welcher Geschäftspartner oder Verband im internationalen Geschäftsverkehr seine Bedingungen durchzusetzen vermag, ist eine Angelegenheit des wirtschaftlichen Konkurrenz- und Machtkampfes. Zum überseeischen Abladegeschäft vgl. unten Anm. 240ff.; Großmann-Doerth, Das Recht des Überseekaufs (1930).

V. Im Bereich des Handels, namentlich des internationalen Handels, werden auch die staatlichen Gerichte weitgehend ausgeschaltet. Diese Ausschaltung und damit zugleich die Fortbildung des selbstgeschaffenen Rechts des Handelsverkehrs, im besonderen des Überseehandels, durch die beteiligte Kaufmannschaft wird durch die regelmäßig vereinbarten Schiedsgerichts- und Arbitrage-Klauseln bewirkt (vgl. Schottelius, Die kaufmännische Schiedsgerichtsbarkeit, Bremen 1953; Eisemann-Mezger-Schottelius, Internationale Schiedsgerichtsbarkeit in Handelssachen, 1958; Kohler, Die moderne Praxis des Schiedsgerichtswesens in der Wirtschaft, Berlin 1967; zur Klausel: „Hamburger freundschaftliche Arbitrage und Schiedsgericht" s. unten Anm. 50; über Verbandsschiedsgerichte s. Grimm, a. a. O. S. 103. Die internationale Schiedsgerichtsbarkeit hat eine eingehende Regelung erfahren in dem Völkerbundsprotokoll (sog. Genfer Protokoll) über die Schiedsklauseln im Handelsverkehr vom 24. September 1923 (RGBl. 1925 II S. 47) und im Völkerbundsabkommen (sog. Genfer Abkommen) zur Vollstreckung ausländischer Schiedssprüche vom 26. September 1927 (RGBl. 1930 II S. 1067, 1268), sowie in neuerer Zeit in dem UN-Übereinkommen über die Anerkennung und Vollstreckung ausländischer Schiedssprüche vom 10. Juni 1958 (BGBl. 1961 II S. 122). Nach dem Inkrafttreten des UN-Übereinkommens gelten die Genfer Abkommen und das Genfer Protokoll noch im Verhältnis zu den Staaten, die dem neueren UN-Übereinkommen bisher nicht beigetreten sind; wegen der jeweils neuesten Liste der beigetretenen Staaten s. Baumbach-Lauterbach Einl. IV 2 D. Mit Wirkung vom 25. Januar 1965 ist für die Bundesrepublik ferner das Europäische Übereinkommen **Anm. 5** über die internationale Handelsschiedsgerichtsbarkeit vom 21. April 1961 (BGBl. 1964 II S. 427) in Kraft getreten (Bekanntmachung vom 21. Januar 1965, BGBl. 1965 II S. 107); dazu näher Baumbach-Lauterbach a. a. O. sowie Kaiser, Das Europäische Übereinkommen über die internationale Handelsschiedsgerichtsbarkeit vom 21. April 1961, Zürich 1967. Eine Liste der Vertragsstaaten der beiden letztgenannten Abkommen nach dem Stand vom 1. April 1968 findet sich im Außenwirtschaftsdienst des Betriebs-beraters 1968 S. 235.

Anm. 6 VI. **Trade Terms** und **Incoterms.** Angewiesen auf Klarheit und Kürze des Ausdrucks verwendet der Kaufhandel von jeher kurze, häufig nur in der Abkürzung gebrauchte Vertragsformeln. Trotz weltweiter Verbreitung haben sich in den einzelnen Ländern abweichende Auffassungen über Inhalt und Bedeutung dieser Klauseln herausgebildet, was bei internationalen Kaufabschlüssen nicht selten zu Mißverständnissen und Streitigkeiten geführt hat. Daraus hat sich schon frühzeitig ein Bedürfnis nach Vereinheitlichung der Auslegung der handelsüblichen Vertragsklauseln oder doch mindestens nach umfassender schneller Information über die verschiedenen Bedeutungsinhalte in den einzelnen Ländern ergeben.

Anm. 7 1) Dem Informationsbedürfnis soll ein erstmals 1923 erschienenes Handbuch der Internationalen Handelskammer **„Trade Terms, Handelsübliche Vertragsformeln"** Rechnung tragen. Die neueste, 1955 als Dok. Nr. 16 der IHK erschienene Ausgabe enthält in Form synoptischer mit Anmerkungen versehener Tabellen die Auslegung der allgemein gebräuchlichen Trade Terms Ab Werk, Frei (franko) Waggon, Frei (franko) Bestimmungsort, F. A. S., F. O. B., C. & F., C. I. F., Frachtfrei, Ab Schiff (Ex Ship), Ab Kai in folgenden 18 Ländern: Ägypten, Australien, Belgien, Dänemark, Deutschland, Frankreich, Italien, Jugoslawien, Kanada, Marokko, Niederlande, Norwegen, Österreich, Schweden, Schweiz, Südafrika, Vereinigte Staaten von Amerika, Vereinigtes Königreich. In der Einleitung zu dem Handbuch heißt es auf S. 7: „Bei einem Vergleich der einzelnen Auslegungen zeigen sich bei einer Reihe wichtiger Einzelheiten wesentliche Unterschiede. Ein Ein- oder Ausfuhrhändler, der beim Nachschlagen dieses Handbuches feststellt, daß eine bestimmte Formel im Lande der anderen Vertragspartei oder im Bestimmungslande anders ausgelegt wird, sollte zur Vermeidung von Mißverständnissen die Rechte und Pflichten der Parteien sorgfältig im Vertrage regeln." Zu den Trade Terms vgl. ferner Beyer, Recht der Internationalen Wirtschaft 54, 20; Eisemann a. a. O. 54, 114; Haage a. a. O. 1/56 (Beilage) und BB 1956, 195 sowie OLG Hamburg in MDR 1964, 601; Lebuhn-Herrlau, FOB und FOB-Usancen europäischer Seehäfen sowie Lieferklauseln im internationalen Handel, 2. Aufl. 1968; Haage, Das Abladegeschäft, 4. Aufl. 1958.

Anm. 8 2) Um dem weitergehenden Bedürfnis nach Vereinheitlichung der Auslegung zu entsprechen, hatte die Internationale Handelskammer zunächst im Jahre 1936 unter der Bezeichnung **Incoterms** 1936 internationale, von den unterschiedlichen in den einzelnen Ländern herrschenden Auffassungen unabhängige Regeln für die Auslegung der handelsüblichen Vertragsformeln veröffentlicht. An ihre Stelle ist nunmehr eine revidierte Fassung aus dem Jahre 1953 getreten, die 9 Kurzformeln enthält. Es soll damit im internationalen Handel eine Vereinheitlichung der Interpretation dieser Klauseln angestrebt werden. Bisher sind die Incoterms jedoch noch nicht Welthandelsbrauch geworden. Sie werden zum Vertragsinhalt also nur durch ausdrückliche Bezugnahme im Kaufvertrag. Es bleibt jedoch zu wünschen, daß sie sich im Laufe der Zeit zum Welthandelsbrauch verdichten und infolgedessen im Bereich des internationalen Handels auch ohne Bezugnahme Geltung erlangen werden. Die in den Incoterms aufgestellten Interpretationsgrundsätze beziehen sich lediglich auf das kaufmännische Liefergeschäft und gelten nur im Verhältnis zwischen Verkäufer und Käufer, während das im Beförderungsvertrag geregelte Verhältnis zwischen Befrachter und Verfrachter hierdurch nicht berührt wird; vgl. hierzu und zu den Incoterms allgemein die Kommentierung von Scharlibbe in Sonderbeilage der Deutschen Verkehrszeitung; ferner: Eisemann, Die „Incoterms 1953", Wien 1954; derselbe, Die Incoterms in Handel und Verkehr, 1963 und Die Incoterms im internationalen Warenkaufsrecht in ZHR Beiheft 30, 1967 m. w. Nachw.; Haage, Das Abladegeschäft, 4. Aufl. 1958. Die in den Incoterms 1953 behandelten Lieferklauseln sind abgedruckt in Anh. VI zu § 346. Der Erfolg der Incoterms hat die IHK bewogen, darin den Wünschen der Wirtschaft folgend, Definitionen für 2 weitere, in internationalen Kaufverträgen gebräuchliche Vertragsformeln zu veröffentlichen (ICC-Rules 1967). Es handelt sich dabei um die Klauseln: I. „Geliefert Grenze ..... (benannter Lieferort an der Grenze)", sowie II. „Geliefert ..... (benannter Bestimmungsort im Einfuhrland) verzollt". Beide Definitionen sind als Anhang VII zu § 346 abgedruckt.

VII. **Vereinheitlichung des Kaufrechts.** Für internationale Käufe soll künftig einheitliches Recht gelten. Die mehr als dreißig Jahre währenden Bemühungen um eine Vereinheitlichung des Rechts des internationalen Warenkaufs haben einen vorläufigen Abschluß auf der Haager Konferenz über die internationale Vereinheitlichung des Kaufrechts vom 2. bis 25. April 1964 gefunden. Die Haager Kaufrechtskonferenz hat unter Teilnahme von 28 Staaten **Anm. 9**

A. den Entwurf eines einheitlichen Gesetzes über den internationalen Kauf beweglicher Sachen (Loi uniforme sur la vente internationale des objets mobiliers corporels, des weiteren kurz Einheitliches Kaufgesetz — EKG — genannt),
B. den Entwurf eines einheitlichen Gesetzes über den **Abschluß** internationaler Kaufverträge (Loi uniforme sur la formation des contracts de vente internationale des objets mobiliers corporels, des weiteren kurz Einheitliches Gesetz über den Vertragsabschluß genannt)

verabschiedet. Beide Entwürfe sind nach dem Vorbild des Genfer Wechsel- und Scheckrechtsabkommens in Form von Anlagen zu je einer Rahmenkonvention angenommen worden. Nach den insoweit übereinstimmenden Artt. I der beiden Rahmenkonventionen sollen die Vertragsstaaten die beiden Entwürfe entsprechend ihren jeweiligen verfassungsrechtlichen Regeln als innerstaatliches Recht in Kraft setzen. Beide Konventionen sind von der BRD bislang noch nicht ratifiziert. Mit der Ratifizierung insbesondere des Einheitlichen Kaufgesetzes kann jedoch in absehbarer Zeit gerechnet werden.

1. **Das einheitliche Kaufgesetz.** **Anm. 10**

a) Vorgeschichte

Dem EKG vorangegangen waren zwei Entwürfe (1935 und 1939) des Internationalen Instituts für die Vereinheitlichung des Privatrechts in Rom (sog. Römer Entwürfe). Nach dem Kriege wurden die Arbeiten wieder aufgenommen und führten 1951 zu einer internationalen Staatenkonferenz in Den Haag. Zur Grundlage der Beratungen diente der Entwurf von 1939. Die Konferenz beschloß die Einsetzung eines Kaufrechtsausschusses, der den Entwurf unter Beachtung gewisser von der Konferenz erlassener Direktiven umarbeiten sollte. Das Ergebnis seiner Beratungen wurde 1956 zusammen mit einem begleitenden Bericht der niederländischen Regierung, die die Betreuung der Arbeiten übernommen hatte, zur Weiterleitung an die übrigen Regierungen und die IHK übergeben (sog. Entwurf 1956). Zu den eingegangenen Änderungswünschen der Regierungen und der IHK nahm der Kaufrechtsausschuß z. T. lediglich Stellung, z. T. wurden sie in den Entwurf von 1956 eingearbeitet. Dieser letzte, 1963 veröffentlichte Entwurf diente dann als Grundlage der abschließenden Arbeiten der bereits erwähnten Haager Kaufrechtskonferenz von 1964. Materialien: Rabel, Der Entwurf eines einheitlichen Kaufgesetzes (Text des 1. Römer Entwurfs sowie erläuternde Stellungnahme Rabels) in Ztschr. f. ausl. u. int. PrivatR — ZAIP — 1935, 1, 339 (auch als Sonderdruck erschienen) und derselbe, Das Recht des Warenkaufs, Eine rechtsvergleichende Darstellung, Band I 1936 (unveränderter Nachdruck 1957), Band II 1958 mit einem Bericht des Verf. über die Haager Konferenz von 1951 sowie einem Abdruck der Entwürfe von 1935, 1939 (1951) und 1956. Die Arbeiten der Konferenz von 1951 sind erschienen als Actes de la Conférence, Unidroit, 1952. S. ferner Riese, Der Entwurf zur internationalen Vereinheitlichung des Kaufrechts in RabelsZ 1957, 16ff. mit Abdruck des Entwurfs 1956 auf S. 124ff.; derselbe, Die Haager Konferenz über die internationale Vereinheitlichung des Kaufrechts vom 2. bis 25. April 1964, RabelsZ 1965, 1ff. mit Abdruck des EKG auf S. 166ff. Über die Arbeiten der Haager Konferenz von 1964 sind von dem niederländischen Justizministerium zwei Bände (engl. und frz.), Actes et Documents de la Conférence (Den Haag 1966), Band I Actes und Band II Documents, veröffentlicht worden.

Band I enthält auf S. 355ff. einen einführenden Kommentar von André Tunc mit intern. Literaturüberblick auf S. 360; vgl. auch den Auszug aus dem Text des EKG in Vorbem. vor § 377.

Anm. 11 b) Einheitliches Kaufgesetz und Internationales Privatrecht.

Zur Regelung des Verhältnisses von IPR und EKG bieten sich vor allem zwei Lösungsmöglichkeiten an. Wird ein Gericht eines Vertragsstaates mit einem Rechtsstreit aus einem internationalen Kauf befaßt, so kann es zunächst nach den Regeln des IPR die auf das bei ihm anhängig gewordene Rechtsverhältnis anwendbare Rechtsordnung ermitteln. Handelt es sich dabei um diejenige eines Vertragssta ates, so wendet das Gericht die Regeln des EKG (als ausländisches Recht) in der von dem betr. Vertragsstaat eingeführten Fassung an. Ergibt die Prüfung nach den Regeln des IPR, daß das anzuwendende Recht dasjenige eines Nichtvertragsstaates ist, so kommt das EKG nicht zur Anwendung; es verbleibt also bei dem bisher gegebenen Rechtszustand. Nach der anderen Lösung wird die Vorprüfung nach IPR völlig ausgeschaltet. Das angegangene Gericht eines Mitgliedstaates prüft lediglich, ob es sich um einen internationalen Kauf handelt, für den das EKG selbst sich für anwendbar erklärt. Fällt diese Prüfung positiv aus, so wendet das Gericht das EKG als innerstaatliches Recht an, gleichgültig, welche Rechtsordnung nach internationalem Privatrecht an sich zuständig wäre. Das EKG hat sich grundsätzlich für die zweite Lösung entschieden. Nach Artt. 2 EKG und I Abs. 9 der Rahmenkonvention sind bei der Anwendung dieses Gesetzes die Regeln des IPR ausgeschlossen, soweit nicht diese Gesetze selbst etwas anderes bestimmen. Ein Staat, der bereits durch frühere Abkommen über das auf internationale Käufe anwendbare Recht gebunden ist, kann jedoch nach Art. IV der Rahmenkonvention bei Ratifikation oder Beitritt zu ihr erklären, daß er das EKG nur anwenden werde, wenn die Anwendung jener Abkommen über das Kauf-IPR zur Anwendung des EKG führt. Dabei ist vor allem an das Haager Abkommen über das auf internationale Käufe beweglicher Sachen anwendbare Recht von 1951 gedacht (zu diesem Abkommen s. unten). Macht ein Staat, der beide Abkommen ratifiziert hat, von dem Vorbehalt des Art. IV Gebrauch, so gilt demnach die oben geschilderte sog. Vorschaltlösung. Zu Einzelfragen und insbesondere den Problemen, die sich ergeben könnten, wenn ein Staat beide Abkommen ratifiziert, ohne aber den Vorbehalt des Art. IV auszunutzen, s. ausführlich Zweigert/Drobnig, Einheitliches Kaufgesetz und Internationales Privatrecht in RabelsZ 1965, 146ff.

Aus dem in den genannten Artt. statuierten Vorrang des EKG gegenüber dem IPR ergeben sich folgende Konsequenzen: Im internationalen Anwendungsbereich des EKG kommen dem IPR nur noch folgende Funktionen zu: Ausfüllung von Lücken des Einheitsgesetzes und dessen sachliche Ergänzung dort, wo es entsprechend seinem beschränkten Zweck keine Regelung getroffen hat (Zweigert/Drobnig a. a. O. S. 149f.). Bedeutung hat davon nur die zweite Aufgabe. Lücken, die sich bei Anwendung des EKG zeigen, sollen nach Art. 17 des Gesetzes zunächst durch Zurückgehen auf die allgemeinen sich aus dem Gesetz selbst ergebenden Rechtsgrundsätze ausgefüllt werden. Im übrigen wendet der Richter — vorbehaltlich anderweitiger Parteivereinbarung — auf alle bei ihm anhängig gewordenen Rechtsstreitigkeiten aus internationalen Käufen ausschließlich das EKG an. Das gilt selbst dann, wenn weder Käufer noch Verkäufer in Vertragsstaaten ansässig sind. Allerdings steht jedem Vertragsstaat nach Art. III der Rahmenkonvention bei Hinterlegung der Ratifikations- oder Beitrittsurkunde das Recht zu, zu erklären, daß er das EKG nur dann anwenden werde, wenn die Parteien des Kaufvertrags ihre Niederlassung oder ihren gewöhnlichen Aufenthalt in Vertragsstaaten haben.

Anm. 12 c) Geltungsbereich des EKG.

Nach seinem Art. 1 soll das EKG auf alle internationalen Käufe anwendbar sein. Als internationale Käufe sollen nach demselben Art. alle Warenkäufe gelten, die zwischen Parteien gleich welcher Nationalität geschlossen werden, die ihre geschäftliche Niederlassung oder in Ermangelung einer solchen ihren gewöhnlichen Aufenthaltsort in verschiedenen Staaten haben. Hinzukommen muß, daß sich die verkaufte Ware im Augenblick des Vertragsschlusses auf dem Transport über eine Staatsgrenze befindet oder als Folge des Vertragsschlusses eine Staatsgrenze überqueren wird oder daß Angebots- und Annahmehandlung in verschiedenen Staaten bewirkt werden oder daß die Ware in ein anderes Land geliefert werden soll als dasjenige, in dem die Angebots- und Annahmehandlungen vorgenommen worden sind. Im Falle des Vertragsschlusses durch Brief, Telegramm u. ä. sind Angebot und Annahme nur dann auf dem Gebiet desselben Staates erfolgt, wenn Absendetag **und** Empfang des Briefes, Telegrammes u. ä. auf dem Gebiet desselben Staates stattgefunden haben.

Nicht unter das EKG fallen Käufe von Wertpapieren und Geldsorten, eingetragenen oder eintragungspflichtigen Schiffen und von Luftfahrzeugen, von Elektrizität sowie Verkäufe im Wege der Zwangsvollstreckung, worunter auch die Verkäufe fallen, die auf Betreiben eines Zwangs- oder Konkursverwalters erfolgen (Art. 5); vgl. zu letzterem näher Riese, RabelsZ 1965 S. 16f. und 1957 S. 34f.).

Zwingende Bestimmungen der nationalen Rechte zum Schutz des Käufers bei Abzahlungsgeschäften bleiben unberührt (Art. 5 Abs. 2).

Als Kauf i. S. des EKG soll entsprechend § 381 Abs. 2 HGB auch der Werklieferungsvertrag behandelt werden (Art. 6).

Das EKG ist nachgiebigen Rechts. Seine Anwendbarkeit kann von den Par- **Anm. 13**
teien ganz oder teilweise durch Vereinbarung auch stillschweigend ausgeschlossen werden (Art. 3). Das gilt selbst dann, wenn die Parteien von der Bestimmung einer anderen statt dessen für ihr Rechtsverhältnis maßgebenden Rechtsordnung absehen.

Die nachgiebige Natur der Regeln des EKG zeigt sich ferner an ihrem Verhältnis zu den Handelsbräuchen. Nach Art. 9 treten die Vorschriften des EKG grundsätzlich hinter Handelsbräuchen zurück. Der Vertragsinhalt wird damit durch folgende Faktoren bestimmt: in erster Linie maßgeblich sind die von den Parteien selbst getroffenen Bestimmungen, dann die Handelsbräuche und Verkehrsgewohnheiten, auf welche die Parteien ausdrücklich oder stillschweigend Bezug genommen haben (Art. 9 Abs. 1 1. Halbs.) sowie die Gewohnheiten, die sich — auf Grund ihrer bisherigen Geschäftsbeziehungen — gerade zwischen den Parteien entwickelt haben (Art. 9 Abs. 1 2. Halbs.). Die Geltung beider Gruppen beruht auf dem feststellbaren subjektiven Parteiwillen. Ein Rangverhältnis wird sich zwischen ihnen nicht aufstellen lassen. Ein Konflikt, der nur auftreten kann, wenn die Parteien abweichend von ihrer bisherigen Übung bestimmte Handelsbräuche ausdrücklich oder stillschweigend als anwendbar vereinbart haben, wird im Zweifel zugunsten des vereinbarten Handelsbrauches zu lösen sein: die Parteien sind in diesem speziellen Fall eben von ihrer bisherigen Übung abgegangen. In der nächsten Linie wird der Vertragsinhalt bestimmt durch diejenigen Handelsbräuche und Verkehrsgewohnheiten („Usages"), die vernünftige Parteien gleicher Art in der gleichen Lage wie die vertragschließenden Parteien normalerweise als auf ihren Vertrag anwendbar angesehen hätten (Art. 9 Abs. 2). Hier wird also nicht auf den subjektiven Willen der Parteien abgestellt. Der Parteiwille ist objektiviert. Verkehrssitte und Handelsbrauch gehen dem EKG selbst dann vor, wenn die Parteien an ihre Anwendung nicht gedacht, ja wohl selbst dann, wenn sie den betreffenden Handelsbrauch nicht einmal gekannt haben. Das gilt auch dann, wenn sich feststellen läßt, daß die Parteien, hätten sie den betreffenden Handelsbrauch gekannt, seine Nichtanwendung vereinbart hätten. Art. 9 Abs. 2 S. 2 2. Halbs. stellt zwar die Maßgeblichkeit des Handelsbrauches bzw. der Verkehrssitte unter den Vorbehalt, daß nicht der Wille der Parteien entgegensteht. Man wird jedoch unter dem dort gebrauchten Ausdruck „volonté" nur den wirklichen Willen zu verstehen haben, wie deutlicher aus der englischen Fassung der Vorschrift hervorgeht, die bestimmt, „that usages shall prevail unless otherwise agreed by the parties" (wegen der Einzelheiten s. den Bericht von Otto Riese in RabelsZ 1965 S. 1ff.; den Überblick von Stumpf in Außenwirtschaftsdienst des BB 1964 S. 305ff.; von Caemmerer, Internationales Kaufrecht in Festschrift für Nipperdey Abschnitt II 2; Larenz, Formularpraxis und Rechtsvereinheitlichung im internationalen Kaufrecht in ZHR 126 (1964) S. 146ff. sowie neuestens Tiling, Haftungsbefreiung, Haftungsbegrenzung und Freizeichnung im Einheitlichen Gesetz über den internationalen Kauf beweglicher Sachen in RabelsZ 1968 S. 258ff. m. w. Nachw.).

2. Das Einheitliche Gesetz über den Abschluß internationaler Kaufverträge. **Anm. 14**

Der Anwendungsbereich dieses Übereinkommens deckt sich sachlich mit demjenigen des EKG. Für diejenigen Staaten, die nur dem ersteren Abkommen beitreten, ergibt sich dies aus Art. 1 der Anlage I zur Rahmenkonvention, für diejenigen Staaten, die auch das EKG einführen, aus Art. 1 der Anlage II, der für den Anwendungsbereich auf das EKG verweist.

Eine Kommentierung des Einheitlichen Gesetzes über den Abschluß internationaler Kaufverträge würde den Rahmen dieses Kommentars überschreiten (wegen der Einzelheiten über das Gesetz vgl. den Bericht von von Caemmerer in RabelsZ 1965 S. 101ff. und Stumpf in Außenwirtschaftsdienst des BB 1965 S. 11).

Anm. 15 **3. Das Haager Abkommen über das auf internationale Käufe beweglicher Sachen anwendbare Recht von 1951.**

Gegenstand dieses Abkommens ist nicht wie beim EKG die Vereinheitlichung der Sachnormen, sondern der Kollisionsnormen. Über sein Verhältnis zum EKG s. oben Anm. 10f. Es ist in Kraft getreten am 1. September 1964, nachdem die erforderliche Mindestanzahl von fünf Ratifizierungen vorlag. Inzwischen ist das Haager IPR-Abkommen von folgenden Staaten ratifiziert worden: Belgien, Dänemark, Finnland, Frankreich, Italien, Norwegen und Schweden. Die BRD hat das Abkommen nicht ratifiziert. Die Stellungnahme der Wirtschaft zu ihm ist überwiegend negativ ausgefallen; vgl. die Stellungnahme des Deutschen Rates für Internationales Privatrecht, abgedruckt in RabelsZ 1959 S. 151ff. Der Text des Abkommens findet sich in Ztschr. f. ausl. u. intern. PrivatR 1952 S. 269, der Konferenzbericht von Dölle an gleicher Stelle S. 161. Vgl. ferner Petersen in Ztschr. f. ausl. u. intern. PrivatR 1959 S. 3ff.

B. Das Wesen des Handelskaufs

Anm. 16 I. Der Begriff des Handelskaufs. Unter Handelskauf, von dem dieser zweite Abschnitt spricht, ist nicht etwa jeder Kauf zu verstehen, an welchem als Vertragspartei ein Kaufmann beteiligt ist. Vielmehr müssen folgende besonderen Voraussetzungen erfüllt sein:

1) Der Kaufvertrag muß ein Handelsgeschäft im Sinne der §§ 343ff. sein, d. h. ein Geschäft eines Kaufmanns, das zum Betrieb seines Handelsgewerbes gehört. Zwar sind nach § 343 Abs. 2 die in § 1 Abs. 2 bezeichneten Geschäfte auch dann Handelsgeschäfte, wenn sie von einem Kaufmann im Betrieb seines gewöhnlich auf andere Geschäfte gerichteten Handelsgewerbes geschlossen werden. Indessen muß das Grundgeschäft, also der Kaufvertrag, in dem „Betrieb des Handelsgewerbes" des Kaufmanns geschlossen werden und darf nicht außerhalb dieses Betriebes, z. B. als ein privates Geschäft, vorgenommen sein (s. § 343 Anm. 3).

Dagegen ist es nicht erforderlich, daß der Kauf auf seiten beider Vertragspartner ein Handelsgeschäft bildet (sog. beiderseitiges Handelsgeschäft); es ist grundsätzlich ausreichend, daß der Kauf für einen der beiden Vertragspartner Handelsgeschäft ist (sog. einseitiges Handelsgeschäft). Ein Handelskauf liegt also nicht nur dann vor, wenn ein Kaufmann von einem Kaufmann eine Ware kauft, und auch nicht nur dann, wenn ein Nichtkaufmann von einem Kaufmann eine Ware kauft, sondern auch dann, wenn ein Kaufmann von einem Nichtkaufmann, z. B. von einem Landwirt, eine Ware kauft. Einzelne Vorschriften über den Kauf (§§ 377—379) jedoch finden nur auf den beiderseitigen Handelskauf Anwendung.

Anm. 17 2) Gegenstand des Kaufvertrages muß eine **Ware** oder ein **Wertpapier** sein (zum Begriff der Ware s. § 1 Anm. 29, des Wertpapiers § 381 Anm. 1). Das ergibt sich aus § 381 Abs. 1. Nach Abs. 2 derselben Vorschrift untersteht den Sonderregeln über den Handelskauf auch der Werklieferververtrag, sofern er ein Handelsgeschäft im Sinne des § 343 bildet (s. unten Anm. 31ff.; § 381 Anm. 48ff.). Ein Kauf, der zwar ein Handelsgeschäft ist, aber weder ein Wertpapier noch eine Ware zum Gegenstand hat, unterliegt zwar den sonstigen Regeln des HGB, z. B. dem § 348, nicht aber den Vorschriften des vorliegenden zweiten Abschnitts über den Handelskauf. Danach sind nicht Handelskäufe: der Kauf eines Grundstücks (RG 59, 21), einer Forderung (RG 17, 58; 26, 45), einer Hypothek oder eines Hypothekenbriefs (JW 04, 555[15]; anders beim Inhaberpfandbrief), eines Geschäftsanteils einer GmbH, einer Lebensversicherungspolice, eines Sparkassenbuchs (Anh. zu § 365 Anm. 10), eines Nachlasses (§ 312 BGB), einer Erbschaft (§ 2371 BGB; RG 61, 76; 59, 361; JW 1911, 664[49]; 1910, 572[1] u. 998[3]; 1905, 437[18]); über die Verpflichtung zur Lieferung fremder Zahlungsmittel (Devisengeschäft) unten Anm. 24.

C. Kaufähnliche Verträge und besondere Kaufarten

Anm. 18

Über kaufähnliche Verträge sowie besondere Arten von Kaufverträgen, die aber, weil nicht auf Waren oder Wertpapiere gerichtet, ausschließlich den Kaufregeln des BGB unterstehen, vgl. Kuhn in RGRK-BGB § 433 Anm. 73ff. u. 129ff. Im Rahmen dieses Kommentars soll nur auf folgende Geschäfte und ihr Verhältnis zu den Bestimmungen über den Handelskauf kurz eingegangen werden:

I. Der Vertrag über die **Einbringung von Sachen** und Rechten als Sacheinlage **in eine Gesellschaft** ist seiner rechtlichen Natur nach kein Kauf, sondern ein Verpflichtungsvertrag eigener Art (Fischer in Großkomm. z. AktG § 20 Anm. 3). Jedoch kommt in beschränktem Rahmen eine entsprechende Anwendung einzelner Kaufrechtsbestimmungen, insbesondere Gewährleistungsvorschriften, in Betracht (Fischer a. a. O. Anm. 20; Schilling in Hachenburg GmbH-Ges. § 5 Anm. 28; Baumbach-Hueck AktG § 27 Rdnr. 5; Godin-Wilhelmi § 27 Anm. 5). Teilweise a. A. Schönle in NJW 1965, 2133.

II. Das Conto-a-metà-Geschäft fällt gleichfalls unter den Begriff des Kaufs; es ist der Ankauf in eigenem Namen, aber auf gemeinschaftliche Rechnung, so daß die Beteiligung des oder der andern nach außen nicht hervortritt; nach innen liegt ein Gesellschaftsverhältnis vor, und zwar eine Gelegenheitsgesellschaft (WarnRspr. 1916 Nr. 209; 1915 Nr. 207; JW 1905, 719[10]; Hamburg HansGZ 24 Hptbl. 30). Der Metist wird nach außen als Käufer Alleineigentümer der angekauften Stücke und überträgt auch als Verkäufer Eigentum an den für die Metagesellschaft erworbenen Stücken. Die vom Metisten erworbenen Stücke fallen daher als sein Alleineigentum in seine Konkursmasse; sein Gesellschafter hat eine bloße Konkursforderung (JW 1905, 719[10]). Nach diesen Gesichtspunkten beurteilen sich auch die Metaverbindungen im Bankgewerbe, insbesondere solche zu Arbitragezwecken, die dazu dienen, aus den Kursunterschieden an zwei verschiedenen Börsenplätzen, an denen die Metisten kaufen und verkaufen, Gewinn zu ziehen. **Anm. 19**

III. Der **Kauf eines** Unternehmens oder **Handelsgeschäfts** kann ein beiderseitiges Handelsgeschäft sein; vgl. § 343 Anm. 11 mit Nachw. aus der Rspr. Obwohl zu dem Handelsgeschäft auch Waren und Wertpapiere gehören können, stellt der Kauf eines Handelsgeschäfts jedoch keinen Handelskauf im Sinne dieses Abschnitts dar. Denn Kaufgegenstand sind beim Unternehmenskauf nicht die Waren- und Wertpapierbestände als solche, sondern nur als Bestandteil des Handelsgeschäfts als Gesamtheit, wobei der sog. Unternehmenskern das eigentlich Wesentliche, die mitveräußerten Waren und Wertpapiere dagegen bloße Zugehörungen sind (s. dazu ausführlich § 22 Anm. 2). Dementsprechend passen die Sondervorschriften über den Handelskauf weder ihrem Zwecke nach, noch in ihren Konsequenzen auf den Unternehmenskauf. So ist z. B. der Verkauf eines Handelsgeschäfts i. d. R. Verkauf eines in Betrieb befindlichen Unternehmens. Gerät der Käufer in Annahme-, also in Gläubigerverzug, so ist dem Verkäufer mit dem für den Handelskauf entworfenen Rechtsbehelf des § 373 HGB nicht gedient. Da sich dieser nur gegen die einzelnen Bestandteile des Geschäfts richtet, würde der Verkäufer, der von ihm Gebrauch macht, sein Geschäft zerstören, mithin sinnwidrig verfahren. Will er nicht auf Erfüllung bestehen, so hilft ihm § 326 BGB. Da der Verkäufer nach Lage der Dinge zum Weiterbetrieb des Geschäfts gezwungen sein wird, stellt sich die Pflicht zur rechtzeitigen Abnahme des verkauften Geschäfts als eine Hauptleistung dar; Abnahmeverzug versetzt den Käufer in Schuldnerverzug, so daß dem Verkäufer die Wahl zusteht, ob er nach Ablauf der Nachfrist Schadensersatz wegen Nichterfüllung verlangen oder zurücktreten will (Hopmann JW 1914, 341). Von der Nachfristsetzung kann der Verkäufer absehen, wenn sein Interesse infolge des Verzugs weggefallen ist. Zur Anwendung der kaufrechtlichen Gewährleistungsvorschriften beim Unternehmenskauf, vgl. u. a. BGH NJW 1969, 184 m. w. Nachw. **Anm. 20**

IV. Ein Kauf oder kaufähnliches Geschäft, nicht ein Darlehnsvertrag liegt vor, wenn der Geldgeber dem Empfänger ein verzinsliches Amortisationsdarlehn gegen dessen Inhaberschuldverschreibungen in der Weise gewährt, daß die Schuldverschreibungen nicht zur Sicherung gegeben werden, sondern die beiderseitigen Leistungen im Verhältnis der Gegenseitigkeit stehen (RG WarnRspr. 1927 Nr. 29). **Anm. 21**

V. Auf den **Tausch** finden die Vorschriften über den Kauf entsprechende Anwendung (§ 515 BGB). Demgemäß ist auch ein Begriff des **Handelstausches** aufzustellen. Er ist ein **Anm. 22**

Tauschvertrag, der für wenigstens einen Vertragsteil ein Handelsgeschäft ist und dessen Gegenstand auf beiden Seiten Waren oder Wertpapiere sind. Die in der Vorauflage gemachte Einschränkung, der Tausch müsse auf beiden Seiten Handelsgeschäft sein, wird nicht aufrechterhalten. Wie die jetzige Auflage auch Schlegelberger-Hefermehl Einl. vor § 373 Rdnr. 5. Dagegen genügt nicht, daß auf einer Seite Waren oder Wertpapiere Tauschgegenstand sind. Denn die Sonderregelung des Handelskaufs beruht darauf, daß beiderseits Sachen des regelmäßigen Handelsverkehrs Gegenstand des Geschäfts sind: auf der einen Seite Waren und Wertpapiere, auf der anderen Geld. Zur entsprechenden Anwendung dieses Grundsatzes eignet sich nur das Tauschgeschäft, bei dem ebenfalls auf beiden Seiten Sachen des regelmäßigen Handelsverkehrs den Gegenstand des Geschäfts bilden. Ein Tausch, der nicht Handelstausch ist, würde also vorliegen, wenn Aktien gegen ein Grundstück, Forderungen gegen Waren eingetauscht werden. Steht der einheitliche Charakter eines Geschäfts fest, so wird seine Natur als Tausch durch die Einkleidung in zwei Kaufverträge ebensowenig beeinträchtigt (RG 50, 286; JW 1905, 326[15]; 1898, 307[89]; ElsLothZ. 18, 534) wie die Bezeichnung eines Geschäfts als Tausch es ausschließt, daß in Wahrheit zwei Kaufverträge vorliegen (JW 97, 1869[65]). Immerhin sind die gebrauchten Ausdrücke zur Willenserforschung verwendbar (RG 73, 90). Durch Zugabe von Geld wird der Charakter des Tausches so wenig geändert wie ein Kauf durch Zugabe von Ware zu einem Tausche wird (RG in SchlHolst-Anz. 1888, 4). Ausschlaggebend für die Unterscheidung zweier selbständiger Kaufverträge von einem (einheitlichen) Tauschvertrag ist, ob nach der objektiven Sachlage zwei individualisierte Sachleistungen unmittelbar gegeneinander ausgeglichen werden (RG 57, 266; 50, 285; JW 05, 326[15]; Gruch. 47, 429; Austausch von Wertpapieren). Nur in diesem Falle ist der Begriff eines Tauschvertrags erfüllt. Dies kann aber auch in der Weise geschehen, daß in einem sog. gespaltenen Vertrag die in der Regel einem einzelnen zukommende Parteirolle zwischen mehreren Personen aufgeteilt wird, indem also in einem einheitlichen Vertrag jemand seine Sache einem anderen überläßt und dafür die Sache eines Dritten erhält (RG 161, 1). Dagegen ist ein Doppelkauf anzunehmen, wenn jede Partei ihre Sachleistung gegen Geldzahlung hingeben will und nur im Endergebnis beabsichtigt ist, die Preise im Wege der Aufrechnung ganz oder teilweise auszugleichen (JR 1926 Nr. 1921). Man kann wohl den Satz aufstellen, der Tausch erfordere begrifflich dem Umsatz von Sache gegen Sache, von Ware gegen Ware. Man kann aus diesem Satze aber nicht den Schluß ziehen, es müsse der Erwerb einer Sache, einer Forderung, eines Rechts um einen bestimmten Preis immer ein Kauf sein (vgl. auch BGH 1, 28). Denn wenn auch die Parteien für ihre beiderseitigen Leistungen einen Preis bestimmt haben, so liegt doch ein Tausch vor, wenn zugleich die Abhängigkeit der beiden in Geld gewerteten Leistungen voneinander derart vereinbart ist, daß die beiderseits zu zahlenden Preise ganz oder auch nur teilweise durch gegenseitige Aufrechnung getilgt werden sollen. Alsdann werden in Wahrheit die beiderseitigen Sachleistungen unmittelbar gegeneinander ausgeglichen (RG 73, 88; JW 1898, 307[89]). Ein einheitlicher Kaufvertrag liegt vor und kein Tausch, wenn im Vollzug der Kaufpreiszahlung eine Hingabe anderer Gegenstände (Barzahlung, Übernahme von Hypotheken, Hingabe an Zahlungs Statt oder zahlungshalber u. dgl.) ohne Heranziehung des Werts der hingegebenen Gegenstände zur Deckung stattzufinden hat (RG 73, 89; LZ 1908, 234[3]; JW 1897, 69[65,66]; ROHG 5, 418; BayObLG. SeuffA. 68 Nr. 210). Zwei selbständige Kaufverträge liegen vor, wenn der Verkäufer, nachdem er die verkaufte Ware geliefert und den Preis empfangen hat, bis zur Höhe dieses Preises andere Waren zu bestimmten Einzelpreisen von dem Käufer zu empfangen hat (ROHG 18, 384). Werden für eine Sache als Gegenleistung eine Sache und Geld versprochen, so liegt ein Tausch nur vor, wenn die Sache den hauptsächlichen Gegenwert bildet und das Geld nur zur Ausgleichung zugeschossen wird (RG 88, 363). Umgekehrt ist es ein Kauf, wenn die Geldzahlung oder die Übernahme von Schulden auf den Kaufpreis die Hauptsache ist und die Zugabe von Ware oder von individuell bestimmten Werten nur zur Ausgleichung des Preises dient. Das eigentliche Barattogeschäft ist lediglich ein Tausch, Hingabe von Ware gegen Ware. Das uneigentliche Barattogeschäft, d. h. die Vereinbarung, derzufolge jede Partei Waren liefern soll, die zu Geld unter der Bestimmung angeschlagen werden, daß die Preise gleichstehen und durch Aufrechnung sich ausgleichen, oder daß ein Teil noch eine Zahlung zu leisten habe, ist kein

Tausch, sondern ein aus zwei Käufen zusammengesetzter Vertrag (ROHG 5, 419). Über die Vereinbarung, daß der Kaufpreis zu verrechnen sei, s. unten Anm. 203.

VI. Das **Diskontgeschäft** (Eskomptgeschäft) besteht in dem Erwerb noch nicht **Anm. 23**
fälliger Wechsel gegen Entgelt, und zwar regelmäßig gegen Geld. Die diesem Vorgang zugrunde liegende causa kann verschieden sein und ist durch Auslegung zu ermitteln. In der Regel liegt ein Kauf nach §§ 433 Abs. 1 Satz 2 und Abs. 2, 437 BGB vor (RG 93, 26; WarnRspr. 1927 Nr. 137; LZ 1930, 445[4]; 1919, 148[4]; auch bei entgeltlicher Hingabe eines Schecks (s. unten). Die diskontierende (nach österr. Sprachgebrauch eskomptierende) Bank erlangt den Wechsel durch Indossament und damit wechselmäßige Rechte gegen die Vormänner und den Akzeptanten. Der Verkäufer (Diskontant) erhält nicht die volle, sondern die um den Zwischenzins und die Provision gekürzte Wechselsumme. Das der Diskontierung zugrunde liegende Geschäft kann aber auch ein Darlehnsvertrag sein; dieses ist insbesondere beim Akzeptkredit möglich; vgl. darüber KG (West) BB 1954, 671; dagegen OLG Hamburg BB 55, 334; BGH 19, 282 NJW 56, 586; ferner: Würdinger, Acceptkredit u. Gefälligkeitsaccept BB 54, 325 u. 1089; Böving BB 54, 790; v. Caemmerer, Fragen des Akzeptkredits NJW 55, 41.

Der Wechselverkäufer haftet für die Formgültigkeit des Wechsels, also für den Bestand der aus dem Wechsel hervorgehenden Rechte nach §437 Abs. 2 BGB (LZ 1930, 445[4]), insbesondere dafür, daß dem Wechselschuldner keine absoluten, dem Wechselgläubiger gegenüber wirksamen Einreden zustehen. Der Wechselverkäufer wird nur bei ausdrücklich dahingehender Vereinbarung Darlehnsschuldner des Wechselkäufers; die Wechselübertragung dient dann als Sicherheit (RG LZ 1930, 445[4]); sonst haftet der Verkäufer auch nicht für Eingehen der Wechselsumme zivilrechtlich; der Käufer kann gegen den Verkäufer nur wechselrechtliche Ansprüche geltend machen; vgl. JW 1926, 361[6] für den gleichliegenden Fall des Scheckverkaufs. Die Hingabe eines Schecks gegen Zahlung ist Scheckkauf (vgl. RG 112, 47), es verhält sich damit wie beim Wechselkauf (s. oben). Der Verkäufer des Schecks hat zivilrechtlich dafür einzustehen, daß die scheckrechtliche Anweisung in rechtswirksamer Weise begründet worden ist. Er haftet also nicht nur für die Echtheit der Unterschriften, sondern auch für die Formgültigkeit des Wertpapiers; außerdem hat er nach § 437 Abs. 2 BGB dafür aufzukommen, daß der Scheck nicht zum Zweck der Kraftloserklärung aufgeboten ist, und ferner; daß das im Scheck bezeichnete Guthaben (Art. 1 Nr. 3, Art. 3 SchG) zur Zeit der Scheckausstellung vorhanden war (RG 112, 48). Es besteht keine Handelsübung, daß der Verkäufer eines Inhaberschecks die scheckrechtliche Regreßpflicht durch Namens- oder Firmenzeichnung auf der Rückseite des Schecks nach Art. 18 SchG übernehmen müßte (JW 1923, 604[18]). Für den Eingang der Schecksumme aber haftet er beim Fehlen besonderer Vereinbarungen zivilrechtlich nicht (RG 112, 49); auch nicht für die Zahlungsfähigkeit der bezogenen Bank (Hamburg „Recht" 23 Nr. 1232).

VII. **Kauf von Devisen.** (Literatur: vgl. insbes. Artikel „Devisenhandel" in Enzyklopä- **Anm. 24**
disches Lexikon für das Geld-, Bank- und Börsenwesen, 3. Aufl. 1967; Obst/Hintner, Geld-, Bank- und Börsenwesen, 36. Aufl. 1967 S. 491 ff.; Lipfert, Internationaler Devisen- und Geldhandel, 1967 m. w. Nachw.). Devisen sind Ansprüche auf Zahlungen in ausländischer Währung an einem ausländischen Platz. Dabei ist zu unterscheiden zwischen Devisen in Form von Guthaben bei ausländischen Banken — man spricht dann von einer Auszahlung — und Devisen in Form von Wechseln und Schecks, die auf eine ausländische Währung lauten und im Ausland zahlbar sind. Ausländische Münzen und Banknoten werden im banktechnischen Sprachgebrauch als Sorten bezeichnet. Die rechtliche Natur der auf den Erwerb von Devisen gerichteten Geschäfte kann recht verschieden sein. Der Erwerb einer Auszahlung ist, auch wenn der Verkehr zuweilen von einem Kauf spricht, im allgemeinen kein Kauf im rechtlichen Sinne. Es handelt sich bei dieser Transaktion, deren wirtschaftlicher Sinn darin liegt, den Importeuren die benötigten Devisen im Ausland zur Verfügung zu stellen, vielmehr um einen entgeltlichen Geschäftsbesorgungsvertrag nach § 675 BGB (RG 107, 138; DJZ 1924, 397; WarnRspr. 1923/24 Nr. 177). Sein Inhalt besteht in einer Verpflichtung des Beauftragten (meist einer Bank), eine Zahlung in der vereinbarten ausländischen Währung an einen vom Auftraggeber (meist ein Importeur) zu bestimmenden Dritten (meist den ausländischen Geschäftspartner des Importeurs) auszuführen. Für den Gegenwert wird der Auftraggeber in seiner

heimischen Währung belastet. Es sollen also nicht, wie es bei einem Kauf der Fall wäre, ausländische Sorten an den Auftraggeber geliefert werden, der Zweck ist vielmehr, einen Erfolg, nämlich die Tilgung der ausländischen Schuld des Auftraggebers zu bewirken. Die Ausführung besteht in der Regel in dem Zahlungsauftrag an die ausländische Bank oder der Beschaffung der ausländischen Valuta durch den Beauftragten (RG 107, 139). Der rechtliche Vorgang ist dem der Bank- oder Giroüberweisung ähnlich und unterliegt im wesentlichen den gleichen Regeln. Der Kauf ausländischer Forderungen, d. h. solcher Forderungen, bei denen die Auszahlung in effektiver ausländischer Währung zu erfolgen hat, ist ein reiner Forderungskauf, der in erster Linie den §§ 437ff. BGB unterworfen ist, außerdem auch, soweit ein Handelsgeschäft vorliegt, den §§ 343ff. HGB, nicht aber den §§ 373ff. HGB (vgl. oben Anm. 17). Der Kauf ausländischer Wechsel, Schecks und Banknoten ist ein Kauf von Wertpapieren, also eines in einer Urkunde verbrieften Rechtes, dessen Ausgestaltung dem Zwecke dient, das Recht umlaufsfähig zu machen (§ 381 Anm. 1). Es finden daher sowohl die Vorschriften über den Kauf von Sachen wie die über den Kauf von Rechten auf den Kauf von ausländischen Banknoten, Schecks und Wechseln in ausländischer Währung Anwendung (RG 108, 280 u. 317; JW 1923, 176[6]; vgl. auch § 381 Anm. 2; RG 59, 241). Ausländische Münzen, insbesondere uneinlösbare Münzen (z. B. Goldmünzen in den Ländern mit Goldwährung), sind eigentlich nur Waren, da sie ein Recht auf eine Leistung irgendwelcher Art nicht verkörpern. Trotzdem beruht ihr Handelswert nicht auf dem materiellen Wert, sondern auf der Münzung. Diese Tatsache rechtfertigt es, die Vorschriften über den Kauf von Wertpapieren entsprechend auf sie anzuwenden.

Anm. 25 1. Gegenstand des Kaufs von Wechseln oder Schecks in ausländischer Währung ist zunächst das in dem Papier verkörperte Recht (RG 59, 244; 56, 253; 109, 279; RG in JW 1909, 492[14]). Daraus folgt, daß der Verkäufer gemäß § 437 Abs. 2 i. V. mit § 437 Abs. 1 BGB für den rechtlichen Bestand der Wechsel- bzw. Scheckforderung einzustehen hat. Er haftet also insbesondere, wenn die notwendigen Formvorschriften nicht gewahrt sind oder das Papier falsch oder gefälscht ist, so daß die Urkunde nicht das in ihr bezeichnete Recht verbrieft. Als ein Mangel im Bestand des Rechts ist es auch anzusehen, wenn eine Zahlungssperre oder eine Beschlagnahme die Geltendmachung des beurkundeten Rechts hindert (BGH LM Nr. 3 zu § 437 BGB). Beim Scheck haftet der Verkäufer auch dafür, daß Deckung vorhanden ist. Soweit es sich um Mängel im Bestand des Rechts handelt, ist die Anwendung von §§ 459ff. BGB ausgeschlossen. Für die Zahlungsfähigkeit des Bezogenen haftet der Verkäufer mangels besonderer Vereinbarung nicht (RG 112, 49; vgl. Hamburg OLGE 45, 142). Diese Haftung übernimmt der Verkäufer jedoch in der Regel nach wechsel- bzw. scheckrechtlichen Grundsätzen durch seine Unterschrift, sei es, daß er als Aussteller, sei es, daß er als Indossant zeichnet. Fehlt es an dieser Unterschrift, so ist im Zweifelsfalle anzunehmen, daß der Verkäufer diese Haftung nicht übernehmen wollte. Immer trifft den Verkäufer die Haftung gemäß § 437 Abs. 2 BGB dafür, daß das Papier nicht aufgeboten ist; es sei denn, daß diese Haftung ausdrücklich ausgeschlossen ist. Die Ansprüche aus allen diesen Rechtsmängeln verjähren in 30 Jahren. Kaufgegenstand ist ferner die Wechsel- oder Scheckurkunde als Sache, d. h. als körperlicher Gegenstand. Weist die Urkunde als solche körperliche Mängel auf, weil sie beispielsweise beschädigt oder unleserlich ist, so haftet der Verkäufer dafür nach den Vorschriften über die Sachmängelgewähr (§§ 459ff. BGB). Beim börsenmäßigen Handel von Wechseln oder Schecks in ausländischer Währung haftet der Verkäufer nach §§ 459ff. BGB auch für die sogenannte Lieferbarkeit, d. h. dafür, daß die auf der Urkunde enthaltenen Unterschriften den Anforderungen des Börsenhandels entsprechen sowie, daß die Urkunden keinen äußerlichen Mangel aufweisen, die sie zum börsenmäßigen Handel und Verkehr ungeeignet machen. Die Ansprüche des Käufers aus diesem Sachmangel verjähren gemäß § 477 BGB in 6 Monaten, wenn kein arglistiges Verschweigen vorliegt. Die Gefahr der Verschlechterung eines diskontierten Wechsels, die durch die Beseitigung des Goldstandards in dem Lande, in dem der Wechsel fällig ist, herbeigeführt wird, trägt der Diskonteur, der Käufer des Wechsels (RG 142, 23; s. dazu Klausing, JW 1934, 930).

Anm. 26 2. Ausländische Banknoten sind Inhaberschuldverschreibungen und unterliegen als solche auch den Vorschriften über Wertpapiere (RG 108, 280 u. 317;

JW 1923, 176[6]). Es ist jedoch hier zu berücksichtigen, daß diese Wertpapiere im Verkehr in wesentlichen Beziehungen als Sachen behandelt werden und im höchsten Maße vertretbare Sachen sind. Hieraus folgt, daß beim Kauf von ausländischen Banknoten die Sachmängel eine wesentliche Rolle spielen (RG 108, 281; Hamburg OLGE 45, 145). Doch ist hierbei zu beachten, daß eine gefälschte Note, also eine Urkunde, die völlig ungeeignet ist, Träger des Rechts zu sein, eine völlig andere Sache als die verkaufte ist und die Verpflichtung zur unverzüglichen Mängelrüge gemäß § 378 HGB entfällt, (JW 1923, 176[6]; OLG Hamburg Recht 1921 Nr. 640; Königsberg JW 1924, 1382[5]). Haftet der Verkäufer auch für Rechtsmängel, wie z. B. dafür, daß das Papier nicht aufgeboten ist oder als Zahlungsmittel nicht gilt, weil ein darauf befindlicher Stempel verfälscht ist (RG 108, 318), so kann der Käufer gemäß § 320 BGB Lieferung einer echten Note verlangen (RG 108, 280) und unterliegen seine Ansprüche nicht der kurzen Verjährungsfrist des § 477 BGB.

Anm. 27

3. Beim Kauf von Waren gegen Devisen pflegt im allgemeinen nicht vereinbart zu werden, in welcher Weise die Zahlung zu erfolgen hat. Die Zahlungsklausel lautet meistens nur „zahlbar in effektiven Pfunden“ oder ähnlich. Hiernach ist es dem Käufer grundsätzlich freigestellt, ob er mittels Banknoten, Münzen, Wechsels Schecks, durch Überweisung oder Auszahlung bezahlen will. Häufig schränkt jedoch der Handelsbrauch diese Freiheit des Käufers ein. So ist in vielen Geschäftszweigen, besonders des internationalen Großhandels, Zahlung in Banknoten oder Münzen wegen der schwierigen Verwertungsmöglichkeit durch Handelsbrauch ausgeschlossen. Mitunter wird auch eine spezielle Zahlungsart, z. B. durch die Klausel „zahlbar in Ia Bankscheck auf London“, vereinbart. Dann ist nur diese Zahlungsart zulässig und muß der Scheck von einer ersten deutschen Bank auf London gezogen sein. Obgleich gemäß § 381 die Vorschriften über den Warenkauf auf den Kauf von Wertpapieren Anwendung finden, handelt es sich doch beim Warenkauf gegen Zahlung in ausländischer Währung, auch wenn die Zahlung durch Wertpapiere (Wechsel, Scheck oder Banknoten) erfolgt, nicht etwa um ein Tauschgeschäft. Die ausländischen Zahlungsmittel sind bei solchen Geschäften nur als Kaufpreis, nicht etwa ihrerseits auch als Ware zu betrachten. Hieraus ergibt sich insbesondere, daß dem Verkäufer nicht etwa die Gewährleistungsansprüche des Käufers wegen Sachmangels zur Seite stehen, wenn in verfälschten oder in anderer Weise mangelhaften Banknoten usw. bezahlt wird. Er kann also weder Wandelung noch Minderung verlangen, ist vielmehr allein darauf angewiesen, gemäß §§ 320ff. BGB gegen den Käufer vorzugehen, weil dieser seiner Zahlungspflicht nicht genügt hat. Ebenso besteht für den Verkäufer, der ausländische Zahlungsmittel als Kaufpreis erhält, keine Pflicht zur unverzüglichen Mängelrüge gemäß § 377 HGB. Bei Zahlung mittels Schecks oder Wechsels in ausländischer Währung ist ferner noch zu berücksichtigen, daß diese mangels besonderer Vereinbarung nur zahlungshalber gegeben werden (vgl. unten Anm. 207); eine Rügepflicht besteht hier daher überhaupt nicht. Alle diese Regeln gelten nicht nur für den Fall, daß Zahlung in effektiver ausländischer Währung vereinbart worden ist, sondern auch dann, wenn zwar Zahlung in inländischer Währung gemäß § 244 BGB geleistet werden kann, tatsächlich aber in ausländischer Währung gezahlt wird.

Der Kauf von Devisen zu Kurssicherungszwecken wird naturgemäß zur Lieferung zu einem bestimmten Kalendertag abgeschlossen, ist daher ein Fixgeschäft nach § 376 und berechtigt zum Rücktritt bei Ausbleiben der ausländischen Währung zu dem vereinbarten Zeitpunkt (RG 108, 160 s. auch § 376 Anm. 11).

Anm. 28

4. **Devisenbewirtschaftung.** Der Kapital- und Zahlungsverkehr mit fremden Wirtschaftsgebieten sowie der Verkehr mit Auslandswerten ist heute nach § 1 des am 5. Mai 1961 verkündeten und am 1. September 1961 in Kraft getretenen Außenwirtschaftsgesetzes (BGBl. I S. 481) grundsätzlich frei. Beschränkungen sind nur zulässig, soweit das AWG selbst und die zu seiner Ausführung erlassenen Rechtsverordnungen, insbesondere die Außenwirtschaftsverordnung i. d. F. vom 20. Dezember 1966 (BGBl. II 1967, 2) dies bestimmen. Sowohl das Gesetz als auch die AWVO unterliegen häufigen Veränderungen. Eine Kommentierung muß daher in diesem Zusammenhang unterbleiben. Auf die Spezialliteratur wird verwiesen.

Anm. 29

VIII. Das Zeitungs- oder Zeitschriftenabonnement ist ein Kauf, nämlich ein einheitlicher Lieferungskauf (RG 148, 154, 158; Giese JW 1917, 631; Löffler, Presserecht I

2. Aufl. 1969) nicht, wie Weisbecher in LZ 1920, 325 annimmt, Dienstvertrag; über den Postzeitungsvertrieb vgl. Henschel JZ 1954, 70.

Anm. 30 IX. Der sogenannte **Lieferungsvertrag,** d. h. der Vertrag, durch den sich jemand verpflichtet, einem anderen eine Sache zu beschaffen, die er zu diesem Zwecke erst anschafft, fällt schon nach § 433 BGB unter die Regeln vom Kauf. Ist der Gegenstand des Lieferungsvertrages eine Ware oder ein Wertpapier und ist ein Teil Kaufmann, so liegt ein Handelskauf selbst dann vor, wenn der Verkäufer den Gegenstand von einem Dritten erst anfertigen lassen, ihn dann von diesem Dritten beziehen und dem Käufer liefern soll. Dies ist kein Werklieferungsvertrag. Vgl. BGH. in Arch. der DRspr. Nr. 1148 (1950): Gemüseanbau- u. Lieferungsvertrag ist Kauf.

Anm. 31 X. Nach Kaufregeln wird auch der Vertrag beurteilt, durch den sich jemand verpflichtet, eine Sache aus einem von ihm zu beschaffenden Stoffe herzustellen, sogenannter **Werklieferungsvertrag.** Handelt es sich um eine vertretbare Sache, so bestimmt dies schon § 651 Abs. 1 BGB. Ist der Werklieferungsvertrag über eine vertretbare Sache ein Handelsgeschäft, so liegt folglich ein Handelskauf vor, so daß bei einem zweiseitigen Handelsgeschäft auch § 377 zur Anwendung kommt (§ 377 Anm. 1 u. 51 sowie § 381 Anm. 49).

Handelt es sich aber um eine nicht vertretbare, erst herzustellende Sache, so ist der Vertrag nach bürgerlichem Recht nicht lediglich nach den Regeln vom Kauf zu beurteilen; vielmehr finden zum Teil die Regeln vom Kauf, zum Teil die Regeln vom Werkvertrag Anwendung (§ 651 Abs. 1 BGB), weil ein sowohl dem Kauf als dem Werkvertrag verwandtes Rechtsverhältnis vorliegt (während, was im Auge zu behalten ist, auch bei nicht vertretbaren Sachen ein reiner Kaufvertrag vorliegt, wenn die Herstellung nicht Vertragspflicht des Verkäufers ist; vgl. LZ 1910, 622[22]). Die Verwandtschaft mit dem Werkvertrag zeigt sich darin, daß die besonderen Bedürfnisse des Bestellers und die diesen Bedürfnissen angepaßte Arbeitsleistung des Unternehmers der Verpflichtung zur Lieferung der Sache einen individuellen Charakter verleihen. Deutlich tritt diese Eigentümlichkeit in den Vordergrund bei Anfertigungen auf Grund einer Erfindung, bei Verwirklichung eines künstlerischen Gedankens, bei Einrichtung einer Fabrik und bei Herstellung einer Anlage; als solche Anlage kann unter Umständen auch die Anfertigung einer Maschine betrachtet werden. Auf einen solchen Vertrag läßt § 651 Abs. 1 Satz 2 BGB die Regeln über den Kauf zwar grundsätzlich zur Anwendung kommen, ändert diese Regeln jedoch nach den für den Werkvertrag geltenden Bestimmungen ab (hierüber zu § 381). Über den Begriff nicht vertretbarer beweglicher Sachen s. § 381 Anm. 16ff.

Anm. 32 Ist der Vertrag, nach dem der Unternehmer aus einem von ihm zu beschaffenden Stoff eine nicht vertretbare Sache herzustellen hat, ein Handelsgeschäft und der herzustellende Gegenstand eine bewegliche Sache, so erleiden die soeben erörterten Grundsätze gemäß § 381 Abs. 2 HGB eine Abänderung; es finden nämlich außer den nach § 651 Abs. 1 Satz 2 BGB gemischten Regeln des Werkvertrags und des Kaufs noch weiter die §§ 373—380 HGB Anwendung. (So auch schon nach RG 25, 89; ROHG 14, 43). Das bedeutet im wesentlichen: Ist der Kauf ein zweiseitiges Handelsgeschäft, so muß der Besteller das Werk, sofern nicht die Lieferbedingungen anderes bestimmen, unverzüglich nach der Ablieferung untersuchen und seine Gewährleistungsansprüche durch rechtzeitige Mängelrüge wahren. Sind die Rechte so gewahrt, so beginnt die Verjährung dieser Ansprüche nicht wie beim Kauf mit der Ablieferung (§ 477 BGB), sondern wie beim Werkvertrag mit der Abnahme des Werks (§§ 638, 639 BGB), d. h. mit der körperlichen Entgegennahme in dem äußerlich erkennbaren Willen, die Leistung als eine in der Hauptsache dem Vertrag entsprechende Erfüllung hinzunehmen (RG 58, 338; JW 1910, 659[25]). Daß § 381 Abs. 2 nicht alle Vorschriften über den Handelskauf, sondern nur die §§ 373—380 auf einen solchen Vertrag anwenden will, sagt D. 245 ausdrücklich. Dieser Wille des Gesetzgebers hat auch im Gesetz selbst deutlichen Ausdruck gefunden. In der Rechtsprechung (RG 52, 316; JW 1910, 659[25]; KG in DJZ 1903, 322; Breslau Recht 1902, 560[2620]; anders Hamburg OLGE. 9, 274) ist diese Meinung die herrschende. Weiteres s. § 381 Anm. 49ff.

Anm. 33 XI. 1. Nach herrschender Lehre und Rechtsprechung wird der Stromlieferungsvertrag, also der Vertrag über die Gewährung elektrischer Kraft, durch den sich der eine Teil verpflichtet, elektrische Energie in bestimmter Spannung in der zur Zuführung dienenden Leitung zur jederzeitigen Entnahme ständig bereitzuhalten, als ein Vertrag eigener Art betrachtet, der vorwiegend nach **Kaufrecht** zu behandeln ist, weil die zu liefernde elektrische Energie ungeachtet der Tatsache, daß sie keine Sache in dem strikten Sinn des § 90 BGB ist, im Verkehr als Ware behandelt wird (RG 67, 232; 86, 13; JW 1930, 1924; RG 148, 326ff.; Enneccerus-Lehmann 1958 S. 643f.; Soergel-Ballerstedt Vorbem. 16 vor § 433 m. w. Nachw. auch über abweichende Meinungen). Wird dagegen die elektrische Beleuchtung von Straßen, Gebäuden, Zäunen usw. übernommen, sei es für kurze oder längere Zeit, so liegt ein Werkvertrag vor (Enneccerus-Lehmann a. a. O.). Zu beachten ist dabei jedoch, daß die Energielieferung, wenn sie durch ein dem öffentlichen Recht unterstehendes Unternehmen erfolgt, häufig öffentlichrechtlich geregelt ist.

2. Seit langem umstritten ist dagegen, ob der Stromlieferungsvertrag, wenn er analog dem Kauf zu behandeln ist, einen sogenannten Sukzessivlieferungsvertrag darstellt, d. h. einen einheitlichen Vertrag, der die Verpflichtung zur Leistung und Abnahme einer bestimmten Gütermenge beinhaltet, die jedoch nicht auf einmal, sondern in Raten abgerufen und geliefert werden soll, oder ein sogenanntes Wiederkehrschuldverhältnis, das mit jeder einzelnen Stromentnahme kraft einer, wenn auch nur stillschweigenden Wiederholung des Vertragsschlusses immer wieder neu für einen weiteren Zeitabschnitt entsteht, also nicht ein für allemal begründet ist. Die Annahme eines Wiederkehrschuldverhältnisses wird vertreten von RG 148, 326ff.; Jaeger-Lent KO § 17 Bem. 18b; Bartholomeyczik, Elektrizitäts-, Gas- und Wasserwirtschaft 1950 S. 14; Palandt-Gramm § 433 Anm. 1a und Palandt-Danckelmann-Heinrichs § 326 Anm. 13; Mentzel-Kuhn Bem. 27 zu § 17; Böhle-Stamschräder KO § 3 Anm. 4c; Ullmann JW 1933 S. 2634; Fischer NJW 1954, 379; Enneccerus-Lehmann[15] S. 407. **Anm. 84**

Gegen die Konstruktion des Wiederkehrschuldverhältnisses und für einen einheitlichen Sukzessivlieferungsvertrag haben sich ausgesprochen: LG Mannheim NJW 1953, 1699 mit zust. Anm. von Böhm; OLG München Rechtsbeil. z. EltW Nr. 5/54; LG Paderborn MDR 1951, 303; LG Hagen KTS 1958, 93 mit abl. Anm. von Künne und von älteren Entscheidungen Kiel JW 1931, 2139; Ffm. JW 1931, 3146; Celle JW 1933, 928; Köln, Darmstadt, Naumburg JW 1933, 2229f.; aus der Literatur: Diekmann NJW 1955, 1387; Fischerhoff NJW 1954, 1874; Larenz, Schuldrecht I[8/9] S. 24 Anm. 2; Soergel-Ballerstedt, Vorbem. 30 vor § 433; zweifelnd Soergel-Reimer Schmidt § 241 Rdnr. 10 a. E.; Eiser-Riederer-Sieder, Energiewirtschaftsrecht IV S. 19ff. mit weiteren ausführlichen Nachweisen über den Meinungsstreit. Offengelassen worden ist die Frage in BGH LM Nr. 3 zu § 17 KO.

Einigkeit ist nur hinsichtlich der sogenannten Sonderabnehmerverträge erzielt **Anm. 85** worden; das sind Verträge, die auf die besonderen Belange eines oder beider Vertragsteile zugeschnitten sind, indem etwa Lieferung oder Abnahme einer Höchst- oder Mindestmenge oder ein besonderer, von dem allgemeinen Tarif abweichender Preis vereinbart worden ist. Sie werden heute fast allgemein als echte Einheitsverträge angesehen (BGH LM Nr. 3 zu § 17 KO). Für die normalen Kleinabnehmerverträge hat der Meinungsstreit die Frage einer Klärung nicht näher gebracht. Beide Meinungen können beachtliche Gründe für ihre Ansicht anführen: Die Befürworter des Wiederkehrschuldverhältnisses können geltend machen, daß die Stromabnehmerverträge deutlich von dem gewohnten Bild echter Sukzessivlieferungsverträge (zum Begriff s. o. Anm. 33) abweichen, insofern als bei ihnen von einem einheitlichen Vertrag über die ratenweise Lieferung einer bestimmten Menge elektrischer Energie schwerlich die Rede sein kann, da eine abzunehmende Menge nicht festgelegt ist, sondern erst später durch den tatsächlichen Stromverbrauch bestimmt wird. Für den Einheitsvertrag spricht dagegen die Gekünsteltheit der Konstruktion ständig neuer (stillschweigender) Vertragsschlüsse bei jeder neuen Stromabnahme, die dem Wiederkehrschuldverhältnis zugrunde liegt, sowie der Text des Abschn. III 2 der Allg. Versorgungsbedingungen, der ausdrücklich von einem Vertrag spricht, der „ein einheitliches dauerndes Rechtsverhältnis" schafft. Hinter dem gesamten Meinungsstreit steht ein konkursrechtliches Problem: die Sorge der Verteidiger des Wiederkehrschuldverhältnisses, bei Annahme eines einheitlichen Vertrages könnte der Konkursverwalter des Stromkunden die Weiterbelieferung mit Strom nur erreichen, indem er nach § 17 KO in das gesamte Vertragsverhältnis mit dem Versorgungsunternehmen auch hinsichtlich der vergangenen Zeitabschnitte eintritt, wodurch die rückständigen Stromgeldforderungen aus dem Range einfacher Konkursforderungen herausgehoben und zu Masseschulden würden (§ 59 Nr. 2 KO). Die Konstruktion des Wiederkehrschuldverhältnisses soll dagegen sicherstellen, daß nur das Entgelt für die nach Konkurseröffnung bezogenen Stromlieferungen Masseschuld wird (§ 59 Nr. 1 KO), die rückständigen Forderungen aus der Zeit vor Konkurseröffnung dagegen Konkursforderungen bleiben. Es muß jedoch bezweifelt werden, ob der Lösung des Problems durch die Verschiebung auf die dogmatische Ebene unter der Fragestellung Sukzessivlieferungsvertrag oder Wiederkehrschuldverhältnis in irgendeiner Weise gedient ist. Auch bei Annahme eines einheitlichen Stromlieferungsvertrages kann der Konkursverwalter die Erfüllung nach § 17 KO ablehnen, wodurch sich die rückständigen Forderungen des Versorgungsunternehmens in einen Schadensersatzanspruch umwandeln, der einfache Konkursforderung ist, und anschließend sofort den Abschluß eines neuen Vertrages fordern. Das nach § 6 Abs. 1 EnerG einem Kontrahierungszwang unterliegende Versorgungsunternehmen ist verpflichtet, diesen Antrag anzunehmen, es sei denn, daß ihm der Abschluß „aus wirtschaftlichen Gründen ... nicht zugemutet werden kann" (§ 6 Abs. 2 Nr. 1 EnerG). M. E. sollte der Streit um den konkursrechtlichen Rang der rückständigen Forderungen, um den es letztlich bei der Frage nach dem Wiederkehrschuldverhältnis allein geht, hier bei der Frage der Zumutbarkeit für das Versorgungsunternehmen offen ausgetragen werden. Gegen die Annahme, der Neuabschluß sei dem Versorgungsunternehmen nicht zumutbar, weil es ständig seine kostspieligen Erzeugungs- und Verteilungsanlagen unterhalten müsse und deshalb wegen seiner Entgeltforderungen für die Vergangenheit nicht auf die Konkursquote verwiesen werden dürfe, BGH LM Nr. 3 zu § 17 KO (für einen Sonderabnehmervertrag). Es wäre jedoch wünschenswert, der Gesetzgeber würde diese Frage einer endgültigen Klärung zuführen, vgl. die Regelung in § 36 Abs. 2 VglO.

Anm. 36 3. Die deutsche Energiewirtschaft (Elektrizitäts- und Gasversorgung) untersteht der Staatsaufsicht: § 1 Abs. 1 des Gesetzes zur Förderung der Energiewirtschaft (Energiewirtschaftsgesetz) vom 13. Dezember 1935 (RGBl. I S. 1451). Das Energiewirtschaftsgesetz ist nach 1945 in Kraft geblieben und gilt einschließlich seiner DVOn. seit 1949 als Bundesrecht fort. Für das Rechtsverhältnis zwischen dem Versorgungsunternehmen und den Beziehern elektrischer Energie sind im besonderen maßgebend die „Allgemeinen Bedingungen für die Versorgung mit elektrischer Arbeit aus dem Niederspannungsnetz der Elektrizitätsversorgungsunternehmen", welche auf Grund des § 7 des EnerG mit Wirkung vom 1. April 1942 an für verbindlich erklärt worden sind. Nach einem Gutachten des Bundesgerichtshofs vom 6. Oktober 1952 gelten die Allgemeinen Bedingungen als Rechtsverordnungen fort, nach anderer Meinung handelt es sich um allgemeine Geschäftsbedingungen, vgl. die Nachw. bei Eiser-Riederer-Sieder IV S. 3ff. Wegen weiterer Einzelheiten zum Energiewirtschaftsrecht s. die bereits zitierte Spezialliteratur sowie Ludwig/Cordt/Stech, Elektrizitäts- und Gaswirtschaft, Wasserversorgung, 1965. Nachweise über die ältere Literatur finden sich in der Voraufl. Anm. 14.

Anm. 37 4. Gas-, Wasser- und Dampflieferungsverträge bieten keine Besonderheiten. Die Gas- untersteht genauso wie die Elektrizitätsversorgung der Staatsaufsicht (§ 1 Abs. 1 EnerG, s. dazu auch schon vorige Anm.). Gas (RGSt. 11, 117), Wasser (vgl. RGSt. 14, 121; JW 1901, 442[31]), Dampf in Röhrenleitungen (RGSt. 44, 335) sind bewegliche Sachen, Verträge über ihre Lieferung sind daher Kaufverträge. Auch hier besteht die Streitfrage, ob die Verträge als ein einheitliches Liefergeschäft oder als Wiederkehrschuldverhältnis aufzufassen seien, s. dazu oben Anm. 34f. Für Tarifabnehmer von Gas gelten die „Allgemeinen Bedingungen für die Versorgung mit Gas aus dem Versorgungsnetz der Gasversorgungsunternehmen", die zugleich mit den Allg. Bedingungen für die Versorgung mit elektrischer Arbeit für verbindlich erklärt worden waren, sowie die Tarifordnung vom 10. 2. 1959 (vgl. zur Gaslieferung: Stein, Die Allgemeinen Versorgungsbedingungen mit Gas, 1952; Ludwig/Cordt/Stech a. a. O.; Freudenburg, Gaslieferungsverträge JR 1950, 649). Verträge auf Lieferung von Wärme sind dagegen ähnlich zu beurteilen wie Elektrizitätslieferungsverträge.

Anm. 38 5. Nebenleistung ist die Verpflichtung zu Lieferung von Gas, Wasser, Dampf und Wärme, wenn sie untrennbar mit der Gewährung von Räumen verbunden ist. Wird eine

Wohnung mit Zentralheizung oder elektrischem Licht oder Gasbeleuchtung, eine Fabrik mit Dampfkraft, ein Raum mit Wasserzuführung vermietet, so ist eine besondere Eigenschaft der Mieträume gewährleistet, die die Räume erst gebrauchsfertig macht, wie auch z. B., wenn ein Kühlraum vermietet wird, dem die niedrige Temperatur erst durch Durchlüftung oder Umhüllung verliehen wird (vgl. RG 75, 354; 33, 47; RGSt. 20, 417; WarnRspr. 1913 Nr. 285; SeuffA 62, 60). Es handelt sich dann um einen einheitlichen Mietvertrag, auch wenn die Vergütung für Licht, Heizung usw. besonders berechnet ist; es liegt darin nur ein Zuschlag zum Mietpreis der Räume. Darüber, ob der Mieter einen besonderen Zuschlag zum Mietzins zu entrichten hat, wenn nichts ausgemacht ist, entscheidet die örtliche Gewohnheit (vgl. Bamberg SeuffA. 62, 60). Das Entgelt für die Überlassung von Gasuhren, Wasser- und Kraftmessern ist nicht als Miete, sondern als Zuschlag zu dem für die Lieferung der Kraft zu zahlenden Preise anzusehen (vgl. Kiel SchlHolstAnz. 11, 227).

XII. **Gemischte Rechtsgeschäfte.** (Literatur: Hoeniger, Gemischte Verträge in ihren Grundformen, 1910; Schreiber, Gemischte Verträge im Reichsschuldrecht, Iher. Jb. 60, 106; Enneccerus-Lehmann, § 100 S. 393ff.; Larenz, II[8] § 34 S. 1ff.). Der gesetzliche Typ des Handelskaufs, wie er sich aus der Gesamtheit der Vorschriften des bürgerlichen und Handelsrechts ergibt, beansprucht für den Geschäftsverkehr keine Verbindlichkeit. Anders als im Sachenrecht gibt es im Schuldrecht keinen Typenzwang. Das Gesetz bildet vielmehr nur das ab, was es im Wirtschaftsleben als den typischen Kaufvertrag als Resultat der historischen Entwicklung vorgefunden hat. Das Prinzip der Vertragsfreiheit stellt es den Parteien frei, im Rahmen des nachgiebigen Rechts diesen gesetzlichen Vertragstypus des Handelskaufs nach ihren Bedürfnissen abzuändern, wozu auch gehört, daß in einem Handelskauf Elemente anderer Vertragstypen aufgenommen werden können. Man spricht dann von gemischten Verträgen. Gewöhnlich werden folgende Arten gemischter Verträge unterschieden, wobei allerdings einzuschränken ist, daß auch diese Systematik keinerlei Verbindlichkeit für sich in Anspruch nehmen kann: **Anm. 39**

1. Typische Verträge mit **andersartiger Nebenleistung.** Als Beispiel bietet sich etwa ein Lieferungsvertrag mit zusätzlicher Montageverpflichtung an, wenn letzterer keine wesentliche Bedeutung für den Gesamtvertrag zukommen soll (teilweise anders Larenz II[8] S. 5, der Verträge mit andersartiger Nebenleistung noch nicht zu den gemischten Verträgen rechnen will; in der Sache selbst besteht aber Übereinstimmung).

2. Kombinations- oder Zwillingsverträge. Bei ihnen besteht die Gegenleistung des einen Vertragsteils aus mehreren Leistungen, von denen keine für sich allein die Hauptleistung ist und die jeweils einem anderen Vertragstyp angehören. Als Beispiel möge wiederum der schon genannte Lieferungsvertrag mit Montageverpflichtung dienen, mit dem Unterschied allerdings, daß diesmal der Montage wesentliche Bedeutung zukommt. Ein weiteres, häufig genanntes Beispiel ist der Vertrag des Pensionsgastes bei einem Gastwirt, bei dem die Leistung des Wirtes Elemente der Miete (Zimmer), des Kaufes (Speisen, Getränke) und der Dienstleistung (Bedienung usw.) enthalten kann.

3. Doppeltypische oder Zwitterverträge. Diese von Larenz a. a. O. S. 6 plastisch Austauschverträge mit anderstypischer Gegenleistung genannten Verträge sind dadurch charakterisiert, daß die ausgetauschten Leistungen, also Leistung und Gegenleistung, jeweils einem anderen Vertragstyp angehören. Z. B. besteht bei einem Veräußerungsgeschäft die Gegenleistung ausnahmsweise nicht in Geld, sondern in der Verpflichtung zur Erbringung gewisser Dienstleistungen oder in der zeitweisen Überlassung bestimmter Betriebsanlagen.

4. Verträge mit Typenvermengung oder Typenverschmelzungsverträge. Sie sind zu finden bei den sogenannten Geschäftsbesorgungsverträgen des § 675 BGB (hier sind Werk- oder Dienstvertrag und Auftrag miteinander verschmolzen) sowie bei der gemischten Schenkung (Verschmelzung von Schenkung und einem Austauschvertrag, etwa Kauf).

Die rechtliche Behandlung dieser gemischten Verträge entzieht sich jedem Schema. **Anm. 40** Sie richtet sich zuallererst mehr noch als bei den normalen typischen Geschäften nach den Besonderheiten des konkreten Vertrages unter Berücksichtigung der von den Parteien verfolgten Zwecke. Lücken in den vertraglichen Vereinbarungen müssen dadurch geschlossen werden, daß auf dieser Grundlage behutsam ermittelt wird, was die Parteien vereinbart hätten, wenn sie bei Vertragsschluß daran gedacht hätten, den später strittig gewordenen Punkt ausdrücklich zu regeln (sogenannter hypothetischer Parteiwille). Die Heranziehung der gesetzlichen auf typische Verträge zugeschnittenen Regeln muß stets der Ermittlung des so verstandenen Parteiwillens untergeordnet bleiben. Am unbedenklichsten lassen sich die dispositiven Normen des Gesetzes noch bei der ersten obengenannten Gruppe anwenden. Bei ihnen prägt der Vertragstypus der Hauptleistung den Vertrag in seiner Gesamtheit. Für die Nebenleistung können bestenfalls einige Vorschriften des Vertragstyps, dem sie angehört, ergänzend herangezogen werden. Ein solcher Fall liegt vor beim Verkauf eines Geschäftsgeheimnisses unter Verpflichtung zur Anleitung bei der Verwendung, bei der Überlassung einer Erfindung auf bestimmte Zeit gegen Entgelt mit der Verpflichtung zur Unterstützung (Pachtvertrag, RG 76, 235; 90, 164), bei dem schon mehrfach zitierten Beispiel des Verkaufs einer Maschine unter der Verpflichtung des Verkäufers, die Maschine aufzustellen und den Käufer in ihre Handhabung einzuweisen (ROHG 9, 219; 11, 63), bei Verkauf eines Warenlagers und des Inventars mit der Verpflichtung, in die Verträge mit den Angestellten und in den Mietvertrag über die Geschäftsräume einzutreten (Gruch. 28, 1034). Bei der Miete von Elektrizitätszählern, Gas- und Wassermessern als Nebenleistung kann die Gewährleistung für diese Geräte ergänzend nach den Grundsätzen der Miete zu behandeln sein. Bei den Verträgen der Gruppe 2, den sogenannten Kombinationsverträgen, werden hingegen häufig die Regeln der beiden kombinierten Vertragsarten nebeneinander jede für sich anzuwenden sein. Besteht die Verpflichtung des Veräußerers im genannten Beispiel in der Lieferung und Aufstellung der Maschine oder Anlage, ohne daß letztere Nebenverpflichtung ist, so werden Mängel der Ware selbst nach den Gewährleistungsvorschriften des Kaufrechts, Mängel der Montage nach denjenigen des Werkvertragsrechts behandelt (so auch Larenz a. a. O. S. 6). Die Einheitlichkeit des Vertrages zeigt sich jedoch daran, daß ein etwaiges Wandlungsrecht in bezug auf die eine Leistung den gesamten Vertrag erfaßt, falls bei Wandlung des einen Leistungsteils auch das Interesse an dem anderen fortfällt. Auch der Verkäufer, der sich zugleich verpflichtet, die von ihm fortgesetzt zu liefernden Waren im Dienst des Käufers zu vertreiben, hat wie beim Dienstvertrag das Kündigungsrecht nach § 626 BGB für das ganze aus Kauf und Dienstvertrag gemischte Rechtsgeschäft beim Vorhandensein eines wichtigen Grundes; dasselbe Recht muß dann auch dem Käufer zustehen. Ähnliches gilt bei der dritten Gruppe, den doppeltypischen Verträgen. Bei ihnen gilt für Leistung und Gegenleistung jeweils die zu ihrem Vertragstyp gehörende Regelung, soweit nicht die innere Einheitlichkeit des Vertrages zwingend die Auflösung des gesamten Vertrages, etwa im Kündigungsfall, erfordert. Bei den Verträgen der Gruppe 4, unter denen in dem hier interessierenden Zusammenhang im wesentlichen die gemischte Schenkung in Betracht kommt, kann der Sinn des Vertrages zuweilen die Zerlegung in einen entgeltlichen und einen unentgeltlichen Teil fordern (Trennungstheorie) oder die Betonung der Einheitlichkeit des Geschäfts. Vgl. hierzu insbesondere Enneccerus-Lehmann[15] S. 402 und S. 496ff. und Larenz a. a. O. S. 127ff. Mehrere aus wirtschaftlichen Gründen zusammengefaßte Rechtsgeschäfte brauchen schließlich überhaupt kein Rechtsgeschäft mit einheitlicher Beurteilung zu sein; es ist immer Tatfrage, welche Vertragsform den einzelnen Punkten gerecht wird. Anders, wenn das eine Rechtsgeschäft nicht ohne das andere bestehen kann; dann ist nur ein einheitlicher Vertrag vorhanden. Diese Einheitlichkeit wird nicht dadurch gestört, daß die Parteien bei den mehreren Rechtsgeschäften nicht dieselben sind. Mängel des einen Rechtsgeschäfts treffen auch das andere (RG 51, 181; 79, 436; 86, 107; 97, 220). Diese Einheitlichkeit beantwortet auch die Frage nach der Form dahin, daß für alle Einzelgeschäfte die höchste Form verlangt wird, die für eines der Geschäfte vorgeschrieben ist (§ 350 Anm. 38). Handelt es sich nicht um einen solchen Gesamtvertrag, so daß die Erfüllbarkeit jedes einzelnen Geschäfts von dem Bestand des andern unabhängig ist, so ist der Zusammenhang nur ein äußerlicher; jedes Geschäft hat sein eigenes Schicksal (RG 79, 311).

D. Der Abschluß des Handelskaufs

Anm. 41 I. Der Abschluß des Handelskaufs ist grundsätzlich formlos möglich. Die Formfreiheit beruht aber nicht auf einer Vorschrift des HGB, sondern sie ergibt sich daraus, daß schon das BGB von der Regel ausgeht, daß Verträge formfrei sind. Zu beachten ist jedoch § 311 BGB, wonach ein Vertrag über das ganze Vermögen in gerichtlicher oder notarieller Form abgeschlossen werden muß. Zum ganzen Vermögen können auch Waren und Wertpapiere gehören. Keine Ausnahme von dem Grundsatz der Formfreiheit machen die Wertpapiere, die durch Indossament übertragen werden. Denn die Indossierung des Wertpapiers ist die Erfüllung des Kaufgeschäfts. Der Kaufvertrag selbst bedarf auch bei indossablen Wertpapieren keiner Form. Die Vorschrift über die Form von Grundstücksveräußerungsverträgen (§ 313 BGB) kommt hier nicht in Betracht, da der Kaufvertrag über ein Grundstück kein Handelskauf ist (vgl. oben Anm. 17). Auch die Formvorschrift des § 15 GmbHG, nach dem der obligatorische Vertrag über Veräußerung von Geschäftsanteilen einer solchen Gesellschaft an die gerichtliche oder notarielle Form geknüpft ist, kommt hier nicht in Betracht, weil ein solcher Geschäftsanteil weder eine bewegliche Sache noch ein Wertpapier ist und daher nicht Gegenstand eines Handelskaufs sein kann (oben Anm. 17).

Kann der Handelskauf also regelmäßig formlos geschlossen werden, so genügen auch **Anm. 42** stillschweigende Willenserklärungen. Es ist nichts weiter erforderlich, als daß nach den allgemeinen Regeln über das Zustandekommen von Verträgen die beiden übereinstimmenden Willenserklärungen vorhanden sind, und zwar in bestimmbarer Weise. Verkehrsüblich erfolgt in Detailgeschäften, die mit Kassenzetteln verkaufen, insbesondere in Warenhäusern, die Annahme des Kaufantrages durch Ausstellung und Übergabe des Abschlußzettels (KG in KGBl. 1924, 107). Gleiches gilt für den Kauf in Selbstbedienungsläden. Eine Form für den Vertragsabschluß kann jedoch von den Parteien vereinbart sein; § 350 Anm. 44. Über Ausstellung von Bestätigungsschreiben, Schlußnoten, Bestellscheinen s. § 346 Anm. 101ff.; vgl. dort auch zur Wirkung der stillschweigenden Entgegennahme derselben.

II. Der Abschluß eines wirksamen Kaufvertrages setzt (wie bei allen Verträgen) vor- **Anm. 43** aus, daß sich die Parteien über alle Punkte des Vertrages geeinigt haben, „über die nach der Erklärung auch nur einer Partei eine Vereinbarung getroffen werden soll" (§ 154 BGB). Dazu und über das Zustandekommen von Verträgen im allgemeinen vgl. den Anhang zu § 361. Für den Kaufvertrag im besonderen ist **wesentlich, daß** die vertragschließenden **Parteien,** der **Kaufgegenstand** und der zu entrichtende **Preis** mindestens **bestimmbar sind.**

1. Zwei bestimmte Parteien müssen miteinander einig werden. Jedoch ist Verkauf in fremdem Namen ohne Nennung des Auftraggebers möglich. Der Käufer kann auf Nennung des Namens des Verkäufers verzichten; es ist dies nicht nur so gemeint, daß später der Name auf Verlangen des Käufers mit der Wirkung zu offenbaren wäre, daß der Abschließende selbst hafte, wenn er seinen Auftraggeber nicht namhaft machen kann. Für den Handelsmakler besteht zwar ein solcher Satz bei Schlußnoten mit vorbehaltener Aufgabe (§ 95 Anm. 1ff.). Es ist jedoch auch möglich, daß mit Einverständnis des Käufers der Verkäufer ungenannt bleibt. Es können ferner bestimmte Eigenschaften des Gegners, z.B. daß die vorbehaltene Auskunft über ihn genüge (Naumburg OLGE 24, 177), oder daß er ein Primakassekunde oder Primaablader sei, ausbedungen werden (§ 95 Anm. 6). War der Verkäufer in den Glauben versetzt, es handle sich um einen inländischen Käufer, während ihm nachher ein ausländischer Käufer genannt wird, dem er als solchem nur zu einem höheren Preise verkauft hätte, so unterliegt der Kauf der Anfechtung wegen arglistiger Täuschung.

2. Preis und Ware müssen bestimmbar sein. Ausreichend ist, wenn die Par- **Anm. 44** teien sich über die Modalität der Preisberechnung derart geeinigt haben, daß die Festsetzung des Preises der Willkür einer Partei entrückt ist und ohne weitere Zustimmungserklärung der Parteien objektiv erfolgen kann. Es genügt, daß die Leistung nach Gegenstand, Art, Zeit und Ort aus objektiv gegebenen Umständen bestimmbar ist, sei es durch eine der Vertragsparteien nach §§ 315, 316 BGB (unten Anm. 51ff.), sei es durch einen Dritten nach § 317 BGB (unten Anm. 45ff.), sei es in ergänzender Auslegung durch das Gericht (RG 60, 175; 66, 121; 85, 291; 90, 29; JW 1912, 73[11]; LZ 1913, 380[12]). Ist die Lücke aber so groß, daß sie nicht durch billiges Ermessen ergänzt werden kann, so ist der Vertrag unwirksam (RG 41, 282; 85 291).

Anm. 45 a) Dem Erfordernis der Bestimmbarkeit kann dadurch genügt werden, daß die Bestimmung einem Dritten überlassen wird (Schiedsgutachter, Schiedsmann). Die Bestimmung der Leistung kann nach Art, Zeit, Umfang usw. oder nach allen diesen Beziehungen dem Ermessen des Dritten anheimgegeben werden. Die durch den Dritten getroffene Bestimmung hat hier insofern konstitutive Bedeutung, als durch sie der Inhalt der den Parteien obliegenden Pflichten erst konkretisiert, u. U. die Rechtspflicht der Partei überhaupt erst begründet wird. Der Dritte hat im Zweifel die Bestimmung nach billigem Ermessen (= sachverständigem Ermessen, RG LZ 1908, 160[19]; WarnRspr. 11, 319; JW 1936, 502) zu treffen: § 317 BGB. Die von dem Dritten getroffene Entscheidung ist unwiderruflich (RG WarnRspr. 1913 Nr. 356). Sie ist ein unverbindlich, wenn sie offenbar unbillig ist: § 319 Abs. 1 S. 1 BGB und kann unter dieser Voraussetzung auch Schadensersatzansprüche gegen den Dritten auslösen; BGH 43, 374. Die Parteien können aber auch vereinbaren, daß die Bestimmung des Dritten schon dann unverbindlich sein soll, wenn sie unbillig ist; offenbare Unbilligkeit ist dann zur Unverbindlichkeit nicht erforderlich (RG 99, 106). Zur Frage, inwieweit durch die Schiedsgutachtervereinbarung die Erteilung von Auskunft zwecks Überprüfung des Schiedsgutachtens ausgeschlossen werden kann s. OGHZ 4, 39.

Anm. 46 Offenbar unbillig ist das Schiedsgutachten nicht schon dann, wenn es objektiv unbillig ist. Offenbare Unbilligkeit liegt vielmehr erst dann vor, wenn der Schiedsgutachter den Grundsatz von Treu und Glauben in grober Weise verletzt hat und sich die Unbilligkeit seines Spruchs dem Blick eines sachkundigen und unbefangenen Beurteilers — wenn auch möglicherweise erst nach eingehender Prüfung, BGH VersR 1963, 390 oder Beweisaufnahme RG LZ 1911, 546[19] — sofort aufdrängen muß RG 69, 167; 96, 62; 99, 106; 105, 106; 147, 58, 63; WarnRspr. 1909 Nr. 395; 1911 Nr. 319; 1913 Nr. 356; JW 1908, 711[3]; LZ 1910, 547[13]; 1913, 381[13]; BGH NJW 1958, 2067; BB 1963, 281; LM Nr. 8 zu § 317 BGB Flüchtigkeit und Oberflächlichkeit bei den der Bestimmung vorangehenden Ermittlungen ist noch nicht gleichbedeutend mit offenbarer Unbilligkeit. Ebensowenig genügt es, daß andere Sachverständige zu einem anderen Ergebnis gelangen (RG WarnRspr. 1913 Nr. 357). Für die Unbilligkeit kommt es allein auf das Ergebnis des Schiedsgutachtens an; die Verletzung selbst wesentlicher Verfahrensgrundsätze, wie die Verweigerung des rechtlichen Gehörs, ist ohne Belang, BGH 6, 335. Ähnliches gilt für die unzutreffende Auslegung des Vertrages (RG JW 1910, 836[74]; Gruch. 50, 828). Andererseits ist ein Schiedsgutachten insoweit ohne bindende Kraft, als es über den Rahmen der den Schiedsgutachtern gestellten Aufgabe hinausgeht (RG JW 1910, 836[74]).

Anm. 47 Abgrenzung von ähnlichen Erscheinungen. § 317 BGB setzt voraus, daß der Dritte die Leistung einer der Parteien gerade für ihren Vertrag bestimmen soll. Die Vorschrift findet daher keine Anwendung, wenn die Parteien die Marktpreise als maßgebend bezeichnen, die von irgendeinem Ausschusse ganz allgemein für Geschäfte dieser Art festgesetzt werden (RG JW 1904, 289[9]), oder wenn die Parteien die Leistung nach Maß, Menge, Gewicht oder sonstwie schätzungsweise angegeben haben, denn § 317 BGB setzt eine erst durch Schätzung nach Maß, Menge, Gewicht oder sonstwie zu bestimmende Leistung voraus. Die Regeln der §§ 317 bis 319 BGB sind jedoch zumindest entsprechend anzuwenden auf diejenigen Schiedsmänner, die zwar nicht den Vertragswillen ergänzen sollen, dafür aber vermöge ihrer besonderen Sachkunde entweder a) den bereits vorhandenen Vertragswillen klarstellen oder b) bestimmte Unterlagen herbeischaffen und (natürliche oder rechtliche) Tatsachen feststellen sollen. Die unter a) und b) genannten Tätigkeiten bezeichnet man als Schiedsgutachten im engeren oder eigentlichen Sinne (RG 96, 60). Da der Dritte bei diesen Schiedsgutachten im eigentlichen Sinne nicht die Aufgabe hat, den Vertragsinhalt zu schaffen, sondern Tatsachen klarzustellen, zu ermitteln, kann Maßstab für die Unverbindlichkeit seines Gutachtens nicht dessen offenbare Unbilligkeit (§ 319 Abs. 1 BGB) sein, sondern dessen offenbare Unrichtigkeit: BGH LM Nr. 7 zu § 317 BGB; BGH NJW 1965, 150; OLG Celle MDR 1962, 900. Die Schiedsgutachter, die an Stelle der Kontrahenten den Vertragswillen ergänzen (Mot. zu § 357 des Entw. S. 195) oder in der zuletzt erwähnten Weise klarstellen sollen, sind **zu unterscheiden von** den in § 1025 ZPO vorgesehenen **Schiedsrichtern,** die Rechts- und Tatfrage gleich dem ordentlichen Richter entscheiden. Das schiedsrichterliche Verfahren findet auf Schiedsgutachter keine entsprechende Anwendung. Der wesentliche Unterschied zwischen Schiedsrichter und Schiedsgutachter besteht darin, daß der Schiedsrichter über Existenz oder Nichtexistenz einer materiellen Berechtigung zu entscheiden, die aus dem Tatbestand entspringende Rechtsfolge festzustellen hat, indem er das objektive Recht auf einen konkreten Fall anwendet, während der Schiedsmann nicht Recht anwendet, sondern erst gestaltend festsetzt, was zwischen den Parteien gelten soll, also an Stelle der Parteien das vertragliche Recht setzt. Der Schiedsrichter entscheidet an Stelle des Richters einen Rechtsstreit, der Schiedsgutachter setzt Tatbestandselemente fest, ohne die sich daraus ergebende Folgerung für oder gegen den Anspruch einer der beiden Parteien zu ziehen; vgl. zu der Abgrenzung eingehend BGH 6, 335, 338. Der Schiedsgutachter entscheidet also im Gegensatz zum Schiedsrichter und zum ordentlichen Richter nicht über rechtliche Ansprüche der Parteien, sondern nur über Vorfragen, wie über die Auslegung von Vertragsbedingungen, die Art der Ausführung einer Leistung, über die Qualität einer Ware oder deren Minderwert (OLG Hbg. OLGE 17, 378; 38, 57), über die Höhe eines Schadens, die Angemessenheit des Preises, die Ursächlichkeit eines Ereignisses, die Wertberechnung in einem Auseinandersetzungsverfahren (BGH NJW 1957, 1834), den Zeitwert eines Fahrzeugs durch Schätzung (BGH LM Nr. 7 zu § 317 BGB) oder die Voraussetzungen einer Kündigung (BGH 9, 143, 145). Dieser Unterschied freilich wird insofern etwas verwischt, als auch im Rahmen eines Schiedsgerichtsverfahrens dem Schiedsrichter größere Entscheidungsfreiheit nach billigem Ermessen und damit eine Gestaltungsbefugnis eingeräumt werden kann; vgl. z. B. RG 147, 24. Gleichwohl behält der Unterschied zwischen schiedsrichterlicher Streitentscheidung und schiedsgutachtlicher Leistungsbestimmung seine Bedeutung: das Schiedsgerichtsurteil kann nur aus den in § 1041 ZPO genannten Gründen aufgehoben werden, das Schiedsgutachten dagegen unterliegt den §§ 318 Abs. 2, 319 BGB. Der Schiedsrichtervertrag bedarf nach § 1027 ZPO der Schriftform, außer wenn er beiderseitiges Handelsgeschäft unter Vollkaufleuten ist, § 1027 Abs. 2 ZPO. Aus einem Schiedsspruch gemäß §§ 1042ff. ZPO findet die Zwangsvollstreckung statt, während die Bestimmung der Leistung nach § 317 BGB niemals für vollstreckbar erklärt werden kann, vielmehr, wenn der eine Vertragsteil die durch den Schiedsmann konkretisierte Verpflichtung nicht erfüllt, die andere Partei erst die Erfüllungsklage erheben muß. Es ist daher, auch wenn einem Schiedsgericht sowohl Streitentscheidung als auch Gestaltung nach billigem Ermessen übertragen ist, die Funktion des Schiedsgerichts zu unterscheiden, indem es zum einen im Rahmen der §§ 1025ff. ZPO, zum anderen gemäß der §§ 317ff. BGB tätig wird, mag es auch äußerlich in einem einheitlichen Verfahren erfolgen. Sofern jedoch die Parteien zur Beendigung eines streitigen Rechtsverhältnisses, das schiedsrichterlich zu entscheiden ist, das Schiedsgericht im Rahmen des schiedsrichterlichen Verfahrens auch zur Gestaltung ihrer Rechtslage ermächtigen, erfolgt auch diese durch Urteil.

In einem Vertrag zugunsten eines Dritten kann eine Schiedsklausel mit Wirkung für den Dritten vereinbart werden (LZ 1925, 1325[6]). Sind Schiedsmänner nicht von vornherein im Vertrag vorgesehen oder ist ein Schiedsgutachtervertrag erst abgeschlossen, nachdem der Schaden entstanden war, so hat der Vertrag die rechtliche Natur eines Vergleichs (§ 350 Anm. 3). Die Schiedsmänner sind im Zweifel in gemeinsamem Zusammenwirken der Parteien zu ernennen. Sind drei Schiedsmänner vorgesehen, so ist der Obmann, wenn sich die Parteien nicht einigen, von den zwei Schiedsmännern zu ernennen, von denen jede Partei einen ernennt. Es ist zulässig, einem Vertragsteil oder einem Dritten die Ernennung sämtlicher Schiedsmänner vertraglich einzuräumen (vgl. RG 26, 373; WarnRspr. 1919 Nr. 5). Auch auf eine Behörde können sich die Parteien als die zur Ernennung Berechtigte einigen, wenn die Ernennung in den Geschäftsbereich der Behörde gehört, wie z. B. Handelskammern (RG 53, 387). Gerichte können jedoch nicht zur Ernennung angegangen werden (RG 94, 174; JW 1919, 320[23]), sondern nur Richter für ihre Person. Nur eine physische Person, nicht eine Firma kann Schiedsmann sein (Mot. II 194). Ist doch eine Firma ernannt, so ist es Sache der Auslegung, wer von der Firma oder ihren Angestellten gemeint ist, OLG Hamburg, OLGE 17, 378. Auch auf eine Behörde können sich die Parteien einigen, soweit diese Behörde nicht schon kraft Gesetzes zur verbindlichen Entscheidung zuständig ist: BGH LM Nr. 8 zu § 317 BGB; vgl. auch BGH NJW 1955, 665 = LM Nr. 8 zu § 1025 ZPO; ein Gericht kann dagegen nie zum Schiedsmann bestellt werden: RG 169, 232, 237; BGH LM Nr. 8 zu § 1025 ZPO und Nr. 3 zu § 317 BGB; vgl. aber auch OLG Hamburg JZ 1963, 172 (zweifelhaft!). Ein Recht, den von der anderen Partei benannten Schiedsmann wegen Befangenheit abzulehnen, besteht nicht, RG 152, 207. Kann oder will der Dritte den Spruch nicht geben oder verzögert er ihn ungebührlich, so ist der Rechtsweg in der Sache selbst eröffnet (§ 319 Abs. 1 BGB; § 64 Abs. 1 Satz 2, § 184 Abs. 1 Satz 2 VVG). Haben die Schiedsmänner zwar einen Minderwert festgestellt, aber nicht dessen Betrag, so kann die Klage nur auf den Betrag gerichtet werden. Die rechtliche Grundlage bildet auch dann noch der Schiedsvertrag (RG 90, 170). Dasselbe gilt, wenn der Vertragsgegner seine Mitwirkung zur Ernennung des Schiedsmannes verweigert (RG 33, 268) oder die nötigen Schritte zur Berufung des Schiedsmannes innerhalb angemessener Frist unterläßt (LZ 1907, 663[6]). Das Verfahren richtet sich im Zweifel nach den am Ort der Begutachtung bestehenden Gebräuchen; jedenfalls kann kein Vorwurf daraus hergeleitet werden, daß der Dritte die dort geltenden Prozeßgesetze beobachtet hat. Die Parteien müssen sich gegenseitig von der Aufstellung ihres Schiedsmannes Nachricht geben, damit jeder Teil vor den Schiedsmännern seinen Standpunkt vertreten kann. Irgendwelche Verfahrensvorschriften bestehen im Gegensatz zum schiedsrichterlichen Verfahren nicht. Erweist sich die Kommission nachträglich als unrichtig zusammengesetzt, so muß sich jeder Teil auf einen neuen Spruch einlassen. Der Spruch eines nur aus zwei Schiedsmännern bestehenden Schiedsausschusses muß einstimmig erfolgen (RG 87, 195), es sei denn es handle sich um Ziehung einer Durchschnittssumme (§ 317 Abs. 2 BGB). Der Mittelwert kann aber dann nicht maßgebend sein, wenn die Schätzungen der beiden Schiedsgutachter so weit voneinander abweichen, daß entweder die eine oder die andere offenbar unbillig sein muß, BGH LM Nr. 9 zu § 317 BGB = NJW 1964, 2401. Zur Bestimmung einer Summe durch mehrere Dritte, vgl. auch Laule DB 1966, 769. Sind mehr als zwei Schiedsmänner bestellt, so geht der Parteiwille im Zweifel und wenn nicht etwa eine Durchschnittssumme zu ziehen ist (§ 317 Abs. 2 BGB) dahin, daß Stimmenmehrheit den Spruch bestimmt (Kiel OLGE. 16, 367). Zu den Pflichten des bei Mehrheitsentscheidung Überstimmten: BGH 22, 343. Soll die Mehrheit nicht entscheiden, so braucht der Überstimmte sich der Mehrheit nicht zu fügen und deren Spruch nicht mit zu unterzeichnen. Gegen den Spruch selbst findet der Rechtsweg nach doppelter Richtung statt: Die unterlegene Partei kann den Spruch wegen Irrtums, Bedrohung oder arglistiger Täuschung des Schiedsmanns anfechten (§ 318 BGB); die siegende Partei wird sich alsdann nicht auf einen neuen Spruch einzulassen brauchen, sondern Entscheidung durch die ordentlichen Gerichte verlangen dürfen. Die unterlegene Partei kann ferner wegen offenbarer Unbilligkeit des Spruchs die ordentlichen Gerichte zur Entscheidung in der Sache selbst anrufen (§ 319 Abs. 1 BGB).

Anm. 48 Die Parteien können auch stillschweigend vereinbaren, daß die Bestimmung eines Dritten unbedingt maßgebend sein soll. Dies ist der Fall, wenn der Dritte die Bestimmung nach freiem Belieben treffen soll (§ 319 Abs. 2 BGB). Dann gilt die Bestimmung des Dritten, auch wenn sie offenbar unbillig ist. Nur arglistiges Zusammenwirken einer Partei mit dem Schiedsmann ermöglicht alsdann einen Angriff (RG 24, 360; a. M. RG 10, 131), abgesehen von der Anfechtung wegen Irrtums, Drohung und arglistiger Täuschung (§ 318 BGB; WarnRspr. 1913 Nr. 356). Eine solche unbedingte Unterwerfung unter die Bestimmung eines Dritten wird in der Regel aus der Abrede des Ausschlusses des Rechtsweges zu folgern sein (RG 24, 360; KG in OLGE. 17, 210) und in der Arbitrageklausel.

Anm. 49 Die Arbitrageabrede (Frommer ZHR 39, 325; Witkowski JW 1916, 1327; Zander Gruch. 49, 792) bedeutet im eigentlichen und ursprünglichen Sinne, daß bei Streit darüber, ob eine Ware kontraktgemäß sei oder nicht, ob die Lieferung als rechtzeitig erfolgt zu gelten hat oder nicht, die Arbitragestelle zu entscheiden habe. Hier ist nicht der Inhalt der Leistungspflicht streitig, sondern, ob die Ware oder die erfolgte Lieferung ihrer Qualität nach den an sich unstreitigen Lieferpflichten entspricht. Die Arbitrage in diesem Sinne ist daher kein Schiedsgerichtsverfahren, denn sie entscheidet nicht darüber, welche Rechtsfolge sich aus einem Sachverhalt ergibt; sie ist vielmehr ein Schiedsgutachten im engeren Sinne, auf das §§ 317ff. BGB entsprechend anwendbar sind (s. oben Anm. 47); sie gibt ein für die Parteien verbindliches Sachverständigenurteil über die Qualität, über Wert oder Minderwert der Ware ab. Nach RG 73, 259 soll die Arbitrageklausel dahin zu verstehen sein, daß der Käufer die Ware, wenn sie noch als zur Vertragserfüllung geeignet erscheint, annehmen müsse und wegen des Minderwerts gegenüber der vertragsmäßigen Beschaffenheit nur Preisminderung nach dem Spruch gewählter Arbitratoren, bei Vereinbarung der Arbitrage eines bestimmten Platzes, nach dem Spruche der an dem betreffenden Handelsplatz bestehenden Arbitragekommission, verlangen könne. Dagegen mit Recht in Übereinstimmung mit OLG Königsberg in PosMSchr. 1908, 34 Ritter in ArchBürgR 37, 174, wonach für die Bedeutung der Klausel der an dem betreffenden Orte herrschende Handelsgebrauch maßgebend ist. Die Klausel „bei etwaigen Qualitätsdifferenzen steht dem Käufer nur das Recht auf Preisminderung zu; die Ware ist mit dem durch Hamburger freundschaftliches Schiedsgericht festgesetzten Minderwert zu übernehmen" bezieht sich auf alle Qualitätsdifferenzen, einerlei auf welchem Rechtsgrund sie beruhen; nicht nur das Wandelungsrecht, sondern auch das Rücktrittsrecht bei positiver Vertragsverletzung nach §§ 325, 326 BGB ist ausgeschaltet, ebenso etwaige aus einem Verschulden des Verkäufers hergeleitete Ansprüche (Hamburg in HansRGZ 1937 B 135). Die Klausel „Hamburger Privatschiedsgericht" ist gleichbedeutend mit der Klausel „Hamburger Privatarbitrage" (Hamburg HansRGZ 1940 B 382). Das Arbitrageverfahren ist ausgeschlossen, wenn eine völlig andere Sache oder eine Ware in betrügerischer Packung geliefert ist (RG 47, 142). Nur dann kann auch bei einer Qualitätsstreitigkeit die Arbitrage außer acht gelassen werden, wenn die beteiligten Kreise wegen der Neuheit und Unbekanntheit des Mangels allgemein das Arbitrageverfahren für unanwendbar halten (Hamburg HansRGZ 1930 Nr. 2085). An der Verpflichtung des Käufers zur rechtzeitigen Mängelrüge wird durch die Arbitrageklausel nichts geändert (LZ 1911, 781[1]), doch ist in der Arbitrage nicht darüber zu entscheiden (WarnRspr. 1925 Nr. 15; 1915 Nr. 59). Auch Auslandsarbitrage kann vereinbart werden, z. B. Londoner Arbitrage. Die Arbitratoren entscheiden insbesondere über die vertragsmäßige Beschaffenheit der Ware, die Rechtzeitigkeit der Lieferung und ähnliche Streitigkeiten tatsächlicher Art auf Grund ihrer kaufmännischen Erfahrung; insoweit können sie auch Ermittlungen anstellen. Zur Entscheidung über Rechtsfragen, z. B. über das Zustandekommen des Kaufvertrags, über Ansprüche aus einem zahlungshalber gegebenen Wechsel, über Schadensersatzansprüche, Gewährleistung, Rechtzeitigkeit der Mängelrüge, Rücktritt usw. sind die Arbitratoren nicht zuständig (RG WarnRspr. 1925 Nr. 15; 1915 Nr. 59). Im Gegensatz zu den Schiedsrichtern, die einen nach § 1039 ZPO niedergelegten Schiedsspruch nicht mehr abändern können (RG 41, 398) steht es ihnen im Falle der Beanstandung ihres Gutachtens frei, einen berichtigten Spruch abzugeben. Über das im Ausfuhrhandel übliche Survey-Verfahren vgl. Leo, „Die neuen Geschäftsbedingungen des deutschen Ausfuhrhandels" in Übersee-Stud. Heft 10, 35. Ist, wie in diesen Bedingungen, bestimmt, daß die Qualitätsfeststellung der usancemäßig am Bestimmungsort zu ernennenden Experten für beide Teile bindend sei, so ist ein Handelsbrauch, wonach der überseeische Käufer berechtigt wäre, einen Experten nach seinem Belieben auszuwählen, grundsätzlich nicht anzuerkennen; die Möglichkeit einer anderen Beweisführung ist nicht ausgeschlossen (Hamburg HRR 1930 Nr. 2086). Weigert sich der Käufer grundlos, das seinige zum Zustandekommen der Arbitrage zu tun, so kann der Verkäufer den Käufer so behandeln, als wolle er von der Arbitrageklausel keinen Gebrauch machen, und ihn auf den vollen Kaufpreis verklagen (RG 73, 261). Der vertragstreue Teil kann statt dessen aber auch die amtliche Arbitrage des betreffenden Platzes anrufen. Es steht nichts im Wege, daß die Parteien sich einer ausländischen Arbitrage unterwerfen; dann gilt das dortige Arbitragerecht (RG 30, 370). Es kann dann auf Leistung gemäß diesem Spruch geklagt werden. Weiteres über die Arbitrage § 377 Anm. 251 ff. Bei cif-Geschäften und c & f-Geschäften (s. unten Anm. 256, 266) ist der überseeische Abladeort der Erfüllungsort im Sinne von Leistungsort; daran ändert die Arbitrageklausel nichts (RG 87, 135; 90, 3).

Mit der Arbitrageklausel kann auch eine Schiedsklausel verbunden sein. Dies ist **Anm. 50**
z. B. der Fall bei der verbreiteten Klausel **„Hamburger freundschaftliche Arbitrage und Schiedsgericht"**. § 20 Abs. 1 der Platzusancen für den Hamburgischen Warenhandel bestimmt:

„Unter Arbitrage ist die Entscheidung von Streitigkeiten im Schiedswege unter Ausschluß der ordentlichen Gerichte nicht nur über Qualitätsfragen, sondern auch über alle anderen aus dem Geschäft entstehenden Streitpunkte, insbesondere auch über Rechtsfragen zu verstehen, es sei denn, daß in dem Vertrage ausdrücklich etwas anderes vereinbart ist."

Gelegentlich wird nur die Klausel „Hamburger freundschaftliches Schiedsgericht" oder „Freundschaftliche Arbitrage" gebraucht. Auch dann bedeutet sie sowohl Arbitrage- wie Schiedsklausel: § 20 der Platzusancen gibt örtlichen Handelsbrauch wieder (BGH NJW 1960, 1296). Obwohl die Hamburger Platzusancen als solche nur für Hamburger Firmen verbindlich sind, kann sich ihnen auch ein nicht ortsansässiger Kaufmann unterwerfen. Dies ist nach OLG Hamburg MDR 1951, 28 = NJW 1951, 111 schon dann der Fall, wenn er einen die Hamburger Arbitrageklausel mit dem Zusatz „Gerichtsstand Hamburg" enthaltenden Schlußschein annimmt. Da die Klausel keine bloße Qualitätsarbitrage ist, sondern, wie sich aus § 20 der Platzusancen ergibt, die Regelung sämtlicher Streitigkeiten aus einem bestimmten Vertrag durch ein Schiedsgericht unter Ausschluß der ordentlichen Gerichte bezweckt, hat das Schiedsgericht selbständig und abschließend über alle Rechtsfragen einschließlich der nach der Gültigkeit des Kaufvertrages und damit der Schiedsgerichtsklausel zu entscheiden. Damit befindet es auch endgültig über seine eigene Zuständigkeit und den Ausschluß des ordentlichen Rechtsweges; es hat die sog. Kompetenz-Kompetenz (OLG Hamburg MDR 1947, 133; BGH MDR 1952, 487 = NJW 1952, 1018; BB 1955, 552). Dies ist deshalb bemerkenswert, weil Schiedsgerichte im Regelfall nur befugt sind, vorläufig über die Einwendung, daß ein rechtsgültiger Schiedsvertrag nicht bestehe, zu entscheiden, während der ordentliche Richter zur Nachprüfung dieser Frage berechtigt und verpflichtet bleibt: §§ 1037, 1041 Abs. 1 Nr. 1 ZPO (vgl. KG JW 1924, 1182[14] für Berliner „Arbitrage"; RG WarnRspr. 1934 Nr. 42, die allerdings bereits die Einschränkung machten, daß dem Schiedsgericht die Kompetenz-Kompetenz zustehen könne, wenn es vereinbart sei). Der Schiedsvertrag muß, um gültig zu sein, nach § 1027 Abs. 1 ZPO ausdrücklich geschlossen sein, der gesetzlichen Schriftform genügen und darf nicht in einer Urkunde mit anderen Vereinbarungen enthalten sein. Formfrei ist die Vereinbarung eines Schiedsgerichts nur, wenn sie als beiderseitiges Handelsgeschäft unter Vollkaufleuten getroffen wird: § 1027 Abs. 2 ZPO.

Das Schiedsgericht wird gebildet, indem jeder der beiden Vertragspartner einen Schiedsrichter bestellt. Einzelheiten auch über das Verfahren sind in § 20 Abs. 2 bis 4 der Platzusancen geregelt. Zu dem Fall, daß einer der beiden Schiedsrichter seine Unterschrift unter einen Schiedsspruch verweigert, vgl. BB 1954, 645.

Über internationale Schiedsgerichtsbarkeit s. oben Anm. 5.

Anm. 51 b) Selbst einem der Vertragschließenden kann die Bestimmung der Leistung überlassen werden (§ 315 BGB), und zwar sowohl ihres Inhalts als auch der Art und Weise ihrer Ausführung, wie die Bestimmung des Zeitpunktes der Leistung (RG 64, 116; 104, 116), der Höhe der Abzahlungsraten auf den Kaufpreis (JW 1912, 73[11]; vgl. LZ 1910, 308[8]), auch der Ware, wenn Bestimmbarkeit, z. B. durch einen zuvor anzuhörenden Sachverständigen, besteht (JW 1912, 73[11]; 1913, 541[4]; WarnRspr. 1923/24 Nr. 155). Haben dagegen die Parteien irgendeinen Punkt späterer Einigung vorbehalten, so ist bis dahin überhaupt kein Vertrag zustande gekommen: §154 BGB. § 315 BGB gilt also nur dann, wenn sich die Parteien über den Inhalt des Vertrages einig sind und einige Punkte in das Ermessen einer Partei gestellt haben. In diesem Fall hat nicht erst das Gericht, sondern schon der Berechtigte selbst die Lücke auszufüllen. Erforderlich ist aber, daß der typische Geschäftszweck feststeht. Hat sich eine Partei freies Belieben ausbedungen, ob sie erfüllen will oder nicht, während der andere Teil gebunden sein soll, so ist § 315 BGB ebenfalls unanwendbar. Steht fest, daß die Parteien mit der Bestimmung durch eine von ihnen einverstanden sind, so hat im Zweifel der Gläubiger die Bestimmung zu treffen (§ 316 BGB), wenn sich nicht ausnahmsweise aus den Umständen ein anderes ergibt (JW 1909, 15[8]; Stuttgart OLGE. 20, 142). Die Leistung muß ferner bestimmbar sein, d. h. die Lücken dürfen nicht so groß sein, daß sie durch billiges Ermessen nicht ausgefüllt werden können (oben Anm. 45), wie wenn z. B. bei Spekulationsunternehmungen kein Teil ohne Genehmigung des andern verkaufen soll und jeder Anhalt fehlt, wann die Genehmigung erteilt werden muß (WarnRspr. 1913 Nr. 221; JW 1913, 541[4]). Dem Erfordernis der Bestimmbarkeit ist dadurch genügt, daß die Leistung nach den beiderseitigen Bedürfnissen, nach den persönlichen Verhältnissen und nach dem Vertragszweck durch das Ermessen eines billig abwägenden Mannes, d. h. nach billigem Ermessen, bestimmt werden kann, mag auch Vertragsinhalt oder Verkehrssitte keine Anhaltspunkte zu einer Bestimmung bieten. Die Parteien können dem Ermessen weitere oder engere Grenzen ziehen, also auch vereinbaren, daß z. B. nur offenbar unbilliges Ermessen (oben Anm. 46) dem Bestimmenden nicht erlaubt sei. Es fehlt an der Bestimmbarkeit, wenn die Bestimmung der reinen Willkür einer Partei überlassen ist; in solchen Fällen derartiger Willkür ist der Vertrag ungültig (ROHG 7, 157). Fälle reiner Willkür sind nicht gegeben, wenn der Käufer aus der Produktion des Verkäufers periodisch die ihm passenden Artikel zu bestimmbaren Preisen auswählen darf (ROHG 19, 331; hier ist ein Recht der Auswahl eingeräumt), oder wenn ein Grundstück zur Ausbeute überlassen wird, solange es abbauwürdig erscheine (JW 1909, 451[2]; über Zeitdauer und Umfang entscheidet § 315 BGB), oder wenn bei Ausschreibungen der Ausschreibende sich die Verteilung der Leistungen unter die Bietenden vorbehält (Recht 1909 Nr. 220 u. 221; der Ausschreibende schließt dann über die verteilten Leistungen ab), oder wenn ein Fabrikant seine Nebenprodukte, ohne eine Zeitdauer festzusetzen, vergibt (hier ist der Vertrag wirksam, solange der Fabrikant die Nebenprodukte herstellt; er ist nicht auf unbestimmte Zeit abgeschlossen), oder wenn sich ein Teil das Recht vorbehält, sich an den Einkäufen des anderen Teils zu beteiligen (WarnRspr. 1909 Nr. 67). Weitere Fälle ausreichender Bestimmbarkeit nach billigem Ermessen: Zahlung nach Bequemlichkeit, Besserungsscheine, Nachzahlungsversprechen, Abruf nach Bedarf, Stundung (JW 1912, 73[11]), Höhe oder Zeit der Lieferungsraten des Verkäufers (RG 64, 116; 60, 178; JW 1909, 721[8] u. 452[8]; LZ 1912, 148[13]) oder der Kaufpreisraten des Käufers (Stuttgart OLGE 20, 142), Lieferpflicht des Verkäufers nach seiner Sortierung, oder Versprechen einer angemessenen Gewinnbeteiligung (JW 1921, 106[2]). Ist vereinbart, daß eine gewisse Menge nach und nach innerhalb einer gewissen Zeit abzunehmen ist, ohne daß gesagt ist, ob Käufer oder Verkäufer die Bestimmung treffen kann, so kann jede Partei die Bestimmung nach billigem Ermessen treffen; paßt die Bestimmung der anderen Partei nicht, so trifft sie der Richter nach § 242 BGB (LZ 1912, 458[22]). Ist die Bestimmung einmal getroffen, was formlos, selbst durch schlüssige Handlungen geschehen kann, JW 1912, 346[11]; BGH LM Nr. 2 zu § 5 AbzG, so wird sie mit Zugang unwiderruflich, OLG Hamburg MDR 1956, 292. In allen Fällen des § 315 BGB hat den Beweis, daß sein Ermessen ein billiges ist, derjenige zu führen, dem die Bestimmung zusteht (BGH NJW 1969, 1809). Der Bestimmende kann seine Bestimmung nur beseitigen, wenn er sie wegen Irrtums, Betrugs usw. mit Erfolg anficht. Entspricht die getroffene Bestimmung nicht der Billigkeit oder wird die Bestimmung über eine angemessene Zeit hinaus verzögert, so ist das Bestimmungsrecht, ohne daß eine Inverzugsetzung nötig wäre, verbraucht, und es erfolgt die Bestimmung durch Urteil (§ 315 Abs. 3 BGB; JW 1912, 386[6]). Ehe nicht die Bestimmung durch den Berechtigten oder durch das Gericht getroffen ist, gerät der Leistungspflichtige nicht in Verzug und können gegen ihn die Grundsätze über Leistungsverzug (§ 326 BGB) nicht angewendet werden. Die Bestimmung kann noch im laufenden Prozeß vom Gericht getroffen werden (RG 64, 116; JW 1912, 386[6]; 1909, 721[8]; Prot. I 465). Wenn der Berechtigte selbst die Bestimmung trifft und daraufhin nach § 326 BGB vorgeht, so hat er mit der Möglichkeit zu rechnen, daß der Richter ein anderes Ermessen walten läßt und noch keinen Verzug annimmt (RG 90, 29). Auch Vorverträge (§ 350 Anm. 45) müssen dem Erfordernis der Bestimmbarkeit der Leistung nach § 315 BGB genügen (LZ 1912, 542[15]).

Obwohl das Gesetz darüber keine Vorschrift enthält, ist es auch zulässig, die Bestimmung statt in das billige Ermessen in das freie Belieben einer Partei zu stellen. Jedoch kann eine solche Vereinbarung nach § 138 BGB unwirksam sein, wenn sie die eine der Parteien der reinen Willkür der anderen ausliefert (vgl. Soergel-Reimer Schmidt § 315 Rdnr. 5). Der Vertrag ist ferner in entsprechender Anwendung des § 319 Abs. 2 BGB unwirksam, wenn der Berechtigte die Bestimmung nicht treffen kann oder will **Anm. 52** oder sie verzögert. Auch die von den Berechtigten nach freiem Belieben getroffene Bestimmung kann von dem Richter daraufhin überprüft werden, ob sie sich in den von Treu und Glauben (§ 242 BGB) gezogenen Grenzen hält (vgl. Soergel-Reimer Schmidt a. a. O. m. w. Nachw.).

Anm. 53 c) **Spezielle Formen der Preisbestimmung.** In aller Regel werden Verkäufer und Käufer einen bestimmten Preis vereinbaren. Ist eine Vereinbarung über die Preisbestimmung nicht getroffen worden, auch nicht in der oben Anm. 44—51 beschriebenen Form, daß den Preis der Verkäufer nach § 316 BGB oder ein Dritter nach §§ 317 ff. BGB festsetzen soll, so ist der Vertrag in aller Regel noch nicht geschlossen. Häufig ist aber, wenn über den Preis bei den Kaufverhandlungen überhaupt nicht gesprochen worden ist, stillschweigend **der im Geschäftsbetrieb des Verkäufers allgemein geforderte Preis** vereinbart (Erman-Weitnauer § 433 Anm. III 3b; Staudinger-Ostler § 433 Rdnr. 47). Diese Form der Preisbestimmung kann bei Käufen in Ladengeschäften heute als üblich gelten. In diesem Fall ist ein fest bestimmter Preis gegeben. Wenn jemand z. B. im Wirtshaus Speisen oder Getränke bestellt, in einer Apotheke, in einem Geschäft mit festen Preisen Einkäufe macht, so sind die Preise des Verkäufers durch die Erklärungen der Parteien in schlüssiger Weise fest bestimmt. Für billiges Ermessen, für Bestimmung durch eine Partei ist kein Raum. Die §§ 315, 316 BGB finden keine Anwendung. Der auf diese Weise bestimmte Preis wird als der **Ladenpreis** oder mit einem anderen Wort als der **kundenübliche Preis** bezeichnet; in diesem Falle will sich der Käufer schlechthin dem Preise unterwerfen, zu dem die Waren dieser Art gerade vom Verkäufer seinen anderen Kunden allgemein abgegeben werden, ohne Rücksicht darauf, ob die Durchschnittspreise für solche Ware höher oder niedriger sind (RG JW 1905, 437[16]). Diese Kundenpreise sind aus den Büchern des Verkäufers zu ermitteln (ROHG 7, 157). Ähnlich liegt der Fall, wenn bestimmte Preise mit dem Zusatz vereinbart sind, es solle der Käufer dieselbe Preisermäßigung genießen wie die festen Kunden, die regelmäßigen Abnehmer, des Verkäufers. Beweispflichtig für die Preisermäßigung als Abweichung vom vereinbarten Preis ist der Käufer (ROHG 6, 69). **„Äußerste Vorzugspreise“** oder Vorzugspreise für erste Abnehmer sind die billigsten Preise, die gleichstehenden Kunden oder Abnehmern ersten Ranges regelmäßig vom Verkäufer bewilligt werden. **Feste Preise** bedeutet lediglich die Ankündigung eines Geschäftsgrundsatzes.

Anm. 54 Ein im obigen Sinne bestimmter Preis ist auch der **laufende Preis (= Tagespreis).** Das ist der jeweilige mittlere Durchschnittspreis, den eine bestimmte Ware an einem bestimmten Tag und Ort erzielt (Staudinger-Ostler § 433 Rdnr. 47; Palandt-Putzo § 433 Anm. 3 A a; Schlegelberger-Hefermehl § 373 Rdnr. 25). Im Unterschied zu dem reinen Durchschnittspreis werden bei der Ermittlung des laufenden Preises ungewöhnlich hohe oder niedrige Abschlüsse nicht berücksichtigt (Düringer-Hachenburg-Hoeniger I Anm. 14a). Der laufende Preis spielt im Gesetz eine Rolle als derjenige Preis, zu dem Waren mit Markt- oder Börsenpreis im Wege des Selbsthilfeverkaufs freihändig veräußert werden dürfen (§§ 385 BGB, 373 Abs. 2 HGB), sowie als der bei freihändiger Pfandverwertung einzuhaltende Preis (§ 1221 BGB).

Anm. 55 Unter dem **Marktpreis** versteht man gewöhnlich denjenigen Preis, der für eine Ware bestimmter Gattung und Art von durchschnittlicher Güte an dem Handelsplatz, an dem sie einen Markt hat, und in dessen Handelsbezirk zu einer bestimmten Zeit im Durchschnitt, und zwar bei normaler Marktlage gewährt wird (RG 34, 117, 121; 47, 104, 113; Staudinger-Ostler § 453 Rdnr. 2). Diese Definition läßt den Unterschied zu dem laufenden Preis jedoch nicht mit hinreichender Deutlichkeit erkennen. Marktpreis ist nicht jeder beliebig erzielte Durchschnittspreis, sondern primär der auf Grund der bestehenden örtlichen Einrichtungen von zuständiger Seite festgestellte Preis (Düringer-Hachenburg-Hoeniger I Anm. 14b; Schlegelberger-Hefermehl § 373 Rdnr. 25). Vornehmlich sind dabei amtliche Festsetzungen gemeint, jedoch genügen auch außeramtliche, also private Feststellungen, wenn sie von festen, anerkannten Einrichtungen ausgehen (RG 34, 117, 121; Düringer-Hachenburg-Hoeniger a. a. O.; Schlegelberger-Hefermehl ebenfalls a. a. O.). Rein private, den Vermögensinteressen von Gewerbetreibenden dienende Preisverzeichnisse bleiben außer Betracht (RG JW 1927, 1143[5]). Erst wenn Feststellungen der bezeichneten Art nicht vorhanden sind, kann ein Marktpreis aus dem laufenden Preis ermittelt werden. Dieses Vorgehen ist aber nur zulässig, wenn die Ware zu der betreffenden Zeit an dem betreffenden Ort überhaupt in ausreichender Menge gehandelt worden ist (RG 34, 117, 122; Düringer-Hachenburg-Hoeniger und Schlegelberger-Hefermehl jeweils a. a. O.). Auf diese Weise kann auch für nicht an der Börse gehandelte oder nicht zu ihr zugelassene Wertpapiere ein Marktpreis ermittelt werden. Eine Unterart des Marktpreises ist der **Börsenpreis**. Darunter versteht man den durch den Börsenvorstand nach Maßgabe des § 29 Börsengesetz amtlich festgestellten (Markt-)Preis für börsengängige Waren oder Wertpapiere. Bei letzteren spricht man von Kurs. Der Preis muß wirklich gezahlt sein. Eine bloße „Geldnotiz" ist kein Marktpreis in diesem Sinne (RG 34, 117, 121f.), denn diese Notierung besagt, daß es an dem fraglichen Börsentag zu keinen Abschlüssen gekommen ist, sondern daß für die Ware nur Nachfrage vorhanden war und der Nachfragende selbst zu dem notierten Gebot (seinem höchsten) die Ware nicht erhalten hat, weil zu diesem Preis kein Anbieter verkaufsbereit war. An der Börse werden nämlich nicht nur Preise festgesetzt, zu denen tatsächlich Geschäfte abgeschlossen worden sind, die also bezahlt wurden. Falls keine Umsätze erfolgten, werden auch die Kurse festgelegt, zu denen an der Börse Kauf- oder Verkaufsaufträge vorgelegen haben. Auf den Kurszetteln werden diese Vorgänge durch besondere Abkürzungen ausgedrückt: G = Geld bedeutet: die Ware war zu diesem Preis lediglich nachgefragt, aber nicht angeboten; B = „Brief", „Papier", „Ware" bedeutet: es wurde nur angeboten, Nachfrage war nicht vorhanden; b = bezahlt: es wurden Geschäfte zu diesem Preis abgeschlossen; bG = bezahlt und Geld: es wurden Geschäfte zu diesem Preis abgeschlossen, aber es war noch unbefriedigte Nachfrage vorhanden; bB = bezahlt und Brief: es wurden Geschäfte zu diesem Preis abgeschlossen, aber es war noch Angebot vorhanden; et bz G = etwas bezahlt und Geld: von den limitierten Kaufaufträgen wurde nur ein Teil ausgeführt, es war noch Nachfrage vorhanden; et bz B = etwas bezahlt und Brief: von den limitierten Verkaufsaufträgen wurde nur ein Teil ausgeführt, es blieb noch Angebot übrig. Statt „b" bedient man sich auch der Bezeichnung „bz" und statt „B" der Bezeichnung „P" = Papier oder „W" = Ware. Daß der Selbsteintritt des Kommissionärs bei B- oder G-Notiz nicht zulässig ist, dafür vgl. die Komm. zu § 400. Der Kurs ist gestrichen, wenn weder Angebot noch Nachfrage vorhanden war.

Die amtliche oder der amtlichen gleichstehende Feststellung des Marktpreises hat infolge ihrer erfahrungsmäßigen Zuverlässigkeit die Vermutung der Richtigkeit für sich: aber auch nicht mehr. Sie ist widerlegbar, und zwar nicht nur wegen Arglist, Schreibfehler, Versehen, sondern auch wegen objektiver Unrichtigkeit. Der Gegenbeweis kann darin bestehen, daß bewiesen wird, daß ein Irrtum über das, was unter Kurs oder Marktpreis zu verstehen war, stattgefunden hat (RG 101, 52), oder daß ein anderer Preis der wahre Marktpreis ist, oder daß wegen zu geringfügiger Umsätze ein wirklicher Marktpreis gar nicht vorhanden war (RG 12, 8). Auch daß der Kurs von einem Bankhause „diktiert" wird, kann die Maßgeblichkeit der Kursnotiz erschüttern. Denn in diesem Falle zeigt sie das nicht an, was sie anzeigen soll, den Grad der Verkäuflichkeit der Ware (RGSt 23, 437). Der Gegenbeweis ist versagt, wenn nach dem erkennbaren Parteiwillen der amtlich festgestellte Kurs schlechthin maßgebend sein sollte. Wird die Ware nachträglich an der Börse nicht mehr notiert, ist nach Treu und Glauben (§ 242 BGB) zu ermitteln, was als Ersatz der früheren Börsennotierungen zu gelten hat. Der Vertrag wird nicht ungültig (RG JW 1907, 5[5]). Ist nur an einem Tag kein amtlicher Börsenkurs notiert, so ist der letzte amtliche Kurs maßgebend (RG LZ 1926, 487[13]). **Anm. 56**

Der für den Marktpreis maßgebende Ort ist nach § 453 BGB im Zweifel der Erfüllungsort, das ist, wenn ein Ort für die Leistung im Vertrage weder ausdrücklich bestimmt noch aus den Umständen, insbesondere aus der Natur des Schuldverhältnisses zu entnehmen ist, der Wohnsitz des Schuldners zur Zeit der Entstehung des Schuldverhältnisses (§ 269 Abs. 1 BGB). Ist die Verbindlichkeit im Gewerbebetrieb des Schuldners entstanden, so tritt, wenn der Schuldner seine gewerbliche Niederlassung an einem anderen Orte hatte, der Ort der Niederlassung an die Stelle des Wohnsitzes (§ 269 Abs. 2 BGB). Ist am Erfüllungsort kein Markt, so ist der Marktpreis des Ortes maßgebend, zu dessen Verkehrsbereich der Erfüllungsort in bezug auf Waren der betreffenden Art gehört (RG 47, 113; 6, 28; ROHG 14, 141). Denn entscheidend ist nicht der Marktpreis **Anm. 57** am Erfüllungsort, sondern der für den Erfüllungsort maßgebende Marktpreis. Die für den Marktpreis maßgebende Zeit ist die Zeit der Erfüllung. Bei Termin- und Tageskäufen macht ihre Bestimmung keine Schwierigkeiten. Bei Lieferungskäufen ist der Wille der Parteien zu erforschen, ob der Tag des Vertragsschlusses (das wird wohl das Regelmäßige sein) oder der vom Gläubiger oder Schuldner gewählte Tag der Erfüllung oder der gewählte Beginn der Erfüllung zur Grundlage dienen soll. Der § 315 BGB findet hier entsprechende Anwendung (RG JW 1906, 683[3]). Über die Klausel „Lieferzeit freibleibend" s. § 346 Anm. 142.

Die Maßgeblichkeit des Marktpreises setzt eine besondere Vereinbarung im Kaufvertrag voraus. Andernfalls fehlt die Einigung über den Kaufpreis noch oder es gelten §§ 316ff. BGB. Umgekehrt ist bei Vorliegen einer entsprechenden Vereinbarung für die Anwendung der §§ 316ff. BGB kein Raum mehr (RG „Recht" 1922 Nr. 791). Bei Kauf von Waren, die einen Marktpreis haben, ist aber mangels anderer Vereinbarung der Marktpreis gewöhnlich als gewollt anzusehen (Nipperdey ZBH 1930, 300).

Anm. 58 Weitere Formen der Preisbestimmung: Der **Fabrik- oder Originalpreis** ist der Preis, den die Fabrik dem Zwischenhändler bei Verkauf im großen bewilligt. Zuschläge sind unzulässig, Kosten des Vertriebs von einer etwaigen Verkaufsstelle aus dürfen also nicht aufgeschlagen werden (vgl. RG WarnRspr. 1914 Nr. 201; Staudinger-Ostler § 433 Rdnr. 48). Anders ist es bei Verkauf zum **Selbstkostenpreis** Darunter sind die genannten Gestehungskosten zu verstehen, d. h. der Einstandspreis zuzüglich aller Unkosten, jedoch ohne Gewinnaufschlag (OLG Hamm BB 1965, 1369; Erman-Weitnauer § 433 Anm. III 3b; Staudinger-Ostler § 433 Rdnr. 48). Zur Verpflichtung des Verkäufers, dem Käufer Rechnungen vorzulegen, vgl. OLG Hamburg OLGE 39, 168. Das Zahlungskonto braucht der Verkäufer dem Käufer nicht gutzubringen. Zu beachten ist ganz allgemein bei Verkäufen zum Selbstkostenpreis, daß im Verkehr heute vielfach darunter nur noch ein annehmbarer, d. h. nach billigem Ermessen des Verkäufers zu bestimmender Preis verstanden wird. Vereinbarung des **Konkurrenzpreises** bedeutet, daß der Verkäufer zu den gleichen Preisen zu liefern hat wie seine Konkurrenz (RG LZ 1910, 308[8]; Staudinger-Ostler § 433 Rdnr. 48; Erman-Weitnauer § 433 Anm. III 3b; unklar Soergel-Ballerstedt § 433 Rdnr. 46). Die Bedingung der Lieferung zu **konkurrenzfähigen Preisen** bedeutet, daß die Durchschnittspreise der Konkurrenz maßgebend sind, d. h. der Käufer muß sich zu den Preisen im Wettbewerb halten können (LZ 1911, 389[4]; vgl. LZ 1913, 755[7]: konkurrenzfähige, entgegenkommende Preise sind billige Fabrikpreise). Die Zusage, daß einem Bewerber der Zuschlag erteilt werde, wenn er zu den gleichen Bedingungen wie die Konkurrenz liefere, heißt, daß der Bewerber Gleichwertiges zu gleichen Preisen wie die Konkurrenz anbieten müsse und daß das pflichtmäßige Ermessen des Zusagenden über die Gleichwertigkeit entscheiden solle (RG „Recht" 1907 Nr. 2245). Sollen **Syndikatspreise** (Verbandspreise, Kartellpreise, Konventionspreise, Konditionspreise) maßgebend sein, so sind Preise gemeint, die das betreffende Syndikat als seine Preise jeweils bekanntgibt, und zwar regelmäßig zur vertraglichen Erfüllungszeit. Soll sich der Kaufpreis nach dem Steigen oder Fallen der Syndikatspreise (Richtpreise) ändern, so hat der Käufer einen dementsprechenden Aufschlag bei steigenden Preisen zu bewilligen, so daß ihm noch ein angemessener Verdienst übrigbleibt; bei fallenden Richtpreisen hat der Verkäufer dem Käufer einen entsprechenden Abschlag zuzugestehen. Nach § 1 des Gesetzes gegen Wettbewerbsbeschränkungen vom 27. Juli 1957 (GWB) sind horizontale Preisvereinbarungen, d. h. Vereinbarungen der Unternehmer desselben Wirtschaftszweiges, für ihre gleichartigen Waren bei Abschlüssen mit Dritten gleiche oder nach gleichen Kostenfaktoren zu berechnende Preise zugrunde zu legen (Preis-, Kalkulationskartell), grundsätzlich unwirksam. Wegen der Einzelheiten zu § 1 GWB vgl. die Spezialliteratur insbesondere Müller-Henneberg, Schwartz, Gemeinschaftskommentar, 2. Aufl. 1963 mit Nachtrag 1966; Rasch-Westrick, Wettbewerbsbeschränkungen, Kartell- und Monopolrecht, 3. Aufl. 1966. Zur Frage der Auswirkungen dieses Verbots auf einen zu dem (unwirksamen) Kartellpreis abgeschlossenen Einzelkaufvertrag vgl. Ballerstedt JZ 1956, 267 einerseits und BGHSt. WuW 1956, 64; Flume WuW 1956, 457 und Fikentscher BB 1956, 793 andererseits. Die Voraussetzungen der vertikalen Preisbindung sind in §§ 16ff. GWB geregelt, das Verbot der Preisdiskriminierung durch marktbeherrschende Unternehmen in § 26 Abs. 2 GWB.

d) **Preisänderungsklauseln.** Häufig versucht der Verkäufer, sich gegen eine Änderung der wirtschaftlichen Verhältnisse zu sichern, indem er sich in besonderen Klauseln die spätere Festsetzung oder doch wenigstens eine Preisänderung vorbehält **(Hausse-Klausel).** Die Klausel **„Preise freibleibend"** bedeutet regelmäßig, daß der Verkäufer den endgültigen Kaufpreis nach billigem Ermessen so zu bestimmen hat, daß dieser mit den jeweiligen Marktpreisen und der jeweiligen Wirtschaftslage übereinstimmt, ohne daß dem Käufer ein Recht zur Loslösung von dem Vertrag bei Preiserhöhung zustünde (BGH 1, 353 = NJW 1951, 711; RG 103, 414; 104, 306). Dies gilt auch dann, wenn — wie es regelmäßig geschieht — zusammen mit dieser Klausel bereits ein bestimmter Preis vereinbart wird. Die Preisbestimmung hat dann die Bedeutung eines **Richtpreises.** Der Verkäufer ist in diesem Fall berechtigt, den endgültigen Preis entsprechend der Veränderung der allgemeinen Wirtschaftslage zur Zeit der Lieferung heraufzusetzen, und zwar in etwa so, daß der (neue) Preis sich zur Konjunktur bei Lieferung so verhält wie der alte Preis zur Konjunkturlage bei Vertragsabschluß. Auf diese Weise ermöglicht es die Klausel dem Verkäufer, der Veränderung der allgemeinen Preisverhältnisse Rechnung zu tragen, ohne daß das konkrete im Abschluß des Vertrages liegende Spekulationsmoment preisgegeben wird (so ausdrücklich RG 103, 414, 416; vgl. auch RG 105, 368). Letzterer Gesichtspunkt wird in den späteren Entscheidungen der Gerichte (s. oben) nicht mehr mit gleicher Deutlichkeit festgehalten. Es ist jedoch anzunehmen, daß in der Sache das gleiche gemeint ist; andernfalls könnte der Entscheidung BGH 1, 353 nicht zugestimmt werden. Der BGH hält es am angegebenen Ort auch für möglich, daß die Klausel im Einzelfall dahin auszulegen sein kann, daß der Verkäufer berechtigt sein soll, von dem geschlossenen Vertrag abzugehen und einen höheren Preis vorzuschlagen, welches Angebot der Käufer dann annehmen oder ablehnen kann, wobei das Schweigen des Käufers auf das neue Angebot als Zustimmung zu gelten habe. Diese Auslegung wird jedoch nur selten zutreffen, da die Klausel in aller Regel bezweckt, den Käufer dem Risiko der Preissteigerung zu unterwerfen, so daß er an eine sich in den oben aufgezeigten Grenzen haltende Preiserhöhung gebunden ist. Eines erneuten Konsenses bedarf eine Preiserhöhung nur dann, wenn sie das Maß des auf den Käufer übergewälzten Risikos übersteigt. Während also die Klausel „freibleibend" grundsätzlich ohne Rücksicht auf die Bewegung einzelner Kostenfaktoren den Verkäufer generell berechtigt, den Endpreis entsprechend der Marktlage in der oben aufgezeigten Weise zu bestimmen, wird der „gleitende Preis" vielfach auch mit der Erhöhung bestimmter Kostenfaktoren (Rohstoffe, Löhne, Transporttarife usw.) in Beziehung gesetzt und kann dann nur bei Veränderung gerade dieser Faktoren geändert werden. Bei Richtpreis ist durch Auslegung zu ermitteln, wonach er sich richten soll, ob allgemein nach Marktlage (wie oben) oder nach bestimmten Kostenfaktoren. Nach OGH 4, 172 kann, wenn nach Richtpreis oder mit der Klausel „Preise freibleibend" verkauft ist, der Verkäufer den endgültigen Kaufpreis nach billigem Ermessen entsprechend der Marktlage an Ort und Zeit der Lieferung festsetzen, von diesem Recht jedoch, wenn nicht ausdrücklich etwas anderes vereinbart ist, nur einmal Gebrauch machen; vgl. OGH 4, 168. Ist, wie beim gleitenden Preis, evtl. auch beim Richtpreis, das Recht des Verkäufers, den Preis zu erhöhen, von der Preissteigerung bei bestimmten Kostenfaktoren, z. B. Rohmaterial, Transportkosten usw. abhängig gemacht, dann ist durch Auslegung zu ermitteln, ob der Verkäufer auch in bezug auf die noch zu den alten Preisen beschafften Vorräte zur Preiserhöhung befugt ist, ob die Klausel sich also auf die vom Verkäufer (Hersteller) erst zu beschaffenden Materialien bezieht oder generell die Wiederbeschaffungskosten betrifft. Im ersteren Fall würde der Vertrag den Charakter eines Kaufvertrages weitgehend verlieren und sich der Geschäftsbesorgung annähern. Im Zweifel wird die Klausel so zu verstehen sein, daß die Allgemeinheit der Erhöhung des Rohstoffpreises (also die Wiederbeschaffung) den Maßstab für Erhöhung der Preisberechnung bildet (a. A. Hueck in Holdheim 28, 50). Im Falle der Sukzessivlieferung werden die vor Eintritt der Preissteigerung bereits fertiggestellten und lieferbereiten Waren von der Preissteigerung nicht betroffen; bei ihnen kommt es nicht auf die Zeit der Lieferung an, sondern auf die Anzeige der Versandbereitschaft; denn eine nach der Bereitschaftsanzeige eintretende Preiserhöhung verteuert die Herstellungskosten nicht; deshalb treffen eine über diesen Zeitpunkt hinausgehende Verzögerung der Versendung und die in diesem Augenblick eintretende **Anm. 59**

Preiserhöhung den Verkäufer, wenn nicht der Käufer die Verzögerung verschuldet hat. Soll die Hausse-Klausel ausnahmsweise doch auf die Zeit der Lieferung bezogen werden, so darf die Lieferung doch nicht durch Umstände verzögert sein, die der Käufer nicht zu vertreten hat. Strenger ist die Abrede: „Wenn ich meine Preise allgemein erhöhe, tritt auch eine Erhöhung der Preise für die noch nicht ausgeführten Aufträge ein"; hier kommt dann der im Geschäft des Verkäufers allgemein geforderte Preis in Ansatz (Hueck in Holdheim 28, 50).

Anm. 60 Die **Baisse-Klausel,** d. h. die Bestimmung, daß der Verkäufer seine Preise herabsetzen muß, wenn die Preise — beim Fabrikanten die Herstellungskosten oder die Preise für die Rohstoffe — fallen, hat den Sinn, daß bei allgemeinem Preisrückgang die vereinbarten Preise eine angemessene Minderung erfahren; oft wird eine Grenze durch Setzung einer Zeit nach dem Kalender, nach der Zeit des Abrufs, der Spezifikation usw. gezogen (RG 73, 436; Kolmar LZ 1912, 863[3]). Hat eine solche Grenzziehung nicht stattgefunden, so kann der Käufer doch nicht auf Kosten des Verkäufers spekulieren; die Grundsätze von Treu und Glauben entscheiden dann über die Grenzziehung. Hat die Baisse-Klausel die Bedeutung, daß der Verkäufer verpflichtet ist, den Käufer, wenn dieser von anderer Seite billiger beziehen kann, aus seiner Abnahmeverpflichtung zu entlassen, so trifft den Käufer eine strenge Aufklärungspflicht (Hamburg HansRGZ 1932 B 616). Ein Preisvorbehalt des Verkäufers für den Fall einer Erhöhung der Gestehungskosten berechtigt den Käufer im allgemeinen nicht zu einem Preisabschlag bei sinkenden Gestehungskosten (BGH JZ 1954, 356 mit Anmerkung von Duden; dort auch zu einem beiderseitig wirksamen Vorbehalt). In allen diesen Fällen bedarf es, ebenso wie in dem Fall, wenn dem Käufer zu Einkaufspreisen verkauft ist, zur Feststellung des Preises der Mitwirkung des Verkäufers, der dem Käufer auf Verlangen Einsicht in seine Belege gewähren muß. Der Käufer kann jedoch die Annahme der Ware nicht von dieser Einsichtgewährung abhängig machen, weil der Streit über den Preis mit der Annahme nichts zu tun hat. Nur ausnahmsweise, z. B. dann, wenn vereinbarungsmäßig der Preis bei der Übergabe der Ware festzustellen ist, weil sich, wie beim Kauf eines Warenlagers, nach der Übergabe eine Feststellung nicht mehr durchführen läßt, muß der Verkäufer schon bei der Übergabe der Ware seine Belege beibringen. Solange sich der Verkäufer dieser Vertragspflicht entzieht, braucht der Käufer die nicht gehörig angebotene Ware nicht anzunehmen; der Verkäufer gerät sogar in Leistungsverzug, wenn er seiner Pflicht trotz Mahnung nicht genügt. So kann dann der Käufer den § 326 BGB zur Anwendung bringen. Endlich ist hinzuzufügen, daß in allen Fällen, in denen der Verkäufer angemessene, billigste, konkurrenzfähige Preise ansetzen soll, der Käufer nach Treu und Glauben im Verkehr die Ansätze des Verkäufers prüfen und, wenn er sie beanstandet, dies alsbald deutlich und unter Klarstellung seines Standpunktes erklären oder den Richter nach § 315 BGB anrufen muß. Schweigt der Käufer oder beklagt er sich nur, ohne bestimmte oder entschiedene Verwahrung einzulegen, und läßt er sich zugleich weiterbeliefern, so genehmigt er die Preisbestimmung des Verkäufers.

Anm. 61 **Wertsicherungsklauseln.** Nach § 3 S. 2 Währungsgesetz (WährG) bedürfen Geldschulden, deren Betrag in Deutscher Mark durch den Kurs einer anderen Währung oder durch den Preis oder eine Menge von Feingold oder von anderen Gütern oder Leistungen bestimmt werden soll, der Genehmigung der für die Erteilung von Devisengenehmigungen zuständigen Stelle (heute der Deutschen Bundesbank). Nach BGH 14, 306, 308; MDR 1965, 291 ist die Vorschrift als Verbotsnorm eng auszulegen. Die ständige Rechtsprechung dieses Gerichts unterscheidet dementsprechend zwischen genehmigungsbedürftigen Gleitklauseln und genehmigungsfreien Leistungsvorbehalten; BGH LM Nr. 14 und 17 zu § 3 WährG; MDR 1965, 291; BGH 13, 11; NJW 1969, 91f. Beim Leistungsvorbehalt dient die Änderung einer von den Parteien festgelegten Bezugsgröße als Voraussetzung für eine Änderung der Leistung, ohne daß zwischen Leistung und Bezugsgröße eine feste unmittelbare Abhängigkeit bestünde. Ändert sich die Bezugsgröße, so soll zwar auch eine Änderung der Leistung grundsätzlich möglich sein. Die Höhe der geschuldeten Leistung soll aber erst nach Verhandlungen zwischen den Parteien oder auf Grund eines anderen Verfahrens neu festgesetzt und der Entwicklung der Bezugsgöße angepaßt werden. Beisp.: bei Veränderung der Lebenshaltungskosten soll eine Angleichung der geschuldeten Leistung nach billigem Ermessen i. S. der

§§ 315, 317 BGB herbeigeführt werden (s. BGH MDR 1965, 291; LM Nr. 13 zu § 3 WährG; vgl. auch BGH NJW 1969, 91f). Ist somit beim Leistungsvorbehalt die Höhe der Leistung zunächst unbestimmt, aber bestimmbar, so ist bei der Gleitklausel die Höhe der Leistung stets (durch die Bezugsgröße) bestimmt. Die Höhe der geschuldeten Geldleistung ist unmittelbar von der Bezugsgröße abhängig gemacht, so daß jede Veränderung der letzteren automatisch eine Änderung der ersteren auslöst. Beisp.: Die Vereinbarung, bei Steigen oder Fallen des Lebenshaltungsindex solle die geschuldete Leistung prozentual mit steigen oder fallen (s. BGH NJW 1967, 830 = LM Nr. 17 zu § 3 WährG). Besteht eine solche unmittelbare Abhängigkeit, so greift § 3 S. 2 WährG immer ein, wenn die geschuldete Leistung sich nach Preis oder Menge einer anderen Leistung bestimmen soll. Vgl. dazu einerseits BGH NJW 1952, 377 (L), wo die Wahl der Bezüge eines bestimmten Beamten als Bezugsgröße für die Höhe einer Pension für genehmigungsfrei erklärt wurde (keine „andere" Leistung, da Pension und Gehalt im wesentlichen gleiche Leistungen; sog. „Spannungsklausel") und andererseits BGH 14, 306, wo gleiche Vereinbarung der Bezugsgröße als Maßstab für die Gegenleistung bei Hingabe einer Sache als genehmigungspflichtig angesehen wurde („andere" Leistung). Im gleichen Sinne BGH LM Nr. 11 zu § 3 WährG.

Das Fehlen der erforderlichen Genehmigung führt zur schwebenden Unwirksamkeit der Vereinbarung. Die nachträgliche Genehmigung hat rückwirkende Kraft (BGH LM Nr. 1 zu § 542 BGB). Zur Frage, ob eine Partei verpflichtet sein kann, bei der Abänderung einer nicht genehmigungsfähigen in eine genehmigungsfähige oder -freie Klausel mitzuwirken, vgl. BGH LM Nr. 10, 14 und 17 zu § 3 WährG.

§ 3 S. 2 WährG ist überhaupt unanwendbar auf Vereinbarungen, nach denen sich der DM-Schuldbetrag nach dem zur Zeit des Vertragsschlusses (im Gegensatz zur Erfüllungszeit) geltenden Kurs einer ausländischen Währung richten solle (BGH NJW 1953, 1912 = LM Nr. 6 zu § 3 WährG), auf die Vereinbarung einer Sachleistung, auf Verträge, bei denen der Gläubiger statt der Geldleistung eine bestimmte Sachleistung (Ersetzungsbefugnis) verlangen kann (BGH LM Nr. 12 zu § 3 WährG) und wohl auch auf Wahlschulden (vgl. die Nachweise bei BGH a. a. O.). Genehmigungsfrei sind ferner Preisklauseln, mit denen die Erhöhung der Gegenleistung bei Steigerung der Selbstkosten offengehalten wird (BGH BB 1958, 1220).

Näheres s. bei Fögen, BB 1967, 738 und insbesondere in der umfassenden Darstellung dieses Rechtsgebiets von Dürkes, Wertsicherungsklauseln, 7. Auflage, 1966.

Zur Frage, wann der Kaufpreis zu zahlen ist, insbesondere über die einzelnen Kassaklauseln, wie „netto Kasse", „Kasse gegen Faktura", „Kasse gegen Dokumente", vgl. § 346 Anm. 154, 157, 164 und unten Anm. 286, 308.

e) Ein Irrtum in der Preisberechnung (sogenannter **Kalkulationsirrtum**) ist grundsätzlich ein Irrtum im Beweggrund (Motivirrtum) und kein Irrtum über den Inhalt der Erklärung (Inhaltsirrtum). Er berechtigt somit nicht zur Anfechtung des Kaufvertrages nach § 119 Abs. 1 BGB. Das gilt sowohl für Fehler, die dem Verkäufer bei der Kalkulation unterlaufen sind als auch für Irrtümer des Käufers bei der Prüfung des Kaufpreises. Das gleiche gilt, wenn der Vertreter einer Partei infolge eines Mißverständnisses des ihm von seiner Partei mitgeteilten Preises dem Gegner ein falsche Preisaufgabe gemacht hat (RG 82, 195) oder wenn der Vertreter des Verkäufers sich bei der Preisberechnung durch falsches Abstreichen einer Dezimalstelle geirrt hat (RG LZ 1926, 1065[1]). **Anm. 62**

Eine Ausnahme von diesem Grundsatz hat die Rechtsprechung des Reichsgerichts jedoch für den sogenannten beiderseitigen Irrtum gemacht. Es handelt sich dabei um diejenigen Fälle, in denen Verkäufer und Käufer gemeinsam die Preisberechnung vorgenommen haben oder bei einseitiger Berechnung durch eine Partei die Berechnung oder ihre Grundlagen der anderen Partei wenigstens mitgeteilt worden sind. Nach Ansicht des Reichsgerichts soll bei dieser Fallkonstellation die Berechnung aus dem Bereich bloßer Motivation herausgehoben und zum Bestandteil des Erklärungsinhalts geworden sein. Das Reichsgericht hat in diesem Fall der durch die Fehlkalkulation benachteiligten Partei das Recht zur Anfechtung des Vertrages wegen Inhaltsirrtums (§ 119 Abs. 1 1. Altern. BGB.) zugebilligt. Dabei handelte es sich durchweg um Fälle, in denen der von dem einen Vertragsteil zu entrichtende Preis nach dem Vertrag in Abhängigkeit von einer bestimmten Kalkulationsgrundlage (Börsenkurs eines Wertpapiers, Umrechnungskurs einer Fremdwährung, Einkaufspreis, Wert eines Edelmetalls, Mietertrag eines Grundstücks oder geschätztes Gewicht der Ware) stehen sollte. Der Irrtum lag entweder schon bei der zahlenmäßigen Bestimmung der Kalkulationsgrundlage (Annahme falscher Börsenkurse: RG 94, 65, 67; 97, 138, 140; 101, 51, 53; 116, 15, 17; eines falschen Devisenkurses: RG 105, 406, 407 „Rubelfall"; völlig fehlgegangene gemeinsame Schätzung des Warengewichts: RG 90, 268, 272; Kauf zum herabgesetzten Verkaufspreis statt Einkaufspreis: RG 64, 266, 268; Fehlvorstellungen über die Mieterträge des belasteten Hauses bei Kauf einer Grundschuld: RG 149, 235ff.) oder der Preis wurde auf richtiger Kalkulationsgrundlage falsch berechnet (RG 101, 107, 108 „Silberfall"). Die vom Reichsgericht gegebene Begründung ist rechtlich unhaltbar. Dies wird heute überwiegend anerkannt (Enneccerus-Nipperdey AT II S. 1040; Larenz AT S. 377ff.; Soergel-Hefermehl § 119 Rdnr. 22—25; kritisch auch Erman-Westermann § 119 Anm. 5 und 6; wie das RG immer noch Palandt-Danckelmann § 119 Anm. 3b).

Auch wenn die Berechnung oder ihre Grundlagen von den Parteien gemeinsam erarbeitet oder der anderen Partei bei Vertragsschluß offengelegt werden, sind sie nicht mehr als Motive für die endgültige Preisfestsetzung. Die Parteien irren auch dann nicht über den Inhalt ihrer Erklärungen: beispielsweise weiß der Verkäufer auch dann, daß er 1000,— DM als Kaufpreis fordert und nicht 10000,— DM; etwas anderes will er auch gar nicht verlangen. Nicht die Erklärung gegenüber dem Vertragspartner, einen bestimmten Preis zu fordern, ist durch den Irrtum bei der Preisberechnung verfälscht worden, sondern der Irrtum hat sich bereits bei der Willensbildung eingeschlichen: infolge der Fehlberechnung will die Partei etwas anderes als sie bei irrtumsfreier Kalkulation gewollt hätte. Der Irrtum schiebt sich damit nicht zwischen einen (einwandfreien) Willen und eine (irrtumsbedingte) Erklärung, sondern führt bereits zu unrichtiger Willensbildung hinsichtlich der Kaufpreisforderung und diesen falschen Preis will die irrende Partei dann auch fordern. Dieser psychologische Vorgang ist stets der gleiche; es bleibt auf ihn ohne Einfluß, ob er offen (dem anderen Teil erkennbar oder unter seiner Mitwirkung) oder verdeckt abläuft. Der echte Inhaltsirrtum dagegen ist dadurch gekennzeichnet, daß die Partei das Richtige will (der Prozeß ihrer Willensbildung ist einwandfrei abgelaufen), aber irrtümlich das Falsche erklärt, weil ihre Erklärung, so wie sie von Dritten verstanden werden muß (objektiver Erklärungswert), etwas anderes besagt, als die Partei denkt und will. Darüber hinaus führt die Anwendung des § 119 BGB auf den beiderseitigen Irrtum auch zu unbilligen Ergebnissen. Geirrt haben sich beide Parteien gleichermaßen, die Nachteile des Irrtums soll dagegen die zufällig benachteiligte Partei allein tragen: im Fall der Irrtumsanfechtung muß sie nach § 122 BGB der anderen Partei den Vertrauensschaden ersetzen. Der Fehler ist beidseitig, der aus ihm resultierende Nachteil dagegen einseitig.

Gerechter als die Vernichtung des Vertrages auf dem Anfechtungswege mit der daraus resultierenden Ersatzpflicht des § 122 BGB wird der gekennzeichneten Situation eine elastische Korrektur des Vertrages. Waren sich die Parteien über die Grundlage der Preisberechnung einig und sind nur infolge rechnerischer Fehler zu einem falschen Betrag gelangt, so kann der richtig errechnete Preis ohne weiteres als verbindlich angesehen werden; die Nennung des falsch errechneten Preises kann als bloße Fehlbezeichnung (falsa demonstratio) angesehen werden: es gilt von vornherein nicht der ursprünglich bezifferte, letztlich nicht gewollte, sondern der richtig errechnete Preis (so Soergel-Hefermehl § 119 Rdnr. 24). Ihre Grenze muß diese Form der Anpassung allerdings dort finden, wo der korrigierte Preis so weit von dem fälschlich genannten abweicht, daß nicht mehr ohne weiteres nach Treu und Glauben unterstellt werden kann, die Partei, zu deren Lasten die Richtigstellung ginge, hätte auch zu diesem Preis abgeschlossen. Die Korrektur des Irrtums darf nicht zur Vergewaltigung des Willens eines der Vertragspartner führen. In diesen Fällen ist richtigerweise ein Fehlen der **subjektiven Geschäftsgrundlage** anzunehmen. Die Folgen des Irrtums sind dann zu beseitigen, indem dem Geschäftspartner, der sich die Korrektur gefallen lassen müßte, die Wahl zwischen dieser und einer Auflösung des Vertrages (etwa durch Zubilligung eines Rücktrittsrechts) gelassen wird (so insbesondere Larenz AT S. 395).

Anm. 63 f) **Einzelfragen zur Bestimmtheit der Ware.** Ausreichend ist: Verpflichtung zum Bezug je nach dem Geschäftsbedarf. Der Vertrag hätte nur dann einen zu unbestimmten Inhalt, wenn sich der Bedarf, wie bei künftigem Bedarf einer erst noch zu errichtenden Fabrik (RG. 46, 258), gar nicht ermessen läßt. Der Bedarf, d. h. die Warenmenge, bemißt sich nach dem Bedarf, der zur Zeit des Abschlusses bei regelmäßigem Verlauf zu erwarten ist (Bolze 8 Nr. 317; 6 Nr. 552; ROHG 14, 292). Wird einem sog. Generalvertreter der Alleinverkauf auf eigene Rechnung eingeräumt und muß der Fabrikant diesem seinem Alleinvertreter die Waren nach dessen Bedarf zu bestimmten Preisen liefern, so braucht der Generalvertreter nicht mehr zu beziehen, wenn er keinen Absatz mehr hat; Mangel des Absatzes ist ein wichtiger Grund zur Auflösung des Verhältnisses (RG 78, 385 u. 421); ein solches Alleinvertretungsverhältnis ist kein Gesellschaftsverhältnis (JW 07, 103[5]), sondern ein Sukzessivlieferungsvertrag. Bei Bestellung nach Bedarf ist nach dem Vorausgeschickten im Zweifel nur die Zeit des Bezugs, nicht die Bezugspflicht vom Bedürfnis abhängig; andernfalls müßte sich, was dem Verkehr nicht entsprechen würde, der Verkäufer immer zur Lieferung bereit halten, ohne daß der Käufer gebunden wäre. Die Zeit des Bezugs nach Bedarf regelt sich nach verständiger Beurteilung der Umstände. Genügend ist die Verabredung, daß die ganze Ernte, die noch nicht reif ist, gekauft sei (alsdann ist im Zweifel das zur Zeit der Ernte Abnahmefähige gekauft, es sei denn, daß der Käufer die Gefahr übernommen hat); ferner der Kauf der ganzen Fabrikation eines Jahres oder einer bestimmten Warenmenge zu einem bestimmten Grundpreis in noch zu bestimmenden Formen (Spezifikationskauf: § 375), oder so, daß eine bestimmte Gattung von Gegenständen aus einem Haufen (z. B. Konservenbüchsen aus dem Müll) auszusuchen ist (LZ 1912, 658[18]), und die Verabredung, Nachlieferungen unter Zugrundelegung der jeweiligen Materialpreise zu machen (RG 67, 6). — Selbst Bezeichnungen, die anscheinend unbestimmt sind, können die erforderliche Bestimmbarkeit durch Handelsgebrauch erlangen. So genügt allerdings nicht die Bezeichnung: „mehrere hundert Dutzend" (ROHG 11, 1), wohl aber genügt „ein Pöstchen Zucker" (ROHG 13, 94), „eine Probekollektion", worunter eine bestimmte Menge Ware zu verstehen ist, bestehend aus einem Stück von jeder in der Fabrik des Lieferanten hergestellten Sorte. „Ein großer Waggon" ist bestimmbar; es ist ein Waggon von der Mindestfassung großer Waggons, wenn die Ware überhaupt in Waggons gehandelt werden kann. Unter einer „Dampferladung" versteht man eine Ladung, die in sich geschlossen ist und den ganzen Laderaum eines bestimmten Dampfers restlos ausfüllt, wenn der Dampfer nach seiner Größe der gehandelten Menge entspricht; es dürfen also nicht Teilpartien aus einer größeren Dampferladung sein. Unter einer „Kahnladung" versteht man auf der Elbe die Volladung eines Kahns mit amtlicher Eichung (Hamburg OLGE 44, 241). Die Bezeichnung „ungefähr", „zirka" genügt, auch wenn darunter nicht wie nach Hamburger Usance, bis 5% mehr oder weniger verstanden wird (§ 5 der Platzusancen für den Hamb. Warenhandel, s. oben Anm. 2; Hamburg OLGE 44, 249). Beim Verkauf von Zirkamengen muß auch etwas mehr als ziffernmäßig angegeben abgenommen werden und gilt etwas weniger auch noch als gehörige Erfüllung. Das etwas Mehr oder Weniger bestimmt sich nach der geschäftsüblichen Auffassung und nach der Verkehrssitte (§§ 157, 242 BGB; § 346 HGB; JW 1917, 971[11]; Hamburg LZ 1917, 1010[13]; KG in OLGE 38, 222; BGH LM Nr. 2 zu § 157 [GE] BGB). Der Verkäufer kann sich auf das Mindestmaß beschränken; der Käufer hat nur diese Mindestmengen zu fordern und kann daher insoweit Schadensersatz wegen Nichterfüllung verlangen (RG in DJZ 1918, 61; Hamburg LZ 1923, 619[5]; HansGZ 1923 Hptbl. 191; Kiel „Recht" 1921 Nr. 1317; a. M. Frankfurt JW 1924, 547[5]; VerkrRdsch. 1925, 648). Das Wörtchen „zirka" kann aber auch die Bedeutung einer unverbindlichen Schätzung haben. Wer z. B. seine ganze Jahresproduktion, seine ganze Ernte unter Angabe von Menge oder Gewicht mit dem Zusatz „zirka" verkauft, will nicht die Verpflichtung übernehmen, mindestens diese Menge oder dieses Gewicht zu liefern, wenn sein ordnungsmäßiger Geschäftsbetrieb weniger ergibt. Hat aber der Lieferungspflichtige die volle Bezahlung für das ganze im Vertrag genannte Quantum angenommen und hat er dieses Quantum tatsächlich auf Lager, so darf er nicht weniger als die ausbedungene Menge liefern. Es kann auch eine Zusicherung einer Mindestmenge mit dem durch das Wörtchen „zirka" gewährten Spielraum ausgesprochen sein (vgl. JW 1908, 477[5]; Rostock OLGE 20, 134), und die ist ausgesprochen, wenn dementsprechend der Preis vereinbart wird (JW 1912, 632[2]). Die Vertragsbestimmung, der Verkäufer habe einen bis zwei Waggons Kohlen zu liefern, läßt nicht zweifelsfrei erkennen, ob der Käufer nur einen oder auf Verlangen des Verkäufers zwei Waggons abzunehmen hat. Nach KG in OLGE 38, 204 soll dem Verkäufer das Bestimmungsrecht zustehen.

Dagegen liegt mangels Bestimmtheit der Abrede kein gültiger Vertrag vor, wenn ein Fabrikant ohne Preisabrede sich verpflichtet, seine Fabrikate an keinen anderen als den Vertragsgegner zu liefern, und der letztere sich verpflichtet, solche Fabrikate von keinem anderen zu beziehen (Bolze 1 Nr. 897). Dasselbe gilt, wenn ein Fabrikant seinem Darlehnsgeber zusagt, daß das Eigentum an allen mit dem geliehenen Gelde hergestellten Gegenständen auf ihn übergehen solle, das geliehene Geld aber mit dem des Fabrikanten vermischt ist und demnach nicht festgestellt werden kann, welcher konkrete Teil der Gesamtproduktion unter die Vereinbarung fällt (JW 1914, 34[2]). Anders, wenn der Verkäufer sich verpflichtet, ein Mehrquantum auf Anfordern zu liefern, der Käufer zugesagt hat, keine Waren von anderer Seite zu beziehen, und der Preis bestimmt ist (RG 3, 64).

E. Einzelne Arten des Kaufs

Anm. 64 I. Der sog. **Bar- oder Handkauf** ist keine besondere Art des Kaufs. Beispiele hierfür sind: die Entnahme von Sachen aus einem Automaten, der Kauf von Postwertzeichen und Fahrkarten, der Kauf „netto Kasse". Der Barkauf ist nicht ein Realvertrag, sondern nur dadurch gekennzeichnet, daß Abschluß des obligatorischen Kaufvertrages und die Erfüllung desselben zeitlich zusammenfallen, sich uno actu vollziehen. Auch bei Entnahme aus einem Automaten liegt nichts anderes vor als ein gewöhnlicher Kaufvertrag. Es wickelt sich in solchen Fällen nur die Schließung und Erfüllung des Kaufvertrags so schnell ab, daß sie zeitlich zusammenfließen. Wer ein Geldstück in den Automaten einwirft, hat damit das Angebot angenommen, das in Aufstellung des Automaten liegt; durch Wegnahme des herausfallenden Gegenstandes wird das Eigentum erworben (RGSt. 44, 114; vgl. dazu näher Staudinger-Coing § 145 Rdnr 3). Aber die begriffliche Unterscheidung zwischen Abschluß und Erfüllung ist gleichwohl geboten und möglich. Indem der Reisende an den Schalter tritt und einen Fahrschein verlangt, macht er einen Kaufantrag, der Schalterbeamte, der ihm den Schein übergibt, nimmt den Antrag an und erfüllt das Geschäft zugleich; er nimmt ihn durch die Erfüllungshandlung an. Eine Verschiebung der Beweislast tritt beim Barkauf regelmäßig nicht ein. Auch hier hat der Käufer die Zahlung zu beweisen (str., vgl. die Nachweise bei Staudinger-Ostler § 433 Rdnr. 137). Die abweichende Ansicht der Vorauflage wird aufgegeben. Häufig wird aber der Beweis des ersten Anscheines für Zahlung durch den Käufer sprechen. Über Barzahlung s. noch unten Anm. 204. Die Kreditunwürdigkeit des Käufers (unten Anm. 66ff.) spielt beim Barkauf regelmäßig keine Rolle. Die Gefahr vergeblicher Vorbereitung nimmt der Verkäufer auf sich; der Verkäufer kann nicht die Abgabe der Ware, wenn der Käufer Barzahlung vertragsmäßig anbietet, verweigern und den Vertrag wegen Irrtums über die Kreditwürdigkeit des Käufers anfechten (RG 105, 209 oben).

Anm. 65 II. **Kreditkauf** bedeutet einen Kauf, bei dem der Kaufpreis gestundet, also erst nach der Leistung des Verkäufers fällig wird. Unter Kreditkonditionen versteht man offenen oder sichergestellten (= gedeckten) Kredit. Der offene Kredit, d. h. der Kredit ohne Sicherheit, pflegt befristet zu sein. Der sichergestellte Kredit ist gedeckt durch Eigentumsvorbehalt, Sicherungsübereignung, Faustpfand, Bürgschaft oder durch Wechselakzepte oder Schecks des Käufers. Der Kreditkauf hat nichts Besonderes; es sei denn, daß der gestundete Kaufpreis durch Wechsel zu begleichen ist (unten Anm. 205ff.).

Anm. 66 1. Hinsichtlich einer möglichen Berechtigung des Verkäufers, die gewährte Stundung einseitig rückgängig zu machen, ist zu unterscheiden:

a) Der Käufer ist bereits im Zeitpunkt des Vertragsschlusses kreditunwürdig.

aa) In Betracht kommt eine Anfechtung nach § 123 BGB wegen arglistiger Täuschung des Verkäufers durch den Käufer. Der kreditbegehrende Käufer braucht dem Verkäufer nicht über alle, für seine Kreditwürdigkeit maßgeblichen Verhältnisse ungefragt Auskunft zu erteilen. Der Umstand, daß jemand bei Vertragsschluß seine schlechte Vermögenslage dem Gegner nicht offenbart, enthält daher im allgemeinen noch kein arglistiges, den anderen nach § 123 BGB zur Anfechtung berechtigendes Verschweigen (RG LZ 1923, 20[1]; Dresden SeuffA. 67, 433). Der Käufer muß dem Gegenkontrahenten nur diejenigen Tatsachen mitteilen, welche dieser unter den gegebenen Umständen nach der Verkehrsauffassung erwarten darf (RG JW. 1911, 325[18]). Ob und inwieweit der Verkäufer vom Käufer Aufklärung verlangen kann, läßt sich daher nur nach den besonderen Umständen des einzelnen Falles beurteilen (vgl. RG JW. 1912, 342[5]). Das Verschweigen der Kreditunwürdigkeit, wenn es gegen Treu und Glauben geschieht, um den Gegner zum Abschluß zu bestimmen, berechtigt den Verkäufer zur Anfechtung wegen arglistiger Täuschung, § 123 BGB (RG WarnRspr. 1911 Nr. 360; OLG Hamburg OLGE 28, 24). Darunter fällt jedenfalls das Verschweigen der Zahlungseinstellung bei Vertragsschluß und die dadurch erlangte Auslieferung der Ware (RG 28, 381), das darüber hinaus eine unerlaubte Handlung darstellt (§ 823 Abs. 2 BGB i. V. mit § 263 StGB — Betrug —; § 826 BGB). Im übrigen besteht eine Pflicht zur Aufklärung namentlich bei Geschäften mit großen Risiken, bei langdauernden Verträgen, bei Geschäften, die besondere Vertrauenswürdigkeit oder Leistungsfähigkeit voraussetzen. Eine arglistige Täuschung liegt ferner vor, wenn ein zahlungsunfähiger Käufer lediglich in der Absicht gekauft hat, die Ware rasch zu Geld zu machen und das Geld zu Schiebungen zu verwenden (RG 69, 15; Boschan „Recht" 1909, 12). Darin, daß der Käufer von vornherein den Vertrag nicht zu erfüllen beabsichtigt, obwohl er die Mittel dazu besitzt, liegt nur in ganz besonderen Ausnahmefällen eine arglistige Täuschung. Nicht verschweigen darf der Käufer die Tatsache, daß er sein ganzes Warenlager anderen zur Sicherheit übereignet hat und diesen auch alle künftig eingehenden Waren übereignen muß (RG JW 1911, 324[18]).

bb) Daneben kann dem Verkäufer, der über eine schlechte Vermögenslage des Käufers bei Abschluß des Vertrages irrte, ein Anfechtungsrecht nach § 119 Abs. 2 BGB zustehen. Bei Kreditkäufen (insbesondere im Handelsverkehr), nicht bei Barkäufen, RG 105, 208, ist die Kreditwürdigkeit des Käufers eine im Verkehr wesentliche Eigenschaft seiner Person, RG 66, 385 (grundsätzlich und mit Hinweisen auf die Rechtslage vor dem BGB.); vgl. ferner RG JW. 1912, 26; RG „Recht" 1929 Nr. 2336; OLG Stuttgart OLGE 45, 129; zustimmend auch die Mehrheit der Literatur: Soergel-Hefermehl § 119 Rdnr. 38; Staudinger-Ostler § 433 Rdnr. 133 und Staudinger-Coing § 119 Rdnr. 20; Krüger-Nieland in RGRK-BGB § 119 Anm. 26; Enneccerus-Nipperdey II S. 1046 Anm. 23; Larenz AT S. 385; teilweise einschränkend Erman-Westermann § 119 Anm. 10: Kreditwürdigkeit wesentliche Eigenschaft, nicht jedoch die Zahlungsunfähigkeit (zweifelhaft, da geschäftliche Solvenz eines der entscheidenden Bemessungskriterien für die Kreditwürdigkeit bildet); a. A. Flume AT § 24 3b. Zahlungsunfähigkeit und Zahlungseinstellung bilden nur besonders krasse Fälle der Kreditunwürdigkeit. Auch wenn keine Zahlungsunfähigkeit vorliegt, kann es dem Käufer an der Kreditwürdigkeit fehlen. Ob der Käufer kreditunwürdig ist, beurteilt sich nach der gesamten Geschäfts- und Vermögenslage, wozu auch die Einschätzung der Person des Käufers im Verkehr gehört (OLG Hamburg OLGE 20, 40). Eröffnung eines gerichtlichen Vergleichsverfahrens nach der VglO wird bei Kreditkäufen hinreichen, obwohl sie bei Zug um Zug abzuwickelnden Geschäften noch keinen Grund zu Rücktritt oder Anfechtung gibt.

Abgesehen von der Vermögenslage des Käufers kann auch Vertrauensunwürdigkeit persönlicher Art, also persönliche Unzuverlässigkeit zur Anfechtung wegen Irrtums nach § 119 Abs. 2 BGB führen, wenn besonderes persönliches Vertrauen zum Leistungsinhalt gehört und sich nachträglich Bescholtenheit, Bestrafung (RG 90, 393; RG JW. 1912, 25[5]) oder sonstige gewichtige, die Vertrauenswürdigkeit begründende Umstände herausstellen. Stets muß es sich um solche Umstände handeln, die nach den Anschauungen des Verkehrs einen entscheidenden Einfluß auf die Wertschätzung der Persönlichkeit ausüben, so daß die nach dem Wesen des Vertrages nötige Vertrauensbasis nach Aufdeckung des Irrtums fehlt. Maßgebend sind die besonderen Umstände des einzelnen Falles. Es braucht sich dabei nicht um Leistungen höchstpersönlicher Art zu handeln. Bei Einräumung eines Alleinverkaufsrechts, bei Abschluß eines dem ähnlichen Agenturvertrages (WarnRspr. 1920 Nr. 185), bei Geschäften mit nicht leicht nachprüfbarer Erfüllung, z. B. Wettbewerbsverboten (RG LZ 1921, 13[1]), bei bedeutsamen Kreditgeschäften, die pünktliche und gewissenhafte Erfüllung verlangen (RG WarnRspr. 1911 Nr. 469), bildet die persönliche Vertrauenswürdigkeit des Vertragsgegners eine verkehrswesentliche Eigenschaft nach § 119 Abs. 2 BGB. Nicht bloß der Vertragsgegner kommt hier in Betracht. Auch das Fehlen des Vertrauens zu dem Leiter des Unternehmens des Gegners kann zur Irrtumsanfechtung führen (RG 98, 207); dagegen reicht es nicht, wenn es sich nur um bloß vertragsmäßige Beziehungen des Vertragsgegners zu Dritten handelt, z. B. wenn dieser mit jenem, ihm schadensersatzpflichtigen, einen schonenden Vergleich mit Rücksicht auf dessen beschränkte Vermögensverhältnisse abgeschlossen hat, ohne zu erfahren, daß der Schadensersatzpflichtige haftpflichtversichert war (RG 99, 214). Für das Fehlen der Vertrauenswürdigkeit kommt es auf den Augenblick des Vertragsschlusses an; es genügt daher nicht, wenn das Vertrauen erst als Folge mangelhafter Vertragserfüllung fortfällt (RG 62, 284; WarnRspr. 1908 Nr. 590. Unwahrhaftiges Verhalten des Gegners bei Vertragsschluß genügt für sich allein nicht. Wer bewußt unrichtige Angaben, z. B. über den Zweck des Vertragsschlusses, über die Bezugsquellen u. ä. macht, hat damit noch nicht die persönliche Vertrauenswürdigkeit in dem nach § 119 Abs. 2 BGB erforderlichen Maß eingebüßt.

Über Form und Frist der Geltendmachung der Anfechtung sowie zu den Anfechtungsfolgen im einzelnen vgl. §§ 121, 122, 124 BGB sowie §§ 142 bis 144 BGB und die Literatur dazu. Hier sei nur auf folgendes hingewiesen: ist die Stundung erst nachträglich, insbesondere nach Lieferung der Ware erfolgt, so ist die Kreditzusage ein selbständiges Geschäft, das selbständig wegen Irrtums angefochten werden kann. Die erfolgreiche Anfechtung bewirkt hier nicht wie sonst in der Regel die Nichtigkeit des gesamten Vertrages, führt vielmehr dazu, daß der Verkäufer unter Aufrechterhaltung des ursprünglichen Vertrages nunmehr Barzahlung verlangen kann.

Anm. 67 b) Die Vermögensverhältnisse des Käufers verschlechtern sich nach Vertragsschluß.

aa) Die Auslegung des Vertragswillens nach Treu und Glauben mit Rücksicht auf die Verkehrssitte und die Anschauungen des Handelsverkehrs (§§ 157, 242 BGB, § 346 HGB), bei der auch die Handelsgebräuche des betreffenden Geschäftszweigs in Betracht kommen, kann zur Annahme eines stillschweigenden Vertrags des Inhalts führen, daß dem einen Teil, solange der Vertrag noch nicht ausgeführt ist, wegen veränderter Umstände der (einseitige) Rücktritt zustehen soll, wenn die Vermögensverhältnisse des anderen Teils nach Abschluß des Vertrags sich wesentlich verschlechtern. Alsdann steht der Vertrag — einerlei, ob es sich um eine Vorleistungspflicht eines Teils oder um Leistung Zug um Zug handelt — unter der stillschweigenden Bedingung fortdauernder Kreditwürdigkeit (RG 66, 389; ROHG 23, 139; JW 1899, 307[18]; 1905, 168[5]; vgl. RG 50, 258; 60, 59: Unsicherheit des ausländischen Versicherers; „Recht" 1909 Nr. 3219; Breslau SeuffA. 66, 32) oder, wie man sich auch ausdrücken kann: es soll der Vertrag bei eintretender Kreditunwürdigkeit des Käufers als nicht geschlossen behandelt werden. Selbstverständlich ist in jedem Falle eine genaue Feststellung der Umstände erforderlich, die einen solchen beiderseitigen Willen als vorhanden annehmen lassen (JW 1902 Beil. 230[93]). Unter besonderen Umständen können sogar berechtigte Zweifel an der Kreditwürdigkeit genügen. Das ist z. B. der Fall, wenn beim Abschluß des Geschäfts dessen Bestehen seitens des Verkäufers von dem Ausfall noch einzuholender Erkundigung über den Käufer abhängig gemacht ist (KG in KGBl. 1901, 29; RG in OLGE 4, 9 Anm. 1). Diese Abhängigkeit ist schon dann anzunehmen, wenn der Kunde Referenzen aufgibt (KG in KGBl. 1901, 29). Dieses Recht wird hinfällig, wenn ein Teil infolge des Verzugs der Gegenseite in Anwendung des § 326 BGB den Anspruch auf Erfüllung verloren hat; das ist der Fall mit Ablauf der Nachfrist (RG JW 1901, 462[12] nimmt erst den Zeitpunkt der Wahlrechtsausübung als entscheidend an).

Anm. 68 bb) In allen anderen Fällen, in denen nach dem Vertrage eine Vorleistungspflicht eines Teils besteht und dieser Pflicht noch nicht genügt ist, greift § 321 BGB Platz. Er lautet:

„*Wer aus einem gegenseitigen Vertrage vorzuleisten verpflichtet ist, kann, wenn nach dem Abschlusse des Vertrags in den Vermögensverhältnissen des anderen Teiles eine wesentliche Verschlechterung eintritt, durch die der Anspruch auf die Gegenleistung gefährdet wird, die ihm obliegende Leistung verweigern, bis die Gegenleistung bewirkt oder Sicherheit für sie geleistet wird.*"

Die Vorschrift beruht auf dem Gedanken, daß es dem Vorleistungspflichtigen nicht zugemutet werden kann, entsprechend der vertraglichen Vereinbarung seine Vorleistung zu erbringen, wenn sich die Vermögensverhältnisse des anderen Teils seit dem Vertragsschluß so erheblich verändert haben, daß es unsicher geworden ist, ob dieser die Gegenleistung wird erbringen können. Es wäre unbillig, eine Vertragspartei an Verpflichtungen festzuhalten, die sie unter den neuen, völlig veränderten Verhältnissen keinesfalls übernommen haben würde (RG 65, 185, 192). § 321 BGB geht also auf die „clausula rebus sic stantibus" zurück und ist damit ein höchst spezieller Fall der nachträglichen Veränderung der Geschäftsgrundlage; vgl. auch Mot. I S. 631 und Prot. I S. 361.

Die Voraussetzungen der Vorschrift im einzelnen:

1. Eine **Verpflichtung zur Vorleistung** aus einem gegenseitigen Vertrag. Eine Vorleistungspflicht besteht dann, wenn der eine Vertragsteil die ihm obliegenden Leistungspflichten ganz oder teilweise zu erfüllen hat, bevor der andere Vertragsteil die ihm obliegenden, im Leistungsaustauschverhältnis stehenden Pflichten zu erfüllen braucht. Da der Verkäufer zur Verschaffung von Eigentum und Besitz verpflichtet ist, leistet der Käufer, der gegen Dokumente zahlt, insofern vor, als er zwar durch das Traditionspapier das Eigentum erlangen kann, nicht aber den unmittelbaren Besitz (a. A. RG vom 22. 1. 1926: zitiert nach RGRK-BGB § 320 Anm. 17). Die Vorleistung braucht keine Geldleistung zu sein. Die Vorleistung darf noch nicht erbracht sein. Derjenige, der geleistet hat, kann die dem Gegner bewilligte Stundung der Gegenleistung nicht wegen dessen seit dem Vertragsabschluß eingetretenen Vermögensverfalles in analoger Anwendung des § 321 BGB. zurückziehen (Kolmar OLGE 4, 31). Trotz der von dem Verkäufer bedingungsweise übernommenen Nachbesserungspflicht (Garantie) für den gelieferten Gegenstand ist die Zahlung des Käufers nur Nachleistung gegenüber der erfüllten Lieferungspflicht des Verkäufers; ein durch § 321 BGB geregeltes Verhältnis wird dadurch nicht begründet (München OLGE 22, 199). Typische Fälle der Vorleistungspflicht sind beim Kauf: „Kasse gegen Dokumente", „Kasse gegen Faktura", „Kasse gegen Lieferschein", „Kasse gegen Duplikatfrachtbrief", „Lieferung gegen Akkreditiv", „zahlbar mit Dreimonatsakzept", „Zahlungsziel vier Wochen nach Lieferung".

2. **Gefährdung** des Anspruchs auf die Gegenleistung **durch** eine **wesentliche Verschlechterung der Vermögensverhältnisse** des Nachleistungspflichtigen. Entscheidend ist, wie die Verhältnisse des Nachleistungspflichtigen in den maßgeblichen Kreisen bei verständiger objektiver kaufmännischer Beurteilung der gesamten Sachlage anzusehen sind. Die meist einseitige, subjektive Auffassung des Vorleistungspflichtigen ist nicht maßgebend. Bei Beurteilung der Vermögenslage kommt es nicht allein auf die Höhe der Aktiven und Passiven, sondern auch auf die Flüssigkeit der Mittel und die Kreditfähigkeit an (RG JW. 1908, 193[7]). Denn in letzter Linie gibt die Frage den Ausschlag, ob die Forderung des Vorleistungspflichtigen gefährdet ist. Daher genügt stets eine Zahlungseinstellung, außerdem auch eine gefährdende Zahlungsstockung, weil sie den Kredit erschüttert. Es kann sein, daß trotz Verschlechterung des Vermögens dennoch keine Gefährdung besteht; es kann z. B. der Anspruch des Vorleistungspflichtigen durch eine gute Hypothek (RG 53, 244), einwandfreie Bürgschaft u. ä. gesichert sein. Ob die Verschlechterung der Verhältnisse und die dadurch verursachte Gefahr in einem Verschulden des Nachleistungspflichtigen ihren Grund haben, ist gleichgültig; daher kann die durch revolutionäre Vorgänge hervorgerufene allgemeine Unsicherheit im Lande des Nachleistungspflichtigen zur Anwendung des § 321 BGB gegen ihn führen (KG in OLGE 18, 59). Die Folgen so allgemein wirkender Ereignisse, wie rückgängige Konjunktur, Handelskrisen und Krieg, reichen aber nicht aus. Es müssen vielmehr im Einzelfall die Verhältnisse des Schuldners von ihnen besonders betroffen werden und dadurch gefährdet erscheinen (RG in WarnRspr. 1916 Nr. 5). Hat der Vorleistungspflichtige nach Lage der Umstände mit einer Gefahr bei Abschluß des Vertrags rechnen müssen, so hat er diese Gefahr tragen wollen. Daraus folgt, daß man es mit dem Erfordernis der Gefährdung durch wesentliche Vermögensverschlechterung und der Anwendung des § 321 BGB strengnehmen muß, so daß eine entsprechende Anwendung des § 321 BGB z. B. auf den Fall der drohenden Verschlechterung eines Pfandes ausgeschlossen ist (RG 64, 111), sowie weiter, daß derjenige sich auf § 321 BGB nicht berufen kann, der nach erlangter Kenntnis vom Vermögensverfall des Gegners das Kreditverhältnis durch Kündigung

aufheben konnte und dies unterlassen hat (RG 65, 192). Letzteres ist jedoch nicht so sehr für den Kaufvertrag, als vielmehr besonders für den Kreditvertrag von Bedeutung. Die Beweislast für die Gefährdung in obigem Sinne trifft den Vorleistungspflichtigen. Strenggenommen müßte danach der Vorleistungspflichtige die Vermögenslage seines Gegners im Augenblick des Vertragsschlusses darlegen und beweisen, weil sich erst nach diesem Stand das Eintreten einer Verschlechterung ermessen läßt. Diesen meist unmöglichen Beweis wollte der Gesetzgeber aber nicht auferlegen. Es muß daher der Beweis der Gefährdung der Gegenleistung durch schlechte Verhältnisse des Nachleistungspflichtigen genügen. Dem Nachleistungspflichtigen bleibt dann der Gegenbeweis überlassen, entweder daß seine Verhältnisse zur Zeit des Vertragsschlusses bereits so schlechte waren, wie es § 321 BGB voraussetzt (s. dazu auch die folgende Anm.), oder daß sich seine Verhältnisse, wenn sie erst nach Vertragsschluß so schlecht geworden sind, wieder so gebessert haben, daß eine Gefährdung des Anspruchs auf die Gegenleistung ausgeschlossen erscheint. Ehe die Vorleistung fällig ist, kann der nachleistungspflichtige Gläubiger das auf § 321 BGB gestützte Verlangen seines Gegners auf Zusage sofortiger Gegenleistung oder Sicherstellung zurückweisen, ohne daß darin eine ernstliche Erfüllungsverweigerung zu erblicken wäre, die den Rücktritt des Gegners zu rechtfertigen vermöchte (RG 54, 358).

Anm. 69 3. Eintritt der Verschlechterung **nach Vertragsschluß.** Waren die Umstände, die die Erfüllung des Anspruchs des Vorleistungspflichtigen gefährden, bereits zur Zeit des Vertragsschlusses vorhanden, mögen sie dem Vorleistungspflichtigen auch ohne sein Verschulden unbekannt gewesen sein, so kann nur Anfechtung wegen arglistiger Täuschung oder wegen Irrtums (Anm. 66) in Frage kommen. Eine ausdehnende Auslegung des § 312 BGB verstößt gegen den oben Anm. 67 dargelegten Grundgedanken der Vorschrift (h. M. vgl. Wilde in RGRK-BGB § 321 Anm. 2; Soergel-Reimer Schmidt § 321 Rdnr. 4; Erman § 321 Anm. 2c; Palandt-Danckelmann-Heinrichs § 321 Anm. 2b; zweifelnd Blomeyer, Schuldrecht § 21 V 1). Wohl aber wird die Voraussetzung des § 321 BGB erfüllt, wenn sich die Verhältnisse nach Vertragsabschluß noch weiter verschlechtert haben, z. B. durch Vorladung zum Offenbarungseid, neuerliche Pfändung durch andere Gläubiger und Nichtbewilligung eines bei Vertragsschluß in Aussicht stehenden Kredites (BGH LM Nr. 2 zu § 321 BGB. = NJW 1964, 99). Die Konkurseröffnung ist selbst dann als weitere wesentliche Verschlechterung angesehen worden, wenn schon bei Vertragsschluß Zahlungsunfähigkeit bestanden hat, RG „Recht“ 1905 Nr. 269; „Recht“ 1926 Nr. 415: sehr zweifelhaft, denn wer sich einem zahlungsunfähigen Partner gegenüber zur Vorleistung verpflichtet, nimmt doch wohl das naheliegende Risiko der Konkurseröffnung auf sich. Die Verschlechterung darf ferner nicht nur vorübergehend gewesen sein; sie muß vielmehr im Zeitpunkt des Erfüllungsverlangens des Vorleistungsberechtigten (nicht ausreichend ist: im Zeitpunkt der Fälligkeit der Vorleistung) noch fortbestehen, RG JW. 1908, 194[7]; RG „Recht“ 1910 Nr. 1230.

Anm. 70 Wirkungen der Vorschrift. Liegen die geschilderten Voraussetzungen vor, so kann der Vorleistungspflichtige seine Vorleistung solange verweigern, bis der andere Teil seinerseits die ihm obliegende Gegenleistung bewirkt oder Sicherheit leistet. § 321 BGB verleiht dem Vorleistungspflichtigen also eine verzögerliche Einrede, durch deren Geltendmachung er im Prozeß gegenüber der Klage auf die Vorleistung erreichen kann, daß er zur Erbringung seiner Vorleistung nur Zug um Zug gegen Empfang der Gegenleistung oder gegen Sicherheitsleistung (RG 51, 172; 53, 64) verurteilt werden kann. Da in § 321 BGB ein § 273 Abs. 3 Satz 2 BGB entsprechender Zusatz fehlt, ist auch Stellung von Bürgschaft zugelassen, nicht aber Sicherheitsleistung durch Abtretung von Forderungen (OLG Dresden OLGE 20, 144). Der Nachleistungspflichtige kann aus dem begründeten Vorschützen der Einrede weder einen Grund zum Rücktritt entnehmen noch seine Ansprüche im Wege des Selbsthilfeverkaufs verfolgen. Darüber, ob er auf eine Zug-um-Zug-Leistung eingehen oder Sicherheit stellen will, braucht er sich erst bei Fälligkeit der Vorleistung zu erklären. Hat er sich vorher geweigert, Sicherheit zu leisten, so hat diese Weigerung nur Bedeutung, wenn sie als im Zeitpunkt der Fälligkeit der Vorleistung aufrechterhalten anzusehen ist (vgl. RG 54, 356). Alsdann kann eine solche Weigerung u. U. den Vertragszweck erheblich gefährden und als positive Vertragsverletzung angesehen werden. Die nach der Fälligkeit der Vorleistung ausgesprochene Weigerung des

Nachleistungspflichtigen, Sicherheit zu leisten oder auf Leistung Zug um Zug einzugehen, kann jederzeit zurückgenommen werden, solange der Gegner daraus keine Folgerung durch bestimmte Erklärung gezogen hat. Sind mehrere Nachleistungspflichtige als Gesamtgläubiger hinsichtlich des Anspruchs auf die Vorleistung vorhanden, so ist das Weigerungsrecht des Vorleistungspflichtigen nur demjenigen Gesamtgläubiger gegenüber gegeben, bei dem die Voraussetzungen des § 321 BGB zutreffen (§§ 425, 429 Abs. 3 BGB). Hat der Nachleistungspflichtige seine Rechte auf die Vorleistung abgetreten, so kann der Vorleistungspflichtige sein Weigerungsrecht auch gegen den Sonderrechtsnachfolger geltend machen, wenn die Voraussetzungen des § 321 BGB in der Person des ursprünglichen Gläubigers vorliegen (RG 51, 172). Eine darüber hinausreichende Umgestaltung des Schuldverhältnisses führt § 321 BGB nicht herbei. Insbesondere wird die Gegenleistung nicht eher fällig als im Vertrag vorgesehen. Der Vorleistungspflichtige kann den Gegner also nicht in Verzug setzen, ohne seiner Vorleistungspflicht genügt zu haben, noch den Gegner durch Aufforderung zur Gegenleistung in Annahmeverzug versetzen (RG JW 1904, 201[11]; SächsOLG in OLGE 36, 107; Hamburg SeuffA 59, 93). Insbesondere ist es dem Vorleistungspflichtigen versagt, vor dem für die Fälligkeit der Gegenleistung vereinbarten Zeitpunkt auf Erfüllung des Vertrages Zug um Zug gegen Gewährung oder Sicherstellung der Vorleistung zu klagen (RG 53, 63; 54, 359; OLG Hamburg LZ 1926, 1211[1]; Wilde in RGRK-BGB § 321 Anm. 4; Erman § 321 Anm. 3b; Palandt-Danckelmann-Heinrichs § 321 Anm. 3; Enneccerus-Lehmann S. 144; Blomeyer, Schuldrecht § 21 V 1). Eine abweichende Meinung in der Literatur nimmt dagegen an, die Einrede habe eine rechtsgestaltende Wirkung auf das Schuldverhältnis dergestalt, daß die vereinbarte Vorleistungspflicht völlig aufgehoben und die vertragliche Regelform der Zug-um-Zug-Erfüllung hergestellt werde (Larenz, Schuldrecht I[8/9] S. 210 unter Anführung von Oertmann 5b zu § 321; Soergel-Reimer Schmidt § 321 Rdnr. 5). Zur Begründung führen diese Autoren an, es wäre unbillig, „es dem leistungsschwachen Berechtigten in die Hand zu geben, ob der andere Teil seine Gegenleistung verlangen kann, ohne ein besonderes Risiko einzugehen" (Reimer Schmidt a. a. O.) bzw. bei der hier vertretenen Meinung werde der Vorleistungsverpflichtete „überhaupt nicht in der Lage sein, den anderen am Vertrage festzuhalten, ohne doch die Vorleistung zu riskieren, was ihm das Gesetz gerade ersparen will" (Larenz a. a. O.). Diese Argumente könnten nur dann überzeugen, wenn nachweisbar wäre, daß es in der Intention des Gesetzes liegt, dem Vorleistungspflichtigen das Recht zu geben, den anderen Teil zu veränderten Bedingungen am Vertrage festzuhalten, indem der in der Vorleistungspflicht liegende Nachteil für den Verpflichteten ausgeräumt wird, während ihm zugleich die Vorteile des Geschäfts erhalten bleiben. Dieser Nachweis kann nicht geführt werden. Unbezweifelbar berücksichtigt § 321 BGB das Interesse des Vorleistungspflichtigen nur durch Gewährung einer Einrede. Das Gesetz bleibt damit auf der halben Strecke des von den obigen Autoren für zweckmäßig gehaltenen Weges stehen. Es schützt den Vorleistungspflichtigen vor den Nachteilen einer Vertragsgestaltung, die er im Vertrauen auf eine bessere wirtschaftliche Lage der Gegenpartei eingegangen ist, indem es ihn davor bewahrt, die Vorleistung in einem Zeitpunkt erbringen zu müssen, zu dem bereits erkennbar geworden ist, daß die Realisierung des Anspruchs auf die ihm als Ausgleich gebührende Gegenleistung gefährdet ist. Dagegen liegt es, wie der Vergleich mit § 322 Abs. 2 BGB deutlich zeigt, nicht in der Absicht des Gesetzes, dem Vorleistungspflichtigen über die Gewährung einer verzögerlichen Einrede hinaus ein Recht zu aktivem Vorgehen gegen den anderen zuzubilligen und ihm damit einseitig die Vorteile des Geschäfts zu erhalten. Diese Regelung ist keinesfalls immer unbillig. Das Geschäft bildet in der Form wie es ursprünglich geschlossen ist, eine innere Einheit. So wird z. B. häufig nicht auszuschließen sein, daß der zur Nachleistung Verpflichtete das Geschäft zur Bedingung der Zug-um-Zug-Leistung nicht geschlossen hätte, etwa weil er sich die Mittel für seine Leistung erst aus der Verwertung der Vorleistung des anderen beschaffen wollte, oder daß er sich für die Zubilligung eines Zahlungsziels zu Zugeständnissen bei den übrigen Vertragskonditionen genötigt gesehen hat. Die von den genannten Autoren befürwortete Erweiterung der Rechte des Vorleistungspflichtigen würde somit bedeuten, den zur Nachleistung Berechtigten nicht an dem tatsächlich ausgehandelten, sondern an einem inhaltlich wesentlich veränderten Vertrag festzuhalten. Die von Larenz a. a. O.

für diesen Tatbestand gebrauchte Formulierung der „Rückkehr“ zur Zug-um-Zug-Leistung ist somit irreführend. So gesehen kann es kaum als unbillig bezeichnet werden, wenn das Gesetz dem Vorleistungsverpflichteten das Recht zu aktivem Vorgehen versagt, sondern statt dessen bei dem Vorleistungsberechtigten monopolisiert und es damit ihm und nicht der Gegenpartei überläßt, sich schlüssig zu machen, ob das Geschäft auch ohne die Vorleistung des anderen Teils noch seinen geschäftlichen Interessen entspricht und bejahendenfalls Vertragserfüllung gegen Sicherheit oder Erbringung der eigenen Gegenleistung Zug um Zug zu verlangen. Den schutzwürdigen Belangen des Vorleistungsverpflichteten wird in ausreichendem Maße Rechnung getragen, wenn man ihm das Recht zubilligt, für den Fall, daß der andere diese Umgestaltung des Vertrages ablehnt oder die Entscheidung darüber verzögert, vom Vertrag zurückzutreten (s. dazu die folgende Anm.).

Anm. 71 Allerdings tritt bei der hier vertretenen Auslegung des § 321 BGB, die dem Vorleistungspflichtigen jedes aktive Vorgehen versagt, durch die Geltendmachung der Einrede ein Schwebezustand ein, währenddessen zunächst unsicher ist, ob der Vorleistungsberechtigte bereit sein wird, Sicherheit zu leisten oder sich mit Zug-um-Zug-Erfüllung zufrieden zu geben, der Vorleistungspflichtige aber an den Vertrag gebunden bleibt und seine Leistung weiter bereithalten muß. Die Beendigung dieses Schwebezustandes erfolgt auf unterschiedliche Weise, je nachdem, wie der Fälligkeitszeitpunkt für die Nachleistung vertraglich festgelegt ist.

1. Wird die Nachleistung unabhängig von der Vorleistung zu einem fest fixierten Zeitpunkt fällig, was allerdings selten sein wird, so kann der Vorleistungspflichtige von diesem Zeitpunkt ab auf Zug-um-Zug-Erfüllung klagen.

2. Ist das Fälligwerden der Nachleistung in Abhängigkeit gesetzt von der Erbringung der Vorleistung, z. B. durch die Klausel „Zahlung vier Wochen nach Erhalt der Ware“, so könnte die Nachleistung nie fällig werden, der Schwebezustand ohne zeitliche Begrenzung andauern, wenn der Vorleistungspflichtige Sicherheitsleistung oder Einverständnis mit Zug-um-Zug-Erfüllung ablehnt. Zur Lösung dieses Zustandes muß dem Vorleistungsverpflichteten das Recht zugebilligt werden, den Gegner unter Setzung einer angemessenen Frist zur Erklärung aufzufordern, ob er dem § 321 BGB genügen wolle. Ein solches Vorgehen schafft klare Verhältnisse und entspricht Treu und Glauben, indem es verhindert, daß das dem Nachlieferungspflichtigen gewährte Recht zu einem willkürlichen Schwebezustand führt. Nur der, dessen Verhältnisse sich so verschlechtert haben, ist in der Lage, den Schwebezustand zu beendigen. Schweigt er innerhalb der ihm nach Fälligkeit der Vorleistung gesetzten Frist oder lehnt er ab, so ist dem Vorleistungspflichtigen der Weg zum Rücktritt eröffnet. Ob man dieses Rücktrittsrecht auf § 242 BGB stützt (so die h. M., s. Wilde in RGRK-BGB § 321 Anm. 4; Erman § 321 Anm. 3b m. w. Nachw.; Palandt-Danckelmann-Heinrichs § 321 Anm. 3; vgl. auch BGH 11, 80 = NJW 1954, 229), oder wie die Vorauflage dieses Kommentars auf eine analoge Anwendung des § 326 BGB (Vorauflage Anm. 44), ist dabei ohne Bedeutung. Ein Schadensersatzanspruch wegen Nichterfüllung ist dagegen dem Vorleistungspflichtigen zu versagen.

Anm. 72 Die **Geltendmachung der Einrede** erfolgt durch einfache Verweigerung der Vorleistung unter Hinweis auf § 321 BGB, die jederzeit zurückgenommen werden kann. Der Vorleistungspflichtige, der von seinem Recht aus § 321 BGB Gebrauch gemacht hat, darf solange ohne weitere Erkundigungen einzuziehen (RG LZ 1907, 50[8]) davon ausgehen, daß die Verhältnisse des anderen sich nicht geändert haben, bis er von einer Besserung Kenntnis erlangt. Die Einrede aus § 321 BGB kann vom Vorleistungspflichtigen nur solange vorgeschützt werden, als er seine Vorleistung noch nicht gemacht hat. Hat er seine Vorleistung erbracht, so ist eine Rückforderung des Geleisteten schon durch § 813 Abs. 2 BGB ausgeschlossen. Alle diese Rechte hat auch der, dem der Vorleistungspflichtige seine Rechte aus dem Vertrag abgetreten hat (RG 51, 172), und der, dem sie sonst überwiesen sind. Schützt der Vorleistungspflichtige die Einrede mit Unrecht vor, so kann ihn der Gegner in Leistungsverzug versetzen und gegen ihn nach § 326 BGB vorgehen. U. U. erfüllt sich dann auch der Tatbestand positiver Vertragsverletzung.

Anm. 73 2. Eine Sonderform des Kreditkaufes, regelmäßig verbunden mit Eigentumsvorbehalt, ist der **Abzahlungskauf.** Für den Abzahlungskauf besteht das Gesetz betr. die

Abzahlungsgeschäfte vom 16. Mai 1894 (RGBl. S. 450, geändert durch Gesetz vom 1. 9. 1969 BGBl. I S. 1541). Da sich das Abzahlungsgeschäft inzwischen zu einem umfangreichen Sondergebiet entwickelt hat, wird in dieser Auflage wie in der vorigen auf eine Darstellung dieses Rechtsgebietes verzichtet.

3. **Der Kauf unter Eigentumsvorbehalt.** Literaturhinweise: Bauknecht, Pfändung des Anwartschaftsrechts aus bedingter Übereignung in NJW 1954, 1749 und Eigentumsvorbehalt und Anwartschaftsrecht in NJW 1955, 1251; Blomeyer, Eigentumsvorbehalt und gutgläubiger Erwerb in AcP 153, 239 und Die Rechtsstellung des Vorbehaltskäufers in AcP 162, 193; Forkel, Grundfragen der Lehre vom privatrechtlichen Anwartschaftsrecht; Flume, Der verlängerte und erweiterte Eigentumsvorbehalt in NJW 1950, 841; Georgiades, Die Eigentumsanwartschaft beim Vorbehaltskauf. Zur Theorie der dinglichen Anwartschaften, 1963; Kötter, Die Tauglichkeit der Vorausabtretung als Sicherungsmittel des Geld- und Warenkredits, 1960; Raiser, Dingliche Anwartschaften, 1961; Rühl, Eigentumsvorbehalt und Abzahlungsgeschäft, 1930; Serick, Eigentumsvorbehalt und Sicherungsübertragung, Bd. I Der einfache Eigentumsvorbehalt, 1963 und Causa und Anwartschaft in AcP 166, 129; Stulz, Der Eigentumsvorbehalt im in- und ausländischen Recht, 1932. Ausland: Böckl-Meder, Der Eigentumsvorbehalt im ausländischen Recht, 2. Aufl. 1960; Eisner, Eigentumsvorbehalt und Security Interest im Handelsverkehr mit den USA in NJW 1967, 1169; Fleck, Der Eigentumsvorbehalt im Europäischen Kaufrecht, 1954; Graue, Der Eigentumsvorbehalt im ausländischen Recht, 1953; Mertens, Eigentumsvorbehalt und sonstige Sicherungsmittel des Verkäufers im ausländischen Recht, 1964. Wegen der jeweils neuesten Rechtsprechung des Bundesgerichtshofs s. die periodisch erscheinenden Rechtsprechungsübersichten von Pikart in WM. Weitere Hinweise auf das schier unübersehbare Schrifttum finden sich im folgenden Text. **Anm. 74**

a) **Zweck und Zustandekommen des Eigentumsvorbehalts** **Anm. 75**

Die dem vorleistungspflichtigen Verkäufer durch § 321 BGB gewährten rechtlichen Möglichkeiten werden auf Grund ihrer engen Voraussetzungen und ihrer eingeschränkten Wirkungen seinem Sicherungsbedürfnis häufig nicht genügen. Hinzu kommt, daß § 321 BGB den Verkäufer vollends im Stich läßt, sobald er die ihm obliegende Vorleistung einmal erbracht hat. § 454 BGB versagt dem Verkäufer in diesem Fall überdies auch das ihm sonst nach § 326 BGB bei Zahlungsverzug des Käufers zugebilligte Rücktrittsrecht (nach BGH NJW 1958, 497; DNotZ 1959, 393 selbst dann, wenn der Verkäufer die Stundung des Kaufpreises widerrufen hat) und beschränkt ihn auf einen Schadensersatzanspruch, dessen Realisierbarkeit jedoch genauso fraglich ist wie diejenige des Anspruchs auf den Kaufpreis. Der sich in dieser Situation für den Verkäufer anbietende Ausweg besteht darin, dem Käufer zunächst bis zur Erbringung der Nachleistung nur den Besitz, noch nicht aber das Eigentum an der Kaufsache zu übertragen, um im Falle der Nichtzahlung von dem Eigentumsrecht durch Rücknahme des Gegenstandes Gebrauch machen zu können. Dieser Weg befriedigt sowohl das Sicherungsbedürfnis des Verkäufers wie das Käuferinteresse an Besitz und Nutzungsmöglichkeit vor Kaufpreiszahlung. Die auf eine solche Gestaltung der Beziehungen zwischen Veräußerer und Erwerber zielende Abrede bezeichnet man als Eigentumsvorbehalt. Der Eigentumsvorbehalt findet seine (äußerst knapp gehaltene) gesetzliche Regelung in § 455 BGB. Die Vorschrift lautet:

> „*Hat sich der Verkäufer einer beweglichen Sache das Eigentum bis zur Zahlung des Kaufpreises vorbehalten, so ist im Zweifel anzunehmen, daß die Übertragung des Eigentums unter der aufschiebenden Bedingung vollständiger Zahlung des Kaufpreises erfolgt und daß der Verkäufer zum Rücktritt von dem Vertrag berechtigt ist, wenn der Käufer mit der Zahlung in Verzug kommt.*"

Diese Auslegungsregel, die immer dann gelten soll, wenn die Parteien einen Eigentumsvorbehalt ohne nähere Bestimmungen über seine Ausgestaltung vereinbaren, verdeutlicht zunächst in zweifacher Hinsicht den Weg, auf dem das Gesetz die sonst durch § 929 BGB vorgezeichnete Verknüpfung von Besitz- und Eigentumsübertragung lösen will. Sie erfolgt im Bereich des sachenrechtlichen Erfüllungsgeschäfts, der Eigentumsübertragung, und nicht des schuldrechtlichen Grundgeschäfts, des Kaufvertrages. Sie wird bewirkt, indem die Einigung über den Eigentumsübergang unter die aufschiebende Bedingung vollständiger Zahlung des Kaufpreises gestellt wird. Dies bedeutet, daß die Vertragspartner das Erfüllungsgeschäft — wie auch sonst in Fällen der Vorleistungspflicht des Verkäufers — sofort, ungeachtet der erst später zu erbringenden Nachleistung des Käufers, vornehmen, sich dabei aber zugleich einig sind, daß die ihm eigentümliche Wirkung, der Übergang des Eigentums, erst später, im Augenblick der vollständigen Zahlung des Kaufpreises, eintreten soll. Aufschiebend bedingt ist somit nur die Übereignung, nicht der Kaufvertrag.

Anm. 76 Dies bedeutet jedoch nicht, daß der Eigentumsvorbehalt gänzlich ohne Einfluß auf den Kaufvertrag bliebe. Nach § 433 Abs. 1 BGB. ist der Verkäufer verpflichtet, dem Käufer die Sache zu übergeben und ihm das Eigentum an ihr zu verschaffen. Der Verkäufer, der sich nur zur bedingten Übereignung bereit erklärte, würde damit seine Verkäuferpflichten verletzen und auf die Klage des Käufers hin zur unbedingten Übereignung verurteilt werden müssen. Der dem Eigentumsvorbehalt eigentümliche Zweck der Sicherung des Verkäufers kann somit im Regelfall nur dadurch erreicht werden, daß die Parteien bereits im Kaufvertrag vereinbaren, der Verkäufer solle zur Übereignung nur unter Vorbehalt seines Eigentums verpflichtet sein und damit die Regel des § 433 Abs. 1 BGB. modifizieren. Dazu genügt allerdings auch eine nachträgliche Änderung des Kaufvertrages.

Anm. 77 Die Vereinbarung des Eigentumsvorbehalts im Kaufvertrag kann auch stillschweigend, d. h. konkludent erfolgen. Sie ist enthalten in der Abrede, daß der Käufer von Holz auf dem Stamm zwar die Abholzung vornehmen, aber nur nach Maßgabe der Zahlung über das Holz verfügen dürfe; hier ist die Aneignungsgestattung aufschiebend bedingt (RG „Recht" 1910 Nr. 4066). Zu der Frage, ob in der Nichtaushändigung des Kfz-Briefs ein Eigentumsvorbehalt liegt, vgl. BGH WM 1965, 1136. Ein Handelsbrauch des Inhalts, daß bei Stundung des Kaufpreises auch ohne entsprechende Vereinbarung unter Eigentumsvorbehalt verkauft sei, besteht nicht (RG 143, 14; Soergel-Ballerstedt § 455 Rdnr. 3; vgl. auch BGH 42, 53; unklar Erman-Weitnauer § 455 Anm. I 3; nach LG Aachen MDR 1958, 514 soll bei Kaufverträgen, die nicht Barkäufe sind, eine Vermutung für die stillschweigende Vereinbarung eines Eigentumsvorbehalts sprechen; dem kann nicht zugestimmt werden).

Bestandteil des Kaufvertrages kann der Eigentumsvorbehalt ferner dadurch werden, daß der Kaufvertrag auf allgemeine Geschäftsbedingungen Bezug nimmt, in denen der Eigentumsvorbehalt vorgesehen ist (s. § 346 Anm. 168ff.) oder welche als sog. Rahmenvertrag für alle zwischen den Parteien zustande kommenden künftigen Kaufverträge maßgebend sein sollen (so auch beim Sukzessivlieferungsgeschäft für die künftigen Lieferungen, vgl. Hueck, Normenverträge, Iher. Jb. Bd. 73 S. 33); der Vorbehalt wird alsdann ohne besondere weitere Abrede Inhalt eines jeden einzelnen Geschäfts.

Anm. 78 Der nicht im Kaufvertrag vereinbarte, sondern erst später, etwa bei Lieferung, vom Verkäufer einseitig erklärte Eigentumsvorbehalt, stellt eine Verletzung der Verkäuferpflichten dar, die den Käufer berechtigt, auf unbedingte Übereignung zu klagen (so ausdrücklich Soergel-Ballerstedt § 455 Rdnr. 4 m. Nachw. aus der älteren Rspr.; Staudinger-Ostler § 455 Rdnr. 11). Dies ist vor allem für den nicht seltenen Fall von Bedeutung, daß der Verkäufer seinen Willen, nur unter Eigentumsvorbehalt zu veräußern, erstmalig auf einer dem Käufer übermittelten Rechnung oder einem der Ware beigegebenen Begleitpapier erklärt. Die Vertragswidrigkeit des solchermaßen erklärten Eigentumsvorbehaltes zieht jedoch nicht ohne weiteres dessen Unwirksamkeit nach sich. Es ist vielmehr zu unterscheiden: die Lieferung des gekauften Gegenstandes wird im Verkehr als Erklärung des Verkäufers verstanden, die Ware zu den Bedingungen des Kaufvertrages übereignen zu wollen. Ein Käufer, der ohne Eigentumsvorbehalt gekauft hat, erlangt daher an der ihm ohne weitere Erläuterungen gelieferten Ware unbedingtes Eigentum, genauso wie ein Vorbehaltskäufer in der entsprechenden Situation nur bedingtes Eigentum erwirbt. Ein abweichender, überhaupt nicht oder erst nach Übergabe erklärter Wille des Verkäufers ist unbeachtlich. Erklärt der Verkäufer seinen Willen, nur bedingtes Eigentum übertragen zu wollen, jedoch spätestens bei der Übergabe, so kann seine Erklärung keinesfalls mehr als Angebot zur Übereignung zu den vertraglich vereinbarten Bedingungen aufgefaßt werden. Der Verkäufer, der sich vertraglich zur unbedingten Übereignung verpflichtet hat, schließlich aber nur die bedingte Übereignung anbietet, verletzt zwar seine Verkäuferpflichten, verhindert jedoch zugleich den unbedingten Eigentumsübergang, da Einigkeit zwischen Veräußerer und Erwerber im Zeitpunkt der Übergabe zu den unabdingbaren Voraussetzungen des rechtsgeschäftlichen Eigentumsübergangs nach § 929 BGB gehört (h. M. vgl. statt aller Staudinger-Ostler § 455 Rdnr. 9). Entscheidend ist somit, ob die von den Bedingungen des Kaufvertrages abweichende Willenserklärung des Verkäufers dem Käufer spätestens bei Übergabe der Ware zugegangen ist. Dies ist stets der Fall, wenn der Käufer bis zu dem genannten Zeitpunkt von dieser Erklärung Kenntnis genommen hat. Ausreichend ist jedoch, wenn sie derart in seinen Machtbereich gelangt ist, daß Kenntnisnahme möglich und zu erwarten war. Dazu genügt ein deutlicher Vermerk auf einer Rechnung oder einem Begleitpapier, es sei denn, daß die Aufnahme eines derartigen Vermerks mit der Zweckbestimmung und praktischen Verwendung des betreffenden Papiers im Handelsverkehr unvereinbar und daher so ungewöhnlich ist, daß der Empfänger einen solchen Vermerk nicht zu erwarten und das Papier folglich auch nicht auf sein Vorhandensein durchzulesen braucht (BGH NJW 1953, 217). Nach diesen Maßstäben verhindert der auf einer vor oder zugleich mit der Ware übergebenen Rechnung vermerkte Eigentumsvorbehalt den bedingungslosen Eigentumsübergang auch dann, wenn er von dem Empfänger nicht zur Kenntnis genommen worden ist (so besonders deutlich Staudinger-Ostler § 455 Rdnr. 9, 10 mit zahlr. Nachweisen aus der älteren Rspr. und Literatur. Vgl. auch Kuhn in RGRK-BGB § 455 Anm. 12). Voraussetzung ist aber auch hier, daß der Vermerk auf der Rechnung deutlich sichtbar angebracht ist. Ein besonders unauffälliger Vermerk in kleiner Schrift oder an versteckter Stelle ist ohne Wirkung (Staudinger-Ostler a. a. O.). Nach den oben ausgeführten Grundsätzen richtet sich auch die Wirksamkeit eines Eigentumsvorbehaltes auf einem Lieferschein. Vgl. dazu BGH NJW 1953, 217 mit Anm. von Raiser. Jedoch wird man Lieferscheine nur bei Vorliegen besonderer Umstände als geeignet für die Übermittlung eines Eigentumsvorbehaltes ansehen dürfen. Für den Regelfall ist hier zu fordern, daß der Empfänger den Vermerk tatsächlich zur Kenntnis genommen hat. Wenn es sich jedoch um einen Lieferschein i. S. des § 363, also um eine vom Verkäufer ausgestellte Anweisung an den Lagerhalter handelt, mittels deren Käufer die Ware dort empfangen soll, so ist der darin enthaltene Eigentumsvorbehalt jedenfalls wirksam, da insoweit die Übereignungsermächtigung des Lagerhalters limitiert und der Käufer nicht gutgläubig im Sinne der §§ 366, 54 Abs. 3 ist.

Ist die den Eigentumsvorbehalt enthaltende Erklärung des Verkäufers dem Käufer rechtzeitig zugegangen, so ergibt sich folgende Lage: weist der Käufer den Eigentumsvorbehalt zurück, so erwirbt er zunächst überhaupt kein Eigentum, auch nicht aufschiebend bedingtes. Er kann jedoch von dem Verkäufer Erfüllung des Kaufvertrages und damit unbedingte Übereignung verlangen. Nimmt er den ihm unter Eigentumsvorbehalt angebotenen Kaufgegenstand ohne Erklärung seinerseits entgegen, so wird dieses Verhalten im Regelfall dahin auszulegen sein, daß er es vorzieht, aufschiebend bedingtes Eigentum anstatt gar keins zu erwerben. Abzulehnen ist jedoch die Ansicht, der Käufer erkläre sich damit zugleich mit einer Umwandlung des Kaufvertrages in einen solchen nach § 455 BGB einverstanden, gebe also sein Recht auf, aus dem Kaufvertrag unbedingte Übereignung zu verlangen (so aber Staudinger-Ostler § 455 Rdnr. 12; in die gleiche Richtung tendiert auch Soergel-Ballerstedt § 455 Rdnr. 4). Diese Ansicht mag rein konstruktiv-dogmatisch gut begründbar erscheinen, der Situation wird sie aber nicht gerecht. Der Verkäufer, der seinem Vertragspartner nachträglich einen vorher nicht vereinbarten Eigentumsvorbehalt unterzuschieben versucht und diesen damit vor die mißliche Wahl stellt, den Eigentumsvorbehalt zunächst hinzunehmen oder überhaupt kein Recht an der angebotenen Ware zu erwerben, schlimmer noch, sie u. U. sofort zurückzuschicken, kann aus der Entgegennahme der Ware durch den anderen Teil nicht mehr schließen, als daß dieser sich für die erste Alternative als das geringere Übel entschieden hat und es vorzieht, zunächst bedingtes anstatt überhaupt kein Eigentum zu erwerben. Nichts aber berechtigt den Verkäufer anzunehmen, der Käufer sehe diesen vertragswidrig herbeigeführten Zustand als endgültig an und sei nunmehr bereit, seine vertraglichen Rechte aufzugeben. Dazu stets eine Rechtsverwahrung des Käufers bei der Übergabe etwa in Form der Erklärung zu verlangen, er nehme den bedingten Rechtserwerb hin, behalte sich aber seine Rechte aus dem Kaufvertrag vor, hieße verkennen, daß das Recht nicht für Juristen geschaffen ist. Nur in besonders gelagerten Fällen wird man in der stillschweigenden Entgegennahme der vertragswidrig unter Eigentumsvorbehalt angebotenen Ware zugleich die Annahme eines Angebots des Verkäufers auf nachträgliche Abänderung des Kaufvertrages sehen dürfen. Im Ergebnis wie hier Larenz II[8] S. 79; Kuhn in RGRK-BGB § 455 Anm. 12 („keineswegs").

Anm. 79 Unter **nachträglichem Eigentumsvorbehalt** versteht man die Umwandlung von zunächst unbedingt übertragenem Eigentum in (bedingtes) Vorbehaltseigentum i. S. des § 455 BGB, so z. B., wenn sich die Parteien nach vorbehaltlosem Kaufabschluß und ebenso vorbehaltlosem Eigentumserwerb seitens des Käufers nachträglich, etwa weil der Käufer um Stundung einkommt, einig werden, der Verkäufer solle bis zur endgültigen Kaufpreiszahlung Eigentümer bleiben oder richtiger ausgedrückt, wieder werden. Nach BGH NJW 1953, 217, 218 kommt dies überhaupt nur in der rechtlichen Form in Betracht, daß der Käufer das Eigentum nach § 930 BGB auf den Verkäufer zurücküberträgt und dieser (nunmehr aufschiebend bedingt) wiederum auf den Käufer, diesmal nach § 929 S. 2 BGB. Bei der ersten, nach § 930 BGB erfolgenden Rückübertragung des Eigentums vom Käufer auf den Verkäufer vermißt der BGH jedoch, wenn die Parteien keine besonderen Vereinbarungen getroffen haben, das für §§ 930, 868 BGB erforderliche konkrete Besitzmittlungsverhältnis. Der Kaufvertrag soll, nachdem die Verkäuferpflichten durch die unbedingte Übereignung bereits erfüllt sind, kein geeignetes Besitzmittlungsverhältnis mehr abgeben können. Die Ansicht des BGH ist in der juristischen Literatur auf erheblichen Widerspruch gestoßen. Vgl. zu dieser im wesentlichen in das Sachenrecht gehörigen Problematik insbesondere Raiser in der Anmerkung zu dem zitierten BGH-Urteil sowie Larenz II[8] S. 80; Westermann[5] S. 84 m. w. Nachw.; Baur, Sachenrecht[4] S. 433; Serick I S. 92ff.; Staudinger-Ostler § 455 Rdnr. 14f.

Anm. 80 b) **Die Wirkungen des Eigentumsvorbehalts**

aa) **Sachenrechtliche Wirkungen.** Da der Eigentumsvorbehalt entsprechend dem oben Anm. 75 Gesagten die Wirkung hat, daß das Eigentum entgegen der Regel des § 929 BGB nicht sofort mit dem Besitzwechsel, sondern erst bei Bedingungseintritt, also bei Zahlung des Kaufpreises, übergeht, bleibt der Verkäufer bis dahin Eigentümer, der Käufer ist nur Besitzer, und zwar Fremdbesitzer. Er besitzt also den Kaufgegenstand nicht als eigenen, sondern für den Verkäufer als dessen Besitzmittler. Die Sicherungsfunktion, die der Eigentumsvorbehalt für den Verkäufer zu erfüllen hat, kommt darin zum Ausdruck, daß der Verkäufer berechtigt bleibt, auf Grund des bei ihm verbliebenen Eigentums den Kaufgegenstand wieder an sich zu ziehen (§ 985 BGB), wenn der Käufer seine Zahlungsverpflichtungen nicht erfüllt oder in anderer Weise dem Kaufvertrag wesentlich zuwiderhandelt sowie in der Befugnis, Pfändungen in den Kaufgegenstand durch Gläubiger des Käufers mit der Interventionsklage nach § 771 ZPO zu widersprechen. Dem korrespondiert im Konkurs des Käufers seine Befugnis, den Kaufgegenstand aus der Konkursmasse auszusondern oder doch wenigstens abgesonderte Befriedigung zu verlangen.

Aus der Sicht des Käufers hat der aufschiebend bedingte Rechtserwerb vor allem den Zweck zu erfüllen, ihm einen von der Willkür und den weiteren Entschließungen des Verkäufers unabhängige Rechtsstellung zu verschaffen, die ihm den ungestörten Gebrauch und die Nutzung der gekauften Sache bis zur und einen garantierten Erwerb des Volleigentums bei Zahlung des Kaufpreises ermöglicht. Der ungestörte Besitz an der Vorbehaltsware steht dem Käufer zu, weil sich der Verkäufer vertraglich zur Gewährung und Belassung des Besitzes unter der Voraussetzung gewissenhafter Erfüllung der Käuferpflichten verpflichtet hat. Das Besitzrecht des Käufers beruht also allein auf dem Kaufvertrag. Ein von den schuldrechtlichen Beziehungen zu seinem Verkäufer unabhängiges dingliches Besitzrecht, ein Herrschaftsrecht über die gekaufte Sache, steht dem Käufer zunächst nicht zu; BGH 10, 69 (72); 34, 191 (197); Larenz II[8] S. 84f.; Erman-Weitnauer § 455 Anm. III; Staudinger-Ostler § 455 Rdnr. 45; Kuhn in RGRK-BGB. § 455 Anm. 20; Gudian NJW 1967, 1786. Das ist insbesondere dann von Bedeutung, wenn derjenige, der gutgläubig unter Eigentumsvorbehalt vom Nichtberechtigten erworben hat (§§ 932ff. BGB., § 366 HGB) vom (Noch-)Eigentümer auf Herausgabe verklagt wird, da ein obligatorisches Besitzrecht nur gegenüber dem eigenen Verkäufer, nicht aber gegen einen dritten Eigentümer wirkt (vgl. den BGH 10, 69 zugrunde liegenden Sachverhalt). Über weitergehende Meinungen, die dem Vorbehaltskäufer ein dingliches Besitzrecht zubilligen und z. T. die Eigentümerposition ihrer Substanz nach schon vor der Kaufpreiszahlung auf den Käufer verlagern und den Verkäufer auf eine pfandgläubigerartige Stellung beschränken wollen s. Raiser, Dingliche Anwartschaften, 1961 sowie die Nachweise bei Larenz II[8] S. 45 Anm. 5 und Erman-Weitnauer § 455 Anm. V 1; für ein dingliches Besitzrecht auch OLG Karlsruhe JZ 1966, 272 m. Anm. von Stoll in JuS 1967, 12. Zweitverfügungen, also insbesondere Übereignungen und Verpfändungen an dritte Personen, die der Verkäufer während des Schwebezustandes über die dem Käufer übergebene Sache auf Grund des bei ihm verbliebenen Eigentums trifft, sind im Fall der vollständigen Kaufpreiszahlung nach § 161 BGB unwirksam, soweit sie den Übergang unbelasteten Eigentums auf den Käufer vereiteln oder beeinträchtigen würden. Das Besitzrecht des Käufers aus dem Kaufvertrag wirkt auch gegen derartige Rechtsnachfolger des Verkäufers. Ein etwaiges Herausgabeverlangen des Dritten kann der Käufer nach § 986 BGB. abwehren. Das Volleigentum erwirbt der Käufer durch Zahlung des Kaufpreises automatisch. Eine Mitwirkungshandlung des Verkäufers ist dazu nicht mehr erforderlich, auf das Fortbestehen seiner Erfüllungsbereitschaft, seines Übereignungswillens kommt es nicht an (RG 140, 225 unter Aufgabe der älteren Rspr.; BGH 10, 69; 30, 374 und völlig h. M.). Die Gesamtheit dieser, eine relativ gesicherte und von dem weiteren Verhalten des Verkäufers unabhängige Stellung des Käufers herbeiführenden Wirkungen werden unter dem Begriff des **Anwartschaftsrechts** zusammengefaßt. Dieses Recht wird als ein vom Willen des Verkäufers unabhängig gewordenes, bereits gegenwärtiges Vermögensrecht des Käufers aufgefaßt, als eine Vorstufe des Eigentums, als ein eigentumsgleiches oder doch —ähnliches minus; BGH 20, 88. Die rechtliche Natur des Anwartschaftsrechts ist strittig, insbesondere, ob es sich dabei bereits um ein dingliches subjektives Recht handelt. Ein näheres Eingehen auf diese Streitfrage in diesem Zusammenhang ist weder möglich noch notwendig. Wegen näherer Hinweise auf Problemstellung und Streitstand s. zunächst die Literaturangaben am Beginn dieses Abschnitts (Anm. 74) und die oben bei Erörterung des Besitzrechts des Vorbehaltskäufers genannten Autoren; vgl. ferner Rutkowsky NJW 1957, 858; Münzel MDR 1959, 345, 904; Reinicke MDR 1959, 613; Imlau MDR 1961, 193; Schreiber NJW 1966, 2333; Schirmer NJW 1967, 1216 sowie Henke, Bedingte Übertragungen im Rechtsverkehr und Rechtsstreit, 1959. Das Anwartschaftsrecht ist übertragbar, pfändbar und verpfändbar. Übertragung und Verpfändung erfolgen in den für das Vollrecht vorgesehenen Formen, d. h. nach §§ 929ff. und 1205ff. BGB. (BGH 20, 88; 28, 16; 35, 85 u. h. M.). Wie die Pfändung zu erfolgen habe, ist streitig. Der BGH verlangt in BGH NJW 1954, 1325, 1328 die Kumulierung von Sachpfändung (§ 808 ZPO) und Rechtspfändung (§ 857 ZPO): Lehre von der „Doppelpfändung"; ihm folgen insbesondere Baumbach-Lauterbach „Vollstreckungsschlüssel" vor § 704; Stein-Jonas-Pohle ZPO § 857 unter II 9; Serick S. 303ff., 314ff. Die übrige Literatur befürwortet z. T. die reine Rechtspfändung nach § 857 ZPO (so Baur, Sachenrecht[4] S. 571f. und Schönke-Baur[7] S. 127, z. T. die reine Sachpfändung nach § 808 ZPO (Raiser S. 91). Zur Zwangsvollstreckung in das Anwartschaftsrecht s. auch Quardt Büro 1960, 505 (mit Muster) und Mohrbutter KTS 1963, 77 (zur Anspruchskonkurrenz bei Pfändung der Anwartschaft). Einer Zustimmung des Verkäufers bedarf es zur Veräußerung und Verpfändung der Anwartschaft nicht (BGH 20, 88 = NJW 1956, 665, 667 u. h. M.). Unwirksame Übertragungen des dem Vorbehaltskäufer noch nicht zustehenden Eigentums werden i. d. R. als Übertragungen des ihm bereits zustehenden Anwartschaftsrechts aufrechtzuerhalten sein. Die Veräußerung der Anwartschaft bewirkt, daß bei Eintritt der Bedingung nicht der Veräußerer, sondern der Anwartschaftserwerber das Volleigentum erwirbt, und zwar unmittelbar vom Verkäufer. Ein Durchgangserwerb durch das Vermögen des veräußernden Vorbehaltskäufers findet nicht statt (so ausdrücklich BGH 20, 88; 28, 16; 35, 85; h. M.).

bb) Die **schuldrechtlichen Wirkungen** des Eigentumsvorbehalts. Ist der Vorbehalt in **Anm. 81**
der oben (Anm. 76—79) beschriebenen Form im Kaufvertrag verankert, so wird die in § 433 Abs. 1 BGB. vorgesehene Verpflichtung des Verkäufers zur Übergabe der Sache und Verschaffung des Eigentums in eine solche zur Übergabe und Verschaffung aufschiebend bedingten Eigentums abgewandelt. Dies bedingt eine Reihe von Sonderrege-

lungen gegenüber dem vorbehaltlosen Kauf, die teils die gegenseitigen Rechte und Pflichten während der Zeit des Schwebezustandes, in der Eigentum und Besitz auseinanderfallen, festlegen, teils die Konsequenzen des mit dem Eigentumsvorbehalt seitens des Verkäufers verfolgten Sicherungszwecks ziehen. Übergabe bedeutet wie auch sonst Verschaffung des unmittelbaren Besitzes. Mit mittelbarem Besitz braucht sich der Käufer nur dann zufriedenzugeben, wenn es im Kaufvertrag vereinbart ist. An der ihm übergebenen Sache hat der Vorbehaltskäufer ein Besitzrecht, das er nach § 986 BGB einem etwaigen auf das Eigentum gestützten Herausgabeverlangen des Vorbehaltsverkäufers (§ 985 BGB) entgegensetzen kann. Dieses Besitzrecht ist, wenn nicht einer der nachfolgend sowie unten im folgenden Abs. beispielhaft aufgeführten Tatbestände, d. h. insbesondere eine erhebliche Vertragswidrigkeit des Käufers vorliegt, bereits unentziehbar. Wegen der Rechtsnatur dieses Besitzrechtes vgl. näher die Ausführungen über die sachenrechtlichen Wirkungen des Eigentumsvorbehalts, oben Anm. 80. Aus Besitz und Benutzung der für ihn vorerst noch fremden Sache erwächst für den Vorbehaltskäufer die Verpflichtung, die Sache „pfleglich zu behandeln und alles zu unterlassen, was das Eigentumsrecht des Vorbehaltsverkäufers verletzen könnte" (BGH NJW 1961, 1252, 1253). Dem entspricht auf seiten des Vorbehaltsverkäufers als Ausfluß seiner Verbindlichkeit zur Eigentumsverschaffung die Pflicht, alles zu unterlassen, was den Übergang des Volleigentums auf den Vorbehaltskäufer bei Kaufpreiszahlung hindern könnte. Die Verpflichtung, das Eigentum belastende Rechte Dritter an der verkauften Ware zu beseitigen (§ 434 BGB) braucht der Vorbehaltsverkäufer jedoch grundsätzlich erst zum Zeitpunkt des Eigentumsübergangs, also bei Zahlung des Kaufpreises, zu erfüllen, es sei denn, daß diese Rechte schon während des Schwebezustandes das Besitzrecht des Vorbehaltskäufers gefährden oder behindern, so z. B. wenn der Dritte von letzterem Herausgabe der Sache verlangt (BGH NJW 1961, 1252 m. Anm. von Wiethölter in JZ 1961, 693). Während des Schwebezustandes darf der Vorbehaltskäufer vorbehaltlich besonderer Gestattung seitens des Verkäufers (s. dazu unten Anm. 87) keine Verfügungen über die Sache vornehmen, die das Eigentumsrecht voraussetzen. Unter Zuwiderhandlung gegen dieses Verbot vorgenommene Verfügungen können aber nach den Vorschriften über den gutgläubigen Erwerb (§§ 932ff. BGB., 366 HGB) wirksam sein, wenn die Sache dem Erwerber vom Vorbehaltskäufer übergeben worden ist. Ein Besitzkonstitut genügt dagegen nicht (s. Komm. zu § 366). U. U. können den Erwerber jedoch bei Sachen, die typischerweise unter Eigentumsvorbehalt verkauft zu werden pflegen, Erkundigungspflichten treffen (vgl. dazu statt aller Weyer NJW 1966, 959). Von der Übertragung des dem Vorbehaltskäufer noch nicht zustehenden Eigentums zu unterscheiden ist die Übertragung der ihm bereits zustehenden Anwartschaft auf Erwerb des Eigentums bei Kaufpreiszahlung (s. dazu oben Anm. 80 a. E.).

Die Sicherungsfunktion des Eigentumsvorbehalts äußert sich im schuldrechtlichen Bereich zunächst darin, daß die Regel des § 454 BGB. außer Kraft gesetzt wird, nach welcher der Verkäufer, der den Kaufpreis gestundet hat, bei Zahlungsverzug des Käufers entgegen § 326 BGB nicht befugt ist, vom Kaufvertrag zurückzutreten. § 455 BGB stellt nicht nur das Rücktrittsrecht des Verkäufers bei Zahlungsverzug des Käufers nach § 326 BGB wieder her, sondern gewährt jenem über § 326 BGB hinaus die zusätzliche Erleichterung, daß es dazu keiner vorherigen Androhung mit Nachfristsetzung bedarf. Will der Vorbehaltsverkäufer nicht zurücktreten, sondern bei dem Vertrag verbleiben, so kann er sich damit begnügen, seine Vorleistung rückgängig zu machen, indem er die Vorbehaltsware auf Grund seines fortbestehenden Eigentumsrechts wieder an sich nimmt und nunmehr nur noch Zug um Zug gegen Kaufpreiszahlung liefert; Larenz II S. 81; Serick S. 136ff.; Staudinger-Ostler § 455 Rdnr. 45; Palandt-Putzo § 455 Anm. 4; Erman-Weitnauer § 455 Anm. IV 1; Kuhn in RGRK-BGB. § 455 Anm. 6; Bedenken gegen ein Rücknahmerecht ohne gleichzeitigen Rücktritt bei Soergel-Ballerstedt § 455 Rdnr. 9. Diese Befugnis steht ihm nicht nur bei Zahlungsverzug, sondern bei jeder Zuwiderhandlung gegen die oben bezeichneten vertraglichen Verpflichtungen des Käufers zu, welche die Sicherheit des Verkäufers erheblich gefährdet, so z. B., wenn der Käufer mit der noch nicht bezahlten Ware unsorgsam umgeht oder entgegen einem im Kaufvertrag enthaltenen Verbot den Besitz an einen Dritten weitergibt sowie bei Eröffnung des Konkursverfahrens über das Vermögen des Käufers (vgl. dazu die vorstehend Zitierten) und nach BGH 34, 191 ff. = NJW 1961, 1011 mit Bespr. von Lange JuS 1963, 59 selbst dann, wenn der Vorbehaltskäufer die Zahlung des Kaufpreises auf Grund berechtigter Verjährungseinrede verweigert, Verzug also nicht mehr eintreten kann (a. A. LG Hagen NJW 1958, 871 m. Anm. von Möllers). Ausgeschlossen ist das Recht zur Rücknahme der Ware unter Aufrechterhaltung des Kaufvertrages dagegen beim Abzahlungskauf i. S. des Abzahlungsgesetzes vom 16. 5. 1894, in dessen Anwendungsbereich jede Wiederansichnahme der übergebenen Sache durch den Verkäufer zwingend als Rücktritt vom Vertrag anzusehen ist.

Im übrigen gelten für den Vorbehaltskauf die allgemeinen Regeln des Kaufrechts. **Anm. 82**
Insbesondere trifft den Vorbehaltskäufer die volle Gewährleistungspflicht für Rechts- und Sachmängel. Auch die Übergabe unter Eigentumsvorbehalt ist Übergabe i. S. des § 446 BGB mit der dort bezeichneten Wirkung, daß von diesem Zeitpunkt ab dem Käufer die Nutzungen der Sache gebühren und er die Lasten der Sache sowie die Preisgefahr trägt. Dies rechtfertigt sich aus dem wirtschaftlichen Gedanken, daß mit der Übergabe die Sache der Einwirkungsmöglichkeit des Verkäufers tatsächlich entzogen wird und der Käufer von da ab, wenn nicht das Eigentum, so doch die Sachherrschaft erlangt, der Verkäufer also nicht weiter mit der Gefahr des Untergangs oder der Verschlechterung der Sache belastet werden darf (ebenso Kuhn in RGRK-BGB § 455 Anm. 4; Staudinger-Ostler § 455 Rdnr. 41 m. w. Nachw. auch über abweichende ältere Meinungen).

c) Die Vorschrift des § 455 BGB ist nur eine Auslegungsregel. Sie tritt damit **Anm. 83**
hinter abweichende (auch nachträglich, aber vor Bedingungseintritt getroffene, BGH 42, 53, 58) Abmachungen der Parteien zurück. So können die Parteien vereinbaren, daß der Eigentumserwerb des Käufers nicht nur durch die Zahlung der Kaufpreisschuld aus diesem Kauf, sondern durch die Tilgung sämtlicher, auch künftiger Forderungen des Verkäufers gegen den Käufer bedingt sein soll (sog. **Saldo- oder Kontokorrentvorbehalt**). Darüber hinaus kann der Eigentumserwerb des Käufers sogar von der Tilgung der Forderungen anderer Gläubiger als seines Verkäufers abhängig gemacht werden (sog. **Konzernvorbehalt**). Die Rechtsprechung hat derartige Erweiterungen des Eigentumsvorbehalts bisher grundsätzlich mit dem Hinweis auf die Vertragsfreiheit und den Charakter des § 455 als bloße Auslegungsregel für zulässig erklärt; vgl. RG 147, 321 und zuletzt BGH 42, 53, 58 f., ferner LG Stuttgart MDR 1958, 100 sowie AG Charlottenbg.-Berlin KTS 1962, 63. Da derartige Erweiterungen des Eigentumsvorbehalts insbesondere bei Bestehen einer ständigen Geschäftsverbindung zwischen dem Käufer und dem Verkäufer oder den einbezogenen Gläubigern dazu führen können, daß der Eigentumserwerb des Käufers ad infinitum hinausgeschoben wird, sind in der juristischen Literatur begründete Zweifel laut geworden, ob hier nicht ein unzulässiger Mißbauch der Vertragsfreiheit vorliegt (vgl. statt aller Larenz II[8] S. 91 m. w. Nachw. und Erman-Weitnauer § 455 Anm. VII 2; zum Kontokorrentvorbehalt in kartellrechtlicher Sicht Fischer BB 1967, 14). Die Parteien können auch vereinbaren, daß beim Verkauf einer Mehrheit von Sachen das Eigentum erst übergehen solle, wenn alle Sachen bezahlt seien (KG in OLGE 33, 271; Werneburg ZBH 1930, 249).

Die Parteien können vereinbaren, daß der Eigentumsübergang auflösend bedingt sein solle. Dann gilt, wie bei der auflösenden Bedingung überhaupt, folgendes: das Eigentum geht ohne weiteres auf den Verkäufer zurück, wenn die Bedingung eintritt, d. h. wenn der Käufer zur festgesetzten Zeit den Kaufpreis nicht zahlt. Einer Klage auf Rückübertragung bedarf es nicht. Der Verkäufer kann unmittelbar die Eigentumsklage erheben. Rückwirkende Kraft hat der Eintritt der Bedingung nicht. Das bestimmt § 158 Abs. 2 BGB. Hiervon macht § 161 Abs. 2 BGB eine streng auszulegende Ausnahme. Jedenfalls sind die Rechte gutgläubiger Dritter geschützt (§ 161 Abs. 3 BGB). In diesem Falle ist das Empfangene mit Nutzungen gegen Erstattung des Kaufpreises und aller Verwendungen herauszugeben; es finden nicht die §§ 327, 347, 987 ff. BGB, sondern die §§ 158 Abs. 2, 812, 818 BGB, d. h. die Grundsätze über ungerechtfertigte Bereicherung, Anwendung. Die Parteien können allerdings auch vereinbaren, daß ein besonderer Rückübertragungsakt notwendig sein solle. Sie können auch ausmachen, daß das Eigentum übergehen, dem Verkäufer aber ein Rücktrittsrecht zustehen solle, und zwar mit der Wirkung, daß mit Ausübung des Rücktrittsrechts das Eigentum ohne weiteren Übertragungsakt auf den Verkäufer zurückfallen solle (vgl. RG 54, 340).

Anm. 84 d) **Erlöschen des Eigentumsvorbehalts.** Der Eigentumsvorbehalt erlischt bestimmungsgemäß durch **Zahlung,** und zwar vollständige Zahlung des Kaufpreises. Eine Teilzahlung vergrößert zwar den inneren wirtschaftlichen Wert des Anwartschaftsrechts, verschafft aber kein Eigentum, etwa zum ideellen Bruchteil. Werden mehrere Sachen (z. B. ein Warenlager) zu einem Gesamtpreis verkauft, so erwirbt der Käufer durch Teilzahlung nicht eine Sache nach der anderen zu Eigentum. Das Eigentum wird erst erlangt, wenn der gesamte Kaufpreis bezahlt ist. Sind Warenmengen zum Einzelpreis verkauft, so erlischt der Eigentumsvorbehalt für jedes einzelne Stück, sobald der dafür geschuldete Kaufpreis entrichtet ist. Voraussetzung ist dabei allerdings, daß feststellbar ist, welche Zahlung als Kaufpreistilgung für welches individuelle Stück gelten soll. Auch ein Dritter kann für den Käufer zahlen: §§ 267, 268 BGB. Das Eigentum erwirbt auch in diesem Fall der Käufer, der Dritte nur dann, wenn er zugleich die Anwartschaft vom Käufer erworben hat (s. dazu oben Anm. 80). Zu beachten ist jedoch, daß im Falle des § 268 BGB und darüber hinaus immer dann, wenn der Dritte an den Vorbehaltsverkäufer zur Tilgung einer eigenen, ihm diesem gegenüber obliegenden Schuld leistet, insbesondere als Bürge oder Mitschuldner, die Kaufpreisforderung nicht erlischt, sondern einschließlich sämtlicher Neben- und Sicherungsrechte auf den zahlenden Dritten übergeht (§§ 426 Abs. 2, 774 401 BGB.). Ein Erlöschen des Eigentumsvorbehalts kommt in diesem Fall nicht in Betracht. Das vorbehaltene Eigentum kann allerdings auch nicht automatisch auf den zahlenden Dritten übergehen, weil es kein Nebenrecht i. S. von § 401 BGB. ist. Die Vorschrift ist aber entsprechend anzuwenden, mit der Folge, daß der Vorbehaltsverkäufer i. d. R. verpflichtet ist, sein Vorbehaltseigentum auf den Dritten zu übertragen (BGH 42, 53, 56f. für einen Fall der Übernahme der Delkredere-Haftung seitens des Dritten). Der Vorbehaltsverkäufer, dessen Sache beim Käufer von dessen Gläubigern gepfändet worden ist, kann, wenn zugleich die Anwartschaft des Käufers gepfändet worden ist, die Annahme des Restkaufpreises nicht nach § 267 Abs. 2 BGB. mit der Begründung ablehnen, der Käufer habe der Zahlung widersprochen. Eine solche Ablehnung würde wider Treu und Glauben den Eintritt der Bedingung verhindern, § 162 Abs. 1 BGB (BGH NJW 1954, 1325, 1328). Zum Pfändungsproblem vgl. oben Anm. 80.

Anm. 85 Der Eigentumsvorbehalt erlischt ferner durch Aufhebung des Kaufvertrages mit der Folge des Fortfalls des Anwartschaftsrechts des Käufers, weil in diesem Fall feststeht, daß die Bedingung endgültig nicht mehr eintreten kann. Umgekehrt soll nach BGH 34, 191ff. die Verjährung der Kaufpreisforderung nicht dem Bedingungseintritt gleichstehen, sondern den Eigentumsvorbehalt unberührt lassen, was mit einer Analogie zu § 223 BGB. begründet wird.

Der Vorbehaltsverkäufer kann auf sein vorbehaltenes Eigentum auch verzichten. Der Verzicht ist formlos, auch stillschweigend möglich. Er bedarf keiner Annahme seitens des Käufers (RG 66, 344, 349; BGH NJW 1958, 1231, nachdem diese Frage in BGH 19, 326, 327 noch offengelassen worden war; a. A. Weimar JR 1958, 55) und bewirkt den sofortigen Übergang des Eigentums auf den Käufer. In der bloßen Herausgabe des Kfz-Briefs durch den Verkäufer ist noch kein Verzicht zu sehen (BGH MDR 1963, 306 = BB 1963, 204). Der Anspruch auf den Kaufpreis wird von dem Verzicht nicht berührt. Zu der streitigen Frage, ob in der Pfändung der Vorbehaltssache beim Käufer durch den Verkäufer ein Verzicht auf das vorbehaltene Eigentum liegt, vgl. Larenz II[8] S. 83 m. Nachw. in Anm. 3. Kauft der Verkäufer seine unter Eigentumsvorbehalt verkaufte Sache vom Käufer zurück, so ist dieser Vertrag nicht ohne weiteres als Kauf einer eigenen Sache nach § 306 BGB. nichtig, sondern möglicherweise als Rückgängigmachung des früheren Kaufvertrages zu kennzeichnen (RG JW. 1924, 1360[6]; Heck JW. 1924, 1360 nimmt Verkauf des Anwartschaftsrechts an).

Anm. 86 Der Eigentumsvorbehalt erlischt ferner durch Vermischung, Vermengung und Verarbeitung der Kaufsache gemäß §§ 947ff. BGB. sowie dadurch, daß die Kaufsache zum wesentlichen Bestandteil einer anderen Sache nach § 93 BGB., insbesondere eines Grundstücks nach §§ 94, 95 BGB. wird, ausgenommen, wenn der Anspruch auf Herausgabe bereits rechtshängig war, als das fremde Eigentum Bestandteil wurde (§ 265 Abs. 2 S. 1 ZPO; RG 56, 244). Wenn also der Verkäufer Rohstoffe unter Eigentumsvorbehalt verkauft und der Käufer sie nach § 950 BGB. verarbeitet, so geht der Verkäufer seines Eigentumsrechts grundsätzlich verlustig; es entsteht nicht etwa ein Miteigentumsverhältnis (über Ausdehnung des Eigentumsvorbehalts auf die neu entstehende Sache s. näher unten Anm. 89). Werden bewegliche Sachen (z. B. Maschinen, Öfen, Herde usw.) zu wesentlichen Bestandteilen eines Grundstücks, so geht der Eigentumsvorbehalt unter und die Sachen werden von einer auf dem Grundstück lastenden Hypothek erfaßt. Der Eigentumsvorbehalt macht die Verbindung nicht zu einer vorübergehenden i. S. von § 95 BGB., da die Parteien regelmäßig nicht davon ausgehen, der Käufer werde nicht zahlen und der Verkäufer deshalb die Sache wieder an sich nehmen (vgl. dazu insbesondere RG 62, 410; 63, 416, 421). Deshalb ist der Begriff der Bestandteilseigenschaft in dem Zusammenstoß der Interessen des Fabrikanten und der Hypothekengläubiger ausschlaggebend. S. dazu insbesondere Soergel-Baur, Komm. zu §§ 93 bis 95; ferner Moog NJW 1962, 381.

Ist dagegen die Kaufsache nur Zubehör einer anderen Sache geworden, so besteht der Eigentumsvorbehalt weiter, weil verschiedenes Eigentum an Hauptsache und Zubehör nach § 926 BGB. möglich ist. Die Hypothekengläubiger können auf solches Zubehör erst Anspruch erheben, wenn der Kaufpreis bezahlt ist (§ 1120 BGB., JW. 1904, 403[3]; vgl. JW. 1904, 89[6]). Ihnen gegenüber wirkt also der Eigentumsvorbehalt am Zubehör. Der Eigentumsvorbehalt am Zubehör muß jedoch im Vollstreckungsverfahren vom Eigentümer im Rechtsweg geltend gemacht werden (§§ 55 Abs. 2; 37 Nr. 5; 9 Nr. 2; 59 ZVG; JW. 1904, 413[27]). Ist die Eigentumsverschiedenheit von Hauptsache und Zubehör in der Vollstreckung nicht geltend gemacht, so wird das Zubehör so behandelt, als ob es dem Eigentümer des Grundstücks gehöre (§§ 37 Nr. 5; 55 Abs. 2; 59 ZVG; § 1006 BGB.; RG 49, 256; JW. 1906, 556[26]). Dagegen wird das Anwartschaftsrecht, das der Grundstückseigentümer an dem von ihm unter Eigentumsvorbehalt gekauften Zubehörstück erwirbt, sofort, d. h. im Augenblick der Einfügung als Zubehör in den Grundstücksverband, von einem etwaigen Grundpfandrecht ergriffen: BGH 35, 85; ergänzend dazu BGH NJW 1965, 1475 (für den entsprechenden Fall der Erstreckung eines Vermieterpfandrechts auf die Anwartschaft). Ist die Sache zwar auf das Grundstück verbracht, aber noch nicht Zubehör geworden, weil sie ihre Selbständigkeit bewahrt hat, so verschafft der Zuschlag des Grundstücks dem Ersteigerer kein Eigentum an den fremden beweglichen Sachen; er muß sie dem Eigentümer herausgeben (RG 89, 65).

e) Erwirbt der Käufer die ihm unter Eigentumsvorbehalt gelieferte Sache zum **Anm. 87**
Zweck der Verarbeitung, der Einfügung in ein Grundstück oder Gebäude (z. B. Käufer ist Bauunternehmer) oder der Weiterveräußerung (Käufer ist Wiederverkäufer), so wird ihm die Befugnis zu entsprechenden Maßnahmen in aller Regel vertraglich eingeräumt, soweit sie im ordnungsmäßigen Geschäftsgang erfolgen. Zu dem letztgenannten Begriff vgl. insbesondere BGH BB 1963, 1278 und WM 1966, 924. Der Abkäufer des Vorbehaltskäufers erwirbt in diesem Fall das Eigentum an der Vorbehaltsware nach § 185 BGB, nicht etwa nach §§ 932ff. BGB, 366 HGB. Da der Vorbehaltskäufer regelmäßig auf den Warenumschlag angewiesen ist, muß die Ermächtigung zur Weiterveräußerung grundsätzlich als unwiderruflich angesehen werden, es sei denn, daß der Vorbehaltskäufer selbst sich vertragswidrig verhält, vgl. dazu BGH NJW 1969, 1171. Da die genannten Vorgänge regelmäßig den Eigentumsvorbehalt des Verkäufers zum Erlöschen bringen, verliert der (einfache) Eigentumsvorbehalt damit seine Eignung, die erstrebte Sicherung des Verkäufers zu gewährleisten. Die unter Eigentumsvorbehalt liefernden Verkäufer sind daher bestrebt, sich schon im Kaufvertrag Sicherungsrechte an den Surrogaten der Kaufsache auszubedingen (ein zusammenfassender Überblick findet sich bei Stumpf und Thamm BB 1966, 749). Dies geschieht insbesondere in folgenden Formen, deren Problematik an dieser Stelle nur angedeutet werden kann. Für eine gründliche Unterrichtung wird auf die zu den einzelnen Fragenkreisen nachfolgend zitierte Literatur und Rspr. verwiesen.

Für den Fall (befugter oder unbefugter) **Weiterveräußerung** der Vorbehaltsware durch den Käufer wird vereinbart, daß dem Verkäufer die Kaufpreisforderungen gegen die Abnehmer des Vorbehaltskäufers schon vor ihrem Entstehen im voraus zur Sicherung abgetreten werden (sog. **verlängerter Eigentumsvorbehalt**). Konsequenterweise deckt die dem Vorbehaltskäufer erteilte Ermächtigung zur Weiterveräußerung der Vorbehaltsware nicht solche Verkäufe, bei denen der Vorbehaltskäufer einer Vertragsbedingung seines Abnehmers zustimmt, nach der die Kaufpreisforderung gegen den Abnehmer nicht ohne dessen Zustimmung abgetreten werden darf (BGH 27, 306, auch zu der Frage, welche Rechte dem Vorbehaltsverkäufer im Konkurs des zuwiderhandelnden Vorbehaltskäufers zustehen. Eine entsprechende Gestaltung wird gewählt, wenn der Käufer, etwa als Bauunternehmer, die ihm unter Eigentumsvorbehalt gelieferten Stoffe zur Errichtung eines Gebäudes verwendet. Der verlängerte Eigentumsvorbehalt erstreckt sich dann auf die Werklohnforderung, die der Vorbehaltskäufer gegen den Bauherrn erwirbt (BGH 26, 178 m. Anm. von Neumann-Duesberg in DB 1965, 1845). Zur Rechtslage, die entsteht, wenn in Allgemeinen Geschäftsbedingungen, die einen verlängerten Eigentumsvorbehalt vorsehen, von einem Verkauf die Rede ist, der Vorbehaltskäufer die Vorbehaltsware aber auf Grund eines Werk- oder Werklieferungsvertrages weitergibt, OLG Celle BB 1965, 1292. Die Zulässigkeit der Vorausabtretung der künftigen Kaufpreisforderungen wird heute allgemein bejaht (aus der ständigen Rspr. des RG und BGH vgl. etwa RG 55, 334; 67, 166; 136, 102; BGH 19, 12, 16; 26, 188; 30, 151 sowie aus der Literatur Enneccerus-Lehmann[15] S. 481; Larenz I[8/9] S. 348; Soergel-Reimer Schmidt § 398 Rdnr. 7ff.; Löscher in RGRK-BGB § 398 Anm. 22; Erman-Westermann § 398 Anm. 6; Palandt-Danckelmann-Heinrichs § 398 Anm. 3c, d; kritisch Fischer NJW 1959, 366; Flume NJW 1959, 913; Mückenberger NJW 1958, 1753; gegen Fischer und Flume wiederum Wunschel NJW 1959, 653), soweit die abgetretenen Forderungen nach Gegenstand und Umfang im konkreten Fall, spätestens im Augenblick ihrer Entstehung, ausreichend bestimmbar sind (BGH 7, 365; 26, 178; LM Nr. 8 zu § 398 BGB; WM 1961, 350; NJW 1965, 2197, 2198; WM 1966, 13 sowie aus der Literatur die vorstehend zitierten Autoren) und dadurch die wirtschaftliche Bewegungsfreiheit des Vorbehaltskäufers nicht übermäßig beschränkt und seine Gläubiger nicht unzulässig benachteiligt werden, vgl. etwa OLG Stuttgart NJW 1958, 1875 = BB 1959, 868 und OLG Celle WM 1961, 336. Zur Zulässigkeit der nachträglichen Vereinbarung eines verlängerten Eigentumsvorbehalts vgl. OLG München BB 1959, 650. Bei Zusammentreffen des verlängerten Eigentumsvorbehalts mit einer Sicherungsabtretung derselben Forderungen zugunsten anderer (Geld-)Kreditgeber ist grundsätzlich die frühere Abtretung allein wirksam. Eine Ausnahme gilt nur dann, wenn die zeitlich früher liegende Vorausabtretung zugunsten des Geldkreditgebers wegen Sittenwidrigkeit (§ 138 BGB) nichtig ist, was stets der Fall ist, wenn die Abtretung nach dem Willen der Parteien auch solche Forderungen umfassen soll, die der Schuldner seinem Lieferanten auf Grund verlängerten Eigentumsvorbehalts künftig abtreten muß und abtritt und der Kreditgeber weiß, daß der Schuldner (= Vorbehaltskäufer) Waren nur unter verlängertem Eigentumsvorbehalt kaufen kann, weil dadurch der Schuldner notwendigerweise dazu gedrängt wird, sich gegenüber seinem Lieferanten unlauter zu verhalten: BGH 30, 149 = NJW 1959, 1533; BGH 32, 359; NJW 1960, 1003; DB 1960, 871; vgl. ferner BGH BB 1962, 79; WM 1962, 13; NJW 1968, 1516 m. Anm. von Wehrhahn (s. dazu auch Esser JZ 1968, 529) sowie BGH NJW 1969, 318. Aus der umfangreichen z. T. abweichende Standpunkte vertretenen Diskussion um diese Frage vgl. Erman Die Globalzession in ihrem Verhältnis zum verlängerten Eigentumsvorbehalt, 1960; Fischer; Kollision des verlängerten Eigentumsvorbehalts der Warenlieferanten mit den Sicherungsmitteln der Geldkreditgeber, 1956; Brumby, JR 1959, 455; Dempewolf in NJW 1956, 851 mit Ber. auf S. 1349; NJW 1957, 858; DB 1959, 564, 1160; MDR 1959, 801; Diekmann, JuS 1961, 219; Erman, BB 1959, 1109; Falkenstein, DB 1959, 1245; 1960, 313; Gast, DB 1958, 1235; Hönn, MDR 1960, 558; Keller NJW 1957, 1787 mit Ber. in NJW 1958, 94; Nebelung, NJW 1960, 510; Serick, BB 1960, 141; Tank, WM 1959, 1446; Woeste, BB 1959, 618; Wunschel und Neubeck, NJW 1959, 1953; Zilias, BB 1960, 612.

Anm. 88 Seltener wird dem Vorbehaltskäufer auferlegt, den Eigentumsvorbehalt beim Weiterverkauf an den nächsten Abnehmer weiterzugeben; der Vorbehaltskäufer überträgt in diesem Fall auf seinen Abkäufer nicht das Volleigentum, sondern lediglich seine eigene Anwartschaft (Larenz II[8] S. 90).

Anm. 89 Den bei Verarbeitung der Vorbehaltsware nach § 950 BGB. eingetretenen Eigentumsverlust (s. dazu oben Anm. 86) suchen die Vorbehaltsverkäufer durch kaufvertragliche Vereinbarungen auszugleichen, die ihnen den Erwerb des Eigentumsrechts oder doch wenigstens eines dem Wert ihrer Lieferungen entsprechenden Miteigentumsanteils an der durch die Verarbeitung neu entstehenden Sache sichern. Durch eine (im Wege des sog. antezipierten Besitzkonstituts, §§ 868, 930 BGB.) im voraus vereinbarte Sicherungsübereignung des künftigen Gegenstandes ist das angestrebte Ziel vollkommener, lückenloser Sicherung des Verkäufers nur teilweise erreichbar. Der Vorbehaltsverkäufer erwirbt auf diesem Wege zwar das Sicherungseigentum an dem Verarbeitungsprodukt, aber erst, nachdem es zuvor, wenn auch nur für einen gedachten Augenblick lang, Eigentum des verarbeitenden Vorbehaltskäufers geworden und damit dem Zugriff anderer konkurrierender Gläubiger des Vorbehaltskäufers ausgesetzt gewesen war (Baur, Sachenrecht[4] S. 472; Palandt-Degenhart § 950 Anm. 3a). Die Formularpraxis versucht deshalb, dem Vorbehaltsverkäufer das Produkteneigentum unmittelbar ohne Durchgang durch das Vermögen des Vorbehaltskäufers zu verschaffen, indem sie den Verkäufer durch Klauseln wie die Verarbeitung erfolge „für den Verkäufer" oder Käufer handle bei Verarbeitung „als Gehilfe" des Verkäufers verbal zum Hersteller macht. Die Rechtsprechung des BGH hat diese Manipulationen am Herstellerbegriff mit der Begründung sanktioniert, Hersteller i. S. von § 950 BGB. sei nicht derjenige, der die Sache tatsächlich umbilde, sondern derjenige, den die Verkehrsauffassung, die Lebensanschauung als Hersteller ansehe; BGH 14, 114, 117; BGH 20, 159, 163; NJW 1964, 149; BGH 46, 117. Diese Begründung widerlegt sich selbst. Der Verkehrsauffassung liegt es fern, den Fabrikanten, der für eigene Rechnung zum Zwecke eigenen späteren Absatzes verarbeitet, als Gehilfen und den Rohstofflieferanten als Hersteller anzusehen. Hält man wirklich das Sicherungsbedürfnis des Vorbehaltsverkäufers (im Verhältnis zu anderen Gläubigern des Vorbehaltskäufers) für derart schutzwürdig, daß eine im voraus vereinbarte Sicherungsübereignung seinen Interessen nicht gerecht werde, so wäre es, wie uns scheint, immer noch die sauberere Lösung gewesen, den § 950 BGB für abdingbar zu erklären, wie dies RG 161, 113; Flume NJW 1950, 841ff.; Soergel-Siebert-Öchsler § 950 Rdnr. 1 und Baur, Sachenrecht[4] S. 472 mit der Begründung vertreten, der in § 950 BGB. geregelte Interessenkonflikt entfalle, wenn der Käufer nicht für sich selbst verarbeiten wolle. Außer von den Genannten wird die Zulässigkeit der Verarbeitungsklausel insbesondere von folgenden Autoren befürwortet: Wolff-Raiser § 73 I Anm. 4, III; Hofmann NJW 1962, 1798, 1802; Möhring NJW 1960, 699; Staudinger-Berg § 950 Rdnr. 15. Wie hier dagegen: Larenz II[8] S. 88; Erman-Hefermehl § 950 Bem. 3c; Schlegelberger-Hefermehl § 368 Rdnr. 70f.; Palandt-Degenhart § 950 Anm. 3; Westermann[5] S. 258ff. mit weiteren ausführlichen Nachweisen auch zum Problem der Konkurrenz mehrerer Verarbeitungsklauseln verschiedener Lieferanten.

f) **Der Eigentumsvorbehalt im Konkurs.** **Anm. 90**

aa) Der Konkurs des Vorbehalts**käufers.**

Fällt der Vorbehaltskäufer in Konkurs, bevor der Eigentumsvorbehalt durch Zahlung des Restkaufpreises oder anderweit erloschen ist, so ist der Kaufvertrag im Sinne des § 17 KO beiderseits noch nicht vollständig erfüllt. Auf Seiten des Käufers, weil er den Kaufpreis bisher nur teilweise bezahlt hat, auf Seiten des Verkäufers insofern, als er durch die bedingte Übereignung und Übergabe des Kaufgegenstandes zwar seine Leistungshandlung voll bewirkt hat, der Leistungserfolg, der Erwerb des Volleigentums durch den Käufer, dessenungeachtet bisher noch nicht eingetreten ist. Damit hat der Konkursverwalter des Käufers nach § 17 KO das Recht zu wählen, ob er den Kaufvertrag weiterhin erfüllen oder die Erfüllung ablehnen will. Wählt der Konkursverwalter Erfüllung, so wird die Forderung auf den noch ausstehenden Kaufpreis eine vorweg zu befriedigende Masseschuld nach § 59 Nr. 2 KO. Lehnt er Erfüllung ab, so steht dem Verkäufer auf Grund seines vorbehaltenen Eigentums ein Aussonderungsrecht nach § 43 KO zu. Diese Beurteilung der Rechtslage entspricht der herrschenden Meinung in Rspr. und Lit.: BGH NJW 1962, 2296 (hier war allerdings zweifelhaft, ob die Übergabe des Kaufgegenstandes schon stattgefunden hatte); BGH NJW 1967, 2203f.; vgl. auch schon RG JW 1936, 2881f. und OGH 3, 226, 234; Jaeger-Lent, KO[8], § 17 Rdnr. 11; Mentzel-Kuhn, KO, § 17 Anm. 18; Böhle-Stamschräder, KO, § 17 Anm. 3a; Serick I § 13 II 1b S. 335ff.; Kuhn in BGB-RGRK § 455 Anm. 18 u. 21; Staudinger-Ostler § 455 Rdnr. 67 jeweils m. w. Nachw. Demgegenüber will eine verbreitete Mindermeinung den Kaufvertrag auf der Verkäuferseite bereits als voll erfüllt ansehen, indem sie für § 17 KO entweder auf die Leistungshandlung statt auf den Leistungserfolg abstellt oder aber annimmt, beim Vorbehaltskauf schulde der Verkäufer von vornherein nur die bedingte Übereignung, s. Schlegelberger-Hefermehl Anh. zu § 368 Rdnr. 125f.; Lehmann, Festgabe für R. Schmidt (1932) S. 346ff., 351 und Enneccerus-Lehmann[15] § 118 B III 2a S. 480 Bem. 9; Rühl, Eigentum und Abzahlungsgeschäft, 1930, S. 204ff.; im Ergebnis wie die Genannten aber mit anderer Begründung Raiser, Dingliche Anwartschaften, S. 94ff., 103. Über die Richtigkeit dieser Ansicht ist an Hand der sich aus ihr ergebenden Konsequenzen zu entscheiden. Es sind dies folgende: Ohne das Erfüllungsverlangen des Konkursverwalters nach § 17 KO kann der Anspruch auf den Restkaufpreis nicht zur Masseschuld nach § 59 KO werden. Der Verkäufer hätte sich infolgedessen mit der Konkursquote zu begnügen. Ein Aussonderungsrecht stünde ihm bei dieser Sachlage nicht zu, denn der Kaufvertrag bleibt bestehen und der Konkurs führt auch nicht ohne weiteres zum Verzug des Käufers. Billigt man dem Verkäufer ein Recht, die Sache wieder an sich zu nehmen, auch ohne Verzug zu, so fehlt es jedoch in jedem Fall an einem Verwertungsrecht des Käufers hinsichtlich der zurückgenommenen (d. h. ausgesonderten) Sache. Da andererseits die anteilsmäßige Befriedigung nicht der Zahlung des vollen Restkaufpreises gleichzusetzen ist, bestünde der Eigentumsvorbehalt fort, und das weitere Schicksal des vorbehaltenen Eigentums und des Kaufvertrages hinge davon ab, ob der Käufer nach Beendigung des Konkursverfahrens seine Zahlungen wiederaufnähme und zu einem vertragsmäßigen Abschluß führte (vgl. § 164 KO). Diese Konsequenzen werden dem anerkannten Zweck des Eigentumsvorbehalts, mit dem sich der Verkäufer nicht zuletzt auch gerade für den Fall des Konkurses seines Käufers die Möglichkeit sichern will, den Kaufgegenstand bei nicht vollständiger oder nicht pünktlicher Zahlung des Kaufpreises wieder an sich zu ziehen, nicht gerecht. Die Ansicht, der Vorbehaltskauf sei bereits bei Konkurseintritt einseitig voll erfüllt, ist daher abzulehnen. Hatte der Vorbehaltskäufer seine Anwartschaft auf den Erwerb des Volleigentums schon vor Konkurseröffnung auf einen anderen übertragen (zur Übertragbarkeit der Anwartschaft s. oben Anm. 80) und tritt die aufschiebende Bedingung der Zahlung des Restkaufpreises während des Konkurses ein, so erwirbt der Erwerber nunmehr das Eigentum ohne Durchgangserwerb des Gemeinschuldners (vgl. BGH 20, 88), so daß jetzt der Erwerber aussonderungsberechtigt ist. — Hatte der Käufer oder sein Konkursverwalter das Vorbehaltsgut unberechtigt an einen Dritten weiterveräußert und steht die Gegenleistung des Erwerbers zur Zeit der Konkurseröffnung noch aus, so kann der Verkäufer, solange die Forderung auf die Gegenleistung noch nicht eingezogen ist, Abtretung der Forderung, danach, sofern der eingezogene Gegenwert noch unterscheidbar in der Masse vorhanden ist, Herausgabe des Gegenwertes verlangen, jeweils im Wege der Ersatzaussonderung nach § 46 KO; vgl. RG 141, 92. Fehlt es an einer der beiden zuletzt genannten Voraussetzungen, so steht dem Verkäufer jedenfalls ein Massebereicherungsanspruch nach § 59 Nr. 3 KO zu. Der Weiterveräußerung gleich steht für § 46 KO der Einbau des Vorbehaltsguts als wesentlicher Bestandteil in ein fremdes Grundstück auf Grund Werkvertrags, BGH 30, 176. Unberechtigt ist die Weiterveräußerung nicht nur beim einfachen Eigentumsvorbehalt (s. dazu oben Anm. 81). Sie kann auch beim verlängerten Eigentumsvorbehalt, bei welchem dem Käufer die Weiterveräußerung im ordnungsmäßigen Geschäftsgang gegen Vorausabtretung der Forderungen aus dem Veräußerungsgeschäft gegen den Erwerber an sich gestattet ist (vgl. näher oben Anm. 87), unberechtigt sein, wenn der Käufer sich nicht im Rahmen der Weiterveräußerungsermächtigung hält, insbesondere, wenn er dem Vorbehaltsverkäufer die Forderung aus dem Weiterverkauf nicht verschafft, weil er einer Vertragsbedingung seines Abnehmers zugestimmt hat, nach welcher diese Forderung nicht ohne Zustimmung des Abkäufers abtretbar ist. In diesem Fall kann der Vorbehaltsverkäufer die Forderung entgegen dem Abtretungsverbot ersatzweise aussondern, BGH 27, 306. Im Zweifel deckt die im verlängerten Eigentumsvorbehalt dem Käufer zugestandene Weiterveräußerungsermächtigung auch nicht Veräußerungen, die nach Konkurseröffnung durch den Konkursverwalter des Käufers vorgenommen werden, BGH NJW 1953, 217. — War die vor dem Konkurs vom Käufer vorgenommene Veräußerung dagegen berechtigt, weil sich der Käufer im Rahmen der ihm erteilten Ermächtigung gehalten hat, oder ist die Gegenforderung schon vor Konkurseröffnung eingezogen worden, so ist auch eine ersatzweise

Aussonderung ausgeschlossen. Der Eigentumsvorbehalt hat sich in diesem Fall als nutzlos erwiesen; s. auch die folg. Anm.

Bei berechtigter Weiterveräußerung im Rahmen eines verlängerten Eigentumsvorbehalts hat der Verkäufer Anspruch auf abgesonderte Befriedigung nach § 47 KO aus der ihm im voraus abgetretenen noch ausstehenden Gegenforderung gegen den Erwerber des Vorbehaltsguts. Beim Verarbeitungsvorbehalt (s. dazu oben Anm. 89) geht der Anspruch auf abgesonderte Befriedigung aus der durch die Verarbeitung des Vorbehaltsguts neugeschaffenen Sache. Ebenfalls zur abgesonderten Befriedigung nach § 47 KO führen Erweiterungen des Eigentumsvorbehalts, bei denen der Eigentumsvorbehalt nicht nur die Forderung aus dem Verkauf, sondern auch weitere ausstehende Forderungen gegen den Vorbehaltskäufer sichern soll (sofern man diese Formen des Eigentumsvorbehalts überhaupt für wirksam hält, s. dazu oben Anm. 83). Die Zubilligung eines bloßen Absonderungs- anstelle eines Aussonderungsrechts rechtfertigt sich in den drei genannten Fällen aus dem Gedanken, daß hier, anders als beim einfachen Eigentumsvorbehalt, die Sicherung über den Rahmen des konkreten Kaufvertrages hinausgreift, indem entweder gar nicht mehr das Vorbehaltsgut für die Kaufpreisforderung haftet (so beim verlängerten und Bearbeitungsvorbehalt), oder aber umgekehrt das Vorbehaltsgut Forderungen aus anderen Verträgen sichert und bloße Sicherungsvereinbarungen regelmäßig nur Absonderungsrechte begründen (vgl. Mentzel-Kuhn, KO[7], § 43 Anm. 36; Jaeger-Lent, KO[8], § 43 Rdnr. 371; Böhle-Stamschräder, KO[9], § 43 Anm. 3; Flume NJW 1950, 849f.). **Anm. 91**

bb) Der Konkurs des Vorbehalts**verkäufers**. **Anm. 92**

Für den Fall, daß der Vorbehaltsverkäufer in Konkurs fällt, bevor der Eigentumsvorbehalt insbesondere durch Zahlung des Restkaufpreises erloschen ist, wird von der traditionellen, wohl immer noch als herrschend zu bezeichnenden Ansicht dem Konkursverwalter des Verkäufers das Recht zugebilligt, durch Ablehnung der Erfüllung nach § 17 KO dem Käufer seine Anwartschaft auf den Eigentumserwerb wieder zu entwinden und den Kaufgegenstand zur Masse zu ziehen, vgl. RG 133, 42; 140, 156, 162; Jaeger-Lent, KO[8], § 17 Rdnr. 11; Mentzel-Kuhn KO[7], § 17 Anm. 18; Serick I § 13 III S. 354ff. jeweils m. w. Nachw. Das Wahlrecht des Konkursverwalters soll nur dann ausnahmsweise ausgeschlossen sein, wenn die Ablehnung der Erfüllung gegen Treu und Glauben verstieße, vgl. RG 140, 156, 162 (Käufer hatte Wechsel über die Kaufpreissumme gegeben, aus denen sich der Verkäufer bereits durch Diskontierung bezahlt gemacht hatte, und der Käufer hatte die Wechsel auch tatsächlich eingelöst); s. ferner BGH NJW 1962, 2296. Liegt ein solcher Ausnahmetatbestand dagegen nicht vor, so hat die Ablehnung der Erfüllung durch den Konkursverwalter für den Käufer verheerende Folgen: die Bedingung ist endgültig ausgefallen und ein Eigentumserwerb des Käufers ausgeschlossen. Der Käufer muß den Kaufgegenstand wieder herausgeben, ohne die geleistete Anzahlung zurückverlangen zu können und ist auf einen Schadensersatzanspruch beschränkt, der einfache Konkursforderung ist, vgl. §§ 26, 61 KO. Die bezeichnete Ansicht kann für sich ins Feld führen, daß die Voraussetzungen des Wahlrechts des Konkursverwalters an sich gegeben sind, weil der Verkäufer mit Übergabe und bedingter Übereignung noch nicht voll erfüllt hat, insofern als der Leistungserfolg, der Erwerb des vollen Eigentums durch den Käufer, noch aussteht (str. s. die Nachw. oben in Anm. 90) und eine speziellere Regelung, die § 17 KO für den Fall des Konkurses des Vorbehaltsverkäufers ausschließt, nicht besteht, es sei denn, man sähe § 161 BGB als eine solche Norm an, was jedoch durchaus zweifelhaft ist. Dieses Argument sollte jedoch in Anbetracht der Tatsache, daß die Bedeutung, welche der Eigentumsvorbehalt in diesem Jahrhundert tatsächlich erlangt hat, vom Gesetzgeber offensichtlich nicht ausreichend vorhergesehen worden und daher der Eigentumsvorbehalt durchweg äußerst stiefmütterlich behandelt worden ist, so daß sich seine Ausgestaltung ohnehin weitgehend durch Rechtsfortbildung außerhalb des Gesetzes vollzogen hat, nicht allzu schwer wiegen. Im übrigen aber steht die herrschende Meinung in Widerspruch zu der gesamten neueren Rechtsentwicklung, die in jeder sonstigen Hinsicht dem Käufer, solange er den Vertrag erfüllt, ein gesichertes unentziehbares Recht auf Erwerb des Volleigentums bei Bedingungseintritt zuspricht und zu einer weitgehenden Selbständigkeit und Verkehrsfähigkeit des Anwartschaftsrechts geführt hat. Es ist nicht recht einzusehen, warum gerade im Fall des Konkurses des Verkäufers die Anwartschaft des

Käufers keinen Schutz genießen sollte, obwohl die berechtigten Interessen des Verkäufers (bzw. seiner Gläubiger), der durch die Zahlungen des Käufers den vollen Gegenwert für den fortgegebenen Gegenstand erhält, eine Beseitigung des Kaufvertrages nicht unbedingt fordern, die Interessen des Käufers (bzw. seiner Gläubiger) dagegen durch sie erheblich beeinträchtigt würden. Will man rein konkursrechtlich an Hand des Gesetzes argumentieren, so läßt sich die Konkursfestigkeit des Eigentumsvorbehalts auf eine Analogie mit der Auflassungsvormerkung im Liegenschaftsrecht stützen. Bekanntlich setzt sich die Vormerkung im Konkurs des Grundstücksveräußerers nach § 24 KO durch. Deshalb ist die Annahme eines Wahlrechts des Konkursverwalters des Verkäufers im Schrifttum auf wachsenden Widerstand gestoßen, vgl. außer den bereits oben in Anm. 90 als ein Wahlrecht des Konkursverwalters überhaupt ablehnend Genannten Bley, Judicium 4 (1932) Sp. 199/200ff.; Bauknecht NJW 1956, 1177; Bernhardt NJW 1962, 2194; Rietschel NJW 1964, 735f.; Huber BB 1964, 735f.; Mohrbutter KTS 1965, 185, 192; Böhle-Stamschäder KO[9], § 17 Anm. 3b m. w. Nachw.

Anm. 93 III. **Das Vinkulationsgeschäft** oder die Lombardierung rollender Güter (Trumpler-Holdheim 12, 268; J. Breit, Das Vinkulationsgeschäft, 1908; Düringer-Hachenburg-Breit V Anh. III; Koenige Gruch. 52, 286; Kößler ÖZBl. 1923 H. 7; v. Bröcker BankA 8, 378; Koch, Beiträge zum Vinkulationsgeschäft, BankA 28, 222). Eine eigentümliche, früher recht häufige, heute aber nicht mehr sehr bedeutsame Art des Dazwischentretens eines Dritten (der Bank des Verkäufers) beim Kaufvertrag hat sich ausgehend von dem deutschen Verkehr mit den Grenzgebieten im östlichen Ausland für gewisse landwirtschaftliche Erzeugnisse in Form des Vinkulationsgeschäfts herausgebildet. Der Verkäufer, dem es an dem erforderlichen eigenen Kapital fehlt, läßt sich die zu verladende Ware von seiner Bank bevorschussen, übergibt ihr die Verladedokumente (Duplikatfrachtbriefe) und sichert die Bank durch Übertragung des Eigentums an der Ware (Hamburg HansRGZ 1934 B 496). Die Bank läßt ihren Kunden (den Verkäufer) die Ware fakturieren, sendet das Frachtbriefduplikat entweder an eine Bank des Wohnortes des Käufers (echte oder indirekte Vinkulation) oder an diesen selbst (unechte oder direkte Vinkulation) und teilt dem Käufer unter Überreichung der Faktura mit, daß die Ware ihr Eigentum sei. Der weitere Inhalt dieses Schreibens (Vinkulationsbrief) bringt zum Ausdruck, daß der Käufer die Ware nicht angreifen dürfe und kein Eigentum erlange, bevor er nicht entweder Barzahlung oder sein Akzept in voller Höhe des Kaufpreises gegeben habe.

Anm. 94 Das Wesen des Vinkulationsgeschäfts liegt also darin, daß ein anderer als der Verkäufer dem Käufer die Ware unter der Bedingung anbietet, daß dieser den Kaufpreis an ihn bezahle, wegen etwaiger Mängel der Ware aber sich ausschließlich an den Verkäufer halte (SeuffA. 76, 65). Es gehen vom Verkäufer danach zwei Anweisungen aus. In der einen wird ein Dritter, als welchen man sich eine Bank oder einen Spediteur vorzustellen hat, von denen die Ware bevorschußt ist oder von denen Auslagen für die Ware gemacht sind, also der Vinkulant, ermächtigt, die Ware dem Käufer gegen Zahlung der Vinkulationssumme auszuhändigen; in der anderen Anweisung wird der Käufer vom Verkäufer ermächtigt, den Preis an den Vinkulanten Zug um Zug gegen Empfang der Ware mit derselben Wirkung zu zahlen, wie wenn dem Verkäufer selbst der Kaufpreis bezahlt würde. Es werden nicht diese zwei Anweisungen erlassen, sondern ihr Inhalt ist in einem einzigen Schreiben, dem schon erwähnten Vinkulationsbrief, in Form eines vom Vinkulanten gestellten Antrags zusammengefaßt. Nimmt der Käufer diesen Antrag an, so ist ein Vertrag dieses Inhalts zustande gekommen (RG 101, 320; 88, 69; 54, 213; LZ 1912, 573; 1908, 309[2] u. 167). Das Wesen dieses Vinkulationskaufs ändert sich nicht, wenn der Vinkulant nicht der Kreditgeber ist; es können sich die Dinge auch so abspielen, daß eine Firma, für deren Rechnung der Verkäufer das Geschäft abgeschlossen hatte, die Ware dem Käufer unter der Bedingung zur Verfügung stellt, daß er ihr den Kaufpreis zahle (RG 99, 21; dazu Stampe JW 1921, 679[2]). Lehnt er ab, so kommt es darauf an, wie die Bank sich dazu verhält. Alles dies hat zur Voraussetzung, daß ein klarer, unzweideutiger Antrag obigen Inhalts gestellt ist. Über unklare Anträge s. unten Anm. 99.

Anm. 95 Es folgen hier die Muster der Vinkulationsbriefe der X-Bank. Bei der echten Vinkulation schreibt sie an die von ihr beauftragte Deutsche Bank in Mannheim:

„Wir übersenden Ihnen Frachtbriefduplikat über 1 Waggon Gerste im Gewicht von ......, die die Firma L. Maier in Mannheim von Herrn A. Polowski in XX gekauft hat. Sie wollen die Gerste nur gegen Zahlung des Betrags von ...... der Firma L. Maier ausfolgen. Erfolgt die Zahlung nicht, so wollen Sie das Frachtbriefduplikat an uns zurückgehen lassen, die Ware jedoch dort belassen und uns von dem Geschehenen sofort nach Eintreffen der Ware benachrichtigen."

Bei der unechten Vinkulation schreibt sie an die Käuferin Firma L. Maier in Mannheim:

„Wir lassen Ihnen hiermit Frachtbriefduplikat über in XX am ...... in Waggon Nr. ... verladene 200 Zentner Gerste zugehen, die Sie von Herrn A. Polowski in XX gekauft haben. Die Ware ist von uns beliehen. Den Betrag mit ...... DM wollen Sie uns durch die Rheinische Kreditbank in Mannheim anschaffen. Solange dieser Betrag nicht bezahlt ist, bleibt die Ware bei Ihnen als anvertrautes Gut."

Nun sind folgende Fälle möglich:

Der Käufer nimmt den Antrag an, genehmigt also die Abweichung von den Bestimmungen des ursprünglichen Kaufvertrags. Er nimmt beim unechten Vinkulationskauf den Antrag insbesondere dadurch an, daß er stillschweigend über die Ware verfügt (RG 54, 218). In beiden Fällen muß er zahlen, ohne Gewährleistungsansprüche gegen die Bank zu haben.

Der Käufer muß der Bank den im Antrag angegebenen Betrag bezahlen oder, wenn dies im Antrag gesagt ist, statt dessen sein Akzept geben, ohne irgendeinen anderen Anspruch gegen die Bank zu erwerben als den auf Ausfolgung der Ware. Auf die Höhe des von der Bank gegebenen Vorschusses kommt es nicht an, weil die geforderte Summe selbst dann bewilligt ist, wenn die Bank die Ware gar nicht bevorschußt hat, oder wenn der gegebene Vorschuß den Kaufpreis übersteigt (RG 99, 21), oder wenn der Käufer etwa den Kaufpreis bereits seinem Verkäufer bezahlt haben sollte (RG 54, 214). Der Käufer zahlt unter keinen Umständen eine Nichtschuld, weil durch das Angebot der Bank und dessen Annahme durch den Käufer ein von dem Kaufvertrage verschiedenes Schuldverhältnis entstanden ist, kraft dessen der Empfänger der Ware sich dem Hingeber zur Zahlung verpflichtet hat (RG 101, 321; 88, 71; 54, 216). Dagegen wird eingewendet, die Bank verletze die Pflichten des Verkäufers gegen den Käufer, wenn sie, da sie Erfüllungsgehilfin des Verkäufers nach § 278 BGB sei, die Ware dem Käufer in anderer Weise anbiete als der Verkäufer selbst die Ware hätte anbieten müssen. Rechtlich gehöre die Ware dem Verkäufer, aus dessen Vermögen die Bank liefern wolle. Möge die Bank mit dem Verkäufer auch Übertragung des Eigentums der Ware auf sie vereinbart haben, so sei diese Vereinbarung doch rechtlich nur eine Faustpfandbestellung. Nach Treu und Glauben könne die Bank von dem ihren Antrag annehmenden Käufer nur ihren Vorschuß fordern; für den Mehrbetrag sei der Vinkulant nur Inkassomandatar. Daraus würde folgen, daß der Käufer in Höhe dieses Mehrbetrags dem Vinkulanten die Einreden entgegenhalten könnte, die ihm gegen den Verkäufer zustehen. Es kommt aber auf die Frage, ob das Eigentum auf die Bank übertragen oder ihr nur ein Faustpfand bestellt worden ist, überhaupt nicht an. Selbst wenn die Bank nur Faustpfandgläubigerin wäre, könnte sie vorschreiben, unter welchen Bedingungen sie ihr Faustpfand einem Dritten herausgeben will. Die vinkulierende Bank ist nicht Erfüllungsgehilfin des Verkäufers (LZ 1908, 310[2]); denn sie bietet die Ware, von der es völlig gleichgültig ist, ob sie einmal im Eigentum des Verkäufers war, im Einverständnis mit dem Verkäufer in eigenem Namen und im eigenen Interesse an, um den Verkäufer zu befreien. Die Bank kann gar nicht daran denken, als Erfüllungsgehilfe des Verkäufers aufzutreten. Sie ist gar nicht in der Lage, die Ware auf ihre Vertragsmäßigkeit zu untersuchen, sie besitzt die dazu erforderlichen Kenntnisse gar nicht, bekommt die Ware auch nicht zu Gesicht. Sie nimmt dieselbe Stellung ein wie die Remboursbank. Der Verkäufer verletzt allerdings den Vertrag. Ohne das Dazwischentreten der Bank würde der Käufer aber überhaupt keine Ware bekommen, und dem Käufer ist die Person des Lieferanten gleichgültig.

Eine Annahme des Antrags muß stattgefunden haben. Die Annahme ist eine **Anm. 96**
stillschweigende, wenn der Käufer zahlt oder sein Akzept gibt. Eine Annahme liegt auch darin, daß der Käufer über die Ware verfügt, sie auslädt, sie verbraucht oder sie in größerem Umfange angreift, als zur ordnungsmäßigen Untersuchung nötig ist. Folglich kann sich der Käufer durch Verfügen über die Ware nicht einer strafbaren oder unerlaub-

ten Handlung schuldig machen. Dieser Grundsatz ergibt sich daraus, daß die Bank in ihrem Antrag vorschreibt und vorschreiben darf, worin sie eine Annahme erblicke. Sie könnte aber nicht vorschreiben, daß schon in der Entgegennahme des Frachtbriefs oder in Zahlung der Fracht oder einer Nachnahme die Annahme enthalten sei; denn die Möglichkeit einer Untersuchung der Ware muß dem Käufer gewahrt bleiben; ohne den Besitz des Frachtbriefs, Zahlung der Fracht oder einer Nachnahme kann der Käufer aber regelmäßig nicht an die Ware herankommen. Der Käufer darf nicht über die Ware verfügen, den Antrag der Bank, der im Vinkulationsbrief gestellt ist, aber widersprechen. Das wäre ein in sich widerspruchsvolles Verhalten. Das Schweigen des Käufers auf den Vinkulationsbrief enthält schon deshalb keine Annahme, sondern Ablehnung, weil die Bank Antwort verlangt. Dasselbe ergibt sich aber auch, wenn die Bank keine Antwort verlangt hat, aus § 146 BGB. Das Schweigen hat indessen andere Folgen (unten Anm. 98). Die Annahmeerklärung des Käufers setzt dessen Kenntnis von der Vinkulierung — sei es durch die Bank des Verkäufers, sei es durch letzteren — voraus. Hat der Käufer die Ware vor Erlangung dieser Kenntnis erhalten, so hat er sie als Erfüllungsleistung des Verkäufers entgegengenommen. Zur Kenntnisnahme genügt das Zugehen des Vinkulationsbriefs nach § 130 BGB. Eine nachträgliche Vinkulierung gibt es nicht (RG 99, 22).

Anm. 97 *Gewährleistungsansprüche* hat der Käufer nur gegen seinen Verkäufer, nicht gegen die vinkulierende Bank. Denn den dahingehenden Antrag hat der Käufer angenommen. Die entgegengesetzte Ansicht (Stettin „Recht“ 1908, 367; Breslau „Recht“ 1907, 124[135]), daß, wer unter Inanspruchnahme des vollen Kaufpreises für den Verkäufer Ware anbiete, damit auch für Lieferung vertragsmäßiger Ware hafte, steht ganz allein. Die Mängelrüge ist an den Verkäufer zu richten, der auch allein für Leistungsverzug einsteht (RG in SeuffA 76, 65). Der Käufer, der den Antrag der Bank angenommen hat, muß den Kaufvertrag seitens des Verkäufers als erfüllt gelten lassen, so daß ihm nur Gewährleistungsansprüche übrigbleiben. Aber auch der Käufer hat seinerseits durch Zahlung des Kaufpreises erfüllt. Die Transportgefahr trägt der Käufer, denn der Kauf bleibt ein Versendungskauf, den der Käufer durch seine Bank erfüllen läßt. Man kann auch nicht ohne weiteres sagen, der Verkäufer habe durch die Vinkulierung die rechtmäßige Erfüllung verweigert, so daß auf ihn die §§ 320—327, 440 BGB zuträfen. Wenn der Vinkulant nichts anderes begehrt als der Verkäufer selbst begehren könnte, so ist der Vertrag nicht verletzt; mit dieser Art der Erfüllung rechnet jeder Kaufmann.

Anm. 98 *Der Käufer lehnt den Antrag ab.* Die Ablehnung kann schon im Stillschweigen liegen (§ 146 BGB; s. auch schon oben vorh. Anm.). Da die Übersendung des Vinkulationsschreibens mit Übersendung der zur Erfüllung eines abgeschlossenen Kaufs bestimmten Ware Hand in Hand geht, muß der Käufer die Ware einstweilen aufbewahren und die vinkulierende Bank umgehend benachrichtigen, wie sie es verlangt hat; sonst haftet er für Schaden. Ist die Ware dem Verderb ausgesetzt und Gefahr im Verzug, so kann der Käufer die Ware auch versteigern lassen (vgl. § 379). Der Käufer hat für seine Auslagen (Frachtvorlage, Lagergeld u. dgl.) ein kaufmännisches und ein bürgerliches Zurückbehaltungsrecht. Denn hierfür ist die Bank die Schuldnerin, und die Ware ist als ihr Eigentum angeboten und ihr Eigentum geblieben. Der Käufer hat aber kein Zurückbehaltungsrecht auf Grund von Forderungen, die ihm gegen den Verkäufer zustehen, und zwar weder ein kaufmännisches Zurückbehaltungsrecht noch auch ein Zurückbehaltungsrecht nach § 273 BGB; denn die Bank ist nicht die Schuldnerin. Zieht die Bank infolge der Ablehnung seitens des Käufers ihren Vinkulationsantrag zurück, so kann dieses Aufgeben ihres Standpunktes die Erklärung enthalten, daß sie sich als Erfüllungsgehilfin des Verkäufers nach § 278 BGB betrachten lassen wolle, nämlich dann, wenn sie dem Käufer die Ware als Erfüllung beläßt. In diesem Falle steht dem Käufer nur noch sein Verkäufer gegenüber. Die Zurücknahme des Vinkulationsantrags kann aber auch so zu verstehen sein, daß die Bank nun in den Kaufvertrag als Gesamtgläubigerin und Gesamtschuldnerin neben dem Verkäufer eintreten will.

Anm. 99 Alles dies gilt nur, wenn der Vinkulationsantrag so klar und deutlich lautet, wie dies oben Anm. 94f. auseinandergesetzt ist. Ist der Antrag unklar oder zweideutig, so kommt es auf die Auslegung der Willenserklärung der Bank an; dabei spielt dann auch das Verhalten des Verkäufers eine Rolle. Daß in dem Antrag der Bank der Ausdruck „vinkulieren" gebraucht ist, besagt wegen seiner Mehrdeutigkeit an sich noch nichts, mag damit auch die Bemerkung verbunden sein, daß die Bank allein über die Ware verfügen dürfe. Solche Äußerungen lassen sich dahin deuten, daß die Kaufpreisforderung abgetreten sei (Rostock OLGE 22, 39; vgl. Dresden LZ. 1908, 887) und die Bank Erfüllungsgehilfe sein wolle. Insbesondere ist die Wendung in dem Antrag: „Solange die Honorierung in Höhe meines Vorschusses nicht erfolgt ist, bleibe ich kraft meines Vorschusses Eigentümer der Ware, welche bei Ihnen kommissionsweise zu meiner Verfügung bleibt" (LZ. 1908, 167[1]), mehrdeutig. Vor allem muß klare Ausdrucksweise verlangt werden, wenn der Käufer auf eine solche Behandlungsweise gar nicht rechnen und an die Anwendung solcher Grundsätze gar nicht denken konnte, wie dies beim Inlandgeschäft unter zahlungsfähigen Parteien der Fall ist, so auch, wenn der Fiskus kauft (vgl. RG 94, 96; 99, 21).

IV. Der **Sicherungskauf** (Sicherheitskauf) ist nicht ein wirklicher Kauf, sondern **Anm. 100**
nur eine Form der Sicherungsübereignung, d. h. der Übertragung von Eigentum seitens des veräußernden Schuldners, um den Gläubiger als Erwerber wegen einer ihm gegen jenen zustehenden Forderung zu sichern. An Stelle der reinen Sicherheitsübertragung (RG. 59, 146) bedienen die Beteiligten sich der Form des mit Rückkaufsrecht verbundenen Kaufvertrages, also eines Geschäfts, das an sich den endgültigen Umsatz des Kaufgegenstandes bezweckend seiner Natur nach nicht der Sicherung des Käufers entspricht. Als Beispiel für die in der Praxis häufig vorkommende Art des Sicherungskaufs mag eine gewöhnliche Form des Bierlieferungsvertrags dienen. Die Brauerei gewährt ein Darlehn, kauft um den gleichen Betrag die Einrichtung des Wirts (deren Wert auch höher als der Preis sein kann: RG. 62, 129) und beläßt sie ihm mietweise. Der Wirt verpflichtet sich zum Bierbezug auf eine bestimmte Zeit und außerdem zum Rückkauf der Einrichtung, an der sich die Brauerei das Eigentum vorbehält, in der Weise, daß der Rückkaufspreis durch einen Bieraufschlagspreis zu tilgen ist. Die Darlehnsforderung wird durch Aufrechnung mit dem Kaufpreis für erloschen erklärt (vgl. RG 57, 178). An Stelle der Darlehnsforderung tritt die gleich hohe Forderung auf den Rückkaufspreis, die mitunter durch Akzepte sichergestellt ist (vgl. JW 1904, 355[4]). Die Brauerei ist Eigentümerin; der Wirt ist unmittelbarer Besitzer. Es könnte befremden, daß der Wirt, der die Einrichtung bereits zurückgekauft hat, Miete entrichten soll. Allein die Miete ist in Wahrheit nur die Entschädigung dafür, daß die Brauerei den Rückkaufspreis stundet und die Überlassung der Einrichtung an den Wirt die der Brauerei gewährte Sicherheit mindert.

Sind in solchem Falle die Vertragsbestimmungen, soweit sie einen Kauf darstellen, nur zum Schein geschlossen, so folgt, falls die Sicherungsabsicht vorhanden war, daraus nicht, daß auch die Übereignung nur zum Schein erfolgt sei (JW. 1911, 181[5]), während allerdings die ursprüngliche Forderung des Gläubigers trotz der Aufrechnungserklärung gegenüber dem Kaufpreis nicht endgültig als erloschen angesehen werden kann (Düringer LZ 1908, 102). Der Vertrag ist daher als Sicherungsübereignung gültig, wenn nicht überhaupt ein Scheingeschäft vorliegt (WarnRspr. 1918 Nr. 135; KG in KGBl. 1905, 80). Der Ernstlichkeit eines solchen Abkommens steht also nicht entgegen, daß der Verkäufer seine ganze bewegliche Habe veräußert (RG. 62, 128), oder daß Sachen mitverkauft werden, deren sich der Verkäufer sicherlich nicht dauernd entäußern wollte, wie Kleider, Wäsche, Brennmaterial, oder daß die verkauften Sachen für den Käufer ohne Interesse sind (JW. 1904, 355[4]). Es macht nichts aus, daß der Kaufpreis erst später gewährt werden soll; denn, wie bei der Sicherungsübereignung, kann auch eine künftige Forderung durch Sicherungskauf gesichert werden (WarnRspr. 1909 Nr. 267). Auch Sachgesamtheiten, z. B. ein Warenlager (WarnRspr. 1910 Nr. 404), auch ein solches mit wechselndem Bestand, und künftige Sachen, auch ein Handelsgeschäft, können, wie bei der Sicherungsübereignung, Gegenstand des Sicherungskaufs sein, nur muß auch hier die Übergabe der verkauften Sachen oder deren Ersatzübergabe (constitutum poss.) hinzukommen, zu deren Herstellung eines der im § 868 BGB. bezeichneten Verhältnisse gehört, so daß der Verkäufer unmittelbarer Besitzer bleibt und der Käufer mittelbarer Besitzer wird.

Der Konkurs bietet keine Besonderheiten (vgl. Seuffert LZ. 1907, 24). Der Rückkaufsberechtigte hat im Konkurs des Rückverkaufsverpflichteten kein Aussonderungsrecht, sondern, wenn der Konkursverwalter die Erfüllung ablehnt, nur eine Konkursforderung auf Schadensersatz. Dasselbe gilt im umgekehrten Fall, wenn der Konkursverwalter des Rückkaufsberechtigten den Rückkauf nach § 17 KO. ablehnt (JW. 1900, 344[12]).

Hinsichtlich des gewerbsmäßigen Rückkaufshandels können landesgesetzliche Vorschriften eingreifen (Art. 94 EGBGB; § 34 Abs. 2 GewO.).

Anm. 101 V. Beim **Hoffnungskauf** (emtio spei) kann Gegenstand des Kaufs die bloße Einräumung einer Hoffnung auf einen künftigen Erwerb, also einer Gewinnaussicht — Verkauf einer unsicheren Sache oder eines unsicheren Rechts ohne Garantie — sein. Bei Beteiligungsgeschäften (RG. 77, 224) und bei Spiel- und Losgemeinschaften trifft diese Annahme zu (RG. 77, 344; 6, 291; RGSt. 11, 212), auch dann, wenn der „Verkäufer" im Besitz des Loses bleibt (RG. 18, 82; RGSt. 9, 405) und die Veranstaltung einer Lotterie nach § 286 StGB. in Frage kommt. Der Hoffnungskauf kann aber auch ein wirklicher Sachkauf in Form eines gewagten Geschäfts sein, so daß insbesondere nicht die Gewährleistungsgrundsätze bei Fehlschlagen der Gewinnchance sich anwenden lassen (Mot. II 320). Diese Annahme trifft zu, wenn ein gesunkenes Schiff mit oder ohne Ladung verkauft wird. Hier liegt ein Sachkauf vor, bei dem eine Übergabe ausgeschlossen und die Gewährleistung darauf beschränkt ist, daß der Käufer in Ausnutzung der Verwertungsmöglichkeit nicht durch berechtigte Ansprüche Dritter gestört wird (§ 440 BGB.). Wird eine Forderung gegen einen zahlungsunfähigen oder die Forderung bestreitenden Schuldner zu einem weit unter dem Nennbetrag bleibenden Preis veräußert, so liegt ein Forderungskauf vor, bei dem der Verkäufer stillschweigend von der Haftung für den rechtlichen Bestand der Forderung befreit ist (§ 437 BGB.; RG. bei Holdheim 19, 294). Etwas anderes ist der **Kauf künftiger Sachen** (emtio rei speratae), z. B. der Kauf einer Ernte, einer Jahresfabrikation, ein Kauf zum Abbruch, Verträge über Ausbeutung eines Steinbruchs, Torflagers u. dgl.; hier ist nicht eine Gewinnmöglichkeit Gegenstand des Kaufes. Bei Kauf von Holz auf dem Stamm ist auch die VO vom 30. 4. 1938 (RGBl. I S. 458) zu beachten. Vgl. auch BGH BB 1957, 951 und MDR 1958, 334. Zum Kauf künftiger Sachen ausführlich Enneccerus-Lehmann S. 406.

Anm. 102 VI. 1. Der **Gattungskauf.** Er ist der im Handel vorherrschende Kauf. Vom Spezieskauf unterscheidet er sich dadurch, daß der Kaufgegenstand nicht individuell bestimmt ist, sondern nur nach Gattungsmerkmalen bezeichnet wird, wobei die Gattung durch ausdrückliche Parteibezeichnung oder gemäß dem Sinn des Vertrages weiter oder enger gezogen sein kann. Ob Gattungs- oder Spezieskauf vorliegt, ist mitunter Tatfrage. Soll Verkäufer die vom Käufer besichtigte Ware noch sortieren, so daß nur die aussortierte Ware als gekauft gelten soll, so ist die geschuldete Ware noch nicht bestimmt (vgl. Hamburg OLGE 34, 30). Es liegt ein Gattungskauf vor, so daß der Augenblick der Versendung der aussortierten Ware für die Konzentration entscheidend ist. Soll der Lieferant aus Sachen, die gattungsgemäß bestimmt sind, Gegenstände mit bestimmten Eigenschaften herstellen, so liegt ein Werklieferungsvertrag mit nur qualitativ, nicht aber individuell bestimmten Leistungsgegenständen vor, der eine Gattungsschuld zum Inhalt hat.

2. Auch sog. gemischt generische Obligationen (Mot. II 11), d. h. Schuldverhältnisse, die die Leistung nur gattungsmäßig bestimmter Sachen aus einer bestimmten Menge oder Zahl oder aus einem übersehbaren Vorrat (Kauf von Stücken aus einer Herde nach Auswahl des Käufers: ROHG. 24, 30; Kauf von Hafer aus einem Vorrat: RG. 57, 138) zum Gegenstand haben, sind Gattungsschulden. Es handelt sich hier um begrenzte oder beschränkte Gattungsschulden, sog. Vorratsschulden (Nastelski in RGRK-BGB § 243 Anm. 7 ff.; Soergel-Reimer Schmidt § 243 Rdnr. 4; Larenz I[8/9] S. 133), die hinsichtlich der Gewährleistung wie reine Gattungsschulden zu behandeln sind. In das Gebiet der beschränkten Gattungsschuld fällt es, wenn eine Ware nach Herkunft oder Ursprung näher gekennzeichnet und dadurch die Lieferung beschränkt wird (vgl. RG. 47, 124). Unter den Begriff beschränkter Gattungsschuld gehören ferner die Fälle, in denen der Verkäufer ausdrücklich aus seinen Beständen verkauft oder in denen Gegenstand des Kaufes bilden: Früchte bestimmter Ernte oder von einem bestimmten Gute (RG. 93, 143; 84, 126; 57, 141; JW. 1924, 807[16]; WarnRspr. 1918 Nr. 86) oder einer bestimmten Gegend, Verkauf aus stehender Ernte (LG. Neuruppin JW. 1927, 2538[6]), Erzeugnisse einer bestimmten Zeche (RG. 28, 221), einer bestimmten Mühle (RG. 57, 118), einer bestimmten Fabrik (RG. 97, 325; 88, 288; JW. 1918, 130[2]; LZ. 1911, 841[9]),

Milch aus dem Ertrag eines bestimmten Gutes (RG. 91, 313 oben), Kauf von Roggen, der aus einer schwimmenden Ladung erst auszuscheiden ist (RG. 30, 61), Aktien einer bestimmten Gesellschaft (RG. 4, 196). Ist die ganze Erzeugung einer Fabrik, der ganze Lagerbestand, eine ganze Ernte (künftige Sachen), m. a. W. der ganze Vorrat, verkauft, so ist die geschuldete Ware in solchem Maße individualisiert, daß die Lieferschuld den Grundsätzen des Spezieskaufs unterliegt. Dasselbe gilt bei Kauf einer bestimmten schwimmenden Ware. Die Erwartung der Parteien, der Verkäufer werde mit den Fabrikaten eines bestimmten Erzeugers erfüllen, führt für sich allein nicht zur beschränkten Gattungsschuld (WarnRspr. 1923/24 Nr. 137 u. 160). Auch dann wird aus einem Gattungskauf kein beschränkter Gattungskauf, wenn der Verkäufer beim Abschluß erklärt, er werde durch eine bestimmte Person erfüllen, und der Käufer dazu schweigt (JW 1922, 1674[2]). Ein Verkauf „ab Fabrik" oder „ab Werk" bedeutet im Zweifel nicht eine Konzentration auf bestimmte, in der Fabrik oder im Werk lagernde Ware. Ein Verkauf „ab Lager" ist, für sich allein betrachtet, kein Spezieskauf; es ist damit nur der Lieferungsort angegeben. Wenn aber die an einem bestimmten Ort lagernde Ware verkauft wird, so ist Kaufgegenstand eine bestimmte Sache; der Verkauf „ab Lager" enthält dann in dem Hinweis auf den Lagerplatz nicht nur die Bezeichnung des Lieferungsortes, sondern bedeutet die bestimmte, dort lagernde Ware (RG. 108, 420). Nicht um eine bestimmte Sache handelt es sich, wenn die Gattung nur durch besondere Eigenschaften gekennzeichnet ist, wie z. B. Kohlen einer bestimmten Zeche von bestimmter Qualität (RG. 28, 221); wohl aber können auch künftige Sachen Gegenstand eines Spezieskaufs sein, z. B. die nächsten aus einer leistungsfähigen Grube zu fördernden 35 Tonnen Erz (RG. 92, 371) oder die Tranausbeute eines noch mit dem Fang beschäftigten bestimmten Schiffes (RG. 91, 261). Alte Maschinen bilden in der Regel nicht als Gattungssache den Gegenstand des Vertrages, weil es bei ihnen vornehmlich auf die Art ihrer Erhaltung ankommt (Rostock OLGE 45, 118; Hamburg OLGE 45, 119).

3. Während der Speziesverkäufer grundsätzlich verpflichtet ist, die Kaufsache in jenem Zustand zu liefern, in dem sie sich zur Zeit des Kaufabschlusses befindet, ist der Gattungsverkäufer, da er aus der Gattung zu liefern hat, deren Bestandteile qualitative Verschiedenheiten aufweisen können, verpflichtet, Objekte von mittlerer Art und Güte (§ 243 Abs. 1 BGB), nach § 360 HGB „Handelsgut" mittlerer Art und Güte zu liefern. Entspricht die Lieferung dem nicht oder ist sie sonst vertragswidrig, so kann der Käufer außer den allgemeinen Gewährleistungsrechten (Wandelung, Minderung) die angebotene Ware zurückweisen, welche alsdann auch als nicht konzentriert gilt (s. Anm. 109ff.), und unter dem Gesichtspunkt der Erfüllung Nachlieferung gemäß § 480 BGB verlangen, BGH NJW 1967, 33 (s. dazu näher § 377 Anm. 90ff. und unten Anm. 184, 224, 300, 318). **Anm. 103**

4. a) Da beim Gattungskauf Lieferung aus einem mehr oder weniger umgrenzten Vorrat, nämlich aus der Gattung geschuldet wird, demnach kein Stück der Gattung individueller Schuldgegenstand, wohl aber jedes Stück mögliches Erfüllungsobjekt ist, liegt eine objektive Unmöglichkeit der Schulderfüllung mit der Folge der Befreiung des Verkäufers von seiner Lieferpflicht nicht schon dann vor, wenn die vom Verkäufer für die Erfüllung vorgesehenen, aber noch nicht konkretisierten Stücke (s. dazu unten Anm. 109ff.) untergehen, sondern erst dann, wenn aus der ganzen Gattung eine Leistung nicht mehr möglich ist, also die ganze Gattung zugrunde geht, beschlagnahmt wird oder die bestimmte Ernte, aus der allein zu liefern ist, ausfällt. Solange aus der Gattung geliefert werden kann, also mögliche Erfüllungsobjekte noch vorhanden sind, kann nur subjektive Unmöglichkeit vorliegen, d. h. ein Unvermögen gerade des Verkäufers, sich zum Zwecke der Lieferung Ware der betreffenden Gattung zu beschaffen (zum Begriff des Unvermögens s. näher unten Anm. 464, 468). In Abweichung von § 276 BGB hat der Verkäufer nach § 279 BGB dieses Unvermögen zur Leistung ohne Rücksicht auf Verschulden zu vertreten. Der gesetzgeberische Grund für diese Regelung ist nicht unstreitig. Nach einer im Vordringen begriffenen modernen Auffassung (s. dazu insbesondere Ballerstedt, Zur Lehre vom Gattungskauf in Festschrift für Nipperdey, 1955, S. 261ff. und Larenz I[8/9] § 12 S. 131 u. § 20 Ic S. 244) liegt die innere Berechtigung der im Vergleich zur Speziesschuld strengeren Haftung des Verkäufers in folgendem: wer **Anm. 104**

verspricht, aus einer Gattung zu liefern, verspricht zugleich imstande zu sein, sich Sachen der betreffenden Gattung in ausreichender Menge und Qualität und zur rechten Zeit zu beschaffen. Nach dem Wortlaut des Gesetzes ist es gleichgültig, worauf das Unvermögen des Verkäufers beruht. Nach seinem Sinn aber ist eine Einschränkung geboten für den Fall, daß das Unvermögen zur Beschaffung der Ware auf Umständen beruht, die völlig außerhalb des Verantwortungsbereichs des Verkäufers liegen. Welche Leistungshindernisse der Verkäufer zu verantworten hat, kann nur durch Vertragsauslegung ermittelt werden. Letztlich entscheidend ist, für die Überwindung welcher Leistungshindernisse der Verkäufer nach dem Sinn seines vertraglichen Lieferungsversprechens einstehen soll. Für den typischen Fall des Gattungskaufs, bei welchem der Verkäufer Lieferung einer auf dem Markt erhältlichen Ware verspricht, umfaßt sein Versprechen in jedem Fall die wirtschaftliche und kaufmännische Leistungsfähigkeit, sich die Ware auf dem Markt zu beschaffen. Das gilt auch dann, wenn nach dem Vertrag zwar primär mit Ware aus einem bestimmten Vorrat (insbesondere der eigenen Produktion, vgl. dazu Anm. 106), für den Fall, daß dies jedoch nicht durchführbar ist, subsidiär auch mit anderweit zu beschaffender Ware zu erfüllen ist. Das Fehlen geeigneter Geschäftsverbindungen und Marktbeziehungen oder der erforderlichen finanziellen Mittel, aber auch falsche Einschätzung der Marktlage, Überhäufung mit Aufträgen, ungünstige Konjunktur oder Nicht- oder nicht rechtzeitige Belieferung durch Unterlieferanten (RG 108, 421; OLG Hbg. JW 1917, 238[4]; vgl. auch unten Anm. 108) sind daher Risiken, die nach dem typischen Vertragssinn regelmäßig der Verkäufer zu tragen hat. Ausgenommen von der Einstandspflicht des Verkäufers sind dagegen solche Umstände, die nichts mit seiner wirtschaftlichen oder kaufmännischen Leistungsfähigkeit zu tun haben, wie z. B. eine völlige Verkehrssperre, die dem Verkäufer die Lieferung unmöglich macht, wenn er sich die Ware von auswärts beschaffen muß, ebenso Beschlagnahme, Blockade oder Flucht (RG 99, 1 ff.) während des Krieges. Umstände dieser Art sind der objektiven leistungsbefreiend wirkenden Unmöglichkeit gleichzustellen. Darüber besteht heute jedenfalls im Ergebnis weitgehende Übereinstimmung; vgl. etwa Enneccerus-Lehmann[15] § 46 I 1 S. 206 oben; Larenz I[8]/[9] § 20 II c S. 244; Staudinger-Werner[10]/[11] § 279 Rdnr. 6 u. 11; Soergel-Reimer Schmidt § 279 Rdnr. 5; Palandt-Danckelmann/Heinrichs § 279 Anm. 2. Etwas anderes gilt nur dann, wenn der Verkäufer den Vertrag bereits in Kenntnis solcher Umstände geschlossen hatte oder wenn von dem Verkäufer zu erwarten war, daß er auf Grund seiner besseren Sachkenntnis das spätere Leistungshindernis schon bei Vertragsabschluß berücksichtigen würde. In einem solchen Fall liegt in dem unbedingten Lieferungsversprechen die Garantie, in der Lage zu sein, das betreffende mögliche Hindernis überwinden zu können. Will der Verkäufer in Fällen dieser Art eine so weitgehende Einstandspflicht nicht übernehmen, so muß von ihm erwartet werden, daß er schon in den Vertrag selbst einen entsprechenden Leistungsvorbehalt aufnimmt, so z. B., wenn der Markt, aus dem Verkäufer sich zu decken gedenkt, gewisse der Leistung u. U. hinderliche Eigenarten und Risiken aufweist, deren Berücksichtigung zwar von dem Verkäufer nicht oder doch nicht in gleichem Maße, aber von dem Käufer zu erwarten war. Bei der gekennzeichneten Sachlage kann die von dem Verkäufer implicite übernommene vertragliche Garantie sogar zu einer Einstandspflicht nicht nur für subjektives Unvermögen, sondern sogar für objektive Unmöglichkeit der Leistung führen, die dann allerdings nicht mehr in Beziehung zu § 279 BGB gesetzt werden kann; vgl. zu dem gesamten Fragenkreis auch die Ausführungen unten in Anm. 479. — Überhaupt ungeeignet eine Befreiung des Verkäufers herbeizuführen sind regelmäßig Umstände, die lediglich eine Erschwerung der im übrigen auch für den Verkäufer möglich bleibenden Lieferung herbeiführen, s. z. B. wenn trotz Mißernte noch ein Markt für die Ware besteht (Schiedsger. der HK Hbg. JW 1930, 3816[1]). Auch hier kann die Auslegung des individuellen Kaufvertrages jedoch etwas anderes ergeben. Ist z. B. nur eine von mehreren denkbaren Transportarten, etwa der Wassertransport, unmöglich geworden, so wird der Verkäufer dennoch befreit, wenn der Preis gerade mit Rücksicht auf den Wassertransport vereinbart wurde (OLG Naumburg OLGE 12, 251). Über Erschwerungen der Leistung vgl. auch die folg. Anm.

Anm. 105 b) Eine in die Rechtsprechung des Reichsgerichts eingegangene, auch von der Vorauflage dieses Kommentars vertretene Meinung wollte der oben beschriebenen rechtlichen Unmöglichkeit die sog. wirtschaftliche Unmöglichkeit gleichstellen. Man verstand darunter die Fälle, in denen die an sich mögliche Beschaffung der Ware dem Verkäufer *nicht zumutbar* ist, weil sie Anstrengungen (auch solche finanzieller Art!) erfordert hätte, die ganz außerhalb dessen gelegen hätten, was sich die Parteien bei Vertragsschluß vorgestellt hatten (Überschreitung der „zumutbaren Opfergrenze“: RG 107, 157; 97, 10; 90, 104; 57, 118; 42, 115; JW. 1919, 499[3]; WarnRspr. 1920 Nr. 67; LZ 1910, 770[14]). Diese Lehre ist zumindest nicht sehr glücklich. Zum einen handelt es sich dabei um Tatbestände, die sich schon mit der oben vertretenen sinngemäßen Auslegung der rechtlichen Unmöglichkeit erfassen lassen, wie z. B. Verhinderung des Verkäufers an der Lieferung ausländischer Ware durch ein in den betreffenden Staat erlassenes Ausfuhrverbot (vgl. RG. 97, 6ff.); Vereitelung überseeischer Importe durch Ausbruch eines weltweiten Krieges (vgl. RG. 90, 102); vgl. ferner RG. 57, 116ff.: Keine Verpflichtung des Verkäufers, auf allen Märkten des In- und Auslandes nach der Ware zu forschen, wenn diese infolge Eingehens des einzigen Fabrikationsbetriebes aus dem regelmäßigen Verkehr verschwunden ist. Eine Befreiung des Verkäufers wegen finanzieller Hindernisse, wie sie die Lehre von der wirtschaftlichen Unmöglichkeit z. T. anstrebt, z. B. einer unvorhergesehenen Verteuerung der Ware (vgl. etwa RG. 107, 156) ist dagegen grundsätzlich nicht gerechtfertigt. Für seine finanzielle Leistungsfähigkeit hat der Verkäufer (ebenso wie der Käufer) stets einzustehen. Dies ist auch vom Reichsgericht wiederholt anerkannt worden (RG. 106, 181; 95, 41; 75, 337; WarnRspr. 1915 Nr. 178). Eine Ausnahme von dieser Einstandspflicht des Verkäufers ist höchstens dann anzuerkennen, wenn die für die Beschaffung der Ware erforderlichen finanziellen Aufwendungen unvorhergesehenermaßen eine solche Größenordnung erreichen, daß „das im Vertrag angestrebte Gleichwertverhältnis von Leistung und Gegenleistung vernichtet ist“ (Larenz I[8] S. 245). Aber auch dann ist der Weg zu einer Vertragskorrektur nicht bei dem verschwimmenden Begriff einer „wirtschaftlichen Unmöglichkeit“ zu suchen. Vielmehr ist in einem solchen Fall die Geschäftsgrundlage fortgefallen und die Anpassung des Vertrages über den elastischeren § 242 BGB. vorzunehmen (ebenso Soergel-Reimer Schmidt § 279 Rdnr. 4; Larenz I[8] S. 205). Dieser Lösungsweg, der sich schon in der Rechtsprechung des RG. (vgl. RG. 103, 328) angedeutet hatte, wird jetzt auch vom BGH. als der ausnahmslos zutreffende gesehen (vgl. BGH. LM Nr. 12 zu § 242 BGB.). Davon abgesehen kann Bargeldmangel den Verkäufer nur dann nach obigen Grundsätzen entschuldigen, wenn er nicht eigentlich auf mangelnder wirtschaftlicher Leistungsfähigkeit beruht, so z. B., wenn er durch Ereignisse höherer Gewalt, wie Streik der Bankangestellten, Aufruhr u. ä. verursacht ist, und der Verkäufer infolge dieser Ereignisse trotz gehöriger Vorsorge die Dokumente nicht einlösen und die Ware nicht hereinbringen konnte.

c) Etwas anders gestaltet sich die Rechtslage bei den *beschränkten Gattungsschulden* (zum Begriff s. oben Anm. 102). Auch hier sind zwar nicht die Grundsätze **Anm. 106** über die Speziesschuld anzuwenden, wie RG 108, 420 ungenau sagt, es ist vielmehr zu prüfen, ob die Lieferung aus der beschränkten Gattung noch möglich ist oder nicht. Ist sie noch möglich, so wird der Verkäufer durch sein Unvermögen nicht befreit. *Ist der Verkäufer Fabrikant*, so ist es Auslegungsfrage, ob die Gattungsschuld in der Weise beschränkt sein soll, daß er nur Erzeugnisse seiner Fabrik zu liefern hat. Allgemein kann diese Frage nicht bejaht werden, auch dann nicht, wenn „ab Fabrik“ verkauft ist. Denn diese Klausel dient nur als Grundlage für die Preisberechnung. Maßgebend ist in erster Linie, ob der Käufer ein erkennbares Interesse an der Lieferung eigener Erzeugnisse des Fabrikanten hat (RG 96, 128), ferner, ob der Verkäufer neben der Fabrikation auch Handel treibt und der Käufer dies weiß, sowie ob dem Fabrikanten ausdrücklich eine Frist zur Herstellung gesetzt wurde (RG JW 1917, 463[3]; s. ferner RG 88, 288 und JW 1918, 130[2]). Eindeutig ist die Entscheidung der Frage, wenn der Verkäufer seine Erzeugnisse unter einer bestimmten Fabrikmarke oder einem bestimmten Warenzeichen in den Verkehr bringt und die Lieferung von Gegenständen mit dieser Marke oder diesem Zeichen ausdrücklich oder den Umständen nach vereinbart ist. Diese Grundsätze gelten in gleicher Weise, einerlei, ob aus einem bereits gefertigten Bestand geliefert oder die zu liefernde vertretbare Sache erst noch hergestellt werden soll: die Grundsätze über den Gattungskauf sind auch auf den (wirtschaftlich sehr bedeutsamen) *Werklieferververtrag über vertretbare Sachen* anwendbar, § 651 Abs. 1 S. 2 BGB. Vielfach wird auch aus dem Vertrag überhaupt nicht zu entnehmen sein, ob das eine oder das andere gewollt ist, sondern es dem Verkäufer überlassen bleiben, ob er aus seinen bereits vorhandenen Lagerbeständen oder aus seiner laufenden Produktion liefern will. Im letztgenannten Fall ist die Gattung, aus der geliefert werden soll, die Produktion des Lieferwerkes.

Ist somit eine auf Erzeugnisse der Fabrik des Verkäufers beschränkte Gattungsschuld anzunehmen, so liegt der Tatbestand der objektiven Unmöglichkeit vor, wenn der Verkäufer durch irgendwelche Umstände an der Lieferung seines eigenen Fabrikats gehindert ist. Über die Gleichstellung der vorübergehenden mit der endgültigen Unmöglichkeit s. unten Anm. 470. Das bedeutet, daß vorbehaltlich vertraglicher Einigung beider Parteien der Verkäufer dem Käufer keine gleichwertige Ersatzware anderer Produktion aufdrängen darf und umgekehrt der Käufer auch eine Erfüllung mit Ersatzware nicht verlangen kann. Eine andere Frage ist, in welchen Fällen der Verkäufer die Störung der Fabrikationsmöglichkeit zu vertreten hat. Trotz § 276 BGB kann diese Frage nicht allein unter Gesichtspunkten nachträglichen Verschuldens entschieden werden. Vielmehr muß auch hier der Gedanke der Zurechenbarkeit zu dem Bereich unternehmerischen Risikos eine Rolle spielen: durch den Abschluß des Vertrages übernimmt der Verkäufer eine Einstandspflicht für solche Risiken, die durch ihn beherrschbar erscheinen sowie für diejenigen Umstände, die ihm bereits bei Vertragsschluß bekannt waren oder mit denen unternehmerische Voraussicht ohne weiteres rechnen mußte, so z. B. die Verantwortung für die Bereitstellung einer ausreichenden Produktionskapazität, für die Beschaffung von Rohstoffen u. ä. Störungen des innerbetrieblichen Arbeitsfriedens, Arbeitskräftemangel, Veränderungen der Konjunktur, Unrentierlichkeit der Produktion, in normalen Zeiten auch Schwierigkeiten bei der Beschaffung von Rohstoffen, Engpässe in einigen Fertigungsabschnitten, Produktionsausfall in Teilen des Herstellungswerkes, die bei ausreichender und schneller Vorsorge durch vermehrte Arbeit in anderen Teilen der Fabrik ausgeglichen werden können (RG LZ 1909, 61[15]), Verzögerungen der Lieferungen von Zulieferanten sind daher Umstände, die regelmäßig zu Lasten des Verkäufers gehen. Nicht zugerechnet werden kann dem Verkäufer dagegen dauernde oder vorübergehende Lahmlegung des Betriebes infolge des Einwirkens unvorhersehbarer Ereignisse höherer Gewalt, wie Abbrennen der Fabrikationsstätte (OLG Hamburg HansGZ 1906 Hptbl. 145), Generalstreik, Rohstoffmangel infolge Einfuhrverboten, Beschlagnahme u. ä. In solchen Fällen kann der Verkäufer (nach den Grundsätzen über positive Vertragsverletzungen, vgl. unten Anm. 499) schadenersatzpflichtig nur dann werden, wenn er seinen Käufer nicht rechtzeitig von der Gefahr drohender Nichterfüllung in Kenntnis setzt.

Anm. 107 Auch wenn der Verkäufer nicht selbst Fabrikant ist, kann die Gattungsschuld eine beschränkte sein. Es kommen hier insbesondere Fälle in Frage, in denen der Händler Erzeugnisse einer bestimmten Fabrik, deren ständiger Vertreter er ist, vertreibt. Dabei ist zunächst zu beachten, daß der Lieferant des Verkäufers nur insoweit dessen Erfüllungsgehilfe ist, als die Lieferung des Verkäufers direkt durch den Vormann des Verkäufers erfolgt (RG 108, 221; 101, 158). Daraus darf aber nicht geschlossen werden, daß der Verkäufer bei Verweigerung oder Verzögerung der Lieferung durch seinen Vormann nicht hafte (RG 103, 182). Auch hier ist vielmehr in erster Linie zu fragen, ob dem Verkäufer die Lieferung unmöglich geworden ist. Dies ist jedenfalls nicht anzunehmen, wenn der Verkäufer in der Lage ist, seinen Vormann durch Klage zur Lieferung zu zwingen (RG. 108, 421), oder wenn er sich die Erzeugnisse des Lieferwerks anderweitig beschaffen kann, oder wenn der Lieferant bereit ist, die Ware zu liefern, jedoch nur zu höheren Preisen oder schwereren Bedingungen als der Verkäufer sie dem Käufer gegenüber vereinbart hat. Dagegen liegt ein Befreiungsgrund des Verkäufers dann vor, wenn sein Vormann aus einem der oben Anm. 106 bezeichneten Gründe von der Lieferung frei geworden ist und die Ware auch anderweit nicht beschafft werden kann. Die Parteien können aber darüber hinaus vereinbaren daß auch alle Gründe, die nach dem Vertrag zwischen dem Lieferanten des Verkäufers und diesem von der Lieferpflicht befreien, ohne weiteres den Verkäufer befreien sollen. Eine derartige Vereinbarung ist nicht schon immer anzunehmen, wenn Ware einer bestimmten Fabrik verkauft ist (RG. JW. 1919, 570[3]). Dagegen wird eine Vereinbarung dieses Inhalts dann angenommen werden müssen, wenn der Käufer weiß, daß der Verkäufer die Ware nur bei einer bestimmten Fabrik zu deren, dem Käufer bekannten, Bedingungen beziehen kann (RG. 97, 328). Es kann dann eine Art stillschweigender Freizeichnung für gewisse Fälle vorliegen. Reicht bei beschränkter Gattungsschuld der Vorrat nicht zur Erfüllung sämtlicher Lieferverpflichtungen des Verkäufers aus, z. B. weil ein Teil des Vorrats nachträglich untergeht oder die Ernte oder Fabrikation aus vom Verkäufer nicht zu vertretenden Gründen hinter den (an sich berechtigten) Quantitätserwartungen zurückbleibt, so genügt der Verkäufer seinen Verpflichtungen, indem er seine sämtlichen Abnehmer gleichmäßig, anteilsmäßig (also gekürzt) befriedigt (RG 84, 125). A. A. Wolf JuS 1962, 103. Dazu näher Larenz I$^{8/9}$ S. 133 m. w. Nachw.

d) Die Klausel „richtige und rechtzeitige Selbstbelieferung vorbehalten" **Anm. 108** ist ihrem Sinne nach auf den Fall zugeschnitten, daß Verkäufer — in Kenntnis des Käufers — die von ihm zu liefernde Sache von einem Unterlieferanten beziehen muß, z. B. eine Werft behält sich solchermaßen gegenüber dem Reeder als Besteller des Schiffes die Selbstbelieferung mit der von ihr zu beziehenden Schiffsmaschine vor. Die Klausel bezieht sich auf das Lieferungsrisiko. Sie bewirkt, daß der Verkäufer nicht dafür einzustehen hat und frei wird, wenn er seinerseits von seinem Verkäufer nicht beliefert worden ist. Er ist jedoch verpflichtet, seinem Käufer einen kongruenten Deckungsvertrag vorzulegen und ihm seine Ansprüche gegen den Verkäufer abzutreten (OGH 1, 178 = NJW 1949, 22; OLG Hamburg DB 1955, 917; BGH NJW 1968, 1085). An den Nachweis des kongruenten Deckungskaufes sind jedoch insoweit strenge Anforderungen zu stellen, als es nicht im Belieben des Verkäufers stehen kann, von eventuell mehreren Käufern einen auszusuchen, der den Nachteil der unterbliebenen Selbstbelieferung tragen soll; vgl. OLG. Hamburg a. a. O.

Bei Gattungsschulden, welche auf Beschaffung gerichtet sind, führt diese Klausel zur Aufhebung des § 279 BGB; Befreiung des Verkäufers von seiner Lieferpflicht tritt bereits mit Wegfall des konkreten Deckungsgeschäfts ein. Ein Versuch, sich soweit zumutbar anderweitig einzudecken, wird nach BGH a. a. O. von ihm nicht verlangt. Der Selbstbelieferungsvorbehalt ist ferner nicht auf Fälle höherer Gewalt beschränkt (BGH a. a. O. S. 1086).

Eine engere Bedeutung hat die Klausel „Lieferfähigkeit (Lieferungsmöglichkeit) vorbehalten". Bei ihr bleibt der Verkäufer verpflichtet, die ihm nach Treu und Glauben zumutbaren Anstrengungen zu unternehmen, um die Ware zu erhalten. Muß er sich dabei zu erhöhtem Preis eindecken, so kann er sich auf die Freizeichnung nur berufen, wenn ihm die Beschaffung zu dem erhöhten Preis nicht zumutbar ist (BGH NJW 1958, 1628 und WM 1968, 400). Vgl. zu dieser Klausel § 346 Anm. 145.

5. Da auch bei der Gattungsschuld der Verkäufer letztlich durch Lieferung be- **Anm. 109** stimmter individualisierter Stücke erfüllt, vermindert sich das aus § 279 BGB. folgende breite Risiko von einem bestimmten Zeitpunkt an. Dieser Zeitpunkt ist die sogenannte Konkretisierung (Individualisierung, Spezialisierung, Konzentration) des Leistungsgegenstandes. Von ihr ab wird die Gattungsschuld wieder weitgehend wie eine Speziesschuld behandelt. Die Konkretisierung kann kraft Gesetzes erfolgen oder vertraglich bewirkt werden. Vertraglich wird sie bewirkt, wenn die Vertragspartner sich nach Abschluß des Gattungskaufs einigen, es solle der Kauf durch eine genau bestimmte, aus der Gattung ausgeschiedene Ware erfüllt werden (RG. 43, 184). Zu dieser Art der Umwandlung der Gattungsschuld in eine Speziesschuld gehört ein Vertrag des Inhalts, daß mit einer anderen Sache nicht mehr erfüllt werden könne. Die einseitig von dem Verkäufer vorgenommene Ausscheidung der Sache genügt nicht (RG. 70, 426). Die Wirkung dieser Art der Beschränkung des Anspruchs auf eine bestimmte Sache ist im Falle anderweitiger Veräußerung dieser Sache durch den Verkäufer eine andere, als bei der in der folgenden Anmerkung erörterten zweiten Art der Umwandlung der Gattungsschuld. Denn hier hat der Verkäufer die Unmöglichkeit der Erfüllung nach § 325 BGB. gerade so zu vertreten, wie wenn der Vertrag von Anfang an die bestimmte Sache zum Gegenstand gehabt hätte (s. unten Anm. 478), es sei denn, daß der die Sache vom zweiten Käufer zurückerwerben kann (vgl. ROHG. 7, 280). Die die Lieferung unmöglich machende Selbstverwertung der Kaufsache seitens des Verkäufers ist aber nach § 324 (nicht § 325) BGB. zu beurteilen, wenn sie in nützlicher Geschäftsführung für den in Ab- oder Annahmeverzug befindlichen Käufer geschieht (DRZ. Rspr. 1933 Nr. 149). Der Verkäufer wird von seiner Verpflichtung frei, wenn ihm die Leistung der bestimmten

Sache in der Folge ohne sein Verschulden unmöglich wird (§ 275 BGB.; a. M. Fischer JheringsJ. 51, 186; gegen ihn Klein SeuffA. 1908, 575). Der Verkäufer kann die bestimmte Sache nicht durch eine andere ersetzen, wenn der Käufer in Annahme- oder Abnahmeverzug geraten ist oder die Sache wegen Mängel zurückgewiesen hat; es würde dies dem Vertragswillen widersprechen. Ist eine Gattungssache durch Vertrag zu einer bestimmten Sache geworden, so kann der Verkäufer trotzdem eine andere gleichartige Sache liefern, wenn er eine annehmbare Sache geliefert, sie aber auf Wunsch des Käufers zurückgenommen hatte (RG. 91, 110).

Anm. 110 Kraft Gesetzes erfolgt die Konzentration, sobald der Schuldner das zur Leistung einer Sache aus der Gattung seinerseits Erforderliche getan hat, § 243 Abs. 2 BGB. Voraussetzung ist dafür stets, daß der Verkäufer die Ware, mit der er seinem Käufer gegenüber erfüllen will, aus seinen übrigen Beständen deutlich ausgeschieden hat. Hinzu kommen weitere Erfordernisse, die je nach dem Inhalt des Schuldverhältnisses differieren. Hat der Käufer die Ware beim Verkäufer abzuholen („Holschuld"), so genügt es, wenn der Verkäufer den Käufer zur Abholung aufgefordert hat. Nach RG. 57, 404 muß die Aufforderung die Mitteilung enthalten, daß die Ware ausgeschieden worden ist; die Ware muß danach „als ausgeschiedene" angeboten sein. A. A. Larenz I[9] S. 132, nach dem es genügt, wenn die ausgeschiedenen Stücke unzweideutig kenntlich gemacht sind und der Käufer zur Abholung aufgefordert ist. Dem dürfte im Gegensatz zur Vorauflage dieses Kommentars (Anm. 54i) zuzustimmen sein. Bei der „Bringschuld", bei welcher der Verkäufer die Sache dem Käufer zu überbringen hat, muß die Sache dem Gläubiger tatsächlich angeboten sein. Das Angebot muß also sowohl bei der „Bring-" wie bei der „Holschuld" in aller Regel so erfolgen, daß es allein beim Käufer liegt, ob er die Ware in Empfang nimmt mit der Folge, daß er bei Nichtannahme in Gläubiger-(Annahme-)Verzug gerät; vgl. dazu ausführlich § 373 Anm. 2 u. 9. Bei der „Schickschuld" hat der Verkäufer das seinerseits Erforderliche jedoch schon vorher getan. Hier braucht zur Ausscheidung nur die Absendung der Ware vom gesetzlichen oder vertraglichen Erfüllungsort hinzuzutreten. Dagegen kann er die Individualisierung nicht dadurch herbeiführen, daß er einseitig von einem anderen Ort aus versendet.

Anm. 111 Die Wirkung der Konkretisierung besteht darin, daß der Verkäufer von dem erweiterten Risiko des § 279 BGB befreit wird. Anstelle von § 279 BGB. tritt nunmehr § 275 BGB.: geht nach der Konkretisierung die für den Käufer bestimmte Ware aus Gründen unter, die der Verkäufer nicht zu vertreten hat (§ 276 BGB), so wird der Verkäufer von seiner Leistungspflicht frei. Gleichgültig ist dann, ob die Lieferung anderer gleichartiger Stücke noch möglich ist oder nicht. Der Verkäufer ist dem Käufer gegenüber nicht berechtigt, die einmal eingetretene Konkretisierung rückgängig zu machen, selbst wenn er, was häufig — insbesondere beim Versendungskauf — der Fall sein wird, tatsächlich dazu in der Lage ist, z. B. indem er die bereits dem Frachtführer übergebene Ware nachträglich anhält und umleitet (RG. 88, 389, 392; Nastelski in BGB-RGRK § 243 Anm. 24 m. w. Nachw.; unentschieden BGH BB 1965, 349). Tut er es dennoch, so verliert er das Recht, sich auf den Standpunkt zu stellen, die umgeleitete Ware sei der geschuldete Gegenstand. Der Käufer ist in diesem Fall berechtigt zu wählen, ob er den Kauf als durch die vertragsgemäße Versendung bereits individualisiert ansehen will oder ob er sich mit der Lieferung anderer, gleichartiger Ware einverstanden erklären will (BGH BB 1965, 349). Vgl. zu dieser Frage näher Medicus JuS 1966, 297ff.

Anm. 112 VII. **Kauf nach Probe oder Muster.** Die maßgebende Gesetzesstelle ist § 494 BGB, welcher lautet:

„*Bei einem Kauf nach Probe oder nach Muster sind die Eigenschaften der Probe oder des Musters als zugesichert anzusehen.*"

1. Die Begriffsbestimmung des Kaufs nach Probe oder Muster. Er ist ein unbedingter Kaufvertrag, bei dem Verkäufer zugesichert hat, daß die Ware mit einer Probe oder einem Muster übereinstimmt. Probe und Muster sind gleichbedeutende Begriffe. Typmuster ist dagegen etwas anderes (unten Anm. 114).

Er ist ein unbedingter Vertrag. Von der Tatsache der Probemäßigkeit hängt die Verbindlichkeit des Vertrages nicht ab; er ist geschlossen und seine Wirkungen treten ein; es ist nur die Besonderheit hinzugefügt, daß der Verkäufer für die Übereinstimmung der Ware mit der Probe zu haften hat. Von Bedeutung wird dieser Unterschied bei sich herausstellender Probewidrigkeit. Wäre die Probemäßigkeit Bedingung, dann würde es in diesem Falle so angesehen werden müssen, als sei der Vertrag überhaupt nicht geschlossen. Da aber ein unbedingter Vertrag vorliegt, so bleibt er bestehen, und der Käufer hat die Rechte aus der Gewährleistung nach seiner Wahl. Selbstverständlich können die Parteien auch einen Vertrag unter der Bedingung der Probemäßigkeit schließen. Das ist aber kein Kauf nach Probe im Sinne des § 494 BGB. Sind Sorten einer Ware nach verschiedenen Mustern nach Wahl des Käufers verkauft, so liegt weder ein Kauf nach Probe noch ein Spezifikationskauf, sondern ein Wahlkauf vor (RG 35, 2).

Die Verpflichtung des Verkäufers, für die Probemäßigkeit zu haften, ist das Charakteristische dieses Vertrags. Indessen liegt hierin nichts Besonderes. Es liegt ein ganz gewöhnlicher Kaufvertrag vor, bei dem der Verkäufer eine besonders bezeichnete Eigenschaft der Ware zugesichert hat, nur daß diese Bezeichnung der Beschaffenheit nicht durch Beschreibung, sondern durch Bezugnahme auf eine andere Ware erfolgt. Es sind also alle Eigenschaften der Probe zugesichert, die nach Treu und Glauben mit Rücksicht auf die Verkehrssitte als wesentlich zu gelten haben. Es kommen danach die §§ 459ff. BGB, auch die §§ 363, 460 BGB überall zur Geltung (unten Anm. 117).

2. Die praktischen Einzelfragen. **Anm. 113**

Die Feststellung des Kaufs nach Probe erfolgt unter Anwendung der §§ 133, 157 BGB. Es kommt darauf an, ob nach den Umständen des Falles anzunehmen ist, daß der Verkäufer die Eigenschaften bindend zugesagt hat, welche eine andere Ware (das Muster, die Warenprobe) hat (BGH DB 1966, 415). Daß die Ware beim Kaufe vorgelegt, dem Käufer aber nicht ausgehändigt wurde, genügt für sich allein nicht immer, weil sehr häufig im Geschäftsverkehr Muster zur allgemeinen Orientierung und zum Wecken der Kauflust vorgelegt werden (RG 94, 336; JW 1902 Beil. 230[96]). Es kann dies aber nach Lage der Umstände, insbesondere nach den in dem betreffenden Handelszweige bestehenden Gewohnheiten, genügen (Hamburg ZHR 38, 200[199]). Daß die Probe ausgehändigt wurde, begründet eine Vermutung für den Kauf nach Probe, wenn ein Vertragsschluß feststeht (ROHG 15, 171), nicht aber bedeutet das Vorzeigen eines Musters schon eine Vereinbarung, daß ein Kauf oder gar ein Kauf nach diesem Muster abgeschlossen ist (WarnRspr. 1922 Nr. 95). Käufe nach Muster oder Probe erfolgen regelmäßig auf bestimmten Produktenbörsen, z. B. auf Getreide- oder Baumwollbörsen.

Die Ausstellung einer Ware auf der Messe bedeutet als solche noch nicht, daß die hierauf erfolgenden Bestellungen jeweils Kauf nach Probe seien. Ein Kauf nach Probe wird jedoch dann anzunehmen sein, wenn der Käufer auf der Messe Gelegenheit hatte, den ausgestellten Gegenstand zu prüfen oder auszuprobieren (vgl. dazu BGH 6, 224). Es ist ferner durch Auslegung zu ermitteln, ob die Probemäßigkeit sich erstrecken soll auf die Ware im ganzen, d. h. alle ihre Eigenschaften (Größe, Konstruktion, Muster, Qualität usw.) oder nur auf bestimmte einzelne Eigenschaften. Die aus Aushändigung einer Probe herzuleitende Vermutung kann widerlegt werden. Es bedarf immer der Prüfung, zu welchem Zweck die Vorlage und Aushändigung des Musters erfolgt sind. Die Bezeichnung des Musters als Ausfallmuster entbindet nicht von dieser Prüfung (WarnRspr. 1917 Nr. 83). Es ist aber auch gar nicht notwendig, daß die Probe vor oder beim Kauf vorgelegt wurde. Es kann auch auf eine bei einem Dritten befindliche Ware oder auf eine früher bereits bezogene Ware Bezug genommen werden („Wie gehabt“: Hamburg HansGZ 1920 Hptbl. 201; § 377 Anm. 43 a. E.; RG 11, 39; „Recht“ 1904, 76[313]; Kolmar „Recht“ 1911 Nr. 11, 12). Ein Kauf nach Probe ist nicht zustande gekommen, wenn die Beschaffenheit der Probe mit dem anderweit erkennbaren Vertragswillen (Hamburg ZHR 43, 362[328]) in Widerspruch steht; z. B. wenn der Verkäufer bei Übersendung der Probe zugleich eine bindende Erklärung, daß er danach liefern werde, in erkennbarer Weise ablehnt (JW 1902, 257[23]), oder wenn gar die Haftung für die Eigenschaften der Probe ausdrücklich abgelehnt wird, oder wenn die vorgelegte Probe nur einen ungefähren Anhalt für ein gewagtes Geschäft bieten sollte (RG 94, 336), oder wenn das vorgelegte Muster eine ganz andere Warenart darstellt als die, welche die Parteien verkaufen und kaufen wollten (JW 1917, 710[6]); dann entscheidet nicht das Muster, sondern der Vertrag darüber, was geliefert werden mußte (unten Anm. 118). Hat der Käufer geglaubt, das Muster sei von einer Beschaffenheit, die es tatsächlich nicht besaß, so ist eine Anfechtung wegen Irrtums ausgeschlossen; der Käufer muß sich gefallen lassen, so angesehen zu werden, als habe er das Muster vor Abschluß untersucht und seine Eigenschaft gekannt (Hamburg WuR 1930 Sp. 355 Nr. 131). Über Ausfallproben und Kaufmuster § 377 Anm. 33.

Anm. 114 3. Besondere Gestaltung eines Kaufs nach Probe. Die Verbindung eines Kaufs nach Probe mit der Zusage anderer Eigenschaften ist selbstverständlich denkbar und zulässig (BGH DB 1959, 1083; vgl. ferner RG 27, 20: Verkäufer hatte Brotmehl nach Probe verkauft; damit war auch zugesichert, daß es zur Verarbeitung in eßbares Brot geeignet sei; Bolze 7 Nr. 583: Verkäufer hatte Knochenmehl nach Probe verkauft und gleichzeitig zugesichert, daß es rein, deshalb frei von Haaren, Blut und Schmutz sei, obgleich die Probe nicht rein war; Bolze 10 Nr. 470: Zusicherung eines bestimmten Gewichts des zu liefernden Papiers neben der Probe; RG „Recht" 1906, 373[918]: es war zugesichert, daß die Ware [Espenholz zur Zündholzfabrikation] Primaware, d. h. gleichartig geschnitten und zu dem angegebenen Zweck besonders brauchbar sein solle). Es kann auch sein, daß die Probe nicht ganz, sondern nur für einige Eigenschaften maßgebend sein soll (WarnRspr. 1926 Nr. 116), z. B. nur wegen des Gewebes, wogegen die Farbe der Probe nicht entsprechen, sondern eine andere sein soll. Soll der Verkäufer noch weitergehend haften als für die Probemäßigkeit, z. B. daß weitere Vorzüge vorhanden sein, oder daß Mängel der Probe der Ware fehlen müssen, so muß die Abweichung von der Probe entweder zugesichert oder aus der Bezeichnung der Ware unzweifelhaft zu folgern sein (Dresden OLGE 39, 147). Es ist Sache der Auslegung, ob nach dem Übereinkommen der Parteien ausschließlich nach dem Muster geliefert werden soll, oder ob weiteres bedungen ist (LZ 1932, 28[1]). Wird nach vorgelegtem Muster, das gebrauchte Ware darstellt, ,,neue" Ware bestellt, so darf die zu liefernde Ware nicht Altware sein, muß aber im übrigen dem Muster entsprechen (,,Recht" 1920 Nr. 613). Es kann auch annähernde Übereinstimmung mit der Probe ausgemacht werden, wie dies der Fall ist, wenn nur ,,nach Art" der Probe zu liefern ist (Hamburg OLGE 7, 387; 33, 286), wenn sog. Anschauungsmuster gegeben werden; die Grenzen des gewährten Spielraums bestimmen sich dann vor allem nach dem Zweck des Geschäfts. Häufig werden im Handel auch sog. Typmuster fertiger Ware in dem Sinn gegeben, daß das Muster nur ein Bild von der äußeren Beschaffenheit, von ihrer Form, Art und Farbe, d. h. die typischen Eigenschaften solcher Ware oder eines Warenbestandes wiedergeben soll (vgl. etwa BGH NJW 1958, 2108), und zwar im Einzelfall sogar dann, wenn in dem Bestätigungsschreiben auf das gezogene Muster Bezug genommen ist (Hamburg in HansRGZ 1938 B 159); nicht aber soll dann das Muster für den inneren Gehalt maßgebend sein (LZ 1915, 354[3]; Hamburg HansGZ 1903 Hptbl. 92 für Futtermittel; vgl. Hamburg HansGZ 1911 Hptbl. 30). Als Typmuster bezeichnet man allgemein im Gegensatz zu Kaufmustern (§ 377 Anm. 33) Muster, die unwesentliche Abweichungen von der gelieferten Ware handelsüblich zulassen. Ein besonderer Fall ist es, wenn der Verkäufer eine nicht ohne nähere Untersuchung erkennbare Beschaffenheit der Probe bei Vertragsschluß behauptet; dann ist diese Behauptung als Zusicherung einer bestimmten Beschaffenheit, nicht die wirkliche Beschaffenheit der Probe maßgebend (Stuttgart „Recht" 1917 Nr. 1133).

Anm. 115 Spielt die Tauglichkeit zu dem nach dem Vertrage vorausgesetzten Gebrauch beim Kauf nach Probe eine Rolle (§ 459 Abs. 1 BGB)? Da es Tatfrage ist, inwieweit die Parteien eine Übereinstimmung von Probe und Kaufsache gewollt haben, so ist ein Parteiwille, der die Tauglichkeit zu einem solchen Gebrauch zum Gegenstande hat, mit einem Kauf nach Probe nicht unvereinbar. Ist dies aber der Fall, so steht nichts im Wege, beim Kauf nach Probe den Verkäufer wie beim gewöhnlichen Kauf dafür haften zu lassen, daß die Ware nicht mit Fehlern behaftet ist, die den Wert oder die Tauglichkeit der Kaufsache zu dem gewöhnlichen oder dem nach dem Vertrage vorausgesetzten Gebrauch aufheben oder mindern (§ 377 Anm. 39ff.; vgl. auch BGH NJW 1958, 2108). Denn alsdann sollte eben nach dem Vertragswillen das Muster diese Eigenschaft zeigen (RG 95, 47). Aus der Mustermäßigkeit der Ware ergibt sich natürlich noch nicht die Verwendbarkeit der Ware zum Vertragszweck (RG „Recht" 1920 Nr. 2828).

Anm. 116 Ist die Beschaffenheit des Musters bei der Absendung oder bei der Ankunft maßgebend für die Eigenschaften der Ware? Zeigt das Muster nach der Reise bei der Ankunft beim Käufer nicht mehr alle Eigenschaften, vielleicht auch nicht mehr alle Fehler (z. B. nicht mehr Geruch oder Feuchtigkeit), die es bei der Absendung besessen hatte, so wird im allgemeinen anzunehmen sein, daß der Zustand des Musters im Augenblick der Ankunft beim Käufer entscheidet. Im einzelnen ist es Tatfrage, was die Parteien gemeint haben.

4. Die Rechtsfolge der Zusage der Probemäßigkeit ist, daß die Zusage auch dann erfüllt werden muß, wenn die Abweichung vom Muster oder die Minderung des Wertes oder der Tauglichkeit der Ware nur unerheblich ist (§ 377 Anm. 46e). Daß jedoch vollkommene Übereinstimmung immer gemeint sei, ist nicht gesagt; insbesondere dann nicht, wenn im Handelsverkehr bei der betreffenden Warengattung ganz allgemein auf geringfügige Abweichungen von der Probe kein Wert gelegt wird (RG 47, 135; 20, 32). Ob solche unwesentlichen Abweichungen gestattet sind, richtet sich nach den Umständen des Falles, die in Gemäßheit der §§ 133, 157, 242 BGB, § 346 HGB zu würdigen sind (WarnRspr. 1908 Nr. 140). Selbst wenn „genau nach Muster" zu liefern ist, muß der Käufer geringfügige Abweichungen hinnehmen, die sich unmöglich bei der betreffenden Ware vermeiden lassen (Hamburg OLGE. 3, 206: Zelluloidplatten; RG. 20, 32: Velvet). Sache des Käufers ist es, sich über solche Eigentümlichkeiten zu unterrichten, besonders wenn er Großhändler ist. Bei sog. Massenartikeln kommt es vor, daß trotz geringer Abweichungen von der Probe die Ware immer noch eine solche ist, wie sie überhaupt nur erwartet werden kann (RG JW 1899, 101[41]). Der Umstand, daß die Kaufprobe von der demnächst gelieferten Quantität genommen ist, schließt die Haftung des Verkäufers nicht aus, wenn die Ware schlechter ausfällt als die Probe (Bolze 5 Nr. 653). Fällt sie aber ebenso aus wie die als nicht einwandfrei erkennbare Probe, so hat der Verkäufer regelmäßig seiner Pflicht genügt (Bolze 13 Nr. 433: Käufer durfte nicht zurücktreten, weil die Ware Käfer hatte wie die Probe). Anders, wenn die Probe die mangelhafte Beschaffenheit nicht erkennen ließ. **Anm. 117**

a) Wird nicht probegemäß geliefert, dann entstehen die Rechtsfolgen, wie sonst, wenn die verabredete Eigenschaft (ein dictum et promissum) nicht gewährt ist. Die Rechtsfolgen sind zu § 377 Anm. 49ff., hinsichtlich der Pflicht sofortiger Mängelrüge zu § 377 Anm. 21ff. und hinsichtlich geringfügiger Mängel oben im vorigen Abs. erörtert. Insbesondere steht dann dem Käufer der Schadensersatzanspruch wegen Nichterfüllung zu (§§ 463, 480 BGB; § 377 Anm. 85ff.). Da der Kauf nach Probe ein gewöhnlicher Kauf ist, bei dem die Eigenschaften der Probe zugesichert sind, so genügt die Probemäßigkeit der Ware, so daß der Käufer sich nicht darauf berufen kann, im Handelsverkehr verstehe man unter der der Probe gegebenen Warenbezeichnung etwas anderes (Bolze 20 Nr. 501); denn die Probe hat der Käufer gesehen; nach ihr hat er bestellt. Stimmt die Probe mit der Ware überein, so kann der Käufer offene Mängel, d. h. solche Mängel, die er ohne weiteres oder nach gehöriger Prüfung der Probe erkennen konnte (§ 377 Anm. 29), nicht mehr beanstanden; denn in dem Kauf nach Probe liegt es gerade, daß der Käufer die Probe untersucht und gebilligt hat; so auch BGH DB 1957, 66. Wie es sich mit verborgenen Mängeln, d.h. mit solchen Mängeln verhält, die der Käufer auch bei gehöriger Untersuchung der Probe nicht entdecken konnte (§377 Anm. 30) kann nicht zweifelhaft sein. Es ergibt sich aus dem in §377 Anm. 30 Erörterten, daß der Käufer beim beiderseitigen Handelskauf verborgene Fehler, sobald sie sich zeigen, rügen muß. Daß auch die Probe dieselben verborgenen Mängel aufweist, schützt den Verkäufer nicht; denn diese Mängel konnte der Käufer an der Probe nicht erkennen; er wollte sie also auch durch die Bestellung nach Probe nicht genehmigen (RG 95, 47; WarnRspr. 1920 Nr. 37); es sei denn, daß der Käufer sich bedingungslos mit dem Muster einverstanden erklärt hätte („Recht" 1916 Nr. 1091). Diese Haftung für verborgene Mängel führt jedoch nicht zu einem Anspruch auf Schadensersatz wegen Nichterfüllung; denn die Freiheit von solchen Mängeln ist nicht zugesichert. Der Käufer kann also nur wandeln, Preisminderung oder Lieferung mangelfreier Ware begehren, wie er dies bei jeder mangelhaften Erfüllung tun darf (§ 377 Anm. 49ff.). Indessen werden zwei Einschränkungen vorzunehmen sein: Wenn nämlich der Käufer nach einem von ihm ausgesuchten Muster Gegenstände anfertigen läßt, z. B. Dosen mit einem die darin aufzunehmende Ware schädlich beeinflussenden Metallaufdruck, die ebenso wie das Muster den Zwecken des Käufers wegen eines heimlichen Mangels nicht entsprechen, so hat der Verkäufer vertragsmäßig gehandelt; der Käufer muß wissen, was er bestellt (RG 95, 47). Wenn ferner der Käufer wissen muß, daß bei gewissen Waren ein gewisser verborgener Mangel häufig vorkommt, so wird man von ihm, wenn er nach Probe bestellt, verlangen müssen, daß er sich die Freiheit von diesem Mangel ausbedingt, wenn er den Verkäufer wegen eines solchen Mangels in Anspruch zu nehmen gedenkt und der Verkäufer gutgläubig war (vgl. RG 20, 39). Das erfordern Treu und Glauben im Verkehr und die anzuwendende gehörige Sorgfalt.

Anm. 118 b) Wird eine andere Ware geliefert, so kommen die zu § 378 dargestellten Grundsätze zur Anwendung. Daraus folgt:

aa) Stellte schon das Muster nicht die vertragsmäßige Ware dar, so ist zu unterscheiden: Wich das Muster von den nach dem Vertrag zu gewährenden Eigenschaften nur insoweit ab, daß der Verkäufer die Genehmigung des Käufers nicht als ausgeschlossen ansehen durfte (§ 378 Anm. 14ff.), so finden die oben Anm. 117 entwickelten Grundsätze Anwendung. Wich das Muster von den nach dem Vertrage zu gewährenden Eigenschaften so erheblich ab, daß der Verkäufer die Genehmigung des Käufers als ausgeschlossen erachten mußte (§ 378 Anm. 36ff.), so ist überhaupt nicht erfüllt; es bedarf keiner Rüge, sondern nur eines Verhaltens des Käufers nach Treu und Glauben, das den Schluß auf Genehmigung verhindert. Es ist, wenn das Muster eine ganz andere Ware darstellt, als die Parteien kaufen und verkaufen wollten, nicht das Muster maßgebend, sondern der Vertrag (hierüber § 378 Anm. 41; BGH MDR 1961, 50f.; RG JW 1917, 710[6]; WarnRspr. 1925 Nr. 57; KG in OLGE 22, 238). Hatte jedoch die Hingabe des Musters nach den erkennbaren Umständen den Zweck, daß das Muster, auch wenn es zur Vertragserfüllung nicht geeignete Ware darstelle, unbedingt maßgebend sein sollte, weil der Verkäufer erkennbar nichts anderes liefern wollte, so hat, wenn der Käufer schweigend das Muster nimmt, eine neue Einigung dahin stattgefunden, daß nur solche mustergetreue Ware geliefert werden solle (vgl. LZ. 1919, 1010[3]). Alsdann hat der Käufer auf die Gefahr hin gekauft, daß, wenn er das Muster nicht beanstandet, der Verkäufer mit einer dem Muster entsprechenden Ware gehörig erfüllt hat. Damit ist dann auch die Anfechtung wegen Irrtums ausgeschlossen. Eine Ausnahme ist von diesen Grundsätzen zu machen, wenn eine Zusicherung über die Beschaffenheit erteilt oder Arglist des Verkäufers festzustellen ist.

bb) Stellte das Muster die vertragsmäßige Ware dar, wurde aber andere Ware geliefert, so sind wiederum die soeben erörterten beiden Unterscheidungen zu machen; die Rechtsfolgen sind die entsprechenden; nur wird es dann nicht vorkommen, daß die Parteien sich stillschweigend auf Erfüllung mit ganz ungeeigneter Ware geeinigt haben.

Anm. 119 5. Die Beweislast. Grundsatz ist hier, daß der auf Zahlung des Preises klagende Verkäufer zu beweisen hat, es sei nicht nach Probe gekauft, und daß, wenn ein Kauf nach Probe feststeht, der Probe gemäß geliefert ist.

a) Daß nicht nach Probe gekauft ist, hat der Verkäufer zu beweisen, wenn er behauptet, er brauche nicht nach Probe zu liefern. Die Frage beantwortet sich beim Spezieskauf und beim Gattungskauf gleich (vgl. RG 57, 49; dazu unten Anm. 128 und § 377 Anm. 125). Setzt der Käufer der Klage entgegen, es sei ein Kauf nach Probe abgeschlossen, so bestreitet er, daß der Kauf so geschlossen sei, daß der Verkäufer nur Ware mittlerer Güte zu liefern habe. Er bestreitet den Klagegrund. Der Verkäufer muß daher seine Behauptung beweisen, daß er seiner vertraglichen Pflicht durch Lieferung gewöhnlicher Gattungsware genügte und Qualitätsware daher nicht zu liefern brauchte, daß also kein Kauf nach Probe abgeschlossen ist (WarnRspr. 1922 Nr. 95; JW 1903, 47[8]; „Recht" 1923 Nr. 21). Nach anderer Ansicht (Staudinger-Ostler § 494 Rdnr. 20; Düringer-Hachenburg-Hoeniger V Einl. Anm. 286) hat die Partei, die einen Kauf nach Probe behauptet, dafür die Beweislast zu tragen. Beim Spezieskauf soll stets dem Käufer die Beweislast zukommen, weil die Vereinbarung der Probemäßigkeit eine Nebenabrede zum Kauf einer individuell bestimmten Sache sei (Enneccerus-Lehmann S. 467). Es kämen hier dieselben Grundsätze zur Anwendung wie in dem Falle, wenn der Käufer die Vereinbarung eines geringeren Preises geltend machte. Ist eine Probe nicht nur vorgezeigt, sondern dem Käufer übergeben worden, so ist darin regelmäßig eine tatsächliche Vermutung für einen Kauf nach dieser Probe enthalten (oben Anm. 113).

Wer daher behauptet, daß die Probe nur nach einer bestimmten Richtung maßgebend sein sollte, daß also nicht alle Eigenschaften der Probe zugesichert seien, hat dafür den Beweis zu führen, weil die Eigenschaften der Probe, sobald nach Probe gekauft ist, als zugesichert gelten. Diese Vermutung muß entkräften, wer das Gegenteil behauptet (JW 1910, 938[12]; LZ 1913, 294[21]; RG in BayZ 1923, 63). Aus dem Vorausgeschickten folgt, daß der Käufer, der Erfüllung eines Kaufs nach Probe verlangt, den Abschluß eines solchen Kaufs beweisen muß (JW 1923, 457[4]); der Verkäufer hat dann zu beweisen, daß er demgemäß erfüllt hat (jedoch unten Anm. 120). Klagt der Verkäufer oder der Käufer auf Anerkennung mit der negativen Feststellungsklage, daß kein Kauf auf Probe abgeschlossen sei, so hat der Kläger zu behaupten und zu beweisen, daß und wie abgeschlossen worden ist; daraus hat das Gericht dann die rechtlichen Folgerungen zu ziehen. Denn es ist allgemeiner Grundsatz, daß, wer das Nichtbestehen eines Anspruchs klagend feststellen lassen will, einen Anspruch erhebt und deshalb die Begründetheit dieses Rechtsverhältnisses zu beweisen hat.

b) Daß die Ware der Probe entspricht, hat, wenn feststeht, nach welcher Probe gekauft ist, der Verkäufer zu beweisen (Bolze 19 Nr. 536, 538), auch dann, wenn es sich um Rückzahlung des im voraus bezahlten Preises handelt (JW 1895, 17[43]), ja auch dann, wenn es sich um selbständige Ansprüche (Schadensersatz wegen Nichterfüllung) aus der zurückgewiesenen Erfüllung handelt (ROHG 11, 21). Dies ist durchaus zutreffend, da der Verkäufer zu beweisen hat, daß er den Vertrag gehörig erfüllt habe. Es liegt darin die Anwendung des Grundsatzes, daß sowohl beim Gattungs- wie beim Spezieskauf den Verkäufer, der den Kaufpreis verlangt, die Beweislast dafür trifft, daß die von ihm übergebene Ware die zugesicherten Eigenschaften besitzt, wenn nicht die Annahme als Erfüllung eine Umkehrung der Beweislast bewirkt (vgl. aber auch § 377 Anm. 126). Darüber, wie es sich verhält, wenn nur ein Teil der Ware probemäßig ist, ein anderer nicht, s. § 377 Anm. 180. Eine Umkehrung der Beweislast tritt ein, wenn der Käufer die Ware als Erfüllung angenommen hat und dann nicht als Erfüllung gelten lassen will; dann hat er die Probewidrigkeit zu beweisen (§ 363 BGB; § 377 Anm. 128). Dies wird namentlich bei nicht sofort erkennbarer Probewidrigkeit praktisch. Hat der Käufer die Ware weiterveräußert und konnte die Probewidrigkeit erst bei Ingebrauchnahme von seiten seines Abkäufers erkannt werden, so hat keine Annahme als Erfüllung stattgefunden (LZ 1914, 277[2]). Ein besonderer Anwendungsfall der Umkehrung der Beweislast ist gegeben, wenn der Käufer, der gehörig nach § 377 HGB gerügt hat, Preisminderung, Wandelung oder Schadensersatz wegen Nichterfüllung begehrt; der Käufer muß hier den Beweis erbringen, daß nach Probe gemäß § 494 BGB verkauft worden ist. Denn der Käufer stützt seinen Anspruch auf die Behauptung, daß ihm probewidrige Ware geliefert worden sei; er hat daher nachzuweisen, daß ihm nach Probe verkauft worden ist und daß die Lieferung der Probe nicht entspricht (JW 1923, 457[4]). **Anm. 120**

Der Beweis, daß die Ware dem Muster entspricht, genügt noch nicht, wenn noch andere Eigenschaften neben der Probe versprochen worden sind, oder wenn bestimmte Eigenschaften versprochen wurden und daneben noch eine Probe zur Bestimmung der übrigen Eigenschaften der Ware gegeben wurde. Alsdann muß der Verkäufer auch die Erfüllung der weiteren Vereinbarungen beweisen (RG. 27, 20). **Anm. 121**

c) Besondere Betrachtung verdient der Fall, daß die Probe nicht mehr vorhanden ist. Das ROHG (9, 27 und 23, 308) sagte: Eine Partei, die als Inhaberin der Probe diese vor Erledigung der Frage nach der Probegemäßheit absichtlich oder fahrlässigerweise abhanden kommen oder unbrauchbar werden läßt, bürdet sich die Beweislast auf. Das RG. (11, 36) wiederum begünstigte mehr die Lage des Käufers und sagte: Der Käufer, der die Probe verbraucht, bürde sich die Beweislast nur auf, wenn aus den Umständen des Falles eine Verpflichtung des Käufers zur Aufbewahrung der Probe hervorgehe; eine solche Aufbewahrungspflicht des Käufers bestehe nicht ohne weiteres (SeuffA 51 Nr. 123; 39 Nr. 206); sie sei nur anzunehmen, wenn die Probe erst bei oder nach Abschluß des Kaufs, nicht aber ohne weiteres, wenn sie schon während der Verhandlungen über den Kaufabschluß dem Käufer ausgehändigt worden, oder wenn sie ihm zur Probe fest verkauft sei (so auch RG im SächsA 5, 462 und „Recht" 1905, 106[405]). Eine Aufbewahrungspflicht ist anzunehmen, wenn die Ware selbst leicht veränderlich **Anm. 122** ist, wie Naturprodukte (Braunschweig SeuffA 69 Nr. 4). Nach BGHZ 6, 224 kann die nach Abschluß des Kaufvertrages ausgehändigte Probe nur den Sinn haben, daß Käufer sie zum Zwecke der Überprüfung der vertragsgemäßen Beschaffenheit der zu liefernden Ware aufbewahren soll. Wird die Probe schon vor oder bei den Kaufverhandlungen ausgehändigt, so wird dies oftmals bedeuten, daß Käufer sich durch Gebrauch der Probe von der Beschaffenheit der ihm angebotenen Ware überzeugen solle. Verschafft jedoch bereits der bloße teilweise Verbrauch der Probe ein Bild von der angebotenen Ware, und läßt der verbleibende Proberest die Überprüfung der zu liefernden Ware zu, so kann die Aushändigung der Probe zugleich den Sinn eines Beweismittels für die Beschaffenheit der zu liefernden Ware haben. Alsdann hat Käufer sie aufzubewahren; verstößt er hiergegen, so ist er für die Beschaffenheit der Probe beweispflichtig (vgl. auch RG 60, 152). Auch dann ist der Verkäufer beweisfällig, wenn er mit Einverständnis des Käufers die Probe einem Dritten ausgehändigt hat, bei dem sie verlorengegangen ist (Bolze 19 Nr. 536). Wer von beiden Teilen auch die Probe in seinem Gewahrsam behält, immer entspricht es Treu und Glauben im Handelsverkehr, daß er vor ausgemachter Sache nichts tut, weder absichtlich noch aus Fahrlässigkeit, um dem Gegner den zu führenden Beweis unmöglich zu machen (hierüber § 377 Anm. 127), sonst trifft den Schuldigen infolge eines Verschuldens die Beweislast (vgl. RG 20, 6). Über die Aufbewahrungspflicht des Handelsmäklers § 96.

Anm. 123 d) Der Beweis der Identität der vorgelegten Probe ist vom Verkäufer zu führen. Denn der Verkäufer hat als Teil der ihn treffenden Beweislast über die Probemäßigkeit zu beweisen, welche Probe die richtige ist (ROHG 6, 327 und 339; 12, 9; Bolze 10 Nr. 461; vgl. JW 1921, 1360[2]; LZ 1910, 215[18]; a. M. Düringer-Hachenburg-Hoeniger V Einl. Anm. 287; Staudinger-Ostler § 494 Rdnr. 26). Es ist hierbei zu erwägen: Dem Käufer kann nicht der Beweis der Identität der Probe, wenn der Verkäufer sie bestreitet, auferlegt werden, weil dem Käufer dadurch der Beweis der Probewidrigkeit der gelieferten Ware würde aufgebürdet werden (ROHG 12, 9). Der Verkäufer muß also, wenn er die Identität der Probe bestreitet und eine Verwechslung oder Veränderung der Probe behauptet, dafür die Beweislast übernehmen. Ebenso hat der Verkäufer die Identität der von ihm gelieferten Ware zu beweisen; er muß also, wenn er die Identität bekämpft, dem Käufer einen Betrug oder die Verwechslung nachweisen (ROHG 6, 336ff.; 12, 9). Die hier dargelegten Grundsätze sind eine Folge der in Anm. 122 vertretenen Ansicht über die Beweislast bei zugesicherten Eigenschaften. Diese Grundsätze gelten sowohl in dem Falle, wenn der Käufer auf Rückerstattung des Preises für die nicht angenommene Ware klagt, als auch in dem Falle, in dem der Käufer unter Zurückweisung der angeblich probewidrigen Ware Ansprüche wegen Nichterfüllung nach § 326 BGB erhebt (Bolze 19 Nr. 557). Nur dann kehrt sich auch hier die Beweislast um, wenn der Käufer die Ware als Erfüllung angenommen hat (§ 377 Anm. 128), oder wenn er die ihm anvertraute Probe schuldhafterweise nicht vorlegen kann (oben Anm. 122). Über die Verteilung der Beweislast, wenn der Käufer schuldhafte Schlechterfüllung behauptet vgl. unten Anm. 518 u. § 377 Anm. 130. Legt der Verkäufer die Probe vor, so muß er bei Bestreiten den Beweis der Identität führen; nicht aber hat der Käufer zu beweisen, daß die Probe nicht identisch ist (a. A. auch hier Staudinger-Ostler § 494 Rdnr. 26).

Anm. 124 6. Über das rechtliche Schicksal der Probe, ob sie nämlich als Teil der Erfüllung anzusehen ist, sagt das Gesetz nichts. Es ist anzunehmen, daß im Zweifel die Probe nicht als Teil der Erfüllung anzusehen ist. Die Probe hat ihre besonderen Zwecke. Die Probe wird nicht gekauft, sondern übergeben, um festzustellen, ob gekauft werden soll, und ob das Gelieferte mit dem Gekauften übereinstimmt. Insbesondere wird dies gelten müssen, wenn das Probieren durch Verbrauch erfolgt. Hiernach kann der Verkäufer nicht verlangen, daß der Käufer sich die Probe auf die Erfüllung anrechnen lasse oder besonders bezahle. Im überseeischen Verkehr pflegen im allgemeinen die Proben nicht zurückgegeben zu werden (Bolze 5 Nr. 474b). Sonst wird die Rückgabe als vereinbart zu gelten haben, wenn die Proben von Wert sind und nicht verbraucht werden sollen. Behauptet der Käufer die Rückgabe, so hat er in der Regel genug getan, wenn er die Aufgabe zur Post an seinem Wohnort an die Adresse des Verkäufers beweist (Braunschweig LZ 1908, 470[4]).

VIII. Der Kauf auf Probe oder auf Besicht Anm. 125

Die maßgebenden Gesetzesvorschriften sind die §§ 495, 496 BGB Diese lauten:

§ 495. Bei einem Kaufe auf Probe oder auf Besicht steht die Billigung des gekauften Gegenstandes im Belieben des Käufers. Der Kauf ist im Zweifel unter der aufschiebenden Bedingung der Billigung geschlossen.

Der Verkäufer ist verpflichtet, dem Käufer die Untersuchung des Gegenstandes zu gestatten.

§ 496. Die Billigung eines auf Probe oder auf Besicht gekauften Gegenstandes kann nur innerhalb der vereinbarten Frist und in Ermangelung einer solchen nur bis zum Ablauf einer dem Käufer von dem Verkäufer bestimmten angemessenen Frist erklärt werden. War die Sache dem Käufer zum Zwecke der Probe oder der Besichtigung übergeben, so gilt sein Schweigen als Billigung.

Schrifttum: Fitting AcP 46, 11; Karger, Die Billigung beim Kauf auf Probe, 1913.

1. Die Begriffsbestimmung des Kaufs auf Probe oder auf Besicht. Anm. 126

Es ist ein Kaufvertrag, welcher unter der in dem Willen des Käufers liegenden Bedingung geschlossen ist, daß der Käufer die Ware besehen oder prüfen und genehmigen werde. Er bildet den Gegensatz zum Kauf nach Besicht (über den letzteren § 377 Anm. 121); denn beim Kauf nach Besicht wird der Verkäufer von der Haftung für Fehler, die durch Besicht zu erkennen waren, regelmäßig frei (JW 1906, 549[17]; Hamburg SeuffA 76, 254). Über den Kauf zur Probe unten Anm. 139. Über Ansichts- und Mustersendungen § 377 Anm. 188ff., 191.

a) Ein Kaufvertrag. Es liegt also ein Vertragsverhältnis vor, nicht nur ein Vertragsantrag. Zwar ist nur der eine Teil, der Verkäufer, gebunden, aber der Unterschied von dem bindenden Vertragsantrag liegt darin, daß die einseitige Bindung auf einem Vertrage beruht, kraft dessen sich auch der andere Teil zur Vermeidung bestimmter Rechtsfolgen zu erklären verpflichtet. Der befristete sog. Offertvertrag hat mit einem befristeten Kauf auf Probe oder auf Besicht die feste Bindung des Verkäufers und die freie Entschließung des Käufers sowie den weiteren Umstand gemeinsam, daß es darauf nicht ankommt, ob der Käufer von einem ihm etwa ausbedungenen Besichtigungsrecht Gebrauch macht. Allein der Kauf auf Probe oder auf Besicht ist ein wirklich zustande gekommenes Rechtsgeschäft, bei dem die Bindung des Verkäufers aufhört, wenn der Käufer innerhalb der Frist nicht genehmigt, während beim befristeten sog. Offertvertrag ein Rechtsgeschäft erst durch die Genehmigung des Käufers zustande kommen soll. Darüber, ob das eine oder das andere gewollt war, bestimmen die Umstände (RG 104, 276). Es liegt also kein Kauf auf Probe vor, wenn ein Kauf noch nicht abgeschlossen ist, d. h. wenn der Käufer sich freie Entschließung vorbehält, ob ein Vertrag nach Erprobung der Kaufsache zustande kommt. Beim Kauf auf Probe oder auf Besicht hat der Käufer schon vor seiner Erklärung Vertragspflichten, insbesondere die der Erhaltung der Ware, und der Verkäufer ist nach der ausdrücklichen Vorschrift des § 495 Abs. 2 BGB verpflichtet, dem Käufer die Untersuchung der Ware zu gestatten (unten Anm. 131).

b) Die in dem Willen des Käufers stehende Bedingung der Prüfung und Genehmigung ist das Merkmal, das diesem Kaufvertrage das unterscheidende Gepräge gibt. Ein solcher Kauf liegt vor, wenn eine Maschine so gekauft ist, daß sie dem Käufer eine bestimmte Zeit zur Verfügung gestellt wird, damit er sich schlüssig mache, ob sie gut gehe und ob er sie kaufen will (Hamburg OLGE 24, 335) oder wenn der Kauf vorbehaltlich der Billigung des Käufers nach erst vorzunehmender Untersuchung (JW 1912, 858[13]; Hamburg HansGZ 1916 Hptbl. 132) oder vorbehaltlich der Mustergenehmigung (RG 137, 297) geschlossen ist. Wohl zu unterscheiden von diesem Kaufe ist der, bei dem sich der Käufer das Recht zu prüfen und zu genehmigen in dem Sinne vorbehält, daß er zu dieser Prüfung nicht nur berechtigt, sondern auch verpflichtet ist und ferner verpflichtet ist, bei günstigem Ergebnis der Prüfung oder wenn die zu erprobende Kaufsache die verlangten Eigenschaften zeigt, zu genehmigen; verwirklicht die Probe nicht das Versprochene, so kann der Käufer die Annahme und Abnahme verweigern und Erfüllung verlangen, auch Gewährleistungs- Anm. 127

ansprüche geltend machen. Bewährt sich die Kaufsache bei der Erprobung, so muß der Käufer sie behalten und bezahlen (JW 1901, 367[9]). Ein Fall dieser Art ist es, wenn der Käufer „auf Analysenausfall" gekauft hat; besitzt die Ware die Eigenschaften der Analyse, so muß er sie nehmen (Hamburg HansGZ 1923 Hptbl. 209). Im Metallhandel hat nach den sog. Fametbedingungen die „Verifikation" der Ware auf Grund einer durch einen vereidigten Probenehmer gezogenen Probe und eines Austausches der Analysen, eventuell Schiedsanalyse zu erfolgen (vgl. Hamburg HansRGZ 1932 B 277). Hierher gehört auch ein Kauf „auf Besicht", wenn nach hinzugefügter Schlußnotenklausel der Käufer zur Abnahme der Ware verpflichtet ist, falls sie der vertraglichen Bezeichnung entspricht (Hamburg OLGE 36, 111). So auch beim Kauf „auf Nachstechen" oder „laut Probe auf Nachstechen" (unten Anm. 128). Ein Kauf derselben Art liegt in der Abmachung, daß der Käufer die Ware zurückgeben dürfe, wenn sie seinen Kunden nicht zusage; der Käufer muß letzteres beweisen (ROHG 14, 204). Ein Kauf dieser Art liegt ferner vor, wenn vereinbart ist, daß der Käufer die gekaufte Ware innerhalb einer bestimmten Zeit zurückgeben dürfe, falls sie seinen berechtigten Ansprüchen nicht genüge; dies ist kein Kauf auf Probe, sondern die Festsetzung der Frist für die Mängelanzeige auf bestimmte Zeit oder eine Verlängerung der Anzeigefrist; der Kauf ist hier unbedingt abgeschlossen; der Käufer darf die Ware nur zurückgeben, wenn sie von vertragswidriger Beschaffenheit ist, d. h. hier: den Bedürfnissen des Käufers im allgemeinen und den Anforderungen seines Betriebs, insbesondere nach Art und Güte, nicht gerecht wird. Sache des Verkäufers ist es, etwaige Mängel während der Probezeit zu beseitigen; Sache des Kaufliebhabers ist es, die Hinderungsgründe gehöriger Erprobung dem Verkäufer kundzugeben (Dresden OLGE. 28, 139). Gelegentlich wird eine größere Menge Ware bestellt mit der Bitte um eine Probesendung, von deren Ausfall es abhängt, ob das übrige nachgeliefert werden soll oder nicht. Hier liegt ebenfalls ein solch unbedingter Kauf mit der unwesentlichen Veränderung vor, daß die Prüfung der Qualität an der Hand einer Sendung zur Vermeidung von Transportkosten erfolgen muß. Es kann darin aber auch eine Verbindung von Kauf zur Probe, auf Probe und nach Probe liegen; hierüber unten Anm. 139. Ein Kauf auf Probe liegt jedenfalls nicht vor, wenn Zahlung nach Richtigbefund der Ware erfolgen soll; hier ist nur die Zahlung bis zu dem Augenblick hinausgeschoben, in dem die Vertragsmäßigkeit der Ware festgestellt werden kann (Bolze 9 Nr. 392). Auch in dem Sinn kann „auf Besichtigung" gekauft sein, daß ein unbedingter Kauf abgeschlossen ist, bei dem sich der Käufer vor seiner Leistung die Besichtigung des Kaufgegenstandes vorbehält (oben Anm. 126).

Anm. 128 2. Die Feststellung, ob Kauf auf Probe vorliegt, erfolgt nach §§ 133 u. 157 BGB. Die gebrauchten Worte entscheiden nicht unbedingt. Im Handelsverkehr wird oft das ungenaue Wort „probeweise" oder „Probesendung" gebraucht, oder „wir wollen es einmal mit 10 Dutzend probieren", oder der Käufer wolle es einmal mit der vorgelegten Kaufsache versuchen (Rostock OLGE 36, 46). Oft werden sogar die Ausdrücke „auf Probe" oder „zur Probe" oder „nach Muster" verwechselt, weshalb die Wahl des Ausdrucks „auf Probe" nicht unbedingt für und die Ausdrucksweise „zur Probe" oder „nach Muster" nicht unbedingt gegen das Vorliegen eines Kaufs auf Probe entscheidet (JW 1912, 28[9]; Hamburg OLGE 33, 285; unten Anm. 139). Der Kauf mit Rücknahmeklausel kann verschiedene Bedeutung haben. Hat der Käufer sich den Rücktritt ausbedungen, falls die Probe ungünstig ausfalle, so kann damit ein aufschiebend oder auflösend bedingter Kauf auf Probe oder ein Kauf mit Rücktrittsrecht oder ein bis zur Beendigung der Probe erstreckter Kaufantrag enthalten sein; der Verkäufer, der die Erprobung nicht abwartet und über die Ware anderweit verfügt, macht sich in jedem Falle schadensersatzpflichtig wegen positiver Vertragsverletzung (JW 1923, 605[19]). Es liegt ein Kauf auf Besicht oder ein auf gewisse Zeit befristetes Kaufangebot vor, wenn dem Käufer die Kaufsache bis zu einem bestimmten Termin fest an die Hand gegeben ist mit dem Recht der Besichtigung (oben Anm. 126f.); verfügt der Verkäufer vor Ablauf des Termins, so begeht er eine positive Vertragsverletzung (RG 104, 276). Ist bei dem Erwerb des Aufführungsrechts von Filmen „nach Besicht" und damit unter der aufschiebenden Bedingung der Billigung gekauft, so muß der Käufer sich sofort, nachdem der Verkäufer Spieltermine setzte oder ihn zur Setzung von Spielterminen aufforderte, darüber schlüssig machen, ob er die Filme ansehen will oder nicht. Tut er dies nicht, so geht der Käufer des Rechts, eine vorherige Ansicht zu verlangen, verlustig, und der Vertrag gilt nunmehr als unbedingt geschlossen (Hamburg HansRGZ 1929 B 142). Auch andere Ausdrücke kommen vor, die einen Kauf auf Probe kennzeichnen, z. B. auf Kostprobe, zur Ansicht, zur Auswahl. Stillschweigend ist ein Kauf auf Probe ausgemacht, wenn der endgültige Entschluß des Käufers nach Treu und Glauben erst nach Besichtigung der Kaufsache erwartet werden kann (Reichel HansRZ 1921, 73). Ein Kauf auf Probe liegt auch in der Klausel: „falls die Ware nach Käufers Ansicht nicht dem Muster entspricht, so ist dieser Kontrakt annulliert" (Hamburg HansGZ 1916 Hptbl. 132). Ist „auf Nachziehen" oder „auf Nachstechen" gekauft, so muß der Käufer eine Probe ziehen, und es ist der Kauf unter der Bedingung geschlossen, daß die Prüfung die vertragsmäßige Beschaffenheit der Ware ergibt (Zander bei Gruch 49, 582). Ebenso verhält es sich, wenn dem Käufer freigestellt wird, für seinen Betrieb nicht Zusagendes zurückzugeben; dann darf der Käufer nicht willkürlich verfahren, er muß prüfen und begründen, weshalb die Ware für seinen Betrieb nicht paßt (oben Anm. 127). Daß im kaufmännischen Verkehr auch die Klausel „auf Besicht" auf einen sog. Prüfungskauf abzielt, bei dem der Käufer nicht nach subjektivem Belieben, sondern nur bei Vorhandensein eines objektiven Gewährsmangels vom Kauf abstehen kann, ist nicht zuzugeben (vgl. Reichel JW 1930, 1457). Teilt der Käufer dem Verkäufer auf dessen Bestätigung des Abschlusses mit, er werde ihm nach Besichtigung der Ware sagen lassen, was er von dieser gebrauchen könne, und hat der Verkäufer dem nicht widersprochen, so liegt ein Kauf auf Besicht nach § 495 BGB vor (LZ 1927, 622[12]). Wird ein Kaufangebot „auf Besicht" mit der Abänderung „probegemäß" angenommen, soll also aus einem Kauf auf Besicht ein Kauf nach Probe werden, so ist infolge dieser abgeänderten Annahme ein Kauf nicht zustande gekommen, weil dadurch die Gewährleistungspflicht des Verkäufers erschwert wäre (Hamburg HansGZ 1926 Hptbl. 33).

3. Die Umtauschabrede (Riebow, Der Kauf auf Umtausch, dazu Geleitwort von Reichel, Rechtswissenschaftliche Studien, herausg. v. Ebering, Heft 21, Berlin 1924), d. h. ein Kauf unter dem Vorbehalt des Umtausches, macht den Kauf nicht zum Kauf auf Probe. Der Kaufabschluß ist vielmehr ein unbedingter. Es kommt nun darauf an, wann das Umtauschrecht vertraglich eingeräumt ist. Hat sich Verkäufer den Umtausch vorbehalten, so erlangt er damit das Recht, die Wandelung durch Lieferung einer fehlerfreien Sache abzuwenden. Die Umtauschabrede kann aber auch im Interesse des Käufers getroffen sein; in diesem Falle bedeutet sie, daß Käufer berechtigt sei, die Erfüllung des Kaufvertrages durch eine bestimmte Ware anderer Art (z. B. anderer Farbe, anderer Größe) zu verlangen. Die Umtauschabrede wird gegenstandslos, wenn der Käufer die zurückzugebende Sache weiterveräußert hat. Die zunächst hingegebene Sache ist fest gekauft; das Eigentum und die Gefahr gehen auf den Käufer nach § 446 BGB bis zur Rückgabe über (unten Anm. 137 a. E). Ob der Käufer von seinem Recht des Umtausches Gebrauch machen will, steht in seinem freien Belieben. Ist eine Frist gesetzt, so muß die Umtauscherklärung dem Verkäufer innerhalb dieser Frist, wie in dem Falle, wenn „jederzeitiger Umtausch" binnen gewisser Frist vereinbart ist (Celle OLGE 20, 166; Dresden OLGE 8, 56), zugehen. Ist keine Frist gesetzt, so muß die Erklärung innerhalb einer der Natur des Geschäftes angemessenen Frist dem Verkäufer zugehen (§ 242 BGB). Gerät der Verkäufer mit der Rücknahme in Verzug, so hat der Käufer nur noch Vorsatz und grobe Fahrlässigkeit zu vertreten (§ 300 BGB; KG „Recht" 1907 Nr. 3066). Gerät der Käufer mit der Rückgabe in Verzug, so kann der Verkäufer auf Erfüllung nebst Ersatz des Verzugsschadens bestehen (§ 286 Abs. 1 BGB); er kann aber auch, wenn die Rückgabe infolge des Verzugs kein Interesse mehr für ihn hat, Schadensersatz wegen Nichterfüllung fordern (§ 286 Abs. 2 Satz 1 BGB); dies trifft zu, wenn der Verkäufer die Kaufsache derart verspätet zurückerhält, daß er sie seinem Lieferanten als mangelhafte Sache nicht mehr zurückgeben kann; dann war der Zweck der Rückgabe verfehlt. Nach Riebow hat der Verkäufer immer ein Recht auf Zahlung einer Summe, die mindestens dem Kaufpreis der ersten Sache entspricht. Es wird jedoch, einerlei, ob man mit Reichel (Vorwort zu Riebow) die ursprüngliche Ware als zunächst und die Ersatzware als in zweiter Linie geschuldet annimmt oder mit Riebow eine facultas alternativa zugrunde legt, zu unterscheiden sein: Fehlt es an einer Vereinbarung über die Ersatzware und deren Preis, aber auch an der Bestimmbarkeit derselben, so hat die Umtausch- **Anm. 129**

abrede regelmäßig keine bindende Kraft (vgl. oben Anm. 44). Der Käufer ist zum Umtausch nur berechtigt, nicht verpflichtet. Deshalb bedarf es im Falle der soeben gedachten Unbestimmbarkeit von Ware oder Preis erst eines auf den Umtausch gerichteten neuen Vertrags (Rostock SeuffA 56 Nr. 196; Dresden SächsA 7, 218). Sind Kaufgegenstand und Preis bestimmbar, so ist die Festsetzung des ursprünglich gekauften Gegenstandes keine endgültige; er wird durch den anderen bestimmbaren Gegenstand ersetzt, wenn der Käufer in gehöriger Frist dem Verkäufer die Umtauscherklärung zugehen läßt. Durch das Versprechen des Umtausches nicht zufriedenstellender Ware verzichtet der Verkäufer nicht auf Erstattung der Mängelrüge (§ 377 Anm. 34). Damit, daß der Umtauschklausel die Einschränkung zugesetzt wird, der Verkäufer hafte nicht für Schadensersatz wegen mangelhafter Lieferung, wird die Wandelung nicht ausgeschlossen, weil Haftungsbeschränkungen deutlich sein müssen (Frankfurt JW 1922, 1462[6]). Über Auswahlsendungen und Auswahlbestellungen s. § 377 Anm. 188ff., 191. Über nachträgliche Umtauschabrede und über das Recht des Verkäufers und des Käufers zum Umtausch mangelhafter Sache § 377 Anm. 63, 90ff.

Anm. 130 4. Die für den Kauf auf Probe geltenden Vorschriften.

a. Die Bedingung der willkürlichen Prüfung und Genehmigung ist im Zweifel eine aufschiebende (§ 495 BGB), aber nur „im Zweifel" (oben Anm. 127). Es bleibt den Parteien unbenommen, das willkürliche Prüfungs- und Genehmigungsrecht auch als auflösende Bedingung zu vereinbaren. Doch muß eine solche Abrede feststehen oder von dem, der es behauptet, bewiesen werden. Räumt der Käufer nur einen Kauf auf Probe ein, so muß der Verkäufer beweisen, daß der Kauf nicht auf Probe, sondern unbedingt abgeschlossen wurde (ROHG 4, 127; 12, 202). Dies entspricht der Beweisregel, wenn der Käufer den Abschluß unter einer Bedingung behauptet; er leugnet damit den Klagegrund (vgl. Wichmann, Die Beweislast beim Kauf auf Probe, Berlin 1905). Trotz der Auslegungsregel, daß der Kauf auf Probe im Zweifel aufschiebend bedingt ist, ergeben sich in der Praxis Schwierigkeiten. Darf der Käufer die Kaufsache innerhalb bestimmter Frist „retournieren", wenn sie ihm nicht „konveniere", so ist von JW 1902, 219[25] ein Kauf auf Probe mit auflösender Bedingung angenommen. Die auflösende Bedingung kann so gemeint sein, daß der Käufer die Sache innerhalb der Frist zurückschicken muß, oder so, daß schon eine einfache Verweigerung der Genehmigung genügen soll; im Zweifel gebührt letzterer Auslegung der Vorzug. Mag der Kauf auf Probe unter aufschiebender oder unter auflösender Bedingung getätigt sein, so hat der Eintritt der Bedingung rückwirkende Kraft. Billigt der Käufer bei aufschiebender Bedingung die Ware, so gilt der Kauf als von Anfang an fest geschlossen; mißbilligt er sie bei auflösender Bedingung, so gilt der Kauf als nie geschlossen (§ 158 BGB). Die Frage ist bedeutsam für den Eigentums- und Gefahrübergang sowie für die Rückgabepflicht des Käufers im Falle der Nichtgenehmigung (unten Anm. 135).

Anm. 131 b) Der Verkäufer ist verpflichtet, dem Käufer die Untersuchung zu gestatten (§ 495 Abs. 2 BGB), und zwar regelmäßig auf Kosten des Käufers (unten Anm. 136). Vor der Untersuchung innerhalb angemessenen Zeitraums braucht sich der Käufer nicht zu erklären (unten Anm. 132). Verfügt der Verkäufer vorher über die Kaufsache, die er nicht wieder beschaffen kann, so hat er sich wegen grundloser Lossagung von seiner Verpflichtung einer positiven Vertragsverletzung schuldig gemacht (JW 1923, 605[19]; vgl. RG 104, 277). Mit einer anderen Sache kann er nicht erfüllen. Ist zum Zwecke der Untersuchung die Vornahme einer Probe erforderlich, so ist diese zu gestatten, z. B. Probereiten eines Pferdes, Dreschprobe einer Dreschmaschine. Ist ein teilweiser Verbrauch erforderlich, so ist auch dieser zu gestatten. Die nötigenfalls im Wege der Zwangsvollstreckung zu erzielende Gestattung der Untersuchung der Ware hat den Charakter einer dem Verkäufer nach § 433 Abs. 1 Satz 1 BGB obliegenden Hauptverpflichtung (vgl. dazu unten Anm. 291). Daher kann der Käufer den Verkäufer in Verzug setzen und ihm gemäß § 326 Abs. 1 BGB eine angemessene Frist mit der Androhung setzen, daß er nach Ablauf der Frist die Vornahme einer Untersuchung der Ware ablehne. Damit ist der Weg zum Rücktritt oder zum Anspruch auf Schadensersatz wegen Nichterfüllung eröffnet. Einer Nachfristsetzung nebst Androhung bedarf es nicht im Falle des § 326 Abs. 2 BGB (s. unten Anm. 424) sowie im Falle ernstlicher und endgültiger Erfüllungsverweigerung des Verkäufers

(s. unten Anm. 419). Der Anspruch auf Schadensersatz wegen Nichterfüllung bewirkt eine Umwandlung des ganzen Vertragsverhältnisses, und zwar beim Gattungskauf mit der Wirkung, daß davon auszugehen ist, der Käufer habe die vereinbarte Ware gebilligt; als gebilligt ist Handelsgut mittlerer Art und Güte (§ 360 HGB; § 243 Abs. 1 BGB) anzunehmen; der Verkäufer würde arglistig verfahren, wenn er einwenden wollte, die Ware sei minderwertig gewesen, der Käufer würde sie nicht gebilligt haben (vgl. § 160 Abs. 1 BGB; RG 93, 254; LZ 1919, 868[17]; Hamburg OLGE 36, 48). Beim Kauf einer bestimmten Sache verhält es sich mit dem Schadensersatzanspruch wegen Nichterfüllung anders, wenn der Verkäufer die Ware nicht zur Untersuchung stellt. Es ist zwar auch beim Kauf einer bestimmten Sache davon auszugehen, daß der Käufer die Ware gebilligt haben würde; denn wenn er sie nicht billigte, kam kein Kauf zustande; hätte er aber die bestimmte Ware gebilligt, so hätte er Ansprüche nicht erheben können wegen Mängel, die er kannte oder infolge grober Fahrlässigkeit nicht kannte; er müßte den Vertragspreis zahlen. Der Verkäufer kann also einwenden, der Käufer habe die Mängel gekannt oder im Falle einer Besichtigung infolge grober Fahrlässigkeit nicht gekannt. Vermag der Verkäufer diesen Beweis zu erbringen, so hat der Käufer einen Schaden nur, wenn und soweit der Wert der mangelhaften Ware den Vertragspreis überschritten hat. Diese Regel erleidet eine Ausnahme, wenn bestimmte Eigenschaften garantiert waren, und dann, wenn der Verkäufer sich einer arglistigen Täuschung schuldig gemacht hat (§ 377 Anm. 117; RG 94, 287). Der Verkäufer macht sich auch schadensersatzpflichtig, wenn er schuldhaft eine andere als die vereinbarte Ware zur Besichtigung stellt (§ 377 Anm. 100; Hamburg OLGE 20, 183).

c) Die Genehmigung ist die Bedingung der Gebundenheit des Käufers. Damit diese Bedingung nicht ewig schwebt, gibt das Gesetz in den §§ 495 u. 496 BGB. Vorschriften über das Verhalten des Käufers und über die Rechtsfolgen dieses Verhaltens. Dabei gelten für zwei verschiedene Fälle zum Teil verschiedene Grundsätze: das sind die beiden Fälle der erfolgten Übergabe der Ware und der nicht erfolgten Übergabe. Das Gesetz behandelt zunächst den letzteren Fall und schließt hieran in § 496 Satz 2 BGB das an, was für den ersteren Fall abweichend gilt. **Anm. 132**

aa) Die Ware ist zum Zwecke der Besichtigung oder Probe übergeben (§ 496 Satz 2 BGB).

α) Vorausgesetzt ist eine Übergabe lediglich zum Zwecke der Probe oder der Besichtigung. Eine Übergabe im Sinne des Gesetzes liegt nicht vor, wenn die Ware zu anderen Zwecken oder auch zu anderen Zwecken, etwa zur Lagerung oder als Pfand, übergeben ist. Wenn in solchem Falle der Käufer nach Ablauf der Frist nicht erklärt, daß er die Ware nicht behalten wolle, so ist das kein sicheres Zeichen dafür, daß er sie kaufen will, da er sie aus anderen Rechtsgründen behalten darf. Wohl aber liegt der Fall vor, wenn der Käufer nach § 369 HGB zurückbehalten will, soweit dies zulässig ist (vgl. Komm. zu § 369). Denn auch in diesem Falle hat er die Pflicht der Benachrichtigung (§ 371). Daß die Ware, wenn überhaupt der Kauf auf Probe feststeht, zu anderem Zwecke als zum Zwecke der Prüfung übergeben wurde, wird nicht vermutet; daher hat der Verkäufer in solchem Falle nicht zu beweisen, daß sie lediglich zum Zwecke der Prüfung übergeben wurde. Der Käufer kann nur einmal eine Probe verlangen, nicht eine zweite Probe; sonst hätte es keinen Sinn, daß der Käufer die ihm überlassene Probe untersuchen und billigen oder nicht billigen soll.

β) Der hier maßgebende Rechtssatz lautet: Aus dem bedingten Kaufvertrage wird ein unbedingter, wenn der Käufer bis zum Ablauf der Frist oder auf die fristgemäße Aufforderung des Verkäufers die Ware genehmigt. Die Frist kann erst laufen, nachdem die Untersuchung ermöglicht war. Die Frist ist in erster Linie eine verabredete (nicht gerade kalendermäßige, ROHG 25, 118). Das ADHGB hatte in Art. 339 neben die vereinbarte die ortsgebräuchliche Frist gesetzt. Besteht eine solche, so wird sie in der Regel als stillschweigend vereinbart anzusehen sein (§ 157 BGB). Wenn keine Frist solcher Art vorliegt, ist der Verkäufer berechtigt, nach angemessener, d. h. zur Prüfung ausreichender Frist, den Käufer zur Erklärung aufzufordern. Eine Erklärungsfrist ist noch nicht vereinbart, wenn lediglich eine gewisse Probezeit ausgemacht ist (Hamburg OLGE 23, 32). Die Mißbilligung kann auch noch später ausgesprochen werden. Es bedarf also hier einer Aufforderung des

Verkäufers. Für diese Aufforderung gibt es keine besondere Form. In der Aufforderung, die Ware zu bezahlen, und selbst in Übersendung der Faktura kann die Aufforderung zur Erklärung, ob er die Ware behalten wolle, gefunden werden (Bolze 1 Nr. 1080). Als Genehmigung, die auch vor Fristablauf rechtswirksam erfolgen kann, gilt jedes Verhalten des Käufers, aus welchem sich ergibt, daß er sich entschlossen hat, die Ware zu behalten und als sein eigen zu betrachten: Verfügung über die Ware, insbesondere Verkauf oder Gebrauch (Hamburg SeuffA 48, 23), Verbrauch einer Menge, die größer ist als zur Prüfung erforderlich (vgl. § 377 Anm. 69), Hingabe eines Wechsels für den Kaufpreis ohne Vorbehalt (WarnRspr. 1912 Nr. 381), Zahlung ohne Vorbehalt in Kenntnis des Mangels usw. (vgl. § 377 Anm. 114, 116). In einfacher Zurücksendung der Ware ohne Erklärung wird im Zweifel die Mißbilligung enthalten sein. Es genügt nicht, daß die Erklärung bis zum Ablauf der Frist abgesandt wird. Sie muß vielmehr dem Verkäufer innerhalb der Frist zugehen. Sonst gilt der Käufer als schweigend; es sei denn, daß der Verkäufer das Zugehen arglistig vereitelt hätte (Hamburg SeuffA 72, 256). Der Käufer kann sich nicht auf § 149 BGB berufen. Verspätete Genehmigung gilt als neuer Antrag nach § 150 Abs. 1 BGB, wenn nicht der Verkäufer den Käufer durch Verhinderung der Untersuchung aufgehalten hat. Daß die Vornahme einer eingehenden Prüfung ohne Verschulden des Käufers innerhalb der Frist unmöglich war, ist bei verabredeter Frist gleichgültig; nur ein Verschulden des Verkäufers bewirkt Fristverlängerung. Ist bei einem Kauf auf Probe bestimmt, daß als Ausdruck der Ablehnung die Rücksendung der Ware innerhalb bestimmter Frist nach Ankunft zu erfolgen habe, so ist in der Bitte des Käufers um Verlängerung der Probezeit keine Ablehnung des Kaufes zu erblicken, in dem Schweigen des Verkäufers auf die Bitte aber eine Ablehnung des Abänderungsantrages; der Käufer hat daher die Ware innerhalb der vereinbarten Frist zurückzusenden, wenn er sie ablehnen will (Düsseldorf JW 1926, 2935[3]). Des ferneren gilt als Genehmigung Stillschweigen auf die Aufforderung des Verkäufers. Die Aufforderung kann in jeder Form geschehen. Auch in der Klagezustellung kann sie liegen. Wenn sie durch einen Bevollmächtigten geschieht, so muß dieser die Vollmacht mit vorlegen, widrigenfalls die Aufforderung ihre Kraft verliert, wenn der Käufer sie unverzüglich zurückweist (§ 174 BGB). Die Aufforderung mit Fristsetzung muß dem Käufer eine angemessene Zeit zur Prüfung lassen. Ist die Frist so kurz bemessen, so wird man sie nicht für wirkungslos erachten; vielmehr erfolgt die Erklärung bei Setzung zu kurzer Frist noch rechtzeitig, wenn sie innerhalb angemessener Frist erfolgt (s. unten Anm. 403). Gründe für die Ablehnung braucht der Käufer nicht anzugeben; auch wenn er nicht geprüft hat, oder wenn der angegebene Ablehnungsgrund unrichtig war, ist die Ablehnung gültig; denn von einer Besichtigung der Ware ist die Genehmigung nicht abhängig (RG 104, 276; 94, 287). Als Ablehnung mit Antrag auf Abschluß eines neuen Kaufs auf Probe ist es zu erachten, wenn der Käufer bedingt genehmigt oder um Fristverlängerung bittet (Braunschweig ZHR 38, 197). Der Käufer kann nur die ganze Sendung mißbilligen; eine Auswahl muß sich der Verkäufer nur bei einer Auswahlsendung gefallen lassen (§ 377 Anm. 191).

Die Genehmigung beschränkt sich auf die bestimmte übergebene Sache. Die Genehmigung erstreckt sich auf nachzuliefernde Ware, wenn der Kauf so abgeschlossen ist, daß der Käufer weitere gleiche Ware derselben Beschaffenheit in bestimmter Menge annehmen muß, falls die zur Probe übergebene Ware seine Genehmigung findet.

Anm. 133 γ) Den Beweis für das genehmigende Verhalten hat der Verkäufer zu führen (Braunschweig ZHR 38, 198[189]), wenn er den Kaufpreis einklagt. Den Käufer trifft die Beweislast, wenn er den Kaufabschluß behauptet und daraus Rechte herleitet. Ist der Kauf unter auflösender Bedingung geschlossen, so hat der Käufer die Mißbilligung zu beweisen.

Die Benutzung oder Beschädigung der Ware nach erklärter Ablehnung macht nur schadensersatzpflichtig, ist aber nicht Rücknahme der ablehnenden Erklärung (Frankfurt ZHR 38, 199[194]). Die Haftung für diesen Schaden braucht nicht notwendig die Haftung aus unerlaubter Handlung zu sein; die Haftung läßt sich auch aus positiver Vertragsverletzung begründen.

bb) Ist die Ware nicht übergeben oder nicht lediglich zum Zwecke der Prüfung übergeben, so wird der bedingte Kauf ein unbedingter, wenn der Käufer innerhalb der verabredeten oder ihm gesetzten angemessenen Frist genehmigt. Der Unterschied von dem Fall der Übergabe ist der, daß das Stillschweigen hier Nichtgenehmigung, dort Genehmigung bedeutet. Im übrigen gilt für diesen Fall und für die hier vorkommenden Begriffe das gleiche wie oben Anm. 117. Insbesondere genügt es auch hier nicht, daß die Billigungserklärung innerhalb der Frist oder auch so rechtzeitig abgesandt ist, daß sie bei ordnungsmäßiger Beförderung angekommen wäre, woran auch der Umstand nichts ändert, daß der Verkäufer die rechtzeitige Absendung erkennen konnte oder gar erkannt hat. Dagegen liegt in der verspäteten Billigungserklärung ein Vertragsantrag; § 150 BGB findet also entsprechende Anwendung. Verweigert der Käufer die Empfangnahme und die Prüfung, so vereitelt er nicht etwa eine gesetzte Bedingung (§ 162 BGB); denn der Käufer kann die Ware jederzeit auch ohne Prüfung zurückweisen. Soll die Probe erst gezogen und dem Käufer übergeben werden, so gerät der Verkäufer in Leistungsverzug (Schuldnerverzug), wenn er die Probe nicht übergibt. Soll die Probe gemeinsam gezogen werden, zieht aber der Verkäufer die Probe allein und übersendet er sie, so kann der Käufer auf Einhaltung des Vertrags bestehen und, wenn der Verkäufer nicht stattgibt, die Folgen aus dessen Schuldnerverzug ziehen. Erklärt sich der Verkäufer außerstande, das zu übersendende Muster oder die Ware zu liefern, so sagt er sich vom Vertrag los; er haftet aus positiver Vertragsverletzung. Sind bei einem Kauf mit der Klausel „Musterkonvenierung vorbehalten" nur die Muster, nicht aber die Waren dem Käufer übergeben worden, so gilt das Schweigen des Käufers nicht entsprechend § 496 Satz 2 BGB als Billigung; vielmehr wird der Vertrag dadurch mangels zweifelsfrei erklärter Billigung der Muster hinfällig (RG 137, 297). **Anm. 134**

d) Die Folgen der Genehmigung und der Nichtgenehmigung. Dadurch, daß der Käufer vor Empfang der Ware deren Unbrauchbarkeit aus einer ihm zugegangenen Probe zwar erkannt, die Ware aber doch angenommen hat, gilt die Ware noch nicht als genehmigt, wenn der Käufer seine Entscheidung vom Besicht der Ware selbst abhängig machen durfte (WarnRspr. 1921 Nr. 93). Waren dem Käufer, von den Fällen der Zusicherung und der Arglist abgesehen, im Augenblick der Billigung der Ware deren Mängel bekannt oder infolge grober Fahrlässigkeit unbekannt, so muß er die Ware annehmen und den Vertragspreis bezahlen, einerlei, ob er die Besichtigung der Ware vorgenommen hatte oder nicht. Denn die Vorschrift des § 460 BGB (§ 377 Anm. 117) ist auf den Kauf auf Probe oder auf Besicht in der Weise zu übertragen, daß nicht der Augenblick des Vertragsschlusses über den Verlust der Gewährleistungsansprüche entscheidet, sondern die Kenntnis oder grobfahrlässige Unkenntnis im Augenblick der Billigung (RG 94, 287; Hamburg SeuffA 75, 77; HansGZ 1919 Hptbl. 70). Besaß der Käufer die Kenntnis der Mangelhaftigkeit schon beim Kaufabschluß, so ist sie um so mehr bei der nachfolgenden Billigung vorhanden. Die Billigung enthält nicht ohne weiteres eine Annahme als Erfüllung im Sinne des § 464 BGB Es kommt vielmehr auf die Umstände an (Mot. II 334). Dagegen wollen Düringer-Hachenburg-Hoeniger V Einl. Anm. 296 den § 464 BGB wegen der Anwendung des § 460 BGB überhaupt ausschließen. Auch ein Verzicht auf die beim Handelskauf notwendige Mängelrüge nach § 377 ist nicht ohne weiteres in der Billigung enthalten; es kommt auch hier auf die Umstände an (JW 1912, 858[13]). Denn die Besichtigung und Genehmigung der Ware beim Kauf auf Besicht ist nicht die in § 377 vorgesehene Untersuchung und Genehmigung. Beim Kauf auf Besicht wird mit oder ohne Prüfung der aufschiebend bedingte Kauf erst mit der Billigung unbedingt — anders als beim Kauf „wie besehen", wo ein endgültiger Kauf schon vorliegt; außerdem setzt § 377 die vorherige Ablieferung der Ware voraus. Beim Kauf auf Besicht bildet aber die Ablieferung vor der Besichtigung und Genehmigung keineswegs die Regel. Offene Mängel müssen danach unverzüglich nach der Ablieferung gerügt werden (§ 377 Anm. 29); verborgene Mängel (§ 377 Anm. 30) bedürfen der Anzeige unverzüglich nach der Entdeckung mit der Maßgabe, daß der Käufer, dem nach der Billigung Verdacht über die Vertragsmäßigkeit auftaucht, eine nochmalige Untersuchung vornehmen und unverzüglich rügen muß (§ 377 Anm. 30). Es können danach zwei Fristen nebeneinander laufen: die eine für die Billigung oder Mißbilligung, die andere für Erstattung der Mängelrüge. Wenn die Probefrist zur ge- **Anm. 135** gehörigen Untersuchung ausreicht, so ist die Probefrist zugleich eine Rügefrist (Düringer-Hachenburg-Hoeniger V Einl. Anm. 296; vgl. Kuhn in BGB-RGRK § 495 Anm. 16). Darüber, daß der Eintritt der Bedingung (Genehmigung oder Mißbilligung) rückwirkende Kraft hat, und was sich daraus ergibt, s. die folg. Anmerkungen. Der Verkäufer hat zu beweisen, daß der Käufer den Mangel kannte oder infolge grober Fahrlässigkeit nicht kannte.

Anm. 136 aa) Ob Kosten, die dem Käufer durch die Übersendung und die Aufbewahrung der Probe (Fracht- und Lagerspesen) erwachsen sind, dem Verkäufer zur Last fallen, wenn die Bedingung beim aufschiebend bedingten Kauf nicht eintritt, darüber entscheidet die Absicht der Parteien im Einzelfall. Wenn der Parteiwille aber nicht klar ist, also im Zweifel, muß angenommen werden, daß die Kosten der Probe dem probierenden Käufer zur Last fallen. Es liegt kein Anlaß vor, weshalb man die Kosten der Probe, die der Käufer sich vertragsmäßig ausbedungen hat, um in seinem Interesse sich schlüssig zu machen, ob er die Ware behalten wolle, dem Verkäufer auferlegen sollte. Die Ältesten der Kaufmannschaft in Berlin bezeugen einen Handelsgebrauch dahin, daß das Porto für die Rücksendung von Auswahlsendungen, die auswärtige Kaufleute aus Berlin kommen lassen, von diesen zu tragen ist (KGBl. 94, 87). Aus § 495 Abs. 2 BGB ergibt sich nichts Gegenteiliges. Diese Bestimmung sagt nur, daß der Verkäufer dem Käufer die Untersuchung zu gestatten habe; macht ihm also nur ein rein passives Verhalten zur Pflicht. Man wird danach allgemein, nicht nur für Berlin, anzunehmen haben, daß der Käufer die Aufbewahrung und Rücksendung auf seine Kosten besorgen muß (Lönnies „Recht" 1908, 743; Kuhn in BGB-RGRK § 495 Anm. 17). Die Rückgabe hat der Käufer an seinem Wohnort, als seinem Erfüllungsort, durch Aufgabe zur Post oder Bahn unter der Adresse des Verkäufers zu bewirken (Braunschweig OLGE 16, 354). Andererseits braucht der Käufer für die Vorteile, die der Probegebrauch für ihn mit sich bringt, dem Verkäufer keine Vergütung zu gewähren (vgl. Mot. I 254f.).

Anm. 137 bb) Die Gefahr geht im Regelfall, also wenn der Kauf aufschiebend bedingt ist, erst mit dem Eintritt der Bedingung, also mit der Billigung, auf den Käufer über; denn vorher ist er trotz der Übergabe der Kaufsache nicht gebunden (§ 158 Abs. 2 BGB; Mot. II 334; Kuhn in BGB-RGRK § 495 Anm. 14; a. M. Düringer-Hachenburg-Hoeniger V Einl. Anm. 104). Aus dem Inhalt des Rechtsgeschäfts kann sich der Wille der Parteien ergeben, die Gefahr in einem früheren Zeitpunkt auf den Käufer übergehen zu lassen (§ 159 BGB); dazu überhaupt unten Anm. 193. Billigt der Käufer die Ware, so ist die aufschiebende Bedingung eingetreten. Der Kaufvertrag ist von beiden Teilen bindend geschlossen; es finden von da an die Gewährleistungsansprüche Anwendung (Mot. II 334), beim Handelskauf bei gehöriger Mängelrüge (oben Anm. 135). Das Eigentum an der übergebenen Sache geht auf den Käufer mit Eintritt der Bedingung ohne weiteres über (RG 54, 341); jedoch nicht mit rückwirkender Kraft (Mot. I 252), wenn nicht die Parteien anderes gewollt haben (§ 159 BGB). Billigt der Käufer die Ware nicht, so ist die Bedingung ausgefallen. Der Verkäufer ist Eigentümer geblieben; er kann die Ware sowohl mit der Eigentumsklage, auch mit der Bereicherungsklage, wie auch mit der Vertragsklage, zurückfordern. War der Kauf auf Besicht auflösend bedingt (unten Anm. 193), so geht die Gefahr nach § 446 BGB mit der Übergabe oder der Versendung auf den Käufer über. Das Eigentum ist auf den Käufer übertragen, sobald die Parteien die zur Eigentumsübertragung erforderlichen Handlungen vorgenommen haben (s. Komm. zu § 366 Anm. 193). Mißbilligt der Käufer die Ware, so gilt das Rechtsgeschäft als nicht geschlossen; der Verkäufer wird ohne weiteres mit Eintritt der auflösenden Bedingung wieder Eigentümer, jedoch nicht mit rückwirkender Kraft (unten Anm. 193; Mot. I 252). Mit Eintritt der Bedingung tritt der frühere Rechtszustand ohne weiteres ein (§ 158 Abs. 2 BGB). Wird der Vertrag durch Eintritt der auflösenden Bedingung aufgelöst, so ist der Käufer für die nachträglich erfolgte Verschlechterung oder den Untergang der übergebenen Ware nur haftbar, soweit ihn ein Verschulden trifft (§§ 346, 350, 351 BGB; WarnRspr. 1921 Nr. 93). Darüber, wenn der Käufer die Sache wegen zufälligen Untergangs überhaupt nicht mehr oder wegen zufälliger Verschlechterung nicht mehr im früheren Zustande zurückgeben kann, s. unten Anm. 193. Dort auch über Rückerstattung des Kaufpreises. Mißbilligt der Käufer nicht, so ist die auflösende Bedingung ausgefallen; der Kauf ist zu einem unbedingten geworden. Während des Schwebezustandes, der sowohl bei der aufschiebenden wie bei der auflösenden Bedingung bis zur Entscheidung entsteht, ist der Verkäufer gegen Verfügungen des Käufers zugunsten Dritter, abgesehen von den Regeln über den gutgläubigen Eigentumserwerb, durch § 161 BGB geschützt. Wenn der Verkäufer bei aufschiebender Bedingung den Eintritt der Bedingung schuldhaft vereitelt oder beeinträchtigt, z. B. die Ware weiterverkauft, macht er sich dem Käufer, wenn dieser die Ware billigt, schadensersatzpflichtig. Ebenso ist der bei auflösender Bedingung bedingt berechtigte Verkäufer geschützt (§ 160 Abs. 1 u. 2). Außerdem lassen sich hier die Grundsätze über positive Vertragsverletzung anwenden. Beim Kauf mit Umtauschklausel (oben Anm. 129) trifft den Käufer die Gefahr, wenn nicht der Verkäufer mit der Rücknahme in Verzug geraten ist (§ 300 BGB; KG „Recht" 1907 Nr. 3066).

e) Die Beweislast hinsichtlich der Genehmigung oder Mißbilligung der Ware **Anm. 138**
ist oben Anm. 133 und hinsichtlich der Kenntnis des Käufers von der Mangelhaftigkeit der Ware oben Anm. 135 a. E. erörtert. Macht der Käufer gegen Ansprüche des Verkäufers aus unbedingtem Vertrag geltend, er habe einen Kauf auf Probe abgeschlossen, so muß der Verkäufer seinen Klagegrund beweisen, also dartun, daß der Abschluß nichts von einer Bedingtheit erkennen lasse (RG 68, 307; a. M. Düringer-Hachenburg-Hoeniger V Einl. Anm. 297). Dies ist die herrschende Meinung (vgl. statt aller Staudinger-Ostler § 495 Rdnr. 18). Überhaupt hat grundsätzlich der die Erfüllung eines Rechtsgeschäfts Fordernde gegenüber dem Einwand, dasselbe sei unter einer aufschiebenden Bedingung geschlossen worden, zu beweisen, daß das Geschäft mit einem Inhalt zustande gekommen sei, der eine Bedingung nicht enthalte oder wenigstens nicht erkennen lasse (RG in DtRJW 1939, 769[1]). Dagegen ist der auf Erfüllung in Anspruch Genommene beweispflichtig, wenn er als Käufer gegen die Klage des Verkäufers aus unbedingtem Kauf einen Kauf unter auflösender Bedingung geltend macht; er hat dann die Bedingtheit und den Eintritt der Bedingung ebenso zu beweisen, wie wenn er die Vereinbarung eines Rücktritts bei Vertragsschluß vorschützt (RG 28, 144; JW 1902, 312[13]; Staudinger-Ostler § 495 Rdnr. 18). Ebenso hat der auf Erfüllung eines unbedingten Kaufs belangte Käufer, der eine nachträgliche Umwandlung des unbedingt abgeschlossenen in einen aufschiebend oder auflösend bedingten behauptet, den Beweis für diese Behauptung zu führen.

IX. Der Kauf zur Probe **Anm. 139**

Der Art. 341 ADHGB bestimmte: Ein Kauf zur Probe ist ein unbedingter Kauf unter Hinzufügung des Beweggrundes. Die Vorschrift ist als bedeutungslos weggefallen (D. 229). Daß der Verkäufer die Kaufsache frei von Rechten zu verschaffen und dem Käufer die Möglichkeit der Untersuchung gewähren muß, ergibt sich wie bei jedem Kauf aus §§ 433, 434 BGB; damit, daß ein Kauf zur Probe abgeschlossen ist, haben diese Verpflichtungen nichts zu tun.

Für die zu gewährende Qualität ist beim Kauf zur Probe § 360 maßgebend: Es ist Ware mittlerer Art und Güte zu liefern, wenn nichts anderes vereinbart wird (Bolze 9 Nr. 388).

Daß der Ausdruck „zur Probe" nicht unbedingt für die Annahme eines Kaufs zur Probe entscheidet, zumal gerade die Begriffe auf Probe und zur Probe im Verkehr nicht immer scharf auseinandergehalten werden, ist oben Anm. 128 hervorgehoben.

Der Kauf zur Probe kann auch mit dem Kauf auf Probe und nach Probe verbunden sein. Es kann eine größere Menge derart bestellt werden, daß der erste Posten zur Probe, der Rest auf Probe bestellt ist und in Gemäßheit der ersten zur Probe bestellten Ware, also nach Probe, geliefert werden muß, wenn der Rest seitens des Käufers genehmigt wird. Diese Verbindung ist aber nicht schon dann vorhanden, wenn der Käufer eine bestimmte Menge zur Probe bestellt und dabei erklärt, wenn sie so ausfallen werde, daß er sie behalten könne, dann würde er weitere Bestellungen machen. Denn es fehlt dann hinsichtlich der weiteren Mengen an der Bestimmtheit. Das erwähnte Zusammentreffen ist aber z. B. vorhanden, wenn 4 Zentner Hopfen zur Probe unter der Bedingung gekauft sind, es müßten weitere 26 Zentner zu demselben Preis geliefert werden, nachdem sich der Käufer mit der Qualität der 4 Zentner einverstanden erklärt habe. Der letztere Kauf ist dann ein bedingter Kauf (ein Kauf auf Probe). Durch die Nachbestellung auf einen zur Probe bestellten Apparat wird die Rüge in bezug auf Mängel der Konstruktion nicht ausgeschlossen (JW 1901, 39[17]).

Anm. 140

F. Die aus dem Kaufvertrag entspringenden Rechte und Pflichten

I. Pflichten des Verkäufers

Der Verkäufer hat dem Käufer die Sache zu **übergeben** und ihm **das Eigentum** an der Sache **zu verschaffen** (§ 433 Abs. 1 S. 1 BGB). Die Pflicht zur Übergabe und Eigentumsverschaffung ist keine einheitliche Pflicht mit doppeltem Inhalt. Es handelt sich um zwei verschiedene selbständig nebeneinander stehende Verpflichtungen (RG 95, 105, 106; Kuhn in DGB-RGRK § 433 Anm. 160; Palandt-Putzo § 433 Anm. 2; Staudinger-Ostler § 433 Rdnr. 99 m. w. Nachw. auch zu abw. Meinungen). Die Übergabe (Besitzübertragung) läßt die Gefahr übergehen (§ 446 BGB), nicht immer aber das Eigentum. Besonders augenfällig ist das Auseinanderfallen von Besitz- und Eigentumsübergang beim Kauf unter Eigentumsvorbehalt (siehe dazu oben Anm. 75). Die rechtliche Konsequenz der Annahme zweier selbständiger Verpflichtungen liegt vor allem darin, daß Unmöglichkeit und Verzug hinsichtlich beider Verpflichtungen selbständig eintreten können, ferner darin, daß der Verkäufer nicht eher vollständig erfüllt hat, als nicht beide Tatbestände eingetreten sind.

Anm. 141 **1. Die Übergabeverpflichtung.**

Sie ist regelmäßig auf Verschaffung des unmittelbaren Besitzes gerichtet. Der Käufer muß also die tatsächliche Gewalt über den Kaufgegenstand erlangen (vgl. § 854 BGB). Mit einem Übergabeersatz, z. B. durch Vereinbarung eines Besitzkonstituts (§§ 868, 930 BGB) oder durch Abtretung des Herausgabeanspruchs, den der Verkäufer gegen einen Dritten hat (§ 931 BGB), braucht sich der Käufer nicht zufriedenzugeben. Anders ist die Rechtslage nur dann, wenn die Parteien (im Kaufvertrag oder nachträglich) vereinbaren, daß der Verkäufer in Abweichung von der gesetzlichen Regel seine Übergabeverpflichtung durch Verschaffung mittelbaren Besitzes erfüllen darf. Durch Abschluß einer solchen Vereinbarung verzichtet der Käufer auf Verschaffung unmittelbaren Besitzes (Kuhn in BGB-RGRK § 433 Anm. 162; Staudinger-Ostler § 433 Rdnr. 100). Vgl. dazu auch LG Berlin JR 1950, 504 m. Anm. von Bruchmüller (Überführung des Kaufgegenstandes vom Depot des Verkäufers in dasjenige des Käufers durch ein und denselben Lagerhalter). Auch bei Vorliegen einer solchen Vereinbarung ist die Abtretung des Herausgabeanspruchs (§ 931 BGB) als Ersatzübergabe nur wirksam, wenn der abgetretene Anspruch nicht mit Rechtsbeschränkungen für den Erwerber belastet ist; RG JW 1927, 667; BayObLG 34, 6. Von dem Vorhergesagten zu unterscheiden ist der Fall, daß der Verkäufer zur Verschaffung des unmittelbaren Besitzes dem Regelfall entsprechend verpflichtet ist, der verkaufte Gegenstand sich aber nicht in seinem Besitz, sondern im Besitz eines Dritten befindet. Hier wird man dem Käufer in der Regel das Recht zubilligen, vom Verkäufer Abtretung des Herausgabeanspruchs gegen den besitzenden Dritten zu verlangen. Dies gilt insbesondere dann, wenn es dem Verkäufer nicht gelungen ist, sich rechtzeitig in den Besitz der Sache zu setzen, um sie dem Käufer übergeben zu können. Anders dürfte nur dann zu entscheiden sein, wenn der Verkäufer ein überwiegendes schutzwertes Interesse daran hat, einen direkten Kontakt zwischen Besitzer und Käufer zu vermeiden, z. B. weil zu befürchten stünde, daß der Käufer den Herausgabeanspruch in einer für den Verkäufer geschäftsschädigenden Weise realisieren werde. Maßgebend sind hier die Umstände des Einzelfalles. Auf seiten des Käufers kann in dem Verlangen auf Abtretung des Herausgabeanspruchs ein Verzicht auf Verschaffung des unmittelbaren Besitzes liegen. Möglich ist aber auch, daß der Käufer lediglich versuchen will, sich die Sache selbst zu beschaffen, für den Fall des Scheiterns dieses Versuches aber frei sein will, auf den Übergabeanspruch gegen den Verkäufer zurückzukommen. Der Herausgabeanspruch ist dann nur „erfüllungshalber" abgetreten. Ausschlaggebend sind auch hier die gesamten Umstände des einzelnen Falles. Stets gilt jedoch: Hat sich der Käufer einmal mit der Abtretung des Herausgabeanspruchs gegen einen Dritten, sei es im Kaufvertrag, sei es nachträglich, zufriedengegeben, so kann er sich nicht mehr an seinen Verkäufer halten, wenn er den Besitz von dem Dritten aus Gründen, die der Verkäufer nicht zu vertreten braucht, nicht zu erlangen vermag.

Auch auf die Übergabe von Dispositionspapieren (Orderlagerscheine der Lagerhalter, § 424 HGB; Ladescheine der Frachtführer, § 450 HGB; Konnossemente, § 647 HGB) braucht sich der Käufer nur bei entsprechender kaufvertraglicher Vereinbarung einzulassen. Abschlüsse gegen Dispositionspapiere sind jedoch häufig („Sie zahlen gegen Konnossement" usw.). In der Übergabe anderer Papiere kann eine Abtretung des Herausgabeanspruchs nach § 931 BGB liegen. Dies muß jedoch nicht so sein. Es kommt vielmehr auf die Absicht der Parteien an, die notfalls aus den tatsächlichen Begleitumständen ermittelt werden muß; vgl. RG 102, 96, 97 und OLG Hamburg OLGE 45, 140 (Frachtbriefduplikat) sowie RG 103, 151, 153f. (Lieferschein). Entsprechendes gilt für Urkunden, die sich äußerlich als Dispositionspapiere darstellen, die für diese erforderlichen besonderen Eigenschaften jedoch nicht besitzen. Vielfach sind Urkunden auch als Zubehör (§ 314 BGB) dem Käufer zu übergeben. Hierher gehören insbesondere Herkunftsatteste, Duplikatfrachtbriefe, Versicherungspapiere. Für die Verpflichtung zu deren Übergabe, die eine Hauptverpflichtung ist, gilt im übrigen das zur Übergabe des eigentlichen Kaufgegenstandes Gesagte.

Von der Übergabe verschieden sind die Ablieferung und die Ankunft der Ware. **Anm. 142**
Während die Besitzübertragung ein zweiseitiger Akt ist, an welchem der Käufer durch Annahme mitwirken muß, ist die Ablieferung ein rein einseitiger Vorgang, durch den der Verkäufer die Ware aus seiner Verfügungsgewalt entläßt und den Käufer nunmehr in die Lage setzt, darüber zu verfügen (RG 91, 289, 290; BGH DB 1958, 396); vgl. etwa § 377 HGB. Unter Ankunft der Ware ist ihr Eintreffen am Bestimmungsort zu verstehen (vgl. die Klauseln „glückliche Ankunft vorbehalten", RG 93, 171f.; 98, 141f. und „Zahlung des Kaufpreises bei Ankunft der Ware", RG JW 1904, 46[16]).

Zur Übergabe gehört insbesondere die Mitwirkung des Verkäufers dazu, daß der **Anm. 143**
Käufer die Sache an sich zu nehmen und zu behalten vermag. Hieraus kann dem Verkäufer eine Aufbewahrungspflicht erwachsen. Überhaupt ist es grundsätzliche Sache des lieferungspflichtigen Verkäufers, die der Lieferung entgegenstehenden Hindernisse zu beseitigen, wozu der Käufer, soweit nötig, mitwirken muß (RG 97, 258). Zur Tätigkeit der Übergabe gehört bei Massengütern das Bereitstellen der gehörig geordneten Ware (WarnRspr. 1912 Nr. 200), das Herbeiholen der Ware zum Zwecke der Vornahme der Spezifikation, die Mitwirkung zur Feststellung der Bestände und des Fakturawerts beim Verkauf eines Warenlagers, die Mitwirkung bei Feststellung der Ware nach Zahl, Maß oder Gewicht (KG in OLGE 20, 167), die Ermöglichung der Untersuchung der Ware, beim Verkauf „ab Lager" die Angabe, wo und wann die Ware besichtigt und in Empfang genommen werden kann (LZ 1926, 483[7]). In gewissen Grenzen hat der Verkäufer eine Auskunftspflicht (unten Anm. 152). Zur Übergabepflicht beim Versendungskauf s. unten Anm. 155.

Über Zeit und Ort der Übergabe gelten die allgemeinen Grundsätze über den Erfüllungsort. Über den Versendungskauf s. unten Anm. 154, 155. Eine besondere Art der Übergabe ist es, wenn der Käufer die Steine aus dem Steinbruch, den Sand aus der Sandgrube graben, das auf Abbruch verkaufte Haus selbst abbrechen, das Holz auf dem Stamm selbst fällen soll.

2. Die Verpflichtung zur Eigentumsverschaffung. **Anm. 144**

Der Verkäufer hat sämtliche Handlungen vorzunehmen, die nach der maßgebenden (notfalls nach den Regeln des Internationalen Privatrechts zu ermittelnden) Rechtsordnung erforderlich sind, den Übergang des Eigentums auf den Käufer zu bewirken. Die Verschaffungspflicht ist klagbare Leistungs-, nicht bloße Gewährleistungspflicht (vgl. Kuhn in BGB-RGRK § 433 Anm. 173; Staudinger-Ostler § 433 Rdnr. 101 auch mit Nachw. über abweichende ältere Ansichten). Im Regelfall kann der Käufer bei beweglichen Sachen (Grundstücke scheiden als Gegenstand des Handelskaufs aus; s. oben Anm. 17). Übertragung des Eigentums durch Übergabe nach Maßgabe des § 929 BGB verlangen. Der Übereignungswille pflegt ebenso wie die entsprechende Annahmeerklärung des Käufers nicht besonders verlautbart zu werden. Er liegt stillschweigend in der in Erfüllung des Kaufvertrages vorgenommenen Übergabe. Beim Versendungskauf liegt in der Zusendung der Ware das konkludente Angebot zur Eigentumsübertragung. Zu beachten ist jedoch, daß die zum Eigentumserwerb erforderliche Einigung über den Eigentumsübergang nicht notwendig schon mit der Annahme der Ware abgeschlossen ist, sondern erst dann, wenn der Käufer zu erkennen gibt, daß er die Ware als sein Eigentum behalten will. In der Annahme der übersandten oder übergebenen Ware liegt zunächst nur der Ausdruck des Willens, die Ware in Gewahrsam zu nehmen, seiner Abnahmepflicht zu genügen und festzustellen, ob die Ware vertragsgemäß ist: RG 108, 25, 27f. Siehe dazu auch unten Anm. 221, 230. Mit der Eigentumsübertragung vermittels eines Übergabesurrogats braucht sich der Käufer vorbehaltlich anderweitiger Vereinbarung auch hier nicht zufriedenzugeben; siehe dazu ausführlicher oben Anm. 141.

Anm. 145 Der Verkäufer muß ferner nach § 434 BGB dafür einstehen, daß der Käufer das Eigentum frei von Rechten Dritter erlangt, und zwar — mit Ausnahme des Verkaufs im Wege der Zwangsvollstreckung; § 806 ZPO; § 56 ZVG — im Augenblick des Eigentumsübergangs und nicht im Augenblick des Gefahrübergangs. Ist mit Eigentumsvorbehalt verkauft, so braucht diese Verpflichtung daher erst mit Eintritt des Eigentumsüberganges an den Käufer erfüllt zu sein (vgl. oben Anm. 81). Zu beseitigen sind auch solche Rechte Dritter, die erst nach Vertragsschluß entstanden sind; auch von diesen muß der Verkäufer den Käufer freihalten. RG 99, 60 nimmt dagegen an, § 434 BGB habe nur Rechte im Auge, die zur Zeit des Vertragsschlusses bestanden. Ob diese Rechte solche Dritter oder Rechte des Verkäufers oder des Käufers sind, die trotz der Übertragung des Eigentums an dem Kaufgegenstand auf den Käufer bestehen bleiben, macht keinen Unterschied (RG 59, 404; WarnRspr. 1919 Nr. 95; a. M. Eccius Gruch. 48, 470; 49, 465). Unter Rechten Dritter, die gegen den Käufer geltend gemacht werden können, sind nicht nur dingliche, sondern auch obligatorische Rechte zu verstehen, wenn sie gegen den Käufer wirken (RG 88, 107). Diese Rechte brauchen nicht auf privatrechtlichem Titel zu beruhen; auch öffentlich-rechtliche Ansprüche gehören hierher (RG 59, 406), z. B. die Belastung des Käufers mit der Nachzahlung von Steuern, die die verkaufte bewegliche Sache erfassen (RG 105, 391; dagegen Heck JW 1923, 176[5] Fußn.). Zur Frage, ob die Einsetzung eines Treuhänders einen Rechtsmangel bildet s. LG Braunschweig MDR 1952, 493. Näheres vgl. Kuhn in BGB-RGRK zu § 434. Die Verpflichtung zur Beseitigung solcher Rechte ist eine Hauptleistung, die dem Käufer im Falle des Verzugs die Rechte aus § 326 BGB gewährt (§ 440 Abs. 1 BGB; WarnRspr. 1908 Nr. 613; LZ 1908, 855[16]). Ist die Beseitigung dieser Rechte nicht mehr möglich, so hat der Käufer die Rechte aus § 325 BGB.

Anm. 146 Grundsätzlich ist auch der **Kaufvertrag über eine dem Verkäufer nicht gehörende Sache** wirksam. Auf einen solchen Vertrag ist entgegen RG 105, 349 § 306 BGB selbst dann unanwendbar, wenn ein gutgläubiger Erwerb nicht in Betracht kommt (etwa, weil die Sache dem Eigentümer abhanden gekommen ist, vgl. § 935 BGB) und mit einer Zustimmung des Eigentümers von vornherein nicht gerechnet werden kann. Diese Vorschrift betrifft nur Fälle der ursprünglichen objektiven (für jedermann bestehenden) Unmöglichkeit. Fehlendes und nicht zu beschaffendes Eigentum des Verkäufers aber begründet nur subjektives Unvermögen, nicht Unmöglichkeit, weil die Lieferung und Übereignung der Sache zwar allen anderen, nicht aber dem wahren Berechtigten unmöglich ist (so ausdrücklich BGH NJW 1953, 377, 379; vgl. auch Staudinger-Ostler § 433 Rdnr. 6; Wilde in BGB-RGRK § 306 Anm. 5). U. U. kann jedoch der Verkauf einer fremden Sache wegen Verstoßes gegen die guten Sitten nach § 138 BGB nichtig sein, wie z. B. der Kaufvertrag zwischen Dieb und Hehler. Der Kauf kann ferner gesetzlich unmöglich oder nach § 134 BGB nichtig sein, wie z. B. der Verkauf von Erbansprüchen auf Bestandteile des Nachlasses bei ungeteilter Erbengemeinschaft (RG 61, 76; RG JW 1911, 664[49]; vgl. SeuffA 62, 286) oder der Verkauf von Militärgut. Die Nichterteilung der Einfuhrgenehmigung für die gekaufte Ware dagegen hindert nicht den Eigentumsübergang, sondern nur die Verbringung ins Inland: OLG Hamburg HRR 1935, 1300. Über die Folgen von Ein- und Ausfuhrverboten für die Erfüllung der kaufvertraglichen Pflichten siehe ausführlich Staudinger-Ostler § 433 Rdnr. 65. Im Hinblick auf die Folgen eines Kaufvertrages über eine fremde Sache zwischen Käufer und Verkäufer ist zu unterscheiden: Der Sinn eines solchen Vertrages kann sein, daß der Verkäufer selbst das Eigentum zum Zweck der Übertragung auf den Käufer erwerben oder den Eigentümer zur unmittelbaren Übertragung auf den Käufer bzw. zur Genehmigung der vom Verkäufer vorgenommenen Übereignung (§ 185 BGB) bestimmen soll; RG 77, 130; 54, 218. Der Verkäufer bleibt in diesem Fall nach § 433 Abs. 1 S. 1 BGB zur

Verschaffung verpflichtet. Es ist damit eine Art Garantieleistung des Verkäufers vereinbart, die den Käufer zur Klage auf Eigentumsverschaffung berechtigt und ihm bei Nichterfüllung Ansprüche gemäß §§ 440, 323 bis 325 BGB verleiht. Diese Auslegung ist besonders naheliegend, wenn der Verkäufer Miteigentümer etwa neben seiner Ehefrau ist (vgl. Bolze 13 Nr. 423). Möglich ist aber auch eine Auslegung des Vertragswillens, daß der Käufer die Entwehrungsgefahr tragen solle oder der Verkäufer genug getan habe, wenn er den Eigentümer zur Genehmigung zu bestimmen versucht hat, so daß auf eine Haftung des Verkäufers für die Verschaffung des Eigentums verzichtet worden ist. Diese Gestaltung des Vertragswillens hat § 439 Abs. 1 BGB im Auge. Eine solche Auslegung setzt aber voraus, daß der Käufer wirkliche Kenntnis zur Zeit des Vertragsschlusses besessen hat; das bloße Kennenmüssen reicht nicht aus; auch nicht die bloße Kenntnis, daß ein Dritter Eigentumsansprüche erhebe; denn es kann ihn der Verkäufer darüber beruhigt haben (JW 1911, 645[11] u. 646[12]). Kenntnis der tatsächlichen Verhältnisse, aus denen sich der Mangel am Recht des Verkäufers ergibt, reicht ebenfalls nicht aus. Erforderlich ist Kenntnis der Rechtsfolge (BGH 13, 341, 345). Wie der Käufer die Kenntnis erlangt hat, die nach § 439 Abs. 1 BGB den Verzicht auf den Rechtsmangel bedeutet, ist einerlei (Mot. II 215; RG 52, 276). Auf einen Irrtum über die Tragweite seiner Kenntnisse kann sich der Käufer nicht berufen (RG 52, 167; Warn.Rspr 1914 Nr. 42). Der Verkäufer will oder kann unter Umständen gewisse Wertpapiere nicht erwerben; er schließt dann in eigenem Namen, aber für fremde Rechnung ab, so daß der Käufer den Kaufpreis auf Rechnung des Eigentümers an das Bankhaus zu zahlen hat, das die Papiere liefert. Der Verkäufer verdient dabei die Provision (LZ 1907, 593[3]). Hat der Verkäufer eine Sache wider besseres Wissen als seine eigene verkauft und wußte der Käufer, daß der Verkäufer nicht der Eigentümer oder nicht der alleinige Eigentümer ist, so kann sich der Verkäufer der Erfüllung nicht dadurch entziehen, daß er sich auf sein Nichteigentum beruft (Bolze 9 Nr. 386). Anders, wenn der Käufer weiß, daß der Verkäufer wohl einen Lieferungsanspruch gegen seinen Lieferanten hat, die Konnossemente aber nicht besitzt, der Verkäufer die Haftung für Fehlen der Konnossemente abgelehnt hat, und nun der Konnossementsinhaber die Ladung kraft seines Eigentumsrechts erhält; alsdann ist der Verkäufer von seiner Lieferpflicht frei, muß aber auch den erhaltenen Kaufpreis zurückerstatten (§ 323 BGB; RG. 88, 167). Auch eine Auslegung dahin ist möglich, es erfolge der Verkauf unter der Bedingung, daß der Eigentümer sein Recht nicht ausübe (JW 1922, 576[2]). Hat der Käufer erst bei der Erfüllung, also bei Schließung des dinglichen Vertrags und nicht bei Abschluß des schuldrechtlichen Vertrags, Kenntnis von dem Rechtsmangel des Veräußerers erlangt, so liegt in der vorbehaltlosen Annahme der Kaufsache noch kein Verzicht, denn § 464 BGB gilt nicht bei Rechtsmängeln.

Hat der Verkäufer an einen gutgläubigen Käufer verkauft, als wenn er bereits Eigentümer wäre, während er nur einen schuldrechtlichen Anspruch gegen den Eigentümer besaß, der aber nicht lieferte, so hat er für die in der Folge eintretende Unmöglichkeit aufzukommen (§ 287 BGB). Er muß sich dann so behandeln lassen, als ob er bereits Eigentümer wäre, weil er dem Käufer keine Mitteilung vom wahren Sachverhalt gemacht hat (RG 108, 421). Eine Offenbarungspflicht hinsichtlich der Eigentumsverhältnisse an der verkauften Ware besteht im übrigen grundsätzlich nicht. Das Interesse des Käufers ist durch die Einstandspflicht des Verkäufers für die Eigentumsverschaffung ausreichend geschützt. Hatte aber der Käufer ein dem Verkäufer bekanntes besonderes Interesse an Kenntnis der wahren Sachlage, so kann in der Unterdrückung der Wahrheit ein Verstoß gegen die guten Sitten und selbst eine arglistige Täuschung liegen (vgl. JW 1903 Beil. 22[45]). Dies gilt insbesondere dann, wenn dem Käufer ungeachtet der Möglichkeit gutgläubigen Erwerbs die Anm. 149 angedeuteten Gefahren drohen, denn der Käufer ist regelmäßig nicht gewillt, diese Gefahren zu tragen. Der Verkäufer muß dem Käufer auch dann Mitteilung von der wahren Sachlage machen, wenn er Zweifel hat, ob er seiner Verpflichtung an dem vereinbarten Liefertermin nachkommen kann (RG JW a. a. O.). **Anm. 147**

Hielt der Verkäufer die fremde Sache irrtümlich für seine eigene, so haftet er dem Käufer trotzdem nach §§ 433, 440 BGB, wenn nicht etwa der Käufer diesen Irrtum zur Zeit des Vertragsschlusses kannte. In letzterem Fall steht den An- **Anm. 148** sprüchen des Käufers die Einrede der unerlaubten Rechtsausübung (§ 826 BGB) entgegen, weil ein Irrtum des Gegners nicht arglistig ausgenutzt werden darf (s. JW 1901, 144[14]); SeuffA 17 Nr. 29); außerdem wird auch § 439 Abs. 1 BGB Platz greifen. Hat der Käufer sich inzwischen das Eigentum vom Eigentümer verschafft, um dem Verkäufer die Erfüllung unmöglich zu machen, so muß er für dieses Unvermögen des Verkäufers einstehen; anders, wenn den Käufer zwingende, aus dem vertragswidrigen Verhalten des Verkäufers herzuleitende Umstände zum unmittelbaren Erwerb veranlaßten; dann hat der Verkäufer die Unmöglichkeit zu vertreten (§ 325 BGB; RG 66, 347; 60, 163; Warn Rspr. 1910 Nr. 323). Für Anfechtung wegen Irrtums ist regelmäßig kein Raum; denn die Frage, in wessen Eigentum eine Sache steht, ist keine Eigenschaft derselben (LZ 1908, 225[12]; teilweise a. A. Staudinger-Ostler § 433 Rdnr. 7). Steht aber nach den besonderen Umständen fest, daß das Eigentum des Verkäufers für die Parteien wesentlich war und der Kauf von dem einen oder anderen Teil bei Kenntnis der wahren Sachlage und verständiger Würdigung der Verhältnisse nicht abgeschlossen worden wäre, so ist die Anfechtung wegen Irrtums allerdings zuzulassen (JW 1905, 171[12]).

Anm. 149 Erleichtert wird dem Verkäufer die Erfüllung der beschriebenen Verschaffungspflicht durch die gesetzlichen Vorschriften, welche einen gutgläubigen Erwerb vom Nichtberechtigten ermöglichen; vgl. §§ 932 BGB, 366 HGB sowie die Vorschriften über den gutgläubigen Erwerb mittels Traditionspapiers. Auch die Rechte Dritter, mit denen die Kaufsache belastet war, erlöschen auf diese Weise (vgl. dazu ausführlich die Komm. zu § 366 HGB). Erwirbt der Käufer mit Hilfe dieser Vorschriften das Eigentum, so hat der Verkäufer voll erfüllt. Gibt der Käufer aus sittlichen oder gesellschaftlichen Erwägungen den erworbenen Kaufgegenstand an den ursprünglich Berechtigten heraus, so erwachsen ihm daraus keine Rechtsmängelansprüche gegen seinen Verkäufer, so billigenswert und verständlich die Motive des Käufers auch gewesen sein mögen. Diese Regelung ist für den Käufer nicht ganz ungefährlich. Es besteht die Gefahr, daß er von dem ursprünglich Berechtigten mit einem auf die Behauptung grob fahrlässigen Verhaltens gestützten Rechtsstreit überzogen wird, schlimmer noch, der Käufer kann sich einem strafrechtlichen Ermittlungsverfahren wegen Hehlerei (§ 259 StGB) ausgesetzt sehen. Aus diesem Grunde sieht die strafrechtliche Doktrin und Rechtsprechung das vorsätzliche Verhalten des Verkäufers, das den Käufer in die beschriebene Situation bringen kann, als Betrug (§ 263 StGB) zum Nachteil des Käufers an (sog. Makelbetrug); vgl. Schönke-Schröder § 263 Rdnr. 82 m. w. Nachw. Das ist auch für das Zivilrecht insofern von Bedeutung, als § 263 StGB Schutzgesetz i. S. von § 823 Abs. 2 BGB ist, so daß dem Käufer gegen seinen Verkäufer wenigstens ein deliktsrechtlicher Schadensersatzanspruch erwachsen kann. Befriedigend ist dieses Ausweichen in das Deliktsrecht allerdings nicht, da das zu beanstandende Verhalten des Verkäufers vornehmlich in einer speziellen Beziehung zu seinem Vertragspartner, dem Käufer, mithin auf der vertraglichen Ebene liegt. Erwägenswert wäre, dem Käufer einen vertraglichen Ersatzanspruch für evtl. erlittene Schäden aus Verschulden bei Vertragsschluß zuzubilligen.

Anm. 150 Der Kaufvertrag begründet nur einen persönlichen Anspruch des Käufers gegen den Verkäufer auf Übergabe der Sache und Verschaffung des Eigentums (§ 433 BGB). Hat der Verkäufer dieselbe Sache vertragswidrig an verschiedene Käufer verkauft, so erwirbt bei beweglichen Sachen derjenige Käufer Eigentum, dem die Sache übergeben ist. Hat der Käufer, dem die Sache übergeben worden ist, Kenntnis vom Bestehen eines schuldrechtlichen Kaufvertrags eines anderen Käufers, so hängt es von den besonderen Umständen, namentlich auch den Beweggründen, ab, ob darin ein Verstoß gegen die guten Sitten nach § 826 BGB. seitens des Verkäufers und des Käufers zu erblicken ist (RG 88, 365; 83, 240; 62, 137; JW 1926, 986[5]; 1925, 1752[9]; 1922, 1390[6]; DRZ 1924, 523). Die Anwendbarkeit des § 826 BGB hat zur Folge, daß der ältere Käufer sowohl von dem Verkäufer wie von dem jüngeren Käufer die Wiederherstellung des früheren Zustandes (§ 249 BGB) als Schadensersatz, also ein Zusammenwirken der beiden zur Wiederherstellung, verlangen kann, damit diese ihm das Eigentum an der Sache verschaffen (RG 108, 59 unter Aufgabe von RG 103, 420). Die Gefahrtragung beim mehrfachen Verkauf derselben beweglichen Sache trifft denjenigen Käufer, der die tatsächliche rechtliche Herrschaft über die Sache zur Zeit des Eintritts der Gefahr erlangt hatte (§ 446 Abs. 1 BGB), nicht aber den Käufer, der die Sache erhalten haben würde, wenn sie nicht untergegangen wäre. Darüber, wann der Käufer eine solche Herrschaft erlangt hat, ausführlich die Komm. zu § 366 und unten Anm. 176ff.

Der Kauf der eigenen Sache ist nicht deshalb notwendig nichtig, weil in dem Versprechen des Verkäufers, dem Käufer das Eigentum zu verschaffen, eine unmögliche Leistung zu erblicken wäre (§§ 306ff. BGB; BGH 8, 231; vgl. jedoch Staudinger-Ostler § 433 Rdnr. 9, der allerdings trotz gegenteiligen Ausgangspunktes zu mit dem hier Vertretenen weitgehend übereinstimmenden Ergebnissen gelangt). Für die Nichtigkeit spricht auch nicht, daß niemand seine eigene Forderung durch Rechtsgeschäft nochmals erwerben (RG 80, 316), auch niemand seine eigene Sache an sich selbst herausgeben kann (RG 54, 224). Gegen die Nichtigkeit läßt sich andererseits nicht die Rechtsprechung (Warn. Rspr. 1913 Nr. 315; JW 1906, 437[25]) verwerten, wonach die Miete der eigenen Sache nicht zu beanstanden ist, wenn dem Vermieter die Verfügung über die Sache des Eigentümers zusteht. Auch die Annahme (Planck § 306 Erl. I, Erl. III 2 c zu Vorbem. vor §§ 275—292) führt nicht zum Ziel, daß beim Kauf der eigenen Sache die Verpflichtung zur Eigentumsübertragung wegfalle. Es kommt vielmehr darauf an, ob sich im einzelnen Falle dem Kauf der eigenen Sache ein verständiger Sinn abgewinnen läßt. So ist die Ersteigerung der eigenen Sache durch den Pfandeigentümer sicher nicht zu beanstanden (vgl. RG 66, 348), ebenso die Ersteigerung durch den Schuldner beim Zwangsverkauf. Kauft der Verkäufer Gegenstände, die er unter Eigentumsvorbehalt verkauft hatte, von dem Käufer zurück, bevor das Eigentum auf diesen übergegangen war, so ist dieses Geschäft nach § 140 BGB jedenfalls insofern rechtsgültig, als die Rückgängigmachung des früheren Kaufvertrages damit gemeint war (JW 1924, 1360[6]). Die Form des Rückkaufs kann aber auch ausdrücklich gewollt und dann wegen der Mängelhaftung bedeutsam sein (Staudinger-Ostler § 433 Rdnr. 9). Behauptet der auf Zahlung des Kaufpreises verklagte Käufer, die verkaufte Sache sei bereits sein Eigentum gewesen, der Kaufvertrag sei mithin auf eine unmögliche Leistung gerichtet und deshalb nichtig, so ist er für diese Einwendung beweispflichtig, denn er bestreitet damit nicht die Vertragserfüllung durch den Verkäufer (RG III[316]/ 33 Urt. vom 21. September 1934). **Anm. 151**

3. Die Auskunftspflicht. **Anm. 152**

Zur Übergabe- und zur Eigentumsverschaffungspflicht tritt noch die Auskunftspflicht über die rechtlichen Verhältnisse des Kaufgegenstandes als selbständige Nebenverpflichtung hinzu. Ausnahmsweise kann der Auskunftspflicht jedoch auch die Bedeutung einer Hauptpflicht zukommen, wie z. B. die Übergabe des Kfz-Briefes beim Kraftfahrzeugkauf (BGH NJW 1953, 1347). Über die Bedeutung der Begriffe Haupt- und Nebenpflicht und ihre Abgrenzung im allgemeinen vgl. unten Anm. 290 und 291 (ferner RG 126, 123; 108, 7; DR 42, 729). Was die Auskunftspflicht über die rechtlichen Verhältnisse angeht, so ist damit die Auskunft über dem Käufer nicht bekannte Mängel im Recht und Ansprüche Dritter gemeint; ganz abgesehen davon, daß sich aus der Unterlassung ein Verschulden bei Vertragsschluß oder bei Erfüllung des Vertrags ergeben kann. Rechtsbelehrungen hat der Verkäufer nicht zu erteilen (RG 52, 168). Auch über tatsächliche Verhältnisse hat der Verkäufer zwar nicht nach § 444 BGB, wohl aber nach § 242 BGB Auskunft zu erteilen, wenn Treu und Glauben nach der Verkehrsauffassung das Reden erfordern und der Käufer daher nach den Grundsätzen eines reellen Geschäftsverkehrs eine Aufklärung erwarten durfte (RG 111, 234; 62, 149). Die Auskunftspflicht besteht nicht beim Verkauf von Spekulationspapieren über dem Verkäufer bekannte allgemeine Anzeichen eines Kurssturzes (RG 111, 235). Eine Auskunftspflicht ist auch aus § 260 BGB herzuleiten, wenn der Verkäufer Gegenstände zu liefern hat, über deren Menge, Art oder Zusammensetzung nur er Kenntnis besitzt (RG 102, 237). Eine weitergehende Auskunftspflicht hat der Verkäufer nicht; insbesondere braucht er seinen Einkauf nicht klarzulegen; das wäre eine Rechenschaftspflicht, die nur dem obliegt, der fremde Angelegenheiten oder solche, die zugleich eigene und fremde sind, besorgt (RG 73, 288). Des ferneren ist dem Verkäufer die Pflicht auferlegt, die in seinem Besitz befindlichen, zum Beweis des Rechts dienenden Urkunden dem Käufer auszuliefern (§ 444 Satz 1 BGB), wie dies für die Forderungsabtretung bereits in § 402 BGB ausgesprochen ist. Aus dieser Pflicht folgt, daß der Verkäufer, wenn eine Urkunde noch andere Angelegenheiten betrifft, Einsicht in die Urschrift zur Vergleichung mit dem zu erteilenden öffentlich beglaubigten Auszug (§ 444

Satz 2 BGB) gestatten muß. Die Pflicht zur Herausgabe der Dispositionspapiere gehört nicht hierher, da § 444 S. 2 BGB nur Beweisurkunden betrifft, nicht aber Urkunden, deren Übergabe zum Rechtsübergang erforderlich ist. Das gleiche gilt für Urkunden, die als Bestandteile und Zubehör erscheinen. Über die Anwendbarkeit des § 444 S. 2 BGB auf Warenbegleitscheine für den Transitverkehr durch die DDR vgl. KG NJW 1965, 1605. Weil der Verkäufer nur die zum Beweis seines Rechts dienenden Urkunden herauszugeben hat, besteht für ihn auch keine Pflicht, andere sich auf die Kaufsache beziehende Urkunden, z. B. Zeugnisse über die Tauglichkeit der Ware zu dem ihm bekannten Verwendungszweck, auszufolgen.

Anm. 153 **4. Die Versendungspflicht.**

Von Gesetzes wegen ist der Verkäufer nicht verpflichtet, die Ware zu versenden. Eine Versendungspflicht ergibt sich weder aus § 433 BGB noch aus § 447 BGB (RG 88, 38; Bolze 19 Nr. 560; D. 229). Der Verkäufer erfüllt die ihm nach § 433 BGB obliegenden Verpflichtungen, indem er den verkauften Gegenstand dem Käufer am Ort seines Wohnsitzes oder seiner gewerblichen Niederlassung übergibt. Der Käufer muß sich die Ware somit abholen oder ihre Abholung veranlassen (sog. Holschuld). Dies ergibt sich aus § 269 Abs. 1 BGB, wonach der Schuldner mangels gegenteiliger Bestimmung am Ort seines Wohnsitzes oder seiner geschäftlichen Niederlassung zu leisten hat.

Anm. 154 **a) Eine abweichende Bestimmung** liegt vor, wenn die Parteien vereinbaren, daß der Verkäufer die Ware zum Käufer (oder an einen anderen verabredeten Ort) zu schaffen und dort zu übergeben hat. Durch diese Vereinbarung ist die (dispositive) Regel des § 269 Abs. 1 BGB in ihr Gegenteil verkehrt. Nicht der Käufer hat die Ware beim Verkäufer abzuholen, sondern umgekehrt der Verkäufer sie dem Käufer an den festgelegten Ort zu bringen (sog. Bringschuld). So hat z. B. beim Verkauf auf fob-Basis der im Binnenland sitzende Verkäufer die Ware auf das vom Käufer im Abgangshafen bereitgestellte Seeschiff zu bringen. Beim Verkauf „ex ship“ oder „ab Kai“ hat der Verkäufer die Ware dem Käufer im Bestimmungshafen auszuliefern (vgl. näher Anm. 282). Die Durchführung des Transports ist damit zum Bestandteil der Pflichten des Verkäufers geworden. Dies hat Bedeutung einmal für die Kostenverteilung: Die Kosten des Transports zum Bestimmungsort fallen dem Verkäufer zur Last, wobei allerdings zu beachten ist, daß gegenteilige Vereinbarungen stets zulässig und keinesfalls selten sind (vgl. dazu näher unten Anm. 238). Die andere Folge ergibt sich aus § 446 BGB: Der Verkäufer trägt die Preisgefahr, d. h. das Risiko, bei zufälligem Untergang oder Verschlechterung der Ware seines Kaufpreisanspruchs verlustig zu gehen, bis zur Übergabe der Ware am Bestimmungsort. Unter diesem Gesichtspunkt ist es gerechtfertigt zu sagen, der Erfüllungsort für die Leistungspflicht des Verkäufers sei von seiner Geschäftsniederlassung fort und an den Bestimmungsort verlegt, sofern dabei in jedem Augenblick berücksichtigt wird, daß es sich um nicht mehr als eine Kurzformel zur Umschreibung einer Gefahrtragungs- und Spesenregelung handelt. Rückschlüsse aus diesem Erfüllungsort auf den Gerichtsstand (vgl. §29 ZPO) und die auf die Verkäuferverpflichtung nach IPR (subsidiär) anzuwendende Rechtsordnung, die an sich beide ebenfalls in Abhängigkeit vom Erfüllungsort stehen, dürfen jedoch nur mit allergrößter Vorsicht gezogen werden. Ein näherer Blick auf die Interessen der Parteien und die Eigenart des bestreffenden Kaufvertrages (die stets den Vorrang gegenüber Deduktionen aus dem sog. Erfüllungsort haben) zeigt häufig, daß es dem Parteiwillen eher entspricht, es hinsichtlich beider zuletzt erwähnter Punkte bei dem Erfüllungsort des § 269 Abs. 1 BGB, nämlich dem Verkäufersitz, zu belassen (vgl. etwa Grossmann-Doerth S. 181 ff.). Diese Einsicht wird häufig auch durch den kaufmännischen Sprachgebrauch erschwert, der einen bestimmten Ort ausdrücklich zum Erfüllungsort erklärt und darunter zuweilen nur eine Regelung der Gefahrtragung, häufig aber umgekehrt nur die Vereinbarung eines Gerichtsstandes verstanden wissen will. Insgesamt hat — nicht zuletzt durch dieses Eindringen juristischer Terminologie in die kaufmännische Sprache — der Begriff des Erfüllungsortes mehr Verwirrung als Nutzen gestiftet. Dies gilt insbesondere für die Bestimmung der Verkäuferpflichten beim Versendungskauf und für die Streitfrage nach dem Erfüllungsort beim fob-Kauf (s. dazu unten Anm. 191 und 278).

Anm. 155 **b) Anders ist die Lage bei dem sog. (einfachen) Versendungskauf.** Hier ist der Verkäufer nicht bereit, die Verpflichtung zu übernehmen, die Ware zum Käufer zu bringen.

Er verpflichtet sich lediglich, dem Käufer das Abholen zu ersparen, indem er die Ware an dessen Stelle und in dessen Interesse an ihn absendet, auf den Weg bringt. Im übrigen aber will er so gestellt sein, als ob der Käufer die Ware der Regel entsprechend bei ihm abgeholt hätte. Aus der im Interesse des Käufers übernommenen Versendungspflicht soll ihm kein Nachteil erwachsen. Folgerichtig will er seinen Kaufpreisanspruch auch dann behalten, wenn die ordnungsgemäß abgesandte Ware vor der Ankunft beim Käufer sich zufällig verschlechtert oder untergeht, da der Käufer, hätte er die Ware selber abholen lassen, aus derartigen zufälligen Umständen ebenfalls kein Recht auf Verweigerung der Kaufpreiszahlung hätte herleiten können. Dieser Lage trägt § 447 BGB, einem schon vom ADHGB vorgefundenen Handelsbrauch folgend (vgl. Lutz Prot. I S. 635 und 639), Rechnung, indem er in seinem Abs. 1 bestimmt:

„*Versendet der Verkäufer auf Verlangen des Käufers die verkaufte Sache nach einem anderen Orte als dem Erfüllungsorte, so geht die Gefahr auf den Käufer über, sobald der Verkäufer die Sache dem Spediteur, dem Frachtführer oder der sonst zur Ausführung der Versendung bestimmten Person oder Anstalt ausgeliefert hat.*"

Die auf der Tatbestandsseite dieser Vorschrift aufgestellte Forderung, die Versendung müsse nach einem anderen Ort als dem Erfüllungsort erfolgen, grenzt den einfachen Versendungskauf von dem in der vorhergehenden Anmerkung behandelten Fall ab, daß Verkäufer die Lieferung am Bestimmungsort schuldet. Wurde dort durch die Bezeichnung des Bestimmungsortes als Erfüllungsort ausgedrückt, daß Verkäufer bis dorthin die Gefahr und die Kosten des Transports zu tragen hatte, so ist es folgerichtig und in sich beinahe zwangsläufig, daß das Gesetz den Versendungskauf dahingehend umschreibt, der Bestimmungsort, an den versendet werde, dürfe nicht der Erfüllungsort sein. Dieses technische Vorgehen des Gesetzes darf jedoch nicht dazu benutzt werden, § 447 BGB Bedeutung über den Rahmen einer Gefahrtragungsregelung hinaus beizumessen. Insbesondere darf es nicht zu der Annahme verleiten, der Verkäufer habe mit der Absendung, da die Ware in diesem Augenblick den Erfüllungsort verlasse, seine vertraglichen Verpflichtungen bereits erfüllt (so aber Oertmann, Der gewöhnliche Handelskauf in Ehrenbergs Handbuch des gesamten Handelsrechts 4. Band II. Abteilung S. 394 und 429). § 433 BGB gilt auch für den Versendungskauf. Hauptpflichten des Verkäufers sind somit auch hier Übergabe und Verschaffung des Eigentums. Eine andere Stellungnahme kann weder eine sachliche Notwendigkeit für sich ins Feld führen noch findet sie im Gesetz den geringsten Anhalt. Die Bestimmungen über die Tragung der Preisgefahr regeln die Frage nach dem Schicksal der Gegenleistung, wenn die Leistung nachträglich unmöglich wird. Von Tragung der Preisgefahr kann daher stets nur gesprochen werden, wenn die Leistung noch unmöglich werden kann. Das aber ist nur der Fall, wenn der Kaufvertrag noch nicht erfüllt ist. Die Vornahme der Versendung ist somit nicht Erfüllung der Hauptverpflichtung, sondern nur einer zusätzlich übernommenen Nebenverpflichtung. Der Verkäufer hat seine Hauptverpflichtung zur Übergabe und Eigentumsverschaffung mit der Absendung auch nicht etwa in der Weise erfüllt, daß nur der Leistungs**erfolg** in Gestalt von Besitz- und Eigentumsübergang am Bestimmungsort eintritt, die Leistungs**handlung** aber bereits mit der Absendung abgeschlossen wäre, wie es das Reichsgericht z. B. in RG 101, 153 vertreten hat, wo es ausführt: „Beim Versendungskauf hat der Verkäufer regelmäßig seiner Vertragspflicht der Warenübereignung Genüge geleistet, wenn er an seinem Wohn- oder Niederlassungsort, als dem Erfüllungsort, die Ware dem Spediteur zwecks Übermittelung an den Käufer übergeben hat"; eine ähnliche Auffassung scheint aus BGH 12, 267 zu sprechen, obwohl es dort nur um die Leistungs**zeit** geht. Diese Ansicht ist aus den folgenden Gründen unzutreffend. Auf der Handlungsseite gehört zur Verpflichtung des Verkäufers, alles zu tun, was außer der Mitwirkung des Käufers zur Eigentumsverschaffung und zum Besitzübergang erforderlich ist; d. h. der Verkäufer hat dem Käufer den verkauften Gegenstand tatsächlich anzubieten mit der (in der Regel stillschweigenden) Erklärung, er solle, indem ihn der Käufer entgegennimmt, dessen Eigentum werden. Dieses Angebot liegt nicht in der Übergabe der Sache an die Transportperson, denn diese nimmt die Ware nicht für den Käufer entgegen. Vielmehr erfüllt die Transportperson, indem sie nach durchgeführter Beförderung den Kaufgegenstand dem Käufer anbietet, die soeben gekennzeichnete

Verpflichtung des Verkäufers. Dann aber ist es unabweislich, daß am Empfangsort nicht nur der Erfolg, sondern auch der letzte Teil der Leistungshandlung, die mit der Versendung begonnen hat, bewirkt wird (wie hier insbesondere Bötticher, MDR 1949 S. 2ff. und Grossmann-Doerth S. 104ff. mit ausführlicher Begründung und umfangreichen Nachweisen). Der hier vertretenen Ansicht kann nicht entgegengehalten werden, sie mache die Transportperson in einer dem Sinn des § 447 BGB zuwiderlaufenden Weise zum Erfüllungsgehilfen des Verkäufers. Hinsichtlich der Beförderung der Ware kann die Transportperson schon deshalb nicht Erfüllungsgehilfe des Verkäufers sein, weil dieser außer den Hauptpflichten aus § 433 BGB nur die Versendung, nicht die Beförderung schuldet, ganz davon abgesehen, daß § 447 BGB in seinem Anwendungsbereich dem § 278 BGB stets als die speziellere Vorschrift vorzugehen hätte (darauf weist ausdrücklich Bötticher a. a. O. hin). Vom Transport zu unterscheiden ist die in Erfüllung der Pflichten aus § 433 BGB erfolgende Übergabe der Ware an den Käufer nach der Ankunft am Bestimmungsort, wodurch der Verkäufer seine mit der Versendung begonnene und durch den Transport unterbrochene Leistungshandlung zu Ende führt. Insoweit bedient sich der Verkäufer tatsächlich der Transportperson, so daß hier der Tatbestand des § 278 BGB gegeben ist. Sollte z. B. der Verkäufer den Adreßspediteur, der die Ware dem Käufer auszuliefern hat, beauftragen, die Ware vor ihrer Auslieferung erst in der vertraglich festgelegten Art zu teilen und zu verpacken und handelt hierbei der Spediteur nachlässig, so hätte dafür der Verkäufer nach § 278 BGB einzustehen, da dieser Schaden nicht zu dem den Käufer belastenden Transportrisiko gehört.

Anm. 156 **c) Inhalt und Umfang der Versendungspflicht:**

aa) Haftungsmaßstab und anzuwendendes Recht. Über die Art, wie der Verkäufer die ihm durch Vertrag oder Handelsgebrauch obliegende Übersendungspflicht zu erfüllen hat, fehlt ebenfalls eine Bestimmung. Der Art. 344 des ADHGB bestimmte, daß, wenn der Käufer über die Art der Versendung nichts bestimmt hatte, der Verkäufer für beauftragt galt, mit der Sorgfalt eines ordentlichen Kaufmanns die Bestimmung statt des Käufers zu treffen, insbesondere auch die Personen zu bestimmen, durch welche der Transport der Ware besorgt oder ausgeführt werden soll. Diese Vorschrift ist jetzt als selbstverständlich weggefallen (D. 229). Das gleiche gilt auch nach dem jetzigen Rechtszustand. Ist der Verkäufer nicht Kaufmann, so tritt an die Stelle der Sorgfalt eines ordentlichen Kaufmanns die im Verkehr erforderliche Sorgfalt (§ 347 HGB und § 276 GBG). Die Beobachtung der danach jeweils erforderlichen Sorgfalt hat der Verkäufer zu beweisen (RG JW 1901, 725[19]). Regelmäßig genügt es, wenn er zu seiner Entlastung nachweist, daß er für sein Verhalten die Billigung des Käufers voraussetzen durfte (RG 50, 174). Die in § 183 I 11 ALR bestimmte stillschweigende Genehmigung der Übersendungsart, falls der Käufer auf die erste davon erhaltene Nachricht nicht mit der ersten abgehenden Post seine Mißbilligung erklärt, ist in die modernen Gesetze nicht übernommen. Die Umstände werden aber auch unter dem jetzigen Rechtszustand oft etwas Ähnliches ergeben. Doch gilt das alles nur in dem Falle, in dem der Verkäufer an seinem Wohnsitz erfüllt und die Versendung ihm als Nebenverpflichtung obliegt. Erfüllt der Verkäufer erst am Bestimmungsort der Ware, so ist die Übersendung eine Sache, die den Verkäufer allein angeht (vgl. Anm. 154). Der Versendungsauftrag beurteilt sich nach dem Recht des Ortes, an dem der Auftrag zu vollziehen ist. Auch sonst müssen bei Beurteilung der Frage, ob der Verkäufer seine Verpflichtungen hinsichtlich der Versendung schuldhaft verletzt hat, stets die Verhältnisse am Ort und zur Zeit der Versendung mit berücksichtigt werden. Die dortigen Gebräuche entscheiden auch darüber, wie der Auftrag zu verstehen war.

Anm. 157 **bb) Abschluß des Transportvertrages.** Auch beim einfachen Versendungskauf, wie er in Anm. 155 geschildert ist, erfüllt der Verkäufer seine Versendungspflicht nicht schon durch die Übergabe an die Beförderungsperson, wie man es vielleicht aus dem Wortlaut des § 447 BGB herleiten könnte. Erforderlich ist vielmehr stets, daß er außerdem einen Fracht- oder Speditionsvertrag abschließt. Fraglich ist, in wessen Namen der Abschluß des Beförderungsvertrages geschieht. RG 26, 106 erachtet den Verkäufer nicht für berechtigt, die erforderlichen Speditions- und Frachtverträge im Namen des Käufers abzuschließen, weil es allgemein üblich sei, daß der Lieferant in eigenem Namen sendet; doch könne nach dem erkennbaren Parteiwillen im Einzelfall ein anderes gelten. Jedenfalls ist der Verkäufer nicht verpflichtet, im Namen des Käufers den Frachtvertrag zu schließen und sich dadurch des Verfügungsrechts über die Ware bis zur Beendigung des Transports zu begeben. (ROHG 13, 326). Mit Einverständnis des Käufers darf er selbstverständlich in dessen Namen abschließen. Der Käufer hat dem Verkäufer die Kosten zu ersetzen, gleichgültig, in wessen Namen der Beförderungsvertrag geschlossen wird. Ebensowenig spielt es eine Rolle, ob der Käufer die Transportperson bezeichnet oder ob sie der Verkäufer auswählt. Hat der Verkäufer mit dem Spediteur oder Frachtführer ausdrücklich „für Rechnung des Käufers" abgeschlossen, so gilt dies als Abschluß im Namen des Käufers (RG 97, 261). Über Versicherung für fremde Rechnung vgl. Komm. zu § 390; über Transportversicherung insbesondere §§ 129ff. VVG sowie unten Anm. 163; über die Stellung des Spediteurs beim Eigentumsübergang unten Anm. 171ff.; über das Verhältnis des Spediteurs zu Käufer und Verkäufer unten Anm. 197ff., sowie die Komm. zu §§ 407, 408.

d) Die Verpflichtungen des Verkäufers hinsichtlich der Art und Weise der Versendung: **Anm. 158**

aa) Die Bestimmung des Käufers. Über die Art der Versendung entscheidet zunächst die Bestimmung des Käufers (§ 447 Abs. 2 BGB). Mitunter wird in dem Vertrag Parität (= Frachtparität) einer als Bestimmungsort zu betrachtenden Station, z. B. „Parität Berlin" vorgeschrieben. Das bedeutet, daß dem Käufer die Angabe des Bestimmungsorts der Ware vorbehalten ist, der Verkäufer aber, gleichgültig, welchen Bestimmungsort der Käufer angeben wird, den Käufer rechnungsmäßig so zu stellen hat, als hätte der Verkäufer die Ware vom Erfüllungsort nach dem Ort, dessen Parität maßgebend sein soll, also hier nach Berlin, befördert und der Käufer sie dort abgenommen (vgl. Hamburg SeufA 63 Nr. 200). Häufig findet sich zur Umschreibung des gleichen Sachverhalts auch der Ausdruck Frachtbasis, obwohl dieser bei korrektem Gebrauch sich nicht auf eine Empfangs-, sondern eine Verladestation bezieht (Leistritz, Kleines Klausel-Lexikon S. 50). Im übrigen hat der Verkäufer den Weisungen des Käufers, gleichgültig, ob dem Käufer die Bestimmung ausdrücklich vorbehalten ist oder nicht, Folge zu leisten. Der Käufer kann verlangen, daß der Verkäufer nach einem anderen Ort als nach seinem Wohnort sendet oder nach einem anderen Ort als im Vertrag ausgemacht. Auch einer nachträglichen Änderung oder einem nachträglichen Widerruf der bereits erteilten Versendungsanweisung hat sich der Verkäufer zu fügen (RG LZ 1927, 1528[3]). Dies ergibt sich nach § 242 BGB aus der Natur jedes Distanzkaufs. Denn es wird dem Verkäufer regelmäßig gleichgültig sein, wohin er die Ware sendet, während es für den Käufer von Bedeutung ist, die Ware auch dort in Empfang nehmen zu können, wo er sie verwenden will, und dieser Verwendungsort ändert sich nach Abschluß des Kaufvertrages und vertraglicher Festsetzung des Bestimmungsortes nicht selten. Das Recht des Käufers, von der vertraglich vereinbarten Versendungsart oder der bereits getroffenen einseitigen Bestimmung abzuweichen, findet ihre Grenze dort, wo der Verkäufer ein beachtenswertes Interesse an der vereinbarten Versendung oder an dem Bestehenbleiben der früher erteilten Anweisung hat (RG JW 1917, 283[2]), z. B. bei Versendung ins Ausland, die ihm Gewähr dafür bieten soll, daß die Ware ihm nicht auf dem inländischen Markt Abbruch tut (RG LZ 1927, 1528[3]). Hat der bezeichnete Empfänger (Abkäufer, Spediteur, Frachtführer) die Ware an den Verkäufer zurückgehen lassen, oder der vom Käufer bezeichnete Frachtführer oder Spediteur die Annahme des Gutes verweigert, so gerät der Käufer in Annahmeverzug. Erteilt der Käufer nun Weisung, die Ware an einen anderen Kunden zu schicken, so muß der Verkäufer dieser Weisung unter gewöhnlichen Umständen nachkommen. Er hat jedoch Anspruch auf Ersatz der Mehraufwendungen für das erfolglose Angebot zur Aufbewahrung und Erhaltung der Ware (§ 304 BGB). Ungewöhnliche, im Vertrag nicht vorgesehene Transportmittel oder Transportwege, die ungewöhnliche Schwierigkeiten mit sich bringen, braucht sich der Verkäufer nicht vorschreiben zu lassen. Wenn jedoch im Interesse des Käufers ein Umweg, indirekte Verladung, nötig ist und der Käufer die Mehrkosten trägt, so ist der Weisung nachzukommen, es sei denn, daß in einem wichtigen Punkte die Interessen des Verkäufers verletzt würden (RG JW 1917, 357[4] und 283[2]).

bb) Recht zum Abweichen von der Bestimmung. Von der ihm seitens des Käufers erteilten Anweisung darf der Verkäufer nur bei Vorliegen eines dringenden Grundes abweichen (§ 447 Abs. 2 BGB). Ein dringender Grund liegt vor, wenn die An- **Anm. 159**

weisung des Käufers offensichtlich auf einer falschen Einschätzung der maßgeblichen Umstände, insbesondere auf einem Irrtum über die Größe der Gefahr, der die Ware durch seine Anordnung ausgesetzt wird, beruht. In diesem Fall ist der Verkäufer nicht nur berechtigt, von der ihm erteilten Anweisung abzuweichen; er ist vielmehr sogar verpflichtet, den Käufer zumindest auf die von letzterem nicht erkannte Unzweckmäßigkeit der Anordnung hinzuweisen. Die Anforderungen an den Verkäufer dürfen jedoch keinesfalls überspannt werden. Abgesehen von den bezeichneten Fällen bleibt es dabei, daß der Verkäufer die Anordnungen des Käufers hinzunehmen hat und darauf vertrauen darf, daß die Anordnung des Käufers wohlüberlegt sei. Dies gilt in besonderem Maße, wenn dem Käufer auf Grund seiner Tätigkeit und Erfahrung besondere Sachkenntnis zugetraut werden kann (vgl. dazu BGH LM Nr. 2 zu § 447 BGB = MDR 1962, 565 für den Fall einer unzweckmäßigen Verpackungsanweisung). Im übrigen aber ist der Verkäufer auch sonst nicht buchstäblich an die Bestimmung des § 447 Abs. 2 BGB gebunden. Wenn der Verkäufer die Billigung des Käufers voraussetzen darf oder wenn der Verkäufer, um die Unmöglichkeit der Versendung zu verhindern, um Lagerkosten oder den Verderb der Ware zu verhüten, eine andere Beförderungsart wählt, z. B. wenn er bei Überlastung der Bahn statt Bahnversandes den Wasserweg oder statt gewöhnlicher Fracht Eilfracht wählt, damit die Ware rechtzeitig eintrifft, oder der Sicherheit wegen einen Umweg vorzieht, so ist dem Verkäufer kein Vorwurf zu machen; es sei denn, daß er einem ausdrücklichen Verbot entgegengehandelt hätte. Je nach der Dringlichkeit ist der Verkäufer nicht einmal zu tadeln, wenn er nicht zuvor beim Käufer anfragt. Ist ausdrücklich eine bestimmte Verpackungsart vorgeschrieben, so bedeutet eine Nichtbeachtung nicht immer einen Sachmangel (§ 377 Anm. 9).

Anm. 160 Die Beweislast trifft den die Anordnung verletzenden Verkäufer sowohl dafür, daß ein dringender Grund vorlag, als auch dafür, daß der Schaden auch sonst eingetreten wäre. Die Ursächlichkeit der Abweichung für den Schaden hat der Käufer zu beweisen. Zur Annahme des ursächlichen Zusammenhanges genügt es im Falle der Abweichung von der Anweisung (§ 447 Abs. 2 BGB), daß der schädigende Erfolg, der, wenn auch nicht ausschließlich durch Verschulden des Verkäufers, eingetreten ist, doch jedenfalls dann nicht eingetreten wäre, wenn der Verkäufer die Anweisung nicht grundlos verletzt hätte (RG „Recht" 1905, 280[1270]). Weder hat der Käufer die Beweislast dafür, daß der Verkäufer die Sorgfalt nicht beobachtet habe, noch, daß der Schaden nicht eingetreten wäre, wenn der Verkäufer gehörig verfahren wäre. Denn der Einwand des Käufers, der Verkäufer habe sich nicht an den Auftrag gehalten, ist lediglich motiviertes Leugnen. Der Verkäufer muß dartun, daß der Auftrag so lautete, wie er ihn ausgeführt, und daß er dabei sorgfältig verfahren sei (JW 1901, 725[19]; oben Anm. 156 u. 158). Hält der auf den Kaufpreis verklagte Käufer dem Verkäufer entgegen, daß dieser auftragswidrig verfahren sei (z. B. dem Abkäufer die falsche Ware infolge Verwechslung ausgeliefert, die richtige Ware an den falschen Adressaten, oder die richtige Ware an den richtigen, nachträglich in Konkurs geratenen Adressaten, aber auf Kredit statt gegen Barzahlung abgeliefert habe) und dadurch den Verlust der Ware verursacht habe, so liegt die Sache so, wie wenn der Verkäufer die Ware ohne Auftrag ausgefolgt hätte. Diese auftragswidrige Ausfolgung braucht der Käufer nicht gelten zu lassen. Durch die auftragswidrige Auslieferung hat sich der Verkäufer die Vertragserfüllung unmöglich gemacht und daher den Anspruch auf den Kaufpreis verloren (§ 325 BGB). Beschränkt sich der Käufer nicht auf die Zurückweisung der Kaufpreisforderung, sondern verlangt er Schadensersatz wegen auftragswidrigen Verhaltens, also wegen schuldhafter Vertragsverletzung, so muß der Käufer die Beschränkung des Auftrags, also z. B. beweisen, daß der Verkäufer die Ware nur gegen bar ausfolgen durfte (JW 1908, 479[11]; § 377 Anm. 130 und unten Anm. 518. Über Verpackungsmängel Anm. 237).

Anm. 161 Die Bestimmung des Käufers (in § 447 Abs. 2 BGB Anweisung genannt) schafft eine Art Auftragsverhältnis, bildet aber wie die Versendungspflicht überhaupt (siehe dazu oben Anm. 155) gesetzlich einen wesentlichen Teil des Kaufvertrags in Form einer Nebenverbindlichkeit und nicht etwa einen besonderen Auftragsvertrag neben dem Kaufvertrag (RG JW 1924, 812[20]). Der Auftrag erlischt daher nicht durch Kündigung oder Tod einer Partei. Ferner folgt daraus, daß der Verkäufer sich durch den Nachweis entlasten muß, er habe den Auftrag mit der gehörigen Sorgfalt ausgeführt. Solange er diesen Nachweis nicht geführt hat, hat er seinen Verpflichtungen aus dem Kaufvertrag nicht genügt.

cc) Verpflichtungen des Verkäufers beim Fehlen einer Bestimmung. In Ermangelung **Anm. 162** einer Bestimmung des Käufers gilt der Verkäufer als beauftragt, an dessen Stelle die Bestimmung zu treffen, sobald der Käufer die Absendungsorder erteilt hat. Erteilt der Käufer keine Order, so verzögert er den Abruf. Bei Vornahme der Bestimmung hat der Verkäufer möglichst im Sinne und Interesse des Käufers zu handeln. Seine Bestimmungspflicht erstreckt sich sowohl auf die Versendungsart als auch auf die Wahl der Verpackung und des Spediteurs oder Frachtführers. So hat der Verkäufer insbesondere darüber zu entscheiden, ob die Ware als Poststück, eingeschrieben oder als Wertpaket, als Frachtgut, Eilgut, in bedecktem oder unbedecktem Wagen, ob durch Boten, auf Schiff oder Achse, auf diesem oder jenem Wege, ob bei nassem oder trokkenem Wetter, ob bei hoher oder niedriger Temperatur, ob in Leinwand oder Kisten gepackt, mit oder ohne Schloß zu versenden oder sonstwie während der Reise besonders zu sichern ist. Bei allem muß der Verkäufer auf möglichste Sicherung des Käufers hinsichtlich der von diesem zu tragenden Gefahr bedacht sein, also z. B. frostempfindliche Ware nicht bei Frost oder nur gehörig verpackt absenden (RG 106, 309; Dresden OLGE 28, 170), mag auch vereinbart sein, daß Frostgefahr zu Lasten des Käufers gehe. Bei Transport über See muß der Verkäufer für seemäßige Verpackung sorgen (RG JW 1895, 523[21]). Er darf sich aber darauf verlassen, daß der Schiffer die Ware nicht entgegen § 566 HGB auf Deck verlädt (HansOLG HansGZ 1911 Hptbl. 200). Versendung eines Wertpakets unter zu geringer Wertangabe kann schuldhafte Verletzung der dem Verkäufer obliegenden Interessenwahrung darstellen, denn im Falle des Verlustes bekommt man im ersten Fall vollen, im anderen nur Teilersatz. In unsicheren Zeiten hat der Verkäufer bei Versendung wertvoller Ware durch die Post die Sendung entweder als Wertpaket abgehen zu lassen oder Versicherung gegen Diebstahl zu nehmen (siehe unten Anm. 163). Ebenso, wenn am Versendungsort ein dahin gehender Handelsbrauch besteht. Es kann eine Pflicht des Käufers bestehen, den Verkäufer darauf aufmerksam zu machen (Rostock in OLGE 43, 45). Kann der Verkäufer die Lieferfrist nur durch Eilgutsendung wahren, so muß er Eilfracht wählen (RG „Recht“ 1917 Nr. 1225). Der Verkäufer muß auch die kürzeste Beförderung namentlich bei solcher Ware wählen, die dem Verderben ausgesetzt ist (ROHG 19, 245). Unkenntnis der verschiedenen Wege entschuldigt nicht. Es kann den Verkäufer auch dann ein Verschulden treffen, wenn er die Ware, um sie Gefahren zu entziehen, einen Umweg machen läßt, der aber andere Gefahren mit sich bringt (vgl. RG 112, 289). Auch den billigsten Weg und die sicherste Beförderungsart muß er aussuchen. Ferner hat der Verkäufer die Person, die den Transport besorgt sorgfältig zu wählen. Hat der Verkäufer die Ware in gehöriger Verpackung dem sorgfältig ausgewählten Spediteur oder Frachtführer übergeben und mit diesem den Beförderungsvertrag geschlossen, so trifft ihn keine Sorge mehr für die sachgerechte Verladungs durch den Frachtführer (Hamburg OLGE 24, 195; vgl. auch den vom OLG Hamburg MDR 1966, 1009 entschiedenen Fall, in welchem die Ware dadurch zu Schaden gekommen war, daß der Spediteur die Ware in einem ungeeigneten Eisenbahnwagen zur Versendung gebracht hatte), es sei denn, daß er auch die Beladung übernommen hat. In diesem Fall hat er auch die Verstauung zu besorgen. (Über die Rechtslage in diesem Fall vgl. § 377 Anm. 8 f., 102). Der Verkäufer ist nicht verpflichtet, die Ware dem Käufer durch den Spediteur in sein Geschäftslokal zurollen zu lassen (RG JW 1925, 607[11]). Die Beschränkung der Sorgfalt auf die gehörige Versendung enthebt den Verkäufer nicht der Pflicht, sich auch um das gehörige Abrollen der Ware und um deren Verbleib zu kümmern, wenn sie beim Adressaten nicht eintrifft oder der Adressat nicht aufzufinden ist. Aus der Übersendungspflicht kann sich für den Verkäufer ferner die Verpflichtung ergeben, sich um ein Transportmittel zu bemühen; so muß er sich z. B. bei Versand auf dem Schienenwege um die Gestellung der erforderlichen Waggons durch Anforderung bei der Bahn bemühen. Eine Verpflichtung zur Gestellung der Waggons besteht dagegen beim Versendungskauf nicht. Stoßen die Bemühungen des Verkäufers auf außergewöhnliche Schwierigkeiten, so braucht er ungewöhnliche Anstrengungen nicht zu machen. Er genügt seiner Pflicht durch Mitteilung der Hinderungsgründe an den Käufer. Das folgt daraus, daß der Verkäufer, wie oben Anm. 155 dargelegt, die Versendungspflicht ausschließlich im Interesse des Käufers übernommen hat, im übrigen aber so gestellt sein will, als ob die Ware bei ihm abzuholen sei, und gilt auch dann, wenn gegen Duplikatfrachtbrief zu zahlen ist oder wenn der Verkäufer „franko Waggon" (unten Anm. 233 sowie § 346 Anm. 149) verkauft hat (RG 103, 130; Hamburg SeuffA 72 Nr. 119). Denn die Klausel „frei Waggon" regelt nur die Transportkosten, bestimmt aber nicht, wer die Waggons zu stellen hat. Es ist dann Sache des Käufers, dafür zu sorgen, daß die Versendung ausgeführt werden kann (RG 103 a. a. O.). Unterläßt der Käufer dies, so verletzt er seine Abnahmepflicht mit den daraus folgenden in Anm. 229 dargelegten Konsequenzen. Durch die Klausel „Lieferung freibleibend" (vgl. § 346 Anm. 140) werden dem Käufer alle Versendungsschwierigkeiten der vertragsmäßigen Versendungsart aufgebürdet. Der Verkäufer kann zurücktreten, wenn diese Schwierigkeiten bis zur vertragsmäßigen Lieferzeit nicht zu beseitigen sind. Solange der Verkäufer der oben erwähnten Verpflichtung nicht genügt, kommt der Käufer weder in Annahme- noch in Zahlungsverzug. Die Kosten der Verpackung trägt der Käufer (siehe dazu unten Anm. 235).

Anm. 163 **dd) Versicherungspflicht.** Eine Verpflichtung, die bei ihm lagernde Ware gegen Feuer zu versichern oder Transportversicherung zu nehmen (§ 129 VVG), hat der Verkäufer ebenso wie der Kommissionär (§ 390), der Spediteur (§ 408), der Lagerhalter (§ 417) und der Frachtführer (§ 425) nur, wenn solche üblich ist (Ratibor JW 1920, 725[13]; Rostock OLGE 43, 45), oder wenn er vom Käufer dazu Auftrag erhalten hat. In unsicheren Zeiten ist es geboten, Postpakete von nicht unerheblichem Werte zu versichern (Königsberg OLGE 41, 110; a. M. Hamburg OLGE 41, 109), wenn nicht die Sendung als Wertpaket vorgezogen wird (vgl. auch vorige Anm.). Über die Üblichkeit entscheidet der Versendungsort. Der Auftrag kann ein stillschweigender sein und sich aus den bisherigen Gepflogenheiten der Parteien ergeben. Ein Auftrag zur Versicherung erhält im Zweifel nur den Auftrag zur Versicherung der gewöhnlichen Transportgefahren, d. h. gegen Feuer und Einbruchsdiebstahl. Verlangt der Käufer die Zusage, daß ihm genügend Gewähr für den Empfang der Ware ohne Rücksicht auf die Kosten geboten werde, so verlangt er damit Versicherung nicht nur gegen die üblichen Transportgefahren, sondern gegen jegliche Transportgefahr, auch gegen Aufruhr und Plünderung (Braunschweig OLGE 43, 45). Erlangt Verkäufer als Versicherungsnehmer den Entschädigungsanspruch gegen den Versicherer wegen Unterganges oder Beschädigung der Ware zu einer Zeit, da die Gefahr gemäß §§ 446, 447 BGB auf den Käufer übergegangen war, so kann Käufer Abtretung des Anspruchs nach § 281 BGB verlangen. Über die Andienung der Transportversicherungspolice beim Abladekauf s. unten Anm. 275. Beim fob-Verkauf ist es Sache des Verkäufers, Transportversicherung bis zum Schiff zu nehmen, weil er bis dahin die Gefahr trägt (unten Anm. 278). Kommt aber Seeversicherung in Betracht, so muß der Verkäufer beim Käufer anfragen. Verzögert der Käufer auf Anfrage die Antwort wegen der Versicherung, so gerät er in Annahmeverzug, wenn der Verkäufer verladebereit war; denn in der Anfrage lag das tatsächliche Angebot. Über die Versicherungspflicht des cif-Verkäufers s. unten Anm. 255. Bei Übersendung von Wertpapieren in das Ausland wird beim Fehlen besonderer Weisung regelmäßig eingeschriebener Brief und Versicherung zum vollen Wert genügen. Ob der Verkäufer die Versicherung in eigenem Namen und für eigene Rechnung oder für fremde Rechnung, d. h. in eigenem Namen für den Käufer mit oder ohne Nennung des Käufers, nimmt (§§ 74ff. VVG), ist nicht einerlei (hierüber § 390). Die Auslagen sind dem Verkäufer entsprechend § 670 BGB zu ersetzen; sie müssen ihm vom Käufer sogar im voraus bezahlt werden; denn der Verkäufer braucht nicht in Vorschuß zu gehen. Provision kann der Verkäufer aber nicht berechnen (§ 354). Hat der Verkäufer, ohne dazu verpflichtet zu sein, Versicherung genommen, so kommen die Grundsätze über auftragslose Geschäftsführung zur Anwendung (§§ 677ff. BGB). Hat der Spediteur oder Frachtführer ohne Wissen des Käufers oder des Verkäufers Versicherung genommen, so muß der Käufer zahlen, sonst setzt er sich dem Zurückbehaltungsrecht der Transportperson aus (RG 99, 56). Die Bemerkung „ohne weitere Versicherung" in der Verladeanzeige des Verkäufers besagt nur, daß er keine Versicherung genommen habe, enthält aber keine Weisung an den von ihm beauftragten Spediteur, die Versicherung nicht vorzunehmen (Hamburg HansGZ 1921 Hptbl. 118). Über diese Fragen s.

Richter, Die Versicherung der in einem Betriebe zur Bearbeitung befindlichen fremden Ware gegen Feuersgefahr, Hannover 1913. Ist der Käufer mit Annahme oder Abnahme der noch beim Verkäufer lagernden Ware in Verzug geraten, so kann der Verkäufer dem Käufer die Versicherung mit angemessener Frist kündigen; denn der Käufer kann durch seinen Verzug den Verkäufer nicht belasten. Über zur Verfügung gestellte Ware Anm. 230. Über Versendungskauf und Transportversicherung sowie über das versicherte Interesse beim Versendungskauf auch Wussow DB 1965, 881 sowie Hertlin ZfV 1964, 982.

ee) Rechtliche Natur der Beauftragung des Verkäufers. Wenn oben gesagt wurde, daß in Ermangelung einer Bestimmung des Käufers der Verkäufer als beauftragt gilt, an Stelle des Käufers die Bestimmung zu treffen, so ist auch hier wiederum kein Auftrag im Sinne eines Auftragsvertrages gemeint. Es soll damit nur gesagt sein, daß der Verkäufer die Bestimmung über die Versendungsart zu treffen hat, wenn der Käufer schweigt. Der Verkäufer ist nicht Beauftragter, der seinen Auftrag auch niederlegen kann, auch nicht Spediteur mit der Vergünstigung der kurzen Verjährung. Der Verkäufer handelt lediglich als solcher und erfüllt seine Vertragspflichten (RG 88, 38). Dem steht RG 103, 130 nicht entgegen. Auch in diesem Falle ist die Versendungsperson, deren sich der Verkäufer bedient, regelmäßig nicht sein Erfüllungsgehilfe nach § 278 BGB. Erteilt der Verkäufer jedoch dem Spediteur im eigenen Interesse besondere Weisungen hinsichtlich der auf dem Transport zu treffenden Maßnahmen (z. B. Entfernung von Schutzdecken), so haftet er für ein Verschulden des Spediteurs in Befolgung seiner Weisung (RG 115, 162; vgl. dazu Schmidt-Ernsthausen JW 1927, 1087). **Anm. 164**

e) Verletzung und Unmöglichkeit der Versendungspflicht: **Anm. 165**

aa) Nichterfüllung durch unberechtigte Nichtversendung. Nichterfüllung im Sinne unberechtigter Nichtversendung berechtigt den Käufer zur Klage auf Erfüllung. Sie kann ferner Verzug darstellen mit der Wirkung, daß der Verkäufer zum Ersatz des durch die verspätete Versendung entstandenen Schadens verpflichtet ist (§ 286 Abs. 1 BGB). Wird die Leistung während des Verzugs zufällig unmöglich, so hat der Verkäufer auch dies zu vertreten, es sei denn, daß die Unmöglichkeit auch bei rechtzeitiger Versendung eingetreten wäre (§ 287 S. 2 BGB; vgl. auch RG WarnRspr. 1918 Nr. 84). Der Käufer kann bei Verzögerung der Versendung auf die Versendung verzichten und am Leistungsort des Verkäufers abnehmen (RG 92, 14). In aller Regel gerät der Verkäufer, der die Versendung schuldhaft verzögert, auch mit der Erfüllung seiner Hauptpflichten aus § 433 BGB in Verzug, so daß dem Käufer auch die Rechte aus § 326 BGB zu Gebote stehen. Zu der Frage, wann die Versendung verspätet ist, vgl. BGH 12, 267. Danach soll der Verkäufer die ihm obliegende Leistung noch innerhalb der ihm vom Käufer nach § 326 BGB gesetzten Nachfrist bewirkt haben, wenn er die Ware am letzten Tage dieser Frist dem Spediteur zum Versand übergeben hat, auch wenn sie erst nach Fristablauf beim Käufer eingetroffen ist. Dieser Auffassung kann nicht gefolgt werden. Abgesehen davon, daß die Leistung nur dann rechtzeitig bewirkt ist, wenn auch der Erfüllungserfolg innerhalb der Frist bewirkt ist, beruht die Auffassung des BGH auf der bereits oben Anm. 155 abgelehnten Prämisse, beim Versendungskauf erschöpfe sich die Leistungshandlung in der Übergabe der Ware an die Transportperson; kritisch zu der BGH-Entscheidung auch Kornblum, Verzug und Versendungskauf BB 1963, 291ff. Über den Unterschied zwischen der Haftung aus Verletzung der Versendungspflicht und den Gewährleistungsansprüchen wegen Mängel der Verpackung vgl. § 377 Anm. 8f., 102 und unten Anm. 167 u. 237.

bb) Unmöglichkeit der Versendung (vgl. Sieveking, Transporthindernisse beim Versendungskauf, MDR 1949, 329ff.) infolge eines vom Verkäufer nicht zu vertretenden Umstandes (Gütersperre, Unruhen u. dgl.) berechtigt den Käufer, die Versendung selbst vorzunehmen. Sie berechtigt ihn regelmäßig aber noch nicht zur Verweigerung der Zahlung des Kaufpreises wegen Unmöglichkeit der Erfüllung dieser Nebenleistung (Hamburg SeuffA 72, 188; Anm. 290). Die in der Nichtversendung liegende teilweise Unmöglichkeit steht völliger Unmöglichkeit nicht gleich; es muß sich vielmehr der Käufer die Leistung, soweit sie noch möglich ist, gefallen lassen, also die Ware am Erfüllungsort des Verkäufers abnehmen unter Minderung des Kaufpreises oder des Gegenwertes — Skonto, Fracht, Versicherung — (§ 323 Abs. 1 Halbs. 2 BGB). Die Minderung **Anm. 166**

erfolgt nach § 323 Satz 2, § 472 BGB (RG 92, 17). Ist hingegen die Versendungsvereinbarung ausnahmsweise als wesentlicher Vertragsbestandteil anzusehen, so ist der Käufer zu solcher Abnahme nicht verpflichtet. Er kann sich auf den Standpunkt stellen, daß die Nichterfüllung der Versendungspflicht Nichterfüllung des gesamten Vertrages bedeutet; so im allgemeinen bei cif- und fob-Geschäften (vgl. RG 88, 37; 92, 14; unten Anm. 248). Bei der Klausel „Kasse gegen Dokumente" ist der Käufer nicht verpflichtet, ohne Übergabe der Konnossemente zu zahlen, mag auch die Verschiffung der Ware, ohne welche ja die Konnossemente nicht beschafft werden können, ohne sein Verschulden dem Verkäufer unmöglich geworden sein (RG 88, 37). Ist die Verpflichtung des Käufers zur Gestellung der Transportmittel zu einer bestimmten Zeit zu einem wesentlichen Vertragsbestandteil gemacht, so daß die Erfüllung zu anderer Zeit nach Absicht der Parteien eine wesentlich andere als die vertragliche Leistung darstellt, so wird der Verkäufer bei nicht rechtzeitiger Stellung überhaupt frei (ROHG 10, 295).

Anm. 167 **cc) Die Vorschrift des § 447 Abs. 2 BGB** gibt lediglich den Satz 2 Abs. 1 Art. 345 des ADHGB wieder; sie schließt sich der Bestimmung an, wann im Falle der Versendung der Ware die Gefahr auf den Käufer übergeht. Aber sie gehört eigentlich nicht in diesen Zusammenhang. Denn keineswegs sollte mit dieser Vorschrift gesagt sein, daß der Verkäufer, der gegen eine Versendungsanweisung des Käufers verstößt, die Gefahr trage. Er hat vielmehr nur den durch seine schuldhafte Zuwiderhandlung dem Käufer erwachsenen Schaden zu tragen. Die Gefahr eines auf anderen Umständen beruhenden zufälligen Untergangs hat auch hier der Käufer zu tragen (s. Anm. 192); denn der Übergang der Gefahr auf den Käufer wird durch eine derartige Abweichung des Verkäufers von der Anweisung des Käufers nicht gehindert, weil die Gefahrtragung nur zufällige Ereignisse in sich begreift (Mot. II 328). Einstehen für Verschulden und Tragen der Gefahr (Einstehen für nicht verschuldetes Unglück) sind verschiedene Begriffe (Hamburg OLGE 2, 218; s. Anm. 186). Beispiele: Der Verkäufer sendet die Ware anstatt mit dem ihm angewiesenen Schiffe A mit dem Schiffe B, es gehen aber beide unter: der Schaden trifft den Käufer. Oder der Verkäufer versendet statt in Fässern in Säcken, und es wird die Ware feucht. Oder der Verkäufer versendet mit gewöhnlicher Fracht statt mit Eilfracht, und die Ware kommt beschädigt an. In allen diesen Fällen haftet der Verkäufer für die Abweichung nicht, wenn er beweist, daß auch bei Beobachtung der nötigen Sorgfalt derselbe Schaden eingetreten wäre. Zur Annahme des ursächlichen Zusammenhangs genügt es, daß der schädigende Erfolg, wenn er auch nicht ausschließlich durch Verschulden des Verkäufers eingetreten ist, doch jedenfalls dann nicht eingetreten wäre, wenn er die Anweisung des Käufers nicht grundlos (Anm. 159) verletzt hätte. Dazu ist jedoch zu bemerken: Die Bestimmung über die Versendungsart gewinnt eine besondere Bedeutung, wenn von der Versendungsart (z. B. mittels eines ganz bestimmten Dampfers, oder ohne Umladung mit durchgehendem Konnossement) ausnahmsweise die Beschaffenheit der Ware betroffen wird. Die entgegen dieser Vereinbarung über die Versendungsart beförderte Ware ist nicht mehr die vertragsmäßige; es fehlt ihr eine zugesicherte Eigenschaft (RG 1, 302; ROHG 3, 220; RG in HansGZ 95, 171). Der Käufer kann die Ware zurückweisen. Ein nochmaliges Angebot anderer Ware braucht er nicht anzunehmen. Über das durchgehende Konnossement (Durchkonnossement, Durchfrachtkonnossement) unten Anm. 265. Wird durch die Nichteinhaltung der Versendungsart nicht die Beschaffenheit der Ware betroffen, sondern wird nur der Preis durch verspätete Ankunft beeinflußt, und ist die Einhaltung der vorgeschriebenen Versendungsart so wesentlich, daß eine auf andere Art beförderte Ware nicht mehr als Erfüllung gilt, so trifft, soweit Verspätung in Frage steht, § 326 Abs. 2 BGB zu; d.h. der Käufer hat an der Erfüllung kein Interesse mehr (vgl. auch unten Anm. 424 u. § 376 Anm. 7; vgl. Heuer LZ 1911, 115). Ist die Versendungsart nicht so wesentlich, daß eine auf andere Art beförderte Ware nicht mehr als Erfüllung gilt, so ist ein Interesse an der Lieferung noch vorhanden, es bedarf der Androhung und Nachfristsetzung nach § 326 Abs. 1 BGB (Kiel SeuffA 69 Nr. 87).

Anm. 168 **dd) Schlechterfüllung der Versendungspflicht außerhalb des Anwendungsbereichs von § 447 Abs. 2 BGB.** Außerhalb des Anwendungsbereichs des § 447 Abs. 2 BGB ergibt sich die Schadensersatzverpflichtung des Verkäufers für schuldhafte Schlechterfüllung seiner Versendungspflicht aus den Regeln über die positive Forderungsverletzung (vgl. etwa

OLG Hamburg MDR 1966, 1009). Gleichgültig ist, ob der Schaden an der Ware erst nach Ablieferung an den Frachtführer eingetreten ist, sofern er nur auf eine Pflichtverletzung des Verkäufers bei der Versendung ursächlich zurückzuführen ist (KG EisenbahnE 42, 182; ROHG 23, 147; vgl. ferner BGH DB 1964, 1697). Den Schadensersatzanspruch kann der Käufer gegen die Kaufpreisforderung zur Aufrechnung stellen. Der Verkäufer kann diesen Anspruch nur dadurch abwenden, daß er beweist, er habe die erforderliche Sorgfalt angewendet oder sein Verschulden sei nicht ursächlich für den Eintritt des Schadens gewesen (vgl. auch Anm. 186). Ist die Ware infolge der mangelhaften Versendung oder Verpackung auf dem Transport untergegangen, so liegt sogar eine vom Verkäufer zu vertretende Unmöglichkeit der Erfüllung der Hauptpflichten aus § 433 BGB vor (§ 325 BGB), da durch die Versendung allein weder das Eigentum noch der Besitz auf den Käufer übergegangen waren (vgl. dazu ausführlich oben Anm. 155 u. 171ff.). Hat der Käufer die durch mangelhafte Verpackung usw. beschädigte Ware selbst ausgebessert und sie mit Gewinn weiterverkauft, so mindert sich dadurch der Betrag des vom Verkäufer zu ersetzenden Schadens nicht; der Gewinn verbleibt dem Käufer ohne Kürzung (LZ 1924, 414[2]). Der Käufer muß (abgesehen von § 377) die durch Mängel der Verpackung, Verladung oder Verstauung oder ein anderes Versendungsverschulden entstandene Beschädigung unverzüglich nach Eintreffen der Ware und der Entdeckung nach Treu und Glauben dem Verkäufer anzeigen; sonst genehmigt er (Hamburg JW 1919, 257[9]; OLG Hamburg MDR 1966, 1009). Über die Unterscheidung zwischen Verladungs- und Sachmängeln § 377 Anm. 9, 102.

ee) Haftung des Verkäufers für Erfüllungsgehilfen. Soweit Verkäufer sich zur Erfüllung der ihm aus dem Kaufvertrag obliegenden Verpflichtungen seines Personals bedient, haftet er nach § 278 BGB für dessen Verschulden. Es bedarf daher einer jeweils sorgfältigen Prüfung, zu welchen Leistungen oder Maßnahmen Verkäufer gegenüber Käufer beim Versendungskauf verpflichtet ist. Der Verkäufer haftet unbedingt, wenn die Kaufsache durch Nachlässigkeit seines Angestellten wegen mangelhafter Verpackung beschädigt wird oder ein Manko erleidet, oder wenn sie durch Nachlässigkeit seines Angestellten verlorengeht, wenn z. B. sein Angestellter die Kaufsache in Abwesenheit des Käufers jemandem ausfolgt, von dem er sich sagen muß, daß diese Person den Käufer nicht vertritt, oder wenn seine Angestellten, durch die er gemäß § 447 BGB die Beförderung zur Bahn vornehmen läßt, die Kaufsache schuldhaft beschädigen oder den Verlust herbeiführen; hier hat Verkäufer die ihm obliegende Försorgepflicht verletzt, zu deren Erfüllung er sich seines Personals bedient. Auf einem anderen Gebiete liegt es, wenn der Käufer in Annahmeverzug geraten war; dann haftet der Verkäufer nur für grobes Verschulden, also auch nur noch für grobes Verschulden seiner Erfüllungsgehilfen im Rahmen des § 278 BGB (§ 373 Anm. 24; vgl. Hamburg LZ 1912, 784[4]). Für ein Verschulden des von ihm sorgfältig ausgewählten Frachtführers oder Spediteurs in Ausführung des Transportes haftet der Verkäufer grundsätzlich aber nicht; denn sie sind nicht seine Erfüllungsgehilfen. Hier hat er nur die erforderliche Vorsicht der in Auswahl nach § 278 BGB zu beobachten (RG 99, 58; BGH 50, 32, 35 = NJW 1968, 1569ff.). Der Verkäufer ist daher nicht verantwortlich, wenn der gehörig ausgewählte Spediteur oder Frachtführer seinerseits nicht mit der nötigen Sorgfalt verfahren ist, sich an dem Gut vergriffen, es mit Nachnahme belastet, eigenmächtig Versicherung genommen hat (RG 99, 59); es ist Sache des Käufers, bei solchen Handlungen des Spediteurs oder Frachtführers den Streit mit diesen zum Austrag zu bringen. Dasselbe gilt vom Zwischenspediteur (RG 109, 202; 94, 101; § 408), während der Unterspediteur (§ 408) Erfüllungsgehilfe des Hauptspediteurs ist, für dessen Verschulden er dem Versender wie für eigenes Verschulden nach § 278 BGB einsteht (RG 109, 292; unten Anm. 197). Damit steht nicht im Widerspruch, daß der Spediteur, dessen sich der Absender zur Beladung von ihm bestellter Waggons bedient, der Bahn gegenüber Erfüllungsgehilfe des den Frachtvertrag abschließenden Absenders ist (RG 66, 405). Dagegen wird der Spediteur oder Frachtführer zum Erfüllungsgehilfen des Verkäufers nach § 278 BGB, wenn Verkäufer die Sache zum Zwecke der Lieferung erst an den Erfüllungsort zu verbringen hat, wenn der Verkäufer seiner Erfüllungspflicht erst durch Niederlegung der Kaufsache an einer bestimmten Stelle genügt, oder wenn der Verkäufer die verkaufte Speziessache nicht an den Käufer versendet, sondern sie, um einer Anm. 169

ihm selbst obliegenden Bearbeitungspflicht zu genügen (Färben), durch einen Spediteur oder Frachtführer an den Bearbeiter schickt; alsdann kann sich der Verkäufer, wenn die Ware unterwegs verlorengeht, nicht durch den Nachweis entlasten, daß ihn kein Verschulden treffe (§ 282 BGB; RG 101, 154), ferner wenn der Spediteur das für den Schaden ursächliche Versehen unmittelbar in Ausführung einer in eigenen Belangen erteilten Weisung des Verkäufers begangen hat (RG 115, 162, 164; BGH 50, 32, 35f. = NJW 1968, 1569ff.), sowie nach BGH a. a. O. dann, wenn sich der Verkäufer beim Verkauf rollender Ware des Spediteurs bedient, um der Eisenbahn die Anweisung zur Umleitung der Ware an den Käufer zu erteilen. Ferner haftet der Verkäufer für eigenes Verschulden, wenn er dem Spediteur oder Frachtführer eine ungenaue Anweisung gegeben hat und das Gut infolgedessen fehlgeleitet wird oder verlorengeht, nicht dagegen, wenn die Fehlleitung auf Verschulden der Transportperson beruht (vgl. Anm. 162). Der Lieferant des Verkäufers ist regelmäßig nicht dessen Erfüllungsgehilfe (vgl. BGH 48, 120 m. zahlr. Nachw.). Er wird dies nur dann, wenn sich der Verkäufer des Lieferanten als Hilfsperson zur Erfüllung seiner eigenen Verpflichtungen gegenüber dem Käufer bedient (RG 108, 223). Daher hat der Verkäufer für ein Verschulden seines Lieferanten nach § 278 BGB wie für eigenes Verschulden einzustehen, wenn dieser die Ware vertragsmäßig auf Geheiß des Verkäufers unmittelbar an den Käufer sendet und die Ware infolge ungehöriger Verpackung dort beschädigt ankommt. Dagegen haftet der Verkäufer nicht für seinen Lieferanten, wenn die Ware zunächst an den Verkäufer geliefert wird und dieser sie weitergehen läßt (RG 101, 153, 158). Über den Lieferanten des Verkäufers als Erfüllungsgehilfen s. im übrigen § 377 Anm. 101.

Anm. 170 Die Kosten der Versendung und Verpackung trägt der Käufer (§ 448 Abs. 1 BGB; dazu Anm. 235 u. 238), die Kosten der Übergabe des Verkäufer (s. Anm. 233).

Über die Verteilung der Transportkosten beim überseeischen Abladegeschäft auf Grund der cif-, cf- und fob-Klausel s. unten Anm. 253, 266, 278; über die cif- und fob-Klausel im Binnenverkehr s. Anm. 191.

Anm. 171 **f) Der Eigentumsübergang bei Versendung der Ware:**

Nach § 128, 1, II ALR wurde der Käufer Eigentümer durch Auslieferung der Ware an den Spediteur oder Frachtführer. Nach römischem und gemeinem Recht blieb Veräußerer so lange Eigentümer, bis er die Sache dem Erwerber übergeben hat; die Tradition war ein wesentliches Erfordernis der Eigentumsübertragung; nur die Gefahr war mit Abschluß des Veräußerungsvertrages auf den Erwerber übergegangen, sobald die Sache konkretisiert war. Nach französischem Recht geht Eigentum und Gefahr bei einer bestimmten Sache allein schon durch den Veräußerungsvertrag über, so daß jeder Veräußerungsvertrag ein constitutum possessorium enthält, weil durch den Kaufvertrag auch der Besitz auf den Käufer übergeht (Artt. 1583, 1586, 1138, 938 Code Civil). Ist eine der Gattung nach bestimmte Sache verkauft, so muß sie allerdings irgendwie erst zu einer bestimmten werden. Die Gefahr geht aber schon mit der Absendung über (Art. 1585 Code Civil). Das BGB hat sich zum System des römischen und gemeinen Rechts bekannt und an dem Prinzip der Tradition festgehalten.

Auch bei Versendung der Ware ist der Übergang des Eigentums an der Ware auf den Käufer infolgedessen an das Erfordernis der Übergabe der Ware, d. h. an die Verschaffung des unmittelbaren körperlichen Besitzes oder an ein zulässiges Übergabesurrogat gebunden. Die Versendung der Ware, d. h. ihre Auslieferung an die Transportperson, hat als solche auf den Eigentumsübergang keinen Einfluß (über die Rechtslage wenn der Spediteur oder Frachtführer die Ware für den Käufer in Empfang nimmt, vgl. unten Anm. 173). Gefahr- und Eigentumsübergang sind völlig unabhängig voneinander und fallen beim Versendungskauf in aller Regel auseinander. Diese Gestaltung der dinglichen Rechtslage ist der Parteiendisposition entzogen. Die Vereinbarung, die Übergabe solle dennoch von irgendeinem Zeitpunkt an als geschehen gelten, ist wirkungslos, wenn sie nicht zugleich einen Übergabeersatz schafft. Insgesamt lassen sich hinsichtlich des möglichen Zeitpunkts für einen Eigentumswechsel drei Phasen unterscheiden:

Anm. 172 1. Eine Vorverlegung des Eigentumsübergangs auf einen Zeitpunkt vor Absendung der Ware ist nur möglich, wenn die Parteien ein bestimmtes, dem § 868 BGB entsprechendes Verhältnis über die noch beim Verkäufer lagernde Ware herstellen, kraft dessen der Käufer den mittelbaren Besitz erlangt, § 930 BGB. (Über die Art und Weise, in der sich in diesem Fall die dingliche Einigung vollziehen kann — vorweggenommene Einigung oder Einigung durch In-Sich-Geschäft des Verkäufers — vgl. die Anm. von Johannsen in BGB-RGRK §§ 929, 930 BGB). Die Vereinbarung, daß mit Ausstellung der Faktura der Besitz auf den Käufer übergehe, bewirkt als rein innerer Vorgang keinen Eigentumsübergang (RG LZ 1922, 589[3]). Ausreichend dagegen wäre es, wenn der Verkäufer nach dem Willen beider Teile mit Ausstellung der Faktura die von ihm ausgeschiedene Ware für den Käufer in Verwahrung nehmen sollte (RG 102, 41); ebenso z. B. auch, wenn der Verkäufer dem Käufer schreibt, die bereits fakturierte und bezahlte Ware lagere bei ihm zur Verfügung des Käufers. Damit ist (vorausgesetzt, daß Käufer mit diesem Vorgehen einverstanden war) das Eigentum kraft Besitzkonstituts nach §§ 930, 868 BGB auf den Käufer übergegangen, wenn die Ware in beiderseitiger Übereinstimmung als vertragsgemäß anerkannt, wirklich ausgeschieden und zum Zwecke der Absendung an den Käufer auf Lager genommen war (RG 106, 87; 97, 252; Gruch. 53, 1053; vgl. ferner Komm. zu § 366 u. § 368); die Parteien haben dann einen selbständigen Verwahrungsvertrag neben dem Kaufvertrag abgeschlossen. Das Eigentum ist ferner nach § 930 BGB übergegangen, wenn der Käufer die gekauften Maschinen untersucht, für vertragsmäßig erklärt und baldige Absendung angeordnet hat (WarnRspr. 1926 Nr. 185). Ist der Kaufpreis noch nicht gezahlt, so wird sich der Verkäufer seines Eigentums nicht so schnell begeben (Hamburg LZ 1917, 1279[7]). Ein den Eigentumsübergang bewirkender Verwahrungsvertrag ist auch hinsichtlich erst anzuschaffender Ware möglich (vgl. Komm. zu §§ 366 u. 368), wenn der Verkäufer dem Käufer mitteilt, die bestellte Maschine (also anzufertigende Ware) sei fertig und Verkäufer sie auf Ersuchen des Käufers auf Lager nimmt. Nähere Einzelheiten gehören in eine Darstellung des Sachenrechts, vgl. die Anmerkungen der bürgerlich-rechtlichen Kommentarliteratur zu §§ 868 und 930 BGB sowie auch in diesem Kommentar die Anmerkungen zu §§ 366 und 368 HGB. Die Klausel „netto Kasse bei Empfang loco Fabrik, die Ware geht mit Ausstellung der Faktura in Ihren Besitz über" hat im Zweifel nur den Sinn, daß der Käufer bei Empfang den Kaufpreis zahlen muß, in diesem Augenblick die Gefahr auf ihn übergeht und die Fabrik Erfüllungsort sein soll (RG 102, 40). Ähnliches gilt für die Klausel „netto Kasse ab Fabrik" (vgl. dazu auch § 346 Anm. 156). Durch die Worte „ab Fabrik" wird nur der Übergang der Gefahr bei Absendung der Ware ab Fabrik festgelegt. Die Worte „netto Kasse" bedeuten Barzahlung Zug um Zug gegen Lieferung der Ware, also beim Versendungskauf bei Eingang der Ware am Bestimmungsort. Auch in einer Vorausbezahlung des Kaufpreises liegt keine stillschweigende Einigung über einen vorzeitigen Eigentumsübergang und die Vereinbarung eines Besitzmittlungsverhältnisses.

2. Bei der Auslieferung der Ware seitens des Verkäufers an die Transportperson ist **Anm. 173**
hinsichtlich der Wirkung dieses Ereignisses auf die Eigentumsverhältnisse zu unterscheiden, ob die Transportperson Beauftragte des Verkäufers oder des Käufers ist.

Ist die Transportperson Beauftragter des Käufers, z. B. dessen Spediteur oder Frachtführer, in dem Sinne, daß er über den Eigentumserwerb zu befinden hat, so geht mit der Empfangnahme der Ware durch die Transportperson das Eigentum auf den Käufer über (RG 102, 41), wenn nicht der Verkäufer einen Vorbehalt gemacht hat, wie beim Kauf „Kasse gegen Dokumente"; hier soll das Eigentum nur gegen Kasse übertragen werden (vgl. RG 103, 31). Die Transportperson des Käufers ist nicht immer als sein Vertreter in diesem Sinne anzusehen; sie ist es noch nicht, wenn der Verkäufer an den vom Käufer bezeichneten Spediteur oder Frachtführer versendet. Die Transportperson des Käufers ist dessen Vertreter im gedachten Sinne erst, wenn der Wille des Käufers beim Besitzerwerb durch seinen Spediteur oder Frachtführer auf sofortigen Eigentumserwerb gerichtet war und ausdrücklich oder durch erkennbare, schlüssige Handlungen in die äußere Erscheinung getreten ist, und wenn die Transportperson selbst bei Inbesitznahme des Gutes den Willen gehabt hat, in Vertretung des Käufers zu handeln (vgl. Komm. zu § 366). Ist bei einem fob-Kauf ein Spediteur sowohl fob-Spediteur des Verkäufers als auch Versandspediteur des Käufers, so geht das Eigentum in seiner Person in dem Augenblick auf den Käufer über, in dem er nach Erledigung seines fob-Auftrages den Besitz der Ware für den Verkäufer aufgibt und für den Käufer ausübt (WarnRspr.

1926 Nr. 138). Gewerbsmäßige Transportanstalten sind regelmäßig nicht Vertreter des Käufers im Eigentumserwerb. Ist die Transportperson Beauftragte des Verkäufers, so kann keine Rede davon sein, daß sie den Besitz für den Käufer als dessen Besitzmittler entgegennähme. Folgt der Verkäufer die Ware seinem eigenen Spediteur oder Frachtführer zum Transport an den Käufer aus, so geht das Eigentum nicht auf den Käufer über (RG 102, 41; LZ 1920, 701[6]). Der Verkäufer kann daher die Ware zurückrufen, solange sie nicht am Niederlassungsort des Käufers angelangt und diesem abgeliefert ist (RG 92, 273). Erst von diesem Zeitpunkt ab kommt ein Eigentumserwerb des Käufers in Betracht, soweit die in der folgenden Anm. beschriebenen Voraussetzungen gegeben sind.

Anm. 174 3. Nach Ankunft der Ware am Bestimmungsort gestalten sich die Eigentumsverhältnisse wie folgt. Mit der Aushändigung der Ware durch den Frachtführer erlangt der Käufer in aller Regel den unmittelbaren Besitz. Von der besitzrechtlichen Seite steht dem Eigentumsübergang auf den Käufer somit nichts mehr entgegen. In bezug auf das in § 929 BGB des weiteren für den Eigentumsübergang statuierte Einigungserfordernis ist zu unterscheiden. Der Verkäufer drückt durch die Versendung den Willen aus, daß der Käufer ohne weitere Erklärung als Eigentümer über die ihm abgelieferte (bzw. abzuliefernde) Sache verfügen soll. Darin liegt das Angebot zur Einigung, verbunden mit der Erklärung, auf den Zugang einer Annahmeerklärung seitens des Käufers verzichten zu wollen (§ 151 BGB). Vom Moment der Ablieferung ab erwirbt der Käufer somit das Eigentum an dem Kaufgegenstand durch jede Erklärung oder Handlung, aus der sich die Absicht, den Kaufgegenstand behalten zu wollen, in schlüssiger Weise ergibt. Diese Erklärung ist noch nicht notwendigerweise darin zu sehen, daß der Käufer die ihm von der Transportperson angebotene Sache entgegennimmt. Die Abnahme von der Transportperson bringt vorerst nur den Willen zum Ausdruck, der Abnahmepflicht zu genügen und die Ware auf ihre Empfangbarkeit zu prüfen, denn die Ablieferung ist Voraussetzung der Prüfung. Andererseits dürfen an die Annahmeerklärung des Käufers keine strengen Anforderungen gestellt werden. Der Käufer, der die Ware ohne Vorbehalt entgegennimmt und stillschweigend ohne weitere Erklärungen behält, muß beweisen, aus welchen Gründen sein Verhalten nicht als Eigentumserwerb angesehen werden darf. Eine Ablehnung des Eigentumserwerbs liegt z. B. darin, daß der Verkäufer die Sache nach Untersuchung als vertragswidrig zur Verfügung stellt (RG 108, 25); dies gilt selbst dann, wenn die Rüge unbegründet ist. Auch aus einer Versäumung der Rügefrist darf nicht zwingend auf einen Eigentumserwerbswillen des Käufers geschlossen werden (RG a. a. O. S. 28); siehe zu diesem Fragenkomplex ausführlich den Abschnitt über die rechtliche Bedeutung der Zurverfügungstellung = Anm. 230 dieser Vorbem. Eine konkludente Annahmeerklärung des Käufers ist dagegen stets darin zu sehen, daß der Käufer in der vom Verkäufer erwarteten Weise mit der Sache verfährt, die Ware weiterverkauft, die Maschine einbaut oder sonstwie über die Waren wie ein Eigentümer verfügt, was auch noch nach erfolgter Mängelrüge und auch nach erfolgter Zurverfügungstellung möglich ist (dazu ebenfalls Anm. 230f.). Die Eigentumsübertragung muß nicht notwendig auf den Käufer erfolgen. Liefert der Verkäufer auf Weisung des Käufers unmittelbar an dessen Abnehmer, so erfüllt der Verkäufer damit zugleich sowohl seinen Vertrag mit dem Käufer als auch dessen Vertrag mit dem dritten Abnehmer; das Eigentum wird nur einmal, nämlich unmittelbar vom Verkäufer auf den Abnehmer des Käufers übertragen (RG 92, 352).

Anm. 175 Von einer besonderen Erörterung der Übereignung von auf dem Transport befindlichen Waren mittels Traditionspapiers (Vorauflage Anm. 177ff. dieser Vorbem.) ist in dieser Auflage abgesehen worden. Die besonderen dabei auftretenden Fragen werden im allgemeinen bei § 363 Abs. 2 HGB (siehe Band III dieses Kommentars) sowie bei Erörterung der einzelnen Traditionspapiere behandelt; wegen der Konnossemente der Verfrachter vgl. Schaps-Abraham zu § 650 HGB, der Ladescheine der Frachtführer und der indossablen und auch an Order gestellten Lagerscheine der staatlich zur Ausstellung solcher Urkunden ermächtigten Anstalten in diesem Kommentar die Anm. zu § 450 bzw. § 424 HGB (beides im V. Band).

II. Die Gefahrtragung beim Kauf

Reichel, Gefahrübergang beim Kauf reisender Ware, HansRZ 23, 353; Hagemann, JurRundsch. 25, 241; Eisser, Die Gefahrtragung beim Kaufvertrag in rechtsvergleichender Darstellung, Rechtsvergl. Abhdlg. Bd. IV 1927; Casper, Beschlagnahme und Gefahrtragung beim Versendungskauf, JW 1925, 590f.; Sieveking, Transporthindernisse beim Versendungskauf, MDR 1949, 329ff.; Bettermann, Transportrisiko und Beschlagnahme, ZHR Bd. 111 (1948) S. 102ff.; Beitzke, MDR 1947 S. 281ff.; Fischer, Probleme des Versendungskaufs, 1963; Filios, Die Gefahrtragung beim Kauf im Rahmen des Synallagmas, 1964. **Anm. 176**

1. Systematische Stellung der Gefahrtragungsregeln im Gesetz. **Anm. 177**

Die Grundsätze der Gefahrtragung betreffen die Frage, ob im Falle zufälligen Untergangs oder zufälliger Verschlechterung des Kaufobjektes in der Zeit zwischen Abschluß des Kaufvertrages und Übergabe und Übereignung desselben der Verkäufer den Anspruch auf den Kaufpreis ganz oder teilweise verliert. Die Gefahrtragung bezieht sich nur auf einen Untergang bzw. auf eine Verschlechterung der Kaufsache, die vom Verkäufer nicht zu vertreten (§§ 276, 278 BGB), also für ihn zufällig sind. Zufälligkeit in diesem Sinne liegt auch dann vor, wenn auf der Verkäuferseite zwar Fahrlässigkeit gegeben ist, Verkäufer jedoch aus besonderen Gründen gegenüber dem Käufer nur für grobes Verschulden haftet (so bei Annahmeverzug des Käufers, § 300 Abs. 1 BGB). Die Grundsätze über die Gefahrtragung kommen dagegen nicht zum Zuge, wenn der Verkäufer den Untergang oder die Verschlechterung der Kaufsache zu vertreten hat. Auf sie muß jedoch zurückgegriffen werden können, wenn bei schuldhaftem Verhalten des Verkäufers ein Beweis des Kausalzusammenhangs zwischen diesem Verhalten und dem Untergang der Sache nicht möglich ist, wobei freilich der prima facie-Beweis für den Kausalzusammenhang spricht (vgl. § 287 Satz 2 BGB; ferner Sieveking, MDR 1947, 142).

Die Grundsätze der Gefahrtragung (§§ 446, 447 BGB) modifizieren als kaufrechtliche Sondervorschriften die allgemeine Regel des § 323 BGB über die nachträgliche zufällige Unmöglichkeit. Da nach §§ 275, 323 BGB der Schuldner bei nachträglich eintretender zufälliger Unmöglichkeit der (noch nicht voll erbrachten) Leistung zwar von seiner Verbindlichkeit befreit wird, aber auch den Anspruch auf die Gegenleistung verliert, würde Verkäufer bei Untergang der Kaufsache, welcher erfolgt, bevor sie dem Käufer übergeben und übereignet ist, von seiner Lieferpflicht frei werden, aber auch den Anspruch auf den Kaufpreis verlieren; so etwa bei Untergang der Sache, die dem Käufer nur unter Eigentumsvorbehalt übergeben ist oder beim Versendungskauf, wenn die Sache auf dem Transport zum Käufer vernichtet wird. §§ 446, 447 BGB betreffen somit ausschließlich die sog. Preis- (=Vergütungs)Gefahr.

2. Der Gefahrübergang nach § 446 BGB. **Anm. 178**

Nach § 446 BGB geht mit der Übergabe der verkauften Sache die Gefahr des zufälligen Untergangs und einer zufälligen Verschlechterung auf den Käufer über. Dieser Grundsatz kommt zur Anwendung, wenn Käufer die Kaufsache beim Verkäufer abholt und sie ihm übergeben wird. Er gilt also beim sog. Platzgeschäft (Locogeschäft), wenn keine Versendung erfolgt. Da aber die Tatsache, daß Käufer und Verkäufer am selben Ort wohnen, einen Versendungskauf nicht ausschließt (Anm. 189), ist zu prüfen, ob im Einzelfall eine Übergabe nach § 446 BGB oder eine Versendung nach § 447 BGB vorliegt. Von einem Versendungskauf kann jedenfalls dann nicht gesprochen werden, wenn Käufer die Sache im Geschäft des Verkäufers gekauft und auch bezahlt hat, wenn aber Verkäufer durch seine Bediensteten die Sache dem Käufer ins Haus bringen läßt; hier wird vielfach schon im Ladengeschäft des Verkäufers das Eigentum auf den Käufer übergegangen sein. Dies gilt insbesondere beim Einkauf der täglichen Bedürfnisse für den Haushalt bei Metzger, Bäcker, Schneider, Schuhmacher usw. und in Warenhäusern (Düringer-Hachenburg-Höeniger V Einl. Anm. 94). Eine nach diesem Zeitpunkt durch Verschulden des Verkäufers verursachte Verschlechterung oder Vernichtung der Ware gibt dem Käufer keine kaufrechtlichen Ansprüche. Der Verkäufer kann jedoch aus einem anderen Grund für den Schaden haftbar sein, z. B. wegen Verletzung des Verwahrungsvertrages, kraft dessen der Verkäufer die Sache zunächst behalten hat oder aus unerlaubter Handlung.

Anm. 179 Unter Übergabe ist auch hier wieder die Übergabe nach § 433 BGB (vgl. dazu auch Anm. 141) zu verstehen, die den Übergang des Eigentums regelmäßig aber keinesfalls notwendig zur Voraussetzung hat. Übergabe ist daher die Verschaffung des körperlichen d. h. unmittelbaren Besitzes zum Zweck der Eigentumsübertragung im Sinne des § 433 Abs. 1 BGB. Befindet sich der Käufer bereits im Besitz der Sache, so genügt die bloße Einigung, daß das Eigentum übergehen solle (§ 929 Satz 2 BGB; vgl. auch Komm. zu §366). Die Übergabe wird auch hinsichtlich der Gefahrtragung ersetzt durch ein Besitzkonstitut (§§ 868, 930 BGB). Abtretung des Herausgabeanspruchs (§ 931 BGB) genügt nur dann, wenn sie nach dem Vertrag oder eine nachträglichen Vereinbarung mit dem Käufer zur Erfüllung der Lieferpflicht des Verkäufers genügt und mit der Abtretung des Herausgabeanspruchs die Begründung eines Besitzmittlungsverhältnisses zwischen dem Käufer und dem unmittelbaren Besitzer Hand in Hand geht (ebenso Kuhn in BGB-RGRK § 446 Anm. 12; Staudinger-Ostler § 446 Rdnr. 13; allgemeiner Soergel-Ballerstedt § 446 Rdnr. 5; ausschließlich auf den Übergang der wirtschaftlichen Nutzung stellt — durchaus konsequent — ab Larenz II[8] S. 71). Siehe dazu auch in dieser Vorb. Anm. 141. Übergabe von Dispositionspapieren reicht, sofern der Verkäufer dadurch erfüllen darf, stets aus (RG 52, 354 u. h. M.). Beispiele: Ist der Käufer mit der Abtretung des Herausgabeanspruchs nicht einverstanden, so geht die Gefahr bei Übergabe eines von einer nicht konzessionierten Anstalt ausgestellten Lagerscheins (sog. ziviles Orderpapier, vgl. dazu Münch, Die Verkehrsformen des deutschen Lagerscheins, 1928) erst mit der Versendung der Ware an den Käufer über (OLG Hamburg LZ 1920, 489[2]; vgl. auch Komm. zu § 363). Ist in einem Frachtbrief bei Versendung der Ware der Käufer als Empfänger bezeichnet, so kann in der Übergabe des Duplikatfrachtbriefs an den Käufer die Abtretung des Herausgabeanspruchs gegenüber der Bahn zu erblicken sein; ist aber die Sendung an einen Dritten (z. B. den Spediteur des Verkäufers) gerichtet, so ist zu dieser Annahme weiter erforderlich, daß der Absender diesen anweist, den Weisungen des Käufers zu entsprechen, und seinerseits auf Verfügungen gegenüber dem Dritten verzichtet (Hamburg OLGE 45, 140). Ob im Einzelfall in der Übergabe eines Lieferscheins eine Abtretung des Herausgabeanspruchs zu finden ist, ist Tatfrage (RG in HansRGZ 1931 B 615). Die Übergabe eines Gepäckscheins überträgt die Gefahr auf den Käufer insofern nicht, als darin nur ein Auftrag zur Ausführung des Kaufvertrags, d. h. über die Abholung, liegt. Auch die Vereinbarung, daß der Erwerber jederzeit von dem Veräußerer die Herausgabe des vorläufig in dessen Besitz belassenen Gegenstandes verlangen könne, reicht für sich allein zur Begründung eines bestimmten Rechtsverhältnisses der in § 868 BGB bezeichneten Art nicht aus (RG in DRZ 1933 Rspr. Nr. 83). Beim Elektrizitätslieferungsvertrag (vgl. oben Anm. 33ff.), bei Verträgen über die Lieferung von Wärme, Gas, Wasser und Dampf findet der Übergang der Gefahr in dem Augenblick statt, in dem die Kraft usw. in die Leitung des Käufers eintritt, d. h. dessen Zähler oder Messer durchläuft.

Anm. 180 Im Falle des Verzuges in der Annahme geht die Gefahr mit dem Eintritt des Annahmeverzuges auf den Käufer über (§§ 324 Abs. 2, 300 Abs. 2 BGB; „Recht" 1920 Nr. 2349; über Verzug in der Annahme s. § 373 Anm. 1ff.) und der Verkäufer hat nur für Vorsatz und grobe Fahrlässigkeit einzustehen (§ 300 Abs. 1 BGB; dazu § 373 Anm. 24). Die Vorschrift, daß mit dem Annahmeverzug die Gefahr auf den Käufer übergeht (§ 300 Abs. 2 BGB), steht im Zusammenhang mit der Vorschrift über die Beschränkung der Gattungsschuld auf eine bestimmte Sache (hierüber oben Anm. 109ff).

Anm. 181 Bestritten ist die Frage, welche Gefahr nach § 446 Abs. 1 BGB. auf den Käufer übergeht. Das Gesetz spricht von der Gefahr des zufälligen „Unterganges" der verkauften Sache, während es in §§ 275, 323 BGB allgemein von zufälliger „Unmöglichkeit" spricht; Untergang im Sinne körperlicher Vernichtung ist jedoch nur einer der möglichen Fälle eintretender Unmöglichkeit. Die Frage lautet daher, ist „Untergang" im Sinne des § 446 BGB. gleichzusetzen mit „Unmöglichkeit" und subjektiven „Unvermögen" im Sinne der §§ 275, 323 BGB? Ausgehend von der Erwägung, die ratio legis des § 446 BGB bestehe darin, der Verkäufer solle von der Übergabe ab die Vergütungsgefahr nicht mehr tragen, weil damit die Sache der Beherrschbarkeit durch ihn entzogen sei, nahm die Vorauflage dieses Kommentars (in Anm. 78b) an, daß solche Tatbestände, die auch ohne

Übergabe eingetreten wären, mit ihr also in keinem Zusammenhang stehen (z. B. generelle Beschlagnahme oder generelles Verfügungsverbot in bezug auf alle solche Waren), von § 446 Abs. 1 BGB nicht betroffen werden. Im Ergebnis wie die Vorauflage RG 106, 167; Staudinger-Ostler § 446 Rdnr. 4; Palandt-Putzo § 446 Anm. 2. So einleuchtend dies auf den ersten Blick zu sein scheint, muß doch gefragt werden, ob die Beherrschbarkeit wirklich als innerlich tragender Grund für die Regelung des § 446 BGB aufrechterhalten werden kann. Da § 446 BGB ausschließlich das Risiko für Zufallsschäden verteilt, bezeichnet die Beherrschbarkeit in diesem Zusammenhang nicht die Möglichkeit, bei Anwendung der gebotenen Sorgfalt Schäden an der Sache zu vermeiden, wie es der Wortsinn bei unbefangener Betrachtung nahelegt. Sie soll vielmehr als Kriterium für die Auferlegung der Haftung für solche Nachteile dienen, die auch bei sorgfältigem Verhalten eingetreten wären. Beherrschbar bedeutet deshalb hier soviel wie: wenn überhaupt vermeidbar, dann eher vom Käufer als vom Verkäufer (vgl. etwa die Formulierung bei Larenz II[8] S. 70). Eine solche Betrachtung läuft von vornherein Gefahr, die Dinge durch eine verzerrte Optik zu sehen. Eine zwanglosere Erklärung als die Argumentation mit einer sich gerade in den entscheidenden Fällen weitgehend als Illusion herausstellenden Beherrschbarkeit liefert der Blick auf die übrigen mit der Übergabe verbundenen Rechtswirkungen: nämlich Übergang der Nutzungen und Lasten der Sache. Die Übergabe markiert somit den Punkt, an welchem der wirtschaftliche Erfolg des Kaufs im wesentlichen eingetreten ist, wie ja überhaupt in der Lebenswirklichkeit Besitzrecht und Nutzungsmöglichkeit gegenüber dem Übergang des bereits vorher seiner wesentlichen Inhalte entkleideten Eigentums eindeutig im Vordergrund stehen. Hinzu kommt, daß diese Stellung des Käufers zur Sache im Regelfall bereits unentziehbar ist, so daß dem Verkäufer, die ordnungsmäßige weitere Abwicklung des Kaufvertrages dem Normalfall entsprechend vorausgesetzt, nur die leere Hülle des Eigentums bleibt. Liegt bei objektiver Auslegung des Gesetzes der Grund für die Koppelung des Gefahrübergangs mit der Übergabe in § 446 Abs. 1 BGB somit nicht allein in der körperlichen Beherrschbarkeit der Sache durch den Käufer, sondern weitergehend darin, daß der Gegenstand durch die Übergabe in den wirtschaftlich wesentlichsten Beziehungen bereits dem Vermögen des Käufers zugerechnet werden muß, so ist es nahezu unabweisbar, den Käufer alle Gefahren späteren Verlustes der Sache aufzubürden und nicht nur diejenigen, die mit der körperlichen Beherrschbarkeit in Zusammenhang stehen. Eine abweichende Auffassung ließe sich dann nur noch auf Grund einer Wortinterpretation des § 446 BGB begründen, der nicht von Unmöglichkeit, sondern nur Untergang oder Verschlechterung spricht. Angesichts der aus dem inneren Zusammenhang des Gesetzes hergeleiteten gegen eine solche am Wortlaut haftende Auslegung sprechenden Argumente kann der Formulierung des § 446 BGB jedoch keine ausschlaggebende Bedeutung beigemessen werden. Sie muß insofern vielmehr als exemplifikativ aufgefaßt werden (so ausdrücklich Bettermann ZHR Bd. 111 S. 102ff., 106; zu dem gleichen Ergebnis gelangen auch Larenz II[8] S. 71 und Soergel-Ballerstedt § 446 Rdnr. 4 m. w. Nachw.; sowie aus der Rechtspr. RG 114, 407 für einen Beschlagnahmefall).

3. Der Gefahrübergang nach § 447 BGB (Versendungskauf). **Anm. 182**

Beim Versendungskauf läßt das Gesetz in § 447 BGB die Gefahr nicht erst im Augenblick der Übergabe an den Käufer übergehen, sondern unter den in § 447 BGB bestimmten Voraussetzungen bereits in dem Augenblick, in welchem der Verkäufer die Sache der Transportperson ausgeliefert hat. Über den gesetzgeberischen Zweck dieser Regelung und den Begriff des Versendungskaufs siehe bereits oben Anm. 155. Im folgenden werden nur die besonderen dort noch nicht berücksichtigten Voraussetzungen des früheren Gefahrübergangs erörtert.

a) Auslieferung an die Versendungsperson: Eine Auslieferung bzw. Übergabe an die Versendungsperson im Sinne von § 447 BGB liegt erst dann vor, wenn der Verkäufer alles getan hat, was erforderlich ist, damit der Transport an den Käufer erfolgen kann. Er hat nicht alles Erforderliche getan, wenn er im Frachtbrief sich selbst als Empfänger bezeichnet (vgl. Komm. zu § 426), weil er sich dann die Verfügung über die Ware vorbehalten hat. Die Gefahr geht in diesem Fall erst in dem Augenblick auf den Käufer über, in welchem der Verkäufer dem Spediteur den Käufer als den Empfänger bezeichnet hat, wenn er diesem vorher die Ware mit dem Vorbehalt übergeben hatte, ihm später den **Anm. 183**

Empfänger zu benennen (München LZ 1925, 1283[1]; ROHG 21, 356; Celle NaumbKZ 20, 6; Heilberg LZ 1914, 1794). Aus demselben Grunde trägt der Käufer nicht die Gefahr, solange der Verkäufer die Ware beim Spediteur unter dem Vorbehalt der Weisung zur Absendung lagern läßt. War die vom Verkäufer gewählte Versendungsperson ungeeignet, so haftet der Verkäufer wegen ungehöriger Auswahl (siehe oben Anm. 156). Die Übergabe setzt nicht voraus, daß der Verkäufer im eigenen Namen den Frachtführer beauftragt hat (oben Anm. 157). Nach § 61 EVO ist der Frachtvertrag durch die Annahme des Gutes mit dem Frachtbrief durch die Versandstation geschlossen (vgl. Komm. zu § 453).

Anm. 184 **b) Einfluß der Vertragswidrigkeit der Kaufsache auf den Gefahrübergang:** Mangelhaftigkeit oder Vertragswidrigkeit der Kaufsache schließen den Gefahrübergang nicht aus. Der Käufer kann auch nach Untergang der Sache Sachmängelansprüche geltend machen und sich durch Wandlung von der Abnahme und Zahlungspflicht befreien. Das gilt beim Spezieskauf stets, da Verkäufer hier zur Lieferung mangelfreier Ware nicht verpflichtet ist, beim Gattungskauf mit der Einschränkung, daß der Käufer die Ware aus dem Gesichtspunkt der Nichterfüllung zurückweisen kann, wenn sie nicht Handelsgut von mittlerer Art und Güte darstellt (§§ 360 HGB, 480 BGB). Es gilt dann weder die Konzentration als eingetreten noch die Gefahr als auf den Käufer übergegangen. Vgl. zu diesem Fragenkreis auch Anm. 103, 224, 300 u. 318. Es bleibt mithin dem vom Verkäufer unter Berufung auf § 447 BGB auf Zahlung in Anspruch genommenen Käufer die Möglichkeit, zu beweisen, daß die versendete, aber zugrunde gegangene Ware im Zeitpunkt der Versendung nicht vertragsgemäß war. Unter Kaufleuten muß jedoch dieser Anspruch sinngemäß innerhalb der durch § 377 HGB vorgesehenen Fristen geltend gemacht werden. Ist die Verschlechterung erst während des Transportes eingetreten, ohne daß der Verkäufer das zu vertreten hätte, so geht dieses Risiko nach §§ 447, 459 BGB zu Lasten des Käufers.

Anm. 185 **c) Konzentration der Gattungsschuld und Gefahrübergang, insbesondere bei Sammelsendungen:** Ein Gefahrübergang ist ferner nicht möglich, solange die Gattungsschuld nicht konzentriert ist (§ 243 Abs. 2 BGB). Die Konzentration setzt die Ausscheidung der Ware als für den Käufer bestimmt voraus. Über die Erfordernisse, die sich hieraus für das überseeische Abladegeschäft ergeben, siehe unten Anm. 258. Wird beim Gattungskauf vom Verkäufer dem Käufer eine größere als die bestellte Menge geliefert, so geht grundsätzlich die Gefahr wegen fehlender Bestimmtheit nicht über (ROHG 23, 147); bei beiderseitigem Handelsgeschäft muß jedoch der Käufer diese aus der Faktura oder den Verladepapieren ersichtliche Gewichtsdifferenz rügen, widrigenfalls er die Zuviellieferung als Erfüllung hinnehmen muß mit der Folge, daß alsdann auch die Gefahr als übergegangen gilt. Mangels Konzentration ist ferner ein Gefahrübergang ausgeschlossen, wenn der Verkäufer gleichartige Ware an mehrere Käufer als unterschiedene Gesamtmenge absendet und die Auseinandersetzung diesen überläßt. Steht bei einer Wahlschuld dem Verkäufer das Wahlrecht zu, so geht die Gefahr auf den Käufer über, sobald der Verkäufer die von ihm gewählte Sache der Versendungsperson übergeben hat (§ 262 BGB). Steht dem Käufer die Wahl zu, so kann ein Übergang der Gefahr nicht stattfinden, ehe er sich erklärt (§ 263 BGB) und der Verkäufer dementsprechend versendet hat. Wird eine Sache geschuldet in der Weise, daß der Verkäufer sich durch Lieferung einer anderen Sache von der eigentlich geschuldeten Leistung befreien kann (facultas alternativa), so trägt der Verkäufer die Gefahr, bis er die eine oder die andere Sache zur Versendung gebracht hat.

Bei Sammelsendungen (vgl. Harder, Die überseeische Sammelsendung, 1923 Heft 1 der Überseestudien), wenn also der Verkäufer dem Frachtführer oder Spediteur eine größere einheitliche Partie gleichartiger Ware ungetrennt übergibt, die er an verschiedene Käufer verkauft hat, kann nach dem vorstehend Gesagten ein Übergang der Gefahr auf die Käufer nicht stattfinden, weil es an einer Ausscheidung der für jeden Käufer bestimmten Einzelpartie aus der Gattung fehlt. Ein anderes gilt jedoch dann, wenn die Käufer mit dieser Art der Versendung einverstanden sind oder wenn die Sammelsendung dem Handelsbrauch entspricht, der Verkäufer also befugt ist, in dieser Weise zu erfüllen. In diesem Fall tragen die beteiligten Käufer gemeinsam die Gefahr, sie bilden eine Gefahrengemeinschaft, obwohl sie regelmäßig nicht Miteigentümer sind. In § 60 Abs. 2 des Binnenschiffahrtsgesetzes ist über die Verteilung lose geladener Güter eine Bestimmung getroffen, die auf Sammelsendungen anderer Art entsprechende Anwendung finden kann. Entsprechendes wie bei Verlust oder Beschädigung gilt auch für Fehlgewicht oder -menge.

d) Einfluß der Art und Weise sowie des Zeitpunkts der Versendung auf den Gefahrübergang: Ob ordnungsmäßige Versendung, also Versendung zur rechten Zeit und unter ordnungsgemäßen Umständen ein Erfordernis des Gefahrüberganges bildet, ist bestritten. Nach JW 1925, 607[11]; Stuttgart „Recht" 1911 Nr. 1108 geht, wenn Verkäufer die Ware unzulässig mit Nachnahme belastet, die Gefahr wegen Ungehörigkeit der Leistung nicht über (vgl. auch RG Verkehrsv. Rdsch. 2, 64 Nr. 26). Nach OLG Braunschweig, SJZ 46, 224 soll bei ordnungswidriger Versendung die Gefahr auf den Käufer nicht übergehen, weil dieses dem § 242 BGB widerspreche; in seiner Besprechung zu diesem Urteil a. a. O. stellt auch Ulmer den Satz auf, daß Gefahrübergang nach § 447 nur bei ordnungsmäßiger Versendung erfolge; vgl. auch Krekels, NJW 47/48, 92. Ordnungswidrige Versendung sei insbesondere Versendung zur Unzeit, d. h. Versendung unter solchen Umständen, die den Zweck der Versendung in so hohem Maße in Frage stellen, daß Verkäufer nicht annehmen könne, Käufer sei mit einem derartigen Wagnis einverstanden, wie es die Versendung gerade zu dieser Zeit darstelle (vgl. dazu NJW 47/48, 103; BB 47, 178; 49, 723; DRZ 48, 249). In der Entsch. Breslau „Recht" 1906 Nr. 3003 ist ausgesprochen, daß, wenn Verkäufer zu früh anliefert, z. B. in einen zur Einladung bereiten Kahn, der jedoch erst an einem späteren Tage als an jenem der Beendigung der Einladung abschwimmen soll, die Gefahr erst mit dem Zeitpunkt auf den Käufer übergehe, in dem ordnungsgemäß abgeladen werden mußte. Gegen das Erfordernis ordnungsgemäßer Abladung als Voraussetzung des Gefahrüberganges haben sich jedoch ausgesprochen: Sieveking, Versendung zur Unzeit und Gefahrübergang, MDR 1947 S. 142; Bettermann, Transportrisiko und Beschlagnahme, ZHR Bd. 111 (1948) S. 108; vgl. auch Helms, Transportrisiko in außergewöhnlichen Zeiten, NJW 1949, 45 mit weiteren Nachw. Anm. 186

Für das Verhältnis von schuldhaftem Verhalten und Gefahrtragung ist folgendes zu beachten. Es ist daran festzuhalten, daß die Gefahrtragung nur einen Untergang oder eine Verschlechterung der Kaufsache betrifft, die vom Verkäufer nicht zu vertreten, die also ein zufälliges Ereignis ist (oben Anm. 167). Wird die Ware vom Verkäufer ordnungswidrig versendet, so geht zwar die Gefahr eines zufälligen Untergangs auf den Käufer über; indessen ist zu prüfen, ob die Ordnungswidrigkeit der Versendung ein Verschulden des Verkäufers, nämlich schuldhafte Verletzung der ihm obliegenden Versendungspflicht darstellt und ob dieses schuldhafte Verhalten kausal für den Untergang oder die Verschlechterung der Kaufsache war. Bejahendenfalls hat Verkäufer sich schadensersatzpflichtig gemacht, so z. B. wenn der Verkäufer die Ware nicht genügend verpackt oder einen ungeeigneten Spediteur ausgewählt hat oder ohne dringenden Grund von einer Anweisung des Käufers abgewichen ist oder Ware ausgewählt hat, die dem Transport nicht gewachsen war (BGH DB 1964, 1697). Ähnlich liegt es im Falle des Versendungsverzugs des Verkäufers (§ 284; über Verzug s. Anm. 319). War Verkäufer mit der Versendung in Verzug geraten, so hat er vom Beginn des Verzugs an auch den zufälligen Untergang zu vertreten, wird also ersatzpflichtig; jedoch beschränkt sich das Vertretenmüssen und die Ersatzpflicht nur auf jenen Untergang der Kaufsache, die durch den Verzug bedingt war, für welchen also der Verzug kausal ist. Es wird dabei vermutet, daß ein solcher Kausalzusammenhang bestehe. (§ 287 Satz 2 BGB) Soweit dagegen ein Kausalzusammenhang zwischen dem Untergang der Sache und dem Verzug des Verkäufers nicht besteht, der Untergang also vom Verkäufer nach § 287 Satz 2 BGB nicht zu vertreten ist, stellt er ein zufälliges Ereignis dar, für welches nach § 447 BGB der Käufer das Risiko trägt. Man wird aus § 287 Satz 2 BGB den allgemeinen Grundsatz aufstellen können, daß mit dem vom Käufer erbrachten Nachweis schuldhaften Verhaltens des Verkäufers zugleich ein prima-facie-Beweis für den Kausalzusammenhang derselben mit dem Untergang der Kaufsache erbracht ist. Es bedarf daher sorgfältiger Prüfung der Frage, zu welchen Maßnahmen Verkäufer bei der Versendung verpflichtet ist (vgl. OLG f. Hessen JR 1948, 288; s. dazu oben Anm. 156ff.).

Versendet Verkäufer zu früh, ohne dazu gemäß § 271 BGB oder sonst berechtigt zu sein, so liegt wiederum ein schuldhaftes Verhalten vor. Eine andere Frage ist, ob Verkäufer die erst später zu versendende Ware schon vorzeitig einem Spediteur zwecks Aufbewahrung und künftiger Versendung übergeben kann. Dazu ist er befugt; doch ist hier der Spediteur Erfüllungsgehilfe des Verkäufers in bezug auf dessen Fürsorgepflicht für die Kaufsache bis zur Versendung (s. Anm. 169).

Anm. 187 **e) Versendung vom Erfüllungsort sowie von einem dritten Ort; der Verkauf rollender Ware:** Obwohl der Gesetzestext nur die Versendung „nach einem anderen Orte als dem Erfüllungsorte" verlangt, wird gefordert, die Ware müsse auch vom Erfüllungsort, d. h. in der Regel vom Sitz des Verkäufers (zu Begriff und Funktion des Erfüllungsorts siehe ausführlich oben Anm. 155) aus versandt werden (vgl. RG 106, 212 und Soergel-Ballerstedt § 447 Rdnr. 7). Haben die Vertragsparteien jedoch vereinbart, daß die Versendung unmittelbar von dem dritten Ort aus erfolgen soll, an welchem sich die Ware befindet (z. B. vom Herstellungsort aus), so tritt der Gefahrübergang bereits mit der Übergabe des verkauften Gegenstandes an die Transportperson an diesem Orte ein (RG 111, 23, 25; BGH NJW 1965, 1324). Ein Einverständnis des Käufers mit der Versendung von einem anderen Ort als dem Erfüllungsort aus wird auch dann anzunehmen sein, wenn der Käufer von Anbeginn weiß, daß ihm die Ware von seiten einer dritten Person zugehen wird und dagegen keinerlei Verwahrung einlegt (a.A. Soergel-Hefermehl § 447 Rdnr. 8). Die rein einseitige Anweisung des Verkäufers an seinen Lieferanten, die Ware unmittelbar dem Käufer zuzusenden, berührt den Käufer dagegen nicht, auch nicht etwa in dem Sinn, daß der Käufer wenigstens diejenigen Gefahren zu tragen hätte, die auch beim Transport vom Erfüllungsort aus sich eingestellt hätten (a.M. Oertmann-Ehrenberg Handbuch IV 2 S. 429). Wenn jedoch die von einem anderen Ort abgeschickte Ware auf dem Transport zum Käufer durch den Erfüllungsort reist, geht von da ab die Gefahr auf den Käufer über (OLG Koblenz NJW 1947/48, 477). § 447 BGB ist unanwendbar auf den Verkauf rollender Ware (BGH NJW 1968, 1569ff.). Allerdings ist eine entsprechende Anwendung der Vorschrift in der Form zu erwägen, daß der Käufer die Transportgefahr von dem Augenblick ab zu tragen hat, in dem der Verkäufer die Transportperson ordnungsgemäß angewiesen hat, die Ware an den Käufer umzuleiten (vgl. dazu die vorstehend zitierte Entscheidung des BGH).

Anm. 188 **f) Transport durch eigene Leute des Verkäufers:** Liegen diese Voraussetzungen vor, so ist es für den Übergang der Gefahr gleichgültig, ob die Versendung an den Käufer selbst oder auf dessen Anweisung an eine dritte Person (etwa den nächsten Abnehmer) erfolgt. Die Gefahr eines zufälligen Verlustes muß nach dem Grundgedanken des § 447 BGB auch dann mit der Absendung auf den Käufer übergehen, wenn die Transportperson in einem Abhängigkeitsverhältnis zum Verkäufer steht, so z. B., wenn der Verkäufer die Beförderung durch seine eigenen Leute durchführen läßt. Dabei muß allerdings die Einschränkung gemacht werden, daß anders als bei Übergabe an einen unabhängigen Beförderer, der Verkäufer in diesem Fall für ein Verschulden seines Angestellten nach § 278 BGB haften muß (h.M.; vgl. statt aller Soergel-Ballerstedt § 447 Rdnr. 12; Larenz II[8] S. 75; sowie aus der jüngsten Rechtsprechung OLG Nürnberg DB 1968, 478). In dem Fall, daß der Verkäufer die Ware durch seine eigenen Leute zur Bahn schaffen läßt, soll die Gefahr nicht erst mit der Auslieferung an die Bahn, sondern bereits mit dem Transport zur Bahn übergehen; zust. Soergel-Ballerstedt § 447 Rdnr. 13; dagegen KG in OLGE 20, 174 und Hamburg „Recht" 1919 Nr. 906. Über den Einfluß der Klauseln „franko Waggon" oder „frei Bahnhof" siehe Anm. 190.

Anm. 189 **g) Anwendbarkeit von § 447 BGB auf Versendung innerhalb desselben Ortes.** § 447 BGB ist an sich auf den Fall zugeschnitten, daß Verkäufer und Käufer in verschiedenen Orten im Sinne politischer Gemeinden ihren Sitz haben. § 447 BGB ist jedoch auch dann, wenn bei Vorliegen aller übrigen Voraussetzungen dieser Vorschrift die Ware innerhalb desselben Ortes versandt wird, zumindest seinem Sinn nach entsprechend anwendbar (Hamburg OLGE 2, 218 und LZ 1908, 637[2]; h. M.). Da der Erfüllungsort für die Lieferpflicht des Verkäufers grundsätzlich der Raum der gewerblichen Niederlassung des Verkäufers ist, dort also der Käufer die Ware abzuholen hat, ist auch hier die auf Weisung des Käufers erfolgende Zusendung der Ware grundsätzlich entsprechend dem Versendungskauf zu behandeln.

h) Vertragliche Abänderungen; Einfluß kaufmännischer Klauseln, insbesondere franko, frei, frachtfrei; cif und fob: Die Vorschriften über den Gefahrübergang sind nicht zwingendes Recht. Die Parteien können den Augenblick des Gefahrenübergangs anders bestimmen, also ihn später oder früher eintreten lassen. Bei Gattungsschulden jedoch kann auch auf Grund Parteivereinbarung der Gefahrübergang nicht eher erfolgen, als die Konkretisierung der Gattungssache vollzogen ist. So können die Parteien bestimmen, daß die Gefahr nicht erst durch Übergabe oder Übersendung übergehe, sondern daß auch ohne Wechsel des Gewahrsams eine einzelne, bestimmte aus der Gattung hervorgehobene Sache Gegenstand des Schuldverhältnisses sein soll (RG. 43, 184) und daß Käufer bereits in bezug auf sie das Risiko tragen soll; vgl. dazu OLG Braunschweig BB 1949, 279. **Anm. 190**

Durch die Klausel „ab Werk", „ab Lager" wird der Erfüllungsort grundsätzlich nicht geändert. Bei Billigung dieser Klausel durch den Käufer kann darin dessen Einverständnis zur Versendung von einem anderen als dem Erfüllungsort aus liegen, so daß die Gefahr auf Käufer übergeht; OLG Hamburg MDR 1947, 62; 1948, 15 = HEZ 1, 75 u. 128 vgl. oben Anm.

Die Parteien können auch bestimmen, daß bestimmte einzelne Gefahren schon vor der Übergabe, z. B. vom Kaufabschluß oder der Verwiegung oder Vermessung ab, vom Käufer übernommen werden. Ein angeblicher Handelsbrauch, wonach eine einseitig vom Verkäufer nach dem Kaufabschluß vorgenommene Verwiegung die Gefahr auf den Käufer übergehen läßt, ist abzulehnen, da die Lieferung eine Mitwirkung des Käufers erfordert, s. Hamburg VerkehrsRdsch. 2, 265 Nr. 148. Es kann auch vereinbart sein, daß erst nach der Übergabe eintretende Gefahren vom Verkäufer weiter getragen werden. Wer unfertige, in der Weiterentwicklung begriffene Rohstoffe (Most, fermentierenden Tabak nach Besicht) kauft, übernimmt stillschweigend die Gefahr ungünstiger Weiterentwicklung, die auf zur Zeit des Kaufabschlusses bereits vorhandene Krankheitskeime zurückzuführen ist. Eine Abänderung der gesetzlichen Regel des Gefahrübergangs wird nicht dadurch bewirkt, daß der Käufer die Ware erst am Bestimmungsort gemäß besonderer Abrede zu untersuchen hat (§ 377 Anm. 19), es sei denn, daß kraft besonderer Vereinbarung der Bestimmungsort zugleich Erfüllungsort ist.

Die Klausel „frachtfrei" ist reine Spesenregelung und ändert an der Gefahrtragung nichts. Auch der vertragliche Erfüllungsort wird durch sie nicht verlegt (RG 106, 214; Rechtsgutachten der HK Mannheim, VerkehrsRdsch. 1928, 424; ebenso Hamburger Warenvereinsbedingungen § 41 Abs. 1 letzter Halbsatz). Die Klausel „frei" eines bestimmten Ortes ist dagegen sowohl Gefahrtragungs- wie Spesenklausel und macht den benannten Ort zum Erfüllungsort. Das gleiche gilt überwiegend für die „franko"-Klausel (vgl. etwa § 41 Abs. 1 erster Halbsatz Hamburger Warenvereinsbedingungen sowie § 19 der Hamburger Usancen vom 30. April 1904 [GBl. 207]). Jedoch ist bei dieser Klausel Vorsicht geboten, da „franko" zuweilen auch gleichbedeutend mit „frachtfrei" als reine Spesenklausel gebraucht wird. Eine absolut herrschende Auffassung scheint sich noch nicht gebildet zu haben. In der Literatur wird fast durchweg die auch hier vertretene Auslegung befürwortet, aber ebenfalls zur Vorsicht geraten (vgl. etwa Ratz in diesem Kommentar § 346 Anm. 150; Schlegelberger-Hefermehl § 346 Rdnr. 54; Leistritz, Kleines Klausel-Lexikon unter „Frei-Klausel" S. 54). Es kommt somit immer auf den einzelnen Fall an und auf die Verbindung der Frankoklausel mit anderen Bestimmungen und Klauseln. Über Frei"- und Franko"-Klauseln s. auch noch unten Anm. 233. Durch die Klausel „franko Spediteur X des Verkäufers" wird mit Übergabe an diesen Spediteur wohl die Gefahr, aber noch nicht das Eigentum (vgl. auch oben Anm. 171ff) auf den Käufer übertragen; es sei denn, daß der Spediteur des Verkäufers unter besonderen Umständen als Vertreter des Käufers anzusehen wäre. Verkauf „loco Fabrik" besagt im Zweifel, mag auch noch „netto Kasse" hinzugesetzt sein, nur, daß mit Wegschaffung aus der Fabrik die Gefahr auf den Käufer übergehe und daß die Fabrik Erfüllungsort sei; nicht besagt sie, daß dort auch der Eigentumsübergang stattfinden solle (RG 102, 40). Über andere Klauseln § 346 Anm. 149. Ist „frei Bord" zu liefern, so geht die Gefahr dort über, wo die Ware an Bord zu liefern ist, sollte auch der Käufer die Ware erst am ausländischen Bestimmungsort abzunehmen haben (LZ 1912, 554[4]). Es ist Frage des Handelsbrauchs, ob die Gefahr bezüglich des übergenommenen Teiles der abzuladenden Ware bereits mit dessen Übernahme oder erst nach beendigter Übernahme der gesamten Ware an Bord auf den Käufer übergeht (vgl. Kiel SchlHolst. Anz. 1931 84). Die Übernahme der Versendungskosten besagt an sich noch nichts, weil die Fracht einen Teil der Kaufpreisberechnung darstellen kann (vgl. auch § 346); die Übernahme der Transportversicherung läßt dagegen eher einen Schluß auf Übernahme der Transportgefahr zu (Anm. 150). Wenn aber auch der Verkäufer die Transportgefahr bis zu einem bestimmten Ort übernommen hat, so trifft die Gefahr des Verlustes nach deren Ankunft an diesem Orte doch den Käufer (JW 1904, 46[16]). Die Klausel, daß „die Ware mit Berechnung (Ausstellung der Faktura) in den Besitz des Käufers übergehe", bedeutet nur eine Vereinbarung über den Zeitpunkt des Gefahrüberganges auf den Käufer (RG 102, 40; LZ 1922, 589[5]). „Kasse nach Eingang" ist bloße Zeitbestimmung für die Fälligkeit des Kaufpreises und hat mit der Gefahrtragung nichts zu tun. Durch die Bestimmung, daß „Zahlung nach ausgeliefertem Gewicht" zu erfolgen habe, wird nichts über die Gefahrtragung gesagt; letztere Bestimmung hat, wie die Klausel „Abladegewicht gleich Fakturagewicht", nur Bedeutung für die Preisberechnung (vgl. JW 1899, 343[25]). „Kasse gegen Duplikatfrachtbrief" (vgl. § 346 Anm. 160ff) beim Geschäft von Übersee überträgt die Gefahr von der Ausladung aus dem Seeschiff bis zur Bahnverladung auf den Verkäufer (vgl. Komm. zu § 455). Die Zusicherung, die Ware sei in X angekommen, bedeutet Zusicherung einer Sacheigenschaft (JW 1916, 1584[2]). Die Bestimmung, daß eine Ware „unter dem Spediteur lagere" bedeutet die Zusicherung, daß sie sofort greifbar ist (Hamburg LZ 1918, 177[8]).

Anm. 191 Die cif- und die fob-Klausel kommen auch bei Binnengeschäften vor. Beim cif-Geschäft ist die Frage, ob diese Klausel nur Kostenklausel sei oder auch die Gefahrtragung regle, von geringer Bedeutung, da bei ihm der Erfüllungsort für die Warenlieferpflicht beim Verkäufer liegt, was auch der Gesetzesregelung entspricht (§ 269 BGB); das cif-Geschäft hat mithin stets einen Versendungskauf zum Inhalt, bei dem es dem Verkäufer obliegt, auf seine Kosten für den Transport Sorge zu tragen und die Transportversicherung abzuschließen (§ 269 Abs. 3 BGB). Mit der Übergabe der Ware an die Versendungsperson geht daher sowohl nach der cif-Klausel als auch nach § 447 BGB die Gefahr auf den Käufer über. Wegen der Kostenregelung im einzelnen s. unten Anm. 253.

Die fob-Klausel hat im Binnenverkehr keine andere Bedeutung als sonst (s. dazu unten Anm. 278), ist also sowohl Spesen- als auch Gefahrtragungsregel. Die in der Vorauflage (Anm. 87a dieser Vorbem.) vertretene Ansicht, die Klausel sei im Binnenverkehr auf die Bedeutung einer Kostenregelung beschränkt, entspricht nach einer Mitteilung der HK Hamburg nicht der Auffassung der beteiligten Handelskreise. Die Ansicht der Vorauflage wird deshalb und im Interesse einer klaren und einheitlichen Auslegung der fob-Klausel aufgegeben.

Anm. 192 **i) Der Gefahrbegriff des § 447 BGB:** Auch im Bereich des § 447 BGB stellt sich die Frage, welche Gefahren der Käufer trägt. Die Rechtsprechung ist uneinheitlich. Insbesondere das ältere Schrifttum nahm im Hinblick auf den Wortlaut des § 446 BGB, der auch für die Auslegung des § 447 BGB maßgeblich sein soll, an, daß mit der Absendung nur die Gefahr körperlicher Vernichtung oder Verschlechterung auf den Käufer übergehe (vgl. die Nachweise in Anm. 88 der Vorauflage sowie auch OGH 2, 204; RG 106, 17; WarnRspr. 1918 Nr. 27). Diese Auffassung ist bereits oben Anm. 181 bei Erörterung des § 446 BGB als zu eng und innerlich unbegründet abgelehnt worden. Die Belastung des Käufers auch mit anderen Verlustgefahren als denen körperlicher Vernichtung oder Beschädigung rechtfertigt sich hier zwar nicht aus dem Gedanken, daß der Käufer ab Übergabe wirtschaftlich als der eigentliche Herr der Sache angesehen werden muß, da die Transportperson die Sache nicht für den Käufer übernimmt und infolgedessen die Übergabe bis zur Beendigung der Beförderung noch aussteht. Sie findet aber ihre Begründung darin, daß beim Versendungskauf der Verkäufer keine Nachteile dadurch erleiden darf, daß der Käufer die Ware nicht abholen läßt (in diesem Fall würde die Transportperson für den Käufer handeln, so daß ohne Einschränkung das oben zu § 446 Ausgeführte gelten müßte), sondern sie sich im eigenen Interesse zusenden läßt. Im Ergebnis ebenso, wenn auch zum Teil mit wesentlich anderer Begründung, RG 93, 330; 99, 58; 114, 407; OGH 1, 114; in der neueren Literatur wird die hier vertretene Ansicht im Ergebnis überwiegend geteilt, vgl. insbesondere Soergel-Ballerstedt § 447 Rdnr. 17; Palandt-Putzo § 447 Anm. 6; Larenz II[8] S. 73f.; zurückhaltend Kuhn in BGB-RGRK § 447 Anm. 29; Erman-Weitnauer § 447 Bem. III 1b; aus der neueren Rechtsprechung vgl. insbesondere BGH NJW 1965, 1324 („nicht nur die ... Veränderungen im Bestande der Sache ..., sondern auch andere vom Verkäufer nicht verschuldete Vorkommnisse"). Andererseits wird von der herrschenden Lehre und Rechtsprechung, der auch die Vorauflage dieses Kommentars (in Anm. 88) folgte, angenommen, daß der Verlust oder die Beschädigung der Sache sich als Auswirkung einer Transportgefahr darstellen müsse, also unmittelbar oder mittelbar mit dem Transport in ursächlichem Zusammenhang stehe (vgl. etwa RG 93, 331; 99, 58; OLG Kiel MDR 1947, 240; OLG Braunschweig MDR 1947, 290; Ulmer SJZ 1946, 235; aus der neueren Literatur: Soergel-Ballerstedt § 447 Rdnr. 19; Kuhn in BGB-RGRK § 447 Anm. 29; Staudinger-Ostler § 447 Rdnr. 19; Palandt-Putzo § 447 Anm. 6). Die bislang vertretene Auffassung wird nicht aufrechterhalten. § 447 BGB bietet keinen Anlaß für eine Interpretation des dort verwendeten Wortes „Gefahr" als Gefährlichkeit des Transports. Es ist kein Grund ersichtlich, warum der Begriff der Gefahr in § 447 BGB, der nur eine Spezialregelung zu § 446 BGB ist, etwas anderes bedeuten sollte als in der letztgenannten Vorschrift. Gefahr bezeichnet also nicht eine Gefährdung der Sache, sondern das Risiko, bei während des Transports eintretender Unmöglichkeit der Erfüllung den Kaufpreis nicht zu bekommen bzw. (aus der Käuferperspektive gesehen) ihn zahlen zu müssen, ohne die Ware zu erhalten. Damit ist aus dem Gesetz die Notwendigkeit einer Differenzierung nach solchen Schadensereignissen, die ihre Ursache im Transport haben, und solchen, deren Ursache allgemeiner Natur ist, nicht zu entnehmen. Daß darin eine für den Käufer nicht mehr tragbare Risikobelastung läge (so die Vorauflage Anm. 88 Abs. 2) kann nicht zugegeben werden. Die Gefahrtragungsnormen der §§ 446, 447 BGB modifizieren die Unmöglichkeitsregelung des § 323 BGB somit ausschließlich in zeitlicher Hinsicht (zust. Bettermann ZHR Bd. 111 S. 102ff.; Beitzke MDR 1947, 281; Sieveking MDR 1949, 329; Larenz II[8] S. 74; Erman-Weitnauer § 447 Bem. III 1c; in BGH NJW 1965, 1324 stand diese Frage nicht zur Entscheidung). Argumentationen aus der Entstehungsgeschichte des § 447 BGB (Art. 345 ADHGB bezog sich ausdrücklich nur auf die Transportgefahr) müssen hinter der objektiven, oben ausgeführten Auslegung aus dem Zusammenhang des jetzt geltenden Gesetzes zurücktreten.

Der Käufer trägt die Gefahr bis zur Ablieferung an ihn oder die von ihm bezeichnete **Anm. 193** Person (WarnRspr. 1911 Nr. 230; über den Begriff der Ablieferung s. § 377 Anm. 4). Auch die Verbringung vom Bahnhof des Bestimmungsortes bis in die Geschäftsräume des Empfängers ist noch ein Teil der Beförderung (RG „Recht" 1923 Nr. 332). Es gehören zu diesen Gefahren auch alle Versehen der Versendungspersonen, soweit nicht den Verkäufer ein Verschulden trifft; insbesondere, wenn der gehörig ausgewählte Spediteur die Ware verwechselt und sie der unrichtigen Person ausliefert (RG 93, 332; 62, 333), wobei wiederum ein mitwirkendes Verschulden des Verkäufers in Frage kommen kann (Nürnberg LZ 1919, 1150[2]). Hierher gehören auch Versehen der gehörig ausgewählten Versandperson durch Fehlleitung oder Verzögerung des Transports, sowie das Risiko, daß der Verbleib der vom beauftragten Spediteur abgeholten Ware nicht geklärt werden kann, BGH NJW 1965, 1324 = LM Nr. 4 zu § 447 BGB, ferner auch andere vom Verkäufer nicht verschuldete Vorkommnisse, wie Gewalt, Raub, Diebstahl und solche Ereignisse, die die Lage des Käufers erschweren, wie z. B. eigenmächtige Versicherungsnahme des Spediteurs (RG 99, 57); auch die während der Reise eintretende Transportunmöglichkeit stellt eine vom Käufer zu tragende Gefahr dar, z. B. die Ware verbleibt im Schiff, muß irgendwo eingelagert werden; hier muß Käufer den Preis bezahlen und es ist seine Sache, für den Weitertransport Sorge zu tragen; RG WarnRspr. 1918 Nr. 27; LZ 1916, 118 3[5]. Vgl. auch OLG Braunschweig MDR 1947, 290. Auch wenn die Güter durch einen Unfall verlorengegangen sind, trifft diese Gefahr den Käufer, falls nicht der Verlust auf deren natürliche Beschaffenheit, also auf deren Mängel, zurückzuführen ist (§§ 617, 618) und der Verkäufer für diese Mängel einzustehen hat. Wegen des Verhältnisses von schuldhaftem Verhalten des Verkäufers und Gefahrtragung vgl. Anm. 186. Ist infolge der Anweisung des Käufers, mit der Ware in besonderer Weise zu verfahren, ein Schaden entstanden, so hat der Käufer diese besondere Gefahr übernommen (ROHG 7, 236). Verhindert der Lieferant des Verkäufers die Beförderung, indem er wegen unterbliebener Zahlung die Ware wieder an sich nimmt, so trifft diese Gefahr den Käufer nicht (RG 93, 331). Die Zusage des Verkäufers, die Ware gegen Transportgefahr zu versichern, belastet ihn nicht mit der Gefahr des Transportes; er haftet nur für die sorgfältige Auswahl des Versicherers bzw. eines Spediteurs, der die Versicherung zu decken übernimmt (Hamburg HansGZ 1926 Hpbtl. 114). Über den Fall der Rückkunft der abgesendeten Ware zum Verkäufer vgl. Sieveking a. a. O. MDR 1949, 332; andererseits Beitzke MDR 47, 281.

Käufer trägt nur die Gefahr der für ihn bestimmten Ware. Verpackungsmaterial, welches Verkäufer leihweise zur Verfügung stellt, reist auf Gefahr des Verkäufers; OLG Karlsruhe NJW 1949, 68; vgl. dazu unten Anm. 235. Handelt es sich dabei um Einheitsbierflaschen, die in gleicher Art, Güte und Menge zurückzugeben sind, so liegt i. d. R. ein sog. Flaschendarlehn vor (BGH NJW 1956, 298). Für die Gefahrtragung bedeutet das, daß § 447 BGB unanwendbar ist. Verkäufer trägt die Gefahr des Hin-, der Käufer die Gefahr des Rücktransports; vgl. dazu Dürkes BB 1956. 25.

Anm. 194 **4. Gefahrtragung beim bedingten Kauf.**

Beim bedingten Kauf ist zu unterscheiden. Ist der Kaufvertrag aufschiebend bedingt, so ließ das römische Recht vor Eintritt der Bedingung den Verkäufer die Gefahr des Unterganges, den Käufer die Gefahr der Verschlechterung tragen. Das BGB macht die Gefahrtragung aber von der Übergabe oder von der Versendung abhängig. Die Regeln des gemeinen Rechts sind also nicht anwendbar. Das BGB überläßt im übrigen die Entscheidung der Wissenschaft (Mot. II 324; Prot. II 62). Tritt die Bedingung nicht ein, so ist kein Schuldverhältnis entstanden (Mot. I 255). Der Käufer braucht in Ermangelung eines Kaufvertrages den Kaufpreis nicht zu bezahlen. Tritt aber die Bedingung ein und ist die Sache vor Eintritt der aufschiebenden Bedingung vom Verkäufer dem Käufer übergeben oder an ihn auf sein Verlangen versendet, so soll (Enneccerus-Lehmann § 103 2b S. 419; Soergel-Ballerstedt § 446 Rdnr. 8; Staudinger-Ostler § 446 Rdnr. 22) nur der Untergang vor Eintritt der Bedingung (wie im römischen Recht) den Verkäufer treffen, weil dann Unmöglichkeit gemäß § 323 BGB vorliege; die bloße Verschlechterung dagegen soll nach der Übergabe den Käufer treffen (Lehmann und Ostler jeweils a. a. O.; bei dem letztgenannten Autor weitere ausführliche Nachw.). Ist die Bedingung während der Reise eingetreten, so trägt der Verkäufer die Gefahr der Reise bis zum Eintritt der Bedingung. Jedoch ist zu dem Gesagten eine Einschränkung zu machen: Wenn nämlich nach dem Inhalt des Rechtsgeschäfts die an den Eintritt der aufschiebenden Bedingung geknüpften Rechtsfolgen auf einen früheren Zeitpunkt zurückzubeziehen sind (§ 159 BGB.), so liegt darin zugleich der Vertragswille ausgedrückt, daß sich die Parteien so behandelt wissen wollen, als sei auch die Gefahr zu diesem früheren Zeitpunkt auf den Käufer übergegangen. Nach diesen Grundsätzen beurteilt sich der aufschiebend bedingte Kauf auf Probe (oben Anm. 125ff.), nicht aber der Kauf mit Eigentumsvorbehalt (oben Anm. 74ff.). Bei letzterem ist nicht das ganze Geschäft, sondern nur der Eigentumsübergang aufschiebend bedingt. Der Eigentumsübergang ist aber für den Gefahrübergang nicht entscheidend. — Ist der Kauf auflösend bedingt (Klasen, Die Gefahrtragung bei auflösend bedingten Käufen, 1910), so geht die Gefahr mit der Übergabe oder der Versendung auf den Käufer ohne Einschränkung über. Der Käufer hat die Gefahr zu tragen, wenn nach der Übergabe während des Schwebens der Bedingung die Kaufsache durch Zufall untergeht oder verschlechtert wurde. Tritt die auflösende Bedingung nicht ein, so muß der Käufer zahlen, wenn auch die Ware (nach Gefahrübergang) untergegangen ist. Tritt die auflösende Bedingung ein, so wird der frühere Rechtszustand wiederhergestellt (§ 159 Abs. 2 BGB). Das heißt: Obgleich der Käufer die verschlechterte Sache nicht im früheren Zustande, die untergegangene Sache überhaupt nicht mehr zurückgeben kann, kann er doch nach § 812 BGB den ungekürzten Kaufpreis zurückverlangen, weil die Wirkungen des Rechtsgeschäfts wie beim Rücktritt (§ 350 BGB) und bei der Wandelung (§§ 467, 350 BGB) wieder zu beseitigen sind (vgl. JW 1908, 270[3]; Staudinger-Ostler § 446 Rdnr. 23; Soergel-Ballerstedt § 446 Rdnr. 9). Eine andere Ansicht (vgl. Enneccerus-Lehmann S. 419) schließt sich der römisch-rechtlichen Auffassung an, nach der der Käufer die Gefahr des Untergangs, der Verkäufer die Gefahr der Verschlechterung tragen soll. Die Unterscheidung ist unberechtigt (so ausdrücklich auch Kuhn in BGB-RGRK § 446 Anm. 11 und Ballerstedt a. a. O.). Düringer-Hachenburg-Hoeniger V Einl. Anm. 105 endlich unterscheiden, ob die auflösende Bedingung im Interesse des Käufers oder des Verkäufers vereinbart worden ist. Über die Umtauschklausel oben Anm. 129.

5. Gefahrtragung beim Kauf in Bausch und Bogen. **Anm. 195**
Beim Kauf in Bausch und Bogen trägt der Verkäufer die Gefahr bis zur Übergabe des Ganzen, nicht aber die Gefahr für die einzelnen Stücke, weil es den Parteien auf einzelne Stücke regelmäßig nicht ankommt (§ 377 Anm. 181). Die Vereinbarung eines Pauschalpreises ist noch nicht entscheidend für die Annahme eines Kaufs in Bausch und Bogen, bei dem es auf einzelne Stücke nicht ankommen soll. Wollten die Parteien im einzelnen Fall vom Untergang oder von der Verschlechterung einzelner Stücke nicht absehen, wie dies bei einem Verkauf von Inventar regelmäßig der Fall sein wird, so ist der Kauf in Bausch und Bogen wie ein Kauf über einzelne bestimmte Stücke zu behandeln.

6. Die Wirkungen des Gefahrüberganges. Vgl. dazu zunächst oben Anm. 177ff. **Anm. 196**
Solange die Gefahr nicht auf den Käufer übergegangen ist, wird der Verkäufer durch den zufälligen, d. h. ihm nicht zurechenbaren Untergang der Kaufsache von der Verpflichtung zur Lieferung zwar frei, aber er verliert auch den Anspruch auf den Kaufpreis (§ 323 BGB). War der Kaufpreis bereits bezahlt, so kann ihn der Käufer als ungerechtfertigte Bereicherung zurückverlangen (§ 323 Abs. 1 Satz 1 und Abs. 3; § 812 Abs. 1 Satz 2 BGB). Bei teilweisem zufälligem Untergang wird der Verkäufer zu dem entsprechenden Teil frei (§ 275 BGB). Es vermindert sich dann aber auch kraft Gesetzes sein Recht auf die Gegenleistung in demselben Verhältnis, in dem der Wert seiner vollständigen Leistung zu dem Wert der teilweisen Leistung zur Zeit des Vertragsschlusses gestanden haben würde (§ 323 Abs. 1 Satz 2, §§ 472, 473 BGB). War dagegen die Gefahr auf den Käufer übergegangen, so hat er, wenn nunmehr eines jener Risiken eintritt, die er gemäß §§ 446, 447 BGB zu tragen hat, gleichwohl den vollen Preis zu zahlen; Verkäufer muß sich jedoch in analoger Anwendung des § 324 Abs. 1 Satz 2 BGB auf den Kaufpreis anrechnen lassen, was er infolge seiner Befreiung von der Pflicht zur Übergabe und Übereignung durch die eingetretene Unmöglichkeit an Ausgaben oder Unkosten erspart, die durch den Kaufpreis mit gedeckt gewesen wären. Hat sich die Ware verschlechtert, nachdem die Gefahr auf den Käufer übergegangen war, so trägt auch dieses Risiko der Käufer; er kann aus diesem Grunde keine Mängelgewährsrechte geltend machen (vgl. § 459 BGB). Ist die Ware dagegen bereits im Zeitpunkt des Gefahrübergangs (§ 459 BGB) nicht vertragsmäßig oder gesetzlich beschaffen — und zu der Beschaffenheit der Ware kann auch die Packung und Verpackung gehören (§ 377 Anm. 8f., 102, unten Anm. 235) —, so kann sie vom Käufer zurückgewiesen werden; es geht ihn das fernere Schicksal der Ware nichts an, wenn man von einer etwaigen Pflicht, sich vorläufig um die Ware zu kümmern, absieht (§ 379 Anm. 12). Ist die zurückgewiesene Sache nachträglich durch Schuld des Käufers untergegangen oder beschädigt, so hat der Verkäufer keinen Anspruch auf den Kaufpreis, sondern nur Anspruch auf Schadensersatz wegen Beschädigung seines Eigentums (vgl. RG 69, 410 oben). Hat der Käufer die mangelhafte Ware aber als Erfüllung vorbehaltlos angenommen, so trägt er auch die Gefahr, obgleich § 363 BGB (§ 377 Anm. 128) nur von Umkehrung der Beweislast spricht. Auch wenn die Gefahr auf den Käufer übergegangen ist, ist der Verkäufer, weil er ja die Transportperson beauftragt, in der Lage, auf den Transport im Interesse des Käufers einzuwirken; was er in dieser Richtung tut, das tut er als Geschäftsführer ohne Auftrag (§§ 677ff. BGB); dasselbe gilt, wenn eine Person, deren der Verkäufer sich bei Erfüllung des Vertrages bedient, in seinem Interesse durch geeignete Verfügung über die Ware handelt: aus ihrer Geschäftsführung wird der Käufer dann nach § 683 BGB berechtigt und verpflichtet (RG 92, 132). Über die Gefahrtragung bei Zurverfügungstellung der Ware unten Anm. 230ff. Die Vorschriften über die Gefahrtragung ändern den Erfüllungsort nicht.

Veranlaßt beim Versendungskauf der Verkäufer dem Regelfall entsprechend den **Anm. 197**
Transport im eigenen Namen (s. oben Anm. 157), so hat der Käufer, wenn die Beförderungsperson ihre Vertragspflichten schuldhaft verletzt, nicht ohne weiteres ein Klagerecht gegen die Beförderungsperson, denn in einem Vertragsverhältnis mit dieser steht

nicht er (RG 43, 172), sondern ausschließlich der Verkäufer. Das gilt auch dann, wenn es sich (was hier allein interessiert) um Schäden handelt, die auf Grund der kaufrechtlichen Gefahrverteilung nicht den Verkäufer, sondern ausschließlich den Käufer treffen. Der Käufer erlangt ein eigenes Klagerecht auch nicht dadurch, daß der Verkäufer den Spediteur anweist, die Ware nach ihrer Ankunft an den Käufer auszuliefern und dieser dem Käufer davon Anzeige macht. Denn das ist keine Anweisung und keine Annahme einer solchen im Sinne des Gesetzes (s. Komm. zu § 363; RG 43, 170). Der Verkäufer ist jedoch berechtigt, auch die den Käufer treffenden Schäden im eigenen Namen als eigenes Erfüllungsinteresse gegen den Beförderer geltendzumachen, ebenso die Interessen mehrerer hintereinanderstehender Beteiligter, z. B. außer den Interessen des Käufers auch diejenigen des Spediteurs gegen dessen Unterspediteur oder gegen den Frachtführer (sogenannte Schadensliquidation im Drittinteresse; RG 109, 192 und 21; RG 93, 40; 87, 292 und 150; 75, 172; 62, 335; JW 1911, 321; vgl. auch BGH 40, 91, 101). Den erlangten Ersatz muß er nach § 281 BGB an den Käufer herausgeben. Der Käufer hat jedoch keinen Anspruch auf ein solches Vorgehen des Verkäufers. Der Verkäufer kann sich darauf beschränken, seinen Ersatzanspruch gegen die Beförderungsperson an den Käufer abzutreten, womit es diesem überlassen bleibt, sich selbst mit Hilfe des abgetretenen Anspruchs Ersatz zu verschaffen. — Zu beachten ist jedoch, daß dem Käufer unter den in § 435 HGB bezeichneten Voraussetzungen ein eigener Anspruch gegen den Frachtführer zustehen kann, wenn er als Empfänger der Ware bezeichnet ist. War die Ware nicht an den Käufer adressiert, sondern an einen Spediteur (und zwar zur Auslieferung, nicht zur Weiterversendung an den Käufer), so ist nur dieser Spediteur Empfänger, nur er hat die Rechte aus § 435. Dies gilt selbst dann, wenn der Spediteur auf Verlangen des Käufers das mit Nachnahme belastete Gut an dessen Abkäufer weiterversandt hat und der Käufer die Nachnahme nicht zahlen will; der Spediteur ist hier nur sogenannter Adreßspediteur (s. Komm. zu § 407; RG 103, 30). — Eine besondere Lage entsteht, wenn sich der Spediteur befugtermaßen eines Zwischenspediteurs bedient. Da dieser innerhalb seines Bereiches als selbständiger Spediteur an Stelle des Hauptspediteurs im eigenen Namen für Rechnung des Versenders die Weiterversendung besorgt, ist er (anders als der Unterspediteur) nicht Erfüllungsgehilfe des Hauptspediteurs (RG 109, 302, 292 und 87; BGH 37, 294ff.). Außer im Falle eines Verschuldens des Hauptspediteurs bei der Auswahl des Zwischenspediteurs hat bei dieser Sachlage auch der Verkäufer keinen unmittelbaren vertraglichen Schadensersatzanspruch, wenn durch Verschulden des Zwischenspediteurs ein Schaden entsteht. Denn der Hauptspediteur haftet in diesem Falle nicht und mit dem Zwischenspediteur steht der Verkäufer in keinen vertraglichen Beziehungen. Der Käufer kann somit Ersatz seines Schadens erst erhalten, nachdem der Hauptspediteur seinen Anspruch gegen den Zwischenspediteur an den Verkäufer (RG 109, 292) und dieser den Anspruch weiter an den Käufer abgetreten oder selbst in dessen Interesse geltend gemacht hat.

Ausnahmsweise können zwischen dem Käufer und dem Spediteur vertragliche Rechte allgemeiner Art bestehen. Wenn z. B. der Spediteur des Verkäufers die verkaufte Ware auf eigenen Namen einlagert, so muß er alles vornehmen, was zur Übertragung der Versicherungsgewalt und des Eigentums auf den Käufer gehört, sowie den Käufer instandsetzen, auch seinerseits die seinem Interesse dienenden Schritte zu tun. Trifft den Käufer ein Vorwurf, daß er sich um die Sache nicht kümmerte, so hat er an dem durch seine Nachlässigkeit mitveranlaßten Schaden nach § 254 BGB mitzutragen (LZ 1907, 830[2]).

Anm. 198 Hat der Verkäufer den Transportvertrag im Namen des Käufers abgeschlossen, so hat der Käufer, und nur dieser, einen Rückgriff gegen den Spediteur oder Frachtführer. Der Zollspediteur, der vom Verkäufer mit Versendung an die Abnehmer des Käufers beauftragt ist, hat einen unmittelbaren Anspruch gegen den Käufer, wenn der Verkäufer namens des Käufers das Frachtgut aus Versehen deklariert hat (RG 26, 109; vgl. Komm. zu § 408). Über die Rechte des Spediteurs gegen den Frachtführer s. Komm. zu § 407.

Anm. 199 Über das Verhältnis des Eigentümers des Fracht- oder Speditionsgutes zum Frachtführer oder Spediteur ist in den Anm. zu §§ 407, 429 ausgeführt, daß Frachtführer, Spediteure und Zwischenspediteure dem Versender (Eigentümer) aus unerlaubter Handlung nach § 823 BGB haften, wenn sie das ihnen anvertraute Gut vorsätzlich oder fahrlässig beschädigt haben, und daß diese Art der Haftung neben die Haftung aus Vertrag tritt. Das gilt auch dann, wenn dem Verkäufer (= Eigentümer) durch die unerlaubte Handlung des Spediteurs oder Frachtführers tatsächlich kein Schaden entstanden ist, weil der Verkäufer auf Grund der kaufrechtlichen Gefahrtragungsregeln gleichwohl vom Käufer den vollen Kaufpreis verlangen kann (BGH NJW 1968, 1567f.; vgl. dazu näher die Ausführungen zu § 407 und § 429 in diesem Kommentar). Die Haftung aus unerlaubter Handlung greift jedoch nur Platz, wenn der Frachtführer oder Spediteur oder deren Verrichtungsgehilfen eine ihnen obliegende allgemeine Rechtspflicht schuldhaft verletzen; sie greift nicht Platz, wenn besondere, diese Personen nur auf Grund des Vertrages treffende Fürsorgepflichten gegenüber dem Versender (Eigentümer) verletzt worden sind, z. B. die Benachrichtigungspflicht von der Einlagerung des Gutes, obgleich dadurch eine Eigentumsbeschädigung die Folge gewesen sein mag (RG 105, 304; 102, 42; vgl. ferner aus der neueren Rspr. BGH 46, 140, 144 unten u. 145 oben; dagegen Senkpiehl JW 1923, 179[10] Fußn.). Der Frachtführer oder Spediteur, der das ihm zur Beförderung übergebene Gut veruntreut, macht sich nicht des Diebstahls (§ 242 StGB), sondern der Untreue schuldig (§ 266 Nr. 2 StGB; RGSt. 56, 116); anders, wenn ein Angestellter des Verkäufers die Versendung besorgt und die Ware sich aneignet; hier bestand der Gewahrsam des Verkäufers fort (RGSt. 54, 32; 53, 162; 52, 145).

III. Die Pflichten des Käufers

1. Die Preiszahlungspflicht. **Anm. 200**

a) Zahlung des Käufers oder eines Dritten: Der Käufer hat den vereinbarten Kaufpreis zu zahlen (über Formen der Preisvereinbarung s. oben Anm. 44 u. 53ff.). Daß der Käufer persönlich oder durch seinen Vertreter die Zahlung leistet, ist nicht erforderlich. Da der Käufer aber immer ein Interesse hat daran, wer für ihn zahlt, so braucht auf seinen Widerspruch hin der Verkäufer Zahlung von einem Dritten nicht anzunehmen (§ 267 BGB). Liegt ein solcher Widerspruch nicht vor, so gerät der Verkäufer durch die Ablehnung in Annahmeverzug. Die Zahlung durch einen Dritten stellt sich für diesen als die Begleichung einer fremden Schuld dar, zu welcher der Dritte nicht verpflichtet ist; sie hat also nicht dessen Eintritt in den Kaufvertrag zum Zweck. Nur Zahlung seitens eines Dritten muß der Verkäufer regelmäßig annehmen; Aufrechnung seitens eines Dritten darf er regelmäßig zurückweisen (Ausnahmen in §§ 268, 1142, 1249 BGB).

Akontozahlung im Rechtssinn bedeutet eine eigentliche Zahlung (Abschlagszahlung). Es ist also die Akontozahlung sofort nach dem am Zahlungstag geltenden Kurse auf den Fakturabetrag zu verrechnen.

b) Verzinsungspflicht: Dazu tritt noch die Verpflichtung, den Kaufpreis von dem Zeitpunkt an zu verzinsen, von dem an dem Käufer die Nutzungen der Sache gebühren (§ 452 BGB; ausführlich Komm. zu § 353). Nur dann tritt diese Verpflichtung nicht ein, wenn dem Käufer der Kaufpreis gestundet ist. In diesem Falle tritt die Zinspflicht mit dem Verzug oder mit der Rechtshängigkeit ein (§§ 288, 291 BGB). Indessen ist daran zu erinnern, daß Kaufleute bei ihren beiderseitigen Handelsgeschäften Zinsen schon vom Tage der Fälligkeit einander zu zahlen verpflichtet sind (§ 353). Die Höhe der Zinsen beträgt 4% (§ 246 BGB), bei beiderseitigen Handelsgeschäften 5% (§ 352). **Anm. 201**

c) Vereinbarung der Vorauszahlung: Ist Vorauszahlung vereinbart (Pränumerandokauf, Pränumerationskauf, Vorschußzahlung, § 346 Anm. 152, so wird der Kaufpreis in dem Augenblick fällig, in dem die Zahlung zu leisten ist, obgleich der Käufer die Ware noch nicht erhalten hat. Von diesem Augenblick an ist der Kaufpreis zu verzinsen. Kann oder will der Verkäufer nicht liefern, so ist die Fälligkeit aufgeschoben, bis der Verkäufer zur Lieferung bereit ist (vgl. §§ 373/374 Anm. 14). Vorauszahlungsvereinbarungen enthalten die Abreden „Zahlung bei Abruf", „Kasse gegen Faktura", „Kasse gegen Dokumente", „Kasse gegen Lieferschein", „Kasse gegen Lagerschein", „Zahlung gegen Duplikatfrachtbrief", „Lieferung gegen Akkreditiv" (über Zahlungsklauseln s. ausführlich § 346 Anm. 151ff.). Beim Versendungskauf hat der Käufer nicht bei Absendung der Ware im voraus, sondern erst zu zahlen, wenn die Ware am Bestimmungsort eingetrof- **Anm. 202**

fen und der Käufer in die Lage versetzt worden ist, die Ware auf ihre Vertragsmäßigkeit zu untersuchen und über sie zu verfügen. Auch die Klausel „netto Kasse ab Fabrik" begründet keine Vorlisteungspflicht des Käufers (InduHK Hannover Gutachten WuR 1930 Nr. 116 S. 331). Will der Verkäufer frühere Zahlung, so muß er Zahlung gegen Versandbereitschaft ausmachen; alsdann muß der Käufer auf die Anzeige, daß die Ware abgeschickt werden könne, zahlen. Die Ware braucht aber noch nicht verladen zu sein. Will der Käufer sich die Verladung sichern, so muß er sich Zahlung gegen Duplikatfrachtbrief ausbedingen. Die Vorauszahlung kann übrigens, ebenso wie eine Vorschußzahlung, verschiedene Bedeutung haben. Es kann nicht nur ein auflösend bedingtes Rückforderungsrecht für den Fall der Nichtlieferung der Ware damit begründet werden, sondern es kann auch eine aufschiebend bedingte Erfüllungsleistung in einer Vorauszahlung liegen; und so wird die Sache regelmäßig aufzufassen sein, wenn der Käufer auf die Übergabe der Dokumente hin oder nach Eingehen der Faktura bereits Zahlung leisten muß. Der Parteiwille kann auch dahin gehen, daß die Vorauszahlung zum Inhalt des Geschäfts gemacht ist, so daß dieses unbedingt geschlossen und auf die Verpflichtung zur Vorauszahlung der § 326 BGB anzuwenden ist. Ist bedungen, daß der Käufer eines Kraftwagens einen Teil des Kaufpreises bei der Bestellung zu entrichten und das Recht habe, den Wagen vor der Absendung zu prüfen, so darf der Käufer die Anzahlung nicht verweigern, selbst wenn er erst durch die gleichzeitig mit der Anzahlung erfolgende Übergabe in den Stand gesetzt wird, die Probefahrt auszuführen (JRdsch. 1926 Nr. 674). Die Vorauszahlung kann auch eine bloße Sicherheitsleistung sein; insbesondere dann, wenn endgültige Berechnung und Abrechnung vorbehalten ist (a. M. LZ 1909, 776[17], wo angenommen ist, daß aus der Sicherheitsleistung auch durch eine „automatische Verrechnung" ohne Parteierklärung eine Erfüllungsleistung werden kann; vgl. folgende Anm.). Ist Vorauszahlung in Erwartung des Zustandekommens eines Geschäfts geleistet, so hat keine Leistung zur Erfüllung einer Verbindlichkeit stattgefunden; zerschlägt sich das Geschäft, so kann die Zahlung wegen Nichteintritts des durch die Vorauszahlung bezweckten Erfolgs zurückgefordert werden (§ 812 Abs. 1 Satz 2 BGB; RG 98, 239). Im übrigen kommt es dafür, was gemeint ist, auf die Natur des der Vorauszahlung zugrunde liegenden Rechtsgeschäfts an und welchem Zweck die Vorauszahlung danach genügen soll (RG JW 1912, 684[8]; vgl. RG 38, 236). Die Entscheidung dieser Fragen ist bedeutsam, weil es von ihrer Beantwortung abhängt, ob der Rückfordernde die Bereicherungsklage anstrengen muß oder ob er die Vertragsklage hat. Beim Kontokorrent sind Vorauszahlungen, wie alle Zahlungen und Einschüsse, nur Leistungen zur Begründung eines Aktivpostens, aber keine Vorauszahlungen auf ein bestimmtes Geschäft (s. Komm. zu § 355; RG 56, 23; JW 1904, 151[27]; LZ 1911, 455[5]).

Ist Vorauszahlung nicht bedungen, sondern nur tatsächlich geleistet, so darf der Verkäufer sie im Zweifel, d. h. wenn sich aus der Natur des Vertrags oder aus dem Parteiwillen nicht das Gegenteil ergibt, nicht zurückweisen (§ 271 Abs. 2 BGB). Nimmt er die Zahlung an, so hat der Käufer kein Rückforderungsrecht und keinen Anspruch auf Zwischenzinsen (§ 813 Abs. 2 BGB, der aber kein zwingendes, sondern nachgiebiges Recht enthält; s. „Recht" 1909 Nr. 260). Für Wechsel (Art. 1 Nr. 4 WG) und Schecks (Art. 28 ScheckG) gilt Besonderes.

Anm. 203 **d) Verrechnungsvereinbarung:** Die Vereinbarung, daß der Kaufpreis zu verrechnen sei, kann das Zustandekommen eines Kaufvertrags hindern, wenn sich nicht bestimmen läßt, worauf der Kaufpreis zu verrechnen sei (Kiel OLGE 20, 165). Hat der Schuldner durch Verrechnung zu bezahlen, so hat er bar zu zahlen, wenn ihm die zur Gegenrechnung zu verwendende Forderung nicht erwachsen ist; die vorausgesetzte Tilgungsart ist eben von selbst weggefallen. Über die Unzulässigkeit der Verrechnung und die daraus sich ergebenden Rechtsfolgen, wenn der Empfänger des einem Dritten gehörenden Geldes zur Zeit der Verrechnung nicht in gutem Glauben war und das Geld verbraucht hat, s. WarnRspr. 1920 Nr. 160. Hat der Schuldner das Recht, durch Überweisung eines Bankguthabens zu zahlen, so ist die Zahlung mit der endgültigen Gutschrift auf dem Konto des Gläubigers erfolgt; spätere Zahlungseinstellung der Bank berührt den Schuldner nicht, wenn er nicht etwa die Zahlungsunfähigkeit gekannt hatte; in letzterem Falle trifft ihn die Einrede der unerlaubten Rechtsausübung (RG in BankA 16, 195). Geht die Vereinbarung dahin, daß der Verkäufer dem Käufer einen anderen Gegenstand abzukaufen habe und beide Preise damit durch Verrechnung getilgt sein sollen, so ist ein gültiger Vertrag zustande gekommen, wenn der künftig zu kaufende Gegenstand und die Preise bestimmbar sind (oben Anm. 14ff.). Eine solche Vereinbarung kann einen verschiedenen Sinn haben. Es kann ein fester Kauf und zugleich ein Vorvertrag über einen zweiten, erst noch abzuschließenden Kauf mit Aufrechnung der Preise geschlossen sein (Augsburg SeuffA 64, 221). Es kann auch ein doppelseitiger Verkauf oder ein Tauschvertrag unter Verrechnung der als Wertanschlag aufzufassenden Preise, möglicherweise unter Hinzuzahlung der Wertdifferenz, gemeint sein. Ein Tauschvertrag liegt nur dann vor, wenn der Inhalt des Vertrages erkennen läßt, daß die unmittelbare Leistung eines jeden Vertragschließenden in der Verschaffung eines individuellen Gegenstandes besteht (RG 50, 287). Auf die gebrauchten Ausdrücke kommt es nicht an (RG 57, 266). Entscheidend ist, ob die angegebenen Preise nur zur rechnerischen Begründung dafür dienen, daß zum Zwecke der Wertausgleichung dem Erwerber des wertvolleren Kaufgegenstandes eine besondere Leistung außer der Übereignung des von ihm zu liefernden Gegenstandes auferlegt wird, ober ob sie einen Bestandteil der Vertragsbestimmungen bilden dergestalt, daß der Erwerber den Preis durch Barzahlung und Hingabe an Zahlungs Statt (§§ 364, 265 BGB) zu begleichen hat. Im ersteren Falle handelt es sich um einen Tauschvertrag, im letzteren um zwei miteinander verbundene, in ihrem Bestande voneinander abhängige Kaufverträge (RG Gruch. 49, 1157; JW 1905, 326[15]; SeuffA 64, 221; vgl. oben Anm. 22). Ganz unzweideutig liegen zwei Kaufverträge vor, wenn der Käufer sich bei Abschluß des Vertrages verpflichtet hat, nach Empfang der Ware für die als Kaufpreis vereinbarte Summe Ware zu liefern, oder wenn beide Abreden gar zeitlich auseinanderfallen. Jeder der Käufe hat sein selbständiges Schicksal, wenn Leistungsverzug eintritt (ROHG 18, 384; 5, 419). Kommt der zweite Kauf durch Verschulden des zweiten Verkäufers, der seine Kaufpreisschuld aus dem ersten Kauf durch Lieferung von Waren tilgen durfte, nicht zum Vollzug, so muß er den aus dem ersten Kauf schuldigen Kaufpreis bar bezahlen (RG LZ 1908, 598[21]). Es ist dies derselbe Grundsatz wie bei der Verpflichtung zur Zahlung mit Wechseln (unten Anm. 205). Ausnahmsweise kann der Zusammenhang beider Käufe allerdings ein so enger sein, daß sich diese Grundsätze nicht anwenden lassen (unten Anm. 449). — Als Hingabe an Zahlungs Statt, nicht als Rückgängigmachung des Vertrages, gilt es, wenn der schlecht stehende Käufer dem kreditierenden Verkäufer die Ware zum Zweck der Tilgung der Kaufpreisforderung zurückgibt (vgl. ROHG 24, 204; 15, 49; 8, 97). Behauptet der Käufer eine Vereinbarung der Hingabe an Zahlungs Statt bei Abschluß des Kaufs, so bestreitet er seine Verpflichtung zur Zahlung des Kaufpreises. Der Verkäufer muß beweisen, daß so abgeschlossen wurde, daß er den Kaufpreis fordern kann. Ein besonderer Fall ist es endlich, wenn der Gläubiger, statt Barzahlung zu empfangen, bei seinem Schuldner Waren nach Bedarf bis zur Höhe der Schuldsumme entnehmen soll; in diesem Fall hat der Gläubiger nach billigem Ermessen (§ 315 BGB) auszuwählen und die Zeit des Bezugs zu bestimmen (Braunschweig OLGE 24, 290).

e) Ist **Barzahlung** vereinbart, so kann das nur als Gegensatz zur Leistung von Gegenständen erfüllungshalber oder an Erfüllungs Statt, insbesondere zur Hingabe von Wechseln oder als Ausschluß der Gewährung von Zahlungszielen gemeint sein. In diesem Fall bleibt Banküberweisung zulässig. Denkbar ist aber jedoch, daß auch die Banküberweisung ausgeschlossen sein soll. Was im Einzelfall gewollt ist, ist Auslegungsfrage. In Zeiten der Barmittelknappheit oder erschütterter Solvenz der Großbanken braucht der Verkäufer sich Banküberweisung nicht gefallen zu lassen (Hamburg HansRZ 1924, 903). Die Zahlung hat dann bei Empfang der Ware Zug um Zug zu erfolgen. Sofern nicht besondere Abreden zwischen Käufer und Verkäufer entgegenstehen, ist die Angabe von Kontobezeichnungen auf Briefbögen, Rechnungen, Lieferscheinen usw. in der Regel als Einverständnis mit der Überweisung auf eines der genannten Konten aufzufassen. Bei Postscheckkonten ist nicht einmal dies erforderlich, jedenfalls sobald der Kontoinhaber in dem öffentlich bekanntgegebenen Postscheckkundenverzeichnis geführt wird; vgl. dazu näher BGH JZ 1953, 469 und v. Caemmerer JZ 1953, 446. Nachträglicher Widerruf eines solchen Einverständnisses ist grundsätzlich möglich. Bei gestatteter Überweisung tritt die Tilgungswirkung ohne Rücksicht auf Kenntnis des Verkäufers bereits in dem **Anm. 204**

Augenblick ein, in welchem der überwiesene Betrag dem Konto der Verkäufers gutgeschrieben wird; vgl. RG 82, 96; 114, 142f.; 134, 73 (76); 141, 289; BGH 6, 121 = NJW 1952, 929. Wegen näherer Einzelheiten s. insbesondere Staubinger-Ostler § 433 Rdnr. 124.

Anm. 205 **f) Zahlung durch Wechsel und Scheck:**

Nach deutschem Recht ist weder der Verkäufer ohne dahingehende Vereinbarung berechtigt, auf den Käufer in Höhe der Kaufpreisforderung Wechsel zu ziehen — und zwar auch nicht nach Lieferung der Ware —, noch ist der Käufer befugt, dem Verkäufer einen Wechsel erfüllungshalber oder an Erfüllungs Statt aufzudrängen. Erforderlich ist stets eine dahingehende Vereinbarung oder Übung. Eine solche Einwilligung des Käufers liegt in der Hingabe eines Blankoakzeps zum Zwecke der Einsetzung des geschuldeten Kaufpreises. Diese Einwilligung ist unwiderruflich. Hingegen liegt auf der Verkäuferseite in einem Diskontierungsversuch noch nicht die nachträgliche Annahme des Wechsels. Bei Nichtannahme genügt nicht die Rücksendung mittels gewöhnlichen, nicht eingeschriebenen Briefes (a. M. SeuffA 52 Nr. 95); jedenfalls nicht bei höheren Beträgen. War der Verkäufer aus einem der genannten Gründe oder weil ihn das maßgebende ausländische Recht zur Trassierung berechtigte, zur Ziehung einer Tratte befugt, so hat er den Wechsel in der Währung des Zahlungsortes auszustellen (vgl. Art. 41 WG); hat er auf einen zu hohen Betrag trassiert, so kann der Käufer sein Akzept nicht schlechthin verweigern. Er muß vielmehr im Zweifel sein Akzept in der richtigen Höhe anbieten. Wird vom Käufer der Wechsel zur Zeit, zu der er zur Hingabe des Wechsels verpflichtet ist, nicht gegeben, so muß er Barzahlung leisten, und zwar von dem Tage an, an dem der Wechsel zu geben war. Denn durch Verweigerung der Wechselhingabe fällt die in der Abrede der Wechselhingabe liegende bedingte Stundung des Kaufpreises (s. dazu unten Anm. 107) fort (RG JW 1917, 290[11]; LZ 1908, 374[5]; Holdheim 1905, 80; Hamburg OLGE 24, 180; mit Einschränkung Hamburg LZ 1913, 404[3]; a. M. Breslau „Recht“ 1904, 44[150]; Zander Gruch. 49, 780).

Anm. 206 Hieraus folgt auch die Pflicht, den Kaufpreis von dem Augenblick an zu verzinsen, in dem die Wechsel zu geben waren. Ebenso verhält es sich, wenn „Kasse innerhalb 30 Tagen mit 1% oder Dreimonatsakzept“ vereinbart ist. Die Wechselhingabe kann in der Form erfolgen, daß der Käufer dem Verkäufer entweder ein Wechselakzept oder einen Kundenwechsel gibt. Ist in „guten“ Kundenwechseln zu zahlen, so muß im Zweifel der Kundenwechsel so gut sein, daß die Bank, bei der der Verkäufer seine Wechsel diskontieren läßt, den Wechsel ohne weiteres diskontiert. Der Verkäufer braucht sich nicht bei anderen Banken um die Unterbringung des Wechsels zu bemühen.

Anm. 207 Die Hingabe eines Wechsels über die Kaufpreisschuld erfolgt im Zweifel nicht an Zahlungs Statt (§ 364 Abs. 1 BGB), sondern lediglich erfüllungshalber (§ 364 Abs. 2 BGB). Daher trägt der Käufer die Beweislast, wenn er Annahme des Wechsels an Zahlungs Statt behauptet. Erfolgt die Wechselhingabe der Regel entsprechend erfüllungshalber, so bedeutet dies, daß die Kaufpreisschuld bis zum Verfalltag des Wechsels gestundet ist. Sie bleibt zwar bestehen, tritt aber jetzt als subsidiärer Anspruch hinter die Wechselforderung zurück. Der Gläubiger ist zunächst darauf angewiesen, am Verfalltag des Wechsels Befriedigung aus der Wechselforderung zu suchen (RG 153, 179, 182; OLG Stuttgart JW 1913, 3143[13]). Während der Laufzeit des Wechsels kann der Verkäufer daher Zahlung der Kaufpreisschuld nicht verlangen. Eine andere Beurteilung kann angebracht sein, wenn der Käufer während der Laufzeit des Wechsels kreditunwürdig wird oder sich von vornherein weigert, den Wechsel bei Verfall einzulösen. In diesem Fall ist eine Klage auf künftige Zahlung gerechtfertigt, weil Unsicherheit künftiger Erfüllung gegeben ist (§ 259 ZPO); jedoch nur gegen Rückgabe des Wechsels. Hat der Verkäufer den Wechsel bereits diskontiert, so kann diese Klage nicht erhoben werden. Eine Klage auf sofortige Zahlung gegen Rückgabe des Wechsels ist möglich, wenn der Verkäufer die Stundung widerrufen darf. Dieses Widerrufsrecht steht ihm jedenfalls dann zu, wenn vereinbart ist, daß er bei Zweifelhaftigkeit, Kreditunwürdigkeit oder Zahlungsverweigerung von dem der Wechselhingabe zugrunde liegenden (Kauf-)Geschäft zurücktreten darf, da der bloße Widerruf der Stundung als das mindere Recht von dem weitergehenden

Rücktrittsrecht miteingeschlossen wird. Fehlt es an einer solchen Vereinbarung, ist aber während des Laufs des Wechsels Kreditunwürdigkeit des Akzeptanten eingetreten, so steht dem Verkäufer nur der Rückgriff wegen Unsicherheit der Zahlung nach Art. 43 WG unter den Voraussetzungen des Art. 43 Abs. 2 WG zu. Außerdem kann § 321 BGB in Betracht kommen (s. dazu oben Anm. 68ff.).

Wird der Wechsel am Fälligkeitstag bezahlt, so erlischt dadurch zugleich die Kaufpreisforderung, endgültig allerdings erst dann, wenn der Rückgriff gegen den Verkäufer aus Art. 15 WG ausgeschlossen ist (RG 140, 156, 159). Die Diskontierung des Wechsels verschafft dem Verkäufer nur vorläufige Befriedigung (RG a. a. O.). Erlangt der Verkäufer am Verfalltage des Wechsels keine Befriedigung, d. h. wird der Wechsel nicht eingelöst, so kann der Verkäufer neben dem Wechsel wieder auf seine Kaufpreisforderung zurückgreifen. Aus der Tatsache, daß der Verkäufer entsprechend der Vereinbarung erfüllungshalber Hingabe seine Befriedigung zunächst aus dem Wechsel zu suchen hat, folgt jedoch, daß er die gebotene Sorgfalt anzuwenden hat, um zur Befriedigung aus dem Wechsel zu gelangen. Dabei hat er auch die Interessen des Käufers zu wahren, z. B. den Wechsel ordnungsgemäß zu präsentieren und ggf. zu protestieren. Anders ist es, wenn der Käufer ein undomiziliertes eigenes Akzept hingegeben hat. Denn bei dieser Sachlage hat er kein Interesse, daß der Verkäufer sich der nur für ihn selbst günstigeren Wechselforderung bediene (ROHG 21, 251). Eine Verpflichtung des Verkäufers, notfalls zwecks Einlösung des Wechsels einen Rechtsstreit zu führen, besteht auch bei Hingabe eines Kundenwechsels nicht (OLG Nürnberg WM 1960, 1200 — f. Scheck —; Consbruch NJW 1965, 623; a. A. Soergel NJW 1964, 1943). — Auf eine Prolongationsabrede kann sich der Käufer nur berufen, wenn er den Verkäufer zur Zeit des Verfalls des zu prolongierenden Wechsels in den Besitz des entsprechenden Prolongationswechsels gesetzt hat (RG 104, 333). **Anm. 208**

Auch wenn der Verkäufer durch die Hingabe des Wechsels über die Kaufpreisforderung zwei verschiedene selbständige Ansprüche erhalten hat, muß in jedem Fall vermieden werden, daß der Käufer doppelt, d. h. aus dem Wechsel und aus der Kaufpreisforderung in Anspruch genommen wird. Denn der Wechsel soll dem Verkäufer nur als Verstärkung seines kaufrechtlichen Anspruchs dienen. Greift also der Verkäufer auf die Kaufpreisforderung zurück, so braucht der Käufer grundsätzlich Zahlung nur gegen Rückgabe des Wechsels zu leisten. Daher kann auch der Verkäufer, der für seine Kaufpreisforderung einen Schuldschein und dazu Wechsel erhalten hat, auf Grund des Schuldscheins Zahlung nur verlangen, wenn er Zug um Zug gegen Empfang der Zahlung den Wechsel zurückgibt oder dem Käufer Sicherheit gegen eine doppelte Inanspruchnahme gewährt. Entsprechendes gilt für die Vollstreckung aus einer neben der Wechselhingabe errichteten vollstreckbaren Schuldurkunde. Hat der Verkäufer seine Verpflichtung zur Wahrung der Käuferinteressen (s. oben vorige Anm.) schuldhaft verletzt, indem er es z. B. zur Präjudizierung des Wechsels hat kommen lassen oder den Wechsel nicht unversehrt zurückgeben kann, so steht dem Käufer ein Anspruch aus positiver Vertragsverletzung zu, den er gegen die Kaufpreisforderung aufrechnen kann. Hat der Käufer sein Akzept als Sicherung auf einen nicht zur Ausführung gekommenen Abschluß gegeben, so kann er die Rückgabe nach § 812 BGB und, wenn das Akzept weiterbegeben wurde, Wertersatz nach § 818 Abs. 2 BGB verlangen. Hatte der Verkäufer vor der Weiterbegebung die Rückgabe ausdrücklich zugesagt, so können dem Käufer Schadensersatzansprüche aus § 826 BGB erwachsen (vgl. RG 56, 320). Im übrigen können jedoch Wechsel- und Kaufpreisforderung verschiedene Schicksale haben. Gibt z. B. der Verkäufer den Wechsel an einen Dritten weiter, so geht durch die Wechselbegebung die dem Wechsel zugrunde liegende Forderung nicht von selbst, d. h. ohne besondere Abtretung, mit über (anders im frz. Recht; RG 65, 359; SeuffA 45 Nr. 244). Der Übergang der Forderung findet auch dann nicht statt, wenn ein Dritter für fremde Schuld auf dem Wechsel seine Unterschrift gibt, also einen Garantiewechsel zeichnet und in der Folge den Wechsel einlösen muß (RG 96, 138; 94, 85; LZ 1918, 909[8]). Es greifen weder § 774 BGB noch auch §§ 426, 421 BGB Platz. Besondere Umstände können jedoch aber doch die Auslegung rechtfertigen, daß die Bank, die Kundenwechsel diskontiert hat, damit auch dem Parteiwillen zugleich das Recht zur Einziehung der der Wechselstellung zugrunde liegenden **Anm. 209**

Forderung im eigenen Namen aber für Rechnung des Begebenden haben soll: zur Frage der Einreden vgl. BGH NJW 1953, 219; RG 166, 306 gegen RG 136, 41.

Anm. 210 Wird in gefälschten Wechseln bezahlt (Mansfeld, Genehmigung gefälschter Unterschriften, LZ 1914, 801), so ist vorauszuschicken, daß nach Art. 7 WG die einzelnen Wechselerklärungen unabhängig sind von der sachlichen Gültigkeit der übrigen, und daß nach Art. 69 WG im Falle einer Änderung des Textes diejenigen, die nach der Änderung ihre Unterschrift auf den Wechsel gesetzt haben, entsprechend dem geänderten Text und die Vorgänger nach dem ursprünglichen Text haften. Im übrigen ist zu unterscheiden, ob der Wechselnehmer vor der Annahme des Wechsels den, dessen Name unbefugt auf den Wechsel gesetzt worden ist, befragt hat, ob der Wechsel in Ordnung gehe, oder ob er keine Frage gestellt hat. Hat der Wechselnehmer gefragt und die Antwort erhalten, die Unterschrift sei echt, so ist die Wechselzeichnung genehmigt, auch wenn sie gefälscht war (§ 177 BGB). Lautete die Antwort nur dahin, der Wechsel werde eingelöst werden, so ist mit dieser Antwort zwar kein Anerkenntnis nach § 780 BGB erteilt, wohl aber ist die Garantie für gehörige Wechselzahlung übernommen (RG. 82, 337; LZ 1914, 757). Schweigt der Befragte, so stellt sein Schweigen regelmäßig auch dann keine Genehmigung dar, wenn er die Fälschung und den Zweck der Mitteilung erkannt hat, außer wenn im Einzelfall besondere Umstände keine andere Deutung als die der Genehmigung zulassen, BGH NJW 1967, 1039, 1040. Auch die Versagung des Fälschungseinwands nach § 242 BGB kommt nur in Betracht, wenn besondere Umstände über das bloße Schweigen hinaus einen Verstoß gegen Treu und Glauben begründen. Selbst das Schweigen des Befragten in der Erkenntnis, der Fälscher setze sein Treiben trotz Verwarnung fort, ist nicht geeignet, einen solchen Verstoß gegen Treu und Glauben zu begründen, BGH a. a. O. Wer trotz Kenntnis der Fälschung weder den Wechselinhaber aufklärt noch sich darum kümmert, daß der Fälscher die Angelegenheit in Ordnung bringt, verstößt nach BGH a. a. O. jedoch regelmäßig gegen die guten Sitten und macht sich deshalb nach § 826 BGB schadensersatzpflichtig. Das gilt insbesondere dann, wenn der Namensträger aus mehrfachen Anfragen desselben Wechselnehmers auf laufende Fälschungen durch dieselbe Person schließen muß. Der Ersatzanspruch des Geschädigten aus § 826 BGB geht darauf, so gestellt zu werden, als habe der Namensträger die Fälschung mitgeteilt. Wird bei dem, dessen Unterschrift gefälscht ist, nicht vor Annahme des Wechsels angefragt, so kommt es darauf an, ob nach den im Verkehr herrschenden Grundsätzen im einzelnen Fall erwartet werden muß, daß der, der von der Fälschung erfährt, zur Verhütung weiteren Schadens eingreift; erst dann kann § 826 BGB zur Anwendung gelangen (RG bei Holdheim 13, 26; JW 1911, 761[19]; vgl. LZ 1914, 1031; JW 1914, 192[9]).

Anm. 211 Werden vom Käufer **Schecks** für den Kaufpreis gegeben, so ist zu unterscheiden: Hat Käufer selbst den Scheck ausgestellt, so ist die Kaufpreisschuld erst mit Einlösung des Schecks durch die bezogene Bank oder mit Erteilung endgültiger, d. h. vorbehaltsloser Gutschrift getilgt (s. auch BGH 6, 121). Die Einreichung des Schecks durch den Verkäufer bei seiner Bank gegen vorläufige Gutschrift ist nicht Einlösung des Schecks, sondern Inkassoauftrag gegen Bevorschussung des Betrages durch die beauftragte Bank. Nimmt Verkäufer in Anrechnung auf den Kaufpreis Schecks entgegen, die Käufer seinerseits von Dritten erhalten hat, so erfolgt auch diese Entgegennahme von Schecks regelmäßig nicht an Zahlungs Statt, sondern nur zahlungshalber. Die Übersendung eines Schecks an eine Bank „zur Gutschrift“ hat dieselbe Bedeutung wie die Übersendung eines Wechsels zur Gutschrift (RG 102, 332 oben). Die Abrede „Zahlung durch Scheck“ setzt vorhandene Deckung zur Zeit der Hingabe voraus und verpflichtet den Empfänger zu rechtzeitiger Einziehung (JW 1926, 2074[1]). Ist die Zahlung durch Scheck bedungen, so kann nicht durch einen Barpostscheck bezahlt werden, der bei einem Postscheckamt zahlbar ist, das sich nicht am Sitze des Empfängers befindet. Denn nach § 9 IV 1 PostscheckO vom 16. Dezember 1927 (Amtsbl. des Postmin. 1927, 519) in der Fassung der VO vom 19. März 1934 (Amtsbl. d. RP 1934, 95) erfolgt die Einlösung von Postauszahlungsschecks nur bei dem Postscheckamt, das das Konto des Ausstellers führt. Ist Zahlung innerhalb bestimmter Zeit zu leisten und gibt der Käufer einen Barscheck, so muß der Verkäufer darauf vertrauen können, daß er über den Betrag gerade so verfügen kann, wie wenn Barzahlung zur bestimmten Zeit geleistet wäre (LZ 1926, 695[4]). Der Verkäufer, der einen Scheck in Zahlung nimmt, muß, wie der Gläubiger, der sich einen Wechsel geben läßt (oben Anm. 208), für gehörige Einziehung sorgen (RG 78, 143), hat also die Folgen zu tragen, wenn während seines Zögerns der Bezogene zahlungsunfähig wird (Hamburg HansGZ 1924 Hptbl. 123). Der zum Rücktritt vom Vertrage berechtigte Verkäufer verliert dieses Recht nicht ohne weiteres durch Einlösung des ihm vom Käufer zwecks Bezahlung des Kaufpreises ausgehändigten Schecks („Recht" 1924 Nr. 807). Hinsichtlich der dem Schuldner gegen den Scheckinhaber zustehenden Einreden gilt dasselbe wie bei dem Anspruch aus einem Wechsel (Art. 22 SchG; Art. 17 WG). Will der aus dem Scheck in Anspruch Genommene sich auf das Grundgeschäft beziehen, so hat er zu beweisen, daß der Gegner das Grundgeschäft nicht erfüllt hat (RG 75, 201; WarnRspr. 1919 Nr. 17). Hat eine Bank ihrem Kunden ein Scheckkonto eröffnet, so darf sie auch ungedeckte Schecks einlösen und den Kunden mit dem Betrage selbst dann belasten, wenn die Geschäftsbedingungen dem Kunden die Ausschreibung ungedeckter Schecks untersagen (RG in BankA 25, 171[2]). Gibt der Käufer statt Barzahlung einen Scheck, für den keine Deckung vorhanden ist, so kann der Verkäufer wegen positiver Vertragsverletzung des Käufers vom Vertrage zurücktreten („Recht" 1924 Nr. 1486). Die vor Vorlegung des Schecks abgegebene Erklärung der bezogenen Bank, der Scheck gehe in Ordnung, hat im Zweifel nur den Sinn, daß Zahlung erfolgen werde, wenn der Scheck bei Vorlegung noch rechtsgültig, also nicht widerrufen sei (RG 112, 319). Die nach Vorlegung des Schecks abgegebene Erklärung der bezogenen Bank, der Scheck sei bezahlt, ist Garantiezusage für die Einlösung (RG in BankA 25, 335[1]). Über die Diskontierung von Verrechnungsschecks gegen Barscheck RG 103, 87; RG in BankA 21, 89[2], Hamm BankA 21, 88[1]; Schriftleitg. BankA 21, 125. Über den Kauf von Schecks in ausländischer Währung oben Anm. 25ff.

h) Das Wechselremboursgeschäft. **Anm. 212**

Lit.: Rudolf Brenninkmeyer, Der Akzeptkredit der Banken, 1916 S. 47; Herold, Das Kreditgeschäft der Banken (15. Aufl. 1964); Spyr, BankA 10, 369; Klausing in Arbeiten z. Handels-, Gewerbe- u. LandwirtschaftsR 1919 Nr. 21 S. 391; Koch, Rembourskredit im Recht, BankA 1927, 266; Voigt, Das überseeische Dokumenttrattengeschäft, Überseestudien zum Handels-, Schiff- u. Vers.-R. Heft 7; Hemmersbach, Das Remboursgeschäft, Abhdlgen z. Bürgerl., Handels- u. Arbeitsrecht (9. Heft); Obst-Hintner, Geld-, Bank- und Börsenwesen (36. Aufl. 1967), Kemmer, Technik der Außenhandelsfinanzierung, 1960; Zahn, Zahlung und Zahlungssicherung im Außenhandel (4. Aufl. 1968); Wiele, Das Dokumenten-Akkreditiv (1955) Heft 24d. Überseestudien.

Beim Wechselremboursgeschäft wird durch Einschaltung des Wechselkredites (sog. Warenwechsel) einerseits dem Verkäufer gegen Einreichung der Dokumente sofortige Zahlung verschafft, andererseits dem Käufer (Importeur) bis zum Verfalltag des Wechsels Kredit gewährt; dieses geschieht durch Einschaltung der Banken, wodurch die Banken (Außenhandelsbanken) maßgebend an der Finanzierung des Warenimportes mitwirken. Diese Art der Zahlungsabwicklung wird in dem Kaufvertrag zwischen dem Importeur und seinem überseeischen Ablader mit der Klausel „Dokumente gegen Accept" („documents against acceptance", oder schlicht: d/a) vereinbart. Die technische Geschäftsabwicklung, die verschiedene Spielarten aufweisen kann (s. dazu ausführlicher Zahn a. a. O. S. 201), ist in der Regel folgende: Auf Grund der genannten Klausel ist Verkäufer angewiesen, in Höhe seiner fakturierten Kaufpreisforderung auf die ihm benannte Bank des Käufers (sog. Remboursbank) einen Wechsel zu ziehen, den er alsdann zusammen mit den Verladedokumenten (Konnossement mit Begleitpapieren, s. unten Anm. 269ff.) seiner überseeischen Bank einreicht, welche ihm den Betrag des Kaufpreises in der Rechtsform des Diskonterlöses ausbezahlt. Die überseeische Bank des Verkäufers schickt die Tratte nebst Dokumenten — zur Sicherung gegen Verlust oder Mißbrauch in zweifacher Ausfertigung auf zwei verschiedenen Wegen — an ihre europäische Bankverbindung, um durch diese die Tratte der Remboursbank des Käufers zur Einholung des Akzepts zu präsentieren. Die Remboursbank erteilt ihr Akzept unter gleichzeitiger Belastung des Käufers gegen Empfang der Verladedokumente, die sie ihrem Kunden, dem Importeur, zur Verfügung stellt. Die überseeische Bank kann sich durch

Rediskontierung des Akzepts (früher regelmäßig in London) hinsichtlich des von ihr dem Verkäufer bezahlten Diskontbetrages refinanzieren. Der Käufer (Importeur) ist gegenüber seiner Bank (der Remboursbank) verpflichtet, spätestens am Tage vor Fälligkeit des Wechsels Deckung anzuschaffen.

Bei diesem Tatbestand des Wechselrembourses sind folgende Rechtsverhältnisse gegeben: a) Der zwischen Verkäufer und Importeur bestehende Kaufvertrag mit der Vereinbarung dieser Form der Zahlungsabwicklung (Anm. 213). b) Das Rechtsverhältnis des Käufers zu seiner Bank, die sich ihm gegenüber bereit erklärt, die auf sie gezogene Tratte des Verkäufers mit ihrem Akzept zu versehen, sofern ihr dagegen die Verladedokumente übergeben werden (Anm. 215). c) Das Verhältnis des Verkäufers zu seiner Bank, welche die vom Verkäufer ausgestellte Tratte gegen Übergabe der Verladedokumente aufnimmt und die Einholung des Akzepts besorgt Anm. 217). d) Das Verhältnis des Verkäufers zur Remboursbank des Käufers (Anm. (218).

Anm. 213 Der Käufer verpflichtet sich durch die Klausel „Dokument gegen Akzept" gegenüber dem Verkäufer, dafür Sorge zu tragen, daß die vom Verkäufer auf die Bank des Käufers gegangene Tratte von dieser akzeptiert und eingelöst wird. Ist Käufer nicht in der Lage, bei seiner Bank einen solchen Kredit zu erwirken oder verweigert die Bank die Erteilung des Akzepts oder Einlösung des Wechsels, so hat Käufer seine Vertragspflicht nicht erfüllt, wobei die Verschuldensfrage davon abhängt, inwieweit die Weigerung der Bank dem Käufer zuzurechnen ist. Eine auch zufällige Störungen deckende Garantiezusage des Käufers gegenüber Verkäufer ist mangels besonderer Umstände in der genannten Klausel nicht enthalten. Die Bank des Käufers ist bei der Erteilung des Akzeptes auch nicht Erfüllungsgehilfin des Käufers gegenüber dem Verkäufer; denn die Verpflichtung, welche Käufer gegenüber dem Verkäufer übernommen hat, besteht nur darin, die Akzeptzusage durch seine Bank zu erwirken, was nicht einen auch den Verkäufer berechtigenden Akzepterteilungsvertrag zugunsten Dritter darstellt; und es haftet Käufer dem Verkäufer dafür, daß diese seine Bemühung bei der Remboursbank unter normalen Verhältnissen Erfolg habe. Ist der Rembours dem Verkäufer innerhalb bestimmter Frist zu bestätigen (s. Anm. 218), so können die Voraussetzungen eines Fixgeschäftes oder eines diesem gleichzubehandelnden Geschäfts gegeben sein (§ 376 Anm. 21; vgl. RG. 96, 255). Ist über die Zeit der Gestellung des Rembourses nichts vereinbart, so kommt § 326 BGB zur Anwendung (WarnRspr. 1919 Nr. 54). Auch als aufschiebende Bedingung kann die Vereinbarung „Verkauf gegen Rembourseröffnung" auftreten (Hamburg „Recht" 1918, 190).

Anm. 214 Der Verkäufer hat gegen den Käufer Anspruch darauf, daß Käufer bei seiner Bank die Zusage der Akzepterteilung (Akkreditiv) oder das Akzept selbst erwirke; dagegen erlangt Verkäufer aus dem zwischen dem Käufer und seiner Bank geschlossenen Geschäftsbesorgungsvertrag, der auf Akzepterteilung gerichtet ist, keinen eigenen Anspruch gegen die Bank aus § 328 BGB, weil die Akzeptzusage der Bank allein im Kreditinteresse der Käufers erfolgt; vgl. jedoch Anm. 218. Wird dem Käufer die Beschaffung des Bankakzepts ohne sein Verschulden unmöglich, so kann er nicht in der verabredeten Weise zahlen. Es ist dadurch die Vereinbarung dieser besonderen Zahlungsmodalität unmöglich geworden (vgl. dazu RG 91, 46). Wird ihm aber das Konnossement trotzdem angedient, so muß er es einlösen (RG 92, 226). Der Verkäufer darf, sobald er seiner Bank die Tratte indossiert und die Verschiffungspapiere übergeben hat, nicht mehr über die Kaufpreisforderung verfügen und sie einklagen. Ist die Kaufpreisforderung auf die Bank übergegangen (unten Anm. 217), so ergibt sich dieser Grundsatz daraus, daß weder die Ware noch die Kaufpreisforderung mehr zum Vermögen des Verkäufers gehören, daher auch von dessen Gläubigern nicht mehr gepfändet werden können. Ist die Kaufpreisforderung nicht auf die Bank des Verkäufers übergegangen, so kann der Käufer, wenn er vom Verkäufer oder von dessen Gläubiger, der die Kaufpreisforderung sich hat überweisen lassen, auf Zahlung des Kaufpreises belangt wird, einwenden, daß er die Ware vereinbarungsgemäß nur erhalten könne und den Kaufpreis daher nur zu zahlen brauche, wenn ihm die Verschiffungspapiere, d. h. die Ware, übergeben seien, und daß dieses nur gegen Bankakzept erfolge (RG. 65, 357).

Das Rechtsverhältnis zwischen dem Käufer und seiner Bank (der Rembours- Anm. 215 stelle) stellt eine entgeltliche Geschäftsbesorgung dar, mag die Zusage der Bank im Rahmen des zwischen beiden Beteiligten bereits bestehenden allgemeinen Bankvertrages erfolgen oder mag der Vertrag ad hoc geschlossen werden (vgl. dazu auch BGH Zeitschrift für das gesamte Kreditwesen 1960, 856). Ein Eintritt der Bank in den Kaufvertrag findet nicht statt. Die Bank verpflichtet sich zugleich gegenüber dem Käufer auf Grund eines Krediteröffnungsvertrages auf sich ziehen zu lassen, d. h. Rembourskredit gegen Empfang der Verschiffungspapiere zu gewähren. Ein Darlehensverhältnis im Sinne des § 607 BGB ist damit nicht verbunden, und zwar auch dann nicht, wenn die Bank dem Käufer „Kredit" gewährt, d. h. die Anschaffung der Deckung erst am Tage der Fälligkeit des Wechsels verlangt. Der dem Käufer erteilten Lastschrift liegt rechtlich der Aufwendungsersatzanspruch der Bank zugrunde. Ein anderes hat nur dann zu gelten, wenn die Bank im Rahmen einer allgemeinen Krediteröffnung den Wechsel zu Lasten des Kontokorrentkontos des Käufers einlöst und dieses dadurch negativ wird. Die Bank kann daher vom Käufer nur insoweit Deckung verlangen, als sie selbst aus ihrem Akzept in Anspruch genommen wird. Über die Regelung der Vorkriegs-Remboursverbindlichkeiten vgl. das Gesetz über die innerdeutsche Regelung von Vorkriegsremboursverbindlichkeiten vom 20. August 1953 (BGBl. I S. 999). Auf Grund des Geschäftsbesorgungsverhältnisses ergibt sich für die Bank gegenüber dem Käufer eine allgemeine Interessenwahrungspflicht. Die Bank steht nicht dafür ein, daß die Verschiffungspapiere nicht gefälscht sind oder daß die in den Papieren beschriebene Ware abgeladen ist. Die Remboursstelle hat jedoch mit der Sorgfalt eines ordentlichen Bankhauses zu verfahren. Dazu gehört die Prüfung der Papiere auf gehörige Form und auf ihre Übereinstimmung unter sich und mit dem Krediteröffnungsvertrag. Diese Prüfung darf sich nicht auf die äußerlich ziffernmäßige Übereinstimmung der Fakturen und Konnossemente mit der Wechselsumme beschränken. Auch der übrige Inhalt der Belege ist zu beachten. Ergibt sich z. B. aus den Belegen, daß es sich um cif-Geschäfte handelt (s. unten Anm. 251 ff.), so darf die Remboursstelle nicht Wechsel akzeptieren, wenn in der Wechselsumme auch Überliegegelder des Abladehafens enthalten sind; denn bei cif-Geschäften hat der Verkäufer die Fracht zu zahlen, also auch für Verzögerung der Abladung, d. h. für Überliegegelder, aufzukommen; die Wechsel sollen ja nur für den Fakturenpreis gegeben werden. Stoßen ihr bei der Prüfung auf die äußere Ordnungsmäßigkeit Bedenken auf, z. B. ob die Papiere echt sind, ob die Ware in der Tat oder zur angegebenen Zeit abgeladen ist, so muß sie diesen Bedenken nachgehen; auch muß sie beachten, was sie aus eigener Kenntnis weiß oder bei Aufwendung gehöriger Sorgfalt wissen muß (RG 107, 231; 97, 147; 96, 250). Die Ware selbst hat die Bank nicht auf ihre Vertragsmäßigkeit zu untersuchen, wohl aber muß sie den Käufer auf verdächtige Umstände aufmerksam machen. Wann der Käufer der Bank Deckung anzuschaffen hat, richtet sich nach den Krediteröffnungsbedingungen der Bank. Hat sich die Bank die Auslieferung der Dokumente erst gegen Deckung des Käufers vorbehalten, so kann der Käufer vorher ohne die Verschiffungspapiere über die Ware nicht verfügen. Diese Schwierigkeit kann der Käufer, dem die Mittel zur Einlösung der Konnossemente nicht zur Hand sind, dadurch lösen, daß er die Ware ohne Konnossement verkauft und seinen Abkäufer zum Eintritt in das Remboursgeschäft bestimmt. Indem dieser Abkäufer der Remboursstelle seinen Eintritt erklärt, übernimmt er ihr gegenüber die Verbindlichkeit mit der Verpflichtung, seinen Kaufpreis nur an die Remboursstelle bis zu deren voller Befriedigung zu entrichten und auf alle Einreden aus der Person des ersten Käufers, einschließlich der Einrede der Aufrechnung, zu verzichten. Die Bank nimmt diese Eintrittserklärung an, wenn ihr der zweite Käufer gut erscheint; sie liefert ihm dann die Verschiffungspapiere aus. Aber auch dem zweiten Käufer steht die gutgläubige Bank nicht dafür ein, daß die Verschiffungspapiere nicht gefälscht sind oder daß die Ware vertragsmäßig ausfällt.

Ob zum anderen auch der Käufer gegenüber der Remboursbank verpflichtet ist, dafür Sorge zu tragen, daß Verkäufer ihr über seine Bank die Dokumente zuleitet, ist zweifelhaft, jedoch schwerlich anzunehmen. Der Empfang des Konossements durch die Remboursbank ist grundsätzlich nur als die Bedingung aufzufassen, unter welcher die Remboursbank gegenüber dem Käufer ihre Akzeptzusage erteilt.

Anm. 216 Zweifelhaft ist die Frage, welche Rechte die Remboursbank gegenüber dem Käufer an den ihr von der überseeischen Bank des Verkäufers gegen Hingabe ihres Akzepts ausgehändigten Verschiffungspapieren erlangt, sofern hierüber Sondervereinbarungen fehlen. Da das Konnossement, welches der Verfrachter dem Verkäufer als dem Ablader ausgestellt hat, in aller Regel auf Order des Verkäufers lautet (vgl. § 647 Abs. 1), Verkäufer aber das Konnossement bei Einreichung desselben an seine überseeische Bank üblicherweise mit einem Blankoindossament zu versehen hat, kann aus der Urkunde selbst, d. h. aus der Art der Indossierung ein Anhaltspunkt zur Beurteilung dieser Frage nicht gefunden werden. Die Blankoindossierung als solche spricht nicht notwendig dafür, daß die Bank Eigentümerin des Konnossements geworden sei. Es ist daher durch Auslegung zu ermitteln, zu welchem Rechte die Übergabe des Konnossements durch den Verkäufer an seine überseeische Bank und durch diese an die Remboursbank des Käufers erfolgt. Auf Seite des Verkäufers beschränkt sich das Interesse bei Übergabe der Dokumente mit der Tratte an seine überseeische Bank darauf, seinerseits die Liefer- und Andienungspflicht zu erfüllen und den Diskontbetrag für die Tratte zu bekommen. So ist bei ihm in bezug auf das Konnossement der unbedingte Entäußerungswille jedenfalls vorhanden. Da zum anderen die Besorgung des Rembourskredites dem Interesse des Käufers dient und auch dessen alleinige Angelegenheit ist, so daß das interne Verhältnis des Käufers zu seiner Bank für den Verkäufer ohne Belang ist, wird es dem Verkäufer grundsätzlich gleichgültig sein, wann auf wen das Eigentum an den Dokumenten übergehen soll. Man wird daher davon ausgehen können, daß auf seiner Seite der erkennbare Entäußerungswille „für wen es angeht" vorliegt. Die überseeische Bank des Verkäufers aber, welche die noch nicht akzeptierte Tratte bereits diskontiert, wird mit den Dokumenten eine Sicherheit für den Fall erlangen wollen, daß die Remboursbank ihr Akzept verweigert und sie gegen dem Verkäufer Regreß zunehmen gezwungen ist (Art. 43 Abs. 2 Nr. 1 WG); dieses Sicherungsinteresse ist um so größer, als die Verweigerung des Akzepts von der Bank des Käufers damit begründet werden kann, daß die Papiere gewissen Erfordernissen nicht genügen, welche die überseeische Bank als gegeben erachtet hat (z. B. falsche Kostenberechnung auf Grund divergierender Interpretation der cif-Klausel; s. vorstehend). Es ist demnach in der Regel anzunehmen, daß die überseeische Bank Eigentum an den Dokumenten zu Sicherungszwecken erworben hat. Dieses Eigentum überträgt die überseeische Bank sodann gegen Erlangung des Akzepts der Remboursbank des Käufers, so daß auch sie als Eigentümerin anzusehen ist. Ob nun die Remboursbank gegenüber dem Käufer befugt ist, dieses Eigentum zurückzuhalten, beurteilt sich nach den zwischen ihr und dem Käufer getroffenen Kreditvereinbarungen unter Berücksichtigung der besonderen Käuferinteressen. Diese sind erkennbar darauf gerichtet, die Dokumente baldigst zu bekommen, damit der Käufer über die Ware disponieren kann. Aus dem Geschäftsbesorgungsverhältnis ist daher die Bank mangels besonderer Vereinbarung verpflichtet, die Dokumente dem Käufer unverzüglich weiterzuleiten (§§ 675, 667 BGB), und es ist gemäß § 369 Abs. 3 auch das Recht der Zurückbehaltung grundsätzlich als ausgeschlossen zu erachten. Ein anderes gilt jedoch dann, falls die Bank berechtigt ist, das Geschäftsbesorgungsverhältnis und den Kreditvertrag vorzeitig zu kündigen oder falls die Voraussetzungen des außerordentlichen Zurückbehaltungsrechts gemäß § 370 gegeben sind oder falls die Geschäftsbedingungen der Bank etwas anderes bestimmen.

Anm. 217 Zwischen dem Verkäufer und seiner Bank besteht ein Auftragsverhältnis in dem Sinne, daß die Bank das Akzept der Remboursbank Zug um Zug gegen Hergabe der Dokumente einholt. Obwohl das Akzept dem eigenen Interesse der Bank des Verkäufers dient, die von ihr diskontierte Tratte rediskontfähig zu machen, übernimmt die Bank es, als Beauftragte des Verkäufers und als dessen Erfüllungsgehilfen gegenüber dem Käufer, die Dokumente weiterzugeben. Ein Eintritt in den Kaufvertrag findet nicht statt. Die Hereinnahme der vom Verkäufer ausgestellten Tratte gegen Zahlung oder Gutschrift des Diskonterlöses stellt sich rechtlich als Trattenkauf dar. Die Kaufpreisforderung geht im Zweifel nicht auf die diskontierende Bank über. Wenn aber nach dem Recht des Begebungsortes der Tratte mit der Indossierung derselben seitens des Verkäufers eine stillschweigende, auf Mitübertragung gerichtete Willenserklärung anzunehmen ist, so hat zugleich auch die Abtretung der Kaufpreisforderung stattgefunden (RG 65, 359). Darüber, daß die Bank im Zweifel Eigentum an den

Verschiffungsdokumenten erlangt, s. Anm. 216. Handelsbräuche können bestimmen, daß der Käufer oder dessen Remboursstelle Zug um Zug gegen Aushändigung von Dokumentsduplikaten die Hälfte des Kaufpreises und sodann gegen Aushändigung der Originale den Rest des Kaufpreises in Akzepten zu entrichten habe. Über die bindende Wirkung solcher Auslandsgebräuche s. § 346 Anm. 55 u. 56. Es haftet die Bank dem Käufer nale den Rest des Kaufpreises in Akzepten zu entrichten habe. Über die bindende Wirkung solcher Auslandsgebräuche s. § 346 Anm. 55 u. 56. Es haftet die Bank dem Käufer nicht, wenn die Dokumente gefälscht sind, gar keine Ware oder vertragswidrige Ware abgeladen worden ist. Die Bank des Verkäufers ist nicht ungerechtfertigt bereichert, wenn sie den Diskonterlös zur Deckung von Ansprüchen gegen den Verkäufer verwendet oder der Käufer auf die Dokumente hin trotz Einlösung seines Akzepts keine oder schlechte Ware erhält. Der Käufer kann nur seinen Verkäufer, nicht dessen Bank, in Anspruch nehmen (RG in BankA 11, 121; Hamburg LZ 1907, 846[3]).

Zwischen dem *Verkäufer* als Wechselaussteller und der *Bank des Käufers* als der Bezogenen besteht grundsätzlich kein Kausalverhältnis, insbesondere hat Verkäufer gegen die Remboursbank keinen Rechtsanspruch auf Erteilung des Akzepts. Diese Rechtslage ändert sich beim sog. *bestätigten Rembourskredit*, wenn also die Bank des Käufers dem Verkäufer die Erteilung des Akzepts unter der Bedingung der Einreichung der in den Bedingungen näher umschriebenen *Dokumente* verspricht. Diese Bestätigung stellt wie beim bestätigten Akkreditiv ein abstraktes Schuldversprechen im Sinne des § 780 BGB dar und unterliegt den im III. Band dargestellten Grundsätzen. **Anm. 218**

Möglich ist endlich, daß die Bank des Käufers in dessen Auftrag im Wege eines *Kreditauftrages* bei einer dritten Bank, die vom Verkäufer vorgeschrieben sein kann, einen Wechselkredit in im Kreditauftrag vereinbarten Grenzen eröffnet, wodurch Verkäufer ermächtigt wird, auf jene dritte Bank, welche sich gegenüber der Bank des Käufers zur Kreditgewährung verpflichtet hat, in Höhe des Kaufpreises unter Ausfolgung der Verschiffungspapiere zu trassieren. Möglich ist, daß die dritte Bank ihre Bereitschaft zugunsten des Verkäufers, dessen auf sie gegangene Tratte zu akzeptieren, bestätigt, wodurch Käufer gegen sie einen selbständigen Anspruch auf Akzepterteilung erlangt. In diesem Falle übersendet die Bank des Käufers dem Verkäufer oder dessen Bank als der Beauftragten des Verkäufers einen Kreditbrief, woraus zu folgern ist, daß der von ihr der dritten Bank erteilte Kreditauftrag unwiderruflich sei. Die gezogenen und akzeptierten Beträge werden alsdann auf der Rückseite des Kreditbriefes abgeschrieben. Die Besonderheit dieses Tatbestandes besteht darin, daß die Bank des Käufers sich darauf beschränkt, als dessen Geschäftsbesorgerin der dritten Bank einen Kreditauftrag zu erteilen, wodurch die Bank des Käufers der kreditbeauftragten dritten Bank gemäß § 778 BGB haftbar wird, so daß die Bank im Interesse des Käufers eine Bürgschaft übernimmt. Vgl. über das *Dokumentenakkreditiv* und über die Internationalen Geschäftsbedingungen ausführlich im III. Band. **Anm. 219**

2. Die Abnahmeverpflichtung. **Anm. 220**

Der Käufer hat endlich die Verpflichtung, die Ware abzunehmen. Diese früher streitige Verpflichtung spricht § 433 BGB ausdrücklich aus. Die Abnahmeverpflichtung ist selbständig einklagbar, RG 53, 161, 162; 56, 173ff.; 57, 105, 109. Die Vollstreckung erfolgt i. d. R. nach § 887 ZPO (Ersatzvornahme), da Einlagerung in ein Lagerhaus oder dgl. gewöhnlich den gewünschten Erfolg erzielt (so ausdrücklich Erman-Weitnauer § 433 Bem. II 2b). Vollstreckung nach § 888 ZPO wird nur ausnahmsweise in Betracht kommen.

a) Begriff der Abnahme und Abgrenzung zu ähnlichen Erscheinungen: *Die Abnahme besteht darin, daß der Käufer die Sache tatsächlich in seine Verfügungsgewalt übernimmt.* Deshalb hätte sich der Gesetzgeber treffender des Ausdrucks „an sich nehmen" bedient; denn die kaufmännische Welt versteht unter Abnahme die Erfüllungshandlungen des Käufers überhaupt, also insbesondere auch den Abruf und die Spezifikation, während Abnahme im Sinne des § 433 Abs. 2 BGB lediglich der rein körperliche Akt der Hinwegnahme ist (RG 57, 402 u. 109; 56, **Anm. 221**

173; 53, 161; WarnRspr. 1918 Nr. 164; Förtsch DJZ 1905, 18). In § 640 BGB wiederum ist die Abnahme im gleichen Sinne wie die Annahme als Erfüllung des § 363 BGB verstanden, nämlich als die körperliche Hinnahme der Leistung mit der ausdrücklichen oder stillschweigenden Erklärung des Bestellers, daß die Leistung als eine der Hauptsache nach dem Vertrag entsprechende Erfüllung anerkannt werde (RG 110, 404, 407; 107, 339, 343; 64, 236, 240; vgl. § 377 Anm. 128). Das ist bei der Abnahme nach § 433 Abs. 2 BGB nicht der Fall. Die Annahme entspricht der Übergabe auf seiten des Verkäufers zu dem Zweck der Eigentumsübertragung (oben Anm. 141). Die Abnahme entspricht der Ablieferung auf seiten des Verkäufers (§ 377 Anm. 4, vgl. Anm. 228). Die Abnahme geschieht nicht, um Eigentum zu erwerben, sondern um den Verkäufer von der Aufbewahrung zu befreien und zwecks Untersuchung der Ware auf ihre Beschaffenheit den Gewahrsam zu erlangen (vgl. auch schon Anm. 144). Der Unterschied zwischen Annahme und Abnahme zeigt sich deutlich z. B. darin, daß der ausgeschiedene Gesellschafter einer OHG die von dieser angekauften Waren auch nach seinem Ausscheiden abnehmen, d. h. für Abnahme durch die Gesellschaft sorgen muß, die Waren aber nicht mit befreiender Wirkung für den Verkäufer annehmen kann (RG 83, 107). Über den Unterschied zwischen Annahme und Abnahme vgl. ferner ausführlich §§ 373/374 Anm. 1. Die Mitwirkung des Verkäufers bei der Abnahme ist kein Teil der Abnahme, sondern die Vorbereitung der Übergabe (oben Anm. 143). Die Mitwirkung des Käufers bei der Abnahme ist ein Teil der Abnahmepflicht, wenn sich diese Mitwirkung auf den Akt der Hinwegnahme beschränkt. Ist der Verkäufer verpflichtet, „frei Schiffsseite" zu liefern, so hat er die Ware nur an das Schiff heran zu liefern, während ihre Aufnahme in das Schiff einen Teil der von dem Käufer zu bewirkenden Abnahme bildet (Hamburg SeuffA 67 Nr. 88); hierher gehört auch die vorschußweise Zahlung von Fracht und Zoll durch den Käufer, weil der Käufer diese Auslagen machen muß, um die Ware zu ergreifen (JW 1903 Beil. 139[304]). Diese Auslagen sind nicht ein Teil der Pflicht der Kaufpreiszahlung, obgleich der Käufer den Kaufpreis um deren Betrag kürzen darf. In der verkehrsüblich gebotenen oder vereinbarten Mitwirkung des Käufers zur Ermöglichung einer Ablieferung der Ware (Abruf, Spezifikation) ist nicht ein Teil der Abnahmepflicht, sondern eine neben dieser bestehende Verpflichtung zu erblicken (RG 57, 109; 56, 178). Beim Kauf gegen Dispositionspapier hat der Käufer die Pflicht, das Papier abzunehmen, um den Verkäufer vom Besitz der Ware und der Sorge um sie zu befreien. Ob der Käufer alsdann die Ware selbst annimmt, ist eine andere Frage. Über den Annahmeverzug, wenn der Käufer das Dispositionspapier zurückweist, siehe §§ 373/374 Anm. 17 u. 46. Hat der Käufer die Sache schon vor Abschluß des Kaufvertrags in eigenem Namen im Gewahrsam, so kann er nicht mehr auf Abnahme verklagt werden; denn er hat bereits abgenommen.

Anm. 222 Häufig wird der Begriff der Abnahme mit dem des Abrufs verwechselt, so daß statt Abnahme Abruf gemeint ist (LZ 1909, 61[18]). Der Abruf (vgl. Bondi, HdR Bd. VI S. 11) läßt sich am treffendsten als eine Bestellung zum Zweck der Absendung, und die Aufforderung des Verkäufers an den Käufer abzurufen als eine Aufforderung, die Bestellung aufzugeben, bezeichnen. Der Abruf kennzeichnet sich danach als Mitwirkung des Käufers bei der Ablieferung zum Zweck der nachfolgenden Abnahme. Der Abruf ist deshalb kein Teil der Abnahmepflicht. Er besteht vielmehr neben der Abnahmepflicht als eine selbständige, klagbare Verpflichtung zur Vornahme jener Mitwirkungshandlung des Käufers, so daß der Käufer durch Unterlassen des Abrufs nicht ohne weiteres in Abnahmeverzug gerät (RG 57, 109; 56, 177). Der Verzug mit dem Abruf begründet Gläubigerverzug (Annahmeverzug: §§ 373/374 Anm. 10), aber noch nicht die Klage auf Abnahme. Mit Ablauf der vertragsmäßigen Abruffrist erlischt das Abrufrecht nämlich nicht nur nicht, sondern es steht gerade dann eine Klage auf Abruf offen, wenn der Verkäufer nicht auf Abnahme unmittelbar klagen will oder kann. Das Recht auf Abruf erlischt beim Fixgeschäft mit Ablauf des Stichtags und beim Nichtfixgeschäft durch Zuwarten mit dem Abruf über die Abrufszeit gegen Treu und Glauben (unten Anm. 452). Der Abruf kann zu einer Hauptleistung des Käufers werden; seine Unterlassung führt dann zur Anwendung des § 326 BGB (unten Anm. 293). Eine besondere Art des Abrufs ist die Spezifizierungspflicht des Käufers beim Spezifikationskauf, deren Unterlassung trotz Mahnung Schuldnerverzug begründet (§ 375 HGB). Bei einer Wahlschuld führt die Abrufspflicht zur Anwendung des § 264 BGB (RG 56, 178).

b) Voraussetzungen der Abnahmepflicht: Anm. 223

aa) Bereitschaft und Fähigkeit des Verkäufers zur Übergabe. Die Abnahmepflicht setzt voraus, daß die Sache vorhanden ist, also daß der Verkäufer sie besitzt, angefertigt oder angeschafft hat, auch bereit und imstande ist, sie zu übergeben (RG 56, 173; 53, 161; Holdheim 14, 186). Die Lage ist also anders als bei der Klage des Verkäufers auf Abruf. Der Abnahmeverzug verlangt das Angebot einer ausgeschiedenen Ware, weil nur eine solche der körperlichen Wegnahme fähig ist (vgl. auch unten Anm. 316). Dasselbe gilt von der Klage auf Abnahme als Leistungsklage, weil begrifflich nur ein bestimmter ausgeschiedener Gegenstand körperlich weggenommen werden kann. Unbegründet wie eine Leistungsklage auf Abnahme nicht ausgeschiedener Ware (RG 56, 176) ist auch eine solche auf Abnahme erst noch herzustellender oder zu spezifizierender (LZ 1911, 455[6]; Dresden OLGE 28, 167; oder noch zu fördernder Ware wie z. B. Kies (JW 1905, 78[15]). Zulässig wird aber regelmäßig eine Feststellungsklage sein, daß ein solcher Kaufvertrag zustande gekommen sei und der Käufer dementsprechend zu erfüllen habe.

bb) Vertragsgemäßheit des Kaufgegenstandes. Die Abnahmepflicht besteht nur, wenn die angebotene Sache die vertragsmäßigen Eigenschaften hat. Eine Verurteilung zur Abnahme Zug um Zug kann nicht erfolgen, solange nicht die Vertragsmäßigkeit der angebotenen Ware feststeht; dieser Streit darf nicht der Vollstreckungsinstanz vorbehalten werden. Das Recht zur Abnahmeverweigerung folgt daraus, daß der Käufer eine mangelhafte Gattungssache als Nichterfüllung zurückweisen, die versuchte Ablieferung als nicht geschehen behandeln, den Verkäufer auf Lieferung einer mangelfreien Sache mahnen (§ 480 BGB) und alsdann nach den Grundsätzen des Leistungsverzugs vorgehen kann (Mot. II 318; § 294 BGB; BGH NJW 1967, 33; Larenz II[8] S. 59; Staudinger-Ostler § 480 Rdnr. 10; Kuhn in BGB-RGRK § 480 Anm. 8; vgl. ferner Anm. 103, 184, 300, 318). Wird jedoch eine mangelhafte Speziessache geliefert, so kann Käufer die Abnahme nicht aus dem Gesichtspunkt der Nichterfüllung (vgl. darüber oben Anm. 184, unten Anm. 300 u. 318; jedoch BGH 10, 248), wohl aber im Hinblick auf sein Wandelungsrecht verweigern. Bei einer Garantie für das Vorhandensein einer sich erst in der Zukunft zeigenden Eigenschaft kann die Abnahme nicht schon dann abgelehnt werden, wenn berechtigte Zweifel an der Vertragsmäßigkeit bestehen, sondern erst dann, wenn das Fehlen der Eigenschaft sicher ist. Von dem Satz, daß vertragswidrige Beschaffenheit der Ware zur Abnahmeverweigerung berechtigt, gibt er zwei Ausnahmen. Haben nämlich die Parteien unbedingte Abnahme vereinbart, so muß die Abnahme trotz vorhandener Mängel erfolgen, wenn nicht die Abweichung so stark ist, daß dem Käufer selbst eine vorläufige Abnahme nicht zuzumuten ist. Die Vereinbarung unbedingter Abnahme liegt in der Klausel „Kasse gegen Dokumente" (BGH 41, 215 = NJW 1964, 1365; näheres s. Anm. 285ff. u. § 346 Anm. 164ff., vgl. auch RG 61, 348) und im Verzicht auf Gewährleistung. Die zweite Ausnahme tritt ein, wenn die Mängel geringfügig sind; dies ergibt sich aus § 242 BGB in Verbindung mit § 459 Abs. 1 Satz 2 BGB. Daß der Käufer bei teilweiser Mangelhaftigkeit und leichter Ausscheidbarkeit der fehlerhaften Sachen die fehlerfreien immer abnehmen müßte, läßt sich nicht als Regel aufstellen; es kommen vielmehr die in § 377 Anm. 87a, 179f. dargestellten Grundsätze zur Geltung. Ist die Abnahme erfolgt, so kann die Ware doch nachträglich zurückgewiesen werden, wenn sie sich als mangelhaft erweist; denn der Sinn des § 377 HGB ist gerade der, daß der Käufer die Ware zum Zweck der Untersuchung vorläufig in seinen Gewahrsam nimmt (§ 377 Anm. 4). Die erfolgte Abnahme ist keine Billigung, keine Anerkennung der Ware (§ 377 Anm. 128); sie eröffnet nur die Möglichkeit der Mängelrüge. Die Boykottbewegung in einem ausländischen Bezirk berechtigt den Käufer nicht, die Abnahme von Exportwaren für dieses Land zu verweigern (Schiedsspruch HansRGZ 1931, B 211). Anm. 224

cc) Einfluß der Weiterveräußerung des Kaufgegenstandes auf Abnahmepflicht. War von Anfang an eine bestimmte Sache (Spezieskauf) Gegenstand des Vertrags, so kann nur sie zur Vertragserfüllung verwendet werden. Regelmäßig versetzt sich also der Verkäufer durch Weiterveräußerung der bestimmten Sache nachträglich in die von ihm nach § 325 BGB zu vertretende Erfüllungsmöglichkeit selbst dann, wenn der Käufer in Annahmeverzug, in Abnahmeverzug oder in Zahlungsverzug (vgl. RG 52, 92) geraten, ihm aber eine vergebliche Nachfrist nach § 326 BGB noch nicht bestimmt war. Weist der Anm. 225

Käufer bei einer Gattungsschuld die gehörig beschaffene und angebotene Ware zurück oder gerät er sonst in Annahmeverzug, so hat er die Gefahr des vom Verkäufer nicht zu vertretenen Untergangs oder der Beschädigung der Ware zu tragen (§ 300 BGB; vgl. dazu näher §§ 373/374 Anm. 24). Obwohl spätestens von diesem Zeitpunkt ab die Konzentration der Gattungsschuld auf die konkrete ausgesonderte und angebotene Ware eingetreten, das Schuldverhältnis also nur noch mit ihr gehörig zu erfüllen ist (über Bedeutung und Eintritt der Konzentration s. oben Anm. 109ff.), gestattet die allgemeine Meinung dem Verkäufer die Weiterveräußerung der zu Unrecht zurückgewiesenen Ware und die Erfüllung mit einer Ersatzware, wenn der Käufer kein besonderes Interesse daran hat, gerade die zurückgewiesene Ware zu erhalten (§§ 373/374 Anm. 22 u. 58). Das entspricht der Verkehrsauffassung und wird den Belangen beider Kaufvertragsparteien gerecht. Insbesondere der Verkäufer muß befugt bleiben, über die individualisierte und dem Käufer vergeblich angebotene Ware anderweitig zu verfügen und für den Käufer neu auszusondern, wodurch allerdings auch seine Haftung aus § 279 BGB zunächst wieder auflebt. Dem Käufer wird ein berechtigtes Interesse auf Lieferung der bereits einmal zu Unrecht von ihm zurückgewiesenen Ware i. d. R. nicht zuzubilligen sein (RG 91, 112; 43, 188; JW 1903, 366[6]; ROHG 2, 410; Königsberg OLGE 17, 374; Celle SeuffA 57, 260; Marienwerder OLGE 10, 156; dagegen Fischer JheringsJ 51, 202. Näheres über diese Frage s. noch Jackisch, Der Begriff der Erfüllung, JheringsJ 68, 287ff.). Er kann nur noch auf Leistung aus der Gattung, nicht auf Leistung der ursprünglich für ihn ausgesonderten Ware bestehen und infolgedessen auch nicht nach § 281 BGB Ersatz dessen beanspruchen, was der Verkäufer aus der anderweitigen Verfügung erlangt hat (RG 108, 187). Der unbegründeten Weigerung des Käufers, in einem solchen Falle eine andere Sache gleicher Art und Güte als Erfüllung anzunehmen, kann der Einwand der Arglist entgegengesetzt werden; s. auch Prot. I 288; II 1 § 12 II. Hieraus folgt, daß der Verkäufer zum Selbsthilfeverkauf regelmäßig gleichwertige Ersatzware (§§ 373/374 Anm. 46) verwenden und, wenn ein Selbsthilfeverkauf nach § 373 HGB ungültig war, einen anderen Selbsthilfeverkauf mit gleichwertiger Ware vornehmen darf (§§ 373/374 Anm. 58).

Weist der Käufer eine nicht gehörig beschaffene oder angebotene Sache zurück, so tritt weder die Konzentration ein noch gerät der Käufer in Annahmeverzug. Der Verkäufer hat weiterhin aus der Gattung zu leisten. Das vorstehend erörterte Problem kann somit gar nicht auftreten.

Anm. 226 **dd)** Die Abnahmepflicht erfordert kein besonderes Interesse des Verkäufers an der Abnahme. Sie wird in der Regel auch nicht durch den Verzicht des Käufers auf die Kaufsache beseitigt (RG 53, 162).

Anm. 227 **c) Zeit der Abnahme:** Ist keine besondere Zeit vereinbart, so muß sofort abgenommen werden (§ 271 Abs. 1 BGB). Die Abnahmezeit richtet sich nach der vernünftigen Berücksichtigung des Geschäftsganges (ROHG 13, 366). Deshalb kann, wenn der Parteiwille einen längeren Zeitraum für die Abnahme der Ware beläßt, die Abnahme nicht beliebig hinausgeschoben werden (Bolze 16 Nr. 414). Persönliche Behinderungen (Krankheit, Abwesenheit, Raummangel) entschuldigen nicht. Über Abnahme nach Bedarf s. oben Anm. 63. Der Anspruch auf Abnahme verjährt als Nebenanspruch mit dem Anspruch auf Zahlung des Kaufpreises, als dem Hauptanspruch, in 2 oder 4 Jahren (§ 196 Nr. 1 und letzter Absatz BGB; vgl. RG 62, 183).

Anm. 228 **d) Erfüllungsort für die Abnahme:** Nach § 269 BGB hat der Schuldner dort zu erfüllen, wo er zur Zeit des Vertragsabschlusses seinen Wohnsitz oder seine gewerbliche Niederlassung hat. Diese Vorschrift kann hier nicht streng durchgeführt werden. Vielmehr ist, was ebenfalls § 269 BGB vorschreibt, auf die Natur der Sache zurückzugehen. Die Abnahmepflicht des Käufers, wozu die Verauslagung von Zoll und Fracht (oben Anm. 221), das Mitwirken bei der Ablieferung, Wagenstellung gehören können (s. oben Anm. 162), ist das natürliche Gegenstück der Ablieferungspflicht des Verkäufers. Die Ablieferung ist der Akt, durch den der Verkäufer den Käufer in die Lage versetzt oder versetzen läßt, die Ware in seine Verfügungsgewalt zu übernehmen. Nur dort, wo Ablieferung zu erfolgen hat, kann Abnahme erfolgen. Dort muß demzufolge die Abnahmepflicht erfüllt werden. Hat also der Verkäufer keine Versendungspflicht, dann hat der Käufer dort abzunehmen, wo der Verkäufer zu übergeben (zu „liefern") hat. Hat aber der Verkäufer die Versendungspflicht, so hat er eben die Verpflichtung, dafür zu sorgen, daß dem Käufer am Bestimmungsort der Ware Gelegenheit gegeben wird, die Ware in seine Verfügungsgewalt zu übernehmen. Dann hat dieser die Ware dort zu übernehmen; dort wird sie ihm „abgeliefert", während der Verkäufer seine „Lieferungspflicht" am Ort seiner eigenen Niederlassung erfüllt (JW 1900, 12[5]). Dieser Bestimmungsort ist natürlich nicht immer der Wohnsitz oder die gewerbliche Niederlassung des Käufers. Hiernach richtet sich der Erfüllungsort für die Abnahmepflicht des Käufers (RG 49, 73). Der Abnahmeort ändert sich, wenn der Gläubiger ein dringendes Interesse an einem anderen Abnahmeort hat und die Lage des Schuldners dadurch nicht erschwert wird; es gilt dasselbe wie bei der Änderung des Erfüllungsortes. Ein solcher Fall ist gegeben, wenn dem Verkäufer die Lieferung in das Ausland unmöglich geworden ist und der Käufer sich zur Abnahme im Inland erbietet (WarnRspr. 1923/24, Nr. 173). Besteht eine Abholungspflicht, so muß der Käufer am Erfüllungsort des Verkäufers abnehmen. Der Erfüllungsort für die Abnahmepflicht des Käufers ändert sich weder durch die Abnahmeverzögerung oder -verweigerung des Käufers noch dadurch, daß der Käufer die Ware zurückgehen läßt (RG 49, 72) oder die Zahlung des Kaufpreises oder Stellung des Akkreditivs ablehnt (Jena JW 1918, 380[5]). Der Anspruch auf Schadensersatz lediglich wegen Abnahmeverzugs des Käufers (unten Anm. 290 u. 292) ist dort zu erfüllen, wo die Abnahme zu erfolgen hat, nicht dort, wo der Kaufpreis zu zahlen ist (RG 55, 423; vgl. jedoch folg. Anm.). Hiernach richtet sich auch der Gerichtsstand für die Klage auf Abnahme, soweit er auf § 29 ZPO gestützt wird. Das heißt: der Erfüllungsort für die Abnahmepflicht ist nicht der Ort, wo sich die Ware zur Zeit des Vertragsschlusses oder zur Zeit der Klage auf Abnahme befindet, sondern da, wo die Ware nach der bei Begründung des Schuldverhältnisses bestehenden Vereinbarung abzunehmen war; also regelmäßig am Wohnort des Käufers (s. oben am Beginn dieser Anm.), und zwar auch dann, wenn der Käufer die Ware zurückgehen ließ (RG 49, 74; 32, 405; 5, 394; Jena JW 1918, 380[5]). Die Vereinbarung „Erfüllungsort für Lieferung und Zahlung ist X" macht den Ort X nicht zu dem Ort, an dem auf Abnahme zu klagen ist; denn der Ort der Ablieferung und der Abnahme wird dadurch nicht berührt (JW 1900, 12[5]). Ist die Klage auf Abnahme der Ware und Zahlung des Preises gerichtet (der Antrag hat in richtiger Fassung auf Zahlung gegen Lieferung zu gehen; Förtsch DJZ 1905, 18), so ist die Abnahme trotz ihrer Voranstellung Nebenverpflichtung (RG 53, 161). Hauptverpflichtung ist die Zahlung; deren Gerichtsstand entscheidet auch über den Gerichtsstand der Nebenverpflichtung. An diesem einheitlichen Gerichtsstand ist auch auf Abnahme zu klagen (RG 57, 15; 56, 141), mag auch für Zahlung und Abnahme ein verschiedener Erfüllungsort bestehen (RG 55, 423; SeuffA 60, 293). Dasselbe gilt, wenn der Käufer auf Rückerstattung des Kaufpreises und auf Feststellung des Nichtbestehens einer Abnahmepflicht oder Zurücknahme der Ware klagt; die Hauptverpflichtung ist auch hier die Verpflichtung zur Zahlung des Kaufpreises; dort, wo sie zu erfüllen ist, ist auch der Erfüllungsort und nach § 29 ZPO der Gerichtsstand für die gedachte Klage (RG 56, 138; 55, 112). Wird eine Klage auf Schadensersatz wegen Nichterfüllung lediglich mit Abnahmeverzug (also nicht auch mit Zahlungsverzug) begründet, so ist streitige Verpflichtung die Abnahmepflicht. Der Abnahmeort entscheidet alsdann über die Zuständigkeit auch hinsichtlich des gleichzeitig begehrten Auslagenersatzes (RG 55, 423).

e) Rechtsfolgen der Verletzung der Abnahmepflicht: Die Verletzung der Abnahme- **Anm. 229** pflicht führt zunächst — sofern der Käufer die Nichtabnahme zu vertreten hat, § 285 BGB — zum Schuldnerverzug (§§ 284 ff. BGB). Das bedeutet im wesentlichen, daß der Käufer verpflichtet ist, dem Verkäufer einen etwaigen, durch die Nichtabnahme erwachsenden Schaden zu ersetzen (§ 286 Abs. 1 BGB). Unanwendbar sind dagegen § 287 S. 2 sowie die §§ 288 ff. BGB, weil sie auf eine Leistungspflicht des Schuldners und nicht auf eine solche zur Entgegennahme zugeschnitten sind, was besonders bei den letzterwähnten Vorschriften ins Auge springt. Unanwendbar ist regelmäßig auch § 326 BGB, denn diese Vorschrift bezieht sich nur auf den Verzug in der Erfüllung solcher (Haupt-)Pflichten, die gerade als Gegenleistung für die Leistung des anderen Teils übernommen worden sind. Die Gegenleistung des Käufers für die Leistung des Verkäufers (Übergabe und Eigentumsverschaffung siehe oben Anm. 141 ff.) aber ist die Kaufpreiszahlung und nicht die Abnahme, die Nebenverpflichtung ist. Dies kann anders sein bei entsprechender Vereinbarung sowie dann, wenn der Verkäufer nach dem Inhalt des Vertrags ein dem Käufer erkennbares besonderes Interesse an der Abnahme hat (vgl. dazu ausführlich unten Anm. 292). Die Abnahme wird dann zur Hauptpflicht und tritt gleichrangig neben die Verpflichtung zur Kaufpreiszahlung. Der Abnahmeverzug ist ferner daneben in der Regel Gläubigerverzug nach §§ 293ff. BGB (RG 57, 105, 109 und völlig h. M., vgl. statt aller Larenz II[8] S. 68 und Staudinger-Ostler § 433 Rdnr. 148), s. ferner unten §§ 373/374 Anm. 24), was im wesentlichen zur Folge hat, daß sich die Haftung des Verkäufers fortan auf Vorsatz und grobe Fahrlässigkeit beschränkt (§ 300 Abs. 1 BGB), die Gefahr des zufälligen Untergangs der Kaufsache auf den Käufer übergeht sowie, daß dem Käufer die Rechte aus § 373 BGB erwachsen. Näheres über Leistungsstörungen beim Kauf siehe unten Anm. 289ff.

Anm. 230

IV. Die Zurverfügungstellung der Ware durch den Käufer

Zurverfügungstellung der Ware durch den Käufer bedeutet lediglich, daß der Käufer die Ware wegen ihrer Mängel nicht behalten will mit der an denVerkäufer gerichteten Aufforderung, über die Ware zu verfügen. Sie betrifft insoweit die dingliche Rechtslage. Die Aufbewahrungspflicht des Käufers (§ 379 Anm. 12) sowie jene des Verkäufers im Falle des Annahmeverzugs des Käufers werden dadurch nicht berührt. Das Gesetz enthält keine Bestimmungen über die dinglichen oder schuldrechtlichen Wirkungen der Zurverfügungstellung (Stellen zur Disposition). Bedeutung erlangt die Zurverfügungstellung hauptsächlich für den Übersendungskauf, d. h. für den Kauf, bei dem der auswärtige Verkäufer die erst durch Absendung an den Käufer spezialisierte Ware ohne Dazwischentreten des Käufers versendet und selbst die Versendungsperson auswählt (oben Anm. 153ff.). Stellt der Käufer die Ware zur Verfügung, so bringt er unzweideutig zum Ausdruck, daß er das Eigentum nicht erwerben wolle, daß er die Verwahrung der Ware, falls er es überhaupt zur Ablieferung kommen läßt (§ 377 Anm. 4) nur im Interesse des Eigentümers, also des Verkäufers, vornehme. Der Käufer weist damit die Ware endgültig zurück und zwar auch dann, wenn er das Eigentum bereits erworben hatte. Dadurch wird weder eine auf Rückfall des bereits erworbenen Eigentums gerichtete auflösende Bedingung ausgelöst (RG 27, 396; a. M. Keßler, Eigentumsverhältnisse an zur Disposition gestellten Waren, Rechtswissenschaftl. Beiträge zum 25jähr. Bestehen der Handelshochschule Berlin S. 97), noch liegt darin schon automatisch ein Wandlungsbegehren (§ 377 Anm. 63, 94, 108) oder ein Angebot auf Rückübereignung, noch auch die Rückübertragung bereits erworbenen Eigentums, mag auch der Käufer das Konossement in Empfang genommen haben (LZ 1923, 566[10]; vgl. RG 108, 28). Auch mit der Mängelrüge hat die Zurverfügungstellung grundsätzlich nichts zu tun. Die Mängelrüge will nur den Weg zu den Gewährleistungsansprüchen eröffnen; sie besagt nichts über den Willen, Eigentum zu erwerben (RG 108, 28); sie kann noch damit enden, daß der Käufer die Ware behält, selbst wenn die Rüge sachlich berechtigt war. Wenn z. B. der Käufer die mit Grund beanstandete Ware weiterverkauft, so kann darin nicht nur der Wille liegen, die Ware als Eigentum zu behalten, sondern sogar ein Verzicht auf Geltendmachung der Vertragswidrigkeit (RG 54, 81; §§ 373/374 Anm. 22; § 377 Anm. 67f. u. 116). Ein Zusammenhang besteht allerdings insofern, als in dem Schweigen während der Rügefrist der Eigentumserwerbswille im allgemeinen zum Ausdruck gelangen wird (unten Anm. 174) und die Zurverfügungstellung eine gehörige und begründete Mängelrüge voraussetzt; mindestens muß die Mängelrüge mit der Zurverfügungstellung verbunden sein, soll die Ware nicht als vertragsmäßig gelten (§ 377 Anm. 38). Nur diesen letzteren Zusammenhang, daß nämlich ohne gehörige und begründete Mängelrüge eine Zurverfügungstellung gegenstandslos ist, will RG 92, 37 klarstellen; nicht aber wird in RG 92, 37 gesagt, wie RG 108, 28 meint, daß das Eigentum beim Verkäufer bleibe, wenn der Käufer mit Recht gehörig gerügt habe; eine solche Meinung ist schon in RG 27, 396 abgelehnt. Das Eigentum kann übergehen, obgleich die Ware mit Recht gerügt ist (der Käufer will vielleicht Schadensersatz wegen mangelhafter Erfüllung, indem er die Ware behält, oder Preisminderung oder Nachbesserung). Möglich ist aber auch, daß der Käufer das Eigentum nicht erwirbt, obschon er die Rügefrist hat verstreichen lassen (s. unten Anm. 174). Die Rüge kann dem Eigentumserwerb vorausgehen oder nachfolgen. Die Zurverfügungstellung allerdings hindert den Eigentumsübergang. Folgt die Zurverfügungstellung dem Eigentumsübergang nach, so kann dieser einseitige Akt des Käufers den einmal vollzogenen Eigentumserwerb nicht mehr rückgängig machen, mag auch eine gehörige, vollkommen berechtigte Mängelrüge vorausgegangen sein (vgl. RG 27, 396). Die Zurverfügungstellung, die Mängelrüge und der Eigentumserwerb sind somit drei verschiedene auseinander zu haltende Begriffe. Daraus, daß die „Zurverfügungstellung" wegen Sachmängel die Ablehnung des Eigentumserwerbs bedeutet, folgt, daß der Verkäufer nach § 985 BGB die Rückgabe seines Eigentums begehren kann (LZ 1923, 566[10]). Hat der Käufer die Ware aber einmal angenommen, so bedeutet die nachfolgende Zurverfügungstellung nicht, daß der Verkäufer nun nach § 373 verfahren könne; er muß vielmehr auf Zahlung des Kaufpreises klagen (RG 43, 47 oben).

Diese Auseinandersetzungen zeigen, daß sowohl die prozessuale wie die materiell-dingliche Gestaltung von dem erkennbaren Zweck der Zurverfügungstellung und von dem darauffolgenden Verhalten des Verkäufers abhängt. Scheint der Käufer finanziell sicher, so wird der Verkäufer die Zurverfügungstellung zurückweisen, was schon im Verlangen auf Abnahme und Zahlung enthalten ist. Scheint der Käufer unsicher, so wird der Verkäufer die Ware zu retten suchen, indem er die Zurverfügungstellung annimmt. Deshalb sind in dinglicher Hinsicht diese zwei Fälle zu unterscheiden: **Anm. 281**

Weist der Verkäufer die Zurverfügungstellung zurück, so nützt sie dem Käufer, der nicht gehörig gerügt hat, nur insofern, als die Zurverfügungstellung seinen Willen, kein Eigentum zu erwerben, deutlich zum Ausdruck bringt. Den Käufer trifft die Gefahr einer Beschädigung oder des Verlustes der zu Unrecht zurückgewiesenen Ware auch dann, wenn er sie zur Verfügung stellt, aber vorläufig selbst aufbewahrt oder zur Feststellung der Vertragsmäßigkeit an den Verkäufer oder an eine Prüfungsstelle gesendet hat; denn er befindet sich in Annahmeverzug (vgl. näher §§ 373/374 Anm. 16; § 324 Abs. 2 BGB; RG 106, 297). War die Beanstandung des Käufers gerechtfertigt, oder hat der Verkäufer ohne Rücksicht auf die Berechtigung des Käufers zur Zurückweisung der Ware deren Rücksendung verlangt, so ist im ersten Falle die Rücksendung ohne weiteres berechtigt gewesen, im zweiten Falle im Interesse des Verkäufers geschehen; in beiden Fällen reist die Ware auf Gefahr des Verkäufers; geht die Ware unterwegs verloren, so kann der Verkäufer den Kaufpreis nicht fordern; der Käufer genügt seiner Pflicht damit, daß er die Ware ohne Versicherung auf den Weg bringt (vgl. oben Anm. 163). Der Käufer kann seine Zurverfügungstellung zurückziehen und das Eigentum durch eine Aneignungshandlung stillschweigend erwerben, z. B. durch eine an seine Gläubiger gerichtete Stundungsbitte, in der der Verkäufer als Gläubiger aufgeführt ist. Die Zurücknahme der Zurverfügungstellung ist so lange möglich, als der Verkäufer die Zurverfügungstellung noch nicht angenommen oder, was dasselbe ist, sein Erfüllungsangebot noch nicht zurückgenommen hat; der § 147 Abs. 2 BGB kommt nicht zur Anwendung (s. unten). Ebenso kann der Konkursverwalter des Käufers verfahren und das Eigentum für die Masse erwerben, wenn er sich für Erfüllung entscheidet. Dem Konkursverwalter geben die §§ 7, 17 KO dieses Recht; der § 15 KO kommt nicht in Frage (RG 18, 162; SeuffA 40 Nr. 301). Auch der Verkäufer darf, solange der Käufer auf seiner Zurverfügungstellung beharrt, seinen Standpunkt ändern, seinen Widerspruch gegen die Zurverfügungstellung aufgeben, die Kaufsache, deren Eigentümer er ja im Zweifel geblieben ist, zurücknehmen und im Konkurs des Käufers das Aussonderungsrecht geltend machen; der § 15 KO steht auch hier nicht entgegen. Dasselbe Recht hat der Konkursverwalter des Verkäufers, wenn er sich für Nichterfüllung entscheidet und z. Z. des Konkurses die Zurverfügungstellung noch aufrechterhalten war. Wie aber bei einem Stellungswechsel beider Teile? Indem der Käufer seine Zurverfügungstellung, der Verkäufer deren Zurückweisung aufgibt, will der Käufer die Ware behalten und Eigentum erwerben, der Verkäufer umgekehrt sein Eigentum zurücknehmen, jeder unter Berufung auf das Einverständnis des Gegners. Die Entscheidung hängt davon ab, wem zuerst die Zurücknahmeerklärung des anderen Teils zuging. Hat zuerst der Verkäufer dem Käufer erklärt, daß er sein Eigentum so, wie es der Käufer durch seine Zurverfügungstellung ja verlangt hatte, wieder an sich nehme, so kommt die Antwort des Käufers, er wolle die Ware nun behalten, zu spät. Es handelt sich bei allen diesen Fragen nicht um Anträge auf Abschluß eines neuen Vertrags nach § 147 BGB, sondern um die Geltendmachung von

Rechten, auf die so lange eingegangen werden kann, bis sie zurückgezogen ist (§ 377 Anm. 61). Schuldrechtlich kann in der Zurverfügungstellung ein Wandelungsbegehren liegen, aber auch ein Antrag auf Aufhebung des Kaufvertrags; hierüber § 377 Anm. 61. Hat der Käufer das Eigentum erworben, so läßt die Zurverfügungstellung das einmal erworbene Eigentum damit allein nicht auf den Verkäufer zurückgehen.

Anm. 232 Nimmt der Verkäufer die Zurverfügungstellung an, so kann darin ein Verzicht auf die Folgen des Annahmeverzuges des Käufers liegen, ohne daß sich der Verkäufer des Rechts begibt, mit anderer Gattungsware ein zweites Angebot zu machen, wenn die Ware gehörig beschaffen und gehörig angeboten war (§§ 373/374 Anm. 22; vgl. oben Anm. 225, 230). Keine Annahme der Zurverfügungstellung liegt darin, daß der Verkäufer die Ware vorbehaltlich der Geltendmachung seiner Ansprüche zurücknimmt. Darin, daß der Käufer auf Verlangen des Verkäufers die Ware an den Gerichtsvollzieher herausgibt, liegt kein Abkommen, wonach die Versteigerung auf Rechnung desjenigen gehe, der im Rechtsstreit über die Vertragsmäßigkeit der Ware unterliege (RG 43, 47 oben). Es ist auch keine Annahme der Zurverfügungstellung, wenn der Verkäufer die Ware zum Zweck nochmaliger Prüfung zurücknimmt. Die vorbehaltlose Zurücknahme der als mangelhaft zurückgewiesenen Kaufsache kann ein Geständnis der Mangelhaftigkeit enthalten (s. näher § 377 Anm. 94). Es kann ferner eine Aufhebung des Kaufvertrags durch Rückaustausch der gegenseitigen Leistungen gemeint sein oder ein Wandelungsvollzug, wenn die Zurverfügungstellung als Wandelungsbegehren aufzufassen ist (§ 377 Anm. 61ff.). In der vorbehaltlosen Zurücknahme der wegen Mängel zur Verfügung gestellten Kaufsache liegt jedenfalls die Aufhebung des Erfüllungsgeschäfts; im Zweifel auch der Vollzug einer Einigung auf Rückübertragung des Eigentums durch körperliche Übergabe, wenn der Käufer solches erworben hatte. Hatte der Käufer die zurückgewiesene Ware bei einem Dritten hinterlegt, so ist die Zurverfügungstellung vom Verkäufer angenommen, wenn er den Käufer nun zur Zurückgabe auffordert; damit ist die Abtretung des Herausgebeanspruchs (§ 931 BGB) angenommen, wenn der Käufer schon Eigentümer geworden war. Hat der Käufer die Ware in unmittelbarem Besitz behalten, so liegt in der Annahme der Zurverfügungstellung eine Ersatzübergabe nach § 930 BGB; denn wenn der Käufer Eigentümer der Ware geworden war, gibt er durch die Zurverfügungstellung die Erklärung ab, daß er die Ware von nun an nur als Verwahrer des Verkäufers behalten und das Eigentum zurückübertragen wolle; durch die Annahmeerklärung ist ein Besitzkonstitut hergestellt mit dem in § 868 BGB aufgestellten Mittlerverhältnis (Stuttgart OLGE 43, 221). Hieraus folgt, daß der Käufer, der infolge der Zurverfügungstellung seines Abkäufers dem Verkäufer die Kaufsache auch seinerseits zur Verfügung stellt, durch deren Annahme seitens des Verkäufers diesem das Eigentum nach §§ 930, 871, 868 BGB rücküberträgt (Hamburg LZ 1908, 793[1]). Die Annahmeerklärung des Verkäufers braucht nicht sofort zu erfolgen; er kann, auch wenn er zunächst die Zurverfügungstellung bekämpft und auf Abnahme und Zahlung des Preises geklagt hat, immer noch die Klage zurücknehmen und die Ware abholen; denn der Käufer hat durch seinen Widerspruch gegen die Klage seine Zurverfügungstellung aufrechterhalten. Die Zurverfügungstellung ist kein Vertragsantrag, der nach § 147 BGB unter Anwesenden sofort und unter Abwesenden nur bis zu dem Zeitpunkt angenommen werden müßte, in welchem der Verkäufer den Eingang der Antwort unter regelmäßigen Umständen erwarten darf, sondern die Geltendmachung eines Rechts, nämlich der Nichtempfangbarkeit; sie kann widerrufen werden, bis sie vom Verkäufer angenommen ist. Im Konkurs des Käufers kann von dieser Annahme an der Konkursverwalter den Aussonderungsanspruch des Verkäufers nicht durch nachträgliche Genehmigung der Ware abwenden; aber der Konkursverwalter kann die Eigentumsrückübertragung anfechten, wenn durch Aufhebung des Lieferungsgeschäfts die Gläubiger im Sinne der KO benachteiligt worden sind (RG 31, 136). Hat der Verkäufer seine Annahme rechtswirksam erklärt, so bleibt er daran gebunden; es bleibt nur die Anfechtung wegen Willensmangels. Ist die Zurverfügungstellung als Wandelungserklärung aufzufassen (oben Anm. 231), so geht mit Zustimmung des Verkäufers das Eigentum, wenn der Käufer solches erworben hatte, noch nicht auf den Verkäufer über; es bedarf vielmehr noch eines besonderen Übertragungsaktes (§ 377 Anm. 64ff.). Die Annahme der Zurverfügungstellung hat in allen Fällen — und gerade beim Wandelungsvollzug trifft dies zu — nicht die Bedeutung, daß der Verkäufer sich damit zur Lieferung anderer vertragsmäßiger Ware verpflichte. In der Zustimmung zur Wandelung liegt das Anerkenntnis der Berechtigung zur Zurückweisung und damit der Mangelhaftigkeit der Ware; nicht aber liegt ein solches Anerkenntnis in der Annahme der Zurverfügungstellung, die nicht als Wandelung zu verstehen ist. Ob der Verkäufer durch seine Annahmeerklärung seine mangelhafte Erfüllung zugeben und sich weiter zur Lieferung von Ersatzware verpflichten will, hängt von den Umständen des einzelnen Falles ab; sie sind, soweit sie grundsätzliche Bedeutung beanspruchen, mit ihren Auswirkungen in Anm. 94 zu § 377 dargestellt. Damit, daß der Verkäufer die zur Verfügung gestellte Gattungsware einfach weiterveräußert, ist der Kaufvertrag nicht aufgehoben; der Verkäufer kann, wenn die Ware gehörig beschaffen, gehörig angeboten und der Käufer noch nicht Eigentümer geworden war, mit Ersatzware erfüllen. Hierüber oben Anm. 225. Die Weiterveräußerung der vom Käufer zurückgewiesenen Gattungsware durch den Verkäufer benimmt diesem die Möglichkeit, sich darauf zu berufen, daß er mit dem geschuldeten Gegenstand erfüllt habe. Der Käufer kann den Verkäufer daran festhalten und Ersatzware verlangen, wenn er zur Zurückweisung berechtigt war (RG 108, 187). Nicht hierher gehört der Fall, bei dem die Zurverfügungstellung so gemeint ist, es habe der Verkäufer nachzubessern; die Annahme dieser Zurverfügungstellung hat mit Zurückübertragung des Eigentums nichts zu tun (Hamburg OLGE 44, 248); hier kommen die Grundsätze über Nachbesserung (§ 377 Anm. 50ff.) und über den Anspruch auf Lieferung einer mangelfreien Sache (§ 377 Anm. 90) zur Anwendung.

Die Verjährung infolge der Zurücknahme der zur Verfügung gestellten Ware ist in § 377 Anm. 135 hinsichtlich ihres Einflusses auf Gewährleistungsansprüche, in § 377 Anm. 140 hinsichtlich Hemmung und Unterbrechung und in § 377 Anm. 148 besprochen.

V. Die Kosten der Erfüllung Anm. 233

Die maßgebende Gesetzesstelle ist § 448 BGB. Derselbe lautet:

Die Kosten der Übergabe der verkauften Sache, insbesondere die Kosten des Messens und Wägens, fallen dem Verkäufer, die Kosten der Abnahme und der Versendung der Sache nach einem anderen Orte als dem Erfüllungsorte fallen dem Käufer zur Last.

Ist ein Recht verkauft, so fallen die Kosten der Begründung oder Übertragung des Rechtes dem Verkäufer zur Last.

1. Kosten der Übergabe.

a) Kostenklauseln: Der Verkäufer trägt die Kosten der Übergabe. Unter Übergabe sind die dem Verkäufer obliegenden Übergabehandlungen zu verstehen. Deshalb sind unter Kosten des Messens und Wägens nur die Kosten des zur Preisfeststellung und Beweissicherung nötigen Messens und Wägens zu verstehen. Zur Übergabepflicht des Verkäufers gehört auch das Herbeiholen der Ware an den Ort, wo sie zu übergeben ist, ihre Herrichtung und Verteilung soweit nötig. Hierüber ausführlich oben Anm. 143. Diese Kosten treffen den Verkäufer. Die zur Untersuchung der Ware auf ihre vertragsmäßige Beschaffenheit nötigen Messungen und Verwiegungen gehören zur Abnahme; deren Kosten treffen den Käufer. Die Parteien können anders bestimmen. Sie bestimmen regelmäßig anders, wenn es sich um die Lieferung von Wasser, von Elektrizität, Gas, Druckluft, Wärme handelt (oben Anm. 33ff.). Weil der Verkäufer die Ware auf seine Kosten an den Übergabeort zu schaffen hat, trägt er die ganzen Transportkosten, wenn er ausnahmsweise am Wohnsitze des Käufers zu erfüllen hat; regelmäßig aber genügt er seiner Pflicht, wenn er dafür sorgt, daß die Ware am Versendungsorte verladen wird (RG 1, 283). Da beim Verkäufer abzunehmen wäre, fallen die Transportkosten bis zum Bahnhof des Absendungsortes und die Kosten der Verladung regelmäßig dem Käufer zur Last. Die Kosten der Versendung selbst hat Käufer zu tragen, auch die Kosten der Umladung, die mit einer etwaigen Weiterversendung verbunden sind; anders bei der Klausel „franko ab Bahnhof" oder „franko Bahnhof" des Versendungsortes (ROHG 17, 10) und bei der Klausel „frei hier" (ROHG. 14, 168; vgl. auch unten

Anm. 238 und § 346 Anm. 149f.). Die Bestimmung „waggonfrei Verladestation" bedeutet, daß der Verkäufer die Kosten der Beförderung bis in den Eisenbahnwagen zu tragen hat (Rostock MecklZ 1930, 622). Bei der Vereinbarung „frei Bahnwagen Versandbahnhof" gehen, falls nicht das Gegenteil abgemacht ist, die Kosten der bahnamtlichen Verwiegung und des Verschiebens des Waggons innerhalb des Versendebahnhofs zu Lasten des Empfängers (Braunschweig BraunschwZ 1927, 34). Die Klausel „frei Abgangsbahnhof" berechtigt den Verkäufer nicht, die von dem Käufer begehrte Empfangnahme am Lager des Verkäufers abzulehnen, wenn er nicht ein besonderes Interesse daran hat, die Ware frei Bahnhof des Versendungsortes anzuliefern (RG in HansRZ 1926, 334). Daß der Verkäufer die Ware immer frachtfrei dem Käufer anbieten müßte, läßt sich auch nicht aus dem Prüfungsrecht des Käufers herleiten. Es gibt Fälle, in denen der Käufer in Vorschuß gehen muß, um die Ware zu erhalten, und seine Auslagen dann am Preis kürzen kann. Hat der Verkäufer „frei Ufer" zu liefern, so heißt dies im Zweifel (vgl. § 56 BSchG), daß der Verkäufer die Kosten der Entlöschung bis an das Ufer zu tragen hat (Apt, Gutachten 1907, 232), wenn nicht der Käufer vertraglich selbst ausladen muß und die Frachtsätze nur für die Lieferung an das Ufer gelten sollten; im letzteren Fall ist die Klausel „frei Ufer" gleichbedeutend mit der Klausel „frei an das Ufer", wonach der Käufer im Zweifel die Ware auf seine Kosten aus dem Kahn auf das Ufer zu schaffen hat (vgl. unten Anm. 238). Die Bestimmung, daß der Verkäufer franko Waggon des Absendungsortes zu liefern hat, kann je nach Handelsgebrauch und tatsächlicher Lage bald bedeuten, daß der Verkäufer die Ware bis an den Waggon zu bringen hat (ROHG 8, 284), bald aber auch, daß der Verkäufer noch weiter die Verladung in den Waggon besorgen muß, mag auch der Käufer den Waggon zu stellen haben (JW 1899, 261[15]; RG bei Holdheim 1906, 48). Nach dem Gutachten über Handelsgebräuche der Industrie- u. Handelskammer zu Berlin Bd. IV S. 288 Nr. 1423 bedeutet „frei Waggon", daß der Verkäufer die Bestellung des Eisenbahnwagens zu besorgen und alle Kosten zu tragen hat, die mit der Anfuhr und Verladung des Gutes verbunden sind; die Ausdrücke „bahnfrei" und „waggonfrei" bedeuten, daß der Verkäufer für die Waggonbestellung zu sorgen und die Ware zu verladen hat (ebenda Nr. 1424). Nach den Platzusancen für den hamburgischen Warenhandel § 19 (Straatmann-Finkeisen, Hamb. Börsen-Handbuch[12] S. 93) heißt „frei Bord" („frei an Bord"): frei auf das Schiff, „frei Schiffsseite": frei an das Schiff (etwaige Überliegekosten gehen bei rechtzeitiger Anlieferung zu Lasten des Käufers) „frei Bahn": frei an die Bahn (Abgangsbahnhof), „frei Waggon": frei in den Waggon. Diese Auslegung der Klausel kann als die herrschende bezeichnet werden; vgl. näher § 346 Anm. 149 und Soergel-Ballerstedt § 448 Anm. 149 (beide mit weit. Nachw. aus der Rspr. des RG) sowie Kuhn in BGB-RGRK § 448 Anm. 2; Palandt-Putzo § 448 Anm. 3. Über die Bedeutung der Kaufbedingungen „frei Kai", „ab Kai", „frei ab Kai" im Hinblick auf die Kaiumschlagsgebühr s. Heuer HansRZ 1927, 181. Über die Bestimmung „frei" oder „franko" eines Bestimmungsortes s. oben Anm. 190 und § 346 Anm. 149f. und „frei Grenzort versichert" RG 114, 408, auch unten Anm. 238. Alle diese Klauseln ändern regelmäßig weder den Erfüllungsort noch die Gefahrtragung; sie dienen regelmäßig nur zur Preisbemessung. S. hierzu die Auslegung der Klauseln „ab Werk", „frei (franko) Waggon", „frachtfrei", „frei (Bestimmungsort)" nach den Incoterms 1953. Anh. VI zu § 346.

Anm. 234 **b) Kosten im Überseeverkehr:** Im Überseeverkehr ist, wenn die Kostenfrage nicht besonders durch die cif, cf oder fob-Klausel geregelt ist, gleichfalls § 448 BGB maßgebend. Die mit der Verschiffung zusammenhängenden Kosten, soweit sie frachtrechtlich den Befrachter (Verkäufer) belasten, trägt kaufrechtlich der Käufer. Die Kosten der Einladung in das Schiff trägt der Verfrachter; es sei denn, daß der Befrachter in seinem Interesse noch besondere Vorkehrungen für nötig hält. Vertrag, Verordnungen oder Ortsgebräuche am Abladehafen können anderes bestimmen (§ 561). Auch aus der Natur der Dinge kann sich anderes ergeben: wenn z. B. der Verfrachter die Güter vor der Abladung übernimmt, so treffen ihn die Kosten der Verbringung bis an das Schiff und nach § 561 dazu die Einladungskosten. Über die Kostenverteilung bei cif-, c/f- u. fob-Verträgen s. unter Anm. 253, 266, 278. Über die Auslegung der Klauseln „frei (Verschiffungshafen)", f. a. s. (frei Längsseite Seeschiffs oder Binnenschiffs), fob, c& f, cif, ex kai nach den Incoterms Anh. VI zu § 346.

2. Kosten der Abnahme und Versendung. **Anm. 235**

Die Kosten der Abnahme und der Versendung trägt der Käufer. Das ist nicht umfassend genug ausgedrückt. Richtiger wäre es zu sagen, daß alles übrige außer der Übergabe auf Kosten des Käufers geschieht. Aus dem so gefaßten Grundsatz folgt:

a) Die Kosten der Verpackung treffen den Käufer, sofern die Ware vom Erfüllungsorte aus versendet und zu diesem Zwecke verpackt wird (ROHG 3, 112). Erfolgt die Versendung nach dem Erfüllungsorte, so sind die Verpackungskosten Kosten der Übergabe, die dem Verkäufer zur Last fallen. Mit den vom Käufer zu tragenden Verpackungskosten ist hier nur die zur Versendung erforderliche Verpackung gemeint. Die Verpackung der Ware, die nicht zu Transportzwecken erfolgt, sondern um die Ware herzurichten oder auszustatten (z. B. Verpackung in kleinen Kisten, Kartons usw.), gehört zu den Eigenschaften der Ware, für die der Verkäufer aufzukommen hat (§ 377 Anm. 9). Über die Verladung unten Anm. 237. Der Verkäufer hat keine gesetzliche Versendungspflicht (oben Anm. 153), und auch wo sie ihm nach dem Parteiwillen oder nach Handelsgebrauch obliegt, da enthält sie nicht die Verpackungspflicht. Vielmehr hat der Käufer die Verpackungsmittel zu beschaffen, und wenn er die Beschaffung dem Verkäufer überläßt, sie diesem zu erstatten. Daraus folgt:

Der Verkäufer braucht die Verpackungsmittel nicht umsonst zu liefern (vgl. Dürkes, Witz u. Carl, Rechtsfragen um Verpackungsmaterial, BB 1948 S. 68ff.; 196ff.; 524). Hier soll nicht von den Fällen gesprochen werden, in denen die Verpackung einen Teil der Ware (§ 380 Anm. 1) bildet oder als eine Eigenschaft der Ware deshalb erscheint, weil sie zur Herrichtung oder Ausstattung gehört (ROHG 11, 106; vgl. § 377 Anm. 9). In solchen Fällen ist die Verpackung mitgekauft. Von einer Rücksendung ist hier so wenig die Rede wie in dem Falle, in dem die Verpackung ausdrücklich gekauft ist. Eine Rücksendung kann nur in den Fällen in Frage kommen, in denen Zweifel bestehen, wie es sich mit der Verpackung verhält, wenn die Parteien eine Vergütung der Verpackungsmittel weder im Vertrag noch in der Faktura erwähnt haben. Daraus, daß der Verkäufer in seinem Vertragsangebot keinen besonderen Preis für das Verpackungsmaterial gestellt hat, ist noch nicht zu entnehmen, daß der Kaufpreis einschließlich des Verpackungsmaterials zu verstehen war. Auch ist es noch nicht entscheidend, daß das Verpackungsmaterial in das Eigentum des Käufers der Ware übergehen soll. Es kommt immer auf die Umstände an. Im Zweifel muß die Verpackung besonders bezahlt oder zurückgeschickt werden. Üblicherweise pflegen die Verpackungsmittel in der Faktura besonders berechnet zu werden, vorbehaltlich der Rückvergütung des Rechnungsbetrags im Falle der Rücksendung innerhalb einer bestimmten Frist; Schweigen des Käufers bedeutet Zustimmung (unten). Hier ist jedoch die Frage die, wie es sich verhält, wenn die Faktura nichts besagt. Im allgemeinen beantwortet sich diese Frage nach den Umständen des einzelnen Falles mit Rücksicht auf die seitherige Übung der Parteien und auf die Verkehrssitte sowie nach Handelsgebräuchen (Düringer-Hachenburg-Hoeniger § 380 Anm. 1; Hamm OLGE 34, 379). Leitende Gedanken für die Beurteilung dieser Tatfrage lassen sich dahin aufstellen: Besteht die Verpackung in Gegenständen, die verbraucht oder doch nicht zurückgeschickt zu werden pflegen (Heu, Stroh, Holzwolle, Papier, Pappdeckel, Bindfaden, einfache Holzkisten u. dgl.), so kann der Verkäufer dafür eine angemessene Vergütung ansetzen. Besteht die Verpackung in Gegenständen, die einen selbständigen, nicht ganz geringfügigen Wert behalten (Säcke, Flaschen, Fässer, Siphons), so kann der Verkäufer die Rücksendung auf Kosten des Käufers verlangen (ROHG 9, 208; 1, 267; Näheres § 380 Anm. 6f.). Eine Ausnahme ist von diesem letzteren Satz zu machen, wenn diese Verpackungsmittel durch den doppelten Transport erheblich beschädigt würden oder wenn der Betrieb des Verkäufers, wie der Käufer weiß oder wissen muß, auf eine Rücknahme der Fässer usw. gar nicht eingerichtet ist (vgl. SeuffA 15, 376); in diesem Ausnahmefall ist es Parteiwille, daß der Käufer die Verpackungsmittel nicht zurückschicken darf, sondern angemessene Vergütung leisten muß. Ein allgemeiner Satz, daß der Käufer nach den Grundsätzen von Treu und Glauben die unbeschädigten Verpackungsmittel innerhalb angemessener Frist zu dem ihm berechneten Preise dem Verkäufer zurücksenden dürfe, läßt sich nicht aufstellen. Für die Sackmiete ist in § 380 Anm. 6 ausgeführt, daß in Stellung der Verpackungsmittel Miete, Leihe oder ein bedingter Kauf liegen kann, daß das Mietverhältnis endigt, wenn der Käufer die Verpackung behalten will oder sie nicht zurückgeben kann, und welchen Einfluß Fakturavermerke ausüben. Dieselben Grundsätze gelten auch für andere Verpackungsmittel in entsprechender Anwendung, wozu für Flaschen- und Faßleihe zufolge § 380 Anm. 8 u. 7 noch Besonderes zu beachten ist. Was die Gefahrtragung angeht, so trifft die Gefahr zufälligen Untergangs oder zufälliger Verschlechterung den Käufer, solange sich die Verpackung in dessen Händen befindet, mag man von Miete, Leihe oder von einem bedingten Kauf ausgehen. Das ist Handelsbrauch (ROHG 13, 369; Hamburg HansGZ, 1909 Hptbl. 196; Kiel SchlHolstAnz. 1922, 268; dagegen bleibt die Transportgefahr, solange die Ware unterwegs vom Verkäufer zum Käufer ist, beim Verkäufer, vgl. OLG Stuttgart NJW 1949, 68 mit Anm. von Krekels. Die Verpackungsmittel sind dem Käufer, wenn er sie zurücksenden darf, regelmäßig geliehen (ROHG 19, 304; 13, 370; vgl. ROHG 1, 267). Hinsichtlich der Gefahr der Rücksendung ist zu unterscheiden: Hat der Käufer eine berechtigte Mängelanzeige erstattet und zudem die Ware als nicht empfangbar zur Verfügung gestellt (oben Anm. 230ff.), so trägt der Verkäufer die Kosten und die Gefahr des Unterganges und der Verschlechterung auf der Rückreise, weil er noch nicht erfüllt hat (ROHG 9, 208). Hat der Käufer auch die Verpackung mitgekauft, so ist er Eigentümer geworden; ihn trifft jede Gefahr. Läßt der Käufer die Verpackung vertragsgemäß zurückgehen, so hat er an sich genug getan, wenn er die Verpackung durch eine geeignete Transportgelegenheit auf den Weg zum Verkäufer bringt (ROHG 1, 269; Düringer-Hachenburg-Hoeniger § 380 Anm. 5; Ritter § 380 Anm. 6; Pfeiffer bei Holdheim 18, 76). Natürlich kann, und zwar auch stillschweigend, eine andere Vereinbarung getroffen werden (vgl. oben Anm. 190). Hierbei ist es wieder von Einfluß, ob der Käufer Mietzins vertraglich bis zum Eintreffen der Verpackung beim Verkäufer zu entrichten hat; diese Miete kann nur so lange laufen, bis der Verlust feststeht (ROHG 19, 306). Darüber, wie lange der Verkäufer danach zuwarten muß, wenn die Verpackung nicht eintrifft und sonst nichts über den Verbleib zu ermitteln ist, entscheiden die Umstände des einzelnen Falles. In JW 1925, 1522[2] (Hamburg) ist angenommen, daß vom Verkäufer dem Käufer geliehene Eisenbahnwagen, die infolge des Ruhreinbruchs Jahr und Tag auf der Rückreise umherirren, noch nicht in Verlust geraten seien; es ist hier also eine Haftung des Käufers für Zufall als vereinbart angenommen (vgl. Schmidt-Ernsthausen JW 1925, 1522[2] Fußn.). Verzögert der Käufer die Zurücksendung, so muß er den Verkäufer, wenn dieser Kaufmann ist, angemessen entschädigen (ROHG 9, 208). Es bestehen Handelsgebräuche, denen zufolge nach gewisser Zeit ein bestimmter Betrag als sog. Miete, z. B. Sackmiete, zu zahlen ist. Hierüber Näheres § 380 Anm. 6. Ob der Käufer mit Rücksendung oder Zahlung der Vergütung nur auf Mahnung oder ohne solche in Verzug gerät, richtet sich ebenfalls nach Handelsgebräuchen sowie nach Treu und Glauben. Dazu ist zu bemerken, daß die Schiedsklausel, die vom Verbande deutscher Sackfabrikanten in seinen Lieferungsbedingungen aufgestellt worden ist, rechtsgültig ist (RG 97, 159). Oft enthalten die Fakturen diesbezügliche Vermerke, insbesondere auch dahin, daß, wenn der Käufer die Zurücksendung nicht innerhalb einer bestimmten Frist bewirke, er die Verpackung zu einem bestimmten Preise behalten müsse. Solche Fakturenvermerke sind nicht unbedingt bindend, aber sie enthalten einen Antrag, der den Umständen nach durch Schweigen und Nichtrücksendung innerhalb der gesetzten Frist genehmigt wird (ROHG 1, 100 u. 127; 6, 167; Näheres § 380 Anm. 6). Die Verjährung des Anspruchs auf Rückgabe der Verpackung und auf deren Vergütung ist im allgemeinen die zweijährige; nämlich dann, wenn die Lieferung der Verpackung als Auslage im Sinne des § 196 Abs. 1 Nr. 1 BGB anzusehen ist (KG in JW 1929, 330; KGBl. 1906, 57; Hamburg OLGE 14, 376 und LZ 1913, 94[1]; Celle SeuffA 66, 130; Hagen LZ 1907, 735; vgl. § 380 Anm. 6). Nach den Umständen des Einzelfalls, insbesondere bei wertvollerer Emballage (z. B. Sauerstoffflaschen), wird mit Mayer-Wegelin (LZ 1929, 1450) ein selbständiger Leihvertrag und demgemäß die regelmäßige dreißigjährige Verjährung angenommen werden können (vgl. WarnRspr. 1929 Nr. 27).

Anm. 236 Ob der Verkäufer die Mühe der Verpackungstätigkeit noch besonders berechnen kann, ist zweifelhaft. Das ROHG bejahte dies im Zweifelsfalle gemäß § 354 (Art. 290 ADHGB), insbesondere aber, wenn die Verpackung besondere Mühe verursacht (ROHG 3, 114); an einer anderen Stelle betrachtete es diese Vergütung als stillschweigend vereinbarten Zuschlag zum Kaufpreise (ROHG 14, 27). Demgegenüber ist geltend zu machen, daß § 354 zwar Platz greift, daß aber unter diesen Paragraphen solche Dienstleistungen nicht fallen, für die nichts Besonderes vergütet zu werden pflegt. Bei Frankosendung, die strenggenommen nur die Transportkosten (unten Anm. 238) dem Verkäufer auferlegt, kann es Parteiwille sein, daß der Verkäufer für seine Verpackungstätigkeit nichts ansetzen darf bei Geringfügigkeit und Fehlen einer Erwähnung im Angebot (Köln LZ 1907, 237[3]).

Die Haftung für gehörige Verpackung und Verladung trifft den Verkäufer. Er hat nach allgemeinen Grundsätzen die erforderliche Sorgfalt nach § 276 BGB und, wenn er Kaufmann ist, die Sorgfalt eines ordentlichen Kaufmanns nach § 347 HGB aufzuwenden. Es gelten hierüber dieselben Grundsätze wie bei Übernahme der Versendungspflicht (hierüber das Nähere oben Anm. 156). Danach haftet der Verkäufer für fehlerhafte Verpackung oder Verladung nur im Falle eines Verschuldens (§ 377 Anm. 8 u. 102; Hamburg HansGZ 1920 Hptbl. 5). Der Schadensersatzanspruch richtet sich nach dem in § 377 Anm. 106 und oben Anm. 165ff. sowie unten Anm. 503 Ausgeführten. Läßt der Verkäufer durch seinen Lieferanten unmittelbar an den Käufer versenden, so ist sein Lieferant hinsichtlich der mangelhaften Verpackung sein Erfüllungsgehilfe (§ 377 Anm. 101; oben Anm. 169). Es entsteht nun die Frage nach der Grenzziehung zwischen Mängeln der Ware, die durch mangelhafte Verpackung herbeigeführt sind, und Fehlern in der Versendung oder Verladung, durch die die Ware beschädigt worden ist. Über diese Unterscheidung siehe § 377 Anm. 8, 9 u. 102; oben Anm. 165ff., 186. Zweifel birgt die Frage, ob das Nichteinhalten der vorgeschriebenen Versendungsart einen Sachmangel bedeutet oder einen Fehler in der Versendung. Hat der Verkäufer statt in Flaschen in Fässern versendet, so liegt ein Sachmangel vor; denn der Transport selbst ist nicht beeinflußt (KG in OLGE 43, 45 Fußn. 1); als Folge kann die Ware sogar als eine ganz andere Ware als die bestellte aufzufassen sein; im weiteren über diese Frage § 377 Anm. 9. **Anm. 237**

b) Die Kosten des Transports, d. h. der Versendung an einen anderen Ort als den Erfüllungsort, hat der Käufer zu tragen, außer wenn der Verkäufer am Bestimmungsorte zu erfüllen hat. Das bestimmt § 448 BGB. Hieraus folgt aber nicht, daß der Käufer auch ohne ausdrückliche Abrede zugleich solche Versendungskosten zu tragen hätte, die der Verkäufer durch Hinschaffen der Kaufsache von ihrem früheren zu ihrem derzeitigen Lagerort aufgewendet hat (LZ 1925, 767[1]). Nur die wirklich aufgewendeten Kosten sind erstattungsfähig, z. B. auch der Aufwand für erforderliche Schutzdecken („Recht“ 1924 Nr. 1336). Deshalb sind Transportkosten nicht zu berechnen, die der Verkäufer durch nachträgliche Anordnungen des Käufers (oben Anm. 158) erspart hat. Hat der Verkäufer auf Grund des Beförderungsvertrages für Schäden Ersatz zu leisten, die das versandte Gut im Bereich der Beförderungsanstalt angerichtet hat, so kann er alle ihm dadurch entstandenen Auslagen einschließlich Prozeßkosten vom Käufer ersetzt verlangen, wenn ihn an dem Schaden kein Verschulden trifft. Über die Ausfolgung von Nachnahmesendungen durch die Post unter Stundung des Betrages RG 102, 344. Im Zweifel hat der Käufer die Transportmittel zu stellen (vgl. näher Anm. 162). Kommt die Ware zur See an einem Hafenplatz an, so bedeutet die Klausel franko Wagen (des Bestimmungsortes), daß der Verkäufer die Ausladung aus dem Schiff und die ganze Verladung in die Kaiwaggons vorzunehmen hat (ROHG 23, 134; Hamburg, Holdheim 1907 210). Hat der Verkäufer frachtfrei zu übersenden, so kommen ihm nach Vertragsschluß eingeführte Frachtermäßigungen zugute (Königsberg OLGE 28, 110). Ebenso hat er etwaige Frachterhöhungen zu tragen, auch wenn er nicht damit gerechnet hatte. **Anm. 238**

Die Kosten der Abrollung am Bestimmungsorte vom Bahnhof nach dem Geschäftslokale des Käufers und die Kosten bahnamtlicher Abfertigung und Verwiegung treffen aus gleichem Grunde den Käufer. Sie gehören zur Abnahme. Siehe auch oben Anm. 233.

3. Kosten der Rechtsübertragung. **Anm. 239**

Die Begründung und Übertragung eines Rechts belastet den Verkäufer mit den betreffenden Kosten (§ 448 Abs. 2 BGB). Zu diesen Kosten gehören die Kosten der Beurkundung des Vertrags einschließlich der Stempelkosten.

G. Das überseeische Abladegeschäft

Anm. 240 Schrifttum: Großmann-Doerth, Das Recht des Überseekaufs (1930), Heft 11 der Überseestudien; Haage, Das Abladegeschäft[4] (1958); derselbe, Über die Rechtslage der „reinen Konnossemente", Mitt. der HaKaHbg. 1955 S. 48; derselbe, Das erweiterte fob-Abladegeschäft, Mitt. der HaKaHbg. 1955 S. 210; derselbe, Dokumente und Quasidokumente und ihre Andienbarkeit, Mitt. der HaKaHbg. 1955 S. 517; derselbe, Die fob-Klausel unter Zugrundelegung der Trade Terms 1953, Mitt. d. HaKaHbg. 1955, 673; W. Grimm, Der Einfuhrhandel (3. Aufl. 1958); Mathies-Grimm-Sieveking, Die Geschäftsbedingungen des Warenvereins, Kommentar 3. Aufl. 1967; Dücker, Verschiffungstermin bei cif-Geschäften, HansRZ 20, 729; Gütschow, dasselbe in HansRZ 20, 537; Leo in März-, April- und Maiheft der HansGZ 1918; HansRGZ 1931 A 697; Nolte, Überseeische cif-Abladegeschäfte, ZHR. 89, 1ff.; Möller, Gefahrtragung und Seeversicherung beim cif-Kauf, HansRGZ 1934 A 117; derselbe, Cif-Geschäft und Versicherung, Heft 13 der Überseestudien (1932); Cif-Geschäft und Kriegsversicherung, Mitt. des Internat. Transp. Vers. Verb. 1938 S. 37; Himer, Kostfrachtgeschäft u. laufende Versicherung, Heft 17 d. Hamburger Rechtsstudien (1933); Scherzberg, Die Kriegsklausel in der Seeversicherung, Heft 23 der Überseestudien; Waldstein, Vers. für Rechnung wen es angeht beim cif-Geschäft, HansRZ 1927 A 1; Aschenbrenner, fob- und cif-Klausel in ihrer wirtschaftlichen und rechtlichen Bedeutung, ZBlH. 1931, 193; vgl. auch Wüstendörfer, Neuzeitliches Seehandelsrecht (2. Aufl. 1950); derselbe, Zur internat. Vereinheitlichung des cif-Geschäftes, HansRZ 1926, 441; Perdikas, Über Wesen und Vereinheitlichung des Überseekaufsrechts, HansRGZ 1935 A 2; G. Wiele, Das Dokumentenakkreditiv und der angloamerikanische Documentary Letter of Credit, Heft 24 der Überseestudien (1955); vgl. ferner: Die Incoterms 1953, kommentiert von F. Eisemann (Wien 1954); derselbe, Die Incoterms in Handel und Verkehr, Wien 1963; die definierten Lieferklauseln des internationalen Warenhandels von K. Leistritz (Köln 1954); Trade Terms, herausgeg. v. d. IHK (Paris 1955); H. Haage, Die Vertragsklauseln cif, fob, ab Kai unter Berücksichtigung der Trade Terms (1956); Herman, Das Abladegeschäft im deutschen und französischen Recht und die Anforderungen an die Aufmachung des Konossements, Diss. Köln 1962, franzäsisch Les ventes à l'Embarquement en droit allemand et en droit français et les conditions requises du connaissement.

Anm. 241 **I. 1. Begriff und Rechtsnatur**

Das überseeische Abladegeschäft ist ein Kaufvertrag über Waren, welche von einem überseeischen Hafen (Abladehafen) nach einem Bestimmungshafen abzuladen und in Gestalt des sie vertretenden Konossements zu liefern sind. Das Charakteristische dieser Art von Kaufverträgen liegt also darin, daß die verkauften Waren aus einer bestimmten überseeischen Abladung stammen. Dieses Erfordernis ist für das Abladegeschäft als Typus schlechthin konstitutiv. Jedes Abladegeschäft beinhaltet die Verpflichtung, abzuladen oder abladen zu lassen (zur Abladung siehe im einzelnen unten Anm. 248ff.). Auch das zweite in obiger Definition erwähnte Merkmal, daß die Ware nicht in natura, sondern in Gestalt der sie repräsentierenden Abladedokumente zu liefern sei, hat jahrzehntelang als unabänderliches Wesensmerkmal gegolten. Insbesondere in der Zeit nach dem zweiten Weltkrieg hat sich jedoch das sog. „verlängerte Abladegeschäft" herausgebildet, das sich von dem ursprünglichen Abladegeschäft dadurch unterscheidet, daß die Ware nicht in Gestalt des Abladedokuments, sondern eines Lager- und Lieferscheins zu liefern ist. Beispiel (nach Haage a. a. O. S. 102): „September/Oktober-Abladung vom Ursprungsland, verzollt und versteuert, ab Lager oder ab Kai Hamburg, Zahlung netto Kasse gegen Lager-/Lieferschein." Dieser Vertragstyp unterliegt in wesentlicher Hinsicht den gleichen Regeln wie das Abladegeschäft im ursprünglichen Sinne. Einzelheiten siehe unten Anm. 245.

Anm. 242 **2. Das unechte Abladegeschäft.**

Von dem eben umrissenen „verlängerten Abladegeschäft" streng zu unterscheiden ist das sog. „unechte Abladegeschäft". Bei letzterem bleibt es bei der Regel, daß die Ware in Form des Konnossements geliefert wird. Während das „echte" Abladegeschäft jedoch als „cif"-, „c/f"- oder „fob"-Kontrakt in Erscheinung tritt, so daß die Ware stets auf Gefahr des Käufers vom Abladeort über See zum Bestimmungsort reist (siehe dazu näher unten Anm. 256, 259f.), wird beim unechten Abladegeschäft „ex ship" oder „ab Kai" Bestimmungshafen verkauft. Die Gefahr während des Seetransports trägt hier also im Gegensatz zum echten Abladegeschäft der Verkäufer. Großmann-Doerth bezeichnet diese Form des Abladegeschäfts sehr plastisch als „Ankunftsvertrag". Näheres über das „ex ship"- oder „ab Kai"-Geschäft unten Anm. 282. Auch für den Ankunftsvertrag gilt aber in strikter Form der oben erwähnte Grundsatz, daß die Verpflichtung des Verkäufers, abzuladen oder abladen zu lassen, Vertragsbestandteil sein muß. Enthält der etwa auf „ex ship" oder „ex quai" lautende Verkaufskontrakt die Klausel „Abladung September Adelaide", so ist diese Voraussetzung gewahrt, es liegt ein Abladegeschäft vor. Sagt hingegen der „ex ship"-Kontrakt lediglich „Ankunft des Dampfers Oktober", so liegt ein Abladegeschäft überhaupt nicht mehr vor.

3. Abgrenzung zu anderen Verträgen. **Anm. 243**

Ebensowenig kann von einem Abladegeschäft gesprochen werden, wenn die Verpflichtung des Verkäufers sich auf Lieferung einer Ware bestimmter Herkunft oder Ernte beschränkt, da hier eine Abladeverpflichtung nicht vorgesehen ist. Die cif-Klausel hat hier auch nur die Bedeutung, daß die Ablieferungsspesen am Lieferplatz zu Lasten des Käufers gehen. Bei solchem Geschäft muß der Verkäufer dann auch mit Locoware der bestimmten Beschaffenheit und Herkunft erfüllen; er wird von seiner Lieferpflicht nicht frei, wenn die Verschiffung solcher Gattungen durch höhere Gewalt unmöglich geworden ist, es sei denn, daß er sich für einen solchen Fall frei gezeichnet hätte (WarnRspr. 1916 Nr. 215; RG 88, 73).

4. Abladegeschäfte ohne Abladeklausel. **Anm. 244**

Von dem Fehlen einer Abladepflicht überhaupt zu unterscheiden ist der Fall, daß nur die sog. Abladeklausel fehlt. Darunter versteht man die Vereinbarung, daß die Ware innerhalb einer kalendermäßig festbestimmten Zeit abgeladen werden muß, wodurch das Abladegeschäft fixgeschäftlichen Charakter gewinnt. Beispiel: „September-Abladung Adelaide". Obwohl Abladegeschäfte ohne Abladeklausel recht selten sind, gehört die Klausel doch nicht zu den unabdingbaren Voraussetzungen des Geschäftstyps (Haage a. a. O. S. 2 und S. 86f.). Fehlt die Abladeklausel, so hat die Abladung innerhalb einer angemessenen Frist zu erfolgen. Ein Fixgeschäft liegt hier nicht vor. Die Klausel „prompte Verladung" bedeutet zunächst allgemein möglichst schnell, ohne Verzögerungen, die nicht im ordentlichen Geschäftsgang liegen, Näheres § 346 Anm. 147. Jedoch ist zu beachten, daß an den einzelnen Handelsplätzen und in einzelnen Geschäftszweigen häufig Usancen bestehen, welche die unter „prompt" zu verstehende Zeit genau nach Tagen festlegen. Leistritz a. a. O. unter „prompt" und Ratz § 346 Anm. 147 scheinen der Klausel auch in dem letztgenannten Fall einen fixgeschäftlichen Charakter absprechen zu wollen; a. A. Haage a. a. O. S. 88, dem zuzustimmen sein dürfte, da es in der Tat keinen Unterschied machen kann, ob prompte Verladung oder Verladung binnen 30 Tagen vereinbart ist, wenn sich die Beteiligten einig sind, daß prompt nur die Verladung innerhalb dieser Frist ist (Beispiel aus Haage a. a. O.). Über die (schärfere) Sofort-Klausel siehe § 346 Anm. 148.

5. Das verlängerte Abladegeschäft. **Anm. 245**

(Zum Begriff siehe zunächst oben Anm. 241). Dieser Vertragstypus verdankt seine Entstehung den Erschwerungen und Komplikationen, denen der Außenhandel insbesondere in der Zeit nach dem zweiten Weltkrieg unterworfen war. Derjenige Importeur, der die rechtliche und tatsächliche Möglichkeit dazu besaß, übernahm die gesamte Einfuhr einschließlich der Abwicklung sämtlicher devisenrechtlicher Formalitäten und verkaufte die Ware zumeist an einen anderen Importeur versteuert und verzollt ab Inlandslager oder Kai weiter. Infolgedessen kommt das verlängerte Abladegeschäft in der Praxis nur als indirektes vor. Da aber auch hier die Verpflichtung, abladen zu lassen, Vertragsinhalt ist (der überseeische Ablader ist Erfüllungsgehilfe des Verkäufers), finden auf das verlängerte Abladegeschäft — ungeachtet der Tatsache, daß die Ware nicht in Gestalt des Abladedokuments zu liefern ist — die Regeln über das Abladegeschäft, und zwar genauer gesagt des sog. Ankunftsvertrages Anwendung. Im einzelnen bedeutet das: Erfüllungsort für die Warenlieferungspflicht ist der Bestimmungshafen;

Gefahrübergang durch Übergabe der Ware selbst. Verkäufer trägt die Kosten bis zum Absetzen. Eine etwaige Kaiumschlagsgebühr trägt jeder zur Hälfte. Im übrigen siehe die Regeln über das Ex-Kai-Geschäft. Eine unrichtige Andienung kann richtiggestellt bzw. wiederholt werden (nach Haage S. 163 h. M.). Enthält der Kontrakt gleichzeitig die cif-Klausel, so ist sie in gleicher Weise wie beim Ankunftsvertrag als reine Spesenklausel ohne Bedeutung für die Gefahrtragung anzusehen. Über abweichende Ansichten vgl. Haage a. a. O. S. 164.

Anm. 246

II. Anzuwendendes Recht (Rechtsgrundlagen)

Da das Abladegeschäft in aller Regel zwischen Vertragspartnern geschlossen wird, welche verschiedenen nationalen Rechtsordnungen unterliegen, ist, sofern der Einzelvertrag hierüber nichts bestimmt, zunächst nach den Grundsätzen des internationalen Privatrechts die für das konkrete Geschäft maßgebende Rechtsordnung zu bestimmen. Durch die den Vertrag beherrschenden Klauseln, welche der internationale Verkehr entwickelt hat, verbunden mit der regelmäßig vereinbarten Arbitrage- und Schiedsgerichtsklausel (nach den Angaben von Grimm AWD 1962, 53 enthalten mindestens 95% aller Außenhandelskontrakte eine Schiedsklausel) wird das Abladegeschäft weitgehend den dispositiven Grundsätzen der nationalen Rechtsordnungen und der staatlichen Rechtsprechung entzogen und die Auslegung unmittelbar der kaufmännischen Auffassung unterworfen.

Das führt zu der Frage, inwieweit die dispositiven Grundsätze der einschlägigen nationalen Rechtsordnung überhaupt ergänzend heranzuziehen sind. Als Grundsatz wird folgendes zu gelten haben. Die kaufmännische Auffassung hat insoweit den Vorrang, als in ihr sich *sachliche*, auf die Branche zugeschnittene, von den Beteiligten überwiegend anerkannte *Ordnungselemente* niederschlagen, welche aus der Technik der Geschäftsabwicklung erwachsen sind und objektiven schutzwürdigen Interessen (dem Ordnungsinteresse) dienen. Die Ausprägung international einheitlicher Ordnungen aber, welche teils in den Incoterms und in den Geschäfts- oder Verbandsbedingungen fixiert, teils ungeschrieben in der kaufmännischen Praxis ihren Niederschlag finden, ist ständig im Flusse und hat sich laufend auf veränderte Situationen einzuspielen (z. B. Freihandel — Wirtschaftslenkung; freier Zahlungsverkehr — Devisenbewirtschaftung); es hängt daher letztlich von der Einstellung der staatlichen Gerichte aller Länder gegenüber dieser Entwicklung ab, inwieweit eine normative Kraft dieser faktischen Ordnungen anerkannt wird (vgl. dazu auch *Großmann-Doerth*, Überseekauf S. 165; *Haage* a. a. O. S. 3f.).

Anm. 247

III. Abgrenzung zum Wertpapierkauf

Das Abladegeschäft ist stets ein *Warenkauf*, der die Verpflichtung zur Warenlieferung durch Abladung und beim eigentlichen Abladegeschäft auch zur Andienung der Ware mittels Konnossements zum Inhalt hat. Denkbar ist jedoch, daß Gegenstand des Kaufes ein *Konnossement* als solches sein soll; dann liegt vor der Kauf eines Wertpapiers (Rechtskauf) zwecks Erlangung des verbrieften Auslieferungsanspruchs auf die Waren im Bestimmungshafen. Hier haftet Verkäufer nur für den rechtlichen Bestand des Auslieferungsanspruchs (das Konnossement darf nicht „leer“ sein) sowie für die Einredefreiheit des Anspruchs, nicht aber etwa für die Beschaffenheit der Ware. Ein solcher Rechtskauf kann nur da angenommen werden, wo die Vereinbarung ihn klar als gewollt erkennen läßt; und das dürfte selten der Fall sein. Ist Verkäufer nach Kaufvertrag befugt, dem Käufer das Konnossement aus einer Drittabladung anzudienen (Anm. 249), so liegt nicht Kauf eines Konnossements, sondern stets ein Warenkauf vor; das Interesse des Käufers ist auf Erwerb der Ware gerichtet, nicht auf die Übertragung eines bloßen Anspruchs beschränkt.

Anm. 248

IV. Die Abladepflicht des Verkäufers

Aus dem Abladegeschäft entspringen für den Verkäufer zwei Hauptpflichten, nämlich einerseits die Pflicht *abzuladen* oder abladen zu lassen, andererseits die vertragsgemäßen Dokumente dem Käufer *anzudienen*.

1. Die Abladung.

Sie stellt die eine Hauptverpflichtung des Verkäufers dar; ihr Bestand ist notwendige Voraussetzung für das Vorliegen eines Abladekaufs (s. Anm. 241). Abladung im technischen Sinne ist ein seefrachtrechtlicher Begriff, der im Verhältnis zwischen Ablader (Befrachter) und Verfrachter die Heranschaffung des Ladungsgutes bis ans Schiff zum Zweck der Übernahme des Gutes in dieses zum Ausdruck bringt, wobei beides, nämlich Heranschaffung und Übernahme zusammen die Abladung bilden (Wüstendörfer, Seehandelsrecht[2] S. 244). Ob der Begriff „Abladung" auch im Verhältnis zwischen Verkäufer und Käufer dieselbe Bedeutung hat, ist durch Auslegung des Kaufvertrages zu ermitteln. Hierbei ist namentlich in Verbindung mit der Zeitbestimmung, z. B. „Abladung Singapore zweite Oktoberhälfte", wichtig, ob vereinbart ist: Abladung, Verschiffung oder Segelung; s. darüber Anm. 267.

Eine andere Frage ist, ob Verkäufer laut Vertrag ausschließlich eigene Abladung schuldet, so daß Dokumente über Abladungen Dritter nicht angedient werden dürfen und auch nicht geschuldet werden (sog. „direktes Abladegeschäft"), oder ob Verkäufer statt eigener Abladung auch fremde Abladung liefern kann. Diese Frage deckt sich, wenn auch rechtslogisch nicht notwendig, so doch praktisch vielfach mit der Begrenzung der Warengattung, aus welcher zu liefern ist. Es ist jedoch möglich, daß Käufer eigene Abladung seines vertrauenswürdigen Lieferanten wünscht, selbst wenn dieser von ihm erst aufzukaufende Ware zu liefern hat. Hier kommt es Käufer darauf an, daß sein Lieferant die von ihm zu beschaffende und abzuladende Ware aussucht, daß Käufer ein Konnossement erhält, welches auf seinen Lieferanten ausgestellt und von diesem an ihn indossiert ist. Eigene Abladung als ausschließliche Leistung des Verkäufers ist nur dann geschuldet, wenn sich aus dem Vertrag ergibt, daß entweder nur das Erzeugnis der Plantagen des Verkäufers oder nur dessen Sortiment oder Packung, welche im Handel bekannt ist, geschuldet werden oder daß Käufer ein auf seinen Lieferanten ausgestelltes Konnossement begehrt. Andernfalls ist Verkäufer grundsätzlich befugt, selbst abzuladen oder sich zur Erfüllung seiner Abladepflicht eines Drittabladers als Erfüllungsgehilfen zu bedienen (HansGZ. 1926 Nr. 99). Hier wiederum sind zwei Möglichkeiten gegeben. Die Erfüllung durch Drittabladung kann bloße Ersetzungsbefugnis des Verkäufers (facultas alternativa) mit der Maßgabe sein, daß Verkäufer zu ihr zwar befugt, nicht aber verpflichtet ist; in solchem Falle würde Verkäufer bei nicht zu vertretender Unmöglichkeit eigener Abladung von seiner Lieferpflicht frei werden (vgl. RG 88, 73; Haage a. a. O. S. 8). Oder Verkäufer schuldet gleichermaßen eigene oder fremde Abladung (dann liegt eine sog. Wahlschuld vor), hat sich also bei Unvermögen zu eigener Abladung durch Deckungskauf die geschuldete Ware zu beschaffen, § 265 BGB. Welche dieser beiden Möglichkeiten im Einzelfall zutrifft, ist durch Auslegung des Vertrages zu ermitteln. Im Zweifel ist Ersetzungsbefugnis anzunehmen (weitergehend Haage a. a. O. S. 7: „zwangsläufig"). Die Erfüllung nur durch Drittabladung, also durch einen Drittablader als Erfüllungsgehilfen des Verkäufers, ist stets dann geschuldet, wenn Verkäufer keine überseeische Niederlassung besitzt, also selbst gar nicht abladen kann (sog. „indirekte Abladung"). Bei dem indirekten Abladegeschäft hat der Verkäufer Dokumente über vertragsmäßige Abladung anzudienen, sei es, daß er diese im freien Markt oder auf Grund eines korrespondierenden Deckungskontraktes erworben hat. Daß hier gleichwohl ein Warenkauf und nicht der Kauf eines Konnossements (als Wertpapierkauf) vorliegt, ist oben Anm. 247 dargelegt. **Anm. 249**

Über die Frage, ob Verkäufer ein Bordkonnossement anzudienen hat oder die Ware auch mittels Übernahme-Konnossements anbieten kann, s. Anm. 267.

Über Unmöglichkeit der Beschaffung andienungsfähiger Konnossemente vgl. oben Anm. 164 u. unten Anm. 269. Zur Klausel „richtige und rechtzeitige Selbstbelieferung vorbehalten" s. oben Anm. 108.

2. Unmöglichkeit der Abladung. **Anm. 250**

Beim indirekten Abladegeschäft ist zu prüfen, inwieweit die Beschaffungspflicht, welche bei dieser Art der Gattungsschuld dem Verkäufer obliegt (s. darüber oben Anm. 104) auszudehnen, wie also die „Gattung" zu umgrenzen ist. Allgemeiner Auffassung gemäß liegt eine objektive Unmöglichkeit der Leistung erst dann vor, wenn es innerhalb der Abladefrist weder dem Verkäufer möglich ist noch einem dritten Lieferanten möglich gewesen wäre, Konnossemente über vertragsgemäße Ware auf dem Markte zu beschaffen, wenn also Ware der geschuldeten Art überhaupt nicht angeboten wird. Eine andere Frage ist, unter welchen Voraussetzungen Verkäufer diese Unmöglichkeit zu vertreten hat. Der indirekte Ablader übernimmt eine Gewähr dafür, innerhalb der Abladungsfrist kontraktgemäße Ware beschaffen zu können. Hat er sich z. B. aus spekulativen Gründen nicht rechtzeitig eingedeckt, so hat er die bei nachträglicher Markterschöpfung eintretende Unmöglichkeit der Warenbeschaffung zu vertreten. Nicht zu vertreten sind etwa Hindernisse, die sich aus Krieg, Aufruhr, Generalstreik oder Ausfuhrverbot ergeben. Preissteigerung ist niemals ein den Verkäufer befreiendes Hindernis, denn bei allen Abladegeschäften hat sowohl der Verkäufer wie der Käufer das volle Preisrisiko zu tragen. Selbst für Hindernisse persönlicher Art (Krankheit, Verhaftung) hat Verkäufer einzustehen, denn es ist seine Sache, dafür zu sorgen, daß die Geschäftsabwicklung dann durch Substituten erledigt wird. Häufig werden jedoch in den Geschäftsbedingungen oder in den Standardformularen bestimmte Ereignisse, welche die Lieferung unmöglich machen können, als Tatbestände objektiver, nicht zu vertretender Unmöglichkeit ausdrücklich genannt, vgl. z. B. Nr. 2 des Hamburger Chinaproduktenkontrakts (dazu Haage a. a. O. S. 14). Zur Klausel „richtige und rechtzeitige Selbstbelieferung vorbehalten" s. oben Anm. 108. Schuldet Verkäufer persönliche Abladung (eigenes Konnossement), wenn auch über aufgekaufte Ware, so ist diese Abladeschuld eine individuelle Verpflichtung des Verkäufers, erfüllbar durch sein Personal (seine „Firma"), insoweit also eine subjektiv beschränkte Schuld, während die zu liefernde Ware als Gattungsschuld sich darstellt. Für Hindernisse der Warenbeschaffung bei Möglichkeit der Abladung hat Verkäufer einzustehen, Hindernisse der eigenen Abladung (Verschiffung) unterliegen hingegen dem § 275 BGB.; für Unvermögen zur Abladung hat Verkäufer daher nur einzustehen, wenn es ihm als Verschulden zuzurechnen ist; vgl. auch oben Anm. 166.

Anm. 251 **3. Das (cif-)Abladegeschäft.**

Im einzelnen wird der Inhalt der dem Verkäufer obliegenden Leistungen durch die Klauseln cif, fob (fas), c/f, ex ship, ex quai usw. bestimmt; vgl. dazu die Auslegung derselben in den Incoterms Anh. VI zu § 346. Nach heutiger Auffassung stellen die cif- und fob-Klauseln grundsätzlich nicht mehr bloße Kostenregelungen dar, sondern sie haben sich zu einer Regelung der materiellen Rechtslage selbst entwickelt, und dieses entspricht ihrem Sinn und ihrer Tendenz, im Interesse der Rechtsklarheit eine international einheitliche Ordnung für den Handelsverkehr zu schaffen. Das freilich schließt nicht aus, daß im Einzelfall, aus dem Vertrage erkennbar, die Klausel nur eine auf die Kostenregelung beschränkte Bedeutung haben soll, wie es auch vorkommt, daß Klauseln in sinnwidriger Weise verwendet werden. So etwa, wenn die cif-Klausel in einem „ex ship", „ex quai"-Kontrakt verwendet wird, bei dem Lieferungsort der Bestimmungshafen ist. Hier hat die cif-Klausel nur noch die Bedeutung einer Spesenklausel, als solche aber besagt sie in diesem Fall etwas Selbstverständliches, was bereits aus der Vereinbarung „Lieferung ex ship" folgt (s. Anm. 282).

Anm. 252 Die **cif-Klausel** (vgl. die Incoterms Anh. VI zu § 346). Cif ist aus dem Anfangsbuchstaben der englischen Worte cost, insurance, freight gebildet. Französisch heißt die Klausel caf (coût, assurance, frêt). Cif in Verbindung mit dem Bestimmungshafen der Ware wird in der Regel der Preisbestimmung nachgesetzt: 20 DM per 100 kg cif Hamburg.

Die cif-Klausel normiert zunächst in bezug auf die Kostentragung drei Verpflichtungen des Verkäufers.

Anm. 253 **a) cost:** Der erste Bestandteil der Klausel „cost" besagt, daß der Verkäufer sämtliche Kosten der Verladung der Ware an Bord des Schiffes im Abladehafen zu tragen hat (Trade Terms A 4). Dazu gehören insbesondere auch die durch die Verladung der Ware bedingten Kosten des Prüfens (wie der Qualitätsprüfung, des Messens, Wiegens, Zählens), siehe auch § 448 BGB, sowie alle für die Ware bis zu ihrer Verladung erhobenen Abgaben oder Gebühren einschließlich des Ausfuhrzolls. Konsulatsgebühren dagegen sollen lt. Haage a. a. O. S. 142 nach einer von der HK Hamburg 1951 festgestellten allgemeinen Usance stets dem Käufer zur Last fallen (siehe andererseits Sieveking HansRGZ 1928 A 384 u. 710; Großmann-Doerth, HansRGZ 1929, 548; Aschenbrenner BZH 1931, 281; Schweighäuser DGem. u. Wirtschr. 1940, 117). Da Verkäufer zur Lieferung „ausfuhrfreier“ Ware verpflichtet ist, hat er auf seine Kosten und Gefahr auch die Ausfuhrbewilligung oder sonstige amtliche Bescheinigungen zu beschaffen, die für die Ausfuhr der Ware erforderlich sind.

Die Kosten der Löschung im Bestimmungshafen einschließlich der Kaigebühr und der Leichterung hat dagegen der Käufer zu tragen (Trade Terms B 9; vgl. ferner Liesecke WM 1966, 179 und Ohling AWD 1964, 324). Dasselbe gilt für den Einfuhrzoll, es sei denn, daß „cif-verzollt“ vereinbart ist. Eine Ausnahme gilt für diejenigen Löschungskosten, die als integrierender Bestandteil der (vom Verkäufer zu tragenden) Fracht anzusehen sind. Für die Kosten der reinen Ausladung braucht der Käufer daher nicht aufzukommen (siehe § 593 HGB). Liesecke WM 1966, 179 hält es jedoch für möglich, daß sich eine Übung entwickelt hat, die dem Käufer die Kosten der Entlöschung auf den Kai auferlegt. Das von ihm als Beleg zitierte Urteil des Hess. Verwaltungsgerichtshofes gibt jedoch keine hinreichende Stützung für die Annahme eines solchen Brauches. Mit Sicherheit vom Verkäufer zu tragen sind die Kosten der Verbringung der Ware auf den Kai bei Vereinbarung „cif-landed“. Der Käufer hat grundsätzlich am Seeschiff abzunehmen, zu seinen Lasten gehen Versehen des Spediteurs, der die Ware ab Seeschiff in Empfang nimmt und den Weitertransport besorgt, es jedoch versäumt, den Zustand und die Menge der Ware bei deren Empfang nach §§ 610, 611 festzustellen (JW 1925, 478[22]). Über die rechtliche Stellung der Kaiverwaltung als beauftragter Vertreterin und Erfüllungsgehilfin des Reeders in bezug auf die Ablieferung vgl. jedoch Wüstendörfer HansRGZ 1943 A Sp. 57; derselbe Seehandelsrecht[2] S. 263/8; Mathies HansGZ 1913, 227; Jaeschke, Die Rechtsstellung der Kaianstalten im Seefrachtverkehr unter besonderer Berücksichtigung des Kaiumschlags in Hamburg und Bremen Heft 12 der Überseestudien, 1931; Prüssmann, Seehandelsrecht, 1968 Anh. nach § 561 m. w. Nachw. Zu der Frage, welche Tätigkeitspflichten dem Verkäufer hinsichtlich der Abladung obliegen, vgl. unten Anm. 267.

b) freight: Aus dem Worte „freight“ ist die Verpflichtung des Verkäufers abzuleiten, den Seefrachtvertrag im eigenen Namen und für eigene Rechnung nach dem Bestimmungshafen abzuschließen und die Frachtgebühr zu bezahlen. Doch genügt es, wenn Verkäufer in der Faktura die Fracht absetzt und die Bezahlung an den Reeder dem Käufer überläßt (Hamburg OLGE 9, 271; HansGZ 1915 Nr. 46). Entstehen zusätzliche Kosten oder wird die Reise durch höhere Gewalt unterbrochen, so muß Käufer dem Verkäufer die von diesem vorgeschossenen Beträge ersetzen, weil Käufer die Gefahr trägt (vgl. JW 1916, 1194[14]; unten Anm. 256, 259f.). Die im Bestimmungshafen erfolgende Umladung aus dem Seeschiff in Kähne hat der Käufer zu besorgen; desgleichen den Binnentransport. Die auf See erfolgende Leichterung zwecks Verbringung der Ware zum Bestimmungshafen hingegen ist ein Bestandteil der Beförderung und fällt in den Bereich des Verkäufers. Die Verpflichtung zur Zahlung der Fracht umfaßt andererseits auch alle Zuschläge, die unter gewissen Bedingungen von dem Verfrachter erhoben werden, so etwa bei einem Geschäft „cif Flußhafen“ die sog. „Kleinwasserzuschläge“, die vom Reeder bei Niedrigwasser berechnet werden (Haage a.a.O. S. 51). Zu der vom Verkäufer zu tragenden Fracht gehören jedoch nicht Kostenerhöhungen infolge Nothafenaufenthalts und sonstige außerordentliche Reisekosten (Wüstendörfer HansRZ 1926, 504; Röder Verkehrs-Rdsch. 1926, 323). **Anm. 254**

Verkäufer hat beim Abschluß des Frachtvertrages mit der Sorgfalt eines ordentlichen Kaufmannes zu verfahren, insbesondere den Reeder sorgfältig auszuwählen (OLG Hamburg in HansRZ 1926 Nr. 112); es muß sich um eine nach der im Abladehafen herrschenden kaufmännischen Verkehrsauffasung „anerkannte“ Reederei handeln. Verkäufer hat ihm erkennbare besondere Interressen des Käufers zu berücksichtigen. Es ist anerkanntes Gewohnheitsrecht, daß Verkäufer die Wahl hat, ob er in einem direkten oder indirekten Dampfer verladen will.

Direkte Verladung liegt nicht nur dann vor, wenn das Schiff, was recht selten ist, auf seiner Reise zum Bestimmungshafen Zwischenhäfen überhaupt nicht anläuft (so aber die Vorauflage Anm. 146 entsprechend der früheren engeren Auffassung), sondern schon dann, wenn das Schiff auf der Fahrt zum Bestimmungshafen die nächste handelsübliche Route einschlägt; die Verladung wird in diesem Fall nicht dadurch zur indirekten, daß das Schiff Zwischenhäfen, die sich auf dieser Route befinden, anläuft (so fast wörtlich § 36 Abs. 6 Warenvereins-Bedingungen).

Die Frage, ob dem Verkäufer bei indirekter Verladung das Recht zusteht, die Ware in einem Zwischenhafen umladen zu lassen (zweifelnd die Vorauflage, vgl. ferner OLG Hamburg HansGZ 1916 Nr. 42, aber auch JW 1916, 1195[14] und OLG Hamburg LZ 1916, 1144[14]), wird heute überwiegend bejaht (vgl. Haage a. a. O. S. 53; Mathies-Grimm Sieveking Rdnr. 31 zu § 36 Abs. 5 der Warenvereins-Bedingungen). Verkäufer muß in diesem Fall aber nachweisen, daß die Ware bereits bei der ersten Abladung für den Käufer bestimmt war oder sich eines Durchkonnossements bedienen. Die Klausel Verschiffung direkt/indirekt mit/ohne Umladung ist daher bedeutungslos: sie billigt dem Verkäufer ein ihm mangels gegenteiliger Vereinbarung ohnehin zustehendes Recht noch einmal zu. Auch bei indirekter Verladung braucht der Käufer es keinesfalls hinzunehmen, daß der Verkäufer eine Verschiffungsart wählt, welche die normale Transportstrecke und damit die Transportgefahr in ungewöhnlicher Weise verlängert (vgl. den bei Haage S. 55f. referierten Schiedsspruch vom 15. 2. 1955). Umladungen, die der Reeder im Rahmen des Frachtvertrages aus transporttechnischen Gründen vornimmt, gehören nicht in diesen Zusammenhang. Wenn die Verschiffung unmöglich ist, kann Verkäufer nicht etwa Abnahme der Ware an einem anderen Ort oder im Inland verlangen. Jedoch darf der Käufer eine Änderung des vereinbarten Reiseweges oder -ziels vornehmen, wenn er die Mehrkosten zahlt und nicht gewichtige Interessen des Verkäufers entgegenstehen; diese Änderung muß jedoch innerhalb der Abladefrist getroffen werden, falls der Käufer infolge der durch höhere Gewalt verursachten Unmöglichkeit der Verschiffung nach Ablauf der Frist kein Recht mehr auf Lieferung hat (JW 1917, 924[4], 356[4] und 283[2]; Hamburg LZ 1916, 1139[7], 1140[8] und 1055[9]; a. M. Hamburg HansGZ 1916 Hptbl. 69); über Unmöglichkeit der Versendung vgl. auch oben Anm. 166.

Anm. 255 **c) insurance:** Die dritte aus dem Bestandteil „insurance“ der cif-Klausel entspringende Verpflichtung des Abladers besteht darin, die Ware ordnungsgemäß auf eigene Kosten durch Seeversicherung gegen alle Gefahren zu versichern, die mit der Seefahrt als solcher verbunden sind (RG 88, 404; dazu Möller, Cifgeschäft und Versicherung, Heft 13 der „Überseestudien“; derselbe, Gefahrtragung und Seeversicherung beim cif-Kauf, HansRGZ 1934 **A** 117; derselbe, cif-Geschäft und Kriegsversicherung, Mitt. d. Internat. Transp.Vers.Verb. 1938 S. 37; Waldstein, Vers. für Rechnung wen es angeht beim cif-Geschäft, HansRZ 1927 A 1; Haage a. a. O. S. 56; s. aber auch § 28 ADS). Die Versicherung ist zu nehmen bei einer am Abladeort „anerkannten“ Versicherungsgesellschaft. Der Verkäufer darf sich am allgemeinen darauf verlassen, daß, wenn er eine Versicherung bei einer am Abladeort anerkannten Gesellschaft nimmt, diese Versicherung die Abladung bei einer anerkannten Linie im üblichen Umfang deckt und daß deren Bedingungen keine Klauseln enthalten, welche dazu führen können, daß Versicherer nicht im üblichen Umfange haftet (Hamburg HansRZ 1926, 336). Auch für die Solvenz des Versicherers hat der Verkäufer unter diesen Umständen nicht einzustehen. Was den Umfang der Versicherung angeht, so besteht lt. Trade Terms „cif-Klausel“ A 15 in Deutschland kein allgemeiner Handelsbrauch. Eine FPA-Versicherung („free from particular average“, d. h. Versicherung deckt grundsätzlich nicht Beschädigungsschaden) soll im allgemeinen jedoch nicht genügen. Daß Verkäufer Kriegsversicherung nicht zu nehmen braucht, ist seit langem anerkannt (RG 96, 234; 88, 404 und 234; JW 1916, 1195[14]; Leo HansRZ 1918, 286 und 378; vgl. auch RG 104, 412; Lenz, Kriegsrisiko und Gefahrübergang beim cif-Geschäft, DGem. u. WirtschR 1936, 163). Dagegen entspricht die frühere (auch von der Vorauflage geteilte) Annahme, Verkäufer sei nicht verpflichtet, ohne besondere Anweisung des Käufers einen imaginären Gewinn zu versichern, genüge daher seiner Pflicht durch Versicherung zum Fakturenwert (so auch OLG Hamburg LZ 1923, 290[3]), nicht mehr der heutigen Anschauung. Lt. Trade Terms A 16 hat Verkäufer vorbehaltlich etwaigen gegenteiligen Handelsbrauchs der betreffenden Branche (den Verkäufer beweisen muß, Haage a. a. O. S. 58) den vereinbarten cif-Preis zuzüglich 10% als der etwaigen Gewinnspanne zu decken. Wird außer der normalen Seeversicherung die Aufwendung weiterer Prämien nötig, z.B. um die Gefahr des Aufenthaltes in einem Zwischenhafen zu decken, wie es im Kriegsfall vorkommt, so fallen diese Kosten dem Käufer zur Last (RG 88, 403; LZ 1919, 254[16]; HansGZ 1915 Nr. 46);

die Versicherung des Aufenthaltsrisikos im Nothafen ist Sache des Käufers. Hat Verkäufer die für den cif-Käufer gedeckte Versicherung eingezogen, so kann Käufer die Herausgabe der Versicherungssumme verlangen oder gegen die Ansprüche des Verkäufers aufrechnen, wenn ihm das Konnossement mit der Police gegen Zahlung geliefert worden ist (vgl. auch Hamburg HansRGZ 1917 Nr. 2). Bei cif-Geschäften wird die Versicherung regelmäßig für Rechnung wen es angeht genommen (vgl. Komm. zu § 390). Ist Verkäufer zur Zeit des Unfalls noch Eigentümer, so kann er erklären, daß er für eigene Rechnung versichert habe; er hat dann Anspruch auf die Versicherungssumme (RG 89, 69 u. 34).

d) Der Erfüllungsort: Es ist heute feststehendes Gewohnheitsrecht, daß beim „cif"-Abladegeschäft — ohne Rücksicht auf den Sitz der Handelsniederlassung des Verkäufers — in bezug auf die Verpflichtung des Verkäufers zur Abladung und Lieferung der Ware der Abladehafen als Leistungs- (Erfüllungs-)Ort gilt, sofern nicht etwas anderes vereinbart ist, RG 97, 134; 96, 231; 93, 168; OLG Hamburg HansGZ 1917 Nr. 40, 124; 1920 Nr. 20; Haage a. a. O. S. 29f., 44; dasselbe ist auch durchweg im Verbandsrecht bestimmt; vgl. z. B. § 39 der Geschäftsbedingungen des Warenvereins und § 18 der Hamburger Platzusancen. Die frühere Auffassung, die cif-Klausel sei reine Spesenklausel und habe als solche mit der Frage des Erfüllungsortes und daher mit der Gefahrtragung nichts zu tun (so ROHG 13 Nr. 141; RG 14, 114; RG in JW 1901, 761; 1902, 609), ist der heute herrschenden Formel gewichen: kraft der „cif"-Klausel ist der Abladehafen Erfüllungsort des Verkäufers, daher trägt der Käufer die Transportgefahr (RG 87, 134; 90, 1; 97, 152; RG „Recht" 1924 Nr. 626; RG WarnRspr. 1916, 159 und 162; OLG Hamburg HansGZ 1915 Nr. 46 und Nr. 35; 1916 Nr. 24 und 61; 1917 Nr. 33 und 124; 1919 Nr. 10; RG Holdheim 27, 27). Dasselbe ist in den Incoterms (cif-Klausel unter B 3) und den Trade Terms (cif-Klausel) bestimmt. Die Folge der Gefahrtragung ist, daß Käufer bezahlen muß, auch wenn der Dampfer untergeht (RG 87, 134; 90, 1), es sei denn, er kann beweisen, daß er die Ware wegen Kontraktwidrigkeit zurückzuweisen befugt ist, daher auch die Gefahr noch nicht übergegangen war (RG 97, 154; s. Anm. 184). Macht Käufer gegen den Verkäufer einen auf der Reise entstandenen Schaden geltend, so hat er, da er die Gefahr auf der Reise trägt, zu beweisen, daß der Schaden durch Verschulden des Verkäufers, z.B. mangelhafte Verpackung, entstanden ist (Hamburg HansRGZ 1928 B 600); die Gefahrtragung bezieht sich nur auf Verluste oder Schäden, die Verkäufer nicht zu vertreten hat. Andererseits umfaßt sie alle mit dem Transport in Zusammenhang stehenden Gefahren. Wenn nach Antritt der Reise der Reeder auf Grund eines in § 629 aufgeführten Ereignisses nach § 634 Frachtvertrag zurückgetreten ist, ist die Weiterbeförderung Sache des Käufers, denn die Reise geht auf seine Gefahr (WarnRspr. 1918 Nr. 27; LZ 1916, 1183[5]). Über die Frage, welche Risiken zu der vom Käufer zu tragenden Transportgefahr gehören, vgl. im einzelnen oben Anm. 192. **Anm. 256**

Wenn man den Abladehafen als Erfüllungsort bezeichnet, so darf jedoch auch hier nicht übersehen werden, daß damit nur die beschriebene Auferlegung der Transportgefahr auf den Käufer bezweckt und gemeint ist. Erfüllungsort hinsichtlich der übrigen an ihn geknüpften Folgen bleibt auch hier der Wohnsitz des Verkäufers. (Ob man diesen Erfüllungsort als den „juristischen Sitz des Schuldverhältnisses" bezeichnen will [so die Vorauflage Anm. 144], ist eine rein terminologische Frage.) Was sollte es den Parteien auch nützen, wenn der in Deutschland sitzende Importeur, der cif Rotterdam gekauft hat, den im amerikanischen Inland sitzenden Verkäufer in Rotterdam verklagen müßte. Vereinbarungen, die außer dem cif-Ort noch einen besonderen Erfüllungsort nennen, enthalten also weder einen Widerspruch, noch ändern sie etwas an der durch die cif-Klausel festgelegten Gefahrtragungsregelung, vgl. etwa die Bestimmung „Erfüllungsort Hamburg auch für die Verpflichtungen des Käufers", wenn cif-Bremen verkauft ist (JW 1925, 478[22], dazu Mittelstein ebenda) oder die Vereinbarung, daß Erfüllungsort für beide Teile der Ankunftshafen sein soll, mag dazu auch noch „glückliche Ankunft" ausbedungen sein (Hamburg HansGZ 1920 Hptbl. 34 und 35; Hamburg LZ 1920, 307). Der beigefügte Erfüllungsort, wenn er sich mit dem Bestimmungshafen nicht deckt, betrifft nur die Zahlungspflicht des Käufers, die Andienung der Konnossemente und den Gerichtsstand (JW 1917, 970[10]; Hamburg LZ 1918, 866[4]). Der Grundsatz wird ferner **Anm. 257** nicht berührt durch die Vereinbarung von Arbitrage im Bestimmungshafen (RG 90, 3; 87, 135; RG bei Holdheim 1916, 23; oben Anm. 50), mag dazu auch noch vereinbart sein, daß Zahlung nach ausgeliefertem Gewicht, also nach dem im Ankunftshafen festzustellenden Gewicht erfolgen soll (dazu RG 87, 135; JW 1917, 767[10]); diese Klauseln betreffen nur die Preisberechnung. Damit beim cif-Kauf der Bestimmungshafen Erfüllungsort für die Warenlieferung werde, was selbstverständlich bei entsprechender Vereinbarung zulässig ist, bedarf es besonderer darauf hinweisender Umstände. Abgesehen von der ausdrücklichen Vereinbarung, daß der Bestimmungsort Leistungsort für die Lieferpflicht des Verkäufers sein soll, tritt eine Verlegung des Erfüllungsortes zum Bestimmungshafen ein durch die Klausel „Lieferung ab Kai des Bestimmungsortes" (RG 88, 73) oder „ex ship im Bestimmungshafen" (s. Anm. 282). Während das RG in LZ 1917, 268[4] und HansGZ 1917 Hptbl. Nr. 145 auch aus der Klausel „delivered sound cif Bestimmungshafen" auf eine Verlegung des Erfüllungsortes für die Lieferpflicht des Verkäufers zum Bestimmungshafen geschlossen hatte, hat das OLG Hamburg in HansGZ 1923 Hptbl. Nr. 55 mit Recht entschieden, daß durch diese Klausel eine Änderung hinsichtlich des Abladehafens als Erfüllungsort nicht stattfinde, daß vielmehr mit dieser Klausel Verkäufer nur die Gefahr der Verschlechterung der Ware auf der Reise, soweit sie in der Natur und Beschaffenheit der Ware beruhe, übernehme, nicht aber die Gefahr des Seetransportes (s. auch Liesecke WM 1966, 176). An dem Grundsatz, daß der Abladeort Erfüllungsort sei, wird auch dadurch nichts geändert, daß ein bestimmter Abladeplatz nicht vereinbart ist; hier hat Verkäufer einen Abladehafen des bezeichneten Auslandes zu wählen (JW 1916, 1195[14]).

Der Grundsatz, daß Käufer alle Gefahren des Seetransportes trägt, kann auch sonst durch Klauseln ganz oder teilweise durchbrochen werden; so z. B. durch die Average-Klausel, wonach die während der Reise entstehenden Schäden und Kosten als Haverei gelten, oder durch die Rye-Terms-Klausel, wonach die Haftung für qualitative Veränderung der Ware den Verkäufer trifft; konkurriert die cif-Klausel mit der Bestimmung, daß Käufer das ausgelieferte Gewicht zu zahlen habe, so geht zu Lasten des Verkäufers nur der innere Verderb, Schwund u. dgl. auf der Reise, während im übrigen der Käufer die Transportgefahr trägt (JHK Bln. 1925, 806). Die Beweislast dafür, daß die Verminderung auf den Transport zurückgehe, also vom Käufer zu tragen sei, liegt allerdings beim Verkäufer (vgl. auch die französ. Nachweise bei Liesecke WM 1966, 176).

Anm. 258 **e) Voraussetzung der Konzentration:** Da das Abladegeschäft in aller Regel einen Gattungskauf darstellt, mag auch die Gattung, aus welcher zu liefern ist, im Einzelfall eine eng begrenzte sein (vgl. oben Anm. 102), ist für den Gefahrübergang auf den Käufer die Konzentration der Gattungsschuld im Sinne des § 243 Abs. 2 BGB vorausgesetzt. Ohne Konzentration gibt es keinen Übergang der Vergütungsgefahr. Beide Vorgänge indessen sind wohl zu unterscheiden und fallen auch zeitlich keineswegs notwendig zusammen. Die Konzentration der Gattungsschuld bewirkt Befreiung des Verkäufers von dem erweiterten Leistungsrisiko des § 279 BGB (s. oben Anm. 109ff.). Geht die Ware, auf welche sich die Lieferpflicht des Verkäufers konzentriert hat, nach dem Eintritt der Konzentration zugrunde, ohne daß Verkäufer dieses zu vertreten hätte, oder tritt in bezug auf sie eine andere von dem Verkäufer nicht zu vertretende Leistungsunmöglichkeit ein, so wird Verkäufer gemäß § 275 BGB von seiner Lieferschuld frei; er braucht nicht eine Ersatzware anzubieten. Über die weitere Frage, ob der Verkäufer diesen Verlust selbst zu tragen hat oder vom Käufer den Kaufpreis verlangen kann, entscheiden dagegen die Regeln über die Tragung der Vergütungsgefahr. Die Konzentration tritt kraft Gesetzes (§ 243 Abs. 2 BGB) ein, wenn Verkäufer alles „zur Leistung einer solchen Sache seinerseits Erforderliche" getan hat. Dazu gehört beim Verkauf auf Abladung, daß die zu liefernde Ware vom Verkäufer ausgesondert und dem Verfrachter oder dessen Empfangsvertreter zum Zwecke der Verschiffung übergeben worden ist. Es ist aber weiter erforderlich, daß die abgeladene oder verschiffte Ware erkennbar der Erfüllung gerade dieses Vertrages dienen soll und der Verkäufer dies nach außen kenntlich gemacht hat. Dieses Erfordernis ist erfüllt mit Absendung der Verladeanzeige (s. Anm. 261) oder des ordnungsmäßig auf den Käufer indossierten Konnossements durch den Verkäufer an den Käufer. Es ist aber auch schon dann gegeben, wenn die Verpackung oder ein anderes unzweideutiges Merkmal den Käufer als den Destinatar der Ware ersehen läßt; a. A. RG JW 1929, 919. Es ist dagegen nicht erfüllt, wenn Verkäufer etwa mehrere Schiffe belädt und erst hinterher sich schlüssig wird, welche Ladung dem Käufer zukommen soll (vgl. RG 88, 391); über Verkauf schwimmender Ware s. unten Anm. 263. Hat Verkäufer 120 Ballen abgeladen, von denen nur 80 für den Käufer bestimmt sind, während die restlichen 40 zur Verfügung des Käufers bleiben sollen, so kann hier mangels Individualisierung die Konzentration nicht eintreten (vgl. auch RG 93, 168), damit auch die Gefahr auf den Käufer nicht übergehen, selbst wenn entsprechende Teilkonnossemente ausgestellt sein sollten (vgl. jedoch über die Sammelsendung unten Anm. 262). Obwohl es aus rechtslogischen Gründen nicht möglich ist, durch Parteivereinbarung die Konzentration ohne Individualisierung der Ware eintreten zu lassen, ist eine Vereinbarung denkbar, wonach die Konzentration einer Ware, die zwar körperlich bereits abgesondert (z. B. verladen) war, deren Widmung aber bei Abgang des Schiffes noch nicht feststand, sondern erst durch nachträgliche Indossierung des Konnossements erfolgte, jeweils bezogen werden soll auf den Zeitpunkt der Individualisierung der Ware (z. B. auf den Zeitpunkt der Verladung), als sei diese Ware schon von ihrer Verladung an für den Käufer bestimmt gewesen.

Eine danach mögliche Zurückbeziehung der konzentrierenden Wirkung der Verladeanzeige bzw. des Konnossements auf den Zeitpunkt der Verladung bzw. Verschiffung ist zugleich aus sachlichen Gründen erforderlich. Ohne die Rückwirkung könnte der Verkäufer von seiner Leistungspflicht nur dann frei werden, wenn er bewiese, daß sich die Ware im Zeitpunkt der Konzentration, d. h. der Absendung der Verladeanzeige, noch in vertragsgemäßem Zustand befand. Da die Ware in diesem Augenblick häufig schon auf See schwimmt, in jedem Fall aber ab Verladung die Kontrollmöglichkeit dem Verkäufer entzogen ist, würde dieser Beweis kaum jemals glücken. Einen derart schwierigen Beweis zu führen, mutet die auf klare Regelung bedachte kaufmännische Verkehrsauffassung dem Verkäufer nicht zu. Sie bezieht daher, wenn die Verladeanzeige oder das Konnossement einmal abgesandt sind, die Wirkung der Konzentration zurück auf den Zeitpunkt der Aussonderung der Ware durch Verladung oder Verschiffung und vermeidet damit die Aufspaltung des Transports in verschiedene Zeitabschnitte. Vgl. dazu auch die in den folgenden Anmerkungen gemachten Ausführungen zu dem parallel gelagerten Problem des Übergangs der Vergütungsgefahr und insbesondere die dort vorgenommenen Einschränkungen hinsichtlich der Rückwirkung.

f) Voraussetzung des Gefahrüberganges: Während die Konzentration der Gattungs- **Anm. 259**
schuld Individualisierung der Ware und Widmung derselben zur Erfüllung des konkreten Vertrages zur Voraussetzung hat, diese Erfordernisse aber schon vor Begebung des Konnossements vorliegen können, setzt der Gefahrübergang auf den Käufer die Auslieferung der Ware durch den Verkäufer an den Spediteur oder Verfrachter zum Zwecke der Beförderung voraus (§ 447 BGB). Da der Gefahrübergang nicht an die Aufgabe der rechtlichen Verfügungsmöglichkeit durch den Verkäufer, sondern an die Übertragung des unmittelbaren Besitzes an der Ware auf die Transportperson anknüpft, stellt die Begebung des Konnossements durch den Verkäufer keine notwendige Voraussetzung des Gefahrüberganges im Rahmen des § 447 BGB dar. Da andererseits Gefahrübergang ohne Konzentration der Gattungsschuld nicht möglich ist, ist in jenen Fällen, in denen die Konzentration erst mit Absendung der Verladeanzeige oder des Konnossements eintritt (s. Anm. 258), auch damit erst die Voraussetzung des Gefahrüberganges erfüllt (vgl. auch RG 88, 391). Bei Verkauf einer Speziessache aber, ferner in jenen Fällen von Gattungskäufen, in denen die Konzentration schon früher eingetreten war, genügt zum Gefahrübergang die Auslieferung der Ware an die Transportperson (vgl. dazu Großmann-Doerth a. a. O. S. 308; Haage a. a. O. S. 29f.).

Mit vorstehend dargelegten Erfordernissen sind nur die rechtlichen Voraussetzungen **Anm. 260**
des Gefahrübergangs bestimmt, noch nicht aber der Zeitpunkt, von welchem ab, falls diese Voraussetzungen vorliegen, die Gefahr dem Käufer zugerechnet wird. Nach der Gesetzesregelung freilich fällt der Zeitpunkt des Gefahrüberganges mit jenem Zeitpunkt zusammen, in dem die Voraussetzungen des Gefahrüberganges erfüllt sind. Da aber die Gefahrtragung eine aus den Gesichtspunkten der Sachlichkeit und Zweckmäßigkeit zu beurteilende Frage normativer Zuordnung bildet, braucht dieser Zeitpunkt mit jenem, in welchem die Voraussetzungen erfüllt sind, nicht notwendig zusammenfallen, insbesondere

kann er durch Parteivereinbarung abweichend davon bestimmt werden. Den Zeitpunkt für den Gefahrübergang wollte die Vorauflage dieses Kommentars — im Hinblick auf mögliche Schwierigkeiten, die bei der Versicherung auftreten könnten, wenn der Zeitpunkt für den Gefahrübergang verschieden bestimmt würde, je nachdem ob die Ware an Land zum Zwecke der Beförderung übergeben oder an Bord des Schiffes verbracht wird — einheitlich auf den Augenblick festsetzen, in welchem die Ware im Verschiffungshafen die Reling des Schiffes überschritten hat. Zur Stützung ihrer Auffassung konnte sie sich dabei auf die Incoterms (cif-Klausel unter A 6) berufen. Die sachliche Berechtigung der angegebenen Begründung dahingestellt, darf nicht verkannt werden, daß die Incoterms als Auslegungsregel nur bei ausdrücklicher Vereinbarung gelten, in Ermangelung einer solchen aber der Gehalt eines Klausel vorwiegend dem Handelsbrauch der einzelnen Länder entnommen werden muß. Die deutschen Trade Terms aber lassen die Gefahr, wenn ein Übernahmekonnossement angedient werden darf, in dem Zeitpunkt übergehen, in dem die Ware dem Frachtführer übergeben worden ist (cif-Klausel A 11 S. 2; im übrigen geht der Meinungsunterschied, der hier zwischen der Vorauflage und den deutschen Trade Terms sichtbar wird, quer durch die einzelnen Vertragsstaaten). Für den deutschen Bereich ist somit, was den Zeitpunkt des Gefahrübergangs angeht, festzustellen: Die Gefahr des zufälligen Untergangs der Ware geht, wenn Abladung bedungen ist, in dem Augenblick auf den Käufer über, in welchem die Ware dem Verfrachter, Reeder oder deren Vertreter zum Zwecke der Beförderung übergeben worden ist, wenn Verschiffung bedungen ist, dagegen erst in dem Zeitpunkt, in dem die Ware die Reling des Schiffes überschritten hat. Da Gefahrübergang ohne Konzentration nicht möglich ist, die Konzentration jedoch im Regelfall Absendung der Verladeanzeige oder des Konnossements voraussetzt (siehe Anm. 258f.), wird der Absendung der genannten Papiere also auch hinsichtlich des Gefahrübergangs de facto rückwirkende Bedeutung beigemessen. Dabei muß jedoch folgende Einschränkung gemacht werden: Ist die Ware nach Abladung bzw. Verschiffung verlorengegangen, eine Verladeanzeige aber noch nicht erfolgt (etwa weil Verkäufer sich über die Widmung dieser Ware zur Erfüllung eines bestimmten Kaufvertrages noch nicht schlüssig geworden war), so hätte der Verkäufer es jetzt in seiner Macht, durch Absendung der Verladeanzeige den bereits eingetretenen Verlust von sich abzuwälzen und seinem Käufer oder einem von mehreren seiner Käufer nach seiner Wahl zuzuteilen. Aus diesem Grunde darf der Verladeanzeige die beschriebene rückwirkende Kraft nur dann zukommen, wenn eine Verschlechterung oder ein Verlust bis zum Zeitpunkt der Absendung noch nicht eingetreten oder doch mindestens dem Verkäufer nicht bekannt war, auch nicht bekannt sein konnte (so auch Haage a. a. O. S. 43). Vgl. dazu jedoch die uneinheitlichen Auffassungen bei Großmann-Doerth a.a.O. S. 252ff.; derselbe HansRGZ 1929, 538; Sieveking, HansRGZ 1928, 384 u. 703; Schulze-Smidt, Die Warschau-Oxford-Regeln für cif-Geschäfte, HansRGZ 1933, A 353; RG 88, 389; 92, 128; 93, 166 (168); HansOLG in HansGZ 1919 Nr. 98. Kommt die Ware nicht mit dem im Konnossement bezeichneten Schiff, wohl aber mit einem anderen an, aus dem sie auf Grund des Konnossements empfangen werden kann, so können Treu und Glauben die Auslegung rechtfertigen, daß der Vertrag als erfüllt und die Gefahr als übergegangen gilt.

Anm. 261 **g) Die Verladeanzeige:** vgl. dazu Mathies-Grimm-Sieveking, Geschäftsbedingungen § 37.

Da beim Überseekauf die finanzielle Geschäftsabwicklung in aller Regel unter Einschaltung von Banken (Dokumentenakkreditiv, Remboursgeschäft vgl. darüber oben Anm. 212ff.) erfolgt, die Dokumente also nicht dem Käufer angedient werden, sondern der Bank einzureichen sind, hat der Handelsbrauch zur Einrichtung der Verladeanzeige geführt. Ob Verkäufer auch mangels besonderer Vereinbarung kraft Handelsbrauchs zur Abgabe einer Verladeanzeige vor Andienung der Dokumente verpflichtet ist, ist zweifelhaft (bejahend Haage a. a. O. S. 34; verneinend Großmann-Doerth S. 263; in bejahendem Sinne jetzt auch die Trade Terms cif-Klausel A 8). In aller Regel aber wird eine solche Verpflichtung durch Verbands- oder Branchenrecht ausdrücklich statuiert. Unter Verladeanzeige versteht man die Anzeige des Verkäufers an den Käufer, daß die verkaufte Ware an dem genannten Tag in dem genannten Hafen in das in der Anzeige benannte Schiff verladen worden sei. Soll sie Rechtswirkungen haben, muß sie gehörig ausgestellt sein. Sie muß also enthalten: die Bezeichnung der Ware nach Marke, Zahl, Menge oder Gewicht, sodann die Angabe, daß die Ware in dem mit Namen zu bezeichnenden Schiff an dem zu benenndenden Hafenort verladen ist, ebenso die Angabe des Verladungstages, wenn auch nur durch Angabe des Konnossementsdatums. Unwesentliche Abweichungen in Bezeichnung der Warenmarke schaden nichts; bringen die Marken aber nicht nur die Identitätsbezeichnung, sondern auch die Qualität zum Ausdruck, so bedeutet jede Abweichung von der vertragsmäßigen Bezeichnung die Abladung vertragswidriger Ware. Die Anzeige, daß die Ware voraussichtlich in einem noch zu benennenden Schiff verladen werde, genügt nicht (RG 92, 130; vgl. auch Haage a. a. O. S. 33). Eine vom Verkäufer bösgläubig, d. h. in aller Regel bewußt unrichtig erstattete Anzeige stellt eine positive Forderungsverletzung dar und kann vom Käufer zurückgewiesen werden. Auf eine zweite berichtigte Anzeige braucht der Käufer sich nicht einzulassen. Ein Recht zur Richtigstellung steht nur dem gutgläubigen Verkäufer, der dafür beweispflichtig ist, zu (Haage a. a. O. S. 37f.).

Es ist nun feststehender Handelsbrauch, daß die Absendung einer solchermaßen gehörig ausgestellten Verladeanzeige gleichermaßen wie die Absendung des Konnossements die Voraussetzung des Gefahrüberganges erfüllt, wobei auch hier für den Zeitpunkt, von welchem ab die Gefahr den Käufer trifft, das oben Anm. 259 Gesagte gilt (vgl. HansOLG in HansGZ 1919, 98; s. auch RG 88, 389). Die Verladeanzeige vermag jedoch den Gefahrübergang nicht zu bewirken, wenn die Abladung als solche oder das darüber ausgestellte Konnossement nicht als kontraktgemäß zu erachten sind. Ist die Verladeanzeige unterblieben, so kann sie nicht durch die Havareianzeige ersetzt werden, noch kann eine Konkretisierung daraus abgeleitet werden, daß Käufer im Anschluß an die Havereimeldung wegen der Bergung der Ware mit dem Verkäufer korrespondiert (WarnRspr. 1931 Nr. 4). Mit dem Eigentumsübergang hat die Verladeanzeige nichts zu tun, s. oben Anm. 155, 171.

h) Die Sammelladung: Eine Sammelladung (vgl. Harder, Die überseeische Sammel- **Anm. 262**
sendung, 1923, Heft 1 der Überseestudien) liegt vor, wenn ein Konnossement über eine Gesamtladung ausgestellt wird, an welchem eine Mehrzahl von Käufern beteiligt ist. Während grundsätzlich zur Konkretisierung nach § 243 Abs. 2 BGB und zum Übergang der Gefahr nach § 447 Abs. 1 BGB nicht schon genügt, daß die Partie eines jeden einzelnen Käufers nach Gewicht oder Bruchteil der Gesamtmenge im Konnossement ausgedrückt ist, vielmehr erforderlich ist, daß die einzelnen Partien durch körperliche Trennung individualisiert sind und durch entsprechende Konnossemente repräsentiert werden, tritt unter der Voraussetzung des gehörig ausgestellten und indossierten Konnossements gleichwohl die Konzentration in bezug auf die Gesamtmenge und der Gefahrübergang auf die mehreren ladungsbeteiligten Käufer, bezogen auf den Verladezeitpunkt, ein, wenn die Sammelladung vertraglich oder durch Handelsbrauch gestattet ist (vgl. auch RG 88, 390; WarnRspr. 1918 Nr. 218; Enneccerus-Lehmann[15] § 6 III 2 S. 32; s. ferner oben Anm. 185). Die ladungsbeteiligten Käufer bilden alsdann eine Interessen- und Gefahrengemeinschaft nach § 741 BGB (RG 84, 128; LZ 1916, 326[20]; RG in SeuffA 62, 114), die die Eigentumsübertragung in der Weise zur Unterlage hat, daß Verkäufer das Miteigentum zum entsprechenden Teil an der Gesamtmenge den einzelnen Käufern verschafft. Die Käufer tragen den ganzen oder teilweisen Verlust sowie Beschädigungen, welche sich während der Reise ereignet haben, nach dem Verhältnis ihrer Anteile an der Gesamtladung (vgl. RG 112, 103), bei völligem Verlust also den ganzen Schaden. Der Schiffer kann eine Schadenverteilung nicht vornehmen; er dient den Käufern die Gesamtmenge an; die Auseinandersetzung ist Sache der Käufer (LZ. 1916, 326[20]). Hat ein Käufer zu wenig empfangen, so macht er seine Ansprüche gegen den Bevorzugten nach § 752 BGB geltend. Über die Art der Ausgleichung bestehen meist Handelsbräuche oder besondere Klauseln in den Geschäftsbedingungen (vgl. für den Getreidehandel Leuckfeld u. Mathies, Hamburgisches Börsenhandbuch[10] S. 289; Harder a. a. O. S. 56ff.). Über Konnossementsteilscheine s. Komm. zu § 363. Gleiches wird auch dann zu gelten haben, wenn Verkäufer, sei es auf Grund der Verträge oder nach Handelsbrauch, als befugt zu erachten ist, die ohne Absonderung abgeladene Ware den mehreren ladungsbeteiligten Käufern durch Teilkonnossemente in einzelnen Partien anzudienen.

Anm. 263 **i) Der Verkauf schwimmender Ware:** Wird im cif-Geschäft schwimmende Ware verkauft, so tritt an die Stelle der sonst das Abladegeschäft charakterisierenden Verkäuferverpflichtung, die verkaufte Ware abzuladen oder abladen zu lassen, die Versicherung des Verkäufers, die Ware sei bereits verschifft, befinde sich also schon an Bord des Seeschiffes. Nicht erforderlich ist, daß der Dampfer die Seereise zum Bestimmungshafen bereits angetreten hat. Hat zum Zeitpunkt des Vertragsabschlusses eine Verschiffung der verkauften Partie überhaupt nicht stattgefunden, so ist der Vertrag wegen anfänglicher Unmöglichkeit nichtig (§ 306 BGB; OLG Hamburg HansRZ 1925, 273). Zweifelhaft ist dagegen, in welchem Zeitpunkt beim Verkauf schwimmender Ware die Vergütungsgefahr auf den Käufer übergeht. Zur Debatte stehen als spätester Zeitpunkt die Andienung der Dokumente, als frühester derjenige der Verschiffung der Ware (die Abladung kann hier keine Rolle spielen, weil die Verschiffung, wie am Beginn dieser Anmerkung dargelegt, Voraussetzung für die Gültigkeit des Vertrages überhaupt ist), und zwischen beiden liegend der Zeitpunkt des Vertragsschlusses. Die Vorauflage hatte sich für den zuerst genannten und damit für den spätestmöglichen Zeitpunkt überhaupt entschieden (Anm. 154). Diese Lösung muß jedoch auf die gleichen Schwierigkeiten treffen, die den Ausschlag gaben für die Rückbeziehung der Konzentrationswirkungen und den Gefahrübergang beim Verkauf abzuladender Ware (siehe oben Anm. 258ff). Wie soll der Verkäufer beweisen, daß sich die Ware zum Zeitpunkt der Konnossementsandienung noch in vertragsgemäßem Zustand befand? Da die Beweisnot des Verkäufers auch durch Vorverlegung des maßgeblichen Zeitpunkts auf den Augenblick des Vertragsabschlusses nicht zu beheben ist, kann eine praktikable Lösung nur darin liegen, von einer zeitlichen und räumlichen Aufspaltung des Seetransportes ganz abzusehen und wie auch sonst den Zeitpunkt der Verschiffung (genauer den Moment, in dem die Ware die Reling des Schiffes überschritten hat) für maßgeblich anzusehen. Wird die Leistung nach diesem Zeitpunkt aus vom Verkäufer nicht zu vertretenden Gründen unmöglich, wird er von seiner Leistungspflicht frei und behält den Anspruch auf die Gegenleistung (ebenso Haage a. a. O. S. 212f.; R. Herrmann, Der Kauf schwimmender Ware; jur. Diss. Hamburg 1966). Für eine Privilegierung des bösgläubigen Verkäufers besteht allerdings auch hier kein Anlaß (siehe dazu oben Anm. 260). Ferner trägt auch beim Kauf schwimmender Ware der Verkäufer die Vergütungsgefahr während der gesamten Seereise beim sog. Ankunftsvertrag (dazu Anm. 282). Zu dem gesamten Fragenkreis siehe ferner Großmann-Doerth a. a. O. S. 437ff.; Flechtheim LZ 1914, 1736; Leo, BankA 1914, 93; Schiedsspr. d. Schiedsger. der Hbg. Ha.Ka. in Hbg. Ha.Ka.Mitt. 1922, 270.

Anm. 264 Zur Individualisierung der Ware ist noch folgendes zu bemerken. Beim Verkauf schwimmender Ware hat damit allein noch nicht die Einigung auf bestimmte Ware stattgefunden; auch noch nicht, wenn Ware als in einem Kahn schwimmend ohne dessen genaue Bezeichnung (Hamburg HansGZ 1924 Hptbl. 199) oder als auf einem Dampfer verladen verkauft ist ohne dessen Benennung. Das sind reine Gattungsschulden, weil die Ladung wieder ausgeladen oder ohne Ausladung immer noch einem anderen Käufer zugeteilt werden kann. Ist ein bestimmtes Schiff benannt, auf dem die Ware abgeladen sein soll, so ist damit eine beschränkte Gattungsschuld Gegenstand des Vertrags, d. h. es soll mit Gattungsware aus diesem bestimmten Schiff erfüllt werden (WarnRspr. 1918 Nr. 217). Zu einer von Anfang an bestimmten Ware wird die als schwimmend oder abgeladen in einem bestimmten Dampfer bezeichnete Ware erst, wenn von vornherein entweder das Konnossement, in dem die Ware genau bezeichnet ist, mitverkauft war oder eine Verladeanzeige vorgelegt ist (RG 92, 130; 88, 391). Auch die Klausel „Glückliche Ankunft vorbehalten" (WarnRspr. 1920 Nr. 96; 1918 Nr. 218) oder, daß die Ware in der angegebenen bestimmten Zeit mit Schiff zu erwarten sei (WarnRspr. 1918 Nr. 45), bedeutet keinen Spezieskauf, sondern nur, daß schwimmende Ware verkauft ist; ein solcher Gattungskauf kann aber in der oben bezeichneten Weise durch Konnossementsübergabe oder durch Verladeanzeige, wie jeder Gattungskauf, in einen Spezieskauf „überführt" werden. Im Binnenverkehr dagegen ist der Verkauf bereits in Waggons verladener Ware ein Spezieskauf.

Anm. 265 **k) Rechtslage bei Durchkonnossement:** Der Grundsatz, daß Käufer die Transportgefahr vom Zeitpunkt der Verladung der Ware im Abladehafen zu tragen habe, wird durchbrochen, wenn die Parteien auch den Antransport der Ware bis zum Verschiffungshafen in den Vertrag miteinbeziehen. Dieses geschieht vielfach über das Institut des Durchkonnossements (vgl. Wüstendörfer, Seehandelsrecht[2] S. 331 ff.; Großmann-Doerth a. a. O. S. 256). Ist Verkäufer verpflichtet, über einen im Innern des Produktionslandes beginnenden Fluß- und Seetransport ein Durchkonnossement zu liefern, so ist der Antransport in den Vertrag einbezogen und Käufer trägt auch die Gefahr der Warenbeförderung bis zum Verschiffungshafen.

4. Das Kostfrachtgeschäft. **Anm. 266**

Das Kostfrachtgeschäft, das in der c/f-Klausel zum Ausdruck kommt, unterliegt denselben Grundsätzen wie das cif-Geschäft. Es besagt, daß Verkäufer wie beim cif-Geschäft die Kosten und die Fracht zu tragen hat, daß jedoch die Besorgung der Seeversicherung Sache des Käufers ist. Auch hier ist der Abladeort Leistungsort des Verkäufers. Bezüglich der Konzentration und Gefahrtragung gelten dieselben Grundsätze wie beim cif-Geschäft. Über die Auslegung der c/f-Klausel in den Incoterms s. Anh. VI zu § 346.

5. Die Abladezeit. **Anm. 267**

Für das Verhältnis von Leistungspflicht des Verkäufers und Leistungszeit ist zunächst wesentlich, ob laut Kaufvertrag Abladung (Verladung), Verschiffung oder Segelung vereinbart ist. Nach anerkanntem Handelsbrauch ist zwischen diesen Begriffen zu unterscheiden (BGH WM 1963, 1185; vgl. auch Haage a. a. O. S. 19ff. HansGZ 1915 Nr. 96; 1920 Nr. 126; Heuer HansRZ 1924 S. 803; ferner § 36 Abs. 2 und 3 der Geschäftsbedingungen des Warenvereins). Ist „Abladung" (auch „Verladung") vereinbart, so muß Verkäufer innerhalb der Leistungsfrist die Ware dem Verfrachter, Reeder oder deren Vertreter zum Zwecke der Beförderung übergeben haben. Diese Übergabe kommt in dem sog. Übernahmekonnossement zum Ausdruck, welches besagt, daß Verfrachter die Ware vom Ablader (Verkäufer) zum Zwecke der Verschiffung an den Käufer in seinen Gewahrsam übernommen hat (received for shipment), § 642 Abs. 5; RG. 107, 230; 106, 340 oben; 98, 188. In diesem Falle ist es genügend, daß das Konnossementsdatum die rechtzeitige Abladung ersehen läßt, und Verkäufer ist berechtigt, dem Käufer das Übernahmekonnossement anzudienen (zweifelnd: Wüstendörfer, Seehandelsrecht[2] S. 297; vgl. auch RG 107, 230; zu beachten ist jetzt jedoch Art. 18 Abs. 1 der Einh. Richtlinien und Gebräuche für Dokumenten-Akkreditive — ERG —, wonach ein Übernahmekonnossement nur noch anerkannt wird, wenn dies im Akkreditiv gesagt ist). Das Übernahmekonnossement muß, um gültig zu sein, ein bestimmtes, für die Beförderung vorgesehenes Schiff bezeichnen. Die sog. Substitutionsklausel ist jedoch zulässig (Haage a. a. O. S. 22; Schaps-Abraham § 642 Anm. 13). Weitergehend will BGH WM 1963, 1185 dem Verkäufer auch ohne Substitutionsklausel und Zustimmung des Käufers aus § 242 BGB das Recht zusprechen, die Ware auf einen Ersatzdampfer zu verschiffen (und das sogar, wenn Verschiffung bedungen war). Diese Ansicht ist zu weitgehend. Sie kann zu störenden Eingriffen in die geschäftlichen Dispositionen des Käufers führen, z. B. wenn dieser die Ware schon „ex ship" (des ursprünglich vorgesehenen Dampfers) weiterverkauft hatte (skeptisch aus diesem Grund auch Liesecke WM 1966, 175). Das received-Konnossement gibt dem Ablader (Verkäufer) die Möglichkeit, seine Abladepflicht schon vor Ankunft des Dampfers zu erfüllen. Nicht erforderlich ist, daß innerhalb der Abladefrist auch die Verschiffung erfolgt. Soll die Abladeklausel in ihrer Bedeutung nicht völlig ausgehöhlt werden, so darf die Ware aber auch nicht auf unbestimmte Zeit im Abladehafen lagern, sondern muß innerhalb einer angemessenen Zeit zur Verschiffung kommen. Heuer (HansRZ 1924, 808) will das dadurch sicherstellen, daß die Abladung nicht mehr als vertragsgemäß angesehen werden soll, wenn der Verkäufer wußte oder wissen mußte, daß das zur Beförderung vorgesehene Schiff nicht mehr innerhalb der Abladefrist im Abladehafen eintreffen würde. Nach Haage (a. a. O. S. 23f.) soll eine Ankunft des Dampfers nach Ablauf der Abladefrist unschädlich sein, sofern nur der Zeitraum zwischen Ablade- und Verschiffungstermin bei objektiver Betrachtung noch als angemessen gelten kann, wobei für die Beurteilung der Angemessenheit die Umstände des Einzelfalles, z. B. Häufigkeit der Schiffsverbindungen, erteilte Informationen des Verkäufers an den Käufer usw. zu berücksichtigen seien. Dieser Ansicht ist der Vorzug zu geben; sie berücksichtigt die Belange des Käufers in ausreichendem Maße und ist durch ihre Ausrichtung auf ein objektives Merkmal erheblich praktikabler als der Vorschlag Heuers. Vgl. zu diesem Fragenkreis auch BGH WM 1963, 1185. Der BGH meint dort zwar, der Käufer müsse sich mit fristgemäßer Abladung zufriedengeben, auch wenn der Verfrachter die Ware erst wesentlich später an Bord nimmt, und das Schiff erst nach geraumer Zeit auf Reise schickt. Dennoch darf aus dieser Äußerung wohl nicht ohne weiteres auf eine von der hier vertretenen Ansicht wesentlich abweichende Haltung des Gerichts geschlossen werden. — Ist „Verschiffung" bedungen, so muß innerhalb der Leistungsfrist die Ware an Bord des Schiffes übergenommen sein, so wörtlich § 36 Abs. 3 Warenvereins-Bedingungen, so daß nur ein Bordkonnossement (shipped-Konnossement) oder ein received-Konnossement, welches durch rechtzeitigen Verladestempel gemäß § 642 Abs. 5 Satz 2 dem Bordkonnossement gleichsteht, andienungsfähig ist. Das gleiche gilt, wenn Abladung „cif", „cf" oder „fob" vereinbart ist, weil in diesen Fällen der Verkäufer die Ware an Bord zu schaffen hat. Beim Kauf auf fob-Basis kann allerdings auch ein Bordempfangsschein (mate's receipt) genügen. Bei der Klausel „fas" dagegen reicht wieder ein Übernahmekonnossement aus (BGH Hansa 1958, 862). Ist „Segelung" bedungen (was heute recht selten geworden ist), so muß innerhalb der Leistungsfrist das Schiff den Hafen verlassen und die Reise angetreten haben. Handelt es sich nicht um befristete Abladungen und Verschiffungen, sondern nur um die Bestimmung „Abladung" oder „Verschiffung per Dampfer X", so kann darin eine Verwischung des Unterschiedes zwischen Abladung und Verschiffung zum Ausdruck kommen, so daß zur ordnungsgemäßen Andienung ein received for shipment-Konnossement per Dampfer X genügen kann und selbst ein solches mit Substitutionsklausel (vgl. Hamb. Schiedsspr. in HansRGZ 1936 B 232; andererseits jedoch Haage a. a. O. S. 24f.).

Anm. 268 Über die Bedeutung der vertraglich vereinbarten Ablade- bzw. Verschiffungsfrist als einer Frist mit Fix-Charakter, ferner über die Klausel „prompte Abladung" sowie über die Bedeutung des Fehlens eines Abladefrist vgl. § 376 Anm. 6 u. 16 sowie oben Anm. 244. Ort und Tag der Konnossementsausstellung sind für den Erwerber von Bedeutung, weil er daraus ersieht, ob die Abladung am vertragsmäßigen Abladeort und zur vereinbarten Zeit erfolgt ist. Der Beweis für die Einhaltung der vertraglichen Abladefrist obliegt dem Verkäufer. Dazu hat sich gewohnheitsrechtlich die Beweisregel gebildet, daß er diesen Beweis nur mittels des Konnossementsdatums führen darf. Das im Konnossement angegebene Datum hat dann allerdings die Vermutung der Richtigkeit für sich. Hält der Käufer die Datierung für nicht der Wirklichkeit entsprechend, so muß er den Beweis der Falschbeurkundung führen. Anders soll es nach Haage a. a. O. S. 26 mit dem Beweis der rechtzeitigen Verschiffung stehen. Hier soll nach kaufmännischer Auffassung ein zusätzlicher Urkundenbeweis, etwa durch eine Bescheinigung der Reederei oder des Hafenamtes, zulässig sein. Über die Haftung des Reeders, der wissentlich eine Falschdatierung des Konnossements vollzieht, vgl. Leo, HansRZ 1927 S. 241f.; Wüstendörfer, Seehandelsrecht[2] S. 301f., 320; Schlegelberger-Liesecke § 656 Anm. 14ff. m. w. Nachw.; beachte auch den Überblick über die Stellungnahme der Gerichte anderer europäischer Länder bei Liesecke WM 1966, 174ff., 180. Der Ablader, der wissentlich ein falsch datiertes Konnossement präsentiert, macht sich eines Betruges schuldig.

Anm. 269

V. Die Andienung der Dokumente

Unter Andienung ist die wertpapierrechtliche Übereignung des Konnossements seitens des Verkäufers an den Käufer zu verstehen. Mit dieser Übereignung des Wertpapiers verbindet sich die Übertragung des im Konnossement verbrieften Anspruchs auf Auslieferung des Ladungsgutes im Bestimmungshafen, zugleich aber auch die Übereignung der noch schwimmenden Ware selbst (§§ 648, 650); die Andienung bildet daher neben der Abladung der Ware die zweite Hauptpflicht des Verkäufers. Mit ihr erfüllt Verkäufer seine Lieferpflicht, so daß er Zug um Zug auch den Kaufpreis zu empfangen hat. Zusammen mit dem Konnossement sind beim cif-Abladegeschäft noch zu präsentieren die Versicherungspolice und die Faktura (s. unten 275f.).

Anm. 270 1. Die Dokumente sind dem Käufer grundsätzlich am Sitz seiner Handelsniederlassung anzudienen; es liegt also in bezug auf die Dokumente eine Bring-Schuld des Verkäufers vor, gleichgültig, wo sich der Erfüllungsort für die Abladeverpflichtung befindet.

Doch kann der Vertrag ein anderes ergeben (über das Dokumenten-Akkreditiv siehe Band III). Während hinsichtlich der Ware die Transportgefahr der Käufer trägt (Anm. 256, 259), trägt die Gefahr hinsichtlich der Ankunft des Konnossements der Verkäufer, weil er nur gegen Andienung des Konnossements Zahlung verlangen kann. Wird das Konnossement angedient, ist aber inzwischen die Ware zugrunde gegangen, so muß Käufer bezahlen. Ist das Konnossement verlorengegangen, kommt aber nachträglich die ordnungsgemäß abgeladene Ware an, so ist Käufer nicht verpflichtet, diese gegen Bezahlung abzunehmen; wiewohl das Interesse des Käufers auf Empfang der Ware gerichtet ist, stellt die Lieferung derselben mittels Konnossements eine so wesentliche, im Interesse des Käufers gelegene Erfüllungsmodalität dar, daß Unmöglichkeit der Konnossementsandienung der Unmöglichkeit der Leistung grundsätzlich gleichsteht (vgl. auch Hamburg DJZ 1917, 146; Haage a. a. O. S. 48; Ewald, Dokumentengefahr, HansRZ 1927, 727). Sofern jedoch Käufer auf das Konnossement verzichtet, wird die Verpflichtung des Verkäufers, die angekommene Ware realiter auszuliefern, grundsätzlich zu bejahen sein (so auch Haage a. a. O. S. 46; a. A. Nolte a. a. O. in ZHR Bd. 89 S. 63). Sind sowohl Ware wie die Dokumente untergegangen, so wird das Verlangen des Käufers nach Vorlegung der Dokumente häufig ausschließlich dem Zweck dienen, den Kaufpreis nicht zahlen zu müssen. Dieses Verhalten hat das Hanseatische Oberlandesgericht unter Aufgabe seiner früheren gegenteiligen Ansicht (HansGZ 1917 Nr. 16) in der Entscheidung HansGZ 1918 Nr. 77 für rechtsmißbräuchlich erklärt. Der Käufer müsse den Kaufpreis in diesem Fall auch ohne Erhalt der Dokumente zahlen, da er die Gefahr des zufälligen Untergangs der Ware trage und die Dokumente nach Verlust der Ware ohnehin inhaltslos gewesen wären. Dagegen und im Sinne der ersten Entscheidung des HansOLG Holte a. a. O. in ZHR 89, 63. Eine vermittelnde Meinung vertritt Haage a. a. O. S. 47, der sich grundsätzlich der späteren Entscheidung anschließt, dem Käufer aber wegen fehlender Andienung der Dokumente die Einrede des nichterfüllten Vertrages zubilligt, wenn und solange er Ersatzansprüche gegen Dritte wegen Fehlens der Dokumente nicht realisieren kann bzw. aus dem gleichen Grund Ansprüche Dritter gegen sich besorgen muß. Dem dürfte zuzustimmen sein. Im Regelfall wird ein solches Interesse ohnehin fehlen. Eine objektive Unmöglichkeit der Andienung der Dokumente liegt, falls Verkäufer Ware aus eigener oder aus dritter Abladung zu liefern hat (Anm. 249), erst dann vor, wenn die Beschaffung jeglichen andienungsfähigen Konnossements objektiv unmöglich ist. Ist dagegen die Ware abgeladen und die Verladeanzeige abgesandt (Anm. 261), dann beschränkt sich auch die Andienungspflicht auf das über die abgeladene Ware ausgestellte Konnossement.

2. Übernahme- oder Bordkonnossement. **Anm. 271**

Über die Frage, ob das anzudienende Konnossement ein Übernahmekonnossement sein kann oder ein Bordkonnossement zu sein hat, s. Anm. 267. Über das Recht oder die Verpflichtung zur Andienung eines aus Drittabladung stammenden Konnossements s. Anm. 249.

3. Rechtzeitigkeit der Andienung. **Anm. 272**

Von der aus dem Ausstellungsdatum des Konnossements ersichtlichen Rechtzeitigkeit der Abladung (Anm. 267f.) zu unterscheiden ist die Rechtzeitigkeit der Konnossementsandienung. Aus der allgemeinen Lieferpflicht ergibt sich die besondere Pflicht des Verkäufers, den Käufer nach erfolgter Abladung baldmöglichst in den Besitz der Dokumente zu setzen; welcher Beförderungsmittel er sich hierbei zu bedienen hat, richtet sich nach den Umständen des Einzelfalles. Auch beim indirekten Abladegeschäft (Anm. 249) hat Verkäufer alles zu tun, um selbst baldigst in den Besitz der von ihm dem Käufer auszuhändigenden Dokumente zu gelangen. Diese Verpflichtung unterliegt den allgemeinen Grundsätzen der §§ 325, 326 BGB.

4. Anspruch des Käufers auf reines Konnossement. **Anm. 273**

Käufer hat Anspruch auf ein „reines Konnossement" (clear bill of lading), also auf ein Konnossement, das frei ist von der Verlautbarung äußerlich erkennbarer Ladungsmängel (vgl. dazu über den aus Kauf- und Transportrecht sich ergebenden Interessenkonflikt Wüstendörfer, Seehandelsrecht[2] S. 305; Haage, Über die Rechtslage der „reinen Konnossemente" a. a. O.); über die Rechte des Käufers, wenn zwar das Konnossement rein, die Ware aber mangelhaft ist, s. unten Anm. 285ff. Das Konnossement muß sodann den Käufer zur Geltendmachung des Auslieferungsanspruchs legitimieren (§§ 648, 647 Abs. 2) also entweder auf den Namen des Käufers ausgestellt oder an ihn indossiert oder mit einem Blankoindossament versehen sein (§§ 363 Abs. 2, 364, 365. Es muß ferner die Ware, deren Menge und etwaige Kennzeichen enthalten (§ 643 Nr. 8; dazu Schaps-Abraham § 643 Anm. 11 ff.). Zur Benennung der Ware genügt jedoch eine allgemeine Warenbezeichnung, zu deren Ergänzung die Faktura heranzuziehen ist, wobei die Anforderungen beim Abladegeschäft mit Akkreditiv strenger sind als diejenigen beim Verkauf ohne (vgl. dazu näher BGH WM 1958, 291, 587; 1960, 38; 1964, 476). Es darf jedoch über die Identität der im Konnossement bezeichneten Ware mit der in der Faktura genannten kein Zweifel bestehen. Ein Konnossement, das auf 120 Ballen lautet, während nur 80 verkauft sind und der Rest von 40 Ballen für einen anderen Käufer bestimmt ist, genügt nicht, falls nicht eine zulässige Sammelsendung vorliegt (Anm. 262); hier kann auch mangels Konkretisierung der Leistung die Gefahr nicht übergehen (Anm. 258). Dem Käufer sind ferner alle über die Ware ausgestellten Konnossemente (der „ganze Satz", „full set") auszufolgen (RG 98, 338 u. 166); diese Verpflichtung besteht im Hinblick auf § 648 Abs. 2. Von dieser Verpflichtung wird Verkäufer auch dann nicht entbunden, wenn er ein „abgestempeltes" Konnossement andient; vgl. über die Rechtswirkung der Abstempelung („release") Wüstendörfer, Seehandelsrecht² S. 347, 350, 352; Kleemann in HansRGZ 1940 A 239 ff.; Schaps-Abraham § 614 Anm. 7. Die Frage, ob Verkäufer berechtigt ist, die verkaufte Gesamtmenge in Teilabladungen zu liefern und in Teilpartien anzudienen, wird im Zweifel zu verneinen sein (§ 266 BGB); jedoch kann sich die Berechtigung hierzu aus den Umständen ergeben, so etwa aus der längeren, für die Abladung bestimmten Zeitspanne (z. B. November/Dezember-Abladung) oder aus der dem Käufer bekannten Aufkaufschwierigkeit des Verkäufers oder daraus, daß Verkäufer Erschöpfung des Marktes befürchten muß.

Anm. 274 **5. Teilkonnossement, Konnossementsteilscheine, Kaiteilscheine, Delivery Order.**

Wenn beim indirekten Abladegeschäft Verkäufer bei seinem Ablader eine größere Warenmenge gekauft hat, als er im korrespondierenden Verkaufsvertrag seinem Käufer zu liefern hat, sei es, daß die Restmenge für einen zweiten Käufer bestimmt ist oder Verkäufer sie im Bestimmungshafen sich selbst vorbehalten will, so kann er sich vom Verfrachter bzw. Schiffsvertreter gegen Rückgabe des Originalkonnossements Teilkonnossemente über die einzelnen Warenpartien ausstellen lassen, auf deren Ausstellung er zwar gegen den Verfrachter keinen Rechtsanspruch hat, die ihn aber zur Einzelandienung der Warenposten an seine Käufer befähigen sollen. Im Verhältnis zwischen Verkäufer und seinen Abnehmern fehlt alsdann die Individualisierung der Ware; vgl. darüber Anm. 258.

Über Konnossementsteilschein, Kaiteilschein und Delivery Order und zur Frage der Andienungsfähigkeit derselben vgl. bes. Haage, Dokumente und Quasidokumente und ihre Andienbarkeit bei überseeischen Abladekontrakten, Mitt. d. HaKaHbg. 1955 S. 517 ff.; derselbe, Abladegeschäft a. O. S. 65 ff.; zur Rechtsnatur dieser Urkunden s. Komm. zu § 363. Über die an eine Delivery Order zu stellenden Anforderungen vgl. Hbg. Schiedsspruch in Mitt. d. HaKaHbg. 1955, 390.

Über Andienung des Konnossements „zu getreuen Händen" als Andienung unter Eigentumsvorbehalt des Verkäufers bis zum Empfang des Kaufpreises s. Haage, Abladegeschäft a. a. O. S. 103 ff. u. unten Anm. 285; ferner Mathies-Grimm-Sieveking, Geschäftsbedingungen a. a. O. § 13 Anm. 80 ff.

Anm. 275 **6. Die Transportversicherungspolice.**

Zur ordnungsgemäßen cif-Andienung gehört als zweites wesentliches Erfordernis die Vorlegung der Transportversicherungspolice, welche gemäß § 363 Abs. 2 an Order gestellt sein, aber auch auf den Inhaber lauten kann und aus welcher sich die Legitimation des Käufers ergeben muß. Nach der Rechtsprechung des Hanseatischen OLG (HansGZ 1914 Nr. 121) in Übereinstimmung mit der kaufmännischen Verkehrsauffassung genügt es jedoch, wenn an Stelle der Versicherungspolice (so notwendig bei „laufender Police") ein Versicherungszertifikat (certificate of insurance) angedient wird, welches bescheinigt, daß, wo und wie die Ware versichert ist; vgl. Haage a. a. O. S. 78; Ewald, Das Versicherungszertifikat, HansRGZ 1929 A 561.

7. Die Vorlegung der Faktura. Anm. 276

Zur ordnungsgemäßen cif-Andienung gehört endlich die Vorlegung der Faktura, welche ergibt, daß eine der Schlußnote bzw. der Verkaufsbestätigung in Art, Menge, Gewicht und Beschaffenheit entsprechende Ware geliefert und zum vereinbarten Preis berechnet ist.

8. Untersuchungs- und Rügepflicht des Käufers. Anm. 277

Über die Untersuchungs- und Rügepflicht des Käufers im allgemeinen s. die Komm. zu § 377. Beim cif- und c/f-Geschäft ist als Ablieferungsort im Sinne des § 377 jener Seehafen anzusehen, nach welchem „cif" zu liefern ist. Gleichgültig ist, wer dort die Ware in Empfang nimmt; ist dieses ein Spediteur, so hat er zwar gemäß §§ 407 Abs. 2, 388 bei äußerlich erkennbaren Mängeln die Rechte gegen den Schiffer zu wahren (§§ 610, 611), nicht aber ist er ohne besondere Anweisung zur Untersuchung der Ware im Sinne des § 377 verpflichtet; die Unterlassung der Prüfung geht zu Lasten des Käufers.

Die Untersuchung muß am Kai des Bestimmungshafens erfolgen, und die Mängelrüge ist unzulässig, wenn die Untersuchung der Ware erst erfolgt, nachdem Käufer die Ware vom Kai auf sein Lager genommen hat (HansOLG in OLGE 28, 380; Haage, a. a. O. S. 108). Die Rügefrist beginnt mit der vollständigen Löschung des Ladungsgutes zu laufen, nicht aber vor Andienung des Konnossements; Löschung ist auch die Umladung der Ware vom Seeschiff in ein Binnenschiff zum Zwecke der Weiterbeförderung derselben durch den Käufer. Bildet das cif-Abladegegeschäft das Glied einer Kette von Dokumentengeschäften, so genügt es, wenn die Rüge erfolgt durch das letzte Glied und wenn die übrigen Beteiligten die ihnen erteilte Mängelanzeige unverzüglich ihrem Vormann weitergeben. Der rügepflichtige letzte Empfänger ist jedoch stets jener Käufer, der die Ware am Kai abzunehmen hat, mag er auch seinerseits die Ware einem Nachmann zu liefern haben.

Zur Frage, ob bei der Klausel „Kasse gegen Dokumente" Käufer die Zahlung aufschieben kann, bis er die bereits im Bestimmungshafen liegende Ware geprüft hat, s. Anm. 285ff. Bei Mangelhaftigkeit der Ware stehen dem Käufer die allgemeinen Rechte aus der Gewährleistung zu, sofern nicht vertraglich etwas anderes vereinbart, z. B. die Wandlung ausgeschlossen ist; zur Arbitrageklausel s. oben Anm. 50; vgl. im übrigen Haage, Die Rechte des Käufers wegen Mängel der Ware beim überseeischen Abladegeschäft, BB 1955, 944.

VI. Das fob-Geschäft

Anm. 278

„Fob" ist aus den Anfangsbuchstaben der Worte free on board gebildet. Die Klausel bedeutet, daß der Verkäufer die Ware frei an Bord des Seeschiffes im Abgangshafen zu liefern hat. Der fob-Kontrakt ist kein Abladegeschäft in dem oben Anm. 241 definierten Sinne. Es fehlt hier an einer Verpflichtung des Verkäufers, abzuladen oder abladen zu lassen. Es ist vielmehr beim Kauf auf fob-Basis Sache des **Käufers,** den Seefrachtvertrag mit dem Reeder zu schließen und den Schiffsraum im Abgangshafen bereitzustellen. Es hat daher Verkäufer, sobald er liefern kann, dem Käufer die fob-Bereitschaft zu melden und der Käufer dem Verkäufer die fob-Instruktion zu erteilen, d. h. das Schiff zu benennen, in welches Verkäufer die Ware zu verbringen hat. Der fob-Ort (Bord des Schiffes) ist hier Erfüllungsort für die Lieferpflicht des Verkäufers (RG 106, 212; dazu Großmann-Doerth, Überseekauf S. 181). Da Verkäufer das seinerseits Erforderliche im Sinne des § 243 Abs. 3 BGB erst getan hat, wenn die Ware an Bord des Seeschiffes gelangt, wenn also der fob-Transport beendet ist, tritt erst in diesem Moment die Konzentration der Gattungsschuld ein. Während des fob-Transportes der Ware vom Binnenland zum Seeschiff bleibt die Schuld des Verkäufers von Gattungsware eine Gattungsschuld, und daran vermag auch die vom Verkäufer dem Käufer erstattete Anzeige, daß die Ware von dem binnenländischen Abgangsort zum Seehafen abgesandt sei, nichts zu ändern. Demgemäß trägt Verkäufer während des fob-Transportes auch die Gefahr. Daher ist es auch Sache des Verkäufers, die Ware für den fob-Transport zu versichern, s. oben Anm. 163. Der Gefahrübergang auf den Käufer findet erst mit Beendigung des fob-Transportes statt, und zwar wird die Gefahr dem Käufer von dem Augenblick an zugerechnet, in welchem die Ware die Reling passiert hat; unerheblich für den Gefahrübergang ist beim fob-Geschäft die Übergabe des

Konnossements; vgl. RG 106, 212; HansOLG in HansGZ 1924 Nr. 43; Großmann-Doerth, Überseekauf S. 157ff.; Haage a. a. O. S. 166ff.). Die Transportgefahr schließt nicht ohne weiteres die Gefahr der Verzögerung der Lieferung in sich, und noch weniger kann aus ihr gefolgert werden, daß jeglicher vereinbarte Vorbehalt in bezug auf die Leistungspflicht hinfällig oder ausgeschlossen sei (RG 123, 102 oben). Als Ablieferungsort im Sinne des § 377, an welchem die Untersuchung der Ware durch den Käufer zu erfolgen hat, ist jedoch nicht der Abladehafen oder das Seeschiff anzusehen, sondern der Bestimmungshafen (Holdheim 1910, 93; Hamburg SeuffA 68, 155; Hamburg in HRR 1935 Nr. 1301). Es gilt hier dasselbe wie beim cif-Geschäft (s. Anm. 277). Über die Auslegung der fob- und der fas-Klausel nach den Incoterms s. Anh. VI zu § 346; ferner Haage, Mit. d. HaKaHbg. 1955, 673.

Anm. 279 Liefert der fob-Verkäufer auf Verlangen des Käufers die Ware an den Spediteur des Abkäufers, der sie als Anlieferer an Bord schafft und dafür die Konnossemente erhält, so hat der Spediteur des Abkäufers wegen seiner Ansprüche an seinen Auftraggeber (den Abkäufer) kein Anrecht auf die Konnossemente, wenn er aus der Mitteilung des Verkäufers ersehen hat, daß dieser nur mit dem Käufer zu tun haben wollte; ein Pfandrecht an den Konnossementen auf Grund seiner Geschäftsbedingungen kann der Spediteur des Abkäufers nur erlangen, wenn er gutgläubig die Befugnis seines Auftraggebers voraussetzen durfte, die Ware mit einem solchen Pfandrecht zu belasten; fehlt es daran, so muß der Spediteur des Abkäufers dem Verkäufer die Konnossemente herausgeben; kann er das nicht, weil er über die Konnossemente anderweit verfügt hat, so macht er sich schadensersatzpflichtig (RG 112, 133).

Anm. 280 Hat sich Verkäufer im fob-Vertrag dazu verpflichtet, auch den Seetransport zu veranlassen (sog. uneigentliches oder unechtes fob-Geschäft), also den Seefrachtvertrag mit dem Verfrachter zu schließen, so liegt darin ein mit dem fob-Geschäft verbundener Geschäftsbesorgungsvertrag, wobei Verkäufer für sorgfältige Auswahl des Reeders verantwortlich ist und den Transportvertrag für Rechnung oder auch nur im Namen des Käufers schließt.

Anm. 281

VII. Das erweiterte fob-Ablade-Geschäft

Ein erweitertes fob-Abladegeschäft (vgl. dazu Haage, Das erweiterte fob-Abladegeschäft, in Mitt. der HaKaHbg. 1955, 210ff.) liegt vor, wenn in dem fob-Kaufvertrag die Zeit bis zu welcher, oder der Termin, innerhalb dessen die Verschiffung durchzuführen ist, in gleicher Weise wie beim cif-Kontrakt in der Verschiffungsklausel festgelegt und auch der Bestimmungshafen genannt ist. In diesem Falle entfällt die Notwendigkeit der Meldung der fob-Bereitschaft seitens des Verkäufers sowie die Erteilung der fob-Instruktion durch den Käufer. Hier trifft auf Grund des Kaufvertrages den Verkäufer auch die Verschiffungspflicht. A. A. Eisemann AWD 1962, 153, der die Möglichkeit einer unmittelbar aus dem Kaufvertrag fließenden Pflicht des Verkäufers zur Besorgung des Schiffsraumes und der Konnossemente für „abwegig“ hält und nur das fob-Geschäft mit zusätzlichem Geschäftsbesorgungsvertrag (siehe vorigen Absatz) gelten lassen will. Obliege dem Verkäufer die Verschiffungspflicht kraft Kaufvertrages, so handele es sich eben nicht mehr um ein fob-, sondern um ein cif-(c/f-)Geschäft. Diese Stellungnahme übersieht, daß es sich bei dem erweiterten fob-Abladegeschäft um eine echte Sonderentwicklung handelt (wie hier BGH WM 1963, 1185; Haage a. a. O. S. 165f.; Liesecke WM 1966, 175). Allerdings ist Eisemann zuzugeben, daß durch die Übernahme der Verschiffungspflicht seitens des Verkäufers das fob-Geschäft stark dem cif-Geschäft angenähert wird. Im Gegensatz zum cif-Geschäft fällt jedoch beim erweiterten fob-(Ablade-) Geschäft die Seefracht dem Käufer zur Last, und es ist dessen Sache, die Seeversicherung zu nehmen. Ein weiterer Unterschied besteht in bezug auf den Zeitpunkt, von welchem an die Gefahr dem Käufer zugerechnet wird. Dies ist, da es sich trotz der kaufvertraglichen Übernahme der Verschiffungspflicht durch den Verkäufer im übrigen um ein fob-Geschäft handelt, ganz starr der Zeitpunkt, in welchem die Ware die Reling des Seeschiffs passiert hat. Konnossements- oder Verladeanzeigeabsendung sind hier ohne Bedeutung.

Die Terminologie ist in bezug auf die beiden letztgenannten Modifikationen des fob-Geschäftes jedoch nicht immer ganz einheitlich (vgl. etwa Eisemann in AWD 1962, 153

„erweitertes" fob-Geschäft, gemeint ist aber der Kombinationsvertrag zwischen Kauf und Geschäftsbesorgung; Liesecke a. a. O. S. 175 uneigentliches „oder" erweitertes fob-Geschäft, gleichbedeutend verwandt für den Kombinationsvertrag; vgl. ferner Grimm-AWD 1964, 404). Bei Grimm a. a. O. auch über den kaufmännischen Grund des Abschlusses des Frachtvertrages durch den Verkäufer.

VIII. Das „ex Schiff"- oder „ab Kai"-Geschäft, sog. Ankunftsvertrag **Anm. 282**

Während beim cif-, cf- u. fob-Geschäft für die Warenlieferpflicht des Verkäufers der Abladehafen den Erfüllungsort bildet, ist das „ex Schiff"- bzw. „ab Kai"-Geschäft dadurch gekennzeichnet, daß Erfüllungsort für die Lieferung der Ware der Ankunftshafen ist. Verkäufer ist daher verpflichtet, dorthin die Ware zu verbringen und sie dem Käufer im Ankunftshafen zu liefern. Aus diesem Grunde kann grundsätzlich auch eine Konzentration der Gattungsschuld erst eintreten, wenn die Ware in den Ankunftshafen verbracht ist, weil erst damit Verkäufer alles im Sinne des § 243 Abs. 2 BGB Erforderliche getan hat. Daraus würde folgen, daß es beim Ankunftsvertrag keinen Unterschied macht, ob direkte oder indirekte Abladung zu erfolgen hat (s. Anm. 249) und in RG 88, 73 ist ausgesprochen, daß beim Ankunftsvertrag die Erfüllung des Vertrages generell erst dann unmöglich ist, wenn Konnossemente über vertragsgemäß abgeladene Ware am Markt überhaupt nicht oder nicht mehr erhältlich sind. Die Vorschrift des § 243 Abs. 2 BGB ist jedoch nicht zwingender Natur, und es ist möglich, durch Parteivereinbarung die Konzentration der Gattungsschuld, noch bevor die Ware den Erfüllungsort erreicht hat, auf jenen Zeitpunkt vorzuverlegen, in welchem objektiv feststeht, daß die abgeladene oder schwimmende Ware für den Käufer bestimmt ist. Ein solcher, auf Vorverlegung der Konzentration bestehender Parteiwille kann auch aus dem Handelsbrauch abzuleiten sein (§ 346).

Es entspricht nun fester kaufmännischer Auffassung, daß beim direkten Abladegeschäft, wenn also der Vertrag ersehen läßt, daß Verkäufer nur eigene Abladung schuldet (s. Anm. 249), die Konzentration der noch auf dem Transport befindlichen Ware auf den Zeitpunkt der Absendung der Dokumente oder der Verladeanzeige bezogen wird (Haage a. a. O. S. 160), sofern der Käufer diese Dokumente vorbehalt, los entgegennimmt; auch hier gilt jedoch wie beim cif-Geschäft die Einschränkung-daß die Konzentration dann nicht möglich ist, wenn dem Verkäufer zur Zeit der Absendung der Verladeanzeige bekannt oder schuldhaft unbekannt war, daß die Ware bereits untergegangen oder beschädigt war. Trifft diese Einschränkung nicht zu, dann ist beim direkten Abladegeschäft trotz des Ankunftsvertrages die Konzentration schon vor Ankunft der Ware eingetreten, mit Untergang derselben die Verpflichtung des Verkäufers unmöglich geworden, wobei jedoch Verkäufer, da er die Gefahr des Transportes trägt, auch seinen Anspruch auf den Kaufpreis verliert (§§ 275, 323 BGB). Ist die Ware nur beschädigt, so kann der Käufer keine Ersatzlieferung nach § 480 BGB. verlangen, wohl aber die Mängelgewährsrechte aus Spezieskauf geltend machen.

Beim indirekten Abladegeschäft, bei welchem Verkäufer Drittabladung schuldet (s. Anm. 249), kann eine Konzentration der Gattungsschuld erst im Bestimmungshafen eintreten. Hier bleibt Verkäufer zur Lieferung so lange verpflichtet, als Konnossemente über kontraktgemäße Ware auf dem Markte zu erlangen sind. Die danach bestehende Nachlieferungspflicht wird jedoch i. d. R. klauselmäßig ausgeschlossen, vgl. dazu Großmann-Doerth S. 376ff.

Wird beim Ankunftsvertrag das Konnossement dem Käufer schon vor Ankunft der Ware im Bestimmungshafen als dem Erfüllungsort übersandt und nimmt Käufer es entgegen, so kann das eine verschiedene rechtliche Bedeutung haben. Möglich ist, daß die Übereignung aufschiebend bedingt sein soll bis zum Eintreffen der Ware im Erfüllungshafen; in diesem Falle würde die Transportgefahr als beim Verkäufer bleibend zu beurteilen sein. Möglich wäre auch unbedingte Übereignung vor Ankunft der Ware. Ein solches Verhalten der Parteien könnte auf konkludente Änderung des Ankunftsvertrages schließen lassen, so etwa, wenn das erkennbare Interesse des Käufers auf alsbaldige Möglichkeit der Weiterverfügung gerichtet ist. Hier wird anzunehmen sein, daß mit der vorzeitigen Entgegennahme des Konnossements durch den Käufer auch

Gefahr und Eigentum auf ihn übergegangen sind; vgl. aber Mathies-Grimm-Sieveking, Geschäftsbedingungen a. a. O. § 2 Abs. 2.

Sofern der Vertrag ergibt, daß Verkäufer überhaupt keine Abladung schuldet, sondern nur Ware einer gewissen Herkunft oder Ernte, muß Käufer sogar mit Locoware erfüllen, wenn sie ihrer Herkunft und Beschaffenheit nach den Erfordernissen des Vertrages entspricht (RG 88, 73; WarnRspr. 1916 Nr. 215)

Die in einer „ex Schiff"- oder „ab Kai"- aufgenommene cif-Klausel besagt nur, daß Verkäufer sich zum Abschluß einer Seeversicherung verpflichtet, im übrigen besagt sie, daß Verkäufer die Seefracht zu tragen hat, was auch schon aus dem Ankunftsvertrag selbst sich ergibt (vgl. die Incoterms Anh. VI zu § 346). Es handelt sich in diesem Fall um eine reine Spesenklausel.

Anm. 283

IX. Die Klausel „Glückliche Ankunft vorbehalten"

Zweck dieser — ausschließlich im Verkäuferinteresse beigefügten — Klausel ist es, den Verkäufer vor Nachlieferungsansprüchen zu schützen. Sie besagt also, daß Verkäufer von einer etwaigen Verpflichtung zur Ersatzlieferung frei sein solle, wenn die Ware zufällig untergeht. Neben der cif-Klausel hat die Klausel „glückliche Ankunft vorbehalten" keinen Sinn, weil bei der cif-Klausel, sowie die Konkretisierung einmal eingetreten ist, der Käufer weitergehend sogar die (Preis-)Gefahr während der Seereise trägt, mithin der Verkäufer bei zufälligem Untergang der Ware nach Konkretisierung nicht nur von seiner Leistungspflicht frei wird, sondern sogar seinen Kaufpreisanspruch behält. Für die Zeit vor der Konkretisierung kann die Klausel dem Verkäufer die Leistungsgefahr deshalb nicht abnehmen, weil von glücklicher Ankunft nur gesprochen werden kann, wenn die Bestimmung der Ware zur Vertragserfüllung (mithin die Konkretisierung) feststeht: RG 93, 171; 98, 141; HansOLG HansGZ 1919 Hptbl. Nr. 100). Die Klausel erscheint mitunter auch im Binnenverkehr, vgl. OGHZ 1, 178.

Anm. 284

X. Überseekäufe ohne Basisklausel

Ein Überseekauf ohne Basisklausel (d. h. cif, fob o. ä.) ist echtes Abladegeschäft (Haage a. a. O. S. 211 nennt es ein „nicht typisiertes Abladegeschäft"), sofern er wenigstens die Abladeklausel (siehe oben Anm. 244) enthält. Rechtlich handelt es sich um einen Versendungskauf. Hinsichtlich der Kosten gilt § 448 BGB. Die Versicherung ist sowohl hinsichtlich ihrer Durchführung als auch der Kostentragung Sache des Käufers. Im übrigen unterliegt ein solches Geschäft den gleichen Regeln wie ein cif-Abladegeschäft (s. oben Anm. 251 ff.). Insbesondere ist auch hier Erfüllungsort für die Abladepflicht der überseeische Abladehafen, beim Ankunftsvertrag dagegen der Bestimmungshafen (absolut h. M. vgl. BGH LM Nr. 1 zu § 376 HGB; ausführlich Haage a. a. O. S. 211 f.).

Anm. 285

XI. Die Zahlungspflicht des Käufers

1. Zahlung gegen Dokumente.

Da beim Abladegeschäft die Ware in Form des sie vertretenden Konnossements zu liefern ist, Verkäufer also mit Andienung der vertragsgemäßen Dokumente (s. Anm. 269) erfüllt, muß Käufer Zug um Zug gegen Empfang der Dokumente Zahlung leisten, auch wenn dieses nicht besonders vereinbart worden ist (§ 320 BGB). Insoweit besagt die Klausel „Kasse gegen Dokumente" etwas Selbstverständliches. Indessen verbindet sich mit dieser Klausel die zusätzliche Rechtswirkung, daß mit ihr zugleich der Ausschluß einer Aufrechnung mit Gegenforderungen durch den Käufer und eines Zurückbehaltungsrechtes des Käufers gegenüber dem Kaufpreisanspruch als vereinbart gilt (RG 132, 306; BGH 14, 61), und zwar hat der Ausschluß der Aufrechnung gemäß kaufmännischer Auffassung schlechthin zu gelten. Bei Andienung der vertragsgemäßen Dokumente muß Käufer bezahlen, gleichgültig, wann die schwimmende Ware im Bestimmungshafen eintrifft. Andererseits ist Käufer befugt, die Zahlung wegen Kontraktwidrigkeit der Ware zu verweigern, sofern er bereits Kenntnis von der Mangelhaftigkeit der Ware hat und diese Mangelhaftigkeit bereits im Zeitpunkt des Gefahrübergangs bestanden hat (§ 459 BGB). Käufer ist jedoch nicht befugt, die Zahlung bis zur Ankunft der Ware zurückzuhalten, um Gelegenheit zu haben, die

Qualität der Ware auf deren Kontraktlichkeit hin zu prüfen (vgl. dazu RG. 97, 153; 61, 349; 59, 23; 47, 133; 3, 87; ROHG 15, 218; 11, 185; LZ 1926, 480[1]). Möglich ist, daß Verkäufer dem Käufer die Dokumente ohne sofortigen Zahlungsempfang „zu getreuen Händen" andient, d. h. sie unter Eigentumsvorbehalt bis zur Zahlung aufschiebend bedingt übereignet; vgl. dazu die Bekanntmachung der HaKaHbg. betr. Bedeutung der Klausel „zu getreuen Händen" bei Andienung von Dokumenten vom 15. November 1924 bei Haage a. a. O. S. 103; hier hat sich Käufer jeglicher Verfügung über die Dokumente und der Ware zu enthalten und sie bei nicht fristgemäßer Zahlung zurückzugeben. Vgl. auch Mathies-Grimm-Sieveking, Geschäftsbedingungen a. a. O. S. 76ff. Über Annahmeverzug des Käufers s. §§ 373/374.

2. Die Klausel „Kasse gegen Dokumente bei Ankunft des Dampfers", insbesondere das Untersuchungsrecht des Käufers. **Anm. 286**

Sie ist keine Bedingung in dem Sinne, daß der Preis nur im Falle der Vollendung der Reise geschuldet wäre, insbesondere wird durch sie die Gefahrtragung nicht berührt, sondern sie ist bloße Zeitbestimmung, wonach der Käufer erst bei Ankunft des Dampfers zu zahlen hat (RG 90, 4; Eisemann, Die Incoterms in Handel und Verkehr S. 135). Käufer sichert sich durch sie dagegen, bei langer Transportdauer schon gegen vorzeitige Andienung der Dokumente zahlen zu müssen. Daraus folgt, daß Käufer, wenn er die Reisegefahr zu tragen hatte, bei Andienung der Dokumente dann zu zahlen hat, sobald der Verlust des Dampfers feststeht, in welchem die Konnossementsware verladen war (RG 90, 4; 87, 134; JW 1917, 970[10]; WarnRspr. 1917 Nr. 198; Holdheim 1918, 143). Solange die Möglichkeit der Ankunft noch nicht ausgeschlossen ist, kann Verkäufer den Kaufpreis nicht fordern. Andererseits wird der Kaufpreis nicht schon durch die bloße Feststellung des Schiffsverlustes fällig, sondern es gehört dazu die Vorlegung der Dokumente (die auf Gefahr des Verkäufers reisen; s. Anm. 270). Sie haben, selbst wenn die Ware verloren ist, ihre Bedeutung behalten; sie beweisen zum einen die vertragsgemäße Abladung; der Käufer bedarf ihrer zum anderen, um seine Interessen gegen Dritte, z. B. gegen den Versicherer, Verfrachter aufnehmen zu können. Bei Vorlage der Dokumente kann Käufer jedoch nicht einen weiteren Beweis vertragsmäßiger Abladung oder Beschaffenheit der untergegangenen Ware verlangen mit der Begründung, daß er wegen des Verlustes des Schiffes die Ware am Bestimmungsort nicht prüfen könne (RG „Recht" 1920 Nr. 2284). Käufer muß bei Konnossementsandienung bezahlen und seine etwaigen Ansprüche wegen angeblicher Mangelhaftigkeit der verlorenen Ware anderweitig verfolgen. Dem Verlust des Dampfers steht es gleich, wenn dem Transport Hindernisse entgegentreten, so wenn Verfrachter nach Antritt der Reise auf Grund eines der in § 629 aufgeführten Ereignisse nach § 624 vom Frachtvertrag zurückgetreten ist; die Weiterbeförderung ist dann Sache des Käufers, da die Ware abgeladen und die Transportgefahr auf den Käufer übergegangen ist (WarnRspr. 1918 Nr. 27; LZ 1919, 254[16]; LZ 1916, 1183[5]).

In der Rechtsprechung wurde der Klausel „Kasse gegen Dokumente bei Dampfers Ankunft" auch diese Bedeutung beigelegt, daß Käufer, wenn die Ware am Bestimmungsort angekommen ist, das Recht haben soll, die Ware, nachdem ihm die Konnossemente angedient sind, auf ihre Vertragsmäßigkeit zu untersuchen, bevor er Zahlung zu leisten hat; auch generell wird dem Käufer gestattet, bei Andienung der Dokumente, welche erfolgt, wenn die Ware sich bereits im Bestimmungshafen befindet, vor Zahlung die Ware zu untersuchen (vgl. RG 106, 299; 97, 154; 47, 132 u. 145; 31, 105; JW 1932, 586[2]; Hamburg JW 1918, 107[8]; Bamberg LZ 1909, 160[2]; Reichel HansRZ 1927, 435). Damit wurde jedoch der Zusammenhang „Zahlung gegen Dokumente" gesprengt und in „Zahlung nach Prüfung der Ware" umgewandelt. Dagegen machte die HaKaHbg. das feststehende Gewohnheitsrecht geltend, daß Käufer, selbst wenn die Ware bereits am Kai des Bestimmungshafens liegt, nicht berechtigt sei, sich vor Aufnahme der Dokumente von ihrer Beschaffenheit zu überzeugen (s. Haage a. a. O S. 79; Leo JW 1932, 586; Hbg. Schiedsgericht in HansRGZ 1940 B 316). Die Vorauflage dieses Kommentars (Anm. 165a) hatte sich der Ansicht der HK Hamburg mit folgender Begründung angeschlossen: Entsprechend der kaufmännischen Auffassung, daß die Pflicht zur Zahlung gegen kontraktgemäße Dokumente dem Abladegeschäft typisch sei, könne ein Unterschied weder danach gemacht werden, wo sich die Ware im Zeitpunkt der Dokumentenandienung befinde noch in der Hinsicht, ob die Dokumente dem Käufer selbst **Anm. 287** oder seiner zahlungsbeauftragten Bank angedient würden. Die differenzierende Einstellung des RG ist nunmehr auch vom BGH zugunsten des von der HK Hamburg vertretenen Standpunktes aufgegeben worden. In BGH 41, 215 = NJW 1964, 1365f. führt das Gericht aus: „. . . der ausländische Käufer, der die Ware auf die Reise gesandt und über sie keine Kontrolle mehr hat, (hat) durchaus ein schutzwürdiges Interesse daran, daß der Käufer den vereinbarten Kaufpreis ohne Rücksicht auf die Beschaffenheit der Ware vorleistet und deshalb die Zahlung nicht von einer vorherigen Untersuchung der Ware abhängig machen darf. Eine solche unbedingte Zahlungspflicht des Käufers entspringt insbesondere den Bedürfnissen des Überseehandels, weil der Exporteur in der Regel auf Bankkredit angewiesen und eine Bank im allgemeinen nur dann zur Kreditleistung bereit ist, wenn sie in Gestalt der Dokumente Sicherheiten erhält, die die Zahlungsverpflichtung des Käufers garantieren." . . . „Würde ein solcher der Sicherheit des Handelsverkehrs dienender Handelsbrauch nicht beachtet werden, so würde damit der reibungslose Ablauf des Handels empfindlich gestört . . . werden"; siehe auch schon BGH MDR 1963, 962. Eine vorherige Untersuchung der Ware will der BGH (a. a. O.) dem Käufer nur dann ausnahmsweise zubilligen, wenn nach den besonderen Umständen des Einzelfalles die Berufung des Verkäufers auf die Vorleistungspflicht des Käufers gegen Treu und Glauben verstoßen und damit einen Rechtsmißbrauch darstellen würde. Dazu müßten aber schwerwiegende Gründe vorliegen. Die bloße Vermutung des Käufers, daß die gelieferte Ware nicht vertragsgemäß sei, genüge dafür nicht. Diesen Ausführungen des BGH ist im Einklang mit der an dieser Stelle schon in der Vorauflage vertretenen Ansicht uneingeschränkt zuzustimmen. Im gleichen Sinne Ratz § 346 Anm. 166, 166a; vgl. zu der hier behandelten Klausel ferner Grimm in AWD 1962, 54. Als praktisches Beispiel siehe ferner auch etwa § 13 Abs. 3 der Warenvereins-Bedingungen:

„Bei Verkäufen Kasse bzw. Akzept gegen Dokumente ist der Käufer verpflichtet, Zug-um-Zug gegen Übergabe kontraktgemäßer Dokumente Zahlung zu leisten oder das Akzept zu übergeben ohne Rücksicht darauf, ob die Ware noch schwimmt oder bereits im Bestimmungshafen eingetroffen ist. Der Käufer kann die Zahlung nicht von vorheriger Untersuchung der Ware abhängig machen, es sei denn, daß er das Vorliegen besonderer Umstände nachweist, die das Zahlungsverlangen des Verkäufers als arglistig erscheinen lassen."

Anm. 288 **3. Einwendungen des Käufers gegen die Zahlungspflicht.**

Da beim Abladegeschäft Verkäufer im Sinne des § 320 BGB erfüllt, wenn er die über die erfolgte Abladung kontraktgemäßen Dokumente andient (s. Anm. 269), sind Einwendungen des Käufers jedenfalls insoweit uneingeschränkt zulässig, als sie sich aus den Dokumenten selbst ergeben; z. B. das Konnossement ist nicht „rein" (s. Anm. 273). Ergibt sich aus dem Konnossement eine Fehlmenge oder ein Fehlgewicht, so kommt Verkäufer nicht in Annahmeverzug, wenn er die Zahlung des vollen Fakturenbetrages verweigert und nur eine um den Wert des Fehlenden gekürzte Zahlungssumme anbietet (Hamburg HansGZ 1917 Hptbl. 223). Hat bei Verkauf „Akzept gegen Konnossement" der Verkäufer zu hoch trassiert, so kann Käufer nicht die Aufnahme der Dokumente verweigern, sondern er hat einen Wechsel in berichtigter Höhe anzubieten (LZ 1907, 501[6]). Eine andere Frage ist, inwieweit Käufer trotz Kontraktmäßigkeit der Dokumente auch Einwendungen aus der — mit der Beschreibung im Konnossement keineswegs notwendig übereinstimmenden — Beschaffenheit der Ware selbst geltend machen kann (über Konspiration zwischen Verkäufer und Reeder zwecks Ausstellung eines „reinen Konnossements" über mangelhafte Ware gegen Revers des Abladers s. Wüstendörfer, Seehandelsrecht[2] S. 305; Schaps-Abraham Anh. II zu § 656). Keinesfalls kann die Andienung kontraktgemäßer Dokumente gegenüber der wirklichen Beschaffenheit als ein so abstrakter Vorgang angesehen werden, daß hier Einwendungen aus der Beschaffenheit der Ware in analoger Weise abgeschnitten und einem Nachverfahren vorbehalten wären, wie etwa persönliche Einreden im Wechselprozeß. Zur richtigen Erfüllung durch den Verkäufer gehört nicht nur die Andienung kontraktgemäßer Dokumente, sondern ebenso die Abladung oder Verschiffung vertragsgemäßer Ware. Das Reichsgericht hatte daher in ständiger Rechtsprechung die Berufung des Käufers auf Mangelhaftigkeit der Ware gegenüber dem unter Präsentation kontraktgemäßer Dokumente erhobenen Zahlungsanspruch schlechthin zugelassen und lediglich die Beweislast umgekehrt. Solange die Ware schwimmt, sollte nach dieser Rechtsprechung die Beweislast dafür, daß die durch kontraktgemäße Dokumente repräsentierte Ware nicht vertragsgemäß sei, beim Käufer liegen (RG 106, 299; 58, 23; 47, 145; 31, 100; LZ 1926, 697), bei Andienung der Dokumente nach dem Eintreffen des Dampfers im Bestimmungshafen dagegen sollte wieder der allgemeine Grundsatz in Kraft treten, daß der Verkäufer den Nachweis vertragsmäßiger Beschaffenheit der Ware zum Zeitpunkt des Gefahrübergangs zu führen habe (RG in HansGZ 1893 Nr. 94), da der Käufer in diesem Fall für berechtigt angesehen wurde, die Ware vor Leistung der Zahlung zu prüfen. Einer Auseinandersetzung mit der zuletzt genannten Einschränkung bedarf es heute nicht mehr. Mit der Aufgabe durch den Bundesgerichtshof der reichsgerichtlichen Rechtsprechung zum Untersuchungsrecht des Käufers nach Eintreffen der Ware (s. dazu vorige Anm.) ist auch die daraus abgeleitete Folgerung einer Wiederherstellung der allgemeinen Beweislastverteilung hinfällig geworden. Weitergehend muß jedoch auch die vom Reichsgericht vertretene Ansicht, die Wirkung des Abladegeschäfts beschränke sich in dem hier interessierenden Zusammenhang auf eine bloße Umkehrung der Beweislast, in Frage gestellt werden. Eine dem besonderen Charakter dieses Geschäftstyps und den richtig verstandenen Interessen der Beteiligten entsprechende Lösung muß vielmehr unter Zugrundelegung folgender Gesichtspunkte gefunden werden. Zum einen steht außer Zweifel, daß der Käufer nicht befugt ist, die Zahlung von der vorherigen Untersuchung der Ware abhängig zu machen (siehe vorige Anm.), denn damit wäre die Verpflichtung zur Zahlung bei Vorlage der Dokumente vereitelt. Zum anderen darf die Klausel aber auch nicht dazu führen, daß der Kaufvertrag, der sich auf Waren bezieht, zu sehr dem reinen Dokumentenkauf angeglichen wird, bei welchem lediglich die Beschaffenheit der Dokumente maßgebend ist, nicht mehr die der Ware, welche auf Grund des Konnossements herausverlangt werden kann. Die letztgenannte Tatsache, daß ein Waren-, kein Rechtskauf vorliegt, erfordert, daß Käufer wenigstens im Prinzip berechtigt sein muß, bei Andienung vertragsmäßiger Dokumente über vertragswidrige Waren die Zahlung zu verweigern, jedenfalls dann, wenn sich daraus ein Recht auf Wandlung, Nachlieferung oder Schadensersatz wegen Nichterfüllung ergibt. Über die Rechtslage bei bloßem Minderungsrecht siehe unten am Ende dieser Anm. Dagegen erfordert es der erstgenannte Gesichtspunkt, den Verkäufer dagegen zu sichern, daß er von einem zahlungsunwilligen Käufer mit der Behauptung vertragswidriger Beschaffenheit der Ware bei Andienung der Dokumente in einen langwierigen Rechtsstreit mit umfassenden Beweisaufnahmen verstrickt werden kann. Diese Gewähr ist dem Verkäufer nicht schon durch eine bloße Umkehrung der Beweislast, sondern erst dann geboten, wenn sichergestellt ist, daß über die Berechtigung der Zahlungsweigerung ohne komplizierte Beweisaufnahme so schnell entschieden werden kann, daß der enge zeitliche Zusammenhang mit der Andienung der Dokumente gewahrt bleibt. Ein Recht, die Zahlung trotz Andienung ordnungsmäßiger Dokumente zu verweigern, steht dem Käufer somit nur dann zu, wenn er schon zu diesem Zeitpunkt liquide Beweise für eine kontraktwidrige Beschaffenheit der Ware in Händen hat. Kontraktwidrigkeit einer vorangegangenen Teillieferung reicht in diesem Sinne nur dann aus, wenn sie wirklich einen überzeugenden Schluß auf die Vertragswidrigkeit auch der weiteren Lieferungen erlaubt, vgl. BGH WM 1963, 844f. Dagegen muß es dem Käufer strikt verwehrt bleiben, zunächst einmal die Zahlung zu verweigern und sich die erforderlichen Beweisunterlagen erst nachträglich, möglicherweise überhaupt erst im Verlauf des bereits anhängig gewordenen Rechtsstreits (sei es vor einem ordentlichen oder vor einem Schiedsgericht) zu beschaffen. Stehen dem Käufer die erforderlichen Unterlagen nicht zur Verfügung, so muß er erst einmal zahlen. Es bleibt ihm jedoch unbenommen, seine Ansprüche gegen den Verkäufer im Anschluß daran aktiv zu verfolgen. Im Ergebnis ebenso Haage a. a. O. S. 81f., der (allerdings ohne Begründung) weitergehend dem Käufer dort, wo nur Minderungsansprüche zu erwarten sind, stets auf ein „Nachverfahren“ verweisen will. Dieser Ansicht möchten wir aus der Erwägung heraus zustimmen, daß die Festlegung eines bestimmten Minderungssatzes kaum jemals, zumindest jedoch nicht in der überwältigenden Mehrzahl der Fälle (im Gegensatz zu der Situation, daß ein klares „aliud“ geliefert ist), ohne detailliertes Eingehen auf Art und Umfang der vorhandenen Mängel möglich sein wird, wodurch die oben zur Bedingung für eine Weigerungsbefugnis des Käufers gemachte Wahrung eines engen zeitlichen Zusammenhangs zwischen Präsentation der Dokumente und Entscheidung nur allzu leicht ernstlich in Frage gestellt werden könnte. Diese Tatsache rechtfertigt es, den Käufer in Minderungsfällen aus Gründen der Rechtsklarheit und Praktikabilität generell zunächst an seiner Zug-um-Zug-Zahlungspflicht festzuhalten.

Über die Rechtslage bei Abladegeschäften mit Verpflichtung zur Akkreditivstellung s. ausführlich die Bemerkungen zum Dokumenten-Akkreditiv im III. Band.

H. Das Verhältnis der Verkäufer- und Käuferpflichten zueinander; Die Einrede des nichterfüllten Vertrages; Folgen von Leistungsstörungen

Anm. 289 **I. 1. Einleitung; der Kauf als gegenseitiger Vertrag; genetisches und funktionelles Synallagma**

Kaufverträge sind gegenseitige Verträge. Jede Partei verpflichtet sich zur Erbringung der ihr obliegenden Leistung in der Absicht und zu dem Zweck, dafür die Leistung des anderen Teils einzutauschen bzw. (zunächst) den anderen Teil zu bewegen, sich zu der ihm obliegenden Leistung zu verpflichten. Das wird gerade am Beispiel der Lieferungsverpflichtung des Verkäufers und der Kaufpreiszahlungspflicht des Käufers besonders deutlich. Der Verkäufer verspricht Lieferung des Kaufgegenstandes, um dafür als Gegenwert den Kaufpreis zu erhalten, der Käufer die Zahlung des Kaufpreises, um die begehrte Ware zu bekommen. Auf die objektive Gleichwertigkeit der auszutauschenden Leistungen kommt es dabei nicht an. Diese enge Verknüpfung von Leistung und Gegenleistung, d. h. in der Regel zwischen Lieferung des Kaufgegenstandes und Zahlung des Kaufpreises, bereits in ihrer Entstehung (sog. genetisches Synallagma) kann nicht ohne Auswirkung auf die weitere Entwicklung des Kaufvertrages sein. So stellt sich immer dann, wenn die eine Leistung ohne Rücksicht auf die Gegenleistung gemacht wird oder wenn bei der Erbringung der einen Leistung Schwierigkeiten (Leistungsstörungen) auftreten, unausweichlich die Frage, welche Konsequenzen sich daraus für die Gegenleistung ergeben (sog. funktionelles Synallagma).

Anm. 290 **2. Haupt- und Nebenpflichten.**

a) Bedeutung: Zu beachten ist jedoch, daß nicht notwendig jede Verpflichtung des Käufers mit jeder Verpflichtung des Verkäufers (und umgekehrt) in diesem engen Verhältnis stehen muß. Die beschriebene Abhängigkeitsbeziehung verbindet stets nur jeweils diejenigen Leistungspflichten miteinander, welche die eine um der anderen willen eingegangen worden sind (sogenannte **Hauptpflichten**), vgl. dazu auch OLG Hamburg MDR 1960, 758. So hat z. B., wie im vorigen Absatz dargelegt, der Verkäufer die Verpflichtung übernommen, dem Käufer die Sache zu übergeben und das Eigentum zu verschaffen, um vom Käufer dafür den Kaufpreis zu erhalten, nicht dagegen z. B. damit ihm der Käufer die Sache abnehme oder sie abrufe. Verpflichtungen dieser Art stehen somit regelmäßig außerhalb des Gegenseitigkeitsverhältnisses. Sie werden daher als **Nebenpflichten** bezeichnet. Im allgemeinen gibt die Nichterfüllung solcher Pflichten, die sich nicht als Entgelt für eine Leistung der Gegenseite darstellen, dem anderen Teil nur das Recht, auf Erfüllung zu klagen und im Verzugsfall Ersatz des Verspätungsschadens nach § 286 BGB zu verlangen (s. dazu unten Anm. 342ff.). Sie kann ferner Schadensersatzansprüche wegen positiver Forderungsverletzung auslösen. Die Frage nach dem Schicksal der Gegenleistung stellt sich bei ihnen dagegen nicht. Die §§ 320ff. BGB, insbesondere § 326 BGB, sind unanwendbar. Der Käufer hat die Ware zu versenden, oder er hat die Möglichkeit der Untersuchung der Ware oder deren gefahrlose Wegnahme zu gestatten oder er hat sich verpflichtet, für ein verkauftes Geheimmittel Kundschaft zu gewinnen und für den Käufer zu reisen (Dresden OLGE 28, 78), oder die Ware an andere Kaufleute eines bestimmten Bezirks nicht zu liefern, oder eine Probe mit einer zu liefernden Maschine vorzunehmen, oder im Interesse des Käufers in einem Blatt zu annoncieren, oder den Käufer im Gebrauch der Maschine, in Verwendung der Ware, Zubereitung eines Rezepts anzulernen. Oder der Käufer hat sich verpflichtet, von keinem anderen Lieferanten Ware zu beziehen oder dem Verkäufer vierteljährlich eine Vermögensbilanz zu überreichen oder Fracht und Zoll auszulegen. Dem Verkäufer kann ferner als Nebenpflicht auferlegt werden, hinsichtlich bereits übergebener Waren eine Verwahrungspflicht zu übernehmen oder die auf den Kaufgegenstand bezüglichen Urkunden, soweit es nicht Dispositionsurkunden sind, zu übergeben.

b) Abgrenzung: Was Hauptleistung und was Nebenleistung ist, entscheidet sich danach, ob der Leistung nach dem bei Vertragsschluß zum Ausdruck gekommenen oder aus den Umständen zu entnehmenden Willen der Beteiligten vom einen oder anderen Teil erhebliche Bedeutung beigelegt ist (RG 101, 431; DJZ 1931, 166). Daher können die Parteien Vertragspflichten, die an sich nur Nebenpflichten sind, eine so entscheidende Bedeutung beilegen, daß sie als Hauptverpflichtungen zu behandeln sind. Auf diese Weise können die Parteien z. B. zur Hauptleistung stempeln: die Verpflichtung zur Ausstellung eines den Vertragsbedingungen entsprechenden Schlußscheins (LZ 1908, 934[22]), die Verpflichtung zur Stellung des Akkreditivs für den Kaufpreis (RG 96, 256; WarnRspr. 1921 Nr. 139), die Verpflichtung des Käufers zur Erteilung von Abrechnungen über die Entnahme aus dem Konsignationslager des Verkäufers (LZ 1914, 935[2]), die Verpflichtung des Verkäufers, für den Kaufpreis die vereinbarte Sicherheit (RG 70, 337) oder ein amtliches Zeugnis über den guten Zustand der Ware dem Käufer zu beschaffen, dem Käufer durch genaue Gewichtsangaben auf der Rechnung die Kontrolle bei der Abnahme zu erleichtern (RG 101, 431), den Käufer bei der Kundschaft einzuführen, die gelieferte Maschine aufzustellen (OLG Stuttgart Justiz 1966, 283), dem Käufer die Handhabung der gelieferten Maschinen oder eines Verfahrens hinsichtlich des verkauften Mittels (Geheimnis des Verkäufers) zu zeigen, bei Propregeschäften in Kuxen dem Käufer ein Stückeverzeichnis zu erteilen (RG in BankA 28, 409), und die Verpflichtung des Verkäufers zur Nachbesserung, wenn der Käufer von vornherein auf diesen Anspruch beschränkt ist (RG „Recht“ 1930 Nr. 798; LZ 1921, 449; § 377 Anm. 52, 121), wie auch bei der besonders ausbedungenen Verpflichtung des Käufers, die Ware am Verladeort durch Sachverständige untersuchen zu lassen und sich über die Annahme zu erklären (RG 92, 270). Die Abrufspflicht des Käufers kann zur Hauptverpflichtung werden, wenn der Verkäufer von dem liefernden Werk wegen der Abnahme gedrängt wurde und als Händlerfirma, die zur Lagerung der Ware nicht imstande war, durch das Unterbleiben des Abrufs in ernstliche Verlegenheit geraten mußte (RG „Recht“ 1929, 385[1486]). Werden diese Verpflichtungen nicht erfüllt, so ist die Hauptleistung nicht erfüllt; es greifen dann die Regeln der §§ 320ff. BGB, insbesondere §§ 326, 325 Abs. 2 BGB, ohne Einschränkung Platz. **Anm. 291**

c) Insbesondere die Abnahmepflicht: Auch die Abnahmepflicht (s. dazu schon oben Anm. 220ff.) kann unter besonderen Umständen zur Hauptverpflichtung werden und zur Anwendung des § 326 BGB führen, insbesondere wenn sich die Parteien über deren wesentliche Bedeutung einig sind oder diese sich aus dem Inhalte des Geschäfts ergibt (RG 101, 430; 92, 270; 57, 111; LZ 1922, 117[4]). Im Verkehr mit beweglichen Sachen bedarf es aber besonderer Umstände, die zur Anwendung des § 326 BGB auf den Abnahmeverzug berechtigen. Solche besonderen Umstände sind es, wenn der Verkäufer pünktliche Abnahme ausgemacht hat (RG 67, 317), oder wenn durch langes Lagern die Ware erheblich verschlechtert würde (JW 1924, 812[20]), oder wenn ein Erwerbsgeschäft verkauft ist und die Warenbestände zum Zwecke der Feststellung des Kaufpreises abzunehmen sind (JW 1910, 751[7]), oder wenn die Abnahme in dem Sinne einer Qualitätsprüfungspflicht des Käufers vereinbart ist, so daß von deren Ausfall die Übernahme weiterer Lieferungen oder besonders wichtige Maßnahmen eigener Art abhängen sollen; dann ist die Prüfungspflicht eine Hauptleistung (LZ 1911, 775[15]). Die Pflicht des Abnehmers zur Vorauszahlung der Fracht kann Teil der Abnahmepflicht sein und, wenn der eine oder der andere Teil erkennbar besonderes Gewicht darauf legt, zur Hauptverpflichtung werden (RG in JR 1927 Nr. 1285). Bei Sukzessivlieferungsverträgen ist die Abnahmepflicht gleichfalls nicht ohne weiteres eine sich aus der Natur und dem Gegenstand des Geschäfts ergebende Hauptverpflichtung (RG 53, 165; vgl. JW 1904, 112[7]; 1903 Beil. 23[46], Beil. 79[180]). Es bedarf vielmehr auch hier besonderer Umstände, die übrigens hier leichter eintreten als bei Verträgen anderer Art, wie: die schnelle Räumung des Lagers (LZ 1926, 109[1]; Kiel SchlHolstAnz. 16, 183), die dem Käufer bekannte notwendige Ordnung des auf Großbetrieb und pünkliche Abnahme eingerichteten Geschäfts, z. B. einer Kohlengrube (RG „Recht“ 1905, 470[1835]), der Verkauf ab Schiff (RG 57, 112; LZ 1907, 287[6]). **Anm. 292**

Auch ohne ausdrückliche Vereinbarung kann sich aus der Natur und dem Gegenstand des Geschäfts ergeben, daß die Abnahme als Hauptverpflichtung zu behandeln ist, z. B. beim Verkauf von Massenartikeln oder wenn dem Käufer sonstwie ersichtlich ist, daß der Verkäufer ein Interesse an der Entfernung der Ware hat, so auch bei dem Verkauf von Holz auf dem Stamme (LZ 1926, 109[1]). Damit, daß jedesmal nach der Abnahme Barzahlung zu erfolgen hat, kann der Charakter der Abnahmepflicht als Hauptverpflichtung nicht begründet werden, noch weniger dadurch, daß der Kaufpreis bereits bezahlt sei. Es liegt aber häufig hier bei Nichtabnahme zugleich Zahlungsverzug vor, der für sich allein zur Anwendung des § 326 führt (unten Anm. 224). Ist die Abnahmepflicht eine Hauptverpflichtung, so muß man auch die Anwendbarkeit des Abs. 2 des § 326 BGB zulassen.

Anm. 293 **d) Insbesondere der Abruf:** Mit dem Abruf (Bondi, HdR Bd. VII S. 11) verhält es sich wie mit der Abnahme, obgleich der Abruf kein Teil der Abnahme ist (hierüber oben Anm. 222; dort auch über Abruf nach Bedarf). Der Abruf ist zur Aufrechterhaltung geordneten Geschäftsbetriebes bei Massenartikeln, bei Verkäufen ab Schiff oder weil die Ware die Lagerung nicht verträgt oder weil es für die großen Mengen an Platz fehlt, häufig mit größter Pünktlichkeit vorzunehmen. Dasselbe gilt bei der Klausel „Kasse gegen Duplikatfrachtbrief bzw. Lieferschein bei X in Hamburg", weil hier Abruf, Abnahme und Zahlung eng zusammenhängen (Hamburg OLGE 34, 30). In solchen Fällen ist durch Unterlassen des Abrufs nicht nur Annahmeverzug (Gläubigerverzug: §§ 373/374 Anm. 10, sondern auch Leistungsverzug (Schuldnerverzug) eingetreten (RG 57, 109; 53, 165; WarnRspr. 1916 Nr. 221; LZ 1907, 287[6]; München OLGE 28, 377; Dresden SeuffA 72, 184). Alsdann wird der Abruf, der sonst ein Recht des Käufers ist, zu seiner Pflicht (Stuttgart „Recht" 1917 Nr. 1226), u. U. sogar zu einer Hauptpflicht. Der Käufer, der auf Abruf gekauft hat, muß in angemessener Zeit abrufen, sonst kann der Verkäufer ohne Abruf erfüllen (Karlsruhe BadRspr. 1926, 66 Nr. 25). Durch die Klausel „Abruf je nach Bedarf sukzessive" gilt im allgemeinen ein regelmäßiger Bedarf als zugesichert (Hannover HRuHBr. 1929, 414).

Anm. 294 **e) Verweigerung der Abnahme oder des Abrufs als Zahlungsweigerung:** Endlich muß darauf aufmerksam gemacht werden, daß die Abnahmeweigerung und die Verweigerung des Abrufs oft eine Zahlungsweigerung enthalten: wenn nämlich der Käufer die Zahlung weigert, nachdem er sich geweigert hat, die ihm angebotene Ware abzunehmen oder nach ergangener Aufforderung die Lieferung abzurufen, oder wenn er die Ausführung des Vertrags dadurch hindert, daß er seine Mitwirkung zu der Erfüllung des Verkäufers weigert. In diesem Falle kann der Verkäufer die Rechte aus § 326 BGB geltend machen; aber nur, weil nach der Gestaltung des Falles gleichzeitig Zahlungsverzug eintritt (ähnlich bei der Klausel „Kasse gegen Konnossement" und verwandten Klauseln).

Anm. 295 **f) Nebenverpflichtung als Teil der Hauptverpflichtung:** Nebenverpflichtungen können auch häufig ein Teil der Hauptverpflichtung sein. Dieses trifft zu, wenn die Hauptverpflichtung ohne Bewirkung der Nebenleistung nicht erfüllbar ist, so z. B. bei der Verpflichtung des Verkäufers, die Ware zur Abholung bereitzustellen, etwa Holz in meßbaren Stößen aufzuschichten (RG LZ 1912, 387[14]), die Versendungsadresse anzugeben (RG „Recht" 1923 Nr. 634), die Ware von auf ihr ruhenden Rechten zu befreien, die Dispositionsurkunden zu übergeben, die Ware auf den Weg zu bringen; ferner die Verpflichtung des Käufers, die erforderlichen Transport- oder Verpackungsmittel zu stellen, ohne deren Stellung der Verkäufer nicht erfüllen kann.

Im einzelnen hat das Gesetz die Wirkungen der Nichterfüllung oder Verletzung der einzelnen kaufrechtlichen Vertragspflichten wie folgt gestaltet:

II. Die Einrede des nichterfüllten Vertrages

§ 320 BGB: Wer aus einem gegenseitigen Vertrage verpflichtet ist, kann die ihm obliegende Leistung bis zur Bewirkung der Gegenleistung verweigern, es sei denn, daß er vorzuleisten verpflichtet ist. Hat die Leistung an mehrere zu erfolgen, so kann dem einzelnen der ihm gebührende Teil bis zur Bewirkung der ganzen Gegenleistung verweigert werden. Die Vorschrift des § 273 Abs. 3 findet keine Anwendung.

Ist von der einen Seite teilweise geleistet worden, so kann die Gegenleistung insoweit nicht verweigert werden, als die Verweigerung nach den Umständen, insbesondere wegen verhältnismäßiger Geringfügigkeit des rückständigen Teiles, gegen Treu und Glauben verstoßen würde.

1. Einleitung; Gesetzliche Ausgestaltung. **Anm. 296**

Der geschilderte Zusammenhang zwischen den gegenseitigen Hauptleistungspflichten von Käufer und Verkäufer sollte annehmen lassen, daß keine Partei die ihr gebührende Leistung gerichtlich geltend machen kann, ohne die Erfüllung der eigenen Gegenleistung darzulegen oder wenigstens anzubieten. Das Gesetz ist einen anderen Weg gegangen. Es gestattet z. B. dem Verkäufer die Klage auf Zahlung des Kaufpreises, ohne daß zu ihrer Begründung die Behauptung gehört, er habe die Ware geliefert. Er braucht nicht einmal zu behaupten, daß er seinerseits zur Lieferung fähig und bereit sei. Selbst im Urkundenprozeß kann auf Grund einer Urkunde, aus der hervorgeht, daß der Käufer nur gegen Lieferung von Waren zur Zahlung verpflichtet ist, einfach auf Zahlung geklagt werden. Ebenso kann umgekehrt der Käufer auf Lieferung klagen, ohne Zahlung zu behaupten oder anzubieten. Das Gesetz überläßt es vielmehr dem jeweiligen Beklagten, die Abhängigkeit der eingeklagten Leistung von einer Gegenleistung des Klägers in den Prozeß einzuführen. Macht der Beklagte von dieser Befugnis durch Erheben der Einrede Gebrauch, so erreicht er dadurch, daß ihm zugebilligt wird, seine eigene Leistung bis zur Bewirkung der Gegenleistung zu verweigern, indem er zur Leistung Zug um Zug gegen Bewirkung der Gegenleistung verurteilt wird. Die Einrede des nichterfüllten Vertrages hat eine gewisse Ähnlichkeit mit dem bürgerlichen und dem kaufmännischen Zurückbehaltungsrecht. Man kann die Einrede des nichterfüllten Vertrages als ein auf gegenseitige Verträge beschränktes Zurückbehaltungsrecht bezeichnen, das nicht durch Sicherheitsleistung abgewendet werden kann (§ 320 Abs. 1 BGB), das bei gegenseitigen Verträgen an die Stelle des Zurückbehaltungsrechts des § 273 BGB tritt.

2. Die Voraussetzungen des § 320 BGB im einzelnen. **Anm. 297**

a) Verpflichtung im Gegenseitigkeitsverhältnis: Die betreffenden Leistungen müssen sich in dem bereits oben beschriebenen wechselseitigen Abhängigkeitsverhältnis befinden oder, wie man es ausdrückt, einander unmittelbar gegenüberstehen (RG 57, 5; 56, 252; 54, 125). Das bedingt vor allem, daß sie aus ein und demselben Vertrag stammen. Der Schuldner darf daher nicht seine Leistung aus dem einen Geschäft wegen der ausgebliebenen Erfüllung des Gegners aus einem anderen Geschäft zurückhalten, das nur wirtschaftlich oder tatsächlich mit dem ersten Geschäft zusammenhängt. Es handelt sich nicht um einen gegenseitigen Vertrag, wenn der Verkäufer nach der Übertragung des Eigentums auf den Käufer die Kaufsache zu seiner Sicherheit nach Vereinbarung mit dem Käufer bis zur Entrichtung des Kaufpreises in Verwahrung nimmt; hier findet nur § 273 BGB Anwendung (RG 106, 87). Sukzessivlieferungsverträge sind dagegen einheitliche Verträge. Die Nichterfüllung einzelner Raten gibt dem anderen Teil daher das Recht, unter Berufung auf § 320 BGB die Gegenleistung auch für die bereits erhaltenen Raten zu verweigern (RG 68, 17, 22 unter Aufgabe der in RG 61, 128 vertretenen Auffassung, wo nur § 273 BGB herangezogen worden war). Die Nichtbezahlung bereits erfolgter Lieferungen berechtigt umgekehrt den Verkäufer, die Lieferung weiterer bereits angemahnter und abgerufener Raten zu verweigern, BGH DB 1967, 1623.

b) Leistungswilligkeit des Einredeberechtigten: Die verzögerliche Einrede des § 320 BGB ist nur zur Regelung des Schwebezustandes bestimmt, der entsteht, wenn der eine Vertragsteil die Leistung des anderen fordert ohne seinerseits die ihm selbst obliegende Gegenleistung zu bewirken. Sie setzt daher auf seiten des auf Leistung belangten Teils voraus, daß er seine vertragliche Verpflichtung grundsätzlich anerkennt und lediglich darauf beharrt, seine Leistung nur gegen Empfang der Gegenleistung zu erbringen. § 320 BGB ist infolgedessen unanwendbar, wenn der Einredeberechtigte überhaupt nicht mehr leisten will, etwa weil er das Zustandekommen des Vertrages bestreitet oder ihn anficht (RG 94, 310; 49, 421) oder als nichtig behandelt oder nicht mehr leisten kann. Eine mündliche Bereiterklärung genügt, wenn der Gegner nicht bereit und imstande ist, seine Gegenleistung zu bewirken (RG LZ 1926, 821[4]). Sind beide Teile vertragsbrüchig (RG WarnRspr. 1920 Nr. 186) oder kann jeder Teil wegen fälliger Forderungen zurückhalten **Anm. 298**

(Hamburg HansRZ 1924, 460), so kann § 320 BGB nur praktisch werden, wenn sich beide Teile wieder auf den Vertragsstandpunkt stellen. Von der endgültigen Weigerung, den Vertrag zu erfüllen, ist der bloße Annahmeverzug zu unterscheiden. Während erstere in unvereinbarem Widerspruch zu der bloß aufschiebenden Einrede aus § 320 BGB steht, auf die sich nur der vertragstreue Kontrahent berufen kann, schließt der Annahmeverzug die Einrede nicht aus. So kann insbesondere auch der im Annahmeverzug befindliche Käufer beanspruchen, zur Zahlung nur Zug um Zug gegen Lieferung der Ware verurteilt zu werden. Denn durch seinen Annahmeverzug wird die Lieferungspflicht des Verkäufers nicht berührt und bewirkt ist dessen Leistung nun einmal nicht, mag auch der Käufer, z. B. durch unterlassenen Abruf, daran schuld sein (§ 322 BGB insbesondere dessen Abs. 2; § 274 Abs. 2 BGB; §§ 726 Abs. 2, 756, 765 ZPO; Begr. zu § 726 ZPO; RG 51, 368; 84, 230; JW 1904, 90[8]). Der Schuldner, hier der Verkäufer, kann nur die Kosten des vergeblichen ersten Angebots ersetzt verlangen (§ 304 BGB). Ebenso büßt § 320 BGB auch dann seinen Sinn ein, wenn umgekehrt die Gegenleistung nicht mehr gefordert werden kann, insbesondere weil sie unmöglich geworden ist oder sich die gegenseitigen Leistungspflichten aus dem Kaufvertrag in einen einseitigen Schadensersatzanspruch wegen Nichterfüllung nach der Differenzlehre umgewandelt haben (zu letzterem vgl. unten Anm. 351). Auch dann hat die nur zur Überbrückung eines vorübergehenden Schwebezustandes bestimmte Vorschrift des § 320 BGB einer endgültigen Regelung zwischen den Vertragspartnern zu weichen (vgl. dazu die Entscheidungen RG 58, 176; 65, 47; JW 1917, 597[5]; LZ 1919, 865[13]; 1920, 435[4]). Bei Unmöglichkeit der Gegenleistung ist jedoch zu beachten, daß § 320 BGB so lange anwendbar bleibt, wie die Unmöglichkeit noch nicht endgültig feststeht.

Anm. 299 **c) Die Einrede bei Zession, Verjährung sowie bei Vorhandensein mehrerer Gläubiger oder Schuldner:** Die Einrede setzt nicht voraus, daß sich noch die ursprünglichen Vertragspartner gegenüberstehen. Sie kann auch gegen den Rechtsnachfolger der anderen Vertragspartei, z. B. deren Zessionar erhoben werden, wenn dieser die Leistung verlangt. Umgekehrt steht das Leistungsverweigerungsrecht auch dem Vertragspartner zu, der seinen Anspruch auf die Gegenleistung abgetreten hat (RG 88, 254); z. B. wird der Verkäufer sukzessive zu liefernder Waren, der seine fällige Kaufpreisforderung abgetreten hat, dadurch nicht gehindert, weitere Lieferungen zu verweigern, bis der Käufer an den Zessionar zahlt (RG JW 1916, 1115[3]). Das Einrederecht geht auch nicht dadurch verloren, daß der Anspruch auf die Gegenleistung verjährt ist (RG 149, 327, 328; HRR 1930 Nr. 1434). Haben mehrere Gläubiger eine unteilbare Leistung zu fordern, so kann jeder Schuldner diese ganze Leistung verweigern, wenn auch nur die Gegenleistung eines Gläubigers ausbleibt (§§ 431, 421 BGB). Derselbe Grundsatz gilt nach ausdrücklicher Vorschrift des § 320 S. 2 BGB, wenn mehrere Gläubiger eine teilbare Leistung zu fordern haben (§ 420 BGB), und endlich, wenn der Schuldner nur einen Teil der Gegenleistung zu fordern hat, nicht aber, wenn ein Schuldner seinen Teil der Gegenleistung schon erhalten hat; dann muß er auch zu seinem Teil erfüllen, wenn auch andere Schuldner ihren Teil noch nicht erhalten haben. Über Teilleistungen auch unten Anm. 320.

Anm. 300 **d) Verhältnis zum Sachmängelrecht:** Die Einrede des nicht erfüllten Vertrages kann vom Käufer auch bei Lieferung einer mangelhaften Gattungssache erhoben werden, wenn Käufer die Abnahme deshalb zurückweist (s. § 377 Anm. 91). Der Spezieskäufer kann die mangelhafte Sache dagegen nur im Hinblick auf sein Wandelungsrecht zurückweisen. (Näheres s. unten Anm. 318). Hat aber der Käufer die mangelhafte Gattungssache als Erfüllung angenommen (§ 363 BGB), so steht ihm die Einrede des nicht erfüllten Vertrages nicht mehr zu; dann sind nur noch Gewährleistungsansprüche möglich, nachdem gehörige Mängelrüge erfolgt ist (§ 377 Anm. 91ff., 125; BGH 10, 248f.; RG 66, 333; 57, 400; WarnRspr. 1912 Nr. 204; Hamburg SeuffA 60 Nr. 29; vgl. ferner BGH NJW 1967, 33). Denn hat der Käufer die Ware als Erfüllung angenommen, so hat er damit ausgedrückt, daß er die Leistung des Verkäufers als Erfüllung gelten lassen wolle, wenn er sie auch als eine vertragsmäßige damit noch nicht genehmigt hat (RG 71, 23). Die Bestimmung des § 378 enthält für Quantitätsmängel dieselben Rechtsfolgen wie bei Lieferung in mangelhafter Beschaffenheit, so daß auch hier die Gewährleistungsansprüche Platz greifen (vgl. die Komm. zu § 378), wenn die Leistung als Voll-Leistung angeboten worden ist. Wollte man die Einrede des nicht erfüllten Vertrags noch nach der angenommenen Lieferung mangelhafter Ware zulassen, so würden die kurze Verjährung der Gewährleistungsansprüche (§ 477 BGB) sowie die Vorschriften über die Mängelrüge durch Anwendung der Grundsätze über den Schuldnerverzug (§ 326 BGB) beseitigt und eine Wandelung mit Hilfe des § 326 BGB herbeigeführt werden können (Hamburg SeuffA 60 Nr. 29). Daß auf die Rückgewähr bei der Wandelung die §§ 320, 322 BGB zur Anwendung kommen, wie beim Rücktritt (§ 348 BGB), bestimmt das Gesetz ausdrücklich (§ 377 Anm. 64).

3. Geltendmachung und Wirkungen der Einrede des nichterfüllten Vertrages. **Anm. 301**

a) Hinderung des Verzugseintritts: Der Schuldner, der trotz Fälligkeit nicht leistet, kommt nicht in Verzug, solange auch der Gläubiger seinerseits nicht bereit und imstande ist, die ihm obliegende Gegenleistung zu erbringen (RG 126, 280, 285; weitergehend anscheinend das in BGH NJW 1966, 200 angeführte Urteil dieses Gerichts VIII ZR 222/59 v. 9. 11. 1960: solange der Gläubiger nicht die Gegenleistung vollständig angeboten hat). Einer Geltendmachung des Leistungsverweigerungsrechtes aus § 320 BGB bedarf es dazu nicht. Es hindert bereits durch sein bloßes objektives Bestehen den Eintritt des Schuldnerverzuges (RG WarnRspr. 1921 Nr. 42; RG 126, 280, 285; BGH LM Nr. 9 zu § 320 BGB = NJW 1966, 200 st. Rspr., vgl. die weiteren dort aufgeführten Urteile des BGH sowie BGH DB 1967, 1623). Dies gilt selbst dann, wenn der Schuldner von seinem Leistungsverweigerungsrecht überhaupt keine Kenntnis hatte (RG 59, 24, 25). Werfen sich beide Parteien gegenseitig Verzug unter Berufung auf ein Leistungsverweigerungsrecht vor, so kommt es darauf an, welche Partei zuerst in Verzug geraten ist (RG LZ 1926, 820[3]; vgl. auch BGH NJW 1968, 103), was notfalls von Amts wegen ermittelt werden muß (RG „Recht" 1926 Nr. 2145).

b) Die Einrede im Prozeß: Im Prozeß gibt § 322 BGB dem Beklagten jedoch nur eine verzögerliche Einrede. Er muß sich also auf sein Leistungsverweigerungsrecht berufen; anderenfalls bleibt sein Anspruch auf die Gegenleistung auf die Leistungsklage des anderen Teils hin unberücksichtigt und er wird nach dem Klagantrag uneingeschränkt zur Leistung verurteilt. Dies gilt auch, wenn es sich um die Rückgewähr der beiderseitigen Leistungen infolge Rücktritts vom Vertrag oder infolge Wandelung handelt (§ 348 BGB; § 377 Anm. 72). Die Einrede, die prozessual auch noch in der zweiten Instanz vorgebracht werden kann (§ 529 ZPO), ist weder in dem einfachen Antrag auf Abweisung der Klage noch in dem Einwand der Aufrechnung zu finden. Die Einrede liegt aber in der Behauptung, daß der Kläger nicht imstande sei zu erfüllen, und kann in der einfachen Erfüllungsweigerung enthalten sein. In der Entscheidung über die Einrede darf die streitige Frage der Vertragsmäßigkeit der Leistung nicht dahingestellt und der Vollstreckungsinstanz vorbehalten bleiben; es darf daher, wenn die Ware wegen vertragswidriger Beschaffenheit zurückgewiesen ist, nicht ein Urteil zur Leistung Zug um Zug ergehen, solange ihre Vertragsmäßigkeit nicht feststeht (vgl. dazu näher Anm. 318; LZ 1914, 1715[1]). Soweit es sich jedoch um die Geltendmachung bestimmter Verzugsfolgen handelt, gilt aber auch im Prozeß das oben Anm. 301 Gesagte. **Anm. 302**

Wird die verzögerliche Einrede erhoben, so führt das nicht zur endgültigen Abweisung der Klage, sondern nur zur Verurteilung Zug um Zug (§ 322 Abs. 1 BGB; RG 65, 47; 58, 176), d. h. der Austausch der beiderseitigen Leistungen findet nun gleichzeitig statt wie bei der Geltendmachung des bürgerlich-rechtlichen Zurückbehaltungsrechts. Klagt z. B. der Verkäufer, so lautet das Urteil auf Zahlung gegen Lieferung oder, falls der Verkäufer vorzuleisten hat, auf Zahlung nach Empfang der Lieferung (zu letzterem siehe unten Anm. 306). Unrichtig wäre ein Urteil, das auf Zahlung gegen oder (bei Vorleistungspflicht) nach Abnahme lautete, weil die Vertragspflicht des Verkäufers, um die es sich hier handelt, in der Lieferung der Ware besteht, während die Abnahme eine Verpflichtung des Käufers neben der Kaufpreiszahlung ist; über diesen Unterschied oben Anm. 220ff. An dieser Form der Verurteilung ändert weder der Annahmeverzug des zu Verurteilenden etwas noch die mageInde Erfüllungsbereitschaft des Verkäufers (RG in DR JW 1939, 1005[26]); der Mangel seiner Erfüllungsbereitschaft ist nur auf die Kostenentscheidung insofern von Einfluß, als der Käufer keine Veranlassung zur Klage gegeben hatte. Hat indessen der Gläubiger im Rechtsstreit fortgesetzt eine **Anm. 303** ihm selbst obliegende Gegenleistung verweigert, so kann darin ein Verzicht auf den Rechtsbehelf aus § 322 BGB mit der Folge liegen, daß die Klage als verfrüht abzuweisen ist (RG in DR JW 1939, 1005[26]). Ist gegen den Zessionar die Einrede vorgeschützt, so erfolgt die Verurteilung Zug um Zug gegen die vom Zedenten zu machende Leistung, weil der Zessionar persönlich nicht zur Leistung verpflichtet ist. Bestreitet der Lieferung fordernde Käufer, der den Kaufpreis voll bezahlt haben will, den darüber hinausgehenden Zahlungsanspruch, auf Grund dessen der Verkäufer die Lieferung verweigert, so kann eine Verurteilung zur Leistung Zug um Zug nicht ergehen, ohne daß das Gericht, schon mit Rücksicht auf die Vorschrift des § 320 Abs. 2 BGB, zur Frage der Höhe des bestrittenen Anspruchs Stellung nimmt (JW 1915, 1189[1]); Sache des Schuldners ist es, die ihm gebührende Leistung darzutun; er hat wie bei der prozessualen Geltendmachung der Aufrechnung und des Zurückbehaltungsrechts seine Forderung liquid zu stellen, wenn er von der Einrede des nicht oder nicht gehörig erfüllten Vertrages Gebrauch machen will (vgl. WarnRspr. 1914 Nr. 39). Durch Sicherheitsleistung kann die Verurteilung abweichend vom bürgerlich-rechtlichen Zurückbehaltungsrecht und vom kaufmännischen Zurückbehaltungsrecht nicht abgewendet werden. Dies bestimmt § 320 Abs. 1 S. 3 BGB durch Ausschaltung der Vorschrift des § 273 Abs. 3 BGB ausdrücklich. Auch hier greifen die Grundsätze von Treu und Glauben (§ 242 BGB) ein. Die Tatsache der Sicherheitsleistung ist daher bei Beurteilung der Zulässigkeit der Einrede immerhin ein Umstand, der zugunsten des Schuldners im Rahmen des § 320 Abs. 2 BGB in Betracht zu ziehen ist (RG JW 1915, 1189[1]; Wilde in BGB-RGRK § 320 Anm. 15).

Anm. 304 **4. Der Umfang der Einrede des nichterfüllten Vertrages.**

Grundsätzlich kann die ganze Leistung verweigert werden, wenn auch die rückständige Gegenleistung geringer ist als die Leistung (Hamburg HansRGZ 1931 B 135). Ob die Hauptsache oder eine Nebensache nur teilweise geleistet ist, ob die teilweise Nichterfüllung in nicht vollständiger Leistung der geschuldeten Menge oder bei Gattungsschulden in Mangelhaftigkeit des Geleisteten ihren Grund hat, ist gleichgültig. Nur Treu und Glauben (§ 242 BGB) können anderes rechtfertigen (RG 76, 153; 68, 22). Dies ist derselbe Grundsatz, der für das bürgerliche und das kaufmännische Zurückbehaltungsrecht gilt (vgl. Komm. zu § 369). Deshalb bestimmt § 320 Abs. 2 BGB, daß bei teilweiser Erfüllung die Gegenleistung nur zu einem entsprechenden Teil verweigert werden darf, wenn die Verweigerung des Ganzen nach Treu und Glauben mit Rücksicht auf die Verkehrssitte unbillig wäre (vgl. auch RG JW 1915, 1003[9] und 1189[1]; LZ 1913, 757[12]). Beispielhaft („insbesondere") hebt § 320 Abs. 2 BGB den Fall hervor, in dem der ausgebliebene Teil der Leistung im Verhältnis zum bereits Geleisteten und zur zurückgehaltenen Leistung des Gegners geringfügig erscheint. Über die Geringfügigkeit entscheidet das Interesse, das der Berechtigte daran hat, seinerseits nicht zu erfüllen, bis er auch den letzten Rest der Leistung des Gegners erhält (JW 1915, 1189[1]; WarnRspr. 1913 Nr. 405; LZ 1925, 853[3]). Für die Zulässigkeit der Zurückbehaltung kommt es nicht auf das Verhältnis der Menge, der Größe, des Gewichts des Gelieferten zum Rückständigen an; entscheidend für die verhältnismäßige Geringfügigkeit sind vielmehr die Werte und ihre Bedeutung (RG 68, 23); es kommen dabei auch alle anderen Umstände in Betracht, wie die Dauer des Ausbleibens der Leistung, vergebliche Mahnungen, die gegenseitigen Beziehungen (WarnRspr. 1913 Nr. 405). Das Ausbleiben eines Teils einer Leistung gewinnt erhöhte Bedeutung, wenn die Unterlassung der Leistung auf Mangel an gutem Willen zurückzuführen ist (RG 76, 154; Gruch. 51, 935). Hat eine Partei teilweise geleistet, zugleich aber auch ihre Vertragspflichten noch in anderer Weise verletzt, so ist dafür, in welchem Maße der Gegner seine Leistung verweigern kann, die Schwere und Tragweite der ganzen Vertragsverletzung entscheidend (vgl. RG 68, 17). Keinesfalls darf die Einrede mißbraucht werden, um den Gegner zur Übernahme neuer, im Vertrag nicht enthaltener Bedingungen zu nötigen (RG 68, 23). Macht die eine Vertragspartei nur eine Teilleistung gerichtlich geltend und erhebt der Beklagte hinsichtlich der gesamten Gegenleistung die Einrede des nichterfüllten Vertrages, so hat die Entscheidung auf Verurteilung zu der Teilleistung Zug um Zug gegen Erbringung der gesamten Gegenleistung des Klägers zu ergehen, es sei denn, es handele sich um eine Verpflichtung, die ratenweise zu erfüllen und ratenweise zu bezahlen sei (vgl. BGH LM Nr. 1 zu § 322 BGB für den Fall eines Teilanerkenntnisurteils).

5. Auswirkungen einer Vorleistungspflicht auf die Einrede. **Anm. 305**

Die Verpflichtung zur Vertragserfüllung Zug um Zug ist abdingbares Recht. Häufig wird vereinbart, daß eine Partei zur **Vorleistung** verpflichtet sein soll. Hinsichtlich der Auswirkungen einer etwaigen Vorleistungspflicht eines Vertragsteils ist zu unterscheiden, ob dies der die Leistung Gewährende oder der Beklagte ist.

a) Rechtslage bei Vorleistungspflicht des klagenden Vertragsteils: Hat der Kläger vorzuleisten, so ist § 320 BGB, der nur als Gegenrecht des Beklagten ausgestaltet ist, nicht einschlägig. Der Kläger hat in diesem Fall in der Klagebegründung darzulegen, daß er bereits geleistet habe (und dies erforderlichenfalls zu beweisen). Anderenfalls fehlt es an der Behauptung eines fälligen Anspruchs. Ist der Beklagte in Annahmeverzug, hat z. B. der auf Zahlung klagende Verkäufer seiner Vorleistungspflicht nur deshalb nicht genügen können, weil der vorleistungsberechtigte Käufer die Ware nicht abgenommen hat, so kann der Verkäufer auf **Zahlung nach Empfang der Gegenleistung** (d. h. der Warenlieferung) klagen, § 322 Abs. 2 BGB. Klagt er ohne diese Einschränkung schlicht auf Leistung, so ergeht das Urteil ebenfalls nur in der bezeichneten Weise; jedoch ist in diesem Fall zusätzlich Abweisung der Klage im übrigen auszusprechen. Die derart eingeschränkte Verurteilung ist trotz § 308 ZPO zulässig, da sie gegenüber dem beantragten Ausspruch (schlichte Verurteilung) kein aliud, sondern ein minus darstellt. Überall da aber, wo die Fälligkeit der später zu bewirkenden Leistung auch dann eintritt, wenn die Vorleistung nicht erfüllt wurde, kann sich der Nachleistungsberechtigte nach dem Eintritt der Fälligkeit seiner Verpflichtung auf die ursprüngliche Vorleistungspflicht des Gegners nicht mehr berufen; vielmehr muß nunmehr Zug um Zug geleistet werden (RG 92, 217; RG „Recht“ 1913 Nr. 326; BGH WM 1964, 1247). Die Vorleistungspflicht endet, wenn feststeht, daß der Nachleistungsberechtigte, auch wenn ihm die Vorleistung erbracht würde, seine eigene Leistung nicht erfüllen kann oder will (WarnRspr. 1908 Nr. 451). Bei Sukzessivlieferungsverträgen braucht der Verkäufer daher nicht fortdauernd weiter zu liefern, wenn der Käufer die gelieferten Raten nicht bezahlt (siehe unten Anm. 436). Auch sonst ist der Verkäufer nicht zu weiteren Lieferungen auf Kredit verpflichtet, wenn der Käufer mit seinen Zahlungen in Verzug gerät (RG 66, 426). Damit ist die Fälligkeit der weiteren Leistungen des Verkäufers hinausgeschoben (LZ 1924, 121[2]). **Anm. 306**

b) Rechtslage bei Vorleistungspflicht des beklagten Vertragsteils: Ist der Beklagte zur Vorleistung verpflichtet, so steht ihm die Einrede gegen die Klage des anderen Teils nicht zu. Es erfolgt uneingeschränkte Verurteilung. Jedoch kann auch hier die Vorleistungspflicht aus den unter a) genannten Gründen enden mit der Wirkung, daß nunmehr Zug um Zug zu leisten ist. In diesem Fall greift § 320 BGB wieder ein. **Anm. 307**

c) Vorleistungsklauseln: Eine Vorleistungspflicht wird vor allem durch folgende Klauseln vereinbart: „Kasse gegen Faktura“, „Kasse gegen Dokumente“, z. T. wird die Verpflichtung, gegen Vorlage von Traditionspapieren zu zahlen, nicht als Fall der Vorleistungspflicht abgesehen, da die Papiere die Ware repräsentieren; dies ändert jedoch nichts an der Tatsache, daß der Käufer zahlen muß, ohne die Ware körperlich zu erhalten), „Kasse gegen Duplikatfrachtbrief“, „Kasse gegen Lieferschein“, „Zahlung gegen Lagerschein“, „Lieferung gegen Akkreditiv“ (RG 102, 155), nicht aber die Klausel „Zahlung netto Kasse“, die nur Zahlung ohne Abzug bedeutet (LZ 1908, 376[15]). Über Zahlungsklauseln vgl. auch schon § 346 Anm. 151 ff. Stehen zwei fällige Geldforderungen einander gegenüber, so bedeutet die Einrede des nichterfüllten Vertrages, daß aufgerechnet werde, soweit eine Aufrechnung möglich ist (§§ 387, 394 BGB). Eine Zurückbehaltung ist hier begrifflich ausgeschlossen (LZ 1908, 538[17]). Über den Einfluß der Vorleistungspflicht auf den Eintritt des Verzuges vgl. Anm. 323. **Anm. 308**

III. Der Schuldnerverzug **Anm. 309**

1. Einleitung.

Die maßgebenden Gesetzesvorschriften sind die §§ 286 Abs. 1, 326, 440 Abs. 1, 454 BGB. Sie lauten:

§ 286 Abs. 1 BGB: Der Schuldner hat dem Gläubiger den durch den Verzug entstehenden Schaden zu ersetzen.

§ 326 BGB: Ist bei einem gegenseitigen Vertrage der eine Teil mit der ihm obliegenden Leistung im Verzuge, so kann ihm der andere Teil zur Bewirkung der Leistung eine angemessene Frist mit der Erklärung bestimmen, daß er die Annahme der Leistung nach dem Ablaufe der Frist ablehne. Nach dem Ablaufe der Frist ist er berechtigt, Schadensersatz wegen Nichterfüllung zu verlangen oder von dem Vertrage zurückzutreten, wenn nicht die Leistung rechtzeitig erfolgt ist; der Anspruch auf Erfüllung ist ausgeschlossen. Wird die Leistung bis zum Ablaufe der Frist teilweise nicht bewirkt, so findet die Vorschrift des § 325 Abs. 1 Satz 2 entsprechende Anwendung.

Hat die Erfüllung des Vertrags infolge des Verzugs für den anderen Teil kein Interesse, so stehen ihm die im Abs. 1 bezeichneten Rechte zu, ohne daß es der Bestimmung einer Frist bedarf.

§ 440 Abs. 1 BGB: Erfüllt der Verkäufer die ihm nach den §§ 433 bis 437, 439 obliegenden Verpflichtungen nicht, so bestimmen sich die Rechte des Käufers nach den Vorschriften der §§ 320 bis 327.

§ 454 BGB: Hat der Verkäufer den Vertrag erfüllt und den Kaufpreis gestundet, so steht ihm das in § 325 Abs. 2 und im § 326 bestimmte Rücktrittsrecht nicht zu.

Die Vorschrift des § 286 Abs. 1 BGB, nach welcher der Schuldner den durch seinen Verzug entstandenen Schaden dem Gläubiger zu ersetzen hat, gehört zu den für alle Schuldverhältnisse aufgestellten allgemeinen Vorschriften. § 326 BGB ist dagegen eine Sondervorschrift, die nur für gegenseitige Verträge und auch dort nur für die in dem Gegenseitigkeitsverhältnis stehenden Hauptpflichten gilt, bei denen nach dem Vertragsinhalt sich die beiderseitigen Leistungen gegenseitig bedingen (dazu oben Anm. 289f.). § 326 BGB ergänzt die Vorschriften der §§ 241—292 BGB, schließt sie dagegen nicht aus (RG 106, 24). Wenn der Gläubiger nämlich Erfüllung und dazu Schadensersatz wegen verspäteter Erfüllung begehrt, greift auch bei gegenseitigen Verträgen der § 286 Abs. 1 BGB Platz. Schadensersatz wegen Nichterfüllung dagegen kann bei gegenseitigen Verträgen niemals mit Hilfe des § 286 BGB, sondern stets nur über § 326 BGB gefordert werden. Die Anwendbarkeit des § 326 BGB kann vertraglich ausgeschlossen werden; in diesem Fall hat der Gläubiger nur die Rechte aus §§ 286 Abs. 1, 283 BGB. In dem gleichen Verhältnis zueinander stehen § 286 Abs. 2 und § 326 Abs. 2 BGB.

Anm. 310 § 326 BGB regelt nur den Leistungsverzug. Unerheblich ist, ob Gegenstand der Leistung die Lieferung einer Sache, die Vornahme von Handlungen oder die Abgabe einer Willenserklärung ist. § 326 BGB ist auch anwendbar, wenn die Leistung noch unbestimmt ist, der Schuldner sie jedoch durch eine Erklärung zu einer bestimmten machen kann (RG 49, 41). War der Schuldner bereits zur Zeit der Begründung des Schuldverhältnisses unvermögend, die Leistung zu verschaffen, z. B. die mit einem bestimmten Warenzeichen versehene Ware wegen Ablehnung der Eintragung (RG in DJZ 1903, 549[114]) zu liefern oder die Belastung der Kaufsache zu beseitigen (RG 69, 355), und ist das Unvermögen ein dauerndes geworden, so findet weder § 326 BGB Anwendung, noch auch ist auf Erfüllung mit den Folgen des § 283 BGB zu klagen, noch auch finden die das nachträgliche Unvermögen betreffenden §§ 325, 275 Abs. 2 BGB Anwendung, noch auch kommt der die objektive Unmöglichkeit behandelnde § 306 BGB in Betracht. Der Verkäufer kann vielmehr ohne weiteres auf Schadensersatz wegen Nichterfüllung klagen, weil der Schuldner mit dem Vertragsschluß regelmäßig die Haftung für seine Leistungsfähigkeit übernommen hat (RG 81, 63; 69, 357; vgl. genauer unten Anm. 473). Darüber, wie es sich beim Annahmeverzug und beim Abnahmeverzug verhält, und über Gläubiger- und Schuldnerverzug siehe §§ 373/374.

Anm. 311 **2. Eigene Vertragstreue als Bedingung für die Geltendmachung der Rechte aus § 326 BGB.**

Nur der vertragstreue Teil kann von § 326 BGB Gebrauch machen (BGH WM 1964, 679; NJW 1968, 103 m. w. Nachw. und st. Rspr.). Dies ergibt sich schon daraus, daß der Gegner andernfalls ein Zurückbehaltungsrecht hat (vgl. auch oben Anm. 301 und unten 322ff.). Der Vertragsuntreue steht die mangelnde Erfüllungsbereitschaft gleich (unten Anm. 326; vgl. JW 1925, 606[9]; WarnRspr. 1925 Nr. 120), z. B. wenn der Verkäufer sich in Unmöglichkeit zur Erbringung seiner Leistung versetzt hat. Der Gläubiger, der selbst in Verzug geraten ist oder selbst vertragswidrig gehandelt hat, kann gegen den

Gegner wegen dessen Verzug nicht auf Grund des § 326 BGB vorgehen, ehe er nicht selbst wieder vertragstreu geworden ist und die Folgen seines Verzugs oder seines sonstigen vertragswidrigen Verhaltens beseitigt hat (RG 67, 318; LZ 1924, 816[5]; DJZ 1923, 371; WarnRspr. 1917 Nr. 50; vgl. unten Anm. 410). Er kann auch kein Zurückbehaltungsrecht aus Tatsachen entnehmen, die eingetreten sind, nachdem er in Verzug geraten ist (RG 93, 301, 120, 193, 196; aus der neueren Rspr. vgl. insbesondere BGH NJW 1966, 200 und 1968, 103 m. w. Nachw.). Anders aber, wenn der Käufer in Annahmeverzug war und die Ware danach ohne Vorsatz oder grobe Fahrlässigkeit des Verkäufers untergegangen ist oder dieser sie nach § 373 verkauft hat. Indessen kann der eine Vertragsteil auch ohne Beseitigung seiner eigenen Vertragswidrigkeit die Wirkungen ernstlicher Weigerung der Erfüllung durch den Vertragsgegner dann für sich beanspruchen, wenn dieser kundgegeben hat, auf seiner Erfüllungsweigerung selbst für den Fall zu beharren, daß jener die ihm noch mögliche Beseitigung seiner Vertragswidrigkeit gutgemacht habe (RG 149, 404; BGH LM Nr. 12 zu § 326 [A] BGB und Nr. 6 zu § 325 BGB sowie DB 1968, 128). Mindestvoraussetzung für die Ausübung der Rechte aus § 326 BGB ist aber auch hier, daß der Berechtigte zur Erbringung seiner eigenen Vertragsleistung überhaupt in der Lage ist (BGH LM Nr. 12 zu § 326 [A] BGB). Gänzlich ohne Bedeutung ist die eigene Vertragsuntreue jedoch dann, wenn aus dem Verhalten des Vertragspartners zu entnehmen ist, daß er auf die Innehaltung der betreffenden Vertragspflicht kein Gewicht gelegt hat (RG 152, 119, 124; BGH LM Nr. 1a zu § 326 [C] BGB).

3. Das dreifache Wahlrecht des nichtsäumigen Teils **Anm. 312**

1. Der Gläubiger kann darauf bestehen, daß der Vertrag trotz der eingetretenen Verzögerung erfüllt wird. Neben der Erfüllung kann er Ersatz desjenigen Schadens verlangen, der ihm gerade durch die Verspätung der Erfüllung entstanden ist (§ 286 Abs. 1 BGB).

2. Der Gläubiger kann Schadensersatz wegen Nichterfüllung des ganzen Vertrages verlangen.

3. Der Gläubiger kann vom Vertrag zurücktreten.

Diese Rechte stehen dem Gläubiger nicht nebeneinander zu. Er kann vielmehr immer nur das eine oder das andere dieser Rechte wählen. Insbesondere schließen sich Rücktritt und Schadensersatz wegen Nichterfüllung gegenseitig aus (RG 61, 130; 54, 100; 50, 262 und unten Anm. 341 u. 414; vgl. aber auch Anm. 351ff.). Für die Rechtslage bei der Wandlung siehe § 377 Anm. 87.

4. Die Verzugsvoraussetzungen im einzelnen. **Anm. 313**

a) Das Ausbleiben der fälligen Leistung:

aa) Das Unterlassen der Leistung. Der Verpflichtete muß die Erbringung der ihm obliegenden Leistung **unterlassen** haben.

α) **Zahlungsverzug des Käufers.** Die Hauptverpflichtung des Käufers ist die Zahlung des vereinbarten Kaufpreises.

αα) **Allgemeines.** Ein Unterlassen der Zahlung liegt auch bei Unterbleiben der Banküberweisung (RG 105, 269; WarnRspr. 1925 Nr. 130), Giroüberweisung, Scheck- und Wechselzahlung sowie der Akkreditierung (die im internationalen Handel Hauptpflicht ist, vgl. OLG München NJW 1958, 752) vor. Näheres über die Zahlungsverpflichtung des Käufers siehe Anm. 1. Über den Fall, daß der Käufer Sicherheit zu geben hat (Wechsel, Pfänder, Bürgen) und hiermit im Verzug ist, siehe oben Anm. 291. Will der Käufer nur einen Teil zahlen oder will er überhaupt weniger zahlen als fällig ist (z. B. Verzugszinsen und Kosten nicht zahlen), so genügt dies als Voraussetzung des Verzugs. Denn Teilleistungen braucht sich der Gläubiger nicht gefallen zu lassen (§ 266 BGB; vgl. zu dem Folgenden ferner Rother NJW 1965, 1749 und Heinzelmann NJW 1967, 534), wenn er nicht selbst Teilzahlung gefordert, insbesondere eingeklagt hat (RG 66, 266). Anders ist es nur beim Wechsel (Art. 39 Abs. 2 WG), bei der Verteilung der Konkursmasse (§ 149 KO) und wenn mehrere Käufer vorhanden sind, die nach Lage des Falles nach Kopfteilen zu zahlen haben (§ 420 BGB). Abgesehen von diesen drei Ausnahmen gilt überall der § 266 BGB. Daher braucht der Verkäufer, obgleich die vorbehaltlose Annahme des Kaufpreises ohne besondere Umstände nicht einmal den Verzicht auf Verzugszinsen bedeutet (RG 42, 124), den fälligen Kaufpreis nicht ohne die schuldigen Verzugszinsen, aber auch die fälligen Verzugszinsen nicht ohne den schuldigen Kaufpreis anzunehmen (Motive II 33 und 87). Dasselbe gilt von Kosten und Schäden wie von den gesetzlichen Zinsen als untrennbare Nebenforderungen. Vertragsmäßige Zinsen soll der Gläubiger, weil sie selbständig sind, nicht zurückweisen dürfen, wenn sie allein angeboten werden (Staudinger-Werner[10/11] § 266 Rdnr. 2); die vertragsmäßigen Zinsen sind jedoch Vergütung für Nutzung der Kaufsache und daher unselbständige Nebenforderungen; es findet also § 266 Anwendung (Nastelski in BGB-RGRK § 266 Anm. 6; Soergel-Reimer Schmidt § 266 Rdnr. 3). § 266 BGB ist allerdings nachgiebiges Recht. Es kommt somit in allen Fällen zunächst darauf an, was die Parteien bestimmt haben (vgl. etwa OLG Nürnberg BB 1963, 919). Über Vertragsstrafen als Teilleistung siehe § 348; bei der Aufrechnung ist Teilleistung zugelassen (RG 79, 360). Auch beim Anbieten von Teilleistungen kommen die Grundsätze von Treu und Glauben (§ 242 BGB) zur Geltung (vgl. aus der neueren Rspr. z. B. OLG Nürnberg MDR 1964, 595). Der Gläubiger kann daher nicht nach § 326 BGB vorgehen, wenn der Schuldner nur mit einem geringfügigen Teil des Kaufpreises in Verzug kommt, obgleich § 326 BGB eine dem § 320 Abs. 2 BGB entsprechende Vorschrift nicht enthält (RG 76, 152). Ein Verstoß gegen § 242 BGB bei der Geltendmachung der Rechte aus § 326 BGB liegt trotz Geringfügigkeit des Abzugs nicht vor, wenn besondere Gründe das Vorgehen des Schuldners rechtfertigen, insbesondere der Abzug offenbar nur böswillig oder aus Schikane gemacht wird (RG 76, 154). Ob ein Betrag als geringfügig anzusehen ist, entscheidet sich nach Lage des Einzelfalls (RG WarnRspr. 1913 Nr. 405). Sendet der Käufer den geforderten Kaufpreis im großen und ganzen, macht er aber einen Abzug und bittet, ihm diesen zu gewähren, so kann nicht ohne Verstoß gegen Treu und Glauben sofort von Verzug gesprochen werden, solange der Käufer zwar keinen Anspruch hat, aber doch immerhin glauben konnte, der Verkäufer werde ihm den Abzug gewähren. Über den Fall, daß ein Teil des Kaufpreises gezahlt und angenommen wird, mit dem Rest aber der Verzug eintritt, siehe unten Anm. 433ff. Die Zahlung ist ferner unterlassen, wenn der Käufer infolge von Meinungsverschiedenheiten zurückhält und sich sein Standpunkt nachträglich als unrichtig herausstellt, z. B. wenn der Käufer meint, durch seine Zahlung die Kaufpreisforderung zum Erlöschen gebracht zu haben, und sich danach verhält, während die Zahlung auf einen anderen Posten zu verrechnen war, oder wenn er die Zahlung unabhängig macht von der Erklärung des Verkäufers, auch wirklich liefern zu wollen; denn auf Abgabe einer solchen Erklärung hat der Käufer kein Recht, sondern nur auf Lieferung (RG bei Holdheim 1931, 274). Daß der Käufer dem Verkäufer mitteilt, das Geld liege bei ihm oder einem Dritten zur Abholung bereit, genügt nicht, weil der Käufer zur Übersendung verpflichtet ist (RG 109, 328; § 270 BGB).

Anm. 314 *ββ*) **Zahlung unter Vorbehalt.** Bietet der Käufer die Zahlung unter Vorbehalt des Bestehens der Kaufpreisforderung oder nur schlicht unter einem nicht näher spezifizierten Vorbehalt an, so sieht die h. M. im Einklang mit der in der Vorauflage dieses Kommentars (Anhang zu § 374 Anm. 12a) vertretenen Ansicht darin für den Regelfall nicht mehr als eine Verwahrung des Zahlenden gegen den möglichen Vorwurf, er habe in Kenntnis des Nichtbestehens der Kaufpreisschuld gehandelt, der ihm nach § 814 BGB die Möglichkeit späterer Rückforderung selbst dann abschnitte, wenn er einwandfrei beweisen könnte, daß eine Verpflichtung zur Zahlung nicht bestanden hat (vgl. RG WarnRspr. 1923, 24 Nr. 179; 1914 Nr. 240; Löscher in BGB-RGRK § 362 Anm. 17; Palandt-Danckelmann/Heinrichs § 362 Anm. 2; Enneccerus-Lehmann[15] S. 255; a. A. einige Stimmen aus der älteren Literatur vgl. etwa Eccius Gruch. 42, 30ff.; Martinius Gruch. 47, 760; weitere Nachweise bei Enneccerus-Lehmann[15] S. 254 Anm. 17; über frühere Versuche, den Vorbehalt als aufschiebende oder auflösende Bedingung zu konstruieren, siehe außer der Vorauflage a. a. O. auch RG 7, 184ff.; 30, 173ff.; 79, 140ff.). Da der Gläubiger ein Anerkenntnis der Schuld bei der Zahlung nicht fordern kann (ebenfalls h. M.; vgl. die im vorhergehenden Satz zitierten Autoren, aus der älteren Literatur ausführlich Stölzel, Schulung f. d. ziv. Praxis Bd. 2 S. 251), gerät der Käufer durch eine Zahlung unter dem genannten einfachen Vorbehalt nicht in Verzug; der Verkäufer muß eine solche Zahlung annehmen, um seinerseits den Annahmeverzug zu vermeiden. Der Vorbehalt kann auch stillschweigend gemacht werden. Ob der Zahlende seine Schuld bestreitet oder nur in Zweifel stellt, macht für die Annahme und Auslegung eines Vorbehalts keinen Unterschied, denn auch im letzteren Fall kann wegen § 814 BGB die Verwahrung angebracht sein (vgl. RG 72, 199). Die Zahlung wirkt trotz des Vorbehalts als Erfüllung, bringt also die Schuld mit allen Nebenrechten und Sicherheiten zum Erlöschen. Begehrt der Käufer Rückzahlung, so muß er Zahlung und Nichtbestehen der Schuld — nicht dagegen den Vorbehalt — darlegen und beweisen (RG 60, 420; 79, 286; JW 1910, 109[8]). Die Entgegennahme von Zahlungen unter weitergehenden Vorbehalten, insbesondere dem, daß der Käufer das Gezahlte jederzeit zurückfordern könne, falls der Verkäufer nicht demnächst das Bestehen seiner Kaufpreisforderung beweise, ist dem Verkäufer hingegen nicht zumutbar. Lehnt er ab, so gerät der Käufer in Zahlungsverzug; nimmt der Verkäufer allerdings eine unter solchen erweiterten Vorbehalten angebotene Zahlung an, so unterwirft er sich den vom Käufer gestellten Bedingungen (RG 30, 174; 79, 142; ROHG 5, 155). Das in den beiden letzten Sätzen Ausgeführte gilt auch für andere Vorbehalte, so z. B. wenn die Zahlung von einer nicht geschuldeten Gegenleistung oder anderen vertragswidrigen Bedingung abhängig gemacht wird.

γγ) **Zahlungsverzug durch Annahmeverzug.** Über den Annahmeverzug siehe §§ 373/374. Annahme- oder Abnahmeverzug allein ohne gleichzeitigen Zahlungsverzug kann vorliegen, wenn der Kaufpreis gestundet oder schon vorausbezahlt ist; vielfach fallen Annahmeverzug und Zahlungsverzug zusammen, und der Verkäufer kann die Rechte aus dem Annahmeverzug und aus dem Zahlungsverzug geltend machen. Er kann also in diesem Fall auf Grund des Annahmeverzugs gemäß § 373 die Ware hinterlegen oder verkaufen lassen und auf Zahlung klagen, er kann aber auch auf Grund des Zahlungsverzuges eines der Rechte aus § 326 BGB geltend machen (vgl. §§ 373/374 Anm. 22 u. 59). In Zahlungsverzug ohne gleichzeitigen Annahmeverzug gerät der Käufer nur, wenn die Kaufsache noch nicht übergeben, er aber vorleistungspflichtig ist. Von dieser Bestimmung ist der Satz keine Ausnahme, daß der Käufer, der das angebotene Konnossement nicht annimmt, in Annahme- und in Zahlungsverzug gerät; denn das Konnossement stellt die Ware dar, und das Konnossement erhält er nur gegen Zahlung. Darüber, wie der Kaufpreis zu zahlen ist, siehe Anm. 200ff. **Anm. 315**

β) **Abnahmeverzug des Käufers als Leistungsverzug.** Zu den Hauptpflichten des Käufers kann ausnahmsweise (vgl. dazu oben Anm. 292) die Abnahme der Ware gehören. Der Abnahmeverzug verlangt beim Gattungskauf, daß die bestimmte Ware ausgeschieden ist und dem Käufer als kenntlich ausgeschiedene Ware angeboten ist (§§ 243 Abs. 2, 300 Abs. 2 BGB, siehe dazu vor allem oben Anm. 110). Dieses Erfordernis ist weitergehend als das der bloßen Erfüllungsbereitschaft, welches zum Annahmeverzug gehört. Zum Annahmeverzug genügt es, wenn die wörtlich angebotene Ware jederzeit mit Sicherheit auf dem Markt oder bei einem vertragsmäßig verpflichteten Dritten zu haben ist (§§ 373/374 Anm. 14). Bei der Abnahme dagegen muß die Ware zur körperlichen Wegnahme bereitgehalten sein, d. h. sie muß auf Lager zur jederzeitigen Ablieferung und Versendung für den Käufer zur Verfügung stehen (RG 53, 162; 56, 176). Der Begriff des Bereithaltens darf nicht so eng gefaßt werden, daß daraus ein Bereitstellen wird (dieses letzteren Ausdrucks bedienen sich übrigens die Urteile RG 57, 406; JW 1905, 78[15]). Daher kann keine Leistungsklage auf Abnahme erst noch anzuschaffender oder anzufertigender Ware (RG LZ 1911, 455[6]), zu fördernden Kieses (RG JW 1905, 78[15]) oder erst noch zu spezifizierender Ware (oben Anm. 223) erhoben werden. Nur eine Feststellungsklage ist denkbar. Es ist insbesondere auch beim Sukzessivlieferungsvertrag nicht möglich, die Klage auf Abnahme damit zu begründen, daß der Verkäufer in der Lage sei, die Ware zu beschaffen und abzuliefern (RG 56, 173). **Anm. 316**

γ) **Besonderheiten beim Lieferverzug des Verkäufers.** Der Verkäufer muß dem Käufer die Sache übergeben und ihm das Eigentum an der Sache verschaffen. Über diese Verpflichtungen s. im einzelnen oben Anm. 141, 144. Mit der Übergabe ist der Verkäufer dann im Verzug, wenn er dem Käufer nicht den unmittelbaren Besitz an der Sache oder, wenn er durch Ersatzübergabe erfüllen darf (zu der Frage, wann er dazu berechtigt ist, siehe oben Anm. 141), nicht das vereinbarte Surrogat verschafft. Hat der Käufer bei Vereinbarung einer Ersatzübergabe die Ware beim Verkäufer liegen lassen mit dem Ersuchen, sie für ihn zu verwahren, und verweigert nunmehr der Verkäufer die Herausgabe oder verhindert er nach Übergabe des Dispositionspapiers an den Käufer die recht- **Anm. 317** zeitige Ankunft oder Ausantwortung der Ware, so liegt Übergabeverzug nicht vor. Verzögert der Verkäufer die hierdurch übernommenen Verpflichtungen, so ist freilich der Käufer nicht schutzlos, aber die Rechte aus § 326 BGB stehen ihm nicht zu.

Anm. 818 αα) **Verhältnis des § 326 BGB zum Sachmängelrecht.** Streitig ist, inwieweit ein Übergabeverzug des Verkäufers durch Lieferung einer mangelhaften Sache begründet wird. Für den Gattungskauf ist anerkannt, daß die Lieferung mangelhafter Ware, wenn der Käufer sie nach § 480 BGB zurückweist, Nichterfüllung darstellt, die sowohl Konzentration der Gattungsschuld als auch den Gefahrübergang als nicht eingetreten gelten läßt und den Käufer zur Einrede des nicht erfüllten Vertrages berechtigt (oben Anm. 103, 184, 224, 300). Der Käufer ist daher aus dem Gesichtspunkt des Erfüllungsanspruchs berechtigt, statt der Wandlung oder Minderung die Lieferung mangelfreier Ware zu verlangen (§ 480 BGB). Der Verkäufer, der eine mangelhafte Gattungssache geliefert hat, kommt daher in Verzug, wenn der Käufer Nachlieferung verlangt und der Verkäufer diesem Verlangen nicht entspricht (vgl. Hamburg OLGE 38, 84; auch RG 53, 91; 52, 355 und BGH NJW 1967, 33). Bestritten aber ist, ob auch der Speziesverkäufer zur Lieferung einer mangelfreien Sache verpflichtet ist. Diese Frage hängt davon ab, ob in den Mängelgewährsrechten eine echte Gewährschaftspflicht erblickt wird, die den Verkäufer mit der Garantie für einen nicht geschuldeten Erfolg belastet (so Schollmeyer, DogmJ. 49, 93ff.; Enneccerus-Lehmann[15] S. 430ff., § 108 I; Düringer-Hachenburg-Hoeniger V Einl. Anm. 115; Flume, Eigenschaftsirrtum und Kauf, 1948, S. 36; Larenz II[8] S. 56; Soergel-Ballerstedt Vorbem. vor § 459 Rdnr. 10ff. trotz unterschiedlicher Begründung im einzelnen), oder ob die Gewährschaftspflicht als Ersatzverpflichtung für die Nichterfüllung der primären Leistungspflicht betrachtet wird, deren Folgen nach vollzogener Lieferung unter Ausschluß des Erfüllungsanspruchs durch die Sondervorschriften der §§ 459ff. geregelt werden (so Kuhn in BGB-RGRK § 459 Anm. 3; Palandt-Putzo § 459 Anm. 1; Erman-Weitnauer § 459 Bem. III 1ff. im Anschluß vor allem an Raape AcP 150, 481ff. und Korintenberg, Erfüllung und Gewährleistung beim Werkvertrag, 1935 und Die rechtspolitische Großtat der Ädizilischen Rechtsbehelfe vor 2000 Jahren und heute, 1948). Auch hier wurde in der vorletzten Auflage dieses Kommentars die Auffassung vertreten, daß der Verkäufer einer Speziessache das Kaufobjekt in mangelfreiem Zustand zu liefern habe, seiner Vertragspflicht also nicht genüge, wenn er die Sache in dem mangelhaften Zustand, in dem sie sich befindet, anbietet. Zwar sei der Verkäufer zur Behebung des Mangels nach der Übergabe nicht verpflichtet, wohl aber habe er, wenn der Käufer die Annahme der Sache verweigere, sie in einen mangelfreien Zustand zu versetzen; davon werde er nur durch den von ihm zu erbringenden Nachweis befreit, daß ihm die Lieferung einer mangelfreien Sache infolge eines von ihm nicht zu vertretenden Umstandes unmöglich sei, anderenfalls gerate auch der Speziesverkäufer in Leistungsverzug. Diese Auffassung ist indessen abzulehnen. Sie würde, da der Käufer einer Spezialsache nicht Lieferung einer anderen als der gekauften Sache verlangen kann, zu einer Ausbesserungspflicht des Verkäufers führen, die gemäß dieser Lehre freilich nur dann bestünde, wenn der Käufer die Sache wegen Mangelhaftigkeit sogleich zurückweist, z. B. den Einwand des nicht erfüllten Vertrages erhebt. Eine solche Verpflichtung des Verkäufers ist im Gesetz nicht vorgesehen (im Gegensatz zum Werkvertrag, § 633 Abs. 2 BGB). Die Lieferpflicht des Verkäufers einer Speziessache hat zum Inhalt, die Sache in dem Zustand zu liefern, in welchem sie sich zur Zeit des Vertragsabschlusses befindet (a. A. Larenz II[8] S. 55: „wie sie im Zeitpunkt der Lieferung ist"). Eine Vertragsverletzung ist daher nur gegeben, wenn der Verkäufer die Kaufsache in der Zeit zwischen Kaufabschluß und Lieferung schuldhaft verschlechtert. Andererseits hat der Verkäufer dafür Gewähr zu leisten, daß die Kaufsache frei von Mängeln ist, die ihren Wert oder ihre Tauglichkeit zu dem gewöhnlichen oder nach dem Vertrag vorausgesetzten Gebrauch aufheben oder mindern (§ 459 BGB). Daran ändert auch die Zusicherung bestimmter Eigenschaften oder der Fehlerfreiheit nichts; sie bewirkt nur, daß der Verkäufer sich dadurch verpflichtet, für diese Zusicherung gemäß §§ 463, 480 Abs. 2 BGB in zusätzlicher Weise einzustehen. Aus dieser Auffassung ergeben sich folgende Konsequenzen. Wenn die vom Käufer individuell bestimmte Sache Mängel aufweist, die nicht erst durch schuldhaftes Verhalten des Verkäufers nach Abschluß des Kaufvertrages entstanden sind, so kann der Käufer nicht die Einrede der Nichterfüllung erheben, und es ist auch nicht möglich, daß, wenn der Verkäufer auf Zahlung des Kaufpreises klagt, der Käufer zur Zahlung gegen Empfang der Sache in mangelfreiem Zustand verurteilt wird (§ 320 BGB dazu auch Anm. 302; vgl. jedoch BGH 10, 248f.); denn damit würde einerseits die Prüfung der Vertragsmäßigkeit der Vollstreckungsinstanz zugewiesen werden, was nicht angängig ist, andererseits würde durch ein solches Urteil dem Käufer die Möglichkeit genommen werden, durch Wandlung vom Vertrag loszukommen. Deshalb ist ja auch beim Gattungskauf die Einrede des nicht erfüllten Vertrages nur dann gegeben, wenn der Käufer gemäß § 480 BGB auf Erfüllung besteht. Beim Spezieskauf kann der Verkäufer wegen Mängel der Sache auch nicht in Lieferverzug geraten. Wohl aber würde in jenem Fall, daß der Verkäufer die verkaufte Sache schuldhaft verschlechtert, eine positive Vertragsverletzung vorliegen. Andererseits braucht der Käufer die mangelhafte Speziessache nicht erst abzunehmen, sondern er kann unter Berufung auf sein Wandlungsrecht die Abnahme verweigern, ohne in Annahme- oder Abnahmeverzug zu geraten und daher auch die Zahlung des Kaufpreises verweigern, weil der Verkäufer nicht verlangen kann, daß er bei vollzogener Wandlung doch wieder zurückzuzahlen verpflichtet wäre. Es ist Sache, aber auch freier Wille des Verkäufers, ob er durch etwaige Behebung des Mangels die Berufung des Käufers auf sein Wandlungsrecht und die darauf gestützte Abnahmeverweigerung gegenstandslos macht. Das aber setzt voraus, daß der Käufer sich mit der dadurch eintretenden Lieferungsverzögerung einverstanden erklärt oder daß nicht ein anderes berechtigtes Interesse des Käufers (z. B. er hat zu diesem Fabrikat nun kein Vertrauen mehr) entgegensteht (siehe auch § 377 Anm. 50f. insbes. 51); der Verkäufer hat mithin grundsätzlich kein Ausbesserungsrecht, also kein Recht darauf, den Spezieskäufer durch Ausbesserung an dem Vertrag festzuhalten. Aus dem Wesen der Speziesschuld, die dadurch gekennzeichnet ist, daß der Käufer das Objekt individuell bestimmt und daß sich sein Kaufinteresse auf diese Sache beschränkt, ist jedoch zu folgern, daß Kaufverträge, welche sich auf Gegenstände (z. B. des täglichen Gebrauchs) beziehen, an denen erkennbar ein solches individuelles, auf sie beschränktes Käuferinteresse nicht besteht, insoweit als auf den Vorrat des Verkäufers beschränkte Gattungsschulden anzusehen sind, als dem Käufer das Recht aus § 480 BGB zu gewähren ist. Handelt es sich aber um eine echte Speziesschuld, dann ist der Käufer nicht genötigt, die Sache erst entgegenzunehmen, um alsdann die Wandlung zu erklären, sondern er kann, ohne in Annahme- oder Abnahmeverzug zu geraten, die Sache zurückweisen und damit zugleich die Wandlung zum Ausdruck bringen (vgl. Anm. 184, 224, 300; § 377 Anm. 125; ferner Oertmann § 459 Anm. 3; Düringer-Hachenburg-Hoeniger V Einl. Anm. 117; Larenz II[8] S. 57).

ββ) **Verzug beim Versendungskauf.** Beim Versendungskauf gilt folgendes: Hat der Verkäufer einer Speziessache das Kaufobjekt dem Spediteur oder Frachtführer übergeben, so ist die Gefahr auf den Käufer übergegangen, auch wenn die Sache Mängel aufweist. Das Recht zur Geltendmachung der Mängelgewährsrechte wird jedoch davon nicht berührt. Bei Lieferung einer Gattungssache hingegen gilt bei Mangelhaftigkeit der Ware, wenn der Käufer sie gemäß § 480 BGB als Nichterfüllung zurückreicht und auf Erfüllung durch Nachlieferung mangelfreier Ware besteht, die Konzentration (RG 69, 407) und demgemäß auch der Gefahrübergang als nicht eingetreten. Weist der Käufer nun die Ware mit Recht zurück und entspricht der Verkäufer dem Anspruch auf Lieferung einwandfreier Ware nicht, dann erwachsen dem Käufer die Rechte aus § 326 BGB. Auch wenn der Käufer gegen Konnossement gekauft hat und ihm das die Ware vertretende Konnossement übergeben wurde, kann er die Ware zurückweisen und die Einzelgewährsrechte geltend machen (vgl. RG 52, 358 und Anm. 288). Ein Verzug des Verkäufers tritt in diesen Fällen schon dann ein, wenn bei festem Liefertermin der Verkäufer schuldhaft mangelhafte Gattungsware geliefert hat, andernfalls erst dann, wenn die Verzugsvoraussetzungen im Hinblick auf die vom Käufer geforderte Nachlieferung gegeben sind. Ob und inwieweit die Lieferung einer anderen Sache den Regeln vom Übergabeverzug oder den Regeln von der Lieferung mangelhafter Ware unterliegt, darüber siehe § 378 Anm. 1,2ff., desgleichen über den Fall, in dem die Lieferung einer anderen als der bedungenen Menge, selbst dann, wenn dies Minderlieferung bedeutet, dennoch nicht als teilweise Nichterfüllung gilt, sondern wie mangelhafte Erfüllung behandelt wird (vgl. § 378 Anm. 10). **Anm. 319**

Anm. 320 γγ) **Lieferungsverzug durch Teilleistungen.** Teilleistungen braucht auch der Käufer nicht anzunehmen, wenn dies nicht vertragsgemäß bedungen ist, oder wenn er nicht selbst eine solche verlangt hat (§ 266 BGB; vgl. hierüber schon oben Anm. 313). Eine Teilleistung ist nicht nur dann vorhanden, wenn weniger als geschuldet in der Absicht späterer Nachlieferung des Restes angeboten wird, sondern auch dann, wenn die Leistung eines Teils mit der ausdrücklichen oder stillschweigenden Erklärung erfolgt, es solle oder könne der Rest nicht nachgeliefert werden (SeuffA 61, 265; Hamburg OLGE 12, 33). Von Teilleistung kann nicht gesprochen werden, wenn mehrere Einzelgeschäfte in einem Kaufvertrag zusammengefaßt sind. Ebenso können die Grundsätze über teilweise Lieferung nicht zur Anwendung kommen, wenn der Käufer auf sein Recht, nur die ganze Lieferung annehmen zu müssen, verzichtet hat, was häufig aus dem Verhalten der Parteien schlüssig hervorgeht. Ist die Teilleistung zurückgewiesen, weil der Vertrag nur ganz erfüllt werden konnte, so verhält es sich geradeso, wie wenn der Verkäufer überhaupt nicht erfüllt hätte. Der Schuldner hat zu beweisen, daß er zu Teilleistungen berechtigt ist, nicht der Gläubiger, daß der Vertrag nur einheitliche Erfüllung zulasse. Eine Teilleistung darf nicht zurückgewiesen werden, wenn der fehlende Teil nach Umfang und Bedeutung für den Käufer so geringfügig ist, daß eine Zurückweisung gegen Treu und Glauben verstoßen würde (SeuffA 61, 265; siehe oben Anm. 304 u. 313 und unten Anm. 430). Es müssen immer besondere Umstände vorliegen, wenn der Verzug mit einer geringfügigen Teilleistung als eine so schwere Vertragsverletzung anzusehen ist, daß es nicht wider Treu und Glauben verstößt, deswegen vom Vertrag zurückzutreten (RG JW 1935, 2041[3]). Über den Fall, daß der Käufer eine Teilleistung als solche angenommen und der Verkäufer nun mit dem Rest in Verzug gerät, siehe unten Anm. 430ff. und über Sukzessivlieferungsverträge unten Anm. 444. Die Verfügung des Käufers über eine quantitativ unvollständige Leistung enthebt den Verkäufer nicht des Beweises, daß die Leistung vollständig gemacht oder als Volleistung angenommen worden ist.

Anm. 321 **bb) Fälligkeit und Wirksamkeit des Anspruchs.** Der unerfüllte Anspruch des Gläubigers muß voll wirksam und fällig gewesen sein.

α) **Zurückbehaltungsrechte.** Der Schuldner gerät nicht in Verzug, wenn und solange er dem gegen ihn gerichteten Anspruch eine Einrede entgegensetzen kann. Von praktischer Bedeutung sind auf der Käuferseite insbesondere Verjährung oder ein dem Käufer zustehendes Zurückbehaltungsrecht. Das dem Schuldner danach zustehende Leistungsverweigerungsrecht muß jedoch anders als die Einrede des nicht erfüllten Vertrages (siehe dazu oben Anm. 301 u. 306 a. E.) geltend gemacht werden. Andernfalls kann es auch hinsichtlich der Verzugsfolgen keine Berücksichtigung finden. Der Unterschied zu § 320 BGB rechtfertigt sich aus dem Gedanken, daß § 320 BGB Ausdruck einer den Leistungspflichten im gegenseitigen Vertrag nach dessen Struktur von vornherein innewohnenden Beschränkung ist, während die anderen Einreden nicht in einem auch nur annähernd so engen Verhältnis zu dem betreffenden Anspruch stehen, vielmehr quasi von außen an ihn herantreten. Dies ist besonders deutlich bei dem allgemeinen Zurückbehaltungsrecht (ebenso insbesondere Larenz I[8/9] S. 269; Palandt-Danckelmann/Heinrichs § 284 Anm. 2; Jahr JuS 1964, 297). Eine Stundung der Forderung kann jedoch deren Fälligkeit hinausschieben und damit den Eintritt des Verzuges ausschließen. Sie ist daher im Prozeß von Amts wegen zu berücksichtigen.

Anm. 322 β) **Die Fälligkeit des Anspruchs, insbesondere bei Zug um Zug zu erfüllenden Verträgen, sowie beim Versendungskauf.** Der Anspruch muß ferner fällig sein. Vor der Fälligkeit gibt es keinen Verzug. Auch wenn der Verpflichtete im voraus erklärt hat, er werde zur vereinbarten Zeit nicht leisten, ist die Leistung nicht fällig und der Schuldner gerät dadurch noch nicht in Verzug; siehe jedoch unten Anm. 421.

Anm. 323 αα) **Allgemein und beim Kaufpreis.** Ist der Verkäufer vorleistungspflichtig, so hindert sein Verzug die Fälligkeit des Kaufpreises nur, wenn diese nach dem Vertrag auch zeitlich von der Bewirkung der Lieferung abhängig gemacht ist, wie z. B. durch die Klausel „zahlbar zehn Tage nach Erhalt der Ware“. Wird der Kaufpreis ungeachtet der nicht erbrachten Vorleistung des Verkäufers fällig, so schützt den Käufer die Einrede des nicht erfüllten Vertrages vor dem Verzug, auch wenn er sie nicht vorbringt (BGH NJW 1963, 1149 und 1966, 200 und oben Anm. 301f.; dort auch über die Einrede im Prozeß; über eigene Vertragstreue als Voraussetzung der Rechte aus § 326 BGB vgl. oben Anm.

311), und zwar so lange, bis der Verkäufer seine Vorleistung tatsächlich anbietet; die bloße Lieferungsfähigkeit und -willigkeit des Verkäufers ist hier nicht ausreichend, den Käufer in Verzug zu setzen (so ausdrücklich BGH a. a. O.; über Heilung des Verzuges allgemein s. unten Anm. 410). Gleichgültig ist es, ob man dieses Ergebnis damit begründet, bis zum Angebot der Vorleistung werde die Fälligkeit der Kaufpreiszahlung hinausgeschoben, oder zwar deren Fälligkeit eintreten läßt, den nicht zahlenden Käufer aber als entschuldigt ansieht. Zum Vertretenmüssen der Nichtzahlung siehe im übrigen unten Anm. 337. Die Fälligkeit des Kaufpreises und damit auch dem Zahlungsverzug steht die Tatsache nicht entgegen, daß die Feststellung der genauen Höhe der Zahlung noch von einer vom Schuldner vorzunehmenden Abrechnung abhängig ist (RG 49, 41).

Ist der Kaufpreis Zug um Zug gegen Lieferung der Ware zu zahlen, so kommt der **Anm. 324** Käufer ohne weiteres in Verzug, sobald der Verkäufer bereit und imstande ist, die ihm obliegende Verpflichtung zu erfüllen (das Vorliegen der übrigen Verzugsvoraussetzungen unterstellt; über die Mahnung siehe unten Anm. 328ff.). Eines zusätzlichen tatsächlichen oder wörtlichen Angebots seitens des Verkäufers bedarf es dazu nicht (RG 126, 280, 285; 151, 304, 310f.; Düringer-Hachburg-Hoeniger V Einl. Anm. 140; Enneccerus-Lehmann[15] § 51 II 1 S. 218; Soergel-Reimer Schmidt § 284 Rdnr. 2; Palandt-Danckelmann/Heinrichs § 320 Anm. 3a; a. A. anscheinend BGH Urt. v. 9. 11. 1960 zitiert nach BGH NJW 1966, 200f.; dahingestellt von der zuletzt genannten Entscheidung des BGH). Solange es dagegen an der Erfüllungsfähigkeit und -bereitschaft des Verkäufers mangelt, schließt das Leistungsverweigerungsrecht des § 320 BGB den Eintritt der Verzugsfolgen aus, ohne daß es darauf ankommt, ob sich der Käufer auf die Einrede des nicht erfüllten Vertrages beruft (siehe dazu oben Anm. 301). Ist für die Leistung ein bestimmter Termin oder Zeitraum festgesetzt, so sind Nichtzahlung und Lieferbereitschaft selbstverständlich auf diesen Zeitpunkt zu beziehen. Mangelt es beiden Parteien an der Erfüllungsbereitschaft, so kommt kein Teil in Verzug. In jedem Fall wird bei Zug um Zug abzuwickelnden Kaufverträgen die Käuferverpflichtung fällig, wenn der Verkäufer den Käufer in Annahme- oder Abnahmeverzug gesetzt hat.

Beim Versendungskauf wird der Kaufpreis (vorbehaltlich entgegenstehender Partei- **Anm. 325** vereinbarungen) erst dann fällig, wenn die Ware dem Käufer tatsächlich am Bestimmungsort zur Annahme Zug um Zug gegen Zahlung angeboten wird. Erklärt der Käufer schon vorher, er werde die Erfüllung des Vertrages verweigern oder unterläßt er ihm obliegende Mitwirkungshandlungen, ohne welche die Versendung nicht stattfinden kann (Abruf, Spezifikation), so genügt ein wörtliches Angebot, durch welches der Verkäufer seine auch hier erforderliche Bereitschaft und Fähigkeit, den Kaufvertrag zu erfüllen, verlautbart. Ist für die Mitwirkungshandlung des Käufers eine Zeit nach dem Kalender bestimmt, so gerät er mit Ablauf dieses Termins oder Zeitraums auch ohne wörtliches Angebot in Annahme- und zugleich in Schuldnerverzug.

Selbstverständlich ist, daß der Verkäufer in allen Fällen, in denen er die Ware nicht **Anm. 326** tatsächlich anbietet, bereit und imstande sein muß, die Ware zu liefern (§§ 373/374 Anm. 14). Denn das ist, wenn die Ware nicht geliefert wird, das mindeste, was zur Fälligkeit des Kaufpreises erforderlich ist (RG 50, 259; JW 1909, 456[10]; 1933, 2204[3]; LZ 1914, 1892[2]; 1913, 380[10]). Der Verkäufer muß also, wenn der Käufer sich bestimmt weigert, die Ware anzunehmen und zu bezahlen, dennoch regelmäßig Ware anfertigen oder anschaffen, um zur Zeit der Fälligkeit die Ware mindestens wörtlich anbieten zu können. Ausnahmsweise braucht der Verkäufer die Ware nicht anzufertigen und nicht anzuschaffen, wenn ihm das nach der Verkehrsanschauung nicht zuzumuten ist. Es ist hier an schnell verderbliche oder nur an einem bestimmten Tage verwendbare Waren, z. B. an Ansichtskarten mit bestimmtem Datum, zu denken; ebenso an Fälle, wo mit Rücksicht auf die zweifelhaften Verhältnisse des Käufers oder der Rechtslage das vom Verkäufer zu tragende Risiko sehr groß sein wird, die Herstellung der Ware aber nur kurze Zeit beansprucht; endlich gilt dasselbe bei Waren von großem Umfang (z. B. Emballagen). Die Erfüllungsbereitschaft des Verkäufers muß so lange dauern, bis dieser seine Erklärung, daß er zurücktrete oder Schadensersatz verlange, dem Käufer hat zukommen lassen (RG JW 1925, 606[9]); hat der Vertragstreue dem Gegner, der die Erfüllung verweigert, noch eine Nachfrist gesetzt, so muß er sich auch noch während der Dauer der Nachfrist erfüllungsbereit halten. Nur wenn der Käufer dem Verkäufer fortgesetzt neue Schwierigkeiten bereitet, von denen die Anfertigung der Ware abhängt und welche die Vertragsgrundlagen erheblich gefährden, ist eine positive Vertragsverletzung gegeben, die den Verkäufer von der Anfertigung der Ware entbindet und ihm die Rechte aus § 326 BGB gewährt (RG WarnRspr. 1918 Nr. 73; vgl. unten Anm. 488ff.). Erfüllungsbereitschaft des Verkäufers ist selbstverständlich dann nicht erforderlich, wenn der Käufer vorleistungspflichtig ist. Der einmal entstandene Annahmeverzug des Käufers wird beim Gattungskauf nicht dadurch aufgehoben, daß der Verkäufer die Ware nach Nichtabnahme auf Lager zurücknimmt und anderweitig verkauft, sofern in der Zurücknahme nicht ein Verzicht auf die bereits erworbenen Rechte liegt, und solange der Verkäufer gleichartige Ware jederzeit liefern kann (vgl. dazu oben Anm. 225 u. §§ 373/374 Anm. 22). Durch derartige Maßnahmen versetzt sich der Verkäufer auch nicht selbst in Lieferungsunmöglichkeit, es sei denn, daß er sich die Ware in unveränderter Gestalt nicht mehr beschaffen kann.

Anm. 327 *ββ)* **Besonderheiten für die Fälligkeit der Verkäuferleistung.** Wenn der Käufer innerhalb einer bestimmten Frist den Lieferungstag zu bestimmen hat, so muß er den Verkäufer rechtzeitig vorher benachrichtigen. Der Verkäufer muß Zeit haben, die Lieferung vorzubereiten, und erst nach Ablauf einer angemessenen Frist ist die Lieferung fällig (ROHG 5, 413; 6, 361; 9, 271). Wenn unter bestimmten Voraussetzungen, z. B. „bei gutem Ernteausfall‘, verkauft war, so muß der Käufer die Fälligkeit dadurch herbeiführen, daß er nach Eintritt der Voraussetzungen Lieferung verlangt; langes Schweigen kann hier u. U. als Verzicht ausgelegt werden. Hat sich der Verkäufer Lieferungsmöglichkeit vorbehalten, so kann die Fälligkeit erst eintreten, wenn feststeht, daß Lieferungsmöglichkeit vorhanden ist (vgl. auch Anm. 108). Der Verkäufer muß, wenn die Ware abzuholen ist, sie zum Abholen bereitstellen (oben Anm. 143 u. 223) und die Auswahl der Ware bei Wahlverbindlichkeiten sowie die Besichtigung zwecks Spezifikation der auf Lager befindlichen Ware ermöglichen. Dies sind die zur Lieferung nötigen Vorbereitungsakte, ebenso wie die vom Verkäufer zu treffenden Vorsichtsmaßregeln, damit der Käufer die Kaufsache gefahrlos wegnehmen kann. Hat der Käufer die Transportmittel, die Gefäße zum Einfüllen von Flüssigkeiten zu stellen, so wird die Leistung des Verkäufers erst fällig, wenn der Käufer dieser Verpflichtung nachgekommen ist; die Säumnis des Käufers hierin berechtigt den Verkäufer u. U. seinerseits zur Anwendung des § 326 BGB, nachdem er seine Erfüllungsbereitschaft angezeigt und die Zahl der erforderlichen Gefäße angegeben hat (Anm. 225). Ist die Lieferfrist auf ca. Ende eines bestimmten Monats vereinbart, so wird die Lieferung mit Ablauf des Spielraums fällig, der dem Verkäufer durch das Wörtchen „ca.“ gewährt ist; bei Bemessung der Nachfrist (unten Anm. 402) ist dann dieser Spielraum mit in Betracht zu ziehen (RG 69, 305). Darüber, daß der Verkäufer nicht in Verzug gerät, wenn er zurückhalten darf, siehe die entsprechenden Ausführungen beim Käufer oben Anm. 321.

Anm. 328 **b) Die Mahnung:** Der Verzug setzt ferner regelmäßig eine Mahnung voraus (§ 284 BGB).

aa) Rechtsnatur und Folgen. Die Mahnung ist eine einseitige empfangsbedürftige Aufforderung zur Leistung. Streitig ist, ob sie Willenserklärung ist. In jedem Fall aber ist sie eine geschäftsähnliche Handlung. Die Vorschriften über Willenserklärungen sind folglich mindestens entsprechend anwendbar (vgl. statt aller Enneccerus-Lehmann[15] § 51 II S. 218f.; Soergel-Reimer Schmidt § 284 Rdnr. 3). Die Mahnung muß dem Vertragsgegner oder dessen Vertreter nach § 130 BGB zugehen. Der Mahnung gleich steht die Erhebung der Leistungsklage oder Widerklage sowie die Zustellung eines Zahlungsbefehls (§ 284 Abs. 1 Satz 2 BGB), nicht aber die Erhebung einer Feststellungsklage (Mot. II 58) und nicht die Ladung zum Güteverfahren. Die Mahnung ist formlos wirksam. Sie braucht nicht immer eine ausdrückliche zu sein. Sie kann auch in der die Fälligkeit begründenden Handlung, z. B. im Angebot der Ware bei Zug-um-Zug-Leistung liegen (RG 50, 261). Ist eine besondere Form für die Mahnung von den Parteien vereinbart worden (Schriftlichkeit, eingeschriebener Brief), so ist der Form genügt, wenn auf andere Weise dieselbe Gewähr für die Kenntnisnahme erreicht ist, z. B. durch Klagezustellung (vgl. RG 77, 70). Auch eine dem § 326 BGB nicht entsprechende Nachfristsetzung sowie der Abruf können eine Mahnung darstellen.

bb) Anforderungen an die Mahnung. Die Mahnung muß folgenden Anforderungen entsprechen: **Anm. 829**

α) **Bestimmtheit und Unzweideutigkeit.** Die Mahnung muß bestimmt und unzweideutig sein. Dazu gehört zu allererst, daß der Gläubiger deutlich zu verstehen gibt, daß ihm sofort oder zu einem bestimmten Termin geleistet werden soll und daß er das Ausbleiben der Leistung an dem angegebenen Termin als eine Pflichtwidrigkeit ansehen werde, an die er rechtliche Folgen knüpfen könne (RG 93, 300, 301f.; BGH LM Nr. 1 zu § 284 BGB). Ein ausdrücklicher Hinweis auf die Folgen ist nicht erforderlich (BGH a. a. O.). Höfliche Form, z. B.: „Ich hoffe, daß Sie jetzt erfüllen" oder „Ich bin erstaunt, daß Sie die Ware noch nicht auf den Weg gebracht haben", schadet nicht. Dagegen sind Erklärungen wie: „Ich sehe Ihrer Lieferung gern entgegen" oder „Für eine Mitteilung, wann ich den Wagen erwarten darf, wäre ich dankbar" oder die Anfrage „Drahtantwort wann Lieferung" (RG „Recht" 1923 Nr. 858) regelmäßig keine Mahnungen (RG 93, 301), weil sie keine Klarheit darüber schaffen, daß der Gläubiger Leistung zu einem bestimmten Termin verlangt. Die Zusendung einer Rechnung enthält noch keine Mahnung (Art. 288 Abs. 2 ADHGB hatte dies ausdrücklich bestimmt), insbesondere nicht, wenn sie eine Zusammenstellung der Schuldposten regelmäßiger Perioden enthält (Halbjahres- oder Jahresabschluß), wohl aber enthält sie die mehrfache Zusendung einfacher unquittierter Rechnungen. Die Übersendung quittierter Rechnung oder einer Berechnung mit der Bitte, das weitere wegen der Zahlung zu veranlassen, oder Postauftrag sind dagegen deutliche Mahnungen, ebenso bei „Kasse gegen Dokumente" nach vergeblicher Präsentierung die Erklärung, daß die Papiere am nächsten Tage noch einmal zur Einlösung vorgelegt würden (WarnRspr. 1921 Nr. 131).

Unwirksam sind widerspruchsvolle Mahnungen, so z. B., wenn der auf Erfüllung Mahnende den Vertrag angefochten hat (RG 75, 333) oder wenn sie unter einer Bedingung erfolgt (letzteres str.; wie hier Mot. II 58; RG 75, 333, 335; Soergel-Reimer Schmidt § 284 Rdnr. 4; Palandt-Danckelmann/Heinrichs § 284 Anm. 3a; Erman § 284 4b) cc); a. A. Enneccerus-Lehmann[15] § 51 II 2e S. 219: nicht nichtig, wirkt aber erst, wenn Bedingung eingetreten ist und der andere Teil dies erfahren hat; ausführlich Staudinger-Werner[10/11] § 284 Rdnr. 22ff.).

β) **Geeignetheit.** Die Mahnung muß für ihre Zwecke geeignet sein. Dazu gehört ein- **Anm. 830**
mal, daß sie dem Schuldner Zeit zur Nachholung des Versäumten läßt. Die Mahnung ist ferner wirkungslos, wenn zur Herbeiführung der Fälligkeit der Leistung eine Mitwirkungshandlung des Gläubigers nötig ist (z. B. wenn der Käufer die Ware oder der Verkäufer den Kaufpreis, wie etwa bei der Wechselausstellung, abzuholen hat) und diese Mitwirkung unterbleibt. Selbst wenn für die Leistung eine bestimmte Zeit nach dem Kalender festgesetzt ist, tritt die Fälligkeit erst in dem Augenblick ein, in dem diese Mitwirkung erfolgt. Ist zur Erfüllung eine gleichzeitige Mitwirkung beider Teile erforderlich, so muß mit der Mahnung die Erklärung verbunden sein, daß der Mahnende zu einem bestimmten oder vom Schuldner zu bestimmenden Termin bereit sei, seinerseits bei der Erfüllung mitzuwirken, oder es muß diese Bereitwilligkeit aus den Umständen hervorgehen (RG 108, 70; 76, 413; 69, 106; 66, 431).

γ) **Falschmahnung.** Die Mahnung muß die geschuldete Leistung betreffen. Die **Anm. 831**
Mahnung für einen geringeren Betrag als den geschuldeten gilt nur für diesen geringeren Teil. Die Frage, ob eine Zuvielforderung (die quantitative sowohl als auch die qualitative wie die auf Leistung zu anderen Bedingungen gerichtete) im Umfang der tatsächlich zu beanspruchenden Leistung wirksam ist, beantwortet sich unter Berücksichtigung der Umstände des Einzelfalles nach Treu und Glauben (BGH LM Nr. 3 zu § 286 BGB und Nr. 6 zu § 346 BGB = BB 1967, 732). Danach bleibt der Schuldner in aller Regel verpflichtet, zu den vereinbarten Bedingungen zu leisten und den Gläubiger von seiner Bereitwilligkeit dazu in Kenntnis zu setzen, wenn die Mahnung deutlich erkennen läßt, welcher Anspruch gemeint ist (RG 109, 22; JW 1924, 1137[1]; LZ 1910, 547[12]). Kommt der Schuldner seiner Verpflichtung trotzdem nicht nach, so ist damit klar, daß auch eine richtige Mahnung nichts genützt hätte (BGH BB 1967, 732 = LM Nr. 6 zu § 346). Deshalb kann sich der Schuldner in diesem Fall nicht auf die inhaltliche Fehlerhaftigkeit der Mahnung berufen. Ist aber die Erklärung des Gläubigers so aufzufassen, daß er die Leistung anders als angemahnt (nicht einmal als Teilleistung) nicht

annehmen werde, so ist die Mahnung wirkungslos (vgl. insbesondere RG WarnRspr. 1919 Nr. 49; JW 1924, 1137 und die zuletzt zitierte Entscheidung des BGH). Ein wesentlicher, bei der Abwägung nach Treu und Glauben zu berücksichtigender Umstand, ist auch die Größenordnung der Divergenz zwischen angemahnter und wirklich geschuldeter Leistung (so insbesondere BGH a. a. O.). Ein krasses Mißverhältnis wird die Mahnung regelmäßig wirkungslos machen, geringfügige Abweichungen werden dagegen unschädlich sein. Ein besonderer Fall dieser Art ist es, wenn der Käufer eine andere Ware oder bessere Qualität ausdrücklich beansprucht. Der Verkäufer braucht einer derartig unberechtigten Mahnung auch nicht insoweit Folge zu leisten, daß er auf die Gefahr der Zurückweisung hin vertragsgemäße Ware dem Käufer zu übersenden hätte (Holdheim 1908, 257). Über die Situation, die entsteht, wenn bei Zug um Zug zu erfüllenden Verträgen der Verkäufer zwar die Zahlung anmahnt, zur Erbringung der vertragsgemäßen eigenen Gegenleistung jedoch nicht bereit ist, siehe oben Anm. 324.

Anm. 332 *δ*) **Zeit und Ort der Mahnung.** Die Mahnung muß nach der Fälligkeit erfolgen (§ 284 Abs. 1 Satz 1 BGB). Eine früher erfolgte Mahnung ist daher selbst dann unwirksam, wenn der Wille des Gläubigers, Erfüllung zu verlangen, nach der Fälligkeit fortbesteht. Es kann daher, wenn eine Verfallklausel vereinbart ist, nicht im voraus für den Fall gekündigt oder gemahnt werden, daß in Zukunft eine Rate nicht pünktlich bezahlt werde. Wohl aber liegt in der Fortsetzung des Rechtsstreits über den Zeitpunkt der Fälligkeit hinaus zugleich eine Mahnung (RG LZ 1908, 854[13]). U. U. können die Tatsachen, die die Fälligkeit bewirken, auch die Mahnung mit enthalten, z. B. wenn der Kaufpreis dadurch fällig wird, daß der Verkäufer die Ware anbietet (RG 50, 261). Mit der die Fälligkeit begründenden Handlung (z. B. einer Kündigung) können die Mahnung, die Setzung einer Nachfrist mit der Erklärung, daß nach Fristablauf Erfüllung nicht mehr angenommen werde (RG 50, 262; JW 1910, 332[7]; Holdheim 1905, 82; WarnRspr. 1917 Nr. 11), sowie die Wahlanzeige nach § 326 BGB (RG 61, 131; JW 1904, 536[3]; Holdheim 1908, 207; Staudinger-Werner [10/11] § 284 Rdnr. 26) verbunden werden. Zu bemerken ist, daß nach der reichsgerichtlichen Rechtsprechung eine Fristsetzung nur zur Abgabe einer Erklärung des Käufers über seine Bereitwilligkeit zur Abnahme und Zahlung, anstatt zur Abnahme und Zahlung selbst, dem Erfordernis des § 326 BGB nicht genügt (RG 101, 398; „Recht" 1926 Nr. 240).

Über den Ort der Mahnung ist nichts vorgeschrieben. Es gilt dasselbe wie bei einer in ungehöriger Art vorgenommenen Mahnung, d. h. eine am unrichtigen Ort vorgenommene Mahnung ist vom Schuldner zu beachten, wenn die Grundsätze von Treu und Glauben dies erfordern (vgl. Staudinger-Werner[10/11] § 284 Rdnr. 27).

Anm. 333 **cc) Überflüssigkeit der Mahnung.** Die Mahnung kann in folgenden Fällen unterbleiben:

α) **Ernstliche und endgültige Erfüllungsverweigerung des Schuldners.** Erklärt der Schuldner nach Fälligkeit des Anspruchs ernstlich, bestimmt und endgültig, er werde nicht leisten, so wird die Mahnung entbehrlich. Man rechtfertigte diesen Satz anfänglich mit der Erwägung, daß der die Erfüllung so Verweigernde sich selbst in Leistungsverzug versetze und auf eine ohnehin zwecklose Mahnung Verzicht leiste (RG 53, 12; JW 1902, 28[23]; Planck[4] § 284 Erl. 6c *β*). Die heutige Auffassung geht fast durchweg dahin, daß in einer solchen Weigerung nicht eine bloße Unterlassung der Leistung liegt, sondern eine unmittelbare Zuwiderhandlung, ein Sichlossagen von dem Vertrag, das als positive Vertragsverletzung zu werten ist, eine Aufforderung zur Vertragserfüllung gegenstandslos macht und auch von der Nachfristsetzung und Androhung nach § 326 BGB entbindet (RG 106, 92; 104, 277; 102, 266; 90, 317; 67, 317; 57, 113; BGH LM Nr. 2 zu § 326 [Dc] BGB = MDR 1961, 314; DB 1957, 1048; vgl. ferner die Ausführungen zur Entbehrlichkeit der Nachfristsetzung unten Anm. 418 ff.). Dies gilt gleichermaßen für die Zahlungsweigerung des Käufers wie für die Lieferungsverweigerung des Verkäufers. War die Weigerung berechtigt, so gerät der Schuldner natürlich nicht in Verzug, mag sich die Berechtigung der Weigerung auch erst nachträglich herausgestellt haben. Hatte der Verkäufer vorzuleisten, so muß er auch im Falle der von vornherein erklärten Erfüllungsverweigerung des Käufers seine Vorleistung anbieten. Selbstverständlich schließt die moderne Konstruktion der Erfüllungsverweigerung als positive Forderungsverletzung nicht den Anspruch auf Verzugszinsen aus (vgl.

etwa OLG München OLGZ 1966, 5/6 und München VRS 29, 401, 405). Über die Rechtslage, wenn die Weigerung vor der Fälligkeit erklärt wird, siehe Anm. 421. Über den Einfluß der Annahmeverweigerung auf den Annahme-(Gläubiger-)Verzug siehe §§ 373/374 Anm. 11.

β) **Bestimmtheit der Leistungszeit nach dem Kalender** (§ 284 Abs. 2 Satz 1 BGB). Das gleiche gilt, wenn die Fälligkeit von einer Kündigungsfrist abhängt und diese sich von der Kündigung ab nach Kalendertagen berechnen läßt (§ 284 Abs. 2 Satz 2 BGB). Zwischen beiden Fällen besteht ein Unterschied: „Nach dem Kalender bestimmt" ist die Fälligkeit, wenn ein Kalendertag unmittelbar oder mittelbar (z. B. durch die Klausel „10 Tage ab heute") bestimmt ist. „Nach dem Kalender zu berechnen" ist der Fälligkeitstag, wenn er innerhalb kalendermäßig bestimmter Frist nach einem zukünftigen ungewissen Ereignis eintritt. Das ungewisse Ereignis muß eine Kündigung sein. Eine analoge Anwendung des Abs. 2 Satz 2 auf andere unbestimmte Ereignisse ist ausgeschlossen. Vereinbarungen wie „zahlbar 10 Tage nach Rechnungserhalt", „Zahlung am Ende jeder Empfangswoche", „Zahlung bis zum 12. des der Lieferung folgenden Monats" (RG 103, 34; 60, 84; LZ 1907, 429[17]) entbinden also nicht von dem Erfordernis der Mahnung (gegen die Analogie auch OLG Oldenburg NJW 1959, 888). Eine Zeit nach dem Kalender ist bestimmt, wenn der Käufer zu Ostern, Pfingsten, Weihnachten eines bestimmten Jahres (Staudinger-Werner[10/11] § 284 Rdnr. 35) oder 4 Wochen nach einer vorhergehenden Order mit kalendermäßig bestimmter Lieferungszeit (Hamburg OLGE 20, 138) oder innerhalb eines oder mehrerer bestimmter Monate eines bestimmten Jahres (RG 106, 89; LZ 1913, 226[3]; 1912, 311[12]; Holdheim 1912, 77) zu zahlen oder abzunehmen hat, oder wenn vereinbart ist, daß das ganze Geschäft innerhalb eines bestimmten Jahres abgewickelt sein müsse, also spätestens am letzten Tag (LZ 1911, 774[13]), oder wenn von einem bestimmten Kalendertage an in 8 Tagen (§ 359 Abs. 2), in einem halben Monat, in einem Vierteljahr, in einem halben Jahr, oder Anfang, Mitte oder Ende eines Monats zu leisten ist. Ist im Rahmen eines Sukzessivlieferungsvertrages Abnahme innerhalb eines Jahres in ungefähr gleichen Monatsraten vereinbart, so ist nur für die Lieferung der Gesamtmenge eine Zeit nach dem Kalender bestimmt (RG JW 1933, 2204[3]). Kommt in diesen Fällen der Schuldner ohne Mahnung schon durch Eintritt des Kalendertages in Verzug, so wird dieser Erfolg indessen durch den Ablauf der Abruffrist nicht ohne weiteres, sondern erst durch nachträgliche Mahnung herbeigeführt (Hamburg SeuffA 63, 361). Keine Zeitbestimmung nach dem Kalender liegt vor, wenn Zahlung in den ersten Tagen des Juli (ROHG 14, 34), anfangs eines Jahres, anfangs des Winters, des Herbstes, des Frühjahrs, Zug um Zug, 14 Tage nach der Lieferung, am Ende jeder Empfangswoche (RG 60, 84; LZ 1907, 429[17]), an einem bestimmten Tag des der Lieferung folgenden Monats (RG 68, 22; WarnRspr. 1909 Nr. 555), drei Monate nach Absendung der Ware (a. M. ROHG 2, 378), ca. 6 Wochen nach der Bestellzeit (RG SeuffA 61 Nr. 76), acht Tage nach Rechnungserteilung (LG Mannheim BB 1968, 269 mit zutr. Anm. von Wittmann), nach Ablauf von 14 Arbeitstagen nach Abruf (RG 103, 34), 4 Monate nach Friedensschluß (RG WarnRspr. 1923/24 Nr. 93) vertragsmäßig zu erfolgen hat. Denn in allen diesen Fällen hängt die Berechnung des Zahlungstags von einem anderen, an sich ungewissen Ereignis ab. Diese Ungewißheit ist in allen Fällen vorhanden, in denen eine Bestellung oder ein Abruf der Leistung des Gegners vorauszugehen hat und erst von da an die Kalenderzeit zu berechnen ist (RG WarnRspr. 1909 Nr. 555; 1908 Nr. 447). Daher ist die Zeit der Zahlung auch nicht nach dem Kalender bestimmt, wenn sie auf die Gegenleistung hin erfolgen soll und für diese ein Kalendertag bestimmt ist, bis zu welchem sie spätestens bewirkt werden soll (LZ 1924, 331[5]). Keine Zeitbestimmung nach dem Kalender ist es ferner, wenn der Gläubiger die Leistung nicht vor einem bestimmten Kalendertag fordern darf (dies bedingt nur die Fälligkeit und erheischt Mahnung), oder wenn z. B. der Verkäufer verlangen darf, daß der Käufer bis zu einem bestimmten Kalendertag zahle oder die Ware abnehme (hier muß der Käufer erst noch vom Verkäufer aufgefordert werden; der Zeitablauf allein bewirkt die Verzugsetzung noch nicht), oder wenn eine Zeit nach dem Kalender vereinbart ist, innerhalb welcher eine gewisse Leistung (z. B. eine Sicherheitsleistung) erfolgt sein muß, damit der Vertrag als zustande gekommen gelten soll (hier ist eine Bedingung für den Abschluß nach § 158 BGB gestellt). Die Frage, ob die Pflicht des Käufers, innerhalb eines bestimmten Jahres in monatlich

Anm. 334

gleichen Raten abzunehmen, ohne weiteres mit Ablauf jedes Monats den Verzug für die in dem betreffenden Monat abzunehmende Menge mit sich bringt, ist zweifelhaft. Der Kaufmann denkt wohl nicht so scharf immer an den letzten Tag jedes Monats. Allein die Folgerichtigkeit führt doch zur Bejahung der Frage, da der 31. Dezember der kalendermäßig bestimmte Tag ist, wenn innerhalb eines bestimmten Jahres abzunehmen ist (vgl. RG JW 1933, 2204[3]).

Anm. 335 γ) **Verzicht, vertragliche Abdingung.** Häufig enthalten Vertragsbedingungen die Klausel, daß bei Fälligkeit Verzug auch ohne Mahnung eintrete. Diese Vereinbarung ist zulässig, schneidet dem Schuldner aber nicht den Beweis ab, daß er ohne sein Verschulden am Fälligkeitstag nicht habe leisten können und daher nicht in Verzug geraten sei. Soll nach den Vertragsbedingungen eine Inverzugsetzung ausgeschlossen sein, so ist nach §§ 133, 157 BGB, 346 HGB zu ermitteln, welchen Sinn diese Klausel nach dem Willen der Parteien haben soll. Oft wird darin nur ein Ausschluß der Geltendmachung der Rechte aus § 326 BGB zu erblicken sein. Die Klausel, daß der Verkäufer bei nicht pünktlicher Zahlung zur sofortigen Streichung des Auftrags berechtigt sein solle, bedeutet einen Verzicht auf Fristsetzung gemäß § 326 BGB und zugleich eine Verwirkungsklausel i. S. des § 360 BGB. Tritt aber hierbei nicht die Absicht hervor, daß die Verwirkung der Rechte auch ohne Verschulden eintreten solle, so ist Verschulden erforderlich (RG „Recht" 1926 Nr. 237).

Anm. 336 δ) **Sinnlosigkeit, Entbehrlichkeit nach Treu und Glauben und dem besonderen Vertragszweck.** Da der Sinn der Mahnung darin liegt, dem Schuldner klarzumachen, daß der Gläubiger zu einem bestimmten Zeitpunkt die Erfüllung erwartet, ist sie zunächst — ohne daß dies im Gesetz besonders gesagt sein müßte — in allen Fällen entbehrlich, in denen dem Schuldner diese Erwartung bereits hinreichend bekannt ist oder der Schuldner von vornherein hat erkennen lassen, daß eine Anforderung der Leistung zwecklos bleiben muß. Ersteres ist insbesondere dann der Fall, wenn der Schuldner den Gläubiger von der Mahnung abhält, indem er selbst die Leistung zu einem bestimmten Zeitpunkt ankündigt oder der Wahrheit zuwider erklärt, er habe geliefert oder die Ware sei bereits unterwegs (Naumburg LZ 1922, 35[2]; Zitelmann, Selbstmahnung des Schuldners, Bonner Festgabe für Paul Krüger, 1911 S. 282ff.). Das gleiche gilt, wenn der Schuldner nach Eintritt der Fälligkeit seinen Verzug dem Gläubiger gegenüber anerkennt. Ein solches Anerkenntnis kann u. U. in dem Ersuchen um Stundung liegen. Der zweite am Eingang dieser Anmerkung erwähnte Fall ist gegeben, wenn der Schuldner im voraus bestimmt und endgültig erklärt hat, er werde nicht leisten (RG 57, 113; 51, 350; JW 1923, 1748[13]), z. B. weil er das Zustandekommen des Vertrages oder dessen Wirksamkeit bestreitet (siehe dazu oben Anm. 333) oder dann, wenn der Schuldner beim Sukzessivlieferungsvertrag schon die Mahnung bezüglich der ersten Rate unbeachtet gelassen hat. Hier ist eine Anmahnung der weiteren Raten nicht erforderlich, wenn sie offensichtlich auf eine zwecklose Wiederholung hinausliefe (RG 97, 137). Nach Treu und Glauben kann sich der Schuldner nicht auf ein Unterbleiben der Mahnung berufen, wenn die Verspätung Folge einer der Fälligkeit vorangegangenen schuldhaften Vertragsverletzung ist (RG 68, 192). Schließlich ist die Mahnung aus dem Sinn und Zweck des Vertrages heraus entbehrlich, wenn eine besondere Pflicht zu rechtzeitigem Handeln bestand. Das ist insbesondere dann der Fall, wenn das Zeitmoment der Erfüllung im Rahmen des Vertrages von ausschlaggebender Bedeutung ist, so z. B., wenn zur Abwehr erheblicher Nachteile für den Gläubiger die Leistung sofort oder bei Eintritt eines bestimmten Ereignisses erbracht werden muß, vgl. BGH NJW 1959, 933; DB 1962, 1044; NJW 1963, 1823f., ferner, wenn z. B. Lebensmittel oder Getränke zu einem Fest zu liefern oder Gegenstände zur Eröffnung einer Ausstellung fertigzustellen sind, oder wenn vereinbart ist, daß die Zahlung durch sofortige Übersendung einer Schecks erfolgen solle (Hamburg HansGZ 1923, 120). Hierher gehören auch die Fälle, in denen vereinbart ist, daß die Leistung nach einem gewissen Zeitpunkt nicht mehr als Erfüllung anzusehen sei (vgl. unten Anm. 428; § 376 Anm. 21), ferner Verfall- und Verwirkungsklauseln, wohin auch die Nichtleistung des Bankrembourses gehört (vgl. oben Anm. 213), oder wenn für jeden Tag der Verspätung den Säumigen ein besonderer Nachteil treffen soll, oder wenn eine Leistung unter dem Vorbehalt der Rückforderung gemacht wird (vgl. oben Anm. 314).

c) Vertretenmüssen: Das Unterbleiben der Leistung muß auf Umständen beruhen, die der Säumige zu vertreten hat. **Anm. 337**

Zu vertreten hat der Säumige Vorsatz und Fahrlässigkeit seiner selbst, seines gesetzlichen Vertreters und der Person, deren er sich zur Erfüllung bedient (§§ 276, 278 BGB).

aa) Auf seiten des Käufers. Der Käufer hat sein Unvermögen zur Zahlung auch dann zu vertreten, wenn ihm ein Verschulden nicht zur Last fällt (§ 279 BGB; RG 75, 337). Daher entschuldigt den Käufer der Einwand, daß seine Zahlungsunfähigkeit durch unverschuldete Unglücksfälle herbeigeführt worden sei, auch dann nicht, wenn er ausreichende Vorsorge getroffen hatte, um den Verkäufer rechtzeitig zu befriedigen, wenn er z. B. das Geld beizeiten in den Geldschrank gelegt hatte, es aber durch einen Einbruchsdiebstahl verloren hat, oder wenn er das Geld beizeiten durch die Post übersandt hat; denn es reist auf seine Gefahr (§ 270 BGB). Ist jedoch dem inländischen Käufer die Zahlung an den ausländischen Exporteur wegen fehlender Devisengenehmigung unmöglich geworden, so sind grundsätzlich beide Vertragsteile nach § 323 BGB von ihrer Leistungspflicht befreit, wenn nicht der Käufer eine besondere Erfolgshaftung übernommen hat oder ein schuldhaftes Verhalten seinerseits vorliegt, das einen Anspruch des ausländischen Exporteurs auf Schadensersatz rechtfertigt (Schiedsgericht Hamburg JW 1935, 1589[30]; vgl. dazu Lengemann JW 1935, 1897). Wegen vorübergehender devisenrechtlicher Transferhindernisse vgl. BGH NJW 1964, 100. Auch die Konkurseröffnung ist kein das Verschulden ausschließender Umstand (RG JW 1900, 344[12]). Über die Unmöglichkeit der Stellung von Bankrembours vgl. oben Anm. 214. Unkenntnis der Adresse des Gläubigers entschuldigt nicht, wenn das Geld auch bei Absendung an die alte Adresse des verzogenen Gläubigers nicht rechtzeitig angekommen wäre (SeuffA 60, 51), ebensowenig Unkenntnis eines Wechsels in der Person des Gläubigers, da der Käufer an den bisherigen Gläubiger zahlen kann (RG 98, 89), oder die Tatsache, daß zur Zahlung noch eine Abrechnung nötig ist, wenn diese von dem Schuldner allein vorgenommen werden kann (RG 49, 41). Im übrigen müssen die Umstände, auf welche sich der Käufer zu seiner Entschuldigung beruft, immer die Zahlung, nicht die Abnahme betreffen. Darum geben eine Verkehrssperre, ein Ausfuhrverbot für Exportware, eine zwangsweise Stillegung der Fabrik, in der die Ware weiterverarbeitet werden soll, kein Recht zur Verweigerung der Zahlung, wenn nur der Verkäufer nicht an der vertragsmäßigen Lieferung der Ware gehindert ist. Derartige Umstände können allerdings ausnahmsweise zur Auflösung des ganzen Vertrages führen, wenn nämlich ein über den Austausch der beiderseitigen Leistungen hinausgehender Erfolg mit dem Vertrag bezweckt war und dieser Zweck unmöglich geworden ist. Die Vereinbarung des Zwecks muß aber deutlich erkennbar schon bei Vertragsabschluß erfolgen (RG 66, 132; WarnRspr. 1925 Nr. 21; 1917 Nr. 112). Am allerwenigsten rechtfertigt den Käufer der Umstand, daß er die Ware wegen Geschäftsaufgabe nicht mehr gebrauchen kann (RG 41, 102). Dagegen gerät der Schuldner nicht in Verzug, wenn der Gläubiger die von ihm Zug um Zug geschuldete Gegenleistung nur unter ungerechtfertigten Bedingungen zu erbringen bereit ist (OGH 4, 172). Dasselbe gilt, wenn der Käufer das Recht hat, in Teilzahlungen zu erfüllen, er vergeblich eine Teilzahlung angeboten hat und das Verhalten des Verkäufers die Annahme rechtfertigt, er werde auch ferner Teilzahlungen nicht annehmen (RG JW 1910, 804[13]). Dafür, ob eine Verzögerung schuldhafter Natur ist, sind alle Umstände, auch die vom Verkäufer gegebenen Aufklärungen, zu berücksichtigen. Dabei ist zu beachten, daß der Käufer die Sorgfalt aufwenden muß, die er nach dem einzelnen Schuldverhältnis zu beobachten hat. Daraus kann sich für den Schuldner bald eine strengere, bald eine mildere Haftung ergeben (Mot. II S. 60).

bb) Auf seiten des Verkäufers. Die Umstände, die den Verkäufer an rechtzeitiger Lieferung hindern, brauchen nicht etwa erst nach dem Vertragsschluß eingetreten zu sein. Auch bleibt es sich gleich, ob der Verkäufer die Hindernisse, die sich seiner rechtzeitigen Erfüllung entgegenstellen, erst nach Vertragsschluß erfährt. Dies gilt allerdings nur mit der Einschränkung, daß der Verkäufer, wenn er glauben durfte, alles getan zu haben, was zur Beschaffung des Besitzes und des Eigentums an der Kaufsache nötig ist, erst in schuldhaften Verzug geraten kann, wenn er erfährt, daß seine Handlungen nicht ausreichen. Vom Augenblick dieser Kenntnis an wandelt sich die unverschuldete Ver- **Anm. 338**

zögerung in einen schuldhaften Verzug um, und zwar ohne Mahnung (RG SeuffA 60, 53). Bedient sich der Verkäufer jedoch eines Dritten als Erfüllungsgehilfen, so hat er auch dessen schuldhafte Lieferungsverzögerung zu vertreten (§ 278 BGB). Hat der Verkäufer frei Schiff eines Hafenplatzes zu liefern, so ist der Spediteur, dessen er sich zur Einladung bedient, sein Erfüllungsgehilfe, wenn nicht ausnahmsweise die Einladung Sache des Käufers ist. Der Verkäufer kann sich nicht durch den Nachweis gehöriger Auswahl des Spediteurs nach § 831 BGB entschuldigen. Darüber, daß der Spediteur Gehilfe seines Auftraggebers sein kann, siehe RG 101, 153; 66, 406. Zu den Erfüllungsgehilfen des Verkäufers gehört auch dessen Lieferant, wenn dieser in unmittelbare Beziehungen zu dem Käufer tritt (RG 108, 223), nicht dagegen, wenn er nur die Ware an den Verkäufer liefert und dieser dann die Weiterlieferung an den Käufer selbst vornimmt (RG 101, 158; vgl. auch oben Anm. 169). Zu der Frage, wie sich Maßnahmen des Arbeitskampfes, insbesondere eine Aussperrung, auf die Lieferpflichten des Verkäufers auswirken, siehe Bulla in DB 1963, 755. Wenn der Käufer unklar oder widerspruchsvoll abruft, wenn der Käufer in Annahmeverzug geraten war (§§ 373/374) oder dem Verkäufer ein Zurückbehaltungsrecht zusteht (oben Anm. 321), trifft den Verkäufer kein Verschulden. Ebensowenig führt die Nichterfüllung des Vertrages zum Verzug, solange die von beiden Parteien zu beschaffende Devisengenehmigung nicht erteilt ist, BGH WM 1956, 761.

Anm. 339 **cc) Unrichtige Rechtsauffassung,** selbst wenn sie nicht auf Fahrlässigkeit beruht, sollte nach der älteren Rechtsprechung des Reichsgerichts vom Schuldner in der Regel zu vertreten sein (Zusammenfassung der ständigen Rechtsprechung in RG 130, 23, 28). Nur in ganz besonderen Fällen sollte ein nicht auf Fahrlässigkeit zurückzuführender Rechtsirrtum den Schuldner von den Verzugsfolgen befreien können (RG a. a. O.). Davon abgesehen aber handelte der Schuldner nach Auffassung des RG auf eigene Gefahr, wenn er, von einer falschen Einschätzung der Rechtslage geleitet, die Leistung unterließ oder verzögerte. An dieser Anschauung hat das Reichsgericht, wie es in den Entscheidungen RG 146, 133, 144f.; 148, 225, 234f.; 156, 23, 28 selbst eingestand, nicht mehr mit derselben Strenge festgehalten (ebenso OGH 4, 177, 180; BGH 4, 251; NJW 1951, 399). Der Schuldner hat vielmehr auch beim Rechtsirrtum nur Vorsatz und Fahrlässigkeit zu vertreten. An die Sorgfaltspflicht des Schuldners in dieser Beziehung ist jedoch ein strenger Maßstab anzulegen (RG in LZ 1933, 112; BGH LM Nr. 1 zu § 285 BGB). Er muß das seinige getan haben, um sich volle Klarheit über die Rechtslage zu verschaffen (RG 104, 105). Bloße Zweifelhaftigkeit einer Rechtsfrage berechtigt ihn nicht zur Verweigerung seiner Leistung (RG 118, 131; 105, 356; 92, 380; WarnRspr. 1923/24 Nr. 176; LZ 1912, 913[8]). Das gilt namentlich dann, wenn es sich nicht um Zweifel an dem ursprünglichen Bestehen der Schuld als solcher handelt, sondern um die Berechtigung einer Aufrechnung mit Gegenforderungen des Schuldners (RG WarnRspr. 1941, 14). Schuldhaft ist es, wenn der Schuldner trotz höchstrichterlicher Entscheidung an seiner Auffassung festhält (RG 105, 359). Umgekehrt ist er entschuldigt, wenn er mit einer abweichenden Beurteilung durch das Gericht nicht zu rechnen brauchte, BGH DB 1962, 698. Kann der Schuldner berechtigte Zweifel haben, ob ein Vertrag überhaupt zustande gekommen ist, so ist er entschuldigt, wenn er bis zur Aufklärung der Sache nicht leistet (RG 36, 43). Für die besonderen Umstände, auf die sich der Schuldner zur Rechtfertigung seines Verhaltens beruft, ist er beweispflichtig (WarnRspr. 1923/24 Nr. 176). Sobald der Irrtum behoben, der Käufer über die Unhaltbarkeit seiner Entschuldigung aufgeklärt sein muß, treten die Folgen des Verzugs ohne weiteres ein. Es bedarf keiner erneuten Mahnung (Mot. II 61).

Anm. 340 **5. Die Beweislast.**

Der Gläubiger hat die Verpflichtung des Schuldners zur Leistung, die Fälligkeit sowie die Mahnung darzulegen und zu beweisen. Den Nachweis, daß er gleichwohl nicht in Verzug geraten sei, weil er die Erfüllung auf Grund von Umständen habe unterlassen dürfen, die er nicht zu vertreten habe, muß der Schuldner führen (§ 285 BGB), ebenso den Nachweis, daß er erfüllt habe, wenn er sich auf diesen Standpunkt stellen will. Auch hinsichtlich der Fälligkeit bei Zug um Zug zu erfüllenden Verbindlichkeiten braucht der Gläubiger die Bereitschaft zur eigenen Leistung nicht zu beweisen (RG 50, 260; §§ 373/374 Anm. 19). Die Umstände, welche die Mahnung ausnahmwseise entbehrlich machen, hat der Gläubiger zu beweisen. Endlich muß der Schuldner, der selbst in Verzug gewesen ist, wenn er seinen Gegner für dessen Nichtleistung haftbar machen will, zunächst dartun, daß er selbst wieder vertragstreu geworden ist und die Folgen seines Verzugs beseitigt hat (Anm. 311, 410).

6. Die Folgen des Verzuges. **Anm. 341**

Die Rechte des vertragstreuen Teils: Der vertragstreue Teil kann zunächst ungeachtet des Verzuges des anderen auf der Vertragserfüllung bestehen und daneben Ersatz des ihm durch die Verspätung der Leistung entstandenen Schadens verlangen. Dieses Recht steht ihm auf Grund des Vertrages und § 286 BGB zu. Statt dessen kann er aber auch wahlweise von einem der beiden ihm durch § 326 BGB zugebilligten Rechte Gebrauch machen, d. h. entweder Schadensersatz wegen Nichterfüllung des gesamten Vertrages fordern oder den Rücktritt von dem Vertrag erklären. In bezug auf den Rücktritt gilt jedoch beim Zahlungsverzug des Käufers eine Besonderheit, falls der Verkäufer bereits voll erfüllt hat und dem Käufer der Kaufpreis gestundet war, § 454 BGB (vgl. dazu unten Anm. 394.)

a) Das Recht auf Vertragserfüllung nebst Ersatz des Verspätungsschadens. Neben der Erfüllung kann nur Ersatz des Verspätungsschadens nach § 286 Abs. 1 BGB verlangt werden, nicht aber zugleich Schadensersatz wegen Nichterfüllung nach § 326 BGB. Erfüllung und Schadensersatz wegen Nichterfüllung schließen sich gegenseitig aus. Die Geltendmachung der Rechte aus § 326 BGB ist an die dort angegebenen besonderen Voraussetzungen geknüpft. Sind diese vorhanden, so wandelt sich der gesamte Kaufvertrag um. Der Anspruch auf Erfüllung ist dann ausgeschlossen (vgl. dazu ausführlich unten Anm. 412ff.). **Anm. 342**

aa) Das Recht auf Vertragserfüllung. Der Verzug ändert als solcher an der Leistungspflicht des Säumigen nichts. Auch der Erfüllungsort für die Leistungspflicht bleibt unverändert. Etwaige Belästigungen, die dem Säumigen dadurch entstehen, daß der andere Teil weiterhin auf Erfüllung besteht, muß der Säumige als Folge seines eigenen vertragswidrigen Verhaltens hinnehmen. Sie hindern daher den Berechtigten nicht, von diesem Recht Gebrauch zu machen. So muß z. B., wenn Waren für einen längeren Zeitraum zum allmählichen Verbrauch geliefert werden sollen, der Käufer, wenn er sich während der ganzen Lieferungszeit geweigert hatte, abzunehmen und zu bezahlen, es sich nunmehr gefallen lassen, daß der Verkäufer die Abnahme und Bezahlung der gesamten Menge auf einmal verlangt (Bolze 7 Nr. 575), auch wenn die Ware jetzt, etwa wegen des Ablaufs der Saison, schlechter zu verwerten ist (Bolze 8 Nr. 186). Anders kann der Fall liegen, wenn nach dem Parteiwillen die Lieferung nach Ablauf einer gewissen Frist nicht mehr als Vertragsleistung zu betrachten sein soll, wie z. B. beim Bierabnahmevertrag. Hier kann der Parteiwille dahin gehen, daß der Verkäufer nicht mehr auf Erfüllung, sondern nur noch auf Schadensersatz klagen darf (Bolze 5 Nr. 677), obgleich sich grundsätzlich der Käufer nicht auf seinen eigenen Verzug berufen darf. Es ist eben wesentlich eine Sache der Willensauslegung, welche Folgen die Vertragsschließenden aus der Vertragsverletzung eines Teils gezogen wissen wollen. Jedoch ist bei der Annahme eines solchen Vertragswillens Zurückhaltung geboten, da durch Differenzierungen der vorstehenden Art leicht Unsicherheit des vertragstreuen Teils über die ihm durch den Verzug des anderen erwachsenen Rechte entstehen kann. Der Anspruch auf Zahlung des Kaufpreises wird dadurch, daß der Käufer oder dessen Abnehmer die Annahme der Ware grundlos ablehnen und es zu ihrer Versteigerung durch die Eisenbahn kommen lassen, nicht beeinträchtigt. Der Verkäufer muß, wenn er in den Besitz des Erlöses gekommen ist, allerdings seinen Kaufpreisanspruch um die erhaltene Erlössumme kürzen. **Anm. 343**

Ist der Verkäufer im Verzug, so kann er gegenüber dem Erfüllungsverlangen des Käufers nicht vorbringen, der Käufer könne die Ware zu dem beabsichtigten Zweck inzwischen nicht mehr verwenden.

bb) Der Anspruch auf Schadensersatz wegen verspäteter Erfüllung, § 286 Abs. 1 BGB. **Anm. 344**

α) **Berechnung des Verspätungsschadens; allgemein.** Der Anspruch geht auf Ersatz desjenigen Schadens, den der Berechtigte infolge und während des Verzuges erlitten hat. Der Schaden muß also durch den Verzug des säumigen Vertragspartners adäquat verursacht sein. Der Anspruch unterliegt den allgemeinen Schadensersatzvorschriften der §§ 249—252 BGB. Im Wege der Schadensersatzleistung ist derjenige Zustand herzustellen, der auf seiten des vertragstreuen Teils im Falle rechtzeitiger Lieferung bestanden hätte. Obwohl § 249 BGB vom Grundsatz der (Wieder-)Herstellung in Natur ausgeht, wird der Verzugsschaden in der Praxis zumeist in Geld zu ersetzen sein (§ 251 BGB). Je nach der Verschiedenartigkeit des Leistungsgegenstandes kann aber auch u. U. eine andere als eine Geldentschädigung gerechtfertigt sein (wie hier insbesondere Staudinger-Werner[10/11] § 286 Rdnr. 6 mit Beispielsfällen). Der Anspruch aus § 286 BGB schließt auch den Ersatz des durch die Verzögerung entgangenen Gewinns mit ein § 252 BGB). Sowohl der ursächliche Zusammenhang zwischen Verzug und Verspätungsschaden als auch die Höhe des letzteren unterliegen dem freien richterlichen Ermessen (§ 287 ZPO). Von diesem Gesichtspunkt aus kommt bei geringfügiger Verspätung jeder Schadensersatzanspruch in Wegfall, wenn der Berechtigte infolge der unerheblichen Verzögerung überhaupt keinen Schaden oder doch nicht den von ihm geltend gemachten gehabt haben kann. Auch ein mitwirkendes Verschulden des Berechtigten ist zu berücksichtigen, § 254 BGB. Ein solches kann insbesondere darin liegen, daß der vertragstreue Teil den Säumigen nicht auf die ungewöhnliche Höhe des drohenden Schadens aufmerksam gemacht hat (§ 254 Abs. 2 BGB). Ein solcher Fall ist z. B. gegeben, wenn der Käufer den säumigen Verkäufer nicht darauf hinweist, daß dessen Lieferung zur Erfüllung eines langfristigen Vertrages dienen soll, der durch die Säumnis in die Brüche geht oder daß der Käufer durch die Säumnis des Verkäufers gegenüber seinem Abnehmer eine ungewöhnliche hohe Vertragsstrafe verwirkt. Eines derartigen Hinweises bedarf es jedoch nach BGH DB 1956, 110 dann nicht, wenn der Säumige seine Verpflichtung zur Leistung durchweg bestreitet, so daß davon auszugehen ist, daß der Hinweis ohnehin nutzlos gewesen wäre.

Anm. 345 Streitig ist, ob und unter welchen Voraussetzungen die Kosten eines Mahnschreibens als Verspätungsschaden ersatzfähig sind. Keinem Zweifel unterliegen dürfte u. E., daß die Auslagen für eine etwaige nach dem Verzugseintritt erfolgte Mahnung einen durch den Verzug adäquat verursachten Schaden darstellen, dessen Ersatz verlangt werden kann. Als ersatzfähig sollten aber auch die Kosten der erstmaligen verzugsbegründenden Mahnung angesehen werden. Dem dogmatisch-begrifflichen Bedenken, daß diese Mahnung Verzugsvoraussetzung, nicht Verzugsfolge ist, kann angesichts der Tatsache, daß auch sie durch die rechtswidrig schuldhafte Leistungsverzögerung des anderen Vertragsteils erforderlich geworden ist, keine entscheidende Bedeutung zukommen. Notfalls muß das genannte Bedenken dadurch ausgeräumt werden, daß man, wie Staudinger-Werner[10/11] § 286 Rdnr. 22 m. weit. Nachw. es vorschlägt, den Kostenersatz unter dem Gesichtspunkt der positiven Forderungsverletzung zubilligt (zustimmend auch Erman § 286 Bem. 2c) aa); a. A. Palandt-Danckelmann/Heinrichs § 286 Anm. 2b; OLG Köln BB 1961, 304). Ist die außergerichtliche Mahnung durch einen Rechtsanwalt erfolgt, so sind die dadurch verursachten besonderen Kosten nach § 286 BGB ersatzfähig, wenn sich der Schuldner zu diesem Zeitpunkt bereits im Verzug befand, es sei denn, daß die letztlich entscheidenden Umstände des Einzelfalles ergeben, daß die Hinzuziehung eines Rechtsanwalts ausnahmsweise verfrüht und daher noch nicht geboten war. Bei der Mahnung, die den Verzug erst begründet, ist ein Bedürfnis für die Herbeiziehung eines Rechtsanwalts in aller Regel nicht anzuerkennen, eine Ersatzpflicht somit zu verneinen (ebenso Staudinger-Werner[10/11] § 286 Rdnr. 19; Erman § 286 2c) aa); Palandt-Danckelmann/Heinrichs § 286 2b). Von dem Gesichtspunkt der Zweckmäßigkeit aus beurteilt sich auch die Ersatzfähigkeit der Kosten wiederholter Mahnung. Zu dem gesamten Fragenkreis s. auch Aken JW 1901, 118; Hoppe DJZ 1911, 585; Reinsch DJZ 1911, 334; Fraeb JW 1912, 776 u. 1091; Schneider MDR 1959, 899. Wegen der Frage nach der Erstattungsfähigkeit der Kosten eines Inkassobüros vgl. ausführlich Staudinger-Werner[10/11] § 286 Rdnr. 20 mit zahlr. weit. Nachw. sowie von Stackelberg BB 1965, 891, 1298; Strohm BB 1965, 1298; Siegert DB 1965, 1767; LG Hannover MDR 1961, 411 und AG Mönchengladbach MDR 1961, 697; AG Hamburg BB 1962, 427 m. weit. Nachw.

Anm. 346 Für die Klage auf Schadensersatz wegen verspäteter Erfüllung gilt prozessual dasselbe wie für die Klage auf Erfüllung. Auch der Erfüllungsort bleibt der gleiche. Der Käufer kann, wenn der Verkäufer noch nicht geleistet hat, auch zum Ersatz des Verspätungsschadens nur Zug um Zug gegen Lieferung der Ware verurteilt werden (zur Einrede des nichterfüllten Vertrages vgl. oben Anm. 296ff.). Über den Übergang vom Verspätungsschaden auf das Begehren nach Schadensersatz wegen Nichterfüllung vgl. unten

Anm. 347. Auch die Verjährungsfristen sind für den Anspruch auf Erfüllung und den Schadensersatzanspruch nach § 286 Abs. 1 BGB gleich (RG 111, 102; BGH LM Nr. 3 zu § 286 BGB). Die Verjährung beginnt mit dem Eintritt des Schadens (BGH a. a. O.), spätestens aber im Augenblick der Kenntniserlangung des Gläubigers von dem Schadenseintritt (Staudinger-Werner[10/11] § 286 Rdnr. 4; Soergel-Reimer Schmidt § 286 Rdnr. 6 m. weit. Nachw.). Nach Eintritt der Verjährung kann der Anspruch aus § 286 Abs. 1 BGB auch nicht mehr als Rechnungsfaktor in einem Anspruch auf Schadensersatz wegen Nichterfüllung berücksichtigt werden (BGH LM Nr. 6 zu § 286 BGB). Wegen der Verjährung des Anspruchs aus § 288 Abs. 2 BGB vgl. LM Nr. 2 zu § 288 BGB. Die Ansprüche auf Erfüllung und Ersatz des Verspätungsschadens können unabhängig voneinander geltend gemacht werden. Ist die Erfüllung nach Eintritt des Schadens unmöglich geworden, so wird der schon entstandene Schadensersatzanspruch davon nicht berührt (RG 105, 281; 101, 422). In der vorbehaltlosen Annahme der verspäteten Leistung liegt kein Verzicht auf den Schadensersatzanspruch (RG 43, 268; LZ 1912, 227[19]). Ebensowenig darf aus dem Erlaß bereits entstandener Verzugszinsen (s. dazu Anm. 349) ein Verzicht auf erst künftig entstehende gefolgert werden. Ist allerdings an die verspätete Vertragserfüllung eine Vertragsstrafe geknüpft, so liegt in der vorbehaltlosen Annahme der verspäteten Leistung der Verzicht auf die Vertragsstrafe (§ 341 Abs. 3 BGB). Wird nach Verzugseintritt Stundung gewährt, so ist damit nicht auf die zugunsten des Gläubigers bereits eingetretenen Rechte aus dem Verzug verzichtet (RG WarnRspr. 1917 Nr. 262).

Das Recht auf Schadensersatz wegen verspäteter Erfüllung ist von dem Recht auf **Anm. 347** Schadensersatz wegen Nichterfüllung scharf zu unterscheiden. Beide Rechte schließen sich gegenseitig in ähnlicher Weise aus, wie der Anspruch auf Erfüllung und das Verlangen nach Schadensersatz wegen Nichterfüllung (zu letzterem siehe Anm. 396), vgl. RG 94, 206; 70, 130; BGH NJW 1953, 337). Sie können i. d. R. nur in einem Eventualverhältnis miteinander verbunden werden. Dieser Fall ist gegeben, wenn primär auf Schadensersatz wegen Nichterfüllung geklagt wird und nur hilfsweise, falls nämlich das erste Begehren versagt und der Vertrag unverändert geblieben ist, Ersatz des Verspätungsschadens gefordert wird. Als zulässig wird es dagegen angesehen, neben dem Schadensersatzanspruch wegen Nichterfüllung Zahlung einer Vertragsstrafe wegen verspäteter Erfüllung zu verlangen, die bereits verwirkt war, ehe sich der Vertrag in das Schadensersatzverhältnis umwandelte (vgl. RG 94, 206). Nach RG 52, 94 kann ein Urteil, das Schadensersatz wegen Nichterfüllung zuspricht, nicht nach § 563 ZPO mit der Erwägung aufrechterhalten werden, daß in demselben Umfang ein Anspruch auf Ersatz des Verzugsschadens nach § 286 Abs. 1 BGB begründet sei. Der Übergang von dem einen Anspruch zu dem anderen sei Klagänderung.

Tatsächlich sind die beiden Ansprüche jedoch mitunter nicht leicht auseinanderzuhalten (vgl. z. B. RG 105, 280). Hat der Verkäufer im Interesse des in Annahmeverzug befindlichen Käufers die leicht verderbliche Gattungsware bei seinem sonstigen Vorrat belassen und zusammen mit diesem Vorrat weiterverkauft, so muß der Verkäufer, wenn nun der Käufer abnehmen will, die Ware wieder anschaffen. Ist der Marktpreis dann höher als der Vertragspreis, so kann der Verkäufer, sobald er die Ware angeschafft und gehörig angeboten hat, diesen Unterschiedsbetrag als Verspätungsschaden verlangen. So gibt es auch besondere Fälle, in denen der Käufer, wenn der Marktpreis inzwischen gefallen ist, diesen Unterschied als Verspätungsschaden fordern kann (§ 252 BGB; ROHG 24, 155; RG 14, 112).

β) **Speziell für den Käufer.** Für den Käufer besteht — ausgehend von dem häufigsten Fall, daß Geldentschädigung zu leisten ist, siehe dazu oben Anm. 344 — der Anspruch **Anm. 348** auf Schadensersatz wegen verspäteter Erfüllung bei Waren, die einen Marktpreis haben, mindestens in dem Unterschied zwischen dem Marktpreis zur Zeit des Verzugseintritts und dem geringeren Marktpreis zur Zeit der erfolgten (verspäteten) Lieferung, nicht in dem Unterschied zwischen Vertragspreis und dem Marktpreis am Tag des Verzugseintritts, weil der Käufer ja die Ware erhält und sein Interesse nur in dem Unterschied zwischen dem besteht, was er jetzt hat und dem, was er bei rechtzeitiger Lieferung gehabt hätte (ROHG 24, 155; RG 14, 112; 4, 6; Bolze 18 Nr. 466). Der Verspätungsschaden berechnet sich nicht nach der tatsächlich gelieferten, sondern nach der vertraglichen Mindestmenge, wenn beim Gattungskauf dem Verkäufer eine Mehrlieferung zustand (RG 99, 216). Der Käufer ist nicht verpflichtet, sich um einen Deckungskauf zu bemühen, darf aber andererseits eine geeignete Deckungsgelegenheit nicht grundlos ablehnen (§ 254 BGB). Er kann auch nachweisen, daß sein Schaden ein größerer ist, z. B. weil er die rechtzeitig gelieferte Ware besonders gewinnbringend hätte veräußern können. Hat der Käufer eine Frist zur Lieferung gesetzt mit der Androhung, er werde den Verkäufer für allen Schaden haftbar machen, wenn innerhalb dieser Frist nicht geliefert werde, so liegt darin im Zweifel noch kein Verzicht auf den Verspätungsschaden für den Fall, daß der Verkäufer innerhalb der Frist liefert. Dem Verkäufer ist der Einwand gestattet, daß der Käufer keinen Schaden gehabt hätte, wenn er über die Ware in einer den Umständen entsprechenden Form verfügt hätte (§ 254 BGB).

Anm. 349 γ) **Speziell für den Verkäufer.** Der Verkäufer wird als Verspätungsschaden häufig Kosten für Lagerung, vergeblichen Transport der Ware u. ä. beanspruchen. Als Verspätungsschaden kommen auch Betriebsstörungen in Betracht, die der Verkäufer durch die Säumnis des Käufers erleidet. Reisekosten des Verkäufers zum Zwecke der Herbeiführung eines Arrangements mit den Gläubigern des Käufers sind keine Verzugsfolgen (BankA 1920, 159).

Insbesondere kann der Verkäufer die gesetzlichen Zinsen verlangen, also ohne Nachweis eines Schadens 4% und bei beiderseitigen Handelsgeschäften 5% (§ 288 BGB; §§ 352, 353 HGB). Der Anspruch auf höheren Schadensersatz ist nicht ausgeschlossen (§ 288 Abs. 2 BGB). Einen solchen höheren Schaden muß der Verkäufer im allgemeinen nachweisen. Ist jedoch der allgemeine Zinsfuß höher, so bedarf es nach den Regeln des prima-facie-Beweises eines besonderen Nachweises nicht, sondern können Zinsen in der üblichen Höhe verlangt werden. Die Praxis der Gerichte ist z. T. strenger und fordert die Darlegung von Einzelheiten, insbesondere Bankbelegen oder -auskünften (vgl. insbesondere OLG Ffm. NJW 1956, 360 und OLG Köln NJW 1961, 30f.). Der Nachweis, daß der Verkäufer wegen des Ausbleibens gerade der Zahlung des Käufers einen Bankkredit habe aufnehmen müssen oder nicht habe zurückzahlen können, kann aber, jedenfalls bei mit Fremdgeldern arbeitenden Großbetrieben, nicht verlangt werden, BGH BB 1965, 305. Vgl. zu dem gesamten Fragenkreis näher Komm. zu § 352.

Anm. 350 **b) Das Recht auf Schadensersatz wegen Nichterfüllung:**

aa) Allgemein sowie der Anspruch des Verkäufers.

α) **Die Schadensersatztheorien.** Das ADHGB gab dem Verkäufer im Falle des Verzugs des Käufers kein einfaches Recht auf Schadensersatz wegen Nichterfüllung, wie dem Käufer beim Verzuge des Verkäufers, sondern gab ihm nur eine bestimmte Art des Schadensersatzes an die Hand: Er mußte, wenn er Schadensersatz wegen Nichterfüllung verlangen wollte, im Wege eines öffentlichen Selbsthilfeverkaufs die Ware verkaufen lassen wie im Falle des Annahmeverzugs, und der hierbei erlittene Ausfall am Kaufpreise bildete den Inhalt seines Schadensersatzanspruchs. Das BGB hat davon Abstand genommen, das Recht des Verkäufers auf Schadensersatz wegen Nichterfüllung in dieser Weise einzuschränken. Vielmehr gibt der § 326 BGB jedem, dem der andere Teil das auf Grund eines zweiseitigen Vertrags Geschuldete nicht leistet, also auch dem Verkäufer gegenüber dem Käufer, einfach das Recht, Schadensersatz wegen Nichterfüllung zu verlangen. Dabei sind die beiderseitigen Leistungen als im Augenblick des Kaufs sich gleichwertig gegenüberstehend zu behandeln, so daß der auf Schadensersatz wegen Nichterfüllung in Anspruch Genommene nicht einwenden kann, der Gegner hätte im Falle der Erfüllung sogar Verlust gehabt, weil der ihm zu liefernde Gegenstand nicht den angenommenen Wert gehabt oder ihn doch später verloren habe (RG bei Holdheim 1913, 239). Im übrigen ergibt sich die Art, wie der Schadensersatz zu berechnen ist, aus der jeweiligen Sach- und Rechtslage. Der Verkäufer ist daher auf jene Art der Schadensberechnung, die das frühere Recht vorschrieb, nicht beschränkt (RG 53, 14). Vielmehr kann der Verkäufer seinen Schaden auch in jeder anderen Weise belegen, z. B. auf Grund eines freihändigen Verkaufs der Ware, auch ohne Verkauf durch bloße Anrechnung des Preisunterschieds usw. (RG 60, 347; JW 1905, 640[7]). Sein Anspruch geht keineswegs auf Wiederherstellung des früheren Zustandes nach § 249 BGB, LZ 1911, 842[12], BGH LM Nr. 3 zu § 325 BGB. Kritisch dazu

Pieper JuS 1962, 408ff., 414; für den Fall speziell des Verzuges aber wie hier (S. 415); vgl. auch die folgende Anm.

αα) **Die Differenztheorie.** Von diesem Standpunkt gehen die ständige Rechtsprechung (RG 127, 248; 102, 62; 96, 23; 69, 384; 66, 67; 61, 352; 58, 177; 57, 107; 54, 100; 53, 14; 52, 355; 50, 262; JW 1921, 1529[5]; 1917, 597[6]; LZ 1913, 293[16]; dagegen Oertmann JW 1917, 597) und D 219 aus. Diese Ansicht betont, daß § 326 Abs. 1 BGB ausdrücklich den Anspruch des Berechtigten auf Erfüllung ausschließt, wenn er Schadensersatz wegen Nichterfüllung gewählt hat. Notwendigerweise ist damit auch der Anspruch des anderen Vertragsteils auf Erfüllung ausgeschlossen, weil jeder nur zu erfüllen braucht, wenn der andere seinerseits erfüllt. Folglich bleibt der Kaufvertrag durch Schuld des säumigen Vertragsteils nicht erfüllt, und der Anspruch des vertragstreuen Partners richtet sich auf Ersatz des Schadens, der ihm dadurch erwachsen ist, daß durch den Verzug des anderen der ganze Vertrag, so wie vereinbart, durch Leistung und Gegenleistung nicht zur Erfüllung gelangt. Dieser Schadensersatzanspruch tritt somit an die Stelle der ursprünglichen Vertragspflichten beider Teile, und zwar endgültig. Der Vertrag erlischt nach dem Vorausgeschickten nicht. Er besteht vielmehr fort; aber das ganze Vertragsverhältnis hat sich umgewandelt und beschränkt sich nunmehr allein auf den Schadensersatzanspruch. Für den säumigen Vertragsteil kommen folglich nur die ihm bereits zuvor aus dem Vertrag erwachsenen Rechte in Betracht. Der Ersatz des Schadens besteht, äußerlich betrachtet, in dem Unterschied zwischen dem Vermögensstand des vertragstreuen Teils bei Unterstellung der Vertragserfüllung und seinem Vermögensstand infolge der beiderseitigen Nichterfüllung (sog. **Differenztheorie;** RG 127, 248), also in dem Interesse an der Erfüllung des Vertrags, nicht in dem Interesse an dem Gegenstand der geschuldeten Leistung (SeuffA 60, 190). In RG 61, 353 ist ausgesprochen, daß der Schadensersatzanspruch nur auf Geld gehe und eine Wiederherstellung des früheren Zustandes ausgeschlossen sei. Daß die Verhältnisse aber doch anders liegen können, beweist der Fall, wenn neben dem Zahlungsanspruch dessen Sicherstellung Gegenstand des Vertrags ist (RG 73, 23; WarnRspr. 1908 Nr. 195); auch andere Fälle sind denkbar (vgl. LZ 1925, 37[4]): beim Tausch wird man dem, der eine für ihn unbrauchbare Sache eingetauscht hat, nicht zumuten können, eine Schadensrechnung aufzumachen, wenn er die Sache selbst zurückgeben, also die Naturalherstellung bewirken kann, die der § 249 Satz 1 BGB in erster Linie im Auge hat (unten Anm. 366). Doch bleiben dies immer Ausnahmefälle; sie stoßen die Regel nicht um, daß der ganze Vertrag umgewandelt wird und der Verkäufer als Schadensersatz wegen Nichterfüllung nach § 326 BGB die Rückgabe der Kaufsache nicht fordern kann (SeuffA 85, 208; JW 1932, 1205[7]). Infolge der Umwandlung des ganzen Vertrags kann nach dieser Meinung auch der vertragstreue Teil nicht mehr Erfüllung verlangen und braucht seine Leistung nicht mehr bereit zu halten. Da der Schadensersatzanspruch selbständiger Natur und nicht lediglich eine Fortsetzung des Erfüllungsanspruchs ist, so beginnt für ihn eine eigene Verjährung, deren Anfangstermin sich völlig unabhängig allein nach den Grundsätzen der §§ 198, 201 BGB bestimmt (JW. 1930, 2213[3]). Der vertragstreue Teil kann seine Leistung behalten und deren Wert bei seiner Schadensrechnung in Ansatz bringen (abstrakte Schadensrechnung; hierüber unten Anm. 356 u. 368); aber er muß nicht so verfahren; der vertragstreue Verkäufer kann die ihm obliegende Leistung auch anderweit verkaufen. Der Unterschied zwischen dem Vertragspreis und dem Verkaufs- und dem Eindeckungspreis stellt alsdann seinen Schaden dar (konkrete Schadensberechnung des Verkäufers; hierüber unten Anm. 359 u. 375). Er kann auch teils abstrakt teils konkret rechnen (unten Anm. 363 u. 383). Der vertragstreue Käufer kann sich die ausgefallene Leistung des Verkäufers anderweit verschaffen; er deckt sich ein (konkrete Schadensberechnung des Käufers; hierüber unten Anm. 375), er kann aber auch abstrakt rechnen (unten Anm. 368). Von dem Rücktritt unterscheidet sich der Schadensersatz wegen Nichterfüllung nach dieser Auffassung dadurch, daß beim Rücktritt jeder Teil seine Leistung zurückfordern kann, beim Anspruch auf Schadensersatz wegen Nichterfüllung dagegen nicht: was der Gläubiger geleistet hat, muß er dem Schuldner belassen, wenn er das Recht auf Schadensersatz wegen Nichterfüllung wählt. Allerdings kommt das Geleistete beim Schadensersatz mit seinem Werte zur Anrechnung; es findet keine Aufrechnung, sondern eine gegenseitige Verrechnung statt, wobei die

Anm. 351

gemachten Leistungen nur Rechnungsposten sind (RG 149, 136; 94, 205; 83, 281; 66, 69; 50, 267; LZ 1913, 860[3]; vgl. JW 1914, 142[4]; 1913, 596[8]; zum Verhältnis zwischen Schadensersatzanspruch wegen Nichterfüllung und Aufrechnung s. auch Braga MDR 1959, 437); daher ist eine Widerklage des vertragsuntreuen Käufers auf Rückerstattung seiner Anzahlung oder auf Lieferung entsprechend der geleisteten Anzahlung abzuweisen, wenn der Betrag der Anzahlung durch den Schadensersatzanspruch des Verkäufers erreicht oder überstiegen wird. Von der Weiterlieferung wird der Verkäufer frei.

Anm. 352 *ββ*) **Die Austausch- oder Surrogationstheorie** dagegen (v. Mayr, Gutachten, 27. Deutscher Juristentag II 167; Oertmann § 325 Erl. 1b und JW 1917, 597; Kisch in IheringsJ 44, 68) geht dahin, daß der Ersatzberechtigte von seiner eigenen Verpflichtung nicht frei wird, den Anspruch auf die Gegenleistung aber verliert; an deren Stelle entsteht ihm ein Ersatzanspruch nach § 280 BGB. Dem Gegenanspruch des Ersatzverpflichteten auf die Leistung des Ersatzberechtigten kann die Einrede des nicht erfüllten Vertrags entgegengesetzt werden, solange der Ersatzpflichtige nicht den Schaden wegen Ausbleibens seiner Leistung ersetzt. Der Verkäufer, der Schadensersatz wegen Nichterfüllung wählt, muß also dem Käufer die Ware liefern. Gerade darin, daß der Verkäufer die Kaufsache los wird, erblickt diese Theorie die Rechtfertigung der Austauschlehre. Liegt gleichzeitig Annahmeverzug des Käufers vor, so darf der Verkäufer den Selbsthilfeverkauf nach § 373 HGB vornehmen, andernfalls muß der Verkäufer nach § 372 BGB hinterlegen oder nach § 383 BGB versteigern und den Erlös hinterlegen.

Anm. 353 *γγ*) **Die Mittelmeinung.** In der modernen Literatur hat sich weitgehend eine Mittelmeinung durchgesetzt. Sie durchbricht die strenge Differenztheorie in doppelter Hinsicht: 1. Hat der Ersatzberechtigte die ihm obliegende Leistung bereits erbracht, so steht ihm ein Rückforderungsrecht nicht zu. Er muß dem säumigen Teil die erbrachte Leistung belassen und Schadensersatz in Höhe seines gesamten Erfüllungsinteresses verlangen. Insofern läuft die Mittelmeinung für den besonderen Fall, daß der Nichtsäumige bereits geleistet hat, auf eine Anwendung der Austauschtheorie hinaus. 2. Ist der Vertrag noch beiderseits unerfüllt, so soll der Ersatzberechtigte grundsätzlich nach der Differenztheorie vorgehen, d. h. von seiner Leistungspflicht frei werden und als Schadensersatz die Differenz zwischen seinem Vermögensstand bei beiderseitiger Nichterfüllung und seinem (hypothetischen) Vermögensstand bei ordnungsmäßiger Vertragsabwicklung beanspruchen können. Hat der Ersatzberechtigte jedoch ein Interesse, sich des von ihm zu erbringenden Vertragsgegenstandes durch Leistung an den anderen Vertragsteil zu entledigen, so soll er auch berechtigt sein, auf Abnahme seiner Leistung zu bestehen und Schadensersatz nach der Austauschtheorie zu verlangen. In diesem Fall wird dem vertragstreuen Teil also ein Wahlrecht zugebilligt (Wilde in BGB-RGRK § 325 Anm. 7; Soergel-Reimer Schmidt § 326 Rdnr. 34; Erman § 325 Bem. 5; Palandt-Danckelmann/Heinrichs § 325 Anm. 3; eingehend Enneccerus-Lehmann[15] S. 229ff.; Larenz I[8/9] S. 261; Esser I[3] S. 364; Pieper JuS 1962 S. 409, 413; aus der Rechtsprechung des BGH vgl. BGH 20, 338ff.). Die Vorauflage dieses Kommentars (Anh. nach § 374 Anm. 25a) stand dem von der Mittelmeinung vertretenen Wahlrecht der vertragstreuen Partei ablehnend gegenüber, da ihm die gesetzliche Grundlage fehle. Dieses Argument dürfte kaum zu widerlegen sein. Dennoch hat sich die Mittelmeinung, wie das obige Zitat zeigt, fast durchweg durchgesetzt. Der Grund für ihre Attraktivität dürfte wohl darin zu sehen sein, daß sie für sich in Anspruch nehmen kann, eine elastische und der Interessenlage gerecht werdende Rechtsfortbildung darzustellen. Es ist in der Tat nicht einzusehen, warum der Ersatzberechtigte gezwungen werden soll, seine Leistung wider seinen Willen und entgegen seinem Interesse zu behalten. So wird man sich wohl damit abfinden müssen, daß einmal mehr das geltende Recht nicht aus unseren Gesetzbüchern abzulesen ist.

Anm. 354 *β*) **Der Schadensersatzanspruch wegen Nichterfüllung als vertraglicher Anspruch.** Auch der Schadensersatzanspruch wegen Nichterfüllung ist seiner Natur nach vertraglicher Anspruch (RG 50, 267; 10, 180). Daher kann der Verkäufer einen zur Sicherung der Kaufpreisforderung gegebenen Scheck oder Wechsel auch zur Sicherung seiner Schadensersatzforderung benutzen (JW 1921, 1528[5]). Der Schadensersatzanspruch folgt denselben Regeln wie der Hauptanspruch auf Erfüllung; er ist dort zu erfüllen, wo der Vertrag überhaupt zu erfüllen ist; er ist ja nur die die Erfüllung ersetzende Verpflichtung.

Dabei ist aber stets zu beachten, daß Erfüllungsanspruch und Schadensersatzanspruch wegen Nichterfüllung sich ausschließen und nebeneinander nur fürsorglich geltend gemacht werden können (vgl. auch Anm. 364). Der vor Ablauf der Nachfrist des § 326 BGB entstandene Verzugsschaden kann auch neben dem Anspruch auf Schadensersatz wegen Nichterfüllung geltend gemacht werden (RG 94, 207; SeuffA 84, 78). Weil das ganze Vertragsverhältnis sich verwandelt (oben Anm. 351), gibt es auch keine Zerlegung in den durch Abnahmeverzug verursachten Schaden und in entgangenen Gewinn, so daß etwa für jeden Betrag ein besonderer Erfüllungsort nach § 269 BGB und ein besonderer Gerichtsstand nach § 29 ZPO möglich wäre (RG 55, 423). Weil der Anspruch ein solcher Vertrag ist, kann der Verkäufer auch den Schaden aus verspäteter Ersatzleistung verlangen, also Verzugszinsen usw. (unten Anm. 358; RG 102, 62; 96, 121).

γ) **Abstrakte und konkrete Schadensberechnung des Verkäufers.** Demgemäß kann der Verkäufer den Schadensersatz wegen Nichterfüllung in jeder Weise berechnen, welche der Sach- und Rechtslage entspricht; nur nicht so, daß Wiederherstellung des früheren Zustandes nach § 249 Satz 1 BGB begehrt wird. (Über Gewinnentgang und Schadensberechnung des Verkäufers allgemein vgl. aus neuerer Zeit Steindorff JZ 1961, 12ff. m. w. Nachw.; aus der älteren Lit. s. insbes. Rabel, Recht des Warenkaufes, Neudruck 1958 II S. 58ff.). Wie der Käufer seinen Schaden beim Verzuge des Verkäufers, so kann der Verkäufer den seinigen beim Verzuge des Käufers abstrakt oder konkret, sowie unter Umständen teils abstrakt teils konkret berechnen. Alle diese Berechnungen sind gegenstandslos, wenn die Preise gestiegen sind, was der Käufer zu beweisen hat; denn der Verkäufer hat in diesem Falle keinen Schaden, weil er die Ware behält. Vorausgesetzt ist hierbei aber, daß es sich um echte Preissteigerung, nicht um Geldentwertung handelt. Jederzeit, selbst im Rechtsstreit, kann von der einen Berechnungsart zu einer anderen übergegangen werden (unten Anm. 367). **Anm. 355**

$\alpha\alpha$) **Der abstrakte Schaden.** Dieser kann in verschiedener Weise berechnet werden. **Anm. 356**
Der Verkäufer kann einfach den Unterschied zwischen dem Selbstkostenpreis, d. i. dem niedrigen Einkaufspreis, und dem Vertragspreis verlangen (RG 89, 283; 60, 347; OLG Celle MDR 1966, 410). Über den Begriff des Selbstkostenpreises siehe Anm. 58. Er kann sich auf den Standpunkt stellen, daß er diesen Unterschied verdient hätte, wenn der Käufer den Vertrag erfüllt hätte. Diese Berechnung ist aber nur dann eine abstrakte, wenn als Selbstkostenpreis der Preis eingesetzt wird, zu dem der Verkäufer, wenn er Händler ist, die Ware hätte einkaufen können, aber nicht eingekauft hat, also der für seine Verteilungsstufe (Großhändler, Kleinhändler) geltende Marktpreis. Wird jedoch als Selbstkostenpreis der Preis eingesetzt, zu welchem der Verkäufer selbst tatsächlich eingekauft hatte, so ist die Berechnung eine konkrete (RG 89, 283; unten Anm. 362). Der abstrakten Berechnung gegenüber kann der Käufer nicht einfach einwenden, daß der Verkäufer ja im Besitze der Ware geblieben sei, sie also anderweit ebenso günstig verkaufen könne oder verkauft habe wie an den Käufer (JW 1919, 446[5]; Hamburg OLGE. 23, 9; „Recht" 1917, 518[963]). Denn es ist als Regel davon auszugehen, daß, auch wenn der betreffende Käufer den Vertrag erfüllt hätte, der Verkäufer andere Verkaufsgelegenheiten ebenfalls hätte benutzen können, und bei einer verkäuflichen Ware muß von ihrer jederzeit möglichen Verkäuflichkeit ausgegangen werden (RG 4, 2; der Schaden kann dann nach § 287 ZPO auf diesen Unterschied geschätzt werden; vgl. RG 58, 327 und unten Anm. 368). Zur Bedeutung der abstrakten Berechnung im Rahmen des § 287 ZPO allgemein BGH 29, 393ff. Indessen können freilich im einzelnen Falle die Dinge so liegen, daß der Verkäufer nicht imstande gewesen ist, weitere Mengen zu demselben Preis anzuschaffen, während er andere Verkaufsgelegenheiten wohl gehabt hat. Unter solchen Verhältnissen kann der Verkäufer allerdings keinen abstrakten Schaden berechnen. Solche besonderen Verhältnisse aber muß der Käufer dartun (so besonders deutlich BGH LM Nr. 5 zu § 252 BGB). — Ist der Verkäufer der Erzeuger der Ware, so kann er statt des Einkaufspreises, den der Händler einsetzt, die durchschnittlichen Kosten der Herstellung zugrunde legen und den Unterschied zwischen diesen Kosten und dem höheren Vertragspreis anfordern. In dieser Höhe ist dem Verkäufer ein Gewinn entgangen. Es kann nicht eingewendet werden, diese Berechnung sei eine konkrete deshalb, weil der Herstellungspreis nur bei der konkreten Berechnung in Frage komme; folglich müsse sich der Verkäufer entgegen-

halten lassen, daß er die Ware behalten und mit Gewinn weiterverkauft habe (unten Anm. 362). Es ist vielmehr zu beachten, daß es sich nicht wie in dem in Anm. 362 besprochenen Falle um eine bestimmte (konkretisierte) Ware, sondern um eine abstrakte Durchschnittsrechnung der Herstellungskosten von Gattungsware handelt und daß davon auszugehen ist, der Verkäufer hätte auch bei Herstellung der Ware für den Käufer und bei Abnahme der Ware seitens des Käufers doch die Erzeugung mit demselben Kostenaufwand entweder um die entsprechende Menge gesteigert oder andere Fabriken in Anspruch genommen und auch die Ware abgesetzt. Dem Käufer steht bei dieser Berechnungsweise der schwer zu liefernde Gegenbeweis offen, daß der Verkäufer die Möglichkeit der Absatzsteigerung nicht hatte (WarnRspr. 1918 Nr. 73; LZ 1919, 530[5]).

Anm. 357 Die abstrakte Schadensberechnung kann auch in der Weise aufgemacht werden, daß der Verkäufer den Preisunterschied zwischen dem vereinbarten Kaufpreise und dem niedrigeren Marktpreis oder Verkäuflichkeitswert in Rechnung stellt (RG in HansRGZ 1932 B 563; LZ 1919, 1073[4]; OLG Celle MDR 1966, 410 = BB 1966, 180; über Verkäuflichkeit unten Anm. 370), zu dem er die Ware nunmehr verkaufen kann (Beispielsfall in BGH LM Nr. 4 zu § 249 [Hb], dort allerdings fälschlich als konkrete Berechnung bezeichnet). Bei Gattungsware ist für diese Art der Berechnung nicht Voraussetzung, daß die für den Käufer bestimmte Ware schon ausgesondert worden war (so auch BGH a. a. O.). Die abstrakte Berechnung wird nicht zu einer konkreten dadurch, daß der Verkäufer geltend macht, er habe die Ware zur Deckung des Käufers eingekauft. Auch hier erhebt sich die Frage nach der rechtlichen Beurteilung, wenn der Käufer einwendet, der Verkäufer habe die für den Käufer bestimmte Ware noch teurer, also über dem Marktpreis, mit Gewinn verkauft. Auch hier ist die Berechnung eine abstrakte. Es ist auch hier im Zweifel davon auszugehen, daß der Verkäufer imstande gewesen wäre, seinen Umsatz so zu steigern, daß er auch die für den Käufer bestimmte Ware zu demselben billigen Preis hätte liefern können (s. dazu schon oben vorige Anm., ferner OLG Düsseldorf BB 1965, 12f. und die nachfolgend zitierte Entscheidung des BGH LM Nr. 5 zu § 252 BGB). Die abstrakte Schadensberechnung ist endlich auch derart zulässig, daß der Verkäufer den handelsüblichen Gewinn beim Weiterverkauf als Schaden in Ansatz bringt; diese Art der Schadensberechnung kommt besonders da in Frage, wo es üblich ist, die Ware mit einem festbestimmten Prozentsatz als Gewinnaufschlag des Zwischenhändlers weiterzuverkaufen; vgl. etwa BGH LM Nr. 5 zu § 252 BGB (aus dem Weinhandel). Der Käufer kann in diesem Fall den Gegenbeweis erbringen, daß der Verkäufer aus besonderen Gründen diesen Gewinn im speziellen Fall nicht hätte machen können. — Denkbar ist es auch bei der abstrakten Berechnung, daß der Verkäufer durch Nichtbezug der Ware seitens des Käufers einen Vorteil erlangt, z. B. dadurch, daß der Lieferant des Verkäufers die Ware gegen geringe Vergütung des Verkäufers zurücknimmt oder daß der Verkäufer durch das Unterbleiben der Lieferung Aufwendungen (z. B. für Transport oder Verpackung) erspart. Ist dies der Fall, so sind Vorteil und Schaden auszugleichen (dazu auch unten beim Käufer Anm. 369). Anders, wenn der Verkäufer, der sich zur Erfüllung des Vertrags eingedeckt hat, für diese Ware Gewinn erzielt, weil er sie anderwärts verkauft hat oder sie doch anderweit mit Gewinn hätte verkaufen können; Ein- und Verkauf sind hier völlig verschiedene Vorgänge (LZ 1919, 1074[4]; vgl. RG 101, 218); der Käufer könnte nur einwenden, daß der Verkäufer die Ware überhaupt nicht oder doch nicht zu den gleichen Bedingungen wie im Kaufvertrag mit dem beanspruchten Gewinn hätte weiterverkaufen können; vgl. dazu auch OLG Stuttgart JR 1957, 343f., dort auch ausführlich zu der Frage, welche ersparten Unkosten sich der Verkäufer abziehen lassen muß. Der Verkäufer hat übrigens auch die Pflicht, den dem Käufer drohenden Schaden, soweit tunlich und soweit nach Treu und Glauben erforderlich, nach § 254 BGB zu mindern, z. B. auf ein Abkommen mit seinem Lieferanten über Zurücknahme der Ware einzugehen (RG in HansRGZ 1932 B 565; LZ. 1919, 41[7]; vgl. auch RG in LZ 1919, 1074[4]).

Anm. 358 Maßgebender Zeitpunkt für die abstrakte Berechnung des Schadensersatzes ist zunächst der Tag des Eintritts des Verzugs; denn an diesem Tag war die Leistung zu bewirken; der Verkäufer ist also jedenfalls so zu stellen, als ob in diesem Zeitpunkt die beiderseitigen Leistungen bewirkt worden wären. Der Verkäufer hat aber die Wahl, ob er statt dessen den Zeitpunkt des Ablaufs der Nachfrist der Berechnung zugrunde legen will (RG 91, 31; LZ 1925, 1069[6]; Holdheim 1905, 218; SeuffA 61, 5), denn bis zu diesem Augenblick hat der Verkäufer noch Anspruch auf die Zahlung des Kaufpreises und kann der Käufer durch vertragsmäßige Leistung seinen Verzug beendigen. Der vertragsuntreue Käufer hat aber darüber hinaus auch allen weiteren Schaden zu ersetzen, der nach diesen beiden Zeitpunkten entsteht und in adäquatem Zusammenhang mit dem schädigenden Ereignis steht, und zwar bis zum Augenblick der Erfüllung des Schadensersatzanspruchs. Diese ganz allgemein für Schadensersatzansprüche geltende Regel ist auch hier anzuwenden (RG 109, 63; WarnRspr. 1925 Nr. 46). Diese Regel kann allerdings nicht dahin führen, daß der Verkäufer seiner Schadensberechnung jeden beliebigen Zeitpunkt bis zur Erfüllung des Schadensersatzanspruchs zugrunde legen darf; denn die Schwankungen im Wert der Ware, die der Verkäufer nach Ablauf der Nachfrist behalten hat, sind nicht mehr adäquate Folge des Verzugs des Käufers, da der Verkäufer die Ware jederzeit verkaufen konnte. Wohl aber ergibt sich aus diesem allgemeinen Grundsatz, daß der Käufer dem Verkäufer auch Verzugszinsen und denjenigen weiteren Schaden zu ersetzen hat, der daraus entstanden ist, daß die Schadensersatzleistung nicht sofort bei Schadenseintritt erfolgt ist (vgl. auch oben Anm. 354). Einer besonderen Mahnung bedarf es hierzu nicht (Hamburg JW 1924, 1443[9]). Der Verkäufer, der wegen positiver Vertragsverletzung oder Wegfalls des Interesses zurückgetreten ist, kann seiner Schadensberechnung den Zeitpunkt zugrunde legen, in dem er dem Käufer nach Kenntnis der zum Schadensersatz berechtigenden Umstände angezeigt hat, daß er Schadensersatz wegen Nichterfüllung verlange. Im übrigen gilt hier das gleiche, was unten Anm. 372 für den Käufer ausgeführt ist.

ββ) **Der konkrete Schaden.** Diesen kann der Verkäufer in der Weise berechnen, daß er **Anm. 359**
die Ware anderweit verkauft; der dabei erlittene Ausfall (zuzüglich Lagerungs- und Verkaufskosten, Zinsen, Provision usw.) ist sein Schaden. Er kann sich für diesen Verkauf der Form des § 373 HGB und des § 383 BGB bedienen, aber, wie oben Anm. 350 ausgeführt, ist keine Form vorgeschrieben (RG 53, 15; BGH LM Nr. 4 zu § 249 [Hb] BGB). Er kann auch einen privaten Verkauf vornehmen, ohne Mitwirkung irgendeines amtlichen Organs und ohne jede Form, wie der Käufer seinen Deckungskauf auch formlos bewirken kann (unten Anm. 378). Es gelten also über die Zeit, über den Ort, über die Art und die Bedingungen des Selbsthilfeverkaufs wegen Zahlungsverzugs keine festen Formen. Vielmehr gilt hier wie beim Deckungskauf des Käufers der Grundsatz, daß der Verkäufer bei der Vornahme des Verkaufs nach Treu und Glauben im Verkehr zu verfahren hat. Er nimmt dabei nicht das Interesse des Käufers wahr, darf dieses aber auch nicht arglistig oder fahrlässig verletzen. Dies ist für den Deckungskauf in zahlreichen Entscheidungen angenommen worden (siehe unten Anm. 378) und ergibt sich jetzt unmittelbar aus § 254 Abs. 2 BGB (RG 61, 281; 53, 14; 50, 268; Holdheim 05, 219). Für jede schuldhafte Handlung, nicht nur für grobe Fahrlässigkeit, hat also der Verkäufer einzustehen (RG 57, 107). Über mitwirkendes Verschulden gelten die allgemeinen sich aus § 254 BGB ergebenden Grundsätze, so daß der Verkäufer das seinige zur Abwendung und Minderung des Schadens tun muß. Es kann sich so eine Pflicht zum Deckungsverkauf ergeben. Für die Annahme einer solchen Pflicht kommen in Betracht: die Art, insbesondere Verderblichkeit (vgl. BGH DB 1968, 128) der Ware, die Preisschwankungen, die Marktlage zur Zeit des Ablaufs der Nachfrist, das Interesse des Verkäufers und dessen Verhalten. Eine solche Pflicht ist aber erst gegeben, wenn der Verkäufer den Anspruch auf Erfüllung aufgegeben und Schadensersatz wegen Nichterfüllung verlangt hat (RG 83, 176). Da der Deckungsverkauf nicht unter dem Zeichen fester Normen und Formen steht, so ergibt sich hieraus ferner, daß Abweichungen von dem, was Treu und Glauben gebieten (also ungerechtfertigte Abweichungen von den Vertragsbedingungen, Ausschluß der Gewährleistung; vgl. §§ 373/374 Anm. 28, 48ff., nicht eine Ungültigkeit des Verkaufs bewirken, sondern nur, daß die Abweichung von der Regel insofern berücksichtigt wird, als der Verkäufer den Ausfall zugebilligt erhält, der sich bei sachgemäßem Verkauf ergeben hätte; dies gilt auch vom Selbsthilfeverkauf nach § 383 BGB (hierüber §§ 373/374 Anm. 28, 48ff.). Das freie richterliche Ermessen nach § 287 ZPO findet Anwendung bei Prüfung der Beanstandungen gegen die Ordnungsmäßigkeit des Verkaufs wie hinsichtlich der Höhe des Ausfalls (so schon für den Deckungsverkauf RG 46, 408; 11, 199 und ferner RG 57, 107; 53, 15). Läßt der Verkäufer nach Ablauf

der gemäß § 326 BGB gestellten Frist die Ware in den Formen des Selbsthilfeverkaufs nach § 373 öffentlich versteigern und ersteigert er selbst die Ware, so kann er seiner Schadensberechnung doch nur den Unterschied zwischen dem Verkaufspreis und dem Wert der Ware, nicht zwischen dem Verkaufspreis und dem Versteigerungserlös zugrunde legen (RG 110, 155). Denn der Verkauf bildet hier nur ein Element des nach § 287 ZPO zu würdigenden Schadensersatzanspruchs (LZ 1910, 460[3]). Es handelt sich nicht wie beim Selbsthilfeverkauf um den Erfüllungsanspruch („Recht" 1910 Nr. 1503, §§ 373/374 Anm. 52).

Anm. 360 Wegen des Näheren über diesen Deckungsverkauf gilt das unten über den Deckungskauf Gesagte (unten Anm. 378ff.; über den Selbsthilfeverkauf nach § 383 BGB siehe §§ 373/374 Anm. 28ff. u. 37ff.). Hervorzuheben ist hierbei, daß der Verkäufer dem Käufer die redlich erzielten Preise anrechnen kann (siehe unten Anm. 380; oben Anm. 359). In besondere muß es sich um einen Verkauf derselben Ware und zu wesentlich gleichen Bedingungen handeln (vgl. unten Anm. 381). Nach einer Verkaufsgelegenheit braucht der Verkäufer nicht gerade zu suchen, wenn nicht bei Zuwarten eine Erhöhung des Schadens zu besorgen ist. Aber er darf auch eine sich darbietende Verkaufsgelegenheit nicht grundlos ablehnen (vgl. § 254 BGB; RG 52, 351; Dresden OLGE 34, 18). Die etwaigen besonderen Kosten des anderweitigen Verkaufs (Inserate, Versteigerungskosten usw.) bilden einen Teil des Schadens des Verkäufers. Hinsichtlich der Zeit des Verkaufs kommt es zunächst auf den Ablauf der Nachfrist und dann auf den Zeitpunkt an, in dem sich der Verkäufer für den Schadensersatz wegen Nichterfüllung entschieden hat (oben Anm. 359; unten Anm. 413, 418, 421, 426, 511); erst von da an kann § 254 Abs. 2 BGB Platz greifen. Von da an kommt es auf die Beschaffenheit der Ware und die Preisbewegung an und ob danach eine Beschleunigung geboten war (Hamburg JW 1924, 550[7]). Über alle diese Umstände entscheidet freies Ermessen nach § 287 ZPO. Daraus, daß der Verkäufer auf die Erfüllungsverweigerung des Käufers hin diesen zunächst auf Erfüllung in Anspruch nahm und erst nach längerer Zeit zu dem Anspruch auf Schadensersatz wegen Nichterfüllung überging, kann ihm nicht der Vorwurf erwachsen, er hätte den Deckungsverkauf noch vor diesem Übergang vornehmen müssen; sonst würde er sich ja selbst in Erfüllungunsmöglichkeit versetzt haben (RG 83, 178; Hagemann LZ 1914, 1345). Derselbe Gedanke ist durchschlagend bei den positiven Vertragsverletzungen und dann, wenn der Käufer die Unmöglichkeit vorschützt. Auch wenn das geschieht, braucht der Verkäufer nicht den Deckungsverkauf sofort vorzunehmen; er kann den Erfüllungsanspruch verfolgen, bis Unmöglichkeit feststeht oder für ihn wenigstens klar vor Augen liegt. Von diesem Augenblick an beginnt seine Verantwortung; er darf nicht den Verkauf hinausschieben, um größere Vorteile zu erlangen, sonst ist der Deckungsverkauf unbeachtlich und kommen die Preise eines rechtzeitigen Deckungsverkaufs in Ansatz.

Anm. 361 Erzielt der Verkäufer beim anderweitigen Verkauf Gewinn, so verbleibt er ihm, weil dieser Verkauf für seine Rechnung geht, einerlei ob er freihändig oder in den Formen eines Selbsthilfeverkaufs erfolgt (D 219; vgl. RG 102, 390; 61, 281; 53, 15). Er kann dann keinen konkreten Schaden geltend machen, wohl aber unter Umständen einen abstrakten Schaden, nämlich wenn er in der Lage war, noch mehr Ware zu dem gleichen günstigen Preis anzuschaffen (oben Anm. 356).

Anm. 362 Der Verkäufer kann seinen konkreten Schaden aber noch anders berechnen. Er kann z. B. darlegen, daß er, um seinem Käufer liefern zu können, seinerseits Anstalten getroffen hatte (Anschaffung von Rohstoffen, Anstellung von Arbeitern, Bestellung fertiger Ware), nun diese Rechtsbeziehungen lösen mußte und so Schaden leide. So kann der Verkäufer zu einem Anspruch auf den Unterschied zwischen dem Vertragspreis und dem billigeren Einkaufspreis kommen (RG 60, 347). Bei einem Fabrikanten kommt als entgangener Gewinn der Unterschied zwischen dem vereinbarten Verkaufspreis und seinen Selbstkosten in Betracht, die in den zur Ausführung des Auftrages aufzuwendenden Materialpreisen und Arbeitslöhnen bestehen. Der Fabrikant kann diese in der Höhe geltend machen, wie sie sich bei Ablauf der Nachfrist stellten. Sind die Materialpreise und Löhne in der Erfüllungszeit geringer geworden, so kommt dieser Vorteil dem Fabrikanten zugute (RG in HRR 1936 Nr. 326). Vgl. auch Anm. 363 hinsichtlich der Berechnung der Selbstkosten des Fabrikanten. Vom

Augenblick an, in dem der Käufer in Zahlungsverzug geraten ist, kommt es nicht mehr darauf an, ob und warum der Verkäufer von seinem Lieferanten die zur Erfüllung für den Käufer bestimmte Ware nicht bezogen hat, ob insbesondere die Ware durch einen vom Verkäufer nicht zu vertretenden Umstand zugrunde gegangen ist (§ 300 BGB) oder der Verkäufer das Geschäft mit seinem Vormann rückgängig gemacht hat. Der Käufer kann nicht einwenden, der Verkäufer hätte die Ware beziehen müssen und dann durch Weiterveräußerung seinen Schaden verringern können (§ 254 BGB); dazu ist der Verkäufer nicht verpflichtet. Hat der Verkäufer dagegen die Ware bezogen, so ist Ausgangspunkt für die konkrete Berechnung nur noch der Wert der Ware in dem Zeitpunkt, der für die Schadensberechnung maßgebend ist, nicht mehr der Einkaufspreis (RG 110, 159; 89, 284; WarnRspr. 1918 Nr. 148). Dieser Wert ist festzustellen; ist er so hoch wie der Vertragspreis, so hat der Verkäufer keinen konkreten, wohl aber vielleicht einen abstrakten Schaden (vgl. oben Anm. 356 und 361). Ein etwaiger Gewinn verbleibt auch in diesem Falle ihm. Der Verkäufer kann als Schaden in Rechnung setzen, was er zur Erfüllung des Vertrags mit seinem Vormann schon aufgewendet hatte, z. B. Zinsentgang, wenn er diesem eine unverzinsliche Sicherheit gestellt hatte, sowie was sein Vormann von ihm verlangt, weil er infolge des Vertragsbruchs seines Abkäufers seinem Vormann nicht zahlen und daher von diesem nicht annehmen konnte. Der Verkäufer kann auch beides zusammen, nämlich den Unterschied zwischen dem Einkaufs- und Verkaufspreis (d. i. der entgangene Gewinn) und dazu noch, wenn der Käufer nicht abnimmt, das ersetzt verlangen, was er seinem Lieferanten als Abfindung zahlen mußte, damit dieser seinerseits in die Aufhebung seines Lieferungsvertrags willigte (d. i. der positive Schaden). Man kann nicht einwenden, der Verkäufer verlange hier einmal Schadensersatz wegen Nichterfüllung, andererseits verlange er Erfüllung. Es kommt hier darauf an, ob der Verkäufer die Ware nicht anderweit unterbringen konnte und sich daher mit seinem Lieferanten über die Aufhebung des Vertrags verständigen mußte. Auch hier ist die Frage etwaigen Mitverschuldens und die Prüfung des ursächlichen Zusammenhanges nach § 287 ZPO von Bedeutung. Beruht eine solche Schadensforderung eines Vormannes gegen den Verkäufer auf einem Schiedsspruch, so kann der in letzter Linie in Anspruch genommene Käufer nicht einwenden, daß er am Schiedsverfahren nicht beteiligt sei. Denn es handelt sich dann nicht um die Rechtskraft des Schiedsspruchs, sondern darum, ob der Schiedsspruch eine Folge der Vertragsbrüchigkeit des Käufers war.

Teils abstrakt, teils konkret kann der Verkäufer unter besonderen Umständen rechnen. Da der Verkäufer den Unterschied zwischen dem Selbstkostenpreis und dem Vertragspreis verlangen darf (abstrakter Schaden; oben Anm. 356), so muß ihm die Wahl offenstehen, ob er als Selbstkostenpreis den Marktpreis einsetzen will (abstrakte Rechnung; oben Anm. 356; vgl. unten Anm. 372) oder den eigenen Fabrikationsaufwand (konkrete Rechnung; oben Anm. 362). Legt er seiner Berechnung den eigenen Fabrikationsaufwand zugrunde, so setzen sich die Selbstkosten aus verschiedenen Faktoren zusammen, z. B. aus dem Anschaffungspreis für Rohstoffe, aus dem Arbeitslohn, aus den allgemeinen Unkosten (s. dazu auch beim Käufer Anm. 369) usw. Der Verkäufer kann nun den Anschaffungspreis für Rohstoffe abstrakt oder konkret, den Arbeitslohn und die Unkosten nach der besonderen Fabrikationseinrichtung (also konkret) oder nach den allgemeinen angemessenen Sätzen für dergleichen Dinge (also abstrakt) berechnen (LZ 1911, 850[3]). Das Gericht braucht hier nicht auf alle Berechnungsgrundsätze für abstrakten oder konkreten Schaden einzugehen, sondern kann auch nach § 287 ZPO die gesamte Schadenshöhe unter Abwägung aller Umstände festsetzen (vgl. unten Anm. 383 u. oben Anm. 362). **Anm. 363**

δ) **Die Geltendmachung des Schadensersatzes wegen Nichterfüllung** erfolgt durch Klage bei dem Gericht des Ortes, an dem die streitige Verpflichtung zu erfüllen ist, d. i. wo die Hauptverpflichtung zu erfüllen ist. Sie kann mit der Klage auf Erfüllung nur fürsorglich verbunden werden, wobei dann das Urteil klar zu erkennen geben muß, auf welchen der beiden Klaggründe die Verurteilung gestützt wird (RG 57, 106); für die Zulässigkeit eventueller Geltendmachung spricht insbesondere der Umstand, daß der Erfüllungsanspruch durch unbegründete Geltendmachung des Anspruchs auf Schadensersatz wegen Nichterfüllung nicht untergeht (unten Anm. 415) und der Kläger daher **Anm. 364** nicht gehindert sein kann, seinen Zahlungsanspruch hilfsweise auf Erfüllung zu stützen; über die Zulässigkeit derartig widersprechender Klagbegründungen im allgemeinen vgl. RG 87, 238; JW 1910, 826[51]. Der § 255 ZPO ordnet nichts anderes an, sondern bestimmt nur, daß der auf Zahlung klagende Verkäufer verlangen kann, daß im Urteil eine Frist bestimmt werde, binnen welcher der Käufer zu zahlen habe, widrigenfalls der Verkäufer die Erfüllung ablehnen könne. Die Schadensberechnung kann dem Verfahren über den Betrag des Anspruchs überlassen bleiben, selbst wenn die vom Kläger gewählte Berechnungsart unzulässig ist; nur muß feststehen, daß überhaupt ein Schaden entstanden ist (RG 91, 68; WarnRspr. 1913 Nr. 122). Das Urteil über den Grund darf nicht dem Verfahren über den Betrag dadurch vorgreifen, daß es die Schadensberechnung in gewisser Richtung vorschreibt oder einschränkt (WarnRspr. 1925 Nr. 107; LZ 1925, 40[7]). Mögen auch vor Klageerhebung die Voraussetzungen zu einem Vorgehen nach § 326 BGB gegeben gewesen sein, so kann doch während des Schwebens der Erfüllungsklage der Vertragstreue jederzeit von § 326 BGB Gebrauch machen und zum Anspruch auf Schadensersatz wegen Nichterfüllung übergehen, ohne auf die Einrede der Klageänderung (§ 268 Nr. 3 ZPO) zu stoßen (RG 109, 137 und 88, 405, wo RG 70, 337 aufgegeben ist).

Anm. 365 **bb) Der Anspruch des Käufers.**

α) **Allgemeines.** Auch der Käufer macht diesen Anspruch auf Grund des Vertrags geltend, er verwirklicht mit ihm den Vertrag nach einer bestimmten Richtung (RG 10, 180); doch ist es nicht das Recht auf die eigentliche Erfüllung, das der Käufer damit geltend macht (oben Anm. 354). Der Käufer, der dieses Recht wählt, schuldet daher, wie er das Recht auf Lieferung verliert, auch seinerseits den Kaufpreis nicht (oben Anm. 350ff.). Der Kaufpreis bildet nur einen Rechnungsfaktor (s. RG 127, 248; 66, 69; 58, 177; JW 1917, 597[6]). Der Käufer braucht infolge dieser Umwandlung des ganzen Rechtsverhältnisses die nachträgliche Lieferung des Verkäufers nicht anzunehmen (JW 1910, 614[4]). Gewährt das nachträgliche Anerbieten dem Käufer jedoch alles, wofür der Verkäufer verantwortlich gemacht werden konnte, so kann doch nach den Grundsätzen von Treu und Glauben (§ 242 BGB) zwecks Minderung des Schadens eine Pflicht zur Empfangnahme entstehen (SeuffA 39, 63). Ausgangspunkt für die Berechnung des Nichterfüllungsschadens ist immer das Interesse, das der Käufer an der Erfüllung des Vertrags gehabt hat, nicht das negative Interesse; der Käufer kann daher nicht als Schadensersatz geltend machen, daß er mit Rücksicht auf den Vertrag Aufwendungen gemacht habe, die er sonst nicht nötig gehabt hätte. Der Käufer hat auch nicht wie nach §§ 323, 325 BGB einen Anspruch auf Herausgabe des Surrogats (Anm. 476). Er kann nicht Herausgabe dessen verlangen, was der Verkäufer bei einem anderweitigen Verkauf etwa erzielt hat. Auf die Entstehung eines besonders hohen Schadens muß er den Verkäufer nach § 254 BGB aufmerksam machen. Ist der Schadensersatzanspruch schon entstanden, weil der Käufer wirksam gemäß § 326 BGB vorgegangen war, so wird er durch eine nachträgliche Änderung der Gesetzgebung, die die Erfüllung unmöglich machen würde, nicht mehr berührt (RG 105, 281; 101, 422).

Anm. 366 Der Schadensersatz wegen Nichterfüllung geht beim Verzug seiner Natur nach auf Geld. Zwar steht das BGB in § 249 S. 1 grundsätzlich auf dem Standpunkt, daß Schadensersatz durch Wiederherstellung in Natur zu leisten sei (Grundsatz der Naturalrestitution). Da beim Verzug die Nachholung der Leistung möglich bleibt, würde Naturalherstellung hier bedeuten, daß der Verkäufer den Kaufgegenstand (gleichgültig, ob dieser individuell oder nur nach Gattungsmerkmalen bestimmt ist) nachträglich liefert. Der Anspruch auf Schadensersatz wegen Nichterfüllung (durch Herstellung in Natur) wäre hier also inhaltsgleich mit dem Erfüllungsanspruch. Von diesem aber ist der Käufer durch sein Verlangen nach Schadensersatz wegen Nichterfüllung bzw. durch seine Erklärung, nach fruchtlosem Nachfristablauf die Erfüllung nicht mehr anzunehmen (vgl. Anm. 412), gerade abgegangen. Beim Verzug kann der Schadensersatz wegen Nichterfüllung daher nur durch Leistung von Geld erfolgen. Zum Zwecke dieser Schadensberechnung ist, wie bereits oben (vgl. Anm. 351 u. RG 91, 33 u. 127, 248) dargelegt, die Vermögenslage des Gläubigers, wie sie sich infolge der Nichterfüllung ergeben hat, zu vergleichen ist mit der Vermögenslage, wie sie sich bei Erfüllung des Vertrags gestaltet haben würde (RG 127, 248; 91, 33). In diesem Schaden sind inbegriffen: Ersatz des entgangenen Gewinns und Rückerstattung oder Ersatz des bezahlten Kaufpreises. Der Schaden besteht in dem Nachteil, der dem Käufer durch die Nichtlieferung zur Lieferungszeit erwächst, nicht in dem weiteren Nachteil, der ihm durch den Nichtbesitz der Ware seit dem Erfüllungstag entsteht, einerlei, ob er abstrakte oder konkrete Schadensberechnung wählt (hierüber Anm. 367). Denn auf diesen Besitz verzichtet er ja und wählt statt dessen Schadensersatz. In dem Unterschied zwischen Vertragspreis und Börsenpreis ist dieser Schaden enthalten (JW 1904, 121[25]; ROHG 6, 194). Der Gläubiger kann daher keinen Aufschlag auf den bei Ablauf der Nachfrist bestehenden Marktpreis mit der Begründung fordern, daß er die Ware zu dem um so viel höheren Preis bei seiner Kundschaft hätte unterbringen können (Hamburg HRR 1930 Nr. 2084). Überhaupt kann er, außer für die Zeit bis zum Ablauf der Nachfrist (SeuffA 84, 78), neben dem Schadensersatz wegen Nichterfüllung nicht auch noch Schadensersatz wegen verspäteter Erfüllung verlangen (RG 57, 108; 50, 264), insbesondere also auch nicht eine Vertragsstrafe wegen verzögerter Erfüllung (ROHG 13, 425; RG 2, 29). Diese Strafe geht nach §§ 341 Abs. 2, 340 Abs. 2 BGB im Schadensersatz wegen Nichterfüllung auf und bildet dort einen Rechnungsposten. Die bis zum Ablauf der Nachfrist verfallene Strafe stellt alsdann den mindestens zu beanspruchenden Schaden wegen Nichterfüllung dar (RG 94, 207; JW 1917, 598[6]). Der Schadensersatz wegen Nichterfüllung umfaßt aber auch den weitergehenden Schaden, der dem Käufer dadurch entsteht, daß er die Kaufsache seit der Verzugsetzung entbehrt. Dieser Schaden wird weder durch die abstrakte noch durch die konkrete Berechnung abgegolten. Der Käufer kann danach auch den Gewinn ersetzt verlangen, der ihm dadurch entgangen ist, daß er den Kaufgegenstand von der Verzugsetzung an bis zum Ablauf der Nachfrist nicht benutzen konnte, weil der Verkäufer eben nicht lieferte. Hier bildet nicht eine bloße Verzögerung, sondern das gänzliche Ausbleiben der Erfüllung den Rechtsgrund der Schadensersatzforderung (RG 105, 280).

β) **Die abstrakte und konkrete Schadensberechnung des Käufers.** Den Schadensersatz kann, wie nicht zweifelhaft ist, der Käufer in jeder sachgemäßen Art geltend machen: Er kann den abstrakten Schaden, d. h. den Gewinn, berechnen, der nach dem gewöhnlichen Lauf der Dinge oder nach den besonderen Umständen des Falles bei verständiger Würdigung der Lage mit Wahrscheinlichkeit zu erwarten war (dazu Anm. 368ff.). Er kann auch den konkreten Schaden, d. h. den wirklich entgangenen Gewinn und den wirklich eingetretenen Schaden berechnen (dazu unten Anm. 375ff.). Er kann zwischen beiden Berechnungsarten nach Belieben wählen, wenn er nicht ausnahmsweise auf die Berechnung des konkreten Schadens beschränkt ist (dazu unten Anm. 371), und kann auch teils abstrakt und teils konkret berechnen (dazu unten Anm. 383; vgl. oben Anm. 363). An die einmal getroffene Wahl ist er nicht gebunden; er kann jederzeit von der einen zur andern übergehen, selbst wenn er Eindeckung angedroht und vollzogen hatte, und auch noch im Prozeß bis zur letzten Verhandlung in der Berufungsinstanz (JW 1912, 471[18]; Holdheim 1906, 256; LZ 1914, 1804[2]. **Anm. 367**

αα) **Der abstrakte Schaden.** Die abstrakte Schadensberechnung beruht darauf, daß ein Marktpreis oder ein Verkäuflichkeitswert (unten Anm. 370) besteht. Aus dem Wesen der abstrakten Berechnung ergibt sich, daß sie nicht anwendbar ist, wenn eine bestimmte Sache, nicht eine Gattungssache, verkauft ist. Über weitere Einschränkungen siehe auch die folgenden Anmerkungen. **Anm. 368**

Als Geringstes steht dem Käufer der Anspruch auf Zahlung des Unterschiedes zwischen dem Vertragspreis und dem Marktpreis zur Zeit und am Ort der schuldigen Lieferung zu. Denn um diesen Preis hätte er die Ware weiterverkaufen können. Dieser Unterschied ist der Schaden, den der Käufer an der Sache jedenfalls, und zwar unmittelbar, erleidet. Zwar ist dieser Grundsatz nur für das Fixgeschäft ausgesprochen (§ 376 Abs. 2). Aber es ergibt sich derselbe Gedanke aus allgemeinen Grundsätzen; er ist von der Rechtsprechung bei Anwendung des Art. 355 ADHGB stets vertreten worden (ROHG 24, 155; 21, 248; RG 6, 59 u. 26) und auch für das Recht des BGB (RG 68, 165; 60, 347; 58, 327; LZ 1907, 501[8]) anerkannt mit den unten Anm. 372 erörterten Anwendungsregeln. Der Käufer kann die abstrakte Schadensrechnung auch dann aufmachen, wenn er zu eigenem Gebrauch bezogen hat, z. B. der Fabrikant, der

Halbfabrikate zur Fertigstellung oder Veredelung, die Brauerei, die Kohlen, Hopfen oder Malz einkauft. Die abstrakte Berechnung ist dagegen nicht zulässig, wenn zum privaten Bedarf gekauft ist, sowie allgemein stets dann, wenn es nach den besonderen Umständen des Falles als völlig ausgeschlossen erscheint, daß der Käufer die Ware weiterveräußert hätte (RG 101, 219). Diese letztere Annahme trifft z. B. zu, wenn ein Nichtkaufmann wie der Fiskus Ware gekauft hat, die nur für die Versorgung der Truppe, keinesfalls aber zur Veräußerung dienen konnte (RG 99, 49), dagegen nicht, wenn nach Sachlage auch ein Weiterverkauf für den Fiskus wohl zu erwägen, vielleicht sogar zweckmäßig war (RG 105, 294). Beim Handelskauf gilt jedoch ganz allgemein die Regel, daß ein Weiterverkauf der Ware mindestens nicht ausgeschlossen ist, mag der Käufer auch in der Regel die Ware nur im eigenen Betrieb verwenden (RG 101, 219, 242 u. 423; 99, 49; JW 1921, 1313[8]). Der Käufer ist also nicht darauf beschränkt, den Ausfall ersetzt zu verlangen, den er durch die Nichtlieferung in seinem Geschäft erlitten hat; diese Einbuße des Käufers hat mit dem beim Weiterverkauf der Ware zu erzielenden Gewinn nichts zu tun (LZ 1911, 776[17]). Besondere Umstände können jedoch die Annahme rechtfertigen, daß die Ware zum Marktpreis nicht hätte verkauft werden können, weil z. B. zu den durch eine unnormale Marktlage hochgetriebenen Preisen kein Absatz für sie zu finden gewesen wäre (Hamburg HRR 1930 Nr. 2084), oder weil sie für den Verkehr unbrauchbar war oder sonst keinen Absatz hatte. Diese Umstände hat der Verkäufer zu beweisen (RG 90, 425; 68, 166; 4, 3; JW 1918, 36[9]; „Recht" 1917 Nr. 1807). Denn als Regel ist anzunehmen, daß Ware, die einen Marktpreis hat, auch zu diesem Preise verkauft werden kann. Einen Aufschlag dafür, daß er die Ware zu einem erhöhten Preise bei seiner Kundschaft losgeworden wäre, darf aber der Käufer bei der abstrakten Schadensberechnung nicht fordern (Hamburg HRR 1930 Nr. 2084). Unter Marktpreis ist hierbei der allgemein übliche Marktpreis zu verstehen, den der Käufer beim Weiterverkauf hätte erzielen können, nicht etwa nur der, zu dem er die Ware hätte kaufen müssen, wenn er sich gedeckt hätte (RG 58, 327; LZ 1907, 501[0]; Bolze 10 Nr. 813). Auch sonstige Vorteile, die er durch den Verkauf gehabt hätte, z. B. Ausfuhrprämien, kann er in den abstrakten Schaden hineinrechnen. Auch der besondere Gewinn gehört hierher, den der Käufer dadurch gemacht hätte, daß er die Ware in seinem Betrieb zur Fabrikation hätte verwenden können, oder dadurch, daß er das lebend gekaufte Vieh nach der Schlachtung verkauft hätte (RG 101, 241). Dieser letztere Ansatz gehört noch zur abstrakten Berechnung und nicht zur konkreten, obgleich die besonderen Betriebsverhältnisse des Käufers dabei in Anschlag gebracht werden. Es ist dann der Vertragspreis für unbearbeitete Ware dem Verkaufspreis für bearbeitete gegenüberzustellen. Der Verkäufer kann dem Anspruch auf den Unterschied zwischen Vertrags- und Marktpreis nicht entgegenhalten, daß der Käufer sich tatsächlich gedeckt habe (ROHG 24, 155) oder daß er sich, weil er zuerst den konkreten Schaden berechnet, überhaupt eingedeckt habe, und zwar selbst dann nicht, wenn der Käufer sich billiger eingedeckt haben sollte; denn es ist unter regelmäßigen Umständen davon auszugehen, daß der Käufer auch noch diese Menge hätte absetzen können (RG 105, 286; 101, 218); ebensowenig ist der Verkäufer mit dem Einwand zu hören, der Käufer habe die Ware nicht weiterveräußern, sondern verschenken wollen (Hamburg HansRGZ 1930 B 645), oder der Käufer hätte wegen seiner Vermögenslage den Betrieb nicht fortsetzen oder hätte sich billiger decken oder, wenn es sich um besonders große Posten handelt, wenigstens diese unter dem Marktpreis erhalten können. Der Hinweis auf mitwirkendes Verschulden (§ 254 BGB) ändert hieran nichts. Denn wenn der Käufer dieselbe Ware wirklich anderweit kauft, so hat der Verkäufer nicht das Recht, zu verlangen, daß dieser Kauf als Deckung gerade der von ihm nicht gelieferten Ware betrachtet werde. Hätte der Verkäufer seine Ware außerdem geliefert, so würde der Käufer, da sie überhaupt marktgängig ist, auch dieses Quantum verkauft haben. Der Verkäufer kann endlich auch nicht einwenden, der Käufer habe die Ware bereits mit Verlust an seinen Abnehmer verkauft und sein Verlust sei durch die Nichterfüllung geringer geworden (a. A. RG 100, 113). Es ist gerade das Wesen der abstrakten Berechnung, daß sie unbeachtet läßt, wie der Käufer sich mit den Folgen der Nichterfüllung im einzelnen Falle abfindet; dazu gehört auch, wie er seinen Abnehmer zufriedenstellt, sei es nun, daß er sich anderweitig eindeckt oder daß er ihm Schadensersatz wegen Nichterfüllung bezahlt.

Der Käufer ist daher auch in diesem Falle nicht gehindert, die Differenz zwischen Vertragspreis und Marktpreis zu verlangen.

Anm. 369

Der Verkäufer kann jedoch (ebenso wie im umgekehrten Fall der Käufer, vgl. oben Anm. 357) auch bei der abstrakten Schadensberechnung verlangen, daß der Käufer diejenigen Vorteile abzieht, die ihm durch die Nichterfüllung des Vertrages etwa erwachsen sind. Denn der Käufer darf durch die Vertragswidrigkeit seines Partners nicht besser gestellt werden, als er bei regulärer Vertragserfüllung gestanden hätte. Der Verkäufer ist daher berechtigt, von der Differenzsumme aus Vertrags- und Marktpreis diejenigen Beträge abzuziehen, welche der Käufer durch den Nichtbezug der Ware gespart hat. Dazu gehören insbesondere die speziellen Kosten, die dem Käufer durch die Hereinnahme der gekauften Ware und ihre Weiterveräußerung erwachsen wären, z. B. Transport-, Verpackungskosten sowie im Zusammenhang mit gerade dem nicht zur Erfüllung gelangten Vertrag entstandene Steuern, soweit sie der Käufer zu tragen gehabt hätte, eventuell auch Vertreterprovisionen (ausführlich OLG Stuttgart JR 1957, 343f.). Denn um diese Faktoren hätte sich der Bruttoerlös des Käufers auch bei normaler Abwicklung des Kaufvertrags vermindert. Die Festsetzung der Höhe der auszugleichenden Posten unterliegt dem richterlichen Ermessen nach § 287 ZPO. Dagegen braucht sich der Käufer (wie im umgekehrten Fall der Verkäufer) allgemeine Geschäftsunkosten nicht abziehen zu lassen. Bei ihnen ist davon auszugehen, daß sie in jedem Falle unabhängig von der Erfüllung oder Nichterfüllung des einzelnen Kaufvertrages weiterlaufen (OLG Stuttgart a. a. O.; OLG München MDR 1959, 300). Ebensowenig abzugsfähig sind Steuern, die auch auf die Schadensersatzleistung erhoben werden (vgl. BGH NJW 1967, 1462 m. zahlr. weit. Nachw.).

Anm. 370

Die abstrakte Schadensberechnung beschränkt sich nicht auf Waren, die einen Marktpreis haben, vielmehr hat die Rechtsprechung sie auf alle Waren ausgedehnt, welche den Gegenstand des Handelsverkehrs bilden. Sie hat bei allen Waren, die keinen Marktpreis haben, bis zum Beweis des Gegenteils ihre *Verkäuflichkeit* angenommen, so daß der Käufer nicht nachzuweisen braucht, er habe Abnehmer für die Ware gehabt; nur darf die Möglichkeit eines Verkaufs nicht ausgeschlossen erscheinen (RG 105, 286; 101, 219), diese ist aber immer zu vermuten (RG 68, 165; Bolze 10 Nr. 813; 7 Nr. 571; OLG Stuttgart JR 1957, 343f.). Es ist also in diesem Falle der Schaden aus dem Unterschied zwischen Vertragspreis und Verkäuflichkeitswert zu berechnen (JW 1918, 35[8]; LZ 1914, 1804[2]; ROHG 11, 183). Konnte der Käufer auf einen bestimmten Absatz rechnen, weil seine Kunden an gewisse Spezialmarken des Verkäufers gewöhnt waren, und fallen ihm nun Kunden ab, weil er ihnen infolge des Verzugs des Verkäufers diese Marken nicht liefern kann, so ist dem Käufer auch dieser Schaden zu ersetzen, der nach Feststellung des jährlichen Kundenbezugs gemäß § 287 ZPO durch Schätzung zu ermitteln ist. Daß die Ware wegen ihrer Neuheit bisher auf dem Markt noch nicht eingeführt war, erschwert wohl den Beweis der Höhe des Verkäuflichkeitswerts, ändert aber an sich noch nichts an der Verkäuflichkeit selbst (RG 68, 166). Rabel („Das Recht des Warenkaufs") nimmt an, daß es sich bei der Zugrundelegung des Verkäuflichkeitswerts für Handelswaren, die keinen Marktpreis haben, nicht um eine abstrakte, sondern um eine konkrete Schadensberechnung handle. Das Entscheidende ist, wie weit die Annahme gilt, daß die betreffende Ware allgemein verkäuflich war und der Schadensersatzfordernde daraufhin des Beweises überhoben ist, daß er die Ware. wäre sie geliefert worden, hätte verkaufen können.

Anm. 371

Ausnahmsweise jedoch besteht eine Deckungspflicht. Der ganze geschäftliche Verkehr steht unter der Herrschaft von Treu und Glauben. Daraus ergibt sich, daß auch der vertragstreue Teil gegenüber seinem im Verzuge befindlichen Gegner mit der durch die Umstände gebotenen Sorgfalt verfahren muß (§ 242 BGB, § 346 HGB). Verstößt er gegen diese Pflicht, so trifft ihn der Vorwurf mitwirkenden Verschuldens (§ 254 BGB; § 347 Anm. 32ff.; LZ 1919, 43[7]). Auf diesem Wege gelangt man unter besonderen Umständen zu einer Verpflichtung des Käufers zur Vornahme eines Deckungskaufs (JW 1910, 614[4] u. 948[31]; DJZ 1921, 367; LZ 1915, 1539[9]; 1909, 143[10]; Hamburg OLGE 28, 56; Hagemann DJZ 1914, 1345), so daß er im Falle des Unterlassens nur Ersatz dessen verlangen kann, was ihm bei Vornahme eines rechtzeitigen Deckungskaufes zugestanden hätte. Es tritt dann freie Schätzung des Schadens nach

§ 287 ZPO ein. Das Nähere über diesen Deckungskauf siehe unten Anm. 378ff. Solche besonderen Umstände, die zum Deckungskauf zwingen, liegen vor, wenn ein besonders hoher Schaden durch Abschluß eines Deckungskaufs gemindert werden kann (Hamburg SeuffA 60, 346), oder wenn die Verhältnisse dringend darauf hinweisen, einer Ausdehnung des Schadens vorzubeugen (LZ 1909, 143[19]; JW 1903 Beil. 121[267]), z. B. bei einer bevorstehenden starken Preissteigerung, oder wenn der Verkäufer dem Käufer eine billige Deckungsgelegenheit nachweist. Immer bleibt es Sache des Verkäufers nachzuweisen, daß der Käufer sich hätte decken können und decken müssen. Bei der Prüfung der Pflicht zur Vornahme eines Deckungskaufs darf auch das Verhalten des Verkäufers nicht außer Betracht bleiben. Verspricht nämlich der Verkäufer sofortige Lieferung oder vertröstet er den Käufer, so hat der Käufer keine Veranlassung, an einen Deckungskauf zu denken. Dasselbe gilt, wenn die Ware sich schwer oder gar nicht anderweit beschaffen läßt. Bietet der Verkäufer sein eigenes nachträgliches, also verspätetes Erfüllungsangebot als Angebot eines Deckungskaufs zur Abwendung des Schadens an, so braucht sich der Käufer darum nicht zu kümmern, wenn er sich bereits gedeckt hat. Hat er sich noch nicht gedeckt, so braucht er das Angebot nicht anzunehmen, wenn er mit dem Verkäufer bereits schlechte Erfahrungen gemacht, also Schwierigkeiten zu befürchten hat (JW 1910, 614[4] — und dies wird die Regel sein —; vgl. aber SeuffA 39, 64; München LZ 1918, 290[2]; Rostock OLGE 32, 158).

Anm. 372 Zugrunde zu legen ist der Marktpreis oder der Verkäuflichkeitswert **zur Zeit und am Ort der geschuldeten Lieferung** (ROHG 3, 95; 14, 8; 15, 336; RG 6, 59; Bolze 10 Nr. 467; JW 1903, 156[14]). Unter Marktpreis sind zunächst die amtlichen Preisnotierungen zu verstehen, deren Unrichtigkeit aber nachgewiesen werden darf (siehe oben Anm. 55). Bestehen keine amtlichen Preisnotierungen, so sind die üblichen allgemeinen Marktpreise maßgebend. Hat der Vertrag die Lieferung großer Mengen zum Gegenstand, so braucht der Käufer nicht die für den Einkauf ungewöhnlich großer Mengen etwa bestehenden niedrigen Ausnahmepreise zugrunde zu legen. Ein solches Verlangen wäre nur zu rechtfertigen, wenn der Käufer sich die Ware durch Ersatzkauf verschaffen müßte; eine solche Verpflichtung hat der Käufer aber bei der abstrakten Berechnung gerade nicht (oben Anm. 368). Besteht kein eigentlicher Marktpreis, so ist der Preis maßgebend, zu dem im entscheidenden Zeitpunkt in redlichem Verkehr vertragsmäßige Ware käuflich zu bekommen oder zu verkaufen war; das ist aber der oben Anm. 370 erörterte Verkäuflichkeitswert.

Die Zeit der geschuldeten Lieferung ist der Tag, an dem die geschuldete Lieferung zu machen war; das ist nicht der Tag der Fälligkeit oder der außergerichtlichen Aufforderung oder der Klagerhebung, sondern der Tag des Verzugs; an diesem Tage spätestens mußte geliefert werden. Auf diesen Tag kann der Käufer seinen Schaden berechnen. Dies war schon früher rechtens (ROHG 15, 336; JW 1904, 122[25]) und ist auch jetzt noch anerkannt (RG 98, 214; 91, 31; 90, 424; WarnRspr. 1922 Nr. 3, 4 u. 8; a. M. Reinhard LZ 1917, 361). Der Käufer hat aber auch die Wahl, statt dessen den Marktpreis oder den Verkäuflichkeitswert zur Zeit des Ablaufs der Nachfrist der abstrakten Berechnung zugrunde zu legen (RG 149, 135; 103, 292; 98, 214; 90, 424; 60, 346; 50, 262; JW 1917, 847[2]; OLG Stuttgart JR 1957, 343f.); denn an diesem Tag steht es fest, daß der Vertrag nicht zum Vollzug gelangt (unten Anm. 412). Diese Wahl kann der Käufer jederzeit auch noch im Prozeß ändern (WarnRspr. 1920 Nr. 153). Der Käufer kann den Zeitpunkt der Schadensberechnung nicht durch einseitige Fristverlängerung hinausschieben (unten Anm. 399, 404), wohl aber können die Parteien die Nachfrist außer Kraft setzen; dann ist das Ende der neuen Frist der maßgebende Zeitpunkt (JW 1917, 848[2]). Ausnahmsweise kommt ein späterer Zeitpunkt in Betracht, wenn nämlich der Käufer nach dem Parteiwillen auf eine nach Ablauf der Nachfrist zu erwartende Kurssteigerung spekulieren sollte und diese mit Wahrscheinlichkeit zu erwarten war (RG BankA 9, 76). Gegen eine mißbräuchliche Ausnutzung der Rechte des Käufers, insbesondere gegen eine ungebührliche Hinausschiebung der Nachfrist, schützen den Verkäufer die Grundsätze von Treu und Glauben (RG 90, 425; vgl. unten Anm. 403, 450) und die Möglichkeit des Nachweises, daß der Käufer zu der von ihm angegebenen Zeit den berechneten Gewinn nicht hätte erzielen können (§ 287 ZPO; JW 1918, 35[9]; Dresden LZ 1917, 418[7]; dagegen Reinhard LZ 1917, 361). — Bei Wegfall des Interesses, dem Fall des § 326 Abs. 2 BGB (unten Anm. 424ff.), hat der Käufer die Wahl zwischen dem Augenblick des Verzuges und dem, in welchem er dem Verkäufer die Anzeige zugehen läßt, daß er Schadensersatz wegen Nichterfüllung gewählt habe (RG 91, 31; unten Anm. 426). Der säumige Schuldner kann sich nicht beschweren, wenn ihm der Gläubiger eine Frist zur Nachholung gesetzt hat, falls bei verständiger Würdigung nach den Grundsätzen von Treu und Glauben noch ein Erfolg zu erwarten war; insbesondere, wenn der Verkäufer die Erfüllung noch nicht ausdrücklich und ernstlich verweigert hatte und der Käufer sich volle Gewißheit über den Standpunkt des Verkäufers verschaffen wollte (Holdheim 1905, 219; RG 5, 105; JW 1904, 122[25]; unten Anm. 427). Alsdann ist neben dem Tage des Verzuges wahlweise der Zeitpunkt der Nachfrist maßgebend. Grundsatz ist also, daß die Setzung einer Nachfrist dem Schuldner nicht zum Nachteil gereichen darf. Einer Verzögerung der Wahlanzeige steht § 254 Abs. 2 BGB entgegen; im Sinne dieser Bestimmung darf der Käufer nicht auf Kosten des Verkäufers spekulieren.

Im Falle ernstlicher Weigerung der Erfüllung (unten Anm. 418ff. u. oben Anm. 333) kann der vertragstreue Teil schon vor Ablauf der Lieferzeit seine Erklärung abgeben und sich vorher decken (RG 52, 153; 7, 44; 4, 69; Hamburg OLGE 34, 376); es sei denn, daß der Verkäufer nachzuweisen vermöchte, daß der Käufer sich am Ende der Lieferzeit billiger hätte decken können (RG 4, 71; 52, 153). Dieser Einwand versagt jedoch, wenn für den Käufer ein besonderes Interesse vorhanden war, sich, wie geschehen, zu decken; z. B. wenn er seinerseits wieder rechtzeitig liefern mußte u. dgl. Dadurch wird der Grundsatz nicht beeinträchtigt, daß die Berechnung des Schadensersatzes wegen Nichterfüllung auch im Falle der Erfüllungsverweigerung nach den Bestimmungen des Lieferungsvertrags zu geschehen hat (RG. 57, 114; vgl. auch unten Anm. 379). Aber noch etwas anderes muß angenommen werden. Der vertragstreue Teil kann bei ernstlicher Weigerung des Vertragsgegners zunächst sein Recht auf Erfüllung geltend machen und kann auch dann noch auf seine Rechte aus § 326 BGB zurückgreifen (unten Anm. 450). Demgemäß kann er der abstrakten Schadensberechnung den Tag zugrunde legen, an dem er sich entschließt, die Rechte aus § 326 BGB geltend zu machen und dies dem anderen Teil anzeigt. Dieser ist in fortgesetztem Verzug. Es braucht ihm keine Nachfrist gesetzt zu werden; also muß er sich jeden Augenblick gefallen lassen, daß der vertragstreue Teil seinen abstrakten Schaden aufmacht. Der Augenblick des Zugehens dieser Anzeige ist dann der Zeitpunkt der Schadensberechnung (unten Anm. 511). Der Käufer kann aber statt dessen auch hier den Zeitpunkt des Verzuges als Stichtag wählen (RG 103, 293), statt dessen oder, sofern er dem Verkäufer Nachfrist gesetzt hat, auch den Augenblick des Ablaufs dieser Nachfrist. Er darf dem Gegner, der die Erfüllung verweigert, wenn die Nichterfüllung feststeht, jedoch nicht wider Treu und Glauben eine Nachfrist zu dem einzigen Zweck setzen, auf dessen Kosten zu spekulieren, indem er den Schaden je nach Marktlage auf den Verzugstag oder auf das Ende der Nachfrist berechnet. **Anm. 373**

Der Ort der geschuldeten Lieferung, (der Lieferungsort zu unterscheiden vom Erfüllungsort), ist der Ort, an dem nach Absicht der Vertragschließenden die Ware tatsächlich abgeliefert und vom Käufer in Empfang genommen werden soll (§ 377 Anm. 19); das ist der Ort der bestimmungsgemäßen Verwertung. An diesem Ort würde der Käufer die Ware zu seinen Geschäftszwecken verwendet haben; hier wird er also beim Ausbleiben der Ware geschädigt (ROHG 3, 96; 14, 7; 21, 248; RG 6, 27; Hamburg JW 1918, 314[5]; OLG Stuttgart JR 1957, 343, 344). Es kann jedoch auch der davon verschiedene Bestimmungsort zugrunde gelegt werden, d. h. der Ort, wohin der Käufer die Ware bestimmt hatte, jedoch unter Abzug der Transportkosten vom Ablieferungs- zum Bestimmungsort (ROHG 21, 249; 24, 332; Bolze 9 Nr. 410). Ist der Ablieferungsort ein unbedeutender Platz ohne eigenen Marktpreis, so gelten die Preise des nächsten maßgebenden Handelsplatzes unter Zuschlag der Fracht (ROHG 14, 141). Es ist schon angenommen worden, daß der Käufer, wie er auf die Versendung vom Erfüllungsort nach dem Ablieferungsort verzichten kann, so auch im Falle der Nichterfüllung den Schadensersatz nach dem Unterschied zwischen dem Kaufpreis und dem Marktpreis des Erfüllungsortes berechnen kann (Bolze 17 Nr. 460); die **Anm. 374**

Entscheidung ist bedenklich (vgl. ROHG 21, 248). Vgl. auch oben Anm. 372 u. unten Anm. 380.

Anm. 375 ββ) **Der konkrete Schaden.** Statt durch abstrakte Bezugnahme auf den Marktpreis oder den sonst üblichen Preis der Ware (oder auch unter Fallenlassen der so aufgestellten Berechnung, vgl. unten Anm. 380) kann auch der Käufer die konkrete Schadensberechnung aufmachen. Da der konkrete Schaden den Unterschied zwischen der Vermögenslage des Käufers bei richtiger Lieferung und der Vermögenslage infolge der Nichterfüllung darstellt und der Käufer deshalb nachweisen muß, wie er sich entweder eingedeckt oder ohne Lieferung durchgeholfen hat, kann er nicht so rechnen, daß er bei richtiger Lieferung seinen Vorrat nicht aufgebraucht und diesen dann zu späterer Zeit günstig verwertet hätte, noch auch so, daß er vorgehabt habe, die Lieferung auf Lager zu nehmen, bis ein günstiges Angebot komme. Das wäre der Unterschied zwischen dem Vertragspreise und der Vermögenslage bei richtiger Lieferung (RG 91, 33). Besonders wird der Käufer die konkrete Rechnung anstellen, wenn er einen höheren Schaden beanspruchen will, als ihn die abstrakte Schadensberechnung ergibt. Er hat aber die Beweislast. Den Beweis kann er zunächst auf zweierlei Weise führen: entweder indem er darlegt, daß er die Ware bereits anderswo verkauft gehabt habe und nicht habe liefern können, weil er von seinem Lieferanten im Stich gelassen worden sei (Anm. 376), oder indem er nachweist, daß er nicht anderweit verkauft, sondern sein Warenbedarf anderweit zu höherem Preise gedeckt habe (Anm. 377). Er kann aber auch noch einen Beweis anderer Art führen (unten Anm. 383). Über den Fall, daß der Käufer nur den konkreten Schaden berechnen darf, oben Anm. 371. Der Zessionar des Käufers kann einen Schaden nur auf der Grundlage des dem Verkäufer gegenüber geltenden Kaufvertrages berechnen; ihm ist daher das von ihm gezahlte Abtretungsentgelt nicht ohne weiteres als Mindestschaden zuzubilligen, sondern nur nach Erbringung des Nachweises, daß er diesen Betrag bei Verwertung der Ware wieder hereingebracht hätte (RG 127, 249).

Anm. 376 Hatte der Käufer anderweit verkauft und konnte nicht liefern, so kann er allen Schaden einschließlich des entgangenen Gewinns, den er hierdurch erlitten hat, berechnen (ROHG 9, 322; 13, 200; JW 1910, 948[31]). Wenn er seinem Abkäufer Verspätungsschaden oder Schadensersatz wegen Nichterfüllung zu leisten, oder wenn er seinem Kunden eine Vertragsstrafe zu zahlen hatte, so haftet ihm der Verkäufer dafür (RG 15, 73); ebenso für die Prozeßkosten, wenn sein Abnehmer ihn verklagt hat. Es genügt hierbei, daß die Vertragsstrafe verfallen ist, gleichgültig, ob er sie schon bezahlt hat, weil auch die Belastung mit einer Schuld ein Schaden ist. Dasselbe gilt, wenn der Käufer sich mit seinem Abkäufer, dem er nicht liefern konnte, in verständiger Weise verglichen hat; auch diese Vergleichssumme ist ersatzfähig. Aber es ist ein mitwirkendes Verschulden, wenn er auf eine zu hohe Vertragsstrafe oder eine besonders hohe Vergleichssumme oder auf die Absicht eines Vergleichsabschlusses vor Ablauf der Nachfrist den Verkäufer nicht aufmerksam gemacht hat (§ 254 BGB; vgl. aber auch hier die Einschränkung in BGH DB 1956, 110; siehe dazu schon oben Anm. 344), wenn am Ende der Nachfrist die Preise gefallen sind (vgl. RG bei Holdheim 1910, 217). Der Verkäufer kann gegenüber dieser Art der Schadensberechnung nicht einwenden, der Käufer hätte sich anderweit eindecken und seinem Nachmann liefern müssen; dazu ist der Käufer nur in Ausnahmefällen verpflichtet (oben Anm. 371). Überall ist hier vorausgesetzt, daß der Käufer bereits anderweit bindende Kaufverträge abgeschlossen hat. Diesem Falle sind die zwei anderen gleich zu behandeln, wenn nämlich der Käufer ein bindendes Kaufangebot von einem Dritten hatte, das er aber nicht annehmen konnte, weil der Verkäufer nicht lieferte, oder wenn der Käufer ein Verkaufsangebot mit Lieferungsvorbehalt an einen Dritten gemacht hatte, aber nicht endgültig abschließen konnte, weil der Verkäufer nicht lieferte. Daß er einseitig die Ware für einen Kunden bestimmt hat, kann nicht zur Grundlage der konkreten Schadensberechnung gemacht werden (ROHG 3, 290). Daher gehört zur Schadensbegründung der Beweis, daß, wann an wen und zu welchen Preisen er die Ware abgesetzt hatte, und daß diese Kunden mit Recht zurückgetreten sind oder Schadensersatzansprüche stellten (LZ 1909, 321[4]).

Anm. 377 Hatte der Käufer nicht anderweit verkauft, sondern hat er sich gedeckt oder sich decken müssen (oben Anm. 371), so kann er den Unterschied zwischen dem Preis des Deckungskaufs und dem Vertragspreis, jedoch nur ohne Provision, berechnen. Es macht keinen Unterschied, ob der Käufer sich decken mußte, um seinen bereits eingegangenen Lieferpflichten zu genügen, oder ob er sich eindeckte, um erst später weiterzuveräußern (RG 93, 134; JW 1918, 557[11]). Man kann sich also ganz allgemein dahin ausdrücken: Der Käufer kann den Unterschied zwischen dem Aufwand des Deckungskaufs und dem Vertragspreis berechnen (RG „Recht" 1926 Nr. 1338). Im Einzelfalle kann sich der Aufwand beim Deckungskauf dadurch verringern, daß der Käufer von seinem Deckungslieferanten eine Vertragsstrafe wegen verspäteter Lieferung zu verlangen hat. Da es sich hier um konkreten Schaden handelt, muß er sich diese abrechnen lassen (RG 15, 73). Der Käufer darf sich nicht nur dann decken, wenn er eine bestimmte Gelegenheit zum Wiederverkauf hat; eine Absatzgelegenheit kann er jeden Augenblick erwarten, er braucht sein Interesse an der anderweiten Beschaffung ebensowenig darzutun wie das Interesse an der Erfüllung, wenn er diese verlangt (RG 52, 154); auch ob der Kauf zu eigenem Gebrauch abgeschlossen wurde, ist unerheblich (RG 105, 286). Deshalb braucht der Käufer nicht zu beweisen, daß die Deckung notwendig war (RG 11, 198); er kann sich sogar aus eigenen Vorräten, d. h. aus vorher eingekauften Waren, decken (LZ 1917, 1147[7]; vgl. RG 105, 287; 98, 272; unten Anm. 378). Der Verkäufer kann nicht mit Erfolg einwenden, daß der Käufer die Ware nicht gebraucht habe. Er muß die Tatsache hinnehmen, daß ein ernstlicher Deckungskauf abgeschlossen worden ist. Daß der Käufer von vornherein bei Abschluß des Deckungskaufs nicht beabsichtigt hat, die Ware durch diesen Abschluß zu erlangen, ist unerheblich, wenn nicht dieser Umstand gegen die Ernstlichkeit des Deckungskaufs zu verwerten ist (WarnRspr. 1908 Nr. 299), oder wenn nicht dem Käufer Arglist nach § 826 BGB nachgewiesen werden kann (RG 93, 135 oben). Die Frage, ob der Käufer sich decken mußte, beurteilt sich nach dem Recht des Erfüllungsortes des Verkäufers; es handelt sich um den Umfang des Schadens.

γ) **Der Deckungskauf.** **Anm. 378**

Über den Deckungskauf gilt folgendes:

Er ist etwas völlig Verschiedenes von dem Selbsthilfeverkauf des § 373. Er ist ein privater Kauf, ohne Angehung irgendwelcher amtlichen Stelle und ohne jede Form. Es gelten über die Zeit, über den Ort, die Art und die Bedingungen des Deckungskaufs keine festen Normen. Vielmehr gilt der Grundsatz, daß der Käufer bei Vornahme des Deckungskaufs, gerade weil dieser ohne Mitwirkung amtlicher Organe und ohne jede Form erfolgt, nach Treu und Glauben im Handelsverkehr zu verfahren hat. Grundsätzlich muß der Deckungskauf zu denselben Bedingungen am Marktort des Ablieferungsortes unverzüglich abgeschlossen werden, sobald der Käufer den Lieferungsanspruch aufgegeben oder durch Fristablauf gemäß § 326 BGB verloren hat (Hamburg in LZ 1933, 62[3]). Der Käufer nimmt dabei sein eigenes Interesse, nicht das Interesse des Verkäufers wahr, darf dieses aber auch nicht arglistig oder fahrlässig verletzen (RG 15, 72; 11, 199; JW 1897, 243[55]; München in HRR 1940 Nr. 219; vgl. Bolze 7 Nr. 579, wo die Annahme, daß der Käufer auch das Interesse des Verkäufers wahrzunehmen habe, als recht bedenklich bezeichnet ist). Auch ein Kauf über dem Marktpreise kann nach der besonderen Lage des Falles gerechtfertigt sein (LZ 1920, 756[2]); unter Umständen auch die Eindeckung in entsprechend anderer Warenart, selbst bei überhöhten Preisen (München in HHR 1940 Nr. 219). Es folgt aus § 254 Abs. 2 BGB, daß nicht nur für grobes, sondern für jedes Verschulden zu haften ist. Daraus ergibt sich die Richtlinie, wie der Käufer regelmäßig zu verfahren hat, aber auch die Duldung aller Abweichungen, die sich im einzelnen Falle mit Treu und Glauben vereinigen lassen (RG 102, 349). Der Käufer braucht also den Verkäufer nicht von dem beabsichtigten Deckungskauf im voraus zu benachrichtigen (Hamburg LZ 1918, 583[4]); er kann nachträglich irgendein geeignetes Deckungsgeschäft als das maßgebende bezeichnen; es ist sogar nicht einmal erforderlich, daß der Käufer einen besonderen Deckungskauf vornimmt, nachdem er die Annahme der Leistung abgelehnt hat, vielmehr genügt es, daß er die Deckungsware aus anderen laufenden Abschlüssen mit höheren Preisen entnommen hat (RG 105, 287; 98, 272). Dagegen ist es dem Käufer nicht gestattet, nachträglich ein beliebiges Geschäft als Deckungsgeschäft zu bezeichen, dessen Abschluß nicht einmal durch die Vorstellung des Käufers bedingt war, der Verkäufer könne möglicherweise in Lieferungsverzug geraten (Hamburg in HRR 1933 Nr. 476). Daraus, daß der Deckungskauf nicht unter dem Zeichen fester Normen und Formen steht, ergibt sich ferner, daß Abweichungen von dem, was Treu und Glauben gebieten, nicht eine Ungültigkeit des Deckungskaufs bewirken, sondern nur, daß die unbillige Abweichung von der Regel nicht berücksichtigt wird mit der Folge, daß der Käufer den Ausfall zugebilligt erhält, der sich bei einem sachgemäßen Kauf ergeben haben würde (RG 101, 93; 11, 199). Das freie richterliche Ermessen nach § 287 ZPO. greift hinsichtlich aller Beanstandungen Platz, die gegen die Höhe der Preise und gegen etwa vorzeitige Eindeckung gerichtet werden (RG 57, 107; 52, 153; 46, 408; JW 1905, 18[12]). Ist auch die Durchführung des Deckungskaufs so lange zu unterstellen, bis seine Aufhebung nachgewiesen ist, so kann doch ein storniertes Geschäft nicht als Deckungsgeschäft der Schadensberechnung zugrunde gelegt werden (Hamburg in LZ 1933, 62[3]; a. M. RG in WarnRspr. 1908 Nr. 209). Der Marktpreis ist immer nur ein Anhaltspunkt für den entstandenen Schaden, die freie richterliche Würdigung ist nicht unbedingt an ihn gebunden (LZ 1920, 756[2]). Hatte der Käufer der nicht gelieferten Ware diese weiterverkauft, so kommt es als Deckungskauf nicht in Betracht, wenn er die Ware lediglich von seinem Abkäufer zurückkauft; denn ein solches Geschäft stellt nur eine der Preisfestsetzung dienende Rückregulierung dar und bezweckt keine ernsthafte Lieferung (RG in HansRGZ 1933 B 303). Ohne effektive Eindeckung aus seinen eigenen Beständen darf der Käufer nicht auch der Verkäufer bei seinem eigenen Deckungskauf sein, weil ein papierner Deckungskauf mit Selbsteintritt nur auf eine Preisfeststellung hinausläuft, bei der die Marktlage nicht objektiv zum Ausdruck kommt (LZ 1920, 484[6]). Im allgemeinen gelten also dieselben Regeln wie beim Deckungsverkauf (oben Anm. 359). Im einzelnen kommt in Betracht:

Anm. 379 Die Zeit des Deckungskaufs. Regel ist, daß der Deckungskauf alsbald vorgenommen werden muß (RG 101, 92; DJZ 1921, 367). Das folgt daraus, daß der Dekkungskauf als Mittel zur Befriedigung des vom Verkäufer ungedeckt gebliebenen Bedürfnisses gedacht ist. (Doch ist nicht etwa ein wirklich vorhandenes Bedürfnis Erfordernis des Deckungskaufs; oben Anm. 377.) Ganz genau läßt sich allerdings die Zeit für den Deckungskauf nicht angeben. Die entscheidende Zeit ist die Zeit des eingetretenen Verzuges oder — nach Wahl des Käufers — das Ende der gegebenen Nachfrist (RG 102, 348; vgl. oben Anm. 372). Ein nachträglich gemachter Abschluß kann nicht mehr als Deckungskauf betrachtet werden (RG 101, 94). Damit fällt aber nicht der Schadensersatzanspruch weg, auch braucht der Käufer nicht zur abstrakten Berechnung überzugehen; er kann vielmehr den Schaden beanspruchen, der bei rechtzeitiger Eindeckung entstanden wäre (RG 91, 100; 46, 408; 11, 199). Der Käufer muß eben nach Treu und Glauben verfahren; er darf mit der Eindeckung nicht warten, bis er die Ware in seinem Betrieb braucht, zumal nicht bei steigenden Preisen. Besondere Umstände, z. B. schwierige Beschaffung, können eine Verzögerung der Eindeckung rechtfertigen, während umgekehrt steigende Preise den Käufer zu schleunigen Handeln zwingen (RG 101, 93; LZ 1919, 1229[9]; München in HRR 1940 Nr. 219). Namentlich bei unsicherer Marktlage kann es zur Verringerung des Schadens geboten sein, mit dem Abschluß des Deckungskaufs einige Zeit zu warten, um die Verhältnisse am Markt der Vertragsware zu beobachten (RG in SeuffA 91, 324). Deckt sich der Käufer vorzeitig, insbesondere vor Ablauf der Nachfrist ein, so ist nach § 287 ZPO, also nach freiem Ermessen, zu prüfen, inwieweit ein solcher Deckungskauf bei der Schadensberechnung mitzuberücksichtigen ist (RG 46, 407; JW 1905, 18[12]). Der vorzeitige Dekkungskauf geht auf Gefahr des Käufers, so daß der Verkäufer immer noch während der Lieferzeit erfüllen kann (RG 102, 349; 52, 153). Der Verkäufer kann einwenden, daß der Käufer sich zur Zeit der Deckung oder am Ende der Lieferzeit billiger hätte decken können, wenn dies dem Käufer nach § 254 BGB anzusinnen war. Schon nach früherem Recht wurde angenommen, daß, wenn der Verkäufer bestimmt erklärt, er wolle nicht liefern, der Käufer ohne Nachfrist zur Deckung berechtigt und unter Umständen verpflichtet sei (RG 5, 103; 4, 71; 7, 44; Bolze 2 Nr. 1020). Ja der Käufer sei sogar, wenn der Verkäufer schon vor Ablauf der Lieferungsfrist bestimmt erkläre, er wolle nicht liefern, berechtigt, den Deckungskauf vor Ablauf der Frist vorzunehmen (Bolze 4 Nr. 726). Diese Grundsätze stehen auch mit dem jetzigen Recht im Einklang

(RG 102, 348; 52, 154; JW 1923, 922[5]; oben Anm. 373, unten Anm. 421f.). Regel ist, daß der Käufer den Deckungskauf vorzunehmen hat, sobald er auf die Erfüllungsweigerung hin Schadensersatz wegen Nichterfüllung begehrt (RG 102, 348); denn damit ist Erfüllung ausgeschlossen; bis dahin kann er auf Erfüllung bestehen, da der Käufer nicht genötigt ist, seinen Erfüllungsanspruch aus Rücksicht auf den Verkäufer aufzugeben (RG 91, 101; 83, 178). Dem vorzeitigen Deckungskauf sind die ursprünglichen Lieferungsbedingungen auch hinsichtlich der Zeit zugrunde zu legen (RG 57, 114; ROHG 14, 8; vgl. auch oben Anm. 373). In der ernstlichen Erfüllungsweigerung ist häufig eine positive Vertragsverletzung enthalten. Dann kann der sich Weigernde seine Erklärung regelmäßig nicht mehr zurücknehmen, wenn der vertragstreue Teil daraus die Folgerung gezogen hat, und kann also auch nicht mehr durch Erfüllung während der Lieferzeit dessen Anspruch auf Schadensersatz wegen Nichterfüllung abwenden (RG 57, 114; Anm. 511). Durfte der vertragstreue Teil dem sich Weigernden eine Nachfrist setzen, so darf er den Deckungskauf am Ende dieser Nachfrist vornehmen (hierüber oben Anm. 373). Keinesfalls kann eine unerbetene Nachfrist dem Verkäufer zum Nachteil gereichen (Hamburg OLGE 6, 46; unten Anm. 403). Ist die Erfüllung nach eingetretenem Verzug des Verkäufers unmöglich geworden, so ist der Zeitpunkt des Deckungskaufs nicht der Augenblick des Eintritts der Unmöglichkeit, sondern der Augenblick der Anzeige des Käufers, daß er Schadensersatz wegen Nichterfüllung begehre (RG 91, 102). Der Deckungskauf darf nicht verzögert werden, nachdem der Käufer die Unmöglichkeit erkannt hat; sonst kann ihm der Einwand entgegengesetzt werden, daß er sich früher hätte billiger decken können und müssen. Für die Zeit des Deckungskaufs ist es in allen Fällen einerlei, ob der Käufer bereits anderweit verkauft hatte (oben Anm. 376), oder ob er erst später verkaufen wollte (oben Anm. 377, RG 93, 134). Der Beweis der Rechtzeitigkeit des Deckungskaufs obliegt dem Käufer (ROHG 14, 10). Ein zur Unzeit erfolgter Deckungskauf bewirkt nicht dessen Unverbindlichkeit (vgl. oben Anm. 378).

Der Ort des Deckungskaufs ist in der Regel der Ablieferungsort oder der für diesen maßgebende Marktort, also nicht der Erfüllungsort, sondern der Ort, an dem nach dem Vertrage die Ware tatsächlich abzuliefern und vom Käufer abzunehmen ist, weil sie dort seinen Geschäftszwecken dienen soll (ROHG 14, 183; 21, 248; RG 15, 72; 11, 199; oben Anm. 374). Jedoch ist jede mit der Redlichkeit zu vereinigende Abweichung von dieser Regel bei der Wahl des Ablieferungsortes zulässig (ROHG 21, 249; RG 11, 199; 15, 72); ein am falschen Orte bewirkter Deckungskauf ist nicht unverbindlich (oben Anm. 377), sondern es ist zu ermitteln, ob der angelegte Preis unverhältnismäßig hoch ist und ihn ein sorgfältiger Kaufmann unter den gleichen Umständen nicht angelegt hätte (Gruch. 28, 1062). War die Ware im Zollauslande zu liefern und hat sich der Käufer im Zollinlande gedeckt, so kommt es darauf an, ob der Eindeckungspreis für gleiche Qualität bei Eindeckung im Zollausland niedriger gewesen wäre, ob dem Käufer eine Eindeckung im Zollauslande möglich gewesen wäre und ihm nach den Grundsätzen von Treu und Glauben zuzumuten war (WarnRspr. 1908 Nr. 299). **Anm. 380**

Beim Suchen der anderweiten Kaufgelegenheit hat der Käufer als redlicher Kaufmann zu verfahren. Treu und Glauben sind oberster Grundsatz. Der Käufer darf daher nicht mit der Deckung warten, bis sein Betrieb die Anschaffung erfordert, etwa weil ihm nicht anzusinnen sei, die Ware auf Lager zu nehmen (WarnRspr. 1919 Nr. 133). Er braucht nicht eingehende Untersuchungen anzustellen, wo und wie er die Ware am vorteilhaftesten einzukaufen habe, denn er handelt im eigenen Interesse und ist nicht Geschäftsführer des Verkäufers (RG 46, 408; 15, 72); er wird sich aber nicht damit begnügen dürfen, sich nur an eine Firma zu wenden, sondern wird sich in der Regel an einen marktkundigen Makler wenden müssen (Hamburg OLGE 32, 160). Eine sich ihm darbietende Deckungsgelegenheit darf er nicht ablehnen (vgl. § 254 Abs. 2 BGB; oben Anm. 348; JW 1903 Beil. 121[267]), ausgenommen, wenn der Verkäufer selbst sich zum Abschluß eines Deckungskaufs erbietet (siehe dazu näher oben Anm. 371). Aber er kann sich beim Verkäufer eindecken, wenn er will; er braucht dem Verkäufer dann nicht bei dieser Entscheidung mitzuteilen, daß er diesen Abschluß zur Grundlage seiner Schadensrechnung machen werde. Die redlich von ihm bewilligten Preise kann er dem Verkäufer in Anrechnung bringen (RG 11, 199; vgl. ROHG 4, 320; 21, 249; Bolze 12 Nr.

467). Auf die wirkliche Zahlung kommt es nicht an, Belastung mit einem Schuldverhältnis ist auch ein Schaden (ROHG 3, 100; 12, 269; 13, 200). Der Regel nach hat er zum Marktpreis zu kaufen, und bei marktgängiger Ware ist diese Möglichkeit ohne weiteres anzunehmen (oben Anm. 368); weicht er vom Marktpreis ab, so bleibt ihm der Beweis offen, weshalb er — z. B. wegen der Größe der Lieferung; ungünstiger Lage seines Wohnortes; Gefahr, sonst die Ware nicht mehr beschaffen zu können — gleichwohl die höheren Preise habe bezahlen müssen (ROHG 21, 249; RG 11, 198). Bei nicht marktgängiger Ware hat der Verkäufer zu beweisen, daß ein Abschluß zu Marktpreisen möglich gewesen wäre. Selbst Detailpreise können in Ansatz kommen (vgl. unten Anm. 381). Das Verhalten des Verkäufers ist hier überall mit in Betracht zu ziehen; der Verkäufer wird, wenn er selbst nicht imstande ist, dem Käufer eine bessere Quelle zu benennen, oder eine ihm bekannte Quelle nicht benannt hat, dem Käufer regelmäßig nicht mit Erfolg entgegenhalten können, daß er eine günstige Kaufgelegenheit unbenutzt habe vorübergehen lassen (RG JW 1891, 422[34]).

Anm. 381 Es müssen tunlichst die gleichen Lieferungsbedingungen sein, die der Käufer beim Lieferanten hatte (ROHG 14, 8; Hamburg HansRGZ 1932 B 577). Die Beschaffenheit der Deckungsware muß dieselbe sein. Aber auch in diesen Beziehungen greift überall der Grundsatz Platz, daß die Beobachtung von Treu und Glauben die Abweichungen von der Regel entschuldigt. Hat der Käufer vergeblich versucht, sich dieselbe Qualität zu beschaffen, und die Ware doch dringend gebraucht, so ist der Deckungsbedarf trotz der Vereinbarung schwererer Bedingungen und der Beschaffung besserer Ware als solcher gültig (RG 102, 349; Bolze 3 Nr. 687; 10 Nr. 483; Hamburg OLGE 27, 414; HansRGZ 1932 B 577). Der Käufer muß die besondere Sachlage dartun, wegen derer er sich unter Abweichung von seinen Vertragsbedingungen decken oder seine besseren Vorräte verwenden mußte (Bolze 3 Nr. 700). Das gleiche gilt, wenn er eine andere Sorte zur Deckung einkaufen (Bolze 1 Nr. 1088) oder eine Ersatzmischung (RG JW 1900, 76[15]) vornehmen mußte. Mußte der Käufer demgemäß bessere Ware einkaufen, so darf er dem, bei welchem er sich eindeckte, nicht den höheren Preis zahlen, wenn dieser nun doch geringere Ware liefert. Er muß Preisminderung begehren, wenn ein solches Verhalten nach Treu und Glauben von einem sorgfältigen Geschäftsmanne erwartet werden darf; sonst mindert sich sein Schadensersatzanspruch um diesen Betrag. Der Deckungskauf ist kein so förmlicher Akt, daß der Käufer nach formell richtiger Eindeckung sich um die weitere Abwicklung nicht mehr zu kümmern hätte. Denn der Deckungskauf dient zur Abwendung des Schadens. Die hierbei sich ergebenden Schwierigkeiten unterliegen in ihrer Beurteilung dem freien Ermessen (vgl. § 254 BGB, § 287 ZPO; siehe auch RG 98, 272).

Anm. 382 Erzielt der Käufer beim Deckungskauf Gewinn, so verbleibt er ihm, weil der Deckungskauf für seine Rechnung erfolgt (ROHG 20, 223); er muß jedoch diesen Gewinn von dem sonstigen Schaden, den er etwa wegen der Nichterfüllung erlitten hat, abziehen (compensatio lucri cum damno), ROHG 22, 187; RG 15, 73. Der Gewinn, den der Käufer aus dem Weiterverkauf der Deckungsware erzielt, gebührt ihm dagegen vollständig (RG 90, 162; 52, 154; LZ 1920, 297[3]), weil es den Verkäufer nichts angeht, was der Käufer mit dieser Ware anfängt. Macht der Käufer aber einen höheren Gewinn, weil er sich mit besserer Ware eindecken durfte, so muß er diesen in Abzug bringen (RG 102, 349). Gleichgültig ist, ob der Käufer sich eindecken mußte, weil er einer bereits bestehenden Lieferungspflicht zu genügen hatte, oder ob er sich eindeckte, weil er später die Ware veräußern wollte, oder ob er der Ware zum eigenen Verbrauch bedurfte (RG 93, 134; JW 1918, 577[11]). Aus demselben Grunde berührt es den Verkäufer nicht, wenn der Käufer denjenigen, bei dem er sich eingedeckt hat, nachträglich zur Auslösung dieses Kaufs bestimmt; nur muß der Deckungskauf bei seinem Abschluß ernst gemeint gewesen sein.

Anm. 383 δ) **Sonstige Schadensberechnung.** Der Käufer kann aber auch noch einen anderen Beweis führen. Hat der Käufer unter Vorbehalt seiner Ansprüche aus dem Verzug des Verkäufers die Ware angenommen, um sie seinen Abnehmern anzubieten, haben aber diese Abnehmer die Ware wegen Verspätung mit Recht zurückgewiesen, so kann der Käufer die Ware, weil sie für ihn nicht mehr verwendbar ist, zurückgeben und sein volles Erfüllungsinteresse unter Rückforderung des bezahlten Kaufpreises geltend machen (RG 127, 248; vgl. auch § 377 Anm. 87). Der Schadensersatz wegen Nichterfüllung deckt sich dann inhaltlich mit dem Anspruch auf Verspätungsschaden (§ 286 Abs. 2 BGB, oben Anm. 347).

Teils abstrakt und teils konkret kann der Käufer ebenso wie der Verkäufer (oben Anm. 363) unter besonderen Umständen rechnen. So kann er z. B. für einen Teil der Ware, den er weiterverkauft hatte, aber nicht liefern konnte, den daraus erwachsenen Schaden in Ansatz bringen (oben Anm. 376), für einen anderen Teil, für den er sich eingedeckt hat, den Schaden nach dem Deckungspreis berechnen (oben Anm. 377) und für den Rest die Differenz zwischen Marktpreis und Vertragspreis verlangen (oben Anm. 368). Dabei ist nicht nötig, daß der abstrakte und der konkrete Schaden gesondert festgesetzt werden; es kann vielmehr freie Schützung des gesamten Schadens gemäß § 287 ZPO erfolgen.

c) Das Rücktrittsrecht. **Anm. 384**

aa) Die Rücktrittserklärung, Rechtsnatur, Form und Inhalt

Auf den Rücktritt finden nach § 327 BGB die für das vertragsmäßige Rücktrittsrecht geltenden Vorschriften (§§ 346ff. BGB) entsprechende Anwendung. Danach erfolgt die Rücktrittserklärung gegenüber dem anderen Teil, § 349 BGB. Sie ist also eine empfangsbedürftige Willenserklärung. Sie muß so beschaffen sein, daß ihre Bedeutung keinem Zweifel unterliegen kann. Aus diesem Erfordernis völliger Bestimmtheit ergibt sich, daß eine Anfechtung wegen Irrtums oder arglistiger Täuschung niemals eine Rücktrittserklärung enthalten oder in eine solche umgedeutet werden kann (RG 105, 207). Der Gebrauch des Wortes „Rücktritt" ist jedoch nicht Voraussetzung für die Wirksamkeit der Erklärung. Die Ausdrucksweise des Gesetzes ist nicht sehr glücklich, weil sich im Verkehr kaum jemand des Wortes Rücktritt bedient, um zu erklären, daß der Vertrag, wie das ADHGB besser sagte, als nicht geschlossen behandelt werden solle. Entscheidend für die Auslegung der Erklärung kann somit allein sein, ob aus ihr hervorgeht, daß wirklich die Rückgabe der beiderseitigen Leistungen so, als ob der Vertrag nicht geschlossen worden wäre, gewollt ist, weil in der Wiederherstellung des Zustandes, wie er vor dem Vertragsschluß bestanden hat (des sog. status quo ante), das Wesen des Rücktritts zu finden ist.

Die Erklärung, zurückzutreten und Schadensersatz zu verlangen. Die häufig gebrauchte Redewendung, man trete zurück und fordere Schadensersatz wegen Nichterfüllung, ist widerspruchsvoll. Wer Rücktritt und Schadensersatz begehrt, will damit regelmäßig sagen, daß er gerade nicht zurücktreten, sondern Schadensersatz wegen Nichterfüllung verlangen will (RG „Recht" 1930 Nr. 1985; JW 1930, 1726; 1926, 2906; 1907, 386[3]; BGH MDR 1964, 138; vgl. auch unten Anm. 405 u. 414). Der Gebrauch des Wortes „Rücktritt" dient dem Berechtigten in solchen Fällen häufig nur dazu klarzumachen, daß er die Leistung seines säumigen Vertragspartners nicht mehr annehmen und statt dessen Schadensersatz wegen Nichterfüllung haben wolle (BGH LM Nr. 5 zu § 326 [Ea] BGB). Sie kann aber auch so gemeint sein, daß der durch den Abschluß des Vertrages entstandene Schaden nachträglich verlangt werden wird (RG JW 1911, 751[5]). In diesem Fall ist der Rücktritt wirksam erklärt, der Vorbehalt bedeutungslos. Hat der Leistungsaustausch noch nicht stattgefunden, so reicht es aus, wenn dem säumigen Teil der Wille des Berechtigten, sich von dem Vertrag zu lösen und ihn endgültig nicht mehr zu erfüllen, klar zu erkennen gegeben wird (vgl. etwa den Fall BGH LM Nr. 3 zu § 326 [Ed] BGB). **Anm. 385**

Bedingungs- und Befristungsfeindlichkeit. Aus dem Erfordernis der Klarheit und Bestimmtheit der Rücktrittserklärung folgt weiter, daß sie gleich der Mahnung (s. oben Anm. 329) weder bedingt noch befristet noch fürsorglich abgegeben werden darf. Ein Verstoß gegen diesen Grundsatz macht die Rücktrittserklärung unwirksam. Der Rücktritt kann allerdings beschränkt so ausgeübt werden, daß der Rücktrittsberechtigte sich bereit erklärt, beim Vertrag stehenzubleiben, wenn der Säumige sich damit einverstanden erklärt oder gewisse Auflagen erfüllt. Dann ist der Rücktritt erklärt, die Erfüllungspflicht aufgehoben. Zugleich aber ist ein neuer Vertragsantrag gestellt, durch dessen Annahme ein neuer Vertrag zustande kommt. Die Lage ist hier die gleiche, wie wenn der Zurückgetretene nach seinem Rücktritt Erfüllung begehrt. Das Rücktrittsrecht kann ferner nur mit Wirkung für den ganzen einheitlichen Vertrag ausgeübt werden. Erklärt der Berechtigte, nur von einem Teil des Vertrages zurückzutreten, so ist **Anm. 386**

der Rücktritt unwirksam. Er kann nicht in einem Umfang als erklärt gelten, in dem er nicht erklärt worden ist (RG 67, 104; WarnRspr. 1909 Nr. 228; HRR 1931 Nr. 2925). Zulässig ist dagegen der Rücktritt von einem selbständigen Teil des Vertrages unter Bestehenlassen eines anderen selbständigen Vertragsteils (RG 79, 312).

Anm. 387 **bb) Wirkung der Rücktrittserklärung.**

Beseitigung oder Umwandlung des Vertrages in ein Abwicklungsverhältnis. Die Erklärung wirkt unmittelbar rechtsgestaltend. Entgegen Fehlvorstellungen, die in der kaufmännischen Praxis weitverbreitet sind, ist ein Einverständnis des anderen Teils nicht erforderlich und dort, wo es erklärt wird, bedeutungslos. Mit dem Zugang der (berechtigten) Rücktrittserklärung sind die noch nicht erfüllten Leistungspflichten aufgehoben (kein Teil braucht sie mehr zu erfüllen), und die schon empfangenen Leistungen zurückzugewähren. Der bisherige **Kaufvertrag wandelt sich um in ein** auf die Wiederherstellung des Zustandes vor Vertragsschluß gerichtetes **Abwicklungsverhältnis.** Obwohl dieses Verhältnis in §§ 346ff. BGB im einzelnen eine gesetzliche Ausgestaltung erfahren hat, handelt es sich dabei um ein vertragliches (nicht ein gesetzliches) Schuldverhältnis, da es auf einer Umkehrung des Kaufvertrages, ausgelöst durch die Rücktrittserklärung, d. h. ein Rechtsgeschäft, beruht (so Stoll JW 1928, 58ff. und AcP 131, 111ff.; E. Wolff AcP 153 S. 97ff. und ihm folgend Larenz $I^{8/9}$ S. 300f.; Esser I^3 S. 368; im gleichen Sinne auch Palandt-Danckelmann/Heinrichs Einf. vor § 346 Anm. 1). Die ältere Auffassung dagegen betrachtete den Vertrag als durch den Rücktritt rückwirkend aufgelöst, beseitigt, als wäre er nie geschlossen, schon erbrachte Leistungen als ohne Rechtsgrund erfolgt und die §§ 346ff. BGB als ein gesetzliches Schuldverhältnis, das nur kraft seiner Eigenschaft als speziellere Regelung die (subsidiär anwendbaren) Bereicherungsvorschriften der §§ 812ff. BGB verdrängt. Diese insbesondere von der Rechtsprechung des Reichsgerichts (vgl. etwa RG 50, 266; HRR 1931, 925) vertretene Ansicht wird in der neueren Literatur insbesondere noch vertreten von Enneccerus-Lehmann[15] § 38 II 1, S. 165; Wilde in BGB-RGRK § 346 Anm. 4; Soergel-Reimer Schmidt Vorbem. vor § 346 Rdnr. 4 mit zahlr. Nachw. sowie Erman-Westermann, der allerdings der Ansicht von Wolf beachtliche Gründe zubilligt, § 346 Bem. 3).

Das Abwicklungsverhältnis ist im wesentlichen wie folgt gestaltet:

Anm. 388 **Die Rückerstattungs-, Verzinsungs- und Schadensersatzpflicht.** Die Rückerstattung etwa schon ausgetauschter Leistungen erfolgt Zug um Zug, § 348 BGB. Diese Verpflichtung soll nach h. M. nicht an dem Erfüllungsort des früheren Kaufvertrages zu erfüllen sein, sondern an dem Ort, an welchem sich der zurückzugebende Gegenstand zur Zeit der Rücktrittserklärung auf Grund des Kaufvertrages befindet (so schon RG JW 1903 Beil. S. 95 Nr. 216; RG 55, 105, 112/113; 57, 12ff.; aus der Lit. vgl. insbesondere Soergel-Reimer Schmidt § 346 Rdnr. 3; Erman-Westermann § 346 Bem. 4; Palandt-Danckelmann/Heinrichs § 346 Anm. 2; Voraufl. dieses Komm. Anh. zu § 374 Anm. 35). Die Entscheidungen des Reichsgerichts, auf die zur Begründung i. d. R. Bezug genommen wird, beziehen sich jedoch auf die Wandelung und sind von dem Bestreben motiviert, dem stets schuldlosen Käufer von zusätzlichen Kosten des Rücktransports freizustellen. Dem Grundgedanken dieser Rechtsprechung entspräche es auch bei § 326 BGB, den Verkäufer die gelieferte Ware abholen zu lassen, wenn der Rücktritt wegen seiner Säumnis erfolgt ist (z. B. wenn nach Teillieferungen bei einem einheitlichen Vertrag die weitere Lieferung ausgeblieben ist). Tritt dagegen der Verkäufer wegen Zahlungsverzuges des Käufers vom Vertrag zurück, so würde die Übertragung des genannten Grundsatzes auf den Rücktritt gerade den vertragstreuen Teil zur Abholung nötigen, wodurch sein Sinn in das genaue Gegenteil verkehrt würde. Die reichsgerichtliche Rechtsprechung kann damit für den Rücktritt eine uneingeschränkte Verbindlichkeit ohnehin nicht beanspruchen. Da es jedoch ebensowenig angeht, den Ort der Rückgewähr von der Verantwortlichkeit für den Rücktritt im Einzelfall abhängig zu machen (obwohl dies unter Billigkeitsgesichtspunkten die zufriedenstellendste Lösung wäre), weil damit ein fremdes quasi-schadensersatzrechtliches Element in das Abwicklungsverhältnis hineingetragen würde, erscheint es im Interesse einer klaren Lösung am besten, doch den Leistungsort für die Verkäuferverpflichtung als den Ort, an dem die Rückgewährverpflichtung zu erfüllen ist, zu bestimmen (ähnlich Wilde in BGB-BGRK § 346 Anm. 11). Der Käufer hat also die Kaufsache, der Verkäufer den Kaufpreis oder die erhaltene Anzahlung zurückzuerstatten. Hat der Käufer für die Zahlung des Kaufpreises den Lieferanten des Verkäufers Sicherheit gestellt, so muß der Verkäufer im Falle des Rücktritts dafür sorgen, daß diese Sicherheit dem Käufer zurückgegeben wird. In der Regel ist die Leistung in der gleichen Form und auf dem gleichen Wege zurückzugewähren, wie sie empfangen worden ist (vgl. etwa OLG Hamburg NJW 1958, 1781). Der Kaufpreis ist von dem Tag des Empfangs an zu verzinsen (§ 347 S. 3 BGB). Die Verzinsungspflicht des Verkäufers findet ihre Entsprechung auf der Käuferseite in der zu dem gleichen Zeitpunkt einsetzenden Haftung des Käufers auf Schadensersatz bei Verschlechterung, Untergang oder anderweitiger Herausgabeunmöglichkeit hinsichtlich des Kaufgegenstandes. Für derartige Ereignisse hat der Käufer in gleicher Weise einzustehen wie ein verklagter unrechtmäßiger Besitzer gegenüber dem Eigentümer (§ 347 S. 1 in Verb. m. §§ 989ff. BGB). Soweit das Schadensereignis vor der Erklärung des Rücktritts liegt, wird diese Haftung jedoch nur in Fällen unwesentlicher Verschlechterung der Kaufsache akut werden, weil bei verschuldeter Verschlechterung der Sache oder Unmöglichkeit der Rückgewähr bereits das Rücktrittsrecht als solches ausgeschlossen ist (s. dazu unten Anm. 392). Nach den Vorschriften des Eigentümer-Besitzer-Verhältnisses richten sich auch die Ansprüche auf Verwendungsersatz und auf Herausgabe sowie Ersatz von Nutzungen (§ 347 S. 2 in Verb. mit §§ 987ff. und 994ff. BGB).

Der vom Gesetz angeordnete frühe Beginn der Haftung des Rückgewährpflichtigen **Anm. 389**
nach §§ 989ff. BGB bereits mit dem Zeitpunkt des Empfangs der Leistung, wird häufig als zu streng empfunden, da in den Fällen gesetzlicher Rücktrittsrechte der Leistungsempfänger zu diesem Zeitpunkt nicht selten noch in Unkenntnis seiner späteren Rückgewährpflicht sein wird, z. B. nicht damit rechnet, später einmal in Verzug zu geraten. An die Stelle des als unbillig belastend empfundenen Zeitpunkts des Empfangs der Leistung soll ein späterer treten; zumeist wird vorgeschlagen, die strenge Haftung erst im Moment der Kenntnis von den Rücktrittsvoraussetzungen beginnen zu lassen (vgl. insbesondere Enneccerus-Lehmann[15] § 38 II 1c S. 167; Wilde in BGB-RGRK § 347 Anm. 6; Soergel-Reimer Schmidt § 347 Rdnr. 2; Palandt-Danckelmann/Heinrichs § 347 Anm. 2). Diese Einschränkung ist abzulehnen. Sie würde die gesetzlich gewollte Parallelität von Verzinsungspflicht auf der einen Seite und strenger Haftung sowie Pflicht zur Vergütung von Nutzungen auf der anderen Seite auseinanderreißen und damit den Empfänger von Sachleistungen zu Lasten des Empfängers von Geldleistungen privilegieren (so insbesondere RG 145, 79, 82 für die Wandlung; ablehnend auch Wolf a. a. O. S. 122—129). Sie verfehlt ferner das Ziel der Rückabwicklung, nämlich Wiederherstellung des Zustands vor dem Vertragsschluß.

Das Verschulden nach § 347 S. 1 und 2 BGB; Haftungseinschränkung nach § 327 **Anm. 390**
S. 2 BGB. Das in §§ 347 S. 1 und 2, 987 Abs. 2, 989 BGB geforderte Verschulden muß sich nicht gegen den Vertragsgegner richten. Ausreichend ist ein Verschulden im weiteren Sinne, das schon dann vorliegt, wenn der tatbestandliche Erfolg vorsätzlich oder fahrlässig, d. h. überhaupt vermeidbar, herbeigeführt wird, ohne daß es darauf ankommt, ob dem Handelnden seine Herausgabepflicht bekannt ist oder nicht (so insbesondere Wolf a. a. O. S. 124—129; Larenz I[8/9] S. 303). Die strenge Haftung des § 347 BGB findet jedoch eine Einschränkung durch § 327 S. 2 BGB. Obwohl dies aus dem Wortlaut der Vorschrift nicht ohne weiteres zu entnehmen ist, wird ihr heute fast durchweg der Sinn beigelegt, daß derjenige, der den Rücktritt nicht zu vertreten hat, bei § 326 BGB also der nichtsäumige, vertragstreue Teil, von der strengen Haftung des § 347 BGB freigestellt und der häufig milderen Haftung des Bereicherungsrechts unterworfen sein solle, gleichgültig wer den Rücktritt erklärt hat (RG 130, 119ff., 123f.; Wolf a. a. O. S. 97; Larenz I[8/9] S. 303f.; Wilde in BGB-RGRK § 347 Anm. 6; Soergel-Reimer Schmidt § 327 Rdnr. 2; Erman § 327 Bem. 2; Palandt-Danckelmann/Heinrichs § 327 Anm. 2; kritisch gegenüber der herrschenden Meinung Esser I[3] S. 367f. im Anschluß an Glaß, Gefahrtragung und Haftung beim gesetzlichen Rücktritt 1959 S. 88, dem sich auch Blomeyer § 35 II 2 S. 209f. angeschlossen hat; zu der Frage, welchen Einfluß § 327 S. 2 BGB auf die Geltendmachung von Verwendungsersatzansprüchen nach erfolgtem Rücktritt vom Kaufvertrag hat, s. Fuchs NJW 1960, 2177). Es handelt sich dabei jedoch um eine reine Rechtsnachfolgenverweisung, der Rechtsgrund der Haftung auch nach § 327 S. 2 BGB bleibt das Abwicklungsverhältnis.

Anm. 391 **Verhältnis der Rückerstattungspflicht zu anderen Schadensersatzansprüchen.** Nach der in der Vorauflage dieses Komm., Anh. zu § 374 Anm. 35 vertretenen Ansicht, sollten bei Wahl des Rücktritts für den Berechtigten alle vertraglichen Schadensersatzansprüche, auch solche auf das negative Interesse, ausgeschlossen sein. Dahinter stand der Gedanke, daß der Vertrag durch den Rücktritt endgültig beseitigt sei und infolgedessen keine Grundlage für vertragliche Schadensersatzansprüche mehr abgeben könne. Diese Ansicht wird aufgegeben. Sie ist mit der nun auch hier (oben Anm. 387) vertretenen Auffassung von der lediglich umwandelnden Wirkung der Rücktrittserklärung nicht vereinbar. Sie widerspricht ferner dem Zweck der Rückabwicklung, nach Möglichkeit den Zustand wiederherzustellen, der vor dem Vertragsschluß bestanden hat (dem status quo ante). Auf dieser Basis lassen sich für vertragliche Schadensersatzansprüche folgende Leitsätze aufstellen: Vertragliche Schadensersatzansprüche aus Verschulden bei Vertragsschluß und positiver Vertragsverletzung bleiben auch nach der Erklärung des Rücktritts bestehen, sofern sie schon vor ihr entstanden waren (zustimmend im Ergebnis Palandt-Danckelmann/Heinrichs Einf. vor § 346 Anm. 1; Soergel-Reimer Schmidt Vorbem. vor § 346 Rdnr. 5; Herholz AcP 130, 157; Larenz I[8/9] S. 301 mit weit. Nachw. in Anm. 2; Wolf a. a. O. S. 111ff.). Nach Esser I[3] S. 369f. und Wolf a. a. O. S. 111ff. soll das auch für den Anspruch auf Ersatz des durch den Verzug entstandenen Verspätungsschadens gelten. Dem wird aus der Erwägung heraus zuzustimmen sein, daß zwischen Verzug und positiver Vertragsverletzung häufig kein Unterschied auszumachen ist, der qualitativ bedeutsam genug wäre, eine unterschiedliche Behandlung der aus diesen beiden Instituten entspringenden Ansprüche zu rechtfertigen (vgl. dazu insbesondere Wolf a. a. O. S. 113); man denke etwa an die Verzögerungsfälle, in denen eine Mahnung unterbleiben kann; hier wird in der Nichterbringung der Leistung häufig eine positive Forderungsverletzung gesehen, wenn der Schuldner zusätzlich ernstlich erklärt, er verweigere die Leistung endgültig, dagegen Verzug, wenn er bei sonst gleichem Verhalten seine Absichten nicht verlautbart (s. dazu oben Anm. 333 und unten Anm. 418ff.). Eine Einschränkung ist jedoch in allen genannten Fällen zu machen: die Herstellung der Vermögenslage, die bei pflichtgerechter Vertragserfüllung bestanden hätte (Nichterfüllungsschaden, sog. positives Interesse), kann der Berechtigte nur verlangen, wenn er Schadensersatz wegen Nichterfüllung wählt; entscheidet er sich für Rücktritt, so kann er auch auf Grund vertraglicher Ansprüche nur verlangen, so gestellt zu werden, wie er gestanden hätte, wenn er den Vertrag, von dem er zurückgetreten ist, nicht geschlossen hätte (sog. negatives Interesse). Alles andere liefe auf eine unzulässige Kumulation der Rechtsfolgen von Rücktritt und Schadensersatz wegen Nichterfüllung hinaus (im Ergebnis ebenso Wolf und Esser, jeweils a. a. O.).

Anm. 392 **cc) Die Unmöglichkeit der Rückgewähr.** Ist die Rückgewähr einer Sache ihrer Natur nach nicht möglich, so ist ihr Wert zu vergüten (vgl. § 346 S. 2 BGB). Hat sich der Rücktrittsberechtigte in die Unmöglichkeit versetzt, das Empfangene zurückzugeben, was von praktischer Bedeutung vorwiegend in bezug auf den Käufer ist, so gilt folgendes: Hat sich der Käufer in diese Lage v o r erfolgter Rücktrittserklärung versetzt, so ist zu unterscheiden: Kann der Käufer die Kaufsache nicht herausgeben, weil sie durch sein Verschulden wesentlich verschlechtert, d. h. objektiv in ihrem Wert gemindert (RG 64, 376) oder ganz oder zu einem erheblichen Teil untergegangen ist oder aus anderen Gründen nicht zurückgegeben werden kann (z. B. weil der Käufer die Kaufsache ohne die Möglichkeit der Rückerlangung weiterveräußert hat), so ist ein Rücktritt ausgeschlossen. Die erfolgte Erklärung ist wirkungslos, §§ 351, 327 BGB. Das Verschulden, das den Rücktritt ausschließt, muß also vor der Rücktrittserklärung liegen. Es darf auch hier nicht als Verschulden gegenüber dem Vertragsgegner mißverstanden werden. Es geht vielmehr auch hier um ein „untechnisches" Verschulden, das bereits dann gegeben ist, wenn sich der Berechtigte die Rückgewähr der Leistung des anderen durch eigenes Verhalten unmöglich gemacht hat, so daß die Erklärung zurückzutreten, d. h. Rückabwicklung der gegenseitigen vertraglichen Leistungen zu wollen, als Widerspruch zu dem eigenen vorangegangenen Verhalten in bezug auf den Kaufgegenstand erscheinen muß, ohne daß eine Kenntnis des Rücktrittsrechts erforderlich ist (Gedanke des „venire contra factum proprium"), heute h. M., vgl. vor allem Ennesserus-Lehmann[15] § 39 II 1 e S. 170; Larenz I[8/9] S. 305f.; Wolf a. a. O. S. 131ff.; Erman-Westermann § 351 Bem.

III; Soergel-Reimer Schmidt § 351 Rdnr. 2; Wilde in BGB-RGRK § 351 Anm. 6, wobei allerdings die beiden letztgenannten nicht auf die Frage eingehen, ob Kenntnis des Rücktrittsrechts von Bedeutung ist).

Weiterbenutzung nach Kenntniserlangung vom Rücktrittsrecht kann, braucht aber nicht stets Verschulden zu sein (BGH NJW 1958, 1773; LM Nr. 4 zu § 351 BGB). Zu der äußerst umstrittenen Frage, ob die Herausgabe der Kaufsache an den Eigentümer, dem sie abhanden gekommen war, auf seiten des Käufers verschuldete Unmöglichkeit begründet s. BGH 5, 340 mit folgenden Anm.: Wolf NJW 1953, 166 und NJW 1954, 708; Boehmer JZ 1952, 521, 588 und JZ 1953, 392; Mezger JZ 1953, 67 und NJW 1953, 812; Werner NJW 1952, 930; Stumpp JuS 1964, 310. Ein solches Verschulden des Käufers liegt nicht in dem Unterlassen der Versicherung, der in der Folge durch Feuer beschädigten Kaufsache (RG JW 1911, 321[12]). Ein Verschulden des Käufers liegt aber vor, wenn die Kaufsache ihm im Zwangswege versteigert worden ist und ihn an der Versteigerung ein Verschulden oder ein überwiegendes Verschulden trifft (§ 254 BGB, RG 59, 93). Diese Voraussetzung trifft zu, wenn der Käufer ohne die erforderlichen Mittel war und es deshalb oder wegen seiner Mißwirtschaft zur Vollstreckung kam. Ein Mitverschulden des Verkäufers liegt vor, wenn dieser die Kaufsache auf die Rücktrittserklärung hin nicht zurückgenommen hat, obgleich ihm die schlechte Wirtschaft des Käufers, also die Gefahr, bekannt war oder wenn er nicht für Abwendung der Vollstreckung gesorgt hat, obgleich er dafür sorgen konnte. Hat der Verkäufer selbst die Hauptsache versteigern lassen, so hat er die Unmöglichkeit der Herausgabe sogar allein verschuldet. Die Unmöglichkeit der Herausgabe ist selbst dann für den Käufer vorhanden, wenn der Verkäufer die Kaufsache selbst ersteigert hat (RG 54, 224). Kann der rücktrittsberechtigte Käufer die Kaufsache deshalb nicht zurückgeben, weil er sie vor der Rücktrittserklärung verarbeitet oder umgebildet hat, so ist der Rücktritt auch dann ausgeschlossen, wenn ihn kein Verschulden trifft (§ 352 BGB). Hat der Käufer die Kaufsache vor der Rücktrittserklärung weiterveräußert, so muß er eine wesentliche von seinem Abkäufer verschuldete Verschlechterung, den von diesem verschuldeten Untergang, die von diesem vorgenommene Verarbeitung oder Umbildung wie eine eigene Handlung verantworten (§ 353 BGB). Dagegen bleibt der erklärte Rücktritt zulässig, wenn der Käufer vor seiner Rücktrittserklärung nur eine unwesentliche Verschlechterung oder den Untergang eines unerheblichen Teils der Kaufsache verschuldet hat. Es gilt dann die oben Anm. 388 zu §§ 347 und 327 S. 2 BGB dargelegte Schadensersatzregelung. Ist nach der Rücktrittserklärung durch sein Verschulden die Kaufsache wesentlich verschlechtert, ganz oder zu einem erheblichen Teil untergegangen oder ist er aus einem anderen Grunde (Verarbeitung, Umbildung, Veräußerung) zur Rückgabe außerstande, so wird die Rücktrittserklärung nicht hinfällig (RG 59, 99). Der Ausgleich erfolgt hier ausschließlich nach den §§ 347, 327 S. 2 siehe oben. Steht die Verschlechterung oder der Untergang der Kaufsache fest, so hat der Käufer, der zurücktreten will oder zurückgetreten ist, zu beweisen, daß der Untergang oder die Verschlechterung nicht von ihm verschuldet ist (§ 282 BGB; RG 56, 261; JW 1908, 478[8]; vgl. auch RG 74, 344 und SeuffA 58, 161).

dd) Verlust des Rücktrittsrechts durch Fristablauf, Verzicht, Verwirkung und ähnliches. Für die Ausübung des Rücktrittsrechts kann der Säumige dem Berechtigten eine angemessene Frist setzen; nach fruchtlosem Anlauf dieser Frist erlischt das Rücktrittsrecht (§ 355 BGB). Das Recht zum Rücktritt vom Vertrag kann ferner durch Verzicht erlöschen, der zu seiner Wirksamkeit nicht der Annahme durch den anderen Vertragspartner bedarf (BGH LM Nr. 2 zu § 326 [J] BGB = DB 1963, 546), sowie durch Verwirkung, wenn der Berechtigte in illoyaler Weise zu lange mit der Rücktrittserklärung wartet (siehe dazu ausführlich unten Anm. 450ff.). Der erklärte Rücktritt wird nachträglich auch dann wieder unwirksam, wenn der andere Teil den Rücktrittsberechtigten wegen Rückgewähr des empfangenen Gegenstandes oder eines erheblichen Teils des Gegenstandes in Verzug gesetzt und ihm alsdann vergeblich eine angemessene Frist unter der Androhung gesetzt hat, daß er die Annahme nach Ablauf dieser Frist ablehne (§ 354 BGB). Verweigert der Rücktrittsberechtigte auf die Verzugsetzung hin die Rückgewähr oder erklärt er, zur Rückgewähr außerstande zu sein, so wäre die Fristsetzung wie auch die Androhung zwecklos; es steht dann bereits fest, daß der Rücktritt unwirksam werden muß (RG 50, 190; vgl. Kolmar OLGE 28, 85). Beim Vorhandensein mehrerer Personen **Anm. 393**

auf der einen oder anderen Seite kann das Rücktrittsrecht nur von allen gegen alle ausgeübt werden; erlischt es für eine Person, so erlischt es für alle (§ 356 BGB).

Anm. 394 **ee) Ausschluß des Rücktrittsrechts nach § 454 BGB.** Ist dem Käufer der Kaufpreis gestundet, und hat der Verkäufer schon vollständig erfüllt, so tritt eine Besonderheit ein. Hier bestimmt § 454 BGB, daß der Verkäufer das Rücktrittsrecht nicht hat. Der Verkäufer hat also nur ein zweifaches Wahlrecht: Erfüllung nebst Schadensersatz wegen verspäteter Erfüllung oder Schadensersatz wegen Nichterfüllung. Das Rücktrittsrecht dagegen ist dem Verkäufer in diesem Falle versagt; er kann es sich auch nicht einseitig vorbehalten (vgl. Prot. II 71). Der Grundgedanke des Gesetzes ist der, daß der Käufer, wenn ihm der Kaufpreis gestundet ist, ohne Gefahr über die Ware soll verfügen können. Der Käufer soll nicht Gefahr laufen, nachträglich zur Rückgabe der Ware verpflichtet zu sein. Nur der Verkäufer geht also seines Rücktrittsrechts verlustig. Und dieser Verlust tritt nur ein, wenn der Verkäufer seinerseits voll erfüllt und außerdem Stundung bewilligt hat. § 454 BGB ist als Ausnahmevorschrift eng auszulegen (so ausdrücklich BGHLM Nr. 1 zu § 454 BGB).

Vollerfüllung seitens des Verkäufers heißt: Der Verkäufer muß durch Übergabe der Kaufsache und Verschaffung des Eigentums voll erfüllt haben (oben Anm. 140ff.). Nur hinsichtlich des voll erfüllten Teils ist das Rücktrittsrecht versagt, so daß dieser Teil nicht zurückgegeben ist. Hinsichtlich des nicht erfüllten Teils bleibt das Rücktrittsrecht dem Verkäufer erhalten, insbesondere also dann, wenn eine andere Verpflichtung als die Zahlung auch als Hauptleistung anzusehen ist und der Käufer mit dieser anderen Verpflichtung in Verzug gerät (JW 1915, 1191[2]; RG in HRR 1934 Nr. 1102; BGH a. a. O.) Daraus folgt, daß der Verkäufer, der einen Teil seiner teilbaren Leistung erfüllt, diesen Teil also zu Eigentum übergeben und für diesen Teil den Kaufpreis gestundet hat, für diesen Teil nicht zurücktreten kann, sondern nur hinsichtlich des Restes (JW 1925, 1114[13]; über die Anwendung dieser Regel auf den Sukzessivlieferungsvertrag siehe unten). Sein Rücktritt vom ganzen Vertrag ist ohne weiteres in diesem Sinne einschränkend auszulegen, weil es einen Rücktritt vom Ganzen nicht gibt. Aus dem soeben aufgestellten Satz ergibt sich weiter, daß er keine Anwendung findet, wenn ein untrennbarer Vertrag über einen unteilbaren Gegenstand abgeschlossen ist und ein wesentlicher Teil der Erfüllung noch aussteht. Da der § 454 BGB eine Ausnahmevorschrift ist, deren Natur es verbietet, das Rücktrittsrecht des Verkäufers weiter auszuschließen als Grund und Zweck der Vorschrift es erfordern, so ist lediglich anzunehmen, daß die Unterlassung nur unerheblicher Erfüllungsteile dem Verkäufer das Rücktrittsrecht nicht erhält (RG 50, 139). Genaueres über Unteilbarkeit s. unten Anm. 434. Von einer Vollerfüllung im Sinne des § 454 BGB kann man ferner nicht reden, wenn der Verkäufer mangelhaft geliefert hat. Der Verkäufer behält sein Rücktrittsrecht RG JW 1918, 30[4]; Staudinger-Ostler § 454 Rdnr. 9; Planck III § 454 Bem. 2a). Ebenso, wenn der Verkäufer sich das Eigentum bis zur Zahlung des Kaufpreises vorbehalten hat (dazu eingehend oben Anm. 74ff.), oder wenn der Verkäufer die Sache dem Käufer zwar übereignet und übergeben, ihn aber zugleich verpflichtet hat, sie bis zur Vollzahlung des Kaufpreises nicht von einer bestimmten Stelle fortzuschaffen (JW 1927, 667[11]). Ein fortwirkendes Wettbewerbsverbot gegen den Verkäufer im Kaufvertrag hindert die Anwendung des § 454 BGB, da der Vertrag nicht als vom Verkäufer erfüllt angesehen werden kann (RG 113, 113). Auch wenn die Nichterfüllung auf einem Verschulden des Verkäufers beruht, kann sie nicht der Erfüllung im Sinne des § 454 BGB gleichgestellt werden (RG 118, 104).

Anm. 395 Stundung des Kaufpreises liegt nur vor, wenn der Kaufpreis erst nach im wesentlichen vollendeter Erfüllung des Verkäufers fällig sein soll (JR 1926 Nr. 1346). Beim Sukzessivlieferungsvertrag liegt dieser Fall schon vor, wenn der Kaufpreis für einzelne Raten gestundet ist, auch wenn die restlichen Raten vom Verkäufer noch nicht geliefert sind (JW 1925, 1114[13]; LZ 1925, 259[7]). Wenn dem Käufer nur die zur Beschaffung des Geldes erforderliche Zeit belassen worden ist, so liegt darin noch kein Hinausschieben der Fälligkeit (RG 83, 181); ebensowenig, wenn in dem Zahlungsaufschub nur die Gewährung einer Nachsicht zu erblicken ist (RG LZ 1926, 113[3]). Darin, daß der Verkäufer auf die Bitte des Käufers um Nachsicht nicht geantwortet, sondern lediglich den Empfang der gleichzeitig geleisteten Teilzahlung bestätigt hat, ist nicht die Genehmigung des Stundungsgesuchs zu erblicken (Düsseldorf JW 1927, 724[7]). Wenn der Zahlungstermin und der Lieferungstermin hinausgeschoben, beide Leistungen aber Zug um Zug zu erfüllen sind oder die Zahlung vor der Leistung des Verkäufers fällig sein soll, so liegt ebenfalls keine Stundung vor (RG 50, 140), wohl aber dann, wenn ein Monat nach Lieferung zu zahlen ist (LZ 1925, 258[7]). Die Vereinbarung, daß der Käufer den Kaufpreis erst zu zahlen habe, nachdem er die gekaufte Ware empfangen habe, enthält keine Stundung (SeuffA 79, 108). Herausgabe der Ware auf eine Teilzahlung und auf das Verprechen sofortiger Zahlung des Restes, bloße Nichteinforderung des Kaufpreises trotz Lieferung der Ware ist ebenfalls keine Stundung. Einbeziehung des Kaufpreises in ein Kontokorrentverhältnis ist Stundung (vgl. dazu die Komm. zu § 355). Ist aber der innere Zusammenhang zwischen Lieferung und Zahlung gelöst durch Ausstellung von Rechnungen über jede Teillieferung und Stundung dieses Rechnungsbetrages, so kann § 454 BGB hinsichtlich der Teillieferungen Anwendung finden, auch wenn der ganze Vertrag noch nicht erfüllt ist (JW 1925, 1114[13]). Ist dem Käufer der Kaufpreis zwar gestundet, aber nur gegen Sicherheiten (Wechsel, Pfänder, Bürgschaft), so liegt der Fall des § 454 BGB nicht eher vor, als bis die Sicherheiten gegeben sind. Denn in solchem Fall liegt keine einfache Stundung vor, sondern eine bedingte. Mit der Verweigerung der zugesagten Sicherheiten fällt die Bedingung der Stundung fort. Ist ein Wechsel gegeben, so liegt Stundung des Kaufpreises bis zum Ablauf des wechselmäßigen Zahlungsziels vor, und es greift § 454 BGB Platz. Eine Stundung besteht auch dann, wenn beim Verkauf eines Erwerbsgeschäfts oder einer Kundschaft die Gegenleistung in Form von Abgaben aus dem künftigen Umsatz zu bewirken ist; der Grund des § 454 BGB trifft bei Übertragung eines Geschäfts in besonders hohem Maße zu (WarnRspr. 1930 Nr. 204). Oft liegt eine stillschweigende, auf Handelsgebrauch beruhende Stundung vor. So ist es z. B. im Geschäftsverkehr oft üblich, daß der Kaufpreis der innerhalb eines Monats erfolgten Lieferungen erst nach Ablauf des Monats nach Empfang des Monatsauszuges getilgt wird. Ist der Kaufpreis einmal gestundet, so bleibt das Rücktrittsrecht auch dann ausgeschlossen, wenn die Stundung nachträglich widerrufen wird, BGH LM Nr. 2 zu § 454 BGB.

Ist ein Teil des Kaufpreises gestundet, so bleibt der Rücktritt nur wegen der Nichtbezahlung dieses Teiles ausgeschlossen. Er bleibt zulässig, wenn die Voraussetzungen des § 326 BGB bei dem übrigen Teil des Kaufpreises vorliegen (JW 1915, 1191[2]; LZ 1926, 114[3]). Das gilt auch dann, wenn der Käufer außer der Zahlung noch eine andere nicht nur nebensächliche Leistungsverpflichtung übernommen hat und mit dieser in Verzug gerät, BGH LM Nr. 1 zu § 454 BGB.

7. Die Ausübung des Wahlrechts zwischen Erfüllung und den Rechten aus § 326 BGB in beiden Verzugsfällen, nämlich bei Verzug des Käufers und des Verkäufers Anm. 396

a) Ziel des Wahlrechts: Das Recht auf Erfüllung steht jeder Partei ohne weiteres zu. Das Recht auf Schadensersatz wegen verspäteter Erfüllung tritt infolge des Verzugs des Gegners hinzu. Um diese Rechte zu erlangen, braucht der vertragstreue Teil kein Wahlrecht auszuüben. Das Gesetz gibt aber bei eingetretenem Verzug dem vertragstreuen Teil die Befugnis zu wählen, ob er das ursprüngliche Recht auf Erfüllung nebst Schadensersatz wegen verspäteter Erfüllung behalten oder statt dieses Rechts die Befugnis erlangen will, eines der beiden anderen nach § 326 BGB an dessen Stelle tretenden Rechte geltend zu machen. Dieses Wahlrecht übt er durch die Fristbestimmung und Erklärung des § 326 BGB aus, mit der sich die nachfolgenden Anmerkungen befassen werden. Dieses Verfahren ist i. d. R. auch dann geboten, wenn eine Mahnung nicht nötig ist (oben Anm. 333ff.). Mit dem fruchtlosen Ablauf der Frist ist die Wahl ausgeübt. Das Recht auf Erfüllung (nebst Schadensersatz wegen verspäteter Erfüllung) ist erloschen (unten Anm. 412). Es bleibt das Recht des vertragstreuen Teils übrig, eines der beiden anderen Rechte geltend zu machen. Natürlich nur eines; zur Ausübung der engeren Wahl zwischen diesen beiden anderen Rechten kann er durch eine weitere Fristbestimmung angehalten werden. Nach fruchtlosem Ablauf dieser Frist erlischt das Rücktrittsrecht. Es bleibt dann nur noch der Anspruch auf Schadensersatz wegen Nichterfüllung übrig (vgl. §§ 355, 327 S. 1 BGB). Der vertragstreue Teil muß nicht sofort bei Eintritt des Verzugs wählen, ob er Erfüllung verlangen oder die in § 326 BGB vorgesehenen Rechte ausüben will (unten Anm. 450). Warum der Berechtigte von seinem Wahlrecht Gebrauch macht und warum er seine Wahl so oder so trifft, und ob er den Rücktritt wählt, um von einem lästigen Vertrag loszukommen, ist gleichgültig (RG 91, 208; 76, 152; vgl. auch unten Anm. 414).

Anm. 397 **b) Nachfrist und Ablehnungsandrohung:** Die Wahl wird durch eine Erklärung des Nichtsäumigen ausgeübt, daß er die Annahme der Leistung nach dem Ablauf der Frist ablehne. So drückt sich § 326 Abs. 1 Satz 1 BGB aus. Ebensogut kann man sagen, die Wahlerklärung sei eine mit Fristbestimmung versehene Androhung, daß Erfüllung nicht mehr angenommen werde.

Anm. 398 **aa) Die Form der Erklärung.** Nachfristsetzung und Androhung sind **eine** einseitige empfangs- (jedoch nicht annahme-)bedürftige Willenserklärung. Die Erklärung ist formlos wirksam, kann also schriftlich wie mündlich erfolgen. Ausreichend ist auch eine Erklärung im Prozeß, sei es in einer mündlichen Verhandlung oder in einem dem Gegner zugestellten Schriftsatz, vorausgesetzt, daß diese Erklärung mit dem Klagebegehren des Klägers oder der Rechtsverteidigung des Beklagten zusammenhängt. Ist die Erklärung in dem Schriftsatz keine bloße Ankündigung, sondern die Abgabe der Willenserklärung selbst, so wird sie sachlich-rechtlich sofort mit Zugehen des Schriftsatzes wirksam (RG 53, 149; JW 1903, 21[3]), während ihre verfahrensrechtliche Wirksamkeit erst durch den mündlichen Vortrag eintritt. Ist eine Erklärung sachlichrechtlich wirksam abgegeben, so wirkt sie auch außerhalb des Prozesses, in welchem sie erfolgt ist, und zwar auch dann, wenn der Prozeß nicht zu Ende geführt wurde und die Vollmacht nur für diesen Prozeß galt (RG 63, 412). Die Erklärung muß von der Vertragspartei ausgehen; deren Zessionar hat die Rechte aus § 326 BGB nur dann, wenn ihm gegenüber der Verzug eingetreten ist (RG 55, 403). Abgabe durch einen Vertreter ist zulässig, bei Fehlen einer Vollmacht sind §§ 180, 174 BGB zu beachten. Adressat der Erklärung ist der Vertragsgegner oder dessen Vertreter. Als legitimiert zur Empfangnahme muß aber auch der Handelsvertreter auf Grund der §§ 55 Abs. 4, 91 Abs. 2 gelten, ferner auch der Prozeßbevollmächtigte, wenn die Erklärung im Prozeß abgegeben wurde (RG 63, 413). Der versteigernde Gerichtsvollzieher (RG 70, 131) und der Auktionator (§§ 373/374 Anm. 40) sind die nicht richtigen Personen, um für den Versteigerer eine Erklärung nach § 326 BGB entgegenzunehmen. Ist der Zessionar in Verzug geraten, so muß die Fristbestimmung in der Regel dem Zedenten zugehen, wenn dieser verantwortlich gemacht werden soll. Nur wenn mit der Zession eine befreiende Schuldübernahme verbunden war, können die Rechte aus § 326 BGB nur noch dem Zessionar gegenüber geltend gemacht werden. Die Fristbestimmung kann schließlich auch durch den Richter im Urteil erfolgen. Nach § 255 ZPO kann die auf Erfüllung klagende Partei beantragen, daß der Richter im Urteil die Frist bestimmt (siehe unten Anm. 454ff.).

Anm. 399 **bb) Unwiderruflichkeit der Erklärung.** Die in zulässiger Weise erklärte Fristsetzung mit Androhung ist unwiderruflich (RG 53, 167). Dem Gläubiger ist es nicht nur verwehrt, nach Ablauf der Nachfrist auf seinen Erfüllungsanspruch zurückzugreifen (unten Anm. 412); er kann auch schon während des Laufs der Nachfrist weder die Fristsetzung einseitig wieder aufheben noch erklären, daß er nach Ablauf die Leistung doch noch annehmen werde, noch auch nur die Nachfrist einseitig verkürzen (über Verlängerung siehe unten Anm. 404). Alles dies folgt daraus, daß es sich hier um die Ausübung eines einseitigen Gestaltungsrechts handelt und daß § 326 BGB klare Verhältnisse schaffen will (D 626/27; Mot. II 210; Prot. II 1, 642f.). Nur durch beiderseitige Willensübereinstimmung können die Wirkungen der einmal abgegebenen Erklärung wieder beseitigt werden, so daß demgemäß wieder Erfüllung verlangt werden kann (RG „Recht" 1926 Nr. 2131; LZ 1917, 1240[2]). Etwas anders liegt der Fall, wenn der Gläubiger nach Setzung einer zu kurzen Frist (unten Anm. 403) diese auf das angemessene Maß ausdehnt. Das ist nur eine Korrektur der ursprünglich fehlerhaften Erklärung und jederzeit zulässig. Dagegen kann der Gläubiger eine einfache Mahnung, auch wenn sie mit einer Fristsetzung, aber ohne Androhung nach § 326 BGB verbunden ist, mit der Wirkung zurücknehmen, daß er damit auf Schadensersatz wegen Erfüllungsverzögerung verzichtet. Ein solcher Verzicht wird sich aber in der Regel nicht auf die bereits eingetretenen Verzugsfolgen erstrecken, sondern nur für die Zukunft den Verzug aufheben (RG JW 1905, 13[3]). Von diesem Gesichtspunkt aus ist regelmäßig eine nachträgliche Stundung (RG SeuffA 54, 274: regelmäßiger Fall; Hamburg OLGE 22, 194: Ausnahme) zu beurteilen.

cc) **Der Inhalt der Erklärung** ist durch § 326 BGB deutlich vorgeschrieben. Sie muß dahin gehen, daß dem Säumigen zur Bewirkung der Leistung, und zwar gerade der geschuldeten Leistung, also beim Sukzessivlieferungsvertrag für die fällige Rate (WarnRspr. 1917 Nr. 51), eine angemessene Frist mit der Erklärung bestimmt wird, daß der Nichtsäumige nach dem Ablauf der Frist die Annahme der Leistung ablehne. Dieser Inhalt ist allerdings nicht wörtlich vorgeschrieben. Aber immerhin muß doch die Erklärung dem Sinne nach deutlich diesen Inhalt ergeben (RG 55, 120; Hamburg HansGZ 1924 Hptbl. 112). Sie darf daher nicht eine bloße Verlängerung der Lieferfrist sein. Ebensowenig genügt es im allgemeinen, daß eine Frist zur Bereiterklärung, die Leistung zu bewirken, gesetzt wird (RG 101, 398; SeuffA 77, 183; vgl. auch JW 1921, 1359[1]). Zu beachten ist, daß eine Zuvielforderung die Fristsetzung nicht unwirksam macht, sofern anzunehmen ist, daß der Gläubiger sich mit der geschuldeten Leistung begnügt hätte, der Schuldner aber auch diese nicht fristgemäß bewirkt haben würde (RG bei Holdheim 1912, 193; LZ 1921, 377[4]; „Recht" 1925, 100[8]; vgl. auch RG 68, 331; das Problem liegt ähnlich wie bei der Mahnung, vgl. dazu Anm. 331). Es ist also nicht unbedingt anzuerkennen, daß vertragswidrige Anforderungen die Androhung und Fristsetzung wirkungslos machen, wie Hamburg OLGE 16, 369 und Marienwerder OLGE 22, 203 annehmen. **Anm. 400**

Die Erklärung hat also einen doppelten Inhalt: Es muß eine Fristbestimmung und eine evtl. Ablehnung sein (oder auch umgekehrt die Androhung einer Ablehnungserklärung mit einer Fristbestimmung). **Anm. 401**

α) Der eine Teil der Erklärung ist also die **Fristbestimmung.**

αα) **Anforderungen allgemein.** Die Bestimmung muß so gefaßt sein, daß der Säumige aus ihr ersehen kann, daß es sich nicht um die Verlängerung der Lieferfrist, sondern um die Setzung einer **Nachfrist** handelt (vgl. RG 55, 120). Der Säumige muß ferner erkennen können, bis zu welchem Zeitpunkt der Gegner vom Eintritt des Verzugs an auf Erfüllung rechnet. Daher kann eine Frist nicht so gesetzt werden, daß sie mit Eintritt des Verzugs abläuft; siehe dazu auch unten Anm. 409). Dem Gesetz ist Genüge geleistet, wenn die Dauer der Nachfrist zwar nicht ausdrücklich bestimmt, die Absicht des vertragstreuen Teils über deren Dauer aber anderweitig erkennbar ist (ROHG 8, 130). Denn die Nachfristsetzung ist so auszulegen, wie sie nach Treu und Glauben von dem Schuldner zu verstehen war. Es reicht daher aus, wenn sich die Frist zwar nicht nach dem Kalender abgrenzen läßt, sondern die Nachfrist so gesetzt ist, daß binnen einer bestimmten Frist mit der Lieferung begonnen und die Lieferung innerhalb einer bestimmten angemessenen Frist zu Ende geführt sein müsse. Damit ist für den Beginn der Lieferung eine bestimmte Nachfrist, für die Beendigung der Lieferung eine angemessene Nachfrist in Lauf gesetzt (RG WarnRspr. 1909 Nr. 289). Eine genügende Fristsetzung ist vorgenommen, wenn beim Versendungskauf der Käufer einen Zeitpunkt bestimmt, bis zu dem die Ware am Bestimmungsort (statt am Lieferungsort) spätestens eingetroffen sein müsse. Daraus läßt sich im allgemeinen die Nachfrist unter Berücksichtigung der gewöhnlichen Reisedauer vom Erfüllungsort bis zum Ablieferungsort berechnen (RG 68, 333; JW 1910, 283[12]; LZ 1908, 598[20]). Die Unbestimmtheit darf sich natürlich nur auf die Dauer der Nachfrist, nicht auf die Setzung einer solchen überhaupt beziehen. Deshalb ist das einfache Verlangen schleuniger oder sofortiger Erfüllung nur Mahnung, aber keine Nachfristsetzung (so schon RG JW 1893, 127[10]; KG in OLGE 18, 60; Planck § 250 Erl. 2b; a. M. Koenige LZ 1907, 48).

ββ) **Das Erfordernis der Angemessenheit der Frist.** Die gesetzliche Nachfrist muß angemessen sein. Maßgebend für die Beurteilung der Angemessenheit der gesetzlichen Frist sind die Belange beider Teile, und zwar nicht nur diejenigen des Säumigen, sondern sogar vorwiegend die Interessen des Gläubigers (RG 89, 123, 125; RG JW 1924, 1294[3]; LZ 1922, 118[4]). Keinesfalls hat die Nachfrist den Sinn, es dem Säumigen zu ermöglichen, die noch nicht in Angriff genommene Erfüllung jetzt erst in die Wege zu leiten. Sie soll ihm nur eine letzte Gelegenheit geben, die begonnene Erfüllung zu beschleunigen und zu vollenden (RG 89, 125). In diesem Rahmen kommen als zu berücksichtigende Umstände insbesondere in Betracht: der Umfang der zu machenden Leistung, die Dauer des Verzugs (RG „Recht" 1919, 1766), die Vereinbarung bei Vertragsschluß, z. B. ob rollende oder lagernde Ware verkauft ist und ob Lieferung „sofort" oder später bedungen ist (RG **Anm. 402**

„Recht" 1916 Nr. 921). Mitunter vermag der Verpflichtete trotz aller Sorgfalt die Erfüllungszeit nicht einzuhalten, weil seine Leistung wieder von der Leistung anderer abhängt (ROHG 8, 126; Hamburg OLGE 33, 226); der Konkursverwalter bedarf der Beratung mit dem Gläubigerausschuß, ob er erfüllen oder nach § 17 KO die Erfüllung ablehnen soll u. dgl. Die Bemessung einer Nachfrist nach Stunden (RG JW 1911, 92[11]) oder Festsetzung auf eine bestimmte Tagesstunde (Dresden SeuffA 65, 141) ist ungewöhnlich und erweckt leicht den Eindruck, der Säumige solle in Verlegenheit gesetzt werden (vgl. unten Anm. 403). Jedoch können auch derartige Fristen bei besonderer Dringlichkeit angemessen sein. Die Nachfrist beginnt, wenn aus der Fristsetzung nichts anderes hervorgeht, in dem Augenblick zu laufen, in welchem die Erklärung dem Säumigen zugeht (RG WarnRspr. 1921 Nr. 131).

Anm. 403 Ist eine *zu kurze Frist* unter der Androhung gesetzt, nach ihrem Ablauf werde die Erfüllung nicht mehr angenommen, so nimmt die Rechtsprechung unter gewöhnlichen Umständen an, es trete *im Zweifel die Festsetzung einer angemessenen Frist* von Gesetzes wegen ein, so daß die Erklärung des Nichtsäumigen erst nach Ablauf dieser angemessenen Frist wirksam wird (RG 106, 89; 68, 333; 62, 66; 56, 234; JW 1912, 141[16]; 1911, 755[10]; WarnRspr. 1911 Nr. 67; LZ 1919, 45[9]) und der Säumige bis dahin die Erfüllung noch vornehmen kann (RG 106, 90; 68, 333; JW 1905, 17[12]). Entsprechendes gilt, wenn der Nichtsäumige zugleich Schadensersatz wegen Nichterfüllung oder Rücktritt gewählt hat (RG 62, 67 und LZ 1907, 27/28). Der Säumige darf auch nicht auf die fehlerhafte Erklärung des Gegners hin seine Leistung einfach einstellen. Er muß dem Gegner vielmehr die noch ausstehende Leistung innerhalb der angemessenen Frist vollständig anbieten, sonst wird sein Verzug nicht geheilt (RG 106, 90). Aus dem Schweigen des Säumigen, ja selbst aus einem entgegenkommenden Verhalten auf eine solche Erklärung, ist die Zustimmung zur Setzung einer zu kurzen Frist nicht zu folgern. Hat sich der Säumige dagegen mit der ihm gesetzten Frist einverstanden erklärt, so kann er sich nicht mehr nachträglich auf ihre Unangemessenheit berufen. Ist die Frist so kurz bemessen, daß innerhalb ihrer die Leistung unmöglich nachgeholt werden kann (RG 56, 231), dann durfte der Säumige schon aus diesem Grunde schweigen. Die eigene Erfüllungsbereitschaft des Gläubigers und seine Bereitschaft zur Entgegennahme der Leistung des Schuldners müssen während der angemessenen Frist fortdauern (RG „Recht" 1926 Nr. 1344).

Außergewöhnliche Umstände können dazu führen, daß in der Festsetzung einer zu kurzen Nachfrist nicht die Festsetzung einer angemessenen Frist enthalten ist, so z. B., wenn die Fristsetzung überhaupt nur zum Schein vorgenommen ist (RG 56, 234) oder wenn der Nichtsäumige in der Absicht, von dem Vertrag loszukommen und die Verlegenheit des Säumigen auszunutzen, eine zu kurze Frist setzt (§ 242 BGB; RG JW 1911, 92[11]; 1935, 2624[6]) oder auch, wenn der Nichtsäumige bei Festsetzung zu kurzer Frist zu erkennen gibt, daß er auch innerhalb angemessener Frist unter keinen Umständen die Erfüllung annehmen werde (RG 91, 207; LZ 1925, 856[5]; JW 1911, 756[10] vgl. auch schon Anm. 402). In diesen Fällen ist die gesamte Erklärung des Gläubigers *unwirksam*; Androhung und Fristsetzung gelten als nicht erfolgt (unten Anm. 415). Zugleich kann in einer derartigen Erklärung, die von dem Willen des Gläubigers zeugt, in jedem Falle von dem Vertrag loszukommen, eine positive Forderungsverletzung liegen (RG JW 1935, 2624[6]). Ist die Frist länger als angemessen, so gilt sie jedenfalls gegen den Nichtsäumigen, der sie gestellt hat: Bis zu ihrem Ablauf hat der Säumige das Recht zur Erfüllung (Hamburg OLGE 6, 47). Verstößt die Fristsetzung wegen ihrer übermäßigen Länge gegen Treu und Glauben, so können bei Berechnung des Schadensersatzes wegen Nichterfüllung nicht die Preise bei Ablauf der Nachfrist zugrunde gelegt werden (RG 5, 105; vgl. schon oben Anm. 379).

Bittet der Säumige innerhalb des Laufs der Nachfrist um Verlängerung der angemessenen Nachfrist, so verstößt die Ablehnung der Bitte nicht gegen Treu und Glauben. Bloße Versprechungen und wörtliche Erfüllungsangebote sind keine Leistungen.

Anm. 404 *γγ)* **Nachträgliche Änderungen der Frist.** Eine einseitige Änderung der gesetzten Nachfrist ist nicht statthaft, wenn der Säumige durch die Änderung ungünstiger gestellt werden soll (RG 53, 167). Verlängert der Gläubiger nachträglich die von ihm gegebene Nachfrist willkürlich, so ist er selbst an die Verlängerung gebunden. Der Säumige kann bis zum Ende der Verlängerung erfüllen. Aber der Gläubiger kann seinen Schaden nicht auf das Ende der Verlängerung berechnen, wenn diese Berechnung dem Schuldner nachteiliger ist (vgl. Hamburg SeuffA 57, 445 und oben Anm. 379). Der Schuldner kann aber die Berechnung auf diesen Zeitpunkt verlangen. Eine nachträgliche Verkürzung der einmal gesetzten Nachfrist braucht sich der Schuldner gleichfalls nicht gefallen zu lassen. Diese Regeln gelten jedoch nur für gewöhnliche Umstände. Außergewöhnliche Umstände können ein Abgehen des Vertragstreuen von seiner Nachfristsetzung rechtfertigen. Wird die Erfüllung während des Laufs der Nachfrist unmöglich, so hat der Vertragstreue die Wahl zwischen Rücktritt und Schadensersatz. Der Vertragstreue muß sich sogar jetzt schlüssig machen. Läßt sich der Schuldner innerhalb der Frist eine positive Vertragsverletzung zuschulden kommen oder erklärt er in der Frist, daß er nicht erfüllen werde, so kann der Vertragstreue sofort von der Frist abgehen (vgl. dazu Anm. 418). Daß die Parteien auch stillschweigend die Nachfristsetzung samt Androhung außer Kraft setzen können, ist selbstverständlich (vgl. unten Anm. 417).

β) **Die Ablehnungsandrohung.** Der zweite Teil der Erklärung ist die **Androhung der Ablehnung der Leistungsannahme.** Auch dieser Teil der Erklärung ist unbedingt notwendig. Der vertragstreue Teil braucht nicht schon bei der Fristsetzung die Erklärung abzugeben, welches der beiden Rechte, ob Schadensersatz wegen Nichterfüllung oder Rücktritt, er wählt. Diese engere Wahl kann er später treffen. Hierüber unten Anm. 412ff. Die Androhung soll auf jeden Fall klare Verhältnisse schaffen. Sie kann daher zwar von dem Wortlaut des § 326 BGB abweichen, muß aber unter allen Umständen eindeutig erkennen lassen, daß der Erklärende nach Ablauf der Frist keine Erfüllung mehr will (RG 109, 326; 91, 164; JW 1910, 12[16]; WarnRspr. 1925 Nr. 129). Es genügt daher im allgemeinen nicht, die in kaufmännischen Schreiben häufig für ausreichend gehaltene Androhung, den Säumigen für den etwa entstehenden Schaden verantwortlich zu machen (LZ 1924, 413[3]; 1920, 798[3]; JW 1910, 183[5]; Bolze 8 Nr. 484; WarnRspr. 1920 Nr. 190; Hamburg HansGZ 1922 Hptbl. 116; vgl. WarnRspr. 1917 Nr. 52). Ebensowenig genügt die Redewendung, daß man sich für den Fall vergeblichen Fristablaufs den Rücktritt oder die rechtliche Geltendmachung seiner Ansprüche oder „alles weitere" vorbehalte (RG 91, 165; Gruch. 64, 720; JW 1908, 676[4]), oder von allen aus dem Fristablauf entstehenden Rechten Gebrauch machen werde (JW 1900, 606[9]), oder andernfalls der Schuldner sich die Folgen selbst zuzuschreiben habe (Stuttgart „Recht" 1915 Nr. 1751), oder daß man sich am offenen Markte decken werde (LZ 1913, 610[15]), oder sich im Falle der Nichtlieferung die Ware anderweitig verschaffen wolle (ROHG 18, 386), oder die eigene Leistung vorläufig zurückhalte (JW 1893, 546[33]; 1900, 255[10]), oder daß der Gegner „bei Meidung von Schadensersatzansprüchen innerhalb der Frist liefern müsse" (a. A. München JW 1923, 1050[23]), oder daß die Ware für Rechnung des Gegners verkauft werde (Hamburg OLGE 33, 225; Rostock OLGE 43, 33), oder man über die Ware anderweitig verfügen werde (denn in letzterer Erklärung kann die Androhung des Selbsthilfeverkaufs nach § 373 liegen; JW 1921, 1359[1]; LZ 1912, 550[2]; oder „die Sache einem . . . Anwalt in die Hand zu geben" BGH NJW 1968, 103). Wohl aber genügt die Erklärung, daß man nach fruchtlosem Ablauf der Frist Schadensersatz wegen Nichterfüllung (bzw. Rücktritt) wählen werde; darin liegt die Androhung der Ablehnung der Erfüllungsannahme. Auch die äußerlich in sich widerspruchsvolle Erklärung, daß man zurücktrete und Schadensersatz verlange, reicht aus; denn es ist im allgemeinen damit gemeint, man trete nicht zurück, sondern verlange Schadensersatz wegen Nichterfüllung (RG 126, 69; WarnRspr. 1931 Nr. 18; JW 1926, 2906[11]; RG „Recht" 1930 Nr. 1985; JW 1911, 751[5]; 1907, 386[3]; vgl. aber oben Anm. 385 und unten Anm. 414). Die Erklärung, man sehe von Effektuierung ab, enthält die Androhung des Rücktritts (RG 105, 207). Auch genügt die Erklärung des Käufers, sich im Falle der Nichterfüllung decken zu wollen (Bolze 4 Nr. 717). Die Androhung des Deckungskaufes genügt dagegen nicht, wenn der Anspruch auf Schadensersatz wegen Nichterfüllung vertragsmäßig ausgeschlossen war und der Gegner aus den Umständen erkennen konnte, daß eine Erklärung, die nach § 326 Abs. 1 Satz 2 BGB die Beschränkung der vertraglichen Rechte auf das Rücktrittsrecht zur Folge gehabt hätte, nicht hat abgegeben werden sollen (RG 114, 3). Bedeutungslos ist die Erklärung des Verkäufers, er werde einen anderweiten Verkauf versuchen (LZ 1917, 854[8]). Die Erklärung des Verkäu- Anm. 405

fers, er werde die Ware zum bestmöglichen Preise für Rechnung des Käufers verkaufen und diesen mit dem Ausfall belasten, ist nur eine verschärfte Mahnung (Bolze 8 Nr. 495).

Anm. 406 Bei allen diesen Erklärungen kommt es immer darauf an, wie sie nach den Umständen vom Gegner aufgefaßt werden mußten (LZ 1924, 815[4]). Daher können die Erklärungen, das Geschäft werde „annuliert" oder „storniert" oder „gestrichen" und Schadensersatz gefordert (RG „Recht" 1930 Nr. 1985) „der Vertrag werde aufgerufen" (WarnRspr. 1916 Nr. 127; 1917 Nr. 13) genügen. Es werde eine „letzte" Nachfrist gesetzt, kann (gegen OLG Köln in Neumann Jahrb. 4, 127[9]) dagegen nicht als Erfüllungsablehnung gelten, wohl aber die Androhung der Verantwortlichmachung für den entstehenden Schaden, wenn sich aus den Umständen ergibt, daß damit nicht der Verzugsschaden, sondern Schadensersatz wegen Nichterfüllung gemeint war (WarnRspr. 1917 Nr. 52). Umgekehrt kann aber auch eine Androhung des Käufers, er werde Schadensersatz wegen Nichterfüllung verlangen, dahin ausgelegt werden, er begehre nur Verspätungsschaden, wenn aus den Umständen hervorgeht, daß der Käufer seinen Erfüllungsanspruch nicht aufgeben wollte (LZ 1924, 413[3]). Beim Sukzessivlieferungsvertrag muß klar und bestimmt zum Ausdruck gebracht werden, ob nur die fällige Lieferung nicht mehr angenommen wird oder ob die Erfüllung des ganzen Vertrages abgelehnt wird (RG 61, 131); siehe dazu näher unten Anm. 437.

Anm. 407 Die Bedeutung von Nebenerklärungen, welche der Nichtsäumige mit der Androhung und Fristsetzung verbindet, richtet sich nach den Umständen. Heben die Nebenerklärungen die Androhung mit Fristsetzung auf, z. B. wenn auch noch Erfüllung begehrt wird, so sind Androhung und Fristsetzung wirkungslos (WarnRspr. 1925 Nr. 129). Ungeeignet ist auch eine Erklärung, durch welche die Wirkung der Fristsetzung von der Annahme oder Ablehnung eines Vergleichsvorschlags abhängig gemacht wird, da die von § 326 BGB geforderte Klarheit hierdurch nicht erreicht wird (JW 1925, 1114[12]).

Anm. 408 γ) **Zeitliches Verhältnis von Ablehnungsandrohung und Nachfristsetzung.** Die Androhung der Ablehnung der Erfüllungsannahme und die Nachfristsetzung müssen gleichzeitig erfolgen oder mindestens so unmittelbar aufeinander, daß die Erklärung noch mit der Fristsetzung als verbunden gelten kann (RG 93, 182). Der § 326 Abs. 1 BGB bestimmt, es sei eine Frist „mit" der Erklärung zu setzen. Es kann also nicht zuerst erklärt werden, man nehme die Erfüllung nicht mehr an, um die Fristsetzung folgen zu lassen. Ebensowenig kann umgekehrt zuerst eine Frist zur Erbringung der Leistung gesetzt und später die Androhung nachgeholt werden, man werde bei fruchtlosem Ablauf der Frist die Erfüllung ablehnen. Die Nachfrist läuft in diesem Fall erst vom Zeitpunkt der Androhung ab (RG 120, 193).

Anm. 409 **dd) Zeitpunkt der Erklärung.** Nach dem Wortlaut des Gesetzes sind Fristsetzung und Androhung erst zulässig, **nachdem** der Verzug eingetreten ist. Der Käufer kann also nicht abrufen und zugleich Nachfrist setzen. Denn der Abruf macht die Leistung erst fällig. In Auflockerung der strengen im Gesetzestext vorgesehenen zeitlichen Reihenfolge wird es jedoch allgemein als zulässig angesehen, Androhung und Nachfristsetzung mit der Mahnung zu verbinden. Das war schon so nach altem Recht (ROHG 23, 170) und ist auch unter dem BGB anerkannt (RG 50, 262; WarnRspr. 1917 Nr. 13; JW 1910, 332[7]; Hamburg HansGZ 1921 Hptbl. 45). Da nun, wie oben Anm. 332 hervorgehoben wurde, die Mahnung mit dem Erfüllungsangebot verbunden werden kann und da auch die Verkaufsandrohung nach § 373 mit der Androhung nach § 326 verbunden werden darf, kann es vorkommen, daß eine ganze Reihe von Erklärungen zusammengefaßt wird: nämlich das Erfüllungsanerbieten, das die Forderung fällig macht, die Mahnung zum Zwecke der Inverzugsetzung, ferner die Androhung der Erfüllungsablehnung und endlich die Wahlanzeige mit Androhung des Verkaufs (RG 106, 89; 61, 131; 50, 262; JW 1904, 536[3]). In der Androhung der Ablehnung der Erfüllungsannahme wird übrigens meistenteils zugleich die Mahnung, also die Inverzugsetzung, ohnehin liegen.

Auch eine vor Fälligkeit und Verzugseintritt erfolgte Androhung und Fristsetzung ist nicht ohne weiteres wirkungslos. Die Androhung ohne Fristsetzung ist immer wirkungslos; denn die Fristsetzung erhält nur durch die Androhung rechtliche Bedeutung und umgekehrt (oben Anm. 400, 405, 408). Deshalb kann man nicht so trennen, daß man die Fristsetzung wegen Verfrühung für wirkungslos erklärt, den Gläubiger aber an seiner Androhung festhält. Man kann auch nicht die ganze Erklärung (Androhung und Fristsetzung) mit Kiel OLGE 16, 390 und Oertmann § 326 Anm. 2a deshalb für unwirksam erklären, weil die Fristsetzung der Mahnung nachfolgen müsse. Man muß unterscheiden: Ist die mit einer Androhung verbundene Nachfrist vor der Fälligkeit bereits abgelaufen, so ist die ganze Erklärung wirkungslos, weil eben keine der Voraussetzungen erfüllt ist, aus denen Rechte nach § 326 BGB hergeleitet werden können (RG 93, 181), und der ganze Vertrag bleibt unverändert bestehen. Die ganze Erklärung muß nach der Fälligkeit wiederholt werden (WarnRspr. 1925 Nr. 129). Eine solche Wiederholung liegt darin, daß der Gläubiger sich in dem über die Fälligkeitszeit hinaus fortdauernden Rechtsstreit auf seine vor der Fälligkeit abgegebene Erklärung beruft, erneut zur Erfüllung auffordert und aus der Nichterfüllung die Folgen aus § 326 Abs. 1 BGB herleitet. Hier kann man die Festsetzung gehöriger Frist durch Auslegung ergänzen (vgl. LZ 1909, 156[6]; 1908, 854[13]). Wird die Nachfrist vor Eintritt der Fälligkeit gesetzt, aber so, daß sie erst nach der Fälligkeit abläuft, so ist die Erklärung nur wirksam, wenn sich aus den Umständen ergibt, daß sie nach dem Willen des Gläubigers im Zeitpunkte der Fälligkeit als fortwirkend oder wiederholt zu gelten hat. Dies wird man ohne weiteres anzunehmen haben, wenn die Erklärung dem Schuldner ganz kurz vor der Fälligkeit, insbesondere am Tage vorher, zugegangen ist (RG JW 1924, 1247[3]; LZ 1914, 856[2]; 1908, 162[26]; Holdheim 1908, 52; dagegen RG 93, 182 für einen Fall, in dem die Fristsetzung drei Tage vor Fälligkeit zugegangen war; vgl. auch RG 69, 305). Als wiederholt hat die Erklärung zu gelten, wenn der Gläubiger nach Eintritt der Fälligkeit gemahnt hat (LZ 1908, 162[26]); die Wiederholung kann sich aber auch aus sonstigen Umständen ergeben (RG 93, 182). Endlich wird man ein Fortwirken der Erklärung annehmen können, wenn der Schuldner schon vor der Fristsetzung die Erfüllung verweigert hat (vgl. dazu Anm. 421ff). Ist die Fristsetzung aus einem dieser Gründe als wirksam zu betrachten, so beginnt die angemessene Frist mit dem Zeitpunkte der Fälligkeit zu laufen. Im übrigen ist die Erklärung so zu behandeln, als ob sie erst nach Eintritt der Fälligkeit abgegeben wäre. Sie ist daher insbesondere ebenfalls unwiderruflich und kann auch vor Eintritt des Verzugs nicht wieder zurückgenommen werden (vgl. unten Anm. 399).

8. Heilung des Verzuges, insbesondere nachträgliche Erfüllung während der Nachfrist. **Anm. 410**

Bis zum Ablauf der Nachfrist ist dem Schuldner die Möglichkeit gegeben, seinen Verzug zu heilen. Die Heilung des Verzugs erfordert die vollständige Nachholung des Versäumten, also regelmäßig ein tatsächliches Angebot der vertragsmäßigen Leistung innerhalb der Nachfrist (RG 109, 328; 106, 90); bloßes Erbieten, erfüllen zu wollen, genügt nicht (vgl. schon ROHG 20, 302; 18, 336). Die nachgeholten Leistungen müssen Volleistungen sein: Teilleistungen brauchen nicht angenommen zu werden (RG 106, 89; oben Anm. 313 u. 320). Der Säumige muß daher den vollen Kaufpreis nebst den Verzugszinsen und Ersatz der durch seinen Verzug entstandenen Schäden einschließlich etwa verfallener Vertragsstrafen anbieten, so daß er den Gläubiger, wenn dieser ablehnt, in Annahmeverzug setzt (vgl. §§ 373/374 Anm. 2ff.). Erlangt der Säumige nach der Verzugsetzung eine fällige Gegenforderung aus demselben Vertrag oder erwirbt er nunmehr ein Leistungsverweigerungsrecht nach § 321 BGB, so beseitigt das bloße Bestehen eines Zurückbehaltungsrechts nicht seinen Verzug. Insbesondere nützt es derjenigen Vertragspartei, die mit ihrer Vorleistung im Verzug ist, nichts, wenn nunmehr die Voraussetzungen eintreten, unter denen die Nachleistung des anderen vereinbarungsgemäß fällig werden sollte. Denn dem anderen steht in diesem Falle das Leistungsverweigerungsrecht aus § 320 BGB zu, so daß er seinerseits nicht in Verzug geraten kann, sei es weil man infolge des fortdauernden Verzuges des Säumigen seine Leistung überhaupt nicht als fällig geworden, sei es, daß man das Ausbleiben seiner Leistung mindestens als entschuldigt (§ 285 BGB) ansieht. Eine Heilung des Verzuges des Säumigen tritt also auch hier nur ein, indem er zur Vertragstreue zurückkehrt und seine Leistung nachträglich in gehöriger Form (tatsächlich) Zug um Zug anbietet. Nur dadurch kann er das etwaige Leistungsverweigerungsrecht des Gegners ausschalten und diesen mit dessen Gegenleistung in Verzug setzen (siehe dazu schon oben Anm. 301, 311, 321f.

und über die gleiche Situation beim Sukzessivlieferungsvertrag unten Anm. 445; wie hier RG 93, 300, 301; 120, 193, 196f.; WarnRspr. 1919 Nr. 3; BGH NJW 1966, 200 und 1968, 103, z. T. allerdings mit allgemeiner gehaltener Begründung). Durch das Anbieten mangelhafter Ware kann der Verzug nicht geheilt werden, wenn der Käufer die Annahme ablehnt (oben Anm. 103, 184, 224, 300, 318 sowie §§ 373/374 Anm. 3). Sind die Mängel ganz geringfügiger Art, so daß die Nichtannahme der Ware gegen Treu und Glauben verstoßen würde, so muß die Annahme auch mangelhafter Ware erfolgen (WarnRspr. 1909 Nr. 196). Mit einer unter Vorbehalt angebotenen Leistung kann dagegen der Verzug geheilt werden (oben Anm. 314). Die innerhalb angemessener Nachfrist bewirkte Erfüllung kann der vertragstreue Gegner nicht zurückweisen. Ob die Ware oder Zahlung am letzten Tage der Frist dem Gläubiger schon zugegangen sein muß oder erst beim Schuldner abzugehen hat, entscheidet sich nach Lage des Einzelfalls. Nach BGH 12, 267 und NJW 1959, 1176 und NJW 1969, 875 soll es genügen, wenn der Säumige noch innerhalb der Nachfrist alles zur Bewirkung der Leistung seinerseits Erforderliche getan hat. Es soll also auf die Rechtzeitigkeit der Leistungshandlung und nicht des Leistungserfolges ankommen. Diese Auffassung ist nur mit der Einschränkung akzeptabel, daß der Säumige alles seinerseits Zumutbare getan hat, daß der Leistungserfolg noch innerhalb der Frist eintreten kann. In diesem Sinne allerdings auch BGH NJW 1959, 1176 (danach soll der Säumige bei Banküberweisung von Geld nicht alles seinerseits zur fristgerechten Leistungsbewirkung Erforderliche getan haben, wenn er, jedenfalls wenn der Gläubiger das Geld dringend braucht, nicht für möglichste Beschleunigung der Ausführung gesorgt hat); a. A. aber anscheinend BGH 12, 267 (Versendungskauf; Übergabe der Ware an Transportperson am letzten Tage der Frist wurde für ausreichend angesehen; sehr fraglich, vgl. zu dieser Entscheidung auch schon oben Anm. 155). Nach Fristablauf braucht der vertragstreue Teil allerhöchstens noch geringfügige Rückstände anzunehmen, wenn sie durch die besonderen Verhältnisse des Säumigen entschuldbar bedingt sind und die Interessen des vertragstreuen Teils dadurch nachweisbar nicht tangiert werden (vgl. Staudinger-Kaduk [10/11] § 326 BGB Rdnr. 156, 169, 170 m. weit. Nachw.). Da die Nachfristsetzung klare Verhältnisse schaffen soll, rechtfertigt sich diese Ausnahme aber nur dann, wenn ihre Voraussetzungen streng ausgelegt werden. Im übrigen kann der Gläubiger nach Fristablauf selbst die völlig fehlerlose Leistung zurückweisen. Doch kann zur Minderung des Schadens die Verpflichtung des Käufers bestehen, die ihm verspätet angebotene Ware noch anzunehmen (SeuffA 39, 64; München LZ 1918, 290[2]).

Bei ernstlicher und endgültiger Erfüllungsverweigerung, die als positive Vertragsverletzung anzusehen ist und von Mahnung, Androhung und Nachfristsetzung entbindet (siehe dazu Anm. 333, 418, 491), kann der Weigernde seine Vertragsverletzung für die Zukunft so lange heilen, z. B. die zurückgewiesenen Dokumente einlösen, bis der vertragstreue Teil erklärt hat, daß er nun die Erfüllung nicht mehr annehme (RG 98, 336).

Hat die Erfüllung des Vertrags für den Gläubiger das Interesse verloren (Anm. 424), so ist trotzdem eine Heilung des Verzugs nicht ausgeschlossen, solange der Gläubiger die Wahlerklärung noch nicht abgegeben hat (vgl. RG 104, 28 und Anm. 496). Erschwert wird die Heilung dem Schuldner aber dadurch, daß der Gläubiger seine Erklärung nicht sofort abzugeben braucht. Nur darf die Erklärung nicht wider Treu und Glauben hinausgeschoben werden (SeuffA 76, 120; Hamburg OLGE 43, 35). Eine Verpflichtung zur sofortigen Erklärung wird man insbesondere dann anzunehmen haben, wenn das Interesse an der Erfüllung während des Laufs der Nachfrist weggefallen ist (vgl. Anm. 425 a. E.).

Anm. 411 **9. Eintritt der Unmöglichkeit während des Fristablaufs.**

Wird die Leistung des Säumigen während des Laufs der Nachfrist unmöglich, so wird dies der Säumige fast immer zu vertreten haben, da er nach § 287 BGB auch für die während des Verzugs durch Zufall eintretende Unmöglichkeit verantwortlich ist. Der vertragstreue Teil erlangt in diesem Fall sofort mit Eintritt der Unmöglichkeit die Rechte aus § 325 BGB (so Staudinger-Kaduk[10/11] § 326 Rdnr. 167, 168 gegen eine abw. Meing. insbes. in der älteren Literatur, die § 326 BGB anwenden will). Hat der Säumige die Unmöglichkeit ausnahmsweise nicht zu vertreten, so wird er nach § 275 BGB von der Pflicht zur Erbringung seiner Leistung frei, sein Verzug ist damit geheilt. Ist die

Unmöglichkeit von dem vertragstreuen Teil zu vertreten, so behält der bislang Säumige sogar den Anspruch auf die Gegenleistung (§ 324 BGB); sonst gilt § 323 BGB: beide Teile werden frei.

10. Die Wirkungen des fruchtlosen Ablaufs der Nachfrist. Anm. 412

a) Erlöschen des Erfüllungsanspruchs auf beiden Seiten; Befugnis zur Wahl zwischen den Rechten aus § 326 BGB: Ist die Nachfrist abgelaufen, ohne daß der Verzug des Säumigen aufgehoben worden ist, so ist das Wahlrecht ausgeübt, die Wahl des vertragstreuen Teils zwischen Erfüllung des Vertrages und den Rechten aus § 326 BGB endgültig geworden. Ob den Säumigen ein Verschulden an dem fruchtlosen Verstreichen der Nachfrist trifft, ist — anders als bei dem Eintritt des Verzuges — unerheblich (RG WarnRspr. 1910 Nr. 424). Mit Ablauf der Nachfrist hat der ganze Kaufvertrag eine Umwandlung erfahren. **Der Anspruch auf Erfüllung ist beiderseits ausgeschlossen** (RG 52, 92, 94; 57, 105, 106; 107, 345, 347; BGH 20, 338ff. = NJW 1956, 1233 = LM Nr. 2 zu § 326 [Ea] BGB; h. M.). § 326 Abs. 1 S. 2 Halbs. 2 BGB spricht diese Folge zwar nur für den Erfüllungsanspruch des vertragstreuen Teils aus. Da aber beim Kaufvertrag — wie bei jedem gegenseitigen Vertrag — die beiderseitigen Hauptpflichten in dem oben Anm. 289f. beschriebenen gegenseitigen Abhängigkeitsverhältnis miteinander verbunden sind, folgt aus dem Untergang des Erfüllungsanspruchs des vertragstreuen Teils das Erlöschen auch des Anspruchs des säumigen Teils (so ausdrücklich BGH a. a. O.). Das Recht des vertragstreuen Teils, die Annahme der Leistung von dem säumigen im Rahmen des Schadensersatzanspruchs wegen Nichterfüllung zu verlangen (s. zu dieser Wahl der Schadensberechnung oben Anm. 353) bleibt unberührt (BGH a. a. O.). Die Erlöschenswirkung tritt auch dann ein, wenn der Erfüllungsanspruch vorher an einen Dritten abgetreten worden war, § 404 BGB (vgl. BGH LM Nr. 3 zu § 326 [Ea] BGB). Der vertragstreue Teil hat nunmehr nur noch die Wahl zwischen dem Recht auf Schadensersatz wegen Nichterfüllung des ganzen Vertrages oder Rücktritt. Diese Wahl kann er jetzt treffen (RG 107, 348; 85, 282; WarnRspr. 1912 Nr. 100; 1917 Nr. 13; siehe dazu unten Anm. 413). Der Erfüllungsanspruch ist selbst dann erloschen, wenn der Vertragstreue nach Fristablauf sein Wahlrecht überhaupt nicht ausübt oder eine neue Nachfrist mit oder ohne Androhung setzt. Da die Fristsetzung mit Androhung unwiderruflich ist (s. oben Anm. 399) und im Augenblick des fruchtlosen Ablaufs unmittelbar rechtsgestaltend wirkt, kann einer derartigen Erklärung nur die Bedeutung eines neuen Vertragsantrags beigelegt werden (siehe dazu ausführlicher unten Anm. 417).

An die Stelle der durch den fruchtlosen Ablauf der Nachfrist untergegangenen beiderseitigen Erfüllungsansprüche tritt das einseitige Recht des vertragstreuen Teils, zwischen den Rechten aus § 326 BGB, also zwischen Rücktritt und Schadensersatz wegen Nichterfüllung, zu wählen. Eine Frist für die Ausübung dieser Wahl ist grundsätzlich nicht vorgeschrieben (RG LZ 1924, 231[4]). Jedoch kann auch dieses Wahlrecht — gleich anderen Rechten — durch illoyal langes Zuwarten verwirkt werden (zu letzterem siehe ausführlicher unten Anm. 450ff.). Hat der vertragstreue Teil schon anläßlich der Nachfristsetzung und Ablehnungsandrohung erklärt, welches Recht er bei Verstreichen der Frist wählen werde, so ist die Wahl schon zu jener Zeit getroffen. Das Wahlrecht entsteht nicht erneut. Über den nachträglichen Übergang von dem einen zu dem anderen Recht s. die folgende Anm. Das Wahlrecht stellt dogmatisch ein Schuldverhältnis mit konkurrierenden Gläubigerrechten, kein Wahlschuldverhältnis i. S. der §§ 262ff. BGB dar (RG 109, 184, 186; Näheres siehe bei Staudinger-Kaduk [10/11] Rdnr. 65a). Über den Inhalt der konkurrierenden Rechte und die Form der Wahlerklärung siehe oben Anm. 350ff., 387f. u. 385, 405). Anm. 413

Anm. 414

b) Verhältnis der beiden Rechte aus § 326 BGB zueinander; Übergang von einem zum anderen: Der vertragstreue Teil muß sich entscheiden, welches der beiden Rechte er geltend machen will. Beide Ansprüche schließen sich zwingend gegenseitig aus, kumulative Geltendmachung von Schadensersatz wegen Nichterfüllung und Rücktritt oder eine Verbindung beider ist unzulässig. Das ist absolut herrschende Meinung. Der Berechtigte ist in seiner Wahl völlig frei. Er kann ohne Rücksichtnahme auf die Belange des Säumigen dasjenige der beiden Rechte wählen, das ihm günstiger erscheint (vgl. BGH 5, 340). Fraglich ist jedoch, ob der vertragstreue Teil berechtigt ist, seine einmal getroffene und erklärte Wahl nachträglich zu ändern. In der Vorauflage dieses Kommentars war dazu (im Anh. nach § 374 Anm. 116ff.) im Einklang mit der Rechtsprechung insbesondere des Reichsgerichts und der herkömmlichen Ansicht in der juristischen Literatur folgendes ausgeführt: habe der Berechtigte den Rücktritt erklärt, so sei es ihm verwehrt, nachträglich seine Wahlerklärung zu ändern und statt des Rücktritts Schadensersatz wegen Nichterfüllung zu fordern. Habe er dagegen umgekehrt zunächst Schadensersatz gewählt, so könne er noch nachträglich zum Rücktritt übergehen, solange der Schadensersatzanspruch noch nicht erfüllt ist, vgl. RG 85, 282; 107, 348; 109, 186; WarnRspr. 1919 Nr. 95; HRR 1933 Nr. 1739 u. a. und aus der Literatur Staudinger-Kaduk[10/11] § 325 Rdnr. 64ff. und § 326 Rdnr. 117ff. mit zahlr. weit. Nachw. vor allem aus der Rspr.; Wilde in BGB-RGRK § 326 Anm. 23; Soergel-Reimer Schmidt § 326 Rdnr. 30; Erman § 325 Bem. 10. Dahinter steht letztlich der Gedanke, daß die Rücktrittserklärung den Vertrag rückwirkend vernichte und damit dem Verlangen nach Schadensersatz wegen Nichterfüllung eben jenes (nunmehr als von Anfang an nichtbestehend angesehenen) Vertrages die Grundlage entziehe, während das Schadensersatzbegehren den Vertrag bestehen und damit für den Rücktritt weiterhin Raum lasse. Diese Ansicht ist durch die Erkenntnis, daß der Rücktritt nicht die ersatzlose Vernichtung, sondern lediglich die Umwandlung des Vertrages in ein Abwicklungsverhältnis unter Aufrechterhaltung seiner Identität bewirkt, überholt (siehe dazu oben Anm. 387). Im übrigen muß auf die sich bereits aus dem Gesetz ergebende Tatsache hingewiesen werden, daß die Vernichtung der primären Leistungspflichten — jedenfalls in dem Regelfall, in dem eine Nachfrist gesetzt ist — überhaupt nicht auf der Rücktrittserklärung, sondern dem fruchtlosen Verstreichen der Nachfrist beruht. Bereits damit hat der Vertrag seine erste grundlegende (häufig dem Rücktritt zugeschriebene) Umwandlung erfahren: an die Stelle der beiderseitigen Leistungspflichten ist ein einseitiges Wahlrecht des vertragstreuen Teils getreten zu entscheiden, in welcher Weise er den Vertragstorso liquidiert sehen will. Durch seine Wahlerklärung beendet er den Schwebezustand und schafft damit entweder das Abwicklungsverhältnis der §§ 346ff. BGB oder ein Schadensersatzverhältnis. In beiden Fällen hat die Ausübung des Wahlrechts somit eine umgestaltende Wirkung. Worin der tiefgreifende Unterschied bestehen sollte, der es rechtfertigt, die eine Wahl als widerruflich, die andere dagegen nicht anzusehen, wird nicht plausibel. Die unterschiedliche Behandlung ließe sich somit nur noch durch die Erwägung rechtfertigen, daß der Übergang vom Schadensersatzverlangen zum Rücktritt den Säumigen weniger belaste und daher eher hingenommen werden könne als der Sinneswandel in umgekehrter Richtung. Mag dies auch häufig der Fall sein, so doch sicher nicht so durchgängig, daß es gerechtfertigt wäre, ohne Rücksicht auf die Zumutbarkeit für den Schuldner im Einzelfalle den Rücktritt ein für allemal zur Einbahnstraße zu erklären, bei Wahl des Schadensersatzes dagegen eine Umkehr zuzulassen. Hinzu kommt, daß die in ihren Konsequenzen nicht überschaute Wahl des Rücktritts häufig für den vertragstreuen Teil Härten mit sich bringen kann, deren Perpetuierung durch die Verhältnisse des Säumigen nicht zwingend gefordert wird. Dieser Erkenntnis hat sich auch die Rechtsprechung nicht verschlossen. Infolge des selbstgeschaffenen Dogmas von der Unabänderlichkeit der einmal getroffenen Entscheidung für den Rücktritt mußte sie jedoch den Weg gehen, Rücktrittserklärungen, die in Unkenntnis der Konsequenzen abgegeben wurden (insbesondere der, daß damit Schadensersatzansprüche weitgehend ausgeschlossen sind, vgl. dazu oben Anm. 391) in ein Verlangen nach Schadensersatz durch Auslegung umzudeuten (siehe dazu ausführlicher oben Anm. 385). In dem Fall, daß der Rücktritt ins Leere geht, weil der Säumige seine Leistung unverschuldet nicht mehr zurückgeben kann, ist sogar vorgeschlagen worden, die Kondiktion der Rücktrittserklärung zuzulassen (vgl. dazu ausführlich Staudinger-Kaduk[10/11] § 325 Rdnr. 63) oder die Rücknahme der Rücktrittserklärung mit der Begründung, die Geschäftsgrundlage habe gefehlt, zu gestatten. Da die unterschiedliche Behandlung von Schadensersatzbegehren und Rücktrittserklärung dogmatisch nur mühsam aufrechtzuerhalten ist und praktisch zu Schwierigkeiten führt, erscheint es richtiger, die Berichtigung der getroffenen Wahl in beiden Richtungen unter eng zu umgrenzenden Voraussetzungen zuzulassen. Die Befugnis des Gläubigers zum Sinneswandel muß stets ihre Grenze dort finden, wo Belange des Schuldners ernstlich betroffen sind. Eine Abänderung der Wahl des Gläubigers ist nur dann zulässig, wenn sie unverzüglich vorgenommen wird, vernünftige Gründe für sie bestehen und der Schuldner durch sie keine zusätzlichen Nachteile erleidet (z. B., weil er auf die erste Erklärung des Gläubigers hin bereits Dispositionen getroffen hat). Ähnlich wie hier bereits E. Wolf AcP 153 S. 118; Esser I³ S. 369; von Caemmerer NJW 1956, 569, 570 („Kuriositäten in der Behandlung des ius variandi") und Braga MDR 1959 S. 437ff. (der allerdings den umgekehrten Schluß zieht und die erklärte Wahl stets für unwiderruflich ansieht).

c) Rechtslage bei unzulässiger Ausübung des Wahlrechts: Die in den vorangegangenen Anm. dargelegten Wirkungen treten nur ein, wenn der Nichtsäumige sei Recht in zulässiger Weise ausgeübt hat. Daran ändert es auch nichts, wenn der Säumige es unterlassen hat, die Nichtordnungsmäßigkeit der Fristsetzung zu rügen; hierzu ist er nicht verpflichtet (WarnRspr. 1925 Nr. 129). Hat der Nichtsäumige z. B. irrigerweise Verzug des Gegners angenommen, also zu Unrecht eine Nachfrist mit gehöriger Androhung gesetzt, oder hat er bei vorhandenem Verzug dem Gegner nur eine Frist, jedoch ohne Androhung der Ablehnung der Leistung, gesetzt, oder hat er umgekehrt die Ablehnung der Leistung, jedoch ohne Nachfristsetzung, angedroht, so bleibt der Vertrag unverändert bestehen. Beide Teile, nicht nur der Säumige, sondern auch der Nichtsäumige, können sich auf die wirkungslose Ausübung des Wahlrechts berufen und den Vertrag als bestehend behandeln, also erfüllen und Erfüllung verlangen (RG 75, 354; LZ 1925, 372⁶; 1924, 412¹; „Recht" 1923 Nr. 1228; a. A. RG 52, 94; Apt JW 1923, 116). Andere Beispiele: Der Gläubiger nimmt irrig an, der Verzug mit Abnahme oder mit Abruf der Kaufsache sei Verzug mit einer Hauptleistung (Anm. 293), und setzt deshalb zu Unrecht Nachfrist unter Androhung (vgl. RG 57, 108), oder der Gläubiger erklärt ohne Verzug des Schuldners oder im Falle des Verzugs ohne Setzung einer Nachfrist in dem Glauben, es seien die Ausnahmefälle der Interessenlosigkeit an der Vertragserfüllung oder einer positiven Vertragsverletzung gegeben, er lehne die Annahme der Vertragserfüllung ab, er trete zurück (RG 67, 317; LZ 1912, 543¹⁸), er fordere Schadensersatz wegen Nichterfüllung, oder der Gläubiger hat eine Nachfrist mit Androhung gesetzt, obgleich dies vertraglich ausgeschlossen war (LZ 1924, 414⁴). In allen diesen Fällen ist das Recht auf Erfüllung dem Gläubiger nicht verlorengegangen. Der Schuldner genehmigt durch sein Schweigen nichts. Der Gläubiger kann selbst noch im Prozeß eine gehörige Erklärung nachholen. Der Gläubiger kann aber auch die Berechtigung seiner Erklärung zur Entscheidung bringen und für den Fall, daß er unterliegt, den Antrag auf Erfüllung stellen; der Schuldner muß diesem Erfüllungsbegehren stattgeben, wenn er dem Gläubiger das Vorhandensein der Voraussetzungen des § 326 BGB bestreitet, die Fälligkeit des Anspruchs auf Erfüllung aber zugibt (RG 75, 354). Hierher gehören auch noch die Fälle, in denen der Gläubiger seine Rechte überhaupt verloren hat durch Zuwarten gegen Treu und Glauben (unten Anm. 450). **Anm. 415**

Der unzulässige Gebrauch der Rechte aus § 326 BGB kann dem Gläubiger schaden. Hat der Gläubiger zu Unrecht erklärt, er werde die Annahme der Erfüllung ablehnen, oder er verlange Schadensersatz wegen Nichterfüllung, er trete zurück, so ist die Rechtslage eine verschiedene, je nachdem der so mit Unrecht angegriffene Schuldner sich abwehrend oder zustimmend verhält. — Bekämpft der Schuldner das Vorgehen des Gläubigers, so kann er selbst gegen den Gläubiger, wenn dessen Vorgehen als eine den Vertragszweck erheblich gefährdende Vertragsverletzung anzusehen ist, die Folgen aus dessen positiver Vertragsverletzung ziehen und ohne Fristsetzung und Androhung Schadensersatz wegen Nichterfüllung begehren oder zurücktreten, wenn er zunächst selbst wieder vertragstreu geworden ist, also seine Leistung angeboten hat (Anm. 410 u. 510). Eine positive Vertragsverletzung seitens des Gläubigers liegt auch in einem solchen Fall jedoch nur dann vor, wenn in seiner Erklärung gleichzeitig eine ernstliche und endgültige Erfüllungsverweigerung zu erblicken ist und zur Zeit seiner unberechtigten Erklärung seine Leistung bereits fällig war; anderenfalls hat seine Erklärung auf seine erst fällig werdende Leistung, regelmäßig keinen Bezug (Förtsch LZ 1909, 801; vgl. LZ 1924, 412¹). Hatte sie aber Bezug, so kann er sie bis zur Fälligkeit zurücknehmen, wenn nicht der Gegner besondere Gründe darlegt, die ihn vor der Fälligkeit seinerseits zur Wahl des Rücktritts oder des Schadensersatzes wegen Nichterfüllung berechtigen (Anm. 421). Immer aber ist die vorzeitige Erklärung des Gläubigers nur dann erheblich, wenn der Säumige innerhalb der Nachfrist **Anm. 416** seine Leistung angeboten hat. — Die zweite Möglichkeit ist die, daß der unberechtigt Angegriffene der unberechtigten Erklärung des Gegners vorbehaltlos zustimmt. Dann wird die bis dahin unberechtigte Erklärung durch Willensübereinstimmung eine berechtigte. Der Vertrag braucht nicht mehr erfüllt zu werden; er kann sogar vom Augenblick der erteilten Zustimmung an nicht mehr erfüllt werden. Dieser Grundsatz ist nicht damit zu rechtfertigen, daß der Angreifer einen Vertragsantrag gewöhnlicher Art stellt, welcher vom Angegriffenen angenommen wird; sonst müßte der Angreifer an seinen Antrag gebunden bleiben, bis sich der Angegriffene erklären konnte (§§ 145ff. BGB), und der Antrag wäre mit einmaliger Ablehnung hinfällig. Der Angreifende will keinen Vertragsantrag stellen, sondern ein vermeintliches Recht ausüben. Es verhält sich wie mit dem Klageantrag und dem Wandelungsbegehren (§ 377 Anm. 61). Der Angreifer muß sich nur gefallen lassen, daß seine Erklärung so behandelt wird, als sei ein Vertragsantrag dieses Inhalts so lange gestellt, bis er widerrufen hat oder darüber rechtskräftig entschieden ist; solange kann ihn der Angegriffene noch annehmen, sollte er ihn auch vorher einmal abgelehnt haben (Förtsch LZ 1909, 803). Eine solche Zustimmung kann ausdrücklich oder stillschweigend, also auch formlos, erklärt werden. Eine stillschweigende Willenseinigung ist vorhanden, wenn der Verkäufer die verkaufte bestimmte Sache vor Fälligkeit des Kaufpreises weiterveräußert, nachdem der Käufer die Erfüllung verweigert hatte (vgl. RG 63, 103), oder wenn bei einem Lieferungsvertrag über Waren, welche der Käufer für den täglichen Absatz an seine Kunden gebraucht, dieser dem Verkäufer schreibt, aus dessen Weigerung vertragsmäßiger Lieferung entnehme er, daß der Vertrag als aufgelöst zu erachten sei, und der Verkäufer darauf monatelang schweigt und nicht weiter liefert (JW 1912, 476[24]). Keine Willensübereinstimmung liegt vor, wenn jeder Teil aus angeblichem Verschulden des anderen Teils den Rücktritt erklärt oder Schadensersatz wegen Nichterfüllung verlangt hat; jeder Teil macht verschiedene Rechte geltend (RG 69, 106; JW 1907, 671[4]).

Anm. 417 **d) Nachträglicher Fortfall der Wirkungen des fruchtlosen Fristablaufs:** Die Wirkungen des gehörig ausgeübten Wahlrechts fallen nachträglich wieder weg, wenn sich die Parteien dahin einigen. Und dies können die Parteien jederzeit, ausdrücklich oder stillschweigend (vgl. RG 107, 345, 348 und BGH 20, 338 = NJW 1956, 1233 = LM Nr. 2 zu § 326 [Ea] BGB mit weit. Nachw.). War der ursprüngliche Vertrag allerdings formbedürftig (was beim Handelskauf kaum vorkommen wird, vgl. oben Anm. 41f), so bedarf i. d. R. auch seine nachträgliche Wiederherstellung der für den Abschluß vorgesehenen Form (RG und BGH jeweils a. a. O.). Eine stillschweigende Vereinbarung liegt vor, wenn der Schuldner nachträglich die Erfüllung als solche anbietet und sie der Gläubiger ebenso annimmt, oder wenn der Gläubiger Erfüllung nachträglich verlangt und der Schuldner sie gewährt, ohne daß eine Beschwerde oder Verwahrung wegen der Verzögerung dabei vorgebracht ist, z. B. wenn der Schuldner die Rechtmäßigkeit der Nachfristsetzung bestreitet, fernerhin pünktliche Lieferung verspricht und der Gläubiger darauf dadurch eingeht, daß er wieder mit Mahnungen beginnt (RG JW 1917, 848[2]). Damit ist die durch Anwendung des § 326 BGB vollzogene Umwandlung oder Auflösung des Vertrags wieder aufgehoben. Ob trotz einer Einigung über nachträgliche Erfüllung des Geschäfts der Anspruch wegen Verspätungsschaden bestehenbleibt, ist Tatfrage; jedenfalls hat ein der Einigung beigefügter Vorbehalt diese Wirkung (RG „Recht“ 1910 Nr. 2974). Die Vorbehaltlosigkeit hat der zu beweisen, der daraus den Verzicht herleitet, also der Schuldner (RG 29, 118; anders beim Vorbehalt einer Vertragsstrafe, § 348). Schon in der Annahme einer Teilerfüllung kann ein Wiederinkraftsetzen des ganzen Vertrags liegen, insbesondere, wenn der Gläubiger nach vorbehaltloser Annahme verspäteter Leistungen sich nun pünktliche Restleistung versprechen läßt. Es kommt eben darauf an, ob aus den Umständen ein dahingehender Wille beider Teile zu entnehmen ist. Weil dieses nachträgliche Erfüllungsverlangen wie ein Vertragsantrag zu behandeln ist, der der Annahme bedarf, so ist der Antragsteller so lange an seinen Antrag gebunden, bis sich der Gegner erklären kann. Ferner geht ein lange Zeit nicht geltend gemachter Schadensersatzanspruch verloren, wenn der Gegner nach den besonderen Umständen das Schweigen des Berechtigten nach Treu und Glauben als Verzicht auffassen durfte (RG bei Holdheim 1912, 155; WarnRspr.

1935 Nr. 49). Einseitige Erstreckung der Frist nach deren Ablauf ist wirkungslos (LZ 1917, 1240[2]; oben Anm. 412). Über den Verlust des Erfüllungsanspruchs durch illoyal verspätete Geltendmachung siehe unten Anm. 450ff.).

11. Entbehrlichkeit von Nachfristsetzung und Ablehnungsandrohung. **Anm. 418**

Ausnahmsweise stehen die Rechte aus § 326 BGB dem vertragstreuen Teil auch ohne Nachfristsetzung und Ablehnungsandrohung zu.

Diese Fälle sind:

a) Die Erfüllungsweigerung: Die Fristbestimmung braucht nicht zu erfolgen, wenn der säumige Teil sich nach Fälligkeit bestimmt, endgültig und ernstlich geweigert hatte, zu erfüllen. Das Reichsgericht hat sich zu diesem Grundsatz zunächst in dem Sinne bekannt, daß durch eine solche Weigerung der sich Weigernde sich selbst in Verzug setze und auf eine Nachfrist verzichte. Androhung und Nachfrist sowie die Mahnung seien danach als eine unnötige, zwecklose Förmlichkeit zu erachten, die darum in Wegfall käme (RG 57, 113; 53, 13 u. 167; 52, 152; 51, 347; JW 1905, 17[12]; 1903 Beil. 43[91]; 1902 Beil. 246[142]; LZ 1914, 1758[4]). Der vertragstreue Teil könne daher ohne Mahnung, Fristsetzung und Androhung die Rechte aus § 326 BGB ausüben (RG 56, 233; JW 1907, 830[7]; 1904, 92[11]). Die Geltendmachung der Rechte infolge der Weigerung wurde als Annahme des Verzichts gedeutet und für ebenso unwiderruflich erachtet wie bei Anwendung des § 326 die Erfüllungsablehnung infolge des Ablaufs angemessener Nachfrist nach gehöriger Androhung und die darauf folgende Wahlanzeige (vgl. Anm. 412). Solange der vertragstreue Teil seine Rechte aus der Weigerung noch nicht geltend gemacht hat, kann der sich weigernde seine Weigerung noch zurückziehen (vgl. ROHG 12, 284); er haftet dann dem vertragstreuen Teil für den diesem aus der Weigerung erwachsenen Schaden (vgl. Anm. 503). Aber der sich Weigernde befindet sich immerwährend im Verzug; er muß daher darauf gefaßt sein, daß der Gegner sich jederzeit entschließt. Der Vertragstreue kann indessen trotz der Weigerung auf Erfüllung bestehen und klagen und verliert dadurch nicht sein Recht, zum Schadensersatzanspruch überzugehen (RG 102, 264).

An diesen Sätzen hat auch die spätere Rechtsentwicklung nichts geändert. Zu **Anm. 419** verzeichnen ist aber ein Wandel in der Begründung. Das Entfallen der Erfordernisse von Mahnung, Nachfristsetzung und Ablehnungsandrohung wird heute im allgemeinen nicht mehr als Folge eines Verzichts des Leistungspflichtigen gedeutet. Die ernstliche und endgültige Erfüllungsweigerung als solche wird vielmehr als positive Vertragsverletzung angesehen, welche dem vertragstreuen Teil das Festhalten an dem Vertrag unzumutbar macht und daher auf seiner Seite sofort die Rechte aus § 326 BGB (in entsprechender Anwendung) auslöst (so besonders deutlich RG 57, 105, 113; 67, 313, 317; 93, 285; 96, 341, 343; 104, 275, 278; 149, 401, 403; BGH 11, 83 = NJW 1954, 229; aus der Literatur vgl. insbesondere Staudinger-Kaduk[10/11] § 326 Rdnr. 184ff.; Larenz I[8/9] S. 272/73 und 279).

Unterbleibt die Erfüllung bei Fälligkeit und erklärt der Leistungspflichtige jetzt **Anm. 420** oder später, er werde die Leistung auch in Zukunft mit Sicherheit nicht erbringen, so bedarf es zur Ableitung der genannten Rechtsfolge der Heranziehung der Rechtsfigur der positiven Vertragsverletzung an sich gar nicht. Das gleiche könnte hier, da sich der Leistungspflichtige im Verzug befindet, eine „teleologische Reduktion" (Larenz, Methodenlehre der Rechtswissenschaft, 1960 S. 296ff. und SchuldR I[8/9] S. 273) der Norm des § 326 BGB leisten, also eine Einschränkung ihrer tatbestandlichen Voraussetzungen aus ihrem Zweckgedanken heraus: Wenn der Sinn der fraglichen Erfordernisse darin liegt, den Schuldner an seine Vertragspflichten zu erinnern (Mahnung) und ihm unter Konfrontation mit den Folgen des Ausbleibens der Leistung (Androhung) eine letzte Chance zu gewähren, zur Vertragstreue zurückzukehren (Nachfrist), so können sie entfallen, wenn mit Sicherheit feststeht, daß sie keinerlei Erfolg zeitigen werden, weil der Schuldner erklärt, seine Entscheidung nicht zu erfüllen, sei unumstößlich. Andererseits ließe sich fragen, welchen Sinn es haben sollte, die bei oder nach Fälligkeit erklärte Erfüllungsweigerung als Verzug zu klassifizieren, um dann doch über eine teleologische Reduktion die besonderen Verzugsregelungen außer Kraft zu setzen und sie praktisch wie eine positive Vertragsverletzung zu behandeln. Die Tatsache, daß der Verzug dem Gesetz bekannt ist, die positive Vertragsverletzung dagegen nicht, dürfte, nachdem mehr als 60 Jahre seit Staubs Entdeckung vorüber gegangen sind, keinen hinreichenden Grund für eine derart ängstliche Zurückhaltung abgeben. Zweckdienlicher als eine normative Etikettierung der Erfüllungsverweigerung erscheint es jedoch, zu fragen, von welcher Intensität das zu der bloßen Nichterfüllung hinzutretende Moment sein muß, damit der vertragstreue Teil sofort Schadensersatz wegen Nichterfüllung verlangen oder vom Vertrag zurücktreten kann. Die Beantwortung dieser Frage aber ist unabhängig von der Subsumtion der Erfüllungsverweigerung unter den Verzug oder Grundsätze der positiven Vertragsverletzung.

Anm. 421 Dagegen ist mit Verzugsgrundsätzen keinesfalls auszukommen, falls der Leistungspflichtige schon vor dem Fälligkeitstermin ankündigt, er werde den Vertrag nicht erfüllen. Mangels Fälligkeit liegt Verzug nicht vor, und die bloße Ankündigung, man werde auch in Zukunft nicht leisten, ist nicht geeignet, die vorzeitige Fälligkeit herbeizuführen. Hier wird der Gedanke der Erfüllungsweigerung als positive Vertragsverletzung fruchtbar. Wer ernstlich erklärt, er werde sich bei Fälligkeit nicht an seine vertragliche Verpflichtung halten, begeht eine positive Vertragsverletzung, indem er den Vertragszweck in einer Weise gefährdet, die es für den anderen Teil unzumutbar macht, weiter an dem Vertrag festzuhalten, um zu sehen, ob der andere seine Drohung wahr macht. Der vertragstreue Teil braucht deshalb nicht abzuwarten, ob die Weigerung zur Zeit der Fälligkeit aufrechterhalten bleibt. Er ist vielmehr berechtigt, die Erfüllungsweigerung zum Anlaß zu nehmen, ohne Fristsetzung sofort vom Vertrag zurückzutreten oder Schadensersatz wegen Nichterfüllung zu verlangen; vgl. RG 57, 105, 113; 93, 285ff.; 96, 341ff.; RG „Recht" 1924 Nr. 1112; sowie aus der Literatur Larenz I[8/9] S. 279 Anm. 3; Staudinger Kaduk[10/11] § 326 Rdnr. 186; Wilde in BGB-RGRK Anh. zu § 326 Anm. 9. Ein Fortfall des Interesses an der Vertragserfüllung ist dazu nicht erforderlich. Rechtsgrund für die sofortige Ausübung der Rechte aus § 326 BGB ist allein die Gefährdung des Vertragszweckes, die Unsicherheit über das Verhalten des anderen bei Fälligkeit, welche durch die ernstliche Ankündigung des Schuldners, er werde nicht leisten, herbeigeführt wird. Das Interesse des die künftige Erfüllung Weigernden, sich die Möglichkeit eines Sinneswandels offenzuhalten, muß dem Interesse des vertragstreuen Teils an alsbaldiger endgültiger Klärung der entstandenen unsicheren Lage weichen. Die in der Vorauflage dieses Kommentars (in Anh. zu § 374 Anm. 86 bis 86b) vertretene einschränkende Auffassung, die dem vertragstreuen Teil diese Rechte nur bei Vorliegen außergewöhnlicher Umstände zubilligen wollte, wird aus den genannten Gründen aufgegeben.

Nach Esser I[3] S. 386/7; Blomeyer § 30 II 2b (im Anschluß an E. Rabel, Recht des Warenkaufs Band I S. 382ff.) soll nicht die schuldhafte Weigerung des Schuldners als solche den Grund für die sofortige Zubilligung der Rechte aus § 326 BGB abgeben, sondern die in der Weigerung liegende verbindliche Erklärung. Sobald der Gläubiger aus ihr Konsequenzen gezogen habe, könne der Schulder nicht mehr zur Vertragserfüllung zurückkehren, ohne sich mit seiner vorangegangenen Erklärung in unlösbaren Widerspruch zu setzen (Gedanke des venire contra factum proprium). Danach käme es auf Verschulden nicht an, ein dem deutschen Recht der Leistungsstörungen, das durchweg auf Verschulden abstellt, recht fremder Gedanke, worauf Larenz I[8/9] S. 279 Anm. 3 zutreffend hingewiesen hat.

Anm. 422 Ist der vertragstreue Teil somit berechtigt, im Falle der Erfüllungsweigerung schon vor Fälligkeit von den Rechten aus § 326 BGB Gebrauch zu machen, so heißt das jedoch keinesfalls, daß er gezwungen ist, diesen Weg einzuschlagen. Er kann auch die Entwicklung der Dinge abwarten und weiter auf Vertragserfüllung bestehen. Bleibt die Weigerung zur Zeit der Fälligkeit aufrechterhalten, so bedarf es keiner Mahnung und Fristsetzung mehr (RG JW 1902 Beil. 252[161]). Ein solcher Wille ist schon deutlich zum Ausdruck gekommen durch Nichtlieferung oder Nichtzahlung zur Erfüllungszeit (RG 52, 152). Alsdann wird auch eine Vertragsstrafe ohne weitere Mahnung fällig (RG JW 1902, 28[23]). Der vertragstreue Teil kann auch schon vorher erklären, daß er eine verspätete Erfüllung ablehne, und seine Maßnahmen danach treffen (RG 52, 152). In diesem Fall bleibt es dem säumigen Teil offen, durch Erfüllung während der noch laufenden Lieferzeit den Schadensersatz wegen Nichterfüllung und den Rücktritt durch

Widerruf seiner Weigerung abzuwenden. Daher geht der Deckungskauf, der vor der Fälligkeit vorgenommen worden ist, auf Gefahr des Käufers (vgl. dazu näheres oben Anm. 373 u. 379).

Der Begriff der Erfüllungsweigerung ist nicht darauf beschränkt, daß der Weigernde **Anm. 428** sich von dem Vertrag als Ganzem lossagt. Es reicht dazu auch die Erklärung, eine einzige wesentliche vertragliche Verpflichtung nicht erfüllen zu wollen oder zu können. Die aus der Vorauflage dieses Kommentars u. U. zu entnehmende gegenteilige Ansicht würde auf einer ungerechtfertigten Einengung des Begriffes der Erfüllungsweigerung und der positiven Vertragsverletzung beruhen (vgl. dazu die Kritik an dem Text der Voraufl. von Staudinger-Kaduk[10/11] § 326 Rdnr. 184). Ausschlaggebend kann nicht die Breite der Weigerung sein, sondern lediglich ihre Intensität. In dieser Richtung allerdings sind an die Annahme einer Erfüllungsweigerung in dem in den vorstehenden Anm. besprochenen Sinn sehr strenge Anforderungen zu stellen. Die Erklärung muß so beschaffen sein, daß es völlig ausgeschlossen erscheint, der weigernde Teil werde, wenn der vertragstreue auf gehöriger Erfüllung beharrt und (im Falle der nach Fälligkeit ausgesprochenen Weigerung) eine Nachfrist mit Ablehnungsandrohung setzt, zur Vertragstreue zurückkehren. Die Weigerung muß gewissermaßen „das letzte Wort" des Schuldners darstellen und in einer Weise endgültig erscheinen, welche das Bemühen, den anderen doch noch zur Vertragserfüllung zu bringen, sinnlos und die Nachfristsetzung zur überflüssigen und leeren Form werden läßt; RG 53, 11, 13; 57, 105, 113; 66, 419, 421 und 430, 431; 90, 317, 318; 96, 341, 342f.; 102, 262, 266; 104, 275, 277; 109, 37; 129, 143, 145, 146; 149, 401, 403; weitere Fundstellen WarnRspr. 1915 Nr. 279; 1923/24 Nr. 178; JW 1910, 146[7]; 1918, 131[3]; JR 1930 Nr. 103; LZ 1909, 544[10]; 1910, 547[14]; 1923, 312[3]; BGH 2, 310ff. = NJW 1951, 918 r. Sp. oben; WM 1957, 1342; LM Nr. 2 zu § 326 [Dc] BGB; s. auch BGH NJW 1961, 1968f.; NJW 1964, 820; vgl. ferner Staudinger-Kaduk [10/11] § 326 Rdnr. 185 mit zahlr. weit. Nachw.

Solange diese Absicht des Schuldners nicht klar ist, muß der Versuch gemacht werden, ihn umzustimmen, und zwar bei der anläßlich oder nach der Fälligkeit erklärten Weigerung durch Nachfristsetzung und Ablehnungsandrohung, bei der schon im voraus erklärten durch Konfrontation mit den Folgen des Beharrens auf der vertragswidrigen Einstellung in einer durch die jeweiligen Umstände gebotenen Form. Hat z. B. der Vertragstreue Zweifel, ob sein Gegner auch im Zeitpunkt der Fälligkeit bei der Weigerung bleiben werde, so kann er den Vertragsungetreuen zu einer bestimmten Erklärung auffordern. Beharrt der andere daraufhin auf seiner Weigerung oder macht er ständig neue Ausflüchte, so daß sich die Unsicherheit nicht beseitigen läßt, so kann der Vertragstreue nunmehr nach § 326 BGB vorgehen. Welche Anforderungen danach an eine ernstliche und endgültige Erfüllungsweigerung zu stellen sind, läßt sich angesichts der Vielfalt möglicher Äußerungsformen nicht abstrakt und ein für allemal bestimmen. Entscheidend ist immer, ob die Weigerung noch Raum läßt für eine Klärung, für die Beilegung der aufgetretenen Differenzen durch Verhandlungen oder nicht. Meinungsverschiedenheiten über die Lieferpflicht, die zur Aussprache kommen, genügen daher im allgemeinen nicht (RG 66, 419ff.; 90, 317, 318; BGH LM Nr. 2 zu § 326 [Dc] BGB), es sei denn, daß die Verhandlungen endgültig ergebnislos abgebrochen worden sind, ebensowenig die Einnahme eines irrigen Rechtsstandpunktes (vgl. etwa BGH NJW 1961, 1968f. und RG HRR 1934 Nr. 1348) durch den Vertragsgegner oder die Erklärung des Käufers, nicht zahlen zu können, die mit der Bitte um Stundung des Kaufpreises verbunden wird (RG 66, 430ff.). Als endgültige Erfüllungsweigerung wird es dagegen i. d. R. anzusehen sein, wenn der Schuldner seine Leistung von der Erfüllung unberechtigter Forderungen (vgl. BGH NJW 1953, 1347) oder willkürlicher Bedingungen abhängig macht oder sich zur Erfüllung nur in einer von der vertraglich vereinbarten wesentlich abweichenden Form bereit erklärt; vgl. RG 96, 341ff. (Lieferung frühestens drei bis vier Monate nach dem vereinbarten Fälligkeitsdatum). Anders ist es aber auch hier, wenn der Verkäufer unter Darlegung der Schwierigkeiten, die sich der Lieferung entgegenstellen, versucht, mit dem Käufer in Verhandlungen über eine diesen Schwierigkeiten Rechnung tragende Vertragsabänderung einzutreten. Eine Erfüllungsweigerung liegt ferner regelmäßig in der unberechtigten Ablehnung, Annulierung, Aufsagung oder Anfechtung des Vertrages (RG 53, 11ff.; 57, 105ff.), in einem unberechtigten Rücktritt nur, sofern er als Ausdruck des Willens aufzufassen ist, sich endgültig vom Vertrag zu lösen, und auf ihm unabänderlich bestanden wird (vgl. etwa RG 129, 143ff.), sowie darin, daß der Verkäufer einen anderweitigen, zur Unmöglichkeit führenden Verkauf vornimmt (vgl. RG 93, 285ff. und 104, 275ff.). Die Überzeugung von der Ernstlichkeit und Endgültigkeit der Erfüllungsweigerung muß sich dem Gegner zur Zeit ihrer Erklärung aufgedrängt haben. Es reicht nicht aus, daß der Richter später im Prozeß auf Grund irgendwelcher Umstände feststellt, daß der Schuldner von seiner Weigerung nicht abgegangen wäre (RG 102, 266; JW 1919, 375[1]; 1918, 551[4]; WarnRspr. 1918 Nr. 162). Im Fall einer die Fristsetzung und Ablehnungsandrohung überflüssig machenden Erfüllungsweigerung kann der vertragsungetreue Teil seine Weigerung nur so lange zurücknehmen und zur Vertragserfüllung zurückkehren, wie der Gegner nicht erklärt hat, er mache von den Rechten aus § 326 BGB Gebrauch und lehne die Erfüllung von jetzt an ab, was er selbst dann noch kann, wenn er zunächst auf Erfüllung geklagt hatte (RG 102, 262). Zu letzterem Fragenkomplex siehe auch unten bei der positiven Vertragsverletzung Anm. 511. Von da ab ist Erfüllung ausgeschlossen. Die Situation ist dann die gleiche wie sonst nach fruchtlosem Nachfristablauf.

Anm. 424 **b) Der Fortfall des Interesses:** Die Fristsetzung mit Androhung der Ablehnung der Leistungsannahme ist ferner nicht erforderlich, wenn die Erfüllung des Vertrags infolge des Verzugs für den Nichtsäumigen kein Interesse hat (§ 326 Abs. 2 BGB).

aa) Fortfall des Interesses am Leistungsaustausch. Unter Interesse ist hier das **Interesse am Ausstausch der beiderseitigen Leistungen** zu verstehen. Das Interesse am Leistungsaustausch kann auch dann fehlen, wenn der Erhalt der geschuldeten Leistung für sich allein betrachtet noch von Interesse sein könnte, RG JW 1916, 258. Denn einen gewissen Wert wird z. B. die Kaufsache für den Käufer vielfach auch dann noch haben, wenn sie dem vorgesehenen Vertragszweck nicht mehr dienen kann. Das Erfordernis des Interessefortfalls deckt sich im großen ganzen mit der früheren Fassung, die dahin ging, die Nachfrist sei nicht notwendig, wenn die Natur des Geschäfts dies nicht zulasse. An das Merkmal ist ein strenger Maßstab anzulegen, damit nicht das versehentliche Unterlassen der Fristsetzung und Androhung nachträglich mit Interessefortfall entschuldigt werden kann (vgl. RG JW 1905, 492[15]; OLG München NJW 1958, 752; s. auch den Sachverhalt der Entscheidung BGH LM Nr. 3 zu § 326 [Ed] BGB). Beispiele für einen Fortfall des Interesses bieten auf der Käuferseite: verspätete Lieferung von Saisonware oder Modeware nach Ablauf der Saison oder Wechsel der Mode (Holdheim 1905, 267; Karlsruhe LZ 1907, 757[4]; RG JW 1905, 136[11]; vgl. auch BGH LM Nr. 3 zu § 326 [Ed] BGB) oder von Düngemitteln nach Ablauf der Düngezeit (RG JW 1920, 47[9]); ferner: Änderung der technischen Verhältnisse, z. B. im Automobilbau (vgl. RG 52, 318 oben); Kauf der Ware zur Weiterlieferung an bestimmte Kunden, die aber wegen der Verspätung mit Recht den Vertrag gelöst haben, ohne daß eine anderweitige Verkaufsmöglichkeit besteht (RG 70, 132; 94, 326; 104, 375; vgl. auch KG in OLGE 33, 230); Notwendigkeit sofortiger Eindeckung, z. B. wenn bei Verträgen über eine fortgesetzte Belieferung (z. B. einer Fabrik oder eines gastronomischen Betriebes) der Käufer andernfalls die reibungslose Fortführung seines Betriebes gefährdet sähe (RG 63, 298; JW 1909, 191[6]); wesentliche Risikoerhöhung für den Käufer (z. B. ist dem Käufer, der die Ware mit bestimmter Lieferfrist nach Übersee weiterverkauft hat, das Risiko nicht zumutbar, das mit der Annahme der verspätet in Aussicht gestellten Lieferung verbunden ist, so OLG Hamburg HansGZ 1911 Hptbl. 59). Preisänderungen begründen i. d. R. keinen Interessefortfall (vgl. OLG München NJW 1958, 752; RG LZ 1918, 836). Wegen völligen Währungsverfalls vgl. Staudinger-Kaduk[10/11] § 326 Rdnr. 175. Auch für den Verkäufer kann das Interesse an der Erfüllung erloschen sein, wenn die Abnahme oder der Abruf eine Hauptverpflichtung des Käufers ist (Anm. 292f.), weil der Verkäufer ein besonderes Interesse an der pünktlichen Abnahme oder dem Abruf hat, z. B. weil er sein Lager räumen muß, oder weil die Ware sehr sperrig ist, oder weil er sonst mit unverhältnismäßig hohen Standgeldern oder Liegegeldern belastet würde, deren Ersatz durch den Käufer zweifelhaft ist. Die gleichen Wirkungen kann in außergewöhnlichen Zeiten ein Verzug des Käufers mit der Zahlungspflicht haben, wenn der Verkäufer befürchten muß, daß sein ausländischer Lieferant sich bei nicht pünktlicher Leistung des von dem Käufer sofort zu stellenden Akkreditivs vom Vertrage lossagt (RG 96, 257; 92, 390). Preisänderungen begründen auch hier i. d. R. keinen Interessefortfall.

Erforderlich ist ferner ein

bb) adäquat ursächlicher Zusammenhang zwischen Verzug und Interessefortfall. **Anm. 425** Das Interesse muß also **nach** der Inverzugsetzung und **durch** den Verzug weggefallen sein (vgl. RG JW 1910, 147[7]). Daher genügt es nicht, wenn die Abnehmer des Käufers vor der Inverzugsetzung des Verkäufers wegen Nichtlieferung vom Abschlusse zurückgetreten sind (vgl. RG 70, 131), oder wenn der Käufer sich anderweitig eingedeckt oder für die Ware keine Verwendung mehr hat (RG 96, 129; LZ 1918, 836[6]), oder wenn der Käufer, der den Kaufpreis bezahlt hat, vor Lieferung der Ware in Konkurs geraten ist und der Konkursverwalter den Kaufpreis zurückfordert, weil die Erfüllung des Vertrages infolge des Konkurses kein Interesse mehr habe (WarnRspr. 1926 Nr. 115). Das Interesse darf auch nicht nach dem Verzug aus Gründen weggefallen sein, die mit dem Verzuge nicht zu tun haben. Auch deshalb bildet grundsätzlich das Fallen der Preise für den Käufer und das Steigen der Preise für den Verkäufer keinen Grund, der die Anwendung des § 326 Abs. 2 BGB rechtfertigt (RG LZ 1918, 837[6]; 1913, 611[16]; KG in OLGE 4, 19; OLG München NJW 1958, 752). Das gleiche gilt für den Käufer, wenn der Verkäufer einer Gattungssache nicht mehr liefern kann, die Lieferung aus der Gattung jedoch noch möglich ist (RG „Recht" 1911 Nr. 3067), oder wenn der vertragstreue Teil geltend macht, der Verzug des Säumigen beruhe darauf, daß er sich geflissentlich seinen Vertragspflichten entzogen und man daher das Vertrauen zu seinem guten Willen verloren habe (RG JW 1910, 147[7]). Denn das Verschwinden des Vertrauens beruht auf derselben Ursache wie der Verzug; die Verzögerung der Erfüllung ist aber keine Folge des Verzugs, sondern dessen Ursache. Der Verlust des Vertrauens zur Vertragstreue kann nur zur Begründung positiver Vertragsverletzung dienen (unten Anm. 488 u. insbes. 492). — Indessen braucht der Verzug des Säumigen nicht die einzige Ursache des Fortfalls des Interesses zu sein. Auch andere nach dem Verzug ohne Verschulden des nichtsäumigen Teils hinzutretende Ursachen können mit dem Verzuge zusammen das Interesse an der Erfüllung in Wegfall bringen. Ein Beispiel: Nach dem Verzug des Verkäufers brennt die Fabrik des Käufers ab; zur Neueinrichtung seiner Fabrik kann er die vom säumigen Verkäufer zu liefernden Maschinenteile nicht mehr gebrauchen (Dresden OLGE 18, 4). Vgl. auch unten Anm. 427 u. nächster Abs. Das Interesse kann auch teilweise wegfallen: läßt der Käufer es sich bei einem Sukzessivlieferungsvertrag gefallen, daß der Verkäufer bis kurz vor Ablauf der Lieferfrist nicht liefert, so kann er nicht geltend machen, daß die Erfüllung des ganzen Vertrages infolge des Verzuges des Verkäufers kein Interesse mehr für ihn habe (RG 96, 129 und unten Anm. 444).

Tritt während des Laufes einer nach § 326 Abs. 1 BGB gestellten Nachfrist unvorhergesehen der Wegfall des Interesses ein, so kann der Gläubiger sofort Schadensersatz wegen Nichterfüllung verlangen oder vom Vertrage zurücktreten (RG 89, 124; „Recht" 1911 Nr. 974). Darüber, wie es sich verhält, wenn der Gläubiger nach Wegfall seines Interesses noch eine Frist setzt, s. unten Anm. 427.

cc) Die Wirkung des Wegfalls des Interesses ist, daß alsdann die Rechte aus § 326 **Anm. 426** Abs. 1 BGB (Schadensersatz wegen Nichterfüllung oder Rücktritt) auch ohne eine Fristbestimmung und Androhung der Ablehnung dem Nichtsäumigen zustehen, also lediglich infolge des eingetretenen Verzuges. Dagegen kommt das Erfordernis der Wahlanzeige nicht in Wegfall. Solange diese nicht abgegeben ist, bleibt der Vertrag trotz des Wegfalls des Interesses bestehen (RG 106, 93; 91, 31; LZ 1925, 1322[3]). Der Säumige kann also bis zur Abgabe der Wahlanzeige noch erfüllen und hierdurch seinen Verzug heilen (RG 104, 28). Zu beachten ist jedoch hierbei, daß der Gläubiger sein Wahlrecht jederzeit ausüben kann, also auch noch, wenn der Säumige nach Eintritt des Verzugs und Wegfall des Interesses die Leistung nachträglich anbietet (vgl. auch Anm. 410 a. E.). Der Säumige kommt dadurch in eine schwierige Lage, da er nicht wissen kann, ob der Gläubiger seine Leistung nicht aus ihm unbekannten Gründen wegen Wegfalls des Interesses ablehnen wird, und die Geltendmachung dieses Rechtsbehelfs nicht davon anhängig ist, daß er den Wegfall des Interesses vorauszusehen vermochte (RG 94, 326).

Die Sachlage ist eine ganz ähnliche wie beim Werklieferungsvertrag, wenn der Besteller ein besonderes Interesse an sofortiger Geltendmachung des Wandelungsanspruchs hat (§ 634 Abs. 2 BGB; RG 52, 317). Vermutet der Säumige, daß dieser Fall eintreten könne, so kann er jedenfalls den Gläubiger zu einer Erklärung darüber auffordern, ob er noch auf Erfüllung bestehe und ihm eine Nachfrist bewillige oder wegen Wegfalls des Interesses sofort von seinem Wahlrecht nach § 326 Abs. 2 BGB Gebrauch mache. Im übrigen wird er lediglich dadurch geschützt, daß der Gläubiger die Ausübung des Wahlrechts nicht in einer gegen Treu und Glauben verstoßenden Weise verzögern darf (RG 104, 28; SeuffA. 76, 120; Anm. 450ff) ferner durch die auch hier geltende Vorschrift des § 254 Abs. 2 BGB. Schließlich kann der Nichtsäumige, sobald er die Lieferung vorbehaltlos angenommen hat, den Gegner nicht mehr so behandeln, als habe er nicht erfüllt; er kann nur noch Verspätungsschaden fordern.

Anm. 427 Die Ausnahme geht nur dahin, daß der Nichtsäumige keine Nachfrist zu setzen verpflichtet ist. Er ist natürlich berechtigt, auch in den hier in Rede stehenden Fällen eine Nachfrist zu setzen, da der Vertrag bis zur Abgabe seiner Wahlanzeige unverändert fortbesteht (oben Anm. 426). Aber er muß sich schlüssig machen. Hat er eine Nachfrist mit Androhung gehörig gesetzt, nachdem sein Interesse weggefallen war, so kann er den Wegfall des Interesses nicht mehr geltend machen; er würde gegen Treu und Glauben verstoßen, wenn er plötzlich von der Nachfristbewilligung abgehen wollte. Anders, wenn das Interesse erst während des Laufs der Nachfrist weggefallen ist (oben Anm. 425). Hat der Gläubiger zunächst seinen Schadensersatzanspruch auf § 326 Abs. 2 BGB gestützt, wird ihm aber nachträglich zweifelhaft, ob dies berechtigt war, so ist er, da sein Erfüllungsanspruch nicht durch die ungerechtfertigte Schadensersatzforderung erloschen ist (Anm. 415), noch befugt, eine Nachfrist zu setzen und seinen Schadensersatzanspruch nunmehr auf den fruchtlosen Ablauf der Nachfrist zu stützen; geschieht dies im Prozeß, so liegt in diesem Übergang keine unzulässige Klagänderung (LZ 1923, 312[3]).

Setzt der Nichtsäumige trotz Wegfalls des Interesses doch noch eine Frist, so ist er selbst regelmäßig an diese Frist gebunden, mag die Fristsetzung nun mit einer Androhung nach § 326 BGB verbunden gewesen sein oder nicht (vgl. RG 89, 124). Abgehen kann er von seiner Fristsetzung jedenfalls, wenn festgestellt wird, daß innerhalb der Frist keinesfalls geleistet werden kann, oder wenn innerhalb der Frist der Säumige die Leistung verweigert. Der Nichtsäumige kann dann ohne weiteres zwischen Schadensersatz und Rücktritt wählen.

Anm. 428 **c) Verzicht durch vertragliche Vereinbarungen sowie sonstige vertragliche Abänderungen der Verzugsfolgen:** Auf das Erfordernis von Nachfristsetzung und Androhung kann ferner durch Vertrag verzichtet werden, und zwar sowohl im voraus (ROHG 11, 245) als auch nachträglich, ausdrücklich als auch stillschweigend RG 96, 257; LZ 1925, 1222[5]; Stuttgart in JW 1934, 2639[17]; s. dazu Kiesow ebenda) mit der Wirkung, daß der Gläubiger mit dem Verzuge des Schuldners sogleich zurücktreten oder Schadensersatz wegen Nichterfüllung begehren darf. Allerdings kann aus § 242 BGB auch hier u. U. die Setzung einer Nachfrist geboten sein, insbesondere, wenn die Überschreitung der Leistungsfrist auf unvorhergesehenen Umständen beruhte, BGH WM 1967, 657. Ist ein Rücktrittsrecht für den Fall ausbedungen, daß der Käufer mit einer Zahlung in Rückstand kommt, so entbindet dies von der Fristsetzung, vgl. BGH BB 1967, 777. Auch dieses Rücktrittsrecht ist aber i. d. R. an die Voraussetzung eigener Vertragstreue (dazu oben Anm. 311) gebunden, BGH a. a. O. Im allgemeinen gelten die gleichen Grundsätze wie bei einer Verfallklausel; Treu und Glauben können u. U. eine sofortige Anzeige des Rücktritts fordern, RG 107, 109; WarnRspr. 1912 Nr. 379. Ein Verzicht liegt ferner in der Vereinbarung pünktlicher oder sofortiger Leistung, wenn aus den Umständen ersichtlich ist, daß der Pünktlichkeit besondere Bedeutung beigemessen werden muß (vgl. oben Anm. 336). Das Schweigen auf die Erklärung des Gegners, daß er zurücktrete oder Schadensersatz wegen Nichterfüllung verlange, ist kein Verzicht auf Nachfristsetzung und Androhung, und das Schweigen auf zu kurze Frist noch keine Einwilligung (WarnRspr. 1925 Nr. 129). Denn auf rechtlich wirkungslose Erklärungen darf man ohne Gefahr schweigen; Schweigen ist hier Ablehnung (a. M. Düringer-Hachenburg-Werner IV Einl. Anm. 324; vgl. unten

Anm. 403 u. 415). Durch Verzicht auf die Fristsetzung wird das Geschäft nicht zum Fixgeschäft (RG in DJZ 1916, 443; § 376 Anm. 12).

Auch sonstige Abänderungen der gesetzlichen Bestimmungen über **Anm. 429** die im Falle des Verzugs dem nichtsäumigen Teil zustehenden Rechte sind zulässig. Es kann z. B. vereinbart werdem, daß der säumige Teil verpflichtet sei, um eine Nachfrist ausdrücklich oder gar schriftlich vor Ablauf der Verfallzeit oder nachher nachzusuchen, widrigenfalls er das Recht auf sie verliere. Es kann auch vereinbart sein, daß Fristsetzung und Androhung durch eingeschriebenen Brief erfolgen müssen. Ist diese Form nicht beobachtet, hat der Säumige aber die schriftliche Fristsetzung mit Androhung erhalten, so kann man nicht in unbedingter Anwendung des in RG 77, 70 aufgestellten Grundsatzes sagen, auf die Form käme es dann nicht mehr an; das ist gerade Tatfrage. Es kann ferner vereinbart werden, daß der Schadensersatz wegen Nichterfüllung nur auf Grund eines amtlichen Verkaufs oder Ankaufs beansprucht werden dürfe. Es kann auch vereinbart werden, daß der Deckungskauf für Rechnung des säumigen Teils erfolgen solle, so daß ein etwaiger Mehrerlös diesem zugute kommt. Es kann vereinbart werden, daß der nichtsäumige Teil die Rechte aus § 326 BGB überhaupt nicht habe; dann kann zunächst nur Erfüllung und eventuell Verspätungsschaden gemäß § 286 BGB verlangt werden, Schadensersatz nur auf dem Wege des § 283 BGB (SeuffA 76, 122), wenn nicht aus der Vereinbarung hervorgeht, daß alle Arten von Schadensersatzansprüchen ausgeschlossen sein sollen (vgl. aber auch § 276 Abs. 2 BGB). Auch im voraus kann eine bestimmte Nachfrist vereinbart werden, ohne daß dadurch das Geschäft zu einem Fixgeschäft wird (§ 376 Anm. 14). Eine solche Frist liegt nicht in einer Stundung; denn die Stundung schiebt nur die Fälligkeit hinaus, so daß nach Ablauf der Stundung überhaupt erst nach § 326 BGB vorgegangen werden kann. Die Vereinbarung einer Nachfrist ist auch von einer vereinbarten Lieferfrist zu unterscheiden. Ist eine Nachfrist vereinbart, so ist der Nichtsäumige gehindert, während des Laufs der Nachfrist geltend zu machen, es sei sein Interesse weggefallen (vgl. aber auch oben Anm. 425); denn die Vereinbarung ist gerade im Interesse des Säumigen getroffen worden. Die vereinbarte Nachfrist verliert jedoch ihre Bedeutung, wenn der Säumige endgültig und bestimmt die Erfüllung verweigert, sich also einer positiven Vertragsverletzung schuldig macht (RG LZ 1907, 824[9]) oder sich die Unmöglichkeit der Erfüllung herausstellt oder die Setzung mit dem Wesen des Geschäfts unvereinbar ist (RG 89, 419), wie dies bei den dem Fixgeschäft angenäherten Geschäften, insbesondere bei dem überseeischen Abladegeschäft, der Fall ist (§ 376 Anm. 15f.).

12. Besonderheiten, falls der Säumige schon teilweise erfüllt hat, insbesondere bei Sukzessivlieferungsgeschäften. **Anm. 430**

a) Die Regelung des § 326 Abs. 1 S. 3 BGB: Hat der Säumige schon zum Teil erfüllt, so kommen zur Anwendung:

§ 326 Abs. 1 Satz 3 BGB. Wird die Leistung bis zum Ablaufe der Frist teilweise nicht bewirkt, so findet die Vorschrift des § 325 Abs. 1 Satz 2 entsprechende Anwendung.

§ 325 Abs. 1 Satz 2 BGB. Bei teilweiser Unmöglichkeit ist er, wenn die teilweise Erfüllung des Vertrags für ihn kein Interesse hat, berechtigt, Schadenersatz wegen Nichterfüllung der ganzen Verbindlichkeit nach Maßgabe des § 280 Abs. 2 zu verlangen oder von dem ganzen Vertrage zurückzutreten.

§ 280 Abs. 2 BGB. Im Falle teilweiser Unmöglichkeit kann der Gläubiger unter Ablehnung des noch möglichen Teiles der Leistung Schadensersatz wegen Nichterfüllung der ganzen Verbindlichkeit verlangen, wenn die teilweise Erfüllung für ihn kein Interesse hat. Die für das vertragsmäßige Rücktrittsrecht geltenden Vorschriften der §§ 346 bis 356 finden entsprechende Anwendung.

Über Teilleistungen s. zunächst Anm. 313 u. 320.

aa) Anwendungsbereich der Vorschrift. § 326 Abs. 1 S. 3 BGB erfaßt alle Fälle, in denen der Säumige bis zum Ablauf der Nachfrist nur einen Teil der ihm obliegenden Leistung bewirkt hat. Darunter fällt einmal der Sachverhalt, daß der Säumige mit seiner gesamten Leistung in Verzug geraten ist, ihm in diesem Umfang Nachfristsetzung und Ablehnungsandrohung erklärt worden sind und er die Leistung während des Laufs der Nachfrist nur teilweise nachgeholt hat (eigentlicher Anwendungsbereich der Vorschrift). Unter § 326 Abs. 1 S. 3 BGB fällt aber auch (mindestens in entsprechender Anwendung) der Fall des Teilverzuges. Hier hat der Vertragsgegner einen Teil vertragsgemäß geleistet, für den noch ausstehenden Teil ist er in Verzug geraten und nur für diesen Teil ist ihm (ganz oder teilweise fruchtlos) Nachfrist, verbunden mit der Ablehnungsandrohung, gesetzt worden (vgl. RG 50, 138, 141; WarnRspr. 1912 Nr. 293, die beide § 326 Abs. 1 S. 3 BGB für unmittelbar anwendbar halten; dagegen Staudinger-Kaduk[10/11] § 326 Rdnr. 80, der bei Teilverzug nur entsprechende Anwendung für möglich hält). Keinen Unterschied macht es, ob der Säumige berechtigt war, teilweise zu erfüllen oder ob der Gläubiger die teilweise Erfüllung ohne Rechtspflicht angenommen hatte. Die Teilleistung muß aber bereits bewirkt, nicht nur angeboten sein. Weist der Gläubiger eine ihm angebotene Teilleistung berechtigtermaßen zurück, so gilt (vorbehaltlich abweichender Parteivereinbarungen) nicht Abs. 1 S. 3, sondern Abs. 1 S. 1 und 2; der Vertrag ist dann völlig unerfüllt, der Gläubiger hat in jedem Fall die Rechte aus § 326 BGB hinsichtlich des ganzen Vertrages. Denn an dem Grundsatz des § 266 BGB, nach dem der Gläubiger Teilleistungen nicht anzunehmen braucht, sollte durch § 326 BGB nichts geändert werden. Hat der Gläubiger, ohne dazu verpflichtet zu sein, vor Stellung der Nachfrist Teillieferungen des Schuldners angenommen, so kann er weitere Teilleistungen, die ihm nach Setzung der Nachfrist angeboten werden, ablehnen, wenn fraglich ist, ob während der Nachfrist noch alles Fehlende geliefert werden kann. Dabei ist allerdings zu beachten, daß nach § 242 BGB die Verzugsrechte wegen Ausbleibens eines ganz geringfügigen für den Gläubiger bedeutungslosen Restes überhaupt nicht ausgeübt werden können. Die Anwendbarkeit von § 326 Abs. 1 S. 3 BGB entfällt auch dann, wenn die Teilleistung von vornherein als vollständige Erfüllung unter Teilung der ursprünglich einheitlichen Verpflichtung entgegengenommen wird oder sich die Parteien später einigen, es bei der Teilerfüllung zu belassen. In diesem Fall hat der Gläubiger seine Gegenleistung entsprechend dem Wert des Empfangenen zu entrichten; Verzugsrechte können ihm höchstens für den ausstehenden Teil zustehen. Geltendmachung der Rechte aus § 326 BGB für den ganzen Vertrag ist ausgeschlossen (vgl. RG 73, 58, 61; WarnRspr. 1912 Nr. 377).

Anm. 431 **bb) Inhalt der Vorschrift.** Im Anwendungsbereich des § 326 Abs. 1 S. 3 BGB kommt es darauf an, ob die teilweise beiderseitige Erfüllung für den Nichtsäumigen Interesse hat oder nicht. Zu beachten ist dabei, daß es sich nicht darum handelt, ob der Nichtsäumige an der ausgebliebenen oder an der erhaltenen Teilleistung ein Interesse hat — denn ein Interesse ist schließlich an jeder Leistung vorhanden —, sondern ob er ein Interesse daran hat, daß die beiderseitigen Leistungen wenigstens insoweit ausgetauscht bleiben, als der säumige Teil bereits erfüllt hat (RG 50, 143; SeuffA 64, 262); ob dies der Fall ist, entscheidet sich nicht nach objektiven Gesichtspunkten, sondern nach den Verhältnissen des Gläubigers (Recht 1912 Nr. 2811); beweispflichtig hierfür ist der Gläubiger (SeuffA 64, 262; s. auch Anm. 434).

Anm. 432 α) **Die teilweise Erfüllung ist von Interesse für den Nichtsäumigen.** Hat die **teilweise Erfüllung** für den Gläubiger **Interesse,** so zerfällt der Kaufvertrag der Parteien nunmehr in einen erfüllten und einen nicht erfüllten Teil. Beide Teile sind rechtlich selbständig zu beurteilen. Soweit die Leistung schon bewirkt ist (erfüllter Teil), muß der Vertragstreue sie behalten und den wertmäßig entsprechenden Teil seiner Gegenleistung erbringen. Die Rechte aus § 326 BGB stehen ihm nur für den nicht erfüllten Teil zu. Nur insoweit kann er zurücktreten oder Schadensersatz wegen Nichterfüllung wählen (vgl. RG 50, 143; SeuffA 64, 262; RG 73, 58, 61; BGH 36, 316ff.). Der Erfüllungsanspruch ist wegen des Ablaufs der Nachfrist auch hier ausgeschlossen (vgl. auch Staudinger-Kaduk[10,11] § 326 Rdnr. 160). Die Regelung entspricht Art. 359 des alten ADHGB. Der Unterschied liegt nur darin, daß Art. 359 den Fall ausdrücklich regelte, in welchem die Leistung teilbar ist, der § 326 Abs. 1 S. 3 BGB dagegen umgekehrt den Fall ausdrücklich regelt, in welchem die Leistung nicht teilbar ist, während die Regelung des anderen Falles, daß die Leistung teilbar ist, jetzt aus dem Zusammenhang der Gesetzesvorschriften zu entnehmen ist. Aus diesem aber folgt das hier dargestellte Ergebnis (RG 58, 421). Hat der Verkäufer wegen der Vertragswidrigkeit des vom Käufer zu stellenden Rohstoffs (Saatgutes) die vereinbarte Lieferung nicht vollständig auszuführen vermocht, so kann er dem

Käufer entgegenhalten, daß er entweder eine entsprechende Menge der Ware zu höheren Preisen habe dazukaufen oder sich den Schadensersatzansprüchen des Käufers wegen teilweiser Nichterfüllung habe aussetzen müssen (RG JW 1912, 137[9]).

β) **Die teilweise Erfüllung ist für den Nichtsäumigen nicht von Interesse.** Hat die **teilweise Erfüllung** für den Nichtsäumigen **kein Interesse,** so kann er sein Verlangen auf Schadensersatz wegen Nichterfüllung auf den **ganzen** Vertrag erstrecken oder von dem ganzen Vertrag zurücktreten. Z. B. kann der Käufer, dem der Verkäufer einen Teil der Ware geliefert hat, den anderen Teil aber nicht, wenn er darlegen kann, daß die teilweise Erfüllung für ihn kein Interesse habe, in derselben Weise seinen Schadensersatz verlangen, wie wenn der Verkäufer den ganzen Vertrag nicht erfüllt hätte. Demzufolge muß er natürlich die bereits empfangene Ware zurückgeben (RG 73, 62). Denn er macht ja geltend, daß der empfangene Teil für ihn kein Interesse habe. Darauf bezieht sich § 280 Abs. 2 BGB, der gemäß § 326 Abs. 1 Satz 3 und § 325 Abs. 1 Satz 2 BGB hier Anwendung findet. Für diese Rückgabe finden nach § 280 Abs. 2 BGB, eben weil der ganze Vertrag als nichterfüllt gilt, die Regeln über das Rücktrittsrecht Anwendung (§§ 327 Satz 1, 346, 347 BGB), also auch die Vorschrift des § 355 BGB, daß der Schuldner dem Gläubiger eine Frist zur Ausübung seiner Rechte setzen kann. Hat der Nichtsäumige bereits ganz oder teilweise erfüllt, so kann er, wenn er Schadensersatz wegen Nichterfüllung wählt, das Geleistete zurückverlangen, wenn die Art der Schadensberechnung dies mit sich bringt. Denn § 326 Abs. 1 Satz 3 BGB nimmt auf § 325 Abs. 1 Satz 2 Bezug. Diese Gesetzesstelle verlangt wiederum die Anwendung des § 280 Abs. 2 BGB. Nach dessen letztem Satz finden die für das vertragsmäßige Rücktrittsrecht geltenden Vorschriften der §§ 346—356 BGB entsprechende Anwendung. Der Verkäufer muß also die erhaltene Anzahlung nebst Zinsen nach §§ 346, 347 Satz 3 BGB zurückgeben, wenn die noch mögliche Teilerfüllung für den Käufer kein Interesse hat, und er kann dagegen mit etwaigen Ansprüchen auf Schadensersatz wegen Nichterfüllung, falls ihm nach § 326 BGB solche zustehen, aufrechnen (RG 52, 96), von seiner eigenen Leistung wird er frei. So muß auch der Käufer den erhaltenen Teil, z. B. die gekaufte Maschine, zurückgeben, wenn die unvollständige Maschine für ihn unverwendbar ist, und kann Rückerstattung der Anzahlung mit Zinsen begehren sowie den durch die Nichtverkäuflichkeit entstandenen Gewinnverlust in Ansatz bringen; hat er noch nicht gezahlt, so braucht er nicht mehr zu zahlen. Das Recht, die Gegenleistung trotz Wegfalls der eigenen Leistung zu behalten, hat nur der Vertragsteil, dessen Leistung infolge eines von dem anderen Teil zu vertretenden Umstandes oder nach Eintreten des Annahmeverzuges bei dem anderen Teil unmöglich wird (§ 324 Abs. 1 u. 2 BGB). **Anm. 433**

γ) **Definition des Interesses; Beispiele.** Darüber, ob die teilweise Erfüllung für den Nichtsäumigen Interesse hat, entscheidet die rechtliche und wirtschaftliche Lage, wie sie sich infolge der teilweisen Nichterfüllung einer Partei für die nichtsäumige Partei gestaltet hat. Es sind dazu die empfangenen, nicht die rückständigen Leistungen ins Auge zu fassen. Es ist daher zu untersuchen, ob und inwieweit die Einhaltung des Vertrages, soweit er schon erfüllt ist, losgelöst von dem nicht erfüllten Teil für die nicht säumige Partei ein Interesse hat (WarnRspr. 1926 Nr. 144), d. h. ob dem Nichtsäumigen nach Treu und Glauben mit Rücksicht auf die Verkehrssitte (§ 242 BGB) zuzumuten ist, daß er es bei der Teilerfüllung beläßt (WarnRspr. 1912 Nr. 377). Haben die Parteien einen untrennbaren Vertrag über einen unteilbaren Gegenstand abgeschlossen, so gibt es keine Teilerfüllung (RG 50, 143). Ein Interesse an teilweiser Erfüllung ist nur möglich, wenn die beiderseitigen Leistungen teilbar sind. Sind die beiderseitigen Leistungen teilbar, so braucht der Nichtsäumige an teilweiser Erfüllung doch kein Interesse zu haben, wenn der Vertrag ein derart einheitlicher war, daß der schon geleistete Teil für den Vertragstreuen wertlos ist. Es kommt dann darauf an, ob nach dem Vertragswillen trotz der Teilbarkeit der Leistungen eine einheitliche Leistung als vereinbart anzunehmen ist (Prot. II 64), was im allgemeinen der Fall sein wird (RG in HRR 1931 Nr. 2925). Ist diese Annahme berechtigt, so wird die Unmöglichkeit der noch ausstehenden Leistung nach § 326 Abs. 1 Satz 3 BGB, der den § 325 Abs. 1 Satz 2 BGB anzieht, fingiert. Verweigert ein Vertragsteil einen sehr erheblichen Teil seiner Leistung, so ist es ohne weiteres offenbar, daß der andere vertragstreue Teil an dem ganzen Vertrag kein Interesse hat; er braucht nicht mehr darzulegen, daß die teilweise Erfüllung kein **Anm. 434**

Interesse für ihn habe. Umgekehrt müssen bei einem geringfügigen Rückstand ganz besondere Umstände vorliegen, wenn der Gläubiger das Recht des Rücktritts oder Schadensersatzes wegen Nichterfüllung für den ganzen Vertrag geltend machen will (RG 76, 153; RG in JW 1935, 2041[3]). Die Sachlage kann auch die sein, daß, obgleich ein einheitlicher Vertrag vorliegt, doch einzelne Teile selbständigen Charakter haben. Alsdann ist die Anwendung des § 326 BGB auf die selbständigen einzelnen Teile beschränkt (RG 79, 312: Rücktritt allein vom Wettbewerbverbot). Stellt sich der Vertrag als ein einheitliches untrennbares Ganzes dar, so ist der Nichtsäumige nur berechtigt, von dem ganzen Vertrage zurückzutreten (RG 50, 143; JW 1898, 167[40]), z. B. dann, wenn der Käufer sich gegen Gewährung eines Darlehns zum Bezug bestimmter Waren verpflichtet (JW 1909, 191[6]), oder wenn der Käufer eines Grundstücks sich zugleich verpflichtet, bestimmte Waren von dem Verkäufer zu beziehen (RG 67, 105), oder wenn von mehreren Gegenständen nicht einer allein gekauft worden wäre, wenn sie also als ein Ganzes verkauft sind (auf diese Absicht weist die Vereinbarung eines Gesamtpreises hin, Hamburg (OLGE 43, 32).

Beispiele für den Fall, daß die teilweise Erfüllung des Vertrages ohne Interesse für den Nichtsäumigen ist: Ein Farbensortiment von Waren; Lieferung der gesamten Einrichtung eines Gasthofes; Lieferung einer Maschine, eines zusammenhängenden literarischen Werkes, eines Zweigespanns von Pferden; ferner der Fall, wenn die Ware nach kaufmännischer Sitte nur in einer Mindestmenge gehandelt wird. Doch kann auch in solchem Falle die Sachlage anders sein, z. B. wenn eine Maschine als altes Eisen nach Gewicht verkauft wird oder ein zusammenhängendes Werk als Makulatur.

Anm. 435 **b) Besonderheiten bei Sukzessivlieferungsverträgen:**

aa) Der Begriff des Sukzessivlieferungsvertrages. Begriff: Sukzessivlieferungsverträge sind Geschäfte, bei denen in einem einheitlichen Vertrag ratenweise Lieferung (und/oder Zahlung) vereinbart ist (RG WarnRspr. 1911 Nr. 112; vgl. auch aus neuester Zeit BGH DB 1967, 1623). Den Gegensatz bildet einerseits die (grundsätzlich unzulässige) Teilleistung, vgl. dazu oben Anm. 313, 320 und andererseits die sukzessive Leistung auf einen Zug um Zug auf einmal zu erfüllenden Kaufvertrag (ROHG 5, 181; vgl. RG 106, 90). Wird nur tatsächlich in Teillieferungen erfüllt, so liegt kein Sukzessivlieferungsvertrag vor; es sind die Grundsätze des gewöhnlichen Kaufs zur Anwendung zu bringen. Der Käufer braucht im Zweifel nicht zu zahlen, bis alles geliefert ist. Ist bestimmt „Lieferung sukzessive im November", so bedeutet das nicht, daß der Verkäufer berechtigt sein soll, die ganze Lieferung auf den letzten Tag der Frist zu verschieben (Hamburg HansRGZ 1928 B 508).Es ist nicht ausgeschlossen, daß ein Sukzessivlieferungsvertrag in der Weise zustande kommt, daß die Parteien nachträglich einem Geschäft weitere mit dem Willen, sie als einheitlichen Abschluß zu betrachten, anschließen (WarnRspr. 1923/24 Nr. 156; unten Anm. 449). Daß beim Sukzessivlieferungsgeschäft auch entsprechend ratenweise Zahlung vereinbart sein müßte, wie Müller in Gruch. 50, 510 annimmt, ist nicht erforderlich. Tatsächlich wird eine solche Vereinbarung allerdings regelmäßig getroffen werden; nötig ist aber nur, daß die Zahlungsweise beim Abschluß feststeht (vgl. RG JW 1903, 422[8]). Über den Unterschied der Sukzessivlieferungsverträge von Verträgen, in denen mehrere selbständige Geschäfte enthalten sind und über den Sukzessivlieferungsverträgen gleich zu behandelnde Verträge s. unten Anm. 442.

Anm. 436 **bb) Die Verpflichtungen des Käufers und sein Erfüllungsverzug.** Der Käufer hat beim Sukzessivlieferungsvertrag im Regelfall, insbesondere beim Fehlen anderweiter Vereinbarung, jede einzelne Rate Zug um Zug gegen Erhalt der Lieferung zu zahlen. Daraus ergibt sich einmal, daß er sich die Weiterlieferung nicht durch Hinterlegung sichern kann (Bolze 5 Nr. 675). Zum anderen ergibt sich daraus folgende entscheidende Besonderheit: Gerät der Käufer mit einer fälligen Kaufpreisrate in Verzug, so steht dem Verkäufer nach ordnungsmäßiger Fristsetzung und Androhung das Wahlrecht regelmäßig hinsichtlich aller künftigen Raten in dem Sinne zu, daß er sofort nach seiner Wahl hinsichtlich sämtlicher noch ausstehender Raten zurücktreten oder Schadensersatz wegen Nichterfüllung nach § 326 Abs. 1 Satz 2 BGB verlangen kann. Die Rechtsprechung hat sich zur Aufstellung dieses Satzes anfänglich nur hinsichtlich des Rücktritts verstanden, aber hier gleich von einem Erfordernis, daß die Erfüllung des Vertrages für den Nichtsäumigen kein Interesse habe, abgesehen (ROHG 2, 86; 9, 58; 13, 78 u. 104). Dieser Grundsatz ist sodann auch auf den Anspruch auf Schadensersatz wegen Nichterfüllung ausgedehnt worden (ROHG. 16, 193 u. 202). An dieser Rechtsprechung hat das Reichsgericht immer festgehalten (RG 39, 58; JW 1896, 153[38]; 1903, 186[44]; Bolze 7 Nr. 578; zweifelnd RG 17, 61), und zwar auch vom Standpunkte des BGB aus (RG 104, 41; 61, 130; 58, 418; Holdheim 1917, 44; WarnRspr. 1923/24 Nr. 156; 1921 Nr. 68; 1917 Nr. 50; Müller Gruch. 50, 518; aus der modernen Literatur vgl. Wilde in BGB-RGRK § 326 Anm. 7; Staudinger-Kaduk[10/11] § 326 Rdnr. 81; Erman § 326 Bem. 14; Soergel-Reimer Schmidt § 326 Rdnr. 48ff., sämtlich auch zu den folgenden Anmerkungen; vgl. aber auch Oertmann § 326 Note 3a, der ein Sonderrecht des Sukzessivlieferungsvertrags bestreitet). Der Verkäufer gerät zwar, wenn er bei Fälligkeit der ersten Rate nicht liefert, zunächst nur mit dieser in Verzug, kann also nur wegen dieser auf Verspätungsschaden nach § 286 BGB belangt werden (RG 97, 136), infolge der Einheitlichkeit des Geschäfts kann aber der Käufer aus dem Verzug mit der ersten Rate sofort gemäß § 326 BGB vorgehen, und zwar für den ganzen Abschluß. Daraus folgt, daß nicht die Grundsätze über teilweise Unmöglichkeit anzuwenden sind und daß nicht etwa nach §§ 326 Abs. 1 Satz 3, 325 Abs. 1 Satz 2, 280 Abs. 2 BGB der Nachweis zu verlangen ist, daß die teilweise Erfüllung für den Nichtsäumigen kein Interesse habe. Gegen diese Beurteilung wurde früher eingewandt (Düringer-Hachenburg-Werner Bd. IV Einl. Anm. 391 mit zahlr. weit. Nachw; Jakobi Gruch. 50, 230; s. dagegen Planck § 326 Erl. 4b α u. β aa, der obige Grundsätze nur für den in Ausübung eines Kündigungsrechts zu denkenden Rücktritt gelten lassen will) sie führe dazu, daß der vertragstreue Teil auf Kosten des Säumigen spekuliere, weil er die Wahl habe, ob er vom ganzen Vertrag oder von dem fälligen Teil des Vertrags zurücktreten wolle; ein Verzug könne nur hinsichtlich fälliger Raten eintreten; es handle sich hier immer um eine Teilerfüllung, so daß der vertragstreue Teil immer den Wegfall des Interesses nachweisen müsse, wenn er vom ganzen Vertrag zurücktreten oder hinsichtlich des ganzen Vertrags Schadensersatz wegen Nichterfüllung verlangen wolle. Hierauf ist zu entgegnen, daß eben der Sukzessivlieferungsvertrag hier sein Wesen als einheitlicher Vertrag hervorkehrt, der nur mit einer, allerdings in Abschnitte eingeteilten Leistung erfüllt werden kann, und daß eine Spekulation auf Kosten des Säumigen ausgeschlossen ist, weil der Gläubiger schon bei der Androhung erklären muß, ob er für den ganzen Vertrag oder nur für die fällige Rate von § 326 BGB Gebrauch machen will (unten Anm. 437). Handelt es sich nur um den Verzug mit geringfügigen Rückständen, so wird man mit Rücksicht auf Treu und Glauben die Verzugswirkungen auf diese Rückstände zu beschränken haben.

Unter regelmäßigen Umständen hat der Verkäufer, wenn der Käufer einen gelieferten Posten nicht bezahlt oder eine zu erbringende Lieferung nicht spezifiziert, unter der Voraussetzung, daß die Verzugsvoraussetzungen vorliegen, folgende Rechte: **Anm. 437**

1. Er kann auf Zahlung (bzw. Spezifikation) bestehen und den Verspätungsschaden nach §§ 286ff. BGB geltend machen.

2. Er kann nach gehöriger aber ergebnisloser Androhung und Nachfristsetzung die Rechte aus § 326 BGB *hinsichtlich der ausgebliebenen Rate* ausüben. Dieses Recht steht ihm für jede in Zukunft ausbleibende Rate jeweils von neuem zu.

3. Er kann aber auch das Ausbleiben bereits einer einzigen Rate zum Anlaß nehmen, die ihm nach § 326 BGB zustehenden Rechte *mit Wirkung für alle noch ausstehenden künftigen Raten auszuüben* (s. die Nachw. aus Rspr. und Lit. in der vorhergehenden Anmerkung). Voraussetzung ist nur, daß er bereits in der anläßlich der Nachfristsetzung auszusprechenden Androhung dem Säumigen eindeutig zu verstehen gegeben hat, daß er bei Ausbleiben der fälligen Rate nicht nur deren Annahme, sondern überhaupt jede künftige Leistung, auch soweit sie erst in Zukunft fällig wird, ablehnen werde. Der Käufer muß wissen, woran er ist. Andernfalls beschränken sich die Rechte des Verkäufers auf die gerade fällige Rate (RG 61, 128, 131 und h. M., vgl. die weit. Nachw. bei Staudinger-Kaduk[10/11] § 326 Rdnr. 81). Erstreckte sich jedoch die Androhung auf alle künftigen Raten, so kann der Berechtigte umgekehrt seine Wahl nur noch dann

auf die gerade fällige Rate beschränken, wenn der Säumige damit einverstanden ist. Der vertragstreue Teil muß sich also entscheiden, bevor er Nachfrist und Ablehnungsandrohung erklärt.

Die geschilderten weitgehenden Rechte stehen dem Verkäufer jedoch nur in bezug auf die noch ausstehenden, erst künftig fällig werdenden Raten zu.

Hatte der Käufer eine oder mehrere Raten bereits bezahlt oder spezifiziert und gerät er dann in Zahlungs- oder Spezifikationsverzug mit einer weiteren Rate, so kann der Verkäufer sein Wahlrecht nur wegen des vom Käufer noch nicht erfüllten Teils geltend machen (WarnRspr. 1921 Nr. 68), es sei denn, daß die teilweise Erfüllung des Vertrags für den Verkäufer kein Interesse hat (oben Anm. 433). Hatte der Verkäufer bereits vollständig erfüllt, d. h. alle Lieferungen bereits übergeben, so ist die Rücktrittserklärung gegenstandslos (vgl. ROHG 2, 86). Hat der Verkäufer nur teilweise geleistet, so kann er wegen der Rate, die ihm Anlaß zum Rücktritt gibt, nicht Zahlung verlangen, sondern nur die gelieferte Rate zurückfordern. Wählt er jedoch Schadensersatz wegen Nichterfüllung, so bildet der Betrag des Kaufpreises für diese Rate einen Posten seiner Schadensberechnung.

Anm. 438 Die Tatsache, daß der Sukzessivlieferungsvertrag ein einheitlicher Vertrag ist, zeigt sich auch daran, daß der Verkäufer berechtigt ist, nach § 320 BGB weitere Lieferungen so lange zurückzuhalten, bis der fällige Kaufpreis für sämtliche, in der Vergangenheit erbrachten Lieferungen entrichtet worden ist; solange ist Verzug auf seiten des Verkäufers ausgeschlossen; vgl. dazu BGH DB 1967, 1623 m. weit. Nachw. sowie oben Anm. 301, 306.

Anm. 439 Weiter ist von der Rechtsprechung angenommen worden, daß der Verkäufer hinsichtlich der verschiedenen sukzessiv zu liefernden Posten verschiedene Rechte geltend machen kann: Er kann z. B. teilweise zurücktreten (vgl. jedoch oben Anm. 432), teilweise Schadensersatz wegen Nichterfüllung und teilweise Erfüllung verlangen (ROHG 9, 122; 13, 331; Bolze 9 Nr. 397; 20 Nr. 510); denn das Interesse des Verkäufers kann in den verschiedenen Zeiträumen ganz verschieden sein. Vorausgesetzt wird dabei, daß er das Wahlrecht wegen Nichtzahlung (oder Nichtspezifizierung nach § 375) bezüglich **jeder** einzelnen Lieferung nach § 326 BGB geltend macht, indem er deren Fälligkeit abwartet (vgl. RG JW 1903, 186[44]). Dagegen würde es eine unzulässige Zerreißung des einheitlichen Vertrags bedeuten, wenn der Verkäufer von vornherein nach Ablauf der Nachfrist oder gleichzeitig mit Setzung derselben für die verfallenen und einen Teil der künftigen Raten Schadensersatz wegen Nichterfüllung, bezüglich anderer Raten den Rücktritt erklären und dann wieder für den Rest Schadensersatz wegen Nichterfüllung beanspruchen wollte (vgl. RG. 17, 62 oben). Er kann aber wohl seinen Rücktritt auf die noch nicht fälligen Raten beschränken und Schadensersatz wegen Nichterfüllung hinsichtlich der fälligen Raten verlangen. Der Verkäufer kann also, wenn für alle Raten die Endfrist abgelaufen, der Käufer aber noch mit mehreren Raten im Rückstande ist, sukzessive Nachfrist mit Androhung für jede einzelne Rate stellen; er kann aber auch die Nachfrist für alle Raten zusammen stellen und die Nichtannahme sämtlicher Raten androhen.

Anm. 440 Der Verkäufer kann endlich ohne vorherige Fristsetzung und Androhung Schadensersatz wegen Nichterfüllung verlangen oder vom Vertrag zurücktreten, wenn er infolge des Verzugs des Käufers an der Erfüllung kein Interesse mehr hat (RG 104, 41; oben Anm. 424ff., 433) oder wenn der Käufer sich einer positiven Vertragsverletzung schuldig gemacht hat (hierüber unten Anm. 482 u. 513ff.). In beiden Fällen kann die Wahl bezüglich der künftigen Raten nur einheitlich erfolgen. Auf die schon gelieferten und bezahlten Raten kann der Rücktritt nur erstreckt werden, wenn ausnahmsweise der Verkäufer auch an den bisherigen Teillieferungen kein Interesse hat (vgl. RG 104, 41).

Anm. 441 Hat der Verkäufer bereits geliefert und den Kaufpreis gestundet, so tritt eine Änderung ein. Dann fällt nach § 454 BGB sein Rücktrittsrecht (nicht auch das Recht auf Schadensersatz wegen Nichterfüllung) weg, natürlich nur insoweit als die Stundung reicht (oben Anm. 394f.). Dies bedeutet, daß der Verkäufer, der eine oder einige Raten geliefert und deren Kaufpreis gestundet hat, bei Zahlungsverzug des Käufers nur hinsichtlich der künftigen Lieferungen zurücktreten kann (RG JW 1908,

30[4]). Ist aber der Kaufpreis über sämtliche Teillieferungen hinaus gestundet oder ist die Zahlung jeder einzelnen Teillieferung gestundet, so hat der Verkäufer überhaupt kein Rücktrittsrecht (RG JW 1925, 1114[13]). Hat also der Verkäufer sukzessive gegen Wechsel zu liefern und hat er die erste Warenrate geliefert, der Käufer aber den ersten Wechsel nicht eingelöst, so kann der Verkäufer kein Rücktrittsrecht ausüben, auch nicht wegen der noch ausstehenden Lieferungen. Wohl aber hat er einen Schadensersatzanspruch wegen Nichterfüllung. Wann der Fall der Stundung vorliegt, ist in Anm. 395 erörtert; insbesondere liegt darin allein keine Stundung, daß die Zahlung zwar hinausgeschoben ist, aber so, daß sie Zug um Zug gegen die Lieferung der Ware zu leisten ist. Die gegenteilige Annahme würde dazu führen, daß bei Sukzessivlieferungsgeschäften, wenn über die Zahlung nichts Besonderes vereinbart ist, das Rücktrittsrecht nicht ausgeübt werden könnte.

Wählt der Verkäufer nach vorstehenden Grundsätzen Schadensersatz wegen Nichterfüllung, so muß bei dessen Geltendmachung beachtet werden, daß der Preis für die späteren Raten erst später zu bezahlen ist. Wenn er also jetzt schon die Ware anderweit verkauft, so muß er dies berücksichtigen (vgl. ROHG 13, 105; 16, 202; JW 1901, 846[29]). Es darf kein Schaden in Anrechnung gebracht werden, der dadurch entsteht, daß der Verkäufer durch Verkauf gegen Kasse einen geringeren Preis erzielt. Der Verkäufer darf das Interesse des Käufers nicht unnötig schädigen (§§ 242, 254 BGB; § 347 HGB; RG 61, 281; Näheres oben Anm. 355ff.). Darüber, welcher Schaden zu ersetzen ist, entscheidet das freie richterliche Ermessen nach § 287 ZPO. Die hiernach sich ergebende Schadensforderung kann sofort geltend gemacht werden, obgleich der Kaufpreis erst später fällig ist. Dagegen kann nicht eingewendet werden, es stehe ja noch gar nicht fest, daß dem Verkäufer zur Zeit der Fälligkeit der späteren Raten infolge der Nichterfüllung ein Schaden entstanden wäre, da sich die Lage ändern könne. Es ist immer davon auszugehen, daß der Verkäufer sich die Ware schon im voraus auch für die künftigen Lieferungen beschaffen darf, indem er sich mit einem entsprechenden Vorrat versieht oder auf Termin kauft, und sich so seinen Gewinn sichert. Auf diese Weise kommt er zur abstrakten Berechnung (oben Anm. 356ff.). Weist der Verkäufer nach, daß er sich die Ware in dieser Weise schon beschafft hatte und jetzt das Geschäft rückgängig machen oder die Ware zu ungünstigerem Preis anderweit verkaufen mußte, so macht er damit konkreten Schaden geltend (oben Anm. 359ff.). Der Käufer kann dem Verkäufer nicht zumuten, mit dem Deckungsverkauf zu warten, bis die Fälligkeit der einzelnen Raten eingetreten ist; damit würde er dem Verkäufer ein Risiko aufbürden, das dieser nach dem Vertrag nicht zu tragen hatte. Diese Grundsätze sind aber nicht anwendbar, wenn die Schadensberechnung von anderen ungewissen Umständen abhängt; hat sich z. B. der Käufer verpflichtet, seinen ganzen Bedarf beim Verkäufer zu decken, so ist eine Schadensschätzung nach § 287 ZPO in der Regel nicht möglich, weil die Höhe des Bedarfs ungewiß ist. Hier kann nur entweder zu wiederkehrenden Schadensbeträgen für die Zukunft verurteilt werden, wobei beide Parteien eine Abänderung gemäß § 323 ZPO später erwirken können, oder es kann die Schadensersatzpflicht dem Grunde nach für die Zukunft festgestellt werden. Über die entsprechende Berechnung des Käufers vgl. unten Anm. 448. **Anm. 442**

Die Abnahmepflicht des Käufers nach § 433 Abs. 2 BGB ist eine selbständige Verpflichtung, die beim Sukzessivlieferungsgeschäft keinen anderen Charakter hat als beim Einzelgeschäft. Auf die Abnahmepflicht findet also § 326 BGB grundsätzlich keine Anwendung. Insbesondere läßt sich aus dem Wesen des Sukzessivlieferungsvertrags allein, also daraus, daß der Käufer sich zur Abnahme einer größeren Warenmenge innerhalb eines gewissen Zeitraums verpflichtet, nicht herleiten, daß die Abnahmepflicht eine Hauptverpflichtung sei. Denn diese Umstände sind bei jedem Sukzessivlieferungsgeschäft vorhanden. Es gilt daher das oben Anm. 292 über die Abnahmepflicht Gesagte. Über die davon verschiedene Abrufpflicht s. Anm. 293. **Anm. 443**

cc) Die Verpflichtungen des Verkäufers und sein Erfüllungsverzug. Auch der Verkäufer hat mangels anderer Vereinbarungen die Verpflichtung, jeden einzelnen Posten des Sukzessivlieferungsgeschäfts Zug um Zug gegen Zahlung des entsprechenden Teiles des Kaufpreises zu liefern. Auch er darf die Ware nicht hinterlegen, um sich die Zahlung der weiteren, noch nicht fälligen Kaufpreisraten zu sichern. Wenn **Anm. 444**

er mit der Lieferung eines Postens in Verzug gerät, so kann der Käufer wegen dieser verspäteten Lieferung zwar nur Verspätungsschaden verlangen (RG 97, 137; oben Anm. 436f.), ist aber berechtigt, wegen aller ausstehenden Lieferungsraten sein Wahlrecht auszuüben (ROHG 2, 84; 9, 119; 13, 104; 16, 193; RG 39, 58; JW 1903, 186[44]). Es bedarf nicht des Nachweises, daß die Teilerfüllung für ihn kein Interesse habe. Es gilt hier alles, was oben Anm. 436f. hinsichtlich des Verzugs des Käufers ausgeführt ist, in entsprechender Anwendung (RG 61, 128; 58, 421; Holdheim 1917, 44; LZ 1916, 803[9]). Der Käufer kann also, wenn der Verkäufer gleich den ersten Posten nicht liefert, wegen des ganzen Vertrags die Ablehnung der Leistungsannahme androhen und alsdann (geeignetenfalls auch ohne diese Androhung) Schadensersatz wegen Nichterfüllung oder den Rücktritt vom ganzen Vertrage wählen. Er muß aber bei der Androhung nach § 326 BGB deutlich erkennen lassen, daß er die Annahme der ganzen Leistung, nicht nur der fälligen Rate, ablehnen werde (RG 61, 131; LZ 1916, 803[9]), sonst bezieht sich die Androhung nur auf die fälligen Lieferungen. Wenn der Verkäufer einen oder mehrere Posten schon geliefert hat, so kann der Käufer regelmäßig nur wegen der noch nicht gelieferten Posten seine Rechte ausüben; nur dann kann er dies auch hinsichtlich des schon gelieferten Teiles tun, wenn die teilweise Erfüllung des Vertrags für ihn kein Interesse hat (oben Anm. 437), was aber bei Sukzessivlieferungsgeschäften selten der Fall sein wird. Ist der Verkäufer bei einem Sukzessivlieferungsvertrag, der bis zu einem bestimmten Termin abgewickelt sein soll, mit mehreren Teillieferungen in Verzug geraten und will er kurz vor dem Endpunkt alle rückständigen Raten nachliefern, so kann sich aus dem Sinn des Vertrags ergeben, daß der Käufer nur noch einen verhältnismäßigen Teil abzunehmen braucht (RG. 96, 129). Es darf nicht vergessen werden, daß der Käufer nicht eine Nachfrist mit Androhung setzen darf, wenn der Verkäufer überhaupt noch nicht in Verzug geraten war; der oben Anm. 409 aufgestellte Grundsatz, daß vor Fälligkeit die Anwendung des § 326 BGB nicht zulässig ist, gilt besonders auch für Sukzessivlieferungsverträge (WarnRspr. 1917 Nr. 51; LZ 1914, 857[2]).

Soweit der Käufer selbst schon erfüllt hat, kann er, wenn er Schadensersatz wegen Nichterfüllung wählt, seine eigenen Zahlungen nicht zurückfordern, sondern nur deren Betrag in seine Schadensberechnung mit aufnehmen (oben Anm. 351), es sei denn, daß die teilweise Erfüllung für ihn kein Interesse hat und er von dem ganzen Vertrage zurücktritt (§ 326 Abs. 1 Satz 3 BGB; oben Anm. 433). Andernfalls kann Schadensersatz oder Rücktritt nur hinsichtlich des noch nicht erfüllten Restes des Vertrages gewählt werden.

Anm. 445 Das Zurückbehaltungsrecht, d. h. die Einrede des nicht erfüllten Vertrags nach § 320 BGB, hat der Käufer auch bei Sukzessivlieferungsverträgen. Es gilt hierüber im allgemeinen alles, was bereits oben Anm. 297ff. ausgeführt ist (wegen Zurückbehaltungsrecht des Verkäufers s. oben Anm. 438). Der Käufer kann also, wenn der Verkäufer mit einer Lieferungsrate im Verzug ist, die Bezahlung früherer Lieferungsraten so lange zurückbehalten, bis der Verkäufer seinen rückständigen Lieferungspflichten nachkommt (RG 68, 22; ROHG 23, 77). Selbst wenn Vorauszahlung bedungen ist, kann der Käufer weitere Vorauszahlungen ohne Verletzung des § 320 Abs. 1 Satz 1 BGB verweigern, solange sich der Verkäufer mit bereits bezahlten Lieferungen im Verzug befindet (ROHG 23, 76). Nach den Grundsätzen von Treu und Glauben kann jedoch gegenüber dem säumigen Verkäufer, der teilweise geliefert hat, die Einschränkung geboten sein, daß nicht mit der Zahlung, sondern nur mit so viel zurückgehalten werden darf, als erforderlich ist, um den Käufer vor jedem Schaden zu bewahren (RG 61, 133, oben Anm. 304).

Anm. 446 Mit jeder Rate kann der Käufer ein verschiedenes Recht ausüben (ROHG 9, 122; 24, 332; Bolze 9 Nr. 397). Der Käufer kann wegen des Gelieferten Wandelung begehren, wegen des Nichtgelieferten den Rücktritt wählen (RG JW 1918, 555[8]; vgl. § 377 Anm. 178ff.) oder wegen des nicht erfüllten Teils Schadensersatz wegen Nichterfüllung, bezüglich des erfüllten Teils Verspätungsschaden verlangen, wenn dessen Voraussetzungen vorliegen (ROHG. 9, 123). Er kann auch jede einzelne Teillieferung abwarten und für jede einzelne von §326 Abs. 1 BGB Gebrauch machen, wenn der Verkäufer in Verzug kommt; denn sein Interesse kann in den verschiedenen Zeiten ein verschiedenes Vorgehen erfordern (RG JW 1903, 186[44]). Er kann auch die Endzeit sämtlicher Einzellieferungen abwarten und dann erst hinsichtlich jeder einzelnen eines der drei Rechte ausüben. Für künftige Raten kann er sich jedoch nur einheitlich entweder für Schadensersatz wegen Nichterfüllung oder für Rücktritt entscheiden (vgl. oben Anm. 437, 439). Dies folgt aus dem Grundsatz, daß die künftigen Raten als einheitliche Leistung zu betrachten sind (vgl. RG 17, 61).

Ohne vorherige Androhung und Fristsetzung kann der Käufer die Rechte aus § 326 BGB geltend machen, wenn die Voraussetzungen des § 326 Abs. 2 BGB (oben Anm. 424ff., 433) oder einer positiven Vertragsverletzung (unten Anm. 482, 513ff.) vorliegen, s. auch schon oben Anm. 440. **Anm. 447**

Wird nach vorstehenden Grundsätzen Schadensersatz wegen Nichterfüllung gewählt, so ist zu unterscheiden: Ist der Schadensersatz für die einzelne Rate beansprucht, indem für jede einzelne Rate von § 326 BGB Gebrauch gemacht ist (oben Anm. 446), so ist der Schaden abstrakt oder konkret so zu berechnen, wie wenn ebenso viele selbständige Lieferungsverträge vorhanden wären (RG JW 1903, 186[44]; oben Anm. 367ff.). Sind die späteren Raten noch nicht fällig und hat der Käufer wegen Verzugs mit einer Rate Schadensersatz hinsichtlich aller noch nicht gelieferten Raten des ganzen Vertrags gewählt, so kann er sich durch Abschluß eines Vertrags mit denselben Fälligkeitsterminen decken (ROHG 16, 202). In derselben Weise ist auch die abstrakte Schadensberechnung aufzumachen (RG JW 1903, 186[44]). Ebenso wie der Verkäufer (oben Anm. 442) kann der Käufer hier die Preise zugrunde legen, die für Lieferungen in den späteren Fälligkeitszeitpunkten zu zahlen sind. Hat er also z. B. für Mai, Juni und Juli je eine bestimmte Menge gekauft und gerät der Verkäufer mit der Mailieferung in Rückstand, so kann der Käufer für die Mairate den Preis im Zeitpunkt des Eintritts des Verzugs oder des Ablaufs der Nachfrist (oben Anm. 372) und für die beiden anderen Raten den Preis zugrunde legen, den er für einen Abschluß per Ende Juni bzw. Juli anlegen muß. Rechnet er konkret, so kann er sich sofort für alle drei Raten in dieser Weise decken, kann aber auch mit der Eindeckung für die Juni- und Julirate bis zum Fälligkeitszeitpunkt warten. Fehlt es an einer bestimmten Menge, weil der Verkäufer sich z. B. verpflichtet hat, den ganzen Bedarf des Käufers zu decken, so wird häufig eine Schadensschätzung unmöglich sein. Es gilt dann das gleiche wie im entsprechenden Falle für den Verkäufer (oben Anm. 442). Im übrigen gilt auch hier der Grundsatz, daß der Käufer mit der gehörigen Sorgfalt ohne Verletzung von Treu und Glauben verfahren muß und auch das Interesse des säumigen Gegners nicht außer acht lassen darf (§§ 242, 254 BGB; § 347 HGB; vgl. 61, 281). Die Schadensschätzung erfolgt nach freiem richterlichem Ermessen (§ 287 ZPO). **Anm. 448**

dd) Anwendung der Grundsätze über den Verzug bei Sukzessivlieferungsverträgen auf ähnliche Geschäfte. Verschieden von dem Fall des sukzessiven Lieferungsgeschäfts liegt der Fall, in dem zwischen zwei Personen mehrere selbständige Geschäfte geschlossen werden, mag dies auch zu derselben Zeit, zu gleichen Bedingungen oder in demselben Schlußschein (ROHG 15, 425; RG 42, 31) oder im Lauf einer Geschäftsverbindung zur Befriedigung des nämlichen Bedürfnisses geschehen sein; dies gilt auch dann, wenn zwar ein einheitliches Geschäft geschlossen, aber vereinbart war, daß jede Teillieferung als selbständige Lieferung gelten solle. Der Verzug in der Erfüllung des einen Geschäfts gibt dem anderen Teil kein Recht, irgendeine Wahl, insbesondere ein Rücktrittsrecht, hinsichtlich des anderen auszuüben (RG JW 1903, 422[8]), es sei denn, daß die besonderen Voraussetzungen vorliegen, unter welchen wegen Kreditunwürdigkeit von einem Geschäfte oder von der Krediteinräumung zurückgetreten oder eine Anfechtung des Geschäfts oder der Krediteinräumung gemacht werden kann (oben Anm. 66ff.). Die Leistung kann nicht zurückbehalten werden, weil Rückstände aus einem anderen Abschlusse bestehen; es sei denn, daß ein Zusammenhang nach § 273 BGB gegeben wäre. Indessen hat die Rechtsprechung die Grundsätze vom sukzessiven Lieferungsgeschäft entsprechend auf die Fälle angewendet, in denen verschiedene Geschäfte derart zusammengehören, daß nach der Parteiabsicht die Bezahlung des Kaufpreises aus dem einen Geschäft Vorbedingung für die Lieferung der auf Grund des anderen Geschäfts geschuldeten Ware sein sollte (Bolze 9 Nr. 407; unten Anm. 516), mit anderen Worten, wenn das eine Geschäft nicht ohne das andere abgeschlossen worden wäre. Das kann bei gleichzeitig geschlossenen Geschäften der Fall sein, aber auch bei Geschäften, die hinter- **Anm. 449**

einander selbständig geschlossen werden, doch so, daß die Vereinbarung dabei auf einen sich aus allen diesen Geschäften zusammensetzenden einheitlichen Sukzessivlieferungsvertrag gerichtet gewesen ist (WarnRspr. 1923/24 Nr. 156). Isnbesondere gehören hierher die Verträge auf Abruf nach Bedarf, wenn der Verkäufer den ganzen Bedarf des Käufers auf längere Zeit decken soll, oben Anm. 63, bei denen der Verzug des Verkäufers mit einer Teillieferung wie bei den Sukzessivlieferungsverträgen unter regelmäßigen Umständen den Käufer zum Schadensersatz wegen Nichterfüllung hinsichtlich aller Raten oder zum Rücktritt vom ganzen Vertrag berechtigt (vgl. RG bei Holdheim 1907, 75). Nicht hierher gehört der Abschluß mehrerer selbständiger Geschäfte (von denen jedes einzelne für sich wieder ein Sukzessivlieferungsgeschäft sein kann), die nur das Gemeinsame haben, daß dauernd gleichmäßige Beschaffenheit der Ware bedungen ist. Dies rechtfertigt es noch nicht, einer Verletzung des einen Vertrags eine Einwirkung auf den anderen Vertrag zuzugestehen („Recht" 1906, 1193[2819]). Über Elektrizitätslieferungsverträge und Verträge auf Lieferung von Gas, Wasser, Dampf und Wärme s. oben Anm. 33ff.

Anm. 450 **13. Verwirkung der Rechte aus dem Verzug infolge illoyal verspäteter Geltendmachung.**

Grundsatz ist, daß weder das Recht auf Erfüllung und Ersatz des Verspätungsschadens noch die Ausübung der Rechte aus § 326 BGB (Rücktritt oder Schadensersatz wegen Nichterfüllung) an eine Zeitgrenze (abgesehen von der Verjährung) gebunden sind; RG 32, 61, 64; 36, 83, 86f.; 83, 176, 178; 91, 99, 101; 102, 262, 264; 107, 106, 109f. u. 345, 348. Insbesondere kann nach Eintritt des Verzuges die Ablehnungsandrohung mit Nachfristsetzung *jederzeit* ausgesprochen werden. Sie muß nicht etwa notwendig in naher Zeit erfolgen. Der säumige Teil wird dadurch nicht in unberechtigter Weise benachteiligt, weil er das Recht hat, so lange zu erfüllen und dadurch den Verzug zu heilen, bis der Gegner die Androhung erklärt und die von ihm gesetzte Nachfrist abgelaufen ist (darauf weisen insbesondere die beiden älteren Entscheidungen RG 32, 61, 64 und 36, 83, 86 hin; vgl. ferner RG 91, 99, 101). Auch der Umstand, daß er zunächst auf Erfüllung beharrt hat, hindert den vertragstreuen Teil nicht, später bei fortgesetztem Verzug oder fortbestehender Erfüllungsweigerung des anderen Vertragsteils davon abzugehen und noch die Frist mit Ablehnungsandrohung zu setzen (Bolze 19 Nr. 572) oder, soweit zulässig, auch ohne sie die Rechte aus § 326 auszuüben, RG 83, 176, 178; 91, 99, 101; 102, 262, 264. Wegen § 283 BGB bindet den Vertragstreuen nicht einmal die Klage auf Erfüllung. Der Übergang von der Erfüllungsklage zur Klage auf Schadensersatz wegen Nichterfüllung ist keine unzulässige Klageänderung. Die Ausübung der genannten Rechte findet erst dort ihre Grenze, wo der vertragstreue Teil in illoyaler Weise so lange mit ihrer Geltendmachung gewartet hat, daß der Säumige nach Treu und Glauben (§ 242 BGB) mit ihrer Geltendmachung nicht mehr zu rechnen brauchte (*Verwirkung*), sondern auf einen Verzicht des anderen schließen und sich darauf einrichten durfte, vgl. RG 32, 61, 64; 36, 83, 87; 107, 106, 109f.; 155, 148, 151f. (ausführlich). Die Verwirkung ist also ein Fall unzulässiger Rechtsausübung. Unter diesem Gesichtspunkt unterliegen alle genannten Rechte der Verwirkung. So kann, wenn der eine Teil die *Erfüllung verweigert*, in der langen Dauer des Schweigens das Einverständnis des Nichtsäumigen mit jener Weigerung und demgemäß ein *Fallenlassen des abgelehnten Erfüllungsanspruchs* gefunden werden (RG 95, 310; 91, 347). Dies gilt z. B., wenn der Verkäufer nach fast anderthalb Jahren auf eine Kohlenlieferung zurückkommt, deren Annahme der Käufer damals verweigert hatte (ROHG 23, 83), oder wenn der Kaufgegenstand sich nach Ablauf mehrerer Jahre obendrein wesentlich verändert hat (auf die zu liefernden Aktien sind inzwischen Einzahlungen, Rückzahlungen, Dividendenzahlungen, Herabsetzungen erfolgt) ROHG 20, 335), oder wenn durch ein plötzliches Ereignis von unübersehbarer Tragweite (z. B. Kriegsausbruch) die gesamten wirtschaftlichen Verhältnisse auf das schwerste erschüttert worden sind (vgl. RG 88, 262). Es kann auch aus übermäßig verzögertem Abruf nach den Grundsätzen von Treu und Glauben ein Verlust des Anspruchs des Käufers auf Lieferung (RG 95, 310; WarnRspr. 1918 Nr. 161; LZ 1919, 637[5]; JW 1919, 499[3]; Kolmar LZ 1909, 951[3]; Königsberg LZ 1930, 1002[2]; Hamburg OLGE 28, 378; vgl. LZ 1913, 849[11]), aus dem Nichtdrängen des Verkäufers auf Abruf während sehr langer Zeit, wie auch aus langem Schweigen des Verkäufers trotz anfänglichen Mahnens des Käufers ein Verlust des Erfüllungsanspruchs des Verkäufers sich ergeben (Hamburg LZ 1919, 701[4]; KG OLGE 34, 20; Dresden LZ 1917, 615[6]).

Hat der vertragstreue Teil auf diese Weise die Ausübung seines Erfüllungsanspruchs verwirkt, so stehen ihm auch die Rechte aus § 326 BGB (die ja nur Surrogate des Erfüllungsanspruchs darstellen) nicht zu. Ablehnungsandrohung und Nachfristsetzung sind hier ausgeschlossen. — Die genannten Grundsätze finden aber auch auf die Wirkungen der Nachfristsetzung als solche und auf positive Vertragsverletzungen Anwendung. So kann z. B. aus dem Verhalten des Gläubigers zu schließen sein, er wolle auf Vertragserfüllung bestehen und auf sein Recht auf Schadensersatz bzw. Rücktritt verzichten (RG 102, 265; 107, 348; WarnRspr. 1917 Nr. 167; LZ 1913, 227[3]). Verwirkungsgrundsätze sind auch auf die unterlassene Ausübung eines vertragsmäßigen Rücktrittsrechts anzuwenden (RG 107, 110 oben; 91, 115; 88, 145) sowie insofern, als überlanges Schweigen auf eine Rücktrittserklärung als Zustimmung behandelt werden kann, RG 91, 346; WarnRspr. 1919 Nr. 84. Ein strenger Maßstab ist an die Verwirkung anzulegen, sobald der Vertragstreue einmal erklärt hat, er trete vom Vertrag zurück oder er verlange Schadensersatz wegen Nichterfüllung. Denn durch die Wahlerklärung hat der nichtsäumige Teil deutlich zu erkennen gegeben, daß er von den ihm gesetzlich zustehenden Befugnissen Gebrauch mache und nicht gedenke, die Säumnis des anderen folgenlos auf sich beruhen zu lassen. Die gegenteilige Annahme des Säumigen wird hier nur selten begründet sein, so z. B. wenn das gesamte Verhalten des Vertragstreuen derart in Widerspruch zu seiner zuvor abgegebenen Rücktrittserklärung steht, daß es dem Säumigen nicht zuzumuten ist, sich an dem von der anderen Seite erklärten Rücktritt festhalten zu lassen, vgl. BGH NJW 1960, 2331f. Die bloße Weiterbenutzung der Kaufsache durch den Käufer auch in der Zeit nach Abgabe seiner Rücktrittserklärung reicht dafür jedoch regelmäßig nicht aus; ebensowenig, wie §§ 351, 347 BGB zeigen, eine nach diesem Zeitpunkt eintretende Unmöglichkeit der Herausgabe des Kaufgegenstandes. **Anm. 451**

Alle diese Gesichtspunkte erfordern verständige Beurteilung. Der Verlust der Rechte ergibt sich aus dem Gedanken der nach den Grundsätzen von Treu und Glauben mit Rücksicht auf die Verkehrssitte (§ 242 BGB) unerlaubten Rechtsausübung, die hier wie ein Verzicht wirken. Es kommt also vor allem darauf an, ob nach dem beiderseitigen Willen ein Hinausschieben auf unbestimmte Zeit nicht gewollt sein konnte, und ob es sich nicht nur um ein nachsichtiges Verhalten handelt (RG LZ 1907, 659[3]), oder ob etwa das Schweigen durch den Krieg oder andere Umstände erzwungen war (RG 94, 78). Mitunter hat ein zu entschuldigender Rechtsirrtum das abwartende Verhalten bestimmt. Zu berücksichtigen ist immer, daß eine erhöhte Pflicht zum Reden besteht, wenn nur eine Partei in der Lage ist, eine Klärung herbeizuführen. Es ist deshalb bedenklich, mit JW 1913, 129[4] anzunehmen, der Käufer, der es zu seiner Verurteilung zur Erfüllung kommen läßt, verstoße gegen Treu und Glauben, wenn er bei gestiegenen Preisen nun seinerseits Erfüllung begehrt und nach fruchtlosem Ablauf einer Nachfrist gemäß § 326 BGB Schadensersatz wegen Nichterfüllung fordert; es müssen vielmehr ganz besondere gegen den Verurteilten sprechende Umstände vorliegen. Auch in der Tatsache, daß der Käufer, um billige Ware zu bekommen, mit seinem Anspruch auf Lieferung hervortritt, wenn die Ware im Preis steigt, liegt für sich allein genommen keine Arglist, sondern die zulässige Wahrung kaufmännischer Interessen (ROHG 21, 159; RG 36, 88; 32, 65; JW 1893, 39[12]; Kolmar LZ 1909, 951[3]). Der Verkäufer konnte ja dem Schwebezustand durch Anbieten der Ware ein Ende machen. Ähnlich liegt der Fall, wenn der Verkäufer infolge Zahlungs- und Annahmeverzugs des Käufers die Ware weiterveräußert und der Käufer nun infolge steigender Preise Lieferung zum Vertragspreis verlangt. Der Verkäufer kann ihm nicht entgegenhalten, ein solches Verhalten verstoße gegen Treu und Glauben. Der Verkäufer hätte die Folgen aus dem Zahlungs- und Annahmeverzug gemäß § 326 BGB ziehen sollen. Ein Zurückbehaltungsrecht hat er nur für den Verzugsschaden. Unterläßt einer der Vertragsschließenden bewußt, die Folgen aus dem Verzug des andern Vertragsteils gemäß § 326 BGB zu ziehen, so bleibt er eben verpflichtet, seinerseits den Vertrag zu erfüllen; tut er dies nicht, so muß er sich als vertragsuntreu behandeln lassen; denn es verstößt gegen Treu und Glauben, die Nichterfüllung eines Vertrages nachträglich mit **Anm. 452** einer Tatsache zu begründen, aus der vorher kein Grund zur Nichterfüllung hergeleitet wurde (RG 123, 240).

Anm. 453 Freizeichnungsklauseln dürfen ebenfalls nicht illoyal verspätet geltend gemacht werden (JW 1925, 240[26]; 1917, 716[11]). Das gilt z. B. für Kriegsklauseln (RG 88, 261 u. 143), für die Streikklausel, für Betriebsstörungsklauseln und für den Vorbehalt höherer Gewalt (force majeure; RG 91, 108); sei es, daß diese Klauseln nur gegen Verspätung schützen oder überhaupt von der Erfüllung befreien. Doch ist zu beachten, daß eine solche Klausel bedeutungslos wird, wenn der Eintritt des Ereignisses in die Zeit nach Verzugsetzung des Berechtigten fällt, weil der Säumige die Gefahr der Unmöglichkeit zu tragen hat. Der Verzicht auf die Freizeichnungsklausel kann durch schlüssige Handlungen oder durch ungebührliches Hinauszögern der Geltendmachung erfolgen. Was die schlüssigen Handlungen angeht, so verzichtet der Verkäufer noch nicht auf seine Rechte aus der Klausel, wenn er vorläufig davon keinen Gebrauch macht, sondern sich anstrengt, ohne die Klausel auszukommen, und eine Zeitlang weiterliefert (RG 90, 105; JW 1919, 237[1]; LZ 1917, 417[6]; WarnRspr. 1917 Nr. 164). Auch eine gewisse Zeit zur Überlegung und Beobachtung, wie die Dinge sich entwickeln, ist ihm einzuräumen (RG 99, 117). Man kann daher auch nicht im allgemeinen den Satz aufstellen, es dürfe von der Freizeichnungsklausel nur bis zu dem Augenblick Gebrauch gemacht werden, in dem nach Eintritt des befreienden Ereignisses die wirtschaftliche Lage überblickt werden konnte (RG 100, 261; LZ 1919, 860[8]; WarnRspr. 1920 Nr. 71). Wenn der Verkäufer aber so lange weiterliefert, daß damit an den Tag gelegt wird, er erblicke, obgleich die Schwierigkeiten bereits zu übersehen sind, in der Klausel keinen Hinderungsgrund (vgl. RG JW 1917, 355[2]), oder wenn der Verkäufer Erfüllung verlangt und den darauf folgenden Abruf bestätigt (s. OLG Karlsruhe DJZ 1916, 352), so hat er nach Treu und Glauben durch schlüssige Handlung einen Verzicht ausgesprochen. Was den Verlust des Rechts zur Berufung auf eine Freizeichnungsklausel durch Stillschweigen angeht, so ist zu unterscheiden: Handelt es sich um eine befristete Klausel, d. h. mußte der Berechtigte nach dem Inhalt der Klausel innerhalb einer bestimmten Frist von seinem Befreiungsanspruch Gebrauch machen, so darf unter besonderen Umständen der Gegner auch bei verspäteter Geltendmachung der Klausel seine Stellungnahme nicht auf unbestimmte Zeit hinausschieben, wenn er sich nicht so behandeln lassen will, als ob er der nachträglichen Geltendmachung zugestimmt habe (RG 88, 263). Bei einer unbefristeten Klausel muß der Berechtigte, sobald er die Lage hinreichend übersehen kann, dem Gegner Kenntnis geben, ob er sich auf die Freizeichnung berufen will. Verschweigt er sich, so kann er sich auf die Freizeichnung nicht mehr berufen (vgl. RG 88, 143; 91, 109; 100, 260; OLG Hamburg LZ 1917, 761[2]). Dieselben Grundsätze gelten für Verfall- und Verwirkungsklauseln.

Einer anderen Beurteilung unterliegt der Fall, daß der vertragstreue Teil mit der Eindeckung abwartet, um auf Kosten des säumigen Vertragsgegners zu spekulieren, und sich infolgedessen später eindeckt, als es mit der Sorgfalt eines ordentlichen Kaufmannes zu vereinbaren ist. Obwohl auch ein solches Verhalten gegen Treu und Glauben verstößt, verliert der vertragstreue Teil dadurch keine Rechte. Die Folge ist hier nur, daß die Höhe des Schadensersatzes durch Ermittlung des gebotenen Deckungszeitpunktes nach § 287 ZPO auf das rechte Maß zurückgeführt wird (s. dazu Anm. 359 und 378).

Anm. 454 **IV. Der Verzug des Schuldners nach rechtskräftiger Verurteilung zur Erfüllung.**

Einen weiteren Weg zum Rücktritt vom Kaufvertrag oder zu Schadensersatz wegen Nichterfüllung des Kaufvertrages eröffnet das Gesetz dem Gläubiger beim Ausbleiben der Leistung seines Schuldners durch § 283 BGB in Verbindung mit § 325 Abs. 2 BGB.

Die Vorschriften lauten:

§ 283 BGB:

(1) „*Ist der Schuldner rechtskräftig verurteilt, so kann der Gläubiger ihm zur Bewirkung der Leistung eine angemessene Frist mit der Erklärung bestimmen, daß er die Annahme der Leistung nach dem Ablaufe der Frist ablehne. Nach dem Ablaufe der Frist kann der Gläubiger Schadensersatz wegen Nichterfüllung verlangen, soweit nicht die Leistung rechtzeitig bewirkt wird; der Anspruch auf Erfüllung ist ausgeschlossen. Die Verpflichtung zum Schadensersatze tritt nicht ein, wenn die Leistung infolge eines Umstandes unmöglich wird, den der Schuldner nicht zu vertreten hat.*

(2) *Wird die Leistung bis zum Ablaufe der Frist nur teilweise nicht bewirkt, so steht dem Gläubiger auch das im § 280 Abs. 2 bestimmte Recht zu.*"

§ 325 Abs. 2 BGB:

„*Das gleiche gilt in dem Falle des § 283, wenn nicht die Leistung bis zum Ablaufe der Frist bewirkt wird oder wenn sie zu dieser Zeit teilweise nicht bewirkt ist.*"

1. Der Anwendungsbereich des § 283 BGB.

Die Vorschrift des § 283 BGB hat ihr Anwendungsfeld im wesentlichen auf dem Gebiet der einseitigen Rechtsverhältnisse. Sie ermöglicht es hier dem Gläubiger, auf einfache Weise seinen Leistungsanspruch in einen Schadensersatzanspruch umzuwandeln, ohne den Nachweis der Unmöglichkeit der Leistung führen zu müssen. Beim Kauf als einem gegenseitigen Vertrag ist sie von geringerer Bedeutung, weil hier dem Gläubiger die Möglichkeit, einseitig zu Schadensersatz wegen Nichterfüllung zu gelangen oder vom Kaufvertrag zurücktreten zu können, durch § 326 BGB auch ohne vorherige Verurteilung des Schuldners zur Leistung eröffnet ist. § 283 BGB ist aber auch auf den Kauf anwendbar und wird vor allem dann bedeutsam, wenn die Anwendbarkeit des § 326 BGB vertraglich ausgeschlossen ist, weil dem Gläubiger die Möglichkeit, nach § 283 BGB vorzugehen, auch in diesem Fall verbleibt (RG „Recht" 1921 Nr. 2163). **Anm. 455**

2. Die Voraussetzungen des § 283 BGB.

a) Verurteilung zur Leistung durch rechtskräftiges Urteil: § 283 BGB setzt zunächst voraus, daß der Schuldner rechtskräftig zur Leistung verurteilt ist. Unter Leistung ist hier die ursprüngliche vertraglich vereinbarte Leistung zu verstehen. Die Leistung darf sich nicht schon im Urteil selbst erschöpfen wie die Verurteilung zur Abgabe einer Willenserklärung, vgl. § 894 ZPO (s. auch RG 76, 412). Im übrigen gilt die Vorschrift bei allen Schuldverhältnissen ohne Rücksicht auf deren Grund, besonders auch bei der Verurteilung zur Rückgewähr eines Gegenstandes (Mot. II S. 54). § 283 BGB gilt auch für einen Anspruch auf künftige Leistung. Nach Ansicht von Staudinger-Werner[10/11] § 283 Rdnr. 2; Soergel-Reimer Schmidt § 283 Rdnr. 2 ist § 283 BGB dagegen auf Geldforderungen unanwendbar. Dies folgt für den Schadensersatzanspruch sowohl daraus, daß derartige Forderungen nicht unmöglich werden können, die gesetzliche Technik des § 283 BGB auf der Rechtsfolgenseite aber gerade darin besteht, die Rechtslage so anzusehen, als ob die Leistung, zu der verurteilt worden ist, unmöglich geworden wäre (s. dazu näher unten Anm. 459) als auch vor allem aus dem Sinn der Vorschrift, der darin liegt, den Sachleistungsanspruch des Gläubigers auf einfachem Wege in einen Geldanspruch umzuwandeln. Bei gegenseitigen Verträgen wie dem Kauf hat § 283 BGB wegen der durch § 325 Abs. 2 BGB vorgenommenen Erweiterung der Rechtsfolgen auf ein Rücktrittsrecht auch bei Geldforderungen seinen guten Sinn. Für den Kauf ist § 283 BGB also nicht nur dann von Bedeutung, wenn die Leistung des Verkäufers ausgeblieben ist, sondern auch dann, wenn der Verkäufer nach erfolgter Verurteilung des säumigen Käufers zur Zahlung zurücktreten will. **Anm. 456**

Der die Verpflichtung zur Leistung aussprechende Titel muß ein **Urteil** sein. Der Erlaß des Leistungsurteils ist nur dann unzulässig, wenn zur Zeit der letzten mündlichen Verhandlung feststeht, daß die Leistung des Schuldners (subjektiv oder objektiv) unmöglich ist, h. M., so z. B. RG 107, 15, 17; 160, 257, 263; OLG Koblenz NJW 1960, 1253, 1256; vgl. auch Brox in NJW 1963, 689 m. weit. Nachw. sowie neuestens OLG Hamburg MDR 1968, 666. — Ausreichend ist ein rechtskräftiges Vorbehaltsurteil (Staudinger-Werner[10/11] § 283 Rdnr. 5). Gleich stehen Vollstreckungsbefehle (§ 794 Abs. 1 Nr. 4 ZPO) und rechtskräftig für vollstreckbar erklärte Schiedssprüche (§ 794 Abs. 1 Nr. 4a ZPO), nicht dagegen vollstreckbare gerichtliche Vergleiche (§ 794 Abs. 1 Nr. 1 ZPO), weil letztere nicht der Rechtskraft fähig sind und § 283 BGB ausdrücklich ein Urteil fordert. — Das Urteil muß **rechtskräftig** sein. Ist das Urteil nur vorläufig vollstreckbar oder handelt es sich um einen vollstreckbaren Vergleich, so ist der Gläubiger auf die Zwangsvollstreckung und auf einen Schadensersatzanspruch wegen verspäteter Erfüllung oder auf Schadensersatz wegen Nichterfüllung wegen Unmöglichkeit angewiesen; im zuletzt genannten Falle muß der Gläubiger die Unmöglichkeit beweisen (s. auch Anm. 481). Maßgebender Zeitpunkt für die Schadensberechnung ist dann der **Anm. 457**

Augenblick, in welchem der Gläubiger die Zwangsvollstreckung begonnen hat. Immer aber bleibt in diesen Fällen der Gläubiger auf den Ersatz des Interesses beschränkt, das er an der urteilsmäßigen Leistung hatte, und zwar auch dann, wenn die Vollstreckung fruchtlos geblieben war; RG 36, 376. Daneben steht ihm allerdings auch in den vorgenannten Fällen der Weg des § 326 BGB offen.

Anm. 458 **b) Fristsetzung und Ablehnungsandrohung:** Der Gläubiger muß dem Schuldner eine **angemessene Frist zur Bewirkung der Leistung mit der Erklärung** setzen, **daß der Gläubiger die Annahme der Leistung nach Ablauf der Frist ablehne,** § 283 Abs. 1 S. 1 BGB. Dieses Erfordernis stimmt mit der Vorschrift des § 326 BGB überein und hat dieselbe Bedeutung. Unter Umständen kann der Gläubiger die Frist nach beiden Vorschriften setzen. Es gilt daher in entsprechender Anwendung alles, was oben über die Nachfrist nach § 326 BGB gesagt ist, vgl. Anm. 397ff. Ergänzend anzumerken ist, daß die Androhung mit Fristsetzung auch in einem Schriftsatz des Prozesses, in dem der Schadensersatzanspruch nach § 283 BGB erhoben wird, noch nachgeholt werden kann (RG LZ 1914, 1755[3]) und daß auch bei § 283 BGB die Fristsetzung bereits in dem Leistungsurteil erfolgen kann (§ 255 ZPO). Die Fristsetzung und Ablehnungsandrohung kann auch hier unterbleiben, wenn der Schuldner die Leistung bestimmt und endgültig verweigert (RG 102, 265; Näheres zur Erfüllungsverweigerung s. oben Anm. 333, 418ff. und unten Anm. 491) oder erklärt hat, zur Leistung außerstande zu sein (RG 109, 236; 96, 21; LZ 1920, 297[3]; WarnRspr. 1920 Nr. 7; 1912 Nr. 375) oder sich die Leistung als unmöglich oder sich die Vollstreckung als fruchtlos erwiesen hat (RG 109, 236; vgl. auch RG 36, 375). Dasselbe muß gelten, wenn das Interesse des Gläubigers nach Urteilserlaß aber vor Fristsetzung fortgefallen ist. Streitig ist dagegen, ob der Gläubiger berechtigt ist, den während des Fristablaufs eintretenden Interessefortfall geltend zu machen, oder ob er sich durch die Fristsetzung so weit gebunden hat, daß er verpflichtet ist, die ihm innerhalb der Frist gehörig angebotene Leistung in jedem Fall anzunehmen. Im ersteren Sinne die Voraufl. dieses Komm. Anh. zu § 374 Anm. 149c sowie Erman § 283 Bem. 4a und RG 89, 124, im letzteren Sinne vor allem Staudinger-Werner[10/11] § 283 Rdnr. 13 unter Aufgabe seiner in der 9. Aufl. vertretenen gegenteiligen Ansicht und Larenz I[8/9] § 21 I a. E. S. 257. An der Meinung der Voraufl. wird auch nach erneuter Überprüfung aus den in RG 89, 123, 124 ausführlich dargestellten Gründen festgehalten. Im übrigen ist die Frist nach § 283 BGB genauso unwiderruflich wie diejenige nach § 326 BGB, vgl. dazu oben Anm. 399. Bis zum Ablauf der Frist muß der Gläubiger die Leistung annehmen. Folglich kann er auch bis dahin vollstrecken (a. M. Eccius in Gruch. 47, 152) und eine Aufrechnung erklären. Mit Ablauf der Frist ändert sich dagegen das gesamte Vertragsverhältnis (s. dazu unten Anm. 459). Verzicht und sonstige vertragliche Abänderungen der Frist sind jedoch im gleichen Umfang wie bei § 326 BGB zulässig (s. oben Anm. 417 u. 428). Bis zum Ablauf der Frist muß bei Zug-um-Zug-Leistungen der Gläubiger auch seinerseits erfüllungsbereit bleiben. War keine Frist zu setzen oder darf der Gläubiger ausnahmsweise von der gesetzten Frist abgehen, so ist der entscheidende Augenblick für die Erfüllungsbereitschaft des Gläubigers derjenige der Erklärung an den Vollstreckungsschuldner.

Anm. 459 **3. Die Rechtsfolgen der §§ 283, 325 Abs. 2 BGB.**

a) Rechtslage, als ob Schuldnerleistung dauernd unmöglich: Mit fruchtlosem Ablauf der Frist wird die Rechtslage so angesehen, als ob die Leistung des Schuldners dauernd unmöglich geworden sei. Dabei ist es gleichgültig, ob die Leistung tatsächlich unmöglich geworden oder ob sie es etwa schon vor Erlaß des Urteils gewesen ist. § 283 BGB gilt auch für die Fälle ursprünglichen Unvermögens. Es spielt nunmehr auch keine Rolle mehr, ob die Unmöglichkeit bereits während des Vorprozesses feststand, so daß das Leistungsurteil gar nicht hätte ergehen dürfen (s. dazu auch Anm. 475 m. weit. Nachw.). Die Folge dieser gesetzlich unterstellten Unmöglichkeit der Leistung ist, daß der Anspruch auf Erfüllung beiderseits ausgeschlossen ist. Der Gläubiger kann nunmehr nicht mehr aus dem Titel vollstrecken. Auch diese Folge entspricht der Lage bei § 326 BGB.

Anm. 460 **b) Rechtslage, als ob die unterstellte Unmöglichkeit vom Schuldner zu vertreten wäre; der mögliche Entlastungsbeweis des Schuldners:** Zugleich sieht das Gesetz die Rechtslage so an, als ob die Unmöglichkeit von dem Schuldner zu vertreten wäre. An die

Stelle des untergegangenen Erfüllungsanspruchs tritt also wie bei §§ 325, 326 BGB das einseitige Wahlrecht des Gläubigers zwischen Schadensersatz wegen Nichterfüllung des Kaufvertrages (§ 283 BGB) und Rücktritt vom Vertrag (§ 325 Abs. 2 BGB in Verbindung mit § 283 BGB). Wegen Ausübung und Inhalt dieses Wahlrechts vgl. die Ausführungen zu § 326 BGB oben Anm. 396ff., 350ff., 384ff. sowie ergänzend unten Anm. 461. Will der Gläubiger nach Abgabe seiner Wahlerklärung seinen Schadensersatzanspruch oder (bei Wahl des Rücktritts) seine Rückgewähransprüche klageweise durchsetzen, so muß er in dem weiteren Prozeß, für den das Gericht des Vorprozesses ausschließlich zuständig ist, nur noch das Leistungsurteil des Vorprozesses sowie dessen Rechtskraft und die Fristsetzung mit Ablehnungsandrohung sowie deren fruchtlosen Ablauf darlegen und beweisen. Nicht erforderlich ist, daß er in der Zwischenzeit einen Vollstreckungsversuch unternommen hat. Nicht darzulegen braucht er ferner die Unmöglichkeit, da diese, um dem Gläubiger einen entsprechenden Beweis zu ersparen, gerade von Gesetzes wegen unterstellt wird. Gegenüber dem Schadensersatzanspruch des Gläubigers kann sich der Schuldner nur durch den Beweis entlasten, daß ihm die Leistung **nach** der letzten mündlichen Verhandlung des Vorprozesses und **vor** Fristablauf aus einem von ihm nicht zu vertretenden Grund dauernd unmöglich geworden ist, § 283 Abs. 1 S. 3 BGB; die Berufung auf eine vorher eingetretene Unmöglichkeit ist dem Schuldner aus dem Wesen des Anspruchs heraus und wegen § 767 Abs. 2 ZPO versagt, vgl. auch RG 96, 20f.; 107, 15, 19; 233, 235; 117, 66, 68; OLG Hamburg MDR 1968, 666; eine nach Fristablauf eingetretene Unmöglichkeit der Leistung entlastet ihn deshalb nicht, weil der Erfüllungsanspruch mit Fristablauf nach § 283 Abs. 1 S. 2, 2. Halbs. BGB ohnehin erloschen ist. Auch auf sonstige an sich leistungsbefreiend wirkende, aber vor der letzten mündlichen Verhandlung im Vorprozeß eingetretene Umstände kann sich der Schuldner aus diesen Gründen im Schadensersatzprozeß nach § 283 BGB nicht mehr berufen, ebensowenig auf Vertragsbedingungen, die den Leistungsanspruch regeln, RG 117, 66, 68. Eine Ausnahme gilt bei völligem vertraglichen Ausschluß von Schadensersatzansprüchen überhaupt. Im Zweifel ergreift aber auch ein solcher Ausschluß nur etwaige vertragliche Schadensersatzansprüche, nicht jedoch zugleich den gesetzlichen Anspruch aus § 283 BGB, RG 107, 235; 117, 66, 68. Der Einwand der Arglist (insbesondere der Erschleichung des Leistungsurteils, § 826 BGB) bleibt stets möglich. Innerhalb der engen Grenzen, die einem möglichen Entlastungsbeweis des Schuldners damit gesetzt sind, ist außerdem § 287 S. 2 BGB zu beachten, so daß der Haftungsbefreiung des Schuldners nach § 283 Abs. 1 S. 3 BGB nur sehr geringe praktische Bedeutung zukommt. — Gegenüber der Rücktrittserklärung des Gläubigers steht dem Schuldner ein Entlastungsbeweis überhaupt nicht zu Gebote. § 325 Abs. 2 BGB enthält keine § 283 Abs. 1 S. 3 BGB entsprechende Ausnahme, eine vom Gesetzgeber wohl unbeabsichtigte, aber im Ergebnis vernünftige Konsequenz des Gesetzes, die deshalb auch nicht durch eine analoge Anwendung des § 283 Abs. 1 S. 3 BGB korrigiert werden sollte.

Der Schadensersatz wegen Nichterfüllung ist der gleiche wie bei § 326 BGB, also **Anm. 461**
der grundsätzlich nach der Differenztheorie zu berechnende Schadensersatz wegen Nichterfüllung des ganzen Vertragsverhältnisses; s. deshalb ausführlich oben Anm. 351ff. Es tritt nicht etwa der Ersatz des Interesses an der Nichtbefolgung des Urteils an die Stelle der nun ausgeschlossenen urteilsmäßigen Leistung, wie es die Gestaltungskraft des Urteils nach früherem Recht mit sich brachte (ROHG 24, 327; RG 22, 256; 36, 374). Der Gläubiger kann daher zur Rechtfertigung seines Schadensersatzanspruchs auch auf solche Umstände zurückgreifen, die schon vor Erlaß des Leistungsurteils im Vorprozeß eingetreten waren, RG 117, 66f. Im übrigen entscheidet für die Berechnung der Schadenshöhe regelmäßig der Augenblick des Fristablaufs (RG JW 1913, 1035[4]; „Recht" 1914 Nr. 2401); Spekulationen des Gläubigers zu Lasten des Schuldners sind selbstverständlich auch hier unzulässig (vgl. auch OLG Dresden LZ 1917, 419[7]). Wenn keine Frist zu setzen war, ist der Augenblick der Schadensforderung maßgeblich (nicht der Augenblick des Interessefortfalls, der Erfüllungsweigerung oder die im Urteil bestimmte Leistungszeit). Der Schadensersatzanspruch aus § 283 BGB verjährt regelmäßig in 30 Jahren (§ 195 BGB), auch wenn für den Anspruch auf die ursprüngliche aus dem Vertrag geschuldete Leistung eine kürzere Verjährungsfrist galt, RG 109, 234, 237; vgl. ferner Haselhoff in NJW 1947/48, 289.

Anm. 462 **4. Die Rechtslage bei teilweisem Ausbleiben der Leistung.**

Teilverzug. Bei teilweiser Nichtbewirkung der Leistung während der Frist treten die oben Anm. 460 erörterten Rechte für den Gläubiger, wenn die Leistung teilbar ist, nur zum erfüllten Teil ein, d. h. der Gläubiger hat einen Schadensersatzanspruch nur hinsichtlich des nicht erfüllten Teils. Der Schuldner, der seine Leistung teilweise nicht bewirkt, geht seines Anspruchs auf die Gegenleistung zwar nicht ganz verlustig, aber verhältnismäßig, wie bei dem Minderungseinwande (§§ 325 Abs. 1 Satz 3 und Abs. 2, 323 Abs. 1, 472, 473 BGB; Näheres zu § 377 Anm. 80ff). Ist während des Laufs der Frist teilweise geleistet und ist die Teilleistung angenommen (§ 266 BGB), hatte die teilweise Erfüllung für den Gläubiger aber kein Interesse, so kann er gemäß §§ 283 Abs. 2, 280 Abs. 2 BGB den übrigen Teil der Leistung ablehnen und Schadensersatz wegen Nichterfüllung der ganzen Verbindlichkeit verlangen. Dieses Recht kann auch zur Rückgewähr des bereits geleisteten Teils führen (vgl. oben Anm. 433), wenn das Geleistete für den Gläubiger kein Interesse hatte.

Eine Ausnahme macht auch hier der Fall, daß der Verkäufer die Sache bereits übergeben, gegen den Käufer ein rechtskräftiges Urteil auf Zahlung erlangt und dann gestundet hat. In diesem Falle ist nach §§ 454, 325 Abs. 2 BGB die Anwendung von Rücktrittsgrundsätzen ausgeschlossen. Der Käufer behält die Kaufsache. Über das Nähere, und wie es sich bei teilweiser Stundung verhält, s. oben Anm. 395.

Anm. 463 **V. Unmöglichkeit und Unvermögen. Überblick**

Aus der Literatur: Kleineidam, Unmöglichkeit und Unvermögen nach BGB, 1900; Kisch, Die Wirkungen der nachträglich eintretenden Unmöglichkeit der Erfüllung bei gegenseitigen Verträgen, 1900; Titze, Die Unmöglichkeit der Leistung nach dem bürgerlichen Recht, 1900; H. A. Fischer, Ein Beitrag zur Unmöglichkeitslehre, 1904; Brecht, System der Vertragshaftung (Unmöglichkeit der Leistung) in Iher. Jb. 53, 213ff.; Stoll, Die Lehre von den Leistungsstörungen; ausführliche weitere Nachw. bei Staudinger-Werner Vorb. vor § 275 Rdnr. 6 S. 273; weitere Schrifttumsangaben, insbesondere aus neuerer Zeit, im folgenden Text.

Anm. 464 **1. Die Begriffe.**

Der in den vorangegangenen Anmerkungen besprochene Verzug setzt grundsätzlich voraus, daß es sich um eine bloße Verzögerung der im übrigen möglichen Leistung handelt, die Erfüllung also nachgeholt werden kann. Kann die Erfüllung nicht nachgeholt werden, so liegt nicht Verzug, sondern **Unmöglichkeit** vor. Man unterscheidet objektive und subjektive Unmöglichkeit. Bei letzterer spricht man besser von Unvermögen des Schuldners.

Anm. 465 **a) Die objektive Unmöglichkeit:**

aa) Allgemeines; logische, tatsächliche und rechtliche Unmöglichkeit. Objektiv unmöglich ist eine Leistung, die **niemand** erbringen kann. Für die rechtliche Betrachtung kann es dabei keinen Unterschied machen, ob diese Tatsache darauf beruht, daß die Leistung logisch nicht denkbar ist (sog. logische Unmöglichkeit), aus tatsächlichen Gründen nicht durchführbar ist (sog. tatsächliche oder physische Unmöglichkeit) oder ob ihr rechtliche Hindernisse entgegenstehen (sog. rechtliche Unmöglichkeit). Ausschlaggebend ist dabei stets die Bewertung, welche das der Leistung entgegenstehende Hindernis durch die Verkehrsauffassung erfährt. So kann für die rechtliche Betrachtung auch eine Leistung unmöglich sein, die zwar theoretisch denkbar, aber praktisch nur unter Anstrengungen erbringbar ist, die nach der Auffassung des Verkehrs indiskutabel sind, weil sie außerhalb jedes vernünftigen Verhältnisses zum angestrebten Erfolg stehen (heute überw. Meinung vgl. insbes. Staudinger-Werner[10/11] Vorb. vor § 275 Rdnr. 6ff.; Soergel-Reimer Schmidt Vorb. vor § 275 Rdnr. 19; Larenz I[8/9] § 20 I d S. 245 Anm. 3). Diese Fälle sind je nach der Art des Hindernisses der tatsächlichen oder rechtlichen Unmöglichkeit zuzurechnen. Über die weitergehende Lehre von der sog. wirtschaftlichen Unmöglichkeit (die besser aus dem Unmöglichkeitsbegriff auszuscheiden ist) vgl. oben Anm. 105.

Die oben gegebene Einteilung in logische, tatsächliche und rechtliche Unmöglichkeit wird meist noch weiter verfeinert, indem vor allem die beiden letztgenannten Formen noch weiter unterteilt werden. Diese Feinklassifizierungen (deren Grenzen jedoch praktisch fließend sind) sind aus systematischen, vor allem didaktischen Gründen verdienstvoll. Praktische Bedeutung kommt ihnen im Bereich der Unmöglichkeitsfolgen, insbesondere beim Handelskauf, kaum zu. Es wird daher insoweit auf die bürgerlich-rechtliche Literatur verwiesen.

Unmöglichkeit der Leistung liegt nur vor, wenn die Lieferung als solche nicht möglich ist, nicht aber, wenn der Käufer an der Abnahme gehindert ist oder wenn nur eine einzelne Leistungsmodalität nicht bewirkt werden kann, die Leistung als solche aber noch möglich bleibt und trotz Unmöglichkeit der Modalität für den Käufer noch von Wert ist (z. B. Unmöglichkeit, die Ware am Erfüllungsort zu liefern; über Ersatzerfüllung wegen Unmöglichkeit der ursprünglichen Erfüllungsmodalität s. OGH 1, 363). Daher ist der Käufer, auch wenn Lieferung in das Ausland bedungen ist, berechtigt, Lieferung im Inland zu verlangen, wenn die Ausfuhrbewilligung versagt wird. Hier kann sich der Verkäufer in der Regel nicht auf Unmöglichkeit berufen, RG LZ 1925, 367[2]; WarnRspr. 1923/24 Nr. 35. Anders kann es jedoch liegen, wenn der Kaufvertrag derart auf eine bestimmte Erfüllungsmodalität ausgerichtet ist, daß er bei ihrer Ersetzung durch eine andere Form der Erfüllung sein Gesicht grundlegend ändern würde, vgl. z. B. OLG Naumburg OLGE 12, 251 (Unmöglichkeit der Lieferung infolge Einstellung der Elbschiffahrt bei einem auf diese Transportart zugeschnittenen Kaufvertrag; über die Auswirkungen der Unmöglichkeit der Versendung s. im übrigen oben Anm. 166). Beispiele für Fälle objektiver Unmöglichkeit finden sich insbesondere in folgenden Gerichtsentscheidungen: RG 57, 116ff. (Verschwinden der Ware vom Markt infolge Zerstörung der Produktionsstätte); RG 63, 423ff. (Unmöglichkeit der Zession eines Grundpfandrechts infolge Erlöschens desselben durch Zwangsversteigerung); RG 143, 20ff. und HRR 1933, 1416; vgl. auch BGH 20, 279ff., 297 (Unmöglichkeit der Lieferung von Aktien wegen zwischenzeitlicher Konkurseröffnung über die betr. Aktiengesellschaft); RG 117, 129/30; vgl. auch BGH 2, 270 (Beschlagnahme oder Zerstörung des Leistungsgegenstandes); der (objektiven) Unmöglichkeit werden im allgemeinen auch die Fälle zugerechnet, in denen die Möglichkeit der Leistung so gering ist, daß sie nach der Verkehrsauffassung außer Betracht bleiben kann, z. B. der Kaufgegenstand wird ohne eine kalkulierbare Chance der Wiederauffindung gestohlen; vgl. auch den Fall RG 105, 351 (richtiger dürfte es jedoch sein, diesen Sachverhalt als Fall des Unvermögens anzusehen, vgl. auch unten Anm. 473). Als weitere Gruppen (tatsächlicher) Unmöglichkeit werden von der juristischen Literatur (s. z. B. Erman § 275 Bem. 10) angesehen: der Ausfall notwendiger Mitwirkung einer bestimmten Person oder der Verlust einer Sache, ohne welche die Leistung nicht erbracht werden kann, sowie der Eintritt des mit dem Vertrag erstrebten Erfolgs aus andere Weise (sog. tatsächliche Erfolgserreichung). Beide Gruppen sind für den Kauf von keiner großen Bedeutung. Die Fälle, in denen der mit der (an sich möglichen) Leistung erstrebte Zweck von vornherein oder wegen eines nicht vorhergesehenen Wandels der tatsächlichen Verhältnisse nicht erreicht werden kann, sollten besser nach den Grundsätzen über den Fortfall oder das Fehlen der Geschäftsgrundlage behandelt werden, s. dazu etwa Larenz, Geschäftsgrundlage und Vertragserfüllung. Unmöglichkeit kann schließlich auch dann vorliegen, wenn der Leistungsgegenstand seit dem Vertragsschluß eine wesentliche Veränderung erfahren hat, so daß von einer Identität mit dem ursprünglichen Vertragsobjekt schlechterdings nicht mehr gesprochen werden kann. Die Rechtsprechung des BGH ist hier jedoch streng und läßt die Berufung auf Unmöglichkeitsregeln nur unter der Voraussetzung zu, daß dem Schuldner „nach Treu und Glauben eine sinngemäße Anpassung der noch möglichen Leistung an die vertraglich vorgesehene Leistung" unzumutbar ist, vgl. BGH LM Nr. 18 zu § 242 [Ba] BGB und DB 1958, 162. **Anm. 466**

bb) Insbesondere die rechtliche Unmöglichkeit; öffentlich-rechtliche Verbote und Genehmigungsvorbehalte. Rechtliche Unmöglichkeit liegt zunächst vor, wenn der mit dem Vertrag angestrebte Rechtszustand von der Rechtsordnung nicht anerkannt wird oder bereits besteht oder nachträglich ohne Zutun des Schuldners (d. h. in aller Regel des Verkäufers) eintritt, z. B. wenn der Käufer das Eigentum an der verkauften Sache bereits hat, RG JW 1924, 1360 (s. dazu näher oben Anm. 151) oder nachträglich von einem Dritten erworben hat (RG JW 1910, 805). Von großer praktischer Bedeutung sind diese Fallgruppen nicht. Eine sehr erhebliche Rolle haben dagegen öffentlich-rechtliche **Anm. 467**

Verbote gespielt. Ist bereits der schuldrechtliche Verpflichtungsvertrag (hier also der Kaufvertrag) verboten, so ist er nach § 134 BGB nichtig. Die Unmöglichkeitsregeln nach §§ 275ff. BGB sind nicht einschlägig. Unmöglichkeit kommt somit nur in Betracht, wenn der Kaufvertrag als solcher wirksam und nur die in ihm versprochene Leistung verboten ist. Dazu ist entgegen RG 102, 203, 205 auch der Fall zu rechnen, daß ein Verbot, das sich sowohl gegen den Kaufvertrag als auch dessen Erfüllung richtet, sich zeitlich zwischen den Abschluß des Kaufvertrages und dessen Vollzug schiebt; wie hier Palandt-Danckelmann/Heinrichs § 275 Anm. 1a. Art und Umfang sowie die bevorzugten Objekte dieser Verbote haben je nach der gesamt- und wirtschaftspolitischen Situation häufig gewechselt. Es kann sich dabei um Handels-, Erwerbs- oder Veräußerungs-, Einfuhr- oder Ausfuhrverbote handeln, sie können sich gegen die Leistung der Verkäufer- wie gegen diejenige der Käuferseite (Devisenbestimmungen) richten. Absolute, d. h. sich gegen jedermann richtende Veräußerungsverbote führen zur objektiven Unmöglichkeit, relative (d. h. sich gegen bestimmte Personen richtende) zu Unvermögen (über letzteres unten Anm. 469).

Anm. 468 Im allgemeinen treten derartige Interventionen nicht als strikte Verbote auf. Die Rechtswirksamkeit des Erfüllungsgeschäfts wird vielmehr von einer Genehmigung abhängig gemacht. Das ohne Genehmigung vorgenommene Erfüllungsgeschäft ist zunächst schwebend unwirksam. Während der Dauer des Schwebezustandes ist der Schuldner verpflichtet, sich um die Genehmigung zu bemühen. Schuldhafte Verzögerung dieser Pflicht kann zum Schuldnerverzug führen, RG 151, 39; HRR 1936, 388. Wird die Genehmigung erteilt, so ist das Erfüllungsgeschäft wirksam, wird sie endgültig versagt, so ist es von Anbeginn an unwirksam. Ob den Schuldner eine Verpflichtung trifft, bei Versagung der Genehmigung ein Rechtsmittel einzulegen, ist Tatfrage. Entscheidend sind die Umstände des Einzelfalles, insbesondere die Erfolgsaussichten eines derartigen Vorgehens, RG JW 1912, 72. Mit der endgültigen Versagung der Genehmigung steht fest, daß die Erfüllung des Kaufvertrages unmöglich ist. Nach OLG Hamburg MDR 1964, 232 soll diese Wirkung ausnahmsweise sogar der Erteilung der Genehmigung zukommen, dann nämlich, wenn sie mit Erschwerungen (im konkreten Fall in Gestalt einer Auflage) verbunden ist, deren Erfüllung die vereinbarte Leistung derart verändert, daß sie nicht mehr als die vertraglich vereinbarte angesehen werden kann. Die mit Versagung der Genehmigung eingetretene Unmöglichkeit der Erfüllung wird ungeachtet der Rückwirkung des versagenden Genehmigungsbescheides als nachträgliche, nicht als anfängliche Unmöglichkeit angesehen, gleichgültig, ob das Genehmigungserfordernis bei Vertragsschluß schon bestand oder erst später eingeführt worden ist (vgl. RG 95, 21ff.; 102, 292, 294; 146, 60ff.; 149, 348f.; HRR 1936, 388; BGH MDR 1953, 94 linke Sp.; BGH 37, 233, 240 = NJW 1962, 1715; BB 1964, 863; WM 1964, 828; OLG Hamburg MDR 1964, 232; OLG Düsseldorf NJW 1965, 762; a. A. Clasen NJW 1963, 429 unter Berufung auf RG JW 1912, 72). Die Regeln über den Fortfall der Geschäftsgrundlage kommen in diesen Fällen nicht zur Anwendung (so ausdrücklich BGH WM 1964, 828ff.). In der Regel handelt es sich dabei um **dauernde** Unmöglichkeit, welche die Rechtsfolgen der §§ 323ff. BGB (dazu unten Anm. 475ff) auslöst (über die Unterscheidung von dauernder und vorübergehender Unmöglichkeit und ihre rechtliche Bedeutung s. unten Anm. 470). Eine spätere, nicht von vornherein abzusehende Änderung der behördlichen Verfügung kann deshalb die eingetretenen Unmöglichkeitsfolgen nicht wieder beseitigen (vgl. dazu auch Janicki NJW 1963, 838ff. und unten Anm. 470). Das gleiche gilt für einen nachträglichen Wegfall des Genehmigungserfordernisses, vgl. BGH DB 1964, 1698 = WM 1964, 1195. Aus den Vereinbarungen der Kaufvertragsparteien kann sich ein anderes, insbesondere der Wille zum Bestehenbleiben der beiderseitigen Bindungen noch für eine gewisse der endgültigen Klärung dienenden Übergangszeit ergeben (vgl. RG 158, 321, 332). Soweit den Parteien, insbesondere dem Schuldner zumutbar, kann auch eine Verpflichtung bestehen, die Erfüllung auf eine andere, zu erreichende Art zu bewirken, bei Devisenbewirtschaftung z. B. durch Wahl einer anderen als der ursprünglich vereinbarten Zahlungsmodalität (RG 151, 39; vgl. auch BGH NJW 1963, 49 sowie WM 1957, 1155, wonach die Notwendigkeit einer devisenrechtlichen Genehmigung überhaupt nicht zu dauernder Unmöglichkeit der Erfüllung soll führen können, was in dieser Allgemeinheit sicher nicht zutreffend ist). — Von der deutschen Rechtsordnung nicht anzuerkennende oder nichtige Verbote oder abschlägige Bescheide bewirken keine Unmöglichkeit aus rechtlichen Gründen, führen aber, soweit sie, ungeachtet ihrer Unverbindlichkeit nach deutschem Recht, einen faktischen Zwang ausüben, zu tatsächlicher Unmöglichkeit; vgl. RG 93, 182ff. (für ein während des ersten Weltkrieges erlassenes Handelsverbot) und OLG Saarbrücken HEZ 1, 129 (für eine sittenwidrige Genehmigungsversagung durch das NS-Regime).

b) Unvermögen des Schuldners zur Erbringung der Leistung (sog. subjektive Unmöglichkeit) liegt vor, wenn gerade der Schuldner sie nicht erbringen kann, ein anderer es dagegen könnte. Nach einer anderen Formel besteht Unvermögen, wenn das Leistungshindernis gerade in den persönlichen Verhältnissen des Schuldners begründet ist. Für die große Masse der Fälle kommen beide Definitionen, was ihre Konsequenzen angeht, zur Deckung. Ein Unterschied ergibt sich nur für einige wenige Fälle höchstpersönlicher Leistungen, die hier nicht näher erörtert zu werden brauchen, siehe dazu statt aller Enneccerus-Lehmann[15] § 29 I 3 S. 130f. Beim Spezieskauf wird das Unvermögen meist darauf beruhen, daß dem Verkäufer die Verfügungsmacht über den verkauften Gegenstand fehlt oder nachträglich (freiwillig oder unfreiwillig) verlorengeht und er zur Beseitigung dieses Mankos nicht in der Lage ist, weil der Dritte, der Abhilfe schaffen könnte, zu der erforderlichen Mitwirkung überhaupt nicht oder nur zu Bedingungen bereit ist, die der Verkäufer nicht erfüllen kann (RG 91, 346; 107, 17; LZ 1925, 440[5]). Möglich ist aber auch, daß den Verkäufer andere Umstände (z. B. persönliche Verhinderung oder Unmöglichkeit der Beschaffung der erforderlichen Transportmittel) an der Beschaffung des verkauften Gegenstandes hindern. Nicht selten beruhte das Unvermögen des Verkäufers in der Vergangenheit auch auf einer Beschlagnahme des Kaufgegenstandes, vgl. etwa RG 91, 260ff.; 92, 371. Im Prinzip nicht wesentlich anders liegt die Sache beim Gattungskauf. Unvermögend zur Leistung ist der Verkäufer hier, wenn er Stücke der betreffenden Warengattung nicht zu seiner Verfügung hat und sie sich auch nicht beschaffen kann, obwohl sie zu der fraglichen Zeit auf dem Markt erhältlich ist; vgl. dazu aber genauer oben Anm. 102ff bei Behandlung des Gattungskaufs. **Anm. 469**

c) Dauernde und vorübergehende (subjektive oder objektive) Unmöglichkeit: Die für die Unmöglichkeits- (Unvermögens-) Lage spezifischen Rechtsfolgen knüpfen sich nur an die **dauernde** (subjektive oder objektive) Unmöglichkeit. Vorübergehende Leistungshindernisse führen zum Verzug, wenn der Schuldner sie zu vertreten hat. Andernfalls bleiben die beiderseitigen Vertragspflichten unverändert bestehen, bis das vorübergehende Hindernis entfallen ist. Das beruht darauf, daß das Gesetz eine Parallele zur (leistungsbefreiend wirkenden) unverschuldeten Unmöglichkeit, also einen (leistungsbefreiend wirkenden) von keiner Vertragspartei zu vertretenden „Verzug" nicht kennt. Dies kann bei langanhaltenden, aber nicht endgültigen Leistungshindernissen zu Unzuträglichkeiten führen. Die Rechtsprechung hat in der Vergangenheit geholfen, indem sie die vorübergehende Unmöglichkeit der dauernden insbesondere dann gleichgestellt hat, wenn durch die erzwungene Hinausschiebung der Erfüllung die Erreichung des Vertragszwecks in Frage gestellt wird und deshalb dem Vertragsgegner die Einhaltung des Vertrages nicht zugemutet werden kann, was die Rechtsprechung nach Treu und Glauben unter Abwägung der Belange beider Vertragsteile feststellen will (so insbesondere RG 146, 60, 66; 105, 387f.; 89, 203, 206; JW 1927, 1363[14]; auf die Vertragszweckformel beruft sich auch BGH MDR 1951, 154). Die Voraussetzungen für die Gleichbehandlung mit der dauernden Unmöglichkeit sind vor allem dann für erfüllt erachtet worden, wenn es völlig unabsehbar war, wann das Leistungshindernis wieder beseitigt sein würde (BGH LM Nr. 7 zu § 275 BGB; RG 105, 387, 388; 107, 156, 158f.; 89, 203, 206; JW 1927, 1363[14]), ferner, wenn die zeitliche Verschiebung die vertragliche Leistung nach Inhalt und wirtschaftlicher Bedeutung wesentlich verändert hätte, so daß die nachgeholte Leistung nicht mehr die bei Vertragsschluß erwartete und gewollte gewesen wäre, RG 42, 114ff.; 90, 102, 104; 94, 45, 47ff.; 88, 71, 74; 107, 156, 158; JW 1927, 1363[14]; WarnRspr. 1916 Nr. 212. Die Entscheidungen OGH 3, 393, 397; BGH MDR 1951, 154 deuten die Möglichkeit der Beschränkung vorstehender Grundsätze auf Dauerschuldverhältnisse an. Ganz auf Einzelfallgerechtigkeit nach Treu und Glauben und Zumutbarkeitskriterien abgestellt wird (unter Zurückgehen auf RG JW 1905, 718f.) außer von der soeben genannten Entscheidung des OGH von BGH in MDR 1954, 734 **Anm. 470**

und BGH 24, 279, 294. Die letztgenannten Einschränkungen erwecken Bedenken. Mögen auch unter ausschließlicher Verwendung der Zumutbarkeit richtige Ergebnisse zu erzielen sein, so daß es sich letztlich nur um Nuancen und Verlagerungen im Schwergewicht der Argumentation handelt, so sollte doch im Sinne der zuerst zitierten Rechtsprechung vorwiegend darauf abgestellt werden, ob der betreffende Vertrag Verschiebungen der Erfüllung verträgt, ohne seinen Sinn und seine wirtschaftliche Bedeutung wesentlich zu verändern oder gar einzubüßen. Zutreffend weist RG 107, 156, 158 darauf hin, daß gerade Lieferverträge nicht auf unbestimmt lange Bindungen angelegt sind. Verkaufsabschlüsse werden im Warenhandel ausgehend von der Einschätzung der bestehenden Verhältnisse, u. U. der daraus abgeleiteten Prognose, für eine absehbare Zukunft geschlossen. Muß ihre Erfüllung über einen gewissen äußersten (von der Art der versprochenen Leistung, etwa der Konjunkturunterworfenheit der Ware u. a. abhängigen) Zeitraum hinaus verzögert oder gar auf unbestimmte Zeit verschoben werden, so büßen sie ihren Sinn ein, weil nicht abzusehen ist, wie sich die Verhältnisse zur Zeit der Erfüllung gestalten werden. Entscheiden muß der Zeitpunkt, in dem sich herausstellt, daß die Erfüllung des Vertrages vorerst nicht möglich sein wird (so insbesondere RG 5, 278, 280; 42, 114ff.; 158, 321, 331; JW 1927, 1363[14]; BGH LM Nr. 3, 4, 7 zu § 275 BGB). Ist zu diesem Zeitpunkt in keiner Weise abzusehen, daß der die Leistung verhindernde Umstand noch innerhalb eines Zeitraums fortgefallen sein wird, von dem unter normalen Umständen anzunehmen ist, daß die für den Abschluß auf beiden Seiten motivierende Situation sich nicht wesentlich verändert haben wird, so ist der Vertragszweck entschieden gefährdet, die Leistung im Rechtssinn unmöglich geworden; so besonders deutlich schon RG 42, 114ff.; im gleichen Sinn haben sich in der Literatur besonders prononciert geäußert Erler NJW 1954, 9, 10f.; Staudinger-Werner [10/11] § 275 Rdnr. 9ff.; Erman § 275 Bem. 6. Zu dieser Beurteilung zwingt das Bedürfnis des Handels nach Klarheit und Sicherheit (so ausdrücklich RG 94, 45ff., 49). Dabei darf es weder darauf ankommen, welche Seite von der zeitweiligen Verschiebung zufällig profitieren würde, noch darauf, wie sich die Umstände später gestalten, ob etwa das Leistungshindernis wider aller Erwartung nach relativ kurzer Zeit entfällt. Die Leistungspflichten leben dann nicht wieder auf. Die Frage, ob Abnahme und Zahlung (auf der Käuferseite) oder Lieferung (auf der Verkäuferseite) zu irgendeinem späteren Zeitpunkt, insbesondere demjenigen der letzten mündlichen Verhandlung vor Gericht, zumutbar sind, kann sich bei dieser Betrachtung nicht stellen (a. A. offenbar RG JW 1907, 159; BGH MDR 1951, 154; zur Frage des Zeitpunkts ähnlich wie hier ausführlich Staudinger-Werner[10/11] § 275 Rdnr. 9; gegen die Verlagerung der Argumentation in die Zumutbarkeit vor allem auch Erler NJW 1954, 11). Diese Regelung ist — wie außer Frage steht — dispositiv. Den Parteien bleibt es unbenommen, sich darüber zu verständigen, daß sie in jedem Fall an dem Vertrag festhalten wollen, gleichgültig, wie lange und wie einschneidend die Verzögerung sein wird. Dieser Wille muß aus ihren Erklärungen jedoch eindeutig hervorgehen (RG 94, 45, 47ff.). Zur Abgrenzung vorstehender Grundsätze von den Regeln über den Fortfall der Geschäftsgrundlage s. BGH NJW 1967, 721 und unten Anm. 472 bei Behandlung der Rechtsfolgen anfänglicher Unmöglichkeit.

Anm. 471 **2. Die Rechtsfolgen von Unvermögen und Unmöglichkeit.**

Die **Rechtsfolgen der Unmöglichkeit** sind verschieden, je nachdem, ob es sich um zu vertretende oder nicht zu vertretende, von Anfang an bestehende oder nachträgliche Leistungshindernisse, Unmöglichkeit oder Unvermögen, Gattungs- oder Spezieskäufe handelt.

a) Die anfängliche (ursprüngliche) Unmöglichkeit; die Regelung des § 306 BGB: Anfängliche (ursprüngliche) **objektive Unmöglichkeit** der Erfüllung bewirkt (im Gegensatz zur nachträglichen, s. dazu unten Anm. 475ff) die **Nichtigkeit** des Vertrages, § 306 BGB.

aa) Der für die Abgrenzung von anfänglicher und nachträglicher Unmöglichkeit maßgebende Zeitpunkt. Streitig ist die Abgrenzung. Die überwiegende, im allgemeinen sogar als herrschend bezeichnete Meinung stellt auf den **Vertragsschluß** ab. Ist die Vertragserfüllung zu diesem Zeitpunkt unmöglich, so soll ursprüngliche Unmöglichkeit vorliegen, der Kaufvertrag nach § 306 BGB nichtig sein (grundlegend Staudinger-Kaduk [10/11] § 306 Rdnr. 23ff. mit zahlr. Nachw.; vgl. ferner Soergel-Reimer Schmidt § 306

Rdnr. 1; Palandt-Danckelmann/Heinrichs § 306 Anm. 2; Enneccerus-Lehmann[15] § 45 S. 199f.; Larenz I[8/9] § 7 I S. 77; Esser I[3] § 33 I 1 S. 205; RG JW 1931, 3450; die in diesem Zusammenhang häufig zitierte Entscheidung BGH 5, 29 ist für die hier zur Debatte stehende Frage nicht sehr ergiebig). Gleichstehen sollen nach § 242 BGB die Sachverhalte, in denen die Leistung bei Vertragsschluß noch möglich, aber bereits jetzt abzusehen ist, daß dies bei Fälligkeit nicht mehr der Fall sein wird (vgl. statt aller Staudinger-Kaduk[10/11] § 306 Rdnr. 28). Diese Ansicht gerät in Schwierigkeiten, wenn das Leistungshindernis nach Vertragsabschluß, aber vor Fälligkeit der Leistung fortfällt, so daß die Erfüllung nunmehr bewirkt werden könnte. Sie behilft sich, indem sie weitherzig § 308 Abs. 1 BGB auch dann anwendet, wenn die Parteien die anfänglich bestehende Unmöglichkeit nicht gekannt haben. An die Stelle der im Wortlaut des § 308 Abs. 1 BGB vorausgesetzten Vereinbarung der Vertragswirksamkeit für den Fall späterer Beseitigung des Hindernisses setzt sie die Ermittlung des hypothetischen Parteiwillens. Ergibt die ergänzende Vertragsauslegung, daß die Parteien bei Kenntnis der anfänglichen Unmöglichkeit ihrer ungeachtet den Vertrag für den Fall der späteren Beseitigung des Hindernisses geschlossen hätten, so soll er wirksam sein (vgl. dazu besonders ausführlich Staudinger-Kaduk[10/11] a. a. O. insbesondere Rdnr. 29). Die Gegenmeinung (Krückmann AcP 101, 71 sowie Unmöglichkeit und Unmöglichkeitsprozeß, 1907; ausführlich Erman § 306 Bem. 2c; Wilde in BGB-RGRK § 306 Anm. 2; RG 108, 180; 159, 202) läßt den Zeitpunkt der **Fälligkeit** entscheiden. Ist die Leistung jetzt möglich, so liegt überhaupt keine Unmöglichkeit vor. § 306 BGB kommt von vornherein nicht in Betracht. Der Vertrag ist wirksam. Stellt sie umgekehrt bei Fälligkeit der Leistung Unmöglichkeit fest, so unterscheidet sie weiter: Bestand der die Leistung bei Fälligkeit verhindernde Umstand bereits bei Vertragsschluß, so liegt anfängliche, andernfalls nachträgliche Unmöglichkeit vor. Dies ist mit Sicherheit nicht der Standpunkt des BGB, wie Existenz und Formulierung des § 308 BGB zeigen. Zum anderen fehlt es dieser Betrachtung an einer adäquaten Möglichkeit zu berücksichtigen, ob die Parteien die auf Grund einer überraschenden Wendung der Dinge plötzlich möglich gewordene Vertragserfüllung überhaupt wünschen (vgl. § 308 Abs. 1 BGB); zur Kritik ausführlich Staudinger-Kaduk[10/11] § 306 Rdnr. 22ff.).

bb) Ausnahmen vom Grundsatz des § 306 BGB; die Vorschriften der §§ 307, 308 **Anm. 472**
BGB. Die in § 306 BGB ausgesprochene Nichtigkeit entfällt, wenn der Verkäufer eine besondere Garantie oder Gewährleistung für die Möglichkeit der Vertragserfüllung übernommen hat, vgl. RG 137, 83, 84 (dort allerdings für die Verpflichtung eines Architekten; der Grundsatz hat aber weiterreichende Bedeutung); ferner RG „Recht" 1920 Nr. 370; SeuffA 75 Nr. 9, oder falls speziellere gesetzliche Vorschriften etwas anderes bestimmen, so z. B. in dem allerdings für den Handelskauf nicht bedeutsamen § 437 BGB. Der Verkäufer haftet in diesen Fällen auf Schadensersatz wegen Nichterfüllung. Der auf eine bei Vertragsschluß unmögliche Leistung gerichtete Kaufvertrag ist ferner wirksam, wenn die Unmöglichkeit nicht unbehebbar ist und der Vertrag für den Fall der Behebung des Leistungshindernisses geschlossen ist, § 308 Abs. 1 BGB, sowie wenn der Kaufvertrag unter einer anderen aufschiebenden Bedingung als dem Möglichwerden der Leistung oder unter der Bestimmung eines Anfangstermins geschlossen ist und beim Eintritt der Bedingung oder des Termins die Unmöglichkeit entfallen ist, § 308 Abs. 2 BGB. Für die oben in Anm. 471 dargestellte Gegenansicht liegt in diesen Fällen überhaupt keine Unmöglichkeit der Leistung vor, vgl. dazu näher Anm. 471 und das dort angegebene bürgerlichrechtliche Schrifttum. Bewendet es dagegen bei der Nichtigkeit nach § 306 BGB, so ist derjenige Vertragspartner, der die Nichtigkeit kennt oder kennen muß, nach § 307 Abs. 1 Satz 1 BGB dem anderen Teil zum Ersatz seines Vertrauensschadens (jedoch nicht über den Betrag des Erfüllungsinteresses hinaus) verpflichtet, es sei denn, daß den Vertragsgegner der gleiche Vorwurf trifft (§ 307 Abs. 1 Satz 2 BGB). § 307 BGB ist ein Fall der Haftung für Verschulden bei Vertragsschluß (s. dazu näher § 347 Anm. 22ff). Die Aufnahme der Schuldlosigkeit des den Schadensersatz begehrenden Vertragsteils in die Anspruchsvoraussetzungen des § 307 BGB läßt eine Anwendung des § 254 BGB nicht zu (RG 110, 55). Vertraglich vereinbarte (seltener gesetzliche) Herabsetzungen des Haftungsmaßstabes (etwa auf grobe Fahrlässigkeit) wirken jedoch auch im Rahmen des § 307 BGB. Nach BGH NJW 1967, 721f. = BGH 47, 51 sollen die oben Anm. 470 dar-

gestellten Grundsätze über die Behandlung vorübergehender Leistungshindernisse bei der anfänglichen Unmöglichkeit jedenfalls dann nicht gelten, wenn die Vertragsschließenden annehmen, der die vorübergehende Unmöglichkeit bewirkende Umstand werde in absehbarer Zeit behoben werden können, sich diese Annahme aber später als falsch erweist. Dieser Sachverhalt soll statt dessen nach den Grundsätzen über die Geschäftsgrundlage beurteilt werden. Dies mag für den entschiedenen Fall beiderseitigen Irrtums zu akzeptieren sein. Im übrigen aber sollte es bei der oben Anm. 470 dargestellten Einordnung vorübergehender Leistungshindernisse auch dann bleiben, wenn diese schon bei Vertragsschluß vorhanden waren (vom BGH a. a. O. dahingestellt gelassen).

Anm. 473 **b) Das ursprüngliche Unvermögen:** Bei ursprünglichem Unvermögen ist der Kaufvertrag dagegen wirksam. Dies folgt daraus, daß § 306 BGB im Gegensatz zu § 275 Abs. 2 BGB eine Gleichstellung von Unmöglichkeit und Unvermögen nicht vornimmt. An die Stelle der bei dauerndem Unvermögen nicht erbringbaren Leistung des Verkäufers (über vorübergehendes Unvermögen s. oben Anm. 470) tritt ein Anspruch des Käufers auf Schadensersatz wegen Nichterfüllung (der umgekehrte Fall des Zahlungsvermögens des Käufers ist von geringerer Bedeutung und in diesem Zusammenhang ohne Interesse, weil bei Geldschulden die Veränderung des Leistungsgegenstandes ohnehin ausgeschlossen ist), wahlweise ein Rücktrittsrecht. Die Haftung auf das Erfüllungsinteresse soll nach h. M. und Rechtsprechung ohne Rücksicht darauf eintreten, ob der Verkäufer sein Unvermögen im Sinne des § 276 BGB (bzw. des § 347 HGB) zu vertreten hat, RG 69, 355, 357; 80, 247, 249f.; 81, 61; 86, 210, 213; 90, 240, 244; 99, 232, 234; BGH 8, 231; 11, 22; BGH NJW 1960, 720; MDR 1963, 404; BGH 47, 266, 269 = NJW 1967, 1272, 1273; Blomeyer § 28 I 2; Enneccerus-Lehmann[15] § 29 II 2 S. 133f.; Larenz I[8/9] § 7 II S. 80 (mit Einschränkungen); Esser I[3] § 33 II 2 S. 206f.; Staudinger-Werner[10/11] Vorbem. vor § 275 Rdnr. 19, 31; Wilde in BGB-RGRK § 306 Anm. 4; Erman § 306 Bem. 7; z. T. abweichend Soergel-Reimer Schmidt Vorbem. vor § 275 Rdnr. 22; wegen älterer abweichender Meinungen vgl. Larenz I[8/9] a. a. O. Anm. 1; kritisch auch Weitnauer, Vertragsaufhebung und Schadensersatz nach EKG und BGB, Rechtsvergleichung und Rechtsvereinheitlichung S. 71, 90. Der Grund wird zumeist in einer Garantie für das persönliche Leistungsvermögen bei Vertragsschluß gesehen, vgl. Larenz, Wilde, Esser jeweils a. a. O.; der Vertrauensgrundsatz ist entscheidend für Enneccerus-Lehmann a. a. O.; ähnlich wie dort auch Blomeyer a. a. O. Dem ist mit der Maßgabe zuzustimmen, daß aus Sinn und Zweck des Vertrages und unter Zugrundelegung der bei Vertragsschluß abgegebenen Erklärungen zu ermitteln ist, das Fehlen welcher Leistungshindernisse der Verkäufer für den Zeitpunkt des Vertragsschlusses garantieren soll, wie hier bereits Esser a. a. O. Die Einstandspflicht ist **keine gesetzliche Garantie,** str., abw. z. B. Larenz a. a. O. m. Nachw., vgl. im übrigen die vorstehenden Schrifttums- und Rechtsprechungsnachweise. Denn das Gesetz schweigt (abgesehen von der Sondervorschrift des § 437 BGB). Sie ergibt sich vielmehr unmittelbar aus dem vertraglichen Lieferungsversprechen des Verkäufers. (In diesem Sinne schon ganz entschieden Ballerstedt, Zur Lehre vom Gattungskauf, Festschrift f. Nipperdey, 1955, S. 261ff., 271.) Ihr Umfang bestimmt sich primär nach den Absichten der Parteien bei Vertragsschluß, d. h. nach der in dem konkreten Kaufvertrag (ausdrücklich oder stillschweigend) vereinbarten Risikoverteilung, subsidiär (aber in der Praxis häufiger) nach den durchschnittlichen Parteiabsichten, d. h. nach der für Verträge der betreffenden Art in dem betreffenden Geschäftszweig typischen Risikoverteilung. Es ist wohl nur historisch zu erklären, daß diese ebenso einfache wie naheliegende Anschauung sich im deutschen Rechtskreis — bezeichnenderweise ist sie diejenige, auf welche sich die Vertreter der verschiedensten Rechtskreise im internationalen Rahmen einigen konnten (vgl. Art. 74 EKG [Text s. Vorbem. 3 vor § 377]) — nur unter Schwierigkeiten und nur langsam durchsetzen kann. Jedenfalls läßt sich nicht behaupten, daß die bezeichnete Auffassung sich nicht in das geltende System des deutschen Rechts einfügen lasse. Bei Anwendung des vorstehenden Maßstabs werden sich so außergewöhnliche Ereignisse höherer Gewalt wie die vieldiskutierten Beispielsfälle des überraschenden, dem Verkäufer bei Kaufabschluß unbekannt gebliebenen Abbrennens der Fabrikationsstätte oder des unverschuldeten, ebenfalls noch nicht bekanntgewordenen Diebstahls des Kaufgegenstandes (über deren Herausnahme aus der Haftung im Ergebnis, wenn auch nicht durchweg in der Begründung und Abgrenzung, im übrigen weitgehende Übereinstimmung besteht, vgl. dazu die Schrifttumshinweise am Beginn dieser Anm.) für den durchschnittlichen Kaufvertrag — vorbehaltlich einer abweichenden Übung in der betreffenden Branche — unschwer und ohne komplizierte juristische Konstruktionen aus der Einstandspflicht des Verkäufers ausschalten lassen (zu dem letztgenannten Fall vgl. auch RG 105, 349, das sich mit der Annahme anfänglicher Unmöglichkeit behilft, um nicht zugeben zu müssen, daß es Fälle ursprünglichen Unvermögens gibt, in denen der Verkäufer nicht haftet; dagegen mit Recht BGH 8, 231). Über die Rechtsfolgen, die eintreten, wenn der Verkäufer ausnahmsweise für sein ursprüngliches Unvermögen nicht haftet, vgl. unten Anm. 474. Dagegen wird nach dem typischen Inhalt des Lieferungsversprechens die Garantie die wirtschaftliche Leistungsfähigkeit des Verkäufers umfassen. Dazu gehört bei Verträgen über Waren (gleichgültig, ob individuell bestimmte oder Gattungswaren), welche der Verkäufer noch nicht in seiner Verfügungsgewalt hat, auch die Fähigkeit, sich die Ware zu beschaffen. Ferner fällt in den Rahmen der Garantie die Abwesenheit für den Verkäufer nicht überwindlicher rechtlicher Hindernisse zum Zeitpunkt des Kaufabschlusses. Für ursprüngliche Rechtsmängel haftet der Verkäufer somit ohne Rücksicht auf Verschulden (RG 69, 356; 73, 211; 80, 247, 250; BGH 8, 231; WM 1964, 235 linke Spalte; Larenz II[9] § 36 II 3 S. 30; Enneccerus-Lehmann[15] § 107 I S. 427; Soergel-Ballerstedt § 440 Rdnr. 7; Kuhn in BGB-RGRK § 440 Anm. 8; wohl auch Palandt-Putzo §§ 440, 441 Anm. 1; a. A. Staudinger-Ostler § 440 Rdnr. 6; Erman-Weitnauer § 440 Bem. 4: nur bei besonders übernommener Gewährleistungspflicht oder Kenntnis bzw. fahrlässiger Unkenntnis von dem Rechtsmangel), und zwar unmittelbar aus dem Kaufvertrag, nicht erst auf Grund von § 440 Abs. 1 BGB (so insbesondere Mot. II S. 216; RG 69, 355, 357; Larenz II[9] a. a. O.). Da diese Vorschrift aber die Fälle anfänglichen auf einem Rechtsmangel beruhenden Unvermögens des Verkäufers nun einmal erfaßt (vgl. Mot. a. a. O.; Enneccerus-Lehmann[15] § 107 I S. 427; Larenz a. a. O. S. 29), beschränkt sich ihre Bedeutung im wesentlichen darauf, daß sie klarstellt, daß die Rechtsfolgen der Haftung des Verkäufers für ursprüngliche Rechtsmängel die gleichen sind wie bei dem sonst nur für nachfolgende (subjektive oder objektive) Unmöglichkeit geltenden § 325 BGB. Der dem Käufer nach §§ 440 Abs. 1, 325 BGB bei ursprünglichem Unvermögen des Verkäufers zur Erfüllung seiner Rechtsverschaffungspflicht somit zustehende Anspruch auf Schadensersatz wegen Nichterfüllung wird jedoch durch § 440 Abs. 2 BGB einer Reihe von Einschränkungen unterworfen; s. dazu näher unten Anm. 478). Stellt sich der Rechtsmangel ausnahmsweise nicht als Unvermögen des Verkäufers dar, ist vielmehr die Rechtsverschaffung von Anfang an für jedermann unmöglich, so ist § 440 BGB nicht einschlägig. Der Kaufvertrag ist (vorbehaltlich einer Garantie des Verkäufers, s. oben Anm. 472) nach § 306 BGB nichtig.

Problematisch gestaltet sich die Rechtsfolge in den (allerdings seltenen, s. dazu oben Anm. 473) Ausnahmefällen, in denen der Verkäufer für sein ursprüngliches, d. h. bereits bei Kaufabschluß bestehendes Unvermögen zur Vertragserfüllung nicht einzustehen braucht. Sicher ist, daß (sofern man überhaupt Ausnahmen von der Einstandspflicht des Verkäufers akzepziert, s. dazu Anm. 473) der Schadensersatzanspruch des Käufers wegen Nichterfüllung des Kaufvertrages entfällt. Unzweifelhaft ist ferner, daß in einem solchen Fall das zwischen den Parteien bestehende kaufvertragliche Band gelöst werden muß. Weitnauer (bei Erman § 440 Bem. II 4c) schlägt vor, dem Käufer in diesem Fall ein Rücktrittsrecht zuzusprechen. Diese Lösung hätte den Vorteil, das deutsche Recht in Einklang mit der internationalen Rechtsentwicklung zu bringen (vgl. Art. 24 Abs. 1b i. V. m. Art. 74 Abs. 3 EKG). Sie findet jedoch im geltenden deutschen Recht keine Stütze. Beinahe zwingend ist dagegen nach der Konstruktion des BGB eine Analogie zu den Rechtsfolgen nachträglichen von keiner Partei zu vertretenden Unvermögens: hat der Verkäufer sein ursprüngliches Unvermögen zur Leistung nicht zu vertreten, so entfällt der Kaufvertrag kraft Gesetzes, § 323 BGB entsprechend. Über § 323 BGB vgl. näher Anm. 475. Auch wenn diese Lösung den Nachteil haben mag, daß die Abwicklung nunmehr nach Bereicherungsrecht zu erfolgen hat, erscheint dies jedoch der nach dem gegenwärtigen Aufbau des BGB einzig gangbare Weg. **Anm. 474**

Anm. 475 **c) Die Wirkungen nachträglicher (objektiver oder subjektiver) Unmöglichkeit der Verkäuferleistung:** Die Wirkungen **nachträglicher Unmöglichkeit** sind verschieden, je nachdem. ob die Unmöglichkeit von einer der Kaufvertragsparteien zu vertreten ist oder nicht. (Objektive) Unmöglichkeit und (subjektives) Unvermögen werden hier grundsätzlich gleich behandelt.

aa) Die Unmöglichkeit/das Unvermögen ist von keiner Vertragspartei zu vertreten. Ist die Unmöglichkeit/das Unvermögen von keiner der Parteien zu vertreten, so wird der Verkäufer grundsätzlich von seiner Leistungspflicht frei (§ 275 BGB), verliert aber zugleich, sofern der Käufer noch nicht die Gefahr trägt (über d. Gefahrtragung beim Kauf s. oben Anm. 176 bis 196), den Anspruch auf die Gegenleistung (§§ 275, 323 Abs. 1 Satz 1 BGB), und zwar selbst dann, wenn er sich die Erfüllung in entschuldbarer Unkenntnis seiner Verbindlichkeit selbst unmöglich gemacht hat (RG 67, 235). In diesem Falle ist der ganze Vertrag mit allen seinen Wirkungen aufgehoben, so daß Mahnung oder Nachfristsetzung völlig wirkungslos, eine schon bewirkte Leistung nach den Grundsätzen über die Herausgabe einer ungerechtfertigten Bereicherung herauszugeben (§ 323 Abs. 3 BGB) und eine etwa gestellte Sicherheit zurückzugeben ist. Eine Klage auf Erfüllung muß abgewiesen werden, wenn die unverschuldete Unmöglichkeit feststeht (vgl. aber unten Anm. 478). Daher darf sich der Richter nicht der Prüfung der Frage entziehen, ob die etwaige Unmöglichkeit vom Verkäufer zu vertreten wäre oder nicht, und die Feststellung der Unmöglichkeit dem vielleicht nachfolgenden Schadensersatzprozeß aus § 283 BGB überlassen; in letzterem Verfahren kann eine früher eingetretene Unmöglichkeit nach § 767 ZPO nicht mehr geltend gemacht werden (RG 107, 18 u. 235). Eine Befreiung tritt jedoch nicht ein, wenn bei der Wahlschuld (§ 263 BGB) nur eine der Leistungen von der Unmöglichkeit betroffen, oder beim Alternativkauf (§ 375 Anm. 4) die Lieferung einer Warensorte unmöglich geworden ist. Hier beschränkt sich das Schuldverhältnis auf die noch möglich gebliebene Leistung (RG 94, 60). Bei teilweiser Unmöglichkeit mindert sich sein Anspruch auf die Gegenleistung nach Maßgabe der §§ 472, 473 BGB (§ 323 Abs. 1 Satz 2 BGB). Doch kann der besondere Inhalt und Zweck des Vertrages so beschaffen sein, daß dem Gläubiger nur mit der vollen Leistung gedient ist; dann wird mit der Teil-Unmöglichkeit das ganze Schuldverhältnis ebenso hinfällig wie wenn dem Schuldner die ganze Leistung unmöglich geworden wäre (RG 140, 383).

Anm. 476 Wenn der Verkäufer für den geschuldeten Gegenstand einen Ersatz oder einen Ersatzanspruch erlangt, so hat der Käufer das Recht, Herausgabe des Ersatzes oder Abtretung des Ersatzanspruchs zu verlangen (§ 281 BGB., sogenanntes Surrogationsprinzip). In diesem Fall wird das Schuldverhältnis nicht vernichtet, sondern inhaltlich verändert (RG 157, 44) und diese Veränderung bezweckt, Vermögenswerte, welche dem Verkäufer zugeflossen sind, dem sie nach der maßgebenden Wirtschaftsbeziehung (also nach dem Kaufvertrag) nicht gebühren, auf den in Wahrheit Berechtigten (nämlich hier den Käufer) zu übertragen. Es handelt sich also bei dem Anspruch aus § 281 BGB. um eine Ausgleichung unrichtig gewordener Verteilung von Vermögenswerten (vgl. RG 120, 299f., 351; 138, 48; 157, 45). Macht der Käufer von diesem Recht Gebrauch, so bleibt der Vertrag mit der Maßgabe bestehen, daß der Ersatz oder Ersatzanspruch an Stelle der verkauften Sache tritt (Mot. II 208), der Verkäufer also mit dieser neuen Leistung in Verzug kommen kann; der Ersatz wird nicht von selbst Eigentum des Käufers (RG 105, 87). Der Verkäufer kann in diesem Fall die Gegenleistung verlangen und muß sich nur eine Minderung gefallen lassen, wenn das Surrogat gegenüber der Kaufsache minderwertig ist (§ 323 Abs. 2 BGB). Als Surrogate, deren Herausgabe bzw. Abtretung der Käufer verlangen kann, kommen insbesondere die Versicherungssumme oder der Anspruch hierauf, der etwa an den Verkäufer herausbezahlte oder herauszuzahlende Erlös einer beschlagnahmten und zwangsweise verkauften Sache in Betracht (RG 91, 262). Herauszugeben hat der Verkäufer stets nur das, was er für die geschuldete Sache selbst erlangt hat, daher z. B. nicht die Enteignungsentschädigung, wenn die Rohstoffe beschlagnahmt oder veräußert worden sind, aus denen er die Ware anfertigen wollte (RG 92, 372; JW 1920, 551[1]; WarnRspr. 1921 Nr. 41; vgl. auch BGH LM Nr. 2 und 4 zu § 281 BGB). Ferner muß stets zwischen der Unmöglichkeit und dem Erwerb des Ersatzanspruchs ein wirtschaftlicher (ursächlicher) Zusammenhang vorliegen, vgl. BGH LM

Nr. 1 zu § 281 BGB. Dies ist auch der Fall, wenn der Verkäufer die Sache willkürlich an einen Dritten verkauft; der Verkäufer hat daher den aus der Drittveräußerung erzielten Kaufpreis herauszugeben (RG 138, 48; 105, 89), jedoch kann der Verkäufer gewisse Aufwendungen abziehen (vgl. RG 138, 51). Alle diese Sätze gelten jedoch nur beim Kauf einer bestimmten Sache unbedingt. Beim Gattungskauf sind sie nur anwendbar, wenn sich die Gattungsschuld bereits auf eine bestimmte Sache beschränkt hat (oben Anm. 109ff; RG 108, 187; 93, 143; 88, 289; LZ 1920, 434[3]; WarnRspr. 1918 Nr. 160), oder wenn beim beschränkten Gattungskauf (oben Anm. 102, 104) die ganze Gattung, aus der zu liefern war, untergegangen oder beschlagnahmt worden ist (RG 95, 23; JW 1920, 552[1]; WarnRspr. 1921 Nr. 41; dagegen JW 1917, 464[6] und 968[5]); denn andernfalls kann der Verkäufer keinen Ersatz für die von ihm geschuldete Sache erlangt haben, da noch nicht feststand, welche Sache er zu liefern hatte.

bb) Die Unmöglichkeit/das Unvermögen ist vom Käufer zu vertreten. Ist die Unmöglichkeit oder das Unvermögen, das die Befreiung des Verkäufers bewirkt hat, vom Käufer zu vertreten, so behält der Verkäufer ungeachtet der Tatsache, daß er seine eigene Leistung nicht mehr erbringen kann und muß, den Anspruch auf den Kaufpreis, § 324 Abs. 1 BGB. Das gleiche gilt, wenn die Leistung des Verkäufers aus einem von ihm nicht zu vertretenden Grunde zu einer Zeit unmöglich wird, zu welcher der Käufer im Annahmeverzug war, § 324 Abs. 2 BGB, wobei zu beachten ist, daß dem Verkäufer die Haftungserleichterung des § 300 Abs. 1 BGB zugute kommt. Bei Beantwortung der Frage, welche der Vertragsparteien die Unmöglichkeit zu vertreten hat, sind alle Umstände des Falles zu berücksichtigen, welche die Unmöglichkeit mittelbar oder unmittelbar herbeigeführt haben, vgl. RG 66, 347; 60, 162; JW 1910, 805[15]; WarnRspr. 1925 Nr. 21 sowie aus neuerer Zeit BGH 38, 192. So hat z. B. der Käufer das Unvermögen des Verkäufers zu vertreten, wenn er einen Gläubiger des Verkäufers befriedigen sollte, dieser Verpflichtung aber nicht nachkommt und der Gläubiger daher die Kaufsache versteigern läßt (RG 66, 347). Jedoch trifft den Käufer in einem solchen Falle kein Vorwurf, wenn er die Annahme der Kaufsache wegen eines Mangels verweigern durfte (RG 59, 154). Erwirbt der Käufer das Eigentum an der ihm verkauften Sache von einem Dritten, so versetzt er den Verkäufer dadurch in die Unmöglichkeit, seinerseits die Sache zu liefern und zu übereignen. Dieses Verhalten ist ihm allerdings dann nicht zum Vorwurf zu machen, wenn ihn der Verkäufer durch sein vertragswidriges Verhalten zu dem Abschluß mit dem Dritten gezwungen hat (RG WarnRspr. 1910 Nr. 323). Das Recht, die Herausgabe des Surrogates nach § 281 BGB zu verlangen (s. dazu oben Anm. 476), steht dem Käufer auch im Falle des § 324 BGB zu, BGH LM Nr. 1 zu § 281 BGB. **Anm. 477**

cc) Die Unmöglichkeit/das Unvermögen ist vom Verkäufer zu vertreten. **Anm. 478**

α) **Die Regelung des § 325 BGB; Prozessuales.** Ist die Unmöglichkeit oder das Unvermögen vom Verkäufer zu vertreten, so wird er von der versprochenen Leistung gleichfalls frei. Über die Modifikation dieses Grundsatzes, die bei Gattungskäufen und Beschaffungsschulden angebracht ist, wenn das Unvermögen auf einem Geldmangel beruht, s. unten Anm. 479. An Stelle des untergegangenen Erfüllungsanspruchs erwirbt der Käufer kraft Gesetzes die Rechte aus § 325 BGB. Daher kann der Käufer vom Eintritt der Unmöglichkeit oder des Unvermögens an nicht mehr Verspätungsschaden verlangen. Wollte man daraus aber schließen, daß der Käufer, ehe er etwas gegen den Verkäufer unternehmen kann, feststellen müßte, ob tatsächlich Unmöglichkeit vorliegt, so würde man zu einem praktisch unhaltbaren Ergebnis kommen. Der Käufer müßte dann mit seiner Erfüllungsklage abgewiesen werden. Das Vorgehen nach § 283 BGB (s. dazu Anm. 454ff) würde ihm abgeschnitten. Es ist daher in der Rechtsprechung ständig als Grundsatz anerkannt worden, daß der Käufer auf Erfüllung klagen kann und der Verkäufer zur Erfüllung zu verurteilen ist, auch wenn letzterer geltend macht, die Leistung sei ihm unmöglich geworden, sofern nur feststeht, daß der Verkäufer in diesem Fall die Unmöglichkeit oder das Unvermögen zu vertreten hat, RG 54, 32; 107, 18; 88, 77; WarnRspr. 1923/24 Nr. 102; JW 1924, 292[4]; Gruch. 53, 920; LZ 1926, 44[2]. Von diesem Grundsatz gilt nur dann eine Ausnahme, wenn die Unmöglichkeit schon endgültig feststeht. Denn dann wäre die Verurteilung zur Leistung gegenstandslos. An das Feststehen der Unmöglichkeit ist ein strenger Maßstab anzulegen. Es genügt nicht, daß der

Verkäufer dartut, er könne die verkaufte Sache zu normalen Bedingungen nicht mehr erwerben. Es muß vielmehr offensichtlich sein, daß der Verkäufer sich die Sache ungeachtet aller möglichen und ihm zumutbaren Bemühungen nicht mehr verschaffen kann, RG JW 1924, 292[4]. Maßgebender Zeitpunkt ist dabei derjenige der Urteilsfällung (RG 107, 17; JW 1924, 808[16]), genauer gesagt, derjenige der letzten mündlichen Verhandlung. Dagegen wird man die Unmöglichkeit z. B. als feststehend zu betrachten haben, wenn Stroh aus einer bestimmten Ernte verkauft ist und Lieferung dieses Strohs in gutem Zustand vier Jahre später noch verlangt wird (RG JW 1924, 809[16]).

In einem solchen Fall muß der Käufer zum Schadensersatzanspruch wegen Nichterfüllung übergehen, was er tun kann, ohne dem Einwand der Klagänderung ausgesetzt zu sein, vgl. § 268 Ziff. 3 ZPO. Die in § 268 Ziff. 3 ZPO enthaltene Voraussetzung, daß die Veränderung „später“, d. h. nach Klagerhebung eingetreten sein muß, ist auch dann erfüllt, wenn die Unmöglichkeit oder das Unvermögen zwar schon vor Klagerhebung bestanden haben, der Käufer von ihnen aber schuldlos keine Kenntnis erhalten hatte. — Anders liegt die Sache, wenn es nicht ausgeschlossen erscheint, daß die Unmöglichkeit ohne Verschulden des Verkäufers eingetreten sein kann, RG 107, 18. Steht die Unmöglichkeit fest, z. B. weil die verkaufte individuell bestimmte Sache unzweifelhaft untergegangen ist, so kann der Käufer sofort zu seinen Ansprüchen aus § 325 BGB greifen. Der Verkäufer muß dann nach § 282 BGB beweisen, daß er die Unmöglichkeit nicht zu vertreten habe, vgl. RG 107, 18; über die Beweislast s. im übrigen auch unten Anm. 481.

Auf Grund der Vorschrift des § 325 BGB kann der Käufer wahlweise Schadensersatz wegen Nichterfüllung des Kaufvertrages verlangen oder von dem Kaufvertrag zurücktreten. Für diese beiden Rechte gelten im wesentlichen die gleichen Regeln, die oben bei Erörterung des Verzuges im Rahmen des § 326 BGB dargestellt sind; s. deshalb Anm. 350ff.; 384ff. Der Käufer kann nach § 325 Abs. 1 S. 3 BGB statt dessen aber auch die Rechte geltend machen, die ihm nach § 323 BGB bei zufälliger Unmöglichkeit der Leistung des Verkäufers zustehen. Zum Inhalt dieser Rechte s. näher oben Anm. 475. Hat der Verkäufer im Zusammenhang mit dem die Unmöglichkeit (das Unvermögen) begründenden Umstand einen Ersatz oder Ersatzanspruch erlangt, so kann der Käufer Herausgabe bzw. Abtretung dieses Surrogates in der oben Anm. 476 beschriebenen Weise verlangen (RG 108, 186), muß dann allerdings auch grundsätzlich den Kaufpreis bezahlen. An die einmal erklärte Wahl dieses Rechts ist der Käufer nicht unter allen Umständen gebunden. Er kann vielmehr auch noch danach statt dessen Schadensersatz wegen Nichterfüllung verlangen, muß sich dann allerdings Verrechnung des etwa schon erhaltenen Surrogates gefallen lassen. Die zuerst getoffene Wahl ist jedoch unter allen Umständen bindend, wenn auf Grund der besonderen Umstände des einzelnen Falles in dem Verlangen des Surrogates ein Verzicht auf den Schadensersatzanspruch zu sehen war oder der nachträgliche Übergang gegen Treu und Glauben verstößt, RG 108, 186, vgl. zu diesem Fragenkreis auch oben Anm. 414.

Wird die Leistung des Verkäufers durch den von ihm zu vertretenden Umstand nur teilweise unmöglich, so gilt die oben bei Erörterung des Verzuges bereits ausführlich dargestellte Regelung des § 325 Abs. 1 S. 2 BGB; s. deshalb die dortigen Ausführungen Anm. 430ff. Zu beachten ist lediglich, daß bei § 326 Abs. 1 S. 3 BGB auf das Interesse des Gläubigers an dem bereits bewirkten Teil der Schuldnerleistung abgestellt wird, während es nach § 325 Abs. 1 S. 2 BGB auf das Interesse des Gläubigers am Austausch seiner geminderten Gegenleistung gegen den noch möglich gebliebenen Teil der Schuldnerleistung ankommt.

Die Rechte aus § 325 BGB stehen dem Käufer an sich auch dann zu, wenn die nachträgliche (in aller Regel subjektive, seltener objektive) Unmöglichkeit darin begründet ist, daß der Verkäufer seine Rechtsverschaffungspflicht (s. dazu oben Anm. 144) nicht erfüllen kann. Die Befugnis, wegen des Rechtsmangels Schadensersatzwegen Nichterfüllung zu verlangen (nicht das Rücktrittsrecht), wird jedoch in § 440 Abs. 2 bis 4 BGB einer Reihe von Einschränkungen unterworfen, die verhindern sollen, daß der Käufer Schadensersatz wegen Nichterfüllung erhält, obwohl er weiterhin auf Grund des Kaufvertrages im Besitz der Sache bleibt. Solange würde es auch an einer sicheren Grundlage für die Berechnung des Schadensersatzes fehlen. Auf eine Darstellung dieser Einschränkungen muß (wie auch schon in der Vorauflage) verzichtet werden. Zum gesetzgeberischen Grund für die genannten Absätze s. näher Mot. II S. 217ff. Im übrigen vgl. RG 105, 349ff.; 117, 335ff.; s. auch 115, 34; OLG Hamburg MDR 1948, 253; BGH 5, 337 (Nachw. über Besprechungen der letztgenannten heftig umstrittenen Entscheidung s. Anm. 392) und die Literatur zum BGB.

β) **Verantwortlichkeit des Verkäufers insbesondere beim Gattungskauf und bei Beschaffungsschulden.** Über die Frage, was der Verkäufer zu vertreten hat, vgl. ausführlich die Kommentierung zu § 347. Beim Gattungskauf besteht die Besonderheit, daß der Verkäufer, solange die Lieferung aus der Gattung möglich ist, sein Unvermögen, Stücke aus der Gattung zu liefern, auch dann zu vertreten hat, wenn ihm ein Verschulden nicht zur Last fällt, § 279 BGB. Vgl. dazu und insbesondere zu den erforderlichen Einschränkungen dieses Grundsatzes ausführlicher den Abschnitt über den Gattungskauf, oben Anm. 104. Zweifelhaft könnte nur sein, welche rechtliche Folgerung aus dem von § 279 BGB angeordneten Haftbarbleiben des Verkäufers zu ziehen ist. Insbesondere die neuere juristische Literatur spricht sich darüber nicht immer mit letzter Klarheit aus, ausführlich dagegen Roth, JuS 1968, 101ff. mit zahlr. weit. Nachw. auch über ältere Stellungnahmen; ganz klar auch Erman § 279 Bem. 8. Die Einordnung des § 279 BGB in den Zusammenhang der §§ 276 bis 278 BGB sowie sein Wortlaut sprechen dafür, diese Vorschrift ausschließlich als Haftungsmaßstab anzusehen. Die Folgerung daraus hätte zu lauten, daß der Verkäufer wie bei nachträglicher zu vertretender Unmöglichkeit der Lieferung von der Leistung frei wird, dem Käufer aber die Rechte aus § 325 BGB erwachsen. Andererseits widerspricht es dem der Vorschrift des § 279 BGB zugrunde liegenden Gedanken unbedingter Einstandspflicht des Vertragsschuldners für seine wirtschaftliche Leistungsfähigkeit (s. dazu folgenden Absatz), dem auf einem Mangel an Geldmitteln beruhenden Unvermögen zur Beschaffung der (erhältlichen) Ware leistungsbefreiende Wirkung zuzubilligen. Die Konsequenz einer derartigen Auffassung wäre im übrigen auch nur die, daß der Verkäufer im Wege des Schadensersatzes zur Zahlung mindestens desjenigen Betrages zu verurteilen wäre, an dessen Fehlen die Beschaffung des Kaufgegenstandes gerade gescheitert ist. Es erscheint daher zutreffend, im Anwendungsbereich des § 279 BGB das auf einem Geldmangel beruhende Unvermögen zu ignorieren und den Lieferungsanspruch des Käufers bestehen zu lassen. Will der Käufer in diesen Fällen den Anspruch auf das Interesse oder das Rücktrittsrecht erwerben, so muß er nach § 326 BGB vorgehen, wobei ihm zugute kommt, daß entsprechend dem Gedanken des § 279 BGB der Verkäufer eine Verzögerung, die auf Geldmangel beruht, stets zu vertreten hat (vgl. RG 75, 335ff.). Beruht das Unvermögen des Verkäufers hingegen auf anderen Gründen als Geldmangel, so wird man allerdings, soweit hier überhaupt eine Haftung des Verkäufers in Betracht kommt, s. dazu oben Anm. 104 bei Behandlung des Gattungskaufs, das Erlöschen der primären Leistungspflicht zu bejahen haben. **Anm. 479**

Der aus § 279 BGB abzuleitende oder ihm bereits zugrunde liegende Satz, daß im Rahmen eines Schuldverhältnisses jeder für seine wirtschaftliche Leistungsfähigkeit aufzukommen habe (s. dazu schon vorigen Absatz), kann aber auch für den Stückkauf Bedeutung erlangen. Dies ist dann der Fall, wenn sich der verkaufte individuell bestimmte Leistungsgegenstand zwar nicht in der Hand des Verkäufers befindet, letzterer sich aber verpflichtet hat, ihn zum Zwecke der Erfüllung des Kaufvertrages zu beschaffen, was auch stillschweigend geschehen kann und letztlich durch Vertragsauslegung festgestellt werden muß (sog. Be- oder Verschaffungsschuld); vgl. RG 75, 335, 337; 106, 177, 181; ferner Larenz I[9] § 20 I c S. 244; Nastelski in BGB-RGRK § 279 Anm. 5; Erman § 279 Bem. 3; Staudinger-Werner § 279 Rdnr. 5 m. weit. Nachw.; weitgehend sieht Roth, JuS 1968, 101f., 103 m. Nachw. die Beschaffungspflicht als typischen Inhalt auch von Stückkäufen an. Bei dieser Sachlage hat der Verkäufer, dem die Beschaffung insbesondere wegen mangelnder wirtschaftlicher Leistungfähigkeit nicht gelingt, sein Unvermögen auch dann zu vertreten, wenn ihm ein Verschulden nicht zur Last fällt. Wie bei § 279 BGB wird er dagegen auch hier befreit, wenn der das Unvermögen begründende Umstand außerhalb des von ihm übernommenen Risikobereiches liegt (dazu oben Anm. 104).

Für nachträgliche Rechtsmängel gilt an sich nichts Besonderes. Sie sind in der Regel als Fälle nachträglichen Unvermögens anzusehen und unterliegen damit den vorstehend in den Anmerkungen 475 bis 479 dargestellten Regeln. Jedoch gelten auch für sie wie für die oben Anm. 478 dargestellten Fälle, die Einschränkungen des § 440 Abs. 2—4 BGB, die hier nicht erörtert werden können.

Anm. 480 **dd) Die Unmöglichkeit/das Unvermögen ist von beiden Vertragsteilen zu vertreten.** Ist die Unmöglichkeit oder das Unvermögen von beiden Vertragsteilen, also von Käufer und Verkäufer zu vertreten, so wendet die überwiegende Meinung § 254 BGB entsprechend an. Liegt das überwiegende Verschulden beim Käufer, so soll ausschließlich § 324 BGB gelten, liegt es beim Verkäufer, ausschließlich § 325 BGB, vgl. RG 71, 187; 94, 140, 142; unklar RG JW 1937, 3029 Nr. 14; Enneccerus-Lehmann[15] § 46 III 4 S. 205f.; Larenz I[8/9] § 24 III S. 299 unten; Palandt-Danckelmann/Heinrichs Vorbem. vor § 323 Anm. 2; Erman Vorbem. zu §§ 323—327 Bem. 5. Soweit diese Ansicht dazu führt, daß derjenige, der die Unmöglichkeit oder das Unvermögen überwiegend zu vertreten hat, im Endergebnis dasteht, als habe er es allein zu vertreten, während die Mitverantwortung des anderen Vertragsteils außer Betracht bleibt, ist sie zu starr und damit ungerecht. Diese Ungerechtigkeit wird zwar vermieden, soweit § 254 BGB nicht nur auf der Tatbestandsseite für die Feststellung, ob § 324 BGB oder § 325 BGB anzuwenden ist, herangezogen wird, sondern auch auf der Rechtsfolgenseite. Bei Anwendung des § 325 BGB mindert sich dann der Schadensersatzanspruch des Käufers gegen den Verkäufer, bei Anwendung des § 324 BGB der fortbestehende Kaufpreisanspruch des Verkäufers gegen den Käufer entsprechend der eigenen Mitverantwortlichkeit des Forderungsberechtigten (so nachdrücklich Erman und Palandt-Danckelmann/Heinrichs jeweils a. a. O. sowie Staudinger-Kaduk[10/11] § 324 Rdnr. 40). Bedenkenfrei ist die aufgezeigte Lösung aber auch dann nicht. Im Fall des § 325 BGB funktioniert sie überhaupt nur, wenn der Käufer Schadensersatz wegen Nichterfüllung wählt. Tritt er dagegen zurück oder geht er nach § 325 Abs. 1 S. 3 BGB vor, so kann sein Mitverschulden nicht berücksichtigt werden (weshalb ihm Staudinger-Kaduk a. a. O. diese Rechte aus dem Gedanken des § 254 BGB heraus versagen will). Bei Anwendung des § 324 BGB kann sie leicht zu einer Benachteiligung des Käufers führen, dessen Mitverantwortlichkeit diejenige des Verkäufers nur ganz geringfügig überwiegt. Zur Beurteilung der Rechtsfolgen im Falle einer gleich zu bewertenden Mitwirkung beider Seiten bei Entstehung der Unmöglichkeit leistet sie überhaupt keinen Beitrag (RG JW 1910, 936[8] hat in diesem Falle die Verantwortung beider Vertragsteile als gegeneinander aufgehoben angesehen und § 323 BGB angewandt. Siehe zu diesem ganzen Fragenkreis ausführlich Hadding AcP 168 (1968) S. 150ff., der mit beachtlichen Argumenten dem Gläubiger der Leistung, hier also dem Käufer, stets die Rechte aus § 325 BGB zubilligen, dessen Mitverantwortung aber dadurch berücksichtigen will, daß er dem Schuldner, hier also dem Verkäufer, einen Schadensersatzanspruch aus positiver Vertragsverletzung zuspricht, der gegebenenfalls gegen den Schadensersatzanspruch des anderen aus § 325 BGB zu verrechnen ist.

Anm. 481 **3. Die Verteilung der Beweislast.**

Die Beweislast für den Eintritt der (objektiven oder subjektiven) Unmöglichkeit folgt der allgemeinen Faustformel, wonach eine Tatsache von demjenigen zu beweisen ist, der daraus eine Rechtsfolge für sich herleiten will. Für die Unmöglichkeit der Verkäuferleistung (Unmöglichkeit auf der Käuferseite ist vergleichsweise selten; für sie gilt entsprechendes) folgt daraus: verlangt der Käufer Lieferung, so muß der Verkäufer beweisen, daß ihm die Leistung unmöglich geworden ist, wenn er nach § 275 BGB frei werden will (rechtsvernichtender Einwand). Klagt der Käufer auf Schadensersatz wegen Nichterfüllung nach § 325 BGB, so gehört die Unmöglichkeit der Lieferung zu den anspruchsbegründenden Tatsachen, beweispflichtig ist also der Käufer. Im übrigen hat die Beweislastverteilung in § 282 BGB eine gesetzliche Regelung erfahren. Danach trifft, wenn streitig ist, ob die Unmöglichkeit die Folge eines vom Schuldner zu vertretenden Umstandes ist, die Beweislast den Schuldner (d. h. in unserem Fall den Verkäufer). Die Vorschrift gilt sowohl für den Beweis der fehlenden Kausalität als auch der fehlenden Verantwortlichkeit. Streng genommen gehört zu diesem Beweis, daß der Verkäufer aufklärt, welcher Umstand die Unmöglichkeit bewirkt hat und zweitens beweist, daß er ihn nicht zu vertreten hat (BGH NJW 1952, 1170; sehr streng RG HRR 1937 Nr. 497; wie hier außerdem Palandt-Danckelmann/Heinrichs § 282 Anm. 2). Denn die Prüfung, ob den Verkäufer ein Verschulden trifft, in einem weiteren Sinne, ob der die Unmöglichkeit auslösende Umstand in seinen Verantwortungsbereich fällt, setzt im allgemeinen voraus, daß der tatsächliche Geschehensablauf feststeht (so ausdrücklich BGH a. a. O.). Ein nicht aufklärbarer Zweifel über die Ursachen der Unmöglichkeit muß aber nicht in jedem Fall zu Lasten des Verkäufers gehen. Derart strenge Beweisanforderungen würden den Verkäufer sehr häufig überfordern (vgl. vor allem Mot. II S. 48). Ausreichend ist, wenn er beweist, daß er jegliche ihm obliegende Sorgfalt beobachtet hat, so daß der Umstand, welcher es auch immer sein mag, der die Unmöglichkeit herbeigeführt hat, jedenfalls nicht von ihm zu vertreten ist (RG 74, 342ff., 344; grundsätzlich auch BGH NJW 1952, 1170). In diesem Fall bleibt die Kausalitätsfrage also ausgeklammert. Diese Form des Entlastungsbeweises führt jedoch nicht zum Ziel, wenn auch nach der Beweisführung des Verkäufers mit Rücksicht auf die besonderen Umstände des Falles eine Wahrscheinlichkeit offenbleibt, daß für die Unmöglichkeit ein Verschulden des Verkäufers in Betracht kommt. In diesem Fall genügt der Verkäufer seiner Beweislast nur, wenn er das die Unmöglichkeit auslösende Geschehen aufklären kann (vgl. RG 120, 67, 69; 149, 282, 284; BGH NJW 1952, 1170). In der Praxis wird der Fall häufig so liegen, daß dem Verkäufer ein bestimmter in seinen Verantwortungsbereich fallender Umstand zur Last gelegt wird (nach einer möglichen Wortinterpretation ist dies sogar der ausschließliche durch § 282 BGB geregelte Fall; eine solche Auslegung wäre jedoch zu eng, heute h. M.). Bei dieser Sachlage kann der Verkäufer sich entlasten, indem er nachweist, daß dieser Umstand nicht die Ursache der eingetretenen Unmöglichkeit ist, m. a. W., daß ein Kausalzusammenhang zwischen dem von ihm zu vertretenden Umstand und der Unmöglichkeit nicht besteht. Für diesen Beweis bieten sich vor allem zwei mögliche Wege an: einmal kann der Verkäufer einen anderen für die Unmöglichkeit verantwortlichen (von ihm nicht zu vertretenden) Ursachenzusammenhang aufdecken (BGH NJW 1953, 59) oder er kann beweisen, daß der ihm zur Last gelegte, von ihm zu vertretende Umstand keine mögliche Ursache für den Eintritt der Unmöglichkeit darstellt. In dem zuletzt genannten Fall wird häufig an die Stelle des erfolgreich ausgeschalteten Umstandes eine völlige Ungewißheit über die Umstände, welche die Unmöglichkeit verursacht haben, treten. Diese Ungewißheit darf, soll der Sinn des § 282 BGB nicht in sein Gegenteil verkehrt werden, nicht zu Lasten des Gläubigers gehen (was selbst die sonst sehr schuldnerfreundliche Entscheidung BGH NJW 1953, 59, 60 einräumen muß). Man wird in diesem Fall daher von dem Verkäufer den zusätzlichen Beweis fordern müssen, daß die Ursache, mag sie auch unaufklärbar sein, jedenfalls nicht in seinem Verantwortungsbereich zu suchen sein kann, insbesondere, daß der Verkäufer abgesehen von der erfolgreich ausgeschalteten Pflichtverletzung alle nach dem Vertrag erforderliche Sorgfalt angewendet hat (s. dazu schon oben am Beginn dieser Anm.). In keinem der genannten Fälle dürfen die Anforderungen an den vom Verkäufer zu führenden Beweis überspannt werden. Der Grundsatz der freien richterlichen Beweiswürdigung (§ 287 ZPO) gilt auch hier. Häufig werden dem Verkäufer auch die Grundsätze über den Anscheinsbeweis die Beweisführung erleichtern. Damit dürfte einer Überdehnung der Anforderungen an eine Entlastung des Verkäufers ausreichend zu begegnen sein. Nur davon sollte nicht gesprochen werden, es genüge der Nachweis einer „hinreichenden Wahrscheinlichkeit", so aber vor allem BGH in NJW 1953, 59f.; wie hier insbesondere Staudinger-Werner[10/11] § 282 Rdnr. 5.

VI. Die positive Vertragsverletzung (schuldhafte Vertragsverletzung) **Anm. 482**

Aus dem Schrifttum: Brecht, Die einfache und die wiederholte positive Vertragsverletzung, Jher. Jb. 54, 83; Freitag, Schlechterfüllung und Schlechterbringung, Zur Systematik der positiven Vertragsverletzung, Stud. z. Erl. des bürg. Rechts, 1932, Heft 48; Fritz, Die Schlechtleistung im besonderen Teil des Schuldrechts, Diss. Freiburg, 1931; Himmelschein, Erfüllungszwang und Lehre von den positiven Vertragsverletzungen in AcP 135, 255; Köpcke, Typen der positiven Vertragsverletzung, 1965; Krückmann in AcP 101, 190ff.; H. Lehmann, Die positiven Vertragsverletzungen, AcP 96, 60ff. und Enneccerus-Lehmann[15] (1958) § 55 S. 234ff.; Staub, Festschrift für den XXVI. Deutschen Juristentag, 1902 und Die positiven Vertragsverletzungen, 1904 (2. Aufl. 1913 besorgt von Müller); Stoll, Abschied von der positiven Vertragsverletzung, AcP 136, 257ff. und Die Lehre von den Leistungsstörungen, 1936; Zitelmann, Nichterfüllung und Schlechterfüllung, Festschr. f. Krüger S. 265ff. Vgl. ferner die Lehrbücher und Kommentare des bürgerlichen Rechts und die Angaben im folgenden Text.

1. Einleitung; Begründungsversuche.

Nicht alle Fälle schuldhafter Vertragsverletzung lassen sich in befriedigender Weise mit den rechtlichen Begriffen des Verzugs oder der Unmöglichkeit erfassen und lösen. Zuerst hat das Reichsgericht (VI 172/92, Urt. v. 5. Dezember 1892, SeuffBl. Ergbd. 11, 120) in einem Falle andauernder Vertragsverletzung durch Lieferung schlechten Bieres dem Bierbezugspflichtigen ein Recht auf Rücktritt vom ganzen Vertrag eingeräumt und dies damit begründet, daß eine Unmöglichkeit vertragsmäßiger Erfüllung auch für die Zukunft vorliege, weil die Lage kein Zuwarten gestatte und der Wirt ein Interesse an der Auflösung des Vertrags habe. Sodann hat das Reichsgericht (II 67/01, Urt. v. 12. Mai 1901, Müller bei Gruch. 50, 534) für alle Fälle andauernd schlechter Bierlieferung, Stellung ungenügender Eismengen und mehrfacher Beschwerden des Wirts ungeachtet der Einigung bezüglich mehrerer Sendungen (nicht in unbedingtem Widerspruch mit RG 1, 53 u. 62; hierüber ROHG 14, 293 und RG 57, 115) ein Recht der Auflösung für die restliche Vertragszeit gewährt. Endlich hat das Reichsgericht (III 318/01, Urt. v. 17. Dezember 1901, JW 1902, 80[15]) in einem ganz ähnlichen Fall ein durch stillschweigende Vereinbarung gewährtes Rücktrittsrecht angenommen, wenn statt der Lieferung kaufmannsguten Bieres fortgesetzt so schlechtes Bier geliefert wurde, daß die Existenz des Wirtes gefährdet sei. Diese drei Entscheidungen, von denen die letztere (vielfach mit Unrecht angegriffene) heute noch anwendbar ist, weil sie den wirtschaftlichen Kern der ganzen Frage trifft, waren die Vorläufer des Systems der positiven Vertragsverletzungen. Diese drei Entscheidungen bedeuten das Suchen, eine Lücke des Gesetzes auszufüllen. Der Gesetzgeber hatte bei seinem Streben, alle denkbaren Fälle der Nichterfüllung aufzuzählen, geglaubt, durch Aufstellung der Grundsätze über Leistungsverzug, über die Unmöglichkeit der Erfüllung und über die Gewährleistung alle Gesichtspunkte erschöpft zu haben. Durch dieses Vertiefen in das Erfassen aller denkbaren Möglichkeiten entging dem Gesetzgeber der oberste Grundsatz, den Art. 1184 code civil in seinen Vorschriften über die gegenseitigen Verträge zum herrschenden erhoben hat und der besagt, daß jede Vertragsverletzung den Weg zur Vertragsauflösung und zu einem Schadensersatzanspruch eröffnet (hierüber Remelé „Recht" 1912, 569; dagegen Planck § 326 Erl. 5c). Den ersten Schritt zur Aufstellung eines dem Art. 1184 code civil gleichwertigen Satzes tat Staub. Er sprach erstmals den Grundsatz aus, daß positive Rechtsverletzungsakte, die den Vertragszweck gefährden, den Verzugsfolgen gleichstehende Wirkungen derart haben müssen, daß die entsprechende Anwendung des § 326 Abs. 1 BGB ohne weitere Androhung und Fristsetzung Platz greife. Staub hat noch an einer Reihe von Beispielen, die sämtlich angefochten sind, die Abgrenzung des Begriffs der positiven Vertragsverletzungen nach der Seite hin versucht, daß es gewisse vom Schuldner zu vertretende Vertragsverletzungen gebe, die weder einen Schuldnerverzug im Sinne des § 326 BGB begründen noch die Annahme einer vom Schuldner zu vertretenden Unmöglichkeit der Leistung im Sinne des § 325 BGB. zulassen, trotzdem aber dem Gläubiger ohne Androhung und Nachfristsetzung das Wahlrecht zwischen Rücktritt und Schadensersatz wegen Nichterfüllung hinsichtlich des ganzen Vertrags gewähren.

Anm. 483 Während der seit den ersten Arbeiten Staubs zu der von ihm sogenannten positiven Vertragsverletzung vergangenen Zeit hat es nicht an Versuchen gefehlt, unter Zuhilfenahme kunstvoller juristischer Konstruktionen mit den Regeln über Verzug und Unmöglichkeit auszukommen (vgl. Siber, Iher. Jb. 50, 55, 191ff.; Himmelschein, Erfüllungszwang und Lehre von den positiven Vertragsverletzungen AcP 135, 255ff.; vgl. auch Wicher AcP 158, 297ff.) bzw. der positiven Vertragsverletzung als dritter großer Gruppe möglicher Störungen von Leistungsbeziehungen den Abschied zu geben (vgl. den Titel der Arbeit von Stoll in AcP 136, 257: „Abschied von der positiven Vertragsverletzung"). Demgegenüber hat die Rechtsprechung des Reichsgerichts die Staubschen Ergebnisse sofort aufgegriffen (vgl. RG 52, 18; 53, 200; 54, 98). Das Reichsgericht hat jedoch bis zuletzt auf der Behauptung bestanden, die positiven Vertragsverletzungen hätten in

§ 276 BGB bzw. § 347 HGB eine unmittelbare gesetzliche Regelung gefunden (vgl. etwa außer den schon genannten Entscheidungen RG 52, 18 und 53, 200 noch RG 106, 25), obwohl in der Lehre von Anfang an darauf hingewiesen worden ist, daß § 276 BGB nicht selbständige Anspruchsgrundlage sei, sondern einen Haftungsmaßstab in subjektiver Hinsicht enthalte (so schon Staub a. a. O. S. 7ff.; vgl. ferner Enneccerus-Lehmann[15] § 55 II 1 S. 237f. sowie Larenz I[8/9] § 23 I S. 280 und die zahlreichen dort in Anm. 2 aufgeführten Autoren). Als summarisches Ergebnis dieser Entwicklung, deren Darstellung sich hier im einzelnen verbietet, verdient festgehalten zu werden, daß die positive Vertragsverletzung heute einen festen Platz in unserem Schuldrecht einnimmt. Beinahe durchweg wird ihr inzwischen gewohnheitsrechtlicher Rang zugesprochen; vgl. statt aller Staudinger-Werner[10/11] Vorbem. vor § 275 Rdnr. 56; Staudinger-Kaduk[10/11] § 325 Rdnr. 23; Larenz I[8/9] § 23 I S. 280; Soergel-Reimer Schmidt Vorbem. vor § 275 Rdnr. 32 und 37. Damit hat sich sowohl der Streit über ihre Existenzberechtigung als auch über das Ob und Wie ihrer Herleitbarkeit aus dem Gesetz zumindest für die Praxis erledigt. Soweit noch eine Begründung für erforderlich gehalten wird, wird sie heute zumeist in einer Analogie zu der Gesamtheit der Rechtssätze über Verzug und Unmöglichkeit gesehen (Larenz I[8/9] § 23 I S. 280; Enneccerus-Lehmann[15] § 55 II S. 237ff.; Soergel-Reimer Schmidt Vorbem. vor § 275 Rdnr. 36 und 37; ähnlich auch Staudinger-Werner Vorbem. vor § 275 Rdnr. 56ff.; die Analogie zu den Verzugsfolgen betonen Staudinger-Kaduk[10/11] § 325 Rdnr. 27 sowie die Voraufl. dieses Kommentars; vgl. dazu auch unten Anm. 502ff.), worin eine gewisse Rückkehr zu den Thesen Staubs liegt. Der Versuch, in § 276 BGB eine gesetzliche Regelung der positiven Vertragsverletzung zu finden, ist inzwischen auch von der Rechtsprechung aufgegeben worden, vgl. BGH 11, 80, 83. Einigkeit besteht auch über die Unrichtigkeit der von Staub für seine Entdeckung gewählten Bezeichnung. Da fehlerhafte Verhaltensweisen der in Frage stehenden Art nicht nur im Rahmen vertraglich begründeter, sondern auch gesetzlicher Schuldverhältnisse vorkommen, wird z. T. anstelle von Vertrags- von Forderungsverletzung gesprochen, vgl. etwa Enneccerus-Lehmann[15] § 55 I S. 236 und 237 oben; Soergel-Reimer Schmidt Vorbem. vor § 275 Rdnr. 32ff. Allgemein durchgesetzt hat sich dieser Sprachgebrauch nicht. Er krankt daran, daß er in irreführender Weise suggeriert, Objekt der Verletzung müsse gerade oder doch typischerweise eine Forderung, d. h. ein Leistungsanspruch sein, s. dazu unten Anm. 487. Der zweite Einwand richtet sich gegen die Bezeichnung der Verletzung als „positive“. In der Tat hatte Staub ursprünglich das gemeinsame Charakteristikum der von ihm unter der Bezeichnung positive Vertragsverletzung zusammengefaßten Fälle darin gesehen, daß der Schuldner seine Pflichten durch ein positives, den anderen schädigendes Tun verletze, während die gesetzlich geregelten Fälle des Verzugs und der Unmöglichkeit dadurch gekennzeichnet sind, daß der Schuldner seine Verpflichtung durch Nichtleisten, durch ein Unterlassen also, verletzt. Heute besteht durchweg Übereinstimmung darüber, daß diese Differenzierung am Kern des Problems vorbeigeht. Positive Vertragsverletzungen können sowohl durch schuldhaftes Unterlassen als auch Handeln begangen werden. In beinahe gleicher Einmütigkeit wird jedoch in Ermangelung einer treffenderen Bezeichnung und in Anerkennung der Verbreitung der überkommenen für ihre Beibehaltung plädiert, s. z. B. Larenz I[8/9] § 23 I S. 281 oben; Staudinger-Werner Vorbem. vor § 275 Rdnr. 52; Erman § 276 Bem. 7c.

2. Die Fallgruppen. **Anm. 484**

a) Allgemeines: Trotz dieser allgemeinen Einigkeit im Grundsätzlichen ist eine klare Abgrenzung und Umschreibung der positiven Vertragsverletzung bis heute nicht in absolut befriedigender Weise gelungen. Die Konturenlosigkeit dieses Gebildes und die (vor allem schon von Stoll in AcP 136, 257ff. betonte) Heterogenität der in ihm zusammengefaßten Sachverhalte zeigt sich deutlich an der vom Bundesgerichtshof in BGH 11, 80 = NJW 1954, 229 gegebenen Begriffsbestimmung. Danach ist positive Vertragsverletzung jede (nicht zur Unmöglichkeit der Leistung oder Verzug führende) Leistungsstörung, „die durch eine Verletzung dieser im weitesten Sinne aufzufassenden Vertragspflichten den Vertragsgegner schädigt“, wobei zu den Vertragspflichten „nicht nur alle Haupt- und Nebenpflichten, wie Vorbereitungs- und Obhutspflichten, Auskunfts- und Anzeigepflichten, Mitwirkungspflichten usw., sondern auch die sog. reinen Gläubigerobliegenheiten zu zählen sind“. Auf S. 84 oben derselben Entscheidung erscheint die positive Vertragsverletzung geradezu als allgemeiner Grundtatbestand schuldhafter Vertragsverletzung, demgegenüber Unmöglichkeit und Verzug nur gesetzlich geregelte Sondertatbestände darstellen. Vgl. diese in mehrfacher Hinsicht zu unbestimmte und weite Formulierung mit den unten in den Anm. 485—501 aufgeführten Fallgruppen positiver Vertragsverletzungen; s. ferner Anm. 489. Die heutige rechtswissenschaftliche Literatur ist demgegenüber vorwiegend von dem Bestreben gekennzeichnet, unter Verzicht auf vollständige dogmatische Erfassung, verbindliche Systematisierung und erschöpfende Klassifizierung der schier unerschöpflichen denkbaren positiven Vertragsverletzungen einige typische, praktisch bedeutsame Sachverhaltsgruppen herauszuarbeiten (s. etwa die bei Staudinger-Kaduk[10/11] § 325 Rdnr. 18ff. und Erman § 276 Bem. 7b aa) bis cc) herausgestellten Fallgruppen; aus dem monographischen neueren Schrifttum vgl. insbesondere Köpcke a. a. O.). Trotz einer gewissen unverkennbaren Übereinstimmung in den Grundzügen decken sich jedoch weder die von den einzelnen Autoren gebrauchten Einteilungskriterien noch die den einzelnen Gruppen zugeordneten Fälle durchweg. Überschneidungen werden offen in Kauf genommen. Die nach heutiger Auffassung als positive Vertragsverletzungen anzusehenden Sachverhalte sind insbesondere folgende:

Anm. 485 **b) Die schuldhafte Schlechterfüllung:**

aa) Beispielsfälle. Die Schadensersatzansprüche wegen Verzugs oder Unmöglichkeit (§§ 280, 325, 286, 326 BGB) regeln nur den Fall, daß der Käufer durch die Verzögerung oder das endgültige Ausbleiben der Verkäuferleistung geschädigt wird. Sie bieten keinen Schutz, wenn der Käufer die Leistung des Verkäufers pünktlich und vollständig erhält, diese aber schlecht ausgeführt oder von vertragswidriger Beschaffenheit ist, und der Käufer **dadurch** einen Schaden (an seiner Person, seinem Eigentum oder sonstigem Vermögen) erleidet. Z. B.: Dem Käufer, einem Getreidehändler, wird durch Verschulden des Verkäufers nasses, nicht mahlfähiges Getreide geliefert, das sein Abnehmer, ein Mühlenbesitzer, wieder zurückgehen läßt, sein Schaden besteht im wesentlichen aus nutzlos aufgewendeten Transportspesen für Bezug und Weiterlieferung der Ware, RG 52, 18; der Verkäufer liefert statt des bestellten hochwertigen minderwertigen Kleesamen, der Verkäufer vermischt die Lieferung mit seinen eigenen Beständen, wodurch auch diese wertlos werden, RG 53, 89; vgl. auch den Fall der Lieferung minderwertigen Saathafers im selben Bande S. 200; dem gelieferten Sackkalk fehlt die erforderliche Bindekraft, obwohl der Verkäufer wissen mußte, daß der Käufer den Kalk zu Putzarbeiten verwenden würde, der Putz hält nicht, RG 56, 166; vgl. den ähnlich gelagerten Fall BGH MDR 1962, 965 (der unbrauchbare Mörtel löst sich wieder von der Wand ab, so daß auch die darüber aufgespritzten Putzschichten sowie die Farbe an den Wänden abbröckeln); der Verkäufer liefert schuldhaft statt des angebotenen hochwertigen Samens ein minderwertiges Gemisch, der Käufer wird infolgedessen seinem Abnehmer schadensersatzpflichtig, RG DJZ 1906, 146; der Verkäufer liefert für den ihm bekannten Verwendungszweck unbrauchbares Bauholz, der damit errichtete Fußboden hält nicht, RG WarnRspr. 1941, 201; dem als Pferdefutter vom Verkäufer gelieferten Mais waren giftige Rizinussamenkörner beigemischt, nach deren Verfütterung ein Teil der Pferde des Käufers einging, RG 66, 289; der Gastwirt schenkt seinem Gast Salmiak- statt des bestellten Selterwassers aus, das dieser, ohne die Verwechselung zu bemerken, mit schädlichen Folgen für seine Gesundheit trinkt, RG 97, 116 (vom RG nur unter deliktsrechtlichen Gesichtspunkten erörtert); das gelieferte Wasser führt infolge zu hohen Bleigehalts zu Gesundheitsschäden der Abnehmer, RG 99, 96; vgl. auch JW 1937, 737; eine Stahlflasche explodiert, weil die darin enthaltene Chemikalie nicht von der vereinbarten Beschaffenheit ist und richtet Schäden in der Fabrik des Käufers an, RG 108, 221; die Martinsöfen des Käufers werden beschädigt, weil der dort verhüttete, vom Verkäufer gelieferte Schrott unzulässig viel Chrom enthält, RG 125, 76; das vom Verkäufer gelieferte Kfz enthält einen Konstruktionsfehler, der zu einem Unfall führt, für den der Käufer seinem Fahrgast haftet, RG 163, 21; ein Tankwart füllt eine vertragswidrige Treibstoffmischung in ein Kfz, infolgedessen fressen sich die Kolben des Wagens nach wenigen Kilometern fest, LG Tübingen VersR 1955, 654; ähnlich BGH NJW 1968, 2238, wo den Verkäufer allerdings kein Verschulden traf; vgl. auch BGH VersR 1958, 216; der Käufer wird von dem gekauften, mit Psittacosis infizierten Papagei angesteckt,

OLG Frankfurt VersR 1960, 283; der Käufer wird infolge ordnungswidriger Verarbeitung der vom Verkäufer gelieferten Maschine verletzt, BGH NJW 1957, 1477; der Käufer vergiftet sich durch Verzehr der gekauften Fische, OLG Düsseldorf MDR 1964, 323; die gelieferten Autoreifen platzen nach kurzer Fahrt, das Auto wird beschädigt, OLG Karlsruhe OLGZ 1966, 274.

bb) Verhältnis zu Verzug und Unmöglichkeit sowie den Gewährleistungsvorschriften. Anm. 486
Sämtlichen vorstehend aufgezählten Fällen ist gemeinsam, daß der Käufer durch die (vollständig und pünktlich) erbrachte Leistung des Verkäufers einen Schaden an seiner Person, seinem bereits vorhandenen Eigentum oder sonstigen Vermögen erlitten hat, der auch durch die nachträgliche Erbringung der ordnungsmäßigen Leistung nicht mehr ausgeglichen werden könnte. Ersatz dieses Schadens kann der Käufer weder aus dem Gesichtspunkt des Verzuges oder der Unmöglichkeit (mangels Vorliegens ihrer tatbestandlichen Voraussetzungen) noch in allen Fällen nach Gewährleistungsrecht erhalten. Zwar hat es nicht an Versuchen gefehlt, die Erbringung der schlechten, schädlichen Leistung als Ausbleiben der exakten und damit als (teilweise) Unmöglichkeit zu deuten (so insbesondere Himmelschein a. a. O.). Diese Konstruktionen können jedoch nicht überzeugen. Einmal handelt es sich zum überwiegenden Teil um solche Schäden, die gerade durch die fehlerhafte Leistung entstanden sind und bei bloßem Nichtleisten überhaupt nicht denkbar gewesen wären. Zur Regulierung derartiger Schäden sind die §§ 280, 325, 326 BGB nicht bestimmt. Ihr Sinn ist vielmehr Ausgleich der Schäden, die durch Nichterhalt der Leistung (bzw. deren Verzögerung) entstanden sind (vgl. dazu auch Esser I³ § 52 VI 1 S. 384). Zum anderen stehen derartige Konstruktionen im Widerspruch zur Verkehrsauffassung, wirken gewollt und gekünstelt und haben sich auch nicht durchgesetzt (vgl. u. a. Larenz I⁸/⁹ § 23 I S. 277f.; Staudinger-Werner¹⁰/¹¹ Vorbem. vor § 275 Rdnr. 55 und Staudinger-Kaduk¹⁰/¹¹ § 325 Rdnr. 15). Verzug und Unmöglichkeit befassen sich mit den Folgen gänzlichen oder teilweisen, vorübergehenden oder dauernden Ausbleibens der Leistung, d. h. mit quantitativen Fragen. Über die Art und Weise und die Qualität der Leistung läßt sich aus ihnen eine Aussage nicht entnehmen. Man hat das in dem Satz ausgedrückt, Verzug und Unmöglichkeit lägen auf der Ebene des „Ob" der Leistung, die hier in Frage stehenden Sachverhalte dagegen auf der Ebene des „Wie" (so besonders Esser I³ § 52 V 2 S. 382 im Anschluß an Stoll AcP 136, 257ff.). Auf der Ebene des „Wie" liegen die Gewährleistungsansprüche. Auch sie ermöglichen jedoch keine befriedigende Erfassung der Mehrzahl der oben dargestellten Sachverhalte. Ihre Rechtsfolgen sind grundsätzlich Wandlung des Kaufvertrages oder Herabsetzung des Kaufpreises (§ 462 BGB), beim Gattungskauf statt dessen auch ein Anspruch auf Nachlieferung einwandfreier Ware (§ 480 Abs. 1 BGB), nicht Gewährung von Schadensersatz. Wo ausnahmsweise Schadensersatz (wegen Nichterfüllung) verlangt werden kann (§§ 463, 480 Abs. 2 BGB), beschränkt die neuere Rechtsprechung diesen Ersatzanspruch auf das Interesse des Käufers an dem Erhalt einer einwandfreien Leistung. Als Schadensersatz wegen Nichterfüllung kann der Käufer nach dieser Rechtsprechung nur seinen unmittelbaren Nichterfüllungsschaden ersetzt verlangen, d. h. diejenigen Schäden, die ihm auch schon bei (gänzlicher oder teilweiser quantitativer) Nichterfüllung (hierunter fällt auch der entgangenen Gewinn) oder auch bei ordnungsgemäßer Erfüllung (Aufwendungen für den Transport, Entrichtung des Kaufpreises u. ä.) hätten entstehen können; vgl. RG DR 1941, 638 = WarnRspr. 1941, 201; BGH LM Nr. 5 zu § 459 Abs. 1 BGB; NJW 1962, 908; 1965, 532; BB 1966, 147; s. auch OLG Köln VersR 1964, 541; OLG Celle DB 1966, 457. Ein Ausgleich der mittelbaren Schäden (nach einer anderen Terminologie auch als Begleit-, Bestands- oder Mangelfolgeschäden bezeichnet), d. h. derjenigen Schäden, die der Käufer gerade durch die mangelhafte Lieferung an seinem vorhandenen Rechtsgüterbestand erlitten hat, indem er die gelieferte Ware im Vertrauen auf ihre einwandfreie Beschaffenheit in Gebrauch genommen oder seinem vorhandenen Bestande einverleibt hat, ist infolge dieser Beschränkung auf den unmittelbaren Schaden mit den Behelfen des Gewährleistungsrechts dagegen nicht zu erreichen. Betrachtet man unter diesem Gesichtspunkt die am Beginn der vorigen Anmerkung aufgeführten Sachverhalte, so ist festzustellen, daß mit dem Schadensersatzanspruch wegen Nichterfüllung (sofern seine Voraussetzungen überhaupt vorliegen) allenfalls in den Fällen RG 52, 18; 53, 200; 56, 166 auszukommen ist. Die Behandlung dieser Fälle ist

folglich auch umstritten. Das Reichsgericht hatte Schadensersatzansprüche wegen positiver Vertragsverletzung zugebilligt; es ist jedoch fraglich, ob die zitierten Entscheidungen nicht durch die spätere im Schadensbereich in der oben bezeichneten Weise differenzierende Rechtsprechung, insbesondere seit RG DR 1941, 638 = WarnRspr. 1941, 201, überholt sind, s. dazu näher unten Anm. 504. In allen anderen oben zitierten Fällen handelte es sich dagegen (zumindest auch) um Mangelfolgeschäden. Diese Schäden können, solange die Unterscheidung von unmittelbaren Mangelschäden und mittelbaren Mangelfolgeschäden aufrechterhalten bleibt, nur mit einem zusätzlichen Anspruch auf Schadensersatz wegen schuldhafter Vertragsverletzung ausgeglichen werden; zu diesem Ersatzanspruch s. näher unten Anm. 503f. sowie zu dem Ganzen die Komm. zu § 377. Weitergehend soll nach neuester Auffassung des Bundesgerichtshofs der Schadensersatzanspruch des Käufers wegen Fehlens einer zugesicherten Eigenschaft des Kaufgegenstandes wenigstens dann zugleich die Mangelfolgeschäden umfassen, wenn die Zusicherung das Ziel verfolgt, den Käufer gerade auch gegen solche Schäden abzusichern; vgl. ausführlich BGH NJW 1968, 1622 m. zahlr. weit. Nachw. auch zu der vorangegangenen und der älteren Rspr.; ebenso Diederichsen AcP 165, 150ff.; Erman-Weitnauer Vorbem. vor § 459 Bem. IV 4b; zustimmend auch Larenz II[9] § 37 II 3 S. 51. Die sich damit andeutende Entwicklung wird mit Aufmerksamkeit zu verfolgen sein. Zur Abgrenzung von Sachmängelhaftung und positiver Vertragsverletzung und über die Unterscheidung zwischen Mangel- und Mangelfolgeschäden s. ausführlich die Komm. zu § 377 insbes. Anm. 100ff. An dieser Stelle genügt es festzuhalten, daß das Sachmängelrecht insgesamt seinem Grundgedanken nach mehr eine zusätzliche Haftung für unverschuldete Mängel des Kaufgegenstandes darstellt als eine Regelung für schuldhafte Schlecherfüllung. Das Bedürfnis für eine sachgerechte Erfassung der Schlechtleistungsfälle als positive Vertragsverletzung ist dementsprechend im Grundsatz schon früh anerkannt worden (in aller Deutlichkeit schon in der Entscheidung RG 53, 200 v. 19. 12. 1902, wenn auch dort noch nicht zwischen unmittelbarem und mittelbarem Schaden unterschieden wurde).

cc) Im weiteren Sinne können unter den Begriff der Schlechterfüllung auch diejenigen Fälle eingeordnet werden, in denen nicht die Hauptleistung, d. h. die Lieferpflicht, schuldhaft schlecht erfüllt wird, sondern eine vom Verkäufer zusätzlich übernommene Nebenleistungspflicht. Der praktisch bedeutsamste Fall ist derjenige, daß die Ware infolge eines Fehlers bei der Versendung beschädigt beim Käufer eintrifft (s. dazu näher oben Anm. 168). Vgl. ferner BGH NJW 1969, 1708: der gekaufte Pkw verunglückt, weil der Verkäufer (bzw. sein Kfz-Meister, der Erfüllungsgehilfe des Verkäufers nach § 278 BGB ist) eine vom Käufer ausdrücklich ausbedungene Ablieferungsinspektion nicht sorgfältig durchgeführt hat. In diesen Fällen stehen dem Käufer die Ansprüche aus positiver Vertragsverletzung auch dann zu, wenn der Schaden nur an dem gelieferten Gegenstand selbst entstanden ist und sich nicht auf sonstige Rechtsgüter des Käufers erstreckt. Denn der Grund des Schadensersatzanspruchs des Käufers ist hier nicht (oder jedenfalls nicht primär), daß der gelieferte Gegenstand bei Gefahrübergang mit einem Mangel behaftet gewesen wäre, sondern, daß der Verkäufer eine neben der Lieferung stehende selbständige (Leistungs-)Pflicht schuldhaft schlecht erfüllt hat. — Nur ergänzend sei darauf hingewiesen, daß eine Abgrenzung dieser Nebenleistungspflichten von den sonstigen (unselbständigen) Nebenpflichten schwierig sein kann und nicht immer einheitlich vorgenommen wird. So zählt z. B. die Rechtsprechung (vgl. BGH NJW 1962, 1196 und LM Nr. 5 zu § 459 BGB) zu den selbständigen Nebenleistungspflichten auch die Pflicht zur Beratung des Käufers (s. dazu näher unten Anm. 501). Größere praktische Bedeutung kommt dieser Einordnungsfrage jedoch nicht zu.

Anm. 487 **c) Verletzung sonstiger Verhaltenspflichten:**

aa) Der betroffene Pflichtenkreis im allgemeinen; Terminologisches. Eine zweite Kategorie positiver Vertragsverletzungen wird durch die Tatsache bestimmt, daß sich in jedem Vertragsverhältnis die Verpflichtung des Schuldners nicht in der Erbringung der versprochenen Hauptleistung und etwaiger ausdrücklich vereinbarter oder aus der Natur des Vertrages stillschweigend folgender Nebenleistungen erschöpft. Diese Verpflichtungen sind ihrer inhaltlichen Unbestimmtheit wegen keiner besonderen Vereinbarung fähig und bedürftig und in aller Regel auch nicht selbständig einklagbar. Sie müssen in jedem einzelnen Fall je nach den besonderen Verhältnissen des einzelnen Vertrages und den tatsächlichen Umständen unter Zuhilfenahme des Maßstabes von Treu und Glauben konkretisiert werden. Summarisch können sie als die Verpflichtung umschrieben werden, die Person, das Eigentum oder das Vermögen des Vertragspartners vor Schäden zu bewahren, die sich aus Anlaß der Vertragsvorbereitung und -durchführung ergeben können, sowie alles zu tun, um die Erreichung des Vertragszwecks sicherzustellen und alles zu unterlassen, was ihn gefährden oder vereiteln könnte. Eine besonders fundierte Beschreibung dieser heute fast durchweg anerkannten Pflichten findet sich bei Larenz $I^{8/9}$ § 2 I S. 4ff. (ab S. 5 unten) und Esser I^{3} § 5 III S. 23ff. Die Bezeichnung dieses Pflichtenkreises ist uneinheitlich. Stoll, der in besonderem Maße an seiner Herausarbeitung beteiligt gewesen ist (vgl. die schon mehrfach zitierte Veröffentlichung AcP 136, 257ff.), spricht von Schutzpflichten, andere sprechen von Sorgfaltspflichten, Larenz (a. a. O. S. 6) von weiteren Verhaltenspflichten. Auch in ihrer Einteilung und Abgrenzung, insbesondere zu den Nebenleistungspflichten, besteht keine durchgehende Einigkeit, vgl. dazu die soeben genannten Autoren. Inhalt und Umfang der sonstigen Verhaltenspflichten wachsen mit der Intensität des Kontaktes, den das Vertragsverhältnis zwischen den Parteien schafft und der dadurch gesteigerten Möglichkeit, dem anderen Schaden zuzufügen. Bei Verträgen, die sich wie der Kauf in einem einmaligen Leistungsaustausch erschöpfen, bleibt ihre Bedeutung im Vergleich zu Dauerschuldverhältnissen, die eine breite Vertrauensbasis bedingen, relativ gering. Ein gesteigertes Pflichtenverhältnis besteht im Rahmen von Kaufverträgen, die über einen längeren Zeitraum hinweg abzuwickeln sind, sowie bei Sukzessivlieferungsverträgen (s. dazu näher unten Anm. 492 und 513). Eine erschöpfende Aufzählung oder gar Einteilung der sonstigen Verhaltenspflichten ist — darüber besteht heute Einigkeit — angesichts der unüberschaubaren Vielzahl möglicher vertraglicher Vereinbarungen nicht möglich, so wünschenswert dies auch sein mag, weil die Beantwortung der Frage, ob eine Pflicht besteht, gegenüber der Entscheidung, ob diese Pflicht verletzt worden ist, logischen Vorrang genießt. Reichhaltiges Tatsachenmaterial findet sich bei Staudinger-Weber § 242 Anm. A 770—A 952. Die folgende Passage ist als exemplarische Aufzählung auch für den Kauf praktisch bedeutsamer positiver Vertragsverletzungen anzusehen. Überschneidungen und Wiederholungen werden in Kauf genommen, da viele Entscheidungen eine Beurteilung aus verschiedenen Blickwinkeln zulassen.

bb) Schuldhaft treuwidrige Verstöße gegen das Mitwirkungsgebot und das Sabotageverbot. Am engsten den gesetzlich geregelten Fällen des Verzugs und der Unmöglichkeit sowie der vorstehend genannten Gruppe der Schlechtleistung verwandt und teilweise in sie übergehend sind diejenigen Fälle, in denen eine Vertragspartei **schuldhaft** treuwidrig die Bewirkung der Vertragsleistung gefährdet oder vereitelt, gleichgültig, ob dies durch aktives Handeln oder ein passives Verhalten geschieht, etwa dadurch, daß sie eine Mitwirkung unterläßt, ohne welche die Leistung nicht erbracht werden kann **(Mitwirkungsgebot und Sabotageverbot).** **Anm. 488**

Unterlassen einer gebotenen Mitwirkung bei der Vertragserfüllung. **Anm. 489**

Ein solcher Sachverhalt ist z. B. gegeben, wenn der Käufer nicht die Voraussetzungen schafft, z. B. bestimmte Zulieferungen unterläßt, ohne welche der Verkäufer nicht liefern kann, vgl. z. B. RG 152, 119 (Besteller unterläßt bestimmte notwendige Zulieferungen) sowie RG WarnRspr. 1918, 206 und RG 104, 5 (dort handelte es sich allerdings um Werkverträge), oder nicht die Voraussetzungen schafft, ohne welche der Verkäufer nicht versenden kann. Ein gesetzlich geregelter Fall dieser Art findet sich in § 642 BGB. Ist die unterlassene Mitwirkung allerdings durch den Vertrag oder das Gesetz als selbständige, einklagbare (Haupt- oder Neben-)Leistungspflicht ausgestaltet, so ist mit den Verzugs- oder Unmöglichkeitsnormen auszukommen. Einer Heranziehung der Regeln über die positive Vertragsverletzung wird es nicht bedürfen. Dies gilt etwa für die Unterlassung der Spezifikation nach § 375 HGB. Nach BGH 11, 80ff. soll auch die schuldhafte Verletzung bloßer Gläubigerobliegenheiten zur positiven Vertragsverletzung führen können (s. dazu schon oben Anm. 484). Diese Ansicht beruht auf einem zu weiten Begriff der Gläubigerobliegenheit. Echte Gläubigerobliegenheiten sind ihrer Natur nach so beschaffen, daß ihre Verletzung nicht zu auszugleichenden Schädigungen des anderen Teils, sondern nur zu einer Rechtseinbuße des Zuwiderhandelnden selbst führen kann, grundlegend zum Begriff der Obliegenheit Reimer Schmidt, Die Obliegenheiten, 1953; vgl. auch die Besprechung der genannten BGH-Entscheidung von Götz JuS 1961, 56. Häufig werden in dem hier behandelten Zusammenhang auch die Hintertreibung oder Nichtbeschaffung einer für die Vertragsausführung erforderlichen (insbesondere behördlichen) Genehmigung erwähnt, vgl. etwa RG 98, 260; 129, 357ff., 376; OLG Stuttgart BB 1952, 815; OLG München BB 1954, 547 sowie Köpcke a. a. O. S. 71 und die dort angegebenen Nachw. Wie bereits oben Anm. 468 dargelegt, ist während des Schwebezustandes bis zur Erteilung oder endgültigen Versagung der Genehmigung jeder Teil verpflichtet, sich um die Erteilung nach Kräften zu bemühen und sein Verhalten so einzurichten, daß sie nicht unnötig gefährdet wird. Allerdings ist bei diesen Fällen folgendes zu beachten: soweit das vorwerfbare Verhalten einer Partei (insbesondere des Schuldners) dazu geführt hat, daß die Genehmigung endgültig versagt worden ist, so daß der Schuldner seine Leistung nicht erbringen kann, wird mit §§ 324, 325 BGB (verschuldeter Unmöglichkeit der Hauptleistung) auszukommen sein. Auch an Verzug in der Erbringung der Hauptleistung oder einer Nebenleistung in Gestalt der Beschaffung der Genehmigung ist zu denken. Soweit allerdings das schuldhaft illoyale Verhalten des Zuwiderhandelnden eine nicht zwanglos als Verzug oder Unmöglichkeit aufzufassende Situation geschaffen hat, die dem vertragstreuen Teil Schaden zufügt oder eine Unsicherheit über die Erreichbarkeit des vertraglichen Erfolges bewirkt, ist auch hier von einer positiven Vertragsverletzung auszugehen.

Anm. 490 **Schleppende Vertragsvorbereitung.**

Im weiteren Sinne gehören hierher auch die Fälle, daß der Schuldner, es wird sich fast immer um den Verkäufer handeln, die Vorbereitung der Vertragserfüllung so schleppend und nachlässig betreibt, daß der Käufer in eine unzumutbare Unsicherheit darüber gerät, ob der Verkäufer bei Fälligkeit leisten wird oder kann. Die Subsumtion solcher Sachverhalte unter die positive Vertragsverletzung hat den Vorteil, daß der Käufer von dem sonst bestehenden Zwang zum untätigen Abwarten des Fälligkeitstermins befreit werden kann und ihm ein Vorgehen gegen den Verkäufer bereits vor Fälligkeit ermöglicht wird, vgl. etwa RG 68, 192; 93, 287; 104, 275 (das RG tendiert hier zur Annahme einer Erfüllungsweigerung, s. dazu die folgende Anm.); hierher gehört auch der Fall BGH 11, 80 = NJW 1954, 229. Diese Befugnis darf dem Käufer jedoch nur mit größter Vorsicht und unter besonders strenger Prüfung ihrer Voraussetzungen zugebilligt werden (ein gutes Beispiel bietet der Sachverhalt der oben bereits erwähnten Entscheidung RG 93, 287: bei kriegsbedingter Rohstoffknappheit veräußert der Verkäufer die vorhandenen benötigten Materialien anderweit und erklärt, vorerst nicht leisten zu können; vom RG als Erfüllungsweigerung behandelt). Normalerweise bleibt es beim Gattungskauf dem Verkäufer überlassen, wie und wann er sich die auf dem Markt erhältliche Ware besorgt, vgl. auch OLG Hamburg „Recht" 1912, 3339. Näheres s. bei Köpcke a. a. O. S. 76ff.

Anm. 491 **Ernstliche und endgültige Erfüllungsverweigerung.**

Eine weitere Form der schuldhaften, als positive Vertragsverletzung zu wertenden Sabotierung der Vertragserfüllung ist die ernstliche und endgültige **Weigerung** einer Vertragspartei, **den Vertrag zu erfüllen,** gleichgültig, ob sie vom Käufer oder Verkäufer ausgeht. Sie ist zumeist, wenn auch nicht ausschließlich, in das Gewand grundlosen Rücktritts bzw. unberechtigter Einwendungen gegen die Verbindlichkeit des Vertrages oder aus der Luft gegriffener zusätzlicher Bedingungen, von welchen die Erbringung der Leistung abhängig gemacht wird, gekleidet. Über diese Form der positiven Vertragsverletzung ist das Notwendige bereits oben Anm. 333 u. 418ff gesagt.

Anm. 492 **Zerstörung der Vertrauensbasis.**

Vertragsverhältnisse, die auf längere Dauer angelegt sind, stellen sich meist als einschneidender in ihren Auswirkungen auf den persönlichen und geschäftlichen Lebenskreis der Betroffenen dar und erfordern vor allem zur Erreichung des Vertragsziels ein engeres vertrauensvolles Zusammenwirken als Verträge, die sich in einmaliger Leistungsbewirkung erschöpfen. Zumindest bedingen sie Dispositionen über einen größeren Zeitraum hinweg. Sie setzen daher eine breite Vertrauensbasis zwischen den Partnern voraus: jeder Teil muß sich jederzeit sowohl darauf verlassen können, daß der andere noch „an demselben Strang zieht", also zu den getroffenen Abmachungen steht und sie tatsächlich wie vereinbart erfüllen wird, als auch darauf, daß der andere die Person und Interessen seines Partners in einer Weise respektiert, die dessen intensivem Engagement in der Vertragsbeziehung gerecht wird. Die hier erforderliche Vertrauensbasis ist nicht nur besonders empfindlich etwa gegenüber einem Verhalten des Vertragspartners, das es zweifelhaft erscheinen läßt, ob er an den vertraglich festgelegten Zielen festhält, so daß wiederholtes illoyales Verhalten, u. U. sogar schon ein einmaliger schwerer schuldhafter Vertragsverstoß eine Unsicherheit des anderen Vertragsteils über Haltbarkeit des Vertrages und Erreichbarkeit der Vertragsziele auslösen kann, die ihm eine Fortsetzung des Vertrages unzumutbar macht. Die erforderliche Vertrauensbasis, das Loyalitätsgebot, ist auch von besonderer Breite. Eine positive Vertragsverletzung kann hier auch schon in Kränkungen, Beleidigungen, Schikanen u. ä. des einen durch den anderen Vertragspartner liegen, die an sich die Erfüllbarkeit des Vertrages nicht berühren. Positive Vertragsverletzungen dieser Art kommen naturgemäß insbesondere bei den echten Dauerschuldverhältnissen, wie z. B. Miete und Dienstvertrag und vor allem bei Vertragsverhältnissen vor, die nicht auf einen Ausgleich gegensätzlicher Interessen durch Leistungsaustausch wie beim Kauf, sondern wie die Gesellschaft auf ein einverständliches gleichgerichtetes Zusammenwirken zu einem gemeinsamen Zweck angelegt sind. Diese Fälle, zu denen eine reichhaltige Literatur und Rechtsprechung existiert, können in einer Vorbem. zum Handelskauf nicht behandelt werden. Es wird insoweit auf die Literatur zum BGB verwiesen. Positive Vertragsverletzungen der bezeichneten Art können jedoch auch beim Kauf eine nicht unbeträchtliche, wenn auch eingeschränkte Bedeutung erlangen. Bei einfachen Kaufverträgen ist die Rechtsprechung allerdings bisher von außerordentlicher Zurückhaltung gewesen, vgl. RG 102, 409; WarnRspr. 1910 Nr. 422; BGH LM Nr. 1 zu § 276 [Hd] BGB. Grundsätzlich zu Recht, da bei ihnen das geschilderte enge Vertrauensverhältnis zwischen den Vertragspartnern in der Regel weder vorhanden noch erforderlich sein wird. Ob allerdings vom Verkäufer in jedem Fall verlangt werden kann, seine Restlieferung auch auf die Gefahr hin zu erbringen, weitere schwere Beleidigungen seitens des Käufers über sich ergehen lassen zu müssen, wie RG 102, 408 annimmt („Hat der Jude kein Geld mehr?"), erscheint jedoch fraglich. Ganz abzulehnen ist die Haltung des OLG Hamburg in MDR 1955, 289, das beim Kauf jegliche Treuepflicht gegenüber dem Vertragspartner generell in Abrede stellt.

Recht ähnlich wie bei den oben bezeichneten echten Dauerschuldverhältnissen gestaltet sich die Lage dagegen bei solchen Kaufverträgen, die auf Abwicklung über einen längeren Zeitraum hinweg angelegt sind, z. B. bei mehrjährigen Warenbezugsverträgen und in besonderem Maße wiederum bei den echten Sukzessivlieferungsverträgen. Bei ihnen erkennt auch die Rechtsprechung an, daß Beleidigungen, geschäftliche Herabsetzungen des einen durch den anderen Vertragspartner oder sonstige Störungen des guten Einvernehmens oder Vertrauens u. U. als positive Vertragsverletzungen betrachtet werden können, vgl. vor allem RG 78, 385ff.; zurückhaltend aber RG WarnRspr. 1910 Nr. 422; in dem hier vertretenen Sinne aber wiederum die meisten unten bei Behandlung der vertraglichen Unterlassungspflichten (Anm. 494) mitgeteilten Entscheidungen.

Eine positive Vertragsverletzung können auf der Käuferseite, insbesondere wegen der dadurch beim Verkäufer über den Fortbestand der Erfüllungswilligkeit des Käufers hervorgerufenen Zweifel, auch ständige oder doch mindestens wiederholte grundlose und schuldhafte Beanstandungen einzelner Lieferungen des Verkäufers darstellen, vgl. RG LZ 1914, 1898; WarnRspr. 1938, 331; OLG Stuttgart „Recht" 1917 Nr. 20; BGH BB 1955, 490. Bloße Meinungsverschiedenheiten, welche die prinzipielle Vertragstreue nicht in Zweifel ziehen, genügen jedoch nicht, so RG Holdheim 1920, 122; RG JW 1927, 1632; BGH BB 1955, 490. Näheres über die Folgen positiver Vertragsverletzungen in Sukzessivlieferungs- und ähnlichen Verträgen, insbesondere über Schlechtlieferung einzelner Raten s. unten Anm. 513ff. Über den Verzug bei derartigen Verträgen vgl. oben Anm. 435ff.

Vereitelung weitergehender Vertragsziele der anderen Partei. **Anm. 493**

Das Mitwirkungsgebot und Sabotageverbot beschränkt sich nicht notwendigerweise auf die Erbringung der eigentlichen Vertragsleistung. Es kann auch erkennbare

Ziele der anderen Partei mitumfassen, die über den Erhalt der eigentlichen Leistung im engeren Sinne hinausgehen und häufig die Motivation für den Vertragsschluß gebildet haben. Man könnte hier von einem Vertragszweck im weiteren Sinne sprechen. Daher kann insbesondere der Verkäufer auch dadurch eine positive Vertragsverletzung begehen, daß er zwar die eigentliche Hauptleistung einwandfrei erbringt, zugleich aber durch sein (aktives oder passives) Verhalten schuldhaft dazu beiträgt, daß die Leistung für den anderen an Wert verliert, er jedenfalls nicht den davon beabsichtigten Gebrauch machen kann, vgl. etwa RG 106, 22ff. und 161, 330ff. (beide Entscheidungen aus dem Liegenschaftsrecht). Ein besonders krasses Beispiel bilden die Fälle, in denen der Verkäufer das verkaufte Auto zwar liefert, das Fahrzeug aber nicht für den Käufer zugelassen werden kann, weil der Verkäufer nicht dazu mitwirkt, Unstimmigkeiten in den Wagenpapieren zu beseitigen oder aufzuklären; vgl. OLG Schleswig JR 1952, 242; OLG Hamm NJW 1953, 386 (z. T. wird hier allerdings eine echte Leistungspflicht angenommen). Weiter gehören hierher die Fälle, in denen die gelieferte Ware durch Unsorgsamkeit des Verkäufers mit vom Käufer zu begleichenden Forderungen dritter Personen, insbesondere solcher zoll- bzw. abgabenrechtlicher Art, belastet wird. — Sind zwei Kaufverträge derart miteinander verbunden, daß die eine Partei das von ihr mit dem einen Kaufvertrag übernommene Risiko mit dem anderen Kaufvertrag mindert, so stellt eine positive Vertragsverletzung dieses Kaufvertrages durch die Gegenpartei zugleich auch eine positive Vertragsverletzung jenes Kaufvertrages dar, vgl. BGH LM Nr. 3 zu § 276 (H) BGB.

Anm. 494 **Verstoß gegen Unterlassungspflichten.**

Zu den positiven Vertragsverletzungen werden überwiegend auch schuldhafte Verstöße gegen ausdrücklich oder sich stillschweigend aus dem Vertrag ergebende **Unterlassungspflichten** gerechnet (so z. B. Staudinger-Kaduk[10/11] § 325 Rdnr. 21; Erman § 276 7b) bb) sowie die nachfolgend zitierte Rspr.). Im Bereich des Kaufs beweglicher Sachen handelt es sich zumeist um Zuwiderhandlungen gegen vertragliche **Schweige- bzw. Geheimhaltungspflichten,** vgl. RG 130, 379ff. (Pflicht zur Geheimhaltung der Herkunft der Ware durch neutrale Ausstattung) und BGH NJW 1962, 2198 (positive Vertragsverletzung durch wahre Mitteilung an Ausgleichsamt zur Wahrung eigener wirtschaftlicher Interessen des Verkäufers, wodurch dem Käufer ein unverhältnismäßig hoher Schaden zugefügt wurde) und Ausschließlichkeitsvereinbarungen sowie Vertriebs- und Preisbindungen u. ä. (Alleinbezugsrecht des Käufers, Alleinlieferungsrecht des Verkäufers, Verpflichtung des Käufers, die gelieferte Ware nur in einem bestimmten Gebiet, zu bestimmten Konditionen oder an bestimmte Abnehmer weiterzuverkaufen, die insbesondere kartellrechtliche Wirksamkeit derartiger Vereinbarungen vorausgesetzt), s. z. B. RG Gruch. 54, 911; 61, 293; DJZ 1910, 80; LZ 1928, 1073; BGH 27, 246, 247 (für einen Bankauftrag). Vgl. aber auch die Sachverhalte RG 54, 98ff. (Verpflichtung des Käufers zur vorgeschriebenen Verwendung des gelieferten Kieses); 119, 16 (Verstoß gegen das Verbot, zahlungshalber erhaltenen Wechsel vor bestimmter Zeit weiterzugeben) sowie RG LZ 1929, 552. Andere (vgl. insbesondere Köpcke a. a. O. S. 58, 115 und 131; in die gleiche Richtung tendiert RG 54, 98ff.; dagegen ausdrücklich Rabel I S. 162) wollen, da ein Zuwiderhandeln gegen eine solche verselbständigte Unterlassungspflicht nicht rückgängig gemacht werden kann, ausschließlich die Regeln über Unmöglichkeit (bei einem Verstoß gegen eine dauernde Unterlassungspflicht über die Teilunmöglichkeit) bei der Erfüllung einer Nebenleistungspflicht anwenden.

Anm. 495 **Bestechung von Angestellten des Vertragspartners.**

Eine positive Vertragsverletzung (oder — je nach dem Stadium, in welchem sich der Vertrag zum Zeitpunkt der Zuwiderhandlung befindet — ein Verschulden bei Vertragsschluß) stellt auch die **Bestechung** von Angestellten des Vertragspartners dar, die begangen wird, um sich selbst geschäftliche Vorteile zu verschaffen; vgl. insbesondere RG LZ 1911, 927 (Verkäufer verspricht Geschäftsführer des Käufers hinter dessen Rücken Provisionen) sowie RG 149, 187 (Verkäufer versucht, Angestellten des Käufers dazu zu bewegen, die gelieferte Ware trotz ihrer Mängel abzunehmen); s. ferner RG 99, 31 und WarnRspr. 1918, 66.

Verstoß gegen nachwirkende Vertragspflichten. Anm. 496

Eine positive Vertragsverletzung kann auch noch **nach** Beendigung des Kaufvertrages begangen werden, wenn gegen nachwirkende Vertragspflichten verstoßen wird. So ist z. B. der Verkäufer verpflichtet, den Käufer im ungestörten Besitz des Kaufgegenstandes zu belassen; vgl. dazu RG HRR 1933 Nr. 1177 = SeuffA 87, 239 für Grundstückskauf; RG 109, 281; OLG Naumburg JW 1938, 3111 (Anfechtung des Kaufvertrages nach dessen Vollzug). Beim Forderungskauf stellt eine positive Vertragsverletzung auch die nachträgliche Einziehung der abgetretenen Forderung durch den Verkäufer dar, vgl. RG 111, 303. Vgl. ferner die in Anm. 494 erwähnten Fälle der Zuwiderhandlung gegen Schweigepflichten, Vertriebsbindungen, Konkurrenzverbote u. ä. In der Entscheidung BGH NJW 1962, 2198 handelt es sich um eine positive Vertragsverletzung nach beiderseitiger Ablehnung der Erfüllung des Kaufvertrages.

cc) Schädigungen des Vertragspartners unabhängig von der Vertragserfüllung; Anm. 497
Schutzpflichten im engeren Sinne. Beeinträchtigungen der Rechtssphäre des Vertragspartners sind nicht nur durch Vereitelung der Vertragsziele des anderen oder durch die Erbringung einer fehlerhaften oder schädlichen (Haupt- oder Neben-)Leistung möglich. Der Eintritt in eine vertragliche Beziehung — Larenz I$^{8/9}$ § 2 I S. 4 umschreibt den hier in Frage stehenden Sachverhalt zutreffend mit dem Ausdruck „rechtliche Sonderverbindung" — schafft für die daran Beteiligten je nach Art und Intensität der vertraglichen Beziehung eine Vielzahl zusätzlicher Möglichkeiten, unabhängig von der eigentlichen Vertragserfüllung auf die Rechtsgüter des anderen nachteilig einzuwirken. Der zusätzlichen Einwirkungsmöglichkeit entsprechen zusätzliche (vertragliche Verhaltenspflichten, **Schutzpflichten im engeren Sinne,** die sich für jeden Vertragspartner in dem Gebot zusammenfassen lassen, „sich so zu verhalten, daß die Person und die bereits vorhandenen Rechts- und Sachgüter des anderen Teils, auf die er eine durch den Vertrag bedingte Einwirkungsmöglichkeit hat, nicht beeinträchtigt werden" (Köpcke a. a. O. S. 79).

Umfang und Intensität dieser Pflichten wechseln je nach Art und Intensität der rechtlichen Sonderverbindung. Die größten Gefahren für beide Parteien bergen Verträge, die zu ihrer Abwicklung bedingen, daß ein Vertragspartner sein Eigentum oder seine Person in den Lebenskreis des anderen einbringt, also vor allem Werk- und Dienst-, Geschäftsbesorgungs-, Miet- und Leih- sowie Verträge mit verwahrungsrechtlichem Inhalt. Verträge dieser und ähnlicher Art sind daher das eigentliche Anwendungsfeld für positive Vertragsverletzungen durch schuldhafte Nichtbefolgung oder Schlechterfüllung von Schutzpflichten. Im Vordergrund steht hier die Verpflichtung des aufnehmenden Vertragspartners zu Schutz und Fürsorge vor Gefahren, die aus der von ihm beherrschten Sphäre für Person oder Eigentum des anderen ausgehen könnten. Umgekehrt trifft den anderen die Verpflichtung, dafür Sorge zu tragen, daß nicht durch die Beschaffenheit der eingebrachten Sachen oder durch die von ihm in der Sphäre des anderen entfaltete Tätigkeit Schäden an Person oder Sachen des anderen entstehen. Für den Kauf sind Schutzpflichtverletzungen dieser Art infolge des relativ oberflächlichen, durch diesen Vertragstyp vermittelten Rechtsgüterkontaktes von ungleich geringerer Bedeutung. Auch hier kann es aber vorkommen, daß sich der eine Vertragspartner in den Macht- und Verantwortungsbereich des anderen begibt, so daß die soeben dargestellten Schutzpflichten Bedeutung erlangen. Dies kann z. B. der Fall sein, wenn der Verkäufer dem Käufer die Ware anliefert, vgl. OLG Hamburg LZ 1908, 872, oder bei Kaufverträgen, bei denen eine Partei eine den oben genannten Vertragstypen entstammende Nebenleistung übernommen hat, z. B. Kauf mit Montageverpflichtung. Die weitaus größte Rolle haben die Fälle gespielt, in denen der Käufer im Geschäftslokal oder Betrieb des Verkäufers zu Schaden kam. Die Haltung der Rechtsprechung ist hier schwankend gewesen. Während das Reichsgericht in den Entscheidungen RG 74, 124; JW 1914, 759; WarnRspr. 1912, 449, 451 den durch die unsichere Beschaffenheit der Verkaufs- oder Betriebsräume des Verkäufers oder der dazugehörigen Zu- und Abgänge verletzten Käufer auf deliktsrechtliche Ansprüche verwiesen und ihm einen vertraglichen Schadensersatzanspruch (wichtig vor allem wegen § 278 BGB gegenüber § 831 BGB) versagt hat, ist ihm ein solcher Anspruch in den Entscheidungen RG 78, 239 (Linoleumteppichfall);

Gruch. 71, 257; JW 1937, 2651; LZ 1929, 1463 — wenn auch z. T. (vgl. insbesondere das letztgenannte Erkenntnis) mit gewundener Begründung — zugebilligt worden. Schuldhafte Schädigungen des Käufers der genannten Art, die eintreten, bevor der Käufer einen Kaufentschluß betätigt hat, sind als Verschulden bei Vertragsschluß zu klassifizieren. Der Übergang ist hier fließend. Ein Unterschied in der Sache besteht nicht. Die Anforderungen an die Sicherungspflicht des Verkäufers dürfen in allen Fällen dieser Gruppe nicht überspannt werden. Der Verkäufer hat seiner Verpflichtung genügt, wenn er getan hat, was üblicher- und billigerweise von ihm erwartet werden kann. Für betriebstypische Gefahren, die auch durch zumutbare Schutzmaßnahmen nicht ausgeschaltet werden können, haftet er nicht (so vor allem Köpcke a. a. O. S. 89; vgl. auch LG Berlin NJW 1961, 1926). U. U. kann aber eine Pflicht bestehen, den Käufer auf typische Gefahrenquellen hinzuweisen. Um Mißverständnissen vorzubeugen, sei jedoch ausdrücklich darauf hingewiesen, daß Schutzpflichten keinesfalls auf die Vermeidung von Schädigungen bei räumlichem Kontakt der Vertragspartner beschränkt sind. Sie sind genauso vielgestaltig wie die durch die vertragliche Beziehung geschaffenen Gefahren und Möglichkeiten, dem Vertragsgegner Schaden zuzufügen. So ist z. B. jeder Vertragspartner verpflichtet, Rufschädigungen des anderen zu unterlassen, vgl. RG JW 1906, 299, sowie von Betriebsgeheimnissen des anderen, die ihm durch die geschäftliche Verbindung bekannt werden, keinen unbefugten Gebrauch (vor allem durch Weitergabe an Dritte) zu machen (Verschwiegenheitspflicht); vgl. dazu auch BGH NJW 1962, 2198; BGH 27, 246, 247 sowie schon oben Anm. 494 (bei Behandlung der Unterlassungspflichten).

Anm. 498 **dd) Verstoß gegen Anzeige-, Aufklärungs- und Beratungspflichten.** Das Recht der positiven Vertragsverletzung, wie überhaupt das deutsche Recht der Leistungsstörungen, steht unter der Herrschaft des Verschuldensprinzips. Abgesehen von den Fällen der Garantieübernahme endet die Haftung jeden Vertragspartners für Schlechterfüllung (soweit nicht Sachmängelrecht eingreift), Gefährdung der vertraglichen Ziele sowie Schäden an dem vorhandenen Güterbestand des anderen, wenn ihn an diesen Ereignissen kein Verschulden trifft. Gleichwohl kann unter bestimmten, eng umgrenzten Voraussetzungen eine Verantwortlichkeit für Schäden bestehen, die dem anderen aus solchen nicht zu vertretenden Umständen erwachsen: Jede Vertragspartei ist nach Treu und Glauben verpflichtet, den Partner auch auf von ihr nicht zu vertretende Hindernisse hinzuweisen, die sich der vertragsgemäßen Erfüllung oder der Erreichung des Vertragszwecks entgegenzustellen drohen, sowie auf sonstige Gefahren, die dem anderen an seinen Rechtsgütern im Zusammenhang mit Abschluß und Abwicklung des Kaufvertrages erwachsen können. Die Terminologie ist auch hier nicht einheitlich. Zumeist wird pauschal von einer **Anzeigepflicht** (vgl. z. B. Erman § 276 Bem. 7b und b) bb)) gesprochen. Köpcke a. a. O. S. 104 will die Anzeigepflicht als Oberbegriff auffassen und sie untergliedern in Benachrichtigungs-, Aufklärungs- und Belehrungspflichten. In der Sache selbst besteht jedoch weitgehende Übereinstimmung.

Die Verpflichtung, den Vertragspartner auf die oben genannten Umstände hinzuweisen, ist ein Ausfluß des Grundsatzes, daß jeder Vertrag unter dem Gebot der Wahrung von Treu und Glauben steht (§ 242 BGB). Sie darf keineswegs als eine umfassende Betreuungspflicht mißverstanden werden, die dem Vertragsgegner jedes geschäftliche Risiko abnimmt. Dazu ist vor allem beim Kaufvertrag die Gegensätzlichkeit der mit dem Vertragsschluß verfolgten Interessen zu groß. Die Verpflichtung erstreckt sich von vornherein nur auf solche Umstände, von denen der Vertragspartner nach den Grundsätzen des redlichen Geschäftsverkehrs erwarten darf, in Kenntnis gesetzt zu werden. Sie findet auf jeden Fall aus Gründen der Unzumutbarkeit dort ihre Grenze, wo wegen des vorhandenen Interessengegensatzes zwischen Käufer und Verkäufer eine Aufklärung des Vertragspartners berechtigte schutzwerte eigene Belange des Verpflichteten gefährden oder beeinträchtigen würde. In welchen Fällen die Vertragspartei somit tätig zu werden hat, entzieht sich der abstrakten, allgemein verbindlichen Festlegung. Es handelt sich, wie zumeist, wo es um Konkretisierungen des Gebotes der Wahrung von Treu und Glauben geht, vorwiegend um eine Sache des besonderen einzelnen Falles. Immerhin sind auch hier bestimmte typische Fallgruppen in Ansätzen erkennbar.

Schuldhafte Verletzung von Anzeige- und Aufklärungspflichten. **Anm. 499**
Im Rahmen eines bestehenden Vertrages kann jeder Vertragspartner erwarten, daß der andere ihm alle wesentlichen Umstände mitteilt, die sich unvorhergesehenermaßen nach Vertragsschluß der Erreichung des Vertragszwecks insbesondere der Erbringung der Leistung des anderen in den Weg zu stellen drohen oder sonst zu Schäden führen können. Gleichgültig ist dabei, ob das Hindernis aus der eigenen Verantwortungssphäre kommt oder nicht. So ist jeder Teil verpflichtet, dem anderen unverzüglich Mitteilung zu machen, wenn die Gefahr besteht, daß der vorgesehene Leistungstermin nicht eingehalten werden kann oder eine Vertragspartei auf Grund bestimmter Umstände damit rechnen muß, zur Leistung unvermögend zu werden. Ähnliches gilt für die Verpflichtung zur Benachrichtigung des anderen von Umständen, die, wären sie von dem Betreffenden zu vertreten, als positive Vertragsverletzung gewertet werden müßten. So ist z. B. der Verkäufer verpflichtet, den Käufer darauf aufmerksam zu machen, wenn die gelieferte Ware — wenn auch ohne seine Verantwortung — Abweichungen von der vertraglich vorausgesetzten oder vereinbarten Beschaffenheit aufweist. Dies gilt in besonderem Maße, wenn diese Abweichung Schäden in der Sphäre des Käufers hervorzurufen vermag; vgl. etwa BGH 17, 131 = NJW 1955, 1105, wo ein Wasserwerk, das unter Zwang der Besatzungsmacht chlorhaltiges Wasser liefern mußte, wodurch bei der Herstellung von Gurkenkonserven im Betrieb des Wasserbeziehers Schäden entstanden, zu Schadensersatz verurteilt wurde, weil es den Abnehmer nicht von der angeordneten Chlorung des Wassers benachrichtigt hatte; s. ferner BGH BB 1953, 992. Eine Verpflichtung des Verkäufers, die seinerseits von einem gut renommierten Hersteller oder Zwischenhändler bezogene Ware auf derartige gefährliche Abweichungen untersuchen zu lassen, um den Käufer notfalls warnen zu können, besteht jedoch nur unter ganz besonderen Umständen, so zuletzt BGH NJW 1968, 2238 m. w. Nachw.; vgl. zu diesem ganzen Komplex näher die Komm. zu § 377. Von der bezeichneten Pflicht zur warnenden Benachrichtigung wird die Vertragspartei auch dann nicht frei, wenn sie ihre Haftung für den gefahrdrohenden Umstand als solchen, z. B. für die Verzögerung der Leistung, ausgeschlossen hat. Auch der Verkäufer, der unter der Klausel „Lieferungsmöglichkeit vorbehalten“ o. ä. abgeschlossen hat, begeht eine positive Vertragsverletzung, wenn er den Käufer nicht unverzüglich auf den ihm bekanntgewordenen Ausfall oder die voraussichtliche Verschiebung der Leistung seines Lieferanten und das dadurch drohende Unvermögen oder die Verzögerung der Erfüllung des Kaufvertrages aufmerksam macht, vgl. RG 97, 325, ferner OLG Hamburg SeuffA 56, 392 (für einen Schiffscharterfall). In derartigen Fällen kann aber auch eine Verwirkung des Rechts zur Berufung auf den Befreiungsvorbehalt vorliegen, s. dazu oben Anm. 450, 453.

Eine weitreichende Hinweispflicht des Verkäufers besteht auch dann, wenn die Ware, ohne im Sinne des § 459 BGB fehlerhaft zu sein (zur Offenbarungspflicht über verborgene Fehler und die aus der arglistigen Verletzung dieser Pflicht resultierende Schadensersatzpflicht nach § 463 BGB vgl. die Komm. zu § 377), auf Grund ihrer besonderen Beschaffenheit oder Zusammensetzung spezielle Gefahren verursacht, die für den Käufer den Leistungserfolg zu beeinträchtigen oder zu verhindern oder ihm Schaden an anderen Rechtsgütern zuzufügen drohen. Für diese Pflicht des Verkäufers ist es ohne Bedeutung, ob die Ware an sich gefährlich ist (vgl. die Sachverhalte BGH BB 1959, 1186 sowie OLG Zweibrücken OLGZ 1966, 8) oder ob die an sich harmlose Ware nur unter bestimmten Voraussetzungen gefährliche Eigenschaften entwickelt oder eine bestimmte Art der Behandlung oder Verarbeitung erfordert (vgl. die Sachverhalte RG LZ 1913, 542; BGH BB 1959, 537). Der Verkäufer haftet bei unterlassenem Hinweis somit auch dann, wenn sich die mit der gelieferten Ware verbundene Gefahr für die Erreichung des Leistungserfolges oder andere bereits vorhandene Rechtsgüter des Verkäufers nur dadurch zu einem Schaden verdichten konnte, daß auf der Käuferseite weitere besondere Umstände hinzugetreten sind, etwa eine besondere Empfindlichkeit oder eine spezielle, der Ware nicht gerecht werdende Form der Lagerung oder Verarbeitung oder sonstigen Verwendung. Der Verkäufer haftet in diesem Fall für das Unterlassen eines entsprechenden Hinweises nur dann nicht, wenn er diese Umstände nicht voraussehen konnte oder begründeten Anlaß zu der Annahme hatte, dem Käufer seien die Eigenarten der Ware und die von ihr ausgehenden Gefahren bereits hinreichend bekannt. Umfang und Nach- **Anm. 500** drücklichkeit der zu gebenden Hinweise wachsen also vor allem mit dem Gefälle an Sachkunde und Warenvertrautheit, das zwischen Käufer und Verkäufer besteht. Gegenüber branchenzugehörigen oder aus sonstigen Gründen als sachkundig zu betrachtenden Personen wird sich die Hinweispflicht zumeist auf gerade dieser Ware anhaftende, bei vergleichbaren Artikeln nicht durchweg vorhandene, auch bei Fachleuten nicht als allgemein bekannt vorauszusetzende Besonderheiten beschränken, so z. B. bei neu entwickelten und auf den Markt gebrachten Artikeln. Als Beispielsfälle s. insbesondere OLG Zweibrücken OLGZ 1966, 8: Hersteller eines Haarpflegemittels versäumt es, den Käufer, einen Friseur, darauf aufmerksam zu machen, daß das Mittel einen Wirkstoff enthält, der bei vorhandener Veranlagung Allergien hervorrufen kann, sowie BGH BB 1958, 1184: der Verkäufer eines neuen Fußbodenbelages unterrichtet weder die von ihm benannte Verlegefirma noch den Käufer über das allein geeignete Klebemittel; s. auch die bereits erwähnte ältere Entscheidung RG LZ 1913, 542 sowie OLG Stuttgart BB 1961, 67: ungewöhnliche Berechnung der Maße der Ware. Gegenüber branchenfremden Käufern, insbesondere Endverbrauchern, wird der Hinweis häufig auch solche Eigenheiten der Ware umfassen müssen, die zwar in der Branche und unter Fachleuten, nicht aber auch darüber hinaus einer breiten Öffentlichkeit bekannt sind und gegebenenfalls auch eine Warnung vor unsachgemäßem oder bestimmungswidrigem Gebrauch umfassen müssen. Über Tatsachen, die allgemein bekannt sind oder über die sich jedermann leicht unterrichten kann, besteht überhaupt keine Belehrungspflicht. Denn die Belehrungspflicht des Verkäufers hat nicht zur Aufgabe, dem Käufer die notwendige und ohne großen Aufwand mögliche eigene Information über die Dinge, mit denen er sich beruflich oder privat beschäftigt, zu ersparen. Ausnahmen sind jedoch auch hier denkbar, so z. B. wenn die Unkundigkeit des Verkäufers für den Käufer offenkundig ist, eine Aufklärung ohne nennenswerte Mühe durchführbar und die für den Unkundigen von der Ware ausgehende Gefahr groß ist. Die Hinweispflicht des Verkäufers darf nicht überspannt werden. Im allgemeinen wird ihr Genüge getan sein, wenn der Ware eine ausreichende Gebrauchsanweisung beigegeben ist, die den Kunden über die sachgemäße Verwendung sowie die mit Benutzung der Ware möglicherweise verbundenen Gefahren belehrt, so ausdrücklich BGH BB 1959, 537: keine Verpflichtung eines Herstellers eines einwandfrei konstruierten Arbeitsgerätes zur Aufklärung über die Folgen unsachgemäßen Gebrauchs. Anders kann es bei Waren sein, die zur Verwendung durch nicht sachkundige Personen bestimmt sind. Hier ist im allgemeinen zusätzlich ein deutlicher Hinweis auf die schädlichen Folgen unsachgemäßen Gebrauchs hinzuzufügen. Nur bei Vorliegen besonderer Umstände wird eine zusätzliche mündliche Belehrung des Käufers durch den Verkäufer zu verlangen sein. Vor allem aus Gründen rechtsdogmatischer Klarheit ist darauf hinzuweisen, daß die Vernachlässigung von Pflichten der zuletzt genannten Art meist nicht als positive Vertragsverletzung, sondern als Verschulden (bereits) bei Vertragsschluß einzuordnen sein wird. Je nach dem Zeitpunkt, in dem sich die Warnung oder Belehrung des Käufers als opportun oder notwendig herausstellt, kann jedoch auch eine positive Vertragsverletzung gegeben sein. Die Grenzen sind hier fließend. Wesentliche praktische Folgerungen dürfen aus der Zuordnung zu der einen oder anderen der genannten Kategorien vertraglicher Pflichtverletzungen schon aus diesem Grunde nicht gezogen werden.

Anm. 501 **Schuldhafte Falschberatung.**

Den soeben geschilderten Fallgruppen eng verwandt sind die Fälle, in denen dem Käufer ein Schaden dadurch entsteht, daß er von dem als besonders sachkundig um Rat und Empfehlung angegangenen Verkäufer schuldhaft falsch beraten wird. Der erlittene Schaden kann sich auch hier auf das Interesse des Käufers an der Leistung selbst beschränken, z. B. der Kaufgegenstand vermag den mit seinem Erwerb angestrebten Zweck gar nicht oder nur unvollkommen zu erfüllen, vgl. den Sachverhalt BGH NJW 1962, 1196: der Verkäufer erklärt fahrlässig, die neue Kreissäge, über deren Lieferung verhandelt wird, könne am Platz der alten zu ersetzenden Säge aufgestellt werden; da der Platz nicht ausreicht, erweist sich die Säge als für den Käufer unbrauchbar. Der Schaden kann aber auch allein oder zusätzlich das Erhaltungsinteresse berühren: der Käufer erleidet Schäden an seinen sonstigen Gütern, vgl. BGH LM Nr. 5 zu § 459 BGB: infolge fahrlässig falscher Beratung des Käufers durch den Verkäufer über die Verwendbarkeit einer bestimmten Leimsorte für die Zwecke des Käufers, ist der Leim für den Käufer nicht nur unbrauchbar; es entstehen ihm auch zusätzliche Schäden an dem mit dem Leim bereits bearbeiteten Material. Die Ähnlichkeit mit den Fällen der Schlechterfüllung mit Begleitschaden ist nicht zu übersehen. Die Rechtsprechung arbeitet daher auch gern mit der Annahme eines schlechterfüllten besonderen Beratungsvertrages oder mindestens einer kaufvertraglichen Nebenleistungspflicht zur Raterteilung, vgl. die beiden vorstehend zitierten BGH-Entscheidungen. Die Zerlegung der Vorgänge bei Vertragsschluß oder im Rahmen des schon bestehenden Vertrages in den eigentlichen Kaufvertrag und einen separaten Beratungsvertrag ist jedoch eine unnatürliche und (auch zur Schaffung einer klaren Abgrenzung zum Gewährleistungsrecht, die insbesondere dann erforderlich ist, wenn sich der Rat oder die Auskunft auf bestimmte Eigenschaften der Kaufsache bezieht, die auch den Gegenstand einer Zusicherung nach § 459 Abs. 2 BGB bilden oder deren Fehlen einen Fehler der Sache darstellen können, vgl. dazu unten die Komm. zu § 377) unnötige juristische Hilfskonstruktion. Den Parteien liegt es im übrigen in aller Regel völlig fern, eine Leistungspflicht des Verkäufers zur Erteilung eines Rates an den Käufer begründen zu wollen. Die Raterteilung geschieht gewöhnlich ganz selbstverständlich und spontan im Rahmen des bestehenden Kaufvertrages oder der auf seinen Abschluß hinzielenden Kaufverhandlungen und sollte aus ihm auch nicht gelöst werden. In Wahrheit hat es der Verkäufer auch hier durch die Erteilung des schädlichen Rates an dem von ihm nach Treu und Glauben außer der Erbringung der einwandfreien Hauptleistung zu fordernden sonstigen, Schädigungen des Vertragspartners nach Möglichkeit vermeidbaren und verhindernden Verhalten fehlen lassen.

3. Die Rechtsfolgen der positiven Vertragsverletzung. **Anm. 502**

a) Überblick: Der Gläubiger hat auch hier drei Rechte. Es sind dies:

1. Anspruch auf vollkommene Vertragserfüllung nebst Schadensersatz wegen Vertragsverletzung,
2. Schadensersatz wegen Nichterfüllung,
3. Rücktritt.

Die Skala der Rechtsfolgen bei positiver Vertragsverletzung entspricht also derjenigen beim Verzug des Schuldners. Es bestehen jedoch mindestens zwei wesentliche Unterschiede. Nicht jede positive Vertragsverletzung berechtigt den Verletzten, von der Erfüllung des Vertrages abzugehen und Schadensersatz wegen Nichterfüllung zu verlangen oder vom Vertrag zurückzutreten. Diese Befugnisse stehen ihm vielmehr nur bei bestimmten schweren Vertragsverletzungen des anderen Teils zu Gebote (vgl. näher Anm. 506ff.). Im übrigen bewendet es bei einem Anspruch auf Ersatz des durch die Verletzung erlittenen Schadens, der neben den Anspruch auf Erfüllung tritt (s. näher Anm. 503ff.). Der andere schon an dieser Stelle zu erwähnende Unterschied ist der, daß Rücktrittsrecht und Anspruch auf Schadensersatz wegen Nichterfüllung nicht an das Erfordernis der Nachfristsetzung und Ablehnungsandrohung gebunden sind (vgl. näher Anm. 511). Die Lage ist hier also die gleiche wie beim Verzug nach fruchtlosem Verstreichen der ordnungsgemäß gesetzten Nachfrist. Die Rechte des verletzten Teils bei der positiven Vertragsverletzung im einzelnen:

b) Schadensersatz wegen Vertragsverletzung: **Anm. 503**

aa) Allgemeines. Der Anspruch des Verletzten auf Ersatz des durch die Verletzung erlittenen Schadens ist heute gewohnheitsrechtlich anerkannt. Es gilt für ihn alles oben Anm. 483 Gesagte. Nach Erman § 276 Bem. 7e aa ist der Umfang des Anspruchs allgemein auf das negative Interesse begrenzt. Gegen eine solche Begrenzung Soergel-Reimer Schmidt Vorbem. vor § 275 Rdnr. 39 im Anschluß an Köpcke a. a. O. S. 134ff. Nach dieser Ansicht soll der Anspruch Ersatz aller unmittelbaren und mittelbaren Nachteile der jeweiligen Vertragsverletzung umfassen, ohne daß generell auf die Frage des positiven oder negativen Interesses abzustellen sei. Die Gegenansicht richtet ihr Augenmerk offensichtlich ausschließlich auf die Fälle der Schlechterfüllung mit Begleitschaden sowie auf Schutzpflichtverletzungen, wo in der Tat regelmäßig nur Ersatz des negativen Interesses (u. U. allerdings plus dem entgangenen Gewinn, vgl. Soergel-Reimer Schmidt a. a. O.) in Betracht kommt. Es ist jedoch nicht einzusehen, warum bei Verstößen gegen die oben Anm. 488 als Sabotageverbot und Mitwirkungsgebot zusammengefaßten Fälle, insbesondere auch bei Verstößen gegen (verselbständigte) Unterlassungspflichten, der Verletzte nicht einen Anspruch darauf haben sollte, so gestellt zu werden, wie er gestanden hätte, wenn der Vertragspartner die geforderte Loyalität zu den Vertragszielen bewiesen hätte. Zumeist wird in diesen Fällen allerdings sowieso Schadensersatz wegen Nichterfüllung gefordert werden.

Anm. 504 **bb) Verhältnis des Anspruchs zu sonstigen vertraglichen Ansprüchen, insbesondere zu den Gewährleistungsvorschriften.** Der Anspruch auf Schadensersatz wegen Vertragsverletzung tritt nicht an die Stelle des Erfüllungsanspruchs, sondern selbständig neben ihn. Der Anspruch auf vollkommene Vertragserfüllung wird also durch die Geltendmachung des Schadensersatzanspruchs nicht berührt (h. M. vgl. statt aller Staudinger-Werner$^{10/11}$ Vorbem. vor § 275 Rdnr. 56 und Staudinger-Kaduk$^{10/11}$ § 325 Rdnr. 27 und 30; Erman § 276 Bem. 7e aa; BGH 11, 80, 84). Larenz I$^{8/9}$ § 23 I S. 281 umschreibt das Nebeneinander der beiden Ansprüche, indem er den Schadensersatzanspruch als „sekundäre" Leistungspflicht dem „primären" Leistungsanspruch auf ordnungsmäßige Erfüllung an die Seite stellt. Der Anspruch auf Ersatz des durch die Vertragsverletzung entstandenen Schadens bleibt, sowie er einmal entstanden ist, auch dann bestehen, wenn die primären Leistungspflichten später, z. B. durch Rücktritt vom Vertrag, erlöschen, s. dazu näher oben Anm. 391; ebenso Staudinger-Kaduk$^{10/11}$ § 325 Rdnr. 31 und schon RG 89, 400. Deshalb kann der Schadensersatzanspruch wegen schuldhafter Vertragsverletzung in den Fällen der sog. Schlechtlieferung (s. dazu oben Anm. 485) auch neben den Sachmängelansprüchen geltend gemacht werden, insbesondere auch dann, wenn der Käufer den Vertrag wandelt oder Schadensersatz wegen Nichterfüllung nach § 463 BGB oder § 480 Abs. 2 BGB verlangt. Zweifelhaft ist aber, welchen Umfang der Schadensersatzanspruch wegen schuldhafter Vertragsverletzung neben den Gewährleistungsansprüchen annehmen kann. Oben Anm. 486 ist dargelegt, daß in einer Reihe von gerichtlichen Entscheidungen die Neigung besteht, den Schadensersatz wegen Nichterfüllung auf den Ausgleich des unmittelbaren Nichterfüllungsschadens zu beschränken, d. h. solcher Schäden, die dem Käufer auch schon bei Nichterfüllung oder auch bei ordnungsgemäßer Erfüllung entstehen könnten und die sog. mittelbaren (Mangelfolge-)Schäden, d. h. diejenigen Nachteile, die erst durch Ingebrauchnahme der gelieferten fehlerhaften Ware im Vertrauen auf deren Verwendbarkeit entstehen, aus dem Schadensersatzanspruch wegen Nichterfüllung auszuklammern und den Ersatz dieser Schäden ausschließlich dem Anspruch aus positiver Vertragsverletzung vorzubehalten. Darin liegt jedoch zunächst nur eine Beschränkung des Schadensersatzanspruchs wegen Nichterfüllung, nicht zwangsläufig auch eine Begrenzung des Schadensersatzanspruchs aus positiver Vertragsverletzung. Denkbar wäre auch ein teilweises Überlappen der beiden Ansprüche in der Form, daß zwar der Schadensersatzanspruch wegen Nichterfüllung nicht die Mängelfolgeschäden umfassen würde, wohl aber umgekehrt der Anspruch wegen schuldhafter Vertragsverletzung neben den mittelbaren Mangelfolgeschäden auch die unmittelbaren Mangelschäden. Gegen eine solche einseitige Überschneidung der beiden Schadensersatzansprüche spricht auch nicht die Erwägung, daß in einem solchen Fall eine unzulässige Kombination von Schadensersatz wegen Nichterfüllung und Wandlung ermöglicht würde. Zwar schließen sich nach der theoretischen Konstruktion des BGB Schadensersatz wegen Nichterfüllung und Vertragsaufhebung, d. h. Rücktritt oder Wandlung, gegenseitig aus. Praktisch hat sich eine solche Verbindung jedoch durch die Zulassung der Berechnung des Nichterfüllungsschadens nach der Differenztheorie (s. dazu ausführlich oben Anm. 351) und im Sachmängelrecht des Schadensersatzes wegen Nichterfüllung in der Weise, daß der Käufer die mangelhafte Sache zurückgibt und Schadensersatz wegen Nichterfüllung des ganzen Kaufvertrages verlangt (s. dazu unten § 377 Anm. 87) längst durchgesetzt. Die Kombination von Schadensersatz wegen Nichterfüllung und Wandlung ist — wie die Lösung des Einheitlichen Kaufgesetzes; vgl. dazu Artt. 78, 84ff. EKG zeigt — auch durchaus sinnvoll. Entscheidend gegen eine Einbeziehung des Leistungsinteresses in den Schadensersatzanspruch wegen schuldhafter Vertragsverletzung spricht im Bereich des Sachmängelrechts jedoch eine andere Erwägung: das System des BGB berücksichtigt das Leistungsinteresse des Käufers bei sachmängelhafter Lieferung im allgemeinen nur in der Form eines Wandelungs- oder Minderungsrechts, bei Gattungsschulden auch durch Zubilligung eines Nachlieferungsanspruchs. Schadensersatz wegen Nichterfüllung soll der Käufer ausdrücklich nur unter den besonders erschwerten Bedingungen der §§ 463, 480 Abs. 2 BGB erhalten, d. h. — abgesehen von dem Vorliegen einer Zusicherung — nur bei arglistigem Verhalten des Verkäufers. Bei positiver Vertragsverletzung kann dagegen im allgemeinen Schadensersatz schon bei bloßer leichter Fahrlässigkeit des Verkäufers gefordert werden, was im Hinblick auf den Begleitschaden des Käufers plausibel sein mag, bei Einbeziehung auch des unmittelbaren Nichterfüllungsschadens dazu führen müßte, daß die Sachmängelregelung des BGB unterlaufen würde. Aus diesem Grunde können die in Anm. 485 besprochenen frühen Entscheidungen des Reichsgerichts RG 52, 18; 53, 200; 56, 166, in denen dem Käufer aus dem Gesichtspunkt der positiven Vertragsverletzung ein Anspruch auf Ersatz auch seiner unmittelbaren Nichterfüllungsschäden zugesprochen wurde, keine Verbindlichkeit mehr beanspruchen. Wie hier vor allem Weitnauer in Festschrift für das Heidelberger Institut 1967 S. 71 ff., 85, teilweise a. A. (für § 480 Abs. 2 BGB) Staudinger-Ostler[10/11] Vorbem. vor § 459 Rdnr. 18; i. S. einer strikten Beschränkung des Schadensersatzanspruchs aus positiver Vertragsverletzung auf die Mangelfolgeschäden auch BGH NJW 1965, 532 und LM Nr. 3 zu § 276 (K) BGB.

cc) Verjährung des Anspruchs. Die Selbständigkeit der beiden Ansprüche zeigt sich auch in der **Verjährung.** Die Verjährungsfrist für den Schadensersatzanspruch wegen Vertragsverletzung beträgt 30 Jahre (§ 195 BGB), auch wenn der Leistungsanspruch schneller verjährt. Eine Ausnahme gilt auch hier für Schadensersatzansprüche aus positiver Vertragsverletzung, die sich auf einen Mangel der Kaufsache gründen. Entsprechend der gesetzgeberischen Absicht, durch Festsetzung kurzer Verjährungsfristen im Sachmängelrecht Schwierigkeiten auszuschalten, die sich nach Ablauf einer längeren Zeit bei der Feststellung von Qualitätsmängeln ergeben können und im Verkehrsinteresse eine rasche und endgültige Abwicklung sicherzustellen (vgl. Mot. II S. 238), unterliegen solche Ansprüche gleichfalls der kurzen Verjährung nach § 477 BGB (s. RG 129, 280, 282; 117, 316; 93, 160, 161; 59, 169; 53, 203). Das gilt auch dann, wenn der Ersatzanspruch auf schuldhaft unrichtige Beratung des Käufers über Beschaffenheit oder Eignung der Kaufsache für den Vertragszweck gestützt wird, BGH NJW 1965, 148, 150. Die Rspr. entscheidet somit im Kaufrecht genau umgekehrt als beim Werkvertrag, wo die Schadensersatzansprüche wegen Mangelfolgeschäden der 30jährigen Verjährung unterliegen (vgl. dazu auch Heimann BB 1964, 1325). Bei der 30jährigen Verjährungsfrist bleibt es dagegen, wenn der Anspruch in keinem Zusammenhang mit einem Mangel der Kaufsache steht, so BGH a. a. O. sowie RG 129, 280, 282/83 und RG 144, 162. **Anm. 505**

c) Schadensersatz wegen Nichterfüllung sowie Rücktritt vom Vertrag: **Anm. 506**

aa) Unzumutbarkeit bzw. Gefährdung des Vertragszwecks als zusätzliche Voraussetzung für die Ausübung dieser Rechte. Das Recht, **Schadensersatz wegen Nichterfüllung** zu verlangen **oder** vom Kaufvertrag **zurückzutreten,** steht dem Verletzten dagegen nur unter besonderen Voraussetzungen zu. Diese Voraussetzungen sind, daß die **Vertragsverletzung** sich unter Berücksichtigung aller Umstände insbesondere der Natur des Vertrages und der besonderen Verhältnisse der beteiligten Vertragspartner als **so schwerwiegend** darstellt, **daß** dem vertragstreuen Teil bei billiger Beurteilung die **Fortsetzung des Vertrages nicht zumutbar ist,** RG 63, 297; 67, 5ff.; 93, 285f.; 161, 338; BGH LM Nr. 2 zu § 276 [Ha] BGB; BGH 11, 80; LM Nr. 3 zu § 276 [H] BGB. Die Rechtsprechung insbesondere des Reichsgerichts und mit ihr die Voraufl. dieses Kommentars hat den beschriebenen Tatbestand häufig in der Kurzformel zusammengefaßt, der **Vertragszweck** müsse **gefährdet** erscheinen (Voraufl. Anh. zu § 374 Anm. 173; aus der Rspr. vgl. etwa RG 57, 105, 115; 67, 5ff., 313ff.; 93, 285f.; 106, 25; 161, 338). Dagegen Enneccerus-Lehmann[15] § 55 II b S. 239: Gefährdung des Vertragszwecks und Unzumutbarkeit der Vertragsfortsetzung seinen nicht notwendig synonyme Begriffe; es seien Fälle denkbar, in denen beides auseinanderfiele (vgl. die von Lehmann a. a. O. Anm. 17 angeführten Beispiele aus dem Bereich des Sukzessivlieferungsvertrages). Das ist vertretbar. Es sollte jedoch berücksichtigt werden, daß die „Gefährdung des Vertragszwecks" eine Zweckschöpfung ist, die nichts anderes umschreiben soll, als die bezeichnete Unzumutbarkeit der Vertragsfortsetzung. So führt bereits RG LZ 1909, 229 zu der Gefährdung des Vertragszwecks aus: „Unter diesem dem Gesetz selbst fremden . . . Ausdruck ist nichts anderes als eine Vertragsverletzung zu verstehen, die sich mit Rücksicht auf die Natur des Vertrages und die besonderen Verhältnisse der Vertragschließenden als so wesentlich darstellt, daß dem vertragstreuen Teil die Fortsetzung des Vertrages bei billiger, loyaler Beurteilung nach den Umständen des Falles nicht zugemutet werden kann"; im gleichen Sinne RG 93, 285f.; 161, 338; BGH 11, 80; LM Nr. 2 zu § 276 [Hd] BGB; in RG 67, 5ff. wird zwar nur von der Gefährdung des Vertragszwecks gesprochen, anschließend aber doch ausdrücklich auf die Zumutbarkeit abgestellt. So verstanden dürfte die Verwendung der handlichen Vertragszweckformel unbedenklich sein. Nicht zu den Voraussetzungen des Rücktrittsrechts oder des Anspruchs auf Schadensersatz wegen Nichterfüllung gehört der Fortfall des Interesses an der Vertragserfüllung. Diese Rechte stehen dem verletzten Vertragsteil vielmehr gerade auch dann zu Gebote, wenn er an der Erfüllung des Vertrages noch ein Interesse hat, die ordnungsmäßige und rechtzeitige Erfüllung aber durch ein Verhalten des Schuldners so in Frage gestellt ist, daß es dem Verletzten nicht zugemutet werden kann, beim Vertrag stehenzubleiben auf die Gefahr hin, der andere werde seinem bisherigen Verhalten entsprechend den Vertrag doch nicht oder nicht ordnungsmäßig erfüllen.

Anm. 507 Dem Verletzten wird dadurch die Möglichkeit gegeben, die Folgen des schädigenden Verhaltens des anderen rechtzeitig und nicht erst, wenn es zu spät ist, abzuwenden. Bei Prüfung der Frage, ob diese Voraussetzung vorliegt, können mangelndes Interesse des vertragstreuen Teils an künftiger Lieferung und die Besorgnis der Unmöglichkeit fernerer Lieferung des Vertragsgetreuen in Betracht kommen. Sie sind aber weder die einzigen noch die notwendigen Erfordernisse des Begriffs der erheblichen Gefährdung des Vertragszwecks (so schon RG LZ 1908, 778[24]; vgl. Müller bei Gruch. 50, 158). Auch die beträchtliche Erschütterung eines in dem betreffenden Handelszweig zwischen den Beteiligten bestehenden besonderen Vertrauensverhältnisses (z. B. im Samenhandel, wo Vertragsverletzungen erfahrungsgemäß sehr schwere Auswirkungen haben können) kann bei bewußt vertragswidriger Lieferung eine die Rechte zum Rücktritt und auf Schadensersatz wegen Nichterfüllung auslösende positive Vertragsverletzung darstellen (vgl. auch RG in SeuffA 88, 333). Eine solche kann auch darin liegen, daß der Käufer, eine vorübergehende Verlegenheit des an sich erfüllungsbereiten Verkäufers ausnutzend, diesem absichtlich eine zu kurze Nachfrist setzt und sich dann von dem Vertrag lossagt (RG in JW 1935, 2624[6]). Steht die Unmöglichkeit der Lieferung schon fest, so kommen nicht die Grundsätze über die positive Vertragsverletzung, sondern die Vorschriften des § 325 BGB in Betracht. Die Sachlage ist hier ähnlich wie bei dem Verhältnis zwischen § 325 und § 326 BGB. Was als Zweck des Vertrages, der durch das Verhalten des Schuldners gefährdet ist, gesehen werden muß und wann die Vertragsfortsetzung dem verletzten Vertragspartner nicht mehr zumutbar ist, entzieht sich der allgemeinverbindlichen Festlegung. Es handelt sich um eine Sache der Auslegung, wobei alle Umstände des einzelnen Falles zu berücksichtigen sind. Rechtsprechungsnachweise finden sich oben bei Darstellung der Fallgruppen positiver Vertragsverletzungen in den Anm. 485—501. Dabei ist das Verhalten beider Parteien zu berücksichtigen, vgl. RG 54, 102. Wer mangelhafte oder verspätete Lieferungen ungerügt hinnimmt oder von anderen Vertragsverletzungen nicht abmahnt, gibt dadurch regelmäßig zu erkennen, daß er den Vertragszweck nicht als erheblich gefährdet ansieht, mag die Verletzung auch objektiv erheblich erscheinen (vgl. z. B. RG WarnRspr. 1925 Nr. 165; HRR 1936 Nr. 225). Zur allgemein verbindlichen Regel darf aber auch dies nicht erhoben werden. Insbesondere darf es nicht dazu kommen, daß der Betroffene gehindert wird, eine gewisse Nachsicht und Langmut gegenüber dem vertragswidrigen oder nachlässigen Verhalten des anderen walten zu lassen, weil er befürchten muß, daß ihm aus einer solchen Einstellung Rechtsnachteile erwachsen. Zutreffend daher BGH LM Nr. 2 zu § 276 [Ha] BGB, wo der Lieferant nach einem plötzlichen Abnahmestop als berechtigt angesehen wurde, ohne vorherige Ankündigung Schadensersatz wegen Nichterfüllung zu fordern, nachdem er sich zuvor, ohne von diesem Recht Gebrauch zu machen, auf Verhandlungen mit dem Kunden über den Abnahmestop eingelassen hatte. Will der eine Teil nur die Erfüllung des Vertrages mit besonders scharfen, an sich aber zulässigen Mitteln, z. B. durch die Erwirkung einer einstweiligen Verfügung erzwingen, so kann darin keine positive Vertragsverletzung erblickt werden, selbst wenn die einstweilige Verfügung später wieder aufgehoben wird

(RG LZ 1925, 1270[3]). Allerdings verlangen die Grundsätze von Treu und Glauben, daß ein Verstoß des Gegners nicht zu dessen Überraschung verwendet wird. Daher kann nicht der Verkäufer, der mehrfach unpünktliche Zahlungen ungerügt hat durchgehen lassen, unvermittelt eine vereinzelte neue Verspätung zum Anlaß nehmen, vom Vertrag zurückzutreten (so bereits RG JW 1906, 300[3]). Der Gegner darf nicht in eine Lage versetzt werden, deren Eintritt er vermieden haben würde, wenn er auf die Wichtigkeit der Einhaltung seiner Verpflichtung für den Gegner hingewiesen worden wäre (s. dazu auch unten Anm. 511). Es muß daher, wo Treu und Glauben es erfordern, dem Gegner die Tragweite seines vertragswidrigen Verhaltens klargemacht werden (vgl. auch § 254 Abs. 2 BGB), es sei denn, daß die Gefährdung des Vertragszwecks bereits eingetreten ist, eine Warnung nichts mehr ändern könnte (vgl. RG „Recht" 1911 Nr. 3066).

Eine objektiv geringfügige Vertragsverletzung gefährdet im allgemeinen den Vertragszweck noch nicht (RG LZ 1910, 547[14]). Es kann sich aber aus den Umständen ergeben, daß solche Verstöße von dem Betroffenen mit Grund als besonders schwer empfunden werden, indem sie in gravierender Weise auf seine Verhältnisse einwirken. Überhaupt kommt der Unterscheidung von Haupt- und Nebenpflichten im Bereich der positiven Vertragsverletzungen nicht die gleiche einschneidende Bedeutung zu wie etwa beim Verzug (s. oben Anm. 309 u. 289ff.). Zwar wiegen schuldhafte Verstöße gegen Hauptpflichten infolge des großen Gewichts dieser Pflichten im Rahmen des Vertragsganzen besonders schwer. Bei ihnen ist die Grenze, von der ab die Fortsetzung des Vertrages von dem Betroffenen nicht mehr verlangt werden kann, häufig wesentlich schneller erreicht als bei Zuwiderhandlungen gegen Ge- oder Verbote minderen Rangs. Entscheidend ist im übrigen aber nicht die Einordnung der verletzten Verpflichtung unter eine der bezeichneten Kategorien, sondern die **Intensität des Verstoßes,** die Auswirkungen auf die Verhältnisse des Verletzten sowie die Folgerungen, die dieser berechtigtermaßen aus dem Verstoß auf die Einstellung seines Partners zur Vertragserfüllung (im weitesten Sinne) ziehen muß. Eine abweichende Beurteilung würde lediglich dazu führen, durch Vertragsauslegung nachträglich Verpflichtungen, die an sich als Nebenpflichten anzusehen sind (häufig ein wenig gewollt), zu Hauptpflichten hochzustufen. **Anm. 508**

bb) Das Verbot des Nachschiebens von Gründen. Dem bereits oben in Anm. 507 erwähnten Zweck, den Vertragsgegner aufzuklären und Unklarheiten in dem Vertragsverhältnis zu vermeiden, dient auch die von der Rechtsprechung aufgestellte Forderung, daß der Vertragsteil, der wegen einer positiven Vertragsverletzung vom Kaufvertrag zurücktreten will, dem Vertragspartner in der Rücktrittserklärung erkennbar macht, in welchem Verhalten des Vertragspartners er die Vertragswidrigkeit, die ihm die Fortsetzung des Vertrages unzumutbar macht, erblickt, BGH LM Nr. 1 zu § 276 [Hd] BGB; vgl. auch BGH DB 1959, 82 und DB 1959, 457. Daraus folgt, daß maßgebend „immer nur die bis zum Tag der (Rücktritts-)Erklärung vorhandenen und von dem Verletzten als für seine Erklärung bestimmend bezeichneten Gründe sein" können (so wörtlich BGH 11, 80, 86 = NJW 1954, 229, 230). Ein „Nachschieben" neuer Gründe wird demnach als unzulässig angesehen. Diese Haltung der Rechtsprechung erscheint etwas zu kategorisch. Unzulässig ist das Auswechseln von Gründen in der Weise, daß der Rücktritt nachträglich statt auf den zuerst genannten wahren, aber unzureichenden Grund auf einen anderen Grund gestützt wird, der in Wahrheit nicht das Motiv für die Rücktrittserklärung gebildet hat, um den erstrebten Rücktritt aufrechterhalten zu können. Dagegen wird man es dem Verletzten nicht verwehren dürfen, auch nachträglich zusätzlich zu den bereits in der Rücktrittserklärung bezeichneten weitere vor oder nach diesem Zeitpunkt begangene Vertragsverletzungen des anderen Teils namhaft zu machen, die zusammen mit den in der Rücktrittserklärung genannten das Bild einer vertragswidrigen Einstellung des anderen Teils ergeben, welche die Vertragsfortsetzung unzumutbar macht; in diesem Sinne auch BGH DB 1959, 82. Vorausgesetzt muß allerdings auch hier werden, daß die angeführten Vertragsverletzungen wirklich als unzumutbar empfunden worden sind und sich nicht aus dem vorangegangenen Verhalten des Zurücktretenden ein anderes ergibt (teilweise ebenso Staudinger-Kaduk[10/11] § 325 Rdnr. 29 unter Hinweis auf die Rspr. zur Kündigung aus wichtigem Grund bei Dauerschuldverhältnissen). **Anm. 509**

Anm. 510 **cc) Eigene Vertragstreue als Voraussetzung für Rücktritt und Schadensersatz wegen Nichterfüllung.** Auch bei der positiven Vertragsverletzung gilt als Grundregel, daß der Vertragsgegner aus der Vertragswidrigkeit des anderen nur dann Rechte herleiten kann, wenn er selbst vertragstreu ist, sich also weder im Verzug befindet noch selbst eine positive Vertragsverletzung begangen hat; vgl. zu diesem Gedanken bereits oben Anm. 311 sowie aus der Rspr. RG 67, 313, 319; 109, 54, 55; 123, 238, 241; 149, 401, 404; 152, 119, 123; WarnRspr. 1925 Nr. 48; 1933 Nr. 163; HRR 1936 Nr. 391; BGH LM Nr. 6 zu § 276 [H] BGB; NJW 1958, 177. So kann beispielsweise der säumige Käufer wegen einer Vertragsverletzung des Verkäufers nur so lange vom Vertrag zurücktreten, wie er noch nicht (durch Mahnung) in Verzug gesetzt worden ist. Zu beachten ist jedoch, daß dem Betroffenen aus der positiven Vertragsverletzung des anderen das Recht erwachsen sein kann, seine Leistung zu verweigern. Beschränkt er sich auf die Ausübung dieses Leistungsverweigerungsrechts, so kann von eigener Vertragsuntreue nicht gesprochen werden (vgl. RG 109, 54, 55). Anders liegt es, wenn der Betroffene einen Vertragsbruch begangen hat, der unabhängig ist von der Vertragsverletzung des anderen oder aber von ihr zwar veranlaßt ist, aber über die berechtigte Leistungsverweigerung hinausreicht. Geht im zuerst genannten Fall der Vertragsbruch des Betroffenen der positiven Vertragsverletzung des anderen zeitlich voraus, so ist sogar zu prüfen, ob die angebliche Vertragsverletzung des anderen nicht lediglich eine berechtigte Gegenmaßnahme gegen den zuerst begangenen Vertragsbruch darstellt. Zu beachten ist jedoch in allen Fällen, daß (abgesehen von einer berechtigten Leistungsverweigerung, s. dazu insbesondere oben Anm. 296ff.) illoyale Behandlung des Vertragspartners niemals eine rechtmäßige Reaktion auf eine von diesem begangene Vertragsverletzung darstellt (so ausdrücklich RG 109, 54, 56; 123, 238, 242; vgl. dazu auch folgende Anm.). Die Suspendierung der Rechte des selbst vertragsungetreuen Verletzten dauert nur so lange, wie er auf seiner eigenen Vertragsuntreue beharrt. Beseitigt er seine eigene Vertragswidrigkeit, kehrt er zur loyalen Vertragserfüllung zurück, so kann er nunmehr alle in den Anm. 506ff. bezeichneten aus der fortdauernden positiven Vertragsverletzung des anderen folgenden Befugnisse ausüben, h. M. s. u. a. RG 109, 54, 56; 149, 401, 404; 152, 119, 123. Von vornherein ohne Einfluß auf die Rechte des Verletzten ist seine Vertragsuntreue, wenn der andere Teil zu erkennen gibt, daß er auch für den Fall ihrer Beseitigung bei seiner vertragswidrigen Einstellung bleiben werde, RG 67, 313, 319; 149, 401, 404; BGH NJW 1958, 177. Auch eine sonst zur Herbeiführung der Fälligkeit der Leistung des anderen erforderliche Mitwirkung des Verletzten kann bei dieser Sachlage unterbleiben. Der Berechtigte muß aber auch in diesem Fall wenigstens in der Lage sein, selbst zu erfüllen (JW 1902 Beil. 252[161]; Kisch Iher. Jb. 44, 66; BGH JZ 1965, 452ff.). Eine Ausnahme macht die Rechtsprechung auch für den Schadensersatzanspruch aus positiver Vertragsverletzung. Der Betroffene bleibt also auch dann berechtigt, von seinem Vertragspartner Ersatz des ihm durch dessen Vertragsverletzung zugefügten Schadens zu verlangen, wenn er sich selbst Verstöße gegen den Vertrag vorwerfen lassen muß, RG 123, 238, 241f.; BGH LM Nr. 6 zu § 276 [H] BGB = NJW 1962, 2198; NJW 1958, 177. Diese Rechtsprechung rechtfertigt sich aus bereits oben dargelegten Gedanken, daß eine Vertragswidrigkeit den davon Betroffenen nicht berechtigt, seinerseits den Vertrag zu verletzen und dem Partner Schaden zuzufügen. Der Rechtsprechung ist daher mit der Maßgabe zuzustimmen, daß die Ausnahme auf den einfachen Schadensersatzanspruch wegen Vertragsverletzung beschränkt bleibt. An das Erfordernis eigener Vertragstreue gebunden bleiben sollte nicht nur das Rücktrittsrecht (so weit unstreitig), sondern im Regelfall auch der Anspruch auf Schadensersatz wegen Nichterfüllung (vgl. die sehr weitgehenden, den Schadensersatzanspruch wegen Nichterfüllung nicht ausnehmenden Formulierungen in RG 123, 238, 241 und BGH LM Nr. 6 zu § 276 [H] BGB und NJW 1958, 177; wie hier dagegen ausdrücklich RG 67, 313, 319 und JW 1925, 609[9]): Unzulässige Rechtsausübung begeht nicht nur derjenige, der eine Vertragsverletzung zum Anlaß nehmen will, vom Kaufvertrag zurückzutreten, obwohl ihm ein gleicher Vorwurf zu machen ist, sondern auch, wer in der gleichen Situation die Vertragserfüllung endgültig ablehnt und von der anderen Seite Schadensersatz wegen Nichterfüllung des ganzen Kaufvertrages verlangt. Denn der eine wie der andere will sich endgültig von dem vereinbarten Vertragsgefüge mit seinen gegenseitigen Leistungspflichten lösen und es in dem einen Fall in ein Abwicklungs-, in dem anderen in ein (einseitiges) Schadensersatzverhältnis umwandeln (was besonders deutlich wird, wenn der Schadensersatz nach der Differenztheorie, s. oben Anm. 351, berechnet wird). Die Befugnis zur Umwandlung des gesamten Kaufvertrages sollte aber gerade demjenigen vorbehalten bleiben, der selbst loyal zu dem Vertrag gestanden oder doch jedenfalls zu dieser Einstellung zurückgefunden hat. Demnach kann also z. B. der in Zahlungsverzug geratene Käufer, solange er seinen Verzug nicht durch das Angebot der Zahlung geheilt hat, zwar wegen einer Vertragsverletzung des Verkäufers Ersatz des ihm dadurch entstandenen Schadens verlangen, aber weder zurücktreten noch Schadensersatz wegen Nichterfüllung vom Verkäufer fordern (vgl. RG LZ 1917, 960[6]; Holdheim 1911, 274).

dd) Die Form der Ausübung dieser Rechte. Die Ausübung der Rechte aus positiven Vertragsverletzungen geschieht dadurch, daß der Vertragstreue seinem Gegner erklärt, daß er nunmehr die Erfüllung nicht mehr annehme oder daß er, was inhaltlich dasselbe bedeutet, wegen der positiven Vertragsverletzung des anderen Schadensersatz wegen Nichterfüllung verlange oder von dem Kaufvertrag zurücktrete. Im Zeitpunkt dieser Erklärung muß der Tatbestand der positiven Vertragsverletzung vorliegen: es genügt weder, daß der andere Teil sich nach der verfrühten Erklärung eine positive Vertragsverleztung zuschulden kommen läßt noch daß eine solche vorher vorgelegen hatte, der andere Teil sie aber durch ordnungsmäßiges Angebot seiner Leistung inzwischen geheilt hat. Weitere Voraussetzungen müssen nicht erfüllt sein. Insbesondere **bedarf es** bei der positiven Vertragsverletzung **nicht einer** vorherigen **Androhung der Erfüllungsablehnung sowie der Setzung einer Nachfrist im Sinne des § 326 Abs. 1 BGB.** Jedoch ist zu beachten, daß § 326 Abs. 1 BGB keine willkürliche Bestimmung darstellt, sondern ein, wenn auch in eine starre Form gepreßter Ausfluß des Gedankens ist, daß auch der vertragsbrüchige Teil nicht mit den Konsequenzen seines Verhaltens überrumpelt werden darf. Und dieser Gedanke ist auch für die positive Vertragsverletzung nicht ohne Bedeutung: s. dazu die Ausführungen oben in Anm. 507. Ist somit zwar für den Regelfall daran festzuhalten, daß eine Nachfristsetzung mit Ablehnungsandrohung bei der positiven Vertragsverletzung entfallen darf, so kann es doch nach Treu und Glauben im Einzelfall erforderlich sein, daß der vertragstreue dem vertragsungetreuen Teil, bevor er von seinen Rechten endgültig Gebrauch macht, die Konsequenzen seiner Vertragswidrigkeit vor Augen hält und ihm eine letzte Gelegenheit gibt, zur Vertragstreue zurückzukehren. Die Einhaltung der starren, in § 326 Abs. 1 BGB vorgesehenen Form wird jedoch kaum jemals zu fordern sein. Jegliche Vorwarnung kann selbstverständlich unterbleiben, wenn durch die positive Vertragsverletzung bereits ein endgültiger, nicht mehr zu heilender Zustand geschaffen worden ist. **Anm. 511**

Der Zugang der bezeichneten Erklärung stellt den gleichen Zustand her, der im Fall des § 326 Abs. 1 BGB mit Ablauf der Nachfrist entsteht, auch wenn eine Nachfrist vertragsmäßig vereinbart war (so RG JW 1907, 706[9]). Es gilt infolgedessen alles oben in den Anm. 412ff. Gesagte. Der Anspruch auf Erfüllung des Kaufvertrages ist durch die Erklärung nunmehr für beide Teile ausgeschlossen. Der vertragsungetreue Teil kann die Erfüllung nicht mehr nachholen und seine Vertragswidrigkeit nicht mehr heilen; z. B. nützt es dem vertragsbrüchigen Verkäufer nichts mehr, wenn er jetzt zusichert, künftig tadellos zu liefern (RG LZ 1917, 1133[6]). Der Verkäufer kann dem Käufer, der Schadensersatz wegen Nichterfüllung gewählt hat, seine Leistung höchstens noch als Deckungskauf anbieten (s. oben Anm. 371 u. 378ff.). Auf der anderen Seite hat der ververtragstreue Teil nur noch die Wahl zwischen Schadensersatz wegen Nichterfüllung und Rücktritt, sofern er diese nicht schon in der vorangegangenen Erklärung verlautbart hat. Es gilt auch hier das oben Anm. 414 Ausgeführte insbesondere auch im Hinblick auf den Übergang von einem dieser Rechte zum anderen.

Die Erklärung des vertragstreuen Teils muß, um die bezeichneten Wirkungen herbeizuführen, klar, bestimmt und endgültig sein. Denn sie soll, dem Gegner erkennbar, den Ausgangspunkt zur Umwandlung des ganzen Kaufvertrages bilden. Über die Auslegung gelten die oben in den Anm. 385 aufgestellten Grundsätze. Die Wichtigkeit der Erklärung verhindert es aber nicht, daß sie auch stillschweigend abgegeben werden kann. Der Käufer, der seine Erfüllungsweigerung mit fortgesetzt schlechten Lieferungen des Verkäufers begründet, kann damit wohl eine wirksame Rücktrittserklärung ab- **Anm. 512** gegeben haben (RG LZ 1910, 771[17]). Es muß aber aus der Erklärung klar hervorgehen, daß gerade die und die bestimmte positive Vertragsverletzung als solche geltend gemacht werden soll (RG JW 1936, 2391[7]). Das „Nachschieben" neuer Gründe wird von der Rechtsprechung nur in äußerst engen Grenzen zugelassen, vgl. dazu oben Anm. 509. Eine Frist für die Abgabe der Erklärung besteht nicht. Das gilt sowohl für die Ablehnung der Erfüllung als auch für die Wahl zwischen Schadensersatz wegen Nichterfüllung und Rücktritt, falls nicht ohnehin beides in einer Erklärung verbunden wird. Die Rechtssicherheit verlangt aber, daß die Erklärungen des vertragstreuen Teils nicht ungebührlich verzögert werden. Andernfalls können u. U. die Grundsätze über die Verwirkung von Rechten infolge einer gegen Treu und Glauben verstoßenden Verzögerung ihrer Geltendmachung zur Anwendung kommen; vgl. dazu ausführlicher oben Anm. 450 mit Nachw. Dem vertragstreuen Teil muß aber ein angemessener Zeitraum zur Überlegung zugebilligt werden, weil die Kundgebung des gefaßten Entschlusses grundsätzlich unwiderruflich ist. Darüber, daß der vertragstreue Teil unter besonderen Umständen die Folgerungen aus einer positiven Vertragsverletzung auch schon vor Fälligkeit ziehen darf, s. oben Anm. 421ff. u. 506ff.

Anm. 513 **4. Die positive Vertragsverletzung beim Sukzessivlieferungsvertrag.**

Ein grundlegender Unterschied zu anderen Kaufverträgen besteht nicht. Sämtliche in den vorangegangenen Anmerkungen dargestellten Regeln über Voraussetzungen und Folgen schuldhafter Verletzungen von Kaufverträgen gelten daher auch für den Sukzessivlieferungsvertrag. Die in den Anm. 435ff. aufgezeigten Eigenheiten dieser Form des Kaufvertrags machen jedoch einige ergänzende Ausführungen erforderlich. In Anm. 435 ist dargelegt, daß der Sukzessivlieferungsvertrag trotz der bedungenen ratenweisen Erfüllung ein **einheitlicher Kaufvertrag** ist und in Anm. 492, daß er infolge seiner Anlage auf Abwicklung über einen längeren Zeitraum hinweg **in höherem Grade** das **Vertrauen auf treue Erfüllung** der wechselseitigen Vertragspflichten voraussetzt als Kaufverträge, die sich in einmaligem Leistungsaustausch erschöpfen. Beide Tatsachen zusammengehalten bedingen vor allem, daß sich bei schuldhaften Verletzungen einzelner Ratenverpflichtungen stets die Frage nach den Auswirkungen auf die übrigen Raten und damit u. U. auf den gesamten Kaufvertrag stellt.

Anm. 514 Bei Erörterung des Verzuges ist dargelegt, daß der Nichtsäumige bereits beim Verzug mit einer einzelnen Rate sein Wahlrecht auch hinsichtlich aller künftigen Raten ausüben darf. Ähnliches gilt auch bei der Erfüllungsweigerung. So kann schon die unmittelbar nur eine einzige Rate betreffende **Erfüllungsweigerung** nach ihrer Bedeutung und Schwere eine positive Vertragsverletzung darstellen, die den Vertragstreuen berechtigt, ohne Ablehnungsandrohung und Nachfristsetzung hinsichtlich aller noch ausstehender Raten Schadensersatz wegen Nichterfüllung zu fordern oder vom Vertrag zurückzutreten. Die Zwecklosigkeit einer Nachfristsetzung muß aber eindeutig feststehen (vgl. dazu die Ausführungen zur Erfüllungsweigerung allgemein oben Anm. 423). Eine solche Sachlage ist z. B. gegeben, wenn der Käufer zu Unrecht auf einer bestimmten Verpackung besteht und erklärt, auch künftighin die Abnahme der übrigen Sukzessivlieferungen in anderer Verpackung zu verweigern (vgl. RG LZ 1911, 698[14]).

Das Recht, auch hinsichtlich der erst in Zukunft fälligen Raten zurückzutreten oder Schadensersatz wegen Nichterfüllung zu verlangen, ist nicht auf den Fall der Erfüllungsweigerung beschränkt. Es steht dem Berechtigten stets dann zu, wenn durch das schuldhafte Verhalten des anderen Teils die Vertrauensgrundlage des Sukzessivlieferungsvertrages so erschüttert ist, daß dem vertragstreuen Teil die Fortsetzung des Vertrages nicht mehr zugemutet werden kann. Das gilt insbesondere dann, wenn der Verstoß des anderen eine für die glatte Abwicklung des Vertrages auch in Zukunft wesentliche Frage betrifft und vorauszusehen ist, daß jede neue Lieferung eine Wiederholung des Streites bringen werde oder das Verhalten des anderen dem Vertragstreuen begründeten Anlaß zu der Befürchtung gibt, jener stehe nicht mehr zu den gemeinsamen vertraglichen Abreden oder wenn der Verstoß des anderen so schwerwiegende Auswirkungen auf die Verhältnisse des Betroffenen gehabt hat, daß diesem das Risiko einer künftigen Wiederholung des gleichen Fehlverhaltens seines Vertragspartners nicht zugemutet werden kann. Solche Fälle liegen z. B. vor, wenn die eine Vertragspartei der anderen fortgesetzt unnötige Schwierigkeiten bereitet (RG WarnRspr. 1918 Nr. 73), indem etwa der Käufer ständig wissentlich unrichtige Beanstandungen von Lieferungen erhebt (RG bei Holdheim 1911, 122) und/oder unberechtigte Zahlungsabzüge vornimmt (RG LZ 1913, 485[5]), wobei es nicht einmal so sehr auf die Höhe der Abzüge ankommt als vielmehr darauf, daß Wiederholungen auch künftig zu befürchten sind und dadurch die reibungslose Abwicklung des Vertrages in Frage gestellt ist. Entsprechendes gilt für die Nichteinhaltung der oben in Anm. 494 geschilderten Unterlassungspflichten, wenn die Zuwiderhandlung für den Betroffenen schwere Folgen gehabt hat oder anzunehmen ist, der andere werde auch in Zukunft nicht von ihnen lassen.

Wenn auch die Rechte aus schuldhaften Vertragsverletzungen regelmäßig ohne vorherige Nachfristsetzung und Ablehnungsandrohung i. S. des § 326 Abs. 1 BGB ausgeübt werden können (s. dazu oben Anm. 511), so ist doch gerade beim Sukzessivlieferungsvertrag mehr als irgendwo sonst zu beachten, daß der vertragsungetreue Teil nicht überrumpelt werden darf, s. dazu schon oben Anm. 507 u. 511. Von dem vertragstreuen Teil wird daher regelmäßig nach Treu und Glauben zu erwarten sein, daß er den anderen beizeiten auf die Konsequenzen aufmerksam macht, die er aus dessen zu beanstandendem Verhalten zu ziehen gedenkt. Auch hier kann eine solche Warnung jedoch unterbleiben, wenn die Zerstörung der Vertrauensgrundlage bereits endgültig ist. Die weitaus größte Bedeutung kommt in dem hier interessierenden Zusammenhang der schuldhaften **Schlechterfüllung** zu. S. dazu zunächst allgemein oben Anm. 485.

Bei Schlechtlieferung einer oder einzelner Raten kann der Käufer zunächst jede einzelne mangelhafte Rate zurückweisen und Lieferung mangelfreier Ware verlangen (§ 480 BGB). Er kann aber auch die mangelhafte Ware als Erfüllungsgegenstand annehmen und dann die Gewährleistungsrechte (Preisminderung, Wandlung, gegebenenfalls Schadensersatz wegen Nichterfüllung) geltend machen sowie u. U. Ersatz des ihm aus der schuldhaften Schlechterfüllung dieser Rate erwachsenen zusätzlichen Schadens aus positiver Vertragsverletzung begehren (vgl. dazu schon oben Anm. 504 sowie vor allem § 377 Anm. 100ff. **Anm. 515**

Darüber hinaus kann aber auch schon die schuldhafte Schlechtlieferung einer einzigen — auch der ersten — Rate die Vertrauensgrundlage des Kaufvertrages so schwer erschüttern, daß dem Käufer die Fortsetzung des Vertrages unzumutbar ist. Die Unzumutbarkeit kann ihren Grund in der besonderen Schwere, Gefährlichkeit und den einschneidenden Folgen des Mangels haben. Nach RG LZ 1930, 891 berechtigt die einmalige schuldhafte Schlechtlieferung gesundheitsschädlicher Ware den Käufer sogar dann zum sofortigen Rücktritt, wenn vereinbart war, daß dem Verkäufer das Recht zur Fortsetzung der Belieferung des Käufers nur bei dreimaliger vertragswidriger Lieferung entzogen werden dürfe. Die Unzumutbarkeit der Vertragsfortsetzung kann aber auch daraus folgen, daß die Schlechtlieferung dem Käufer begründeten Anlaß zu der Befürchtung gibt, der Verkäufer werde auch in Zukunft nicht in der Lage oder willens sein, vertragsgemäß zu liefern. Das gilt vor allem dann, wenn der Verkäufer den Mangel nicht beseitigen will, sondern die Lieferung als ordnungsgemäß bezeichnet (RG Holdheim 1910, 296). Allgemeiner gesprochen sind es auch bei der Schlechtlieferung die gleichen oben zu Beginn von Anm. 506 besprochenen Gründe, die den Käufer berechtigen, sich sofort für die Zukunft von dem ganzen Vertrag zu lösen.

Regelmäßig rechtfertigt jedoch erst die ständige oder doch wiederholt mangelhafte Lieferung den Rücktritt oder einen Anspruch auf Schadensersatz wegen Nichterfüllung auch der noch ausstehenden Vertragsteile. Denn zumeist besteht erst dann hinreichender Grund zu der Annahme, daß auch in Zukunft mangelhaft geliefert werde, RG 65, 51; 57, 115; 54, 102; WarnRspr. 1917 Nr. 167; LZ 1910, 472[3]; 1908, 855[14]. Das Vorliegen dieser Voraussetzungen hat der Käufer zu beweisen. Nicht ausreichend ist dafür der allgemeine Nachweis, es seien fortgesetzt Lieferungen erbracht worden, mit denen der Käufer unzufrieden sein durfte, RG LZ 1910, 928[18]. Der Käufer muß vielmehr im einzelnen dartun, welche Lieferungen inwiefern mangelhaft waren, wann nach der Ablieferung sich die Mängel herausgestellt haben und ob, wie und wann der Käufer den Mangel gerügt hat (Dresden OLGE 34, 376). Von Bedeutung ist ferner, ob eine einheitliche Lieferung nur in mehrere Sendungen geteilt wurde, die dieselben Mängel zeigten (dann liegt doch nur eine einzige fehlerhafte Lieferung vor, RG LZ 1917, 1133[6]) und ob der Käufer etwa früher solchen Mängeln keine erhebliche Bedeutung beigemessen hat

(Dresden OLGE 34, 377). Ist bei beiderseitigen Handelsgeschäften hinsichtlich aller Raten die Mängelrüge nicht gehörig erstattet, so kann von einer positiven Vertragsverletzung durch mangelhafte Lieferung keine Rede sein, weil sämtliche Raten nach § 377 als genehmigt gelten (RG 65, 54; 1, 53 und 62; LZ 1914, 175[8]; 1909, 405[2]; BGH LM Nr. 5 zu § 377 HGB), es sei denn, daß die Mängelrüge ausnahmsweise unterbleiben konnte (s. dazu die Komm. zu §§ 377, 378) oder der Verkäufer auf sie verzichtet hatte (§ 377 Anm. 34f.; RG LZ 1910, 472[3]). Hat der Käufer eine Rate gehörig beanstandet, so kann er zur Beleuchtung der gesamten Sachlage auch solche mangelhaften Lieferungen aus demselben Sukzessivlieferungsvertrag mit heranziehen, die er zwar gehörig gerügt, aber schließlich doch angenommen und bezahlt (RG 65, 54; JW 1904, 172[12]; LZ 1908, 161[23]) oder über die er sich mit dem Verkäufer verglichen hat (RG LZ 1908, 161[22]), wenn dieses Verhalten dahin zu erklären ist, daß der Käufer nur in der Erwartung nachgegeben hat, es würden künftig vertragsmäßige Lieferungen erfolgen. Der Käufer kann, wenn eine Rate gehörig beanstandet ist, sogar solche Lieferungen desselben Vertrages zum Nachweis der Besorgnis, daß künftig nicht besser geliefert werde, mit verwerten, die nicht in der gehörigen Art beanstandet sind (RG LZ 1913, 467[17]). Verhältnismäßig geringfügige Mängel oder Mängel verhältnismäßig geringfügiger Teile (s. oben Anm. 508) sowie anfänglich beanstandete, aber nachträglich genehmigte Raten (RG LZ 1912, 656[12]) und überhaupt nicht beanstandete Lieferungen (RG LZ 1909, 672[1]) kommen nicht in Betracht. Droht der Käufer nur an, er werde zurücktreten, wenn nicht künftig besser geliefert werde, so können die Mängel der vor diesem Zeitpunkt liegenden Leistungen nur noch unterstützend herangezogen werden (RG in DJZ 1933, 499). Schließlich darf auch in den Fällen der Schlechtlieferung der Verkäufer nicht durch die Ablehnung der Erfüllungsannahme seitens des Käufers überrascht werden. Vom Käufer ist daher regelmäßig zu verlangen, daß er dem Verkäufer vorher klarmacht, daß er kein Interesse mehr an der weiteren Erfüllung des Vertrages habe, wenn so wie bisher fortgefahren werde. Der Verkäufer muß also in der Regel, insbesondere durch Beschwerde des Käufers, gewarnt sein (RG 63, 297; LZ 1910, 463[14]). Schlechthin unerläßlich ist eine solche Warnng jedoch nicht. Es kommt auf die Wichtigkeit, Dringlichkeit usw. an, s. dazu oben Anm. 507, 511.

Anm. 516 **Was vom Sukzessivlieferungsgeschäft gilt, gilt entsprechend von rechtlich ähnlichen Vertragsarten** mit Teillieferungen auch hinsichtlich der positiven Vertragsverletzungen (RG JW 1918, 555[8]). Eine besondere Stellung nehmen hier langfristige Vertrauensverhältnisse, z. B. mehrjährige Warenbezugsverträge, ein; hier können auch Beleidigungen oder sonstige Zerstörungen des guten Einvernehmens oder Vertrauens unter Umständen als positive Vertragsverletzungen betrachtet werden (RG 102, 409; 78, 387; WarnRspr. 1910 Nr. 422, s. näher oben Anm. 492).

Anm. 517 Die dem Betroffenen aus schuldhafter Verletzung des Sukzessivlieferungsvertrages erwachsenen Rechte und deren Wirkungen entsprechen im übrigen denjenigen bei normalen Kaufverträgen. Die Rechte des Verletzten sind auch hier: Einrede des nicht erfüllten Vertrages, Schadensersatz, Schadensersatz wegen Nichterfüllung und Rücktritt Die beiden letztgenannten, eine endgültige Loslösung von der vorgesehenen Vertragserfüllung beinhaltenden Rechte stehen dem Verletzten — auch hier ähnlich wie beim Verzug — grundsätzlich nur für die Zukunft zu. Sie sind also auf die noch ausstehenden Raten beschränkt. Unberührt bleiben grundsätzlich insbesondere auch die bereits erfüllten ungerügten Teile des Lieferungsvertrages, wenn wegen Schlechterfüllung die weitere Vertragserfüllung abgelehnt wird, vgl. dazu näher oben Anm. 515.

Anm. 518 **5. Die Verteilung der Beweislast bei der positiven Vertragsverletzung.**

Sie ist nicht ganz eindeutig. Fest steht zunächst, daß der Verletzte die objektive Pflichtwidrigkeit des anderen, d. h. den objektiven Tatbestand der positiven Vertragsverletzung zu beweisen hat, wozu insbesondere der Nachweis der Ursächlichkeit eines Fehlverhaltens des anderen für den eingetretenen Schaden gehört, vgl. BGH 28, 252, 253; BGH 42, 16, 18; NJW 1969, 1708, 1709 m. w. Nachw. Fraglich ist aber, ob er zusätzlich auch das Verschulden des anderen beweisen muß oder ob es entsprechend § 282 BGB (s. dazu oben Anm. 481) Sache des Schuldners ist, den Beweis für das Fehlen seiner Schuld zu erbringen. Die juristische Literatur hat sich überwiegend dazu durchgerungen, dem Schuldner entsprechend § 282 den Entlastungsbeweis aufzuerlegen (vgl. etwa Staudinger-Werner[10/11] Vorbem. vor § 275 Rdnr. 59 und § 282 Rdnr. 12; Staudinger-Kaduk[10/11] § 325

Rdnr. 40; Nastelski in BGB-RGRK § 282 Anm. 4; Larenz I8/9 § 23 I b S. 282 ff.; Enneccerus-Lehmann15 § 55 II 3 S. 238; im Ergebnis ähnlich Esser I3 § 52 VII 4 S. 389; Rosenberg Beweislast 4. Aufl. 1956 S. 360 ff.; Ballerstedt in Festschrift für Nipperdey, 1955 S. 271). Wesentlichen Einfluß hat dabei die Abhandlung von Raape in AcP 147, 217 ausgeübt. Differenzierungen nach der Art des verletzten Vertrages werden von dieser Ansicht i. d. R. nicht vorgenommen. Es heißt zumeist ganz allgemein, daß „derjenige Vertragspartner, der den Vertrag objektiv verletzt hat, beweisen müsse, daß ihn ein Verschulden nicht trifft" (so etwa Staudinger-Werner § 282 Rdnr. 12). Larenz I8/9. a. a. O. S. 283 faßt die These Raapes zusammen: „der Gläubiger hat die objektive Pflichtwidrigkeit, der Schuldner den Mangel der subjektiven darzutun". Die Rechtsprechung ist zurückhaltender. Sie hat die Aufstellung einer generellen, alle Verträge überspannenden Beweislastregel bisher vermieden und die Tragweite ihrer Erkenntnisse zu diesem Punkt ausdrücklich auf die jeweils in Frage stehende Vertragsbeziehung und Schadensquelle beschränkt (vgl. z. B. BGH NJW 1957, 746 und 1962, 31 f.; letztere Entscheidung betrifft übrigens eine Schutzpflichtverletzung im Rahmen der Anbahnung eines Kaufvertrages). Auf die Rechtsprechung, insbesondere des Reichsgerichts, die andere Vertragsarten als den Kauf betrifft, wird wegen ihres geringen Aussagewertes für den Kauf daher hier nicht eingegangen (Nachw. bei Staudinger-Werner10/11 § 282 Rdnr. 12). Für den Handelskauf heißt es in BGH LM Nr. 6 zu § 377 HGB in Leits. 2: „Den Verkäufer trifft die Beweislast für Schuldlosigkeit bei positiver Vertragsverletzung (Schlechterfüllung), wenn die Ursache in seinem Gefahrenbereich liegt"; ebenso BGH DB 1959, 457. Zu Recht weist Werner a. a. O. § 282 Rdnr. 12 jedoch darauf hin, daß ein Fall, in dem diese Voraussetzung nicht erfüllt ist, schwer vorstellbar sei (vgl. aber auch LG Köln VersR 1963, 764 einerseits und OLG Düsseldorf MDR 1964, 323 andererseits). Insofern kommt die Rechtsprechung der in der Literatur formulierten Regel im Ergebnis doch recht nahe. Immerhin läßt die von der Rechtsprechung gewählte vorsichtige Formulierung die Möglichkeit zu einer Änderung offen. Von einer festen Rechtsprechung kann bislang nicht gesprochen werden.

§ 373

Ist der Käufer mit der Annahme der Ware im Verzuge, so kann der Verkäufer die Ware auf Gefahr und Kosten des Käufers in einem öffentlichen Lagerhaus oder sonst in sicherer Weise hinterlegen.

Er ist ferner befugt, nach vorgängiger Androhung die Ware öffentlich versteigern zu lassen; er kann, wenn die Ware einen Börsen- oder Marktpreis hat, nach vorgängiger Androhung den Verkauf auch aus freier Hand durch einen zu solchen Verkäufen öffentlich ermächtigten Handelsmäkler oder durch eine zur öffentlichen Versteigerung befugte Person zum laufenden Preise bewirken. Ist die Ware dem Verderb ausgesetzt und Gefahr im Verzuge, so bedarf es der vorgängigen Androhung nicht; dasselbe gilt, wenn die Androhung aus anderen Gründen untunlich ist.

Der Selbsthilfeverkauf erfolgt für Rechnung des säumigen Käufers.

Der Verkäufer und der Käufer können bei der öffentlichen Versteigerung mitbieten.

Im Falle der öffentlichen Versteigerung hat der Verkäufer den Käufer von der Zeit und dem Orte der Versteigerung vorher zu benachrichtigen; von dem vollzogenen Verkaufe hat er bei jeder Art des Verkaufs dem Käufer unverzüglich Nachricht zu geben. Im Falle der Unterlassung ist er zum Schadensersatze verpflichtet. Die Benachrichtigungen dürfen unterbleiben, wenn sie untunlich sind.

§ 374

Durch die Vorschriften des § 373 werden die Befugnisse nicht berührt, welche dem Verkäufer nach dem Bürgerlichen Gesetzbuch zustehen, wenn der Käufer im Verzuge der Annahme ist.

Schrifttum: Hagedorn, Der Handelskauf auf Abruf und die Handelsbräuche darüber, 1915; Leo, Der Selbsthilfeverkauf, HansGZ 1900 Beibl. 2; Oertmann,

Leistungsunmöglichkeit und Annahmeverzug, AcP 116, 1; Reichel, Krieg und Annahmeverzug, DJZ 1915, 602; Sohm, Der Selbsthilfeverkauf, ZHR 53, 76; Rosenberg, Der Verzug des Gläubigers, IherJ. 43, 141 ff.

Inhaltsübersicht

A. Einleitung
Annahme und Abnahme

Anm. 1 **§ 373 behandelt den Annahmeverzug des Käufers.** Er gilt auch für den einseitigen Handelskauf. Gleichgültig ist, auf welcher Seite die Kaufmannseigenschaft vorliegt und für welchen Partner der Kauf ein Handelsgeschäft ist.

Der Käufer ist hinsichtlich der Ware sowohl Gläubiger als auch Schuldner. Er kann die Lieferung der Ware verlangen, muß sie aber auch abnehmen (vgl. auch Vorbem. vor § 373 Anm. 141 ff. u. 220). In beiden Beziehungen kann er in Verzug geraten. Gerät er in Verzug mit der Abnahme, d. h. als Schuldner, so liegt Schuldnerverzug vor, gerät er in Verzug mit der Annahme, d. h. in seiner Eigenschaft als Forderungsberechtigter, so liegt Annahme-(Gläubiger-)Verzug i. S. von §§ 293ff. BGB vor. Nur diesen letztgenannten Fall behandelt § 373 HGB. Die Annahme und die Abnahme der Ware (§ 433 Abs. 2 BGB) sind in ihrer äußeren Erscheinungsform gleich. Indem der Käufer die Ware annimmt, nimmt er sie auch ab. Dennoch sind Annahmeverzug als Gläubigerverzug und Abnahmeverzug als Schuldnerverzug streng zu unterscheiden. Schuldnerverzug ist nur denkbar, wo eine Leistungspflicht besteht und schuldhafterweise nicht rechtzeitig erfüllt wird. Der Vorwurf, der dem Käufer im Hinblick auf die Nichtabnahme der Ware gemacht wird, ist der, daß der Käufer seine Verpflichtung aus § 433 Abs. 2 BGB nicht (rechtzeitig) erfüllt hat. Der Annahmeverzug hingegen hat mit der Erfüllung einer Pflicht des Käufers nichts zu tun. Bei ihm handelt es sich allein darum, daß der Käufer sein Recht als Gläubiger der Leistung nicht ausübt. Die Rechtsfolgen des Abnahmeverzugs richten sich deshalb nach den §§ 284ff. BGB, ausnahmsweise (nämlich dort, wo die Abnahme Hauptpflicht des Käufers ist, vgl. dazu Vorbem. vor § 373 Anm. 292) auch nach den §§ 320ff. BGB. Die Rechtsfolgen des Annahmeverzuges bestehen dagegen im wesentlichen in einer Haftungserleichterung für den Verkäufer (§ 300 BGB), einem eingeschränkten Hinterlegungsrecht (§§ 372ff. BGB), einem Anspruch auf Ersatz etwaiger durch die Nichtannahme entstandener Mehraufwendungen (§ 304 BGB), einem möglichen Übergang der Vergütungsgefahr auf den Käufer (§ 324 Abs. 2 BGB) sowie beim Handelskauf in der dem Verkäufer gewährten besonderen Befugnis, sich der nicht angenommenen Ware nach Maßgabe der hier zu besprechenden Vorschrift des § 373 HGB zu entäußern oder die Sache zu hinterlegen; vgl. dazu näher unten Anm. 32ff. Ein Rücktrittsrecht oder ein Anspruch auf Schadensersatz, wie ihn das Recht des Leistungsverzugs kennt, steht dem Verkäufer dagegen weder nach BGB noch nach HGB zu. Befindet sich der Käufer sowohl im Annahme- wie im Abnahmeverzug, so treten zu den Folgen des Gläubigerverzugs jene des Schuldnerverzugs hinzu; vgl. dazu näher unten Anm. 59 sowie die Vorbem. vor § 373 Anm. 316.

B. Die Voraussetzungen des Annahmeverzugs des Käufers im einzelnen:

I. Es muß ein Angebot der Ware vorliegen Anm. 2

Die Leistung des Verkäufers muß dem Käufer so, wie sie zu bewirken ist, angeboten werden, vgl. § 294 BGB. Das bedeutet im einzelnen, daß die Ware in der richtigen Menge und Beschaffenheit, zur rechten Zeit am rechten Ort, der richtigen Person von der richtigen Person sowie in der rechten Art und Weise angeboten sein muß.

1. Die angebotene Ware muß vertragsgemäß sein. Anm. 3

Weist der Käufer die ihm angebotene Ware zu Recht als vertragswidrig zurück, so gerät er dadurch nicht in Annahmeverzug.

Das gilt zunächst für die **Beschaffenheit** der Ware (in tatsächlicher wie in rechtlicher Beziehung). Wegen fehlerhafter Beschaffenheit zurückgewiesen werden kann nicht nur Gattungsware, sondern auch ein individuell bestimmter Kaufgegenstand (vgl. dazu näher Vorbem. vor § 373 Anm. 103, 184, 224, 300, 318). Keine Rolle spielt es, ob der Käufer die Zurückweisung unzutreffend mit Leistungsverzug statt mit Mangelhaftigkeit begründet. Vertragswidrigkeit der Ware schließt den Annahmeverzug sogar dann aus, wenn der Käufer sich überhaupt nicht auf die Mangelhaftigkeit beruft oder sie nicht einmal gekannt hat (RG 111, 86, 89f.). Ausgeschlossen ist die Zurückweisung der Ware, wenn der Käufer ausnahmsweise nach Gesetz oder Vertrag zur Annahme verpflichtet ist, so wenn ihm z. B. nur ein Minderungsrecht zusteht (vgl. RG 73, 257, 260) oder die Nichtannahme im Einzelfall rechtsmißbräuchlich ist (vgl. dazu unten Anm. 4 u. 7). In diesem Fall führt Zurückweisung der Ware zum Annahmeverzug. Überhaupt geschieht die Nichtannahme der Ware auf Gefahr des Käufers. Stellt sich später heraus, daß die Ware vertragsgemäß oder der Käufer aus sonstigen Gründen zur Annahme verpflichtet war, so liegt Annahmeverzug von Anfang an mit der Wirkung vor, daß der Käufer die Gefahr des Untergangs der Ware und der vom Verkäufer nicht verschuldeten Unmöglichkeit trägt (§ 300 BGB; s. unten Anm. 24). Das ist auch dann der Fall, wenn der Käufer die zu Unrecht zurückgewiesene Ware dem Verkäufer auf dessen Verlangen zum Zwecke nochmaliger Untersuchung zurückschickt und nun die Ware unterwegs ohne sein Verschulden verlorengeht (RG 106, 294). Über die Rechtslage, wenn der Verkäufer über die zurückgewiesene Ware anderweitig verfügt, s. Vorbem. vor § 373 Anm. 225. Jedoch wird man anzunehmen haben, daß ein Annahmeverzug des Käufers ausgeschlossen ist, wenn er nicht erkennen kann, ob die angebotene Leistung die geschuldete ist, weil der Verkäufer eine ihm obliegende Auskunft verweigert, vgl. BGH DB 1957, 1265.

Anm. 4 Zur Vertragsmäßigkeit der Ware gehört ferner, daß sie **in der richtigen Menge** angeboten wird. Zurückweisung von Teilangeboten begründet daher keinen Annahmeverzug, es sei denn, daß ausnahmsweise der Käufer zur Annahme von Teillieferungen nach Treu und Glauben verpflichtet oder der Verkäufer zu teil- oder ratenweiser Lieferung berechtigt war (vgl. dazu Vorbem. vor § 373 Anm. 320 u. 435). Aber auch im letzteren Fall, der z. B. bei Sukzessivlieferungsverträgen und Verträgen ähnlicher Art gegeben ist (s. Vorbem. vor § 373 Anm. 435ff.), darf der Verkäufer nicht ohne weiteres das seither Versäumte kurz vor Ablauf der Lieferfrist in großen Mengen nachholen. Teillieferungen sind auch dann zugelassen, wenn innerhalb eines gewissen Zeitraumes zu liefern ist und der Käufer kein Interesse daran hat, alles auf einmal zu derselben Zeit zu erhalten. Die Lage kann sich jedoch ändern, nachdem der Käufer Nachfrist mit Ablehnungsandrohung gemäß § 326 BGB gesetzt hat (vgl. Vorbem. vor § 373 Anm. 410). Bietet der Verkäufer **zuviel** an, so gerät der Käufer dennoch für die geschuldete fällige Leistung in Annahmeverzug, wenn letztere ohne unzumutbare Beschwer für den Käufer ausgeschieden werden kann und der Verkäufer bereit ist, sein Angebot auf den tatsächlich geschuldeten Teil zu beschränken; vgl. RG 4, 7; OLG Hamburg OLGE 24, 180; RG 23, 126. Über die Sendung unbestellter mit bestellter Ware vgl. § 377 Anm. 189. Über Beimischung anderer als der bestellten Waren, vgl. RG Recht 1919 Nr. 1336.

Das Recht des Käufers, die Ware wegen mangelhafter Beschaffenheit oder Unvollständigkeit zurückzuweisen, steht jedoch unter dem Gebot, Treu und Glauben zu wahren, § 242 BGB. Rechtsmißbräuchlich ist daher eine Zurückweisung bei völlig unbedeutenden leicht zu behebenden Abweichungen von der vertraglich vorgesehenen Beschaffenheit, ganz geringfügigen Belastungen der Ware oder völlig geringfügigen Unvollständigkeiten, vgl. RG WarnRspr. 1909 Nr. 196; „Recht" 1930, 363 Nr. 1238. Es gilt hier ähnliches wie bei der Einrede des nicht erfüllten Vertrages, s. dazu Vorbem. vor § 373 Anm. 304. In Fällen dieser Art ist es dem Käufer zuzumuten, die Ware anzunehmen und den übriggebliebenen Streitpunkt auszutragen. Nicht vertragsgemäß ist ferner ein Angebot, das mit vertragswidrigen Forderungen gekoppelt ist. Ein solches Angebot kann der Käufer zurückweisen, ohne dadurch in Annahmeverzug zu geraten, vgl. Soergel-Reimer Schmidt § 294 Rdnr. 3 sowie RG „Recht" 1928 Nr. 526. Ein Angebot unter Vorbehalt ist jedoch ausnahmsweise wirksam, wenn er lediglich dazu dient, dem Verkäufer die Rückforderung entgegen § 814 BGB offenzuhalten (RG WarnRspr. 1914 Nr. 240; 1924 Nr. 179; vgl. dazu auch Vorbem. vor § 373 Anm. 314).

Anm. 5 2. Das Angebot muß **von der richtigen Person** ausgehen.

Das ist der Verkäufer, sein Erfüllungsgehilfe, sein Bevollmächtigter, ferner derjenige, der in den ursprünglichen Kaufvertrag als (Mit-)Schuldner eingetreten ist. Ein unbeteiligter Dritter kann den Käufer in Annahmeverzug setzen, wenn er die Leistung genau so wie es dem Schuldverhältnis entspricht tatsächlich (vgl. RG WarnRspr. 1909 Nr. 348) anbietet und der Verkäufer nicht widerspricht, § 267 BGB. Die besonderen Rechte aus dem Annahmeverzug (insbesondere die Befugnis zur Hinterlegung und Vornahme des Selbsthilfeverkaufs) stehen dem Dritten jedoch nicht zu. Der Widerspruch des Verkäufers ist unbeachtlich, wenn der Dritte ein eigenes Befriedigungsrecht hat (vgl. z. B. § 268 BGB). In diesem Fall kann der Dritte den Käufer nicht nur unter denselben Voraussetzungen wie der Verkäufer auch durch ein wörtliches Angebot in Annahmeverzug setzen (so RG a. a. O.). Es stehen ihm vielmehr auch die besonderen Rechte zu, die der Schuldner im Annahmeverzug des Gläubigers hat. Über tatsächliches und wörtliches Angebot, vgl. im übrigen unten Anm. 9ff. Dem Verkäufer selbst bleibt die Befugnis, den Käufer durch ein Angebot in Annahmeverzug zu setzen auch dann, wenn er den Käufer ermächtigt hat, die Leistung bei einem Dritten einzuziehen (Staudinger-Werner[10/11] § 293 Rdnr. 13).

Anm. 6 3. Der **richtigen Person** muß das Angebot gemacht werden.

Das ist in der Regel der Käufer in Person (§ 293 BGB). Das an einen von mehreren Mitkäufern gemachte Angebot ist wirksam, wenn es ihm auch nicht ausdrücklich in seiner Eigenschaft als Bevollmächtigten der anderen Käufer gemacht ist, RG 94, 140, 143. Bei Gesamtgläubigerschaft genügt das Angebot an einen der Käufer, vgl. § 429 BGB. Dem Angebot an den Käufer selbst steht das Angebot an seinen Stellvertreter gleich. Letzterer ist im Zweifel auch zur Ablehnung berechtigt. Die unberechtigte Ablehnung der angebotenen Leistung durch den Stellvertreter hat daher die gleiche, den Annahmeverzug auslösende Wirkung wie die Ablehnung durch den Käufer selbst, ohne daß noch weiter zu fragen wäre, ob der Verkäufer auch zur Leistung an den Stellvertreter ermächtigt ist (vgl. zu diesem Fragenkreis näher Staudinger-Werner[10/11] § 293 Rdnr. 10). Dem Streitpunkt, inwieweit der Prozeßbevollmächtigte zur Empfangnahme der Leistung für den Käufer befugt ist, kommt in Anbetracht des eine solche Berechtigung regelmäßig ausdrücklich vorsehenden Wortlauts der gebräuchlichen Prozeßvollmachtsformulare keine große praktische Bedeutung zu; vgl. dazu im übrigen RG „Recht" 1924 Nr. 453 sowie Staudinger-Werner[10/11] § 293 Rdnr. 10. Einem Bevollmächtigten gleich steht der Besitzer einer Quittung sowie der Anweisungsempfänger sowie überhaupt jede vom Käufer bezeichnete Person. Bei Gesamtvertretung genügt das Angebot an einen Vertreter, vgl. Vorbem. vor § 48 Anm. 31 und § 48 Anm. 15.

4. Das Angebot muß **zur rechten Zeit am rechten Ort** erfolgen. **Anm. 7**

Wegen der Zeit, vgl. § 271 BGB und § 358 HGB. Ist es dem Verkäufer freigestellt, innerhalb eines bestimmten Zeitraumes zu liefern, ist eine Leistungszeit überhaupt nicht bestimmt oder ist der Verkäufer berechtigt, vorzeitig zu liefern, so muß er dem Käufer rechtzeitig, d. h. eine angemessene Zeit vorher, den Zeitpunkt bezeichnen, an dem sich dieser zur Annahme bereithalten soll. Andernfalls kommt der Käufer nicht in Annahmeverzug, wenn er nur vorübergehend, d. h. während einer im prompten Geschäftsverkehr unerheblichen Zeit (vgl. OLG Hamburg LZ 1912, 784[4]), an der Annahme der angebotenen Ware verhindert ist, § 299 BGB. Unter diesem Gesichtspunkt kann ausnahmsweise sogar Erkrankung des Käufers, die sonst unerheblich ist, weil der Annahmeverzug kein Verschulden voraussetzt (s. unten Anm. 18), den Annahmeverzug ausschließen (RG JW 1903 Beil. 13[251]). Wegen des Ortes vgl. § 269 BGB. Auch hier spielen (wie in den oben in Anm. 4 erörterten Fällen) die Grundsätze des § 242 BGB eine Rolle. Daher ist der Käufer zur Weigerung der Annahme nicht berechtigt, wenn der Verkäufer zwar am unrichtigen Ort angeboten hat, die dadurch verursachten Mehrkosten aber unbedeutend sind oder am Kaufpreis gekürzt werden können, oder wenn das Angebot am unrichtigen Ort für den Käufer sogar günstiger war. Fehlt es an einer zweifelsfreien Bestimmung des Erfüllungsortes, so muß der Verkäufer dem Käufer anzeigen, wo er zu erfüllen gedenkt.

5. Das Angebot muß ferner in der rechten **Art und Weise** erfolgen. **Anm. 8**

So muß z. B. der Käufer die Ware besichtigen können, wenn vereinbarungsgemäß die Abnahme schon vor der Verladung erfolgen sollte, RG in HansGZ 1903 Hptbl. 120. Geringfügige Abweichungen muß der Käufer sich auch hier (vgl. bereits oben Anm. 4 u. 7) gefallen lassen, wenn die Grundsätze redlichen Vertragsvollzuges dies erfordern (vgl. z. B. RG JW 1897, 404[10]: Empfang aus dem Seekahn statt ab Kai).

6. Das tatsächliche Angebot. **Anm. 9**

In der Regel ist ein tatsächliches Angebot erforderlich, § 294 BGB. Ein tatsächliches Angebot liegt vor, wenn der Verkäufer alles getan hat, was zur Bewirkung der Leistung seinerseits erforderlich ist, so daß der Eintritt des Leistungserfolges, die Erfüllung des Kaufvertrags von seiten des Verkäufers, nunmehr nur noch davon abhängt, daß der Käufer „zugreift" und die ihm angebotene Leistung annimmt, RG 85, 416; 109, 324, 328. Was zur Bewirkung der Leistung auf der Verkäuferseite notwendig ist, richtet sich nach dem Inhalt des konkreten Kaufvertrages. Bei den sog. Bringschulden muß der Verkäufer die Ware zum Käufer oder der dritten von diesem zum Empfang ermächtigten Person gebracht haben. Auch beim einfachen Versendungskauf liegt ein tatsächliches Angebot erst dann vor, wenn der vom Verkäufer beauftragte Frachtführer die Ware am Bestimmungsort abliefert. Die Absendung oder die Übergabe der Ware an einen Spediteur am Versandort ohne Zurollung an den Empfänger reicht nicht aus (a. A. RG JW 1925, 607[11] mit krit. Anm. von Plum; wie hier aber RG 102, 370, 372; 106, 294, 297 und die h. M. in der Literatur, vgl. Staudinger-Werner[10/11] § 294 Rdnr. 4; Erman § 294 Bem. 4; Enneccerus-Lehmann[15] § 57 II 2b S. 244; Larenz I[8/9] § 24 Ia S. 291), weil sie allein den Käufer noch nicht in den Stand setzt, durch eine bloße Annahme den Kaufvertrag zur Erfüllung zu bringen und die Beförderungsperson die Ware auch nicht für den Käufer in Empfang nimmt (zu letzterem Punkt s. ausführlicher Vorbem. vor § 373 Anm. 155 u. 173). An diesem Tatbestand ändert es nichts, daß nach § 447 BGB die (Preis-)

Gefahr bereits bei Auslieferung an den Spediteur auf den Käufer übergeht. Gleichgültig ist auch, ob der Verkäufer dem Käufer Anzeige von der Versendung macht. Dies gilt auch für die Verladeanzeige beim cif-Geschäft (s. dazu Vorbem. vor § 373 Anm. 261). Auch beim fob-Geschäft (s. Vorbem. vor § 373 Anm. 278) ist das tatsächliche Angebot noch nicht mit der Anzeige der Verladebereitschaft gemacht. Dagegen ist es nicht ausgeschlossen, daß ein nochmaliges förmliches Anerbieten der Ware entfallen kann, wenn beim Versendungskauf einer als ausgeschieden angezeigten Gattungsware der Käufer nach der Art der Abwicklung der Lieferungen mit einer Einlagerung der Ware an der Ausgangsstation rechnen mußte, RG WarnRspr. 1922 Nr. 49, denn auch der Begriff des tatsächlichen Angebots wird von Treu und Glauben beherrscht, so daß es von Einfluß sein muß, wie das Angebot im bisherigen Geschäftsverkehr stets erfolgt ist. Bei Nachnahmesendungen ist notwendig, daß der Postbedienstete die abzuliefernde Sendung beim Empfänger vorweist, RG 102, 370, 372. Ferner gehört es zum tatsächlichen Angebot, daß der Verkäufer die für die Ausstellung einer Quittung über den Empfang der Sendung entstandenen Kosten anbietet (vgl. § 369 BGB). Hat der Verkäufer außer der Lieferung zusätzliche Dienstleistungspflichten übernommen (z. B. eine Montage), so muß er sich ausführungsbereit an den vereinbarten Ort begeben.

Es bedarf kaum der Erwähnung, daß die vorstehend beschriebenen Handlungen voraussetzen, daß bei Gattungskäufen die Ware zuvor konkretisiert ist (zum Begriff der Konkretisierung vgl. ausführlich Vorbem. vor § 373 Anm. 109ff.). So muß z. B. die aus einem Schiff zu liefernde Ware bei Andienung im Schiffsraum schon als bestimmte ausgesonderte Partie angeboten werden, sonst gerät der Käufer auch dann nicht in Annahmeverzug, wenn er aus der Ladung bereits Proben gezogen hat (vgl. OLG Hamburg LZ 1914, 406[4]).

Wie sich aus den vorstehenden Ausführungen ergibt, ist das „tatsächliche" Angebot des § 294 BGB, das Andienen der Ware (Leonhard, Allgemeines Schuldrecht des BGB, 1929, S. 569 gebraucht den Ausdruck „Anleisten", die Leistungshandlung des Schuldners = Verkäufers selbst. Als solches ist es ein Realakt, keine Willenserklärung. § 130 BGB ist unanwendbar. Auf einem anderen Blatt steht es, daß in dem Akt des Andienens der Ware eine Willenserklärung enthalten sein kann; man denke z. B. an das Angebot des anliefernden Verkäufers zur Übereignung der Ware an den Käufer. Jedenfalls ist die Ware auch dann i. S. des § 284 BGB wirksam angedient, wenn der anliefernde Verkäufer an dem vereinbarten Lieferungsort, z. B. in der Geschäftsniederlassung des Käufers, niemanden antrifft und deshalb ergebnislos umkehren muß.

Ein besonderes Erfordernis der Lieferbereitschaft erübrigt sich in den Fällen, wo ein tatsächliches Angebot des Verkäufers zur Herbeiführung des Annahmeverzuges des Käufers notwendig ist. Die Leistungsbereitschaft des Verkäufers kommt hier in der Vornahme der ihm vertragsgemäß obliegenden Leistungshandlung zum Ausdruck.

Anm. 10 **7. Das wörtliche Angebot und die Aufforderung an den Käufer zur Vornahme einer erforderlichen Mitwirkung.**

Nicht immer erschöpft sich die Mitwirkung des Käufers bei der Erfüllung des Kaufvertrages in der bloßen Annahme der ihm angedienten Leistung. Häufig ist die Leistungshandlung des Verkäufers bereits ihrerseits von einer vorgängigen Mitwirkung des Käufers abhängig, so z. B. wenn sich der Käufer beim Verkäufer zwecks Abholung der Ware einzufinden hat (sog. Holschuld). In diesen Fällen kann ein tatsächliches Angebot vom Verkäufer zur Herbeiführung des Annahmeverzuges des Käufers nicht verlangt werden. Ausreichend ist in Fällen dieser Art deshalb ein **wörtliches Angebot**, § 295 Abs. 1, 2. Altern. BGB. Dem wörtlichen Angebot gleich steht die Aufforderung des Verkäufers an den Käufer, die erforderliche Mitwirkungshandlung vorzunehmen, § 295 S. 2 BGB, in dem angegebenen Beispiel, die Ware abzuholen. Weitere Beispiele der Aufforderung zur Mitwirkung, durch deren Unterlassung der Käufer in Annahmeverzug gerät: Unterlassen der vorbehaltenen Spezifikation (vgl. näher § 375), des Abrufs der Ware (RG 73, 257, 260; JW 1904, 1688; LZ 1907, 222[6]; 1913, 142[10]; vgl. auch Vorbem. vor § 373 Anm. 222), der Bereitstellung von Verpackungsmaterialien oder Transportmitteln, Nichtausübung eines dem Käufer zustehenden Wahlrechts (vgl. § 264 Abs. 2 BGB), Nichterteilung einer Versandorder trotz eines dem Käufer einzuräumenden billigen Frist (RG „Recht" 1917,

367 Nr. 719), fehlende Aufgabe einer Verladeadresse (RG „Recht" 1923, 167 Nr. 634). Zu diesen Beispielen ist ergänzend noch anzumerken: Unter besonderen Umständen kann nach Treu und Glauben die Verladung der Ware auch ohne Versandorder des Käufers gerechtfertigt sein, wenn dieser mit der Stellung der Transportmittel im Verzuge ist (RG JW 1899, 261[15]). Hat bei einer Wahlschuld des Verkäufers der wahlberechtigte Käufer die Erfüllung des Vertrages ernstlich und endgültig verweigert, so bedarf es einer befristeten Aufforderung zur Vornahme der Wahl (§ 264 Abs. 2 BGB) nicht mehr. Der Verkäufer kann dann vielmehr ohne weiteres selbst die Wahl vornehmen (RG 129, 143, 145f.) und damit zugleich die Aufforderung zur Abnahme der Kaufsache und die Androhung des Selbsthilfeverkaufs verbinden (RG „Recht" 1930, 428 Nr. 1488). Die Abholpflicht des Käufers ist in § 295 BGB als ein Fall der Mitwirkung besonders hervorgehoben, deren Unterlassung Annahmeverzug begründet, wenn die Aufforderung zum Abholen keinen Erfolg hat. Dazu gehört auch die Pflicht des Käufers, sich beim Verkauf gegen Lieferschein durch Vorzeigen des Scheins beim Abholen zu legitimieren.

Ein **wörtliches Angebot genügt** auch dann, wenn der Käufer im voraus (auch schon vor Fälligkeit oder auch noch während des Transportes oder nach Ankunft der Ware am Bestimmungsort) erklärt hat, er werde die Ware nicht annehmen, § 295 S. 1, 1. Altern. BGB. Das gleiche gilt, wenn der Käufer bei einem Zug um Zug zu erfüllenden Kaufvertrag im voraus ernstlich erklärt, er werde den Kaufpreis nicht zahlen (§ 298 BGB) oder die Ware nicht zu dem bedungenen Preis abnehmen (RG 102, 370, 372). Ein tatsächliches Angebot wäre in Fällen dieser Art zwecklos. Einer solchen Weigerung ist es gleichzuachten, wenn der Käufer zu Unrecht den wirksamen Vertragsabschluß bestreitet, den Vertrag anficht oder grundlos oder in unrechtem Gebrauch von den Rechten aus § 326 BGB Schadensersatz wegen Nichterfüllung verlangt oder von dem Vertrag zurücktritt. Denn mit Ablauf der Nachfrist des § 326 BGB ist die vorher bedingt ausgesprochene Annahmeverweigerung zu einer unbedingten geworden (s. dazu Vorbem. vor § 373 Anm. 412). Die Annahmeverweigerung braucht nicht ausdrücklich erklärt zu werden. Es reicht jedes Verhalten, aus dem der Verkäufer entnehmen kann, daß der Käufer mit Sicherheit die Ware nicht annehmen werde (vgl. auch BGH LM Nr. 3 zu § 651 BGB). Nach den Umständen des Einzelfalls beurteilt sich auch, ob in dem Schweigen des Käufers auf das nach Eintritt der Leistungszeit gemachte wörtliche Angebot des Verkäufers eine Annahmeverweigerung liegt (Mot. II S. 71). Unerheblich ist, ob der Käufer bei seiner Weigerungserklärung von irrtümlichen Voraussetzungen ausgegangen ist, z. B. ohne vorherige erfolglose Nachfristsetzung mit Ablehnungsandrohung die Annahme der Leistung wegen Leistungsverzugs des Verkäufers verweigert. Unter Umständen kann der Verkäufer sogar verpflichtet sein, von einem tatsächlichen Angebot abzusehen. So muß er z. B. die Absendung der Ware unterlassen, wenn dem Käufer dadurch zwecklose Kosten entstehen würden (RG 15, 1, 3), eine Erwägung, die beim cif-Kauf (vgl. dazu Vorbem. vor § 373 Anm. 251ff.) übrigens nicht Platz greift, weil hier der Transport auf Kosten des Verkäufers erfolgt (außer RG 15, 1, 4 s. auch JW 1901, 756[16]). Doch wird das Verbringen der Ware an den Ablieferungsort zum Zwecke der Durchführung des Selbsthilfeverkaufs häufig als eine im Interesse beider Vertragsteile gestattete, sogar gebotene Maßregel erscheinen (RG Bolze 3 Nr. 701, s. auch unten Anm. 49). Die Annahmeverweigerung entbindet jedoch ausschließlich von der Verpflichtung zu tatsächlichem Angebot (RG 50, 208, 210f.). Der bei Behandlung des **Schuldner**verzugs dargestellte Grundsatz, nach dem die Erfüllungsverweigerung jede weitere Erklärung (Mahnung, Nachfristsetzung mit Ablehnungsandrohung) überflüssig macht (s. dazu Vorbem. vor § 373 Anm. 333 u. 418ff.), läßt sich angesichts der eindeutigen, ein wörtliches Angebot vorschreibenden Vorschrift des § 295 BGB nicht auf den **Gläubiger**verzug übertragen. Ebensowenig wird der Verkäufer von der Verpflichtung entbunden, die Leistung bereitzuhalten (s. unten Anm. 14; vgl. auch RG 103, 15), bis zur Annahme zu warten (ROHG 20, 19) und einen etwaigen Selbsthilfeverkauf nach § 373 Abs. 2 vorher anzudrohen (s. unten Anm. 37ff.). Ein (nochmaliges) wörtliches Angebot kann nur dann unterbleiben, wenn der (z. B. abrufpflichtige) Käufer trotz Aufforderung die ihm obliegende Mitwirkung unterläßt. Denn infolge der Gleichstellung der Aufforderung mit dem wörtlichen Angebot (in § 295 S. 2 BGB) ist in diesem Falle das wörtliche Angebot bereits an den Käufer ergangen. **Anm. 11**

Anm. 12 Das wörtliche Angebot und die Aufforderung zur Mitwirkung sind formfrei. Im Gegensatz zu dem tatsächlichen Angebot (vgl. oben Anm. 9) sind beide einseitige, empfangsbedürftige Willenserklärungen. Sie unterliegen daher den Vorschriften der §§ 130—132 BGB. Inhaltlich muß das wörtliche Angebot wie das tatsächliche den oben in Anm. 2ff. aufgeführten Anforderungen entsprechen. Es muß also im Hinblick auf die Person des Anbietenden und des Empfängers, die Beschaffenheit und Menge der Ware sowie die Modalitäten der Leistung mit den vertraglichen Vereinbarungen übereinstimmen. Entsprechendes gilt für die Mitwirkungshandlung, zu welcher der Verkäufer den Käufer auffordert. In Ermangelung erschöpfender vertraglicher Vereinbarungen ist Art und Umfang der dem Käufer obliegenden Mitwirkung notfalls aus dem Grundsatz von Treu und Glauben heraus zu konkretisieren, RG 168, 321, 327. Zu dem besonderen Erfordernis der Leistungsbereitschaft s. unten Anm. 14.

Anm. 13 **8. Überflüssigkeit jeglichen Angebots.**

Ausnahmsweise bedarf es überhaupt keines Angebotes (also weder eines tatsächlichen noch eines wörtlichen), wenn für die dem Käufer obliegende Mitwirkungshandlung ein bestimmter oder auf Grund einer Kündigung zu berechnender Kalendertag bestimmt ist, § 296 BGB. Wenn also für die von dem Käufer vor oder bei der Leistung vorzunehmende Handlung ein bestimmter Kalendertag vorgeschrieben ist oder wenn der Käufer bis zu einem bestimmten Kalendertag abzurufen hat oder wenn sonstwie die Mitwirkung des Käufers kalendermäßig befristet ist, so kommt der Käufer mit Ablauf der Kalenderzeit ohne Aufforderung des Verkäufers in Annahmeverzug. § 296 BGB entspricht der Vorschrift des § 284 Abs. 2 BGB; vgl. daher wegen der Einzelheiten die Ausführungen in Vorbem. vor § 373 Anm. 333ff. über die Entbehrlichkeit der Mahnung.

Anm. 14 **9. Das Erfordernis der Leistungsbereitschaft des Verkäufers.**

Anders als beim tatsächlichen Angebot, das bereits als solches Ausdruck der Lieferbereitschaft des Verkäufers ist (vgl. dazu oben Anm. 9), entspricht dem wörtlichen Angebot nicht notwendig immer der Wille und die Fähigkeit des Verkäufers, die angebotene Leistung auch wirklich zu erbringen. Das gleiche gilt, wenn der Käufer durch eine (dem wörtlichen Angebot gleichstehende) Aufforderung des Verkäufers zur Mitwirkung oder (nach § 296 BGB) ausschließlich durch Zeitablauf in Annahmeverzug gerät. In diesen drei Fällen muß deshalb die **Leistungsbereitschaft** des Verkäufers besonders festgestellt werden. Dieses Erfordernis bedeutet, daß der Verkäufer bereit und imstande sein muß, die Ware zu liefern. Ist der Verkäufer dazu im Zeitpunkt des wörtlichen Angebots, der Aufforderung oder zu dem Termin, an welchem der Käufer nach dem Kalender bei der Erfüllungshandlung mitzuwirken hätte (s. dazu oben Anm. 13) nicht willens oder fähig, so kommt der Käufer nicht in Annahmeverzug (§ 297 BGB; vgl. auch RG 103, 13, 15). Zur Leistungsbereitschaft gehört im allgemeinen, daß bei einer Holschuld die Ware zur Zeit der Aufforderung zur Abholung bereit ist (§ 295 BGB). Wenn der Verkäufer die Ware anzufertigen hatte, muß er sie zu diesem Zeitpunkt gefertigt haben und bereithalten (RG JW 1909, 456[10]; vgl. aber auch BGH LM Nr. 3 zu § 651 BGB). Andererseits darf das Erfordernis der Leistungsbereitschaft auch nicht zu eng verstanden werden. Z. B. ist es bei Gattungsschulden unschädlich, wenn die Ware im Zeitpunkt der Aufforderung noch nicht ausgesondert (konkretisiert) für den Käufer bereitgehalten wird oder irgendwelche Maßnahmen noch nicht getroffen sind, die üblicherweise erst bei der Abnahme selbst vorgenommen werden. Es genügt, daß der Verkäufer mit Sicherheit imstande ist, richtig und rechtzeitig (bei Sukzessivlieferungsverträgen also zu den Zeitpunkten, in denen die einzelnen Raten gemäß Vertrag und Angebot fällig sind, RG JW 1903 Beil. 79[180]) zu liefern, wenn der Käufer an dem kalendermäßig bestimmten Termin oder auf die Aufforderung des Verkäufers hin die ihm obliegende Mitwirkungshandlung vornimmt. Steht die wörtlich angebotene Ware auf dem Markt jederzeit bereit und ist auch der Verkäufer jederzeit in der Lage, sie dort kurzfristig zu entnehmen, so ist für die Lieferbereitschaft nicht einmal erforderlich, daß die Ware überhaupt beim Verkäufer vorrätig gehalten wird oder daß der Verkäufer sich das Bezugsrecht auf die Ware bereits durch einen Vertrag mit einem Dritten gesichert hatte (RG 50, 255, 260f.). Zur Zeit der Versteigerung im Wege des Selbsthilfeverkaufs allerdings muß die Ware zur Verfügung des Verkäufers stehen und zum Gegenstand der Versteigerung gemacht werden (s. dazu unten Anm. 46). Ist die Ware nicht in der bezeichneten Form auf dem Markt greifbar, so muß sie sich zu den oben genannten Zeitpunkten bereits im Besitz des Verkäufers befinden oder doch mindestens zu seiner Verfügung stehen. Zur Verfügung des Verkäufers steht die Ware auch dann, wenn er tatsächlich in der Lage ist, sie jederzeit durch einen Dritten liefern zu lassen, bei dem sie aufgrund einer vertraglichen Verpflichtung zur Verfügung des Verkäufers gehalten wird (vgl. RG 29, 66; 34, 98f.).

Anders ist es, wenn der Abnahme bei dem Dritten Hindernisse im Wege stehen, z. B. wenn der Dritte die Ware nicht vorrätig hat (vgl. RG 34, 98, 99f.) oder nur gegen Barzahlung liefert und der Empfangsberechtigte zu dieser nicht imstande ist (RG Bolze 14 Nr. 449c). Bei Waren, die vereinbarungsgemäß erst nach den Angaben des Käufers gefertigt werden sollen, muß zur Zeit der Aufforderung zur Lieferung dieser Angaben der für die Fertigstellung benötigte Grundstoff bereitstehen (RG 35, 3).

II. Nichtannahme der (tatsächlich oder wörtlich) vertragsgemäß **angebotenen Ware** oder **Unterlassung** einer dem Käufer obliegenden **Mitwirkungshandlung** Anm. 15

trotz Aufforderung oder Verstreichens des festgesetzten Kalendertermins. Eine ausdrückliche oder unbedingte Weigerung, die Ware anzunehmen, ist nicht erforderlich. Es reicht aus, daß der Käufer sich untätig verhält oder die Annahme von unberechtigten Bedingungen abhängig macht oder zwar bereit ist, die Ware entgegenzunehmen, nicht aber, sie als Erfüllung gelten zu lassen (zu den beiden letztgenannten Punkten vgl. die folgenden Anm.).

Annahmeverzug liegt daher vor, wenn der Käufer zwar die Absendungsorder erteilt, sie jedoch mit einer unzulässigen Bedingung verknüpft (vgl. RG JW 1897, 575[44]). Ebenso dann, wenn der Käufer zwar die Ware annehmen will, nicht aber zugleich den Zug um Zug fälligen Kaufpreis anbietet (RG 109, 324, 326). Der Käufer gerät auch dann in Annahmeverzug, wenn er die Ware wegen vertragswidriger Belastung mit Fracht zurückweist, obwohl ihm nach Treu und Glauben zumutbar wäre, die Frachtkosten von dem fälligen Kaufpreis abzuziehen. Läßt der Frachtführer ohne Schuld des Verkäufers die Untersuchung der Ware auf ihre Vertragsmäßigkeit nur gegen Zahlung seiner Ansprüche auf Erstattung von Verwendungen zu, so ist es dem Käufer zuzumuten, die Ware anzunehmen und den Streit mit dem Frachtführer über die Berechtigung dieser Forderung gesondert auszutragen.

Annahmeverzug liegt ferner auch dann vor, wenn der Käufer unter Ablehnung der Ware sie in seinen Gewahrsam nimmt mit dem Vorbehalt, daß sie für Rechnung und auf Gefahr des Verkäufers bei ihm lagern solle oder die zunächst in eigene Verwahrung genommene Ware nach erfolgter Untersuchung zu Unrecht zurückweist und bei einem Dritten für Rechnung des Verkäufers deponiert. Denn dann ist der Verkäufer der Sorge um die Aufbewahrung nicht ledig und die Verfügungsgewalt nicht auf den Käufer übergegangen. Der Verkäufer kann in diesem Fall (bei Vorliegen der sonstigen Voraussetzungen) die Herausgabe der Ware zum Zwecke des Selbsthilfeverkaufs (notfalls durch einstweilige Verfügung) verlangen (SeuffA 43 Nr. 138; vgl. dazu auch JherJ 51, 159ff., 194 m. Nachw. über ältere Äußerungen zu diesem Fragenkreis). Insoweit ist es richtig, davon zu sprechen, Annahme i. S. des § 293 BGB sei nur die Annahme als Erfüllung (vgl. Staudinger-Werner[10/11] § 293 Rdnr. 16). Im übrigen jedoch kommt es nicht darauf an, ob der Käufer die Ware „als Erfüllung" (dieses Schuldverhältnisses) gelten lassen will (a. A. Rosenberg JherJ 43, 146, 197f.). Denn die Erfüllungswirkung hängt, sofern der Käufer die ihm angebotene Ware überhaupt (mit dem Willen, Eigentum daran zu erwerben) angenommen hat, nicht von seinen weiteren Erklärungen, sondern davon ab, ob er die vertragsgemäße Leistung erhalten hat. Annahmeverzug kommt daher nicht in Betracht, wenn der Käufer die Ware zunächst wie vorgesehen angenommen hat und sie erst später wieder zur Verfügung stellt (RG 43, 44, 46f.), oder wenn der Käufer über die Ware zunächst wie ein Eigentümer verfügt hat, sie aber später von seinem Abkäufer zurückerhält und sie nunmehr nach erfolgter Mängelrüge zur Verfügung des Verkäufers bei einem Dritten hinterlegt. Hier kann der Käufer die einmal erfolgte Annahme und seinen Eigentumserwerb nicht einseitig ungeschehen machen, indem er die Ware nachträglich zur Disposition stellt. Möglich sind nur Gewährleistungsansprüche (auf seiten des Käufers) und Ansprüche auf den Kaufpreis oder aus § 326 BGB (auf seiten des Ver- Anm. 16

käufers). Ein Selbsthilfeverkauf nach § 373 ist dagegen ausgeschlossen (RG WarnRspr. 1921 Nr. 103). Auch eine bloße Mängelrüge enthält keine Erklärung der Nichtannahme. Sie dient nur der Wahrung der Gewährleistungsansprüche. Selbst eine unbegründete Rüge führt daher nicht zum Annahmeverzug. Ein Annahmeverzug ist ferner auch dann nicht vorhanden, wenn der Verkäufer dem Käufer die Ware durch Einigung und Vereinbarung eines Besitzmittlungsverhältnisses gemäß § 930 BGB übereignet hat und der Käufer sich nunmehr weigert, dem Verkäufer die Sache abzunehmen. Der Verkäufer ist in diesem Fall darauf beschränkt, gegen den Käufer aus dem besonderen zwischen ihnen bestehenden Rechtsverhältnis vorzugehen.

Anm. 17 Liegt ein Kauf gegen Dispositionspapier vor, so begründet die Weigerung des Käufers oder der von ihm beauftragten Akkreditivbank, das Papier anzunehmen, Annahme- (über den Selbsthilfeverkauf s. unten Anm. 46) und beim Verkauf „Kasse gegen Dokumente" zugleich Zahlungsverzug. Hat jedoch der Käufer die Dokumente aufgenommen, dann ist die Lieferung kaufrechtlich i. S. des § 293 BGB angenommen. Nimmt der Käufer jetzt die Ware bei dem Verfrachter nicht oder nicht rechtzeitig entgegen, so begründet dies keinen Annahmeverzug im Verhältnis zwischen Käufer und Verkäufer.

Anders liegt es beim gewöhnlichen Versendungskauf. Hier kommt der Käufer in Annahmeverzug, wenn er der Transportperson die ihm am Bestimmungsort angebotene Ware nicht abnimmt. Dies gilt auch dann, wenn der Käufer die Entgegennahme der Ware ablehnt, weil sie nicht vom Erfüllungsort aus versendet worden ist, sondern z. B. von dem an einem anderen Ort ansässigen Lieferanten des Verkäufers unmittelbar an den Käufer auf den Weg gebracht worden ist. Zur Weigerung des Käufers, die Ware von der Transportperson in Empfang zu nehmen, vgl. auch schon die oben Anm. 15 mitgeteilten Fälle.

Anm. 18

III. Der Annahmeverzug setzt kein Verschulden des Käufers voraus.

Ausschlaggebend ist die pure Tatsache der Nichtannahme oder Unterlassung der gebotenen Mitwirkung. Der Käufer kommt also, wenn nicht die besonderen Voraussetzungen der Ausnahmevorschrift des § 299 BGB (vgl. dazu oben Anm. 7) vorliegen, auch dann in Annahmeverzug, wenn das Unterbleiben der Annahme (der gebotenen Mitwirkungshandlung) auf zufälligen Umständen, auf vorübergehender subjektiver Behinderung (RG 100, 46, 48 oben), auf einem unverschuldeten oder sogar unvermeidbaren Irrtum des Käufers oder darauf beruht, daß der Käufer eine Nebenleistung ohne sein Verschulden nicht erfüllen kann (RG JW 1924, 811[20]) oder wegen Aufgabe des Geschäfts keine Verwendung mehr für die Ware hat (RG 41, 100ff). Ein besonderes Interesse des Verkäufers, sich der Ware zu entledigen (wie es erforderlich ist, damit der Abnahmeverzug als Verzug mit einer Hauptpflicht angesehen werden kann, s. dazu Vorbem. vor § 373 Anm. 292), braucht nicht zu bestehen (so schon RG 8, 23). Keiner Darlegung bedarf es, daß Annahmeverzug nicht in Betracht kommt, wenn der Käufer die Annahme zu Recht verweigert hat.

Anm. 19

IV. Die Beweislast.

Verkäufer hat zu beweisen, daß Käufer im Verzug der Annahme ist (vgl. BGH in BB 1954, 116). Dazu gehört: vertragsgemäßes Angebot (bzw. vertragsgemäße Aufforderung zur Vornahme einer gebotenen Mitwirkungshandlung) sowie Unterbleiben der Annahme (der Mitwirkungshandlung). Dagegen wird die Leistungsbereitschaft des Verkäufers vermutet (anders Mot. II S. 70; dagegen Prot. I S. 329). Wenn der Käufer sie bestreitet, trägt er die Beweislast für ihr Fehlen (RG 50, 255, 261; „Recht" 1918 Nr. 679). Dies ergibt sich aus der Fassung des § 297 BGB.

Anm. 20

C. Nachträglicher Fortfall des Annahmeverzugs sowie verwandte Fälle.

Der bereits eingetretene Annahmeverzug entfällt mit Wirkung für die Zukunft, wenn der Käufer alles nachholt, was zu gehöriger Annahme gehört, und seine Sinnesänderungen dem Verkäufer bekanntgibt (vgl. RG 32, 61, 63f.; JW 1905, 13[3]). Hinzukommen muß, daß der Käufer sich zugleich zum Ersatz der bisher durch seinen Verzug entstandenen Kosten des vergeblichen ersten Angebots, der Aufbewahrung und

Erhaltung (§ 304 BGB) der Sache sowie des nunmehr erforderlichen erneuten Angebots erbietet (a. M. OLG Stuttgart „Recht“ 1908 Nr. 2461). Gehört zur Annahme eine Mitwirkung des Käufers, so muß auch diese nachgeholt werden. Befindet sich der Käufer zugleich im Zahlungsverzug, so muß er zunächst diesen beseitigen, weil der Verkäufer bis dahin die Ware zurückhalten kann (§ 320 BGB, vgl. dazu Vorbem. vor § 373 Anm. 296ff.) Dagegen wird der Annahmeverzug des Käufers nicht dadurch geheilt, daß der Verkäufer gegenüber dem bereits in Annahmeverzug befindlichen Käufer vertragswidrige Forderungen stellt, z. B. jetzt nur noch gegen Nachnahme liefern will. Vielmehr muß sich der Käufer gerade dann zur Annahme erbieten, weil sich erst dann zeigen wird, ob der Verkäufer auf seinen vertragswidrigen Bedingungen beharrt. Die Lage ist ähnlich wie bei ungehöriger Mahnung, vgl. dazu Vorbem. vor § 373 Anm. 331. Eine nachträgliche Beseitigung des Annahmeverzuges ist überhaupt ausgeschlossen, wenn der Käufer durch die Nichtannahme die nachträgliche Unmöglichkeit der Leistung verschuldet hat.

Hat der Käufer nach den vorstehenden Grundsätzen seinen Annahmeverzug, wenn auch verspätet, geheilt, so muß der Verkäufer zunächst einen etwa schon eingeleiteten Selbsthilfeverkauf mit der erforderlichen Eile und Umsicht abzuwenden versuchen (vgl. dazu RG 109, 324, 327). Sodann muß er die Ware erneut und zwar tatsächlich anbieten. Wörtliches Angebot genügt wiederum nur unter den Voraussetzungen des § 295 BGB. Eine Bringschuld des Verkäufers wird durch den Annahmeverzug nicht zu einer Holschuld. **Anm. 21**

Der **Verkäufer kann** auch die **Ware unter Verzicht** auf Geltendmachung der Folgen des Annahmeverzuges **zurücknehmen.** Regelmäßig liegt ein solcher Verzicht nicht bereits darin, daß der Verkäufer gehörig beschaffene, ausgesonderte und angebotene Gattungsware wegen der Annahmeverweigerung des Käufers unter Zurückziehung des Erfüllungsangebots auf sein Lager zurücknimmt: in diesem Fall tritt die angebotene Sache in die Reihe gleichartiger Sachen wieder ein und der Verkäufer kann mit jeder Sache gleicher Art erfüllen (RG JW 1903, 344[6]; vgl. auch Vorbem. vor § 373 Anm. 225). Im Einzelfall kann eine andere Beurteilung geboten sein, z. B. dann, wenn in der Rücknahme das Eingeständnis der Mangelhaftigkeit der angebotenen Ware liegt. Die Unterstellung eines Verzichts ist ausgeschlossen, wenn die Rücknahme der Ware durch den Verkäufer zu dem Zweck erfolgte, den Streit über ihre Andienbarkeit auszutragen oder sie einer nochmaligen Untersuchung zu unterziehen oder wenn der Verkäufer sie wegen ihrer leichten Verderblichkeit zum Selbsthilfeverkauf bringen mußte (RG 48, 136, 138). Veräußert der Verkäufer beim Gattungskauf nach Eintritt des Annahmeverzuges die für den Käufer bestimmte Ware anderweitig, so ist auch darin weder ein Verzicht des Verkäufers auf die Geltendmachung der Folgen des Annahmeverzuges noch ein Mangel an Leistungsbereitschaft (s. oben Anm. 14) zu sehen, wenn sich der Verkäufer jederzeit auf dem Markt gleichartige Ware beschaffen kann und der Käufer kein Interesse daran hat, gerade die ursprünglich angebotene Ware zu erhalten (s. auch Vorbem. vor § 373 Anm. 225 und unten Anm. 58). Nimmt der Verkäufer die Ware nicht zurück, zieht er aber die Folgen aus einem gleichzeitig vorliegenden Zahlungsverzug, so fallen die Rechte aus § 373 HGB fort, sobald die nach § 326 BGB gesetzte Nachfrist fruchtlos abgelaufen oder bei positiver Vertragsverletzung die entscheidende Erklärung des Verkäufers, daß er zurücktrete oder Schadensersatz wegen Nichterfüllung verlange, abgegeben ist. Denn mit dem Ende der Nachfrist tritt die mit der Fristsetzung verbundene Androhung in Kraft, daß Erfüllung nach Fristablauf nicht mehr angenommen werde. Der Verkäufer kann demzufolge vom säumigen Käufer Erfüllung, d. h. Annahme der Ware, nicht mehr begehren. Dem Verkäufer bleibt jetzt nur noch die Wahl zwischen Rücktritt und Schadensersatz wegen Nichterfüllung (s. Vorbem. vor § 373 Anm. 412). Damit sind zugleich die Rechte aus § 373 HGB aufgegeben. Denn mit diesen verfolgt der Verkäufer seinen Erfüllungsanspruch. Ein Verkauf der Ware kann jetzt nur noch als (formlos möglicher) Deckungsverkauf zur Berechnung des Nichterfüllungsschadens erfolgen; vgl. zu diesem Fragenkreis näher unten Anm. 59. **Anm. 22**

D. Rechtsfolgen des Annahmeverzugs. **Anm. 23**

Die Wirkungen des Annahmeverzugs bestimmen sich zum Teil nach BGB, zum Teil nach § 373 HGB. Das Verhältnis der Regelungen des BGB und des HGB zueinander ordnet § 374 HGB. Abweichend von der früheren Rechtsprechung (RG 5, 98), beläßt diese Vorschrift dem Verkäufer auch beim Handelskauf die ihm nach BGB gegen den Käufer zustehenden Rechte. **Der Verkäufer kann also nach seiner Wahl die Rechte aus § 373 HGB oder aus den Vorschriften des BGB ausüben,** je nachdem, was ihm im Einzelfall günstiger erscheint. Insbesondere kann der Verkäufer auch dann noch Erfüllung durch Zahlung des Kaufpreises verlangen, wenn er bereits den Selbsthilfeverkauf angedroht hat. Das ist vor allem dann von Bedeutung, wenn dem Verkäufer die Lieferung nachträglich unmöglich wird (§ 324 Abs. 2 BGB), weil in diesem Fall auch der Selbsthilfeverkauf nicht mehr durchführbar ist. Zum Verhältnis von § 373 HGB zu den Vorschriften des BGB s. im übrigen auch die folgenden Anm.

Anm. 24 **I. Die Rechtsfolgen des Annahmeverzugs nach BGB (§ 374 HGB)**

1. Die Haftungserleichterung des § 300 BGB.

Zunächst gewährt § 300 BGB dem Verkäufer eine Haftungserleichterung. Wird ihm die Leistung, d. h. in dem hier interessierenden Zusammenhang insbesondere die Lieferung des Kaufgegenstandes, während des Annahmeverzuges unmöglich, so wird er von seiner Leistungspflicht nach § 275 BGB frei, es sei denn, daß er die Unmöglichkeit vorsätzlich oder grob fahrlässig verschuldet hat. Damit wird der sonst geltende strengere Maßstab des § 276 BGB bzw. § 347 HGB während des Annahmeverzugs außer Kraft gesetzt. Bei Unmöglichkeit im technischen Sinne (vgl. dazu Vorbem. vor § 373 Anm. 465) gilt dies gleichermaßen für Stück- wie für Gattungsschulden. Ist also die Lieferung aus der Gattung oder aus dem Vorrat, aus dem allein geliefert werden soll, überhaupt nicht mehr möglich, so wird auch der Verkäufer einer nur der Gattung nach bestimmten Ware unter den oben genannten Voraussetzungen ohne weiteres frei. Bei bloßem Unvermögen zur Leistung (vgl. Vorbem. vor § 373 Anm. 104, 468) kann die Haftungserleichterung allerdings erst eingreifen, wenn der Verkäufer zuvor eine Konkretisierung der Gattungsschuld durch Ausscheidung der für den Käufer bestimmten Stücke herbeigeführt hat.

Auf die Probleme, die mit der Vorschrift des § 300 BGB, insbesondere dessen 2. Absatz verbunden sind, kann hier nicht im einzelnen eingegangen werden. Es sei nur auf folgendes hingewiesen. Die im vorigen Absatz vertretene Ansicht, § 300 BGB regele die sog. Sachgefahr, also die Frage, unter welchen Voraussetzungen der Schuldner weiterhin zur Leistung verpflichtet bleibt und nicht die sog. Vergütungs- oder Preisgefahr, d. h. die Frage, unter welchen Voraussetzungen der Anspruch auf die Gegenleistung erhalten bleibt, rechtfertigt sich aus der Stellung der Vorschrift im Gesetz. Wäre § 300 BGB dazu bestimmt, die sog. Vergütungsgefahr zu regeln, so wäre sein Platz unter den besonderen Vorschriften für gegenseitige Verträge, weil nur bei ihnen die Gegenleistung eine Rolle spielt. Dies entspricht heute der h. M.; vgl. im einzelnen Erman § 300 Bem. 3; Enneccerus-Lehmann[15] § 58 II S. 247; Larenz I[8/9] § 24 IIb S. 295; Soergel-Reimer Schmidt § 300 Rdnr. 3 sowie nach Aufgabe der in der 9. Aufl. vertretenen gegenteiligen Ansicht nunmehr auch Staudinger-Werner[10/11] § 300 Rdnr. 13 m. w. Nachw. auch über vor allem ältere abw. Meinungen. Bei den Genannten vgl. auch über das Verhältnis von § 300 Abs. 2 BGB zu § 243 Abs. 2 BGB sowie vor allem v. Caemmerer JZ 1951, 740ff. Die Haftungsmilderung gilt ferner nur für die Sorge um die Erhaltung des Leistungsgegenstandes (vgl. RG „Recht" 1923, 1227; JW 1921, 394; a. A. RG 57, 107). Die Verantwortlichkeit für positive Vertragsverletzungen und Ausführung von Nebenpflichten richtet sich weiterhin nach dem strengeren Maßstab der §§ 276 BGB, 347 HGB. Dies ist im Rahmen des § 373 HGB bedeutsam für die Verpflichtung des Verkäufers zur sorgsamen Auswahl der Hinterlegungsstelle und der sorgfältigen Durchführung des Selbsthilfeverkaufs (vgl. dazu im einzelnen unten Anm. 34 und 24).

Anm. 25 **2. Die Regelung des § 324 Abs. 2 BGB.**

Ist dem Verkäufer die Leistung während des Annahmeverzugs des Käufers unmöglich geworden, sei es auch durch eigene leichte Fahrlässigkeit, und wird er deshalb (vgl. Anm. 23 sowie Vorbem. vor § 373 Anm. 477) von seiner Leistungspflicht frei, so behält er nach § 324 Abs. 2 BGB gleichwohl den Anspruch auf die Gegenleistung, kann also den Kaufpreis nach wie vor von dem Käufer fordern. Die Unmöglichkeit muß allerdings in bezug auf denselben Leistungsgegenstand eingetreten sein, mit dessen Annahme sich der Käufer im Verzug befindet, vgl. RG 172, 27f. Die Einschränkungen, die in Anm. 241 Abs. a. E. für den Gattungskauf im Hinblick auf die Notwendigkeit vorhergehender Konkretisierung gemacht worden sind, gelten auch für § 324 Abs. 2 BGB.

3. Der Verkäufer hat Anspruch auf Ersatz der Mehraufwendungen, Anm. 26
die er für das erfolglose Angebot sowie die Erhaltung und Aufbewahrung des geschuldeten Gegenstandes machen mußte, § 304 BGB. Dieses letzte Wort „mußte" darf nicht gepreßt werden. Auch zweckmäßige Aufwendungen sind zu ersetzen (ebenso im Ergebnis Staudinger-Werner[10/11] § 304 Rdnr. 3). § 304 BGB ist insofern weiter als § 373 HGB, weil sich dieser nur auf die Kosten der Hinterlegung an dritter Stelle bezieht, jener aber diesen engen Sinn nicht hat. Aufgrund von § 304 BGB kann der Verkäufer die Ware auch in seinen eigenen Räumen lagern und dafür Ersatz seiner Auslagen verlangen. Ist er Kaufmann, steht ihm darüber hinaus sogar ein Vergütungsanspruch nach § 354 HGB zu (vgl. auch RG Bolze 16 Nr. 414). Ein allgemeiner Schadensersatzanspruch erwächst dem Verkäufer dagegen aus dem Annahmeverzug weder nach BGB noch nach HGB. Das verbietet sich schon deshalb, weil §§ 293ff. BGB kein Verschulden voraussetzen.

4. Das Hinterlegungsrecht nach §§ 372ff. BGB. Anm. 27

Geld, Wertpapiere und sonstige Urkunden sowie Kostbarkeiten kann der Verkäufer bei einer öffentlichen Hinterlegungsstelle hinterlegen, § 372 BGB.

Kostbarkeiten in diesem Sinne sind solche Gegenstände, bei denen nach der Verkehrsauffassung der Wert der Sache im Verhältnis zu ihrer Größe und ihrem Gewicht besonders hoch ist, vgl. RG 75, 190, 195; vgl. aber auch RG 105, 202, 204; RG JW 1913, 382[16]. Urkunden: alle Schriftstücke. Geld: alle gesetzlich zugelassenen Zahlungsmittel; auch ausländisches.

Das Verhältnis zwischen Verkäufer und Käufer regelt das BGB, §§ 372—382. Die Hinterlegung hat am Leistungsort zu erfolgen, § 374 BGB. Abweichungen machen nicht die Hinterlegung unwirksam, aber den Verkäufer schadensersatzpflichtig, § 374 Abs. 1, 2. Halbs. BGB. Der Verkäufer hat dem Käufer die Hinterlegung (falls dies nicht ausnahmsweise untunlich ist) unverzüglich anzuzeigen; andernfalls macht er sich schadensersatzpflichtig, § 374 Abs. 2 BGB. Die Hinterlegung ist nur ein Recht, keine Pflicht des Verkäufers. Macht der Verkäufer von seinem Recht zur Hinterlegung Gebrauch, so ist er nach § 379 Abs. 1 BGB berechtigt, den Käufer auf die hinterlegte Sache zu verweisen. Nach § 379 Abs. 2 BGB trägt der Käufer, solange die Sache hinterlegt ist, die Gefahr. Die Möglichkeit der Rücknahme verliert der Verkäufer durch die Hinterlegung als solche nicht, vgl. § 376 Abs. 1 BGB. Verzichtet der Verkäufer jedoch gegenüber der Hinterlegungsstelle auf das Recht zur Rücknahme, § 376 Abs. 2 Nr. 1 BGB, so wirkt die Hinterlegung wie gehörige Erfüllung (§ 362 BGB): der Verkäufer wird in diesem Fall durch die Hinterlegung genauso von seiner Verbindlichkeit befreit, als ob er zur Zeit der Hinterlegung an den Käufer geleistet hätte, § 378 BGB. Wegen weiterer Einzelheiten vgl. §§ 372—378 BGB. Das Verhältnis zwischen den Kaufvertragsparteien und der Hinterlegungsstelle ist nicht privatrechtlicher Art, sondern als öffentlichrechtliche Verwahrung anzusehen. Es richtet sich nicht nach BGB, sondern nach den Bestimmungen der Hinterlegungsordnung (HO) vom 10. März 1937 RGBl. S. 285 (mit DVO vom 12. März 1937 RGBl. S. 296 und Ausführungsvorschriften vom 15. März 1937 DJ 426). Vgl. dazu näher Kriege-Bülow, Hinterlegungsordnung. Ein erweitertes Hinterlegungsrecht anderer Art sieht § 373 HGB vor (dazu im einzelnen unten Anm. 33).

5. Die öffentliche Versteigerung nach § 383 BGB. Anm. 28

Einen zur öffentlichen Hinterlegung nicht geeigneten Gegenstand kann der Verkäufer nach § 383 BGB **öffentlich versteigern** lassen und den Erlös hinterlegen. Ist der Kaufpreis noch nicht fällig, so steht sich der Verkäufer nach § 383 BGB günstiger als beim Selbsthilfeverkauf nach § 373 HGB. Denn nach dieser Bestimmung erfolgt der (Selbsthilfe-) Verkauf für Rechnung des säumigen Käufers, so daß der Verkaufserlös, wenn der Kaufpreis noch nicht fällig ist, an den Käufer auszuzahlen ist. Will also der Verkäufer die Möglichkeit zur Hinterlegung des Erlöses erlangen, so muß er die Ware nach § 383 BGB am Erfüllungsort versteigern lassen. Nur wenn von der Versteigerung am Erfüllungsort kein angemessener Erfolg zu erwarten steht, ist die Ware an einem geeigneten anderen Ort zu versteigern. Befindet sich die Ware zum Zeitpunkt des Eintritts des Annahmeverzuges bereits auf dem Transport oder ist sie bereits beim Käufer oder an dem sonstigen Bestimmungsort angekommen, so muß der Verkäufer die Ware zurückbeordern. Denn die Versendung verändert nach § 269 Abs. 3 BGB nicht den Erfüllungsort (siehe Vorbem. vor § 373 Anm. 155). Ein Verkauf am unrichtigen Ort führt jedoch nicht zur Unverbindlichkeit der Versteigerung. Vielmehr ist nur das Versteigerungsergebnis richtigzustellen, wenn es durch die Wahl des falschen Ortes nachteilig für den Käufer beeinflußt worden ist. Der Beweis, daß bei Versteigerung am richtigen Ort kein höherer Erlös erzielt worden wäre, obliegt (ebenso wie beim Selbsthilfeverkauf, vgl. Anm. 60) dem Verkäufer, wenn der Käufer die Versteigerung deshalb beanstandet (RG 95, 116, 118f.; 104, 421).

Anm. 29 Die Versteigerung muß eine öffentliche sein. Das bedeutet, sie muß öffentlich durch eine dazu öffentlich bestellte Person (Gerichtsvollzieher, anderen Beamten, öffentlich bestellten Versteigerer) erfolgen. Zeit und Ort der Versteigerung sind öffentlich bekanntzumachen. Vgl. zu den vorstehenden Erfordernissen näher unten Anm. 40ff. Sind sie nicht erfüllt, so ist der Verkauf unverbindlich. Wegen der Folgen vgl. unten Anm. 53—59. Hat die Sachen einen Börsen- oder Marktpreis, so kann der Schuldner den Verkauf aus freier Hand durch einen zu solchen Verkäufen öffentlich ermächtigten Handelsmäkler oder durch eine zur öffentlichen Versteigerung befugte Person zum laufenden Preis bewirken, § 385 BGB; siehe dazu näher unten Anm. 44.

Anm. 30 Nach § 384 BGB muß der Versteigerung eine Androhung vorhergehen. Davon macht das Gesetz jedoch zwei Ausnahmen. Ferner enthält § 384 BGB Vorschriften über die Benachrichtigung vom vollzogenen Verkauf und über die Folgen unterlassener Benachrichtigung. Alle diese Vorschriften stimmen mit § 373 Abs. 2 Schlußsatz und Abs. 5 im wesentlichen überein; vgl. deshalb die Komm. unten Anm. 37ff.; 45 u. 56.

Anm. 31 Statt zu hinterlegen, kann der Verkäufer den Erlös gegen seine Kaufpreisforderung aufrechnen, wenn der Kaufpreis fällig ist und Zahlungsverzug vorliegt. Denn der Hinterlegung i. S. des § 383 BGB steht jede Handlung gleich, durch welche der Erlös dem Gläubiger zugeführt wird, so z. B. auch die Zahlung (RG 64, 366ff.). — Fehlt es an einem Recht zur Versteigerung oder war die Art der Durchführung der Versteigerung unzulässig, so braucht der Käufer die Hinterlegung des Erlöses nicht gegen sich gelten zu lassen. Er kann, wenn der Verkäufer die Sache selbst ersteigert hat, daher Klage auf Herausgabe, sonst auf Schadensersatz, erheben.

Anm. 32

II. Die Rechtsfolgen des Annahmeverzugs nach HGB (§ 373 HGB)

Beim Handelskauf stehen dem Verkäufer neben den soeben erwähnten Rechten nach § 373 HGB zwei weitere Rechte zu. Es handelt sich um ein besonderes Hinterlegungsrecht und die Befugnis, einen Selbsthilfeverkauf der nicht angenommenen Ware für Rechnung des Käufers vorzunehmen. Die beiden Möglichkeiten des § 373 HGB stehen dem Verkäufer so lange zu, wie sich der Käufer in Annahmeverzug befindet. Er kann von ihnen selbst dann noch Gebrauch machen, wenn er zuvor bereits auf Erfüllung (d. h. Abnahme und/oder Zahlung) geklagt hat. Die Rechte aus § 373 HGB sind nebeneinander gegeben. Der Verkäufer kann, wenn er will, die Ware nur hinterlegen oder nur versteigern. Er kann sie aber auch zunächst hinterlegen und dann versteigern. Weiteres über das Verhältnis der beiden Befugnisse aus § 373 HGB zueinander sowie über das Verhältnis beider Rechte zu den Vorschriften des BGB im Text der folgenden Anmerkungen. Näheres über die Zeit des Selbsthilfeverkaufs findet sich in Anm. 50.

Anm. 33 **1. Die Hinterlegung nach § 373 HGB.**

Mit der Hinterlegung nach § 372 BGB ist dem kaufmännischen Verkehr nicht ausreichend gedient. Sie beschränkt sich auf Geld, Wertpapiere, sonstige Urkunden sowie Kostbarkeiten (siehe dazu oben Anm. 27). Die eigentlichen Gegenstände des Handelsverkehrs sind damit nach BGB nicht hinterlegungsfähig. Sie können nur gemäß § 383 BGB zum Zwecke der Hinterlegung des Erlöses versteigert werden (siehe oben Anm. 28). Aus diesem Grunde enthält das HGB ein eigenes Hinterlegungsrecht. Es handelt sich dabei ausschließlich um ein **Recht** des Verkäufers. Eine Verpflichtung zur Hinterlegung besteht nicht. Das Gesetz will es ihm erleichtern, sich der (trotz des Annahmeverzuges fortbestehenden) Sorge um die nicht angenommene Ware zu entledigen. Will er davon keinen Gebrauch machen, so kann er die Ware auch bei sich selbst aufbewahren. Dagegen ist er regelmäßig nicht berechtigt, die Ware unter allen Umständen einfach auf der Bahn zu lassen und zuzusehen, wie sie bahnamtlich versteigert wird, es sei denn, daß ein für das Vertragsverhältnis maßgebender Handelsbrauch besteht, wonach der bahnamtliche Verkauf den Selbsthilfeverkauf ersetzt (so bereits RG JW 1903, Beil. S. 6[14]). Kommt es dennoch zu einer bahnamtlichen Versteigerung, so ist von Fall zu Fall zu prüfen, ob sie vom Verkäufer verschuldet ist. Das wird z. B. nicht der Fall sein, wenn der Verkäufer von der Zurückweisung der Ware und ihrer drohenden Versteigerung keine Kenntnis erhalten hat. Dann hat sich der Käufer den Schaden selbst zuzuschreiben. Der Verlust der Ware trifft ihn. Das gleiche gilt, wenn durch das Verhalten des Käufers neue nicht unerhebliche Kosten bei der Eisenbahnverwaltung entstanden sind. Sie zu verauslagen und damit den Käufer vor der bahnamtlichen Versteigerung zu schützen, gehört nicht zu den Pflichten des Verkäufers. Im übrigen hat auch der Käufer eine Verpflichtung zur Sorge um die zurückgewiesene Ware, vgl. § 379 HGB. Unter Umständen ist daher eine Abwägung des beiderseitigen Mitverschuldens nach § 254 BGB vorzunehmen.

Die Hinterlegung hat in einem öffentlichen Lagerhaus oder sonst in sicherer Weise zu erfolgen. Der Verkäufer kann die Ware also auch einem privaten Dritten in Obhut geben. Handelt es sich um Gegenstände, die bereits nach BGB hinterlegungsfähig sind (vgl. oben Anm. 27), so können sie auch bei der staatlichen Hinterlegungsstelle in Verwahrung gegeben werden. An § 374 BGB (Hinterlegung am Leistungsort) ist der Verkäufer, der nach § 373 HGB vorgeht, nicht gebunden. Diese Vorschrift ist auch nicht entsprechend anwendbar. Die Sicherheit der von ihm gewählten Hinterlegungsstelle hat der Verkäufer, sofern er Kaufmann ist, mit der Sorgfalt eines ordentlichen Kaufmanns (§ 347 Abs. 1 HGB), sofern er es nicht ist, mit der im Verkehr erforderlichen Sorgfalt (§ 276 BGB) zu prüfen. Auf die Haftungserleichterung des § 300 Abs. 1 BGB (vgl. dazu oben Anm. 24) kann sich der Verkäufer in diesem Fall nicht berufen. Sie kommt ihm nur zugute, wenn er mit der Sorge für den Leistungsgegenstand belastet bleibt, z. B. die Ware bei sich selbst aufbewahrt. Entledigt er sich jedoch dieser Verantwortung, indem er von der seinem Ermessen sehr breiten Raum lassenden Vergünstigung des § 373 HGB Gebrauch macht, so muß er dies mit aller gebotenen Sorgfalt tun (teilweise a. A. RG 57, 105, 107; wie hier dagegen RG JW 1921, 394[4]; Baumbach-Duden[18] §§ 373/374 Anm. 6 sowie seit der 4. Aufl. auch Schlegelberger-Hefermehl § 373 Rdnr. 17; auch BGH LM Nr. 3 zu § 651 BGB und oben Anm. 24 a. E.). **Anm. 34**

Die Hinterlegung erfolgt **auf Kosten des Käufers.** Das bedeutet nur, daß der Verkäufer einen Anspruch auf Erstattung der ihm durch die Hinterlegung der Ware erwachsenden Kosten hat. Sie treten zu dem Kaufpreis als Mehraufwendung hinzu und erhöhen die Zahlungsverpflichtung des Käufers aus dem Kaufvertrag (vgl. auch die Ausführungen oben Anm. 26 zu § 304 BGB). Vor Erstattung dieser Kosten braucht der Verkäufer, wenn er nicht vorzuleisten hat, dem Käufer die Ware nicht auszuhändigen. Eine Befugnis, den Verwahrungsvertrag im Namen des Käufers abzuschließen, so daß dieser und nicht der Verkäufer dem Verwahrer verpflichtet wird, ergibt sich aus § 373 nicht. Der Inhaber der Hinterlegungsstelle hat infolgedessen auch kein unmittelbares Klagerecht gegen den Käufer auf Zahlung der Verwahrungskosten. **Anm. 35**

Die Hinterlegung geschieht **auf Gefahr des Käufers.** Immerhin hat der Verkäufer die ihm obliegende Sorgfalt zu wahren. Ebenso wie er einen geeigneten Verwahrer zu wählen hat (siehe oben Anm. 34), muß er u. U. auch für die Versicherung, und zwar regelmäßig nur für Feuerversicherung sorgen. In unruhigen Zeiten kommt auch Einbruchsversicherung in Betracht. Man wird dies annehmen müssen, wenn der Ware eine Gefahr droht, die dem Käufer nicht bekannt sein konnte oder wenn der Käufer annehmen konnte, daß der Verkäufer die Ware versichern werde und es deshalb unterließ. Die Gefahr der Beförderung bis zum Verwahrer trägt der Käufer (§ 300 BGB, s. oben Anm. 24). Hat die Ware durch lange Lagerung gelitten, so geht auch dies auf Gefahr des Käufers. **Anm. 36**

Eine Anzeige an den Käufer von der bevorstehenden oder erfolgten Hinterlegung ist nicht vorgeschrieben. Sie ergibt sich aber aus der allgemein vertraglichen Sorgfaltspflicht des Verkäufers.

Im Gegensatz zu der unter Verzicht auf das Recht zur Rücknahme vorgenommenen Hinterlegung nach § 372 BGB (vgl. dazu oben Anm. 27) hat die Hinterlegung nach § 373 HGB keine Erfüllungswirkung. Sie soll den Verkäufer nur von der Last der Kaufsache befreien.

Anm. 37 **2. Der Selbsthilfeverkauf nach § 373 HGB.**

a) Dem Selbsthilfeverkauf muß eine **Androhung** vorangehen. Gleichgültig ist dabei, ob der Verkäufer den Weg der öffentlichen Versteigerung oder des freihändigen Verkaufs einschlagen will (s. unten dazu Anm. 40ff. u. 44).

Inhalt der Androhung. Die Androhung muß klar erkennen lassen, daß der Verkäufer die Veräußerung gerade der für den Käufer bestimmten Ware im Wege des Selbsthilfeverkaufs beabsichtigt. Allgemeingehaltene Erklärungen, aus denen nur hervorgeht, daß überhaupt Ware gleicher Art verkauft werden soll, genügen daher nicht (vgl. RG LZ 1913, 675[3]). Ebensowenig die Ankündigung, „nach Handelsrecht zu verfahren" (vgl. RG JW 1925, 946[17]), es sei denn, daß aus ihr ausnahmsweise hervorgeht, daß nur der Selbsthilfeverkauf (und nicht Hinterlegung) gemeint sein kann. Die Art des geplanten Selbsthilfeverkaufs (durch öffentliche Versteigerung oder freihändig) braucht in der Androhung nicht angegeben zu werden. Eine unbestimmt gehaltene Erklärung ist als Androhung der öffentlichen Versteigerung auszulegen, weil diese Art des Selbsthilfeverkaufs die Regel darstellt und die Wahl des regelmäßigen Weges zu unterstellen ist (ebenso RG JW 1925, 946[17] mit zustimmender Anmerkung von Schmidt-Rimpler). An die einmal stillschweigend oder ausdrücklich angekündigte Art des Selbsthilfeverkaufs ist der Verkäufer gebunden. Insbesondere kann er nicht ohne neue Erklärung zu freihändigem Verkauf übergehen, wenn zuvor ausdrücklich öffentliche Versteigerung erklärt worden ist (RG 109, 134, 136). Offengelassen hat das RG die Frage, ob dies auch dann gilt, wenn die erste Androhung keine Angabe über die Art des geplanten Selbsthilfeverkaufs enthält (a. a. O. S. 135). Sie ist zu bejahen. Denn für die Entschließung des Verkäufers darüber, ob er es überhaupt zum Selbsthilfeverkauf kommen lassen will, und ob er gegebenenfalls mitbieten will, ist die Kenntnis von der Art des geplanten Vorgehens des Verkäufers von entscheidender Bedeutung. Ist der Verkaufsandrohung hinzugesetzt, daß der Verkauf an der Börse an einem bestimmten Börsentag erfolgen werde, so ist bei Wertpapieren im allgemeinen freihändiger Verkauf nach § 373 angekündigt. Ort und Termin des Selbsthilfeverkaufs brauchen in der Androhung noch nicht angegeben zu werden. Die Benachrichtigung des Käufers über diese Daten kann auch später separat erfolgen (vgl. dazu näher unten Anm. 45).

Anm. 38 Form und Zeit der Androhung. Eine Form ist für die Androhung nicht vorgeschrieben. Sie kann schriftlich oder mündlich, auch telefonisch, erfolgen. Einhaltung der Schriftform (u. U. Einschreiben mit Rückschein) ist jedoch empfehlenswert, weil die Vornahme der Androhung vom Verkäufer zu beweisen ist. Die Vorschriften über Willenserklärungen sind entsprechend anwendbar. Die Androhung wird daher mit Zugang (§ 130 BGB) wirksam (a. A. Voraufl. § 373 Anm. 31 unter Berufung auf OLG Hamburg LZ 1910, 568; diese Entscheidung ist jedoch unzureichend begründet und hat keine Nachfolge gefunden; sie bezieht sich im übrigen auf die Benachrichtigung nach Abs. 5; wie hier schon vorher Schlegelberger-Hefermehl § 373 Rdnr. 32 und Baumbach-Duden[18] §§ 373/374 Anm. 7 B.). Die Androhung muß so rechtzeitig erfolgen, daß sie ihren Zweck erfüllen kann, dem Käufer die Möglichkeit zu der Überlegung zu lassen, ob er die Ware nicht doch noch annehmen will, verneinendenfalls, wie er für einen möglichst günstigen Verkaufserlös sorgen kann. Die Androhung kann mit der in Abs. 5 vorgeschriebenen Benachrichtigung vom Versteigerungsort und -termin verbunden werden, die übrigens für sich allein schon einer Androhung gleichsteht. Die Androhung kann aber auch bereits zusammen mit dem Angebot der Leistung bzw. der Aufforderung zur Mitwirkung (§§ 294, 295 BGB) erklärt werden. Sind sich die Parteien im Prozeß einig, daß eine gehörige Androhung erfolgt ist, so ist sie der Nachprüfung durch den Richter selbst dann entzogen, wenn sich aus dem Sachverhalt ergibt, daß der Käufer zur Zeit der Androhung noch nicht im Annahmeverzug war: § 373 ist durchweg nachgiebiges Recht.

Anm. 39 Die Androhung kann ausnahmsweise unterbleiben, wenn die Ware dem Verderben ausgesetzt und Gefahr im Verzuge ist oder wenn die Androhung aus sonstigen Gründen untunlich ist, § 373 Abs. 2 S. 2 HGB. Die erstgenannte Ausnahme setzt voraus, daß die beiden aufgeführten Erfordernisse nebeneinander vorliegen: es muß die nahe Gefahr des Verderbens der Ware drohen. Verderb bedeutet hier: Zerstörung der objektiven Brauchbarkeit der Ware (z. B. bei Lebensmitteln deren Verfaulen, bei Wechseln deren Präjudizierung) infolge ihrer Beschaffenheit. Eine andere Art der Entwertung,

z. B. infolge rückläufiger Preiskonjunktur, reicht nicht aus. Ebensowenig kommt es auf die persönlichen Verhältnisse des Käufers oder des Depositars an. Eine nicht unerhebliche Verschlechterung der Ware genügt. Völlige oder doch sehr erhebliche Entwertung ist nicht zu fordern (so Schlegelberger-Hefermehl § 373 Rdnr. 33; a. A. RG JW 1926, 2121[11] sowie die Voraufl. dieses Komm. § 373 Anm. 32, worin jedoch eine Überspannung des Gesetzeswortlauts liegt). Die Gefahr des Rostens von Eisen dürfte jedoch nicht ausreichend sein (ebenso RG Bolze 2 Nr. 1006). — Die andere Ausnahme liegt vor, wenn die Androhung aus sonstigen Gründen untunlich ist, z. B. der Käufer keinesfalls rechtzeitig erreichbar ist oder seine Anschrift überhaupt nicht oder nur unter ungewöhnlichen Schwierigkeiten ermittelt werden kann. Die Untunlichkeit ist mit der gebotenen Sorgfalt (§ 347 Abs. 1 HGB oder § 276 BGB) vom Verkäufer zu prüfen; vgl. dazu bereits die Ausführungen oben Anm. 24.

b) Das Gesetz kennt zwei zulässige **Arten des Selbsthilfeverkaufs:** Anm. 40

aa) Die öffentliche Versteigerung, § 373 Abs. 2 S. 1, 1. Altern. Die gesetzliche Definition der öffentlichen Versteigerung findet sich nicht im HGB, sondern in § 383 Abs. 3 BGB. Danach ist eine öffentliche Versteigerung eine solche, die durch einen für den Versteigerungsort bestellten Gerichtsvollzieher oder zu Versteigerungen befugten anderen Beamten oder öffentlich angestellten (richtiger bestellten) Versteigerer öffentlich erfolgt. Die öffentliche Bestellung von Versteigerern regelt § 34 b Abs. 5 GewO. Ihre Befugnisse und die Art und Weise der Durchführung ihrer Tätigkeit sind (wie auch für die übrigen gewerbsmäßigen Versteigerer) geregelt in der aufgrund der Ermächtigung des § 34b Abs. 8 GewO erlassenen Verordnung über gewerbsmäßige Versteigerungen (Versteigerervorschriften — VerstV) vom 12. 1. 1961, BGBl. 1961 I S. 43. Das Gesetz über das Versteigerergewerbe von 1934 ist mit der Einführung des § 34b GewO außer Kraft getreten. Über die Befugnis der Notare zur Vornahme von Versteigerungen vgl. § 20 Abs. 3 BNotO.

Die Versteigerung durch diese Personen muß **öffentlich** erfolgen. Öffentlich ist eine Versteigerung, wenn die Teilnahme allgemein und nicht nur einem besonderen, nach speziellen Merkmalen bestimmten Personenkreis möglich ist. Zeit und Ort der Versteigerung sind zu diesem Zweck unter allgemeiner Bezeichnung des Versteigerungsgutes öffentlich bekanntzumachen, § 383 Abs. 3 S. 2 BGB. Die Art der Bekanntmachung richtet sich nach örtlichen Gebräuchen (vgl. auch § 6 Abs. 1 VerstV). Die Bekanntmachung darf nicht zu kurzfristig vor dem Termin erfolgen (RG JW 1910, 298[36]). Nach § 6 Abs. 1 VerstV ist der späteste Zeitpunkt der Tag vor der angesetzten Versteigerung. Nach § 8 VerstV hat der Versteigerer dem Auftraggeber, d. h. hier dem Verkäufer Zeit und Ort der Versteigerung rechtzeitig mitzuteilen, wenn dieser nicht in einer vom Versteigerungsauftrag getrennten schriftlichen Erklärung darauf verzichtet. Wegen des Vorgehens der Gerichtsvollzieher vgl. §§ 143, 246 der Geschäftsanweisungen für Gerichtsvollzieher. Anm. 41

Die Versteigerungsperson darf nicht mitbieten, vgl. §§ 456, 457 BGB, siehe ferner § 34b Abs. 6 GewO und §§ 170, 181 FGG. Mitbieten und die Ware ersteigern dürfen dagegen sowohl der Verkäufer als auch der Käufer, § 373 Abs. 4. Ersteigert der Verkäufer die Ware zu einem niedrigeren als dem Verkaufspreis, so geht das den Käufer nichts an. Er ist nicht berechtigt, den Gewinn, den der Verkäufer aus dem Weiterverkauf der ihm billig zugeschlagenen Ware zu einem höheren Preis erzielt, von seiner Kaufpreisschuld abzuziehen. Anm. 42

Gerichtsvollzieher oder Notar handeln bei Durchführung der Versteigerung in Ausübung ihres öffentlichen Amtes. Sie sind daher nicht Erfüllungsgehilfen des Verkäufers, auch wenn der Selbsthilfeverkauf von dem Verkäufer für Rechnung des Käufers betrieben wird und ersterer verpflichtet ist, dabei auf die Interessen des letzteren Rücksicht zu nehmen. Etwaige Pflichtverletzungen der genannten Versteigerungspersonen sind deshalb nach § 839 BGB zu beurteilen; ebenso RG 144, 262ff.; Schlegelberger-Hefermehl § 373 Rdnr. 24; die abw. Ansicht der Voraufl. wird aufgegeben. Anders ist die Rechtslage bei den gewerblichen Versteigerern. Ihre öffentliche Bestellung macht sie nicht zu Amtspersonen. Ihre Beziehungen zum Verkäufer beruhen auf einem privatrechtlichen Vertrag (vgl. § 1 VerstV). Sie haften daher dem Verkäufer für etwaige Anm. 43

Pflichtverletzungen nach den Grundsätzen über positive Vertragsverletzungen, wobei der Verschuldensmaßstab aus § 276 BGB zu entnehmen ist. Im Verhältnis zum Käufer sind sie Erfüllungsgehilfen des Verkäufers nach § 278 BGB (teilw. a. A. Schlegelberger-Hefermehl § 373 Rdnr. 24, der den Verkäufer in Anwendung des Rechtsgedankens aus § 664 Abs. 1 S. 2 BGB nur für ein Verschulden in der Auswahl des Versteigerers haften lassen will). Durch den Zuschlag kommt ein (jedenfalls kaufähnlicher) Vertrag zwischen Verkäufer und dem Zuschlagsempfänger zustande, vgl. § 156 sowie §§ 456ff. BGB.

Anm. 44 **bb) Der freihändige Verkauf,** § 373 Abs. 2 S. 1, 2. Altern., ist nur zulässig, wenn die Ware einen Markt- oder Börsenpreis hat (über die Begriffe siehe Vorbem. vor § 373 Anm. 55). Er erfolgt aus freier Hand durch einen zu solchen Verkäufen öffentlich (landesrechtlich) ermächtigten Handelsmakler zum laufenden Preis. Anstelle eines Handelsmaklers kann auch ein Kursmakler den Verkauf vornehmen, wenn die Wertpapiere einen Marktpreis haben, mögen sie auch nicht zum Börsenhandel zugelassen sein, vgl. §§ 30, 34 BörsG. Zum freihändigen Verkauf befugt sind ferner die zur Durchführung öffentlicher Versteigerungen berechtigten Personen (siehe oben Anm. 40). Über den Begriff des laufenden Preises siehe Vorbem. vor § 373 Anm. 54.

Ein Verkauf durch eine unzuständige Person geht nicht auf Rechnung des Käufers. Das gilt selbst dann, wenn der laufende Preis erzielt worden ist. Ist umgekehrt der freihändige Verkauf zwar durch eine dafür zuständige Person bewirkt, aber der laufende Preis nicht erzielt worden, so ist zu unterscheiden: ist bei Anwendung der Sorgfalt eines ordentlichen Kaufmanns vorhersehbar, daß der laufende Preis nicht erreichbar sein wird, so muß der Weg der öffentlichen Versteigerung gewählt werden. Ein trotzdem stattfindender freihändiger Verkauf ist als Selbsthilfeverkauf unwirksam. War die Nichterreichung des laufenden Preises dagegen bei aller Sorgfalt nicht erkennbar, so ist der Verkauf nach § 373 gültig. Dem Käufer ist allerdings der von ihm zu beweisende höhere laufende Preis anzurechnen; RG in ZHR 1926, 564; siehe dazu auch unten Anm. 55. Das Ergebnis einer öffentlichen Versteigerung hingegen hat der Käufer auch dann anzuerkennen, wenn ein geringerer als der Durchschnittspreis (laufender Preis) erzielt worden ist. Beim freihändigen Verkauf darf der Verkäufer (anders als bei öffentlicher Versteigerung, siehe oben Anm. 42) nicht als Käufer auftreten. In diesem Fall läge überhaupt kein wirklicher Kaufvertrag vor. Die Versteigerung läßt der Verkäufer bewirken; den Verkauf aus freier Hand bewirkt er, wie Abs. 2 sagt. Noch weniger ist es dem Verkäufer gestattet, die Ware zum Tageskurs einfach zu behalten.

c) Benachrichtigungen: Dem Verkauf muß, wenn er auf dem Wege öffentlicher
Anm. 45 Versteigerung erfolgt, eine Benachrichtigung des Käufers von Zeit und Ort der Versteigerung vorangehen, § 373 Abs. 5 S. 1, 1. Halbs. HGB. Eine anderweit erlangte Kenntnis des Käufers genügt nicht. Die Benachrichtigung kann mit der Androhung nach § 373 Abs. 2 HGB verbunden werden (vgl. oben Anm. 38). Eine weitere Behacnrichtigung des Käufers muß bei jeder Art des Selbsthilfeverkaufs unverzüglich nach dem vollzogenen Verkauf erfolgen, § 373 Abs. 5 S. 1, 2. Halbs. HGB. Beide Benachrichtigungen sind formlos wirksam. Das Unterbleiben beider Benachrichtigungen nach Abs. 5 hat nicht Unverbindlichkeit des Verkaufs, sondern lediglich eine Schadensersatzpflicht des Verkäufers zur Folge. Die Haftungserleichterung des § 300 BGB kommt dem Verkäufer auch hier nicht zugute (vgl. RG JW 1901, 11[15]; 1910, 299[36]; 1921, 394[4]; siehe auch oben schon Anm. 24 u. 300). Die Benachrichtigungen können unterbleiben, wenn sie untunlich sind.

Anm. 46 **d) Gegenstand des Selbsthilfeverkaufs** ist die zu liefernde Ware, nicht der Anspruch auf Lieferung durch einen Dritten oder auf Herstellung der Ware (RG 34, 99; 35, 1, 3). Beim Kauf einer bestimmten Sache (Spezieskauf) muß also gerade sie zum Verkauf gestellt werden. Beim Gattungskauf braucht der Verkäufer nicht unbedingt die ursprünglich ausgeschiedenen, vom Käufer zurückgewiesenen Stücke zum Selbsthilfeverkauf zu bringen. Er kann, wenn der Käufer nicht ausnahmsweise ein besonderes Interesse daran hatte, gerade sie zu erhalten, auch andere gleichartige Stücke zum Verkauf stellen. Nicht möglich ist dagegen ein Selbsthilfeverkauf in Form eines reinen Gattungskaufs. Die Ware muß daher zur Zeit der Versteigerung zwar noch nicht unbedingt ausgesondert, wohl aber bereits im Besitz des Verkäufers sein oder doch mindestens zu seiner Verfügung stehen (RG 33, 95, 96; 34, 99). Der Kaufinteressent soll wissen, welche Ware er erwirbt und wo er sie besichtigen kann (RG 34, 98, 100; 45, 29, 31). Deshalb muß, wenn der ursprüngliche Vertrag ein Gattungskauf war, die Versteigerung mindestens den Hinweis auf einen bestimmten, durch Angabe des Lagerungsortes individualisierten Vorrat enthalten, wenn sich das Erforderliche nicht schon aus den Umständen ergibt (RG JW 1913, 47[37]). Es darf nicht offenbleiben, ob die von einem Dritten zu liefernde Ware dort überhaupt in der vertragsmäßigen Menge und Beschaffenheit vorhanden ist (RG 34, 98, 100).

Die zum Selbsthilfeverkauf gebrachte Ware muß ferner von derselben Beschaffenheit sein wie die ursprünglich gekaufte. Andernfalls kann jetzt noch gerügt werden (RG LZ 1912, 550[2]: nicht eine geringerwertige Mehlsorte; „Recht" 1929 Nr. 1028: nicht Malz aus Gerste des Jahres 1925 anstatt aus der Ernte des Jahres 1924).

Ist der ursprüngliche Kauf gegen ein Dispositionspapier (Konnossement, Ladeschein, indossabler Lagerschein) abgeschlossen, d. h. so, daß der Käufer das Papier auch schon vor Ankunft der Ware annehmen muß, so kann **die Ware in Gestalt des Dispositionspapiers** zum Selbsthilfeverkauf gebracht werden. Der Erwerber steht damit nicht ungünstiger als der Käufer. Ist dagegen nicht gegen Konnossement verkauft, sondern hat der Verkäufer dieses nur tatsächlich angeboten, so braucht sich der Käufer damit nicht zu begnügen. Er kann die Ware selbst verlangen. Die Versteigerung ist bei dieser Sachlage erst dann möglich, wenn die Ware am Leistungsort eingetroffen und hier für den Käufer greifbar ist. In der Regel wird es in Fällen dieser Art allerdings schon an den Voraussetzungen des Annahmeverzugs fehlen.

Teillieferungen können nur dort zum Gegenstand des Selbsthilfeverkaufs gemacht werden, wo der Käufer sie ausnahmsweise, wie beim Sukzessivlieferungsvertrag, annehmen muß (vgl. oben Anm. 4). Zum Selbsthilfeverkauf zu stellen ist dann jede einzelne fällige Rate, hinsichtlich deren der Käufer im Annahmeverzug ist. Liegt Annahmeverzug mit allen Einzellieferungen vor, so kann der Verkäufer sie nach seiner Wahl einzeln oder alle zusammen versteigern lassen, es sei denn, daß der Gesamtverkauf gegen Treu und Glauben verstößt. Häufig wird dem Verkäufer aber überhaupt keine andere Wahl bleiben, wie z. B. beim Kauf auf Abruf, wenn der Käufer mit dem Abruf der gesamten Menge im Verzug ist. Teilleistungen können auch dann zum Selbsthilfeverkauf gebracht werden, wenn mehrere Gegenstände verschiedener Art ohne Gesamtpreis so verkauft sind, daß sie kein einheitliches Geschäft bilden. Anders ist es, wenn es sich um Teile eines durch ein Geschäft gekauften Postens handelt, sollte auch der Posten an sich tatsächlich teilbar sein. Die konkrete rechtliche Unteilbarkeit eines Geschäfts muß von der wirtschaftlichen Teilbarkeit der Lieferung unterschieden werden. Das bedeutet jedoch nicht, daß bei einheitlichem Geschäft notwendigerweise die ganze Menge auf einmal zum Selbsthilfeverkauf gestellt werden muß. Entscheidend ist, in welchen Mengen handelsüblicherweise oder im Interesse des Käufers (ohne Verletzung schutzwürdiger Interessen des Verkäufers) zu versteigern ist. Daher kann es durchaus vorkommen, daß Einzelverkäufe an verschiedenen Tagen stattfinden (wie ja auch bei einer Versteigerung Stück für Stück einzeln zugeschlagen werden kann). Jedoch kann der Ausfall nicht eher festgestellt werden, als nicht die gesamte Menge, mit der sich der Käufer im Annahmeverzug befindet, verkauft ist. Anm. 47

Bringt der Verkäufer eine größere Menge zum Selbsthilfeverkauf als der Käufer anzunehmen verpflichtet war oder läßt er auch noch andere Ware mitverkaufen, so macht dies den Selbsthilfeverkauf nur dann unwirksam, wenn dadurch das Verkaufsergebnis zum Nachteil des Käufers beeinflußt worden ist.

e) Die Bedingungen des Selbsthilfeverkaufs müssen nicht in jedem Fall genau mit den Bedingungen des ursprünglichen Kaufvertrags übereinstimmen. Es kommt allein darauf an, daß der Verkäufer, der den Selbsthilfeverkauf für Rechnung des Käufers durchführt, sich mit der gebotenen Sorgfalt (§ 347 HGB oder § 276 BGB, vgl. oben Anm. 24) bemüht, den nach den Umständen bestmöglichen Preis für die Ware zu erzielen (RG 19, 198, 200; JW 1904, 560[26]; „Recht" 1905, 623 Nr. 2605; LZ 1927, 455[8]). Ist dieses Interesse des Käufers gewahrt, so sind auch erhebliche Abweichungen unschädlich (vgl. auch RG JW 1904, 560[26] und bei Holdheim 1911, 169). Das gilt insbesondere dann, wenn der erzielte Erlös dem Marktpreis der Ware entspricht (vgl. RG „Recht" 1921 Nr. 2635). Unter den genannten Voraussetzungen kann z. B. gegen Kasse verkauft Anm. 48

werden, auch wenn der ursprüngliche Kaufvertrag Dreimonatsakzept oder Zahlung in dem auf die Lieferung folgenden Monat (RG bei Holdheim 1915, 81; OLG Braunschweig OLGE 28, 375f.; OLG Dresden in ZHR 38 Nr. 263) oder Zahlung erst nach Eintreffen der Ware am Bestimmungsort (OLG Hamburg OLGE 37, 20) vorsah. Unzulässig sind dagegen Abweichungen, welche dem Verkäufer auf Kosten des Käufers einen unbilligen Vorteil verschaffen oder den Preis unter Verletzung der Käuferinteressen drücken (RG 19, 198, 200; JW 1921, 394[4]). So kann etwa ein im Hauptvertrag nicht vorgesehener Ausschluß der Gewährleistung für Menge, Güte und Beschaffenheit bei den Kaufinteressenten den Verdacht erwecken, daß Güte und Beschaffenheit der Ware sich mit ihrem Aussehen nicht decken (RG 19, 198, 200; Bolze 22 Nr. 456; JW 1902, 545[11]; OLG Hamburg HansGZ 1907 Hptbl. 44 und 1920 Hptbl. 19) und dadurch den Erlös zu Lasten des Käufers mindern. Dem bei der Versteigerung anwesenden Käufer kann kein Vorwurf daraus gemacht werden, daß er es unterlassen hat, durch Stellung zweckdienlicher Anträge auf eine andere Verkaufsweise dafür zu sorgen, daß höhere Gebote erzielt werden (so bereits RG JW 1884, 198[20]).

Anm. 49 **f) Der Ort des Selbsthilfeverkaufs:** § 383 BGB ist wegen des andersgearteten Charakters des Selbsthilfeverkaufs nach BGB, der ausschließlich dazu dient, die Hinterlegung am Erfüllungsort zu ermöglichen, auf den Selbsthilfeverkauf nach HGB nicht anwendbar. Die Wahl des Verkaufsortes steht daher im pflichtgemäßen Ermessen des Verkäufers. Ebenso wie bei der Festsetzung der Lieferungsbedingungen (siehe vorige Anm.) hat der Verkäufer dabei auf die Interessen des Käufers die gebotene Rücksicht zu nehmen (§§ 347 HGB, 276 BGB, vgl. dazu oben Anm. 24). Insbesondere darf er mit der Ware nicht spekulieren und keine unnötigen Kosten für den Käufer verursachen (RG 15, 1, 3; JW 1901, 617[6]; vgl. ferner Holdheim 1904, 231). Vor allem der zuletztgenannte Gedanke führt dazu, daß der Verkäufer regelmäßig dort zu verkaufen hat, wo sich die Ware zur Zeit der Annahmeverweigerung befindet. Das ist der Absendeort, wenn der Käufer die Annahme schon vor der Versendung verweigert hat (vgl. RG JW 1901, 756[16]), sonst der Bestimmungsort (ROHG 16, 425; RG Bolze 2 Nr. 1007). Alles in allem handelt es sich um eine Zweckmäßigkeitsfrage, die nach den Verkehrsbedürfnissen und den schutzwerten Interessen des Käufers zu entscheiden ist. So kann auch der Sitz des Verkäufers ein zulässiger Verkaufsort sein, wenn hier gleich günstige Verkaufserfolge zu erwarten sind, wie am Absendungs-, Ablade-, Erfüllungs- oder Bestimmungsort. Der Verkauf an einem anderen Ort kann insbesondere dann berechtigt sein, wenn an dem regelmäßigen Verkaufsort kein Markt für die Ware besteht und anderswo ein besserer Preis zu erwarten steht (vgl. ROHG 14, 422; RG 5, 67; OLG Hamburg OLGE 3, 81; bei cif-Verkäufen, bei denen der Transport der Ware auf Kosten des Verkäufers geht, wird ein Abweichen von dem Ort, an dem sich die Ware befindet, ohnehin oft geboten sein: RG JW 1901, 756[16]). Gegebenenfalls kann der Verkäufer den Selbsthilfeverkauf auch unterwegs veranlassen. Wird schwimmende Ware nicht angenommen und deshalb die Ware in Gestalt des Konnossements versteigert (siehe oben Anm. 46), so ist nicht an dem Ort zu versteigern, an welchem sich das Konnossement befindet, sondern dort, wo die Ware auszuliefern ist (RG JW 1901, 654[14]). Ausnahmen sind auch hier möglich.

Anm. 50 **g) Die Zeit des Selbsthilfeverkaufs:** Frühester Zeitpunkt ist der für die Lieferung bestimmte Termin. Das gilt selbst dann, wenn der Käufer schon vorher erklärt hat, er werde die Lieferung nicht annehmen. Der Verkäufer kann nicht mit der Begründung, daß eine rechtzeitige Annahme künftig doch nicht mehr möglich sei, den Selbsthilfeverkauf schon vor Fälligkeit der Leistung vornehmen. Danach steht es dem Verkäufer, wie bei der Bestimmung des Ortes und der Bedingungen des Selbsthilfeverkaufs (vgl. Anm. 50 und 49), frei, den ihm am zweckmäßigsten erscheinenden Zeitpunkt zu wählen. Bei Sukzessivlieferungsverträgen ist ein Hinausschieben des Selbsthilfeverkaufs einer Rate oft zweckmäßig, damit mehrere Raten zusammenkommen. Zweifel hinsichtlich Zeit und Größe der zum Selbsthilfeverkauf zu stellenden Mengen, wie sie vor allem dann entstehen können, wenn auf Abruf oder nach Bedarf zu liefern ist, lösen sich durch Vertragsauslegung mit Rücksicht auf die bisherigen Bezüge und den zur Zeit des Vertragsschlusses vorhandenen Bedarf des Käufers. Selbst wenn der Verkauf bereits angezeigt war, kann der Verkäufer ihn verschieben, wenn dies dem Zweck dient, bessere Preise zu erzielen, muß aber in diesem Fall seine Sinnesänderung dem Käufer rechtzeitig bekanntgeben (vgl. OLG Hamburg SeuffA 69, 110). An eine bestimmte äußerste Zeitgrenze ist der Verkäufer nicht gebunden. Der Käufer wird dadurch nicht benachteiligt. Denn es steht ihm frei, jederzeit seinen Annahmeverzug zu heilen und damit dem Verkäufer die Möglichkeit zum Selbsthilfeverkauf zu entziehen (RG 32, 61, 64; 36, 83, 86ff. und 90; 41, 63f.; 57, 105, 107; 66, 186, 192). Ungebührliche, d. h. arglistige (RG a. a. O.), nach weitergehender Meinung auch grob fahrlässige (vgl. RG 66, 186, 192 m. w. Nachw.) Verzögerungen braucht der Käufer jedoch nicht hinzunehmen. Sie können mindestens die Verpflichtung des Verkäufers auslösen, den Mindererlös auszugleichen, vgl. unten Anm. 54. Unter besonderen Umständen kann eine übermäßige Verzögerung auch zur Verwirkung des Rechts zum Selbsthilfeverkauf führen, wenn der Käufer annehmen konnte, der Verkäufer werde von ihm nun keinen Gebrauch mehr machen (vgl. auch RG 36, 83, 86ff.). Das RG hat jedoch Selbsthilfeverkäufe auch nach Ablauf von zwei Jahren noch für wirksam erachtet (RG Bolze 4 Nr. 723 und Holdheim 1906, 277).

h) Die Rechtswirkungen des Selbsthilfeverkaufs: Anm. 51

aa) Die Rechtswirkungen **ordnungsgemäßen** Selbsthilfeverkaufs.

Während der Selbsthilfeverkauf nach §§ 383ff. BGB dem eigenen Interesse des Schuldners dient, indem er die nicht hinterlegungsfähige Sache in hinterlegungsfähiges Geld umwandelt, um durch Hinterlegung des Veräußerungserlöses zu erfüllen (siehe oben Anm. 28), erfolgt der handelsrechtliche Selbsthilfeverkauf nach § 373 Abs. 3 HGB **für Rechnung des säumigen Käufers.** Das bedeutet: der Verkäufer hat kraft Gesetzes die Stellung eines Beauftragten. Er ist daher verpflichtet, dem Käufer über die Durchführung des Selbsthilfeverkaufs Rechenschaft abzulegen (§ 666 BGB) und ihm den erzielten Erlös herauszugeben (§ 667 BGB) und berechtigt, von dem Käufer Ersatz der Aufwendungen zu verlangen, die er nach den Umständen für erforderlich halten durfte (§ 670 BGB).

Der Selbsthilfeverkauf ist zugleich Erfüllungssurrogat: durch die Veräußerung des Kaufgegenstandes für Rechnung des Käufers erfüllt der Verkäufer diesem gegenüber seine Lieferpflicht aus dem Hauptvertrag. Bei Zug um Zug abzuwickelnden Käufen wird damit auch der Anspruch des Verkäufers auf den Kaufpreis fällig. Denn anders als beim Schadensersatz wegen Nichterfüllung (vgl. Vorbem. vor § 373 Anm. 351, s. aber auch Anm. 412) bleibt der ursprüngliche Anspruch auf den Kaufpreis auch bei Durchführung des Selbsthilfeverkaufs bestehen. Mit seinem Kaufpreisanspruch (sowie dem Anspruch auf Aufwendungsersatz und ggf. Provision, vgl. unten nächster Absatz) kann der Verkäufer gegen die Forderung des Käufers auf Herausgabe des Erlöses **aufrechnen.** Die Aufrechnung ist ausgeschlossen, wenn der Kaufpreis gestundet ist. In diesem Fall muß der Verkäufer den Erlös in voller Höhe (abzüglich nur etwaiger sofort fälliger Ansprüche auf Provision und Verwendungsersatz) herausgeben und die Fälligkeit seiner Kaufpreisforderung abwarten. Denn ein Zurückbehaltungsrecht setzt einen fälligen Anspruch voraus (vgl. § 273 BGB). Will der Verkäufer den Erlös nicht aushändigen, so kann er ihn nach § 383 BGB hinterlegen. Dazu gehört aber, daß die besonderen Voraussetzungen dieser Vorschrift gewahrt sind, insbesondere, daß öffentliche Versteigerung am Erfüllungsort stattgefunden hat. Hat der Selbsthilfeverkauf mehr eingebracht als den vom Käufer geschuldeten Kaufpreis plus Aufwendungen und Provision des Verkäufers, so gebührt der Mehrerlös in jedem Fall dem Käufer (RG 102, 388ff.). Ist der erzielte Veräußerungserlös geringer als der vom Käufer zu zahlende Kaufpreis (was der weitaus häufigere Fall sein dürfte), so kann der Verkäufer vom Käufer Zahlung des Restbetrages verlangen. Dieser Anspruch auf die Differenz zwischen dem aufgerechneten Erlös aus dem Selbsthilfeverkauf und dem vereinbarten Kaufpreis ist der ursprüngliche Erfüllungsanspruch (RG 41, 64; 57, 106; 110, 129f.; JW 1925, 946[17]). Deshalb liegt in der Androhung des Selbsthilfeverkaufs unter Setzung einer letzten Nachfrist nicht die Erklärung des Verkäufers, daß er nach Ablauf der Nachfrist die Vertragserfüllung ablehnen würde, sondern im Gegenteil die Androhung, daß er sie zwangsweise durchsetzen werde. Anm. 52

Nach § 670 BGB hat der Verkäufer einen Anspruch gegen den Käufer auf Ersatz der ihm durch den Selbsthilfeverkauf entstandenen Aufwendungen, soweit er sie den Umständen nach für erforderlich halten durfte. Zu denken ist dabei z. B. an Reisekosten und Auslagen für Warentransport (sofern erforderlich, vgl. Anm. 51), Porto, Ferngespräche u. ä. Ist der Verkäufer Kaufmann, so kann er auch nach § 354 HGB dem Käufer eine Provision in Rechnung stellen (a. M. Düringer-Hachenburg-Hoeniger § 373 Anm. 39; wie hier aber Schlegelberger-Hefermehl § 373 Rdnr. 41 und schon RG Bolze 12 Nr. 474).

Anm. 53 bb) Die Rechtsfolgen **nicht ordnungsgemäßen** Selbsthilfeverkaufs.

Ein Verstoß gegen die gesetzlichen Erfordernisse des Selbsthilfeverkaufs führt dazu, daß der Käufer den Verkauf nicht als für seine Rechnung erfolgt gegen sich gelten lassen muß. Das gilt auch dann, wenn dem Verkäufer die Beobachtung dieser Erfordernisse nicht möglich war. In diesem Fall hätte der Selbsthilfeverkauf ganz unterbleiben müssen. Für den Käufer unverbindlich ist insbesondere ein Selbsthilfeverkauf, der ohne ordnungsmäßige vorherige Androhung (siehe oben Anm. 37ff. sowie unter Verstoß gegen die vorgeschriebene Art der Durchführung (z. B. freihändiger Verkauf durch den Verkäufer selbst ohne Einschaltung eines Handels- oder Kursmaklers oder dort, wo öffentliche Versteigerung hätte erfolgen müssen, siehe oben Anm. 40ff.) stattgefunden hat. An der Unverbindlichkeit eines solchen Selbsthilfeverkaufs ändert sich auch dann nichts, wenn der Käufer gegen ihn keinen Einspruch erhoben (RG Gruch. 28, 1067; SeuffA 50 Nr. 196; Bolze 21 Nr. 484; vgl. ferner schon oben Anm. 48 a. E.), sich durch Mitbieten beteiligt oder die Ware sogar selbst ersteigert hat (RG in ElsLothZ. 1907, 171; ROHG 20, 24; RG Bolze 20 Nr. 505) oder auch ein formell einwandfreier Verkauf kein günstigeres Ergebnis gebracht hätte, es sei denn, daß ausnahmsweise in dem Verhalten des Käufers nach Treu und Glauben mit Rücksicht auf die Verkehrsauffassung eine Zustimmung zu der abweichenden Form des Verkaufs gesehen werden kann. Über die Rechtsfolgen der unterlassenen Benachrichtigungen nach Abs. 5 vgl. Anm. 45 u. 56.

Anm. 54 Nach der Voraufl. dieses Komm. (§ 373 Anm. 44) gilt das in der vorigen Anm. Ausgeführte auch dann, wenn der Selbsthilfeverkauf zur unrechten Zeit vorgenommen worden ist oder bei seiner Durchführung unter Verletzung der Käuferinteressen von den Bedingungen des ursprünglichen Kaufvertrags abgewichen worden ist. Eine Ausnahme ist dort unter Berufung auf die Rechtsprechung (vgl. RG 95, 116, 118; 104, 421; 110, 268, 270) nur bei Verkauf am falschen Ort zugelassen. In diesem Fall soll der Verstoß des Verkäufers nicht die Unverbindlichkeit des gesamten Selbsthilfeverkaufs zur Folge haben. Der Käufer soll vielmehr verlangen können, daß ihm der Preis gutgebracht wird, der bei ordnungsgemäßem Verkauf am richtigen Ort erzielt worden wäre. Dieser sich auf eine recht alte Rechtsprechung stützende Standpunkt bedarf der Überprüfung. Das Gesetz enthält keine Vorschriften über Zeit, Ort und Bedingungen des Selbsthilfeverkaufs, läßt dem Verkäufer also freie Hand. Das Ermessen des Verkäufers ist nur insofern eingeengt, als aus seiner Stellung als Vertragspartner des Käufers in Verbindung mit der Tatsache, daß er den Selbsthilfeverkauf für Rechnung des Käufers, also in einer einem Beauftragten ähnlichen Stellung, ausführt, das ungeschriebene Gebot folgt, den Selbsthilfeverkauf so durchzuführen, daß im Rahmen des Zumutbaren (d. h. soweit die berechtigten Interessen des Verkäufers es zulassen) der bestmögliche Preis für den Käufer erzielt wird (vgl. dazu bereits ausführlich oben Anm. 48—51), wobei allerdings ein Zeitlimit für die Zulässigkeit des Verkaufs nicht besteht (siehe oben Anm. 50). Bemüht er sich darum nicht mit der gebotenen (§§ 276 BGB, 347 HGB, s. o. Anm. 24) Sorgfalt, so ist nicht ein gesetzliches Formerfordernis des Selbsthilfeverkaufs verletzt, wohl aber eine vertragliche Sorgfaltspflicht des Verkäufers. Die Folge ist, daß der Verkäufer den Käufer (im Wege des Schadensersatzes) so zu stellen hat, wie dieser gestanden haben würde, wenn der Verkäufer mit der gebotenen Sorgfalt vorgegangen wäre. Dies führt dazu, den Selbsthilfeverkauf nicht nur dann als verbindlich anzusehen, wenn er an einem ungünstigen Ort vorgenommen worden ist, sondern auch dann, wenn zur unrechten Zeit oder zu erlösschmälernden Bedingungen verkauft worden ist. In allen drei Fällen kann der Käufer jedoch verlangen, daß der Verkäufer ihm auf seine Kaufpreisschuld den Betrag gutbringt, der bei pflichtgemäßem Vorgehen des Verkäufers erlöst worden wäre (im Ergebnis wie hier schon Schlegelberger-Hefermehl § 373 Rdnr. 36f.).

Anm. 55 Im Gesetz (vgl. § 373 Abs. 2 S. 1, 2. Halbs. HGB) festgelegt ist dagegen, daß der mit dem freihändigen Verkauf beauftragte Handels- (oder Kurs-)Makler den Verkauf zum laufenden Preis zu bewirken hat. Damit steht an sich nichts im Wege, bei Abschluß unter dem laufenden Preis Unverbindlichkeit des Verkaufs anzunehmen. Das ROHG (10, 367ff.) und das RG (ZHR 26, 564) haben jedoch Unwirksamkeit nur dann angenommen, wenn der laufende Preis bei Anwendung der gebotenen Sorgfalt zu erreichen gewesen wäre, andernfalls wiederum nur eine Verpflichtung des Verkäufers, dem Käufer den laufenden Preis anzurechnen. Die Begründung der genannten alten Entscheidung des ROHG überzeugt noch heute. Der laufende Preis ist als Durchschnittspreis (s. Vorbem. vor § 373 Anm. 54) nur schwer zuverlässig festzustellen. Deshalb ist der freihändige Verkauf nicht dem Verkäufer, sondern einer Person anvertraut, bei der sowohl Sachkunde als auch Unparteilichkeit vermutet wird. Verfehlt auch sie ohne ihr Verschulden den laufenden Preis, so ist Unverbindlichkeit des Verkaufs eine unangemessen harte und zugleich unpraktische Sanktion. Den Belangen des Käufers, der wegen der bekannt geringen Erlöse auf öffentlichen Versteigerungen an dem Verkauf aus freier Hand häufig durchaus interessiert sein wird, ist mehr damit gedient, wenn er in jedem Fall den laufenden Preis erhält. Unverbindlichkeit des gesamten Selbsthilfeverkaufs tritt daher nur dann ein, wenn der laufende Preis schuldhafterweise nicht erreicht wird.

Ist lediglich eine der Benachrichtigungen nach § 373 Abs. 5 unterlassen worden, so wird die Verbindlichkeit des Selbsthilfeverkaufs davon überhaupt nicht berührt. Der Verkäufer hat jedoch dem Käufer einen etwaigen durch die Unterlassung entstandenen Schaden zu ersetzen, § 373 Abs. 5 S. 2. Im übrigen ist eine Schadensersatzpflicht wegen Verstoßes gegen die vorgeschriebenen Formen des Selbsthilfeverkaufs im Gesetz nicht vorgesehen. **Anm. 56**

Ein den Erfordernissen des § 373 nicht entsprechender Selbsthilfeverkauf kann ausnahmsweise eine berechtigte Geschäftsführung ohne Auftrag (§§ 677ff. BGB) darstellen und insofern für den Käufer verbindlich sein. Voraussetzung ist, daß der Verkauf in der durchgeführten Art dem wirklichen oder mutmaßlichen Willen und dem Interesse des Käufers entspricht (so BGH LM Nr. 5 zu § 325 BGB; ferner Schlegelberger-Hefermehl § 373 Rdnr. 43; Düringer-Hachenburg-Hoeniger § 373 Anm. 41). **Anm. 57**

Braucht der Käufer den Selbsthilfeverkauf nicht für seine Rechnung geschlossen gelten zu lassen, so hat der Verkäufer seine Lieferpflicht an den Käufer durch die Veräußerung der Ware an den Dritten nicht erfüllt. Der Käufer bleibt weiterhin berechtigt, von dem Verkäufer Lieferung der Ware zu verlangen. Regelmäßig wird der Verkäufer infolge der Veräußerung des Kaufgegenstandes an den Dritten zur Lieferung der Ware an den Käufer jedoch außer Stande sein. Sofern die Nichtordnungsmäßigkeit des Selbsthilfeverkaufs vom Verkäufer verschuldet ist, ist sein nunmehr bestehendes Unvermögen ein verschuldetes. Der Käufer ist daher, wenn er jetzt zur Vertragserfüllung zurückkehrt (s. dazu oben Anm. 20) und Lieferung der Ware verlangt, berechtigt, gegen den Verkäufer aus § 325 BGB vorzugehen (vgl. z. B. BGH LM Nr. 3 zu § 373 HGB). **Anm. 58**

In einer Reihe von Fällen bleibt der Verkäufer jedoch trotz des im Verhältnis zum Käufer unwirksamen Selbsthilfeverkaufs in der Lage, seiner weiterbestehenden Leistungspflicht gegenüber dem Käufer zu genügen. War eine individuell bestimmte Sache verkauft (Spezieskauf), so ist dies allerdings nur dann der Fall, wenn der Verkäufer den Kaufgegenstand selbst ersteigert hat oder sonst wiedererlangt hat. Anders liegt es beim Verkauf von Gattungsware. Zwar ist auch hier durch das Angebot des Verkäufers und durch die Versteigerung der Ware das Schuldverhältnis auf bestimmte Sachen beschränkt worden (s. dazu oben Anm. 46 sowie Vorbem. vor § 373 Anm. 109ff.). Dennoch ist der Verkäufer im allgemeinen berechtigt, seine weiterbestehende Leistungspflicht durch Lieferung von Ware gleicher Art und Güte zu erfüllen, es sei denn, daß der Käufer ein besonderes berechtigtes Interesse daran hatte, gerade die zum Selbsthilfeverkauf gebrachten, vom Verkäufer nicht mehr zu beschaffenden Stücke zu erhalten (RG 32, 61, 63; 91, 112; „Recht“ 1906, 855 Nr. 2075; LZ 1912, 223[6]). Verharrt der Käufer auch nach dem ersten für ihn unverbindlichen Selbsthilfeverkauf in seinem Annahmeverzug, so ist der Verkäufer unter den vorstehend genannten Voraussetzungen sogar berechtigt, einen zweiten Selbsthilfeverkauf vorzunehmen. Denn der erste nicht ordnungsmäßige Selbsthilfeverkauf ist nicht nur für den Käufer, sondern auch für den Verkäufer unverbindlich und Ware, die sich für einen zweiten Erfüllungsversuch eignet, ist auch für den zweiten Selbsthilfeverkauf geeignet.

Befindet sich der Käufer nicht nur im Gläubiger- (Annahme-) Verzug, sondern zugleich im Schuldnerverzug (mit Zahlung des Kaufpreises oder wenn Abnahme Hauptverpflichtung ist, mit dieser; s. o. Anm. 1 und Vorbem. vor § 373 Anm. 292), so stehen **Anm. 59** dem Verkäufer die Rechte aus dem Gläubiger- und dem Schuldnerverzug wahlweise nebeneinander zur Verfügung, aber nur in der Form, daß er wählen kann, ob er die Folgerungen aus dem Annahmeverzug durch Selbsthilfeverkauf nach § 373 HGB oder aus dem Leistungsverzug nach § 326 BGB durch Rücktritt oder Forderung von Schadensersatz wegen Nichterfüllung (ggf. mit Deckungsverkauf) ziehen will (zu den Rechten aus § 326 BGB vgl. o. Anm. 22). Denn Vornahme des Selbsthilfeverkaufs nach § 373 bedeutet zwangsweise Erfüllung des Kaufvertrages (s. o. Anm. 52). Bei Vorgehen nach § 326 BGB ist dagegen der Erfüllungsanspruch spätestens im Augenblick des fruchtlosen Ablaufs der Nachfrist mit Ablehnungsandrohung ausgeschlossen (vgl. Vorbem. vor § 373 Anm. 412). Erfüllung und Nichterfüllung des Vertrages aber schließen einander als unvereinbar zwingend aus. Daher kann der Verkäufer, der einmal nach § 326 BGB vorgegangen ist, nicht nachträglich einen wirksamen Selbsthilfeverkauf nach § 373 vornehmen oder einen (zur Berechnung seines Nichterfüllungsschadens, siehe Vorbem. vor § 373 Anm. 350ff.) durchgeführten Deckungsverkauf im Nachhinein als Selbsthilfeverkauf nach § 373 ausweisen. Umgekehrt allerdings kann der Verkäufer auch noch nach Androhung des Selbsthilfeverkaufs zum Verlangen nach Schadensersatz wegen Nichterfüllung übergehen. Denn ein Übergang vom Erfüllungsanspruch (§ 373, s. o. Anm. 52) zu dem Standpunkt, den Vertrag endgültig als nicht erfüllt zu betrachten (§ 326 BGB), ist jederzeit möglich. Deshalb kann der Verkäufer auch einen bereits durchgeführten Selbsthilfeverkauf nachträglich (sofern die übrigen Voraussetzungen des § 326 BGB erfüllt sind) als Deckungsverkauf behandeln (RG 53, 11ff.; 102, 388, 390 oben; 109, 324, 326f.; 110, 155, 157; LZ 1916, 536[13]) und der Berechnung seines Nichterfüllungsschadens zugrunde legen. Da der Deckungsverkauf keinerlei Formvorschriften unterliegt, kann auch ein ordnungswidriger und als solcher nicht wirksamer Selbsthilfeverkauf nachträglich als wirksamer Deckungsverkauf behandelt werden (RG 109, 134, 136), so daß sich hier für den Verkäufer eine weitere legitime Möglichkeit erschließt, den für ihn nachteiligen Folgen eines ordnungswidrigen Selbsthilfeverkaufs zu entgehen. Wählt der Verkäufer zulässigerweise diesen Weg, so gilt auch ein wirksamer Selbsthilfeverkauf nunmehr nicht als für Rechnung des Käufers, sondern als für eigene Rechnung des Verkäufers geschlossen. Ein etwaiger Mehrerlös steht daher dem Verkäufer, nicht dem Käufer, zu (vgl. RG 102, 388, 390 und Vorbem. vor § 373 Anm. 361). Bei einem unwirksam vorgenommenen Selbsthilfeverkauf kann allerdings das Versteigerungsergebnis nicht ohne weiteres der Berechnung des Nichterfüllungsschadens nach § 326 BGB zugrunde gelegt werden (RG SeuffA. 81, 172). Für die konkrete Schadensberechnung ungeeignet ist der Verkauf ferner dann, wenn der Verkäufer selbst die Ware ersteigert hat (RG 110, 155, 158ff.).

Anm. 60 i) Die **Beweislast** für die Ordnungsmäßigkeit des Selbsthilfeverkaufs liegt beim Verkäufer. Er muß daher, wenn der Käufer das bestreitet, die Einhaltung der gesetzlichen Erfordernisse sowie bei Abweichungen hinsichtlich Zeit, Ort und Bedingungen des Verkaufs beweisen, daß sie keine Schmälerung des Erlöses bewirkt haben.

Anm. 61 **3. Abweichende Vereinbarungen.** Die Bestimmungen des § 373 sind durchweg kein zwingendes Recht. Die Parteien können daher abweichende Vereinbarungen treffen. Sie können den Verkäufer von der Einhaltung bestimmter gesetzlicher Erfordernisse entbinden, aber auch eine völlig andere Art der Verwertung der nicht angenommenen Ware als im HGB vorgesehen abmachen, z. B. daß der Verkäufer die Ware zum laufenden Preis behalten soll. Derartige Vereinbarungen sind formlos, auch stillschweigend und selbst nachträglich möglich. So kann z. B. in dem Schweigen des Käufers auf die Ankündigung des freihändigen Verkaufs (vgl. RG Bolze 11 Nr. 390) oder eines unrichtigen Verkaufsortes oder auf eine zur kurzfristig anberaumte Versteigerung oder die Art der Bekanntmachung nach Treu und Glauben die Zustimmung oder nachträgliche Genehmigung des Vorgehens des Verkäufers liegen.

§ 375

Ist bei dem Kaufe einer beweglichen Sache dem Käufer die nähere Bestimmung über Form, Maß oder ähnliche Verhältnisse vorbehalten, so ist der Käufer verpflichtet, die vorbehaltene Bestimmung zu treffen.

Ist der Käufer mit der Erfüllung dieser Verpflichtung im Verzuge, so kann der Verkäufer die Bestimmung statt des Käufers vornehmen oder gemäß § 326 des Bürgerlichen Gesetzbuchs Schadensersatz wegen Nichterfüllung fordern oder vom Vertrage zurücktreten. Im ersteren Falle hat der Verkäufer die von ihm getroffene Bestimmung dem Käufer mitzuteilen und ihm zugleich eine angemessene Frist zur Vornahme einer anderweitigen Bestimmung zu setzen. Wird eine solche innerhalb der Frist von dem Käufer nicht vorgenommen, so ist die von dem Verkäufer getroffene Bestimmung maßgebend.

Schrifttum: Leonhard, Die Wahl in der Wahlschuld, JherJ. 41, 1; Oertmann, Der Kauf mit Spezifikation, AcP 85, 202 (altes Recht); Regelsberger, Alternativobligation, JherJ. 16, 159 u. AcP 49, 185; Zander, Gruch. 52, 304.

A. Der Begriff des Spezifikationskaufs sowie die Stellung des § 375 in der Systematik des Gesetzes

I. Einleitung; Begriff des Spezifikationskaufs

Anm. 1

Im Handelsverkehr, insbesondere im Massengüterhandel, erfolgen Warenbestellungen häufig in der Weise, daß zunächst nur eine Vereinbarung über die abzunehmende Menge und (als Qualitätsmerkmal) über die zu liefernde Sorte getroffen wird. Im übrigen wird es dem Käufer vorbehalten zu bestimmen, in welchen Maßen, in welchen Formen (Eisen in bestimmten Dimensionen; Garn einer bestimmten Sorte, in verschiedenen Nummern, Seide in bestimmten Farbmustern), mit welcher Ausstattung, in welchen Konstruktionen, in welchem Format und Druck zu liefern ist. Hinsichtlich der Preisbestimmung wird ein einheitlicher Grundpreis oder für jede Sorte ein Grundpreis vereinbart und für die verschiedenen Arten der Formgebung Zuschläge, die sich mangels besonderer Vereinbarung nach der Preisskala des Verkäufers zur Zeit des Kaufabschlusses richten (ROHG 19, 402 oben). In dieser Art abgeschlossene Käufe werden rechtlich als Spezifikationskäufe bezeichnet. Im Handelsverkehr treten sie im allgemeinen nicht unter dieser Bezeichnung auf. Es wird lediglich ausgemacht, daß die und die Sorte in den und den Abmessungen oder in der und der Farbe oder Stärke und dgl. nach Wahl oder Abruf des Käufers unter Vorbehalt der näheren Bestimmung zu liefern ist. Ein Spezifikationskauf liegt auch dann noch vor, wenn nicht — wie in den vorstehenden Beispielen — eine Sorte unter dem Vorbehalt näherer Bestimmung ihrer Formen, Maße, Ausstattung usw. zu einem festen Grundpreis geliefert wird, sondern vereinbart ist, daß die abzunehmende Menge unter Verschiedenheit der Grundpreise unter beliebiger Teilung aus mehreren Warensorten gewählt werden darf (sog. komplizierter Spezifikationskauf, vgl. dazu ROHG 18, 48 sowie RG 30, 97ff.; 43, 101). Ein ebenfalls unter den Begriff des Spezifikationskaufes fallendes „ähnliches Verhältnis" i. S. des § 375 ist auch dann gegeben, wenn der Käufer nicht nur die verschiedenen Sorten und Formen (z. B. Garnnummern), sondern auch den Grundstoff (die Qualitäten; RG „Recht" 1905, 475[1889]) oder nach der Herkunft oder der Bearbeitungsart oder nach allen dreien wählen darf.

II. Abgrenzung von ähnlichen Erscheinungen

Anm. 2

Die in § 375 Abs. 1 aufgestellte Begriffsbestimmung ist sehr allgemein gehalten. Offensichtlich wollte der Gesetzgeber es vermeiden, durch eine zu strikte Begriffsbestimmung der weiteren wirtschaftlichen und rechtlichen Entwicklung eines aus der Wirtschaftspraxis erwachsenen Instituts Fesseln anzulegen. Deutlicher als aus der gesetzlichen Definition tritt das Wesen des Spezifikationskaufs daher aus dem Vergleich mit ähnlichen Erscheinungen zutage.

Anm. 3

Abzugrenzen ist § 375 HGB zunächst gegen die Bestimmungen der §§ 315ff. BGB. Nach diesen Vorschriften kann nicht nur die nähere Bestimmung über Gegenstand und Umfang der Leistung, sondern auch über die Modalitäten ihrer Erbringung sowie über die Gegenleistung beim Kaufabschluß für einen späteren Zeitraum vorbehalten bleiben. Die Bestimmung kann vom Verkäufer, vom Käufer oder auch von einem Dritten, sie kann nach billigem Ermessen oder nach freiem Belieben zu treffen sein. Eine ausführliche Darstellung der §§ 315ff. BGB findet sich in der Vorbem. vor § 373 Anm. 45ff. Gegenüber diesen allgemeinen Vorschriften stellt § 375 die besondere, engere Regelung dar. Für den Bereich des Handelskaufs geht § 375 daher den §§ 315ff. BGB bei Vorliegen seiner besonderen Voraussetzungen als Spezialgesetz vor. Diese besonderen Voraussetzungen liegen in folgenden Umständen:

Beim Spezifikationskauf i. S. des § 375 muß sich die vorbehaltene Bestimmung gerade **auf die Ware selbst** beziehen. Dies ergibt sich daraus, daß § 375 Abs. 1 verlangt, daß die vorbehaltene nähere Bestimmung **ähnliche Verhältnisse wie Form und Maß** der Ware betrifft. Damit scheiden alle Vereinbarungen, welche dem Käufer die nähere Ausgestaltung des Kaufvertrages als solchen, also der Leistungsabwicklung sowie der Gegenleistung vorbehalten, aus dem Anwendungsbereich des § 375 aus. Im übrigen ist der Begriff der sonstigen Verhältnisse weit auszulegen. Er kann alle Umstände umfassen, die im weitesten Sinne der näheren Bestimmung des Kaufgegenstandes dienen. Der Spezifikation durch den Käufer überlassen bleiben können daher nicht nur Farb- und Formgebung, Ausstattung, Abmessungen, Zusammensetzung, Verarbeitung der Ware, sondern auch (sog. komplizierter Spezifikationskauf, siehe schon Anm. 1 a. E.) die Beschaffenheit des Grundstoffes, aus dem die Ware hergestellt wird, die Wahl der Sorte. Letzteres steht schon seit der grundlegenden Entscheidung RG 30, 97ff. (teilweise gegen ROHG 18, 48) außer Streit. Das Bestimmungsrecht des Käufers ist jedoch nicht auf qualitative Merkmale beschränkt. Über die oben genannten Beispiele hinaus kann auch die Menge der zu liefernden Ware nach § 375 der künftigen Bestimmung des Käufers vorbehalten bleiben.

Ein Spezifikationskauf liegt ferner nur dann vor, wenn die Bestimmung gerade vom Käufer oder dessen Vertreter zu treffen ist. Soll sie vom Verkäufer oder von einer dritten Person getroffen werden, die nicht als Vertreter des Käufers fungiert, so gilt § 317 BGB. §§ 315ff. BGB und nicht § 375 sind ferner dann anwendbar, wenn sich aus dem Vertrage ergibt, daß die Bestimmung nach billigem Ermessen getroffen werden muß. § 375 setzt voraus, daß die Bestimmung in das freie nicht überprüfbare Belieben des Käufers gestellt ist.

Anm. 4 **§ 375** erfordert ferner stets, daß sich das dem Käufer vorbehaltene **Bestimmungsrecht innerhalb** der Grenzen **einer** nach der maßgeblichen Verkehrsanschauung **einheitlichen Ware** hält. Ist nicht eine bestimmte, wenn auch erst später vom Käufer in ihren maßgeblichen Eigenschaften näher festzulegende Ware verkauft, ist dem Käufer vielmehr lediglich die **Auswahl zwischen** zwei oder **mehreren** von vornherein deutlich unterschiedenen **Kaufgegenständen** überlassen, so liegt kein Spezifikationskauf, sondern der Verkauf einer wahlweise bestimmten Sache (Wahlschuldverhältnis nach §§ 262—265 BGB) vor. So fällt es z. B. unter den Begriff des Spezifikationskaufes, wenn Maschinen verkauft sind, die in bestimmten, sich gleichbleibenden „Sätzen" geliefert werden sollen, nur in verschiedener Einzelausführung, z. B. Strickmaschinen, die je nach Feinheit des Gewebes, das sie herstellen sollen, voneinander abweichen, weil hier noch die Auffassung möglich ist, es handle sich um abgewandelte Ausführungen ein und derselben Maschine (einer einheitlichen Ware also), RG in HRR 1934 Nr. 1302. Diese Auffassung ist ausgeschlossen und deshalb der Verkauf einer wahlweise bestimmten Sache anzunehmen, wenn dem Käufer einer Maschine nur die Wahl zwischen den im Fabrikationsbetriebe des Verkäufers üblicherweise hergestellten, deutlich je einen verschiedenen Typ repräsentierenden Maschinenarten gelassen ist, RG „Recht" 1928, 136[523]. Von einem zu engen Begriff des Spezifikationskaufes geht der BGH in NJW 1960, 674 aus.

Anm. 5 Gleichgültig ist dagegen, ob der Verkäufer die Ware selbst herstellt oder sie anderweitig bezieht oder sie bereits auf Lager hat. § 375 ist nach § 381 Abs. 2 selbst dann anwendbar, wenn die vom Verkäufer aus dem von ihm zu beschaffenden Material herzustellende Ware eine nicht vertretbare bewegliche Sache ist (ebenso Schlegelberger-Hefermehl § 375 Rdnr. 2; vgl. auch die in der vorigen Anm. a. E. zitierte Entscheidung RG HRR 1934 Nr. 1302; a. A. in restriktiver Auslegung entgegen dem Gesetzestext Düringer-Hachenburg-Hoeniger § 375 Anm. 6). Infolge § 381 gilt § 375 auch für Wertpapierkäufe.

III. Bedeutung des § 375 innerhalb des Systems des Gesetzes

Anm. 6 Die Bedeutung des § 375 liegt zu einem (geringeren, heute nur noch rechtshistorisch interessanten) Teil in der (stillschweigenden) gesetzgeberischen Entscheidung, daß der **Spezifikationskauf** trotz der dem Käufer vorbehaltenen Bestimmung **ein einheitlicher**

vollkommener Kaufvertrag ist, daß also weder eine die Wirksamkeit des Vertragsschlusses in Frage stellende Unbestimmtheit bzgl. Ware oder Preis besteht noch in dem Geschäft rechtlich eine Mehrzahl von Kaufverträgen enthalten ist und erst die Erklärung des Käufers entscheidet, welcher Kaufvertrag mit welcher bestimmten Ware zu welchem bestimmten Preis Geltung erhält. Sie bringt damit eine aus der Wirtschaftspraxis erwachsene und von der Rechtsprechung des ROHG sanktionierte (vgl. u. a. ROHG 14, 41ff.; 16, 204ff.; aber auch 18, 48) Entwicklung eines dem Gemeinen Recht noch unbekannten Instituts zum Abschluß.

Zum anderen wichtigeren Teil liegt die Bedeutung des § 375 darin, daß er das dem Käufer eingeräumte Spezifikationsrecht zur vertraglichen Pflicht erhebt und zugleich die Sanktionen, die aus der Verletzung dieser Verpflichtung erwachsen können, im einzelnen regelt. Zum besseren Verständnis dieses Teils der Vorschrift sei der rechtliche und wirtschaftliche Zusammenhang, in dem er gesehen werden muß, kurz dargestellt. Der Käufer hat auf Grund des Vertrages einen Anspruch auf Lieferung der Ware. Der Verkäufer kann aber diesen Anspruch nicht eher erfüllen, als nicht der Käufer die ihm vorbehaltene Spezifizierung der Ware vorgenommen (oder, wie es im kaufmännischen Sprachgebrauch heißt, die Ware „eingeteilt") hat. Die Spezifikation ist also eine zur Bewirkung der Leistung des Schuldners (= Verkäufers) erforderliche Handlung des Gläubigers (= Käufers) i. S. von § 295 S. 1, 2. Altern. BGB. Unterbleibt diese Mitwirkungshandlung, so ist der Verkäufer — seine Lieferbereitschaft abgesehen von der fehlenden Spezifizierung im übrigen vorausgesetzt — nach allgemeinen Regeln befugt, den Käufer in Annahme-(Gläubiger)Verzug zu setzen, indem er ihm entweder die Ware wörtlich anbietet (§ 295 S. 1 BGB) oder — was in Anbetracht der mangels Spezifiziertheit vorliegenden Unbestimmtheit der Ware näher liegt — den Käufer auffordert, die erforderliche Spezifikation vorzunehmen (§ 295 S. 2 BGB). War für die Vornahme der Spezifikation ein nach dem Kalender bestimmter Zeitpunkt vorgesehen, so kann sogar diese Aufforderung unterbleiben. Die dem Verkäufer im Annahmeverzug des Käufers erwachsenden Rechte und Haftungserleichterungen (s. dazu ausführlich §§ 373/374) vermögen jedoch (sei es bereits infolge ihrer Grundkonzeption, sei es infolge der Besonderheiten des Spezifikationskaufes) gerade dem wichtigsten Interesse des Spezifikationsverkäufers, den Kaufvertrag endlich abzuwickeln und das Betriebspotential für andere Aufträge freizumachen, nicht ausreichend gerecht zu werden. Zwar kann der Verkäufer nach § 304 BGB Ersatz der Kosten verlangen, die ihm durch die Aufbewahrung der Rohstoffe während des Annahmeverzuges des Käufers entstehen. Die i. S. des oben gekennzeichneten Verkäuferinteresses sehr viel bedeutsamere Möglichkeit aber, sich nach § 373 Abs. 1 durch Hinterlegung der Ware zu befreien, scheitert daran, daß die Ware nach wie vor unspezifiziert und infolgedessen auch nicht individualisiert ist: eine zu hinterlegende Ware ist bei dieser Sachlage noch gar nicht vorhanden. Möglich ist lediglich die Hinterlegung des Grundstoffes, aus dem die Ware gefertigt werden soll. Auf ähnliche Schwierigkeiten stößt aus den gleichen Gründen die Realisierung des Rechtes zum Selbsthilfeverkauf nach § 373 Abs. 2. Ein Ausweg wäre hier allenfalls darin zu sehen, dem Verkäufer — wie aus diesem Grunde vor Einführung des § 375 z. T. auch angenommen wurde — die Befugnis zum Selbsthilfeverkauf unter Übergang des Spezifikationsrechtes auf den neuen Käufer zuzusprechen — schwerlich eine ideale Lösung (wegen der Bedenken dagegen s. unten Anm. 23). Auch ein Gefahrübergang i. S. von § 324 Abs. 2 BGB wegen Annahmeverzugs des Käufers ist grundsätzlich nicht möglich, weil vor der Spezifikation die zu liefernde Ware nicht konkretisiert ist (s. Vorbem. vor § 373 Anm. 109ff.). Ausgeschlossen ist ferner auch die Klage auf Abnahme der Ware (welcher?) und Zahlung des Kaufpreises. Über die unter dem früheren Rechtszustand als Ersatzlösung vorgeschlagene Klage auf Zahlung des Grund- als des Mindestpreises s. unten Anm. 22. Eine Klage des Verkäufers gegen den Käufer auf Vornahme der Spezifikation schließlich mußte solange scheitern, wie es sich bei letzterer ausschließlich um ein Recht des Käufers, allenfalls um eine Obliegenheit, nicht jedoch um eine klagbare Verpflichtung handelte; über die Zulässigkeit der Klage unter dem jetzigen Rechtszustand s. unten Anm. 20.

Anm. 7 (margin note at start of preceding paragraph)

Dem geschilderten Mangel sucht § 375 im Interesse einer Beschleunigung der Vertragsabwicklung abzuhelfen. Er macht dem Käufer die **Spezifikation zur rechtlichen Pflicht.** Damit ist das Unterbleiben der Spezifikation nicht mehr lediglich Nichtausübung Anm. 8

eines Gläubigerrechts, sondern zugleich und vornehmlich Verletzung einer rechtlichen Verpflichtung. Bei Vorhandensein der Voraussetzungen des § 284 BGB (s. dazu Vorbem. vor § 373 Anm. 313ff. und unten Anm. 9ff.) beschränkt sich die **Rechtsfolge unterlassener Spezifizierung** nicht mehr darauf, daß der Käufer in Annahme-**(Gläubiger)Verzug** gerät. Der Käufer kommt vielmehr **zugleich** in Leistungs-**(Schuldner)Verzug.** § 375 geht jedoch noch einen Schritt weiter: die **Spezifizierung** wird in den Rang einer **vertraglichen Hauptpflicht** des Käufers erhoben und tritt infolgedessen gleichrangig neben seine Verpflichtung zur Zahlung des Kaufpreises. Dies kommt darin zum Ausdruck, daß die nur für Hauptpflichten im gegenseitigen Vertrag geltende Vorschrift des § 326 BGB für anwendbar erklärt wird. Wahlweise wird dem Verkäufer zusätzlich das Recht zugebilligt, unter bestimmten Voraussetzungen selbst zur Spezifikation zu schreiten, wenn er von den Rechten aus § 326 BGB keinen Gebrauch machen will.

B. Die Voraussetzungen für die Ausübung der Rechte aus § 375

Anm. 9 Da der Spezifikationsverzug einen Fall des Leistungsverzuges darstellt, müssen sämtliche Voraussetzungen des § 284 BGB erfüllt sein; vgl. dazu ausführlich die Vorbem. vor § 373 Anm. 313ff. Dazu gehört als erstes, daß die unterbliebene Spezifikation fällig war. Die Fälligkeit der Spezifizierungsverpflichtung bestimmt sich zunächst nach den im Vertrag getroffenen Vereinbarungen. Sind aus ihm ausdrückliche Abmachungen nicht ersichtlich, so ist der maßgebende Zeitpunkt nach Treu und Glauben unter Berücksichtigung der Umstände des jeweiligen Einzelfalles, insbesondere der Interessen beider Parteien und des beiden Vertragspartnern bekannten Zwecks der Bestellung sowie der in der betreffenden Branche herrschenden Handelsbräuche und Gewohnheiten festzustellen (ähnlich Schlegelberger-Hefermehl § 375 Rdnr. 10). Hat der Käufer von dem Interesse des Verkäufers an einer frühzeitigen Spezifikation nicht rechtzeitig Kenntnis erlangt, so liegt eine Pflichtverletzung des Käufers nicht vor. Zumindest hat der Käufer die Unterlassung der Bestimmung in diesem Fall nicht zu vertreten (s. unten Anm. 10). Läßt sich in der vorstehend genannten Weise ein Termin oder eine Frist für die Spezifizierung nicht ermitteln, was jedoch kaum jemals vorkommen wird, so wird die Spezifikationspflicht fällig, wenn der Verkäufer zur Erfüllung bereit ist und den Käufer zur Vornahme der Spezifizierung auffordert, § 295 BGB. Auf eine teilweise Spezifizierung bei Fälligkeit braucht sich der Verkäufer grundsätzlich nicht einzulassen, KG in OLGE 19, 398; über Teilleistungen s. näher Vorbem. vor § 373 Anm. 313 u. 320. Regelmäßig ist zum Schuldnerverzug nach § 284 BGB ferner eine nach oder frühestens bei Fälligkeit erfolgende Mahnung erforderlich. Über Notwendigkeit und (ausnahmsweise) Entbehrlichkeit der Mahnung als Verzugsvoraussetzung s. ausführlich Vorbem. vor § 373 Anm. 328ff. Ist dem Verkäufer vertraglich eine Lieferfrist bestimmt, so muß er innerhalb dieser Frist den Käufer zur Spezifikation auffordern, RG WarnRspr. 1918 Nr. 177.

Anm. 10 Der Schuldnerverzug des Käufers wegen Unterlassung der rechtzeitigen Spezifikation setzt endlich voraus, daß der Käufer die nicht rechtzeitige Spezifikation zu vertreten hat; § 285 BGB. Ein Vertretenmüssen ist nicht identisch mit Verschulden im Sinne subjektiver Vorwerfbarkeit. Es kann auch auf objektiven Gründen beruhen. Der Käufer, der sich durch vorzeitigen Abschluß des Kaufvertrages den erforderlichen Grundstoff sichert, durch die Vereinbarung der Spezifikation den Verkäufer aber möglicherweise dazu nötigt, in jener Zeit, da die Spezifikation zu erfolgen hat, die erforderlichen Arbeitskräfte frei und die Maschinen usw. bereitzuhalten, übernimmt damit implicite die Garantie, zur Vornahme der Spezifikation im fraglichen Zeitpunkt in der Lage zu sein. Diese Garantie deckt freilich nicht objektive Hindernisse, die den Käufer auch von der Pflicht zur Abnahme der spezifizierten Ware befreien würden. Wohl aber umfaßt diese Garantie alle Hindernisse rechtzeitiger Spezifikation, die sich aus der Eigenart des Unternehmens des Käufers ergeben; z. B. der Käufer ist nicht rechtzeitig in der Lage, die Moderichtung festzustellen; es werden ihm selbst die Wünsche seiner Abnehmer verspätet mitgeteilt; der Auftrag, zu welchem der Käufer die spezifizierten Waren benötigt, wird auch dem Käufer gegenüber von seinem Auftraggeber nicht rechtzeitig konkretisiert; die chemische Forschung, für welche der Käufer die spezifizierten Substanzen bestellt hat, kommt mit dem Ergebnis nicht über. All das sind Hindernisse, die der Käufer dem Verkäufer gegenüber zu vertreten hat, weil sie sein eigenes Geschäftsrisiko bilden, das der Käufer nicht durch den Abschluß eines Spezifikationskaufes auf den Verkäufer abwälzen darf. Damit soll jedoch nicht gesagt sein, daß ein vom Käufer nicht zu vertretendes Spezifikationsunvermögen überhaupt nicht denkbar sei. Ein solches würde etwa vorliegen, wenn infolge einer Postsperre der Käufer den Verkäufer nicht benachrichtigen könnte oder wenn im Kriegsfalle Käufer und Verkäufer verschiedenen (Feind-)Staaten angehören oder wenn sonstige Hindernisse der Warenabnahme auf seiten des Käufers eintreten.

Andererseits liegt im Spezifikationskauf aber auch die Erklärung des Verkäufers, **Anm. 11** zur Bearbeitung der Ware nach Maßgabe der vom Käufer getroffenen Spezifikation in der Lage zu sein. Es gelten hier die in Vorbem. vor § 373 Anm. 106 dargestellten Grundsätze entsprechend.

Der Spezifizierungsverzug ist ausgeschlossen, wenn auf seiten des Käufers Umstände **Anm. 12** vorliegen, die einen Annahmeverzug des Käufers verhindern. Jeder Spezifikationsverzug ist mithin zugleich Annahmeverzug. Das hat praktische Bedeutung für den Fall, daß ein gleichzeitiger Annahmeverzug deshalb nicht in Betracht kommt, weil der Verkäufer zur Erfüllung seiner Lieferpflicht auch nach erfolgter Spezifizierung aus sonstigen Gründen nicht imstande oder nicht bereit wäre, vgl. § 297 BGB. Dieser bereits in der Voraufl. dieses Komm. (in Anm. 3) vertretenen Auffassung wird von Schlegelberger-Hefermehl, der von den Erfordernissen des Liefernkönnens und -wollens absehen will, vorgeworfen, sie vermenge in unzulässiger Weise Annahme- und Leistungsverzug und führe praktisch zu nicht tragbaren Ergebnissen (a. a. O. Rdnr. 15 u. 16). An der Ansicht der Voraufl. wird auch nach Überprüfung im Ergebnis festgehalten. Die § 375 zugrunde liegende Interessenbewertung ist oben Anm. 7, 8 ausführlich dargestellt worden. Dort ist ausgeführt, daß das Gläubigerrecht der Spezifikation dem Käufer zur gleichzeitigen Verpflichtung gemacht worden ist, weil infolge der Besonderheiten des Spezifikationskaufs die nach den allgemeinen Regeln dem Schuldner beim Annahmeverzug des Gläubigers zustehenden Rechte nicht ausreichen, den Verkäufer vor der Gefahr zu schützen, auf unbestimmte Zeit einen Teil seiner kaufmännischen oder industriellen Kapazität zur Verfügung des Käufers halten zu müssen, wenn dieser die nähere Bestimmung der zu liefernden Ware nicht zu gegebener Zeit vornimmt. In dieser Situation befindet sich jedoch ausschließlich der abgesehen von der fehlenden Spezifizierung zur Erfüllung seiner Lieferpflicht fähige und willige Verkäufer. Kann oder will der Verkäufer seiner Lieferpflicht aus anderen Gründen als der mangelnden Bestimmtheit der Ware ohnehin nicht genügen, ist die Lieferung z. B. unmöglich geworden oder der Verkäufer zu ihrer Vornahme unvermögend oder bestreitet er das wirksame Bestehen des Kaufvertrages, so hat die trotzdem erfolgende Spezifizierung nicht einmal für den Verkäufer einen Sinn. Ein Spezifizierungsverzug muß in einem solchen Fall ausgeschlossen sein. Es wäre schwer vorstellbar, wenn der Verkäufer in einem der vorstehend aufgeführten Beispielsfälle den Käufer in Spezifizierungsverzug setzen und Schadensersatz wegen Nichterfüllung von ihm fordern oder vom Vertrag zurücktreten könnte. Diese Rechte stehen — ein Vertretenmüssen des Verkäufers vorausgesetzt — umgekehrt dem Käufer, nicht dem Verkäufer zu, und zwar ohne vorhergehende Spezifizierung, vgl. RG JW 1904, 169[11] und 1914, 921[6], 922. Die hier vertretene Auffassung bedeutet keineswegs, wie Hefermehl a. a. O. befürchtet, daß der Verkäufer gezwungen wäre, jederzeit ein vollständiges Warenlager für den Käufer bereitzuhalten. Diese Sorge beruht auf einer Verkennung des § 297 BGB. Die dort zur Voraussetzung für den Annahmeverzug gemachte Leistungsfähigkeit des Schuldners ist bereits dann gegeben, wenn der Schuldner in der Lage ist, sich die vom Käufer nunmehr in ihrer Beschaffenheit und in ihren Eigenschaften endgültig bestimmte Ware auf dem Markt zu beschaffen, vgl. RG 50, 255, 260, oder umgehend herzustellen. Zu nicht mehr, aber auch nicht weniger, hat sich der Verkäufer jedoch durch den Abschluß des Kaufvertrages verpflichtet. Im übrigen aber decken sich die Anforderungen des Annahme- und des Schuldnerverzuges (abgesehen von dem bei letzterem stets hinzutretenden Moment des Vertretenmüssens) ohnehin. Die nach § 295 BGB erforderliche Aufforderung, die Spezifikation vorzunehmen, ist zugleich Mahnung i. S. des § 284 BGB. Beide können erst wirksam ergehen, wenn die für die Bestimmung des Käufers vereinbarte oder aus den Umständen zu ermittelnde Zeit

(s. Anm. 9) gekommen ist. Beide können (nach § 296 BGB resp. § 284 BGB) unterbleiben, wenn der Zeitpunkt für die Vornahme der Spezifikation nach dem Kalender bestimmt ist oder der Spezifikation eine Kündigung vorauszugehen hat und der maßgebende Zeitpunkt sich von der Kündigung ab nach dem Kalender berechnen läßt (vgl. dazu näher Vorbem. vor § 373 Anm. 334).

Anm. 13 **C. Die Rechte des Verkäufers im Spezifikationsverzug des Käufers.**

Entsprechend den allgemeinen Regeln über die Rechte der einen Kaufvertragspartei im Verzug der anderen mit einer vertraglichen Hauptleistungspflicht (vgl. dazu ausführlich die Vorbem. vor § 373 Anm. 309ff.) stehen dem Verkäufer beim Spezifikationsverzug des Käufers folgende Rechte zur Wahl:

I. Der Anspruch auf Vertragserfüllung sowie Ersatz des Verspätungsschadens

1. Allgemeines. Der Verkäufer kann auf Vertragserfüllung bestehen und daneben Ersatz des ihm durch die verzögerte Spezifikation erwachsenen Verspätungsschadens verlangen. Diese Rechte entsprechen im Prinzip völlig den in der Vorbem. vor § 373 Anm. 342 bis 349 besprochenen. Der Anspruch auf Ersatz des Verspätungsschadens ergibt sich auch hier aus § 286 BGB. Der Verspätungsschaden wird beim Bestimmungsverzug im allgemeinen jedoch nur in den Aufbewahrungs- und Mahnkosten bestehen. — Beim Erfüllungsanspruch bedingen die Besonderheiten des Bestimmungskaufs jedoch einige Anpassungen der allgemeinen Regeln: Die Möglichkeit, auf Erfüllung des Kaufvertrages, d. h. auf Abnahme der Ware und auf Zahlung des Kaufpreises zu bestehen, ist für den Käufer von praktischem Wert nur dann, wenn er sie notfalls auf dem Klageweg durchsetzen kann. Eine solche Klage wäre auf Abnahme einer noch unspezifizierten und folglich noch gar nicht vorhandenen und nicht wegnehmbaren Ware und Zahlung eines in seiner Höhe noch nicht feststehenden Kaufpreises gerichtet und müßte an der Unbestimmtheit von Ware und Preis scheitern. Allenfalls wäre an eine Klage auf Zahlung des Grund- als des Mindestpreises zu denken; vgl. dazu auch unten Anm. 22. Der sich anbietende Ausweg, zunächst auf Vornahme der Spezifikation und dann erst auf Abnahme und Zahlung zu klagen, wäre — selbst wenn, was nicht geschehen ist, das Gesetz diesen Weg gegangen wäre, s. dazu unten Anm. 20 — in jedem Falle unökonomisch und langwierig, weil er den Verkäufer zu einer doppelten Prozeßführung nötigen würde. Im Interesse einer (gerade im Handelsverkehr erforderlichen) beschleunigten Vertragsabwicklung hat das Gesetz eine andere Lösung gewählt: § 375 Abs. 2 billigt dem Verkäufer das **Recht** zu, selbst die **Spezifizierung anstelle des Käufers vorzunehmen.**

Anm. 14 **2. Die Selbstspezifikation.** Die Selbstspezifikation hat, um wirksam zu sein, auf folgende Weise zu erfolgen:

a) Der **Verkäufer nimmt** die dem Käufer vorbehaltene **Bestimmung selbst vor** und macht dem Käufer davon **Mitteilung.**

Die dem Käufer zugehende Mitteilung muß bereits die vom Verkäufer getroffene Spezifikation enthalten. Es reicht daher nicht aus, wenn der Verkäufer lediglich erklärt, er werde nach fruchtlosem Ablauf der (unter b) behandelten) Frist die Spezifikation selbst vornehmen. Die in der Mitteilung enthaltene Spezifikation muß darüber hinaus so genau sein, wie sie der Verkäufer vom Käufer erwartet hätte. Nicht ausreichend ist die Mitteilung, der Verkäufer werde in den gangbarsten Formen anfertigen oder in den gängigsten Farben einfärben. Streitig ist, ob und in welcher Form der Verkäufer bei der Selbstbestimmung die Interessen des Käufers zu beachten hat (vgl. einerseits Schlegelberger-Hefermehl § 375 Rdnr. 18 und Düringer-Hachenburg-Hoeniger § 375 Anm. 15: „freies Ermessen" und andererseits Baumbach-Duden[18] § 375 Anm. 2 B: „iZw nach billigem Ermessen"). Auch wenn der Verkäufer bei Vornahme der Spezifikation unbezweifelbar nicht als Vertreter des Käufers tätig wird, sondern kraft eigenen Rechtes handelt, so wird man von ihm doch verlangen dürfen, daß er nicht willkürlich verfährt, sondern auf die ihm bekannten Bedürfnisse des Käufers Rücksicht nimmt. Die weitergehende Auffassung erscheint, auch wenn man dabei in Rechnung stellt, daß es dem Käufer freisteht, eine andere Bestimmung zu treffen, reichlich robust. Der Verkäufer hat daher die Spezifikation so zu treffen, wie sie nach seiner Kenntnis den Interessen des Käufers mutmaßlich am ehesten entspricht. Das bedeutet nicht, daß der Verkäufer notwendig immer die billigste Bestimmung zu treffen hätte. Liefert er aber Ware, die in einer Weise spezifiziert ist, von der der Verkäufer sich selbst sagen mußte, daß der Käufer sie nicht verwerten kann, so ist der Käufer berechtigt, die Spezifikation als für sich unverbindlich zurückzuweisen. Andererseits braucht der Verkäufer keine besonderen Nachforschungen darüber anzustellen, welche Spezifikation den Käuferinteressen am besten entspricht.

b) Zugleich mit der Mitteilung von der vorgenommenen Selbstspezifikation hat der Verkäufer dem Käufer eine angemessene **Frist zur Vornahme einer anderen Spezifikation** zu setzen. **Anm. 15**

Die Fristsetzung ist wesentlich, sie soll dem Käufer eine letzte Gelegenheit geben, die Ware selbst entsprechend seinen Bedürfnissen zu bestimmen. Nach dem Gesetz hat die Fristsetzung gleichzeitig („zugleich") mit der Mitteilung der vom Verkäufer getroffenen Bestimmung zu erfolgen. Beide, Mitteilung und Fristsetzung, müßten bei strenger Auslegung folglich miteinander verbunden sein. Nach einhelliger Meinung (vgl. Schlegelberger-Hefermehl § 375 Rdnr. 21; Düringer-Hachenburg-Hoeniger § 375 Anm. 17) ist es jedoch unschädlich, wenn die Fristsetzung später als die Mitteilung und in anderer Form (z. B. schriftliche Selbstspezifikation, telefonische Fristsetzung) erfolgt, sofern der Verkäufer bei Nachholung der Fristsetzung (ausdrücklich oder stillschweigend) auf die von ihm vorgenommene Selbstspezifikation Bezug nimmt. Entscheidend ist, daß der Zusammenhang zwischen beiden Erfordernissen aus der Käuferperspektive gesehen erkennbar bleibt.

Mitteilung und Fristsetzung sind empfangsbedürftige Willenserklärungen. Sie sind formlos wirksam. Die Frist kann auch im Urteil nach § 255 ZPO gesetzt werden. Frühester Zeitpunkt für beide ist der Eintritt des Spezifikationsverzuges. Sie können jedoch mit einer eventuellen Mahnung bereits verbunden werden. Eine unangemessen kurze Frist ist nicht unwirksam, setzt vielmehr eine angemessen lange in Gang. Die Fristsetzung des § 375 wird somit fast durchweg von den gleichen Grundsätzen beherrscht, die zu der Nachfrist des § 326 BGB entwickelt worden sind; s. deshalb näher Vorbem. vor § 373 Anm. 402. **Anm. 16**

Aus diesem Grunde mag es naheliegend erscheinen, die Parallele zu § 326 BGB weiterzutreiben und die Fristsetzung des § 375 aus den gleichen Gründen für entbehrlich zu halten wie diejenige nach § 326 BGB; vgl. dazu Vorbem. vor § 373 Anm. 418ff. So vertrat die Voraufl. dieses Kommentars (§ 375 Anm. 8) in der Tat den Standpunkt, auch die Frist für eine anderweitige Spezifikation brauche nicht gesetzt zu werden, wenn der Käufer sich vorher bestimmt geweigert hatte zu spezifizieren. Diese Ansicht kann nach Überprüfung nicht aufrechterhalten werden. Der unzweifelhaft beide Fristen miteinander verbindende gleiche Grundgedanke reicht nicht hin, die im Rahmen des § 326 BGB für die Erfüllungsverweigerung entwickelten Grundsätze auf die Frist des § 375 zu übertragen. Entscheidend ist dabei, daß der die Erfüllung beim gewöhnlichen Kaufvertrag ernstlich und endgültig weigernde Vertragspartner die daraus u. U. erwachsenden Sanktionen, Rücktritt oder Schadensersatz wegen Nichterfüllung, regelmäßig kennt, während der Käufer beim Spezifikationskauf die Folgen seiner Weigerung nicht überblicken kann, weil er nicht weiß, in welchem Sinne der Verkäufer von dem auf ihn übergegangenen Bestimmungsrecht Gebrauch machen wird (so schon Düringer-Hachenburg-Hoeniger § 375 Anm. 16 m. w. Nachw.; ablehnend auch Schlegelberger-Hefermehl § 375 Rdnr. 18). — Die andere Ausnahme des § 326, daß nämlich die Fristbestimmung als entbehrlich fortfällt, wenn der Verkäufer an der Erfüllung des Vertrages kein Interesse mehr hat, kann bei § 375 schon deshalb nicht zum Zuge kommen, weil die Ausübung des Rechtes zur Selbstspezifikation gerade voraussetzt, daß der Verkäufer noch ein Interesse an der Vertragserfüllung hat. **Anm. 17**

Das Recht zur Selbstspezifikation ist endgültig ausgeübt, wenn die mit der Mitteilung der Bestimmung und der Aufforderung zu einer anderweiten Bestimmung gesetzte Frist fruchtlos abläuft. Bis dahin kann der Käufer die Spezifikation noch einseitig vornehmen, später nicht mehr. Fruchtlos abgelaufen ist die Frist nicht nur, wenn sich der Käufer schweigend verhält, sondern auch dann, wenn er, ohne zu spezifizieren, der von dem Verkäufer vorgenommenen Bestimmung widerspricht. Umgekehrt hat aber auch der Verkäufer, der dem Käufer die von ihm selbst vorgenommene Spezifikation **Anm. 18** mitteilt, sein Wahlrecht, wenigstens fürsorglich, endgültig ausgeübt. Er kann also nicht auf einen anderen Rechtsbehelf übergehen, sondern muß abwarten, ob der Käufer die gesetzte Frist zur Vornahme einer anderweiten Bestimmung nutzt.

Anm. 19 c) Die **Folge** fruchtlosen Fristablaufs ist, daß **die vom Verkäufer vorgenommene Spezifikation maßgebend** wird, gleich als ob der Käufer sie vorgenommen hätte (Denkschrift zum HGB S. 218). Das gilt für beide Vertragsteile. Auch der Verkäufer kann dem Käufer nicht mehr nachträglich eine neue Frist zur Spezifikation setzen mit der Androhung, daß er nach deren fruchtlosem Ablauf die Bestimmung des Käufers nicht mehr annehmen, sondern Schadensersatz wegen Nichterfüllung fordern (Breslau OLGE 3, 183) oder den Rücktritt erklären werde. Der Spezifikationskauf hat sich jetzt in einen gewöhnlichen Kauf verwandelt: der Verkäufer hat die von ihm spezifizierten Waren zu liefern und kann dafür den Kaufpreis beanspruchen. Der Käufer muß diese Waren abnehmen und bezahlen. Gerät der Käufer nunmehr in Verzug, so kann der Verkäufer alle oben in der Vorbem. vor § 373 Anm. 350ff. u. 384ff. erörterten Rechte ausüben, im Falle des Annahmeverzuges auch den Selbsthilfeverkauf nach § 373 (der ihm vorher versagt blieb, vgl. oben Anm. 7) vorzunehmen. § 375 ist jedoch nachgiebiges Recht. Daher können die Parteien auch nachträglich vereinbaren, daß einer verspäteten Spezifikation des Käufers Folge zu leisten sein soll. Kommt der Käufer jetzt wieder in Verzug, so stehen dem Verkäufer die Rechte aus § 375 von neuem zu, RG „Recht" 1903, 296[1613].

3. Die Auswirkungen des Rechts zur Selbstspezifikation auf andere Rechte des Verkäufers.

Anm. 20 a) Das Recht des Verkäufers zur Selbstspezifikation schließt zunächst das Recht aus, auf Vornahme zu klagen (a. A. Breslau OLGE 11, 410; wie hier dagegen Dresden OLGE 4, 227; Jena LZ 1914, 967[4]; Düringer-Hachenburg-Hoeniger § 375 Anm. 8; im Prinzip auch Schlegelberger-Hefermehl § 375 Rdnr. 12; die frühere Rspr. RG 26, 213; 30, 103; vgl. aber auch RG 14, 247 ist nicht mehr maßgebend, weil sich durch den Übergang des Wahlrechts das Wesen des Spezifikationskaufs entscheidend geändert hat). Einer solchen Klage des Verkäufers gegen den Käufer fehlt das Rechtsschutzbedürfnis. Der die Verurteilung zur Spezifikation aussprechende Titel wäre, sofern man die Spezifikation für eine vertretbare Handlung hält (so Dresden OLGE 4, 227), nach § 887 ZPO zu vollstrecken, was regelmäßig darauf hinauskäme, daß sich der Verkäufer zur Vornahme der Spezifikation anstelle des Käufers ermächtigen ließe. Bei Vollstreckung nach § 888 ZPO (so RG 14, 248; 26, 213; 29, 19) wäre der Käufer durch Zwangsgelder zur Vornahme zu zwingen. In beiden Fällen erhielte der Verkäufer auf komplizierten Umwegen nur das, was er sich leichter, schneller und billiger selbst, ohne Inanspruchnahme der staatlichen Gewalt, verschaffen kann. Die Spezifikationsklage wäre bei dieser Sachlage ein gänzlich überflüssiger Rechtsbehelf, der nach dem Stand der geltenden Gesetze keinen Zweck mehr hat und nur die Zahl unnötiger Prozesse vermehren würde. In diesem Zusammenhang ist daran zu erinnern, daß der Übergang des Wahlrechts auf den Verkäufer im Falle der Säumnis des Käufers nicht zuletzt den Zweck einer beschleunigten Vertragsabwicklung verfolgt. Dem wäre mit einer unnötigen Häufung von Rechtsbehelfen nicht gedient.

Anm. 21 b) Der Verkäufer ist ferner, wenn der Käufer sich weigert zu spezifizieren, gehindert, sich auf die Unmöglichkeit der Erfüllung von Verträgen durch Verschulden des Gläubigers (§ 324 BGB) zu berufen, weil er ja die Erfüllung durch Selbstbestimmung gerade nach § 375 herbeiführen darf und soll (OLG Kolmar LZ 1914, 1401.)

Anm. 22 c) Das Recht des Verkäufers zur **Selbstspezifikation schließt** auch eine **Klage auf Zahlung des Mindestkaufpreises aus** (ebenso Schlegelberger-Hefermehl § 375 Rdnr. 26; Düringer-Hachenburg-Hoeniger § 375 Anm. 24; a. A. die Voraufl. dieses Komm. § 375 Anm. 15). Die Bedenken gegen eine solche Klage sind an sich schon erheblich. Auch wenn man berücksichtigt, daß der Käufer mindestens in der billigsten Form spezifizieren muß, bleibt es durchaus fraglich, ob der Grundpreis (vgl. zu diesem Begriff oben Anm. 1) überhaupt den Charakter eines Kaufpreises besitzt und nicht nur als Berechnungsmaßstab für die künftige Preisbestimmung der spezifizierten Ware anzusehen ist. Zum anderen ist nach geltendem, im Gegensatz zum früheren Recht (vgl. RG 30, 97, 104) regelmäßig auch im Annahmeverzug des Käufers eine Verurteilung zur Zahlung nur Zug um Zug gegen Lieferung der Ware möglich. Da die Ware mangels Spezifikation nicht einmal individualisiert ist und daher auch nicht tatsächlich angeboten werden kann, wäre dieser Weg nur gangbar, wenn man es für erträglich hält, daß der Käufer tatsächlich zur Vorleistung gezwungen wird und das Spezifikationsverfahren erst nachher beginnt (völlig ablehnend deshalb Düringer-Hachenburg-Hoeniger § 375 Anm. 24). Die grundsätzlich für eine Zulassung der Klage auf Zahlung des Mindestpreises plädierende Voraufl. dieses Komm. wollte (in Anm. 15) diese Bedenken dadurch zerstreuen, daß sie die Klage nur als Feststellungsklage für zulässig erachtete. Es mag dahinstehen, ob diese Lösung der Voraufl. dogmatisch haltbar und dem Verkäufer überhaupt dienlich ist. Jedenfalls ist der praktische Wert derartiger Konstruktionen nicht erkennbar. Die Klage auf Zahlung des Mindestpreises (vgl. oben Anm. 7) stellte einen nützlichen Notbehelf dar, solange eine Befugnis des Verkäufers zur Selbstspezifikation mangels rechtlicher Grundlage nicht anerkannt werden konnte und selbst die Zulässigkeit einer Klage auf Spezifikation fraglich war, weil es zweifelhaft blieb, ob die Spezifikation nicht ausschließlich als Recht und nicht auch als Pflicht des Käufers angesehen werden mußte (diese Hintergründe treten besonders deutlich in den Entscheidungen RG 14, 243ff. und 30, 97ff. zutage). Dagegen ist kein einleuchtender Grund ersichtlich, warum derartige mit einem früheren Rechtszustand untrennbar verknüpfte Hilfskonstruktionen in ein Rechtssystem übernommen werden sollten, in das sie nur mit großer Mühe einzuordnen wären und in dem sie ihren früheren Sinn verloren haben und keinen Nutzen mehr stiften können.

d) Ähnliches gilt für die Frage der Zulässigkeit eines Selbsthilfeverkaufes, § 373 HGB, der noch unspezifizierten Ware. Für die Zeit vor Einführung des § 375 wurde z. T. angenommen (s. RG 37, 28; 43, 104; vgl. auch die Denkschrift zum HGB S. 218), daß der Verkäufer befugt sei, die Ware in den Formen des § 373 mit der Maßgabe zu veräußern, daß die Spezifikationsbefugnis demjenigen zustehe, der bei diesem Selbsthilfeverkauf der Käufer ist. Der Verkäufer müßte also in die Versteigerungsbedingungen aufnehmen, daß Lieferung und Abnahme innerhalb einer bestimmten, den Marktverhältnissen entsprechenden Zeit zu geschehen und dementsprechend die Spezifikation seitens des Ersteigerers so rechtzeitig zu erfolgen habe, daß gehörig geliefert werden könne. Ob diese Auffassung auch nach Einführung des Rechts des Verkäufers zur Selbstspezifikation durch § 375 HGB aufrechterhalten werden kann, hängt von folgender Überlegung ab. Der Selbsthilfeverkauf nach § 373 erfolgt für Rechnung des Käufers. Indem der Verkäufer dem Ersteigerer liefert, erfüllt er seine Lieferpflicht gegenüber dem säumigen Käufer (s. § 373/374 Anm. 52). Soll nun der vom Verkäufer erlangte Versteigerungserlös, der dem säumigen Käufer herauszugeben wäre, mit dem Kaufpreis verrechnet werden, so setzt das voraus, daß entweder der säumige Käufer selbst oder der Verkäufer aufgrund seines Selbstbestimmungsrechts dieselbe Bestimmung getroffen haben würde wie der Ersteigerer. Für eine solche Unterstellung dürfte es jedoch an einem hinreichenden Rechtfertigungsgrund fehlen. Ohne sie läßt sich aber der vom Käufer zu zahlende Endpreis nicht berechnen. Anm. 23

II. Schadensersatz wegen Nichterfüllung oder Rücktritt

Anm. 24

Der Verkäufer kann gemäß § 326 BGB Schadensersatz wegen Nichterfüllung fordern oder vom Vertrag zurücktreten. Dies ist eine Konsequenz aus der Tatsache, daß das Gesetz dem Käufer die Ausübung seines Gläubigerrechts der Spezifikation zur vertraglichen Hauptverpflichtung gemacht hat. Aus der Verweisung auf § 326 BGB folgt, daß dem Verkäufer diese Rechte regelmäßig erst dann zustehen, wenn er dem Käufer fruchtlos eine angemessene **Nachfrist** zur Nachholung der Spezifikation gesetzt hat **mit** der **Androhung,** daß er die nach Fristablauf erfolgende Spezifikation zurückweisen werde. Als gleichwertig gelten muß in Anbetracht der sich aus § 375 Abs. 2 S. 1 HGB in Verb. mit § 326 Abs. 1 S. 2 BGB ergebenden Folgen, wenn der Verkäufer für den Fall fruchtlosen Fristablaufs die Ablehnung der Vertragserfüllung oder direkt den Gebrauch eines der Rechte aus § 326 BGB androht. Im übrigen gelten für die Nachfristsetzung durchweg die in der Vorbem. vor § 373 Anm. 397 zu § 326 BGB dargelegten allgemeinen Regeln. Auch im Bereich des § 375 kann die Nachfristsetzung unterbleiben, wenn der Käufer die Spezifikation ernstlich und endgültig verweigert oder der Verkäufer infolge des Spezifikationsverzuges das Interesse an der Vertragserfüllung verloren hat (s. dazu im einzelnen Vorbem. vor § 373 Anm. 418, 424ff.), § 326 Abs. 2 BGB. Anwendbar ist auch

§ 326 Abs. 1 S. 3 BGB: hat also der Käufer bis zum Ablauf der Frist nicht für die ganze Leistung des Verkäufers spezifiziert, so kann der Verkäufer, wenn die teilweise Leistung für ihn kein Interesse hat, nach § 325 Abs. 1 S. 2 BGB vom ganzen Vertrag zurücktreten (s. dazu näher Vorbem. vor § 373 Anm. 430ff.). Handelt es sich um einen Sukzessivlieferungsvertrag, so kann der Verkäufer — auch insoweit entsprechend den allgemeinen Regeln s. Vorbem. vor § 373 Anm. 435ff. — die ihm nach § 326 BGB zustehenden Rechte nach seiner Wahl entweder auf die einzelnen fälligen Raten beschränken oder bereits beim Spezifikationsverzug mit der ersten Rate auf den gesamten noch ausstehenden Kaufvertrag ausdehnen. Erforderlich ist lediglich, daß er seine Absicht in der Fristsetzung und Androhung entsprechend kenntlich macht.

Anm. 25 Macht der Verkäufer von seinem Recht aus § 326 BGB Gebrauch, d. h. setzt er dem Käufer eine Frist zur Spezifikation mit der Erklärung, daß er nach Ablauf der Frist die Spezifikation zurückweisen werde, so ist er an diese Wahl gebunden. Er kann, nachdem er diese Erklärung abgegeben hat, nicht mehr erklären, daß er sich anders besonnen habe und es vorziehe, die Spezifikation selbst vorzunehmen. Auf den Lauf der gestellten Frist hat der Käufer ein Recht, und der Verkäufer würde in Lieferungsverzug geraten, sollte er die vom Käufer vor Fristablauf vorgenommene Spezifikation zurückweisen (vgl. Vorbem. vor § 373 Anm. 410). Holt der Käufer die unterlassene Spezifizierung während des Laufs der Frist nach, wozu erforderlich ist, daß die von ihm getroffene Bestimmung dem Verkäufer noch innerhalb der Frist **zugeht**, so ist der Verzug geheilt. Andernfalls ist mit Ablauf der Frist der Anspruch auf Vertragserfüllung für beide Vertragsteile endgültig erloschen. Der Verkäufer hat nunmehr nur noch die engere Wahl zwischen Schadensersatz wegen Nichterfüllung und Rücktritt vom Vertrag, sofern er seine Wahlentscheidung nicht schon in der Androhung getroffen hat. Wegen der Ausübung der Wahl und dem Inhalt der Rechte aus § 326 wird auf die Ausführungen in der Vorbem. vor § 373 Anm. 412ff, 350ff., 384ff. verwiesen.

Anm. 26 Für die Berechnung des Schadensersatzes wegen Nichterfüllung ist jedoch eine Besonderheit zu beachten. Der Schaden, den Verkäufer durch Unterlassen der Spezifikation seitens des Käufers erleidet, besteht darin, daß Verkäufer die Lieferung nicht vornehmen kann und den Kaufpreis nicht erlangt. Diesen Schaden aber könnte Verkäufer durch Ausübung seines Rechtes, selbst zu spezifizieren und die so gestaltete Ware zu liefern, notfalls sie im Wege der Selbsthilfe nach § 373 für Rechnung des Käufers zu veräußern (s. Anm. 19), verhindern. Es drängt sich daher die Frage auf, ob die Nichtausübung des Rechtes der eigenen Spezifikation und die Erzwingung der Erfüllung durch den Verkäufer im Wege des Selbsthilfeverkaufes etwa ein mitwirkendes Verschulden des Verkäufers darstellt. Diese Frage ist schon deshalb zu verneinen, weil das Gesetz selbst dem Verkäufer die verschiedenen Rechte nach seiner Wahl zur Verfügung stellt, die Ausübung der Wahl durch den Verkäufer daher kein rechtswidriges Verhalten darstellen kann. Es sind auch bestimmte Interessen, die den Verkäufer bei seiner Wahl bestimmen und deren Verfolgung das Gesetz durch die Zuverfügungstellung der einzelnen Rechte gerade gestattet. Verkäufer wird den Rücktritt wählen, wenn die Preise nach Abschluß des Vertrages gestiegen sind, wenn er also den Grundstoff an Dritte günstiger wird verkaufen können. Verkäufer wird das Recht der eigenen Spezifikation ausüben, wenn es sich darum handeln sollte, die bereitgehaltenen Maschinen und Arbeitskräfte nicht brachliegen zu lassen, oder wenn die Preise inzwischen gefallen sind, die Zahlungsfähigkeit des Käufers aber außer Frage steht. Er wird dagegen Schadensersatz wegen Nichterfüllung wählen, wenn zwar nicht die Preise für den Grundstoff, wohl aber die auf die Spezifikation entfallenden Lohnkosten im Verhältnis zum vereinbarten Preiszuschlag gestiegen sein sollten, oder wenn Käufer in Vermögensverfall gerät. Wählt Verkäufer Schadensersatz wegen Nichterfüllung, so ergeben sich Schwierigkeiten der Berechnung, mag abstrakte oder konkrete Schadensberechnung zugrunde gelegt werden (s. Vorbem. vor § 373 Anm. 356, 359). Die abstrakte Berechnung geht aus von der Differenz zwischen dem mit dem Käufer vereinbarten Preis und dem Marktwert der Ware. Der vom Käufer zu zahlende Preis hängt aber, ebenso wie der Marktwert der Ware, von der Art der Spezifikation ab, die gerade unterblieben ist. Der Schadensberechnung wird daher der für den Grundstoff vereinbarte Grundpreis im Verhältnis zum Marktwert des Grundstoffes zugrunde zu legen sein; der Schadensersatz umfaßt also — neben anderen möglichen Verzugsschäden — die hierauf entfallenden entgangenen Gewinne. Dieselber Schwierigkeit entsteht bei Vornahme eines Deckungsverkaufes zwecks konkreter Schadensberechnung (s. Vorbem. vor § 373 Anm. 360). Was nämlich soll hier veräußert werden, da die Spezifikation unterblieben ist? Sofern Verkäufer selbst spezifizieren würde, wäre die Geltendmachung des Rechtes auf Schadensersatz wegen Nichterfüllung ausgeschlossen. Würde der Drittkäufer aus dem Deckungsverkauf spezifizieren, so wäre dessen Bestimmung nicht maßgebend für den vom säumigen Käufer geschuldeten Preis, da dieser sich nach der Spezifikation eben dieses Käufers richten würde. Es wird daher auch im Deckungsverkauf nur der Grundstoff selbst veräußert werden können, und der Schaden wäre in bezug auf den vereinbarten Grundstoffpreis zu berechnen.

§ 376

Ist bedungen, daß die Leistung des eines Teils genau zu einer festbestimmten Zeit oder innerhalb einer festbestimmten Frist bewirkt werden soll, so kann der andere Teil, wenn die Leistung nicht zu der bestimmten Zeit oder nicht innerhalb der bestimmten Frist erfolgt, von dem Vertrage zurücktreten oder, falls der Schuldner im Verzug ist, statt der Erfüllung Schadensersatz wegen Nichterfüllung verlangen. Erfüllung kann er nur beanspruchen, wenn er sofort nach dem Ablaufe der Zeit oder der Frist dem Gegner anzeigt, daß er auf Erfüllung bestehe.

Wird Schadensersatz wegen Nichterfüllung verlangt und hat die Ware einen Börsen- oder Marktpreis, so kann der Unterschied des Kaufpreises und des Börsen- oder Marktpreises zur Zeit und am Orte der geschuldeten Leistung gefordert werden.

Das Ergebnis eines anderweit vorgenommenen Verkaufs oder Kaufes kann, falls die Ware einen Börsen- oder Marktpreis hat, dem Ersatzanspruche nur zugrunde gelegt werden, wenn der Verkauf oder Kauf sofort nach dem Ablaufe der bedungenen Leistungszeit oder Leistungsfrist bewirkt ist. Der Verkauf oder Kauf muß, wenn er nicht in öffentlicher Versteigerung geschieht, durch einen zu solchen Verkäufen oder Käufen öffentlich ermächtigten Handelsmäkler oder eine zur öffentlichen Versteigerung befugte Person zum laufenden Preise erfolgen.

Auf den Verkauf mittels öffentlicher Versteigerung findet die Vorschrift des § 373 Abs. 4 Anwendung. Von dem Verkauf oder Kaufe hat der Gläubiger den Schuldner unverzüglich zu benachrichtigen; im Falle der Unterlassung ist er zum Schadensersatze verpflichtet.

Eine allgemeine Regelung des Fixgeschäfts findet sich schon in § 361 BGB. Das **Anm. 1** handelsrechtliche Fixgeschäft des § 376 und das bürgerlichrechtliche Fixgeschäft des § 361 BGB unterscheiden sich jedoch in wesentlichen Punkten: § 361 BGB ist Auslegungsregel und gilt daher nur im Zweifel — § 376 gilt nicht nur im Zweifel, sondern ist eine materielle (wenn auch abdingbare) Regelung des Fixhandelskaufs, die stets dann eingreift, wenn ihre tatbestandlichen Voraussetzungen erfüllt sind. § 361 BGB gilt für alle gegenseitigen Verträge — § 376 ist nur auf den Handelskauf anwendbar sowie infolge § 381 Abs. 2 auf den handelsrechtlichen Werklieferungsvertrag. In seinem Anwendungsbereich verdrängt § 376 den § 361 BGB. Dieser bleibt jedoch im Handelsverkehr von Bedeutung, wenn zwar ein Handelsgeschäft vorliegt, dieses aber kein Handelskauf im Sinne der §§ 373ff. ist. Ein beiderseitiges Handelsgeschäft setzt § 376 nicht voraus. Es genügt, daß der Kauf für eine Seite Handelsgeschäft ist. Über den Begriff des Handelskaufs s. im übrigen Vorbem. vor § 373 Anm. 16.

Begriff und Wesen des Fixgeschäfts. Die tatbestandlichen Besonderheiten, die einen **Anm. 2** Kauf zum Fixkauf machen, sind im bürgerlichen wie im Handelsrecht in gleichwertiger Weise beschrieben: es muß „vereinbart" (§ 361 BGB) oder „bedungen" (§ 376 HGB) sein, „daß die Leistung des einen Teils genau zu einer festbestimmten Zeit oder innerhalb einer festbestimmten Frist bewirkt werden soll". Die gesetzliche Definition ist ergänzungsbedürftig. Die Vereinbarung einer festbestimmten Leistungszeit allein ist nicht geeignet, einen gewöhnlichen Kauf zum Fixkauf zu stempeln. Entscheidend ist vielmehr, daß sich die Parteien einig sind, daß mit der Einhaltung einer festbestimmten Leistungszeit der gesamte Vertrag stehen oder fallen soll, so daß der Gläubiger die verspätete Leistung seines Vertragspartners nicht mehr als Vertragserfüllung anzunehmen braucht (s. dazu im einzelnen Anm. 7). Diese Begriffsbestimmung bedarf der Abgrenzung nach verschiedenen Richtungen. Auf der einen Seite sind Geschäfte denkbar, bei denen der Leistungstermin objektiv die Bedeutung hat, daß seine Nichteinhaltung die Unmöglichkeit der Vertragserfüllung bewirkt; z. B. ein Schiffahrtskanal ist vor der Sperrung zu passieren, eine Ware vor Inkrafttreten eines Handelsverbots zu liefern. Diese Geschäfte fallen nicht unter §§ 361 BGB, 376 HGB. Beim Fixgeschäft bleibt die Nachholung der Leistung möglich, ist aber für den Gläubiger ohne Interesse. Nach § 326 Abs. 2 BGB bewirkt der Fortfall des Interesses an der Vertragserfüllung jedoch nur Befreiung von der (sonst obligatorischen) Fristsetzung mit Ablehnungsandrohung, läßt den Anspruch auf und die Verpflichtung zur Leistung aber im übrigen unberührt (vgl. im einzelnen Vorbem. vor § 373 Anm. 424, 426). Damit bedarf § 376 auch nach dieser Seite der Abgrenzung. Der Unterschied liegt in folgendem. Bei § 326 Abs. 2 BGB entscheidet ausschließlich der objektive Interessefortfall. Der säumige Schuldner kann sich (z. B. gegenüber einem sofortigen Rücktritt seines Partners) mit dem Nachweis wehren, die verzögerte Erfüllung diene in Wahrheit doch noch dem Interesse des Gläubigers. Beim Fixgeschäft kommt es auf die objektive Sachlage nicht an. Denn die Parteien haben schon vorher vereinbart, daß dem Gläubiger mit unpünktlicher Leistung nicht gedient sein solle und er sie deshalb nicht abzunehmen brauche. Die Frage der tatsächlichen Wertlosigkeit der verspäteten Leistung ist damit dem Streit der Parteien entzogen. Der **Fortfall des Gläubigerinteresses** an nachträglicher Vertragserfüllung ist kraft Parteivereinbarung gewissermaßen fingiert. Der Umstand, daß § 326 Abs. 2 BGB Verzug (d. h. außer der objektiven Leistungsverzögerung auch ein Vertretenmüssen des Schuldners) voraussetzt, während das Rücktrittsrecht des § 376 allein schon durch die bloße objektive Verzögerung der Leistung ausgelöst wird, ist dagegen nur beschränkt für die Abgrenzung des gewöhnlichen vom Fixkauf geeignet. Denn das besondere Rücktrittsrecht des § 376 ist nicht Voraussetzung für das Vorliegen eines Fixkaufs, sondern bereits dessen Folge. Immerhin können die Parteien die Vereinbarung eines Fixgeschäfts auch in der Form treffen, daß sie dem Gläubiger ausdrücklich eines der (oder beide) Rechte aus § 326 BGB bereits bei objektiver Verzögerung der Leistung zubilligen.

Anm. 3 Das Fixgeschäft stellt sich damit als eine streng formale, ganz auf das Bedürfnis des Handelsverkehrs nach Klarheit und Rechtssicherheit im Interesse der Gewährleistung einer zuverlässigen Kalkulationsgrundlage zugeschnittene Regelung dar. Gesichtspunkte individueller Billigkeit im Einzelfall haben daher bei Auslegung und Anwendung des § 376 (im Gegensatz zu § 326 Abs. 2 BGB, wo ihre Berücksichtigung durch das Verschuldenserfordernis vorgeschrieben ist) stark in den Hintergrund zu treten. Immerhin sind auch bei § 376 Fälle denkbar, in denen dem Gläubiger die Ausübung seiner gesetzlichen Befugnisse als rechtsmißbräuchlich zu versagen ist (s. dazu unten Anm. 25).

Die Voraussetzungen des Fixkaufs im einzelnen.

Anm. 4 Die **Leistung** des einen Teils muß **genau zu einer festbestimmten Zeit oder innerhalb einer festbestimmten Frist** zu bewirken sein.

Unter Leistung sind zunächst die beiderseitigen, im Verhältnis der Gegenseitigkeit zueinander stehenden Hauptverpflichtungen (vgl. Vorbem. vor § 373 Anm. 289ff.) zu verstehen, beim Verkäufer also Übergabe und Verschaffung des Eigentums, beim Käufer Zahlung des Kaufpreises. Fix vereinbart sein können aber auch andere Verpflichtungen, wie Abruf, Abholung, Abnahme der Ware, Übergabe eines Dispositionspapiers oder eines Duplikatfrachtbriefs sowie die Eröffnung eines Akkreditivs (OLG Hamburg BB 1954, 613). Diese Verpflichtungen sind dann ausnahmsweise als Hauptpflichten anzusehen (vgl. dazu schon Vorbem. vor § 373 Anm. 291ff.). Häufig wird in Fällen dieser Art allerdings nur die Rechtsfolge des § 361 BGB gewollt sein, also das Recht zum Rücktritt ohne Rücksicht auf Verschulden, nicht aber der Verlust des Erfüllungsanspruchs, wenn er nicht sofort geltend gemacht wird, vgl. RG 92, 388ff.; 96, 255ff. (s. dazu auch unten Anm. 21).

Ausreichend ist es, wenn die Leistung des einen Teils fix versprochen ist. Die Parteirolle ist gleichgültig. Ein Fixhandelskauf liegt daher sowohl dann vor, wenn die Warenlieferung als auch dann, wenn die Zahlung, z. B. die Einlösung der Dokumente, zu einer genau bestimmten Zeit versprochen ist. Möglich ist aber auch, daß beide Leistungen fix vereinbart sind. **Anm. 5**

Erfüllung zu einer festbestimmten Zeit oder innerhalb festbestimmter Frist bedeutet nicht notwendig, daß der Erfüllungszeitpunkt nach dem Kalender festgelegt sein muß. Es reicht aus, wenn sich der Zeitpunkt von Eintritt eines bestimmten Ereignisses ab kalendermäßig bestimmen läßt. Möglich ist z. B. auch, die Abnahme auf Kündigung derart als Fixgeschäft zu vereinbaren, daß der Käufer die innerhalb einer festbestimmten Frist zu liefernde Ware sofort auf Kündigung des Verkäufers abzunehmen hat. Die erste Kündigung bestimmt dann den Stichtag (vgl. ROHG 7, 145). Ist innerhalb einer Frist zu leisten, so ist diese nur dann genau genug bestimmt, wenn dem Schuldner kein noch so geringer, erst nach den Umständen zu bemessender Spielraum mehr offenbleibt. Der Endpunkt muß von vornherein in einer Weise festgelegt sein, die jedes weitere Ermessen ausschließt. Im übrigen genügt es, wenn z. B. „im Mai" oder „im August" zu leisten ist (RG 101, 361, 363). **Keine feste Zeitbestimmung** liegt dagegen vor, wenn **„sofort"** (oder „sogleich") zu erfüllen ist, weil sich der Erfüllungszeitpunkt in diesem Fall nicht im voraus genau genug berechnen läßt (vgl. RG WarnRspr. 1926 Nr. 172; OLG Hamburg BB 1954, 613). Ungenügend bestimmt sind ferner Abmachungen, in denen ohne Angabe eines bestimmten Termins festgelegt ist, daß die Leistung **„binnen kürzester Frist"**, **„umgehend"**, **„schleunigst"** oder **„schnellstmöglich"** (RG LZ 1910, 140[9]) erfolgen soll. Die Promptklausel verpflichtet im allgemeinen nur zu möglichst schneller Lieferung. U. U. kann sie auch den Sinn haben, daß der Schuldner (i. d. R. der Verkäufer), der nicht schnell leistet, ohne Mahnung in Verzug kommen soll (vgl. RG „Recht" 1911 Nr. 471). Die Vereinbarung eines Fixgeschäfts beinhaltet sie auch dann nicht, wenn es sich um eine Probesendung handelt, von deren Ausfall die weiteren Bestellungen abhängen (RG „Recht" 1922 Nr. 452). Etwas anderes kann sich aber in einzelnen Geschäftszweigen aus Handelsbrauch ergeben (vgl. z. B. Mathies-Grimm-Sieveking, Geschäftsbedingungen des Waren-Vereins d. Hbger. Börse, § 36 Rdnr. 2). Eine Ausnahme gilt ferner im Börsenhandel, wo der Promptklausel usancenmäßig Fixcharakter beigemessen wird, s. unten Anm. 11. Über die Bedeutung der Prompt- und Sofortklausel vgl. im übrigen auch schon § 346 Anm. 147 u. 148 sowie Vorbem. vor § 373 Anm. 244 u. 268. **Anm. 6**

An einer genauen Zeitbestimmung fehlt es auch dann, wenn ausgemacht ist, die Ware müsse innerhalb der Saison geliefert werden (RG Bolze 10 Nr. 466) oder bei offener Schiffahrt (ROHG 11, 432) oder binnen fünf höchstens sechs Wochen, da der Käufer später keine Verwendung mehr für die Ware habe. Anders ist es dagegen, wenn vereinbart ist, daß die Ware wegen ihrer erfahrungsgemäß eintretenden Veränderung nach einem bestimmten Kalendertag für die Zwecke des Käufers nicht mehr zu gebrauchen sei (RG LZ 1925, 439[5]). Die Abrede „Lieferung je 2000 Ztr. Okt., Nov., Dez." ist nach RG 36, 83ff. nicht einmal dann genau genug bestimmt, wenn hinzugesetzt ist, die Ware sei jeweils bis zum 10. jeden Monats abzuladen (s. dazu aber unten Anm. 15 und 16). Ein fester Termin für die einzelne Teillieferung liegt ferner nicht vor, wenn zwar die Gesamtmenge bis zu einem bestimmten Kalendertermin abgenommen sein muß, für die Teillieferungen aber nur Abruf in möglichst gleichen Monatsmengen vereinbart ist (RG WarnRspr. 1933 Nr. 5). Unschädlich ist es dagegen, wenn trotz Vereinbarung einer bestimmten Leistungszeit der Gläubiger das Recht haben soll, die Leistung auch schon vorher zu verlangen, wie es z. B. der Fall ist, wenn der Vereinbarung des Liefertermins die Worte „und täglich" hinzugefügt sind (vgl. RG 44, 104, 112).

Auch die genaueste (selbst kalendermäßige) Festlegung des Zeitpunktes der Leistung macht noch kein Fixgeschäft. Zum Fixgeschäft im Sinne des § 376 wird ein Kaufvertrag erst durch das Einverständnis beider Vertragspartner, daß der Gläubiger an einer verspäteten Leistung keinerlei Interesse mehr hat und berechtigt sein soll, diese nicht mehr als Vertragserfüllung gelten zu lassen. Die Erforschung des individuellen oder typischen Parteiwillens muß zweifelsfrei ergeben, daß die **Vereinbarung einer bestimmten Leistungszeit** ein **so wesentlicher Vertragsbestandteil** sein soll, **daß mit ihrer Einhaltung oder** **Anm. 7**

Versäumung der gesamte Vertrag steht oder fällt (RG 51, 347f.; 101, 361, 363; vgl. auch RG 108, 158; aus der neueren Rspr. s. OLG München BB 1956, 94; OLG Köln MDR 1954, 422, JR 1959, 302 und DB 1963, 586; vgl. auch BGH LM Nr. 2 zu § 376 HGB = NJW 1959, 933), gleichgültig, ob der Schuldner eine etwaige Verzögerung zu vertreten hat oder nicht. Ein solcher Wille wird sich nur sehr selten aufgrund einer einzelnen Tatsache oder aus dem Gebrauch einer bestimmten Formel feststellen lassen. Denn dieser kann je nach den Umständen eine ganz verschiedene Bedeutung zukommen (s. dazu insbesondere die Beispiele in Anm. 10 und 11). Bei der Ermittlung des soeben bezeichneten Parteiwillens ist vielmehr stets auf die Gesamtheit aller zum Vertragsbestandteil gewordenen Abreden sowie aller (besonderen oder typischen) Umstände des Vertragsschlusses abzustellen.

Anm. 8 Wie bereits oben (Anm. 3) erwähnt, handelt es sich bei dem Fixgeschäft um eine strenge, formale Ausnahmeregelung, die ganz auf die besonderen Bedürfnisse des Handelsverkehrs nach rascher Klärung der tatsächlichen und rechtlichen Lage im Interesse der Gewährleistung einer schnellen, zuverlässigen Kalkulation zugeschnitten ist. Aus diesem Grunde schließt bereits jeder ernsthafte Zweifel darüber, ob die Einhaltung eines bestimmten Leistungstermins oder einer bestimmten Leistungsfrist nach dem Parteiwillen von so entscheidender Bedeutung sein soll, daß mit ihrer Einhaltung oder Versäumung der ganze Vertrag steht oder fällt, die Annahme eines Fixgeschäfts aus (RG „Recht" 1925, 31[5]; OLG Köln MDR 1954, 422; zurückhaltend auch OLG Köln DB 1963, 586).

Anm. 9 Der Wille der Parteien, bestimmten Verpflichtungen aus ihrem Kaufvertrag Fixcharakter zu verleihen, kann zum einen durch die Vereinbarung einer kassatorischen, d. h. einer Verfall- oder Verwirkungsklausel, für den Fall unpünktlicher Leistung zum Ausdruck gebracht werden, ferner durch die Hinzufügung von Klauseln wie **„fix"**, **„genau"**, **„präzise"**, **„spätestens"** (a. A. RG JR 1927, 646[1103]; vgl. aber auch OLG Hamburg BB 1954, 613) zu der eine bestimmte Leistungszeit festsetzenden Vertragsbestimmung. Aber auch der Gebrauch dieser Worte entbindet nicht von der Prüfung, ob die Parteien ihnen wirklich den oben bezeichneten Sinn beimessen wollten. Denn auch die nachdrücklichste Abmachung pünktlicher Einhaltung eines bestimmten Liefertermins berechtigt für sich genommen nicht zur Annahme eines Fixgeschäfts, wenn der Wille, daß der Bestand des Geschäfts von der Erfüllung dieser Abmachung abhängen soll, nicht feststellbar ist oder auch nur Zweifel an ihm bestehen (vgl. vorige Anm.).

Anm. 10 Auf der anderen Seite muß der Fixgeschäftcharakter eines Kaufvertrages nicht unbedingt ausdrücklich vereinbart sein. Er kann sich auch ohne besondere Abmachungen aus den Umständen, insbesondere einem Handelsbrauch ergeben. Dabei ist vor allem zu berücksichtigen, ob auf beiden Seiten Vollkaufleute beteiligt sind, welcher Art das getätigte Geschäft ist, insbesondere ob es in Anbetracht starker Preisschwankungen der gehandelten Ware spekulativen Charakter trägt (für Geschäfte dieser Art ist die Regelung des § 376 speziell geeignet) sowie, bei welcher Verpflichtung der Fixcharakter in Frage steht. In diesem Zusammenhang ist jedoch anzumerken, daß nicht einmal die Tatsache, daß die gehandelte Ware größeren oder geringeren Preisschwankungen unterworfen ist, für sich allein unter allen Umständen zur Annahme eines Fixgeschäfts ausreicht (so schon RG 36, 85; JW 1893, 546[34]). Diese Annahme ist erst bei Hinzutritt weiterer für ein Fixgeschäft sprechender Tatsachen berechtigt. Der inzwischen klassische Fall ist der, daß die Ware erfahrungsgemäß erheblichen Preisschwankungen unterliegt, insbesondere einen Gegenstand der Börsenspekulation darstellt **und** das Geschäft unter Kaufleuten erkennbar gerade im Hinblick auf den durch diese Preisschwankungen zu erzielenden Gewinn und zwar, wenn schon nicht an der Börse, so doch jedenfalls mit Blick auf den Börsenhandel abgeschlossen ist (vgl. RG 44, 115; 101, 361, 363).

Anm. 11 Börsentermingeschäfte (RG LZ 1917, 976[13]; vgl. dazu aber die Sondervorschriften der §§ 50ff. BörsG) sowie Käufe von Devisen und Wertpapieren mit bestimmter Lieferzeit (RG 108, 158) sind regelmäßig Fixgeschäfte. Das gilt vor allem, wenn wie bei einem Auszahlungsgeschäft (zum Begriff s. Vorbem. vor § 373 Anm. 24) an einem bestimmten Ort zu einer bestimmten Zeit im Ausland in ausländischer Währung zu zahlen ist (RG LZ 1920, 651[13]). Für die an den Warenbörsen getätigten Geschäfte sehen schon die allgemeinen Geschäftsbedingungen dieser Börsen, auf deren Grundlage der Importeur seine Waren nicht nur kauft, sondern auch an den inländischen Abnehmer oder Verarbeiter weiterliefert (s. Vorbem. vor § 373 Anm. 2) vor, daß Nichteinhaltung des Liefertermins grundsätzlich ohne Rücksicht darauf, ob sie vom Warenschuldner zu vertreten ist oder nicht, zur „Regulierung" des Vertrages führt. Es handelt sich hier also um Fixgeschäfte, jedoch mit der Besonderheit, daß die Rechtsfolgen nicht termingerechter Lieferung teilweise abweichend von § 376 geregelt sind (s. dazu auch unten Anm. 41). Im Börsenverkehr ist ferner im Gegensatz zur sonstigen Rechtslage die Promptklausel nach Börsenusance oder -bedingungen regelmäßig als Fixklausel anzusprechen.

Kein ausreichendes Indiz für die Annahme eines Fixgeschäfts ist es, daß einer der (oder sogar jeder der beiden) Vertragspartner an der rechtzeitigen Leistung ein erhebliches Interesse hat (so auch ausdrücklich OLG Köln MDR 1954, 422; OLG München BB 1956, 94). So genügt es für sich allein weder, daß die Ware zur Anfertigung eines saisongebundenen Modeartikels bestimmt ist noch, daß der Forderungsberechtigte die Leistung zur planmäßigen Fortführung seines Geschäftsbetriebes benötigt. Diese Tatsachen sind für sich allein höchstens geeignet, einen Fortfall des Interesses an der Vertragserfüllung mit der Folge des § 326 Abs. 2 BGB bei erheblich verspäteter Leistung zu bewirken. Die besonderen Umstände des Vertragsschlusses sowie Handelsbrauch können aber auch hier etwas anderes ergeben. Erklärt etwa der Käufer, daß er die Ware zu einem bestimmten Ereignis brauche, und liefert der Verkäufer erst danach, so ist der Käufer (nicht nur nach § 326 Abs. 2 BGB, sondern auch) nach § 376 zum sofortigen Rücktritt berechtigt (vgl. z. B. OLG Kassel OLGE 43, 38: Nüsse zu Weihnachten und OLG Kiel in SchlHolstAnz. 1937, 263: Weihnachtsbäume). Auch die Klausel „ohne Nachfrist" verleiht einer Leistungspflicht keinen Fixcharakter. Sie bedeutet (völlig ihrem Wortlaut entsprechend) lediglich, daß im Verzugsfalle dem Gläubiger die Rechte aus § 326 BGB ohne Nachfristsetzung mit Ablehnungsandrohung zustehen sollen (RG 96, 255, 257; BGH LM Nr. 2 zu § 376 HGB = NJW 1959, 933). Das schließt nicht aus, daß diese Klausel ausnahmsweise im Rahmen eines Vertrages, in dem bereits alle übrigen Umstände (Kauf einer stark im Preis schwankenden Ware, vgl. Anm. 10, fester Termin nicht für die Abladung, sondern für das Eintreffen am Bestimmungsort, vgl. Anm. 6 a. E.) in diese Richtung weisen, zu einem zusätzlichen Indiz für den Fixcharakter eines Geschäfts werden kann (so BGH a. a. O.). Das zuletzt erwähnte Beispiel zeigt mit besonderer Deutlichkeit, daß der Fixcharakter eines Vertrages nicht aus einzelnen isolierten Umständen, sondern ausschließlich aus dem Vertragsganzen entnommen werden kann (vgl. dazu ausführlicher oben Anm. 7). Anm. 12

Der Fixcharakter einer Verpflichtung **kann** durch Vereinbarung **nachträglich** wieder **aufgehoben werden.** Eine solche Vereinbarung kann jederzeit, vor wie nach Ablauf der festbestimmten Leistungszeit, formlos, auch stillschweigend, erfolgen. Sie liegt z. B. in der vorbehaltlosen Annahme der verspäteten Leistung des anderen Vertragsteils. Die Entgegennahme von Teillieferungen bedeutet dagegen regelmäßig nur einen Verzicht auf Schadensersatz wegen Nichterfüllung wegen gerade dieser Teile, es sei denn, daß sie einen erheblichen Teil der Gesamtlieferung ausmachen (RG „Recht" 1923, 96[368]). Die Annahme eines Verzichts des Gläubigers auf die Rechte aus § 376 liegt auch dann nahe, wenn er nach Ablauf der Leistungszeit nach §§ 284, 326 BGB vorgeht, indem er die Leistung anmahnt und für ihre Nachholung eine Nachfrist mit Ablehnungsandrohung setzt; zu der Bedeutung einer Nachfrist vgl. aber auch folgende Anm. In dem Schweigen des Käufers auf die Anzeige verspäteter Abladung liegt kein Verzicht. Denn der Käufer darf die Vorlage des Konnossements abwarten (über die Fixnatur des Abladegeschäfts s. im übrigen unten Anm. 16f.). Anm. 13

Bedeutung einer Nachfrist. Unvereinbar mit dem Wesen des Fixgeschäfts ist eine Vertragsbestimmung, nach welcher der Schuldner bei unpünktlicher Leistung Gewährung einer Nachfrist verlangen kann. Dies gilt selbst dann, wenn die Länge der Frist im voraus genau bestimmt ist (z. B. zwei Tage). Denn in diesem Fall bleibt entgegen der typischen Rechtsfolge des § 376 (vgl. Anm. 30) trotz Ablaufs der festbestimmten Lieferzeit oder -frist der Erfüllungsanspruch des Gläubigers bestehen und der Schuldner zur nachträglichen Leistung berechtigt. Etwas anderes kann gelten, wenn von vornherein eine genau bestimmte Nachfrist fest vereinbart ist. In diesem Fall ist der Augenblick des Ablaufs Anm. 14

der Nachfrist der eigentliche Fixtermin. Ausgeschlossen ist die Annahme eines Fixgeschäfts hingegen stets bei Stellung einer den Umständen angemessenen, also wandelbaren Nachfrist, mag sie schon vor oder erst nach dem Leistungstermin vereinbart worden sein. Denn in diesem Fall fehlt es an einer bestimmten Leistungszeit (s. oben Anm. 6). Im übrigen hängt die Bedeutung einer noch nicht im Vertrag selbst vorgesehenen Nachfristgewährung von den Umständen des einzelnen Falles ab. Keinesfalls darf aus einer einmaligen oder sogar mehrmaligen Verlängerung der Leistungsfrist ohne weiteres der Schluß gezogen werden, die betreffende Verpflichtung habe keinen Fixcharakter gehabt oder habe ihn jedenfalls jetzt verloren. Denn häufig schließt der Käufer nur deshalb fix ab, um sich gegen die Gefahr zu sichern, daß er auf der Ware sitzenbleibt, was leicht geschehen kann, wenn er eine verspätete Lieferung seines Verkäufers noch abnehmen muß, während sein eigener Abkäufer, an den er die Ware weiterverkauft hat, wegen der eingetretenen Verzögerung vom Vertrag zurücktritt. Wird in einem solchen Fall dem Käufer von seinem Abnehmer nachträglich die Lieferfrist verlängert, so kann er auch seinem Verkäufer ohne Gefahr die Lieferfrist verlängern. Kommt dem jetzt ausgemachten neuen Liefertermin erkennbar die gleiche Bedeutung zu wie dem ursprünglichen, so hat sich an dem Fixcharakter der Lieferverpflichtung nichts geändert (vgl. dazu RG JR 1927, 646 Nr. 1103 sowie OLG Köln JR 1959, 302). Dagegen geht es nicht an, den neuen Termin allein deshalb als fixen anzusehen, weil er durch eine Verlängerung der ursprünglich vereinbarten (fixen) Frist zustande gekommen ist (so aber OLG Hamburg BB 1954, 613 für den Fall einer Akkreditivstellung).

Anm. 15 Schwierig ist es vielfach, die Bedeutung einer beim inländischen Versendungskauf vereinbarten bestimmten Verladungszeit richtig zu interpretieren. Die (durchweg ältere) Rechtsprechung neigt ganz überwiegend dazu, der Vereinbarung einer festen Absendezeit keinen Fixcharakter beizumessen, da für den Käufer nicht die Versendung, sondern der Erhalt der Ware am Bestimmungsort (= Lieferung) entscheidend sei und dieser Termin durch den Zeitpunkt der Absendung wegen der Unwägbarkeiten des Transports nur in ungefähr bestimmt sei (vgl. OLG Hamburg HansGZ 1900, Hptbl. 278 Nr. 125 und LZ 1917, 288[3] sowie OLGE 44, 244; RG 36, 83ff. und WarnRspr. 1922 Nr. 49). Bei dieser Betrachtung stellt die Verabredung eines festbestimmten Zeitpunktes für die Verladung nicht mehr als eine Richtlinie für den Käufer dar, wann er Lieferung erwarten kann (so ausdrücklich RG WarnRspr. 1922 Nr. 49) und entbindet den Käufer nicht einmal von der Nachfristsetzung nach § 326 BGB. Es liegt auf der Hand, daß diese Beurteilung den Belangen, welche der Käufer für den anderen Teil erkennbar verfolgt, indem er sich einen festen Versandtermin ausbedingt, nicht immer gerecht wird. Allerdings geht es nicht an (wie die Voraufl. Anm. 37 erwog), das Problem dadurch zu lösen, daß man die Verhältnisse beim überseeischen Abladegeschäft, wo der Abladezeit fixähnlicher Charakter beigemessen wird (vgl. nächste Anm.), auf den binnenländischen Versendungskauf überträgt. Denn die besonderen Folgen, die sich im Überseehandel an die Verfehlung der vereinbarten Abladezeit knüpfen, beruhen auf einem seit langem etablierten Handelsbrauch der am Überseehandel beteiligten Kreise und ein entsprechender Handelsbrauch ist bislang im Binnenverkehr nicht festgestellt worden. Es ist daher in jedem einzelnen Fall zu prüfen, welche Bedeutung der Vereinbarung einer festbestimmten Versendungszeit im Rahmen des Vertragsganzen nach dem Parteiwillen zukommt. So wird man insbesondere dann, wenn konkrete Umstände und Gefahren erkennbar sind, gegen die sich der Käufer durch die Vereinbarung eines bestimmten Absendezeitpunktes zusätzlich absichern will, den zugesicherten Absendezeitpunkt als so wesentlich ansehen dürfen, daß der Käufer bei seiner Versäumung berechtigt ist, die Abnahme der Ware zu verweigern, ohne daß die Voraussetzungen des Verzuges vorzuliegen brauchten oder doch zumindest den Käufer von dem Erfordernis der Nachfristsetzung als befreit ansehen können (vgl. OLG Hamburg JW 1917, 376). Letzteres gilt vor allem dann, wenn die Art der Abwicklung des Geschäfts so beschaffen ist, daß der Nachfristsetzung kein rechter Sinn zukommt (vgl. auch RG 104, 4ff. sowie insbesondere RG 89, 419, 421 und BGH MDR 1955, 344). Auch in diesen Fällen ist jedoch die Anwendung der besonderen Rechtsfolge des § 376, die dem Nichtsäumigen das Recht auf Erfüllung nur dann beläßt, wenn er sofort auf ihr besteht, in aller Regel abzulehnen. Vielfach wird man umgekehrt von dem Käufer verlangen müssen, daß er, wenn er die Ware wegen der verspäteten Versendung nicht abnehmen will, dies unverzüglich klarmacht.

(Mindestens) fixähnlicher Charakter kommt dagegen regelmäßig dem Versendungskauf des Überseehandels, dem überseeischen Abladegeschäft, zu. Über Begriff und Besonderheiten dieses Geschäftstyps vgl. die Vorbem. vor § 373 Anm. 240ff. Siehe dort Anm. 242 auch über die Unterscheidung des echten Abladegeschäfts (bei dem Erfüllungsort für die Lieferpflicht des Verkäufers der überseeische Abladeort ist, so daß der Käufer die Gefahr des Seetransports trägt, wie es beim cif- und c/f-Kauf der Fall ist) von dem unechten Abladegeschäft (bei welchem Erfüllungsort der Bestimmungshafen ist). Allerdings hat der BGH in LM Nr. 2 zu § 376 = NJW 1959, 933 dargelegt, daß weder die cif-Klausel noch die Klausel „ohne Nachfrist" für sich allein der Lieferverpflichtung des Verkäufers Fixcharakter zu verleihen vermögen, sondern diese Wirkung nur in Verbindung mit anderen Umständen (Lieferung einer stark im Preis schwankenden Ware, über die ein Konnossement ausgestellt ist, zusammen mit einer Abrede über den Zeitpunkt des Eintreffens der Ware am Bestimmungsort) zeitigen können. Diese Entscheidung berücksichtigt jedoch nicht in genügendem Maße den im Überseehandel mit Massengütern und Rohstoffen seit langem bestehenden Handelsbrauch, nach welchem die Einhaltung der Verpflichtung des Verkäufers, die Ware an einem bestimmten überseeischen Platz zu einer bestimmten Zeit abzuladen oder zu verschiffen (über den Unterschied s. Vorbem. vor § 373 Anm. 267), als so wesentlich für die Vertragserfüllung angesehen wird, daß sie schlechthin Voraussetzung für die Abnahmepflicht des Käufers ist (vgl. RG 30, 59; 71, 308; 88, 71ff.; SeuffA 55, 267ff. No. 133; JW 1897, 471[37]; JW 1902 Beil. S. 234 Nr. 108; „Recht" 1909 Nr. 2377; WarnRspr 1916 Nr 216; JW 1917, 927[4]; OLG Hamburg HansGZ 1910 Hptbl. No. 112 sowie Heuer HansGZ 1910 Hptbl. No. 114 m. w. Fundst.). Ist daher bei Geschäften dieses Typus die Abrede, daß die Ware zu einem bestimmten Zeitpunkt abgeladen oder verschifft sein müsse, verletzt, so ist der Käufer berechtigt, die Abnahme der Ware (die Aufnahme der Dokumente) abzulehnen und seinerseits die Erfüllung zu verweigern. Aufgrund dieser Bedeutung der Abladefrist ist es berechtigt, ihr fixähnlichen Charaker zuzusprechen. § 376 ist dennoch nicht unmittelbar, sondern höchstens entsprechend anwendbar. Denn einmal kommt der Fixcharakter nicht wie in § 376 der Lieferpflicht, sondern der Abladepflicht zu. Zum anderen ist zu beachten, daß es sich hier um eine selbstgeschaffene Ordnung des Handels handelt, die in erster Linie ihren eigenständig innerhalb der betroffenen Kreise herausgebildeten Regeln folgt und erst in zweiter Linie und nur mit Behutsamkeit den gesetzlichen Bestimmungen unterworfen werden kann. So ist es zwar berechtigt, dem Grundgedanken des § 376 entsprechend, bei Andienung einer nicht termingerecht abgeladenen Ware dem Käufer die Befugnis zuzusprechen, nicht nur die konkrete Lieferung abzulehnen, sondern ohne Nachfrist und ohne daß die Voraussetzungen des Verzuges vorzuliegen brauchen, vom Vertrag zurücktreten (ebenso Heuer LZ 1911, 102, 105f. m. Nachw. über die durchaus nicht einheitliche ältere Rspr. und Haage, Das Abladegeschäft S. 8ff.). Die auch innerhalb der betroffenen Kreise streitige (nie ausdiskutierte) Frage, ob der Verkäufer berechtigt ist, gegen den Willen des Käufers einen zweiten Andienungsversuch (diesmal mit termingerecht abgeladener Ware) zu machen (vgl. dazu ausführlich Grossman-Doerth, Die Rechtsfolgen vertragswidriger Andienung, 1934, S. 103ff., 142) ist damit in verneinendem Sinne zu entscheiden (a. A. RG 71, 309; OLG Hamburg HansGZ 1908 Hptbl. No. 139; wie hier dagegen OLG Hamburg OLGE 44, 242f. und Heuer LZ 1911, 106 und HansGZ 1910 Hptbl. No. 114; ferner OLG Hamburg HansGZ 1924 Hptbl. No. 80 und beiläufig auch in HansRGZ 1933 B 739, 745; zu diesem Fragenkreis ausführlich Grossmann-Doerth a. a. O.). Andererseits ist vom Käufer zu verlangen, daß er (entgegen § 376, wo nur das Erfüllungsverlangen sofort erklärt werden muß, s. unten Anm. 30) mit der Geltendmachung seiner Rechte unverzüglich hervortritt (RG 30, 59; OLG Hamburg LZ 1908, 88[7]). Der Käufer ist ferner nicht berechtigt, vom Verkäufer Lieferung aus einer anderen (insbesondere späteren) als der vertraglich vereinbarten Abladung zu fordern. Ausnahmsweise kann die Vereinbarung, daß Ware aus einer bestimmten Abladung zu liefern sei, auch die Zusicherung einer wesentlichen Eigenschaft der Ware im Sinne von § 480 Abs. 2 BGB enthalten. Das ist jedoch nur in den (recht seltenen) Fällen anzunehmen, in denen — wie z. B. bei gewissen Anm. 16

Naturprodukten — die Abladung zu einer bestimmten Zeit an einem bestimmten überseeischen Platz nach der Verkehrsauffassung als Merkmal einer bestimmten Herkunft und Qualität der Ware (z. B. aus einer besonders guten Ernte) gilt (wie hier RG 71, 308f.; OLG Hamburg HansGZ 1908 Hptbl. No. 139; Heuer LZ 1911, 102, 104; zu weitgehend Haage a. a. O. S. 11: fristgemäße Abladung = Eigenschaft der Ware; sowie beiläufig RG 58, 231).

Anm. 17 Maßgebend für den Nachweis der Einhaltung des Ablade- oder Verschiffungstermins ist beim Abladegeschäft das auf den Verladepapieren, insbesondere dem Konnossement, genannte Datum, vgl. dazu zunächst Vorbem. vor § 373 Anm. 268. Wird dem Käufer daher ein Konnossement angedient, welches ein nicht vertragsgemäßes Ablade- oder Verschiffungsdatum trägt, so kann er die Abnahme der Ware verweigern und vom Vertrag zurücktreten. Der Verkäufer ist zu einer Berichtigung seiner unrichtigen Andienung nicht berechtigt. Davon zu unterscheiden ist eine nur unvollständige Andienung. Sie liegt z. B. vor, wenn nicht alle Konnossementsexemplare angedient werden oder wenn zu September-Verschiffung verkauft ist, der Verkäufer aber nur ein September-Übernahmekonnossement beibringt, oder wenn zu September-Abladung verkauft ist, jedoch ein Verschiffungskonnossement per 1. Oktober angedient wird oder wenn Faktura oder Versicherungspolice fehlen. In diesen Fällen ist eine Ergänzung der unvollständigen Andienung zulässig (ebenso Haage a. a. O. S. 94; a. A. OLG Hamburg HansGZ 1924 Hptbl. No. 48). Bei Unrichtigkeit der Andienung, mag sie auf Nennung eines vertragswidrigen Abladedatums oder auf Qualitätsmängeln der Ware oder falscher Verpackung o. ä. beruhen, ist dagegen die Erfüllung als endgültig mißlungen anzusehen und eine zweite berichtigte Andienung nicht mehr zulässig.

Anm. 18 Die Auffassung des BGH (LM Nr. 2 zu § 376 HGB = NJW 1959, 933, s. oben am Beginn der Anm. 16) ist nach dem Vorhergesagten allenfalls von Bedeutung für die im Gegensatz zu den Importen preisschwankender Rohstoffe stehenden Exporte industrieller Erzeugnisse (Maschinen, Investitionsgüter usw.), bei denen im Interesse gleichmäßiger Abschreibungen die Verkaufspreise ebenso wie die sonstigen Lieferbedingungen durch die Geschäftsbedingungen uniformiert sind; vgl. z. B. M. Ferid, Die Allgemeinen Lieferbedingungen für den Export von Anlagegütern, Heft 6 der Schriften zur Außenhandelsförderung der Bundesstelle für Außenhandelsinformation hrsg. von K. Rinzel. Hier haben die Liefer- und Absendetermine regelmäßig keinen Fixcharakter.

Anm. 19 Ist mit der sog. Erwartungsklausel, z. B. in der Form „Dezember—April Erwartung" verkauft, so verpflichtet sich der Verkäufer damit zur Lieferung einer Ware, deren Ankunft am Bestimmungsort spätestens am Ende der Frist zu erwarten ist. Die Erwartungsklausel hat insofern in gleicher Weise Fixcharakter wie die Abladeklausel; vgl. auch BGH LM Nr. 2 zu § 376 HGB = NJW 1959, 933, wonach in der Erwartungs- oder Ankunftsklausel mit bestimmtem Termin u. U. eine Fixbestimmung zu erblicken sei, die den Käufer berechtigt, eine verspätete Andienung ohne Nachfristsetzung zurückzuweisen (vgl. ferner OLG Hamburg HansGZ 1906 Hptbl. No. 151, wo allerdings fälschlich von einer Eigenschaft der Ware ausgegangen wird, s. oben Anm. 16, und Heuer LZ 1911, 113). Ist eine Ware als bereits in einem bestimmten Schiff verladen („schwimmend") verkauft, so liegt darin eine Garantiezusage (OLG Hamburg SeuffA 65, 309 Nr. 165), so daß der Käufer, wenn die Ware in Wahrheit nicht wie verkauft verladen war, Schadensersatz wegen Nichterfüllung verlangen kann. Ferner braucht der Käufer auch beim unechten Abladegeschäft, bei dem der Verkäufer erst durch die Übergabe der Ware am Bestimmungsort erfüllt (also nicht nur zu versenden, sondern zu übersenden hat, vgl. Vorbem. vor § 373 Anm. 242), eine nicht rechtzeitig abgeladene Ware nicht abzunehmen (RG JR 1927 Nr. 231).

Anm. 20 **Die Beweislast** für das Vorliegen eines Fixgeschäfts trägt derjenige, der aus den Besonderheiten dieses Geschäftstyps Rechte für sich herleiten will. Dagegen braucht er nicht darzulegen, welches Interesse er an der Einhaltung der festen Frist oder des festen Termins hat. Die Frage, ob ein Fixgeschäft vorliegt, ist vom Richter im Prozeß von Amts wegen zu prüfen.

Anm. 21 **Dem Fixgeschäft ähnliche Verhältnisse** finden sich im bürgerlichrechtlichen wie im kaufmännischen Verkehr, wenn die Vertragschließenden der Erfüllungszeit bei einem Nichtfixgeschäft wesentliche Bedeutung beilegen, so daß die Partei, die eine bestimmte

Verpflichtung nicht erfüllt, nicht nur ohne Mahnung in Leistungsverzug geraten soll, sondern ihr auch hinterher eine dem beiderseitigen Vertragswillen entsprechende Erfüllung nicht mehr möglich und die andere Partei ohne weiteres zum Rücktritt vom Vertrage, zuweilen sogar zu Schadensersatz wegen Nichterfüllung berechtigt sein soll (vgl. z. B. RG WarnRspr. 1916 Nr. 221; JW 1917, 49[9]). Im weiteren Sinne gehört hierher auch der Wegfall des Interesses, der nach § 326 Abs. 2 BGB von der Setzung einer Nachfrist entbindet (s. schon oben Anm. 2; sowie ausführlich Vorbem. vor § 373 Anm. 424 ff.). Zuweilen stellen die Parteien den Zeitpunkt der Leistung des Schuldners auf ein bestimmtes Ereignis ab, wobei die Leistung des Schuldners bei oder vor Eintritt des Ereignisses für den Gläubiger wesentliche Bedeutung zukommt. In solchen Fällen ist sorgfältig zu prüfen, ob es sich um ein Fixgeschäft im Sinne des § 376 handeln soll (vgl. die Beispiele in Anm. 12 a. E.) oder lediglich Befreiung von dem Erfordernis der Nachfristsetzung gewollt ist oder ob der Schuldner nur ohne Mahnung in Verzug geraten soll (s. dazu auch Vorbem. vor § 373 Anm. 336 u. 428 f.).

Die besonderen Folgen des Fixhandelskaufs. Anm. 22

Leistet der Schuldner nicht an dem festbestimmten Termin oder innerhalb der festbestimmten Frist, so stehen dem Gläubiger folgende Rechte gegen den Säumigen zu.

1. **Das Recht zum Rücktritt vom Vertrag.**

Dieses Recht erwirbt der Gläubiger allein aufgrund der **objektiven** Verzögerung der Erfüllung, d. h. des Ausbleibens der Leistung im Zeitpunkt der Fälligkeit. Alle übrigen Voraussetzungen, an welche § 326 BGB das Recht zum Rücktritt vom Vertrag knüpft (vgl. Vorbem. vor § 373 Anm. 328 ff.; 337 ff.; 397 ff.), können entfallen. Das bedeutet: der Schuldner braucht sich nicht im Leistungsverzug zu befinden. Erforderlich ist also weder, daß der Gläubiger die Leistung angemahnt hat (Leistungsfrist bzw. -termin sind fest bestimmt!), noch daß der Schuldner die Verzögerung seiner Leistung zu vertreten hat. Überflüssig ist ferner die Setzung einer Nachfrist mit Ablehnungsandrohung. Der Rücktritt kann sofort erfolgen. Schließlich kommt es auch nicht darauf an, ob das Interesse des Gläubigers an dem Erhalt der Leistung bzw. an dem Vollzug des Kaufvertrages fortgefallen ist: beim Fißgeschäft wird es zugunsten des Gläubigers unwiderlegbar so angesehen, als ob der Gläubiger an einer verspäteten Erfüllung keinerlei Interesse habe (vgl. schon oben Anm. 2). Bei Zug um Zug zu erfüllenden Kaufverträgen genügt es für die Begründung des Rücktrittsrechts, wenn der Zurücktretende darlegt, daß die ihm zustehende Leistung innerhalb der Fälligkeitszeit nicht erfolgt ist. Sache des Säumigen ist es, einzuwenden, er habe seine Leistung zu Recht nicht zu erbringen brauchen, weil die andere Seite nicht zur Erbringung der Gegenleistung bereit gewesen sei (RG 108, 159).

Der Rücktritt erfolgt durch eine formlose, einseitige, zugangsbedürftige und grundsätzlich unwiderrufliche Erklärung des Gläubigers an den säumigen Schuldner, vgl. § 349 BGB. Erfordernisse und Wirkungen der Rücktrittserklärung unterliegen in jeder Hinsicht den in Vorbem. vor § 373 Anm. 384 ff. zu der Rücktrittserklärung im Rahmen des § 326 BGB dargestellten Grundsätzen; vgl. deshalb näher dort. Der Kaufvertrag ist also keinesfalls etwa schon mit dem Ausbleiben der fälligen Leistung des Schuldners aufgelöst, wie die übliche Formulierung der Voraussetzungen des Fixkaufs annehmen lassen könnte, wonach die Bestimmung der festen Leistungszeit ein so wesentlicher Vertragsbestandteil sein muß, daß mit ihrer Einhaltung oder Versäumung der ganze Vertrag „steht oder fällt" (s. oben Anm. 7). Ebensowenig ist der Rücktritt schon durch das Unterbleiben des sofortigen Bestehens auf Erfüllung, § 376 Abs. 1 S. 2, (stillschweigend) erklärt. Anm. 23

Eine Zeit für die Rücktrittserklärung ist nicht bestimmt. Frühester Zeitpunkt ist regelmäßig derjenige, an dem die Leistung spätestens hätte erfolgen müssen. Stellt sich schon vorher heraus, daß der Schuldner den Fixtermin unmöglich einhalten kann, so kann die Rücktrittserklärung ausnahmsweise bereits zulässig sein, sobald dies mit Sicherheit feststeht (OLG Köln JR 1959, 302). Über den Zeitpunkt der Rücktrittserklärung bei ernstlicher und endgültiger Erfüllungsweigerung s. die Ausführungen in Vorbem. vor § 373 Anm. 418 ff. Nach Ablauf der Leistungszeit kann der Rücktritt jederzeit erfolgen. Das Erfordernis sofortiger Erklärung (§ 376 Abs. 1 S. 2) ist nur für die Erhaltung des Rechts auf Erfüllung vorgeschrieben. Der Schuldner kann dem Gläubiger jedoch nach § 355 BGB, der auch im Rahmen des Fixkaufs anwendbar ist, eine angemes- Anm. 24

sene Frist für die Ausübung des Rücktrittsrechts setzen mit der Folge, daß mit Fristablauf das Rücktrittsrecht erlischt (s. dazu näher unten Anm. 40). Nach RG „Recht" 1930, 365 Nr. 1245 muß die Rücktrittserklärung „alsbald" abgegeben werden. Die Richtigkeit dieser aus dem Gesetz nicht begründbaren Entscheidung erscheint jedoch angesichts der vorstehend erwähnten Möglichkeit des Schuldners, einem etwaigen durch Zögern des Gläubigers entstehenden Schwebezustand durch die Fristsetzung nach § 355 BGB ein Ende zu bereiten, fraglich.

Anm. 25 Das Rücktrittsrecht ist unter dem Gesichtspunkt des Rechtsmißbrauchs ausnahmsweise ausgeschlossen, wenn die Verspätung der Leistung ganz geringfügig und auch unter Würdigung der Interessen des Gläubigers an der Einhaltung der Frist so unwesentlich ist, daß ihre Berücksichtigung mit den Anforderungen von Treu und Glauben schlechthin unvereinbar wäre (vgl. RG 117, 354, 356f., sowie Hirsch JR 1960, 16ff.). Das Rücktrittsrecht des Gläubigers entfällt ferner, wenn er selbst die Säumnis des anderen Teils zu vertreten hat. Das gilt insbesondere dann, wenn der Gläubiger eine ihm obliegende Vorleistung nicht erbracht hat, so daß der Schuldner seine fix versprochene Leistung zu dem festgesetzten Termin nicht erbringen konnte oder aufgrund eines Leistungsverweigerungsrechts nicht zu erbringen brauchte (vgl. RG „Recht" 1927 Nr. 2441; KG NJW 1960, 632; BGH MDR 1965, 377).

Anm. 26 2. Der Anspruch auf **Schadensersatz wegen Nichterfüllung.**

Auch dieses Recht des Gläubigers setzt nicht voraus, daß dem säumigen Schuldner (wie es bei § 326 BGB erforderlich ist) zuvor eine Nachfrist mit der Androhung gesetzt worden ist, die Leistung nach fruchtlosem Ablauf der Frist abzulehnen. Der Schadensersatzanspruch steht dem Gläubiger vielmehr sofort zu. Im Gegensatz zu dem Rücktrittsrecht entsteht der Schadensersatzanspruch wegen Nichterfüllung nicht allein aufgrund der objektiven Säumnis des Schuldners, sondern nur dann, wenn sich dieser im Verzug befindet, die Säumnis also insbesondere zu vertreten hat. Über die Verzugsvoraussetzungen im einzelnen s. Vorbem. vor § 373 Anm. 313ff.

Anm. 27 Die Berechnung des Schadensersatzes wegen Nichterfüllung folgt auch beim Fixkauf im Grundsatz den für den gewöhnlichen Handelskauf geltenden Regeln. Insbesondere kann der Gläubiger, sei er Verkäufer oder Käufer, seinen Schaden nach seiner Wahl abstrakt oder konkret berechnen. Hat die Ware keinen Markt- oder Börsenpreis, so gelten diese Regeln sogar ohne Einschränkung. Für diesen Fall vgl. deshalb die ausführliche Darstellung in Vorbem. vor § 373 Anm. 355ff. u. 367ff.

Anm. 28 Hat die Ware dagegen einen Markt- oder Börsenpreis, so unterliegt der Gläubiger bei konkreter Schadensberechnung beim Fixkauf einer Einschränkung im Vergleich mit dem gewöhnlichen Handelskauf, die den Säumigen davor schützen soll, daß der Gläubiger auf seine Kosten spekuliert. Während beim gewöhnlichen Handelskauf der Käufer oder der Verkäufer ihrer Schadensberechnung jeden Deckungskauf oder -verkauf zugrundelegen können, sofern dabei nur gewisse Gebote der Redlichkeit und Billigkeit beachtet sind (vgl. Vorbem. vor § 373 Anm. 360, 378), kann beim Fixhandelskauf nur ein solcher Deckungskauf oder -verkauf zur Grundlage der Schadensberechnung gemacht werden, der folgende durch § 376 Abs. 3 vorgeschriebene Voraussetzungen erfüllt: der Kauf oder Verkauf muß sofort nach Ablauf der bedungenen Leistungsfrist bewirkt werden und zwar entweder in öffentlicher Versteigerung oder durch einen zu solchen Verkäufen oder Käufen öffentlich ermächtigten Handelsmäkler oder eine zur öffentlichen Versteigerung befugte Person. Diese Voraussetzungen entsprechen den in § 373 Abs. 2 HGB aufgestellten: vgl. deshalb die Kommentierung zu §§ 373/374 Anm. 40ff. Einer vorherigen Androhung bedarf es dabei (insoweit abweichend von § 373 Abs. 5) nicht, wohl aber einer nachträglichen Benachrichtigung. Die Unterlassung der Benachrichtigung hat nicht Ungültigkeit des Kaufs oder Verkaufs, sondern lediglich eine Verpflichtung zum Schadensersatz zur Folge. Käufer und Verkäufer können mitbieten: § 373 Abs. 4, vgl. dazu näher §§ 373/374 Anm. 42.

Anm. 29 Ein anderweit oder unter Nichtbeachtung der vorstehenden Erfordernisse vorgenommener Deckungskauf oder -verkauf kann der konkreten Schadensberechnung nicht zugrunde gelegt werden. Das gilt selbst dann, wenn die anderweite Veräußerung oder Eindeckung in angemessener Weise erfolgt sein sollte. In Fällen dieser Art bleibt dem Gläubiger nur die Möglichkeit, seinen Schaden abstrakt zu berechnen, was nach § 376 Abs. 2 in der Form geschieht, daß er den Unterschied zwischen dem Kaufpreis und dem Börsen- oder Marktpreis zur Zeit und am Ort der geschuldeten Leistung fordert. Zu dieser Art der Berechnung vgl. eingehend Vorbem. vor § 373 Anm. 356ff. u. 368ff.

3. Der **Anspruch auf Erfüllung** des Vertrages. Bei diesem Anspruch tritt der Unterschied zwischen dem Fixhandelskauf und dem gewöhnlichen Handelskauf mit besonderer Deutlichkeit hervor. Beim gewöhnlichen Handelskauf ist das Hauptrecht des Gläubigers sein Anspruch auf Vertragserfüllung. Dieser steht ihm ohne weiteres zu und braucht nicht durch eine besondere Handlung erworben oder erhalten zu werden. Das Rücktrittsrecht und der Anspruch auf Schadensersatz wegen Nichterfüllung sind demgegenüber nur Ersatzrechte, die besonders (durch Nachfristsetzung mit Ablehnungsandrohung) erworben werden müssen. Beim Fixhandelskauf ist dieses Verhältnis von Regel- und Ausnahmerecht in sein Gegenteil verkehrt. Das Gesetz geht davon aus, daß der Kaufvertrag, wenn die Leistung an dem festgesetzten Stichtag ausbleibt, regelmäßig nicht mehr zur Abwicklung gelangen wird. Deshalb hört allein dadurch, daß die Leistung des Schuldners am Stichtag nicht bewirkt wird, der Erfüllungsanspruch auf, das Hauptrecht des Gläubigers zu sein. Von diesem Augenblick an ist der Gläubiger sofort und ohne weiteres zum Rücktritt oder (wenn die Verzugsvoraussetzungen vorliegen) nach seiner Wahl zu Schadensersatz wegen Nichterfüllung berechtigt. Der Anspruch auf Erfüllung besteht dagegen nur fort, wenn ihn sich der Gläubiger durch einen besonderen Akt erhält. In dieser Sachlage ist auch die wesentliche Rechtfertigung für die übliche Definition des Fixhandelskaufs durch die Rechtsprechung zu sehen, die Bestimmung der Leistungszeit müsse so wesentlich sein, daß mit ihrer Einhaltung oder Versäumung der gesamte Vertrag „steht oder fällt" (s. dazu oben Anm. 7 und auch 23). **Anm. 30**

Der besondere Akt, durch den sich der Gläubiger das Recht auf Erfüllung erhalten muß, besteht, in einer sofort nach Ablauf der Leistungszeit oder -frist von dem Gläubiger an den Schuldner gerichteten **Anzeige,** in welcher der Gläubiger erklärt, daß er auf Erfüllung bestehe, § 376 Abs. 1 S. 2. **Anm. 31**

Die Anzeige ist eine einseitige, empfangsbedürftige Willenserklärung (§§ 130ff. BGB). Sie wird also nur wirksam, wenn sie dem anderen Teil zugeht. Einer Form bedarf sie nicht. Ihr Inhalt muß erkennen lassen, daß der Gläubiger trotz Ablaufs des Stichtages auf Erfüllung des Vertrages bestehe. Ein bloßer Vorbehalt seiner Rechte oder ein Protest gegen die Nichterfüllung genügt nicht. **Anm. 32**

Die Anzeige muß sofort nach Ablauf der festbestimmten Leistungszeit oder -frist erfolgen. „Sofort" ist mehr als „unverzüglich", was nach der gesetzlichen Definition des § 121 BGB ohne schuldhaftes Zögern bedeutet. Die Anzeige muß also so schnell erfolgen, wie dies nach den Umständen zu erwarten war. Wird die Anzeige verzögert, so fällt das Recht auf Erfüllung auch dann fort, wenn die Verzögerung von dem Gläubiger nicht verschuldet ist. **Anm. 33**

Die Anzeige muß sofort nach Ablauf der Leistungszeit oder -frist erfolgen. Eine am Stichtag oder sogar schon früher gemachte Anzeige, daß Erfüllung verlangt werde, reicht daher nicht aus, sofern nicht aus ihr hervorgeht, es werde auf der abweichend vom Vertrag geforderten vorzeitigen Erfüllung jedenfalls für die Zeit nach Ablauf des vereinbarten Stichtages bestanden. **Anm. 34**

Die Anzeige ist ausnahmsweise entbehrlich, wenn schon vor dem Stichtag völlig sicher zwischen den Parteien feststeht, daß der eine Teil nicht erfüllen, der andere Teil aber in jedem Fall auf Erfüllung bestehen wird. Der Sinn der Anzeige erschöpft sich darin, zu verhüten, daß der Gläubiger auf Kosten des Schuldners spekuliert, indem er seine Entscheidung hinausschiebt, um zunächst die weitere Entwicklung der Preiskonjunktur abzuwarten. Besteht jedoch von vornherein zwischen den Parteien völlige Übereinstimmung, daß der Gläubiger in jedem Fall auf Erfüllung auch nach dem Stichtag beharrt, so wäre es eine leere zwecklose Form, von dem Gläubiger eine Wiederholung seines bereits eindeutig geäußerten Willens zu verlangen (a. A. Schlegelberger-Hefermehl § 376 Rdnr. 16 und Düringer-Hachenburg-Hoeniger § 376 Anm. 13a). **Anm. 35**

Die Beweislast dafür, daß die Anzeige rechtzeitig und gehörig bewirkt worden ist oder daß sie ausnahmsweise entbehrlich war, trägt der Gläubiger, wenn er Erfüllung verlangt. **Anm. 36**

Die Folge der Anzeige ist doppelter Art:

Anm. 37 Der Anspruch auf Erfüllung besteht fort. Daneben kann der Gläubiger entsprechend den allgemeinen Regeln Ersatz seines Verzugsschadens verlangen (§ 286 BGB). Der Betrag des vom Verkäufer zu leistenden Schadensersatzes besteht mindestens in dem Unterschied zwischen dem Markt- oder Börsenpreis zur Zeit des Verzugseintritts und dem niedrigeren Markt- oder Börsenpreis zur Zeit der tatsächlichen Lieferung, wenn der Preis in der Zwischenzeit gefallen ist. In diesem Fall nähert sich der Verzögerungsschaden dem Schadensersatz wegen Nichterfüllung (s. dazu näher Vorbem. vor § 373 Anm. 347). Ist der Käufer säumig, so kann der Verkäufer die Ware im Wege des Selbsthilfeverkaufs nach § 373 HGB verkaufen und den Ausfall als Kaufpreisrest einklagen (vgl. dazu näher §§ 373/374 Anm. 51, 52).

Anm. 38 An das in der Anzeige ausgesprochene Erfüllungsverlangen ist der Gläubiger gebunden. Mit Wirksamwerden der Anzeige erlöschen das Rücktrittsrecht und der (im Verzugsfalle gegebene) Schadensersatzanspruch wegen Nichterfüllung aus § 376. Der Fixhandelskauf ist jetzt zu einem gewöhnlichen Handelskauf geworden. Ein Rücktrittsrecht und einen Anspruch auf Schadensersatz wegen Nichterfüllung kann der Gläubiger jetzt nur noch nach den allgemeinen Regeln der §§ 284ff. und § 326 BGB erwerben.

Anm. 39 Die Folge unterlassener Anzeige ist, daß der Anspruch auf Erfüllung untergeht. Der Gläubiger ist jetzt endgültig auf sein Rücktrittsrecht oder (falls die Verzugsvoraussetzungen vorliegen) auf seinen Schadensersatzanspruch wegen Nichterfüllung beschränkt. Auch der Schuldner hat keine Möglichkeit mehr, dem Gläubiger seine Leistung als Erfüllung aufzudrängen. Kaum der Darlegung bedarf es, daß die Parteien berechtigt sind, einverständlich eine abweichende Regelung zu beschließen.

Anm. 40 **Das Verhältnis der verschiedenen Rechte zueinander.** Vgl. zunächst vorstehend Anm. 37f. über die Folge rechtswirksamer und Anm. 39 über die Folge unterlassener Anzeige. Hat der Gläubiger nicht sofort auf Erfüllung bestanden, aber auch den Rücktritt noch nicht erklärt, so kann ein Schwebezustand entstehen, während dessen der Vertrag noch fortbesteht, aber weder der Schuldner einseitig berechtigt ist, die Leistung noch nachträglich zu erbringen, noch der Gläubiger, sie zu fordern. Diesem Schwebezustand kann der Schuldner ein Ende bereiten, indem er dem Gläubiger nach § 355 BGB, der auch im Rahmen des Fixkaufs anwendbar ist, eine angemessene Frist für die Ausübung des Rücktrittsrechts setzt. Nach fruchtlosem Ablauf dieser Frist ist das Rücktrittsrecht des Gläubigers erloschen. Seine Rechte beschränken sich nunmehr auf den Schadensersatzanspruch wegen Nichterfüllung. Waren dessen Voraussetzungen nicht gegeben (d. h. regelmäßig, weil der Schuldner nicht im Verzuge war), so ist in dem Schweigen des Gläubigers auf die befristete Aufforderung des Schuldners, den Rücktritt zu erklären, die Bekundung des Willens des Gläubigers zu sehen, der Schuldner solle auch noch zur nachträglichen Lieferung befugt sein. In diesem Fall verliert der Kauf nachträglich seinen Fixcharakter und wandelt sich zum gewöhnlichen Handelskauf. Andernfalls hätte das Rücktrittsrecht, welches § 376 dem Gläubiger zuspricht, keinerlei rechtliche Bedeutung, weil sonst der Vertrag im Augenblick des Unterbleibens rechtzeitiger Anzeige auch ohne Rücktrittserklärung gegenstandslos geworden wäre, weil von da an nachträgliche Leistung weder verlangt noch erbracht werden kann.

Anm. 41 **Die tatsächliche Entwicklung der Fixhandelskäufe im Fall der Nichterfüllung am Stichtag** ist vielfach die, daß Schadensersatz wegen Nichterfüllung, „die Differenz", verlangt wird. Auf Erfüllung wird regelmäßig nicht bestanden. Sie ist zumeist, wovon das Gesetz richtig ausgeht (s. Anm. 30), ohne Interesse. Aber auch zum Rücktritt hat der nichtsäumige Teil meist keine Veranlassung. Denn säumig ist der Schuldner häufig gerade dann, wenn die allgemeine Marktlage am Stichtag für ihn günstiger ist als zur Zeit des Vertragsschlusses (z. B. der Verkäufer könnte jetzt einen höheren Preis für die Ware erzielen als den Vertragspreis). Ist sie umgekehrt ungünstiger (sind in dem eben genannten Beispiel die Preise gefallen), so liegt ihm verständlicherweise daran, die günstigeren Bedingungen des Vertrages auszunutzen; zu einem Verzug kommt es dann sehr viel seltener. Infolge der entgegengerichteten Interessen von Verkäufer und Käufer ist die Situation, in welcher der Schuldner versucht ist, der Vertragserfüllung auszuweichen, gerade diejenige, in welcher der Gläubiger an der Vertragsausführung zu den ihm günstigeren und dem Schuldner ungünstigeren Bedingungen interessiert ist. Geschieht dies nicht, so erwächst dem Gläubiger ein Schaden, der darin liegt, daß er aus den günstigeren Vertragsbedingungen keinen Profit ziehen kann und gezwungen ist, auf die ihm ungünstigeren Chancen des allgemeinen Marktes zurückzugreifen (z. B. sich als Käufer bei gestiegenen Preisen zu dem höheren jetzigen Marktpreis einzudecken). Diesen Schaden berechnet er. So löst sich das Verhältnis meist in einen Anspruch auf die Differenz auf. Daher kam es auch, daß die sog. reinen Differenzgeschäfte früher lediglich in die Form eines Fixgeschäfts gekleidet wurden, weil diese Form sich am besten für den beabsichtigten Zweck eignete. Es kommt jedoch auch häufig vor, daß der Schuldner seine Säumnis nicht zu vertreten hat, z. B. weil er selbst nicht rechtzeitig genug beliefert worden ist. Deshalb sehen Börsenbedingungen häufig „Regulierung des Vertrages", d. h. Verrechnung der beiderseitigen Leistungen mit pauschaliertem Strafzuschlag für den Säumigen unabhängig vom Verschulden vor, vgl. z. B. § 28 der Bedingungen der Bremer Baumwollbörse (abgedruckt in Anhang III zu § 346); dazu Schomberg, Das Termingeschäft der Bremer Baumwollbörse, 1958.

Die Rechtslage bei teilweiser Erfüllung des Vertrages. Für den Fall, daß der Vertrag **Anm. 42** von einer Seite bereits ganz oder teilweise erfüllt ist, gelten keine Besonderheiten. Es gelangen vielmehr die allgemeinen in der Vorbem. vor § 373 Anm. 430ff. dargestellten Regeln entsprechend zur Anwendung. So kommt es insbesondere, wenn der Säumige schon einen Teil seiner Leistung erbracht hatte, darauf an, ob die teilweise Erfüllung des Vertrages für den Gläubiger von Interesse ist oder nicht. Hat sie Interesse, so kann der Gläubiger die Rechte aus § 376 HGB nur wegen des noch unerfüllten Teils geltend machen, andernfalls wegen des ganzen Vertrages, s. dazu ausführlich die Vorbem. vor § 373 Anm. 432 u. 433. In dem (seltenen) Fall, daß der Verkäufer schon voll erfüllt hat und der Kaufpreis bis zu einem fixen Zahlungstermin gestundet ist, geht § 376 HGB der allgemeinen Regel des § 454 BGB vor.

§ 377

Ist der Kauf für beide Teile ein Handelsgeschäft, so hat der Käufer die Ware unverzüglich nach der Ablieferung durch den Verkäufer, soweit dies nach ordnungsmäßigem Geschäftsgange tunlich ist, zu untersuchen und, wenn sich ein Mangel zeigt, dem Verkäufer unverzüglich Anzeige zu machen.

Unterläßt der Käufer die Anzeige, so gilt die Ware als genehmigt, es sei denn, daß es sich um einen Mangel handelt, der bei der Untersuchung nicht erkennbar war.

Zeigt sich später ein solcher Mangel, so muß die Anzeige unverzüglich nach der Entdeckung gemacht werden; anderenfalls gilt die Ware auch in Ansehung dieses Mangels als genehmigt.

Zur Erhaltung der Rechte des Käufers genügt die rechtzeitige Absendung der Anzeige.

Hat der Verkäufer den Mangel arglistig verschwiegen, so kann er sich auf diese Vorschriften nicht berufen.

Literatur: Adler, Beiträge zum Recht der Gewährleistung, ZHR. 75, 453; Becker, Die Mängelrüge im Handelsrecht, RuH. 1927, 468; v. Blume, Der Schadensersatzanspruch des Käufers wegen Lieferung einer mangelhaften Sache, JheringsJ. 55, 209; Bötticher, Die Wandlung als Gestaltungsakt, 1938; Engel, Das Recht der Verpackung, 1930; Geppert, JheringsJ. 67, 211; Großmann-Doerth, Die Rechtsfolgen vertragswidriger Andienung, 1934; Hanauseck, Die Haftung des Verkäufers für die Beschaffenheit der Ware, 1883; Haymann, Anfechtung, Sachmängelgewähr und Vertragserfüllung beim Kauf, 1913; ders., Fehler und Zusicherung beim Kauf, Festschrift zum 50jährigen Bestehen des Reichsgerichts, 1929, Bd. III, S. 317; Kluckhohn, Sachmängel und Abnahmepflicht, Gruch. 59, 1038; Korintenberg, Der Mängelbeseitigungsanspruch, Arch. f. Sachsen, Thür. u. Anhalt 1927, 401; Krückmann, Zum Gewährleistungsrecht, LZ. 1915, 1351 u. 1559; ders., Pflichterfüllung und Rechtsausübung, JheringsJ. 65, 227; ders., ZivArch. 101, 197; Oertmann in Ehrenbergs Handb. IV 2 S. 471—530; Raape, Probleme der Wandelung und Minderung, Festschrift f. Lehmann, 1937, S. 159; Schneider, Zur Stellung des Käufers bei Angebot eines mangelhaften Kaufgegenstandes, ArchBürgR. 41, 445; ders., Das Verhältnis zwischen Anfechtung und Wandlung,

ZivArch. 97, 142; dazu Starck LZ. 1918, 247; Roth LZ. 1919, 617; Krückmann LZ. 1920, 206; Schollmeyer, Erfüllungspflicht und Gewährleistung für Mängel, JheringsJ. 49, 93; Schröder, Zur Gewährleistung für Sachmängel beim Kauf, Berlin 1903; Süß, Wesen und Rechtsgrund der Gewährleistung für Sachmängel, 1931; Wolff (Max), Sachmängel beim Kauf JheringsJ. 56, 1.

Neuere Literatur: Ballerstedt, Zur Lehre vom Gattungskauf, Festschrift f. Nipperdey, 1955, S. 261; Blomeyer, Der „Anspruch" auf Wandelung und Minderung, Ziv.Arch 151, 97; dazu Larenz, NJW 1951, 497; Brox, Die Einrede des nichterfüllten Vertrages beim Kauf, 1948; ders., Die Einschränkung der Irrtumsanfechtung (1960); Edye, Die Rechtsgestaltung in der Praxis des Warenhandels (1960); Erman, Zu den Rechten des Stückkäufers aus Mängeln der Sache, JZ 1960, 41; Fabricius, Zur Rechtsnatur des § 377 HGB, JZ. 1965, 271 ff.; ders., Mangelhafte Lieferung beim Kauf beweglicher Sachen, JZ. 1967, 464; Flume, Eigenschaftsirrtum und Kauf, 1948; dazu Kegel, ZivArch. 150, 356; J. v. Gierke, Sachmängelhaftung und Irrtum beim Kauf ZHR. 114, 73; Glaser, Die Mängelrüge im Handelsrecht, JR. 1955, 281; Götz, Sachmängelbeseitigung beim Kauf — Recht und Pflicht der Nachbesserung (1960); Graue, Die mängelfreie Lieferung beim Kauf (1964); Haage, Die Rechte des Käufers wegen Mängel der Ware bei dem überseeischen Abladegeschäft, BetrBer. 1955, 944; Haberkorn, Die unverzügliche Mängelrüge, MDR. 1966, 642; Korintenberg, Abschied von der Gewährleistung, Justizblatt Köln 1947, 69; v. Lüpke, Die Allgemeinen Geschäftsbedingungen für den Verkauf von Gebrauchtwagen rechtswirksam? BetrBer. 1956, 609; Marsilius, Die „unverzügliche" Mängelrüge, BetrBer. 1961, 953; Meeske, Die Mängelrüge (1965); Raape, Sachmängelhaftung und Irrtum beim Kauf ZivArch. 150, 481; Schwarze, Gewährleistungsansprüche bei verborgenen Mängeln, MDR. 1958, 195. Zur Technologie des Gegenstandes vgl. ferner: DIN 66051 — Untersuchung von Waren, Allgemeine Grundsätze — 1. Ausg. Oktober 1967; Schindowski, E., und Schürz, O., Statistische Qualitätskontrolle, 3. Aufl. 1965.

Weitere Literatur bei Vorbem. vor § 373 und Anh. zu § 374.

Inhaltsübersicht

4. Gemeinsame Grundsätze für das arglistige Verschweigen und das arglistige Vorspiegeln
   a) Arglist bei Abschluß, bei Ausführung des Vertrages Anm. 162
      — Zusammentreffen mit eigener Arglist, mit Fahrlässigkeit des Käufers Anm. 163
   b) Arglist in der Person des Verkäufers und durch Dritte in der Sphäre des Verkäufers (Bevollmächtigte, Erfüllungsgehilfen, Geschäftsmittler) Anm. 164—167
   c) Arglist und grobe Fahrlässigkeit Anm. 168
5. Beweislast Anm. 169

B. Die Rechtsfolgen arglistigen Verschweigens und arglistigen Vorspiegelns
   1. Mängelrüge nach § 377 nicht erforderlich Anm. 170
      a) Umfang der Befreiung Anm. 170a
      b) Ursächlichkeit der Täuschung? Anm. 170b
      c) Genehmigung möglich Anm. 170c
   2. Grobe Fahrlässigkeit des Käufers bei Kaufabschluß unschädlich Anm. 171
   3. Schadensersatzansprüche wegen Nichterfüllung nach §§ 463 Abs. 2, 480 BGB Anm. 172
   4. Haftungsbeschränkende Vereinbarungen unwirksam Anm. 173
   5. Normale statt kurzer Verjährung Anm. 174
   6. Tatbestandsbegründend für Schlechterfüllung Anm. 175
   7. Anfechtbarkeit des Kaufvertrages wegen arglistiger Täuschung Anm. 176
   8. Schadensersatzansprüche aus unerlaubter Handlung Anm. 177

V. Besonderheiten bei teilweiser Lieferung und bei teilweiser Mangelhaftigkeit
   A. Sukzessivlieferung und Rügepflicht Anm. 178, 178a
   B. Rechtslage bei teilweise mangelhafter Lieferung:
      1. wenn die Teile im Verhältnis von Haupt- und Nebensache Anm. 179
      2. wenn die Teile in ihrer Zuordnung gleichrangig Anm. 179a
      3. wenn im Kaufentgelt Nebenleistungen enthalten Anm. 179b
      4. wenn mehrere Sachen als zusammengehörig verkauft Anm. 180—181a
      5. wenn ein Teil der Ware genehmigt wird Anm. 182
      6. wenn die Bemängelung von Teilen eine Beanstandung des Ganzen zuläßt: als Schluß vom Teil auf das Ganze bei Aufdeckung verborgener Mängel Anm. 183

In Zusatz 1 ist der Fall des einseitigen Handelskaufs (Anm. 184—187), in Zusatz 2 der Fall der Zusendung unbestellter Ware (Anm. 188—193) erörtert.

Stichwortübersicht

Inhalt des Paragraphen und Einteilung des Erläuterungsstoffes. Der Paragraph gibt für den Handelskauf eine Vorschrift von zentralem Rang. Er bestimmt die Obliegenheit des Käufers, die Ware unverzüglich nach Ablieferung auf Mängel hin zu untersuchen und — bei Feststellung von Mängeln — dem Verkäufer hierüber sofortige Anzeige zu erstatten. Unterläßt er die Anzeige, so soll die Ware als genehmigt gelten. Das bedeutet: Dem Käufer droht der Verlust der Ansprüche und Befugnisse, die das Gesetz an das Vorhandensein von Mängeln knüpft, wenn und soweit sie hätten festgestellt werden können und deshalb angezeigt werden müssen. Genau dieser Offenhaltungseffekt der Mängelanzeige ist es, den Abs. 4 unserer Vorschrift anspricht, wenn dort bestimmt wird, daß „zur Erhaltung der Rechte des Käufers" die rechtzeitige Absendung der Anzeige genügen solle. Untersuchung und Anzeige sind Obliegenheiten zur Erhaltung von Rechten. Vorbem. 1

Welche Rechte das sind, bestimmt das allgemeine Kaufrecht, insbesondere das des BGB. Hierfür also hält das Handelsrecht keine — gesetzliche — Sonderregelung bereit. Das BGB wiederum legt dem Käufer keine Untersuchung und Rüge nach Art des § 377 auf. Im allgemeinen Kaufrecht braucht der Käufer auf den Mangel hin zunächst nichts zu unternehmen. Was ihm bei Untätigkeit droht, ist lediglich die Verjährung der Gewährleistungsansprüche (für bewegliche Sachen: 6 Monate, von der Ablieferung ab gerechnet, § 477 BGB); hat er allerdings innerhalb der Verjährungsfirst den Mangel dem Verkäufer angezeigt, so kann er auch noch nach deren Ablauf die Zahlung des Kaufpreises insoweit verweigern, als er auf Grund Wandelung oder Minderung dazu berechtigt sein würde (§ 478 BGB). Mit einer solchen schwerfälligen Rügenorm war im Handelsrecht nicht auszukommen. Der Handelsverkehr verlangt schnelle Klarheit darüber, ob eine Lieferung „in Ordnung geht", weil er sonst nicht zügig zu disponieren vermöchte. Deshalb die verschärfte Rügepflicht, die schon das ADHGB kannte (Art. 347) und die von dort her übernommen worden ist.

Das Gesetz statuiert sie nur für den beiderseitigen Handelskauf. Man ging davon aus, daß einem Käufer, der nicht Kaufmann ist, die Untersuchung und die sofortige Rüge nicht zugemutet werden könne, weil dies seine mangelnde Sachkunde häufig überfordere. Andererseits hielt man es für nicht gerechtfertigt, den Nichtkaufmann in der Verkäuferrolle schon deshalb zu begünstigen, weil sein Vertragspartner, der die Rüge verabsäumt, Kaufmann ist (Glaser a.a.O.). Die letztere Erwägung trifft auch heute noch zu. Die erstere ist überzeugend nur in der Gegenüberstellung zu einer handelsgesetzlichen Rügeobliegenheit, die sich nicht allein auf die sinnfälligen, am Tage liegenden Mängel bezieht, sondern auch auf die nicht-sinnfälligen, solche, die sich erst durch Untersuchung und Erprobung feststellen lassen und die deshalb eine Untersuchung und ggf. Erprobung voraussetzen. Soviel ist dem Nichtkaufmann als Käufer in der Tat nicht ohne weiteres zuzumuten. Auf der anderen Seite aber ist der Verkäufer-Kaufmann, was die Zügigkeit der Abwicklung seiner Lieferung anlangt, auf die durch § 377 angestrebte schnelle Klarstellung bei einem nicht-kaufmännischen Käufer grundsätzlich genau so angewiesen wie bei einem kaufmännischen. Der vernünftige Ausgleich liegt in der Mitte. Er ist in steigendem Maße durch die Formularpraxis der Allgemeinen Geschäfts- und Lieferungsbedingungen begangen worden, die auf der Käuferseite zwischen Kaufleuten und Nichtkaufleuten nicht unterscheiden.

Denn die gesetzliche Regelung des § 377 ist nachgiebig. Ihr Abbau durch Vertragsklauseln verbindet die Modifizierung gewisser Kompliziertheiten des materiellen Mängelgewährschaftsrechts des BGB mit einer Auflockerung der rigorosen Anforderungen unseres Paragraphen: durch Hinausschieben oder Vorverlegen der Untersuchungslast, namentlich aber durch Aufstellung fester, gemäßigter Rügefristen. Zu weit ginge es jedoch, hieraus folgern zu wollen, unsere Vorschrift habe sich überlebt. Dem stünde die immerhin nicht unbedeutende Zahl der zu ihrer Anwendung ergangenen Entscheidungen des BGH und der Oberlandesgerichte allein aus der Zeit nach 1950 entgegen. In jedem Falle behalten die zur Auslegung des § 377 in der früheren Rechtsprechung gewonnenen Erkenntnisse über den Unterschied von offenen und verborgenen Mängeln, über Form und Inhalt der Mängelanzeige, über den Ablieferungsbegriff, über die Erfordernisse eines ordnungsmäßigen Geschäftsganges bei Untersuchung und Rüge, über die Abgrenzung der Rügepflicht bei Falschlieferung (§378) — um nur das Wichtigste zu nennen — auch für die Anwendung der lex contractus ihren grundlegenden Wert. Nicht zu vergessen die höchst wirksame mittelbare Bedeutung, die die Summe von Literatur und Judikatur zu § 377 für die Ausgestaltung des Formularwesens und die Ausstrahlung auf die Praxis der Schiedsgerichte gewinnt. Das hat v. Caemmerer (Falschlieferung, 1952, S. 7) in die Erinnerung zurückgerufen. Für die Schiedsgerichtspraxis bestätigt es erneut der in BetrBer. 1960, 963 mitgeteilte Schiedsspruch zur Abgrenzung von offenen und verdeckten Mängeln. Wie hier auch J. v. Gierke, Handels- und Schiffahrtsrecht[8] S. 482.

Vorbem. 2 Im nachfolgenden sind eine Reihe **typischer vertraglicher Gestaltungen des Mängelrüge- und Mängelgewährschaftsrechts in Allgemeinen Geschäfts- und Lieferbedingungen** zusammengestellt. Ihre Auswertung erfolgt an der je einschlägigen Stelle der späteren Erläuterungen. Die Beispiele sind teils der Firmenpraxis, teils den Verbandsempfehlungen entnommen; die Wiedergabe der letzteren erfolgt ohne Stellungnahme zur Frage der kartellrechtlichen Zulässigkeit.

A. Fertigungsindustrie.

1. Baumwollbranche.

a) Deutscher Garnkontrakt:

Abschnitt A (Lieferungs- und Zahlungsbedingungen)

9. Mängel

Beanstandungen des Bruttogewichts müssen spätestens innerhalb 3 Geschäftstagen nach Eintreffen des Garnes am Bestimmungsort erhoben werden. Sonstige Mängel können nur binnen 2 Wochen nach Eintreffen des Garnes am Bestimmungsort gerügt werden, und zwar nur soweit mit der Verarbeitung des Garnes nocht nicht begonnen ist. Ausgenommen hiervon sind heimliche Mängel. Auch diese können nach Ablauf von 3 Monaten nach Eintreffen des Garnes am Bestimmungsort nicht mehr gerügt werden.

Abschnitt B (Technische Grundlagen)

§ 5

Bemusterung für die Feuchtigkeits-, Nummer-, Längen- und Qualitätsbestimmung

Im Falle der Beanstandung einer Sendung haben Käufer und Verkäufer oder deren Vertreter, wenn sei es nicht vorziehen, die ganze Sendung nach Maßgabe der unten folgenden Bestimmungen über die zur Bemusterung heranzuziehende Menge einer behördlich anerkannten Prüfstelle einzusenden, zunächst gemeinschaftlich innerhalb drei Werktagen, vom Tage der Beanstandung an gerechnet, das Bruttogewicht und sodann die Tara derjenigen vorher nicht geöffneten Packungseinheiten festzustellen, aus denen die Muster entnommen werden sollen. Bereits geöffnete Packungen können nur dann noch Gegenstand einer Bemusterung für die Feuchtigkeits-, Nummer- oder Längenbestimmung sein, wenn sie die ganze Sendung ausmachen.

Für andere Qualitätsbestimmungen können die Muster auch bereits in Angriff genommenen Packungen entnommen werden, wenn die Identität des Inhaltes der Packungen feststeht. Bei der Probeentnahme und der Gewichtsermittlung ist nach den DIN-Vorschriften DVM 3821 zu verfahren, sofern die Parteien nicht vorher eine andere Vereinbarung getroffen haben. Die Prüfungen haben in jedem Fall nach den DIN-Vorschriften zu erfolgen.

Im Falle der Verkäufer bezüglich der Musterentnahme das Nötige nicht veranlaßt, ist der Käufer berechtigt, innerhalb der nächstfolgenden drei Werktage im Sinne dieser Bestimmungen die Muster unter Zuziehung eines Unbeteiligten zu ziehen oder durch einen Beamten einer Prüfstelle ziehen zu lassen; die dadurch entstehenden Kosten gehen zu Lasten des Verkäufers.

Macht der Käufer bei einer Sendung ein Fehlgewicht oder Mindermaß geltend, so hat der Verkäufer das Recht, die Feuchtigkeitsbestimmung bzw. Nummer- oder Längenbestimmung zu verlangen.

Auf Wunsch des Käufers oder Verkäufers müssen doppelte Muster gezogen und sorgfältig in luftdicht schließenden Blech- oder Glasbehältern verwahrt werden. Sie dienen evtl. zu einer zweiten Untersuchung, welche von jeder Partei verlangt werden kann.

Wird der Prüfstelle die ganze Serie zur Feuchtigkeitsbestimmung usw. übergeben, so gelten auch für diese die betreffenden Bestimmungen des § 5.

§ 6

Bestimmung der Feuchtigkeit, Länge, Nummer und des Hülsengewichtes

1. Für die Feststellung des Feuchtigkeitsgehaltes und des Hülsengewichtes sowie für die Längen- und Nummernbestimmung, welche sowohl vom Käufer als auch vom Verkäufer veranlaßt werden können, gelten die DIN-Vorschriften DVM 3821.

2. Die Partei, welche die Untersuchung einer Sendung durch die Prüfstelle veranlaßt, hat der anderen Partei den Antrag auf Untersuchung anzuzeigen und die Prüfstelle zu ersuchen, beiden Parteien von dem Ergebnis der Untersuchung sofort Kenntnis zu geben. Die andere Partei hat das Recht, telegraphisch eine Nachkontrolle durch dieselbe oder auch durch eine andere Prüfstelle anzuordnen. Macht sie hiervon innerhalb dreier voller Werktage nach Empfang des Prüfungsscheines keinen Gebrauch, so gilt die Untersuchung als abgeschlossen. Eine Nachkontrolle des Gewichtes ist ausgeschlossen. Im übrigen gilt die DIN-Vorschrift DVM 3821.

3. pp.

b) Lieferungs- und Zahlungsbedingungen für den Handel mit Vigogne- und Zweizylindergespinsten aller Art:

§ 6 Mängelrüge

1. Beanstandungen des Bruttogarngewichts müssen spätestens innerhalb von 3 Arbeitstagen nach Eingang des Garnes am Bestimmungsort erhoben werden.

2. Am Garn erkennbare Mängel können nur innnerhalb 3 Wochen nach Rechnungserteilung des Garnes und auch nur dann gerügt werden, soweit das Garn noch keinerlei Verarbeitung durchgemacht hat.

3. Zeigen sich später geheime Mängel, so muß die Anzeige unverzüglich nach der Entdeckung, spätestens aber innerhalb von 3 Monaten nach Rechnungserteilung erstattet werden, andernfalls gilt das Garn auch in Ansehung dieser Mängel als genehmigt. Der Anspruch des Käufers auf Minderung des Kaufpreises, auf Schadenersatz wegen Mangels einer zugesicherten Eigenschaft erlischt innerhalb von 3 Monaten nach Rechnungserteilung. Im Falle einer Beanstandung steht dem Verkäufer das Recht zu, die Sendung zurückzunehmen und innerhalb einer angemessenen Frist Ersatz zu liefern.

4. Handelsübliche Abweichungen gelten nicht als Mängel, dies gilt insbesondere für kleine Farbabweichungen. Wegen der handelsüblichen Franchisesätze für die Ausspinnung und den Feuchtigkeitsgehalt der Garne und des handelsüblichen Hülsengewichts wird auf die Bestimmungen der §§ 13—15 verwiesen.

5. Der Käufer hat kein Zurückbehaltungsrecht an Garnen, die er zur Verfügung gestellt hat.

6. Die Zurückhaltung von Zahlungen ist unzulässig. Die Aufrechnung ist nur bei unbestrittenen und fälligen Gegenforderungen zulässig.

7. Für Mängel des Gewebes, die bei mehrschützigen oder mehrsystemigen Verwebungen oder anderen Gewebeeinstellungen vermieden worden wären, ist die Haftung des Verkäufers ausgeschlossen.

8. Bei Garnen, die nicht aus Originalwolle, Originalbaumwolle oder Markenzellwolle hergestellt werden, wird für das Vorkommen von Acetatfasern und sonstigen nicht anfärbenden Fasern nicht gehaftet.

2. Betonsteinindustrie.

V. Mängelfeststellung

1. Wir garantieren bei den verschiedenen von uns gelieferten Betonstein-Erzeugnissen die Einhaltung der entsprechenden qualitativen DIN-Vorschriften und der Bestimmungen des Güteschutz Betonstein.

Erfolgt die Auftragserteilung aufgrund eines Angebotes, dem ein Muster beilag, so können geringe, den Verwendungszweck nicht beeinträchtigende Abweichungen nicht beanstandet werden.

2. Eine Mängelrüge kann nur insoweit als berechtigt angesehen werden, als die normale Verwendungsfähigkeit des gelieferten Materials wesentlich beeinträchtigt wird und die Rüge offener Mängel unverzüglich nach Materialempfang, andernfalls sofort nach Offenbarwerden des Mangels schriftlich erfolgt ist.

Werden Transportschäden festgestellt, so hat der Empfänger zur Wahrung seines Schadensersatzanspruches gegen den Frachtführer vor Entladung für etwa notwendige Tatbestandsfeststellungen zu sorgen.

Zur Beseitigung berechtigter Mängel seitens des Käufers verpflichten wir uns entweder zur Ersatzlieferung oder zur Kaufpreisminderung nach unserer Wahl. Alle darüber hinausgehenden Ansprüche werden ausdrücklich ausgeschlossen.

3. Büromaterialbranche.

(Wiedergabe im inhaltlichen Querschnitt)

„Beanstandungen können nur innerhalb von 8 Tagen nach Eintreffen der Ware im Bestimmungsort und nur für den noch vorhandenen Teil berücksichtigt werden. Die Gewährleistung beschränkt sich unter Ausschluß von Schadenersatzforderungen irgendwelcher Art auf Ersatzlieferung oder Preisminderung."

4. Elektroindustrie.

(Allgemeine Lieferbedingungen für Erzeugnisse und Leistungen der Elektroindustrie, sog. „Grüne Lieferbedingungen")

VIII. Entgegennahme

1. Angelieferte Gegenstände sind, auch wenn sie unwesentliche Anstände aufweisen, vom Besteller entgegenzunehmen.
2. Teillieferungen sind zulässig.

IX. Haftung für Mängel

Für Mängel, zu denen auch das Fehlen zugesicherter Eigenschaften zählt, haftet der Lieferer unter Ausschluß weiterer Ansprüche gegen ihn sowie seine Erfüllungs- und Verrichtungsgehilfen wie folgt:

1. Alle diejenigen Teile sind nach Wahl des Lieferers unentgeltlich auszubessern oder neu zu liefern, die innerhalb von 12 Monaten — ohne Rücksicht auf Betriebsdauer — vom Tage des Gefahrüberganges an gerechnet, nachweisbar infolge eines vor dem Gefahrübergang liegenden Umstandes, insbesondere wegen fehlerhafter Bauart, schlechter Baustoffe oder mangelhafter Ausführung unbrauchbar werden oder deren Brauchbarkeit erheblich beeinträchtigt wurde. Die Feststellung solcher Mängel muß dem Lieferer unverzüglich schriftlich gemeldet werden.
2. Der Besteller hat die ihm obliegenden Vertragsverpflichtungen, insbesondere die vereinbarten Zahlungsbedingungen einzuhalten, wenn nicht eine Mängelrüge geltend gemacht wird, über deren Berechtigung kein Zweifel herrschen kann. Jedoch dürfen Zahlungen des Bestellers nur in einem Umfang zurückgehalten werden, der in einem angemessenen Verhältnis zu den aufgetretenen Mängeln steht.
3. Zur Vornahme aller dem Lieferer notwendig erscheinenden Änderungen sowie zur Lieferung von Ersatzmaschinen oder Ersatzteilen hat der Besteller dem Lieferer die angemessene Zeit und Gelegenheit zu gewähren. Verweigert er diese, so ist der Lieferer von der Mängelhaftung befreit.
4. Wenn der Lieferer eine ihm gestellte angemessene Nachfrist verstreichen läßt, ohne den Mangel zu beheben, so kann der Besteller das Recht der Minderung geltend machen. Kommt zwischen Besteller und Lieferer eine Einigung über das Ausmaß der Minderung nicht zustande, so kann der Besteller auch Wandelung verlangen. Die Wandelung kann vom Besteller nur erklärt werden, wenn sein Interesse an der Lieferung durch den Mangel wesentlich beeinträchtigt oder vernichtet wird.
5. Erkennt der Lieferer rechtzeitig erhobene Mängelrügen nicht an, so verjährt das Recht des Bestellers, Ansprüche aus Mängeln geltend zu machen, in allen Fällen vom Zeitpunkt der rechtzeitigen Rüge an, in 12 Monaten. Wird innerhalb dieser Frist keine Einigung erzielt, so können Lieferer und Besteller eine Verlängerung dieser Verjährungsfrist vereinbaren.
6. Die Mängelhaftung bezieht sich nicht auf natürliche Abnutzung, ferner nicht auf Schäden, die nach dem Gefahrübergang infolge fehlerhafter oder nachlässiger Behandlung, übermäßiger Beanspruchung, ungeeigneter Betriebsmittel, mangelhafter Bauarbeiten, ungeeigneten Baugrundes und chemischer, elektrochemischer oder elektrischer Einflüsse ohne Verschulden des Lieferers entstehen.

7. Durch etwa seitens des Bestellers oder Dritter unsachgemäß vorgenommene Änderungen und Instandsetzungsarbeiten wird die Haftung für die daraus entstehenden Folgen aufgehoben.

8. Die Frist für die Mängelhaftung verlängert sich um die Dauer der Betriebsunterbrechung, die dadurch eintritt, daß Nachbesserungsarbeiten oder Lieferung von Ersatzstücken erforderlich werden, für diejenigen Anlageteile, die wegen der Unterbrechung nicht zweckdienlich betrieben werden können.

9. Für Nachbesserungsarbeiten und Ersatzstücke haftet der Lieferer im gleichen Umfange wie für den ursprünglichen Liefergegenstand, und zwar nur bis zum Ablauf der für den usprünglichen Liefergegenstand geltenden Gewährleistungsfrist.

10. Für Erzeugnisse von Zulieferanten, soweit sie nicht in das elektrotechnische Enderzeugnis eingehen, gelten die in den Lieferbedingungen der Zulieferanten für Mängel der Lieferung enthaltenen Bestimmungen.

5. Export von Anlagegütern

(Allgemeine Lieferungsbedingungen für den —, empfohlen von der Europäischen Wirtschaftskommission der Vereinten Nationen)

Abdruck in Anhang V zu § 346.

6. Feinmechanische Industrie.

(hier: Fachgruppe Augenoptik)

... 11. Mängelrüge hat innerhalb 14 Tagen zu erfolgen. In diesem Falle verpflichten wir uns zur Erstattung bzw. zum Austausch der fehlerhaften Stücke. Ein Anspruch auf Umtausch, Wandlung, Minderung oder Rücktritt ist ausgeschlossen, ebenso ein Ersatz aller sonstigen Schäden über den Wert der Lieferung hinaus.

7. Holzindustrie.

(Wiedergabe der Bedingungen von drei brancheangehörigen Werken; zu a) aus der Spanplattenindustrie, zu b) und c) aus der Sperrholzindustrie)

a) ...

9. Mängelhaftung

Mängelrüge ist binnen 7 Tagen nach Eingang der Ware am benannten Bestimmungsort zu erheben, und zwar schriftlich vor Verarbeitung der Ware und unter genauer Angabe der behaupteten Mängel. Die Untersuchungspflicht erstreckt sich auf die gesamte Lieferung. Nach Ablauf von 6 Wochen nach Eingang der Ware erlischt auch das Recht, versteckte Mängel zu rügen.

Abweichungen in den bestellten Mengen und Stärken bis zu einem Ausmaß von 10% bilden keinen Grund zu einer Beanstandung. Bei Streitigkeiten über das Bestehen, die Ursachen und den Umfang von Mängeln an der gelieferten Ware werden Käufern und Verkäufern die gutachtliche Äußerung eines vereidigten Holzsachverständigen, den der Verkäufer benennen kann, als verbindlich anerkennen.

Trotz der Beanstandung hat der Verkäufer die Ware zunächst anzunehmen, abzuladen und sachgemäß zu lagern. Die Mängelrüge hat auf die Erfüllung vereinbarter Zahlungsbedingungen keinen Einfluß. Nichteinhaltung derselben entbindet uns von der Pflicht der Gewährleistung.

Für nachweisbar mangelhaft gelieferte Ware wird unter Ausschluß weiterer Gewährleistung Ersatzlieferung baldmöglichst zugesichert. Weitergehende Ansprüche, gleichgültig aus welchem Rechtsgrunde, insbes. das Recht auf Wandelung, Minderung oder Schadenersatz sind ausgeschlossen.

b) ...

§ 11. Mängelrüge

hat spätestens innerhalb acht Tagen nach Ankunft der Ware am Bestimmungsort und vor der Verarbeitung schriftlich unter genauer Angabe der behaupteten einzelnen Mängel zu erfolgen. Sie hat auf die Erfüllung der vereinbarten Zahlungsbedingungen keinen Einfluß. Die Untersuchungspflicht erstreckt sich auf die gesamte Lieferung. Für nachweisbar mangelhaft gelieferte Ware oder Ware, die den gemachten Qualitätsangaben nicht entspricht, wird nach Rücksendung baldmöglichst Ersatz geleistet. Weitergehende Ansprüche, insbesondere das Recht auf Wandelung, Minderung oder Schadenersatz wegen Nichterfüllung sind ausgeschlossen.

Abweichungen bis zu 10% in den bestellten Mengen und Stärken bilden keinen Grund zu einer Beanstandung.

Nichteinhaltung der Zahlungsbedingungen entbinden den Lieferer von jeder Pflicht zur Gewährleistung.

c) ...

4. Mängelrügen

haben spätestens innerhalb 8 Tagen nach Ankunft der Ware am Bestimmungsort und vor deren ganzer oder teilweiser Verarbeitung schriftlich unter genauer Angabe der behaupteten einzelnen

Mängel und der Produktionsnummer zu erfolgen. Sie haben auf die Erfüllung der vereinbarten Zahlungsbedingungen keinen Einfluß. Die Untersuchungspflicht erstreckt sich auf die gesamte Lieferung. Für nachweisbar mangelhaft gelieferte Ware wird nach Rücksendung Ersatz geleistet. Weitergehende Ansprüche, insbesondere solche auf Wandelung, Minderung oder Schadenersatz wegen Nichterfüllung, sind ausgeschlossen. Die Nichteinhaltung der Zahlungsbedingungen entbindet uns von jeder Pflicht zur Gewährleistung.

8. Kautschukindustrie.

C. Haftungsbedingungen

1. Unsere Erzeugnisse werden mit größter Sorgfalt aus den besten verfügbaren Werk- und Rohstoffen und nach dem neuesten Stand der technischen Erkenntnis hergestellt.

2. Wir leisten für die von uns als fabrikneu gelieferten Erzeugnisse nur gemäß den nachfolgenden Bestimmungen Gewähr:

Für Material-, Herstellungs- und Konstruktionsfehler, die innerhalb der gesetzlichen oder vertraglich festgelegten Frist auftreten, kommen wir nach unserer Wahl durch Instandsetzung unserer Artikel oder Ersatzlieferung auf. Ein Wandlungs- oder Minderungsanspruch ist nur gegeben, wenn nach unserer Entscheidung Instandsetzung oder Ersatzlieferung nicht erfolgen kann.

3. Beanstandungen irgendwelcher Art werden nur innerhalb acht Tagen nach Empfang der Ware berücksichtigt. Die Mängelhaftung ist ausgeschlossen

a) bei unerheblicher Minderung des Wertes oder der Tauglichkeit der Ware,

b) bei natürlichem Verschleiß und Beschädigungen, die auf unsachgemäße Behandlung oder auf Unfall zurückzuführen sind,

c) wenn der fällige Kaufpreis noch nicht bezahlt ist.

4. Schadenersatzansprüche aller Art, insbesondere wegen Personen-, Sach- oder Vermögensschäden, gleich aus welchem Rechtsgrunde, sind gegen Lieferanten, Hersteller sowie deren Erfüllungsgehilfen und Hilfspersonen ausgeschlossen.

Für unsere Beratung kann eine Haftung nicht übernommen werden. Der Kunde ist daher nicht von der eigenen Prüfung, insbesondere der uns eingereichten Unterlagen auch im Hinblick darauf befreit, ob Schutzrechte Dritter bestehen.

9. Lackindustrie.

„Beanstandungen können nur vor Verwendung oder Vermischung der Waren und nur innerhalb 14 Tagen nach deren Erhalt geltend gemacht werden. Es besteht nur Anspruch auf Wandelung oder — bei Waren des laufenden Programmes — Ersatzlieferung. Minderung sowie der Ersatz des unmittelbaren oder mittelbaren Schadens sind ausgeschlossen."

10. Lederwarenindustrie.

. . . 7. (1) Die Rüge sichtbarer Mängel hat schriftlich zu erfolgen. Sie ist innerhalb von 10 Tagen nach Empfang der Ware abzusenden und zu begründen.

(2) Bei versteckten Mängeln gelten die gesetzlichen Vorschriften.

(3) Die beanstandete Ware darf nur mit Einwilligung des Verkäufers zurückgesandt werden.

(4) Ware, die mit der Firma des Käufers oder mit sonstigen vom Käufer gewünschten Marken oder Zeichen versehen ist, wird nicht zurückgenommen, falls es sich nicht um erhebliche Abweichungen der Qualität oder der Verarbeitung handelt.

11. Maschinenindustrie.

(Allgemeine Lieferbedingungen des VDMA)

V. Gefahrübergang und Entgegennahme

1. Die Gefahr geht spätestens mit der Absendung der Lieferteile auf den Besteller über, und zwar auch dann, wenn Teillieferungen erfolgen oder der Lieferer noch andere Leistungen, z. B. die Versendungskosten oder Anfuhr und Aufstellung übernommen hat.

Auf Wunsch des Bestellers wird auf seine Kosten die Sendung durch den Lieferer gegen Bruch-, Transport-, Feuer- und Wasserschäden versichert.

2. Verzögert sich der Versand infolge von Umständen, die der Lieferer nicht zu vertreten hat, so geht die Gefahr vom Tage der Versandbereitschaft ab auf den Besteller über; jedoch ist der Lieferer verpflichtet, auf Wunsch und Kosten des Bestellers die Versicherungen zu bewirken, die dieser verlangt.

3. Angelieferte Gegenstände sind, auch wenn sie unwesentliche Mängel aufweisen, vom Besteller unbeschadet der Rechte aus Abschnitt VII entgegenzunehmen.

4. Teillieferungen sind zulässig.

VII. Haftung für Mängel der Lieferung

Für Mängel der Lieferung, zu denen auch das Fehlen ausdrücklich zugesicherter Eigenschaften gehört, haftet der Lieferer unter Ausschluß weiterer Ansprüche wie folgt:

1. Alle diejenigen Teile sind unentgeltlich nach billigem Ermessen unterliegender Wahl des Lieferers auszubessern oder neue zu liefern, die innerhalb von 6 Monaten (bei Mehrschichtenbetrieb innerhalb von 3 Monaten) seit Inbetriebnahme nachweisbar infolge eines vor dem Gefahrübergang liegenden Umstandes — insbesondere wegen fehlerhafter Bauart, schlechter Baustoffe oder mangelhafter Ausführung — unbrauchbar oder in ihrer Brauchbarkeit erheblich beeinträchtigt werden. Die Feststellung solcher Mängel ist dem Lieferer unverzüglich schriftlich zu melden. Ersetzte Teile werden Eigentum des Lieferers.

Verzögern sich der Versand, die Aufstellung oder die Inbetriebnahme ohne Verschulden des Lieferers, so erlischt die Haftung spätestens 12 Monate nach Gefahrübergang.

Für Fremderzeugnisse beschränkt sich die Haftung des Lieferers auf die Abtretung der Haftungsansprüche, die ihm gegen den Lieferer des Fremderzeugnisses zustehen.

2. Das Recht des Bestellers, Ansprüche aus Mängeln geltend zu machen, verjährt in allen Fällen vom Zeitpunkt der rechtzeitigen Rüge an in 6 Monaten, frühestens jedoch mit Ablauf der Gewährsfrist.

3. Es wird keine Gewähr übernommen für Schäden, die aus nachfolgenden Gründen entstanden sind:

Ungeeignete oder unsachgemäße Verwendung, fehlerhafte Montage bzw. Inbetriebsetzung durch den Besteller oder Dritte, natürliche Abnutzung, fehlerhafte oder nachlässige Behandlung — insbesondere übermäßige Beanspruchung —, ungeeignete Betriebsmittel, Austauschwerkstoffe, mangelhafte Bauarbeiten, ungeeigneter Baugrund, chemische, elektrochemische oder elektrische Einflüsse, sofern sie nicht auf ein Verschulden des Lieferers zurückzuführen sind.

4. Zur Vornahme aller dem Lieferer nach billigem Ermessen notwendig erscheinenden Ausbesserungen und Ersatzlieferungen hat der Besteller nach Verständigung mit dem Lieferer die erforderliche Zeit und Gelegenheit zu geben, sonst ist der Lieferer von der Mängelhaftung befreit. Nur in dringenden Fällen der Gefährdung der Betriebssicherheit, von denen der Lieferer sofort zu verständigen ist, oder wenn der Lieferer mit der Beseitigung des Mangels im Verzuge ist, hat der Besteller das Recht, den Mangel selbst oder durch Dritte beseitigen zu lassen und vom Lieferer angemessenen Ersatz seiner Kosten zu verlangen.

5. Von den durch die Ausbesserung bzw. Ersatzlieferung entstehenden unmittelbaren Kosten trägt der Lieferer — insoweit als sich die Beanstandung als berechtigt herausstellt — die Kosten des Ersatzstückes einschließlich des Versandes sowie die angemessenen Kosten des Aus- und Einbaues, ferner, falls dies nach Lage des Einzelfalles billigerweise verlangt werden kann, die Kosten der etwa erforderlichen Gestellung seiner Monteure und Hilfskräfte. Im übrigen trägt der Besteller die Kosten.

6. Für das Ersatzstück und die Ausbesserung wird in gleicher Weise gewährleistet wie für den Liefergegenstand. Die Frist für die Mängelhaftung an dem Liefergegenstand wird um die Dauer der durch die Nachbesserungsarbeiten verursachten Betriebsunterbrechung verlängert.

7. Der Lieferer kann die Beseitigung von Mängeln verweigern, solange der Besteller seine Verpflichtungen nicht erfüllt.

8. Durch etwa seitens des Bestellers oder Dritter unsachgemäß ohne vorherige Genehmigung des Lieferers vorgenommene Änderungen oder Instandsetzungsarbeiten wird die Haftung für die daraus entstehenden Folgen aufgehoben.

9. Weitere Ansprüche des Bestellers, insbesondere ein Anspruch auf Ersatz von Schäden, die nicht an dem Liefergegenstand selbst entstanden sind, bestehen nicht.

VIII. Recht des Bestellers auf Rücktritt

1. Der Besteller kann vom Vertrage zurücktreten, wenn dem Lieferer die gesamte Leistung vor Gefahrübergang endgültig unmöglich wird. Er kann auch dann vom Vertrage zurücktreten, wenn bei einer Bestellung gleichartiger Gegenstände die Ausführung eines Teils der Lieferung der Anzahl nach unmöglich wird und er ein berechtigtes Interesse an der Ablehnung einer Teillieferung hat; ist dies nicht der Fall, so kann der Besteller die Gegenleistung entsprechend mindern.

2. Liegt Leistungsverzug im Sinne des Abschnittes IV der Lieferbedingungen vor, und gewährt der Besteller dem im Verzug befindlichen Lieferer eine angemessene Nachfrist mit der ausdrücklichen Erklärung, daß er nach Ablauf dieser Frist die Annahme der Leistung ablehne, und wird die Nachfrist durch Verschulden des Lieferers nicht eingehalten, so ist der Besteller zum Rücktritt berechtigt.

3. Tritt die Unmöglichkeit während des Annahmeverzuges oder durch Verschulden des Bestellers ein, so bleibt dieser zur Gegenleistung verpflichtet.

4. Der Besteller hat ferner ein Rücktrittsrecht, wenn der Lieferer eine ihm gestellte angemessene Nachfrist für die Behebung oder Besserung eines von ihm zu vertretenen Mangels im Sinne der Lieferbedingungen durch sein Verschulden fruchtlos verstreichen läßt. Die angemessene Nachfrist beginnt nicht eher, als bis der Mangel und die Vertretungspflicht des Lieferers anerkannt oder nachgewiesen sind.

5. Ausgeschlossen sind alle anderen weitergehenden Ansprüche des Bestellers, insbesondere auf Wandelung, Kündigung oder Minderung sowie auf Ersatz von Schäden irgendwelcher Art, und zwar auch von solchem Schaden, der nicht an dem Liefergegenstand selbst entstanden ist.

12. Schmuckwarenindustrie

(Lieferbedingungen von drei brancheangehörigen Werken).

a) . . .

9. Mängelrügen

sind innerhalb 8 Tagen, bei versteckten Mängeln innerhalb 2 Monaten nach Empfang der Ware, schriftlich beim Werk anzubringen. Abweichungen von Mustern oder früheren Lieferungen werden, soweit technisch angängig, vermieden. Bei berechtigter Beanstandung steht es uns frei, fehlerhafte Teile nachzuarbeiten, kostenlose Ersatzlieferung zu leisten oder Gutschrift zu erteilen. Weitergehende Ansprüche, insbesondere auf Schadenersatz oder Gewinnentgang irgendwelcher Art sind ausgeschlossen . . . Beanstandete Erzeugnisse sind — nach Einholung unseres Einverständnisses vor der Absendung — spesenfrei an unser Werk K. einzusenden . . .

b) . . .

4. Mängelrügen

Beanstandungen sind vom Besteller unverzüglich, spätestesn aber innerhalb einer Woche nach Eingang der Ware am Bestimmungsort schriftlich zu erheben. Wird die Mängelrüge von mir anerkannt, so habe ich die Wahl, vom Vertrag zurückzutreten, Ersatz zu liefern oder den Preis zu mindern. Weitergehende Ersatzansprüche irgendwelcher Art sind ausgeschlossen.

c) . . .

6. Beanstandungen

Beanstandungen können nur berücksichtigt werden, wenn sie innerhalb 8 Tagen nach Empfang der Ware nebst näheren Angaben geltend gemacht werden. Bei begründeter Beanstandung wird die Ware lediglich umgetauscht. Der Besteller ist nicht berechtigt Preisminderung zu verlangen.

13. Seifen- und Waschmittelindustrie.

(Bedingungen eines der führenden Werke)

Beanstandung und Haftung

Beanstandungen der Ware müssen innerhalb 8 Tagen nach Eingang am Bestimmungsort erfolgen. Gleichzeitig ist eine Probe der beanstandeten Ware einzusenden. Erfolgt eine Beanstandung zu Recht, so kann der Käufer lediglich spesenfreien Umtausch der Ware verlangen.

Für verarbeitete Waren können Ansprüche irgendwelcher Art nicht geltend gemacht werden. Beanstandungen oder Meinungsverschiedenheiten irgendwelcher Art halten die Verpflichtung zur Zahlung nicht auf. Sonstige Ansprüche, insbesondere solche auf Schadenersatz jeder Art für mittelbare und unmittelbare Schäden sind ausgeschlossen.

Muster gelten als Typmuster, die den ungefähren Ausfall der Waren veranschaulichen sollen.

13a. Textilindustrie.

(Einheitsbedingungen der deutschen —): Abdruck in Anhang II zu § 346

14. Waggonindustrie.

(Beispiele von drei verschiedenen Werken)

a) . . .

VI. Gewährleistung

Für Mängel der Lieferung — versteckte sowie offene — haften wir unter Ausschluß aller weiteren Ansprüche nur in der Weise, daß wir alle diejenigen Teile binnen angemessener Frist unentgeltlich ausbessern oder nach unserer Wahl ab Werk neu liefern, die bei normalem Tagesbetrieb bis zu 8 Stunden innerhalb von 6 Monaten, bei doppelschichtigem Betrieb innerhalb von 3 Monaten, gerechnet vom Tage der Lieferung ab Werk, nachweisbar infolge eines vor dem Gefahrenübergang liegenden und von uns zu vertretenden Umstandes — fehlerhafte Bauart, schlechte Baustoffe oder mangelhafte Ausführung — unbrauchbar werden. Wir haften nicht für Schäden, die infolge natürlichen Verschleißes, unsachgemäßer Behandlung, übermäßiger Beanspruchung, höherer Gewalt, Nichtbeachtung unserer Betriebsvorschriften, chemischer oder physikalischer Beanspruchung auftreten, auch nicht für Nachteile, die daraus entstehen, daß Anforderungen an den Liefergegenstand gestellt werden, über die wir nicht oder nicht ausreichend unterrichtet worden sind.

Die Mängelrüge ist unverzüglich nach Feststellung des Mangels schriftlich zu erheben.

Für Ersatzstücke und Ausbesserungen wird in gleicher Weise gewährleistet wie für den Liefergegenstand.

Die Frist für die Mängelhaftung an dem Liefergegenstand wird lediglich um die Dauer der durch die Nachbesserungsarbeiten verursachten Betriebsunterbrechung verlängert, wenn die Betriebsunterbrechung insgesamt 1/4 der vereinbarten Garantiefrist überschreitet.

Für Materialien fremden Ursprungs, wie Brennstoffpumpen, Einspritzdüsen, Kugellager, Armaturen, Preßluftwerkzeuge, Elektromotoren usw. übernehmen wir nur die Gewähr, die uns von unseren Unterlieferanten zugestanden wird.

Etwa ersetzte Teile werden unser Eigentum. Die Kosten für den Ausbau beschädigter sowie den Einbau ausgewechselter Teile, Fracht- und Portokosten sowie evtl. Monteurentsendung gehen zu Lasten des Bestellers. Die Ausführung der Instandsetzungsarbeiten durch den Besteller oder eine dritte Firma ohne unsere Einwilligung enthebt uns der Ersatzverpflichtung.

Ist die Konstruktion vom Besteller vorgeschrieben, genehmigt oder abgeändert, so haften wir nicht für Schäden, die aus diesen Konstruktionen entstehen. Wir empfehlen, unsere Geräte durch einen unserer Fachmonteure zusammenbauen und in Betrieb setzen zu lassen. Dieser Monteur steht auch zum Anlernen des Bedienungspersonals zur Verfügung. Für etwaige nachteilige Folgen, welche darauf zurückzuführen sind, daß die Aufstellung und Inbetriebsetzung nicht durch unseren Monteur erfolgt ist, haften wir nicht.

Die Gewährleistung erlischt bei der Verwendung ungeeigneter Kraftstoffe oder Schmiermittel. Die Tabellen für die Motorleistung und den Kraftstoffverbrauch sind errechnet für eine Höhenlage bis zu 250 m. ü. M. bei einer Außentemperatur von + 15° C und einer relativen Luftfeuchtigkeit bis zu 60% sowie unter der Voraussetzung der Verwendung einwandfreier üblicher Kraftstoffe mit einem u. H. von 10 000 WE, die Zugleistungstabellen ferner unter der Annahme ordnungsgemäß unterhaltener Gleise und eines Wagenmaterials mit üblichem Laufwiderstand.

Voraussetzung jeder Haftung ist ferner die Erfüllung der dem Besteller obliegenden Vertragsverpflichtungen, insbesondere der vereinbarten Zahlungsbedingungen. Bei gebrauchten Materialien steht dem Besteller das Recht zu, vor Absendung eine Prüfung vorzunehmen. Spätere Mängelrügen sind in keinem Fall zulässig. Die Haftungsregelung wird durch eine etwaige Rücknahme der gelieferten Ware nicht berührt.

b) . . .

Mängelhaftung

Für alle Lieferungen übernehmen wir die Gewähr für die Güte der Bauart und der Ausführung sowie für die Einhaltung der gegebenenfalls besonders zugesicherten Eigenschaften auf die Dauer von 6 Monaten nach Meldung der Versandbereitschaft.

Mängelrügen über äußerlich erkennbare Fehler müssen innerhalb von 14 Tagen nach Empfang der Liefergegenstände geltend gemacht werden. Wir leisten innerhalb der Garantiezeit kostenlosen Ersatz für die Teile, die nachweisbar wegen fehlerhafter Baustoffe, fehlerhafter Bauart oder mangelhafter Ausführung unbrauchbar oder schadhaft werden, und zwar in der Weise, daß wir die fehlerhaften Teile durch andere Teile unentgeltlich ab Werk ersetzen.

Teile, die ersetzt werden sollen, sind porto- oder frachtfrei einzusenden; sie gehen nach entsprechender Ersatzlieferung in unser Eigentum über. Weitergehende Verbindlichkeiten werden nicht übernommen, insbesondere lehnen wir etwaige Ansprüche auf Vergütung von Schäden, Arbeitslöhnen, Frachtauslagen und dgl. ausdrücklich ab.

Ohne unsere vorherige Genehmigung vom Besteller oder Dritten vorgenommene Änderungen oder Instandsetzungsarbeiten entbinden uns von jeglicher Ersatzverpflichtung.

Wir haften nicht für Schäden, die auf fehlerhafte oder nachlässige Behandlung oder übermäßige Beanspruchung zurückzuführen sind.

Für Fremderzeugnisse beschränkt sich unsere Mängelhaftung auf die Abtretung der Haftungsansprüche, die uns gegen den Lieferer des Fremderzeugnisses zustehen.

Ein Anspruch auf Wandelung und Minderung steht dem Besteller nicht zu. Weitergehende Schadenersatzansprüche des Bestellers, insbesondere ein Anspruch auf Ersatz von Schäden, die nicht an dem Liefergegenstand selbst entstanden sind, sind ausgeschlossen.

Für die Erfüllung von Gewährleistungsansprüchen ist in allen Fällen Voraussetzung, daß der Besteller seinen vertraglichen Verpflichtungen, insbesondere seinen Zahlungsverpflichtungen nachgekommen ist.

c) . . .

6. Mängelrüge

Mängelrügen hat der Besteller innerhalb 14 Tagen nach Eingang der Ware am Bestellungsort schriftlich zu erheben.

Mängel, die auch bei sorgfältigster Prüfung innerhalb dieser Frist nicht entdeckt werden können, sind unverzüglich nach Entdeckung unter sofortiger Einstellung etwaiger Bearbeitung, spätestens aber 3 Monate nach Empfang der Ware zu rügen.

Mängel, die fristgerecht gerügt sind, beseitigen wir kostenfrei oder liefern nach unserer Wahl gegen Rücksendung der mangelhaften Teile kostenfrei Ersatz; stattdessen können wir den Minderwert ersetzen. Andere Ansprüche sind ausgeschlossen.

Der Mängelanspruch verjährt mindestens einen Monat nach schriftlicher Zurückweisung der Mängelrüge durch uns.

15. Werkzeugindustrie.

VI. Mängelhaftung

Fehlerhafte Werkzeuge werden innerhalb der gesetzlichen Verjährungsfrist kostenlos ersetzt.

Für Werkzeuge, die infolge ihrer stofflichen Beschaffenheit oder nach der Art ihrer Verwendung einem vorzeitigen Verbrauch unterliegen, wird keine Haftung übernommen, ferner nicht für Schäden infolge natürlicher Abnutzung, fehlerhafter oder nachlässiger Behandlung, übermäßiger Beanspruchung, ungeeigneter Betriebsmittel, chemischer, elektrotechnischer oder elektrischer Einflüsse, Witterungs- oder anderer Natureinflüsse.

Bei den zur Fertigstellung, Aufarbeitung oder Umarbeitung eingesandten Werkzeugen, auch solchen, die aus den Werkstätten des Lieferers selbst stammen, wird keine Haftung für das Verhalten beim Härten und bei der Bearbeitung übernommen. Wird das Material während der Bearbeitung schadhaft, so ist dem Lieferer ein entsprechender Teil des vereinbarten Preises zu vergüten.

Anderweitige Ansprüche des Bestellers irgendwelcher Art, insbesondere solche auf Wandelung, Minderung oder Schadenersatz sind ausgeschlossen.

Bei unberechtigten Mängelrügen, die umfangreiche Nachprüfungen verursachen, können die Kosten der Prüfung dem Besteller in Rechnung gestellt werden.

B. Handel:

1. Platzusancen für den hamburgischen Warenhandel.

(Fassung: September 1958)

§ 3

Am Platz angediente sowie „auf Besicht", „auf Nachstechen", „nach Probe" oder unter ähnlichen Bedingungen verkaufte Waren gelten als genehmigt, wenn nicht der Käufer „bis zur Börse" des auf die Andienung bzw. auf den Geschäftsabschluß folgenden Werktages dem Verkäufer eine gegenteilige Erklärung abgibt. Diese Bestimmung gilt nicht für Waren, deren Untersuchung ihrer Natur nach eine längere Zeit beansprucht.

Wird der Käufer an der Untersuchung der Ware oder Abgabe der Erklärung durch höhere Gewalt oder durch von dem Verkäufer zu vertretende Umstände verhindert, so hat er dies dem Verkäufer ungesäumt anzuzeigen. Die Gültigkeit der Andienung beginnt in solchem Falle mit der Anzeige des Verkäufers an den Käufer, daß die Verhinderung beseitigt ist.

§ 7

Bei einem Kauf nach Probe oder nach Qualitätsbezeichnung kann der Käufer einer marktgängigen Ware, falls dieselbe den vereinbarten Bedingungen nicht entspricht, Rückgängigmachung des Kaufes (Wandelung) oder Vergütung des Minderwertes (Minderung) (BGB § 462[1])) verlangen. Das Recht, beim Mangel einer zugesicherten Eigenschaft solcher Ware, statt der Wandelung oder Minderung Schadensersatz wegen Nichterfüllung zu verlangen (BGB § 463, § 494[2])) steht ihm nicht zu.

§ 8

Bei Käufen „auf Nachstechen" oder „auf Besicht" kann der Käufer nur Wandelung verlangen.

§ 9

Bei „tel quel" verkauften Waren ist der Käufer verpflichtet, jede Ware ohne Rücksicht auf Qualität zu empfangen, welche der Gattung nach der vertragsmäßigen Bezeichnung entspricht.

§ 17

Wird auf Lieferung verkaufte Ware in Teilen angedient, so gelten die Bestimmungen hinsichtlich der Zeit der Beanstandung (§ 3) für jede Teillieferung.

§ 20:

1)—6) pp

7) Ist „Handelskammer-Arbitrage" vereinbart, so haben Feststellungen über die Beschaffenheit der Ware, ihren etwaigen Minderwert oder über Marktpreise mangels ausdrücklicher anderer Vereinbarung durch zwei von der Handelskammer in Gemäßheit des Regulativs für Qualitätsfeststellungen vom 12. April 1911 zu ernennende Sachverständige zu erfolgen; sonstige

Streitigkeiten jeglicher Art sind durch das Schiedsgericht der Handelskammer (vgl. Regulativ des Schiedsgerichts der Handelskammer vom 9. Dezember 1948) zu entscheiden.

2. Geschäftsbedingungen des Waren-Vereins der Hamburger Börse.

§ 3

1. Für Beanstandungen wegen Beschaffenheit der Ware sowie der Verpackung, der Herkunft und der Ernte gelten folgende Bestimmungen:

2. Am Platze angediente oder verkaufte Ware gilt als genehmigt, wenn nicht der Käufer „bis zur Börse" des auf die Andienung bzw. auf den Geschäftsabschluß folgenden Werktages dem Verkäufer eine gegenteilige Erklärung abgibt.

3. Bei Abladegeschäften hat der Käufer die Ware nach der beendeten Entlöschung des Schiffes unverzüglich, soweit dieses nach ordnungsmäßigem Geschäftsgange tunlich ist, zu untersuchen und, wenn sich ein Mangel zeigt, dem Verkäufer oder dem Abladevertreter unverzüglich Anzeige zu machen. Zeigt der Verkäufer dem Käufer schon vor Beendigung der Entlöschung des Schiffes an, daß die Ware gelöscht sei, so beginnt die Frist für die Untersuchung und Erklärung mit der Erstattung dieser Anzeige; erfolgt die Einhändigung der Dokumente (vgl. ....) erst nach der Entlöschung des Schiffes, so beginnt die vorerwähnte Frist erst mit der Einhändigung der Dokumente.

4. Hat der Käufer bei Abladegeschäften die Ware weiterverkauft und die Dokumente dementsprechend weitergegeben, so genügt es zur Wahrung seiner Rechte, wenn er die ihm von seinem Käufer erstattete Mängelanzeige unverzüglich weitergibt. Er hat aber für die rechtzeitige Erstattung der Mängelanzeige seitens seines Abnehmers und dessen Nachmänner einzustehen.

5. Die Bestimmungen der Absätze 2 bis 4 gelten auch, wenn die Beanstandung darauf gegründet wird, daß die Ware der Gattung nach nicht den vertraglichen Bedingungen entspreche.

6. Die Bestimmungen der Absätze 2 bis 4 gelten nicht für Ware, deren Untersuchung ihrer Natur nach eine längere Zeit beansprucht.

7. Unterläßt der Käufer die rechtzeitige Mängelanzeige gemäß den Absätzen 2 bis 4, so gilt die Ware als genehmigt, es sei denn, daß es sich um einen versteckten Mangel handelt, der bei der ordnungsgemäßen Untersuchung nicht erkennbar war.

8. Wird der Käufer an der Untersuchung der Ware oder der Abgabe der Erklärung durch höhere Gewalt oder durch von dem Verkäufer zu vertretende Umstände gehindert, so hat er dieses dem Verkäufer unverzüglich anzuzeigen. Der Lauf der in den Absätzen 2 bis 4 festgesetzten Fristen beginnt in solchem Falle mit der Anzeige des Verkäufers an den Käufer, daß das Hindernis beseitigt sei.

9. Bei Verkäufen „ab Kai" oder „ab Lager" an Firmen, die außerhalb Groß-Hamburgs niedergelassen sind, gilt folgendes:

Falls nicht der Verkäufer die Versendung besorgt, hat der Käufer die Ware bei der Abnahme vom Kai oder vom Lager zu untersuchen und, wenn sich ein Mangel zeigt, dem Verkäufer unverzüglich Anzeige zu machen. Das Vorstehende gilt nur, falls der Verkäufer den Käufer auf diese Verpflichtungen entweder durch besondere schriftliche Mitteilung oder durch einen auf der Vorderseite der Verkaufsbestätigung enthaltenen deutlich sichtbaren Vermerk hingewiesen hatte. Hat der Verkäufer diesen Hinweis unterlassen, so bleiben die Gewährleistungsansprüche des Käufers gewahrt, wenn er die Ware nach deren Eintreffen am Bestimmungsort unverzüglich untersucht und, wenn sich ein Mangel zeigt, dem Verkäufer unverzüglich Anzeige macht.

10. Bei Abladegeschäften ist die Qualitätsarbitrage spätestens binnen 7 Werktagen nach Entlöschung des Dampfers und, falls die Dokumente nach der Entlöschung des Dampfers angedient werden, binnen 7 Werktagen nach der Andienung der Dokumente unter Benennung des Sachverständigen anzumelden. Der Arbitrageantrag ist von der betreibenden Partei innerhalb von 5 Tagen einzureichen, gerechnet von dem Zeitpunkt, in welchem der betreibenden Partei die Benennung des Gegensachverständigen zugegangen ist.

11. Bei Platzgeschäften ist die Arbitrage unverzüglich unter Benennung des Sachverständigen anzumelden und der Arbitrageantrag von der betreibenden Partei unverzüglich einzureichen, nachdem ihr die Benennung des Gegensachverständigen zugegangen ist.

§ 4

1. Gewichtsbeanstandungen sind bei Platzgeschäften und bei Lieferungsgeschäften unzulässig.

2. Bei Abladegeschäften hat die Verwiegung der Ware innerhalb von 5 Werktagen, gerechnet vom Zeitpunkt des Beginns der Erklärungsfrist an zu erfolgen. Ansprüche wegen Untergewichts sollen mit tunlichster Beschleunigung von jedem Beteiligten gegenüber seinem Vordermann weitergegeben werden. Hat Arbitrage stattgefunden, so hat der letzte Käufer die Verwiegung unverzüglich nach Zustellung des Arbitrageattestes an ihn zu bewirken.

§ 6

Falls bei Käufen nach ausgeliefertem Gewicht infolge von Verlust der Ware das Ladungsgewicht nicht zu ermitteln ist, oder die Ware infolge von Beschädigung einen Gewichtszuwachs erfahren hat, so erfolgt die Berechnung abzüglich des erfahrungsmäßigen, notfalls durch Sachverständige festzustellenden Gewichtsabgangs auf der Reise.

§ 7

1. Bei Abladegeschäften ist das hier ermittelte Untergewicht über 1% vom Verkäufer zu vergüten, es sei denn, daß es nicht auf natürlichen Schwund zurückzuführen ist. Sofern mit offiziellem Abladegewicht verkauft ist, gilt diese Regelung nur, wenn kein offizielles Wiegeattest den Dokumenten beiliegt, oder wenn dasselbe nicht bis zur Entlöschung des Dampfers geliefert wird.

2. Bei Platzgeschäften in getrockneten Früchten in Kisten oder Kartons, die mit einem für jedes Kollo fest bestimmten Nettogewicht gehandelt werden, ist das hier ermittelte Untergewicht über 1% stets zu vergüten.

3. Bei Waren, die nicht mit einem für jedes Kollo fest bestimmten Nettogewicht gehandelt werden, ist . . . für die Taraberechnung anzuwenden.

4. Reklamationen wegen Untergewichts auf Teilmengen sind nicht zulässig.

5. Bei Waren, die mit einer höheren Franchise als 1% gehandelt zu werden pflegen, ist an Stelle des in Absatz (1) genannten Satzes von 1% der handelsübliche Prozentsatz zu berechnen.

§ 14

Der Verkäufer hat Durchschnittsqualität der jeweiligen Ernte zu liefern, falls nicht beim Abschluß des Geschäfts etwas anderes ausbedungen ist.

§ 15

1. Ein Kauf „auf Besicht" ist unter der Bedingung geschlossen, daß der Vertrag als nicht geschlossen gilt, wenn der Käufer nach Besichtigung der Ware erklärt, daß er dieselbe nicht übernehmen will.

2. Diese Erklärung muß der Käufer innerhalb der im § 3 für Qualitätsbeanstandungen festgesetzten Fristen abgeben; andernfalls gilt der Kaufvertrag als unbedingt abgeschlossen und die Ware als vom Käufer genehmigt.

§ 16

1. Ein Kauf „auf Mustergutbefund" ist unter der Bedingung geschlossen, daß der Käufer das Muster gutheißt.

2. Der Verkäufer hat innerhalb der im Vertrag dafür bestimmten Frist dem Käufer das Muster vorzusetzen, das der Gattung nach der im Vertrag genannten Bezeichnung zu entsprechen hat.

3. Der Käufer hat innerhalb der im Vertrag dafür bestimmten Frist seine Entscheidung zu erklären. Es steht in seinem Belieben, das Muster abzulehenen, auch wenn dasselbe den vertraglichen Qualitätsanforderungen entspricht.

4. Nach Genehmigung des Musters durch den Käufer gilt der Abschluß als umgewandelt in einen Kauf „laut Muster".

§ 17

1. Bei allen Geschäften (einschließlich Abladegeschäften) „auf Nachstechen" oder „laut Probe auf Nachstechen" übernimmt der Verkäufer keine Gewähr für die vertragsgemäße Beschaffenheit der Ware.

2. Das Recht, vom Geschäft zurückzutreten, hat der Käufer nur, wenn die Prüfung ergibt, daß die Ware nicht der Durchschnittsqualität der jeweiligen Ernte oder, falls über die Qualität besondere Vereinbarungen getroffen waren, nicht diesen Vereinbarungen entspricht. Das Recht auf Empfang unter Minderung des Kaufpreises steht ihm nicht zu.

3. Bei einem Abschluß „aut Nachstechen" oder „laut Probe auf Nachstechen" oder „auf Besicht" mit der Klausel „netto Kasse gegen Rechnung und Lieferschein" muß innerhalb der Fristen des § 3 nachgestochen sein. Die Zahlung ist in den vorstehend genannten Fällen erst dann zu leisten, wenn die Ware vom Käufer genehmigt oder durch Qualitätsarbitrage anerkannt ist.

§ 18

1. Der Käufer einer Ware kann, falls diese den vereinbarten Bedingungen nicht entspricht, Vergütung des Minderwertes (Minderung) oder — im Rahmen des Abs. 2 — Rückgängigmachung des Kaufes (Wandelung) (BGB § 462) verlangen. Das Recht, beim Mangel einer zugesicherten Eigenschaft solcher Ware statt der Wandelung oder Minderung Schadensersatz

wegen Nichterfüllung zu verlangen (BGB §§ 463, 494), steht ihm bei Beanstandungen wegen Qualitätsmängeln nicht zu. Der Käufer hat unverzüglich nach Feststellung der mangelhaften Beschaffenheit durch die Qualitätsarbitrage zu erklären, welches der beiden Rechte er geltend machen will.

2. Der Käufer kann wegen Qualitätsmangel nur Minderung verlangen, es sei denn, daß der Minderwert zur Zeit der Besichtigung durch die Qualitätsarbiter 10% des Vertragspreises übersteigt (vgl. § 21).

3. Besteht eine Andienung aus mehreren Partien (Lieferscheinen) und erweisen sich nicht alle angedienten Partien als vertragsgemäß, so ist der Käufer zum Empfang jeder vertragsgemäß angedienten Partie verpflichtet. Sind weniger als 10% einer angedienten Partie mangelhaft, und läßt sich der mangelhafte von dem vertragsgemäßen Teil der Ware ohne weiteres abtrennen, so finden die Absätze 1 und 2 bzw. § 21 nur auf diese abgetrennten Teilmengen sinngemäß Anwendung, während der übrige Teil der Partie zu liefern und zu empfangen ist.

4. Abweichungen von den Vertragsbedingungen hinsichtlich der Ernte, Herkunft oder Verpackung gelten nicht als Qualitätsmängel, sondern berechtigen stets zur Zurückweisung der Ware. Der Käufer kann stattdessen auch Schadensersatz fordern, bei Lieferungs- und Platzgeschäften jedoch erst, nachdem eine angemessene Nachfrist verstrichen ist.

5. Die Bestimmungen der Absätze 1 bis 3 gelten auch dann, wenn mit der Klausel „Zahlung nach Richtigbefund der Ware" verkauft ist.

§ 20

1. Transportbeschädigte oder dumpfe Ware kann der Käufer, wenn der Verkäufer wegen der Beschädigung Ansprüche an seinen Versicherer geltend machen kann, zum Preise und im Verhältnis des Gewichts der gesunden Ware gegen Überlassung der Police geliefert verlangen.

2. Kommt kein Versicherungsanspruch in Frage, so muß der Käufer, falls der Minderwert der beschädigten Kolli gegen nichtbeschädigte Ware 10% nicht übersteigt, die transportbeschädigte oder dumpfe Ware gegen entsprechende Vergütung empfangen. Übersteigt jedoch der Minderwert gegen nicht beschädigte Ware 10%, so ist der Käufer zum Empfange berechtigt, aber nicht verpflichtet.

§ 21

Verlangt bei Ablade- und Lieferungsgeschäften der Käufer, im Falle der Minderwert die in § 18 Abs. 2 und § 20 bestimmte Grenze überschreitet, Wandelung des Vertrages, so ist die Ware dem Verkäufer zu dem zur Zeit der Arbitrage bestehenden Marktpreise für vertragsgemäße Ware, welcher im Arbitrageattest festzustellen ist, zurückzurechnen. Den Unterschied zwischen diesem Preise und dem Vertragspreis haben die Parteien sofort untereinander zu vergüten.

§ 22

Bei „tel quel" verkaufter Ware ist der Käufer verpflichtet, jede Ware ohne Rücksicht auf Gattung, Qualität, Verpackung, Herkunft oder Ernte zu empfangen.

3. Einkaufsbedingungen

— als Beispiel — (hier: aufgestellt von einem namhaften Industriebetrieb).

6. Mängelrügen und Gewährleistungen

Die Verpflichtung zur Untersuchung und zur Mängelrüge beginnt in allen Fällen, auch wenn die Ware schon vorher in unser Eigentum übergegangen oder unserem Spediteur, Frachtführer oder sonstigen Beauftragten übergeben ist, erst dann, wenn die Ware in unserem Werk eingegangen ist und die ordnungsgemäße Versandanzeige vorliegt. Von diesem Zeitpunkt an gerechnet wird die gesetzliche Rügefrist um einen Monat verlängert. Der Lieferer übernimmt für seine Lieferungen auf die Dauer eines Jahres nach Inbetriebnahme oder Verwendung, gegebenenfalls nach Beseitigung beanstandeter Mängel auch ohne rechtzeitige Mängelrüge Gewähr dafür, daß der Liefergegenstand keine den Gebrauch oder Betrieb beeinträchtigenden Mängel zeigt und die vom Lieferer angegebenen Eigenschaften hat.

Kommt der Lieferer der Pflicht zur Beseitigung von Mängeln nicht rechtzeitig nach oder liegt ein dringender Fall vor, so können wir die Mängel auf Kosten des Lieferers selbst beseitigen.

Das Haager Abkommen zur Vereinheitlichung des Kaufrechts. Vorbem. 3

(siehe hierzu auch Vorbem. 9 ff. vor § 373)

Behält man die in Vorbem. 1 dargestellten Komplizierungen im Blick, mit denen das geltende deutsche Recht die Abwicklung des Kaufs bei Lieferung einer mangelhaften Sache sowohl hinsichtlich des materiellen bürgerlichen Gewährschaftsrechts wie hinsichtlich der Rügeobliegenheit beim Handelskauf — Gefälle zwischen einseitigem und zweiseitigem Handelskauf — ausgestattet hat, so gewinnt besonderes Interesse die Beteiligung der Bundesrepublik an dem Abschluß der Arbeiten zur internationalen Vereinheitlichung des Kaufrechts. Mit diesen Arbeiten ist neben der Vereinheitlichung auch eine klarere Durchstrukturierung des materiellen Kaufrechts angestrebt und erreicht. Nach verschiedenen Vorstadien haben sie im April 1964 zur Verabschiedung zweier Modellgesetzentwürfe über den Abschluß von Kaufverträgen und über den Inhalt der durch den Kaufvertrag begründeten Rechte und Pflichten beider Vertragspartner geführt, von denen für die §§ 377—379 der letztgenannte unsere Beachtung verdient. Der Text figuriert als Anlage zum Entwurf eines Rahmenabkommens, welches die Ratifikationsfragen und die völkerrechtlichen Verpflichtungen der künftigen Signatarstaaten regelt. Bis zur Stunde (1970) ist das Abkommen zwar von der Bundesrepublik Deutschland noch nicht ratifiziert worden. Nichtsdestoweniger zeigt es die Weltweite der Vereinheitlichungstendenz — an der Erstellung des Entwurfs waren neben der Bundesrepublik das gesamte Kontinentaleuropa (außer Ostblockstaaten, von diesen jedoch Bulgarien, Jugoslawien und Ungarn), Großbritannien, die USA, die Türkei, die Vereinigte Arabische Republik, Israel, Japan und Kolumbien beteiligt — und der Lösungen, die sie erwarten läßt und die sich nicht zum geringsten in der deutschen Formularpraxis schon jetzt widerspiegeln. Sobald das Abkommen in Kraft getreten sein wird, äußert es seine Wirkung dahin, daß die Partner eines Kaufvertrages ihre kaufvertraglichen Beziehungen dem vereinheitlichenden Recht auch dann unterstellen können, wenn der Staat, dessen Jurisdiktion der Vertrag unterfällt, dem Abkommen noch nicht beigetreten ist (Art. 4 des Entwurfs).

Der Entwurf — eine amtliche deutsche Fassung liegt bisher nicht vor — trägt in der französischen und der englischen Originalfassung den Titel „Loi uniforme sur la vente internationale des objets mobiliers corporels"/„Uniform law of the internationel sale of goods".

Die loi uniforme gilt nicht nur für den Kauf unter Kaufleuten (art. 7). Dessenungeachtet entfaltet sie ihre eigentliche Wirkung gerade für den Handelskauf — wenngleich auch für den einseitigen —, für den sie vorzugsweise gedacht ist; vgl. insoweit z. B. art. 33 Abs. 1 Buchst. d) a. E. Die Wendung der loi uniforme auf den Handelskauf ergibt sich nicht zuletzt daraus, daß sie selbst sich Geltung zunächst nur beilegt für den grenzüberschreitenden Kaufvertrag (den sie dafür, sobald die tatbestandlichen Voraussetzungen gegeben sind, unmittelbar ergreift, d. h. ohne Vorschaltung einer kollisionsrechtlichen Beurteilung nach den Grundsätzen des internationalen Privatrechts) — unbeschadet allerdings der Befugnis zweier Kaufvertragsparteien, ihre Geltung in complexu auch für Käufe im innerstaatlichen Verkehr zu vereinbaren. Die loi uniforme kennt eine Untersuchungs- und Rügeobliegenheit analog derjenigen unseres Paragraphen. Einschlägig sind insoweit artt. 38, 39; man beachte, daß der Käufer den Verkäufer im Falle einer Rüge aufzufordern hat, die Kaufsache seinerseits zu besichtigen oder besichtigen zu lassen. Die Rügemöglichkeit des Käufers steht unter einer Ausschlußfrist von 2 Jahren, ausgenommen längerfristige Garantiezusagen. Für den Fall, daß der Käufer die Ware zum Verkauf durch Weiterversendung erworben hat und der Verkäufer dies weiß oder hätte wissen müssen, ist die Rügeobliegenheit hinausgeschoben auf den Zeitpunkt der Ablieferung beim Abkäufer des Käufers. Dies gilt sogar dann, wenn die Weiterversendung nicht alsbald erfolgt, sondern der Käufer die Ware zunächst auf Lager genommen hatte — eine sachlich kaum gerechtfertigte, auch von Riese (RabelsZ 29, 51) bedauerte Ausweitung. — Die rechtzeitige Rüge hält dem Käufer die gesetzlichen Wege offen, aus dem Mangel der Kaufsache Folgerungen abzuleiten: Erfüllungsverlangen, Wandelung, Minderung, Schadensersatz (art. 41). Diese Möglichkeiten sind ausschließliche (art. 34). Das leidige Problem der Konkurrenz zwischen Irrtumsanfechtung und Sachmängelgewähr ist damit aus der Welt geschafft. Das ganze System der Sanktionen gegenüber der Lieferung einer mangelhaften Kaufsache ist aus dem Leitgedanken der schlichten Nichterfüllung entwickelt, also, entgegen der Konzeption des BGB §§ 459ff. (unten Anm. 39), nicht in der Gestalt einer besonderen Gewährleistungspflicht. Dadurch erledigt sich das meiste aus der Problematik des Verhältnisses von § 377 zu § 378, aber auch das Problem der Sonderhaftung aus positiver Vertragsverletzung ebenso wie das der Sondergewähr für vertraglich zugesicherte Eigenschaften. Die Schadensersatzpflicht ohne Verschulden, die das BGB für das Fehlen zugesicherter Eigenschaften kennt (§ 463) und die hier rechtspolitischen Notwendigkeiten entspricht, mußte — nicht ohne eine gewisse Zwangsläufigkeit — in der loi uniforme auf die Nichterfüllung der Pflicht zur Lieferung einer mangelfreien Sache allgemein ausgedehnt sich wiederfinden (art. 41 Abs. 2). Doch wird diese für deutsches Rechtsdenken auf den ersten Blick ungewohnte Härte entscheidend gemildert. Einmal geschieht dies durch eine erleichterte Möglichkeit der Freizeichnung (art. 3), sodann durch die Beschränkung des Schadensersatzes auf den vorhersehbaren Schaden (artt. 83 Satz 2, 86) und schließlich (art. 74) durch eine weitreichende Exkulpationsmöglichkeit, die, wie Riese (a. a. O. S. 81) hervorhebt, im praktischen Effekt den Kreis der Umstände, für die der Verkäufer dem Käufer gegenüber einzustehen hat, in etwa gleicher Weise abgrenzt wie im deutschen Schadensersatzrecht (der positiven Vertragsverletzung).

Die hier interessierenden Bestimmungen aus den authentischen Textfassungen lauten — wobei zu bemerken bleibt, daß in den artt. 36, 40 der Ausdruck „ne pouvait pas ignorer" bzw. „could not have been unaware" der deutschen groben Fahrlässigkeit entspricht —:

CHAPITRE III
OBLIGATIONS DU VENDEUR

Section I
Délivrance de la chose

Sous-section 2
Obligations du vendeur quant à la conformité de la chose

A. Défaut de conformité

Article 33

1. Le vendeur n'a pas exécuté son obligation de délivrance:

a) lorsqu'il n'a remis qu'une partie de la chose vendue ou lorsqu'il a remis une quantité différente en plus ou en moins de celle qu'il avait promise dans le contrat;

b) lorsqu'il a remis une chose autre que celle prévue au contrat ou une chose d'une autre espèce;

c) lorsqu'il a remis une chose non conforme à un échantillon ou modèle remis ou adressé à l'acheteur, à moins qu'il ne l'ait présenté à titre de simple indication sans aucun engagement de conformité;

d) lorsqu'il a remis une chose qui ne possède pas les qualités nécessaires pour son usage normal ou son utilisation commerciale;

e) lorsqu'il a remis une chose qui ne possède pas les qualités nécessaires pour un usage spécial prévu expressément ou tacitement par le contrat;

f) en général, l'orsqu'il a remis une chose qui ne possède pas les qualités et particularités prévues expressément ou tacitement par le contrat.

2. La différence de quantité, l'absence d'une partie, d'une qualité ou d'une particularité ne sont pas prises en considération lorsqu'elles sont sans importance.

Article 34

Dans les cas prévus à l'article précédent, les droits reconnus à l'acheteur par la présente loi excluent tous autres moyens fondés sur un défaut de conformité de la chose.

Article 35

1. La conformité au contrat se détermine d'après l'état de la chose au moment du transfert des risques. Cependant, si par suite d'une déclaration de résolution ou d'une demande de remplacement, le transfert des risques ne s'opère pas, la conformité se détermine d'après l'état de la chose au moment où, si la chose avait été conforme au contrat, les risques eussent été transférés.

2. Le vendeur est tenu des effets du défaut de conformité survenant après le moment fixé à l'alinéa précédent, si ce défaut a pour cause un fait du vendeur ou d'une personne dont il est responsable.

Article 36

Le vendeur n'est pas tenu des effets des défauts de conformité prévus à l'article 33, alinéa 1, lit. d), e) et f), si, lors de la conclusion du contrat, l'acheteur connaissait ces défauts ou ne pouvait pas les ignorer.

Article 37

En cas de remise anticipée, le vendeur conserve, jusqu'à la date déterminée pour la délivrance, le droit de délivrer soit la partie ou la quantité manquantes, soit de nouvelles choses conformes au contrat, ou de réparer le défaut des choses remises, pourvu que ces opérations ne causent à l'acheteur ni inconvénients ni frais déraisonnables.

B. Constatation et dénonciation du défaut de conformité

Article 38

1. L'acheteur doit examiner la chose ou la faire examiner dans un bref délai.

2. En cas de transport de la chose, l'acheteur doit l'examiner au lieu de destination.

3. Si la chose est réexpédiée par l'acheteur sans transbordement et que le vendeur, ait, lors de la conclusion du contrat, connu ou dû connaître la possibilité de cette réexpedition, l'examen de la chose peut etre renvoyé jusqu'à son arrivée à sa nouvelle destination.

4. Les modalités de l'examen sont réglées par la convention des parties ou, à défaut de convention, par la loi ou les usages du lieu où cet examen doit être effectué.

Article 39

1. L'acheteur est déchu du droit de se prévaloir d'un défaut de conformité s'il ne l'a pas dénoncé au vendeur dans un bref délai à partir du moment où il l'a constaté ou aurait dû le constater. Cependant, s'il apparaît ultérieurement un défaut qui ne pouvait pas être décelé par l'examen prévu à l'article précédent, l'acheteur peut encore s'en prévaloir, à condition qu'il en donne avis au vendeur dans un bref délai après sa découverte. L'acheteur est toujours déchu du droit de se prévaloir d'un défaut de conformité s'il ne l'a pas dénoncé dans un délai de deux ans à compter du jour de la remise de la chose, sauf clause de garantie couvrant ce défaut pour une période plus longue.

2. En dénonçant le défaut de conformité, l'acheteur doit en préciser la nature et inviter le vendeur à examiner la chose ou à la faire examiner par son représentant.

3. Au cas où une communication mentionnée à l'alinéa 1 a été adressée par lettre, télégramme ou tout autre moyen approprié, le fait qu'elle ait été retardée ou ne soit pas

arrivée à destination ne prive pas l'acheteur du droit de s'en prévaloir.

Article 40

Le vendeur ne peut pas se prévaloir des dispositions des articles 38 et 39 lorsque le défaut de conformité porte sur des faits qu'il connaissait ou ne pouvait pas ignorer et qu'il n'a pas révélés.

C. Sanctions du défaut de conformité

Article 41

1. L'acheteur qui a régulièrement dénoncé le défaut de conformité peut, selon les modalités prévues aux articles 42 à 46:

a) exiger du vendeur l'exécution du contrat;

b) déclarer la résolution du contrat;

c) réduire le prix.

2. L'acheteur peut aussi obtenir les dommages-intérêts prévus à l'article 82 ou aux articles 84 à 87.

Article 42

1. L'acheteur peut exiger du vendeur l'exécution du contrat:

a) si la vente a porté sur une chose de la production ou fabrication du vendeur: par la réparation des défauts, à condition que le vendeur soit en mesure de les réparer;

b) si la vente a porté sur un corps certain: par la délivrance de la chose prévue au contrat ou de la partie manquante;

c) si la vente a porté sur des choses de genre: par la délivrance de nouvelles choses conformes au contrat ou de la partie ou quantité manquante, à moins qu'un achat de remplacement ne soit conforme aux usages et raisonnablement possible.

2. Si l'acheteur n'obtient pas dans un délai raisonnable l'exécution du contrat, il conserve les droits mentionnés aux articles 43 à 46.

Article 43

L'acheteur peut déclarer la résolution du contrat si le défaut de conformité ainsi que le défaut de délivrance à la date déterminée constituent des contraventions essentielles au contrat. Il est déchu de ce droit s'il ne l'exerce pas dans un bref délai après la dénonciation du défaut de conformité ou après l'expiration du délai prévu à l'alinéa 2 de l'article précédent.

Article 44

1. Dans les cas non prévus à l'article précédent le vendeur conserve, après la date déterminée, le droit soit de délivrer la partie ou la quantité manquante ou de nouvelles choses conformes au contrat, soit de réparer le défaut des choses remises, pourvu que ces opérations ne causent à l'acheteur ni inconvénients ni frais déraisonnables.

2. L'acheteur peut cependant fixer, pour la livraison supplémentaire ou l'achèvement de la réparation, un délai supplémentaire d'une durée raisonnable. Si, à l'expiration de ce délai, le vendeur n'a pas délivré ou réparé la chose, l'acheteur peut à son choix exiger l'exécution du contrat, réduire le prix conformément à l'article 46 ou, pourvu qu'il le fasse dans un bref délai, déclarer la résolution du contrat.

Article 45

1. Lorsque le vendeur n'a remis qu'une partie de la chose ou une quantité insuffisante, ou lorsqu'une partie seulement de la chose remise est conforme au contrat, les dispositions des articles 43 et 44 s'appliquent en ce qui concerne la partie ou la quantité manquante ou non conforme.

2. L'acheteur ne peut déclarer la résolution totale du contrat que si le défaut d'exécution intégrale et conforme au contrat constitue une contravention essentielle à celui-ci.

Article 46

L'acheteur qui n'a pas obtenu l'exécution du contrat ni déclaré sa résolution, peut réduire le prix dans la proportion où la valeur que la chose avait au moment de la conclusion du contrat a été réduite du fait du défaut de conformité.

Article 47

Lorsque le vendeur de choses de genre a présenté à l'acheteur une quantité supérieure à celle prévue au contrat, l'acheteur peut refuser ou accepter la quantité qui dépasse celle prévue au contrat. Si l'acheteur la refuse, le vendeur ne peut être tenu qu'aux dommages-intérêts prévus à l'article 82. S'il accepte tout ou partie de la quantité excédentaire, il doit la payer au taux du contrat.

Article 48

L'acheteur peut exercer les droits mentionnés aux articles 43 à 46 même avant le moment fixé pour la délivrance, s'il est manifeste que la chose qui serait remise n'est pas conforme au contrat.

Article 49

1. L'acheteur est déchu de ses droits à l'expiration d'un délai d'un an à compter de la dénonciation prévue à l'article 39, sauf au cas où il aurait été empêché de les faire valoir par suite de la fraude du vendeur.

2. Après l'expiration de ce délai, l'acheteur ne peut plus se prévaloir du défaut de conformité, meme par voie d'exception. L'acheteur peut toutefois, s'il n'a pas acquitté le prix et à condition d'avoir regulièrement dénoncé le défaut de conformité dans le bref délai prévu à l'article 39, opposer, comme exception contre la demande en paiement, une demande en réduction du prix ou en dommages-intérêts.

Chapitre V
Dispositions communes aux obligations du vendeur et de l'acheteur
Section I. Concomitance entre la delivrance de la chose et le paiement du prix

Article 71

Sous réserve des dispositions de l'article 72, le paiement du prix doit être concomitant à la délivrance de la chose. L'acheteur n'est cependant pas tenu de payer le prix avant d'avoir eu la possibilité d'examiner la chose.

Article 72

1. Dans le cas où le contrat implique un transport de la chose et lorsque la délivrance, en vertu de l'article 19, alinéa 2, se réalise par la remise de la chose au transporteur, le vendeur peut différer l'expédition jusqu'au paiement du prix, ou y procéder dans des conditions telles qu'il conserve le droit de disposer de la chose en cours de voyage. Il peut, dans ce dernier cas, exiger que la chose ne soit remise à l'acheteur au lieu de destination que contre paiement du prix, et l'acheteur n'est pas tenu de payer le prix avant d'avoir eu la possibilité d'examiner la chose.

2. Cependant, dans le cas où le contrat prévoit le paiement contre documents, l'acheteur n'a pas le droit de refuser le paiement du prix pour la raison qu'il n'a pas eu la possibilité d'examiner la chose.

Article 73 . . .

Section II. Exoneration

Article 74

1. Lorsque'une partie n'a pas exécuté une de ses obligations, elle n'est pas responsable de cette inexécution si elle prouve que celle-ci est due à des circonstances que, d'après les intentions des parties lors de la conclusion du contrat, elle n'était tenue ni de prendre en considération, ni d'éviter ou de surmonter; à défaut d'intention des parties, il faut rechercher les intentions qu'ont normalement des personnes raisonnables de même qualité placées dans une situation identique.

2. Si les circonstances sont telles qu'elles ne doivent produire qu'une inexécution temporaire, la partie en défaut sera cependant déchargée définitivement de son obligation si, par suite de l'ajournement de l'exécution, celle-ci se trouve si radicalement transformée qu'elle deviendrait l'exécution d'une obligation tout autre que celle qui avait été envisagée au contract.

3. L'exonération prévue par cet article en faveur de l'une des parties n'empêche pas la résolution du contrat en vertu de quelque autre disposition de la présente loi et ne prive l'autre partie d'aucun droit qu'elle possède en vertu de cette loi de réduire le prix, à moins que les circonstances qui justifient l'exonération n'aient été causées par l'autre partie ou par quelque autre personne dont elle est responsable.

Section VI. Garde de la chose

Article 91

Lorsque l'acheteur tarde à prendre livraison de la chose ou à payer le prix, le vendeur est tenu de prendre les mesures raisonnables pour assurer la conservation de la chose; il a le droit de retenir celle-ci jusqu'à ce qu'il ait été indemnisé par l'acheteur de ses dépenses raisonnables.

Article 92

1. Lorsque la chose a été reçue par l'acheteur et que celui-ci entend la refuser, il doit prendre les mesures raisonnables pour assurer sa conservation; il a le droit de retenir celle-ci jusqu'à ce qu'il ait été indemnisé par le vendeur de ses dépenses raisonnables.

2. Lorsque la chose expédiée à l'acheteur a été mise à sa disposition au lieu de destination et que l'acheteur entend la refuser, il doit en prendre possession pour le compte du vendeur pourvu que cela puisse être fait sans paiement du prix et sans inconvénients ou frais déraisonnables. Cette disposition n'est pas applicable lorsque le vendeur est présent au lieu de destination, ou lorsqu'il existe en ce lieu une personne ayant qualité pour prendre la chose en charge pour son compte.

Article 93

La partie qui doit prendre des mesures pour assurer la conservation de la chose peut la déposer dans les magasins d'un tiers aux frais de l'autre partie, pourvu que les frais qui doivent en résulter ne soient pas déraisonnables.

Article 94

1. La partie qui, dans les cas prévus aux articles 91 et 92, doit prendre des mesures pour assurer la conservation de la chose, peut la vendre par tous moyens appropriés, si l'autre partie a retardé déraisonnablement l'acceptation ou la reprise de la chose ou le paiement des frais de conservation, pourvu qu'elle lui ait donné un avis de son intention de vendre.

2. La partie qui vend la chose peut retenir du produit de la vente un montant égal aux frais raisonnables de conservation et de vente de la chose, et elle doit transmettre le surplus à l'autre.

Article 95

Lorsque, dans les cas prévus aux articles 91 et 92, la chose est sujette à une perte ou à une détérioration rapide ou lorsque sa garde entraînerait des frais déraisonnables, la partie à qui incombe la conservation est tenue de faire vendre la chose comme il est prévu à l'article précédent.

CHAPTER III
OBLIGATIONS OF THE SELLER

Section I
Delivery of the goods

Sub-section 2
Obligations of the seller as regards the conformity of the goods

A. Lack of conformity

Article 33

1. The seller shall not have fulfilled his obligation to deliver the goods where he has handed over:

a) part only of the goods sold or a larger or a smaller quantity of the goods than he contracted to sell;

b) goods which are not those to which the contract relates or goods of a different kind;

c) goods which lack the qualities of a sample or model which the seller has handed over or sent to the buyer, unless the seller has submitted it without any express or implied undertaking that the goods would conform therewith;

d) goods which do not possess the qualities necessary for their ordinary or commercial use;

e) goods which do not possess the qualities for some particular purpose expressly or impliedly contemplated by the contract;

f) in general, goods which do not possess the qualities and characteristics expressly or impliedly contemplated by the contract.

2. No difference in quantity, lack of part of the goods or absence of any quality or characteristic shall be taken into consideration where it is not material.

Article 34

In the cases to which Article 33 relates, the rights conferred on the buyer by the present Law exclude all other remedies based on lack of conformity of the goods.

Article 35

1. Whether the goods are in conformity with the contract shall be determined by their condition at the time when risk passes. However, if risk does not pass because of a declaration of avoidance of the contract or of a demand for other goods in replacement, the conformity of the goods with the contract shall be determined by their condition at the time when risk would have passed had they been in conformity with the contract.

2. The seller shall be liable for the consequences of any lack of conformity occuring after the time fixed in paragraph 1 of this Article if it was due to an act of the seller or of a person for whose conduct he is responsible.

Article 36

The seller shall not be liable for the consequences of any lack of conformity of the kind referred to in sub-paragraphs d), e) or f) of paragraph 1 of Article 33, if at the time of the conclusion of the contract the buyer knew, or could not have been unaware of, such lack of conformity.

Article 37

If the seller has handed over goods before the date fixed for delivery he may, up to that date, deliver any missing part or quantity of the goods or deliver other goods which are in conformity with the contract or remedy any defects in the goods handed over, provided that the exercise of this right does not cause the buyer either unreasonable inconvenience or unreasonable expense.

B. Ascertainment and notification of lack of conformity

Article 38

1. The buyer shall examine the goods, or cause them to be examined, promptly.

2. In case of carriage of the goods the buyer shall examine them at the place of destination.

3. If the goods are redespatched by the buyer without transhipment and the seller knew or ought to have known, at the time when the contract was concluded, of the possibility of such redespatch, examination of the goods may be deferred until they arrive at the new destination.

4. The methods of examination shall be governed by the agreement of the parties or, in the absence of such agreement, by the law or usage of the place where the examination is to be effected.

Article 39

1. The buyer shall lose the right to rely on a lack of conformity of the goods if he has not given the seller notice thereof promptly after he has discovered the lack of conformity or ought to have discovered it. If a defect which could not have been revealed by the examination of the goods provided for in Article 38 is found later, the buyer may nonetheless rely on that defect, provided that he gives the seller notice thereof promptly after its discovery. In any event, the buyer shall lose the right to rely on a lack of conformity of the goods if he has not given notice thereof to the seller within a period of two years from the date on which the goods were handed over, unless the lack of conformity constituted a breach of a guarantee covering a longer period.

2. In giving notice to the seller of any lack of conformity, the buyer shall specify its nature and invite the seller to examine the goods or to cause them to be examined by his agent.

3. Where any notice referred to in paragraph 1 of this Article has been sent by letter, telegram or other appropriate means, the fact that such notice is delayed or fails to arrive at its destination shall not deprive the buyer of the right to rely thereon.

Article 40

The seller shall not be entitled to rely on the provisions of Articles 38 and 39 if the lack of conformity relates to facts of which he knew, or of which he could not have been unaware, and which he did not disclose.

C. Remedies for lack of conformity

Article 41

1. Where the buyer has given due notice to the seller of the failure of the goods to conform with the contract, the buyer may, as provided in Articles 42 to 46:

a) require performance of the contract by the seller;
b) declare the contract avoided;
c) reduce the price.

2. The buyer may also claim damages as provided in Article 82 or in Articles 84 to 87.

Article 42

1. The buyer may require the seller to perform the contract:

a) if the sale relates to goods to be produced or manufactured by the seller, by remedying defects in the goods, provided the seller is in a position to remedy the defects;

b) if the sale relates to specific goods, by delivering the goods to which the contract refers or the missing part thereof;

c) if the sale relates to unascertained goods, by delivering other goods which are in conformity with the contract or by delivering the missing part or quantity, except where the purchase of goods in replacement is in conformity with usage and reasonably possible.

2. If the buyer does not obtain performance of the contract by the seller within a reasonable time, he shall retain the rights provided in Articles 43 to 46.

Article 43

The buyer may declare the contract avoided if the failure of the goods to conform to the contract and also the failure to deliver on the date fixed amount to fundamental breaches of the contract. The buyer shall lose his right to declare the contract avoided if he does not exercise it promptly after giving the seller notice of the lack of conformity or, in the case to which paragraph 2 of Article 42 applies, after the expiration of the period referred to in that paragraph.

Article 44

1. In cases not provided for in Article 43, the seller shall retain, after the date fixed for the delivery of the goods, the right to deliver any missing part or quantity of the goods or to deliver other goods which are in conformity with the contract or to remedy any defect in the goods handed over, provided that the exercise of this right does not cause the buyer either unreasonable inconvenience or unreasonable expense.

2. The buyer may however fix an additional period of time of reasonable length for the further delivery of for the remedying of the defect. If at the expiration of the additional period the seller has not delivered the goods or remedied the defect, the buyer may choose between requiring the performance of the contract or reducing the price in accordance with Article 46 or, provided that he does so promptly, declare the contract avoided.

Article 45

1. Where the seller has handed over part only of the goods or an insufficient quantity or where part only of the goods handed over is in conformity with the contract, the provisions of Articles 43 and 44 shall apply in respect of the part or quantity which is missing or which does not conform with the contract.

2. The buyer may declare the contract avoided in its entirety only if the failure to effect delivery completely and in conformity with the contract amounts to a fundamental breach of the contract.

Article 46

Where the buyer has neither obtained performance of the contract by the seller nor declared the contract avoided, the buyer may reduce the price in the same proportion as the value of the goods at the time of the conclusion of the contract has been diminished because of their lack of conformity with the contract.

Article 47

Where the seller has proffered to the buyer a quantity of unascertained goods greater than that provided for in the contract, the buyer may reject or accept the excess quantity. If the buyer rejects the excess quantity, the seller shall be liable only for damages in accordance with Article 82. If the buyer accepts the whole or part of the excess quantity, he shall pay for it at the contract rate.

Article 48

The buyer may exercise the rights provided in Articles 43 to 46, even before the time fixed for delivery, if it is clear that goods which would be handed over would not be in conformity with the contract.

Article 49

1. The buyer shall lose his right to rely on lack of conformity with the contract at the expiration of a period of one year after he has given notice as provided in Article 39, unless he has been prevented from exercising his rihgt because of fraud on the part of the seller.

2. After the expiration of this period, the buyer shall not be entitled to rely on the lack of conformity, even by way of defence to an action. Nevertheless, if the buyer has not paid for the goods and provided that he has given due notice of the lack of conformity promptly, as provided in Article 39, he may advance as a defence to a claim for payment of the price a claim for a reduction in the price or for damages.

Chapter V

Provisions common to the obligations of the seller and of the buyer

Section I. Concurrence between delivery of the goods and payment of the price

Article 71

Except as otherwise provided in Article 72, delivery of the goods and payment of the price shall be concurrent conditions. Nevertheless, the buyer shall not be obliged to pay the price until he has had an opportunity to examine the goods.

Article 72

1. Where the contract involves carriage of the goods and where delivery is, by virtue of paragraph 2 of Article 19, effected by handing over the goods to the carrier, the seller may either postpone despatch of the goods until he receives payment or proceed to despatch them on terms that reserve to himself the right of disposal of the goods during transit. In the latter case, he may require that the goods shall not be handed over to the buyer at the place of destination except against payment of the price and the buyer shall not be bound to pay the price until he has had an opportunity to examine the goods.

2. Nevertehless, when the contract requires payment against documents, the buyer shall not be entitled to refuse payment of the price on the ground that he has not had the opportunity to examine the goods.

Article 73 . . .

Section II. Exemptions

Article 74

1. Where one of the parties has not performed one of his obligations, he shall not be liable for such non-performance if he can prove that it was due to circumstances which, according to the intention of the parties at the time of the conclusion of the contract, he was not bound to take into account or to avoid or to overcome; in the absence of any expression of the intention of the parties, regard shall be had to what reasonable persons in the same situation would have intended.

2. Where the circumstances which gave rise to the non-performance of the obligation constituted only a temporary impediment to performance, the party in default shall nevertheless be permanently relieved of his obligation if, by reason of the delay, performance would be so radically changed as to amount to the performance of an obligation quite different from that contemplated by the contract.

3. The relief provided by this Article for one of the parties shall not exclude the avoidance of the contract under some other provision of the present Law or deprive the other party of any right which he has under the present Law to reduce the price, unless the circumstances which entitled the first party to relief were caused by the act of the other party or of some person for whose conduct he was responsible.

Section VI. Preservation of the goods

Article 91

Where the buyer is in delay in taking delivery of the goods or in paying the price, the seller shall take reasonable steps to preserve the goods; he shall have the right to retain them until he has been reimbursed his reasonable expenses by the buyer.

Article 92

1. Where the goods have been received by the buyer, he shall take reasonable steps to preserve them if he intends to reject them; he shall have the right to retain them until he has been reimbursed his reasonable expenses by the seller.

2. Where goods despatched to the buyer have been put at his disposal at their place of destination and he exercises the right to reject them, he shall be bound to take possession of them on behalf of the seller, provided that this may be done without payment of the price and without unreasonable inconvenience or unreasonable expense. This provision shall not apply where the seller or a person authorised to take charge of the goods on his behalf is present at such destination.

Article 93

The party who is under an obligation to take steps to preserve the goods may deposit them in the warehouse of a third person at the expense of the other party provided that the expense incurred is not unreasonable.

Article 94

1. The party who, in the cases to which Articles 91 and 92 apply, is under an obligation to take steps to preserve the goods may sell them by any appropriate means, provided that there has been unreasonable delay by the other party in accepting them or taking them back or in paying the cost of preservation and provided that due notice has been given to the other party of the intention to sell.

2. The party selling the goods shall have the right to retain out of the proceeds of sale an amount equal to the reasonable costs of preserving the goods and of selling them and shall transmit the balance to the other party.

Article 95

Where, in the cases to which Articles 91 and 92 apply, the goods are subject to loss or rapid deterioration or their preservation would involve unreasonable expense, the party under the duty to preserve them is bound to sell them in accordance with Article 94.

I. Die Voraussetzungen der Rügelast (Rüge„pflicht"): A. Das Vorliegen eines Handelskaufs unter Kaufleuten. B. Die Ablieferung der Ware. C. Mangelhafte Beschaffenheit der Ware. Anm. 1

A. Das Vorliegen eines Handelskaufs unter Kaufleuten.

1. Zunächst muß ein Handelskauf gegeben sein.

a) Über diesen Begriff s. Vorbem. vor § 373 Anm. 16ff. In kurzem sei wiederholt, daß ein Kaufvertrag über Waren vorliegen muß (§ 1 Anm. 29ff.; wegen des Wertpapierkaufs und wegen des Werklieferungsvertrages vgl. § 381 und die Erläuterungen dortselbst), und zwar als Handelsgeschäft, und daß dazu auch der sog. Lieferungsvertrag gehört, durch welchen sich jemand verpflichtet, einem anderen eine Sache zu beschaffen, die er zu diesem Zwecke anschaffen will, oder eine solche, die er aus einem von ihm zu beschaffenden Stoff herstellen will (Vorbem. vor § 373 Anm. 30f.); selbstverständlich auch der Kauf auf Probe und der Kauf nach Probe. Dem § 377 unterfällt ohne weiteres ferner der Handelstausch; für die Rügeobliegenheit gilt jeder der beiden Partner hinsichtlich der von ihm empfangenen Ware als Käufer. Anm. 2

b) Schwieriger ist die Frage zu beantworten, inwieweit der konstruktive Gedanke des § 493 BGB auf § 377 zu übertragen ist. Nach jener Bestimmung finden die Vorschriften (des BGB) über die Verpflichtung des Verkäufers zur Gewährleistung wegen Mängel der Sache „auf andere Verträge, die auf Veräußerung oder Belastung einer Sache gegen Entgelt gerichtet sind", entsprechende Anwendung.

Eine parallelgehende Ausdehnung auf alle entgeltlichen Veräußerungsgeschäfte ist für § 377 nicht schlechthin möglich. Für das Recht des BGB war § 493 dadurch notwendig geworden, daß im Fortschreiten der gesetzgeberischen Konzeption an die Stelle einer ursprünglich dem abstrakten „Veräußerungsvertrag" geltenden Regelung eine solche für den konkreter gestalteten Kaufvertrag trat (Prot. II, 62): gegenüber dieser Einengung galt es den gesetzgeberischen Grundgedanken der Sachmängelgewähr — zumal er sich auch sonst im Recht der Schuldverträge vielfach ausgeprägt findet — durchzuhalten (RG 161, 321ff. [324]). Um die Sachmängelgewähr als solche aber geht es bei § 377 nicht. Hier ist auf die speziellen Bedürfnisse des Handelsverkehrs, die ihn geschaffen haben, abzustellen. Zu eng ist es zwar, die Grenze so zu ziehen, daß allenfalls noch die kaufmännischen (entgeltlichen) Umsatzgeschäfte einem zu denkendem erweiterten Anwendungsbereich des § 377 unterfielen (in dieser Richtung geht etwa Fischer in Großkomm. zum AktG² Anm. 20 zu § 20), wenngleich die Umsatzgeschäfte den Prototyp der Regelung des § 377 stellen. Immerhin aber wird man aus dem Umkreis des § 493 BGB solche Geschäfte außer Betracht zu lassen haben, die nicht in dem Spannungsverhältnis eines „Lieferverhältnisses" stehen, in welchem zwei Parteien je ihre eigenen — gegenläufigen — Interessen verfolgen und zum Ausgleich bringen.

Demgemäß ist zu scheiden:

aa) § 377 ist — Beiderseitigkeit der Kaufmannseigenschaft vorausgesetzt — anwendbar auf

α) Prozeßvergleiche, die die Lieferung einer Ware zum Gegenstand haben. Daß für die Warenlieferung im Vergleich eine Gegenleistung in Geld ausgeworfen, die Relation

Ware gegen Geld mithin innerhalb des Vergleichs einer isolierten Betrachtung zugänglich sein müsse (so noch RG 54, 165; vgl. auch OGH 3, 20) wird nicht gefordert werden dürfen. Die Entgeltlichkeit ergibt sich schon aus der Einbeziehung der Warenlieferung in den Vergleichsnexus als solchen. Wesentlich ist nur, daß der Vergleich nicht gerade dazu hat dienen sollen, einen Streit über die Mangelhaftigkeit und damit über mögliche Gewährleistung auszuschalten oder zu beenden (vgl. Staudinger[11] Rdn. 2 zu § 493);

β) die Zuteilung von Sachen im Rahmen der Auseinandersetzung einer Gesellschaft oder Gemeinschaft (KG OLGR 22, 237; vgl. auch BGH DNotZ 1955, 406). Der Empfangende steht hier der Gemeinschaft als Dritter gegenüber. Er erwirbt den zugeteilten Gegenstand in Anrechnung auf sein Auseinandersetzungsguthaben und will (als Kaufmann) mit ihm wirtschaften können, nicht anders als wenn er ihn anderweit käuflich erworben hätte; an dem Wohl der aufgelösten Gesellschaft bzw. Gemeinschaft ist er (im Gegensatz zur Einbringung, unten bb α) nicht mehr interessiert;

γ) die Hingabe an Erfüllung Statt (Staudinger[11] Rdn. 2 zu § 493).

bb) § 377 ist dagegen nicht anwendbar auf

α) die Einbringung in eine Gesellschaft. Hier liegt die eingangs bezeichnete Interessenlage charakteristischermaßen nicht vor. Der Einbringende gibt die einzubringende Sache in eine Gesellschaft, die er „zu seinem Teile selbst ist“: er kann nicht eine mangelhafte Sache einbringen und sich später darauf berufen wollen, die Gesellschaft müsse auf dem Mangel sitzen bleiben, weil sie nicht unverzüglich gerügt habe. Das würde der gesellschaftsrechtlichen Treubindung, die insoweit vorrangig ist und die dem Einbringungsverhältnis ihr besonderes Gepräge gibt, gröblich widersprechen. Wie hier für die Aktiengesellschaft: Fischer in Großkomm.[2] Anm. 20 zu § 20 AktGes. 1937; v. Godin-Wilhelmi[3] Anm. 5 zu § 27 AktG 1965 (gegen Ritter Anm. 2f., Crisolli ZHR 93, 231ff.); für Gesellschaften allgemein: Staudinger[11] Rdn. 27 zu § 706 (dessen Zweifel, es fehle für die Fälle des Einbringens bereits am Merkmal der „Ablieferung“ im Sinne des § 377, ich freilich nicht zu teilen vermag);

β) den Verkauf der Produktion von Kartellmitgliedern an das Kartell, weil dieses nur Verkaufsorgan der Mitglieder ist; es genügt die rechtzeitige Mängelrüge des Abnehmers (Buchholz JheringsJ. 74, 290 für die Kartell-GmbH.);

γ) die uneigentliche Verwahrung nach § 700 BGB: hier fehlt das auf den Sachwert bezügliche Entgelt;

δ) den Erwerb in der Versteigerung nach § 156 BGB: der Käufer will unter den besonderen Bedingungen der Versteigerung erwerben; ob der Auftraggeber Kaufmann ist oder nicht, erscheint gleichgültig.

c) Bei reinen Werkverträgen kann nur ein ähnlicher Gedanke wie in § 377 nach § 157 BGB Platz greifen (BGH. 1, 240; § 381 Anm. 57). Dagegen findet § 377 keine Anwendung auf Mietverträge, selbst wenn sie zweiseitige Handelsgeschäfte sind: OGH. 3, 53.

d) Darüber, daß die Veräußerung eines Handelsgeschäfts nicht der Regelung des § 377 unterfällt, s. unten Anm. 5.

e) Der Kaufvertrag muß gültig zustande gekommen sein. Denn Rechte, die durch eine ordnungsmäßige Rüge offengehalten werden könnten, entstehen aus einem ungültigen Kaufvertrag ohnehin nicht. Auf den Fall der Zusendung unbestellter Ware findet der vorliegende Paragraph keine Anwendung (ROHG 10, 144); über diesen s. unten Anm. 188ff. Über Zuvielsendungen s. unten Anm. 7; § 378 Anm. 7ff., 27, 35;
Anm. 3 § 379 Anm. 11.

f) Der Kauf braucht kein Versendungskauf zu sein. § 377 gilt auch für den Platzkauf, anders als § 379 (und anders als das Recht des ADHGB).

2. Unter Kaufleuten muß der Kaufvertrag abgeschlossen sein oder, wie unser Paragraph sagt: Der Kauf muß für beide Teile eine Handelsgeschäft sein. Wann ein Handelsgeschäft vorliegt, richtet sich nach den §§ 343, 344, auf die verwiesen wird.

a) Ob Voll- oder Minderkaufmann, macht keinen Unterschied (München „Recht“ 1921 Nr. 1972; Dresden SächsA 11, 513). Auch der Minderkaufmann als Käufer muß untersuchen und ggf. rügen; auch der Minderkaufmann als Verkäufer, der einem anderen (Voll- oder Minder)kaufmann geliefert hat, muß sich darauf verlassen dürfen, daß die Ware in jedem Falle als genehmigt gilt, wenn eine Rüge ausgeblieben ist.

b) Die Bestimmung des § 5 ist hiernach für die Anwendung des § 377 uneingeschränkt von Bedeutung. Eine geschehene Eintragung im Handelsregister bewirkt, daß gegenüber demjenigen, der sich auf die Eintragung beruft, nicht geltend gemacht werden kann, das unter der Firma betriebene Gewerbe sei kein Handelsgewerbe (wenn es nur überhaupt ein Gewerbe ist: Anm. 2 zu § 5). Die Berufung auf die Eintragung steht danach, wenn es um die Anwendung des § 377 geht, beiden Teilen, sowohl dem Käufer wie dem Verkäufer, zu. Hat ein im Handelsregister eingetragener, für Sammler im Briefmarken-Kleingeschäft tätiger Zivilagent (§ 84 Anm. 7) von einer Möbelfirma einen Büroschreibtisch gekauft, ohne das Fehlen der zugesicherten Ausmaße unverzüglich zu rügen, so wird ihm von der Verkäuferin der Rügeverlust aus § 377 mit Recht entgegengehalten, ohne daß er sich auf das Fehlen seiner Kaufmannseigenschaft berufen könnte. Verkauft derselbe Zivilagent daraufhin den für ihn der Größe wegen unbrauchbaren Schreibtisch an einen Trödler, so kann er seinerseits eine verspätete Rüge des letzteren zurückweisen, die mit der Begründung vorgebracht wird, das Möbelstück habe sich als schlecht verleimt herausgestellt und drohe einer stärkeren Beanspruchung nicht Stand zu halten.

c) Anders der Scheinkaufmann im Sinne des Anhangs zu § 5, d. h. derjenige, der, ohne eingetragen zu sein, im Verkehr unter einer „Firma" auftritt. Ist er Verkäufer, so kommt ihm die Verabsäumung der Rüge durch seinen Abkäufer nicht zustatten (Anhang zu § 5 Anm. 6 sub 3d): der Scheinkaufmann kann sich zu seinen Gunsten nicht auf die für den Kaufmann vorteilhafte Sonderstellung im Handelsrecht berufen. Wohl aber muß er sich entgegenhalten lassen, daß er als Käufer nicht rechtzeitig gerügt habe, wenn das Geschäft für seine „Firma" getätigt worden war (a. a. O. sub 3e, dd und Hamburg HansGZ 1917 Hptbl. 132; Dresden LZ 1912, 413; Hueck ArchBürgR 43, 447).

Eine andere Frage ist nur, ob nicht etwa auch zugunsten des Scheinkaufmanns die Anwendung des § 377 dadurch ermöglicht werde, daß das ganze Vertragsverhältnis — eben weil auf beiden Seiten (auf derjenigen des Verkäufers anscheinsweise) Kaufleute aufgetreten sind — jedenfalls kraft vertraglicher Abrede als dem Handelsrecht unterstellt anzusehen sei. Eine stillschweigende Abrede solcher Art wird i. a. nicht angenommen werden können. Denn das liefe darauf hinaus, den fälschlich erweckten Anschein nun doch und schon wegen seines Vorhandenseins ohne weiteres zugunsten dessen wirken zu lassen, der ihn erweckt hat. Es müßten also schon stärker konkretisierte Abreden in dieser Richtung vorliegen, um auf einem derartigen Wege zur Anwendung des § 377 zu gelangen (vgl. Anhang zu § 5 a. a. O. sub 3c aa, a. E.).

d) Ist der Käufer-Kaufmann verstorben, so trifft die Rügeobliegenheit seinen Erben, sollte dieser auch Nichtkaufmann sein (DürHach. Anm. 3 zu § 377). Das gleiche gilt für den Testamentsvollstrecker des Kaufmanns (Bondi in ZBH 1926, 309). Vorausgesetzt ist dabei jedoch in beiden Fällen, daß der Geschäftsbetrieb als solcher über den Tod hinaus weiterläuft. Ist das nicht der Fall — ein alleinstehender Kleinkaufmann verübt Selbstmord; wenige Stunden vorher war noch Ware angeliefert worden; nunmehr wird der Laden polizeilich versiegelt —, so bleibt nur die Annahme einer Sistierung der Untersuchungs- und Rügepflicht, auch wenn insoweit sonst objektive, von der Individualität des Betriebes des Käufers losgelöste Maßstäbe zu gelten haben (unten Anm. 13, 17). Denn für den Erben bzw. den Testamentsvollstrecker, bis er eingreifen kann, liegt ein betriebsorganisatorisch schlechthin nicht zu meisterndes Hindernis vor. Gegen ihn kehrt sich das „unverzüglich" unserer Vorschrift erst, sobald er eine Untersuchungsmöglichkeit effektiv selbst wahrnehmen oder durch Beauftragte wahrnehmen lassen kann.

e) Daß den Konkursverwalter des Käufers die Rügepflicht trifft, kann für die Fälle, in denen er nach § 17 KO die Erfüllung vom Verkäufer verlangt und dieser erst noch liefern soll, nicht zweifelhaft sein. Schwierigkeiten können sich da ergeben, wo der Konkurs eröffnet worden ist in einem Augenblick, als die Ware zwar schon abgeliefert war, aber der (nunmehrige) Gemeinschuldner sein Rügerecht noch nicht verloren hatte. War die Gegenleistung noch nicht oder noch nicht vollständig entrichtet, so läuft der Konkursverwalter, auch wenn er nicht sofort untersucht und rügt, in keinem Falle Gefahr. Ist nämlich die Ware mangelhaft, so liegt auch insoweit keine (vollständige) Erfüllung i. S. des § 17 KO vor, und der Verwalter hat das Wahlrecht, ob er auf Erfüllung bestehen oder den Eintritt in den Vertrag ablehnen will. Das Wahlrecht auf Ablehnung verliert er nicht schon durch „Verabsäumung“ sofortiger Rüge, wie sich bereits durch Gegenschluß aus § 17 Abs. 2 KO ergibt (dem Verkäufer eines in Konkurs gefallenen Abnehmers ist zuzumuten, etwa befürchteten Bemängelungen der Lieferung gegenüber sich die gewünschte Klarheit auf dem Wege des § 17 Abs. 2 KO zu verschaffen). Ist andererseits mangelhaft geliefert (und das Rügerecht des Gemeinschuldner-Käufers im Zeitpunkt der Konkurseröffnung noch nicht erloschen gewesen), war aber der Kaufpreis schon vorher vollständig bezahlt, so daß ein Wahlrecht des Verwalters nach § 17 Abs. 2 KO nicht gegeben ist, so rückt der Verwalter zwar grundsätzlich in das Rügerecht und die Rügepflicht des Gemeinschuldners ein; doch werden an die Unverzüglichkeit seiner Rüge die aus der Sachlage — insbesondere der Notwendigkeit einer Gewinnung erstmaligen Überblicks — sich ergebenden verminderten Anforderungen zu stellen sein.

f) Ist ein Teil kein Kaufmann, und gilt er auch nicht als Kaufmann, so greifen andere Grundsätze Platz (s. unten Anm. 184; dort auch über den Militärfiskus und Stadtgemeinden). Die singuläre Bestimmung in § 58 Abs. 2 des Gesetzes über Saatenschutz und Saatgut von Kulturpflanzen — Saatgutgesetz — vom 27. 6. 53 (BGBl. I, 450), wonach die §§ 377—379 auf Verträge, durch die ein Kaufmann im Betrieb seines Handelsgewerbes anerkanntes Saatgut im Sinne jenes Gesetzes vom Erzeuger kaufte, entsprechend anzuwenden waren, ist durch § 88 Abs. 2 Nr. 1 des Saatgutverkehrsgesetzes vom 20. 5. 68 — BGBl. I, 444 — außer Kraft gesetzt worden; über die Bedeutung dessen vgl. unten Anm. 13.

Anm. 4 **B. Ablieferung der verkauften Ware.** Die Anwendung des § 377 setzt weiter voraus, daß die verkaufte Ware „abgeliefert“ worden ist. Diese Voraussetzung hat einen doppelten Bezug. Die Ablieferung als solche, als Tatsache, ist bezogen auf die Rügeobliegenheit, die ohne die Ablieferung nicht entsteht: vor Ablieferung braucht in keinem Falle gerügt zu werden, auch wenn der Käufer den zu rügenden Mangel schon vorher kennen würde (unten Anm. 16). Daneben ist sie in der zeitlichen Dimension bezogen auf die Untersuchungsobliegenheit, die sich, wenn und soweit sie besteht (darüber unten Anm. 29), zwischen die Beendigung des Ablieferungsvorgangs und die zeitliche Fixierung der Rügeobliegenheit einschiebt (unten Anm. 28): eine Untersuchung ist — vielleicht möglich schon während einer sich hinziehenden Ablieferung, jedenfalls aber — geboten erst, wenn die Ablieferung abgeschlossen ist. Im folgenden wird zunächst nur die Ablieferung in der ersteren Beziehung untersucht. Die nähere Erörterung in der zweiten folgt in Anm. 16.

1. Ablieferung ist ein rein faktischer Vorgang. Er wird in der herrschenden Lehre definiert als der Akt, durch den der Käufer in Erfüllung des Kaufvertrages in eine solche tatsächliche räumliche Beziehung zur Kaufsache kommt, daß er vermöge der so vermittelten Verfügungsgewalt nunmehr die Beschaffenheit der Ware prüfen kann (BGH NJW 1961, 730 = LM § 477 BGB Nr. 4 = MDR 1961, 315 = BetrBer. 1961, 228 = Betrieb 1961, 267; im Anschluß an die ständige Rechtsprechung des RG und des ROHG — insoweit vgl. RG 92, 273; 91, 290; 73, 391; JW 03, 244[26]; Holdheim 1900, 50; LZ 1911, 543[6]; 09, 679[2] u. 851[8]; ROHG 24, 29; 15, 55 —). Es handle sich bei diesem Akt um eine „einseitige Handlung des Verkäufers, wobei wesentlich sei, daß der Käufer die Möglichkeit erlangt habe, sich durch streng einseitigen Akt sofort den Gewahrsam der Ware zu verschaffen, diese zu untersuchen und darüber tatsächlich zu verfügen“ (BGH a. a. O., gleichfalls unter Hinweis auf die Rechtsprechung des RG: RG 5, 29, 31; Bolze B 16 Nr. 416; JW 1899, 181 zu Art. 349 ADHGB; DürHach. Anm. 4 zu § 377. Die entgegenstehende Meinung der Vorauflage wird aufgegeben).

Das BGB gebraucht den Ausdruck „Ablieferung“ in § 477. Er ist zunächst abzugrenzen gegen die Begriffe „Lieferung“ und „Übergabe“. „Lieferung“ umfaßt die Gesamtheit der Vorgänge, die nötig sind, um die Ablieferung zu bewirken (RG 92, 273); die bloße Tatsache der Ankunft der Ware am Bestimmungsort ist deshalb noch keine Ablieferung: RG JW 1904, 46[16]. „Übergabe“ ist die Besitzverschaffung zum Zwecke der Eigentumsübertragung (§ 334 Abs. 1 BGB) und mit der Wirkung des Gefahrübergangs (§§ 446, 459 BGB). Die Übergabe geschieht in rechtsgeschäftlichem Vollzug und mit rechtsgeschäftlicher Intention; die Ablieferung als solche nicht. Die Übergabe kennt vereinbarliche Surrogate, insofern sie auf die Übereignung (Konnossemente und sonstige handelsrechtliche Traditionspapiere, brevi manu traditio, Besitzkonstitut, bürgerlichrechtliche Abtretung des Herausgabeanspruchs) oder den Gefahrübergang (§ 447 BGB!) zielt; die Ablieferung ist als Realakt in keinem Falle symbolisierbar. Der Übergabe, wenn es zu ihr kommt, entspricht auf der Seite des Käufers die „Annahme" (als Erfüllung), die die Wirkung des § 363 BGB äußert. Die Ablieferung als solche ist, wie erwähnt, einseitig, und ihr korrespondiert allenfalls die einseitige Möglichkeit des Käufers, sich der Ware zum Zweck der Untersuchung zu bemächtigen („Übernahme").

Damit ist der Gesichtspunkt angesprochen, auf den es hier ankommt. Die Ablieferung als solche erschöpft sich ihrem Sinne nach darin, dem Käufer die Untersuchung zu ermöglichen (Hamburg BetrBer. 1950, 603; München BetrBer. 1955, 748). Dieser gemeinsame Bezugspunkt ist es, der dem Terminus sowohl für § 377 HGB wie für § 477 BGB (arg. § 478 BGB!) die gleiche Bedeutung beilegt. Der Sinngehalt des Begriffs „Ablieferung" erschließt sich aus der Sicht des Käufers. Alles, was als endgültige Entäußerung aus der tatsächlichen Herrschaftsgewalt des Verkäufers zu dem Zweck geschieht, die Untersuchung durch den Käufer zu ermöglichen, ist deshalb „Ablieferung": so etwa die Ankunft bei einer vereinbarten unabhängigen Untersuchungsstelle, die die Prüfung der Ware für den Käufer vornehmen soll, ehe dieser sich über die „Annahme" schlüssig werden will. Denn hier zeigt sich die wesentlichste Folgerung aus dem Unterschied von Übergabe und Ablieferung: der Käufer braucht die Annahme nicht zu erklären, ehe die Ware hat untersucht sein können. Erst mit seiner Annahmeerklärung kann die Ablieferung zur (rechtsgeschäftlichen) Übergabe werden, als welche sie freilich, auf diesen Effekt hin, vom Verkäufer im voraus erklärt sein kann und erklärt zu sein pflegt.

2. Es ergeben sich eine Reihe von praktischen Folgerungen. Die Ablieferung muß sich als eine solche aufgrund des Kaufvertrages darstellen — dieses finale Moment muß ihr, vom Verkäufer aus gesehen, verbleiben —; daß der Käufer aus anderem Rechtsgrunde oder Anlaß in den Besitz der Ware gelangt, genügt nicht, um die Untersuchungs- und Rügepflicht auszulösen (RG 5, 33). Ablieferung ist ferner nicht die Vereinbarung eines Verwahrungsverhältnisses verbunden mit Verkaufsauftrag (JW 05, 79[17]). Der Käufer muß, wenn er unter Eigentumsvorbehalt gekauft hat, rügen, sobald ihm abgeliefert ist, obgleich noch kein Eigentumsübergang stattgefunden hat. Der Käufer, der gegen Konnossement gekauft hat, muß erst nach Ablieferung der Ware rügen, mag auch die Übergabe des Konnossements (§§ 363, 365 und dort. Anm.) erfolgt sein, etwa um dem Käufer zu ermöglichen, es seinem Abkäufer anzudienen.

Hinwiederum genügt nicht die bloße Möglichkeit für den Käufer, die Ware an irgendwelchem dritten Ort untersuchen zu können. Erforderlich und genügend ist, daß die Ware so in den Machtbereich des Käufers kommt, daß gerade dort die Untersuchung vonstatten gehen kann. Eine Ablieferung ist nicht erfolgt, solange z. B. der Verkäufer die Ware wohl brieflich anbietet, sie aber selbst in Gewahrsam behält (RG in ElsLothZ 05, 523), oder wenn bei dem Verkäufer vereinbarungsgemäß eine Vorprüfung der dem Käufer zuzusendenden Maschine stattfindet, oder wenn dem Käufer freigestellt ist, die Ware am Speicher des Verkäufers zu untersuchen und Muster aus ihr zu ziehen (Hamburg HansGZ 1908 Hptbl. 257). Insbesondere ist das Moment des Gefahrübergangs nach § 447 BGB nicht „Ablieferung". Beim Versendungskauf erfolgt, wenn der Verkäufer den Spediteur oder Frachtführer auswählt, die Ablieferung erst durch die Empfangnahme seitens des Käufers an seinem Niederlassungsort. Es genügt daher nicht die Benachrichtigung des Käufers von der Ankunft der Ware am Bestimmungsort (Karlsruhe BadRpr. 1930, 15). Erst die Abladung am Ende des Transports (ROHG 6, 167; 13, 366; Darmstadt „Recht" 03, 161), die Ausladung aus dem Schiff (KG in OLGR 8, 390), oder die Überlassung der Ware an den Frachtführer oder Spediteur des Käufers zur Weiterversendung oder zur Verwahrung sowie die Einlagerung bei einem Beauftragten des Käufers in des letzteren Namen und für des letzteren Rechnung, die Übergabe des Lagerscheins zur freien Verfügung ist Ablieferung. Hinwiederum reicht es — im Gegensatz zu Hamburg HansGZ 1911 Hptbl. S. 59 — aus, daß die Ware auf dem Betriebsgrundstück des Käufers abgeladen wird, auch wenn im Augenblick keine zur rechtsförmlichen Übernahme bereite Person aufzutreiben ist (Betriebsausflug).

Ist die Ware auf Weisung des Käufers unmittelbar an einen Dritten zu liefern oder auszufolgen, so ist dieser für die Anwendung des § 377 die „Empfangsstelle" des Käufers, und es kommt auf die Ablieferung bei dem Dritten an. Die Ablieferung ist regelmäßig mit Ausfolgung der Ware an den Spediteur oder Frachtführer des Käufers geschehen, weil der Verkäufer damit seine Verfügungsgewalt regelmäßig aufgegeben hat (LZ 08, 853[6]; 07, 289[7]; „Recht" 23 Nr. 1252). Die Ablieferung ist auch erfolgt, wenn der Verkäufer die Ware auf Schiffszettel der von dem Käufer mit der Verschiffung beauftragten Spediteure an den Kai liefert und diese daraufhin die Konnossemente von der Reederei erhalten haben, obwohl der Empfangsschein (Receipt) in die Hände des Verkäufers gelangt ist (RG in HansGZ 1911 Hptbl. 79). Die Eigenschaft des Dritten, Empfangsstelle des Käufers zu sein, kann auch nachträglich dadurch begründet werden, daß der Käufer die Ablieferung bei dem Dritten zur Basis seiner weiteren Dispositionen macht. Stellt also der Verkäufer dem Käufer die Ware bei einem Dritten zur Verfügung, und beauftragt der Käufer den Dritten mit der Aussonderung oder der Versendung (LZ 1912, 319[3]), übersendet der Käufer den Lieferschein, der ihm vom Verkäufer zugefertigt worden war, an den Spediteur, Lagerhalter usw. mit Verfügungsorder, oder erteilt er auch nur Auftrag zur Ziehung einer Durchschnittsprobe oder Übersendung eines Ausfallmusters (unten Anm. 33), so hat die Ablieferung stattgefunden (vgl. JW 02 Beil. 279[227]; LZ 1922, 589[5]); es wäre denn, daß die Probeziehung selbst noch die Mitwirkung des Verkäufers erheischt oder der Lagerhalter nicht unbedingt zur Herausgabe der Ware bereit war, z. B. nur gegen Akzept (RG bei Holdheim 04, 70).

3. „Ablieferung" ist nicht der Besitzübergang im Wege der Zwangsvollstreckung. Hat der Käufer aufgrund des Kaufvertrages auf Lieferung geklagt und der antragsgemäß verurteilte Verkäufer es zur Vollstreckung (durch Wegnahme, §§ 883, 887 Abs. 3 ZPO) kommen lassen, so ist für die Anwendung des § 377 kein Raum. Wenn überhaupt, dann müßte man ja schon annehmen, die Ablieferung liege in der Wegnahme durch den Gerichtsvollzieher als den Besitzmittler des Käufers: mit der Folge, daß der Käufer schon in diesem Augenblick seinen Obliegenheiten zur Untersuchung und Anzeige nachzukommen hätte. Der Verkäufer, der den Käufer in die Vollstreckung zu gehen zwingt, kann, wenn es daraufhin zur Vollstreckung kommt, nicht wohl den Schutz einer beschleunigten Vergewisserung über etwaige Mängel, wie § 377 ihn bezweckt, verdienen. Dessen gesetzgeberischer Grundgedanke paßt hier nicht. § 378 wäre ohnehin nicht anwendbar. Bei Vollstreckung in ein aliud greifen vollstreckungsrechtliche Sonderbehelfe Platz. Anders nur, wenn der Verkäufer dem Urteil freiwillig Genüge leistet; alsdann bleibt die Rügepflicht voll bestehen.

4. Läßt es der Käufer nicht zur Ablieferung kommen, so besteht keine Pflicht zur Untersuchung oder Mängelanzeige. Der Käufer kann in Annahmeverzug versetzt werden, aber von Rügelast ist keine Rede (RG 99, 59; Jena JW 1922, 1535[8]; München LZ 1925, 1283[1]). Die Ware ist auch dann nicht abgeliefert, wenn der Käufer sie nur unter Vorbehalten übernommen hat und sie aus Anlaß dieser Vorbehalte wieder an den Verkäufer gelangt ist (JW 02, 425[32]). Siehe hierzu im einzelnen unten Anm. 29

Anm. 5 **C. Mangelhafte Beschaffenheit der gelieferten Ware** (Qualitätsmängel).

1. Qualitätsmängel jeder Art sind gemeint, d. h. alle Fehler, für die nach den Regeln der Gewährleistung wegen Mängel der Sache gehaftet wird (hierüber unten Anm. 39ff.), und zwar gehören hierher nicht nur Mängel physischer, technischer, chemischer und physikalischer Art (vgl. JW 91, 422[33]), sondern auch solche nationalökonomischer und selbst ästhetischer Art, soweit sich bestimmte Eigenschaften dieser Art noch als Eigenschaften der Sache betrachten lassen (vgl. unten Anm. 39a). Auf Mängel im Recht (§§ 434, 437 Abs. 2 BGB), die dem verkauften Gegenstand anhaften, bezieht die Rügepflicht des § 377 sich nicht. Ebenso nicht auf den Fall der Lieferung einer anderen Sache als der gekauften; dieser Fall ist in § 378 geregelt; wegen der Abgrenzung zum Qualitätsmangel s. dort Anm. 2ff.

Über den Sachbegriff vgl. §§ 90ff. BGB. „Sache" als Kaufgegenstand, der Qualitätsmängel anhaften können, ist auch die Gesamtsache, die, wenngleich aus mehreren, im physikalischen Sinne selbständigen Teilstücken bestehend, sich doch für die natürliche Betrachtung als allein verkehrsfähige Einheit darstellt; Beispiel: eine Ladung Kies, ein Posten Schrott. Anders die Sachgesamtheit (Wohnungseinrichtung, Tafelgeschirr), wegen deren kaufgewährschaftsrechtlicher Besonderheiten die §§ 469ff. BGB zu vergleichen. Den Charakter der Gesamtsache als Sache verkennt Nürnberg VersR. 1953, 103: Dort war eine Ladung sortierter Schrott verkauft, unter der sich ein Sprengkörper befand; der Sprengkörper explodierte bei der demnächstigen technischen Verwendung des Schrottes. Das OLG. Nürnberg meint, die Ware sei nicht mangelhaft, da „an sich“ (?) zu dem Vertragszweck brauchbar gewesen: der Sprengkörper habe sozusagen nicht dazugehört, er habe nur ausgeschieden zu werden brauchen. Ein i. S. des § 377 rügepflichtiger Mangel habe also nicht vorgelegen. Es sei eine „Vertragswidrigkeit anderer Art“ (unten Anm. 8) gegeben. Selbst wenn das zuträfe, hätte trotzdem untersucht und, wenn der Sprengkörper dabei (wie wahrscheinlich) nicht gefunden wurde, spätestens sofort nach der Explosion und der unverzüglich bewirkten Aufdeckung ihrer Ursache gerügt werden müssen, wollte die Verkäuferin jenes Falles sich ihre Schadensersatzansprüche offenhalten (unten Anm. 30) — es lag eben doch ein „Mangel der Ware“ vor, wenn auch ein verdeckter. Der BGH (BetrBer. 1953, 992 = Betrieb 1953, 1055) hat die Entscheidung bestätigt, obschon mit anderer Begründung; er nimmt eine nicht-genehmigungsfähige aliud-Lieferung nach § 378 2. Alternative an. Dazu kritisch § 378 Anm. 39.

In früheren Auflagen war eine entsprechende Anwendung des § 377 auf die Veräußerung eines Handelsgeschäftes erörtert und, mehrfach geäußerter Ansicht des RG folgend, bejaht worden. So unbestreitbar richtig die Unterstellung dieser Fälle unter die Mängelgewähr des allgemeinen bürgerlichen Rechts ist (§ 493 BGB; unten Anm. 46g), so füglich darf (entgegen Ennecc.-Lehmann[15] § 108 IV) bezweifelt werden, ob ihre Einbeziehung in die für den Handelskauf gegebenen Rügerechtsvorschriften weiterhin vertretbar erscheint. § 377 spricht von „Waren“, wie der ganze Abschnitt über den Handelskauf überhaupt. § 381 dehnt, ebenso folgerichtig wie bemerkenswert zurückhaltend, den Geltungsbereich der Regeln über den Handelskauf auf den Kauf von Wertpapieren aus. Gemeint sind die Umsatzgeschäfte des Handels, die sich im Rahmen eines Handelsgeschäfts vollziehen. Wie sehr dieses letztere Moment für die ganze Vorschrift bestimmend ist, zeigt allein die Aufstellung des Maßstabs „nach ordnungsmäßigem Geschäftsgange tunlich“. Die Veräußerung des Handelsgeschäfts im ganzen liegt notwendig außerhalb dieses Rahmens (Vorbem. vor § 373 Anm. 20). Sie umfaßt zudem nicht einmal nur Waren, sondern auch Forderungen, Geschäftsbeziehungen, Kundschaft, u. U. Grundstücke. Auf diese integrierenden Bestandteile des Kaufobjekts — oft genug seine wertmäßig entscheidenden — ist unsere Vorschrift nicht zugeschnitten. Ablieferung, Pflicht zur sofortigen Untersuchung, zur sofortigen spezifizierten Rüge, Tunlichkeit alles dessen im ordnungsmäßigen Geschäftsgang, Unterschied zwischen offenen und verdeckten Mängeln — alle diese Kategorien passen hier nicht. Man wird auch nicht sagen können, § 377 gelte dann wenigstens insoweit, als zu dem verkauften Handelsgeschäft Warenbestände gehörten. Denn das hieße Zusammengehöriges auseinanderreißen. Schon die Rücksicht auf den einheitlichen Kaufpreis für das Ganze würde eine Sonderbehandlung des Warenelements verbieten müssen; die Vorschriften der §§ 469, 472 BGB würden hierzu deshalb keine Handhabe geben, weil dort ja gerade eine „Mehrheit von Sachen“, hier dagegen das Handelsgeschäft als eine Individuation im Rechtssinne den Kaufgegenstand bildet. Es können vielmehr für den Kauf eines Handelsgeschäfts nur die allgemeinen Regeln des bürgerlichen Kaufrechts gelten (so auch im Ergebnis Schlegelberger-Hildebrandt § 377 Rdn. 4; ferner wohl München NJW 1967, 1328). Damit ist freilich noch nicht gesagt, daß bei einem solchen Veräußerungsakt unter Kaufleuten der Erwerber auf festgestellte Mängel (der Waren, aber auch der sonstigen Bestandteile des verkauften Handelsgeschäfts) hin beliebig schweigen dürfe und allenfalls die Verjährung nach § 477 BGB (unten Anm. 136) zu gewärtigen habe. Ein gegen Treu und Glauben verstoßendes Schweigen nimmt dem Käufer auch hier das Recht, aus den erkannten und nicht reklamierten Beanstandungen Rechtsfolgen herzuleiten.

Was im Vorstehenden über den Verkauf eines Handelsunternehmens gesagt ist, behält — trotz § 381 — seine Gültigkeit dann, wenn dieser Verkauf in Gestalt der Übertragung sämtlicher Anteile oder Aktien des Unternehmens sich vollzieht. Das ist heute gesicherte Rechtsprechung (RG 124, 166; 133, 10; 135, 72; RG in HansRGZ 1933 B 505); der Veräußerer haftet in solchem Fall für die Sachmängel des Unternehmens (JW 1930, 3740[7]; RG in HRR 1930 Nr. 1341; 1929 Nr. 193 u. 487; HansRGZ 1933 B 505). Es macht insoweit keinen Unterschied, ob hierbei auf der Verkäufer- oder der Käuferseite eine Person oder mehrere beitligt sind, sofern nur die mehreren Beteiligten als untereinander Verbundene mitwirken (mehrere Verkäufer: Hamburg MDR 1953, 49; Haftung eines jeden von ihnen für Sachmängel des ganzen Unternehmens; mehrere Käufer: Wiedemann, Festschrift für Nipperdey 1965 I, 815ff., 833). Unverbundener Erwerb der Beteiligungen, auch durch denselben Käufer, genügt nicht (RG 100, 204), geschweige denn sukzessiver (RG JW 1929, 641[6]); auch nicht der Erwerb der bloßen Majorität, mag sie auch noch so groß sein (RG DR 1944, 485). S. auch unten Anm. 136 und namentlich § 381 Anm. 38.

Anm. 6 2. Nur Qualitätsmängel sind gemeint.

a) Also nicht eigentlich Quantitätsmängel. Diese unterfallen als solche der Regelung des § 378, der zwar im Grundsatz diejenige des § 377 übernimmt, in Einzelheiten jedoch ein anderes Bild zeigt, vgl. § 378 Anm. 26ff., 45. Die Grenze kann im übrigen flüssig sein, wie an dem Beispiel des zu geringen Umfanges einer Zeitschrift deutlich wird (Celle SeuffArch. 71, 57).

Jedenfalls aber ist beim Gattungskauf ein Quantitätsmangel zugleich Qualitätsmangel, wenn er den Wert oder die Brauchbarkeit der Ware beeinträchtigt (und nicht nur für die Berechnung des Preises von Erheblichkeit ist); der Quantitätsmangel braucht nicht in einem Zurückbleiben hinter der geschuldeten Quantität, sondern kann auch in einem Zuviel bestehen. Beispiele: zu große oder zu kleine Dimensionen bei Garnfäden von bestimmter Länge (ROHG 15, 411), Tapeten von bestimmten Dimensionen (ROHG 15, 303), das Fehlen einzelner Stücke bei einer Kollektion von Waren in bestimmter Musterzusammenstellung, eines geschlossenen Sortiments, oder bei einer vollständigen Zimmereinrichtung, die Lieferung zu großer und daher nicht tiegelgerechter Altmetallstücke; vgl. unten Anm. 179ff. Weitere Beispiele: Hamburg ZHR 38, 212[241]: Gläser mit eingemachten Fischen, die deren zu wenig enthalten (die Gläser sollten abredegemäß eine bestimmte Anzahl enthalten; da es sich um eingemachte Ware handelte, war der Glasinhalt nicht einfach durch Nachfüllen auf den vereinbarten Stand zu bringen); Bretter, die zu dick oder zu dünn sind oder von der vertragsmäßigen Breite abweichen (Karlsruhe JW 1929, 679[5]); Tuche, die zu schmal sind. Grundsätzliches zu der Charakterisierung einer Quantitätsdifferenz als Sachmangel: § 378 Anm. 9ff. Die Differenz in der Quantität ist mindestens dann immer zugleich Qualitätsmangel, wenn der Posten beim Zuviel unteilbar, beim Zuwenig unauffüllbar ist. Das Kriterium des „peius" liegt hier bei einer Mankolieferung darin, daß das Gelieferte infolge des Mankos nicht nur im zahlenmäßigen Verhältnis zum Ganzen, sondern um ein Mehr minderwertig wird, und ebenso bei einer Zuvielsendung darin, daß die Ausscheidung des Zuviels das Ganze nicht nur entsprechend, sondern um ein Mehr entwerten würde. In diesen Fällen ist eine Ergänzung des Zuwenig und eine Ausscheidung des Zuviel ohne unverhältnismäßige Entwertung des Ganzen nach der Sachlage nicht tunlich; deshalb liegt ein Qualitätsmangel vor.

Auch dann kann beim Gattungskauf eine Zuvielsendung ein Qualitätsmangel sein, wenn die Ausscheidung des Zuviel zwar tunlich ist, insofern sie die Ware nicht entwerten würde, aber zeitraubend und kostspielig wäre (ROHG 18, 242; RG 23, 127; RG in ZHR 26, 572; RG in ElsLothZ 29, 302). Vgl. über das Problem der Unausscheidbarkeit im übrigen § 378 Anm. 7ff., 27.

Anm. 7 Beim Spezieskauf, z. B. beim Kauf eines bestimmten, konkret bezeichneten Vorrats, steht nur ausnahmsweise ein Quantitätsmangel einem Qualitätsmangel gleich. Eine Partie Waren (sog. Ramschposten) ist ein unteilbares Ganzes: Zuviel- oder Zuweniglieferung verändert die Qualität des Postens (unten Anm. 181). Weitere Beispiele unten Anm. 179. Regelmäßig hat beim Spezieskauf das Überschreiten der Menge oder das Zurückbleiben hinter der angegebenen Menge keine besondere Bedeutung, weil die konkret gekaufte Spezies als solche bezahlt wird und die Angaben über Größe, Zahl, Maß oder Gewicht nur eine Schätzung bedeuten. Es bedarf daher besonderer Umstände, z. B. einer Zusicherung oder Garantieübernahme, um eine Haftung des Verkäufers für das Vorhandensein der angegebenen Menge usw. zu begründen (unten Anm. 43). Besteht eine Haftung für Menge, Maß, Gewicht als solche nach Gewährleistungsgrundsätzen, so findet auch § 377 zufolge des § 378 Anwendung (§ 378 Anm. 35).

Anm. 8 b) Auch sonstige Vertragswidrigkeiten sind nicht gemeint: in bezug auf die Zeit (Zuspätsendungen, RG 1, 21), wenn nicht etwa die Ware infolge der verspäteten Versendung schadhaft geworden ist (Marienwerder SeuffA 61, 25). In letzterem Falle schließt die Vertragswidrigkeit einen echten Gewährleistungstatbestand ein und verlangt als solche die Mängelrüge. Besonderes gilt bei Abladegeschäften (§ 376 Anm. 16). Über die verspätete Versendung s. auch Vorbem. vor § 373 Anm. 165. Liegt der Mindererlös, den die Ware beim Weiterverkauf infolge Verspätung der Anlieferung erbringt, nicht in einem durch die Verzögerung bedingten Qualitätsabfall begründet, sondern in einem Preisverfall während der Zwischenzeit, so liegt nicht der Fall der Mängelrügepflicht nach § 377 vor, vielmehr der des reinen Verzugsschadens nach allgemeinen bürgerlich-rechtlichen Grundsätzen; eine „Verspätungsrüge" ist weder vor noch nach dem Eintreffen der Ware erforderlich. Ferner gehören nicht hierher Vertragswidrigkeiten in bezug auf den Ort (zweifelnd Oertmann in EhrenbergHandb. IV 2 § 62, 4) mit Ausnahme von Abladegeschäften (§ 376 Anm. 16). Auch gehören nicht hierher Fehler in der Art der Versendung (dazu jedoch Vorbem. vor § 373 Anm. 158ff., 168ff., 237; unten Anm. 9 u. 102) oder in der Art der Lieferung (z. B. Versendung auf einem teureren Verkehrswege, oder auf ungünstigere Art, z. B. mit Begleitschein I, der zu sofortiger Verzollung verpflichtete, statt mit Begleitschein II, der dem Käufer gestattet hätte, die Ware unverzollt in sein Transitlager aufzunehmen und je nach Entnahme aus diesem den Zoll zu entrichten (Bolze 19 Nr. 574).

Fehler in der Versendung, also mangelhafte Verladung oder Verstauung, mangelhafte Sicherung von Ware gegen Rangierstöße, gegen das Rollen der Ware oder gegen Bruch sind keine Mängel der Ware, sondern Verfehlungen des Verkäufers (darüber vgl. etwa den Aufsatz „Schäden an unverpackten Gütern im Güterfernverkehr" in Betrieb 1958, 1064, woselbst auch der Hinweis, daß „handelsüblich verpackt" nicht immer zugleich „beförderungssicher verpackt" bedeutet; ferner BGH NJW 1960, 1201) oder seines Lieferanten als seines Erfüllungsgehilfen (s. Hamburg LZ 1919, 494[7]) gegen die allgemeine Versendungspflicht (Vorbem. vor § 373 Anm. 158ff., 162, 164) oder gegen die Vereinbarung einer bestimmten Versendungsart oder gegen Versendungsanweisungen des Käufers nach § 447 Abs. 2 BGB. Solche Verstöße haben mit der Brauchbarkeit der verkauften Ware, für die der Verkäufer auf den Zeitpunkt des Gefahrüberganges einzustehen hat, nichts (mehr) zu tun; vielmehr handelt es sich um Maßnahmen, die der Verkäufer zu treffen hat, um die den Käufer nach Gefahrübergang — §§ 447, 459 BGB — treffende Versendungsgefahr zu vermindern. Vgl. hierüber die Entscheidungen: RG 106, 309 (der Verkäufer hatte gegen Frost empfindliche Ware ohne jede Vorsorge bei großer Kälte zur Versendung gebracht; der Frostschaden war erst nach dem Gefahrübergang [§ 447 BGB] eingetreten, und zwar durch Verschulden des Verkäufers. Haftung aus dem Gesichtspunkt der positiven Vertragsverletzung); RG JW 1895, 523[21] = Bolze 21 Nr. 482 (Lampen, Schirme und Zylinder waren „in seemäßiger Verpackung" nach Honkong zu liefern, kamen dort jedoch infolge Mangelhaftigkeit der Verpackung mit erheblichen Bruchschäden an: kein Qualitätsmangel der Ware — für die die Gefahr bereits mit der Verschiffung übergegangen war —, zumal die Verpackung gerade nur diese Bruchgefahr auf dem Seetransport hatte vermindern sollen); Hamburg LZ 1909, 794[3] (kein Qualitätsmangel der Ware, wenn diese zwecks getrennter Sortierung in verschieden gekennzeichneten Säcken angeliefert werden sollte und die Kennzeichnung unzureichend war); Hamburg OLGR 22, 221 (kein Qualitätsmangel, wenn in Säcken des Verkäufers statt in denen des Käufers geliefert ist); vgl. jedoch über die Verpackung auch Anm. 9. Deutlicher ist diese Rechtslage, wenn Fässer nicht durch das Dazwischenlegen von Klötzen davor geschützt werden, sich gegenseitig einzudrücken (JW 1922, 287[5]). Es wird zwar eingewendet (Plum JW 1922, 287[5] Fußn.; Leo JW 1924, 176[16]), es könne nicht darauf ankommen, ob die Vertragswidrigkeit der Ware auf schuldhafte Verletzung einer Nebenverpflichtung (der Verladungspflicht) des Verkäufers zurückzuführen sei, und ob der Fehler schon zur Zeit des Gefahrübergangs vorhanden sei oder nicht. Allein, wenn nur durch Verletzung der Versendungspflicht die Ware mangelhaft geworden ist, so war die Ware doch zur Zeit des Gefahrübergangs die vertragsmäßige; der Verkäufer hat lediglich die Versendung vertragswidrig vorgenommen. Diese für Klagegrund und Beweislast wichtige Scheidung steht nicht im Widerspruch mit RG 106, 310; 59, 120; Holdheim 1918, 95 (hierüber folg. Anm.), wie obige Schriftsteller annehmen. Wenn allerdings in früheren Auflagen daraus der Schluß gezogen worden ist, eine Mängelrüge sei in den Fällen, in denen „nur ein Versendungsfehler im obigen Sinne gegeben sei, nicht nötig“ (obschon der Käufer mit einer Anzeige eines so bedingten Mangels nicht wider Treu und Glauben zögern dürfe, bei Meidung einer Haftung für Verzugsschaden), dann kann das in dieser Allgemeinheit nicht aufrechterhalten werden. Denn der Käufer muß nach § 377 jedweden Mangel rügen, wie und wann auch immer er bis zur Ablieferung entstanden sein mag. Das die Rügeobliegenheit auslösende Moment der „Ablieferung“ ist ja unabhängig von einem etwa schon vorher nach § 447 BGB bewirkten Gefahrübergang (oben Anm. 4). Die Rechtsfolge eines Unterlassens der Rüge ist die Genehmigung der Ware schlechthin; sie zieht einen Verlust nicht nur der Gewährleistungsansprüche im engeren Sinne, sondern auch derjenigen aus schuldhafter Schlechterfüllung durch Nichtbefolgung von Nebenpflichten, wie hier der Versendungspflicht, nach sich (unten Anm. 100ff.). Richtig bleibt an der früher vertretenen Auffassung soviel: etwaige Rechte, die der Käufer gegen den Verkäufer — nicht aus der Schlechterfüllung verkäufer-eigener Pflichten, sondern — auf Abtretung der Ansprüche gegen die Transportperson aus dem in Erfüllung der Versendungspflicht geschlossenen Transportvertrage hat (Vorbem. vor § 373 Anm. 197), gehen nicht schon durch ein Unterlassen unverzüglicher Mängelrüge verloren. Denn insoweit wird der Grundgedanke des § 377 nicht berührt, den Verkäufer möglichst ungesäumt darüber zu vergewissern, welchen Posten er in seine Bücher einstellen könne (Hamburg JW. 1919, 257[9]), und zu verhindern, daß der Käufer einen Mangel der Ware zum Vorwand nehme, um auf Kosten des Verkäufers zu spekulieren (RG. 106, 310). Der Käufer kann vielmehr die Abtretung der Ansprüche des Verkäufers gegen die Transportperson grundsätzlich solange verlangen, als der Verkäufer selbst sie geltend zu machen berechtigt wäre. — Darüber, daß für eigene Sorglosigkeit in der Versendung — vorbehaltlich rechtzeitiger Rüge wegen hierdurch bewirkter Mängel — der Verkäufer nicht nach Gewährleistungsgrundsätzen, sondern wegen Verletzung gehöriger Sorgfalt in Vertragsverhältnissen nach §§ 276, 278 BGB haftet, vgl. noch Hamburg LZ. 1919, 494[7]; s. auch Vorbem. vor § 373 Anm. 237. Die Versendungsart kann jedoch unter besonderen Umständen einen Sachmangel bedeuten (Vorbem. vor § 373 Anm. 167, 237 und unten Anm. 9 — Fall der ungeordneten Reihenfolge der Versendung —).

Ferner sind nicht gemeint Vertragswidrigkeiten in bezug auf die Erfüllung sonstiger Zusagen, z. B. Nichterfüllung des zugesagten Alleinverkaufs, Nichtinserierung eines Verkaufsangebots trotz Zusage, Bestehen einer höheren Spiritussteuer als gewährleistet (Bolze 8 Nr. 499), Mangel des vereinbarten Attestes über den Zustand der Ware bei der Abladung (Bolze 4 Nr. 714). Über andere Vertragsverletzungen, positive Vertragsverletzungen s. Vorbem. vor § 373 Anm. 482ff.; über deren Verhältnis zur Gewährleistung s. unten Anm. 100.

Anm. 9 Abweichungen anderer Art, insbesondere Verpackungsmängel, stellen sich oft als Qualitätsmängel dar. Daß Fehler in der Versendung keine Qualitätsmängel bedeuten, ist oben Anm. 8 auseinandergesetzt. Ob aber Fehler der Versendung vorliegen oder Mängel der Verpackung, die den §§ 459ff. BGB unterliegen, bleibt oft zweifelhaft. Immerhin lassen sich die Grenzen zwischen Verstößen gegen die Versendungspflicht und Verpackungsmängeln an Beispielen anschaulich machen, obgleich die Grenzen flüssig sind.

Mängel der Verpackung (Emballage) sind Qualitätsmängel, wenn die Verpackung nicht bloß ein der Versendung dienendes Mittel ist, sondern zusammen mit der Ware auch noch beim Käufer dessen Zwecken (Lagerung, Weiterverkauf) dienen soll, beispielsweise als ein Mittel zur Erhaltung der Ware im Tropenklima über die Versendung hinaus (RG 59, 123); m. a. W. wenn von der Verpackung die Haltbarkeit der Ware (Holdheim 1918, 95), das Aussehen, die Verkäuflichkeit der Ware (JW 95, 523[21]) abhängt, oder die Originalverpackung die Ware kennzeichnet (JW 1911, 158[22]), wie dies der Fall ist, wenn gewisse Waren im Handel nur in typischer Verpackung auftreten, wie in großem Maße Markenartikel, insbesondere Heilmittel (RG „Recht“ 23 Nr. 536). Mängel einer solchen Verpackung sind in der Regel zugleich Qualitätsmängel der Ware. Ein solcher Fall lag auch der lehrreichen Entscheidung des BGH in Betrieb 1958, 868 zugrunde; der BGH entschied, bei Lieferungen in unterentwickelte Länder sei die äußere Ausstattung viel wichtiger als bei der Ausfuhr in andere Gegenden, weil der oft des

Lesens und Schreibens unkundige Käufer sich nach dem Erinnerungsbild der Ware richte und diese schon bei einer an sich geringfügigen Abweichung in Form, Beschriftung und Farbe oder sonstigen Einzelheiten der Verpackung ablehne. Da eine unerhebliche Minderung des Wertes oder der Tauglichkeit außer Betracht bleibt (§ 459 Abs. 1 Satz 2 BGB), wird an die Unversehrtheit der Verpackung je nach den Umständen nicht der gleiche Maßstab angelegt werden dürfen wie an die Ware selbst. Immerhin gehören in die Mängelkategorie Fälle wie die, daß die Erneuerung der Verpackung dem Käufer zuviel Mühe oder Unkosten verursachen würde (vgl. Hamburg OLGR 19, 400). Akute Gefährdung der Ware durch Mängel der Verpackung ist natürlich immer relevant (Feuchtigkeit: LZ 1911, 781[1]; Holdheim 1918, 95). Aber auch Mängel von physikalischer, chemischer, ökonomischer Art (oben Anm. 5) kommen hier in Betracht. Beispiele: der in Originalpackung zu liefernden Ware sind Reklamen für einen anderen Artikel beigepackt, die dem Käufer obendrein Ungelegenheiten verursachen können (Hamburg OLGR 28, 52). Abweichung des Maßes von den Angaben auf den Außenetiketten ist Qualitätsmangel, insoweit die Entfernung der Verpackung die Ware entwertet hätte (Bolze 4 Nr. 724). Beim Büchsenhopfen gehört genügende Dichtung der Büchsen zur Qualität (Bolze 8 Nr. 500); Schmalz in schweren Fässern ist schlechter verkäuflich; daher ist schwere Tara Qualitätsmangel (Bolze 12 Nr. 457); Verpackung von Zigarren ist meist Eigenschaft der Ware (Bolze 14 Nr. 425). Sind Spritfässer als neue mitverkauft, so sind sie selbst Ware (RG 59, 123).

Was von der Verpackung gilt, gilt auch von der Packung (Einteilung der Ware bei der Versendung): Waren in kleinen Kistchen (ROHG 11, 106), Auslandspackung, Packung, die die Sortierbarkeit erleichtert, Packung mit bestimmter Stückzahl in jedem Behältnis (JW 95, 523[21]) können die Verkäuflichkeit beeinflussen. Dann ist die vereinbarte Packung Eigenschaft der Ware, und eine Abweichung von der (kraft Abrede oder Handelsüblichkeit) zu verlangenden Packung muß gerügt werden. Ob hierher auch der Fall gehört — so die Vorauflage —, in dem die ordnungsmäßige, in bestimmter Reihenfolge vorzunehmende Verladung zum gesicherten Fortschreiten des Betriebs des Käufers nötig ist, erscheint zweifelhaft. Versendet der Verkäufer ungeordnet, so kann der Käufer den Betrieb, z. B. den Brückenbau, die Stromarbeiten, den Schiffsbau u. dgl., zwar nicht fortsetzen; gewisse Stücke gehören hier jeweils zusammen (LZ 08, 774[7]). Doch dürfte es zu weit gehen, hier einen rügepflichtigen Qualitätsmangel anzunehmen. Denn der Fehler in den terminlichen Dispositionen des Verkäufers ist keine negative Eigenschaft der Ware; er liegt nicht auf der Ebene dessen, was „untersucht" und aufgrund eines Befundes festgestellt werden müßte. Es ist ein Fehler in der Art und Weise der Leistungshandlung, nicht des Leistungsobjekts. Aus diesem Grunde ist auch der Meinung des OLG Dresden (OLGR 28, 382; LZ 1914, 1229[4]), daß Sacheigenschaften überall da vorhanden seien, wo der Käufer eine bestimmte Art der Verpackung bei der Versendungsanweisung nach § 447 Abs. 2 BGB vorgeschrieben habe, nicht beizutreten. Der Satz ist viel zu allgemein (oben Anm. 8). Es muß die Verpackung immer die Ware selbst in ihrer Beschaffenheit einschließlich ihrer Verwendbarkeit beeinflussen. Beeinflußt sie die Ware, dann liegt eben entweder die Vereinbarung einer Sacheigenschaft vor, oder die Verpackung ist mitgekauft (wie im Falle des HansOLG in JW 1919, 257[9]), oder der Verkäufer hat seine Pflichten aus dem Kaufvertrag, wozu auch das ordnungsmäßige Verpacken gehört, in einer die Beschaffenheit der Ware a priori berührenden Weise zu erfüllen. Darüber, daß Unstimmigkeiten der Packung die Ware zu einer anderen machen können, s. § 378 Anm. 12. Wird die Ware ohne Verpackung übergeben (z. B. Wein, bei dem das Faß nur die Übergabe durch Umfüllung ermöglichen sollte), so ist der Fehler der Verpackung kein Fehler der Ware (Köln JW 1928, 1755[3]). Über die Mühe des Verpackens und die Verpackungsmittel s. Erl. zu § 354; § 380 Anm. 1; Vorbem. vor § 373 Anm. 236.

c) Am allerwenigsten gehört dazu eine Abweichung vom bedungenen **Anm. 10**
Preise (RG. 97,211; ROHG. 2, 382). Der Käufer ist weder verpflichtet, die Preisberechnung der Faktura sofort zu rügen, noch berechtigt, deshalb den Empfang der Ware abzulehnen (RG. bei Holdheim 94, 327; ROHG. 6, 166). Die Bemängelung wegen des Preises kommt regelmäßig zurecht, wenn sie bei der Zahlung erfolgt; aber nicht so, daß bei geleisteten Teilzahlungen die Kürzung noch an der letzten vorgenommen werden darf, wenn der Käufer den Verkäufer in Ungewißheit über die beabsichtigte Beanstandung gelassen

hat (ROHG. 1, 149). Auf keinen Fall greifen die formellen Vorschriften des § 377 Platz (vgl. über die Unterschiede, die sich hieraus ergeben, unten Anm. 187). Nur unter besonderen Umständen kann dem Käufer das Recht zugestanden werden, die Annahme der Ware abzulehnen, wenn ihm bei ihrer Übersendung die Zahlung eines höheren als des verabredeten Preises zugemutet wird (vgl. Bolze 5 Nr. 647; Vorbem. vor § 373 Anm. 492). Jedenfalls darf der Käufer, wenn er die Ware des Preises wegen beanstandet hat, es nicht unterlassen, im gegebenen Falle auch die Qualität zu bemängeln, da die erstere Rüge die zweite keineswegs ersetzt (ROHG 2, 382; 6, 166).

Beim Handel mit chemischen Produkten richtet sich der Preis oft nach der Abweichung von einem gewissen Mindestgehalt an gewissen Stoffen, der durch Analyse zu ermitteln ist. Rechtlich beurteilt sich ein solcher Kauf dahin, daß Gegenstand des Kaufs nicht eine Ware mit bestimmtem Prozentgehalt ist, sondern daß Prozente von den und jenen Stoffen gekauft sind, wie sie die Ware enthält. Das Bestellte ist hier geliefert, wenn die Ware den vereinbarten Mindestgehalt des betreffenden Stoffes aufweist. Der Käufer muß dann nach den Grundsätzen von Treu und Glauben die Analyse so zeitig vornehmen und einsenden, daß der Verkäufer die Preisberechnung nachprüfen kann. Das ist etwas anderes als Kauf „nach chemischer Analyse“, bei welcher der Käufer die Ware zurückweisen kann, wenn die Analyse die zugesicherten Eigenschaften nicht ergibt (Hamburg OLGR 44, 240). Ein besonderer Fall ist es, wenn die Preisberechnung deshalb falsch ist, weil der Verkäufer Maß, Menge oder Gewicht der Ware unrichtig angenommen hat; hierüber § 378 Anm. 44 u. 45.

II. Die Mängelrüge selbst und ihre Grundlage, die Untersuchung

Anm. 11 **A. Die Grundlage der Mängelanzeige ist die Untersuchung.** 1. Verhältnis der Untersuchung zur Mängelanzeige. Das Gesetz formuliert: Der Käufer „hat zu untersuchen und . . . dem Verkäufer unverzüglich Anzeige zu machen“. Die Formulierung ist in einem doppelten Sinne mißdeutbar.

Zunächst ist daran zu erinnern, daß schon die Mängelanzeige kein eigentliches Rechtspflichtgebot bedeutet. Sie ist, wie in Anm. 1 der Einleitung betont, reine Obliegenheit, also nicht Pflicht (gegenüber dem Verkäufer; anders noch RGZ 170, 157 obiter), sondern Last (des Käufers), wenn anders er seiner Rechte aus der Mangelhaftigkeit der Lieferung nicht verlustig gehen will; Reimer Schmidt, Die Obliegenheiten (1953) S. 191 spricht von „Klarstellungsobliegenheit“. Um so mehr gilt das für die Untersuchung. Auch bei ihr handelt es sich nicht um eine Rechtspflicht. Sie wird dem Verkäufer nicht „geschuldet“. Ihre „Verletzung“ zieht keine Schadensersatzfolgen nach sich. Der Käufer, der nicht untersucht, läuft lediglich Gefahr, sich den Zugang zur Erkenntnis etwaiger Mängel zu versperren — es ist sein eigenes Interesse, zu untersuchen, um demnächst rügen zu können. Auch die Untersuchung liegt ihm als bloße Last ob (Reimer Schmidt a. a. O. S. 178ff.).

Aber diese Untersuchungslast steht nicht einmal auf der gleichen Stufe der Unausweichlichkeit wie die Rügelast. Rechtliche Bedeutung im Verhältnis zum Verkäufer hat ausschließlich die Rüge; ihre Obliegenheit, und nur sie, ist „außengesteuert“. Die Untersuchung und die Disposition darüber, wann und wie sie vorzunehmen sei, bleiben im internen betrieblichen Bereich des Käufers. Sie haben die Hilfsfunktion, Grundlagen für eine etwaige Rüge zu schaffen. Nicht das Unterlassen der Untersuchung: erst das Unterlassen der Rüge hat die in § 377 bestimmten Folgen (BGH LM Nr. 1). Daraus folgt in der Umkehrung: Die Mängelanzeige entspricht auch dann dem Gesetz, wenn der Käufer die Ware nicht untersucht hat. Der Käufer kann die Kenntnis des Mangels aus anderer Quelle haben, z. B. aus der Faktura (unten Anm. 16), von seinen Abnehmern (ROHG 8, 221), oder sie nur vermuten, oder sie aufs Geratewohl behaupten, wenn er sie nur rechtzeitig rügt und sie wirklich vorhanden sind (ROHG 12, 92; 13, 10; 14, 157; JW 1906, 762[34]). Vornahme der Untersuchung ist also in keinem Falle formelles Wirksamkeitserfordernis der Mängelrüge (RG 47, 23). Dies schon deshalb nicht, weil der Käufer ja wirksam auch schon vor Ablieferung rügen kann (wenngleich nicht muß); oben Anm. 4. Auch eine Untersuchungspflicht in dem Sinne, daß deren Verletzung wie ein Anerkenntnis der Vertragsmäßigkeit der Ware wirke, legt § 377 Abs. 1 dem Käufer nicht auf (BGH a. a. O.). Der Käufer „hat" nicht zu untersuchen — er „sollte" untersuchen, wenn und weil dies die sicherste Quelle der Erkenntnis von Mängeln bietet (RG 106, 360; 92, 270; 73, 169). Auf seine Gefahr geht es, wenn er die Untersuchung unterläßt, weil eine voraufgegangene Probebestellung zufriedenstellend ausgefallen war, Köln MDR 1956, 42.

Der Rechtsgedanke des § 278 BGB ist gleichwohl auf die Untersuchungsobliegenheit entsprechend anwendbar; Reimer Schmidt a. a. O. S. 190; LG Hamburg, BetrBer. 1952, 330 (unsachgemäß „mängelfreie" Befundserhebung durch den Beauftragten des Käufers entlastet diesen nicht, wenn daraufhin die Rüge zunächst unterbleibt und erst verspätet nach Korrektur des Befundes nachgeholt wird).

Immerhin sind Untersuchung und Rüge in zwei wichtigen Punkten unmittelbar verklammert, und insofern hat die Vorstellung des Gesetzgebers von der Untersuchungs-„pflicht" eine gewisse Berechtigung. Zum einen: Die Unterscheidung zwischen den offenen Mängeln (die unverzüglich nach einer möglich gewesenen Untersuchung gerügt werden müssen) und verdeckten Mängeln (die erst später, nach Offenbarwerden, gerügt zu werden brauchen) bestimmt sich danach, was eine alsbaldige Untersuchung, wäre sie ordnungsgemäß durchgeführt worden, hätte ergeben können. Zum anderen: Die für eine — gebotene — Untersuchung erforderliche Zeit bestimmt den Zeitpunkt, bis zu dem die Erstattung der Mängelrüge hinausgeschoben werden kann (BGH a. a. O.). Die Untersuchung gewinnt auch hier die Bedeutung einer Sollgröße im Sinne präklusivischer Maßstäblichkeit (unten Anm. 13). Liegt der Mangel der Ware offen zutage, so erübrigt sich sogar jede Untersuchung insoweit: der Käufer muß dann die Anzeige unverzüglich machen, da eine durch die Untersuchung veranlaßte Verzögerung der Mängelanzeige die Gewährleistungsansprüche zum Erlöschen bringen würde (unten Anm. 29; RG 106, 361). **Anm. 12**

Endlich kann eine echte Untersuchungspflicht (als einer dem Verkäufer gegenüber gegebenen, in dessen Interesse zu erbringenden) durch besondere Vereinbarung festgesetzt werden; alsdann findet auf sie im Falle der Verzögerung § 326 BGB Anwendung (Vorbem. vor § 373 Anm. 292).

Nicht die Untersuchungsobliegenheit, sondern das Untersuchungsrecht des Käufers steht in Rede, wenn es darum geht, daß er vor Beendigung der Untersuchung die Ware nicht (als Erfüllung) anzunehmen — oben Anm. 4 —, geschweige denn (im kaufrechtlichen Sinne des § 433 Abs. 2 BGB) abzunehmen, daher namentlich vorher auch nicht zu zahlen braucht. Anders natürlich, wenn die Zahlungspflicht an zeitlich vorher liegende Voraussetzungen geknüpft worden ist („Kasse gegen Dokumente"). Des Untersuchungsrechts geht der Käufer alsdann nicht dadurch verlustig, daß er in Zahlungsverzug geraten ist; denn sein Zahlungsverzug benimmt ihm das Recht auf Lieferung nicht; der Verkäufer muß ihm daher die Untersuchung ermöglichen; es wäre denn, daß der Käufer vor der Zahlung des Kaufpreises überhaupt nicht untersuchen darf („Kasse gegen Lieferschein": Schiedsg. Hamburg, HansRZ 1923, 66; Gegenbeispiel: Hamburg MDR 1954, 551). Noch in einer anderen Beziehung ist das Untersuchungsrecht des Käufers als solches von Bedeutung: für die Befugnis, die Erprobung durch Gebrauch und ggf. durch teilweisen Verbrauch der Ware vornehmen und damit in ein unter Umständen noch bestehendes Eigentum des Verkäufers eingreifen zu dürfen. § 377 enthält mit seiner mißverständlichen Formulierung „hat . . . zu untersuchen" also jedenfalls eine gesetzliche Gestattung, deren Ausübung auf Gefahr des Verkäufers geschieht; ergibt sich ein Mangel, so geht der untersuchungsbedingte Schwund zu seinen Lasten, insofern nur der Rest zurückgehen kann.

2. Die Untersuchung wird, in ihrem normativen Gehalt (Anm. 12), durch die Maßstäbe „sachgemäß" und „rechtzeitig" bestimmt. Zu wiederholen ist an dieser Stelle: Die Erfordernisse „sachgemäß" und „rechtzeitig" bestimmen das Ausmaß der Zeitspanne, die dem Käufer zur Verfügung steht, um bis zu ihrem Ablauf die Erstattung der gebotenen Mängelanzeige hinausschieben zu dürfen (unten Anm. 29); solange, wie eine rechtzeitige und zugleich sachgemäße Untersuchung in Anspruch genommen haben würde, darf der Käufer mit der Anzeige eines nicht gerade am Tage liegenden Mangels in jedem Falle warten. Ob er effektiv untersucht, ob er die Unter- **Anm. 13**

suchung effektiv rechtzeitig und effektiv sachgemäß vornimmt, darauf kommt es nicht entscheidend an (oben Anm. 12); im Prozeß um die Rechtzeitigkeit einer vorgenommenen Rüge wird nur geprüft, wie lange eine rechtzeitige, sachgemäße Untersuchung gedauert haben würde (wobei eine effektiv vorgenommene natürlich die zuverlässigsten Aufschlüsse vermittelt, um jene Frage beantworten zu können, bessere zumeist als die bloß hypothetische Betrachtung).

a) Sachgemäß. Was dies bedeutet, sagt das Gesetz nicht, wie es überhaupt dieses Erfordernis nicht hervorhebt; worin das Erfordernis besteht, ergibt sich aus dem Zweck der Untersuchung und der Handelssitte (vgl. RG in ZHR 26, 571 u. JW 1936, 805[17]); Art und Umfang bemißt sich in der Regel nach der in dem Geschäftszweig des Käufers herrschenden Übung (RG in JW 1936, 805[17]; unten Anm. 15). Material ist in § 346 Anm. 52 zusammengestellt. Bezüglich der im Zementhandel bestehenden Übung s. RG in SeuffA 93 Nr. 124. Die Untersuchung braucht nicht peinlich genau zu sein; sie darf aber auch nicht oberflächlich, sondern muß mit fachmännischer Sorgfalt vorgenommen sein. Auch wenn dem Käufer ein Ausfallmuster übersandt ist, hat er späterhin die Ware selbst auf ihre Übereinstimmung mit der Probe zu untersuchen (Hamburg in HansRGZ. 1936 B 420). Allerdings kann vertraglich die Untersuchung auf das Ausfallmuster, ja sogar auf das Kaufmuster beschränkt werden (RG. in LZ. 1912, 324[5]; s. unten Anm. 33). Die Untersuchung soll dem Käufer die zuverlässige Überzeugung von der Beschaffenheit der Ware gewähren. Demzufolge enthält das Recht der Untersuchung das Recht des Käufers, die Sache so lange und in der Weise zu prüfen, daß er zu einem zuverlässigen Urteil über ihre Beschaffenheit gelangen kann. Er darf die Untersuchung ausdehnen, bis er eine einigermaßen sichere Kenntnis von dem betreffenden Mangel hat (RG. in DR. JW. 1939, 1795[8]); mit einem summarischen („oberflächlichen") Untersuchungsverfahren braucht er sich nicht zu begnügen, BGH. Betrieb 1959, 1082; München BetrBer. 1955, 748. Die zur Untersuchung erforderliche Zeit und die hierzu erforderlichen Hantierungen mit der Ware gehören zur Untersuchung, durch sie vergibt sich der Käufer nichts (RG. 47, 21). Wohl aber durch Überschreitung dieser Befugnis, denn dadurch verzögert sich die Anzeige; oder wenn er mehr verbraucht, als zur Prüfung nötig ist; denn darin liegt eine Verfügung über die Ware, die ihn an ihrer vollständigen Rückgabe hindert (ROHG. 16, 322) und den Schluß auf das Behaltenwollen der ganzen Ware rechtfertigen kann (unten Anm. 67). Hiernach ist der Käufer nicht verpflichtet, sofort zu rügen, sobald er die Mangelhaftigkeit nur vermutet, sondern erst, wenn er sie festgestellt und volle Sicherheit erlangt hat (LZ. 1927, 1020[13]; ROHG. 11, 99; Bolze 1 Nr. 1085; 9 Nr. 405; 15 Nr. 357; 4 Nr. 711: Käufer hatte aus der dunklen Farbe des Mehls auf Dumpfigkeit geschlossen, gleichwohl durfte er noch eine Backprobe vornehmen; RG. 47, 22: im Keimapparat zeigte die Braugerste Mängel, trotzdem durfte die zuverlässigere Tennenprobe noch vorgenommen werden; vgl. auch RG. bei Holdheim 05, 186 und JW. 01, 189[8]). Insbesondere erhebt sich diese Frage nach voller Gewißheit bei Gesamtsendungen (unten Anm. 23) und bei Teillieferungen (unten Anm. 178). Hatte der Käufer die Ware weiterverkauft, so braucht er nicht immer sofort bei der ersten Anzeige seitens eines Abnehmers zu rügen; er darf der Berechtigung einer solchen Anzeige, insbesondere der Ursache der von seinem Abkäufer geltend gemachten Beanstandungen nachgehen (BGH Betrieb 1959, 1082); er darf bei Waren eigener Art (Saatgut) den Einlauf mehrerer Anzeigen, der ausgesäte Weizen sei kein Sommerweizen, abwarten, um die erforderliche Sicherheit zu gewinnen (RG bei Holdheim 05, 186). Die Untersuchung muß fortgesetzt werden, sobald Zweifel hervortreten (Bolze 19 Nr. 544; unten Anm. 18 u. 31). Hat er die Ware aber schon als vertragswidrig erkannt (ROHG 16, 322), oder war der Mangel ohnehin sofort zu erkennen (RG in HansGZ 04 Hptbl. 155), so bedarf es nicht noch einer Untersuchung; die Anzeige muß dann sogleich gemacht werden (unten Anm. 29; RG 106, 361).

Man muß im allgemeinen davon ausgehen, daß der Käufer entweder die erforderliche Sachkenntnis der Ware, mit der er handelt, besitzt, oder für ausreichende Untersuchung in der üblichen Zeit unter Benutzung der in dem Geschäftszweig üblichen Hilfsmittel und Erfahrungstatsachen Sorge zu tragen hat (JW 04, 562[27]; Köln MDR 1957, 233). Zur sachgemäßen Untersuchung gehört daher unter Umständen die Zuziehung von Sachverständigen; nämlich dann, wenn nicht schon ohne weiteres die Mangelhaftigkeit klar ist (LZ 1923, 351[9]; oben Anm. 11ff.) und nur ein Sachverständiger, z. B. mit technischen, chemischen oder bakteriologischen Kenntnissen, zur Untersuchung imstande ist (Hamburg BetrBer. 1953, 98), oder wenn in dem betreffenden Handelszweige die Prüfung durch Sachverständige üblich ist (RG. 59, 45; Bolze 7 Nr. 585; LZ. 08, 931[6]; JW. 01, 425[7]; Rostock OLGR. 41, 219), oder wenn der Käufer, dem die Fachkenntnisse abgehen, Grund zu der Vermutung hat, es möchte ein heimlicher Mangel vorhanden sein, der bei längerem Zuwarten die ganze Ware ergreifen würde (vgl. RG. 99, 250). Über die Notwendigkeit sachverständiger Untersuchung entscheiden im übrigen die objektive Sachlage und die allgemeinen Verkehrsanschauungen, nicht die persönlichen Verhältnisse des Käufers, dessen Geschäftsgang oder dessen Anschauungen (JW. 06, 91[13]; 04, 561[27]). Der Käufer muß vorsorgen, daß diese Untersuchung auf die rascheste, einfachste und zuverlässigste Weise vor sich geht. Es muß also die zuverlässigste Prüfungsmethode sofort zur Anwendung kommen, auch der geeignete Sachverständige ausgesucht werden, so daß nicht durch Versendung von Proben, durch Anhören mehrerer Sachverständiger, durch eine zweimalige Untersuchung ungebührliche Zeit verlorengeht (Hamburg OLGR. 37, 26) und bei dieser Prüfung nicht mehr als erforderlich von der Ware verbraucht wird (RG. 68, 370; unten Anm. 14). Für die anzuwendende Untersuchungsmethode ist es nicht allein entscheidend, ob eine bestimmte Methode überhaupt geeignet ist, ein sicheres Ergebnis zu verschaffen. Es kommt vielmehr auf den Zweck der Untersuchung an. So wird bei einer gleichmäßigen, also bei fabrikmäßig hergestellter Ware eine Prüfung im kleinen und die dadurch bedingte kurze Methode genügen, während bei ungleichmäßiger Ware eine größere Menge zu untersuchen und die dafür geeignetste, vielleicht längere Zeit beanspruchende Methode anzuwenden ist, um ein sicheres Urteil zu gewinnen. Nach diesen Gesichtspunkten ist zu entscheiden, ob ein bloßer Laboratoriumsversuch genügt, oder ob eine umfassendere Prüfung (Vermälzung, Prüfung der gelieferten Außenanstrichfarbe durch Beobachtung auf einer Probefläche) stattzufinden hat. Anders verhält es sich, wenn eine Prüfung durch einen Sachverständigen nicht üblich ist; das wird z. B. bei Mehl für einen Bäcker regelmäßig zutreffen (JW 01, 424[7]; ROHG 7, 410: Das gekaufte Saatgut war auf seine Keimfähigkeit durch den gelehrten Botaniker sofort, vom gewöhnlichen Landwirt aber erst nach dem Ergebnis der Aussaat zu beurteilen, die Untersuchung letzterer Art genügt), ebenso für den Käufer von Borax (Hamburg „Recht" 1920 Nr. 1573), oder wenn die Untersuchung durch einen Sachverständigen zweckwidrig ist. Letzteres ist z. B. der Fall, wenn während eines längeren Zeitabschnittes Tag für Tag aus Fettkohlenflözen des Verkäufers stammende Kokskohlen zu liefern sind, die der Käufer wegen dringenden Bedarfs sofort zum Verkoken verwenden muß (Bolze 13 Nr. 428). Beim Kauf einer komplizierten oder einer gebrauchten Maschine zu eigener Verwendung darf, selbst wenn sich Mängel gezeigt haben, zugewartet werden, wie sich die Sachlage beim weiteren Gebrauch gestaltet (RG 59, 75; RG „Recht" 1929 Nr. 1029); gegen allzulanges Hinausziehen schützen die Verjährungsvorschriften (unten Anm. 136ff.). — Umständliche wissenschaftliche Versuche und Untersuchungen vermögen mitunter den Verdacht der Mangelhaftigkeit erst bis zur Gewißheit zu steigern (RG 104, 384; unten Anm. 17 u. 28). Damit ist indessen nicht gesagt, daß der Käufer stets auch solche Untersuchungen anzustellen habe. Wird die Ware als den einschlägigen DIN-Vorschriften entsprechend verkauft und wäre die Übereinstimmung mit den DIN-Anforderungen nicht durch eine schlichte Verwendungsprobe, sondern erst durch zeitraubende, kostspielige physikalische oder chemische Untersuchungen zu klären (Baustoffe!), so würde der Käufer, der die Untersuchung nicht selbst durchführen kann, damit überfordert. Die DIN-Qualifikation soll ja gerade besagen, daß die Ware auf eine solche Übereinstimmung hin gefertigt und im Produktionsprozeß überwacht worden sei. Einem vertrauenswürdigen Verkäufer gegenüber genügt der Käufer in diesem Falle seiner Prüfungsobliegenheit durch eine Untersuchung nach äußeren Merkmalen. Vgl. hierzu v. Lüpke BetrBer. 1962, 273. Aus den gleichen Gründen wird die früher bei Saatgut geforderte Aussaatprobe (darüber Anm. 13 der Vorauflage) nach Inkrafttreten des Saatgutverkehrsgesetzes vom 20. 5. 68 — unten Anm. 45 — für dessen gegenständlichen Anwendungsbereich entfallen dürfen. Denn als das dort genannte (Nutz)saatgut darf nur solche Ware in den Verkehr gebracht werden, die unter der ständigen Kontrolle des Bundessortenamtes steht, und auch nur unter den beim Bundessortenamt zugelassenen Klassifzierungen; hierauf kann der Käufer einer amtlichen Handelsklasse sich verlassen; etwaige Mängel sind, wenn der äußere Befund der Lieferung in Ordnung geht, als verdeckte anzusehen, d. h. es kann mit der Rüge gewartet werden, bis sie sich in der Verwendung herausstellen. Nicht zuletzt deshalb konnte das Saatgutverkehrsgesetz die durch § 58 Abs. 2 des Saatgutgesetzes von 1953 eingeführte Erstreckung der §§ 377—379 auf einseitige Handelskäufe zwischen Erzeuger und Erstabnehmer in Fortfall kommen lassen. Die Aussaatprobe behält Bedeutung nur noch für den Handel mit Zierpflanzensamen.

Das Recht der Untersuchung gibt dem Käufer ferner das Recht des Gebrauchs der Ware, wenn und soweit die Qualität nicht ohne Gebrauch festgestellt werden kann (z. B. bei Maschinen, DJZ 1931, 166; ROHG 11, 99; bei Garn zum Kornbinden, das erst auf dem Felde erprobt werden kann, Rostock OLGR 40, 208). Anheizen von Kaminen ist nötig (ROHG 11, 318). Eine Maschine muß eben aufgestellt und in Betrieb gesetzt sein, so daß sich ein Bild von ihrer Arbeit gewinnen läßt; unter Umständen ist monatelanges Gebrauchen der Maschine gerechtfertigt (RG 59, 75; Bolze 6 Nr. 561). Soweit für die Inbetriebnahme gekaufter Maschinen Montagearbeiten in Betracht kommen, braucht der Käufer nicht vor dem Empfang der Maschinen mit den zu ihrer Inbetriebnahme notwendigen Bauarbeiten zu beginnen, muß diese aber alsbald nach Ablieferung der Maschinen vornehmen, um diese möglichst bald auf ihre Tauglichkeit untersuchen und etwaige Mängel dem Verkäufer anzeigen zu können (RG in HRR 1928 Nr. 446; s. auch unten Anm. 16). Ja sogar das Recht teilweisen Verbrauchs (RG 68, 369) ist gegeben, wenn dies zur Überzeugung von der gehörigen Qualität gehört, z. B. Verarbeiten von Wolle (ROHG 12, 91); von Tabak (ROHG 22, 151); Weben und Färben (Bolze 7 Nr. 561); Verarbeitung der Kohlen zu Koks zum Zwecke der Prüfung des Koksgehalts (Bolze 9 Nr. 399). Der Mehlhändler muß, wenn eine äußere Besichtigung nicht genügt, ohne Verzug eine Backprobe anstellen; er darf nicht warten, bis er das Mehl an die Bäcker veräußert und von diesen das Ergebnis erfahren hat (ROHG 8, 174); der Lichtehändler muß einige Lichte zur Probe brennen lassen (ROHG 3, 84); der Käufer von Gerste sie durch Zerschneiden oder Zerdrücken auf Würmer untersuchen (Bolze 12 Nr. 470). Braugerste muß gemälzt werden (RG 47, 20). Der Weinhändler muß den Wein auch auf seinen Zuckergehalt prüfen (Hamburg OLGR 9, 273). Vgl. auch ROHG 9, 404; ein Teil der Seide muß probeweise gefärbt und verarbeitet werden, auch wenn der Käufer die zur Verarbeitung der Probe nötigen Einrichtungen nicht selbst besitzt (SeuffA 44 Nr. 124). Beim Kauf gepreßter Ballen Haarabfälle muß der Käufer zwecks Untersuchung mindestens einen Ballen sprengen; er kann nicht als versteckten Mangel geltend machen, daß die Ballen im Kern Kehricht enthalten hätten (Kiel in SchlHolstAnz. 1939, 82).

Ebenso kann die Umhüllung, die Verpackung beseitigt werden, wenn der Käufer sich anders ein zuverlässiges Urteil über die Ware nicht bilden kann. Hier allerdings taucht die Frage auf, wie es um die zumutbare Aufopferung von Werten steht, wenn durch die Beseitigung der Umhüllung bzw. Verpackung der Inhalt (die Ware) im Wert gemindert oder sogar bis auf praktisch Null reduziert wird. Ein Firmeninhaber hat z. B. für den Präsentkorb an einen verdienten Angestellten zwei Flaschen Wein eines besonderen Jahrganges sich kommen lassen, der aber dafür bekannt ist, daß er leicht „kippt“: er braucht weder beide Flaschen noch auch nur eine von ihnen probeweise zu öffnen, um sich über die ungeminderte Qualität zu vergewissern. Hier darf er sich auf die Prüfung des Etiketts beschränken, in Fällen verwandter Art auf die Prüfung der Verpackungsart (insbesondere der Originalverpackung) und der äußerlich erkennbaren Beschaffenheit; allgemein gesprochen: immer dann, wenn es sich um kleine Mengen handelt und schon die Entnahme einer kleinen Probe eine empfindliche Entwertung verursachen würde.

Anm. 14 Überhaupt wird beim Gebrauch oder Verbrauch zu Untersuchungszwecken die Frage akut, in welchem Ausmaß das eine und das andere dem Käufer zumutbar ist unter dem Gesichtspunkt der „Aufopferung“ von wiederverkaufsfähigen Werten. Ist die Untersuchung bis an die Grenze der Zumutbarkeit ausgedehnt worden und hat sie insoweit einen Mängelbefund nicht ergeben, so ist ein späterhin, insbesondere beim Abnehmer des Käufers auftretender Mangel als „verdeckter“ anzusehen.

Probeweiser Gebrauch: Sind neue Milchzentrifungen verkauft, die, wie der Verkäufer wußte, zum Weiterverkauf an einen Milchwirtschaftsbetrieb bestimmt waren, so kann der Verkäufer die probeweise Ingebrauchnahme einiger der Maschinen von seinem Käufer nicht erwarten, weil sie dadurch zum Weiterverkauf ungeeignet würden; es ist dann anzunehmen, daß die Parteien stillschweigend eine Hinausschiebung der Untersuchung und Mängelrüge über den gesetzlichen Zeitpunkt hinaus vereinbart haben, bis die Maschinen in dem Milchwirtschaftsbetrieb in Gebrauch genommen sind (RG „Recht“ 1923 Nr. 684).

Probeweiser Verbrauch: Auch hier wird die vom Käufer zu verlangende Untersuchung begrenzt durch die Teilmenge, deren Aufopferung ihm billigerweise zugemutet werden kann auf das Risiko hin, daß ein Mangel sich nicht herausstellt, er aber zum Weiterverkauf die bestellte und gelieferte Gesamtmenge nicht mehr unverkürzt zur Verfügung hat. Das ist Sache des Einzelfalles. Beim Bezug einer großen Anzahl goldener Ketten im Gesamtwert von etwa 1600 M. ist zur Nachprüfung des Feingehalts das Einschmelzen einer einzelnen im Werte von etwa 25 M. für geboten erachtet worden (Hamburg ZHR 38, 208[227]). Ähnlich stellt sich die Frage bei solchen Stichproben (unten Anm. 15), die nicht anders als durch Beseitigung einer Umhüllung oder Verpackung genommen werden können (vgl. LZ 1911, 610[11]; Hamburg OLGR 22, 42; ROHG 17, 217). Wieviel hier aufzuopfern ist, wird verschieden sein je nach dem, ob die untersuchten Einzelstücke unverkäuflich werden, ob sie bedingt verkäuflich bleiben oder ob eine Minderung der Weiterverkäuflichkeit nicht eintritt. Darüber vgl. Hamburg MDR 1964, 601 und 1965, 390: Gemüsekonserven, die ausschließlich für den Verbrauch im Haushalt bestimmt sind, werden mit der Öffnung im Betrieb des Wiederverkäufers unverkäuflich, weshalb hier nur ein sehr geringer Prozentsatz untersucht zu werden braucht; bei Gläsern mit eingemachten Gurken, die in geöffnetem Zustand mit einem Preisabschlag noch an Einzelhändler oder an knapp kalkulierende Gastwirte abgegeben werden können, ist es nicht unzumutbar, wenn aus einer Bestellung mit einem Gesamtvolumen von 1803,30 DM Bestellpreis einige Gläser im Werte von 70,80 DM geöffnet werden. Weitere Beispiele aus der Rechtsprechung: Bei Konserven, die ohne Garantie gekauft sind, soll bei Vornahme der Stichprobe eine Aufopferung von etwa 4% zu fordern sein (Hamburg OLGR 7, 388; in dieser Allgemeinheit wohl problematisch; für die „Gurkenglas“entscheidung Hamburg MDR 1965, 390, die an dieser Ziffer orientiert war, also für beschränkt verkäuflich bleibende Ware dürfte sie zutreffen); die Entnahme von Proben aus 6 Kisten Schmalz bei einer Gesamtzahl von 52 Kisten ist für voll genügend (Saarbrücken DRspr. II [214] 29e), die Öffnung von 10 Dosen bei 5000 Dosen Apfelmark für ausreichend (RG 106, 362), die Aufopferung einiger Fässer von 79 Stück für angebracht erachtet worden (RG bei Holdheim 1912, 178). Ein Handelsbrauch, wonach der Käufer bei Konserven von der Pflicht der unverzüglichen Untersuchung befreit wäre, besteht nicht (Hamburg in HansRGZ 1936 B 420 und MDR 1965, 390).

Zur sachgemäßen Untersuchung gehört auch der **Umfang** der Untersuchung. **Anm. 15** Die Untersuchung muß in solchem Umfange und in solcher Art vorgenommen werden, wie es erforderlich ist, um das Vorhandensein von Mängeln festzustellen (JW 1924, 814[25]). Es kann aber dem Käufer nicht immer zugemutet werden, die ganze Ware in allen ihren einzelnen Bestandteilen zu untersuchen. Es wäre das oft zu zeitraubend und oft auch zu kostspielig. Daher wird es mit Recht für genügend erachtet, wenn der Käufer bei einer Ware, deren einzelne Stücke von gleicher Beschaffenheit und gleichem Ursprung (ROHG 7, 427; JW 1893, 163[24]) sein sollen, nur einzelne Stücke in angemessener Anzahl und in ausreichender Streuung als Stichproben untersucht. Das Erfordernis, daß die Stichproben auf den ganzen Vorrat ausreichend gestreut sein müssen, betonen: LG Aachen BetrBer. 1952, 213 (bei Lieferung von Stoffballen darf, nach einem für den Bezirk der Industrie- und Handelskammer Aachen feststellbaren Handelsbrauch, die Prüfung sich nicht nur auf die ersten Meter eines jeden Ballens beschränken); München BetrBer. 1954, 144 (Lieferung von gelochten Karteikarten in mehreren Stapeln; die Stichproben müssen sich auf alle Stapel erstrecken); München BetrBer. 1955, 748 (bei Südfrüchten in Waggonladungen genügt es nicht, einige Kisten gerade in der Nähe der Waggontür herauszugreifen). Entsprechen die Stichproben diesen Voraussetzungen, dann gilt die ganze Ware als untersucht. Ergeben die Stichproben die behaupteten Mängel, so wird es — bis zum Beweise des Gegenteils durch den Verkäufer (BGH BetrBer. 1953, 485; Bolze 8 Nr. 502) — so angesehen, als sei die ganze Ware mangelhaft (RG 57, 11; ROHG 7, 428; 14, 287; JW 00, 856[13]; WarneyerRspr. 1919 Nr. 102; LZ 1911, 610[11]; 09, 773[3]; Hamburg HansGZ 03 Hptbl. 219; Karlsruhe BadRspr. 1930, 15; Braunschweig OLGR 24, 188). Insofern wirkt der Befund hinsichtlich des Umfangs der Rügeberechtigung für den Käufer, zur Auslösung der Unverzüglichkeit der Rügelast gegen den Käufer. War dagegen der ordnungsmäßig erhobene Stichprobenbefund einwandfrei, so darf der Käufer es hierbei bewenden lassen, d. h. von der Ordnungsmäßigkeit der gesamten Lieferung ausgehen; zeigen sich später Mängel in dem nicht untersuchten Teil der Ware, so gelten sie als verdeckte und dürfen nachträglich gerügt werden (Anm. 30). War der ordnungsmäßig erhobene Stichprobenbefund unterschiedlich, so kann der Käufer sich mit diesem Ergebnis für die unverzügliche Rüge begnügen, falls er die Lieferung zurückweisen oder im ganzen wandeln oder Schadensersatz wegen Nichterfüllung des Vertrages als ganzen verlangen will; anderenfalls — Minderung, Beschränkung des Schadensersatzverlangens auf die mangelhaften Teile unter Genehmigung der Lieferung im übrigen — wird die Untersuchung bis zur Gewinnung eines zuverlässigen Bildes im einzelnen fortgesetzt werden müssen (und dürfen), da hiervon Umfang und Inhalt der zu erstattenden Rüge abhängen.

Der Käufer, der keine Stichproben gemacht hat, kann nicht einwenden, daß möglicherweise auch sie nicht zu einer Entdeckung des Mangels geführt haben würden (RG in SeuffA 87, 55). Entsprechendes gilt, wenn eine nicht ausreichende Stichprobe mängelbefundsfrei geblieben war.

Der „Umfang" bezieht sich im übrigen auch auf die zeitliche Dimension. Dem Käufer ist gestattet, den Mangel — sofern dessen Analyse sachdienliche Aufschlüsse verspricht — darauf zu untersuchen, wann er eingetreten sein könnte: ob vor oder nach Gefahrenübergang (etwa wenn dieser nach § 447 BGB schon vor der Ablieferung bewirkt gewesen wäre). Denn seine Rechtsposition ist hiernach unterschiedlich, und entsprechend sind es seine Entschließungen, die er ggf. zu treffen haben würde. Ein im Zeitpunkt des Gefahrübergangеs vorhandener Mangel gibt die vollen Gewährleistungsansprüche, ein nachher eingetretener höchstens Ansprüche aus positiver Vertragsverletzung, falls der Mangel auf ein vorheriges, vom Verkäufer zu vertretendes Verhalten zurückzuführen ist (oben Anm. 8): der Käufer kann ein legitimes Interesse daran haben, nicht durch zweifelhafte Bemängelungen den Verkäufer zu verärgern oder die Disposition über die Ware zu blockieren.

Anm. 16 b) Rechtzeitig muß die Untersuchung erfolgen, nämlich unverzüglich nach der Ablieferung, soweit dies nach dem ordnungsmäßigen Geschäftsgang tunlich ist. „Unverzüglich" heißt „ohne schuldhaftes Zögern" (§ 121 BGB); es bedeutet, daß schon eine geringe, bei objektiv ordnungsmäßigem Geschäftsgange vermeidbare Lässigkeit die angedrohte Rechtsfolge auslöst (RG 106, 360; dazu unten Anm. 17 u. 28). Ohne Ablieferung brauchte der Käufer nicht zu untersuchen, sollte auch vorher die Möglichkeit hierzu vorhanden gewesen sein (oben Anm. 4). Die Ablieferung ist nicht nur die sachliche Voraussetzung für die Obliegenheit zur Rüge; erst die Beendigung des Ablieferungsvorganges setzt, in zeitlicher Hinsicht, die Untersuchungsobliegenheit und damit die Rügelast in Lauf. Deshalb hat die Übersendung der Faktura keine Bedeutung; aus der Faktura erkannte Mängel brauchen nicht sofort gerügt zu werden (JW 04, 341[10]; vgl. aber unten Anm. 114), es sei denn, daß besondere Umstände hinzukommen, die im Zusammenhalt mit der widerspruchslosen Hinnahme der Faktura keinen Zweifel lassen an dem Einverständnis des Käufers mit der Beschaffenheit der Ware (JW 1923, 48[9]; 02, 134[46]; RG in HansGZ 1897 Hptbl. 247). Auch die bloße Übergabe des Lieferscheins (Hamburg HansGZ 23 Hptbl. 96; 02 Hptbl. 79; OLGR 44, 248; contra Hamburg OLGR 37, 28), des Frachtbriefs (RG 5, 32; Darmstadt „Recht" 03, 161[896]), der Postpaketadresse (Hamburg OLGR 6, 91), die Abgabe des Postpakets seitens der Post an die Zollabfertigungsstelle (vgl. JW 09, 473[45]) oder die Mitteilung des Spediteurs des Verkäufers, daß die Ware bei ihm zum Empfang bereit liege (RG „Recht" 04, 83[408]), bedeutet noch nicht beendete Ablieferung, sondern erst Einleitung derselben. Dagegen ist in Gruch. 43, 763 die Ablieferung erblickt worden in der Bahnanzeige von der Ankunft der Ware am Bestimmungsort, wenn der Käufer auf die Benachrichtigung (die mit der Bahnverwaltung abgesprochen war) die Ware im Waggon mit der gebotenen Gründlichkeit hätte untersuchen können (s. auch Jena OLGR 11, 411). Beendet ist die Ablieferung, wenn der Verkäufer die Aufstellung und Montierung von Maschinen, Öfen u. dgl. übernommen hat, erst mit der betriebsfertigen Herstellung und Kundgabe an den Käufer (BGH NJW 1961, 730; JW 08, 431[2]; 03, 244[26]; 94, 22[56]; Oberster Gerichtshof Wien BetrBer. 1954, 1009), obgleich der Verkäufer seiner Übergabepflicht i. S. des § 433 BGB an seinem Wohnort genügt (JW 00, 829[8]).

Daß die von dem Käufer mit der Empfangnahme betraute Person zur Untersuchung und Genehmigung der Ware nicht ermächtigt ist, ändert nichts; Sache des Käufers ist es, die Empfangnahme einer dazu befähigten und ermächtigten Person zu übertragen (LZ 09, 851[8]; Hamburg HansGZ 1921 Hptbl. 173; Celle BetrBer. 1961, 235: der Käufer kann sich für die Untersuchungsobliegenheit nicht damit entschuldigen, daß die Ware an entfernte Baustellen zu liefern und dort eine unverzügliche Untersuchung und Beanstandung nicht möglich gewesen sei; er muß dafür sorgen, daß am Ablieferungsort Möglichkeiten zur Untersuchung vorhanden sind). Über die eigenartige Bedeutung der Klausel „Abnahme durch Käufers Beauftragte für Käufers Kosten“ im ehemaligen ostpreußischen Holzhandel vgl. Kiel SchlHolstAnz. 1930, 65. Darüber, wie es sich verhält, wenn der Verkäufer die Ware auf Weisung des Käufers unmittelbar an einen Dritten (etwa den Abkäufer des Käufers) sendet und die Ablieferung bei diesem geschieht, s. unten Anm. 29.

Unverzüglich, „soweit dies nach dem ordnungsmäßigen Geschäftsgang Anm. 17
tunlich ist“, sagt das Gesetz. Das zielt, für den Maßstab der Unverzüglichkeit, im weiteren auf den Brauch eines ordentlichen Kaufmanns. Ein Handelsgebrauch, der von einer Untersuchung überhaupt oder von unverzüglicher Untersuchung entbinden wollte, wäre ein mißbräuchlicher (RG 125, 79; Köln MDR 1957, 233; München BetrBer. 1955, 748). Der Umstand, daß ein Fehler selten vorzukommen pflegt, entbindet nicht von der Untersuchung (RG 125, 79; 68, 369; Köln MDR 1957, 233).

Der Begriff des ordnungsmäßigen Geschäftsganges richtet sich nicht nach der individuellen Übung des Käufers (Hinausschiebung bis zur nächsten Inventur: HansOLG JW 1919, 257[9]), sondern nach objektiven Regeln; d. h. es kommt auf die in dem betreffenden Geschäftszweig allgemein herrschende Übung an (RG 59, 125; JW 06, 763[34]; 99, 576[15]; Hamburg OLGR 24, 190; Köln MDR 1957, 233), wie sie am Erfüllungsort des Käufers besteht (unten Anm. 32); auch nicht auf die einseitige Auffassung des Interessentenkreises der Käufer oder desjenigen der Verkäufer; die Vernehmung eines Sachverständigen, der nur dem einen Kreise dieser Beteiligten angehört, kann daher für die Feststellung der Übung nicht genügen (RG 96, 177). Eine Ausnahme ist für den Fall, daß die Partein den überseeischen Bestimmungsort als Ort der Untersuchung vereinbart haben, insofern zu machen, als die Parteien sich dann darüber klar sind, daß die Untersuchung nur von einem in jenem Lande Ansässigen, regelmäßig dem Abkäufer des Käufers, vorzunehmen ist und daher der ordnungsmäßige Geschäftsgang dieses Dritten in Betracht kommt; allerdings darf die in dem betreffenden Geschäftszweig am Bestimmungsort bestehende Übung sich im Verhältnis zum Grundgedanken des § 377 nicht als Mißbrauch erweisen (Hamburg HansRZ 1924, 425; vgl. auch München BetrBer. 1955, 748). Da der Käufer nach Tunlichkeit zu untersuchen hat, braucht er nicht der Untersuchung wegen alle anderen Geschäfte zurückzustellen (ROHG 2, 237; Bolze 16 Nr. 432). Regelmäßig sind zufällige persönliche Behinderungen nicht zu berücksichtigen (RG 59, 125; WarneyerRspr. 1925 Nr. 177; JW 04, 561[27]; 99, 576[15]; Karlsruhe u. Hamburg ZHR 36, 258 Nr. 203 u. 204; Hamburg OLGR 32, 169; Bamberg BayRpflZ 1929, 82). Unter Umständen muß der Käufer Hilfskräfte zur Untersuchung einstellen (LZ 1926, 541[7]). Ganz allgemein kann der Käufer sich für das Unterlassen unverzüglicher Untersuchung nicht damit entschuldigen, diese bringe zusätzliche Kosten und betrieblichen Leerlauf mit sich: beides muß er ggf. in Kauf nehmen (Hamburg BetrBer. 1953, 98; Köln MDR 1957, 233). Andererseits wurde unter besonderen Verhältnissen für entschuldbar befunden eine kurze Abwesenheit des Käufers (ROHG 11, 307; KG in KGBl. 32, 106), Arbeitsüberlastung infolge eines voraufgegangenen vorübergehenden Ruhens des Betriebes (RG in BayRpflZ 1921, 291; JW 1922, 802[4]; nicht aber eine bis in die 2. Januarwoche „nachwirkende“ teilweise Arbeitsruhe während der Tage nach Weihnachten, wenn die Lieferung bereits am 21. 12. erfogt war: BGH MDR 1964, 412 = BetrBer. 1964, 329 = Betrieb 1964, 437 = LM § 377 HGB Nr. 9 [L]), oder bei einem unbedeutenden

Betriebe, in welchem der Geschäftsherr als einziger die zur Prüfung der Ware erforderliche Sachkenntnis besaß (Kiel ZHR 36, 257 Nr. 201), oder wenn eine geringe Verzögerung dadurch entstanden war, daß es dem Käufer besondere Schwierigkeiten gemacht hatte, den Standort des Eisenbahnwagens, in dem sich die leicht verderbliche Ware (frische Heringe) befand, zu ermitteln (LZ 1918, 917[16]). Vgl. dazu unten Anm. 28. Stockungen infolge von Unruhen und Streik sind zu berücksichtigen (LZ 1926, 541[7]; vgl. auch RG 170, 155 [Einziehung zum Kriegswehrdienst]). Die durch eine bloß vorläufige Untersuchung verursachte Verspätung geht auf Gefahr des Käufers (Hamburg OLGR 37, 26).

Insbesondere kommt es auch auf die Zeit an, die der notwendige Umfang der Untersuchung erfordert: Exportbier muß sich nach einer Seereise erst setzen und klären (ROHG 15, 214); Wein muß auch auf seinen Zuckergehalt geprüft werden (Hamburg OLGR 9, 273); Neuheiten erfordern längere Zeit (LZ 1911, 840[4]); eine Maschine muß in Betrieb gesetzt sein (SeuffA 85, 365), sie erfordert unter Umständen auch längere Beobachtung (ROHG 11, 100), besonders wenn es sich bei einer gebrauchten Maschine auch um die Feststellung der Nutzlosigkeit von Ausbesserungen handelt (RG 59, 75; Bolze 6 Nr. 561; KG in OLGR 24, 187). Siehe auch das Beispiel in NJW 1963, 912 (OLG Frankfurt/M., Kasseler Senat): Die Durchführung eines Beweisbeschlusses über behauptete Sachmängel einer gelieferten Mähmaschine mußte 9 Monate bis zur nächsten Mahd ausgesetzt werden. Man mag diesen Fall (sofern er einen zweiseitigen Handelskauf betroffen hätte) beliebig auf die rügerechtliche Seite umdenken. Er führt zu der Folgerung, daß u. U. eine Untersuchung und demgemäß eine Rüge in Stufen notwendig wird. Wenn auch i. a. der Käufer mit der Rüge bis zum Abschluß der Erstuntersuchung warten und diese wiederum bis zur Gewißheit über die Mängelfreiheit in allen in Betracht kommenden Richtungen gehen darf (oben Anm. 13), so wird doch anderes gelten müssen, wenn die Untersuchung nicht in einem Zuge erfolgen kann. Hier wird die 1. Rüge oder Nichtrüge unter dem Vorbehalt weiterer, späterer Untersuchungen und ggf. Rügen zu stehen haben, auch ohne daß man die Rechtsfigur des versteckten Mangels zu Hilfe nehmen müßte. Ähnlich RG bei Holdheim 1911, 309: Zur Versendung von Zucker bestimmte Säcke, die vor der Zuckerkampagne eingehen, brauchen auf Mängel, die nur bei ihrer Füllung erkennbar werden, erst geprüft zu werden, wenn die Kampagne beginnt; es genügt, wenn sie zunächst unverzüglich mit der Hand durch Stichproben auf ihre Haltbarkeit untersucht werden.

Ist die Ware erheblichen Preisschwankungen (ROHG 2, 336; Glaser a. a. O.) oder leichtem Verderb (München NJW 1955, 1160) ausgesetzt, so ist größere Beschleunigung der Untersuchung geboten. — Da es dem Käufer zu gestatten ist, die Ware in sein Lagerhaus zu nehmen, wenn ihre Untersuchung auf seinem Hofe nicht tunlich ist, so ist es nicht beanstandet worden, wenn wegen der Reparatur des zum Lagerraum führenden Aufzuges die Untersuchung sich um einige Tage verzögerte (Hamburg HansGZ 1911 Hptbl. 204). Im Großhandel braucht der Käufer die Ware erst zu untersuchen, nachdem sie in seinem Speicher aufgenommen ist (Hamburg HansGZ 1904 Hptbl. 96). Ist eine gebrauchte Maschine gekauft und vorbesichtigt worden, so ist vor ihrer Aufstellung und Ingangsetzung ihre Untersuchung auf äußerliche Mängel nicht erforderlich (RG in SeuffA 83, 220; „Recht“ 1929 Nr. 1029).

Die Untersuchung muß ohne jeden, bei ordnungsmäßigem Geschäftsgang nicht zu entschuldigenden Verzug begonnen und fortgesetzt werden. Verbraucht der Käufer von der Ware mehr, als zur Untersuchung nötig ist, so verfügt er nicht allein über die Ware (oben Anm. 14; unten Anm. 67), sondern er verzögert unter Umständen dadurch auch die Untersuchung (JW 08, 492[31]; oben Anm. 13). Ebenso bewirkt das Angehen ungeeigneter Sachverständiger (LG Hamburg BetrBer. 1952, 330 für den Fall im voraus vereinbarter Analysierung der Ware zwecks Gutbefundes), die Anwendung zu umfangreicher Prüfungsmethoden eine ungebührliche Zögerung (oben Anm. 13). Doch darf nicht außer Acht gelassen werden, daß nicht für alle Branchen sofort ein geeigneter Sachverständiger zur Verfügung steht: für die abgeschlossene Untersuchung gelieferter Maschinen hat der Oberste Gerichtshof Wien deshalb eine Frist von etwa 14 Tagen nach betriebsfertiger Montierung als angemessen erachtet, BetrBer. 1954, 1009. Erfordert die endgültige Untersuchung der Ware längere Zeit, so darf deshalb die unverzügliche Besichtigung auf die offen zutage liegenden Mängel nicht aufgeschoben werden (vgl. RG 62, 257; s. oben: „Rüge in Stufen"; unten Anm. 29). Der Käufer einer farbigen Beklebegarnitur, deren Lichtbeständigkeit ihm zugesichert ist, muß zum Zweck der Untersuchung unverzüglich einzelne Stücke dem Licht aussetzen und darf nicht abwarten, ob sich der Fehler beim bestimmungsgemäßen Gebrauch zeigt (RG „Recht" 1930 Nr. 827). Genügt bei einer Ladung Schrott das Zerschlagen einiger Stabstahl-Enden, um den nachteiligen Chromgehalt zu erkennen, so kann der Käufer sich nicht auf Untunlichkeit der Untersuchung berufen, obschon eine schnelle Entladung erforderlich war und eine alsbaldige Vermischung der Ladung mit anderem Material auf den Schrotthalden stattfand (RG 125, 79). Über die Untersuchung von Teil- u. Sukzessivlieferungen unten Anm. 38 u. 178.

Für das Einfuhrgeschäft stellt München BetrBer. 1955, 748 den Satz auf, daß die Anm. 18
Notwendigkeit der Verzollung den Zeitpunkt der Untersuchung nicht hinausschiebe; der Käufer könne nach § 72 des ReichszollGes. vom 20. 3. 1939 (RGBl. I, 529) die Ware unter zollamtlicher Aufsicht schon während des Verzollungsverfahrens besichtigen, auch Proben und Muster aus ihr entnehmen. Das mag üblich und (zollrechtlich) auch für die Mehrzahl der Fälle rechtens sein. In seiner rügerechtlichen Allgemeinheit ist der Satz bedenklich. Denn § 72 ZollGes. gestattet die Untersuchung der Ware einschließlich der Entnahme von Proben nur „zur Vorbereitung des Zollantrages und der Zollanmeldung" (und auch dies nur, soweit nicht Verbote oder Beschränkungen für die Einfuhr und Durchfuhr entgegenstehen). Bei Waren, die einem Wertzoll unterliegen, ist freilich eine etwaige Wertminderung zugleich für die Verzollung von Belang (§§ 53, 76 Abs. 1 Nr. 4 ZollGes.). Nicht so dagegen bei Waren, für die reiner Gewichtszoll zu entrichten ist, wie z. B. Kaffee, Tee, Rohrzucker. Hier müßte allenfalls eine Besichtigung gestattet werden, um die Identität der Ware überhaupt festzustellen; einen Anspruch auf Gestattung der Entnahme von Proben, um Qualitätsbefunde erheben zu können, hat der Importeur dagegen nicht. Wird ihm das Probeziehen nicht entgegenkommenderweise gestattet, so verschiebt sich der Zeitpunkt für die Untersuchung wieder bis zur Hereinnahme auf sein Lager im Zollinland.

Der Ort der Untersuchung ist regelmäßig der Ablieferungsort (Bolze 13 Nr. Anm. 19
439; 18 Nr. 451; LZ 07, 290[7]). Welches der Ablieferungsort ist, richtet sich nach dem Begriff der Ablieferung (vgl. daher oben Anm. 4). Daß der Ablieferungsort nicht notwendig mit dem Erfüllungsort zusammenfällt, weil der Verkäufer regelmäßig an seinem Wohnort bzw. — § 269 Abs. 2 BGB — am Ort seiner gewerblichen Niederlassung zu „erfüllen" hat (Holdheim 1911, 170), ergibt sich aus der dem Begriff „Erfüllungsort" innewohnenden spezifisch juristischen Bedeutung. Wenn die Ware an einem bestimmten Ort dem Spediteur oder Frachtführer des Käufers ausgefolgt werden soll, dann ist dies der Ablieferungsort (oben Anm. 4), und die Ware muß grundsätzlich hier untersucht werden („Recht" 08, 575[3179]). Ausdrücklich oder stillschweigend, also auch durch Handelsgebrauch, kann aber bestimmt sein, daß die Untersuchung nicht am Ablieferungsort, sondern an einem Ort vorzunehmen ist, an den die Ware erst später gelangt, insbesondere am Bestimmungsort (RG in HansGZ 03 Hptbl. 35). Es handelt sich dabei um eine von der Würdigung aller einzelnen Umstände abhängige Feststellung des Parteiwillens. Die Kenntnis der Absicht des Käufers, die Ware alsbald weiterzuversenden, genügt nicht für die Annahme einer stillschweigenden Vereinbarung, daß die Ware an einem anderen Ort als dem der Ablieferung zu untersuchen sei (JW. 83, 198[35]; SeuffA. 49, 55; 31, 388). Auch das Wissen des Verkäufers davon, daß die Ware vom Käufer in Originalpackung weiterverkauft werde, rechtfertigt für sich allein nicht notwendig die Annahme eines Übereinkommens, daß die Untersuchung erst später stattfinde (RG. 57, 11; LZ. 1919, 325[6]; ROHG. 24, 259; Braunschweig OLGR. 28, 380). Auch nicht der Umstand, daß die Ware ins Ausland gehen soll (LZ 1924, 417[7]). Eine stillschweigende Willensübereinstimmung, daß die Untersuchung hinausgeschoben wird, liegt jedoch in der Einigung, daß der Verkäufer die Ware unmittelbar an den Abnehmer des Käufers versenden soll („Recht" 1924 Nr. 1131; unten Anm. 32). Sie kann auch in der besonderen Art der Verpackung liegen, die nicht ohne Beeinträchtigung der Ware gelöst werden kann (Kolmar ElsLothZ 27, 490). Es bedarf also immer besonderer Umstände, wenn die Empfangnahme durch den Spediteur (des Käufers) die Untersuchungspflicht an dem Ort der Empfangnahme nicht nach sich ziehen soll (JW 06, 91[14]; LZ 1916,

1430[19]). Es genügt nicht, daß der Käufer seinen Spediteur nicht mit der Untersuchung der Ware beauftragt hat (Hamburg HansRZ 1921, 661). Hat der Käufer seinen Spediteur mit der Übersendung von Ausfallproben beauftragt, die der Käufer selbst untersuchen will, so darf, da die Ware am Ablieferungsort zu untersuchen ist, dadurch keine Verzögerung entstehen, sonst ist die Rüge verspätet (Bolze 2 Nr. 1012; 19 Nr. 555). Hat die Abnahme und demgemäß auch die Untersuchung auf der Verladestation stattzufinden, hat aber der Verkäufer durch Unterlassung rechtzeitiger Bekanntgabe der Verladung dem Käufer die Untersuchung unmöglich gemacht, so erfolgt die Rüge rechtzeitig unverzüglich nach Ankunft der Ware am Bestimmungsort, wenn eine Untersuchung auf einer Durchgangsstation nicht angängig war (LZ 1919, 799[18]).

Nach Handelsübung ist allgemein bei Käufen cif Hamburg die Untersuchung am Kai in Hamburg vorzunehmen (Hamburg OLGR 28, 380). Im Holzhandel am Rhein ist es üblich, daß die in Rotterdam auf Rheinschiff umgeladene Ware nicht im Seehafen, sondern erst am Bestimmungsort im Binnenland untersucht wird (LZ 1907, 290[7]); die Übung ist auch für die Gegenwart (1960) unverändert festgestellt. Hat der Verkäufer es übernommen, die Ware vom Endpunkt des Seetransportes nach dem Wohnsitz des Käufers weiterzubefördern, so ist erst nach Ankunft beim Käufer zu untersuchen (ROHG 18, 205). Ist die Ware mit der Klausel cif Hamburg transito (d. h. Hamburg Freihafen, also unverzollt) gekauft, so ist sie, obwohl sie nach einem andern Ort bestimmt ist, nicht erst am Bestimmungsort, sondern in Hamburg zu untersuchen (Kiel SchlHolsAnz. 1914, 241). Ist der Verschiffungshafen als Ort der Annahme bestimmt gewesen, hat aber der Verkäufer die Ware auf seinen Namen verschiffen lassen, so braucht der Käufer die Untersuchung nicht eher vorzunehmen, als bis der Verkäufer die Ware aus seiner tatsächlichen Verfügungsgewalt entlassen hat (RG 91, 290). Bei einem Kauf mit den Klauseln „ab Lager Hamburg, netto Kasse gegen Lieferschein“ wird nicht Hamburg als Ort für die Untersuchung bestimmt; diese hat vielmehr erst da zu erfolgen, wo der Käufer die tatsächliche Verfügungsgewalt über die Ware erlangt (Hamburg HansGZ 1920 Hptbl. 74); läßt aber der Käufer die Ware in Hamburg durch seinen Spediteur in Empfang nehmen, so ist sie auch in Hamburg zu untersuchen (Hamburg HansGZ 1921 Hptbl. 173). Verkauf „ab Lager“ verpflichtet den Käufer zur Untersuchung am Lagerort (RG 96, 247); besondere technische Schwierigkeiten, die eine Untersuchung der „ab Lager“ gekauften Ware am Lager des Verkäufers für den auswärts wohnenden Käufer untunlich erscheinen lassen, berechtigen diesen, die Untersuchung erst an seinem Wohnsitz vorzunehmen (Kiel SchlHolst Anz. 16, 153). Stellt der Käufer an einer Zwischenstation, etwa an der Station, an der die Bahnverbindung aufhört und der Flußtransport beginnt oder die Umladung aus dem Seedampfer in den Flußkahn oder in Eisenbahnwagen stattfindet, seinen Spediteur und läßt durch diesen die Ware umladen, so ist der Ort der Ablieferung an den Spediteur Ort der Untersuchung (vgl. JW. 06, 91[14]). Ist die Ware fob verkauft (§ 346 Anm. 230; Vorbem. vor § 373 Anm. 190) und kann sie — wie meist — weder am Kai noch an Bord untersucht werden, so ist aus den Umständen regelmäßig das Einverständnis des Verkäufers mit Verlegung der Untersuchung an den überseeischen Bestimmungsort zu entnehmen (Holdheim 1910, 93; Hamburg SeuffA. 68, 155; Hamburg HRR. 1928 Nr. 1221 u. 1935 Nr. 1301). Läßt aber der Käufer, der „fob Hamburg“ gekauft hat, den Umschlag der mit der Bahn angekommenen Ware zum Schiff durch seinen Spediteur besorgen, so muß die Ware in Hamburg untersucht werden, sobald dem Spediteur die Nachricht von der Ankunft der Ware auf dem Güterbahnhof zugegangen ist, und nicht erst nach erfolgter Umleitung an den Kai (RG. in VerkRRdsch. 3, 123 Nr. 71). Bei Vereinbarung „Lieferung frei Kahn“ im Binnenschiffahrtsverkehr ist regelmäßig die Untersuchung bei der Verbringung der Ware in den Kahn zu verlangen. Will der Käufer die Untersuchung an einem anderen Ort als dem Ablieferungsort vornehmen lassen (z. B. durch einen auswärts wohnenden Chemiker, dem er Stichproben einsendet), so muß die Mängelanzeige so schnell erfolgen, wie wenn am Ablieferungsort untersucht worden wäre. Über Verlängerung der Rügefrist s. unten Anm. 32.

In allen Fällen, in denen die Ware erst am Bestimmungsort zu untersuchen ist, muß jedoch beachtet werden, daß für die Gewährschaftshaftung des Verkäufers, d. h. für seine Haftbarkeit hinsichtlich der Beschaffenheit der Ware als solcher es auf den Augenblick des Gefahrübergangs ankommt, und daß für den Übergang der Gefahr der

Erfüllungsort des Verkäufers generell maßgebend ist (unten Anm. 47; Vorbem. vor § 373 Anm. 187). Bei der Übergabe am Erfüllungsort (nicht am Ablieferungs- oder Bestimmungsort) muß die Ware daher die vertragsmäßige Beschaffenheit zeigen. Für auf dem Transport bis zur Ablieferung am Bestimmungsort entstandene Mängel würde der Verkäufer zwar ebenfalls, aber dann nicht mehr gewährschaftsrechtlich schlechthin, sondern nur noch bei schuldhafter Verletzung einer Versendungspflicht haften (oben Anm. 8). Der am Bestimmungsort zu erhebende Befund wird daher dieser zeitlichen Zäsur Rechnung zu tragen haben; er wird ihr andererseits auch Rechnung tragen *dürfen*, so, daß die Untersuchung ohne Vorwerfbarkeit für den Käufer bis zur Vergewisserung auch über diesen Punkt erstreckt werden kann (oben Anm. 15).

Die Vereinbarung, kraft deren die Untersuchung an einen anderen Ort als den Ablieferungsort *verlegt* wird, bedeutet nicht eine Verlegung des Ablieferungsorts, sondern nur eine Verschiebung der Untersuchung und der Rügepflicht nach Ort und Zeit. Denn die Ablieferung ist ein tatsächlicher Vorgang, der an keinen anderen Ort verlegt werden kann, als an dem er sich abgespielt hat, selbst wenn die Beteiligten eine Verlegung gewollt hätten (LZ. 1911, 543[6]; 07, 290[7]). Daraus folgt, daß der Verjährungsbeginn durch eine Verlegung der Untersuchung an den Bestimmungsort nicht geändert wird (LZ. 07, 290[7]; unten Anm. 137). Ist die exportierte Ware erst am überseeischen Bestimmungsort zu untersuchen, so ist für den dabei zu beobachtenden ordnungsmäßigen Geschäftsgang (s. Anm. 17) im allgemeinen die dort herrschende Übung maßgebend, soweit sie nicht mit dem Grundgedanken des § 377, der Sicherheit des Handelsverkehrs, in Widerspruch steht (Hamburg HansRZ. 1924, 425). Hierbei kann es sich um eine Verkehrssitte handeln, eine Untersuchung der Ware vor ihrem Verbrauch nicht vorzunehmen; dem steht RG. 59, 125 nicht entgegen, da es sich in unserem Zusammenhang (Hinausschiebung der Untersuchung bis zum Verbrauch) nicht um den Geschäftsgang bei Untersuchung der Ware handelt.

Einen Rechtssatz des Inhalts, daß der Käufer von seiner Rügelast entbunden sei, **Anm. 20** wenn der Verkäufer seinerseits die Ware nicht zuvor untersucht hatte (so: Laupichler a. a. O. S. 178), gibt es nicht. Der Verkäufer kann ein Zwischenhändler sein, der die Ware selbst nie gesehen hat und sie in seinem Betrieb auch nicht hat durchlaufen lassen. Soll der Käufer nicht untersuchen müssen, weil der Verkäufer nicht seinerseits untersucht hatte? Oder soll es für die Untersuchungslast des Käufers wenigstens darauf ankommen, ob der Verkäufer hätte untersuchen können? Das eine wie das andere kann nicht richtig sein. Die Verabsäumung einer Inspektion der Ware, bevor er sie zum Käufer auf den Weg brachte, durch den Verkäufer kann diesen, wenn es ihm zum Verschulden gereicht, aus dem Gesichtspunkt der positiven Vertragsverletzung schadensersatzpflichtig machen (unten Anm. 100ff.). Insoweit freilich bleibt sie erheblich. Aber wiederum bleibt Voraussetzung auch eines solchen Anspruchs aus positiver Vertragsverletzung, daß rechtzeitig gerügt ist. Die Verteidigung des Käufers, er habe nicht zu untersuchen brauchen, zielt ja im Ergebnis immer nur auf die Verteidigung, er habe — weil und insoweit eine Nachschau den Mangel schon beim Verkäufer zu Tage gefördert (und damit seine Abstellung veranlaßt) haben würde — nicht zu rügen brauchen. Das Unterlassen der Rüge mit dem Unterlassen der Inspektion der Ware durch den Verkäufer rechtfertigen zu wollen liefe darauf hinaus, die Verletzung einer Rechtspflicht gegen die Verletzung einer bloßen Obliegenheit „aufzurechnen", und materiell, daß eine Anspruchsvoraussetzung, wenn gegeben, nicht nur den Anspruch schüfe, sondern zugleich einen Gegeneinwand abgäbe, um die rechtsvernichtende Einwendung der Verwirkung wegen Rügesäumigkeit aus dem Felde zu schlagen. Daß dergleichen gegen die Grundsätze juristischer Logik verstößt, sollte einleuchten.

B. Die Erstattung der Mängelanzeige.

1. Inhalt und Rechtsnatur der Mängelanzeige.

a) *Der Inhalt der Mängelanzeige* (Näheres s. unten sub c) besteht in der dem **Anm. 21** Verkäufer zu erteilenden Nachricht, inwiefern der Käufer die Ware als gesetz- oder vertragswidrig befunden habe. Nur eine einmalige Anzeige ist nötig. Hat der Verkäufer sich auf die Anzeige zur Nachbesserung verstanden, so muß die Anzeige gegebenenfalls nicht wiederholt werden. Es genügt nunmehr die Erklärung, daß die Nachbesserung ihren

Zweck nicht erfüllt habe (Hamm MDR 1959, 493; Stuttgart SeuffA 81, 51; unten Anm. 52).

b) Die Rechtsnatur der Mängelanzeige erschließt sich aus der Rechtswirkung, die das Gesetz an ihr Unterbleiben knüpft. Auszuscheiden ist zunächst, was sie nicht ist: sie ist nicht Willenserklärung. Der Rechtserfolg, den sie hat — das Erhaltenbleiben der Rechtsposition des Käufers in Bezug auf die Mängel, die ihm bei Verspätung oder bei Ausbleiben der Mängelanzeige verloren ginge —, tritt nicht ein, weil die Anzeige auf diesen Rechtserfolg gerichtet gewesen wäre und diese ihre Wirkungen von der Rechtsordnung entsprechend dem Willen des Erklärenden bestimmt worden seien (gegen die Annahme einer Willenserklärung auch Kreß, Bes. Schuldrecht S. 26 Fußn. 130; a. M. Reimer Schmidt, Die Obliegenheiten S. 191). Die Wirkung tritt vielmehr kraft Gesetzes ein, sobald die Anzeige rechtzeitig erstattet ist und den Tatsachen entspricht. Sie ist reine Vorstellungsmitteilung, Unterrichtung des Verkäufers darüber, daß der Käufer die Sache, und was er an ihr, als mangelhaft ansehe. Sie ist insbesondere nicht nur Unterrichtung des Verkäufers über die Tatsache des Mangels als solche. Denn das Gesetz formuliert nicht, wie etwa § 694 BGB von der gefahrdrohenden Beschaffenheit der hinterlegten Sache (für deren Folgen der Hinterleger dem Verwahrer gegenüber haftet): „. . . es sei denn, daß . . . er sie dem Verwahrer angezeigt oder dieser sie ohne Anzeige gekannt hat". So sehr die Aufklärung über den Mangel als Zweck der Anzeige im Vordergrund steht: der rechtssystematische Gehalt der Anzeigeobliegenheit aus § 377 ist damit nicht erschöpft. Die Anzeige muß auch dann erstattet werden, wenn der Verkäufer über den Mangel bereits im Bilde ist, ihn vielleicht zwischen Absendung und Ablieferung erfahren hat. Denn der Käufer könnte die Ware trotz des Mangels genehmigen, und er wird nach der Konstruktion des Gesetzes sogar unwiderlegbar als genehmigend angesehen, wenn er nicht eben die ihm obliegende Anzeige erstattet. Die Anzeige wirkt der drohenden Genehmigungsfiktion entgegen, indem sie klarstellt, daß der Käufer den Mangel als solchen empfindet, die Ware nicht billigen kann und sein Mißfallen — genau dieses schwingt mit in dem gängig gewordenen Ausdruck Mängel„rüge", der daher prägnanter erscheint als das gesetzliche „Mängel anzeigen" — dem Verkäufer in aller Form notifiziert zu sehen wünscht. Er braucht zwar nicht zu erklären, daß er die Ware „nicht als Erfüllung gelten lassen wolle" (BGH LM § 377 HGB Nr. 4; RG 54, 68). Der Ausschluß der Genehmigungsfiktion tritt schon ein, wenn der Käufer auf die Feststellung des Mangels aufmerksam macht: eines Mehr bedürfte es, insoweit jedenfalls, nicht. Aber jene Sperre gegen das Eintreten der Genehmigungsfiktion wird deshalb ausgeräumt, wenn aus dem Inhalt der Anzeige oder aus sonstigen Umständen zu entnehmen ist, daß der Käufer die Ware ihres Mangels ungeachtet genehmige oder daß er von den ihm aus dem Vorhandensein des Mangels erwachsenen Rechten keinen Gebrauch machen wolle (RG 54, 68; KG OLGR 33, 280; Nürnberg Betrieb 1953, 1055; nicht ganz so deutlich hinsichtlich des Verhältnisses von Regel und Ausnahme: BGH LM § 377 HGB Nr. 4). Ein solcher Fall ist z. B. angenommen worden, wenn der Käufer die hypothetische Anzeige macht, er werde die gesamte Lieferung beanstanden, wenn der Rest nicht besser ausfalle, oder wenn er schreibt, daß er mit dem Absatz des Flaschenbieres nicht vorwärtskomme, das Bier vertrage das Hin- und Herfahren nicht und werde trübe, der Verkäufer möge doch einmal mit seinem Braumeister sprechen, wie sich diesem Übelstande abhelfen lasse (JW 98, 646[18]).

Als Vorstellungsmitteilung — im Sinne der Kategorien bei Manigk, Willenserklärung und Willensgeschäft (1907) S. 701 ff. — unterliegt die Anzeige den über die Willenserklärungen gegebenen Vorschriften des Allgemeinen Teils des BGB nur bedingt (a. M. anscheinend Schlegelberger-Hildebrandt Anm. 57). „Stillschweigend" kann sie nicht erklärt werden; das liegt in ihrem Wesen (Manigk a. a. O. S. 711/712). Der Kundmachungszweck gegenüber dem Verkäufer, der anderenfalls auf den Eintritt der Genehmigungsfiktion muß vertrauen dürfen, erfordert grundsätzlich ihren Zugang: sie ist als Erklärung empfangsbedürftig; daher die Ausnahme des Abs. 4 unseres Paragraphen, die das Gesetz deshalb ausdrücklich statuieren mußte (vgl. für das BGB: §§ 478, 485). Weil es sich um eine empfangsbedürftige Erklärung handelt, ist § 130 Abs. 2 BGB anwendbar. Das Einfließen des Willensmoments, es kraft der Anzeige nicht zur Genehmigungsfiktion kommen zu lassen, läßt die Annahme einer echten Stellvertretung in der Erklärung zu (dies im Unterschied zu Manigk a. a. O. S. 711), vgl. unten Anm. 26. Von einem Geschäftsunfähigen wird sie deshalb nicht wirksam ausgehen können. Wäre es der Zweck der Mängelrüge, dem Verkäufer die Kenntnis des Mangels zu verschaffen, so wäre dafür die Geschäftsfähigkeit des Informanten ohne Belang: aber eben das ist ihr Zweck nicht. Wohl dagegen kann der Geschäftsbeschränkte die Mängelrüge erstatten, da sie als solche ihm nur rechtliche Vorteile bringt, indem sie eine gegebene Rechtsposition offenhalten hilft (§ 107 BGB; anders in der Begründung und, im Ergebnis für den Fall der Geschäftsunfähigkeit, Manigk a. a. O. S. 710). Eine Anfechtbarkeit wegen Irrtums, Drohung oder arglistiger Täuschung entfällt. Die Mängelanzeige ist entweder im Tatsächlichen zutreffend oder nicht zutreffend; ist sie zutreffend, so bedarf der durch sie bewirkte rechtliche Effekt keiner rückwirkenden Vernichtung: als Hilfseffekt vorbereitender Natur (Offenhaltungseffekt) kann er jederzeit auch anders, nämlich durch nachträgliche Genehmigung der Ware wieder kassiert werden. Die Wirkungen des Unterbleibens der Anzeige lassen sich, auch wo das Unterbleiben auf Irrtum, Täuschung oder Zwang beruht, selbst durch Anfechtung nicht — allenfalls über einen Schadensersatz (unten Anm. 38) — beseitigen.

c) Im einzelnen ergeben sich die nachstehenden Folgerungen: **Anm. 21a**

aa) Lediglich eine Anzeige der Mängel ist notwendig. Es entspricht nicht dem Gesetz, wenn die Kaufmannswelt von einer Zurverfügungstellung statt einer Mängelanzeige spricht. Man begegnet in Kreisen des Handels vielfach der Meinung, der Käufer habe die Verpflichtung, die Ware zur Verfügung zu stellen, damit der Verkäufer anders darüber verfügen könne. Diese Meinung verkennt Zweck und Rechtsnatur der Anzeigeobliegenheit und ist geeignet, die Rechtsstellung des Käufers in einer dessen Interessen u. U. zuwiderlaufenden Weise zu präjudizieren. Durch die gehörige und rechtzeitige Mängelanzeige wahrt vielmehr der Käufer seine Rechte aus der mangelhaften Beschaffenheit der Ware, die keineswegs nur in dem Recht auf Zurückweisung der Ware bestehen, vielmehr je nach Lage des Falles einen ganzen Fächer von Möglichkeiten der Schadloshaltung beinhalten — Annulierung des Kaufvertrages, Behalten der Ware mit Preisabschlag, u. U. mit Nachbesserungsrecht, Nachlieferungsanspruch, Schadensersatzanspruch allein oder in Verbindung mit Zurückweisung oder Behalten der Ware — (vgl. unten Anm. 49ff.; so auch die Rechtsprechung: RG 106, 362; 27, 395; ROHG 20, 351; JW 92, 466[20]). Der Irrtum des Käufers, daß er sich erst über die Berechtigung der Zurverfügungstellung habe — in juristischer Beziehung — vergewissern müssen, geht zu seinen Lasten, wenn dadurch die Rüge verspätet wurde (RG 106, 362).

bb) Der Käufer braucht nur anzuzeigen, daß Mängel vorhanden seien. Er braucht eine Ursache des Mangels nicht anzugeben (RG 106, 361; RG SeuffA 85, 366). Die Anzeige braucht andererseits nicht über die Tatsächlichkeit des Vorhandenseins des Mangels hinauszugehen: so wenig die Mängelrüge identisch ist mit der Erklärung, die Ware „zur Verfügung zu stellen", so wenig braucht der Käufer schon jetzt überhaupt irgend welche auf einen Rechtserfolg bezogene Entschließungen zu erklären — die Mängelrüge ist ohnehin nicht Willenserklärung, s. oben —: weder, daß er die Ware „nicht genehmige" (er kann die Ware trotz der Mängelanzeige später immer noch genehmigen, unten Anm. 116), „sich seine Rechte vorbehalte" (BGH LM § 377 Nr. 4), noch weniger, daß und welche Rechte er aus dem Vorhandensein der Mängel abzuleiten gedenke. Dem Verkäufer bleibt zunächst nichts, als diese Anzeige zur Kenntnis zu nehmen. Ist ihm an einer baldigen Klärung der Stichhaltigkeit der Bemängelung als solcher gelegen, so mag er vom Käufer eine Besichtigung der Sache verlangen; ein Anspruch hierauf wird ihm, obwohl der Tatbestand des § 808 BGB strenggenommen nicht gegeben ist, nach Treu und Glauben im Rahmen des dem Käufer Zumutbaren (Besichtigung an Ort und Stelle, einfaches Nachmessen) zuzubilligen sein — vgl. auch Erman Anm. 2 zu § 808 —; äußerstenfalls kommt ein Antrag auf Beweissicherung in Betracht (Anhang zu § 379). Will der Verkäufer Klarheit über die Rechtsfolgen haben, so kann er sie sich dadurch schaffen, daß er sich zur Wandelung erbietet und unter Bestimmung einer angemessenen Frist den Käufer zur Erklärung darüber auffordert, ob er Wandelung verlange; nach Ablauf der Frist kann der Käufer Wandelung nicht mehr verlangen (§ 466 BGB; unten Anm. 108). Beim Gattungskauf kann der Verkäufer sich auch zur Lieferung anderer Ware er- **Anm. 22** bieten und den Käufer zu der Erklärung auffordern, ob er Lieferung anderer Ware verlange; nach Ablauf der Frist kann der Käufer dieses Recht nicht mehr geltend machen (§ 480 BGB; unten Anm. 108). Der Verkäufer kann ferner auf Zahlung klagen; dann ist der Käufer verfahrensrechtlich gezwungen, sich über das Recht, welches er wählen will (Wandelung, Minderung, Lieferung anderer Ware, Schadensersatz), zu erklären. Ist der Zahlungsanspruch noch nicht fällig, so wird die Klage auf Abnahme oder auf Feststellung helfen.

Jedenfalls muß die Anzeige so erstattet werden, daß sie als Mitteilung des Käufers selbst erscheint. Daher steht die Streitverkündung an sich der Mängelanzeige nicht gleich. Denn die Streitverkündung besagt nur, daß ein Dritter Mängel behaupte. Wegen dieses Unterschiedes wurde die Streitverkündung der Mängelrüge nur in dem besonderen Falle des § 478 BGB gleichgestellt (hierüber unten Anm. 141; Prot. I 703). Die Anzeige kann aber in der Streitverkündung liegen (unten Anm. 25). Sie kann u. U. in der Übersendung einer Expertise über die Mängel liegen (BGH LM § 377 Nr. 4). Gibt der Käufer eine ihm von seinem Abnehmer erstattete Anzeige an den Verkäufer weiter, so muß diese Mitteilung erkennen lassen, daß er sich diese Anzeige zu eigen mache, d. h. selbst rüge (JW 02, 173[39]). Dies wird allerdings regelmäßig anzunehmen sein.

Anm. 23 cc) Die Mängelanzeige muß dem Verkäufer die Mängel substantiiert und in der ganzen Breite des Objekts, ggf. also unter Aufschluß über Umfang und Befund der gezogenen Stichproben (oben Anm. 15), kundgeben. Sie muß substantiiert die Mängel so angeben, daß damit der Verkäufer Art und Umfang der Mängel erkenne (Bolze 1 Nr. 1086), und zwar hinsichtlich der ganzen Ware. Die Anzeige, der Inhalt einiger Fässer sei durch Defektwerden der Fässer beschädigt, gilt nur für diesen Teil der Sendung. Ist nur ein Teil mangelhaft, so muß deutlich und nicht nur schätzungsweise angegeben werden, welcher und ein wie großer Teil der Sendung beanstandet wird (LZ 1925, 655[8]; unten Anm. 38). Bloße Zurückweisung der Ware ohne jede Grundangabe genügt nicht, auch nicht eine allgemeine Erklärung der Unzufriedenheit: ROHG 10, 269; LZ 1913, 675[4]: die Ware sei viel zu ordinär und nicht zu verwenden; die Ware sei schlecht, nicht vertragsmäßig, die Ware sei nicht gesetzlich beschaffen, sei fehlerhaft (ROHG 14, 68; LZ 1911, 781[1]; Karlsruhe BadRpr. 05, 73); sie sei nicht bedingungsgemäß, werde als nicht vertragsmäßig zur Verfügung gestellt, ein Abnehmer des Käufers beanstande die Ware und nehme sie nicht ab (LZ 1915, 1098[23]; 08, 299[8]; ROHG 14, 156); man behalte sich Schadensersatz vor (Hamburg OLGR 32, 169). Noch weniger genügt die fernmündliche Durchsage an das Büropersonal des Verkäufers, man „wünsche diesen wegen eines Mangels der gelieferten Ware zu sprechen" (Hamburg BetrBer. 1953, 98). Vielmehr müssen die Mängel, wenn auch nicht in alle Einzelheiten gehend, doch so genau bezeichnet sein, daß der Verkäufer ermessen kann, um welche Mängel es sich handelt (RG 47, 14; ROHG 5, 262), und er danach seine Disposition gegenüber dem Käufer und seinem eigenen Lieferanten treffen kann (Hamburg HansRGZ. 1929 B 758). Daran wird auch durch die Arbitrageklausel (s. Vorbem. vor § 373 Anm. 5,49ff) nichts geändert (LZ 1911, 782[1]). Bei der Prüfung, ob die Rüge zu allgemein ist, oder ob der Verkäufer erkennen kann, welcher bestimmte Mangel angezeigt werden soll, kommt es immer auf die Umstände des einzelnen Falles an. Deshalb kann es bei telegrafischer Übermittlung genügen, den Mangel nur allgemein zu bezeichnen, während die briefliche Bestätigung das Nähere nachholen darf (RG Recht 1907 Nr. 1552). Auch ist gleichermaßen unschädlich, wenn der betreffende Mangel nur unrichtig bezeichnet worden ist („Dumpfgeruch" statt „Bodengeruch" bei Weizen: RG 47,12). Überhaupt sind die tatsächlichen Verhältnisse und Handelsgebräuche überall zur Auslegung mit heranzuziehen; so ist z. B. infolge der besonderen Umstände die Abgabe einer zunächst allgemein gehaltenen Anzeige für genügend erachtet worden, weil erst die Verarbeitung von Kohlen zu Koks den Grad ihrer Verwendbarkeit zu Kokskohle erkennen ließ (RG 25, 29).

Nach vorstehendem Grundsatz können in der Form allgemein gehaltene Mängelrügen wie: der Apparat funktioniere nicht tadellos, die Ware sei nicht vertragsmäßig u. dgl., auf Grund etwa vorangegangener Verhandlungen dennoch als ausreichend erachtet werden, z. B. die Anzeige des Käufers, daß die Ware fehlerhaft sei und ihm nicht gefalle, wenn der Verkäufer in der Faktura selbst auf den Mangel hingewiesen hatte (ROHG 7, 114), oder wenn der Mangel offensichtlich und dem Verkäufer von vornherein bekannt war; oder wenn dem Verkäufer, insbesondere bei dem Kauf nach Muster, auf die Rüge ohne weiteres erkennbar war, welche Bemängelung gemeint war (Reichel JRdsch. 1926, 788). Dagegen reicht die auf die Bemerkung beschränkte Beanstandung, der Reisende des Verkäufers sei auf verschiedene Fehler der Ware aufmerksam gemacht worden, nur dann hin, wenn der Käufer sich unbedingt darauf verlassen durfte, daß die in der Anzeige fehlenden Angaben durch die dem Verkäufer durch seinen Reisenden zukommende Auskunft werde ersetzt werden (Karlsruhe BadRpr. 05, 73). Die Rüge „beschädigt" ist ein technischer Ausdruck im hamburgischen Handel mit importierten gesalzenen Häuten und bedeutet „haarlassend"; sie ist daher hinreichend substantiiert (Hamburg OLGR 22, 46). Die Anzeige, die Ware sei als gefälschtes Nahrungsmittel beanstandet, reicht hin (Hamburg LZ 1920, 400[3]). Umschreibungen in Kraftworten können genügen; z. B. bei Pfefferkuchen, der zu hart ist: „das reine Leder"; oder bei rißanfälliger Leinwand: „Ich habe Leinwand bestellt, nicht Löschpapier", oder bei zu saurem Wein: „Ihre Sendung stelle ich Ihnen zur Verfügung: Essig trinken meine Gäste nicht", oder: „Ich habe grobe Kohlen gekauft und keinen Müll" (Kiel SchlHolstAnz. 05, 293), oder: „Die Fahrräder sind total zusammengemischte Ware" (Braunschweig BraunschwA 05, 91 Nr. 60b); oder [das bestellte Apfelmark] „riecht wie Mist und Jauche" (RG 106, 359ff.).

Handelt es sich um die Bemängelung der Probewidrigkeit, so muß der Verkäufer nicht nur erfahren, daß die Ware probewidrig ist, sondern auch, inwiefern sie es ist. Es genügt also eine Anzeige nicht: „Die Ware ist probewidrig", wenn nach unverbindlichem Typmuster verkauft ist (LZ 1922, 121[9]; Kolmar ElsLothZ 40, 428), oder: „Die Metallspäne sind geringer als das Muster, enthalten Messingspäne; ich komme in den nächsten Tagen darauf zurück", wenn auch die Probe bereits Messingspäne enthalten hatte und der Käufer sich in Wahrheit durch das Vorhandensein von Eisenspänen und Abfallstoffen benachteiligt fühlte (Breslau OLGR. 22, 45). Unter Umständen wird zwar die bloße Angabe der Probewidrigkeit genügen (JW 97, 193[26] u. 387[13]; LZ 09, 446[5]; Bolze 7 Nr. 574), insbesondere wenn aus dem vorangegangenen Briefwechsel — etwa über frühere Sendungen — ersichtlich ist, in welcher Beziehung die Probewidrigkeit gerügt werde (ROHG 14, 156), oder wenn die Ware dem vor ihrer Absendung eingesandten Ausfallmuster in keiner der zu fordernden Beziehungen entsprach (Hamburg HansGZ 1911 Hptbl. 284: die gelieferte Ware war zur Verfügung gestellt mit dem Bemerken, „sie sei ganz und gar nicht nach Muster geliefert, sondern stelle eine minderwertige Ware dar, wie sie bisher der Käuferin von der billigsten Konkurrenz noch nicht unter die Augen gekommen sei". Doch wird eine solche Entscheidung nur mit Vorsicht verallgemeinert werden dürfen). Es genügt eine Beschreibung derart, daß der Verkäufer aus ihr erkennt, die Ware sei nicht als probemäßig erachtet, wenn dies auch nicht ausdrücklich gesagt ist. Aus der Rechtsprechung vergleiche Bolze 6 Nr. 568: bei einem Farbensortiment war angezeigt, daß die meisten Farben dem Muster nicht entsprechen; JW 05, 646[16]: es war angezeigt, die Ware (Grassamen) falle gegen die Probe ab; der branchekundige Verkäufer mußte erkennen, daß Abweichung in Farbe und Reinheit gerügt werden sollte; ROHG 11, 51: bei Hopfen, der fehlerlos und ohne Beimischung sein sollte, war gerügt, er sei von unbrauchbarer Qualität und Farbe. **Anm. 24**

Sind mehrere Mängel vorhanden, so muß jeder einzelne gerügt werden. Wie sich der Käufer durch die unterlassene Rüge eines Mangels nichts vergibt hinsichtlich eines anderen Mangels, den er rechtzeitig gerügt hat (RG 38, 11), so wird durch eine Mängelanzeige ganz bestimmten Inhalts nicht die spätere Rüge von ganz anderen Mängeln gesichert (Hamburg HansGZ 1917 Hptbl. 176). Die Vorschrift des § 377 will den Verkäufer auch davor schützen, daß der Käufer später Mängel nachschiebt, nachdem die ursprüngliche Bemängelung sich als nicht stichhaltig herausgestellt hat (JW 05, 646[16]). Daher gilt die Ware in bezug auf solche nachgeschobenen Mängel, die verspätet gerügt sind, als genehmigt (JW 91, 474[28]). Immerhin wird die Unterlassung der Rüge bezüglich eines von mehreren Mängeln nur dann rechtserheblich, wenn gerade aus diesem Mangel, neben den anderen Mängeln, Folgerungen hergeleitet werden sollen. Das ist z. B. bei der Minderung (unten Anm. 76ff.) und beim Schadensersatzanspruch (§ 463 BGB oder aus positiver Vertragsverletzung, unten Anm. 85ff., 100ff.) der Fall; will der Käufer dagegen wandeln und greift hierfür der gerügte Mangel bereits durch, so kommt es auf den weiteren, nicht gerügten Mangel insoweit nicht mehr an; ebenso beim Nachlieferungsanspruch aus § 480 BGB. Denn dieser ist ein Erfüllungsanspruch (unten Anm. 91), der auf den ursprünglichen Kaufvertrag zurückgeht und nicht sich nach Maßgabe der Erhebung oder Nichterhebung von Mängelrügen modifiziert; der Verkäufer hat deshalb in der einwandfreien, nach dem Kaufvertrag geschuldeten Qualität nachzuliefern und darf sich nicht etwa darauf beschränken, bei der nunmehrigen Lieferung nur den gerügten Mangel zu vermeiden, es jedoch bei dem nicht gerügten bewenden zu lassen. Daß die Verabsäumung der Rüge wegen des anderen Mangels immer dann dem Käufer schadet, wenn der gerügte Mangel unbeweisbar bleibt, versteht sich in jedem Falle.

Bei Gesamtsendungen (Kollektivsendungen) aus verschiedenen Käufen muß die Rüge erkennen lassen, auf welche einzelne Sendung sich die Rüge bezieht (ROHG 10, 269; LZ 08, 596[11]); es wäre denn, daß die Rüge auf alle Sendungen zu beziehen ist, z. B. wenn Teilsendungen gar nicht vereinbart waren, trotzdem aber der Verkäufer durch mehrere Teillieferungen erfüllt hat (RG 43, 66; RG in JW 1933, 1249[9]). Der Umstand, daß die ganze gelieferte Menge nicht gleichzeitig, sondern im Verlauf weniger Tage eintraf, ergibt noch nicht, daß für jede einzelne Sendung eine besondere Rügefrist in Lauf gesetzt wurde (JW 1910, 155[24]). Auch braucht erst nach Empfang des letzten Postens gerügt zu werden, wenn der Reingehalt der ganzen gekauften Menge an bestimmten Stoffen erst nach Eintreffen des letzten Postens ermittelt werden kann (vgl. unten Anm. 178). Andererseits genügt eine Anzeige, unter den bisherigen Lieferungen befinde sich eine große Zahl beschädigter Stücke, man behalte sich Einzelangabe bis zum Empfang der noch ausstehenden Stücke vor, in dieser Form nicht (vgl. Hamburg OLGR 32, 169). — Die Pflicht zur Einzelrüge bezieht sich insbesondere auch auf die Leistungen aus einem Sukzessivlieferungsgeschäft und bei Teillieferungen (RG in SeuffA 87, 347; Hamburg HansGZ 04 Hptbl. 92; unten Anm. 178 u. 182ff.).

Anm. 25 2. **Die Form der Mängelanzeige.** Eine solche ist nicht vorgeschrieben; sie ist also formlos (SeuffA 55, 304). Die Mängelanzeige kann daher mündlich (BGH LM § 377 HGB. Nr. 1) oder schriftlich, auch in der Klage oder Streitverkündung erfolgen (RG. 59, 152; Hamburg OLGR 32, 170; vgl. aber oben Anm. 22); auch durch Fernsprecher, wenn der Verkäufer selbst oder einer seiner Angestellten in seinen Geschäftsräumen (§ 54 Anm. 4) das Ferngespräch entgegennimmt (RG 102, 295; DRichtZ 1925 Spruchbeil. Nr. 169; einschränkend Köln BetrBer. 1954, 613, wo verlangt wird, daß größere Unternehmen schriftlich zu bestätigen hätten [Wirksamkeitserfordernis? vgl. RG SeuffA 55, 203 — Handelsbrauch —]). Unter Umständen ist Drahtanzeige nötig, insbesondere bei leicht verderblicher Ware oder wenn es sich um ein umfangreiches wertvolles Objekt handelt und dem Verkäufer durch die sinkende Tendenz des Marktes ein großer Schade droht (SeuffA 55, 304; Holdheim 1910, 92; JW 00, 157[22]; 1902, 425[32]). Doch ist das dann nicht eigentlich noch eine Frage der Rügeform, sondern schon eine solche der Obliegenheit zur Wahrung der Rügefrist, insofern bei solchen Fallgestaltungen, aus den berechtigten Interessen des Verkäufers heraus, die Frist sich in einem Grade verkürzt, daß ihr nur noch durch Draht oder Fernsprecher bzw. Fernschreiber genügt werden kann (unten Anm. 29).

Anm. 26 3. **Wer muß die Mängelanzeige erstatten?** Der Käufer, sein Vertreter, der Handlungsbevollmächtigte (Generalhandlungsbevollmächtigter: § 54 Anm. 3; auch der bevollmächtigte Leiter einer Einkaufsabteilung, nicht aber der Handlungsreisende des § 55, wie sich aus Abs. 3 daselbst e contrario ergibt [vgl. § 55 Anm. 2]), der Frachtführer, Spediteur und Lagerhalter des Käufers, wenn sie die Ware zu untersuchen hatten (oben Anm. 4). Verkehrsüblich gilt der Kapitän eines Schiffs als Vertreter des Reeders bezüglich der vom Reeder für das Schiff gekauften Kohlen, wenn der Kapitän sie abnimmt. Die Akkreditivbank ist nicht berechtigt (Art. 10 der Einheitsrichtlinien für Dokumenten-Akkreditive; s. a. RG 107, 232 darüber, daß die Bank den Käufer auf ihr bekannte Verdachtsmomente aufmerksam machen muß). Ohne besonderen Auftrag — der sich aber für den Verkäufer aus den Verhältnissen ergeben kann (ROHG 15, 216) — auch nicht der Handelsvertreter (arg. e contr. § 91 Abs. 2, Schlegelberger-Schröder § 91 Anm. 9). Gesamtvertreter müssen gemeinsam handeln (AktGKomm.[2] § 71 Anm. 3; RG 61, 225; vgl. dazu Schwoerer, Die Ausübung der Gesamtvertretung,

Wertheim a. M. 1931, S. 17ff.). Dem Bürgen steht das Recht zu, weil er die Einrede aus § 478 BGB hat (§ 349 Anm. 32). Eine von einem Nichtbevollmächtigten erstattete Mängelanzeige ist wirkungslos, z. B. wenn sie der Werkführer erstattet, der seinen Prinzipal im Handelsverkehr nicht zu vertreten hat, und der Empfänger sie daraufhin unverzüglich zurückweist (§ 180 Satz 2 BGB). Der zur Bedienung eines Fernsprechers Angestellte ist nicht bevollmächtigt zur Abgabe von Erklärungen namens des Geschäftsherrn, die nicht in seine Bevollmächtigung fallen (LZ 1926, 925[11]; 1925, 206[3]; § 54 Anm. 4). Auch nachträgliche Genehmigung ist regelmäßig unzulässig, da die Anzeige ein einseitiges Rechtsgeschäft ist (§ 180 Satz 1 BGB); liegt eine der Ausnahmen des § 180 Satz 2 BGB vor, so genügt die Anzeige eines Vertreters ohne Vertretungsmacht nur dann, wenn auch ihre Genehmigung noch unverzüglich erklärt wird (Dresden SächsA. 03, 579). Erfolgt die Anzeige von einem Dritten, so hat sie nur Wirkung, wenn der Dritte nicht nur Vollmacht hatte, sondern sie auch innerhalb der Rügefrist vorlegt, falls der Verkäufer die Rüge wegen fehlenden Vollmachtsnachweises zurückgewiesen hatte (§ 174 BGB). Sie kann von dem Abkäufer des Käufers erfolgen, wenn die Ware vereinbarungsgemäß vom Verkäufer unmittelbar an diesen versendet ist (RG 96, 14; LZ. 1920, 439[9]; unten Anm. 32). Hat der Verkäufer auf Veranlassung des Käufers die Ware zur Bearbeitung einem Dritten übersandt, so ist dieser zur unmittelbaren Mängelrüge nicht nur berechtigt, sondern dem Käufer dazu auch verpflichtet (LZ 1920, 563[1]).

4. **An wen ist die Mängelanzeige zu erstatten?** **Anm. 27**

Selbstverständlich an den Verkäufer oder an seinen Bevollmächtigten, wenn dessen Vollmacht sich nicht nur auf den Abschluß, sondern auch auf die Erledigung des Geschäfts erstreckt (Hamburg HansGZ 1905 Hptbl. 55). Wer dazu als bevollmächtigt gilt, ist nach selbständigen Grundsätzen zu beurteilen (vgl. oben Anm. 31). Die Anzeige an einen der Gesamtvertreter genügt (RG 53, 230). An den Handlungsbevollmächtigten? (an den den Fernsprecher bedienenden Angestellten?) Siehe § 54 Anm. 4. An den Handelsvertreter? Siehe § 91 und oben Anm. 25. An den Reisenden? Siehe § 55 Abs. 6. An einen von mehreren Gesellschaftern? Siehe § 125 Anm. 24. An einen von mehreren Vorstandsmitgliedern einer AG? Siehe AktGKomm.[2] § 71 Anm. 20. An Angestellte des Verkäufers? Siehe oben Anm. 25. Aber nicht an den Handelsmäkler; ferner nicht an den Kommittenten, sondern an den Kommissionär (KG in LZ 1919, 613[11]). Ist der Agent oder Reisende oder der sonstige Empfänger der Anzeige nicht dazu bevollmächtigt und wird dennoch die Mängelanzeige zu seinen Händen gemacht, so ist er der Bote des Käufers und es kommt darauf an, ob er die Anzeige rechtzeitig an den Verkäufer weitergibt (Bolze 3 Nr. 712). Dasselbe muß vom bloßen Erfüllungsgehilfen des Verkäufers gelten. Ist eine Person als Platzvertreter des Verkäufers bekannt, so muß dieser eine an eine solche Person erstattete Anzeige nach Treu und Glauben als wirksam anerkennen. Ein Frachtführer, der die Ablieferung der Ware für den Verkäufer besorgt, ist nicht bevollmächtigt, die Rüge entgegenzunehmen, ebensowenig der Monteur, der die Maschine aufstellt (ROHG 11, 67 oben; LZ 07, 343[13]), und überhaupt nicht Personen, die nur technische Verrichtungen untergeordneter Art für den Verkäufer vorzunehmen haben, deshalb auch nicht der die Ware überbringende Kraftfahrer des Verkäufers (Köln BetrBer. 1954, 613); wohl aber ist ein zur Prüfung und Nachbesserung vom Verkäufer entsendeter Ingenieur hierzu befugt (LZ 1911, 58[3]). Der versteigernde Gerichtsvollzieher vertritt den Verkäufer dem Steigerer gegenüber hinsichtlich der Mängelrüge nicht (vgl. Vorbem. vor § 373 Anm. 398). Dasselbe wird von einem Auktionator zu gelten haben, auch wenn er den Namen seines Auftraggebers nennt (vgl. § 373 Anm. 40, 43).

5. **Die Zeit der Mängelanzeige.** **Anm. 28**

a) Allgemeines:

In der Anforderung an die Rechtzeitigkeit kulminieren die an die Mängelrüge und ihre Wirksamkeit gestellten Anforderungen. Das Gesetz geht hier von einer wohlbedachten dreifachen Stufung aus:

zunächst muß die Ablieferung erfolgt sein (oben Anm. 4);

durch die Beendigung des Ablieferungsvorgangs wird die Frist für die Untersuchung in Lauf gesetzt; die Untersuchung ist „unverzüglich“, und zwar insoweit nach dem Maß der Tunlichkeit im ordnungsmäßigen Geschäftsgang, vorzunehmen (oben Anm. 17, 18);

an das Ende der hiernach für die Untersuchung anzusetzenden Zeitspanne — mag nun untersucht sein oder nicht — schließt sich die anderweite Frist zur Erstattung der Anzeige bezüglich derjenigen Mängel an, die durch die Untersuchung zutage gefördert worden sind (soweit sie nicht dem Käufer ohnedies bekannt waren) oder — falls eine fristgerechte Untersuchung ausgeblieben war — hätten zutage gefördert werden können. Diese Anzeigeerstattung ist abermals „unverzüglich" vorzunehmen. Da die Untersuchung u. U. ein komplexer Vorgang ist, die Anzeige jedoch in einer schlichten Mitteilung besteht, ist hier das Erfordernis des „ordnungsmäßigen Geschäftsganges" nicht nochmals wiederholt: Zeit und Kräfte, um sich der Mitteilungsobliegenheit zu entledigen, müssen in einem kaufmännischen Betrieb grundsätzlich immer zur Verfügung stehen (WarneyerRspr. 1925 Nr. 177). Für Grenzfälle, in denen das etwa nicht möglich sein sollte, genügt deshalb der allgemeine Verschuldensmaßstab des § 121 BGB, wonach „unverzüglich" soviel bedeutet wie „ohne schuldhaftes Zögern".

Doch gilt diese Hintereinanderschaltung von Untersuchungsfrist und Rügefrist nur für den vom Gesetz als Regel unterstellten Fall des sog. „offenen Mangels". Die Bezeichnung ist kein gesetzlicher Terminus und auch in der Sache mißverständlich. Er ist nur von seinem Gegenteil her zu verstehen, von dem sogen. „verdeckten Mangel", den das Gesetz — in der Ausnahmestellung — als denjenigen definiert, der „bei der Untersuchung nicht erkennbar war". Der verdeckte Mangel kann nur späterhin zur „Entdeckung" gelangen, wie das Gesetz sagt. In diesem Falle kommt die Vorschaltung einer Untersuchungsfrist in Fortfall; der (bis dahin) verdeckte Mangel muß „unverzüglich nach der Entdeckung" gerügt werden.

Die Unverzüglichkeit der Mängelanzeige, wenn und sobald diese zur Erstattung fällig ist, steht unter dem gleichen Maßstab des § 121 BGB („ohne schuldhaftes Zögern", s. oben). Sowohl für die offenen wie für die verdeckten Mängel ist der Zeitpunkt, von welchem ab der Käufer mit der Rüge nicht mehr zögern darf, sondern handeln muß, im engeren fixiert an den Moment, in welchem der Mangel sich „gezeigt hat" (bei den durch Untersuchung eruierbaren Mängeln: hätte zeigen können). Dieser Begriff bedeutet, wie bereits oben Anm. 13 für das Ausmaß der sachgemäßen Untersuchung betont, die Gewißheit des Käufers über das Vorhandensein des Mangels. Mit bloßen Vermutungen braucht er sich nicht zu begnügen (a. a. O.). Nur ausnahmsweise können die Umstände nach Treu und Glauben eine Benachrichtigung des Verkäufers gebieten, wenn sich bei langwieriger Untersuchung der Verdacht der Mangelhaftigkeit herausstellt; der Verkäufer bedarf hier der Nachricht, damit er sich gegen seinen Lieferanten sichern kann. Unterläßt der Käufer eine solche Benachrichtigung, so haftet er für den Schaden; nicht aber ist die Folge die Genehmigung der Ware (vgl. RG 104, 384). Ebensowenig braucht der Käufer von einem vorläufigen Befund Nachricht zu geben, wenn der Mangel ein vorübergehender sein kann (z. B. bei Exportbier, das durch die Seereise unklar zu werden pflegt und einige Zeit gebraucht, um sich zu klären: ROHG 15, 214); der Käufer kann hier warten, bis er den Mangel mit Sicherheit festgestellt hat. Andererseits darf man nicht den Satz aufstellen, es könne mit der Anzeige immer bis zur gründlichen Untersuchung des — einen — Mangels nach allen Richtungen gewartet werden. Ist der Mangel überhaupt, wenn auch nicht in vollem Umfange, wahrnehmbar, so hat er sich „gezeigt"; er ist auch, obgleich nicht in vollem Umfange sichtbar, ein relevanter Mangel, falls bei der vorausgesetzten Bearbeitung der Kaufsache ein Hervortreten des zunächst nur in geringem Umfange merkbaren Mangels in solchem Umfange zu erwarten ist, daß die Ware zu dem vorausgesetzten Gebrauch minder geeignet erscheint (RG in JRdsch. 1927 Nr. 1543). Zeigt also die Ware z. B. Fehlfarben, schlechten Geruch, ohne weiteres erkennbare oder leicht wahrnehmbare Mängel der Form, des Gewichts usw., so sind diese Mängel unverzüglich anzuzeigen (RG 106, 362), obgleich eine gründliche Untersuchung, z. B. auf die chemische Zusammensetzung, den Härtegrad (RG 62, 258), die Verarbeitungsfähigkeit (s. das oben Anm. 23 mitgeteilte Rechtsprechungsbeispiel RG 25, 29 [Kokskohle]), die Arbeitsleistung und Konstruktion einer Maschine, noch nicht vorgenommen ist und noch nicht vorgenommen werden konnte, weil dazu längere Zeit nötig sein kann. Diese länger dauernden Versuche, die auch oft an einem anderen Ort als dem Ablieferungsort vorzunehmen sind, darf der Käufer nicht abwarten, wenn nach ordnungsmäßigem Geschäftsgang (oben Anm. 19f.) die Untersuchung auf ohne weiteres erkennbare Mängel beginnen konnte. Er muß dann diesen letzteren Mangel sofort rügen, ist dafür allerdings von nachträglicher Anzeige über die Ergebnisse der anderweiten eingehenderen Prüfung entbunden, soweit sie hinsichtlich Ursache und Wirksamkeit des einzelnen Mangels mit dessen zunächst mitgeteilten Symptom(en) kongruent sind (was nicht immer leicht zu entscheiden: eine unverzügliche Mitteilung der Nachprüfungsergebnisse ist also wohl in jedem Falle empfehlenswert). Nur dann würde ein Zuwarten zulässig sein, wenn dem Käufer nach den Umständen des einzelnen Falles nicht zugemutet werden kann, sich vor Vollendung allseitiger Untersuchung der Ware ein Urteil über Annahme oder Zurückweisung zu bilden (ROHG 13, 11; RG 62, 258). — Die gleichen Anforderungen an die Gewißheit des Käufers über den Mangel gelten bei den später entdeckten, den verborgen gebliebenen. Darüber, inwieweit der Käufer hier einem auftauchenden Verdacht durch nachträgliche Untersuchungen nachgehen muß, s. unten Anm. 30.

In der Auslegung dessen, was hiernach als „unverzüglich" zu gelten hat, ist die Rechtsprechung für § 377 unverändert streng (BGH NJW 1954, 1841; München NJW 1955, 1160). Schon eine geringe, für die Korrespondenz eines ordentlichen Kaufmanns vermeidbare Lässigkeit löst die angedrohten Rechtsfolgen aus (RG 106, 360; 64, 162; Nürnberg Betrieb 1953, 1055). Die Entscheidung BGH MDR 1964, 412 (= BetrBer. 1964, 329 = Betrieb 1964, 437 = LM § 377 HGB Nr. 9 [L]) steht nicht entgegen. Dort ist nur ausgesprochen, daß eine Rüge, die am 9. Januar erfolgt, nachdem die Ware am 21. Dezember des Vorjahres geliefert worden war, in jedem Falle zu spät kam, weil sie — soweit man überhaupt dem Käufer das teilweise Ruhen des Geschäftsbetriebes in den Tagen nach dem Weihnachtsfest hätte zugute halten können — jedenfalls spätestens in den ersten Januartagen unter Hintanstellung anderer Arbeiten hätte erfolgen müssen. Bei Beurteilung der Einhaltung der Rügefrist ist zwischen gesetzlichen Feiertagen und Ruhetagen zu unterscheiden, die wie z. B. Arbeiterferien nur für einen einzelnen Ort gelten und die Anzeigefrist nicht verlängern (RG in HRR 1931 Nr. 769).

Der Käufer ist auch dann nicht entschuldigt, wenn er die Erstattung der Rüge zunächst hinausgeschoben hatte, weil er mit dem Verkäufer über andere Gegenstände in Vertragsverhandlungen stand und eine Verschlechterung des Verhandlungsklimas befürchtete (Celle BetrBer. 1961, 235). Er mag sich in einem solchen Falle seine Rechte vorbehalten und die Rüge nur vorsorglich erstatten.

Im übrigen sind „einholende" Fristwahrungen anerkannt: War die erste Mängelanzeige unzureichend, so kann sie durch eine zweite vervollständigt werden, wenn dies noch innerhalb der zur ordnungsmäßigen Untersuchung und Mängelanzeige erforderlichen Zeit geschieht. Z. B. der Käufer rügt einen Mangel telegraphisch und gibt Vervollständigung, ggf. verbunden mit der Rüge weiterer Mängel in einem am gleichen Tage abgesandten Brief (vgl. JW 06, 763[34]). Eine telegraphische Anzeige ist immer noch rechtzeitig, wenn eine rechtzeitige briefliche Anzeige nicht früher beim Verkäufer eingetroffen wäre (WarneyerRspr. 1922 Nr. 19; Holdheim 1910, 92); ein Unterschied von wenigen Stunden des Tages geht zugunsten des Käufers, wenn der Verkäufer nicht seine Benachteiligung dartut (JW 1922, 803[4]). Ein Nachschieben von Mängelanzeigen im Prozeß gibt es jedoch nicht (oben Anm. 24).

b) Die Frist für die Mängelanzeige im Regelfall des sogen. offenen Mangels: **Anm. 29**

aa) „Offen" ist ein jeder Mangel, der nicht „verdeckt" ist, also diesseits der Grenze des „bei der Untersuchung nicht Erkennbaren" steht. Es gehören hierzu mithin alle Mängel, die

entweder einer Untersuchung nicht bedurften, weil sie

offen zutage lagen, oder

dem Käufer in jedem Falle ohnedies schon bekannt waren (z. B. aus der Faktura — wenngleich die Rügeobliegenheit hier keinesfalls vor der Ablieferung entstehen kann —),

oder bei einer Untersuchung,

falls sie ordnungsgemäß durchgeführt worden ist, zutage gefördert sind (nicht also die, die durch die Maschen einer befundsfreien Stichprobenziehung „hindurchgerutscht" sind; oben Anm. 15), falls sie nicht oder nicht ordnungsgemäß durchgeführt worden ist, hätten (auch nur möglicherweise: so durch Stichprobenziehung) zutage gefördert werden können.

Ein offen zutage liegender Mangel muß stets unverzüglich nach der Ablieferung angezeigt werden. Das gleiche gilt von Mängeln, über die der Käufer ohnedies Gewißheit hat (durch Schluß aus der Faktura, wenn die abgelieferte Ware den Faktureninhalt nicht geradezu entkräftet). Hier braucht nicht erst „untersucht" zu werden. Dem Käufer kommt, bei bereits obwaltender Gewißheit über einen Mangel, nicht etwa eine gedachte Frist für eine gedachte Untersuchung zustatten, innerhalb deren der Mangel sich anderenfalls hätte herausstellen können; die auf die unnötige Untersuchung verwendete Zeit geht auf Gefahr des Käufers (RG 106, 361).

Unter Einbeziehung des in Anm. 17, 28 über die zeitlich gestufte Untersuchung Ausgeführten wird man zusammenfassend sagen können:

Offen zutage liegende Mängel und solche Mängel, die dem Käufer bei der Ablieferung bekannt sind, müssen in jedem Falle unverzüglich nach der Ablieferung gerügt werden;

untersuchungsbedürftige Mängel sind — gegebenenfalls gesammelt, wenn sie nacheinander sich herausstellen (JW 1886, 446[13]) — spätestens nach Ablauf der für eine Erstuntersuchung anzusetzenden Zeitspanne rügepflichtig, wobei die Gewißheit über den sich zeigenden Mangel, auch ohne „Durchuntersuchung" insoweit, genügt;
kann die Untersuchung nicht in einem Zuge durchgeführt werden, so wird im Fortschreiten der Untersuchungsmöglichkeit eine „Rüge in Stufen" fällig.

Bei Massenartikeln besteht immer eine gewisse Ungleichheit der einzelnen Sendungen; kommt es daher auf den Gesamteindruck an, so darf der Käufer diesen abwarten (JW 1910, 155[24]; Hamburg SeuffA 72, 322). Bei Teilleistungen auf eine nicht sukzessiv, sondern einmalig zu erledigende Bestellung hat die Rüge regelmäßig erst bei Empfang des letzten Teiles zu erfolgen (RG in JW 1933, 1249[9]; vgl. Anm. 178).

bb) Bei den untersuchungsbedürftigen Mängeln kommt es für die Rechtzeitigkeit der Mängelrüge immer auf den einzelnen Fall an (WarneyerRspr. 1922 Nr. 19). Die folgenden Beispiele begreifen unter der Rügefrist die Frist für die Untersuchung mit ein; wiederum spielt die Handelssitte eine nicht unwesentliche Rolle (dazu auch: § 346 Anm. 53): In ROHG 11, 307 sind 4 Tage Frist gegeben, während in WarneyerRspr. 1925 Nr. 177 eine Verzögerung von 6 Tagen im Großhandel als zu weitgehend erachtet ist. Nach der Auffassung des Hamburger Platzgeschäfts beträgt die Untersuchungs- und Rügefrist beim cif-Geschäft in der Regel 3 Tage, beginnend mit der beendeten Entlöschung der Güter am Kai (Schiedsger. der Handelskammer Hamburg JW 1930, 1457). Zu größerer Eile ist der Käufer verpflichtet bei drohenden Gefahren oder wenn nur kleine Mengen zu untersuchen sind (LZ 1922, 590[5]: 3 Tage verspätet). Im Eierhandel beträgt die Rügefrist allgemein 3 Tage, wobei der Tag der Ankunft der Ware als erster Tag gerechnet wird, wenn die Ankunft des Waggons in der Frühe erfolgt (WarneyerRspr. 1931 Nr. 186). Im Obst- und Gemüsehandel gelten nach den in der Entscheidung München NJW 1955, 1160 mitgeteilten Richtlinien der „Arbeitsgemeinschaft Gemüsebau" aus dem Jahre 1950 folgende Rügefristen: für offene Mängel 12 Stunden (bei leichtverderblicher Ware — Südfrüchten! — 4 Stunden), für verdeckte Mängel 2 Tage (bei leichtverderblicher Ware 6 Stunden) nach Eingang der Benachrichtigung von der Ankunft der Ware und Laderechtstellung am Bestimmungsort des Empfängers; vgl. auch München, BetrBer. 1957, 663 (verdorbene Tomaten: Rüge am 2. Tage nach Ablieferung verspätet). Nach der im Kartoffelhandel geltenden Verkehrsauffassung (sogen. Berliner Bedingungen) ist die Ware vor der Entladung zu prüfen und sind Mängel ohne Verzögerung telegraphisch zu rügen (Hamburg HRR 1928 Nr. 641). Im Holzhandel gilt nach den „Handelsbräuchen der Mitglieder des Vereins Deutscher Holzeinfuhrhäuser e. V." (1952) eine Rügefrist von 5 Tagen. Technisch am einwandfreiesten drücken es die „Lieferungsbedingungen des Wollhandels" — Abdruck unter Anhang IV zu § 346 — aus, wenn sie in Nr. 3 formulieren: „Die in § 377 Abs. 1 und 3 des Handelsgesetzbuchs vorgeschriebenen Untersuchungen und (!) Mängelanzeigen sind unverzüglich, wenn die

Anzeige gemäß § 377 Abs. 1 spätestens am 5. Werktage nach der Ablieferung und gemäß § 377 Abs. 3 spätestens am 5. Werktage nach der Entdeckung durch eingeschriebenen Brief abgesandt wird".

Vor der Ablieferung ist die Mängelanzeige jedenfalls rechtzeitig (ROHG 15, 271). Läßt es aber der Käufer zur Ablieferung nicht kommen (oben Anm. 16), sondern weigert vielmehr die Annahme, so ist § 377 nicht anwendbar. Der Käufer mag dann für die Folgen seiner Zögerung in Anspruch genommen werden, aber seine Rügepflicht und die Kraft des Genehmigungspräjudizes beginnen erst mit der Ablieferung (ROHG 6, 327; 24, 29; RG 63, 220; 5, 32; Bolze 19 Nr. 535; JW 04, 341[10]). Die Ware gilt selbst dann nicht als genehmigt, wenn der Käufer, nach erfolgter Weigerung der Annahme, sie in der vom Verkäufer daraufhin gem. § 373 veranlaßten Versteigerung anderweit ersteht: der Verkäufer hat nach wie vor die gehörige Beschaffenheit der Ware zu beweisen (RG 5, 28).

Hat der Käufer die Ware weiterversendet, ehe er sie selbst untersuchte, so muß er die Mängelanzeige doch ebenso schnell machen, wie wenn er sie an seiner Handelsniederlassung untersucht hätte (ROHG 2, 336). Eine Genehmigung der Ware liegt in ihrer sofortigen Weiterlieferung zwar nicht (ROHG 5, 250; oben Anm. 16). Es bleibt aber das volle Risiko des Käufers, ob er von seinem Abkäufer dessen Mängelanzeige so rechtzeitig bekommt, daß er sie noch innerhalb der ihm selbst zur Verfügung stehenden Frist an den Verkäufer weitergeben kann; u. U. mag das bei telefonischer oder telegraphischer bzw. fernschriftlicher Übermittlung noch möglich sein. Durchaus unrichtig ist es jedenfalls, bei einer Weitersendung der Ware nur darauf abzustellen, daß der Abkäufer des Käufers seinerseits rechtzeitig rügt, und daß der Käufer diese Rüge ohne schuldhaftes Zögern dem Verkäufer weitergibt (so anscheinend BGH NJW 1954, 1841 = LM § 377 HGB Nr. 2 = MDR 1954, 31 = BetrBer. 1954, 954; Köln MDR 1956, 42): die letztgenannte Mitteilung kann im Verhältnis des Käufers zum Verkäufer schon verspätet sein. Denn der Verkäufer kann ja nicht wissen, ob und wann der Käufer die Ware weitergibt; er selbst muß sich darauf einstellen dürfen, daß der Käufer die Ware so untersucht, wie sie ihm abgeliefert worden ist. Nur dann, wenn er wußte, daß die Ware zum (alsbaldigen) Weiterverkauf bestimmt war, kann nach Lage des Falles daraus auf sein Einverständnis geschlossen werden, daß der Käufer seiner Rügepflicht genüge, wenn er die Mängelrüge seines Abnehmers nach unverzüglich vorgenommener Untersuchung sofort weitergibt (Hamburg OLGR 34, 379; s. auch unten Anm. 32). Wird dagegen die Ware vom Verkäufer auf Weisung des Käufers an dessen Abnehmer unmittelbar geliefert, so ist die Untersuchung nicht vor Ablieferung an den Abnehmer des Käufers möglich und läuft deshalb vom Ende der hierfür anzusetzenden Zeitspanne ab die Rügefrist. Da der Verkäufer hier nicht damit rechnen kann, der Käufer werde bei der Ablieferung und der Untersuchung zugegen sein, muß er darüber hinaus in Rechnung stellen, daß die Mängelanzeige des Abnehmers des Käufers zunächst an diesen letzteren zu gehen hat und erst daraufhin an ihn (den Verkäufer) weitergegeben werden kann: die Rüge ist dann also rechtzeitig, wenn die Mängelanzeige des Abnehmers des Käufers — mag dieser auch nicht Kaufmann sein — unverzüglich erstattet und vom Verkäufer ebenso unverzüglich weitergegeben worden ist (RG 96, 13; 102, 91; KG OLGR 34, 378). Es ist Sache des Käufers, dafür Sorge zu tragen, daß der Abnehmer ihn sobald als möglich von dem Ergebnis unterrichtet (RG 55, 210; BGH NJW 1954, 1841; Köln MDR 1956, 42); eine Verspätung der Mängelanzeige seines Abnehmers muß daher der Käufer gegen sich gelten lassen, auch wenn er selbst dessen Anzeige unverzüglich weitergibt (LZ 1917, 795[16]).

Über die Beweislast unten Anm. 124.

c) Die Frist für die Mängelanzeige im Ausnahmefall des verdeckten Mangels: Anm. 30

Bei verborgenen Mängeln (verdeckten Mängeln, geheimen Mängeln) gilt das Besondere, daß sie zwar nicht sofort nach der Ablieferung, wohl aber unverzüglich nach der Entdeckung angezeigt werden müssen, Abs. 3.

Als verborgener Mangel gilt der nach der Ablieferung bei gehöriger Prüfung (Anm. 13ff.) — auch durch Ziehung von Stichproben, wo dies ausreicht (LZ 1923, 351[9]; Anm. 15) — nicht entdeckte, falls die gehörige Prüfung nicht stattgefunden hat, mit Sicherheit nicht entdeckbar gewesene Mangel. Die Abgrenzung dessen, was „gehörige Prüfung“ ist, wird hier besonders wichtig. Es ist daran zu erinnern, daß insoweit der Handelsbrauch die Maßstäbe setzt. Deshalb ist „verdeckt“ auch der an sich durch eine längere wissenschaftliche oder fachtechnische Untersuchung zu entdeckende Mangel, wenn eine Untersuchung dieser Art durch Handelsbrauch nicht geboten ist (Nylon statt Perlon: BGH LM § 377 Nr. 6; ferner RG 104, 383; Hamburg HansGZ 1920 Hptbl. 190; vgl. oben Anm. 13 Abs. 2). Instruktiv insbesondere der im Schiedsspruch der Bremer Wollhandelsvereinigung v. 12. 4. 1960, BetrBer. 1960, 963 behandelte Fall: Bei Lieferung von Wolle, als „im Prinzip reiner Ware“, sei chemische Untersuchung auf Beimischungen nicht handelsüblich, weil diese auf die Sendung ungleichmäßig verteilt zu sein pflegten, die Untersuchung einer Probe also u. U. keine schlüssigen Ergebnisse liefere; eine solche Untersuchung sei daher nicht zu fordern, vielmehr schaffe erst die Verarbeitung volle Klarheit (stünde nicht der Handelsbrauch entgegen, so müßte eine Ziehung und Untersuchung mehrerer Proben aus der ganzen Sendung — oben Anm. 15 — verlangt werden). Ein Mangel, dessen Feststellung eine chemische Analyse erfordert, ist demgegenüber nicht zu den verborgenen Mängeln zu rechnen, wenn beide Vertragsteile erfahrene Fachleute in dem betreffenden Handelszweig sind (HRR 1931 Nr. 769; vgl. auch Nürnberg Betrieb 1953, 1055 [die Folgerung aus dem dort mitgeteilten Leitsatz geht allerdings an der Rechtslage nach § 377 vorbei]). — Von den Anforderungen an die Untersuchungsprozedur abgesehen, liegt allgemein ein verdeckter Mangel vor, wenn er sich erst beim Gebrauch zeigt und zeigen kann. So z. B. ,wenn bei einer in kleiner Menge verkauften Ware die Verpackung ohne Beeinträchtigung des Wertes nicht entfernt werden kann (Anm. 13 a. E.) oder wenn bei einem Massenartikel (z. B. Ösen und Ringe zum Einstanzen in Zeltbahnen) der Fehler erst bei der Verarbeitung erkennbar wird (LZ 1920, 706[13]). Hingegen ist Rotfäule bei Eisenbahnschwellen, auch wenn diese mit dickem Teeranstrich versehen sind, kein verborgener Mangel, da er durch Stichproben mittels Anbohrens, nötigenfalls unter Hinzuziehung eines Sachverständigen, zu entdecken ist (Breslau HRuHBr. 1929, 213). Ein Irrtum des Käufers über die Erkennbarkeit des Mangels ist ihm unter dem Gesichtspunkt der Unverzüglichkeit der Rüge zum Verschulden anzurechnen, weil sich die Erkennbarkeit nach objektiven Regeln richtet (RG 73, 168; oben Anm. 17).

Hat die gehörige Untersuchung keinen Mangel ergeben, entsteht aber nachher ein Verdacht, so muß der Käufer einem solchen Verdacht nachgehen und, wenn sich Mängel finden, unverzüglich mit den Folgen des § 377 Anzeige machen (RG 99, 249; RG in DR JW 1939, 1795[8]; HansGZ 21, Hptbl. 250; oben Anm. 17 a. E.). Dies gilt vor allem, wenn ein Verdacht durch Bemängelungen entsteht, die von seiten des oder der Abnehmer des Käufers einlaufen (München NJW 1955, 1160). Solche Bemängelungen verdienen daher die im Interesse des Verkäufers gebotene Aufmerksamkeit, wenngleich mit der Rüge gewartet werden darf, bis die Ursache sich mit Sicherheit auf einen vom Verkäufer zu vertretenden Mangel zurückführen läßt (oben Anm. 13). Nur darf hierbei der Käufer sich nicht darauf verlassen, daß sein Abkäufer — besonders wenn dieser nicht fachkundig, etwa ein Privatmann ist — die Bemängelung erschöpfend vorbringen werde; vielmehr ist es seine Sache, sich ggf. durch Rückfragen beim Kunden die einschlägigen Aufschlüsse über Art und Umfang des aufgetretenen Mangels zu verschaffen (Celle BetrBer. 1957, 595). Hat der Käufer dieser Anforderung genügt, so ist seine Rüge, sofern er sie unverzüglich an den Verkäufer weitergibt, in jedem Falle rechtzeitig. Darauf, ob sein Abkäufer oder dessen weiterer Abnehmer (vielleicht Nichtkaufmann) sich unverzüglich gemeldet hat, kommt es nicht an. Denn die Interessenlage wie in Abs. 29 vorletzter Absatz a. E. liegt hier nicht vor. Den Käufer traf die Untersuchungsobliegenheit — ggf. die Obliegenheit, Bemängelungen aus der Abnehmerkette mit der gebotenen Sorgfalt nachzugehen — nur nach Maßgabe des Bekanntwerdens des bis dahin verdeckt gewesenen Mangels: das Risiko, **wann** ein solcher Mangel dem Käufer im Falle des Weiterverkaufs bekannt wird, trägt der Verkäufer, der insoweit ja ohnehin nicht mit unverzüglicher Rüge nach Ablieferung hätte rechnen können.

Daß der Käufer es versäumt hat, offene Mängel zu rügen, hindert ihn nicht, später heimliche Mängel zu rügen (RG 38, 10).

Wird der verborgene Mangel erst im Laufe eines aus anderem Grunde über die Ware geführten Rechtstreites erkannt, so kann für die Unverzüglichkeit der Rüge, deren Stichhaltigkeit für den Verkäufer nur noch prozeßtaktisches, nicht mehr kaufmännisches Interesse hat, ein weniger strenger Maßstab zugelassen werden (Mitteilung durch Schriftsatz des Prozeßbevollmächtigten, BGH LM § 377 Nr. 6 = NJW 1959, 1081 = MDR 1959, 482 = BetrBer. 1959, 393).

6. **Die Gefahr der Ankunft und der rechtzeitigen Ankunft der Mängelanzeige** trägt der Verkäufer, wenn der Käufer die Anzeige ordnungsmäßig abgesandt hat (RG in ZHR 26, 571). Denn nach Abs. 4 unseres Paragraphen genügt zur Erhaltung der Rechte des Käufers die rechtzeitige Absendung der Anzeige. Hieraus zu folgern, die Anzeige sei nicht empfangsbedürftig (Schlegelberger-Hildebrandt § 377 Anm. 50 und Glaser a. a. O.) ist allerdings rechtssystematisch kaum haltbar; die Empfangsbedürftigkeit hat mit der Frage der Tragung der Gefahr für den Übermittlungsweg nichts zu tun. — Die Absendung muß nur in geschäftsüblicher Weise erfolgen. Es genügt dazu der einfache Postbrief (ROHG 19, 154; JW 00, 157[22]), das ausgefüllte Telegrammformular, heute wohl auch schon die fernmündliche Aufgabe des Telegramms, so daß die Gefahr der Verstümmelung des Telegramms in beiden Fällen der Verkäufer trägt. Falsche Adressierung ist ordnungswidrige Absendung (RG in ZHR 26, 571); aber auch schon die ungenaue Adressierung, und ebenso die mangelnde Frankierung, jedenfalls im Auslandsverkehr (BGH LM § 377 HGB Nr. 8 = MDR 1962, 399 = Betrieb 1962, 300 = NJW 1962, 739 [L]). Ein unfrankierter Brief hält die Rügefrist daher nur für den Zeitpunkt inne, in welchem der Verkäufer ihn annimmt. Es genügt auch nicht die Beilegung des Briefes in das Paket, welches die zurückgesandte Ware enthält; denn zur Zurückgabe der Ware ist der Käufer erst auf Grund vollzogener Wandelung berechtigt, der Verkäufer also vorher zur Entgegennahme einer solchen Sendung nicht einmal verpflichtet: das Beipacken der Mängelanzeige ist nicht verkehrsüblich (AG Hamburg LZ 1914, 1062[1]). Die Absendung durch einen Boten genügt nicht (a. M. DürHach. § 377 Anm. 70; Baumbach-Duden § 377 Anm. 6 B; Hamburg HansGZ 05 Hptbl. 54; für die schriftliche Übermittlung durch Boten wohl auch Schlegelberger-Hildebrandt Rdn. 77). Denn der Bote ist als Beauftragter des Käufers dessen Besitzdiener (§ 855 BGB); der Käufer bleibt unmittelbarer Besitzer des Briefes, bis sein Bote ihn abgibt; deshalb trägt der Käufer in diesem Falle die Gefahr der richtigen und rechtzeitigen Übermittlung der Anzeige an den Verkäufer (ROHG 14, 156; München NJW 1955, 1153 für den Fall des fernschriftlichen Auftrags zur mündlichen Übermittlung). Man kann nicht sagen, die Post werde in gleicher Weise wie ein Bote im Auftrag des Käufers tätig; denn die Post als staatliches Organ handelt nicht als sein Besitzdiener. Über die Anzeige des Abkäufers des Käufers unten Anm. 29, 32. Beweislast unten Anm. 124. **Anm. 31**

7. **Vertragliche Änderungen der Untersuchungs- und Anzeigepflicht.** Die Vorschriften des vorliegenden Paragraphen sind nicht zwingend. Sie können in verschiedenen Richtungen abbedungen werden. **Anm. 32**

Die Parteien können zwar durch Vereinbarung nicht die Ablieferung an einen anderen Ort als an dem sie sich tatsächlich vollzieht verlegen, sie können aber durch Vereinbarung einen anderen als den Ablieferungsort zu dem Ort machen, an dem die Ware an Stelle des Ablieferungsortes zu untersuchen ist (z. B. in der Form: „als Ort der Ablieferung und Untersuchung im Sinne der §§ 377 u. 378 HGB gilt bei seemäßig verpackter Ware der endgültige ausländische Bestimmungsplatz", so Ziff. 8 der Auftragsbedingungen des Verbandes Deutscher Exporteure von 1928 [für die Gegenwart — 1960 — wird die usancemäßige Fortgeltung dieser Bestimmungen angenommen], vgl. Leo „Die neuen Geschäftsbedingungen des Außenhandels", Überseestud. zum Hand.-, Schiff.- u. Vers.-recht Heft 10 S. 32ff.; Hellauer, Das Risiko und der „Auftrag" des Übersee-Exporteurs, Auftragsbedingungen des Verbandes Deutscher Exporteure, ZAfDR 1935, 748); s. oben Anm. 19. Ist bei einem kaufmännischen Ausfuhrgeschäft Bombay als „beiderseitiger Erfüllungsort" vereinbart, so kann sich aus dem weiteren Inhalt des Vertrages ergeben, daß die Parteien nur haben bestimmen wollen, daß Bombay als Bestimmungsort der Ort sein solle, an welchem die Untersuchung der Ware auf ihre Beschaffenheit zu erfolgen habe (Hamburg HansRGZ 1928 B 600, s. auch HRuHBr. 1929, 219 Nr. 78). Doch bedeutet die Vereinbarung des überseeischen Bestimmungsortes als Ort der Ablieferung nicht die Unterwerfung unter fremdes Recht (Hamburg HansRZ 1924, 425). Wie der Bestimmungsort (WarneyerRspr. 1915 Nr. 59), so kann auch der Verladeort (JW 1918,

506[5]) oder ein anderer Ort, an dem die Ware sich vor der Ablieferung befindet — so etwa nach § 3 Abs. 3 und 9 der „Geschäftsbedingungen des Waren-Vereins der Hamburger Börse"; Vorb. 2 sub B 2 — als Ort, an dem die Untersuchung vorzunehmen ist, vereinbart werden oder durch Handelsbrauch bestimmt sein (frische Heringe: HansRGZ 1930 B 50). Mit der Untersuchung gilt dann die Ablieferung als erfolgt (Hamburg HansGZ 1920 Hptbl. 192). Ist bei einem Exportgeschäft Hamburg ausdrücklich als Ablieferungsort vereinbart, so muß auch die Untersuchung in Hamburg erfolgen (Hamburg HansRGZ 1929 B 827).

Die Parteien können ferner die Art und Weise der Untersuchung abweichend regeln. So war in dem Falle Düsseldorf BetrBer. 1959, 250 vereinbart worden, eine gelieferte Anlage sollte nach Fertigstellung durch eine technische Prüfstelle abgenommen werden und bei Meinungsverschiedenheiten das Gutachten dieser Stelle verbindlich sein. Der Käufer (Besteller) nahm die Anlage in Betrieb, ohne die Abnahme veranlaßt zu haben: er wurde mit einer Mängelrüge in gleicher Weise wie nach § 377 für ausgeschlossen erachtet. Dem Besteller kann vertraglich ein Untersuchungsrecht vor Absendung der Ware an ihn eingeräumt sein (Vorbem. 2 Bsp. A 14a letzter Abs. Satz 2). Doch dürfte das im Zweifel nur die ausdrückliche Vorverlegung des Rechts zur Geltendmachung von Gewährschaftsansprüchen (unten Anm. 57) bedeuten, nicht dagegen eine Rügeobliegenheit schon vor Ablieferung. — Stellenweise wird bestimmt, die Untersuchung durch den Käufer habe sich auf den gesamten Umfang der Lieferung zu erstrecken (Vorbem. 2 sub A 7a, b, c). Nicht selten sind auch Vereinbarungen, wonach der Käufer Stichproben nach bestimmten technischen Standards zu erheben habe und nur diese maßgebend seien (Vorbem. 2 sub A 1a).

Auch kann die Frist für die Untersuchung und Mängelanzeige verlängert oder verkürzt (ROHG 2, 379; Bolze 16 Nr. 416; 8 Nr. 501; Hamburg HansRZ 1924, 425) oder überhaupt vertraglich ausgeschlossen werden (LZ 1920, 707[14]), z. B. auch weil schon eine Untersuchung an einem Kaufmuster vorangegangen ist (LZ 1912, 324[5]; s. unten Anm. 33). Ein Beispiel für Verlängerung in Vorbem. 2 sub B 3; die dortige einmonatige Zusatzfrist — sie bezieht sich dem Wortlaut nach auch auf verborgene Mängel — ist also der Sache nach eine Überlegungsfrist zwecks Entschließung, ob gerügt werden solle. Die Untersuchungs- und Rügepflicht kann auch mit Empfang eines Ausfallmusters wirksam gemacht werden, so daß die Zusendung des Ausfallmusters die gesetzliche Ablieferung vertritt (LZ 1922, 590[5]; s. unten Anm. 33). Die Klausel, daß die Ware mit der Ausstellung der Faktura oder der Berechnung in den Besitz des Käufers übergehe, bedeutet nur den Übergang der Gefahr (RG 120, 40; LZ 1922, 589[5]). Müssen vertraglich Mängel vor der Entladung des Waggons angezeigt werden, so darf der Käufer entladen, wenn er vorher bei ordnungsmäßiger Untersuchung keine Mängel findet; zeigen sich Mängel während der Entladung, so muß er einhalten und rügen; sonst genehmigt er (München OLGR 42, 229). Weiter kann auch vereinbart sein, daß von einer sofortigen Feststellung des Zustandes der Ware am Bestimmungsort durch Sachverständige die Geltendmachung von Gewährleistungsansprüchen abhängen soll (WarneyerRspr. 1915 Nr. 59); so bestimmt Ziff. 9 der Auftragsbedingungen des Verbandes Deutscher Exporteure v. 1928 für das Survey-Verfahren (s. Vorbem. vor § 373 Anm. 49; auch Hellauer ZAfDR 1935, 748 und wegen der Fortgeltung als Usance oben am Anfang dieser Anm.), daß bei Qualitäts-, Sortiments- und sonstigen Lieferungsdifferenzen für beide Teile die Feststellungen der überseeischen Experten maßgebend seien, welche in Übereinstimmung mit den am Bestimmungsort herrschenden Usancen zu ernennen sind. Davon darf dann — wenn auch eine andere Beweismöglichkeit nicht absolut ausgeschlossen ist — nur bei stichhaltigem Grunde abgesehen werden (Hamburg HansRGZ 1931 B 773). Darüber, daß die Begutachtung durch Sachverständige eine Hauptverpflichtung des Käufers bilden kann, bei deren Verletzung der Verkäufer zum Rücktritt vom Vertrage berechtigt ist, s. RG. 92, 270. Die Konnossementsklausel, daß Reklamationen innerhalb 24 Stunden nach Entlöschung des Dampfers einzureichen sind, läßt die Frist erst beginnen, wenn der Käufer nach der Entlöschung auch in der Lage war, die Untersuchung vorzunehmen (Hamburg HansRZ. 1924, 258). Ist die Rügemöglichkeit zeitlich beschränkt, so hat sie nur für offene Mängel Wirkung (oben Anm. 29); bei heimlichen Mängeln (oben Anm. 30) bedarf es der besonderen Würdigung, welchen Einfluß die Fristsetzung ausüben soll. Wenig klar in letzterer Hinsicht BGH LM § 377 Nr. 6: die vertragliche Beschränkung der Rüge bei verborgenen Mängeln auf eine Frist von 14 Tagen schließe, „nach Treu und Glauben ausgelegt", eine spätere Rüge dann nicht aus, wenn für den Käufer keine Pflicht zur Untersuchung bestanden habe (sc. die zur Aufdeckung des Mangels hätte führen können. Aber eine Pflicht zur Untersuchung auf verborgene Mängel gibt es als reguläre ohnehin nicht. Die Eigenart des verborgenen Mangels liegt ja eben darin, daß er sich der Aufdeckung durch die allein zu verlangende, auf offene Mängel abgestellte Regeluntersuchung des § 377 Abs. 1 entzieht, weil ein Handelsbrauch auf spezifische Untersuchung entweder nicht besteht [oben Anm. 30] oder aber für die Aufdeckbarkeit irrelevant ist [ebenda]. Es ist also ein Fehlschluß, zu argumentieren, wenn und soweit es nichts zu untersuchen gebe, könne der verborgene Mangel von der gerade für ihn festgesetzten Rügefrist billigerweise [?] nicht erfaßt sein. Welchen sachlichen Gehalt soll die 14-Tage-Klausel anderenfalls auch haben? Die verbleibende schmale Deutung, daß die Rüge, ob unverzüglich oder nicht, in jedem Falle bis zum Ablauf von 14 Tagen solle erstattet werden dürfen, liefe, folgt man im übrigen der Meinung des BGH, auf eine einseitige Begünstigung des Käufers hinaus und verkehrt damit ihren gewollten Sinn in das Gegenteil. Die Entscheidung ist ein Beispiel für die Gefahren, die der typisierten, gesetzlichen oder statutarischen Formstrenge des Handelsverkehrs, wo immer sie berechtigt ist, aus einer Aufweichung durch „Treu und Glauben" erwachsen). Gelegentlich (Auslegungsfrage!) hat eine Garantiefristbestimmung, wie dies unten Anm. 34, 48 u. 154 dargelegt ist, den Sinn einer Fristverlängerung. Die vertragliche Abänderung der Untersuchungs- und Anzeigefrist gilt nicht, wenn der Verkäufer den Mangel arglistig verschwiegen oder arglistig die Freiheit von gewissen Fehlern oder das Vorhandensein bestimmter Eigenschaften zugesichert oder vorgespiegelt hat (Hamburg Betrieb 1966, 103ff., 104).

Über das besondere Untersuchungs-, Regulierungs- und Arbitrageverfahren nach den „Bedingungen der Bremer Baumwollbörse" vom 24. 5. 1962 s. deren Teilabdruck (§§ 3, 28ff.) in Anhang III zu § 346 und im übrigen Vierheilig, Das Kaufrecht der Bedingungen der Bremer Baumwollbörse (1968) S. 112ff.

Durch den Fakturenvermerk, daß Reklamationen nur innerhalb einer bestimmten Frist angenommen werden, erreicht der Verkäufer nichts. Es wird die Frist durch diesen Vermerk nicht zu seinen Gunsten auf die von ihm willkürlich gewählte Zeit festgesetzt, so daß er spätere Rügen etwa zurückweisen könnte; der Käufer darf auf diesen einseitigen Vermerk, wie auf alle solche Fakturenvermerke (§ 346 Anm. 134) schweigen. Den Verkäufer bindet aber ein solcher Vermerk, soweit er zu seinen Ungunsten lautet, da er nicht deutlich zum Ausdruck bringt, daß er nicht gelten solle, falls die gesetzliche Rügefrist schon vor Ablauf der bestimmten Frist verstrichen sei (Hamburg OLGR 22, 49; HansGZ 05 Hptbl. 224; Celle OLGR 41, 212; Dresden SeuffA 56, 59; Königsberg PosMSchr. 06, 12; Frankfurt „Recht" 09 Nr. 1199; DürHach. § 377 Anm. 53; Oertmann in Ehrenberg Handb. IV 2 S. 507ff.; Ritter § 377 Nr. 19 S. 562; a. M. LZ 1912, 76[1] u. 09, 476[2]; Karlsruhe HRR. 1930 Nr. 308; Hamburg OLGR. 1, 247). Auch gegenüber Rügefristen in Bestätigungsschreiben ist Zurückhaltung geboten. Formularmäßig aufgedruckte „Fristen" dieser Art können derart kurz sein, daß sie im Hinblick auf verborgene Mängel schlechthin widersinnig wirken und den anderen Teil nicht einmal zum Widerspruch verpflichten; sie sind deshalb insoweit wirkungslos (RG. in Gruch. 62, 373 für einen Fall, wo der gedruckte Vermerk auf 8tägige Rügefrist lautete, die gelieferte Ware — Gulaschkonserven — infolge ungenügender Sterilisierung, eines verdeckten Mangels, jedoch erst nach Monaten dem Verderb verfiel).

Ist die Verlängerung der Rügefrist vereinbart, so ist anzunehmen, daß nach dem Willen der Vertragschließenden die Rüge dem Verkäufer innerhalb dieser Frist zugegangen sein muß (Hamburg HansGZ 1919 Hptbl. 1; Karlsruhe HRR 1930 Nr. 308). Gleiches gilt für die Verfestigung der Rügefrist; der Käufer hat hier einen zeitlichen Spielraum, ohne „unverzüglich" rügen zu müssen. Solche festen (einwöchigen, 8-tägigen [§ 359 Abs. 2!], 10-tägigen, 2-wöchigen, 3-wöchigen) Rügefristen sind gerade in den neueren Geschäftsbedingungen nicht selten (vgl. Vorbem. 2 Beispiele A 1 a, b, 3, 6, 7 a, b, c, 9, 10, 12 a, b, c, 13, 14 b, c; B 1, 2 [„bis zur Börse", nämlich Beginn des nächsten Börsentages]). Von strikter Präklusivität, wirken sie für und gegen beide Parteien. Eine stillschweigende Verlängerung der Rügefrist liegt in der Vereinbarung, daß der Käufer erst zahlen solle, nachdem die Maschine gewisse Zeit in Betrieb gewesen sei und sich bewährt habe; innerhalb dieser Probezeit hat die Rüge zu erfolgen (JW 09, 453[5]; vgl. SeuffA 85, 365). Nicht zu verwechseln mit den festen Rügefristen sind die „Spätest"-fristen. Sie werden vornehmlich für die Anzeige verdeckter Mängel bestimmt, entbinden nicht von der Obliegenheit zur unverzüglichen Anzeige nach Entdeckung, setzen aber hierfür einen äußersten Zeitpunkt (6 Wochen: Vorbem. 2 sub A, 7a; 2 Monate: daselbst sub 12; 3 Monate: daselbst sub 1b; 6 Monate: § 3 Abs. 3 der „Bedingungen der Bremer Baumwollbörse", Anhang III zu § 346).

Ein ferneres Beispiel bietet der Fall, bei dem dem Verkäufer beim Vertragsschlusse bekanntgegeben ist, daß die Ware veräußert oder weiterversendet werden solle, und nach Lage der Sache die Absicht der Parteien verständigerweise nur dahin gehen konnte, daß der Drittabnehmer die Sache prüfe (RG 57, 11; ROHG 3, 394; vgl. oben Anm. 19). Eine solche Absicht ist insbesondere aus der Vereinbarung zu entnehmen, daß der Verkäufer die Ware unmittelbar an den Abnehmer des Käufers zu versenden habe (vgl. schon oben Anm. 29). Die Anzeigefrist ist dann entsprechend verlängert, so daß der Drittabnehmer die Mängelanzeige in ordnungsmäßiger Frist, von der Ablieferung an ihn gerechnet, erstatten muß, und daß der Käufer seinem Verkäufer dafür einzustehen hat (ROHG 17, 217; RG 96, 15; LZ 1920, 563[1] u. 439[9]; Kiel SchlHolstAnz. 1921, 91; 1927, 44; Hamburg OLGR. 34, 379). Dies gilt auch dann, wenn der zweite Käufer Nichtkaufmann ist (RG 102, 91). Ist die Ware von dem Verkäufer unmittelbar an den Abnehmer des Käufers übersandt worden, so ist dieser zweite Käufer für berechtigt zu erachten, die Mängelrüge unmittelbar an den Verkäufer ergehen zu lassen, unbeschadet des Rechtes des ersten Käufers hierzu (RG 96, 15; oben Anm. 27 a. E.). Es genügt auch, wenn der Abkäufer die Untersuchung vornimmt, die Rüge an den Käufer richtet und dieser sie an den Verkäufer weitergibt, vorausgesetzt daß alles unverzüglich geschieht (SeuffA 81, 332; oben Anm. 29). Ebenso, wenn der Verkäufer die Ware an den Einkäufer der kaufenden Firma zu senden hatte, der mit der Bearbeitung der Ware betraut war (SeuffA 85, 363). Vgl. Klein, Österreich. Zentralblatt 38 Heft 5. Ist bei verspäteter Lieferung dem Verkäufer mitgeteilt worden, daß die Ware sofort an den weiteren Abnehmer geschickt werde, so ist Einverständnis darüber anzunehmen, daß die Untersuchung erst bei dem weiteren Abnehmer zu erfolgen brauche (RG „Recht" 1924 Nr. 1131). Das Wissen des Verkäufers, daß der Käufer die Ware in Originalpackung weiterverkaufen werde, rechtfertigt für sich allein nicht notwendig die Annahme eines Übereinkommens, daß die Untersuchung erst später stattfinde (RG 57, 11; ROHG 17, 217). Wann eine solche Vereinbarung vorliegt, ist Tatfrage. Sie ist z. B. zu schließen aus der Unzulässigkeit, vor der Weiterbegebung die Fastage zu brechen oder die Originalverpackung zu verletzen, oder aus der Unmöglichkeit, am Ort der Ablieferung die Ware vor ihrer zu beschleunigenden Weiterbeförderung einer gründlichen Untersuchung zu unterziehen, oder aus dem stillschweigenden Einverständnis der Parteien, daß das Urteil des Abnehmers des Käufers über die Empfangbarkeit der Ware in Betracht kommen solle (ROHG 10, 147; LZ 1920, 706[13]), oder wenn dem Verkäufer klar war, daß die zum Weiterverkauf bestimmten Waren (z. B. landwirtschaftliche Maschinen) von dem Käufer nicht ordnungsmäßig untersucht werden konnten, ohne diesen Zweck zu gefährden (JW 1924, 815[25]). — Gelegentlich kommen auch ausdrückliche Abreden des hier behandelten Inhalts — daß die unverzügliche Weitergabe einer seitens des Abnehmers des Käufers unverzüglich erstatteten Mängelanzeige genügen solle — vor; so im Abladegeschäft nach § 3 Abs. 4 der Geschäftsbedingungen des Waren-Vereins der Hamburger Börse (Vorbem. 2 sub B 2); zur Mängelrüge im Abladegeschäft s. im übrigen auch Vorbem. vor § 373 Anm. 277.

Ist fob verkauft, so kommt es auf die Umstände, insbesondere auch auf die Warengattung und die Art der Verpackung an, ob dem Käufer zuzumuten ist, die Ware bei der Verladung zu untersuchen. Diese Frage ist bei einer Holzladung bejaht worden in Bolze 4 Nr. 437. Der Verzicht auf Abnahme vor Verladung von Holz ist aber noch kein Verzicht auf Mängelrüge (Königsberg in LZ 1929, 1418[2]). Die erwähnte Frage ist zu verneinen bei seemäßig verpackter oder in geschlossenen Behältern gelieferter Ware, deren

Untersuchung auf dem Seedampfer sich von selbst verbietet (Bolze 18 Nr. 451; Hamburg HansGZ 05 Hptbl. 105), oder wenn eine Ziehung von Stichproben nach Lieferung an Bord nach ordnungsmäßigem Geschäftsgang untunlich oder zweckwidrig ist und das Schiff rasch abfahren soll (Hamburg HRR 1928 Nr. 1221; oben Anm. 19), oder wenn der Verkäufer dem Käufer nur die Verschiffungsdokumente übergibt (LZ 07, 595[5]). Alsdann gilt ein Hinausschieben der Untersuchung bis zum Eintreffen an dem überseeischen Bestimmungsort als beiderseits gewollt (RG 59, 124; ROHG 3, 82; BGH BetrBer. 1953, 186; vgl. oben Anm. 19). Nach der Übung des Vereins Hamburger Exporteure, die auch im überseeischen Holzhandel gilt, wird durch die Vereinbarung der fob-Klausel der Bestimmungsort als „Ablieferungsort", d. h. als Ort der Untersuchung, bestimmt (Hamburg HRR 1928 Nr. 1221). So liegt auch die Sache, wenn der Verkäufer die Garantie für die Haltbarkeit der Ware während der Seereise übernommen hat (ROHG 15, 212), oder wenn die Untersuchung am Verschiffungsplatz dem Spediteur, wie beide Teile wußten, zu große Schwierigkeiten bot (LZ 1911, 543[5]). Anders beurteilt sich der Fall, in dem seewärts ankommende Ware in das Binnenland befördert werden soll. Ein fester Handelsgebrauch im Südfruchthandel zwischen Italien und Deutschland, wonach die über Basel laufenden Zitronenwagen nicht in Basel, sondern erst am Bestimmungsort untersucht zu werden brauchen, hat sich lt. München LZ 1928, 786[2] nicht herausgebildet; die heute maßgebenden Geschäftsbedingungen für den Südfruchtimport aus Italien sehen die Untersuchung am Bestimmungsort vor (vgl. München BetrBer. 1955, 748).

Einen gewissen Raum nehmen in manchen Allgemeinen Geschäftsbedingungen die Regelungen über eine verbreiterte Basis der (vorprozeßlichen) Mängelfeststellung ein, in der Regel unter Einschaltung des Verkäufers. So besonders eingehend im Deutschen Garnkontrakt (Vorbem. 2 sub A 1a Abschn. B), aber auch sonst (wie vor, sub 5 Tz. 9. 8 und 9. 13; § 3 der „Bedingungen der Bremer Baumwollbörse", Anhang III zu § 346). Die Kosten verkäuferseitiger Gegenprüfungen, wenn sie besonders umfangreich sind und die Bemängelung sich als unbegründet herausgestellt hat, werden vereinzelt dem Käufer auferlegt (Vorbem. 2 sub A 15 a. E.). Feststellung des Mangels durch zwei Arbitratoren im Falle der „Handelskammer-Arbitrage" nach den „Platzusancen für den hamburgischen Warenhandel" § 20 Abs. 7: s. Vorbem. 2 sub B 1; Abrede, daß sofort Sachverständige zur Feststellung des Befundes zuzuziehen seien: RG 92, 270.

Vereinzelt wird **schriftliche Form der Rüge** ausdrücklich vorgeschrieben (Vorbem. 2 Bsp. A 7a, 14c). Doch ist die Wirksamkeit einer Rüge von der Beobachtung dieser Form nicht abhängig, etwa wenn sie nur durch Fernsprecher erhoben worden wäre, sofern ihre Erhebung bewiesen werden kann. Es handelt sich um nicht mehr als eine „vertragliche Ordnungsvorschrift".

Ist Arbitrage vereinbart (vgl. Vorbem. 2 sub B, 2 [§ 20] und Vorbem. vor § 373 Anm. 5, 49ff.), so ändert dies an der Verpflichtung zu gehöriger Mängelanzeige nichts (LZ 1911, 782[1]).

Sind Ausfallproben (Ausfallmuster, Referenzmuster, Kostproben), d. h. **Anm. 33** Muster aus der fertigen, fest gekauften Ware, also nach Kaufabschluß, gegeben, so kann damit gemeint sein, daß die Ausfallprobe insofern an die Stelle der Ware tritt, als die Prüfung an der Probe vorzunehmen ist und die hierbei erkennbaren Mängel als genehmigt gelten, wenn nicht rechtzeitig gerügt wird (vgl. RG in HRR 1928 Nr. 11). Der Käufer braucht die Ware selbst nicht nochmals einer Untersuchung zu unterziehen: weist die Ware Mängel auf, die der Probe nicht angehaftet hatten, so gelten sie — soweit sie nicht geradezu offen zutage liegen und insofern allerdings eine nunmehrige Rügepflicht auslösen — als verdeckte. Abgesehen von einer ausdrücklichen Vereinbarung, daß die Probe stellvertretend für die Ware stehe, ist nach den Umständen des einzelnen Falles zu beurteilen, ob etwa eine dahingehende stillschweigende Vereinbarung vorliegt (WarneyerRspr. 1917 Nr. 83; RG in LZ. 1912, 324[6]). Diese kann auf dem von den Parteien geübten Geschäftsverkehr oder auf einem Handelsbrauch oder auch einer nach Treu und Glauben sich ergebenden Verpflichtung des Käufers beruhen, wenn der Verkäufer ihm die Ausfallprobe in der ersichtlichen Absicht übersandt hat, daß sie die Ware in dieser Hinsicht vertreten solle (Bolze 7 Nr. 585). Letzteres wird insbesondere anzunehmen sein, wenn die Ablieferung der Ware an einem überseeischen Platz zu erfolgen hat (Hamburg ZHR. 40, 510 Nr. 205; ROHG 7, 258), oder wenn es sich um eine Ware handelt, mit deren Anfertigung der Verkäufer begonnen hat (RG 63, 223), oder wenn der Verkäufer die Ware, aus der die Probe entnommen ist, erst anschaffen soll und dies dem Käufer bekannt war (LZ 1913, 541[11]; Bolze 9 Nr. 406; Hamburg OLGR 9, 273). Ohne eine solche ausdrückliche oder stillschweigende Abrede sind die Grundsätze über Rügepflicht und Genehmigungswirkung einer unterlassenen Rüge, wie sie für die Ware selbst gelten, nicht ohne weiteres auf die Behandlung eines eingesandten Ausfallmusters auszudehnen (Hamburg in HansRGZ 1936 B 420; ZHR 40, 510 Nr. 205; Dresden ZHR 43, 368 Nr. 354; KGBl. 99, 81). Der Käufer hat dann zwar das Recht, die Ware auf Grund des Ausfallmusters zu beurteilen, wogegen dem Verkäufer der Beweis offensteht, daß die Ware selbst von besserer und dem Vertrage genügender Beschaffenheit sei (RG 47, 133); doch präjudiziert sich der Käufer durch die Unterlassung der Mängelrüge nicht. Auch wenn der Verkäufer auf Ersuchen des Käufers ein Ausfallmuster schickt, ist damit noch nicht gesagt, es vertrete nunmehr das Ausfallmuster die Ware (RG „Recht" 1918 Nr. 270). Darüber, ob auf die Beschaffenheit des Ausfallmusters allein schon Gewährleistungsansprüche zu stützen sind, s. unten Anm. 178a.

Es gibt auch Ausfallproben (insbesondere Schifferproben), die zum Zweck der Feststellung der Identität der abgelieferten und übernommenen Ware gegeben werden; sie sind überhaupt nicht im Sinne des § 377 zu prüfen. Denn § 377 hat nur die Feststellung von Mängeln, nicht die Feststellung der Identität einer bereits empfangenen Ware im Auge (vgl. JW 93, 27[49]). Es gibt ferner Ausfallmuster, die nur ein allgemeines Bild davon geben sollen, wie die Ware ungefähr ausfallen werde (sog. Typmuster, Vorbem. vor § 373 Anm. 114; BGH MDR 1959, 35 = NJW 1958, 2108 = BetrBer. 1958, 1149); von ihnen gilt das oben Ausgeführte in entsprechender Anwendung.

Kaufmuster sollen dem Käufer ermöglichen, sich über den Kauf einer noch zu liefernden Ware schlüssig zu machen; sie werden deshalb vor dem Abschluß gegeben im Gegensatz zum Ausfallmuster, das die Beschaffenheit der bereits fest gekauften, aber noch nicht gelieferten Ware ausweisen soll. Doch werden im Handel diese Begriffsbezeichnungen nicht immer streng auseinandergehalten (vgl. RG in LZ 1912, 324[5]). Die auf das Kaufmuster hin erfolgte Bestellung (Kauf nach Probe, § 494 BGB; Vorbem. vor § 373 Anm. 112 ff) ist erfüllt, wenn die gelieferte Ware den Eigenschaften des Musters entspricht. Dies gilt sogar für solche Eigenschaften der Probe, die als Mängel, und zwar als offene, durch Untersuchung erkennbare, in Frage kommen würden (entsprechende Anwendung des in § 377 zum Ausdruck gekommenen Grundsatzes, BGH Betrieb 1957, 66 = LM § 460 Nr. 1 = BetrBer. 1957, 58 u. Nürnberg Betrieb 1956, 497). Hat das Muster aber verborgene Mängel (s. Anm. 31), so kann deswegen die Ware beanstandet werden (RG 99, 248; 95, 47; WarneyerRspr. 1920 Nr. 37).

Anm. 34 Die Untersuchung und Anzeige kann auch im voraus beschränkt oder ganz erlassen werden. Dies ist der Fall, wenn der Verkäufer den Mangel ad hoc mitteilt; der Käufer, der daraufhin die Ware zurückweist, braucht nicht daneben noch eine Mängelrüge abzugeben (ROHG 7, 112; München LZ 1913, 316[1]). Im Ergebnis daher richtig BGH BetrBer. 1956, 1166: der Verkäufer eines 57sitzigen Reiseomnibusses, mit dieser Sitzzahl verkauft und zu liefern, hatte zusammen mit dem Kaufgegenstand ein Gutachten des zuständigen technischen Überwachungsvereins übergeben, wonach das Fahrzeug trotz seiner Zahl von 57 Sitzen nicht mit der vollen Kapazität belastbar sei; die Rüge wurde noch nach effektiver Aufdeckung dieses Mangels zugelassen (freilich mit der anfechtbaren Begründung, es habe sich um einen verborgenen gehandelt, da dem Käufer nicht habe zugemutet [?] werden können, das Gutachten durchzulesen). Durch ein Garantieversprechen wird im allgemeinen die Obliegenheit zu sofortiger Untersuchung und Mängelrüge nicht berührt. Der Wille, auf Mängelrüge zu verzichten, muß solchenfalls deutlich erkennbar sein. Der Käufer ist also seiner Verpflichtung zu rechtzeitiger Mängelrüge nicht dadurch enthoben, daß der Verkäufer für bestimmte Eigenschaften der Ware oder für bestimmte Leistungsfähigkeit einer Maschine garantiert (Bolze 16 Nr. 421; Gruch. 47, 1011) oder tadellose Ausführung zusichert (LZ 1911, 610[12]); auch nicht dadurch, daß der Verkäufer die Garantie für gesunde Ankunft der Ware am Bestimmungsort (SeuffA 75, 295) oder dafür übernimmt, daß die Ware dem deutschen Nahrungsmittelgesetz entspreche (LZ 1920, 707[14]). Dies gilt auch für eine über die Untersuchungs- und Anzeigefrist hinausgehende Garantiefrist

(RG 37, 81; LZ 1912, 673[3]; unten Anm. 48 u. 154), die im allgemeinen nur die Hinausschiebung der Verjährungsfrist nach § 477 BGB bis zur Entdeckung des Mangels innerhalb der Garantiefrist bedeutet, ohne von der Untersuchung und Anzeige zu befreien (RG in HRR 1930 Nr. 1439; JW. 1910, 117[26]; Celle SeuffA 48, 183), aber auch bedeuten kann, daß es genüge, wenn der Mangel während dieser Frist angezeigt ist (Kiel SchlHolstAnz. 1927, 44), oder daß die Frist zur Geltendmachung von Gewährleistungsansprüchen erst vom Ablauf der Garantiefrist an laufen solle (RG 65, 121). Wohl aber kann im Einzelfall (z. B. bei Konserven) die Garantieübernahme bedeuten, daß der Käufer von einer Untersuchung absehen darf, zumal wenn die Untersuchung gleich nach der Ablieferung erheblichen Schwierigkeiten begegnet (Hamburg LZ 1919, 823[9]). Auch kann ein Erlaß in der Verpflichtung liegen, die Ware jederzeit zurückzunehmen (Hamburg OLGR 16, 406). Im Häutehandel aber hat die Klausel „nicht dem Muster entsprechende Häute werden zurückgenommen" nicht die Bedeutung, daß der Käufer dadurch von der Rügeobliegenheit entbunden wäre; Sinn und Zweck der Klausel ist, eine Berufung des Verkäufers auf § 469 Satz 2 BGB auszuschließen (RG in SeuffA 87, 345). Ist amtliche Untersuchung des Naturalgewichts der Ware vereinbart, so darf der Käufer sich damit begnügen, der amtlichen Untersuchung den Weg zu eröffnen (Bolze 5 Nr. 679). Desgleichen, wenn der Befund durch amtliche Sachverständige festgestellt werden soll (oben Anm. 32), wie z. B. nach der Klausel „Handelskammer-Arbitrage" gem. § 20 Ziff. 7 der „Platzusancen für den hamburgischen Warenhandel". Durch die Vereinbarung, daß das Attest eines beeidigten Sachverständigen über den Gutbefund der Ware beizubringen sei, wird nichts an der Obliegenheit des Käufers zur alsbaldigen Untersuchung und Mängelrüge geändert (RG 96, 246). Über die vertragsmäßige Ausschließung der Rügeobliegenheit bei Refaktie s. § 380 Anm. 5.

Ein nachträglicher Verzicht des Verkäufers auf den Verspätungseinwand und sonstige Fehler der Anzeige ist zulässig (WarneyerRspr. 1929 Nr. 97; BGH LM § 377 Nr. 1). Ein solcher Verzicht liegt in der vorbehaltlosen Anerkennung der Fehlerhaftigkeit der Ware; in der nachträglichen Verpflichtung, für die Vertragsmäßigkeit der Ware einzustehen (Bolze 3 Nr. 706); in vorbehaltloser Zurücknahme der Ware (LZ 1910, 472[3]; vgl. Gruch. 51, 175); in der Unterlassung der Rüge, daß die Mängelanzeige verspätet sei (BGH BetrBer. 1952, 902 = NJW 1953, 22; WarneyerRspr. 1929 Nr. 97); in der Regel auch in dem — vorbehaltlosen (Hamm MDR 1959, 493) — Versprechen, den Mangel zu bessern (BGH BetrBer. 1952, 902; ROHG 19, 334); ebenso darin, daß der Verkäufer durch Weiterverkauf über die beanstandete Ware verfügt und sich zur Ersatzlieferung bereit erklärt (Bamberg DRichtZ. 1926 Beil. 208 Nr. 717); auch im Abschluß eines Vergleichs sowie in der nachträglichen Vereinbarung einer Arbitrage über die Vertragsmäßigkeit der Ware (LZ. 1912, 146[3]; RG. 90, 170); nicht immer in vorbehaltlosem Einlassen auf eine sachliche Prüfung der gerügten Mängel (RG LZ 1917, 795[16] — zustimmend BGH LM § 377 Nr. 1 mit dem Hinzufügen, daß selbst eine verspätete Erhebung des Einwandes im 2. Rechtszuge noch nichts für einen Verzicht in der 1. Instanz besage —; 1911, 58[4]; Hamburg OLGR 32, 168) und nicht in der Einlassung auf Vergleichsverhandlungen (Hamburg OLGR 6, 470). Der Verkäufer wahrt sich das Recht zur Erhebung von Einwendungen gegen die Wirksamkeit der Mängelanzeige schon dadurch, daß er der Mängelanzeige und dem daraus hergeleiteten Anspruch des Käufers widerspricht (Holdheim 06, 281). Hat er aber während eines längeren Prozesses niemals auf die Verspätung der Mängelrüge hingewiesen, so ist anzunehmen, daß er auf Rechte aus einer etwaigen Verspätung verzichtet habe (RG. in HansRGZ 1929 B 555). Anm. 35

Nicht dem Mängelrügerecht im engeren Sinne, sondern dem materiellen Mängelgewährschaftsrecht gehört es an, daß der Käufer auf die Befugnis zur Bemängelung im voraus verzichten kann. Er verzichtet damit auf die aus dem Mangel herzuleitenden Ansprüche überhaupt. So bei der Klausel „tel quel" (§ 360 Anm. 4, 5); über ihre usancemäßige Ausgestaltung im hamburgischen Warenhandel s. Vorbem. 2 Bsp. 1 (§ 9) u. 2 (§ 22). Die Klausel „wie besehen" deckt jedoch heimliche (= verdeckte) Mängel nicht; der Besichtkäufer behält daher die hieraus entfließenden Gewährschaftsansprüche, und es obliegt ihm insoweit unverändert, die Sache, sobald er Verdacht auf heimliche Mängel hat, zu untersuchen und zu rügen (RG „Recht" 1919 Nr. 1180; oben Anm. 30 u. unten Anm. 121). Auch ein nachträglicher Verzicht auf das Mängelrügerecht ist denkbar; ein solcher Anm. 36

liegt jedoch noch nicht in dem Verzicht auf eine an sich vertraglich vorgesehen gewesene Abnahme der Ware vor Verladung (Königsberg LZ 1929, 1418[2]). Endlich kann auf die durch die Mängelanzeige, soweit sie ordnungsgemäß erfolgt ist, gewahrte Rechtsposition verzichtet werden. Darin liegt dann die Genehmigung der mangelhaften Ware; der Käufer befindet sich in der gleichen Rechtsstellung, als habe er zu spät, nicht ordnungsmäßig oder überhaupt nicht gerügt. Siehe im übrigen wegen der Rechtsfragen aus der Genehmigung der Ware unten Anm. 116.

Die Klausel „Kasse gegen Verladedokumente" hat mit der Mängelrüge nichts zu tun. Sie bedeutet nur eine vorverlegte Zahlungspflicht des Käufers: dieser hat kein Recht, seine Zahlung von vorgängiger Untersuchung der Ware auf Mängel abhängig zu machen, sollte die Ware auch schon an seinem, des Käufers, gewerblichem Sitz angekommen und deshalb für die Durchführung einer Untersuchung greifbar sein. Nach Ablieferung kommt dagegen unbeschadet der Pflicht zur Zahlung die normale Untersuchungs- und Rügeobliegenheit zum Zuge. Die Pflicht zur Zahlung gegen Entgegennahme der Dokumente nimmt dem Käufer zwar Recht und Möglichkeit, es auf eine Zurückweisung der Ware ankommen zu lassen; in seinen Gewährleistungsansprüchen ist er nicht beschränkt.

Anm. 37 8. **Internationalprivatrechtlich** ist zu bemerken: Über die Rechtzeitigkeit der Mängelrüge entscheidet das Recht des Erfüllungsortes des Käufers, nicht das Recht des Ablieferungs- oder Bestimmungsortes. Denn die rechtzeitige Untersuchung und Anzeige ist nur die Voraussetzung der nach dem Recht des Erfüllungsortes des Käufers zu beurteilenden Verpflichtung zur Zahlung des Kaufpreises; RG 81, 273.

III. Die Rechtsfolgen der unterbliebenen und der geschehenen Mängelanzeige

Anm. 38 **A. Die Rechtsfolge der unterbliebenen oder nicht gehörigen Mängelanzeige.** Diese allein ist im HGB geregelt und besteht darin, daß die Ware als genehmigt gilt. Es handelt sich dabei nicht etwa nur um eine widerlegbare Vermutung (RG in JW 1936, 2391[7]) — ein Gegenbeweis, etwa durch schlüssige Handlungen, die auf eine Nichtgenehmigung hindeuten, ist unzulässig (Hagens HansRZ 1920 Nr. 3 S. 115) —, sondern um eine gesetzliche Fiktion. Das ist allg. Meinung; vgl. neuerdings Flume, Allg. Teil II, 117.

1. Das Präjudiz der Genehmigung tritt als gesetzliche Fiktion ohne Rücksicht auf den Parteiwillen in Kraft (RG 65, 54; JW 1936, 2391[7]). Die Strenge der Fiktion zeigt deutlich RG 170, 158; danach sollen die zu Beginn des Krieges erlassenen Fristhemmungs-Vorschriften zugunsten von Soldaten hier nicht einmal entsprechend anwendbar sein. Komplex wird jedoch die dogmatische Seite der Fragestellung, ob die Fiktion der „Genehmigung" nur ein gesetzestechnisches Mittel sei, um an den Tatbestand des Unterbleibens der Mängelanzeige den Verlust der Rechte des Käufers ex lege knüpfen zu lassen; oder aber, ob das Schweigen des Käufers, zwar fingiertermaßen, so doch seiner Rechtsnatur nach Willenserklärung bleibe (ihm als echte Willenserklärung unterstellt werde), so daß die Regeln über Geschäftsfähigkeit und über Anfechtbarkeit wegen Willensmängel damit anwendbar würden. Die Frage ist in der Rechtsprechung bisher nicht behandelt, in der Literatur nur angedeutet. Sie kann dennoch praktisch werden. Angenommen, der Käufer verwechselt die angelieferte Ware mit einer anderen, bereits untersuchten und für einwandfrei befundenen; er sieht unter dem Einfluß dieses Irrtums (error in objecto) von einer Untersuchung ab, die anderenfalls einen rügepflichtigen Mangel zutage gefördert haben würde; die Rüge unterbleibt. Oder: er wird vor der Absendung der Mängelanzeige durch rechtswidrige Drohung unter Druck gesetzt, anzuordnen, daß die Anzeige nicht herausgehe. Oder: er wird durch die unlautere Machenschaft im Büro des von ihm mit der Begutachtung der Ware beauftragten Sachverständigen über das Vorhandensein des Mangels hinweggetäuscht und unterläßt aus diesem Grunde die Rüge. Oder: der Kleinkaufmann, der sein Ladengeschäft mit einem Lehrling betreibt, erleidet einen Verkehrsunfall und wird für mehrere Tage bewußtlos; sein Lehrling hat in seiner Abwesenheit die gelieferte Ware angenommen; der Ladenverkauf geht unter Zuhilfenahme der Mutter des Lehrlings zwar notdürftig weiter, aber Untersuchung und Rüge unterbleiben. Folgt man den in der Literatur für fingierte Willens-

erklärungen generell aufgestellten Thesen, so würde man für den Irrtum mit Flume (a. a. O. S. 119) zur Bejahung, mit v. Tuhr (AllgT II, 423/424) zur Verneinung der Anfechtbarkeit, für die Fälle von Täuschung und Drohung sowie für das Hindernis der mangelnden Geschäftsfähigkeit mit beiden Autoren zur Bejahung der Rechtsbehelfe des Allgemeinen Teils des BGB kommen.

Demgegenüber wird man folgendes zu bedenken haben: Die fingierte Genehmigung nach § 377 ist mit keinem der in der Literatur ausführlicher behandelten Fälle einer sonst fingierten Genehmigung voll vergleichbar. Wo der Gesetzgeber an anderer Stelle dem Schweigen eine „genehmigende" Wirkung beilegt (§§ 496 Satz 2, 516 Abs. 2 BGB, 362 HGB), handelt es sich um die Perfizierung eines Vertrages. Hier dagegen, bei § 377, ist die Wirkung des Schweigens die eines Rechtsverlustes. Das wiederum rückt eine solche Regelung in den Formenkreis der Verwirkung durch Verschweigung: einer Verwirkung freilich, die, im Vergleich mit dem sonst bekannten Gehalt dieses Rechtsinstituts und dessen arbiträren Elementen einer Interessenabwägung ex eventu, hier stark formalisiert und (oben Anm. 17!) objektiviert erscheint. Der Verwirkungscharakter erhellt nicht zuletzt aus Abs. 5 unseres Paragraphen; denn in der Tat geht es im ganzen Bereich des Mängelrügerechts darum, wieweit der Verkäufer sich dem Käufer gegenüber darauf „berufen könne", dieser habe durch sein Schweigen die Rechte aus dem Mangel eingebüßt. Legt man aber den Akzent des Betrachtens auf die Verwirkung, so scheidet vorweg die Möglichkeit einer Anfechtung wegen Irrtums aus, mag der Irrtum auch noch so entschuldbar erscheinen. Insoweit ist namentlich das „unverzüglich" der Rügelast für unsere Fragestellung untauglich. Die Gefahr des Irrens im Zuge der Behandlung der angelieferten Ware gehört zum Risikobereich des Käufers. Schweigt er in der Auswirkung eines solchen Irrtums, so kann er die Verwirkungsfolge seines Schweigens unter der zügigen Strenge der handelsmäßigen Rügeobliegenheit nicht mit einer „Anfechtung" der ihm unterstellten Genehmigung aus dem Felde schlagen. Auf das Unterbleiben der Rüge nach Ablauf einer im objektiven Maßstab hierzu anzusetzenden Frist hin muß der Verkäufer seine Lieferpflicht als abgewickelt ansehen dürfen. Nicht anders kann das Risiko verteilt werden in dem Falle, daß der Käufer die Rüge unter dem Einfluß einer arglistigen Täuschung (sc. von dritter Seite) unterlassen hat. Die Gefahr einer Fehldisposition, gleich aus welchem Grunde, ist im kaufmännischen Betrieb immer gegeben und geht zu Lasten des Betriebsinhabers. Im Gegensatz hierzu ist die Lahmlegung durch rechtswidrige Drohung ein im Regelfalle außerbetriebliches handicap, insoweit nicht ganz unähnlich der höheren Gewalt. Kommt die Drohung aus Kreisen, für die der Käufer betrieblich einzustehen hat, so würde es an dem letzteren Charakteristikum zwar fehlen; das Unterbleiben der Rüge könnte ebensowenig angefochten werden wie im Falle des Irrtums und der arglistigen Täuschung. Wenn aber der Unterlieferant des Verkäufers, auf dessen Lieferung der Mangel zurückzuführen ist, zwecks Abwendung von Regressen den Käufer durch Mittelsmänner unter Druck setzen läßt, von einer Mängelanzeige abzusehen, widrigenfalls er ein Steuervergehen des Käufers aufdecken werde, so wird die Anfechtbarkeit der fingierten Genehmigung schon sehr viel näher liegen: nur daß hierfür angesichts der Ausgestaltung des § 377 nicht die normale Jahresfrist zur Verfügung steht, sondern die Anfechtung unverzüglich nach Aufhören der Zwangslage zu erfolgen hätte.

An dieser Stelle nun zeigt es sich, daß der Genehmigungsfiktion die Unterstellung einer zum mindesten gedachten Genehmigung, und nicht bloß ein gesetzestechnischer Kunstgriff zur Schaffung einer Präklusionsfolge, zugrundeliegt. Wenn oben Anm. 21 der Mängelanzeige ein finaler Charakter beigemessen worden ist, so kann dem Schweigen, als der Alternative hierzu, die finale Komponente nicht völlig fehlen. Die weiteren Konsequenzen auf dem Gebiet der Geschäftsfähigkeit ergeben sich alsdann zwanglos. Einem in den Zustand des § 105 Abs. 2 BGB geratenen Käufer wird die Versäumung der Rüge solange nicht zugerechnet, als sein Unternehmen ohne eine andere, zur Erstattung der Rüge befähigte Person bleibt, insbesondere also ein Prokurist oder ein Handlungsbevollmächtigter nicht vorhanden ist. Entsprechendes würde für den Eintritt der Geschäftsunfähigkeit vor Bestellung eines gesetzlichen Vertreters zu gelten haben. Auf die ähnliche Rechtslage beim Tode des Kaufmanns (oben Anm. 3 sub d) sei verwiesen.

2. Die Genehmigung, als welche das Ausbleiben einer ordnungsgemäßen Rüge unterstellt wird, bedeutet nicht nur den Verlust der Gewährschaftsansprüche. Sie bedeutet darüber hinaus, daß der Käufer weder die Zahlung des Kaufpreises verweigern noch etwaige Rechte aus § 323 BGB geltend machen kann, daß ihm Ansprüche aus positiver Vertragsverletzung nicht zustehen, daß eine auf vertragswidrige Lieferung gesetzte Vertragsstrafe entfällt, daß dem Käufer die Kosten der Untersuchung und Mängelanzeige zur Last fallen, daß Ansprüche gegen Drittverhaftete (Gesamtschuldner, Bürgen des Verkäufers) erlöschen, daß er überhaupt aus dem Mangel der Ware keinerlei Rechte herleiten kann: denn es ist so anzusehen, als habe der Verkäufer vertragsmäßig geliefert (BGH LM § 377 Nr. 5 [= MDR 1959, 386 = BetrBer. 1959, 281], 6 [= NJW 1959, 1081 = MDR 1959, 482 = BetrBer. 1959, 393]; BetrBer. 1953, 992; OLG Karlsruhe NJW 1958, 226; RG 125, 76; RG in JW 1936, 2391[7]). Bei Teillieferungen sind nur die Teillieferungen genehmigt, bezüglich deren die Mängelrüge nicht oder nicht gehörig erfolgt ist (RG 104, 384; 65, 53; SeuffA 87, 347). Auf künftige Teillieferungen erstreckt sich diese Genehmigungswirkung dann, wenn nach Treu und Glauben ein solcher Wille des Käufers anzunehmen ist (WarneyerRspr. 1919 Nr. 154 — s. unten Anm. 178 a. E. —; Karlsruhe BadRspr. 17, 35). Mehr, als daß die Ware nun als vertragsmäßige zu gelten habe, besagt § 377 nicht; er besagt insbesondere nicht, daß durch die Genehmigung auch der Eigentumserwerb vollzogen sei. Der Eigentumserwerb folgt anderen Regeln; darüber Vorbem. vor § 373 Anm. 144, 171, 230ff.

3. Besondere Betrachtung erfordert das Unterbleiben oder die Verspätung der Rüge aus Gründen, die vom Verkäufer verschuldet worden sind, oder unter der Einwirkung von Umständen, die sich für den Käufer als unüberwindliches Hindernis darstellen. Trägt der Verkäufer die alleinige Schuld, so liegt auf der Seite des Käufers kein Verstoß gegen die Obliegenheit einer „unverzüglichen", d. h. ohne schuldhaftes Zögern zu erstattenden Rüge vor; die Genehmigungsfiktion kann schon dieserhalb nicht eintreten. So wenn eine unrichtige Deklaration der Ware im Frachtbrief („Recht" 1922 Nr. 117) voraufgegangen war, oder wenn der Verkäufer, obwohl die Untersuchung bei der Verladung stattfinden sollte, die Ware abgeschickt hat, ohne dem Käufer Ort und Zeit der Verladung mitzuteilen (LZ 1919, 799[18]). Liegt ein Verschulden an der Verzögerung oder dem Unterbleiben der Rüge auf beiden Seiten vor, so steht dasjenige des Verkäufers dem Eintritt der Genehmigungsfiktion nicht entgegen: es gibt keine durch Kompensation nach Art des § 254 BGB „geminderte" Fiktionswirkung. Wohl aber kann der Käufer in Anwendung des § 254 BGB einen Teil des ihm aus der Fiktion entstehenden Schadens auf den Verkäufer, der ihm für seine schuldhafte Mitverursachung des Rügeversäumnisses unter dem Gesichtspunkt der positiven Vertragsverletzung ersatzpflichtig ist, abwälzen. War ein unteilbarer Gegenstand zu liefern, so kommt zwar eine Wandelung nicht in Betracht; denn die Wandelung als solche ist unteilbar. Anders bei einer teilbaren Lieferung; hier wird der Ausgleich in der Weise erfolgen können, daß der Käufer nach dem Maß der auf ihn entfallenden Verschuldensquote den entsprechenden Teil der Lieferung behalten (und voll bezahlen) muß, für den anderen jedoch wandeln darf. Eine teilweise Herabsetzung der gesetzlichen Minderungsberechnung ist in jedem Falle möglich. Auch der durch die mangelhafte Sache beim Käufer angerichtete Schaden läßt sich nach § 254 BGB verteilen; ebenso der Schaden aus dem Fehlen zugesicherter Eigenschaften (§ 463 BGB, unten Anm. 87ff.). Sogar der Nachlieferungsanspruch aus § 480 BGB wird sich teilen lassen: für einen Teil hat der Käufer den Nachlieferungsanspruch, den anderen Teil muß er behalten und bezahlen. — Wird der Käufer durch zwingende Umstände oder durch einen vom Verkäufer zu vertretenden Umstand an der Untersuchung der Ware nachhaltig verhindert, so muß er dem Verkäufer hiervon unverzüglich Anzeige erstatten. Unterläßt er die Anzeige schuldhaft, so liegt darin die Verletzung einer vertraglichen Nebenpflicht (der Verkäufer wird in dem Glauben gelassen, der Kauf gehe in Ordnung: er hat einen Anspruch darauf, zu erfahren, daß und warum dies trotz Ausbleibens einer Rüge nicht der Fall ist), die den Käufer zum Schadensersatz verpflichtet, ggf. unter Abwägung nach § 254 BGB gegen das Vertreten-müssen des Verkäufers. Der Verkäufer kann alsdann verlangen, so gestellt zu werden, wie wenn der Käufer ihn von dem Hinderungsgrund unterrichtet hätte. Zeigt der Käufer die Verhinderung an der Untersuchung pflichtgemäß an, so läuft die

Rügefrist erst wieder mit Beendigung des Hindernisses oder, wenn der Verkäufer die Hinderung zu vertreten hat, mit der Anzeige des Verkäufers von der Beseitigung des hindernden Umstandes (vgl. § 3 Abs. 2 der Platzusancen für den hamburgischen Warenhandel — Vorbem. 2 sub B 1; ähnlich § 3 Abs. 8 der Geschäftsbedingungen des Waren-Vereins der Hamburger Börse, daselbst sub B 2 —).

B. Die Rechtsfolgen der erfolgten, gehörigen Mängelanzeige bestehen darin, daß der Käufer seine Rechte aus der mangelhaften Beschaffenheit der Ware geltend machen kann; also nicht nur Gewährleistungsansprüche, sondern alle Rechte, welche eine gehörige Mängelanzeige voraussetzen (RG 106, 310). Darüber, welche dies sind, s. unten Anm. 49ff. Die Mängelanzeige wirkt in erster Linie rechteerhaltend, RG 106, 361. Sie erzeugt diese Rechte und Ansprüche nicht — denn die Rechte und Ansprüche wurzeln im allgemeinen bürgerlichen Recht und werden auf den Mangel unmittelbar zurückgeführt —, aber sie ist Voraussetzung, daß der Käufer solche Ansprüche demnächst geltend machen, solche Rechte demnächst ausüben kann. In einer einzigen Beziehung allerdings wirkt die Rüge auch rechte-erzeugend, nämlich rechte-verstärkend: sie perpetuiert die Wandelungs- und Minderungseinrede des Käufers, indem sie sie auf 30 Jahre verjährungsfest macht, wie sich aus § 478 BGB ergibt. Doch: das ist nicht die spezifische Wirkung des § 377, sondern sie ergibt sich aus dem bürgerlichen Recht. Näheres darüber s. unten Anm. 141.

Damit ist die Frage aufgeworfen, wie die vorbezeichnete Wirkung der Rüge behauptungs- und beweislastrechtlich zu qualifizieren sei. Die ordnungsmäßige Erhebung der Rüge ist nicht Teil des Klagegrundes für die aus dem Mangel herzuleitenden Ansprüche. Der Anspruch entsteht mit dem Gefahrübergang (bei der Gewährleistung) bzw. mit dem Eintritt des Schadens (bei der durch den Mangel bewirkten Schädigung des Käufers, kraft der Haftung aus positiver Vertragsverletzung). Der Gefahrübergang, sofern er überhaupt eintritt und nicht der Käufer die Ware zurückweist, wird durchweg vor dem Zugang der Rüge beim Verkäufer liegen. Dann würde das Unterbleiben der Rüge rechtsvernichtend wirken. Liegt die Versäumung der Rügefrist vor dem Eintritt eines Schadens beim Käufer aus der schädigenden Eigenschaft der Ware, so wirkte sie rechtshindernd. Die Erstattung der Rüge wiederum ist, wie erwähnt, rechtserhaltend: sie konstituiert die Ansprüche nicht, beugt aber ihrem Verlust vor, der durch das Unterbleiben der Rüge kraft Gesetzes eintreten würde. Solche rechtserhaltenden Akte des Anspruchsträgers, die die Funktion haben, „das Tor offen zu halten" (welches sonst zufallen würde), kennt das Gesetz auch sonst; man denke an die Inventarerrichtung durch den Erben, nachdem ihm eine Inventarfrist gesetzt worden ist (§ 1994 Abs. 1 Satz 2 BGB). Die positive Wirkung des rechtserhaltenden Aktes ist alsdann nur das Gegenbild der rechtsvernichtenden bzw. rechtshindernden Wirkung seines Ausbleibens (zwischen beidem klafft deshalb nicht der Widerspruch, den Fabricius JZ 1965, 272 Fn. 10 darin erblicken zu müssen geglaubt hat. Über den Januskopf der Rügeinstitution in treffender Formulierung: RG 106, 361). Behauptungs- und Beweislast bestimmen sich in diesen Fällen danach: Derjenige, der ein Recht für sich in Anspruch nimmt, für dessen Ausübung das Gesetz fordert, daß er sich die Ausübungsmöglichkeit in geeigneter Form offengehalten habe, hat nicht nur die tatbestandlichen Grundlagen seines Rechts zu behaupten und zu beweisen, sondern auch, daß er die geforderte Voraussetzung für die Ausübbarkeit des Rechts sich gewahrt hat. Damit deckt sich im Ergebnis das bewährte Rechtsprinzip „negativa non sunt probanda": nicht dem Gegner obliegt der Beweis, daß der Anspruchsträger seine Rechte durch Nichtausübung der Offenhaltungsobliegenheit eingebüßt habe — so unbestreitbar im allgemeinen der Rechtserlöschensgrund zu seiner Behauptungs- und Beweislast steht —, sondern dem Anspruchsträger, daß die Offenhaltungsobliegenheit ordnungsgemäß genutzt worden sei. Ist dem Erben die Inventarfrist gesetzt worden und hat er sie verabsäumt (so daß er nun nicht mehr die beschränkte Erbenhaftung durch Nachlaßverwaltung, Nachlaßkonkurs oder Dürftigkeitseinrede herbeiführen kann), so hat nicht der Nachlaßgläubiger, der den Erben auf Zahlung der Nachlaßverbindlichkeit in Anspruch nimmt, im Streit um den Ausspruch des Vorbehalts gem. § 780 Abs. 1 ZPO die Versäumung der Inventarfrist zu behaupten und zu beweisen, sondern der Erbe hat zu beweisen, daß er sich die Möglichkeit der Haftungsbeschränkung durch rechtzeitige Inventarerrichtung gewahrt hat. Das folgt bereits aus dem Aufbau der Vorschrift des § 1994 Abs. 1 BGB. Ebenso hat im Falle des § 377 nicht der Verkäufer zu behaupten und zu beweisen, daß der Käufer eine ordnungsmäßige Rüge verabsäumt habe, sondern dem Käufer liegt der Beweis ob für die dem Gesetz entsprechende Erstattung der Rüge, sobald er selbst behauptet, die gelieferte Ware sei mangelhaft gewesen. Hingegen hat der Verkäufer den Umstand zu beweisen, der die Rügeobliegenheit des Käufers überhaupt erst auslöst, nämlich die Ablieferung. Das alles ist unten Anm. 123ff. näher dargelegt. Die Gegenmeinung von Fabricius JZ 1965, 271, wonach das Ausbleiben der ordnungsgemäßen Rüge vom Verkäufer im Wege der Einrede geltend zu machen sei, ist abzulehnen. Mit dem Ausdruck „sich berufen" in Abs. 5 unserer Vorschrift (so Fabricius) kann hierfür nicht operiert werden; er kommt an zahlreichen Stellen des BGB vor (statt vieler: §§ 405, 1121 Abs. 2 Satz 1, 2026), die mit einer Einredeberechtigung nicht das mindeste zu tun haben, ist also insoweit durchaus unspezifisch. Wenn Fabricius gegen die Auffassung ankämpft, die Rüge sei „von Amts wegen zu berücksichtigen", so liegt dem eine (wenngleich verbreitete) Mißdeutung des Ausdrucks „von Amts wegen" zugrunde. Er bedeutet nicht, daß der Richter hier von Amts wegen zu eruieren habe, sondern nur, daß die Tatsache der Rügeerhebung von ihm zu berücksichtigen sei ohne Rücksicht darauf, wer von den Parteien sie vorgetragen hat, wenn sie nur überhaupt von einer Partei vorgetragen worden ist (Brüggemann, Judex statutor und judex investigator, 1968, S. 351).

Anm. 39 1. **Welches sind die Mängel der Kaufsache, für die nach den Regeln von der Gewährleistung überhaupt gehaftet wird?** Grundlegend ist hierfür § 459 BGB. Die Bestimmung lautet:

> **§ 459.** Der Verkäufer einer Sache haftet dem Käufer dafür, daß sie zu der Zeit, zu welcher die Gefahr auf den Käufer übergeht, nicht mit Fehlern behaftet ist, die den Wert oder die Tauglichkeit zu dem gewöhnlichen oder dem nach dem Vertrage vorausgesetzten Gebrauch aufheben oder mindern. Eine unerhebliche Minderung des Wertes oder der Tauglichkeit kommt nicht in Betracht.
>
> Der Verkäufer haftet auch dafür, daß die Sache zur Zeit des Übergangs der Gefahr die zugesicherten Eigenschaften hat.

Die Mängel, für die der Verkäufer dem Käufer Gewähr zu leisten hat, können hiernach doppelter Art sein. Abs. 1 des § 459 handelt von den Fehlern im engeren Sinne, Abs. 2 von der Abwesenheit einer zugesicherten Eigenschaft. Die Unterscheidung wird vom Wesen des Fehlers her mehr und mehr problematisch (Esser, Schuldrecht[2] S. 486; Raape ZivArch. 150, 481, 488), zumal wenn man mit Brauer (Der Eigenschaftsirrtum, 1941) den Fehler generell als das Zurückbleiben der Ist-beschaffenheit der Sache hinter der Soll-beschaffenheit zu fassen sucht. Beiden Hauptgruppen ist — wie sich später (unten Anm. 40) noch zeigen wird — jedenfalls gemeinsam, daß sie von sachgebundenen Qualitätsmerkmalen ihren Ausgang nehmen. Man beachte, daß das BGB. überall da, wo es für „Mängel" der Kaufsache Gewähr leisten läßt, hierunter auch die Abwesenheit von zugesicherten Eigenschaften einbegreift; „Fehler" und „Mangel" ist in der Terminologie des Gewährschaftsrechts also nicht dasselbe; „Mangel" ist der weitere Begriff, zumal die Abwesenheit zugesicherter Eigenschaften (die vielleicht die Sache besonders wertvoll machen sollten) das Kaufobjekt im Sprachsinne nicht gerade als „fehlerhaft", sondern als der Zusicherung „ermangelnd" erscheinen läßt; hierzu vgl. Raape AcP 150, 490.

Der rechtssystematischen Durchdringung hat die erste Hauptgruppe, die der „Fehler", nicht unerhebliche Schwierigkeiten bereitet. Eine Verabsolutierung des Fehlerbegriffs als des von der Norm Abweichenden, wie sie das Reichsgericht anfänglich verfochten hatte (RG. 97, 352), hat sich als unmöglich erwiesen. Denn die objektive Norm kann versagen. Nicht nur, weil es Dinge gibt, die im Einzelfalle gerade um ihrer Anormalität willen gekauft werden (baufälliges Haus auf Abbruch), sondern auch, weil das Gesetz selbst entgegensteht, indem es unterschiedliche Maßstäbe für das Vorliegen eines Fehlers aufstellt — nicht weniger als zwei objektive und einen subjektiven. „Fehler" im Sinne des § 459 ist eine relative Kategorie. Er ist entweder von der Art, daß er den Wert der Sache als solchen aufhebt oder mindert: ein rein objektiver Anknüpfungspunkt. Oder aber er wird darin sichtbar, daß er die Gebrauchstauglichkeit der Sache aufhebt oder mindert, sei es die Tauglichkeit zum „gewöhnlichen Gebrauch" — wiederum ein objektiver Anknüpfungspunkt, wenngleich schon nicht ohne subjektiven Einschlag —, sei es die Tauglichkeit zu dem „nach dem Vertrage vorausgesetzten Gebrauch" — ein vollends subjektives Kriterium.

Die ausschließlich objektive Fehlerbestimmung nach dem Wert der Sache und die gemischt-objektiv-subjektive nach der Gebrauchstauglichkeit reiht der Gesetzeswortlaut unvermittelt aneinander. Um diesem (scheinbaren) Dilemma zu entgehen, sind Schrifttum und Rechtsprechung für den Bereich des allgemeinen bürgerlichen Rechts in steigendem Maße dazu übergegangen, den Fehlerbegriff des § 459 nur noch subjektiv aus der Vorstellung der Vertragspartner zu bestimmen. So das Reichsgericht endgültig seit der Entscheidung RG. 135, 341 und, diese Linie fortsetzend, in der späteren Entscheidung RG. 161, 334; aus dem Schrifttum jetzt besonders klar der RGR.-Kommentar (11. Aufl.) Anm. 15 zu § 459. Danach soll derjenige Gebrauch der Kaufsache, wie er nach dem Vertrage bezweckt war, den Maßstab für den „Fehler" abgeben. Als bezweckt gilt der zitierten Auffassung nicht nur derjenige Gebrauch, der dem Kaufabschluß erkennbar zugrunde lag (der „nach dem Vertrage vorausgesetzte"), sondern auch der „gewöhnliche" Gebrauch, insoweit jedenfalls dieser, beim Fehlen eines hervorgetretenen besonderen Verwendungszwecks, als von den Parteien gewollt erscheine. Der Bundesgerichtshof hat Gelegenheit zu einer Stellungnahme bisher noch nicht gefunden.

Die sog. subjektive Fehlertheorie darf heute als die vorherrschende angesehen werden. Sie ist nichtsdestoweniger einseitig. Das lehrt gerade der Blick auf die Gewährleistung im Bereich des Handelskaufs. Die abschließende Einbeziehung der Tauglichkeit zum gewöhnlichen Gebrauch in die subjektive Fehlerbetrachtung übergeht nämlich, wie aus den Erörterungen im RGR-Kommentar a. a. O. beispielhaft erhellt, schlechtweg den Maßstab des Wertes der Sache, den das Gesetz an die Spitze der Fehlerskala gestellt hat. Und eben dieser, der reine Verkehrs- und Tauschwert, ist es, der im Handelskauf zu eigenständiger Bedeutung aufsteigen kann. Zwar mag er auch beim Kauf bürgerlichen Rechts eine Rolle spielen, etwa wenn ein Privatmann Juwelen oder seltene Briefmarken als Kapitalsanlage ersteht. Aber solche Fälle stehen dort am Rande. Hinwiederum ist es kein Zufall, daß beide obenerwähnten, für die Durchsetzung der subjektiven Fehlertheorie bahnbrechend gewordenen Entscheidungen des Reichsgerichts sich mit Fällen befassen, die außerhalb des Rechts des Handelskaufs liegen; die im 135. Band betrifft den Kauf eines Ruisdaelschen Gemäldes durch einen Privatmann, die im 161. Band den Kauf eines Villengrundstücks, ebenfalls durch einen Privatmann. Der Handelskauf ist schon von Natur aus stärker an objektiven Maßstäben orientiert. Der Kaufmann denkt in Gattungskäufen; hier ist nach § 360 Handelsgut mittlerer Art und Güte zu liefern (diese Brücke zu § 459 BGB schlägt mit Recht auch Edye a. a. O. S. 14). Wohl versteht es sich, daß in der Mehrzahl der Käufe, so beim Spezieskauf, aber meist auch beim Gattungskauf, der Verwendungszweck bei der Bestellung angegeben sein wird oder ohnedies klar ist. Alsdann bleibt der subjektive Fehlerbegriff auch im Handelskauf entscheidend. Andererseits leben ganze Branchen von dem Umsatz solcher Güter, die nur als Wertträger, nicht als Gebrauchsobjekte in Betracht kommen (Antiquitäten-, Devisenhandel) und die in weitem Umfange im Rahmen von Handelskäufen erworben werden. Zu erinnern ist ferner an den in der Schadensrechtsprechung der letzten Jahre oft erörterten Begriff des sog. merkantilen Minderwertes. Gebrauchte Kraftfahrzeuge, die durch einen Unfall hindurchgegangen sind, leiden für den Gebrauchtwagenmarkt an einer Einbuße ihres Verkaufswertes, die sich durch die Tatsache des Unfalls als solchen erklärt, mögen sie auch noch so einwandfrei wieder instand gesetzt und Zweifel an ihrer Gebrauchstauglichkeit nicht im mindesten zu erheben sein. In den letztgedachten Beispielen würde der Fehlermaßstab der Tauglichkeit zum gewöhnlichen oder nach dem Vertrage vorausgesetzten Gebrauch, wollte man ihn ausschließlich anlegen, im Stich lassen. Es kommt hier vielmehr auf eine vom objektiven Wert ausgehende Fehlerbetrachtung an. Die Einbuße am Wert wird bedingt durch den Fehler, der den für den Kaufgegenstand gezahlten Preis im Verhältnis zu der in ihm zum Ausdruck kommenden, berechtigten Werterwartung als nicht mehr gerechtfertigt erscheinen läßt. Wie die obigen Beispiele zeigen, wird dieser Mangel oft in der fehlenden Echtheit — die Unfallfreiheit liegt auf ganz gleichem Gebiet — bestehen.

Siehe hierzu ferner den Fall BGH VersR 1961, 255ff., 257, wo ein Fehler der Kaufsache im Sinne einer Minderung im objektiven (Handels-)wert darin gesehen worden ist, daß die verkauften Kartoffeln mit einer irreführenden amtlichen Plombierung versehen worden waren. Man wird im vorliegenden Zusammenhang endlich nicht vergessen dürfen, daß das Gesetz in § 472 BGB für die Berechnung der Minderung ohnehin auf den „Wert", nämlich auf eine Relation zwischen effektivem Wert der Sache und Wert im mangelfreien Zustande abstellt.

Das Verhältnis der einzelnen Fehlerkategorien des § 459 BGB wird hiernach wie folgt zu bestimmen sein. Das Gesetz nennt an erster Stelle den objektiven (Verkehrs-) wert der Sache. Auf Fehler, die den Verkehrswert beeinträchtigen (unten Anm. 41 sub a), kann der Käufer sich immer berufen; u. U. sind sie am leichtesten darzulegen (ein verdienter Werksjubilar hat sich ein bestimmtes seltenes Buch als Ehrengabe gewünscht: der mit der Beschaffung beauftragte Buchhändler stellt fest, daß der letzte, an sich unveränderte Neudruck vergriffen ist; doch gelingt es ihm, ein Restexemplar aus der vorhergegangenen Auflage aufzutreiben, woraufhin er es erwirbt, liefert, aber zu dem darin vermerkten — gleichfalls unveränderten — Ladenpreis in Rechnung stellt: der Verkehrswert ist für die Bestellerfirma nichtsdestoweniger herabgesetzt, so daß sie den Kaufpreis mindern kann). Nächst dem Tausch- [= Verkehrs-]wert, aber zur Wahl des Käufers, entscheidet der Fehler in der Gebrauchstauglichkeit. Innerhalb dieses Kriteriums ist zunächst ausschlaggebend die Eignung zu dem nach dem Vertrage vorausgesetzten Gebrauch („als was", ihrer engeren Warengattung nach, die Sache verkauft worden ist: Flume a. a. O. S. 119; unten Anm. 41 sub b). Hilfsweise hinter dieser kommt sodann zum Zuge die Eignung zu dem gewöhnlichen Gebrauch, d. h. zu dem normalen oder natürlichen Daseinszweck, dem die Sache zu dienen pflegt (SeuffArch. 87, 245; unten Anm. 41 sub c).

Anm. 40 Der Bereich des „Fehlens der zugesicherten Eigenschaften" nach § 459 Abs. 2 BGB, gegenübergestellt den „Fehlern" nach § 459 Abs. 1, ist nichts weniger als frei von Überschneidungen. Der Problematik im Grundsätzlichen wurde oben in Anm. 39 bereits gedacht. Man möchte, um der Konzeption des Gesetzgebers näher zu kommen, an die Parallele zum lucrum cessans einerseits, damnum emergens andererseits denken. Aber auch sie hilft nicht verdeutlichen. Alle „Fehler" lassen sich zwar zum Gegenstand vertraglicher Abreden machen. Der Verkäufer kann ihre Abwesenheit einzeln zusichern; dann ist die Abwesenheit des oder der Fehler eine vertraglich zugesicherte Eigenschaft. Auf der anderen Seite gibt es zugesicherte Eigenschaften, deren Abwesenheit, wäre keine Zusicherung erteilt, dennoch nicht gerade einen Fehler der Sache bedeutete. Endlich ist nicht alles, was vertraglich als vorhanden zugesichert werden kann, überhaupt „sachmangelfähig" im Sinne einer Kategorie substantieller Beschaffenheit. Nichtsdestoweniger ist die Kategorie der zugesicherten Eigenschaften (unten Anm. 43ff.) de lege lata von scharfumrissener eigenständiger Tragweite. Einmal ist für das Fehlen zugesicherter Eigenschaften auch dann Gewähr zu leisten, wenn der dadurch bedingte Mangel nur unerheblich ist; die insoweit für die „Fehler" gegebene Einschränkung (§ 459 Abs. 1 Satz 2 BGB) gilt nicht für den Umkreis des § 459 Abs. 2. Zum anderen zieht die Abwesenheit zugesicherter Eigenschaften neben Wandelung und Minderung noch den Schadensersatzanspruch des § 463 BGB nach sich. In letzterer Beziehung ist allerdings das arglistige Verschweigen eines Fehlers der nichterfüllten Eigenschaftszusicherung gleichgestellt; die Rechtsprechung hat den Fall des arglistigen Vorspiegelns einer Eigenschaft in diese Gleichstellung einbezogen.

Gemeinsam aber knüpfen beide Haupttatbestände der Gewährleistung an den Grundbegriff der Eigenschaft an. Der im Gewährleistungsrecht vorausgesetzte Eigenschaftsbegriff bestimmt sich nicht nur nach der natürlichen körperlichen Beschaffenheit der Sache. Es fallen darunter auch solche tatsächlichen und rechtlichen Verhältnisse, die zufolge ihrer Beschaffenheit und vorausgesetzten Dauer nach den Anschauungen des Verkehrs einen Einfluß auf die Wertschätzung der Sache zu üben pflegen (RG 117, 315; 63, 61; 59, 243; RG in HRR 1929 Nr. 591; RG in LZ 1933, 1249[4]). Daher sind unter den Begriff der Eigenschaft auch Beziehungen und Verhältnisse von Sachen zur Umwelt zu bringen (RG in DtJust. 1935, 268; RG in DtJust.Beil. DtRecht 1935 Nr. 6815; RG 161, 332; BGH 16, 54). Es muß sich aber immer um etwas der Sache „anhaftendes" handeln, nicht um einen außer der Sache liegenden Umstand. Die Beziehungen einer Sache zu ihrer Umwelt müssen, wenn sie als Eigenschaft angesehen werden sollen, in der Beschaffenheit der Sache selbst ihren Grund haben, von ihr ausgehen, ihr auch für eine gewisse Dauer anhaften (RG 148, 294). Da sich die gesetzliche Gewährleistungspflicht des Verkäufers für die Abwesenheit von Fehlern und für das Vorhandensein zugesicherter Eigenschaften nur auf den Zeitpunkt des Gefahrüberganges bezieht, so können als Eigenschaften im Sinne der §§ 459ff. BGB nur solche Beziehungen der Sache zur Umwelt angesehen werden, die zur Zeit des Gefahrüberganges vorhanden sind oder, als in diesem Augenblick noch ausstrahlend, in der Vergangenheit bestanden haben. Dafür, daß in Zukunft keine Änderungen eintreten (z. B. daß bestimmte steuerliche Vergünstigungen für Veredelungsvorgänge in Ansehung der gekauften Ware bestehen bleiben) hat der Verkäufer auf Grund der gesetzlichen Gewährleistungspflicht nicht einzustehen; wo keine besondere Garantie übernommen ist, könnte hier höchstens unter dem Gesichtspunkt des Verschuldens des Verkäufers beim Vertragsschluß ein Schadensersatzanspruch des Käufers in Frage kommen (RG in JW 1936, 803[11]; DR JW 1939, 2106[2]). Vgl. hierzu Anm. 47. Die irrige Bezeichnung der Ware ist in unserem Zusammenhang natürlich unschädlich (RG 99, 148).

„Fehler" sind Eigenschaften in spezifischer (negativer) Sicht; alles über Eigenschaften Gesagte ist deshalb auch für den Fehlerbegriff zu fordern. Unter Fehlern einer Sache sind daher grundsätzlich nur die ihr innewohnenden, der allgemeinen oder der besonderen vertraglichen Voraussetzung widersprechenden, nicht ohne weiteres behebbaren (BGH NJW 1953, 1505) Beschaffenheitsmängel zu verstehen, nicht aber solche Mängel, die sich erst mittelbar bei Heranziehung besonderer, außerhalb der Sache liegender Verhältnisse, namentlich der Rechte Dritter, ergeben (WarneyerRspr. 1912 Nr. 240). Bei einem wissenschaftlichen oder schöngeistigen Buch kann der Inhalt desselben nicht zum Gegenstand einer Mängelrüge gemacht werden (Düsseldorf in HRR 1939 Nr. 364); es fehlt am zuverlässigen Maßstab, an dem der Fehler gemessen werden könnte. Anders daher bei einem pädagogischen Werk, wenn es zu diesem Zweck Verwendung finden soll (BGH NJW 1958, 138: unerwünschte Tendenz eines, wie dem Verkäufer bekannt, für Unterrichtszwecke erworbenen Geschichtswerks). Der höhere oder geringere Wert, d. h. die Bewertung einer Sache auf dem Markt, ist als solcher keine Eigenschaft (RG 64, 269; 59, 242; JW 1912, 525[1]; 1911, 212[6]; WarneyerRspr. 1909 Nr. 502); ebensowenig wie ihre Gängigkeit (Celle OLGR 23, 26) oder die Genehmigungsfähigkeit eines Kaufpreises (Hamburg HansRGZ 1942 B. Nr. 18). Daher kann die unrichtige Behauptung des Verkäufers, er verkaufe zu Selbstkostenpreisen (LZ 1915, 428[3]; JW 1910, 934[4]; 09, 309[2]; vgl. Vorbem. vor § 373 Anm. 26), oder die Angabe eines unrichtigen Erwerbspreises (ROHG 22, 393; WarneyerRspr. 1910 Nr. 383) einen Gewährleistungsanspruch nicht begründen. Auch begründet das arglistige Nicht-aufdecken eines Irrtums des anderen Teiles über den reinen Wert des Kaufgegenstandes keinen Anspruch aus § 463 BGB, überhaupt keinen Vertragsanspruch, sondern allenfalls einen solchen aus § 826 BGB; eine spezifische Sorgfalts- und Aufklärungspflicht, deren Verletzung zu einer Haftung nur über § 826 BGB führen könnte, ist aber für den Handelsverkehr erst bei ganz besonderen Umständen anzuerkennen (RG in HRR 1930 Nr. 37; die Entscheidung betrifft übrigens einen Fall, in dem der Käufer derjenige war, der den über den Wert der Kaufsache ahnungslosen, weil nicht branchekundigen Verkäufer durch einen Ankauf weit unter Wert geschädigt hatte). Wenn die gelieferte Ware, ohne eigentlich fehlerhafte Sacheigenschaften aufzuweisen, lediglich in ihrem Marktwert hinter der kaufvertraglichen Bewertung durch den vereinbarten Preis zurückbleibt, können nur die Wuchereinrede, wenn deren Voraussetzungen zutreffen, oder die Anfechtung wegen Irrtums oder arglistiger Täuschung helfen (hierüber Vorbem. vor § 373 Anm. 23). Wenn aber auch der Wert einer Sache selbst keine Eigenschaft darstellt, so verhält es sich doch anders bezüglich der materiellen Grundlagen in der Bewertung einer Sache, wie z. B. die als das Ergebnis einer Abschätzung sich darstellende Feuerversicherungstaxe (JW 1911, 212[6]), die Ertragsfähigkeit eines Geschäfts, der Mieteertrag eines Grundstücks. Doch gehören derartige Fälle bereits in das Gebiet der Zusicherung des Vorhandenseins eines gewissen wertbildenden Elementes (unten Anm. 43; Zusicherung einer „Eigenschaft" im erweiterten Sinne); sie betreffen keinen „Fehler" des Kaufobjekts.

Vollends ist der Umstand, daß in Zukunft ein Dritter eine gewisse Handlung in bezug auf die Kaufsache vornehmen, z. B. sie mieten werde, nicht als eine Eigenschaft der Sache anzusehen, es sei denn, daß ein den Dritten zur Vornahme der Handlung verpflichtendes Rechtsverhältnis, in das der Käufer eintreten kann, zugesichert ist (RG in JW 1935, 3217[2]; vgl. RG in JW 1912, 747[10]). Es kommt in letzter Linie immer auf eine richtige Erfassung aller Lebensverhältnisse an. So ist die Abladezeit als eine Eigenschaft der Ware aufgefaßt worden (§ 376 Anm. 16); weitere Beispiele unten Anm. 44. Das Eigentum ist keine Eigenschaft der Sache; über das Eigentum gelten die besonderen Grundsätze der Rechtsmängelgewähr (Vorbem. vor § 373 Anm. 145). Die Lieferung unverzollter statt verzollter Ware bedeutet keinen Mangel in der Beschaffenheit der Ware, sondern einen Versendungsfehler infolge der Beschwerung der Ware mit einer öffentlich-rechtlichen Last (vgl. Bolze 19 Nr. 574); so auch die Belastung mit Rechten Dritter (WarneyerRspr. 1912 Nr. 240), z. B. mit dem öffentlich-rechtlichen Zwang der Ablieferung der Ware an eine öffentliche Stelle (LZ 1919, 243[7]). Die Beschlagnahme oder Verfallerklärung aus öffentlichrechtlichen Gründen bedeutet keinen Sachmangel, sondern einen Rechtsmangel (RG 105, 273; 102, 294); erst recht natürlich die bloße Gefahr einer Beschlagnahme (Hamburg HansRGZ 1942 B Nr. 18), vollends die einer willkürlichen in der sowjetischen Besatzungszone (KG in JR 1954, 60: Beschlagnahme eines westberliner Kfz. im Ostsektor von Berlin durch die Volkspolizei mit der Begründung, das Kfz. habe früher zum Schmuggeln illegalen Propagandamaterials gedient). Die Beschlagnahme ist auch dann kein Sachmangel, wenn sie die Ware als Beweisstück nach § 94 StPO betroffen hat (RG 101, 416). Rechtsmangel, nicht Sachmangel ist schließlich die Belastung einer Sache mit einer Rückerstattungspflicht nach den Rückerstattungsgesetzen.

Darauf, ob ein Mangel abstellbar ist, kommt für die Gewährschaftshaftung nichts an, es wäre denn mit seiner alsbaldigen Behebung zu rechnen (BGH NJW 1953, 1505 in Anlehnung an eine unveröffentlichte Entscheidung des Reichsgerichts).

Anm. 41 **Der dreigespaltene Fehlerbegriff des § 459 Abs. 1 BGB ergibt in seiner Einzelanalyse:**

a) Fehler, die den Wert der Sache aufheben oder mindern. Gemeint sind Mängel, welche die normale Beschaffenheit des Kaufgegenstandes — hier nicht als eines Gebrauchswertes, sondern — als eines Sachwertes aufheben oder nicht unerheblich mindern, und die deshalb einen verständigen Käufer nach der Verkehrsanschauung davon abgehalten hätten, den Kaufvertrag überhaupt oder zu dem vereinbarten Preise abzuschließen. Alsdann ist der objektive Verkehrs- oder Tauschwert des Kaufgegenstandes im Sinne des Gesetzes aufgehoben oder gemindert. Die Bedeutung dieses Fehlermaßstabs für den Handelskauf ist oben in Anm. 39 hervorgehoben. Dort auch Anwendungsbeispiele. Zur Echtheit noch: Der falsche (zu niedrige) km-Stand auf dem Tachometer eines verkauften Gebrauchtfahrzeugs ist Sachmangel (Celle BetrBer. 1959, 249). Alte Orientteppiche müssen 30 bis 40 Jahre lang als Bodenbelag, Galeriebehang oder Wandbekleidung im Orient benutzt worden sein, um als echt gelten zu können (Hamburg HansRGZ 1928 B 329). Daß der Käufer unter der insgeheimen Voraussetzung gekauft hat, die gekaufte Sache besitze eine wertsteigernde Eigenschaft, bleibt außer Betracht. Darüber, welches die zu erwartende normale Beschaffenheit der Kaufsache sein muß, kann der Richter allein aus seiner Erfahrung heraus und nach seiner Kenntnis der Dinge befinden. Über die Bedeutung der Verkäuflichkeit einer Ware s. folg. Anmerkung.

b) Fehler, welche die Tauglichkeit zu dem nach dem Vertrag vorausgesetzten Gebrauch aufheben oder mindern. Indem das Gesetz von einer vertraglichen Voraussetzung des Gebrauchs spricht, lehnt es einerseits die sogenannte stillschweigende Voraussetzung (oben sub a) ab. Indem es andererseits nur von einer Voraussetzung spricht, bringt es zum Ausdruck, daß keine vertragliche Zusicherung zu fordern ist, die ja schwerere Folgen nach sich zieht (unten Anm. 43, 85). Dieses Mittelglied zwischen nicht zum Vertragsinhalt gewordener Voraussetzung und vertraglicher Zusicherung einer Eigenschaft ist dahin zu umschreiben, daß die Voraussetzung des Vorhandenseins einer bestimmten Eigenschaft bei den Verhandlungen derart zum Ausdruck gebracht sein muß, daß es deutlich erkennbar wird, es würde der Käufer ohne das Eintreffen dieser Voraussetzung nicht oder nicht um diesen Preis abgeschlossen haben. Kurz ausgedrückt: der Zweck entscheidet, zu dem die Ware nach dem Willen beider Teile bestimmt war (RG in LZ 1933, 1249[4]; s. auch die treffende Formel von Flume, oben Anm. 39). Ist die Voraussetzung derart für die Willenserklärung beider Teile maßgebend gewesen, ohne daß es gerade bis zu einer Zusicherung gekommen ist (LZ 1911, 928[21]; RG HRR 1942 Nr. 629), so ist das erfüllt, was § 459 Abs. 1 Satz 1 BGB unter vertraglicher Voraussetzung des Gebrauchs versteht (vgl. RG 70, 85). Hierher gehören: die Brauchbarkeit von Saatgut, das zur Verwendung unter besonderem Klima bestimmt ist (LZ 1916, 222[9]); die Reinheit von als Trinkbranntwein verkauftem Kognak-Weinbrand (WarneyerRspr. 1921 Nr. 124); die Betriebsfähigkeit eines gebrauchten Lastkraftwagens (LZ 1923, 225[5]); die Gebrauchsfähigkeit eines nach einem Unfall reparierten Lastzuges, bei dessen Verkauf der Verkäufer verpflichtet ist, dem Käufer, auch wenn dieser von dem Unfall Kenntnis hat, alle Umstände bekannt zu geben, welche die Beschaffenheit des Kaufgegenstandes nach der Ausbesserung betreffen und geeignet sind, den Willen des Kauflustigen zum Erwerbe des Gegenstandes zu beeinflussen (RG. 151, 366); die gewerbliche Verwendbarkeit der Ware, die zu einem bestimmten betrieblichen Zweck gekauft ist (BGH BetrBer. 1956, 1166: Kauf eines Omnibusfahrgestells, wenn der Bus als ein 57sitziger vorgesehen ist und der entsprechende Aufbau durch ein Karosseriewerk hinzugeliefert werden soll); die Gleichmäßigkeit des Druckes des gelieferten Gases (RG 117, 315); die Verwendbarkeit von Branntwein zum Konsum im Gegensatz zu vergälltem (denaturiertem) Branntwein (RG 85, 105); die Verwendbarkeit getrockneter Früchte zur Verarbeitung in einer Marmeladefabrik (RG in HansGZ 1927 Hptbl. 31); die Bekömmlichkeit der für Futterzwecke gekauften Ware (LZ 1914, 675[4]); die Versandfähigkeit und Haltbarkeit einer Ware, deren Versendung der Verkäufer im Kaufvertrag übernommen hat (JW 96, 7[28]; Kiel SchlHolstAnz. 1919, 255); die Verkäuflichkeit der Ware, wenn der Käufer sich zum Vertrieb und Weiterverkauf der Ware verpflichtet hat (LZ 1911, 70[5]; vgl. dazu unten sub c); die Verwendbarkeit einer als solcher verkauften Pergamentpapierdruckmaschine zum Bedrucken von Pergamentpapier aller Stärken (RG in LZ 1933, 1249[4]); überhaupt: die Verwendbarkeit oder Funktionstüchtigkeit eines Gegenstandes für den Verwendungszweck, der (beim Handelskauf:) nach den betrieblichen Verhältnissen des Käufers allein in Betracht kommt, es sei denn, daß der Käufer den Kauf mit Wissen des Verkäufers nur getätigt hat, um den erworbenen Gegenstand stillzulegen, ihn als Schauobjekt zu verwenden, ihn auszuschlachten oder als Experimentiergut zu benutzen.

Umgekehrt liegt kein Fehler in Ansehung des „nach dem Vertrage vorausgesetzten Gebrauchs" vor, wenn nach dem besonders niedrigen Preis der Ware offenbar über Schönheitsfehler hinweg gesehen werden soll (Hamburg OLGR 22, 226). Ein echtes Gemälde eines alten Meisters ist fehlerhaft gegenüber dem nach dem Vertrage vorausgesetzten Gebrauch, wenn es von einem anderen Meister stammt als demjenigen, dem beide Parteien es zugeschrieben haben (RG 135, 339). Wäre das Bild lediglich als Kapitalanlage gedacht gewesen, läge der Fall eines reinen Mangels im Wert vor. Anders, wenn es aufgehängt und gezeigt werden, dem Renommé des Käufers dienstbar gemacht werden sollte: alsdann lag ein Mangel der vorausgesetzten Gebrauchstauglichkeit vor. Dagegen kommt die Ausfuhrfähigkeit einer Ware nicht als vorausgesetzte, sondern nur als zugesicherte Eigenschaft in Betracht (Hamburg SeuffA 71, 59). Das Alter eines Schiffes stellt nur dann einen die Gewährleistung aus § 459 BGB begründenden Fehler dar, wenn es einen Zustand des Fahrzeugs herbeigeführt hat, der seine Eignung zu dem gewöhnlichen oder nach dem Vertrag vorausgesetzten Gebrauch gefährdet (LZ 1931, 240[4]; Königsberg LZ 1930, 1127[4]). Das Alter eines Schiffes kann daher insbesondere dann einen solchen Fehler bedingen, wenn die Seetüchtigkeit und Dauer der Gebrauchsfähigkeit dadurch beeinträchtigt wird (LZ 1929, 547[1]). Soll die Tauglichkeit einer Ware zu dem nach dem Vertrag vorausgesetzten Gebrauch erst durch einen Probeversuch ermittelt werden, so kann das Fehlen bestimmter Eigenschaften eine vorherige Gewährleistungspflicht des Verkäufers nur dann begründen, wenn die Ware auch für die beabsichtigten Probeversuche, z. B. mit dem Unterwasser-Anstrich eines Pontons, schlechterdings unbrauchbar ist (München in HRR 1940 Nr. 152).

Mängel in der Zulassungsfähigkeit eines gebraucht erworbenen Kraftfahrzeuges sind bei der steigenden Bedeutung des Gebrauchtwagenmarkts in jüngerer Zeit wiederholt in der Rechtsprechung behandelt. Wo das Hindernis gegen die Zulassung in der technischen Beschaffenheit des Fahrzeugs liegt, steht die Annahme eines Sachmangels außer Frage (RG JW 1936, 1888); wie es ebenso zweifelsfrei ist, daß der Irrtum der Zulassungsstelle über einen angeblich vorhandenen, tatsächlich nicht vorhandenen technischen Anstand zu Lasten des Käufers geht (a. a. O.). Doch wie steht es in den sehr viel häufigeren Fällen, in denen das Hindernis lediglich darin liegt, daß die Fahrzeugnummer (oder die Motornummer) mit den entsprechenden Eintragungen im Kraftfahrzeugbrief nicht einwandfrei übereinstimmen? Der Bundesgerichtshof in NJW 1953, 1505 neigt zur Annahme eines Sachmangels, ohne aber die Frage eindeutig zu entscheiden. Sicherlich liegt ein Sachmangel dann vor, wenn die Fahrgestell- oder die Motornummer verfälscht worden ist, wie in den Fällen LG Göttingen DAR 1954, 134 (nachgeschlagene Nummer) und OLG Karlsruhe NJW 1953, 1264 (überstanzte Nummer; die Entscheidung ist übrigens nicht auf Sachmängelgewähr abgestellt); die Rechtslage ist ähnlich der des verfälschten Wertpapiers, bezüglich dessen ebenfalls ein Sachmangel angenommen wird (oben sub a; § 381 Anm. 6, 31). Auch der Fall der weggeschliffenen Nummer reiht sich noch ohne Schwierigkeit in die Kategorie der echten, weil im engeren Sinne körperlichen Mängel ein: dies hat die Entscheidung Hamm NJW 1953, 386 verkannt; vgl. demgegenüber Hamburg BetrBer. 1958, 896, wo die Unleserlichkeit der Fahrgestellnummer zutreffend als Sachmangel anerkannt worden ist. Der Mangel führt hier überall dazu, daß das Fahrzeug nicht zu seinem vertraglich vorausgesetzten Gebrauch benutzt werden kann, ohne daß Halter und Fahrer sich strafbar machen würden. Zweifel tauchen dagegen vor allem da auf, wo das Hindernis gegen die Zulassung sich in der schlichten Nichtübereinstimmung zwischen Kraftfahrzeug und Kraftfahrzeugbrief erschöpft, ohne daß am Fahrzeug selbst oder am Brief irgendwelche Manipulationen vorgenommen worden wären: Verwechslung des Kraftfahrzeugbriefes bei der Ausfertigung, Auswechselung des Fahrzeugrahmens nach einem Unfall ohne Nachtragung der neuen Nummer im Kraftfahrzeugbrief (LG Freiburg i. Br., DAR 1953, 212) oder unaufklärbare Unstimmigkeiten sonstiger Art (so anscheinend der Fall Schleswig JR 1952, 242). Da für den Eigentumsübergang die Behändigung des Kraftfahrzeugbriefs — geschweige denn eines ordnungsmäßigen — weder erforderlich noch genügend ist, scheidet die Annahme eines aus der Unstimmigkeit als solcher herzuleitenden Rechtsmangels aus. OLG Schleswig und OLG Karlsruhe arbeiten mit einer der Pflicht zur Eigentumsverschaffung entfließenden Hauptverpflichtung des Verkäufers, die Voraussetzungen für die Zulassung zu beschaffen; sie gelangen so zu einem Rücktrittsrecht aus § 326 BGB, wobei die Bezugnahme auf § 440 BGB die Begründung wiederum bedenklich in die Nähe der Rechtsmängelgewähr rückt. Abgesehen davon könnte es sich doch allenfalls um eine Nebenpflicht handeln. In Wahrheit dürfte auch hier ein einfacher Sachmangel vorliegen. Der Kraftfahrzeugbrief ist Zubehör des Kfz. im Sinne des § 97 BGB, und hinsichtlich der Zulassung sogar notwendiges Zubehör (§ 21 StVZO). Die Zulassung und damit die Gebrauchsfähigkeit des Fahrzeugs hängt ab von der Übereinstimmung zwischen Fahrzeug und Brief; die Diskrepanz zwischen Hauptsache und Zubehör ist ein Lahmlegen der Sache in ihrer wirtschaftlichen Ganzheit, nicht anders als wenn ein Aggregat mit mehreren Meßgeräten deshalb nicht verwendbar ist, weil von den einzelnen Skalen die eine nach Celsius, die andere nach Réaumur anzeigt. Wie hier im Ergebnis LG Freiburg a. a. O. Ob die Unstimmigkeit behebbar ist, läuft alsdann auf die Prüfung hinaus, inwieweit der Mangel als ein unerheblicher nach § 459 Abs. 1 Satz 2 BGB durchgehen kann. Insofern mag von einer Last des Verkäufers, an einer sofort möglichen Aufklärung mitzuwirken, gesprochen werden können. Auch bringt BGH 10, 242 = NJW 1953, 1505 = LM § 459 BGB Nr. 1 = MDR 1953, 672 = BetrBer. 1953, 693 in diesem Zusammenhange in Erinnerung, daß der Käufer u. U. gehalten ist, für die Dauer der Klärung eine vorläufige Zulassung nach § 70 StVZO anzustreben; die Verwendbarkeitssperre infolge der Unstimmigkeit kann alsdann entfallen und damit der gewährschaftsbegründende Mangel überhaupt, soweit nächstdem die Klärung befriedigend erfolgt.

c) Ob Fehler, die die Tauglichkeit zum gewöhnlichen Gebrauch aufheben oder mindern, vorhanden sind , bestimmt sich danach, welcher Gebrauch von der

Sache nach der Verkehrsanschauung mit Rücksicht auf örtliche Verhältnisse gewöhnlich gemacht zu werden pflegt, und welche Eigenschaften der Käufer unter den gegebenen Umständen des einzelnen Falles nach der Natur der Ware und ihrer gewöhnlichen Bestimmung sowie nach der Höhe des Kaufpreises beanspruchen kann, und welche Schwächen bei der betreffenden Warengattung vorzukommen pflegen (vgl. RG 67, 147). Ob der Fehler ein ungewöhnlicher, selten vorkommender ist, ist für die Haftung unerheblich (oben Anm. 18). Wer z. B. ein Maultier kauft, darf verlangen, daß es zum Zug brauchbar ist; wer Nahrungsmittel kauft, darf Genußtauglichkeit zum menschlichen Verzehr verlangen. Will man vom gewöhnlichen Gebrauch einer Ware im Handelsverkehr sprechen, so würde, insoweit in Übereinstimmung mit dem Maßstab des objektiven Wertes (oben Anm. 39), dazu gehören, daß sie Handelsgut mittlerer Art und Güte ist (§ 360). Maßgebend sind die Gebräuche und Bedürfnisse des betreffenden Handelszweigs und die Erfordernisse, die man nach den Umständen des Falles an die Ware stellen darf (Ersatzfabrikate, Ramschware, Kriegsware [Hamburg HansRGZ 1942 B 58], Gelegenheitskäufe, gebrauchte Gegenstände, s. WarnRspr. 1933 Nr. 114). Die Verkäuflichkeit einer Ware ist grundsätzlich keine Eigenschaft, die zu dem gewöhnlich vorausgesetzten Gebrauch einer Sache gehört; s. oben Anm. 40: „Gängigkeit" der Ware. Sie kann aber unter besonderen Umständen doch zu einer gewöhnlich vorausgesetzten Eigenschaft werden. Ist z. B. Vieh aus einem verseuchten Bezirk oder Vieh, über das die Stallsperre verhängt ist, Gegenstand des Kaufs, so wird die Marktfähigkeit und mitunter auch die Schlachtfähigkeit wegen Seuchenverdachts aufgehoben. Die hieraus sich ergebenden Verfügungsbeschränkungen begründen allerdings an sich weder einen Mangel im Recht (§ 434 BGB; Holdheim 08, 84) noch einen Sachmangel. Allein, wenn im einzelnen Falle auch nicht etwa die Marktfähigkeit zur Zeit der Abnahme stillschweigende Bedingung war (RG bei Holdheim 1910, 160) und auch keine Garantieleistung festzustellen ist, läßt sich doch nicht bestreiten, daß die Verwertbarkeit als gesundes, unverdächtiges, zu menschlichem Genuß bestimmtes Vieh nach der Verkehrsanschauung den Begriff einer Eigenschaft zu erfüllen vermag (vgl. WarneyerRspr. 1913 Nr. 50; vgl. auch unten Anm. 100a), die alsdann in concreto fehlt. Zur Bestätigung vgl. BGHZ 52, 51 = NJW 1969, 1171 = JZ 1970, 28 — m. abl. Anm. Fabricius — = Betrieb 1969, 877 = WM 1969, 818: stammen Lebensmittel, die zum Weiterverkauf bestimmt sind, aus einem seuchenverdächtigen Vorrat, so begründet schon dieser Verdacht, wenn er auf konkreten Tatsachen beruht, in den Endabnehmerkreisen bekannt wird und die Ware damit unverkäuflich macht, einen „Fehler" derselben, sofern dem Händler ein Ausräumen des Verdachts durch geeignete Untersuchungsmaßnahmen nicht zugemutet werden kann (salmonellenverdächtige Hasenkeulenimporte). S. auch den hier einschlägigen Fall RG HRR 1942 Nr. 629 (Ware, die als solche, sofern ihr Gehalt an bestimmten Grundstoffen unaufgedeckt blieb, nur unter Verstoß gegen gesetzliches Verbot verkauft werden konnte, bei Offenlegung des Grundstoffgehalts aber praktisch unverkäuflich war: Mangel in der Tauglichkeit zum vertraglich vorausgesetzten Gebrauch).

Zu a)—c): Fehler, die den Wert oder die Tauglichkeit nur unerheblich mindern, **Anm. 42** kommen nicht in Betracht (§ 459 Abs. 1 Satz 2 BGB). Dies ist nicht bloß Tatfrage, sondern zugleich auch Rechtsfrage und daher der Nachprüfung des Revisionsgerichts nicht entzogen (JW. 1931, 2480[11]; 1914, 827; 07, 174[11]; LZ. 1912, 459[27]). Die Minderung an Wert oder Tauglichkeit muß so unerheblich sein, daß die Unerheblichkeit den Ausschluß aller Gewährleistungsansprüche, also auch der Preisminderung, nach dem Satze „minima non curat praetor" als gerechtfertigt erscheinen läßt (Mot. II 225). Daß der Maßstab der Unerheblichkeit nicht aus einem Vergleich der für die Beseitigung des Mangels erforderlichen Kosten einerseits mit dem Kaufpreis andererseits gewonnen werden kann, betont schon RG SeuffArch 60 Nr. 143 und auch später („Recht" 1929 Nr. 17); denn diese Relation macht gerade das besondere Wesen des Minderungsanspruchs nach § 472 BGB aus, setzt also das Bestehen von Gewährschaftsansprüchen überhaupt voraus. Entscheidend ist vielmehr die Bedeutung des Mangels für den Wert der Sache als solchen oder ihre Gebrauchtauglichkeit, seine „sachliche Bedeutung", wobei es immer auf die gesamten Umstände des einzelnen Falles unter Berücksichtigung der Verkehrsauffassung ankommt (BGH NJW 1953, 1505 und Betrieb 1957, 88. Die Formulierung des RG. in WarneyerRspr. 1914 Nr. 284: „Gesamtheit der begleitenden Umstände unter Anwendung des Grundsatzes von Treu und Glauben" meint im Ergebnis dasselbe). So hat z. B. der Hausschwamm wegen der bleibenden Gefährdung, die er — einmal aufgetreten — für das befallene Anwesen bedeutet, auch dann als erheblicher Mangel eines Hauses zu gelten, wenn er nur in geringfügigem Maße aufgetreten ist (RG in JW 1905, 339[8]; WarnRspr. 1908, 95). Ebenso der Riß im Antriebsaggregat eines Kraftwagens, auch wenn er einstweilen mit geringem Kostenaufwand geschweißt werden kann (Köln MDR 1958, 160) oder sogar einwandfrei geschweißt worden ist (LG Essen RKraftf. 1954, 90), ohne daß die Betriebssicherheit beeinträchtigt erschiene (Nürnberg BetrBer. 1958, 137). Vollends kommt es auf eine körpergegenständliche Relation nicht an: auch das Fehlen oder der Bruch einer Schraube, eines Nagels, eines Rädchens kann erheblich im Sinne des Gesetzes sein (WarnRspr. 1912, 333; RG in LZ 1908, 447[18]). Auf der andern Seite ist in besonderen Einzelfällen, z. B. bei einem gebrauchten Kraftwagen, unter Berücksichtigung aller nach Treu und Glauben zu beurteilenden Umstände sogar ein an sich nicht unbedeutender Fehler, der aber, leicht erkennbar, mit unerheblichem Aufwand beseitigt werden konnte, als unerheblicher Mangel im Sinne von § 459 Abs. 1 Satz 2 BGB erklärt worden (RG in JW 1907, 174[11]; LZ 1909, 243[4]); wie überhaupt bei der Prüfung der Erheblichkeit mit in Betracht gezogen werden darf, ob der Mangel mit unerheblichem Aufwand und in kurzer Zeit behoben werden kann (BGH Betrieb 1957, 88). Sind die Ausbesserungskosten erheblich, so ist ohne weiteres auch der Mangel ein erheblicher. — Da, wo, wie typischerweise im Handelsverkehr, für die Frage der Mangelhaftigkeit die Beeinträchtigung des objektiven Wertes der Sache entscheidend ist (oben Anm. 39), wird sich die Relation von Erwerbspreis und Einbuße am Wiederveräußerungspreis weitgehend mit derjenigen von Wert und Wertminderung decken. Deshalb ist die Begriffsbestimmung des RG in Warneyer Rspr. 1914 Nr. 284: „Entscheidend für die Frage des Wandelungsausschlusses im Sinne des § 459 Abs. 1 Satz 2 BGB ist die Geringfügigkeit des Fehlers, nicht die Geringfügigkeit der durch den Fehler verursachten Wertminderung der Kaufsache" unter diesem Gesichtspunkt nicht unbedenklich. Auch mit dem Wortlaut des Gesetzes („Eine unerhebliche Minderung des Wertes ... kommt nicht in Betracht") ist sie schwerlich zu vereinbaren.

Liegt nach dem Gesagten ein unerheblicher Mangel vor, so folgt daraus, daß der Käufer solche Mängel hinnehmen und die mit so unerheblichem Mangel behaftete Ware abnehmen (Vorbem. vor § 373 Anm. 224 und BGH Betrieb 1957, 88), sowie auf seine Kosten die Mängel beseitigen muß (WarnRspr. 1912, 20). Staudinger[11] Anm. 29 zu § 459 will, soweit die Abnahme in Frage steht, den Käufer zu einer solchen nur gegen Ermäßigung des Kaufpreises verpflichtet wissen. Doch liefe das im Ergebnis auf ein Minderungsbegehren hinaus, welches dem Käufer im Sinne von Treu und Glauben gerade nicht erlaubt sein soll. Die von Staudinger a. a. O. angeführte Entscheidung RG. 53, 73ff. behandelt denn auch den Fall, wo ein Anspruch auf Minderung gegeben gewesen wäre, da ein Fehl von 1/20 an der Größe des verkauften Grundstücks eben kein bloß „unerheblicher Mangel" nach § 459 Abs. 1 Satz 2 mehr war.

Beim Kauf von gebrauchten Sachen (JW 07, 173[11]; Hamburg OLGR 24, 335), von havarierter Ware, von Gelegenheitsware, von Abfällen, von Gegenständen, die nicht tadellos hergestellt zu werden pflegen, wird von vornherein mit dem Vorhandensein gewisser Fehler, die durch die Eigenheit der Ware bedingt sind, gerechnet. Bei Ramschware rechnet man überhaupt nur mit einer durchschnittlichen Beschaffenheit. Auch wenn nicht Ramschware verkauft ist, kann die Güte eines Teils der Ware die Mängel eines andern Teils zu unerheblichen machen (§ 360 und dort Anm.).

Darüber, wie es sich verhält, wenn der Mangel nicht als unerheblich im Sinne von § 459 Abs. 1 Satz 2 BGB gelten kann, der Verkäufer aber sich zur Nachbesserung erbietet, s. Anm. 50.

Anm. 43 d) Die Prüfung, ob **Zusicherung einer Eigenschaft** vorliegt, bedarf besonderer Sorgfalt, weil das Gesetz innerhalb des Gewährschaftsrechts an das Fehlen einer zugesicherten Eigenschaft weitergehende Folgen knüpft.

aa) Der Begriff der — zusicherungsfähigen — Eigenschaft der Kaufsache geht zunächst aus von dem allgemeinen Eigenschaftsbegriff im Sachmängelgewährschaftsrecht, wie er oben Anm. 40 erörtert worden ist. Er umfaßt insoweit alle in der substantiellen Sachbeschaffenheit wurzelnden Verhältnisse, die zufolge ihrer Art und Dauer nach der Verkehrsanschauung einen Einfluß auf die Brauchbarkeit und Wertschätzung der Sache zu üben pflegen (RG 117, 315). Doch geht der Umfang dessen, was als Eigenschaft in dem besonderen Sinne des § 459 Abs. 2 BGB zugesichert werden kann, darüber hinaus. Denn die Parteien haben es kraft ihrer Vertragsautonomie in der Hand, zu bestimmen, was alles sie als Eigenschaft gewertet wissen wollen. Es können also „Eigenschaften" in diesem Sinne auch sonstige, ja alle Beziehungen der Kaufsache zur Umwelt sein, die nicht gerade in der Sachbeschaffenheit ihren Grund haben, wenn sie nur irgend für den Käufer von Interesse sind (WarnRspr. 1934 Nr. 175; Beispiele in DAR 1955, 161 [Köln]: Bestehen einer Kaskoversicherung für das verkaufte Kfz; HEZ 2, 158 [Hamburg]: behördlich genehmigter Weiterverkaufspreis; RG DJust. 1935, 268: Zugesichert war, daß das verkaufte Gemälde aus Privatbesitz stamme und im Kunsthandel unbekannt sei). Allerdings wird anzunehmen sein, daß gegenüber solchen nicht mehr sachsubstantiellen, lediglich zusicherungsfähigen Eigenschaften die Untersuchungsobliegenheit des § 377 sich nach Lage des Falles modifiziert, schon weil an ihrer Anwendbarkeit im strengen Sinne Zweifel bestehen (oben Anm. 5); unverzüglich untersuchen ist nicht gleichbedeutend mit unverzüglich recherchieren. In geeigneten Fällen wird man ein Verdecktsein des Mangels oder eine vertragliche Hinausschiebung der Rügepflicht bis zur Aufdeckung (oben Anm. 30) zu unterstellen haben.

Erwartungen und Versprechungen dagegen, nach denen sich aus künftigen Verhältnissen eine Erwerbsmöglichkeit aus dem Kaufgegenstand ergeben soll, sind schlechthin keine Eigenschaften der Kaufsache, auch keine zusicherungsfähigen (RG 148, 296; an Beispielen aus dem Immobiliarkaufrecht zu vergleichen: wenn der Verkäufer eines Geschäfts beim Abschluß erklärt, daß er sich der Errichtung eines Konkurrenzgeschäfts für absehbare Zeit enthalten werde [RG in HRR 1936 Nr. 1160; s. Anm. 42]; oder wenn es sich bei einem Hausverkauf um die zukünftige Entwicklung des Badeortes handelt, in dem das Haus liegt [RG in DJust. Beil. Das Recht 1935 Nr. 6815]). Hier wäre nur eine besondere, neben der Sachmängelgewähr stehende Garantieübernahme möglich (unten Anm. 48). Überhaupt bleibt die vertragliche Garantie der einzige Weg, um Eigenschaften zuzusichern, die sich erst künftig einstellen sollen (Anm. 48; § 349 Anm. 93). Müßten dagegen derartige Eigenschaften, um sich künftig einstellen zu können, bei Kaufabschluß oder spätestens bei Gefahrübergang im Kaufgegenstand „angelegt" sein, so bleibt echte Zusicherung nach § 459 Abs. 2 BGB denkbar. Beispiel: Zusicherung der Abwesenheit eines „Mangels", der darin bestehen könnte, daß kurz nach dem Kauf eines Kfz. ein neues Modell herauskommt, durch welches das gekaufte veraltet erscheint; vgl. LG Hamburg BetrBer. 1961, 67 (das gekaufte Modell wäre in diesem Falle ein in der Planung des Herstellerwerkes bereits „auslaufendes"). Erst recht kann in der Zusicherung der Fortdauer einer Eigenschaft, z. B. der Haltbarkeit, Zusicherung einer Eigenschaft enthalten sein (unten Anm. 48).

bb) In früheren Auflagen war die Ansicht vertreten worden, die Zusicherung müsse für den Abschluß bestimmend gewesen sein; denn der Käufer müsse in erkennbarer Weise seinen Willen, zu kaufen, von dem Vorhandensein der zuzusichernden Eigenschaften abhängig gemacht haben. Die daran geknüpfte Folgerung, es sei ein ursächlicher Zusammenhang zwischen Eigenschaftszusicherung und Kaufabschluß zu fordern, konnte schon in der Vorauflage nicht aufrecht erhalten werden. Die Zusicherung äußert ihre garantieförmige Wirkung aus sich selbst, kraft ihrer sogleich zu erörternden vertraglichen Natur. Sie kann den Kaufabschluß wachgerufen oder auch nur gefördert haben, den Kaufpreis beeinflußt haben oder vom Käufer als willkommene Abrundung hinzugenommen worden sein: das alles kann für die vertragliche Haftung nicht wohl etwas ausmachen. Die für das Gegenteil zitierte Entscheidung des RG bei Bolze 13 Nr. 311 besagt auch nur, daß eine Eigenschaftszusicherung aus tatsächlichen Gründen nicht angenommen werden könne, wenn der Käufer selbst erklärt habe, auf die betr. Eigenschaft — deren Vorhandensein der Verkäufer behauptet hatte — keinen Wert zu legen. Vor allem wird für das der Eigenschaftszusicherung weithin (unten Anm. 85ff.) gleichstehende arglistige Verschweigen von Fehlern und das arglistige Vorspiegeln von Eigenschaften schon von jeher keine Ursächlichkeit im Hinblick auf den Kaufabschluß gefordert (unten

Anm. 158, 160). Wie hier: Staudinger[11] Anm. 69 zu § 459 und Dür.-Hach. V Einl. Anm. 191 unter Bezugnahme auf die Entscheidung JW 1897, 177. —

cc) Zum Begriff der Zusicherung gehört, daß sie zum Vertragsinhalt gemacht worden ist. Nicht selten ist dies Auslegungsfrage. Bei der Auslegung muß berücksichtigt werden, daß häufig vor und bei den Vertragsverhandlungen Angaben gemacht werden, die den Anstoß zum Abschluß eines Vertrags geben sollen, aber nicht zum Vertragsinhalt geworden sind (WarneyerRspr. 1940, 7). In solchen Fällen kann nur eine außerhalb von Vertragsverhältnissen verübte Arglist (unten Anm. 46e, 160, 177) in Frage kommen; Treu und Glauben unter Berücksichtigung der Verkehrssitte (§§ 133, 157 BGB; § 346 HGB) müssen entscheiden, ob den Verhandlungen die Deutung zu geben ist, daß ein Gegenstand mit den und den bestimmten Eigenschaften als zugesicherten gekauft und verkauft werden sollte (LZ 1911, 611[18]; BGH LM. § 459 Abs. 2 BGB Nr. 2). Inhaltlich wird dann darauf abzustellen sein, ob die Angaben des Verkäufers die endgültige Bedeutung haben sollten, daß für deren Wahrheit eingestanden werde (RG 101, 69). Erleichtert wird die Prüfung bei schriftlich abgeschlossenen Kaufverträgen: es kommen die Grundsätze in Betracht, die in § 350 Anm. 63ff. über die Vollständigkeit und in § 350 Anm. 68 über die Auslegung von Urkunden wiedergegeben wurden. Wenn also eine Zusicherung in der Vertragsurkunde nicht steht, so ist anzunehmen, daß eine Zusicherung nicht gewollt war (BGH BetrBer. 1963, 1115; RG 65, 49; 52, 25; WarneyerRspr. 1911 Nr. 6); doch ist der Beweis des Gegenteils nicht ausgeschlossen (RG 68, 15; WarneyerRspr. 1918 Nr. 50; JW 1913, 197[8]; Holdheim 1912, 225), der aber wiederum versagt, wenn die Urkunde selbst bestimmt, daß mündliche Nebenabreden keine Gültigkeit haben sollen (LG Essen RKraftf. 1954, 90; anders für einen besonders liegenden Fall LG Gießen DAR 1960, 14 [bedenklich?]). Ist die Zusicherung in die Vertragsurkunde aufgenommen, kommt der Einwand, es handle sich nur um eine bei Gelegenheit der Verhandlungen abgegebene Erklärung, natürlich nicht in Frage (JW 1913, 371[2]); auch sonst bildet die Formulierung bestimmer Eigenschaftsangaben im schriftlichen Kaufvertrag ein hervorragendes Indiz für ihre gewollte Verbindlichkeit im Sinne vertraglicher Zusicherung (BGH LM § 459 Abs. 2 BGB Nr. 2). Insoweit wird namentlich einem Vertragstext des Inhalts, daß bestimmte Eigenschaften (sc. als für den Zeitpunkt des Gefahrübergangs vorhanden, „garantiert“ werden, regelmäßig die Bedeutung einer Eigenschaftszusicherung zukommen. — Wo eine kaufvertragliche Eigenschaftszusicherung verneint werden muß, kann aber immerhin noch eine Haftung aus schuldhaft falscher Beratung, die dem Verkäufer oder seinem fachkundigen Verhandlungspersonal während der Kaufvertragsverhandlungen zur Last fiele, möglich sein (BGH NJW 1962, 1196 = LM § 276 BGB [H] Nr. 5 = MDR 1962, 647 [L] = BetrBer. 1962, 616: der Vertreter einer Lieferfirma einer Holzsäge hatte dem Käufer nach Aufmessung der Örtlichkeit erklärt, die angebotene Maschine könne an dem betreffenden Platz aufgestellt werden, was sich später bei der Lieferung als unmöglich erwies).

Im einzelnen: Anpreisungen allgemeiner Art, die der Käufer als solche erkennen mußte, scheiden als vertragliche Zusicherung der angepriesenen Eigenschaft vor vornherein aus; sie sind überhaupt bedeutungslos (ein Beispiel dafür unten Anm. 154). Zu nicht beachtlichen bloßen Anpreisungen gehören regelmäßig die „Zusicherungen“ in Zeitungsanzeigen (Hamburg Betrieb 1959, 108; SeuffA 68, 441; Hamburg OLGR 16, 400) und in sonstigen Reklamen, die Anpreisungen von Auktionsware, wie „allerbeste Qualität“, „das Feinste, was es gibt“. Eine bloße Redensart ist beim Verkauf einer gebrauchten Altsache die Zusicherung, die Sache sei so gut wie neu, wenn der Käufer nach der Billigkeit des Preises mit Herstellungskosten rechnen muß; es kann dann auch nicht Gebrauchsfähigkeit als zugesichert gelten (Jena JW 1922, 1219[8]; dagegen Manigk ebenda). Beim Ankauf von Altware, bei Gelegenheitskäufen, Ramschkäufen weiß jeder Käufer, daß die Ware nicht mehr tadellos sein werde. Die bloße Mitteilung des Verkäufers, der Wagen sei wenig gebraucht und in sehr gutem Zustand, ist wegen ihrer Allgemeinheit keine Zusicherung; die Mitteilung wird aber zur Zusicherung, wenn der Wagen als in sehr gutem, betriebsfähigem Zustande befindlich bezeichnet ist, denn die Betriebsfähigkeit ist eine klar zu erfassende Eigenschaft (Hamburg HansGZ 1924, Hptbl. 197). Die Behauptung, ein Kraftfahrzeug sei „fabrikneuwertig“, gilt unter Umständen nur als allgemeine Anpreisung (RG. in Vers. u. Geldwirtsch. 1928, Anhang Praxis 172). Dagegen bedeutet die von dem Verkäufer eines gebrauchten Kraftwagens auf Vorhalt der Kaufpreishöhe abgegebene Erklärung, der Wagen sei eben erst gründlich überholt worden, die Zusicherung, daß der Wagen durchaus gebrauchsfähig sei (LZ 1928, 1385[5]). Nach neuerer Verkehrsauffassung ist die Zusicherung „Motor kürzlich überholt" so zu verstehen, daß dieser so gut wie möglich instand gesetzt ist, um einem gleichartigen neuen an Wert und Gebrauchsfähigkeit möglichst gleichzukommen (Düsseldorf VRS 4, 93; dort auch darüber, daß eine solche Klausel neben einem allgemeinen Gewährschaftsverzicht „verkauft wie besehen" selbständige Bedeutung behält [unten Anm. 121]). Ein „fabrikneuer" Wagen darf allenfalls vor der Zulassung zu Probefahrten, aber überhaupt nicht zu Verkehrszwecken gelaufen sein, sonst fehlt ihm die zugesicherte Eigenschaft der Fabrikneuheit (BGH BetrBer. 1967, 1268 = Betrieb 1967, 1849); ein Vorführwagen darf nur als solcher, nicht als „fabrikneu" verkauft werden. Nach RG in LZ 1932, 954[2] ist ein Kraftwagen nicht mehr „fabrikneu", wenn er mehrere Jahre bei dem Verkäufer gestanden hat und ein gesprungenes Rohr des Wagens wieder geschweißt worden ist. Die Erklärung des Verkäufers, die verkaufte Maschine sei „kaum gebraucht, fast neu und verhältnismäßig neuwertig", hat der BGH in LM § 459 Abs. 2 BGB Nr. 2 als ausreichend konkrete Zusicherung einer Eigenschaft anerkannt, zumal sie schriftlich abgegeben und während der Besichtigung des Kaufgegenstandes mündlich wiederholt wurde.

In das Gebiet unbeachtlicher Anpreisungen fallen, wenn nicht besondere Umstände das Gegenteil ergeben, auch allgemeine floskelartige „Garantien" (unten Anm. 193), z. B. „unter der Ware sind teilweise Prachtexemplare" (Jena LZ 1920, 177[2]), sowie die allgemeine Zusicherung der Fehlerfreiheit der Ware, z. B. „die Pferde sind gut und reell" (Kiel OLGR 33, 273 Anm. 1; vgl. aber bezüglich der Zusicherung der Gesundheit der verkauften Tiere: WarneyerRspr. 1913 Nr. 50), oder die Zusicherung, die Ware sei in besonders gutem Zustand, schön und trocken (s. aber das Folgende) oder „gesund und einwandfrei" oder „Durchschnittsqualität der diesjährigen Ernte" (Haage a. a. O. S. 944). In den soeben erwähnten allgemeinen Garantien ist die allgemeine „Versicherung" (keine Zusicherung) abgegeben, daß die Ware brauchbare Handelsware sei. Eine „Versicherung" kann ein anderes Aussehen gewinnen: Wenn der Verkäufer die Richtigkeit oder Unrichtigkeit einer Tatsache „versichert", so will er im allgemeinen nicht mehr erklären, als daß seines Wissens die versicherte Tatsache richtig oder unrichtig sei. Ob in einer solchen Versicherung die vertragsmäßige Zusicherung einer Eigenschaft der verkauften Sache im Sinne einer Gewährleistung zu erblicken ist, bleibt Sache der Auslegung (RG 54, 223). Schätzungen (des Ertrags der Kaufsache, z. B. des Reingewinnes eines verkauften Geschäftes: RG bei Holdheim 1911, 150; vgl. LZ 1912, 228[24]; HRR 1937 Nr. 237; auch Angaben über die Menge des zum Verkauf stehenden Vorrats können die Bedeutung einer Schätzung haben: JW 1908, 477[5]), Rentabilitätsberechnungen (LZ 1927, 606[5]: Verkauf eines Filmes) sind so wenig Zusicherung einer Eigenschaft wie andere nur bei Gelegenheit der Vertragsverhandlungen von dem Verkäufer über den Kaufgegenstand abgegebene Erklärungen solcher Art, denen der Käufer keinen anderen Wert beimißt als den einer vor Kaufabschluß eingezogenen Information (Hamburg MDR 1948, 254) und die daher nicht in vertragsmäßig bindender Weise abgegeben worden sind (RG 54, 223; WarneyerRspr. 1914 Nr. 48; JW 03 Beil. 124[274]; Hamburg BetrBer. 1959, 250). Eine bestimmte Eigenschaft muß zugesichert sein; die Bezeichnung der Art der zu liefernden Ware (z. B. einer bestimmten Gemüsesorte) hat nicht die Bedeutung einer Zusicherung, die eine besondere Haftung des Verkäufers für die Beschaffenheit der Ware begründet (JW 1920, 832[1]); s. aber hinsichtlich der Verwendung eines scharf umrissenen Warennamens als Eigenschaftszusicherung unten Anm. 44. Eine ganz genaue Bezeichnung der zugesicherten Eigenschaft ist nicht nötig; die Zusicherung muß nur nach ihrem Umfang bestimmbar sein (LZ 1911, 843[16]). Auch hier kommt es auf die Anschauungen und Gepflogenheiten der beteiligten Verkehrskreise an. Ein Orientteppich, der erst in jüngster Zeit hergestellt worden ist, darf nicht als „alter, echter" Teppich verkauft werden (Hamburg in HansRGZ 1936 B 614).

Die Zusicherung einer bestimmten Eigenschaft umfaßt auch die Zusicherung der Freiheit von einem bestimmten Fehler. Dieser Unterfall tritt gesetzlich in die Erscheinung im § 460 BGB (unten Anm. 117 letzter Abs.). Über die Zusicherung einer gewissen Menge s. Vorbem. vor § 373 Anm. 63 und oben Anm. 6ff. Der Zusatz „circa" schließt bei einem Spezieskauf eine Zusicherung nicht aus (JW 08, 477[5]), wobei in Betracht kommt, daß die Zusicherung einer bestimmten Menge zugleich die Zusicherung einer bestimmten Güte oder Eigenschaft in sich schließen kann (oben Anm. 6). Die Vorschrift des § 468 BGB bezüglich der Grundstücke läßt sich auf die Zusicherung der bestimmten Größe einer beweglichen Sache nicht übertragen, weil der Gesetzgeber (Mot. II 233) hier die Bestimmungen über das Einstehen-müssen für Zusicherungen der Quantität bei Sachveräußerungen, zumal sie häufig zugleich die Qualität darstellen (oben Anm. 6; § 378 Anm. 9ff.), für ausreichend ansah (RGR Komm.[11] § 468 Anm. 1). Ist das Holz eines Waldstücks von angegebener Größe verkauft, so liegt, wenn die Größenangabe wegen eines minus nicht stimmt, regelmäßig nur unvollständige Erfüllung, nicht aber der Mangel einer zugesicherten Eigenschaft nach § 468 BGB vor (KG in OLGR 38, 82). Hingegen kann eine Überschreitung des zugesicherten Höchstgewichts der Ware Sachmangel sein (Hamburg HansRGZ 1929 B 827). Daß die Parteien den Verwendungszweck der Ware kennen oder besprochen haben (LZ 1912, 844[13]), bedeutet für sich allein so wenig die Zusicherung einer Eigenschaft als die bloße Angabe einer Eigenschaft durch den Verkäufer. Um die Zusicherung bestimmter Eigenschaften annehmen zu können, muß sich der Gewährschaftswille des Verkäufers entweder aus seinen Erklärungen oder aus sonstigen Umständen ergeben, die zur der Bezeichnung der Ware hinzutreten (RG. in LZ. 1932, 956[4]). Wohl aber tritt eine vertragsmäßige Bindung im Sinne einer Zusicherung ein, wenn zu dem beiden Teilen bekannten Verwendungszweck der Ware noch eine auf diesen Zweck abzielende Zusicherung hinzukommt, sei es auch ganz allgemeiner Art, z. B. die Herkunftsbezeichnung nach Ursprungsland, Gegend, Fabrikationsort (unten Anm. 44), oder die Zusicherung der Prima-Qualität (Kohlen für Kesselfeuerung: LZ 1913, 216[17]) oder eines bestimmten Ausdruschergebnisses (Königsberg LZ 1930, 676[1]), oder die, daß die verkauften Kartoffeln gut seien und sich gut kochen lassen (Rostock MecklRpflZ. 45, 693), oder daß die Ware beim Spediteur lagere, also sofort greifbar sei (Hamburg LZ 1918, 177[8]), oder die, daß die Ware, bei welcher Trockenheit die Brauchbarkeit und Güte beeinflußt, schön und trocken sei, während sonst derartige Erklärungen zu unbestimmt sind (vgl. ROHG 11, 283). Hinweis auf die Echtheit, wenn der Käufer auf diese Wert gelegt hat, ist stets Zusicherung der Echtheit; ebenso „Originalabfüllung" bei Weinen (Frankfurt/M., NJW 1966, 1621). Ist eine Ware unter Bezeichnung mit einer DIN-Kennziffer verkauft worden, so können die entsprechenden DIN-Eigenschaften als zugesichert anzusehen sein, wenn eine dahingehende Verkehrsübung besteht (Beispiel: Köln VersR 1964, 541) oder wenn die DIN-Bezeichnung als abgekürzte Signatur für den Inhalt einer Eigenschaftszusicherung ausdrücklich gebraucht worden ist (Beispiel in Vorbem. 2 sub A 2 — Betonsteinindustrie —). Sonst aber hat die Verwendung der DIN-Ziffer im Kaufvertrag nur die Bedeutung einer Kennzeichnung der Ware ohne Eigenschaftszusicherung; BGH NJW 1968, 2238ff. (2240) = JZ 1968, 742. Der Verkauf eines Kraftwagens als „neu aus der Ladenbox" enthält die Zusicherung, daß er noch keine Unfallschäden erlitten habe (Hamburg HansRGZ 1929 B 27). In der Erklärung des Verkäufers, der verkaufte Kraftwagen sei eben erst gründlich überholt, liegt die Zusicherung, daß der Wagen gebrauchsfähig sei (RG in HansRGZ 1929 B 554). Maschinen, deren sämtliche Teile derart genormt sind, daß sie von jedem fachkundigen Monteur ebensogut wie in der Fabrik zusammengesetzt werden können, verlieren durch die bloße Auswechslung eines solchen Teils noch nicht die zugesicherte Eigenschaft der „Fabrikneuheit" (RG in SeuffA 86, 137). „Fabrikneu" ist eine Maschine nur, wenn sie überhaupt nicht oder nur wenige Stunden zu Probezwecken gelaufen ist (Königsberg in DRZ 1935, 260).

Eine vertragsmäßige Zusicherung der vorstehenden Art ist wohl zu unterscheiden von der vertragsmäßigen Voraussetzung der Tauglichkeit der Ware zu einem bestimmten Gebrauche (oben Anm. 41 sub b). Ist z. B. ein Reitpferd verkauft, so ist damit nur für die Tauglichkeit zu dem nach dem Vertrag vorausgesetzten Gebrauch Gewähr zu leisten; es ist aber noch nicht zugesichert, daß das Pferd auch zugeritten sein müsse. Auch das

Vorhandensein solcher Eigenschaften, auf deren Vorhandensein der Käufer schon von Gesetzes wegen Anspruch hat, z. B. auf die vertragliche Voraussetzung zu einem bestimmten Gebrauch (oben Anm. 41 sub b), oder auf eine gewöhnlich vorausgesetzte Eigenschaft (oben Anm. 41 sub c), oder auf die Unschädlichkeit gekaufter Nahrungsmittel, kann Gegenstand besonderer Zusicherung sein (LZ 1923, 225[5]). Der Käufer kann daran ein Interesse haben, um sich die besonderen Ansprüche aus § 463 BGB zu sichern und gegen den Einwand der Unbedeutendheit des Mangels (oben Anm. 42) sicher zu gehen. Auch dann liegt eine Zusicherung vor, wenn der Käufer sich eine Steigerung der gesetzlich ohnehin zu verlangenden Eigenschaften noch besonders versprechen läßt, z. B. vollkommene Reinheit bei Edelsteinen (München OLGR 22, 224). Auch die Zusicherung, ein Zeugnis irgendeiner Stelle beizubringen über das Vorhandensein bestimmter Eigenschaften, gehört hierher; ohne das Zeugnis ist die Ware minderwertig; zugesichert sind damit Eigenschaften, die die Voraussetzung zur Erteilung eines solchen Zeugnisses bilden. Die Zusicherung der Probemäßigkeit ist eine ausdrückliche Zusicherung (Vorbem. vor § 373 Anm. 114ff; D. 224). Ebenso die Zusicherung „made in Germany" (Hamburg HansRZ 1924, 144), die Zusicherung eines bestimmten Dampfverbrauchs einer Maschine (RG bei Holdheim 1912, 222), die Zusicherung eines bestimmten Treibstoffverbrauchs bei einem Kfz. (Bremen VerkBl. 1950, 228), die Zusicherung „rentablen Arbeitens" einer neu konstruierten Maschine (WarneyerRspr. 1937, 166), die Zusicherung der Brauereifreiheit einer verkauften Gastwirtschaft (RG 95, 176; dazu vgl. Mittelstein JW 1919, 446[6]), die Zusicherung der Freiverkäuflichkeit eines Arzneimittels (WarneyerRspr. 1932 Nr. 74). Über die Zusicherung, die im Verkauf rollender Ware oder der Greifbarkeit der Ware liegen kann, Vorbem. vor § 373 Anm. 86 a. E. Hingegen ist die Vereinbarung neutraler Ausstattung der Ware nur unter besonderen Umständen als Zusicherung einer Eigenschaft im Sinne von § 459 Abs. 2 BGB aufzufassen (RG 130, 380). In der Klausel „wie gehabt" liegt nur die Zusicherung, daß dieselbe Qualität wie früher geliefert werde, nicht aber die Zusicherung, daß die Ware wie die frühere Sendung nach einem Transport unbeschädigt in die Hände des Käufers gelange (RG „Recht" 04, 76[313]), oder daß die früher vereinbarte cif-Klausel wieder gelten sollte (Hamburg LZ 1917, 763[5]). Bei der Klausel „wie gehabt" kann sich der Verkäufer nicht darauf berufen, daß er ohne Wissen des Käufers bisher vertragswidrig geringe Qualität geliefert habe (Hamburg HansGZ. 1917 Hptbl. 260); die Klausel „in gehabter Qualität" bedeutet nur, daß der Käufer nicht besser und nicht schlechter beliefert werden solle als bei früherer Lieferung, die gleiche Provenienz der Ware kann ohne besondere diesbezügliche Abrede im allgemeinen nicht gefordert werden (Hamburg in HansRGZ 1937 B 299).

Daß der Verkäufer das Einstehen-wollen aus einer Eigenschaftszusicherung mit Einschränkungen versehen kann, etwa des Inhalts, daß er nicht hafte, wenn er auf Grund bestimmter Unterlagen die zugesicherte Eigenschaft als vorhanden habe ansehen dürfen, versteht sich von selbst; BGH LM § 463 BGB Nr. 6 = MDR 1961, 761 = BetrBer. 1961, 803 = Betrieb 1961, 978.

Auch stillschweigend kann die Zusicherung erfolgen, obwohl dies nur in seltenen Fällen anzunehmen ist (RG 114, 239). Es muß nur feststehen, daß sie zum Inhalt des Vertrags gemacht worden ist. Dadurch unterscheidet sich die rechtlich bedeutsame stillschweigende Zusicherung von der rechtlich unerheblichen Voraussetzung (oben Anm. 41 sub a). Von der rechtlich erheblichen vertraglichen Voraussetzung (oben Anm. 41 sub b) unterscheidet sie sich in der Rechtsfolge des § 463 BGB. Beiderseits als vorhanden vorausgesetzte Eigenschaften sind nicht zugesichert im Sinne des § 459 Abs. 2 BGB (München VersR. 1955, 410: Stabilität eines Mopeds). Die Zusicherung ist stillschweigend gegeben, wenn der Käufer beim Abschluß die und die bestimmte Eigenschaft ausdrücklich verlangt und der Verkäufer daraufhin ohne Widerspruch abschließt (BGH LM § 463 BGB Nr. 2). Der Verkäufer sichert die verlangte Eigenschaft u. U. — Auslegungsfrage! — stillschweigend zu, wenn die Warenbenennung oder -bezeichnung einer bestimmten Art oder Sorte im Sinne des Handelsverkehrs entspricht und mit der Benennung sich eine festumrissene Vorstellung bestimmter zu fordernder Eigenschaften verbindet (Sommerweizen: JW. 03 Beil. 69[158]; Sommerroggen: LZ 1913, 294[22]; vgl. dazu Marienwerder OLGR 8, 70, wo in dem statt Sommerroggen gelieferten Winterroggen sogar ein aliud erblickt wird; Brotmehl: RG 27, 19; Santa-Clara-Pflaumen: RG 47, **Anm. 44**

123; Pfefferminzöl: BGH Betrieb 1954, 928 [Bedeutung des Handelsbrauchs für den Eigenschaftsgehalt eines solchen Warennamens]; „Krempelwolf": BGH BetrBer. 1952, 903 [zugesichert die Tauglichkeit zu solchen Anforderungen, die üblicherweise an ein Gerät dieses Namens gestellt werden]; „¾ to-Goliath": Bremen JR 1951, 629 [Zusicherung einer Tragfähigkeit von ¾ to]; nicht aber „ca. 15 to-Schoof-Anhänger" bei einem zusammenzubauenden Altfahrzeug: BGH BetrBer. 1958, 284 [nur Bestimmung des Kaufgegenstandes, keine garantieförmige Gewährübernahme für Tragfähigkeit von 15 to]). Anders, wo es an einem gesicherten Eigenschaftsbild fehlt („Kognak-Weinbrand" enthält keine vertragliche Zusicherung der Reinheit [WarneyerRspr. 1921 Nr. 124]), vollends wo ein einfachster Gattungsname aus der Laiensprache verwendet worden ist („Rotkohl": JW 1920, 831[1]; „Perlonstrümpfe": BGH LM § 377 Nr. 6). Das Vorhandensein eines geschützten Warenzeichens ist noch nicht gleichbedeutend mit der stillschweigenden Zusicherung von einwandfreier Qualität (das Warenzeichen bewirkt in der Regel nur, das Vertrauen des Verbrauchers in die Herkunft der Ware hervorzurufen und zu festigen); anders, wenn die Werbung für dieses Warenzeichen darauf abstellt, daß die Überwachung des Herstellungsprozesses auch auf den zwischenbetrieblichen Stufen das Vorhandensein bestimmter Eigenschaften gewährleiste („Trevira", BGH NJW 1967, 1903).

Ist der Verwendungszweck in den Vertrag ausdrücklich aufgenommen, so ist die dazu nötige Eigenschaft stillschweigend zugesichert (LZ 1914, 675[4]; 1910, 749[5]; vgl. Herzog, Die Haftung beim Kauf von Serien-Ware LZ 1932, 219); nicht aber bei einer ausdrücklich zu Probezwecken gemachten Bestellung (LG Leipzig LZ 1912, 959[3]). Eine Zusicherung enthält die amtliche Abstemplung von Fleisch als bankwürdig Stuttgart (OLGR 43,46). DerVersender einer Flüssigkeit in mitverkauftem Faß sichert stillschweigend dessen Dichtigkeit zu (Braunschweig LZ 07, 765[2]). Beim Verkauf von Saatweizen ist dieKeimfähigkeit nicht nur als vertraglich vorausgesetzte, nur zur Wandelung oder Minderung berechtigende, sondern auch als zugesicherte Eigenschaft anzusehen (Kiel SchlHolstAnz. 04, 326), während nach Hamburg LZ 07, 359[3] eine Zusicherung der Keimfähigkeit der Kartoffeln in ihrer Bezeichnung als Saatkartoffeln nicht enthalten ist. Sind „Saatkartoffeln" verkauft, so müssen sie, auch wenn wegen großer Knappheit allgemein gute Speisekartoffeln auch als Saatkartoffeln geliefert werden, die in den Berliner Bedingungen vorgeschriebenen Eigenschaften haben; daher macht der Lieferer sich schadensersatzpflichtig, wenn er dem Besteller nicht durch den Hinweis, daß er ihm Speisekartoffeln liefern werde, die Entschließungsmöglichkeit gewährt, ob er die Kartoffeln auspflanzen will (RG „Recht" 1927 Nr. 1977). Da beim Kauf nach Muster dessen Eigenschaften als zugesichert anzusehen sind (§ 494 BGB), so gilt bei einem neutralen Muster auch die neutrale Aufmachung der Ware (ohne Firmenstempel) als zugesichert (LZ 1913, 294[21]; Vorbem. vor § 373 Anm. 114). Ferner steht das Fehlen der vereinbarten Herkunft einer Ware dem Fehlen stillschweigend zugesicherter Eigenschaften gleich (RG 47, 124; oben Anm. 43).

Im Kunsthandel mit Antiquitäten ist ohne ausdrückliche Zusicherung die Haftung des Verkäufers für die Echtheit ausgeschlossen (München SeuffA 65, 182). Auch wenn die Echtheit beiderseits als vorhanden vorausgesetzt wird, ist sie noch nicht stillschweigend zugesichert (RG 114, 239). Beim Verkauf eines Bildes ist dessen Eigenschaft als Originalwerk eines bestimmten Meisters nur dann stillschweigend zugesichert, wenn feststeht, daß der Verkäufer hierfür vertraglich einstehen wollte und auch der Käufer die Verhandlungen entsprechend aufgefaßt hat (München HRR 1940 Nr. 506). Dagegen ist es auch ohne Zusicherung als eine vertragliche Voraussetzung anzusehen, daß es sich nicht um eine moderne Fälschung handelt (WarneyerRspr. 1916 Nr. 244). Der Verkauf eines Bildes mit der Signatur (dem vollen Namen) des Malers enthält noch keine Zusicherung der Echtheit, sondern nur eine als vorhanden vorausgesetzte Eigenschaft im Sinne des § 459 Abs. 1 BGB, so daß nur Wandelung oder Preisminderung, nicht aber ein Anspruch auf Schadensersatz wegen Nichterfüllung gemäß § 463 BGB gegeben ist (JW 1926, 253[6]; dazu Riezler JW. 1926, 2531[6], der den Rechtsgedanken der stillschweigenden Zusicherung ganz ablehnt).

Im Gebrauchtwagenmarkt ist als stillschweigende Zusicherung angesehen worden: ausdrückliche Nennung der PS-Zahl, wenn nicht kenntlich gemacht ist, daß es sich dabei nur um eine zahlenmäßig unverbindliche nähere Kennzeichnung des Wagens handeln sollte (RG in RKraftf. 1927, 186); Angabe, daß es sich um einen „Vorführwagen" handele (Hamburg in HRR 1941 Nr. 591 = HansRGZ 1941 B Nr. 25), daß es sich um ein Fahrzeug in 2. — statt wahrheitsgemäß in 5. — Hand handele (LG Gießen DAR 1960, 14).

Einige neuere Gesetze kennen eine kraft Fiktion unterstellte Zusicherung bestimmter Eigenschaften. Es sind dies: **Anm. 45**

α) Das Gesetz über Handelsklassen für Erzeugnisse der Landwirtschaft und Fischerei vom 17. 12. 1951 (BGBl. I, 970) — Fassung des Gesetzes vom 8. 6. 1955 (BGBl. I, 266). — Es enthielt in § 3 eine solche Fiktion für die amtlich vorgeschriebenen Eigenschaften der betr. Handelsklasse. Wegen der Einzelheiten sei auf die Vorauflage verwiesen. Die Regelung ist durch das neue Handelsklassengesetz v. 5. 12. 1968 (BGBl. I, 1303) aufgehoben worden. Der frühere Rechtszustand würde daher nur noch für die unter seiner Geltung geschlossenen Verkäufe Anwendung finden; er soll jedoch nach der Amtl. Begr. zum Handelsklassengesetz 1968 (BTDr. V/3109) praktische Bedeutung nicht erlangt haben.

β) das **Saatgutverkehrsgesetz** vom 20. 5. 1968 — BGBl. I, 444 —, welches (unter Außerkraftsetzung einer voraufgegangenen Regelung im Saatgutgesetz von 1953) in § 39 bestimmt:

„**§ 39 Gewährleistung**

(1) Wird Saatgut vertrieben, so gelten die Sortenechtheit und die Artenechtheit sowie die für die Kategorie des Saatguts und die durch Rechtsverordnung nach § 36 zusätzlich festgelegten Anforderungen als zugesichert.

(2) Gewährleistungsansprüche dürfen nur durch allgemeine Geschäftsbedingungen beschränkt werden, soweit dadurch die berechtigten Interessen des Käufers keine unbillige Beeinträchtigung erfahren. Vereinbarungen über den Ausschluß von Gewährleistungsansprüchen bei fehlender Sortenechtheit oder Artenechtheit sind unwirksam.

(3) Weist der Verkäufer nach, daß das Fehlen der Eigenschaften, die nach Absatz 1 als zugesichert gelten, auf einem Umstand beruht, den er nicht zu vertreten hat, so kann das Gericht die Pflicht des Verkäufers zur Leistung von Schadensersatz wegen Nichterfüllung insoweit einschränken, als die Ersatzpflicht für den Verkäufer auch unter Berücksichtigung der berechtigten Interessen des Käufers zu einer schweren Unbilligkeit führen würde.

(4) Ansprüche auf Wandelung, Minderung, Schadensersatz wegen Nichterfüllung und Lieferung einer mangelfreien Sache verjähren in einem Jahr von der Übergabe des Saatguts an."

Die Artenechtheit bestimmt sich nach der Anlage zum Gesetz, die Sortenechtheit nach dem Inhalt der Eintragung in die beim Bundessortenamt geführte Sortenliste (§§ 44ff., 55 des Gesetzes).

Auf Grund des § 36 des Gesetzes sind — mit zusätzlichen Anforderungen — bisher erlassen:

die Hackfrucht-Saatgutverordnung vom 31. 5. 1968 (BGBl. I, 582),
die Pflanzkartoffelverordnung vom 31. 5. 1968 (BGBl. I, 593),
die Reben-Pflanzgutverordnung vom 19. 6. 1968 (BGBl. I, 680).

Vgl. auch die VO über die Gleichstellung von Anerkennungen und Zulassungen von Saatgut (GleichstellungsVO) vom 19. 6. 1968 — BGBl. I, 703 —, hinsichtlich des EWG-Raumes.

Man beachte jedoch, daß die vorstehenden Regelungen durchaus singulär und nicht ohne weiteres einer Ausdehnung fähig sind. So hat der BGH in der Entscheidung VersR 1955, 140 es abgelehnt, die Verantwortlichkeit des Apothekenvorstandes für die Güte aller von ihm verabfolgten Medikamente nach § 28 Abs. 1 Satz 1 der preußischen Apothekenbetriebsordnung vom 18. 2. 1902, weil rein öffentlich-rechtlich, als Grundlage einer im Sinne der §§ 459 Abs. 2, 463 BGB zu deutenden Legalhaftung bürgerlichen Rechts für die tadellose Beschaffenheit und gefahrlose Brauchbarkeit der Medikamente anzuerkennen.

dd) Bei einer Mehrheit von Verkäufern ist die von einem von ihnen allein gegebene Zusicherung einer Sacheigenschaft beschränkt rechtswirksam. Der Käufer kann zwar nicht wegen Fehlens zugesicherter Eigenschaften wandeln, wenn nicht **Anm. 46a** die Mitverkäufer die von einem von ihnen erteilte Zusicherung genehmigt haben. Denn die Wandelung könnte nur allen Verkäufern gegenüber erfolgen (unten Anm. 64); die Zusicherung ist insofern wirkungslos. Es haftet aber derjenige, der die Zusicherung erteilt hat, auf Preisminderung oder Schadensersatz. Verlangt der Käufer eine der Zusicherung entsprechende Sache, so kann er sie nur von dem fordern, der ihm die Zusicherung gegeben hat (s. auch unten Anm. 77).

Anm. 46b ee) Ist die zugesicherte Eigenschaft bei Kaufabschluß nicht vorhanden, so liegt selbst dann, wenn ihre Herstellung objektiv unmöglich wäre, kein Fall einer Nichtigkeit (Teilnichtigkeit, § 139 BGB) vor — vgl. auch unten Anm. 99 —; so wenig wie eine etwa für den Verkäufer gegebene subjektive Unmöglichkeit, die Eigenschaft herzustellen, wegen ursprünglichen Unvermögens zur Leistung des negativen Interesses verpflichten würde. Hier zeigt sich am deutlichsten die Zugehörigkeit des Einstehens für die zugesicherte Eigenschaft zum Formenkreis des Kaufgewährschaftsrechts. Es besteht vielmehr — in beiden Fällen und neben Wandelung und Minderung — ein Anspruch auf Schadensersatz wegen Nichterfüllung aus der Sondervorschrift des § 463 BGB. Ist andererseits die Unmöglichkeit in der Zeit zwischen Kaufabschluß und Gefahrübergang eingetreten, so kommen abermals nicht die allgemeinen Regeln der §§ 325, 326 BGB zur Anwendung; vielmehr haftet der Verkäufer, wenn ihn ein Verschulden trifft, nach den Grundsätzen der positiven Vertragsverletzung (unten Anm. 100ff.), während ohne Verschulden jedenfalls die allgemeinen Gewährschaftsfolgen über § 459 Abs. 2 BGB eintreten.

Anm. 46c ff) Zusicherungen des Geschäftsvermittlers, d. h. in allgemeiner Umschreibung: Zusicherungen einer Person, die keine Abschlußvollmacht besitzt, sondern nur mit Führung der Vorverhandlungen beauftragt ist, so daß der Geschäftsherr selbst oder durch einen Bevollmächtigten abschließt. Zu Geschäftsvermittlern in dieser allgemeinen Umschreibung gehören die Mäkler mit ihren verschiedenen Aufgaben (Vorbem. vor § 93 u. §§ 93ff.), die Handelsvertreter ohne Abschlußvollmacht (§ 91a Anm. 1), aber auch die Börsen- und Bankagenten, sowie solche Angestellte, deren sich der Geschäftsherr zur Vermittlung bedient (§ 347 Anm. 14ff.). Über die soeben aufgeführten Arten von Geschäftsvermittlern gelten jeweils besondere Regeln, die an den angegebenen Stellen erörtert sind. Hier sind aber noch weiter die Zusicherungen der Geschäftsvermittler zu betrachten, die nicht zu diesen besonderen Arten von Vermittlern gehören, wobei es jedoch nicht ausgeschlossen ist, daß einzelne der nun aufzustellenden Grundsätze auch auf Mäkler, Handelsvertreter und Angestellte ohne Abschlußvollmacht in Ergänzung des früher Erörterten Anwendung finden können. Bereits an anderem Orte (Vorbem. vor § 48 Anm. 3; Vorbem. vor § 84 Anm. 3) ist dargelegt, daß die Bezeichnung als Agent, Platzagent, Vertreter, ständiger Vertreter, Generalvertreter mehrdeutig ist, und daß unter dem Handeln „für" einen anderen Verschiedenes verstanden werden kann, sowie daß eine „Vertretung" im bürgerlichrechtlichen Sinne des § 164 BGB nur vorliegt, wenn ein Geschäftsabschluß zustande gekommen ist und der das Geschäft Abschließende erkennbar im Namen eines andern gehandelt hat. Die Bevollmächtigung zur Führung von Vorverhandlungen, zur Auskunftserteilung und Beratung des Gegners dagegen ist nur ein Auftrag zu Dienstleistungen, also zu rein tatsächlichen Verrichtungen. Diese Art von Bevollmächtigung enthält nicht die Vollmacht, im Namen des Auftraggebers rechtsgeschäftliche Willenserklärungen abzugeben (§ 166 BGB; RG. bei Holdheim 09, 189; JW. 00, 804[5]). Hieraus folgt, daß der Verkäufer für Zusicherungen des Geschäftsvermittlers grundsätzlich nur haftet, wenn er sie beim Abschluß gekannt, sie irgendwie vor- oder nachher gebilligt oder gar zur Erteilung der Zusicherung besonderen Auftrag gegeben hat. Man kann nicht auf den Geschäftsvermittler die Grundsätze übertragen, welche von der Vollmachtsüberschreitung des Handelsvertreters gelten (Vorbem. vor § 48 Anm. 79ff.). Indessen ist es nicht ausgeschlossen, Äußerungen des Geschäftsvermittlers zur Auslegung zweifelhafter Vertragsbestimmungen mit heranzuziehen (JW 1912, 632[2]).

Besondere Umstände können aber dem Vermittler eine andere Rolle zuweisen, welche die Haftbarkeit seines Auftraggebers nach sich zieht. Solche besonderen Umstände sind gegeben, wenn der Vermittler, ohne Bote zu sein, bloßes Werkzeug des Verkäufers ist, so daß alle Handlungen und Erklärungen des Vermittlers lediglich auf den Willensentschluß des Verkäufers zurückzuführen sind (vgl. RG 63, 149), oder wenn der

Verkäufer den Kaufliebhaber an seinen (des Verkäufers) Vermittler mit dem Hinzufügen verweist, was dieser sage, solle gelten (WarneyerRspr. 1912 Nr. 198). Die Umstände können aber auch so liegen, daß als Willenserklärung beider Teile anzunehmen ist, es solle eine Vertragspartei für die Zusagen der Person, deren sie sich zur Vermittlung bedient, einstehen. Über nicht in den Bestellschein aufgenommene Zusicherungen des Vermittlungsagenten s. § 84 Anm. 25, 26.

gg) Nachträgliche Zusicherungen, d. h. Zusicherungen von Sacheigenschaf- **Anm. 46d**
ten nach Kaufabschluß, werden zu vertraglichen Zusicherungen mit den Wirkungen der §§ 459ff. BGB, wenn sie als eine Ergänzung des zuvor ohne Zusicherung abgeschlossenen Vertrags erscheinen (RG 95, 120; WarneyerRspr. 1918 Nr. 28).

hh) Wo das Gewährschaftsrecht auf die Zusicherung einer Eigenschaft abstellt, ist **Anm. 46e**
diesem Tatbestand das arglistige Vorspiegeln des Vorhandenseins einer solchen Eigenschaft — wenn es über bloß allgemeine Anpreisungen hinausgeht (Hamburg Betrieb 1959, 108: Vorspiegelung eines Umsatzes des verkauften Geschäfts) — gleichgestellt. Der Rechtsgedanke hierfür ist im Gebiet des Schadensersatzes aus §§ 463, 480 BGB entwickelt worden und sein Nachweis unten in Anm. 86 zu führen; er gilt aber auch außerhalb jenes Schadensersatzes, d. h. für die allgemeine Gewährleistung aus § 459 Abs. 2 BGB. Denn die Einräumung des Schadensersatzanspruchs geschieht stets „statt" einer an sich zustehenden Wandelung oder Minderung, so daß diese bei Zubilligung des Anspruchs auf Schadensersatz als mit zugebilligt zu denken sind (RG 92, 295; JW 1913, 198[8]; JurRundsch. Rspr. 1926 Nr. 1020; unten Anm. 86).

Immerhin ist hier eine Einschränkung zu machen. Ist eine bestimmte Eigenschaft zugesichert, so kommt es grundsätzlich nicht darauf an, ob ihr Fehlen für die Verkäuflichkeit oder den Gebrauch der Sache von Erheblichkeit ist (RG 134, 88; Bremen VkBl. 1950, 228). Der Käufer hat sich ja die Eigenschaft deshalb vertraglich zusichern lassen, weil er gerade auf sie Wert legte. Höchstens könnte sich aus den Umständen des Einzelfalles, z. B. wenn es sich um den Kauf einer gebrauchten Sache oder nur um einen Schönheitsfehler handelt, ergeben, daß die Parteien die Anwendung des § 459 Abs. 1 Satz 2 BGB nicht haben ausschließen wollen (RG 47, 135; LZ 09, 674[13]; SeuffA 62, 391). Für bloß vorgespiegelte Eigenschaften dagegen gewinnt die Bedeutsamkeit ihres Ermangelns wiederum Gewicht. Die Vorspiegelung bleibt gewährschaftsrechtlich unschädlich, wenn der Mangel als unerheblich angesehen werden muß: so für den Schadensersatz aus §§ 463, 480 BGB (unten Anm. 85ff.), so für die allgemeine Gewährleistung aus § 459 Abs. 2 BGB. Allenfalls mag deliktsrechtlich etwas anderes gelten.

ii) Für die Beurteilung des Umfangs einer Zusicherung entscheidet im **Anm. 46f**
Zweifel die am Wohnort des Verkäufers geltende Verkehrsauffassung (Hamburg SeuffA 68 Nr. 20). Ist handelsübliche Qualität zugesichert, so ist bei einer über große Bezirke gehandelten Ware nicht allein die Verkehrsanschauung des Ablieferungsortes entscheidend (RG „Recht" 1919 Nr. 2161).

e) Anwendung der Grundsätze über Gewährleistung für Fehler und **Anm. 46g**
zugesicherte Eigenschaften auf den Kauf eines Unternehmens oder eines Handelsgeschäfts. Ist ein Handelsunternehmen Gegenstand des Kaufs, so finden zwar nicht die Vorschriften über die Mängelrüge (oben Anm. 5), wohl aber die allgemeinen Vorschriften über die Sachmängelgewähr entsprechende Anwendung (oben Anm. 5). In den Angaben über den Geschäftsumsatz, den Umfang des Absatzes, des Kundenkreises, des Inventars und Warenlagers, des Reingewinnes, den Höchstbetrag der vorhandenen Schulden u. dgl. kann die Angabe und gegebenenfalls die Zusicherung einer Eigenschaft des Unternehmens gefunden werden (RG 146, 120; 100, 204; 98, 292; 63, 61; JW 1915, 1117[2]; 1935, 1558[8] = WarneyerRspr. 1936, 114; RG in JW 1938, 2613[1]; RG in HansRGZ 1930 B 662; LZ 1931, 1383[5]); ebenso bei dem Verkauf von Redaktion und Verlag einer Zeitschrift (Frankfurt „Recht" 08, 298[1774]), oder dem Verkauf eines Theaterunternehmens (RG 96, 156). Nicht nur die dauernde Ertragsfähigkeit, sondern auch der zu einer bestimmten Zeit tatsächlich gegebene Ertrag kann als Eigenschaft gelten (JW 03 Beil. 113[249]); dagegen gibt der Gewinn der Schlußbilanz eines einzelnen Geschäftsjahres, da es sich um ein Zufallsergebnis handeln kann, keinen Maßstab für die Beurteilung der Art, des Umfanges und allgemein des Wertes des betreffenden Geschäfts (LZ 1916, 804[12]; JW 1915, 1117[2]). Das Fehlen einer bloß voraus-

gesetzten, nicht vertraglich zugesicherten Höhe des bisherigen Ertrages eines Geschäftsbetriebes ist aber grundsätzlich überhaupt kein Fehler im Sinne des § 459 BGB; erst durch vertragliche Zusicherung nach § 463 BGB. ist die Höhe des Ertrages in der Vergangenheit einer im Sinne des § 459 BGB erheblichen Eigenschaft der Sache rechtlich gleichzustellen (BGH BetrBer. 1964, 147 — die bloß wertmäßige Angabe eines in der Vergangenheit erzielten Umsatzes genügt nicht —; RG 67, 87; JW 1910, 5[3]; 1935, 1558[8] = WarneyerRspr. 1936, 114). Der Wert der zum Eigenverbrauch entnommenen Waren darf bei der Angabe des Umsatzes in der Regel nicht mitgerechnet werden (JW 1916, 1530[5]). In einer bloßen Umsatz- oder Ertragsschätzung liegt keine Zusicherung (WarneyerRspr. 1911 Nr. 231). Ist ein gewisser Ertrag für die Zukunft zugesichert, so finden nicht mehr Gewährleistungsgrundsätze, sondern die Vorschriften über Garantieleistung Anwendung (unten Anm. 48); unter Umständen auch bei der Zusicherung, daß der Schuldenstand einen bestimmten Betrag nicht übersteige (RG 146, 120). Aber nicht nur der zugesicherte Umsatz und der Ertrag eines Geschäfts sind eine Eigenschaft, sondern, wie beim Sachkauf (oben Anm. 3 u. 40), alle Tatsachen und Rechtsverhältnisse des veräußerten Geschäfts, wenn sie unmittelbare Beziehung auf den Geschäftsbetrieb haben und zufolge ihrer Beschaffenheit und Dauer nach der Verkehrsauffassung einen Einfluß auf die Wertschätzung des Unternehmens zu üben pflegen (RG 138, 356). Hierher gehören JW 02, 145[77]; 1913, 684[2]: Zusicherung des Ertrags in einem vergangenen Zeitraum, der Zahl der gefertigten Rezepte bei einer Apotheke; JW 97, 581[56]: Zusicherung der Frequenz einer Heilanstalt; JW 96, 61[24] u. JW 1938, 2613[1]: Zusicherung einer gewissen Kundschaft; Dresden OLGR 11, 139: Zusicherung der Konkurrenzlosigkeit eines Ladens. Auch die tatsächlichen Verhältnisse, die den Geschäftsbetrieb ermöglichen: Feuchtigkeit des Kellers bei dem Verkauf eines in gemieteten Räumen betriebenen Gastwirtschaftsunternehmens; Ansprüche wegen Mängel dieser Räume sind nur mit der Gewährleistungsklage, nicht mit der Irrtumsanfechtung, geltend zu machen (RG 138, 358; Plum in JW 1933, 905; s. Anm. 136a). Nicht dagegen gehört hierher z. B. die bloße Mitteilung von Bezugsmöglichkeiten (JW. 02 Beil. 213[56]); oder die Erklärung des Verkäufers, daß er sich der Errichtung eines Konkurrenzgeschäfts in absehbarer Zeit enthalten werde (RG in HRR 1936 Nr. 1160). Die Rechtsprechung hat aber auch folgerichtig den weiteren Schritt getan, daß es nicht nur zugesicherte Eigenschaften eines Geschäfts, sondern auch solche Eigenschaften gibt, welche zu den gewöhnlich vorausgesetzten Eigenschaften gehören, also ohne Zusicherung zu gewähren sind. Beispiele: Ein als Pension verkauftes Geschäft, das in Wahrheit ein Absteigequartier für Liebespaare ist (RG 67, 89); ein Geschäft, dessen Fortbetrieb von einem Dritten auf Grund eines Patents untersagt werden kann (RG 69, 429), leidet an einem Mangel, der die Tauglichkeit zu dem nach dem Vertrag vorausgesetzten Gebrauch beeinträchtigt. Dagegen bedeutet es keinen Mangel der gewöhnlich vorausgesetzten Eigenschaften, wenn Besitzstörungs- oder Schadensersatzansprüche des Nachbars wegen des gekauften geräuschvollen Betriebs bestehen (LZ 1915, 47), oder wenn die verkaufte Mühle nicht die erwartete Wasserkraft hat (WarneyerRspr. 1912 Nr. 240), oder wenn die mitverkauften Warenzeichen (§ 7 WZG) nicht bestehen können, falls diese bei dem Verkauf eines Fabrikbetriebes neben dem Inventar als besondere Gegenstände mitverkauft sind (RG. bei Holdheim 1913, 65), oder wenn der Verkäufer absatzbeschränkende Rechte Dritter verschwiegen hat (hierüber Vorbem. vor § 373 Anm. 145). Bei alledem ist endlich zu berücksichtigen, daß sich aus den Umständen oder aus dem Kaufvertrag selbst ergeben kann, es sei der Käufer mit den Mängeln bekannt gewesen, oder er hätte nach den ihm bekannten Umständen mit dem Vorhandensein der Fehler dergestalt rechnen müssen, daß die Unkenntnis ihm zur groben Fahrlässigkeit gereicht (§ 460 BGB); bei naturgemäß wechselnden Beständen eines verkauften Warenlagers oder Inventars ergeben sich z. B. immer kleine, nicht zu beachtende Unterschiede.

Anm. 47 f) Überall wird vorausgesetzt, daß der Mangel im Augenblick des Gefahrübergangs auf den Käufer vorhanden ist, eine Regelung, die nicht zuletzt deshalb notwendig ist, weil beim Gattungskauf die Kaufsache erst durch den Übergang der Gefahr eine bestimmte wird (§ 480 BGB; Vorbem. vor § 373 Anm. 185). Darüber, wann die Gefahr übergeht, s. Vorbem. vor § 373 Anm. 178ff. Danach geht die Gefahr regelmäßig über mit der Übergabe der Kaufsache (Vorbem. vor § 373 Anm. 178), beim

Versendungskauf mit der Versendung (Vorbem. vor § 373 Anm. 183.). Vor der Übergabe können ausnahmsweise Gewährleistungsansprüche geltend gemacht werden, wenn der Verkäufer nicht bereit oder außerstande ist, die Mängel, deren Eigenart gewährschaftsbegründend wäre, bis zur Übergabe zu beseitigen, oder wenn zugesicherte Eigenschaften, die zur Zeit des Vertragsschlusses tatsächlich nicht vorhanden waren, auch nicht mehr beschafft werden können; allenfalls kommen Ansprüche aus positiver Vertragsverletzung, keinesfalls aber die Grundsätze von der Unmöglichkeit der Erfüllung, zur Anwendung (unten Anm. 57). Treten nach Vertragsschluß Gewährmängel hervor, die bis zum Augenblick des Gefahrübergangs wieder beseitigt sind, so ist dem Käufer vertragsmäßig erfüllt worden. Für Fehler, die erst nach Gefahrübergang entstehen, haftet der Verkäufer nur nach den Grundsätzen der positiven Vertragsverletzung, nicht nach Gewährleistungsgrundsätzen; hier kommen auch die Mängel der Verpackung oder Versendung in Betracht, die die Ware auf dem Transport beschädigt haben (oben Anm. 8 u. 9).

Ausnahmsweise kommt es auf den Augenblick des Gefahrüberganges nicht allein an: wenn Eigenschaften einer bestimmten Sache zugesichert oder Fehler einer bestimmten Sache arglistig verschwiegen worden sind (oder [unten Anm. 86] das Vorhandensein von Eigenschaften oder die Abwesenheit von Fehlern vorgespiegelt worden ist) und der Käufer daraufhin die Schadensersatzansprüche wegen Nichterfüllung aus §§ 463, 480 BGB (zitiert unten Anm. 49) geltend macht. Für diese Schadensersatzansprüche verschiebt der Stichzeitpunkt der Haftung sich vom Augenblick des Gefahrübergangs auf den Augenblick des Vertragsschlusses (DR 1941, 265[5] = WarneyerRspr. 1941, 35). In diesem früheren Augenblick muß der Mangel (schon) vorhanden gewesen sein — die zugesicherte Eigenschaft bereits gefehlt, der von der Vorspiegelung betroffene Fehler schon bestanden haben —, wenn Ansprüche auf Schadensersatz begründet sein sollen (§ 463 BGB). Es handelt sich um die zeitliche Erstreckung, z. T. auch um eine sachliche Verschärfung der allgemeinen Gewährschaftsvoraussetzungen im Hinblick auf die besondere Schwere der geltend gemachten Rechtsfolge. Dies ist hier rechtssystematisch herauszustellen. Auch der Schadensersatzanspruch wegen Nichterfüllung aus § 463 BGB verlangt zunächst einmal wie alle Gewährschaftsansprüche, daß die Kaufsache im Zeitpunkt des Gefahrüberganges mangelhaft ist, d. h. den arglistig verschwiegenen Fehler aufweist oder die zugesicherte bzw. vorgespiegelte Eigenschaft nicht hat. Das ergibt sich schon aus dem unten Anm. 49 zitierten Wortlaut des § 463, wonach der Schadensersatz wegen Nichterfüllung „statt" der Wandelung oder Minderung verlangt werden kann. Aber er kann nur verlangt werden unter der weiteren Voraussetzung, daß die zugesicherte Eigenschaft — bereits — im Zeitpunkt des Kaufabschlusses fehlte oder daß der Fehler — bereits — damals vorhanden war. Für den Fall des Fehlers kommt als sachlich verschärfendes Erfordernis hinzu, daß er arglistig verschwiegen sein muß. Würde die ursprünglich nicht vorhanden gewesene Eigenschaft bis zum Gefahrübergang noch hergestellt oder der arglistig verschwiegene Fehler bis dahin beseitigt, so hat der Verkäufer schlechtweg erfüllt, und Schadensersatzansprüche nach § 463 entfallen; nicht anders als Gewährschaftsansprüche überhaupt. Würde andererseits die Kaufsache im Zeitpunkt des Kaufabschlusses die zugesicherte Eigenschaft aufgewiesen haben und fehlerfrei gewesen sein, die Eigenschaft dagegen erst später weggefallen sein oder der Fehler sich erst später eingestellt haben, dann wären — unter der Voraussetzung, daß der so begründete Zustand bei Gefahrübergang andauerte — lediglich Wandelungs- oder Minderungsansprüche, allenfalls noch Ansprüche aus positiver Vertragsverletzung gegeben. Werden, obwohl begründet, keine Schadensersatzansprüche erhoben, sondern beschränkt der Käufer sich auf die anderen Gewährleistungsansprüche, so bleibt es auch beim Fehlen zugesicherter Eigenschaften einer bestimmten Sache dabei, daß der Augenblick des Gefahrübergangs maßgebend für die vertragsmäßige Beschaffenheit ist; das hat für den Käufer den Vorteil der Beweislast, daß er des Nachweises auf den Zeitpunkt des Kaufabschlusses überhoben ist (JW 1911, 93[14]; 1936, 803[11]; unten Anm. 49). Wegen der zeitpunktmäßigen Besonderheiten für das arglistige Verschweigen und das arglistige Vorspiegeln beim Gattungskauf s. unten Anm. 162. Über die Rechtslage, wenn die Unmöglichkeit der Beseitigung von Mängeln oder der Herstellung der zugesicherten Eigenschaft schon vor Gefahrübergang feststeht, siehe unten Anm. 57.

Anm. 48 g) Die Parteien können anderes vereinbaren. Die Parteien können vereinbaren, daß eine Eigenschaft auch für Wandelung und Minderung schon zur Zeit des Vertragsschlusses vorhanden sein muß. Sie können ferner vereinbaren, daß die vertraglich zugesicherte Eigenschaft einer bestimmten Kaufsache — mit der Rechtsfolge des Anspruchs auf Schadensersatz wegen Nichterfüllung, falls sie fehlt — erst bei der Übergabe vorhanden sein müsse (Gruch. 67, 313). Die Parteien können auch eine über die Gewährleistungsansprüche gegenständlich hinausgehende Haftung vereinbaren, z. B. eine Haftung auch für unerhebliche Mängel (JW 00, 81[24]). Sie können auch vereinbaren, daß eine zur Zeit des Kaufabschlusses oder des Gefahrüberganges vorhandene Eigenschaft auch künftig fortdauern müsse. Die Zusicherung, daß sie fortdauern „werde", wäre einfache Eigenschaftszusicherung; das Einstehenwollen dafür, daß sie fortdauern „müsse", ist normale schuldrechtliche Verpflichtung, als Garantieübernahme. Eine solche Garantie für Eigenschaften auf eine bestimmte Zeitdauer beschränkt sich im allgemeinen aber auf bestimmte Wirkungen für die Verjährung des § 477 BGB (RG 128, 213; 91, 307; LZ 1931, 173[3]; unten Anm. 193; s. auch oben Anm. 34). Durch Reparaturen, welche in die Garantiefrist fallen, wird diese dann gehemmt (LZ 1931, 173[3]). Oft bedeutet „Garantie" auch nicht mehr als die Zusicherung gewisser Eigenschaften (RG 71, 174; 90, 416; LZ 1920, 707[14]), z. B. wenn für vertragsmäßige Lieferung elektrischen Stroms (WarneyerRspr. 1925 Nr. 21) oder für die Leistungsfähigkeit einer Maschine (JW 1926, 2526[1]) oder die Klimafestigkeit einer Bedachung (BGH Betrieb. 1957, 1222) oder dafür „garantiert" wird, daß ein Riemen mehrere Jahre seine Geschmeidigkeit und Bruchfestigkeit behalte (Hamburg HansGZ 1915 Hptbl. 164), oder daß das verkaufte Pferd sich niederlege (LG Augsburg JW 1930, 2461[1]). Auf ein Garantieversprechen deutet es hin, wenn das Erkennen der Vertragsmäßigkeit des Kaufgegenstandes, wie beim Ankauf zu Saatzwecken oder von Pflanzen zur Samenziehung, überhaupt nicht bei der Ablieferung, sondern erst durch die Aussaat möglich oder doch mit großen, dem Käufer nicht anzusinnenden Schwierigkeiten verknüpft ist (RG 103, 80; LZ 1913, 756[9]; ROHG 7, 411; § 378 Anm. 42). Doch schließt ein Kaufvertrag über eine bestimmte Art (Sorte) einer Gattungssache (Futterrübsamen, an dessen Stelle zum Teil Zuckerrübsamen geliefert wurde) nicht ohne weiteres eine Garantie des Verkäufers dafür in sich, daß er ohne Rücksicht auf ein von ihm zu vertretendes Verschulden für die Lieferung dieser bestimmten Ware einstehe (Holdheim 1913, 242). Ein Verkauf „ohne Garantie" kann unter besonderen Umständen heißen, es werde außer der Haftung nach § 459 BGB nicht noch eine weitere, in dem betreffenden Geschäftszweig sonst übliche Haftung übernommen (München OLGR 43, 46). Die Zusicherung des Verkäufers, daß die Zollpapiere für die ausländische Kaufsache in Ordnung seien, enthält eine Garantieübernahme, auf Grund deren der Verkäufer dafür einzustehen hat, daß der Zustand der Papiere den ausländischen Beamten auch nicht den Schein einer Berechtigung geben könnte, mit irgendeiner Maßnahme, insbesondere einer Beschlagnahme, gegen den Käufer vorzugehen (Düsseldorf JW 1926, 2003[2]). Scharf zu scheiden ist von der vorstehend behandelten, im Anwendungsbereich des § 477 BGB bleibenden sog. unselbständigen Garantieabrede (und erst recht von der „garantierenden" Eigenschaftszusicherung) der selbständige Garantievertrag. Zu einem Garantievertrag gehört nicht allein ein rechtlich faßbarer Inhalt im Gegensatz zu bloßen Redensarten (JW 1923, 368[2]; unten Anm. 154), sondern eine Haftungsübernahme, die über die Zusicherung von Eigenschaften oder der Mängelfreiheit oder gehöriger Lieferung hinausgeht, indem der Garantieübernehmer kraft einer selbständigen vertraglichen Verpflichtung ohne Rücksicht auf Unmöglichkeit und Verschulden für einen Erfolg einstehen will (RG 146, 123; 90, 416; RG in JW 1939, 38[19] = HRR 1939 Nr. 2; DR JW 1941, 267; WarneyerRspr. 1939 Nr. 16; 1925 Nr. 21; 1914 Nr. 11; JW 1921, 828[3]; 1919, 241[6]; LZ 1926, 821[6]). Die Unterscheidung ist von besonderer Bedeutung wegen der kurzen Verjährungsfrist für die Gewährleistungsansprüche (§ 477 BGB; unten Anm. 136), § 349 Anm. 93). Einen Garantievertrag begründet z. B. die Zusicherung, daß nach Einbau einer Generatorenanlage der Kohlenverbrauch einer maschinellen Einrichtung sich gegen früher ermäßigen werde (JW 1921, 828[3]), denn darin liegt das Einstehen für den Erfolg der Anlage (vgl. RG 165, 47). Wichtig ist, daß eine Untersuchungs-

und Rügepflicht nach § 377 hier nicht gegeben ist (§ 349 Anm. 93). Ein Garantievertrag kann auch in der Zusicherung an den Käufer eines Unternehmens liegen, daß andere als die im Vertrage genannten Schulden nicht vorhanden seien (RG 146, 120). Ist die zugesicherte Eigenschaft einer Kaufsache Gegenstand eines Garantievertrages, so schließt das nicht aus, daß beim Fehlen dieser Eigenschaft auch Gewährleistungsansprüche erhoben werden können (LZ 1931, 173[3]). Daneben ist auf Grund des Garantievertrages wegen der von dem Verkäufer zu vertretenden Unmöglichkeit der Leistung ein Rücktritt vom Vertrage nach § 325 BGB zulässig (LZ 09, 234[26]). Die Garantieabrede kann sich überhaupt darauf beschränken, dem Käufer ein Rücktrittsrecht oder ein Recht auf Aufwendungsersatz zu geben, unter Ausschluß von Schadensersatzansprüchen (RG 165, 41). Auch ein Dritter kann Garantie leisten. Hierüber sowie über den Unterschied des Garantievertrages von der Bürgschaft und der Mitschuldübernahme s. § 349 Anm. 93.

Die Parteien können endlich vereinbaren, daß eine zur Zeit des Gefahrübergangs oder zur Zeit des Kaufabschlusses nicht vorhandene Eigenschaft sich künftig einstellen werde, z. B. daß eine bestimmte Rentabilität des Kaufgegenstandes sich im Verlauf des Betriebs einstellen, oder daß ein Dritter gewisse Handlungen bezüglich der Kaufsache vornehmen, z. B. sie mieten werde (JW 1912, 747[10]), oder daß die zugesicherte Eigenschaft erst bei der Vertragserfüllung vorhanden sei (Gruch. 67, 313). Handelt es sich in diesen Fällen nicht um unverbindliche Äußerungen des Verkäufers, so gelten auch hier die Grundsätze vom Garantievertrag. Die Zusicherung einer Eigenschaft für die Zukunft, deren Beschaffung von Anfang an unmöglich ist, begründet nicht die Nichtigkeit des Vertrages nach § 306 BGB.; vielmehr verpflichtet der Garantievertrag den Verkäufer zum Einstehen für die Möglichkeit und demgemäß zum Schadensersatz wegen Nichterfüllung für den Fall der objektiven Unmöglichkeit, die betreffende Eigenschaft zu beschaffen (RG. „Recht" 1926 Nr. 1936). Vom Käufer muß bei allen Garantieverträgen nach Treu und Glauben verlangt werden, daß er innerhalb angemessener Frist, von Entdeckung des Mangels an gerechnet, von seinen Rechten Gebrauch macht.

Darüber, daß Garantieleistung regelmäßig keinen Verzicht auf Mängelrüge bedeutet, oben Anm. 34.

2. **Rechte, die dem Käufer bei einem Sachmangel zustehen.** Sie sind im Bürgerlichen Gesetzbuch dahin geregelt: **Anm. 49**

§ 462. Wegen eines Mangels, den der Verkäufer nach den Vorschriften der §§ 459, 460 zu vertreten hat, kann der Käufer Rückgängigmachung des Kaufes (Wandelung) oder Herabsetzung des Kaufpreises (Minderung) verlangen.

§ 463. Fehlt der verkauften Sache zur Zeit des Kaufes eine zugesicherte Eigenschaft, so kann der Käufer statt der Wandelung oder der Minderung Schadensersatz wegen Nichterfüllung verlangen. Das gleiche gilt, wenn der Verkäufer einen Fehler arglistig verschwiegen hat.

§ 475. Durch die wegen eines Mangels erfolgte Minderung wird das Recht des Käufers, wegen eines anderen Mangels Wandelung oder von neuem Minderung zu verlangen, nicht ausgeschlossen.

§ 480. Der Käufer einer nur der Gattung nach bestimmten Sache kann statt der Wandelung oder der Minderung verlangen, daß ihm an Stelle der mangelhaften Sache eine mangelfreie geliefert wird. Auf diesen Anspruch finden die für die Wandelung geltenden Vorschriften der §§ 464 bis 466, des § 467 Satz 1 und der §§ 469, 470, 474 bis 479 entsprechende Anwendung.

Fehlt der Sache zu der Zeit, zu welcher die Gefahr auf den Käufer übergeht, eine zugesicherte Eigenschaft oder hat der Verkäufer einen Fehler arglistig verschwiegen, so kann der Käufer statt der Wandelung, der Minderung oder der Lieferung einer mangelfreien Sache Schadensersatz wegen Nichterfüllung verlangen.

Die Frage nach dem Rechtsgrund der Gewährleistung (primäre Leistungspflicht des Verkäufers?, akzessorische Legalgarantie?) läßt das Gesetz offen; hierüber vgl. Vorbem. vor § 373 Anm. 318 und unten Anm. 125.

Der allgemeinen Übersicht ist voranzuschicken, daß nicht etwa deswegen, weil die mangelhafte Kaufsache eine andere nicht erwartete vorteilhafte Eigenschaft hat, die Gewährleistungsansprüche des Käufers beseitigt werden; eine Vorteilsausgleichung findet insofern nicht statt (Hamburg MDR 1954, 551; vgl. auch unten Anm. 87). Anders liegt der Fall, wenn, wie in Lieferverträgen insbesondere des Einfuhrhandels häufig vereinbart, „Durchschnittsqualität der diesjährigen Ernte" zu liefern ist: dann kann Minderqualität bei einer Teilmenge durch überdurchschnittliche Qualität bei einer anderen ausgeglichen werden). Ferner ist zu betonen, daß die Unmöglichkeit der Verschaffung einer Eigenschaft nicht nach den Grundsätzen über Unmöglichkeit der Leistung, sondern nach Gewährleistungsregeln zu beurteilen ist (unten Anm. 57); das wirkt dahin zurück, daß dem auf den Kaufpreis belangten Käufer nicht die Einrede des nicht erfüllten Vertrages bis zur Herstellung der Eigenschaft zusteht (er mag, wenn er bei dem Kauf stehen bleiben will, mindern oder aber die Schadensersatzansprüche aus §§ 463, 480 BGB geltend machen und mit diesen Gegenansprüchen aufrechnen), zumal die Zubilligung einer solchen Einrede praktisch auf die Durchsetzung eines Nachbesserungsrechts des Käufers hinausliefe, welches unstreitig nicht gegeben ist (unten Anm. 50).

Die Rechte des Käufers sind, wenn man sie nach Mängelgruppen aufgliedert, im einzelnen folgende:

a) Stückkauf

aa) Hat die Kaufsache im Zeitpunkt des Gefahrübergangs einen wertmindernden oder die Gebrauchstauglichkeit mindernden — nicht bloß belanglosen — Fehler, so kann der Käufer

α) in jedem Falle nach seiner Wahl den Kaufvertrag rückgängig machen (wandeln) oder die Sache behalten und den Kaufpreis herabsetzen (mindern), § 459 Abs. 1 BGB;

β) wenn der Fehler bei Kaufabschluß arglistig verschwiegen worden war, wahlweise stattdessen auch Schadensersatz wegen Nichterfüllung verlangen, § 463 BGB;

γ) wenn der Fehler bei Kaufabschluß arglistig verschwiegen, oder aber durch Verschulden des Verkäufers zwischen Kaufabschluß und Gefahrübergang herbeigeführt worden war (oder zwar ohne Verschulden des Verkäufers entstanden, aber bis zum Gefahrübergang nunmehr arglistig verschwiegen worden war), in jedem Falle Ersatz wegen des hierdurch bewirkten Schadens, und zwar auch wegen eines Folgeschadens an sonstigen Gütern des Käufers, aus dem Gesichtspunkt der positiven Vertragsverletzung verlangen.

bb) Entbehrt die Kaufsache im Zeitpunkt des Gefahrübergangs einer kaufvertraglich zugesicherten Eigenschaft oder einer beim Kauf arglistig vorgespiegelten — und nicht bloß belanglosen — Eigenschaft, so kann der Käufer

α) in jedem Falle nach seiner Wahl wandeln oder mindern, § 459 Abs. 2 BGB,

β) wenn die zugesicherte oder die arglistig vorgespiegelte Eigenschaft schon bei Kaufabschluß (bei nachträglicher vertraglicher Zusicherung in diesem ihrem Zeitpunkt) gefehlt hat, wahlweise stattdessen auch Schadensersatz wegen Nichterfüllung verlangen, § 463 BGB,

γ) wenn die zugesicherte Eigenschaft zwar bei Kaufabschluß vorhanden, aber durch Verschulden des Verkäufers zwischen Kaufabschluß und Gefahrübergang wieder weggefallen war, in jedem Falle Ersatz wegen des hierdurch bewirkten Schadens, und zwar auch wegen eines Folgeschadens an sonstigen Gütern des Käufers, aus dem Gesichtspunkt der positiven Vertragsverletzung verlangen.

b) Gattungskauf

aa) Hat die angediente Lieferung einen wertmindernden oder einen die Gebrauchstauglichkeit mindernden — nicht bloß belanglosen — Fehler, so kann der Käufer sie, obwohl das Lieferverhältnis wegen §§ 243 BGB/360 HGB noch nicht auf das Objekt der Andienung konkretisiert worden ist, als den konkretisierten Leistungsgegenstand behandeln und daraufhin

α) nach seiner Wahl wandeln oder mindern, § 459 Abs. 1 BGB,

β) oder, unter Zurückweisung der Lieferung, Nachlieferung einer fehlerfreien Ware verlangen, § 480 Abs. 1 BGB,

γ) wenn der Fehler im Zeitpunkt des Gefahrübergangs sich als arglistig verschwiegen darstellt, statt Wandelung, Minderung oder Nachlieferung wahlweise auch Schadensersatz wegen Nichterfüllung verlangen, § 480 Abs. 2 BGB,

δ) wenn das Vorhandensein des Fehlers im Zeitpunkt des Gefahrübergangs auf ein Verschulden des Verkäufers in der Auswahl des Lieferobjekts oder der Art der Versendung zurückzuführen ist, in jedem Falle Ersatz wegen des hierdurch bewirkten Schadens, und zwar auch wegen eines Folgeschadens an sonstigen Gütern des Käufers, aus dem Gesichtspunkt der positiven Vertragsverletzung verlangen.

bb) Fehlt der angedienten Ware im Zeitpunkt des Gefahrübergangs eine zugesicherte Eigenschaft oder eine arglistig vorgespiegelte — nicht bloß belanglose — Eigenschaft, so kann der Käufer sie, obwohl das Lieferverhältnis im Hinblick auf die §§ 243 BGB/360 HGB noch nicht auf das Objekt der Andienung konkretisiert worden ist, als den konkretisierten Leistungsgegenstand behandeln und daraufhin

α) nach seiner Wahl wandeln oder mindern, § 459 Abs. 2 BGB,

β) oder, unter Zurückweisung der Lieferung, Nachlieferung einer Ware mit den zugesicherten bzw. vorgespiegelten Eigenschaften verlangen (§ 459 Abs. 2)/480 Abs. 1 BGB,

γ) wenn die Eigenschaft im Zeitpunkt des Gefahrübergangs fehlt, statt Wandlung, Minderung oder Nachlieferung Schadensersatz wegen Nichterfüllung verlangen, § 480 Abs. 2 BGB,

δ) wenn das Fehlen der Eigenschaft auf eine arglistige Vorspiegelung des Verkäufers oder, im Falle der Zusicherung, auf ein Verschulden des Verkäufers in der Herrichtung, der Auswahl oder der Art der Versendung des Lieferobjekts zurückzuführen ist, in jedem Falle Ersatz wegen des hierdurch bewirkten Schadens, und zwar auch wegen eines Folgeschadens an den Gütern des Käufers, aus dem Gesichtspunkt der positiven Vertragsverletzung verlangen.

Es sind behandelt:

die Wandlung in Anm. 58ff.,
die Minderung in Anm. 76ff.,
der Schadensersatzanspruch wegen Nichterfüllung in Anm. 85ff.,
der Nachlieferungsanspruch in Anm. 90ff.,
der Schadensersatzanspruch wegen positiver Vertragsverletzung in Anm. 100ff.

Besteht daneben noch ein Recht auf **Nachbesserung** (Reparatur, Nachlieferung der fehlenden Eigenschaft oder von Ersatzware, Umtausch fehlerhafter Stücke)? **Anm. 50**
Von Gesetzes wegen nicht. Das BGB gibt — im Gegensatz zu der Regelung des Werkvertrages — dem Käufer nicht das Recht, im Rahmen der gesetzlichen Gewährleistung Nachbesserung verlangen zu dürfen: allerdings auch dem Verkäufer nicht die Befugnis, die Gewährleistungsansprüche des Käufers durch das Erbieten auf Nachbesserung abzuwenden (vgl. Vorbem. vor § 373 Anm. 318). Doch greifen gerade hier in weitem Umfange vertragliche Absprachen ein (unten Anm. 52ff.). Gewisse verbleibende Härten, wo Abreden fehlen, hat die Rechtsprechung durch Anwendung der §§ 157, 242 BGB zu mildern verstanden; diese Fälle betreffen allerdings nur den Schutz des nachbesserungswilligen Verkäufers. Im einzelnen ist zu sagen:

a) Vor Übergabe der Kaufsache kann die Frage einer Konkurrenz zwischen Nachbesserung und Gewährleistung von vornherein da nicht auftauchen, wo Übergabe und Gefahrübergang zusammentreffen, da Gewährleistungsansprüche ohnehin — noch — nicht bestehen (es sei denn, daß die Beseitigung der Mängel unmöglich ist oder der Verkäufer die Nachbesserung fehlerhafter Ware verweigert [unten Anm. 57]). Aber auch wo die Gefahr, etwa wegen Übergabe an die Transportperson, schon übergegangen war, kann bis zur Übergabe der Verkäufer im Regelfalle beliebig nachbessern, bei Gattungsware auch noch die vorgesehene gegen andere gleicher Qualität austauschen, wenn der Käufer nicht ein besonderes, vertraglich gesichertes Interesse daran hat, gerade eine Ware aus einem ganz bestimmten Vorrat oder sonst bestimmter Provenienz zu erhalten. Der Verkäufer kann insbesondere noch auf dem Transportweg, und jedenfalls bis zu den durch §§ 433, 435 (§ 72 Abs. 7, 11 EVO) bezeichneten, unmittelbar vor der Ablieferung an den Käufer liegenden Zeitpunkten der Beendigung seiner Dispositionsbefugnis die Ware zurückrufen, um die Nachbesserung oder den Austausch vorzunehmen. Vor der Ablieferung und der mit ihr einsetzenden Untersuchungs- und Rügeobliegenheit des Käufers wäre ein Interesse des letzteren, lediglich wegen des Gefahrübergangs (der sich ja einseitig gegen ihn kehrt) die Korrektur verhindert zu sehen, nicht zu erkennen. Selbst wenn der Käufer die Ware zurückgewiesen hat, kann der Verkäufer noch mit anderer Gattungsware regelmäßig erfüllen. Denn die Zurückweisung der mangelhaften Ware — im Gegensatz zum Verlangen auf Wandelung der damit angenommenen — hat die Konkretisierung nachträglich entfallen lassen (Vorbem. vor § 373 Anm. 318). Die vorstehende Einschränkung auf die Regelfälle besagt, daß der Verkäufer die Nachbesserung (Auswechslung) nicht auf Kosten der Lieferfrist vornehmen darf, ohne sich des Einverständnisses des Käufers zu versichern. Das Reichsgericht verneint auch in Warneyer 1912 Nr. 18 eine Nachbesserungsbefugnis des Verkäufers vor der Übergabe nicht; denn in diesem Falle hatte die Übergabe der Anlage durch Beginn der Montierung beim Käufer stattgefunden.

Der Käufer wiederum hat vor der Übergabe keinen Anspruch darauf, daß der Verkäufer die gekaufte Speziessache nachbessere, auch wenn sich schon jetzt ein Mangel zeigen sollte. Er hat lediglich ein Druckmittel indirekter Art: sein Recht, die Gewährleistung geltend zu machen, verlegt sich zeitlich vor, wenn der Verkäufer in diesem Stadium sich nachhaltig weigert, eine Nachbesserung auf den Zeitpunkt der demnächstigen Übergabe vorzunehmen (unten Anm. 57). Außerdem aber dürfte der Käufer, der einen Gegenstand des täglichen Gebrauchs zwar als Spezies, wohl aber als ein beliebig herausgegriffenes Exemplar serienmäßiger Fertigung gekauft hat, das mangelhaft ausgefallene Stück umgetauscht verlangen, d. h. einen Anspruch auf mangelfreies Ersatzstück analog § 480 BGB haben und diesen Anspruch auch schon vor Übergabe des ursprünglich gekauften Stückes erheben können, insofern ein gerade auf die betreffende Sache beschränktes Käuferinteresse nicht besteht. Der Kauf kann im letztgedachten Falle als eine auf den Verkäufervorrat begrenzte Gattungsschuld angesehen werden (Vorbem. vor § 373 Anm. 318; über das Problem der Belanglosigkeit einer „irgendwie" gegriffenen Spezies, wo es dem Käufer — im Warenhandel — in Wahrheit auf die Gattung ankommt: Edye a. a. O. S. 16, 17).

b) Nach Übergabe der Kaufsache ist ein Anspruch des Käufers auf Nachbesserung nur gegeben im Falle besonderer Vereinbarung (s. Anm. 52), oder wenn der Verkäufer die Ware nach Vertragsschluß schuldhafterweise beschädigt hat und deshalb Schadensersatz wegen positiver Vertragsverletzung leisten muß (unten Anm. 106; § 249 BGB; Oertmann § 462, 5a α). Von diesen beiden Fällen ist der zuletzt genannte kein Fall einer Nachbesserung kraft Gewährleistung; er hat daher für die weitere Betrachtung hier auszuscheiden. Der Nachbesserungsanspruch kraft Vertrages ist nicht selten. Doch wird er dem Käufer in aller Regel nicht zusätzlich zu den sonstigen Gewährleistungsrechten eingeräumt, sondern so, daß er diese einschränkt, wenn nicht ausschließt. Hierüber des Näheren unten Anm. 52. Mit der Unbedeutendheit des Mangels allein kann ein Nachbesserungsanspruch des Käufers jedenfalls nicht begründet werden; denn in diesem Falle sind Gewährleistungsansprüche überhaupt ausgeschlossen mit der Wirkung, daß der Käufer die Nachbesserung auf seine Kosten besorgen muß (WarneyerRspr. 1912, 19; oben Anm. 42). Über das Recht, in besonders gelagerten Fällen für eine Speziessache ein Ersatzstück verlangen zu können, s. im vorhergehenden Absatz.

Was nun den Verkäufer anlangt, so hat auch dieser — ihm sei denn etwas anderes vertraglich zugestanden — grundsätzlich keine Befugnis, eine gegen ihn begründete gesetzliche Gewährleistung durch das Angebot auf Nachbesserung oder Lieferung anderer Ware abzuwenden (Köln JR 1961, 459 m. w. Nachw. = Betrieb 1961, 334). Beim Kauf einer bestimmten Sache ergibt sich das aus der Natur der Dinge ohne weiteres (Vorbem. vor § 373 Anm. 318), weil nur mit der bestimmten Sache erfüllt werden kann, so, wie sie gekauft wurde. Beim Gattungskauf liegt es zwar nicht gleich evident, auch nach Konkretisierung nicht, wie für den Fall des Annahmeverzuges des Käufers in Vorbem. vor § 373 Anm. 225 näher dargelegt ist. Allein, wenn der Käufer die Ware einmal als mangelhaft beanstandet hat — nicht nur, um schlechthin die Annahme zu verweigern, sondern um Wandelung, Minderung oder Schadensersatzansprüche nach § 480 Abs. 2 BGB daran zu knüpfen —, gibt es auch hier zugunsten des Verkäufers keine Regel, den einmal erwachsenen Gewährschaftsanspruch des Käufers noch durch Nachlieferung mangelfreier Ware abwenden zu dürfen (RG 52, 358; 43, 184; Ennecc.-Lehmann[15] § 113 I; Staudinger[11] § 480 Anm. 7; RGR-Komm.[11] § 480 Anm. 5; Palandt[28] § 480 Anm. 2; vgl. Vorbem. vor § 373 Anm. 318; a. M. Planck § 462 Erl. 4; § 480 Er. 4; Oertmann § 462 Anm. 5b). Denn nach § 480 BGB ist der Käufer — und er allein — am Zuge, zwischen der Forderung auf Lieferung mangelfreier Ware einerseits oder Wandelung, Minderung, Schadensersatz andererseits wählen zu dürfen. Anders nur, wenn die Abwendungsbefugnis des Verkäufers auf Vorab-Nachbesserung der Spezies oder Nachlieferung mangelfreier Gattungsware entweder vertraglich festgelegt ist; oder aber, wenn sie ihm mit Hilfe der §§ 157, 242 BGB, notfalls unter Zuhilfenahme des Schikaneverbots (§ 226 BGB; dazu WarneyerRspr. 1912, 20; LZ 1912, 147[10] u. 310[11]) zugebilligt werden muß (RG 87, 337; 76, 153; 61, 94; LZ 1914, 573[2]; JW 05, 488[8]; 04, 199[7]). Die Frage, ob zu letzterer Ausnahme von der Regel Grund vorliegt, ist nach den gesamten Umständen des Falles zu beurteilen (JW 1914, 146[8]). Es kommt alles darauf an, ob der Käufer gegen Treu und Glauben handelt, wenn er dem Verkäufer die Möglichkeit der Nachbesserung oder Nachlieferung verwehrt, obwohl die Interessen des Käufers ersichtlich nicht entgegenstehen. Dies gilt dann sowohl für die eigentliche Nachbesserung beim Spezieskauf als auch für die Nachlieferung beim Gattungskauf. Beim Handelskauf werden insoweit freilich strengere Maßstäbe als beim Kauf nach bürgerlichem Recht anzulegen sein, weil der Handelskauf auf zügigere Abwickelung drängt. So soll nach RG 91, 112 der Käufer die Ersatzlieferung einer (Gattungs-)ware nur dann nicht ablehnen dürfen, wenn der Verkäufer unverzüglich sich zur Lieferung einer Sache der geschuldeten Art erbietet und der Käufer keinerlei (!) Interesse daran hat, gerade diejenige Ware zu bekommen, die zuerst angeboten worden war. Ballerstedt a. a. O. S. 275 weist gegenüber dieser Entscheidung wohl mit Recht darauf hin, daß ein bloßes Sicherbieten nicht genüge, daß vielmehr der Verkäufer die Ersatzlieferung dem Käufer kostenfrei an dem vertraglich vereinbarten Ablieferungsort zum unveränderten Preis anbieten müsse, da das Ersatzangebot, wenn überhaupt, dann nur auf Kosten und Gefahr des Verkäufers zuzulassen sei. Im übrigen werden bei der Abwägung, ob nach Treu und Glauben der Verkäufer Nachbesserung (Nachlieferung) anbieten, der Käufer sie ablehnen darf, zahlreiche Gesichtspunkte eine Rolle spielen. In Frage kommen hier (vgl. auch Ballerstedt a. a. O. für Gattungskäufe): beim Stückkauf die Reellität des Nachbesserungserbietens, die voraussichtliche Dauer der Nachbesserung; beim Gattungskauf der Gesichtspunkt, ob trotz sofort angebotener Ersatzlieferung nicht das Vertrauen des Käufers in die Leistungsfähigkeit des Verkäufers erschüttert und ihm deshalb die Annahme der Ersatzlieferung nicht mehr zuzumuten sei, die Ausschaltung des Manipulierens mit Angebot und Ablehnung der Ersatzlieferung aus rein spekulativen Erwägungen; bei beiden Kaufarten die vom Käufer bereits getroffenen Dispositionen, u. U. das Hineinspielen eines etwaigen Verschuldens des Verkäufers in die Mangelhaftigkeit der Lieferung u. a. m. Wenn es wegen des Mangels zum Prozeß gekommen ist, wird der Käufer ein nunmehriges Sich-erbieten des Verkäufers in der Regel mit Grund ablehnen dürfen, ohne sich dem Vorwurf eines Handelns wider Treu und Glauben auszusetzen; Köln JR 1961, 459 = Betr. 1961, 334; RG JW 1907, 300.

Eine besondere Betrachtung erfordert in diesem Zusammenhang die Garantiezusage. Bei einer solchen konnt es darauf an, wie sie zu verstehen ist. Ist sie nur als Zusicherung gewisser Eigenschaften aufzufassen (vgl. oben Anm. 48), so kann eine Nachbesserung nicht schon wegen der „Garantie" verlangt werden. Ist die Garantiezusage dagegen so zu verstehen, daß eine bestimmte Zeit hindurch für die Fortdauer oder für das künftige Sicheinstellen einer Eigenschaft gehaftet werden soll (vgl. oben Anm. 48), oder so, daß der Verkäufer den als vorhanden versprochenen Zustand sofort wiederherstellen will und kann, wenn sich später Fehler zeigen (Holdheim 1910, 254), so ist eine

Nachbesserungsbefugnis, aber auch eine Nachbesserungsverpflichtung (BGH Betrieb 1957, 1222) als vereinbart anzunehmen. Lieferung eines Ersatzstücks dagegen kann auf Grund einer Garantieklausel als solcher nicht verlangt werden.

Daß auch in den Fällen des § 463 BGB der dort gegebene Anspruch auf Schadensersatz wegen Nichterfüllung nicht dazu berechtigt, über die Naturalrestitution (§ 249 BGB) auf Nachbesserung zu gehen, vielmehr nur Geldersatz beansprucht werden kann, betont BGH Betrieb 1957, 1222. — Ob eine Nachbesserungsbefugnis des Verkäufers besteht, richtet sich nach dem Recht des Erfüllungsorts des Käufers, weil es sich um die Frage handelt, ob der Käufer verpflichtet sei, sich eine Nachbesserung gefallen zu lassen (vgl. RG 34, 191 sowie ferner oben Anm. 37). Ob der Verkäufer Ersatzware liefern darf, richtet sich nach dem Recht des Erfüllungsortes des Verkäufers (WarneyerRspr. 1910 Nr. 248).

Anm. 51 Das Anwendungsgebiet der Nachbesserungsbefugnis des Verkäufers ist hiernach weiter als das des Nachbesserungsanspruchs des Käufers. Eine Nachbesserungsbefugnis des Verkäufers gibt es u. U. auch ohne Vertrag, nämlich wenn sie durch Treu und Glauben unabweislich gefordert wird; der (gewährschaftliche) Nachbesserungsanspruch des Käufers kann dagegen nur durch Vertrag begründet sein. Vertraglich festgelegt, fallen Nachbesserungsbefugnis und Nachbesserungsanspruch jedoch in aller Regel zusammen, besonders da, wo, wie meist, die Nachbesserung unter Ausschluß aller anderen Gewährleistung ausbedungen ist. Immerhin bleiben auch dann Anspruch und Befugnis solche nach Kaufrecht. Die Regeln des Werkvertrages über die Nachbesserung finden keine Anwendung (anders, wenn der Verkäufer sich zu Umänderungen im Kaufvertrag selbst verpflichtet hat, um die Kaufsache für den Betrieb des Käufers überhaupt verwendbar zu machen [RG 107, 339]: das ist dann von Anfang an nicht lediglich ein Kauf, sondern ein Werklieferungsvertrag über eine unvertretbare Sache nach § 651 BGB [§ 381 Anm. 53]). Ob man in den Fällen der außervertraglichen Nachbesserungsbefugnis des Verkäufers dieser eine Nachbesserungspflicht entsprechen lassen will (so die 1. Auflage), hat kaum mehr als terminologische Bedeutung. Eine „Pflicht" wäre es nur im Sinne einer Obliegenheit. Dem Verkäufer ist hier unter der Herrschaft von Treu und Glauben nachgelassen, die gesetzliche Gewährleistung durch einen Akt der Regulierung in natura abzuwenden: wird sie aus welchen Gründen immer nicht erbracht, so ist damit für den Käufer der Weg zur Geltendmachung seiner Gewährschaftsansprüche endgültig frei. Treu und Glauben bestimmen insbesondere, wie lange der Käufer zu warten hat, um dem Verkäufer die Nachbesserung, ggf. den wiederholten Versuch einer solchen (darüber Celle BetrBer. 1963, 1115), zu gestatten; ein Nachbesserungsrecht des Verkäufers ist nicht anzuerkennen, wenn unter den besonderen Umständen des Falles dem Käufer die Nachbesserung nicht zuzumuten ist (LZ 1929, 1031[2]). Für den Käufer, der die Nachbesserung zu gestatten hat, kann sich auch eine über das bloße Geschehenlassen hinausgehende Pflicht zur Mitwirkung ergeben (LZ 1913, 609[10]).

Auch so kann die Sache liegen, daß der Käufer sich nachträglich mit dem Verkäufer einigt, daß dieser nachbessern dürfe. Verzichtet der Käufer damit zugleich auf seine Gewährleistungsansprüche, so ist ein solches Abkommen als ein selbständiger gegenseitiger Vertrag aufzufassen, auf den die §§ 320 bis 327 BGB Anwendung finden (LZ 1913, 382[17]).

Anm. 52 Durch die Festlegung einer Nachbesserungsbefugnis des Verkäufers im Kaufvertrage kann bezweckt sein, die Käuferrechte zunächst auf die Nachbesserung zu beschränken und damit die übrigen Rechte, insbesondere den Wandelungsanspruch, für die sofortige Durchsetzung sistiert sein zu lassen (RG bei Holdheim 05, 84). In den neuerlichen Formularverträgen, namentlich der Fertigungsindustrie, ist indessen die Nachbesserungsklausel in der Regel dahin ausgestaltet, daß der Käufer von vornherein auf ein Nachbesserungsverlangen (einbegriffen die Auswechselung eines schadhaften Stückteils durch Nachlieferung eines Ersatzteils) unter Ausschluß aller anderen Gewährleistungsansprüche beschränkt ist. Dieser letztere Aspekt — die abdrängende Wirkung hinsichtlich der übrigen Gewährschaftsrechte — wird wegen ihrer Zulässigkeit und ihres Wirkungsbereichs unten Anm. 121 ff. näher behandelt. Hier ist nur der Inhalt der Nachbesserungsabrede als solcher nach der Aktiv- und der Passivseite zu erörtern.

Die allgemeinen Lieferungsbedingungen der Maschinenfabriken waren für die Gestaltung derartiger Abreden richtungweisend geworden (vgl. JW 1926, 2526 Fußnote zu 1; Naumburg OLGR 28, 124). Für die Gegenwart vgl. die Wiedergabe dieser und verwandter Lieferbedingungen in der Vorbem. 2 sub A 6, 7a, b, c, 11 [dort in Abschn. VII, 1], 12c, 13, 14a, b, c, 15. In diesen Zusammenhang gehören namentlich ferner die von der Europäischen Wirtschaftskommission der Vereinten Nationen veranlaßten und empfohlenen „Allgemeinen Lieferungsbedingungen für den Export von Anlagegütern", vom März 1953 — Vorbem. 2 sub A 5 —, die das Exportgeschäft in dem bezeichneten Sektor international-privatrechtlich auf einen gesicherten Rechtsboden stellen und dazu die Hilfe von Mustervereinbarungen bieten sollen (systematisch erläutert von Murad Ferid in Heft 6 der „Schriften der Bundesstelle für Auslandsinformationen", Köln 1954). In aller Regel wird ausbedungen, daß der Verkäufer die Nachbesserung bzw. Ersatzlieferung „für ihn spesenfrei" zu leisten habe, d. h. daß die Kosten des Ausbaues und der Versendung des schadhaften Stückes zu Lasten des Käufers gehen. Auch das entspricht noch einer vertretbaren Interessenverteilung, zumal Erfüllungsort für die hier in Rede stehende Verpflichtung des Verkäufers ohnehin dessen Firmendomizil ist.

Im einzelnen ist zu scheiden:

Ist der Käufer auf die Nachbesserungs- bzw. Ersatzlieferungsansprüche als ausschließliche beschränkt, so erlangen diese im Falle ihres Gegebenseins den Rang einer vertraglichen Hauptpflicht. Erweist sich die Beseitigung der Mängel durch Nachbesserung als unmöglich, so findet § 325 BGB Anwendung (Kiel SchlHolstAnz. 1927, 44). Kommt der Verkäufer mit der Nachbesserung bzw. Ersatzlieferung in Verzug, so sind die Grundsätze vom Leistungsverzug anzuwenden (DJZ 1930, 834; vgl. Vorbem. vor § 373 Anm. 291); in der Aufforderung zur Beseitigung der Mängel liegt dann schon die Mahnung, mit der zugleich die Fristsetzung nach § 326 BGB verbunden werden kann (LZ 1913, 543[17]). Nur wirkliche Beseitigung der Mängel heilt den Verzug (LZ 1913, 542[14]). Über die Frage, wie oft ein Käufer sich vergebliche Nachbesserungsversuche des Verkäufers gefallen zu lassen habe, s. oben Anm. 51. Abermals können hier Geschäfts- und Lieferbedingungen beschränkend eingreifen, wie z. B. die des VDMA (Vorbem. 2 sub A 11), die in Abschn. VIII, 4 den Besteller bei unterbliebener Nachbesserung trotz gesetzter angemessener Nachfrist auf ein bloßes Rücktrittsrecht verweisen. Der BGH hat in NJW 1963, 1148 unter Hinweis auf eine frühere Entscheidung in einem ähnlich gelagerten Fall diese Klausel für nicht sittenwidrig erklärt, sein Urteil dort allerdings deutlich auf den Einzelfall abgestellt. Differenzierter und die Interessen des Käufers generell stärker berücksichtigend ist die Regelung in den „Grünen Lieferungsbedingungen" der Elektroindustrie (Vorbem. 2 sub A 4, Abschn. IX, 4): bei Nichtbehebung des Mangels Minderung, bei Nichteinigung über eine solche oder bei Wegfall des Lieferinteresses Wandelung. Jenseits solcher vertraglicher Auffangregelungen gilt, was die Rechtsprechung namentlich in neuerer Zeit wiederholt ausgesprochen hat: Hat die Nachbesserung trotz wiederholten ernsthaften Bemühens keinen Erfolg — insbesondere weil sie unmöglich ist —, oder wird sie ernsthaft verweigert oder ungebührlich verzögert (Dresden OLGR 24, 380; hier allerdings unbeschadet der Befugnis des Käufers, aus § 326 BGB vorzugehen), so braucht sich der Käufer ein weiteres Zuwarten nicht gefallen zu lassen. Er kann wieder von allen gesetzlichen Gewährleistungsansprüchen Gebrauch machen (BGH BetrBer. 1960, 227; BGH 22, 90 = NJW 1957, 17 = MDR 1957, 347 = BetrBer. 1956, 1121 = Betrieb 1956, 1176; ebenso Stuttgart NJW 1963, 1206 = BB 1963, 1115; Hamm MDR 1970, 231; vgl. RG 87, 338; RG LZ 1931, 1379[4]; WarneyerRspr. 1932 Nr. 59). Doch ist der Käufer von neuem zur Mängelanzeige verpflichtet, wenngleich sie sich auf die Mitteilung beschränken darf, daß die Nachbesserung ihren Zweck nicht erfüllt habe (Stuttgart SeuffA 81, 51; Hamm MDR 1959, 493). — Endlich kann der Käufer auch so vorgehen, daß er bei ernstlicher Weigerung des Verkäufers, die Nachbesserung vorzunehmen, eine Beseitigung des Mangels selbst vornimmt und Ersatz der erwachsenen Aufwendungen liquidiert (LZ 1911, 547[26]: hier analog der Sonderregelung für den Werkvertrag §§ 634, 635 BGB). Hat der Verkäufer, obgleich wegen Fehlerhaftigkeit einer Anlage deren Nachbesserung unmöglich war, den Käufer zu Ausgaben für Ausbesserungsarbeiten bestimmt, so liegt in diesem Verhalten eine zum Schadensersatz verbindende positive Vertragsverletzung (Hamburg OLGR 24, 381); wie überhaupt aus Anlaß der Nachbesserung oder von Nachbesserungsversuchen Ansprüche des Käufers aus positiver Vertragsverletzung erwachsen können (vgl. die zur gleichliegenden Frage im Werkvertragsrecht ergangene Entscheidung des BGH in NJW 1959, 1490 — Leitsatz —). — Die Nachbesserungspflicht fällt weg, wenn sie unter einer Garantiefrist vertraglich von der Zahlung des Kaufpreises abhängig gemacht ist, der Käufer aber erst nach Ablauf der Garantiefrist zahlt (vgl. Naumburg OLGR 28, 124). Auch sonst darf vertraglich ausgemacht werden, daß der Verkäufer erst nachzubessern habe, wenn der Kaufpreis voll bezahlt ist (BGH NJW 1960, 667), sodaß er vorher wegen der Nachbesserung nicht in Verzug gesetzt werden kann (BGH BetrBer. 1960, 1222).

Eine andere mögliche Vertragsgestaltung ist die, daß sie eine Wahl zwischen Ersatzlieferung (Nachbesserung) und anderer gewährschaftlicher Schadloshaltung des Käufers — meist Minderung — einräumt. Vgl. hierzu die Beispiele in Vorbem. 2 sub A 2, 8, 12a, b, 14c. Da die Ersatzlieferung (Nachbesserung) ihren Ursprung von der Lösungsbefugnis des Verkäufers in bezug auf seine Gewährschaftsverpflichtungen genommen hat, wird man annehmen müssen, daß die Entscheidung unter den mehreren vertraglich vorgesehenen Wegen der Schadloshaltung des Käufers ihm auch dann zusteht, wenn das nicht besonders gesagt ist (Beispiele in Vorbem. 2 sub A 3, 9). Es handelt sich alsdann um ein echtes Wahlrecht des Verkäufers, dessen Ausübung ihn bindet (§ 263 BGB). Der Käufer wird, wenn auf seine Mängelrüge hin der Verkäufer binnen angemessener Frist seine Entscheidung nicht trifft, die Klage auf die nach dem Vertrage offengehaltene gesetzliche Gewährleistungsart richten und dem Verkäufer den Antrag überlassen dürfen, im Verurteilungsfalle die Nachbesserung (Ersatzlieferung) nachgelassen zu bekommen (vgl. RG 85, 395). Über den Fall eines Wahlrechts des Verkäufers zwischen Nachbesserung und Ersatzlieferung (§ 7 der Allgemeinen Lieferungsbedingungen der Deutschen Bekleidungsindustrie — jetzt: Einheitsbedingungen der deutschen Textilindustrie; Abdruck in Anhang II zu § 346 —): Stuttgart MDR 1960, 54.

Ist die Haftungsbeschränkung dahin ausgedrückt, daß der Käufer kein Recht habe, Wandelung, Preisminderung oder Schadensersatz wegen Mängel zu verlangen oder die Beseitigung von Mängeln abzulehnen, so ist der Käufer allein auf ein Nachbesserungsrecht und auf das Recht angewiesen, eine mangelfreie Sache zu begehren.

Anm. 53 Ist kein Schadensersatzanspruch aus § 463 BGB gegeben und beschränkt die Gewährschaftshaftung wegen eines etwaigen Sachmangels sich damit auf Wandelung, Minderung oder ggf. Nachlieferung (Nachbesserung), dann bleibt kein Raum für die Prüfung, ob weitergehende, insbesondere Schadensersatzansprüche sich insoweit aus einer Erschütterung der Geschäftsgrundlage oder aus Verschulden bei Vertragsschluß begründen lassen. So insbesondere in den Fällen einer fahrlässig falschen Eigenschaftsangabe oder eines fahrlässigen Verschweigens von Fehlern während der Kaufverhandlungen. Die Regelung der §§ 459ff., 463 BGB ist auf diesem Gebiet, aus dem gleichen Grunde wie gegenüber der Irrtumsanfechtung des § 119 Abs. 2 BGB (unten Anm. 54), eine alle anderen Anspruchsformen ausschließende Sondernorm (BGH MDR 1956, 216; BetrBer. 1958, 426; Betrieb 1960, 349 in Fortführung der ständigen, wenngleich angefochten gewesenen Rechtsprechung des Reichsgerichts: RG 135, 346; 161, 196, 337). Anders ausgedrückt: das Gesetz will nicht, daß auf Schadensersatz gehaftet werden solle: falls über Eigenschaften der Kaufsache etwas gesagt wurde, über Fälle von Zusicherung oder arglistigen Vorspiegelns hinaus; und, falls Fehler nicht zur Sprache gekommen sind, über arglistiges Verschweigen hinaus.

Die danach verdrängten Ansprüche leben nicht einmal bei irgendwelchen Hemmnissen in der Gewährschaftshaftung wieder auf. Entschieden wurde dies für die Fälle des vertraglichen Ausschlusses der Sachmängelgewähr (Celle MDR 1953, 432) und der Verjährung der Gewährschaftsansprüche (RG 135, 346). Doch haftet der Verkäufer für fahrlässig falsche Eigenschaftsangaben auf Schadensersatz dann, wenn der Käufer die Angaben von ihm als dem Fachmann seines Vertrauens erbeten hatte, nämlich entweder kraft Beratungsvertrages oder kraft selbständig übernommener Nebenpflicht (BGH BetrBer. 1958, 426: weshalb solche Beraterhaftung gelegentlich abbedungen wird; Beispiel in Vorbem. 2 sub A 8). Er haftet ferner dann, wenn das Verschulden beim Vertragsschluß sich auf solche Angaben bezieht, die nicht Eigenschaften in dem oben Anm. 40 erörterten Sinne betreffen, wie im Falle RG HRR 1940 Nr. 543 (Erläuterungen über eine dem Verkäufer wegen Minderertrages des Kaufobjekts vermeintlich gewährte [persönliche] Steuervergünstigung, auf denen der Käufer seine Rentabilitätsberechnung aufbaut), oder im Falle BGH Betrieb 1970, 42 = BetrBer. 1970, 9 (schuldhaft unterbliebene Mitteilung der Umsatzzahlen aus dem letzten Jahr, auf deren Kenntnis der Käufer des Geschäfts erkennbar Wert gelegt hatte). Auch ist ein Anspruch des Käufers aus positiver Vertragsverletzung — und unabhängig von jeder Sachmängelhaftung ein Anspruch aus § 826 BGB — möglich (RG 161, 330). — Über eigenes Verschulden des Käufers bei Vertragsschluß und seine Einwirkung auf die Gewährschaftsansprüche s. unten Anm. 117.

Die Gewährleistungsansprüche wegen Sachmängel schließen auch die Anfechtung wegen Irrtums nach § 119 Abs. 2 BGB aus. Das heißt: eine Anfechtung des Kaufs wegen Irrtums über das Vorhandensein einer verkehrswesentlichen Eigenschaft — eingeschlossen die Abwesenheit eines verkehrswesentlichen Fehlers — der Kaufsache findet nicht statt, wenn das Fehlen dieser Eigenschaft zugleich ein Sachmangel ist, der Gewährleistungsansprüche nach § 459 BGB eröffnet (RG 138, 356; 135, 340; RG in JW 1936, 2911[2]; RG in HRR 1941 Nr. 69). Ebenso liegt es bei der Berufung auf ein Fehlen der Geschäftsgrundlage (RG 135, 346); auch sie wird durch die Sachmängelgewähr ausgeschlossen. Dies gilt sowohl für den Gattungskauf wie für den Kauf einer bestimmten Sache, nicht nur für verborgene, sondern auch für offene Mängel und für das Fehlen zugesicherter Eigenschaften, und selbst dann, wenn Gewährleistung kraft Vertrags ausgeschlossen ist (unten letzter Abs. dieser Anm. und Anm. 121). Seine Rechtfertigung findet der vorbezeichnete Grundsatz darin, daß ohne ihn den Vorschriften über die Mängelrüge und die kurze Verjährung des § 477 BGB ihre Bedeutung entzogen und die Rechtssicherheit, die in der Handhabung der Gewährleistungsvorschriften liegen soll, aufgehoben würde (RG 135, 340; 97, 351; 70, 429; 62, 284; 61, 171; LZ 1919, 1010[3]; RG in DJust. 1938, 1279). Er ist auch in der Literatur herrschende Meinung (Planck § 119 Erl. IV 6 c β u. γ; § 459 Erl. 1 a; Warneyer-Bohnenberg Komm. z. BGB Vorbem. vor § 459; Staudinger[11] Vorbem. vor § 459 Bem. 16; RGRKomm.[11] § 459 Anm. 36; Ennecc.-Lehmann[15] § 112, III; Larenz, Schuldrecht Bes. Teil[4] § 37; Esser, Schuldrecht[2] S. 228; Flume a. a. O. S. 132ff.; Palandt[28] Vorbem. vor § 459 Anm. 2e; a. M. Oertmann Vorbem. 2g vor § 459; Franz Leonhard, Bes. Schuldrecht S. 84; Kreß, Bes. Schuldrecht S. 30). — Der Begriff der verkehrswesentlichen Eigenschaft einer Sache im Sinne des § 119 Abs. 2 BGB einerseits, der der Eigenschaft(en) zur Begründung ihres Wertes oder ihrer Tauglichkeit zu dem gewöhnlichen Gebrauch im Sinne des § 459 Abs. 1 BGB andererseits decken sich allerdings nicht (LZ 1929, 547[1]; vgl. RG 135, 343; 124, 120 oben). Eine Irrtumsanfechtung ist deshalb neben Gewährleistungsansprüchen zulässig, soweit sie sich auf andere als die in § 459 BGB zugrunde gelegten Eigenschaften bezieht, z. B. auf das Alter des verkauften Gegenstandes (LZ 1931, 240[4]; RG in RKraftf. 1928, 36; Königsberg LZ 1930, 1127[4]). Der Garantievertrag (Zusicherung künftiger Sacheigenschaften, Fortdauer vorhandener Eigenschaften; oben Anm. 48; § 349 Anm. 61) wird von dessen besonderen Grundsätzen beherrscht; daneben greifen aber die Regeln von der Irrtumsanfechtung nach § 119 Abs. 2 BGB unbeschränkt Platz. **Anm. 54**

Neben den sachlichen Überschneidungen im Verhältnis zwischen Irrtumsanfechtung und Gewährleistung gibt es auch zeitliche. Regelvoraussetzung für das Bestehen von Gewährleistungsansprüchen ist der Gefahrübergang; i. a. also die Übergabe der Kaufsache. Eine in Rechtsprechung und Schrifttum verbreitete Ansicht (RG Gruch. 53, 940; RG WarneyerRspr. 09 Nr. 200; RG JW 1914, 295; Köln Betrieb 1957, 1264; Ennecc.-Lehmann[15] § 112, III 2; Staudinger[11] Vorbem. vor § 459 Anm. 16a) entnimmt hieraus im Gegenschluß, daß für die Zeit vor Gefahrübergang eine Anfechtung wegen Irrtums über die betroffene verkehrswesentliche Eigenschaft, auch soweit sie später eine Gewährleistung begründet haben würde, zulässig sei. Denn insoweit bestehe eine Konkurrenz zwischen Irrtumsanfechtung und Gewährleistung eben nicht. Diese Auffassung scheint zwar formal richtig. Sie ist aber dennoch — mit Larenz Bes. Schuldrecht[4] § 37 IIe und Flume a. a. O. S. 134 — abzulehnen. Gegen sie sprechen bereits gewichtige Bedenken der Billigkeit. Soll ein Käufer, dem die Gewährleistungsansprüche verschlossen sind, weil er bei Kaufabschluß infolge grober Fahrlässigkeit an dem Mangel der gekauften Speziessache vorbeigegangen war (§ 460 BGB; Wortlaut unten, **Anm. 55**

Anm. 117) der mithin nicht einmal die Annahme der Kaufsache verweigern dürfte (Vorbem. vor § 373 Anm. 318), dessenungeachtet bis zur Übergabe anfechten können? Das würde zu einem befremdlichen Wettlauf zwischen Übergabe — etwa an die Transportperson nach § 447 BGB — und Anfechtungserklärung führen. Zum anderen: der Verkäufer hat dafür einzustehen, daß die Kaufsache im Zeitpunkt des Gefahrüberganges fehlerfrei ist und die zugesicherten Eigenschaften aufweist; beide Anforderungen brauchen nicht einmal im Zeitpunkt des Kaufabschlusses erfüllt zu sein, sofern es nur gelingt, sie bis zum Gefahrübergang herzustellen. Soll nun der Käufer, wenn der Verkäufer in der Zeit zwischen Kaufabschluß und Übergabe mit bestem Erfolge hierum bemüht ist, den Kaufvertrag durch Irrtumsanfechtung zu Fall bringen dürfen — nur weil die Kaufsache im Zeitpunkt des Kaufabschlusses der Vorstellung des Käufers noch nicht entsprochen hatte, in einem Zeitpunkt also, der für die Käuferbelange hinter dem allein wichtigen des Gefahrüberganges völlig zurücktritt? Das hieße den Mißbrauch der Irrtumsanfechtung zu spekulativen Zwecken geradezu herausfordern.

Die im Vorstehenden erörterten Fallgestaltungen — Verdrängung der Irrtumsanfechtung auch für die Zeitspanne bis zum Gefahrübergang, wenn entweder schon jetzt feststeht, daß eine Gewährleistung ausgeschlossen sein wird, oder aber die Frage einer künftigen Gewährleistung noch allermaßen offen ist — leitet über zu dem weiteren Problem, wie es zu halten sei, wenn schon in der Zeit vor Gefahrübergang eine (ausnahmsweise) „vorweggezogene" Gewährleistung gegeben ist. Das ist in zwei Konstellationen der Fall (unten Anm. 57):

a) der Mangel ist mit Sicherheit bis zum künftigen Gefahrübergang nicht behebbar bzw. die Eigenschaft nicht herstellbar;

b) der Mangel wäre zwar behebbar (die Eigenschaft herstellbar), aber der Verkäufer weigert sich nachhaltig, das Seinige hierfür zu tun.

Alsdann kann der Käufer im voraus wandeln; er braucht nicht erst nutzlos den Gefahrübergang abzuwarten. Verdrängt auch eine solche, im Vorwege gegebene Gewährleistung die Irrtumsanfechtung?

Der BGH (NJW 1961, 772ff., 774 = JZ 1961, 377 = BetrBer. 1961, 111/148 = BGHZ 34, 32 = MDR 1961, 215) hat die Frage verneint. Seine Gründe vermögen jedoch nicht zu überzeugen. Sie gehen dahin: Zu einen sei die vorverlegte Gewährleistung dem Käufer als besondere Vergünstigung eingeräumt; die Versagung der Irrtumsanfechtung würde sich jedoch zu seinem Nachteil auswirken. Das wäre nur dann schlüssig, wenn die Irrtumsanfechtung ohne jene Vergünstigung gegeben wäre: sie ist es jedoch (ohnehin) nicht, wie aus den Fallgestaltungen des voraufgegangenen Abs. erhellt (räumte man nicht schon im voraus eine Gewährleistungsmöglichkeit ein, so wäre die Frage der künftigen Gewährleistung formal noch „offen"). Zum anderen — so der BGH — lege der Käufer auf die vorverlegte Gewährleistung möglicherweise keinen Wert, weil er sich erst nach Übergabe über die Richtung der Ausübung seiner Gewährschaftsrechte schlüssig werden wolle; dann aber sei es nicht gerechtfertigt, dem Käufer schon jetzt die Irrtumsanfechtung vorzuenthalten. Nur: wenn der Käufer ohnedies durch Anfechtung von dem Kauf würde loskommen wollen, wäre es wenig sinnvoll, ihm dieses Recht mit der Begründung einzuräumen, daß er ein legitimes Interesse daran habe, sich für die damit konkurrierenden Gewährleistungsrechte erst nach Übergabe der gekauften Sache entscheiden zu brauchen. Das weiter ins Feld geführte Argument, die Frage der Unbehebbarkeit des Mangels könne in tatsächlicher Beziehung zweifelhaft sein, dürfte ebensowenig durchschlagen. Bleibt der Käufer, der die vorweggezogene Gewährleistung geltend macht, hinsichtlich der Unbehebbarkeit des Mangels beweisfällig, so bewendet es dabei; es liegt alsdann die Fallgruppe des voraufgegangenen Abs. vor, in welcher die Möglichkeit der Behebung des Mangels noch offen ist, und eine Irrtumsanfechtung ist omnimodo nicht gegeben. Die Wünschbarkeit der Vermeidung solcher Beweisschwierigkeiten rechtfertigt allein die Zulassung der Irrtumsanfechtung noch nicht. Bleibt aber die Irrtumsanfechtung ausgeschlossen, sind schutzwürdige Interessen des Verkäufers, insbesondere sein Interesse an der glatten Abwicklung des Kaufvertrages in verhältnismäßig kurzer Zeit, vollends nicht berührt; die Dinge entscheiden sich alsdann für ihn mit der demnächstigen Ablieferung, der daraufhin einsetzenden Rügelast des Käufers und ggf. dem von ihm — dem Verkäufer — zu stellenden Präjudiz aus § 466 BGB.

Die Irrtumsanfechtung wird vielmehr auch durch die vorweggezogene Gewährleistung ausgeschlossen. Der Fehler der Gegenmeinung liegt letzten Endes in der Verkennung des Rechtsgrundes der Gewährleistung. Die Gewährschaftsansprüche entstehen gewiß erst mit dem Gefahrübergang, aber sie gründen dennoch nicht in einem auf diesen Zeitpunkt fixierten Mängeltatbestand. Ihr Rechtsgrund ist der Kaufvertrag selbst, in welchem sie als mit angelegt zu denken sind. Sie sind bis zum Gefahrübergang und auf diesen hin sozusagen in der Entwicklung begriffen. So betrachtet konkurrieren sie auch schon vor Gefahrübergang latent mit der Irrtumsanfechtung und schließen letztere daher in gleicher Weise aus wie nach Gefahrübergang. Der Ausschluß der Irrtumsanfechtung bezieht sich m. a. W. auf den Bereich aller derjenigen Eigenschaften, die ihrer Natur nach — ohne Rücksicht, ob effektiv oder potentiell — gewährschaftsbegründend sind.

Ausnahmslos aber unterscheiden sich Anfechtung und Gewährleistung nach Form und Wirkung. Die Anfechtung macht den angefochtenen Vertrag nichtig; die Gewährleistung beruht dagegen auf einem gültigen Vertrag. Wegen der grundsätzlichen Verschiedenheit beider Rechtsbehelfe in Voraussetzung, Wirkung, Verjährung liegt in der Anfechtung nicht das Wandelungsverlangen (vgl. WarneyerRspr. 1913 Nr. 83). Soll in der Anfechtung fürsorglich das Wandelungsbegehren enthalten sein, so bedarf es der Auslegung des besonderen Falles, wie es ja auch nicht ausgeschlossen ist, daß in dem Wandelungsbegehren der Ausdruck des Willens, den Vertrag wegen Irrtums nicht als gültig zu behandeln, also die Anfechtung, durch Auslegung des einzelnen Falles gefunden werden kann (WarneyerRspr. 1910 Nr. 100).

Deckt sich der Tatbestand der Irrtumsanfechtung vollkommen mit dem Tatbestand eines Gewährleistungsanspruchs in dem bisher erörterten Sinne, ist also eine Anfechtung wegen Irrtums ausgeschlossen, so lebt ein Recht auf Irrtumsanfechtung nicht etwa dadurch auf, daß auf Gewährleistungsansprüche vertragsmäßig verzichtet worden ist (JW. 05, 79[16] u. unten Anm. 121b), oder daß einmal entstandene Gewährleistungsansprüche sonstwie (z. B. durch Verjährung: RG 61, 177; 135, 346) wieder erloschen sind. Das gleiche gilt erst recht, wenn aus den besonderen Gründen der §§ 460 Satz 2 (Staudinger[11] Vorbem. vor § 459 Anm. 16 mit Hinweis auf die ständige Rechtsprechung des Reichsgerichts), 461 BGB (unten Anm. 122) ein Rückgängigmachen des Kaufes über die Gewährleistung schon durch das Gesetz nicht gestattet wird. Die Irrtumsanfechtung aus § 119 Abs. 2 BGB. bleibt ausgeschlossen.

Zu bemerken bleibt schließlich: Die nach dem Vorstehenden ausgeschlossene Irrtumsanfechtung in Anbetracht solcher Mängel der Sache, welche zugleich verkehrswesentlich und gewährschaftsbegründend sind, kann auch nicht im Wege eines Abstützens auf den Tatbestand des Irrtums über verkehrswesentliche Eigenschaften der Person zulässig gemacht werden. Insbesondere ist es nicht angängig, hierfür einen durch die mangelhafte Sachlieferung angeblich offenbar gewordenen Mangel der fachlichen Zuverlässigkeit (Vertrauenswürdigkeit, Leistungsfähigkeit) des Verkäufers ins Feld führen zu wollen (RG 62, 285). Das RG betont a. a. O., daß es zwar Fälle geben könne, in denen das Vertrauen des Käufers gerade in die persönliche Sachkunde des Inhabers der Verkaufsfirma oder eines ganz bestimmten, für die Abwickelung des Kaufgeschäfts verantwortlichen Angestellten beim Kaufabschluß maßgebend gewesen sei. In aller Regel aber werde das Vertrauen dem Unternehmen als solchen entgegengebracht, so daß nicht nur wegen dieser Selbstverständlichkeit in der Voraussetzung eines jeden Kaufes, sondern auch aus rechtssystematischen Gründen eine Anfechtung versagen müsse. — Die Frage, ob der Verkäufer wegen Irrtums über eine verkehrswesentliche Eigenschaft der Kaufsache nach § 119 Abs. 2 BGB anfechten könne — gelegentlich verneint —, läßt sich nicht für alle Fälle einheitlich beantworten. Wo der Verkäufer über solche Eigenschaften geirrt hatte, für die er gewährleistungspflichtig ist — er wußte nicht, daß bestimmte Fehler vorhanden waren; er nahm von ihm zugesicherte Eigenschaften als vorhanden an —, da kann er sich der Gewährleistungspflicht nicht durch Anfechtung entziehen, auch nicht um den Preis der Schadensersatzlast nach § 122 BGB. Anders dagegen, wenn er über nicht-gewährschaftspflichtige Eigenschaften geirrt hat. Vor allem über wertsteigernde Qualitäten, die ihm unbekannt waren und deren Kenntnis „ihn bei verständiger Würdigung des Falles vom Kaufabschluß (zu den eingegangenen Bedingungen) abgehalten hätten", wie § 119 Abs. 1 BGB sagt. Vgl. den Fall RG 124, 115 (Verkauf einer chinesischen Vase als einer solchen aus vermeintlich neuerer Zeit, in Unkenntnis der Tatsache, daß sie aus der Blütezeit der chinesischen Kultur stammte und unermeßlichen Altertumswert besaß). Wie hier: RGR-Komm. § 459 Anm. 36; Staudinger[11], Vorbem. vor § 459 Anm. 16a; Flume a. a. O. S. 146; Palandt Vorbem. vor § 459 Anm. 2e.

Anm. 56 Ist der Käufer durch arglistiges Verschweigen eines Fehlers oder arglistige Vorspiegelung einer nicht vorhandenen Eigenschaft zum Vertragsschluß bestimmt worden, so hat er beim Kauf einer bestimmten Sache die Wahl zwischen dem Gewährleistungsanspruch aus § 463 BGB und der Anfechtung des Vertrages wegen arglistiger Täuschung aus § 123 BGB, im Falle der Anfechtung ohne Rücksicht darauf, ob die Lieferung erfolgt ist oder nicht (RG 96, 156; JW 1913, 88[3]; WarneyerRspr. 1913 Nr. 83; Jena SeuffA 66, 434; RG in HansRGZ 1930 B 662). Zur Erfüllung des Tatbestandes des arglistigen Verschweigens braucht der Zweck des Verhaltens des Verkäufers nicht notwendig auf eine Irreführung des Käufers gerichtet zu sein; es genügt, daß der Verkäufer die Erheblichkeit des Mangels für den Käufer kannte und wußte, daß dieser seine Abwesenheit annahm (RG in HansRGZ 1929 B 186; s. im übrigen zum Arglistbegriff unten Anm. 156, 160). Bei Abschluß eines Gattungskaufes kommt zwar regelmäßig eine arglistige Täuschung nicht in Betracht, weil der Käufer einen Anspruch auf Lieferung vertragsmäßiger Ware hat. Doch kann eine arglistige Täuschung bei Abschluß eines Gattungskaufes dann vorkommen, wenn der Verkäufer den Käufer über die Verwendbarkeit und Gebrauchsfähigkeit der Gattungsware mit den speziell ihr eigentümlichen Eigenschaften täuscht. Dann hat auch hier der Käufer das Recht, den Vertrag wegen arglistiger Täuschung anzufechten (RG 104, 2). Vor Übergabe der Sache kommen konkurrierende Gewährleistungsansprüche nicht in Frage. Nach erfolgter Übergabe der Sache, auf die sich damit das Schuldverhältnis beschränkt (§ 243 Abs. 2 BGB), ändert sich nichts weiter, als daß der jetzt erst zur Entstehung gelangende Gewährleistungsanspruch (§§ 480 Abs. 2, 446 BGB) wahlweise neben das Anfechtungsrecht des Käufers tritt (JW 03 Beil. 90[209]). Handelt es sich nun beim Gattungskauf um eine arglistige Täuschung erst bei Erfüllung des Vertrages, so soll nach RG 70, 429 und JW 1912, 341[4] das arglistige Verschweigen eines bei der Übergabe vorhandenen Fehlers (oder die arglistige Vorspiegelung einer bei der Übergabe nicht vorhandenen Eigenschaft) wegen des Zusammentreffens mit der Gewährleistung nicht zur Anfechtung wegen arglistiger Täuschung berechtigen, weil hier dieselben Grundsätze zur Anwendung zu bringen seien wie die oben Anm. 54, 55 erörterten über die Unvereinbarkeit der Irrtumsanfechtung mit den Gewährleistungsansprüchen. Gegen diese Auffassung wenden sich mit Recht RG 96, 157; RGR-Komm[11] § 459 Anm. 37 und § 123 Anm. 18; Stark LZ 1918, 247, so daß auch in diesem Falle dem Käufer die Wahl zwischen Anfechtung und Geltendmachung der Gewährleistungsansprüche zuzugestehen sein wird, da keine Veranlassung besteht, aus den für den Irrtum des Käufers anzuerkennenden Gründen den betrügerischen Verkäufer in Schutz zu nehmen. Bewußt vertragswidrige Lieferung enthält regelmäßig noch nicht ohne weiteres ein arglistiges Verhalten (RG in SeuffA 87, 55).

Zu bemerken ist, daß, während die Anfechtung sonst nur zu Ansprüchen aus ungerechtfertigter Bereicherung und zum Ersatz des negativen Vertragsinteresses, d. h. zum Ersatz dessen führt, was der Getäuschte ohne den Vertragsschluß haben würde, der Käufer dann, wenn er durch wissentlich falsche Versicherungen des Verkäufers über Eigenschaften der Kaufsache getäuscht ist, das positive Erfüllungsinteresse als Schadensersatz verlangen kann, ein Grundsatz, der aus § 463 BGB entnommen ist (RG 66, 337; BGH NJW 1960, 238). Vor der Entscheidung über die Gewährleistung muß die Anfechtung erledigt werden, weil ein mit Erfolg angefochtener Vertrag nichtig ist und keine Gewährleistungsansprüche erzeugt (unten Anm. 176).

Anm. 57 Die Vorschriften über Unmöglichkeit beim Sachkauf. Ihre Anwendbarkeit neben den Gewährleistungsvorschriften wird vom Gesetz offengelassen. Darin besteht ein wesentlicher Unterschied zum Rechtskauf, der hier nicht behandelt wird und für den die für Sachmängel gegebenen Vorschriften über Wandelung und Minderung ohnehin nicht in Betracht kommen (RG in HRR 1933 Nr. 912). Es mag nur erwähnt werden, daß auf den Verkauf eines nicht bestehenden Rechts in der Regel nicht § 306 BGB Anwendung findet, sondern die §§ 437, 440 BGB, so daß der Verkäufer zur Verschaffung des Rechts verpflichtet ist. Denn in dem Verkauf eines Rechts oder einer Forderung liegt auch ohne besondere Zusicherung die Übernahme der Gewähr dafür, daß das Recht oder die Forderung wirklich bestehe (§ 437 BGB; RG 90, 244). Doch hat der Verkäufer nur dafür aufzukommen, daß das Recht zur Zeit des Verkaufs besteht (RG 143, 22). Der Verkauf eines nicht bestehenden Rechts oder einer nicht bestehenden Forderung ist nur dann nach § 306 BGB wegen objektiver Unmöglichkeit der Leistung nichtig, wenn ein Recht oder eine Forderung des vereinbarten Inhalts überhaupt nicht entstehen kann (RG 86, 213; 73, 211; 68, 293; s. § 381 Anm. 21). Anders bei dem Verkauf einer nicht existierenden Sache. Dieser Verkauf ist nichtig wegen von Anfang an bestehender Unmöglichkeit (§ 306 BGB). Allein neben den Gewährleistungsansprüchen ist für die Vorschriften über die ursprüngliche Unmöglichkeit (§§ 306ff. BGB) kein Raum. Auf Zusicherungen von Eigenschaften, die schon zur Zeit des Vertragsschlusses nicht vorhanden waren und auch nicht mehr beschafft werden können, findet beim Kauf einer bestimmten Sache wie auch beim Gattungskauf nur die Gewährleistung nach §§ 459, 480 BGB Anwendung; die besonderen gesetzlichen Bestimmungen über die Gewährleistungspflicht des Verkäufers schließen die §§ 306, 307 BGB aus (RG „Recht" 1926 Nr. 1936; JW 1918, 221[9]; DJZ 03, 550[114]; Prot. I 448/449; vgl. RG in JW 1936, 2392[8]). Ist die Zusicherung so aufzufassen, daß eine noch zur Zeit des Gefahrüberganges als vorhanden vereinbarte Eigenschaft einer bestimmten Sache auch in Zukunft fortdauere, so ist die Zusicherung Gegenstand eines Garantievertrages, der nicht der Regel der §§ 459ff. BGB untersteht (oben Anm. 48; § 349 Anm. 93); gegebenenfalls liegt eine nachträgliche, vom Verkäufer zu vertretende Unmöglichkeit nach § 325 BGB vor (LZ 09, 234[26]). — Wie dagegen steht es um die Anwendbarkeit der Vorschriften über nachfolgende Unmöglichkeit und nachfolgendes Unvermögen (§§ 323ff. BGB), wenn der Mangel der Kaufsache sich nach Vertragsschluß, aber vor Übergabe eingestellt hat? Sicher ist, daß, kommt es zur Übergabe, die Gewährleistungsansprüche gegeben sind, ungeachtet wann der Mangel entstanden war. Manche lassen daneben dem Käufer die Wahl der Rechte aus (Teil-) unmöglichkeit der Erfüllung nach §§ 323ff. BGB (Kipp-Windscheid § 395, 2d γ). Die Streitfrage ist weder in RG 95, 119; 88, 105; 57, 400 entschieden worden, wie Warneyer Komm. BGB § 459 XIII Fußn. 104 annimmt, noch in RG 57, 400, wie der RGR-Komm.[9] § 459 Nr. 7 Bc meint. Sie ist indessen zu verneinen. Dies ergibt sich aus dem recht verstandenen Sinnzusammenhang des Gesetzes, nämlich daraus, daß § 459 BGB die Folgen eines Mangels ausschließlich regeln will, unabhängig von einem Verschulden des Verkäufers (so die jetzt durchaus herrschende Meinung: RGR-Komm.[11] § 459 Anm. 35; Staudinger[11] Vorbem. 14 vor § 459; Ennecc.-Lehmann[15] § 112, I 4b α).

Es ist nicht einmal angängig, wie dies allerdings der RGR-Komm. a. a. O. Anm. 31 vertritt, danach zu scheiden, ob die Käuferrechte in der Zeit vor Gefahrübergang oder nachher geltend gemacht werden, und dem Käufer während des erstgedachten Zeitraums den Rückgriff auf § 325 BGB wegen eines vom Verkäufer verschuldeten Mangels zu eröffnen. Geht man einmal so weit, dann müssen dem Käufer folgeweise für diese Zeit auch die Rechtsbehelfe aus § 326 BGB zugestanden werden (dafür in der Tat Erman JZ 1960, 44). Beides ist nicht zu billigen. Die Begründung, daß Gewährleistungsansprüche noch nicht vorhanden seien und deshalb die Anwendung der allgemeinen Grundsätze nicht verdrängen könnten, ist eine petitio principii. Entscheidend ist die andere, aus der Erkenntnis in Vorbem. vor § 373 Anm. 318 gezogene Folgerung (unten Anm. 125), daß auch die mängelbehaftet angebotene Speziessache zur Erfüllung geeignetes Leistungsobjekt bleibt, also rite angeboten wird und vom Käufer lediglich kraft Wandelungseinrede zurückgewiesen werden kann. Das Gesetz will, so nach Übergabe wie vorher, dem Verkäufer kein größeres Risiko aufgebürdet wissen als jenes, äußerstenfalls in eine Rückgängigmachung des Kaufes in Gestalt der Wandelung willigen zu müssen: Ausgleich dafür, daß es ihn einer Gewährschaftshaftung ohne Verschulden unterwirft. Es wäre also nichts weniger als konsequent, wollte man den Käufer bis zur Übergabe nun dennoch so stellen, als ob der Verkäufer durch den von ihm verschuldeten Mangel sich in den Stand schuldhaften Erfüllungsverzuges, wenn nicht schuldhafter Erfüllungsunmöglichkeit versetzt hätte, mit allen Folgen der Präjudizierbarkeit nach § 326 BGB und der Last des Schadensersatzes. Das kann nicht sein, und daher ist die Anwendung der §§ 325, 326 BGB auf den Fall des vom Verkäufer verschuldeten Eintritts eines Mangels nach Kaufabschluß abzulehnen. Die Problematik liegt insoweit ähnlich wie diejenige der Konkurrenz von Irrtumsanfechtung und Gewährleistung vor Gefahrübergang (oben Anm. 55). Die Interessen des Käufers sind bei allem trotzdem ausreichend gewahrt. Er mag zwar, wenn sich ein Mangel in der hier erörterten Zeitspanne einstellt, grundsätzlich abwarten müssen, ob der Mangel nicht noch bis zum Gefahrübergang behoben wird. **Steht aber schon jetzt fest, daß er nicht behoben werden kann, oder weigert der Verkäufer sich nachhaltig, ihn auf den Zeitpunkt des Gefahrüberganges zu beheben, so wird der Käufer vorzeitig berechtigt, die Wandelung des Kaufvertrages zu verlangen.** Denn dann kann ihm nicht wohl zugemutet werden, erst die nutzlose Zeit bis zum Gefahrübergang verstreichen zu lassen. Dieser vom Reichsgericht (JW 1912, 461[7] = SeuffA 67 Nr. 198: für die Wandlung) begründete Standpunkt ist jetzt durchaus h. M. (RGRKomm.[11] § 459 Anm. 12; Staudinger[11] § 459 Anm. 6; Enneccerus-Lehmann[15] S. 434; Hamburg HEZ 1, 271; BGH NJW 1961, 773 = BGHZ 34, 32 = MDR 1961, 215 = JZ 1961, 377 = BetrBer. 1961, 111/148). Ferner kann — nicht muß — das Verschulden des Verkäufers an der Herbeiführung des Mangels eine positive Vertragsverletzung bedeuten (Ennecc.-Lehmann[15] § 112, I 3). Sie kann solchergestalt sein, daß der Käufer schon jetzt kein Interesse mehr an der Erfüllung des Vertrages überhaupt hat; dann hat er nach den im Recht der positiven Vertragsverletzung anerkannten Grundsätzen die Befugnis, analog § 326 Abs. 2 BGB ohne Fristsetzung die Erfüllung abzulehnen und Schadensersatz wegen Nichterfüllung zu fordern. Daß im übrigen auch § 323 BGB unanwendbar ist, folgt schon aus der Besonderheit der Sachmängelgewähr, die den Verkäufer auch für Zufall in der Entstehung des Mangels nach Kaufabschluß gewährschaftsrechtlich einstehen läßt. Eintritt der Mangelhaftigkeit nach Gefahrübergang, die nicht zu beseitigen ist, bleibt ohne Einfluß. Vom Augenblick des Gefahrübergangs an berühren den Verkäufer Mängel, die sich nachher einstellen, nicht mehr; es sei denn, daß er aus besonderen Gründen vertragsmäßig dafür einzustehen hat (oben Anm. 48), oder daß die spätere Entstehung des Mangels ihre Ursache in Umständen hat, die vor dem Gefahrübergang gelegt gewesen waren und für die der Verkäufer bei Verschulden aus dem Gesichtspunkt der positiven Vertragsverletzung einzustehen hat.

Selbstverständlich kann durch vertragliche Abrede dem Käufer ein Rücktrittsrecht wegen Mangelhaftigkeit der Kaufsache eingeräumt werden. Über solche Fälle vgl. BGH Betrieb 1960, 1333 = BetrBer. 1960, 1181 (in ergänzender Wiedergabe).

Unberührt bleibt die Anwendung der §§ 325, 326 BGB bei echten Leistungspflichten des Verkäufers, auch soweit sie mit einem Mangel der Kaufsache zusammenhängen. So bei der Nachbesserungspflicht, wo eine solche besteht (oben Anm. 52); hier können sowohl § 325 wie § 326 BGB zum Zuge kommen (ebenda). Bei Verzug des Verkäufers in der Pflicht zur Nachlieferung einer mangelfreien Gattungssache nach § 480 Abs. 1 BGB kann der Käufer sich der Rechtsbehelfe des § 326 BGB bedienen (unten Anm. 91). Unberührt bleibt endlich, daß die §§ 324, 325 BGB zur Geltung kommen, wenn der Käufer die Unmöglichkeit verschuldet hat; denn diesen Fall hat § 459 BGB nicht im Auge (RGR-Komm.[11] § 459 Anm. 35; Staudinger[11] Vorbem. 14 vor § 459; Ennecc.-Lehmann[15] § 112, I 4 b β).

Anm. 58 **3. Näheres über die einzelnen Gewährleistungsansprüche.** a) **Das Recht auf Wandelung.** Es geht auf die Rückgängigmachung des Kaufs (oben Anm. 49).

> **§ 465 BGB.** Die Wandelung oder die Minderung ist vollzogen, wenn sich der Verkäufer auf Verlangen des Käufers mit ihr einverstanden erklärt.
>
> **§ 466 BGB.** Behauptet der Käufer dem Verkäufer gegenüber einen Mangel der Sache, so kann der Verkäufer ihn unter dem Erbieten zur Wandelung und unter Bestimmung einer angemessenen Frist zur Erklärung darüber auffordern, ob er Wandelung verlange. Die Wandelung kann in diesem Falle nur bis zum Ablaufe der Frist verlangt werden.
>
> **§ 467 BGB.** Auf die Wandelung finden die für das vertragsmäßige Rücktrittsrecht geltenden Vorschriften der §§ 346 bis 348, 350 bis 354, 356 entsprechende Anwendung; im Falle des § 352 ist jedoch die Wandelung nicht ausgeschlossen, wenn

der Mangel sich erst bei der Umgestaltung der Sache gezeigt hat. Der Verkäufer hat dem Käufer auch die Vertragskosten zu ersetzen.

α) Die Geltendmachung dieses Rechts setzt hier beim Handelskauf voraus, daß ein Mangel im Sinne von § 459 BGB vorhanden ist (oben Anm. 47), und daß rechtzeitig und gehörig gemäß § 377 gerügt worden ist (außer im Falle des arglistigen Verschweigens; unten Anm. 170). Die Unerheblichkeit des Mangels (§ 459 Abs. 1 Satz 2 BGB) hat der Verkäufer im Wege des Einwandes geltend zu machen.

β) Inhalt und Geltendmachung des Anspruchs auf Wandelung. Das Gesetz lehnt es ab, die Wandelung als einen einseitigen Dispositivakt des Käufers Gestalt gewinnen zu lassen. Darin liegt der entscheidende Unterschied zum Rücktrittsrecht; die Bestimmung des § 349 BGB („Der Rücktritt erfolgt durch Erklärung gegenüber dem anderen Teile") ist unter denjenigen Vorschriften, die in § 467 BGB. für die Wandelung anwendbar gemacht worden sind, ausdrücklich ausgenommen. Der Käufer kann Wandelung (oder Minderung) nicht „erklären": er kann sie „verlangen", § 462 BGB; die Wandelung (oder Minderung) ist „vollzogen", wenn sich der Verkäufer auf Verlangen des Käufers mit ihr einverstanden erklärt (§ 465 BGB). Anm. 59

Aus dem Zusammenhang dieser Bestimmungen hat die früher vielfach gelehrte sog. Vertragstheorie gefolgert, der Anspruch auf Wandelung gehe seinem Inhalt nach dahin, daß der Käufer vom Verkäufer die Annahme seines auf Aufhebung des Kaufvertrags gerichteten Vertragsantrags verlangen könne (so insbes. Oertmann § 462 Nr. 3; § 465 Nr. 3; Endemann § 161 Anm. 36). Nach dieser Vertragstheorie muß zunächst auf Abschluß eines Wandelungsvertrags geklagt werden; erst nach rechtskräftiger Verurteilung auf Abschluß dieses Vertrags kann ein zweiter Prozeß nachfolgen, der auf Leistung gerichtet ist. Nur besondere Auslegung könne schließlich noch dazu führen, in dem direkt auf Wandelung gerichteten Begehren auch das Begehren auf Abschluß eines Wandelungsvertrags als gestellt zu erblicken, sonst müsse die Klage abgewiesen werden. Die bloße Einrede der Wandelung bringe andererseits den auf Zahlung verklagten Käufer in der Wandelungsfrage selbst nicht weiter; denn die Rechtskraft des Urteils beschränke sich nach § 322 ZPO nur auf die geltend gemachten Ansprüche. Die Wandelungseinrede enthalte einen solchen Anspruch nicht. Zur Herbeiführung einer Wandelung bedürfe es daher einer Widerklage (Oertmann § 462 Anm. 3b). Vor Rechtskraft des auf Einwilligung in die Wandelung ergehenden Urteils könne der Käufer mit seinem Anspruch auf Rückgewähr des bezahlten Kaufpreises weder aufrechnen noch den Verkäufer in Leistungsverzug noch bezüglich Rückgewähr der Kaufsache in Annahmeverzug versetzen. Auch für den Gerichtsstand und den Erfüllungsort müßte diese Theorie von Bedeutung sein, weil der Verkäufer am Ort seines Wohnsitzes oder seiner geschäftlichen Niederlassung die Annahmeerklärung auf den Vertragsantrag des Käufers abzugeben hätte. Es entsteht sodann die weitere Frage, wie lange der Käufer an seinen Vertragsantrag gebunden ist, ob er widerrufen werden kann, und wie es sich mit der Form des Wandelungsvertrags verhält, wenn es sich um ein Grundstück handelt (vgl. Eccius Gruch. 43, 305ff.; 51, 529; Oertmann „Recht" 04, 4ff.). Daß die Vertragstheorie in dieser Ausbildung zu unerträglichen Weitläufigkeiten und Schwierigkeiten führt, ist allgemein anerkannt (Staudinger[11] § 462 Bem. 13).

Das Gesetz zwingt zu dieser Theorie nicht. Ihre Schwierigkeiten vermeidet jene andere, welche herkömmlich Herstellungstheorie genannt wird und heute im Schrifttum herrschend geworden ist. Zu ihr bekennt sich im praktischen Ergebnis auch die Rechtsprechung, wenngleich das RG und bisher der BGH keine Veranlassung gesehen haben, im Theorienstreit ausdrücklich Stellung zu beziehen. Anm. 60

Die Herstellungstheorie verschiebt, im Gegensatz zur Vertragstheorie, den Schwerpunkt von der konstruktiven Betrachtung auf die finale. Demgemäß erblickt sie das Wesen der Wandelung nicht im (einverständlichen) „Vollzug", sondern in dem Verlangen des Käufers, daß der Kauf durch Wandelungsvollzug nach Rücktrittsgrundsätzen wieder rückgängig gemacht, der frühere Zustand wiederhergestellt werde (hierüber unten Anm. 64). Damit ist in der Tat eine wesentliche Unterscheidung für den Wandelungsbegriff gewonnen. „Vollzogen" im Sinne von § 465 BGB heißt nichts anderes als „bindend festgestellt": des Inhalts, daß das Wahlrecht des Käufers zwischen Wandelung, Minderung und ggf. auch Schadensersatz wegen Nichterfüllung aus § 463 BGB verbraucht und die Gewährleistung sich endgültig auf die Wandelung bzw. die Minderung fixiert hat. Davon unabhängig aber ist, daß der Käufer auch schon vor einem so verstandenen Vollzug — in der Mehrdeutigkeit dieses Ausdrucks liegt ein gut Teil der entstandenen Mißverständnisse — verlangen kann (§ 462 BGB), daß der Kauf rückgängig gemacht bzw. der Kaufpreis herabgesetzt werde. Dies ist der Anspruch „auf" die Wandelung (Minderung), den § 477 BGB. der kurzen Verjährung unterwirft. Es ist ein Anspruch auf effektive wirtschaftliche Durchsetzung, nicht auf Abschluß eines Wandelungs- oder Minderungsvertrages, ein Anspruch, der auch ohne vorherigen „Vollzug" erfüllbar ist, wenngleich in der freiwilligen Erfüllung in der Regel der Vollzug liegen wird — die vollzogene Wandelung (Minderung) gäbe Ansprüche, welche, als solche „aus" Wandelung oder Minderung, erst in 30 Jahren verjähren (BGH NJW 1958, 418; RG 69, 387). Der unmittelbare Anspruch auf die wirtschaftliche Durchsetzung der Wandelung oder Minderung berechtigt den Käufer, so gestellt zu werden, als ob der Vertrag nicht mehr gelte bzw. nur zu einem geminderten Preise gelte (Blomeyer a. a. O. S. 111ff., Erman a. a. O. S. 45). Das geschieht im Prozeß sowohl durch Klage wie durch Einrede.

Der Vollzug gemäß § 465 BGB ist ein Vertrag; zu seinem Abschluß gehört eine beiderseitige Willensübereinstimmung. Der Verkäufer kann sich auch zur Wandelung erbieten und den Käufer zur Erklärung auffordern, ob er Wandelung verlange (§ 466 BGB). Kommt der Käufer dieser Aufforderung nach, und verlangt er die Wandelung, so ist damit die Wandelung ebenfalls vollzogen. Ganz ebenso verhält es sich mit der Vollzugswirkung, wenn der Käufer gemäß § 480 BGB an Stelle der mangelhaften Sache eine mangelfreie verlangt und der Verkäufer darauf eingeht, und wenn der Käufer Preisminderung begehrt und der Verkäufer seine Zustimmung ausspricht. Was die Einigung angeht, so gelten hierüber alle Grundsätze des BGB über vertragliche Einigung; also kann sie formlos und selbst stillschweigend vor sich gehen (LG Augsburg JW 1931, 3471[1]; Stölzle JW 1931, 3472). Nur muß dann eine endgültige und bindende Vereinbarung über die Wandelung in der Gesamtheit des Rechtsgeschäfts vorliegen; eine vorläufige Übereinstimmung über die Rückgabe des Kaufgegenstandes genügt nicht („Recht" 06, 857[2092]); noch weniger die alleinige Bemerkung des Verkäufers „Schicken Sie mir den ganzen Krempel zurück" (RG in Gruch 51, 175; vgl. unten Anm. 63 u. 108); auch nicht die einfache Zurücknahme der zur Verfügung gestellten Kaufsache (unten Anm. 61 u. 63; Vorbem. vor § 373 Anm. 230ff.); wohl aber die präzisierte mündliche Aufforderung zur Rückgabe der Kaufsache, weshalb Düsseldorf DR 1942, 136 durchaus folgerichtig dem so mit der Wandelung sich einverstanden erklärenden Verkäufer das Recht gibt, im Falle der Fruchtlosigkeit der Aufforderung gem. § 354 BGB (§ 467 BGB; unten Anm. 74b) zu verfahren. Insgesamt liegt ein Einverständnis in jeder Handlung, die sich notwendigerweise nicht anders verstehen läßt als eine Willensübereinstimmung, wie z. B. die Rückzahlung des Kaufpreises auf das Wandelungsbegehren des Käufers. Eine teilweise Zurückzahlung des Kaufpreises wirkt nur für den betreffenden zurückgewiesenen Teil der teilbaren Leistung (RG 52, 359); bei unteilbarer Leistung erstreckt sich die (konkludente) Wirkung auf den ganzen Vertrag. Solange die Willenseinigung nicht vorhanden ist, ist kein Teil gebunden (RG 94, 331). Der Zeitpunkt der Willenseinigung ist der, bis zu dessen Eintritt ein Verschulden der in § 351 BGB bezeichneten Art den Verlust des Wandelungsrechts nach sich zieht (unten Anm. 65ff.). Daß der Käufer, statt auf die Wandelung unmittelbar, zunächst auf Einwilligung in die Wandelung, also auf den Abschluß eines den Wandelungsvollzug beinhaltenden Vertrages klagen kann, ist nicht zu bezweifeln (RG 70, 198; Warneyer-Rspr. 1913 Nr. 314; auch Furtner, Klageantrag und Urteil bei Wandelung und Minderung, MDR 1958, 648); er mag ein Interesse daran haben, für die Einzelansprüche aus (vollzogener) Wandelung, die er vielleicht noch nicht voll übersieht, die 30jährige Verjährung zu begründen.

Doch ist der Weg des Vertrages, trotz § 465 BGB, nicht der einzige, um zu einem verbindlichen Vollzug der Wandelung zu gelangen. Die gleiche Wirkung muß dem rechtskräftigen Urteil zukommen, welches über die Klage des Käufers auf Wandelung, im Hauptfall also auf Rückzahlung des Kaufpreises, ergeht und ihr stattgibt. Denn auch hier hat der Käufer entschieden, welche Art der Gewährleistung er wählen will. Er hat die getroffene Wahl im Prozeß durchgesetzt; an diese seine Wahl muß er sich gebunden halten, wie wenn er mit dem Verkäufer vertraglich übereingekommen wäre, ohne daß die Hilfe der Auslegung noch herangezogen werden müßte, ob in einem solchen Antrag das Begehren auf Abschluß eines Wandelungsvertrags enthalten sei oder nicht. Der Richter ist es alsdann, der die Wandelung mit seinem Spruch vollzieht. Mit dieser, aus der sog. Theorie des richterlichen Gestaltungsaktes (nach dem Vorgang von Bötticher; zustimmend Larenz, Bes. Schuldrecht[6] § 37 II a) sich ergebenden Ergänzung ist der Herstellungstheorie zuzustimmen. Näheres unten Anm. 63. — Neuestens hat Erman (a. a. O. S. 44) versucht, die Theorie des richterlichen Gestaltungsaktes dahin zu modifizieren, daß nicht die Rechtskraft des auf die Wandelungsklage ergehenden Urteils, sondern erst seine Vollstreckung, und hier wiederum nur die uneingeschränkt erfolgreiche Vollstreckung den Vollzug im oben erörterten Sinne herbeiführe. Er meint, es könne dem Käufer nicht wohl verwehrt sein, bei erfolgloser oder nur teilweise zum Ziele führender Vollstreckung (auf Rückgewähr des Kaufpreises) sich nachträglich noch dazu zu entschließen, etwa zur Minderung überzugehen, um die Sache wenigstens für einen herabgesetzten Preis rechtens behalten zu dürfen. Doch überzeugt dieses Argument nicht. Einmal übersieht Erman die unten in Anm. 74a, 74c dargelegte Möglichkeit, über § 354 (§ 467) BGB in seinem Beispielsfalle die urteilsmäßig vollzogene Wandelung nachträglich hinfällig zu machen. Zum anderen krankt seine Konstruktion an einem inneren Widerspruch: er gelangt zu der Folgerung, der von der „erfolglosen" Wandelung zur Minderung übergehende Käufer vollziehe eben diese Minderung schon durch seinen betätigten Entschluß, ja dieser Entschluß schaffe geradezu, gegenüber der Rechtskraft des Wandelungsprozesses, die veränderte Rechtslage im Sinne von § 767 Abs. 2 ZPO. Das liefe auf einen Minderungsvollzug kraft einseitiger Erklärung hinaus, wie sie gerade für die Wandelung auch von Erman mit Recht abgelehnt wird, für die Minderung aber dem Gesetz nicht weniger widerspräche. Erman ist endlich zu der unhaltbaren These genötigt, wenn die Wandelung rechtskräftig zuerkannt sei, so stehe das prozessual einer Minderungsklage nicht im Wege und umgekehrt. Angenommen, die Minderungsklage dringe, weil das Gericht das Urteil in der Wandelungsklagesache für falsch hält, durch und das Minderungsurteil beschreite gleichfalls die Rechtskraft: welchem von beiden soll der Verkäufer nun genügen?

Zweifelsfragen hinsichtlich des richterlichen Gestaltungsaktes können sich ergeben, wenn der Käufer sein Wandelungsbegehren im Wege der Einrede geltend macht; darüber s. unten Anm. 62a. Ferner dann, wenn der Käufer die Wandelungsklage auf Rückzahlung des Kaufpreises nur für einen Teilbetrag durchführt. Anzunehmen, daß hier die Gestaltungswirkung eines obsiegenden Urteils sich ohne weiteres auf den ganzen Kaufvertrag erstrecke, würde, wie Erman zuzugeben ist, mit zwingenden zivilprozessualen Grundsätzen über den Umfang der Rechtskraft (§ 322 ZPO) in Widerspruch treten. Bei Teilbarkeit des Kaufgegenstandes wird mit der Annahme einer Teilwandelung geholfen werden können (vgl. unten Anm. 63). Im anderen Falle bleibt allerdings nichts übrig, als die Wirkung des Wandelungsvollzuges für den Kaufvertrag in seiner Gesamtheit abzulehnen. Für die Richtigkeit dieses Schlusses liefert RG 93, 158 eine mittelbare Bestätigung. Wenn danach eine auf Wandelung gestützte Teilklage des Käufers die Verjährung nur im Umfange der erhobenen Teilansprüche unterbricht, so kann das der Klage stattgebende Urteil nicht die Wandelung im ganzen vollziehen; wäre das Gegenteil richtig, so könnten die Restansprüche nicht mehr durch die (kurze) Verjährung gefährdet sein, da es sich dann ja um solche „aus" vollzogener Wandelung handeln würde (s. oben). Mag also der Verkäufer, wenn ihm aus irgendwelchen Gründen daran liegt, den klagenden Käufer auf die Wandelung festzulegen, das in der Klagebegründung (möglicherweise, nicht notwendig) liegende Angebot auf Abschluß eines Wandelungsvollziehungsvertrages annehmen und seine Verteidigung mit Einwendungen gegen die Ansprüche aus der vollzogenen Wandelung weiterführen. Immerhin wird durchweg schon eine andere Erwägung zu einem dem Wandelungsvollzug gleichkommenden Ergebnis führen. Der Käufer darf sich bei jeder etwaigen späteren Wahl zu seinem früher bekundeten Verhalten nicht ohne Not in Widerspruch setzen. Der BGH hat dies für die Fälle herausgestellt, wo der Käufer seinen Wandelungsanspruch im Einredewege geltend gemacht hat und später zu anderen Gewährschaftsansprüchen übergehen will (unten Anm. 62a). Erst recht muß das deshalb gelten, wenn der Käufer sich bereits grundsätzlich für Wandelung entschieden hat, diese auch im Prozeß verfolgt und lediglich die Höhe seines Begehrens zahlenmäßig einschränkt.

Einzig der Verkäufer kann durch einen einseitigen Akt eine wenigstens teilweise Klärung des Schwebezustandes in Ansehung des Wahlrechts des Käufers herbeiführen, nämlich über § 466 BGB. Wird die Wandelung daraufhin vom Käufer verlangt, so ist sie zugleich vollzogen. Denn das Erbieten des Verkäufers hat ja für die ganze Dauer der Frist als aufrechterhalten zu gelten. Läßt der Käufer die Frist verstreichen, ohne Wandelung zu verlangen, so ist er auf die übrigen Gewährschaftsansprüche beschränkt; mit dem Recht, wandeln zu dürfen, hat er sich verschwiegen.

Nach allem kann der Käufer unmittelbar auf Rückleistung klagen und bedarf des Umweges eines besonderen Antrags oder besonderer Klage auf Einwilligung in Rückgängigmachung des Kaufvertrags nicht (RG 101, 71; Hamburg SeuffA 68, 58). Lautet der Klageantrag in seinem ersten Teil auf Einwilligung in die Wandelung und in seinem zweiten auf Rückgewähr, also auf Leistung, so kommt sachlichrechtlich nur der zweite Antrag in Betracht, der erste ist unnötig; verfahrensrechtlich ist eine solche Fassung der Klage nicht zu beanstanden (§ 260 ZPO).

Anm. 61 Die in § 465 BGB erwähnte Einverständniserklärung kann der Verkäufer so lange abgeben, als der Käufer sein Wandelungsverlangen nicht zurückgenommen hat. Der Verkäufer kann auch seine Ablehnung des Wandelungsbegehrens wieder zurückziehen, solange der Käufer sein Wandelungsbegehren aufrechterhält (vgl. RG 108, 27). Der Käufer kann sein Begehren zurückziehen, solange es der Verkäufer nicht angenommen hat oder rechtskräftig darüber entschieden ist, und zur Preisminderung greifen oder Lieferung mangelfreier Sachen begehren (RG. 94, 331; WarneyerRspr. 1911 Nr. 322; Hamburg HansGZ 04 Hptbl. 308). Die Willenseinigung nach § 465 BGB (Vollzug der Wandelung) hat zwar Vertragscharakter, begründet aber keinen gegenseitigen Vertrag i. S. der §§ 320ff. BGB, sondern erzeugt nur die Bindung an die vom Käufer gewählte Wandelung: für den Käufer den endgültigen Verbrauch seines Wahlrechts, für den Verkäufer die verbindliche Anerkennung, daß der Käufer zur Wandelung berechtigt sei, für beide also die schuldrechtliche Folge der Rückgängigmachung des Kaufs durch Rückgewähr der beiderseitigen Leistungen; für einen Rücktritt von der vollzogenen Wandelung auf Grund des § 326 BGB ist daher kein Raum (RG „Recht“ 1925, 306[928]). An einer Willensübereinstimmung fehlt es, wenn beim Tausch oder einem doppelten Kaufvertrag (s. Vorbem. vor § 373 Anm. 22) oder im Falle, daß der Verkäufer gemäß § 365 BGB. eine Sache an Erfüllungsstatt angenommen hat (vgl. Anm. 71a Abs. 2), jeder Teil die Wandelung wegen vertragswidriger Leistung des Gegners verlangt. Hier hat jedes Wandelungsbegehren sein eigenes Schicksal (s. aber auch Anm. 71). Wird das Einverständnis mit der Wandelung nur unter Vorbehalt der Rechte erklärt, so ist es Sache der Auslegung, was darunter zu verstehen ist (WarneyerRspr. 1910 Nr. 413). Hat der Käufer die wegen Mängel beanstandeten Waren dem Verkäufer zur Verfügung gestellt und Ersatzlieferung verlangt, so hat der Verkäufer keinen Anspruch auf Herausgabe der gelieferten Waren, wenn nicht auch er sich mit der Ersatzlieferung einverstanden erklärt hat; solange dies unterbleibt, kann der Käufer von seiner Erklärung wieder abgehen und wegen der Mängel andere der gesetzlichen Gewährleistungsansprüche geltend machen (Karlsruhe BadRspr. 25, 81). Von der Einwilligung in die Wandelung ist die übereinstimmende Feststellung der Nichtigkeit des Vertrags wohl zu unterscheiden. In letzterem Falle ist gar kein Vertrag zustande gekommen; es finden nur Bereicherungsgrundsätze Anwendung (§ 812 BGB). Der in der Willenseinigung über die Wandelung liegende Vertragsabschluß ist insofern Verfügung und als solche abstrakt, als auf diesen Vertrag allein schon das Verlangen auf Rückleistung gestützt werden kann, ohne daß nun noch der Nachweis zu verlangen wäre, daß das Wandelungsbegehren wegen vorhandener Mängel berechtigt war. Daher kann der Käufer seine Einverständniserklärung nicht wegen Irrtums mit der Begründung anfechten, er habe irrig die Vertragswidrigkeit der Ware angenommen. (Wohl kann er seine Einverständniserklärung in diesem Falle kondizieren, da er sie, als eine Verfügung über den Kaufvertrag, ohne Rechtsgrund abgegeben hat, § 812 BGB. Dieselbe Kondiktion stünde übrigens auch dem Verkäufer zu). Ob die Wandelung vereinbart ist, ist nicht nur nach § 465 BGB, sondern auch nach den allgemeinen Grundsätzen über Vertragsschließung zu beurteilen

(Holdheim 06, 257). Wenn sich der Verkäufer auf das Wandelungsbegehren des Käufers grundsätzlich zur Zurücknahme der Ware bereit erklärt, der Käufer aber wegen Gegenforderungen aus anderen Geschäften ein Zurückbehaltungsrecht an der Ware ausübt, so hat keine Einigung stattgefunden (RG „Recht" 1921 Nr. 1858). Hierüber noch unten Anm. 63 ausführlich.

Erklärt sich der Verkäufer mit der vom Käufer verlangten Wandelung nicht einverstanden, so kann der Käufer seine Ansprüche gerichtlich geltend machen. **Anm. 62** Der Klageantrag kann unmittelbar auf Rückzahlung des Kaufpreises gegen Rückgabe der Kaufsache lauten (oben Anm. 60). War der Kaufpreis noch nicht gezahlt, aber abgetreten, so kann auf Befreiung von der Kaufpreisschuld geklagt werden. Weiteres über den Klageantrag oben Anm. 60. Eine dem Rücktritt im Sinne des BGB vergleichbare Gestaltungserklärung liegt allerdings in dem Verlangen auf Wandelung nicht (vgl. RG 55, 110; oben Anm. 59); sonst könnte der Käufer ein anderes Recht nicht mehr wählen, nachdem er das Recht der Wandelung gewählt hat; er kann aber immer noch auf seine anderen Gewährleistungsansprüche übergehen (unten Anm. 109ff.). Der Kaufvertrag wird also durch das Verlangen der Wandelung selbst noch nicht in das Abwickelungsstadium übergeführt, wohl aber durch den rechtskräftigen Richterspruch. Ist auf Verlangen des Käufers der Verkäufer zur Rückzahlung des Kaufpreises verurteilt, oder ist der Verkäufer auf Klage des Käufers zur Preisminderung oder Lieferung einer mangelfreien Sache verurteilt, so ist das Rechtsverhältnis in dieser Weise rechtskräftig festgestellt, und zwar bindend für beide Teile. Ist dagegen die Erfüllungsklage des Verkäufers auf die Wandelungs- oder Preisminderungseinrede hin ganz oder teilweise abgewiesen, so erzeugt dieses Urteil hinsichtlich der Einreden keine Rechtskraft (§ 322 Abs. 1 ZPO; a. M. Eccius Gruch. 43, 322). Der Käufer, der mit Hilfe der Wandelungseinrede die Abweisung der Erfüllungsklage erzielt hat, kann immer noch zur Preisminderungsklage greifen (WarneyerRspr. 1911 Nr. 322).

Der Verkäufer ist noch nicht als der Wandelung oder Preisminderung zustimmend zu behandeln (vgl. unten Anm. 77), wenn er mit der Kaufpreisklage **Anm. 62a** infolge der Wandelungs- oder Preisminderungseinrede des Käufers ganz oder teilweise abgewiesen ist (RG 69, 388). Noch weniger ist das klageabweisende Urteil als solches geeignet, die bloß einredeweise geltend gemachte Wandelung zu „vollziehen", BGH NJW 1959, 620. Denn das Urteil erzeugt hinsichtlich der Einreden keine Rechtskraft (oben Anm. 62), auch nicht in dem Sinne, daß in ihm eine Verurteilung zur Abgabe der Einverständniserklärung mit der Wandelung zu erblicken wäre. Eine andere Frage ist, ob der Käufer, nachdem er einmal die Wandelungseinrede im Prozeß erhoben hat, damit sein Wahlrecht auf die daneben bestehenden sonstigen Gewährschaftsansprüche verbraucht habe. Wenn ein solcher Verbrauch erst durch den Vollzug im Sinne des § 465 BGB eintritt, sollte die Frage grundsätzlich nicht anders als verneint werden dürfen. Gegen ihre Bejahung spräche auch, daß anderenfalls der Käufer gegenüber dem Verkäufer ohne ersichtlichen Grund erheblich schlechter gestellt würde. Er müßte in einer etwaigen künftigen Klägerrolle (Beispiele s. unten) seine Wandelungsberechtigung erneut zur Entscheidung stellen, ohne daß ihm die Rechtskraft des Vorprozesses zur Seite stünde; wird er nunmehr mit seinem aktiven Wandelungsbegehren abgewiesen, so hätte er dazu noch den Schaden, nicht einmal auf Minderung — die ja u. U. gegeben sein kann, wo Wandelung versagt ist (unten Anm. 66b, 83) — übergehen zu dürfen, eine Befugnis, die ihm sonst ungeachtet einer abgewiesenen Wandelungsklage offensteht (unten Anm. 108). Gleichwohl ist die Frage sehr streitig. RG 147, 390 — dort nähere Nachweisungen über das Schrifttum — hat sie offen gelassen. Teils wird ihre Beantwortung, wo sie bejaht wird, in die Konstruktion gekleidet, daß die Erhebung der Wandelungseinrede im Prozeß ein Angebot des Käufers auf vertraglichen Vollzug darstelle, welches mit der Rechtskraft des auf die Einrede hin ergehenden klagabweisenden Urteils unwiderruflich geworden sei (Ennecc.-Lehmann[15] § 110, I 2f.), teils die gleiche Rechtsfolge daraus hergeleitet, daß der Käufer ohne Verstoß gegen Treu und Glauben sich nicht in Widerspruch zu seinem durch die Erhebung der Wandelungseinrede einmal eingenommenen Standpunkt setzen dürfe (Staudinger[11] § 478 Anm. 21). Das erste Argument ist eine petitio principii. Das zweite liegt auf außergewährschaftsrechtlicher Ebene; es betrifft das allgemeine Problem des venire contra factum proprium und ist daher ebensowenig wie dieses in einer solchen etwas vordergründigen Allgemeinheit anwendbar, zumal angesichts der oben aufgezeigten Bedenken wegen der Billigkeit. Richtig wohl BGH NJW 1959, 620; danach ist dem Käufer ein späteres Zurückgreifen auf andere Gewährschaftsansprüche nur dann versagt, wenn besondere (!) Umstände das Abgehen von der früheren Wandelungseinrede als gegen Treu und Glauben verstoßend erscheinen lassen. Nicht ganz so entschieden, aber wohl in der gleichen Richtung: RGR-Komm.[11] §465 Anm. 9; ähnlich auch schon RG 147, 390. In den beiden, vom RG und vom BGH entschiedenen Fällen ist übrigens ein Verstoß gegen Treu und Glauben verneint worden. — Aus dem Gesagten ergibt sich: Der Käufer, der eine Anzahlung geleistet hat und, nachdem der Verkäufer mit seiner Kaufpreisrestklage unter der Wandlungseinrede des Käufers abgewiesen worden ist, nunmehr die eigene Anzahlung zurückbegehren will, muß die Berechtigung seines Verlangens ohne Rücksicht auf das (klageabweisende) Urteil rechtfertigen. Dieser Anspruch unterliegt der kurzen Verjährung des §477 BGB, da es sich um einen Anspruch auf Wandelung handelt (RG 69, 389 oben). Der Käufer wird daher zweckmäßig in dem ersten Prozeß eine Widerklage auf Wandelung oder Minderung in Leistungs- oder Feststellungsform erheben. Die rechtskräftige Abweisung des widerklagend geltend gemachten Wandelungsanspruchs gegenüber einer Kaufpreisteilklage steht der Geltendmachung eines Preisminderungsanspruchs gegen die Kaufpreisrestforderung nicht entgegen (unten Anm. 110). Umgekehrt ist der Verkäufer, der einen Teil des Kaufpreises eingeklagt hatte und mit dieser Klage infolge der Wandelungs- oder Preisminderungseinrede des Käufers abgewiesen ist, berechtigt, den Rest des Kaufpreises einzuklagen; es muß dann aufs neue die Wandelungs- oder Preisminderungseinrede erhoben und geprüft werden. In der Einrede der Wandelung oder der Preisminderung liegt zwar an sich kein Vertragsantrag (a. M. Oertmann § 462 Nr. 3; Langheineken, Anspruch und Einrede 242), geschweige denn ein unwiderruflicher; doch muß der Käufer sich so behandeln lassen, als hätte er einen Vertragsantrag gestellt, und der Verkäufer kann, solange die Einrede nicht zurückgezogen ist, das darin liegende Angebot annehmen und dadurch die Wandelung oder Preisminderung zum Vollzug bringen. Verzögert der Verkäufer nach Rechtskraft des seine Kaufpreisklage abweisenden Urteils seine Erklärung, so kann der Käufer dem Schwebezustand in jedem Falle so ein Ende machen, daß er seinerseits auf Rücknahme (Rück-abnahme als Schuldnerverpflichtung [unten Anm. 71a]) der Kaufsache klagt und durch das verurteilende Erkenntnis den Vollzug der Wandelung herbeiführt. Die gelegentlich geäußerte Ansicht, der Käufer könne dem Verkäufer eine angemessene Frist zur Erklärung setzen mit dem Präjudiz, daß Schweigen als Zustimmung (zur Wandelung) gelte, ist dogmatisch angreifbar, auch weder aus dem hierfür gezogenen Vergleich zu § 466 BGB herzuleiten noch aus einer unausweichlichen Notwendigkeit, den Schwebezustand gerade durch ein solches Präjudiz zu beenden. — Siehe im übrigen über die Streitfrage, ob Vollzug der Wandelung anzunehmen ist, wenn die Kaufpreisklage auf Grund der einredeweise geltend gemachten Wandelung rechtskräftig abgewiesen ist, Stölzle JW 1931, 3473.

Anm. 63 Nach allem wird die Wandelung entweder durch einen Vertrag zwischen den beiden Parteien oder durch rechtskräftigen Richterspruch vollzogen. Der Richterspruch ist, wie mehrfach bemerkt, ein gestaltender. Wenn auch kein Gestaltungsurteil im prozeßrechtlichen Sinne, so muß er doch die Wandelung in ihren Rechtsfolgen für gegeben erkennen: als Leistungsurteil auf Rückerstattung des Kaufpreises oder Rück-abnahme der Kaufsache (oben Anm. 60); als Urteil auf Feststellung, etwa daß der Käufer berechtigt sei, Rückerstattung der Vertragskosten zu verlangen (§ 467 BGB); sogar als klagabweisendes Urteil, wenn es die vom Verkäufer begehrte Feststellung, daß der Käufer Rückerstattung des Kaufpreises auf Grund Wandelung nicht verlangen könne, abweist (weil damit das Gegenteil rechtskräftig feststeht; OGH NJW 1950, 502; RG 126, 19). Nicht dagegen genügt ein Feststellungsurteil dahin, daß „der Kläger (Käufer) zur Wandelung berechtigt sei“; ein solches würde nicht mehr als diese seine Wandelungsberechtigung feststellen, ihn also insbesondere nicht hindern, noch zur Minderung oder ggf. zum Schadensersatzanspruch wegen Nichterfüllung aus § 463 BGB überzugehen. Hat der Käufer nur auf Rücknahme der Ware gegen Rückgabe des Kaufpreises geklagt, aber sich gleichzeitig Ansprüche auf

Schadensersatz vorbehalten, und ist dann ein Urteil auf Austausch von Ware und Kaufpreis ergangen ohne Ausspruch darüber, daß die rechtliche Grundlage des Urteils ein Wandelungsbegehren sei, so kann das Urteil auch als ein den Schadensersatz wegen Nichterfüllung vorbereitendes Urteil verstanden werden (vgl. unten Anm. 71a); es liegt kein Wandelungsurteil vor (RG 90, 334; vgl. unten Anm. 87).

Der Umstand, daß die Vollzugswirkung erst mit der Rechtskraft eintritt, steht dem Erlaß eines vorläufig vollstreckbaren Leistungsurteils natürlich nicht entgegen. Denn der Vollzug der Wandelung ist Folge des (rechtskräftigen) Urteils, nicht Klagegrund.

Der Wandelungsvertrag bedarf keiner Form (oben Anm. 60 u. 61). Sowohl zur Wandelungserklärung wie zur Einverständniserklärung sind die Prozeßbevollmächtigten befugt (§ 81 ZPO; RG 50, 143); die in Schriftsätzen enthaltenen Erklärungen sind mit Zustellung der Schriftsätze erklärt, nicht erst mit deren mündlichem Vortrag (JW 03, 21[3]; vgl. Vorbem. vor § 373 Anm. 398). Daß ein Wandelungsvertrag nur dann zustande gekommen ist, wenn die Parteien über alle wesentlichen Punkte einig sind, ist schon oben Anm. 61 a. E. erwähnt. Zu diesem Zwecke ist es nicht nötig, daß die Parteien sich auch über die Folgen der Wandelung verständigt haben, da diese durch Gesetz festgelegt sind (unten Anm. 64). Wollen aber die Parteien auch die sich aus der Wandelung ergebenden Folgen regeln und sind sie sich darüber einig, daß ein sich hierauf beziehender Punkt, z. B. die zu erstattenden Aufwendungen, einer Einigung bedürfe, so ist erst mit der Einigung hierüber die Wandelung erfolgt (§ 154 BGB; RG in JurRundsch. 1927 Nr. 121). Der Wandelungsvertrag wird sich in der Weise abspielen, daß der Käufer die Wandelung verlangt (er muß die Erklärung dem ursprünglichen Verkäufer gegenüber abgeben, auch wenn dieser seine Rechte aus dem Verkauf auf einen andern übertragen hat, „Recht" 1914 Nr. 474) und der Verkäufer sich damit vorbehaltlos einverstanden erklärt, oder so, daß der Verkäufer sich zur Wandelung erbietet und der Käufer sie alsdann verlangt (§§ 465, 466 BGB). Selbstverständlich kommt es nicht darauf an, daß gerade das Wort „Wandelung" bei den Verhandlungen gebraucht sein müßte. Es ist beim Gattungskauf kein Wandelungsvertrag geschlossen, wenn der Verkäufer die Beanstandung der Ware nicht anerkennt, aber die Ware aus Gefälligkeit zurücknimmt und nun Ersatz mit anderer Ware anbietet; es ist nur die Lieferung, also das Erfüllungsgeschäft im Gegensatz zu dem der Lieferung zugrunde liegenden Kaufvertrag, rückgängig gemacht worden, so daß der Käufer andere Ware annehmen muß, wenn er kein besonderes Interesse daran hat, gerade die zurückgewiesene Ware zu bekommen (RG 91, 112; 96, 170). Haben die Parteien infolge der Zurückweisung der Ware im Vergleichsweg einen Umtauschvertrag geschlossen, so ist nicht gewandelt, sondern der Kaufvertrag selbst in seinem Gegenstand verändert (RG 94, 332; vgl. Vorbem. vor § 373 Anm. 129 u. 194); es kommt immer auf die Lage des Einzelfalles an (oben Anm. 60). Regelmäßig wird eine Vereinbarung, wonach eine als vertragswidrig beanstandete Ware vom Verkäufer zurückgenommen werden soll, als Wandelung anzusehen sein (RG 93, 48), soweit nicht eine Vereinbarung über Lieferung mangelfreier Ware (unten Anm. 94) oder über Nachbesserung (oben Anm. 51 letzter Abs.) als das mindere in Betracht kommt. Bei Teillieferungen kann, wenn die ganze Lieferung teilbar ist, die Wandelung sich auch auf die einzelne mangelhafte Teilleistung beschränken (Königsberg LZ 1929, 1419[2]). Der Rückaustausch der beiderseitigen Leistungen kann ein Teil der Verwirklichung des Anspruchs des Käufers auf Schadenersatz wegen Nichterfüllung sein (§ 480 Abs. 2 BGB), wenn der Käufer sich die Geltendmachung weiterer Ansprüche vorbehalten hat (RG 90, 334). Die Wandelung ist allerdings vollzogen, wenn der Verkäufer sich mit Rücksendung zur Verfügung gestellter Ware nicht nur einverstanden erklärt, sondern auch noch hinzusetzt, daß er den Kaufpreis nach Erhalt der Ware vergüten werde (Hamburg LZ 1920, 178[3]), oder wenn er die zu seiner Verfügung gestellte und mit der Erklärung der Rückgängigmachung zurückgeschickte Ware widerspruchslos annimmt (Stuttgart „Recht" 1920 Nr. 3340). Über den Verzicht auf die vollzogene Wandelung und den Verlust des Rechts aus der vollzogenen Wandelung unten Anm. 65ff. Über die Widerruflichkeit der vom Käufer getroffenen Wahl unten Anm. 108 u. 110.

Die durch Willensübereinstimmung und die durch rechtskräftiges Urteil vollzogene Wandelung sind nicht als in jeder Beziehung gleichwertig zu behandeln. Über den bedeutsamen Unterschied s. unten Anm. 74ff. und Vorbem. vor § 373 Anm. 454ff.

Anm. 63a Verhältnis des Wandelungsvertrags zur Aufhebung und Nichtigkeit des Kaufvertrags. Von der durch Willensübereinstimmung vollzogenen Wandelung ist die Aufhebung des Kaufvertrags durch Willensübereinstimmung zu unterscheiden. Auch in letzterem Falle sind die gegenseitigen Leistungen zurückzugewähren, und es ist eine Klage auf Erfüllung dieser Rückgabepflicht gegeben, aber mit den nach § 326 BGB für den Leistungsverzug bestehenden Grundsätzen. Denn im Gegensatz zur Wandelung, die, wenn vertraglich vollzogen, die Umgestaltung des ursprünglichen Kaufs in ein Rückgewährschuldverhältnis und dessen Abwickelung zum Gegenstande hat, ist hier, wie bei einem gegenseitigen Vertrag, ein Austausch von Leistung und Gegenleistung das Wesentliche und die Natur des Rechtsverhältnisses Bestimmende (RG 93, 49; Oertmann zu Köln JW 1922, 1537[10]; unten Anm. 64 u. 71ff.). Die durch Willensübereinstimmung vollzogene Wandelung ist ferner zu unterscheiden von der Anfechtung des Kaufvertrags wegen Willensmängel. Die Anfechtung wegen Willensmangels enthält kein Wandelungsbegehren (oben Anm. 55); denn die Anfechtung bewirkt rückwirkend die Nichtigkeit, das Wandelungsbegehren dagegen geht aus von der (fortdauernden) Gültigkeit des Kaufvertrages. Bei Nichtigkeit des Kaufvertrages charakterisiert sich der Anspruch auf Rückgewähr der empfangenen Leistung als Anspruch aus ungerechtfertigter Bereicherung nach §§ 812ff. BGB (RG 49, 424). Die Zustimmung des Anfechtungsgegners zur Anfechtung oder Nichtigkeit bedeutet nicht den Vollzug der Wandelung. War der Kaufvertrag nichtig wegen Verstoßes gegen die guten Sitten oder ein gesetzliches Verbot, so ist ein Wandelungsvertrag über diesen Vertrag nur dann ebenfalls nichtig, wenn er das sitten- oder verbotswidrig Erlangte irgendwie sichern sollte.

Anm. 64 γ) Die einzelnen Vorschriften über die Wandelung, insbesondere über ihre Wirkung. Es finden in dieser Beziehung die für das vertragsmäßige Rücktrittsrecht gegebenen Vorschriften der §§ 346—348, 350—354 BGB entsprechende Anwendung (§ 467 BGB); sie lauten:

> **§ 346.** Hat sich in einem Vertrag ein Teil den Rücktritt vorbehalten, so sind die Parteien, wenn der Rücktritt erfolgt, verpflichtet, einander die empfangenen Leistungen zurückzugewähren. Für geleistete Dienste sowie für die Überlassung der Benutzung einer Sache ist der Wert zu vergüten oder, falls in dem Vertrag eine Gegenleistung in Geld bestimmt ist, diese zu entrichten.
>
> **§ 347.** Der Anspruch auf Schadensersatz wegen Verschlechterung, Unterganges oder einer aus einem anderen Grunde eintretenden Unmöglichkeit der Herausgabe bestimmt sich im Fall des Rücktritts von dem Empfange der Leistung an nach den Vorschriften, welche für das Verhältnis zwischen dem Eigentümer und dem Besitzer von dem Eintritte der Rechtshängigkeit des Eigentumsanspruchs an gelten. Das gleiche gilt von dem Anspruch auf Herausgabe oder Vergütung von Nutzungen und von dem Anspruch auf Ersatz von Verwendungen. Eine Geldsumme ist von der Zeit des Empfanges an zu verzinsen.
>
> **§ 348.** Die sich aus dem Rücktritt ergebenden Verpflichtungen der Parteien sind Zug um Zug zu erfüllen. Die Vorschriften der §§ 320, 322 finden entsprechende Anwendung.
>
> **§ 350.** Der Rücktritt wird nicht dadurch ausgeschlossen, daß der Gegenstand, welchen der Berechtigte empfangen hat, durch Zufall untergegangen ist.
>
> **§ 351.** Der Rücktritt ist ausgeschlossen, wenn der Berechtigte eine wesentliche Verschlechterung, den Untergang oder die anderweitige Unmöglichkeit der Herausgabe des empfangenen Gegenstandes verschuldet hat. Der Untergang eines erheblichen Teiles steht einer wesentlichen Verschlechterung des Gegenstandes, das von dem Berechtigten nach § 278 zu vertretende Verschulden eines anderen steht dem eigenen Verschulden des Berechtigten gleich.
>
> **§ 352.** Der Rücktritt ist ausgeschlossen, wenn der Berechtigte die empfangene Sache durch Verarbeitung oder Umbildung in eine Sache anderer Art umgestaltet hat.

§ 353. Hat der Berechtigte den empfangenen Gegenstand oder einen erheblichen Teil des Gegenstandes veräußert oder mit dem Rechte eines Dritten belastet, so ist der Rücktritt ausgeschlossen, wenn bei demjenigen, welcher den Gegenstand infolge der Verfügung erlangt hat, die Voraussetzungen des § 351 oder des § 352 eingetreten sind.

Einer Verfügung des Berechtigten steht eine Verfügung gleich, die im Wege der Zwangsvollstreckung oder der Arrestvollziehung oder durch den Konkursverwalter erfolgt.

§ 354. Kommt der Berechtigte mit der Rückgewähr des empfangenen Gegenstandes oder eines erheblichen Teiles des Gegenstandes in Verzug, so kann ihm der andere Teil eine angemessene Frist mit der Erklärung bestimmen, daß er die Annahme nach dem Ablaufe der Frist ablehne. Der Rücktritt wird unwirksam, wenn nicht die Rückgewähr vor dem Ablaufe der Frist erfolgt.

Es sind also die gegenseitigen Leistungen Zug um Zug zurückzugewähren; darüber, wie die Parteien hierbei in der geldlichen Abrechnung auseinanderkommen, siehe unten Anm. 71b. Ein Teil muß mit dem Angebot vorangehen, wenn nicht ein beiderseitig Bevollmächtigter zum Austausch der Leistungen aufgestellt ist. Die Wandelung erzeugt die gegenseitige vertragliche Verpflichtung, den früheren Zustand wiederherzustellen durch Rückgewähr der beiderseitigen Leistungen. Dadurch wird der Kaufvertrag zum Erlöschen gebracht. Dies ist nicht die oben Anm. 59ff. abgelehnte Vertragstheorie, sondern der Grundsatz der Rückgängigmachung des Kaufs mit seinen praktischen Folgen, wie oben Anm. 59ff. dargelegt ist, wozu sich die reichsgerichtliche Rechtsprechung (RG 71, 277; 70, 198) und auch die Mehrzahl der Schriftsteller (DürHach. V Einl. Anm. 213; Staudinger[11] § 462 Bem. 13; Enneccerus-Lehmann[15] § 110 I 2; dort Lit.) bekennen. Dingliche Wirkungen äußert die Wandelung nicht; d. h. es fällt das auf den Käufer übertragene Eigentum nicht von Rechts wegen auf den Verkäufer zurück, noch auch wirkt die Wandelung Dritten gegenüber; es bedarf also erst einer Rückübertragung des Eigentums an der Kaufsache auf den Verkäufer durch eine körperliche Übergabe oder durch constitutum possessorium nach § 930 BGB, wenn das Eigentum überhaupt auf den Käufer übergegangen war (RG 108, 27; 96, 157; Vorbem. vor § 373 Anm. 144, 171ff.). Der Wandelungsvertrag ist nicht in dem Sinne ein gegenseitiger Vertrag, daß auf ihn § 326 BGB Anwendung fände (oben Anm. 63a); denn die Wirkungen der Wandelung sind besonders geordnet (unten Anm. 71ff.). Die Wandelungseinigung kann zwar wegen Willensmängel wie jede Willenseinigung angefochten werden; jedoch seitens des Käufers nicht mit der Begründung, er habe irrig die Vertragswidrigkeit der Ware angenommen (oben Anm. 61; dort auch wegen bestehender Kondiktionsmöglichkeiten). Ist die Einigung über die Wandelung rechtsgültig, so kann der Käufer nicht mehr auf andere Ansprüche zurückgreifen; auch nicht auf Schadensersatz wegen schuldhaft mangelhafter Vertragserfüllung (unten Anm. 100ff.), soweit es sich nicht um Schäden handelt, die entweder überhaupt außerhalb des Rahmens der Gewährleistungsansprüche liegen oder durch diese nicht gedeckt werden (WarneyerRspr. 1915 Nr. 139). Beim Vorhandensein mehrerer Käufer oder Verkäufer kann das Wandelungsrecht nur von allen gegen alle ausgeübt werden (§§ 356, 467 BGB; oben Anm. 46a), und ist der Wandelungsanspruch, wenn er einem Berechtigten verlorengeht, allen Berechtigten verlorengegangen; anders bei Preisminderung (§ 474 BGB). S. hierzu Wogatzky, Wandlung und Minderung bei einer Mehrheit von Käufern oder Verkäufern, Hamburger Rechtsstudien Heft 10, 1931. Hat eine Abtretung der Ansprüche des Verkäufers aus dem Vertrage stattgefunden, so ist die Wandelung dem ursprünglichen Verkäufer zu erklären (oben Anm. 63). Mit der Wandelungsklage kann nur der Verkäufer belangt werden, nicht der Dritte, der auf Anweisung des Verkäufers einen Teil des zurückzugewährenden Kaufpreises erhalten hat. Über den Ausgleich der aus der Wandelung sich ergebenden Interessen s. unten Anm. 71. Über das Verhältnis der Zurverfügungstellung der Ware zur Wandelung oben Anm. 63 und Vorbem. vor § 373 Anm. 230ff., über das Verhältnis der einzelnen Gewährleistungsansprüche zur Wandelung unten Anm. 108ff.

Eine Art von vorweggenommenem Wandlungsvollzug behandelt die Entscheidung RG HansRGZ 1930 B 38.

Anm. 65 *aa*) Die Zulässigkeit der Wandelung ist regelmäßig (aber: oben Anm. 3, 57) dadurch bedingt, daß der Gefahrübergang stattgefunden hat wie bei allen Gewährleistungsansprüchen (RG 53, 70; LZ 1917, 872[18]), daß die Kaufsache zur Zeit des Gefahrübergangs (Vorbem. vor § 373 Anm. 178ff.) mit einem erheblichen Fehler behaftet war oder einer zugesicherten Eigenschaft entbehrte (hierüber oben Anm. 58), und daß keine Nachbesserungsbefugnis des Verkäufers besteht (oben Anm. 50ff.). Durch zufälligen Untergang der Sache nach deren Übergabe wird die Wandelung nicht ausgeschlossen (§ 350 BGB; Hamburg HansRGZ 1929 B 758). Der Käufer hat dann nur das etwa für die Kaufsache Erlangte herauszugeben (§ 281 BGB). Der Zufall trifft den Verkäufer, wenn der Käufer beweist, daß die Unmöglichkeit der Rückgabe ohne sein Verschulden bis zur Vollziehung der Wandelung eingetreten ist. Der Verkäufer muß sich vollends die Wandelung dann gefallen lassen, wenn er selbst die Unmöglichkeit herbeigeführt hat (LZ 07, 595[4]). Andererseits wird die Wandelung in entsprechender Anwendung des § 351 BGB ausgeschlossen, wenn der Käufer „eine wesentliche Verschlechterung, den Untergang oder die anderweite Unmöglichkeit der Herausgabe" der Kaufsache verschuldet hat. Während aber beim vertragsmäßigen Rücktrittsrecht der zur Zurückgewährung der empfangenen Leistungen verpflichtende Rechtszustand durch die einseitige Rücktrittserklärung geschaffen wird und der Ausschluß des Rücktritts nach § 351 BGB daher nur bis zu dem Zeitpunkt in Betracht kommt, in welchem die Rücktrittserklärung dem Gegner zugeht (Vorbem. vor § 373 Anm. 384; RG 71, 277), ist das Ereignis, bis zu dessen Eintritt ein Verschulden des Käufers von der in § 351 BGB bezeichneten Art den Verlust des Wandelungsrechts nach sich zieht, nicht die Wandelungserklärung, sondern die Vollziehung der Wandelung durch Zustimmung des Verkäufers zur Wandelung oder durch Urteil (BGH NJW 1960, 237; RG. 59, 99). Bis zur Vollziehung der Wandelung (§ 465 BGB, oben Anm. 61) hat daher ein Verschulden des Käufers an einer wesentlichen Verschlechterung, dem Untergang oder der anderweitigen Unmöglichkeit der Herausgabe der Sache oder dem Untergang eines erheblichen (nicht nur eines wesentlichen) Teils der Kaufsache den Ausschluß der Wandelung zur Folge (§§ 467, 351 BGB; RG 59, 99; LZ 1912, 311[16]; 1910, 929[22]; JW 1915, 1004[11]; 1910, 997[1]). „Wesentliche Verschlechterung" kann auch ein — unter dem Gesichtspunkt der demnächstigen Rückgewährpflicht schuldhafter (unten Anm. 68a) — Gebrauch der Kaufsache durch den Käufer sein; hierunter ist dann aber nur eine solche Benutzung des gekauften Gegenstandes zu verstehen, die mit beträchtlicher Abnutzung verbunden ist oder einige Zeit hindurch dauert (WarneyerRspr. 1931 Nr. 19). Behauptet der Käufer, daß er wandeln dürfe, ohne gleichzeitig die empfangene Sache zurückgeben zu müssen, so hat er die seine Befreiung begründenden Tatsachen zu beweisen (RG 56, 261 u. 270; JW 08, 478[8]). Zu diesem Beweis gehört auch, daß ein mitwirkendes Verschulden (§ 347 Anm. 32ff) an der Unmöglichkeit der Rückgewähr ausgeschlossen erscheint (RG 56, 270; weiteres unten Anm. 66); ein mitwirkendes Verschulden des Käufers, das sogar ein überwiegendes Verschulden ergeben kann, kann darin liegen, daß er seiner Verwahrungspflicht (§ 379) nicht nachgekommen ist oder sich sonstwie um die Kaufsache nicht gehörig gekümmert hat (LZ 1929, 1034[3]). Hatte der zur Versicherung der Kaufsache gegen Feuersgefahr verpflichtete Käufer die Versicherung unterlassen, so ist er, wenn er den Brand der Sache nicht verschuldet hat, dem Verkäufer nur wegen Unterlassung der Versicherung schadensersatzpflichtig (JW 1911, 321[12]). Mit dem gerechtfertigten Wandelungsverlangen des Käufers gerät der Verkäufer, wenn er die Ware nicht zurücknimmt, in Abnahme- (Schuldner-)Verzug (unten Anm. 118) mit den Wirkungen des § 287 BGB (Vorbem. vor § 373 Anm. 229) und in Annahme- (Gläubiger-)Verzug mit der Wirkung, daß der Käufer von da an nur für Vorsatz und grobe Fahrlässigkeit einzustehen hat (§ 300 BGB; RG 56, 270; WarneyerRspr. 1912 Nr. 376; unten Anm. 71a). Ist die Wandelung nach §§ 467, 351 BGB ausgeschlossen, so darf der Verkäufer sich auf diesen Wegfall des Wandelungsrechts auch dann berufen, wenn ihn der Vorwurf arglistigen Verschweigens von Sachmängeln oder arglistiger Zusicherung nicht vorhandener Eigenschaften beim Kaufabschluß trifft (vgl. RG 59, 93); um so mehr, wenn der Käufer ebenfalls arglistig gehandelt, z. B. das gekaufte Geschäft absichtlich heruntergebracht hat (JW 1910, 997[1]).

Nach ihrem Wortlaut knüpfen die §§ 351, 467 BGB den Verlust des Wandelungsrechts an die — verschuldete — Unmöglichkeit der Rückgabe. Daraus wird von manchen (Planck Vorbem. III vor 275—292; § 351 Erl. Ia; Oertmann § 351 Erl. 7; § 354 Erl. 2) geschlossen, daß im Falle bloßen Unvermögens zur Zurückgabe der Kaufsache dem Käufer das Wandelungsrecht nicht verlorengehe. Die gegenteilige Meinung hat sich jedoch durchgesetzt, so daß Unmöglichkeit und Unvermögen gleiche Wirkung äußern (BGH 5, 340; RG 102, 315; 56, 261; WarneyerRspr. 1913 Nr. 190; RGRKomm.[10] § 351 Anm. 1; Staudinger[9] § 351 Anm. I 1). Bei teilweisem Untergang kommt es darauf an, ob der untergegangene Teil ein erheblicher war. Der Käufer kann nicht Teile der Kaufsache für sich behalten und den Verkäufer auf Ersatzansprüche verweisen; er verliert vielmehr den Wandelungsanspruch (JW 1914, 467[7]). Behält der Käufer einen Teil der nicht als zusammengehörig verkauften Sachen für sich, so genügt es für den Ausschluß des Wandelungsrechtes hinsichtlich des andern Teils nicht, daß der Verkäufer die Sachen mit den vom Käufer behaltenen Sachen zusammen besser hätte verwerten können (LZ 1913, 552[3]). Die wesentliche Verschlechterung ist dem Untergang und der anderweitigen Unmöglichkeit der Herausgabe gleichgestellt, wobei zu beachten ist, daß zu einer wesentlichen Verschlechterung eine erhebliche Minderung der Verkäuflichkeit nicht genügt und es keine wesentliche Verschlechterung bedeutet, wenn ohne nachteilige Änderung der Sache selbst nur eine ungünstige Auffassung beteiligter Kreise über den Wert und die Brauchbarkeit der Sache besteht; die Sache selbst muß verschlechtert sein (RG 64, 376). Der Verkäufer trägt also das Risiko des Preisverfalls, was ihn in geeigneten Fällen veranlassen kann, das Präjudiz nach § 466 BGB zu stellen.

Unter einem Verschulden im Sinne des § 351 BGB, der über § 467 Satz 1 BGB zum Zuge kommt, ist die Vernachlässigung der Sorgfalt in eigenen Angelegenheiten zu verstehen (RGRKomm.[10] § 351 Anm. 1; Planck § 351 Erl. 1). Der wirtschaftliche Gebrauch ist dafür ein Maßstab. Er ist aber nicht der alleinige; denn auch eine willkürliche Maßregel kann eine wirtschaftliche sein und doch ein Verschulden enthalten (Stuttgart „Recht" 1918 Nr. 981), z. B. wenn der Käufer wesentliche Bestandteile der Kaufsache wirtschaftlich richtig, aber unwiederbringlich verwendet (JW 1914, 467[7]; allerdings unter Bezugnahme auf die im Verkehr erforderliche Sorgfalt nach § 276 BGB). Mit anderen Worten: der Käufer muß gewissenhaft verfahren; bei zweifelhaften Maßnahmen muß er den Verkäufer tunlichst zuvor benachrichtigen oder eine einstweilige Verfügung oder die Versteigerung nach § 383 BGB erwirken; zu letzterer ist der Käufer berechtigt, da der Verkäufer Gläubiger ist hinsichtlich der Pflicht des Käufers zur Rücklieferung der Sache (SeuffA 62, 12). Verschuldet der Käufer vor Vollziehung der Wandelung den Untergang eines unerheblichen Teils oder eine unwesentliche Verschlechterung, so macht er sich nur schadensersatzpflichtig (WarneyerRspr. 08 Nr. 621). Ebenso, wenn er nach Vollziehung der Wandelung den völligen oder teilweisen Untergang oder eine Verschlechterung verschuldet (§§ 467, 347 Satz 1, 989 BGB; unten Anm. 66a, 68a, 74b Abs. 3; Vorbem. vor § 373 Anm. 388ff.). Dem eigenen Verschulden des Käufers steht ein Verschulden seines Erfüllungsgehilfen (§ 347 Anm. 15; § 278 BGB) gleich. Das Gesetz bestimmt dies in § 351 BGB ausdrücklich, was für die Verpflichtungen nach ausgeübtem Rücktritt allerdings guten Sinn hat, da dort das ursprüngliche Schuldverhältnis aufgehoben und nur noch nach gesetzlichen Regeln zu verfahren ist; für das Abwickelungsverhältnis der Wandelung, als das bloß umgestaltete Kaufvertragsverhältnis, würde es sich von selbst verstehen.

Ferner ist die Wandelung ausgeschlossen, wenn der Käufer die Kaufsache durch Verarbeitung oder Umbildung in eine Sache anderer Art umgestaltet hat; es sei denn, daß der Mangel sich erst bei, d. h. infolge der Umgestaltung, gezeigt hat (§§ 352, 467 BGB). Auf ein Verschulden des Käufers kommt es nicht an (RGRKomm.[10] § 352 Anm. 1; [11]§ 467 Anm. 10, 2). Es ist deshalb auch nicht erheblich, ob der Käufer sein Wandelungsrecht gekannt hat oder nicht. Bei teilweiser Umgestaltung oder Umgestaltung eines Teils (§ 950 BGB) kommt es nach §§ 351 Satz 2, 467 BGB darauf an, ob ein so erheblicher Teil von der Umgestaltung betroffen wurde, daß eine Umgestaltung im ganzen anzunehmen ist. Darüber, wie es sich verhält, wenn der Käufer die Kaufsache gebraucht oder verbraucht, ist Besonderes zu sagen (hierüber unten Anm. 68ff.). Endlich ist zu bemerken, daß der Käufer in allen hier erörterten Fällen die schuldhaften

Handlungen seines Abkäufers und dessen Nachmannes wie eigene Handlungen nach § 351 Satz 2, § 353 BGB vertreten muß (hierüber folg. Anm.).

Über die Vertragsklausel auf Ausschluß der Wandelung s. Niemeyer HansRGZ 1928 A 377.

Anm. 66 Durch die Veräußerung der Sache nach Vollziehung der Wandelung macht sich der Käufer lediglich schadensersatzpflichtig, wenn er sich durch die Veräußerung in die Unmöglichkeit der Rückgabe versetzt hat (§§ 347, 467 BGB); § 351 BGB. findet insoweit keine Anwendung (BGH NJW. 1960, 237). Denn nach Vollzug der Wandelung durch Vertrag oder Urteil (oben Anm. 63f.) kann diese nicht wieder verlorengehen. Der Schadensersatzanspruch regelt sich nach den Vorschriften für den Schadensersatz, die für das Verhältnis zwischen Eigentümer und Besitzer vom Eintritt der Rechtshängigkeit des Eigentumsanspruchs an gelten (§ 989 BGB). Durch diese Haftung verliert der Käufer nicht seinen Anspruch auf Rückgewähr des Kaufpreises. Diese Regelung des Rechtsverhältnisses kann bei Gattungsware zur Stellung gleichwertigen Ersatzes führen (§ 251 BGB). Die in RG 106, 88 über die Unmöglichkeit der Rückgabe aufgestellten Grundsätze sind von allgemeiner Bedeutung. Der Käufer, der sich durch sein Verschulden in die Unmöglichkeit der Rückgewähr versetzt hat, kann dem Verkäufer, mag dieser Rückgabe in Natur oder Schadensersatz in Geld verlangen, nicht mit dem Einwand begegnen, es würde der Verkäufer im Falle der Rückgabe die Ware mit Schaden weiterveräußert oder verbraucht haben; denn solche nachträglich sich einstellenden Umstände ändern nichts an der einmal eingetretenen Schadensursache. Darüber, welcher Schadensersatz dem Verkäufer infolge verspäteter Rückgabe zusteht, entscheiden Verzugsgrundsätze (unten Anm. 74b). Darüber, daß die Veräußerung der Kaufsache nach vollzogener Wandelung ausnahmsweise einen Verzicht auf die Rechte aus der Wandelung bedeuten kann, s. unten Anm. 67.

Veräußert der Käufer vor Vollziehung der Wandelung, sei es vor oder nach der Verlautbarung des Wandelungsbegehrens, so geht ihm das Wandelungsrecht verloren, wenn er sich durch die Veräußerung — mag sie auch eine zwangsweise gewesen sein — in die objektive oder subjektive (oben Anm. 65) Unmöglichkeit der Rückgewähr versetzt hat und ihn außerdem ein Verschulden an dieser Lage trifft (§§ 351, 353 Abs. 2, 354, 467 BGB; RG 54, 223; 56, 261); die Veräußerung als solche nimmt das Wandelungsrecht noch nicht, wie sich bereits aus § 353 BGB ergibt. Die Entscheidung darüber, ob eine Rückgabe möglich ist oder nicht, muß im Rechtsstreit über die Wandelung gegeben und darf nicht der Vollstreckungsinstanz vorbehalten werden (RG 102, 315). Sind Sachen als zusammengehörig verkauft worden, und hat der Käufer davon einen Teil weiterveräußert und sich damit schuldhaft in die Unmöglichkeit der Rückgabe dieses Teils versetzt, so hat er das Wandelungsrecht auch für den andern nicht weiterveräußerten Teil eingebüßt (unten Anm. 182). Auch dann besteht die Unmöglichkeit der Herausgabe, wenn die Kaufsache durch gesetzmäßige Zwangsversteigerung in die Hände des Verkäufers zurückgelangt ist (RG 54, 224; a. M. Oertmann DJZ 05, 520). Steht die Unmöglichkeit der Rückgewähr fest, so hat der Wandelungsberechtigte zu beweisen, daß ihn kein oder den Gegner das überwiegende Verschulden an dieser Unmöglichkeit trifft (§ 254 Abs. 1 BGB; RG 59, 93; 56, 261; WarneyerRspr. 1913 Nr. 190). Ein Verschulden ist ausgeschlossen, wenn der Käufer beim Distanzgeschäft gemäß § 379 oder im Falle eines Platzgeschäfts nach § 383 BGB (hierüber § 374 Anm. 28) die Ware versteigert hat; dann tritt der Erlös an die Stelle der Ware. Ein Verschulden ist aber gegeben, wenn der Notverkauf des § 379 unzulässig gewesen ist (RG 101, 19). Der Käufer kann sich nicht damit entschuldigen, daß sein Abkäufer eine wesentliche Verschlechterung, den Untergang oder die sonstige Unmöglichkeit der Herausgabe verschuldet oder die Sache umgestaltet habe; er muß dessen Verschulden wie eigenes Verschulden vertreten (§§ 353, 467 BGB; RG 54, 223). Ein Verschulden des Käufers ist nicht schon darin enthalten, daß er seinen Abkäufer nicht zur Rückveräußerung verpflichtete (RG 56, 261); es kommt auf den einzelnen Fall an (a. M. RGR-Komm.[10] § 351 Anm. 1; Planck § 353 Erl. 1). So wird dem Käufer kein überwiegendes Verschulden vorzuwerfen sein, wenn sein Verkäufer in dem Rechtsstreit, in dem es sich um die Wandelung handelte, auf Grund eines vorläufig vollstreckbaren Urteils Vollstreckung in die Kaufsache erwirkte, und er sich dagegen nicht der Hilfsmittel der §§ 707, 713 Abs. 2, 719, 732, 766,

769 ZPO bediente. Auch dann liegt kein Verschulden vor, wenn der Käufer wegen fehlenden Vermögens die Vollstreckung nicht durch Sicherheitsleistung abwendete, oder wenn die Zwangsversteigerung in ursächlichem Zusammenhang mit den die Wandelung begründenden Mängeln der gekauften Sache stand (JW 97, 256[90]), z. B. wenn das gekaufte Geschäft wegen der Wandelungsmängel nicht mehr zu halten war. Befindet sich der Verkäufer in Rücknahmeverzug (oben Anm. 65), so kann ihm der Käufer nicht entgegenhalten, er (Käufer) würde bei rechtzeitiger Rücknahme nicht in die Lage gekommen sein, die Sache weiterzuveräußern; denn Gläubigerverzug befreit den Schuldner nicht von der Vertretung von Vorsatz und grober Fahrlässigkeit (§ 300 BGB). Es kommt eben darauf an, welche Umstände und Vertragswidrigkeiten zum Verkauf geführt haben, und ob sie als Verschulden oder als überwiegendes Verschulden nach § 254 BGB anzurechnen sind (LZ 07, 594[4]). Hat der Käufer das gekaufte Geschäft heruntergewirtschaftet und ist dadurch die Zwangsvollstreckung herbeigeführt worden, so trifft ihn der Vorwurf überwiegenden Verschuldens gegenüber dem Rücknahmeverzug des Verkäufers (JW 04, 55[9]).

Die Belastung der Sache oder eines erheblichen Teils der Kaufsache mit einem Recht, z. B. mit einem Nießbrauch, einem Pfandrecht, mit Miete, Zurückbehaltungsrecht u. dgl., verpflichtet den Käufer, der die Kaufsache derart belastet hat, zur Beseitigung der Belastung. Ist die Belastung nach dem Wandelungsvollzug erfolgt, so haftet der Käufer nach §§ 434, 433, 440 BGB. Im Falle des Verzugs kommt § 326 BGB gemäß § 440 BGB zur Anwendung. Ist die Belastung vor dem Wandelungsverzug erfolgt, so geht der Käufer des Wandelungsrechts verlustig, wenn ihm die lastenfreie Zurückgabe der Kaufsache schuldhafterweise unmöglich geworden ist (§§ 351, 467 BGB); denn die Belastung stellt eine erhebliche Verschlechterung dar. Hat sein Abkäufer oder ein Nachmann die Belastung auferlegt, so geht der Käufer seines Wandelungsrechts verlustig, wenn der Abkäufer oder dessen Nachmänner die Unmöglichkeit der Beseitigung der Last verschuldet haben (§§ 353, 351, 467 BGB). Über den Begriff des Verschuldens oben Anm. 65. **Anm. 66a**

Dadurch, daß die Wandelung nach vorstehenden Grundsätzen ausgeschlossen ist, sind weder etwaige Minderungsansprüche (unten Anm. 81, 83) noch etwaige Schadensersatzansprüche nach §§ 463, 480 Abs. 2 BGB (RG 50, 190; JW 04, 140[6] Ziff. 2a; oben Anm. 56) oder wegen arglistiger Vorspiegelung von Sacheigenschaften, noch auch Anfechtung wegen arglistiger Täuschung (RG 59, 93), noch auch Schadensersatzansprüche aus unerlaubter Handlung (§§ 823, 826 BGB; JW 04, 140[6] Ziff. 2b) ausgeschlossen (unten Anm. 177), noch schließlich Schadensersatzansprüche wegen positiver Vertragsverletzung (unten Anm. 104). Ist andererseits die Wandelung durch Willensübereinstimmung vollzogen, so wird der Käufer den Beweis zu erbringen haben, daß er von der Arglist erst nach der Vollziehung Kenntnis erhalten habe; er muß den Vollziehungsvertrag alsdann wegen arglistiger Täuschung anfechten (§ 123 BGB) mit der Begründung, daß er bei Kenntnis der begangenen Arglist auch zu der einverständlichen Vollziehung der Wandelung sich nicht bereit gefunden haben würde, die Arglist mithin bis in den Abschluß dieser Übereinkunft sich fortgesetzt habe. Ist die Wandelung durch rechtskräftiges Urteil vollzogen, so genügt dieser Nachweis nicht; es bedarf in diesem Falle der Voraussetzungen, die nötig sind, um ein rechtskräftiges Urteil umzustoßen. Nach erlangtem rechtskräftigem Wandelungsurteil kann der Käufer mit Schadensersatzansprüchen wegen positiver Vertragsverletzung nach § 276 BGB nur auftreten, wenn der Schaden durch eine Handlung des Verkäufers entstanden ist, dessen Ersatz nicht mit der Wandelungsklage zu erreichen war (unten Anm. 104). **Anm. 66b**

Der Verlust des Wandelungsanspruchs tritt ferner ein, wenn der Käufer trotz Zurverfügungstellung mit der Sache in einer Weise verfährt, die auf den Willen des Behaltens schließen läßt (RG 59, 99); das gilt nur für die Zeit vor vollzogener Wandelung. Ist die Wandelung vollzogen und veräußert der Verkäufer die Sache, oder verschlechtert er sie, oder verbraucht er sie, oder kann er sie sonst nicht zurückgeben, so macht er sich nur schadensersatzpflichtig (oben Anm. 65 u. 66); die vollzogene Wandelung bleibt bestehen (BGH Betrieb 1960, 1333). Der Schluß, daß der Käufer die Ware behalten wolle, kann z. B. gerechtfertigt sein, wenn er sie in Kenntnis des Mangels veräußert (RG 43, 68; 17, 68), und ist insbesondere begründet, wenn er die als mangelhaft zur Verfügung gestellte Ware im Widerspruch mit **Anm. 67** dieser Erklärung nachträglich hinter dem Rücken des Verkäufers veräußert (RG 54, 81); ferner dann, wenn er in Kenntnis des Mangels Zahlung auf den Kaufpreis leistet (LG Oldenburg, MDR 1952, 39). Es muß das Gesamtverhalten des Käufers im Einzelfall erwogen werden (RG 98, 233 oben; LZ 1925, 545[6]; vgl. auch unten Anm. 116). Dieser Verlust des Wandelungsanspruches ist nicht auf ein Verschulden des Käufers, sondern auf einen kundgegebenen Verzichtswillen zurückzuführen (gegen diese Schlußfolgerung Zeiler JW 08, 292). Es ist zuzugeben, daß der Käufer allerdings nicht auf die Wandelung Verzicht leisten will, aber er muß sich nach Treu und Glauben als verzichtend behandeln lassen (§ 242 BGB; BGH NJW 1960, 2331). Wie mit der als Beispiel eines Verzichts behandelten Veräußerung verhält es sich mit Verbrauch und Verarbeitung der ganzen Ware.

Zur Vermeidung von Mißverständnissen muß aber ausdrücklich betont werden, daß mit dem Verzicht auf die Wandelung, der ja nur das Behaltenwollen der Ware enthält, noch nicht ein Verzicht auf Preisminderung oder Schadensersatz wegen schuldhafter Vertragserfüllung ausgesprochen ist. Es kann aber unter besonderen Umständen ein Verzicht auf alle Gewährleistungsansprüche gewollt sein (hierüber unten Anm. 114ff. und über die Veräußerung der Kaufsache insbesondere unten Anm. 83). In dem Verlangen der Nachbesserung liegt noch kein Verzicht auf die Wandelung (unten Anm. 110). Darüber, wie es sich bei teilweisem Verbrauch und teilweiser Verarbeitung verhält, s. unten Anm. 69.

Anm. 68 Ebenso wird die Wandelung regelmäßig ausgeschlossen, wenn der Käufer die Ware trotz Mängelrüge fortgesetzt gebraucht, sollte sie dadurch auch nicht verschlechtert worden sein (BGH Betrieb 1960, 1333; RG 43, 69; Bolze 3 Nr. 722; LZ 1910, 74[7]). Auch hier beruht der Verlust des Wandelungsrechts auf einem anzunehmenden Verzicht, wie er sich aus dem nach Treu und Glauben zu beurteilenden Verhalten des Käufers ergibt. Von Bedeutung ist daher der aus Dauer und Art des Gebrauchs (verbrauchsartige Benutzung) zu ziehende Rückschluß (RG „Recht" 1930, 647 Nr. 2214; WarneyerRspr. 1910 Nr. 3; 1931 Nr. 19; RG bei Holdheim 05, 220; Hamburg SeuffA 48 Nr. 16); es darf durch diesen Gebrauch die Ware nicht wesentlich verschlechtert werden (Hamburg SeuffA 42 Nr. 132), da alsdann der Verlust des Wandelungsrechts zwangsläufig eintritt (§ 351 BGB; unten Anm. 68a). Als ein die Wandelung ausschließender Gebrauch ist nur eine solche Benutzung anzusehen, die mit beträchtlicher Abnutzung verbunden ist oder einige Zeit hindurch dauert (WarneyerRspr. 1931 Nr. 19). Nur unter ganz besonderen Umständen kann selbst ein starker Gebrauch unnachteilig sein (JW 04, 290[11]). Darauf, daß sich der Käufer gegen die Annahme eines Verzichts, selbst in Form einer Klageerhebung auf Wandelung, verwahrt, kommt es nicht an (RG bei Holdheim 05, 220). Das Wandelungsrecht geht nicht verloren, wenn der Käufer die Zustimmung des Verkäufers zum Gebrauch unterstellen durfte, oder wenn der Verkäufer durch Zusicherung von Abänderungen die Rücknahme der Sache hinausgezogen oder sonst den Käufer durch Nichtrücknahme in eine Zwangslage gebracht hatte (BGH MDR 1955, 464: Kinobestuhlung), oder wenn die Benutzung auch im Interesse des Verkäufers lag (BGH NJW 1958, 1773 [hier wegen des hohen Wertes der Gebrauchsvorteile, an denen im Hinblick auf § 346 BGB auch der Verkäufer interessiert sein mußte]; RG 22, 80; JW 04, 290[11]; 95, 146[9]), oder durch die Verhältnisse geboten (Gebrauch eines Fahrstuhls: JW 95, 527[34]) oder durch besondere Umstände entschuldigt war (JW 09, 685[5]). Eine andere Frage ist es, ob der Käufer durch den Gebrauch der Kaufsache jedes Rechts aus dem Mangel verlustig geht; hierüber unten Anm. 83.

Anm. 68a Ein Verschulden im Gebrauch oder Verbrauch führt allerdings auch den Verlust des Wandelungsrechts herbei; jedoch nach §§ 467, 351 BGB nur dann, wenn durch Verschulden des Käufers vor Vollziehung der Wandelung eine wesentliche Verschlechterung oder der Untergang eines erheblichen Teils der Kaufsache herbeigeführt worden ist (oben Anm. 65). Hat der Käufer vor Vollziehung der Wandelung die Kaufsache durch sein Verschulden nur unwesentlich verschlechtert oder nach Vollziehung der Wandelung eine wesentliche oder unwesentliche Verschlechterung oder den ganzen oder teilweisen Untergang verschuldet, so macht sich der Käufer nur ersatzpflichtig nach §§ 467, 347, 989 BGB (oben Anm. 65 u. 66). Solange der Käufer noch nicht zur Wandelung entschlossen ist, ist ihm ein im Rahmen des Üblichen und Wirtschaftlichen vorgenommener Gebrauch der gekauften Sache nicht als Verschulden anzurechnen; von dem Augenblick an aber, in dem er sein Wandelungsbegehren erklärt, hat er grundsätzlich die Benutzung einzustellen, sofern mit dem Gebrauch eine erkennbare Verschlechterung der Sache verbunden ist, sonst ist die Verschlechterung von ihm verschuldet (BGH MDR 1955, 464; München BetrBer. 1955, 916; RG 145, 79).

Betrifft in den in Anm. 67 u. 68 behandelten Fällen die Verfügung des Käufers nur einen Teil der Ware, so kommt der Wandelungsanspruch trotzdem bezüglich des ganzen Kaufs in Wegfall, wenn es sich um einen unteilbaren Kaufgegenstand oder um ein nach dem Willen der Vertragschließenden unteilbares Ganzes handelt (SeuffA 42, 190; vgl. unten Anm. 181f.). Betrifft die Verfügung des Käufers nur einen Teil einer an sich teilbaren Leistung, so kommt es darauf an, ob in dem Verhalten des Käufers sein auf Behalten aller Teile gerichteter Wille zutage getreten ist (RG 43, 69). Ist dies der Fall, so verliert der Käufer seinen Wandelungsanspruch hinsichtlich des Teils der Sendung, über den er verfügt hat, kann aber z. B. Minderung deswegen noch fordern (Karlsruhe BadRpr. 1930, 15). Der Käufer, der bei einer teilbaren Leistung entgegen der Vereinbarung, bis zur Entscheidung des Wandelungsstreites nicht über die Ware zu verfügen, doch einen Teil der Ware veräußert, geht seines Wandelungsrechtes nur für diesen Teil verlustig (LZ. 1913, 554[3]). **Anm. 69**

Verbraucht oder verarbeitet der Käufer bei der Untersuchung der Ware mehr als erforderlich, so ist die Wandelung für den verbrauchten oder verarbeiteten Teil ausgeschlossen, weil der Käufer die Unmöglichkeit der Rückgabe zu vertreten hat (oben Anm. 65). Aus dem Zuvielverbrauch und der Zuvielverarbeitung kann aber auch auf den Willen, das Ganze, d. h. auch das Nichtverbrauchte und Nichtumgebildete, behalten zu wollen, gemäß den Grundsätzen von Treu und Glauben (§§ 133, 157, 242 BGB) geschlossen werden. Bei offenen Mängeln (oben Anm. 29) ist dieser Schluß ohne weiteres, und zwar auch dann zu ziehen, wenn der Mangel sich erst bei der Verarbeitung gezeigt hat (RG 68, 368; LZ 09, 682[3]; SeuffA 37, 203 oben), so daß nur noch Preisminderung oder Schadensersatz wegen Nichterfüllung in Frage kommen können. Dies gilt auch, wenn der Käufer den Mangel nicht kannte, oder wenn Fehlerfreiheit zugesichert war; denn der Käufer besagt eben durch die übermäßige Verwendung nach der Verkehrsanschauung, daß es ihm für das Behalten der Ware auf das Vorhandensein eines bei gehöriger Untersuchung zu entdeckenden Mangels nicht ankomme. Nur dann kommt es auf einen Teilverbrauch der Ware nicht an, wenn die Ware nicht untersucht zu werden brauchte, weil der Käufer davon entbunden war, und er die Ware auch nicht untersucht hat. Denn erst durch Verfügung über die Ware trotz Kenntnis oder bei durch gehörige Untersuchung zu erlangender Kenntnis geht das Wandelungsrecht verloren. Aus diesem Grund bedeutet bei Vorhandensein verborgener Mängel, die also bei gehöriger Untersuchung nicht zu entdecken waren (oben Anm. 30), Teilverbrauch noch nichts. Dann darf aber der Käufer, sobald er den Mangel beim Verbrauch oder bei der Verarbeitung entdeckt (RG 73, 169) oder Grund hat, das Vorhandensein eines verborgenen Fehlers zu vermuten, nicht mit dem Verbrauch oder der Verarbeitung fortfahren, sonst verliert er seinen Wandelungsanspruch hinsichtlich der einheitlichen Sendung. Über teilweise Genehmigung der Ware s. insbesondere unten Anm. 178ff.

Der Käufer, der in Kenntnis des Mangels die Minderung wählt, geht des Wandelungsrechts noch nicht verlustig. Die getroffene Wahl kann er außerhalb des Prozesses ändern, solange der Gegner nicht sein Einverständnis mit der Minderung erklärt und diese damit in gleicher Weise nach § 465 BGB „vollzogen“ hat. Es besteht kein Grund, das Wahlrecht hier anders zu behandeln als im umgekehrten Falle (unten Anm. 82, 108ff.). Im Prozeß enthält dieser Übergang eine Klageänderung, weil Preisminderung Aufrechterhaltung, Wandelung aber die Rückgängigmachung des Kaufs bedeutet (JW 07, 46[5]). Nur dann liegt keine Klageänderung vor, wenn wegen später eingetretener Umstände die Änderung erforderlich war (§268 Ziff. 3 ZPO). Hat der Käufer sein Wandelungsrecht so verloren, so kann er Wandelung wegen eines anderen Mangels nur noch wählen (§ 475 BGB), soweit er überhaupt berechtigt ist, nachträglich einen von vornherein nicht gerügten Mangel geltend zu machen (vgl. Anm. 108ff.). **Anm. 70**

Anm. 71 ββ) Die einzelnen Bestandteile des Wandelungsanspruchs. Beide Teile können, wenn die Wandelung vollzogen ist, Rückgewähr des Geleisteten verlangen, gleichwie wenn der Vertrag nicht geschlossen wäre (§§ 467, 346, 350 BGB); beiderseits erlöschen durch den Austausch alle Ansprüche. Bei einem doppelten Kaufvertrag (Vorbem. vor § 373 Anm. 22) zieht die Wandelung des einen Kaufs auch die Wandelung des anderen Kaufs nach sich, wenn beide Käufe voneinander abhängen (vgl. JW 1911, 36[16]). Ist die Wandelung ausgesprochen, so findet sie regelmäßig an dem Orte statt, an dem sich die Sache vertragsmäßig zur Zeit der Vollziehung der Wandelung befindet (unten Anm. 75a). Für diese beiderseitige Rückgewähr gelten folgende Grundsätze:

Der **Käufer** hat die Kaufsache in dem früheren Zustande zurückzugeben, und zwar Zug um Zug (unten Anm. 71b) mit allem Zubehör, z. B. die Wertpapiere nebst Zins- oder Gewinnanteilscheinen. Der Anspruch auf Mitlieferung des in der Hand des Käufers erwachsenen Bezugsrechts auf neue Aktien, als dem Eigentümer der Aktie gebührend — RGZ 63, 405 —, ist mitabzutreten (damit, daß die Bezugsberechtigung nicht „Zubehör" der Aktie sei, ist die Frage nicht schon zu verneinen). Der Käufer muß die Kaufsache aufbewahren und darf sie beim Distanzkauf nach § 379, beim Platzkauf nach § 383 BGB versteigern. Was über § 383 BGB hinsichtlich des Verkäufers in § 374 Anm. 28 ausgeführt ist, gilt auch für den Käufer, der sich der zur Hinterlegung nicht geeigneten Ware entledigen will. Kann er die Kaufsache überhaupt nicht zurückgeben, und ist ihm durch die Unmöglichkeit der Rückgewähr das Wandelungsrecht nicht verlorengegangen (oben Anm. 65ff.), so muß er herausgeben, was er dafür erlangt hat; er muß also etwaige Ersatzansprüche abtreten (§ 281 BGB). Kann der Käufer die Kaufsache nicht mehr in dem früheren Zustande zurückgeben, weil er sie umgestaltet hat (oben Anm. 65), so hat er entweder die neue Sache gegen Vergütung der Umgestaltungskosten oder den Vermögensvorteil herauszugeben, der sich ergibt, wenn er die Sache behält (Mot. II 232). Dieser Grundsatz ergibt sich gleichfalls aus § 281 BGB, aber nicht aus dem Gesichtspunkt auftragsloser Geschäftsführung (§§ 347 Satz 2, 994 Abs. 2 BGB); denn der Käufer will bei der Umgestaltung nicht die Geschäfte des Verkäufers besorgen; auch nicht aus dem Gesichtspunkt notwendiger Aufwendungen (a. M. Planck § 467 Erl. 2d α; Staudinger[11] § 467 Anm. 26). Der Käufer haftet bei Umgestaltung der Sache nach vollzogener Wandelung wegen Verletzung der erforderlichen Sorgfalt. Will der Käufer wandeln, ohne die Kaufsache zurückgeben zu können, so hat er zu beweisen, daß er an der Unmöglichkeit keine Schuld trägt (JW 08, 478[8]). Befindet sich der Verkäufer in Rücknahmeverzug, so beschränkt sich der Beweis des Käufers darauf, daß die Unmöglichkeit von ihm weder vorsätzlich noch grob fahrlässig veranlaßt worden ist (RG 56, 270; oben Anm. 65f.). Anders beim Rückgabeverzug des Käufers; dieser Verzug kann zur Rückgängigmachung der Wandelung führen (unten Anm. 74).

Es ist bereits oben Anm. 65, 66 und 68a dargelegt, daß der Käufer, der nach Vollziehung der Wandelung (oben Anm. 63) eine wesentliche oder unwesentliche Verschlechterung oder den Untergang oder eine anderweite Unmöglichkeit der Rückgewähr verschuldet hat, sich dem Verkäufer nach den Grundsätzen schadensersatzpflichtig macht, die in dem Verhältnis zwischen Eigentümer und Besitzer vom Eintritt der Rechtshängigkeit des Eigentumsanspruchs an gelten (§§ 347 Satz 1, 467, 989 BGB). Danach ist das mindeste, was der Käufer dem Verkäufer in diesem Falle zu ersetzen hat, der Kaufpreis, den, soweit schon bezahlt, der Verkäufer also behalten darf (Marienwerder SeuffA 58, 437). Beim Gattungskauf wird der Verkäufer auf diesen Anspruch nicht beschränkt sein, sondern gleichwertige Ersatzware verlangen können (vgl. RG 106, 88; 93, 284) ; es wäre denn, daß der Verkäufer die Ware schon in beschädigtem Zustand geliefert hat; dann bleibt nur ein Schadensersatzanspruch in Geld übrig. Dem Anspruch auf Lieferung von Ersatzware kann der Käufer nicht entgegenhalten, daß der Verkäufer die Gattungssache, wenn er sie auch behalten haben würde, doch weiterverkauft hätte; was der Verkäufer mit der Ware angefangen und ob er sie mit Gewinn oder gar nur mit Verlust abgesetzt hätte, betrifft die Verantwortlichkeit für die vom Käufer zu vertretende Unmöglichkeit der Rückgabe der Kaufsache nicht (vgl. JW 1926, 1541[3]), hat auch mit dem vielerörterten Problem der sog. überholenden oder hypothetischen Kausalität nichts zu tun. Zur Rückgewähr in dem früheren Zustand gehört auch die Befreiung von Lasten, die der Käufer auf die Kaufsache gelegt hat (oben Anm. 66a).

Ferner hat der Käufer dem Verkäufer die gezogenen und die schuldhaft aus der Kaufsache nicht gezogenen Nutzungen zu ersetzen (§§ 467, 346, 347 Satz 2, 987; 100 BGB). Ohne daß es auf den Zeitpunkt ankommt, in dem er Kenntnis von seinem Wandelungsrecht erlangt hat, ist er für die gegenseitige Erstattungspflicht von vornherein wie ein nicht in gutem Glauben befindlicher Besitzer zu behandeln (BGH MDR 1955, 464; RG in HRR 1930 Nr. 771). In Betracht kommen nur die aus der Sache selbst bei ordnungsmäßigem Gebrauch gezogenen oder zu ziehenden Vorteile, wie die Ausbeute aus einem Bergwerk, einem Torfstich u. dgl., nicht aber sonstiger Gewinn (Mot. II 230). Dabei ist zu beachten, daß unter dem Vorteil, den der Gebrauch der Sache gewährt, nicht immer ihr gesamtes Erträgnis zu verstehen ist, sondern unter Umständen nur der durch sie erzielte Mehrbetrag gegenüber dem Ertrage, den der Käufer ohne sie erzielt hätte, z. B. bei Verwendung einer Maschine gegenüber der sonst angewandten Produktionsart durch Handbetrieb oder Verwendung einer andersartigen Maschine (Stuttgart DJZ 1910, 89). Der den Kauf eines Handelsunternehmens wandelnde Käufer ist zur Rechenschaft über den erzielten Gewinn nicht verbunden, weil die nach §§ 347, 467 BGB maßgebenden Vorschriften des § 987 BGB eine solche nicht kennen (JW 1912, 288[8]). Über die Aufwendungen des Käufers s. unten Anm. 71a. Über Schäden, die durch die Kaufsache verursacht werden, unten Anm. 71b.

Der **Verkäufer** hat die Verpflichtung, die Kaufsache zurückzunehmen, entsprechend der Pflicht des Käufers zur Abnahme der gekauften Sache. Es bedarf **Anm. 71a** nicht noch eines besonderen Interesses des Käufers an der Wiederabnahme (zust. Planck § 467 Anm. 2c δ; ein Fall besonderen Interesses in WarneyerRspr. 1910 Nr. 238). Diese Pflicht des Verkäufers muß aus §§ 433, 346, 347 BGB entnommen werden. Denn da die Abnahme nach § 433 BGB eine Leistung darstellt, ist die Wiederabnahme als Rückgewähr dieser Leistung im Sinne des § 346 BGB zu betrachten. Der Verkäufer, der auf die vollzogene — wie im übrigen auch schon auf die rechtmäßig begehrte — Wandelung hin die Kaufsache nicht abnimmt, gerät daher in Abnahmeverzug mit der oben Anm. 65 erörterten Wirkung und, da ihm zugleich als Gläubiger die Kaufsache vergeblich zur Zurücknahme angeboten worden ist, in Annahmeverzug (oben Anm. 65). Der Verkäufer hat den Kaufpreis mit Zinsen zurückzuzahlen, und zwar nach dem Gesetz mit 4%, bei zweiseitigen Handelsgeschäften mit 5% (§§ 346 Satz 1, 347 Satz 3 BGB; § 352). Dieser Prozentsatz kann sich aus dem Gesichtspunkte des Schadensersatzes wegen Verzuges erhöhen. Hatte der Verkäufer die auf den Kaufpreis zahlungshalber erhaltenen Wechsel diskontiert, so hat er dem Käufer nur den empfangenen Diskontbetrag, nicht den vom Käufer aufgewandten Einlösungsbetrag zu erstatten (JW 1927, 677[18]). Für unsachgemäßen Gebrauch und außerordentliche Abnutzung der Kaufsache muß sich der Käufer einen angemessenen Abzug am Kaufpreis gefallen lassen. Für die mit ordnungsmäßigem Gebrauch verbundene Abnutzung ist kein Ersatz zu leisten (§§ 347, 989 BGB), und zwar auch nicht in Form eines durch den Gebrauch hervorgerufenen Minderwerts der Kaufsache. Endlich muß der Verkäufer den Käufer von allen Verbindlichkeiten befreien, die dieser auf Grund des Kaufvertrags einem Dritten gegenüber übernommen hat (Böhm „Recht" 01, 308). Den etwaigen Gewinn, den der Verkäufer nach Rücknahme der Ware bei anderweitigem Verkauf erzielt, hat er nicht herauszugeben (Karlsruhe BadRpr. 1916, 180).

Auch der Verkäufer kann in die Lage kommen, zu wandeln, wenn er nämlich eine mangelhafte Sache an Erfüllungsstatt angenommen hat, weil § 365 BGB in diesem Falle den Käufer wie einen Verkäufer Gewähr leisten läßt. Wenn nun der Verkäufer wandelt, so lebt das frühere Schuldverhältnis nicht wieder auf, wenn die Parteien das nicht etwa ausnahmsweise gewollt haben. Es entsteht vielmehr durch die Wandelung nur ein schuldrechtlicher Anspruch auf Wiederherstellung des früheren Zustandes, wie wenn die Hingabe an Erfüllungsstatt nicht erfolgt wäre, in entsprechender Anwendung der §§ 467, 346, 327 BGB (RGR-Komm.[10] zu § 365).

Im einzelnen ergeben sich besondere Verhältnisse, die auch zu einer zunächst zu **Anm. 71b** betrachtenden Art gegenseitiger Abrechnung führen.

Es ergibt sich eine Art gegenseitiger Abrechnung, die — unbeschadet des Rück-austausches von Ware gegen Geld — auf der Geldseite einige weitere Posten einzubeziehen hat: so zunächst die Herausgabe des Reinertrags, den der Käufer aus der Kaufsache gezogen hat (§§ 467, 347 Satz 2, 987 BGB; RG 44, 252; oben Anm. 71 a. E.). Was die Aufwendungen des Käufers auf die zurückzugewährende Kaufsache angeht, so hat er nach den Vorschriften über auftragslose Geschäftsführung (§§ 467, 347 Satz 2, 994 Abs. 2 BGB verglichen mit §§ 670, 683 BGB) Anspruch auf Ersatz, soweit diese Aufwendungen notwendig waren oder doch dem wirklichen oder mutmaßlichen Willen des Verkäufers entsprochen haben (vgl. LZ 08, 302[26]; Holdheim 09, 135) oder den Wert der Kaufsache entsprechend erhöhten (§ 996 BGB). Für bloße Verwaltung der Kaufsache ist regelmäßig keine Vergütung zu leisten (SeuffA 61, 49). Zu solchen Aufwendungen kann die Eingehung von Verbindlichkeiten gehören, von denen der Verkäufer den Käufer zu befreien hat (§ 257 BGB). Der Käufer ist gegenüber dem Verkäufer nicht verpflichtet, solche Verbindlichkeiten zu erfüllen. Der Verkäufer muß den Betrag mindestens hinterlegen, damit der Käufer nicht angegriffen werden kann. Der Käufer kann aber auch seinen Schuldbefreiungsanspruch an seinen Gläubiger zu dessen Befriedigung abtreten (RG 80, 183). Zu den notwendigen Aufwendungen zählen Erhaltungskosten (weil dem Käufer die Nutzungen nicht bleiben, § 994 Abs. 1 Satz 2 BGB), wozu Feuerversicherungsbeiträge (SeuffA 68, 393) und Steuern (Rostock OLGR 33, 15) zu rechnen sind. Ferner sind ersatzfähig Aufwendungen für auf der Kaufsache ruhende Lasten (§ 995 Satz 1 BGB).

Zu den ersatzfähigen Aufwendungen gehören insbesondere die Transportkosten einschließlich der Kosten für Auf- und Abladen und das Rollgeld sowie Zollkosten (LZ 08, 302[26]; JW 06, 202[21]; Celle OLGR 22, 231), und zwar die Kosten des Hin- und Hertransportes, auch bei Platzgeschäften, mindestens dann, wenn der Verkäufer wußte, daß der Käufer die Ware, um sie zu verwerten, an seinen auswärtigen Wohnsitz bringen mußte (Köln OLGR 4, 39); nicht aber die Transportkosten, die durch den Weiterverkauf der Ware entstanden sind (LG Halberstadt NaumbKammerZ 1928, 119). Nur dann sind die Kosten des Transports vom Erfüllungsort an den Wohnort des Kunden des Käufers zu ersetzen, wenn der Käufer dem Verkäufer eine positive Vertragsverletzung in der Erfüllung nachweisen kann (RG 52, 19; unten Anm. 100). Ersatzfähig sind zufolge der vollzogenen Wandelung die Prozeßkosten, die zur Abwehrung der Ansprüche Dritter nötig waren, so z. B., wenn der Käufer die Ware anderweit veräußert hatte, von dieser Seite die Mangelhaftigkeit behauptet und nun nach der Sachlage das Ausfechten dieses Streites im Rechtsweg nicht nur sachgemäß, sondern notwendig war und dem Verkäufer der Streit verkündet worden ist (Hamm SeuffA 62, 138; vgl. RG 51, 362; a. M. RG 52, 348; KG in OLGR 23, 33). Das Lagergeld und die Aufbewahrungskosten muß der Verkäufer auch dann zahlen, wenn der Käufer in seinen eigenen Räumen lagern läßt (§ 354). Die Berechnung des Lagergeldes geschieht nach den ortsüblichen Sätzen, gleichviel, ob der Käufer Spediteur ist oder nicht (Bolze 9 Nr. 231), und ohne Rücksicht, ob der Käufer Eigentümer der zur Verfügung gestellten Ware geworden ist oder nicht. Auch Untersuchungs- und Unterbringungskosten („Recht“ 09 Nr. 36), zu denen auch die Kosten einer Einrichtung zum Zweck der Untersuchung gehören (Holdheim 08, 135), und die Kosten eines Privatgutachtens über die Mängel gehören können (Braunschweig „Recht“ 1914 Nr. 758), sowie aufgewendete Monteurlöhne und Kosten für den Einbau einer erstandenen Maschine (§§ 651, 467, 347, 994 BGB; RG 93, 159; KG in OLGR 28, 139) sind Verwendungskosten, also Nebenforderungen, die mit dem Hauptanspruch stehen und fallen. Sie verjähren deshalb mit dem Hauptanspruch (Düsseldorf im „Recht“ 1933 Nr. 77). Von demselben Gesichtspunkte aus sind Futterkosten zu ersetzen (§ 488 BGB); diesem Anspruch gegenüber hat der Verkäufer den von ihm zu beweisenden Einwand, daß der Käufer die Tiere entsprechend genutzt habe (§ 994 Abs. 1 Satz 2 BGB; Bolze 2 Nr. 993). Dieselben Nebenforderungen erhalten jedoch einen anderen rechtlichen Charakter, wenn sie nicht als von der Wandelung abhängige notwendige Verwendungen, sondern als selbständige Forderungen, z. B. vom Gesichtspunkt schuldhafter Schlechterfüllung (positiver Vertragsverletzung) aus, erhoben werden (RG 52, 19; unten Anm. 100ff.).

Der Käufer kann endlich Ersatz der Vertragskosten verlangen (§ 467 Abs. 2 BGB). Zu diesen auf den Kauf aufgewendeten Kosten gehören auch Stempel- und Umsatzsteuer (RG 44, 250), sowie Maklergebühren und Vertretungskosten (Kiel OLGR 10,

176; a. M. Braunschweig „Recht“ 1910 Nr. 1237; vgl. dazu Staudinger[11] § 467 Bem. 38). Andere Auslagen aber, die nur aus Anlaß des Kaufs gemacht sind, kann der Käufer mit dem Wandelungsanspruch nicht ersetzt verlangen (Braunschweig OLGR 28, 137; KG in OLGR 28, 139). Es kann daher nicht allgemein auf Feststellung von durch den Vertrag verursachten Schäden und Kosten ohne deren konkrete Begründetheit auf Grund der Wandelung geklagt werden (JW 1913, 27[13]).

Wegen ihrer Ansprüche haben die Parteien das Zurückbehaltungsrecht gemäß §§ 320, 322 BGB bei verzögerter Rückgewähr (§§ 348 Satz 2, 467 BGB); jedoch muß es geltend gemacht werden (Vorbem. vor § 373 Anm. 302). Denn aus der vollzogenen Wandelung entstehen ähnliche Rechte und Pflichten wie aus einem gegenseitigen Vertrage (hierüber weiteres unten Anm. 74). Dieses Zurückbehaltungsrecht ist ausführlich in Vorbem. vor § 373 Anm. 303, 321ff. erörtert; es findet insbesondere Anwendung auf die Befreiung des Käufers von etwaigen Verbindlichkeiten, die dieser als Teil der Kaufpreisleistung Dritten gegenüber übernommen hat. Eine Besonderheit ergibt sich, wenn die Wandelung durch rechtskräftiges Urteil vollzogen ist und es nun zum Schadensersatz wegen Nichterfüllung der Rückgewährpflicht kommt (unten Anm. 74a). — Der Käufer hat an der Kaufsache auch ein kaufmännisches Zurückbehaltungsrecht (§ 369 Abs. 1 Satz 2). **Anm. 72**

Schadensersatz für mangelhafte Erfüllung kann auf Grund des Wandelungsanspruchs nicht verlangt werden; also kann insbesondere nicht Ersatz der Nachteile begehrt werden, die der Käufer wegen Mangelhaftigkeit der Sache in seinen vertraglichen Verhältnissen zu Dritten erlitten hat (RG 39, 174). Der durch die mangelhafte Kaufsache verursachte Schaden kann nicht mit der Wandelung geltend gemacht werden (Mot. II 232); es bedarf zum Ersatzanspruch entweder der Begründung eines arglistigen Verschweigens, der Zusicherung einer Eigenschaft oder einer schuldhaften Schlechterfüllung (positiven Vertragsverletzung) oder einer unerlaubten Handlung. **Anm. 73**

γγ) Die aus der Wandelung sich ergebenden Verpflichtungen sind Zug um Zug zu erfüllen (§§ 467, 348 BGB), beim Kauf wie beim Tausch (LZ 1926, 1002[2]). Deshalb kann der Käufer die Ware nicht unter Nachnahme zurückgehen lassen (LZ 1920, 178[3]). Der Käufer genügt in der Regel seiner Austauschpflicht, wenn er die Ware dort, wo sie sich vertragsmäßig zur Zeit der Vollziehung der Wandelung befand (unten Anm. 75a), dem Verkäufer zur Verfügung stellt; er braucht sie nicht an den Lieferungsort zurückzuschaffen (RG 55, 113). Hat der Käufer die Ware nach Übersee weiterverkauft, so muß er sie auf seine Kosten von Übersee zurückbefördern lassen (Hamburg HansZ 1928 B 247). Lehnt der Verkäufer die Rücknahme der Sache ab, so gewinnt der Käufer das Recht zurück, über seine Forderung auf Rückgewähr des gezahlten Kaufpreises durch Aufrechnung gegen eine andere Forderung des Verkäufers zu verfügen, wofern er die Kaufsache dem Verkäufer zur Disposition hält (BGH Betrieb 1959, 317). **Anm. 74**

Die im Anschluß hieran in früheren Auflagen geführten Erörterungen darüber, daß der Käufer, der die Wandelung verlangt hat, noch vor Vollzug derselben mit der Rückgewähr der Kaufsache in Verzug kommen könne, und wie der Säumnis — auf dem Wege über eine Fristsetzung des Verkäufers nach §§ 354, 467 BGB — zu begegnen sei, haben sich schon in der Vorauflage bei kritischer Prüfung nicht aufrechterhalten lassen können. § 354 BGB setzt eindeutig den erklärten Rücktritt, seine entsprechende Anwendung im Bereich des § 467 BGB mithin eine vollzogene Wandelung voraus. Vorher kann der Käufer mit der Rückgewähr der Kaufsache nicht in Verzug kommen, weil erst die vollzogene Wandelung die Rückgewährpflicht überhaupt entstehen läßt, RG 94, 331. Damit entfällt die Grundlage für eine Fristsetzung nach § 354 BGB. Wäre sie möglich, so könnte sie ja auch allenfalls das Wandelungsverlangen des Käufers „unwirksam“ machen: aber dieses ist ohnehin bis zum Vollzug noch nicht verbindlich. Richtig ist insoweit nur, daß die „Fristsetzung“ durch den Verkäufer zugleich das grundsätzliche Einverständnis mit der Wandelung enthielte, sie also jedenfalls vollziehen würde. Richtig ist ferner, daß die Mahnung auf Rückgewähr mit der Fristsetzung würde verbunden werden dürfen (LZ 07, 342[10]). Keinesfalls lassen sich jedoch Vollzug der Wandelung, Verzug des Käufers mit den Verpflichtungen auf Grund des Vollzuges und Präjudiz der demnächstigen Unwirksamkeit eben dieser vollzogenen Wandelung auf Grund eben dieses Verzuges durch ein und denselben Erklärungsakt in die Welt setzen. Das ist rechtslogisch nicht möglich. Einen mit der Entstehung der Verpflichtung automatisch eintretenden Verzug kennt das Gesetz nur bei kalendermäßiger Fälligkeit (§ 284 BGB). Im übrigen bedarf der Verkäufer vor Vollzug der Wandelung des Schutzes des § 354 BGB auch gar nicht. Kommt es ihm darauf an, ein Wandelungsverlangen des Käufers, das er im Grundsatz billigt, möglichst bald abgewickelt zu sehen, dann mag er vorab erklären, daß er mit der Wandelung einverstanden sei, den etwa gezahlten Kaufpreis zur Verfügung stellen und die Kaufsache — sie braucht nur an dem Ort, wo sie sich dem Kaufvertrage gemäß befindet, zurückgegeben zu werden (oben Anm. 71) — zur Rückübernahme bereit zu halten bitten. Wenn der Käufer dann dieser letztgedachten Verpflichtung nicht nachkommt, ist Raum für eine Fristsetzung aus §§ 354, 467 BGB. Aber das ist alsdann eine solche nach vollzogener Wandelung (s. die folgende Anm.; dort auch darüber, unter welchen Umständen die Fristsetzung entbehrlich werden kann).

Anm. 74a δδ) Der Verzug nach vollzogener Wandelung:

Die gerichtlich (d. h. durch rechtskräftiges Urteil) vollzogene Wandelung kann mit Hilfe des § 354 BGB nicht ohne weiteres wieder unwirksam gemacht werden. Die Literatur nimmt das Gegenteil wegen Gleichheit mit der durch Vertrag vollzogenen Wandelung als selbstverständlich an (Planck § 354 Erl. 1; DürHach. V Einl. Anm. 221; Staudinger[11] §§ 465 Anm. 36, 467 Anm. 46; unentsch. RG 93, 50). Das Argument der Gleichheit des Grundes mit der außergerichtlichen Wandelung versagt jedoch. Ist rechtskräftig auf Wandelung erkannt worden, so beruht die Wandelung nicht allein auf dem Kaufvertrag und nicht allein auf dem Parteiwillen, sondern auf einer durch die Rechtsordnung verstärkten Verpflichtung, nämlich auf der durch das Urteil geschaffenen Rechtsgrundlage (so auch Bötticher, Die Wandlung als Gestaltungsakt, Heidelberg 1938). Diese Rechtsgrundlage, die das alte vertragliche Rechtsverhältnis hinter sich gelassen hat, ist eine neue, andere und selbständige. Von dieser neuen Grundlage aus muß von nun an alles Recht ausgehen. Besaß eine Partei ein gesetzliches Recht, von dem dem Urteil zugrunde liegenden Vertrag zurückzutreten, so kann sie dieses Recht doch nicht dazu benutzen, um von der durch das Urteil geschaffenen neuen Verpflichtung ebenso zurückzutreten. Ebenso verhält es sich mit der Wandelung. Seinem Wesen und seinem Sinne nach hat das Wandelungsurteil auf Rückgängigmachung des Kaufvertrags wegen vertragswidriger Lieferung entschieden. Wollte man dem Unterlegenen das Recht geben, von diesem Urteil loszukommen, weil der Sieger nicht Zug um Zug dem Urteil genügt, so würde ein ewiger Kreislauf beginnen, nachdem die Parteien vielleicht nach Durchlaufen aller Instanzen zu einem Ende gekommen waren. Die Parteien würden rechtlos gestellt. Das kann nicht rechtens sein. Höchstens im Falle des § 283 BGB, bei dem der Sieger gegen den widerspenstigen Vollstreckungsschuldner vorgeht, kann dieser Einwurf nicht gemacht werden. Dort kommt man zu einem Schadensersatz wegen Nichterfüllung, der die Lage nicht erschwert, sondern vereinfacht und allen Interessen gerecht wird (hierüber, namentlich wegen der Durchsetzung des Schadensersatzanspruchs, wenn von dem Rechtsbehelf des § 283 BGB gegenüber dem Urteil aus einem Wandelungsprozeß Gebrauch gemacht wird: Vorbem. vor § 373 Anm. 460ff.). Mit § 283 BGB läßt sich natürlich auch nach erstrittenem echtem, d. h. vollziehendem Wandelungsurteil operieren. Man denke an die Fälle des Kaufs mit gemischter Gegenleistung oder an die des Tauschen, in denen der siegreiche Käufer seine Sachleistung wiederzuerhalten wünschte. Damit, daß eine nach § 283 BGB gesetzte Frist vergeblich abläuft (Vorbem. vor § 373 Anm. 459), wird ein solches Wandelungsurteil nicht beseitigt, so daß der frühere Kaufvertrag wieder aufleben würde (Celle OLGR 16, 403; WarneyerKomm. z. BGB[6] § 467 III Fußnote 16; a. M. Hamburg HansGZ 06 Beibl. 165). Ist die Wandelung im Vollstreckungsweg durchgeführt, so sind Nachforderungen für Nebenforderungen, wie Verzugszinsen, Lagergeld u. dgl., ausgeschlossen (WarneyerKomm. z. BGB[6] § 465 IV Fußnote 12).

Anders liegt der Fall, wenn mit Hilfe des § 354 BGB der Obsiegende — das kann hier nur der Käufer sein — die durch das Urteil vollzogene Wandelung beseitigen will. Daß und warum dieser Rechtsbehelf auch sonst nicht auf den Verkäufer beschränkt ist, darüber s. unten Anm. 74c. Die im voraufgehenden Absatz angeführten Bedenken bestehen hier nicht. Denn nicht der unterlegene Verkäufer würde versuchen wollen, der Rechtskraft des gestaltenden Richterspruchs auf dem Wege über eine Gegenwirkung des bürgerlichen Rechts zu entgehen, sondern der siegreiche Käufer würde eine neue Lage herbeiführen, die im Ergebnis auf einen Verzicht auf die Rechte aus dem Wandelungsurteil hinausläuft. Einen solchen gibt es zwar strenggenommen gegenüber der Gestaltungswirkung zwar nicht; doch ist die Vernichtung einer durch rechtskräftiges Gestaltungsurteil geschaffenen Lage der Rechtsordnung auch sonst nicht unbekannt, wie für den Fall veränderter Umstände die Untersuchungen von Schlosser (Gestaltungsklagen und Gestaltungsurteile [1965] S. 251ff.) ergeben haben. Der Käufer kann an der Wiederaufhebung der urteilsmäßig vollzogenen Wandelung etwa dann interessiert sein, wenn die Vollstreckung auf Rückzahlung des eingeklagten Kaufpreises ganz oder teilweise fruchtlos verläuft und er es vorzieht, die Kaufsache trotz ihres Mangels unter diesen Umständen lieber zu behalten als sie weiterhin zur Rückgabe bereithalten zu müssen. Hierzu würde ihm ein nachträglicher Übergang auf Minderung, ggf. aus Schadensersatz wegen Nichterfüllung die rechtliche Handhabe bieten. Er kann sie über eine Fristsetzung nach § 354 BGB erreichen. Siehe dazu noch den Lösungsversuch von Erman und die kritische Stellungnahme oben Anm. 60.

Die außergerichtlich (d. h. die durch Willensübereinstimmung) vollzogene Wandelung (oben Anm. 63) hat andere Bedeutung als die durch rechtskräftiges Urteil vollzogene Wandelung (oben Anm. 63a u. 74a). Vorauszuschicken ist, daß durch die durch Willenseinigung vollzogene Wandelung nicht ein gegenseitiges Vertragsverhältnis entsteht, auf welches § 326 BGB anzuwenden wäre. Es schließt auch der zufällige Untergang der Kaufsache den Anspruch des Käufers auf Rückzahlung des Kaufpreises nicht aus (Hamburg HansRGZ. 1929 B 758). Daß der Austausch der gegenseitigen Leistungen Zug um Zug zu erfolgen hat (§§ 467, 348 BGB), läßt nur die §§ 320, 322 BGB als Folge der Rückgängigmachung des Kaufvertrags zur Anwendung kommen, nicht aber den § 326 BGB (RG 93, 49). Es ist nun zu unterscheiden, ob der Käufer mit Rückgabe der Kaufsache oder der Verkäufer mit Rückerstattung des Kaufpreises sich in Verzug befindet. **Anm. 74b**

Der Verzug des Käufers mit Rückgabe der Kaufsache oder eines erheblichen Teils berechtigt den Verkäufer, dem Käufer eine angemessene Frist mit der Erklärung zu bestimmen, daß er die Annahme der Kaufsache nach Ablauf der Frist ablehne. Die Wandelung wird unwirksam, wenn die Rückgabe nicht vor Ablauf der Frist erfolgt (§§ 354, 467 BGB). Der Verkäufer braucht nicht so zu verfahren, er kann auf Durchführung der Wandelung nebst Verspätungsschaden (§ 286 BGB) klagen, wenn er den Käufer in Verzug gesetzt hat. Zieht der Verkäufer den ersteren Weg vor, so hat er indessen nicht das Recht auf Schadensersatz wegen Nichterfüllung nach § 326 BGB (RG 93, 47; vgl. dagegen RG 66, 68; Plum JW 1918, 610; Krückmann ZHR 82, 373). Der Verkäufer kann auch nicht geltend machen, die Erfüllung habe infolge des Verzuges des Käufers für ihn kein Interesse mehr und er sei damit der Fristsetzung nach § 354 BGB überhoben; denn eine dem § 326 Abs. 2 BGB entsprechende Bestimmung fehlt dem § 354 BGB (Hamburg LZ 1920, 178[3]). Ein gegenseitiges Vertragsverhältnis, auf das § 326 BGB anzuwenden wäre (dafür Brandis DJZ 06, 594), ist allerdings dann anzunehmen, wenn ein Rückkauf gewollt war. Über das Wesen der Unwirksamkeit der Wandelung herrscht übrigens keineswegs Übereinstimmung. Nach einer Ansicht (Endemann § 161 Anm. 42 und § 148 Anm. 41) soll der Kaufvertrag nun wieder in dem Sinne gelten, daß allen Gewährleistungsansprüchen der Weg aufs neue offenstehe. Den Anspruch auf Preisminderung und auf Lieferung mangelfreier Sache aber hat der Verkäufer durch den Vollzug der Wandelung verloren (§ 465 BGB; oben Anm. 61), und das Recht auf neue Wandelung kann er nicht wiedererlangen, nachdem die Wandelung durch sein schuldhaftes Verhalten unwirksam geworden ist (RG 123, 393). Wenn man nach einer zweiten Ansicht dem Käufer infolge des Unwirksamwerdens der Wandelung nur Wandelung und Preisminderung versagt (Staudinger[11] § 467 Anm. 46; Oertmann § 467 Ziff. 1k; RGR-Komm.[11] § 467 Anm. 9), so geht man nicht weit genug gegenüber der Tatsache, daß der Käufer die Kaufsache nicht herausgibt, weil er sie behalten will. Wäre verschuldete Unmöglichkeit der Rückgabe eingetreten, so würde der Käufer nach §§ 467, 347 BGB schadensersatzpflichtig sein. Daher kann der Käufer im Falle der auf zu unterstellender verschuldeter Unmöglichkeit beruhenden §§ 467, 354 BGB (RG 66, 67) nicht noch Rechte erwerben. Es ist daher anzunehmen, daß der Käufer mit Fristablauf alle Gewährleistungsansprüche verloren hat (Marienwerder SeuffA 58, 436; Ennecc.-Lehmann[15] § 110, II 3; Erman[3] § 467 Anm. 5; WarneyerKomm. z. BGB § 467 IV; DürHach. V Einl. Anm. 221). Der Käufer behält also die Kaufsache und zahlt den vollen Kaufpreis, wie wenn nie ein Anspruch auf Wandelung geltend gemacht wäre. Die Androhung mit Fristsetzung kann nur einmal erfolgen. Mit Ablauf der Frist tritt die angedrohte Folge ein.

Über die Fristsetzung und deren Angemessenheit gelten dieselben Grundsätze wie im Falle des § 326 BGB (Vorbem. vor § 373 Anm. 401 ff.), so daß Mahnung und Fristsetzung verbunden werden können (LZ 07, 342[10]), sowie daß eine Fristsetzung nebst Androhung unnötig wird, wenn der Käufer den Kaufgegenstand nicht zurückgeben will oder nicht zurückgeben kann (RG 51, 350). Befindet sich der Käufer mit der Rückgabe im Verzug, so trägt er die Gefahr nach § 287 BGB. Kann der Käufer die Kaufsache infolge seines Verschuldens nicht oder nicht unbeschädigt zurückgeben, so ist er dem Verkäufer schadensersatzpflichtig nach §§ 467, 347 Satz 1, 989 BGB und hat die behauptete Schuldlosigkeit regelmäßig darzutun (WarneyerRspr. 08 Nr. 621). Diese Haftung mildert sich nach §§ 293 ff., 300 BGB, wenn der Verkäufer mit Rücknahme der Kaufsache in Verzug geraten war, dahin, daß der Käufer nur noch Vorsatz und grobe Fahrlässigkeit zu vertreten hat. Maßgebend für die Höhe des Schadens ist der Zeitpunkt, in dem der Käufer die Wandelung verlangt. Zwar ist der Rückgewähranspruch des Verkäufers erst im Augenblick der Vollziehung der Wandelung entstanden, aber es muß der Käufer vom Augenblick seines Wandelungsverlangens an seine Sorgfalt darauf richten, daß er die Kaufsache in entsprechendem Zustand, wie wenn der Kaufvertrag nicht geschlossen worden wäre (oben Anm. 65), zurückgeben kann, sobald der Verkäufer der Wandelung zustimmt. Zu beachten ist, daß es sich bis zur Vollziehung der Wandelung nur um den Untergang eines unerheblichen Teils oder eine unwesentliche Verschlechterung der Kaufsache handeln kann, für die der Käufer Schadensersatz zu leisten hat, da er sonst nach §§ 467, 351 BGB im Falle der von ihm zu vertretenden Unmöglichkeit der Herausgabe oder wesentlichen Verschlechterung sein Wandelungsrecht überhaupt verliert und demnach den vollen Kaufpreis bezahlen muß. Hat der Käufer nach Vollziehung der Wandelung wegen des Untergangs einer Gattungssache Schadensersatz zu leisten, so besteht der Schadensersatzanspruch des Verkäufers in dem Unterschied zwischen dem Vertragspreis und dem Marktpreis für Ersatzware in dem Zeitpunkt, in dem der Käufer mit der Rückgewähr in Verzug geraten ist.

Anm. 74c Verzug des Verkäufers mit Rückerstattung des Kaufpreises tritt schon mit dem (berechtigten) Wandelungsverlangen des Käufers ein, ohne daß sich dieser ausdrücklich zur Rückgabe der Kaufsache bereit zu erklären hätte; denn die Bereitschaft wird unterstellt; sie liegt in dem Wandelungsbegehren. Der Käufer kann nun auf Durchführung der vollzogenen Wandelung nebst Verzugsschaden bestehen. Ist die Wandelung noch nicht vollzogen, so muß er zunächst die Wandelung durchsetzen. Nach vollzogener Wandelung stehen sich Käufer und Verkäufer gleich; jeder ist berechtigt (dies verkennt die gegen das Nachfolgende gerichtete Kritik von Staudinger[11] § 467 Anm. 46). Daher kann in diesem Falle auch der Käufer von den §§ 354, 467 BGB Gebrauch machen, wenn der Verkäufer seinen Verpflichtungen aus der vollzogenen Wandelung nicht nachkommt. Die Folgen sind dieselben wie oben Anm. 74b in dem umgekehrten Falle, wo der Verkäufer gegen den Käufer vorgeht: die Wandelung wird unwirksam. Nach Bertram in HansRGZ 1936 A 125 soll die erfolglose Fristsetzung des Käufers aus § 354 BGB gegen den mit der Rückgabe des Kaufpreises säumigen Verkäufer dem Käufer die mit dem Behalten der Kaufsache verbundenen Gewährleistungsansprüche zurückgeben, und der Käufer also nunmehr noch mindern oder unter der Voraussetzung des § 463 BGB Schadensersatz wegen Nichterfüllung in der Weise geltend machen können, daß er die Sache behält bzw. zurückerhält und den ihm aus nicht gehöriger Erfüllung erwachsenen Schaden ersetzt verlangt. Grundsätzlich ist dies folgerichtig. Stehen indessen nicht besondere Abmachungen bei der durch Willenseinigung vollzogenen Wandelung entgegen, so werden im allgemeinen nach dem anzunehmenden Parteiwillen, der sich auf die Rückgabe der beiderseitigen Leistungen konzentriert hatte, die übrigen Gewährleistungsansprüche als abgetan anzusehen sein. Der Käufer wird hier zum Mittel der Fristsetzung aus §§ 354, 467 BGB an Stelle einer Beschreitung des Klageweges auf Rückzahlung des Kaufpreises nur greifen, wenn er ausnahmsweise das Risiko nicht scheut, bei fruchtlosem Fristablauf die Wandelung unwirksam werden zu sehen, aber trotzdem keinerlei Gewährschaftsansprüche mehr zu behalten oder auch nur zurückzuerhalten. So z. B. kann bei veränderter Marktlage — wie die rückgängig gemachten Reklamationen der Käufer von Kakaolieferungen bei Beginn des 1. Weltkrieges gezeigt haben — für den Käufer ein Interesse darin bestehen, selbst eine nicht fehlerfreie Ware zurückzuerhalten, um bei allgemeinem Warenmangel auch sie mit Vorteil absetzen zu können. — Anders bei einer durch Urteil vollzogenen Wandelung. Hier kommt ein zu unterstellender Parteiwille nicht in Betracht; der Käufer, der dem auf Rückzahlung des Kaufentgelts verurteilten Verkäufer vergeblich die Frist nach § 354 BGB gesetzt hatte (und auch in der Vollstreckung erfolglos geblieben war), erlangt alle Gewährschaftsansprüche zurück. Vgl. oben Anm. 60, 74a.

εε) Nach dem Rechte welchen Ortes beurteilt sich der Wandelungsanspruch? (Über den Gerichtsstand des Erfüllungsortes s. unten Anm. 75a). Die Frage, ob und unter welchen Voraussetzungen der Käufer Wandelung, d. h. Befreiung von der Verbindlichkeit, den Kaufpreis zu zahlen, verlangen kann, mithin auch die Frage, ob und von wann an es einer unverzüglichen Mängelrüge bedarf (oben Anm. 37), betrifft die Erfüllungspflicht des Käufers. Die Frage beurteilt sich daher nach dem Recht des Ortes, wo der Käufer zu erfüllen, d. h. des Ortes, an dem der Käufer abzunehmen und zu bezahlen hat (RG 57, 12; JW 1913, 436[14]; 00, 557[11]; vgl. Lewald, Das deutsche internationale Privatrecht S. 254). Regelmäßig, aber nicht immer, wird dieser Ort der Wohnort des Käufers sein (vertragliche Sonderregelung möglich). Handelsgebräuche können den Erfüllungsort abweichend regeln (Hamburg OLGR 27, 402). **Anm. 75**

Hinsichtlich des besonderen Gerichtsstands des Erfüllungsorts (§ 29 ZPO) für die Wandelungsklage wird hier davon ausgegangen, daß nicht auf Abschluß eines Wandelungsvertrags zu klagen ist (oben Anm. 59ff.). Wird aber doch auf Einwilligung in die Wandelung geklagt, so bestimmt der Wohnort des Gegners die Zuständigkeit, weil an diesem Orte die Einwilligung zu erklären ist (§ 894 ZPO). Wird mit einem solchen Anspruch der Anspruch auf Rücknahme der Leistung aus einem beiderseits vollzogenen Kaufvertrag verbunden, so ist der Anspruch auf Rücknahme der Hauptanspruch, der ebenso wie die damit verbundene Klage auf Einwilligung in die Wandelung dort zu erheben ist, wo sich die Sache vertragsmäßig befindet (vgl. oben Anm. 74). Bei einem Tausch sind danach zwei Gerichtsstände wahlweise dort gegeben, wo sich die beiderseits auszutauschenden Gegenstände vertragsmäßig befinden. **Anm. 75a**

Der Grundsatz, nach dem sich der Gerichtsstand des Erfüllungsorts für die Wandelungsklage beurteilt, ist der, daß Erfüllungsort der Ort ist, an dem die den Gegenstand der Wandelungsklage bildende streitige Verpflichtung an sich nach dem materiellen Recht zu erfüllen ist (RG 49, 73), sofern nicht ein vereinbarter Erfüllungsort behauptet wird (über eine solche Vereinbarung s. unten Anm. 75b). Klagt der Käufer, der den Kaufpreis noch nicht gezahlt hat, auf Rückgängigmachung des Vertrags, so ist seine Verpflichtung, den Kaufpreis zu zahlen, die streitige Verpflichtung. Von dieser will er befreit sein. Diese Verpflichtung ist an seinem Wohnsitze zu erfüllen (§§ 269, 270 Abs. 4 BGB). Dort ist der Gerichtsstand (§ 29 ZPO). Klagt der Käufer auf Rückzahlung des bereits entrichteten Kaufpreises vor Rückgewähr der Kaufsache, so ist dies die streitige Verpflichtung im Sinne des § 29 ZPO, so daß danach scheinbar der Wohnort des Verkäufers den Gerichtsstand bestimmen würde. Da aber die Verpflichtungen aus der Wandelung Zug um Zug zu erfüllen sind (oben Anm. 74), der Verkäufer also nur gegen Rückempfang der Sachen zurückzuzahlen hat, der Käufer dem Verkäufer aber die Sachen nicht zurückzuschicken braucht, die Auswechslung der Sachen gegen den Kaufpreis vielmehr am Wohnsitz des Käufers, d. h. dort erfolgen muß, wo die Sachen sich auf Grund des Vertrages befinden, so ist an diesem Orte zu erfüllen. Demgemäß ist hier der Gerichtsstand für den gedachten Anspruch auf Rückzahlung des Kaufpreises (RG 55, 113; 57, 12 und bei Gruch. 37, 1208; WarneyerRspr. 1918 Nr. 81; Köln OLGR 2,

397; Breslau und Stuttgart OLGR 6, 380 u. 381; KG in OLGR 4, 25; Dresden OLGR 35, 29; Hamburg HansGZ 1920 Hptbl. 240; Nürnberg LZ 1919, 1281[3]; Düsseldorf JW 1920, 499[7]; a. M. München LZ 1917, 1283[13] und Oertmann § 467 Nr. 4). Dort ist auch der Erfüllungsort und Gerichtsstand für die mit dem Anspruch auf Rückerstattung des Kaufpreises geltend gemachten Nebenforderungen, wie Rücknahme der Ware und Ersatz von Verwendungen (Fracht, Versicherungs- und Lagerkosten). Denn der Anspruch auf Zahlung des Kaufpreises stellt die Hauptverpflichtung dar. Auf Grund des Kaufvertrags befindet sich die Ware dort, wo sie sich infolge der durch den Verkäufer erfolgten Ausführung des Vertrags zur Zeit der Klagerhebung befindet. Aber auch der Ort der Niederlassung des Käufers kann in Betracht kommen, obwohl die Ware am Ort der Niederlassung des Verkäufers ausgeliefert war, nämlich dann, wenn sich für den Verkäufer aus den Umständen ergab, daß der Käufer die Ware von seiner Niederlassung aus weiterverkaufen wollte (Gruch. 37, 1210). Befand sich die Ware auf Grund der vom Käufer dem Verkäufer erteilten Versandorder zur Zeit der Klagerhebung bereits in dem auswärtigen Bestimmungsort, so ist dort der Gerichtsstand für die Wandelungsklage (Hamburg SeuffA 64, 117). Diese Grundsätze ändern sich nicht, wenn im Kaufvertrag für die Verpflichtung des Verkäufers auf Lieferung ein anderer Ort als Erfüllungsort vereinbart worden ist (folg. Anm.). Auch der Untergang der Kaufsache vor Klagerhebung macht nichts aus; maßgebend ist dann der Ort, an dem sich die Sache bei ihrem Untergang befand (JW 1900, 553[6]; Hamburg HansGZ 1920 Beibl. 160; Dresden OLGR 35, 29). Diese Grundsätze ändern sich ferner nicht, wenn die Kaufsache versteigert worden ist (Dresden OLGR 35, 29; Königsberg OLGR 33, 24; a. M. Hamburg OLGR 33, 23, wonach in solchem Falle der Wohnsitz des Verkäufers als Erfüllungsort in Betracht kommt).

Wird mit der Wandelung zugleich Rückzahlung des teilweise bezahlten Kaufpreises und Schadensersatz und außerdem Feststellung der Nichtschuld bezüglich des Kaufpreisrestes und Rücknahme der beim Käufer befindlichen Ware begehrt, so ist Erfüllungsort für alle diese Verpflichtungen der Wohnort des Verkäufers. Streitige Verbindlichkeit ist hier die ursprüngliche vertragliche Verbindlichkeit des Verkäufers zur gehörigen Erfüllung des ganzen Vertrags. Alles übrige sind nur verschiedene Folgen derselben mangelhaften Vertragserfüllung; zu erfüllen hat der Verkäufer aber an seinem Wohnort (§ 269 BGB.); dort ist auch sein Gerichtsstand nach § 29 ZPO (RG 52, 58; KG in OLGR 17, 91). Klagt der Käufer, nachdem er die Sache bereits zurückgegeben hat, auf Rückzahlung des Preises, so liegt der aus den Grundsätzen über den Auswechslungsort hergeleitete Grund für den besonderen Gerichtsstand dieses Ortes nicht vor, und es ist dieser Gerichtsstand nicht begründet. Es liegt dann eine einfache Klage auf Zahlung vor (vgl. Staudinger[11] § 465 Anm. 27ff.; a. M. Celle SJZ 1948, 764). Das RG (JW 00, 553[6]; zust. Planck § 467 Erl. 2f γ und DürHach. V Einl. Anm. 225) nimmt an, infolge der mangelhaften Erfüllung sei die Pflicht zur Rückzahlung des Preises zur Bringschuld geworden. Allein es würde dies dazu führen, auch im Falle des Verzugs eine Änderung des Erfüllungsortes anzunehmen. Der Verzug ändert jedoch den Erfüllungsort nicht (Hambg. LZ 1920, 444[1]). Dagegen kommen die oben dargestellten Grundsätze zur Anwendung, wenn der Käufer die Ware für Rechnung des Verkäufers niedergelegt hat. Am Ort gehöriger Niederlegung befindet sich der Gerichtsstand.

Anm. 75b Die Vereinbarung eines Erfüllungsortes ändert an diesen soeben dargelegten Grundsätzen über den Gerichtsstand der Wandelungsklage nichts, wenn, was regelmäßig der Fall sein wird, diese Vereinbarung nur auf die aus dem Kaufvertrage sich ergebenden Verpflichtungen der Parteien (nämlich des Verkäufers zur Lieferung und Eigentumsverschaffung, des Käufers zur Abnahme und Kaufpreiszahlung) Bezug hat und nicht auch für die Ansprüche gelten soll, die aus der Nichterfüllung oder mangelhaften Erfüllung des Kaufvertrags hervorgehen (RG 57, 13; KG in OLGR 17, 91; Zweibrücken LZ 08, 471[5]). Regelmäßig wird kein ausschließlicher Gerichtsstand gewollt sein; es bedarf vielmehr besonderer Umstände zu einer solchen Annahme. Ist ein besonderer ausschließlicher Gerichtsstand im Ausland erwählt, so gilt er für alle Gewährleistungsklagen auch dann, wenn das Recht des erwählten ausländischen Gerichtsstandes eine Ausschließlichkeit eines vereinbarten Gerichtsstands nicht kennt (WarneyerRspr. 1922 Nr. 60).

ζζ) Der Streitwert der Wandelungsklage wird nicht durch die zusammengerechneten Werte der beiderseits zurückzugewährenden Leistungen, sondern allein nach dem Werte der zurückgeforderten Leistung bestimmt (vgl. RG 46, 422). Wegen der Nebenforderungen s. oben Anm. 71b. **Anm. 75c**

b) **Das Recht auf Minderung.** Es geht auf Herabsetzung des Kaufpreises unter Behalten der Kaufsache. **Anm. 76**

α) Auch dieses Recht setzt hier beim zweiseitigen Handelskauf voraus, daß der Mangel rechtzeitig und gehörig gemäß § 377 gerügt worden ist (außer im Falle arglistigen Verschweigens und arglistigen Vorspiegelns, unten Anm. 170), und daß ferner ein Mangel i. S. des § 459 Abs. 1 BGB oder das Fehlen einer zugesicherten Eigenschaft (§ 459 Abs. 2 BGB) zur Zeit des Gefahrüberganges gegeben war (oben Anm. 47, 58). Der § 462 BGB spricht zwar nur von einem Mangel. Das Fehlen einer zugesicherten Eigenschaft ist aber ein Mangel im Sinne des § 462 BGB, wie die Bezugnahme auf den ganzen § 459 BGB, also auch auf Abs. 2 des § 459 BGB, beweist. Sind sowohl Mängel nach § 459 Abs. 1 als auch Mängel nach § 459 Abs. 2 BGB vorhanden, so hat der Käufer die Preisminderung wegen beider Arten von Mängeln, jedoch immer nur wegen der nach § 377 angezeigten Mängel (RG 78, 297). Auf die Schadensberechnung außerhalb bestehender Vertragsverhältnisse findet die zur Kaufpreisherabsetzung gegebene Vorschrift des § 472 BGB keine Anwendung; daher auch nicht in dem Falle, daß der von einem Dritten über die Eigenschaften der Kaufsache getäuschte Käufer, der deswegen den Verkäufer auf Preisminderung in Anspruch nimmt, Schadensersatzansprüche aus § 826 BGB gegen den Dritten erhebt (RG 61, 253). Nur tatsächlich kann das Endergebnis das gleiche sein (RG 62, 385).

Hat der Verkäufer gegen seinen Zulieferer wegen des Fehlers einen Schadensersatzanspruch, so kann der Käufer, der die Minderung wählt (weil er die Kaufsache behalten will, aber seinerseits aus dem Kaufvertrag Ansprüche auf Schadensersatz nicht hat) nicht etwa auf Grund der Minderung oder an Stelle derselben vom Verkäufer die Abtretung der Schadensersatzansprüche gegen seinen Zulieferer aus dem Gesichtspunkt des stellvertretenden commodum verlangen (Minderung ist nicht Ausdruck und Folge dessen, daß dem Käufer der Erfüllungsanspruch teilweise entgangen wäre). Auch kann in diesem Fall der Verkäufer den dem Käufer entstandenen Schaden nicht bei seinem Zulieferer als Drittinteresse liquidieren (BGH BetrBer. 1963, 994; nicht ganz so ausführlich Betrieb 1963, 1147 = NJW 1963, 2071).

β) Inhalt und Geltendmachung des Anspruchs auf Minderung (§§ 462, 465 BGB). Auch hier wird von vielen Schriftstellern angenommen, daß der Inhalt des Anspruchs der sei, daß der Käufer vom Verkäufer die Annahme seines auf Minderung des Preises gerichteten Antrags verlangen könne. Jene Ansicht ist oben Anm. 60ff., 74 widerlegt und in RG 66, 74 abgelehnt. Die Klage geht also unmittelbar auf Minderung, d. h. auf Rückzahlung des den geminderten Kaufpreis übersteigenden Betrags (RG 101, 71). Die Klage kann zwar auch auf Einwilligung in die Minderung gerichtet werden; alsdann ist aber der erste Teil des Antrags nur die Begründung zum zweiten und Hauptteil. Der Anspruch auf Minderung ist ein Anspruch auf Herabsetzung des Kaufpreises, der durch ein an den Verkäufer gerichtetes Verlangen und, wenn dieses nicht bewilligt wird, durch Klage oder Einrede geltend gemacht wird. „Vollzogen" wird die Minderung dadurch, daß der Verkäufer sich mit ihr einverstanden erklärt, oder dadurch, daß auf die Klage oder Widerklage der Richter sie rechtskräftig festsetzt (oben Anm. 63). Die so vollzogene Umgestaltung des Kaufvertrages ist bei Aufdeckung neuer Mängel einer weiteren Umgestaltung (durch Vertrag oder Urteil) fähig, § 475 BGB. Ist die Minderung mittels Einrede geltend gemacht und dementsprechend die Kaufpreisklage zum Teil rechtskräftig abgewiesen (vgl. unten Anm. 82), so kann mit der Rechtskraft des Urteils der Käufer, wie bei der Wandelung, von seinem Preisminderungsbegehren nicht mehr abgehen, wenn er sich hierbei nach den besonderen Umständen des Falles in einer gegen Treu und Glauben verstoßenden Weise zu seinem früheren Verhalten in Widerspruch setzen müßte. Die Preisminderung selbst steht aber noch nicht fest; denn das Urteil erzeugt hinsichtlich der Einrede keine Rechtskraft (hierüber oben **Anm. 77**

Anm. 62 u. 62a). Durch die Erhebung der Einrede wendet der Käufer sich gegen die Höhe der Klageforderung; er macht damit keinen aufrechenbaren Gegenanspruch geltend, sondern schützt ein selbständiges Verteidigungsmittel vor, das auch noch in zweiter Instanz neu vorgebracht werden kann (§ 529 Abs. 1 ZPO; RG 63, 402; JW 06, 471[30]). Ob der Käufer so lange, bis die Minderung vollzogen ist, statt der Minderung noch die Wandelung wählen kann, darüber s. oben Anm. 70. Neben der Preisminderung kann entgangener Gewinn nicht verlangt werden (WarneyerRspr. 1914 Nr. 332); auch nicht sonstiger Schadensersatz wegen Nichterfüllung (JW 1931, 3270[10]) oder Schlechtleistung (Kosten für die Untersuchung der Ware, für die Aussonderung unbrauchbarer Teile der Sendung [Hamburg HansRGZ 1928 B 248]).

Bei mehreren Beteiligten kann von jedem der mehreren Käufer die Minderung gegen jeden der mehreren Verkäufer verlangt werden. Haben sich die Verkäufer mit der von einem Käufer verlangten Minderung einverstanden erklärt, so sind auch die übrigen Käufer gebunden; sie können nicht mehr wandeln und keinen Schadensersatz wegen Nichterfüllung verlangen:

> **§ 474 BGB.** Sind auf der einen oder der anderen Seite mehrere beteiligt, so kann von jedem und gegen jeden Minderung verlangt werden.
>
> Mit der Vollziehung der von einem der Käufer verlangten Minderung ist die Wandelung ausgeschlossen.

Folglich muß, wenn auch nur einer der Verkäufer sich mit der von dem (einen) der Käufer verlangten Minderung einverstanden erklärt hat, die Wandelung gegen alle Verkäufer ausgeschlossen sein (Oertmann § 467 I i).

Anm. 78 Die Vollziehung der Minderung durch Einigung der Parteien setzt voraus, daß die Parteien über einen bestimmten Minderpreis einig werden. Die allgemeine Erklärung, man verlange Herabsetzung des Kaufpreises, und das allgemeine Einverständnis mit einer solchen Erklärung enthält keine Vollziehung der Minderung (Prot. VI 181; a. M. Planck § 465 Erl. 2a α), falls nicht etwa erhellt, daß die Parteien gemeint haben, die Minderung solle in der nach § 472 BGB vorgesehenen Weise nach objektiven Grundsätzen durch Sachverständige oder durch den Richter geschehen (DürHach. V Einl. Anm. 226).

Anm. 79 Klagt der Käufer auf Minderung um $\frac{1}{3}$ des Kaufpreises, so kann der Richter, wenn er findet, daß nur Minderung um $\frac{1}{4}$ gerechtfertigt ist, selbstverständlich die Herabsetzung um $\frac{1}{4}$ aussprechen und im übrigen den Antrag des Klägers abweisen (unten Anm. 80). Es kann nicht allgemein auf einen nach § 472 BGB zu berechnenden Betrag geklagt werden (a. M. Staudinger[11] § 465 Bem. 25; WarneyerKomm z. BGB § 462 Fußn. 6), so daß der Richter nach seinem Ermessen den zu verlangenden Betrag dem Kläger ausrechnen dürfte. Ist Minderung auf einen ziffernmäßig bestimmten Betrag verlangt, so ist mit dessen rechtskräftiger Feststellung ohne weiteres der Kaufpreisanspruch in der entsprechenden Höhe beseitigt (WarneyerRspr. 1913 Nr. 314). Der Betrag der Preisminderung darf nicht, wie bei der Schadensermittlung, durch Schätzung nach § 287 ZPO festgestellt werden; denn die Herabsetzung des Kaufpreises geht nach einem in §§ 472, 473 BGB gesetzlich festgelegten Maßstabe vor sich (JW 09, 191[7]; WarneyerRspr. 1915 Nr. 111). Folglich darf nicht so auf Preisminderung geklagt werden, daß von der Kaufpreisforderung einfach der Betrag abgezogen wird, der zur Versetzung der Kaufsache in vertragsmäßigen Zustand aufzuwenden ist; das wäre eine Klage auf Schadensersatz wegen Nichterfüllung (LZ 09, 62[19]); auch nicht so, daß der Mehrverbrauch an Kohle für die mangelhafte Maschine gefordert wird (vgl. JW 1917, 709[4]).

Anm. 80 γ) Die Art, wie der Kaufpreis herabzusetzen ist, ist in den §§ 472, 473 BGB angegeben. Diese lauten:

> **§ 472.** Bei der Minderung ist der Kaufpreis in dem Verhältnisse herabzusetzen, in welchem zur Zeit des Verkaufs der Wert der Sache in mangelfreiem Zustande zu dem wirklichen Werte gestanden haben würde.
>
> Findet im Falle des Verkaufs mehrerer Sachen für einen Gesamtpreis die Minderung nur wegen einzelner Sachen statt, so ist bei der Herabsetzung des Preises der Gesamtwert aller Sachen zugrunde zu legen.
>
> **§ 473.** Sind neben dem in Geld festgesetzten Kaufpreise Leistungen bedungen, die nicht vertretbare Sachen zum Gegenstande haben, so sind diese Leistungen in

den Fällen der §§ 471, 472 nach dem Werte zur Zeit des Verkaufs in Geld zu veranschlagen. Die Herabsetzung der Gegenleistung des Käufers erfolgt an dem in Geld festgesetzten Preise; ist dieser geringer als der abzusetzende Betrag, so hat der Verkäufer den überschießenden Betrag dem Käufer zu vergüten.

Man beachte, daß § 472 BGB auf den Wert der Kaufsache im Zeitpunkt des Verkaufs abstellt, während der Minderungstatbestand — sofern nicht der Fall des § 463 BGB vorliegt — an das Vorhandensein des Mangels im Zeitpunkt des Gefahrüberganges geknüpft ist: diese Differenzierung ist von der Sache her kaum gerechtfertigt (der Käufer hat ein berechtigtes Interesse nur daran, für den Zeitpunkt des Gefahrübergangs eine mangelfreie Sache zu erhalten und die Minderung nach dem Maß der Werteinbuße berechnet zu sehen, wie sie sich in diesem Zeitpunkt für ihn darstellt), aber nach dem Wortlaut des Gesetzes schwer zu vermeiden. Allenfalls kann diese Folge abbedungen, d. h. auch die Minderungsberechnung auf die Wertrelation im Zeitpunkt des Gefahrüberganges abgestellt werden, was sogar konkludent möglich ist (unten Anm. 80d).

Die Berechnung, wie sie § 472 Abs. 1 BGB vorschreibt, findet nicht Anwendung, wenn die Kaufsache völlig wertlos ist; denn hier ist eine Berechnung tatsächlich unmöglich; es kann mit der Preisminderungsklage der ganze Preis zurückgefordert werden (JW 1926, 1541[4]; RG bei Holdheim 03, 164; BGH NJW 1965, 152 (153). Die Berechnung findet nur Anwendung, wenn der vereinbarte Kaufpreis dem Wert der Kaufsache in mangelfreiem Zustande nicht entspricht. Maßgebend für die Wertberechnung sind die Zeit des Verkaufs und der Ort der Lieferung. Ist der vertragsmäßige Kaufpreis dem wirklichen objektiven Wert der Kaufsache in mangelfreiem Zustande völlig gleich, so entsprechen die Aufwendungen für eine erfolgreiche Nachbesserung dem Betrage, um den der Kaufpreis zu mindern ist (BGH NJW 1961, 1860). Ein sog. merkantiler Minderwert, der trotz der Beseitigung des Mangels in den Augen des Publikums der Sache anhaftet, ist zu berücksichtigen. Ist der vertragsmäßige Kaufpreis dem wirklichen Wert der Kaufsache in mangelfreiem Zustande nicht gleich, sondern höher oder niedriger, so ist der durch die Reparaturkosten und Aufwendungen zur Beseitigung des Mangels ausgedrückte Minderwert nicht maßgebend. Es muß vielmehr nach der Vorschrift des § 472 Abs. 1 BGB zunächst der Wert der Kaufsache in dem mangelhaften Zustande (W), sodann der Wert ermittelt werden, den die Kaufsache in mangelfreiem Zustande, wie wenn die vertragsmäßigen Eigenschaften vorhanden wären, gehabt haben würde (w), und zwar beide Werte ziffernmäßig auf den Augenblick des Vertragsschlusses berechnet. Endlich ist der Vertragspreis (V) ziffernmäßig festzustellen. Sind diese drei Größen bekannt, so ist der unbekannte Minderwert (x) mit Hilfe der Proportion $W : w = V : x$ zu berechnen. Um diesen Minderwert ist der Kaufpreis zu kürzen; bei Ratenzahlungen sind alle Raten nach dem Verhältnis zu mindern (Bolze 22 Nr. 332). Die vorgeschriebene Verhältnisrechnung muß auch stattfinden, wenn der objektive Wert der fehlerhaften Sache den Kaufpreis übersteigt (RG. 62, 386 oben). Eine Ausgleichung der Fehler mit nicht zu verlangenden Vorzügen der Kaufsache findet nicht statt. Unbeachtlich ist der Umstand, daß der Verkäufer auch die mangelhafte Sache nicht billiger verkauft hätte (JW 98, 518[58]; Hamburg HRR 1941 Nr. 591).

Was die ziffernmäßige Feststellung des Werts der Kaufsache in dem mangelhaften Zustande angeht, so ist damit der wirkliche allgemeine Verkaufswert (d. i. der objektive Wert) unter Berücksichtigung der Mängel gemeint, die den Minderungsanspruch rechtfertigen, also beim Fehlen zugesicherter Eigenschaften mit Rücksicht auf die hierdurch bewirkte Minderung des Verkaufswerts (WarneyerRspr. 1912 Nr. 69). Die Gefahr der weiteren Ausdehnung des Mangels muß als wertmindernder Umstand mit veranschlagt werden. Was sodann den Wert betrifft, den die Kaufsache bei Vorhandensein der vertraglichen Beschaffenheit gehabt haben würde, so handelt es sich auch hier um den objektiven Verkaufswert, der jedoch hier so zu ermitteln ist, wie wenn die Kaufsache die vertragsmäßig zu gewährende Beschaffenheit im Augenblick des Vertragsabschlusses gehabt hätte; der subjektive Wert für den Käufer bleibt außer Betracht (Hamburg HRR 1941 Nr. 591). Die Mehrausgaben des Käufers an Abgaben und Umsatzsteuern bleiben außer Ansatz. Die Klausel „bei Qualitäts- und Lieferungsdifferenzen sollen für beide Teile die Festsetzungen der überseeischen Experten maßgebend sein" bewirkt nicht, daß eine dementsprechende Festsetzung für das Verhältnis zwischen dem Drittkäufer und dessen Abnehmer auch für die ursprünglichen Vertragsparteien von unmittelbarer Wirkung ist (Hamb. Kaufm. SchG in HansRGZ 1941 B Nr. 88).

War ein bestimmter Ertrag der Kaufsache (eines Geschäfts, eines Gutes) zugesichert, so berechnet sich die Minderung nach dem Verhältnis des vereinbarten Kaufpreises für den zugesicherten Ertrag zum Kaufpreis, der für den tatsächlich geringeren Ertrag bewilligt worden wäre (JW. 09, 191[7]; WarneyerRspr. 09 Nr. 202). Der Wert (des Geschäfts oder des Gutes) in mangelfreiem Zustand wird durch Kapitalisierung des zur Zeit des Kaufs als vorhanden anzunehmenden Ertrags, der wirkliche Wert des Geschäfts mit seinem niedrigeren Ertrag, aber durch Kapitalisierung dieses niedrigeren Ertrags gefunden. Nach diesem Verhältnis ist der Kaufpreis ohne Rücksicht darauf herabzusetzen, daß die Verhältnisse innerhalb des Kapitalisierungszeitraums nicht vorauszusehen sind (JW 03 Beil. 113[249]).

Beim Tausch ist die angegebene Proportion in der Weise aufzumachen, daß dem objektiven Wert, den die fehlerhafte Tauschsache beim Nichtvorhandensein des Fehlers, und den sie infolge des Vorhandenseins des Fehlers wirklich hat, der objektive Wert der anderen, die Gegenleistung bildenden Tauschsache gegenübergestellt und auf diese Weise durch Berechnung der Größe x die verkürzte Gegenleistung ermittelt wird. Der Unterschied zwischen dieser verkürzten Gegenleistung und dem objektiven Wert der nicht fehlerhaften Tauschsache stellt alsdann dasjenige dar, was dem Minderungsberechtigten herauszuzahlen ist (RG 73, 153; 72, 299).

Anm. 80a Ist der Kaufpreis teilweise gestundet, teilweise bar zu zahlen, so ist die Minderung im Verhältnis der Höhe des gestundeten zu dem bar zu zahlenden Teil am gestundeten und am bar zu zahlenden Teil vorzunehmen (RGRKomm.[11] § 472 Anm. 3). Dasselbe muß gelten, wenn ein Teil des Kaufpreises bereits bar bezahlt ist (Enneccerus-Lehmann[15] § 110 Fußn. 23). Ist für den gestundeten Teil eine Hypothek bestellt, so muß der Verkäufer, soweit hiernach die Minderung auf den gestundeten Teil entfällt, die Befreiung von der Hypothek bewirken (LZ 1912, 755[20]). Sind Teilsummen des Kaufpreises verschiedenartig gestundet, z. B. bei einem Grundstückskauf der bar zu zahlende und der auf Hypothek einzutragende Kaufpreisteil, so ist die Minderung verhältnismäßig auf die Einzelbeträge zu verteilen; aber nur, wenn der Verkäufer es verlangt; sonst ist die Abrechnung des Minderwertes nur an der bar zu zahlenden Kaufpreisforderung vorzunehmen (RGRKomm.[11] § 472 Anm. 3; WarneyerKomm.z.BGB[6] § 472 V). Für die Annahme, daß in allen diesen Fällen die Minderung zunächst am bar zu zahlenden Teil (Kaufmann JW 06, 644), oder zunächst am gestundeten Teil (Lindemann DJZ 07, 421; Hagemann „Recht" 07, 631) vorzunehmen sei, fehlt es an einer gesetzlichen Grundlage (Staudinger[11] § 465 Bem. 25; Kiese JW 07, 354). Ist der gesamte Kaufpreis bereits bezahlt, so kann der Käufer die Rückzahlung des den geminderten Kaufpreis übersteigenden Betrages als Vertragsanspruch geltend machen, braucht sie also nicht als Bereicherungsanspruch zu behandeln (RG in JurRdsch. 1927 Nr. 10).

Anm. 80b Sind mehrere Sachen zu einem Gesamtpreis verkauft (vgl. unten Anm. 179ff.), und sind nur einzelne Sachen fehlerhaft, so muß (§ 472 Abs. 2 BGB) der wirkliche Gesamtwert der verkauften Sachen in mangelhaftem Zustand und in mangelfreiem Zustand nach den oben Anm. 80 angegebenen Grundsätzen ermittelt und auf dieser Grundlage berechnet werden, um wieviel der Gesamtpreis herabzusetzen ist. Sind mehrere Sachen (z. B. ein Inventar) nicht zu einem Gesamtpreis verkauft, so, daß jedoch der Wert der einzelnen Sache den Wert auch der anderen mitverkauften Sachen beeinflußt, so ist Abs. 2 des § 472 BGB seinem Sinne entsprechend anzuwenden (Planck § 472 Erl. 2). Ist nur ein Teil einer Lieferung mangelhaft, und ist die Leistung teilbar, so können wegen jedes Teiles verschiedene Rechte ausgeübt werden; hierüber ausführlich unten Anm. 178a.

Anm. 80c Sind Nebenleistungen (z. B. die Übernahme von Hypotheken) neben dem Kaufpreis bedungen, so ist zu unterscheiden, ob die Nebenleistungen vertretbare oder nicht vertretbare Sachen zum Gegenstand haben. Haben die Nebenleistungen nicht vertretbare Sachen (§ 381 Anm. 53ff.) zum Gegenstand, so sind diese auf die Zeit des Vertragsschlusses zu ihrem damaligen Wert in Geld zu schätzen (§ 473 Satz 1 BGB).

Alsdann ist diese Summe dem Kaufpreis zuzuschlagen und nach der oben Anm. 80 angegebenen Verhältnisrechnung der Minderwert zu berechnen. Der so ermittelte Minderwert ist dann an dem Kaufpreis zu kürzen. Übersteigt der Minderwert den Kaufpreis, so ist dieser, wenn er nicht bezahlt ist, nicht mehr zu zahlen und, wenn er bereits bezahlt ist, zurückzugewähren; außerdem muß der Verkäufer dem Käufer den Unterschied in Geld erstatten, um den der Minderwert den Kaufpreis übersteigt. Die Nebenleistung selbst muß aber gemacht werden. Es findet also eine Ausgleichung in Geld statt (§ 473 Satz 2 BGB; Prot. I 696). Dies alles gilt auch für den Tausch (§ 515 BGB; RG 72, 299). Haben die Nebenleistungen vertretbare Sachen (§ 381 Anm. 51) zum Gegenstand, so findet eine Veranschlagung der Nebenleistung in Geld nicht statt, weil § 473 Satz 1 BGB eine solche Veranschlagung nur für nicht vertretbare Sachen ausspricht. Hieraus folgt (mit Planck § 473 Erl. 1; Enneccerus-Lehmann[15] § 110 III 1; Langheineken BayZ 1911, 176 gegen RGRKomm.[11] § 473 Anm. 1 und Staudinger[10] § 473 Anm. 4), daß die Kürzung verhältnismäßig am Kaufpreis und an der Nebenleistung vorzunehmen ist. Da das Gesetz nichts bestimmt, kann es sich hier nicht anders verhalten als bei der Stundung des Kaufpreises (oben Anm. 80a).

Die Parteien können anderes vereinbaren, z. B., daß die Minderung durch das Ermessen eines sachverständigen Dritten bestimmt werden soll (Vorbem. vor § 373 Anm. 45). Eine Vereinbarung dieses Inhalts liegt in der Arbitrageklausel und in der Aufstellung von Schiedsgutachtern (hierüber oben Anm. 32; Vorbem. vor § 373 Anm. 5 u. 49ff.; vorst. Anm. 80 Abs. 2 a. E.). Die Arbitratoren und Schiedsmänner schätzen den Minderwert völlig frei. Die Parteien können auch vereinbaren, daß für die Wertberechnung ein anderer Zeitpunkt als der des Verkaufs maßgebend sein solle. Aus dem Vertrag und aus den Umständen kann sich so als Parteiwille ergeben, daß der Zeitpunkt der Lieferung maßgebend sein soll; denn die §§ 472, 473 BGB enthalten nachgiebiges Recht. **Anm. 80d**

δ) Der Umstand, daß der Käufer die Sache inzwischen anderweit mit Gewinn verkauft hat, ist kein Einwand gegen den Minderungsanspruch (SeuffArch. 73, 11). Es findet keine Vorteilsausgleichung statt, da bei vertragsmäßiger Beschaffenheit der Ware der Käufer beim Weiterverkauf einen noch höheren Gewinn erzielt haben würde (ROHG 22, 36; Holdheim 03, 164). Letzteres trifft allerdings nicht zu, wenn der Käufer seinem Abkäufer die nicht vorhandene Eigenschaft zugesichert, der Abkäufer aber keine Ansprüche erhoben hat; dann besteht für den Käufer kein Preisminderungsanspruch (LZ 1917, 1131[4]). **Anm. 81**

ε) Nicht ausgeschlossen wird die Minderung durch Verlautbarung des Wandelungsbegehrens (unten Anm. 108, 110). Wer sich für Wandelung erklärt hat, kann diese Erklärung noch zurücknehmen und sich für Minderung entscheiden, natürlich nur so lange, bis der Verkäufer die Wandelung angenommen hat (oben Anm. 61ff.). Denn damit ist das Recht des Käufers, die Ware zu behalten, erloschen (RG 94, 331; 59, 97). Zu beachten ist, daß nach Handelsgebrauch nur Wandelung, nicht auch Minderung berechtigt sein kann, z. B. im Kunsthandel im Falle der Unechtheit eines verkauften Bildes. Hat sich ein solcher Handelsbrauch auch als Verkehrssitte für den Handel zwischen Kaufmann und Nichtkaufmann gebildet, so müssen die beteiligten Kreise diese Verkehrssitte gegen sich gelten lassen, auch wenn sie die Sitte nicht gekannt haben (RG in SeuffA 81, 152). Der Käufer, der in solchem Falle die Zahlung des vollen Preises ablehnt und auf Minderung besteht, hat auf das Wandelungsrecht verzichtet und ist mit seiner Leistung im Verzug, weswegen der Verkäufer vom Vertrage zurücktreten kann (Hamburg HansGZ 1926 Beibl. 63). Wird das Wandelungs- oder Minderungsrecht einredeweise geltend gemacht, so erlischt das Wahlrecht — wenn überhaupt (darüber oben Anm. 62a) — mit dem rechtskräftigen Urteil der Revisionsinstanz (Planck § 465 Anm. 3; anders noch die Vorauflage, wo auf den Erlaß des Urteils in der Tatsacheninstanz abgestellt worden war). Der Minderungsanspruch geht mit dem Wandelungsanspruch verloren, wenn der die Wandelung begehrende Käufer in Rückgabeverzug geraten ist und ihm der Verkäufer vergeblich eine Frist nach § 354 BGB gesetzt hat (oben Anm. 74). Über das Verhältnis zu den andern Gewährleistungsansprüchen unten Anm. 111ff. **Anm. 82**

Anm. 83 Durch den Weiterverkauf der Ware, auch in Kenntnis des Mangels, wird zwar (vgl. oben Anm. 67) die Wandelung, nicht aber in der Regel die Preisminderung ausgeschlossen (RG 131, 347; BGH NJW 1958, 1724), desgleichen nicht durch sonstige Verfügung über die Ware (RG 25, 30), auch nicht durch ihren Gebrauch (RG 66, 115); alles dies auch dann nicht, wenn der Käufer vorher die Ware zur Verfügung gestellt, also die Wandelung zu wählen erklärt hatte. Denn der Käufer will die Ware ja behalten. Er hat selbst dann nichts zu befürchten, wenn er absichtlich oder aus Unachtsamkeit den Verlust der Sache herbeigeführt hat (RG 66, 115; Mot. II 231), selbst wenn er sie völlig verbraucht hat (Köln BetrBer. 1954, 613). Veranlaßt er ihren beschleunigten Weiterverkauf, noch bevor er gerügt hat, oder unter gleichzeitiger Erstattung der Rüge, so ist nicht einmal dieses Verhalten als solches geeignet, ihn das Recht auf Minderung verlieren zu lassen, zumal der Verkauf als Notverkauf gerechtfertigt sein kann. Die Rüge wäre nicht einmal gegenstandslos; sie schafft für den Verkäufer ja jedenfalls Klarheit über die Notwendigkeit eines Rückgriffs gegen seinen Lieferanten. Dennoch muß der Käufer sich einen derartigen Schritt überlegen. Ihn trifft die Beweislast für die Voraussetzungen der Preisminderung (unten Anm. 126), und die Anforderungen an diesen Beweis werden da nicht gering sein dürfen, wo das Objekt der Minderung einer Inaugenscheinnahme durch den Verkäufer endgültig entzogen worden ist. Nur dann liegt die Sache anders, wenn das Verhalten des Käufers einen deutlichen Verzicht auch auf das Preisminderungsrecht trotz der Mängelrüge ausdrückt (RG 66, 115). Ein solcher Verzichtsfall ist anzunehmen, wenn der Käufer übermäßig viel bei der Probe (oben Anm. 13) unter so besonderen Umständen verbraucht, daß sich sein Genehmigungswille daraus ergibt (vgl. oben Anm. 69). Diese Unterstellung des Verzichts greift aber nicht Platz, wenn der Käufer gezeigt hat, daß er die Ware behalten und Gewährleistungsansprüche geltend machen wolle (RG 17, 69); insbesondere, wenn der Weiterverkauf erfolgt ist nach Geltendmachung des Minderungsanspruchs, oder wenn der Käufer die Ware vor ihrer Ankunft bereits weiterverkauft hatte und sie an seinen Kunden absandte (JW 01, 541[10]). Es kommt also immer auf die Auslegung der Umstände an (LZ 1925, 545[6]). Über Genehmigungshandlungen vgl. auch noch unten Anm. 116.

Anm. 84 ζ) Der Erfüllungsort und der Gerichtsstand für die Klage auf Minderung des Kaufpreises (§ 269 BGB; § 29 ZPO). Auch hier ist davon auszugehen, daß, wie bei der Wandelungsklage (oben Anm. 59ff. u. 75a), nicht auf Abschluß eines Vertrags, also nicht auf Erteilung der Einwilligung des Verkäufers geklagt werden muß (wohl aber darf), sondern unmittelbar auf Preisminderung (etwa auf Teilbefreiung von der Kaufpreisschuld, wenn diese noch nicht bezahlt und vom Verkäufer abgetreten worden ist) und, wenn der Kaufpreis bezahlt ist, unmittelbar auf Rückzahlung des den geminderten Kaufpreis übersteigenden Betrags geklagt werden kann (RG 101, 71). Hat der Käufer den Kaufpreis bereits entrichtet, und bezweckt die Preisminderung die Rückerstattung des ganzen Preises, weil die Ware völlig wertlos sei (oben Anm. 80), oder eines Teiles, so entscheidet der Wohnort des Verkäufers zur Zeit des Vertragsschlusses. Denn es handelt sich um eine Verpflichtung des Verkäufers zur Nacherfüllung durch Leistung einer Geldentschädigung infolge seiner mangelhaften Erfüllung. Diese Verpflichtung ist die streitige nach § 29 ZPO. Sie ist dort zu erfüllen, wo der Verkäufer überhaupt zu erfüllen hat; nicht dort, wo der Käufer den Anspruch des Verkäufers auf Zahlung des Kaufpreises zu erfüllen gehabt hätte (RG bei Gruch. 47, 1152; Celle OLGR 29, 16; vgl. RG 40, 410; WarneyerKomm. z. BGB § 269 Fußn. 60; jetzt auch RGRKomm.[11] § 472 Anm. 5 unter Abgehen von den für zwischenstaatliche Käufe ergangenen Entscheidungen RG 66, 73 und 46, 195). Es kann der Käufer den Verkäufer aber auch an dessen Wohnort nach §§ 12, 13 ZPO verklagen. Ist der Kaufpreis noch nicht bezahlt, so wird durch die Preisminderungsklage die Verpflichtung des Käufers zur Kaufpreiszahlung streitig, von der er zum Teil befreit sein will; sein Erfüllungsort, also regelmäßig sein Wohnort zur Zeit des Kaufabschlusses, entscheidet über den Gerichtsstand (RG 27, 397; 20, 360). Hat der Käufer einen Teil des Kaufpreises bezahlt, und begehrt er mit der Preisminderung Befreiung von dem Rest und Rückerstattung eines Teiles des Bezahlten, so entscheidet auch hier der Wohnort des Käufers zur Zeit des Vertragsschlusses; denn die Verpflichtung zur Zahlung des Kaufpreises, also hier zur Zahlung des Restes, erscheint als die Hauptverpflichtung. Es verhält sich also mit der Preisminderung anders als mit der Wandelung, welch letztere ihren Erfüllungsort dort hat, wo die Sache sich zur Zeit der Vollziehung der Wandelung befindet (oben Anm. 75a). Hieraus folgt, daß am Gerichtsstand der Wandelung nicht zur Preisminderungsklage übergegangen werden kann, wenn nicht dort auch für diese ein Gerichtsstand begründet ist (Hamburg OLGR 21, 67).

Darüber, welches materielle Recht auf die Preisminderung anzuwenden ist, entscheidet in allen Fällen das Recht des Erfüllungsortes des Käufers, weil es sich um seine Verpflichtung zur Kaufpreiszahlung handelt (RG 66, 73; 46, 195; JW 08, 193[5]). Es wäre denn, daß die Parteien einen anderen Erfüllungsort vereinbart haben (vgl. oben Anm. 75).

c) **Das Recht auf Schadensersatz wegen Nichterfüllung.** **Anm. 85**

Nach § 463 BGB (Wortlaut s. Anm. 49) steht dem Käufer statt der Wandelung und Minderung das Recht zu, Schadensersatz wegen Nichterfüllung zu verlangen, wenn der Sache zur Zeit des Kaufs eine Eigenschaft fehlt, welche der Verkäufer zugesichert, oder wenn die Sache einen Fehler hat, den der Verkäufer beim Kaufabschluß arglistig verschwiegen hat. Dem arglistigen Verschweigen ist der Fall gleichzustellen (unten Anm. 86), wenn der Verkäufer eine Sacheigenschaft beim Kaufabschluß arglistig vorgespiegelt, also nicht zugesichert, sondern nur als vorhanden vorgegeben hat. § 463 BGB meint zunächst den Kauf bestimmter Sachen (RG 53, 90); er bezieht sich nur auf Sacheigenschaften, also nicht auf Rechte und nicht auf die verkaufte Menge, wenn sie sich nicht unter besonderen Umständen als Sacheigenschaft darstellt (oben Anm. 6). Nur hinsichtlich des Einstehenmüssens sind arglistiges Verschweigen und arglistiges Vorspiegeln der Haftung für Zusicherung von Eigenschaften gleichgestellt und wie Vertragsansprüche behandelt. Die Voraussetzungen der Haftung aus Zusicherung einerseits und Arglist andererseits sind jedoch verschieden; die Zusicherung ist garantieförmig, das arglistige Verschweigen und das arglistige Vorspiegeln deliktsförmig; zwischen beiden steht, sowohl vertrags- wie deliktsrechtlich erfaßbar, die arglistige Zusicherung; über diese unten Anm. 156, 161, 170, 170b. Beim Gattungskauf gilt nach § 480 BGB das gleiche, wenn der Sache zur Zeit des Gefahrüberganges, also zu einem späteren Zeitpunkt als beim Kauf einer bestimmten Sache, eine zugesicherte Eigenschaft fehlt, oder wenn der Verkäufer einen Mangel der Sache arglistig verschwiegen oder das Vorhandensein einer Eigenschaft arglistig vorgespiegelt hat (vgl. oben Anm. 3, 47 u. 49). Über die Zeitpunkte, die für die Begehung der Arglist hier beim Gattungskauf maßgebend sind, s. unten Anm. 162. Darüber, daß der Käufer bei arglistigem Vorspiegeln auch das Recht auf Wandelung und Preisminderung hat, s. oben Anm. 49, und über die sonstigen Rechtsfolgen arglistigen Verhaltens unten Anm. 170ff. Bezieht sich eine vertragliche Zusicherung nicht auf Eigenschaften der Kaufsache, so kann eine Haftung aus Garantieleistung entstehen (oben Anm. 48). Nichtvertragliche sogenannte Zusicherungen, die nicht Eigenschaften der Kaufsache betreffen, können nur etwa eine Haftung aus unerlaubter Handlung erzeugen.

α) Der erste Anwendungsfall der §§ 463, 480 BGB ist also, daß der Sache eine Eigenschaft fehlt, die der Verkäufer besonders zugesichert hat. Was unter der besonderen Zusicherung zu verstehen ist, und daß darunter insbesondere auch die Zusicherung von Eigenschaften zu verstehen ist, die der Käufer schon an sich zu erwarten hatte, ist schon oben Anm. 43ff. hervorgehoben worden. Auf ein Verschulden des Verkäufers kommt es nicht an, weder in dem Erteilen der Zusicherung noch hinsichtlich des Fehlens der Eigenschaft bei Gefahrübergang; ebensowenig auf die individuelle Leistungsfähigkeit des Verkäufers (RG bei Holdheim 1908, 106). Ist die Zusicherung erst nachträglich in Ergänzung früheren Kaufabschlusses gegeben, so tritt (beim Spezieskauf) die Schadensersatzpflicht ein, wenn die Eigenschaft im Zeitpunkt der nachträglichen Zusicherung gefehlt hat; vgl. oben Anm. 46d. **Anm. 86**

Der zweite Anwendungsfall der §§ 463, 480 BGB ist arglistiges Verschweigen eines Fehlers, und zwar eines solchen Fehlers, auf dessen Abwesenheit der Käufer Anspruch hat, der also den Wert oder die Tauglichkeit nicht nur unerheblich beeinträchtigt, oder auf dessen Abwesenheit der Käufer in dem betreffenden Falle gerechnet hatte. Diesen Fall hebt das Gesetz in § 463 Satz 2 BGB besonders hervor. Über den Begriff des arglistigen Verschweigens s. Näheres unten Anm. 156ff.

Der dritte — im Gesetz nicht erwähnte, von der Rechtsprechung im Wege der Analogie entwickelte — Anwendungsfall der §§ 463, 480 BGB ist der der arglistigen Vorspiegelung einer nicht vorhandenen Sacheigenschaft. Es handelt sich hier nicht um eine arglistige Zusicherung (sie würde schon unter den Begriff der Zusicherung fallen), sondern um eine „Versicherung", die einer bloßen Angabe gleichsteht (ausführlich und zum Begriff „Arglist" in der Vorspiegelung unten Anm. 160). Es handelt sich auch nicht um eine unerlaubte Handlung, sondern um einen Anspruch kraft Vertrags, also auf Grund des abgeschlossenen Vertrags und der dabei begangenen Vorspiegelung, so daß die Klage nicht auf ein arglistiges Verhalten nach Vertragsschluß gestützt werden kann (WarneyerRspr. 1922 Nr. 40; unten Anm. 156, 162). Die Arglist liegt hier nicht in dem Verschweigen eines Fehlers, sondern in der fälschlichen Angabe, es sei eine bestimmte, die Gewährleistung begründende Sacheigenschaft vorhanden, oder es seien bestimmte Mängel nicht vorhanden. Diesen Rechtssatz hatte man anfänglich aus § 249 Abs. 1 BGB hergeleitet, indem man unter dem nach dieser Gesetzesstelle herzustellenden Zustand den Zustand verstand, der durch den Vertrag bezweckt sei, und der sich als Folge des Vertrags darstelle, wenn die Angaben des Verkäufers wahr gewesen wären (RG 63, 112; 59, 157). Diese Begründung ist allgemein aufgegeben worden. Die Gleichstellung arglistiger Vorspiegelung mit der Zusicherung von Eigenschaften und mit dem arglistigen Verschweigen von Fehlern ist dahin zu begründen: Die Bestimmung zum Kauf durch arglistige Vorspiegelung angeblich vorhandener Eigenschaften macht schadensersatzpflichtig wegen unerlaubter Handlung (§§ 823, 826 BGB). Dieser Schadenersatzanspruch würde dem Betrogenen, der die Kaufsache behalten will, gleichwohl nur zum Ersatz des negativen Vertragsinteresses verhelfen: mit der Folge, daß er die Kaufsache in aller Regel gerade nicht behalten dürfte, weil es ohne die Täuschung nicht zu einem Vertragsschluß gekommen wäre und der Beweis, daß der Verkäufer sich ausnahmsweise zu einem Abschluß mit entsprechend niedrigerem Kaufpreis verstanden hätte, meist nicht zu führen ist. Es ist nun aber kein innerer Grund ersichtlich, warum die Fälle eines arglistigen Verschweigens von Fehlern und die eines arglistigen Vorspiegelns von Eigenschaften eine verschiedene Behandlung verdienen sollen. Die Arglist des Verkäufers, die den Käufer zum Vertragsschluß bewogen hat, ist hier wie dort die gleiche — wenn man nicht die Intensität des arglistigen Wollens beim Vorspiegeln sogar als die stärkere ansehen wollte gegenüber der beim bloßen Verschweigen. Ist der Käufer infolge einer solchen Arglist in seinem Vermögen beeinträchtigt, so kann aus der Gleichheit des Rechtsgrundes in entsprechender Anwendung der §§ 463, 480 BGB der Verkäufer, der nicht vorhandene Eigenschaften oder die Abwesenheit von Fehlern arglistig vorgespiegelt hat, vom Käufer ebenso auf das volle Erfüllungsinteresse in Anspruch genommen werden, wie wenn er diesen einen Fehler arglistig verschwiegen hätte (BGH NJW 1960, 238; RG 103, 160; 99, 121; 92, 295; 83, 243; JW 1913, 198[8]; 1910, 934[4]; WarneyerRspr. 1922 Nr. 40; LZ 1919, 691[5]; HRR 1932 Nr. 441; Kiehl JW 1914, 501; modestus Lipsiensis „Recht" 08, 500, 739; 1914, 78; RGRKomm.[11] § 463 Anm. 6; Staudinger[11] § 463 Anm. 10; a. M. Planck § 463 Erl. 8; Oertmann in Ehrenberg IV 2, 486; Matthießen „Recht" 08, 670 und JW 1913, 516 und 08, 60; Westrum JW 07, 39). Man kann nicht einwenden, die entsprechende Anwendung des § 463 BGB sei unnötig, weil schon die Regeln vom Schadensersatz bei unerlaubten Handlungen zu demselben Ziele führten; denn zum Ersatz des positiven Schadens führen diese Regeln nur ausnahmsweise. Man kann auch nicht (mit Matthießen JW 08, 60; gegen ihn Jeß „Recht" 1914, 227; gegen diesen Riehl ebenda 469 und Gruch. 60, 831) einwenden, das Endergebnis führe zu einer ungerechtfertigten Bereicherung des Käufers, wenn der Kaufpreis unter dem Wert der Kaufsache bleibe. Denn die Verbesserung des Vermögens des Käufers durch den Ersatz seines vollen Erfüllungsinteresses beruht darauf, daß der Kaufvertrag für ihn, weil er dem Verkäufer vertraute und vertrauen durfte, von besonderem Vorteil sein sollte. Dieser Vorteil sollte ihm ebenso erhalten bleiben wie im Falle der Täuschung durch arglistiges Verschweigen. Nach allem ist § 463 Satz 2 BGB nicht eine der analogen Anwendung nicht fähige Sondervorschrift, wie Oertmann § 463 Nr. 5b β und Riehl bei Gruch. 60, 831 meinen. Der Eigenschaften Vorspiegelnde sichert deren Vorhandensein allerdings nicht zu (unten Anm. 160), aber er muß sich so behandeln lassen, als wenn er das Vorhandensein der Eigenschaft, welche er vorspiegelt, zugesichert hätte (modestus Lipsiensis „Recht“ 08, 502; RGRKomm.[11] § 463 Anm. 6; Erman[3] § 436 Anm. 5; Enneccerus-Lehmann[15] § 108 III 1c). Im einzelnen ergibt sich freilich die Verschiedenheit, daß bei Zusicherung einer Eigenschaft deren Fehlen auch dann den Gewährschaftsanspruch aus § 463 BGB auslöst, wenn es sich um einen unwesentlichen Umstand handelt, weil § 459 Abs. 1 Satz 2 BGB hier keine Anwendung findet (oben Anm. 41e): anders bei bloßer Vorspiegelung einer Eigenschaft; dort steht die Unwesentlichkeit ihres Fehlens dem Schadensersatzanspruch in gleicher Weise entgegen wie die Bedeutungslosigkeit des verschwiegenen Mangels (unten Anm. 161). Außerdem kann wohl eine nachträgliche, nach Kaufabschluß erteilte Eigenschaftszusicherung den Schadensersatz wegen Nichterfüllung (und die übrigen Gewährschaftsansprüche) auslösen, oben unter α) am Ende des 1. Abs.; nie aber vermag dies eine bloß nachträgliche Eigenschaftsvorspiegelung, unten Anm. 162. — Daß der obige Grundsatz sich auf das arglistige Vorspiegeln des Vorhandenseins von Sacheigenschaften und der Abwesenheit von Gewährleistungsmängeln beschränkt, ist schon oben betont worden und in der Rechtsprechung des Reichsgerichts feststehend, so daß die sinngemäße Anwendung der §§ 463, 480 BGB auf die Täuschung über andere Tatsachen als Sacheigenschaften und auf den Kauf von Rechten und Forderungen ausgeschlossen ist (RG 83, 245; 67, 86; 63, 60; JW 1911, 808[13]; 09, 309[2]; LZ 1912, 148[16]; dagegen Hagen JW 1911, 348). Die Haftung wegen arglistiger Täuschung setzt einen Kauf oder einen kaufähnlichen Vertrag nach § 493 BGB voraus, findet also keine Anwendung auf einen Mäklervertrag (WarneyerRspr. 1915 Nr. 275); fehlt es an jener Voraussetzung, so kann eine Arglist nur etwa Ansprüche aus unerlaubter Handlung auslösen. Über den Begriff arglistiger Vorspiegelung s. unten Anm. 160.

β) Die Rechtsfolge ist, daß der Käufer das Recht hat, statt der Wandelung oder Minderung Schadensersatz wegen Nichterfüllung zu wählen. **Anm. 87**

aa) „statt“ der Wandelung oder Minderung. Der Käufer kann also auch sich für eine dieser beiden letzteren Möglichkeiten entscheiden; über die Modalitäten und die Wirkungen der getroffenen Wahl s. unten Anm. 108ff.

bb) Der Anspruch auf Schadensersatz wegen Nichterfüllung kann so gestellt werden, daß der Käufer die Ware nicht annimmt, die Rückzahlung eines etwa bereits entrichteten Kaufpreises fordert (darüber s. im folgenden Abs.) und den ihm darüber hinaus aus der Nichtlieferung entstehenden Schaden liquidiert (BGH NJW 1959, 620 = BGHZ 29, 148 = LM § 463 BGB Nr. 4 = MDR 1959, 296 = JZ 1960, 58 = BetrBer. 1959, 209/249). Die vom Gesetz angeordnete Folge eines nach Wahl des Käufers geltend zu machenden „Schadensersatzes wegen Nichterfüllung“ zielt nicht nur auf den Modus der Abwicklung, sondern auf den Tatbestand des Nicht-erfüllt-habens: da Eigenschaft und Kaufobjekt nicht voneinander getrennt werden können, vielmehr der Kaufgegenstand gerade mit der Eigenschaft (und nur so) zu liefern war, darf der Käufer den Verkäufer als schlechthin nicht-erfüllend behandeln (Eckstein ArchBürgR 43, 196; RG 90, 334; 53, 92; 52, 355); er ist nicht darauf beschränkt, die Ware zu behalten und nur den Schaden aus dem Fehlen der Eigenschaft als solchem zu beanspruchen. Die Besonderheit unserer Vorschrift liegt alsdann darin, daß nicht erst das Präjudiz aus § 326 BGB geschaffen zu werden braucht. Der Käufer kann vielmehr sofort auf den Schadensersatz gehen. Er ist von der Notwendigkeit entbunden, darzutun, daß sein Interesse an der Lieferung entfallen sei (BGH NJW 1959, 620 — s. oben —; wenngleich mit der Einschränkung, daß einer schikanösen Überspannung dieses Grundsatzes der § 242 BGB entgegensteht (BGH Betrieb 1960, 146). Noch weniger ist zu fordern, daß die fehlende Eigenschaft nicht nachgewährt werden kann (a. M. DürHach. V Einl. Anm. 230a und Staudinger[11] § 463 Anm. 19, die noch RG 59, 156 heranziehen und JW 1916, 672[3] heranziehen könnten [hierüber Anh. zu § 346 Anm. 12]; ferner Planck § 463 Anm. 4, § 480 Anm. 5, WarneyerKomm. z. BGB[6] § 463 VII Fußnote 28, nach welch letzteren dieser Schadensersatz gemäß § 325 Abs. 1 BGB davon abhängen soll, daß die teilweise Erfüllung für den Käufer kein Interesse habe.)

Hat der Käufer den Kaufpreis bezahlt, so ist ihm eine dem Kaufpreis gleichkommende Summe als Teil seines Schadensersatzanspruchs zurückzuerstatten (RG 90, 334; 66, 258). Zu dem Schaden wegen Nichterfüllung gehören die zur nutzbringenden Verwertung der Sache aufgewendeten Kosten, die nun infolge der Mangelhaftigkeit der Sache ihren Zweck verfehlen, z. B. Reklamekosten, Auslagen zur Erlangung der polizeilichen Genehmigung einer Anlage (WarneyerRspr. 1912 Nr. 299); aber auch die vergeblich aufgewendeten Kosten der Untersuchung der Ware, die der Rüge voranging, da diese Kosten nicht mehr über den Preis hereingeholt werden können. Ist der Käufer in verständiger Weise Schuldverbindlichkeiten anläßlich des Kaufs eingegangen (hat er z. B. Verträge in Erwartung gehörigen Betriebs geschlossen), so gehört der Anspruch auf Befreiung von diesen Verpflichtungen zur Schadensrechnung, obgleich regelmäßig der Schadensersatzanspruch auf Geld geht (RG 61, 353; 66, 71; 50, 190; Vorbem. vor § 373 Anm. 366). Namentlich ist liquidierbar der dem Käufer entgehende Gewinn aus einem geplanten Weiterverkauf. Auch ein Ersatzdeckungskauf ist berechtigt, auf Grund dessen der Käufer den Unterschied zwischen dem Vertragspreis und dem Eindeckungspreis ersetzt verlangt. Deckt er sich mit einer höherwertigen Sache ein, so findet eine Ausgleichung von Vorteil und Schaden statt. Nicht jedoch ist anrechenbar der Gewinn, den der Käufer aus der Weiterveräußerung der im Wege der Ersatzdeckung beschafften Ware erzielt hat (RG 52, 154; vgl. RG 90, 162 oben).

Der Käufer hat ein Zurückbehaltungsrecht an der zurückgewiesenen Ware nach § 369 Anm. 45 und nach § 273 BGB (vgl. RG 66, 101).

cc) Der Käufer kann jedoch auch den Weg wählen, die Ware zu behalten und seine Schadensersatzansprüche darauf abzustützen, daß ihm der Kaufgegenstand nicht mit der zugesicherten (vorgespiegelten) Eigenschaft bzw. mit dem arglistig verschwiegenen Fehler geliefert worden sei.

Er kann in diesem Falle die Kosten der Herstellung des vertragsmäßigen Zustandes fordern (BGH NJW 1965, 34 = LM § 463 BGB Nr. 10 = WarnRspr. 1964, 508 = WM 1964, 1249 = BetrBer. 1964, 1279; Hamburg HansRGZ 1930 B 430). Dabei ist jedoch zu beachten, daß das Gesetz dem Käufer einen Nachbesserungsanspruch grundsätzlich versagt, ein solcher also nicht etwa auf dem Umwege über die Naturalrestitution wieder zugebilligt werden darf: Der Anspruch geht stets nur auf Geld, nicht etwa auf Nachbesserung oder Herstellung der fehlenden Eigenschaft in Natur (BGH Betrieb 1957, 1222). Der Käufer kann alsdann das Begehren auf Schadensersatz bedingt stellen für den Fall, daß der Verkäufer die Mängel nicht innerhalb einer im Urteil zu bestimmenden Frist beseitige (§ 255 ZPO; vgl. JW 1913, 1035[4]); der Schadensersatz wegen Nichterfüllung ist dann der nach § 283 BGB (hierüber Vorbem. vor § 373 Anm. 454ff.). — Ersatzfähig sind ferner auch hier die Kosten vergeblicher Zurichtungen für eine betriebliche Verwendung der Ware, die nunmehr entfällt; ggf. in Form der Befreiung von eingegangenen Verbindlichkeiten. Einem Schadensersatz wegen Nichterfüllung stünde nicht einmal entgegen, daß der Käufer den Kaufgegenstand inzwischen verschlechtert hat (BGH NJW 1960, 238). Was der Käufer jedoch nicht über § 463 BGB erstattet verlangen kann, ist der Folgeschaden, den die mangelhaft gelieferte Ware an seinen sonstigen Gütern verursacht hat (BGH NJW 1962, 900ff., 909; LM § 459 Abs. 1 BGB Nr. 5; RG DR 1941, 637ff., 638 = HRR 1941 Nr. 225; wenig förderlich in der Unterscheidung zwischen „unmittelbaren" und „mittelbaren" Folgeschäden BGH NJW 1965, 532ff., 533): solche Schäden können nur aus dem Gesichtspunkt der positiven Vertragsverletzung zum Ersatz verstellt werden. In der Herleitung aus § 463 BGB daher noch unrichtig RG 53, 92: der Käufer hatte Saatgut, das die zugesicherte Eigenschaft nicht besaß, mit eigener guter Ware vermischt und diese dadurch entwertet (er durfte die so gemischte Ware dem Verkäufer zur Verfügung stellen und den Selbstkostenpreis der Mischung unter Abzug des vereinbarten Kaufpreises verlangen).

Daneben kann der Käufer, der die Sache behält, den Weg der abstrakten Schadensberechnung wählen. Er liquidiert in diesem Falle den Betrag, um den die Ware auf dem Markt im Verkaufspreis niedriger liegt gegenüber dem bei vertragsgemäßem Zustand erzielbaren Wiederverkaufspreis; BGH BetrBer. 1968, 1263.

Hat der Käufer den Kaufgegenstand weiterveräußert, so kommt die konkrete Schadensberechnung in Betracht. Ihr ist der erzielte Mindererlös zugrunde zu legen, wie er sich aus einem Vergleich mit demjenigen Erlös ergibt, der von der weiterverkauften Ware im vertragsgemäßen Zustand zu erzielen gewesen wäre — dies daher auch dann, wenn der Käufer den Weiterverkauf noch ohne Verlust hat bewirken können; JW 1917, 709[4]. Wird der Mangel erst später beim Abkäufer entdeckt, leitet aber der Abkäufer keine Folgen daraus her (oder kann er dies nicht, weil er zu spät gerügt hat), so ist dem Erstkäufer freilich kein Schaden erwachsen, es sei denn, ein solcher würde sich in einer Verminderung künftiger Umsätze mit dem Abkäufer darstellen und dann allerdings ersatzfähig sein. Erhebt jedoch der Abkäufer seinerseits Ansprüche wegen des Mangels, so kann der Erstkäufer den ihm hierdurch entstehenden Schaden auf seinen Verkäufer weiterwälzen; BGH BetrBer. 1968, 1263. Mußte der Käufer seinem Abkäufer wegen der Mangelhaftigkeit der Kaufsache Vertragsstrafe zahlen, so kann auch deren Ersatz beansprucht werden; nur bei ungewöhnlich hoher Vertragsstrafe muß der Käufer den Verkäufer vorher gewarnt haben (§ 254 BGB). Auf dem gleichen Gebiet liegt die Ersatzfähigkeit der Kosten eines mit dem Abkäufer wegen des Mangels geführten Prozesses, wenn der Entschluß des Erstkäufers, es auf den Prozeß ankommen zu lassen, nach Lage der Dinge vertretbar war und auch dem Verkäufer gegenüber unter dem Gesichtspunkt der Pflicht zur Kleinhaltung des Schadens (§ 254 BGB, s. unten unter dd) verantwortet werden konnte. Selbstverständlich muß der Verkäufer auch die Verzugskosten ersetzen, die dem Käufer im Verhältnis zu seinem Abkäufer dadurch auflasten, daß er die Ware wegen des Mangels nicht fristgerecht liefern kann. Nicht jedoch kann der Käufer den Schaden seines Abkäufers dem Verkäufer gegenüber als sog. Drittinteresse liquidieren (BGH NJW 1963, 2071 ff., 2073 ff. = BGHZ 40, 91 = MDR 1963, 1005 = BetrBer. 1963, 944), da eine hierzu berechtigenden Gelagertheit des Falles — Handeln für Rechnung eines anderen, Interessenverknüpfung kraft Obhutspflicht über fremde Sachen — nicht vorliegt; das bloße Interesse des Käufers, die Beziehungen zu seinem Abkäufer nicht mit Prozessen zu belasten, genügt nicht. — Endlich ist in keinem Falle Raum für Ersatz eines entgangenen Gewinnes, wenn dieser nur auf gesetzwidrige Weise hätte erlangt werden können. Hierüber RG 90, 305; Hamburg HEZ 2, 158 (Zusicherung eines angeblich behördlich genehmigten Verkaufspreises, wenn dieser nicht nur nicht genehmigt, sondern überhaupt nicht genehmigungsfähig war. Anders daher im Falle BGH NJW 1955, 1313, in welchem der Verkäufer eines der zugesicherten technischen Einsatzfähigkeit ermangelnden Fernlastzuges lediglich versäumt hatte, die — erteilbare — Konzession zu beantragen, ein Umstand, der dem Schadensersatzanspruch aus § 463 BGB nicht entgegenstand).

Verzögert sich die Absetzbarkeit der Ware wegen des Mangels, so kann der Käufer den Ersatz des Zinsverlustes verlangen, den er durch längere Lagerung der wegen ihrer Mängel schwerer verkäuflichen Ware ohne eigenes Verschulden erleidet; dieser Zinsenlauf hat seine Grenze darin, daß der Käufer nachweisen muß, welchen Kaufpreis er beim Weiterverkauf wirklich erzielt hat, und ob nicht durch diesen Erlös der Schaden wieder ausgeglichen worden ist.

dd) Die Grundsätze über den Vorteilsausgleich bleiben unberührt. Wird durch die Zurückweisung der Ware Lagerkapazität beim Käufer frei, die er unerwartet gut vermieten kann, so muß er sich den erzielten Mietzins auf den Schaden anrechnen lassen. Es bleibt schließlich noch daran zu erinnern, daß überall die Grundsätze über mitwirkendes Verschulden (§ 347 Anm. 32 ff.) zur Anwendung gelangen, so daß es von Belang ist, ob der Käufer die Gelegenheit, sich bei Zurückweisung der Ware anderweit einzudecken, nicht benutzt hat (Hamburg OLGR 28, 56).

ee) Ob Stückkauf oder Gattungskauf, bedingt für den Schadensersatz wegen Nichterfüllung keinen Unterschied (§ 480 Abs. 2, verglichen mit § 463 BGB), nur daß beim Gattungskauf an Stelle des Zeitpunkts des Kaufvertrages — in welchem das Kaufobjekt ja noch gar nicht konkretisiert sein kann — der des Gefahrübergangs tritt. Entspricht das Kaufobjekt für diesen Zeitpunkt wegen des Mangels nicht den Anforderungen der §§ 243 Abs. 2 BGB/360 HGB, so wäre zwar die Konkretisierung noch nicht eingetreten. Dennoch sperrt das Schadensersatzverlangen des Käufers dem Verkäufer die Möglichkeit einer zweiten Andienung, auch wenn das Schadensersatzverlangen mit der Zurückweisung der Ware einhergeht. Das folgt daraus, daß der Käufer in diesem Falle nicht einmal den Wegfall seines Interesses an der Lieferung darzutun braucht (oben unter bb). Sein Verlangen auf Schadensersatz steht insoweit auf der gleichen Stufe wie das Wandelungsbegehren: die Konstruktion des Gesetzes in § 480 Abs. 2 BGB geht davon aus, daß allein der Käufer das Recht haben soll, darüber zu entscheiden, ob eine Nachlieferung stattfinden solle.

ff) Entbehrt nur ein Teil der Kaufsache der zugesicherten Eigenschaften, so kann sich der Käufer nur dann auf den Standpunkt vollständiger Nichterfüllung stellen, wenn die teilweise Erfüllung für ihn kein Interesse mehr hatte; § 325 Abs. 1 BGB findet hier entsprechende Anwendung, obgleich in RG 52, 355 etwas schroff dem Käufer unter allen Umständen das Recht zugesprochen scheint, den Verkäufer so zu behandeln, als habe er überhaupt nicht erfüllt. Fehlt also nicht jedes Interesse an der teilweise mangelhaften Erfüllung in diesem Sinne, so hat der Käufer nur das Recht auf Schadensersatz insofern, als einem Teil der Ware die zugesicherte Eigenschaft fehlt (insofern ist Eccius bei Gruch. 43, 336 und Planck § 463 Erl. 5 zuzustimmen). Leidet nur ein unbedeutender Teil der Ware an einem Fehler, oder ist der Fehler selbst ganz geringfügig, so führen die allgemeingültigen Grundsätze von Treu und Glauben (Vorbem. vor § 373 Anm. 430) schon dazu, dem Käufer das Recht, die ganze Ware zurückzuweisen, zu versagen. Sind von mehreren Sachen nur einzelne mangelhaft, so kann selbst bei Festsetzung eines Gesamtpreises nur hinsichtlich der fehlerhaften Sachen Schadensersatz wegen Nichterfüllung verlangt werden; es wäre denn, daß es sich um untrennbare Sachen handelt, d. h. es gilt der nur für die Wandelung gegebene § 469 BGB auch hier (RG 73, 390; unten Anm. 179aff.). Ist eine Nebensache mangelhaft, so kommt § 470 BGB zur entsprechenden Anwendung (hierüber unten Anm. 178).

Anm. 88 gg) Der Fall des Vorspiegelns einer angeblich vorhandenen Eigenschaft wirft schließlich die Frage auf, wie die Rechtslage sich in dem umgekehrten Falle beurteilt, wenn der Verkäufer bei Kaufabschluß eine Eigenschaft zwar zusichert, aber offen erklärt, daß sie zur Zeit noch nicht vorhanden sei. Die Zusicherung ist dann als auf den Zeitpunkt des Gefahrübergangs bezogen anzusehen. Dem recht verstandenen Sinn der Vorschrift entsprechend wird § 463 BGB auch hier anwendbar sein. Denn wo die gewährschaftsrechtliche Schadensersatzpflicht wegfällt, falls die zugesicherte, bei Kaufabschluß noch fehlende Eigenschaft bis zum Gefahrübergang hergestellt wird (oben Anm. 47), da muß sie umgekehrt begründet sein, wenn die bei Kaufabschluß gegebene Zusicherung ihrer Herstellung nicht innegehalten wird („Recht" 1908, 960). Auf ein Verschulden des Verkäufers in der Nichtinnehaltung kommt es also nicht an; die Haftung bleibt garantieförmig. Nicht etwa ist der Käufer auf die schlichten Gewährschaftsrechte aus § 459 Abs. 2 BGB verwiesen. Die „isolierte" Anwendung des § 459 Abs. 2 BGB kommt mithin nur dann in Betracht, wenn die Eigenschaft zusicherungsgemäß bei Kaufabschluß vorhanden, aber später — ohne Verschulden des Verkäufers, da anderenfalls Ansprüche aus positiver Vertragsverletzung zugegeben wären — wieder weggefallen ist.

Anm. 89 γ) Der Gerichtsstand für die Klage auf Schadensersatz wegen Nichterfüllung und der Erfüllungsort sind an dem Ort begründet, an dem der Verkäufer die ihm vertraglich obliegende Verpflichtung zu erfüllen hat, wegen deren Nichterfüllung Schadensersatz geleistet werden soll; in der Regel also am Wohnort des Verkäufers. Denn der Anspruch ist ein solcher aus nicht gehöriger Erfüllung (§ 269 BGB); diese Verpflichtung tritt an Stelle der Erfüllung und ist die streitige nach § 29 ZPO. Danach bestimmt sich der Gerichtsstand (RG 55, 425; JW. 01, 397[5]). Es verhält sich wie mit dem Anspruch auf Schadensersatz wegen Nichterfüllung infolge Leistungsverzugs. Dieser Erfüllungsort ändert sich nicht dadurch, daß der Käufer bei Lieferung wertloser Ware unter Rückgabe dieser gegen den Kaufpreis mit seinem Schadensersatzanspruch aufrechnet (LZ 07, 342[7]). Der Erfüllungsort ändert sich auch nicht dadurch, daß der Käufer mit der Schadensersatzklage Feststellungsanträge verbindet, die sich als Einzelfolgen der Schadensersatzpflicht darstellen, wie z. B. die Anträge auf Feststellung, daß eine zur Aufrechnung verstellte Gegenforderung des Verkäufers durch den Betrag seiner Ersatzschuld getilgt sei, oder daß der Käufer dem Verkäufer aus dem Kaufvertrag nichts mehr schulde (RG 83, 86). Ist der Schaden zur Zeit der

Klageerhebung noch nicht zu beziffern, so ist die Feststellungsklage der gegebene Rechtsbehelf selbst dann, wenn während des Rechtsstreits die Voraussetzungen für die Leistungsklage eintreten (BGH LM § 256 ZPO Nr. 5 u. NJW 1958, 1681; RG 108, 202). Ist ein Schaden zum Teil bereits entstanden, zum Teil erst noch zu erwarten, so kann doch Feststellungsklage für das Ganze erhoben werden. Der Käufer braucht die Klagen nicht zu spalten in eine Feststellungs- und in eine Leistungsklage (RG 108, 202; Stuttgart VersR. 1957, 490). Von demselben Gesichtspunkt aus entscheidet über das anzuwendende Recht das Recht des Erfüllungsortes des Verkäufers (WarneyerRspr. 1920 Nr. 188; 1910 Nr. 392; Lewald, Das deutsche internationale Privatrecht S. 253). Nach diesem Recht beantwortet sich die Frage, ob er seiner Vertragspflicht völlig genügt hat. Dagegen beurteilt es sich nach dem örtlichen Recht des Käufers, ob und wie er rügen und sich das Recht auf Gewährleistung erhalten muß (vgl. oben Anm. 37; JW 1913, 436[14]; 08, 192[5]).

d) **Beim Gattungskauf kann der Käufer auch Lieferung mangelfreier Ware verlangen.** **Anm. 90**

α) Beim Gattungskauf. Hierüber § 480 Abs. 1 BGB (Wortlaut s. Anm. 49) und § 360 HGB. Voraussetzung ist, daß die Gattungsware zur Zeit des Gefahrübergangs an einem Fehler im Sinne des § 459 leidet oder daß ihr eine zugesicherte Eigenschaft fehlt (oben Anm. 39ff. u. 47ff.); beim Handelskauf ist selbstverständlich ferner vorausgesetzt, daß der Mangel gehörig gerügt sein muß. Der Zusicherung der Eigenschaft ist auch hier das arglistige Vorspiegeln der Eigenschaft gleichgestellt.

β) Statt der Wandelung oder Minderung. Wie dort muß also auch hier die Gefahr übergegangen sein. Das ist nun, gerade weil die Gattungssache an dem Mangel leidet, in Anwendung der §§ 243 Abs. 2 BGB, 360 HGB zunächst nicht der Fall: der Verkäufer hat nicht das „seinerseits Erforderliche" im Rahmen seiner Lieferpflicht getan, und die Konkretisierung ist nicht eingetreten; nur für ein individualisiertes Kaufobjekt aber kann die Gefahr überhaupt übergehen. Übergehen kann sie in einem solchen Falle nur noch dadurch, daß der Käufer die Lieferung als das geschuldete Leistungsobjekt entgegennimmt. Sei es auch nur, um daraufhin sofort zu wandeln — durch das Wandelungsbegehren sperrt er dem Verkäufer die Möglichkeit der Nachlieferung (der zweiten Andienung); BGH NJW 1967, 33, — sei es, um sich die sonstigen Möglichkeiten der Regulierung offenzuhalten: **Anm. 91**

Es ist jedenfalls an dem Käufer, zu bestimmen, ob er nachgeliefert haben will oder nicht. Das ist juristisch zweigleisig möglich. Entweder nutzt der Käufer den Umstand, daß die Gefahr noch gar nicht übergegangen ist. Er kann die Ware a limine zurückweisen und den Verkäufer in Lieferungsverzug setzen mit dem Präjudiz des § 326 BGB (Vorbem. vor § 373 Anm. 397). Oder aber, er weist nicht a limine zurück, nimmt vielmehr entgegen, führt dadurch (Gefahrübergang und) Konkretisierung herbei und kann nunmehr ohne unangemessenen Zeitdruck die Ware untersuchen, um sich schlüssig zu werden, ob er (wandeln, die Ware behalten und mindern, Schadensersatz beanspruchen oder doch noch) über § 480 Abs. 2 BGB Nachlieferung verlangen wolle. In diesem Falle braucht er erst nach vollzogenem Einverständnis des Verkäufers im Sinne von §§ 480, 465 BGB die mangelhafte Sache Zug um Zug gegen die mangelfreie herauszugeben (RG 94, 331; unten Anm. 97). Aber das ist, obgleich dieses Recht in Prot. VI 181 als eine besondere Art der Wandelung bezeichnet wird, keine Wandelung; die Wandelung enthält eine Rückgängigmachung des ganzen Kaufvertrages, gleich als wenn er nicht geschlossen wäre. Der Anspruch auf Lieferung mangelfreier Ware ist in Wahrheit nicht einmal Gewährleistungsanspruch, sondern Erfüllungsanspruch. Das heißt: der Anspruch entspringt nicht aus der Haftung für die Mangelhaftigkeit der Ware, sondern aus dem Vertrag. Das Gesetz nimmt an, daß der Vertrag durch Lieferung mangelhafter Ware nicht erfüllt ist, weil die Verpflichtung des Verkäufers die Lieferung von Handelsgut mittlerer Art und Güte zum Inhalt hat, und daß der Käufer dann auch nicht in Annahmeverzug gerät (§ 373 Anm. 3). Da es sich um eine Verpflichtung des Verkäufers handelt, entscheidet dessen Erfüllungsort über das anzuwendende Recht; während die Frage, ob der Käufer zur Annahme einer Ersatzlieferung verpflichtet ist, sich nach dem Recht des Käufers entscheidet (Lewald, Das deutsche internationale Privatrecht S. 253). Andererseits unterwirft das Gesetz den Anspruch doch Gewährleistungsgrundsätzen hinsichtlich der Mängelrüge, der Verjährung und gewisser anderer Beziehungen (folg. Anm.).

Anm. 92 γ) Auf diesen Anspruch finden nach § 480 BGB die für die Wandelung geltenden Vorschriften der §§ 464—466, des § 467 Satz 1 und die §§ 469, 474—479 BGB entsprechende Anwendung. Daraus folgt:

Anm. 93 αα) Durch vorbehaltlose Annahme der mangelhaften Sache in Kenntnis des Mangels ist der Anspruch des Käufers ausgeschlossen (§ 464 BGB, unten Anm. 118), aber ebenso durch jedes nachträgliche Verhalten, durch das der Käufer trotz der Kenntnis des Mangels zu erkennen gibt, daß er die Sache behalten wolle (vgl. oben Anm. 67 bis 69) oder durch das er sich die Rückgabe schuldhaft unmöglich gemacht hat (§ 467/§ 351 BGB; oben Anm. 66). Der Anspruch auf vertragsmäßige Lieferung wird aber durch Ingebrauchnahme und dadurch bedingte Verschlechterung der mangelhaften Sache nicht verwirkt, wenn sie durch den Verkäufer verschuldet ist (RG in DJZ 1933, 303). Durfte der Käufer sich auf die Reinheit des ihm zur Verarbeitung gelieferten Materials verlassen, so kann er also trotz der Verarbeitung Ersatzlieferung — und, wenn diese nicht geleistet wird, gemäß § 326 BGB Schadensersatz wegen Nichterfüllung — verlangen (Hamburg HRR 1931 Nr. 731).

Anm. 94 ββ) Die auf Lieferung gerichtete Wahl des Käufers ist vollzogen, wenn sich der Verkäufer mit der verlangten Nachlieferung einverstanden erklärt (§§ 480, 465 BGB) oder dazu rechtskräftig verurteilt ist (vgl. oben Anm. 63); in letzterem Falle mit der Wirkung, daß durch das Urteil auch eine vertraglich eingeräumte Nachbesserungsbefugnis des Verkäufers hinfällig wird. Die Nachbesserungsbefugnis hätte in jenem Rechtsstreit geltend gemacht werden müssen. Sind mehrere Käufer oder Verkäufer vorhanden, so ist zur Einigung, wie bei der Wandelung (oben Anm. 64), eine Einigung aller Käufer und Verkäufer erforderlich (§§ 480 Abs. 1, 467 Satz 1, 356 BGB); hat aber nur einer von mehreren Verkäufern eine Zusicherung erteilt, so muß er dafür einstehen (vgl. oben Anm. 46a). Bis zum Vollzug kann der Käufer das Verlangen auf Nachlieferung noch zurückziehen und eines der anderen Rechte wählen (RG 94, 331; JW 05, 492[16]). Erklärt sich der Verkäufer mit dem Anspruch auf Nachlieferung nicht einverstanden, so kann der Käufer diesen Anspruch im Wege der Klage geltend machen. Die gegnerische Theorie, nach der aus § 465 BGB folgen soll, daß der Anspruch auf Wandelung in einem Anspruch auf Einverständniserklärung mit der vom Käufer verlangten Wandelung bestehe, würde, da § 465 BGB hier entsprechende Anwendung findet, dazu führen, auch hier anzunehmen, daß der Anspruch auf Lieferung einer mangelfreien Sache darin bestehe, daß der Käufer vom Verkäufer verlangen könne, er möge sich damit einverstanden erklären, daß er eine mangelfreie Ware liefere. Siehe dagegen oben Anm. 59ff. Der Käufer, der nach dem Gesetze verlangen kann, daß ihm eine mangelfreie Sache geliefert wird, kann eben unmittelbar verlangen, daß ihm eine mangelfreie Sache geliefert wird, und seinen Klageantrag so stellen. Der § 465 BGB bedeutet, daß, wenn der Verkäufer sich mit dem Verlangen des Käufers einverstanden erklärt, nunmehr das Rechtsverhältnis derart nach dieser Richtung festgelegt ist, daß jetzt auch der Käufer nicht mehr davon abgehen kann und für beide Teile die hieraus sich ergebenden Rechte entstanden sind; d. h. also, daß nunmehr auch der Verkäufer verlangen kann, daß der Käufer die mangelhafte Sache zurückgibt und eine mangelfreie Sache abnimmt und bezahlt (unten Anm. 109). Das beiderseitige Einverständnis ist erst (dazu BGH NJW 1961, 117 = Betrieb 1960, 1417) vorhanden, wenn auch Einigung über das erzielt ist, was nun als Ersatz zu liefern ist; erst in diesem Augenblick wird der Anspruch des Verkäufers auf Rückgewähr der mangelhaften Sache fällig (RG 94, 332). Einigen sich die Parteien über Zurücknahme der als mangelhaft anerkannten Kaufsache dahin, daß der Verkäufer andere, mangelfreie Ware zu liefern habe, so stehen dem Käufer nach Inverzugsetzung des Verkäufers hinsichtlich dieser Verpflichtung nicht nur die Ansprüche aus § 326 BGB zu, sondern, wenn es zur Lieferung kommt, auch erneut die Gewährleistungsansprüche; wiederholte Schlechtlieferung bedeutet im übrigen, wenn aufseiten des Verkäufers schuldhaft, positive Vertragsverletzung und berechtigt den Käufer nach Wahl zu sofortigem Rücktritt oder zu sofortigem Schadensersatz wegen Nichterfüllung, auch ohne die Voraussetzungen des § 480 Abs. 2 BGB (Vorbem. vor § 373 Anm. 492). Die bloße Tatsache der Zurücknahme enthält noch nicht die Verpflichtung zur Lieferung einer andern Sache, auch nicht in dem Sinne, daß der ursprüngliche Lieferungsanspruch als wiederhergestellt anerkannt wird (LZ 1920, 483[3]); die einfache Tatsache der Zurücknahme der Kaufsache bedarf der Auslegung der Umstände und der gewechselten Erklärungen (vgl. Vorbem. vor § 373 Anm. 230ff.). Es kann in der Zurücknahme, wie in der vergleichsweisen Verständigung über die Zurücknahme (Hamburg HansRGZ 1929 B 758), der Vollzug der Wandelung liegen (hierüber oben Anm. 63), aber auch eine teilweise Verwirklichung des Anspruchs auf Schadensersatz wegen Nichterfüllung (LZ 1918, 1208[8]). Zur Lösung von Zweifeln über die Absichten des Käufers gibt das Gesetz dem Verkäufer zwei Wege; hierüber unten Anm. 95 u. 108. Ist die Ware vorbehaltlos zurückgenommen, so kann der Verkäufer sich gegenüber dem Schadensersatz wegen Nichterfüllung fordernden Käufer nicht wieder darauf berufen, daß die Ware vertragsmäßig beschaffen gewesen sei (RG 52, 359; Darmstadt HessRspr. 18, 124); ebensowenig, wenn er Lieferung von Ersatzware versprochen hat (Holdheim 05, 82; vgl. Vorbem. vor § 373 Anm. 230ff.).

Ist die Zurücknahme aus Gefälligkeit geschehen, so gilt die Lieferung als nicht erfolgt. Der Käufer hat durch Aufhebung des Erfüllungsgeschäfts wieder seinen ursprünglichen Lieferungsanspruch (RG 93, 100). Es bedarf keiner neuen Inverzugsetzung, wenn sie vorher schon erfolgt war. Der Käufer kann, wenn er selbst vertragstreu ist (Vorbem. vor § 373 Anm. 311), ohne weiteres die Lieferung mangelfreier Sache fordern und in demselben Schreiben nach § 326 BGB Nachfrist setzen und androhen, daß er nach Ablauf der Frist Erfüllung nicht mehr annehmen werde; dies ist nicht die Geltendmachung des Anspruchs auf Lieferung mangelfreier Sache nach § 480 BGB, sondern die Geltendmachung der Rechte aus dem Verzug des Verkäufers (RG 96, 170; Vorbem. vor § 373 Anm. 313ff., 397ff.). Bietet der Verkäufer nochmals eine mangelhafte Sache an, so hat der Käufer, wenn es zur Übergabe gekommen ist, wieder alle Gewährleistungsansprüche.

Erklärt sich der Verkäufer mit dem vom Käufer geltend gemachten Verlangen auf Lieferung einer mangelfreien Sache nicht einverstanden, so kommt der Verkäufer, der dem berechtigten Anspruch nicht genügt, in Leistungsverzug. Denn die angebotene Ware brauchte der Käufer nicht anzunehmen (§ 294 BGB). Die geschuldete Lieferung aber ist unterblieben. Hieraus ergibt sich, daß der Käufer auf Lieferung einer mangelfreien Sache, und zwar einer anderen Sache, klagen, daneben auch den Verzugsschaden verlangen kann. Der Verkäufer kann die zurückgewiesene mangelhafte Sache nicht ohne Einverständnis des Käufers nach ihrer Verbesserung von neuem anbieten; sonst käme man zu der oben Anm. 50 abgelehnten Nachbesserungsbefugnis. Da der Verkäufer aber auch in Lieferungsverzug geraten ist, so kann der Käufer, ohne daß er nochmals zur Lieferung mangelfreier Ware aufzufordern braucht, in Anwendung des § 326 Abs. 1 BGB dem Verkäufer eine angemessene Frist mit der Androhung setzen, daß er nach fruchtlosem Ablauf Erfüllung, d. h. Leistung einer mangelfreien Sache, nicht mehr annehmen werde. Nach Ablauf der Frist hat sich das ganze Rechtsverhältnis dahin geändert, daß der Verkäufer mangelfreie Ware nicht mehr anbieten und der Käufer mangelfreie Ware nicht mehr verlangen kann. Denn Erfüllung ist für beide Teile ausgeschlossen. Der Käufer hat nur noch die Wahl zwischen Rücktritt und Schadensersatz wegen Nichterfüllung, wie dies in Vorbem. vor § 373 Anm. 412ff. des näheren dargelegt ist. Obgleich das Verlangen der Lieferung mangelfreier Ware ein Gewährleistungsanspruch ist, findet auf diese Weise doch eine Überleitung in das Gebiet des Schuldnerverzugs mit den soeben angegebenen Folgen statt (JW 05, 17[10]; 04, 198[7]). Auf diese Weise gelangt der Käufer zu einem Schadensersatzanspruch wegen Nichterfüllung, auch wenn keine Eigenschaft zugesichert war und dem Verkäufer arglistiges Verschweigen nicht vorzuwerfen ist. Über das Verhältnis bei Sukzessivlieferungsverträgen s. unten Anm. 178ff. In der Weigerung mangelfreie Ware zu liefern, kann auch eine positive Vertragsverletzung enthalten sein (hierüber Vorbem. vor § 373 Anm. 491). **Anm. 95**

γγ) Entbehrt nur ein Teil der Kaufsache der zu fordernden Eigenschaften, so kann der Käufer Lieferung einer völlig neuen mangelfreien Sache begehren. Ist eine Nebensache mangelhaft, so kommt § 470 BGB zur entsprechenden Anwendung (unten Anm. 178). Sind mehrere Sachen zusammen verkauft, und fehlt nur einer oder einigen die vertragliche Beschaffenheit, so kann nur die mangelfreie Lieferung dieser Sachen verlangt werden, wenn nicht etwa die Sachen als zusammengehörig verkauft sind. Es kommt § 469 BGB zur entsprechenden Anwendung (vgl. oben Anm. 87a). Über § 469 BGB s. unten Anm. 179aff. Beim Sukzessivlieferungsvertrag kann der Käufer, der den Verkäufer mit Lieferung einer mangelfreien Rate in Verzug gesetzt hat, gegen den

Verkäufer auch wegen der künftigen Raten nach § 326 Abs. 1 BGB vorgehen und das Wahlrecht wegen aller ausstehenden Lieferungen ausüben (Vorbem. vor § 373 Anm. 444; RGRKomm.[11] § 480 Anm. 8). Unter Umständen kann er sogar von § 326 BGB absehen und ohne weiteres von seinem Wahlrecht Gebrauch machen, wenn eine positive Vertragsverletzung gegeben ist (Vorbem. vor § 373 Anm. 513ff.).

Anm. 96 δδ) Der Verkäufer kann, wenn der Käufer einen Mangel behauptet, sich gemäß § 466 BGB darüber Gewißheit verschaffen, ob der Käufer etwa Nachlieferung verlangt. Hierüber s. unten Anm. 108; oben Anm. 63 u. 94.

Anm. 97 εε) Der Käufer ist, sobald der Anspruch auf Nachlieferung endgültig feststeht, zur Rückgewähr der empfangenen Sache verpflichtet (Näheres oben Anm. 91, 94 u. 71). Solange die Einigung über die Nachlieferung nicht feststeht, gibt es keine Rückgewährpflicht (RG 94, 331). Steht die Einigung aber fest, so kann der Käufer sein Zurückbehaltungsrecht an den empfangenen Sachen geltend machen, bis ihm die Ersatzware geliefert ist (§ 369 u. Anm.; § 273 BGB). Die Einrede des nichterfüllten Vertrags dagegen, die u. U. weiter geht (§ 320 Abs. 1 Satz 2 BGB!), steht dem Käufer nur zu, wenn er wegen neuerlichen Verzuges des Verkäufers von § 326 BGB Gebrauch machen kann, insofern hierdurch die Rechtsbeziehungen der Parteien über das reine Zwischen-Austauschverhältnis hinaus wieder auf die ursprünglichen Leistungspflichten zurückgeführt worden sind und der Käufer nicht wohl schlechter stehen kann als wenn der Verkäufer von vornherein nicht geliefert hätte (Vorbem. vor § 373 Anm. 296). Die Rückgabepflicht ist regelmäßig dort zu erfüllen, wo sich vertragsmäßig die Sache befindet (RG. 94, 332). Kommt der Käufer nach vollzogener Einigung über Lieferung einer mangelfreien Sache mit Rückgewähr der mangelhaften Sache in Verzug, so kann der Verkäufer nach § 286 Abs. 1 BGB auf Herausgabe nebst Verspätungsschaden klagen und, wenn die Leistung infolge des Verzugs für ihn kein Interesse mehr hat (vgl. Vorbem. vor § 373 Anm. 424), die Rücknahme der mangelhaften Sache ablehnen und Schadensersatz wegen Nichterfüllung verlangen. Das Interesse ist weggefallen, wenn der Verkäufer infolge verspäteter Rückgabe die mangelhafte Kaufsache seinem Lieferanten nicht mehr zurückgeben kann (RG 94, 332). Der Verkäufer kann aber statt dessen dem Käufer eine Frist setzen mit der Androhung, daß er nach vergeblichem Ablauf die Annahme ablehnen werde (§§ 480 Abs. 1 Satz 2, 467 Satz 1, 354 BGB); nach vergeblichem Ablauf der Frist wird die Einigung unwirksam (§ 354 Satz 2 BGB) mit der Wirkung, daß der Käufer zahlen muß, wie wenn der Kaufvertrag vom Verkäufer gehörig erfüllt wäre (hierüber oben Anm. 74b).

Anm. 98 δ) Ist der Verkäufer rechtskräftig zur Lieferung einer mangelfreien Sache verurteilt, so kann der Käufer unter Anwendung des § 283 BGB zu einem Schadensersatzanspruch, gerichtet auf den in Geld ausgedrückten Wert der ausgebliebenen Leistung, gelangen. Es findet hier nicht, wie beim Verzug, die Umwandlung des ganzen Verhältnisses in einen Schadensersatzanspruch wegen Nichterfüllung statt (hierüber Vorbem. vor § 373 Anm. 454ff.; vgl. auch oben Anm. 74a).

Anm. 99 ε) Abschließend ist noch einer Besonderheit des Nachlieferungsanspruchs zu gedenken, die sich im Falle des Fehlens einer zugesicherten Eigenschaft ergibt. Die Eigenschaft kann eine solche sein, daß sie, obwohl zugesichert, der Gattung weder anhaftet noch anhaften kann. Es ist z. B. nach Katalog eine Rufanlage bestimmten Typs zur Verwendung in einem Fertigungsbetrieb bestellt worden; der abschlußbevollmächtigte Vertreter des Verkäufers hat dem Käufer vertraglich zugesichert, die Anlage sei als Sammelrufanlage geeignet; in Wahrheit ist die Anlage so, wie sie serienmäßig hergestellt wird und im Katalog angeboten wird, nur als einfache Sprechanlage, als Sammelrufanlage jedoch nicht zu verwenden, auch nicht verwendbar zu machen. Hier kann ein Nachlieferungsanspruch auf „mangelfreie" Ware nicht gegeben sein. Die Zusicherung geht an dieser Gattung „vorbei"; die Ware ist so, wie bestellt, schlechthin nicht lieferbar. Es liegt zwar abermals keine Teilnichtigkeit aus §§ 306, 139 BGB vor (oben Anm. 46b). Die Regulierung verbleibt auf der gewährschaftlichen Ebene. Wollte man jedoch den Verkäufer für verpflichtet halten, sich bei der Konkurrenz um eine Sammelrufanlage zu bemühen und nunmehr diese zu liefern, so würde damit dem Kaufvertrag ein anderes Lieferobjekt untergeschoben. Das aber wäre nicht mehr Nachlieferung „der"

— bestellten — Ware in „mangelfreiem" Zustand. Hier ist, außer Wandelung und Minderung, nur der Schadensersatzanspruch aus der Zusicherung gegeben.

e) **Der allgemeine Anspruch auf Schadensersatz bei schuldhaft mangelhafter Lieferung.** Zum folgenden vgl. namentlich auch Vorbem. vor § 373 Anm. 482ff. **Anm. 100**

α) Es ist ein zwar im Bürgerlichen Gesetzbuch nirgends ausdrücklich ausgesprochener, aber doch der Zivilrechtssystematik zugrunde liegender allgemeingültiger Rechtssatz, daß schuldhafte Verletzung der Vertragspflichten schadensersatzpflichtig macht. Es ist dies in § 347 Anm. 1ff. dargetan. Das BGB hat den Haftungsgrund der Schadensersatzpflicht für Vertragsverletzungen kasuistisch aufgespalten in den der Unmöglichkeit und den des Verzuges: eine Technik, die sich schon bald als zu eng erwies, weil es Fälle von Verstoß gegen Vertragspflichten gibt, die — weil sie den Leistungsgegenstand als solchen unberührt lassen — weder Unmöglichkeit noch Verzug bedeuten, aber dennoch dem Gläubiger einen Schaden anderer Art, einen sogenannten Begleitschaden im Sinne von Franz Leonhard (Bes. Schuldrecht S. 542) zufügen. Ein Teil des Schrifttums und insbesondere das Reichsgericht haben lange Zeit geglaubt, die Rechtsgrundlage für eine Haftung in solchen Fällen im § 276 BGB erblicken zu können. Der Kritik ist zuzugeben, daß die in § 276 BGB aufgestellte Pflicht des Schuldners, Vorsatz und Fahrlässigkeit zu „vertreten", nur einen allgemeinen Maßstab der Verantwortlichkeit enthält, ohne die Folgen dieser Verantwortlichkeit in Form einer Ersatzpflicht auszusprechen. § 276 BGB ist Rahmenbestimmung, nicht Haftungsgrund (so jetzt auch BGH 11, 83). Richtig bleibt an der Argumentation aus § 276 BGB nur so viel, daß diese Bestimmung das Bestehen des eingangs herausgehobenen allgemeinen Grundsatzes der Schadensersatzpflicht unterstellt (RG 53, 201; 52, 19); würde ihre Bedeutung sich in der bloßen Legaldefinition des Vertretenmüssens erschöpfen, so hätte sie ihren Platz im Allgemeinen Teil des BGB. gefunden. Überzeugender ist deshalb die Gesetzesanalogie, die sich aus den §§ 280, 286, 325, 326 BGB gewinnen läßt. Sie ist die heute gemeinhin herrschende. Bereits unter der Herrschaft des alten Rechts (RG 44, 242; 34, 216; 20, 92; Eccius, Preuß. Privatr., 7. Aufl. I 506) hat man aus dem verschiedenen Charakter des Anspruchs auf Gewährleistung und dem Anspruch auf Entschädigung wegen schuldhaft schlechter Vertragserfüllung Folgerungen abgeleitet. Diese unter verschiedene Gesichtspunkte gebrachten Fälle werden nun von dem zusammenfassenden Grundgedanken des Gesetzes umgriffen, welcher aus den Bestimmungen über Unmöglichkeit und Verzug dahin herauszulesen ist, daß jede, auch jede „positive", wenn nur schuldhafte Verletzung der Vertragspflichten schadensersatzpflichtig macht (RG 106, 25; 56, 169; dazu § 347 Anm. 3). Es handelt sich hier nicht um die Fälle von Verschulden bei Vertragsschluß (§ 347 Anm. 22ff.), in denen nach RG in HRR 1930 Nr. 37 für Kaufgeschäfte zwischen Kaufleuten eine Haftung aus fahrlässigem Verhalten des Verkäufers neben den Gewährleistungsansprüchen nur anzuerkennen ist, wenn sich sein Verschulden nicht auf die Eigenschaften der Sache selbst, sondern auf andere nebenhergehende bedeutsame Umstände bezieht, von denen er sich sagen mußte, daß sie zur Vereitelung des Vertragszweckes geeignet waren (eine Schadensersatzpflicht des Verkäufers bezüglich nicht mitgeteilter Sachmängel tritt insofern nur bei dem Nachweis der Arglist ein; oben Anm. 53).

Es handelt sich hier vielmehr um den Schaden, der durch ein Verschulden bei der Erfüllung verursacht worden ist („Schlecht"erfüllung). Eine solche Ergänzung ist auch und gerade neben den Gewährleistungsvorschriften nötig (so jetzt auch DürHach. V Einl. Anm. 239). Denn die Gewährleistung deckt nur das reine Zurückbleiben der Lieferung hinter der geschuldeten mangelfreien („den Ersatz von Schäden, die an dem Liefergegenstand selbst entstanden sind", wie Ziff. VII, 9 der Lieferungsbedingungen des VDMA [BGH NJW 1960, 1661] es definiert), wobei sie — von dem Falle des arglistigen Verschweigens eines Fehlers oder des arglistigen Vorspiegelns einer Eigenschaft abgesehen — irgendein Verschulden des Verkäufers nicht voraussetzt. Gewährleistungsansprüche haben die unmittelbare Einbuße im Mangel der Lieferung zum Gegenstand. Nicht berücksichtigt sind hierbei die zahlreichen Fälle, in denen durch mangelhafte Erfüllung, nämlich durch den Gebrauch oder durch die Verwendung der Kaufsache, also mittelbar, dem Käufer ein Schaden entsteht, ohne daß der Fall der Zusicherung einer bestimmten Eigenschaft oder arglistige Verschweigung eines Fehlers oder einer arglistigen Vorspiegelung vorliegt (RG in HRR 1941, Nr. 225 = WarneyerRspr. 1941, 201). Es liefert z. B. der Verkäufer dem Käufer nasses, nicht mahlfähiges Getreide (RG 52, 18), nicht keimfähiges Saatgut (das zur Aussaat geeignet sein sollte; RG 53, 201; JW 03 Beil. 69[158]; WarneyerRspr. 1912 Nr. 372), nicht bindefähigen Kalk (RG 56, 167), mottige Pelzwaren, feuchte Lederwaren, wasserdurchtränkten Teer, sauren Wein, einen Pkw, bei dem im Zuge der Ablieferungsinspektion ein Fehler übersehen wird und der deshalb alsbald nach der Ablieferung einen Unfall mit Personenschaden des Käufers verursacht (BGH NJW 1969, 1718 = BetrBer. 1969, 893 = Betrieb 1969, 1741 = VersR 1969, 834 = VRS 37, 167 = WM 1969, 1015 = DAR 1969, 240), Tiere, die aus einem verseuchten Orte stammen und andere Tiere anstecken (vgl. oben Anm. 41 sub c), vergifteten statt gesundem Mais (RG 66, 289), Natronlauge statt Selterswasser (JW 08, 236[9]; vgl. unten Anm. 101), explosive statt ungefährliche Stoffe (RG 108, 224) — alles Waren, die mit einem Fehler behaftet sind, der ihre Verwendung zum gewöhnlichen oder nach dem Vertrage vorausgesetzten Gebrauch beeinträchtigt. Es liegen andererseits diese Fälle nicht so, daß eine bestimmte Eigenschaft zugesichert oder ein Fehler arglistig verschwiegen worden wäre. Die Ansprüche aus Gewährleistung und aus schuldhaft schlechter Lieferung decken sich sonach nicht (hierüber noch unten Anm. 104 u. 100a). Würde man in solchen Fällen einen Anspruch auf Schadensersatz nicht zulassen, so könnte der Käufer den Kauf wohl rückgängig machen oder den Kaufpreis mindern oder andere Ware verlangen. Aber alle diese Rechte reichen nicht aus, der Gerechtigkeit zu genügen, wenn dem Käufer durch die fehlerhafte Lieferung bereits ein Schaden erwachsen ist. Der Käufer hat vielleicht die Ware entsprechend ihrer Zweckbestimmung verwendet (vgl. aber unten Anm. 102) und infolge der mangelhaften Beschaffenheit Schaden erlitten, oder die mangelhaft gelieferte Ware verdirbt seine eigene Ware oder schädigt andere Abnehmer, denen der Käufer nun ersatzpflichtig wird, oder die Ware ist polizeilich beschlagnahmt, dem Käufer sind Auslagen und Kosten entstanden, oder seine eigene Ware, die mit der mangelhaften vermischt worden, ist deshalb polizeilich im Verkehr beschränkt (Stallsperre wegen Seuchenverdachts). In einigen von diesen Fällen könnte die Schadensersatzpflicht aus unerlaubter Handlung eingreifen. Doch droht bei ihr die 3jährige Verjährung des § 852 BGB; außerdem kennt das Deliktsrecht keine Haftung für Erfüllungsgehilfen nach § 278 BGB, sondern nur eine für Verrichtungsgehilfen nach § 831 BGB mit der Möglichkeit des Entlastungsbeweises, ein Nachteil für den Geschädigten, der sich erfahrungsgemäß um so stärker auswirkt, je verzweigter die gewerbliche Wirtschaft auf der Verkäuferebene organisiert ist. Nur vertragsförmige Schadensersatzansprüche schaffen demgegenüber sachgerechten Ausgleich. Nicht zuletzt können sie über § 328 BGB auch den Familien- und den Betriebsangehörigen des Käufers zustehen, die durch die schadenstiftende Kaufsache unmittelbar geschädigt worden sind (BGH NJW 1956, 1193).

Anm. 100a Der Käufer hat also das weitere Recht, Schadensersatz zu verlangen, wenn der Verkäufer schuldhaft mängelbehaftet liefert, und zwar nicht wegen Ausbleibens der Erfüllung, d. h. wegen Verzugs, verschuldeter Unmöglichkeit (wie in den ersten Jahren nach Auftauchen des Problems gelegentlich angenommen), sondern wegen Verschuldens im Erfüllungsvollzug. Man hat in allen diesen Fällen es gewissermaßen so anzusehen, als ergebe sich aus der Verkehrssitte, aus der Art des Geschäfts oder aus einer stillschweigenden Vereinbarung eine Pflicht des Verkäufers, für vertragsmäßige Ware einzustehen und sie auf ihre Vertragsmäßigkeit zu untersuchen, soweit es sich nicht um die Lieferung völlig anderer Ware handelt (unten Anm. 103). In dem hier behandelten Zusammenhang sind im übrigen nur diejenigen positiven Vertragsverletzungen zu erörtern, die mit einem Mangel der Kaufsache zu tun haben und insoweit der Gewährleistung an die Seite treten. Daß das Anwendungsgebiet der positiven Vertragsverletzung beim Kauf weit darüber hinausgreift, ist in der Vorbem. vor § 373 unter Anm. 487ff. näher ausgeführt und kann nicht zuletzt für die Auslegung von Freizeichnungsklauseln Bedeutung gewinnen (BGH NJW 1960, 1661).

Anm. 101 β) Wann ein Verschulden des Verkäufers vorliegt, richtet sich nach allgemeinen Grundsätzen (§ 347 Anm. 4ff.). Zum etwaigen Vorsatz gehört nicht die Absicht der Schädigung, sondern nur das Bewußtsein des schädigenden Erfolgs (RG 63, 146; 62,

139); z.B. das Verschweigen des Herkunftsortes der Tiere aus einem verseuchten Stall. Im übrigen ist zu berücksichtigen, daß bloße Vertragswidrigkeit für sich allein zur Begründung der hier gemeinten Haftung nicht ausreicht (LZ 07, 505[2]). Ebensowenig genügt es, wenn der Verkäufer bereits bei Vertragsschluß beabsichtigte, vertragswidrig zu liefern (unten Anm. 156). Es muß eine schuldhafte Pflichtverletzung vorliegen, die keineswegs in jeder mangelhaften Erfüllung als solcher enthalten zu sein braucht, aber sehr wohl in der Lieferung einer ganz anderen Ware enthalten sein kann, wenn eine besondere Vertragspflicht, für die Lieferung richtiger Ware einzustehen, übernommen ist (JW 1914, 675[3]). Im allgemeinen gilt auch hier die Regel, daß, falls solche Sorgfaltspflichten gedachter Art bestehen, die Anforderungen nicht so hoch gespannt werden dürfen, daß auch jede entfernte Möglichkeit in Betracht zu ziehen wäre. Eine gewisse Voraussehbarkeit ist daher erforderlich; allerdings nicht eine bestimmte Vorstellung der Folgen. Immer muß eben das geschehen, was der Verkehr an Sorgfalt erfordert, so daß einerseits Mißbräuche und Unsitten nicht zu beachten sind und andererseits nicht die Einsicht und Erfahrung, die der Verkäufer persönlich besitzt, entscheidet. Es kommt darauf an, wie ein verständiger Mann und, wenn der Verkäufer Kaufmann ist, wie ein verständiger Kaufmann nach dem Maße durchschnittlicher Erkenntnisfähigkeit und Geschicklichkeit sich im gegebenen Falle verhalten hätte. Durch Gutgläubigkeit bei der Vertragsverletzung oder durch Unkenntnis der Vertragspflichten wird die Schadensersatzpflicht nicht beseitigt; wohl aber durch höhere Gewalt und durch Umstände, die der Gegner vertreten muß (z. B. wenn dieser zur Vertragsverletzung verleitet hat). Wieweit bei Beurteilung der Fahrlässigkeit zu gehen ist, bleibt also Tatfrage. Damit, daß er ungewöhnlich stark in seiner Fabrik beschäftigt war, kann sich der Verkäufer nicht entschuldigen (Bolze 7 Nr. 562). Darüber, ob Streik oder sonstige Erfüllungshindernisse von der Haftung entbinden, s. Vorbem. vor § 373 Anm. 338. Entschuldigt ist der Lieferant, wenn er die Ware nicht selbst anfertigt, also die Fehler nicht selbst verschuldet hat, und die Ware, die er von einem leistungsfähigen Hause bezog, einmal schlechter als sonst ausfiel (BGH LM § 276 BGB [Hb.] Nr. 2: serienmäßiges Kraftfahrzeug). Dagegen ist ein Verschulden z. B. anzunehmen, wenn der Verkäufer von unzuverlässigen Händlern mangelhafte Ware bezieht und unbesehen weitergibt, oder wenn er selbst schlechte Ware mit guter schwer entdeckbar vermischt (RG 25, 28). Die Sache muß immer so liegen, daß der Verkäufer die Fehler kannte oder bei Aufwendung gehöriger Sorgfalt hätte kennen (erkennen) müssen, daß ferner nach den Anschauungen des Verkehrs eine besondere vertragliche Pflicht des Verkäufers bestand, den Käufer auf die Fehler — wenn nicht schon bei Vertragsschluß (das wäre culpa in contrahendo, oben Anm. 53), so doch spätestens bei der Ablieferung — aufmerksam zu machen, und endlich, daß dieser Vertragspflicht vom Verkäufer schuldhaft zuwidergehandelt ist. Der Verkäufer, selbst wenn er sachverständiger Techniker ist, hat grundsätzlich nicht die Verpflichtung, im Interesse des Käufers die Ware genau zu untersuchen, um diesen auf etwa vorhandene Mängel aufmerksam zu machen. Daher liegt in dem Nichtentdecken solcher Fehler seitens des Verkäufers auch kein Verschulden in der Erfüllung. Auch den Zwischenhändler trifft als Verkäufer grundsätzlich keine Untersuchungspflicht, vollends nicht beim sog. Streckengeschäft (BGH NJW 1968, 2238 = JZ 1968, 742 = BetrBer. 1968, 1216 = Betrieb 1968, 1942 = WM 1968, 1249). Nur ausnahmsweise kann eine vertragliche Pflicht der bezeichneten Art angenommen werden (RG 125, 78; JW 1910, 748[5]; LZ 07, 429[14]). Jedenfalls aber wird eine vertragliche Pflicht zur Aufklärung des Käufers da anzunehmen sein, wo sie ohnehin als deliktsrechtliche gefordert wird, nämlich da, wo aus dem nicht bekannten Mangel besondere Gefahren für Gesundheit und Eigentum des Käufers erwachsen können (so für das Deliktsrecht: BGH 17, 191 u. BetrBer. 1955, 1109).

Zu prüfen ist im Einzelfall auch, ob etwa der Lieferant des Verkäufers als dessen Erfüllungsgehilfe gegenüber dem Käufer anzusehen ist (RG 108, 223; s. weiter unten). Ein Gärtner handelt schuldhaft, wenn er Pflanzen unter einer bestimmten Bezeichnung der Pflanzenart verkauft, ohne zu wissen, was er verkauft (JW 1920, 831[1]). Eine besondere Pflicht zur Sorgfalt ist vorhanden beim Verkauf von Saatgut. Der Samenhändler oder -züchter, der Saatgut, auch unterschieden nach Sommersaat und Wintersaat, veräußert, muß sich vergewissert haben, daß er die richtige Ware weggibt, sonst trifft ihn der Vorwurf eines Verschuldens (RG 103, 81; WarneyerRspr. 1912 Nr. 372; JW 03 Beil. 69[158]). Ein Verschulden ist ausgeschlossen, wenn der Verkäufer des Samens das Keimattest eines leistungsfähigen Hauses oder einen sonstigen zuverlässigen Kontrollbeleg besaß (RG 20, 92; vgl. WarneyerRspr. 1913 Nr. 279). Ein Verschulden ist ferner nicht vorhanden, wenn die verkaufte Ware zwar schädliche Beimischungen hatte, dem Verkäufer jedoch ein Gedanke daran gar nicht kommen konnte (LZ 1914, 674[4]). Weiteres und über die Beweislast unten Anm. 130. Weitere Beispiele für schuldhafte Verletzung der Vertragspflicht: wenn ein Wirt dem Gast Salmiakgeist statt Selterswasser (RG 97, 117), ätzende Flüssigkeit als Sauerbrunnen (JW 1912, 682[5]), Seifenlauge statt Wein (vgl. jedoch WarneyerRspr. 1913 Nr. 323) vorsetzt und sich nicht entlasten kann (hierüber unten Anm. 130), oder wenn der Milchlieferant seine eigene Milchproduktion so schlecht überwacht, daß gesundheitsgefährliche Stoffe in die Milch geraten sind (JW. 01, 209[10]; auch der von Celle NJW 1953, 990, wenngleich dort nach Deliktsrecht entschiedene Fall gehört hierher), oder wenn eine chemische Fabrik die zu liefernden chemischen Präparate verwechselt (JW 1914, 675[3]), oder wenn der Verkäufer beim Bestehen eines besonderen Vertrauensverhältnisses den Käufer über für den Vertrieb der verkauften Erfindung wichtige Vorgänge nicht aufklärt (JW 1912, 743[5]), oder wenn der Verkäufer, obgleich eine Nachbesserung nicht möglich war, Nachbesserungshandlungen unternahm, ohne den Käufer aufmerksam zu machen, und den Käufer zu Auslagen bestimmte (Hamburg OLGR 24, 381; vgl. auch BGH NJW 1959, 1490). Weiteres unten Anm. 102. Alsdann hat der Verkäufer nach § 278 BGB nicht nur eigenes Versehen, sondern auch das seiner Erfüllungsgehilfen zu vertreten (Vorbem. vor § 48 Anm. 52ff.; § 347 Anm. 15). Erfüllungsgehilfen sind alle Personen, deren sich der Verkäufer bedient, um seinen Vertragspflichten gerecht zu werden. Wenn durch eine solche Person schuldhaft bewirkt wird, daß die Lieferung als eine schuldhaft mangelhafte Erfüllung erscheint, so ist sie eine schuldhafte des Verkäufers selbst (RG 108, 223). So z. B., wenn die Angestellten einem Kunden mit fremdartigen (also erkennbaren) Giftkörnern untermischtes Pferdefutter geliefert haben (RG bei Holdheim 05, 236), oder wenn der Gehilfe des Wirts dem Gast Natronlauge statt Selterswasser vorsetzt (JW 08, 236[9]), ohne daß der Käufer dies erkennen konnte (§ 254 BGB), oder wenn der Gehilfe dem Käufer unwahre Angaben über den für den Abschluß bedeutungsvollen Herkunftsort der Kaufsache macht (WarneyerRspr. 1913 Nr. 50). Der Lieferant des Verkäufers ist des letzteren Erfüllungsgehilfe, wenn er mit dem Käufer die Vertragserfüllung unmittelbar abwickelt (RG 108, 223), nicht aber, wenn er die Ware an seinen Käufer (den Verkäufer) liefert und dieser sie nun an seinen Abkäufer weiterliefert (vgl. Vorbem. vor § 373 Anm. 169). BGH LM § 276 BGB [Hb] Nr. 2 betont in diesem Zusammenhang mit Recht, daß die Frage der Erfüllungsgehilfenschaft des Lieferanten überhaupt nur da auftauchen könne, wo den von ihm belieferten Verkäufer in Anbetracht der gelieferten mangelhaften Sache grundsätzlich eine eigene (Erprobungs-, Untersuchungs-, Belehrungs-)pflicht gegenüber dem Käufer treffe, deren Verabsäumung geeignet sei, wegen des dadurch herbeigeführten Schadens des Käufers eine positive Vertragsverletzung darzustellen: wo schon diese Pflicht entfalle — der Händler eines fabrikneuen Marken-Kfz. brauche nicht mehr als eine oberflächliche Besichtigung und eine Probefahrt im üblichen Rahmen vorzunehmen —, da könne sie auch nicht durch den Lieferanten als Erfüllungsgehilfen des Verkäufers verletzt erscheinen. Über die Grenzen der Untersuchungspflicht dessen, der maschinelle Geräte fremder Fertigung vertreibt, vgl. auch die deliktsrechtliche Entscheidung BGH VersR 1960, 855. — Liefert der Verkäufer, der für ein von ihm verkauftes Drogengeschäft als Fachmann die zur Neueinrichtung erforderlichen Waren aussuchen und liefern soll, so mangelhaft, daß die Ursache nur das Fehlen der Fachkunde oder der Vertrauenswürdigkeit sein kann, so verletzt er schuldhaft den Vertrag im Sinne der positiven Vertragsverletzung (RG 62, 285; vgl. Vorbem. vor § 373 Anm. 493). Auch kann Garantieleistung (§ 349 Anm. 61) in Frage kommen.

Anm. 102 γ) Hinwiederum steht außer Frage, daß das zum Schadensersatz verpflichtende Verschulden des Verkäufers auch auf solche Tatbestände sich beziehen kann, welche gar nicht „gewährschaftsfähig" sind, weil sie erst nach Gefahrübergang eintreten. Gewiß kommt es nicht darauf an, ob ein Fehler oder der Mangel einer zugesicherten Eigenschaft erst nunmehr manifest werden: waren sie schon vorher in der Sachbeschaffenheit angelegt, so war die Sache schon vorher fehlerhaft. Von Bedeutung wird die positive Vertragsverletzung hier jedoch dann, wenn infolge Verschuldens des Verkäufers die Ware auf dem Transport — nachdem gem. § 447 BGB die Gefahr auf den Käufer übergegangen ist — Schaden erleidet. So kann, wenn beim Versendungskauf nach § 447 BGB die Kaufsache infolge mangelhafter Verladung unterwegs beschädigt (z. B. zerdrückt) wird (JW 1922, 287[5], eine Schadensersatzpflicht aus positiver Vertragsverletzung nach dem in der Vorbem. vor § 373 Anm. 486 und oben in Anm. 8 Ausgeführten gegeben sein. Über den Unterschied zwischen mangelhafter Verpackung (Sachmangel) und mangelhafter Versendung oben Anm. 8 u. 9. Ferner sind Fälle denkbar, in denen die gelieferte Ware nach Ablieferung an den Käufer Fehler zu entwickeln beginnt, weil ihr etwa nicht genügend Konservierungsstoffe für längerfristige Haltbarkeit beigegeben waren und der Verkäufer den Käufer hierüber nicht genügend unterrichtet hatte. — Eine andere Frage ist, ob ein Schadensersatzanspruch aus positiver Vertragsverletzung auch kraft eines bloßen „Begleitverhaltens" des Verkäufers in der Zeit zwischen Kaufabschluß und Gefahrübergang erwachsen kann. Gibt der Verkäufer in dieser Zeit fahrlässig falsche Auskünfte über einen vorhandenen Fehler (oder über das Vorhandensein einer in Wahrheit fehlenden Eigenschaft), so wird hieraus allein ein Schadensersatz nicht hergeleitet werden dürfen. Der Verkäufer kann für ein solches Verhalten nicht wohl haften, weil es ihn, wenn beim Kaufabschluß begangen, nicht haftbar gemacht haben würde (oben Anm. 53): ihn nunmehr strenger zu behandeln, entbehrte des inneren Grundes. Eine Haftung kommt alsdann nur aus besonderem Rechtsgrund in Betracht (verbindliche Auskunft, § 676 BGB, Garantieübernahme). Wo allerdings der Verkäufer die Auskunft bewußt falsch abgibt oder einen jetzt aufgetretenen Fehler arglistig verschweigt, obwohl er ihn hätte offenbaren müssen (darüber unten Anm. 157), wird er haften müssen.

δ) Dieser Schadensersatzanspruch steht dem Käufer nur zu, wenn er seine Obliegenheit aus § 377 erfüllt, d. h. er muß die Mängel gehörig und rechtzeitig rügen (BGH Betrieb 1953, 992; RG 125, 78; 106, 310; 53, 203; LZ 09, 672[2]; Marienwerder SeuffA 61, 26). Es beruht zwar die Haftung auf einem besonderen von § 459 BGB nicht geforderten Verschulden, also auf einem besonderen Grund; allein es besteht doch ein so enger Zusammenhang mit dem in § 377 aufgestellten Grundsatz und dessen Zweck, daß unbedenklich auch hier davon auszugehen ist, das Fehlen ordnungsmäßiger Mängelanzeige bedeute Genehmigung (RG 125, 78). Diese Annahme ist um so berechtigter, als auf die schuldhafte Schlechterfüllung durch Lieferung mangelhafter Ware die kurze Verjährung des § 477 BGB Anwendung findet (unten Anm. 134), auch die Anwendung der §§ 478, 479 BGB folgeweise nicht abzulehnen ist (RG 56, 170). **Anm. 108**

Die Anwendung des § 377 auf die Haftung aus positiver Vertragserfüllung erfährt jedoch eine Einschränkung bei Sukzessivlieferungsverträgen, wenn der geltend gemachte Schaden nicht die Folge des Mangels einer oder je einzelner von den Lieferungsraten ist, sondern sich als die Auswirkung gerade der Häufung von Verstößen gegen die Pflicht zur qualitativ einwandfreien Lieferung darstellt. Beispiel: der Verkäufer liefert dem Käufer im Sukzessivlieferungsverhältnis ständig Waren mit einem nicht sogleich erkennbaren, also verdeckten Fehler; der Käufer erleidet beim Weiterabsatz Rückschläge; sein Geschäft kommt in Verruf und schließlich zum Erliegen. Sind die ständig mangelhaften Lieferungen dem Verkäufer zum Verschulden zuzurechnen, so wäre er dem Käufer für den in dem Rufverlust (und dem schließlichen Erliegen) seines Unternehmens liegenden Schaden haftbar, vorbehaltlich der Bestimmung in § 254 Abs. 2 1. Halbsatz BGB. Für diese Haftung kann es nicht wohl darauf ankommen, daß der Mangel bei den jeweiligen Einzellieferungen einzeln und rechtzeitig gerügt worden ist (soll der Schadensersatz entfallen, wenn im einen oder im anderen Falle die Rüge verspätet erfolgt wäre?). Es kann zudem keinen Unterschied begründen, ob der Ruin des Unternehmens des Käufers durch dauernde qualitative Schlechtlieferung oder durch dauernde Zuspätlieferung mit den entsprechenden Reaktionen bei den Kunden des Käufers herbeigeführt worden ist. Der Grund für die Nichtanwendung des § 377 liegt hier darin, daß die positive Vertragsverletzung im wörtlichsten Sinne nicht sich in dem Mangel der einzelnen Schlechtlieferung erschöpft, sondern daß sie den die einzelnen Lieferungen als Ganzes über- und umgreifenden Vertrag — den Vertragsorganismus, die

Basis des Vertrauens des Käufers — tangiert. Wenn der Käufer die einzelne mangelhafte Lieferung nicht oder nicht rechtzeitig gerügt hat, so liegt darin noch nicht ohne weiteres eine unterstellte Billigung des vertragswidrigen Verhaltens des Verkäufers in seiner Totalität.

Das Korrektiv gegen eine Rügesäumigkeit des Käufers bildet, wie bemerkt, § 254 BGB. Die dem Käufer hinsichtlich des Mangels der ersten Lieferung obliegende Rüge muß so erfolgen, daß der Verkäufer jedenfalls für die weiteren Lieferungen sich auf die Bemängelung einstellen kann; das wäre selbst dann noch möglich, wenn die Rüge für die Teillieferung als solche zu spät käme. Gegebenenfalls muß der Käufer auf die Gefahr eines ungewöhnlich hohen Schadens aufmerksam machen.

Selbstverständlich entfällt eine Rügepflicht auch insoweit, als konkurrierende Ansprüche aus unerlaubter Handlung geltend gemacht werden, wie im Falle BGH VersR 1960, 855.

Anm. 104 ε) Dieser Schadensersatzanspruch steht dem Käufer neben allen sonstigen Rechten zu (Oertmann LZ 1914, 513; DürHach. V Einl. Anm. 239). Er steht ihm beim Gattungskauf zunächst zu, wenn er die Ware behält und erklärt, es sei ihm durch die schuldhaft schlechte Lieferung ein Schaden entstanden. Der Schadensersatzanspruch steht ihm aber auch zu, wenn er wandelt. Er kann erklären, er behalte die Ware wegen ihres Mangels nicht, verlange Rückgängigmachung des Kaufs, er verlange aber auch den Schaden ersetzt, weil der Verkäufer schuldhaft mit Mängeln erfüllt habe und dieser Schaden durch die Wandelung nicht gedeckt sei (RG 52, 19; JW 09, 16[10]; Hamburg OLGR 24, 381; vgl. RG 93, 160; oben Anm. 73); das heißt die Lieferung habe, als eine schuldhaft schlechte, erst durch Hinzutreten eines besonderen selbständigen Ereignisses den besonderen Schaden herbeigeführt, so daß dieser Schaden nicht mit der Wandelungsklage eingefordert werden konnte (vgl. WarneyerRspr. 1918 Nr. 225; Werkvertrag). Daß die Wandelung zum Vollzug gekommen ist, macht nichts aus, vorausgesetzt, daß es sich um Schäden handelt, die überhaupt außerhalb des Rahmens der Gewährleistungsansprüche liegen oder doch durch diese nicht gedeckt werden (WarneyerRspr. 1915 Nr. 139; a. M. Hamburg OLGR 16, 402). Die Ansprüche sind voneinander verschieden; es kann also der auf Wandelung beruhende Teil zugesprochen und der den Schadensersatz betreffende abgesprochen werden (JW 09, 16[10]). Auch neben dem Minderungsanspruch kann der Käufer den Anspruch geltend machen. Der Käufer kann ihn neben dem Verlangen auf andere Ware nach § 480 BGB, ja sogar neben einem Anspruch aus unerlaubter Handlung geltend machen (JW 08, 236[9]). Beide Haftungsgründe sind selbständiger Natur (vgl. LZ 1913, 542[13]). Der Unterschied zwischen den Gewährleistungsansprüchen und dem Anspruch aus Schlechterfüllung besteht darin, daß der Gewährleistungsanspruch den unmittelbaren Zusammenhang des Schadens mit der beiderseitigen Leistung aus dem Kaufvertrag erfordert, er ohne ein weiteres Mittelglied aus dem Mangel selbst erwächst und mit der Ablieferung die kurze Verjährung beginnt. Der Schaden im Falle der Schlechterfüllung wird erst durch das Hinzutreten eines besonderen selbständigen Ereignisses vermittelt; es erwächst der Schaden nicht lediglich aus jenem Mangel (RG 95, 4; 93, 160; 66, 16). Insbesondere ist der Schaden aus positiver Vertragsverletzung nicht identisch mit dem reinen Nichterfüllungsschaden, dessen Ersatz im Bereich der Sachmängelgewähr durch die §§ 463, 480 BGB gegeben ist (oben Anm. 87). Aus diesem Grunde können sogar beide Schadensersatzformen und -ansprüche nebeneinander gegeben sein.

Der Käufer hat überall an der Ware ein Zurückbehaltungsrecht, bis ihm der Schaden ersetzt ist (§ 369 Anm. 45; § 273 BGB).

Anm. 105 Beim Kauf einer bestimmten Sache ist die Anwendung dieser Grundsätze nicht ausgeschlossen (WarneyerRspr. 1922 Nr. 10; Staudinger[9] Vorbem. vor § 459 Nr. 5e β). Beim Verkauf einer bestimmten Sache läßt sich eine Verpflichtung des Verkäufers zur Untersuchung der Ware wohl denken. Wer namentlich das Vorhandensein einer Eigenschaft zusichert, dessen Sorgfaltspflicht wird in der Regel über den Abschluß hinaus auch die Ablieferung der Ware mitumfassen. Noch deutlicher zeigt sich dies bei arglistiger Täuschung. Wer durch arglistiges Verschweigen oder durch arglistige Vorspiegelung einen Vertragsabschluß erreicht hat, setzt diese Arglist bei der Erfüllung fort und bestimmt den Käufer arglistig zur Annahme. Diese bei der Erfüllung verübte Arglist fällt zwar mit der beim Abschluß verübten Arglist zusammen. Erstere verliert ihre Bedeutung aber nicht dadurch, daß der Verkäufer den Käufer auch schon beim Abschluß getäuscht hat (vgl. unten Anm. 162).

Selbst neben den Rechten aus dem Leistungsverzug des Verkäufers kann dem Käufer ein solcher Anspruch erwachsen; zwar nicht neben dem gesetzlichen Rücktrittsrecht (Vorbem. vor § 373 Anm. 312), wohl aber neben dem vertragsmäßigen Rücktrittsrecht.

ζ) Der Inhalt des Schadensersatzanspruchs richtet sich nach den allgemeinen Regeln über den Schadensersatz. Dabei ist auf einen erheblichen Unterschied aufmerksam zu machen: der Schadensersatz wegen Nichterfüllung, wie er auf Grund eines Leistungsverzugs nach § 326 BGB oder als Gewährleistungsanspruch nach §§ 463, 480 BGB geltend zu machen ist, hat die Nichterfüllung des ganzen Vertrags zum Gegenstand und bewirkt eine Umwandlung des ganzen Vertragsverhältnisses (Vorbem. vor § 373 Anm. 350ff., 365ff., 437; oben Anm. 87). Der Anspruch auf Schadensersatz wegen schuldhafter Schlechtlieferung dagegen hat nur die nicht gehörige Erfüllung, nicht die vollständige Nichterfüllung zum Gegenstand. Der zu berechnende Schaden beschränkt sich deshalb auf den Teil des Vertrags, der nicht gehörig erfüllt ist, während der Schadensersatz wegen Nichterfüllung den ganzen Vertrag als überhaupt nicht erfüllt behandelt. Der Anspruch auf Schadensersatz wegen Nichterfüllung ist also weit umfassender als der Anspruch auf Schadensersatz aus Schlechterfüllung. Bei Bemessung dieses letzteren Schadens greift überall die freie Schätzung nach § 287 ZPO ein. So kann bei Lieferung vertragswidrig mit mageren Kohlen untermischter Fettkohlen das Ergebnis in der Gewinnung von Koks durch Erhöhung der Bearbeitungskosten beeinträchtigt sein (RG 25, 30). Es kann der Käufer durch das vertragswidrige Verhalten genötigt gewesen sein, Darlehen aufzunehmen, Auslagen zu machen; er kann höhere Betriebskosten, Krediteinbuße, Abnehmerverlust gehabt haben; es kann der Käufer, weil ihm sein Abnehmer die Ware zurückweist, genötigt sein, tauglichere Ware anderen Typs zu beschaffen. Es kann der Käufer von seinem Abnehmer ersatzpflichtig gemacht werden; im Falle ursächlichen Zusammenhangs steht der Verkäufer auch für diesen Schaden ein (vgl. RG 22, 173). Daß der Käufer die mangelhafte Sache mit Gewinn verkauft hat, ändert nichts an der Höhe des Schadens; denn wenn die Ware nicht mangelhaft gewesen wäre, würde der Käufer einen noch höheren Gewinn erzielt haben (vgl. LZ 1924, 413[2]); es wäre denn, daß der Käufer ebenfalls Mängelfreiheit zugesichert hätte und sein Abkäufer endgültig keine Ansprüche erhebt; dann ist der Käufer nicht geschädigt. Zum Ersatz der Kosten der Untersuchung und Mängelfeststellung bedarf es nicht der Berufung auf positive Vertragsverletzung (oben Anm. 71b); wohl aber, wenn Ersatz für Ausbesserungen der Ware beansprucht wird (Hamburg OLGR 24, 381; s. oben Anm. 52). Auch mitwirkendes Verschulden hinsichtlich der Verhinderung oder Minderung des Schadens kommt nach den allgemeinen Grundsätzen (§ 347 Anm. 32ff.) in Betracht. **Anm. 106**

η) Der Gerichtsstand ist nicht an dem Orte begründet, an dem der Schuldner die geforderte Entschädigung zu zahlen hat, sondern an dem Ort, an dem der Schuldner den Vertrag zu erfüllen hatte (§ 269 BGB), d. i. regelmäßig an seinem Wohnorte bzw. seiner Handelsniederlassung. Denn die Klage gründet sich auf nicht gehörige Erfüllung dieser Verpflichtung (§ 29 ZPO; RG 40, 410; vgl. RG 32, 432; oben Anm. 89) auch dann, wenn wegen Lieferung wertloser Ware im Wege des Schadensersatzanspruchs aus Schlechterfüllung Rückgabe des Kaufpreises begehrt wird (LZ 1910, 217[25]), oder wenn der Käufer außer dem Anspruch auf Schadensersatz auch noch eine die eigene Nichtverpflichtung betreffende Feststellung begehrt (§ 260 ZPO; RG 83, 86). Der Gerichtsstand wegen unerlaubter Handlung (§ 32 ZPO) kommt hier nicht in Frage (RG 48, 402; JW 99, 532[2]). Er würde nur dann in Frage kommen, wenn auch auf Grund unerlaubter Handlung geklagt wäre (oben Anm. 104). **Anm. 107**

4. **Das Verhältnis der einzelnen Gewährleistungsrechte zueinander.** **Anm. 108**

a) Beim Gattungskauf hat der Käufer die Wahl zwischen Wandelung, Preisminderung und dem Verlangen auf Lieferung einer mangelfreien Sache. Ist eine Eigenschaft zugesichert, ein Fehler arglistig verschwiegen oder eine nicht vorhandene Eigenschaft vorgespiegelt, so hat der Käufer auch noch die Wahl auf Schadensersatz wegen Nichterfüllung (oben Anm. 85ff.). Beim Kauf einer bestimmten Sache hat der Käufer dieselben Rechte mit Ausnahme des Rechts auf Lieferung einer mangelfreien Sache (oben Anm. 90). Darüber, welches dieser Rechte er geltend machen will, muß er sich schlüssig machen; denn ihm steht immer nur eines dieser Rechte zu. Er kann nicht wegen eines Mangels wandeln, wegen eines anderen Preisminderung, wegen eines dritten Schadensersatz wegen Nichterfüllung oder wegen ein und desselben Mangels teilweise das eine, teilweise das andere begehren (WarneyerRspr. 1914 Nr. 332). Er kann auch nicht Lieferung einer mangelfreien Sache und daneben Schadensersatz wegen Nichterfüllung verlangen (vgl. Prot. I 687). Das Verhältnis der einzelnen Gewährleistungsklagen zueinander ist das, daß sie nicht gleichzeitig gehäuft, sondern nur nebeneinander für den Fall zu erheben sind, daß der eine Anspruch nicht durchdringt. Das hat auch seine materiellrechtliche Seite: Verlangt der Käufer zunächst Lieferung einer mangelfreien Sache und in zweiter Linie Wandelung, so ist der Verkäufer nicht mit der Wandelung in Verzug gesetzt; denn das Hauptbegehren ist ein Erfüllungsverlangen, also das Gegenteil eines Wandelungsbegehrens (vgl. Hamburg BankA 23, 93[1]). Ist einer der Ansprüche von Erfolg begleitet, so sind damit alle anderen Ansprüche erledigt (vgl. RG 95, 4; LZ 1916, 382[9]). Der fürsorgliche Antrag kommt erst dann in Frage, wenn der Hauptantrag sich als unbegründet erwiesen hat. Deshalb kann ein Zwischenurteil über den Grund nach § 304 ZPO über den Hauptanspruch erlassen werden; es kann der Kläger, wenn es ihm günstig erscheint, auf den fürsorglichen Antrag, unter Umständen durch Anschließung an die Berufung des Beklagten, zurückgreifen (RG 87, 240). Da die ZPO einen Gerichtsstand des Zusammenhangs nicht kennt, muß die örtliche und sachliche Zuständigkeit für jeden der gehäuften Ansprüche vorhanden sein (§ 260 ZPO).

Seine Wahl braucht der Käufer nicht sofort zu treffen. Er muß zunächst nur den Mangel anzeigen. In der Zurverfügungstellung liegt noch keine Wahlerklärung, insbesondere nicht die Wandelungserklärung, sondern nur die Zurückweisung der Ware als Vertragserfüllung; namentlich die Ablehnung des Eigentumsüberganges, sofern dieser noch nicht eingetreten war (Vorbem. vor § 373 Anm. 230 ff.); das ist noch nicht einmal anders, wenn der Kaufpreis unter Vorbehalt zurückgegeben wird (wie vor und oben Anm. 87 u. 94). Der Käufer kann dann immer noch mangelfreie Ware verlangen und, selbst wenn er mangelfreie Ware verlangt hat, immer noch auf einen der anderen Gewährleistungsansprüche übergehen, solange nicht der Verkäufer seine Zustimmung zu dem Verlangen des Käufers erklärt hat (oben Anm. 94). Wenn allerdings Ware und Kaufpreis so ausgetauscht sind, daß damit alles erledigt sein soll, dann ist die Wandelung mit allen Folgen vollzogen; aber nicht, wenn noch Schadensersatzansprüche vorbehalten werden (oben Anm. 63 u. 94). Zögert der Käufer mit seiner Wahl, so kann der Verkäufer den Schwebezustand beendigen, indem er sich zur Wandelung oder zur Lieferung mangelfreier Ware erbietet und dem Käufer eine angemessene Frist zur Erklärung setzt, ob er eines dieser Rechte ausüben wolle. Gemäß §§ 467, 356 BGB muß diese Aufforderung von allen Verkäufern an alle Käufer gerichtet werden. Nach fruchtlosem Ablauf dieser Frist kann der Käufer auf diese Rechte nicht mehr zurückkommen. Es bleibt ihm dann nur noch das Recht auf Preisminderung oder auf Schadensersatz wegen Nichterfüllung (§§ 466, 480 BGB). Der Verkäufer kann den Schwebezustand aber auch dadurch (wennschon nicht beenden, so doch) einer Klärung zuführen, daß er auf Zahlung des Kaufpreises klagt; denn nun erwächst dem Käufer die prozessuale Erklärungslast, welches Recht er der Klage entgegenhalten will. Darüber, wie es sich verhält, wenn der Käufer die Wahl unter den ihm zustehenden Gewährleistungsansprüchen getroffen hat, ist das Erforderliche in den Anm. 109—112 gesagt; danach findet § 263 BGB auf das Wahlrecht keine Anwendung, sondern es ist der Käufer an die von ihm getroffene Wahl erst gebunden, wenn sich der Verkäufer mit dem Gewählten einverstanden erklärt hat oder der Wahl entsprechend rechtskräftig verurteilt ist. Das wird auch zu gelten haben, wenn der wahlberechtigte Käufer sich für Schadensersatz wegen Nichterfüllung erklärt hat, obgleich § 465 BGB nur von der Wandelung und der Minderung spricht (WarneyerRspr. 1914 Nr. 332; a. M. Staudinger[11] § 465 Anm. 37 und RGRKomm.[11] § 465 Anm. 16, die übereinstimmend hier nur der Erfüllung oder der rechtskräftigen Verurteilung die Wirkung des Verlustes des jus variandi beilegen wollen: warum nicht auch der vertraglichen Einigung, ist kaum recht einzusehen). DürHach. V Einl. Anm. 231 gestatten dem Käufer auch noch Schadensersatzansprüche, wenn der Käufer erst nach vollzogener Wandelung oder Minderung von einer Arglist des Verkäufers erfahren habe; allein gegen ein rechtskräftiges Urteil wird der Käufer nicht aufkommen (es sei denn, die Arglist des Verkäufers habe sich bis zum Prozeßbetrug gesteigert und gebe nunmehr dem Käufer einen Grund zur Wiederaufnahme des Verfahrens); die durch Einverständnis vollzogene Wandelung oder Minderung muß er anfechten.

Jeder Gewährleistungsanspruch ist selbständiger Natur. Es besteht nicht nur kein Wahlschuldverhältnis (so daß etwa die Wahl des einen Anspruchs die anderen Ansprüche ausschlösse — einen Beleg dafür gibt u. a. § 477 Abs. 3 BGB —): es verhält sich hier insbesondere auch anders als bei den aus dem Leistungsverzuge nach § 326 BGB alternativ erwachsenden Rechten (Vorbem. vor § 373 Anm. 399). Aus der Selbständigkeit der Ansprüche folgt, daß durch rechtskräftige Abweisung eines Anspruchs die Erhebung eines anderen Gewährleistungsanspruchs nicht verhindert wird (JW 1911, 592[41]; SeuffA 67, 91; RG 66, 335). Dies, selbst wenn in den Gründen des klageabweisenden Urteils das Gegenteil steht; denn Entscheidungsgründe gehen nicht in Rechtskraft über (§ 322 ZPO). **Anm. 109**

Wird ein Gewährleistungsanspruch zuerst darauf gestützt, daß die Kaufsache mit Fehlern behaftet sei, die den Wert oder die Tauglichkeit zu dem gewöhnlichen oder zu dem nach dem Vertrage vorausgesetzten Gebrauch aufheben oder mindern (§ 459 Abs. 1 BGB; oben Anm. 41 sub a, b), nachher aber das Fehlen zugesicherter Eigenschaften (§ 459 Abs. 2 BGB; oben Anm. 43) oder arglistiges Verschweigen von Fehlern oder das Vorspiegeln von Eigenschaften behauptet, so liegt Klageänderung vor (§§ 264, 527 ZPO); denn im ersten Fall beruht der Klagegrund auf § 462 BGB, im letzteren Falle auf §§ 463, 480 Abs. 2 BGB. Dagegen liegt keine Klageänderung vor, wenn die Klage zuerst auf Fehler, die den Wert oder die Tauglichkeit zum gewöhnlichen Gebrauch aufheben oder mindern, und dann auf Fehler gestützt wird, die den nach dem Vertrag vorausgesetzten Gebrauch aufheben oder mindern (§ 268 Ziff. 1 ZPO). Dasselbe gilt im umgekehrten Falle (vgl. JW 93, 95[5]). Ebensowenig ist eine Klageänderung gegeben (§ 268 Ziff. 1 ZPO), wenn von der Behauptung der Zusicherung von Eigenschaften zur Behauptung arglistigen Verschweigens von Fehlern oder der Vorspiegelung von Eigenschaften übergegangen wird (WarneyerRspr. 1914 Nr. 285). Ebensowenig, wenn vom Antrag auf Lieferung einer mangelfreien Sache zum Antrag auf Beseitigung der Mängel der gelieferten Sache, also auf Nachbesserung (oben Anm. 52) übergegangen wird; denn der Antrag auf Mängelbeseitigung ist das Geringere gegenüber dem Begehren neuer Lieferung (§ 268 Nr. 1 u. 2 ZPO). Selbstverständlich liegt Klageänderung vor, wenn von den Gewährleistungsansprüchen auf Ansprüche anderer Art, z. B. auf Bereicherungsansprüche, übergegangen wird und umgekehrt (JW 05, 208[15]; WarneyerRspr. 1918 Nr. 194; 1917 Nr. 124), oder wenn von der Anfechtung wegen Irrtums oder arglistiger Täuschung auf den Wandelungs- oder Preisminderungsanspruch gegriffen wird (JW 03, 124[8]). Immerhin hat die Rüge der Klageänderung ihre vom Gesetz ursprünglich vorgesehene Bedeutung nicht mehr, nachdem § 264 ZPO in der Fassung der Novelle von 1924 die Klageänderung in erster Instanz schlechthin zuläßt, wenn das Gericht die Änderung als sachdienlich erachtet; mag durch die Zulassung auch die Lage des Beklagten wesentlich erschwert werden. Dies gilt (§ 523 ZPO) auch für die Berufungsinstanz. Eine Anfechtung der Entscheidung, daß keine Klageänderung vorliege, oder daß die Klageänderung zuzulassen sei, findet nicht statt (§ 270 ZPO).

Haben sich die Parteien auf Lieferung einer mangelfreien Sache geeinigt, so sind damit die Wahlmöglichkeiten des Verkäufers auf Wandelung, auf Minderung und auf Schadensersatz wegen Nichterfüllung entfallen. Das gilt für den Gattungskauf ebenso wie für den Stückkauf.

Da das Wandelungsbegehren des Käufers diesen nicht mit Bezug auf seine übrigen Gewährschaftsrechte präjudiziert, ist auch in der Annahme eines (einseitigen) Verzichts auf einzelne Gewährschaftsrechte größte Zurückhaltung geboten; vgl. auch unten Anm. 116. Namentlich ist in einem Nachbesserungsverlangen kein solcher Verzicht zu erblicken, weder auf Wandelung noch auf Minderung noch auf Schadensersatz wegen Nichterfüllung. **Anm. 110**

Ungeachtet aller Vorläufigkeit der Entschließung des Käufers, die Wandelung geltend zu machen, gibt es jedoch auch in diesem Stadium eine Möglichkeit echter verbindlicher Entscheidung. Der Käufer kann sie dem Verkäufer einräumen. Er kann ihm entweder ein — durch die Mängelbeanstandung auszulösendes — Wahlrecht zugestehen, welchem von verschiedenen Gewährschaftsansprüchen er genügen wolle; das geschieht gelegentlich im Weg der vertraglichen Abrede (Vorbem. 2, Bsp. 1b, 2, 8, 11, 12a, b, 14a, c). Im Prozeß gewährt, wird es sich dagegen um die Zubilligung einer facultas alternativa handeln: so im Falle des OLG Braunschweig OLGR 8, 447, wo der Käufer als Kläger beantragt hatte, „a) die Registrierkasse zurückzunehmen, und b) dafür eine neue Kasse zu liefern oder 800 Mark zu zahlen" (Nachlieferungsanspruch aus § 480 Abs. 1 BGB als Prinzipalverurteilung, Wandelung als Abwendungsbefugnis des Verkäufers; die vom OLG Braunschweig gegebene Konstruktion als echtes Wahlrecht ging in der Sache fehl).

Anm. 111 b) Durch die Geltendmachung des Minderungsanspruchs wird das Recht der Wandelung wegen desselben Mangels noch nicht ausgeschlossen (Näheres oben Anm. 70 u. 82). Die rechtskräftige Abweisung der Minderungsklage verhindert die Geltendmachung anderer Ansprüche nicht (oben Anm. 108). Aus rechtskräftiger Abweisung der Wandelung läßt sich keine Einrede gegen eine Preisminderung herleiten (JW 1911, 592[41]). Deshalb darf der Käufer, der infolge Unterliegens mit der Wandelungseinrede oder -widerklage zu einem Teil des Kaufpreises verurteilt ist, der Restforderung doch die Preisminderungseinrede entgegenhalten (JW 1920, 648[15]). Ist die Minderung vollzogen, so sind alle anderen Ansprüche regelmäßig ausgeschlossen (oben Anm. 66a u. 77). Darüber, wie es sich verhält, wenn mehrere Käufer vorhanden sind, siehe oben Anm. 77 u. 46a. Wandelungs- und Preisminderungsbegehren stehen an sich in unvereinbarem Gegensatz (oben Anm. 70), so daß der Übergang von dem einen Anspruch zum anderen eine Klageänderung bedeutet. Wenn daher alternativ auf Wandelung oder Minderung geklagt wird, so ist eine solche Klage dahin zu verstehen, daß, falls das Vorgebrachte zur Rückgängigmachung des Vertrags nicht ausreicht, der Vertrag bestehen bleiben und der Preis gemindert werden soll. Daß diese fürsorgliche Antragstellung zuerst auf Minderung lauten müsse und dann erst auf Wandelung gehen dürfe (Oertmann § 465, 1e), ist nicht anzuerkennen. Mit dem Minderungsanspruch kann ein Anspruch auf Schadensersatz wegen Nichterfüllung nur fürsorglich verbunden werden; denn beide Ansprüche sind an sich unvereinbar. Daß der Käufer im Falle seiner arglistigen Täuschung statt des Schadensersatzes Preisminderung verlangen kann, ist bereits oben Anm. 49 bemerkt (folg. Anm.).

Anm. 112 c) Durch die Geltendmachung des Anspruchs auf Schadensersatz wegen Nichterfüllung wird der Käufer in Ausübung seiner übrigen Rechte nicht gehindert, d.h. er kann sein Verlangen wechseln und auf einen der anderen Gewährleistungsansprüche übergehen (LZ 1911, 776[19]; RG in HRR 1939 Nr. 550) und umgekehrt (SeuffA 59, 438; Oertmann § 463 Bem. 5a). Es handelt sich auch hier nicht um das unwiderrufliche Treffen einer Wahl. Selbst die rechtskräftige Abweisung der Klage auf Schadensersatz wegen Nichterfüllung ändert daran nichts (oben Anm. 108). Erst durch die Verurteilung des Verkäufers zum Schadensersatz wird das Wahlrecht des Käufers ausgeschlossen (WarneyerRspr. 1914 Nr. 332). Von einem „Vollzug" des Begehrens auf Schadensersatz wegen Nichterfüllung i. S. des § 465 BGB, ähnlich der Wandelung, der Preisminderung und dem Begehren auf Lieferung einer mangelfreien Sache, mag zwar nicht gesprochen werden dürfen, da § 465 BGB diesen Fall nicht erwähnt: daß das vertragliche Einverständnis über die Leistung von Schadensersatz das Wahlrecht des Käufers auf Wandelung, Minderung und Nachlieferung dennoch erledigt, ist nicht zu bezweifeln (oben Anm. 108 und WarneyerRspr. 1914 Nr. 332). Das Wahlrecht auf Schadensersatz wegen Nichterfüllung geht natürlich vollends verloren, wenn die Wandelung oder die Preisminderung vollzogen ist, oder wenn sich der Verkäufer mit dem Verlangen des Käufers, eine mangelfreie Sache zu liefern, einverstanden erklärt hat. Der Anspruch auf Schadensersatz wegen Nichterfüllung ist mit den übrigen Gewährleistungsansprüchen unverträglich, weil mit dem Schadensersatz wegen Nichterfüllung der Schaden wegen Nichterfüllung des ganzen Vertrags, also das ganze Erfüllungsinteresse, geltend gemacht wird (oben Anm. 87). Dieser Gegensatz zeigt sich schon äußerlich im Wortlaut des Gesetzes, das den Schadensersatzanspruch wegen Nichterfüllung unter bestimmten Voraussetzungen „statt" der Wandelung oder Preisminderung zuläßt (§§ 463, 480 BGB). Aus dieser

Unvereinbarkeit folgt, daß es keinen Preisminderungsanspruch gleichzeitig neben einem auf denselben Mangel gestützten Schadensersatzanspruch wegen Nichterfüllung gibt und nicht beides nebeneinander zugebilligt werden kann (WarneyerRspr. 1914 Nr. 332). Aus dieser Unvereinbarkeit folgt jedoch nicht, daß der Schadensersatzanspruch wegen Nichterfüllung nicht gleichzeitig mit den anderen Gewährleistungsansprüchen geltend gemacht werden dürfte, sondern nur, daß der Schadensersatzanspruch wegen Nichterfüllung mit den anderen Gewährleistungsansprüchen in ein fürsorgliches Verhältnis gesetzt werden muß (RG 87, 237; 58, 178). Gegebenenfalls ist das Fragerecht auszuüben (§ 139 ZPO; JW 09, 17[10]).

Daraus, daß der Käufer sich den Kaufpreis gegen Rückgabe der beanstandeten Kaufsache zurückgeben läßt, ist noch nicht zu schließen, daß nun die Wandelung vollzogen und ein Schadensersatz wegen Nichterfüllung damit ausgeschlossen sei; denn der Austausch der beiderseitigen Leistungen kann ein Teil des Schadensersatzes wegen Nichterfüllung sein; es bedarf also der Prüfung, was mit dem Rückaustausch gewollt war (RG 90, 332; LZ 1918, 1208[8]). Es ist ferner zu beachten, daß neben der Wandelung ein beschränkter Ersatzanspruch gegeben sein kann (oben Anm. 71f.), und daß neben der Wandelung, der Preisminderung und dem Anspruch auf Lieferung einer mangelfreien Sache ein Schadensersatzanspruch möglich ist, soweit durch diese Gewährleistungsansprüche das Interesse des Käufers nicht ausgeglichen wird und sonstige Gesetzesvorschriften bestehen. Als solche Gesetzesvorschriften kommen in Betracht: ein besonderes Verschulden bei Abschluß des Vertrags, wenn es sich nicht gerade auf den Mangel bezieht (§ 347 Anm. 24 und oben Anm. 53) sowie ein besonderes Verschulden bei Erfüllung des Vertrags (oben Anm. 104), namentlich die positiven Vertragsverletzungen (Vorbem. vor § 373 Anm. 485ff.). Ferner kommen in Betracht die Grundsätze über unerlaubte Handlungen durch arglistige Täuschung (unten Anm. 177).

Aus der Unvereinbarkeit des Schadensersatzanspruchs wegen Nichterfüllung mit den anderen Gewährleistungsansprüchen folgt ferner, daß der Übergang von dem einen Anspruch auf den anderen eine Klageänderung selbst dann bedeutet, wenn von der Preisminderung zum Anspruch auf Schadensersatz wegen Nichterfüllung übergegangen wird und beide Ansprüche auf arglistiges Verschweigen gegründet sind. Anders natürlich, wenn veränderte Umstände den Übergang nötig gemacht haben (oben Anm. 109; § 268 Ziff. 3 ZPO). Denn selbst der Übergang von der Erfüllungsklage zur Klage auf Schadensersatz wegen Nichterfüllung bedeutet keine Klageänderung, wenn später eingetretene Veränderungen diesen Übergang erforderlich machten. Dabei ist zu beachten, daß bei der Klage auf Schadensersatz wegen Nichterfüllung alle bis zum Schlußurteil vorhandenen Umstände zu berücksichtigen sind, so daß auch der Schaden mit in Betracht kommt, der sich erst nach der Klagerhebung herausgestellt hat, aber auf das schädigende Ereignis als ursächlich zurückzuführen ist. Die Änderung der Schadensrechnung enthält keine Klageänderung (JW 1912, 471[18]). Über die prozessuale Seite einer Klagenhäufung s. oben Anm. 108.

d) Daß das Verlangen des Käufers auf Nachlieferung mit Wandelung, Minderung oder Schadensersatz wegen Nichterfüllung unverträglich ist, bedarf keiner näheren Begründung. Hier wird nun freilich auch ein Hilfsantrag auf Verurteilung zur Wandelung, zur Minderung oder zum Schadensersatz wegen Nichterfüllung nicht oder nur dann in Betracht kommen können, wenn entweder die gewährschaftlichen Folgen einer mangelhaften Lieferung vertraglich geregelt sind (weil in diesem Fall der Nachlieferungsanspruch als solcher durch Sonderabrede ausgeschlossen sein kann) oder wenn der Hilfsantrag für den Fall gestellt wird, daß der Vorrat, aus dem die Nachlieferung geleistet werden müßte, ein begrenzter ist und mit der Möglichkeit seiner Erschöpfung gerechnet werden muß. Der Übergang vom Nachlieferungsbegehren zu einem der anderen Gewährschaftsansprüche wäre in jedem Falle Klageänderung. **Anm. 113**

5. **Die Haftung für Mängel wird ausgeschlossen:** a) Durch eine vor Erstattung der Mängelrüge erfolgte Genehmigung der Ware. Sie kann ausdrücklich erfolgen, etwa durch formelhafte Wendungen wie „Empfang erklärt“, „Besicht erklärt“, „besehen und akzeptiert“, „vu et agréé“; damit erklärt der Käufer, sich so behandeln lassen zu wollen, als habe er die Ware untersucht und gebilligt. Die Genehmigung kann ferner stillschweigend liegen in der Anerkennung der Faktura, **Anm. 114**

wenn diese dem Käufer die Mängel der Ware deutlich mitgeteilt hat (SeuffA 55, 54). Durch Schweigen auf eine solche Faktura begibt sich der Käufer im allgemeinen noch keines Rechts; er braucht im allgemeinen nicht auf eine solche Faktura hin zu rügen (JW 1923, 48[9]; s. aber RG in HansGZ 1897 Hptbl. 247; oben Anm. 16). Wenn aber zu diesem Schweigen noch Umstände hinzukommen, welche in Verbindung damit ein Einverständnis mit der mangelhaften Lieferung und eine Genehmigung der Ware deutlich machen, so wird das Schweigen allerdings erheblich. So bedeutet stillschweigende Entgegennahme der Faktura, aus der sich eine Gewichtsüberschreitung ergibt, eine Genehmigung der Lieferung, wenn auf Zusendung der Faktura hin die Konnossemente einzulösen sind (Hamburg OLGR 44, 249). Dasselbe wird anzunehmen sein bei aus der Faktura hervorgehenden Quantitätsmängeln (Zuviel- oder Zuweniglieferung; oben Anm. 6; § 378 Anm. 14); nicht aber bei Qualitätsmängeln, welche die Faktura aufzeigt, weil die Entschließung des Käufers von der Erheblichkeit der Mängel abhängt. Es kommt überhaupt darauf an, ob das nach Treu und Glauben zu beurteilende Gesamtverhalten des Käufers nach Eingang der den Fehler aufzeigenden Faktura nur als Genehmigung aufgefaßt werden kann (JW. 02, 134[46]), wie dies oben Anm. 36 des näheren betrachtet und für den Fall vertraglichen Ausschlusses oder Beschränkung der Haftung unten Anm. 121 sowie oben Anm. 32 ausgeführt ist. Stillschweigende Genehmigung der Ware durch Zahlung des Kaufpreises ist nur dann anzunehmen, wenn der Käufer vor der Zahlung die Gelegenheit zur ordnungsmäßigen Prüfung der Ware hatte (LZ 1927, 1019[13]; vgl. LG Oldenburg MDR 1952, 39). Eine lediglich vorschußweise Zahlung des Preises, wie sie z. B. bei Zahlung gegen Dokumente zu geschehen hat, scheidet völlig aus, ebenso Vorbehaltszahlung (Vorbem. vor § 373 Anm. 314). Zahlung, Sicherstellung, Wechselausstellung, Stundungsvertrag, enthalten keine Genehmigung, wenn die Ware vorher nicht untersucht werden konnte, insbesondere wenn bei der Verschiffung zu zahlen war. Die Zahlung und die soeben erwähnten, ihr gleich stehenden Vorgänge gewinnen jedoch die Bedeutung einer Genehmigung der Ware, wenn die Leistung des Käufers eine vorbehaltlose war und der Käufer den Mangel der Ware kannte (unten Anm. 118) oder nach seinem Verhalten anzunehmen ist, daß es ihm auf die Mangelhaftigkeit nicht ankomme. Der letztere Schluß kann nicht gezogen werden, wenn dem Verkäufer arglistige Täuschung zur Last fällt, oder wenn der Verkäufer etwaige Bedenken des Käufers durch besondere Versicherungen beseitigte (unten Anm. 117), z. B. durch die Versicherung der Mustermäßigkeit, durch Beschwichtigung des Käufers und Veranlassung der Weiterversendung an die Abkäufer. Die Leistung einer Anzahlung auf den Kaufpreis bedeutet an sich keine Genehmigung der Ware (RG bei Holdheim 04, 302). Wenn der Käufer die Originalpackung zerstört, ohne daß die Untersuchung auf heimliche Mängel dies erheischte (Gutachten Industrie- u. HK Berlin-Mitte 24, 65), wenn er von der Ware mehr verbraucht oder verarbeitet hat, als zu gehöriger Untersuchung erforderlich ist (oben Anm. 13 u. 69; unten Anm. 182), oder wenn der Verkäufer oder dessen Zessionar zu dem dem Käufer kundgegebenen Zweck der Beleihung bei dessen Bank anfragt, ob die Zahlung in Ordnung gehe, und eine bejahende Antwort erhält, so hat der Käufer nach Treu und Glauben auf die Geltendmachung von Gewährleistungsansprüchen verzichtet. In dem Weiterverkauf oder Verbrauch der dem Verkäufer zur Verfügung gestellten Ware durch den Käufer kann ein Verzicht auf alle Ansprüche, also eine Genehmigung, liegen (Anm. 116). Hat der Käufer die Ware genehmigt, so ist eine nachfolgende Mängelrüge gegenstandslos. Über die Genehmigung bei arglistigem Verhalten unten Anm. 170c.

Anm. 115 b) Durch die nicht erfolgte Anzeige gemäß § 377; außer im Falle arglistigen Verschweigens und im Falle arglistigen Vorspiegelns gemäß § 377 Abs. 5 (unten Anm. 170; oben Anm. 38).

Anm. 116 c) Durch nachträglichen Verzicht auf die Wirkung gehöriger Mängelanzeige (oben Anm. 36). Ein solcher Verzicht liegt in jeder Handlung des Käufers, in der ein Aufgeben seiner durch die Mängelanzeige gewahrten Rechte enthalten ist; also auch hier in der nachträglichen Genehmigung der Ware (LZ 1913, 608[7]; vgl. RG 72, 171). Nur wird zu bedenken sein, daß die Annahme eines Verzichts nach erfolgter Rüge besonders strenger Prüfung bedarf, um so mehr, als es sich dabei ja zugleich um einen Wegfall des wegen § 478 BGB perpetuierten Einrederechts handelt. Hat der Käufer einmal gehörig gerügt, so liegt an sich weder in der nachfolgenden vorbehaltslosen Annahme der Ware noch in der dazukommenden vorbehaltslosen Zahlung des Preises eine Genehmigung der Ware, wenn die Zahlung nach den Umständen ersichtlich nur zur einstweiligen Regelung der Angelegenheit erfolgte (Hamburg HansGZ 1911 Hptbl. 296), noch auch ohne weiteres in Zurücknahme der Wandelungsklage (RG 59, 154). Besondere Umstände können sowohl der Verfügung über die Ware für sich allein als auch der Zahlung des Preises allein die Bedeutung der Genehmigung der Ware beilegen. Ob in der Verfügung über die Ware, in deren Verbrauch, Verarbeitung, Umarbeitung, Weiterveräußerung eine Genehmigung enthalten ist, bleibt immer Tatfrage, wobei zu beachten, daß die Umstände, die auf einen völligen Verzicht auf alle Ansprüche schließen lassen, ganz besonderer Art sein müssen (RG 66, 116; Hamburg JurRdsch. 1931 Nr. 731; Karlsruhe BadRpr. 04, 9: Umfüllen von Wein in die Fässer des Käufers). Was insbesondere den Weiterverkauf der dem Verkäufer zur Verfügung gestellten Ware durch den Käufer anbelangt, so liegt darin ein Verzicht auf alle Ansprüche, wenn ein solches Verfahren gegen Treu und Glauben verstößt (RG. 54, 81; 43, 37). Ein Weiterverkauf der Ware durch den Käufer ist regelmäßig nicht unverträglich mit Gewährleistungsansprüchen, wenn die Weiterveräußerung nur als Verzicht auf solche Ansprüche auszulegen ist, welche die Rückgabe der Kaufsache zur Voraussetzung haben (LZ 1925, 545[6]; hierüber oben Anm. 67, 81, 83, 87). Es kommt eben immer auf die Prüfung an, inwieweit ein Verzicht zu unterstellen ist und etwaige Vorbehalte des Käufers trotz Weiterverkaufs als gemacht anzusehen sind (RG 98, 232). Ist nach dem objektiven Verhalten des Käufers ein Verzicht zu unterstellen, so kann der Käufer sich nicht darauf berufen, daß er zur Zeit des Weiterverkaufs die Ware für vertragsmäßig hielt; in jedem Falle aber bleibt der Verkäufer schadensersatzpflichtig, wenn ihm schuldhafte Schlechtlieferung (oben Anm. 100ff.) vorzuwerfen ist (WarneyerRspr. 1913 Nr. 279). Der bloße Versuch der Veräußerung der mangelhaften Sache an einen Dritten, sei es auch unter Verschweigung der Mangelhaftigkeit, läßt niemals auf einen Verzicht schließen.

Was die in der Zahlung des Kaufpreises enthaltene Genehmigung der Ware angeht, so gilt das oben in Anm. 114 Gesagte entsprechend. Darüber, ob die Zurücknahme der Klage, in der die Mängelanzeige zugleich gemacht war, auch als Zurücknahme der Mängelanzeige anzusehen ist, entscheiden die Gründe der Zurücknahme (RG 59, 154). Ist die Mängelanzeige in einem Antrag auf Sicherung des Beweises enthalten, so verliert die Anzeige ihre Wirkung durch Zurückweisung des Antrags nicht, wenn der Antrag dem Verkäufer zugegangen war.

d) In den Fällen des § 460 BGB: **Anm. 117**

§ 460 BGB. Der Verkäufer hat einen Mangel der verkauften Sache nicht zu vertreten, wenn der Käufer den Mangel bei dem Abschlusse des Kaufes kennt. Ist dem Käufer ein Mangel der im § 459 Abs. 1 bezeichneten Art infolge grober Fahrlässigkeit unbekannt geblieben, so haftet der Verkäufer, sofern er nicht die Abwesenheit des Fehlers zugesichert hat, nur, wenn er den Fehler arglistig verschwiegen hat.

In erster Linie also dadurch, daß der Käufer die Mängel der verkauften Sache bei Abschluß des Kaufs kennt: gemeint ist die Bedeutung der Mängel in ihrer Gesamtheit für den Wert oder die Tauglichkeit der Kaufsache (nicht nur gewisse äußere Erscheinungsformen des Mangels: BGH NJW 1961, 1860; RG 149, 402), z. B. wenn der Käufer eines Kahnes nicht nur gewisse Schadhaftigkeiten des Kahnes kennt, sondern auch weiß, daß dieser deswegen seine vertragsmäßig vorausgesetzte Klasse verloren hat (§ 460 Satz 1 BGB; RG „Recht" 05, 471[1842]; RGRKomm.[11] § 460 Anm. 1; oben Anm. 41). Macht der Verkäufer den Käufer bei der Bestellung auf die Gefahr des Auftretens eines bestimmten Fehlers (z. B. geringe Lichtbeständigkeit einer farbigen Beklebegarnitur) aufmerksam, besteht der Käufer aber gleichwohl auf der Ausführung seiner Bestellung, so entbindet er damit den Verkäufer von der Haftung für diesen Fehler (RG „Recht" 1930 Nr. 827). Wenn der Käufer die Ware besehen und sie dabei nur zu 5 % mangelhaft befunden hat, so kann er nur zu 5 % keinen Gebrauch von der Gewährleistung machen; zeigt die Ware nun 50 % Mängel, so bilden 45 % den Mangel, den der Käufer nicht gekannt hat (RG in LZ 1919, 867[16]). Ebenso verhält es sich, wenn er nur einen Mangel gesehen hat, aber noch andere Mängel vorhanden waren; denn § 460 Satz 1 BGB sagt, „den" Mangel, den der Käufer gekannt hat, brauche der Verkäufer nicht zu vertreten. Anders bei der Klausel „wie besehen" (oben Anm. 114; unten Anm. 121).

Hat vollends der Kauf von vornherein als auf einen Teil einer erst nachträglich zu bestimmenden Menge beschränkt zu gelten (z. B. einer Ernte, einer Fruchtart, eines Gutsertrags, des Ergebnisses einer Jahresproduktion), der nach der Verkehrsanschauung sich als lieferungsfähig erweisen sollte, so führt die Kenntnis des Käufers von der Mangelhaftigkeit eines Teiles überhaupt nicht zur Anwendung des § 460 BGB, weil nur der brauchbare Teil als gekauft gilt. Ebenso ist § 460 BGB unanwendbar, wenn der Verkäufer einen dem Käufer bekannten Fehler zu beseitigen verspricht, oder wenn die Garantie für Fehlerlosigkeit bei der Erfüllung gerade bei Kenntnis des Käufers vom Mangel übernommen ist (oben Anm. 48). — Der Käufer selbst muß diese Kenntnis besessen haben. Dies ist auch dann der Fall, wenn er durch einen gutgläubigen Dritten in dessen Namen einkaufen läßt, aber selbst die Mangelhaftigkeit kannte. Er begegnet der Einrede der unzulässigen Rechtsausnützung. Dem Käufer selbst steht die Person gleich, die ihn beim Kaufabschluß in befugter, dem Verkäufer erkennbarer Weise vertreten hat (§ 166 BGB). Dieser Grundsatz wird von RG 101, 403 oben nicht betroffen. Die Kenntnis eines solchen Vertreters geht selbst dann zu Lasten des Käufers, wenn der Vertreter arglistig handelt; ausgenommen, wenn der Vertreter im Komplott mit dem Verkäufer stand (unten Anm. 165). Also schadet die Kenntnis seines Angestellten dem Käufer nicht, wenn der Angestellte mit der Kaufsache irgendwie sonst, aber nichts mit dem Abschluß, zu tun hatte. Über Vermittler, Vertreter, Erfüllungsgehilfen siehe auch Vorbem. vor § 48 Anm. 52ff.; § 347 Anm. 14; unten Anm. 162ff.; oben Anm. 46c. Der Kenntnis des Käufers steht es nicht gleich, wenn dessen Abnehmer, an den der Verkäufer die Ware unmittelbar zu versenden hatte, die Mangelhaftigkeit kannte. Kannten nicht alle Käufer den Mangel, so stehen nur den gutgläubigen Käufern Gewährleistungsrechte zu. Wenn diese aber Lieferung einer mangelfreien Sache oder Wandelung verlangen, so kann von diesen Rechten nur von allen gutgläubigen Käufern gegen alle Verkäufer Gebrauch gemacht werden, weil ein nur einheitlich auszuübender Anspruch vorliegt (vgl. oben Anm. 46a, 64 und 94). Nach anderer Ansicht (Hellwig, Lehrb. d. d. ZivProzR III § 153 III 1) soll jeder gutgläubige Käufer das Wandelungsrecht haben, wenn er die Kaufsache zurückgeben könne. — Die Kenntnis des Käufers von der Mangelhaftigkeit muß bei Vertragsschluß, also bei den einem Formzwange unterliegenden Verträgen in dem Augenblick vorhanden sein, in dem der Vertrag formgerecht abgeschlossen ist (§ 350 Anm. 56, 57, 60). Die Erlangung späterer Kenntnis bis zur Übergabe beurteilt sich nach § 464 BGB (hierüber Anm. 118). Eine Ausnahme ist zu machen, wenn der Kauf aufschiebend bedingt ist, wie beim Kauf auf Besicht; hier entscheidet die Kenntnis zur Zeit des Eintritts der Bedingung, also bei Besicht (RG 94, 287). Die bei Vertragsschluß vorhandene Kenntnis des Käufers von der Mangelhaftigkeit der Kaufsache hat den Verlust aller Gewährleistungsansprüche zur Folge, wenn nicht etwa gerade die Beseitigung des bekannten Mangels zugesagt worden ist. Ob ein Gattungskauf oder ein Spezieskauf vorliegt, ob die Mangelhaftigkeit ihren Grund in dem Vorhandensein eines wertmindernden oder die gewöhnliche oder die vertraglich vorausgesetzte Gebrauchstauglichkeit beeinträchtigenden Fehlers (§ 459 Abs. 1 BGB) oder im Fehlen zugesicherter Eigenschaften (§ 459 Abs. 2 BGB) hat, ob die Mängel offene oder verborgene (d. h. solche, die, wenn der Käufer sie nicht trotzdem gekannt hätte, für einen Uneingeweihten auch durch eine Untersuchung nicht hätten zutage gefördert werden können) sind, ist gleichgültig. Immerhin hat der Fall der vertraglichen Zusicherung (oben Anm. 43ff.) eine Eigenheit: bei der Zusicherung einer Eigenschaft ist nämlich zu beachten, daß der Käufer, der sich eine solche Zusicherung oder die Garantie geben läßt, damit zu erkennen gibt, er vertraue der besseren Kenntnis des Verkäufers, sollte er auch selbst an das Fehlen oder die Nichtherstellbarkeit der Eigenschaft glauben; der Verkäufer haftet in diesem Falle, wenn der Käufer den Verkäufer nicht etwa arglistig zur Zusicherung verleitet hat. Er haftet — natürlich — erst recht dann, wenn er dem Käufer die Herstellung der bei Kaufabschluß noch fehlenden Eigenschaft bis zum Gefahrübergang zugesichert hat („Recht" 08, 960); oben Anm. 88.

Kann dem Käufer nicht die wirkliche Kenntnis der Mangelhaftigkeit, sondern nur nachgewiesen werden, daß er die Mangelhaftigkeit bei Aufwendung gehöriger Sorgfalt hätte kennen müssen, so verliert er nach dem Gesetz seine Ansprüche nicht. Allerdings zweifelt insoweit schon der BGH in NJW 1960, 720 = Betrieb 1960, 349, wo zur Erwägung gestellt wird, ob in dem Sonderfall des § 463 BGB gegenüber der dort begründeten Schadensersatzpflicht dann, wenn der Verkäufer selbst schuldlos war, den Käufer jedoch der Vorwurf leichter Fahrlässigkeit träfe, nicht eine Schadensteilung nach § 254 BGB das Angemessene sei. Der Gedanke ist indessen abzulehnen. Er käme, wenn überhaupt, nur zum Tragen in Fällen einer Eigenschaftszusicherung: soll man von dem Käufer verlangen, daß er klüger sei als der Verkäufer, der ihm die Eigenschaft als vorhanden zugesichert hat; soll ihn der Nachteil treffen, wenn er beim Aushandeln von Eigenschaftszusicherungen vielleicht die bessere Sachkunde hätte ins Treffen bringen sollen? Lehnt man auf dem Gebiet der Mängel der Kaufsache die Schadensersatzhaftung des Verkäufers für Fahrlässigkeit bei den Vertragsverhandlungen ab (oben Anm. 53), dann kann man folgeweise eine gleiche Fahrlässigkeit dem Käufer nicht auf dem Wege über das Mitverschulden anlasten. Gegenüber der Wandelung und Minderung will der BGH (a. a. O.) irgendwelche Rechtsfolgen aus einer etwaigen leichtfahrlässigen Unkenntnis des Käufers hinsichtlich des Mangels ohnehin nicht gezogen wissen. Eine Herabsetzung von Wandelungs- oder Minderungsansprüchen über § 254 BGB findet in keinem Falle statt, da die Rechtsfolgen eines Verschuldens des Käufers an der Unkenntnis des Mangels in § 460 BGB abschließend geregelt sind (so schon Düsseldorf NJW 1952, 1177). Erst *grobe Fahrlässigkeit des Käufers* in der Unkenntnis des Mangels (bei Kaufabschluß) differenziert die Rechtslage. Während die Haftung für das Bestehen zugesicherter positiver Eigenschaften unberührt bleibt, macht das Gesetz (§ 460 Satz 2 BGB) für die Mängel des § 459 Abs. 1 BGB einen Unterschied: war die Abwesenheit eines Fehlers zugesichert (oben Anm. 43), so schadet dem Käufer auch seine grobfahrlässige Unkenntnis nichts. War aber keine solche Zusicherung erteilt, so bewirkt grobfahrlässige Unkenntnis des Käufers von der Mangelhaftigkeit den Ausschluß der Haftung des Verkäufers. Auf ein etwaiges Fahrlässigkeitsverschulden des Verkäufers und dessen Grad kommt nichts an. Von dem Gewährschaftsverlust infolge grobfahrlässiger Unkenntnis des Käufers wird wieder die Ausnahme gemacht, daß der Verkäufer trotz der grobfahrlässigen Unkenntnis des Käufers diesem haftet, wenn ihm der Käufer *arglistiges Verschweigen* (unten Anm. 156ff.) vorwerfen kann. Dem Vorwurf arglistigen Verschweigens muß das arglistige Vorspiegeln nicht vorhandener Eigenschaften gleichgestellt werden (oben Anm. 49 und 86). Diese Ausnahme tastet indessen den Grundsatz des § 460 Satz 1 BGB nicht an, daß nämlich der Verkäufer trotz seines arglistigen Verhaltens nicht haftet, wenn der Käufer die Mangelhaftigkeit kannte; es würde dem Käufer in diesem Falle selbst ein Vorbehalt seiner Ansprüche nichts nützen, weil die Arglist des Verkäufers dann nicht ursächlich geworden ist (unten Anm. 170c). Über Arglist bei der Erfüllung unten Anm. 162, 175; oben Anm. 56.

Ob die *Fahrlässigkeit* des Käufers eine *grobe* war, d. h., ob der Käufer **Anm. 117a**
sich einer gröblichen Verletzung der nach den Verkehrsanschauungen aufzuwendenden Sorgfalt (§ 276 BGB; § 347 Anm. 13), einer ungewöhnlichen Sorglosigkeit, schuldig gemacht hat, ist im wesentlichen Tatfrage. Eine rechtliche Verpflichtung des Käufers, die Kaufsache vor oder bei Kaufabschluß (!) zu untersuchen, besteht allerdings nicht. Es ist grobe Fahrlässigkeit, wenn ein offenkundiger Mangel nicht wahrgenommen wird, obwohl er schon bei Kaufabschluß wahrgenommen werden konnte; wer diese Fähigkeit nicht besitzt, muß sich eben einer Hilfe bedienen. Andererseits geht es zu weit, eine grobe Fahrlässigkeit nur dann anzunehmen, wenn der Mangel ein offensichtlicher oder von einem vorsichtigen Käufer sofort erkennbarer war. Denn ein Käufer, der Anlaß zu Verdacht, d. h. erhebliche Bedenken, hat, muß diesem Verdacht nachgehen, wenn ihm nicht derart beruhigende Äußerungen des Verkäufers gemacht worden sind, daß sie ihn bei verständiger Beurteilung davon abhalten konnten (LZ 1911, 60[14]; vgl. RG 58, 166 oben), und wenn die Möglichkeit einer Prüfung bestand. Eine Handelsfirma, welche Ware von einem Privatmann kauft und wegen Bedenken an der Qualität einen Angestellten zur vorherigen Untersuchung entsendet, muß diese Untersuchung einigermaßen gründlich durchführen lassen; oberflächliche Prüfung, wenn erkennbare Mängel infolgedessen nicht entdeckt werden, gereicht ihr zum groben Verschulden (Celle BetrBer. 1957, 910). Der Bankier muß sich um die Lieferbarkeit einer von ihm gekauften Aktie kümmern (KG in DJZ 03, 405[15]); insbesondere, wenn er den Selbsteintritt erklärt. Wer sich zum Zweck des Ankaufs Ware auf Lager vorzeigen läßt (RG BadRpr. 09, 52), wer vom Verkäufer

zur Prüfung besonders aufgefordert wird, muß sich, wenn er nicht grobfahrlässig handeln will, die Sachen vor dem Kauf genau ansehen. Stichproben (oben Anm. 13, unten Anm. 183) müssen in angemessener Menge und Art gezogen werden (LZ 1917, 973[10]). Wer Ramschware, gebrauchte Sachen, in der Entwicklung begriffene Naturerzeugnisse kauft, muß wissen, daß mit dem Kauf gewisse Gefahren regelmäßig verbunden sind; er muß also prüfen, sonst handelt er grobfahrlässig. Notwendig aus dem Zustand der Kaufsache mit der Zeit sich entwickelnde Mängel sind wie bekannte Mängel zu behandeln. Dagegen rechtfertigt das Bekanntsein einer gewissen Beschaffenheit der Ware in Interessentenkreisen noch nicht den Schluß, daß diese Beschaffenheit auch dem Käufer bekannt gewesen sei. Der Käufer, der bei einem Notverkauf nach § 379 HGB eine Ware versteigert und ersteigert, kann auch neue Mängel geltend machen, wenn deren Unkenntnis nicht auf grober Fahrlässigkeit beruht (RG 66, 195).

In allen Fällen dieser Anmerkung nützt also dem Käufer auch eine demnächstige Rüge bei Ablieferung nichts mehr. Sie würde, soweit sie den von der grobfahrlässigen Unkenntnis betroffenen Mangel bemängelt, ins Leere gehen.

Anm. 118 e) Dadurch, daß der Käufer die Sache vorbehaltlos annimmt, obgleich er den Mangel kennt:

> **§ 464 BGB.** Nimmt der Käufer eine mangelhafte Sache an, obschon er den Mangel kennt, so stehen ihm die in den §§ 462, 463 bestimmten Ansprüche nur zu, wenn er sich seine Rechte wegen des Mangels bei der Annahme vorbehält.

Damit ist der Fall gemeint, in dem Vertragsschluß und Übergabe zeitlich auseinanderfallen (JW 01, 785). Erfolgt die Übergabe gleichzeitig mit dem Abschluß des Kaufvertrags, so kommen die in Anm. **117ff.** dargestellten Grundsätze zur Anwendung. Daß der Käufer bei der Annahme der Kaufsache den Mangel hätte erkennen müssen, d. h. die auf Fahrlässigkeit (selbst auf grober Fahrlässigkeit) beruhende Unkenntnis, genügt hier nicht, um den Käufer seine Gewährleistungsrechte zu entziehen; doch wird im Bereich des § 377 alsdann der Gewährschaftsverlust nicht selten schon durch das Unterlassen der gebotenen Mängelrüge eintreten. Die Kenntnis eines Teils des Mangels steht der Kenntnis des ganzen Mangels nicht gleich. Der ganze Umfang des Mangels muß dem Käufer bekannt sein (vgl. WarneyerRspr. 1915 Nr. 231). Die Gewährleistung ist daher nicht schon ausgeschlossen, wenn der Mangel ein augenfälliger war oder dem Käufer bei Aufwendung einiger Sorgfalt nicht hätte unbekannt bleiben können. Hat sich der Käufer, was er zu beweisen hat, seine Rechte wegen des Mangels bei der Annahme vorbehalten, so verbleiben ihm diese Rechte. Dieser Vorbehalt ist auch dann nötig, wenn eine Eigenschaft gutgläubig zugesichert ist, wie auch dann, wenn der Verkäufer den Fehler arglistig verschwiegen oder eine Eigenschaft arglistig zugesichert oder vorgespiegelt (RG 59, 105; 55, 215; 63, 113; HRR 1934 Nr. 1193; JW 1915, 444[3]) haben sollte, weil der Käufer auch hier den Folgen aus seiner Kenntnis der Fehler und der trotzdem geschehenen Annahme vorbeugen muß; selbst dann ist der Vorbehalt nötig, wenn Ansprüche aus unerlaubter Handlung hergeleitet werden sollen (unten Anm. 120). Durch vorbehaltlose Annahme einer Teillieferung begibt sich der Käufer nur der Rechte hinsichtlich dieses Teils (Kolmar „Recht" 04, 45[161]). Ist eine unteilbare Sache vorbehaltlos angenommen, so sind alle Rechte wegen dieser Sache verloren. Sind von mehreren Sachen nur einige angenommen, so verhält es sich wie bei einer Teillieferung, und zwar auch dann, wenn die mehreren Sachen als zusammengehörig verkauft worden sind, z. B. ein Grundstück samt Warenlager (unten Anm. 181); es ist bei jeder einzelnen Sache die Annahme in Kenntnis des Mangels festzustellen. Es kann aber, wenn bezüglich einer Sache die Voraussetzungen des § 464 BGB festgestellt sind, dieses Verhalten nach Treu und Glauben dahin ausgelegt werden, daß wenigstens auf die Wandelung aller zusammengehörigen Sachen verzichtet ist (WarneyerRspr. 1910 Nr. 12).

Ein Vorbehalt ist i. S. des § 464 BGB — als ein einseitiger, vom Käufer zu erklärender — nicht nötig, wenn die Parteien sich bereits im Kaufvertrag über einen generellen und vorsorglichen Vorbehalt zugunsten des Käufers hinsichtlich aller bei der Erfüllung etwa vorhandenen Mängel geeinigt haben (WarneyerRspr. 1910 Nr. 274).

Anm. 118a Unter dem Begriff der Annahme ist hier dasselbe zu verstehen, was in § 341 Abs. 3 BGB als Annahme der Erfüllung, in § 363 BGB mit Annahme als Erfüllung und in § 640 Abs. 2 BGB als Abnahme bezeichnet ist (RG 64, 240). In RG 57,

339; 59, 380; 64, 240 ist der Satz aufgestellt, daß nicht jede nur äußerliche Hinnahme der Leistung, sondern nur eine solche Hinnahme als Annahme der Erfüllung genügt, welche unter Hinzunahme des Verhaltens des Empfängers vor und bei der Hinnahme zu erkennen gibt, daß er die Leistung als eine der Hauptsache nach dem Vertrage entsprechende Erfüllung anerkenne. Die Annahme als Erfüllung enthält ein Doppeltes: nämlich einmal die Übergabe und dann noch die Empfangnahme mit dem Willen, die Ware als Erfüllung anzunehmen, also Eigentum zu erwerben, d. h. mit einem Verhalten, das zwar auf Billigung der Vertragsleistung überhaupt schließen läßt, aber nach allgemeinen Grundsätzen noch keine Billigung im einzelnen und keinen Verzicht auf Bemängelung insoweit bedeutet (JW 1911, 486[6]; 08, 432[5]). Andernfalls wäre die Bestimmung des § 464 BGB zwecklos, weil ein Anerkenntnis der Tadellosigkeit dem Käufer ohnehin alle Rechte nehmen würde. Daher darf hier das Verhalten des Käufers nicht wieder daraufhin geprüft werden, ob es eine Genehmigung der Ware in diesem letzteren Sinne enthält. Der Gesetzgeber will durch § 464 BGB einen Akt treffen, der sich nach verständiger billiger Beurteilung der Umstände des einzelnen Falles, wobei auch ein Schweigen des Käufers erheblich werden kann (RG 59, 381), als Empfangnahme der Kaufsache seitens des Käufers darstellt in der Absicht, sie in Vollzug des Kaufvertrags zu behalten. Dieser Akt gilt nach dem Willen des Gesetzgebers als Genehmigung der Ware dann, wenn das Wissen des Käufers um den Mangel hinzukommt und der Käufer dem Akt nicht durch einen Vorbehalt bei der Annahme seine Bedeutung entzieht.

Im allgemeinen ist der Augenblick der Übergabe (oben Anm. 47) der Augenblick der Annahme als Erfüllung und der Zeitpunkt, in dem der Vorbehalt zu machen ist (RG 58, 263). Beim Verkauf eines Warenlagers ist der gemeinsame Abschluß der Inventur der richtige Zeitpunkt (WarneyerRspr. 1910 Nr. 12). Vorbehalt während der Ausladung oder Entlöschung genügt; es bedarf keiner Wiederholung nach der Ausladung oder Entlöschung. Weist der Käufer die Ware vor der Empfangnahme schon zurück, oder erklärt er, daß er die Ware zwar annehme, aber nur für Rechnung des Verkäufers zur Aufbewahrung, oder nur zum Zweck der Besichtigung und Erprobung, so trifft ihn kein Nachteil; denn die Ware ist nicht angenommen. Dasselbe muß gelten, wenn bei Postsendung der Ware der Vorbehalt unmittelbar nach der Annahme erfolgt. Beim Versendungskauf erfolgt die Annahme stillschweigend, wenn der Käufer über die Ware verfügt, sie weiterveräußert, sie verwendet usw. (RG 64, 145). Die Vorschrift, daß der Vorbehalt „bei der Annahme" zu machen ist, darf nicht gepreßt werden. Es genügt auch ein vor der Annahme gemachter Vorbehalt, wenn er bei der Annahme in erkennbarer Weise aufrechterhalten worden ist (RG 73, 147; anders im Recht der Vertragsstrafe; § 348 Anm. 14ff.; LZ 1912, 672[3]). Andernfalls sind Vorbehalte vor der Annahme ebenso wirkungslos wie solche nach der Annahme als Erfüllung (vgl. LZ 1912, 672[3]).

Da die Vorschrift des § 464 BGB davon ausgeht, es sei der Käufer in der Lage gewesen, aus vorhandenen, ihm bekannten Mängeln die gesetzlichen Folgen abzuleiten, so kann nur eine Empfangnahme des Käufers selbst und solcher Personen in Betracht kommen, die hier als seine Vertreter in der Annahme als Erfüllung gelten können. Die Kenntnis eines seiner Vertreter muß sich der Käufer bei Gesamtvertretung zurechnen lassen (RG 59, 408; § 166 Abs. 1 BGB; Vorbem. vor § 48 Anm. 70). Die Kenntnis seines Vertreters kann dem Käufer nicht zugerechnet werden, wenn der Verkäufer den Mißbrauch der Vertretungsmacht kannte und diesen Mißbrauch zum Nachteil des Vertretenen ausnutzen wollte, also bei kollusionsmäßigem Zusammenwirken mit dem Vertreter (unten Anm. 170c). Als Vertreter in der Erfüllungsannahme können nicht seine Leute gelten, die nur zur körperlichen Empfangnahme der Kaufsache berechtigt waren. Hier kann der Käufer den Vorbehalt noch unverzüglich nach erlangter Kenntnis von der Empfangnahme machen, wenn dieser Zeitpunkt mit dem Zeitpunkt der bei ordnungsmäßigem Geschäftsgang zu erlangenden Kenntnis zusammenfällt. Der Spediteur des Käufers ist aber regelmäßig eine zur Erfüllungsannahme berechtigte Persönlichkeit, auch wenn er nicht besonders bevollmächtigt ist (RG 64, 240).

Der Vorbehalt muß gegenüber dem Verkäufer oder dessen Vertreter (Vorbem. vor § 48 Anm. 22) gemacht werden. Als solche Vertreter können nicht die

Überbringer der Kaufsache gelten, wenn sie bloße Boteneigenschaft besitzen (Posen PosMSchr. 1910, 4), sondern nur solche Personen, die den Vertrag namens des Verkäufers zu erfüllen berechtigt sind. Weiteres über die Annahme als Erfüllung s. unten Anm. 128 und 170c und § 348 Anm. 14.

Anm. 119 Über die Form und den Inhalt des Vorbehalts gilt das zu § 348 Anm. 20 Dargelegte. Ein allgemeiner Vorbehalt genügt nicht. Der Vorbehalt muß sich auf den bestimmten, dem Käufer bekannten Mangel beziehen. In der Mängelanzeige ist der Vorbehalt des § 464 BGB keineswegs enthalten; denn sie erfolgt wesenhaft nach der Ablieferung, während der Vorbehalt bei der Annahme zu machen ist. Die Annahme als Erfüllung ist nicht unvereinbar mit gleichzeitigen Vorbehalten und Mängelrügen, weil die Annahme als Erfüllung, wie schon gesagt, nicht die Anerkennung der Ware als einer fehlerlosen bedeutet (RG 71, 23; 66, 282; LZ 1911, 547[24]). Wenn daher der Käufer bei der Annahme nur erklärt, er hoffe, daß sich die Maschine allmählich bessern werde, und sogar Nachbesserungen sich als erforderlich erwiesen haben, der Fortbetrieb aber dauernd möglich gewesen ist, so hat kein Vorbehalt stattgefunden. Der Vorbehalt muß deutlich machen, daß die Ware nicht als eine in jeder Beziehung zufriedenstellende Erfüllung betrachtet wird (vgl. LZ 1912, 672[3]). Das bloße Aufmerksammachen auf Fehler ist zu unbestimmt. Ein weiterer Vorbehalt ist natürlich nicht nötig, wenn schon im Vertrag in omnem eventum ein Vorbehalt gemacht ist, wenn er also im beiderseitigen Einverständnis, als Generalvorbehalt den Spezialvorbehalt ersetzen soll (oben Anm. 118). Vorbehalt und Mängelrüge können bei Ablieferung und Empfangnahme unter Anwesenden zusammenfallen, wenn die Mängelrüge den Vorbehalt enthält und so rechtzeitig erfolgt, wie dies für einen wirksamen Vorbehalt nötig ist. Anders beim Versendungskauf. Hier darf die Sache nicht in Kenntnis der Mängel angenommen werden, um eine als solche rechtzeitige Mängelrüge nachfolgen zu lassen. Die Mängelrüge hat auch nur für beiderseitige Handelskäufe Bedeutung, während § 464 BGB allgemeine Geltung besitzt.

Anm. 120 Der Verlust der Rechte, den die vorbehaltlose Annahme der Kaufsache in Kenntnis ihrer Fehlerhaftigkeit nach sich zieht, beschränkt sich auf den Verlust der Gewährleistungsansprüche wegen der Mängel, welche der Käufer bei der Annahme kannte. Später erst entdeckte Mängel hat § 464 BGB nicht im Auge (Staudinger[11] § 464 Bem. 14; BGH NJW 1958, 1724 = MDR 1958, 683 = LM § 464 BGB Nr. 1 = BetrBer. 1958, 753 = Betrieb 1958, 868). Für nach der Annahme als Erfüllung erst wahrgenommene Mängel gilt das oben Anm. 116 Ausgeführte. Der durch vorbehaltlose Annahme herbeigeführte Verlust von Rechten beschränkt sich ferner, wie § 464 BGB ausdrücklich sagt, auf den Verlust der Wandelung, Preisminderung und des Anspruchs auf Schadensersatz wegen Nichterfüllung (§§ 462, 463) sowie, was hinzuzufügen ist, auf den Verlust des Anspruchs auf Schadensersatz wegen schuldhafter Schlechterfüllung (oben Anm. 100ff.) und auf Lieferung einer mangelfreien Sache (§ 480 Abs. 1 Satz 2 BGB). Alle diese Rechte können nur hinsichtlich der Mängel nicht mehr geltend gemacht werden, welche der Käufer bei der Annahme kannte. Hinsichtlich anderer, ihm damals nicht bekannter Mängel und hinsichtlich der im Vorbehalt kenntlich gemachten Mängel kann der Käufer von allen Gewährleistungsansprüchen unbeschränkt Gebrauch machen. Nicht verloren sind dem Käufer die in §§ 464, 480 Abs. 1 Satz 2 BGB nicht aufgeführten Rechte hinsichtlich der bei der vorbehaltlosen Annahme bekannten Mängel. Der § 464 BGB ist jedoch auch auf Ansprüche des betrogenen Käufers aus unerlaubter Handlung (§§ 823, 826 BGB) anzuwenden; daher gehen auch diese verloren, wenn der Käufer die Kaufsache in Kenntnis der arglistig verschwiegenen Fehler (RG 101, 73; JW 05, 19[15]; oben Anm. 118; a. M. RGRKomm.[11] § 464 Nr. 1) oder der arglistigen Vorspiegelung nicht vorhandener Eigenschaften (§ 463 BGB; WarneyerRspr. 1912 Nr. 198) als Erfüllung angenommen hat (vgl. RG in HRR 1934 Nr. 1193). In JW 1911, 756[12] meint das Reichsgericht, es seien diese Grundsätze in RG 63, 113 oben aufgegeben, so daß es im Falle arglistigen Verhaltens des Verkäufers keines Vorbehalts bei der Annahme bedürfe. Diese Meinung trifft nicht zu, weil sich der Käufer bei der Annahme seine Ansprüche nach RG 63, 110 ausdrücklich vorbehalten hatte und deshalb wählen konnte, ob er anfechten und das negative Interesse oder sich auf §§ 823, 826 BGB berufen und das Erfüllungsinteresse fordern wolle. Für die hier vertretene Ansicht läßt sich auch die Entscheidung BGH NJW 1960, 238 verwenden: wenn darin, nach dem Vorgang von RG 103, 154ff., die Gleichstellung von Schadensersatzansprüchen aus unerlaubter Handlung mit denen aus Arglist nach § 463 BGB so weit getrieben ist, daß für die unerlaubte Handlung auf das Erfüllungsinteresse gehaftet, und andererseits die Mithaftung der an der Arglist Beteiligten aus einer Hinübernahme der §§ 830, 840 BGB in die Haftung nach § 463 BGB begründet wird, dann ist es nur folgerichtig, auch gegenüber der Deliktshaftung dieselbe Rechtswohltat des § 464 BGB wie gegenüber der Haftung aus § 463 BGB wirksam werden zu lassen. Die Anfechtung wegen arglistiger Täuschung und wegen Irrtums wird durch § 464 BGB nicht berührt, soweit sie neben den Gewährleistungsansprüchen überhaupt bestehen kann (über letzteres s. oben Anm. 54—56). Die Verwirkung der Gewährleistungsansprüche infolge vorbehaltloser Annahme enthält noch nicht eine Bestätigung des Rechtsgeschäfts nach § 144 BGB, weil § 144 BGB, noch weiter gehend als § 464 BGB, die Kenntnis der Anfechtungsmöglichkeit verlangt. Endlich ist zu bemerken, daß die Annahme einer fehlerhaften Sache mit Kenntnis des Käufers unter Umständen nach Treu und Glauben die Auffassung rechtfertigen kann, daß in größerem oder geringerem Umfang auf Rechte verzichtet werde, die an sich nach der Vorschrift des § 464 BGB nicht verlorengegangen wären (wie sonst durch Ingebrauchnahme, Verfügung u. dgl.; oben Anm. 116).

f) Durch Vereinbarung des Ausschlusses oder der Einschränkung der Gewährleistung. **Anm. 121**

Schrifttum: v. Brunn, Die formularmäßigen Vertragsbedingungen der deutschen Wirtschaft 2. Aufl. 1956; Schneider, Beschränkung von Gewährleistungsrechten in Allgemeinen Lieferbedingungen, NJW 1954, 133ff.

Diese Vereinbarung bedarf derselben Form wie der Kaufvertrag selbst, weil sie einen wesentlichen Teil des Vertrags bildet oder, wenn sie nachträglich getroffen wird, ihn abändert. Im übrigen kann die Vereinbarung vor oder nach Vertragsschluß, ausdrücklich oder durch handelsüblich schlüssige Wendungen getroffen werden. Vereinbarungen der letzteren Art liegen in den Klauseln „tel quel", „wie besehen", „nach Besicht" (wegen der Bedeutung dieser Klauseln nach den Platzusancen für den hamburgischen Warenhandel s. den Abdruck derselben in Vorbem. 2 sub B 1, §§ 8, 9), „die Ware, wie sie fällt", „die Ware, wie sie steht und liegt"; „wie besichtigt und probegefahren" im Gebrauchtwagenhandel (s. zu dieser Klausel aber auch unten Anm. 121a am Ende und 157). Solche Klauseln besagen grundsätzlich den Ausschluß von Gewährleistungsansprüchen. Es können jedoch trotzdem Gewährleistungsansprüche bestehen, wenn daneben gewisse Zusicherungen gegeben sind (LG Düsseldorf in DRZ 1935 BeilRspr. Nr. 446; OLG Düsseldorf VRS 4, 93 [Gebrauchtwagenkauf „wie besichtigt" mit dem Zusatz: „Wagen ist in einwandfreiem Zustand und Maschine kürzlich überholt worden"]). Im einzelnen: Es bedeutet die Klausel „wie es steht und liegt" vertragsmäßigen Ausschluß der Haftung für Sachmängel, auch insoweit als heimliche Mängel in Betracht kommen (WarneyerRspr. 1926 Nr. 44; RG in LZ 1933, 583[1]; LG Berlin JR 51, 52 [Gebrauchtmotorradkauf „wie es steht"]; vgl. RG 44, 237). Es kann daher auch nicht etwa handelsübliche Beschaffenheit der Ware verlangt werden. Die Klausel „wie besehen", „wie besichtigt" oder „wie zu besehen" schließt regelmäßig die Haftung für Mängel aus, die bei ordnungsmäßigem Besicht erkennbar waren; im Zweifel aber auch nur die Haftung für diese (WarneyerRspr. 1933 Nr. 114; LZ 1933, 583[1]; Nürnberg Betrieb 1956, 497). Der Käufer, der einen gebrauchten Kraftwagen „wie besichtigt" gekauft hat, kann daher solche Mängel geltend machen, die für ihn als Laien nicht erkennbar waren, z. B. Motordefekte (Hamburg HansRGZ 1930 B 286), oder auf die die Besichtigung sich üblicherweise nicht erstreckt, z. B. Unlesbarkeit der Fahrzeugnummer (Hamburg BetrBer. 1958, 896). Es kann aber aus dem übrigen Inhalt des Vertrags oder aus dem Verhalten beider Teile bei Vertragsschluß sich nach §§ 157, 133 BGB eine Auslegung ausnahmsweise dahin ergeben, daß die Haftung für gewisse Mängel doch bestehenbleibt (vgl. WarneyerRspr. 1913 Nr. 281) oder sich auf besonders hervorgehobene Punkte nicht beziehen soll. Andererseits kann auch — z. B. bei gebrauchten Motorrädern — der Verkauf „wie besichtigt" unter Ausschluß jeglicher Mängelhaftung erfolgen; darin liegt kein Verstoß gegen Treu und Glauben, weil Arglisthaftung nicht abdingbar ist (Köln in JW 1933, 2401[7]). Die Vereinbarung „schöne, reine, trockene Ware, wie besehen" kann sogar trotz Besichts gerade eine Zusicherung enthalten (ROHG 11 283; vgl. § 360 Anm. 3ff.).

Als abbedungen erscheinen Gewährleistungsansprüche ferner, wenn in den Auktionsbedingungen die Besichtigung freigestellt und Reklamationen nach dem Zuschlag ausgeschlossen sind (Kiel LZ 1921, 464[1]). Billigt der Käufer auf Besicht gekaufte Ware ohne Besichtigung, so ist die Ware genehmigt (RG 94, 287). Erklären beide Teile im Kaufvertrag, daß sie sich von der Beschaffenheit der Kaufsache überzeugt haben, so ist es Sache der Auslegung, ob damit nur der Ausschluß der Haftung für offene Fehler (oben Anm. 29) oder auch für verborgene (oben Anm. 30) gemeint war (JW 1912, 343[6]). Die Klausel, daß „bei Qualitätsdifferenzen 10% der Originalkisten gemeinsam zu begutachten seien und auf Grund des Resultates die gesamte Ware entsprechend bewertet werde", kann als Verpflichtung des Käufers zur Abnahme der minderwertigen Ware ausgelegt werden (RG in LZ 1932, 1371). Der Kauf von Ramschware, der Kauf in Bausch und Bogen, der Hoffnungskauf (Vorbem. vor § 373 Anm. 101) enthalten gleichfalls eine Haftungsbeschränkung (Nürnberg Betrieb 1956, 497; keine Mängelrüge, kein Anspruch auf Lieferung von Handelsgut mittlerer Art und Güte — immerhin muß Tauglichkeit als Handelsgut überhaupt vorliegen: ist von der Ramschware noch 20% verwertbar, so ist sie als Ganzes noch als Handelsgut zu betrachten und kann nicht als völlig wertlos zurückgewiesen werden, RG „Recht" 1927 Nr. 601 —); nicht aber der Verkauf einer Sache als einer bereits gebrauchten; dieser Umstand ist nur von Bedeutung für die Frage, was als erheblicher Mangel (oben Anm. 42) zu gelten hat (WarneyerRspr. 1913 Nr. 281). Eine Einschränkung liegt weiterhin in der Vereinbarung, daß im Falle von Beanstandungen, bei Vermeiden des Ausschlusses jeder Haftung, von der Ware bis zur Erledigung der Beanstandung ohne Zustimmung des Verkäufers nichts fortgenommen werden dürfe (so die oben in Anm. 28 mitgeteilten Einheitsgebräuche im Holzhandel), in sonstigen Klauseln auf Ausschluß der Gewährschaftshaftung nach Ablauf bestimmter Fristen (Beispiel: Vorbem. 2 sub A, 2) oder nach Verarbeitung der gelieferten Ware (Beispiel: Vorbem. 2 sub A 13; § 7 Abs. 2 der „Einheitsbedingungen der deutschen Textilindustrie", Anhang II zu § 346), in der Beschränkung der Haftung für Fremderzeugnisse auf Abtretung der Ansprüche gegen den Zulieferer (Beispiele: Vorbem. 2 sub A, 11, 14a, b), mittelbar schließlich in der vertraglichen Verkürzung der Verjährungsfrist (Beispiel in Vorbem. 2 sub A, 14c). Auch derjenige, der statt der Ware einen mit einem Dritten über Lieferung der Ware geschlossenen „Kontrakt verkauft", will dadurch im allgemeinen seine Haftung ausschließen für den Fall, daß dieser Kontrakt von dem Dritten nicht oder nicht gehörig erfüllt wird (vgl. Horwitz HansRZ 1926, 881); ebenso wie ein stillschweigender Ausschluß der Gewährleistung bei der Abtretung einer Forderung regelmäßig dann vorliegt, wenn die Forderung als zweifelhaft abgetreten ist (RG in DJZ 1926, 238), was übrigens bei dem „Kontrakt-Verkauf" durchaus nicht immer der Fall zu sein braucht. — Von besonderer Bedeutung für das Abladegeschäft im Einfuhrhandel aus Übersee sind die „Geschäftsbedingungen des Waren-Vereins der Hamburger Börse", mitgeteilt in Vorbem. 2 sub B, 2. Danach ist die Wandelung bei Qualitätsmängeln, die einen Minderwert von nicht mehr als 10% bedingen, ausgeschlossen (außer bei aliud-Lieferung); unabhängig von dieser Minderwertgrenze ist schlechthin ausgeschlossen der Schadensersatz wegen Fehlens zugesicherter Eigenschaften und der Nachlieferungsanspruch. Der Käufer hat mithin bei Minderwerten unter 10% nur Minderungs-, über 10% nur Minderungs- oder Wandelungsansprüche; der Verkäufer kann — wie Haage a. a. O. zutreffend bemerkt — seine Gattungsschuld auch mit mangelhafter Ware konkretisieren. Allerdings ist auch die Nachlieferungsbefugnis des Verkäufers durch die Bedingungen ausgeschlossen.

Daß der Verkäufer nach seinem Willen die Verkaufsbedingungen maßgebend gestaltet — in erster Linie durch Allgemeine Geschäfts- und Lieferbedingungen —, ist an sich nicht zu beanstanden (Vorbem. vor § 373 Anm. 2). Die Rechtsprechung namentlich aus neuerer Zeit hat anerkannt, daß die Massenfertigung im modernen Produktionsprozeß, wollte man den Erzeuger mit Schadensersatzansprüchen aus Fehlleistungen in der Herstellung des einzelnen Fertigungsprodukts einschließlich des Schadensersatzes für Folgeschäden ohne die Möglichkeit ihrer vertraglichen Abbedingung belastet sein lassen, mit vertretbaren Kostensätzen nicht mehr rentabel durchzuführen wäre: BGH

NJW 1959, 39 und BetrBer. 1963, 453. Es kommt hinzu, daß die ständig intensiveren Vorstöße in technisches Neuland ein Gefahrenmoment in sich bergen, welches der Produzent — für den Schadensersatz — muß von sich fernhalten können, wenn anders er mit wirtschaftlich übersehbaren Risiken produzieren will. So erklärt sich das Bestreben, zuvörderst die Ansprüche aus § 463 BGB und aus positiver Vertragsverletzung auszuschließen (ebenso übrigens auch im Warenhandel; vgl. insoweit § 7 der hamburgischen Platzusancen). Es darf aber nicht unter Verstoß gegen die guten Sitten (§ 138 Abs. 1 BGB) der Ausschluß der Gewährleistung vereinbart sein (RG DR 1941, 1726). Eine Verletzung der guten Sitten liegt danach nicht vor, wenn Käufer und Verkäufer auf dem Boden völliger wirtschaftlicher Selbständigkeit und Gleichberechtigung vertragsmäßig Beanstandungen wegen Beschaffenheit der Ware und der durch mangelhafte Verpackung entstandenen Schäden ausschließen (RG 104, 101). Sie kann dagegen vorliegen in dem Ausnutzen einer Monopolstellung; dazu jetzt auch §§ 2, 9 Abs. 2, 12 GWB — Unwirksamwerden durch Eingreifen der Kartellbehörde —. Aber auch dort, wo keine Monopolstellung gegeben ist, schützt die Auslegung nach Treu und Glauben mit Rücksicht auf die Verkehrssitte (§§ 157, 242 BGB, § 346) gegen ungebührliche Ausdehnung vereinbarten Gewährleistungsausschlusses (RG DR 1941, 1726). Diesen Gesichtspunkt hat neuerdings grundlegend BGH 22, 90 = NJW 1957, 19 betont (dem Endabnehmer fabrikneuer Möbel gegenüber kann der Lieferant sich nicht völlig von jeder Gewährleistung freizeichnen; ein Nachbesserungsrecht muß in jedem Falle aus einem an Treu und Glauben orientierten Verständnis des Vertrages gegeben sein); mit dem gleichen Gedanken, daß dem Käufer nicht schlechthin alle Gewährleistungsansprüche genommen werden dürften, arbeitet bereits die Entscheidung BGH NJW 1954, 1033. Aus der neueren Rechtsprechung BGH NJW 1960, 859: Hat der Verkäufer in seinen Lieferungsbedingungen die Befugnis des Käufers abbedungen, Zahlungen mit Rücksicht auf Gewährleistungsansprüche zurückzuhalten — zur Zulässigkeit derartiger Abreden: BGH NJW 1958, 419 —, so setzt eine Auslegung nach Treu und Glauben unter Berücksichtigung der Übung des redlichen Geschäftsverkehrs dieser Klausel dann eine Grenze, wenn im Rechtsstreit auf Zahlung des Kaufpreises der Käufer die Wandelungseinrede erhebt und diese entscheidungsreif und begründet ist; der Käufer darf in solchem nicht auf den Weg eines besonderen Gewährschaftsprozesses verwiesen werden, der nur nutzlose Kosten verursachen würde). Bei weitgehendem Haftungsausschluß des Verkäufers in einer Freizeichnungsklausel ist enge Auslegung geboten (BGH 22, 96 u. NJW 1960, 1661; RG 142, 355; RG in JW 1938, 1595[20]; RG in HRR. 1939 Nr. 1459; RG DR 1941, 1726). Ganz besonders darf keine ausdehnende Auslegung in Fragen Platz greifen, bei denen es sich um solche der Gewährleistung für zugesicherte Eigenschaften handelt (RG JW 1938, 1595[20]). Durch eine Bestimmung in den Lieferungsbedingungen, daß der Verkäufer nicht für Mängel des Erzeugnisses hafte, wird daher nicht auch die Haftung für das Fehlen zugesicherter Eigenschaften ausgeschlossen (RG in HRR 1939 Nr. 1459). Die Nachprüfung typisch wiederkehrender, formularmäßiger Bedingungen, deren sich häufig die Industrie zu Freizeichnungen von der Gewährleistung bedient, ist der Revision zugänglich (§ 346 Anm. 14; WarneyerRspr. 1922 Nr. 10). Dazu ist vorweg zu bemerken, daß der Ausschluß der Gewährleistung — bei geboten enger Auslegung — sich nicht ohne weiteres bezieht auf Ansprüche aus verzögerter Lieferung oder aus Nichtlieferung (§ 326 BGB.), aus positiver Vertragsverletzung (RG DR 1943, 610; BGH LM § 242 BGB [Cd] Nr. 37 — Werkvertrag —; anders die in Betrieb 1956, 517 zitierte Entscheidung BGH. II ZR. 269/52), wie allgemein aus Verletzung von Nebenpflichten (RG DR 1941, 1726), soweit letztere Ansprüche neben Gewährleistungsansprüchen möglich sind (oben Anm. 104). Nach Treu und Glauben versagt die Vereinbarung des Gewährleistungsausschlusses, wenn der Verkäufer schon bei Vertragsschluß zur Erfüllung unvermögend war (DRZ 1926 Beil. 98[344]), oder wenn der Käufer es gar nicht zur Übergabe kommen läßt und die Annahme ablehnt, weil der Verkäufer die verlangte Nachbesserung verweigert oder sich solche von vornherein als unmöglich zeigt; der Käufer kann hier sogar vor der Übergabe die Wandelung erklären (oben Anm. 57; JW 1912, 461[7]). Weil der Umfang des Ausschlusses deutlich erklärt sein muß, liegt in der Vereinbarung spesenfreien Umtausches mangelhafter Ware ohne Schadensersatz nicht der Ausschluß der Wandelung (Frankfurt JW 1922, 1462[6]), in der Klausel „der Tausch soll gleich gegen gleich gehen in dem jetzigen Zustand“ bei Tausch zweier gebrauchter Lastwagen nicht der Ausschluß der Gewährleistung für verborgene Mängel (Nürnberg BetrBer. 1958, 137). Über die Umtauschklausel s. Vorbem. vor § 373 Anm. 129. In der Klausel „bei nicht richtigem Qualitätsausfall verpflichten wir uns zur Zurücknahme der Ware ohne Ersatzlieferung und ohne Schadensersatzpflicht“ kann auch der Ausschluß eines Minderungsanspruchs gefunden werden (Hamburg HansGZ 1921 Hptbl. 95). Ist bestimmt, „mangelhafte Ware ist mit Refaktie anzunehmen“, so kann der Käufer die Ware nicht zurückweisen und ist der Vertragspreis im Falle der Mangelhaftigkeit der Ware entsprechend dem Verhältnis zwischen dem Tagespreis für vertragliche und die angediente Ware herabzusetzen (Hamburg HRR 1928 Nr. 1216).

Nicht selten lautet die Beschränkung der Gewährschaftsverpflichtungen des Verkäufers dahin, daß die gesetzliche Gewährleistung ganz oder teilweise zugunsten einer Nachbesserung oder Ersatzlieferung seitens des Verkäufers ausgeschlossen ist. Da die Nachbesserungsbefugnis des Verkäufers u. U. auch sonst, d. h. unabhängig von vertraglicher Einräumung gegeben sein kann, ist ihr rechtlicher Gehalt nach der Berechtigungs- und der Verpflichtungsseite oben Anm. 51, 52 im Zusammenhang dargestellt. An der Zulässigkeit einer solchen Einschränkung der Sachmängelgewähr ist natürlich kein Zweifel, zumal die oben referierte Rechtsprechung des BGH in diese Richtung geradezu drängt; insbesondere der Vorwurf der Sittenwidrigkeit ist schon früh von der Rechtsprechung verneint worden (DJZ 1930, 834; 1925, 1506; Kassel in HRR 1942 Nr. 13). Die Beschränkung der Haftung auf Ersatzlieferung oder Nachbesserung bezieht sich indessen nicht auf Konstruktions- oder Fabrikationsfehler, die nach dem gegenwärtigen Stande der Technik ohne weiteres vermeidbar gewesen wären (vgl. JW 1916, 37[2] u. 135[17]; RG DR 1944, 909 — Leitsatz —). Insofern ist die Wandelung zuzulassen (RG 87, 338; LZ 1921, 450[1]), wie auch der Anspruch auf Schadensersatz wegen Nichterfüllung (RG 96, 268 oben; BGH NJW 1959 1490 [Werkvertrag]). Eine Beschränkung der Ansprüche des Käufers auf Ersatzlieferung greift gegenüber einem Anspruch auf Folgeschäden aus mangelhafter Lieferung dann nicht durch, wenn die Gebrauchstauglichkeit für einen vorgesehenen Verwendungszweck ausdrücklich zugesichert worden war, weil andernfalls die Zusicherung ihres wesentlichen Gehalts entkleidet werden würde („Der Verkäufer darf nicht mit der Klausel dem Käufer wieder nehmen, was er mit der Zusicherung ihm zuvor gegeben hatte“; mit bloßer Ersatzlieferung ist dem Käufer in solchen Fällen typischerweise nicht gedient): BGH MDR 1968, 752 = BetrBer. 1968, 765. Im Falle der Nichtlieferung ist die Berufung auf die Klausel für den Verkäufer ausgeschlossen (WarneyerRspr. 1920 Nr. 144). Ist im Vertrage bestimmt, daß der Käufer nur das Recht auf Minderung habe, Wandelung und Ersatzlieferung hingegen nur mit Zustimmung des Verkäufers erfolgen könne, so ist Voraussetzung, daß der Verkäufer eine Leistung vorgenommen hat, die an sich als Erfüllung, wenn auch nicht ganz fehlerfreie, angesehen werden kann; Andienung einer von dem Verkäufer selbst als nicht vertragsmäßig bezeichneten Ware ist kein ordnungsmäßiges Erfüllungsangebot; auf solche Andienung findet die Klausel daher keine Anwendung (Hamburg HansGZ 1927 Hptbl. 257).

Anm. 121a Der Haftungsausschluß kann ganz allgemein lauten; er braucht nicht bestimmte Mängel zu bezeichnen, für die nicht eingestanden werden soll. Der allgemeine Haftungsausschluß umfaßt die Fehler des § 459 Abs. 1 BGB (oben Anm. 41) ebenso wie das Fehlen zugesicherter Eigenschaften (oben Anm. 43), doch ist stets besonders vorsichtig zu prüfen, ob die Haftung für zugesicherte Eigenschaften überhaupt erlassen worden ist (RG in DtRecht JW 1939, 1890[5]; oben Anm. 121), wie denn im allgemeinen Klauseln, in denen der Käufer auf Gewährleistungsansprüche verzichtet, stets eng auszulegen sind (RG in HRR. 1939 Nr. 550). Dabei kann es sich um offene (oben Anm. 29), wie auch um verborgene Mängel (oben Anm. 30) handeln. Zu beachten ist, daß die Vertragsbestimmung, wonach die Gewährleistung für irgendwelche Beschaffenheit und Mängel ausgeschlossen ist, auch dahin ausgelegt werden kann, daß dem Käufer lediglich die Möglichkeit genommen sei, die angenommene Sache mit Erfolg zu bemängeln, nicht dagegen das Recht, die noch nicht übergebene Sache wegen Mängel zurückzuweisen (WarneyerRspr. 1912 Nr. 204). Die Klausel „Schadensersatzansprüche sind vollständig ausgeschlossen“ bedeutet im Zusammenhang mit der vorhergehenden Klausel „Angabe einer Lieferzeit erfolgt stets unverbindlich" nichts weiter, als daß aus einer Versäumung der vereinbarten Lieferfrist, soweit sie durch zwingende Umstände veranlaßt worden ist, Schadensersatzansprüche gegen den Verkäufer nicht hergeleitet werden dürfen (RG in HRR 1934 Nr. 560). Auch der BGH (NJW 1960, 1661) schärft nochmals ein, daß Klauseln auf allgemeinen Ausschluß von Gewährschaft oder Schadensersatz stets sorgfältig auf den Sachzusammenhang hin untersucht werden müssen, in welchem sie gebraucht sind, und daß insbesondere zu prüfen sei, ob die Lieferungsbedingungen in diesem Punkte etwa wirklich das Bild einer umfassenden Regelung sämtlicher denkbaren Leistungsstörungen darstellten.

Der Ausschluß der Gewährleistung bezieht sich nicht auf Mängel, die die Kaufsache als unbrauchbar erscheinen lassen (WarneyerRspr. 1922 Nr. 10), oder die so wesentlich sind, daß sie die Kaufsache zu einem (genehmigungsunfähigen) aliud machen (§ 378, 2. Alternative), und nicht auf Mängel, die der Verkäufer wirklich kannte; diese letztere Einschränkung ergibt sich aus einer Auslegung nach Treu und Glauben (§ 346 Anm. 71, 72), wenn nicht schon aus § 476 BGB (unten Anm. 121 c). Die allgemein gehaltene Klausel bei Lieferung von Lastkraftwagen, daß Schadensersatzansprüche für eine unter die Gewährleistung fallende Instandsetzung oder Ersatzleistung namentlich in bezug auf Material- und Arbeitsfehler ausgeschlossen seien, befreit nicht von einer Schadenshaftung für Konstruktionsfehler (RG 142, 353). Eine andere Art von Haftungsbeschränkung in solchen Bedingungen lautet oft dahin, daß die Maschine oder der Apparat innerhalb einer bestimmten Frist zurückgenommen werde, wenn die vertragsmäßigen Eigenschaften nicht vorhanden seien; alsdann kommt es darauf an, ob der Käufer die Vertragswidrigkeit innerhalb der Frist bei sachgemäßer unverzüglicher Prüfung entdecken konnte; konnte er das, so hat er das Rügerecht und damit alle Rechte verloren, wenn er entweder die Prüfung unterlassen oder sie zwar vorgenommen, den Fehler aber nicht unverzüglich nach § 377 angezeigt hat. Konnte der Käufer die Vertragswidrigkeit innerhalb der Frist nicht entdecken, so hat er sich alle Rechte erhalten, wenn er unverzüglich nach der Entdeckung, wenn auch nach Ablauf der Frist, dem Verkäufer die Anzeige nach § 377 gemacht hat (JW 1910, 117[26]; vgl. oben Anm. 32. Die dort gegen die Entscheidung BGH LM. § 377 Nr. 6 geäußerten Bedenken liegen auf anderer Ebene. In jenem Falle war die Rügemöglichkeit als solche befristet; hier dagegen bezieht die Befristung sich auf die Ausübung des Wandelungsbegehrens unter Voraussetzung normal erfüllter Rügepflicht). — Unklarheiten in der Freizeichnungsklausel muß der Verkäufer als Beweispflichtiger und deren Verfasser gegen sich gelten lassen (BGH 5, 111; RG 142, 353).

Die Gewährleistungsbeschränkung durch die Garantiebedingungen der Automobilindustrie, wonach bei einem Fehler der Werkstatt (Nichteinbau einer vereinbarten Gebirgsübersetzung) nur die Reparatur, nicht aber Schadensersatz gefordert werden kann, verstößt nicht gegen § 138 BGB (Hamburg in HansRGZ 1940 B 64). Auch nicht der Ausschluß jeder Gewährleistung in den „Allgemeinen Geschäftsbedingungen des Zentralverbandes des Kraftfahrzeughandels und -gewerbes für den Verkauf von Gebrauchtwagen": Düsseldorf NJW 1956, 306 mit zustimmender Anmerkung v. Brunn gegen LG Hannover BetrBer. 1955, 299 (für die Sittenwidrigkeit einzelner Bestimmungen: LG Aachen NJW 1962, 395), wenngleich diese Bedingungen im ganzen hinsichtlich ihrer Formulierung gewisse Bedenken erwecken (darüber v. Lüpke a. a. O.). Immerhin hat Hamburg BetrBer. 1958, 896 entschieden, daß die in ihnen enthaltene Klausel „wie besichtigt und probegefahren" nur den Ausschluß der Gewährleistung für technische Mängel, die die Fahrtüchtigkeit und Betriebsfähigkeit beeinträchtigen könnten, zum Gegenstand habe, nicht dagegen einen Haftungsausschluß für Mängel in Gestalt der Unlesbarkeit der Fahrzeugnummer (oben Anm. 41 sub b Schlußabsatz), da hierauf sich die Erprobung durch Besichtigung und Probefahrt üblicherweise nicht erstrecke. Auf derselben Linie wie die letztgenannte Entscheidung liegt BGH. BetrBer 1957, 238; darüber unten Anm. 157. Zu dem ganzen Fragenkreis noch: v. Brunn Betrieb 1962, 261.

Die Wirkung des Ausschlusses der Gewährleistungsansprüche äußert sich dahin, daß sämtliche Gewährleistungsansprüche und folgeweise (oben Anm. 55) auch die Irrtumsanfechtung hinsichtlich solcher Mängel ausgeschlossen sind, welche zur Erhebung von Gewährleistungsansprüchen berechtigen würden, und zwar sowohl **Anm. 121 b** im Wege der Auslegung (JW 05, 79[16]) als auch gleichermaßen aus den oben Anm. 55 erörterten Gründen (WarneyerRspr. 1917 Nr. 81). Finden Gewährleistungsansprüche keine Anwendung, insoweit es an der Übergabe fehlt, so soll nach vielfach vertretener Auffassung die Haftungsbefreiung wegen Mängel eine Anfechtung wegen Irrtums nur ausschließen, wenn beide Teile die Ausschließung der Anfechtung wegen Irrtums gewollt haben (JW 1914, 295[1] u. 674[2]; 09, 655[4]; vgl. neuerdings noch Köln Betrieb 1957, 1264). Der hier eingenommene Standpunkt in der Frage der zeitlichen Konkurrenz von Irrtumsanfechtung und Gewährschaftsansprüchen (oben Anm. 55) läßt auch diese Folgerung unhaltbar werden; die Irrtumsanfechtung ist vielmehr schlechthin verwehrt, mag die Gewährschaftshaftung ausgeschlossen sein oder nicht, mag der Gefahrübergang bereits eingetreten sein oder noch bevorstehen. Auch der Einwand ist wirkungslos, daß die Sache wegen der Mängel nicht gehörig übergeben werden könne; es sei denn, daß die Vertragsbestimmung, wonach die Gewährleistung für irgendwelche Beschaffenheit und Mängel ausgeschlossen ist, dahin auszulegen wäre, daß dem Käufer damit lediglich das Recht genommen sei, die angenommene Sache mit Erfolg zu bemängeln (WarneyerRspr. 1912 Nr. 204; Karlsruhe in HRR 1938 Nr. 368). Durch den Haftungsausschluß werden Ansprüche aus schuldhafter Schlechterfüllung (oben Anm. 121 ff.) nicht berührt, weil die Klausel nicht einen Freibrief für späteres schuldhaftes Verhalten erteilen will (a. M. Staudinger[11] § 476 Anm. 8; Schwarze a. a. O.; DürHach. V Einl. Anm. 207; wie hier: die oben in Anm. 121 aufgeführte höchstrichterliche Rechtsprechung). Unberührt bleiben ferner Ansprüche aus Verschulden beim Vertragsschluß: BGH NJW 1962, 1196 = BetrBer. 1962, 616. Doch umfaßt ein Verzicht auf bereits entstandene Gewährleistungsansprüche (oben Anm. 114, 116), namentlich die Genehmigung der Ware vor oder nach erhobener Mängelrüge selbstverständlich auch Ansprüche aus positiver Vertragsverletzung (BGH LM § 377 Nr. 4), nicht anders als die fingierte Genehmigung durch Unterlassen der Rüge. Desgleichen bleiben Ansprüche aus unerlaubter Handlung (§§ 823, 826 BGB) bestehen, weil nur Gewährleistungsansprüche beseitigt sind. Ansprüche letzterer Art werden aber ausgeschlossen sein, insoweit hier dem Käufer die Haftung erlassen werden darf (§ 347 Anm. 38) und erlassen ist.

Anm. 121 c Arglist ändert die Lage. Es erklärt das Gesetz (§ 476 BGB; vgl. § 443 BGB) nämlich solche Vereinbarungen für nichtig, wenn der Verkäufer vor oder bei Vereinbarung des Ausschlusses oder der Beschränkung der Gewährleistung arglistig Mängel verschwiegen (unten Anm. 173) oder Eigenschaften arglistig zugesichert oder vorgespiegelt hat (JW 1911, 809[13]; oben Anm. 86 und unten Anm. 160; dagegen Riehl Gruch. 60, 834):

> **§ 476.** Eine Vereinbarung, durch welche die Verpflichtung des Verkäufers zur Gewährleistung wegen Mängel der Sache erlassen oder beschränkt wird, ist nichtig, wenn der Verkäufer den Mangel arglistig verschweigt.

Darauf, ob gerade die Arglist das Erkennen der Mängel verhindert hat, kommt es nicht an (LZ 1918, 838[7]). Hier mag noch betont werden, daß die Kenntnis des Verkäufers von der Fehlerhaftigkeit der Kaufsache allein zu einem arglistigen Verschweigen noch nicht ausreicht (dem Käufer kann höchstens eine einengende Auslegung der Gewährschafts-Ausschlußklausel aus Treu und Glauben helfen, oben Anm. 121 a); es muß vielmehr der Verkäufer noch weiter sich der allgemeinen verkehrsüblichen Erheblichkeit und der Erheblichkeit für den Käufer bewußt gewesen sein sowie eine Mitteilungspflicht verletzt haben; dies gilt namentlich, wenn der Verkäufer Verdacht hegt oder Zweifel an der Fehlerlosigkeit hatte (LZ 1920, 887[1]; 1918, 837[7]; unten Anm. 156 ff.). Auch trifft § 476 BGB nicht zu, wenn der Verkäufer sich grobfahrlässig auf die Auskunft eines Dritten verließ und nun durch seine Versicherungen von der Fehlerlosigkeit den Käufer zum Verzicht auf die Gewährleistung bestimmte, oder wenn der Verkäufer nur hätte wissen müssen, daß die Sache fehlerhaft ist (Beer DJZ 04, 88), oder endlich, wenn der Käufer die Fehler kannte; denn im letzteren Falle ist dem Käufer nichts verborgen geblieben. Arglistigem Verschweigen stehen arglistige Zusicherung und arglistige Vorspiegelung einer Eigenschaft auch im Falle des § 476 BGB gleich (oben Anm. 86; unten Anm. 160).

Durch ein arglistiges Verhalten des Verkäufers wird indessen nicht die ganze Vereinbarung des Ausschlusses der Gewährleistung nichtig, vielmehr ist § 139 BGB ausgeschlossen (RG 62, 125); es wird nur der Haftungsausschluß hinsichtlich des einzelnen bestimmten, arglistig verschwiegenen Mangels oder der arglistig zugesicherten oder vorgespiegelten Eigenschaft hinfällig; die Gewährleistung wird dann insoweit wieder in Kraft gesetzt, jedoch mit der unten in Anm. 162 erörterten Einschränkung (LZ 1931, 1268[14]). Der Haftungsausschluß hinsichtlich der Fehler, bezüglich deren den Verkäufer der Vorwurf der Arglist nicht trifft, bleibt also bestehen. Wird jedoch der Vertrag wirksam wegen arglistiger Täuschung angefochten, so kommt es nach § 139 BGB allerdings darauf an, ob der ganze Vertrag ohne den nichtigen Teil geschlossen worden wäre; denn der vertragsmäßige Ausschluß der Gewährleistung verhindert die Anfechtung wegen bei Vertragsabschluß verübter Arglist nicht (JW 1911, 808[13]). Über bei der Erfüllung verübte Arglist s. oben Anm. 56. Ist der Vertrag unsittlich, so ist zugleich mit dem ganzen Vertrag auch der Gewährleistungsausschluß nichtig (§ 138 Abs. 1 BGB.). Darüber, daß der Käufer nach erlangter Aufklärung auf die Folgen arglistigen Verhaltens des Verkäufers verzichten kann, s. unten Anm. 170c.

Der in § 476 BGB aufgestellte Grundsatz der Nichtigkeit führt zur Anwendung des § 139 BGB, wenn von mehreren Verkäufern nur einer arglistig handelt; dann ist die Vereinbarung des Gewährleistungsausschlusses allen Verkäufern gegenüber nichtig, wenn der Käufer mit den redlich handelnden Verkäufern allein den Ausschluß der Gewährleistung nicht vereinbart hätte (vgl. RG 62, 186; „Recht" 1915 Nr. 1058).

g) Wenn die Sache auf Grund eines Pfandrechts in öffentlicher Versteigerung, unter der Bezeichnung als Pfand verkauft wurde (§§ 1219, 1235, 1237 BGB; §§ 806, 820, 825 ZPO; § 56 Satz 3 ZwVG): alsdann ist dem Erwerber, sowohl gegenüber dem Schuldner als dem Eigentümer, als gegenüber dem betreibenden Gläubiger, jeder Anspruch auf Gewährleistung wegen Mängel der Sache genommen. Die hier maßgebende Bestimmung des § 461 BGB: **Anm. 122**

> **§ 461.** Der Verkäufer hat einen Mangel der verkauften Sache nicht zu vertreten, wenn die Sache auf Grund eines Pfandrechts in öffentlicher Versteigerung unter der Bezeichnung als Pfand verkauft wird.

liegt bereits außerhalb des Bereichs der handelsrechtlichen Mängelrüge, welche einen zweiseitigen Handelskauf voraussetzt. Daher sei zu ihrer Anwendung nur soviel bemerkt: Es ist einerlei, ob die Mängel offene oder heimliche sind (oben Anm. 29, 30), ob sie auf dem Fehlen zugesicherter Eigenschaften beruhen (a. M. Oertmann § 461 Bem. 1a und Staudinger[11] § 461 Bem. 2), oder ob ein Anspruch auf arglistiges Verschweigen oder arglistige Vorspiegelung gegründet wird. Der § 461 BGB unterscheidet nicht und will im Interesse der Verkehrssicherheit nicht unterscheiden (Mot. II 237). Hieraus folgt, daß auch eine Anfechtung wegen Irrtums ausgeschlossen ist, soweit eine Anfechtung mit Gewährleistungsansprüchen unverträglich ist (oben Anm. 54ff.). Nicht ausgeschlossen sind Ansprüche aus arglistiger Täuschung, soweit sie sich als Ansprüche aus unerlaubter Handlung darstellen (WarneyerRspr. 1915 Nr. 14; §§ 823, 826 BGB; Staudinger[11] § 461 Bem. 3).

6. **Die Beweislast.** Sie schließt die Gefahr des Versagens oder des Verlustes der Beweismittel in sich: wird ein Beweis unmöglich, weil der Beweispflichtige nicht für Erhaltung des in seinen Händen befindlichen Beweismittels besorgt war, weil das Beweismittel nicht beschafft werden kann oder weil es nicht „zieht" (der Zeuge kann nicht vernommen werden, sagt ungünstig aus, findet bei Gericht keinen Glauben), so geht dies auf seine Gefahr (vgl. unten Anm. 127). **Anm. 123**

a) Zunächst hat der Verkäufer die Ablieferung zu beweisen (RG 5, 30), also wann, wie und wo die Ware in die Verfügungsgewalt des Käufers gelangt ist (oben Anm. 16 und 19). Daß er vollständig geliefert hat, daß also kein Manko besteht, hat der Verkäufer gleichfalls zu beweisen (vor § 373 Anm. 340).

b) Steht die Ablieferung fest, so muß der Käufer beim Bestreiten des Verkäufers die rechtzeitige und gehörige Mängelanzeige (oben Anm. 31) beweisen, und zwar für jede einzelne Lieferung (unten Anm. 178). Der Käufer muß also im einzelnen dartun, wann die Ware abgeliefert, er muß beweisen, wann die Mängelanzeige abgesendet worden ist (RG 3, 101; 5, 30; LZ 1915, 1098[23]; 1917, 795[16]), bei verborgenen Mängeln auch, wann die Untersuchung vorgenommen worden ist (oben Anm. 30), und daß die Mängel bei gehöriger Untersuchung nicht zu entdecken waren („Recht" 1918 Nr. 775). Die allgemeine **Anm. 124**

Behauptung, man habe bald nach Ankunft oder unverzüglich nach der Ablieferung gerügt, ist ungenügend (Bolze 13 Nr. 430).

Macht der Käufer geltend, daß er aus besonderen Gründen nicht zu rügen brauchte, so trifft ihn die Beweislast dafür. Der Käufer, der verspätet gerügt hat, muß beweisen, warum ihn an der Verspätung keine Schuld trifft (RG 49, 395). Ist nach seiner Behauptung der Mangel erst später hervorgetreten, so muß er den Zeitpunkt und die näheren Umstände der Entdeckung genau angeben. Es ist von ihm nicht immer das Datum der Entdeckung zu verlangen; wohl aber müssen die näheren Umstände der Entdeckung so genau angegeben werden, daß danach beurteilt werden kann, ob die Anzeige unverzüglich nach der Entdeckung gemacht worden ist. Die Fragepflicht des Richters kommt ergänzend hinzu (§ 139 ZPO). Will der Käufer behaupten, daß der Verkäufer den Fehler arglistig verschwiegen habe, so hat der Käufer dies ebenso zu beweisen wie besondere Vereinbarungen über den Erlaß oder die Beschränkung der Anzeigepflicht (unten Anm. 132). Wer einen Handelsgebrauch oder eine Übung behauptet, hat deren Voraussetzungen und Umfang so genau darzulegen, daß deren Anwendbarkeit auf den Streitfall mit Sicherheit zu beurteilen ist.

Anm. 125 c) Wenn die rechtzeitige und gehörige Mängelanzeige feststeht, dann handelt es sich um die Frage, welche Eigenschaft der Verkäufer zu gewähren hatte. Die in der 1. Auflage hierzu gegebene Antwort ging noch von der Auffassung aus, daß die Gewährschaftshaftung des Verkäufers eine solche wegen Nichterfüllung seiner primären Leistungspflicht sei; positiv ausgedrückt: daß der Verkäufer, wie beim Gattungskauf, so bei Spezieskauf nicht nur die Leistung der geschuldeten Sache schlechthin, sondern die Leistung der Sache im mangelfreien Zustand schulde. Diese Auffassung ist in der vorigen Auflage aufgegeben worden (Vorbem. vor § 373 Anm. 318). Danach ist die Lieferung der mängelbehafteten Sache nicht Nichterfüllung, allenfalls (oben Anm. 57, 100ff.) Schlechterfüllung; die dieserhalb eintretende Gewährschaft ist eine durch das Gesetz gegebene, zusätzliche und vom Verschulden des Verkäufers losgelöste Haftung eigener Art, die der Verkäufer nach den Sonderregeln der §§ 459ff. BGB zu realisieren hat. Das gilt für die Zusicherung von Eigenschaften in gleicher Weise. Auch hier ist die Lieferung der Kaufsache ohne die zugesicherte Eigenschaft nicht (Teil-)Nichterfüllung, sondern löst die besonderen, garantieförmigen (oben Anm. 41) und wiederum vom Verschulden des Verkäufers unabhängigen Ansprüche der §§ 459 Abs. 2, 463 BGB aus. Der Verkäufer, der bestimmte Eigenschaften zusichert, fixiert damit diejenige Soll-Beschaffenheit der Kaufsache, auf die es überall im Gewährschaftsrecht ankommt (oben Anm. 39); er hat für die dahinter zurückbleibende Ist-Beschaffenheit als einen Mangel Gewähr zu leisten, allerdings in einer kraft der Zusicherung verstärkten Gestalt. Es gibt im Bereich der Sachmängelgewähr nur einen einzigen echten Erfüllungsanspruch: den auf Nachlieferung einer mangelfreien Gattungssache nach § 480 Abs. 1 BGB (oben Anm. 91). Denn beim Gattungskauf hat der Verkäufer nicht eine individuell bestimmte Spezies, sondern Sachen mittlerer Art und Güte (§ 243 BGB), beim Handelskauf Handelsgut mittlerer Art und Güte (§ 360 HGB), beim Gattungskauf unter Eigenschaftszusicherung — da die Grundregel des § 243 BGB dispositiv ist (Staudinger[10] § 243 Anm. 31) — Gattungsware mit der zugesicherten Eigenschaft (arg. § 480 Abs. 2 BGB) zu leisten, so daß die Lieferung einer diesen Erfordernissen nicht genügenden Ware am Gegenstand der Leistungspflicht vorbeigeht und, wenn der Käufer sie daraufhin zurückweist, bloßer Erfüllungsversuch gegeben ist.

Von diesem gewandelten Ausgangspunkt her beurteilen sich die Beweislastfragen für die Sachmängelgewähr im einzelnen wie folgt:

aa) Das non liquet kann zunächst auf der Ebene des Vertragsschlusses darüber entstehen, ob eine Eigenschaft zugesichert worden ist oder nicht. Hier ist zu unterscheiden:

α) Beim Spezieskauf geht es nicht um die Frage, ob erfüllt ist, ob mit der angebotenen Sache erfüllt werden kann oder nicht. Gegenstand des Kaufes ist die individuelle Sache. Ist sie geliefert, dann ist kaufrechtlich (§ 433 BGB) „erfüllt"; dem Käufer sind Gewährschaftsansprüche, sei es nach § 459 Abs. 2, sei es nach § 463 BGB erwachsen. Ist noch nicht geliefert, dann kann der Käufer zurückweisen: aber nicht, weil ein untauglicher Erfüllungsversuch des Verkäufers vorläge, sondern weil er einen Wandelungsanspruch vorweg geltend macht; er braucht nicht anzunehmen, was er im nächsten Augenblick kraft Wandelung würde zurückgeben dürfen. Klagt der Verkäufer nunmehr auf Zahlung des Kaufpreises, vielleicht auch noch auf Abnahme der Sache, so erhebt der Käufer nicht die Einrede des nichterfüllten Vertrages, sondern die Einrede der Wandelung. Die gleiche Einrede erhebt er, wenn er nach Annahme der Kaufsache auf Grund der von ihm — Käufer — behaupteten Eigenschaftszusicherung Wandelung oder Minderung beansprucht oder mit einem Schadensersatzanspruch aus § 463 BGB. aufrechnet. In allen diesen Fällen, ob der Käufer in der Klägerrolle Gewährschaftsansprüche geltend macht oder ob er als Beklagter sich mit Gewährschaft einredeweise verteidigt, erhebt er seine Ansprüche, die (nicht nur das Fehlen der zugesicherten Eigenschaft, sondern zunächst) die Eigenschaftszusicherung zur Anspruchsgrundlage haben. Dafür, daß die Zusicherung vertraglich gegeben worden ist (oben Anm. 43), trägt er als Käufer mithin die Beweislast.

β) Beim Gattungskauf liegen die Dinge im Ergebnis nicht anders:

$\alpha\alpha$) Hat der Käufer die Ware angenommen und macht er Wandelung, Minderung oder Schadensersatz wegen Nichterfüllung (§ 480 Abs. 2 BGB) geltend, so gilt das unter α) Gesagte entsprechend. Der Käufer trägt die Beweislast für die Eigenschaftszusicherung, aus der er seine Ansprüche herleitet.

$\beta\beta$) Verlangt der Käufer Nachlieferung einer der Eigenschaftszusicherung entsprechenden Ware nach § 480 Abs. 1 BGB, so erhebt er seinen Erfüllungsanspruch. Das kann geschehen sowohl unter Zurückweisung der Lieferung, als auch nach erfolgter Zurückweisung der Lieferung, sogar noch nach Entgegennahme der Lieferung, solange der Käufer überhaupt im Besitz der Gewährschaftsrechte geblieben ist. Der Käufer kann den Anspruch in der Klägerrolle verfolgen oder ihn, auf Zahlung des Kaufpreises verklagt, verteidigungsweise als Einrede des nichterfüllten Vertrages geltend machen. In allen diesen Fällen wird der Verkäufer, der die Eigenschaftszusicherung bestreitet, behaupten, er habe mit der Ware so, wie nach dem zusicherungsfreien Vertrage zu liefern, erfüllt. Dennoch geht der Streit nicht um die Erfüllung (die der Verkäufer zu beweisen hätte). Er geht um die Erfüllungsgrundlage: um den Inhalt des Vertrages, an dem die schuldtilgende Wirkung dessen, was der Verkäufer erbracht hat, allein gemessen werden kann. Für diesen Vertragsinhalt aber trägt der Käufer wiederum die Beweislast. Er hat zu beweisen, daß der Verkäufer zu leisten versprochen habe, was er — Käufer — von ihm nunmehr zu leisten verlangt. Erst wenn die Eigenschaftszusicherung im Sinne der Darstellung des Käufers feststünde, wäre der Weg frei für eine Prüfung der Frage, ob der Verkäufer danach erfüllt hat oder nicht. (Dafür allerdings, daß das vorstehende Ergebnis nicht schon dem Grundsatz der Beweislast für die Ausnahme von der Regel — hier: der des § 360 — entnommen werden könne, sprächen gewichtige Gründe. Denn die Zusicherung von Eigenschaften ist nicht „Ausnahme" gegenüber einem auf Lieferung von Handelsgut mittlerer Art und Güte gehenden gesetzlichen Regelvertragsinhalt, sondern nähere Bestimmung des Leistungsgegenstandes, als des „so" in mittlerer Art und Güte zu liefernden. Richtig, weil die Erfüllung als solche betreffend, die Judikatur: Handelt es sich um Ausfallmuster [oben Anm. 33], so muß der Verkäufer die Bedeutung des Musters als Ausfallmuster sowie die Übereinstimmung des Musters mit der Ware beweisen. Gelingt dem Käufer der Gegenbeweis, daß das Ausfallmuster nicht vertragsmäßig war, so braucht er nicht auch noch darzutun, daß die Ware nicht vertragsmäßig war; es ist vielmehr Sache des Verkäufers, zu beweisen, daß die Ware vertragsgemäß und besser als das Muster ausgefallen sei ([RG 47, 134]). Hinsichtlich des Beweises über den Vertragsschluß und die Preisbestimmung s. Voraufl. Vorbem. vor § 373 Anm. 196f., sowie hinsichtlich des Kaufs nach Probe Vorbem. vor § 373 Anm. 119 und oben Anm. 33.

bb) Ist der Vertragsinhalt hinsichtlich der vom Verkäufer zu gewährleisten- **Anm. 126**
den Sachqualität unstreitig oder beweismäßig geklärt oder, weil der Beweis vom Käufer nicht geführt werden kann, als einer Eigenschaftszusicherung entbehrend zu unterstellen, so ist zu fragen, wer die Beweislast dafür trägt, daß ein den Wert, die gewöhnliche oder die nach dem Vertrage vorausgesetzte Gebrauchstauglichkeit beeinträchtigender Fehler vorhanden, eine zugesicherte Eigenschaft nicht vorhanden ist. Hier bürdet eine frühe Rechtsprechung des Reichs-

gerichts die Beweislast dem Verkäufer für die Mangelfreiheit auf (RG 66, 261 ff., JW 07, 508[9]; ebenso die in der 1. Auflage zitierte, weiter zurückliegende Rechtsprechung des ROHG und die der Oberlandesgerichte). Gleicher Meinung war die 1. Auflage: der Verkäufer müsse beweisen, daß er erfüllt, d. h. mangelfrei erfüllt habe. Daß und warum diese Folgerung nicht mehr aufrechterhalten werden konnte, ergibt sich aus dem oben Ausgeführten. Es geht nicht um Erfüllung oder Nichterfüllung, auch nicht um Teil-Nichterfüllung. Die Beweislast trifft vielmehr — mit der sogleich noch (Anm. 126a) zu behandelnden wichtigen Ausnahme — den Käufer. Er hat im Streitfalle zu beweisen, daß und in welcher Richtung die Kaufsache fehlerhaft ist (genauer: im Zeitpunkt des Gefahrüberganges gewesen ist), daß und welche zugesicherten Eigenschaften in jenem Zeitpunkt gefehlt haben, wenn er hieraus seine Ansprüche auf Wandelung, Minderung herleitet. Nichts anderes gilt allermaßen für den Anspruch auf Schadensersatz wegen Nichterfüllung; hierüber im einzelnen im übernächsten Absatz. Es macht keinen Unterschied, ob der Käufer in der Klägerrolle auftritt oder aber seine Gewährschaftsansprüche einrede- oder (wie beim Schadensersatz wegen Nichterfüllung) aufrechnungsweise zur Verteidigung gegen die Kaufpreisklage verwendet. Es macht ferner keinen Unterschied, ob die Gewährschaftsansprüche aus einem Spezieskauf oder einem Gattungskauf hergeleitet werden. Erst recht natürlich ist der Käufer beweispflichtig, wenn er mit der Behauptung, daß die unbehebbare Mangelhaftigkeit der Ware feststehe oder daß der Verkäufer die Behebung nachhaltig weigere (oben Anm. 57), schon vor Gefahrübergang die Wandelung des Kaufvertrages betreibt (SeuffA 80, 138). Darüber, daß er u. U. seinen Beweis auf die Mangelhaftigkeit der gezogenen Stichprobe(n) beschränken kann, s. oben Anm. 15.

Die Frage ist seit je lebhaft umstritten. Wie hier: Rosenberg, Beweislast[5] S. 353; Franz Leonhard, Beweislast[2] (1926) S. 365, 367; Oertmann § 459 Anm. 7; Planck § 462 Anm. 1; DürHach. Bd. V Einleitung Anm. 200. Differenzierend: RGR-Komm.[11] § 459 Anm. 30 und Staudinger[11] § 459 Anm. 84, 85; beide wollen bei der Kaufpreisklage die Beweislast für die Fehlerlosigkeit der Kaufsache dem Verkäufer, bei der aktiven Gewährschaftsklage den Beweis für die Fehlerhaftigkeit der Kaufsache dem Käufer aufbürden, praktisch also den Zufall der Parteirolle entscheiden lassen; obwohl es doch der Käufer ist, der im einen wie im anderen Falle seinen Wandelungs- (Minderungs-, Schadensersatz-)anspruch geltend macht und der Streit um die Berechtigung eben dieses Anspruchs geht. Gleicherweise gespalten war die Rechtsprechung des Reichsgerichts. Vgl. einerseits RG 106, 299; andererseits RG 95, 119. Die vielzitierte Berufung auf RG 66, 281 (Beweislast des auf den Kaufpreis klagenden Verkäufers) überzeugt heute kaum noch. Das RG hatte seine dort getroffene schlichte Feststellung, es handele sich um die Frage der Erfüllung der Verkäuferpflichten, mit dem „folgerichtigen Ausbau von RG 52, 352" begründen zu können geglaubt: aber in RG 52, 352 ging es um eine mangelhafte Gattungssache, also unter dem Gesichtswinkel der Erfüllung um etwas diametral Entgegengesetztes (unten Anm. 126a) gegenüber dem Fall einer mangelhaften Spezies, den RG 66, 281 zu behandeln hatte. In RG 106, 299 ist dann die Beweislast des den Kaufpreis einklagenden Verkäufers „beim Gattungs- wie beim Spezieskauf" ohne weitere Begründung schon als ein Axiom hingestellt. Der BGH hat einstweilen nur in einem obiter dictum — für Gattungs- und Spezieskauf ununterschieden — sich geäußert: im Sinne der hier vertretenen Auffassung (LM § 326 BGB [H] Nr. 8 = JZ 1964, 425 = BetrBer. 1964, 448).

Was im besonderen den Anspruch auf Schadensersatz wegen Nichterfüllung (§ 463 BGB) anlangt, so ist zunächst festzuhalten, daß der Käufer die Beweislast dafür trägt, die zugesicherte Eigenschaft habe schon bei Kaufabschluß gefehlt (Rosenberg a. a. O. S. 354). Denn auch hier ist, nächst der Zusicherung als solcher, das Fehlen der zugesicherten Eigenschaft Klagegrund, nicht etwa ihr Vorhandensein eine rechtshindernde Einwendung: genau so — „das gleiche gilt", sagt § 463 Satz 2 BGB — wie das arglistige Verschweigen des Fehlers (das arglistige Vorspiegeln der Eigenschaft) vom Käufer als anspruchsbegründend bewiesen werden muß, unten Anm. 169. Daß dem Käufer auf diese Weise der Beweis eines Negativums aufgebürdet wird, ist auch sonst im Recht der Beweislast nichts Unbekanntes. Überdies ist das Negativum des Fehlens einer Eigenschaft kaum schwerer zu beweisen als das Vorhandensein eines Fehlers. Zweifel können sich jedoch dann ergeben, wenn der Beweis für die Zusicherung und das Fehlen der zugesicherten Eigenschaft auf den Zeitpunkt des Kaufabschlusses geführt worden ist. Hat der Käufer damit seiner Beweispflicht genügt und wäre es nunmehr Sache des Verkäufers, zu beweisen, daß die Eigenschaft bis zum Gefahrübergang hergestellt worden sei, oder liegt dem Käufer auch noch der weitere Beweis des Fehlens der Eigenschaft auf den Zeitpunkt des Gefahrüberganges ob? Diese Frage ist im Schrifttum vernachlässigt. Die allgemeine Bemerkung bei Oertmann Anm. 10 zu § 463, „der Beweis der Haftungsvoraussetzungen im Sinne des Textes obliege dem Käufer", bringt insoweit keine Klärung. Eine folgerichtige Weiterführung der oben Anm. 47 angestellten Erwägungen führt zu folgendem Ergebnis: Der Anspruch aus § 463 BGB auf Schadensersatz wegen Nichterfüllung ist Sachmängelgewähr, nicht (trotz seines Namens) umgewandelter, surrogierender Erfüllungsanspruch. Der Verkäufer, der die Sache mit der zugesicherten Eigenschaft liefert, leistet im Hinblick auf die Eigenschaft nicht Teilerfüllung, sondern er hat Sachmängelgewähr zu leisten, wenn die Eigenschaft fehlt, und verschärfte Sachmängelgewähr in Gestalt des Schadensersatzes wegen Nichterfüllung, wenn sie schon im Zeitpunkt des Kaufabschlusses gefehlt hat. Es liegt insofern ein Fall der von Frz. Leonhard, Bes. Schuldrecht S. 58 erwähnten Art vor, in welchem die vertragliche Zusage nicht auf Erfüllung, sondern von vornherein auf bloße Haftung für den Fall des Ausbleibens der Zusage geht. Ist aber der Schadensersatz wegen Nichterfüllung aus § 463 BGB von der Sachmängelgewähr und nicht von der Vertragserfüllung her rechtlich einzuordnen, so kann es nicht dem Verkäufer obliegen, zu beweisen, daß er die bei Kaufabschluß fehlende Eigenschaft bis zum Gefahrübergang doch noch „nachgeliefert" habe. Auch der Gesichtspunkt der gemeinhin angenommenen „Vermutung des Fortbestehens eines Rechts nach dargetaner Entstehung" (gegen ihn bereits Rosenberg a. a. O. S. 115) kann dem Käufer hier nicht nützlich sein. Denn der Gewährschaftsanspruch des Käufers ist ja auch unter dem Blickwinkel des § 463 BGB nicht schon mit dem Fehlen der zugesicherten Eigenschaft im Zeitpunkt des Kaufabschlusses „entstanden". Er entsteht vielmehr klagbar erst mit dem Fehlen bei Gefahrübergang: so wie als Wandelungs- und Minderungsanspruch (§ 459 Abs. 2 BGB) schlechthin, so als Anspruch auf Schadensersatz wegen Nichterfüllung, wenn und soweit nunmehr feststeht, daß die Eigenschaft schon bei Kaufabschluß gefehlt hatte. Der Käufer muß mithin das Fehlen der zugesicherten Eigenschaft auch für den weiteren Zeitpunkt des Gefahrüberganges beweisen. In der Reihenfolge: Fehlen der Eigenschaft im Zeitpunkt des Gefahrüberganges — Fehlen im Zeitpunkt des Kaufabschlusses wird die Beweisführung im übrigen schon rein faktisch durchweg verlaufen und verlaufen müssen.

Auf dem Boden der hier vertretenen Auffassung gliedert sich endlich zwanglos die Frage ein, wer die Beweislast für die Unerheblichkeit eines Mangels nach § 459 Abs. 1 Satz 2 BGB trägt. Sie obliegt — nach allgemeiner Auffassung und zutreffend — dem Verkäufer: dieser beruft sich auf die Ausnahme gegenüber der vom Käufer zu beweisenden Grundtatsache des Mangels als solchen.

cc) Macht beim G a t t u n g s k a u f der Käufer den Anspruch auf N a c h l i e f e r u n g einer mangelfreien Sache geltend, weil die Ware Fehler i. S. des § 459 Abs. 1 BGB aufweise (§ 480 Abs. 1 BGB) oder weil sie der zugesicherten Eigenschaften entbehre (§ 480 Abs. 2 BGB), so handelt es sich um den Anspruch auf Erfüllung oder, verteidigungsweise erhoben, um die Einrede des nichterfüllten Vertrages; oben unter aa). Hier hat, wie schon oben unter aa, β, $\beta\beta$ angedeutet, der Verkäufer zu beweisen, daß er mit der Ware qualitätsgerecht erfüllt habe. Übereinstimmend insoweit die völlig h. L.; Rosenberg a. a. O.; Franz Leonhard a. a. O.; Ennecc.-Lehmann[15] § 115, I 2 und die ständige Rechtsprechung des Reichsgericht (zusammenfassend: WarneyerRspr. 1921 Nr. 94), ferner BGH 6, 225. Der Verkäufer genügt der Beweispflicht, wie beim Gattungskauf, regelmäßig durch den Nachweis der Absendung in vertragsmäßigem Zustande (RG 106, 299). Eine Eigentümlichkeit ergibt sich, wenn die vereinbarte Herkunft einer Gattungsware durch Untersuchung nicht festzustellen ist. Hier muß der Käufer mangels eines entgegenstehenden Handelsgebrauchs sich vorbehaltlich des von ihm zu erbringenden Gegenbeweises mit dem Nachweis des Verkäufers begnügen, daß die Ware den Ursprung haben kann (RG 47, 124). — Erst die Annahme als Erfüllung kehrt die Beweislast um (§ 363 BGB; unten Anm. 128). Anm. 126a

Anm. 127 d) Die Beweislast kehrt sich im Falle besonderer Vereinbarung um. Dies ist der Fall beim Kauf „Kasse gegen Dispositionspapiere" (Vorbem. vor § 373 Anm. 285), d. h. bei einem Kauf schwimmender Ware, bei dem der Verkäufer zunächst durch Übergabe des Konnossements erfüllt und der Käufer nun gleichfalls zu leisten hat, und beim Kauf „Kasse gegen Faktura", „Netto Kasse gegen Faktura", „Netto Kasse nach Erhalt der Faktura", „Netto Kasse gegen Verladedokumente", „Netto Kasse gegen Konnossement" (RG 106, 299; SeuffA 80, 138; „Recht" 1926 Nr. 421), „Kasse gegen Lieferschein" (vgl. hierzu oben Anm. 11), Kasse gegen Duplikatfrachtbrief", wodurch der Kaufpreis vereinbartermaßen im voraus gezahlt worden ist (RG „Recht" 1928 Nr. 1549). Will der Käufer nicht im voraus zahlen, so kann er sich nur durch den Beweis der Mangelhaftigkeit befreien; BGH NJW 1965, 1270. Die Beweislast wird kraft Art. 17 WG und Art. 22 ScheckG beeinflußt, wenn der Käufer vorschußweise durch Wechsel oder Scheck bezahlt hat und er nun vom Verkäufer aus diesen Urkunden belangt wird; der Käufer muß beweisen, daß er aus den Urkunden nicht zu zahlen habe, weil dem Verkäufer aus dem Kaufvertrag kein Anspruch zustehe. Diesen Beweis kann er regelmäßig nicht durch Antrag auf Parteivernehmung des Verkäufers über dessen Kenntnis von der Vertragswidrigkeit der Ware führen, weil der Inhalt der Vernehmung nicht eine bestimmte Tatsache beträfe, sondern einem Urteil gleichkäme (§ 445 ZPO; BankA 21, 317). Nur dann ist der Antrag zulässig, wenn er inhaltlich auf bestimmte Mängel lautet (unten Anm. 131). Die Beweislast kehrt sich ferner um, wenn der Käufer dem Verkäufer schuldhafterweise oder durch ein gegen Treu und Glauben verstoßendes Verhalten die Beweisführung unmöglich gemacht oder erschwert hat (RG 60, 152); z. B. dadurch, daß der Käufer grundlos seine vertraglich ausgemachte Mitwirkung zur Prüfung der Ware verweigert, oder durch Nichtverwahrung und dadurch veranlaßten Verlust der in seine Hand gelangten Beweismittel (RG 105, 259), oder dadurch, daß auf seine Veranlassung ein wichtiger Zeuge seinen Aufenthalt verheimlicht. Wer einen Dritten dazu bestimmt, wichtige Urkunden dem Gegner zu entziehen, zu beseitigen oder zur Benutzung untauglich zu machen, muß sich gefallen lassen, daß die vom Gegner beschriebene Beschaffenheit der Urkunde nebst Inhalt in freier Beweiswürdigung als bewiesen angesehen wird, vorbehaltlich des Gegenbeweises (§ 444 ZPO; RG 101, 197). Hierher gehört es auch, wenn der Käufer die gekaufte Ware mit anderer ohne gehörige Probeentnahme vermischt, oder die vereinbarungsgemäß gehörig aufzubewahrende Probe verbraucht oder verliert (RG 11, 38), oder mit der Kaufsache wesentliche Veränderungen vornimmt, sie verbraucht oder sie ohne Beachtung des § 379 Abs. 2 oder, ohne dem Verkäufer eine angemessene Frist zur Feststellung der Beschaffenheit zu gewähren, veräußert. Die Beweislast kehrt sich nicht um, wenn der Käufer die Erfordernisse des § 379 beobachtet hat (Bolze 19 Nr. 558; oben Anm. 123). Die Beweislast kehrt sich auch nicht dadurch um, daß der Käufer ohne triftigen Grund die Annahme abgelehnt hat, also in Annahmeverzug versetzt worden ist (RG 5, 29).

Das in dieser Anm. Gesagte versteht sich, wie bemerkt sei, für den Kauf von Gattungsware, weil hier allein den Verkäufer die grundsätzliche Beweislast für die Erfüllung durch Lieferung einwandfreier Ware trifft (Anm. 126, 126a). Beim Spezieskauf hatte der Käufer die Beweislast für eine von ihm behauptete Mangelhaftigkeit der Kaufsache ohnehin (a. a. O.), so daß sie sich in diesem Falle also nicht erst umzukehren brauchte.

Anm. 127a e) Die Beweislast kehrt sich beim prima-facie-Beweis um, wie man sich gemeinhin auszudrücken pflegt. Juristisch zutreffend ist der Grundsatz allerdings nicht. Nicht Umkehrung der Beweislast, sondern Erleichterung der Beweisführung ist der Inhalt dessen, was das Wesen des sog. prima-facie-Beweises (Beweises des ersten Anscheins) ausmacht. Sein Anwendungsgebiet ist das der typischen Geschehensabläufe. Wo nach der Erfahrung des Lebens ein bestimmter Tatbestand sich in typischer Weise auf ein bestimmtes Ergebnis hin zu entwickeln pflegt, da darf „prima facie" dieser Erfolg als eintretend, der eingetretene Erfolg als auf jenen Tatbestand rückführbar angesehen werden, so als ob der strikte Nachweis im einen Fall für die Entwicklung, im anderen Falle für die Ursächlichkeit erbracht wäre. Auch der Nachweis des Verschuldens ist da, wo der äußere Geschehensablauf typischerweise auf ein Verschulden schließen läßt, in gleicher Weise erleichtert. In allen diesen Fällen ist der Gegner des Beweispflichtigen gehalten, ernsthafte Gegenmöglichkeiten darzutun, die geeignet sind, die einstweilen unterstellte Typizität des Streitfalles zu erschüttern (BGH 6, 169; 8, 239): gelingt das, so ist der Beweispflichtige nunmehr in die Notwendigkeit versetzt, den strikten Nachweis nachzuliefern. Der Beweis des ersten Anscheins ist also ein Teil der Beweiswürdigung nach §§ 286, 287 ZPO (RG 134, 227). Denn es wäre eine probatio diabolica, den Beweis des äußeren und des inneren ursächlichen Zusammenhanges (§ 347 Anm. 26) bis zu der äußersten Gedankenreihe zuzumuten. Die gedachte Beweisregel ist nun für alle Rechtsgebiete, nicht nur für unerlaubte Handlungen, sondern auch für Vertragsverhältnisse anerkannt (RG 97, 117; 84, 385; JW 1923, 286[3]; 1920, 832[1] u. 554[6]; 1919, 505[12]; 1921, 748[12]). Die Hauptanwendung hat der Grundsatz bei der schuldhaft schlechten Vertragserfüllung gefunden (unten Anm. 130) und bei den positiven Vertragsverletzungen (Vorbem. vor § 373 Anm. 518). Siehe hierzu den instruktiven Fall Hamburg BetrBer. 1954, 41.

f) Die Beweislast kehrt sich auch kraft gesetzlicher Vorschrift **Anm. 128** um. Hat nämlich der Käufer die Kaufsache als Erfüllung angenommen, so trifft ihn — wo nicht ohnehin; wichtig also namentlich bei Gattungskäufen — die Beweislast, wenn er behauptet, daß die Kaufsache eine andere sei als die geschuldete, oder daß sie mangelhaft oder unvollständig, d. h. in geringerer Qualität oder Quantität, geliefert worden sei (§ 363 BGB). Ein Verzicht auf irgendwelche Rechte liegt in der Annahme als Erfüllung allein noch nicht; insbesondere gehen Gewährleistungsansprüche nicht verloren (BGH 10, 249); nur die Beweislast kehrt sich um (JW 07, 509[8]). Dieser Grundsatz gilt auch für den Kauf eines Geschäfts (oben Anm. 46g; Vorbem. vor § 373 Anm. 20; Hamburg OLGR 12, 46) sowie für den eine vertretbare Sache betreffenden Werkvertrag (WarneyerRspr. 1910 Nr. 374), aber nicht für Ansprüche aus einem Mangel im Recht; hier muß der Käufer kraft Gesetzes den Mangel beweisen (§ 442 BGB). Der Grundsatz gilt auch nicht, wenn eine ganz andere Sache geliefert ist (§ 378 Anm. 45). Es ist schon oben Anm. 118 und § 348 Anm. 14 im allgemeinen dargelegt, was man unter **Annahme als Erfüllung** zu verstehen hat, und daß es dabei sehr auf die Lage des einzelnen Falles und eine billige Beurteilung ankommt. Annahme als Erfüllung ist nicht gleichbedeutend mit Billigung der Leistung als einer völlig vertragsmäßigen, sondern liegt schon dann vor, wenn die Leistung überhaupt als die Vertragsleistung entgegengenommen wird (RG 109, 296; LZ 1914, 1357[5]). Die bloße Empfangnahme der Ware oder des Konnossements ist noch keine Annahme als Erfüllung (RG. 3, 89), auch nicht die Zahlung des Kaufpreises vor Ablieferung der Ware, auch nicht die Annahme des Duplikatfrachtbriefs durch den Käufer und die Übersendung der Ware durch den Verkäufer an den Abkäufer des Käufers (RG 96, 170). Die Ablieferung im Sinne des § 377 (oben Anm. 4) besagt überhaupt nichts über die Beweislast, und die Übertragung mittelbaren Besitzes, z. B. durch Lagerschein, ist wohl Ablieferung, aber noch nicht Annahme als Erfüllung. Damit die Ablieferung sich zugleich als Annahme als Erfüllung darstellt, muß noch mehr dazukommen, nämlich die Entgegennahme als den Gegenstand, der vertragsmäßig zu leisten war. Die Ware darf vom Käufer ohne Gefahr in Empfang genommen und untersucht, auch zum Zweck der Untersuchung erprobt werden (RG 66, 284; LZ 1910, 215[19]); denn die Untersuchung soll ja gerade die Entschließung des Käufers, ob er die Ware als Erfüllung annehmen wolle, vorbereiten. Kannte der Käufer die Fehler bei der Annahme, so verliert er überhaupt alle Rechte (oben Anm. 118). Der Anwendungsfall des § 363 BGB ist gerade der, daß der Käufer ohne Kenntnis des Mangels oder irrtümlich eine fehlerhafte Ware angenommen hat, und zwar selbst dann, wenn sich die Ware auf ihre Beschaffenheit nicht untersuchen ließ (Mot. II 205; Prot. I 637). Daher ist Erfüllungsannahme: die Untersuchung, Genehmigung und Weiterlieferung an die Abnehmer (WarneyerRspr. 1919 Nr. 102), die Ausladung der Ware in Kenntnis der Mangelhaftigkeit (RG 64, 240), die Einkellerung oder die Umfüllung des gekauften Weines (vgl. Darmstadt „Recht" 04, 165[730]), der Abschluß eines Verwahrungsvertrags mit dem Verkäufer hinsichtlich der verkauften Ware (LZ 1913, 142[12]; vgl. Vorbem. vor § 373 Anm. 141), die Entgegennahme und langes Schweigen (RG 86, 214), ebenso die Ingebrauchnahme einer Maschine im Gegensatz zu bloßer Erprobung (JW 07, 331[7]; LZ 1911, 227[5]), und überhaupt jede Verfügung über die Ware im Sinne des Behaltenwollens, mag auch der Käufer nicht mit der Ware zufrieden gewesen sein, und mögen nachher Nachbesserungen sich als erforderlich herausgestellt haben (vgl. LZ 1912, 672[3]). Daß die verkauften Wertpapiere gesperrt sind, hindert eine Annahme als Erfüllung nicht (RG. 109, 296). Auch schon vor der Prüfung und Untersuchung der Ware kann eine Annahme als Erfüllung stattgefunden haben, wenn besondere Umstände diese Schlußfolgerung rechtfertigen (RG 66, 284). Bietet der Käufer das von seinem Verkäufer zu treuen Händen empfangene Konnossement seinem Abkäufer an (§ 365 u. Anm.), so ist die Ware noch nicht als Erfüllung angenommen. Hat aber der Käufer die Dokumente von seiner Bank bevorschussen lassen und die Dokumente dadurch mit einem Pfand- oder Zurückbehaltungsrecht belastet, so hat der Käufer über die Ware verfügt und sie als Erfüllung angenommen. Auch die Ablieferung an den Spediteur des Käufers und dessen widerspruchslose Annahme genügt dem § 363 BGB. Nimmt der Verkäufer die als mangelhaft beanstandete Ware zurück, so kann schon deshalb von einer Annahme als Erfüllung keine Rede sein, weil durch die Zurücknahme alle Wirkungen des Erfüllungsgeschäfts aufgehoben sind (RG 96, 170; vgl. oben Anm. 94). Durch einen Vorbehalt bei der Annahme kann dem Akt die Bedeutung der Erfüllungsannahme entzogen werden, jedoch hat der Vorbehalt hier eine ganz andere Bedeutung als im Falle des § 464 BGB (oben Anm. 118). Dort (§ 464 BGB) beseitigt der Vorbehalt den Begriff der Erfüllungsannahme nicht; hier aber (§ 363 BGB) hat ein Vorbehalt den Zweck, die Erfüllungsannahme überhaupt auszuschließen. Daher genügt hier kein allgemeiner Vorbehalt oder ein Vorbehalt, die Fehlerlosigkeit oder Vertragsmäßigkeit werde nicht anerkannt. Soll ein Vorbehalt die Beweislast des § 363 BGB abwenden, so muß er dahin gehen, daß der Käufer erklärt, er nehme die Ware nur für Rechnung und namens des Verkäufers an und lagere sie in diesem Sinne ein, oder er werde die Ware im Auftrag des Verkäufers und für dessen Rechnung verwerten. Die Mängelrüge ist an sich kein Vorbehalt, der der Annahme als Erfüllung irgendwie entgegenstände (LZ 1910, 142[19]; die Sachlage ist hier eine andere als oben Anm. 119; vgl. auch Vorbem. vor § 373 Anm. 230). Denn die Annahme als Erfüllung besagt nur, daß der Abnehmer die Leistung im allgemeinen als die geschuldete gelten lasse und sich das Recht vorbehalte, etwa sich herausstellende Mängel später zu rügen.

Ein vornehmlicher Anwendungsfall des § 363 BGB ist nach allem die Beweislast des Käufers für später aufgetretene, versteckte Mängel einer Gattungsware, deren Vorliegen vom Käufer ebenso dargetan werden muß wie die Rechtzeitigkeit der nachträglichen Rüge.

Anm. 129 Hat der Käufer eine Leistung als Teilerfüllung angenommen, so hat er damit erklärt, er nehme nur diesen Teil als Erfüllung an; nur für diesen Teil gilt § 363 BGB (Hamburg SeuffA 74, 80). Daß mehr geliefert worden sei, muß der Verkäufer beweisen.

Die Einrede des nicht erfüllten Vertrags und des sich daraus nach §§ 320—322 BGB ergebende Recht, die eigene Leistung zu verweigern, wird dem Käufer dadurch, daß ihm § 363 BGB die Beweislast auferlegt, nicht verkürzt (Stuttgart WürttJ 18, 1; vgl. RG 66, 281; RGRKomm.[10] § 363 Nr. 2 a. E.).

Anm. 130 g) Den Beweis des Verschuldens bei der Schadensersatzklage wegen Schlechterfüllung (oben Anm. 100ff.) hat der Käufer zu führen (BGH LM § 377 Nr. 1). Der Anspruch, wie er sich unter der Herrschaft des BGB gestaltet hat, besteht in einem Anspruch auf Ersatz des Schadens, den der Verkäufer dem Käufer durch vertragswidriges Verhalten bei Erfüllung seiner Pflichten aus dem abgeschlossenen Vertrag verursacht. Dies ist der Grund des Anspruchs des Käufers. Diesen Grund muß der Käufer beweisen, und zwar sowohl nach der Richtung, daß dem Verkäufer nach den besonderen Umständen des einzelnen Falles eine Verpflichtung zur Aufwendung der gedachten Sorgfalt in der Erfüllung nach dem Parteiwillen treffe, als auch nach der Richtung, daß und wodurch der Verkäufer diese Pflicht verletzt hat, und daß diese Verletzung die Ursache des Schadens war (RG 66, 289; LZ 1924, 638[8]; § 347 Anm. 26; offen gelassen in BGH LM § 377 Nr. 6). Tatsächlich wird die Sachlage den Käufer häufig von dieser Beweispflicht entheben. Steht es z. B. fest, daß die Beschädigung nach den allgemeinen Verkehrsanschauungen und nach der Erfahrung des Lebens gar nicht anders als durch mangelhafte Aufsicht oder geschäftliche Unordnung zu erklären ist, so ergibt sich schon hieraus ohne weiteres ein Verschulden, so daß der Schädiger sich durch die Darlegung besonderer Umstände entlasten muß (RG 97, 117; JW 1912, 682[5]; 08, 236[9]); ähnlich BGH LM § 377 Nr. 6: wurzelt die als positive Vertragsverletzung in Betracht kommende schadenstiftende Ursache in dem Gefahrenkreis, für den der Verkäufer einzustehen hat, und weisen die Umstände danach auf ein Verschulden des Verkäufers oder eines seiner Gehilfen, so hat der Verkäufer darzutun, daß und warum ein von ihm zu vertretendes Verschulden entfällt. Dem allgemeingültigen Satz, daß, wer seine Vertragspflicht nicht erfüllt oder nicht erfüllen kann, den Beweis zu erbringen hat, daß ihm keine Fahrlässigkeit vorzuwerfen sei, wird durch obigen Grundsatz nicht widersprochen (dagegen Rabel JW 1923, 286[3]). Über alles s. auch oben Anm. 101 ff. Wer Nahrungsmittel gewerbsmäßig verkauft und durch Lieferung schädlicher Ware Schaden anrichtet, handelt ohne weiteres schuldhaft; er muß sich entlasten, weshalb er den Schaden nicht habe verhüten können (WarneyerRspr. 1913 Nr. 323; 08 Nr. 294): sei es auch nur so, daß sein Lieferant höchst zuverlässig gewesen sei (LZ 1924, 86[2]; oben Anm. 101).

h) Macht der Verkäufer geltend, daß der Käufer die Mängel bei Abschluß des Kaufes gekannt habe (§ 460 BGB; oben Anm. 117 ff.), so hat der Verkäufer die Kenntnis des Käufers oder dessen grobe Fahrlässigkeit zu beweisen (rechtshindernde Einwendung). Den Beweis der Kenntnis des Käufers bei Vertragsschluß kann der Verkäufer nicht durch Antrag auf Parteivernehmung des Käufers führen, wenn zur Erkenntnis der Mängel dem Käufer fehlende besondere Sachkunde erforderlich ist; der Antrag muß sodann auf Kenntnis bestimmter Mängel gerichtet werden (§ 445 ZPO; JW 1910, 240[26]). **Anm. 130a**

i) Macht der Verkäufer geltend, daß der Käufer die Sache in Kenntnis des Mangels angenommen habe (§ 464 BGB; oben Anm. 118), so muß er dies beweisen. Macht der Käufer hiergegen geltend, daß er sich seine Rechte wegen des Mangels vorbehalten habe, so hat er dies zu beweisen (§ 348 Anm. 24). Hinsichtlich der Beweisführung der Kenntnis des Käufers durch Antrag auf dessen Parteivernehmung gilt das oben Anm. 130a Ausgeführte. **Anm. 131**

k) Macht ein Teil besondere Vereinbarungen über die Gewährleistung geltend, so hat der Teil zu beweisen, der sie vorbringt und Rechte daraus herleitet (München in HRR 1940 Nr. 151; vgl. jedoch oben Anm. 125, 126). Macht der Käufer geltend, es sei die Vereinbarung über Ausschluß der Gewährleistung wegen Arglist des Verkäufers hinfällig, so hat er die Kenntnis des Verkäufers und dessen Arglist zu beweisen (WarneyerRspr. 1910 Nr. 237). **Anm. 132**

7. **Verjährung der Gewährleistungsansprüche** (§§ 477 ff. BGB). Die einschlägigen Vorschriften des BGB lauten: **Anm. 133**

§ 477. Der Anspruch auf Wandelung oder auf Minderung sowie der Anspruch auf Schadensersatz wegen Mangels einer zugesicherten Eigenschaft verjährt, sofern nicht der Verkäufer den Mangel arglistig verschwiegen hat, bei beweglichen Sachen in sechs Monaten von der Ablieferung, bei Grundstücken in einem Jahre von der Übergabe an. Die Verjährungsfrist kann durch Vertrag verlängert werden.

Beantragt der Käufer gerichtliche Beweisaufnahme zur Sicherung des Beweises, so wird die Verjährung unterbrochen. Die Unterbrechung dauert bis zur Beendigung des Verfahrens fort. Die Vorschriften des § 211 Abs. 2 und des § 212 finden entsprechende Anwendung.

Die Hemmung oder Unterbrechung der Verjährung eines der im Abs. 1 bezeichneten Ansprüche bewirkt auch die Hemmung oder Unterbrechung der Verjährung der anderen Ansprüche.

§ 478. Hat der Käufer den Mangel dem Verkäufer angezeigt oder die Anzeige an ihn abgesendet, bevor der Anspruch auf Wandelung oder auf Minderung verjährt war, so kann er auch nach der Vollendung der Verjährung die Zahlung des Kaufpreises insoweit verweigern, als er auf Grund der Wandelung oder der Minderung dazu berechtigt sein würde. Das gleiche gilt, wenn der Käufer vor der Vollendung der Verjährung gerichtliche Beweisaufnahme zur Sicherung des Beweises beantragt oder in einem zwischen ihm und einem späteren Erwerber der Sache wegen des Mangels anhängigen Rechtsstreite dem Verkäufer den Streit verkündet hat.

Hat der Verkäufer den Mangel arglistig verschwiegen, so bedarf es der Anzeige oder einer ihr nach Abs. 1 gleichstehenden Handlung nicht.

§ 479. Der Anspruch auf Schadensersatz kann nach der Vollendung der Verjährung nur aufgerechnet werden, wenn der Käufer vorher eine der im § 478 bezeichneten Handlungen vorgenommen hat. Diese Beschränkung tritt nicht ein, wenn der Verkäufer den Mangel arglistig verschwiegen hat.

a) Auf welche Ansprüche bezieht sich diese kurze sechsmonatige Verjährung? Auf die sämtlichen Gewährleistungsansprüche, die das BGB gewährt (RG 56, 169; BGH BetrBer. 1956, 447), also auf den Anspruch auf Wandelung, auf Minderung, auf Schadensersatz wegen Nichterfüllung beim Mangel einer zugesicherten Eigenschaft (Düsseldorf LZ 1919, 66[7]), auf den — obwohl im Gesetz nicht erwähnten — Anspruch auf Lieferung einer mangelfreien Sache (§ 480 Abs. 1 BGB; BGH LM § 480 BGB Nr. 2 = NJW 1958, 418 = MDR 1958, 232 = JZ 1958, 211 = BetrBer. 1958, 1183; BGH LM § 480 BGB Nr. 3 = NJW 1961, 117 = MDR 1961, 51 = BetrBer. 1960, 1262 = Betrieb 1960, 1417) oder auf Nachbesserung (BGHZ 39, 287 = LM § 477 BGB Nr. 6 = NJW 1963, 1452 = MDR 1963, 671 = BetrBer. 1963, 747 = Betrieb 1963, 898 [VDMA-Bedingungen, vgl. Vorbem. 2 Bsp. 11]; s. auch DJZ 25, 1507) sowie auf alle Nebenansprüche, die mit der Gewährleistung geltend gemacht werden können (oben Anm. 71b; Düsseldorf im „Recht" 1933 Nr. 77; LG Neiße JW 1930, 1325[3]). Auch dann gilt nichts anderes, wenn der Verkäufer eine Ersatzlieferung macht, die wiederum mangelhaft war (vgl. jedoch unten Anm. 135). Die Folge dieser Grundsätze drückt sich unter anderem auch darin aus, daß mit der Verjährung des Minderungsanspruchs auch der Anspruch auf Rückzahlung des den geminderten Kaufpreis übersteigenden Betrags verjährt ist (RG 101, 72). Mit einem verjährten Minderungsanspruch kann der Käufer nicht beliebig nach Maßgabe des § 390 Satz 2 BGB aufrechnen; er kann nur nach § 478 BGB, der insoweit lex specialis ist, die Zahlung des Kaufpreises verweigern (Rostock „Recht" 1931 Nr. 391). Die kurze Verjährung gilt nach Sinn und Zweck des Gesetzes ferner selbst dann, wenn die Ansprüche des Käufers aus der Gewährleistung durch Vertrag anders geregelt sind als im Gesetz (Rücktritt nebst Folgeansprüchen statt Wandelung), BGH Betrieb 1960, 1417. Sie gilt aber nicht für selbständige Garantieverträge über Eigenschaften, für deren künftiges Vorhandensein der Käufer auf die Zeit nach Gefahrübergang garantiemäßig einstehen will, und über Fehler, die nach Gefahrübergang wegfallen oder sich nicht einstellen sollen (unten Anm. 136 u. 154, oben Anm. 48; § 349 Anm. 93). Ebensowenig gilt die kurze Verjährung bei Ansprüchen aus (vollzogener) Wandelung usw.; s. Anm. 135. Nur für die Ansprüche des Käufers gilt diese kurze Verjährung, nicht für die Ansprüche des Verkäufers, die sich aus der Geltendmachung der Gewährleistungsansprüche ergeben, z. B. die Ansprüche auf Rückgabe der Kaufsache (Staudinger[11] § 477 Bem. 13). Im Falle arglistigen Verschweigens bestimmt § 477 Abs. 1 BGB ausdrücklich eine Ausnahme. Hier greift die ordentliche Verjährung des § 195 BGB Platz. Dasselbe gilt bei arglistigem Vorspiegeln und bei arglistiger Zusicherung, auch wenn die Gewährleistung vertraglich ausgeschlossen ist (RG 101, 72; oben Anm. 86).

Anm. 134 Auch auf Schadensersatzansprüche wegen schuldhaft mangelhafter Lieferung (oben Anm. 100ff.) findet die kurze Verjährung Anwendung (RG 117, 315; DJZ 1931, 87; Hamburg in DR 1939, 1583[12]; unten Anm. 143). Es ist kein Unterschied zu machen zwischen der Haftung aus besonderen Zusagen und der Haftung infolge Verletzung der Pflicht zur Aufwendung gehöriger Sorgfalt in der Erfüllung (RG 129, 280; 93, 161; LZ 07, 429[15]; WarneyerRspr. 1913 Nr. 50; DJZ. 1925, 1507; a. M. Staub DJZ 03, 389; Blume JheringsJ 55, 239; Schultze ArchBürgR 30, 143 und 31, 225); es muß sich aber um die Auswirkung von Sachmängeln handeln. Liegt schuldhafte Vertragsverletzung vor, indem eine ganz andere Sache geliefert wurde (§ 378 2. Alternative; s. dort Anm. 42), so greift die ordentliche Verjährung Platz (WarneyerRspr. 1912 Nr. 372; unten Anm. 136), ohne daß allerdings Lieferung anderer Ware allein schon eine schuldhafte Vertragsverletzung indizierte (oben Anm. 101; unten Anm. 156). Die kurze Verjährung findet auch Anwendung, wenn der Schaden erst in späterer Benutzung des Kaufgegenstandes seine Ursache hat (LZ 1916, 1293[8]); vorbehaltlich der unten Anm. 144 zu machenden Einschränkung. Dagegen findet sie keine Anwendung, wenn ein großer Teil der Ware überhaupt nicht geliefert ist und der deswegen vom

Käufer beanspruchte Schadensersatz also weder unter die Wandelung oder Minderung noch unter den Ersatz wegen Mangels einer zugesicherten Eigenschaft noch unter die Nachlieferung mangelfreier Sachen aus der Gattung fällt (RG 116, 281).

Die kurze Verjährung greift nicht Platz, sondern die dreißigjährige des § 195 BGB, wenn nicht ein Mangel der Sache in Rede steht, sondern ein anderer, zu beanstandender Sachverhalt im Zuge der Lieferung: so, wenn ein Schadensersatzanspruch auf Verletzung irgendwelcher Nebenverpflichtungen aus dem Kaufvertrage beruht, z. B. auf Fehlern beim Einbau eines Motors oder auf Begleitschäden anläßlich der Ausführung der von dem Verkäufer vorgenommenen Nachbesserungsarbeiten (RG 144, 162). Ein solcher Anspruch beruht zwar auf einer positiven Vertragsverletzung, jedoch nicht auf einem der Sache selbst anhaftenden Mangel; anders, wenn Ansprüche aus der Vergangenheit auf Grund mangelhafter Lieferung gemäß dem in Vorbem. vor § 373 Anm. 485ff. Ausgeführten ebenfalls unter dem Gesichtspunkt positiver Vertragsverletzung erhoben werden (Hamburg in DR 1939, 1583[12]). Jedoch bleibt die Anwendung des § 477 BGB gegeben, wenn die Verletzung der Nebenverpflichtung so eng mit der schuldhaft schlechten Lieferung zusammenhängt, daß sie sich nicht trennen läßt (RG 129, 283). Eine Auskunftspflicht über den Herkunftsort der Ware kann diesen engen Zusammenhang haben, wenn sie mit der Haftung für Sachmängel verbunden ist (unentschieden WarneyerRspr. 1913 Nr. 50). Namentlich hat der BGH bei den Ansprüchen aus Verletzung der Beratungspflicht des Verkäufers (oben Anm. 53), wenn sie das Vorhandensein von Sachmängeln betraf, die kurze Verjährung durchgreifen lassen (NJW 1965, 148ff., 150). Ein Schadensersatzanspruch jedoch, der sich auf die nachträgliche Nebenabrede stützt, daß der Verkäufer die gekaufte Ware befördern und versichern solle, unterliegt nicht der kurzen Verjährung (RG in SeuffA 81, 363). Besteht das Verschulden in arglistigem Verschweigen oder arglistigem Vorspiegeln, so ist gemäß § 477 Abs. 1 BGB auch hier nur die ordentliche dreißigjährige Verjährung anwendbar.

Keine Anwendung findet die Verjährung auf Ansprüche aus der **Anm. 135** durch Vertrag vollzogenen Wandelung (BGH NJW 1958, 418; RG 69, 387; Düsseldorf im „Recht" 1933 Nr. 77) oder Minderung (JW 04, 406[11]), auf Ansprüche aus einem Vergleich über die Mängelhaftung (RG 90, 170). Sodann findet die kurze Verjährung keine Anwendung auf Ansprüche auf Grund eines Arbitrageverfahrens (RG 90, 170) oder eines Ausspruchs von Schiedsmännern, Gutachtern; Vorbem. vor § 373 Anm. 49ff.). Diese Ansprüche stützen sich nicht mehr auf den Mangel, sondern auf die Vereinbarung der Parteien, also auf eine selbständige Grundlage (a. M. Eccius bei Gruch. 51, 529). Das gilt jedoch wiederum nicht, wenn der Verkäufer sich bloß mit Lieferung einer mangelfreien Sache einverstanden erklärt hat, da hier anzunehmen ist, daß die Ersatzlieferung nur zur Erfüllung des ursprünglichen Vertrages dienen sollte (LZ 1920, 483[3]). Dieser Fall kann selbst bei verspäteter Mängelanzeige gegeben sein, da die Rechtsfolgen der Verspätung der Mängelrüge verzichtbar sind (WarneyerRspr. 1929 Nr. 97). Es beginnt daher mit Lieferung der Ersatzware im Falle ihrer Mangelhaftigkeit die kurze Verjährung von neuem (vgl. JW 04, 406[11]). Gleiches gilt, wenn der Verkäufer auf eine Beanstandung hin, ohne sie als berechtigt anzuerkennen, die Kaufsache freiwillig zurücknimmt, überarbeitet und dann erneut anliefert; er selbst hat damit die erste Anlieferung zum bloßen Erfüllungsversuch herabgestuft (Saarbrücken DRZ 1950, 496).

Der Anspruch auf Lieferung einer mangelfreien Gattungssache nach § 480 Abs. 1 BGB unterliegt, sobald er anerkannt ist (über Grenzfälle insoweit und über die verjährungsrechtlichen Konsequenzen: BGH NJW 1961, 117 = LM § 480 BGB Nr. 3 = MDR 1961, 51 = BetrBer. 1960, 1262 = Betrieb 1960, 1417), als ein vollzogener der dreißigjährigen Verjährung. Ist eine Anerkennung noch nicht erfolgt und beschreitet der Käufer zur Durchsetzung seines Nachlieferungsbegehrens den Weg des § 326 BGB, dann bleibt auch ein so entstehender Schadensersatzanspruch wegen Nichterfüllung — obwohl in das allgemeine Schuldrecht übergeleitet (oben Anm. 94) — der kurzen Verjährung des § 477 BGB unterworfen. A. M. war noch die 1. Auflage gewesen. Der Schadensersatzanspruch tritt selbst in diesem Falle nur an die Stelle des ursprünglichen Nachlieferungsanspruchs, der, gewährschaftsrechtlich, der kurzen Verjährung unterlag (Hamburg OLG 38, 84). Die rechtstechnische Überleitung in das allgemeine Schuldrecht kann an der Verjährung nicht wohl sachlich etwas ändern. Wie hier: Dresden SeuffA 74, 81; Staudinger[11] § 480 Anm. 31, § 477 Anm. 4. Anders wäre nur zu entscheiden, wenn der Nachlieferungsanspruch nicht sich auf § 480 Abs. 1 BGB gründete, weil ein gewährschaftsbegründender Gefahrübergang durch Übergabe noch gar nicht stattgefunden, der Käufer vielmehr bereits die Annahme der Ware abgelehnt hatte. Hier findet § 477 BGB ohnehin keine Anwendung. — Im übrigen s. über die Zurücknahme der Ware durch den Verkäufer oben Anm. 63, 116; Vorbem. vor § 373 Anm. 232.

Ist der Verkäufer infolge der Wandelungs- oder Minderungseinrede ganz oder zum Teil mit seiner Kaufpreisklage abgewiesen, so hat der Gewährleistungsanspruch des Käufers durch diese Abweisung keine andere Grundlage erhalten, vielmehr bleibt sein Anspruch der kurzen Verjährung unterworfen (RG 69, 385; oben Anm. 62a). Ist der Gewährleistungsanspruch rechtskräftig, d. h. durch Feststellungsurteil oder unter Vorbehalt ergangenes Urteil festgestellt (für ein Urteil über den Grund des Anspruchs nach § 304 ZPO gilt dies nicht; RG 66, 11), so schreiben die §§ 218, 219 BGB ebenso wie für Ansprüche aus einem vollstreckbaren Vergleich (§ 794 Nr. 1 u. 2 ZPO) oder einer vollstreckbaren Urkunde (§ 794 Nr. 5 ZPO) und für Ansprüche aus vollstreckbarer Feststellung im Konkurs (§§ 164, 194, 206 KO) die dreißigjährige Verjährung vor. Dasselbe gilt nach § 220 BGB von einem durch Schiedsspruch (§ 1040 ZPO) erledigten Anspruch (RG 100, 122). Ist der Anspruch nur zum Teil rechtskräftig zuerkannt, so ergreift die dreißigjährige Verjährung nur diesen Teil (RG 66, 271). Ausländisches Recht kann die Verjährung nicht überhaupt ausschließen (ordre public: § 225 BGB). Über vertragliche Änderungen unten Anm. 185ff.

Anm. 136 b) Nur auf Qualitätsfehler bezieht sich die kurze Verjährung, ferner auf die Quantitätsunstimmigkeiten — wenn sie zugleich einen Qualitätsfehler bedingen: § 378 Anm. 11 —, auf die Lieferung eines aliud, soweit nach § 378 der § 377 Anwendung findet (BGH LM § 477 BGB Nr. 5 [jugoslawische/rumänische Buche]; vgl. wegen der Begründung dieses Grundsatzes Anm. 32 zu § 378).

Im übrigen macht das Gesetz keinen Unterschied zwischen heimlichen und offenen oder solchen Fehlern, die erst nach gewisser Zeit sich zeigen können. Für alle gilt die kurze Verjährung (unten Anm. 144).

Auf die Veräußerung eines Handelsgeschäfts (Vorbem. vor § 373 Anm. 20; oben Anm. 5 u. 46g) findet gleichfalls die kurze Verjährung Anwendung. Diese Frage ist in Anm. 5 vom grundsätzlichen Standpunkt aus berührt. Für den Fall, daß nicht ein Grundstück, sondern ein Handelsgeschäft — auch wenn unbewegliche Sachen dazu gehören — Gegenstand des Kaufs gewesen ist, hat das Reichsgericht (RG 138, 356; 98, 293 oben; 63, 60) die Folgerung aus seinem bereits oben Anm. 5 u. 46g erörterten Standpunkt gezogen, indem die kurze Verjährung zur Anwendung gebracht wurde. Härten, die sich bei Anwendung der kurzen Verjährung ergeben, können nur durch Auslegung des Parteiwillens über Beginn und Verlängerung der Verjährung vermieden werden (vgl. unten Anm. 150ff.). Treu und Glauben mit Rücksicht auf die Verkehrssitte werden ferner häufig zu der Auslegung des Vertragswillens führen, daß die Verjährung erst mit dem Zeitpunkt beginnen solle, in dem die Entdeckung des Mangels möglich sei; vorausgesetzt, daß der Käufer noch keine wesentlichen Veränderungen vorgenommen hat. Dazu muß dann noch eine verständige Auffassung kommen, was als Eigenschaft des Geschäfts, und was als selbständige Garantiezusage zu betrachten ist, welch letztere die dreißigjährige Verjährung eröffnet (RG 146, 120). Über Verjährung des Anspruchs gegen den früheren Inhaber bei Fortführung der Firma s. § 26.

Etwas anderes ist es, wenn von demselben Käufer jedem Gesellschafter dessen Geschäftsanteil abgekauft ist; hier wird nur tatsächlich das ganze Vermögen in einer Hand vereinigt, aber nicht das Unternehmen als solches gekauft; daher richtet sich die Verjährung nach dem Inhalt jedes einzelnen Kaufvertrags (vgl. Wiedemann, Festschr. f. Nipperdey 1965 I, 815ff., 827); es greift nicht die kurze Verjährung, sondern die ordentliche Verjährung des § 195 BGB Platz (RG 100, 204). Über diese und verwandte Fälle s. auch oben Anm. 5 a. E.

Anm. 137 c) Die Verjährung dauert sechs Monate seit der Ablieferung bei beweglichen Sachen, ein Jahr von der Übergabe an bei Grundstücken (§ 477 Abs. 1

Satz 1 BGB). Lieferung von Baustoffen zwecks Einfügung in einen Bau folgt den Verjährungsregeln für bewegliche Sachen; Nürnberg MDR 1963, 499 = BetrBer. 1963, 453; Celle bei v. Lüpke BetrBer. 1962, 273. — Über vertragliche Änderungen unten Anm. 188ff.

a) Mit dem Augenblick der Ablieferung nimmt die Verjährung ihren Lauf (darauf, ob die Mängel entdeckt werden konnten, kommt es nicht an; hierüber unten Anm. 144), wenn die Ablieferung nach Vertragsschluß erfolgt ist. Diese Regel gilt auch für Sukzessivlieferungsgeschäfte; auf die Ablieferung der einzelnen Rate kommt es an (KG OLGR 12, 57). Ist Schadensersatz wegen Nichterfüllung infolge einer mangelhaften Ersatzlieferung begehrt, so beginnt die Verjährung mit Ablieferung der Ersatzware (vgl. JW 04, 406[11]). Bei bloßer Ausbesserung bleibt es beim Tag der Ablieferung. Desgleichen beim bloßen Umtausch einzelner Teile (Hamm „Recht“ 06, 440[1048]). Ist eine nicht vertretbare Sache Gegenstand eines Werklieferungsvertrags (§ 651 BGB; § 381 Anm. 53), so kommen die Verjährungsvorschriften der §§ 638, 639 BGB zur Anwendung. Danach beginnt die Verjährung mit der Abnahme des Werks (§ 640 BGB) oder mit dessen Vollendung; befindet sich das Werk schon im Besitz des Bestellers, so beschränkt sich die Abnahme auf die Erklärung des Bestellers, daß das Werk in der Hauptsache als Erfüllung anerkannt werde (RG 110, 407). Werklieferung vertretbarer Sachen dagegen folgt Kaufrecht.

Zum Begriff der „Ablieferung“ in § 477 BGB: BGH LM § 477 BGB Nr. 4 = NJW 1961, 730 = MDR 1961, 315 = BetrBer. 1961, 228 = Betrieb 1961, 267. Er deckt sich mit dem oben in Anm. 4 entwickelten.

Diese Regeln erleiden eine Ausnahme, wenn die Parteien Gegenteiliges vereinbart haben (unten Anm. 148ff.). Eine solche abweichende Vereinbarung liegt im Zweifel nicht darin, daß die Frist zur Erstattung der Mängelanzeige zufolge Vereinbarung oder Handelsgebrauchs durch Verlegung der Untersuchungspflicht an einen anderen Ort als den Ablieferungsort verlängert wird (oben Anm. 19; unten Anm. 150). Könnten Gewährleistungsansprüche vor der Ablieferung als existent gedacht werden, dürfte man deren Verjährung nicht erst mit der Ablieferung der Kaufsache beginnen lassen, wie Krückmann es in LZ 1915, 1351 will; allein daß es vor der Übergabe im Regelfalle keine Gewährleistungsansprüche geben kann, ist oben Anm. 57 dargelegt. In den dortselbst erwähnten Ausnahmefällen wird die Gewährleistung vor Gefahrübergang auch nur deshalb zugelassen, weil (und insoweit) der Käufer sie (angebrachtermaßen) geltend macht: sein Verlangen aktualisiert sie unter Abkürzung der nutzlos gewordenen Zeitspanne bis zur Übergabe, die sonst abgewartet werden müßte. Die ihr entfließenden Ansprüche werden kraft dieses Verlangens vorzeitig fällig, wie wenn die Übergabe bereits stattgefunden hätte. Damit aber werden auch sie nicht früher als mit Stellung des Verlangens verjährbar. So für Fälle dieser Art richtig Staudinger[11] § 198 Anm. 15 (vgl. auch Anm. 5 ebenda); durchschlagend der aus der Entstehungsgeschichte des Gesetzes belegte Hinweis darauf, daß die §§ 199, 200 BGB Ausnahmeregelungen darstellen, die einer Verallgemeinerung nicht fähig sind. Der Käufer hat gewissermaßen eine Gestaltungsmöglichkeit, die zu nutzen er durch keine anderen Rücksichten als die seines eigenen Interesses bestimmt sein darf und die daher den Zwang einer unabhängig drohenden Verjährung nicht zuläßt.

Hat die Ablieferung vor dem Vertragsabschluß stattgefunden, so beginnt die Verjährung mit dem Vertragsschluß (RG 65, 247). War der Vertrag nichtig, so beginnt die Verjährung mit dem Augenblick der Neuvornahme (§ 141 BGB). War der Vertrag nur rechtlich unwirksam, so beginnt die Verjährung mit dem Augenblick der Nachholung des zur Rechtswirksamkeit Erforderlichen (RG 65, 247). Beim Abschluß eines aufschiebend bedingten Kaufs beginnt die Verjährung trotz erfolgter Ablieferung oder Übergabe der Sache erst mit Eintritt der Bedingung (§ 198 Satz 1 BGB; Planck § 477 Erl. 4b).

Zur Erhebung der Einrede der Verjährung genügt es, daß die Prozeßpartei irgendwie zu erkennen gibt, sie wolle sich auf die Verjährung der Gewährleistungsansprüche berufen (WarneyerRspr. 1934 Nr. 34).

β) Die Verjährung wird **unterbrochen** (§ 160 u. Anm. hierzu): *αα*) Durch Klagerhebung (§ 209 Abs. 1 BGB). Vorausgesetzt ist die Erhebung einer gehö- **Anm. 188** rigen, dem § 253 ZPO entsprechenden Klage (§ 267 ZPO); eine dem § 253 ZPO nicht genügende Klage unterliegt der Abweisung ohne unterbrechende Wirkung (RG 84, 311). Die auf einen der Gewährleistungsansprüche gegründete Klage unterbricht nach § 477 Abs. 3 BGB auch die Verjährung der übrigen. Das gilt auch von einer wegen arglistigen Verschweigens eines Mangels erhobenen Schadensersatzklage (RG 134, 272). Ob die Erhebung einer Klage im Ausland die Verjährung unterbricht, wird davon abhängen, ob das auf eine solche Klage ergehende ausländische Urteil in Deutschland zur Anerkennung nach § 328 ZPO gelangen kann. Für die Streitverkündung hat das Reichsgericht schon einmal den gegenteiligen Standpunkt eingenommen (unten Anm. 138d). Mit Einreichung der Klage beim Amtsgericht gilt die Unterbrechung der Verjährung auch dann als bewirkt, wenn die Klage bei dem sachlich unzuständigen Amtsgericht erhoben und die Sache nach § 276 ZPO an das zuständige Landgericht verwiesen worden ist (WarneyerRspr. 1914 Nr. 84). Soll die Bestimmung des zuständigen Gerichts nach § 36 ZPO erfolgen, so wird die Verjährung bereits durch Einreichung des Gesuchs in gleicher Weise wie durch Klagerhebung oder durch Anbringung des Güteantrags unterbrochen, wenn die Klage binnen drei Monaten nach Erledigung des Gesuchs erhoben oder der Güteantrag angebracht wird (§ 210 Satz 1 BGB; § 794 Abs. 1 Ziff. 1 ZPO). Diese Bestimmung setzt voraus, daß auch wirklich eine Entscheidung nach § 36 ZPO ergeht, daß also das Gesuch für begründet erklärt wird. Auf die dreimonatige Frist finden die §§ 203, 206, 207 BGB Anwendung (§ 210 Satz 2 BGB). Die Klage gegen einen Gesamtschuldner unterbricht die Verjährung nicht gegen einen anderen Gesamtschuldner (§ 425 Abs. 2 BGB). Eine Klage muß es sein; daher haben die Mahnung, ein Arrestgesuch, der Antrag auf Erlaß einer einstweiligen Verfügung, der Antrag auf Bewilligung des Armenrechts, die Anmeldung im Verfahren nach Aufgebot der Nachlaßgläubiger keine unterbrechende Wirkung (Planck § 209 Erl. 1); auch nicht eine bloße Einrede (§ 209 BGB; Mot. I 328) oder der Antrag auf Abweisung einer Klage oder Widerklage oder der Antrag auf Abweisung einer negativen Feststellungsklage (RG 60, 391; 153, 375ff. (380); BGH LM § 209 BGB Nr. 12 = NJW 1963, 341 [L] = MDR 1963, 209 = BetrBer. 1963, 9 = Betrieb 1963, 65). Auch nicht die Verfassungsbeschwerde (BGH VersR 1957, 429). Wohl aber stehen der Klage gleich die Widerklage auf Leistung, die positive Feststellungsklage, die positive Feststellungswiderklage sowie die positive Inzidentfeststellungsklage (§ 280 ZPO) und ausnahmsweise die negative Feststellungsklage (in Fällen ähnlich dem der Entscheidung RG 100, 150 oben). Die negative Feststellungswiderklage unterbricht die Verjährung nicht, wenn deren Abweisung nur ergibt, daß dem Kläger gerade der eingeklagte Anspruch oder noch ein weiterer unbestimmter Anspruch zustehe (RG 90, 292). Endlich sind der Klagerhebung durch die ausdrückliche Vorschrift des § 209 BGB gleichgestellt: die Klage auf Erteilung der Vollstreckungsklausel, auf Erlassung des Vollstreckungsurteils (§ 722 ZPO) oder des Vollstreckungsbeschlusses (§ 1042 ZPO), die Zustellung eines Zahlungsbefehls (unten Anm. 138a), die Anbringung eines Güteantrags bei einer landesrechtlichen Gütestelle der in § 794 Abs. 1 Nr. 1 ZPO bezeichneten Art, die Anmeldung des Anspruchs im Konkurse, die Streitverkündung, die Vornahme einer Vollstreckungshandlung und die Stellung des Antrags auf Zwangsvollstreckung; hierüber die folgenden Anmerkungen. — Eine Teilklage unterbricht die Verjährung nur hinsichtlich des eingeklagten Teils (RG 90, 292). Erst mit der tatsächlichen Erweiterung der Klage, also erst mit dem Tag der Geltendmachung in der mündlichen Verhandlung (§ 281 ZPO), wird die Erweiterung rechtshängig und die Verjährung unterbrochen (RG. 65, 398; WarneyerRspr. 1913 Nr. 4). Weiteres über Teilklagen unten Anm. 140. — Die Unterbrechung der Verjährung durch Klagerhebung oder einen gleichstehenden Akt dauert an bis zur rechtskräftigen Entscheidung oder anderweiten Erledigung des Rechtsstreits (§ 211 Abs. 1 BGB). Kommt es zu einer Feststellung der Ansprüche durch rechtskräftiges Urteil, so beginnt eine neue Verjährung ihren Lauf. Diese Verjährung dauert für regelmäßig wiederkehrende, erst künftig fällig werdende Leistungen (Zinsen) vier Jahre (§§ 218 Abs. 2, 197 BGB). In allen anderen Fällen ist die neue Verjährung eine solche von 30 Jahren (§ 218 Abs. 1 Satz 1 BGB). Diese Verjährung wird unterbrochen durch Vornahme einer Vollstreckungshandlung, als welche auch eine Arrestpfändung anzusehen ist, und ferner durch Stellung des Antrags auf Zwangsvollstreckung, wenn die Vollstreckung den Gerichten oder anderen Behörden zugewiesen ist (§ 209 Abs. 2 Nr. 5 BGB). Diese unterbrechende Wirkung fällt weg, wenn § 216 BGB zutrifft. Dem rechtskräftigen Urteil sind ein vollstreckbarer Vergleich (§§ 794 Nr. 1, 118a ZPO), eine vollstreckbare Urkunde, die vollstreckbare Feststellung zur Konkurstabelle gleichgestellt (§ 218 Abs. 1 Satz 2 BGB). Es wird somit ein rechtskräftig festgestellter Ausspruch nach §§ 704, 705 ZPO verlangt. Zu solchen vollstreckbaren Titeln gehört sowohl ein Feststellungs- wie ein Vorbehaltsurteil (§§ 256, 302, 305 Abs. 1 u. 2, 599 ZPO; § 219 BGB); ferner ein Vollstreckungsbefehl, gegen den kein Einspruch mehr stattfindet (§§ 700, 794 Nr. 4 ZPO), ein Schiedsgerichtsurteil (§ 220 BGB). Ein Teilurteil hat diese Wirkungen nur bezüglich des Teils, über den das Urteil erkannt hat (RG 66, 271). Die gedachten Wirkungen kommen einem Urteil nicht zu, das nicht in der Sache selbst entscheidet; bis zur rechtskräftigen Entscheidung ist zwar eine Unterbrechung vorhanden; allein die Unterbrechung gilt mit Rechtskraft des Urteils als nicht erfolgt (§ 212 Abs. 1 BGB). Als derartige nicht in der Sache selbst entscheidende Urteile sind anzusehen: Zwischenurteile (§ 303 ZPO), Urteile, welche die Abweisung wegen mangelnder Prozeßfähigkeit, wegen mangelnder gesetzlicher Vertretung, wegen nicht vorschriftsmäßiger Begründung der Klage aussprechen (RG 52, 330) oder wegen Unstatthaftigkeit der gewählten Prozeßart (§ 597 ZPO) oder wegen Unzuständigkeit des Gerichts oder wegen mangelnder Einwilligung des Gegners in die Erhebung einer Widerklage oder nicht zugelassener Klagänderung (RGRKomm.[11] § 212 Anm. 4; Planck § 212 Erl. 1) oder wegen dem § 256 ZPO nicht genügender, also unzulässiger Feststellungsklage. Damit, daß die Klage durch ein in der Sache selbst nicht erkennendes Urteil abgewiesen ist, wird die Frage der Unterbrechung der Verjährung noch nicht erledigt; denn der abgewiesene Kläger sichert sich die Wirkungen der Unterbrechung wieder, wenn er innerhalb sechs Monate von der Rechtskraft des abweisenden Urteils an von neuem Klage erhebt, wobei ihm die §§ 203, 206, 207 BGB zustatten kommen (§ 212 Abs. 2 BGB). Kommt es zu keiner Feststellung der Ansprüche durch ein Urteil, so ist zu unterscheiden, ob die Ursache eine Klagezurücknahme oder ein Ruhen des Rechtsstreits bildet. Wird die Klage ganz oder zum Teil zurückgenommen (§ 271 ZPO), so gilt die Unterbrechung insoweit als nicht erfolgt (§ 212 Abs. 1 BGB). Erhebt der Kläger innerhalb sechs Monate nach der Zurücknahme der Klage neuerdings Klage, so sichert er sich damit die Wirkungen der Unterbrechung (§ 212 Abs. 2 BGB). Kommt es nicht zu einem rechtskräftigen Urteil oder einer anderweiten Erledigung des Rechtsstreits, entweder weil die Parteien den Stillstand des Rechtsstreits vereinbart haben, oder weil sie den Rechtsstreit nur tatsächlich ruhen lassen, so endigt die Unterbrechung mit der letzten Prozeßhandlung der Parteien oder des Gerichts (§ 211 Abs. 2 Satz 1 BGB). Die Wirkung ist, daß die bis zur Unterbrechung verflossene Zeit nicht mehr in Betracht kommt und mit dem Stillstand eine neue Verjährung beginnt (§ 217 BGB), die durch Weiterbetreiben in gleicher Weise wie durch Klagerhebung, die ja durch Zustellung der Klage erfolgt, unterbrochen wird (§ 211 Abs. 2 Satz 2 BGB).

ββ) Ein Zahlungsbefehl (§§ 688ff. ZPO) unterbricht die Verjährung mit **Anm. 138a** seiner Zustellung (§ 209 Abs. 2 Nr. 1 BGB). Allein die Unterbrechung tritt bereits mit Einreichung oder Anbringung des Gesuchs um Erlassung des Zahlungsbefehls auch in landgerichtlichen Sachen ein, wenn die Zustellung demnächst erfolgt (§ 693 Abs. 2 ZPO). Die Zustellung bewirkt die Rechtshängigkeit erst, wenn infolge Widerspruchs die Überleitung in das Streitverfahren stattgefunden hat (§ 696 Abs. 3 ZPO). Wird die Erlassung des Zahlungsbefehls abgelehnt, so gilt eine Unterbrechung als überhaupt nicht erfolgt (§§ 212, 212a, 213 BGB). Dasselbe ist der Fall, wenn der Zahlungsbefehl zwar erlassen ist, aber der Kläger nicht innerhalb sechs Monate nach Ablauf der im Zahlungsbefehl bestimmten Frist den Vollstreckungsbefehl nachgesucht hat oder sein Gesuch zurückgewiesen wurde; der Zahlungsbefehl wird dann kraftlos; die Unterbrechung gilt als nicht erfolgt (§ 213 Satz 2 BGB). Kommt es zum Vollstreckungsbefehl, und findet gegen ihn kein Einspruch statt (§§ 699, 700 ZPO), so beginnt nun eine neue dreißigjährige Verjährung (§ 218 Abs. 1 BGB) mit der oben Anm. 138 schon erwähnten Ausnahme des § 218 Abs. 2 BGB wegen der Zinsen.

γγ) Die Anmeldung im Konkurs unterbricht die Verjährung (§ 209 Abs. 2 **Anm. 138b** Nr. 2 BGB) sowohl der Masse als dem Gemeinschuldner gegenüber. Gemeint sind hiermit die zur Konkursmasse anzumeldenden Konkursforderungen. Die Forderungen der Konkursmasse selbst unterliegen den allgemeinen Regeln (oben Anm. 138, 138a und unten Anm. 138c u. d). Die Anmeldung muß der Vorschrift des § 139 KO entsprechen. Sie muß danach unter Beifügung der Belege den Schuldgrund und den Betrag erkennen lassen; im Kontokorrentverkehr ist der Saldo anzumelden. Der Betrag der Forderung ist in gesetzlicher Inlandswährung anzugeben (hierüber ausführlich Mentzel KO[6] § 139 Nr. 2). Entspricht die Anmeldung nicht diesen Vorschriften, so unterbricht sie bei Widerspruch des Konkursverwalters die Verjährung nicht; das Konkursrecht kennt eine dem § 212 Abs. 2 BGB entsprechende Vorschrift nicht. Der Konkursgläubiger, der mangelhaft angemeldet hat und im Prüfungstermin den Mangel nicht verbessert, muß zur Herbeiführung der Unterbrechung nachträglich gehörig anmelden (§ 142 Abs. 2 KO). Die Anmeldung unterbricht aber, wenn ein schon in der Anmeldung gehörig begründetes Vorrecht nachträglich beansprucht wird (Jaeger KO § 25 Anm. 16). Teilanmeldung unterbricht nur für den angemeldeten Teil, entsprechend dem oben Anm. 138 über eine Teilklage Bemerkten. Die Unterbrechung dauert fort bis zur Beendigung des Konkurses (§ 214 Abs. 1 BGB), auch wenn die Konkursforderung festgestellt ist; der § 218 BGB muß hinter § 214 Abs. 1 BGB zurücktreten. Beendigt wird der Konkurs u.a. durch Aufhebung infolge einer Beschwerde (§§ 109, 116 KO); auch in diesem Falle dauert die Unterbrechung an bis zur Rechtskraft des Aufhebungsbeschlusses; denn insolange ist der Konkursgläubiger nicht in der Lage, die Verjährung durch eine Rechtshandlung zu unterbrechen. Das ist die herrschende Meinung (Jaeger KO[8] §25 Anm.16; Staudinger[11] § 214 Anm. 2). Der Konkurs wird ferner aufgehoben nach Abhaltung des Schlußtermins (§ 163 KO) oder nach Bestätigung eines Zwangsvergleichs (§ 190 KO). Der Aufhebungsbeschluß ist bekanntzumachen. Erst mit dieser Bekanntmachung erfahren die Konkursgläubiger, daß sie die Freiheit ihrer Entschließung zurückgewonnen haben. Deshalb endet die Unterbrechung und beginnt eine neue Verjährung erst mit diesem Zeitpunkt; dies ist allgemein anerkannt (RGRKomm.[11] § 214 Anm. 1; Staudinger[11] § 214 Anm. 1). Enthält der Zwangsvergleich eine Stundung, so ist die Verjährung insolange gehemmt (§ 202 BGB; Jaeger KO.[8] § 25 Anm. 16; WarneyerKomm. z. BGB[6] § 214 Fußnote 3). Der Konkurs wird auch beendigt durch Einstellung des Konkurses nach §§ 202, 204, 205 KO.; hier gilt dasselbe. Mit Zurücknahme der Anmeldung gilt die Unterbrechung wie im Falle der Zurücknahme der Klage (§ 212 Abs. 1 BGB) als nicht erfolgt (§ 214 Abs. 2 BGB). Da in der Zurücknahme der Anmeldung kein Verzicht auf den Anspruch liegt, kann der Konkursgläubiger seinen Anspruch neuerdings anmelden. Die Zurücknahme kann nach Feststellung des Anspruchs nicht mehr erfolgen. Mit Beendigung der Unterbrechung beginnt eine neue Verjährung, und zwar von 30 Jahren, wenn die Forderung festgestellt ist (§§ 217, 218 Abs. 1 BGB). Ausnahmsweise dauert die Unterbrechung noch über die Beendigung des Konkurses hinaus, wenn eine angemeldete, aber bestrittene Forderung noch im Prozeß befangen und dafür ein Betrag nach §§ 146, 168 KO zurückbehalten ist; das Ende der Unterbrechung bestimmt sich dann nach § 211 BGB (§ 214 Abs. 3 BGB; oben Anm. 138). Über die Verjährung von Gesellschaftsforderungen und die Unterbrechung s. § 159.

Anm. 138c δδ) Der Aufrechnung im Prozesse (§ 209 Abs. 2 Nr. 3 BGB) ist unterbrechende Wirkung beizumessen. Nur die Geltendmachung der Aufrechnung, also die Aufrechnungserklärung nach § 388 BGB, hat diese Wirkung, und zwar von diesem Augenblick an, also nicht mit rückwirkender Kraft. Vorausgesetzt ist, daß die Aufrechnung nicht zum Zuge kommt; denn wenn sie Erfolg hat, ist der Anspruch überhaupt erloschen; wenn sie erfolglos bleibt, weil das Prozeßgericht die Nichtberechtigung der Aufrechnungsforderung festgestellt hat, ist damit ihr Nichtbestehen gem. § 322 Abs. 2 ZPO rechtskraftfähig entschieden. Die Aufrechnungserklärung wirkt unterbrechend nur in Höhe des eingeklagten Anspruchs, dem gegenüber sie erfolgt, bei einer Teilklage also nur in Höhe dieses Teilbetrags (RG 57, 375), und nur zugunsten des zur Aufrechnung verwendeten Betrags (WarneyerRspr. 1910 Nr. 372). Der Kläger kann den Beklagten mit dessen Aufrechnung nicht auf den nicht eingeklagten Teil seiner Forderung verweisen (RG 80, 393; 66, 274), noch kann er die Wirkung der Aufrechnung durch eine Gegenaufrechnung beseitigen (§ 389 BGB; JW 1911, 151[5]). Ein im Vorprozeß nur fürsorglich geltend gemachter Aufrechnungseinwand (WarneyerRspr. 1914 Nr. 7) genügt zur Unterbrechung. Da die Aufrechnung Gleichartigkeit der sich gegenüberstehenden Leistungen verlangt (§ 387 BGB), kann ein im Vorprozeß von dem Käufer gegenüber der Kaufpreisklage vergeblich vorgeschützter Gegenanspruch auf Schadensersatzzahlung nicht die Verjährung eines Nachbesserungsanspruchs unterbrechen. Jedenfalls ist die Verjährung eines Nachbesserungsanspruchs wegen seiner Unteilbarkeit nicht unterbrochen, wenn der Käufer der Kaufpreisklage im Vorprozeß zwar einen höheren Schadensersatzanspruch wegen mangelhafter Lieferung der Kaufsache entgegengesetzt, aber nicht seinen vollen Schadensersatzanspruch für den überschießenden Rest widerklagend geltend gemacht hat (vgl. RG 85, 365: Werkvertrag). Die Unterbrechung dauert, wie bei der Unterbrechung durch Klageerhebung (§ 211 Abs. 1 BGB), fort bis zur rechtskräftigen Entscheidung oder anderweiten Erledigung des Rechtsstreits (§ 215 Abs. 1 Satz 1 BGB; s. oben Anm. 138). Binnen sechs Monaten nach Beendigung des Prozesses, in dem die Aufrechnungseinrede an sich vergeblich, aber mit unterbrechender Wirkung, vorgebracht worden ist, muß jedoch Klage auf Befriedigung oder Feststellung des Aufrechnungsanspruchs erhoben werden; andernfalls gilt die Unterbrechung als nicht erfolgt, die §§ 203, 206, 207 BGB finden auf die Frist Anwendung (§ 215 Abs. 2 BGB). Die Zurücknahme der Aufrechnung hat dieselbe Wirkung wie die Zurücknahme der Klage in sinngemäßer Anwendung nicht bloß des § 212 Abs. 2 BGB (WarneyerKomm. z. BGB[6] § 215 Fußnoten 1 u. 2), sondern auch des § 212 Abs. 1 BGB.

εε) Die Streitverkündung ist in § 209 Abs. 2 Nr. 4 BGB als ein die Verjährung unterbrechender Akt anerkannt, wenn sie in dem Prozesse erfolgt, von dessen Ausgang der Anspruch abhängt. Voraussetzung ist, daß der den Streit Verkündende im Falle des ungünstigen Ausgangs des Rechtsstreits glaubt, einen Anspruch auf Gewährleistung für Mängel des weiterveräußerten Gegenstandes nach §§ 459ff. BGB erheben zu können (§ 72 ZPO). Der gute Glaube des Streitverkünders an seinen Rückgriffsanspruch genügt, wie der § 72 ZPO ausdrücklich hervorhebt; es ist nicht nötig, daß der Ausgang des Prozesses in der Tat für den Rückgriff entscheidend sein müßte (RG 58, 79; SeuffA 63, 52; HansGZ 04 Hptbl. 293). Die Frage, ob, wenn der Ausgang des Hauptprozesses günstig für den Streitverkünder ist, keine Unterbrechung stattgefunden hat, weil kein Rückgriffsrecht bestehe, ist in der Rechtsprechung unterschiedlich beurteilt: dafür ursprünglich RG JW 1913, 32[20]; dagegen neuerdings BGH NJW 1962, 387. Die Streitverkündung in einem ausländischen Prozeß kann einem Inländer gegenüber nur Wirkung haben, wenn auch das Urteil in dem ausländischen Vorprozeß in Deutschland Anerkennung nach § 328 ZPO finden kann (RG 55, 240). Allein in RG 61, 393 wird der formelle Standpunkt eingenommen, daß es auf die Anerkennung des ausländischen Urteils, z. B. wenn die Gegenseitigkeit nicht verbürgt ist, nicht ankomme; es genüge, wenn das ausländische Recht hinsichtlich der Streitverkündung im wesentlichen dem deutschen Recht entsprach; letzteres treffe bei der holländischen demande en garantie zu. Das Schrifttum hat diese letztere Entscheidung hingenommen (Staudinger[11] § 209 Anm. 16; WarneyerKomm. z. BGB[6] § 209 V Fußnote 35; RGRKomm.[11] § 209 Anm. 39). Daß der Vorprozeß, in dem die Streitverkündung erfolgte, nicht zum Austrag gekommen ist, macht nichts aus (RG 58, 80). Über die Dauer der Unterbrechung, den Stillstand des Prozesses, die Zurücknahme und den Beginn der neuen Verjährung sind in § 215 BGB dieselben Vorschriften gegeben wie für die Aufrechnung; es wird deshalb auf Anm. 138c verwiesen. Anm. 138d

ζζ) Durch formloses Anerkenntnis des Anspruchs (§ 208 BGB). Zu einem solchen Anerkenntnis genügt jedes dem Berechtigten vor Ablauf der Verjährung erkennbar gemachte Verhalten des Schuldners oder seines Vertreters, aus dem sich die Überzeugung oder auch nur das Bewußtsein des Verpflichteten von dem Bestehen des Anspruchs unzweideutig ergibt, mag sich diese Kundgebung auch nur auf den Grund des Anspruchs beziehen und keine Übernahme einer bindenden Verpflichtung enthalten (RG 78, 132; JW 1914, 35[4]; LZ 1911, 215[11]). Deshalb genügt das Anbieten einer Teilleistung im Bewußtsein der Verpflichtung (WarneyerRspr. 08 Nr. 357) zur Unterbrechung der Verjährung dieses Teils, nicht aber liegt ein Anerkenntnis in dem mit dem Bestehen von Gegenansprüchen begründeten Bestreiten eines Anspruchs (WarneyerRspr. 1915 Nr. 104). Das Bewußtsein von der Berechtigung eines Anspruchs kommt darin nicht zum Ausdruck, daß die eine Partei der anderen einen Vergleichsvorschlag mit dem Zusatz Anm. 138e macht, sie werde im Falle der Ablehnung den Anspruch bestreiten (JW 1911, 32[10]). In einem Vergleichsangebot liegt ein Anerkenntnis nur, wenn sich daraus ergibt, daß der Anspruch an sich nicht, sondern nur die Höhe bestritten werden soll (RG 63, 389; WarneyerRspr. 1910 Nr. 416; 08 Nr. 192). Als solche die Verjährung unterbrechende Anerkenntnisse sind in § 208 BGB beispielhaft aufgezählt: Abschlagszahlung, in der die Anerkennung des ganzen Anspruchs liegt (LZ 1914, 762[4]), Zinszahlung auf das bestimmte Schuldverhältnis (LZ 1914, 683[13]), Sicherheitsleistung. Diesen Beispielen lassen sich anreihen: Pfandbestellung, Belassung einer als Sicherstellung übergebenen Sache als fortwährende stillschweigende Anerkennung während der Besitzdauer, Abfindungsversprechen (JW 08, 79[15]), Ausstellung eines Besserungsscheines (Zahlung, „wenn der Verpflichtete könne"), unter Umständen die bloße Stundungsbitte (während die daraufhin gewährte Stundung die — durch die Stundungsbitte nach Unterbrechung neu in Lauf gesetzte — Verjährungsfrist hemmt, § 202 BGB). Die Erklärung des Schuldners, er komme für allen Schaden auf, der Gegner könne sich ruhig an ihn halten, er sei durch Versicherung gedeckt, hat im Zweifel nur die Bedeutung einer beruhigenden Erklärung dahin, daß er zahlen werde, wenn er seinerseits durch die Versicherung gedeckt werde (JW 1914, 34[4]). Ein Teilanerkenntnis unterbricht nur für den anerkannten Teil (JW 08, 79[15]). Jedoch erzeugt ein abstraktes, vor Vollendung der Verjährung abgegebenes Schuldanerkenntnis oder -versprechen einen selbständigen Verpflichtungsgrund mit selbständiger Verjährung von 30 Jahren (§ 195 BGB); es hat nicht bloß eine Unterbrechung der kurzen Verjährung stattgefunden. Handelt es sich nicht um ein Anerkenntnis vor Vollendung der Verjährung, sondern um ein Anerkenntnis nach eingetretener Verjährung (§ 222 Abs. 2 Satz 2 BGB), so hat das Anerkenntnis nur Rechtswirksamkeit, wenn es entweder in Form eines abstrakten Anerkenntnisses, also schriftlich (JW 1910, 280[3]) — es sei denn, daß das Anerkenntnis auf seiten des Schuldners ein Handelsgeschäft ist, auf das nach § 350 die Formvorschrift des § 781 Satz 1 BGB keine Anwendung findet —, oder formlos als Vergleich (§ 350 Anm. 3) oder als formloser Anerkenntnisvertrag im Sinne des Verzichts auf die Geltendmachung der Wirkungen der Verjährung, also in Kenntnis der vollendeten Verjährung, abgegeben ist. Weiteres hierüber unten Anm. 153.

Anm. 139 *ηη*) Durch gehörig beschaffenen Antrag des Käufers auf Beweisaufnahme zur Sicherung des Beweises nach § 485 ZPO (§ 477 Abs. 2 BGB; s. Anh. zu § 379) wird die Verjährung bis zur Beendigung des Verfahrens unterbrochen, wenn auf den Antrag verfügt wird. Vorausgesetzt ist, daß der Antrag auch wirklich zur Beweissicherung führen soll und nicht nur zur Unterbrechung der Verjährung, z. B. mit dem Hinzufügen gestellt ist, die Beweissicherung vorläufig nicht anzuordnen (RG 66, 414). Diese Unterbrechung findet auch dann statt, wenn der Antrag bei einem unzuständigen Gericht gestellt ist (RG 66, 368). Wird der Antrag zurückgewiesen, so gilt die Unterbrechung als nicht geschehen; es sei denn, daß die Zurückweisung nur aus formellen Gründen erfolgte (Hamburg OLGR 3, 10), oder daß bereits Klage in der Hauptsache erhoben ist. Wird der Antrag vor Zustellung an den Gegner zurückgenommen, so äußert er keine Wirkung (vgl. RG 66, 367). Findet die Zurücknahme nach der Zustellung an den Gegner (§ 491 ZPO) statt, so kommt es darauf an, ob durch die Zurücknahme nach den Umständen auf die Wirkungen des Antrags verzichtet werden sollte (vgl. RG 59, 154). Besteht das Beweissicherungsverfahren in Erhebung eines Gutachtens, so endigt die Unterbrechung mit dessen Erstattung; von da läuft wiederum die neue Verjährungsfrist („Recht" 1916 Nr. 2083). Es kommen die über § 212 BGB aufgestellten Grundsätze (oben Anm. 138) zur entsprechenden Anwendung (§ 477 Abs. 2 Satz 3 BGB), so daß der Käufer sich die Wirkungen der Unterbrechung sichert, wenn er innerhalb sechs Monate nach der Zurücknahme oder der rechtskräftigen Zurückweisung des Antrags entweder einen neuen Antrag stellt oder Klage erhebt (Hamburg OLGR 3, 10). Auch § 211 Abs. 2 BGB. (hierüber oben Anm. 138) gilt hier nach § 477 Abs. 2 Satz 3 in entsprechender Anwendung. Wird auf den Antrag nicht verfügt, so läuft eine neue Verjährung von der Einreichung des Antrags an (§ 211 Abs. 2 BGB; RG 66, 367). Über das Beweissicherungsverfahren s. Genaueres im Anh. zu § 379.

θθ) Endlich wird die Verjährung unterbrochen durch die Anrufung der bei der Industrie- und Handelskammer errichteten Einigungsstelle zur Beilegung von

Wettbewerbsstreitigkeiten (§ 27a Abs. 9 UWG). Die Unterbrechung dauert bis zur Beendigung des Verfahrens vor der Einigungsstelle fort. Bei Scheitern der Vergleichsbemühungen stellt der Vorsitzende der Einigungsstelle den Zeitpunkt der Beendigung des Verfahrens fest und teilt ihn den Parteien mit. Rücknahme der Anrufung hebt die Unterbrechungswirkung ex tunc auf.

γ) Die Verjährung wird **gehemmt,** solange die Leistung gestundet oder der Verpflichtete aus einem anderen Grunde vorübergehend zur Verweigerung der Leistung berechtigt ist (§ 202 Abs. 1 BGB). Die Vereinbarung, daß ein laufendes Gerichtsverfahren ruhen solle, hemmt die Verjährung nur, wenn darin eine Stundung der Leistung zu finden ist (RG 73, 394; JW 1916, 1188[6]; 1914, 34[4]; WarneyerRspr. 1912 Nr. 370). Sodann ist die Verjährung gehemmt durch Stillstand der Rechtspflege innerhalb der letzten sechs Monate und durch höhere Gewalt (§ 203 BGB), zu welch letzterer auch Krankheit (WarneyerRspr. 1912 Nr. 153) und verzögerte Entscheidung über ein — rechtzeitig eingereichtes — Armenrechtsgesuch (BGH 17, 199) zählen können. Solange ein schiedsgerichtliches Verfahren (vgl. § 220 BGB) oder ein Arbitrageverfahren schwebt (oben Anm. 135), oder solange im beiderseitigen Einverständnis Nachbesserungsarbeiten im Gange sind (BGH BetrBer. 1952, 902 [entsprechende Anwendung des § 639 Abs. 2 BGB] u. BetrBer. 1960, 498; RG 128, 214; 96, 267), oder bis ein ausländisches Survey (Hamburg HansRGZ 1931 B 618) oder ein Schiedsgutachten (RG 142, 263), auf dessen Einholung die Parteien sich geeinigt haben, eingeht, kann die Verjährung nicht laufen. Nicht dagegen hemmt eine durch den Käufer einseitig veranlaßte Begutachtung, mag er auch erst durch eine solche die abschließende Gewißheit über die Berechtigung etwa zu erhebender Gewährleistungsansprüche erlangen können und wollen (BGH Betrieb 1956, 349). Ausführlichere Behandlung würde zu weit führen. Siehe ferner die richterlichen Stundungsmöglichkeiten nach dem Vertragshilfegesetz vom 26. 3. 1952 (BGBl. I, 198) sowie die Verjährungsschlußgesetze des Bundes vom 28. 12. 1950 (BGBl. S. 821) und vom 30. 3. 1951 (BGBl. S. 213), betr. den Ablauf der durch Kriegs- und Nachkriegsvorschriften gehemmten Verjährungsfristen; in den letzteren Zusammenhang gehört auch das AHK-Gesetz Nr. 67 über die gleichen Fristen, die gegen Ausländer liefen. **Anm. 139a**

Die Hemmungsgründe der Verjährung sind in den §§ 202—204, 638 Abs. 2, 802 BGB und in § 470 Abs. 2 HGB erschöpfend aufgezählt. Ein die Einrede der unerlaubten Rechtsausnützung begründendes Verhalten des Schuldners vermag daher eine Hemmung der Verjährung nicht zu bewirken (RG 128, 214; 115, 139). Solange jene Hemmungsgründe bestehen, ruht die Verjährung; nach Wegfall der Hemmungsgründe läuft die Verjährung weiter, während durch eine Unterbrechung der Verjährung die bis zur Unterbrechung verstrichene Zeit vergeblich abgelaufen ist und vom Ende der Unterbrechung an, nicht vom Ende des Kalenderjahres an, in dem die Unterbrechung erfolgt ist, eine neue Verjährung beginnt (RG 65, 268). Diese neue Verjährung ist die dem Anspruch entsprechende, also nach § 477 BGB bei beweglichen Sachen die sechsmonatige, bei Grundstücken die einjährige, in den Fällen der §§ 195ff. BGB die dort angegebene Verjährung. **Anm. 139b**

δ) Die Unterbrechung oder Hemmung der Verjährung eines Gewährleistungsanspruchs unterbricht oder hemmt auch die Verjährung der anderen (§ 477 Abs. 3 BGB). Es wird also durch Erhebung der Wandelungsklage auch die Verjährung des Anspruchs auf Minderung, Schadensersatz wegen Nichterfüllung, Lieferung mangelfreier Ware unterbrochen und umgekehrt, mag auch die tatsächliche Lage der einzelnen Ansprüche verschieden sein; aber es unterbricht nicht die Wandelungsklage die Verjährung der Ansprüche, die aus einem anderen Mangel erhoben werden können; denn die unterbrechende Wirkung kann nur in dem Umfang Platz greifen, in dem die Rechtshängigkeit eingetreten war (BGH Betrieb 1957, 556; RG 78, 297; Hamm „Recht" 06 Nr. 447; vgl. oben Anm. 108). Des Anspruchs auf Lieferung einer mangelfreien Sache gedenkt zwar § 477 Abs. 3 BGB nicht; allein für eine verschiedene Behandlung des Anspruchs auf Lieferung einer mangelfreien Sache ist ein Grund nicht vorhanden (vgl. RG 53, 203). Nur dann würde der § 477 BGB ausscheiden, wenn der Verkäufer die abgelehnte Sache in dem Sinn zurückgenommen hat, daß damit der vor der Lieferung vorhandene Zustand wiederhergestellt wurde; dann ist der Anspruch nicht **Anm. 140** mehr ein Anspruch aus § 480 BGB, sondern ein Anspruch auf Vertragserfüllung (oben Anm. 94 u. 133).

Der Grundsatz, daß die Unterbrechung oder Hemmung der Verjährung einer der gedachten Ansprüche zugunsten aller dieser Ansprüche wirkt, gilt nicht für den Anspruch aus schuldhaft schlechter Vertragserfüllung (oben Anm. 100ff.). Denn der Anspruch aus schuldhaft schlechter Vertragserfüllung besteht grundsätzlich unabhängig von Gewährleistungsansprüchen und neben diesen (oben Anm. 104), so daß namentlich der Berechtigte in der Lage ist, mit einer tatsächlich erhobenen und zum Erfolg führenden Wandelungsklage einen zulässigen, aus einem Verschulden hergeleiteten Ersatzanspruch wegen eines infolge mangelhafter Sachbeschaffenheit erwachsenen Schadens zu verbinden (RG 93, 163; die ratio legis des § 477 Abs. 3 BGB greift hier also nicht durch). Auch gilt unsere Vorschrift nicht kraft ausdrücklicher Ausnahme in § 477 Abs. 1 BGB bei arglistigem Verschweigen und arglistiger Zusicherung (oben Anm. 133; unten Anm. 160). Nach dem Grundsatz, daß die Erhebung einer Gewährleistungsklage die Verjährung der anderen Gewährleistungsansprüche unterbricht, unterbricht eine Feststellungsklage, die auf Feststellung der Schadensersatzpflicht gerichtet ist, die Verjährung des Wandelungs- oder Minderungsanspruchs, nicht aber ein Antrag auf Abweisung einer Feststellungsklage oder -widerklage (oben Anm. 138). Die Verjährung aller Gewährleistungsansprüche wird nicht nur durch Erhebung der dem besonderen Anspruch entsprechenden besonderen Klage, sondern auch dann unterbrochen, wenn die Klage im wesentlichen den gleichen Zweck verfolgt und späterhin im Wege zulässiger oder zugelassener Klageänderung auf die eigentliche Gewährschaftsklage umgestellt wird (oben Anm. 138). Wird der Käufer mit der Schadensersatzklage wegen Nichterfüllung mangels des Beweises abgewiesen, daß die zugesicherte Eigenschaft schon zur Zeit des Vertragsschlusses gefehlt hat (§ 463 Satz 1 BGB), so war mit der Klage auch die Verjährung des Wandelungs- und des Minderungsanspruchs bis zur rechtskräftigen Entscheidung über den Schadensersatzanspruch unterbrochen (§ 211 BGB). — Daß die Einklagung eines Teils des Anspruchs die Verjährung nur für den eingeklagten Teil unterbricht, ist oben Anm. 138 ausführlich auseinandergesetzt; danach bestimmt sich auch der Einfluß auf die Unterbrechung oder Hemmung eines anderen Gewährleistungsanspruchs, wenn nicht die Unteilbarkeit eine Abweichung bedingt; denn bei Unteilbarkeit des anderen Gewährleistungsanspruchs (Wandelung!) müßte der Unterbrechungsakt diesen anderen Anspruch in seiner Ganzheit betreffen.

Kann nach dem Inhalt des Kaufvertrages zunächst nur Nachbesserung verlangt werden, ehe andere Gewährschaftsabsprüche zum Zuge kommen, so gilt § 639 Abs. 1 i. Vbdg. m. § 477 BGB entsprechend; die Erhebung der Klage auf Nachbesserung unterbricht also zugleich die Verjährung der sonstigen Gewährschaftsansprüche (BGHZ 39, 387 = LM § 477 BGB Nr. 6 = NJW 1963, 1452 = MDR 1963, 671 = BetrBer. 1963, 747 = Betrieb 1963, 898 [VDMA-Bedingungen]).

Anm. 141 ε) Die Vollendung der Verjährung bewirkt, daß der Anspruch weder klagend noch widerklagend geltend gemacht werden kann (§ 222 Abs. 1 BGB). Die **einredeweise** Geltendmachung des verjährten Anspruchs auf Wandelung und auf Preisminderung wird dagegen nach dem Vorgange des Art. 349 ADHGB (Prot. I 681, 703) gegenüber dem Anspruch des Verkäufers auf Zahlung des Kaufpreises zugelassen, wenn der Käufer vor Ablauf der Verjährung (unten Anm. 144) entweder den Mangel angezeigt oder wenigstens die Anzeige an den Verkäufer abgesendet oder Antrag auf Beweissicherung (Anh. zu § 379) gestellt oder in einem zwischen ihm und dem späteren Erwerber der Sache wegen des Mangels anhängigen Rechtsstreit dem Verkäufer den Streit verkündet hat (§ 478 Abs. 1 BGB); dabei müssen der angezeigte und der geltend gemachte Mangel identisch sein (RG 78, 297; LZ 1913, 853[21]). Diese Regel findet auf den Werklieferungsvertrag über nichtvertretbare Sachen entsprechende Anwendung (RG 87, 306 oben). In diesen Fällen darf der Käufer noch nach Vollendung der Verjährung die Zahlung insoweit verweigern, als er ohne die Verjährung die Wandelung oder die Preisminderung klageweise hätte geltend machen können. Diese Einreden bleiben auch dann erhalten, wenn seine Wandelungs- oder Preisminderungsklage wegen Verjährung rechtskräftig abgewiesen ist (über die Rechtslage, die durch Abweisung der Kaufpreisklage auf die Wandelungs- oder Preisminderungseinrede hin entsteht, s. oben Anm. 62ff.). Die Einreden bestehen auch gegenüber dem mit der Kaufpreisklage verbundenen Antrag auf Abnahme (vgl. Braunschweig OLGR 23, 29). Die einfache, formlose, dem § 377 HGB. entsprechende Mängelanzeige genügt zugleich den Erfordernissen des § 478 BGB, erhält also dem Käufer jedenfalls die Einreden. Daß der Käufer dem Verkäufer auch noch weiter zu erkennen geben müßte, daß er auf seine Rechte nicht verzichten wolle (wie Planck § 478 Erl. 3a; Staudinger[11] § 478 Bem. 7 verlangen), ist nicht zu fordern. Der Käufer kann die Mängelanzeige, durch die er sein Recht zur Zahlungsweigerung wahrt, an den Zessionar der Kaufpreisforderung richten (Kiel JW 1927, 2643[14]). — Die erfolgte Anzeige kann jederzeit zurückgenommen werden. Eine Zurücknahme liegt noch nicht in der Zurücknahme der Wandelungs- oder Preisminderungsklage (RG 59, 154). Die zurückgenommene Anzeige kann bis zum Ablauf der Verjährung wiederholt werden, weil die Anzeige wie alle übrigen in § 478 BGB aufgezählten Erhaltungsakte rein tatsächlicher Natur ist (a. M. Staudinger[11] § 478 Bem. 12). Nur dann ist eine Wiederholung der Anzeige ausgeschlossen, wenn ein Verzicht auf die Wirkungen der erfolgten Anzeige ausgesprochen und angenommen ist. Ein solcher Verzicht liegt in der vorbehaltslosen Zahlung des Kaufpreises nach erstatteter Mängelanzeige (vgl. Hamburg OLGR 12, 267).

Die Wirkung der erhaltenen Einreden äußert sich in dem Rechte **Anm. 141a**
auf Verweigerung der Zahlung, folglich auch in dem Recht auf Verweigerung der Abnahme (WarneyerKomm z. BGB[6] § 478 Fußnote 8; Braunschweig OLGR 23, 29). Diese Wirkung reicht nicht weiter, als der Käufer ohne die dazwischen getretene Verjährung auf Wandelung oder Preisminderung klagen könnte. Auf diesen Standpunkt muß sich der Käufer stellen, wenn es ihm auch nicht benommen ist, eine Feststellungsklage dahin zu erheben, daß jene Ansprüche erhalten seien und er nicht zu zahlen brauche (RG 74, 292). Der Verkäufer kann den Käufer mit Hilfe des § 466 BGB nötigen, eine Entschließung zu treffen. Wählt der Käufer die Wandelung, kann er aber die Kaufsache nicht zurückgeben, weil die Unmöglichkeit der Rückgabe von ihm verschuldet ist (oben Anm. 65 u. 71), so hat er auch die Einrede gegen die Kaufpreisklage verloren, weil die Rückgewährpflicht eine notwendig mit der Wandelung zusammenhängende Verpflichtung ist (oben Anm. 74). Hat der Käufer den Kaufpreis noch nicht bezahlt, so kann er auf Feststellung klagen, daß er den Kaufpreis nicht schulde (RG 74, 292). Hat er aber den Kaufpreis bezahlt, so bewendet es hierbei, auch wenn er — sei es vor, sei es nach der Zahlung — die einredeerhaltende Rechtshandlung des § 478 BGB vorgenommen hatte. § 813 Abs. 1 Satz 1 BGB steht nicht entgegen. Denn wo nicht einmal zurückgefordert werden kann, was zur Erfüllung einer verjährten Forderung geleistet worden ist (§ 222 Abs. 2 BGB, vgl. § 813 Abs. 1 Satz 2 BGB), kann ein Rückforderungsanspruch erst recht nicht anerkannt werden, wenn die befriedigte Forderung — hier die Kaufpreisforderung — selbst unverjährt und nur der Anspruch auf Aufhebung des Schuldverhältnisses verjährt war. Zum anderen stellt § 478 BGB eine Sonderregelung dar, die sich in den Zweck des § 477 BGB, möglichst bald klare Verhältnisse unter den Kaufvertragsschließenden zu schaffen, einfügen will: mehr als das dort normierte Einrederecht soll dem Käufer selbst bei rechtzeitiger Anzeige des Mangels usw. nicht gegeben sein. So RG **128**, 215 u. **144**, 94ff.; Hamburg OLGR 12, 266; Staudinger[11] § 478 Anm. 18; RGRKomm. § 478 Anm. 6; Oertmann § 478 Anm. 5c. Anders die 1. Auflage mit Planck § 813 Anm. 2c; Hamburg LZ 07, 234; Nürnberg BayZ 1912, 28 und Ritter „Recht“ 07, 225. Sie wollte den Rückgewähranspruch dann zubilligen, wenn die Zahlung erfolgt war, nachdem der Käufer durch eine Rechtshandlung gemäß § 478 BGB perpetuiert hatte. Hat andererseits der Käufer für den Kaufpreis ein Pfand gestellt oder eine Hypothek bestellt, so kann er nach Ablauf der Verjährung seiner Gewährleistungsansprüche, wenn er sich die Wandelungs- und Preisminderungseinrede nach § 478 BGB erhalten hat, auf Rückgabe des Pfandes oder auf Löschung der Hypothek klagen, weil sich der Verkäufer sonst im Besitz des Pfandes oder der Hypothek erhalten würde, obgleich der Geltendmachung dauernd die Einrede der Wandelung oder Preisminderung entgegenstand. Er würde sich weigern, eine Sicherheit aufzugeben, auf die er kein Recht hat (§§ 1169, 1254 BGB). Auf diesem Wege entstehen dann dieselben Wirkungen, wie wenn der Käufer auf Wandelung klagen dürfte; es wird aber nicht etwa

die Wandelung vollzogen durch ein infolge der Einrede ergehendes klageabweisendes Urteil.

Anm. 142 Der Anspruch auf Schadensersatz wegen Nichterfüllung würde — nach der allgemeinen Vorschrift des § 390 Satz 2 BGB — trotz Ablaufs der Verjährung zur Aufrechnung dann verwertet werden können, wenn er im Zeitpunkt der Aufrechnungslage noch nicht verjährt war. § 479 BGB schränkt diese Befugnis zu Lasten des Käufers ein. Die Aufrechnung bleibt „nur" insoweit, d. h. unter der weiteren Voraussetzung zulässig, als die Anzeige des Mangels (oben Anm. 141) oder eine gleichstehende Rechtshandlung (Antrag auf Beweissicherung, Streitverkündung) vor Ablauf der Verjährung erfolgt war. Eine weitere Einschränkung hat die Rechtsprechung aus dem Sinnzusammenhang des § 479 BGB entwickelt: die (durch die vorbezeichneten Handlungen über die Verjährung hinaus aufrechterhaltene) Aufrechnung findet, auch wenn im übrigen den Voraussetzungen des § 390 Satz 2 BGB genügt wäre, nur gegen Forderungen aus demselben Rechtsgeschäft, d. h. gegen die noch nicht getilgte Kaufpreisforderung einschließlich etwaiger Nebenforderungen, statt; die Aufrechnung gegen Forderungen aus anderen Geschäften ist ausgeschlossen (RG 56, 171; RG in SchlHAnz. 1937, 17; WarneyerRspr. 1914 Nr. 46; Hamburg OLGR 8, 73; RGRKomm.[11] § 479 Anm. 1; Enneccerus-Lehmann[15] § 111 IV Note 5; a. M. Kiel SeuffA 66, 6 u. SchlHolst-Anz. 1935, 125; Oertmann § 479 Anm. 2). Die Aufrechnung ist auch ausgeschlossen, wenn die Kaufpreisforderung in eine Darlehnsforderung umgewandelt wurde (RG bei Holdheim 1910, 218). Ist der Kaufpreis bezahlt, so kann der verjährte Anspruch des Käufers auf Rückzahlung nicht damit begründet werden, daß ein Anspruch auf Schadensersatz wegen Nichterfüllung gegen den Kaufpreis aufgerechnet und nun der Kaufpreis zurückgefordert werde; der Käufer hat auch nicht das Recht, die bereits gezahlten vertragsmäßigen Zinsen der durch die Aufrechnung getilgten Kaufpreisforderung wegen ungerechtfertigter Bereicherung zurückzufordern. Das oben Anm. 141a zur Anwendbarkeit des § 813 BGB Ausgeführte gilt für § 479 BGB entsprechend (RG 144, 94ff.). Die Aufrechnung ist zulässig, wenn der Anspruch aus einer anderen Teillieferung oder aus einer anderen Rate eines Sukzessivlieferungsvertrags stammt (a. M. Hamburg LZ 1919, 608[4]); denn der Vertrag ist eine Einheit; die Aufrechnung muß den ganzen Anspruch umfaßt haben. Sie ist ausnahmsweise auch dann zulässig, wenn der Käufer die Kaufsache wegen des aufgetauchten Fehlers beim Verkäufer mit besonderem Auftrag (Werkvertrag) in Reparatur gegeben hat und nunmehr gegen die Werklohnforderung aufgerechnet werden soll, weil hier der wirtschaftliche Zusammenhang evident ist; BGH LM § 633 BGB Nr. 6 = NJW 1961, 1254 = MDR 1961, 500 = BetrBer. 1961, 430.

Anm. 143 Der neben den Gewährleistungsansprüchen bestehende Schadensersatzanspruch wegen schuldhafter Lieferung einer mangelhaften Sache (oben Anm. 104) unterliegt denselben Verjährungsvorschriften wie diese (oben Anm. 134). Dieser Anspruch unterliegt aber auch, ebenso wie die Gewährleistungsansprüche, der soeben erwähnten Ausnahmevorschrift des § 479 BGB (RG 56, 171); denn er leitet seine Berechtigung aus derselben Grundlage her (oben Anm. 103). Es kann also nach eingetretener Verjährung ein Anspruch aus schuldhafter Schlechtlieferung nur dann zur Aufrechnung verwendet werden, wenn dieser Anspruch — bei dem im übrigen, wie in allen Fällen des § 479 BGB, die Voraussetzungen des § 390 Satz 2 BGB vorweg erfüllt sein müssen — aus demselben Kaufgeschäft herrührt und der Käufer vor vollendeter Verjährung eine der in § 478 BGB vorgeschriebenen Handlungen (Mängelanzeige usw.) vorgenommen hat (hierüber oben Anm. 141 u. 142).

Die Handlungen nach § 479 (§ 478) BGB sind nicht nötig, wenn der Verkäufer arglistig verfahren ist (unten Anm. 146).

Anm. 144 d) Der Beginn der Verjährung ist nach allgemeinen Grundsätzen nicht davon abhängig, daß der Anspruchsberechtigte seinen Anspruch oder auch nur die seinen Anspruch begründenden Tatsachen kennt. Hieraus ergibt sich, daß **Fehler, die erst nach Ablauf von sechs Monaten nach der Ablieferung entdeckt werden,** auch wenn sie schon früher vorhanden waren, kein Recht auf Gewährleistung geben, weder ein Recht zur Wandelung, noch ein Recht zur Preisminderung, noch ein Recht auf Schadensersatz wegen Nichterfüllung zugesicherter Eigenschaften, noch ein Recht auf Lieferung mangelfreier Ware. Denn alle diese Rechte verjähren in sechs Monaten und können nach Ablauf der Verjährung auch einrede- oder aufrechnungsweise nur geltend gemacht werden, wenn sie vorher angezeigt waren. Auch dann kann gemäß § 479 BGB nach vollendeter Verjährung nur noch gegen Forderungen aus demselben Kaufgeschäft aufgerechnet werden (RG im SchlHAnz. 1937, 17). Ob die frühere Anzeige deshalb nicht möglich war, weil der Fehler vorher nicht entdeckt wurde oder nicht zu entdecken war (BGH BetrBer. 1956, 447), ob die Fehler offene oder heimliche oder beim Abschluß schon im Keime vorhanden waren, ob den Käufer eine Versäumnis trifft oder nicht, ob zur Zeit der Ablieferung eine Untersuchung nicht möglich war, oder ob die Ware vereinbarungsgemäß erst am Bestimmungsort zu untersuchen war, ist gleichgültig (WarneyerRspr. 1911 Nr. 369; Hamburg LZ 09, 704[4]; vgl. JW 1912, 1105[5]; a. M. Blume IheringsJ 55, 209); es kann also der Anspruch verjährt sein, obgleich die Frist zur Mängelrüge noch nicht abgelaufen ist (JW 1907, 138[19]). So läßt sich z. B. bei Maschinen regelmäßig erst nach Ablauf einer gewissen Zeit nach der Ablieferung ein bestimmtes Ergebnis mit Sicherheit feststellen. Trotzdem beginnt die Verjährung mit der Ablieferung (JW 03, 244[26]; oben Anm. 137). Jedoch gehört bei Maschinen zur Ablieferung die Vollendung der Montierung und eine entsprechende Kundgabe an den Käufer (WarneyerRspr. 1908 Nr. 504; oben Anm. 16). Härten kann unter Umständen eine verständige Vertragsauslegung dahin begegnen, daß die Parteien die Verjährung erst mit dem Augenblick beginnen lassen wollten, in dem die Entdeckung des Fehlers bei ordnungsmäßigem Geschäftsgang möglich war (unten Anm. 148ff.). Ein Zurückgreifen auf die Anfechtung wegen Irrtums hinsichtlich solcher erst nach Ablauf der Verjährung entdeckter Gewährleistungsfehler ist nicht zulässig (oben Anm. 55).

Eine Ausnahme von Vorstehendem ist auch nicht in den Fällen zu machen, wo ein Anspruch aus positiver Vertragsverletzung darauf gegründet wird, daß durch verborgene Mängel der Kaufsache beim Käufer verursachte Schäden erst von weiter hinzugetretenen Umständen vermittelt oder als ausgesprochene Spätfolgen erscheinen. Beispiele: Ein bei Kaufabschluß vorgelegtes hochtönendes Gutachten über die Ware veranlaßt den Käufer zu Reklamemaßnahmen, die ihn nach Jahresfrist in verlustreiche Wettbewerbsprozesse verwickeln; die Herkunft der für die Werkskantine des Käufers erworbenen Lebensmittel aus einem strahlenverseuchten Bezirk ruft bei der Belegschaft nach Ablauf der Gewährschaftsverjährung schwere gesundheitliche Schäden hervor. Es könnte naheliegen, die Grundsätze anzuwenden, die das Reichsgericht hier im Werkvertragsrecht hat durchgreifen lassen. Es hat in solchen Fällen die 30jährige Verjährung gegeben, die dem § 477 BGB entsprechende kurze Verjährung des § 638 BGB nach der ratio legis jedoch nur da anerkannt, wo die schädigenden Folgen dem schlecht erstellten Werk unmittelbar entfließen, insbesondere mit seiner Ingebrauchnahme unmittelbar sich einstellen (vgl. RG 71, 174 u. 93, 160; auch LZ 1916, 1362 einerseits; RG 64, 43 u. 115, 125 [ähnlich Celle BetrBer. 1958, 1221] für Kausal-Mittelglieder, WarneyerRspr. 1920 Nr. 33 für Spätfolgen andererseits). Dennoch wird man die — in der 1. Auflage angedeutete — Parallele abzulehnen haben. Kauf ist reiner Güterumsatz. Werkvertrag dagegen ist Arbeitsvertrag, dem das Vertrauen in die Zuverlässigkeit des Unternehmers wesentlich ist, gerade weil die Solidität des Werkstücks durch die darin eingegangene individuelle Arbeit bestimmt wird und deren Qualität für den Besteller kaum je voll einsichtig ist. Hier sind die Risiken verborgener Mängel in der Tat größer; dem ist für den Bereich der positiven Vertragsverletzung in geeigneten Fällen Rechnung zu tragen. Der Kauf, vor allem der Handelskauf, verlangt dagegen zügige Regulierung und straffe Verjährungsfristen. Das dem Werkvertrag vergleichbare Risiko kann durch Allgemeine Geschäftsbedingungen von vornherein verteilt werden und wird meist vom Käufer übernommen. Im übrigen ist weithin die konkurrierende Haftung aus unerlaubter Handlung gegeben; dort beginnt die (dreijährige) Verjährung erst mit der Kenntnis des Verletzten von dem Schaden und der Person des Ersatzpflichtigen, § 852 BGB.

e) **Die Verjährung ist nicht von Amts wegen zu berücksichtigen.** Die Verjährung berechtigt nur zur Verweigerung der Leistung und muß als Einrede vorgeschützt werden (§ 222 Abs. 1 BGB). Es genügt indessen, daß die Partei irgendwie zu erkennen gibt, sie wolle sich auf die Verjährung berufen (WarneyerRspr. 1934 Nr. 34). Ist die Einrede aber einmal vorgeschützt, so ist die Verjährung nunmehr von Amts wegen auf Grund des vorgetragenen Sachverhalts, nötigenfalls durch Ausübung des **Anm. 145**

Fragerechts, aufzuklären, auf ihre Voraussetzungen und Vollendung, also auch auf etwaige Hemmungs- und Unterbrechungsgründe, zu prüfen (vgl. JW 08, 192[4]).

Anm. 146 f) **Die Verjährungsvorschriften greifen nicht Platz, wenn der Verkäufer den Mangel arglistig verschwiegen oder Eigenschaften oder die Abwesenheit von Fehlern arglistig vorgespiegelt hat** (unten Anm. 160). Dann fällt also die kurze Verjährung fort, und ebenso bestehen die Einreden fort, auch wenn der Käufer den Mangel weder angezeigt noch durch den Antrag auf Sicherung des Beweises oder durch Streitverkündung dem Käufer gegenüber innerhalb der Verjährungsfrist geltend gemacht hat (§§ 477 Abs. 1, 478 Abs. 2, 480 BGB; RG 66, 338; 55, 215); auch bedarf der Käufer der ihm das Recht der Aufrechnung (oben Anm. 142) erhaltenden Handlungen nicht (§ 479 Satz 2 BGB). Alles dies gilt auch in Fällen arglistig mangelhafter Vertragserfüllung (oben Anm. 143). Der eingangs wiedergegebene Rechtssatz ist zwingend, so daß ihn der inländische Richter auch dann anzuwenden hat, wenn das Rechtsverhältnis nach ausländischem Recht zu beurteilen ist (Art. 30 EG BGB; RG 46, 196. Über den Begriff des arglistigen Verschweigens s. unten Anm. 156ff.). Aus dieser Behandlung des arglistigen Verschweigens ergibt sich die Eigentümlichkeit, daß die Verjährung hier die ordentliche dreißigjährige ist (§§ 477, 195 BGB), die nach § 198 BGB mit der Entstehung des Anspruchs, also mit der Fälligkeit und Klagbarkeit, d. i. mit Vertragsschluß (WarneyerRspr. 1919 Nr. 30; vgl. oben Anm. 55), beginnt, während derselbe Anspruch, wenn er als unerlaubte Handlung geltend gemacht wird, der dreijährigen Verjährung nach § 852 BGB unterliegt, gerechnet von dem Zeitpunkt, in dem der Verletzte von dem Schaden und der Person des Ersatzpflichtigen Kenntnis erlangt hat (RG 66, 87). Die angezogenen Gesetzesstellen (§§ 477 Abs. 1, 478 Abs. 2, 479 Satz 2, 480 BGB) geben diese Ausnahmestellung nur arglistigem Verschweigen. Allein arglistigem Verschweigen muß arglistige Zusicherung und arglistige Vorspiegelung (oben Anm. 86; unten Anm. 160) auch hinsichtlich der Verjährung gleichbehandelt werden (WarneyerRspr. 1914 Nr. 180; JW 1911, 809[13]). Die Verjährung von 30 Jahren wegen arglistigen Verschweigens und arglistiger Vorspiegelung bezieht sich nur auf den bestimmten verschwiegenen Mangel, auf die bestimmte vorgespiegelte Eigenschaft. Sie gilt nicht für andere Mängel und andere Eigenschaften. Denn wegen jedes einzelnen Mangels entsteht ein selbständiger Anspruch, der seiner eigenen Verjährung folgt.

Anm. 147 g) **Die Verjährungseinrede und die sog. Einrede der Arglist** oder richtiger: **der unerlaubten Rechtsausübung oder Rechtsausnützung** (s. Gadow, Die Einrede der Arglist, IheringsJahrb. Bd. 84 S. 174ff.). Die Einrede der unerlaubten Rechtsausnützung ist begründet, wenn sich der Schuldner durch wahrheitswidrige Angaben, Versprechen, Hinausziehen von Verhandlungen vorsätzlich vom Gläubiger hat abhalten lassen, von der Einrede der Verjährung Gebrauch zu machen (RG 64, 222; vgl. RG 128, 212). Die Einrede ist auch dann begründet, wenn umgekehrt der Schuldner den Gläubiger veranlaßt hat, von Unterbrechungshandlungen Abstand zu nehmen, ohne daß der Schuldner dabei gerade an die Verjährung und deren Verhinderung gedacht zu haben braucht (RG 115, 135; 78, 133; JW 1919, 103[2]; WarneyerRspr. 1930 Nr. 210). Alles dies erfordert verständige Beurteilung. Das bloße Einverständnis mit einer Vertagung genügt zur Begründung der Einrede der unerlaubten Rechtsausnützung nie (RG 73, 396; JW 1913, 485[5]). Die Frage, ob dieses arglistige Verhalten, das von der gerichtlichen Geltendmachung des Anspruchs während der Verjährungszeit abgehalten hat, als ein gegen die guten Sitten verstoßendes sich darstellen muß (so RG 64, 223; nicht deutlich RG 78, 133), oder ob ein gegen Treu und Glauben verstoßendes arglistiges Verhalten genügt (so LZ 08, 59[1]; Holdheim 08, 57; unentschieden RG 60, 392; 57, 376), ist in letzterem Sinne zu beantworten (RG 87, 283). In JW 1919, 103[2] werden beide Gesichtspunkte verbunden. Die Einrede der unerlaubten Rechtsausnützung greift nicht Platz, wenn nur ein Nichtweiterbetreiben des Rechtsstreits bis zur Erledigung eines anderen Rechtsstreits vereinbart ist; denn diese Vereinbarung hindert das Unterbrechen der Verjährung durch neue Ladung nicht (RG 73, 396). Die Einrede der unerlaubten Rechtsausnützung verjährt nicht wieder ihrerseits; sie läßt die Verjährungseinrede gar nicht zur Entstehung gelangen. Nach Aufhören der Abhaltungsgründe ist dem, der sich auf die Einrede der unerlaubten Rechtsausnützung berufen will, noch eine angemessene Frist zur Erhebung seines Anspruchs zu gewähren (RG 128, 214; 115, 139; BGH NJW 1959, 96).

h) Die **Beweislast** für die eingetretene Verjährung trifft den, der die Einrede vorschützt; er muß nicht nur den Zeitpunkt des Beginns und den Ablauf der Verjährungszeit darlegen, sondern auch den Beweis erbringen. Zu diesem Beweis gehört auch der Beweis des Augenblicks der Entstehung des Anspruchs (Holder LZ 09, 601; 07, 529ff.; Meyer „Recht“ 09, 242 u. 26) und der Ablieferung der Ware. Denn nur, wenn seine darüber aufgestellten Behauptungen richtig sind, braucht er nicht zu erfüllen (a. M. Stölzel „Recht“ 02, 573). Die Unterbrechung und Hemmung der Verjährung hat danach gleichfalls der zu beweisen, der sich darauf beruft (vgl. oben Anm. 145). **Anm. 147a**

i) **Vertragliche Abreden über die Verjährung.** **Anm. 148**

Auch die Verjährungsfrist kann vertraglich geändert werden. Ihr Beginn kann auf einen früheren Zeitpunkt oder auf einen späteren Zeitpunkt als den der Ablieferung oder Übergabe verlegt werden (folg. Anm.). Sie kann durch Vertrag verkürzt und erleichtert (§ 225 Satz 2 BGB; a. M. Oertmann § 477 Bem. 5b wegen § 477 Abs. 1 Satz 2), aber auch verlängert (§ 477 Abs. 1 Satz 2 BGB; Beispiel in Vorbem. 2 sub A, 11), jedoch nicht in ihren sachlichen Voraussetzungen erschwert und auch nicht völlig ausgeschlossen werden (§ 225 Satz 1 BGB). Das Verbot der Erschwerung und des Ausschlusses der Verjährung (unten Anm. 190 u. 192) ist zwingend (RG 79, 269), so daß es sogar gegen den Zweck des deutschen Rechts verstoßen würde, wenn ausländisches Recht die Verjährbarkeit von Forderungsansprüchen völlig ausschließen wollte (Anh. zu § 372 Anm. 11). Die kurze Verjährung freilich kann völlig beseitigt werden mit der Folge, daß die gewöhnliche Verjährung von 30 Jahren nach § 195 BGB an deren Stelle tritt. Dies ist noch nicht der Fall, wenn der Verkäufer die vom Käufer zur Verfügung gestellte Ware zurücknimmt und der Käufer auf Lieferung einer mangelfreien Sache besteht; das ist nur der Ersatzanspruch des § 480 Abs. 1 BGB und noch nicht notwendig die vertragsmäßige Verpflichtung zur Lieferung einer anderen Sache (LZ 1920, 483[3]). Wenn aber die Zurücknahme der zurückgewiesenen Ware in dem Sinne erfolgt, daß die Lieferung als überhaupt nicht geschehen gilt, die Ablieferung also gar nicht stattgefunden hat, ein Erfüllungsgeschäft gar nicht vorhanden war, so greift die dreißigjährige Verjährung Platz (RG 96, 170; 93, 98; oben Anm. 135). Eine Verlängerung über die ordentliche Verjährung von 30 Jahren hinaus ist nicht statthaft, weil § 225 Satz 2 nur Erleichterungen und § 477 Abs. 1 Satz 2 BGB nur eine Verlängerung der kurzen Fristen zuläßt (Staudinger[11] § 477 Bem. 20; Planck[4] § 477 Erl. 5, auch § 638 Erl. 5a).

Vereinbarungen über die Verjährung gelten dann nicht, wenn der Verkäufer den Mangel arglistig verschwiegen oder arglistig Eigenschaften (oben Anm. 88, 149b, 160) vorgespiegelt hat; es findet hier die ordentliche Verjährung statt. S. auch unten Anm. 174.

aa) Ist eine Abkürzung der Frist vereinbart, so wird häufig eine Ausschlußfrist und nicht eine Abkürzung der Verjährungsfrist gewollt sein. Bei Zeitkäufen von Wertpapieren enthalten z. B. die Bedingungen häufig die Bestimmung, daß die Geltendmachung der Rechte aus dem Geschäft innerhalb eines gewissen kurz bemessenen Zeitraums gerichtlich zu erfolgen hat; hier ist eine Ausschlußfrist gesetzt (unten Anm. 193). Mit ihrem Ablauf erlöschen alle Rechte ohne weiteres. Daher ist ein nach Fristablauf erklärter Verzicht auf die Frist gegenstandslos (vgl. oben Anm. 145). Die Verzichtserklärung kann aber die äußere Form zur Neubegründung eines Vertragsverhältnisses bilden. **Anm. 149**

bb) Die Verlängerung der Frist (häufig als Garantieleistung bezeichnet; doch können auch Garantiefrist und Verjährungsfrist nebeneinander herlaufen, s. RG 128, 213) ist in einer doppelten Weise möglich. **Anm. 150**

Es kann vereinbart sein, daß der Beginn der Verjährung hinausgeschoben werden soll, so daß die Verjährung ihren Lauf erst mit Eintritt eines gewissen künftigen Ereignisses nehme (LZ 1914, 943[8]; 1913, 935[7]), beispielsweise erst mit der Entdeckung des Mangels (RG 65, 121) oder mit dem Eintreffen der Ware an einem überseeischen Bestimmungsort (RG 62, 433) oder erst mit Feststellung der Betriebsfähigkeit der gekauften Maschinen (vgl. WarneyerRspr. 1908 Nr. 504). Wenn die Parteien in

Verhandlungen über die Annahmefähigkeit der Ware oder über Ersatzlieferung eingetreten sind, oder wenn die Parteien vereinbart haben, daß die Ware erst als abgeliefert zu gelten habe, wenn sie als vertragsmäßig angenommen sein werde, so ist der Beginn der Verjährung hinausgeschoben. Im Verzicht auf den Einwand verspäteter Mängelrüge (oben Anm. 35) und in dem Umstand der sich verlängernden Rügefrist (oben Anm. 32), z. B. dadurch, daß der Käufer längere Zeit an der Untersuchung der Ware verhindert war (WarneyerRspr. 1911 Nr. 369; oben Anm. 137 u. 144), oder dadurch, daß die Untersuchungspflicht an einen andern Ort als den Ablieferungsort verlegt worden ist (LZ 1907, 289[7]), ist ein Hinausschieben des Beginns der Verjährung nicht ohne weiteres enthalten. Denn die Verjährung nimmt ihren Lauf mit der Ablieferung, wenn die Parteien nicht unzweideutig anderes bestimmen, und nicht ein aufschiebend bedingtes Rechtsgeschäft vorliegt (oben Anm. 137). Nicht zugestimmt werden kann daher der vom BGH in BetrBer. 1953, 186 geäußerten Auffassung, mit der vertraglichen Hinausschiebung der Pflicht zur Untersuchung der Ware am Ablieferungsort verschiebe sich ohne weiteres auch der Beginn der Verjährung. Die Materialien zu § 477 BGB, auf die allein der BGH sich beruft, geben für die hier entscheidende, in § 377 HGB gründende Frage nichts her; zudem ist nicht recht einzusehen, warum der Verkäufer, wenn er dem Käufer schon eine Verlängerung der Untersuchungs- und Rügefrist konzediert, damit automatisch auch noch den Nachteil einer längeren Verjährung in Kauf nehmen wolle und solle. Ein Hinausschieben des Verjährungsbeginns liegt hingegen konkludent in der Vereinbarung, daß der Käufer in den Stand gesetzt werden solle, unter Mitwirkung des Verkäufers, sich genau über das Vorhandensein der zugesicherten Eigenschaften der Ware zu vergewissern, z. B. durch vereinbarte Probevorführung der gekauften Maschine; die Verjährung beginnt alsdann nicht vor Durchführung einer solchen Maßnahme: Jena SeuffA 67, 190. Hat der Verkäufer eines Kraftwagens vor der Versendung unterlassen, den Kühler zu leeren, wodurch Motor und Kühler durch Frost gesprengt wurden, und hat der Käufer an Stelle des Verkäufers die von diesem zugesagte Ausbesserung des Frostschadens selbst ausführen lassen, so beginnt die Verjährungsfrist erst von der Beseitigung der Mängel an zu laufen (RG in DJZ 1925, 1507). Eine stillschweigende Vereinbarung über das Hinausschieben des Verjährungsbeginns ist ferner beim Arbitrageverfahren (oben Anm. 32) anzunehmen, und zwar hier in dem Sinne, daß die Verjährung erst von Bekanntgabe des Spruchs der Arbitratoren laufen solle. Denn erst in diesem Augenblick erfahren die Parteien, ob und welche Ansprüche sie erheben können. In solchen Vereinbarungen liegt ein beschränkter Verzicht auf die Verjährung, der trotz § 225 BGB angesichts des § 477 Abs. 1 Satz 2 BGB zulässig ist. Ebenso liegt häufig die Sache, wenn ein Geschäftsverkauf unter Zusicherung eines gewissen Umsatzes oder Ertrags im Augenblick des Kaufs abgeschlossen ist (vgl. oben Anm. 5, 42 u. 136), oder wenn die nur durch langwierige Nachprüfung festzustellende Echtheit von Kunstwerken, Altertümern, Münzsammlungen gewährleistet wurde, oder wenn bei einem Hengst Zuchttauglichkeit zugesichert wurde, deren Vorhandensein sich erst nach Ablauf einer gewissen Zeit feststellen läßt (JW 1914, 589[6]).

Die andere Möglichkeit, die Verjährung zu verlängern, besteht darin, daß nicht der Beginn der Verjährung hinausgeschoben, sondern die sechsmonatige Verjährungsfrist um einen gewissen Zeitraum verlängert wird. Beim Indentgeschäft (§ 383 Anm. 43) ist eine Verlängerung in dieser Art mitunter stillschweigend vereinbart, so daß die Verjährung um den Zeitraum der Ablieferung bis zum Eintreffen der Ware am überseeischen Bestimmungsort verlängert ist. Die Verlängerung kann nicht über die ordentliche Verjährungszeit von 30 Jahren ausgedehnt werden, obgleich ein Zusatz, der dies aussprechen sollte, von der Kommission absichtlich gestrichen worden ist. Das Aufgeben dieser Einschränkung würde dem gesetzgeberischen Grund der Verjährung widersprechen, und man käme zu einem Ausschluß der Verjährung, da sich der Schuldner dem Gläubiger regelmäßig fügen muß (oben Anm. 148; WarneyerRspr. 1914 Nr. 11; Staudinger[11] § 477 Bem. 20; so jetzt auch Planck[4] § 477 Anm. 5 und § 638 Anm. 5a).

Ist bei der Verlängerung der Verjährungsfrist kein bestimmter Zeitraum vorgesehen, so ist die ordentliche Verjährungsfrist von 30 Jahren (§ 195 BGB) an Stelle der kurzen Verjährung des § 477 als gewollt anzunehmen (JW 05, 200[3]; vgl. oben Anm. 148).

cc) Eine Hemmung des Laufs der Verjährung kann gleichfalls vereinbart werden (§ 202 BGB), obgleich dadurch die Verjährung mittelbar erschwert wird und eine Erschwerung der Verjährung nach § 225 Satz 1 BGB nicht statthaft ist. Hierher zählt nicht nur die in § 202 BGB erwähnte nachträgliche Stundungsvereinbarung, sondern auch die nachträgliche Einigung über eine schiedsgerichtliche Erledigung des Streits. In dem Abschluß eines Schiedsvertrags liegt die stillschweigende Vereinbarung, daß die während des schiedsgerichtlichen Verfahrens verlaufende Zeit nicht auf die Verjährungsfrist, die ja ihren Lauf schon begonnen hat, angerechnet werden solle (§ 205 BGB). Der Verpflichtete ist während dieser Zeit (vorübergehend) zur Verweigerung seiner Leistung berechtigt. Das gleiche muß sinngemäß für das Verfahren auf Grund eines Schiedsgutachtervertrages gelten, der zur Beilegung von aufgetretenen Meinungsverschiedenheiten abgeschlossen worden ist. Es ist dies ein anderer Fall als der oben Anm. 150 erwähnte, in dem kraft Abrede im voraus die Verjährung erst mit Erlassung des Schiedsspruchs der Arbitratoren beginnen soll. Ähnlich kann durch die Vereinbarung eines Nachbesserungsrechts unter Umständen eine Hemmung der Verjährung bewirkt werden; hierüber unten Anm. 155. Es kann auch eine Unterbrechung der Verjährung derart vereinbart werden, daß nach Beendigung der Unterbrechung, z. B. nach völliger Beendigung von Vergleichsverhandlungen, von neuem die kurze Verjährungsfrist beginnen solle (vgl. oben Anm. 150). **Anm. 151**

dd) Die Bestimmung des § 478 BGB über die Unverjährbarkeit der Einrede kann ebenfalls ausdrücklich und stillschweigend geändert, erschwert und erleichtert werden. In der Vereinbarung, daß die Verjährung nicht laufen solle, bis dem Käufer die Möglichkeit der Untersuchung gegeben sei (oben Anm. 150), liegt auch die Hinausschiebung der nach § 478 BGB zu erstattenden Anzeige. Erschwerungen zum Nachteil des Käufers können nicht geltend gemacht werden, wenn der Verkäufer den Mangel arglistig verschwiegen hat. **Anm. 152**

ee) Ein im voraus erklärter völliger Verzicht auf die Verjährung wie Vereinbarungen über Erschwerung der Verjährung sind unzulässig (oben Anm. 148). Wohl aber kann auf die kurze Verjährung des § 477 BGB ausdrücklich oder stillschweigend verzichtet werden, so daß an Stelle der sechs Monate die regelmäßige Verjährungszeit von 30 Jahren nach § 195 BGB tritt (vgl. JW 05, 200[3]). Dieser Fall ist gegeben, wenn nach der betriebsfähigen Aufstellung der Maschine erst noch eine endgültige Abnahme nachfolgen und auch dann noch die Rechte wegen nachher hervortretender Mängel erhalten bleiben sollen (ROHG 23, 91). Nach Ablauf der Verjährung kann jederzeit wirksam auf die Rechte aus der erwachsenen Einrede verzichtet werden. Ein solcher Verzicht liegt nicht schon in der Erklärung des Käufers gegenüber dem Verkäufer, er werde ihm wegen der Deckung ehestens näherkommen (das ist bloße Redensart; Holdheim 1913, 277), noch im Nichtvorbringen der Einrede trotz Kenntnis von der vollendeten Verjährung. Einen Verzicht enthält allerdings das Nichtvorbringen der Einrede während des Rechtsstreits (oben Anm. 145). Ist die Einrede vorgeschützt, so kann ihr der Gläubiger auf doppelte Weise begegnen, je nachdem, ob der Schuldner von der Vollendung der Verjährung Kenntnis hatte oder nicht. Er kann beweisen, es habe der Schuldner nach vollendeter Verjährung in Kenntnis dieser Tatsache auf die Rechte aus der Einrede ausdrücklich oder stillschweigend, also formlos, verzichtet. Es genügt, wenn der Schuldner den wirklichen Willen, auf die Einrede zu verzichten, unzweideutig zum Ausdruck gebracht hat. Eine solche, eine Verzichtserklärung enthaltende Handlung liegt in jedem Verhalten des Schuldners, das mit Sicherheit als eine Bestätigung des als verjährt erkannten Anspruchs anzusehen ist, wie z. B. Zinszahlung, Teilzahlung, Schuldumwandlung u. dgl. (oben Anm. 138a). Fehlt es an der Kenntnis des Verpflichteten von der Vollendung der Verjährung, so genügt ein solches Verhalten zur Beseitigung der Einrede der Verjährung nicht. Nun muß der Gläubiger einen Anerkenntnisvertrag im Sinne des § 781 BGB (§ 222 Abs. 2 Satz 2 BGB; RG 78, 163 u. 130; WarneyerRspr. 1915 Nr. 104) oder, was dem gleichsteht, ein abstraktes Schuldversprechen nach § 780 BGB nachweisen. Ein derartiges abstraktes Anerkenntnis oder Versprechen bedarf jedoch mindestens der Schriftform; nur ausnahmsweise tritt Formfreiheit ein, **Anm. 153** wenn nämlich das Anerkenntnis oder Versprechen ein Handelsgeschäft auf seiten des Schuldners ist oder auf Grund eines Vergleichs oder einer Abrechnung oder im Anerkenntnis eines Kontokorrentsaldos erteilt wurde (über dies alles § 350 Anm. 19 u. 20). Endlich kann das in Unkenntnis der Verjährung freiwillig Geleistete, also nicht im Vollstreckungsweg Erzwungene, nicht zurückgefordert werden (§§ 222 Abs. 2 Satz 1, 813 Abs. 1 BGB). Dasselbe gilt kraft besonderer Bestimmung des § 222 Abs. 2 Satz 2 BGB von einer Sicherheitsleistung des Verpflichteten.

Anm. 154 8. **Anhang: Übernahme einer Eigenschaftsgarantie. Garantiefristen.**

Literatur: Stötter, Garantie im Kaufrecht, Betrieb 1965, 1275; Tengelmann, Gewährleistung und Garantie und deren Fristen beim Kauf, NJW 1966, 2195.

Die **Garantieübernahme für die fortdauernde Beschaffenheit** des verkauften Gegenstandes ohne zeitliche Begrenzung, also **auf unbestimmte Zeit,** würde an sich zu einem unstatthaften Verzicht auf die Verjährung hinauslaufen (oben Anm. 148). Da die Parteien aber nichts Unverständiges gewollt haben werden, so muß eine verständige Auslegung den Sinn des Gewollten ermitteln. Daher sind allgemein gehaltene Garantieerklärungen bloße Redensarten; denn Garantieübernahmen müssen einen rechtlich faßbaren bestimmten Inhalt haben (oben Anm. 43 u. 48). Die Übernahme „voller Garantie" für die zugesicherte Eigenschaft ist nicht ein Hinausschieben des Verjährungsbeginns, sondern eine verstärkte Zusicherung einer Eigenschaft (RG „Recht" 07 Nr. 1806; vgl. oben Anm. 48), ebenso ist die Zusage „die Ware hält sich 3—5 Jahre" Zusicherung einer Eigenschaft (Hamburg LZ 09, 704[4]). Das Versprechen, etwa sich als schlecht herausstellende Konservendosen jederzeit zurückzunehmen, läßt nicht die Verlängerung der Verjährungsfrist erkennen (Hamburg OLGR 16, 406). „Garantiert unverwüstlich" ist nur eine beruhigende Redewendung hinsichtlich der Preiswürdigung. Über solche Garantiezusagen überhaupt s. oben Anm. 34, 43 u. 48, 136. Da der Begriff der Garantieleistung kein feststehender ist, kommt es immer darauf an, welchen Sinn die Parteien mit einer Garantieübernahme verbunden haben (Mot. II 240). Um aber Mißverständnisse zu vermeiden, muß von vornherein unterschieden werden zwischen dem selbständigen Garantievertrag mit seiner dreißigjährigen Verjährung (oben Anm. 48 u. 133) und der unselbständigen Garantiezusage mit der kurzen Verjährung des Geschäfts, von dem sie ein Teil ist; über diese Unterscheidung s. § 349 Anm. 91 ff. und oben Anm. 34, 48, 136. Es ist nicht ausgeschlossen, daß die Parteien durch die Vereinbarung einer Garantieleistung ohne Angabe der Zeitdauer die dreißigjährige Verjährung des § 195 BGB von der Entdeckung der Mängel an laufen lassen wollten (JW 05, 200[3]), in welchem Falle § 242 BGB besondere Bedeutung gewinnt; denn eine zeitlich unbegrenzte oder allgemein gehaltene Garantie schiebt den Beginn der Verjährung an sich nicht hinaus (WarneyerKomm. z. BGB[6] § 477 V a.E.). Aber damit ist der Käufer — wie allgemein bei bloßer Verlängerung der Verjährungsfrist — nicht der unverzüglichen Untersuchung und Mängelrüge enthoben.

Ist die Garantie für eine **bestimmte Zeit** übernommen, so kann allerdings ein Garantievertrag abgeschlossen sein (oben Anm. 48; § 349 Anm. 91). Ein solcher ist denkbar in dem Sinne, daß damit die Haftung für künftige Eigenschaften übernommen wird, die bei Gefahrübergang noch nicht vorhanden sein, sondern sich binnen der Garantiefrist erst entwickeln sollen, oder für die Freiheit von Mängeln, die sich erst nach Gefahrübergang bis zum Ablauf der Garantiefrist einstellen könnten, oder als Garantie gegen den Fortfall der garantierten Eigenschaften, unabhängig davon, ob deren Vorhandensein auf den Zeitpunkt des Gefahrübergangs feststellbar ist oder ob ihr späteres Verschwinden in der damaligen Sachbeschaffenheit bereits angelegt gewesen war: wie dies z. B. bei der sog. Haltbarkeitsgarantie der Fall sein kann — nicht muß —; BGH BetrBer. 1962, 234 = Betrieb 1962, 367. Auf diesen Fall finden weder die Rügerechtsvorschriften des § 377 Anwendung (§ 349 Anm. 93), noch die Verjährungsvorschriften des § 477 BGB. Vielmehr gilt die ordentliche Verjährung (BGH wie vor; vgl. Prot. z. BGB II. Komm. S. 1420; Mugdan II 682; vgl. oben Anm. 48 u. 133), wenn nicht der Sinn der Vereinbarung dahin geht, daß zwar die kurze Verjährung gegeben sein, diese aber erst nach Ablauf der Garantiefrist beginnen solle (Warneyer-Komm. z. BGB[6] § 477 Fußnote 24; Posen OLGR 38, 120). Die zweite Möglichkeit ist die, daß nur die Rügefrist durch Vertrag festgelegt werden sollte (oben Anm. 34). Die dritte Möglichkeit endlich ist die, daß lediglich die gesetzliche Sachmängelgewähr für die „garantierte“, d. h. zugesicherte Eigenschaft bis zum Ende der Frist erstreckt, d. h. die Erhaltung der Vertragsmäßigkeit in dem Zustand gewährleistet werden soll, in dem die Ware sich im Augenblick des Gefahrübergangs befinde, daß also die Vertragsmäßigkeit der Ware so lange vorhalte (München in HRR. 1940 Nr. 151). Diese dritte Möglichkeit ist die dem Kaufmann am nächsten liegende; sie ist daher im Zweifel als gewollt zu unterstellen nach §§ 157, 242 BGB, § 346. Es handelt sich alsdann um eine unselbständige Garantie, nämlich um die Zusicherung einer Eigenschaft, die das Charakteristikum hat, von längerer Dauer zu sein, nachdem sie bei Gefahrübergang vertragsgemäß vorhanden gewesen ist.

Was nun für den letztgenannten Fall die Verjährung anlangt, so sind drei vertragliche Gestaltungen denkbar. Die Garantiefrist kann entweder gleich der Verjährungsfrist sein, oder kürzer, oder länger als diese (vgl. auch oben Anm. 148ff.).

Wenn die Garantiefrist gleich der gesetzlichen Verjährungsfrist ist, so haben die Parteien im Zweifel nicht bestimmt, daß der Beginn der Verjährung hinausgeschoben werde, sondern es insoweit dabei bewenden lassen wollen, daß die Verjährung nach der gesetzlichen Vorschrift mit der Ablieferung beginnen solle (RG 128, 213; oben Anm. 137). Die Garantiefristvereinbarung besagt alsdann eben nur dies, der Käufer hafte nicht allein für die Vertragsmäßigkeit der Ware zur Zeit des Gefahrübergangs, sondern darüber hinaus auch noch dafür, daß die Ware bis zum Ablauf von sechs Monaten keine Gewährmängel zeigt (RG 91, 306). Im Zweifel zielt die Garantie also nur auf den Stichzeitpunkt für die Gewährleistung, indem sie ihn durch einen mit der gesetzlichen Verjährungsfrist sich deckenden Stichzeitraum ersetzt: der Käufer, der innerhalb der Verjährungsfrist Klage erhebt, soll des möglicherweise (oben Anm. 20 Schlußabsatz) schwierigen Nachweises überhoben sein, daß der Mangel der Eigenschaft schon im Zeitpunkt des Gefahrüberganges bestanden habe; die Beweislast, daß die zugesicherte Eigenschaft im Zeitpunkt des Gefahrüberganges bestanden habe und auch nicht für den Fortfall innerhalb der Garantiefrist prädisponiert gewesen sei, verschiebt sich vielmehr auf den Verkäufer (vgl. BGH BetrBer. 1961, 228). An der Verpflichtung zur Mängelrüge und an der Untersuchung der Ware durch den Käufer bei zweiseitigen Handelskäufen ändert sich nichts (LZ 1910, 215[17]; München SeuffA 75, 294).

Ist die vereinbarte oder handelsgebräuchliche Garantiefrist kürzer als die gesetzliche Verjährungsfrist, so werden die Parteien im Zweifel im Hinblick auf § 477 Abs. 1 Satz 2 BGB keine Verkürzung der Verjährungsfrist im Auge gehabt haben, sondern nur gewollt haben, daß die Rügefrist des § 377 erst mit Ablauf der Garantiefrist beginnen solle, in welchem Falle § 242 BGB unter Umständen zur Annahme eines stillschweigenden Verzichts auf Gewährleistung bei ungebührlichem Zuwarten führen kann (vgl. Vorbem. vor § 373 Anm. 393). Es kann aber auch gemeint sein, daß jeder innerhalb der Garantiefrist angezeigte Fehler als heimlicher Fehler angesehen werden (der Käufer also der Pflicht zur sofortigen Untersuchung auf offene Mängel entbunden sein) solle, aber hinwiederum der Verkäufer lediglich die innerhalb der Frist angezeigten Fehler zu vertreten habe, ungeachtet ob solche erst später erkennbar waren. In diesem Falle ist die Garantiefrist eine Anzeigefrist im Sinne einer Ausschlußfrist, keine Verjährungsfrist (oben Anm. 145 u. 149). Alsdann finden auf die Garantiefrist die Grundsätze Anwendung, die von Verwirkungs- und Verfallklauseln gelten (oben Anm. 32; Vorbem. vor § 373 Anm. 428). Ebenso beurteilt sich die Rechtslage, wenn die Garantiefrist nicht nur eine Anzeigefrist, sondern eine Klagefrist sein soll; denn alsdann muß der Käufer bei Vermeidung des Verlustes aller Ansprüche nicht nur die Mängel angezeigt, sondern auch Klage erhoben haben; hat er die Frist versäumt, so muß er seine Schuldlosigkeit nachweisen: insoweit soll eine Art Nachsichtgewährung als zugelassen anzunehmen sein. Eine Verkürzung der Verjährungsfrist ist erst an letzter Stelle als von den Parteien gewollt anzunehmen (vgl. oben Anm. 149).

Ist die vereinbarte Garantiefrist länger als die gesetzliche Verjährungsfrist, so hat die Garantiefrist regelmäßig nur die Bedeutung, daß der Beginn der — gesetzlichen — Verjährung bis zur Entdeckung des Mangels innerhalb der Garantiefrist hinausgeschoben sein solle (oben Anm. 34, Beispiele aus der kaufmännischen Formularpraxis in Vorbem. 2 sub A, 5, 11, 14a, b) — bei zweiseitigen Handelskäufen immer vorausgesetzt, daß er unverzüglich angezeigt worden ist; die Garantiefrist enthebt also im allgemeinen nicht von der Verpflichtung, die Ware gehörig zu untersuchen und die Mängelanzeige unverzüglich zu erstatten (BGH BetrBer. 1961, 234 = Betrieb 1961, 367; BGH LM § 477 BGB Nr. 4 = BetrBer. 1961, 228 = Betrieb 1961, 268; RG 91, 307 oben; 65, 121; JW 1910, 117[26]; 08, 657[6]; 07, 174[12]; LZ 1913, 935[8]; 1912, 673[3]; 1911, 699[18]; 07, 343[12]; WarneyerRspr. 1911 Nr. 341; Hamburg LZ 1919, 822[9]; Oertmann in EhrenbergHandb. IV 2 S. 483; Gottschalk JW 1911, 482; a. M. Hamburg OLGR 13, 335; Stuttgart „Recht" 05 Nr. 1845; DürHach. § 377 Anm. 54; Bucerius bei Gruch. 51, 751). Mangels rechtzeitiger Mängelrüge ist die Ware genehmigt, und es kann auch nicht eine auf mangelhafte Lieferung gesetzte Vertragsstrafe gefordert werden (LZ 1912, 673[3]). Die Anzeige muß gehörig und unverzüglich ohne Rücksicht darauf erfolgen, ob die Ursache der Mängel zu entdecken war (RG 65, 123; Hamburg OLGR 2, 249); es wäre denn, daß die Untersuchung sogleich nach der Ablieferung erheblichen Schwierigkeiten begegnen würde; in diesem letzteren Falle kann die Auslegung dahin führen, daß der Käufer sich auf die Garantie verlassen durfte (Hamburg LZ 1919, 823[9]). Wenn also ein Mangel der Ware vor Ablauf der Garantiefrist entdeckt und angezeigt worden ist, so muß der Käufer innerhalb sechs Monate Klage erheben oder die Verjährung des § 477 Abs. 1 BGB sonstwie unterbrechen. Denn von der Entdeckung des Mangels an läuft die Verjährung ohne Rücksicht auf den Ablauf oder die Bemessung der Garantiefrist. Es bleibt dem Käufer in keinem Falle etwa die ganze Garantiefrist zur Rechtsverfolgung offen. Hat der Käufer den Mangel zwar rechtzeitig gerügt, aber nicht rechtzeitig Wandelungsklage erhoben, so kann er den im voraus gezahlten Kaufpreis nicht unter dem Gesichtspunkt der ungerechtfertigten Bereicherung zurückfordern (RG 128, 215).

Die in der 1. Auflage für den letztgedachten Fall vertretene Ansicht, Mängel, welche erst nach Ablauf von 6 Monaten seit Ablieferung entdeckt würden, müßten nach gehöriger unverzüglicher Rüge auch gerichtlich noch vor Ablauf der Garantiefrist geltend gemacht werden, und nur insofern enthalte die Garantiefrist eine Verlängerung der Verjährung, erscheint überspitzt und konnte daher schon in der Vorauflage nicht aufrechterhalten werden. Sie findet nicht nur in der Judikatur keine Stütze, sondern ist auch unpraktikabel: man denke nur an den Fall, daß der Mangel am letzten Tage der Garantiefrist sich zeigt. Vor allem führt sie zu Verzerrungen dann, wenn die Garantiefrist weniger als 12 Monate beträgt. Soll bei neunmonatiger Garantiefrist der Käufer, der den Mangel am Ende des 8. Monats nach Ablieferung entdeckt und sofort rügt, trotzdem nur noch 1 Monat zur Unterbrechung der Verjährung zur Verfügung haben, während der Käufer, der den Mangel am Ende des 5. Monats entdeckt und gerügt hat, hierfür — nach der obigen herrschenden Auslegung derartiger Garantiefristklauseln — volle weitere 6 Monate, d. h. bis zum Ende des 11. Monats nach Ablieferung Zeit hat? Das kann nicht rechtens sein. Für die Anwendung der Regel, daß der Beginn der Verjährung bis zur Entdeckung des Mangels innerhalb der Garantiefrist hinausgeschoben sei, kann es keinen Unterschied machen, wann innerhalb der Garantiefrist es zur Entdeckung des Mangels gekommen ist.

Für Mängel, die erst nach Ablauf der Garantiefrist entdeckt werden konnten, steht der Verkäufer überhaupt nicht ein, mögen sie auch unverzüglich nach Ablauf der Garantiefrist angezeigt worden sein. — Über die freie Nachprüfung von Garantieklauseln in der Revisionsinstanz oben Anm. 48 u. § 346 Anm. 95.

Anm. 155 Ist mit der Garantiefrist zugleich ein Nachbesserungsrecht des Verkäufers bedungen (oben Anm. 55ff. u. 121), so beginnt die Verjährung nicht etwa erst mit Ablauf einer angemessenen Frist für die Nachbesserung. Der Einwand des Verkäufers, daß er nachbessern dürfe, schiebt den Beginn der Verjährung nicht hinaus. Unterzieht sich der Verkäufer im Einvernehmen mit dem Käufer der Prüfung des Vorhandenseins des Mangels oder der Beseitigung des Mangels, so ist die Verjährung gehemmt, bis der Verkäufer dem Käufer das Ergebnis der Prüfung mitteilt oder ihm gegenüber den Mangel für beseitigt erklärt oder die Beseitigung verweigert (oben Anm. 139a). Handelt es sich um wiederholte, auf der gleichen Ursache beruhende Nachbesserungen, so ist die ganze Zeitdauer in die Hemmung der Verjährung einzurechnen, auch wenn die gekaufte Maschine nach Vornahme der einzelnen Arbeiten vom Käufer benutzt worden ist (RG

128, 213; Plum JW 1930, 701). Das heißt, der § 639 Abs. 2 BGB, der obigen Grundsatz für den Werkvertrag aufstellt, ist auf den Kaufvertrag entsprechend anwendbar, weil der Fall, in dem ein Nachbesserungsrecht vertraglich eingeräumt wird, dem Fall, in dem ein Nachbesserungsrecht vom Gesetze gegeben ist, gleichsteht (BGH BetrBer. 1952, 902; RG 96, 267).

War die Nachbesserung ursprünglich zufriedenstellend, stellen sich aber nächstdem Funktionsstörungen an einem eingesetzten Teil heraus, so hat nicht etwa mit der Einfügung dieses Ersatzteils eine selbständige und anderweite Garantiefrist gemäß dem Vertrage zu laufen begonnen, innerhalb deren solche Funktionsuntüchtigkeiten sich gezeigt haben dürften. Es gibt in diesem Sinne keine „Kettengarantie". Vielmehr bewendet es bei der Garantiefrist für die Stammlieferung. In den „Grünen Lieferbedingungen" der Elektroindustrie (Vorbem. 2 sub A, 4) ist das ausdrücklich ausgesprochen. Es wird aber auch da zu gelten haben, wo lediglich gesagt ist, daß für die Ersatzteile „in gleicher Weise" wie für den ursprünglichen Liefergegenstand Garantie geleistet werde (Vorbem. 2 sub A, 5, 11, 14a). Anders natürlich, wo ein völlig neuer Ersatzgegenstand geliefert worden ist: hier ist die Garantiefrist gemäß dem Vertrage neu in Lauf gesetzt.

IV. Der besondere Fall des arglistigen Verschweigens eines Mangels und des arglistigen Vorspiegelns einer Eigenschaft durch den Verkäufer

Schrifttum: Geppert, Arglist des Vertreters beim Vertragsschluß, „Recht" 1915, 264; Kiehl, Ansprüche des Käufers im Falle der Arglist des Bevollmächtigten des Verkäufers beim Kaufabschluß, Gruch. 63, 257; Riehl, Die Arglist beim Vertragsschluß unter besonderer Berücksichtigung der Arglist des Vertreters, Gruch. 60, 790ff. u. 897ff.

A. Der Tatbestand des objektiven Vorhandenseins eines Mangels kann sich erwei- **Anm. 156**
tern um den Vorwurf, daß der Käufer den Mangel gekannt und **arglistig verschwiegen** habe. Diesem Sachverhalt trägt sowohl das Gewährschaftsrecht des BGB wie das Rügerecht des HGB Rechnung: das BGB in den §§ 463 Satz 2, 480 Abs. 2 (Schadensersatz wegen Nichterfüllung), 460 (Unschädlichkeit einer grobfahrlässigen Verkennung des Mangels durch den Käufer bei Kaufabschluß), 476 (Nichtigkeit einer Freizeichnungsabrede seitens des Verkäufers), 478 Abs. 2, 479 Satz 2 (Abschwächung von Verjährungswirkungen zugunsten des Käufers); das HGB in § 377 Abs. 5 (Unschädlichkeit einer Rügeversäumung). Wie oben Anm. 86 für die Ansprüche aus § 463 Satz 2 BGB bereits gezeigt worden ist, steht dem arglistigen Verschweigen des Mangels die **arglistige Vorspiegelung einer Eigenschaft gleich.** Diese Gleichsetzung gilt über das Anwendungsgebiet von § 463 Satz 2 BGB hinaus überall da, wo in den vorgenannten Vorschriften auf das arglistige Verschweigen abgestellt ist. Der dem „Mangel" gleichgestellte „Fehler" ist alsdann das Fehlen der vorgespiegelten Eigenschaft — und deshalb auch das Fehlen der verbindlich zugesicherten Eigenschaft, sofern Arglist des Zusichernden im Spiele war, aber die spezifische Schadensersatzfolge der Zusicherung nicht in Rede steht.

Vorab ist daran zu erinnern, daß die Gewährleistungsansprüche auf Grund arglistigen Verschweigens eines Fehlers oder arglistigen Vorspiegelns einer nicht vorhandenen Eigenschaft, weil sie vertraglicher Art sind, sich stützen müssen auf eine Arglist, die mit dem Kaufvertrag im inneren Zusammenhange steht (oben Anm. 49 u. 86). Dieser Zusammenhang steht außer Zweifel, wenn die Arglist sich bis zur (falschen) vertraglichen Zusicherung verdichtet hat; er ist aber auch dann gegeben, wenn die Arglist sich bei Vertragsschluß oder bei Gelegenheit des Kaufabschlusses als arglistiges Verschweigen oder als arglistige Vorspiegelung geäußert hat. Eine nach Vertragsschluß ohne diesen Zusammenhang begangene Arglist wird nicht mehr von den Gewährleistungsansprüchen aus § 463 BGB erfaßt („Recht" 1915 Nr. 2474). Dennoch ist sie nicht ohne Bedeutung. Sie erzeugt u. U. Ansprüche aus positiver Vertragsverletzung (etwa wenn durch den arglistig verschwiegenen Mangel eine Schädigung an anderen Rechtsgütern des Käufers verursacht wird, unten Anm. 162), ggf. aus unerlaubter Handlung; außerdem kann auch eine nach Vertragsschluß verübte Arglist noch die Anwendung des § 377 Abs. 5 begründen (unten Anm. 170). — Kennt der Käufer bei Vertragsschluß oder bei Annahme der Kaufsache die wahre Beschaffenheit, so ginge eine Arglist des Verkäufers ins Leere; sie wird gewährschafts- und rügerechtlich bedeutungslos (unten Anm. 170c). Endlich ist vorauszuschicken, daß beim Gattungskauf arglistiges Verschweigen regelmäßig erst bei der Erfüllung, also nach Abschluß des Kaufvertrags, vorkommt (§ 480 BGB; unten Anm. 162).

1. **Der Begriff arglistigen Verschweigens** ist durch die Rechtsprechung im Anschluß an die Auslegung weiterentwickelt, die dem Worte „Betrug" in dem früheren Art. 350 ADHGB zuteil geworden war. Auch hier ist das Handelsrecht der Pionier des bürgerlichen Rechts geworden. Der Begriff des arglistigen Verschweigens eines Mangels verlangt nur ein auf Täuschung des Käufers gerichtetes und dazu geeignetes Verhalten, d. h. das Bewußtsein der Erheblichkeit des Mangels und den Willen, den Mangel trotzdem nicht zu offenbaren, wo eine **Offenbarungspflicht** besteht. Es wird nicht noch weiter verlangt, daß der Käufer durch das arglistige Verschweigen irregeführt, namentlich zur Versäumung der Untersuchung und Mängelrüge bestimmt worden ist (RG 55, 215; Näheres hierüber unten Anm. 162, 170b). Hierin, in der Frage der Kausalität, liegt ein Unterschied gegenüber der arglistigen Täuschung, die die Anfechtbarkeit nach § 123 BGB zur Folge hat. Weil hier kein Erfolg verlangt wird, muß der Begriff des arglistigen Verschweigens streng aufgefaßt werden. Der Begriff deckt sich nicht mit dem eines strafrechtlichen Betrugs (§ 263 StGB; RG HRR 1934 Nr. 1440; BGH BetrBer. 1963, 1354) und nicht ohne weiteres mit einem Verstoß gegen die guten Sitten nach § 826 BGB (RG 67, 147; BGH NJW 1960, 237 [obiter] scheint grundsätzlich Sittenverstoß annehmen zu wollen). Ein arglistiges Verschweigen kann nicht nur hinsichtlich solcher Fehler stattfinden, die den Wert oder die Tauglichkeit zu dem gewöhnlichen Gebrauch aufheben oder mindern (oben Anm. 41 sub a und c), sondern auch hinsichtlich der Fehler, die den nach dem Vertrag vorausgesetzten Gebrauch beeinträchtigen (oben Anm. 41 sub b).

Anm. 157 Der Verkäufer verschweigt noch nicht arglistig, wenn er die Mangelhaftigkeit der Ware kannte und die Ware dennoch verkauft oder liefert. Ein Satz des Inhalts (wie er in JW 03 Beil. 99[223]; SeuffA 58, 314 aufgestellt ist), daß der Verkäufer nach den Grundsätzen von Treu und Glauben verpflichtet sei, alle ihm bekannten Umstände, die nach vernünftigem Ermessen für die Willensentschließung des Käufers erheblich sein könnten, dem Käufer sogar ohne Befragen mitzuteilen, läßt sich nicht vertreten (BGH LM § 123 BGB Nr. 10). Der Hinweis von Staudinger[11] § 123 Anm. 23c (ähnlich BGH Betrieb 1970, 42 = BetrBer. 1970, 9), daß zwischen Käufer und Verkäufer ein Interessengegensatz bestehe, den die Rechtsordnung nicht vollständig außer acht lassen könne, trifft auf den zweiseitigen Handelskauf in besonderem Maße zu. Der Verkäufer ist nicht auch — und gerade nicht — als Kaufmann gehalten, die Interessen des Käufers wahrzunehmen und ihm die Risiken einer Fehlspekulation (RG 111, 233) fernzuhalten, wenn dieser selbst Kaufmann ist. Er kann immerhin von der Erwartung geleitet sein, daß die Abweichung von der Norm wegen ihrer Unerheblichkeit oder, weil die Ware trotz der Abweichung einen selbständigen Wert besitzt, überhaupt nicht beanstandet werde, oder der Käufer durch Zugeständnisse (Preisnachlässe, Zusicherung besserer Lieferung für die Zukunft) etwaige Bemängelungen fallen lassen werde (Nürnberg BayJMBl. 1953, 292). Erweisliche Kenntnis des Verkäufers von dem Mangel (RG 62, 302; JW 06, 86[5]; LZ 1911, 214[6]; 1910, 621[19] u. 290[5]), ja selbst die bei Vertragsschluß schon vorhandene Absicht des Verkäufers, mit mangelhafter Ware zu erfüllen (RG 70, 427; LZ 1919, 325[6]), oder das Verschweigen seiner Vermutung, daß der vom Käufer nicht untersuchte Teil der Ware mangelhaft sein werde (vgl. unten Anm. 158), reicht zur Annahme arglistigen Verschweigens nicht aus; es wäre denn, daß der Käufer vom Verkäufer in Sicherheit gewiegt worden wäre, um eine Untersuchung zu verhindern (WarneyerRspr. 1921 Nr. 104) oder das Übersehen von Mängeln zu bewirken. Daher braucht der Verkäufer dem Käufer nicht zu offenbaren, daß die Ware wertlos ist, oder daß sie schon vorher von einem anderen mit Recht zur Verfügung gestellt war. Die erwähnte Entscheidung in JW 03 Beil. 99[223] ist bereits in RG 62, 150 u. 302; 55, 214; 151, 366; WarneyerRspr. 1921 Nr. 104 dahin eingeschränkt worden, daß die Frage, ob ein arglistiges Verschweigen vorliege, nach den Verhältnissen des einzelnen Falles zu beantworten sei.

Im besonderen liegt Arglist vor, wenn der Käufer nach der Beschaffenheit des Kaufgegenstandes im einzelnen gefragt hat (WarneyerRspr. 1920 Nr. 83; LG Köln MDR 1956, 417 [Hauskauf]). Sonst aber ist es nötig, daß der Verschweigende etwas nicht sagt, dessen Mitteilung der andere nach der Auffassung des redlichen Verkehrs erwarten darf. Auch hiernach aber darf der Käufer vom Verkäufer nicht ohne weiteres ein Offenbaren aller Umstände erwarten, die für die Entscheidung des Käufers erheblich sein könnten: die Offenbarungspflicht ist eben nach den Umständen des Einzelfalles zu beurteilen (RG in SeuffA 87, 33). Hierbei kann eine überlegene Sachkunde oder das Vertrauensverhältnis des Verkäufers zu seinem Käufer-Kunden (Bankier!) eine Rolle spielen. Beim Verkauf eines ihm als minderwertig bekannten Geschäftsanteils an einen einfachen Mann ohne kaufmännische Bildung genügt es nicht, wenn der Verkäufer diesen auf die Möglichkeit der Büchereinsicht verweist (RG in LZ 1932, 1480[1]). Arglistiges Verschweigen ist aber jedenfalls dann anzunehmen, wenn der Verkäufer begründete Zweifel an der Fehlerlosigkeit des Kaufgegenstandes vorenthält oder unterdrückt, obwohl er sich bewußt ist, daß ihre Mitteilung für die Entschließung des Vertragsgegners von Ausschlag(!) sein müßte; z. B. wenn er beim Verkauf eines Gutes das frühere Auftreten des nicht radikal bekämpften Kartoffelkrebses verschweigt (RG in JW 1938, 320[12]). Hinwiederum ist das Vorliegen der Arglist zu verneinen, wenn der Verkäufer, obschon er beim Kaufabschluß den Fehler der Kaufsache kannte, dennoch sich (nachweisbar) nicht bewußt war, der Käufer werde in Kenntnis des Fehlers überhaupt nicht oder möglicherweise nicht zu den vereinbarten Bedingungen abschließen (RG in JW 1936, 1433[3]).

Über die Offenbarungspflicht des Verkäufers eines unfallbeschädigten Lastzuges s. erstmals grundlegend RG 151, 366 und oben Anm. 41 sub b. Beim Verkauf eines gebrauchten Kraftwagens muß der Verkäufer dem Käufer von dem Bruch eines Chassis-Trägers Mitteilung machen (RG in HRR 1941 Nr. 69). Die besondere Bedeutung, die dem Gebrauchtwagenmarkt in neuerer Zeit zukommt, hat zu einer häufigen Befassung der Judikatur mit den hier einschlägigen Problemen geführt. BGH LM § 123 BGB Nr. 10 betont erneut, die Frage, in welchen Fällen der Verkäufer bei Meidung des Arglistvorwurfs gehalten sei, den Käufer über einen etwaigen Unfall des zum Verkauf stehenden Fahrzeugs zu unterrichten, könne nicht allgemein beantwortet werden, sondern lasse sich nur an Hand der Umstände des einzelnen Falles entscheiden. Werde ein Wagen zu stark reduziertem Preis angeboten, so möge ein allgemeiner Hinweis auf den Unfall genügen (ähnlich Nürnberg BayJMBl. 1953, 292); dem Käufer sei es dann möglicherweise überlassen, nach näheren Einzelheiten zu fragen. In aller Regel seien jedoch strengere Anforderungen zu stellen. Bei einem erst wenig benutzten und zu entsprechend hohem Preis angebotenen Fahrzeug müsse der Verkäufer vollen Aufschluß über Art und Schwere eines geschehenen Unfalls geben, und dies selbst bei subjektivem Überzeugtsein von einer vollwertigen Wiederinstandsetzung. In NJW 1960, 237 stellt der BGH bereits generell fest: „Beim Kauf eines unfallbeschädigten LKW ist der Verkäufer in aller Regel rechtlich verpflichtet, dem Kaufinteressenten alle Umstände bekanntzugeben, die die Tauglichkeit des Fahrzeugs auch nach vollzogener Ausbesserung betreffen und geeignet sind, seinen auf den Erwerb gerichteten Willen zu beeinflussen. Wußte der Kaufinteressent nichts von einem Unfall und hat ihn der Verkäufer verschwiegen, so kann schon darin das arglistige Verschweigen eines Mangels ... gesehen werden." Nach BGH BetrBer. 1957, 238 soll nicht einmal die Klausel „Wie besichtigt und probegefahren" genügen, um den Verkäufer von der Verpflichtung zur Mitteilung erheblicher Mängel des Fahrzeugs zu entbinden, wenn sie für den Kaufentschluß des Käufers zu dem verlangten oder ausgehandelten Preis wesentlich werden können und anders der Verkäufer dem Vorwurf der Arglist entgehen will — mag selbst dem Käufer infolge eigener Fahrlässigkeit, ja grober Fahrlässigkeit der Mangel bei der Besichtigung und Probefahrt entgangen sein. Allerdings würde man eine Arglist im bloßen Verschweigen, wenn sie beim Handelskauf unter Kaufleuten eine grobe (!) Fahrlässigkeit des Käufers zu übertölpeln bezweckt haben soll, nur in engen Grenzen annehmen dürfen; sonst wäre die ohnehin aufweichende Tendenz des BGH vollends bedenklich. — Weitere Kasuistik: LG Essen hat in RKraftf. 1954, 90 den Verkäufer nicht für verpflichtet gehalten, die Schweißung eines Antriebsflansches mitzuteilen. OLG Hamm (BetrBer. 1958, 137; das Urteil erging in einer Strafsache wegen Betruges) führt aus, beim Handel mit Gebrauchtwagen müsse der Käufer mit einem gewissen „Frisiert-sein" rechnen; ein schrottreifes Fahrzeug — der Verkäufer hatte es in jenem Falle für 300 DM erworben und für 1850 DM weiterverkauft — dürfe jedoch auch durch solche Manipulationen nicht als gut gebrauchsfähig auf den Markt gebracht werden. Bloße sog. Blechschäden brauchen nicht offenbart zu werden (kein „Unfallfahrzeug" im Sinne der Verkehrsanschauung): Stuttgart BetrBer. 1961, 1300; einschränkend LG Aachen NJW 1962, 395. Inzahlunggabe eines Unfallwagens beim Kauf eines neuen: nach BGH NJW 1965, 35 (= LM § 463 BGB Nr. 11 = MDR 1965, 39 = BetrBer. 1964, 1320) genügt der Käufer seiner Aufklärungspflicht dadurch, daß er dem Händler (der eine eigene Werkstatt hat) die Tatsache des Unfalls offenbart und ihm das in Zahlung zu gebende Fahrzeug zur Untersuchung überläßt. Anders noch Oldenburg MDR 1962, 901: der den Unfallwagen in Zahlung gebende Käufer könne darauf vertrauen, daß der Händler sachkundig genug sein werde, den Wagen zu untersuchen und dabei die Unfalleigenschaft festzustellen, so daß auf die Tatsache des Unfalls nicht hingewiesen zu werden brauche (?); ebenso auch bei Inzahlunggabe eines zusammengebauten Fahrzeugs, da hier der Händler den erfolgten Zusammenbau aus der von der Prüfstelle ausgegebenen Fahrzeugnummer erkennen könne.

Es muß insgesamt nach der Auffassung des redlichen Geschäftsverkehrs unter Treu und Glauben im Hinblick auf die Eigenart des einzelnen Falles eine Mitteilungspflicht bestehen (BGH Betrieb 1970, 42 = BetrBer. 1970, 9; RG 62, 150; LZ 1917, 856[15]; 1916, 1176[15]; JW 04, 167[6]; 1911, 275[2]; 1936, 647[7]; DJZ 1933, 433; LZ1933, 1194[2]; zu allgemein RG bei Holdheim 1916, 115). Eine solche Mitteilungspflicht besteht, wenn die verschwiegenen Umstände etwas Verbotenes oder Sittenwidriges in sich bergen oder die Verwendung des Gegenstandes auch nur polizeilich untersagt (JW 04, 113[9]) und anzunehmen ist, daß der Käufer bei Kenntnis der Wahrheit nicht so abgeschlossen haben würde; oder wenn ein allgemeines Gebrauchsmittel unter Verschweigung seiner geringen Haltbarkeit verkauft wird (WarneyerRspr. 1909 Nr. 351), oder wenn handelsüblich schon im Angebot vermerkt sein muß, daß gebrauchtes Material geliefert werden solle (vgl. RG 104, 3: Anfechtung); oder wenn der Verkäufer eine wertlose oder von einem früheren Käufer bereits mit Recht zurückgewiesene, mangelhafte Ware nicht nur unter allgemeinen Anpreisungen, sondern als streng vorschriftsmäßige Ware wiederum anbietet; oder wenn nach dem Vertragsinhalt der Käufer nur Ware von ganz bestimmter Beschaffenheit gebrauchen kann, der Verkäufer aber weiß, daß die gelieferte Ware die Beschaffenheit nicht besitzt und daher der Absatz unmöglich ist; oder wenn ein bissiges Tier, ein mit Schwamm behaftetes (JW 06, 548[16]) oder auch nur mit Recht schwammverdächtiges Haus (JW 1913, 88[3]; WarneyerRspr. 09 Nr. 3; LZ 1912, 658[19] u. [20]) verkauft wird und der Verkäufer sich bewußt war, daß die Mitteilung seines Verdachts für die Entschließung des Käufers erheblich sein könne; dies gilt insbesondere dann, wenn Vorauszahlung des Kaufpreises vereinbart ist und der Käufer auf vertragsmäßige Lieferung vertraut, der Verkäufer aber wissentlich und willentlich mangelhaft liefert, also bei Vorlegung der Dokumente, gegen welche zu zahlen ist, den Mangel der abgesandten Ware verschweigt (WarneyerRspr. 1929 Nr. 46). Ebenso besteht unter Umständen Mitteilungspflicht, wenn der Verkäufer die Unklarheit des Käufers über bedeutsame Umstände wahrnimmt, über die sich dieser nicht selbst Gewißheit verschaffen kann (RG 77, 314). Arglistiges Verschweigen eines Fehlers ist anzunehmen, wenn das verkaufte Gemälde die undeutliche Signatur eines wenig bekannten Malers trägt, welche von dem Käufer für diejenige eines bekannten Malers gehalten wird, und der Verkäufer weiß, daß der Käufer in dieser Annahme einen hohen Preis bewilligt (WarneyerRspr. 1927 Nr. 140). Die Nichtoffenbarung der persönlichen Ansicht über den Wert der Kaufsache kann niemals eine Arglist begründen (vgl. oben Anm. 41 sub a).

Der Arglist steht Absetzung wertloser Ware an einen Unerfahrenen oder Leichtsinnigen zur Erlangung übermäßigen Vorteils an sich nicht gleich. Hier kommen die Grundsätze über Wucher oder unerlaubte Handlungen zur Anwendung. Regelmäßig werden die Tatsachen aber so liegen, daß auch die Erfordernisse arglistigen Verschweigens erfüllt sind (vgl. JW 05, 134[7]). Über das Steigen und Fallen der Preise kann der Käufer eine Aufklärung vom Verkäufer nicht erwarten; es wäre denn, daß besondere Umstände, welche die Minderwertigkeit von Wertpapieren bedingten, nach Treu und Glauben dem Verkäufer eine Offenbarungspflicht auferlegen (JW 1925, 2601[1]).

Ist nach der Sachlage eine Mitteilungspflicht des Verkäufers indiziert, so muß sie zusammenfassend durch folgende Feststellungen untermauert werden, um sie als arglistig verletzt erscheinen zu lassen: Anm. 158

Erstens ist für den Begriff arglistigen Verschweigens erforderlich, daß die Kenntnis des nicht mitgeteilten Mangels für die Willensentschließung des Käufers — sei es hinsichtlich des Abschlusses überhaupt, sei es hinsichtlich der Abschlußbedingungen, samt der demnächstigen Annahme und Bezahlung — erheblich sein würde, und zwar objektiv aus der Verkäuferperspektive, dergestalt, daß der Käufer, wäre ihm die Sachlage bekannt, den Vertrag nicht oder nicht so abschlösse. Die Folgerung hieraus wird unten Anm. 161 für das Verschweigen unerheblicher Fehler gezogen. Es ist aber darauf aufmerksam zu machen, daß es nicht der Feststellung bedarf, es sei das arglistige Verschweigen in der Tat von Erfolg gewesen, der Käufer also wirklich getäuscht und gerade infolge der Täuschung zum Abschluß, zur Annahme als Erfüllung oder zum Unterlassen der Mängelrüge bestimmt worden (unten Anm. 162, 170b). Zweitens ist es nötig, daß der Verkäufer die Einsicht und das Bewußtsein hiervon besaß (RG 62, 302; LZ 1915, 817[7]; 1912, 658[19] u. 228[25]; zweifelnd LZ 1912, 658[21]), also wußte und darauf rechnete, oder doch mutmaßte und in Kauf nahm, daß dem Käufer der Mangel unbekannt sei oder doch unbekannt sein könne, und daß diese Unkenntnis des Mangels den Willen des Käufers bestimmen oder mitbestimmen könne (JW 06, 86[5]); dies ist nicht der Fall bei Anpreisungen mangelhafter Ware als guter, wenn der Verkäufer annehmen darf, der Käufer habe die Ware besichtigt oder werde oder könne sie noch besichtigen. Drittes Erfordernis ist, daß der Verkäufer entweder die Fehler kannte oder mit der Möglichkeit rechnete, die Ware habe die gedachten Fehler. Aus diesen zwei letzteren Erfordernissen setzt sich der Täuschungswille zusammen (RG 62, 302). Auf „kennen müssen" oder „rechnen müssen" oder „sich vorstellen können oder müssen" kommt es hier überall nicht an. Denn es ist immer daran festzuhalten, daß die bloße Möglichkeit, es würde der Verkäufer bei gehöriger Aufmerksamkeit und richtigem Denken der Erheblichkeit des Mangels für den Käufer sich haben bewußt werden können, nicht genügt, weil es am Täuschungswillen fehlt und selbst grobe Fahrlässigkeit nicht genügt; es muß mindestens bedingter Vorsatz vorgelegen haben (BGH LM § 463 BGB Nr. 1; unten Anm. 168). Daß die Täuschung des Käufers der Zweck des Verhaltens des Verkäufers gewesen sein müßte, ist so wenig erforderlich wie die Absicht, den Käufer zu schädigen (RG LZ 1912, 658[21]). Das Verschweigen allein genügt also nie, sondern es müssen zu dem Verschweigen noch andere Umstände hinzutreten, die darauf hinweisen, daß der Verkäufer darauf spekulierte, es werde der Käufer die entscheidende Vergewisserung bei Kaufabschluß, die rechtzeitige Untersuchung oder Rüge nach Ablieferung entweder versäumen (LZ 1911, 214[6]) oder die Untersuchung erfolglos vornehmen. Zu beachten ist auch, daß die Kenntnis eines gewissen Zustandes der Kaufsache sich nicht immer ohne weiteres zu decken braucht mit der Kenntnis eines ihr anhaftenden Mangels (RG in Bl.f.GenossenschR 1937, 17). Darüber, wenn der Verkäufer die Ware von Dritten bezieht, unten Anm. 166.

Im praktischen Ergebnis gestaltet sich die Sachlage danach so:

Erste Möglichkeit: Waren die Mängel zur Zeit der Lieferung überhaupt nicht oder nur mittels genauer sachverständiger Untersuchung erkennbar (oben Anm. 30), und hat außerdem der Verkäufer in der Erwartung verkauft oder geliefert, der Käufer werde die Mängel nicht entdecken, so wollte der Verkäufer durch bewußt vertragswidrige Lieferung einen rechtswidrigen Erfolg herbeiführen; er handelt arglistig, wenn er z. B. einen Gegenstand als echt verkauft und verschweigt, daß ein hervorragender Fachmann den Gegenstand als eine Nachahmung erachtet hat (WarneyerRspr. 1916 Nr. 244); um so mehr, wenn er auch noch arglistige Versicherungen über das angebliche Vorhandensein von Eigenschaften macht (Mot. II 240). Darauf, ob bei sachgemäßer Untersuchung der Mangel hätte entdeckt werden können, kommt es bei dem Verschweigen nicht an (oben Anm. 157). Bloße Zweifel an der Fehlerlosigkeit braucht der Verkäufer nicht zu offenbaren. Anm. 159

Zweite Möglichkeit: Die Mängel waren offene oder doch erkennbare (oben Anm. 29). Die sofortige Erkennbarkeit eines Mangels schließt die Annahme einer Arglist auf seiten des Verkäufers aus, wenn infolge der Offensichtlichkeit an eine Täuschung nicht zu denken ist (Bolze 11 Nr. 397), oder wenn dem Käufer die Ware vorgezeigt und zur Verfügung gehalten war, mag auch der Verkäufer mit der Möglichkeit gerechnet haben, daß der nicht untersuchte Teil geringere Ware enthalte (WarneyerRspr. 1921 Nr. 8). Ebenso verhält es sich, wenn dem Verkäufer der Verwendungszweck der Ware bekannt war und er daraus den Schluß zog, der Käufer werde die Ware untersuchen und den Mangel entdecken. Bei offenen Mängeln bedarf es daher besonderer Verdachtsgründe für die Annahme, daß der Verkäufer damit rechnete, der Käufer werde den Mangel nicht entdecken, die Ware annehmen und bezahlen. Besondere Veranstaltungen zur Verdeckung des Mangels beweisen eine Arglist am klarsten; auch wenn der Verkäufer im Einverständnis mit dem Bevollmächtigten des Käufers Anstalten zur Verdeckung der Mängel getroffen hat; denn in letzterem Falle kann der Verkäufer nicht den Glauben gehabt haben, es werde der Fehler bei der Übernahme festgestellt werden (RG 101, 73). Ein auf Täuschung des Käufers berechnetes und hierzu geeignetes Verhalten liegt auch vor, wenn sich der Verkäufer, um den Käufer sicher zu machen, den Anschein gibt, als ob er nur Zweifel über das Vorhandensein eines Fehlers hege, während er bestimmte Kenntnis von dem Vorhandensein des Fehlers besaß (RG 75, 437). Wenn der Verkäufer auf die Gefahr hin (dolus eventualis, oben Anm. 158), es werde sich seine Behauptung als unwahr herausstellen, dem Käufer eine bestimmte, den Mangel ausschließende Tatsache als gewiß hinstellt, ohne selbst etwas zu wissen, so ist dies arglistiges Verschweigen der Wahrheit durch ein fälschliches Vorgeben; er rechnete dann mit der Möglichkeit der Unrichtigkeit seiner Angaben (JW 1913, 1154[10]). Selbst in bewußter Übertreibung kann eine Arglist liegen, und auch darin, daß der Verkäufer damit rechnet, es werde der Käufer Angaben des Preisverzeichnisses über gewisse zugesicherte Eigenschaften in ihrem Wortlaut und nicht in einem vom Wortlaut verschiedenen, weit hergeholten Sinne verstehen (RG 62, 302). Immer ist aber zu beachten, daß auch bei zugesicherten Eigenschaften ein arglistiges Verschweigen erst vorhanden ist, wenn der Verkäufer mindestens mit dem Vorhandensein der Fehler rechnete (nicht nur rechnen mußte, wie v. Henle DJZ 07, 156 meint), also den Eventualvorsatz der Lieferung mangelhafter Ware hatte (RG in BayRpflZ Bd. 22, 276), und wußte, daß dem Käufer der Mangel unbekannt sei oder unbekannt sein könne, und daß der Käufer bei Kenntnis des wahren Sachverhalts nicht so abschließen oder die Ware nicht als Vertragserfüllung annehmen werde. Daß der Verkäufer sich dies oder jenes selbst sagen mußte, mit dem oder jenem rechnen mußte oder nicht rechnen konnte, genügt nicht (oben Anm. 158). Die Täuschung kann auch bei Übersendung der Ware erfolgen. Daher sind solche arglistigen Veranstaltungen in absichtlich falscher Verpackung der Ware zu finden, in ihrer täuschenden Bezeichnung, in Bestechung von Angestellten des Käufers, wie in allen Handlungen, die den Käufer von gehöriger Prüfung abzuhalten geeignet waren. Dasselbe gilt von einer Verfälschung der Ware, z. B. wenn der Verkäufer aus der vertragsmäßigen Ware gezogene Muster dem Käufer übersendet und nachher die bemusterte Ware mit minderwertiger in der Erwartung mischt, der Käufer werde dem Muster vertrauen und nicht rechtzeitig untersuchen (LZ 07, 347[3]). Auch das Schweigen kann arglistig sein (oben Anm. 156).

Die dritte Möglichkeit ist die, daß die Ware rechtzeitig und gehörig untersucht wurde, die Mängel an sich auch keine verborgenen, aber künstlich doch so vom Verkäufer verdeckt waren, daß die Untersuchung erfolglos sein sollte.

Anm. 160 2. **Der Begriff des arglistigen Vorspiegelns** durch Zusicherung oder Versicherung des Vorhandenseins einer Eigenschaft oder der Abwesenheit eines Fehlers: Das arglistige Vorspiegeln, welches begrifflich ein arglistiges Handeln voraussetzt, ist nach dem oben Anm. 49 u. 86 Bemerkten dem arglistigen Verschweigen durchaus gleichgestellt, obgleich arglistiges Verschweigen in einem Unterlassen besteht. Ungeachtet dieses begrifflichen Unterschiedes decken sich die Tatbestände arglistigen Vorspiegelns und arglistigen Verschweigens doch oft vollständig, wenn nämlich das arglistige Verschweigen die Kehrseite vorangegangener oder gleichzeitiger Vorspiegelung bildet; dann hätte der Verkäufer die etwa im Laufe der Verhandlung gemachte Vorspiegelung spätestens beim Kaufabschluß zurücknehmen müssen (RG 83, 243; LZ 1914, 1662[2]). Alsdann gilt alles, was über arglistiges Verschweigen gesagt ist, auch von der arglistigen Vorspiegelung. Soweit die beiden Tatbestände sich nicht völlig decken, ist zu sagen: die arglistige Vorspiegelung besteht zunächst in der ausdrücklichen oder stillschweigenden Aufstellung einer unwahren Behauptung über die Beschaffenheit der Kaufsache, ohne daß die Behauptung zum Vertragsinhalt gemacht worden ist. Wäre sie zum Vertragsinhalt gemacht, so würden die Voraussetzungen (arglistiger) Zusicherung gegeben sein (oben Anm. 156). Der Verkäufer, der eine Eigenschaft des Verkaufsgegenstandes betrüglich vorspiegelt, muß sich so behandeln lassen, wie wenn er zusicherte, was er betrüglich vorspiegelt (RG in JW 1938, 2613[1]). Das arglistige Verschweigen besteht in der Unterdrückung wahrer Tatsachen, obgleich eine Offenbarungspflicht bestand, also in einem Unterlassen. Das arglistige Vorspiegeln dagegen besteht in wissentlich unwahren Angaben, die keine Zusicherungen sind, also in einem Handeln. Zum arglistigen Vorspiegeln gehört, wie beim arglistigen Verschweigen (oben Anm. 158), das Bewußtsein, daß die Angaben unwahr sind, und das Bewußtsein der Möglichkeit, daß die unwahre Angabe für die Willensentschließung des Käufers von Einfluß sein könne, z. B. die Versicherung über Ertragsfähigkeit des verkauften Theaters: RG 96, 156; die Angabe über den Umsatz oder die Einnahmen des verkauften Geschäfts: JW 1916, 1530[5]; 1913, 684[2]; 1938, 2613[1]; die Vorspiegelung, das verkaufte Gasthofgrundstück werde die Schankgenehmigung erhalten: WarneyerRspr. 1913 Nr. 282; Vorspiegelung einer Eigenschaft des Gutes oder Fabrikgrundstücks: WarneyerRspr. 1915 Nr. 108; LZ 1920, 335[2]; Vorspiegelung des Vorhandenseins eines ausreichenden Tonlagers auf einem Ziegeleigrundstück: LZ 1914, 67[6]; Vorspiegelung, der Verkäufer sei Selbstfabrikant: RG 96, 346. Auch dann liegt arglistige Vorspiegelung vor, wenn der Verkäufer bei Abgabe seiner Erklärung mit der Möglichkeit der Unwahrheit seiner Angaben rechnet. Ein ursächlicher Zusammenhang zwischen der Täuschungshandlung und dem Vertragsabschluß, der Annahme als Erfüllung oder dem Unterlassen der Mängelrüge ist nicht erforderlich (unten Anm. 162, 170b). Der schroffste Fall arglistiger Vorspiegelung ist der, daß mangelhafter Ware, wenn auch nicht gerade mit Bezug auf einen bestimmten Abschluß, der äußere Anschein vertragsmäßiger Beschaffenheit vom Verkäufer gegeben wird. Alsdann ist sogar der Tatbestand des Betrugs nach § 263 StGB erfüllt (RGSt 25, 182; 14, 310). Ist dagegen bei dem Verkauf eines Kraftwagens an einen Kraftwagenhändler der verkaufte Wagen als „neu herausgebracht" bezeichnet, obwohl er in allen wesentlichen Merkmalen mit dem bisherigen Modell übereinstimmt, so liegt darin keine arglistige Täuschung, wenn der Verkäufer davon ausgehen durfte, der Käufer sei mit der Übung der Kraftfahrzeughersteller bekannt, bei Beginn einer Saison den dann herausgebrachten Wagen ohne Rücksicht auf Neuerungen am Modell als „neu herausgebracht" zu bezeichnen (WarneyerRspr. 1929 Nr. 135). Einem Anspruch aus Arglist kann der Einwand der Vollständigkeit der Vertragsurkunde regelmäßig nicht entgegengehalten werden (WarneyerRspr. 1912 Nr. 198).

3. Unerhebliche Mängel im Sinne von § 459 Abs. 1 Satz 2 BGB (oben **Anm. 161** Anm. 42) erzeugen auch dann keine Gewährleistungsansprüche, wenn sie arglistig verschwiegen sind (WarneyerRspr. 1929 Nr. 45), oder wenn die Abwesenheit unerheblicher Fehler oder das Vorhandensein geringfügiger Eigenschaften arglistig vorgespiegelt worden ist. Denn dann darf der Verkäufer bei Vertragsschluß annehmen, es würde der Käufer bei Kenntnis des Mangels unter den gleichen Bedingungen abschließen. Wird aber durch das arglistige Verschweigen oder durch das arglistige Vorspiegeln der Tatbestand einer unerlaubten Handlung erfüllt, so versagt ein solcher Klagegrund nur, wenn die Arglist auf die Entschließung des Käufers, den Vertrag einzugehen, nicht von Einfluß gewesen ist (JW 04, 359[12]). Ist dagegen eine Eigenschaft oder die Abwesenheit von Fehlern — auch arglistig — nicht nur vorgespiegelt, sondern förmlich zugesichert, so ändert die Unerheblichkeit des Fehlers nichts an der Haftung, sofern nicht der Fehler so gering ist, daß er nur als eine unbeachtliche Schwäche erscheint (oben Anm. 46e).

Eine Garantieleistung für das Nichtvorhandensein gewisser Fehler oder für das Vorhandensein gewisser Eigenschaften (oben Anm. 48) hat die Wirkung, daß ein arglistiges Verschweigen der durch die Garantieleistung gedeckten Mängel und ein arglistiges Vorspiegeln von Eigenschaften nicht als vorhanden angenommen werden kann. Denn es ist in diesem Falle das arglistige Verhalten des Verkäufers nicht als zur Täuschung geeignet anzusehen. Das Einstehen-müssen des Verkäufers wird versprochen, nicht weil die Parteien davon ausgehen, daß die garantierte Eigenschaft vorhanden sei, sondern obwohl sie davon ausgehen, daß sie möglicherweise nicht vorhanden und auch nicht herstellbar ist.

Anm. 162 4. Gemeinsame Grundsätze über arglistiges Verschweigen und arglistiges Vorspiegeln:

a) Die Arglist kann bei Abschluß und bei Ausführung des Vertrags verübt sein.

Ist die Arglist bei Abschluß des Vertrags verübt, so können die Tatbestände der Gewährleistung, der Anfechtung und der unerlaubten Handlung zusammentreffen; das gegenseitige Verhältnis ist unten Anm. 177, das Verhältnis zwischen Gewährleistung und Täuschungsanfechtung im besonderen oben Anm. 56 und unten Anm. 176 erörtert. Über das Zusammentreffen von Gewährleistungsansprüchen mit Ansprüchen aus — arglistiger — positiver Vertragsverletzung in der Erfüllung s. unten Anm. 161.

Es ist schon oben Anm. 85 bemerkt, daß Gewährleistungsansprüche beim Spezieskauf — nämlich die Schadensersatzansprüche wegen Nichterfüllung, soweit sie auf Arglist gegründet sind (§ 463 Satz 2 BGB) — nur Platz greifen, wenn die Arglist bei Abschluß des Kaufvertrags oder gelegentlich des Abschlusses verübt worden ist, und nicht erst später, etwa bei der Eigentumsübertragung (der Erfüllung). Ist der Käufer über die Beschaffenheit der Kaufsache durch falsche Massenberechnung zum Abschluß bestimmt und ihm die falsche Berechnung erst bei der Übergabe der Kaufsache ausgefolgt, dann bedeutet das allerdings nicht schon deshalb Arglist bei der Erfüllung (LZ 1914, 1662[2]). Nicht erforderlich ist, daß der Verkäufer gerade durch das arglistige Verschweigen, die arglistige Vorspiegelung, die arglistige Zusicherung das Zustandekommen des Kaufvertrags erreicht hat (RG in JRdsch. 1926 Nr. 1348 u. 1351; 1927 Nr. 1641; LZ 1916, 306; WarneyerRspr. 1915 Nr. 230; „Recht" 1914 Nr. 1820; Planck Anm. 2 zu § 463; Staudinger[11] § 463 Bem. 2; Oertmann Bem. 1b § 463). Wird gem. § 463 Satz 2 BGB ein Schadensersatzanspruch aus der begangenen Nichtoffenbarung oder Vorspiegelung hergeleitet, so genügt es, daß der geltend gemachte Schaden als solcher auf die Arglist zurückzuführen ist. Es ist also nicht erforderlich, daß der Käufer durch die Täuschung über die Fehlerfreiheit der Sache zum Kaufabschluß überhaupt bestimmt worden sei und der Verkäufer eine solche Täuschung bezweckt habe; vielmehr genügt das Bewußtsein des Verkäufers, es könne der verschwiegene oder vorgespiegelte Umstand ursächlich sein, wenn das Verschweigen oder Vorspiegeln zum Hervorrufen einer Täuschung geeignet war, und der Verkäufer mindestens damit rechnete, es könne der Mangel dem Käufer unbekannt sein (WarneyerRspr. 1915 Nr. 230; JRdsch. 1927 Nr. 164). Sobald ein zur Täuschung geeignetes arglistiges Verhalten und die Täuschungsabsicht des Verkäufers feststehen, nimmt das Gesetz ohne weiteres den ursächlichen Zusammenhang zwischen dem arglistigen Verhalten des Verkäufers und dem Vertragsschluß als vorhanden an. Dem Verkäufer ist freilich der Beweis offen zu lassen, daß die Vorspiegelung oder das Verschweigen für den Vertragsabschluß ohne jede Bedeutung gewesen sei; an diesen Beweis sind indessen strenge Anforderungen zu stellen (RG in JW 1938, 2613[1] = SeuffA 92, 327).

Wird der Vertrag wegen arglistiger Täuschung angefochten oder aus der Arglist ein Anspruch wegen unerlaubter Handlung hergeleitet, so bedarf es zum Unterschied von den Gewährleistungsansprüchen (RG 96, 158) des nachzuweisenden ursächlichen Zusammenhanges zwischen Täuschung und Vertragsschluß. Der Grundsatz, daß es keines nachzuweisenden ursächlichen Zusammenhanges zwischen den arglistig falschen Angaben und dem Kaufentschluß bedarf, gilt also nur für ein beschränktes Gebiet; er gilt nur für die Ansprüche auf Schadensersatz wegen Nichterfüllung, wegen arglistigen Verschweigens von Fehlern, dem das arglistige Vorspiegeln über das Vorhandensein von Sacheigenschaften und das Nichtvorhandensein von Fehlern gleichgestellt ist. Der Unterschied ist sachlich begründet. Bei der Täuschungsanfechtung soll der Kaufvertrag rückwirkend vernichtet werden, also muß sein Geburtsakt gerade auf diese Täuschung zurückzuführen sein. Beim Schadensersatzanspruch aus § 823 Abs. 2 BGB ist die Begehung eines strafbaren Betruges (§ 263 StGB) erfordert, wozu schon nach strafrechtlichen Grundsätzen die Ursächlichkeit der Täuschung für den Vertragsabschluß gehört; beim Schadensersatzanspruch aus § 826 BGB muß die Sittenwidrigkeit in eben der Zufügung des Schadens bestehen, mithin auch hier als Täuschung ihn kausal hervorgerufen haben.

Die reine vertragsrechtliche Sanktion einer begangenen Arglist, bei bestehenbleibender Käufer-Verkäufer-Beziehung, ist minder schwer gegenüber der Sanktion durch Auflösung des Vertrages, strafrechtlicher Ahndung oder deliktsförmiger Haftung unter dem Vorwurf sittenwidrigen Negierens der Vertragstreue.

Differenzierter ist die Lage hinsichtlich der Gewährleistungsansprüche beim Gattungskauf. Das Gesetz (§ 480 Abs. 2 BGB) sagt nichts darüber, wann hier die Arglist begangen sein müsse. Man wird zu unterscheiden haben. Handelt es sich um einen arglistig verschwiegenen Fehler oder um das Fehlen einer arglistig vorgespiegelten Eigenschaft und haftet der Fehler (das Fehlen der Eigenschaft) der ganzen Gattung an, so ist erforderlich und genügend, daß die Arglist bei Vertragsschluß begangen wurde. Die Mängel der demnächst zu konkretisierenden Leistung sind alsdann präexistent, die Konkretisierung kann ihnen weder etwas nehmen noch etwas hinzufügen. Der Schadensersatz wegen Nichterfüllung folgt hier sogar aus § 463 BGB unmittelbar (RG DR 1941, 265[5]). Handelt es sich um eine Gattung, aus der eine ordnungsmäßige, d. h. ohne die arglistig verschwiegenen Fehler und mit den arglistig vorgespiegelten Eigenschaften sich darstellende Lieferung an sich möglich gewesen wäre, so ist abermals zu unterscheiden: Das arglistige Vorspiegeln einer Eigenschaft muß bei Vertragsschluß verübt worden sein; es genügt Eventualvorsatz der Lieferung mangelhafter Ware: RG in BayRpflZ Bd. 22, 276. Denn der Verkäufer soll für die arglistig vorgespiegelte Eigenschaft so einstehen müssen, als habe er sie vertraglich zugesichert (oben Anm. 86). Das Vorspiegeln, als ein freilich illoyales Moment der Werbung, zielt auf die Eigenschaft der künftig zu liefernden Sache; die Haftung hierfür bleibt eine Haftung kraft abgeschlossenen Vertrages (oben Anm. 86). Das arglistige Verschweigen eines Fehlers dagegen kann nur auf den Augenblick der Konkretisierung bezogen werden. Das Objekt der Arglist besteht hier überhaupt erst mit der Konkretisierung. Eine Offenbarungspflicht (oben Anm. 157) kann nicht anders als für die konkret mangelhafte Lieferung gedacht werden. Etwa vorher gehegte Absicht, mit vertragswidriger Ware zu erfüllen, würde an sich noch keine Arglist bedeuten (WarneyerRspr. 1941 Nr. 15; die gleiche Frage kann sich allerdings, namentlich bei Dauerschuldverhältnissen, für die Anwendung des § 123 BGB anders beantworten, vgl. BGH LM 123 BGB Nr. 12). Arglistiges Verschweigen wird hiernach erst relevant, wenn das Leistungsobjekt durch Gefahrübergang konkretisiert und dabei in einem Maße mangelhaft ist, daß der Verkäufer hätte reden müssen. Nur in diesem Umfange kann daher die unter Bezugnahme auf RG 70, 428 und WarneyerRspr. 1912 Nr. 159 geäußerte Auffassung der 1. Auflage (beim Gattungskauf werde regelmäßig nur Arglist bei der Erfüllung und nicht Arglist beim Vertragsschluß in Betracht kommen) aufrechterhalten werden.

Für Gattungs- wie für Spezieskauf gilt im übrigen gleichermaßen, daß eine Arglist im Stadium der Vertragserfüllung Ansprüche aus positiver Vertragsverletzung entstehen lassen kann (oben Anm. 102, 156), etwa durch bewußt falsche Auskunft auf eine vom Käufer wegen einer bestimmten Sacheigenschaft gestellte nachträgliche Anfrage; diese Arglist kann selbst nach Gefahrübergang bis zur Ablieferung begangen werden. Auch Ansprüche aus unerlaubter Handlung (Sachbeschädigung, Körperverletzung, Betrug, sittenwidrige Schadenszufügung) können, so wie vorher, so aus einer nunmehrigen Arglist im Erfüllungsstadium erwachsen. Das arglistige Verschweigen eines Mangels bei Lieferung von Gattungsware eröffnet Ansprüche nach §§ 823, 826 BGB, wenn der Käufer durch die Täuschung zum Verzicht auf seine Rechte bestimmt wurde; insbesondere wenn der Verkäufer zur Verdeckung der Mängel besondere Veranstaltungen mit Erfolg getroffen hat (RGSt. 14, 310). Allgemein beachte man wohl, daß der Verkäufer einem Arglistvorwurf wegen bloßen Verschweigens von Mängeln, wenn ein solcher Vorwurf gegen ihn zu den für Spezies- bzw. Gattungskauf maßgebenden Zeitpunkten noch nicht begründet gewesen war, im späteren Stadium der Erfüllung nur noch ausnahmsweise verfallen kann. Es wird dies nur da anzunehmen sein, wo eine gesteigerte Offenbarungspflicht bestand: etwa weil es irreführende, ursprünglich schuldlos gemachte, aber für die Verwendungszwecke des Käufers entscheidend gewesene Angaben richtigzustellen galt (so im Falle RG 91, 420); oder weil spezifische Schädigungen an Rechtsgütern des Käufers im Sinne der positiven Vertragsverletzung zu besorgen waren und der Verkäufer

Grund zu der Annahme hatte, die ihm selbst erst nachträglich bekanntgewordenen, vielleicht auch erst nachträglich aufgetretenen Mängel würden für den Käufer bei demnächstiger Untersuchung nicht ohne weiteres zu entdecken sein. Selbst dann aber wird im Hinblick auf den eingangs der Anm. 157 hervorgehobenen Interessenkonflikt eine sorgfältige Güter- und Pflichtenabwägung stattzufinden haben. Der Verkäufer muß nicht jede nachträglich erlangte Kenntnis von einem Mangel an den Käufer weitergeben. Er ist zwar gehalten, über den Gewährleistungsbereich hinausgehende Schädigungen des Käufers hintanhalten zu helfen, nicht aber, dem Käufer die Grundlagen für Gewährleistungsansprüche — möglicherweise sogar solche, die schon vor Gefahrübergang geltend gemacht werden könnten (oben Anm. 57) — an die Hand zu geben. Die dem Käufer aus dem Unterbleiben nachträglicher Mitteilung drohenden Schäden müssen also derart überwiegend sein, daß dem Verkäufer zugemutet werden muß, ihn auf die Gefahr gewährschaftsrechtlicher Weiterungen hin dennoch zu informieren. — Erkannte der Käufer bei der Erfüllung den Mangel der Kaufsache, so hat er seine Ansprüche bei vorbehaltloser Annahme aufgegeben. Durch einen Vorbehalt bei der Annahme wahrt er sich aber trotz Kenntnis des Mangels seine Rechte, während bei Kaufabschluß bereits begründet gewesene Kenntnis einen Vorbehalt bei der Annahme unerheblich macht (arg. §§ 460, 464 BGB; RG 55, 215).

Für die Anwendung des § 377 Abs. 5 stellt sich die Frage nach dem Zeitpunkt der begangenen Arglist unabhängig von dem vorstehend Gesagten. Siehe im einzelnen dazu unten Anm. 170.

Anm. 163 Mit der Arglist des Verkäufers kann eine Arglist des Käufers zusammentreffen. In diesem Falle bleibt als einziger Weg eine Abwägung des beiderseitigen Verschuldens nach § 254 BGB übrig (vgl. JW 08, 329[12]; 05, 717[6]). Trifft von mehreren Verkäufern nur einen oder einige der Vorwurf der Arglist, so treffen nur diese die Folgen ihres arglistigen Verhaltens (§§ 425, 427 BGB; dazu unten Anm. 164).

Mit der Arglist des Verkäufers kann eine Fahrlässigkeit des Käufers zusammentreffen. Alsdann finden, für die Anwendung der auf der Arglist des Verkäufers aufbauenden Sonderregeln (namentlich die des § 377 Abs. 5), die Grundsätze über Mitverschulden keine Anwendung, wenn der Käufer der Täuschung des Verkäufers fahrlässig (selbst grobfahrlässig: vgl. § 460 BGB und BGH BetrBer. 1957, 238) vertrauend den Kauf abgeschlossen oder die Mängelrüge versäumt hat (LZ 1911, 60[14]; oben Anm. 38, unten Anm. 170b; vgl. RGSt. 14, 311). Im übrigen hängt es von den Umständen ab, ob und in welchem Umfange fahrlässiges Selbstverschulden gegenüber einer arglistigen Schädigung eine Schadensteilung nach § 254 BGB herbeiführen kann. Immerhin ist eine Beachtung der Fahrlässigkeit mit der Folge der Schadensteilung die Ausnahme; sie bedarf der Rechtfertigung durch besondere Umstände (RG 76, 323; 78, 394; 130, 6; 143, 57; 148, 58; WarneyerRspr. 1914 Nr. 49; unten Anm. 167 a. E.).

Anm. 164 b) Die Arglist braucht nicht vom Verkäufer persönlich verübt zu sein (vgl. Vorbem. vor § 48 Anm. 52ff.). Persönlich ist sie vom Verkäufer verübt, wenn er sich irgendwie an der Arglist seines Vertreters beteiligt; sei es, daß er ihn zu arglistigem Verhalten bestimmt, dessen arglistiges Verhalten wissentlich duldet oder hinterher irgendwie genehmigt; kurz ausgedrückt: wenn die arglistigen, den Gegner schädigenden Handlungen des für den Verkäufer Abschließenden in der Willensrichtung des Verkäufers gelegen haben. Dann muß der Verkäufer die Arglist seines Vertreters geradezu als eigene Handlung vertreten (WarneyerRspr. 1912 Nr. 198). So auch, wenn der Geschäftsherr von der Arglist seines Vertreters erfährt und nicht durch Aufklärung des Vertragsgegners hindernd dazwischentritt (JW 1912, 284[2]; unten Anm. 165). Oder wenn er die Haftung durch die Erklärung übernommen hat, der Gegner solle sich nur an den Vertreter halten, dessen Erklärungen vertrete er (RG 63, 151; WarneyerRspr. 1912 Nr. 198); oder wenn er weiß, sein Vertreter werde in bestimmter Richtung dem Kauflustigen Auskunft erteilen (vgl. unten Anm. 167). Der Verkäufer muß sich als persönlich handelnd ansehen lassen, wenn er eine fehlerhafte Sache zum Zweck der Täuschung durch einen gutgläubigen Dritten in dessen Namen dem Käufer veräußern läßt, um dann selbst als Verkäufer aufzutreten; er begegnet der Einrede der unerlaubten Rechtsausnützung. Darüber, wenn der Verkäufer von Dritten bezieht, unten Anm. 166. Ist die Arglist von dem gesetzlichen Vertreter einer juristischen Person in Ausübung der ihm anvertrauten Verrichtungen bei Eingehung des Vertrags begangen, so muß sie dessen Handeln wie eigene Arglist gelten lassen (arg. § 31 BGB; vgl. auch AktGes.Komm.² § 71 Anm. 21). Ein Dritter, der den Abschluß durch arglistige Täuschung zustande gebracht hat, haftet aus § 463 BGB, wenn er Mittäter oder Gehilfe des arglistigen Verkäufers gewesen ist (RG 103, 161 oben), auf das Erfüllungsinteresse wie der Verkäufer selbst (BGH NJW 1960, 238; a.M. Planck § 463 Erl. 8). Anders, wenn den Dritten allein der Vorwurf der Arglist trifft; er haftet nach § 826 BGB (RG 61, 252).

Bei der Gesamtvertretung ist vorab zu bemerken: Eine wirksame Willenserklärung ist abgegeben, wenn von zwei Vertretern nur einer nach außen handelt und der andere ihm Vollmacht oder Genehmigung erteilt (Vorbem. vor § 48 Anm. 25ff.; vgl. dazu Schwoerer, Die Ausübung der Gesamtvertretung, Wertheim a.M. 1931, S. 25ff.), vorausgesetzt, daß der Handelnde auch nach außen als Bevollmächtigter des andern Gesamtvertreters aufgetreten ist oder dessen Genehmigung dem Vertragsgegner zu erkennen gegeben hat. Es genügt auch, wenn die Einwilligung oder Genehmigung des einen Gesamtvertreters dem zweiten Gesamtvertreter gegenüber ausdrücklich oder stillschweigend erklärt wird (RG 112, 221 oben). Für Arglist bei Eingehung des Vertrags läßt sich nun hinsichtlich der Gesamtvertretung nicht unbedingt der Satz aufstellen, daß die Kenntnis eines Gesamtvertreters der Kenntnis des Vertretenen gleichsteht. Es besteht nur ein Rechtssatz des Inhalts, daß die Kenntnis — sei es auch nur — eines Gesamtvertreters (nicht das Wissenmüssen) von bestimmten Tatsachen oder sonstigen erheblichen inneren Zuständen (dazu gehört auch die eigene betrügliche Absicht) als Kenntnis des Vertretenen gilt, soweit diese Kenntnis die Folge einer namens des Vertretenen abgegebenen Willenserklärung beeinflußt; so schon im Recht der Gesamtprokura (§ 48 Anm. 15 sub *β*); namentlich bei einer juristischen Person begründet die Arglist eines einzelnen innerhalb eines mehrköpfigen, gesamthandlungsberechtigten Vertretungsorgans ihr Einstehen-müssen (RG 110, 146; WarneyerRspr. 08 Nr. 600; RG bei Holdheim 09, 321; AktGes.Komm.² § 71 Anm. 21). Hiermit ist nicht nur der Fall gedeckt, in welchem der nicht abschließende unterrichtete Gesamtvertreter weiß, daß die abschließenden und zum Abschluß berechtigten anderen Gesamtvertreter die Sachlage nicht kennen (RG 81, 436; JW 1914, 399[1]), oder in welchem der nicht abschließende unterrichtete Gesamtvertreter die nichtunterrichteten anderen zum Abschluß berechtigten Gesamtvertreter zum Abschluß veranlaßt hat, sondern auch der Fall, in welchem der nicht abschließende unterrichtete Gesamtvertreter einen gewissen Umstand kannte und auch wußte, daß er, wenn er abschließen würde, den Umstand offenbaren müßte, daß aber andere nicht unterrichtete Gesamtvertreter die Verhandlungen führen und zum Abschluß bringen wollen; denn dann besaß der Vertretene die Kenntnis des bestimmten, beim Abschluß verschwiegenen Umstandes. Um so mehr muß der Vertretene sich die Arglist eines Gesamtvertreters zurechnen lassen, wenn ein Gesamtvertreter sich bei den Vorverhandlungen einer Arglist schuldig macht, und er in der Folge gemeinsam mit anderen gutgläubigen Gesamtvertretern das Geschäft mit dem Getäuschten zum Abschluß bringt, oder wenn er andere gutgläubige abschlußberechtigte Gesamtvertreter das Geschäft auf der von ihm vorbereiteten Grundlage abschließen läßt. Die Kenntnis gilt dann als in der Person der Abschließenden gegeben (vgl. LZ 1913, 140[5]).

Darüber, daß bei einem dem Kaufrecht unterliegenden Werklieferungsvertrag — s. insoweit § 381 — die Manipulation eines Arbeiters, der im Herstellungsprozeß der herzustellenden Sache durch bewußt verbotswidrige Behandlung einen Fehler beibringt, dem Verkäufer nicht als Arglist eines „Erfüllungsgehilfen" in der Offenbarungspflicht bei der demnächstigen Auslieferung zugerechnet wird: BGH MDR 1968, 660 = BetrBer. 1968, 689.

Die Arglist Bevollmächtigter **beim Abschluß von Verträgen** wird dem Vollmachtgeber als Verkäufer in gleicher Weise zugerechnet wie seine eigene. Dieser muß auf Grund der §§ 164, 166, 463 Satz 2 BGB für das Erfüllungsinteresse haften, wenn der Bevollmächtigte bei Vertragsschluß das Vorhandensein einer Sacheigenschaft arglistig vorgespiegelt oder einen Fehler der Sache arglistig verschwiegen hat (RG 83, 244; übrigens abweichend von der Rechtslage bei arglistigem Verhalten des Bevollmächtigten in bezug auf das Verschweigen von Rechten: hier gelten deliktsrechtliche Grundsätze [RG 103, 49], wenn nicht etwa ein Verschulden bei Vertragsschluß [§ 347 Anm. 22ff.] zu be- **Anm. 165** gründen ist). Ebenso muß der Vollmachtgeber sich die Anwendbarkeit des § 377 Abs. 5 entgegenhalten lassen. Der Vollmachtgeber muß das Geschäft als untrennbare Einheit so hinnehmen, wie es der Bevollmächtigte mit allen Fehlern abgeschlossen hatte (RGR-Komm.[11] § 166 Anm. 20). Die Billigkeit, die man dafür anruft, daß der, der die Vorteile eines Geschäfts genießt, auch dessen Nachteile hinnehmen müsse (Kiehl Gruch. 63, 261), hat auch noch eine andere Seite. Der Vollmachtgeber hat zwar nur Auftrag zu redlichem Abschluß gegeben, soll aber nun dennoch ohne weiteres für einen Mißbrauch der Vollmacht verantwortlich sein: wenn man diesen Schritt macht, muß man auch den arglistig handelnden Bevollmächtigten selbst für das Erfüllungsinteresse haften lassen, sei es, daß er sich an der arglistigen Täuschung des Vollmachtgebers bei Sachmängeln beteiligt hat (Mittäter, oben Anm. 164), dann aber auch in dem anderen Falle, daß seine Arglist dem Vollmachtgeber lediglich so zugerechnet wird, als habe dieser selbst sie verübt. Insoweit ist das Ergebnis nur die Anwendung einer neuerdings im Vordringen begriffenen Lehre von der eigenen, im Vertragsmaßstab gegebenen Haftung des Verhandlungsbevollmächtigten wegen seines persönlichen Verschuldens beim Vertragsschluß (Ballerstedt AcP 150, 501ff.; Larenz, Schuldrecht AllgT 6. Aufl. S. 44; Soergel-Siebert 9. Aufl. Rdn. 4 zu § 164 u. Rdn. 14ff. vor § 275; vgl. auch BGHZ 14, 313, 318; RGR-Komm. Anm. 91 zu § 276; BGH LM § 276 BGB [Fa] Nr. 4; Celle BetrBer. 1961, 1241). — Sollen mehrere Bevollmächtigte nur gemeinsam handeln, so haftet der Vollmachtgeber, wenn auch nur einer sich einer Arglist schuldig macht, nach denselben Gesichtspunkten, wie sie oben Anm. 164 für die Gesamtvertretung gekennzeichnet sind (vgl. RG 112, 221). Eine Schranke ist der Haftung des Vollmachtgebers für Arglist seines Vertreters jedoch dahin gezogen, daß die Partei, die den Mißbrauch der Vollmacht durch den Bevollmächtigten des Gegners erkannt hat oder bei einiger Überlegung hätte erkennen müssen, daraus keinen Vorteil ziehen darf; denn darin liegt illoyales Zusammenwirken, das der Einrede der unerlaubten Rechtsausnützung Raum gibt (RG 101, 73; LZ 1918, 376[8]; 1914, 173[2]).

Anm. 166 Arglist seines **Geschäftsvermittlers** wird dem Verkäufer dagegen nicht ohne weiteres zugerechnet. Allenfalls kann er für ihn nach den Grundsätzen des Verschuldens beim Vertragsschluß einstehen müssen. Namentlich fällt eine Arglist des Vermittlers dem Verkäufer dann nicht zur Last, wenn der Vermittler nach außen für ihn nicht in die Erscheinung getreten war, ihn etwa nur intern beraten hatte (BGH LM § 166 BGB Nr. 8 = MDR 1964, 130 = BetrBer. 1963, 1353 [für einen Fall aus § 138 BGB]); der Vermittler selbst würde in solchen Fällen dem Käufer nur deliktisch haftbar sein können.

Anders liegt es dagegen (BGH, wie vor), wenn der Vermittler zur Führung der Vertragsverhandlungen vom Verkäufer beauftragt und bevollmächtigt worden war und demgemäß die Verhandlungen für ihn geführt hat, selbst wenn der Abschluß nicht durch ihn erfolgt ist. Alsdann wird die Rechtsfolge des § 166 BGB bezogen auf die Verhandlungsphase und eine beim Verhandlungsbevollmächtigten obwaltende Arglist dem Verkäufer wiederum zugerechnet, wenn nächstdem das Verhandlungsergebnis in den Abschluß eingeht. Die Haftung für jedes Verschulden (also auch für Arglist) des Vermittlers ist gleichsam vertraglich übernommen, wenn der Vermittler in Wahrheit nicht auf seine Vermittlertätigkeit beschränkt ist, sondern mit Duldung des Verkäufers so auftritt, daß er den Käufer in den Glauben versetzen muß, seine Tätigkeit sei als die des Verkäufers anzusehen, und nun auf der vom Vermittler hergestellten Grundlage abgeschlossen wird (RG 63, 151). Hinwiederum haftet — im Vertragsmaßstab — auch der arglistig handelnde Vermittler persönlich (oben Anm. 165 a. E.). — Einen Anwendungsfall bildet der Handelsvertreter, wenn er Vermittlungsvertreter ist. Hier hat der Vertretene — der Unternehmer i. S. des § 84 — das von dem Handelsvertreter abschlußreif vorbereitete Geschäft so gegen sich gelten zu lassen, wie dieser es mit dem Partner festgelegt hat; Kenntnis [und Kennen-müssen] des Handelsvertreters in bezug auf Tatsachen gehen daher mit zu Lasten des Unternehmers. Siehe hierüber im einzelnen § 91 a Anm. 1. Eine Kenntnis, die der Vermittlungsvertreter nach Abschluß seiner Bemühungen bis zum förmlichen Vertragsschluß durch den Unternehmer erfährt, kann diesem allerdings noch zur Last fallen, wenn sie „im unmittelbaren sachlichen und zeitlichen Zusammenhang mit der Vermittlungstätigkeit erlangt ist“ (und damit dem Handelsvertreter auch jetzt noch Anlaß zur Aufklärung des Käufers hätte geben müssen), BGH LM § 307

BGB Nr. 1 = Betrieb 1957, 745. Immerhin ist hinsichtlich der Haftung auf Schadensersatz eine Einschränkung zugunsten des Auftraggebers am Platze. Der Satz, daß gegenüber einer Arglist das Kennenmüssen des anderen Teils nicht ins Gewicht falle, gilt hier nicht; man muß vom Käufer verlangen, daß er den Erklärungen des Vermittlers gegenüber von seinem eigenen Verstande Gebrauch macht und nicht blindlings vertraut (§ 254 BGB; RG 71, 217).

Für die Arglist des Unteragenten des Vermittlers läßt sich keine Haftung des Geschäftsherrn begründen (Riehl Gruch. 60, 919).

Für die Arglist von gesetzlichen Vertretern, Bevollmächtigten und Erfüllungsgehilfen, deren sich diese Personen **bei Erfüllung des Vertrags,** also nach Vertragsschluß, in Ausübung ihrer Verrichtungen schuldig gemacht haben, kommen Gewährleistungsansprüche nicht in Betracht, sofern es sich nicht um einen Gattungskauf handelt (s. oben Anm. 162). Für Arglist bei der Erfüllung durch die gedachten Personen muß der Verkäufer wie für eigene Arglist einstehen, weil sie seine Hilfspersonen sind (§ 278 BGB; Vorbem. vor § 48 Anm. 52ff.; § 347 Anm. 14ff.). Er kann nicht auf seine sorgfältige Auswahl nach § 831 BGB verweisen. Zur Erfüllung einer Verbindlichkeit im Sinne des § 278 BGB gehört alles, was von dem Vertragsschuldner verlangt werden kann. Die Haftung nach § 278 BGB tritt überall ein, wo der Verkäufer selbst dem Käufer nach Maßgabe des Vertrags gerecht werden muß und ihn nicht auf die Haftungsgrundsätze für unerlaubte Handlungen verweisen kann. Die Haftung beschränkt sich also auf in Ausführung des Vertrags vorgenommene Handlungen. Der Verkäufer haftet aber nicht für unerlaubte Handlungen, die sein Erfüllungsgehilfe bei Gelegenheit der Erfüllung vorgenommen hat (RG 63, 344; Warneyer Rspr. 08 Nr. 293). Die Haftung für die Vertreter, Bevollmächtigten und Erfüllungsgehilfen greift also Platz, wenn den Verkäufer, hätte er selbst an deren Stelle gehandelt, der Vorwurf der Arglist treffen würde. Bei der Gesamtvertretung ergibt sich die Haftung für das Verschulden eines von mehreren Vertretern aus § 31 BGB sowohl als auch aus § 278 BGB; der Verkäufer muß sich die Kenntnis oder fahrlässige Unkenntnis eines einzelnen Vertreters von der von einem andern Vertreter begangenen Arglist entgegenhalten lassen (vgl. RG 110, 147 oben und Vorbem. vor § 48 Anm. 70; ferner AktGes. Komm.[2] § 71 Anm. 21). Der Verkäufer hat zwar für die Vertragstreue seines Lieferanten nach § 157 BGB einzustehen (RG 103, 182); aber der Lieferant ist nicht sein Erfüllungsgehilfe in den Fällen, in denen er die Ware zunächst dem Verkäufer liefert, der sie dann seinerseits an den Käufer weiterliefert (RG 101, 158; Vorbem. vor § 373 Anm. 169). Deshalb haftet der Verkäufer nicht für die Arglist seines Lieferanten, wenn dieser ihm Ware in täuschender Aufmachung schickt und er die Ware ohne Besichtigung und ohne Kenntnis vom wahren Sachverhalt an den Käufer weitergehen läßt („Recht“ 08 Nr. 3087), oder wenn er mit derselben Zusicherung, wie sie ihm sein Lieferant gemacht hat, weiterverkauft und liefert, ohne sich von der Wahrheit der Zusicherung zu überzeugen (JW 05, 639[3]); es wäre denn, daß der Verkäufer damit rechnen mußte oder gerechnet hat, es werde der Käufer im Vertrauen auf die gesandten Typmuster eine besondere Untersuchung der Ware nicht vornehmen (WarneyerRspr. 1921 Nr. 104). Nur wenn der Verkäufer seine Vertragspflichten unmittelbar durch dritte Personen, also auch durch seinen Lieferanten (RG 108 221), dem Käufer gegenüber erfüllen läßt, sind diese Personen seine Erfüllungsgehilfen (oben Anm. 101; dagegen DürHach. § 377 Anm. 80). Dann haftet er für deren Arglist. Die Haftung des Verkäufers ist hier keine solche auf Schadensersatz wegen Nichterfüllung aus Gewährleistung (WarneyerRspr. 1922 Nr. 40), sondern eine Haftung wegen positiver Vertragsverletzung (hierüber § 347 Anm. 1ff.; oben Anm. 100ff.). **Anm. 167**

c) Arglist hinsichtlich Sacheigenschaften ist hier überall Voraussetzung. Allgemeine Redensarten, die im Verkehr nicht für verbindlich genommen werden (oben Anm. 43), vermögen keine Arglist zu begründen. Auf Sacheigenschaften muß sich die Arglist beziehen; daher ist arglistige Täuschung über den Selbstkostenpreis (WarneyerRspr. 09 Nr. 399) oder über den Wert einer Sache (oben Anm. 41 sub a) keine Unterlage für Gewährleistungsansprüche, wohl aber kann eine solche Arglist die Anfechtung oder Ansprüche aus unerlaubter Handlung rechtfertigen. Täuschungsabsicht ist nötig (oben Anm. 156ff., 160), die dadurch nicht immer beseitigt wird, daß der Verkäufer genauere Auskunft über die Beschaffenheit der Kaufsache ablehnt (vgl. WarneyerRspr. 1920 Nr. 83). **Anm. 168**

Täuschungshandlungen, die etwa die Entdeckung der Mängel erschweren oder verhindern sollten, sind für arglistiges Verschweigen nicht erforderlich (WarneyerRspr. 08 Nr. 620); bei arglistigem Vorspiegeln liegen Täuschungshandlungen schon im Begriff. Grobe Fahrlässigkeit kann der Arglist in allen hier fraglichen Beziehungen nicht gleichgestellt werden (BGH LM § 463 BGB Nr. 1; RG 62, 302). Hingegen steht, für die Arglist, der Kenntnis des Vorhandenseins der verschwiegenen oder des Nichtvorhandenseins der vorgetäuschten Umstände gleich, wenn der Verkäufer zwar diese Kenntnis nicht bis zum Grade einer vollen Gewißheit besitzt, wohl aber mit der Möglichkeit rechnet, es könne so sein, und für solche Fälle den täuschenden Effekt seines Verhaltens gleichwohl in Kauf nimmt, ja billigt (dolus eventualis), BGH LM § 463 BGB Nr. 1. So z. B. wenn der Verkäufer nur für den Fall der Unkenntnis des Käufers von einem Ereignis (Schachteinsturz) die Annahme seines Verkaufsangebots (von Kuxen) hat erwarten können (JW 04, 167[6]). Immer ist daran festzuhalten, daß der Verkäufer mit der Möglichkeit, daß die Sache sich anders verhalte, als er angegeben, gerechnet und diesen schlechten Ausgang mit in seinen Willen wirklich aufgenommen haben muß; er muß auch bei bestimmter Kenntnis der Fehler so haben handeln wollen, wie er gehandelt hat (oben Anm. 157). Dies trifft zu bei bestimmten Behauptungen bestimmter Tatsachen (z. B. des Ertrags des Geschäfts), die dem Verkäufer nicht bekannt waren (vgl. JW 1911, 213[7]). Es trifft nicht zu, wenn der Verkäufer in der Hoffnung handelte, daß ein Mangel nicht vorliege, und nicht so gehandelt hätte, wenn er gewußt hätte, daß der Mangel vorhanden war.

Anm. 169 5. Der Beweis der Kenntnis von dem Mangel und des arglistigen Verhaltens liegt dem Käufer ob, der dadurch seine Rechtslage erleichtern will (JW 08, 329[12]; WarneyerRspr. 1910 Nr. 237). Der Verkäufer hat die Annahme der Gutgläubigkeit für sich. Er braucht sich nicht zu entschuldigen, daß er habe annehmen dürfen, der Käufer werde den Fehler erkennen; noch braucht er darzutun, daß sein guter Glaube ein berechtigter war; sonst müßte man die in Anm. 168 abgelehnte Möglichkeit einer fahrlässigen Täuschung unterstellen. Stehen die Kenntnis des Mangels, die Offenbarungspflicht und das Verschweigen einmal fest, so kann sich der Verkäufer den Folgen nur durch den Beweis entziehen, daß der Käufer den Mangel beim Abschluß und, wenn die Täuschung bei der Erfüllung stattfand, den Mangel bei der Lieferung kannte (was sich etwa erst nachträglich herausgestellt hat), denn dann geht die beabsichtigte Arglist des Verkäufers ins Leere und bleibt ohne Rechtserheblichkeit (RG 102, 395; 55, 214; oben Anm. 117; unten Anm. 170c). Dasselbe ist der Fall, wenn der Verkäufer auch nur angenommen hat, es habe der Käufer den Mangel wahrgenommen; denn dann war sich der Verkäufer nicht bewußt, daß er täuschte; es fehlt die Täuschungsabsicht (RG bei Gruch. 52, 981). Der Verkäufer kann ferner dartun, daß der Käufer die Ware genehmigt habe (unten Anm. 170c), oder daß der Käufer auf das Verschwiegene kein Gewicht gelegt hätte, auch wenn es ihm mitgeteilt worden wäre (oben Anm. 158). Dagegen nützt ihm der Beweis nichts, daß er die Ware auch dann nicht billiger abgelassen hätte, wenn dem Käufer der Fehler bekannt gewesen wäre, oder daß der Kaufpreis der Ware entspreche, oder daß die Täuschung im Interesse des Käufers erfolgt sei; denn der Verkäufer darf sich die Erreichung seines Zwecks nicht durch Arglist erleichtern.

B. Die Rechtsfolgen arglistigen Verschweigens und arglistigen Vorspiegelns.

Anm. 170 1. **Die Mängelanzeige nach § 377 ist nicht erforderlich** (§ 377 Abs. 5). Die Vorschrift bezieht sich ihrem Wortlaut nach zwar nur auf den Fall, daß der Verkäufer den Mangel arglistig verschwiegen hat. Doch gilt das gleiche sinngemäß, wenn eine Eigenschaft vorgespiegelt und — arg. a minore ad maius — eine Eigenschaft arglistig zugesichert, d. h. bei Abgabe der Zusicherung vom Verkäufer arglistig verfahren wurde: die Gewährschaftsansprüche wären hier wie dort dieselben (oben Anm. 49), die Arglist gleich gravierend; das Fehlen der Eigenschaft ist der „Mangel", bezogen auf die vom Verkäufer selbst vorgegebene Qualitätsebene (wegen des Problematischen in der Unterscheidung von vorhandenen Mängeln und fehlenden Eigenschaften s. schon oben Anm. 39). Wie hier: Schlegelberger-Hildebrandt § 377 Anm. 34; DürHach. § 377 Anm. 4c. — Im übrigen verlangt der Wortlaut unserer Vorschrift nicht, daß eine Arglist so beschaffen gewesen sein müsse, den Käufer gerade zum Unterlassen der Rüge zu bestimmen (unten Anm. 170b; DürHach. § 377 Anm. 4c; Schlegelberger-Hildebrandt § 377 Anm. 34; anders anscheinend BGH MDR 1955, 31). Der Verkäufer, der bis zur Ablieferung arglistig gewesen oder geworden ist, weiß nicht nur um den Mangel, sondern verschleiert diese seine Kenntnis in unanständiger Weise und soll deshalb nicht erwarten dürfen, daß der Käufer unverzüglich rüge.

Der Käufer ist also, wenn der Verkäufer den Mangel arglistig verschwiegen, Eigenschaften oder die Abwesenheit von Fehlern arglistig vorgespiegelt oder arglistig zugesichert hat (oben Anm. 86, 159 u. 160), von der Mängelanzeige hinsichtlich dieses Mangels befreit. Er ist befreit, wo er sonst hätte rügen, und zwar rechtzeitig nach Ablieferung hätte rügen müssen. Das bedeutet, daß die Arglist des Verkäufers rüge-entlastende Wirkung hat, wenn sie bis zur Ablieferung begangen wurde und in diesem Zeitpunkt noch wirksam war (RG 91, 423; ebenso BGH MDR 1955, 31 [allerdings mit mißverständlicher Beschränkung auf den Gattungskauf und insoweit durch die Vermengung von Konkretisierung und Ablieferung nicht überzeugend]). Es ist also nicht entscheidend, wann die Arglist verübt worden ist. Unsere Vorschrift stellt es bewußt nicht auf frühere Begehungszeitpunkte — Kaufabschluß (oben Anm. 85), Gefahrübergang (oben Anm. 162) — ab, wie sie für die Begründung der besonderen Gewährschaftsansprüche auf Schadensersatz wegen Nichterfüllung Bedeutung gewinnen können. Die Rügepflicht, die auf die Erhaltung aller Ansprüche aus Mängeln der Sache zielt, entfällt unterschiedslos, sobald eine wann immer begangene Arglist für den Augenblick der Ablieferung als (fort-)wirkend festgestellt werden kann. Arglist durch Vorspiegeln von Eigenschaften kann bei Kaufabschluß, zwischen Kaufabschluß und Ablieferung und bei Ablieferung verübt sein; wo für Vertragshaftung relevant, löst sie die Rechtsfolge des § 377 Abs. 5 stets aus. Wegen der Arglist durch Verschweigen von Mängeln und der für sie maßgebenden Begehungszeitpunkte auf Grund bestehender Offenbarungspflicht — unsere Vorschrift schafft eine solche nicht, sondern setzt sie als gegeben voraus — ist auf oben Anm. 85, 156, 157, 162 und die dort dargelegten Unterschiede bei Spezieskäufen einerseits, Gattungskäufen andererseits zu verweisen. Hinwiederum bildet die Ablieferung die letzte Grenze, jenseits deren § 377 Abs. 5 seine Kraft verliert. Die Arglist des Verkäufers, soweit sie nach der Ablieferung überhaupt noch begangen werden könnte, darf nicht erst während der Rügefrist begangen sein (RG DRiZ 1926 Beil. 39 Nr. 155). Denn eine Arglist könnte durch Verschweigen in diesem Zeitpunkt gar nicht mehr begangen werden, allenfalls durch Vorspiegeln. Insoweit kann es zwar durchaus Fälle geben, in denen der Verkäufer den Käufer durch bewußt falsche Angaben während der Rügefrist von der Erstattung der Rüge abhält: hier führt nicht unsere Vorschrift, wohl aber die über § 826 BGB entstehende Schadensersatzpflicht wegen sittenwidriger Schädigung im Ergebnis gleichwohl zu einer Befreiung von der Rügepflicht; der Verkäufer muß sich (§ 249 BGB) so behandeln lassen, als sei rechtzeitig gerügt worden.

a) Nur von der Mängelanzeige hinsichtlich des arglistig verschwiegenen Mangels oder der arglistig vorgespiegelten (bzw. arglistig zugesicherten) Eigenschaft ist der Käufer befreit. Hatte die Ware andere Mängel, die der Verkäufer z. B. selbst nicht kannte, so tritt die Befreiung insoweit nicht ein. Das geht schon aus der Fassung des § 377 Abs. 5 hervor und entspricht seinem Sinn. Dasselbe muß gelten, wenn das arglistige Verschweigen oder Vorspiegeln nur einen Teil einer teilbaren Lieferung betrifft. **Anm. 170a**

b) Die Täuschungsabsicht braucht nicht erreicht zu sein, d. h. es ist nicht, wie unter der Herrschaft des Art. 350 ADHGB angenommen wurde, erforderlich, daß der Käufer durch die Täuschung zum Unterlassen der Mängelrüge veranlaßt worden ist. Ein ursächlicher Zusammenhang zwischen dem arglistigen Verschweigen, der arglistigen Vorspiegelung, der arglistigen Zusicherung einerseits und der Unterlassung der Mängelrüge andererseits ist nicht nötig (§ 377 Abs. 5; RG 102, 394; 91, 423 oben; JW 1914, 189[6]; LZ 1919, 691[5]; RG in JurRundsch. 1926 Nr. 1351 u. 2130; SeuffA 86, 45); Fahrlässigkeit des Käufers ändert nichts (unten Anm. 171). Ebensowenig ist es übrigens nötig, daß der Käufer infolge eines beim Kaufabschluß betätigten arglistigen Verhaltens des Verkäufers zur Unterlassung der in § 478 BGB zur Erhaltung der Gewährleistungsrechte gegebenen Rechtshandlungen bestimmt worden sei (§ 478 Abs. 2 BGB; oben Anm. 146). **Anm. 170b**

Anm. 170c c) Die Genehmigung der Ware kann allerdings auch in Fällen arglistigen Verschweigens, arglistiger Vorspiegelung und arglistiger Zusicherung erfolgen. Ein Verzicht auf Gewährleistungsansprüche mit Wirkung der Genehmigung der Kaufsache liegt in der Kenntnis der Fehler beim Kaufabschluß auch dann, wenn der Verkäufer arglistig gehandelt hat (§ 460 BGB; oben Anm. 117). Weil die Arglist hier bedeutungslos ist, kann ein Vorbehalt den Ausschluß der Haftung nicht hindern (RG 55, 214; LZ 1916, 222[10]). Ferner verzichtet der Käufer trotz Arglist des Verkäufers, wenn der Käufer den Fehler der Kaufsache bei deren Annahme gekannt und keinen Vorbehalt gemacht hat (§ 464 BGB; oben Anm. 118ff.; RG 101, 73; Warneyer-Rspr. 1912 Nr. 198; JW 1915, 445[3]). Die Kenntnis seines Vertreters muß sich der Käufer anrechnen lassen (oben Anm. 159, 164, 165); es wäre denn, daß der Verkäufer den Mißbrauch der Vollmacht erkennen mußte; in diesem Falle begegnet der Verkäufer der Einrede der unerlaubten Rechtsausnützung, so daß er sich auf die Kenntnis des Vertreters des Käufers nicht stützen kann (RG 101, 73). Über Teillieferung und zusammengehörige Sachen oben Anm. 118a. Über den vertragsmäßigen Ausschluß der Gewährleistung im Falle der Arglist oben Anm. 121 und unten Anm. 173, im Falle öffentlicher Versteigerung oben Anm. 122. Der Käufer verzichtet auch bei Arglist des Verkäufers stillschweigend, wenn er die Ware in Kenntnis des Mangels bezahlt (Hamburg SeuffA 74, 43; oben Anm. 116), oder wenn er die Ware trotz Kenntnis des Mangels in Gebrauch und Benutzung nimmt, über sie verfügt (vgl. oben Anm. 66, 67 u. 83; oben Anm. 114 u. 118a). Denn nur der in § 377 ausgesprochene, an die Unterlassung unverzüglicher Mängelanzeige geknüpfte Nachteil der fiktiven Genehmigung fällt im Falle der Arglist fort (RG 1, 300). Dies alles gilt aber nur, wenn in diesen Handlungen wirklich ein Verzicht nach Auslegung des Vertragswillens lag, wenn also feststeht, daß der Käufer auf die Arglist kein Gewicht gelegt hat (oben Anm. 158). Dies ist nicht der Fall, wenn der Käufer den Mangel erst bei der Annahme erkannt und sich seine Rechte vorbehalten hat, denn der Käufer kann ja die Ware behalten und Ersatz des ihm durch die Täuschung zugefügten Schadens begehren (oben Anm. 87; unten Anm. 172). Auch eine Auslegung im Sinne eines beschränkten Verzichts, z. B. eines Verzichts nur auf die Wandelung, ist möglich, wenn der Käufer die Rückgabe durch seine Handlungen unmöglich gemacht hat (RG 26, 188). Ein stillschweigender Verzicht liegt jedenfalls in vorbehaltloser Annahme der Erfüllung nach Entdeckung der Täuschung und im Bewußtsein der dadurch erlittenen Schädigung; es wäre denn, daß der Käufer der Meinung war, seinen Schaden jetzt noch nicht geltend machen zu können. Ob ein solcher Verzicht sich auf die Geltendmachung von Gewährleistungsansprüchen beschränkt, oder ob er einen Verzicht auf alle Rechte aus arglistigem Verhalten des Gegners bedeutet, ist Tatfrage. Im Zweifel jedenfalls liegt kein Verzicht auf das Anfechtungsrecht aus § 123 BGB vor. Sollen durch einen Vergleich alle Streitpunkte aus einem Vertrag erledigt werden, so bedeutet ein Verzicht auf alle weiteren Ansprüche, welcher Art sie auch sein mögen, einen Verzicht auch auf alle Ansprüche aus Arglist, sollten sie damals auch nicht als möglich vorhergesehen worden sein (vgl. BGH NJW 1957, 1395), nur darf der Vergleich nicht selbst wegen Arglist anfechtbar sein („Recht" 1913 Nr. 3232); auch der Gesichtspunkt grober Fahrlässigkeit des Getäuschten kann in Betracht kommen (hierüber § 347 Anm. 36). Durch die vorbehaltlose Annahme der fehlerhaften Kaufsache mit Kenntnis des Mangels (oben Anm. 118) gehen überdies auch die Ansprüche verloren, die aus unerlaubter Handlung infolge arglistiger Täuschung sich ergeben. Andererseits hat die Bestätigung eines wegen arglistiger Täuschung anfechtbaren Rechtsgeschäfts den Verlust der Gewährleistungsansprüche noch nicht zur Folge.

Noch nach Eintritt des Schadens kann der Geschädigte selbst bei arglistiger Schadenszufügung ausdrücklich oder stillschweigend auf seine Ersatzansprüche verzichten (§ 397 BGB; RG 72, 171). Der Verzicht setzt Kenntnis des Schadensersatzanspruchs voraus. Ein solcher Verzicht ist gegeben, wenn der Getäuschte in Kenntnis seines Anspruchs den Saldo eines Kontokorrents oder einer laufenden Rechnung, in denen das Geschäft zur Abwicklung gekommen ist, anerkennt (§ 355 u. dort. Anm.).

Anm. 171 2. **Fehler, die der Käufer infolge grober Fahrlässigkeit bei Kaufabschluß nicht erkannt hat,** braucht der Verkäufer im allgemeinen nicht zu vertreten, wohl aber dann, wenn der Verkäufer den Fehler arglistigerweise verschwiegen oder dessen Abwesenheit arglistig vorgespiegelt hat (§ 460 Satz 2 BGB), so daß selbst spätere Versäumnis der Mängelrüge dem Käufer nicht schadet und ihm seine Gewährleistungsansprüche nicht verlorengehen (oben Anm. 117 u. 118ff.).

3. **Der Käufer kann, wenn der Verkäufer einen Mangel arglistig verschwiegen oder Eigenschaften arglistig vorgespiegelt hat, Schadensersatz wegen Nichterfüllung wählen** (§§ 463 Satz 2, 480 BGB). Näheres oben Anm. 85ff. und 162. Es ist daran zu erinnern, daß dieser Schadensersatzanspruch sich nur auf den Kauf und kaufähnliche Geschäfte (§ 493 BGB), d. h. auf solche Geschäfte bezieht, bei denen der eine Vertragsteil die Verpflichtung zur Veräußerung oder Belastung einer Sache gegen Entgelt übernimmt (WarneyerRspr. 1915 Nr. 14; s. aber wegen der handelsrechtlichen Rügeobliegenheit bei solchen Geschäften oben Anm. 2), und ferner, daß es sich um ein arglistiges Verschweigen oder eine arglistige Vorspiegelung bezüglich Sacheigenschaften handeln muß. So ist die arglistige Täuschung über den Selbstkostenpreis (WarneyerRspr. 1910 Nr. 383) und über Bewertungen einer Sache (oben Anm. 41 sub a) keine solche, die nach § 463 BGB zu beurteilen wäre; hier finden vielmehr die Grundsätze über unerlaubte Handlungen (§§ 823, 826 BGB) Anwendung, nach denen lediglich der Zustand wiederherzustellen ist, wie er ohne die Täuschung gewesen wäre. Insbesondere gehört nicht hierher die arglistige Täuschung über Rechtsmängel, die ebenfalls nach den §§ 823, 826 BGB zu beurteilen ist (LZ 1921, 373[1]; Hamburg LZ 1920, 260[3]); es ergibt sich so nur ein Anspruch auf das Vertrauensinteresse (negatives Vertragsinteresse). **Anm. 172**

4. **Vereinbarungen, durch die die Haftung für Fehler ausgeschlossen oder beschränkt wird, sind nichtig,** wenn der Verkäufer den Mangel arglistig verschwiegen oder sich einer arglistigen Vorspiegelung schuldig gemacht hat (§ 476 BGB; oben Anm. 121c, 160). Es wird dabei vorausgesetzt, daß die Arglist vor oder bei der Vereinbarung der Haftungsbefreiung verübt wurde (oben Anm. 162). Dem Verkäufer steht der arglistig handelnde Bevollmächtigte (oben Anm. 165) und der arglistig handelnde Erfüllungsgehilfe bei den Vertragsverhandlungen (§ 347 Anm. 17, 24) gleich. Die Haftung für eigene Arglist des Verkäufers — dem muß diejenige seines Abschlußbevollmächtigten gleichstehen (§ 166 BGB) — kann, anders als die Haftung für Arglist von bloßen Erfüllungsgehilfen, nicht einmal im voraus wegbedungen werden (§ 276 Abs. 2 BGB; § 347 Anm. 38). Hierher gehört auch die Vereinbarung, die Angaben über die Umsatzverhältnisse eines Geschäfts sollten als einflußlos betrachtet werden, während der Geschäftskauf auf Grund der Angaben des Verkäufers über den Umsatz zustande gekommen ist (vgl. LZ 1910, 927[14]). Über das Verhältnis des Haftungsausschlusses zur Anfechtung oben Anm. 56. **Anm. 173**

5. **Die kurze Verjährung von sechs Monaten für die Ansprüche aus der Gewährleistung fällt fort, desgleichen die Notwendigkeit einer Anzeige innerhalb sechs Monate zur Aufrechterhaltung der Einreden,** wenn der Verkäufer den Mangel zur Zeit des Kaufabschlusses (§ 463 Satz 2 BGB) oder im Zeitpunkt des Gefahrübergangs (§ 480 Abs. 2 BGB) arglistig verschwiegen, Sacheigenschaften oder die Abwesenheit von Fehlern bei Kaufabschluß vorgespiegelt hat; ebenso die Notwendigkeit einer Anzeige innerhalb sechs Monate behufs Erhaltung des Aufrechnungsrechts bezüglich des Anspruchs auf Schadensersatz wegen Nichterfüllung (§§ 477, 478, 479, 480 BGB; oben Anm. 49, 86, 137, 141f.). In Fällen des arglistigen Verschweigens, der arglistigen Vorspiegelung und der arglistigen Zusicherung kann vielmehr der Käufer auch nach Ablauf von sechs Monaten ohne vorherige Anzeige des Mangels auf Wandelung oder Minderung oder auf Lieferung einer mangelfreien Sache klagen, die Leistung verweigern und mit dem Schadensersatze wegen Nichterfüllung aufrechnen. Es ist nicht nötig, daß das arglistige Verschweigen die Nichtunterbrechung der Verjährung oder die Unterlassung der Anzeige veranlaßt hat (RG 55, 214; oben Anm. 170b, 139, 142, 146). Es findet dann auch nicht die dreijährige Verjährung des § 852 BGB, sondern die dreißigjährige Verjährung des § 195 BGB Anwendung (§ 477 Abs. 1 BGB). **Anm. 174**

Beim Ausschluß der kurzen Verjährung bleibt es auch dann, wenn der Käufer den Mangel entdeckt. Es läuft nicht etwa von da ab die kurze Verjährung. Für eine solche Annahme fehlt es im Gesetze an jedem Anhalt (RG 55, 215). Über Arglist bei der Erfüllung folg. Anm. **Anm. 175**

6. **Die Arglist bei Erfüllung des Vertrags begründet außerdem den Tatbestand der positiven Vertragsverletzung,** und dieser erzeugt für den Käufer den Anspruch auf Schadensersatz, und zwar ohne kurze Verjährung (oben Anm. 134 u. 143). Bei Gattungs-

sachen kommt dieser Anspruch auf Schadensersatz wegen arglistigen Verschweigens eines zur Zeit des Gefahrüberganges bestehenden Mangels (§ 480 Abs. 2 BGB) regelmäßig allein in Frage; eine Arglist bei Vertragsschluß nur dann, wenn die ganze Gattung den Mangel hat (DR 1941, 265[5]). Für seine Bevollmächtigten und Gehilfen haftet hier der Verkäufer wie für sein eigenes Versehen (vgl. Vorbem. vor § 48 Anm. 52ff.; § 347 Anm. 14ff. und oben Anm. 162, 166).

Anm. 176 7. **Arglistiges Verschweigen eines Fehlers und arglistiges Vorspiegeln einer nicht vorhandenen Eigenschaft oder der Abwesenheit eines bestimmten Fehlers bei Abschluß des Vertrages gibt u. U. das Recht auf Anfechtung des Kaufvertrags wegen arglistiger Täuschung** (§ 123 BGB). Des Näheren muß hier auf die Darstellungen zum bürgerlichen Recht verwiesen werden. Zu erörtern ist lediglich das Verhältnis von Täuschungsanfechtung und Gewährleistungsansprüchen, zumal derartiges in der Praxis nicht ganz selten gekoppelt auftritt (Besp.: LG Aachen NJW 1962, 395).

Die Anfechtung ist gegenüber der Gewährleistung stets und notwendig vorgreiflich (oben Anm. 56), da sie den Kaufvertrag rückwirkend vernichtet, während die Gewährleistung seinen Bestand voraussetzt. Nicht überzeugend daher die Ansicht von Kubisch NJW 1962, 1061 (Anm. zu der vorstehend zitierten Entscheidung des LG Aachen; die in gleiche Richtung gehende Auffassung des RG in LZ 1912, 933[6] ist nicht näher begründet und, soweit ersichtlich, vereinzelt geblieben), eine Täuschungsanfechtung könne im Prozeß — und aus prozessualen Gründen zulässigermaßen — „vorsorglich" hinter einem in erster Linie geltend gemachten Wandelungsbegehren erklärt werden. Beharrt die betreffende Prozeßpartei auf dieser ihrer Eventualstellung, so kann die Anfechtungserklärung, als widersprüchlich, nicht zum Zuge kommen (LG Aachen a. a. O). Trotzdem ist die Voranstellung des Gewährleistungsanspruchs ohne Gefahr, wenn diese Voranstellung so aufzufassen ist, daß die Anfechtung als unbedingt erklärt gilt, und dem Gegner nur freigestellt wird, auf die Gewährleistung — vergleichsweise — einzugehen (RG 66, 154).

Wird lediglich positiver Schaden infolge arglistiger Täuschung ohne weitere Begründung verlangt, so ist damit noch keine Bestätigung des Vertrags ausgesprochen. Auch das Wandelungsbegehren als solches enthält *keine* Bestätigung; es bringt nicht den Willen des Käufers zum Ausdruck, beim Vertrage stehenzubleiben. Die Entscheidung BGH NJW 1958, 177, die dies ausspricht, versagt in gleichem Zusammenhange die Bestätigungswirkung auch für den Fall, daß Schadensersatzansprüche nach Gewährleistungsrecht geltend gemacht werden. Letztere Auffassung kann jedenfalls dann nicht richtig sein, wenn der den Schadensersatz wählende Käufer die Kaufsache im übrigen behält und auf Dauer behalten will (die vom BGH angeführte Entscheidung RG 65, 404 sagt über die Frage nichts Abschließendes). Hinwiederum beseitigt die Bestätigung weder Gewährleistungsansprüche noch auch Schadensersatzansprüche aus unerlaubter Handlung, mögen sich diese Ansprüche auch auf ein arglistiges Verhalten des Vertragsgegners stützen (JW 1911, 399[4]), wenn nicht unter besonderen Umständen in der Bestätigung tatsächlich ein Verzicht auf alle Ansprüche enthalten ist. Noch weniger läßt der Verlust des Anfechtungsrechts, insbesondere die Versäumung der Anfechtungsfrist, die Gewährleistungsansprüche untergehen.

Anm. 177 8. **Arglistiges Verschweigen eines Fehlers bei Abschluß oder bei Erfüllung des Vertrags kann eine unerlaubte Handlung** sein, die dann zum Schadensersatz nach §§ 826, 823 Abs. 2 BGB verbindet; das Zusammentreffen der Haftung aus Vertrag und aus unerlaubter Handlung wegen desselben Schadens ist dem geltenden Recht auch sonst nicht unbekannt; beide Haftungsgründe laufen regelmäßig selbständig nebeneinander (BGH 17, 217; st. Rspr.). Das Nähere ist auch hier den Darstellungen des bürgerlichen Rechts zu überlassen. Im folgenden sind nur die Hauptfragen aus der Konkurrenz der entstehenden Ansprüche behandelt.

Vorauszuschicken ist, daß die Frage der Gerichtszuständigkeit, wenn eine Klage auf Anfechtung, Gewährleistung und auf unerlaubte Handlung gestützt wird, nach der Zuständigkeit für jeden einzelnen Klagegrund selbständig zu prüfen ist; es gibt keinen Gerichtsstand des sachlichen Zusammenhanges (RG 83, 84; JW 1910, 655[16]). Lit. bei Staudinger[9] Vorbem. vor § 823 III; über das Verhältnis von Vertragshaftung und Haftung aus unerlaubter Handlung ferner RGRKomm.[11] Vorbem. vor § 823 Nr. 23ff.

Eine Arglist bei Eingehung eines Kaufvertrags löst Gewährleistungsansprüche aus, wenn Sachmängel arglistig verschwiegen oder Eigenschaften der Sache arglistig vorgespiegelt worden sind (oben Anm. 86 u. 162). Für das Zusammentreffen mit Deliktsrecht ist zu beachten, daß die Anforderungen an den Begriff arglistiger Täuschung im Sinne der §§ 823 Abs. 2, 826 BGB strenger sind als die Anforderungen arglistigen Verschweigens und arglistigen Vorspiegelns, die Gewährleistungsansprüche eröffnen; denn die §§ 463, 480 BGB beschränken sich auf Sachmängel, während sich die arglistige Täuschung nach § 826 BGB auf Tatsachen jeder Art erstreckt, aber einen Verstoß gegen die guten Sitten verlangt, und § 823 Abs. 2 BGB sogar die Verletzung eines Schutzgesetzes, d.h. strafrechtlichen Betrug nach § 263 StGB, voraussetzt. Der Schadensersatz geht zwar, wenn eine Arglist hinsichtlich Sachmängel vorliegt, sowohl bei Gewährleistungsansprüchen als auch bei Ansprüchen aus unerlaubter Handlung auf das positive Erfüllungsinteresse (WarneyerRspr. 1929 Nr. 135) RG 103, 160; JW 1912, 742[4]; 1911, 486[5]; vgl. BGH NJW 1960, 238), aber die Gewährleistungsgrundsätze sehen von Erreichung der Täuschungsabsicht ab (oben Anm. 170b), während für den Tatbestand einer unerlaubten Handlung der ursächliche Zusammenhang und eine Schadenszufügung von entscheidender Bedeutung sind. In einem Anspruch aus §§ 463 Satz 2, 480 Abs. 2 BGB liegt noch kein Behaupten unerlaubter Handlung (RG 67, 147). Im Geltendmachen einer unerlaubten Handlung liegt aber regelmäßig das Erheben des Anspruchs auf Gewährleistung als des Geringeren („Recht" 1914 Nr. 605). Der Satz, daß, wenn dieselbe arglistige Handlung sowohl eine Vertragsverletzung als eine unerlaubte Handlung darstellt, der Käufer nach Belieben die aus jedem der Tatbestände hervorgehenden Ansprüche bis zu seiner Befriedigung nebeneinander geltend machen kann, wird als ein allgemein gültiger betrachtet (Enneccerus-Nipperdey[15] § 176, I und II sowie Enneccerus-Lehmann[15] § 112 II; Staudinger[11] Vorbem. vor § 459 Anm. 23; DürHach. V Einl. Anm. 242). Für die bei Vertragsschluß verübte Arglist unterliegt dieser Satz keinem Zweifel (Gruch. 49, 905; JW 08, 236[9] u. 432[7]). Der Rechtsgedanke von BGH NJW 1954, 145 — wonach Rücktritt vom Vertrage gemäß § 326 BGB, wenn der Rücktrittsgrund zugleich eine unerlaubte Handlung darstelle, etwaige aus § 252 BGB abzuleitende deliktische Schadensersatzansprüche auf entgangenen Gewinn ausschließe — läßt sich jedenfalls auf das Verhältnis von Wandelung und Deliktsansprüchen nicht übertragen. Denn die Wandelung wird nicht wegen der unerlaubten Handlung verlangt, sondern wegen des Sachmangels als solchen. Aus dieser Selbständigkeit der beiden Klagegründe Gewährschaft und unerlaubte Handlung ergibt sich, daß jeder Anspruch seiner eigenen Verjährung folgt, daß der Übergang von dem einen Anspruch auf den anderen Klageänderung bedeutet (Bolze 13 Nr. 649; vgl. aber RG „Recht" 07, 314[626]), daß die Abweisung mit einem Anspruch gegenüber dem anderen keine Rechtskraft erzeugt (RG 27, 389; WarneyerRspr. 1912 Nr. 129), ferner daß, wenn beide Ansprüche begründet sind, und auch dem Käufer ein Verschulden zur Last fällt, die Grundsätze über mitwirkendes Verschulden gleichermaßen zur Anwendung zu bringen sind (§ 347 Anm. 32ff.; vgl. LZ 1912, 659[24]), sowie daß bei mehreren Verkäufern der Betrüger mit allen Klagen, der ehrliche aber nur mit der Gewährleistungsklage und evtl. der Anfechtung wegen Irrtums, dagegen nicht mit der Klage wegen unerlaubter Handlung belangt werden kann (hierüber Riehl Gruch. 60, 829). Aus dieser Selbständigkeit folgt aber nicht, daß die Ansprüche aus unerlaubter Handlung bestehen bleiben, wenn der Beschädigte die Kaufsache in Kenntnis der Täuschung vorbehaltlos annimmt; es gilt vielmehr auch hier der Grundsatz des § 464 BGB (oben Anm. 118). Alles dies gilt auch, wenn die Arglist erst bei der Vertragserfüllung verübt worden ist.

V. Besonderheiten bei teilweiser Lieferung und bei teilweiser Mangelhaftigkeit

A. Teilweise Lieferung. Bei Lieferung in Teilen (Sukzessivlieferung) muß der im § 377 angeordneten Untersuchungs- und Anzeigepflicht für jede Sendung gesondert genügt werden (Köln BetrBer. 1954, 613 u. MDR 1956, 42; so auch § 17 der Platzusancen für den hamburgischen Warenhandel — Vorbem. 2 sub B 1 —); mag auch überall der Fehler derselbe und die Ware gleichartig sein. Denn aus der Rüge einer Sendung ergibt sich nicht, daß auch spätere Sendungen denselben Mangel zeigen, noch auch, daß die eine Rüge sich auf alle Sendungen beziehen solle. Erfolgt die Rüge bei einer Sendung **Anm. 178**

nicht, so gilt damit dieser Teil der Erfüllung als genehmigt (RG 65, 53; LZ 09, 229[7]; Hamburg HansGZ 04 Hptbl. 92; Köln MDR 1956, 42; Hamburg MDR 1962, 576 = BetrBer. 1962, 573). Der Käufer kann insbesondere aus der als genehmigt geltenden, wiewohl mangelhaften Teillieferung nicht die Rechtsfolgen der positiven Vertragsverletzung ableiten und vom ganzen Vertrage zurücktreten wollen (BGH LM § 377 Nr. 5); jedoch wird nichts im Wege stehen, wenn eine spätere, wiederum mangelhafte Teillieferung rechtzeitig gerügt wird und nunmehr der Rücktritt wegen gehäuft begründeter Zweifel in die Liefertreue des Verkäufers geltend gemacht werden soll, die frühere, ungerügt gebliebene als „Illustrationsfaktum" heranzuziehen. Hinsichtlich der Schadensersatzansprüche, die als Folgeschaden aus der Stetigkeit der Schlechtlieferung erwachsen können, und ihre Beziehung zur Rügeobliegenheit vgl. oben Anm. 103. Sind langwierige, noch nicht zu Ende geführte Untersuchungen nötig und läßt sich feststellen, daß die späteren Lieferungen von der gleichen Beschaffenheit waren wie die erste, so schadet es dem Käufer nicht, wenn er noch weitere Mengen desselben Sukzessivlieferungsvertrags abnimmt und nicht sofort rügt, sondern das Ergebnis der durch die früheren Lieferungen veranlaßten Untersuchung abwartet (RG 104, 384).

Die Mängel brauchen nicht bei jeder einzelnen Sendung in der Anzeige aufgezählt zu werden. Es genügt eine Bezugnahme auf gehörige frühere Rügen. Erkennbar muß aber die Rüge sich auf jede einzelne Sendung beziehen (oben Anm. 24). Die bedingte Erklärung, die gesamte Lieferung aus dem Abschlusse werde beanstandet, falls der Rest nicht besser ausfalle, ist keine gehörige Rüge hinsichtlich der noch ausstehenden Lieferungen (LZ 09, 59[4]). Dabei ist daran zu erinnern, daß Sukzessivlieferungen nur vorliegen, wenn die Zusendung der einzelnen Posten als selbständige Akte der Vertragserfüllung vom Verkäufer gewollt und dem Käufer so erkennbar gemacht sind (RG 43, 65; Vorbem. vor § 373 Anm. 435). Wird eine Rate eines Sukzessivlieferungsvertrags in mehreren Waggons, die rasch hintereinander abgehen, abgeschickt, so daß sie nicht gleichzeitig ankommen, so darf der Käufer bis zum Eintreffen der ganzen Rate mit der Rüge warten (LZ 1908, 695[11]). Ebenso verhält es sich, wenn es sich nicht um eine einzelne Rate eines Sukzessivlieferungsvertrags handelt, sondern wenn der Verkäufer bei Zusendung einer Warenmenge, die er auf einmal zu liefern hat, also bei einer einheitlichen, nur tatsächlich in Teilmengen ausgeführten Lieferung, lediglich aus Gründen geschäftlicher Zweckmäßigkeit oder Bequemlichkeit die verschiedenen Behältnisse (Kisten, Pakete), in die die Ware ihrer Menge wegen verpackt werden muß, nicht gleichzeitig, sondern nacheinander in kurzen Zwischenräumen zum Abgang bringt, so daß die Ware nicht auf einmal beim Käufer eintrifft. Das ist eine einheitliche Lieferung, bei der die Rüge unverzüglich nach Eintreffen der letzten Sendung noch rechtzeitig ist (RG 43, 66; JW 1910, 155[24]; Hamburg LZ 1917, 1013[19] u. [20]), ja sogar regelmäßig überhaupt erst bei Empfang des letzten Teils der Leistung zu erfolgen hat (RG 138, 332). Liegen die Einzellieferungen aber zeitlich erheblich auseinander, so bedarf es der Rüge jeder Teilsendung (LZ 1926, 820[3]: 8—12 Tage Zwischenraum; s. auch den Fall BGH LM § 377 Nr. 4). Ist die gesamte Lieferung in Monatslieferungen zu 15 Wagen eingeteilt, hat der Verkäufer das Recht, die 15 Wagen einzeln an verschiedenen Tagen des Monats abzusenden, und sind die Sendungen einzeln zu bezahlen, so muß jede an einem Tage, wenn auch in mehreren Wagen eingetroffene Lieferung für die Rüge als besonders gelten (LZ 1927, 1020[13]). Ferner ist zu beachten, daß, wenn bei verschiedenen Lieferungen einer einheitlichen Erfüllung des ganzen Geschäfts sich gewisse Mängel, z. B. hinsichtlich des Prozentsatzes an besserer und geringerer Ware oder hinsichtlich der Durchschnittsmaße Vertragswidrigkeiten, erst nach Eintreffen einer gewissen Anzahl von Sendungen feststellen lassen, der Käufer solange mit der Untersuchung und Rüge warten darf. Mängel, die durch die Möglichkeit eines besseren Ausfalls der noch ausstehenden Teile nicht gehoben werden können, müssen aber unverzüglich angezeigt werden. Sind in einem einheitlichen Kaufvertrage mehrere Lieferungen verschiedenartiger Gegenstände, die ein einheitliches Ganzes bilden, vereinbart worden und besteht die letzte Sendung aus gleichartigen Teilen der zusammenzustellenden Einheiten (z. B. Schüsseln von Servicen), so kann die Untersuchung der Einzelsendungen vor Eintreffen der Schlußlieferung nicht gefordert werden; deshalb kann nicht etwa die letzte Sendung wegen „verspäteter" Rüge der voraufgehenden als genehmigt gelten, noch brauchten die voraufgehenden Sendungen überhaupt vor Eintreffen der letzten gerügt zu werden; anders, wenn jede Lieferung für sich allein verwendbar ist (RG 138, 331).

Durch Annahme mehrerer Teillieferungen geht regelmäßig das Rügerecht für den Rest (s. unten) nicht verloren (vgl. unten Anm. 182; oben Anm. 36). Die Fiktion der Genehmigung erstreckt sich deshalb im allgemeinen nicht auf spätere Teilsendungen (Bolze 7 Nr. 584; JW 00, 394[14]); es wäre denn, daß untrennbare Zusammengehörigkeit vorliegt (unten Anm. 182). Daher kann der Käufer trotz nicht gehöriger oder verspäteter Rüge der Teilleistung auf ordnungsmäßiger Erbringung der weiteren Raten bestehen; ein solches Verlangen ist nicht schon wegen der voraufgegangenen Säumnis vertragswidrig (positive Vertragsverletzung); der Käufer ist nicht darauf beschränkt, die nunmehrigen Raten in unverändert mangelhafter Qualität sich anliefern lassen zu müssen, um sie je alsdann erst rügen zu dürfen (BGH BetrBer. 1955, 490). Ausnahmsweise kann bei Massenartikeln, die im wesentlichen gleichmäßig ausfallen, die Unterlassung der Rüge der ersten Lieferung als Genehmigung aller künftigen Lieferungen desselben Vertrags wirken (WarneyerRspr. 1919 Nr. 154; Bremen JZ 1951, 151 [Leitsatz]).

Die Rechtslage bei gehörig erhobener Rüge wegen der jeweils mangelhaften Teil- **Anm. 178a**
lieferung gestaltet sich so: Der Käufer kann hinsichtlich jeder einzelnen — gerügten — Rate besondere Rechte geltend machen; er kann wegen der einen Rate wandeln oder mindern, wegen einer anderen Schadensersatz wegen Nichterfüllung geltend machen, wegen einer dritten unter den Voraussetzungen der positiven Vertragsverletzung den Rücktritt erklären (JW 1918, 555[8]). Alle diese Grundsätze gelten gleichermaßen sowohl, wenn ein einheitlicher Vertrag in Teillieferungen erfüllt wird, wie ebenso auch bei Sukzessivlieferungsverträgen. Die hierher gehörigen Fragen sind ausführlich behandelt in Vorbem. vor § 373 Anm. 502ff. für gewöhnliche Verträge, Anm. 513ff. für Sukzessivlieferungsverträge insbesondere; ferner ebenda in Anm. 449 u. 516. Soweit wegen einer Rate gemindert wird, sind wegen der Preisherabsetzung die Grundsätze des § 472 Abs. 2 BGB zu beachten, der hier sinngemäß gilt.

Unter Umständen kann jedoch die berechtigte Rüge einer einzigen oder mehrerer einzelner Teillieferung(en) eine Wirkung auf das Ganze entfalten. Das ist dann der Fall, wenn ein Teil eines größeren Postens mangelhaft geliefert ist, der andere Teil noch aussteht und der Käufer nach den Erklärungen des Verkäufers (z. B. er könne, werde oder brauche nicht anders zu liefern) oder nach den sonstigen Umständen zu der Annahme berechtigt ist, daß auch die ferneren Lieferungen gleich mangelhaft ausfallen werden. In solchem Falle braucht der Käufer nicht abzuwarten, ob die künftigen Lieferungen besser werden. Er kann zwar nicht wegen aller Raten seine Gewährleistungsansprüche erheben, wohl aber kann er wegen aller Raten jetzt schon zurücktreten oder Schadensersatz wegen Nichterfüllung geltend machen (RG 67, 7; 65, 56; WarneyerRspr. 1917 Nr. 167); doch muß der Mangel für jede beanstandete Einzellieferung gehörig bezeichnet und rechtzeitig gerügt sein (RG 57, 115; Dresden SächsA 1916, 301). Grundsätzlich zwar kann die Annahme einer späteren vertragsmäßig beschaffenen Rate nicht deshalb abgelehnt werden, weil die erste Rate nicht vertragsgemäß gewesen sei. Es berechtigt die Lieferung einer mangelhaften Rate, wenn sie gerügt und zurückgewiesen worden ist, oder auch die Lieferung eines mangelhaften Ausfallmusters (oben Anm. 33) noch nicht zu der Annahme, daß auch künftig schlecht geliefert werde. Wenn aber der Verkäufer erklärt, er liefere nicht anders, oder wenn der Verkäufer eine so große Zahl vertragswidriger Lieferungen gemacht hat, daß sich daraus in schlüssiger Weise ergibt, er werde auch künftig nicht anders liefern, so hat der Verkäufer den Vertragszweck in erheblicher Weise gefährdet; es liegt eine positive Vertragsverletzung vor, bei der die begründete Besorgnis, daß auch künftig nicht vertragsmäßig geliefert werde, entscheidend ist. Besteht diese Besorgnis, so gilt der Satz auch beim Kauf „Kasse gegen Dokumente“ (Holdheim 07, 275; die Besorgnis ist jedoch nicht schon begründet, wenn eine Teilsendung mit leichtverderblicher Ware nach längerem Transport verdorben beim Käufer anlangt: BGH LM § 346 [Ed] HGB Nr. 5 = MDR 1963, 1004 = Betrieb 1963, 992). — Auch dies gilt im übrigen in gleicher Weise bei Erfüllung eines Liefervertrages in Raten, die nicht selbständige Teillieferungen sein sollen.

Anm. 179 **B. Ist ein Teil einer Lieferung mangelhaft,** so kann der Käufer, wenn er die Mangelhaftigkeit eines Teiles vor der Ablieferung erfahren hat, die Annahme der ganzen Ware ablehnen (§ 266 BGB). Hat er die Ablieferung geschehen lassen, die Mangelhaftigkeit nachher erst entdeckt und gehörig gerügt, so ist er regelmäßig nur berechtigt, wegen dieses Teiles Wandelung oder Lieferung nicht mangelhafter Ware oder Schadensersatz wegen Nichterfüllung (oben Anm. 80b u. 87a) zu verlangen, **sofern der Kaufgegenstand aus mehreren (Einzel-)objekten besteht.** Im einzelnen gilt folgendes:

> **§ 469 BGB.** Sind von mehreren verkauften Sachen nur einzelne mangelhaft, so kann nur in Ansehung dieser Wandelung verlangt werden, auch wenn ein Gesamtpreis für alle Sachen festgesetzt ist. Sind jedoch die Sachen als zusammengehörend verkauft, so kann jeder Teil verlangen, daß die Wandelung auf alle Sachen erstreckt wird, wenn die mangelhaften Sachen nicht ohne Nachteil für ihn von den übrigen getrennt werden können.

> **§ 470 BGB.** Die Wandelung wegen eines Mangels der Hauptsache erstreckt sich auch auf die Nebensache. Ist die Nebensache mangelhaft, so kann nur in Ansehung dieser Wandelung verlangt werden.

1. Verhalten sich die beiden Teile wie Haupt- und Nebensache, so erstreckt sich die Zurückweisung der Hauptsache auf die Nebensache. Ist dagegen nur die Nebensache mangelhaft, so kann nur diese zurückgewiesen werden (§ 470 BGB). Darauf kann der Verkäufer bestehen. Was Haupt- und Nebensache ist, bestimmt sich nach dem Parteiwillen, für dessen Auslegung der Vertragszweck erheblich ist (Staudinger[11] § 470 Bem. 2), so daß man nicht immer (a. M. Planck § 470 Erl. 1), sondern nur im Zweifel (Hamburg „Recht" 1914 Nr. 334) Zubehör (§§ 97, 98 BGB) als Nebensache anzusprechen hat. Ist ein Grundstück mit dem darauf betriebenen Geschäft verkauft, so ist ein untrennbarer Kaufgegenstand verkauft; man wird nicht sagen können, das Geschäft sei Nebensache; denn einmal ist ein Geschäft keine Sache (Vorbem. vor § 373 Anm. 20), und nach dem Parteiwillen ist das Grundstück nicht das Wesentliche, das Grundstück erhält seinen Wert erst durch das Geschäft; man wird aber § 470 oder § 469 BGB bei Mängeln des Geschäfts entsprechende Anwendung zu geben haben (vgl. oben Anm. 46g). Die Dinge können auch umgekehrt liegen, indem bei Mangelhaftigkeit des Grundstücks, wenn ein Grundstück mit Geschäft als rechtliche Einheit verkauft ist (§ 350 Anm. 30), die Wandelung zugleich auf das Geschäft sich erstreckt (WarneyerRspr. 1918 Nr. 186; 1910 Nr. 12).

Anm. 179a 2. Im übrigen aber kann regelmäßig nur der mangelhafte Teil bemängelt werden (§ 469 Satz 1 BGB). Es muß sich dann aber um mehrere Sachen handeln. Der Käufer muß den also bemängelten Teil mit genügender Deutlichkeit angeben. Der Verkäufer erzielt andernfalls schon die Klageabweisung, wenn er dem Käufer auch nur ganz allgemein das Recht zu wandeln bestreitet (hierüber unten Anm. 181a). Für die Berechnung des Kaufpreises gilt § 471 BGB. Er lautet:

> **§ 471.** Findet im Falle des Verkaufs mehrerer Sachen für einen Gesamtpreis die Wandelung nur in Ansehung einzelner Sachen statt, so ist der Gesamtpreis in dem Verhältnisse herabzusetzen, in welchem zur Zeit des Verkaufs der Gesamtwert der Sachen in mangelfreiem Zustande zu dem Werte der von der Wandelung nicht betroffenen Sachen gestanden haben würde.

Es ist danach, sowohl wenn nur einzelne Sachen von mehreren (§ 469 Satz 1 BGB) als auch wenn Nebensachen (§ 470 Satz 2 BGB) mangelhaft sind, der Betrag zu ermitteln, um den der Kaufpreis herabzusetzen ist. Beträgt der Gesamtpreis 600 DM., der Gesamtwert der Sache in mangelfreiem Zustand 800 DM., der Wert der von der Wandelung nicht betroffenen Sache 400 DM., so ist der Kaufpreis um 300 DM. herabzusetzen. $800 : 400 = 600 : x;\ x = \frac{400 \times 600}{800} = 300$ (RGRKomm. § 471). Der Verkauf zu einem Gesamtpreis ist vorausgesetzt.

Den Gegensatz eines Gesamtpreises (Pauschpreis, Durchschnittspreis) bilden Einzelpreise für jedes Stück, mögen sie sich auch nach einem Einheitsmaß (Maß, Gewicht per 100 kg usw.) berechnen. In letzterem Falle findet § 471 BGB keine Anwendung.

Anm. 179b 3. Sind Nebenleistungen neben dem Gesamtkaufpreis (§ 471 BGB; oben Anm. 179) bedungen, und sind von den mehreren verkauften Sachen nur einige mangelhaft, so ist, wenn der Käufer nur hinsichtlich der mangelhaften Sachen wandelt, zu unterscheiden: Haben die Nebenleistungen nicht vertretbare Sachen (§ 381 Anm. 53ff.) zum Gegenstand, so sind die nicht vertretbaren Sachen auf die Zeit des Kaufvertrags zu ihrem damaligen Wert (§ 473 Satz 1 BGB) in Geld zu schätzen und ist dieser Wert dem Kaufpreis zuzuschlagen. Im Verhältnis zu diesem Gesamtpreis ist zu ermitteln, um wieviel dieser Gesamtpreis zufolge des Wegfalls der mangelhaften Sachen nach § 471 BGB (oben Anm. 179) herabzusetzen ist. Der so sich ergebende Ausfall ist am Kaufpreis zu kürzen. Übersteigt der Betrag des Ausfalls den Kaufpreis, so muß der Verkäufer dem Käufer den Überschuß in Geld vergüten (§ 473 Satz 2 BGB; RG 72, 301). Haben die Nebenleistungen vertretbare Sachen (§ 91 BGB; § 381 Anm. 51) zum Gegenstand, so ist die nach § 471 BGB zu ermittelnde Kürzung verhältnismäßig am Kaufpreis und an der Nebenleistung vorzunehmen (oben Anm. 80c).

4. Ausnahmsweise aber kann Wandelung oder Lieferung nicht **Anm. 180**
mangelhafter Ware oder Schadensersatz wegen Nichterfüllung (oben Anm. 87a) trotz nur teilweiser Mangelhaftigkeit wegen aller verkauften Sachen verlangt werden, wenn sie als zusammengehörend verkauft sind (§ 469 Satz 2 BGB). Diese Ausnahme liegt nicht schon dann vor, wenn ein Inbegriff von Sachen (eine Herde, ein Warenlager, ein Inventar) verkauft ist (vgl. Kiel SeuffA 72, 359), oder wenn die mehreren Sachen zu einem Gesamt- oder Taxpreis (§ 469 Satz 1 BGB) oder nach einheitlichen Maßen (LZ 1913, 553[3]) verkauft sind. Es muß vielmehr nach dem Parteiwillen gerade auf die Zusammengehörigkeit im Sinne des Zusammenbleibens beiderseits ein besonderer Wert gelegt sein. Dieses Interesse muß ferner in der Sache selbst begründet sein. Sind mehrere Sachen in diesem Sinne als zusammengehörig verkauft, und können außerdem die mangelhaften Sachen nicht ohne Nachteil für den Käufer oder Verkäufer von den übrigen getrennt werden, so liegt die Ausnahme vor (§ 469 Satz 2 BGB). Sind die mehreren Sachen nicht als zusammengehörig verkauft, so beschränken sich Wandelung, Schadensersatz wegen Nichterfüllung und das Begehren auf Lieferung einer mangelfreien Sache nur auf die mangelhafte Sache. Zusammengehörigkeit genügt also allein noch nicht; denn ungeachtet der Zusammengehörigkeit (z. B. bei einer Bibliothek) ist es möglich, daß die Mangelhaftigkeit einzelner Stücke doch kein Grund zur Wandelung sein soll; es muß noch etwa hinzukommen, nämlich die Untrennbarkeit. Sie ist vorhanden, wenn die Parteien über die mehreren Sachen lediglich in der durch den Vertragszweck bestimmten Zusammengehörigkeit abschließen wollten (BGH Betrieb 1970, 341; RG 66, 156; WarneyerRspr. 1916 Nr. 306). Dieser Wille ist regelmäßig zu unterstellen, wenn die Trennung mit wirtschaftlichen Nachteilen verknüpft ist (weiteres oben Anm. 6). Ist die Trennung für den Käufer nachteilig, d. h. müßte er einem berechtigten Anspruch entsagen, läßt sich für die mangelhaften Sachen schwer Ersatz beschaffen, oder bedingt die Zusammengehörigkeit, wenn auch nur nach der subjektiven Anschauung des Käufers, einen höheren Wert, so kann dieser die Ausdehnung auf sämtliche Sachen verlangen (dazu unten Anm. 183). Ist die Trennung dem Verkäufer nachteilig, so kann der Verkäufer Ausdehnung der Wandelung auf sämtliche Sachen verlangen (§ 469 Satz 2 BGB); der Käufer müßte in diesem Falle mit seinem Begehren, nur hinsichtlich einzelner Sachen zu wandeln, abgewiesen werden. Daß die ganze Lieferung unter eine einzige Vertragsstrafe gestellt ist, ist noch nicht entscheidend. Entsprechende Anwendung ist diesen Grundsätzen zu geben, wenn ein Grundstück mit dem darauf betriebenen Geschäft zugleich verkauft wurde (Vorbem. vor § 373 Anm. 20. und oben Anm. 179). **Anm. 181**

Beispiele untrennbarer Zusammengehörigkeit liegen vor, wenn ein Farbensortiment, ein gleichartiges Gespann oder eine Sammlung verschiedener in einem Geschäftszweig vorkommender Gattungen eines Handelsartikels (Assortiment, Sortiment) verkauft ist (Königsberg SeuffA 59, 269); wenn ein aus mehreren Bänden bestehendes Werk, eine Bibliothek im Gegensatz zu einem Haufen Bücher (WarneyerRspr. 1918 Nr. 154), ein aus mehreren Teilen bestehender Schmuck oder ein aus mehreren Kassen zusammengesetztes Registriersystem (RG 87, 338) oder eine maschinelle Einrichtung mit Zubehör als Inbegriff von Sachen in ordnungsmäßiger Zusammensetzung, oder wenn Waren einer bestimmten Marke verkauft sind und ein Teil der Waren von der Marke erheblich abweicht (RG 102, 315; vgl. RG 66, 156). Ein Anzug, ein Zeitungsabonnement (Hamburg OLGR 9, 32; Vorbem. vor § 373 Anm. 29), eine Einrichtung für den Haushalt (Breslau „Recht“ 07 Nr. 3289), ein Sortiment, bei dem sich die geringe Güte einzelner Stücke durch besondere Güte anderer Stücke ausgleicht (Kiel OLGR 22, 48), ein vollständiges Service, eine Kiste Zigarren (für den Verkäufer hat eine unvollständige Kiste Zigarren, verglichen mit der vollständigen Kiste, nicht nur den um die Fehlmenge der einzelnen Zigarren geminderten, sondern einen darunter liegenden Gesamt-Handelswert) sind weitere Beispiele; ferner wenn ein Grundstück mit Geschäft und Warenlager zum Fortbetrieb des Geschäfts auf dem Grundstück gekauft ist (WarneyerRspr. 1910 Nr. 12; oben Anm. 179), oder wenn ein Posten Ware als Partie verkauft ist (ein Ramschposten): die Zusammengehörigkeit liegt auf der Hand, die Trennung aber würde wirtschaftliche Nachteile bald für den Käufer, bald für den Verkäufer haben, denn durch die Ausscheidung der besseren Stücke würde der Käufer, durch die Ausscheidung der schlechteren der Verkäufer benachteiligt werden. Und es wird gerade beim Ramschverkauf und beim Verkauf in Bausch und Bogen häufig, im Gegensatz zu einem Verkauf auf Grund eines Inventars, ohne weiteres ein Vertragswille dahin zu erkennen sein, daß der Verkäufer nicht für jedes fehlende oder mangelhafte Stück aufkommen solle. Vgl. auch oben Anm. 6, 121.

Anm. 181a Untrennbare Zusammengehörigkeit ist auch dann vorhanden, wenn die Parteien eine untrennbare Zusammengehörigkeit nachträglich ausdrücklich oder stillschweigend (vgl. oben Anm. 67ff.; unten Anm. 182), z. B. in der Art vereinbaren, daß der Käufer die ganze Lieferung zurückweisen dürfe, wenn ein gewisser Prozentsatz mangelhaft sei (etwa bei Lieferung einer Partie seriengefertigter Einzelstücke), oder wenn der Bestand zweier Kaufverträge derart zusammenhängt, daß die Wandelung des einen auch die des anderen notwendig zur Folge hat, wie z. B. bei einem Doppelkauf oder Tausch, endlich in den oben Anm. 179 erörterten Fällen. Sodann bedarf noch der besondere Fall der Erwähnung, wenn **die Lieferung ein und desselben Warenpostens vertragsmäßige und vertragswidrige Qualität** enthält; denn BGB § 469 regelt nur den andern Fall, daß von mehreren Sachen einzelne mangelhaft sind. Dazu ist zu bemerken: Der Käufer kann überhaupt die ganze Ware zurückweisen, wenn ein Teil mangelhaft ist (das folgt schon aus § 266 BGB; s. a. oben Anm. 13—15). Er braucht überhaupt nicht auszuscheiden. Er kann verlangen, daß der Verkäufer die Aussonderung vornimmt und ihm vertragsmäßige Ware anbietet, wenn er ungeachtet der Bestimmung des § 266 BGB auf das Verlangen des Verkäufers eingeht, wenigstens den vertragsmäßig beschaffenen Teil der Lieferung anzunehmen (Bolze 7 Nr. 587). Unter Umständen kann eine Mitwirkung des Käufers bei der Ausscheidung verlangt werden. Dieser Gesichtspunkt trifft nicht zu, wenn die Ausscheidung des ordnungswidrigen vom vertragsmäßigen Teil über das geschäftsübliche Maß hinaus mühevoll, zeitraubend oder kostspielig und daher dem Käufer nicht zuzumuten ist; ungeachtet der Möglichkeit der Trennung besteht dann Untrennbarkeit (BGH JR 1954, 58 [Partiekauf]; RG 73, 383; Bolze 2 Nr. 980; JW 98, 16[40]; vgl. oben Anm. 6). Dasselbe gilt, wenn die Ausscheidung zwar leicht zu bewerkstelligen wäre, dann aber eine mühevolle Neusortierung der ganzen Sendung stattfinden müßte (JW 00, 856[13]), oder wenn, wie bei abgepaßter Ware, Ersatzstücke für die fehlerhaften Stücke schwer erhältlich sind (Marienwerder OLGR 8, 71), oder wenn die Ausscheidung für den Käufer schadenbringend sein kann. Letzteres trifft z. B. zu, wenn der Käufer im Weiterbetrieb seiner Fabrikation durch den Aufenthalt erheblich gestört würde, oder wenn eine einheitliche Sendung bestellte und unbestellte Ware enthält und er sich durch die Ausscheidung schadensersatzpflichtig machen könnte (unten Anm. 192), oder wenn eine Ausscheidung zwecklos wäre, weil die Stichproben auf die Mangelhaftigkeit der ganzen Sendung schließen lassen, wie dies bei Konserven zutrifft (LZ 1919, 592[6]; oben Anm. 13 u. 15; unten Anm. 183). Auch hier (vgl. oben Anm. 180ff.) muß es sich um die Mangelhaftigkeit einzelner Sachen handeln.

Anm. 182 5. Hat der Käufer einen Teil der Ware genehmigt, so ist damit nur dieser Teil genehmigt. Lag untrennbare Zusammengehörigkeit vor, so ist in vorbehaltsloser Annahme einer mangelhaften Sache mit Kenntnis des Mangels (§ 464 BGB; oben Anm. 118) noch nicht die Genehmigung der anderen mitverkauften Sachen erfolgt, sondern erst, wenn auch diese nach § 464 BGB angenommen sind (WarneyerRspr. 1910 Nr. 12); es kommt vielmehr auf die Umstände an, ob ein Verzicht auf Beanstandungen bezüglich der anderen Sachen zu folgern ist. Hat der Käufer nach Kenntnis des Mangels über einen Teil der Ware verfügt, so gilt damit die ganze Ware als genehmigt, wenn sie ein untrennbares Ganzes bildet (RG 43, 68; SeuffA 42, 190; oben Anm. 67 u. 83). Keineswegs gilt immer die ganze Ware als genehmigt, wenn feststeht, daß die weiteren Teillieferungen, deren Annahme abgelehnt wurde, von derselben Qualität gewesen wären wie eine frühere, unbeanstandet gebliebene Teillieferung (vgl. oben Anm. 178; a. M. Karlsruhe BadRpr. 1917, 36). Wenn der Käufer dagegen einen Teil einer teilbaren Menge verwendet hat, dann gilt nur hinsichtlich dieses Teiles die Genehmigung als erfolgt; nur insoweit ist die Wandelung ausgeschlossen, mag die Verwendung aus Versehen erfolgt sein (Bolze 7 Nr. 572) oder mit Absicht (LZ 1913, 553[3]), mag auch der verbliebene Rest geringere Ware sein. Alle diese Fragen sind oben Anm. 69 u. 116 bereits erörtert. Dem dort Erörterten ist hier hinzuzufügen: Weiß der Käufer, daß der Verkäufer die Ware als ein Ganzes weiterverkaufen kann, und daß infolge der Inangriffnahme der Ware dieser Weiterverkauf dem Verkäufer vereitelt wird, oder hat der Verkäufer die Bitte des in der Folge schweigenden Käufers um Gestattung teilweisen Verbrauchs abgeschlagen, weil er nur eine Verfügung über das Ganze zulassen will, so verzichtet der Käufer durch Inangriffnahme der Ware, selbst zu einem unbedeutenden Teil, auf die Wandelung überhaupt sowie auf Lieferung mangelfreier Ware; denn es war nun Zusammengehörigkeit vereinbart (JW 1915, 571[3]; oben Anm. 181a); dies enthält nicht nur einen zu Schadensersatz verpflichtenden Verstoß gegen seine Aufbewahrungspflicht, wie das RG in LZ 1913, 552[3] meint. Durch die Inangriffnahme verzichtet der Käufer allerdings noch nicht auf Preisminderung und nicht auf Schadensersatz wegen Nichterfüllung (vgl. oben Anm. 83). Zu einem Verzicht auf die beiden letzteren Rechte bedarf es mehr, nämlich des umfassenden Haftungsausschlusses (hierüber oben Anm. 114ff. u. 170c). Hat der Käufer nach seiner Wandelungserklärung über einen Teil eines untrennbaren Ganzen verfügt, so daß er diesen Teil nicht wiederbeschaffen kann, so hat er die Unmöglichkeit der zum Wandelungsvollzug gehörigen Rückgabe des ganzen Kaufgegenstandes verschuldet; die Wandelung ist damit unzulässig geworden (RG 102, 315). Ist dem Käufer die Rückgabe der ganzen Kaufsache deshalb unmöglich geworden, weil ein Teil von seinen Gläubigern im Zwangswege versteigert worden ist, so kommt es darauf an, ob ihn an der durch die Zwangsversteigerung verursachten Unmöglichkeit der Rückgabe der ganzen Kaufsache ein Verschulden trifft (JW 1911, 37[16]). Es kommen hier dieselben Gesichtspunkte zur Geltung, die oben Anm. 66 entwickelt sind. Hat sich der Käufer erst nach Vollziehung der Wandelung in die Unmöglichkeit der Rückgabe der ganzen untrennbaren Kaufsache schuldhaft versetzt, so wird er nur schadensersatzpflichtig (oben Anm. 66). Zur Annahme eines Verzichts auf die vollzogene Wandelung bedarf es besonderer Umstände.

6. Abschließend ist noch des Sonderfalles zu gedenken, daß bei einem Teil der Ware sich beim Verbrauch verborgene Mängel herausgestellt haben und nach den Umständen anzunehmen ist, daß auch die übrigen Posten der — bereits gelieferten oder angebotenen — Ware die gleichen Mängel haben werden (oben Anm. 13, 15 u. 181a). In derartigen Fällen kann in entsprechender Anwendung des § 469 Abs. 2 BGB wegen des ganzen Kaufvertrags Wandelung und daneben noch Schadensersatz wegen schuldhaft mangelhafter Erfüllung in den geeigneten Fällen verlangt werden. So z. B., wenn die Konserven in einzelnen Sendungen geliefert werden sollen. Konserven können naturgemäß nur durch Stichproben auf ihre Beschaffenheit geprüft werden. Waren die Stichproben zufriedenstellend, stellt sich aber nach dem Verkaufe, im Vorgang der Verarbeitung durch die Kunden, die Mangelhaftigkeit der bisher in Angriff genommenen Sendung heraus, so kann der Käufer wegen des ganzen Kaufvertrages die obigen Rechte geltend machen. Er kann nicht für verpflichtet erachtet werden, auch die übrigen Posten abzunehmen und zu verkaufen (LZ 1919, 592[6]). Ebenso, wenn von einer größeren Menge Tuche ein Teil sich in der Verarbeitung als fehlerhaft herausgestellt hat, und zwar behaftet mit einem Fehler, der bei der ordnungsmäßigen ersten Untersuchung nicht erkennbar war. Es können dann wegen des ganzen Kaufvertrags obige Rechte geltend gemacht werden. Anm. 183

Zusatz 1. Die Frage der Mängelrüge beim einseitigen Handelskauf.

Anm. 184 1. **Beim einseitigen Handelskauf greift der § 377 nicht Platz** (oben Anm. 2). Aber darum darf doch nicht angenommen werden, daß hier einfach jede Rügepflicht fortfällt. Der Grundsatz des § 377 kann allerdings nicht einmal in abgeschwächter Form auf den einseitigen Handelskauf Anwendung finden. Die bestimmten Vorschriften der §§ 345, 377 stehen einer ausdehnenden Auslegung entgegen, für die auch die Denkschrift keinen Anhalt bietet. Sobald sich nicht Kaufleute gegenüberstehen, ändern sich die Verhältnisse derart, daß für handelsrechtliche Anschauungen kein Raum bleibt. Nur das BGB allein und dessen auf die Verkehrssitte hinweisenden Grundsätze über Treu und Glauben (§ 157 BGB) können die Verkehrssicherheit gewährleisten. Danach ist es erforderlich, daß der Verkäufer innerhalb eines nicht zu lange bemessenen Zeitraums Gewißheit erlangt, ob seine Leistung als vertragsmäßige Erfüllung angenommen ist. Allein eine für alle Fälle passende Verpflichtung des Käufers zu unverzüglicher Untersuchung und Mängelanzeige läßt sich aus einer so allgemeinen Auffassung nicht herleiten (RG 104, 96; JW 1930, 831[23]). Nur im einzelnen Falle wird sich aus dem Vertrag selbst und aus einer im Geschäftsverkehr herrschenden tatsächlichen Übung eine dem § 377 ähnliche Pflicht ergeben können (RG 49, 161; JW 1930, 831[23]; Hamburg OLGR 10, 342; 6, 90). Ist der Käufer Kaufmann, so wird man, da ihm die handelsrechtlichen Anschauungen geläufiger sind, einen strengeren Maßstab, der sich der Tragweite des § 377 mehr nähert, anzulegen haben. Auf Stadtgemeinden, die sich in großem Umfange mit An- und Verkauf von Waren befassen und mit einem großen Kreise von Lieferanten und Abnehmern in Verbindung stehen, ist § 377 in vollem Umfange anwendbar (Hamburg HansGZ 1921 Hptbl. 132), während der Militärfiskus nicht dem § 377 unterliegt, mag auch das militärische Beschaffungswesen an Umfang den Betrieb eines Großkaufmannes übertreffen. Daß im Ablauf einer angemessenen Zeit ohne Rüge eine Genehmigung der Ware liegen kann (Kiel OLGR 21, 366; Staub DJZ 02, 24), ist nicht zu bezweifeln. Die Frage ist aber gerade, was man unter angemessener Zeit zu verstehen hat, und hier kommt es eben auf den einzelnen Fall und die Umstände an.

Anm. 185 2. **Von diesem Gesichtspunkt aus ist für den einseitigen Handelskauf folgender Grundsatz aufzustellen:** Man kann nicht den Satz als allgemeine Regel aufstellen, daß nach Treu und Glauben im Handelsverkehr der Käufer, der die Mangelhaftigkeit nicht genehmigen will, dies dem Verkäufer anzeigen müßte und diese Anzeige bei Vermeiden der Genehmigung der Ware nicht über Gebühr verzögern dürfte. Der für den einseitigen Handelskauf geltende Rechtszustand kann dem für den zweiseitigen Handelskauf geltenden unter Umständen ähnlich sein, aber nie ganz gleich. In § 377 ist das Gebot sofortiger Mängelanzeige zu strenger gesetzlicher Regel ausgeprägt, während es hier auf Auslegung des Vertragswillens und auf einwandfreie Feststellung der Verkehrssitte in jedem einzelnen Falle ankommt. Hat ein Nichtkaufmann Anlaß, an der Vertragsmäßigkeit der Lieferung zu zweifeln, so mag er den Zweifeln nachgehen müssen; nur so kann man im Einzelfalle, wenn überhaupt, zu einer Art Untersuchungs- und Anzeigepflicht kommen. Innerhalb welcher Zeit dies zu geschehen hat, bemißt sich nach Treu und Glauben (§ 242 BGB).

Anm. 186 3. Wo sich die Voraussetzungen dieses Grundsatzes mit dem Grundsatze des § 377 decken, da gelten auch im einzelnen die Folgerungen aus dem Grundsatze des § 377. So bezieht sich z.B. dieser Rechtsgrundsatz nur auf Qualitätsfehler. Die Pflicht zur Mängelanzeige in angemessener Frist setzt auch hier die Ablieferung voraus. Die Gefahr der Ankunft der Mängelanzeige trägt auch hier der Verkäufer. Die Rechtsfolge des Unterbleibens der Anzeige und des Verbrauchs der Ware oder eines großen Teils ist auch hier Genehmigung und der Verlust der Rechte aus mangelhafter Beschaffenheit; gleiche Wirkung hat die vorbehaltlose Zahlung des Kaufpreises trotz Kenntnis der Mangelhaftigkeit. Die Rechtsfolge der geschehenen Mängelanzeige ist das Recht, Ansprüche aus der fehlerhaften Lieferung zu erheben. Welches diese Ansprüche sind und über alle sonstigen Fragen s. die vorangehenden Anmerkungen. Arglistiges Verschweigen beseitigt auch hier jede Genehmigungsvermutung.

Anm. 187 4. Selbst dann aber bleiben die gegenüber dem formalisierten Prinzip des § 377 obwaltenden einzelnen Verschiedenheiten nicht unerheblich. Zunächst sind die formellen und materiellen Voraussetzungen der

Mängelanzeige hier nicht so streng aufzufassen wie bei der Mängelanzeige des § 377. Gibt der Käufer nur deutlich kund, daß er die Ware mangelhaft finde, z. B. durch Rücksendung der Ware oder durch Tadel ihrer Beschaffenheit, dann wird der Verkäufer ihm nicht mit Erfolg entgegenhalten können, daß die Anzeige tatsächlich nicht genau genug sei. Sollte auch im einzelnen Falle die Anzeige nach dem ordnungsmäßigen Geschäftsgange etwas früher tunlich gewesen sein, so wird doch darin nicht immer eine ungebührliche Zögerung gefunden werden. Insbesondere wird auf persönliche Behinderungen hier in größerem Umfange Rücksicht zu nehmen sein. Auch wird für den Käufer, wenn er nicht Kaufmann ist, der Begriff der ungebührlichen Zögerung viel weiter aufzufassen sein, als wenn der Käufer Kaufmann ist. Die Frist ist kurz zu bemessen, wenn Gegenstände in größerer Menge unter Zugrundelegung eines Preises nach der Anzahl der gelieferten Stücke verkauft sind (Karlsruhe BadRpr. 1922, 3). Sodann hat hier nicht der Käufer die gehörige und rechtzeitige Mängelanzeige als Vorbedingung der Geltendmachung seiner Rechtsmittel zu beweisen, vielmehr erwächst aus der ungebührlichen Verzögerung der Anzeige nur dem Verkäufer ein von ihm darzulegender Einwand. Endlich findet im Falle der Lieferung einer anderen als der bestellten Ware die kurze Verjährung des § 477 BGB (oben Anm. 133) auf einen einseitigen Handelskauf (§ 343 Abs. 1, § 3 Abs. 1) keine Anwendung (LZ 1920, 859[4]).

Zusatz 2. Zusendung unbestellter Ware (Aßmann, Die unbestellte Zusendung, Berlin 01; Bertermann, Versendung unbestellter Ware, Betrieb 1955, 890 [wettbewerbsrechtlich]; Cochlovius, Die Frage der Haftpflicht und des Versicherungsschutzes bei der Zusendung unbestellter Ware, KGBl. 1917, 41; Greifelt, Die Zusendung unbestellter Ware, Wettb. i. R. u. P. 1955, 120; Lange, Die rechtliche Natur der unbestellten Zusendungen, Berlin 07; Siber, Rechtszwang im Schuldverhältnis, Leipzig 1903, S. 132f.). Hier greift der Genehmigungsgrundsatz des § 377 nicht Platz. Dieser Fall hat mit dem Fall des § 377 nichts zu tun, der einen fertigen Kaufabschluß voraussetzt. Eine hiervon wesentlich verschiedene Frage ist, ob und wann bei Zusendung unbestellter Ware — als unbestellte Ware gilt auch ein genehmigungsunfähiges aliud i. S. von § 378, 2. Alternative; s. dort Anm. — in dem Schweigen die Annahme liegt, welche den in der Zusendung enthaltenen Vertragsantrag zum Inhalt eines Abschlusses macht. **Anm. 188**

Wenn man davon absieht, daß die Sendung unbestellter Ware zusammen mit bestellter ein Qualitätsmangel sein kann (§ 378 Anm. 7), ist als Regel aufzustellen: Schweigen ist Ablehnung. Es besteht weder ein Gesetz noch ein allgemeiner Handelsgebrauch, kraft dessen der Empfänger unbestellter Ware unter dem Rechtsnachteil der Genehmigung zur ungesäumten Ablehnung verpflichtet wäre, sollte auch eine Freimarke für Rückantwort beigelegt sein und der Absender eine Frist zur Rücksendung oder Antwort vorgeschrieben haben. Der Adressat vergibt sich noch nichts durch Annahme der Sendung. Durch die Annahme der unbestellten Sendung verpflichtet sich der Adressat noch nicht zur Aufbewahrung; denn sowohl § 377 als auch § 379 setzen einen festabgeschlossenen Kauf voraus. Der Adressat kann die Ware immer noch zurückgehen lassen. Ist er aber Kaufmann, so darf er die einmal angenommene Ware nicht einfach preisgeben; wenn auch in der Annahme nicht der Abschluß eines Verwahrungsvertrages nach § 690 BGB liegt, so darf er sich, sobald er die Ware angenommen hat, nicht jeder Sorge entschlagen (§ 379 Anm. 30); er muß im kaufmännischen Verkehr mit der Sorgfalt eines ordentlichen Kaufmanns verfahren und daher Vorkehrungen treffen, durch die die Ware gegen Gefahren, Diebstahl, Beschädigungen tunlichst geschützt wird (München SeuffA 85, 82; Einigungsamt für Wettbewerbsstreitigkeiten bei der Industrie- und Handelskammer Braunschweig BetrBer. 1955, 941). Will der Empfänger die nicht angenommene Ware nicht selbst aufbewahren, so kann er sie einer Persönlichkeit in Verwahrung geben, die er für geeignet halten durfte. Schickt er die Ware dem Absender zurück, so handelt er auf Grund eines für diesen Fall konkludent angebotenen und angenommenen Auftragsverhältnisses: er darf also die Sendung unter Nachnahme wegen seiner Aufwendungen zurückgehen lassen. Jedenfalls aber muß die Zurücksendung, wenn der Zurücksendende Kaufmann ist, in handelsüblicher Weise erfolgen. Hochwertige Ware pflegt der Verkäufer unter Transportversicherung zu bringen, die auch die Rückreise deckt, und den Adressaten davon zu benachrichtigen. **Anm. 189**

Der Adressat muß bei hochwertiger Ware, wenn er sich der Rücksendung unterzieht, beim Verkäufer im Zweifelsfalle wegen der Versicherung anfragen oder selbst Versicherung zu vollem Werte nehmen; denn auch die Rücksendung der Ware muß mit gehöriger Sorgfalt vorgenommen werden.

Auch das Hinzutreten vorbehaltloser Annahme der Faktura genügt nicht, um eine Genehmigung, d. h. einen Kaufabschluß anzunehmen; es müssen vielmehr noch andere Umstände derart hinzutreten, daß das Vertragsangebot als angenommen erscheint (Bolze 13 Nr. 432; JW 00, 298[15]). Solche sind:

Anm. 190 a) Die Bedeutung des Schweigens als Ablehnung wird beseitigt, wenn durch schlüssige Tatsachen auf seiten des Empfängers der Annahmewille ausgedrückt wird. Hat z. B. der Verkäufer (unbestellte) Ware doch geschickt, obgleich die Bedingungen seines Angebotes abgelehnt waren, so bietet er damit die Ware unter den vom Käufer gewünschten Bedingungen — vorausgesetzt, daß diese in annahmefähiger Gestalt feststanden — nunmehr erneut an; durch Annahme der Ware kommt ein Vertragsschluß zu diesen letzteren Bedingungen zustande (die in der 1. Auflage geäußerte Ansicht, die Zusendung der Ware erfolge unter Aufrechterhalten der abgelehnten Bedingungen, Annahme bekunde daher die Bereitschaft, sich diesen Bedingungen jetzt zu unterwerfen, unterstellt dem Empfänger einen Annahmewillen, den er erklärtermaßen nicht hatte). War vollends die Ware bestellt, also der Abschluß getätigt, und stellt nun der Verkäufer neue, vom Käufer abgelehnte Bedingungen, so hat der Verkäufer diese Bedingungen fallen lassen, wenn er die Ware doch schickt. Die Annahme unbestellter Ware liegt vor, wenn der Empfänger die Ware in einer über die bloße Prüfung hinausgehenden Weise angreift, in Gebrauch nimmt, verarbeitet, verbraucht, veräußert (vgl. oben Anm. 67—69). Auch teilweise Inangriffnahme kann diese Wirkung äußern, wobei es darauf ankommt, ob trotz der Teilbarkeit die Verwendung eines Teils doch als Vertragsabschluß über die ganze Sendung zu gelten hat. Für die Auslegung des Schweigens ist es bedeutsam, ob man es mit Personen zu tun hat, die mit den Gepflogenheiten des Verkehrs vertraut sind. Der so die Annahme ausdrückende Empfänger muß alsdann den üblichen oder angemessenen Preis und, wenn die Faktura nicht beanstandet wurde, den fakturierten Preis zahlen (vgl. Gareis, Das Stellen zur Disposition 172f. und die dort angegebene Rechtsprechung). Das dauernde Behalten der Ware, zumal wenn sie dadurch an Wert verliert, kann eine solche Genehmigungstatsache sein (JW 92, 17[20]).

Anm. 191 b) Die Bedeutung des Schweigens als Annahme wird beseitigt, wenn der Absender zu erkennen gegeben hat, daß er aus dem Schweigen die Annahme nicht folgern werde. Dies ist der Fall bei Sendungen zur Ansicht. Der Empfänger muß die Ware, wenn er sie angenommen hat und nicht wieder zurücksendet, aufbewahren. Er haftet insoweit aber nur für Sorgfalt wie in eigenen Angelegenheiten (§ 690 BGB), und zwar auch als Kaufmann (§ 347 Abs. 2; vgl. Anm. 12 daselbst). Erfolgte die Ansichtsendung auf Grund geschäftlichen Verkehrs oder auch nur zufolge häufigeren Verkehrs, so kann es sich auch um eine Auswahl- oder Mustersendung, d. h. um eine Zusendung handeln, die in vorauszusetzendem Einverständnis des Empfängers erfolgte, diesen zur Auswahl berechtigen soll, und die einem bedingten Kauf, nämlich bedingt durch die Nichtzurückweisung innerhalb gewisser Frist, gleichsteht (vgl. Bolze 21 Nr. 469; Vorbem. vor § 373 Anm. 128). Der Empfänger haftet in diesem Falle für Aufwendung gehöriger Sorgfalt nach § 276 BGB. Über Genehmigung der Ware gelten die in Anm. 190 dargestellten Grundsätze. Von Bedeutung wird bei bestehendem Geschäftsverkehr das Schweigen hier namentlich, wenn Rücksendung verlangt ist (LG Hamburg LZ 1911, 247; Riesenfeld Nr. 234ff.). Ist die Genehmigung derart erfolgt, so erstreckt sie sich auf die ganze Auswahlsendung. Man kann nicht einwenden, es fehle an der Bestimmtheit der zu behaltenden Ware. Denn diese Erwägung geht von der nicht zutreffenden Unterstellung aus, es sollte nicht die ganze Ware, sondern nur ein Teil gekauft werden. Der Verkäufer hat jedoch die ganze Ware angeboten, läßt aber eine Auswahl zu, die nicht getroffen ist. Der Käufer kann im Zweifel einige Waren billigen, andere nicht (anders beim Kauf auf Besicht, Vorbem. vor § 373 Anm. 125). Hat der Verkäufer eine Frist gesetzt, so ist es einerlei, ob sie unverhältnismäßig kurz war; denn es steht in seinem Belieben, wie er anbieten will; beim Kauf auf Besicht dagegen läuft eine angemessene

Frist (Vorbem. vor § 373 Anm. 132). Über die Kosten der Rückgabe von Auswahlsendungen s. Vorbem. vor § 373 Anm. 136. Der Empfänger braucht regelmäßig nicht zurückzusenden; er darf die Ware aber auf Kosten des Absenders zurückgehen lassen. Der Absender muß die Ansichtssendung abholen. Ist er zur Abholung erfolglos aufgefordert, so gerät er in Annahmeverzug. Der Empfänger haftet von da an nur noch für Vorsatz und grobe Fahrlässigkeit (§ 300 Abs. 1, § 304 BGB; vgl. auch Biberfeld BörsBl. f. d. deutsch. Buchhandel 04, 5481). Für seine Aufwendungen hat der Empfänger ein Zurückbehaltungsrecht (DürHach. V Einl. Anm. 10). Über den Kauf mit Umtauschabrede Vorbem. vor § 373 Anm. 129.

c) Ist der Empfänger Kaufmann und die Zusendung an ihn unter Verhältnissen erfolgt, die nach den Grundsätzen von Treu und Glauben eine Veranlassung und Pflicht des Empfängers, sich im Falle der Ablehnung zu erklären, annehmen lassen, so ist Schweigen Annahme und Genehmigung. Solche den Kaufmann zur Erklärung verpflichtende Verhältnisse sind es z. B., wenn der als Kaufinteressent aufgetretene Empfänger die Zusendung verlangt hat; ferner: bestehende Geschäftsverbindung, Kenntnis des Empfängers, daß der Absender irrtümlich angenommen hat, es liege eine Bestellung vor (§ 346 Anm. 98), sowie Verbindung bestellter Ware mit unbestellter (Darmstadt HessRspr. 4, 49), sei es in der Art, daß eine die Fiktivgenehmigung nach §§ 377, 378 ausschließende Überschreitung der Bestellung hinsichtlich der Menge oder des Gewichts stattgefunden hat (§ 378 Anm. 8), sei es in der Art, daß unbestellte Ware mit bestellte Ware geschickt wird. Ist in letzteren Fällen das Ausscheiden schwierig, zeitraubend, oder für den Käufer bedenklich, so kann der Käufer die ganze Sendung, also auch die bestellte Ware, zurückweisen (oben Anm. 181a). Schweigen darf der Käufer hier nicht, weil hier die Sendung auf eine Bestellung hin besondere Bedeutung hat. Ebenso, wenn bestellte und unbestellte leicht verderbliche Waren zusammen geschickt werden und der Verkäufer nach den gegenseitigen Beziehungen erkennbar auf Annahme rechnete (LZ 1919, 966[5]; § 151 BGB). Über Zusendung unbestellter Lose s. Näheres in RGZ 49, 178 u. 50, 191. In diesen Ausnahmefällen bedeutet Schweigen Genehmigung. Mit dieser Genehmigung sind die erkennbaren Mängel der Ware ebenfalls genehmigt. Ob später erkennbare Mängel gerügt werden können, richtet sich bei zweiseitigen Handelskäufen nach § 377, sonst nach dem BGB und den oben erörterten Anschauungen (Anm. 184ff.). **Anm. 192**

Die wettbewerbsrechtliche Bedeutung der Zusendung unbestellter Ware ist hier nicht zu erörtern. Darüber, daß und unter welchen Voraussetzungen unlauterer Wettbewerb gegenüber der Konkurrenz vorliegt, vgl. BGH Betrieb 1959, 283; LG München I NJW 1955, 1442; BGH BetrBer. 1960, 644. **Anm. 193**

§ 378

Die Vorschriften des § 377 finden auch dann Anwendung, wenn eine andere als die bedungene Ware oder eine andere als die bedungene Menge von Waren geliefert ist, sofern die gelieferte Ware nicht offensichtlich von der Bestellung so erheblich abweicht, daß der Verkäufer die Genehmigung des Käufers als ausgeschlossen betrachten mußte.

Lit.: v. Caemmerer, Falschlieferung, in Festschrift für Martin Wolff 1952; Fabricius, Schlechtlieferung und Falschlieferung beim Kauf, JuS 1964, 46ff.; Flessa, Die Aliudlieferung, MDR 1955, 138; Hein, Gewährleistungsrecht bei Falschlieferungen, ZHK 87 (1924), 54; Laupichler, Die aliud-Lieferung beim Kauf, Diss. Köln 1964; Mailänder, Die Lieferung falscher Mengen im Handelsrecht ZHW 126 (1964), 89ff.; Oertmann, Gewährleistungspflicht des Verkäufers bei Falschlieferung? ZHK 80 (1917), 48ff.; E. Peters, Die Preisberechnung nach Rügeversäumnis in den Fällen des § 378 HGB, AcP 164, 340ff.; Pörtner, Rechte des Käufers bei Lieferung einer anderen Sache, 1919; Schmidt (Rudolf), Die Falschlieferung beim Kauf, NJW 1962, 710ff.; K. Schneider, Zwei Urteile zu § 378 des Handelsgesetzbuchs, ZHK 54 (1904), 90ff.

Inhaltsübersicht

Einleitung

1. Die Vorschrift des § 377 betraf „Mängel" der gelieferten Ware. Mangel in jenem Sinne ist das Zurückbleiben hinter der zu fordernden Qualität, das „peius". Der Liefergegenstand kann aber auch noch in anderer Weise nicht dem entsprechen, was der Käufer zu verlangen hat Es kann eine „andere" Ware geliefert sein — ein sog. aliud —, oder es kann eine Unstimmigkeit in der Menge vorliegen. In dem letzteren Falle einer Quantitätsdifferenz kann sowohl eine Minderleistung vorliegen — ein sog. minus —, oder es kann ein Mehr gegenüber der geschuldeten Menge angedient worden sein. Schließlich sind fließende Übergänge von Qualitätsdifferenz und Quantitätsdifferenz zu beobachten: ein Weniger, aber auch ein Mehr an Menge kann zugleich ein peius in der Qualität sein (zu kurz oder zu lang gelieferte Bretter, die damit für den vorgesehenen Zweck unbrauchbar werden).

Mit einigen — nicht allen — dieser über die eigentlichen Qualitätsmängel hinausgehenden sonstigen Lieferungsunstimmigkeiten befaßt sich unsere Vorschrift. Ihr Wortlaut dehnt die Regelung des § 377 aus auf die Lieferung einer „anderen als der bedungenen Ware" (aliud) und auf die Lieferung einer „anderen als der bedungenen Menge" (Quantitätsdifferenz). Hinsichtlich der Quantitätsdifferenz unterscheidet sie nicht zwischen der Zuwenig- und der Zuviellieferung, von denen die letztere, wenn sie mit einer entsprechend höheren Fakturierung einhergeht, hier unter dem Gesichtspunkt von Rügelast und Rügeverlust durchaus relevant werden könnte. Es wird sich zeigen, daß die Zuviellieferung nicht unterschiedslos unter unsere Vorschrift fällt, sondern ihre eigene Problematik hat; unten Anm. 7, 8. Andererseits regelt § 378 auch nicht die Lieferung einer Ware, die zwar der bestellten Gattung angehört, die aber von der bedungenen Qualität nicht nach unten, sondern nach oben abweicht (Expeditionsirrtum, verbesserte Fabrikationsmethoden) und die der Verkäufer dafür nunmehr unter höherer Preisstellung andient. Über die insoweit auftauchenden Fragen der Rügelast und des Rügeverlustes sowie des geschuldeten Kaufpreises vgl. unten Anm. 5, 16, 24.

2. Die Technik des Gesetzes, das aliud und die Quantitätsdifferenz für die entsprechende Anwendung des § 377 zusammenzukoppeln, kann kaum sehr glücklich genannt werden. Zwar war es einigermaßen einfach, den Käufer einer gleichen Rügelast für beide Anwendungsfälle zu unterwerfen. Aber schon die Beweislast bei zeitgerechter Rüge gestaltet sich unterschiedlich. Vollends der Verlust des Rügerechts ist nur noch im formalen Sinne der gleiche. Die sachliche Tragweite desselben ist grundverschieden. Beim aliud verdichtet sie sich zu der Frage nach der Anwendbarkeit des Gewährleistungsrechts, bei der Quantitätsdifferenz zu der Frage nach den Folgen für die Höhe der Kaufpreisschuld. Gerade für diese beiden Rechtsfolgen aber läßt das Gesetz völlig im Stich. Sie sind denn auch, jede für sich, in höchstem Maße umstritten; keine der einander bekämpfenden Meinungen hat sich bisher allgemein durchsetzen können. Bei allem bleibt auffällig, daß der Anlaß zur Schaffung unserer Vorschrift (die Novelle von 1897) nur in der Problematik der aliud-Lieferung gelegen hat. Die Quantitätsdifferenz hat man damals mit hinzugenommen, ohne daß ein eigentlich zwingendes Bedürfnis bestand: nur in einigen wenigen oberlandesgerichtlichen Entscheidungen aus den ersten drei Jahrzehnten nach 1900 hat eine solche Fallgestaltung als Zuweniglieferung eine Rolle gespielt. Zuweniglieferungen regulieren sich, zumal das minus in aller Regel in leichtester Weise nachprüfbar ist, auch wohl als erstes nachgeprüft zu werden pflegt, auch ohne Rügeverlust durchweg ohne Komplikationen.

3. a) Die aliud-Lieferung, deren Erschwernisse für die rechtliche Einordnung bei der Schaffung des § 378 Pate gestanden haben, war im ADHGB als solche ungeregelt geblieben. Dem § 377 entsprach die Vorschrift des Art. 347 ADHGB. Die Rechtsprechung brachte sie weder unmittelbar noch analog auf die Lieferung solcher Kaufgüter zur Anwendung, die anders als die bedungenen waren, deren Andersartigkeit aber trotzdem keinen „Mangel" an der bedungenen Qualität darstellte. Ein wirkliches Problem ergab sich daraus zunächst nur für den Gattungskauf. Beim Gattungskauf nahm man eine ganz andere Ware (ein aliud) an, wenn Handelsgut „anderer Gattung" geliefert war (ROHG 14, 371; 24, 404; RGZ 18, 55); andernfalls galt die Abweichung als rügepflichtiger „Mangel" i. S. des Art. 347. Diese Unterscheidung führte zu nahezu unlösbaren Schwierigkeiten in der Anwendung und Abgrenzung des Gattungsbegriffs; die Ergebnisse waren unbefriedigend und entbehrten der inneren Berechtigung (D 226; charakteristisch die bewegliche Klage bei Oertmann ZHK 80, 49, 55 Fn. 16). Der Gesetzgeber von 1897 glaubte die aufgetretenen Schwierigkeiten dadurch meistern zu können, daß er aliud mit peius für die Rüge gleichsetzte und die Grenze nunmehr anders zog, nämlich zwischen der (noch) genehmigungsfähigen Lieferung einerseits, der (absolut) genehmigungsunfähigen Lieferung andererseits. Allerdings zog er sie nur für das aliud und brachte dadurch erneut einen Bruch in die einheitlich entworfene Konzeption.

Die Rechtsprechung hat das Bemühen des Gesetzgebers nicht honoriert. Sie hat in dem offenkundigen Bestreben, einer Einzelfallgerechtigkeit Genüge tun und hier namentlich dem, gemessen an der vielleicht übertriebenen Strenge des § 377, mit der Rüge schuldhaft säumig gebliebenen Käufer helfen zu können, die vom Gesetzgeber durchaus restriktiv gedachte Grenzlinie des „absolut" genehmigungsunfähig fallweise vorverlegt und dadurch eine nicht unerhebliche Unsicherheit in die Beurteilung des „genehmigungsfähig" hineingetragen. Das hat in der Folge zu weiteren Kontroversen geführt; sie sind in Anm. 41 behandelt.

b) Nicht durch die aufgetretenen Schwierigkeiten geboten, jedoch kraft des Wortlauts mit einbezogen erscheint nunmehr als durch § 378 erfaßt auch der Fall des aliud beim Spezieskauf. Das ist vereinzelt bezweifelt worden (Hamburg OLGR 24, 193), wird aber von der durchaus h. M. (v. Caemmerer a. a. O. S. 18ff.; DürHach. Anm. 3; Oertmann ZHK 80, 50 Fn. 6) bejaht. Das aliud beim Spezieskauf wirft weitere Differenzierungen auf: diejenige nach dem Identitäts-aliud und diejenige eines aliud gegenüber dem, „als was" die Speziessache verkauft worden war. Abermals spalten sich formale Regelung und sachliche Folgen, diesmal innerhalb der aliud-Lieferung: die Rügelast ist die gleiche, die Folgen einer rechtzeitig erhobenen Rüge gehen in verschiedene Richtung; vgl. unten Anm. 34.

4. Die Regelung des § 378 bezieht sich, wie die des § 377, nur auf zweiseitige Handelskäufe.

Nichtsdestoweniger ist auch sie nicht ohne Ausstrahlungskraft auf den Kauf nach bürgerlichem Recht geblieben. Seine rechtliche Behandlung geht immer stärker dahin, daß — zwar nicht das genehmigungsunfähige (unten Anm. 37, 40), wohl aber — das genehmigungsfähige aliud für die Anwendung der Vorschriften über die Sachmängelgewähr der Lieferung einer im engeren Sinne mangelhaften Sache gleichzustellen sei. Siehe hierzu Larenz, Schuldrecht, Besonderer Teil^{6}, S. 60; Esser, Schuldrecht^{2}, S. 490; Ballerstedt bei Soergel-Siebert^{9} Vbm. 35 vor § 459 und in Festschrift für Nipperdey (1955) S. 272 Fn. 1; aber auch schon Frz. Leonhard, Schuldrecht Bes. T. S. 82; und aus der Rechtsprechung: RG DJZ 1906, 146ff., 147 [„Eckerndorfer Rübensamen"], ein Fall, in welchem, da der Verkäufer Landwirt war, kein zweiseitiger Handelskauf gegeben sein konnte. Dafür hat die bürgerlich-rechtliche Dogmatik ihrerseits beachtliche Beiträge zur Abgrenzung zwischen „genehmigungsfähig" und „absolut genehmigungsunfähig" im Bereich der aliud-Lieferung beigesteuert (insbesondere bei Esser, a. a. O und, für das aliud beim Spezieskauf: Larenz a. a. O S. 36; Flume, Eigenschaftsirrtum und Kauf S. 117ff.). Kritisch gegenüber der Gleichstellung von Schlechtlieferung und aliud: Rud. Schmidt, a. a. O. S. 712ff.

I. Die tatbestandlichen Voraussetzungen der Anwendbarkeit des § 378 **Anm. 1**

1. Aliud und peius (Abgrenzung gegenüber § 377).

a) Das Gesetz geht in § 378, wie es scheint, davon aus, der Begriff **„anders als bedungen"** sei gegenüber **„mängelbehaftet"** in § 377 hinreichend klar abgegrenzt. Schon das ist ein Irrtum. Eindeutig ist diese Abgrenzung nur in einem Fallbereich: dem des Identitätsaliud beim Spezieskauf. Wenn gekauft ist eine besichtigte, auf Grund dieser Besichtigung stückmäßig ausgesuchte Einzelsache x und nunmehr infolge Verwechslung die im Regal darüber lagernde Sache y geliefert wird, so ist das ein aliud, eine Kennzeichnung, die mit der Sacheigenschaft nichts zu tun hat, geschweige denn, daß sie einen Sachmangel bedeutete (die Sache y kann sehr viel tauglicher sein als die Sache x). Fraglich aber wird es schon beim Qualifikations-aliud. Ein solches liegt vor, wenn die gelieferte Sache zwar identisch ist mit der gekauften, aber „als eine andere" gekauft worden ist gegenüber der, wie sie sich in der Lieferung jetzt darstellt. Beispiel: der Verlobungsring ist, besichtigt und mit diesem seinem Wert ausgesucht, als echt goldener verkauft; bei der Lieferung stellt es sich heraus, daß er nur vergoldet ist (Larenz a. a. O). Hat der Käufer etwas „anderes" oder etwas „schlechteres" erhalten? Oder ein weiteres, Raape AcP 150, 492 nachgebildetes, auf den beiderseitigen Handelskauf unmittelbar anwendbares Beispiel: Ein Feinkosthändler wünscht einen Sack Santos-Kaffee I. Sorte zu erhalten. Er geht mit dem Verkäufer durch dessen Lager, wo Santos-Kaffee der geforderten Qualität in Säcken gestapelt ist, besichtigt die Ware und befindet sie für gut; beim Weggehen deutet er auf einen bestimmten Sack aus der Reihe, der ihm durabler als die anderen erscheint, und sagt: „Diesen nehme ich"; als der Sack geliefert wird, stellt sich heraus, daß er Ostindien-Kaffee enthält, weil er versehentlich in diese Reihe eingestellt worden war. Raape bildet das Beispiel auf Zucker und Salz. Dort liegt ohne Zweifel nicht nur ein aliud, sondern hinzukommend auch noch ein absolut genehmigungsunfähiges i. S. des Halbs. 2 unserer Vorschrift (unten Anm. 37, 41) vor, so daß eine Rügelast weder nach § 377 noch nach § 378 gegeben ist. Aber im Beispiel der verschiedenen Kaffeesorten ist schon sehr viel zweifelhafter, ob das Qualifikations-aliud nicht in Wahrheit ein peius ist. Kommt es für diese Unterscheidung auf die objektive Bewertung des Handelsverkehrs an? Oder auf die Brauchbarkeitsanforderungen des Käufers? Wie, wenn der gelieferte Sack Santos-Kaffee II. Qualität enthalten hätte: ist „Santos II. Qualität" ein schlechter „Santos I. Qualität" oder aber eine andere Ware? Davon hinge ab, ob die Rügelast sich nach § 377 oder nach § 378 mit ggf. dessen Besonderheiten beurteilt.

Weit schwieriger noch liegt das Problem beim Gattungskauf. Bei einem solchen ist nach § 360 HGB Handelsgut mittlerer Art und Güte zu liefern. Die neuere, vergeistigte Lehre vom Fehlerbegriff (§ 459 BGB) geht dahin, daß die Norm der hinsichtlich des Kaufgegenstandes zu fordernden Sacheigenschaften durch den Parteiwillen festgelegt werde, und daß ein jedes Zurückbleiben hinter dieser vertraglich festgelegten Norm ein „schlechter" gegenüber der Normvorstellung des Käufers sei. Damit wäre auch die „andere" Gattung ein solches „schlechter", weil eben der Käufer nicht das bekommen habe, worauf er Anspruch hatte: in diesem Sinne sei aliud stets gleich peius (v. Caemmerer a. a. O. S. 16ff.). Laupichler a. a. O. S. 186 geht geradezu so weit, den letzteren Satz umzukehren. Nach ihm ist ein peius stets ein aliud, nämlich nicht die zu fordernde und deshalb eine „andere" (Unter)gattung.

b) Gleichsetzungen letzterer Art verunklaren den Sinn und den Aufbau des Gesetzes. **Anm. 2** Träfen sie zu, dann hätte § 377 überhaupt keinen eigenständigen Anwendungsbereich mehr. Er wäre nur noch Modellvorschrift für § 378; aber auch beim echten peius wäre alsdann zu differenzieren, ob es ein „noch genehmigungsfähiges" oder aber ein absolut genehmigungsunfähiges sei: letzterenfalls würde die Rügelast entfallen, möchte auch der Verkäufer noch so frei von jedem Vorwurf der Arglist i. S. des § 377 Abs. 5 bleiben (die Ware war, beim Distanzkauf, auf den eigenen Transportmitteln des Verkäufers während des Transports verdorben). Eben das aber ist unrichtig. Für den Anwendungsbereich des § 377 ist eine Befreiung von der Rügelast nach Art des § 378 Halbs. 2 nicht gegeben (gl. M. v. Caemmerer S. 10/11). Liegt ein echter Mangel vor, so muß immer gerügt werden, auch wenn der Mangel die Ware zur völlig unbrauchbaren, unter keinem denkbaren Gesichtspunkt mehr verwendbaren macht und die „Genehmigung" einer derartigen Lieferung seitens des Käufers nach objektiven Gesichtspunkten schlechthin nicht erwartet werden könnte. Auch das „pessimum" ist rügepflichtig! Das Gegenteil findet sich nirgends mehr verfochten (die hierzu in der Voraufl. Anm. 48 zu § 377 vertretene Auffassung wird aufgegeben).

Noch unter einem anderen Gesichtspunkt ist die Unterscheidung von peius und aliud von Erheblichkeit. Ist die Leistung eines aliud nicht gerügt, kann sie gleichwohl vom Verkäufer grundsätzlich kondiziert werden (unten Anm. 22). Bei der mängelbehafteten Lieferung ist das nicht möglich. Wir sind deshalb aus mehr als einem Grunde der Unterscheidung zwischen peius und aliud nicht überhoben.

Anm. 3 **c) Für den Spezieskauf** lassen die Schwierigkeiten sich noch am ehesten meistern. Das Identitäts-aliud ist als solches, wie oben Anm. 1 gezeigt, klar umrissen. Das Qualifikations-aliud stellt darauf ab, ob die Sache gegenüber ihrer beim Kaufabschluß zugrunde gelegten Qualifikation dergestalt „anders" ist, daß sie schon bei ihrer Erschaffung auf ihre tatsächlich gegebene Beschaffenheit hin — und eben nicht auf die beim Kaufabschluß zugrunde gelegte — angelegt oder klassifiziert gewesen war. Ein vergoldeter Ring ist kein mangelhaft geratener goldener, sondern als vergoldeter hergestellt worden; Santoskaffee II. Sorte ist schon im Produktionsprozeß gegenüber der I. Sorte ausgeschieden, ausklassifiziert worden (selbst wenn dies deshalb geschah, weil etwa der Röstvorgang nicht qualitätsgerecht geraten gewesen wäre). Erst recht ist Ostindien-Kaffee kein „mangelhafter" Santos-Kaffee (selbst wenn er auf dem Markt als qualitativ nicht so gut gelten und deshalb zu geringerem Preise gehandelt werden sollte, was hier völlig offenbleiben kann); er ist andere Ware.

Fehlende Echtheit der als echt verkauften Speziessache ist stets Sachmangel, sie bewirkt kein aliud.

Anm. 4 **d) Beim Gattungskauf** entscheidet sich die Frage, ob peius oder ob aliud, für die Anwendung des § 378 nach den Anschauungen des Verkehrs (vgl. BGH Betrieb 1969, 1056). Ist eine Ware durch bestimmte Qualitätsmerkmale gegenüber einem verkehrsmäßigen Standard herabgesetzt, so daß sie „unter Niveau" erscheint, so ist sie ein peius. Sind dieselben Qualitätsmerkmale dergestalt typisiert, daß sie die gleiche Ware, die ohne diese Merkmale der Handelsklasse I angehört, durch ihr Vorhandensein der (geringeren) Handelsklasse II zuweisen, so liegt ein aliud vor; die beiden Handelsklassen schließen sich aus. Handelsklasse II ist nicht „schlechte" Handelsklasse I (anders Fabricius a. a. O. S. 52). Ebenso sind: Kalkeier keine „schlechten" Bruteier, Braugerste keine „schlechte" Saatgerste, Sommerweizen kein „schlechter" Winterweizen (Esser a. a. O.), vielmehr jeweils ein aliud. Kainit ist nicht minderwertiges Kali, auch wenn beide Produkte sich nur durch den Prozentgehalt an Kalisalzen unterscheiden: es liegt ein aliud vor (irrig Rostock OLGR 41, 219).

Freilich läßt die Verkehrsauffassung gelegentlich im Stich. Die Grenze zwischen peius und aliud kann namentlich da sich verflüssigen, wo die zu liefernde Gattungsware aus einem Mischprodukt in einem bestimmten Mischungsverhältnis besteht und vom Verkäufer das Mischungsverhältnis geändert wird. Oder es kommen Nachahmungserzeugnisse auf den Markt, die dem nachgeahmten Erzeugnis an Qualität unterlegen sind und auch als reine Nachahmungen empfunden werden, solange sie noch nicht als eigenständige Warengattung anerkannt sind. Hier überall ist ein echter Mangel dann anzunehmen, wenn die Minderqualität, beurteilt nach dem Zweck, zu dem die gekaufte Sache beim Käufer Verwendung finden soll, ohne größere Vorkehrungen behebbar erscheint. Das Mischungsverhältnis, in dem gebildeten Beispiel, läßt sich u. U. noch korrigieren, etwa bei flüssigen Mischungen: bis dahin ist die Sache mängelbehaftet (vgl. den Fall Hamburg MDR 1954, 551; anders mit Recht für das Gegebensein eines unkorrigierbaren Mischungsverhältnisses in festem Aggregatszustand: Hamburg MDR 1955, 233, wo trotz irreführender Wendungen im einzelnen wohl der Grundtatbestand des § 378 als gegeben vorausgesetzt worden ist). Das Nachahmungserzeugnis dagegen ist ein aliud und unterfällt als solches dem § 378. Wird eine Sache, die als „echt", „rein" (beimischungsfrei) zu liefern war, mit minderwertigen Beimischungen geliefert, so wird i. a. ein peius anzunehmen sein, und zwar ohne Rücksicht auf das Mischungsverhältnis; hier läßt sich der Rechtsgedanke aus §§ 948/947 Abs. 2 BGB verwenden, wonach in solchen Fällen die echte Teilmenge als „Hauptsache" der Mischung den Stempel aufprägt.

Richtig im Ergebnis deshalb die oben zitierte Entscheidung RG DJZ 1906, 146: bestellt war echter Eckerndorfer Runkelrübensamen, geliefert wurde ein Gemisch von 18—20% Eckerndorfer, im übrigen verschiedener Arten minderwertiger Rübensamen; das Reichsgericht entschied, „die Vorinstanz habe (mit Recht) in der Lieferung anderer Arten von Runkelrübensamen nur eine Lieferung minderwertiger Ware der verkauften Gattung erblicken können", ein aliud liege nicht vor. Ist dagegen, statt der beimischungsfreien, eine Ware mit Zumischung einer anderen, im Verkehr als artmäßig gleichwertig angesehenen Teilmenge geliefert worden, so greift die vorstehende Betrachtungsweise nicht durch, und es ist ein aliud anzunehmen (richtig Jena OLGR 41, 220: bestellt war Sommerweizen, geliefert ein Gemisch, das zu 48% aus Winterweizen bestand).

e) Wie steht es endlich mit denjenigen Fällen, in denen das aliud sich als ein **„besseres"**, als ein melius darstellt? Bestellt war für das Vorzimmer der Geschäftsleitung ein deutscher Knüpfteppich, geliefert wird infolge eines Lagerversehens ein echter Orientteppich gleichen Ausmaßes; die mitgesandte Rechnung lautet auf dessen Originalpreis. Ist der Gegenstand nicht nur objektiv „besser" (wertvoller), sondern auch — wie in dem Beispiel anzunehmen — für den Käufer mindestens gleich geeignet, so liegt ein unter § 378 fallendes aliud nicht vor. Denn unsere Vorschrift bezieht sich, wie ihre Stellung im Gesetz anzeigt, auf Erfüllungsakte, die in irgendeiner Beziehung nicht zulänglich sind, nicht aber auf solche, die dem Käufer mehr geben, als er zu beanspruchen hatte. Wollte der Käufer in solchen Fällen rügen, so rügte er nicht die Ware, sondern (allenfalls) die Preisstellung, und nur wegen der Preisstellung. Eine dahin zielende Rüge unter § 378 zu bringen liefe jedoch auf einen Zirkelschluß hinaus. Denn das Preisproblem entsteht ja erst dann, wenn feststeht, daß der Käufer die Ware behalten muß, weil er nicht oder spät gerügt hat, obwohl er hätte rügen müssen: man kann die Rügelast nicht aus der Preiszahlungslast begründen (diesen Fehler begeht z. B. Oertmann ZHK 80, 57); vielmehr gelten in einem solchen Falle die Grundsätze über die Zusendung unbestellter Ware. **Anm. 5**

Wird eine Ware geliefert, die nicht eigentlich ein „anders", sondern (nur) ein „besser" ist (verbesserte Eigenschaften infolge neuerer Fabrikationsmethoden), so ist auch dies nicht ein Fall, der unter § 378 fiele. Andererseits liegt nicht eine Zusendung unbestellter Ware vor. Wird die Lieferung dem Käufer zu dem vertraglich ausgemachten Preis angedient, so muß er sie abnehmen und bezahlen; er kann sie nicht (etwa weil ihn der Kauf aus anderen Gründen reut) „rügen" und zurückweisen. Einen höheren als den ausbedungenen Preis braucht er hingegen nur zu zahlen, wenn hierüber eine Einigung mit dem Verkäufer erfolgt. Scheitert sie, mag der Verkäufer seine Leistung, als so nicht geschuldet, kondizieren, was ihm stets freisteht, allerdings mit der Einschränkung des § 814 BGB.

Anders liegt es indessen, wenn die gelieferte Ware zwar objektiv besser, aber für die Zwecke des Käufers nicht gleich geeignet ist, wie die bestellte. Beispiel (v. Caemmerer a. a. O. S. 16): Bücher sind broschiert bestellt worden, weil der Käufer sie mit einem Privateinband versehen lassen will; geliefert werden sie in handelsüblichem Einband. Hier kann ohne Vergewaltigung der Begriffe nicht wohl ein peius angenommen werden: die gelieferte Ware hat als ein gesetzliches aliud zu gelten und unterliegt dessen Regeln (unten Anm. 16 — Rügelast —, 24 — Kaufpreis —).

2. Quantitätsdifferenz. Minus und peius; Quantitätsdifferenz und aliud.

a) § 378 hat als alternative tatbestandliche Voraussetzung die Lieferung „einer anderen als der bedungenen Menge". Die Vorschrift spricht nicht von einer „geringeren als der bedungenen Menge". Daß die Zuweniglieferung unter § 378 fällt, bedarf keiner näheren Ausführungen. Wie aber steht es mit der Zuviellieferung? Insoweit wird man scheiden müssen: **Anm. 6**

aa) Ist die geschuldete Menge aus dem Zuviel nicht oder nur mit Schwierigkeiten ausscheidbar, so kommt § 378 ohne weiteres zur Anwendung. Der Käufer hat die Rügelast, mit der Ausnahme des Halbs. 2. Das Preisproblem, falls die Rüge versäumt wird, ist hingegen aus § 378 nicht zu beantworten; siehe hierüber unten Anm. 27. **Anm. 7**

bb) Ist die geschuldete Menge aus der Zuviellieferung ohne Schwierigkeiten ausscheidbar, so ist der Fall des § 378 nicht gegeben. Sind statt der bestellten 100 Ztr. Koks 130 Ztr. geliefert worden, so hat der Käufer mit der hierin enthaltenen Teilmenge von 100 Ztr. erhalten, was er zu beanspruchen hatte. Die überschießende **Anm. 8**

Menge folgt — rügerechtlich — den gleichen Regeln wie die Zusendung unbestellter Ware. Der Kaufvertrag ist erfüllt (Hein a. a. O. S. 94 [und 57 ?]); für eine „Rüge" nach dem Vorbild des § 377 ist kein Raum. Diesen Gesichtspunkt hat insbesondere Mailänder a. a. O. S. 96ff., 99ff., 106, 107 mit zutreffenden, aus der Struktur der Rügelast und der Interessenlage abgeleiteten Gedankengängen herausgestellt. Auch hier gilt, was oben Anm. 5 zur Frage des melius ausgeführt worden ist: § 378 erfaßt ebenso wie § 377 nur die Fälle der hinter dem Geschuldeten zurückbleibenden Leistung, Fälle, in denen der Käufer nicht das erhalten hat, was ihm zukam, und in denen er deshalb „rügen", d. h. reklamieren soll. Bei einer schlichten Zuviellieferung hingegen käme allenfalls eine Rüge im untechnischen Sinne in Betracht. Wenn der Käufer das Zuviel dem Verkäufer nicht signalisiert, kann er u. U. nach Treu und Glauben gehalten sein, sich so behandeln zu lassen, als habe er das Zuviel „genehmigt", d. h. den abgeschlossenen Kaufvertrag durch Nachtragsabrede konkludent auch hierauf erstreckt. Insoweit vgl. § 377 Anm. 192; ferner RG LZ 1919, 966 und LG Hamburg LZ 1913, 175 (Weiterverkauf der Gesamtmenge, ohne untersucht und „gerügt" zu haben: die Entscheidung ist im Ergebnis richtig, obwohl das Gericht den § 378 geglaubt hatte anwenden zu müssen). Nur unter der Annahme einer solchen Erstreckung des Kaufvertrages auf die Mehrlieferung kann der Käufer gehalten sein, das Mehr zu behalten und zu bezahlen; andernfalls wird die Zuviellieferung nach Bereicherungsrecht abgewickelt. Über die Gesichtspunkte, die bei der Beurteilung des Schweigens als Annahmehandlung heranzuziehen sind, vgl. Mailänder, a. a. O. S. 105.

Die Lieferung eines schlichten Zuviel steht zwar, was die Frage nach der Rügelast anlangt, auf der Ebene der Zusendung unbestellter Ware. Dennoch ist sie keine „Zusendung unbestellter Ware". Der Unterschied zeigt sich in der Anwendbarkeit des § 379: den Käufer, dem ein Zuviel an bestellter Ware übersandt worden ist, treffen die dort normierten Pflichten zur einstweiligen Aufbewahrung hinsichtlich der überschießenden Menge, die er „beanstandet" hat. Siehe darüber § 379 Anm. 11.

b) Die mit einem — unausscheidbaren — Zuviel und die mit einem Zuwenig angelieferte Menge kann ein peius sein, braucht es aber nicht. Siehe hierzu auch § 377 Anm. 6, 7.

Anm. 9 **aa)** Sind Bretter von 15 mm Stärke bestellt, aber solche von 30 mm Stärke geliefert und deshalb für den Käufer unverwendbar, so liegt ein echter Mangel i. S. des § 377 vor. War Gegenstand der Bestellung eine hochverdunstende Flüssigkeit, zu liefern in 10 Gebinden von je 50 Ltr. Inhalt und in dieser Form zum Weiterverkauf bestimmt, und wird demnächst die bestellte Flüssigkeit in 7 Gebinden zu je 75 Ltr. geliefert, so daß sich beim Käufer infolge Verdunstung beim Umfüllen auf 50-Ltr.-Gebinde ein Schwund von 10% ergäbe, so liegt weder ein peius, noch ein aliud, sondern eine Quantitätsdifferenz in Gestalt eines unausscheidbaren Zuviel vor. Es kann ferner sein, daß bei Bestellung auf ein zusammengestelltes Sortiment die Quantitätsdifferenz durch zahlenmäßige Umschichtungen innerhalb der Zusammenstellung gegeben ist. Hier kann ein peius vorliegen (das bestellte Porzellanservice enthält 2 Untertassen zuviel, dafür 2 Unterteller zuwenig: das Service ist unverkäuflich), aber auch eine „komplexe" (Minus/plus-)Quantitätsdifferenz im engeren Sinne (innerhalb einer bestellten und gelieferten Kollektion zum Weiterverkauf bestimmter Tapeten sind, bei innegehaltener Gesamtzahl, die einzelnen Muster mengenmäßig anders assortiert als in Auftrag gegeben: keine „bloße" Zuviellieferung, wiederum kein aliud, sondern komplexe Quantitätsdifferenz).

In den vorgenannten Beispielen ist das peius ausschließlich nach § 377, die Quantitätsdifferenz nach § 378 i. V. m. § 377 zu beurteilen: ein Unterschied, der im Falle der absoluten („genehmigungsunfähigen") Abwegigkeit der Lieferung (oben Anm. 2) Bedeutung gewinnt.

Anm. 10 **bb)** Derselbe Unterschied wird deshalb von Bedeutung, wenn ein minus in der Lieferung vorliegt, welches diese als ein peius erscheinen läßt. Beispiel: die in bestimmten Abmessungen bestellten Bretter sind zu kurz geliefert worden und damit für die Zwecke des Käufers unbrauchbar. Hier tritt das Weniger in der Menge völlig hinter dem „schlechter" zurück, da nicht ein Quantum Bretterholz, sondern eben Bretter bestimmter Maßanforderungen, also Herstellungsanforderungen, zu liefern waren. Aber auch ein wirkliches minus an Zahl, Maß oder Gewicht kann ein peius sein. Beispiel: Bestellt ist ein bestimmtes Chemikal zur Schädlingsbekämpfung, und zwar als Restposten aus einem nur beschränkt lieferbaren Vorrat; die gelieferte Mindermenge reicht nicht nur nicht aus, die Schädlinge wirksam zu bekämpfen, sondern wäre im Gegenteil geeignet, deren Virulenz so zu reizen, daß die Schädlinge sich im Ergebnis als stärker erweisen und damit ein Immunisierungseffekt erreicht werden würde.

Die Abgrenzung von minus und peius ist aber nicht nur relevant für die Anwendbarkeit des § 378 einerseits, § 377 andererseits. Sie hat Interesse auch für die Frage des Ergänzungslieferungsanspruchs und damit im Verjährungsaspekt; hierüber vgl. Anm. 35.

cc) Das hier gewonnene Ergebnis, wonach, wenn die Quantitätsdifferenz zugleich ein peius bedingt, der Fall aus § 377 zu beurteilen sei, ist sehr streitig. Oertmann in Ehrenbergs Handb. IV, 2 S. 498 tritt für die ausschließliche Anwendung des § 378 ein, während Hein a. a. O. S. 95 den § 378 insoweit zum Zuge kommen lassen will, als er den Käufer (wegen der Entbindung von der Rügelast aus Halbs. 2) gegenüber § 377 besser stellt. In Wahrheit handelt es sich um eine Frage der Kategorisierung. Das Gesetz hat sie durch seine Legalordnung verbindlich entschieden. Was als peius sich darstellt, weil es zu einem solchen durch die Quantitätsdifferenz geworden ist, fällt ausschließlich unter die Primärkategorie des § 377. Erst dasjenige, was, ohne peius zu sein, reine Quantitätsdifferenz ist, wird der Regelung des (auf diesen Fall zugeschnittenen, weil erst durch ihn insoweit notwendig gewordenen) § 378 unterworfen. Wäre es anders, so käme man ja auch für das aliud des § 378 auf die Janusköpfigkeit mit dem peius hinaus, die oben Anm. 2 bereits abgelehnt werden mußte. Wie hier schon: Staub bis zur 14. Aufl., Anm. 2. **Anm. 11**

c) Flüssig ist aber auch die Grenze zwischen Quantitätsdifferenz und aliud. Die Entscheidung für das eine oder das andere hat Folgen zwar nicht wegen der Anwendbarkeit des § 378, dem beide Erscheinungen unterfallen, wohl aber in den unter Anm. 24, 27, 45 zu behandelnden Fragen der Kaufpreisschuld und der Beweislast. Über die Einstufung als „anders“ entscheidet abermals die Anschauung des Verkehrs. Würde eine bestimmte Zigarrensorte in Kisten zu je 20 und zu je 30 Stück auf den Markt gebracht, so wäre schon die Lieferung von 30 Kisten in 20er Packungen ein aliud gegenüber den bestellten 20 Kisten in 30er Packungen: das ist deshalb auch dann nicht anders, wenn nur 28 Kisten oder aber 35 Kisten in 20er Packung geliefert werden (aliud, kein bloßes „minus“ von 40 bzw. Zuviel von 100 Zigarren). Ebenso läge in dem oben Anm. 4 gebildeten Beispiel von Kali und Kainit keine Mehr- oder Minderlieferung des Grundstoffs „Kalisalz“ vor. **Anm. 12**

3. Zu unterscheiden von den bisherigen Fällen der Abgrenzung ein und derselben Lieferungsunstimmigkeit als aliud, Quantitätsdifferenz und peius sind diejenigen, in denen die gelieferte Ware in jeder dieser Beziehungen (oder in zweien von ihnen) Unstimmigkeiten aufweist. Die Ware kann ein aliud und noch als solches, in sich, mangelhaft sein. Sie kann eine Fehlmenge und daneben Sachmängel aufweisen. Sie kann in allen drei Beziehungen zu Beanstandungen Anlaß geben (statt 100 Ztr. Mehl der Type S sind 80 Ztr. der geringeren Type B, mit dumpfigem Geruch, geliefert). **Anm. 13**

Hier ist jeweils der betroffene Mangel in bezug auf die Rügeobliegenheit derjenigen Vorschrift (§ 377 oder § 378) zu unterstellen, der er unterfällt (so auch Mailänder a. a. O. S. 117). Soweit hiernach gerügt werden muß — die Rügenotwendigkeit würde beim absolut genehmigungsunfähigen aliud und bei der absolut genehmigungsunfähigen Quantitätsdifferenz entfallen —, ersetzt die Rüge der einen Unstimmigkeit nicht die der anderen; dies schon deshalb nicht, weil der Mangel ja in der Rüge bezeichnet werden muß (§ 377 Anm. 22; für § 378: SchlHolstOLG SchlHA 1954, 255). Darüber, wie die Rechtslage sich in den einzelnen Kombinationen bei ordnungsmäßiger Rüge und bei verabsäumter Rüge darstellt, s. unten Anm. 46.

4. Eine Anwendung des § 378 kommt bei der Lieferung sowohl eines aliud wie auch einer anderen als der bedungenen Menge ganz allgemein nur in Betracht, wenn der Verkäufer überhaupt mit der Lieferung hat erfüllen wollen. **Anm. 14**

Hat er das minus nur als Teilmenge des insgesamt Geschuldeten angeliefert, so ist der Tatbestand des § 378 selbstverständlich nicht gegeben: mag die Teilanlieferung als solche zulässig gewesen sein oder nicht (vgl. § 266 BGB). Insoweit kommt es also darauf an, ob der Verkäufer hat erkennen lassen, daß diese Lieferung „die“ Lieferung aus dem Kaufvertrage sein solle. Das wird im Zweifel dann anzunehmen sein, wenn die bei gleicher Gelegenheit übersandte Faktura auf die volle geschuldete Menge mit der vereinbarten Preisstellung lautet: gerade hier, wo die Annahme eines Versehens bei der Expedierung der Ware nahe liegt, ist die Rüge einer Fehlmenge aus dem Zweck der §§ 378/377 geboten. Bei einer erkennbaren Teillieferung dagegen behält der Käufer alle Ansprüche auf die Restlieferung, ohne daß er zu rügen brauchte. — Die Unterscheidung, ob eine Zuweniglieferung nur als bloße Teillieferung gedacht war oder nicht, gewinnt übrigens auch Bedeutung für die Anwendung des § 379. Eine echte Teillieferung kann, wenn sie nicht zulässig ist, der Käufer in der Terminologie jener Bestimmung „beanstanden"; ihn trifft alsdann die Pflicht zur Aufbewahrung, ggf. hat er das Recht zum Notverkauf. Eine nicht mit der Bestimmung als Teillieferung angediente Zuweniglieferung dagegen muß er annehmen und behalten; nur die Fehlmenge kann er rügen und ist insoweit auf den Ergänzungslieferungsanspruch verwiesen; die Rechtsposition aus § 379 ist nicht begründbar.

Schwieriger werden die Fragen bei der Lieferung eines (unausscheidbaren oder nur mit Schwierigkeiten ausscheidbaren) Mehr. Hat der Verkäufer hier die bestellte Menge, und nur diese, zu den vereinbarten Preisen fakturiert, so liegt wiederum die Annahme eines Versehens nahe, die Rüge ist also aus den gleichen Gründen wie oben geboten. Lautet die Rechnung dagegen auf das Mehr mit entsprechend höherem Preis, so liegt darin möglicherweise die Erklärung, anders z. Z. nicht liefern zu können, und damit verbunden das Angebot, die Lieferung an Erfüllungs Statt anzunehmen. Mangels eines dahingehenden Hinweises wird das jedoch i. a. nicht unterstellt werden dürfen. Alsdann bewendet es bei der zu präsumierenden Absicht des Verkäufers, mit dieser konkreten Lieferung erfüllen zu wollen. Ein Versehen kann hierbei ja immer noch obwalten. Rüge ist also ggf. erforderlich. Gegen dolose Handlungsweise, dahingehend, dem Käufer die Mehrlieferung zu höherem Preise aufdrängen zu wollen, schützt die Anwendung des § 814 BGB (unten Anm. 27).

Die gleichen Grundsätze wie vorstehend für die Lieferung eines Mehr werden für den Erfüllungswillen bei der Lieferung eines aliud zu gelten haben.

II. Der Regelfallbereich des § 378

A. Sind die unter I dargestellten tatbestandlichen Voraussetzungen für die Anwendung des § 378 gegeben — die Lieferung eines aliud, Lieferung eines nicht (oder nur mit Schwierigkeiten) ausscheidbaren Mehr an Menge oder eines Weniger an Menge — so soll, wie das Gesetz sagt, die Vorschrift des § 377 Anwendung finden. Das bedeutet: Auch das Anders-sein der gelieferten Ware und die Unstimmigkeit der Menge muß der Käufer rügen, widrigenfalls die Abweichung von der Bestellung als genehmigt gilt. Im Hinblick auf diese, durch § 377 geordnete Rechtsfolge ist die Rechtslage sowohl für die aliud-Lieferung wie für die Quantitätsdifferenz durchlaufend gleich. Dafür gibt es auch hier, wie gegenüber § 377, die Möglichkeit, Rügeobliegenheit, Rügefrist und Folgen einer unterlassenen Rüge vertraglich zu regeln. So geschieht es z. B. nicht selten in Allgemeinen Geschäftsbedingungen, etwa durch Ausschluß von Mengenbeanstandungen, sobald eine vorbehaltlose Empfangsquittung erteilt ist (daher dann kein Nachweis der Unrichtigkeit der Quittung: Hamburg Betrieb 1966, 103).

Im einzelnen ist zu sagen:

Anm. 15 **1.** Der Käufer hat die Last, die abgelieferte (dazu für § 378: RG JW 1904, 341[10]) Ware auch im Hinblick auf eine mögliche Andersartigkeit und im Hinblick auf mögliche Quantitätsdifferenzen zu untersuchen (§ 377 Anm. 13ff.). In aller Regel wird es sich bei Unstimmigkeiten dieser Art um solche offenen Charakters handeln. Versteckte Quantitätsdifferenzen, die sich erst später, insbesondere beim Gebrauch, herausstellen und herausstellen können, bleiben aber immerhin denkbar. Da der Käufer sich auch hier in geeigneten Fällen auf Stichproben beschränken darf (so durch Verwiegung und Vermessung bei serienmäßigen Großlieferungen — § 377 Anm. 15 —, während eine Durchzählung naturgemäß immer erschöpfend zu sein hat), kann es z. B. vorkommen, daß von 500 Säcken zu je 40 kg, sämtlich von der vertrauenswürdigen Verkäuferfirma mit diesem Gewicht beschriftet, einige, bei der Sticherprobung nicht erfaßte, ein Mindergewicht aufweisen (etwa weil die Tara zu hoch ist) und daß dies erst bei der späteren Ingebrauchnahme der Säcke bemerkt wird. Die Andersartigkeit als aliud wird ebenfalls allermeist am Tage liegen. Auch hier jedoch sind versteckte Mängel nicht ausgeschlossen, etwa wenn von der bestellten Lieferung Konservendosen einige, bei der Stichprobe unkontrolliert gebliebene eine gattungsmäßig andere Füllung enthalten. Oder man denke an den Fall BGH BB 1967, 433 = Betrieb 1967, 722: bestellt war ein Posten Titanium Dioxyd Rutile (ein Grundstoff für Farben im Außenanstrich), geliefert wurde Titanium Dioxyd Anatase (leicht wasserlöslich, stark kreidend, Grundstoff von Farben für Innenanstriche). Beide Produkte waren äußerlich nicht voneinander zu unterscheiden, auch in ihrer Zusammensetzung gleich, nur physikalisch, durch die Struktur der das Produkt bildenden Kristalle, unterschieden. Die Lieferung war ohne Zweifel ein aliud — ob ein genehmigungsunfähiges, wie der BGH annahm, darüber s. unten Anm. 38 —, und diese ihre Andersartigkeit wurde erst bei der Verwendung durch die mangelnde Haltbarkeit des ausgeführten Außenanstrichs offenbar.

Die Unstimmigkeit muß unverzüglich nach Ablauf einer für die Untersuchung zuzubilligenden Frist gerügt, wird sie erst später entdeckt, so muß die Rüge unverzüglich nach der Entdeckung nachgeholt werden (RG bei Holdheim 1904, 249). Gerügt werden muß hiernach: das aliud beim Spezieskauf — sei es ein Identitäts-, sei es ein Qualifikations-aliud —, das aliud beim Gattungskauf — sei es auch ein objektiv „besseres", sofern es nur für die Zwecke des Käufers weniger tauglich ist —, die Unstimmigkeit hinsichtlich der Menge — sofern nicht ein einfach ausscheidbares Mehr vorliegt —. Die Frist für die Untersuchung auf Andersartigkeit und Quantitätsdifferenz wird hier meist kürzer anzusetzen sein als im Falle des § 377; über insoweit bestehende Handelsbräuche vgl. § 346 Anm. 53. Natürlich können, bei einer auf eigentliche Mängel i. S. des § 377 vorgenommenen Sticherprobung, die gezogenen Proben in geeigneten Fällen zugleich diejenigen auf Nämlichkeit mit der Bestellung und auf Verwiegung oder Vermessung sein. Doch wird auch dann eine für § 378 in Betracht kommende Unstimmigkeit u. U. früher feststehen als das Ergebnis des Mängeltestes für § 377. Alsdann muß für § 378 gesondert und früher gerügt werden, da die Rüge aus § 378 und die aus § 377 voneinander unabhängig sind, ggf. kumulieren und dann unterschiedliche Rechtsfolgen auslösen (oben Anm. 13, unten Anm. 46). Der Käufer ist also nicht befugt, die Rüge für § 378 zurückzustellen, bis das Ergebnis der Erprobung auf Mängel vorliegt. **Anm. 16**

Bei Gattungskäufen können auch für die Untersuchung auf aliud und die Rügepflichtigkeit eines solchen Kaufmuster und Ausfallproben Bedeutung gewinnen. Es gelten insoweit die zu § 377 in Anm. 33 dargelegten Grundsätze.

2. Da die Untersuchungs- und Rügelast die Ablieferung der Ware voraussetzt, ist eine Rüge noch nicht nötig, wenn erst die Faktura eingelaufen ist, aus der zu ersehen war, daß zuviel oder zuwenig oder eine andere Ware geliefert werden solle. Der Käufer darf die Ablieferung abwarten (§ 377 Anm. 16, 29 u. 114). Besondere Umstände können jedoch anderes rechtfertigen (§ 377 Anm. 114; RG in VerkRdsch. 3, 34; JW 02, 134[46]; § 377 Anm. 114 u. 16), wenn Treu und Glauben ein Schweigen verbieten. **Anm. 17**

3. Auf anderem Gebiet liegt, daß der Käufer mit der Rüge je nach Lage des Falles noch nicht genug getan hat. So, wenn weniger als fakturiert geliefert worden und Grund zu der Annahme vorhanden ist, es sei die Sendung unterwegs zum Teil abhanden gekommen. Der Käufer muß dann auch die Rechte des Verkäufers gegen Frachtführer, Eisenbahn und Spediteur wahren, so daß sie nicht verlorengehen. Über die hieraus erwachsenden Rechtsverhältnisse Vorbem. vor § 373 Anm. 197 sowie über den Gefahrübergang und dessen Wirkung daselbst Anm. 176ff. **Anm. 18**

4. Die Rügelast entfällt in Anwendung des § 377 Abs. 5, wenn der Verkäufer die Andersartigkeit der Ware oder die Quantitätsdifferenz arglistig verschwiegen hat. Dem arglistigen Verschweigen steht auch hier (§ 377 Anm. 86) das arglistige Vorspiegeln der angeblichen Übereinstimmung der gelieferten Ware mit dem Gegenstand der Kaufabrede oder ihrer angeblichen quantitativen Übereinstimmung mit der gekauft gewesenen Menge gleich. Arglist bedeutet: bei der Vorspiegelung und beim Verschweigen durch Unterdrücken einer Entdeckung der Unstimmigkeit ein auf Täuschung des Käufers berechnetes Verhalten; beim Verschweigen durch treuwidriges Nicht-offenbaren ein Wissen um das falsche Vorstellungsbild des Käufers und das In-Rechnung-Stellen dieser falschen Vorstellung um des eigenen Vorteils willen (§ 377 Anm. 156, 160). Der Verkäufer handelt also nicht schon arglistig, wenn **Anm. 19**

er weiß, daß die gelieferte Ware eine andere ist als die bestellte: er hat vielleicht die bestellte Ware nicht vorrätig und glaubt, mit der abweichend gelieferten sei dem Käufer ebenso gedient. Daß kaufmännische Korrektheit auch in solchem Falle verlangt hätte, sich vorher beim Käufer zu vergewissern, verschlägt insoweit nichts. Vollends wird der Annahme einer Arglist der Boden entzogen, wenn eine vorher oder spätestens gleichzeitig übersandte Faktura die Abweichung von der Bestellung offen erkennen läßt. Um eine Arglist annehmen lassen zu können, muß vielmehr das Verhalten des Verkäufers darauf abzielen, die Andersartigkeit der Ware oder die Unstimmigkeit in der Quantität dem Käufer nicht erkennbar werden zu lassen; um so mehr, als gerade auf diesem Gebiet die Erkennbarkeit sehr erleichtert ist. Es wird also dann besonderer, täuschender Vorkehrungen bedürfen, um eine Arglist des Verkäufers zu indizieren. Beim Qualifikationsaliud im Spezieskauf wird die Arglist entweder nur in der Vorspiegelung beim Kaufabschluß oder in der willkürlichen Veränderung des Gegenstandes während der Zeit bis zur Ablieferung liegen; wird die Andersartigkeit in der letztgenannten Zwischenzeit dadurch begründet, daß die gekaufte Speziessache von einer dazu berufenen dritten Stelle umklassifiziert wird (ein als Rennyacht verkauftes Wasserfahrzeug wird neu vermessen und scheidet als Ergebnis der Vermessung aus der Rennklasse aus), so ist es Frage des Einzelfalles, ob Treu und Glauben dem Verkäufer gebieten, zur Vermeidung des Vorwurfes der Arglist diesen Umstand dem Käufer zu offenbaren (§ 377 Anm. 157: im Zweifel wohl nur anzunehmen, wenn das bei der Vermessung offenbar gewordene Klassifizierungshindernis nicht oder nur mit einem außer Verhältnis zum Kaufpreis stehenden Kostenaufwand behoben werden kann). Beim Identitäts-aliud im Spezieskauf genügt zur Annahme einer Arglist des Verkäufers erst recht nicht, daß er um die fehlende Nämlichkeit der gelieferten mit der verkauften Sache weiß, selbst wenn er das in der Faktura nicht zum Ausdruck bringt. Die getroffene Wahl, ob dieser oder ein anderer Einzelgegenstand aus dem besichtigten Vorrat der betreffenden Serie, ist oft nur Zufall; der Verkäufer darf davon ausgehen, daß es dem Käufer letzten Endes gleichgültig sein wird, ob er statt des zufällig gewählten einen anderen, in der Qualität ununterschiedenen Gegenstand der gleichen Serie erhält.

B. § 378 läßt es bei unterlassener Rüge mit der Rechtsfolgenerklärung bewenden, daß die Lieferung auch hier, wie im Falle des § 377 Abs. 2, als genehmigt zu gelten habe. Über die Rechtsfolgen einer ordnungsgemäß erhobenen Rüge sagt unsere Vorschrift nichts.

Anm. 20 In der ersteren Richtung ist sie so unvollständig wie in der letzteren. Das hat einer breiten, bis heute noch nicht behobenen Kontroverse Nahrung gegeben. Der Grund liegt darin, daß der Gesetzgeber für die Folgen sowohl der unterbliebenen wie der ordnungsmäßig erklärten Rüge sich auf die im allgemeinen Kaufrecht des BGB geltende Regelung verwiesen sah, von der für den Handelskauf Abweichungen zu geben ihm nicht rätlich erschien: daß aber andererseits dieser bürgerlich-rechtlichen Rechtslage ohne Bruch nur der echte Mängeltatbestand des § 377 unterstellt werden konnte, während die Parallelschaltung des § 378 und des § 377, hier auf die bürgerlich-rechtlichen Rechtsfolgen projiziert, sofort problematisch werden mußte.

1. Die Rechtslage bei unterlassener Rüge.

Anm. 21 **a) Aliud-Lieferung.**

Daß das nicht gerügte aliud als genehmigt gilt, besagt zunächst nur, daß der Käufer aus der Andersartigkeit der Ware nicht die ihm sonst kraft dessen zustehenden Rechte haben soll. Diese Rechte wären auf Neulieferung des richtig geschuldeten Gegenstandes gegeben: der ausgewählten Spezies, wenn eine hiermit nicht identische, der Gattungsware, wenn eine „andere" als die bedungene geliefert ist: denn hier überall war ja mit dem aliud schlechthin nicht erfüllt worden — anders als bei der (nur) mangelhaften Sache, mit der nach dem der Gewährleistungsregelung des BGB zugrunde liegenden Gedanken immerhin eine Erfüllung möglich bleibt. Auch das rügepflichtige, wiewohl nicht gerügte aliud also soll der Käufer behalten müssen. Ihm wird unterstellt, als habe er „genehmigt", d. h. als Erfüllung angenommen. Mehr noch: er muß sogar den vereinbarten Kaufpreis zahlen. Denn nach dem Willen des Gesetzes soll hier nicht anders als bei § 377 jede Erörterung über die Andersartigkeit, d. h. die fehlende Ordnungsmäßigkeit der Lieferung abgeschnitten sein.

aa) Die Frage ist aber: Soll dies eine Präklusion ausschließlich mit Wirkung gegen den Käufer sein? Oder ist die Genehmigungsfiktion eine allseitige Heilungsfiktion, auch gegenüber dem Verkäufer? so, daß auch dieser nunmehr sich dergestalt behandeln lassen muß, als habe er den Kaufvertrag mit der aliud-Lieferung erfüllt? Das Problem stellt sich dahin, ob zwar der Käufer das aliud behalten (und bezahlen) müsse, der Verkäufer jedoch kondizieren dürfe mit der Begründung, er habe ein Nichtgeschuldetes geleistet. Das aliud kann ja z. B. durch Versehen seiner Expedition geliefert worden sein und der Verkäufer aus mannigfachen Gründen ein Interesse daran haben, das fehlgelaufene Lieferobjekt zurückzurufen, um es nachträglich durch das richtige zu ersetzen. Letzteres vielleicht sogar auf die Gefahr hin, daß die vertragsmäßige Lieferfrist inzwischen verstrichen ist und er die dadurch nach bürgerlichem Recht eintretenden Rechtsnachteile in Kauf zu nehmen hätte. **Anm. 22**

Schon die zuletzt angeführte Fallgestaltung zeigt, daß es mit dem gegen den Verkäufer zu verwendenden Argument des venire contra factum proprium nicht getan ist. Es kann Fälle geben, in denen die rechtsgeschäftliche(!) Erfüllungshandlung sich durch Irrtumsanfechtung korrigieren läßt. Aber der Anfechtungsgrund wird durchaus nicht immer gegeben sein (so mit Recht E. Peters a. a. O. S. 342 Fn. 2 gegen Hein a. a. O S. 79, 87). Vor allem bleibt die Möglichkeit eines Mißverständnisses in der Versandabteilung, der sogar zur Auslieferung eines objektiv wertvolleren aliud führen kann. Hier dem Verkäufer die Kondiktion zu versagen hieße die Besserstellung, die § 378 für ihn bringen soll, in ihr Gegenteil verkehren (Fabricius a. a. O. S. 51).

Denn darin liegt in der Tat der Kern des Problems. Ist bereits die Vorschrift des § 377 im durchaus einseitigen Interesse des Verkäufers geschaffen, insofern sie zu seinen Gunsten den Käufer mit dem Recht der Bemängelung der Ware einengt, so wirkt § 378 vollends als Begünstigung der Verkäuferinteressen, indem der Käufer über die mangelhafte Erfüllung hinaus auch Akte der Nichterfüllung als Erfüllung sich soll anrechnen lassen müssen. Diese bezweckte Einseitigkeit der Schutzrichtung ist wiederholt und zutreffend herausgestellt worden (Oertmann ZHK 80, 56/57; Fabricius a. a. O. S. 48; wenn der Impetus zur Schaffung unserer Vorschrift auch die Schwierigkeiten der Abgrenzung von Gattungs-aliud und gattungsmäßigem peius gewesen sind, bleibt dennoch die dahinterstehende ratio legis davon unberührt: jener Impetus zielte auf eine Erleichterung für die Rechtsanwendung, nicht — so allerdings in Verkennung der gesetzgeberischen Zielsetzung Fabricius a. a. O. S. 47 — auf eine Erleichterung für den rügepflichtigen Käufer).

Man wird also anerkennen müssen: § 378 besagt nur, daß der mit der Rüge säumige Käufer die Ware behalten muß, nicht auch, daß er sie gegen den Willen des Verkäufers behalten dürfe. Die entgegenstehende Auffassung aus der Voraufl. Anm. 13 wird aufgegeben. Die Frage, ob mit der Genehmigungsfiktion eine anderweite, auch für den Verkäufer verbindliche kaufvertragliche causa für die aliud-Lieferung geschaffen worden sei, beurteilt sich nicht aus § 378, sondern aus allgemeinen bürgerlichrechtlichen Gesichtspunkten. Die nach §§ 378 (377 Abs. 2) fingierte Genehmigung des Käufers läßt die geschehene Lieferung nicht schon um dieser ihrer Fiktion willen cum causa (ex contractu) geschehen erscheinen: sie bleibt gewissermaßen hinkend und kann den Effekt einer auf beiden Füßen stehenden causa solutionis gegenüber dem Lieferirrtum des Verkäufers so wenig haben wie eine hocherfreute wirkliche „Genehmigung" des besseren aliud, die der Käufer schleunigst ausspricht, um einer Kondiktion des Verkäufers zuvorzukommen. Daß der Käufer, der sich mit seiner Rüge verschwiegen hat, das aliud zu behalten genötigt ist, wird ja aktuell ohnedies nur dann, wenn der Verkäufer entweder gegenüber einem Rückgabeverlangen des Käufers auf dieser Folge der Rügeversäumung besteht oder aber beide Parteien über diese Folge einig gehen. Dann aber, und erst dann, ist eine causa solutionis für die Lieferung einer — an sich unbestellt gewesenen — Ware geschaffen worden. Nimmt dagegen der Verkäufer die für ihn günstige Rechtsfolge aus der Rügeversäumung nicht in Anspruch, sondern verlangt er das aliud zurück, so kann er daran nicht gehindert werden. Eine eigene Berechtigung, das nicht bestellte aliud gegen den Willen des Verkäufers behalten zu dürfen, ist dem Käufer durch § 378 allein nicht gegeben; ein sonstiger Rechtsgrund hierfür fehlt. Allenfalls ließe sich dem Kondiktionsverlangen des Verkäufers dann entgegentreten, wenn das hinter dem Vertragspreis wertmäßig zurückbleibende aliud herausverlangt wird, obwohl der Käufer den Vertragspreis hierfür zu zahlen bereit ist, weil der Verkäufer die Kondiktion zu spekulativen Zwecken betreibt. Darin würde nun freilich meist ein venire contra factum proprium liegen.

Anm. 23 **bb)** Die Kondiktionsberechtigung des Verkäufers hat dessenungeachtet ihre Eigenarten. Der Käufer, der die Rüge versäumt hat, kann ihr nicht aus eigenem Antrieb genügen, ehe der Verkäufer ein entsprechendes Verlangen ihm gegenüber äußert. Damit wird der Kondiktionsanspruch zu einem „verhaltenen" im Sinne der Langheineken'schen Definition; er ist insbesondere, bis der Verkäufer damit hervortritt, der verschärften Haftung aus § 819 BGB nicht ausgesetzt. Bis dahin bleibt nun allerdings auch in der Schwebe, ob der Kaufvertrag als durch die Lieferung erfüllt zu gelten habe oder nicht (eine gleiche einstweilige Ungewißheit läßt sich ja auch im Falle des verdeckten aliud nicht vermeiden). Dem Käufer wird die Befugnis zuzubilligen sein, diesen Schwebezustand durch Anfrage beim Verkäufer zu beenden, ob die Ware zurückverlangt werden solle oder nicht. Schweigt der Verkäufer auf eine solche Anfrage, so wird nach den Grundsätzen über das Schweigen unter Kaufleuten anzunehmen sein, daß der Verkäufer es bei der zu seinen Gunsten bestehenden Rechtslage aus § 378 sein Bewenden behalten lassen will.

Aber auch aus der Sicht des Verkäufers kann mit der Kondiktion nicht beliebig lange gewartet werden. Der Verkäufer darf nicht die Möglichkeit erhalten, auf Kosten des Käufers zu spekulieren. Er ist gehalten, in analoger Anwendung des Rechtsgedankens aus § 121 BGB mit dem Kondiktionsverlangen unverzüglich nach Entdeckung eines etwaigen Lieferirrtums hervorzutreten, widrigenfalls sein Schweigen abermals als eine Inanspruchnahme der durch § 378 geschaffenen Rechtslage gedeutet wird (falls der Käufer mit der Rüge bereits säumig geworden ist). Hat andererseits der Verkäufer das aliud in Kenntnis dieser seiner Andersartigkeit geliefert, so sind ihm Kondiktionsansprüche ohnehin wegen § 814 BGB verwehrt. In einem solchen Falle — Verkäufer kann einseitig nicht zurückfordern, der Käufer einseitig nicht zurückgeben — wird man den Kaufvertrag als durch die geschehene Lieferung schlechthin erfüllt erachten müssen, vorbehaltlich des Rechts der Vertragspartner, den Erfüllungseffekt durch gegenseitige Verständigung rückgängig zu machen, d. h. den Kaufvertrag in den Stand vor der geschehenen Lieferung zurückzuversetzen.

Anm. 24 **cc)** Mit dem Vorstehenden ist zugleich die Lösung für das Problem des zu zahlenden Preises gegeben. Die dem rügesäumigen Käufer unterstellte Genehmigung bezieht sich lediglich auf den Erfüllungseffekt als solchen, der der geschehenen Lieferung beigelegt wird. Und auch dieser ist nur relativ wirksam, nämlich einseitig wirkend gegen den Käufer: noch dazu erst vorläufig, bis sich demnächst klärt, ob es bei dem Erfüllungseffekt verbleibt oder die Lieferung über Kondiktionsgrundsätze rückgängig gemacht werden muß. Verbleibt es bei der als Erfüllung geltenden Lieferung, so ist ihr damit ihre causa solutionis gesichert, aber nicht mehr als dies. Das, was hier als erfüllt gilt, ist der ursprüngliche Kaufvertrag. Solange dessen Inhalt nicht geändert worden ist, bewendet es bei der Höhe des vereinbarten Preises. Nur dieser kann verlangt werden. Er kann aber auch stets verlangt werden, selbst wenn das aliud geringerwertig ist als die ausbedungene Ware. Ist das aliud höherwertig, kann ein höherer Kaufpreisanspruch nicht anders als durch Neuvereinbarung entstehen. Die Partner des Kaufvertrages mögen sich hierüber einigen; den Hebel hierzu bildet das hinter einem Scheitern stehende Kondiktionsverlangen des Verkäufers auf Rückgabe. Ob ein Schweigen des Käufers (nicht nur zu dem aliud als solchem, sondern auch) zu der den höheren Preis ausweisenden Faktura als Genehmigung der Preisforderung gilt, beurteilt sich nach den Grundsätzen über das Schweigen im Handelsverkehr. Wenn freilich die Faktura vor der Lieferung oder gleichzeitig mit ihr übersandt worden ist und die Lieferung als solche ungerügt bleibt, dann wird das Schweigen auf die Faktura als Zustimmung zu dem fakturierten höheren Preis gewertet werden müssen. Ein Kaufmann im Handelsverkehr kann gegenüber einem einheitlichen Rechtsvorgang sein Schweigen nicht „spalten" wollen, das eine Mal als ihm imputierte Genehmigung, das andere Mal als Ablehnung. Wenn er das aliud im Bewußtsein der höheren Preisforderung nicht rügt, muß er die höher fakturierte Preisforderung gegen sich gelten lassen. Das Recht des Verkäufers, die Ware dessenungeachtet zurückzurufen, wird hierdurch nicht betroffen.

Mit dem Vorstehenden steht schließlich nicht in Widerspruch, worauf Schneider a. a. O. S. 94 aufmerksam macht: daß eine Bestimmung des Kaufpreises nach billigem Ermessen, wenn sie aus den §§ 315, 317 BGB zu erfolgen hat, auf die tatsächlich erbrachte, nicht gerügte und damit gemäß § 378 als genehmigt geltende Leistung auszurichten ist. Die Billigkeit orientiert sich stets nur an tatsächlichen Gegebenheiten, nicht an Fiktionen, hier: einer solchen des Erfüllungseffekts, bezogen auf die ursprüngliche Lieferschuld. Entscheidend ist für die Ermessenshandhabung, daß es bei der geschehenen Lieferung verbleibt: wenn es bei ihr verbleibt und eine Kondiktion ausscheidet.

dd) Kommt es zur Kondiktion des aliud durch den Verkäufer, so beurteilt sich gleich- **Anm. 25** falls nach allgemeinen Grundsätzen, wie es mit der Nachlieferung des Verkäufers steht. Möglicherweise ist die Frist hierfür noch nicht abgelaufen. Ist sie dagegen schon abgelaufen, dann hat der Käufer die Rechte aus §§ 320ff. BGB. Der Kaufvertrag ist ja in den Stand vor dem nunmehr kassierten Erfüllungsversuch zurückversetzt worden. Für die Anwendung des § 326 BGB weisen Oertmann ZHK 80, 59 und Rud. Schmidt a. a. O. S. 713 mit Recht darauf hin, daß ein Mißtrauen des Käufers in die Fähigkeit des Verkäufers zur korrekten Nachlieferung des richtigen Kaufgegenstandes nicht in gleichem Maße begründet sein werde wie etwa nach voraufgegangener Lieferung einer mangelhaften Sache. Der Verkäufer, der nachteilige Rechtsfolgen aus dem zwischenzeitlichen Ablauf der Lieferfrist befürchten zu müssen glaubt, wird hiernach seine Entschließung, ob er das aliud kondizieren und welche Einbußen in der Abwicklung des Vertrages er hierfür ggf. in Kauf nehmen wolle, zu treffen haben.

b) Quantitätsdifferenz: **Anm. 26**

aa) Ist ein minus geliefert worden, so beurteilen die Rechtsfolgen der unterbliebenen Rüge sich einfach. Die Lieferung gilt als genehmigt. Ein Anspruch des Käufers auf Nachlieferung besteht nicht. Auf der anderen Seite hat er den vollen vertraglichen Preis zu zahlen. In letzterer Beziehung ist die Rechtslage die gleiche wie bei der aliud-Lieferung (minderen Wertes), oben Anm. 24.

Die Meinungen sind gleichwohl geteilt. Nach einer Ansicht (Kolmar „Recht“ 07, 583[1227]; Schneider a. a. O. S. 90) beschränkt sich die Folge dahin, daß der Verkäufer nicht nachzuliefern und der Käufer nur das wirklich Gelieferte zu bezahlen brauche. Eine zweite Meinung (Hamburg OLGR 14, 380; Oertmann JW 1916, 1462) läßt den Käufer nur das Recht verlieren, die Lieferung zurückzuweisen. Daran knüpfen DürHach. § 378 Anm. 15 und Hagens HansRZ 1920, 118 die Einschränkung, daß der Käufer, der die Ansprüche aus der Minderlieferung im übrigen verliere, den Kaufpreis für die Fehlmenge nur dann nicht zu bezahlen brauche, wenn lediglich die Lieferung einer bestimmten Stückzahl, eines bestimmten Maßes oder eines bestimmten Gewichts im ganzen vereinbart und der Preis nach Stück, Maß oder Gewicht bestimmt sei; der Käufer sei dagegen so zu behandeln, als ob kein Manko vorhanden sei, wenn eine Partie unter Angabe von Zahl, Maß oder Gewicht zu einem Pauschpreis verkauft war, oder wenn und soweit zwar nach Stückzahl gehandelt, aber für jedes Stück ein bestimmtes Maß oder Gewicht vereinbart war. Allein wenn die Vorschrift des § 377 Anwendung finden soll, so heißt das: hier wie dort, muß der Käufer, obgleich nicht die vertragsmäßige Qualität (= Quantität) geliefert ist, dennoch zahlen, wie wenn vertragsmäßig geliefert wäre (Stettin ZHR 54, 90; Breslau „Recht“ 1905, 229[1068]; Königsberg OLGR 41, 219; KG in OLGR 37, 27; Dresden OLGR 24, 193; Hein a. a. O. S. 99ff.; Brand § 378 Note 3; Ritter § 378 Nr. 2; Beck JW 1917, 91; Leonhard JW 1917, 90). Könnte der Käufer nachträglich geltend machen, es sei weniger als fakturiert geliefert, so würde der Zweck des § 378 vereitelt, der sogar zur Vollzahlung einer minderwertigen Ware ebenso wie § 377 führt und führen soll (dazu Denkschr. 225/6); die gegenteilige Annahme müßte zu kaum tragbaren Ungereimtheiten führen, wenn für einen Teil der Ware ein Quantitätsmangel, für einen anderen Teil ein Qualitätsmangel gegeben ist (oben Anm. 13). Abzulehnen ist endlich die vermittelnde Meinung von Peters a. a. O., S. 348ff. Sie geht davon aus, Zweck des § 378 in Ansehung der Quantitätsdifferenz sei es, den Streit um die Unstimmigkeit der Menge, falls eine solche nicht gerügt worden sei, abzuschneiden: wenn daher in diesem Punkte ein Streit im Prozeß nicht (mehr) bestehe oder ohne weiteres (etwa durch Augenschein) geklärt werden könne, sei für eine Sanktion durch Verurteilung auf den vollen Kaufpreis kein Raum; in so gelagerten Fällen brauche daher nur das tatsächlich gelieferte minus bezahlt zu werden. Aber das heißt das materielle Recht von einer Prozeßlage abhängig machen. Nicht mit Unrecht fragt Hein (a. a. O. S. 98) gegenüber allen solchen Bestrebungen, den Kaufpreis der tatsächlichen — nicht gerügten — Lieferung anzupassen: was denn dann, wenn Ware und Preis verändert worden seien, noch von dem ursprünglichen Kaufvertrag eigentlich übrigbleibe? Das könnten doch nur noch Nebenfolgen sein.

Anm. 27 **bb) Ist ein** — nicht oder nur mit Schwierigkeiten ausscheidbares — **Mehr geliefert worden,** so liegen die Dinge, verglichen mit der aliud-Lieferung, in vieler Beziehung grundsätzlich anders:

Da die Lieferung das kaufvertraglich Geschuldete einbegreift, ist die Lieferungspflicht erfüllt. Die Genehmigungsfiktion aus § 378 besagt hier abermals, daß der Käufer, der nicht gerügt hat, — weder das Mehr, das er ohnedies nicht ausscheiden kann, noch etwa deshalb — die Lieferung in complexu als Nichterfüllung betrachten dürfte; er muß sie behalten. Durch den Erfüllungseffekt bedingt ist zunächst seine Verpflichtung auf den vertragsmäßigen Kaufpreis. Das unausscheidbare Mehr kann hinwiederum der Verkäufer nicht in natura kondizieren. Da nun, solange eine Verständigung insoweit nicht erfolgt, die causa solvendi bezüglich des Mehr nicht vorliegt, ist der Käufer vorbehaltlich des § 814 BGB verpflichtet, dem Verkäufer die ihm in Gestalt des Mehr zugewachsene Bereicherung wertmäßig nach § 818 Abs. 2 BGB zu ersetzen. Auf diese Weise erhält der Verkäufer im praktischen Ergebnis wohl regelmäßig den Gesamtpreis für die vergrößerte Lieferung. Darüber hinaus kann Schweigen des Käufers auf eine zuvor oder gleichzeitig übermittelte Faktura auch hier eine echte Umwandlung des Kaufvertragsinhalts samt der Kaufpreisabrede bedeuten.

Die ganze, in der Vorauflage unter Anm. 11 dargestellte Kontroverse über die Preiszahlungspflicht im Falle der Lieferung eines nicht gerügten Mehr ist in Wahrheit gegenstandslos. Sie pflegt von dem Fall eines schlichten (ohne Schwierigkeiten ausscheidbaren) Mehr auszugehen. Dieser Fall aber fällt, wie oben Anm. 8 dargestellt, von vornherein nicht unter § 378, sondern gehört rügerechtlich und, wie nunmehr zu ergänzen ist, auch kaufpreisrechtlich zur Kategorie der Zusendung unbestellter Ware.

2. Die Rechtslage bei ordnungsmäßig erhobener Rüge.

a) Aliud-Lieferung.

Anm. 28 **aa)** Während im Falle des § 377 eine ordnungsmäßig erhobene Rüge die Wirkung hat, dem Käufer Gewährleistungs- und sonstigen Schadloshaltungsansprüche gesetzlicher oder vertraglicher Art offenzuhalten (§ 377 Anm. 38 sub B), wäre ein gleicher Effekt mit der Rüge aus § 378 — folgt man der Aussage des Gesetzes — nicht verbunden. Die Lieferung eines aliud ist, von der Systematik des BGB her betrachtet, nicht unter Mängelgewähr stehende Erfüllung, sondern schlechthin Nichterfüllung. Ist die Rüge verabsäumt, so wird, wie oben Anm. 21ff., 26 dargelegt, diese Nichterfüllung dem Käufer dennoch als Erfüllung angerechnet (falls der Verkäufer es hierbei bewenden lassen will): gewissermaßen als eine Art aufgenötigter Leistung an Erfüllungs Statt. Die ordnungsmäßige Rüge würde, in Fortsetzung der Parallele aus § 377, hier dasjenige offenhalten, was dem mit der aliud-Lieferung fehlbedienten Käufer an Rechten aus einem solchen Vorgang zustünde. Das aber wäre der Anspruch auf Lieferung, und zwar auf nunmehrige korrekte Lieferung. Es wäre der Erfüllungsanspruch unmittelbar aus dem Vertrag. Das bedeutete weiter: Wäre die Lieferfrist inzwischen abgelaufen, so stünden dem Käufer die Rechtsbehelfe aus § 326 BGB zur Verfügung. Wäre die Lieferung inzwischen unmöglich geworden, hätte der Käufer die Rechte aus den §§ 323—325 BGB.

Die Alternative hierzu lautet: die in § 378 verfügte entsprechende Anwendung des § 377 nicht auf das Rechtstechnische der Rüge, ihren Verschweigungs- und ihren Offenhaltungseffekt als solchen zu beschränken, sondern die Parallele „zu Ende zu denken“ und im Falle der ordnungsmäßig erhobenen Rüge auch die — offengehaltenen — Rechtsfolgen mit materiell gleichem Inhalt wie bei der mängelbehafteten Leistung des § 377 eintreten zu lassen. Man gelangte so zur Anwendung des Mängelgewährschaftsrechts nach den §§ 459ff. BGB, mit allen seinen von den §§ 323ff. BGB abweichenden

Ausprägungen. Diesen Weg ist schon früh der Staub'sche Kommentar (9. Aufl. Anm. 10 zu § 378) und, ihm folgend, das Reichsgericht gegangen. Grundlegend wurde die Entscheidung RGZ 86, 92; zu vergleichen sind ferner RG WarnRspr. 1919 Nr. 8; RG LZ 1919, 1010; 1920, 859[4]; 1925, 546[6]. Der BGH hat eine Stellungnahme bisher umgangen (LM § 477 BGB Nr. 5 = BB 1961, 549). Im Schrifttum hat die Rechtsprechung des Reichsgerichts teils betonte Zustimmung, teils ebenso scharfe Ablehnung gefunden. Zustimmend sind: Ritter, § 378 Anm. 6; Neufeld-Schwarz, § 378 Anm. 9; Müller-Erzbach (2./3. Aufl.) S. 562; Capelle, 11. Aufl. S. 95; Hein a. a. O. S. 54ff.; v. Caemmerer a. a. O. S. 5ff.; Grossmann-Doerth, Die Rechtsfolgen vertragswidriger Andienung S. 87ff.; Meeske, Mängelrüge, S. 192ff. Den abweichenden Standpunkt vertreten: Dür.-Hach. Anm. 6, Schlegelberger-Hildebrandt[4] Anm. 2ff. (gegen ihn v. Caemmerer a. a. O. S. 4), Heymann-Kötter, Anm. 2; J. v. Gierke, ZHR 114, 89 (in der 8. Aufl. seines Handelsrechtslehrbuchs S. 482 nunmehr zweifelnd); Oertmann, Ehrenb. Handb. IV, 2 S. 576 und ZHK 80, 48ff.; im Grundsatz auch Fabricius, a. a. O. S. 48 (der aber für gewisse von ihm a. a. O. S. 52 aufgestellte Kategorien die Sachmängelgewähr analog angewandt wissen will). Ohne eigene Stellungnahme: Baumbach-Duden[17] Anm. 3 A zu §§ 3777/38.

bb) Die Auffassung des Reichsgerichts war ursprünglich aus der drängenden praktischen Erwägung heraus begründet worden, daß die oft unlösbaren Schwierigkeiten der Grenzziehung zwischen „mangelhaft" und „anders", die für die Rügepflicht des § 377 hätten beseitigt werden sollen, nur aufgeschoben seien, falls man es bei der wörtlichen Anwendung des § 378 bewenden ließe. Sie müßten alsbald wieder auftauchen, wenn die Rüge erhoben sei und es darum gehe, aus der erhobenen Rüge die Folgerungen zu ziehen; denn das allgemeine bürgerliche Recht regle bei Lieferung eines aliud die Ansprüche anders als bei Sachmängeln. Es gelte also, die vom Gesetzgeber gewollte Zusammenschau von „mangelhaft" und „anders" für Rügepflicht und Rügefolgen zu verwirklichen. Um dieser ihrer praktischen Zielsetzung willen verdient die Rechtsprechung des Reichsgerichts Zustimmung. Die bahnbrechende Kühnheit (v. Caemmerer a.a.O. S. 1, im Anschluß an Martin Wolff) der Entscheidung RGZ 86, 92 wird auch nicht geschmälert durch den Umstand, daß das Reichsgericht in jenem besonderen Falle seine Entscheidung sogar ohne die von ihm aufgestellte These hätte finden und begründen können. Denn der damals zur Erörterung stehende Unterschied von — bestellter — Sendai-Seide und — gelieferter — Kawamatta-Seide betraf ja wahrscheinlich nur verschiedene Sorten derselben Gattung „Seide", wobei dann „Sendai" eine zugesicherte Eigenschaft dieser Liefergattung Seide gewesen wäre. Schon in DJZ 1906, 147 [Eckerndorfer Rübensamen] hatte das Reichsgericht die Lieferung anderer, minderer Arten von Runkelrübensamen nicht als ein aliud, weil in derselben Gattung „Runkelrübensamen" bleibend erblickt (oben Anm. 4); und der BGH ist dieser Betrachtungsweise in der Entscheidung LM § 477 BGB Nr. 5 [Buchenholz] gefolgt, indem er der gelieferten „jugoslawischen" Buche statt der verkauft gewesenen „rumänischen" Buche abermals das aliud absprach, die Abweichung nur innerhalb derselben Gattung „Buche" beließ, die bedungene Herkunft als zugesicherte Eigenschaft dieser Gattung ansah und genau wie im Falle DJZ 1906, 147 das Sachmängelgewährschaftsrecht des BGB aus § 459 Abs. 2 unmittelbar anwandte. **Anm. 29**

Die gegen das Reichsgericht im Grundsatz vorgebrachten Gegengründe vermögen jedenfalls im Ergebnis nicht zu überzeugen:

α) Der eine Einwand geht dahin: Wenn durch die Anwendung der Sachmängelgewährschaftsvorschriften die Schwierigkeiten in der Abgrenzung von aliud und peius vermeintlich ausgeschaltet seien, so sei das nichts als „ein frommer Glaube" (Schlegelberger-Hildebrandt a. a. O.). Denn sobald der Ausnahmetatbestand des § 378 Halbsatz 2, das sog. genehmigungsunfähige aliud, in Frage komme, werde die Abgrenzung ja dennoch wieder unvermeidlich, weil jenes genehmigungsfähige aliud nicht Rüge erfordere und daher unbestritten dort von vornherein Nichterfüllungsrecht gelte (vgl. unten Anm. 42). Man würde sogar ergänzen können: Die Relevanz des Unterschiedes geht bis hinein in die Rügepflicht als solche; denn das genehmigungsunfähige peius (das „pessimum") muß auch in dieser seiner Genehmigungsunfähigkeit gerügt werden (oben Anm. 2), das genehmigungsunfähige aliud braucht es nicht. **Anm. 30**

Aber eben diese Schwierigkeiten sind kaum noch sehr groß. Sie sind jedenfalls geringer als die Schwierigkeit, die die Rechtsprechung des Reichsgerichts vermeiden will. In Vorwegnahme späterer Darlegungen (unten Anm. 37ff.) ist insoweit zu bemerken: Die von Schlegelberger-Hildebrandt beklagte Halbheit ist in Wahrheit eine Verlagerung der Grenzziehung, nämlich von derjenigen zwischen peius und aliud auf diejenige zwischen genehmigungsfähigem und genehmigungsunfähigem aliud. Diese letztere Grenzziehung ist nun freilich der Rechtsanwendung nicht erlassen, nachdem der Gesetzgeber sie ihr aufgegeben hat. Doch wenn sie es ist und weil sie es ist, sollte dies nicht der Anlaß sein, sich auch noch der Vorteile zu begeben, die jenseits dieses gesetzlich begründeten Zwanges aufzufinden sind, um ihn wenigstens in engen Schranken zu halten. Noch dazu bietet die verbleibende Grenzziehung kaum große Erschwernisse. Denn wo sie irgend beachtliche Zweifel birgt, ist gegen die Genehmigungsunfähigkeit zu entscheiden; „offensichtlich" genehmigungsunfähig kann nur sein, was jenseits jeden vernünftigen Zweifels steht (unten Anm. 38).

Anm. 31 β) Immerhin ließe sich ein weiteres Gegenargument in der von Schlegelberger-Hildebrandt gebahnten Richtung verwerten. Es hat auch in der Vorauflage Anm. 13 zur Verneinung der Kondiktionsansprüche des Verkäufers gedient. Wenn die Rüge versäumt wäre: das peius ist nicht kondizierbar, das aliud ist es (oben Anm. 2 u. 22). Die Abgrenzung bleibt also — so ließe sich argumentieren — für dieses Gegenstadium erneut nicht erspart. Indessen schrumpfen auch die hieraus zu befürchtenden Schwierigkeiten in Wahrheit auf ein Mindestmaß herab. Die Kondiktion ist von vornherein n i c h t bei bewußter aliud-Lieferung (§ 814 BGB), sondern nur bei irrtümlicher aliud-Lieferung gegeben. Und hier wiederum wird sie aktuell nur bei der Lieferung eines wertvolleren aliud, wenn der Käufer es ungerügt gelassen hat; denn das minder wertvolle oder aber das gleichwertige aliud, für das, wenn ungerügt, der vertragliche Kaufpreis zu zahlen bleibt (Anm. 21), wird der Verkäufer zu kondizieren i. a. keine Veranlassung haben. Es sei denn zu spekulativen Zwecken: aber einer solchen Kondiktion ließe sich a limine mit dem Einwand des Verstoßes gegen Treu und Glauben begegnen, wenn der Käufer zur Zahlung des Vertragspreises bereit ist; ist er es nicht, dann wird er sich der herausverlangten Ware entweder gern entschlagen (alsdann entsteht der Kondiktionsstreit überhaupt nicht) oder aber die Ware behalten und mindern wollen (alsdann wird das peius gegen das aliud in stärkstem Grade indiziert sein). Das höherwertige aliud gegen ein peius abzugrenzen, wird wiederum die geringsten Schwierigkeiten verursachen. Ist andererseits die Rüge ordnungsmäßig erfolgt, so kommt nach der hier vertretenen Auffassung eine Kondiktion ohnedies nicht in Betracht, weil dann die Abwicklung nach Gewährleistungsvorschriften auch für die aliud-Lieferung zur ausschließlichen wird.

Anm. 32 γ) Mit dem Gegenargument unter α) verwandt ist ein weiteres, bis heute (vgl. Fabricius a. a. O.) gern gebrauchtes: die Anwendung des Mängelgewährschaftsrechts im Regelfallbereich des § 378 schlage zum Nachteil des Verkäufers aus, obwohl doch die Vorschrift in seinem eindeutigen, ja einseitigen Interesse geschaffen worden sei. Um diesen Nachteil zu vermeiden, werde der Verkäufer in die paradoxe Lage gedrängt, seine Fehllieferung „in den schwärzesten Farben malen zu müssen", um wenigstens die Einstufung seiner Lieferung als absolut genehmigungsunfähig zu erreichen und dadurch (unten Anm. 42) die Gewährschaftsvorschriften für die Abwicklung der Fehllieferung durch die Nichterfüllungsvorschriften der §§ 323 ff. BGB ersetzt zu sehen.

Das Problem gipfelt in der Frage nach der Anwendbarkeit der Gewährschaftsvorschrift des § 480 BGB. Sowohl nach Abs. 1 wie nach Abs. 2 dieser Bestimmung kann der Käufer einer mängelbehafteten Gattungsware sofortige Wandlung verlangen; er beraubt damit den Verkäufer der Möglichkeit einer zweiten und nunmehr korrekten Andienung innerhalb der Erfüllungszeit oder doch mindestens innerhalb einer ihm sonst aus § 326 BGB zu setzenden Nachfrist: einer Möglichkeit, die der Verkäufer hätte, wenn das bisher gelieferte aliud schlechthin den Regeln der Nichterfüllung unterstünde. Das ist nun allerdings richtig (wenngleich Ballerstedt — Festschrift für Nipperdey 1955, S. 275 — darauf aufmerksam gemacht hat, daß hier die Grenze nicht zwischen aliud und peius, sondern zwischen marktbezogenen und anderen Gattungskäufen verlaufe). Auch bleibt richtig, daß die Anwendung des Mängelgewährschaftsrechts dem Käufer und Empfänger des aliud es ermöglichen würde, die gelieferte Sache nach Minderungsvorschriften, d. h. unter schematischer Reduktion des Kaufpreises zu behalten (vgl. Frz. Leonhard, Schuldrecht Bes. Teil S. 82), selbst wenn diese Reduktion höher ist als der konkrete Schaden, etwa weil die Preise inzwischen gestiegen sind.

Demgegenüber ist darauf hinzuweisen, daß schon der Gattungskauf nach bürgerlichem Recht an der eingangs zu γ) herausgestellten Inkongruenz leidet. Auch die Lieferung einer mangelhaften Gattung ist der Sache nach ein untauglicher Erfüllungsversuch, im Ergebnis Nichterfüllung (arg. § 243 BGB, § 360 HGB). § 480 Abs. 1 BGB gibt deshalb konsequent dem Käufer den Nachlieferungsanspruch, d. h. einen echten Erfüllungsanspruch. Trotzdem soll der Käufer wahlweise berechtigt sein, statt auf den Nachlieferungsanspruch auf sofortige Wandlung zu gehen. Daß auf diese Weise dem Verkäufer die Möglichkeit einer zweiten Andienung selbst während einer etwa noch laufenden restlichen Erfüllungszeit genommen sein kann und er damit noch schlechter steht, als hätte er überhaupt noch keinen Erfüllungsversuch unternommen, ist also eine Erscheinung, die nicht erst im Problemkreis des § 378 auftaucht, sondern die in der Regelung des Gattungskaufs nach bürgerlichem Recht beschlossen ist. Der Gesetzgeber hat sie dessenungeachtet bewußt in Kauf genommen (Prot. 686). Mit diesem Argument hat namentlich Hein (a. a. O. S. 84ff.) gearbeitet. Im übrigen ist es nicht einmal richtig, daß die Anwendung des Gewährschaftsrechts dem Verkäufer gegenüber einer Rechtsposition aus den §§ 323ff. nur nachteilig werde. Sie bringt ihm zunächst den entscheidenden Vorteil der verkürzten Verjährung der Käuferansprüche nach § 477 BGB. Gerade diese Verjährungsverkürzung aber ist der eigentliche Angelpunkt, in welchem die Gleichstellung von aliud und peius über § 378 recht eigentlich praktisch zu werden pflegt. (Ballerstedt bei Soergel-Siebert[9], Vorbem. 35 vor § 459ff.; Raape, AcP 150, 492; Rud. Schmidt a. a. O. S. 710; übrigens schon zu Beginn der hier berührten Kontroverse HansOLG v. 10. 11. 1904, OLGR 10, 341; vgl. auch Wiedemann in Festschrift für Nipperdey 1965 I, 827). Und selbst die befürchtete Besserstellung des Verkäufers, dem es gelänge, seine eigene aliud-Lieferung als so indiskutabel hinzustellen, daß sie schlechthin genehmigungsunfähig genannt werden müßte, ist erkauft mit den Nachteilen, noch einmal liefern zu müssen, auf den Kosten der ersten vergeblichen Lieferung sitzen zu bleiben und die Ersatzansprüche des Käufers wegen Verzögerung der Lieferung heraufzubeschwören, die ihrerseits erst in 30 Jahren verjähren (Hein a. a. O. S. 85). Ganz abgesehen davon, daß auch die Geltendmachung der sofortigen Wandlung nach § 480 Abs. 1 BGB nur unter den Einschränkungen der §§ 464, 466, 467 BGB gegeben ist.

cc) Die Anwendung des Gewährschaftsrechts im einzelnen bedeutet: Der Käufer **Anm. 33**
kann nach § 480 Abs. 1 BGB Nachlieferung beanspruchen, aber auch statt dessen die Lieferung des aliud zurückweisen und Wandlung, d. h. Rückgängigmachung des Kaufs verlangen. Er kann die Lieferung behalten und den Kaufpreis mindern. Die hierzu nach § 472 BGB aufzumachende Berechnung hat von der Relation zwischen dem Wert der bestellten Sache in mangelfreiem Zustand und dem effektiven Wert des gelieferten aliud auszugehen. Der Käufer kann, wenn der Verkäufer die Andersartigkeit bei Kaufabschluß arglistig verschwiegen hatte, die Schadensersatzansprüche aus § 480 Abs. 2 BGB geltend machen. Solche Ansprüche werden erst recht durch eine bei Kaufabschluß gegebene Eigenschaftszusicherung begründet: falls das aliud eben diese Eigenschaft vermissen läßt (was allermeist der Fall sein wird) und gerade hieraus ein Schaden entstanden ist. Offen gehalten durch die Rüge sind aber ferner die Ansprüche aus positiver Vertragsverletzung und, soweit solche neben den Schadensersatzansprüchen aus § 480 Abs. 2 BGB überhaupt gegeben sein können (§ 377 Anm. 53), aus culpa in contrahendo. Schließlich gelten auch hier die Freizeichnungen von Gewährleistungsansprüchen (RG JW 1923, 597[8]), so wie andererseits die Möglichkeit einer Irrtumsanfechtung durch den Käufer, soweit sie mit der Gewährleistung konkurriert, ausgeschlossen ist (§ 377 Anm. 54, 55).

In der 8. Auflage seines „Handels- und Schiffahrtsrecht" (§ 60, V 5) vertritt J. v. Gierke die Auffassung, es widerspreche der Handelssitte, wenn bei Lieferung eines genehmigungsfähigen aliud der Käufer, der mit dem Verkäufer schon länger in Geschäftsbeziehung stehe, nach erfolgter Rüge von dem Recht der Wandelung Gebrauch mache. Daß das in dieser Allgemeinheit nicht richtig sein kann, zeigen die in Vorbem. 2 vor

§ 377 sub B 2 mitgeteilten „Geschäftsbedingungen des Warenvereins der Hamburger Börse"; siehe § 3 Abs. 5, § 18 Abs. 4 daselbst.

Anm. 34 **dd)** Das unter aa)—cc) Gesagte hat Gültigkeit nur für den Gattungskauf. Die aliud-Lieferung beim Spezieskauf folgt hier ihren eigenen Regeln. Lieferung eines identitätsmäßigen aliud löst keine Gewährschaftsansprüche aus, sondern läßt den Lieferungsanspruch hinsichtlich der wirklich verkauften Sache unberührt (so auch v. Caemmerer a. a. O. S. 19; Raape AcP 150, 492; J. v. Gierke, ZHR 114, 88). Doch wird dem Käufer der Einwand aus § 242 BGB entgegenzusetzen sein, wenn er die Spezies aus einer Serie gekauft hat und ihm eine völlig gleichartige Spezies aus der gleichen Serie geliefert worden ist. Das Qualifikations-aliud hingegen erfordert die unmittelbare Anwendung der Sachmängelgewähr, weil die Qualifizierung des Kaufgegenstandes, wie die vom BGH in der Entscheidung LM § 477 BGB Nr. 5 (oben Anm. 29) formulierten Rechtsgrundsätze erkennen lassen, als auf der Ebene der Eigenschaftszusicherung stehend zu behandeln ist. Ist in dem v. Caemmerer'schen Beispiel (a. a. O. S. 18) ein durch seine Liegestelle bezeichneter Kahn mit einer Ladung Kohle als „Anthrazit-Kohle" verkauft worden, während er in Wahrheit Nußkohle enthält, so liegt nichts anderes als eine Eigenschaftszusicherung vor. Die Fälle eines Qualifikations-aliud sind besonders geeignet, die Verflüssigung des aliud zum peius i. S. des Gewährschaftsrechts, wo unter das „schlechter" ja auch das Fehlen zugesicherter Eigenschaften fällt, deutlich zu machen. Das Qualifikationsaliud, wenn es ordnungsmäßig gerügt ist, reguliert sich aus §§ 459 Abs. 2, 463 BGB unmittelbar (die Rügepflicht als solche ließe sich ebensogut aus § 377 ableiten: v. Caemmerer a. a. O. S. 18/19, der dem § 378 insoweit nur klarstellende Funktion beimißt).

Anm. 35 **b) Quantitätsdifferenz:**

Die ordnungsmäßige Rüge des minus erhält dem Käufer den Anspruch auf Ergänzungslieferung, sonst die Rechtsbehelfe wegen teilweiser Nichterfüllung. Sachmängelgewähr kommt hier nicht in Frage (v. Caemmerer a. a. O. S. 20). Bei unausscheidbarer Zuviellieferung kann der Käufer, wenn er ordnungsmäßig gerügt hat, die ganze Sendung zurückweisen und Neulieferung verlangen. Denn das Zuviel braucht er sich nicht aufdrängen zu lassen. Auch hier ist für eine Anwendung von Sachmängelgewährschaftsrecht kein Raum. Die Ansprüche unterliegen nicht der verkürzten Verjährung aus § 477 BGB.

Vertragliche Abreden über Mengentoleranzen und deren Regulierung: Beispiele in Vorbem. 2 vor § 377 sub A 7 a, b; B 2 §§ 4, 7.

III. Der Ausnahmebereich des § 378, 2. Halbs.

A. Der Tatbestand.

Anm. 36 Die Rügeobliegenheit aus § 378 (§ 377) soll nicht gelten, wenn die gelieferte Ware „offensichtlich von der Bestellung so erheblich abweicht, daß der Verkäufer die Genehmigung des Käufers als ausgeschlossen betrachten mußte". Das bezieht sich sowohl auf die aliud-Lieferung wie auf den Fall der Quantitätsdifferenz, und beim aliud sowohl auf den Spezies- wie auf den Gattungskauf. Vorausgesetzt ist also eine Lieferung, die nach dem unter Abschnitt I (Anm. 1) Ausgeführten tatbestandlich überhaupt dem § 378 unterfällt.

Anm. 37 **1.** Gemeint ist: Die Unterlassung der unverzüglichen Rüge des aliud oder der Quantitätsdifferenz soll dem Käufer dann nicht nachteilig sein, wenn die gelieferte Ware — nicht nur um ein Gewisses „mehr" oder „weniger" oder „anders" ist, sondern — mit der bestellten so wenig gemein hat, daß sie offensichtlich nicht als Erfüllung des Kaufvertrages gemeint sein könnte (vgl. v. Caemmerer a. a. O. S. 11; die in der Vorauflage gebrachte Abgrenzung, wonach die Lieferung mit der Bestellung „schlechthin gar nichts gemein haben" dürfe, ist, wie Fabricius a. a. O. S. 49 bemerkt, jedenfalls für Gattungskäufe nicht ganz unmißverständlich, weil ein letzter Gattungszusammenhang noch bestehen muß: vergleichen kann man gerade das, und zwar nur das, was mindestens ein Gemeinsames hat). Die Rüge soll, wie v. Caemmerer formuliert, dann unterbleiben können, wenn der Käufer sie redlicherweise dem Verkäufer gegenüber für überflüssig halten darf. Nur auf die offenbare Fehllieferung — nicht die bloß zu beanstandende Lieferung —, die der Ware die Eigenschaft, als Erfüllungsgegenstand auch nur in Betracht gezogen werden zu können, nach objektiven Gesichtspunkten (BGH BB 1953, 992) von vornherein nimmt, kommt es an; ob der Verkäufer die Genehmigung der Ware durch den Käufer voraussetzte oder voraussetzen durfte, ob der Verkäufer von der Vertragswidrigkeit der Ware Kenntnis besaß oder nicht, ist gleichgültig (D. 266; a. M. DürHach. § 378 Anm. 20 u. 21). Die Grenze im Sinne des § 378, 2. Alternative, ist nach allem dahin zu ziehen — und zwar sowohl für den Gattungs- wie für den Spezieskauf —: die Verschiedenheit des bestellten und des gelieferten Handelsgutes nach seiner Art oder Menge muß so erheblich sein, daß nach vernünftiger Auffassung der Sachlage ein Kaufmann mit dieser Ware auch nur einen Versuch, diesen Vertrag zu erfüllen, nicht machen würde und von dem Käufer ein Behalten der Ware als Erfüllung dieses Vertrags schlechthin nicht, d. h. selbst im Wege der Genehmigung nicht erwartet werden kann. Damit ist ausgesprochen, daß die vernünftige Auffassung der Sachlage sich nach den Verkehrsanschauungen, ohne Rücksicht auf technische Unterscheidungen und subjektive Meinung des Verkäufers, zu richten hat. Der größere oder geringere Grad der Verwendbarkeit der Ware, z. B. der Prozentgehalt, ist regelmäßig nicht dafür maßgebend, ob eine andere Ware geliefert worden ist. In der obigen Abgrenzungsbestimmung ist auch gesagt, daß die einer anderen Warengattung angehörige gelieferte Ware deshalb allein noch nicht zur Vertragserfüllung ungeeignet sei, und andererseits, daß die derselben Gattung angehörende gelieferte Ware sogar trotz der Gattungsgleichheit doch infolge der Verschiedenheit des Stoffs, des Ursprungs, der Form, der Sorte u. dgl. so sehr von der bestellten abweichen könne, daß sie unter keinen Umständen, auch nicht einmal teilweise, den Vertragszweck zu erfüllen vermöge. Auch beim Identitäts-aliud einer gekauften Spezies wird darauf abzustellen sein, ob die gelieferte Spezies, selbst wenn mit einer anderen als der individuell gekauften streng genommen „schlechthin nicht" erfüllt werden könnte, wenigstens ihrer Art nach zur Erfüllung geeignet erscheint. Beispiel: statt des beim Kauf wahlweise herausgegrifffenen Exemplars einer Serienfertigung wird ein anderes aus derselben Serie geliefert (ein solches wird dem Käufer ohnehin i. a. nicht zur Rüge berechtigen, oben Anm. 34). Genehmigungsunfähigkeit ist aber auch dann zu verneinen, wenn das gelieferte Stück derjenigen Gattung angehört, die für den Verwendungszweck des Käufers bestimmend gewesen war.

Im übrigen aber ist der Ausnahmetatbestand des absolut Genehmigungsunfähigen **Anm. 88**
eng auszulegen. „Offensichtlich" ist, was bei verständiger objektiver Betrachtung keinem vernünftigen Zweifel unterliegen kann. Wo irgend Zweifel bestehen, liegt daher schon deshalb der Ausnahmetatbestand nicht vor (so auch v. Caemmerer a. a. O. S. 8). „Offensichtlich" ist andererseits nicht visuell zu verstehen. Das gravierende Maß der Abweichung muß also nicht notwendig auf den ersten Blick erkennbar sein. Der Ausdruck will vielmehr besagen, daß der objektiv gegebene Grad des Abweichens, wann immer er offenbar wird, für einen unvoreingenommenen Betrachter jeden Zweifel und jede Debatte darüber ausschließt, als könne diese Diskrepanz noch für eine Genehmigung in Frage kommen. Es kann sich deshalb ebensogut um eine zunächst versteckte (auch hier erst durch gründliche Untersuchung feststellbare: BGH Betrieb 1969, 1056) Andersartigkeit handeln, etwa im Saatguthandel, oder wie in dem oben Anm. 15 erwähnten Fall der Lieferung von Titanium Dioxyd Anatase statt Titanium Dioxyd Rutile, den der BGH mit Recht als absolut genehmigungsunfähiges aliud angesehen hat. Am wenigsten kann es hiernach darauf ankommen, ob der Verkäufer von falschen Voraussetzungen ausging; daß der Verkäufer wußte oder annehmen konnte, es entspreche die gelieferte Ware dem Vertragszwecke nicht (RG 84, 356; LZ 1912, 751[6]), oder ob der Verkäufer annehmen durfte, es werde der Käufer die Ware doch abnehmen (Hamburg HansGZ 1920 Hptbl. 257), muß völlig ausscheiden (JW 1926, 2905[10]).

Andererseits ist die geforderte objektive Betrachtung keine notwendig abstrahierende. Hat ein Käufer sich schon bei Vertragsschluß gegen die Lieferung einer bestimmten anderen Ware verwahrt, so kann der Verkäufer, falls er diese dennoch liefert, nicht mit Genehmigung rechnen; die Lieferung ist schon deshalb ein genehmigungsunfähiges aliud (RG 93, 46; BGH NJW 1969, 787 = Betrieb 1969, 259 = WM 1969, 95). In Zeiten der Warenknappheit gelten andere Maßstäbe als in normalen Zeiten, für ein Delikateßgeschäft andere als für einen Ramschladen (so mit Recht Fabricius, a. a. O. S. 50). War bei dem konkreten Kauf ein Verwendungszweck vorausgesetzt, so entscheidet, ob das gelieferte aliud nach der Auffassung verständig denkender Kaufleute (RG 93, 46; 99, 37: nicht nach der Ansicht des Richters; RG JW 1924, 1149[14]) außerhalb aller zumutbaren Toleranzen einer Verwendbarkeit für diesen Vertragszweck geblieben ist. Daß insoweit bei der Frage der Verwendbarkeit der technische Effekt allein nicht maßgebend ist, versteht sich. Ein Kaufmann muß vornehmlich auch auf den wirtschaftlichen Effekt bedacht sein. Wird ihm also für die Ölheizung seines Büros statt des bestellten Heizöls Heizkoks geliefert, so bleibt eine solche Lieferung auch dann absolut genehmigungsunfähig i. S. des Ausnahmetatbestandes i. S. von § 378 Halbs. 2, wenn der Heizungskessel mit einigen Handgriffen auf Koksbeheizung umgestellt werden kann. Kokslagerung ist weniger wirtschaftlich; die Wartung der Heizungsanlage macht bei Koksheizung eine zusätzliche Hilfskraft erforderlich. Dagegen liegt ein genehmigungsfähiges, mithin rügepflichtiges aliud vor, wenn statt der bestellten Heizölsorte die nächstschwerere geliefert worden wäre, mag auch die Heizungsanlage mit dieser nicht gefahren werden können. Denn die besonderen Einrichtungen des Käufers haben i. a. für die hier zu treffende Unterscheidung außer Betracht zu bleiben (RG LZ 1908, 158[9]). Insgesamt sind „nach der Verkehrsanschauung die Verschiedenheiten der Gattung, des Stoffs, der Sorte, der Form, der äußeren Aufmachung oder Packung, die in typischer Art im Verkehr vorkommen, des Ursprungs, der Herkunft und der aus dem Vertrag zu entnehmende Verwendungszweck in ihrer Bedeutung zu würdigen" (RG bei Holdheim 06, 112).

Anm. 39 2. Daß der Ausnahmetatbestand des § 378 restriktiv zu handhaben sei, hatte das Reichsgericht wiederholt betont (RG 98, 159; RG LZ 1922, 121[9]); ähnlich nunmehr auch der BGH in der Entscheidung Betrieb 1969, 1056. Die Rechtsprechung hat sich durchaus nicht immer an diese Linie gehalten. Sie ist nicht selten der Versuchung unterlegen, mit Hilfe des Ausnahmetatbestandes des § 378 2. Halbsatz ein Korrektiv gegen die Versäumung der Rüge in Fällen zu schaffen, wo dies aus Gründen einer Art übergesetzlicher Billigkeit nahegelegt erschien. Auf diese Weise wurden Tatbestände eines aliud als absolut genehmigungsunfähig deklariert, die es bei konsequenter Anwendung des Begriffs schwerlich waren. So in den Fällen RG JW 1917, 710[6] (Ziegenfelle statt Kalbfellen für Tornister), Braunschweig BraunschwZ 1929, 32 (süddeutscher Spargel statt braunschweiger Spargel), oder auch Hamburg OLGR 22, 49 (unpatentierte statt patentierter Dichtungsringe). v. Caemmerer a. a. O. S. 9ff. hat diese Versuche, den Ausnahmetatbestand des § 378 zum Billigkeitsventil auszuweiten, mit Recht angegriffen. Daß sie auch heute noch vorkommen, zeigt die Entscheidung des BGH in BetrBer. 1953, 992, deren Sachverhalt bei § 377 Anm. 5 mitgeteilt ist. Eine Ladung sortierter Schrott, aus der ein explosives Schrott-Teil versehentlich nicht aussortiert war, ist mängelbehaftet, aber kein aliud, geschweige denn ein solches, das als Lieferungsgegenstand im ganzen und offensichtlich auszuscheiden hätte, weil es mit der Bestellung nichts Wesentliches mehr gemein habe. Man unterstelle nur den Fall, daß die Ladung geteilt worden und bei verschiedenen Abnehmern des Käufers zur Verwendung gekommen wäre. Die Konstruktion des BGH ist, so wie die andere der Vorinstanz, eben nur verständlich, wenn die alsbaldige Rüge nach Offenbarwerden des verborgenen Mangels verabsäumt worden war — aber warum sollte dieses Versäumnis eine Billigkeitskorrektur verdienen?

Aus diesem Grunde ist die Kasuistik aus der Rechtsprechung nur mit Vorsicht heranzuziehen, zumal die Sachverhalte in den Entscheidungsauszügen nicht immer vollständig mitgeteilt sind. Ein absolut genehmigungsunfähiges aliud ist angenommen worden, wenn an Stelle von Schlammkohle (minderwertiger Brennstoff) Grubenaushub (kein Brennstoff), oder wenn statt Bankazinn Altzinn (Hamburg LZ 1920, 259[2]), oder wenn statt Kobaltmetall Nickelmetall (WarneyerRspr. 1925 Nr. 57), oder statt Aluminiumchlorat Chloraluminium (RG 84, 355) geliefert werden. Winterweizen und Sommerweizen als Saatgut (BGH VIII ZR 298/62 v. 21. 9. 1964, zitiert in BGH NJW 1968, 640; Braunschweig SeuffA 65, 442), Samen von Petersilienwurzel und Samen von Schnittpetersilie (WarneyerRspr. 1912 Nr. 372), Futterrübensamen und Zuckerrübensamen (WarneyerRspr. 1913 Nr. 279), nicht absatzfähige Pflanzen und Gemüsepflanzen hochwertiger Kultur, Samen zur Erzielung absatzfähiger Pflanzen und zur Saat solcher

Pflanzen unbrauchbarer Samen sollen gänzlich verschiedene Sachen im Sinne eines genehmigungsunfähigen aliud sein (LZ 1920, 859[4]). Hierher gehört auch die völlig verschiedene, den Verwendungszweck vereitelnde Zusammensetzung einer Ware (vgl. insoweit Jena OLGR 41, 220 und BGH Betrieb 1960, 1387 [gekauft: gemahlener Pfeffer; beigemischt: 50% gemahlene Kokosschale, wodurch das Pulver „völlig wertlos" wurde]). Die Abweichung von der vereinbarten prozentualen chemischen Zusammensetzung ist ein gewöhnlicher Mangel, wenn die Ware nach der Verkehrsanschauung doch noch als Ware der betreffenden Art und Gattung verwendbar ist. Lehrreich in dieser Beziehung die Entscheidungen des OLG Hamburg in MDR 1954, 551 und 1955, 233; in der letztgenannten Entscheidung ist ausgeführt, daß ein gekauftes Chemikal mit einem Reinheitsgehalt von 95% selbst dann noch nicht zu einem genehmigungsunfähigen aliud werde, wenn die Beimischung statt 5% etwa 30%, ja 50% betrüge. Ist aber die Abweichung so groß, daß die Ware sich zu dem im Vertrag angegebenen Verwendungszweck gar nicht mehr eignet, wie z. B. Lieferung gefärbten Wassers statt Karbolineums (Hamburg HansGZ 1917 Hptbl. 8) oder statt Bittermandelöls (KG in OLGR 41, 235), Lieferung von Abfallstoffen statt bedungener Primaware (RG 99, 38), oder eines verfälschten, lebensmittelpolizeilich zu beanstandenden Fabrikates statt „echter Seekrebssuppe" (Hamburg BetrBer. 1950, 603), so ist die gelieferte Ware ein genehmigungsunfähiges aliud. Aus jüngerer Zeit vgl. OLG Düsseldorf in Betrieb 1956, 687: Werkzeugmaschinen, die sich von den Erzeugnissen anderer Hersteller durch besondere, meist patentierte Konstruktionsmerkmale unterscheiden, sind ein genehmigungsunfähiges aliud auch gegenüber gleichartigen Erzeugnissen dieser anderen Hersteller, ebenso wie etwa Kraftwagen verschiedener Fabrikate, selbst wenn sie derselben Größenklasse angehören. Für den Käufer sei ein „Opel" eben etwas schlechthin anderes als ein „Mercedes". — Die fehlende Echtheit der Originalverpackung eines Markenfabrikats macht die in der Nachahmung gelieferte Ware noch nicht zum genehmigungsunfähigen aliud (so wie die fehlende Echtheit beim Spezieskauf überhaupt kein aliud, sondern einen Sachmangel bedingt, oben Anm. 3); ob der gleichfalls nachgeahmte Inhalt absolut genehmigungsunfähig ist, bleibt Tatfrage (RG JW 1923, 44[2]), zumal die Beantwortung dieser Frage anders lauten kann als bei der lebensmittelpolizeilich zu beanstandenden Lebensmittelverfälschung.

3. Der oben aufgestellte objektive Maßstab für die Beurteilung des „absolut genehmigungsunfähig" erleidet keinen Eintrag durch die Formel des Gesetzes, wonach es auf die Möglichkeit sorgfältiger Beurteilung durch den Verkäufer („betrachten mußte") anzukommen scheint. Denn gerade im bürgerlichen Recht herrscht der Maßstab der objektiven, nicht (wie im Strafrecht) der einer auf die persönlichen Verhältnisse des Betreffenden abgestellten subjektiven Verantwortlichkeit: gefordert ist die „im Verkehr erforderliche Sorgfalt" (§ 276). Es ist also dem Verkäufer durchaus diejenige Sorgfalt in der Beurteilung einer objektiv indizierten Genehmigungsunfähigkeit abzuverlangen, die er als verständiger Durchschnittskaufmann aufzubringen hat. **Anm. 40**

B. Die Rechtsfolgen.

1. Liegt der Ausnahmefall des § 378, 2. Halbs. vor, so ist der Käufer von der Rügelast befreit. **Anm. 41**

Einer Mängelrüge bedarf es nicht, gleich, ob der Verkäufer wissentlich oder irrtümlich eine ganz andere Ware geliefert hat (JW 1923, 44[2]). Die Notwendigkeit einer Mängelrüge entfällt sogar dann, wenn beim Kauf nach Probe die Lieferung der Probe entsprach, falls schon die Probe ein genehmigungsunfähiges aliud dargestellt hatte, BGH Betrieb 1960, 1387. Insbesondere ist der in der reichsgerichtlichen Rechtsprechung (RG 99, 37; JW 1924, 1149[14]; 1926, 2905[10]) vertretenen Ansicht, daß, wenn objektiv die Abweichung der gelieferten Ware von der bedungenen so erheblich ist, daß sie an sich zur Anwendung der Ausnahmebestimmung genügt, der Käufer trotzdem der Mängelrüge nur dann überhoben sei, sofern er diese auf Grund einer ordnungsmäßigen Untersuchung als entbehrlich angesehen habe, nicht beizupflichten (ebenso Braunschweig BraunschwZ 1929, 32; v. Gierke, Handelsrecht u. Schiffahrtsrecht[8] § 60 V 2 c β, $\beta\beta$; Wahle JW 1927, 678; Neufeld-Schwarz, Handelsgesetzbuch Bd. II S. 261; Heymann-Kötter, Handelsgesetzbuch 1950, § 378 Ziff. 3; Laupichler a. a. O. S. 182/183). Noch weniger kommt es darauf an, ob der Käufer sich nach den Umständen sagen mußte, es bedürfe der Aufklärung des Verkäufers über die Untauglichkeit der Ware zur Vertragserfüllung nicht. Eine selbständige Untersuchungs„pflicht" besteht schon für § 377 nicht, sondern nur eine Untersuchung als wohlverstandene Schutzmaßnahme des Käufers zu seiner eigenen Vergewisserung. Rügt er einen objektiv vorhandenen Mangel, so entfaltet die Rüge ihre Wirkung, ob zuvor untersucht war oder nicht (§ 377 Anm. 11). Braucht er nicht zu rügen, weil die Lieferung ein offensichtlich genehmigungsunfähiges aliud ist, so ist er schon wegen dieses objektiven Sachverhalts befreit, wiederum ohne daß er sich durch eine vorhergegangene Untersuchung davon Kenntnis verschafft haben müßte. Eine fallweise beschränkte Anzeigepflicht daneben ist ungreifbar, aus dem Gesetz nicht zu rechtfertigen und lediglich geeignet, Unsicherheit in die Fälle von genehmigungsunfähiger aliud-Lieferung hineinzutragen (ebenso Schlegelberger-Hildebrandt § 378 Anm. 30). Es ist Sache des Verkäufers, sich über die Lieferung der richtigen Ware zu vergewissern, und er kann dem Käufer daraus keinen Vorwurf machen, daß dieser nicht sofort oder nicht mit genügender Sorgfalt geprüft hat (vgl. JW 1917, 710[6]); der Verkäufer, der ein aliud liefert, kann nach der Begriffsbestimmung des Gesetzes bei offenbarer Abweichung gar keine Anzeige erwarten; denn die objektive Seite ist das Entscheidende. Der Verkäufer kann auch kein Genehmigungspräjudiz schaffen, indem er in seine Lieferungsbedingungen eine Frist zur Mängelrüge für gänzlich unannehmbare Ware setzt; das ginge gegen Treu und Glauben, weil bereits objektiv feststeht, daß die Ware nicht angenommen wird.

Anm. 42 2. Die Entbindung von der Rügelast gem. Halbs. 2 ist aber für die Rechtsfolgen eine grundsätzlich andere als diejenige, die im Regelfallbereich des § 378 nach § 377 Abs. 5 (oben Anm. 19) wegen arglistigen Verschweigens der Andersartigkeit oder der Quantitätsdifferenz eintritt. Dort wird der Käufer, der nicht rügt und nicht zu rügen brauchte, dem Käufer gleichgestellt, der gerügt hat, weil die Lieferung ihrem Tatbestand nach an sich rügepflichtig gewesen war. Es kommt also zu der gleichen Rechtslage, wie wenn gerügt worden wäre. Deren Rechtsfolgen gehen, jedenfalls für den Gattungskauf, auf die Sachmängelgewähr (oben Anm. 33). Hier hingegen, im Ausnahmebereich des 2. Halbs., ist ein rügepflichtiger Tatbestand von vornherein nicht gegeben. Zur Anwendung kommen daher, auch für den Gattungskauf, die §§ 320ff. BGB. Es liegt vollständige Nichterfüllung vor. Der Verkäufer hat nur einen untauglichen Erfüllungsversuch gemacht (JW 1924, 1150[14]; LZ 1919, 1010[3]; Hamburg SeuffA 76, 58; vgl. § 377 Anm. 41 sub c, 136). Der Käufer kann danach die Ware zurückweisen, weil der Verkäufer überhaupt noch nicht erfüllt hat, und gegenüber der Anforderung des Kaufpreises von der Einrede des nichterfüllten Vertrags nach § 320 BGB Gebrauch machen. Eine vorläufige Aufbewahrungspflicht, bis der Verkäufer verfügen kann, wird nicht abzulehnen sein (§ 379 Anm. 30 [wenn auch § 379 unmittelbar keine Anwendung findet — s. dort Anm. 11 —, weshalb insbesondere kein Notverkaufsrecht des Käufers gegeben ist]).

Auch die kurze Verjährung des § 477 BGB findet keine Anwendung (BGH NJW 1968, 640; RG WarneyerRspr. 1913 Nr. 279; vgl. LZ 1920, 859[4]). Durch die Lieferung völlig anderer Ware und deren Zurückweisung ist der Verkäufer noch nicht in Verzug geraten; der Käufer muß vielmehr den Verkäufer zunächst mahnen (WarneyerRspr. 1913 Nr. 279); mit der Mahnung kann er die Nachfristsetzung und die Androhung nach § 326 BGB gleich verbinden (Vorbem. vor § 373 Anm. 409). Der Mahnung, Nachfristsetzung und Androhung nach § 326 BGB bedarf es nicht, wenn das Interesse des Käufers an der Erfüllung weggefallen ist (Vorbem. vor § 373 Anm. 424), oder wenn sich der Verkäufer einer positiven Vertragsverletzung schuldig gemacht hat, indem er sich weigert, vertragsmäßig zu erfüllen (Vorbem. vor § 373 Anm. 333, 418). Die Anfechtung wegen Irrtums seitens des Käufers findet zwar nicht statt, wenn sie mit Gewährleistungsansprüchen zusammentrifft (§ 377 Anm. 54, 55); ein solches Zusammentreffen ist hier ausgeschlossen; folglich kann der Käufer den Kaufvertrag wegen Irrtums anfechten, wenn ein Irrtum über die zu liefernde Ware gegeben war und der Irrtum sich nunmehr anläßlich der Fehllieferung aufdeckt. Auch eine Anfechtung wegen arglistiger Täuschung (§ 377 Anm. 56) ist möglich.

Die Verjährung der Ansprüche aus Lieferung anderer Ware im Sinne der Ausnahmevorschrift des § 378 ist die dreißigjährige, nicht die sechsmonatige (§ 377 Anm. 136).

Fallweise hat der Käufer, ohne auch hier rügen zu müssen, noch weitere Ansprüche. Eine derart ausnahmsweise Gestaltung liegt vor, wenn durch die Lieferung gänzlich ungeeigneter Ware die in der Erfüllung zu beobachtende Sorgfalt (§ 347) verletzt ist; als dann kommen die Grundsätze der positiven Vertragsverletzung zur Anwendung; sie sind in § 377 Anm. 100ff. ausführlich dargestellt. Insbesondere ist dieser Fall gegeben, wenn der erkennbare Vertragszweck mit der gelieferten Ware nicht zu erreichen war und die Vereitelung dieses Zwecks auf das Verschulden des Verkäufers zurückzuführen ist, wie z. B. beim Samenhandel und im Handel mit zum Absatz bestimmten Samenpflanzen, deren Ungeeignetheit wohl der Verkäufer hätte kennen müssen, der Käufer aber nicht erkennen konnte (Lieferung von Winterweizen an Stelle des gekauften Sommerweizens: Kiel SchlHolstAnz. 1927, 23; Lieferung von Kartoffeln einer völlig abgebauten Sorte, die nur noch zu Futterzwecken brauchbar sind, statt anerkannten Saatgutes: Celle MDR 1955, 416 [die Ernte ist nicht mehr nachzuholen]). Dieser Fall trifft auch zu, wenn der Verkäufer eine Ware liefert, von der er selbst nicht weiß, von welcher Beschaffenheit sie ist (RG 103, 81; LZ 1920, 858[3] u. 859[4]; WarneyerRspr. 1913 Nr. 279). Auch ein Verschulden bei Vertragsschluß ist möglich, wenn nämlich der Verkäufer schon bei Abschluß des Vertrags beabsichtigt hatte, dem Käufer nicht, wie dieser erwarten mußte, unter allen Umständen für die Lieferung der Ware einzustehen, deren er bedurfte (§ 347 Anm. 24ff.). Eine unerlaubte Handlung ist gegeben, wenn völlig wertloser oder völlig anderer Ware durch Täuschungsmittel der Anschein der Vertragsmäßigkeit gegeben wird, oder wenn der Verkäufer den Käufer sonstwie arglistig getäuscht hat (§§ 823 Abs. 2, 826 BGB; § 377 Anm. 156). Dazu ist aber zu bemerken, daß in der wissentlichen Zusendung völlig anderer Ware allein ebensowenig ein Betrug zu finden ist (vgl. oben Anm. 19), wie in der wissentlichen Zusendung mangelhafter Ware eine Arglist (§ 377 Anm. 156ff.). Endlich sind oft die Voraussetzungen eines Garantievertrags (§ 349 Anm. 65) erfüllt, wenn nämlich äußerlich die Unterscheidung zwischen dem Bedungenen und dem Gelieferten nicht möglich ist; dann ist aus der Natur des Geschäfts zu schließen, daß der Verkäufer für Lieferung der richtigen Ware einzustehen habe (RG 103, 79; LZ 1913, 756[9]); es müssen zu diesem Zweck besondere, den Garantiewillen ergebende Umstände behauptet werden (§ 377 Anm. 48).

3. Besondere Umstände können modifizierend eingreifen. **Anm. 43**

a) Eine Prüfungspflicht kann in besonderen Fällen handelsüblich sein, so daß der Käufer eine gehörige Untersuchung (Keimprobe, chemische Untersuchung) vornehmen muß. Es handelt sich aber auch dann, wie schon für die Untersuchung nach § 377 dargelegt (dort Anm. 11) im strengen Sinne nur um eine Obliegenheit, der der Käufer im eigenen Interesse zu genügen hat, mit der Folge, daß die Unterlassung ein Verschulden gegen sich selbst, nämlich ein Mitverschulden an einem für den Käufer etwa eingetretenen Schaden bedeutet (§§ 254, 276 BGB). Besteht eine solche Prüfungspflicht, so ergibt sich daraus auch eine unverzügliche Anzeigepflicht. Noch weitergehend kann ein Handelsbrauch bestehen, wonach die Versäumung der Prüfung und Anzeige durchaus die Wirkung des § 377, also der Genehmigung, besitzt, z. B. beim Wertpapierhandel im bankmäßigen Verkehr (§ 381 Abs. 1; JW 1923, 176[6]). Selbstverständlich kann endlich durch vertragliche Einzelabrede oder über Allgemeine Geschäftsbedingungen eine Rügeobliegenheit des Käufers, mit der gleichen Rechtswirkung wie nach § 377, auch für die irrtümliche (nicht arglistige) Falschlieferung eines nicht genehmigungsfähigen aliud festgesetzt werden, BGH Betrieb 1969, 1056.

b) Es kann auch eine untechnische, dem Käufer nach Treu und Glauben obliegende „Rüge" gegeben sein. Das ist dann eine Erklärung, die weder unverzüglich zu erfolgen hat, noch ins einzelne gehen muß; eine ganz allgemeine Ablehnung der Erfüllungsannahme genügt (JW 1917, 710[6]). Eine solche Ablehnung ist erforderlich, soweit Treu und Glauben eine solche verlangen, damit nicht aus dem schweigenden Behalten des aliud auf eine Annahme oder Billigung geschlossen werden kann. Sobald der Käufer erkannt hat, daß ihm ein aliud geliefert worden ist, darf er den Verkäufer nach §§ 242, 276 BGB, § 346 nicht im unklaren lassen, auch wenn eine Genehmigung nicht in Frage käme. Selbst dann, wenn eine Rückübernahme der Ware oder eine anderweite Disposition des Verkäufers über sie nicht mehr möglich ist (die Gewißheit des absolut genehmigungsfähigen aliud ist beispielsweise erst nach der Aussaat gegeben), kann die Vergewisserung des Verkäufers über den Tatbestand nach Treu und Glauben geboten sein, um ihm den Rückgriff gegen seinen Vorlieferanten zu sichern.

Die Genehmigung des aliud ist in dem stillschweigenden völligen Verbrauch der Ware in Kenntnis der totalen Andersartigkeit enthalten (WarneyerRspr. 1913 Nr. 279); ein teilweiser Verbrauch kann die Genehmigung bedeuten; er bedeutet Genehmigung nicht, wenn nur eine gutgläubige Inangriffnahme der Ware stattgefunden hat (377 Anm. 116; JW 1917, 710[6]). Die Genehmigung kann liegen in dem Weiterverkauf und in der Verfügung über die Ware in Erkenntnis, daß schlechthin andere Ware geliefert worden ist; jedoch fehlt es an einer Genehmigung, wenn sich der Käufer seine Ansprüche irgendwie vorbehalten hat (vgl. LZ 1925, 545[6]). Der Käufer hat sich dann nur solcher Rechte begeben, welche die Rückerstattung der Sache zur Voraussetzung haben, also der Rechte, die er im Falle der Zurückweisung der Ware gehabt hätte, d. h. der Ansprüche aus Erfüllungsverzug und des Anspruchs auf Lieferung mangelfreier Ware. Es bleiben ihm dagegen etwaige Schadensersatzansprüche aus unerlaubter Handlung, schuldhafter Vertragserfüllung oder Garantievertrag, wenn die dazu erforderlichen Voraussetzungen erfüllt sind.

Ob in der Lieferung eine Realofferte zum Abschluß eines neuen Vertrages zu erblicken ist, wenn der Verkäufer das aliud im Bewußtsein der Andersartigkeit geliefert hat, ist Tatfrage.

Anm. 44 **Zusatz 1. Auf anderem Gebiete liegt es, wenn der Verkäufer den Preis des Gelieferten unrichtig berechnet hat, weil er das Gelieferte nach Menge, Maß oder Gewicht unrichtig angesetzt hatte.** Mag der Verkäufer in diesem Falle einen zu hohen oder einen zu niederen Preis angefordert haben, so finden weder die Grundsätze der §§ 377, 378 Anwendung (§ 377 Anm. 10), noch auch ist Raum für Anfechtung wegen Irrtums oder arglistiger Täuschung. Es findet vielmehr eine einfache Richtigstellung mit Nachforderung des zuwenig Berechneten oder Rückforderung des zuviel Bezahlten statt (RG 97, 211). Über die Beweislast folg. Anm.

Anm. 45 **Zusatz 2. Die Beweislast** für vollständige Erfüllung kann der Verkäufer nicht ablehnen; er muß daher nicht nur den Umfang des Gelieferten, sondern bei einem Fehl auch beweisen, daß der Regelfall des § 377 (Quantitätsdifferenz als Qualitätsmangel) oder doch jedenfalls der des § 378 (genehmigungsfähige Quantitätsdifferenz) Platz greift (DürHach. § 378 Anm. 25), um bejahendenfalls dem Käufer den Beweis für die gehörig erstattete Rüge zuzuschieben. Allein die Beweislast kehrt sich um, wenn der Käufer nicht nur nicht gerügt, sondern die Ware ohne Rüge als Erfüllung angenommen hat und nun mit der Behauptung hervortritt, es habe der Rüge nach der Ausnahmevorschrift des § 378 nicht bedurft (§ 363 BGB.). Nun muß der Käufer beweisen, nicht nur, was der Ware fehlt (vgl. LZ. 07, 141[1]), sondern darüber hinaus auch, daß und warum das Fehl eine Genehmigung nach objektiven Gesichtspunkten nicht erwarten lassen konnte. Ebenso verhält es sich, wenn der Käufer die Ware als Erfüllung angenommen hat und nun Preisminderung geltend macht (§ 377 Anm. 128), oder wenn er die Ware verbraucht hat. Hat der Verkäufer das Gelieferte nur unrichtig berechnet (oben Anm. 44), so hat bei einer Nachforderung des zu niedrig berechneten Preises der Verkäufer, bei Rückforderung des zuviel Gezahlten der Käufer die tatsächliche Unrichtigkeit der Zählung, Messung, Verwiegung zu beweisen. Sache des Verkäufers ist es im letzteren Falle, den Beweis der Kenntnis des Käufers von der Unrichtigkeit bei der Zahlung zu führen (§ 814 BGB).

Bei Lieferung eines aliud liegt die Beweislast anders. Hat der Käufer das aliud gerügt, so obliegt ihm der Beweis für das aliud, nicht anders als für jeden Sachmangel im engeren Sinne (§ 377 Anm. 126). Hat er nicht gerügt, so gilt die bei § 377 Anm. 124 mitgeteilte Regel, wonach den Käufer die Beweislast dafür trifft, wenn er geltend macht, daß er aus besonderen Gründen nicht habe zu rügen brauchen. Hier also — und nicht erst nach Annahme als Erfüllung — ist es Sache des Käufers, zu beweisen, daß das gelieferte aliud ein absolut genehmigungsunfähiges gewesen sei. Die unterschiedliche Behandlung dieser Frage gegenüber der Quantitätsdifferenz ist darin begründet, daß das aliud für die Anwendung des § 377 hinsichtlich der Rechtsfolgen dem Sachmangel gleichgestellt ist, während die Lieferung eines zu Wenig von Natur aus echte — teilweise — Nichterfüllung darstellt und nur aus Zweckmäßigkeitsgründen, sozusagen regelwidrig, der

Rügepflicht des § 377 unterstellt worden ist. Der Fall einer unausscheidbaren Zuviellieferung nimmt hieran nicht teil; er ist für die Beweislast der aliud-Lieferung gleichzustellen. —

Über den prima-facie-Beweis § 377 Anm. 130 u. 127a.

Zusatz 3: Zusammentreffen mehrerer Lieferunstimmigkeiten. **Anm. 46**

Zu erörtern ist noch, wie sich die Folgen einer erklärten und einer verabsäumten Rüge auswirken, wenn aliud und peius, Quantitätsdifferenz und peius, oder wenn alle drei Lieferunstimmigkeiten zusammentreffen. Daß diese Unstimmigkeiten ggf. je gesondert rügepflichtig sind, ist in Anm. 13 näher ausgeführt.

I. Zusammentreffen von aliud und peius

(Ware nicht nur „anders", sondern in sich noch mängelbehaftet)

A. Genehmigungsfähiges aliud

1. Als solches nicht gerügt.

a) auch das peius nicht gerügt: Käufer hat abzunehmen und zu bezahlen;

b) peius gerügt: Käufer hat Gewährschafts- ggf. Schadensersatzansprüche, aber nur hinsichtlich des peius. Eine etwaige Minderung ist so zu berechnen, als sei der Kaufvertrag über das aliud zu dem Kaufpreis des Ausgangsvertrages abgeschlossen gewesen;

2. Als solches gerügt.

a) peius nicht gerügt: Käufer hat die Gewährschafts- und Schadensersatzansprüche, aber nur wegen der Andersartigkeit der Ware. Für eine etwaige Minderung ist zu vergleichen die bestellte Ware mit der gelieferten andersartigen, wie letztere sich in mangelfreiem Zustand darstellen würde.

Ein Nachlieferungsanspruch aus § 480 Abs. 1 BGB geht allerdings auf eine fehlerfreie Ware gemäß dem ursprünglichen Kaufvertrag;

b) auch das peius gerügt: Käufer hat die Gewährschaftsansprüche aus beiden Gründen. Ein Minderwert in beider Richtung kommt kumuliert zur Geltung im Falle der Minderung; kumulieren kann ferner der Schaden und damit der zu verlangende Schadensersatz.

B. Genehmigungsunfähiges aliud = nicht rügepflichtig

peius gerügt oder nicht gerügt: Käufer hat in jedem Falle die Ansprüche wegen Nichterfüllung. Erst wenn er den Gegenstand unter Vorbehalt des Mangels als Erfüllung annimmt, gewinnt er hinsichtlich des Mangels Gewährschafts- und Schadensersatzansprüche aus positiver Vertragsverletzung.

II. Zusammentreffen von Qantitätsdifferenz und peius

A. Quantitätsdifferenz genehmigungsfähig und

1. als solche nicht gerügt:

a) Lieferung eines minus:

aa) peius nicht gerügt: Käufer muß die Ware abnehmen und bezahlen;

bb) peius gerügt: Käufer hat Sachmängelgewährschafts- und Schadensersatzansprüche, aber nur hinsichtlich des peius. Im Falle des § 480 Abs. 1 BGB kann er Nachlieferung nur im Umfang der gelieferten Menge verlangen.

b) Lieferung eines unausscheidbaren Zuviel:

aa) peius nicht gerügt: Käufer unterliegt hinsichtlich des Mehr den Kondiktionsansprüchen des Verkäufers (oben Anm. 27). Im übrigen muß er die Ware behalten und gemäß dem Vertrag bezahlen;

bb) peius gerügt: Käufer unterliegt hinsichtlich des Mehr den Kondiktionsansprüchen des Verkäufers; im übrigen hat er wegen des peius die Ansprüche aus Sachmängelgewähr, u. U. Ansprüche auf Schadensersatz;

2. als solche gerügt:

a) Lieferung eines minus:

aa) peius gerügt: Anspruch auf Nachlieferung (= Erfüllung) hinsichtlich der Fehlmenge; Sachmängelgewähr, ggf. Schadensersatzansprüche wegen des Mangels, im Fall des § 480 Abs. 1 BGB also Neulieferung der gesamten Ware in mangelfreiem Zustand;

bb) peius nicht gerügt: Ansprüche nur auf Nachlieferung hinsichtlich der Fehlmenge;

b) Lieferung eines unausscheidbaren Zuviel:

aa) peius gerügt: Anspruch auf Neulieferung nach den Grundsätzen oben Anm. 35, aber auch wegen des peius im Falle des § 480 Abs. 1 BGB; daneben wahlweise wegen des peius Sachmängelgewähr und ggf. Schadensersatzansprüche;

bb) peius nicht gerügt: Käufer kann nur Neulieferung nach Anm. 35 verlangen.

B. Quantitätsdifferenz, absolut genehmigungsunfähig = nicht rügepflichtig.

1. Zuweniglieferung:

a) peius gerügt: Anspruch auf Nachlieferung der Fehlmenge. Wegen des peius Gewährschafts- und ggf. Schadensersatzansprüche, über § 480 Abs. 1 BGB also Neulieferung des Ganzen in mangelfreiem Zustand;

b) peius nicht gerügt: Nur Anspruch auf Nachlieferung der Fehlmenge;

2. Lieferung eines unausscheidbaren Zuviel:

a) peius gerügt: Käufer hat die Ansprüche aus Nichterfüllung. Nimmt er die Ware trotzdem als Erfüllung an, so hat er wegen des Mangels die Ansprüche aus Sachmangelgewähr und u. U. auf Schadensersatz, wenn er sie sich bei der Annahme vorbehalten hat;

b) peius nicht gerügt: Käufer hat die Ansprüche aus Nichterfüllung.

§ 379

Ist der Kauf für beide Teile ein Handelsgeschäft, so ist der Käufer, wenn er die ihm von einem anderen Orte übersendete Ware beanstandet, verpflichtet, für ihre einstweilige Aufbewahrung zu sorgen.

Er kann die Ware, wenn sie dem Verderb ausgesetzt und Gefahr im Verzug ist, unter Beachtung der Vorschriften des § 373 verkaufen lassen.

Schrifttum: Oertmann in Ehrenbergs Handbuch, IV, 2 S. 523ff.

Inhaltsübersicht

Einleitung

Der vorliegende Paragraph legt dem Käufer, der die Ware beanstandet, die Verpflichtung der einstweiligen Aufbewahrung auf, gibt ihm aber auch das Recht, unter gewissen Umständen die Ware verkaufen zu lassen (Notverkauf), alles das aber nur bei dem Handelskauf, der auf beiden Seiten ein Handelsgeschäft ist und ein Übersendungsgeschäft darstellt.

Die Abweichung vom bürgerlichen Recht liegt darin, daß der Käufer der beanstandeten Ware nicht sich entledigen darf, indem er sie zurückgehen läßt oder, nachdem er sie bereits übernommen hatte, zurückschickt (auch wenn das mit der gebotenen Sorgfalt zu geschehen hätte), sondern daß die Ware zunächst an Ort und Stelle verbleibt und der Käufer sich um ihre Aufbewahrung zu kümmern hat. Es soll dem Verkäufer die anderweite Disposition über die Ware ermöglicht werden; sie besteht vielleicht gerade darin, daß er die Ware von ihrem jetzigen Ort aus an andere Abnehmer verkaufen will. Dadurch werden überflüssige Transportwege und Transportkosten erspart. Eine solche Rücksichtnahme wiederum wird nur von Kaufleuten untereinander geschuldet. Gelegentlich erscheint sie deshalb als Gegenstand ausdrücklicher vertraglicher Abrede (Beispiele: Vorbem. 2 vor § 377 sub A 7a, 10, 11, 12a).

1. Der Tatbestand der Vorschrift.

Vorausgesetzt ist das Vorliegen eines beiderseitigen Handelskaufs, ferner das Vorliegen eines Distanzgeschäfts und endlich, daß der Käufer die Ware beanstandet.

a) Ein beiderseitiger Handelskauf muß vorliegen: also ein Kauf über Waren oder Wertpapiere, der auf beiden Seiten ein Handelsgeschäft ist. Insoweit stimmt dieses Erfordernis mit dem des § 377 überein (vgl. daher Anm. 3 zu § 377). Liegt kein beiderseitiger Handelskauf vor, so kann der Käufer die Abnahme wie die Annahme ablehnen und die Ware zurückgehen lassen. Über die Zurverfügungstellung Vorbem. vor § 373 Anm. 230ff. Eine Aufbewahrungspflicht besteht zwar nicht; allein es darf der Käufer, der Nichtkaufmann ist, die von ihm beanstandete Ware nicht preisgeben. Nach §§ 157, 242 BGB hat er, soweit der Rücktransport nicht gesichert, für die Ware in der Weise zu sorgen, daß er sie entweder einem öffentlichen Lagerhaus übergibt oder durch einstweilige Verfügung eine Anordnung wegen des Verbleibs erwirkt, auch den Verkäufer durch Benachrichtigung in die Lage versetzt, sich der Ware anzunehmen (vgl. § 377 Anm. 184ff.). Verletzung dieser Pflichten macht ihn nicht nur nach § 276 BGB haftbar, sondern es kann auch der Verlust des Wandelungsrechts die Folge sein (§ 377 Anm. 65 u. 71a). Alle diese Pflichten treffen beim einseitigen Handelskauf naturgemäß verstärkt zu, wenn der Käufer der kaufmännische Teil ist (s. unten Anm. 28). **Anm. 1**

b) Aber außerdem muß ein Distanzkauf vorliegen: Dieses Erfordernis ist in § 377 nicht aufgestellt. Der vorliegende Paragraph hat daher einen engeren Anwendungskreis als der § 377. Nicht immer, wenn die Anzeigepflicht des § 377 besteht, findet die Aufbewahrungspflicht des § 379 Anwendung, sondern eben nur, wenn das Geschäft außerdem auch noch ein Übersendungskauf ist: „die Ware muß von einem anderen Orte übersendet sein". **Anm. 2**

α) **Die Ware muß „übersendet" sein,** d. h. es muß die Ablieferung an einem anderen Ort als an dem, an welchem der Verkäufer seine Handelsniederlassung hat, oder von welchem als er liefert, erfolgen (Vorbem. vor § 373 Anm. 153ff.). In dem Begriff „übersendet" liegt aber ferner, daß ein anderer als der Verkäufer den Transport nach jenem anderen Ort ausgeführt haben muß (sonst, d. h. wenn der Verkäufer den Transport in eigener Regie durchgeführt hätte, würde es „zugestellt" oder „zugefertigt" geheißen haben). Die Ware muß behufs Erfüllung der dem Verkäufer obliegenden Pflichten durch die Mitwirkung eines Dritten aus der Verfügungsgewalt des Verkäufers in die des an einem anderen Ort wohnenden Käufers oder einer von diesem bezeichneten, an einem anderen Ort wohnenden Person gebracht sein. Aus dieser Begriffsbestimmung ergeben sich die Folgerungen dahin: **Anm. 3**

αα) **Daß sich die juristische Übergabe am Wohnorte des Verkäufers vollzieht, ist unwesentlich** (vgl. jedoch unten Anm. 9); ebenso, daß der Käufer die Gefahr des Transports trägt; andererseits ändert es an dem Begriff der Distanzsendung nichts, daß der Verkäufer gegebenenfalls franko zu übersenden hat (nicht mehr als bloße Spesenklausel), nicht einmal, daß er am Wohnorte des Käufers zu erfüllen hat JW 97, 172[25]). Denn auch in diesem Falle „ist die Ware von einem anderen Orte übersendet". Ebenso unerheblich ist es, daß der Verkäufer neben der Lieferung auch die Aufstellung, Montierung und Inbetriebsetzung der verkauften Maschine übernommen hat (vgl. § 377 Anm. 16). Anders, wenn erst durch die betriebsfertige Ablieferung einer am Orte der Aufstellung zu errichtenden Anlage der Verkäufer seiner Vertragspflicht genügt, also die **Anm. 4**

Übergabe der betriebsfertigen Maschine am Aufstellungsort Vertragsinhalt war. Dann sind Aufstellung und Montage nicht Nebenleistung, sondern Teil der Hauptleistung, die am Wohnort des Käufers, regelmäßig an dem Aufstellungsort, zu erfüllen ist: es liegt keine „Übersendung" vor.

Anm. 5 ββ) **Ob die Übersendung ursprünglich vereinbart war,** ist gleichgültig. Denn entscheidend ist nach dem Gesetze, ob die Ware „übersendet worden ist". War daher nach dem Vertrage unter Anwesenden zu erfüllen, so braucht zwar der Verkäufer die spätere Weisung des Käufers, ihm die Ware zu übersenden, nicht zu befolgen; befolgt er sie aber, so kommt der vorliegende Paragraph zur Anwendung. Deshalb ist es auch unerheblich, wenn der Verkäufer nicht von vornherein wußte, wohin die Ware gesendet werden sollte (RG 6, 60). In diesem Sinne ist es richtig, daß nicht ein Distanzgeschäft, sondern vielmehr eine Distanzsendung erforderlich ist. Es ist also erforderlich und ausreichend, daß die Ware, um vom Verkäufer zum Käufer zu gelangen, eine Reise macht. Umgekehrt kommt § 379 nicht zur Anwendung, wenn ursprünglich Übersendung vereinbart war und schließlich unter Anwesenden übergeben wird; sei es, daß der Käufer die Ware nachträglich selbst beim Verkäufer in Empfang nimmt, sei es, daß er seinen Bevollmächtigten, einen Spediteur oder Frachtführer, mit der Empfangnahme am Niederlassungsorte des Verkäufers beauftragt.

Anm. 6 γγ) **Gleichgültig ist, ob die Vertragschließenden an demselben Orte wohnen, und auch die Ware sich an dem nämlichen Orte befindet,** wenn nur die Ware an einen anderen Ort versendet und dort vom Käufer bzw. dem von diesem bezeichneten Drittempfänger in Empfang genommen werden soll.

Anm. 7 δδ) **Wie die Mitwirkung des Dritten erzielt wird, ist gleichgültig.** Daher kommt es für den Begriff der Übersendung nicht darauf an, ob der Verkäufer den Frachtführer oder Spediteur selbst wählt, oder ob er vom Käufer bezeichnet ist, auch, ob der Verkäufer mit diesen Personen selbst abschließt (in eigenem Namen oder im Namen des Käufers, für eigene Rechnung oder die des Käufers), oder ob der Käufer mit diesen Personen abschließt, oder ob endlich der Transport durch die Leute des Käufers vorgenommen wird (RG. 6, 60), nur daß in Fällen der letzteren Art meistens der Beauftragte des Käufers mit der Empfangnahme betraut sein wird, d. h. mit der Vollziehung des Rechtsaktes, der bestimmt und geeignet ist, die Ware aus der Verfügungsgewalt des Verkäufers in die des Käufers oder seines Bevollmächtigten zu bringen, in welchem Falle kein Übersendungskauf vorliegt. Ein Übersendungsgeschäft liegt jedoch nicht vor, wenn der Verkäufer die Ware durch seine eigenen Leute, z. B. in seinem eigenen Fuhrwerke, dem Käufer übersendet (Saeger LZ 07, 419). Die Gegenmeinung aus der Vorauflage wird aufgegeben. Denn es für die Nichtanwendung des § 379 darauf abstellen wollen, daß der Verkäufer persönlich die Ware, sei es auch von einem anderen Orte, dem Käufer selbst überbringt (ROHG 23, 60), wäre unter den heutigen Verhältnissen im Wirtschaftsleben antiquiert; es entspräche auch nicht dem Sinn der Vorschrift, die vielmehr darauf abhebt, daß bei der Ablieferung [weder der Verkäufer persönlich noch] einer seiner Leute zugegen ist, denen der Käufer sogleich die Zurückweisung der Ware (unten Anm. 11) erklären könnte und die daher in der Lage wären, an Ort und Stelle die Ware wieder mitzunehmen, gegebenenfalls über ihren Verbleib sonstige Maßnahmen zu treffen oder äußerstenfalls andere Weisung einzuholen.

Anm. 8 εε) **Auch daß die Ware am Wohnsitze des Verkäufers vorgezeigt und gekauft ist, hindert die Anwendung des Paragraphen nicht** (JW 96, 285[22]). Die Ablieferung findet erst am Wohnsitze des Käufers statt.

Anm. 9 ζζ) **Dagegen liegt ein Übersendungskauf nicht schon deshalb vor, weil der Verkäufer sich die Ware kommen läßt,** um sie am Ablieferungsorte dem Käufer auszuhändigen (ROHG 13, 392; Hamburg ZHR 36, 255[192]), wie überhaupt dann nicht, wenn der Verkäufer selbst die Ware dem Käufer überbringt oder in eigener Regie zustellt. In beiden Fällen ist sie nicht dem Käufer übersandt, weil sie ihm nicht durch einen Dritten gebracht wird. Auch darf die Sachlage nicht so sein, daß der Dritte, der die Übersendung zu besorgen oder auszuführen hat, nicht nur mit dieser, sondern mit der Empfangnahme im Namen des Käufers beauftragt ist (vgl. oben Anm. 5). Dies ist aber nicht der Fall, wenn gemäß Weisung des auswärts wohnenden Käufers ein Lieferant die für den Kunden bestimmte, von diesem anderswo gekaufte Ware der eigenen Sendung beipackt (Karlsruhe ZHR. 36, 255[191]). Sicherlich liegt kein Übersendungskauf vor, wenn die Ware dem Käufer am Wohnorte des Verkäufers übergeben worden ist und dann verabredetermaßen beim Verkäufer auf Lager bleibt, bis der Käufer sie abholen läßt, oder auch, bis er die Übersendung abfordert.

β) **Von einem anderen Orte** muß die Ware übersendet sein. Ob die Orte entfernt oder nahe beieinander liegen, ist gleichgültig. Ist dies nicht der Fall, so liegt ein Platzgeschäft vor, auf welches sich der § 379 jedenfalls nicht unmittelbar bezieht (unten Anm. 28). Die Verschiedenheit der Orte deckt sich der Regel nach mit der Einteilung der Ortschaften in politische Gemeinden. Jedoch ist dies nicht immer der Fall. Eine Inkongruenz ist immer dann gegeben, wenn der geographische Bezirk einer politischen Gemeinde mit dem Bezirke einer anderen politischen Gemeinde derart räumlich zusammenhängt, daß sich zwischen beiden Bezirken so enge Handelsbeziehungen und derartige Verkehrsverhältnisse herausgebildet haben, wie sie sonst nur an demselben Orte bestehen (Beispiel: Nürnberg und Fürth; Mönchen-Gladbach und Rheydt). Solche zusammenhängenden Ortschaften gelten dann als ein Handelsplatz, und es entspricht dem Gesetze und den Anschauungen des Handelsstandes, alle Geschäfte, die innerhalb solcher Bezirke abgeschlossen werden, als Platzgeschäfte zu betrachten. Dagegen ist die durch die Postverwaltung verfügte Vereinigung einer Stadt mit einigen Vororten zu einem gemeinschaftlichen Postbezirk für unsere Fragen unerheblich; es bedeutet dies nur eine Postverwaltungsmaßregel. Ist eine politische Gemeinde in mehrere Gerichtsbezirke geteilt, so ist dieser Umstand von Bedeutung für Gerichtsstand, Wohnsitz und Erfüllungsort, nicht aber dafür, ob ein Distanz- oder Platzgeschäft vorliegt. **Anm. 10**

c) Der Käufer hat die Ware beanstandet: Das ist die dritte Voraussetzung der Anwendung des vorliegenden Paragraphen. Das Gesetz verwendet bewußt einen anderen Ausdruck als in § 377: „beanstanden" ist — in der Sache — etwas Stärkeres als das bloße „Mängel anzeigen"; der Käufer, der beanstandet, gibt zu erkennen, daß er die Ware nicht behalten will. Denn nur dann hat es einen Sinn, ihm eine Pflicht zur einstweiligen Aufbewahrung (im Interesse des Verkäufers, unten Anm. 15) aufzuerlegen. Daraus folgt, daß die Vorschrift einerseits nicht Platz greift, wenn die Ware trotz ihrer Mängel behalten und nicht Wandelung oder Lieferung anderer Ware, sondern Preisminderung oder Schadensersatz geltend gemacht wird; für den Käufer mag es sich allerdings empfehlen, die Ware so lange in unverändertem Zustande aufzubewahren, bis der Verkäufer den Zustand feststellen kann. Andererseits ist „beanstanden" in der Prozedur schwächer als „rügen". Man kann die Beanstandung auch vorbringen gegenüber der Transportperson, etwa dem Frachtführer, durch den der Verkäufer die Ware hat übersenden lassen, während die Rüge gegenüber dem Verkäufer ausgesprochen werden muß. Aus diesem Grunde ist die Benachrichtigung des Verkäufers von der einstweiligen Aufbewahrung gesondert zu behandeln (unten Anm. 15). Endlich geht „beanstanden" im Anwendungsbereich weiter als „rügen", insofern der Käufer eine Sendung beanstanden kann, die er nicht im technischen Sinne des § 377 zu rügen braucht und für die die Beanstandung auch dann die Wirkung des § 379 äußert, wenn eine förmliche Rüge gegenüber dem Verkäufer nicht erfolgt (und nicht zu erfolgen braucht): bei der schlichten, ohne weiteres ausscheidbaren Zuvielsendung hinsichtlich des Mehr (§ 378 Anm. 8). Wie denn überhaupt „beanstanden" sich bezieht auf alle Fälle, in denen der Käufer die Ware wegen irgendwelcher Anstände zurückgehen zu lassen wünscht. Unter diesem Leitgesichtspunkt können deshalb die weiteren, in früheren Auflagen aufgeführten Beispiele — „Beanstandung" wegen kostspieliger Post- oder Eilgutsendung statt der billigen Frachtsendung, wegen Zufrüh- oder Zuspätsendung — noch als Gegenbeispiele nützlich sein: reklamierte Transportkosten oder Lieferterminsdifferenzen sollten, zumal sie meist auf andere Weise als durch Augenschein der Ware beweismäßig zu sichern sind, nicht wohl zu deren einstweiliger Aufbewahrung zwingen, wenn der Käufer sie im übrigen behalten will (man denke nur an den Fall der Zuspätlieferung). — Demgegenüber kommt es nicht darauf an, ob der Käufer die Ware schon in Empfang genommen hat; geschweige denn, daß seine Beanstandung gerechtfertigt war (WarnRspr. 1926 Nr. 180). Der Wortlaut des Gesetzes ergibt, daß nur eine Beanstandung der übersendeten Ware vorzuliegen braucht (unten Anm. 16). Ob der Verkäufer die Beanstan- **Anm. 11**

dung anerkennt oder nicht, ist also gleichgültig (RG 96, 73). Aber § 379 setzt voraus, daß der Käufer in den Gewahrsam der Ware gelangt ist (unten Anm. 16).

Der Grund der Beanstandung — insbesondere ob Qualitätsmängel (§ 377) oder Lieferung eines aliud (§ 378) oder Unstimmigkeit hinsichtlich der Quantität (insoweit kommt hier allerdings nur die Lieferung eines Zuviel in Betracht, welches der Käufer nicht übernehmen will) — gilt nach allem gleich. Namentlich auch auf die Fälle des § 378 findet § 379 Anwendung, wenn die Ware auf eine Bestellung hin erfolgt ist, die Abweichung von der Bestellung aber nicht so groß ist, daß die Genehmigung des Käufers als ausgeschlossen zu gelten hat (§ 378 1. Alternative). Ist die Annahme der gelieferten anderen Ware oder des Zuviel durch den Käufer aber offenbar ausgeschlossen (§ 378 2. Alternative), so gilt auch § 379 nicht; denn auf diesen Fall paßt keine der Vorschriften des § 379 ihrem Sinne nach. Deshalb wird hier, bei einem exorbitanten Überschreiten der Bestellung, auch innerhalb der Gruppe des Zuviel keine Unterscheidung nach Ausscheidbarkeit oder Unausscheidbarkeit getroffen werden dürfen. Es verhält sich wie mit unbestellter Ware; unten Anm. 30. So auch die D. 226/27 (a. M. DürHach. § 379 Anm. 6; Ritter § 379 Anm. 5). Es können, was die Aufbewahrung angeht, nur die Grundsätze über Geschäftsführung ohne Auftrag (§§ 677ff. BGB) zur Anwendung gebracht werden, wenn sich der Käufer der Aufbewahrung annimmt. Eine Aufbewahrungspflicht kann sich nach den Umständen wie bei Zusendung unbestellter Ware (unten Anm. 30) ergeben. Aber ein Notverkaufsrecht besteht nicht. — Der Fall des arglistigen Verschweigens des Mangels ist jedoch vom § 379 nicht ausgenommen.

2. Die Rechtsfolgen.

Die Rechtsfolgen, welche sich beim Vorhandensein dieser Voraussetzungen ergeben, sind: die Pflicht des Käufers zur einstweiligen Aufbewahrung und sein Recht zum Notverkauf.

a) Die Pflicht des Käufers zur einstweiligen Aufbewahrung:

Anm. 12 α) **Für Aufbewahrung sorgen** muß der Käufer. Er darf die Ware nicht sich selbst überlassen, so daß es zu einem bahnamtlichen Verkauf kommt (WarneyerRspr. 1915 Nr. 44; JW 03 Beil. 6[14]). Er darf die Ware nicht einfach (s. Einleitung) zurücksenden; er braucht sie andererseits nicht selbst aufzubewahren, auch wenn er es könnte; er darf sie auch anderweit niederlegen. Tut er das erstere, so kann er Lagergeld fordern (hierüber unten Anm. 17); tut er das letztere, so besteht keine Rückgabepflicht seinerseits mehr; vielmehr wird er seinem Verhältnisse gegen den Verkäufer gerecht, wenn er diesen in den Stand setzt, gegen den Verwahrer (ROHG 20, 203; Bolze 18 Nr. 438) und den Frachtführer, falls diesen eine Verantwortung trifft (ROHG 2, 328), erfolgreich vorzugehen. Der Käufer hat genug getan, wenn er die Hinterlegung bei einer verläßlichen Firma vornimmt (RG 98, 70); denn das Gesetz legt ihm nur auf, für die einstweilige Aufbewahrung „zu sorgen“, so daß seine Haftung sich auf die culpa in eligendo beschränkt (Schlegelberger-Hildebrandt[4] Anm. 5). Von einer Aufbewahrungspflicht kann keine Rede mehr sein, wenn der Käufer seine Beanstandung der Ware zurückzieht (LZ 1913, 553[3]).

Die in Allgemeinen Geschäfts- und Lieferbedingungen gelegentlich sich findende Bestimmung, daß der Käufer die beanstandete Ware nicht ohne Genehmigung des Verkäufers zurücksenden dürfe (Vorbem. 2 vor § 377 sub A, 10, 12; auch Fakturenvermerke wie „Retourwaren werden nur nach vorheriger Genehmigung angenommen“ — ROHG 6, 77 —) bringt den gleichen Gedanken zum Ausdruck: der Käufer darf nicht durch einseitige Zurücksendung die anderweiten Anweisungen des Verkäufers (Verkauf an Ort und Stelle, Lagerung, Weitersendung) durchkreuzen.

Anm. 13 Die Pflicht zur Aufbewahrung begreift die Pflicht zur ordnungsmäßigen Behandlung der Ware in sich (z. B. gehöriges Lagern, Austrocknen, Auspacken, Füttern der Tiere usw.); für solche Aufwendungen muß er in Vorschuß gehen (unten Anm. 16). Die Auslieferung der Ware an den Agenten des Verkäufers zur Aufbewahrung muß der Verkäufer als eine gehörige Pflichterfüllung des Käufers anerkennen (Dresden SeuffA 62, 466).

Anm. 14 Eine Pflicht, die Ware zurückzusenden, hat der Käufer von Gesetzes wegen nicht (und auch das Recht hierzu erst unter den in Anm. 15 dargelegten Voraussetzungen). Allein nach Handelsgebrauch wird doch angenommen, daß der Käufer, wenn die Rücksendung mit besonderen Schwierigkeiten nicht verknüpft ist und der Verkäufer erklärt, daß er am Ort der Ablieferung anderweite Verwendung nicht habe, daher die Rücksendung seinen Interessen entspricht, eine Rücksendungspflicht auf Kosten und Gefahr des Verkäufers habe. Der Käufer muß dabei, ebenso wenn er einem Rücksendungsverlangen ohne die gedachten Voraussetzungen stattgibt, mit der erforderlichen Sorgfalt verfahren. Dazu gehört eine derartige Versendung von Wertsachen, daß dem Verkäufer ein Anspruch auf vollen Ersatz gegen eine geeignete Transportperson oder eine leistungsfähigere Versicherungsgesellschaft im Falle des Verlustes zusteht, wenn nicht die seitherigen Gepflogenheiten der Parteien eine bestimmte andere Versendungsart herausgebildet haben (RG 50, 178). Über die Aufbewahrungspflicht des Verkäufers im Falle des Annahmeverzugs des Käufers § 373 Anm. 22, 23.

β) Auf **einstweilige** Aufbewahrung erstreckt sich die Pflicht des Käufers. Der Käufer **Anm. 15**
ist dem Verkäufer nur so viel Rücksicht schuldig, daß er die Ware nicht preisgeben darf, ehe der Verkäufer in der Lage ist, darüber anderweit zu verfügen. Er braucht für die Ware nur diejenige Vorsorge zu treffen, welche notwendig ist, daß sie während einer ersten Überbrückungszeit nicht verdirbt (WarneyerRspr. 1926 Nr. 180): *er muß den Verkäufer daher von der Sachlage in Kenntnis setzen*. Wenn dieser durch die Benachrichtigung zur Sache unterrichtet ist und trotzdem für die weitere Aufbewahrung nicht sobald als möglich Sorge trägt, so ist der Käufer seiner Verpflichtung enthoben (ROHG 1, 206; Bolze 16 Nr. 301; RG 43, 32; WarneyerRspr. 1926 Nr. 180), wenn nicht aus den Umständen, insbesondere den Abreden der Parteien, sich ein anderes ergibt: RG in HessRspr. 6, 105. Die Gefahr der Sache geht von da ab auf den Verkäufer über. Der Käufer darf auch nunmehr dem Verkäufer die Ware zurücksenden. Dasselbe gilt, wenn der Verkäufer von vornherein auf die vom Käufer zu leistende Fürsorge nicht angewiesen ist, was jedoch nicht schon dann der Fall zu sein braucht, wenn der Verkäufer am Bestimmungsorte einen Agenten hat (ROHG 17, 171), wohl aber dann, wenn er am Bestimmungsorte ein Zweiggeschäft hat. Kümmert sich weder der Käufer noch der benachrichtigte Verkäufer um die Ware, so ist der erwachsene Schaden nach § 254 BGB unter Berücksichtigung des Umstandes zu teilen, daß der Käufer eine angemessene Zeit für Aufbewahrung zu sorgen hatte (WarneyerRspr. 1926 Nr. 180). Über die Aufbewahrung vinkulierter Ware s. unten Anm. 30. Dem Gutachten InduHK Berlin, Mitteilungen 25, 456, wonach dem Käufer nicht zuzumuten sei, die mit Recht zur Verfügung gestellte Ware zu lagern, wenn der Verkäufer sie weder zurücknehmen noch Ersatz liefern will, der Kaufpreis aber bezahlt ist, kann nicht beigetreten werden. Der Käufer darf die Ware ihrem Schicksal nur überlassen, wenn er für Aufbewahrung gesorgt hat, falls er die Zurücksendung nicht vorzieht (oben Anm. 14).

γ) **Verpflichtet** ist der Käufer, und zwar *unbedingt*, also ohne Rücksicht darauf, **Anm. 16**
ob der Grund der Beanstandung auf ein Verschulden des Verkäufers zurückzuführen ist oder nicht, ob die Beanstandung gerechtfertigt war oder nicht (vgl. oben Anm. 11), und auch dann, wenn er für die Kosten der Aufbewahrung nicht gedeckt ist. Dieser letztere Unterschied gegenüber § 362 Abs. 2 HGB ist ein gewollter, weil hier ein Vertragsverhältnis besteht, dort nicht (ROHG 20, 206). Für die Erfüllung dieser Pflicht haftet der Käufer nach § 347 HGB. Verletzt der Käufer die Verpflichtung des Abs. 1 schuldhaft, so gibt dies dem Verkäufer einen Anspruch auf Schadensersatz nach allgemeinen Grundsätzen; des Rechts auf Beanstandung begibt sich der Käufer dadurch nicht (ROHG 13, 438).

Vorausgesetzt ist, daß der Käufer in den Gewahrsam der Ware gelangt ist, so daß er für Aufbewahrung sorgen kann. Hat er die Ware nicht angenommen, sondern sie sogleich zurückgewiesen, so geht diese Entschließung — unter dem Gesichtspunkt des § 379 — auf seine Gefahr: Er durfte zurückweisen, wenn die Beanstandung sich als berechtigt erweist (so daß Pflichten aus § 379 nicht entstanden); war die Beanstandung dagegen unberechtigt, so ist er in Abnahmeverzug geraten, hat damit eine Hauptpflicht aus § 433 Abs. 2 BGB verletzt und muß über den Schadensersatz (§ 249 BGB) den Verkäufer so stellen, als habe er abgenommen mit allen Pflichten aus § 379 (RG WarneyerRspr. 1926 Nr. 180), falls er dennoch beanstanden zu können glaubte. Das kann für den Fall bedeutsam werden, daß nunmehr der Verkäufer sich grobfahrlässig (§ 300 BGB!)

um die Ware nicht kümmert und die Ware daraufhin verdirbt, wegen der Schadensteilung aus § 254 BGB (oben Anm. 15).

Anm. 17 δ) Die Kosten der Aufbewahrung und der etwa nötigen Versicherung hat der Käufer zu verauslagen (oben Anm. 16), aber der Verkäufer hat sie nebst Zinsen zu erstatten, wenn die Beanstandung begründet war (§ 377 Anm. 71). War sie nicht begründet, so kann der Käufer nicht nur keine Lagerkosten verlangen, sondern er muß solche dem Verkäufer nach § 304 BGB ersetzen, wenn der Verkäufer lagern mußte (WarneyerRspr. 1926 Nr. 180). Verwahrt der Käufer die Ware selbst, so kann er Lagergeld gemäß § 354, bringt er sie bei einem Dritten unter, auch noch Provision nach § 354 fordern. Bezahlung dieser Beträge kann mit der Wandelung gefordert werden (§ 377 Anm. 71); auch kann wegen dieses Anspruchs die Ware zurückbehalten werden (unten Anm. 27).

b) Das Recht des Käufers zum Notverkauf.

Anm. 18 α) **Das Recht hat zur Voraussetzung, daß die Ware dem Verderben ausgesetzt und Gefahr im Verzuge ist.** Das bloße Aufhören der Aufbewahrungspflicht (oben Anm. 15) genügt nicht (ROHG 16, 325). Der Umstand allein, daß der Verkäufer keine Verfügung getroffen hat, obwohl er sie treffen konnte, gibt dem Käufer das Verkaufsrecht nicht. Er ist alsdann zwar seiner Verwahrungspflicht nach Abs. 1 enthoben (vgl. oben Anm. 15), aber darum noch nicht zum Notverkauf berechtigt (RG 43, 32). Über die Erfordernisse „dem Verderb ausgesetzt" und „Gefahr im Verzuge" s. Anm. 39 zu § 373 (bloßes Dumpfigwerden der Ware ist noch kein Verderb: Marienwerder SeuffA 59, 106). Diese beiden Voraussetzungen sind unerläßlich; ohne sie hat der Käufer kein Recht auf den Notverkauf, z. B. nicht, weil die Aufbewahrung zu große Kosten verursachen würde, auch nicht zu dem Zwecke, um seinen im voraus gezahlten Kaufpreis oder die Kosten der Verwahrung zu erhalten. In solchem Falle kann aber das Verkaufsrecht auf Grund eines Zurückbehaltungsrechts gegeben sein (vgl. § 369 nebst Anm. daselbst und § 371). Auch ist eine gerechtfertigte Ausnahme zu machen, wenn der Verkauf im Interesse des Verkäufers aus zwingenden Gründen notwendig oder offenbar nützlich war (Hamburg ZHR 36, 258[206]), z. B. weil die Einholung einer Auskunft vom Verkäufer für absehbare Zeit unmöglich war und dadurch die Kosten der Verwahrung ins Ungemessene steigen konnten, oder wenn eine besondere, voraussichtlich nicht wiederkehrende Gelegenheit zum Verkauf sich darbot (ROHG 12, 132; 16, 326; Bolze 2 Nr. 1027), oder wenn es sich um einen leicht verderblichen Kaufgegenstand (Eier) handelte (RG 48, 137). In diesen besonderen Fällen beruht der Notverkauf auf dem Rechtsgrund der auftragslosen Geschäftsführung nach § 677 BGB (RG 101, 19; ROHG 20, 206). Daher haftet der Käufer hier unter der u. U. erweiterten Haftung der §§ 678, 681 Satz 2 BGB, die im Verkehr erforderliche Sorgfalt eines ordentlichen Kaufmanns aufwenden zu müssen (vgl. Karlsruhe BadRspr. 04, 51). Umgekehrt kann der Käufer, wenn die Voraussetzungen des Abs. 2 zutreffen, zum Notverkauf auch dann schreiten, wenn der Verkäufer in der Lage ist, über die Ware zu verfügen (RG 43, 32), oder wenn er die Zurverfügungstellung nicht anerkennt (RG 96, 73).

Anm. 19 Fehlt es an den Voraussetzungen des Notverkaufs, so liegt in dem Verkauf der vertragswidrigen, zur Verfügung gestellten Ware oder des vertragsmäßigen Teils der Ware zusammen mit dem vertragswidrigen Teil eine unberechtigte Verfügung, deren Rechtsfolge der Verlust des Wandelungsrechts und des Rechts, eine mangelfreie Ware zu verlangen, ist (SeuffA 84, 252; ROHG 11, 201; RG 17, 68), §§ 467/351 BGB (§ 377 Anm. 66, 93). Die Käuferrechte beschränken sich (RG 43, 37; Kiel SchlHolstAnz. 20, 163) auf Preisminderung — der Erlös aus dem unberechtigten Notverkauf tritt an die Stelle der Ware; der Käufer muß sich auf diesen Erlös verweisen lassen und kann seiner Kaufpreisschuld nur noch die Minderungseinrede entgegensetzen, gegebenenfalls eine Zuvielzahlung zurückfordern — und auf Schadensersatz wegen Nichterfüllung, ohne daß dieser allerdings gefordert werden könnte auf Grund einer Berechnung, bei der der Erlös aus dem unzulässigen Verkauf als Grundlage verwendet ist (RG in SeuffArch 84, 252). Bei allem ist jedoch zu beachten, daß je nach den Umständen ein ungesetzlicher Notverkauf immer noch als nützliche, auftragslose Geschäftsführung gelten kann (oben Anm. 18). Unter Umständen läßt sich der Notverkauf nach § 383 BGB (vgl. § 374 Anm. 28) aufrechterhalten. Verkauft der Käufer nur einen Teil der Ware, so verliert er das Wandelungsrecht nur für diesen Teil. Hinsichtlich des nicht verkauften Restes behält er das Wandelungsrecht; denn der Wert dieses Restes ist nicht im Sinne der §§ 467, 351 BGB. verschlechtert. Hatte er die Sendung aber als zusammengehörig gekauft (§ 377 Anm. 180ff.), so geht das Wandelungsrecht durch die Veräußerung eines Teils hinsichtlich der ganzen Sendung verloren. Ebenso verhält es sich mit dem Recht, mangelfreie Lieferung zu verlangen (vgl. unten Anm. 21).

β) **Liegen die Voraussetzungen vor, so kann der Notverkauf erfolgen:** der Käufer hat aber keine Pflicht zur Vornahme des Verkaufs; auch die bloße Androhung des Notverkaufs begründet noch keine Verpflichtung hierzu (RG in SeuffA 81, 332). Er genügt seiner Pflicht durch Aufbewahrung und Benachrichtigung des Verkäufers (oben Anm. 15). Die Ausübung des Rechts ist an keine bestimmte Zeit gebunden. Der Notverkauf kann so lange vorgenommen werden, als dessen Voraussetzungen nicht weggefallen sind. Das Interesse des Verkäufers, das vielleicht auf einen alsbaldigen Verkauf hinweist, ist für den Käufer nicht maßgebend. Der vom § 379 Abs. 2 in Bezug genommene § 373 enthält insoweit keine Regeln. Daher gelten die allgemeinen Grundsätze. Danach darf der Käufer den Verkauf nicht absichtlich verzögern, um den Verkäufer zu schädigen (RG 66, 192). Grobe Fahrlässigkeit steht hier der Arglist gleich (RG 66, 192). **Anm. 20**

γ) **Der Notverkauf darf nur unter Beobachtung der Formen des § 373 stattfinden.** Zu diesen Formen — über welche Näheres zu § 373 — gehört aber hier nicht die vorgängige Androhung, sondern nur die Bekanntmachung von Ort und Zeit der Versteigerung (§ 373 Anm. 41), wenn eine öffentliche Versteigerung stattfinden soll. Das ist aus dem Zusammenhange der gesetzlichen Vorschriften zu entnehmen. Denn im § 373 ist die vorgängige Androhung für den Fall erlassen, der hier notwendige Vorbedingung des Notverkaufs überhaupt ist (drohender Verderb der Ware). Bei teilbaren Gegenständen darf nur der dem Verderben ausgesetzte Teil verkauft werden, indem auch hier der Grundsatz des § 469 BGB anwendbar ist (ROHG 13, 358). Bei Verletzung dieses Gebots oder der Formen des § 373 liegt wieder eine unberechtigte Verfügung vor, deren Folge gleichfalls der Verlust des Wandelungsrechts sowie des Schadensersatzanspruchs wegen Fehlens einer zugesicherten Eigenschaft (SeuffA 84, 252) und des Rechts, mangelfreie Ware zu verlangen, ist (oben Anm. 19), abgesehen davon, daß der Käufer sich unter Umständen schadensersatzpflichtig macht (RG. 17, 68; oben Anm. 16) und die Versteigerungskosten selbst tragen muß; jedoch ist auch hier zu prüfen, ob nicht der Verkauf sich als nützliche Geschäftsführung aufrechterhalten läßt (ROHG 13, 357), und ob nicht der Verkäufer trotz des Verstoßes oder infolge des Verstoßes gegen die Form besser gefahren ist als bei Einhaltung der Formen, sowie ob nicht der Käufer die versteigerte Ware wieder erwirbt und zurückgeben kann. Wegen des Anspruchs auf Preisminderung vgl. oben Anm. 11, unten Anm. 24. Über die Folgen von Formverstößen insbesondere § 373 Anm. 53ff., 57. Im Wege der einstweiligen Verfügung kann der Verkauf auch ohne die Voraussetzung des § 379 angeordnet werden (vgl. folgende Anm. 22). **Anm. 21**

δ) **Keinesfalls darf der Verkauf beim Widerspruch des Verkäufers erfolgen,** weil die Vorschriften des § 379 lediglich im Interesse des Verkäufers gegeben sind (RG 101, 19; 96, 72). Der Käufer kann dann nicht mit der Behauptung gehört werden, es sei die Versteigerung der dem Verderben ausgesetzten Ware zur Vermeidung größeren Schadens erforderlich gewesen (§ 678 BGB; RG 101, 19). Zu einem wirksamen Widerspruch gehört die gleichzeitige Verfügung über die Ware; sonst hat der Widerspruch keinen Sinn. Der Widerspruch muß auch deutlich sein; es genügt nicht die Erklärung des Verkäufers, die Sache gehe ihn nichts an (RG 96, 73). Ein trotz des Widerspruchs erfolgter Verkauf hebt das Wandelungsrecht und das Recht, mangelfreie Ware zu verlangen (nicht auch das Preisminderungsrecht), auf und verpflichtet zum Schadensersatz (oben Anm. 19). Doch kann der Prozeßrichter im Wege der einstweiligen Verfügung nach freiem, durch die Voraussetzungen des § 379 Abs. 2 nicht eingeengtem Ermessen gemäß § 940 ZPO den Verkauf auch in anderen Fällen anordnen, also besonders auch gegen den Widerspruch des Verkäufers, auch wenn eine Gefahr des Verderbens nicht vorliegt (JW 98, 607[32]; Hamburg OLGR 1, 377; Karlsruhe „Recht" 03, 459[2402], a. M. Dresden OLGR 27, 182; Hamburg HansGZ 06 Hptbl. 24; vgl. oben Anm. 11); **Anm. 22**

und zwar selbst dann, wenn der Käufer wandeln will (Hamburg OLGR 16, 407). Mag die einstweilige Verfügung dem Käufer die Ermächtigung zum Verkauf durch den Gerichtsvollzieher erteilt oder die Versteigerung selbst angeordnet haben, so sind die Formen des § 373 nicht zu beobachten.

Anm. 23 ε) Mit Zustimmung des Verkäufers **darf auch der freihändige Verkauf erfolgen.** Zustimmung kann unter besonderen Umständen schon in dem Schweigen auf die Ankündigung des Käufers liegen.

Anm. 24 ζ) **Der Notverkauf erfolgt im Namen und — wenn er rechtmäßig ist — für Rechnung des Verkäufers.** Dem Verkäufer gebührt also der Erlös. Der Käufer kann nach vollzogenem Notverkauf nicht mehr auf Preisminderung übergehen. Er hat ja ursprünglich die Ware beanstandet, d. h. (oben Anm. 11) zu erkennen gegeben, sie nicht behalten zu wollen; ihm darf also jetzt nicht gestattet werden, bei dem Notverkauf auf Kosten des Verkäufers zu spekulieren und je nach dem mehr oder weniger günstigen Gang der Versteigerung entweder den Erlös für sich selbst zu beanspruchen und obendrein noch zu mindern oder aber bei der früheren Zurückweisung stehen zu bleiben und Wandlung zu benspruchen (Stuttgart „Recht" 1910 Nr. 4180). Gleiches gilt sinngemäß für Versuche des Käufers, sich nachträglich auf Schadensersatzansprüche wegen Fehlens zugesicherter Eigenschaften zurückzuziehen, den Erlös zu behalten und seine Ansprüche auf die Ausgleichung der fehlenden Eigenschaften zu beschränken. — Der Käufer tritt nur als Bevollmächtigter des Verkäufers auf (RG 66, 194). Das Gesetz will ihn dem Steigerer nicht haften lassen. Hieraus folgt einerseits, daß der Käufer wie bei einem privatrechtlichen Auftrag (§ 675 BGB) nach Treu und Glauben die Interessen des Verkäufers wahrnehmen muß, andererseits, daß der Verkäufer gegen den Steigerer unmittelbar Rechte erwirbt; es bedarf keiner vorhergehenden Abtretung von Rechten seitens des Käufers; denn es haftet der Verkäufer dem Steigerer unmittelbar für Mängel der Sache. Anders, wenn der Käufer den Notverkauf in eigenem Namen dem Dritten gegenüber vorgenommen hat. Der Steigerer braucht sich dann nicht an eine andere Person verweisen zu lassen. War der Käufer selbst der Steigerer — und dies ist nach § 373 Abs. 4 HGB, § 181 BGB (RG 66, 194) zulässig —, so ist der Notverkauf ein neuer Kaufvertrag; dem Käufer stehen aus diesem Kauf ganz dieselben Gewährleistungsansprüche zu wie jedem dritten Steigerer. Daraus folgt, daß der Käufer nicht auf die Bedingungen des ursprünglichen Kaufs hin abschließt, sondern auf die des neuen Kaufs. Deshalb kann der Käufer die Ware, die er einmal so ersteigert hat, nicht nochmals auf dem Wege des Notverkaufs nach § 379 versteigern. Denn er besitzt die Ware nun nicht mehr auf Grund eines Übersendungs-, sondern auf Grund eines Platzkaufs. Der Käufer hat, wenn sich, nachdem er den Zuschlag erhalten, neue Mängel herausstellen, dem Verkäufer Mängelrüge nach § 377 zu erstatten; auch § 460 BGB (377 Anm. 117) findet Anwendung; hat er danach ein Wandelungsrecht (§§ 459, 463, 480 BGB.), so kann wegen zu befürchtenden weiteren Verderbs der Ware oder aus anderen Gründen eine nochmalige Versteigerung als dem Interesse oder dem mutmaßlichen Willen des Verkäufers entsprechend anzunehmen sein. Es finden dann die Grundsätze der Geschäftsführung ohne Auftrag Anwendung (§§ 677ff. BGB; RG 66, 197). Die nochmalige Versteigerung hat dann nicht mehr auf Grund des ursprünglichen, sondern auf Grund eines anderen Kaufs stattgefunden. Der Käufer darf beim Notverkauf die Gewährleistung ohne Zustimmung des Verkäufers nicht ausschließen, sollte er auch die Ware wegen Mängel zur Verfügung gestellt haben; denn er verkauft als Bevollmächtigter des Verkäufers.

Ist die Ware zu Unrecht beanstandet worden, so hat der Verkäufer erfüllt, und der Notverkauf trifft seine Rechtsstellung, insbesondere seinen Kaufpreisanspruch, nicht. Der Notverkauf ist als zu Lasten und auf Rechnung des Käufers bewirkt zu betrachten.

Anm. 25 η) Für die Ausführung des Selbsthilfeverkaufs kann der Käufer Provision fordern, da die Voraussetzungen des § 354 Platz greifen (Dienstleistung eines Kaufmanns für einen anderen). Auf diesen Provisionsanspruch findet die Verjährung des § 477 BGB keine Anwendung (RG 38, 13).

Anm. 26 **Zusatz 1. Der Käufer hat, unabhängig von der Übernahme der übersendeten Ware, eine Pflicht gegenüber dem Verkäufer, nämlich bei äußerlich erkennbaren Mängeln:** Er darf das Gut in solchem Falle nicht übernehmen und die Fracht bezahlen, ohne vor der

Annahme die Mängel durch amtlich bestellte Sachverständige festzustellen, weil sonst nach § 438 Abs. 1 die Ansprüche an den Frachtführer erlöschen (ROHG 6, 107); vgl. bereits § 378 Anm. 18 (für den Fall einer Fehlmenge) und das einschlägige Beispiel einer vertraglich festgelegten Verpflichtung in Vorbem. 2 vor § 377 sub A, 2. Er darf, wenn er die Ware zurückweist und nun die Eisenbahn zur Versteigerung schreitet, nicht etwa die Ware ihrem Schicksal überlassen; er muß sich darum kümmern, daß die Ware nicht verschleudert wird (JW 03 Beil. 6[14]).

Zusatz 2. Der Käufer hat, wenn er die Ware dem Verkäufer zur Verfügung stellt, **Anm. 27**
gleichwohl das Zurückbehaltungsrecht wegen der Rückzahlung des Kaufpreises und der Frachtauslagen usw., nämlich auf Grund des § 369 (vgl. RG 43, 39). Er verliert dieses Recht aber durch einen ungerechtfertigten Verkauf als eine ungerechtfertigte Verfügung (ROHG 11, 202; § 377 Anm. 66). Das Zurückbehaltungsrecht darf nicht in der Weise ausgeübt werden, daß der Käufer sich der Aufbewahrungspflicht entzieht (WarneyerRspr. 1915 Nr. 44). Denn die Pflichten des Käufers hinsichtlich des zurückbehaltenen Gegenstandes richten sich nach dem der Zurückbehaltung zugrunde liegenden Rechtsverhältnis (RG 98, 70 oben).

Zusatz 3. Platzgeschäfte und einseitige Handelskäufe. Der vorliegende Paragraph **Anm. 28**
bezieht sich auf Übersendungsgeschäfte, und zwar auf solche, welche zweiseitige Handelskäufe sind. Auf Platzgeschäfte (oben Anm. 10), auf Übersendungsgeschäfte, die nachträglich in Platzgeschäfte umgewandelt worden sind (oben Anm. 5), und auf einseitige Handelskäufe findet der Paragraph keine Anwendung, auch nicht Abs. 1. Denn auch diese Vorschrift ist eine Ausnahmevorschrift insofern, als sie den Käufer für verpflichtet erklärt, fremde Ware auch ohne Deckung für die Kosten einstweilen zu verwahren, und überdies ist gerade die Rücksicht auf den entfernten Geschäftsfreund der Grund der Bestimmung. Indessen wird man auf Grund von Treu und Glauben im Verkehr auch bei Platzgeschäften und bei einseitigen Handelskäufen annehmen müssen, daß der Käufer die Ware nicht preisgeben darf, ehe der Verkäufer in der Lage ist, schützend einzugreifen (Bolze 15 Nr. 371; vgl. SeuffA 48, 315). In welcher Weise aber der Käufer sich der einstweiligen Schutzpflicht für die Ware entledigt, das ist bei dem Platzgeschäft und bei dem einseitigen Handelskauf Sache seines Ermessens. Es kann ihm nicht die Pflicht auferlegt werden, gerade für Verwahrung zu sorgen, auch die Zurücksendung der Ware muß ihm gestattet sein, am allerwenigsten kann ihm die Verwahrung auf eigenes Kostenrisiko zugemutet werden; alles mit Beachtung der Verkehrsauffassung (§§ 157, 242 BGB; § 346).

Das Notverkaufsrecht findet beim Platzgeschäft und beim einseitigen Handelskauf **Anm. 29**
nicht Anwendung, es kann hier nur auf Grund einer vom Prozeßrichter zu erlassenden einstweiligen Verfügung gegeben werden (vgl. oben Anm. 21 u. 22). Jedoch läßt sich unter besonderen Umständen auch hier ein Notverkauf als nützliche Geschäftsführung denken (oben Anm. 24 und 18).

Zusatz 4. Unbestellte Ware braucht der Adressat nicht anzunehmen; mit ihrer **Anm. 30**
Zurückweisung wird er von jeder Haftbarkeit frei. Hat er sie in Empfang genommen und will er sie nicht behalten, so kann er sie zurücksenden. Er ist keineswegs verpflichtet, für die einstweilige Aufbewahrung Sorge zu tragen (vgl. § 377 Anm. 188). Aus allgemeinen Grundsätzen folgt die Anwendbarkeit des Abs. 1 noch nicht. Der vorstehende Paragraph setzt vielmehr einen abgeschlossenen Kauf voraus. Eine Ausnahme wird man aber beim Vorliegen der in § 377 Anm. 192 hervorgehobenen besonderen Umstände machen müssen (Empfänger Kaufmann und entweder bestehende Geschäftsverbindung oder Verbindung unbestellter mit bestellter Ware — Dresden SeuffA 62, 466 — oder irrtümliche Annahme des Verkäufers von einer vorliegenden Bestellung) sowie dann, wenn der Verkäufer in die Unmöglichkeit versetzt ist, sich der Ware anzunehmen (ROHG 17, 172). Der Kaufmann muß überhaupt immer mit der Sorgfalt eines ordentlichen Kaufmannes verfahren.

In diesen Fällen erfordern Treu und Glauben im Handelsverkehr eine ähnliche Rücksichtnahme (vgl. RG 23, 127). Man wird in diesen Fällen daher dem Käufer die Pflicht auferlegen müssen, die Ware aufzubewahren, bis der Verkäufer über sie verfügen kann, jedoch ohne die Verpflichtung, in Vorschuß zu gehen. Die letztere Verpflichtung ist als Sondervorschrift entsprechender Ausdehnung nicht fähig. Das Notverkaufsrecht aber ist ebenfalls nicht hierher zu übertragen. Hier gilt das gleiche wie beim Platzgeschäft (vgl. oben Anm. 29). Diese Grundsätze gelten auch für vinkulierte Ware, wenn der Käufer die Ware zurückweist (Vorbem. vor § 373 Anm. 98), und zwar namentlich dann, wenn die Bank mit der Übersendung zugleich um Aufbewahrung für den Fall der Ablehnung bittet (Vorbem. vor § 373 Anm. 99).

Anhang zu § 379

Das Mängelfeststellungsrecht des Käufers und des Verkäufers

Inhaltsübersicht

Anm. 1 **I.** Die einschlägige Gesetzesstelle ist § 485 ZPO. Er lautet:

ZPO § 485. Auf Gesuch einer Partei kann die Einnahme des Augenscheins und die Vernehmung von Zeugen und Sachverständigen zur Sicherung des Beweises angeordnet werden. Der Antrag ist nur zulässig, wenn der Gegner zustimmt oder zu besorgen ist, daß das Beweismittel verloren oder die Benutzung desselben erschwert werde, oder wenn der gegenwärtige Zustand einer Sache festgestellt werden soll und der Antragsteller ein rechtliches Interesse an dieser Feststellung hat.

Anm. 2 Für das Beweissicherungsrecht der ZPO ist das Handelsrecht bahnbrechend geworden. Die dem heutigen § 485 ZPO entsprechenden §§ 485—489 in der bis 1924 geltenden Fassung waren an die Stelle des Art. 348 Abs. 2—4 des ADHGB getreten (§ 13 Abs. 4 EGZPO). Der § 164 FGG:

FGG § 164. In den Fällen, in denen nach den Vorschriften des bürgerlichen Rechtes jemand den Zustand oder den Wert einer Sache durch Sachverständige feststellen lassen kann, ist für die Ernennung, Beeidigung und Vernehmung der Sachverständigen das Amtsgericht zuständig, in dessen Bezirk sich die Sache befindet. Durch eine ausdrückliche Vereinbarung der Beteiligten kann die Zuständigkeit eines anderen Amtsgerichts begründet werden.

Eine Anfechtung der Verfügung, durch welche dem Antrage stattgegeben wird, ist ausgeschlossen.

Bei dem Verfahren ist der Gegner soweit tunlich zu hören.

enthält gleichfalls Vorschriften über die Feststellung des Zustandes oder Wertes einer Sache durch Sachverständige; die Verfahrensvorschrift des § 164 FGG ist jedoch eine spezifische, insoweit sie auf bestimmte, durch das bürgerliche Recht gegebene Befugnisse zur Feststellung Bezug hat, während Zuständigkeit und Verfahren nach den §§ 485ff. ZPO solche des allgemeinen Prozeßrechts sind und einem jeden feststellungsbedürftigen Sachverhalt offenstehen. Die Verfahrensvorschriften sind für beide Rechtsbehelfe verschieden; beide bestehen aber u. U. nebeneinander (vgl. RG 49, 392 oben u. folg. Anm.).

Anm. 3 **II. Der § 485 ZPO bezieht sich natürlich nicht nur auf den Übersendungskauf und nicht nur auf den zweiseitigen Handelskauf, sondern auf jeden Handelskauf,** da er sich ja gemäß seiner weiten Fassung überhaupt nicht nur auf den Kauf, sondern auf alle Fälle bezieht, in denen aus der Feststellung von Mängeln Rechte gegen den Gegner herzuleiten sind. Er gilt für alle vertraglichen Ansprüche, auch für Ansprüche aus positiver Vertragsverletzung. Er gilt aber ebenso zur Feststellung von Schäden aus unerlaubter Handlung, und er gilt ferner, hier insbesondere wahlweise neben § 164 FGG, für das Recht des Empfängers des Frachtgutes auf Feststellung der Mangelhaftigkeit (§ 438 Abs. 3; dortselbst Anm. 14), gleichwie in dem Falle, wenn der Frachtführer im Interesse des Verfrachters für den Beweis des Zustandes des Frachtgutes zu sorgen hat und dieses etwa während des Transportes von einem Dritten beschädigt wurde.

III. Das Recht besteht in der Befugnis zum Antrag auf Sicherung des Beweises in den drei in § 485 ZPO zusammengefaßten Fällen. Jeder einzelne Fall berechtigt zu diesem Antrag. Es ist also zu unterscheiden:

1. Erster Fall: Der Gegner stimmt zu. Es ist dies die in § 485 ZPO aufgegangene Bestimmung des durch die Novelle von 1924 gestrichenen § 489 ZPO, wonach es, wenn der Gegner zustimmt, einer Besorgnis des Verlustes eines Beweismittels oder der Erschwerung der Benutzung nicht bedarf. **Anm. 4**

2. Zweiter Fall: Es ist zu besorgen, daß das Beweismittel verloren oder dessen Benutzung erschwert werde. Dies ist die Bestimmung des § 485 ZPO alter Fassung. Eine Erschwerung ist gegeben durch lebensgefährliche Erkrankung, durch hohes Alter, bevorstehende Entfernung eines Zeugen an schwer erreichbare Orte; aber nicht, wenn ein Zeuge voraussichtlich zum Vorstandsmitglied einer Aktiengesellschaft bestellt werden wird, und er dann nicht mehr als Zeuge vernommen werden kann (KG in JW 1921, 1251[2]; dagegen Heinitz ebenda). Der § 485 ZPO spricht zwar nur von Augenschein, von Zeugen und Sachverständigen; man wird aber dem § 485 ZPO auch Anwendung zu geben haben, wenn es sich um Urkunden handelt. Der Beweis durch Parteivernehmung ist in der ZPO besonders geordnet und hier nicht mit aufgeführt, Beweissicherung insoweit also nicht zugelassen. Wenn der § 485 ZPO besagt, daß das Gericht dem Gesuch stattgeben „kann", so heißt dies nicht, daß es dem Ermessen des Gerichts überlassen sei, ob es dem Gesuch stattgeben wolle; es muß vielmehr stattgeben, wenn die gesetzlichen Voraussetzungen erfüllt sind: „kann" besagt nichts anderes als daß das Verfahren zulässig sein soll, obwohl es nur auf vorläufiger Prüfung aufbaut (Stein-Jonas-Schönke[18] § 485 Anm. II sowie Wieczorek § 485 Anm. C IIIb gegen Hamburg OLG 5, 75). **Anm. 5**

3. Dritter Fall: Der Antragsteller hat ein rechtliches Interesse an der Feststellung des gegenwärtigen Zustandes einer Sache, das heißt: es muß ohne gerichtliche Feststellung des Zustandes einer Sache der Rechtsanspruch einer Partei gefährdet sein; es reicht jedes Interesse aus, das sich auf die Rechtsverhältnisse einer Sache bezieht, wenn die Besorgnis einer Gefährdung durch die Beweissicherung behoben werden kann. Daß der Antragsteller noch andere Möglichkeiten hat, nimmt seinem Gesuch die Berechtigung nicht. Eine besondere Art eines solchen rechtlichen Interesses war in dem nun gestrichenen früheren § 488 ZPO enthalten. Was in diesem früheren § 488 ZPO. stand, gilt als besondere Anwendung des jetzigen § 485 ZPO heute noch. Der frühere § 488 ZPO lautete: **Anm. 6**

> „Die Beweisaufnahme kann, auch ohne daß die Voraussetzungen des § 485 vorliegen, beantragt werden, wenn Mängel einer Sache oder eines Werkes festzustellen sind, aus denen ein Recht gegen den Gegner hergeleitet werden soll, oder wenn der Zustand eines Gutes festzustellen ist, für dessen Beweis ein Kommissionär, Spediteur, Lagerhalter oder Frachtführer zu sorgen verpflichtet ist.
>
> Hat der Erwerber einer Sache dem Veräußerer einen Mangel angezeigt oder die Annahme der Sache wegen Mangelhaftigkeit abgelehnt, so kann auch der Veräußerer die Beweisaufnahme nach Maßgabe des Abs. 1 beantragen. In gleicher Weise ist der Unternehmer eines Werkes zu dem Antrage berechtigt, wenn der Besteller ihm einen Mangel angezeigt oder die Abnahme des Werkes wegen Mangelhaftigkeit verweigert hat."

Zunächst ist in Abs. 1 der Rechte gedacht, welche der Käufer oder der Besteller eines Werkes nach §§ 462, 478, 480, 634, 635 BGB aus der Feststellung von Mängeln einer Sache oder eines Werkes herleiten kann, in zweiter Linie der Pflichten des Kommissionärs, Spediteurs, Lagerhalters oder Frachtführers zur Feststellung des Zustandes des ihnen anvertrauten Gutes im Fall der Beschädigung (§§ 379, 388, 407 Abs. 2, 417). In Abs. 2 ist dem Verkäufer und dem Unternehmer eines Werkes ein rechtliches Interesse zugesprochen, wenn die Kaufsache oder das Werk wegen Mängel beanstandet ist. Hier interessieren nur die Rechte des Käufers und Verkäufers auf Beweissicherung. (Es gilt das Folgende aber auch in entsprechender Anwendung für Kommissionär, Spediteur, Lagerhalter und Frachtführer; wegen des letzteren s. noch oben Anm. 3.).

Beide Teile (Käufer und Verkäufer) haben dieses Recht, auch wenn die oben Anm. 5 hervorgehobene Besorgnis nicht vorhanden ist. Jeder Teil hat dieses Recht auch dann, wenn der andere es bereits ausgeübt hat; es kann der andere Teil neue Sachverständige vorschlagen, ohne deshalb ein besonderes Interesse nachzuweisen (RG 49, 389). Hat eine Partei einmal von ihrem Rechte Gebrauch gemacht, so ist eine Wiederholung wegen derselben Mängel nur statthaft, wenn besondere Gründe dafür vorhanden sind. Solche besonderen Gründe sind es, wenn die Besorgnis des Verlustes oder der Erschwerung der Benutzung eines Beweismittels vorhanden ist (oben Anm. 5; JW 03, 49[15]), oder wenn die Beweisaufnahme nicht erschöpfend war (Hamburg OLGR 23, 185). Daß im Rechtsstreit bereits ein Beweisbeschluß ergangen ist, steht dem Antrag entgegen, wenn sich der Inhalt des Antrags mit dem des Beweisbeschlusses deckt (SeuffA 64, 429; Stuttgart OLGR 40, 378); es kann in diesem Falle auch nicht, wenn der Zeuge bereits vernommen worden ist, seine Beeidigung im Wege der Beweissicherung erfolgen (Nürnberg BayJMBl. 1953, 36). Das Gericht darf nicht anStelle der gemeinsam vorgeschlagenen Sachverständigen andere ernennen (RG 49, 389; a. M. Hamburg OLGR 19, 118); der Gegner kann die vorgeschlagenen Sachverständigen nicht wegen Besorgnis der Befangenheit ablehnen, sonst könnte die Feststellung, die immer eilig ist, in ihrem Endziel vereitelt werden (für diesen Fall zustimmend OLG Karlsruhe NJW 1958, 188). Die §§ 492 Abs. 1, 406 ZPO finden deshalb keine Anwendung; die Ablehnungsfrage ist dem Rechtsstreit über die Hauptsache vorzubehalten. Die Feststellung im Beweissicherungsverfahren hat für den Prozeßrichter keine bindende Kraft; das erkennende Gericht der Hauptsache hat, soweit nötig, das Beweisverfahren zu wiederholen oder zu ergänzen (§ 398 ZPO; KG in JW 1922, 498[5]). Schriftliche Begutachtung: München GRUR 1956, 379.

Anm. 7 **IV.** Eine Frist für die Untersuchung ist nicht vorgeschrieben. Es muß aber noch die Möglichkeit eines Erfolgs vorhanden sein (Hamburg OLGR 23, 186).

Anm. 8 **V.** 1. Das Verfahren ist in den §§ 486, 487, 490—494 ZPO geordnet. Es beginnt mit der Stellung eines den §§ 486, 487 ZPO entsprechenden Gesuchs, wobei das Gericht dem Gegner einen Vertreter bestellen kann, wenn der Beweisführer glaubhafterweise den Gegner nicht bezeichnen kann (§ 494 ZPO), oder wenn der Gegner gestorben oder dessen gesetzlicher Vertreter weggefallen ist (Stuttgart OLGR. 40, 379). Zuständig ist das Prozeßgericht, solange gegen sein Urteil noch kein Rechtsmittel eingelegt ist (RG. 68, 251). Befindet der Rechtsstreit sich in der Revisionsinstanz, so kann einem Gesuch auf Beweissicherung, da deren Ergebnisse als neue Tatsachen in der Revisionsinstanz nicht würden verwertet werden dürfen (§ 561 ZPO), nur vom Berufungsgericht als dem Gericht einer möglichen Zurückverweisung entsprochen werden (BGH NJW 1955, 908). Ist der Rechtsstreit noch nicht anhängig, so ist das Amtsgericht ausschließlich zuständig, in dessen Bezirk sich das Beweismittel befindet oder der Augenschein vorzunehmen ist (§ 486 Abs. 3 ZPO). In Fällen dringender Gefahr kann dieses Amtsgericht auch bei Anhängigkeit des Rechtsstreits angegangen werden (§ 486 Abs. 2 ZPO).

Anm. 9 2. Die Kosten der Beweissicherung sind zunächst vom Antragsteller zu tragen (§ 95 GKG). Im darauffolgenden Hauptprozeß gehören sie zu dessen Kosten nach § 91 ZPO. Kommt es nicht zum Prozeß, so ist der Anspruch auf Kostenersatz mit besonderer Klage geltend zu machen. Die Ersatzfähigkeit richtet sich nach den Grundsätzen des bürgerlichen Rechts (RG 66, 199).

Anm. 10 3. Der Streitwert bemißt sich nach dem Wert des geltend gemachten Hauptanspruchs gemäß § 3 ZPO (KG in OLGR 19, 50).

Anm. 11 **VI. Der Antrag auf Sicherung des Beweises unterbricht die Verjährung und erhält die Einreden** (§§ 477, 478, 479 BGB). Das Erforderliche hierüber ist in § 377 Anm. 139 enthalten.

Anm. 12 **VII. Durch Vereinbarung der Parteien** kann anderes bestimmt werden. Es kann durch Vergleich oder eine von Anfang an getroffene Vereinbarung ein bestimmter Weg für sofortige Besichtigung und Begutachtung vorgeschrieben werden, so daß sich an die Unterlassung die Wirkung des Verlustes dieses Beweismittels knüpft. Eine Vereinbarung, die eine bestimmte Art der Beweissicherung vorsieht, kann aber auch die verstärkte Wirkung haben, daß kein anderes Beweismittel zugelassen (vgl. JW 00, 838[1]), oder daß die von den ernannten Sachverständigen erfolgte Feststellung unbedingt bindend sein soll. Ebenso kann vereinbart werden, daß nur ein in bestimmter Weise festzustellender Schaden ersetzbar sein solle (RG 20, 402; vgl. RG 11, 17), wobei Handelsgebräuche eine Rolle spielen können. Hierher gehören auch die Vertragsbestimmungen, daß nur durch Beschaffung gewisser schriftlicher Belege für die Eigenschaften der Ware der Beweis der Vertragsmäßigkeit erbracht werden könne (Vorbem. vor § 373 Anm. 141). Insbesondere ist an die Vereinbarung zu denken, daß alle entstehenden Streitigkeiten durch Sachverständige, Schiedskommissionen, Arbitratoren u. dgl. entschieden werden müssen, so daß der Rechtsweg nur in Fällen offenbarer Unbilligkeit des gefällten Spruches bleibt (Vorbem. vor § 373 Anm. 45f). Auch so kann eine Vereinbarung gemeint sein, daß die Parteien sich dem Ausspruch eines solchen Sachverständigen oder Schiedsgutachters mit Ausschluß des Rechtswegs unterwerfen; dies ist insbesondere der Fall, wenn Arbitrage vereinbart ist (Vorbem. vor § 373 Anm. 5 und Anm. 48); dann ist die Anfechtung nur wegen Arglist möglich, d. h. durch den Nachweis, daß das Gutachten arglistig, d. i. wider besseres Wissen, abgegeben ist, oder wenn gar keine Meinungsverschiedenheit über die Begutachtung möglich ist; das ist der Arglist gleichzubewertender höchster Leichtsinn. Sogar dem Vertragsgegner kann die Entscheidung übertragen werden (Vorbem. vor § 373 Anm. 51), obgleich er nicht Schiedsrichter in eigener Sache sein kann.

§ 380

Ist der Kaufpreis nach dem Gewichte der Ware zu berechnen, so kommt das Gewicht der Verpackung (Taragewicht) in Abzug, wenn nicht aus dem Vertrag oder dem Handelsgebrauche des Ortes, an welchem der Verkäufer zu erfüllen hat, sich ein anderes ergibt.

Ob und in welcher Höhe das Taragewicht nach einem bestimmten Ansatz oder Verhältnisse statt nach genauer Ausmittelung abzuziehen ist, sowie, ob und wieviel als Gutgewicht zugunsten des Käufers zu berechnen ist oder als Vergütung für schadhafte oder unbrauchbare Teile (Refaktie) gefordert werden kann, bestimmt sich nach dem Vertrag oder dem Handelsgebrauche des Ortes, an welchem der Verkäufer zu erfüllen hat.

Inhaltsübersicht

1. Der erste Absatz enthält die Auslegungsregel, daß beim Kauf nach Gewicht das Nettogewicht maßgebend ist. Anm. 1

Die Regel weicht selbstverständlich besonderer Abrede und einem etwaigen Handelsgebrauch am Orte, an welchem der Verkäufer zu erfüllen hat. Die Abweichung von der Regel hat zu beweisen, wer sich auf eine Abweichung beruft. Bruttogewicht ist das Gewicht der Ware mit der Verpackung; Tara ist die Verpackung; Nettogewicht ist das Gewicht der Ware allein, also Brutto abzüglich Tara. Netto ab hier besagt, daß der angesetzte Preis unter Abzug aller Spesen zu verstehen ist (ROHG 8, 120). Brutto für Netto bedeutet, daß die Verpackung mitverkauft und mitverwogen wird, und daß sich danach der Preis berechnet. Die Verpackung wird danach wie Ware bezahlt (Zander bei Gruch. 49, 785). Es kann aber auch gewollt sein, daß die Verpackung zurückgegeben werden muß (Hamburg SeuffA 62, 390; unten Anm. 6ff.). Wegen Vergütung für die Mühe des Verpackens und für die Verpackungsmittel s. § 354 u. Anm. sowie Vorbem. vor § 373 Anm. 236; über Mängel der Verpackung s. § 377 Anm. 8 u. 9.

2. Der zweite Absatz beschäftigt sich mit der Berechnung der Tara, dem Gutgewicht und der Refaktie,

doch so, daß er eine Auslegungsregel nicht gibt, sondern lediglich auf Vertrag und Handelsgebrauch verweist.

Anm. 2 **a) Maßgebend ist also der Vertrag oder der Handelsgebrauch:** Als Vertrag muß auch das stillschweigende Einverständnis des Käufers gelten, wenn es nach den Umständen als Genehmigung zu betrachten ist. Es kann daher, zumal bei längerer Geschäftsverbindung, der Fakturavermerk über die Berechnung der Tara bei widerspruchsloser Annahme der Faktura als Genehmigung gelten (ROHG. 1, 125). Der Handelsgebrauch ist der des Ortes, an welchem der Verkäufer zu erfüllen hat.

Anm. 3 **b) Die Taraberechnung** ist verschieden. Regel ist, daß die Tara tatsächlich abgewogen und vom Bruttogewicht abgezogen wird. Wenn sie nicht in dieser Weise, sondern nach einem bestimmten Prozentsatz berechnet werden soll (z. B. auf 100 Kilo werden 5 Kilo Tara berechnet), so müssen darüber Vertrag oder Handelsgebrauch Bestimmung treffen.

Anm. 4 **c) Das Gutgewicht** ist ein Mehrgewicht über das zu bezahlende Gewicht als Zugabe. Eine solche Zugabe hat der Käufer natürlich nur zu beanspruchen, wenn Vertrag oder Handelsgebrauch sie bewilligen (vgl. ROHG 12, 59). Selbstverständlich ist, daß ein Übermaß auch in anderer Hinsicht, z. B. nach Menge oder Stückzahl, bewilligt werden kann, auch nach Handelsgebrauch.

Anm. 5 **d) Refaktie** ist umgekehrt ein Abzug vom Nettogewicht und vom Kaufpreise wegen der bei gewissen Waren (z. B. Kaffee, Indigo) vorkommenden besonderen Unreinlichkeiten. Eine Rüge nach § 377 ist in solchem Falle nicht erforderlich; in der Abrede über Refaktie liegt eine vertragsmäßige Feststellung der Folgen der erwarteten Mangelhaftigkeit (Förtsch Anm. 5 zu Art. 352). Auch solchen Abzug kann der Käufer nur beanspruchen, wenn Vertrag oder Handelsgebrauch ihn bewilligt. Geht der Handelsbrauch oder die Vereinbarung dahin, daß mangelhafte Ware mit Refaktie anzunehmen ist, also nicht zurückgewiesen werden kann (ROHG 7, 8), so ist der Vertragspreis entsprechend dem Verhältnis zwischen dem Tagespreis für vertragliche und der angedienten mangelhaften Ware herabzusetzen (Hamburg HRR 1928 Nr. 1216).

Zusatz: Verpackungsmaterial, Gebinde.

Neueres Schrifttum: Dürkes, Rechtsfragen um Verpackungsmaterial, BetrBer. 1948, 68ff., 196 (mit Stellungnahme von Witz); derselbe, Die Überlassung von Verpackungsmitteln als Darlehen, BetrBer. 1956, 25. — S. zum folgenden auch Vorbem. vor § 373 Anm. 295ff.

Anm. 6 **a) Die Sackmiete.** Ist Ware in Säcken verkauft, so haben die Säcke regelmäßig nicht die Bedeutung einer Originalverpackung und können daher nicht vom Gesichtspunkt einer wesentlichen Eigenschaft der Ware aus beurteilt werden (RG 2, 135; vgl. § 377 Anm. 9). Ob die Säcke mitverkauft sind, ist Tatfrage (SeuffArch. 72, 81). Ist über die Säcke nichts ausgemacht, so sind sie im Zweifel als geliehen (gemietet) nach § 556 Abs. 1 BGB anzusehen, also zurückzugeben, und zwar genügt die Ausfolgung an einen zuverlässigen Frachtführer mit entsprechendem Auftrag (ROHG 1, 269). Es kann aber auch auf Herausgabe geklagt werden, mit der Maßgabe, daß dem Käufer die Lösungsbefugnis durch Leistung von Wertersatz gelassen wird. Ein solcher Klageantrag ist nicht etwa deshalb unzulässig, weil keine Wahlschuld nach § 262 BGB vorliegt und Wert- oder Schadensersatz erst begehrt werden könnte, wenn die Herausgabe sich nach § 325 BGB als unmöglich erweist (Posen OLGR 18, 2). Denn der Beklagte ist nicht beschwert, wenn ihm freigestellt wird, die Säcke zu behalten und deren Wert zu erstatten. Mitunter findet sich der Fakturavermerk, daß innerhalb einer gewissen Frist nicht zurückgegebene Säcke zu einem bestimmten Preis berechnet werden, oder daß die Säcke Eigentum des Verkäufers bleiben und von ihm bei frachtfreier Rücksendung binnen bestimmter Frist zum berechneten Preise zurückgenommen werden. Diese Vermerke haben die Bedeutung eines Verkaufsantrags mit Einräumung eines Rücktrittsrechts innerhalb der Frist. Die Annahme des Antrags liegt alsdann, wenn nicht schon vorher, so spätestens in dem Nichtrücksenden der Säcke bei Fristablauf. Der fakturierte Preis muß bezahlt werden (ROHG 1, 127; 19, 306; Kolmar LZ 08, 321[3]). Dasselbe gilt, wenn nach Fakturavermerk bis zu einem gewissen Zeitpunkt eine bestimmte Leihgebühr (Miete) berechnet und für den Fall, daß bis dahin die Säcke nicht zurückgegeben sind, ein bestimmter Preis für jeden Sack angesetzt wird. Werden die Säcke bis zu diesem Zeitpunkt nicht zurückgegeben, so kann der Verkäufer der Ware bis dahin die Leihgebühr und dazu den Kaufpreis verlangen. Ist dazu ausgemacht, daß nur in gutem Zustande befindliche Säcke zurückgenommen werden, so bedarf es, wenn Säcke sich bei der Ablieferung nicht in gutem Zustande befinden und ein beiderseitiger Handelskauf vorliegt, der Mängelrüge des Käufers und, wenn sie sich bei der Rückgabe nicht mehr in einem durch den ordnungsmäßigen Gebrauch beeinflußten Zustand befinden, einer — hier freilich untechnischen — Mängelrüge des Verkäufers (Roth LZ 1913, 455; vgl. Dresden SächsAR 07, 10). Häufig ist der Fakturavermerk, daß nach Ablauf einer gewissen Frist für die nicht zurückgegebenen Säcke eine Leihgebühr berechnet werde. Auch dieser Antrag wird durch Stillschweigen des Käufers angenommen, weil solche Vermerke in der Faktura zu erwarten sind. Im Verkehr zwischen Kornhändler und Landwirt ist die Zahlung dieser Gebühr (Miete) handelsüblich (Rostock MecklZ 42, 69). Im Falle der Nichtrücksendung ist die vermerkte Leihgebühr bis zur Rücksendung oder bis zum Untergang der Säcke zu zahlen (ROHG 1, 101). Der Käufer trägt in allen diesen Fällen auch die Gefahr für die Verpackung (ROHG 13, 367; Vorbem. vor § 373 Anm. 235; a. M. DürHach. V Einl. Anm. 45; Oertmann in EhrenbergHandb. IV 2 S. 368f.). Vom Augenblick der Unmöglichkeit der Rückgabe an schuldet der Käufer nur noch den Wertersatz, bei Verschulden auch Schadenersatz, aber nicht mehr eine Leihgebühr für die Zukunft. Kommen die Säcke dem Käufer abhanden, so endet mit dem Verlust der Mietsache das Mietverhältnis, nicht erst mit der Anzeige an den Verkäufer als Vermieter (§ 557 BGB); von diesem Augenblick an läuft keine Leihgebühr mehr, sondern es entsteht dem Verkäufer nur ein Anspruch auf Ersatz des Wertes (vgl. RG 99, 232 oben; ROHG 19, 306). Miete hat der Käufer bis zum Eintreffen der Säcke beim Verkäufer zu entrichten. Nach den Umständen des Einzelfalles beurteilt es sich, wie lange der Verkäufer zuwarten muß, bis die an ihn vom Käufer abgeschickten Säcke bei ihm ankommen, also als verloren zu erachten sind (vgl. KG in JW 1925, 1522[2]; dazu Vorbem. vor § 373 Anm. 131). Die Gefahr und die Kosten des Rücktransports trägt der Käufer (Vorbem. vor § 373 Anm. 235). Allein die Sackmiete läuft nicht unbegrenzt weiter. Schweigt der Verkäufer so lange Zeit, daß sich ein solches Verhalten mit Treu und Glauben, z. B. wegen Anwachsens der Miete zu übermäßiger Höhe, nicht verträgt, so hat er auf Sackmiete verzichtet (SeuffA 50, 263: Einrede der unerlaubten Rechtsausnützung). Der Käufer der Ware, der in den ihm erteilten Rechnungsauszügen im laufenden Geschäftsverkehr vom Verkäufer mit dem Wert der danach nicht zurückgegebenen Säcke belastet wird, darf, wo nicht einverstanden, aber auch seinerseits nach Treu und Glauben nicht schweigen (vgl. WarneyerRspr. 1919 Nr. 203). Der Anspruch auf Sackmiete und auf Rückgabe der Säcke wie überhaupt der Anspruch auf Rückgabe von Verpackungsmaterial unterliegt der zweijährigen Verjährung des § 196 Nr. 1 BGB (JW 1929, 330[1]; KG in KGBl. 06, 57; Celle SeuffA 66, 131; Hamburg OLGR 14, 375; LG Hamburg LZ 1913, 94[1]; vgl. auch BGH LM § 989 BGB Nr. 2; WarneyerKomm.z.BGB.[6] § 196 II Note 19). Dagegen unterliegt der Anspruch des Eigentümers gegen den Besitzer auf Rückgabe des Verpackungsmaterials sowie der Schadensersatzanspruch aus § 990 BGB bei Unmöglichkeit der Rückgabe der dreißigjährigen Verjährung (BGH a. a. O.; WarneyerRspr 1929 Nr. 27).

b) Die Faßleihe beurteilt sich nach ähnlichen Gesichtspunkten wie die Sackleihe, **Anm. 7**
wenn es sich um geringwertige Leihfässer handelt (Dresden SeuffA 72, 81) und die Fässer nicht etwa mitverkauft sind (§ 377 Anm. 9; Vorbem. vor § 373 Anm. 235). Davon, daß der Käufer eiserne Fässer oder Caissons ohne Vereinbarung behalten könnte, ist keine Rede; sie müssen in Natur zurückgegeben und für die Benutzung je nach Handelsgebrauch Vergütungen geleistet werden. Eisenfässer gehen auch dann nicht in das Eigentum des Mieters über, wenn er das Pfandgeld (vgl. folg. Anm.) verfallen läßt (Handelsk. Berlin VerkehrsrRdsch. 2, 172). Die Vergütung ist bis zur Rückgabe zu entrichten; es gilt hierüber das oben Anm. 6 und Vorbem. vor § 373 Anm. 235 Bemerkte (vgl. KG in JW 1925, 1522[2]). Die Rückgabe der Fässer kann der Verkäufer der in den Gebinden gelieferten verkauften Flüssigkeit auf dem Wege des § 326 BGB erzwingen und so auch zu Schadensersatz wegen Nichterfüllung gelangen. Der Käufer muß die Rücksendung beweisen; dazu genügt der Beweis der Übergabe an einen geeigneten Frachtführer noch nicht; er muß die Ankunft beweisen (oben Anm. 6; Vorbem. vor

§ 373 Anm. 235). Generalvertreter haften für gehörige Überwachung der Rückgabe weitergelieferter Gebinde (WarneyerRspr. 1919 Nr. 203).

Anm. 8 c) **Flaschengebinde** im Mineralwasser-, Milch-, Wein- und Bierhandel sind unterschiedlich zu beurteilen. Werden Flüssigkeiten in Flaschen gewöhnlicher Art ohne eingepreßte Firma — sog. Einheitsflaschen — verkauft unter deren leihweiser Überlassung gegen Zahlung eines bestimmten, dem Flaschenwert entsprechenden Betrags für jede Flasche, der bei Rückgabe der Flasche zurückerstattet werden soll (Flaschenpfand), so darf der Kunde Flaschen gleicher Art und Güte zurückgeben. Hierfür hat sich die rechtliche Betrachtung als Flaschendarlehen eingebürgert. Die Flaschen sollen also in das Eigentum des Käufers übergehen und nur gattungsmäßig zurückgegeben werden müssen. So zuerst Düsseldorf BetrBer. 1948, 524 (m. Anm. von Carl), wo die Klausel über das formell vorbehaltene Eigentum des Verkäufers für unbeachtlich erklärt wird, weil sie bei der leichten Vermengbarkeit der Einheitsflaschen praktisch nicht durchzusetzen sei. Einschränkend noch OGH NJW 1950, 345: im Hinblick auf das vorbehaltene Eigentum nur „darlehensähnlich"; gattungsmäßige Rückgabe als facultas alternativa des Käufers. Doch hat die Auffassung von der Unbeachtlichkeit des das Eigentum des Verkäufers betreffenden formularmäßigen Vorbehalts die Oberhand gewonnen (Hamm. BetrBer. 1954, 1045 u. BGH Betrieb 1955, 1086). In beiden Entscheidungen ist damit das Flaschendarlehen zur endgültigen Anerkennung gelangt. Anders noch die Konstruktion in früheren Auflagen, welche aus dem vom Käufer gezahlten sog. Flaschenpfand einen Kauf der Flaschen mit Rückkaufverpflichtung des Lieferanten hergeleitet hatte. Was das Flaschenpfand anlangt, so ist es kein eigentliches Pfand, sondern ein irreguläres: eine bloße Barkaution zur Sicherung der Forderung auf gattungsmäßige Rückgabe (Hamm a. a. O.). Folglich darf der Lieferant die empfangene „Kaution" unverzinslich in seinem Betrieb verwenden (vgl. Hamburg HansGZ 1924 Hptbl. 170; Oertmann LZ 1918, 480; Josef WürttNotV 1925, 147). Werden die Flaschen nicht zurückgegeben, so verfällt die Kaution; mangels gegenteiliger Abrede kann der Verkäufer auch bei höherem Wert der einzelnen Flasche keine Zuzahlung beanspruchen (Düsseldorf a. a. O.). Natürlich können die Vertragsparteien auch eine echte Flaschenmiete vereinbaren, namentlich dann, wenn es sich entweder nicht um Einheitsflaschen handelt oder aber die Einheitsflaschen aus anderen Gründen einer Vertauschbarkeit nicht ausgesetzt sind (Beispiel: BGH. LM. § 989 BGB. Nr. 2). Dann gilt das oben für Sack- und Faßleihe Gesagte entsprechend.

Steuerliche Behandlung des Flaschenpfandes: Betrieb 1964, 13.

Anm. 9 d) Über besondere Vertragsgestaltungen, die in Zeiten der Materialknappheit die Rückgabepflicht verstärken sollen („Sicherungsgebühr", gestaffelt nach der Dauer der Rückgabesäumnis, als Vertragsstrafe) s. Karlsruhe NJW. 1949, 68 m. Anm. Krekels. Als Vertragsstrafabrede hat der BGH in Betrieb 1963, 1710 auch eine Vereinbarung angesehen, wonach bei Nichtrückgabe der Flaschen ein bestimmter Betrag zu zahlen sei, ohne daß dieser bereits im voraus entrichtet worden wäre.

§ 381

Die in diesem Abschnitte für den Kauf von Waren getroffenen Vorschriften gelten auch für den Kauf von Wertpapieren.

Sie finden auch Anwendung, wenn aus einem von dem Unternehmer zu beschaffenden Stoffe eine nicht vertretbare bewegliche Sache herzustellen ist.

Lit.: Freymüller, Die Banknote im Bankverkehr; Angaben über umlaufende echte und falsche Noten², 1925; Hanausek, Die Haftung des Verkäufers für die Beschaffenheit der Ware, Berlin 1887 Bd. II § 54 S. 366; Hueck, Recht der Wertpapiere⁶, 1954; J. v. Gierke, Das Recht der Wertpapiere, 1954; Jacobi, Das Wertpapier als Legitimationsmittel, Fischers Abh. z. Privatr. u. Zivilpr. Bd. 14 Heft 1; Ders., Zum Wertpapierbegriff, ZHR. 85, 21; Ders., Grundriß des Rechts der Wertpapiere², 1925; Ders., Grundriß des Rechts der Wertpapiere im allgemeinen, 1928; Pelkmann, Gewährleistungsanspruch wegen Sachmangels beim Kauf wertloser Aktien, LZ. 1917, 1119; Rehfeldt, Wertpapierrecht³, 1955; Schefold, WürttZ. f. R. u. V. Jahrg. III, 119; Ulmer, Das Recht der Wertpapiere, 1938; weitere Lit. s. § 363; ferner zu §§ 366, 367.

Inhaltsübersicht

Einleitung

Die in den §§ 373—380 gegebenen Vorschriften über den Handelskauf sprechen durchgängig nur von „Waren" als dem Kaufobjekt. Das legt die Vorstellung nahe, daß nur das Warenumsatzgeschäft den Begriff des Handelskaufs ausmache. § 381 führt über diese Begriffsabgrenzung in doppelter Richtung hinaus. Von den sonst denkbaren Gegenständen eines Kaufs (Grundstücke, Rechte, Wertpapiere — diese sind keine „Waren", arg. § 1 Abs. 2 Nr. 1 —) greift unsere Bestimmung einen heraus — die Wertpapiere — und unterwirft den Wertpapierumsatz, wenn er handelsmäßig geschieht, den besonderen Regeln des Handelskaufs (Abs. 1). Die andere Erweiterung zielt nicht auf das Objekt, sondern auf den Vertragstypus. Wer als Unternehmer aus einem von ihm zu beschaffenden Stoffe eine nicht vertretbare bewegliche Sache herzustellen und zu liefern hat, tätigt zwar auch ein auf Weiterveräußerung einer beweglichen Sache, d. i. einer Ware, abzielendes Geschäft, welches, da er den Stoff hierfür zuvor angeschafft haben muß und ihn verarbeitet hat, ein echtes Grundhandelsgeschäft nach § 1 Abs. 2 Nr. 1 darstellt. Aber ein solches Geschäft ist kein Kauf im Sinne der hierfür maßgebenden Bestimmungen des bürgerlichen Rechts, und deshalb an sich nicht „Handelskauf". Dennoch sollen dessen Regeln auch auf einen solchen Vertrag — einen Werklieferungsvertrag — anwendbar sein (Abs. 2).

A. Der Kauf von Wertpapieren (Abs. 1)

Anm. 1 I. 1. Wertpapiere sind Urkunden, an welche ein Vermögensrecht der Art geknüpft ist, daß die Ausübung des Rechts von der Verfügungsgewalt über die Urkunde abhängig ist. Doch ist das nicht mehr als eine formalisierende Abstraktion. Einen einheitlichen, für das Privatrecht gültigen Wertpapierbegriff, der überall verwendbar wäre, wo die einzelne Vorschrift von „Wertpapieren" spricht, gibt es nicht. Das ist in Anm. 33 zu § 1 ausgeführt; dort ist auch gesagt, daß der Inhalt dessen, was für die jeweilige Bestimmung unter „Wertpapier" zu verstehen sei, von Fall zu Fall ermittelt werden müsse. Da nun § 381 die Vorschriften über den Handelskauf, soweit sie für den Kauf von Waren gegeben worden sind, auf den Kauf von Wertpapieren ausdehnen, bestehen keine Bedenken, aus der parallelen Sicht des § 1 Abs. 2 Nr. 1 — „Beschaffung und Weiterveräußerung von beweglichen Sachen (Waren) oder Wertpapieren" — dessen Wertpapierbegriff zu übernehmen. Es muß sich um marktgängige Handelspapiere handeln. Hierher gehören: Schuldverschreibungen auf den Inhaber (§ 793 BGB), Wechsel, Schecks, überhaupt Orderpapiere einschließlich der in § 363 aufgezählten Urkunden. Über Aktien s. AktGesKomm.[2] § 1 Anm. 6. Auch Kuxe neueren Rechts zählen zu diesem Begriff der Wertpapiere im weitesten Sinne (ausführlich: LG Frankfurt/Main in WertpapierMitt. Teil IV B. 1956, 1169). Gesellschaftsanteile und Geschäftsanteile einer GmbH, auch wenn sie in einem Dokument „verkörpert "sind, gehören nicht zu den Wertpapieren; sie sind Rechte, über die Urkunden zum Zweck der Verbriefung (= des Beweises) ausgestellt werden können; zum Handelsverkehr eignen sie sich nicht (RG 53, 108); Kauf eines GmbH-Anteils ist nicht Handelskauf, München NJW 1967, 1327. Eine Einzelfrage der Haftung (für Mängel des Unternehmens beim Kauf von GmbH-Anteilen) ist unten in Anm. 38 im Zusammenhang der gleichen Frage beim Verkauf von Aktien behandelt.

Anm. 2 2. Sind solche marktgängigen Wertpapiere Gegenstand eines Kaufs, so finden Anwendung:

§ 373 (unten Anm. 45. Über einen Fall des Notverkaufs nach § 373 Abs. 2 hat die Frankfurter Allgemeine Zeitung unter dem Titel „Aktien zu versteigern" am 12. 1. 1962 berichtet)

§ 374

§ 375 (jedenfalls im Grundsatz, Schlegelberger-Hildebrandt Anm. 1, z. B. wenn Exemplare in bestimmter Stückelung oder Numerierung zu liefern sind)

§ 376 (hier besonders wichtig; vgl. unten Anm. 40)

§§ 377, 378 (vgl. unten Anm. 7, 28ff., 40)

§ 379 (in vollem Umfange. Der Ansicht von Schlegelberger-Hildebrandt Anm. 4 — ähnlich Dietrich i. d. Anm. zu RG DR 1944, 485 —, daß der Kursverfall eines Wertpapiers keinen „Verderb" im Sinne des Abs. 2 bedeute, kann nicht zugestimmt werden; sie erscheint zu formal. Wie hier: Baumbach-Duden Anm. 1).

Die Vorschrift des § 380 dürfte jedoch praktisch außer Anwendung bleiben.

3. Die Anwendung des Rechts des Handelskaufs auf Wertpapiere würde indessen in der Luft hängen, wenn nicht stets zugleich die Eigenart ihrer Unterstellung unter das allgemeine Kaufrecht des BGB in den Blick genommen wird. Anm. 3

Wertpapiere sind Sachen, aber eigentümliche Sachen, weil ihr wirtschaftlicher Wert in einem Rechte besteht und der Bestand dieses Rechts an das an sich wertlose Papier geknüpft, das Recht in dem Papier verkörpert ist. Diese eigentümliche Natur hat zur Folge, daß die Wertpapiere im rechtlichen Verkehr weder immer als bewegliche Sachen behandelt, noch einfach den für Rechte maßgebenden Grundsätzen unterworfen werden können. Daher die zahlreichen besonderen Bestimmungen, die der Gesetzgeber über Wertpapiere sowohl auf dem Gebiete der dinglichen Rechte als dem des Schuldrechts und des Prozesses getroffen hat. Vielmehr kommen wegen ihrer Doppelnatur bald die Vorschriften über Sachmängel zur Geltung, bald diejenigen über Rechtsmängel. Der Unterschied ist, abgesehen vom Kaufrecht und der insoweit unten Anm. 4ff. zu erörternden Verschiedenheit der für Sachmängel geltenden §§ 459ff. BGB und der für Rechtsmängel in §§ 437ff. BGB aufgestellten Regeln, auch sonst noch bedeutsam. Es soll hier auf die §§ (932) 935 Abs. 2, 1006 Abs. 1 BGB und auf die §§ (366) 367 HGB verwiesen werden, wo Inhaber- und blanko indossierte Orderpapiere als bewegliche Sachen behandelt werden. Dasselbe gilt vom Pfandrecht an Inhaberpapieren (§§ 1293ff. BGB) und von der Pfändung von Wertpapieren (§§ 808, 821 ZPO); s. auch die §§ 592, 688, 794 Nr. 5 ZPO über diese Gleichstellung der Wertpapiere mit (vertretbaren) beweglichen Sachen. Über den Sprachgebrauch des BGB in diesen Beziehungen s. Jacobi, Wertpapiere 11 u. 101, und in EhrenbergHandb. IV 1 S. 127ff. In § 1646 BGB werden die Inhaber- und blanko indossierten Orderpapiere als bewegliche körperliche Sachen förmlich eingestuft, während außer in § 1 Abs. 2 Nr. 1 auch in den §§ 93, 383 HGB Wertpapiere den Waren gleichgestellt sind und für § 18 KO als gleichgestellt gelten. Allen hier genannten Wertpapieren ist gemeinsam, daß bei ihnen das Recht aus dem Papier dem Eigentum am Papier folgt; Unterschiede liegen nur in dem Modus der Übereignung (Inhaberpapiere: Einigung plus Übergabe; Orderpapiere: Einigung plus Übergabe plus Indossament; für Kuxen vgl. unten Anm. 7) und demgemäß in den Anforderungen an die äußere Legitimation zur Geltendmachung des Rechts aus dem Papier (Inhaberpapiere: die bloße Innehabung; Orderpapiere: die Innehabung plus einer auf den Aussteller zurückgehenden Indossamentenkette).

4. Die aus dem Kauf von Wertpapieren entstehenden Rechte und Pflichten sind im bürgerlichen Recht ebensowenig einer spezifischen Regelung unterworfen worden wie im Handelsrecht für denjenigen Kauf von Wertpapieren, der als Handelsgeschäft anzusehen ist (§ 1 Abs. 2 Nr. 1, §§ 343, 344 HGB). Eine besondere Vorschrift findet sich nur in § 437 Abs. 2 BGB, nach dem der Verkäufer eines Wertpapiers dafür haftet, daß es nicht zum Zweck der Kraftloserklärung aufgeboten ist, und in Abs. 1 unseres die Handelskäufe betreffenden Paragraphen. Inwieweit diese beiden Vorschriften für die Feststellung der Grundsätze von Bedeutung sind, nach denen sich die Pflichten des Verkäufers von Wertpapieren hinsichtlich der Erfüllung sowie seine Haftung für Entwehrung und die Pflicht zur Gewährleistung beurteilen, werden unten die Anm. 16ff., 28ff ergeben. Immerhin deutet ihre Doppelung schon die Richtung an. Jene Grundsätze sind bald solche, welche die Erfüllung oder Haftung für Entwehrung eines verkauften Rechtes regeln, also die §§ 433, 437—445, 448 Abs. 2 BGB, verbunden mit §§ 320—327, bald solche über Gewährleistung wegen Mängel der Sache (§§ 459ff. BGB; bei beiderseitigen Handelskäufen §§ 377, 378 HGB). Es kommen also nebeneinander die Vorschriften über Sachmängel, die zu der Urkunde in bestimmter Beziehung stehen, wie die Regeln über Gewährleistung wegen Mängel im Recht zur Anwendung (RG 109, 297; Herzog ZHR 94, 337). Die Wichtigkeit dieser Unterscheidung tritt namentlich in zwei Punkten hervor. Erstens: Während die Ansprüche auf Gewährung und die auf Schadensersatz wegen Nichtgewährung oder Entwehrung eines verkauften Rechtes (§ 440 BGB) erst in 30 Jahren verjähren, tritt die Verjährung des Anspruchs auf Gewährleistung wegen eines Sachmangels (Wandelung, Minderung, Nachgewährung einer mangelfreien Sache, Schadensersatz) schon nach 6 Monaten ein (RG 108, 318 oben; §§ 477, 478 BGB; s. § 377 Anm. 133ff.). Zweitens: Während die aus § 433 oder § 440 BGB abgeleiteten Ansprüche im Falle der Nichterfüllung oder Entwehrung nach §§ 320 Anm. 4

bis 327 BGB zu begründen sind, erfordert der Gewährleistungsanspruch wegen Sachmängel (§§ 459—480, 493 BGB), wenigstens bei beiderseitigen Handelsgeschäften, die vorherige Mängelanzeige (§§ 381 Abs. 1, 377, 378 HGB), wenn Arglist nicht im Spiele ist (vgl. RG 108, 280).

II. Über Mängel im Rechte und Sachmängel im allgemeinen (Jacobi in EhrenbergHandb. IV 1 S. 241—341; derselbe ZHR 63, 102):

Anm. 5 Während die ältere Theorie (Savigny, Obligationenrecht 2 § 69; Thöl, Deutsches HR 2, 82) dem Papier wesentlich nur die Bedeutung einer Beweisurkunde über die verbriefte Forderung zuerkannte und demzufolge auf den Verkauf eines Wertpapiers die Grundsätze über Forderungsabtretung anwandte, ging eine spätere, auf der sog. Kreationstheorie (in früheren Auflagen dieses Werks) beruhende Rechtsanschauung davon aus, daß das Papier als Träger des Rechts die Hauptsache sei, behandelte also den Kauf von Wertpapieren als Sachkauf und die Forderung als Eigenschaft des Papiers, dessen Mängel den Anspruch auf Gewährleistung wegen Sachmängel begründe. Dieser letzteren Theorie, die man auch als die „sachenrechtliche" bezeichnen kann, waren das Reichsoberhandelsgericht (ROHG 18, 182; 22, 391) und — ursprünglich — das Reichsgericht (RG 33, 107; vgl. DürHach. V Einl. Anm. 66) beigetreten.

Eine dritte Ansicht unterscheidet auf Grund der Doppelnatur der Wertpapiere zwischen dem Papier als Urkunde, der Sache mit rein körperlichen Eigenschaften (Sachkauf), und dem Papier als Träger des in ihm verbrieften Rechts (Rechtskauf) in der Weise, daß nur Mängel der Urkunde, „als Schrift betrachtet", für Sachmängel gelten, während als Rechtsmängel solche Mängel des Rechts aus dem Papier angesprochen werden, deren Bestand nur durch eingehende, der äußerlichen Wahrnehmung nicht zugängliche, meist umständliche Untersuchung zu ermitteln ist. Diese Ansicht ist nunmehr zur Herrschaft gelangt (RGRKomm.[11] § 437 Anm. 24; Staudinger[11] § 347 Anm. 40; Planck § 437 Erl. 2b; Oertmann in EhrenbergHandb. IV 2 S. 488; DürHach. § 381 Anm. 2 u. 4; Zahn, BankA 34, 547). Danach (RG 108, 280 u. 316) wird die Unterscheidung auf sinnlich wahrnehmbare Eigenschaften abgestellt, so daß nur echte körperliche Mängel Gewährleistungsansprüche erzeugen. Ist die Urkunde gefälscht, verfälscht — d. h. hinsichtlich ihrer Aussage unter Eingriff in ihre körperliche Substanz verändert — oder beschädigt, fehlen Bestandteile (Zins-, Dividenden-, Erneuerungsscheine) oder Stempel, so sind solche Sachmängel gegeben. Alle übrigen Mängel sind nach dieser Meinung nicht Mängel der Sache selbst, sondern der aus dem Papier hervorgehenden Rechte; sie sind nach §§ 437ff. BGB (oben Anm. 4) zu behandeln. Ist also z. B. ein Wertpapier nicht zu der im Kaufvertrag bedungenen Zeit ausgegeben, so stellt dies einen Mangel im Recht dar, welcher der kurzen Verjährung des § 477 BGB nicht unterliegt (RG im „Recht" 1932 Nr. 397). Es macht für die Annahme eines Rechtsmangels in dieser Sicht keinen Unterschied, ob Nebenrechte fehlen, ob die Mängel den Verkäufer verhinderten, das Recht zu verschaffen, weil es nie entstanden oder durch eine Einrede, durch Aufgebot oder Kraftloserklärung in seinem Bestande bedroht oder erloschen ist. Die Folge ist, daß es, von den körperlichen Mängeln in dem soeben gedachten Sinne abgesehen, keine Mängelrüge gibt (und daß die 30jährige Verjährung Platz greift, wenn überhaupt eine Haftung nach Maßgabe des § 437 Abs. 1 BGB zu begründen ist: oben Anm. 4). Nach § 437 Abs. 1 BGB wird vom Verkäufer einer Forderung oder eines sonstigen Rechts nur für den rechtlichen Bestand der Forderung bzw. des Rechts gehaftet. Für diesen Bestand — das nomen esse — aber haftet der Verkäufer über §§ 440, 320 BGB auf Erfüllung, hier also auf Nachlieferung eines bestandskräftigen Wertpapiers; er trägt daher das Kursrisiko, während beim Sachmangel, wenn es sich um Spezieskauf handelt, allenfalls auf Rückzahlung des Kaufpreises gehaftet wird. Diese grundlegenden Unterschiede in den Auswirkungen je nach dem, ob man einen Rechts- oder einen Sachmangel als gegeben annimmt, werden auch nur in etwa dadurch neutralisiert, daß im Aktien-pp.-kauf eine Haftung für Angaben über den wirtschaftlichen Wert (Höhe der Dividenden, Sicherheit und Rentabilität) des Unternehmens und sonstige tatsächliche Verhältnisse weder nach Sach- noch nach Rechtsmängelgewähr gegeben ist. (Der Verkäufer haftet insoweit nur, wenn er eine Eigenschafts- oder Garantiezusage gegeben hat, oder wenn ihm eine unerlaubte Handlung zur Last fällt, oder wenn er aus Rat und Empfehlung verantwortlich gemacht werden kann [Ann. zu § 349]. Diese

Härte wollen DürHach. V Einl. Anm. 66 und § 381 Anm.7 dadurch mildern, daß für solche Angaben eine Haftung stattfinde, gleichwie wenn der Verkäufer einer Forderung die Haftung für die Zahlungsfähigkeit des Schuldners nach § 438 BGB übernommen hätte. Gegen solche Art der Haftung wenden sie Oertmann § 437 Ziff. 4, Staudinger[11] § 437 Bem. 34, Hagens DJZ 05, 666, Pelkmann LZ 1917, 1119. Sie ist auch in RG 59, 242 abgelehnt, indem danach unrichtige Angaben über tatsächliche Verhältnisse [der Aktiengesellschaft gehörige mangelhafte Grubenfelder] nicht den rechtlichen Bestand betreffen; siehe zu dieser Frage ferner unten Anm. 38.)

Die Scheidung des Sachkaufs vom Rechtskauf je nach der geringeren oder größeren Schwierigkeit sinnlicher Wahrnehmung bleibt nach allem problematisch. Ihr läßt sich entgegenhalten, daß das Papier nur als Träger eines wertvollen Rechts Gegenstand des Verkehrs ist. Der Schaden, der auf eine körperliche Beschädigung des an sich wertlosen Stücks Papier zurückzuführen ist, wird nur erheblich durch die Wertverminderung, die der Verkaufswert des Rechts aus dem Papier erleidet. Es gibt keinen Mangel des Papiers, der nicht zugleich die Forderung beträfe, und umgekehrt (vgl. Köln Holdheim 05, 1; Schefold 149). Daß Mängel äußerlich erkennbar sein müßten, verlangen die §§ 459ff., 477, 478 BGB für den Sachkauf nicht. Es gibt auch verborgene Sachmängel, insbesondere bei den Faktoren, aus denen sich der Wert einer Kaufsache zusammensetzt (§ 377 Anm. 30 u. 39). Dazu lassen sich RG 30, 154; ROHG 22, 391; 18, 180; Bolze 17 Nr. 316 anführen; RG 63, 61 sowie JW 09, 493[14] hatten Bedenken gegen die mehrfach gedachte Abgrenzung. Wenn man ferner zur besseren Erfassung des Unterschieds darauf abstellt, ob die Mängel sich unmittelbar oder nur mittelbar auf das Wertpapier beziehen (RG 59, 243) oder ob der Mangel vorwiegend das Papier oder vorwiegend das Recht betrifft (Herold BankA 24, 339), so sind das alles doch nur Umschreibungen dafür, daß die Verkehrsanschauungen es bestimmen, ob ein Mangel sich als Sachmangel oder als Rechtsmangel kennzeichnet. S. hierzu auch unten Anm. 31 (Banknoten). Dahin deutet nebenbei RG. 108, 281 oben. Letzten Endes läuft das Anrufen der Verkehrsanschauung auf den Rechtsfindungsakt des Richters hinaus und auf das, was er danach als Verkehrsanschauung, nötigenfalls auf Grund von Gutachten von Handeskammern u. dgl., erkennt. **Anm. 6**

III. Es ergeben sich hiernach als die Brennpunkte, unter denen der Kauf von Wertpapieren zu betrachten ist, die Verpflichtung des Verkäufers, das Eigentum am Papier zu verschaffen (das Eigentum am Papier bedeutet zugleich das Recht aus dem Papier), **und ferner die Verpflichtung des Verkäufers, für den Rechtsbestand einzustehen und für Sachmängel Gewähr zu leisten.**

1. Der Verkäufer hat dem Käufer die Urkunde und das Eigentum an ihr zu verschaffen (eine Pflicht, die sich aus § 433 BGB [§ 929 BGB] ergibt; vgl. Vorbem. vor § 373 Anm. 144ff.) sowie die weiter nötigen Schritte zur Verschaffung des Rechts zu tun. Über die Art der Eigentumsübertragung von Inhaberpapieren und Orderpapieren s. § 1 Anm. 33 u. oben Anm. 3. Beim Kuxenkauf hat der Käufer für die Umschreibung zu sorgen (LZ 1913, 612[20]); die Übertragung erfordert die schriftliche Erklärung des bisherigen Eigentümers, daß er das Eigentum des Kuxes an einen bestimmten Erwerber übertrage (RG 75, 79; § 1 Anm. 33). Waren Aktienurkunden als Träger des Rechts Gegenstand des Kaufs, so hat der Käufer Anspruch auf Ausfolgung der Aktienurkunden erst nach Volleinzahlung (RG 79, 176); es befindet sich der Verkäufer, wenn er die Urkunden nicht verschaffen kann, weil solche überhaupt nicht ausgegeben oder zusammengelegt worden sind, in der von ihm nach §§ 325, 280 BGB zu vertretenden Unmöglichkeit der Erfüllung (AktGKomm.[2] § 10 Anm. 2). Anders, wenn die Gesellschaft im Falle des § 68 Abs. 2 AktG die Verkaufsgenehmigung versagt (vgl. RG 41, 8 u. 17). Darüber, wie es sich verhält, wenn die Urkunde die in § 55 AktG zugelassenen Nebenverpflichtungen nicht ersehen läßt, vgl. AktGKomm.[2] § 50 Anm. 5. **Anm. 7**

2. Der Verkäufer haftet für jeden Mangel im Recht. **Anm. 8**

Maßgebend sind die §§ 437—440 BGB. Sie lauten:

§ 437 [I]Der Verkäufer einer Forderung oder eines sonstigen Rechtes haftet für den rechtlichen Bestand der Forderung oder des Rechtes.

[II]Der Verkäufer eines Wertpapiers haftet auch dafür, daß es nicht zum Zwecke der Kraftloserklärung aufgeboten ist.

§ 438 Übernimmt der Verkäufer einer Forderung die Haftung für die Zahlungsfähigkeit des Schuldners, so ist die Haftung im Zweifel nur auf die Zahlungsfähigkeit zur Zeit der Abtretung zu beziehen.

§ 439 I Der Verkäufer hat einen Mangel im Rechte nicht zu vertreten, wenn der Käufer den Mangel bei dem Abschlusse des Kaufes kennt.

II Eine Hypothek, eine Grundschuld, eine Rentenschuld, eine Schiffshypothek oder ein Pfandrecht hat der Verkäufer zu beseitigen, auch wenn der Käufer die Belastung kennt. Das gleiche gilt von einer Vormerkung zur Sicherung des Anspruchs auf Bestellung eines dieser Rechte.

§ 440 I Erfüllt der Verkäufer die ihm nach den §§ 433—437, 439 obliegenden Verpflichtungen nicht, so bestimmen sich die Rechte des Käufers nach den Vorschriften der §§ 320—327.

II Ist eine bewegliche Sache verkauft und dem Käufer zum Zwecke der Eigentumsübertragung übergeben worden, so kann der Käufer wegen des Rechtes eines Dritten, das zum Besitze der Sache berechtigt, Schadensersatz wegen Nichterfüllung nur verlangen, wenn er die Sache dem Dritten mit Rücksicht auf dessen Recht herausgegeben hat oder sie dem Verkäufer zurückgewährt oder wenn die Sache untergegangen ist.

III Der Herausgabe der Sache an den Dritten steht es gleich, wenn der Dritte den Käufer oder dieser den Dritten beerbt oder wenn der Käufer das Recht des Dritten anderweit erwirbt oder den Dritten abfindet.

IV Steht dem Käufer ein Anspruch auf Herausgabe gegen einen anderen zu, so genügt an Stelle der Rückgewähr die Abtretung des Anspruchs.

Anm. 9 **a)** Der Verkäufer haftet für den **rechtlichen Bestand** des Rechts zur Zeit des Kaufabschlusses (nomen esse), und zwar regelmäßig für den normalen Bestand des mit dem Papier übertragenen Rechts (RG 99, 220; vgl. unten Anm. 29 über den normalen Bestand an Sacheigenschaften). Zum normalen Bestand des Rechts gehört die Gewähr für volle und ungestörte Ausübung der Rechte aus dem Papier, also für die Legitimation des Käufers (RG 10, 170), für die Verwertbarkeit entsprechend seinem Inhalt (RG 109, 297; 108, 318 oben) sowie für die Befugnis zur Geltendmachung der mit dem Papier (der Aktie) etwa verbundenen gesellschaftlichen Rechte (vgl. RG 40, 151). Daran fehlt es und die Haftung tritt nach § 437 Abs. 1 BGB ein, wenn der Verkäufer das Eigentum am Papier, d. h. das Gläubigerrecht aus dem Papier, nicht verschaffen kann (aus welchen Gründen immer), wenn der rechtliche Bestand der Aktiengesellschaft mit Erfolg angegriffen worden ist, oder wenn die gelieferte Aktie nichtig ist, weil sie vor Eintragung der Gesellschaft(§ 41 Abs. 4 Satz 2 AktG) oder vor Eintragung und Durchführung der Erhöhung des Grundkapitals (§ 191 Satz 2 AktG) oder auf Grund eines nichtigen Kaduzierungsverfahrens ausgegeben war (AktGKomm.[2] § 58 Anm. 18ff.), oder wenn Kuxe einer nachträglich für nichtig erklärten Gewerkschaft (RG 73, 211; WarneyerRspr. 1911 Nr. 371), oder Kuxe einer in Liquidation befindlichen Gewerkschaft, also Kuxe minderen Rechts (Celle LZ 1917, 1101[8]), als Kuxe einer vollgültig bestehenden Gewerkschaft verkauft worden sind, oder wenn ein Pfandbrief nicht zu der im Kaufvertrag bedungenen Zeit ausgegeben ist (RG in DRiZ 1932 Rspr. Nr. 397). Der Verkäufer hat dann seiner Verschaffungspflicht (§ 433 Abs. 1 BGB) nicht genügt, so daß er für die Folgen des Nichtbestehens des verkauften Rechts einstehen muß. Dasselbe gilt, wenn der Verkäufer Schuldverschreibungen, die ohne die erforderliche staatliche Genehmigung (§ 795 BGB) ausgegeben sind, veräußert; der Aussteller dagegen haftet nach § 307 BGB für das Vertrauensinteresse. Ebenso ist ein Rechtsmangel nach § 437 Abs. 1 BGB gegeben, wenn das Recht aus dem Papier zwar einmal bestanden hat, zur Zeit der Veräußerung aber bereits wieder weggefallen oder mit einem Fehler behaftet war. Bei alledem ist zu berücksichtigen, daß der Verkauf eines nicht bestehenden Rechts nicht wie der Verkauf einer nicht vorhandenen Sache nach § 306 BGB nichtig ist. Der Verkäufer ist vielmehr zur Verschaffung des Rechts verpflichtet; er haftet, wenn dies nicht möglich ist, auf Schadensersatz nach §§ 437 Abs. 1, 440 BGB, wenn nicht das Recht ein solches ist, dessen Entstehung überhaupt unmöglich ist (RG 90, 244). Hierüber unten Anm. 16. Der Verkäufer eines ausländischen Wertpapiers hat dafür einzustehen, daß der Käufer nach dem die Forderung beherrschenden Recht des Auslandes die Befugnis zu ihrer Geltendmachung erhält und das Papier z. B. nicht von Hoher Hand in diesem Lande beschlagnahmt ist (Hamburg HansGZ 1927 Hptbl. 55).

Über den Verkauf von Wechseln und Schecks ist das Erforderliche bereits in Vorbem. vor § 373 Anm. 205—211 vorgetragen. Über den Verkauf von Wechseln und Schecks in ausländischer Währeng s. Vorbem. vor § 373 Anm. 24, über den Verkauf von Devisen Vorbem. vor § 373 Anm. 27ff., über das Devisentermingeschäft Vorbem. vor § 373 Anm. 27 a. E. Über den Kauf von Banknoten ist Besonderes zu sagen (unten Anm. 30ff.). **Anm. 10**

b) Die Zusicherung von Nebenrechten, die mit dem Papier verbunden sein sollen, unterliegt ebenfalls den §§ 437 Abs. 1, 440 BGB, so daß für deren Bestand der Verkäufer einzustehen hat, z. B. für Zusicherung eines für die Dividenden bestehenden Pfandrechts (RG 56, 255; vgl. RG 90, 244) oder eines Vorzugsrechts der verkauften Aktien (RG 68, 238). Ist die Verschaffung der Nebenrechte möglich, so kommen die in § 326 BGB aufgestellten Grundsätze über Leistungsverzug zur Anwendung (§ 440 Abs. 1 BGB; vgl. folg. Anm.). Ist die nachträgliche Beschaffung des vertragsmäßigen Zustandes nicht möglich, so kommen die in § 325 BGB enthaltenen Grundsätze über Unmöglichkeit zur Geltung (§ 440 Abs. 1 BGB), d. h. es entsteht die Wahl zwischen Schadensersatz wegen Nichterfüllung und Rücktritt, und zwar hinsichtlich des ganzen Vertrages, wenn vollständige Unmöglichkeit der Vertragserfüllung anzunehmen ist. Ist dagegen in dem Rechtsmangel nur teilweise Unmöglichkeit zu erblicken, so kommt § 325 Abs. 1 Satz 3 BGB in Betracht, der auf § 323 BGB verweist. An letzterer Stelle ist ein Preisminderungsrecht nach §§ 472, 473 BGB eingeräumt. Für die Frage, ob eine teilweise Erfüllung möglich ist, kommen die Gesichtspunkte zur Geltung, die auch für die Teilbarkeit nach § 326 BGB maßgebend sind, d. h. es kommt darauf an, ob der Vertrag nach dem Vertragswillen und der Natur der Leistung nur durch eine einheitliche Leistung erfüllt werden kann. Man kann nicht den Satz aufstellen, daß beim Vorhandensein von Rechtsmängeln immer Unteilbarkeit etwa deshalb gegeben sei, weil diese Mängel qualitativer Art sind. **Anm. 11**

c) Der Verkäufer haftet dafür, daß kein Dritter ein besseres Recht auf das Papier geltend macht. Denn der Verkäufer hat das Eigentum an dem verkauften Gegenstand frei von Rechten Dritter zu verschaffen (hierüber Vorbem. vor § 373 Anm. 145). Dieser Grundsatz des § 434 BGB gilt nach § 433 Abs. 1 Satz 2 BGB auch beim Verkauf eines Rechts. Er gilt aber nicht, wenn der Käufer den Mangel im Recht beim Abschluß des Kaufvertrags kannte; ausgenommen, wenn es sich um die in § 439 Abs. 2 BGB aufgeführten Belastungen (Pfandrecht usw.) handelt. Diese letzteren Belastungen muß der Verkäufer auch dann beseitigen, wenn sie dem Käufer bei Vertragsschluß bekannt waren. Ist der verkaufte Kux mit einem Zubußerückstand belastet, so muß der Verkäufer nach diesem Grundsatz den Käufer befreien (RG „Recht" 03, 575[2914]). **Anm. 12**

Das Recht des Dritten braucht im Zeitpunkt der Übergabe des Wertpapiers an den Käufer noch nicht vollkräftig zu bestehen; es genügt, daß die tatbestandlichen Grundlagen für seine künftige Entstehung zu diesem Zeitpunkt gelegt waren (RG 120, 295) oder daß es sonstwie in der Entstehung begriffen war (RG GRUR 40, 267). In dem Falle BGH 8, 222 hatte ein Käufer Mitte 1947 Wertpapiere auf dem freien Markt erworben; die Papiere wurden, als am 1. 10. 1949 das Wertpapierbereinigungsgesetz in Kraft trat, kraftlos nach § 3 dieses Gesetzes; der Berechtigungsnachweis nach § 21 des Gesetzes konnte im Wertpapierbereinigungsverfahren nicht geführt werden. Der BGH entschied, daß der Verkäufer für den Rechtsmangel der nachträglichen Kraftlosigkeit einzustehen habe: die Papiere seien in der „kritischen Zeit" verkauft worden, während derer jeder Einsichtige gewußt habe, daß eine gesetzliche Ordnung der durch die Plünderungen der Bankdepots (besonders in Berlin) geschaffenen völligen Verwirrung auf dem Wertpapiermarkt unabweislich geworden sei und in näherer oder weiterer Ferne bevorstehe; die Gefahr späterer Kraftloserklärung durch Gesetz sei mithin schon in den damaligen Verhältnissen begründet gewesen.

Daß das Aufgebot eines Wertpapiers nicht mehr (wie früher: JW 01, 519[10]) als das Fehlen einer gewöhnlich vorausgesetzten Sacheigenschaft, nämlich der Börsengängigkeit oder Umlaufsfähigkeit, sondern als ein Mangel im Recht, nämlich als ein auf dem fehlenden Recht des Verkäufers beruhender Mangel, zu beurteilen ist, be- **Anm. 13** stimmt § 437 Abs. 2 BGB ausdrücklich (oben Anm. 8). Der Verkäufer haftet also dafür, daß beim Spezieskauf im Augenblick des Vertragsschlusses, beim Gattungskauf im Augenblick, in dem sich der Gattungskauf auf ein bestimmtes Papier beschränkt (Vorbem. vor § 373 Anm. **109ff.**), ein Aufgebot im Sinne der §§ 947, 1008 ZPO noch nicht erlassen war. Daß es bereits öffentlich bekanntgemacht sein müsse, um die Haftung des Verkäufers auszulösen, ist hingegen nicht zu fordern. Die Frage ist streitig; wie hier Staudinger[11] § 437 Anm. 37; a. M. Ennecc.-Lehmann[15] § 106, II 2 Fußnote 5 (ohne nähere Begründung) und Planck § 437 Erl. 2a. Der Gegenmeinung ist zwar zuzugeben, daß die Auffassung von Prot. I 655 und Denkschr. 62/63, das Aufgebot sei mit der ersten gerichtlichen, auf ein Aufgebot abzielenden Handlung bereits bewirkt, im Gesetz keinen Ausdruck gefunden hat. Auch scheint der Gegenschluß aus WG Art. 90 in die gleiche Richtung zu deuten. Jedoch ist das Argument, der Verkäufer könne für ein noch nicht veröffentlichtes Aufgebot nicht wohl haften, weil er in diesem Augenblick noch keine Kenntnis von dem Mangel habe, nicht beweiskräftig. Die Haftung aus § 437 Abs. 2 BGB. ist garantieförmig und setzt weder Kenntnis des Verkäufers von dem Rechtsmangel noch sonst Verschulden voraus. Vor allem aber wird die hier vertretene Auffassung unausweichlich, wenn man mit der herrschenden Rechtsprechung (oben Anm. 12) genügend sein läßt, daß die tatbestandlichen Grundlagen des Rechtsmangels in dem für die Haftung maßgebenden Zeitpunkt geschaffen sind, mag der Mangel selbst auch erst später manifest werden. — Das Aufgebot gibt dem Käufer das Recht des § 440 Abs. 1 BGB; er kann dem Verkäufer eine Frist gemäß § 326 BGB mit der Aufforderung setzen, das Aufgebot zu beseitigen, mit der Androhung, daß er nach Ablauf der Frist die Annahme der Erfüllung ablehnen werde (Vorbem. vor § 373 Anm. 396ff.). Zu diesem Zwecke muß der Käufer dem Verkäufer das Papier so rechtzeitig zurückgeben, daß dieser die Möglichkeit einer Vorlegung innerhalb der Aufgebotsfrist (§ 1016 ZPO) wahren kann, um, wenn die Nämlichkeit mit dem aufgebotenen Wertpapier im Vorlegungsverfahren nicht bestritten wird (sonst: § 953 ZPO), die Erledigungserklärung des Aufgebots zu erreichen. Ist der Käufer zur Rückgabe des Papiers nicht imstande, weil der Aussteller dasselbe bei der Vorzeigung zur Einlösung zurückbehalten hat, so genügt er seiner Rückgabepflicht durch Ausfolgung der vom Aussteller des Papiers gegebenen Bescheinigung und der Abtretung der Rechte (Boesebeck BankA 20, 298).

Nach Ablauf der gemäß § 326 BGB gesetzten Nachfrist kann der Käufer zurücktreten oder Schadensersatz wegen Nichterfüllung verlangen. Der letztere Anspruch ist nicht davon abhängig, daß die Voraussetzungen des § 440 Abs. 2ff. BGB gegeben sind; denn das Aufgebotsverfahren bringt nicht die Frage zum Austrag, wer der Besitzberechtigte ist, sondern es bezweckt nur die Ermittlung des Inhabers (§§ 1008, 1016 ZPO; Planck § 440 Erl. 5d). Will der Käufer zurücktreten, so erfolgt der Rücktritt durch einfache Erklärung dem Verkäufer gegenüber (§§ 440 Abs. 1, 327, 349 BGB). Der Käufer kann aber auch nach § 320 BGB die Zahlung des Kaufpreises verweigern und dem Verkäufer das Weitere überlassen (unten Anm. **16**). Ist das Aufgebot bereits ausgebracht gewesen, als der Verkäufer das Papier seinerseits erworben hat, so stehen ihm die obigen Rechtsbehelfe gegen seinen Vormann zu. Ist das Papier erst nach Abschluß des Kaufs (beim Spezieskauf) oder nach der Beschränkung auf ein bestimmtes Papier (beim Gattungskauf), aufgeboten, so kommen die Grundsätze über nachträglich eingetretene Unmöglichkeit nach §§ 434, 440, 323—325 BGB zur Anwendung. So Planck § 437 Erl. 2a für den Fall des Aufgebots in der Zeit bis zur Übergabe; doch gilt dies auch für die spätere Zeit; es kommt nunmehr darauf an, ob der Käufer dem im Aufgebotsverfahren angemeldeten besseren Recht eines Dritten weichen muß. Darin allerdings liegt der Unterschied zu der Haftung des § 437 Abs. 2 BGB, die an die Tatsache des bloßen Aufgeboten-seins im Zeitpunkt des Kaufabschlusses anknüpft. Nicht zuzustimmen ist jedenfalls der Ansicht (LG Frankfurt BankA 24, 101), daß der Verkäufer in diesem Falle nachträglichen Aufgebotes überhaupt nicht hafte, weil § 437 Abs. 1 BGB nur den Augenblick des Vertragsschlusses für die Haftung maßgebend sein lasse. Richtiger erscheint schon die — in früheren Auflagen hier abgelehnte — Ansicht von Boesebeck (BankA 20, 300), daß der Käufer sich um Beseitigung des Aufgebots bemühen und in diesem Rechtsstreit dem Verkäufer den Streit verkünden müsse, um im Falle seines Unterliegens dem Verkäufer nachzuweisen, daß dieser ihm das vertragsmäßige Recht nicht verschafft habe. Über das Aufgebot abhanden gekommener oder vernichteter Aktien und Interimsscheine s. § 72 AktG. Über die Kraftloserklärung abhanden gekommener oder vernichteter Wechsel s. Art. 90 WG.

Darüber, daß eine nach §§ 1019, 1020 ZPO vor oder bei Einleitung des Aufgebotsverfahrens erwirkte Zahlungssperre als ein Einziehungsverbot und damit als ein richterliches Veräußerungsverbot nach § 136 BGB anzusehen ist, und daß der Verkäufer hier für die Einziehbarkeit der Forderung nach § 434 BGB einzustehen hat, herrscht Übereinstimmung (Prot. II 475; D. 63). Der Zahlungssperre steht gleich eine durch Verfügung von Hoher Hand verfügte Sperre (BGH NJW 1963, 1971); ob sie zu Recht besteht, entscheidet das Recht des Erfüllungsortes, also regelmäßig der Ausstellungsort, d. i. regelmäßig der Wohnsitz des Ausstellers zur Zeit der Ausstellung (vgl. RG 109, 298). Anm. 14

Die Übernahme einer vertraglichen Sperrverpflichtung, d. h. einer Pflicht, die erstandenen Papiere innerhalb einer gewissen Frist nicht weiterzuveräußern oder auf den Markt zu bringen, wird von § 137 Satz 2 BGB. getragen. Sie wirkt danach nicht absolut, insbesondere nicht gegen den Käufer des entgegen der Sperrverpflichtung veräußerten Wertpapiers. Eine Zuwiderhandlung verpflichtet zur Wiederherstellung des früheren Zustandes und zum Schadensersatz sowie zur Übernahme sonstiger vertraglicher Nachteile (vgl. RG. 73, 17; BankA. 30, 492); als ein solcher Nachteil pflegt im Pfandbriefhandel ausbedungen zu werden, daß der Erwerber Stücke, die infolge Verstoßes gegen die Sperrverpflichtung innerhalb der Sperrfrist an das Emissionshaus zurückgelangen, mindestens zum ursprünglichen Emissionskurs wieder zu übernehmen hat, was durch Erfüllungsklage erzwingbar (BGH Betrieb 1955, 530). Ist ein Wertpapier mit Sperrverpflichtung verkauft, so genügt der Käufer seiner Verpflichtung noch nicht, wenn er seinem Abnehmer die Verpflichtung auferlegt, daß das Papier nicht auf den offenen Markt gebracht wird; er haftet seinem Verkäufer vielmehr unbedingt, wenn ein Nachmann das Papier innerhalb der Sperrfrist auf den offenen Markt bringt, d. h. die Sperrverpflichtung nicht einhält (RG 72, 225; München OLGR 24, 390; Freund „Recht“ 1910, 17).

Die Belastung mit einer Rückerstattungspflicht nach den Rückerstattungsgesetzen ist ausdrücklich zum Rechtsmangel i. S. der §§ 434ff. BGB erklärt worden; vgl. die einschlägigen Zonengesetze Art. 39 (brit. Zone), 47 (US-Zone) und wegen der französischen Zone: NJW 1953, 1437. Über die fortbestehende Haftung des Verkäufers insoweit trotz vertraglichen Ausschlusses der Mängelgewähr s. unten Anm. 23; über den gesetzlichen Ausschluß des § 439 BGB unten Anm. 22. Die praktische Bedeutung dieser rückerstattungsrechtlichen Vorschriften ist im Wertpapierrecht allerdings insofern eingeschränkt, als gutgläubig, d. h. im ordnungsmäßigen Geschäftsverkehr erworbene Inhaberpapiere nicht der Rückerstattung unterliegen (brit. Zone: Art. 17; US-Zone: Art. 21; dort auch über gewisse Unterausnahmen). Anm. 15

Rechtsmangel ist endlich das Kraftloswerden eines Wertpapiers nach den Bestimmungen des Wertpapierbereinigungsgesetzes (§ 3), des Bereinigungsgesetzes für deutsche Auslandsbonds vom 25. 8. 1952 — BGBl. I, 553 — (§ 50) und des Allgemeinen Kriegsfolgengesetzes (§ 100; betreffend die aus der Wertpapierbereinigung zunächst ausgenommen gewesenen Schuldverschreibungen, Schatzanweisungen und Zertifikate der öffentlichen Hand). Die Einzelheiten entziehen sich der Darstellung in dem hier gegebenen Rahmen. Gewährschaftsrechtliche Weiterungen sind auch kaum noch zu besorgen; die zur Ablösung nach § 30 des Allgemeinen Kriegsfolgengesetzes gekommenen Titel waren gemäß § 44 Abs. 3 Satz 3 des Gesetzes bei der Ablösungsanmeldung ohnehin abzuliefern.

d) Die Rechtsfolgen der Nichterfüllung der in § 437 Abs. 1 BGB gedachten Pflicht sind dieselben wie bei der Nichterfüllung gegenseitiger Verträge überhaupt (§§ 440 Abs. 1, 320—327 BGB). Die Pflicht zur Rechtsverschaffung ist keine Erfüllungsgarantie, sondern ein Einstehen für das unbelastete Recht. Der Käufer kann zunächst nach § 320 BGB die Zahlung des Kaufpreises verweigern, und zwar, wenn ein nicht bestehendes Recht verkauft wurde (oben Anm. 9), statt Geltendmachung des Erfüllungsinteresses (RG 73, 211 oben). Denn der Verkauf eines nicht bestehenden Rechts ist nicht nach § 306 BGB nichtig, sondern es bleibt der Verkäufer zur Verschaffung des Rechts nach § 437 Abs. 1 BGB verpflichtet; es verhält sich hiermit anders als beim Verkauf einer nicht existierenden Sache; nur dann trifft § 306 BGB zu, wenn die Entstehung des Anm. 16

Rechts überhaupt unmöglich ist, unten Anm. 21 (RG 90, 244; 86, 213; 68, 293). Natürlich kann die Einrede des nichterfüllten Vertrags nach Treu und Glauben nicht durchdringen, wenn der Mangel nur ein ganz geringfügiger ist (Vorbem. vor § 373 Anm. 304). Der Käufer kann aber auch auf Erfüllung, also auf Hebung des Mangels, wenn sie möglich ist, bestehen und Schadensersatz wegen Verzugs fordern (§ 286 BGB). Anders jedoch, wenn ein Spezieskauf vorliegt; hat z.B. der Käufer im sog. Schaltergeschäft als abhanden gekommen aufgerufene Wertpapiere gekauft, so sind nur diese bestimmten Papiere Gegenstand des Kaufs gewesen; der Käufer kann deshalb nicht gleichartige Stücke als Ersatz verlangen; auch nicht in der Einkleidung in einen Anspruch auf Schadensersatz wegen Nichterfüllung als Wiederherstellung des früheren Zustandes im Wege der Naturalrückerstattung nach § 249 BGB (RG in BankA 21, 209[1]). Darüber, wann beim Kauf von Falschnoten ein Rechtsmangel oder ein Sachmangel anzunehmen ist, unten Anm. 31. Der Anspruch des Käufers gegen den Verkäufer auf Haftung für den Bestand des verkauften Rechts (§ 437 BGB) verjährt in 30 Jahren nach § 195 BGB, weil die kurzen Verjährungsfristen des § 477 BGB sich nur auf die Gewährleistungsansprüche wegen Sachmängel beziehen (RG 108, 318); oben Anm. 4, 6. Darüber, wie es sich verhält, wenn der Verkäufer Unmöglichkeit vorschützt, oder wenn diese feststeht, s. Vorbem. vor § 373 Anm. 478. Dabei ist zu berücksichtigen, daß der Käufer bei dauerndem Unvermögen des Verkäufers unmittelbar Schadensersatz begehren darf, ohne zuvor auf Erfüllung geklagt zu haben (§§ 275, 325, 440 Abs. 1 BGB; s. aber § 283 BGB), und ferner, daß das Versprechen einer unmöglichen Leistung im Wege eines Garantievertrags Rechtswirksamkeit erlangen kann (§ 349 Anm. 92ff.).

Anm. 17 α) Wird dem Verkäufer nach Vertragsschluß die Erfüllung durch einen weder von ihm noch vom Käufer zu vertretenden Umstand unmöglich, so wird der Käufer von der Verpflichtung zur Zahlung des Kaufpreises befreit (§ 323 Abs. 1 BGB); statt dessen kann der Käufer Herausgabe des Ersatzes oder Abtretung des Ersatzanspruchs begehren, den der Verkäufer erlangt hat (§§ 323 Abs. 2, 281 BGB), bleibt dann aber zur Zahlung des Kaufpreises verpflichtet. Hat der Käufer den Kaufpreis bezahlt, so kann er das Geleistete nach den Vorschriften über die Herausgabe einer ungerechtfertigten Bereicherung zurückfordern (§ 323 Abs. 3 BGB). Hat der Käufer das nachträgliche Leistungsunvermögen des Verkäufers zu vertreten (§ 324 Abs. 1 BGB) oder befand sich der Käufer in Annahmeverzug (§§ 324 Abs. 2, 300 Abs. 2 BGB), so wird der Verkäufer frei, der Käufer muß zahlen, kann dem Verkäufer aber abziehen, was dieser infolge seiner Befreiung erspart hat. Darauf ist der Käufer aber nicht beschränkt; er kann auch Herausgabe dessen verlangen, was der Verkäufer als Ersatz der unmöglich gewordenen Leistung erhalten hat (WarneyerRspr. 1918 Nr. 160). Hat der Verkäufer sein nachträglich eingetretenes Leistungsunvermögen zu vertreten, z. B. weil er nachträglich das Eigentum an einen Dritten übertragen oder es verloren hat (Prot. I 666) oder zugunsten eines Dritten ein Recht am Wertpapier bestellt hat oder ihm das Wertpapier gepfändet wurde (Prot. I 666), so kann der Käufer zwischen Schadensersatz wegen Nichterfüllung und dem Rücktritt wählen; bei teilweiser Unmöglichkeit hat er diese Rechte wegen des ganzen Vertrags, wenn teilweise Erfüllung für ihn kein Interesse hat (§ 325 Abs. 1 u. 2 BGB). Außerdem kann er die in § 323 BGB bestimmten Rechte an Stelle des Anspruchs auf Schadensersatz und Rücktritt geltend machen (§ 325 Abs. 1 Satz 3 BGB). Wählt der Käufer den Rücktritt, so entscheiden nun allein die Regeln, welche für die Ausübung des vertragsmäßigen Rücktrittsrechts gelten (§ 327 BGB).

Anm. 18 β) Im Falle des Verzugs des Verkäufers hat der Käufer die Rechte aus § 326 BGB, die ihm den Weg zum Schadensersatz wegen Nichterfüllung oder Rücktritt eröffnen, wie in Vorbem. vor § 373 Anm. 396ff. ausführlich erörtert ist. — In allen Fällen, in denen dem Käufer ein Anspruch auf Schadensersatz wegen Nichterfüllung zukommt, ist das Erfüllungsinteresse gemeint. Das Erfüllungsinteresse ist weder auf den Nennwert der abgetretenen Forderung beschränkt noch auch auf die Höhe des dafür bezahlten Kaufpreises. Der Standpunkt, daß der Abtretende dem Zessionar den Schaden nur bis zur Höhe der empfangenen Gegenleistung zu erstatten habe, ist in das BGB nicht übergegangen (Mot. II 126). Der Schadensersatzanspruch wird dadurch nicht ausgeschlossen, daß der Käufer das mit einem Rechtsmangel behaftete Wertpapier ohne Verlust, so, wie er dasselbe selbst erworben hat, also redlicherweise, absetzt; denn der Vermögensschaden ist schon dadurch eingetreten, daß der Käufer minderwertige Papiere erhalten hat (RG 59, 239). Hat der Käufer das minderwertige Papier mit Gewinn weiterverkauft, so bleibt ihm dieser Gewinn in Anbetracht des Umstandes, daß er seinem Abnehmer für die Mängel einstehen und diese Einstandspflicht aus dem erzielten Erlös abdecken muß; muß er dem Abnehmer nicht einstehen, weil dieser keine Ansprüche erhebt, so hat der Käufer allerdings keinen Schaden erlitten, den er vom Verkäufer liquidieren könnte.

γ) Wenn ein Dritter zum Besitz einer beweglichen Sache berechtigt ist, also als Eigentümer, Treunehmer, Nießbraucher, Pfandgläubiger, und von seinem Recht gegen den Käufer Gebrauch macht und dieser infolgedessen den Verkäufer auf Schadensersatz wegen Nichterfüllung mit einem der oben gedachten Rechtsbehelfe in Anspruch nimmt, so wäre es in höchstem Maße unbillig, wenn der Käufer die Sache behält und zugleich vom Verkäufer Schadensersatz erlangt. Deshalb macht § 440 Abs. 2—4 BGB den Anspruch auf Schadensersatz wegen Nichterfüllung von gewissen Voraussetzungen abhängig, die auch für den Sachkauf eines Wertpapiers gelten, hier jedoch mit Ausnahme des oben Anm. 13 gedachten Anspruchs auf Schadensersatz wegen Aufgebots zum Zwecke der Kraftloserklärung. Nach § 440 Abs. 2ff. BGB muß zuvor eine sog. Entwehrung des Käufers aus seiner Besitzstellung stattgefunden haben: dergestalt, daß der Käufer oder dessen Nachmann, dem er das Papier weiter verkauft hat (Hamburg LZ 1922, 169[3]; OLGR 13, 405), dem berechtigten Dritten das Papier ausgefolgt, oder aber es dem Verkäufer zurückgewährt, oder dem berechtigten Dritten wegen verschuldeter Unmöglichkeit der Herausgabe Schadensersatz geleistet hat (RG 117, 335). Der Herausgabe an den Dritten steht es nach gesetzlicher Vorschrift ferner gleich, wenn der dritte Berechtigte den Käufer oder dieser den Berechtigten beerbt, so daß er auf diese Weise das Papier erlangt — über die Rechtslage, wenn auf der einen oder der anderen Seite mehrere Erben beteiligt sind, vgl. Staudinger[11] § 440 Anm. 24 — oder wenn der Käufer das Recht von dem Berechtigten auf andere Weise erwirbt, z. B. indem er den Berechtigten abfindet oder dieser zu seinen Gunsten verzichtet. Anm. 19

Hat der Käufer das Wertpapier nicht mehr, z. B. weil ihm das Papier gestohlen worden ist, oder weil er einen sonstigen Anspruch gegen einen andern auf Herausgabe besitzt, so wird die Rückgabe an den Verkäufer ersetzt durch Abtretung dieses Herausgabeanspruchs. Eine Rückgabe ist gegenstandslos, wenn das Wertpapier ohne Verschulden des Käufers untergegangen ist. Dann hat der Käufer Anspruch auf Ersatz des ihm bis zum Untergang erwachsenen Schadens (Planck § 440 Erl. 5e γ). Hat der Käufer den Untergang verschuldet, so kommt es auf die Abwägung seines Verschuldens nach § 254 BGB an, z. B. wenn er nicht rechtzeitig Schritte zur Wiedererlangung getan hat.

Die Bindung des Anspruchs auf Schadensersatz wegen Nichterfüllung an die voraufgegangene Entwehrung gilt nicht für das Recht des Käufers zum Rücktritt nach Abs. 1 des § 440 BGB (oben Anm. 19). Für die Ausübung dieses Rücktritts ist es andererseits nicht schädlich, wenn der Käufer das gestohlene Wertpapier dem Drittberechtigten, und zwar selbst ohne Befragen des Verkäufers, herausgegeben hat; ein solcher Tatbestand steht für die Anwendung der §§ 350, 351 BGB einem vom Käufer nicht zu vertretenden Untergang der Sache gleich (BGH 5, 338; über den Stand der Meinungen zu dieser bestrittenen Frage s. RGRKomm.[11] § 440 Anm. 13).

δ) Die Unterschiede, je nachdem ein Rechtsmangel oder ein Sachmangel anzunehmen ist, sind oben Anm. 4 dargestellt. Danach bedarf es beim Vorliegen eines Rechtsmangels keiner Mängelrüge. Es kann aber durch Handelsgebrauch im bankmäßigen Verkehr eine Anzeigepflicht mit kurzer Frist eingeführt sein unter Androhung des Verlustes aller Rechte (vgl. JW 1923, 177[6]). Eine solche Ausschlußfrist kann sich nur auf solche Rechtsmängel beziehen, die überhaupt innerhalb der Frist entdeckt werden konnten (JW 01, 519[10]). Anm. 20

ε) Wenn § 440 BGB für die Folgen der Nichterfüllung der dem Verkäufer aus den §§ 433—437, 439 BGB obliegenden Verpflichtungen schlechthin auf die §§ 320ff. BGB verweist, so hat das nicht bloß klarstellende Bedeutung. Die Besonderheit dieser Verweisung besteht darin, daß sie auch für den Fall des ursprünglichen Unvermögens zur Leistung gilt (RG 149, 187), einen Fall, den die §§ 320ff. BGB sonst nicht zu regeln bestimmt sind und der im Schuldrecht des BGB als solcher über- Anm. 21

haupt keine ausdrückliche Regelung gefunden hat. Ihn hier mit einzubeziehen war deshalb wichtig, weil gerade beim Rechtsmangel das ursprüngliche Leistungsunvermögen eine weit größere Rolle spielt als die nachträglich eintretende Unmöglichkeit. Immerhin bleibt zu bedenken, daß, soweit eine Haftung auf Schadensersatz begehrt wird, diese bei ursprünglichem Leistungsunvermögen auch ohne Verschulden begründet ist (anerkannter Rechtsgrundsatz des allgemeinen Schuldrechts seit RG 69, 355).

Besonderes gilt, wenn die Entstehung eines Rechts von Anfang an objektiv unmöglich ist. In einem solchen Fall verbleibt es bei der Regel (über die Einschränkung, daß ein Dritter bessere Rechte an dem Papier geltend zu machen vermag, siehe oben Anm. 12), daß der Vertrag nach §§ 306, 307 Satz 2 BGB nichtig ist, und daß bei teilweiser Unmöglichkeit § 139 BGB Platz greift (vgl. RG 68, 293; LZ 08, 449[28]). Beide Teile haben sich das Empfangene nach den Grundsätzen über ungerechtfertigte Bereicherung zurückzugeben (§§ 812, 818, 273, 274 BGB). Dieser Fall ist gegeben, wenn Aktien unter dem gesetzlichen Mindestbetrag ausgegeben worden sind (§ 8 Abs. 1 Satz 2 AktG), oder die Lieferung von jungen Aktien als bereits vorhandenen Trägern des Rechts Gegenstand des Kaufs war, sie aber auf absehbare Zeit, z. B. wegen Nichterhöhung des Grundkapitals, nicht ausgegeben werden können (RG 52, 423 oben). Ebenso verhält es sich mit dem Verkauf von Kuxen, zu deren Ausgabe die etwa erforderliche staatliche Genehmigung fehlt (RG 113, 163), oder wenn Schuldverschreibungen des § 795 BGB vor Erteilung der staatlichen Genehmigung in Verkehr gebracht sind (oben Anm. 12), und im einen wie im anderen Falle die staatliche Genehmigung entweder schon versagt ist oder mit Sicherheit versagt würde oder nicht beabsichtigt ist, sie zu erwirken. Dasselbe gilt, wenn Kuxe einer nichtigen, also nichtrechtsfähigen Gewerkschaft (RG 92, 73; Augsburg LZ 1915, 564[12]; vgl. RG 99, 218) verkauft wurden; dann sind nicht vorhandene Anteilsrechte Gegenstand des Kaufs gewesen. Ist der Verkauf von Aktien ohne Rücksicht auf das Schicksal des Unternehmens erfolgt, so stellt der Eintritt des Konkurses der Aktiengesellschaft nach Abschluß des Kaufvertrages nicht eine Unmöglichkeit der Vertragserfüllung dar (RG in HRR 1933 Nr. 1416). Der Verkäufer haftet aber auch nicht wegen der infolge des nachträglichen Konkurses eingetretenen Entwertung der Aktien, da er als Verkäufer eines Rechts lediglich dafür aufzukommen hat, daß das Recht zur Zeit des Verkaufs besteht (RG 143, 22). — Weitergehend als die reine Abwickelung nach Bereicherungsgrundsätzen ist die in § 307 BGB statuierte Verschuldenshaftung. Danach hat derjenige Vertragsteil, der die objektive Unmöglichkeit bei Schließung des Vertrages kennt oder kennen muß, dem anderen Teil das negative Vertragsinteresse (jedoch nur bis zur Höhe des Erfüllungsinteresses) zu ersetzen. War hiernach nur dem Verkäufer allein die Unmöglichkeit bekannt, oder mußte er allein sie kennen, und ist arglistiges Verschweigen oder arglistige Vorspiegelung (§ 826 BGB) nicht gegeben, so könnte der Käufer zwar nach § 307 BGB nicht den Schadensersatz wegen Nichterfüllung liquidieren; allein regelmäßig wird ein Garantieversprechen (§ 349 Anm. 93) anzunehmen sein, das zum Erfüllungsinteresse berechtigt. Kannte nur der Käufer die Unmöglichkeit oder mußte er sie erkennen, so sind ihm Ersatzansprüche versagt (§ 307 Abs. 1 Satz 2 BGB); er erlangt solche auch nicht teilweise auf Grund § 254 BGB wegen eines Mitverschuldens des Verkäufers; denn die Anwendung des § 254 BGB ist hier, ebenso wie die sonst gültigen Regeln des Verschuldens beim Vertragsschluß (§ 347 Anm. 22ff.), durch die Sonderbestimmung der §§ 306, 307 BGB ausgeschlossen (RG 105, 412). Aus § 307 Abs. 1 Satz 2 BGB ergibt sich weiter, daß keine Schadensersatzpflicht stattfindet, wenn beide Teile die Unmöglichkeit kannten oder kennen mußten. Im Falle teilweiser Unmöglichkeit und bei Wahlverhältnissen entscheidet § 139 BGB über die Wirkung des Kennens oder Kennenmüssens (§ 307 Abs. 2 BGB). Endlich ist die Anfechtung eines Kaufs von Wertpapieren als eines Rechtskaufs wegen Irrtums möglich, auch nach § 119 Abs. 2 BGB; bei Anfechtung eines Rechtskaufs wegen Irrtums kommt die Unvereinbarkeit der Irrtumsanfechtung hinsichtlich Sachmängel mit Gewährleistungsansprüchen wegen derselben Sachmängel (§ 377 Anm. 54, 55) nicht in Frage (vgl. JW 09, 655[4]; Heinemann LZ 1930, 1154 u. 1158). Über die Beweislast unten Anm. 26.

Anm. 22 e) **Der Ausschluß der Haftung** für Rechtsmängel tritt kraft Gesetzes (§ 806 ZPO) ein, wenn ein Wertpapier auf Grund einer Pfändung (also nicht im Wege eines

Selbsthilfeverkaufs nach § 373) veräußert wird (vgl. § 377 Anm. 122). Diese Bestimmung ist gerade im Hinblick auf die oben Anm. 19 erörterten §§ 440, 441 BGB getroffen. Die Befreiung von der Haftung findet ferner kraft Gesetzes (§ 439 Abs. 1 BGB) statt, wenn der Käufer den Mangel im Rechte beim Kaufabschluß kannte, nicht bloß kennen mußte, und zwar die tatsächlichen Umstände, nicht die Tragweite des Rechtsmangels (RG 52, 169; Celle LZ 1917, 1101[8]). An einer wirklichen Kenntnis fehlt es, wenn der Käufer vom Verkäufer beruhigende Zusicherungen erhalten hat (vgl. WarneyerRspr. 1911 Nr. 366). Wird infolge eines dem Käufer bekannten Rechtsmangels das Wertpapier beiden Parteien entzogen, so hat kein Teil die Unmöglichkeit zu vertreten; der Verkäufer wird von der Lieferpflicht frei, muß aber den empfangenen Kaufpreis herausgeben (§ 323 BGB; vgl. RG 88, 167). Haben beide Teile den Vertrag wissentlich und ausdrücklich über das Recht eines Dritten abgeschlossen, so kann der Vertrag ein unsittlicher sein (Vorbem. vor § 373 Anm. 146); es kann aber auch ein Verzicht des Erwerbers auf die Haftpflicht des Veräußerers gewollt sein (Mot. II 181 u. 216); auch andere Möglichkeiten sind beim Verkauf eines fremden Rechts vorhanden (vgl. Vorbem. vor § 373 Anm. 146ff.). Eine Ausnahme ist zu machen, wenn das Wertpapier mit einem Pfandrecht belastet war; dann ist auch bei Kenntnis des Käufers im Zweifel anzunehmen, daß der Verkäufer diese Belastung zu beseitigen habe (§ 439 Abs. 2 Satz 1 BGB); oben Anm. 12. — Für das Gebiet der Rückerstattung (oben Anm. 15) ist die Anwendung des § 439 BGB gesetzlich ausgeschlossen: die Kenntnis des Käufers hinsichtlich des Tatbestandes, der dem Verkäufer die spätere Rückerstattungspflicht auferlegt hat, schadet hier also nicht (BGH NJW 1954, 270).

α) Die Haftung für Rechtsmängel kann durch Vertrag ausdrücklich ausgeschlossen oder beschränkt werden. Der Ausschluß oder die Beschränkung ist jedoch, ohne die Rechtsbeständigkeit des Vertrags im weiteren zu berühren, nichtig, wenn der Verkäufer den Mangel arglistig verschweigt (§ 443 BGB). Damit ist die Bestimmung für Rechtsmängel wiederholt, wie sie für das arglistige Verschweigen von Sachmängeln in § 476 BGB aufgestellt ist; es wird daher Bezug genommen auf § 377 Anm. 121 über den Erlaß der Gewährleistung, über Gleichstellung arglistigen Vorspiegelns mit arglistigem Verschweigen, und auf § 377 Anm. 170b darüber, daß die Täuschungsabsicht nicht erreicht zu sein braucht. Die Voraussetzungen arglistigen Verschweigens und arglistigen Vorspiegelns sind in § 377 Anm. 156ff. ausführlich erörtert. Hat sich der Käufer durch gutgläubig unrichtige Versicherungen des Verkäufers zum Verzicht bestimmen lassen, so kann er seinen Verzicht wegen Irrtums anfechten (RGRKomm.[11] § 443 Anm. 10). Der Erlaß der Gewährleistung kann stillschweigend vereinbart werden; er kann sich aus der Natur der Dinge ergeben, z. B. wenn der Käufer gerade auf die Gefahr eines Mangels im Recht hin kaufen, also spekulieren wollte oder die Gefahr durch andere Vorteile wieder einzubringen hoffte (RG 99, 220). — Unterliegt das Papier beim Käufer der Rückerstattung, so wird der Verkäufer von seiner Haftung durch einen im Kaufvertrag vereinbarten (BGH BetrBer. 1957, 493) oder einen allgemeinen Gewährschaftsausschluß nicht befreit. Auch kann der Verkäufer dem Käufer nicht Einwendungen nach Art des konkurrierenden Verschuldens (§ 254 BGB) entgegensetzen (BGH NJW 1954, 270). **Anm. 23**

β) Durch nachträgliche Genehmigung kann der Käufer gleichfalls verzichten. Aber anders als bei Sachmängeln (§ 464 BGB; § 377 Anm. 118) legt das BGB bei Mängeln im Recht der Annahme der Sache in Kenntnis des Mangels keine Verzichtswirkung bei. Der Käufer braucht sich also sein Recht bei der Annahme nicht vorzubehalten. Die nachträgliche Geltendmachung ist nur ausgeschlossen, wenn der Käufer bei der Annahme darauf verzichtet hat (JW 1906, 10[4]). Dazu bedarf es aber schlüssigen Verhaltens im Sinne eines Verzichtsvertrags, der auch ein stillschweigender sein kann. In dem Einziehen verfallener Gewinnanteil-(Dividenden-) oder Zinsscheine liegt ein solches Verhalten nicht; denn deren Einziehung ist eine bestimmungsgemäße (JW 01, 520[10]). Aber durch Handelsgebrauch kann eine kurze Rügefrist im bankmäßigen Verkehr als Ausschlußfrist auch für die Geltendmachung von Rechtsmängeln eingeführt sein, mit der Beschränkung, daß sie sich nur auf solche Mängel bezieht, die in der Frist entdeckt werden konnten (vgl. JW 01, 519[10]). **Anm. 24**

Anm. 25 γ) Die Parteien können endlich auch die Folgen der Gewährleistung vertraglich regeln. So bedeutet der Kauf ausländischer Zinsscheine „mit Regreß", daß der Verkäufer im Falle der Nichteinlösung entweder Ersatzscheine liefern oder deren Nennbetrag in der Auslandswährung zu vergüten hat (Hamburg OLGR 44, 241).

Anm. 26 **f) Die Beweislast für den Mangel im Recht trifft den Käufer** (§ 442 BGB). Beim Sachkauf kehrt sich die Beweislast — soweit sie, wie z. B. hinsichtlich der Mängelfreiheit im Nachlieferungsanspruch beim Gattungskauf, dem Verkäufer oblag — in dem besonderen Falle des § 363 BGB um, wenn der Käufer die Leistung des Verkäufers als Erfüllung angenommen hat (§ 377 Anm. 128). Beim Rechtskauf dagegen ist die Beweislast des durch den Rechtsmangel sich benachteiligt glaubenden Teils die allgemeine Regel für alle Fälle. Der Käufer muß daher den Mangel im Recht auch dann beweisen, wenn der Verkäufer noch nicht erfüllt hat und der Käufer von der Einrede des nichterfüllten Vertrags (§ 320 BGB) Gebrauch macht (WarneyerRspr 1911 Nr. 395; trotzdem wird § 363 BGB von RG 109, 296 als ausschlaggebend auch bei Rechtsmängeln angesehen). Der Käufer muß nach dieser Beweisregel dartun, daß das Papier mit dem Recht eines Dritten belastet ist (§ 434 BGB). Dieser Pflicht ist noch nicht durch den Nachweis genügt, daß der Dritte sein Recht geltend gemacht hat; es muß vom Käufer weiter bewiesen werden, daß der Dritte seinen Anspruch mit Recht geltend gemacht hat; es wäre denn, daß der Verkäufer dem Käufer Schutz gegen solche Ansprüche zugesagt hätte (JW 1916, 960[4]). Auch der Beweis der Voraussetzungen des § 440 Abs. 2ff. BGB gehört zur Beweislast des Käufers. Doch genügt es, wenn der Käufer dartut, daß er nicht in der Lage gewesen wäre, dem Herausgabeverlangen des vorgeblich berechtigten Dritten aus Gründen der Beweislast mit Erfolg entgegenzutreten, etwa weil für den Dritten die Vermutung des § 1006 oder die des § 1007 BGB gestritten haben würde (BGH 16, 307). Nur dann ist der Käufer des Beweises des Rechts eines Dritten enthoben, wenn er dem Verkäufer in dem Entwehrungsprozeß, in dem er rechtskräftig unterlegen ist, den Streit verkündet hatte (§§ 74, 68 ZPO). Bei Zahlungssperre durch Hohe Hand (oben Anm. 14) erfüllt der Käufer seine Pflicht durch Berufung auf eine Auskunft der betreffenden Regierung (RG 109, 298). Die Nichtigkeit eines Vertrags auf Grund des § 306 BGB (oben Anm. 21) hat zu beweisen, wer sie behauptet (LZ 1919, 319[2]); ebenso, wer das Kennen oder das Kennenmüssen der Unmöglichkeit dem Gegner vorhält.

Anm. 27 **g) Erfüllungsort** für Ansprüche auf den rechtlichen Bestand nach § 437 BGB ist nach der allgemeinen Regel des § 269 BGB im Zweifel der Wohnsitz oder die gewerbliche Niederlassung des Verkäufers zur Zeit des Abschlusses des Kaufvertrags (JW 01, 640).

Anm. 28 **3. Der Verkäufer haftet für Sachmängel nach den Gewährleistungsgrundsätzen.** Sind Mängel dieser Art vorhanden, so ist bei beiderseitigen Handelskäufen rechtzeitige Mängelanzeige gemäß §§ 377, 378 erforderlich, auch greift bei solchen § 379 Platz. Dies alles bestimmt Abs. 1 des § 381. Über den Sonderfall, daß der Verkauf aller Aktien eines Unternehmens zugleich den Verkauf des Unternehmens als solchen bedeutet und in ihm aufgeht, so daß der Charakter eines Handelskaufs mit Rügepflicht entfällt, s. § 377 Anm. 5.

Anm. 29 **a) Zu den gewöhnlich vorausgesetzten Eigenschaften** (§ 459 Abs. 1 Satz 1 BGB, oben § 377 Anm. 41 sub c) **eines Wertpapiers** gehört, daß es an der Börse lieferbar ist. Unter Lieferbarkeit versteht man die Umlaufsfähigkeit. Unter Lieferbarkeit im Börsenverkehr insbesondere versteht man die Möglichkeit, das Papier an der Börse leicht anzubringen. An dieser Möglichkeit fehlt es, wenn der zur Veräußerung an der Börse erforderliche Stempel nicht vorhanden ist. Sind börsenmäßig lieferbare Wertpapiere Gegenstand des Kaufs, so müssen sie zum Börsenhandel zugelassen sein (§§ 42, 43 BörsG), sonst sind sie nicht lieferbar (RG in BankA 1, 33). Eine usancemäßige Rügefrist besteht nicht; dazu unten Anm. 31 u. 34. Die Börsenbedingungen enthalten im übrigen genaue Vorschriften über die Lieferbarkeit eines Papiers. Unter diesen Börsenbedingungen findet sich meist auch die Vorschrift, daß das Papier in usancemäßigen Stücken geliefert werden muß. Die Börsenbedingungen führen regelmäßig auch noch die Erfordernisse auf, die überhaupt, auch außerhalb der Börse, an die Lieferbarkeit eines Papiers zu stellen sind. Diese Erfordernisse sind kurz dahin zusammenzufassen, daß das Papier körperliche Beschädigungen erheblicher Art nicht aufweisen darf. Zu Beschädigungen dieser Art rechnet man Korrekturen und Rasuren, erhebliche Unsauberkeit, das Beschriebensein. Beschädigt ist ein Papier auch, wenn der ursprünglich mit dem Mantel fest zusammenhängende Kuponbogen losgelöst ist und getrennt mitgeliefert wird (Gutachten der Handelskammer Frankfurt ZHR 4, 130). Außerdem gehören hierher: Das Fehlen und die Undeutlichkeit der Nummern und der Schrift sowie das Fehlen der Unterschrift (genügend jedoch die faksimilierte). Zur Lieferbarkeit von sog. Kassequittungen gehört nach § 14 der Usancen für den Handel in amtlich nicht notierten Werten an der Berliner Börse, daß die rechtliche Haftung des Emissionshauses für den Umtausch innerhalb 6 Monate unzweideutig aus der Kassequittung hervorgeht (BankA 24, 34; 22, 45/46); nach Fristablauf sind sie nicht mehr lieferbar. Kassequittungen verbriefen keine Aktionärrechte; durch ihre Begebung wird das Anrecht auf Lieferung der Aktien oder Interimsscheine nicht übertragen, obgleich die Aktien oder Interimsscheine nur gegen Rückgabe der Kassequittungen ausgefolgt werden (Hamburg BankA 21, 199[2]). Zur Lieferbarkeit gehört ferner, daß die Papiere nicht den Vermerk der Außerkurssetzung oder der Wiederinkurssetzung tragen dürfen, wenn durch letzteren Vermerk die Lieferbarkeit ausgeschlossen wird (RG. im Reichsanz. 91 Beil. 103). Oft — z. B. bei Ausgabe junger Aktien — sind nur bestimmte Nummern der alten Aktien börsenfähig. Alle diese Mängel sind aus der Urkunde selbst zu ersehen. Das bedingt ihre „Inkorporierung“ und damit ihre Eigenschaft als Sachmängel.

Der Käufer eines Wertpapiers hat zunächst Anspruch auf vollständige, als solche (körperlich) zusammenhängende Lieferung, d. h. auf Mitlieferung des Erneuerungsscheins (Talons) und, wenn er Wertpapiere mit Gewinnanteil-(Dividenden-) oder Zinsscheinen gekauft hat, Anspruch auf Mitlieferung der laufenden, auf unabgetrenntem Kuponbogen befindlichen Gewinnanteil- oder Zinsscheine. Die verfallenen Scheine sind nur infolge besonderer Abrede oder Handelsgebrauchs mitzuliefern (ROHG 6, 145); denn Zins- und Gewinnanteilscheine haben trotz ihrer selbständigen Umlaufsfähigkeit, und obgleich sie Inhaberpapiere im weiteren Sinne sind (RG 77, 335), Zinsencharakter (RG 42, 155; 14, 157). Über den rechtlichen Charakter der Gewinnanteilscheine s. noch AktGKomm.[2] § 52 Anm. 34. Bezugsrechte: AktG §§ 186ff., 221 und RGZ 63, 405. Der Erneuerungsschein ist Legitimationspapier und muß daher immer mitgeliefert werden (RG 3, 154). Getrenntsein (und deshalb erst recht natürlich das Fehlen) der Zins- und Erneuerungsscheine bedeutet also einen Sachmangel (vgl. AktGKomm.[2] § 52 Anm. 37). Dem Fehlen steht die Beigabe unrichtiger Erneuerungsscheine, Kupons und Dividendenscheine gleich (Hanausek 2, 378). Eine Verpflichtung der mit dem Verkauf von Wertpapieren beauftragten Bank, vor der Ausführung die Lieferbarkeit prüfen, besteht nicht (InduHK 24, 583). Kuxe mit Zubußenpflicht sind lieferbar (RG 54, 353; Dresden LZ 1910, 167[4]; LG Frankfurt/Main WertpapierMitt. Teil IV B. 1956, 1169).

Die Lieferbarkeit fußt übrigens nicht immer auf Sacheigenschaften des Papiers. Ihr Fehlen kann u. U. auch auf Rechtsmängeln beruhen, z. B. wenn die Börsenbedingungen festzusetzen pflegen, daß die Aufnahme in die „Sammelliste aufgerufener Wertpapiere“ die Lieferbarkeit ausschließe. In der Zeit nach 1945 bis zum Inkrafttreten des WertpapierBereinigungsGes. hat die Lieferbarkeit eine ganz spezifische Bedeutung gewonnen. Mit Wirkung vom 1. 10. 1947 ergangene, aber schon vorher als Handelsusance verfestigte Richtlinien bestimmten, daß ein Wertpapier nur noch lieferbar war, wenn es die Lieferbarkeitsbescheinigung eines besonders dazu autorisierten Kreditinstituts trug, welche die Rechtmäßigkeit des Erwerbes bezeugte. Wo das Fehlen der Lieferbarkeit auf Rechtsmängel zurückgeht, tritt natürlich nicht die Sachmangel-, sondern die Rechtsmangelhaftung ein.

Banknoten sind unverzinsliche Schuldverschreibungen auf den Inhaber und als solche Wertpapiere. Daß inländische Zahlungsmittel gegen ausländische Zahlungsmittel gekauft werden können und dann als Ware zu betrachten sind, macht das Wesen des Devisengeschäfts aus. Inländische Banknoten sind zugleich gesetzliche Zahlungsmittel (§ 1 Abs. 2 WährG). Ausländische Banknoten nicht; Zahlungen können mit ihnen nicht geleistet werden, d. h. es besteht kein Annahmezwang. Ob sie als lieferbar zu behandeln sind oder nicht, hängt von den Börsenbedingungen ab. Ausländische **Anm. 30**

Banknoten sind, was den Handelskauf angeht, unverzinsliche Schuldverschreibungen auf den Inhaber und besitzen als solche Wertpapiercharakter (RG 108, 317 u. 280).

Anm. 31 Falschnoten. Banknoten als Wertpapiere haben wie alle Wertpapiere einen doppelten Charakter, einmal als körperliche Sache, andererseits als Träger des verbrieften Rechts; es tritt jedoch die erstere Seite beim Kauf von Banknoten in den Vordergrund, so daß die Regeln über Sachkauf und, bei Falschnoten, über die Gewährleistung für Sachmängel zur Anwendung kommen, wenn nicht besondere Umstände auf einen Rechtskauf hinweisen (Vorbem. vor § 373 Anm. 26). Nach einer Meinung (Herold, BankA 24, 238ff.) kommt es dafür, ob ein Sachkauf oder ein Rechtskauf anzunehmen ist, darauf an, ob gefälschte (fälschlich angefertigte) Noten oder nur verfälschte Noten (§ 267 StGB) geliefert werden. Die Trennung läßt sich jedoch nicht durchführen, weil in beiden Fällen die Mängel solche sind, die sich der sinnlichen Wahrnehmung nicht entziehen und Banknoten nach der Verkehrsanschauung in erster Linie als körperliche Sachen behandelt werden.

Die Folgen sind für Gattungskauf und Spezieskauf verschieden:

Sind bei einem Gattungskauf gefälschte oder verfälschte Noten geliefert, so sind nichtverkehrsfähige Papiere, in Wahrheit also Stücke bloß bedruckten Papiers (genehmigungsunfähiges aliud) geliefert, auf die die Ausführungen in § 378 Anm. 36ff. Anwendung finden (JW 1923, 176[6]; Hamburg „Recht" 1921 Nr. 640; Königsberg JW 1924, 1382[5]; folg. Anm.). Eine Ausnahme soll beim Gattungskauf zu machen sein, wenn Noten zu liefern sind, die die Eigenart aufweisen, daß sie kraft Stempelaufdrucks auf Noten eines anderen Staates gesetzliches Zahlungsmittel darstellen, und nun solche geliefert werden, bei denen die Stempelung gefälscht ist; solche Noten seien Zahlungsmittel des anderen Staates, aber nicht solche des die Stempelung verlangenden Staates; hier soll ein Rechtsmangel mit den oben Anm. 8d erörterten Rechtsfolgen vorliegen, so daß der Verkäufer nach §§ 440, 220 BGB in dem bestimmten Staat brauchbare Zahlungsmittel zu beschaffen hätte; denn für den rechtlichen Bestand als Zahlungsmittel hat der Verkäufer nach § 437 BGB (oben Anm. 9) einzustehen, so RG 108, 318 oben. Die Entscheidung ist indessen nicht unbedenklich: gerade weil die Banknoten ohne den Stempelaufdruck, als Zahlungsmittel jenes anderen Landes, ein aliud wären, ändert sich daran nichts, wenn der Stempel gefälscht ist; er bedeutet ja nur eine auf die Note gesetzte besondere Urkunde und ist pro nihilo. Äußerstenfalls würde die Fälschung dieser Zusatzurkunde ein Sachmangel der Gesamturkunde sein. Sind beim Spezieskauf, also insbesondere bei Umwechslung im Schalterverkehr, Falschnoten hingegeben worden, so sind nur diese bestimmten Noten Gegenstand des Kaufs als eines Sachkaufs gewesen; es gibt deshalb keinen Anspruch auf Lieferung einer mangelfreien Sache, auch keinen Anspruch auf Schadensersatz wegen Nichterfüllung; denn die hingegebenen Noten sollten gewechselt und durch sie erfüllt werden; es ist daher auch kein (genehmigungsfähiges, genehmigungsunfähiges) aliud geliefert; die Ausnahme des § 378 greift nicht Platz; vielmehr bleibt nur der Anspruch auf Wandelung wegen Sachmangels (Echtheitsmangels, § 378 Anm. 3), gehörige Mängelrüge nach § 377 HGB vorausgesetzt (RG 108, 280; a. M. Königsberg JW 1924, 1382[5]: Rechtsmangel). Der Einwurf, daß stattdessen folgerichtig nur die Anfechtung wegen Irrtums über verkehrswesentliche Sacheigenschaften nach § 119 Abs. 2 BGB stattfinde, hätte die Verneinung eines Sachmangels (§ 377 Anm. 56) zur Voraussetzung. Das Kursrisiko trägt hier also der Käufer.

Anm. 32 Der Kauf ausländischer Wechsel und Schecks wird behandelt wie der Kauf von Wertpapieren (Vorbem. vor § 373 Anm. 25 u. 26). Über Wechselfälschungen Art. 7 WG (RG 108, 78); über Scheckfälschung Art. 10 ScheckG.

Anm. 33 Auf den Kauf ausländischer Münzen finden die Vorschriften über den Kauf von Wertpapieren entsprechende Anwendung (Vorbem. vor § 373 Anm. 24).

Anm. 34 Ganz andere Ware, also ein aliud im Sinne der Ausnahmebestimmung des § 378, ist geliefert, wenn das gelieferte Papier ein so völlig anderes Recht verkörpert, daß mit einer Genehmigung des Käufers nicht gerechnet werden konnte. Ein Beispiel dieser Art ist bereits oben Anm. 31 gegeben; ein weiteres bei DürHach. § 378 Anm. 5: Lieferung von Pfandbriefen statt Aktien einer Hypothekenbank und umgekehrt. Wieweit körperliche Mängel des Papiers hierher gehören, ist unterschiedlich zu beantworten. In früheren Auflagen war die Grenze sehr weit gezogen. U. a. wurden dem Ausnahmekreis des § 378 — genehmigungsunfähiges aliud — zugerechnet Fälle, in denen der Aktie wegen körperlicher Beschädigung die Umlaufsfähigkeit ganz fehlt (RG. 4, 195), oder in denen der Wechsel infolge der erlittenen Veränderung die wesentlichen Bestandteile nicht mehr aufweist. Doch dürfte es sich alsdann eher um gewöhnliche Sachmängel handeln. Die Einbuße an Aussagekraft, die mit Mängeln der bezeichneten Art verknüpft ist, läßt das Papier noch nicht seine gattungsmäßige Identität verlieren (beim Spezieskauf käme ein aliud ohnehin nicht in Betracht), und eine Kennzeichnung als „schlechthin wertloses Handelsgut" kommt deshalb nicht in Frage, weil die Sachqualität des Wertpapiers Graduierungen nach Art eines „mindertauglich, aber noch irgendwie verwendbar" und „zu jedem denkbaren Verwendungszweck untauglich" nicht zuläßt. Erst recht kann kein aliud angenommen werden, wenn das Papier außer Kurs gesetzt oder amortisiert ist, oder wenn ihm die Umlaufsfähigkeit durch Gesetz entzogen ist, oder wenn es sich um gekündigte oder ausgeloste statt ungekündigter oder nicht ausgeloster Wertpapiere (D. 228), nicht emittierte, von der Aktiengesellschaft nicht anerkannte Aktien statt der emittierten (ROHG 14, 370), ausgeloste Prämienlose (RG 1, 292; ROHG 20, 395) handelt. Hier liegt richtigerweise wohl Rechtsmangel nach den §§ 434ff. BGB vor. Zuzugeben ist allerdings, daß gefälschte oder verfälschte Wertpapiere, die gattungsmäßig zu liefern waren, ein (natürlich genehmigungsunfähiges) aliud darstellen. So schon für gefälschte Banknoten (oben Anm. 31), aber auch für gefälschte Rententitel (Gruch. 39, 1105). Gegen diese Rechtsprechung wenden sich zwar v. Caemmerer, Falschlieferung S. 10ff. und, in einer kurzen Bemerkung, Staudinger[11] § 437 Anm. 42. Aber die bei v. Caemmerer gebrachte Parallele der gefälschten Briefmarke — bei der die Fälschung unbezweifelbar gewöhnlicher Sachmangel ist — ist nicht stichhaltig. Die Briefmarke als Objekt des Kataloghandels ist Träger eines Sammler-, vielfach auch eines künstlerischen Wertes, insgesamt eines mehr oder weniger großen Seltenheitswertes, der ihren Kurs bestimmt. Daß sie auf Papiergrundlage im Druck- und Zähnungsverfahren hergestellt worden ist, ist demgegenüber zufällig und bedingt keinen grundsätzlichen Unterschied zu Antiquitäten anderer Art, bei denen das Echtheitsproblem das gleiche ist (§ 377 Anm. 41 sub a). Das Wertpapier dagegen, soweit körperliche Sache, ist Träger einer urkundlichen Aussage, in der sich die Sachqualität erschöpft; entfällt die Aussagefähigkeit, so bleibt, wie oben Anm. 31b bereits betont, ein bloß bedrucktes, im übrigen wertloses Stück Papier übrig. Der Unterschied erhellt, wenn man die Briefmarke als amtliches Wertzeichen im gebührenpflichtigen Postverkehr betrachtet. Hier hat sie nichts als einen Nennwert und wird zu diesem abgegeben: die Abgabe eines gefälschten oder bereits entwertet gewesenen, auf „neu" zurechtgemachten Exemplars wäre, einen zivilrechtlichen Kauf unterstellt (was sie nicht ist), Lieferung eines aliud. — Nicht voll einbezahlte Namensaktien sind nicht andere Ware, weil die Nichteinzahlung im Kurs zum Ausdruck gelangt; sie gelten als mit der Einzahlungspflicht belastet (ROHG 22, 235; AktGKomm.[2] § 57 Anm. 1). Ein mit einer Zubuße belasteter Kux ist nicht ein Wertpapier anderer Gattung im Vergleich zum unbelasteten; der Erwerber ist zur Zahlung der rückständigen Zubuße verpflichtet. Der Kux bleibt lieferbar (RG 54, 353). Der Wert eines Kuxes ist auch keine verkehrswesentliche Eigenschaft; es findet also auch keine Anfechtung wegen Irrtums statt nach § 119 Abs. 2 BGB, wenn sich nach Kaufabschluß die Minderwertigkeit und Notwendigkeit der Erhebung von Zubußen herausstellt (SeuffA 61, 433; Dresden LZ 1910, 169[4]); es kann sich nur um die Haftung aus Rat oder Empfehlung handeln, wenn nicht etwa bestimmte Zusicherungen gemacht worden sind.

Es findet in den obengenannten Fällen der Lieferung eines genehmigungsunfähigen aliud keine Untersuchungspflicht statt; es ist keine Mängelrüge zu erstatten (§ 378 Anm. 41). Es gibt keinen allgemeinen Handelsbrauch, der die Rüge bei Lieferung eines völlig anderen Papiers vorschreibt, auch nicht bei Lieferung von Banknoten, die ein aliud darstellen. Allein Banken (§ 378 Anm. 43) und größeren Firmen kann eine kurze Rügefrist bei Vermeiden des Verlusts aller Ansprüche auch für ein aliud durch Handelsgebrauch rechtswirksam gesetzt sein (JW 1923, 176[6]; Gutachten der Handelskammer Berlin in deren Mitteilungen 1923, 66). Ein solcher Handelsbrauch kann sich jedoch nur auf Mängel beziehen, die in der Frist auch entdeckt werden konnten, was bei Fälschungen nicht immer der Fall ist. Wenn der Verkäufer seine Haftung nach Ablauf einer bestimmten

Frist abgelehnt hat, so muß namentlich ein Kaufmann beim Kauf ausländischer Valuta auf die Echtheit rechtzeitig sein Augenmerk richten (Hamburg HansGZ 1921 Hptbl. 4). Selbst bei Lieferung eines aliud kann eine Annahme an Erfüllungs Statt wie eine Genehmigung wirken; dazu gehört aber die Kenntnis des Käufers, daß etwas ganz anderes als das Geschuldete geliefert worden ist.

Anm. 35 **b) Der Kurs eines Wertpapiers,** d.h. dessen Börsen- oder Marktpreis im Gegensatz zu dessen Nennwert (RG 12, 8; Vorbem. vor § 373 Anm. 55), entspricht dem Wert der Ware. Daß der Wert einer Ware keine Sacheigenschaft darstellt, ist in § 377 Anm. 41 sub a ausgeführt. Darüber, wie die Feststellung dieses Kurses nach Zulassung des Wertpapiers erfolgt, s. §§ 29ff., 36ff. BörsG. Die Zusicherung, daß ein Papier börsenfähig, d. h. an der Börse bereits zugelassen sei, ist Zusicherung einer Sacheigenschaft. Die Zusicherung, daß das Papier an der Börse erst werde zugelassen werden, kann dagegen nur eine Haftung aus Garantieleistung begründen (vgl. Hamburg LZ 08, 245[4]). Der Kurs eines Papiers ist keine Sacheigenschaft. Wer ein Papier kauft, weiß, daß die Kurse schwanken, er rechnet sogar damit. Deshalb kann aus der Minderwertigkeit eines Wertpapiers oder aus der bloßen Angabe über den Kurs keine Haftung für Sacheigenschaften nach Gewährleistungsgrundsätzen hergeleitet werden (JW 09, 493[14]). Eine Anfechtung wegen arglistiger Täuschung über den Kurs ist möglich, wenn der Verkäufer ihm bekannte Tatsachen, die die völlige Wertlosigkeit des Papiers bedingten, dem unerfahrenen Verkäufer verschwiegen hat (RG 111, 235); es kommen ferner die Grundsätze über Rat und Empfehlung in Betracht (Anh. zu § 349 Anm. 15ff.). Aber eine arglistige Täuschung liegt darin noch nicht, daß der Verkäufer ohne Aufforderung ihm bekannte Anzeichen eines Kurssturzes dem Käufer nicht offenbart (RG 111, 235; LZ 1926, 916[1]). Ein Verschulden bei Vertragsschluß kann allerdings unter besonderen Umständen in Frage kommen (§ 347 Anm. 22ff.; Anh. zu § 349 Anm. 3). Der Kurs ist auch keine verkehrswesentliche Eigenschaft, so daß auf dessen Sinken eine Anfechtung wegen Irrtums nach § 119 Abs. 2 BGB gestützt werden könnte (JW 06, 378[5]). Dagegen ist eine Anfechtung wegen Irrtums in der Erklärungshandlung nach § 119 Abs. 1 BGB gegeben, wenn der Kurs zum Inhalt der beiderseitigen Willenserklärungen gemacht worden war; sonst ist der Irrtum über den Kurs ein unbeachtlicher Irrtum im Beweggrund (ausführlich Vorbem. vor § 373 Anm. 62). Auch ein Auseinanderfallen der beiderseitigen Erklärungen über den Kurs ist möglich (offener Dissens, § 155 BGB). Über den Kurs beeinflussende Mängel des Unternehmens, dessen Aktien oder Kuxe Gegenstand des Kaufs waren, unten Anm. 38. Aus dem Gesagten folgt, daß weder die Gewinnverteilung noch die Zuverlässigkeit der Aktiengesellschaft oder ihres Vorstandes Eigenschaften der Aktien dieser Gesellschaft sind (JW 98, 14[36]), und daß auch die Angabe über den Selbstkostenpreis der verkauften Aktie, die Zusicherung, die Sache sei ganz großartig, es sei viel Geld zu verdienen, Zubußen seien so gut wie ausgeschlossen (Braunschweig OLGR 28, 126), keine Haftung — abgesehen von Betrugshaftung — begründet. Insbesondere sind den Kurs beeinflussende Ereignisse gewöhnlicher Art keine so erheblichen, daß ein Kauf von Kuxen oder Aktien bei Unkenntnis solcher Ereignisse wegen Irrtums über eine verkehrswesentliche Eigenschaft nach § 119 Abs. 2 BGB angefochten werden könnte; denn der Käufer eines Wertpapiers weiß, daß er diese Gefahr läuft; er irrt sich dann lediglich über seine Spekulationsaussichten (RG bei Holdheim 04, 26; LZ 1912, 68[12]). Anders, wenn es sich um das arglistige Verschweigen von Ereignissen ungewöhnlicher Art handelt (oben Anm. 6), welche, wie der Konkurs über das Vermögen des Unternehmens, ein Einsturz des Bergwerks u. dgl., die Rentabilität für längere Zeit ausschließen oder dem Papier den Charakter eines Anlagepapiers entziehen, oder im Falle einer Kursgarantie. Hierüber folg. Anm.

Anm. 36 Die Kursgarantie kann durch besondere Vereinbarung (die sog. Agioklausel) übernommen werden. Der Schuldner verspricht damit dem Gläubiger die Vergütung des Kursunterschiedes, der sich aus dem Sinken der Valuta der heimischen Währung des Schuldners bei Fälligkeit ergibt. Gegenwärtig können solche Abreden nur mit devisenrechtlicher Genehmigung getroffen werden (§ 3 WährGes). Das gleiche gilt für jede Art von Goldklauseln, ebenso für jegliche Ausgestaltung als Fremdwährungsschuld, sei es durch Festsetzung eines Umrechnungskurses (zur Sicherung des Gläubigers — RG 152, 166 —, aber auch beider Partner — RG 163, 324 —), oder so, daß der Gläubiger die Zahlung in einer festen ausländischen Währung wählen darf

(WarneyerRspr. 1923/24 Nr. 63), oder so, daß der Schuldner eine facultas alternativa haben soll, die in fremder Währung eingegangene Verbindlichkeit in Inlandswährung zu begleichen; oder endlich so, daß Zahlung in ausländischer Währung nach § 244 Abs. 1 BGB. bedungen wird, z. B. in „effektiven Devisen". Umstellungsfragen: für alte RM-Forderungen (aus der Zeit vor dem 1. 7. 1947) mit Wertsicherungsklausel s. BGH NJW 1959, 2060; für Valutaforderungen mit facultas alternativa des Schuldners s. BGH NJW 1958, 1390; für Valutaforderungen mit Effektivklausel s. BGH LM § 275 BGB Nr. 5; beachte ferner das Gesetz über Fremdwährungsschuldverschreibungen vom 26. 6. 1936 (RGBl. I, 515), worüber Voraufl. § 361 Anm. 7. — Eine andere Art der Kursgarantie liegt vor, wenn der Verkäufer dem Käufer einen bestimmten Börsenkurs zusichert; dann ist die Tatsache zugesichert, daß Käufe zu diesem Kurse abgeschlossen worden sind; es ist eine Sacheigenschaft zugesichert. Über die Nichtigkeit der Kursgarantie der Aktiengesellschaft für eigene Aktien s. AktGKomm.² § 65 Anm. 30.

c) Zusicherungen tatsächlicher Art können wie bei Waren (§ 377 Anm. 43), so **Anm. 37**
auch bei Wertpapieren die Grundlage für Gewährleistungsansprüche wegen Sachmängel bilden. Daß der Kurs und der Wert eines Papiers keine Sacheigenschaften sind, wurde oben Anm. 35 dargelegt. Es können aber doch die Elemente, aus denen sich der den Kurs bestimmende Wert eines Papiers zusammensetzt, zu Eigenschaften werden. Wie der Ertrag oder der Umsatz eines verkauften Unternehmens durch Zusicherung zum Inhalt des Kaufvertrags gemacht werden kann (§ 377 Anm. 5 u. 46g), so läßt sich derselbe Grundsatz auf den Kauf von Wertpapieren übertragen, wie die verschiedenen Formen der Kurs- und Dividendengarantien (oben Anm. 36, unten Anm. 39) beweisen. Den Bedürfnissen des Verkehrs ist durch die Vorschriften über die Haftung der Emissionshäuser für schuldhafte Unrichtigkeit oder Unvollständigkeit ihrer Prospektangaben in den §§ 45ff. BörsG Rechnung getragen (vgl. AktGKomm.² § 40 Anm. 6ff.).

d) Die Frage, inwieweit beim Kauf von Geschäftsanteilen (Aktien, GmbH-Anteilen) **Anm. 38**
für Eigenschaften des Unternehmens, dessen Anteile verkauft worden sind, namentlich für Mängel desselben nach Gewährschaftsrecht gehaftet wird, ist Gegenstand lebhafter Erörterungen.

Neuere Literatur: Loos, Haftung für Rechts- und Sachmängel des Unternehmens beim Verkauf von Aktien und GmbH-Anteilen, NJW 1962, 519ff.; Wiedemann, Haftung des Verkäufers von Geschäftsanteilen für Mängel des Unternehmens, Festschrift für Nipperdey (1965) S. 815ff.

Daß bestimmte Eigenschaften und damit auch die Abwesenheit von Mängeln, die Ertragslage des Unternehmens, Auftragsbestand, Schuldenstand, Vorhandensein ausbeutungsfähiger Rohstoffe, Bestehen von Bezugsberechtigungen, Lizenzen, überhaupt alles, was den Wert des Unternehmens ausmacht, zum Inhalt verkäuferseitiger Zusicherungen i. S. von § 459 Abs. 2 BGB gemacht werden kann, dürfte nicht zu bezweifeln sein (so auch Loos a. a. O. S. 519). Die hierzu in der Vorauflage Anm. 12b vertretene Auffassung wird von Wiedemann a. a. O. S. 827 bekämpft; Wiedemann unterstellt jedoch zu Unrecht jenen Ausführungen, daß sie die Haftung des Verkäufers aus der Zusicherung als eine solche kraft Garantiezusage eingeordnet hätten (was nicht der Fall ist). Reine Garantie liegt erst vor, wenn die zugesicherte „Eigenschaft" sich nicht früher als in der Zukunft einstellen soll (Anm. 39). Hier ist nicht die kurze Verjährungsfrist aus § 477 BGB, sondern die 30jährige gegeben, wenn Ansprüche aus dem Nichteintritt der garantierten Umstände hergeleitet werden.

Problematisch ist vielmehr, ob für eigentliche Mängel des Unternehmens auch ohne Zusicherung ihrer Abwesenheit unmittelbar kraft Sachmängelgewährschaftsrechts gehaftet wird. Einigkeit herrscht heute insofern, als der Verkauf sämtlicher Anteile eines Unternehmens so behandelt wird, wie wenn das Unternehmen als solches Gegenstand des Verkaufs gewesen sei: wenn wirklich das Unternehmen erworben werden sollte und nicht bloß der Mantel, um diesen zu neuen Zwecken zu verwenden. Diese Auffassung hat sich beim Reichsgericht, nachdem es in RGZ 86, 148 noch einen ablehnenden Standpunkt eingenommen hatte, seit RGZ 98, 289 durchgesetzt und ist seitdem ständige Rechtsprechung geblieben (RGZ 120, 284; 124, 164; 150, 397). Alsdann findet die Sachmängelgewähr nach den Grundsätzen statt, die für den Verkauf eines Unternehmens im ganzen gelten (§ 377 Anm. 5, 46g). Das Reichsgericht ist sogar noch weiter gegangen und hat den „Durchgriff" auf das Unternehmen als das wirtschaftlich gemeinte Verkaufsobjekt auch dann zugelassen, wenn die gesamten Anteile an mehrere Käufer (RGZ 122, 378) gingen oder aus den Händen mehrerer Verkäufer kamen (RGZ 100, 200; ebenso im Grundsatz Hamburg MDR 1953, 49, wo allerdings Haftung für Eigenschaftszusicherung in Rede stand), insofern nur der Verkauf bzw. der Ankauf der Anteile als eben ein Verkauf bzw. Kauf des Unternehmens gedacht war und nicht lediglich die Anteile ohne eine solche Interdependenz der Zwecksetzung, zwar in ihrer Summierung als „alle", aber dennoch an die verschiedenen Käufer als Einzelinteressenten oder von den verschiedenen Verkäufern als Einzelabgebern den Besitzer wechselten. Die eigentliche Kontroverse setzt da ein, wo der Verkauf sich auf ein Paket Anteile beschränkt, ohne daß es 100% (oder annähernd 100% — einen ausgesparten, unbedeutenden Splitterbesitz würde die obige Meinung noch als unschädlich tolerieren —) wären. Hier zog das Reichsgericht noch zuletzt die Grenze (DR 1944, 485). Es ließ den Durchgriff auf das Unternehmen, von dem ein Aktienpaket verkauft wurde, für eine Sachmängelhaftung in Ansehung des Paketverkaufs nicht zu (so schon LZ 1929, 398[5]; 481[9]). Ebenso: Ballerstedt bei Soergel-Siebert[10] Anm. 37 zu § 433, der in diesem Zusammenhang auf die Fallgestaltungen aufmerksam macht — für die er gleichfalls keine Ausnahme gemacht wissen will —, daß ein Mehrheitsaktionär die an den 100% fehlenden restlichen Aktien durch Kauf hinzuerwirbt.

Der letztgenannte Fall liegt nun freilich besonders. Der Mehrheitsaktionär kennt „sein" Unternehmen bereits oder kann sich doch über die Lage des Unternehmens unschwer unterrichten; es entbehrt jedes wirtschaftlichen Sinnes, den Verkäufer des restlichen Pakets für Mängel des Unternehmens einem solchen Käufer gegenüber einstehen zu lassen. Im übrigen aber wird man differenzieren müssen. Wer einen einzelnen Anteil oder mehrere einzelne Anteile kauft, der kauft weder das Unternehmen im ganzen noch einen ideellen Anteil hieran. Was er kauft, ist die mitgliedschaftliche Herrschaftsberechtigung, die sich wirtschaftlich in der Dividendenberechtigung darstellt. Der Kauf des Mitgliedschaftsrechts ist ein Rechtskauf — im Falle des GmbH-Anteils sogar ein reiner, nicht einmal in einem Wertpapier sich inkorporierender Rechtskauf —; er läßt eine Sachmängelgewähr wegen etwaiger Mängel des Unternehmens nicht zu. In diesem Sinne, gegen Heck, Schuldrecht § 91, 7c: Wiedemann a. a. O. S. 829ff. mit grundlegenden Ausführungen; aber auch schon RG 59, 242. Erst wenn ein Anteilspaket Gegenstand des Kaufs ist und dieser Kauf auf das Unternehmen selbst abzielt, dessen organisatorische Substanz der Paketkäufer unter seinen Einfluß zu bringen wünscht, ist es gerechtfertigt, um einer solchen wirtschaftlichen Zielsetzung willen das Unternehmen — gleichsam pars pro toto — als verkauft anzusehen und den Kauf daraufhin der Sachmängelgewähr zu unterwerfen. In diesem Ergebnis treffen sich, wohl nur in Nuancen verschieden, Loos a. a. O. S. 522, 523 und Wiedemann a. a. O. S. 835, 836; zustimmend auch München NJW 1967, 1326. Gewiß genügt nicht das einseitige Motiv des Käufers (so auch Wiedemann a. a. O. S. 834); die vorstehend vorausgesetzte Zweckbestimmung des Paketkaufs muß dem Vertrage innewohnen. Es kommt eben maßgebend auf den Willen der Parteien an, was sie als das wirtschaftliche Objekt des Anteilskaufs angesehen haben. Bei dem Kauf einer Mehrheit von 51% wird im Zweifel das Unternehmen als der Gegenstand des Kaufs bezweckt gewesen sein (vgl. Loos a. a. O. S. 523, der übrigens nicht mit Unrecht darauf hinweist, daß auch die aktienrechtlichen Bewertungsvorschriften in §§ 131 Abs. 2 Nr. 6, 7 und Abs. 3 Nr. 4 angelegentlich zwischen „Beteiligung" und „Wertpapierbesitz" unterscheiden). Namentlich die Preisbemessung ist eine gewichtiges Indiz für die Ermittlung dessen, was mit diesem Preis hatte gekauft sein sollen (Wiedemann a. a. O. S. 836). Für Berücksichtigung des Parteiwillens auch, wenngleich betont zurückhaltend, Staudinger-Ostler[11] Anm. 31 zu § 433.

Soweit hiernach die Sachmängelgewähr in Frage kommt, ist zwar, auch wenn der Anteilskauf im Rahmen eines beiderseitigen Handelsgeschäfts geschieht, eine Rügeobliegenheit nicht gegeben. Doch unterliegen die Gewährschaftsansprüche der kurzen Verjährung des § 477 BGB. — Vgl. ferner § 377 Anm. 5. Gegen die Anwendung der kurzen Verjährung trotz Entbehrlichkeit der Mängelrüge läßt sich nicht einwenden, daß der Käufer den Mangel innerhalb sechs Monate häufig nicht zu erkennen vermöge.

Denn bei allen Sachmängeln hindern verborgene Mängel und deren Unkenntnis den Beginn der Verjährung nicht (§ 377 Anm. 144). Ohnehin würde eine Untersuchung i. S. des § 377 in der Richtung, ob zugesicherte Eigenschaften vorhanden seien, meist nicht zu fordern sein. Hierüber § 377 Anm. 43; der dortigen Erwägung, daß, wo nicht ggf. mit der Annahme eines verdeckten Mangels geholfen werden könne, als Vertragswille anzunehmen sei, es solle die Verpflichtung zur Mängelanzeige erst mit der Entdeckung eintreten, entspricht der zu unterstellende Vertragswille, daß die Verjährung ihren Lauf erst mit dem Lauf der Entdeckungsmöglichkeit beginnen solle (vgl. § 377 Anm. 136a, 148ff.). Im übrigen verlangt der Verkehr gerade hier kurze Fristen.

e) Ist ein mit der Garantieerklärung eines Dritten versehenes Inhaberpapier verkauft, so haftet der Verkäufer nur für die Echtheit der Garantieerklärung, regelmäßig aber nicht für deren rechtliche Gültigkeit und Wirksamkeit (ROHG 21, 341). Ist nicht im Papier, sondern beim Kaufabschluß die Zusicherung gegeben worden, daß das Aktienunternehmen für ein bestimmtes in der Zukunft liegendes Geschäftsjahr Dividenden von bestimmter Höhe abwerfen werde, so ist nicht eine zur Zeit des Kaufs vorhandene, sondern eine künftige Eigenschaft zugesichert, d. h. eine Garantiehaftung übernommen (vgl. RG bei Holdheim 04, 251 und § 377 Anm. 48). Ebenso liegt der Fall, in dem beim Aktienverkauf zugesichert ist, daß die Fabrik bei der derzeitigen Einrichtung eine bestimmte Jahresproduktion erziele, d. h. erzielen werde (Bolze 17 Nr. 316; „nachhaltig" erziele wäre Zusicherung einer Sacheigenschaft). Die Versicherung des Verkäufers, die zum Kauf angebotenen Papiere seien eine gute und sichere Anlage oder eine prima Kapitalanlage, ist dagegen regelmäßig unverbindliche Anpreisung (§ 377 Anm. 43). Ein unrichtiger Hinweis dieser Art kann nur etwa eine Haftung wegen schuldhafter Empfehlung begründen (RG 42, 132; vgl. Anh. zu § 349, insbes. Anm. 15ff.). Über eine von einem Dritten geleistete Dividendengarantie s. § 349 Anm. 93 und AktGKomm.² § 54 Anm. 6ff. Über die Zusicherung von Nebenrechten oben Anm. **11**. **Anm. 39**

f) Die Rechtsfolgen der Haftung des Verkäufers für Sachmängel von Wertpapieren sind schon oben Anm. 28 im allgemeinen berührt. Es ist zunächst daran zu erinnern, daß zu diesen Mängeln sowohl Fehler gehören, welche den Wert oder die Tauglichkeit zu dem gewöhnlichen oder nach dem Vertrag vorausgesetzten Gebrauch aufheben oder mindern (§ 459 Abs. 1 BGB; oben Anm. 29; § 377 Anm. 41 sub aff.), als auch das Fehlen zugesicherter Eigenschaften (§ 459 Abs. 2 BGB; oben Anm. 35ff.; § 377 Anm. 39, 43ff.). Insbesondere kommen Gewährleistungsansprüche zur Anwendung, und nicht die Grundsätze über Unmöglichkeit (§§ 306ff.), wenn die zugesicherte Eigenschaft von Anfang an schon nicht vorhanden und auch künftig nicht zu beschaffen war (§ 377 Anm. 57). Beim beiderseitigen Handelskauf bedarf es der Mängelrüge nach §§ 377, 378, beim einseitigen Handelskauf kann es einer der Mängelrüge ähnlichen Verwahrung bedürfen (§ 377 Anm. 184ff.). Durch gehörige Rüge erhält sich der Käufer seine Gewährleistungsansprüche (§ 377 Anm. 38). Die dem Käufer danach zustehenden Ansprüche sind in § 377 Anm. 49ff. erläutert. Der Käufer hat, wenn das Papier zur Zeit des Gefahrüberganges (§ 377 Anm. 47ff.) mit einem Mangel behaftet ist, der den Wert oder die Tauglichkeit zu dem gewöhnlichen oder den nach dem Vertrag vorausgesetzten Gebrauch aufhebt oder mindert (§ 459 Abs. 1 BGB), den Anspruch auf Wandelung oder Kaufpreisminderung (§ 377 Anm. 58ff.; Anm. 76ff.). Dieselben Ansprüche hat er bei Zusicherung einer Eigenschaft, wenn diese zur Zeit des Gefahrüberganges fehlte. Statt der Wandelung oder Minderung kann der Käufer Schadensersatz wegen Nichterfüllung begehren, wenn die zugesicherte, beim Gefahrübergang nicht vorhandene Eigenschaft schon beim Kaufabschluß fehlte oder der Verkäufer den beim Gefahrübergang vorhandenen Fehler arglistig verschwiegen oder die Abwesenheit arglistig vorgespiegelt hat (§ 377 Anm. 49, 156ff.). Außerdem kann der Käufer beim Gattungskauf statt alles dessen Lieferung einer mangelfreien Sache verlangen (§ 377 Anm. 90ff.). Dazu sind die Ausführungen oben Anm. 31 über gefälschte Banknoten und oben Anm. 34 über die Lieferung völlig anderer Ware zu vergleichen. Auch Ansprüche aus schuldhaft schlechter Vertragserfüllung (§ 377 Anm. 100) sind nicht ausgeschlossen. Hat das Geschäft den Charakter eines Fixhandelskaufs, so kommen die in § 376 Anm. 22ff. dargestellten Grundsätze zur Anwendung. Kommt es dabei zum Anspruch auf Schadensersatz wegen Nichterfüllung (§ 376 Anm. 26), so geschieht die Verwirklichung im Wege **Anm. 40**

der sog. Zwangsregulierung durch Vornahme eines Realisierungsverkaufs oder eines Deckungskaufs nach dem in § 376 Anm. 28ff. Bemerkten; hierbei und auch wenn Rücktritt gewählt wird, sprechen die Börsenbedingungen, die nach Treu und Glauben auszulegen sind, das entscheidende Wort. Über die Zwangsregulierung beim Kuxenkauf insbesondere Nußbaum LZ. 1910, 506. Über das Verhältnis der Gewährleistungsansprüche zur Anfechtung wegen Irrtums § 377 Anm. 54, 55, zur Anfechtung wegen arglistiger Täuschung § 377 Anm. 56 und 176, zur Unmöglichkeit der Erfüllung § 377 Anm. 57, zu den Ansprüchen aus unerlaubter Handlung § 377 Anm. 177. Über die Beziehungen der Gewährleistungsansprüche zueinander § 377 Anm. 108ff. und zum Anspruch wegen schuldhaft schlechter Vertragserfüllung insbesondere § 377 Anm. 104.

Anm. 41 Der Käufer kann, wenn ein Gattungskauf vorliegt, die Lieferung vertragswidriger Wertpapiere zurückweisen, vertragsmäßige Leistung verlangen und Verzugsschaden geltend machen (Vorbem. vor § 373 Anm. 342ff., 344ff.). Es entsteht damit für ihn die Pflicht zur Aufbewahrung und das Recht zum Verkauf nach § 379, wenn dessen Voraussetzungen (anhaltender Kurssturz!) erfüllt sind. Der Käufer kann aber auch von § 326 BGB und von der Einrede des nichterfüllten Vertrags Gebrauch machen (Vorbem. vor § 373 Anm. 296ff.).

Anm. 42 **g) Der Ausschluß der Haftung** für Mängel findet, wenn es sich um Sachmängel handelt, nach den in § 377 Anm. 114ff. erörterten Grundsätzen statt wie in den Fällen der Genehmigung, die auch bei arglistiger Vorspiegelung und arglistigem Verschweigen möglich ist (§ 377 Anm. 170c), ferner in den Fällen nicht erfolgter Anzeige (§ 377 Anm. 115), des nachträglichen Verzichts (§ 377 Anm. 116), der Kenntnis des Mangels bei Kaufabschluß (§ 377 Anm. 117), der vorbehaltlosen Annahme in Kenntnis des Mangels (§ 377 Anm. 118), der vereinbarten Beschränkung der Haftung (§ 377 Anm. 121) und endlich der Veräußerung eines Pfandes in öffentlicher Versteigerung (§ 377 Anm. 122).

Anm. 43 **h) Verstärkte Haftung** findet statt bei Garantieleistung (§ 349 Anm. 93; oben Anm. 37 und 39). Eine Haftung für Auskunft oder aus Garantie ist gegeben, wenn der Aussteller eines Wertpapiers dem Erwerber auf dessen Frage, ob das Papier in Ordnung gehe, bejahende Antwort erteilt (RG 82, 337; 101, 301).

Anm. 44 **i) Die Beweislast für das Vorhandensein eines Sachmangels** trägt nach dem in § 377 Anm. 126 Ausgeführten grundsätzlich der Käufer. Denn beim Sachkauf hat, nachdem der Verkäufer die Ablieferung, der Käufer die gehörige Mängelrüge dargetan hat (§ 377 Anm. 123f.), der Käufer regelmäßig zu beweisen, daß die sachlichen Voraussetzungen für die von ihm erhobenen Gewährschaftsansprüche gegeben sind. Wegen der Beweislast bei Streit über die Erteilung einer Zusicherung s. § 377 Anm. 125; über die Beweislast des Verkäufers, der die gattungsmäßig einwandfreie Erfüllung beim Gattungskauf behauptet, s. § 377 Anm. 126a; über die Umkehrung der Beweislast im letzteren Falle bei besonderer Vereinbarung: § 377 Anm. 127; und wenn der Käufer die Kaufsache gemäß § 363 BGB. als Erfüllung angenommen hat: § 377 Anm. 128. Letzterer Grundsatz gilt auch für die Annahme von Wertpapieren (RG 109, 296). Eine Anwendung dieser Regel ist es, wenn der Empfänger von Geldscheinpäckchen, deren Kreuzband den Aufdruck „nachzählen" oder „ohne Gewähr" zeigt, diese ohne Vorbehalt annimmt; er muß nun die Unvollständigkeit nachweisen (KG in OLGR 41, 104; München LZ 1922, 81[1]). Ein fernerer Anwendungsfall der Umkehrung der Beweislast nach § 363 BGB ist es, wenn der Käufer Ersatz fehlender Stücke verlangt (§ 377 Anm. 129). Über den Beweis bei der Schadensersatzklage wegen schuldhaft schlechter Vertragserfüllung § 377 Anm. 130.

Anm. 45 **4. Rechtslage beim Verkäufer** nach unberechtigter Zurückweisung der Wertpapierlieferung durch den Käufer:

Der Verkäufer hat Anspruch auf Abnahme der verkauften Wertpapiere, der nach dem in Vorbem. vor § 373 Anm. 220 und 316ff. Ausgeführten verwirklicht wird. Befindet sich der Verkäufer in Annahmeverzug, so kann der Verkäufer zur Hinterlegung oder zum Selbsthilfeverkauf nach § 373 schreiten. Nach RG 60, 164 darf der Verkäufer von Kuxen diese auch im Falle des Annahme- und Leistungsverzuges des Käufers der Gewerkschaft zur Verfügung stellen. Auf die Rechte aus § 373 ist der Verkäufer nicht allein angewiesen; er kann sich auch der Rechte bedienen, die ihm das BGB gewährt; sie sind in § 374 Anm. 24—31 dargelegt. Sodann kann der Verkäufer den Kaufpreis nebst Verzugszinsen einklagen (Vorbem. vor § 373 Anm. 342ff.) und das Zurückbehaltungsrecht geltend machen (Vorbem. vor § 373 Anm. 296); ferner kann der Verkäufer gegen den im Zahlungsverzug befindlichen Käufer nach § 326 BGB vorgehen (Vorbem. vor § 373 Anm. 396ff.). Beim Fixhandelskauf stehen ihm endlich die Bestimmungen des § 376 zu Gebote (dazu vgl. oben Anm. 40 am Ende).

5. Die Veräußerung von Wertpapieren enthält keine Abtretung der Gewährleistungsansprüche, die dem Veräußerer aus dem mit seinem Rechtsvorgänger abgeschlossenen Vertrag demnächst erwachsen können; denn auch die Abtretung einer Forderung umfaßt nicht von selbst die Gewährleistungsansprüche. Der die abgetretene Forderung betreffende Gewährleistungsanspruch bedarf besonderer Abtretung (§ 401 BGB; RG 59, 238), die freilich auch eine stillschweigende sein (Jena LZ 1911, 474[2]), auch der Abtretung der Forderung nachfolgen kann, und in ihrer Wirksamkeit dadurch nicht beeinträchtigt wird, daß der seine Gewährleistungsansprüche abtretende Käufer das Papier ohne Verlust weiterveräußert hat. **Anm. 46**

6. Der Anspruch auf Lieferung von Wertpapieren verjährt nach RG 74, 162 und Hamburg HansGZ 1913 Hptbl. 9 in 30 Jahren, nicht in 2 Jahren, weil Wertpapiere keine Waren im Sinne des § 196 Nr. 1 BGB sind. **Anm. 47**

B. Der Werklieferungsvertrag.

I. Abs. 2 unseres Paragraphen besagt, daß die §§ 373—380 auch dann Anwendung finden, wenn aus einem vom Unternehmer zu beschaffenden Stoff eine *nicht vertretbare* bewegliche Sache herzustellen ist.

1. Dies zu bestimmen war rechtstechnisch notwendig, weil der Vertrag auf Herstellung einer nicht vertretbaren beweglichen Sache aus einem vom Unternehmer zu beschaffenden Stoff nicht Kauf, sondern Werklieferungsvertrag ist (§ 651 Abs. 1 Satz 2 Halbsatz 2 BGB; vgl. oben Einleitung zu unserem Paragraphen) und als solcher schon nach bürgerlichem Recht nur in einer Reihe von Einzelbestimmungen dem Kaufrecht, im übrigen dem Recht des Werkvertrages unterstellt ist. Daß es *auch sachlich geboten war,* folgte aus der sich aufdrängenden Notwendigkeit einer Gleichbehandlung mit dem Werklieferungsvertrag auf Herstellung einer vertretbaren Sache: Dieser letztere Vertrag ist echter Kauf oder wird doch jedenfalls vom bürgerlichen Recht wie ein solcher behandelt (§ 651 Abs. 1 Satz 2 Halbsatz 1 BGB), und die rein dogmatische, für das bürgerliche Recht entwickelte Unterscheidung zwischen vertretbaren und nicht vertretbaren Sachen konnte für die Anwendung der handelsrechtlichen Kaufvertragsvorschriften im Liefergeschäft der Wirtschaft nicht wohl einen Unterschied bedingen. **Anm. 48**

2. Hieraus ergibt sich: **Anm. 49**

a) Der Vertrag auf Lieferung einer vertretbaren Sache aus einem vom Unternehmer zu beschaffenden Stoff ist Kauf im vollen Sinne des bürgerlichen *und* des Handelsrechts, wenn auch nur ein Teil Kaufmann ist. Die Folgerung für § 376 hat Köln MDR 1959, 665 gezogen. Ist es ein beiderseitiges Handelsgeschäft, so kommen auch die Vorschriften der §§ 377, 378 u. 379 zur Anwendung. Die Vorschrift des § 381 Abs. 2 enthält über dies alles nichts Besonderes.

b) Der Vertrag auf Lieferung einer nicht vertretbaren Sache aus einem vom Unternehmer zu beschaffenden Stoff — der Fall des § 381 Abs. 2 — ist der eigentliche Werklieferungsvertrag, nach bürgerlichem Recht den Regeln über den Kauf nur bedingt, nach Handelsrecht gleichwohl allen Regeln über den Handelskauf unterstellt, so daß § 381 Abs. 2 gewissermaßen die Konzeption des § 651 BGB um die Anwendung einiger weiterer kaufrechtlicher Vorschriften erstreckt. Nicht aber etwa wird der Werklieferungsvertrag i. S. des § 381 Abs. 2 kraft dieser Vorschrift auf die Ebene des Kaufs generell angehoben. Er bleibt außerhalb der §§ 373—380 eine Mischform zwischen (bürgerlichrechtlichem) Kauf und bürgerlich-rechtlichem Werkvertrag (Hamburg, Betrieb 1965, 29). Hierzu vergleiche § 651 BGB im einzelnen:

§ 651 [I]Verpflichtet sich der Unternehmer, das Werk aus einem von ihm zu beschaffenden Stoffe herzustellen, so hat er dem Besteller die hergestellte Sache zu übergeben und das Eigentum an der Sache zu verschaffen. Auf einen solchen Vertrag finden die Vorschriften über den Kauf Anwendung; ist eine nicht vertretbare Sache herzustellen, so treten an die Stelle des § 433, des § 446 Abs. 1 Satz 1 und der §§ 447, 459, 460, 462 bis 464, 477 bis 479 die Vorschriften über den Werkvertrag mit Ausnahme der §§ 647, 648.

II Verpflichtet sich der Unternehmer nur zur Beschaffung von Zutaten oder sonstigen Nebensachen, so finden ausschließlich die Vorschriften über den Werkvertrag Anwendung.

Es treten danach an die Stelle der den Kauf betreffenden §§ 433, 446 Abs. 1 Satz 1, 447, 459, 460, 462—464, 477—479 BGB die Vorschriften über den Werkvertrag (RG 94, 128; KG in LZ 07, 670[3]), mit Ausnahme der §§ 647, 648 BGB. Der § 480 BGB ist in § 651 Abs. 1 BGB nicht aufgeführt, so daß § 480 BGB ausscheidet; der Besteller kann also nicht wie der Käufer Lieferung einer mangelfreien Sache an Stelle der fehlerhaften verlangen. Das Ausscheiden des § 480 BGB erklärt sich daraus, daß in § 651 Abs. 1 Satz 2 Halbsatz 2 BGB von Herstellung einer nicht vertretbaren Sache die Rede ist, der § 480 BGB aber vom Kauf einer nur der Gattung nach bestimmten Sache handelt. Bezüglich der tatsächlichen Mängel der hergestellten Sache greifen die §§ 633—635, 637—640 BGB Platz. Der Besteller kann die Beseitigung des Mangels nur nach Maßgabe der §§ 651, 633—635 BGB verlangen. Von geschehener Abnahme der Sache an (§ 640 BGB) kann der Unternehmer nicht mehr zur Neuherstellung angehalten werden (RG 95, 329; JW 1925, 941[10]). Hat nicht der Unternehmer, sondern der Besteller den Stoff zu liefern, so hat der Unternehmer einen (unselbständigen) Anspruch auf Lieferung; durch verschuldete Unterlassung der Lieferung gerät der Besteller in Annahmeverzug (Gläubigerverzug), weil er seine Mitwirkung zur Herstellung des Werks versagt hat, aber nicht in Schuldnerverzug; daher findet § 326 BGB keine Anwendung, sondern es gelten die Sondervorschriften der §§ 642, 643, 645 BGB (RG 53, 223; JW 1921, 460[1]). Der § 326 BGB findet gegen den Besteller nur Anwendung, wenn er den Werklohn nicht zahlt, der aber nur für das fertiggestellte Werk verlangt werden kann, oder wenn der Besteller mit der Abnahme des fertiggestellten Werks in Verzug geraten ist; denn die Abnahme ist hier Hauptverpflichtung. Die Verjährung der Ansprüche wegen Mangelhaftigkeit des Werks wird also durch §§ 638, 639 BGB geregelt, nicht, wie bei vertretbaren Sachen, durch §§ 477, 478 BGB (WarneyerRspr. 1910 Nr. 238). Aus der Anwendung des § 639 Abs. 1 BGB folgt dann doch wieder entsprechende Anwendung der §§ 477 Abs. 2 u. 3, 478, 479 BGB, die § 651 Abs. 1 BGB ausgeschlossen hat (RG 87, 305), und die entsprechende Anwendung des § 447 BGB wird wiederum durch § 644 Abs. 2 BGB herbeigeführt (JW 1916, 186[4]). Die entsprechende Anwendung führt dazu, daß die Verjährung nicht mit der Ablieferung beginnt wie in § 477 BGB, sondern mit der Abnahme (§§ 638, 639 BGB; JW 1910, 659[25]); dazu Vorbem. vor § 373 Anm. 32.

Ein Werklieferungsvertrag liegt nicht vor, sondern ein Kauf, und zwar ein Gattungskauf, wenn der Verkäufer, der nicht Selbsterzeuger ist, Ware eines gewissen Typs erst bei seinem Lieferanten anfertigen lassen soll; es ändert sich daran nichts, wenn der Käufer sich noch Änderungen nebensächlicher Art ausbedungen hat.

Anm. 50 **3. Da die praktische Bedeutung des § 381 Abs. 2** hauptsächlich in der Rügelast des § 377 liegt (vgl. die Fälle BGH LM § 377 Nr. 10 — Herstellung und Lieferung eines Werbefilms — und Hamburg Betrieb 1965, 29 — Herstellung und Lieferung von Werbedrucksachen —) und die Rechtsfolgen aus der Erfüllung der Rügeobliegenheit nach dem zu 2b Ausgeführten sich spalten je nach dem, ob der Liefervertrag sich auf eine vertretbare oder auf eine nicht vertretbare Sache bezog, ist es — zwar nicht wegen der handelsrechtlichen Lage, wohl aber — wegen der bürgerlich-rechtlichen Folgeerscheinungen erforderlich, den Tatbestand des § 381 Abs. 2 (Werklieferungsvertrag auf nicht vertretbare Sachen) gegen den Liefervertrag auf vertretbare Sachen abzugrenzen. Der Unterschied zeigt sich übrigens auch in der Zwangsvollstreckung: §§ 884, 883 Abs. 1 gegenüber §§ 887, 888 ZPO.

Anm. 51 **a) Vertretbare Sachen** sind bewegliche Sachen, die im Verkehr nach Zahl, Maß oder Gewicht bestimmt zu werden pflegen (§ 91 BGB). Sollen sie erst hergestellt werden, so hat das Interesse des Bestellers nicht sowohl Ort und Art der Herstellung als vielmehr die Erlangung in vertragsmäßiger Beschaffenheit und Menge zum Gegenstand. Daher sind Maschinen gewöhnlicher Art, bei denen es auf eine bestimmte Leistungsfähigkeit mit Rücksicht auf besondere Verhältnisse nicht ankommt, vertretbare Sachen (RG 45, 64; JW 1915, 992[1]); mag dazu auch noch die Nachlieferung eines eigentümlichen, jedoch verhältnismäßig kleinen Teils ausgemacht sein (JW 01, 406[26]), oder der Verkäufer nach seinen eigenen geschützten Typen zu liefern haben (LZ 08, 300[17]). Sachen dieser Art haben einen größeren Abnehmerkreis und werden regelmäßig auf Vorrat nach einem gewissen Typ gefertigt. Bei ihnen tritt die zur Herstellung nötige Arbeit nach der Verkehrsauffassung völlig zurück. Dem Besteller ist es gleichgültig, ob ihm eine fertige oder eine erst anzufertigende Sache geliefert wird; hier ist Aufstellung und Montierung der gekauften Maschine (RG 45, 64), das Anschrauben von in einen Neubau zu liefernden Herden an die Gasleitung (LZ 08, 68[2]), das Verlegen der gekauften Parketthölzer durch den Verkäufer (Bolze 7 Nr. 365) im Verhältnis zur Lieferung der Ware regelmäßig bloße Nebenleistung. Jedoch nicht immer, wie in RG 45, 64 angenommen ist, sondern nur dann, wenn es sich nicht um die Einrichtung eines Hauses, die Errichtung einer Anlage handelt, oder mit anderen Worten: wenn nicht die Arbeit das Entscheidende war (hierüber unten Anm. 56). Daß die Sachen mit einem Grundstück zu verbinden oder als Bestandteil einzufügen sind, macht den Vertrag, wie gezeigt, nicht zu einem Werkvertrag (a. M. Dresden SächsA 01, 500; unten Anm. 56). Daß von der zu liefernden Maschine ein bestimmtes Ergebnis, wenn auch erst in Verbindung mit alten, bereits vorhandenen Einrichtungen zu leisten ist (LZ 08, 158[10]), ändert an der Vertretbarkeit nichts. Daß die Maschine zur Zeit des Abschlusses noch nicht ganz fertig war, also noch Arbeitsaufwendung erforderte, macht sie noch nicht zur unvertretbaren Sache, wenn nur der Gesichtspunkt der entscheidende bleibt, daß die Arbeit verhältnismäßig als Nebenleistung anzusehen ist (JW 01, 407[26]). Die Benutzung von Zeichnungen und Modellen zur Anfertigung macht die Sache noch nicht zur unvertretbaren (JW 00, 665[21]; ROHG 13, 424: Bestellung von Säulen nach Zeichnung bei einem Eisenhändler), auch nicht die Ausbedingung gewisser Abmessungen und bestimmter Leistungsfähigkeit der Maschine oder der Herstellung nach einem Patent, solange diese Bestimmungen nicht ganz ungewöhnliche sind (LZ 09, 776[16]). Ruht das Hauptgewicht also nicht auf der Anfertigung durch den Vertragsgegner gemäß der geforderten eigenartigen Beschaffenheit, sondern auf der Lieferung von Ware bekannter, gewöhnlicher oder üblicher Art, so sind die Voraussetzungen der Vertretbarkeit gegeben (JW 03, 244[26]); mag es sich auch um Sachen genau bestimmter Art handeln, bei deren Herstellung die Leistungsfähigkeit des Fabrikanten ausschlaggebend war und dem Besteller ein Aufsichtsrecht bei der Anfertigung eingeräumt ist, oder bei deren Herstellung der Besteller bestimmte Anordnungen getroffen hat (LZ 1912, 540[8] u. 756[23]; 1913, 613[21]: Kraftwagen).

Für die Vertretbarkeit einer erst herzustellenden Sache kommt es weder darauf an, ob im Bedarfsfalle als Ersatz eine andere betriebsfertige Sache geliefert werden kann, noch darauf, ob bisher Sachen in der fraglichen Ausmessung schon hergestellt sind; die herzustellende Sache kann auch die erste ihrer Art sein. Es kommt darauf an, ob nunmehr auch Sachen dieser Art als Gattungssachen und nicht als individuell charakterisierte Sachen hergestellt werden, z. B. die katalogmäßige Anfertigung von Möbeln gangbarer Art (Dresden SächsA 03, 626). Ein Vertrag, durch den sich ein Teil verpflichtet, Ankündigungen in einer von ihm herausgegebenen Zeitung aufzunehmen, ist kein Vertrag über eine bewegliche Sache, sondern ein Werkvertrag (Dresden SeuffA 65, 270). Desgleichen liegt ein Werkvertrag vor, wenn aus Rohstoffen nicht etwa bewegliche Sachen hergestellt, sondern wenn Rohstoffe als neue wesentliche Bestandteile (§ 94 Abs. 1 BGB) in unbewegliche Sachen des Bestellers eingefügt und damit zu Grundstücksteilen umgewandelt werden, so daß der Eigentumsübergang sich nicht nach §§ 929ff. BGB, sondern nach § 946 BGB vollzieht, z. B. wie beim Herstellen von Wänden aus Beton (RG 94, 129) oder beim Einbau von Treppenanlagen (RG 97, 90) auf fremdem Grund und Boden. **Anm. 52**

b) Nicht vertretbare bewegliche Sachen sind solche Sachen, die mit Rücksicht auf ihre Eigenart, ihre besondere Leistung oder Anpassung an einen bestimmten Betrieb durch andere gleichartige nicht ersetzt werden können und auf diese Weise individualisiert erscheinen. Dies trifft zu, wenn Sachen nach den besonderen Wünschen und Plänen des Bestellers oder zu einem individuellen Zwecke, z. B. zur Erprobung einer Erfindung (RG 165, 41), zur probeweisen Verwirklichung einer künstlerischen Idee oder zur Erfüllung einer ganz eigentümlichen, ungewöhnlichen Aufgabe konstruiert wer- **Anm. 53**

den sollen (Bolze 1 Nr. 1005). Daher sind echte Werklieferungsverträge: Herstellung eines Möbelstückes nach bestimmten Maßen (WarneyerRspr. 1923/24 Nr. 8), Lieferung eines Apparates, für den sich wegen der seltenen Herstellung kaum ein anderer Abnehmer findet (JW 1913, 27[14]), Kauf eines gebrauchten Kraftwagens mit der Vereinbarung, daß der Verkäufer denselben durch Umarbeitung für den eigenartigen Betrieb des Käufers einrichten solle (WarneyerRspr. 1910 Nr. 16), fallweise auch die Lieferung einer Ladeneinrichtung (JW 06, 333[9]), Bestellung eines künstlichen Gebisses (Kolmar OLGR 17, 417) oder von Werbedrucksachen (Hamburg Betrieb 1965, 29, wo mit Recht darauf hingewiesen wird, daß „nicht vertretbare Sachen" keinesfalls nur Einzelstücke zu sein brauchen), eines Modells zu Bildhauerarbeiten (Kolmar OLGR 17, 417), von Schaufensterdekorationen, die dem Betrieb angepaßt sein sollen (LZ 09, 144[25]), von Plakaten nach bestimmtem Muster (KG in DJZ 03, 322[13]), einer Zimmereinrichtung nach künstlerischen Zeichnungen, von Skizzen oder Bauentwürfen (Braunschweig OLGR 17, 417), die Herstellung von Schuldverschreibungen (Kolmar OLGR 20, 208), Anfertigung eines Dampfkessels für Maschinen (RG 46, 261); ebenso Lieferung von Maschinen, wenn sie einem bestimmten Betriebe angepaßt sein müssen, also nicht von gewöhnlicher Art sind (JW 03, 244[26]); eine Anlage zur Herstellung von Bleiglätte (RG in JW 1936, 2392[8]). Das Hauptgewicht liegt alsdann nicht in der Lieferung einer Sache der bestellten Art, sondern in der Anfertigung, also in der besonderen geistigen Arbeit, die zur Herstellung einer Individualität aufzuwenden ist (RG 56, 81: Anfertigung von Fahrradrahmen aus gestellten Fahrradteilen). Die Abgrenzung vom Kauf besteht in der Herstellungspflicht, die das Entscheidende sein muß. Die Herstellung vertretbarer Sachen nach einer Zeichnung allein macht die danach hergestellte Sache noch nicht zu einer unvertretbaren; nicht die Anfertigung ist das Entscheidende, sondern die Aufwendung geistiger Arbeit, die aus vertretbaren Sachen eine Individualität macht (JW 00, 665[21]). Es kommt daher in jedem einzelnen Falle darauf an, ob den Parteien die Arbeitsaufwendung oder die Lieferung einer Gattungssache das Ausschlaggebende gewesen ist.

Anm. 54 **4.** Bei dem Vertrag auf Lieferung einer nicht vertretbaren Sache i. S. des § 651 Abs. 1 Satz 2 Halbsatz 2 finden dann nicht die Vorschriften über Sachmängel beim Kauf (§§ 459ff. BGB) Anwendung, sondern die §§ 633ff. BGB, wie § 651 BGB bestimmt. Danach kann Wandelung erst verlangt werden, wenn der Besteller dem Unternehmer eine angemessene Frist zur Beseitigung des Mangels mit der Androhung gesetzt hat, daß er nach vergeblichem Ablauf der Frist die Mängelbeseitigung ablehne. Von dieser Fristsetzung kann nur abgesehen werden, wenn der Besteller daran ein besonderes Interesse hat (§ 634 Abs. 2 BGB). Der Unternehmer sichert sich gegen Überraschungen, indem er den Besteller nach § 355 BGB zur Entschließung auffordert (RG 52, 317).

Anm. 55 **5. Für die in § 381 Abs. 2 verordnete Anwendung** der handelsrechtlichen Kaufvorschriften ist zu bemerken:

a) Ist der Besteller oder der Unternehmer Kaufmann (einseitiges Handelsgeschäft), so werden anwendbar die §§ 373 bis 376 — die Gewichtsberechnung des § 380 ist kaum von praktischer Bedeutung —:

aa) Ist der Besteller im Gläubigerverzug der Annahme der Sache, so hat der Unternehmer außer den ihm nach dem BGB zustehenden Rechten (s. § 374) die Rechte aus § 373.

bb) Die Bestimmung des § 375 ist, wie bei Spezifikationskauf, auch da anzuwenden, wo die Sache gemäß der von dem Besteller vorzunehmenden Spezifikation erst herzustellen ist.

cc) Ist das Geschäft ein Fixgeschäft, so kommt statt §§ 636 u. 361 BGB die Bestimmung des § 376 zur Anwendung. Erfüllung kann der nichtsäumige Teil also nur beanspruchen, wenn er sofort dem Gegner anzeigt, daß er auf Erfüllung bestehe.

b) Ist das Geschäft ein beiderseitiges Handelsgeschäft, so kommen hinsichtlich der Untersuchungs- und Rügepflicht die Bestimmungen der §§ 377 u. 378 zur Anwendung. Die Sache gilt demnach bei erkennbaren Mängeln als genehmigt, wenn der Besteller die rechtzeitige Mängelanzeige unterlassen hat. Im Falle der Beanstandung hat er die Aufbewahrungspflicht gemäß § 379.

6. Handelt es sich zugleich um das Hinüberwechseln vom mobilen in den immobilen Rechtskreis, so bietet die Beantwortung der Frage nach der Vertretbarkeit Schwierigkeiten, z. B. wenn bewegliche Sachen in ein Grundstück hineingearbeitet werden sollen (§ 1 Anm. 31 ff.). Dadurch, daß eine erst anzufertigende bewegliche Sache Bestandteil oder Zubehör eines Grundstücks werden soll, wird die Sache weder zu einer unbeweglichen noch zu einer nicht vertretbaren (§ 1 Anm. 32; oben Anm. 51). Daher bleibt die Lieferung einzupflanzender Rüben ein Kauf vertretbarer beweglicher Sachen, ebenso wie Lieferung elektrischer Klingeln oder einer Entstaubungsmaschine (RG „Recht" 1910 Nr. 4075). Sollen aber Maschinen nicht nur in ein Gebäude einmontiert werden (oben Anm. 51 u. 53), sondern soll ihre Einfügung eine Anlage erst betriebsfertig machen, so liegt ein Werkvertrag vor; § 381 Abs. 2 trifft dann nicht zu. So liegt die Sache auch bei Einrichtung einer Luft- oder Dampfheizung, weil dadurch die Einrichtung eines Raumes zur Erwärmung, also die Veränderung einer unbeweglichen Sache, nicht die Herstellung einer Sache, bezweckt wird (Marienwerder „Recht" 04, 361[1636]); ferner bei Verträgen über Lieferung und Einsetzen von Türen, die zu den besonderen Maßen eines Baues passen müssen (WarneyerRspr. 1912 Nr. 339). Maurer, Zimmerleute, Dachdecker und ähnliche Bauhandwerker, die bei Erstellung eines Gebäudes Teilarbeiten leisten, errichten Einzelwerke eines Baues im Sinne des § 638 BGB; sie verkaufen nicht ihre Stoffe (RG 57, 377). Eine besondere Art des Werkvertrages ist der Reklamevertrag (WarneyerRspr. 1913 Nr. 138.) Anm. 56

II. Ist eine bewegliche Sache aus eigenem Stoffe des Bestellers herzustellen, oder ist eine Sache des Bestellers zu verändern oder auszubessern, oder liefert der Unternehmer nur Zutaten oder Nebensachen, so liegt ein eigentlicher Werkvertrag nach §§ 631 ff. BGB vor; nicht eine Sache, sondern Arbeit ist Vertragsgegenstand (§ 651 Abs. 2 BGB) im Gegensatz zur Umarbeitung der Kaufsache durch den Verkäufer (oben Anm. 53). Der Unternehmer wird nicht etwa nach § 950 BGB Eigentümer der von ihm hergestellten neuen Sache (BGH 14, 114; RGSt. 37, 329). Die Anwendung des vorliegenden Abschnitts ist ausgeschlossen. Es kann aber in einzelnen Beziehungen Entsprechendes angenommen werden (BGH 1, 240). So z. B. entspricht es Treu und Glauben, daß auch hier die Rüge nicht über Gebühr verzögert werden darf (vgl. § 377 Anm. 184 ff. und oben Anm. 56; vgl. Celle LZ 1919, 655[4]). Anm. 57

III. Ist eine bewegliche Sache teils aus dem Stoff des Bestellers, teils aus dem Stoff des Unternehmers herzustellen, so daß jede Partei wesentliche Stoffbestandteile zu dem herzustellenden Werke zu liefern hat, so liegt ein reiner Werkvertrag vor, z. B. wenn der Unternehmer aus Zucker, den er stellt, mit Hilfe von Honig, den der Besteller zu liefern hat, Kunsthonig herstellen soll. Es verbleibt hier bei den Regeln vom Werkvertrage (§§ 631 ff. BGB); es liegt kein Werklieferungsvertrag vor (Staudinger § 651 III d). Über Nachbesserung s. § 377 Anm. 50 ff. u. 121, über Spezifikationskauf § 375. Darüber, ob das vom Besteller zu Liefernde nur Zutaten, Nebensachen sind, oder wesentliche Bestandteile, entscheidet die Bedeutung dieser Lieferung für das Zustandekommen des Werkes. Von Erheblichkeit können sein: die Menge, die Eigenartigkeit der Stoffe, deren Wert usw. Handelt es sich nur um Zutaten, so tut das dem Charakter des Lieferverhältnisses als eines Werklieferungsvertrages keinen Abbruch; ist wiederum das vom Unternehmer Hinzuzufügende nur Zutat, der Stoff selbst dagegen vom Besteller zu liefern, so kommt ausschließlich Werkvertragsrecht zur Anwendung (§ 651 Abs. 2 BGB). Anm. 58

Soll der Unternehmer den von ihm für den Besteller zu bearbeitenden Stoff im eigenen Namen, aber auf Rechnung des Bestellers einkaufen, so liegt Einkaufskommission verbunden mit Werkvertrag vor. Soll der Verkäufer dagegen mit der Kaufsache nur eine Herrichtung vornehmen, um sie dann abzuliefern, so ist ein Kauf mit einer Nebenabrede geschlossen (vgl. auch Vorbem. vor § 373 Anm. 290, 295).

IV. Liefert der Besteller den Stoff mit der Vereinbarung, daß der Unternehmer ihn durch einen anderen ersetzen dürfe (Vertrag zwischen Fabrikant und Hausindustriearbeiter; Mot. II 477), so wird regelmäßig der dem Unternehmer gelieferte Stoff als veräußert und das Werk als verkauft anzusehen sein. Es wäre denn, daß zum Schutz des Bestellers für Fälle des Konkurses oder Rücktritts die Vereinbarung dahin lautete, daß die Gefahr zwar mit Empfang des Stoffes, das Eigentum aber erst dann auf den Anm. 59

Unternehmer übergehen solle, wenn er zur Ausführung des Werkes den anderen Stoff verwende.

§ 382

Die Vorschriften der §§ 481 bis 492 des Bürgerlichen Gesetzbuchs über die Gewährleistung bei Viehmängeln werden durch die Vorschriften dieses Abschnitts nicht berührt.

Schrifttum: Bürchner, Die Gewährleistung beim Viehhandel, 4. Aufl., 1905; Hanke, Das Sonderrecht des Viehkaufs, 1910; Krückmann, Anfechtung beim Viehkauf, 1904; Lerche, Viehgewährschaftsrecht, 1955; Meisner, Die Vorschriften des BGB über den Viehkauf, 3. Aufl. 1927; Riedel-Seeger, Gewährleistung beim Viehhandel, 1913; Sauer, Viehkauf und Viehgewährschaft, 1914; Stölzle, Viehkauf, 7. Aufl. 1935 (bearb. von Graminger); Hammelbeck, Die Folgen einer unbegründeten Mängelanzeige, JurRundsch. 1930, 130.

Anm. 1 **Der vorliegende Paragraph hat hauptsächlich den Zweck, die Obliegenheit des § 377 zu unverzüglicher Anzeige mit ihren Folgen auf die Gewährleistung bei Viehmängeln auszuschließen, soweit im Recht des Viehkaufs eine Sonderregelung in Ansehung der sog. Gewährfrist besteht** (Hamm OLGR 12, 267). Diese Regelung ist in den §§ 481—492 BGB — im engeren in den §§ 485, 492 — enthalten; sie lauten:

§ 481 Für den Verkauf von Pferden, Eseln, Mauleseln und Maultieren, von Rindvieh, Schafen und Schweinen gelten die Vorschriften der §§ 459 bis 467, 469 bis 480 nur insoweit, als sich nicht aus den §§ 482 bis 492 ein anderes ergibt.

§ 482 I Der Verkäufer hat nur bestimmte Fehler (Hauptmängel) und diese nur dann zu vertreten, wenn sie sich innerhalb bestimmter Fristen (Gewährfristen) zeigen.

II Die Hauptmängel und die Gewährfristen werden durch eine mit Zustimmung des Bundesrats zu erlassende Kaiserliche Verordnung bestimmt. Die Bestimmung kann auf demselben Wege ergänzt und abgeändert werden.

§ 483 Die Gewährfrist beginnt mit dem Ablaufe des Tages, an welchem die Gefahr auf den Käufer übergeht.

§ 484 Zeigt sich ein Hauptmangel innerhalb der Gewährfrist, so wird vermutet, daß der Mangel schon zu der Zeit vorhanden gewesen sei, zu welcher die Gefahr auf den Käufer übergegangen ist.

§ 485 Der Käufer verliert die ihm wegen des Mangels zustehenden Rechte, wenn er nicht spätestens zwei Tage nach dem Ablaufe der Gewährfrist oder, falls das Tier vor dem Ablaufe der Frist getötet worden oder sonst verendet ist, nach dem Tode des Tieres den Mangel dem Verkäufer anzeigt oder die Anzeige an ihn absendet oder wegen des Mangels Klage gegen den Verkäufer erhebt oder diesem den Streit verkündet oder gerichtliche Beweisaufnahme zur Sicherung des Beweises beantragt. Der Rechtsverlust tritt nicht ein, wenn der Verkäufer den Mangel arglistig verschwiegen hat.

§ 486 Die Gewährfrist kann durch Vertrag verlängert oder abgekürzt werden. Die vereinbarte Frist tritt an die Stelle der gesetzlichen Frist.

§ 487 I Der Käufer kann nur Wandelung, nicht Minderung verlangen.

II Die Wandelung kann auch in den Fällen der §§ 351 bis 353, insbesondere wenn das Tier geschlachtet ist, verlangt werden; an Stelle der Rückgewähr hat der Käufer den Wert des Tieres zu vergüten. Das gleiche gilt in anderen Fällen, in denen der Käufer infolge eines Umstandes, den er zu vertreten hat, insbesondere einer Verfügung über das Tier, außerstande ist, das Tier zurückzugewähren.

III Ist vor der Vollziehung der Wandelung eine unwesentliche Verschlechterung des Tieres infolge eines von dem Käufer zu vertretenden Umstandes eingetreten, so hat der Käufer die Wertminderung zu vergüten.

IV Nutzungen hat der Käufer nur insoweit zu ersetzen, als er sie gezogen hat.

§ 488 Der Verkäufer hat im Falle der Wandelung dem Käufer auch die Kosten der Fütterung und Pflege, die Kosten der tierärztlichen Untersuchung und Behandlung sowie die Kosten der notwendig gewordenen Tötung und Wegschaffung des Tieres zu ersetzen.

§ 489 Ist über den Anspruch auf Wandelung ein Rechtsstreit anhängig, so ist auf Antrag der einen oder der anderen Partei die öffentliche Versteigerung des Tieres und die Hinterlegung des Erlöses durch einstweilige Verfügung anzuordnen, sobald die Besichtigung des Tieres nicht mehr erforderlich ist.

§ 490 I Der Anspruch auf Wandelung sowie der Anspruch auf Schadensersatz wegen eines Hauptmangels, dessen Nichtvorhandensein der Verkäufer zugesichert hat, verjährt in sechs Wochen von dem Ende der Gewährfrist an. Im übrigen bleiben die Vorschriften des § 477 unberührt.

II An die Stelle der in den §§ 210, 212, 215 bestimmten Fristen tritt eine Frist von sechs Wochen.

III Der Käufer kann auch nach der Verjährung des Anspruchs auf Wandelung die Zahlung des Kaufpreises verweigern. Die Aufrechnung des Anspruchs auf Schadensersatz unterliegt nicht der im § 479 bestimmten Beschränkung.

§ 491 Der Käufer eines nur der Gattung nach bestimmten Tieres kann statt der Wandelung verlangen, daß ihm an Stelle des mangelhaften Tieres ein mangelfreies geliefert wird. Auf diesen Anspruch finden die Vorschriften der §§ 488 bis 490 entsprechende Anwendung.

§ 492 Übernimmt der Verkäufer die Gewährleistung wegen eines nicht zu den Hauptmängeln gehörenden Fehlers oder sichert er eine Eigenschaft des Tieres zu, so finden die Vorschriften der §§ 487 bis 491 und, wenn eine Gewährfrist vereinbart wird, auch die Vorschriften der §§ 483 bis 485 entsprechende Anwendung. Die im § 490 bestimmte Verjährung beginnt, wenn eine Gewährfrist nicht vereinbart wird, mit der Ablieferung des Tieres.

An die Stelle der unverzüglichen Rüge aus § 377 — wenn der Viehkauf ein beiderseitiges Handelsgeschäft ist — tritt die Anzeige aus § 485 (§ 492) BGB, die bei Gefahr des Verlustes der Gewährschaftsrechte spätestens zwei Tage nach Ablauf der sog. Gewährfrist zu erstatten (oder durch eine gleichgestellte Rechtshandlung darzustellen) ist.

Zu beachten ist hiernach: Der über die §§ 481—492 BGB umschriebene Anwendungsbereich unserer Vorschrift ist begrenzt auf die in § 481 BGB genannten Tiergattungen. Für andere Tiergattungen kommen die gewöhnlichen Gewährleistungsvorschriften des bürgerlichen Rechts und damit auch die Rügeobliegenheit des § 377 zur Anwendung. Andererseits: soweit eines der in § 481 BGB aufgeführten Tiere Gegenstand des Kaufs ist, wird nur für die sog. Hauptmängel, außer Hauptmängeln nur für das Vorhandensein besonders zugesicherter Eigenschaften Gewähr geleistet. Die Ansicht von Schlegelberger-Hildebrandt Anm. 4, bei anderen als Hauptmängeln trete wieder die Rügeobliegenheit aus § 377 ein, kann deshalb nicht zugestimmt werden. Wo keine Gewähr zu leisten ist, wird eine Rüge gegenstandslos — eben deshalb sind ja die §§ 481—492 BGB für unseren Paragraphen in complexu zitiert —, zumal die Ausschließlichkeit der Beschränkung der Sachmängelgewähr auf die Hauptmängel auch jede sonstige Haftung aus positiver Vertragsverletzung wegen des Vorhandenseins anderer Mängel verdrängt (Staudinger[11] Rdn. 6 zu § 481; RGR-Komm.[11] Anm. 3 zu § 482; Soergel-Siebert[9] Vorbem. 8 vor § 481). Ist dagegen das Vorhandensein einer Eigenschaft (oder die Abwesenheit eines beliebigen Mangels) vertraglich zugesichert, so bleibt für eine Mängelrüge Raum, wenn eine Gewährfrist insoweit nicht besonders vereinbart ist — was den Parteien freisteht, § 492 BGB —. Ist eine Gewährfrist vereinbart worden, so ist kraft unserer Vorschrift die Rügeobliegenheit wiederum ausgeschlossen. — Die Hauptmängel und die Gewährfristen sind im einzelnen in der Kaiserlichen Verordnung vom 27. 3. 1899 (RGBl. S. 219) festgelegt.

Wo hiernach ein gewährschaftspflichtiger Hauptmangel vorliegt, ist der Käufer gewährschaftsrechtlich nach § 487 Abs. 1 BGB auf die Wandelung beschränkt. Nur bei Zusicherung einer Eigenschaft, aber auch bei arglistigem Verschweigen von Fehlern — Hauptmängeln und Nicht-Hauptmängeln — hat er statt der Wandelung den Anspruch auf Schadensersatz wegen Nichterfüllung (§§ 492, 481 BGB); als solchen kann der Käufer auch Ersatz des Minderwertes nach § 287 ZPO verlangen (RG 60, 236). Der Satz, daß die Unterbrechung der Verjährung bezüglich eines bestimmten Mangels nicht auch die Verjährung wegen eines anderen Mangels unterbricht (§ 377 Anm. 140), gilt beim Viehkauf auch im Verhältnis zwischen Hauptmängeln und Mängelgewähr wegen Fehlens zugesicherter Eigenschaften nach § 492 BGB (BGH LM § 477 BGB Nr. 1).

Anm. 2 Uneingeschränkt finden im übrigen die §§ 373 (Selbsthilfeverkauf beim Annahmeverzug des Käufers), 376 (Sonderbestimmungen über das Fixgeschäft), 379 (Verpflichtung des Käufers zur einstweiligen Aufbewahrung der beanstandeten Ware und das Recht des Notverkaufs bei Gefahr im Verzuge) auch beim Viehhandel Anwendung, da alle diese Vorschriften eine Gewährleistung nicht zur Voraussetzung haben, also auch durch die Einschränkung der Gewährleistung bei Viehmängeln nicht berührt werden.

Sachregister

V = Vorbemerkung vor § 373
E = Einleitung vor § 377

FSC
www.fsc.org
MIX
Papier | Fördert gute Waldnutzung
FSC® C083411

Kolibri 360 GmbH
Ferdinand-Jühlke-Straße 7
99095 Erfurt, Deutschland
produktsicherheit@kolibri360.de